U0809808

ENSHI TUJIA & MIAO AUTONOMOUS PREFECTURE YEARBOOK 2018

恩施土家族苗族自治州年鉴

（2018）

《恩施土家族苗族自治州年鉴》编辑委员会　编

方志出版社
Publishing House of Local Records

图书在版编目（CIP）数据

恩施土家族苗族自治州年鉴. 2018 /《恩施土家族苗族自治州年鉴》编辑委员会编. -- 北京：方志出版社，2019.10

ISBN 978-7-5144-3799-7

Ⅰ. ①恩… Ⅱ. ①恩… Ⅲ. ①恩施土家族苗族自治州—2018—年鉴 Ⅳ. ① Z526.32

中国版本图书馆 CIP 数据核字（2019）第 269283 号

恩施土家族苗族自治州年鉴（2018）

编　　者：《恩施土家族苗族自治州年鉴》编辑委员会
责任编辑：李　静

出 版 者：方志出版社
地址　北京市朝阳区潘家园东里 9 号（国家方志馆 4 层）
邮编　100021
网址　http://www.fzph.org
发　　行：方志出版社图书经销中心
电话　（010）67110500
经　　销：各地新华书店
排　　版：北京中文天地文化艺术有限公司
印　　刷：北京中科印刷有限公司

开　　本：889 × 1194　　1/16
印　　张：36.25
字　　数：1083 千字
版　　次：2019 年 10 月第 1 版　2019 年 10 月第 1 次印刷

ISBN 978-7-5144-3799-7　　**定价：**280.00 元

· 版权所有　翻印必究 ·

序

贫困问题一直是困扰人类社会发展的重大问题。中国作为世界上最大的发展中国家，为解决贫困问题进行了长期不懈的努力。改革开放以来，特别是党的十八大以来，以习近平同志为核心的党中央把脱贫攻坚作为全面建成小康社会的底线任务和标志性指标，纳入“五位一体”总体布局和“四个全面”战略布局，以前所未有的力度推进精准扶贫、精准脱贫，扶贫开发成就举世瞩目，显著改善了贫困地区和贫困群众生产生活条件，具有重大的现实意义和深远的历史意义。身处中华民族几千年发展历史上将首次整体消除绝对贫困现象的伟大时代，如何更好地发挥地方志的存史、育人、资政的作用，是新时代全国地方志系统必须深入研究和着力解决的重大课题。

党的十八大以来，在党中央国务院的正确领导下，全国地方志系统深入学习贯彻习近平新时代中国特色社会主义思想，紧紧围绕党和国家事业发展需要，深入推进地方志改革创新发展，凝心聚力，稳扎稳打，勇于担当，主动作为，全国地方志形势和地方志工作者的精神面貌发生了深刻变化，取得了优异成绩。其中，为贯彻落实《全国地方志事业发展规划纲要（2015—2020年）》，经中国地方志指导小组领导批准，中国地方志指导小组办公室于2015年、2017年先后启动民族地区与贫困地区志书、年鉴出版资助工程（以下简称“志鉴出版资助工程”），对国家级贫困县（区、旗、县级市），中西部地区、少数民族边疆地区面临出版经费困难的志书和综合年鉴给予出版资助。实施志鉴出版资助工程是紧扣时代脉搏、坚持创新发展、传承弘扬中华优秀传统文化的一项创举，不仅有力推动了“两全目标”的实现，而且数十部资助出版的志书、年鉴及时记述了民族地区与贫困地区在全面建成小康社会伟大征程中取得的新成绩和新经验、出现的新情况和新问题、涌现的优秀人物和典型事迹，留住地方文化的“根”和“魂”，为这些地区的经济社会发展、地域文化传播、爱国主义教育、精神文明建设等提供了历史借鉴和智力支持，对全面提升民族地区与贫困地区文化建设水平、确保民族地区与贫困地区和全国其他地区同步全面建成小康社会具有重要意义。

尤为可喜的是，志鉴出版资助工程促成了一批扶贫志书的编纂出版，在文化脱贫攻坚中发挥了独特的作用。例如，《贵州省减贫志》全面系统客观记述了从1978

年至2015年贵州省扶贫、减贫工作的历程及取得的经验，为贵州省实施大扶贫战略提供了有力的资政辅治参考，集中体现了地方志工作因时而动、顺势而为的新作为。前不久，由福建省地方志编委会和人民网共同编纂的《闽宁扶贫协作图志》，是全国首部扶贫协作图志，图文并茂、直观立体、全方位地展现闽宁扶贫协作波澜壮阔的历程，弘扬“闽宁一家亲”“携手奔小康”的深厚情谊和滴水穿石、久久为功的精神，是贯彻落实习近平总书记扶贫工作重要论述精神，服务国家精准扶贫、精准脱贫战略的有力举措。希望各地以此为鉴，编纂出版更多、更好的扶贫志书、年鉴，助力国家精准扶贫、精准脱贫战略的实施，充分展现地方志的独特价值和作用。

当前，我国脱贫攻坚已进入全面决战决胜的关键时期，尚未脱贫的贫困地区集中分布在中西部深山区、极端干旱山区、高寒阴湿地区等，文化建设还比较薄弱，文化产品还不够丰富，文化精品更是少之甚少。同时，这些地区往往是民族文化、历史文化、红色文化、生态文化富集区，具有发展文化旅游、推进文化扶贫的巨大潜在优势，也是繁荣发展地方志事业的巨大文化宝库。要发挥好文化扶贫凝聚人心的优势，善于利用方志文化优势为贫困地区“赋能”，在脱贫攻坚中做出方志人应有的贡献。要发挥好中国名镇志文化工程、中国名村志文化工程的引领作用，大力加强乡镇村志编纂，让百姓记得起乡情、记得住乡愁，凝聚贫困乡镇村庄的强大民心，补齐贫困乡镇村庄的文化短板，以“扶智”的方式“扶志”，践行习近平总书记强调的“扶贫先扶智，扶贫必扶志”的重要理念。

求木之长者，必固其根本；欲流之远者，必浚其泉源。扶贫扶起的是志气骨气，传承的是家国情怀，守护的是绿水青山。扶贫既要富口袋，也要富脑袋。必须坚持文化脱贫和物质脱贫两手抓，筑牢贫困地区文化之基，补足信仰精神之钙，引领脱贫发展之舵。全国地方志系统要围绕中心、服务大局，坚决投入脱贫攻坚这场必须打赢的硬仗，积极参与脱贫攻坚战，发挥优势和特长，深入挖掘文化资源，着力补齐文化短板，努力帮助民族地区与贫困地区的文化建设实现较大的发展提升，在全面建成小康社会、实现中华民族伟大复兴中国梦的征程中贡献方志人的力量。

是为序。

中国社会科学院院长
中国地方志指导小组组长　谢伏瞻

民族地区与贫困地区年鉴出版资助工程领导小组

组　　　长：高　翔

常务副组长：冀祥德

副　组　长：高京斋　邱新立

民族地区与贫困地区年鉴出版资助工程领导小组办公室

主　　　任：冀祥德

副　主　任：邱新立

成　　　员：于伟平　刘永强　冷晓玲　李　静

《恩施土家族苗族自治州年鉴》编辑委员会

名誉主任：高敬佩

主　　任：黄　敏

副 主 任：刘定学　杨天龙　张安俊　侯　斌　杨　华

《恩施土家族苗族自治州年鉴》编辑人员

主　　编：黄　敏

副 主 编：杨　华　马兹河　张树松　龙新松

编　　辑：梁卫民　刘　权　谭　华　袁顺成

　　　　　向　晶　赵晓虹　余慧芳　时小婷

编 辑 说 明

一、《恩施土家族苗族自治州年鉴》(简称《恩施州年鉴》)是由《恩施州年鉴》编辑委员会编纂，恩施州史志办公室组织编写，系统记叙全州自然、经济、政治、文化、社会、生态文明建设等方面的年度资料性文献。《恩施州年鉴》于1999年创刊，每年出版一卷，《恩施州年鉴(2018)》为第二十卷。《恩施州年鉴(2018)》以马克思列宁主义、毛泽东思想、邓小平理论、“三个代表”重要思想、科学发展观、习近平新时代中国特色社会主义思想为指导，坚持辩证唯物主义和历史唯物主义的立场、观点和方法，深入贯彻中共十八大和十九大精神，围绕恩施州委、州人民政府的中心工作，突出时代特征和地方特色，全面、客观、系统地记述2017年度全州各地、各部门的基本情况和各项事业发展现状，力求全面反映全州社会主义现代化建设的基本面貌和发展进程，反映全州全面推进经济建设、政治建设、文化建设、社会建设、生态文明建设所取得的进步与成效，为促进恩施州经济社会发展提供基本资料和历史借鉴。除卷首彩页和部分特载资料外，记述时限均为2017年1月1日至12月31日。

二、本年鉴的内容分为综合信息、分类信息和其他资料。1.综合信息设特载、大事记、恩施州概况。2.分类信息设经济管理、农村和农业、工业、交通、物流、金融、邮政、电信、旅游业、商务、中国共产党、人民代表大会、人民政府、人民政协、文化事业、卫生办计划生育、教育社会生活、环保。3.其他资料设市县概貌、人物、附录及索引。按类目、分目、子分目、条目四级结构，条目为收录资料信息的基本单元。条目标题加【 】表示。

三、本卷年鉴所刊载的内容和数据，分别由州各部门和各县市史志办公室撰写，并经各单位负责审定。领导名录以2017年12月底在职为准。所采用图片由各撰稿单位提供。

四、本卷年鉴由于统计数据的来源、口径、方式、时间的不同可能有差异。凡涉及有关国民经济和社会发展的主要数据以恩施州统计局公布的统计资料为准。

五、本卷年鉴原则上使用法定计量单位，考虑到实际工作需要和方便读者实际使用，部分记叙中计量单位仍保留少量市制。

六、本卷年鉴的编辑出版，得到全州各级党政领导的关心，并得到全州各县市、各部门、中央及省在恩施的各行政及企事业单位的大力支持和协助，在此谨表衷心感谢。

2017 年 5 月 26 日，恩施州委七届三次全体（扩大）会议召开。会议审议通过《关于召开恩施州党代表会议的决议》，投票确定恩施州出席省第十一次党代会代表候选人预备人选名单，审议通过《中共恩施州委关于加强和改进党支部建设的十条意见》

州委办公室　供稿

2017 年 1 月 6 日至 10 日，恩施土家族苗族自治州第八届人民代表大会第一次会议召开

州人大常委会办公室　供稿

2017 年 1 月 5 日至 8 日，中国人民政治协商会议湖北省恩施土家族苗族自治州第八届委员会第一次会议召开

州政协办公室　供稿

2017 年 2 月 26 日，恩施州第二批重点项目集中开工仪式在利川市元堡乡举行　　利川市新闻中心　供稿

2017年3月1日，国家电网公司定点帮扶的巴东县118个村级光伏电站（涉及12个乡镇127个行政村）开工建设，6月15日建成投产　　王美洲　摄

2017年4月6日，为弘扬民族文化、传承非遗国宝、开发旅游精品、培训实用人才，恩施职业技术学院将民族非物质文化技艺引进课堂。图为西兰卡普编织

恩施职业技术学院　供稿

2017年4月18日，由湖北扬帆旅游发展有限公司、巴东神农溪景区开发有限公司主办的第五届长江三峡（巴东）纤夫文化旅游节在巴东神农溪纤夫文化走廊举行

州旅游委　供稿

2017年4月22日至23日，由湖北省社会体育中心、州文体新广局、州旅游委、建始县人民政府、越野e族体育赛事（北京）有限公司主办的2017年中国汽车越野巡回赛（COT）湖北建始站赛暨“五节酒”杯龙王淌第二届汽车场地越野公开赛在建始县花坪镇举行

州文化体育新闻出版广电局　供稿

2017年5月25日，渝鄂直流背靠背联网工程南通道项目开工仪式在咸丰县高乐山镇杉树园村举行

王美洲　摄

2017年6月25日，2017中国山地马拉松系列赛利川站比赛在利川市东城街道办事处白鹊山民宿广场举行。图为比赛场景　　州文化体育新闻出版广电局　供稿

2017 年 6 月 29 日，由湖北省民族歌舞团演出的男子群舞《响·想·享》入选第二届全国少数民族优秀舞蹈作品展演　　陈　刚　摄

2017 年 7 月 7 日，为喜迎中国共产党第十九次全国代表大会召开，恩施州电视台历时 2 个月拍摄制作大型公益宣传片《不忘初心》MV，在各媒体平台推送　　州电视台　供稿

2017 年 7 月 8 日至 9 日，中国·来凤第二届杨梅文化旅游节暨中国河钓大赛在来凤县举行　　谭不凡　摄

2017 年 8 月，住建部公布第二批全国特色小镇名单，利川市谋道镇名列其中　　利川市新闻中心　供稿

2017 年 8 月 27 日，以“激情贡水，浪漫宣恩”为主题的 2017 年中国内陆河水上运动会暨武陵山区龙舟争霸赛在宣恩贡水举行。图为水上排球赛　　张子家　摄

2017 年 9 月，利川美景“绿野仙境”亮相武汉地铁 6 号线，整列地铁采用 3D 手绘风格，以列车车厢为底，以到利川必去的特色景致为绘制元素，在车厢内立体呈现利川市绝美风景　　　　　州旅游委　供稿

2017 年 9 月 16 日至 19 日，以“活力恩施、激情八运”为主题的恩施州第八届运动会在来凤县龙凤文化体育中心举行。运动会设青少年类、职工类、少数民族类、农民类 4 个类别、24 个比赛项目、227 个小项，其中 10 个比赛项目于 7 月 15 日起陆续开赛　　　　　州文化体育新闻出版广电局　供稿

2017 年 9 月 26 日至 30 日，2017 国际茶业大会暨第四届世界硒都（恩施）硒产品博览交易会在州城恩施举办

州硒资源保护与开发局　供稿

2017 年 9 月 28 日，恩施硒茶公用品牌发布会暨恩施州人民政府与湖北省联投控股有限公司产业扶贫战略合作协议签约仪式在州文化中心举行

谢黎黎　摄

2017 年 9 月 28 日，恩施州电视台年度第三场“电视问政”现场　　州电视台　供稿

2017 年 10 月 10 日，全国少数民族地区艺术院团十大进京演出剧目——土家族南剧《初心》在中央民族歌舞团民族剧场上演　　州文化体育新闻出版广电局　供稿

2017 年 10 月 14 日晚，由省委宣传部、省教育厅、湖北广播电视台主办，州委宣传部、州全民阅读活动领导小组、州教育局、湖北之声 FM104.6、湖北经广 FM99.8、恩施电视台承办的“同声诵经典”—— 2017 年湖北省“起点阅读 朝读经典”校园巡回展演活动走进恩施站，在民族礼堂举行　　州委宣传部　供稿

2017 年 10 月 20 日，湖北省旅游景区质量等级评定委员会发布 2017 年第 3 号公告，批准鹤峰县满山红景区为国家 AAAA 级景区　　州旅游委　供稿

2017 年 11 月 16 日，国家质检总局批准对恩施州利川工夫红茶、恩施马铃薯实施国家地理标志产品保护。图为利川市飞强茶业有限责任公司“工夫红茶”生产现场

州质量技术监督局　供稿

2017 年 11 月 22 日，由中国旅游协会、民族团结杂志社、省旅游委、州政府联合主办的第三届全国民宿大会暨恩施州首届民宿发展大会在恩施女儿城举行。会上，省旅游委命名一批金宿级、银宿级旅游民宿，恩施市茶花山居民宿及利川市丽森民宿、白鹊山民宿获评金宿级，宣恩县千户土家民宿、利川市大美土家民宿获评银宿级

州旅游委　供稿

2017 年 11 月，恩施市茶花山居民宿获评湖北省金宿级民宿　　恩施市茶花山居　供稿

2017 年 11 月，利川市丽森民宿获评湖北省金宿级民宿　　州旅游委　供稿

2017 年 12 月 4 日，恩施州第十八次科学技术奖励大会召开　　　　州科技局　供稿

2017 年 12 月 26 日，经过为期 4 年的建设，湖北利川至重庆万州高速公路全线通车运营，跨越湖北、重庆、四川三个省市的恩广高速（恩施到广元）全线通车，利川至万州车程将由原来的 2.5 小时缩短至 1 小时

州交通运输局　供稿

第二批中国少数民族特色村寨——恩施市白果乡金龙坝村　　恩施市民宗局　供稿

第二批中国少数民族特色村寨——恩施市龙凤镇龙马村　　恩施市民宗局　供稿

第二批中国少数民族特色村寨——恩施市龙凤镇青堡村　　恩施市民宗局　供稿

第二批中国少数民族特色村寨——恩施市沐抚办事处营上村有机茶园景色　　恩施市民宗局　供稿

第二批中国少数民族特色村寨——利川市柏杨镇水井村的民居　　利川市民宗局　供稿

第二批中国少数民族特色村寨——利川市沙溪乡荷花村张高寨撷影　　利川市民宗局　供稿

第二批中国少数民族特色村寨——利川市团堡镇野猫水村　　利川市民宗局　供稿

第二批中国少数民族特色村寨——建始县茅田乡耍操门村　　建始县民宗局　供稿

第二批中国少数民族特色村寨——巴东县东瀼口镇牛洞坪村　　巴东县东瀼口镇政府　供稿

第二批中国少数民族特色村寨——巴东县沿渡河镇石板坪村　　段　勇　摄

第二批中国少数民族特色村寨——宣恩县高罗镇板寮村　　张荃杨　摄

第二批中国少数民族特色村寨——宣恩县高罗乡小茅坡营村　　曾　晖　摄

第二批中国少数民族特色村寨——宣恩县椒园镇庆阳坝村的木质结构凉亭式古街道　宣恩县民宗委　供稿

第二批中国少数民族特色村寨——宣恩县万寨乡伍家台村　杨昌盛　摄

第二批中国少数民族特色村寨——咸丰县高乐山镇沙坝村　咸丰县民宗局　供稿

第二批中国少数民族特色村寨——咸丰县大路坝区蛇盘溪村　咸丰县民宗局　供稿

第二批中国少数民族特色村寨——来凤县百福司镇舍米湖村　　　　　张正馨　摄

第二批中国少数民族特色村寨——来凤县百福司镇兴安村　　　　　来凤县民宗局　供稿

第二批中国少数民族特色村寨——来凤县三胡乡石桥村的上坝院子　　　　　来凤县民宗局　供稿

第二批中国少数民族特色村寨——鹤峰县铁炉白族乡细杉村　　　　　鹤峰县民宗局　供稿

第二批中国少数民族特色村寨——鹤峰县下坪乡岩门村的周家院子　　　　　鹤峰县民宗局　供稿

第二批中国少数民族特色村寨——鹤峰县燕子乡董家村风雨桥　　王开学　摄

第二批中国少数民族特色村寨——鹤峰县走马镇官仓村　　鹤峰县民宗局　供稿

目　录

特　载

深入贯彻十九大精神　加快推进绿色发展
　为建成全省特色产业增长极而努力奋斗……1
政府工作报告……7

大事记

1 月……19
2 月……20
3 月……21
4 月……22
5 月……22
6 月……23
7 月……24
8 月……24
9 月……25
10 月……26
11 月……27
12 月……28

恩施州概况

地理环境与自然资源

地理位置与面积……30
地质・地貌……30
土地资源……31
水资源……31
矿产资源……31
植物资源……32
动物资源……32
旅游资源……33
气候……33
气温……33
降水……33
日照……34

建置・区划

建置沿革……34
行政区划……35

民族分布

民族构成及分布……35
民族普查……35

人口・区划

人口……35
行政区划……36

2017 年国民经济和社会发展状况

全州经济生产总值……36
农业……37
工业和建筑业……37
固定资产投资……37

国内贸易、对外及对港澳经济……37
交通、邮电、旅游……38
财政、金融……38
教育和科学技术……39
文化体育、广电和卫生事业……39
人民生活和社会保障……39
住房保障和城市建设、环境保护……39
安全生产……40

经济管理

发展和改革

概况……41
计划规划编制和实施……41
宏观经济管理……41
固定资产投资工作……41
重点项目工作……41
深化改革……41
对口支援工作……41
物价工作……42
恩施州发展和改革委员会负责人名录……42

财　政

概况……42
推进财税改革……42
切实保障民生……43
支持项目建设……44
聚焦精准扶贫……44
支持实体经济发展……44
PPP 项目破局……45
强化财政监督……45
恩施州财政局负责人名录……45

公共资源交易监督管理

概况……45
提升服务效能……46
强化综合监管……46
加强教育培训……47
强化信息管理……47
全面履职尽责……47
推进精准扶贫……47
恩施州公共资源交易监督管理局负责人名录……48

审　计

概况……48
2016 年度州本级预算执行和其他财政收支审计……48
2016 年度本级税收政策执行情况审计……49
稳增长促改革调结构惠民生政策措施落实情况审计……49
全州 2016 年度保障性安居工程建设跟踪审计……49
党政领导干部经济责任审计……49
领导干部自然资源资产离任审计……49
政府投资项目审计……50
恩施州审计局负责人名录……50

国有资产监督管理

概况……50
国资监管……50
企业改革与发展……50
三供一业……50
法规建设……50
平台建设……50
资产重组……51
国有企业监事会……51
国企党建……51
精准扶贫……51
信访维稳……51
老干部工作……51
机关建设……51

宣传与调研 …… 51
恩施州国有资产监督管理委员会
负责人名录 …… 51

税 务

国税 …… 52
概况 …… 52
依法治税 …… 52
税收征管 …… 52
纳税服务 …… 52
队伍建设 …… 52
精准扶贫 …… 53
行政管理 …… 53
受表彰情况 …… 53
恩施州国家税务局负责人名录 …… 53
地方税务 …… 53
概况 …… 53
深化改革 …… 54
国地税合作 …… 54
依法治税 …… 54
征收管理 …… 54
纳税服务 …… 54
税收优惠 …… 54
队伍管理 …… 54
教育培训 …… 54
恩施州地方税务局负责人名录 …… 54

统 计

概况 …… 55
领导调研 …… 55
贯彻落实统计改革决策部署 …… 55
统计基层基础 …… 55
统计数据管控 …… 55
依法统计 …… 55
统计数库建设 …… 55
统计智库建设 …… 56
社情民意调查 …… 56
第三次全国农业普查 …… 56
干部队伍建设 …… 56
恩施州统计局负责人名录 …… 56

国家统计局恩施州调查队

概况 …… 57
党建工作 …… 57
文明创建 …… 57
业务工作 …… 57
精准扶贫 …… 58
领导批示 …… 58
国家统计局恩施州调查队负责人名录 …… 58

工商行政管理

概况 …… 59
商事制度改革 …… 59
市场主体发展 …… 59
新型农村经营主体 …… 59
商标品牌建设 …… 59
全州地理标志证明商标总数达到 26 件 …… 59
年报公示及双随机一公开抽查 …… 59
信用信息共享交换平台应用 …… 59
企业简易注销 …… 59
无照经营查处 …… 60
红盾护农 …… 60
动产抵押 …… 60
非公经济组织党建 …… 60
12315 投诉举报 …… 60
消费维权站建设 …… 60
打击传销 …… 60
商品质量监管 …… 60
广告市场监管 …… 60
旅游市场监管 …… 60

恩施州工商局受到人社部办公厅和工商总局办公厅通报表扬 …… 60
工商登记全程电子化 …… 60
州工商局窗口荣获全省工商系统“青年文明号” …… 61
利川市旅游业示范园认定为省级现代服务业品牌建设示范园 …… 61
地理标志商标精准扶贫 …… 61
恩施州6家企业实现无行政区域名称登记 …… 61
召开全州网络市场监管部门联系会议 …… 61
恩施州工商行政管理局负责人名录 …… 61

质量技术监督
概况 …… 61
质量强州 …… 61
标准化 …… 62
产品质量监督 …… 62
计量监督与管理 …… 62
特种设备安全监管 …… 62
政务服务 …… 62
行政执法 …… 62
精准扶贫 …… 62
重要会议 …… 62
全州推行特种设备安装、改造、维修无纸化告知 …… 63
恩施州富硒农产品种养殖地方标准获突破 …… 63
服务2017年国际茶业大会、第四届世界硒都（恩施）硒产品博览交易会 …… 63
接受巡察 …… 63
《州人民政府关于深化标准化工作改革创新的实施意见》发布实施 …… 63
10家企业现场陈述答辩角逐第三届恩施州清江质量奖 …… 63
恩施州质监局负责人名录 …… 63

国家富硒产品质量监督检验中心
恩施州食品药品检验检测中心
恩施州产品质量检验检测中心
概况 …… 63
主要职能 …… 64
检验检测工作完成情况 …… 64
标准化和科研工作完成情况 …… 64
项目建设 …… 65
能力建设 …… 65
质量建设 …… 65
廉政建设 …… 66
人才队伍建设 …… 66
精准扶贫工作 …… 66
服务第四届硒博会 …… 67
恩施州食品、药品、产品质量检验检测中心负责人名录 …… 67

食品药品监督管理
概况 …… 67
党政同责，落实责任 …… 67
食品药品安全日常监管 …… 67
开展各项专项整治稽查执法工作 …… 68
保健食品整治 …… 69
餐厨废弃物处置 …… 69
处方药销售管理 …… 69
药品、医疗器械不良反应监测 …… 69
食品安全示范创建 …… 69
食品药品信用体系建设 …… 69
食品药品宣传教育活动 …… 70
深化行政审批制度改革 …… 70
精准扶贫 …… 70
党风廉政建设 …… 71
恩施州食品药品监督管理局负责人名录 …… 71

安全生产监督管理
概况 …… 71

重要会议 …… 72
领导调研检查 …… 72
重点领域风险监管 …… 72
重点领域风险监管专项整治和打非治违 …… 73
安全生产大检查 …… 73
基础工作 …… 73
宣传教育 …… 74
表彰奖励 …… 74
恩施州安全生产监督管理局负责人名录 …… 74

出入境检验检疫

概况 …… 74
支持地方航空口岸建设 …… 74
检验检疫流程改革 …… 75
帮扶企业 …… 75
面向长江经济带检验检疫能力提升专项项目 …… 75
“进企业进社区进学校”活动 …… 75
助力质量安全提升 …… 75
取得硒茶标准制定权 …… 76
进口食品风险排查 …… 76
推进“生态原产地产品保护工作” …… 76
恩施州检验检疫局负责人名录 …… 76

粮 食

概况 …… 76
宏观调控 …… 76
产业经济 …… 76
项目建设 …… 76
粮油监管 …… 77
国有粮食企业改革 …… 77
自身建设 …… 77
恩施州粮食局负责人名录 …… 78

烟草专卖

概况 …… 78
经济运行 …… 78
烟叶生产 …… 78
专卖管理 …… 78
基础设施建设 …… 78
现代烟草农业 …… 78
科技创新 …… 78
精准扶贫 …… 79
企业文化 …… 79
恩施州烟草专卖局负责人名录 …… 79

供 销

概况 …… 79
基层供销社恢复重建 …… 79
农村电子商务建设 …… 79
村级综合服务社提质扩面 …… 79
再生资源回收利用网络建设 …… 79
农民专业合作经济组织发展 …… 80
恩施州供销社负责人名录 …… 80

盐务管理

概况 …… 80
“5·15”主题活动 …… 80
加强市场检查 …… 80
三项制度改革 …… 80
党建工作 …… 80
精准扶贫 …… 81
恩施盐务管理局负责人名录 …… 81

经济开发

扶贫开发

概况 …… 82
基础设施扶贫 …… 82
产业扶贫 …… 82
易地扶贫搬迁 …… 82
兜底保障 …… 82

健康扶贫 …… 83
社会扶贫 …… 83
东西部扶贫协作对口帮扶工作 …… 83
驻村帮扶 …… 83
精准识别 …… 83
考核验收 …… 84
政策保障 …… 84
督实攻坚主责 …… 84
全国政协调研组调研鹤峰县燕子镇龙坪村 …… 84
领导调研 …… 84
全州脱贫攻坚暨驻村扶贫工作电视电话会议 …… 85
州脱贫攻坚榜样事迹报告会 …… 85
贫困村支部书记培训班 …… 85
乔迁新址 …… 85
恩施州扶贫开发办公室负责人名录 …… 85

老区建设促进工作

概况 …… 85
调查研究为党委政府当好参谋 …… 85
开展红色宣传 …… 86
精准扶贫 …… 86
改革和加强基金管理 …… 88
促进“思源回报工程” …… 88
积极争取国家出台革命根据地振新发展规划 …… 88
恩施州老区建设促进会负责人名录 …… 88

经济开发区建设

概况 …… 89
恩施州经济开发区 …… 89
概况 …… 89
规划先行 …… 89
土地开发利用 …… 89
基础设施建设 …… 89
重点项目建设 …… 89
招商引资 …… 89
筹资融资平台建设 …… 90
东西部扶贫协作 …… 90
精准脱贫 …… 90
高新区创建工作情况 …… 90
恩施州经济开发区管委会负责人名录 …… 91
湖北恩施经济开发区 …… 91
概况 …… 91
产业建设 …… 91
园区建设 …… 92
招商引资 …… 92
重点项目建设 …… 93
发展环境 …… 95
湖北恩施经济开发区管委会负责人名录 …… 95

区域建设

县域经济发展 …… 95
概况 …… 95
武陵山龙山来凤经济协作示范区 …… 96
概况 …… 96
龙凤示范区（来凤）重点项目集中开工 …… 96
召开龙凤示范区建设第八次联席会议 …… 97
推进西水河保护与利用一体化 …… 97
积极争取国家和省级支持 …… 97
推进龙凤交通一体化 …… 97
推进龙凤旅游一体化 …… 97
恩施市龙凤镇综合扶贫改革试点建设 …… 98
概况 …… 98
扶贫搬迁 …… 98
移民建镇 …… 98
退耕还林 …… 98
产业结构调整 …… 98
体制机制创新 …… 99
重大事件和活动 …… 99

农业和农村经济

农业产业

概况……101
茶产业链建设……101
在杭州举办：恩施硒茶推介会……101
参加 2017 年国际茶业大会……102
硒产业建设……102
加强品牌打造……102
硒标准体系建设……102
马铃薯主粮化……103
粮油生产……103
蔬菜水果……103
产业扶贫……103
农业产业化……104
农产品质量安全……105
农业科技推广……105
农业科技培训……105
农业行政审批……105
农业行政执法……106
农业机械化……106
项目建设……106
农业招商……106
扶贫帮扶……106
农业灾害……107
考核表彰……107
重要活动及会议……107
恩施州农业局负责人名录……107

农业科技

概况……108
科研课题……108
科研成果……108
马铃薯甘薯科研……108
魔芋大豆科研……109
水稻油菜科研……109
玉米小麦科研……109
茶叶科研……110
植保科研……110
药材园艺科研……110
组培技术……111
畜牧科研……111
扶贫工作……111
成果转化工作……111
恩施州农科院负责人名录……111

林 业

概况……111
造林绿化……112
森林城市创建……112
林业改革创新……112
生态补偿助力精准脱贫……112
行政执法……112
森林防火……113
城市公园建设……113
自然保护区建设……113
林业供给侧结构性改革……113
恩施州林业局负责人名录……114

畜牧业

概况……114
产业结构调整……114
畜禽养殖污染防治……114
重点项目建设……114
畜产品质量安全监管……114
动物疫病防控……114
畜牧行业扶贫……114
恩施州畜牧兽医局负责人名录……115

医药产业

概况……115
基地建设……115

市场主体建设……115
招商引资……115
科技兴药……115
恩施州药业产业化领导小组办公室
负责人名录……115

水利 · 水产

概况……115
防汛抗旱……116
“水更绿”专项治理……116
水利扶贫……116
水利改革……116
水产渔业……116
恩施州水利水产局负责人名录……117

农村经济

概况……117
农村经济收益分配……117
农村土地承包经营及管理……118
深化农村改革……118
村级集体经济……118
农村集体“三资”监管……118
农民负担监督管理……118
农村新型经营主体……118
恩施州农经局负责人名录……119

工　业

工业行业管理

经济和信息化……120
概况……120
主要产业……120
企业发展……120
项目建设……120
技术改造……120
企业服务……120
深化改革……121
信息基础……121
行业管理……121
恩施州经济和信息化委员会
负责人名录……121
企业联合会（企业家协会）……121
概况……121
参加中国企业家活动日……122
推进反腐倡廉……122
州烟草公司入围 2017 湖北企业 100 强……122
参加湖北省市州企联会长会议……122
成立州企联功能型党支部……122
恩施州企联第二届一次会员代表大会……122
参与州级劳动关系三方协商……123
宣传工作……123
恩施州企业联合会（企业家协会）
负责人名录……123

电力工业

概况……123
安全生产……124
电网建设……124
经营管理……125
党的建设……125
荣誉……126
电力……126
国网恩施供电公司被中央文明建设指导委员会
授予第五届“全国文明单位”称号……126
湖北省电能替代工作现场会成功在
恩施召开……126
恩施电网安全稳定运行 21 周年，连续三年
被表彰为湖北省电力公司
“安全生产红旗单位”……126
国网恩施供电公司被表彰为国家电网公司
“新一轮农网改造升级‘两年攻坚战’
工作先进集体”……127

渝鄂直流背靠背联网工程（南通道）等重点项目进展顺利……127
国网恩施供电公司深入贯彻落实中共十九大精神……127
国网恩施供电公司被湖北省民族宗教事务委员会命名为“湖北省民族团结进步先进单位”……127
上级表彰……127
国网恩施供电公司负责人名录……128

中国石化销售有限公司湖北恩施石油分公司
概况……128
市场保供平稳运行……128
党建三基工作夯实……128
安全环保……128
精准扶贫……128
单位表彰……129
中国石化销售有限公司湖北恩施石油分公司负责人名录……129

中国石油天然气股份有限公司湖北恩施销售分公司
概况……129
油品营销……129
非油经营……129
网络建设……129
安全环保……129
中国石油天然气股份有限公司湖北恩施销售分公司负责人名录……130

交通　物流

交通管理与服务
交通运输……131
概况……131
安全应急管理……132
脱贫攻坚……132
文明创建和廉政建设……132
恩施州交通运输局负责人名录……132
道路运输……132
道路运输……132
城市客运……133
站场建设……133
相关业务……134
市场监管……134
安全管理……134
恩施州道路运输管理处负责人名录……135

公路管理
概况……135
鸦来线鹤峰县城关至宣恩县沙道路段改扩建工程……135
利万高速连接线工程……135
南渡江特大桥转体合龙……135
公路养护……136
养护站场建设和配套服务建设……136
水毁保通……136
公路渡口……136
南里渡特大桥通过2017年公路重点桥梁监测检查……136
路政执法……136
科研探索……137
荣誉……137
直属单位建设……138
恩施州公路管理局负责人名录……138
农村公路管理……138
概况……138
农村公路项目建设……138
农村公路管理养护……138
农村公路法制建设……139
农村公路安全生产……139
全面推进从严治党……139

恩施州农村公路管理局负责人名录 …………139
港航管理 ……………………………………139
水路交通概况……………………………139
港航建设…………………………………139
水上交通安全管理 ………………………140
非法码头整治……………………………140
行业管理…………………………………141
文明创建…………………………………141
勤政廉政…………………………………141
恩施州港航海事船检局负责人名录 …………142
铁路建设 ……………………………………142
概况 ………………………………………142
黔张常铁路建设 …………………………142
郑万铁路建设……………………………142
沿江高铁南线方案（渝武高铁）……………143
安恩张铁路、昭黔恩铁路建设……………143
恩施旅游观光铁路 ………………………143
高坪火车站………………………………143
路地协调服务……………………………143
怕湿货物运输……………………………144
宜万铁路移动通信网络整改………………144
恩施州铁路建设委员会办公室
负责人名录……………………………144
恩施机场 ……………………………………144
概况 ………………………………………144
安全管理下实功 …………………………144
真情服务受好评 …………………………144
生产运输形势好 …………………………144
政府支持尽全力 …………………………144
改革创新出成果 …………………………145
党建工作有成效 …………………………145
负责人名录………………………………145

物流管理
概况 ………………………………………145
基础设施建设……………………………145
农村物流发展……………………………145
物流降本增效……………………………145
全面从严治党……………………………146
恩施州交通物流发展局负责人名录 …………146

金　融

银行业
概况 ………………………………………147
银行业监督管理 ……………………………147
概况 ………………………………………147
党的建设…………………………………148
服务实体经济……………………………148
防范金融风险……………………………149
深化银行改革……………………………149
提升监管质效……………………………150
恩施州银监局负责人名录…………………150
中国人民银行恩施州中心支行………………150
贯彻执行稳健货币政策 …………………150
金融扶贫 …………………………………151
金融管理 …………………………………151
支付体系建设……………………………151
国库服务 …………………………………152
货币金银工作……………………………152
征信体系建设……………………………152
外汇管理与服务 …………………………152
调查统计工作……………………………152
金融知识宣传和政务公开…………………152
金融生态环境建设 ………………………152
中国人民银行恩施州中心支行
负责人名录……………………………153
中国工商银行股份有限公司恩施分行 …………153
概况 ………………………………………153
服务经济 …………………………………153
支持产业 …………………………………153
精准扶贫 …………………………………153

中国工商银行股份有限公司恩施分行负责人名录……154
中国建设银行股份有限公司恩施分行……154
概况……154
经营效益……154
负债业务……154
资产业务……154
优质服务……154
内控案防……155
中国建设银行有限公司恩施分行负责人名录……155
中国农业银行股份有限公司恩施分行……155
支持恩施经济发展……155
加大信贷投放，提升服务水平……155
紧扣州域发展规划，调整投向保重点……156
积极盘活市场主体……157
中国农业银行股份有限公司恩施分行负责人名录……157
中国银行股份有限公司恩施分行……157
概况……157
扶贫攻坚……157
重点项目建设……158
资产质量提升……158
服务渠道优化……158
中国银行股份有限公司恩施支行负责人名录……158
中国农业发展银行恩施州分行……158
概况……158
信贷支农……158
党的建设……158
中国农业发展银行恩施州分行负责人名录……159
中国邮政储蓄银行股份有限公司恩施州分行……159
概况……159
信贷投放……159
金融扶贫……159
扶贫公益……159
便民服务……160
金融服务网格化……160
风险管理……160
党建引领……160
银政挂职……160
先进典型……160
中国邮政储蓄银行股份有限公司恩施州分行负责人名录……160
湖北恩施农村商业银行股份有限公司……160
概况……160
党建工作……161
支农支小……161
金融扶贫……161
金融服务全覆盖……162
转型发展……162
湖北恩施农村商业银行股份有限公司负责人名录……162

保险业

保险行业协会……162
概况……162
保险赔付……162
保险业缴税……163
精准扶贫……163
保险业发挥参与社会管理职能……163
维护保险消费者权益……163
防范化解保险业经营风险……163
党建工作……164
恩施州保险行业协会负责人名录……164
中国人民财产保险股份有限公司恩施州分公司……164
概况……164
中国人民财产保险股份有限公司恩施州分公司负责人名录……164

中国人民人寿保险股份有限公司
恩施中心支公司 ……165
概况 ……165
合规意识不断加强，服务能力不断提升……165
参与社会公益……165
诚信经营……165
提升服务……166
不忘初心、永跟党走……166
中国人民人寿保险股份有限公司
恩施中心支公司负责人名录……166
中国太平洋财产保险股份有限公司
恩施中心支公司 ……166
概况 ……166
业务发展……166
理赔 ……166
积极拓展“三农”保险 ……166
“精准扶贫”和“三万”活动工作……167
中国太平洋财产保险股份有限公司
恩施中心支公司负责人名录……167
中国太平洋人寿保险股份有限公司
恩施中心支公司 ……167
概况 ……167
社会责任……167
业务创新……167
营运保障……167
脱贫攻坚……168
党建工作……168
中国太平洋人寿保险股份有限公司
恩施中心支公司负责人名录……168
天安财产保险股份有限公司
恩施中心支公司 ……168
概况 ……168
业务发展……168
理赔（给付）……169
内控管理……169
反洗钱工作……169
地方经济建设和社会公益活动……169
荣誉 ……169
天安财产保险股份有限公司恩施中心支公司
负责人名录……169

邮政　电信

邮　政

邮政管理 ……170
概况 ……170
基础能力建设……170
城市快递末端服务体系 ……170
电商、快递协同发展 ……170
寄递渠道安全监管 ……170
寄递安全“三项制度”……170
标准化管理……170
执法检查 ……171
普遍服务 ……171
快递市场秩序……171
依法治邮 ……171
快递从业人员管理 ……171
机要通信 ……172
“扫黄打非”工作……172
荣誉 ……172
领导调研 ……172
廉政教育 ……172
恩施州邮政管理局负责人名录……172
中国邮政集团公司恩施州分公司 ……172
概况 ……172
党建工作 ……173
创新发展 ……173
创新管理 ……174
能力建设 ……174
企业管理 ……174
中国邮政集团公司恩施州分公司
负责人名录……175

电 信

中国电信恩施分公司 ……175
概况 ……175
党建工作 ……175
推进“宽带乡村”信息精准扶贫工作 ……175
签订《信息化助推恩施州精准扶贫》合作协议 ……175
推进服务地方的重大信息化项目落地 ……176
“三胡”模式助精准扶贫 ……176
超常规通信基础网络建设 ……177
做好各类重大通信保障工作 ……177
中国电信恩施分公司负责人名录 ……177
中国移动通信集团湖北有限公司恩施分公司 ……177
概况 ……177
网络能力提升方面 ……178
融合家庭产品发展 ……178
信息化发展 ……178
党建工作 ……178
综合运营能力实现新的跨越 ……178
多维度向基层延伸开展满意度提升工作 ……178
中国移动通信集团湖北有限公司恩施分公司负责人名录 ……179
中国联合网络通信有限公司恩施州分公司 ……179
概况 ……179
网络基础设施建设 ……179
服务客户 ……179
企业党建 ……179
精准扶贫 ……180
中国联合网络通信有限公司恩施州分公司负责人名录 ……180
中国铁塔恩施州分公司 ……180
概况 ……180
建设维护情况 ……181
精准扶贫情况 ……181
中国铁塔恩施分公司负责人名录 ……181
无线电管理 ……181
概况 ……181
党建和党风廉政建设 ……181
频率台站管理 ……181
无线电监测 ……182
监督执法 ……182
目标管理和规范化建设 ……182
无线电宣传 ……182
恩施州无线电管理处负责人名录 ……182

旅 游

旅游管理
概况 ……183
州旅游委赴杭州市开展旅游结对帮扶对接 ……183
省旅游委主任钱远坤到恩施州调研 ……183
州委常委、宣传部长尹达调研全域旅游工作 ……183
启动“乡村旅游后备箱工程” ……184
州旅游委七大专项行动展开 ……184
省直机关红色教育基地在店子坪授牌 ……185
恩施州 967 名导游持电子导游证上岗 ……185
恩施州旅游委负责人名录 ……185
2017 年新增国家 AAAA 级旅游景区
鹤峰县满山红景区 ……185
生态旅游发展
恩施州旅游工作获省旅游委肯定 ……185
4 件旅游商品在 2016“湖北礼道”旅游商品创意设计大赛中获奖 ……186
春游恩施主题活动 ……186
恩施州旅游形象宣传片 3 月 15 日登陆央视 ……186
第五届长江三峡（巴东）纤夫文化旅游节 ……186

恩施州启动“乡村旅游后备箱工程”促乡村旅游发展……186
恩施州举办旅游产品重庆推介会……187
谋道镇入围第二批全国特色小镇……187
恩施国际房车自驾露营首发活动暨恩施大峡谷国际房车露营地揭牌仪式隆重举行……187
龙船调刺绣养生枕喜获首届中国民族旅游商品大赛铜奖……187
第三届全国民宿大会暨恩施州首届民宿发展大会在湖北省恩施州隆重召开……187

商　贸

商务管理

概况……188
招商引资……188
外贸出口……188
外资外经……188
内贸流通……188
电子商务发展……189
国际茶业大会……189
通关平台建设……189
行业安全监管……189
深化改革……189
履职尽责年……190
精准扶贫……190
重大经贸活动……190
恩施州商务局负责人名录……192

住房和城乡建设

城乡规划

概况……193
概况……193
城市发展规划……194
县市城区规划……194
乡镇村庄规划……194
城市“双修”……194
城乡规划管理……194
州城规划审批……195
规划实施管控……195
理顺规划管理机制……195
规范县镇规划管理……195
配合房地产去库存……196
规划信息化创新……196

住房和建设管理

住房和城乡建设主要指标……196
保障性住房建设……197
州直保障性住房……197
城市管理体制……198
特色小镇建设……198
传统村落推送……198
乡镇生活污水治理……199
农村垃圾治理……199
建筑产业……199
城市燃气管理……200
建筑安全监督……200
建筑节能与勘察设计……201
工程造价管理……202
行业教育培训……202
工程质量监督……202

房地产业

概况……203
房地产去库存……203
2017 恩施房交会……204
市场监管与整治……204
房地产七项重点工作……204
恩施州住房和城乡建设委员会负责人名录……205
恩施州城乡规划管理局负责人名录……205

“六城”同创

概况 ……205
州领导专题研究部署全州“六城”同创工作205
学习交流 ……206
密集督导，推动问题整改 ……206

中国共产党

中共恩施州委员会

概况 ……207
全面深化改革……207
民主政治建设……207
全面从严治党……208
蒋超良到恩施州调研 ……208
张昌尔到恩施州调研 ……209
王晋到恩施州调研 ……209
陈一新到恩施州调研 ……209
屈冬玉到恩施州调研 ……209
王艳玲到恩施州调研 ……209
周先旺到恩施州办理人大代表建议案 ……209
童道驰到恩施州调研并宣讲
中共十九大精神 ……209
曾欣到恩施州督办省级重点项目建设 ……210
全面从严治党向基层延伸纵深推进
电视电话会暨州纪委七届二次全会 ……210
全州县处级干部学习贯彻中共十八届
六中全会精神轮训班 ……210
州防汛抗旱指挥部分析研判会……210
恩施州全域旅游暨“六城”同创推进工作
电视电话会……210
州委七届三次全体（扩大）会……210
全州特殊困难群体脱贫对策暨督查问题
整改专题会……211
纪念中国共产党成立96周年座谈会……211
省委宣讲团专题宣讲省党代会精神 ……211
全省农业产业扶贫现场推进会……211
全省电能替代工作现场会……211
2017国际茶业大会暨第四届硒博会……211
全省易地扶贫搬迁现场会……211
省委宣讲团到恩施宣讲中共十九大精神 ……212
全州领导干部学习贯彻
中共十九大精神轮训班……212
中共恩施州委员会组成人员名录 ……212
中共恩施州委秘书长、副秘书长名单 ……213
中共恩施州委办公室负责人名录 ……213

组织工作

概况 ……213
“两学一做”学习教育常态化制度化……213
领导班子思想政治建设 ……214
领导干部学习贯彻中共十九大精神轮训班 ……214
“四个一线”干部锻炼平台 ……214
干部选拔任用全程纪实 ……214
不担当、不作为问题专项治理……214
州管干部数字档案管理系统……215
支部建设“十条意见”……215
基层党建“整县推进”……215
非公有制经济组织和社会组织
“百日巩固行动”……215
抓党建促脱贫攻坚 ……215
人才体制机制改革 ……216
杭州市人才支援项目 ……216
人才创新创业……216
“组工调研信息宣传年”活动 ……216
中共恩施州委组织部负责人名录 ……217

宣传思想文化工作

概况 ……217
学习宣传贯彻中共十九大精神……217
意识形态工作责任制 ……217
理论武装工作……217
新闻宣传工作……218

网信工作……218
精神文明建设……218
文化体制改革和文化产业发展……218
文化事业发展……219
自身建设……219
中共恩施州委宣传部负责人名录……219

统战工作

概况……219
多党合作制度效能提升……219
非公有制经济领域统战工作……220
民族工作……220
宗教工作……220
党外代表人士队伍建设……220
对台工作……221
省委常委、统战部长、省总工会主席
尔肯江·吐拉洪到恩施调研……221
恩施州招商服务平台启动仪式暨
“恩商回归”座谈会……221
“千企帮千村、脱贫奔小康”精准扶贫……221
中共恩施州委统战部负责人名录……221

信访工作

概况……221
信访维稳……221
信访改革……222
业务规范……222
中共恩施州委群众工作部（州信访局）
负责人名录……223

政策研究及深化改革工作

概况……223
调查研究……223
《今日恩施》编辑……223
经验推广……223
扶贫工作……224
中共恩施州委政研室（州改革办）
负责人名录……224

机关党建

概况……224
思想建设……224
组织建设……224
党风廉政建设……225
精神文明建设……225
学习宣传贯彻中共十九大精神……225
深化“支部主题党日”……225
党建考评改革……226
“书香恩施·清江大讲堂”……226
精准扶贫……226
中共恩施州委州直机关工委负责人名录……226

机构编制管理

概况……226
机构编制管理……226
行政审批制度改革……227
行政管理体制改革……228
相关领域改革……228
事业单位登记管理制度改革……228
恩施州编办负责人名录……228

老干部工作

概况……228
落实老干部工作部署……229
离退休干部思想政治建设……229
离退休干部党组织建设……229
老年活动场所建设和管理……229
离退休干部正能量活动……230
老干部工作部门自身建设……230
老干部工作会……230

州领导走访慰问老干部……231
中组部老干部局调研离退休干部党建工作……231
离退休干部党支部书记培训……231
中共恩施州委老干部局负责人名录……231

保密工作

概况……231
保密工作责任制……231
保密法制宣传教育……232
网络保密管理……232
计算机及移动存储介质保密管理……232
涉密文件资料保密管理……232
保密检查和服务……232
恩施州保密局负责人名录……233

党校工作

概况……233
教学管理……233
社科研究……233
新校区项目建设……234
中共恩施州委党校（州行政学院）负责人名录……234

人民代表大会

恩施州人民代表大会

概况……235

地方立法

科学编制五年立法规划……235
组织实施 2017 年立法计划……235
配合上级人大开展立法工作……235

人大监督

人大监督工作概况……235
监督脱贫攻坚工作……236
对民生和环保工作的监督……236
对计划执行和预算执行的审查监督……236
对司法工作的监督……236
加强规范性文件备案审查工作……237

机关管理工作

重大事项决定和人事任免……237
发挥人大代表作用……237
自身建设……238
八届人大一次会议……238
人大常委会会议……239
各专门委员会主要工作……240
县市人大常委会主任座谈会……240
领导视察调研……241
扶贫帮困……242
人大宣传……243
恩施州第八届人大常委会组成人员名单……243
秘书长、副秘书长名单……244

人民政府

恩施州人民政府

概况……245

政府工作概况

脱贫攻坚……245
特色产业……245
重点项目……246
改革创新……246
改善城乡面貌……246
提升环境质量……246
民生保障……247
党建工作……247

重要工作会议

八届人民政府第一次全体会议……247
空气质量治理联席会议……247
脱贫攻坚暨驻村扶贫工作电视电话会议……248
经济工作暨固定资产投资推进会……248
乡镇生活污水治理电视电话会议……248
八届人民政府第一次廉政工作会议……248
恩施硒茶抢滩首届中国国际茶博会……249
大型企业进恩施暨重大项目推介会……249
全州金融工作暨资本市场建设专题座谈会……249
半年经济形势分析会暨固定资产投资调度会……249
决战深度贫困工作部署会议……249
农业部第十一批扶贫联络组座谈会……249
中央国家机关青联委员到恩施州调研……249
州第八届运动会……250
2017 国际茶业大会暨第四届硒博会……250
第三季度经济形势分析会……250
全国第三届民宿大会……250
第十八次科技奖励大会……250
恩施州成立马铃薯产业协会……250
安全生产工作会议……250
环保工作会议……251
政府常务会议……251

重要政务活动

恩施州与杭州市签署东西部扶贫协作对口帮扶协议……253
重点项目建设……253
恩施州与中国科技大学先进技术研究院开展富硒功能农业战略合作……253
恩施州代表团出访澳大利亚、新西兰……253
州政府与南京总医院签订双拥共建协议……253

领导调研

曹广晶到恩施州调研……253
郭生练到恩施州调研……254
王晓东到恩施州调研……254
浙江省和杭州市领导调研……254
刘慧到恩施州调研……254
张仲秋到恩施州调研……255
黄楚平到恩施州调研……255
余欣荣到恩施州调研……255
恩施土家族苗族自治州人民政府领导人名单……255
秘书长、副秘书长名单……255

民族宗教工作

概况……255
推进民族团结进步示范区创建……255
新时代全国民族团结进步高端智库建设座谈会在恩施州召开……256
落实民族政策……256
特色村寨建设……256
精准扶贫和行业扶贫工作……256
民族文化工作……256
少数民族传统体育工作……257
宗教工作……257
推进“武陵山民族经济社会发展试验区”“616”工程和全国先进自治州建设……257
领导调研……258
恩施土司城移交国投公司管理……258
恩施州民族研究学会第十一次会员代表大会……258
恩施州民族宗教事务委员会负责人名录……258

外事侨务工作

概况……258
看望慰问贫困归侨侨眷和恩施籍驻外大使家属……259

英国湖北同乡会秘书长宋安娜赴恩施考察 ····259
省外侨办副巡视员马爱国到恩施州调研 ······259
州长刘芳震率团出访新西兰、
澳大利亚两国 ··259
法律专题讲座··259
柬埔寨奉辛比克党干部考察团到
恩施考察··259
恩施市副市长张献宏率团赴新西兰
进行友好访问 ··259
韩国堤川市副市长朴仁用率团访问恩施 ······260
省侨联副主席刘文华一行到恩施州
调研侨联改革工作 ··································260
新加坡中国商会会长胡进胜率团
到恩施考察··260
国际茶业大会和硒博会邀请接待工作 ·········260
俄罗斯列宁格勒州加特契纳市市长
柳布什金娜·叶莲娜访问恩施 ·················260
州政协主席刘建平率团访问韩国堤川市 ······260
“扶贫日”活动 ······································260
州委常委、组织部长张建文率团访问德国、
瑞典、法国··260
省侨联副主席刘文华慰问恩施归侨侨眷 ······261
美国驻武汉总领事馆领事处处长
陈路家来恩施调研 ··································261
恩施州人大、常委会副主任吕金施率团
出访希腊、意大利、法国·························261
全州外侨办主任工作座谈会·····················261
“澳大利亚魏基成天籁列车”冬衣捐赠活动
走进宣恩县··261
恩施州外事侨务局负责人名录··················261

机关事务管理

概况 ··261
国有资产管理··261
公务用车制度改革 ··································262
公共机构节能··262
系统建设 ··262
用车保障 ··262
文化广场管理··262
巡察整改 ··262
精准扶贫 ··262
恩施州机关事务管理局负责人名录 ···········263

政务公开服务工作

概况 ··263
健全机构机制··263
优化审批流程··263
推行“一次办好”····································263
试行“一窗通办”····································264
建立重点项目“容缺预审”机制 ···············264
推进并联审批、联审联办·························264
结合“互联网+政务服务”，
推行统一电子平台 ··································264
恩施州政府政务服务中心管理办公室
负责人名录··264

人民政协

恩施州人民政协

概况 ··265

工作概况

思想政治建设··265
服务改革发展··265
政治协商新气象 ······································266
强化制度建设··266
加强自身建设··266

重要会议

政协八届一次会议 ··································267
政协常委会议··267
双月协商座谈会 ······································267

政协提案工作座谈会 ……268
全州政协社情民意信息工作推进会 ……268
参加武陵山片区政协主席联席会第二次会议 ……268

相关工作

《人民政协报》报道恩施州高山扶贫工作 ……268
政协委员开展"四送"活动 ……268
《中国政协》报道恩施州政协委员履职事迹 ……268
州城饮用水源地保护情况专项民主监督 ……268
恩施州行政机关负责人出庭应诉情况专项民主监督 ……269
关于加强和改进人民政协民主监督工作的实施意见 ……269
关于加强专门委员会建设的十条意见 ……269
政协恩施土家族苗族自治州第八届委员会、负责人名录 ……269
州政协办公室机构编制、领导班子成员 ……270

纪检监察

综　述

概况 ……271

重大活动

纪委七届二次全体会议 ……271
贯彻落实中央"八项规定"精神 ……271

领导调研

侯长安到恩施调研 ……271
薛红文到恩施调研 ……272
熊征宇到恩施调研 ……272

执纪监督

执纪审查 ……272
扶贫领域监督执纪问责 ……272
纪检体制改革探索 ……273
巡察工作 ……273
行政监察 ……273
自身建设 ……274
中共恩施州纪律检查委员会、州监察局负责人名录 ……274

群众团体

总工会

概况 ……275
服务职工"四送"活动 ……275
领导调研 ……275
州八运会 ……276
总工会五届六次全委会议 ……276
州委常委会研究工会工作 ……276
工会活动 ……276
荣誉 ……277
2017 中国（宣恩）内陆河水上运动会暨武陵山区龙舟争霸赛开幕 ……277
"爱心驿站"建设工作 ……277
全州工会改革和产业工人队伍建设改革会议 ……277
全州工会系统中共十九大精神宣讲报告会 ……278
州工会第五届七次经审全委会议 ……278
州总工会第六次代表大会 ……278
总工会考察组赴杭州考察工人文化宫建设 ……278
恩施州劳动关系三方协商会议 ……278
恩施州总工会负责人名录 ……278

共青团

概况 ……………………………………………278
中共第十九次全国代表大会精神
学习宣讲活动 ……………………………278
共青团改革……………………………………279
志愿服务工作…………………………………279
全域旅游青年创新创业大赛…………………279
关爱重点青少年群体 …………………………279
网络新媒体工作 ………………………………279
领导考察调研…………………………………279
与共青团杭州市委开展东西部扶贫协作……280
主题团（队）日活动 …………………………280
承办湖北希望工作现场推进会………………280
承办 2017“创青春”湖北青年创新创业
大赛总决赛……………………………………280
承办湖北省少先队辅导员技能大赛决赛……280
恩施州青年联合会第二届委员会全体会议 …280
共青团恩施州第七次团代会…………………280
陈兹方获“湖北青年五四奖章”……………281
共青团恩施州委负责人名录…………………281

妇女联合会

概况 ……………………………………………281
意识形态教育…………………………………281
妇联改革工作…………………………………281
创业就业巾帼建功 ……………………………282
家风建设………………………………………282
“心系妇儿·送法到家”活动 ………………282
“家调委”建设 ………………………………282
关心关爱救助妇儿 ……………………………283
“关爱困境儿童成长”公益项目 ……………283
领导调研………………………………………283
荣誉 ……………………………………………284
恩施州妇联合会负责人名录…………………284

红十字会

概况 ……………………………………………284
红十字宣传工作 ………………………………285
无偿献血、无偿造血干细胞捐献、
无偿器官捐献 ……………………………285
应急救护………………………………………285
红十字志愿服务 ………………………………285
精准扶贫………………………………………285
领导调研………………………………………286
恩施州红十字会负责人名录…………………286

工商业联合会（总商会）

概况 ……………………………………………286
自身建设………………………………………286
组织建设………………………………………286
参政议政………………………………………287
社会服务………………………………………288
维权服务………………………………………289
招商联络………………………………………289
恩施州工商业联合会（总商会）
负责人名录………………………………289

民主党派

中国国民党革命委员会恩施州委员会

概况 ……………………………………………291
参政议政………………………………………291
民主监督………………………………………291
政治协商………………………………………292
社会服务………………………………………292
对台工作………………………………………292
宣传工作………………………………………293
民革恩施州第二届委员会组成人员 …………293

中国民主同盟恩施州委员会

概况 ……………………………………………293

思想建设……293
组织建设……293
作风建设……293
参政议政……294
政治协商……294
脱贫攻坚民主监督……294
社会服务……294
宣传工作……295
成立 30 周年纪念活动……295
中国民主同盟恩施州委员会负责人名录……295

中国民主建国会恩施州委员会

概况……295
自身建设……295
参政议政……296
社会服务……297
中国民主建国会恩施州委员会负责人名录……298

中国民主促进会恩施州支部委员会

概况……298
思想建设……298
组织建设……298
参政议政……299
精准扶贫……299
民进恩施州支部第一届委员会组成人员……299

中国农工党恩施州委员会

概况……300
自身建设……300
参政议政……301
组织建设……301
民主监督……301
社会服务……302
出席农工党湖北省第八次代表大会……303
中国农工党恩施州委员会负责人名录……303

法　治

政法委及综治

概况……304
维稳工作……304
基层社会治理……304
信息化建设……304
法治恩施建设……305
政法队伍建设……305
中共恩施州委政法委负责人名录……305

法治政府建设

概况……305
立法工作……305
规范性文件管理……305
行政复议……305
信访复查复核……306
政府法律事务……306
执法监督检查……306
仲裁工作……306
法制办公室机构编制、领导人……306

公　安

概况……306
社会管理……306
信访工作……306
刑事侦查……307
经侦工作……307
安全监管……307
出入境管理……307
网安工作……308
禁毒工作……308
政治工作……308

恩施州公安局负责人名录……309

检 察

概况……309
刑事检察……309
公益诉讼……309
刑事立案和侦查监督……309
刑事审判监督……310
刑罚执行检察监督……310
民事行政检察……310
未成年人刑事检察……310
控告申诉检察……310
惩防职务犯罪……310
检务公开……310
司法体制改革……311
推进以审判为中心的刑事诉讼改革……311
检察技术……311
恩施州检察院负责人名录……311

法 院

概况……311
刑事审判……311
民事审判……312
商事审判……312
行政审判……312
信访维稳……312
执行工作……312
司法改革……313
审判管理……313
司法为民……313
跨域立案……313
司法公开……313
接受监督……313
廉洁司法……314
恩施州中级人民法院负责人名录……314

司法行政

概况……314
社区矫正……314
强制隔离戒毒……314
人民调解……314
法律援助……315
“七五”普法……315
法律服务……315
公证律师及司法鉴定管理……316
司法行政改革……316
精准扶贫……317
自身建设……317
恩施州司法局负责人名录……317

湖北省恩施监狱

概况……317
监管安全……317
教育改造……318
廉政建设……318
湖北省恩施监狱负责人名录……318

军 事

中国人民解放军恩施军分区

概况……319
思想政治建设……319
备战执勤……319
国防动员工作……319
后装保障……319
恩施军分区党委十一届四次全体（扩大）会议……320

武警恩施支队

概况……320
思想政治建设……320
执勤训练工作……320

基层建设……320
重要会议……321
完成重要任务……321
重要活动……321

武警恩施州消防支队

概况……321
落实消防安全责任制……321
火灾防控……322
消防力量建设……322
能力提升……322
消防宣传教育……322
“智慧消防”建设……322
基地建设……322
部队安全稳定管理……322
重要会议……323
人民防空……323
信访维稳……324

文　化

恩施州文化管理

概况……325
新闻稿件刊发……325
送戏下乡……325
文化建设……325

文化艺术

文化活动……326
戏曲艺术……327
文学创作……328
对外文化交流……328
第三届群众广场舞展演……328
全民阅读活动……329
农家书屋……329
公共文化服务体系建设……330
第二次全州社会文艺团队普查工作……331
文化生态保护规划……331
非物质文化遗产展示……331
全省文化生态保护区建设工作培训……331
文化市场管理……331
电子竞技……332
表彰奖励……332

新闻出版

软件正版化……332
扫黄打非……332

广播电视

安全保障……333
媒体宣传……334
惠民工程……334
队伍建设……334
恩施州文化体育新闻出版广电局
负责人名录……334

湖北省民族歌舞团

概况……335
廉政宣教……335
队伍建设……335
荣誉……335
文艺创作……336
惠民演出……336
精品推广……337
文化交流……338
重要会议……339
湖北省民族歌舞团负责人名录……339

文物 · 博物

概况……339
机构改革……339
项目申报……339

文物保护……340
惠民活动……340
文物征集……341
临时展览……341
学术研究……341
勘探发掘……341
宜红古茶道学术研讨会……341
学习培训……342
调研、宣传……342
文化交流……342
荣誉……342
恩施州博物馆负责人名录……343

图书馆

概况……343
调整窗口部门免费开放时间……343
组织成立全州公共图书馆阅读推广联盟……343
图书自助借还系统启用……343
建设智能化图书馆……343
数字资源建设……343
地方文献收藏……344
公共图书馆评估定级……344
文化志愿者服务……344
馆外流通服务……344
少儿读书活动……344
经典诵读活动……344
“移动图书馆”进机关……345
湖北省图书馆《长江讲坛》下基层巡讲在恩施开讲……345
省州县各级公共图书馆联动发展……345
恩施州图书馆负责人名录……345

文化传媒

恩施日报社……345
概况……345
事业发展……345
党建工作……345
廉政建设……346
主题宣传……346
典型宣传……346
时政报道……346
经济报道……346
本土报道……347
精准扶贫报道……347
“走转改”活动……347
从严治党宣传……347
新媒体建设……347
恩施日报社负责人名录……348
恩施电视台……348
概况……348
主题宣传……348
对外宣传……348
舆论监督……348
节目改版……349
安全播出……349
媒体融合……349
综合配套改革……349
广播电视信号覆盖……350
传媒中心广电大楼建设……350
经营活动……350
重要活动及领导调研……350
恩施电视台负责人名录……350
湖北省楚天视讯网络有限公司恩施分公司……351
概况……351
产业发展……351
事业建设……351
智慧服务……351
优质服务……351
湖北省楚天视讯网络有限公司恩施分公司负责人名录……351

档　案

概况……352
档案馆建设和档案资源建设……352
档案法治建设和教育培训……352
档案信息化建设……352
档案服务能力建设和档案资源开发利用……352
家庭建档工作指导和档案目标管理……353
恩施州档案局（馆）负责人名录……353

史　志

概况……353
党史正本编研……353
组织史资料编写……354
乡镇志、村（社区）志编纂……354
年鉴编纂……354
改革开放实录课题研究编写……354
《恩施州大事》编写……354
部门、专业志书编纂……355
旧志整理……355
启动《湖北要览》丛书恩施州及县市编纂工作……355
承办“喜迎十九大·经济社会发展成就展”·355
参与举办“全民阅读·书香恩施”活动……355
全州史志办主任暨业务培训会……355
中国地方志学会方志学分会 2017 年年会……355
领导调研……355
特色党建活动……356
精准扶贫……356
恩施州史志办公室负责人名录……356

科学技术

恩施州科技局

概况……357
省级高新区创建……357
科技计划管理……357
科技成果转化和对外合作……358
知识产权……359
科技人才服务……359
科技活动周……360
知识产权宣传周……360
重要会议……360
恩施州科学技术局负责人名录……360

科学技术协会

概况……360
“小记者‘探秘’科普教育基地”……360
科普灯谜闹元宵……360
科技服务促春耕……360
青少年科技竞技活动辅导员培训班……361
大手拉小手——科普报告荆楚行……361
科技活动周……361
科技工作者日……361
科普项目……361
“科学补硒·健康生活”公益宣传活动……361
科协系统深化改革……361
科普进军营……362
全国科普日·恩施科普月……362
科普信息化……362
青少年科技创新大赛……363
第四次代表大会……363
科普志愿者队伍……363
全民科学素质工作……363
硒科普宣传工程……364
学会组织建设……364
学术交流……364
人才推荐工作……364
恩施州科学技术协会负责人名录……364

卫生和计划生育

卫生管理

概况……365
公立医院改革……365
医疗基础设施建设……366
医政管理……366
中医药管理……367
药政管理……367
公共卫生服务……367
爱国卫生……367
卫生应急……368
妇幼健康服务……368
卫生执法监督……368
医疗卫生人才科教……368
新闻宣传……369
行政审批……369
信息化建设……369
健康扶贫……369
精准扶贫……370
全州卫生与健康大会……370

计划生育

概况……370
基层指导……371
困难家庭扶助……371
依法治理……371
优质服务……372
计划生育协会工作……372
药具发放……372
流动人口服务管理……373
恩施州卫生和计划生育委员会负责人名录……373

医疗服务

恩施州中心医院……373
概况……373
荣誉……373
武陵山区域医疗卫生中心建设……374
业务管理……374
学科建设……375
人才队伍建设……375
医教研转型升级……375
医疗质量控制……375
院感管理和公共卫生工作……375
优质护理服务……376
中医民族医学发展……376
宣传外联与市场拓展工作……376
硒与人体健康研究……376
“三四五”管理制度……376
医院公益形象……376
精准扶贫工作……377
恩施州中心医院负责人名录……377
湖北民族学院附属民大医院……377
概况……377
医疗质量……377
教学科研……378
对外交流和合作……378
湖北民族学院附属民大医院负责人名录……379
恩施土家族苗族自治州优抚医院……379
概况……379
优抚事业……379
精神卫生公共职能……379
精准扶贫……379
恩施州优抚医院负责人名录……379

教育　体育

教育管理

概况……380
超级大班化解……381
中职教育……381
教育建设项目……381

推进集团化办学改革工作……381
教育精准扶贫……381
教师队伍建设……382
信息化建设……382
学校安全……382
教育管理……382
教育环境……382
素质教育……382
教育质量……382
先进人物……382
恩施州教育局负责人名录……383

重点院校简介

湖北民族学院……383
概况……383
学科建设……383
科研工作……383
招生就业……383
办学条件……384
大学生思想政治教育……384
大学更名工作……384
审核评估……384
驻村扶贫……384
郑明辉被评为“享受省政府专项津贴人员”……384
湖北民族学院负责人名录……384
湖北民族学院科技学院……385
概况……385
师资队伍……385
招生与就业……385
科研工作……385
新校园建设……385
人才培养……385
教育扶贫……386
教育助学……386
宣传思想工作……386
湖北民族学院科技学院负责人名录……386
恩施职业技术学院……386
概况……386
教育教学工作……386
继续教育工作……387
招生就业……387
合作办学……387
师资建设……388
巡视巡察……388
精准扶贫……388
恩施职业技术学院负责人名录……388
恩施州广播电视大学……388
概况……388
应用型人才培养……389
招生、培训与就业……389
州广播电视教育研究会活动……389
武陵山电大教育区域协作……389
思想教育……389
恩施州广播电视大学负责人名录……389
恩施州卫生学校……390
概况……390
卫生行业国家职业技能鉴定……390
教学科研……390
参加湖北省医学职业教育护理技能大赛……390
恩施州卫生学校负责人名录……390
恩施土家族苗族自治州高级中学……390
概况……390
高考成绩……390
教师队伍建设……390
教研成果……391
学生培养……391
德育建设……391
学生资助……392
精准扶贫……392

恩施州高级中学负责人名录……392
恩施州清江外国语学校……392
概况……392
教师队伍……392
学校发展……392
高考、中考成绩……392
荣誉……392
第九届文化体育艺术节……393
恩施州清江外国语学校负责人名录……393

体 育

概况……393
体育基础设施……393
群众体育……393
竞技体育……394
恩施州第八届运动会……394
体育产业……395
民族体育项目建设……395
荣誉……395

社会生活

人力资源和社会保障工作

概况……396
就业创业……396
社会保险……397
人事管理……397
收入分配……397
劳动关系……397
劳动监察……397
劳动仲裁……397
民办技工学校……398
相关机构设置变化……398
查处和防范社会保险欺诈工作联席会议制度……398
重要会议……398
上级领导督办调研……399
“千名监察员服务万企”活动……399
中共恩施州社会流动人才党委成立……399
“清风润人社·书香满家园”主题诵读比赛……399
人社局参加“党风政风热线”栏目上线直播访谈……399
全省基层公务员脱贫攻坚专题培训班在咸丰县举办……399
全省“12333”电话咨询服务培训班在恩施州举办……399
东西部协作对口帮扶工作……399
湖北省民间工艺技能大赛……400
李洪胜被评为“湖北省有突出贡献中青年专家”……400
宋秀胜被评为“享受省政府专项津贴人员”……400
易盛荣被人社部表彰为“全国人力资源社会保障系统先进工作者”……400
恩施州人力资源和社会保障局负责人名录…400

民政工作

概况……401
社会保障兜底……401
城乡低保保障……401
五保供养……401
医疗救助和临时救助……401
双拥创建……402
优抚安置……402
落实军休干部待遇……402
社会组织管理……402
救灾工作……402
社会福利和社会事务……402
福彩事业……403
基层政权建设……403
地名区划……403

老龄人口现状……403
老龄事业……403
慈善事业……403
重要会议及文件……404
领导调研督办……404
恩施州民政局负责人名录……404

移民工作

概况……404
点题督查工作……404
移民项目建设……405
移民搬迁安置……405
移民美丽村庄建设……405
精准扶贫工作……405
移民资金管理……405
信访维稳……406
恩施州移民局负责人名录……406

残疾人保障工作

概况……406
残疾人补贴审核发放……406
残疾人精准康复服务和辅具适配工作……406
残疾人教育就业……407
残疾人文化体育……407
行业扶贫……407
全州残疾人证专项治理……407
全州残联工作会……408
全州残疾人精准康复暨辅助器具适配工作培训……408
领导调研督导……408
“春风行动”促进残疾人就业……408
恩施州第18次全国爱耳日主题活动……408
恩施州第27次全国助残日活动……408
“集善工程 · 启明行动”启动仪式……409
“微心愿”活动启动……409
恩施州残疾人康复及托养中心（一期）复工开工……409
恩施州残疾人联合会负责人名录……409

住房公积金

概况……409
住房公积金归集……409
住房公积金个人贷款……410
住房公积金提取与增值收益……410
推动房地产去库存……410
公积金政策调整与宣传……410
开展“面对面 · 听期盼”大走访活动……410
精准扶贫……410
恩施州住房公积金管理中心负责人名录……411

居民生活

全体居民生活……411
全体居民收入……411
全体居民消费……412
城镇居民生活……413
城镇居民收入……413
城镇居民消费……414
农村居民生活……414
农村居民收入……414
农村居民消费……415
市场价格运行……416
市场价格总体运行……416
八大类消费品价格……417
主要食品价格……417
医疗保健类价格……417

环　保

水文 · 气象

水文……418
概况……418
水情情报预报服务……418

水雨情……418
水资源监测评价……419
水文勘测业务改革……419
水文应急监测……419
水文科技工作……419
水文水政监察……419
水文基础设施建设……419
水文信息化建设……419
服务地方建设……419
恩施州水文水资源勘测局负责人名录……420
气 象……420
概况……420
主要气候事件……420
主汛期气象服务……424
灾害天气决策服务……424
重大活动保障服务……425
人工影响天气服务……425
融媒体宣传助力气象转型发展……425
与省同步基本实现气象现代化……426
防雷减灾体制改革有序推进……426
“放管服”改革深入推进……426
举办恩施州气象灾害应急演练……426
四省边区气象学术交流会在恩施召开……426
牵头开展精准扶贫……426
党建工作……427
荣誉……427
考察调研……427
恩施州气象局负责人名录……428

自然资源管理

国土资源局……428
土地资源概况……428
矿产资源概况……428
防灾减灾……428
不动产统一登记……429
湖北恩施腾龙洞大峡谷国家地质公园建设……429
保障用地……429
耕地保护……429
建设用地管理……429
地籍管理……430
矿产资源管理……430
信访维稳……430
执法监察……430
恩施州国土资源局负责人名录……430

环境管理

概况……430
大气环境……430
水环境……431
声环境……431
降水……431
生态保护……431
突出环境问题整改……431
总量减排……431
优化发展环境……432
大气污染防治……432
水污染防治……432
土壤污染防治……433
环境监管执法……433
环境监测……433
辐射管理……433
危险废物管理……434
环保宣传……434
生态文明体制改革……434
接受履职尽责督促检查……434
重要会议、活动……434
恩施州环保局负责人名录……435

环境监测

概况……435
环境质量监测……435
污染源监督性监测……435

应急、投诉及专项监测……436
“2+26”城市京津冀执法监测……436
参加国家地表水环境质量监测工作……436
国家能力验证……436
环境监测质量管理……436
业务宣传及信息公开……436
机关党建及党风廉政建设……437
恩施州环境监测站负责人名录……437

硒资源保护与开发

概况……437
世界硒都·中国硒谷建设……437
硒产业发展……437
硒资源保护……438
硒科研合作……438
对外交流合作……438
恩施州硒资源保护与利用条例……439
第四届世界硒都（恩施）硒产品博览交易会……439
恩施州硒资源保护与开发局负责人名录……440

自然资源保护区和研究所

湖北星斗山国家级自然保护区……440
概况……440
资源管理……440
科研监测……440
项目建设……441
生态公益林建设……441
湖北星斗山国家级自然保护区负责人名录……441
湖北七姊妹山国家级自然保护区……441
概况……441
资源保护……441
科研宣教……442
社区工作……442
项目工作……443
湖北七姊妹山国家级自然保护区负责人名录……443
湖北木林子国家级自然保护区……443
概况……443
资源保护……443
科研宣教……444
社区事务……444
项目工作……444
湖北木林子国家级自然保护区负责人名录……444
湖北省农业科学院中药材研究所……444
概况……444
“鄂西两山两库地区传统中药材生态种植集成示范及产业链升级”项目……444
“恩施紫油厚朴产业化技术集成与示范”项目……444
“湖北省重点道地药材品种选育及配套关键技术研究”项目……444
“恩施富硒中药资源本底调查”项目……444
国家中药材产业技术体系恩施综合试验站建设……444
科技成果……445
科技推广与服务……445
华中药用植物园建设……445
湖北省农业科学院中药材研究所负责人名录……445

生态建设

清洁能源产业链建设……445
大健康产业链建设……445
节能减碳……446
农业生态文明建设……446

市县概览

恩施市

概况……447

行政区划及人口……447
经济发展……448
社会发展……449
市政建设……451
恩施市政府与杭州市江干区政府签署结对帮扶框架协议……451
恩施市两个单位获授“湖北省少数民族非物质文化遗产保护传承示范基地”……451
恩施市 2017 大型企业进恩施暨重大项目推介会……451
全国政协调研组调研“幸福新农村”建设……452
省政府召开“616”工程对口帮扶工作座谈会……452
武汉大学签订对口支援恩施市中心医院合作协议……452
国家农业综合开发办检查组督查农业综合开发工作……452
恩施市“中国硒谷”生态农业板块 40 家企业集体在武汉挂牌……452
谭桂英当选 12 月“荆楚楷模”……452
全国人大调研组到恩施市调研……452
政协恩施市第九届委员会第二次会议……452
恩施市第十届人民代表大会第三次会议……452
恩施市“四大家”领导人……452

利川市

概况……453
自然资源和文物保护……453
行政区划及人口……454
经济发展状况……454
社会发展……456
市镇建设……457
《柏杨坝镇志》举行首发式……458
全国新媒体与 VR+ 培训在利川市举行……458
民宿新闻发布会……458
“茶业机械标准化生产技术集成与示范”现场交流会在毛坝镇举行……458
中国山地马拉松系列赛利川站在白鹊山举行……458
利川市被被授予“全国综合健康扶贫项目示范基地”称号……458
张家国被表彰为“全国卫生计生系统劳动模范”……458
柳布什金娜·叶莲娜率团访问利川……459
湖北青年创新创业大赛——现代农业和农村电子商务组决赛”在利川市举行……459
对外宣传……459
领导检查调研……459
荣誉……460
利川市“四大家”领导人……460

建始县

概况……461
自然及人文资源……461
行政区划及人口……462
经济发展……462
社会发展……463
高坪赤沙地茶叶获欧盟有机认证证书……465
“牵手黄四姐·相约金建始”旅游推介活动……465
龙王淌被公布为全国汽车自驾运动营地……465
建始获“最古老地名”称号……465
中国建始首届“景阳杯”清江江钓大赛……465
建始县被列为国家电商进农村示范县……466
建始县畜禽产品在中国中西部畜牧业博览会上展出……466
撤销长梁乡设立长梁镇……466
央视《乡约》栏目走进建始……466
建始民族医院获“2017 年全国民营诚信医院”称号……466
建始枸杞珍酒业获“荆楚优品”称号……466
建始县十八届人民代表大会第二次会议……466

政协建始县九届二次全体会议……467
建始县马铃薯产业链建设……467
建始县支持煤炭行业去产能……467
建始县“四大家”领导人……467

巴东县

概况……468
自然及旅游资源……468
行政区划及人口……468
经济发展……469
社会发展……471
市政建设……472
余合智创作春联入选“鸡年最佳春联”……473
微电影《天降神龟》获评“优秀微电影奖”……473
乔凤获得2016年度全省三八红旗手称号……473
巴东县全国绿色食品原料（柑橘）标准化生产基地续创成功……473
香浓寨生态有机茶示范园获评2017年湖北省休闲农业示范点……473
巴东无臂青年陈兹方获评2017年“湖北青年五四奖章”……473
李峰获评全国优秀人民警察……473
巴东经济开发区的示范区建设……473
巴东县城被命名为“国家卫生县城”……473
中共巴东县第十五届委员会第四次全体（扩大）会议……474
胡代燕获评第四届湖北省科普先进工作者……474
巴东县获评全国电子商务进农村综合示范县……474
巴东县被命名为“中国廪君文化之乡”……474
第一届巴东国际地质灾害学术论坛暨第七届青年工程地质学术研讨会……474
巴东县黄土坡野外综合试验场申报“中国科协科普试验基地”……474
巴东县获评“2017年度全国重点产茶县”称号……475
湖北省第一届“极目楚天舒”全民健身系列赛事2017游泳公开水域活动（巴东站）暨首届“畅游神农溪·横渡大三峡”冬泳邀请赛……475
巴东县被命名为“国家园林县城”……475
“巴东郡贡茶”入选2017年度全国名特优新农产品果品类名录……475
巴东县部分乡（镇）、村获评全省2017年度“森林城镇”和“绿色示范乡村”……475
巴东县获评2017年“湖北省森林城市”……475
《巴东县主城区城市设计及控制性详细规划》通过评审……475
邓绍南被表彰为全国农业劳动模范……476
野三关镇获省特色小镇“酿酒小镇”……476
巴东县部分乡（镇）、村获评恩施州“美丽乡镇、美丽村庄”……476
《巴东县高铁新区城市设计》获城市规划类一等奖……476
易盛荣获“全国人力资源和社会保障系统先进工作者”……476
巴东县“四大家”领导人……476

宣恩县

概况……477
自然资源及旅游景点……477
行政区划与人口……478
经济发展……479
社会发展……480
全面从严治党向纵深发展推进会暨县纪委十五届二次全会……481
宣恩县4个村被命名为第二批“中国少数民族特色村寨”……481
追授苏祖辉“恩施青年五四奖章”……481
伍家台休闲农业园等被认定为2017年湖北省休闲农业示范点……481

官千水库水源工程导流洞、
交通洞分部工程验收会……………………482
宣恩县推行河长制 ……………………………482
贡水河发现桃花水母 …………………………482
中武当遗址进行野外清理（考古）作业……482
“宣恩市民之家”启用…………………………482
伍家台村获“全国文明村镇”称号 …………483
宣恩县扶贫领域监督执纪问责………………483
宣恩县第十八届人民代表大会第二次会议 …483
2017 年湖北省暨恩施州保护野生动物宣传月
活动启动仪式 ………………………………483
“聚力脱贫攻坚，人大代表在行动”活动 …484
中共宣恩县委十五届四次
全体（扩大）会议 …………………………484
监察体制改革试点 ……………………………484
宣恩县“四大家”领导人 ……………………484

咸丰县

概况 …………………………………………485
自然资源环境及景观 …………………………485
行政区划与人口 ………………………………486
经济发展………………………………………486
社会发展………………………………………487
咸丰大道开工建设 ……………………………489
咸丰休闲农业与乡村旅游示范点
川洞田园开园 ………………………………489
咸丰县绿满荆楚行动 …………………………489
渝鄂直流背靠背联网工程南通道项目在
咸丰县高乐山镇杉树园村开工 ……………490
余杭、咸丰携手东西部协作帮扶 ……………490
中国共产党咸丰县第十四届代表大会
第二次会议…………………………………490
咸丰县第十八届人民代表大会第二次会议 …490
政协咸丰县第九届委员会第二次会议 ………490
咸丰县成功创建全国民族团结
进步创建示范区 ……………………………491
咸丰县“四大家”领导人 ……………………491

来凤县

概况 …………………………………………491
自然及人文资源 ………………………………492
行政区划与人口 ………………………………493
经济发展………………………………………494
社会发展………………………………………495
市政及乡村建设 ………………………………497
易地扶贫搬迁…………………………………497
健康扶贫、教育扶贫、金融扶贫 ……………497
四川中农亿盛公司到来凤县洽谈
农产品批发交易城项目……………………498
老茶村、桐子园村纳入全省美丽乡村
建设试点……………………………………498
来凤县 3 个村被命名第二批“中国少数民族
特色村寨”…………………………………498
来凤县 2 个村获评全省“村级集体
经济发展进步村”…………………………498
来凤县与来凤仁信民族医院有限公司
签订健康服务产业建设项目投资协议……498
北京网库集团到来凤县洽谈藤茶产业
电子商务基地建设项目 ……………………498
武汉华盛资产评估事务所到来凤县
验收电子商务进农村工作…………………498
来凤县与武汉烽火众智数字技术
有限责任公司签署战略合作协议 …………498
来凤县举行关爱留守儿童活动………………499
来凤县召开黔张常铁路建设协调会 …………499
恩施州第八届运动会在来凤县举办 …………499
土家族南剧《初心》晋京演出………………499
中共来凤县委召开十五届四次
全体（扩大）会议 …………………………499
对口帮扶工作…………………………………499
上级领导检查调研 ……………………………500
来凤县“四大家”领导人 ……………………500

鹤峰县

概况 ……………………………………………501
自然资源及人文景观 ……………………………501
行政区划及人口 …………………………………502
经济发展…………………………………………503
社会发展…………………………………………504
推进体制改革……………………………………506
乡村建设…………………………………………506
龙潭村获评国家级“美丽宜居村庄示范”
称号 ……………………………………………507
溇水鹤峰港入列全省一般港口名录 …………507
中央电视台推介鹤峰
“一小时法律服务圈”…………………………507
《中国影像方志》(鹤峰篇)录制播出 ………507
渔山村微纪录片《别了,云端上的
求学路》…………………………………………507
推行有机茶生产 …………………………………507
音乐剧《寻访满堂音》全省巡演 ……………508
宜红古茶道学术研讨会…………………………508
南渡江特大桥成功合龙…………………………508
满山红景区入列国家 AAAA 级旅游景区 ……509
鹤峰县 2 家企业登陆湖北四板…………………509
《中国共产党鹤峰县历史》
第二卷(1949—1978)出版发行 ………………509
鹤峰县创建湖北省生态文明建设示范县
通过考核验收 ……………………………………509
中央环保督察交办问题整改销号 ……………509
走马风电场工程项目获核准批复 ……………509
“国培计划(2017)”湖北省项目县线下
集中研修送教活动在鹤峰县举办 ……………509
武陵山区(鹤峰)科技成果转换中心成立 ……509
鹤峰县“四大家”领导人…………………………510

人 物

先进人物

2016 年度全国三八红旗手 ……………………511
2017 年全国五一劳动奖章 ……………………511

新闻人物

陈照南 …………………………………………511
段丙英 …………………………………………511
许群群 …………………………………………512
向波 ……………………………………………512

革命烈士名录

龚昊 ……………………………………………512

辞世人物

覃健 ……………………………………………513
别良芳 …………………………………………513
谭宗艾 …………………………………………513

附 录

重要文件选登

恩施州发〔2017〕……………………………514
恩施州文〔2017〕……………………………514
恩施州办发〔2017〕…………………………515
恩施州办文〔2017〕…………………………515
恩施州政府令……………………………………516
恩施州政规〔2017〕…………………………516
恩施州政发〔2017〕…………………………516
恩施州政办发〔2017〕………………………516

统计资料

恩施州 2017 年市场主体发展情况
分析报告…………………………………………522

CONTENTS

Features

Thoroughly Implementing the Guiding Principles of the 19th National Congress of the Communist Party of China to Accelerate the Green Development,Diligently Fighting for the Growth Pole Construction of Provincial Characteristic Industries ······ 1
Report on the Work of the Government ······ 7

Chronicle of Events

January ······ 19
February ······ 20
March ······ 21
April ······ 22
May ······ 22
June ······ 23
July ······ 24
August ······ 24
September ······ 25
October ······ 26
November ······ 27
December ······ 28

General Situation of Enshi

Geographical Environment and Natural Resources ······ 30
Evolution of Establishment · Administrative Division ······ 34
Habitat of Nationality ······ 35
Population · Administrative Division ······ 35
The Situations of Nation Economy and Social Development of 2017 ······ 36

Economic management

Development and Reform ······ 41
Finance ······ 42
Supervision and Administration of Public Resources Transactions ······ 45
Audit ······ 48
Supervision and Administration of State Assets ······ 50
State Tax Collection ······ 52
Statistics ······ 55
National Bureau of Statistic Investigation Team in Enshi Tujia and Miao Autonomous Prefecture ······ 57

Administration of Industry and Commerce······59
Quality and Technology Supervision·············61
National Quality Supervision and Inspection
Center for Rich-Selenium Products···········63
Food and Drug Supervision and
Administration ······································ 67
Safety Production Supervision and
Administration·······································71
Entry & Exit Inspection and Quarantine ·········74
Grain ··76
Tobacco Monopoly ··································78
Supply and Marketing································79
Salt Management ···································80

Economic development

Poverty Relief and Development··················82
Construction Promotion of Old Liberated
Areas···85
Economic Development Area Construction ····89
Regional Construction ······························95

Agriculture and Rural Economy

Agricultural Industry ······························ 101
Agriculture Science and Technology··········· 108
Forestry·· 111
Animal Husbandry ·································· 114
Pharmaceutical Industry ·························· 115
Water & Aquatic Product·························· 115
Rural Economy ······································ 117

Industry

Industrial Management ···························· 120
Electric Power Industry ···························· 123
SINOPEC Group Hubei Enshi Branch········· 128
PetroChina Company Limited ··················· 129

Transportation & Logistic

Transportation Management and Services ····· 131
Railway Management······························ 135
Logistics Management····························· 145

Finance

Banking Business··································· 147
Insurance Business ································ 162

Post & Telecommunication

Post·· 170
Telecommunication································· 175

Tourism

Tourism Management ····························· 183
New National AAAA level Tourist Attractions
in 2017·· 185
Ecotourism Development ························ 185

Commerce and Trade

Commerce Management··························· 188

Housing and Urban-rural Construction

Urban and Rural Planning ······················· 193
Housing and Construction Management······ 196
Realty Estate Business···························· 203
The Joint Creating of "Six cities" ··············· 205

The Communist Party of China

The Enshi Tujia and Miao Autonomous Prefecture Committee of the Chinese Communist Party ······ 207
Organization Work ······ 213
The Propaganda Work on Ideological and Culture ······ 217
United Front Work ······ 219
The Work on Letters and Visits ······ 221
Policy Research and Deepen Reform Work ······ 223
Constructing of Communist Party of China in Organ of Government ······ 224
Administration of Institution Establishment ······ 226
Veteran Cadres Work ······ 228
Secret Protection Work ······ 231
Party school Work ······ 233

People's Congress

People's Congress of Enshi Tujia and Miao Autonomous Prefecture ······ 235
Local legislation ······ 235
People's Congress Oversight ······ 235
The work of Government Agencies Management ······ 237

People's Government

The people's government of Enshi Tujia and Miao Autonomous Prefecture ······ 245
Overview on the Work of the Government ······ 245
Important Work Conferences ······ 247
Important Government Activities ······ 253
Leadership Investigation ······ 253
Ethnic and Religious work ······ 255
The Work of Foreign Affairs and Overseas Chinese Affairs ······ 258
Administration of Government Agencies ······ 261
The Service Work of Transparency in Government Affairs ······ 263

Chinese People's Political Consultative Conference (CPPCC)

Chinese People's Political Consultative Conference of Enshi Tujia and Miao Autonomous Prefecture ······ 265
Overview on the Work of the CPPCC ······ 265
Major conferences ······ 267
Relevant work ······ 268

Discipline Inspection

Summary ······ 271
Major Activities ······ 271
Leadership Investigation ······ 271
Discipline Execution and Supervision ······ 272

Mass Organizations

Work Union ······ 275
Communist Youth League ······ 278
Women's Federation ······ 281
Red Cross Society ······ 284
Federation of Industry and Commerce ······ 286

Democratic Parties

Enshi Tujia and Miao Autonomous Prefecture Committee of the Revolutionary Committee of the Chinese Kuomingtang ········ 291
Enshi Tujia and Miao Autonomous Prefecture Committee of the China Democratic League ········ 293
Enshi Tujia and Miao Autonomous Prefecture Committee of the China Democratic National Construction Association ········ 295
Enshi Tujia and Miao Autonomous Prefecture Committee of the China Association for Promoting Democracy ········ 298
Enshi Tujia and Miao Autonomous Prefecture Committee of the Chinese Peasants and Workers Democratic Party ········ 300

Law

The Politics and Law Committee and Comprehensive Administration ········ 304
Construction of the Nomocracy Government ········ 305
Public Security ········ 306
Procuratorial Work ········ 309
Courts ········ 311
Judicial Administration ········ 314
The prison of Enshi Tujia and Miao Autonomous Prefecture in Hubei province ········ 317

Military Affairs

Enshi Tujia and Miao Autonomous Prefecture Military Region of Chinese People's Liberation Army ········ 319
Armed Police Detachment of Enshi Tujia and Miao Autonomous Prefecture ········ 320
Firefighting division of Enshi Tujia and Miao Autonomous Prefecture ········ 321

Culture

Culture Management of Enshi Tujia and Miao Autonomous Prefecture ········ 325
Culture and Art ········ 326
Press and Publications ········ 332
Radio and Television ········ 333
The National Ethic Song & Dance troupe of Hubei Province ········ 335
Cultural Relic and Natural Science ········ 339
Library ········ 343
Cultural Media ········ 345
Archives ········ 352
Historical Chronicles ········ 353

Science and Technology

Enshi Tujia and Miao Autonomous Prefecture Science and Technology Bureau ········ 357
Science and Technology Association ········ 360

Health & Family Planning

Health Management ········ 365
Family Planning ········ 370
Medical Service ········ 373

Education & Sports

Education Management ········ 380
The Brief Introduction of Key Universities ········ 383

Sports ········· 393

Social Life

Human Resource and Social Security ········· 396
Civil Work ········· 401
Immigration Work ········· 404
Disable People Protection ········· 406
Housing Provident Fund ········· 409
The lives of local residents ········· 411

Environment Protection

Hydrology & Climate ········· 418
Natural Resources Management ········· 428

Environment Protection and Utilization

Environment Management ········· 430
Environment Monitoring ········· 435
Selenium Resources Protection and Development ········· 437
Natural resources reserves and research institutes ········· 440
Ecological Construction ········· 445

Overview of Cities and Counties

Enshi City ········· 447
Lichuan City ········· 453
JianShi County ········· 461
Ba Dong County ········· 468
Xuan En County ········· 477
Xian Feng County ········· 485
Lai Feng County ········· 491
He Feng County ········· 501

People

Advanced Persons ········· 511
Newsmarkers ········· 511
Revolutionary Martyrs Directory ········· 512
Deceased Celebrities ········· 513

Appendix

Selected Important Documents ········· 514
Statistical Document ········· 517

特　载

深入贯彻十九大精神　加快推进绿色发展
为建成全省特色产业增长极而努力奋斗

——在州委七届四次全体（扩大）会议上的讲话

柯　俊

一、认清大势，把握州情，切实增强加快发展的紧迫感和自信心

习近平总书记多次强调，发展是解决一切问题的总钥匙。发展是硬道理，不发展半点道理都没有。恩施作为后发地区，加快发展更是最紧迫的任务。

从发展大势看：发展是我们党执政兴国的第一要务。党的十九大报告明确提出发展是解决我国一切问题的基础和关键，旗帜鲜明地强调以发展的手段实现“两个一百年”奋斗目标和中华民族伟大复兴中国梦。刚刚闭幕的中央经济工作会议，明确以习近平新时代中国特色社会主义经济思想引领推动高质量发展，全面部署了深化供给侧结构性改革、激发各类市场主体活力、实施乡村振兴战略等八项事关国计民生的重点任务。全州广大党员干部务必紧扣发展主题，一心一意谋发展，聚精会神搞建设，在全面贯彻落实党的十九大精神和建设“六个强省”中作出恩施贡献，体现恩施作为，贡献恩施力量。

从基本州情看：发展不够、发展不快是恩施的最大实际。恩施拥有全省13%的国土面积、7%的人口规模，但地区生产总值在全省的比重仅仅2%多一点。在我们每支出的100元当中，自身可用财力只有22元，还有78元靠转移支付。随着精准脱贫的收官，恩施本就薄弱的财政必将受到转移支付减少、刚性支出增加的双重挤兑，收支难以平衡的压力将会越来越大；在全州财源构成中，烟草、房地产、建材等传统产业税收比重过大，税源结构严重不合理，恩施财政的脆弱性不断增加。如果不牢牢扭住财源建设这个经济工作的“牛鼻子”，尽快培植骨干财源、做大群体财源、建强梯级财源、寻找替代财源，在财源建设上打好翻身仗，到时候我们就会出现工资福利难以保证、工作运转难以维持、民生兜底难以落实的财政困难。全州各级各部门一定要以强烈的忧患意识，切实增强加快发展的紧迫感，坚定不移抓发展、促转型，全力以赴抓招商、建项目，不断壮大州域经济实力。

从自身优势看：生态良好、资源富集是恩施的最大潜力。由于交通、信息等基础条件制约造成的发展不够、发展不快，客观上也成就了恩施自然生态保存相对完好、特色资源开发程度相对较低的绿色发展优势。据国家统计局测算，恩施生态价值达10.74万亿元，这是恩施最宝贵的财富、最突出的优势。这个优势既让我们在新的发展起点上没有污染治理的历史包袱，又让我们在发展方式的选择上避免患得患失的犹豫徘徊，我们有足够的底气和信心依托优势资源，实现后发赶超。这个优势既让我们能在国家生态补偿中赢得更多政策支持，又让我们在“生态强省”建设中抢占发展先机。我们应有足够的勇气和理由实现特色发展、绿色发展、高质量的发展。

从政策利好看：精准脱贫、决胜小康是恩施的最大机遇。精准脱贫、决胜小康是以习近平同志为核心的党中央向全世界作出的庄重承诺。党的十八大以来，中央密集出台系列配套政策、统筹安排专项资金、精准实施重点项目，以不脱贫不罢休、不达小康不收兵的决心与意志支持贫困地区发展。恩施州作为全域贫困地区，在中央战略部署中获得了更多政策红利和发展机遇，农业部定点帮扶、东西部扶贫协作、省委“616”对口支援工程等大批结对帮扶的政策机遇，正在为全州脱贫摘帽持续发力。按照党中央和省委的统一安排，到2020年前将还有大量政策、资金、项目集中投向贫困地区，未来三年必将是恩施州加快发展的黄金档口。抢抓机遇是能人、不抓不抢是庸人、错失机遇是罪人，全州广大党员干部务必牢固树立强烈的机遇意识，充分利用国家扶贫政策导向，群策群力，借风行船，奋力开创发展新局面。

从未来走向看：依托资源、绿色发展是恩施的根本出路。“坚持人与自然和谐共生”作为14个基本方略之一写入党的十九大报告，建设“生态强省”作为省委贯彻落实党的十九大精神的重要举措写进省委全会决定。无论是党中央的执政方略，还是省委的决策部署，无不鲜明昭示：过去那种只顾眼前利益而不顾子孙后代，以过度消耗资源换取短期经济增长的发展方式已经一去不复返。恩施作为长江中上游重要的生态涵养区，必须在国家限制开发的红线范围内，坚守生态底线，依托资源优势，发展绿色产业，别无其他选择。

二、突出重点，精准发力，科学确定特色发展的路径与举措

经济发展要有产业基础，产业升级要有项目支撑，项目建设要有市场主体，市场主体要靠招商引资，引进项目要有承接平台，企业发展要有良好环境。我们加快发展，必须突出重点，精准发力。

（一）产业驱动，壮大实体经济。产业是经济发展的基础，发展产业是恩施加快发展的战略性选择。我们必须依托优势资源，在巩固提升现代烟草等传统产业的基础上，全力推进“四大产业集群”建设。一是打造生态文化旅游产业集群。要积极抢抓国家全域旅游示范区创建机遇，大力推进旅游业供给侧结构性改革，努力推动观光旅游向生态观光、文化体验、康体养生、休闲度假并重转变。按照“州级统筹、全域规划、招引大商、联动推进”的思路，坚持“先州内、后周边、再世界”三步走。州内以清江长江为主线，把重大景点串联起来，构建“一线串珠”的旅游循环线路，特别是要尽快在大峡谷与腾龙洞两个龙头景区之间开通观光小火车；加强与周边旅游合作，实行抱团发展；认真谋划海外宣传推广工作，不断提升恩施旅游的国际影响力和知名度，把恩施打造成国际旅游目的地。二是打造硒食品精深加工产业集群。“硒”是恩施的金字招牌，要坚持“三流企业做产品、二流企业做品牌、一流企业做标准”的理念，加快硒产业培植，加强硒标准研究，力争使“恩施硒标准”成为国家标准、国际标准。打造影响力大的硒品牌，扶持拉动力强的硒企业，推进硒食品产业提档升级，研发保健食品、功能食品，提升产品附加值，坚决走出全州食品产业发展水平低、产品附加值低的困境。三是打造生物医药产业集群。恩施被称为“华中药库”，道地中药材多达2258种，比《本草纲目》记载的还多396种，但近十年来全州医药产业发展徘徊不前。全国中医药市场前景广阔，去年仅中药配方颗粒制剂市场需求就达百亿元。要积极抢抓市场机遇，加大生物医药产业发展，高标准建设生物医药产业园，在培植现有医药企业的基础上，加快引进全国大型医药企业入驻恩施，带动生物医药产业快速发展。四是打造清洁能源产业集群。水能、风能、光伏、页岩气是清洁能源产业的主力。目前，全州水能开发基本饱和，风能开发空间有限，我们要以页岩气和光伏产业为重点，充分利用页岩气勘测储藏量近5万亿立方米的资源优势，全力争取将恩施全境纳入鄂西页岩气勘验开发试验区范围，引进新技术、招募大企业，力争页岩气勘探开发取得实质性突破；充分释放太阳能这个可再生资源的转化利用价值，研发新产品、对接大市场，提高光伏产业在清洁能源产业中的比重。

（二）开放带动，集聚发展活力。恩施作为后发地区，必须实行更多渠道、更大力度、更高水平的开放，以大开放促进大发展。一是要对外招商。将招商引资作为“一把手”工程，按照“守住生态底线、突出择商选资、补齐产业短板”的思路，瞄准重点地区，盯住重点项目，动员所有力量，整合所有资源，精准招商、以商招商，大力度引进重点企业和战略项目。二是要做强企业。招商引资不能“打死儿子招女婿”，忽视现有企业的发展。要坚持“招商引资扩增量、技改扩规提质量、联合重组活存量、企业上市增变量”的理念，通过技改扩规提高企业发展的质量和规模，通过联合重组盘活州内企业的存量资产和“僵尸”企业，通过支持鼓励企业上市，引导企业建立现代企业制度，重构法人治理体系，促使企业进入市场直接融资，从而帮助企业进入可持续发展的轨道。大力实施“市场主体倍增”工程、企业“小进规”成长工程、“税收过千万企业”培育工程、“产值过亿元企业”壮大工程，促进企业小的做大、大的做强、强的上市，千方百计做强实体经济。三是要大抓项目。项目是发展的支撑。全州上下要切实树立“大抓项目、抓大项目”的意识，在充分考虑环境承载能力、投资回报效益、重大风险评估的基础上，精心谋划项目、精美包装项目、精确推介项目、精细服务项目，加大项目签约落地的力度，加快在建项目的进度，力争使引进项目早建成、早投产、早受益。

（三）改革撬动，释放发展动能。改革是发展的根本动力，恩施要加快发展，改革必须先行。一是深入推进供给侧结构性改革，促进转型升级。立足恩施实际，用足用活“三去一降一补”政策。要严格按照全省统一要求，不仅要依法关停煤矿企业，还要因势利导，推动煤企转型发展，谋求“新生”；要着力解决房地产的结构性矛盾和问题；要立足州情实际，科学做好金融杠杆的加减法；要落实好国家出台的减税降负政策，降低企业生产经营成本，千方百计为企业“松绑”；要加快补齐基础设施、公共服务等方面的短板。二是深入推进行政审批制度改革，优化发展环境。坚持“产业第一”的理念，树立“优先办”的意识，对重点企业、重点项目，开辟绿色通道，优先解决困难，促进企业早落地；建立“马上办”的机制，坚决消除影响行政服务效率的“堵点”，最大限度方便企业和群众办事；完善“快速办”的流程，要进一步精简审批事项，优化办事流程，建立“带办、代办”机制，加快推进“一网覆盖、一次办结”，能一次办好的坚决不让跑第二趟。三是深入推进财税体制改革，激发各级动力。要充分调动各级抓财源建设的积极性，完善县乡财税体制，充分发挥乡镇抓发展的积极性、主动性。

（四）城乡联动，做优发展载体。城镇是承载发展的平台，是对外开放的形象，要加快推进全域生态城镇体系建设。一是要高起点规划。坚持以全球的视野、先进的理念，聘请国内外顶尖级专家，按照生态、文化、旅游的理念，进一步修订完善各级城镇发展规划。要加大规划的执行力度，强化规划的刚性约束，坚决维护规划的严肃性。二是要高品位建设。牢固树立经营城市的理念，坚持以旅游景区的标准建设城镇，打造养眼、养耳、养口、养身、养生的旅游城镇。要大力实施乡村振兴战略，加快推进特色小镇、民俗旅游、美丽乡村建设。要坚持老城区改造以居住为主、新城区拓展以产业为主，按照“居民500米见绿入园”的要求，建设一批城市公园、休闲游园，留足市民生活空间，增加城区绿地面积，提高市民生活品质。要突出州城的龙头地位，建立“州府主导、规划州管、州市共建、以市为主”的州城建设管理体制，逐步解决恩施市城市建设管理“小马拉大车”的窘况，力争用3至5年时间把州城打造成特色产业增长极的重要引擎。三是要高标准管理。坚持高标准、严要求、全覆盖，精细化管理，畅通城镇内循环，着力解决交通拥堵的问题；坚持“面子”“里子”一起抓，注重背街小巷的环境整治；加快推进以“厕所革命”为重点的城乡生活改善工程，不断提高群众生活品质；持续巩固“六城”同创成果，不断增强共建共治共享的意识；强化城管队伍建设和执法体系建设，确保有人管城、管得好城。

（五）平台促动，拓展发展空间。平台是承载重大项目、激活创新资源、转化创新成果的重要载体，必须创新载体、搭建平台，集聚产业。一是做大园区平台。坚持对接项目、量身定做，在充分考虑市场主体需求、最大限度节约物流成本、最大程度支持企业生产的基础上，以完善配套设施、放大使用空间、集约节约用地为重点，加快推进州及县市“1+8”高新区建设，使园区真正成为项目、资金、人才等要素集聚的洼地。二是做特会展平台。立足恩施实际，突出恩施特色，大力发展会展经济、节会经济，持续办好硒博会、女儿会、生态文化旅游节等活动，不断扩大产品的知名度和恩施的美誉度。三是做好创新平台。以科技创新引领全面创新，加快构建科技支撑体系，加快建设一批国家级和省级技术研究中心、重点实验室、企业研发中心。建立完善“双创”激励机制，鼓励各类人才创新创业，建设更多的省级以上孵化器和众创空间，努力形成大众创业、万众创新的生动局面。四是做实投融资平台。金融是经济的血脉。要大力推进投融资体制改革，加快多层次资本市场体系建设，积极引进银行、保险、证券等金融机构在我州设立分支机构，充分激发社会投资动力和活力，为实体经济发展提供强有力的金融支撑。

（六）文化推动，厚植发展根基。文化是一个国家、一个民族的灵魂。我们必须挖掘文化资源，充分发挥文化在统一思想、推动发展、引领风尚中的特殊作用，助推州域经济社会加快发展。一是要使文化积淀为精神动力。从历史维度看，无论兴衰成败，最终留下的只有文化。恩施有文字记载的1700多年历史，唯有深厚的民族文化、历史风物、文化名人留存在发展的长河中。我们要努力传承土苗儿女艰苦奋斗的生存意志，极力倡导王光国“愚公支书”的奋斗品质，大力弘扬巴东“绝壁天河”的拼搏精神，让这些精神和品质积淀为推动恩施发展的精神原动力。二是要把文化贯穿于发展始终。没有文化的城市就没有灵魂，没有文化的产业就难以长久，没有文化的旅游就是锻炼身体。我们要将文化贯穿于发展的全领域、全过程，编好“恩施故事”，讲好“恩施故事”，用民族文化助推恩施发展。在城镇建设中，要大力推行民族风格建筑、景点式民居建筑，坚决防止千城一面，要加快推进恩施古城保护与开发，让恩施古城成为留住恩施记忆的载体；在产业发展上，要将地方的特色文化寓于产品研发、商贸物流之中，让文化成为产品的“卖点”、成为地方的“亮点”；在旅游发展中，要把极具特色的民族建筑、民族服饰、民族美食、民族歌舞等民族文化深度融入旅游产品中，让游客既陶醉于山水之美，又沉醉于文化之蕴。三是要用文化引领好时代风尚。强化社会主义核心价值观教育，用强大的正能量影响群众，增强群众脱贫奔小康的内生动力；坚持党管媒体，强化舆情监管，牢牢掌握意识形态主动权；广泛开展全民健身活动，助推全面小康；要加强公共文化基础设施建设，为群众开展文体活动提供便利条件，不断满足群众对文化生活的美好需求；要面向基层群众，创作出更多反映现实生活、讴歌时代精神、群众喜闻乐见的优秀文艺作品，用社会主义先进文化引领时代新风。

三、践行宗旨，以民为本，让人民群众共享改革发展成果

人民群众对美好生活的向往就是我们的奋斗目标。广大党员干部要以强烈的宗旨意识和为民情怀，让改革发展成果最大限度惠及人民群众。

（一）坚决打赢脱贫攻坚战。当前，全州脱贫攻坚已进入爬坡过坎、攻城拔寨的关键时期，我们还有40.1万贫困人口未脱贫。全州上下必须把精准脱贫作为当前最大的政治任务和第一民生工程，举全州之力，坚决打赢脱贫攻坚这场硬仗。州级财政要进一步加大财政支持力度，采取“以奖代补”方式重点支持今年3县市的脱贫摘帽。各级各部门要认真研究脱贫过程中出现的新情况、新问题，有的放矢采取措施，一件一件抓落实，一项一项做到位。要针对剩下的坚中之坚、困中之困、难中之难实行任务再分配、力量再充实、责任再细化；要统筹各方资源，抓紧解决道路交通、安全饮水、生活用电等基础设施方面存在的突出问题，为群众生产生活提供更加便利的条件；要按照“五个一批”“六个精准”的要求，分类施策，各个击破，确保精准脱贫不落一人；要坚持扶贫与扶智、扶志相结合，最大限度激发群众的内生动力；要高度重视城镇出现的新贫困人口，有针对性采取措施，坚决防止农村脱贫、城镇添贫的现象，确保2020年实现全州整体脱贫。

（二）坚决守住生态底线。要牢固树立“绿水青山就是金山银山”的理念，像保护我们的眼睛一样保护生态。生态一旦被破坏，修复起来就难上加难，就像打破了的碗一样，再好的粘合技术，痕迹总是存在。各级各部门要坚定生态红线意识，宁可发展慢点，也坚决不能搞以牺牲环境为代价的经济发展。要持续推进“山更青、水更绿、天更蓝、土更净、城乡更美”专项治理，坚决守住恩施人民赖以生存的蓝天碧水；要提高企业准入门槛，实行生态环境“一票否决”；要倡导绿色低碳消费方式，不断构筑生态文明，努力建设“望得见山，看得见水，记得住乡愁”的美丽恩施。

（三）坚决补齐民生短板。各级各部门要牢固树立以人民为中心的思想，着力解决人民群众“衣食住行业教保医”等方面存在的突出困难。要坚持教育优先发展，坚持幼儿教育求规范、基础教育求均衡、高中教育创品牌、职业教育创特色，让人民群众有更多教育获得感；要深化医疗卫生体制改革，大力改善医疗卫生条件，加强医疗卫生队伍建设，高度重视因病致贫返贫现象，最大限度保障人民群众身心健康；要按照“四个最严”的要求，切实加强食品药品安全监管，确保人民群众饮食用药安全；要进一步完善社会保障体系，尽其所能实现幼有所育、学有所教、劳有所得、病有所医、老有所养、住有所居、弱有所扶。

（四）坚决维护和谐稳定。稳定是经济社会发展的“压舱石”。各级领导干部特别是“一把手”要切实肩负起维稳第一责任，确保平安稳定的社会大局。政法部门要发挥“拳头”作用，严厉打击危害人民群众生命财产安全、破坏市场经济秩序等刑事犯罪，不断增强人民群众的安全感。信访部门及相关单位部门要按照诉求合理的解决到位、诉求无理的思想教育到位、生活困难的帮扶救助到位、行为违法的依法处理的要求，全力做好信访工作。各级各部门要牢固树立安全生产的底线思维，强化属地管理、行业管理，坚决防止重特大事故发生；要健全防洪抗旱、应急抢险、突发事故处置机制，确保无事有效防范、出事妥善处置；要深化社会治理创新，不断构筑党建统领，自治、法治、德治相结合的“一统三治”现代社会治理体系，提高治理能力。

四、务实重行，真抓实干，努力营造干事创业的浓厚氛围

事在人为，业在人创，党员干部在恩施的发展大业中起着决定性作用。全州广大党员干部一定要按照州委决策部署，紧盯目标任务，撸起袖子加油干，务实重行一往无前。

（一）坚持“思路决定出路”，用先进理念武装干部。思想有多远就能走多远，思路决定出路，思路就是出路。思路来自于学习、来自于实践、来自于基层、根植于群众。先进理念不是与生俱来的，不是凭空臆想的，而是从孜孜不倦的学习中得来，从生动鲜活的实践中产生。广大党员干部一定要坚持终身学习的理念，严格按照党的十九大提出的“八个能力”建设的要求，深入学习习近平总书记系列重要讲话精神，深刻领悟习近平新时代中国特色社会主义思想，切实增强“四个意识”，坚定“四个自信”；既要强化政治理论武装，又要注重经济社会发展实践。要扎实开展“不忘初心、牢记使命”主题教育，通过新时代讲习所等重要载体，通过走出去、请进来等多种方式，努力提高广大党员干部的政治理论功底、经济社会管理能力。当前和今后一个时期要把党的十九大精神作为学习的重中之重，在学懂弄通做实上下功夫，学出坚定信仰、学出奋斗精神、学出责任担当、做出伟大实践。

（二）坚持“激情不失理性”，用精神状态检验干部。天之三宝日月星，人之三宝精气神。一个地方，干部群众的精神状态反映地方的政治生态。作为肩负引领发展、推动改革、维护稳定重任的党员干部，必须始终保持蓬勃的朝气和满腔的激情，以永不懈怠的精神状态和一往无前的奋斗姿态，奋战在经济社会发展的最前沿。激情反映的是精神状态，理性反映的是政治上的成熟，我们的干部既要有激情，也要有理性，要有激情而不失理性。没有理性的激情往往会出错，往往会偏离目标。各级领导干部要树立“急不得、慢不得”的思想，在前期调研、征求意见、决策酝酿阶段，必须理性考量政治站位、法律依据、政策界限等多方面的因素，千万“急不得”，确保决策部署符合法律要求、契合地方实际、顺应民心民意。一旦形成决策，就千万“慢不得”，要以时不我待、只争朝夕的精神，投入到具体抓落实之中，确保在最短时间内完成目标任务。

（三）坚持“参战而不观战”，用扎实作风考量干部。空谈误国，实干兴邦。当前恩施加快发展的任务艰巨，深化改革的压力空前，维护稳定的挑战增多。无论哪一项工作，无论哪一件事情，都需要各行各业的资源深度整合，都需要方方面面的力量充分凝聚，任何孤军奋战、单打独斗都是无法完成的，必须整体联动、集中发力。各级各部门要牢固树立全州“一盘棋”的思想，切实与州委思想同频、目标同向、行动同轨，确保政令畅通，令行禁止。坚决反对纸上谈兵、坐而论道，工作没有一线二线的区别，岗位没有重点边缘的说法，要建立“一名州领导联系一个县市、驻点一个贫困村、牵头一个州城重点工程、协调一个产业项目、推进一个重点项目、谋划一个重大项目、服务一家骨干企业”的工作机制。广大党员干部要增强“家”的意识：把工作的地方当家去经营、把单位的事情当家事去做、把身边的同事和人民群众当家人看待，用强烈的

"家"的意识做好各项工作，形成人心思齐、人心思干、人心思进的生动局面。

（四）坚持"实干而不蛮干"，用成效口碑评价干部。金杯银杯不如老百姓的口碑。要坚持好干部的"五条标准"，牢固树立"以工作实绩论英雄、凭群众口碑论成败"的评价导向，以真诚获取支持，以实干赢得民心。实干，绝不是不遵循自然规律、社会规律和经济规律的盲目决策；实干，绝不是不搞雪中送炭、只搞锦上添花的面子工程；实干，绝不是只让领导高兴、不让群众满意的形象工程。实干，是事事都以解决人民群众最关心、最现实的利益问题为出发点和落脚点，件件都以群众答应不答应、高兴不高兴、满意不满意为衡量标准，扎扎实实为群众办好事、解难事，真正把涉及民生利益的好事办好、实事办实。始终把群众的口碑作为自己的最高荣誉，以抓铁有痕、踏石留印的工作作风赢得群众的支持和信赖。

（五）坚持"容错不破底线"，用严管厚爱历练干部。习近平总书记多次强调，全面从严治党只有进行时，没有完成时。各级党组织要把政治建设作为党的建设的首要任务，不断强化政治纪律和政治规矩，坚决维护党中央权威和党的集中统一领导，坚决维护习近平同志这个党中央的核心、全党的核心；要严格执行有关法纪规定，坚决防止"四风"反弹回潮；要坚持无禁区、全覆盖、零容忍，坚持重遏制、强高压、长震慑，对胆大妄为、贪污腐败、违法乱纪、侵害人民群众利益的要寸步不让、严惩不贷，切实强化不敢腐的震慑，扎牢不能腐的笼子，增强不想腐的自觉，不断将全面从严治党引向纵深。要严格按照习近平总书记"三个区分开来"的要求，对改革发展创新中的工作失误，要科学建立容错容缺机制，真正为担当者担当、为干事者撑腰。组织部门要坚持培养在平时、管理在平时、提醒在平时，切实加强干部的日常教育管理，让干部不犯错或者少犯错。纪检监察部门要准确把握"四种形态"，加强干部教育监督，为营造风清气正的政治生态作出贡献。

政府工作报告

——在州第八届人民代表大会第二次会议上

（2018年1月5日）

州长 刘芳震

一、攻坚克难，务实重行，实现了新一届政府的良好开局

2017年是新一届政府的开局之年。面对复杂的宏观经济环境和艰巨的脱贫攻坚任务，我们在省委、省政府和州委的坚强领导下，认真学习贯彻习近平新时代中国特色社会主义思想，坚持"五州战略"[1]不动摇，紧紧围绕打造全省特色产业增长极的目标定位和"一谷两基地三示范区"[2]的形象定位，团结带领全州各族人民，聚力攻坚，克难奋进，较好地完成了各项目标任务。

——经济运行稳中向好。完成地区生产总值801亿元，增长6.2%；固定资产投资831亿元，增长15.5%；一般公共预算收入74.9亿元，可比增长7.2%；社会消费品零售总额556亿元，增长11.2%。城镇、农村常住居民人均可支配收入分别增长9.7%、9.9%。全社会用电量、银行存贷款余额等关联性经济指标增幅高于全省平均水平。经济运行保持了稳中有进、进中向好的发展态势。

——特色优势不断彰显。恩施硒茶成功入选第一批中国特色农产品优势区名单。4个有机农业基地、8个绿色食品原料基地通过国家有机、绿色认证，总量居全省首位，成为全省唯一获得国家有机农产品基地认证的市州。

——发展平台更加坚实。恩施高新技术产业园区成功获批省级高新区。国家富硒产品质量监督检验中心（湖北）正式成立。恩施州硒研究院升格为省级产业技术研究院。成功主办了2017国际茶业大会、第四届硒博会、第三届全国民宿大会等重大活动，恩施影响力和美誉度不断提升。

——脱贫攻坚成效显著。坚持精准发力、精准施策，140个重点贫困村顺利出列，3.9万户、12.2万人脱贫销号，7.4万人易地扶贫搬进新居，贫困发生率由14.8%下降到11.6%。

——社会大局和谐稳定。真切回应群众诉求，深入开展大排查、大接访、大化解、大督办，实现了党的十九大期间零进京、零非访目标，保持了社会大局的和谐稳定。

一年来，我们主要抓了以下工作：

一是全力推进精准扶贫，脱贫步伐明显加快。统筹整合资金70亿元，硬化农村公路4977公里，解决了14万贫困人口饮水安全问题，完成了781个村电力基础设施建设，实现了1689个村4G网络全覆盖。“五个一批”[3]分类扶持成效显著。1.6万户贫困户与602家龙头企业、1257家专业合作社建立了利益链接机制，直接带动人均增收1500元。“1+5”医疗保障体系[4]基本建立，贫困人口住院报销比例达到87%以上；兜底保障全面覆盖，20.6万人纳入城乡低保、1.8万人纳入农村特困供养。全省产业扶贫现场会、易地扶贫搬迁现场会先后在恩施召开。“四县市五乡镇”高山连片特困地区[5]扶贫开发加快推进，实施项目144个、落实资金52.8亿元。杭州东西部扶贫协作“携手奔小康”行动全面开展，中直部门定点扶贫、省“616”对口帮扶[6]等扶贫工程持续实施，帮扶项目443个，帮扶资金23.3亿元。国家电网公司投资3.2亿元的巴东光伏电站全面建成投产。1068家企业和各类社会力量积极参与扶贫，扶持项目1213个，扶持资金5.9亿元。

二是全力发展实体经济，特色产业加快转型。特色农业加快发展。新增和改造硒农产品基地83万亩；新增地理标志商标2件、“三品一标”[7]农业企业17家；创建省级农村三产融合发展示范乡镇4个、省级休闲农业示范点7个，被授予“全国休闲农业与乡村旅游示范州”称号。农产品质量安全监管不断强化，宣恩、鹤峰被列为“国家级农产品质量安全县”创建单位。生态文化旅游业加速发展。新增国家AAAA级旅游景区1个、湖北旅游名镇2个、湖北旅游名村2个。腾龙洞—大峡谷国家地质公园加快创建。民宿旅游、度假旅游、乡村旅游等旅游新业态蓬勃发展。全年累计接待游客5133万人次，增长17.6%，实现旅游综合收入367亿元，增长22.3%。工业经济稳中向好，发展质量不断提升。制定出台了“工业二十五条”[8]，新增规模以上工业企业25家，完成工业固定资产投资135亿元、工业技改投资13.6亿元，分别增长37.7%、5.6%。电子商务、现代物流等服务业加快发展，阿里、京东等知名电商相继开设恩施馆，电商交易额突破30亿元，增长40%。各类市场主体达到22.6万户，增长12.6%。

三是全力推进项目建设，发展后劲不断蓄积。实施省州级重点项目171个，完成投资270亿元，利万高速、巴野二级公路建成通车，巴东清江大桥基本建成。郑万高铁、黔张常铁路、建恩高速、宣鹤高速、351国道咸丰段进入投资高峰期，渝鄂直流背靠背联网工程全面开工，来咸高速、宜来高速鹤峰至五峰段即将开工建设。恩施板桥风电、宣恩锣圈岩景区、咸丰富硒马铃薯精深加工等产业项目稳步推进，巴东长江干流库岸综合整治、利川清江上游环境治理、建始南山路等城镇项目加快建设，来凤精准扶贫农村饮水安全工程、鹤峰思源实验学校等民生项目全面开工。申报录入财政部信息平台PPP项目13个，成功入选省级PPP示范项目3个，占全省15%。招商引资到位资金316亿元。直接利用外资5000万美元。

四是全力推进改革创新，发展动能持续释放。供给侧结构性改革扎实推进。关闭煤矿11家，化解过剩产能69万吨，商品房去化周期控制在14.5个月；累计为企业和社会减负15亿元；新增新三板、四板挂牌企业72家，为近1000家企业办理过桥服务，累计过桥金额超过100亿元。重点领域和关键环节改革纵深推进。深入实施农村综合改革，农村土地确权登记颁证完成85%，农村土地“三权分置”试点积极开展，8县市农村综合产权交易中心挂牌运行。农村房地一体确权登记发证有序推进，不动产统一登记实现全覆盖。国有林场改革基本完成。行政审批制度改革成效明显，“一次办好”审批服务全面启动。医药卫生体制改革进展顺利，城市公立医院综合改革全面实施，公立医院药品实现零差价销售，分级诊疗服务逐步完善，建成医联体、医共体36个。科技创新能力不断增强，新增省级科技企业孵化器3家，认定高新技术企业23家。对外开放步伐不断加快。新增有出口业绩企业27家，全年实现外贸出口5.3亿美元。

五是全力推进城镇建设，城乡面貌日新月异。全州城镇体系规划获省政府批准实施。城镇化率达到43.5%，增加1.6个百分点。州城“四大系统工程”[9]有序实施。施州大道北段、五峰山隧道即将建成通车，金龙大道南段、209绕城线全面开工建设，恩施客运中心站、城市生活垃圾填埋场等设施投入使用，挂榜岩历史文化公园具备开工条件，五峰山休闲公园动工建设。县市城区加快发展，实施了高速公路连接线、国道绕城线等一批城市重点项目，城区骨架不断拓展，城市功能逐步完善。乡镇污水处理、垃圾无害化处理工程全面启动建设，两年内可实现全覆盖。美丽乡村建设成效显著，利川谋道成功创建国家级特色小镇，28个村纳入全省美丽乡村建设试点。“六城同创”[10]持续推进，新增国家级城市品牌3个、省级城市品牌5个。

六是全力推进生态建设，环境质量日益提升。坚持问题导向，强化整改落实，按期完成了中央环保督察反馈问题整改。“五大专项治理”[11]深入推进。认真落实《恩施州山体保护条例》，城区山体划线定界全面完成。严守水资源管理“三条红线”[12]，四级“河长”体系全面建立，江河水库围栏围网全部拆除，所有监测断面水质全部达标。大力推行大气污染防治“三禁三治”[13]，州城空气质量优良天数达到317天，7个县市空气质量稳居全省前10位。完成畜禽养殖“三区”[14]划定，关闭和整治了一批规模养殖场。推进国土资源节约集约利用，建立农药化肥负面清单制度，完成土壤酸化治理100万亩，农村面源污染防控不断加强。实施环境综合整治114个村，新增省级以上生态乡镇11个、生态村104个，城乡环境明显改善。

七是全力保障和改善民生，人民福祉不断增强。坚持以人民为中心的发展理念，财政民生支出占比达到83.8%。教育办学条件持续改善，教育信息化建设加快推进。新（改、扩）建校舍37.3万平方米，20人以上的教学点及所有中小学全部接入互联网。坚决化解城区超级大班问题，6个县市义务教育起始年级班额控制在55人以内。招录农村教师864名，定向委培农村教师400人。医疗卫生服务体系不断完善，信息化水平不断提升。乡镇卫生院“四化”[15]达标56个，村卫生室“五化”[16]达标1975个。218家医疗机构完成了远程医疗系统建设。定向培养农村医生200名。计划生育政策全面落实，生育秩序保持稳定。公共文化服务体系加快建设，“百千万文化扶贫工程”[17]深入实施，州八届运动会等一大批文体活动相继举办，人民群众文化生活日益丰富。城镇新增就业4.5万人、再就业8719人，各类社会保险参保人数达到609.9万人次。建成保障性安居工程9880套，改造棚户区7570户、农村危房10728户。民族团结进步创建深入开展。安全生产和信访形势、食品药品安全状况稳中向好，法治恩施、平安恩施建设扎实推进，人民群众安全感、社会治安满意度稳步提升。

八是全力推进党的建设，自身建设全面加强。始终把加强党的建设作为首要政治要求，深入学习贯彻党的十九大精神，切实增强“四个意识”，牢牢把握政府工作正确的政治方向。深刻吸取杨天然系列案件教训，政府系统党风廉政建设和反腐败工作成效显著。换届工作风清气正，党领导一切的原则有效贯彻。始终把纪律和规矩挺在前面，认真贯彻中央八项规定精神，严格落实全面从严治党“一岗双责”，深入开展“两学一做”学习教育和“支部主题党日”活动。全面推进依法行政，行政机关负责人出庭应诉率达到68%，法治政府建设不断加强。自觉接受人大法律监督、工作监督和政协民主监督，广泛听取民主党派、工商联及无党派人士意见建议，建议和提案办结率达到100%，满意和基本满意率达到98%以上。

与此同时，全州国防动员、民兵预备役建设和双拥工作不断加强，军政军民关系更加密切。对台、侨务、外事、统计、调查、保密、移民、档案、史志、科协、工会、共青团、妇女、儿童等工作全面推进，气象、防震减灾、人防、老龄等事业加快发展。

各位代表，过去一年，经过全州上下的共同努力，我们顶住了经济持续下行的巨大压力，取得的成绩来之不易。这是党中央、国务院深切关怀的结果，是省委、省政府和州委坚强领导的结果，是全州广大干部群众团结拼搏的结果。在此，我代表州人民政府，向辛勤奋战在全州各条战线的广大干部群众，向各位人大代表、政协委员，向各民主党派、工商联和无党派人士，向驻恩解放军、武警官兵，向所有关心支持我州发展的各界朋友，表示崇高的敬意和衷心的感谢！

各位代表，过去一年虽然我们付出了艰辛努力，但地区生产总值、规模以上工业增加值等指标仍未达到预期目标。部分原因是经济下行传导效应集中显现，去产能、防风险等改革阵痛集中暴露。但更主要的原因是我们的项目工作不扎实，投资拉动不够；产业层次不高，抗风险能力弱；公共服务短板突出，民生保障压力大；特别是部分干部精气神不足，有不担当、不作为、不落实的现象。对此，我们将正视问题、直面困难，在今后的工作中切实加以解决。

二、凝心聚力，砥砺奋进，开启建设全国先进自治州新征程

2018年是全面贯彻落实十九大精神的开局之年，是实施“十三五”规划的关键之年，做好今年的政府工作，必须深刻领会党的十九大的精髓要义，用习近平新时代中国特色社会主义思想武装头脑，坚定维护以习近平同志为核心的党中央权威和集中统一领导，始终牢记为中国人民谋幸福、为中华民族谋复兴的初心和使命，永远把人民对美好生活的向往作为奋斗目标，牢牢抓住发展第一要务不放松，切实解决发展不平衡不充分的问题，以崭新的面貌、饱满的热情、奋进的姿态迎接新时代，推动湖北“全面建设社会主义现代化强省”战略恩施实施，全面开启建设全国先进自治州的新征程。

今年全州经济社会发展的总体要求是：以习近平新时代中国特色社会主义思想为指导，全面贯彻落实党的十九大、省第十一次党代会和州委七届四次全会精神，紧扣社会主要矛盾变化，坚持新发展理念，坚持稳中求进工作总基调，坚持以供给侧结构性改革为主线，坚持推动绿色发

展、高质量发展，进一步深化“五州”战略，加快建设“一谷两基地三示范区”，着力打造全省特色产业增长极，决战决胜脱贫攻坚，确保与全国同步全面建成小康社会，早日建成全国先进自治州。

主要预期目标是：生产总值增长7%以上；固定资产投资增长14%以上；规模以上工业增加值增长6%；地方一般公共预算收入增长7%；城镇、农村常住居民人均可支配收入分别增长8.5%、9.5%；安全生产、节能减排全面完成省定目标任务。

围绕上述目标，我们将抓好以下八个方面的工作：

（一）抓重点破难点，打好脱贫攻坚硬仗。坚持按小康的标准推进精准脱贫，以非常之举备战脱贫“大考”，确保宣恩、来凤、鹤峰3县脱贫摘帽，确保165个村脱贫出列、20万人脱贫销号。

啃下脱贫“硬骨头”。聚力攻坚深度贫困，对111个深度贫困村实施基础设施提升工程。聚力攻坚非重点贫困村贫困问题，推进重点贫困村与非重点贫困村整体联动，全面落实“八个到村到户”[18]，确保脱贫路上“一个都不少”。聚力攻坚易地扶贫搬迁，完成搬迁2.7万户、8.8万人，确保“搬得出、稳得住、能致富”。聚力攻坚公共服务短板，加快扶贫项目落地，确保所有行政村基本公共服务主要指标达到全省平均水平。聚力攻坚区域贫困，加快落实“四县市五乡镇”高山片区综合扶贫发展规划，对咸丰—利川西南片区等跨乡、跨县集中连片贫困地区制定综合扶贫措施，统筹解决区域贫困问题。

打好政策“组合拳”。加大财政资金整合力度，全面落实“五个一批”脱贫政策。突出产业扶贫，推进贫困户与市场主体深度链接，实现贫困群众土地租金、劳务薪金、分红股金等多渠道增收。建立农村劳动力转移就业支撑体系，实现群众培训、就业、服务三到位。开展“农村危房清零行动”，实现农村危房两年全部“清零”。精准落实保障兜底政策措施，确保应保尽保、应扶尽扶。全面落实生态补偿、教育资助、健康扶贫等扶贫政策，增强脱贫实效。加快推进金融扶贫、旅游扶贫、光伏扶贫、电商扶贫等扶贫新举措，不断拓宽贫困群众增收致富渠道。

构建扶贫“大格局”。全面加强脱贫攻坚组织领导，实行指挥前移、权力下放、力量下沉，实现精力集中、财力集中、时间集中，确保脱贫攻坚决战决胜。建强乡镇前线指挥部，县市领导分包乡镇担任前线指挥部指挥长。强化县乡村包保责任制，今年脱贫摘帽的宣恩、来凤、鹤峰3县实行单位“一把手”挂帅，县直单位50%的干部、乡镇80%的干部驻村帮扶。深度对接中直部门定点扶贫、省“616”对口帮扶以及杭州东西部扶贫协作等扶贫工程，进一步拓宽帮扶领域、增强协作深度，大力实施一批援建项目。深入推进“千企帮千村”行动，实现市场主体帮扶贫困村全覆盖。深入开展扶贫领域监督执纪问责，严厉查处徇私舞弊、贪污腐败、失职渎职等行为。

（二）抓产业壮实体，做大做强特色经济。以建设生态文化旅游、硒食品精深加工、生物医药、清洁能源“四大产业集群”为重点，优化产业结构、提升产业层次，推动高质量发展，着力打造全省特色产业增长极。

做精生态文化旅游业。积极推进国家全域旅游示范区创建，着力实现核心景区、要素配套、服务管理、旅游形象大提升，加快建成国际旅游目的地。支持利川腾龙洞、建始清江大峡谷创建国家AAAA级旅游景区，咸丰唐崖土司城址、宣恩仙山贡水、恩施清江风景区创建国家AAAA级旅游景区。支持宣恩创建湖北旅游名城，利川苏马荡、建始花坪创建省级旅游度假区。挖掘民族文化，讲好恩施故事，推进文化旅游深度融合。大力发展乡村旅游，推进民宿旅游差异化发展、公司化运作。加快旅游公路、游客中心、停车场、自驾游营地等要素建设，新建骑行绿道100公里。实施“厕所革命”三年攻坚行动，今年新增A级旅游厕所55座、城镇公厕211座、农村公厕700座、交通厕所22座，完成农户无害化厕所7万户、沼气式厕所2.2万户，力争三年实现国省道、旅游公路沿线旅游厕所全覆盖，农村无害化厕所全覆盖，城镇公厕合理化布局。加快推进智慧旅游建设，建成旅游运行监测和指挥平台，支持AAAA级以上景区实现免费Wi-Fi、智能导游、电子讲解全覆盖。坚持“州级统筹、全域规划、招引大商、联动推进”，有序开发全州旅游资源，坚决杜绝滥开发、低层次开发。推进旅游警察、旅游法庭、旅游工商建设，建立综合执法管理机制，提高旅游投诉、纠纷调处能力。严厉打击“零团费”等不合理低价旅游团行为，全面整治旅游购物、旅游餐饮乱象，切实维护好恩施旅游形象。

做优特色农业。深入推进农业供给侧结构性改革，全面推行全域绿色化生产，不断壮大硒茶、硒果、硒粮、硒肉、硒土豆等硒产业，积极创建中国特色农产品优势区。制定实施生物医药产业发展规划，大力发展中医药产业，建设标准化道地药材基地20万亩。支持发展草食畜牧业，加快创建中国南方草食畜牧业示范区。着力构建现代农业经营体系，培育一批龙头企业、专业合作社、家庭农场和职业农民。持续实施“质量兴州”战略，大力推行标准化生产、规范化管理，力争在中国驰名商标、国家地理标志商标、省级产品质量提升示范区创建上实现新突破。积极创建“国家级农产品质量安全州”，建成主要农（硒）产品质量安全追溯体系，着力塑造恩施农产品绿色、有机、含硒、安全的品牌形象。

做强绿色工业。大力实施市场主体倍增、企业“小进规”成长、税收过千万企业培育、产值过亿元企业壮大“四大工程”，不断壮大硒食品精深加工、生物医药、清洁能源、现代烟草等支柱工业，每县市新增规模以上工业企业5家以上。坚持以市场为导向，采取资本重组、扩张兼并、股权改造等方式推动企业重组，打造一批具有核心竞争力的大企业大集团。实施传统产业升级三年攻坚行动，建立重点企业名录，制定落实配套政策，培育发展一批主业突出、核心竞争力强、治理结构规范的现代企业。制定落实支持民营经济发展的政策措施，培育一批专业化、社会化程度高的“小巨人”企业。继续开展“千名干部进千企”活动，着力化解企业发展难题。

做大新型业态。全面启动5G网络规划建设，实现4G网络村村全覆盖，促进信息与农业、工业、旅游深度融合，推动一二三产业融合发展。加快智慧恩施建设，大力发展数字经济。实施人工智能应用工程，积极培育人工智能产业。建设运营物流公共信息平台，建立完善智慧物流网络。积极创建省级电子商务示范企业和示范基地，实现国家电子商务进农村综合示范县全覆盖。

做实园区平台。加快推进恩施高新区建设，积极争创国家级高新区，着力打造“世界硒都·中国硒谷”。加快园区基础设施、标准厂房和企业员工公租房建设，建成标准厂房100万平方米以上，每县市建成标准厂房10万平方米、企业孵化中心1个以上。

（三）抓项目扩投资，不断做实发展底盘。强化项目拉动，强力招商引资，确保新开工亿元项目95个以上，完成固定资产投资940亿元以上，招商引资370亿元以上。

凝心聚力抓项目。实施省州级重点项目190个，完成投资280亿元。抢抓“交通强省”建设机遇，加快黔张常铁路、郑万铁路、来咸高速、建恩高速、宣鹤高速、利咸高速及国省道建设等项目进度。积极开展恩施机场迁建前期工作，力争“十三五”期末开工建设。谋划争取渝武高铁、安恩张铁路、恩黔铁路、恩施经大峡谷腾龙洞至利川旅游观光铁路、巴张高速等项目尽早纳入国家、省投资计划。每县市谋划推进一批过亿元的重大投资项目，确保更多项目进入国家、省规划笼子。支持抓好恩施青云崖特色小镇、利川元堡风电、建始花坪特色小镇、巴东有机蔬菜深加工、宣恩彭家寨土家博物馆、咸丰白叶茶加工、来凤互联网大数据中心、鹤峰江坪河电站等重大产业项目。加快推进州妇幼保健与计划生育服务中心、州体育运动中心、州工人文化宫等民生项目。强力推进 PPP 项目落实落地，每个县市新开工 PPP 项目 2 个以上。

锲而不舍抓招商。实施“招商引资突破行动”，确保招商引资增长 20% 以上。紧紧围绕“四大产业集群”，做深做细项目谋划，推出一批优势招商项目。积极开展走出去、引进来系列招商活动，实现引进世界 500 强、中国 500 强、上市公司零的突破。支持各地恩施商会发展，大力实施恩商回归工程。坚持招优商、选好商，建立招商项目负面清单，坚决杜绝高投入、高消耗、高污染、低效益项目落地。从根本上改革招商体制，实施招商引资“一号工程”，配强专业招商队伍，完善招商考核机制，营造浓厚招商氛围。坚持主要领导带头招商、分管领导集中招商、其他干部全员参与招商，采取小分队招商、驻点招商、以商招商等综合措施，确保招商实效。

狠下决心抓环境。牢固树立亲商情怀、诚信理念、法治意识，建立一流营商环境，全面构建亲清政商关系。加快完善“一网覆盖、一次办好”长效机制，大力推行“一次办、马上办、网上办”。积极引入竞争机制，全面开放中介服务市场。进一步完善重点招商项目和重大项目落地领导包保制、项目秘书制、限期办结制，实行集中开工、季度拉练、全程跟踪、重点督查，提高合同履约率、资金到位率、项目开工率和投产达效率。

（四）抓规划重建管，推进城乡融合发展。 持续推进新型城镇化，全面实施乡村振兴战略，加快城乡一体化建设进程。

强化规划引领。坚持以景区的标准高起点规划城镇，加强城区控规编制和动态维护，推进实施“多规合一”；加快乡镇、村庄规划编制，实现乡镇总规、控规及村庄规划全覆盖。强化低容积率、高绿化率、建筑坡屋顶、民族元素等规划条件控制，均衡布局学校、医院、商务、金融、公园等公共设施，着力打造高品质城镇。建立完善“州府主导、规划州管、州市共建、以市为主”州城规划建设管理体制。建立健全州县乡三级城乡规划督察制度，加强规划执法，确保城乡规划从严管控、落地实施。坚持高标准管理城镇，树立城市意识、精品意识，持续开展“六城”同创，不断提高城镇精细化管理、人性化服务水平。

提升城市品质。旗帜鲜明支持州城建设，提升州城首位度，全力打造生态之城、旅游之城、文化之城，加快建成中等城市。全面建成金山大道、龙洞河南路和 209 国道谭家坝至连珠大桥改扩建工程。基本建成金龙大道。加快推进 209 绕城线、318 绕城线、七里坪快速通道建设。启动旗峰大道红旗大桥至虎岔口改扩建工程。实施谭家坝至虎民路、七里坪高速出口至金桂大道、恩施北至施州大道三条道路绿化美化工程。按照国际赛道标准规划建设州城环城自行车道。完成航空大道、东风大道、土司路三条人行道路改造和火车站站前广场改造。启动车坝河引水工程和垃圾焚烧循环产业园建设。加快推进州行政服务中心、州委党校等项目建设。积极推进城市综合管廊和海绵城市建设。抢抓棚户区改造政策机遇，有序推进老城改造，启动编制恩施古城恢复性建设规划。持续推进“两山两河”[19]治理，实施清江亲水走廊提升工程，开工建设清江带状公园、挂榜岩历史文化公园、农科院农业科技博览园，加快建设凤凰山森林公园、五峰山休闲公园。因地制宜，见缝插绿，着力建设一批社区公园。支持各县城特色定位、竞相发展，着力打造一批宜居宜业宜旅的山水精品城、民族风情城。支持乡镇提升集镇建设管理水平，着力打造一批富有魅力的特色小镇。加快乡镇污水处理厂建设，确保今年底全部投入运行。

推进乡村振兴。制定乡村振兴行动计划，集中力量打造一批州、县示范点。加快“一乡一业、一村一品”建设步伐，积极推广“田园综合体”发展模式，着力建设一批特色村寨、产业新村。全面落实第二轮土地承包期后再延长三十年政策，完成农村土地承包经营权确权登记颁证，不断完善承包地“三权”分置[20]制度。加快实施“三乡工程”[21]，推动城市资金、人才、信息等要素与农村资源深度对接。高度重视“三农”人才建设，培养造就一支懂农业、爱农村、爱农民的“三农”工作队伍。建好、护好、管好、运营好农村公路，新建农村产业路、村组沥青水泥路3800公里。解决16万人饮水安全问题。实施100个村环境综合整治，农村生活垃圾处理率达到75%以上。健全自治、法治、德治相结合的乡村治理体系，推动乡风文明，建设文明乡村。

（五）抓改革促开放，全面激发创新活力。今年是改革开放四十周年，我们将以改革为引领，以开放为先导，以创新为驱动，不断增强发展内生动力。

推进重点领域改革。深化供给侧结构性改革。坚定不移完成省定淘汰落后产能任务，全面推进“电气化+”工作。引导房地产市场健康发展，商品房去化周期控制在16个月以内。全面落实涉企收费清单制度，切实降低企业制度性交易成本。持续推进“放管服”改革，建立审批服务长效机制，加快推进“多证合一”“证照分离”。稳步推进农村集体产权制度改革，健全农村综合产权交易市场。全力支持监察体制改革。深化事业单位改革，启动企事业单位公车改革，统筹抓好国有企业、医药卫生体制、集体林权制度等其他重点领域、关键环节改革，全面完成年度改革任务。

持续扩大对外开放。积极融入国家“一带一路”[22]“长江经济带”[23]，深度对接长江中游城市带、成渝城市群，全方位扩大对外开放。大力推进恩施机场国际航站楼改扩建项目建设，争取年内开通国际航班，确保“十三五”期间恩施机场航空口岸对外开放。积极争取恩施海关机构正式设立。加快创建全国富硒农产品出口加工基地和国家级茶叶出口基地。继续实施自营出口主体培育“三个一批”工程[24]，新增有出口业绩企业15家，实现外贸自营出口增长10%以上，直接利用外资5500万美元以上。

增强科技创新能力。建立以企业为主体、市场为导向、产学研深度融合的技术创新体系，促进科技成果转化运用，申报高新技术企业15家以上。加大科技推广应用力度，推动硒等特色资源应用技术研究与转化，提升科技对经济增长的贡献率。鼓励和支持企业从高校、科研院所聘请科技领军人才；建设工程技术研究中心。实施创新创业计划，引进和培养一批创新创业人才，建设一批“回乡创业园”“孵化产业园”等专业园区。

（六）抓财源防风险，提高财税金融工作水平。坚持一手抓财源建设，增强财政保障能力；一手抓金融风险防控，提升金融服务水平。

增强财政保障能力。牢牢牵住财源建设这个“牛鼻子”，以“四大产业集群”建设为重点，培植骨干财源，做大群体财源，建强梯级财源，寻找替代财源。加大综合治税力度，确保应收尽收、均衡入库。加强预算编制执行管理，强化财政监督体系建设，着力提升科学化、精细化管理水平。不断完善财政支持政策，充分发挥财政资金撬动作用。

提升金融服务水平。加大金融服务实体经

济、支持三农发展力度，组织开展“银企手拉手”活动，力争信贷余额突破千亿元。用好贫困地区企业上市“绿色通道”[25]，大力推动企业挂牌上市。支持企业发展股权融资、债券融资，提高直接融资比重，新增新三板、四板挂牌企业50家以上。加大政策性金融资源利用力度，支持州国投公司等政府性投融资平台做大做强，推动相关基金投资重大项目。稳步推进政策性保险，积极发展商业保险。

着力化解金融风险。坚决打好防范化解金融风险攻坚战，严格落实属地管理责任和行业监管责任，全面遏制和整治非法集资。加强民间金融风险隐患排查与处置，加强地方类金融机构监管。强化宣传教育、监测预警、防范处置等制度建设，系统梳理排查化解金融风险点，坚决守住不发生系统性、区域性金融风险底线。

（七）抓保护强治理，全力建设美丽恩施。坚守绿色底色，厚植绿色优势，持续推进“五大专项治理”，坚决打赢生态环保和污染防治攻坚战，加快创建全国生态文明示范区。

强化生态保护与修复。全面落实城市山体保护“山长制”，构建责任明确、协调有序、监管严格、保护有力的山体、林地管理责任体系。加强自然保护区规范化管理，启动国家公园创建。认真落实四级“河（库）长制”，切实抓好水环境综合治理，确保所有监测断面水质稳定达标。强化大气环境综合治理，确保县市城区空气质量优良天数保持在318天以上。启动第二次污染源普查和土壤污染状况详查，完成土壤酸化治理50万亩。启动农药、化肥等农业投入品源头管控立法，加强农业有机废弃物、畜禽养殖废弃物综合利用，高效防治面源污染。启动实施精准灭荒、城乡垃圾无害化处理三年攻坚，力争通过三年努力，实现全州宜林荒山全绿化、城乡垃圾无害化处理全达标！

强化环境突出问题整治。实行最严格的生态环境保护制度，严守生态保护红线。针对中央、省环保督察组和人民群众反映的环境突出问题，持续开展整改“回头看”，建立健全环境保护长效机制。编制完成自然资源资产负债表，全面推行领导干部自然资源资产离任审计。支持环保机构监测监察执法垂直管理制度改革，完善治理体系、提升治理能力。严格环境执法，严厉打击破坏生态环境行为。

强化生态文明示范创建。坚持问题导向，补齐创建短板，加快创建全国生态文明示范区。积极推进生态文明建设示范县市、示范乡镇、示范村创建，力争新增示范县市4个、示范乡镇15个、示范村100个。开展城市建设绿色发展三年行动，推广绿色建筑，发展绿色交通，倡导低碳生活，推动形成节约适度、绿色低碳、文明健康的生活方式和消费模式。

（八）抓民生保稳定，持续改善人民生活。牢固树立以人民为中心的发展思想，始终把百姓安危冷暖记挂心头、落到实处，推动人民群众幸福指数“节节高”。

大力发展社会事业。加快实施“全面改薄”计划[26]，推动优质资源向农村学校倾斜，促进义务教育均衡发展。继续加强教育信息化建设，提升教育资源共享水平。全面实行城区中小学班额控制，持续化解超级大班难题。支持教育基础薄弱县市改扩建、新建普通高中和中等职业技术学校。进一步加大湖北民族学院和恩施职业技术学院建设支持力度。实施好第三个学前教育三年行动计划，新建和改扩建23所标准化幼儿园，实现乡镇中心公办幼儿园全覆盖。进一步健全城乡医疗卫生服务体系，支持州内医联体、县内医共体建设。积极推进医疗卫生信息化，实现远程诊疗系统中心卫生室全覆盖。加强公共卫生机构建设，提升基本公共卫生服务均等化水平。认真落实计划生育政策，不断提高出生人口素质。积极推进国家级文化生态保护试验区建设，切实加强文物保护利用和文化遗产保护传承。完善公共文化服务体系，做优做精“一县一品”文体赛事活动，促进文体事业和文体产业大发展。积极承办湖北省第九届少数民族传统体育运动会。

不断强化社会保障。认真落实就业政策，统筹做好高校毕业生、农村转移劳动力、就业困难人员等重点人群就业工作。实施社保共享计划，进一步提高养老保险、基本医疗保险覆盖率。完善社会保险待遇正常调整机制，确保社保基金安全运行。精准落实各类保障和救助政策，进一步发挥兜底政策社会“稳定器”作用。完成棚户区改造 8979 户、农村危房改造 1.5 万户。加强养老机构建设，提高居家养老和社区养老服务水平。

维护社会和谐稳定。加强和创新基层治理，推进基层治理系统化、科学化、智能化、法治化，建设更高水平的平安恩施、法治恩施。改革信访工作，坚持开门接访、领导下访，全面落实包保责任，就地化解各种社会矛盾。依法管理民族宗教事务，扎实开展民族团结进步创建。推进安全生产领域改革发展，严格落实安全生产责任制，强化打非治违，坚决防范较大及以上生产安全事故发生。加强应急管理和救灾物资储备，提升防灾减灾救灾能力。对农产品、食品、药品实行最严格的全过程监管，确保“舌尖上的安全”。加强国防动员建设，加快军民融合发展。依法做好统计调查工作，认真开展第四次全国经济普查。重视和做好工会、共青团、妇女儿童、老龄、残联和工商联等工作，进一步加强广播电视、气象、人防、移民、档案、史志、保密、物价、供销、邮政、通信等工作，努力促进各项事业全面进步。

三、提振精神，真抓实干，努力打造人民满意政府

始终坚持正确的政治方向，不忘初心，牢记使命，勤勉敬业，善做善成，不负人民重托。

（一）坚持依法行政，建设法治政府。带头弘扬法治精神，维护宪法和法律权威，切实落实好本州制定的各项民族自治法规，尊崇法治、敬畏法律、依法办事。完善重大行政决策程序，推动政府依法决策、科学决策、民主决策。严格按照法定权限和程序行使权力，加强行政执法队伍监管，规范公正文明执法。加大全民普法力度，严格落实行政机关负责人出庭应诉制度。广泛听取社会各界意见建议，自觉接受人大法律监督、工作监督和政协民主监督，高质量办理人大代表建议、政协提案。

（二）坚持诚实守信，建设诚信政府。带头坚守诚信原则，带动社会公众诚实守信。大力推行政务公开，严格执行行政许可与行政处罚“双公示”制度，全面接受社会监督。建立诚信政府制度体系，严惩政府采购、招标投标、招商引资、PPP 项目等重点领域政务失信行为，推动全社会形成正确的信用评价机制。

（三）坚持效能优先，建设服务政府。干字当头、实字落地，切实增强政府执行力和落实力。深化行政体制改革，持续推进简政放权，用政府权力的“减法”，做好服务群众的“加法”，换取市场活力的“乘法”。严格执行政府工作责任制，强化督查，强化问责，持续开展电视问政，严厉整肃庸政懒政怠政行为，推进各项决策部署落到实处。建立健全激励机制和容错纠错机制，旗帜鲜明地为敢于担当、踏实做事、干净干事的干部撑腰鼓劲，全面激发广大干部和人民群众干事创业的激情。

（四）坚持从严治党，建设廉洁政府。进一步压实全面从严治党主体责任，严守政治纪律和政治规矩，为改革发展提供坚强政治保障。始终保持惩治腐败的高压态势，完善预防腐败长效机制，坚决查处重点领域侵害群众利益的腐败问题，让广大干部知敬畏、存戒惧、守底线。全面贯彻落实中央八项规定实施细则精神，突出整治形式主义和官僚主义问题，不断改善作风、提升效能、推动发展。

名词解释

〔1〕**五州战略**：生态立州、产业兴州、开放活州、依法治州、富民强州战略。

〔2〕**一谷两基地三示范区**："世界硒都·中国硒谷"，全国知名的生态富硒产业基地、华中地区重要的洁净能源基地，全国生态文明示范区、国家全域旅游示范区、全国民族团结进步示范区。

〔3〕**五个一批**：发展生产脱贫一批、易地扶贫搬迁脱贫一批、生态补偿脱贫一批、发展教育脱贫一批、社会保障兜底一批。

〔4〕**"1+5"医疗保障体系**：以城乡居民医疗保险为主，以城乡居民大病保险、大病补充商业保险、民政医疗救助、民政临时救助和社会慈善救助为补充的医疗保障体系。

〔5〕**"四县市五乡镇"高山连片特困地区**：指以恩施市红土乡、新塘乡，建始县官店镇，宣恩县椿木营乡，鹤峰县中营镇五个高山乡镇为代表的高山连片特困片区。

〔6〕**省"616"对口帮扶**：由1位省委、省政府领导牵头，省直6个单位（4个省直厅局、一所高校或科研院所、一家大型企业）参与，对口支援一个民族县（市），每年至少办成6件较大的实事。

〔7〕**三品一标**：无公害农产品、绿色食品、有机农产品和农产品地理标志。

〔8〕**工业二十五条**：《恩施州人民政府关于推动工业经济加快发展的实施意见》，共有25条政策措施。

〔9〕**州城"四大系统工程"**：2017年州政府工作报告提出的州城出口通道升级工程、城区道路畅通工程、城市功能提升工程、城市生态修复与文化抢救工程。

〔10〕**六城同创**：同步创建全国、全省优秀旅游城市、文明城市、园林城市、卫生城市、森林城市、环保模范城市。2017年新增国家园林城市2个：巴东县、利川市，国家卫生城市1个：巴东县，省**级文明城市1个：咸丰县，省级卫生城市2个：咸丰县、鹤峰县，省级森林城市2个：利川市、巴东县。

〔11〕**五大专项治理**：山更青、水更绿、天更蓝、土更净、城乡更美。

〔12〕**水资源管理"三条红线"**：建立水资源开发利用的控制红线，严格实行用水总量控制；建立用水效率控制红线，坚决遏制用水浪费；建立水功能区限制纳污红线，严格控制入河排污总量。

〔13〕**大气污染防治"三禁三治"**：禁烧、禁煤、禁鞭；非煤矿山治理、扬尘治理、尾气治理。

〔14〕**畜禽养殖"三区"**：畜禽规模养殖禁养区、限养区、适养区。

〔15〕**乡镇卫生院"四化"**：建设标准化、管理科学化、业务规范化、运行信息化。

〔16〕**村卫生室"五化"**：产权公有化、建设标准化、服务规范化、运行信息化、管理一体化。

〔17〕**百千万文化扶贫工程**：新建六百个村级文体广场，组建六百支群众文艺团队，组建一千支以上群众健身队伍，组织一千场次以上的送戏下乡活动，完善一千个以上农家书屋，开展一千场以上文化艺术知识普及培训，组织一万场以上农村文体活动，新增一万册以上农村科普图书，组织三万场以上农村电影放映，新建十万步以上健身步道。

〔18〕**八个到村到户**：精准识别佐证到村到户、基础设施提升到村到户、特色产业发展到村到户、人居环境整治到村到户、惠民政策落实到村到户、项目资金统筹到村到户、干部力量下沉到村到户、开展群众工作到村到户。

〔19〕**两山两河**：凤凰山、五峰山，清江河、龙洞河。

〔20〕**"三权"分置制度**：在原有集体土地

所有权和农民家庭承包经营权二权分离的基础上，将农民家庭承包经营权分解为承包权和经营权，从而实行所有权、承包权、经营权三权分置并行。

〔21〕**三乡工程：**市民下乡、能人回乡、企业兴乡。

〔22〕**一带一路：**丝绸之路经济带和21世纪海上丝绸之路。

〔23〕**长江经济带：**是中国新一轮改革开放转型实施新区域开放开发战略，覆盖上海、江苏、浙江、安徽、江西、湖北、湖南、重庆、四川、云南、贵州11个省市，面积约205万平方公里，人口和生产总值均超过全国的40%。

〔24〕**"三个一批"工程：**扶持一批现有出口企业扩大规模，培育一批传统优势农产品企业出口破零，转化一批招商企业开展出口业务。

〔25〕**贫困地区企业上市"绿色通道"：**对注册地和主要生产经营地均在贫困地区且开展生产经营满三年、缴纳所得税满三年的企业，或者注册地在贫困地区、最近一年在贫困地区缴纳所得税不低于2000万元且承诺上市后三年内不变更注册地的企业，申请首次公开发行股票并上市的，适用"即报即审、审过即发"政策。

〔26〕**实施"全面改薄"计划：**全面改善贫困地区义务教育薄弱学校基本办学条件。是党中央、国务院在新的历史时期为推进教育事业持续健康发展而作出的一项重大工作部署。

大事记

1月

3日至4日 湖北省副省长曹广晶到鹤峰县调研精准扶贫工作。

5日 恩施州2017年首批34个重点项目集中开工仪式在恩施市高旗大道施工现场举行，总投资125亿元。

5日至8日 中国人民政治协商会议恩施土家族苗族自治州第八届委员会第一次会议召开。会议听取并通过《政协恩施州第八届委员会第一次会议关于政协恩施州第七届委员会常务委员会工作报告的决议》《州政协八届一次会议提案审查委员会关于八届一次会议提案审查情况的报告》《州政协八届一次会议政治决议》。2017年1月8日下午，政协恩施州八届一次会议举行第三次全体会议，选举政协恩施州第八届委员会主席、副主席、秘书长、常务委员。刘建平当选为政协恩施州第八届委员会主席。肖谏诚、谭建军、王继刚、刘晓冰、向宏贵、张全榜、何义发当选为政协恩施州第八届委员会副主席。张树香当选为政协恩施州第八届委员会秘书长。62人当选为政协恩施州第八届委员会常务委员。

6日至10日 恩施土家族苗族自治州第八届人民代表大会第一次会议召开。州长刘芳震代表州人民政府向大会作政府工作报告。会议表决通过州八届人大各专门委员会组成人员名单；表决通过州八届人大一次会议关于政府工作报告的决议、关于恩施州2016年国民经济和社会发展计划执行情况与2017年计划的决议、关于恩施州2016年财政预算执行情况和2017年财政预算的决议、关于州七届人大常委会工作报告的决议、关于州中级人民法院工作报告的决议、关于州人民检察院工作报告的决议；表决通过关于废止《州人口与计划生育条例》的决定；表决通过关于代表联名提出的议案处理意见的报告。9日下午，州八届人大一次会议举行第三次全体会议。李建明当选为州八届人大常委会主任，吕金施、陈晓燕、邓正平、陈学明、王小平当选为州八届人大常委会副主任，向文虎当选为州八届人大常委会秘书长；刘芳震当选为州人民政府州长，周静、田金培、张勇强、夏锡璠、程建宏、高敬佩当选为州人民政府副州长；许一鸣当选为州中级人民法院院长；刘恒明当选为州人民检察院检察长（须报省人大常委会批准）。33人当选州八届人大常委会委员。

9日 州委书记、州人大常委会主任李建明，州委副书记、州长刘芳震，在恩施会见浪潮集团湖北公司总经理胡君。双方就进一步深化合作，加快推进恩施云计算和大数据产业发展等进行座谈交流。

同日 “第四代移动通信系统（TD-LTE）关键技术与应用”获国家科学技术进步奖特等奖，

建始籍博士张诗壮在列。

11日　恩施州第八届人民政府召开第一次全体会议，传达学习省委全会暨全省经济工作会议、州第七次党代会和州“两会”精神，提出持之以恒转作风，心无旁骛抓落实，全面推进政府各项工作。

同日　2016年度湖北名牌榜发布，国家富硒产品质量监督检验中心以质检技术服务类跻身生产型服务业“湖北名牌”。

20日　经省人民政府批准，同意撤销恩施市三岔乡，设立三岔镇，以原三岔乡的行政区域为三岔镇的行政区域，镇人民政府驻三岔社区（鄂民政函〔2017〕34号）。

25日　省委宣传部、省文明办公布“荆楚楷模”2017年度1月人物名单，恩施市崔家坝供电所所长吕铁牛当选。

31日　中央文明办发布2017年1月“中国好人榜”，咸丰县陈照南上榜“诚实守信好人”。

2月

3日　全州经济工作暨固定资产投资推进会召开，会议贯彻中央、省经济工作会和省“两会”精神，进一步分解州第七次党代会和州“两会”确定的目标任务，分析当前经济形势，部署当年经济工作。

8日至9日　副省长郭生练到恩施州调研民族地区教育和“616”［每个县（市）由1名省委、省政府领导负责，省直6个单位开展对口支援，每年至少为对口支援县（市）办6件实事。下同］工程对口帮扶、扶贫攻坚“春季行动”等工作。

14日至15日　省委常委、省纪委书记侯长安调研恩施州学习贯彻十八届六中全会、十八届中央纪委七次全会、省纪委十届七次全会精神情况，了解贯彻落实中的重点难点和具体措施，听取意见建议。

16日　恩施市龙凤镇等15个乡镇和鹤峰县中营镇白鹿村等103个村，被省环境保护委员会分别授予“省级生态乡镇”“省级生态村”称号。恩施州获“省级生态乡镇”的是：巴东县溪丘湾乡，恩施市白杨坪镇、板桥镇、龙凤镇，鹤峰县太平镇、下坪乡、邬阳乡，利川市建南镇、凉雾乡，来凤县革勒车镇，咸丰县忠堡镇、丁寨乡，建始县茅田乡、三里乡，宣恩县沙道沟镇。全州已有39个乡镇、394个村获得省级以上生态乡镇、生态村称号。

15日至17日　恩施州党政考察团到浙江省杭州市考察，深入贯彻习近平总书记在东西部扶贫协作座谈会上的重要讲话精神，对接东西部扶贫协作和对口帮扶事宜，学习借鉴杭州在创新发展、生态建设、城乡建设改造等方面的经验做法。杭州市委副书记、市长张鸿铭，恩施州委副书记、州长刘芳震代表两地政府签署东西部扶贫协作和对口帮扶合作框架协议。考察期间，各县市及州直相关部门分别与对口联系单位进行对接。

24日　省委宣传部、省文明办发布“荆楚楷模”2月榜单，州纪委扶贫工作队队长赵朝阳入选。

26日　全州2017年第二批重点项目集中开工仪式在利川市麻山元堡风电场举行。当天全州有22个重点项目集中开工，总投资31亿元。

27日至3月2日　省人大常委会副主任王建鸣到恩施州，就《湖北省公路路政条例（修订草案）》征求意见建议，就宣恩县开展2017年脱贫攻坚“春季攻势”进行督导调研

28日　全国妇联对全国维护妇女儿童权益先进集体和先进个人进行表彰。恩施市红土乡妇联主席黄银芳，湖北震邦华广律师事务所党支部书记、律师谭娟，恩施市人民法院龙凤法庭庭长韩笑莲3人获评全国维护妇女儿童权益先进个人。

同月　湖北省委、省政府表彰一批扶贫开发

工作先进集体和先进个人，恩施市龙凤镇人民政府、利川市交通局、巴东县绿葱坡镇野花坪村获湖北省扶贫开发工作先进集体；建始县龙坪乡店子坪村党支部书记王光国、宣恩县人社局党组成员、主任科员梅世万、鹤峰县中营镇白鹿村党支部书记何斌获湖北省扶贫开发工作先进个人。

3月

1日　恩施州开始全面实施企业简易注销登记改革。

3日　国家民委发布《关于命名第二批中国少数民族特色村寨的通知》（民委发〔2017〕34号），恩施州23个村名列其中，分别是：恩施市白果乡金龙坝村、龙凤镇龙马村、龙凤镇青堡村、沐抚办事处营上村，利川市柏杨镇水井村、沙溪乡荷花村张高寨、团堡镇野猫水村，建始县茅田乡耍操门村，巴东县东瀼口镇牛洞坪村、沿渡河镇石板坪村，宣恩县高罗乡小茅坡营村、高罗镇板寮村、椒园镇庆阳坝村、万寨乡五家台村，咸丰县大路坝区蛇盘溪村、高乐山镇沙坝村，来凤县百福司镇舍米湖村、百福司镇兴安村、三胡乡石桥村，鹤峰县铁炉白族乡细杉村、下坪乡岩门村、燕子乡董家村、走马镇官仓村。

8日　全省各界妇女纪念“三八”国际劳动妇女节107周年大会在武汉举行。会上表彰2016年度全省三八红旗手、红旗集体，恩施州6人3个集体获得表彰。鹤峰县洪富农牧业有限公司董事长许群群获三八红旗手标兵，恩施市龙凤联强农贸有限公司负责人方荣、湖北联信律师事务所副主任张廷红、巴东第一高级中学教师乔凤、利川市农产品质检站副站长王明琼、利川市芳芳圆梦园托管中心校长王芳（社会推荐）获全省三八旗手，恩施市硒都民族实验小学、咸丰县黄金洞乡麻柳溪村妇代会、建始县高坪镇女子民兵连获三八红旗集体。

10日　十二届全国人大五次会议期间，州委书记、州人大常委会主任李建明率队拜会农业部部长韩长赋，副部长余欣荣、陈晓华等，汇报恩施州农业农村经济发展、产业扶贫以及农业部定点帮扶工作推进情况，寻求农业部对恩施州推进农业供给侧结构性改革、产业扶贫等方面的进一步支持和指导。

11日至15日　省委常委、组织部部长于绍良到宣恩县、鹤峰县、来凤县、咸丰县，就坚定不移推进全面从严治党、加强和改进党的建设和组织工作开展调研。

14日　由州委宣传部、州文明办组织评选出2017年第一期“恩施楷模”，分别是：恩施市金桂大道花果山小区群众陈健、宣恩县晓关侗族乡教师王焕军、利川国税干部安勇、巴东县野三关镇青龙桥电子工业园湖北巴东博宇工贸有限公司董事长胡典兵、鹤峰调查队办公室干部钱海、鹤峰县燕子镇董家村五组村民王慧。

15日　团中央办公厅印发《关于命名2015—2016年度全国青年文明号的决定》（中青联发〔2017〕5号），宣恩县地税局纳税（费）服务局、恩施新闻网编辑部被表彰为2015—2016年度全国青年文明号集体。

17日　国家武陵山区和恩施州农作物品种区域试验业务培训在恩施州举行。

18日　恩施市政府与武汉中央商务区城建开发有限公司签订《恩施市夏村坝旅游休闲度假区项目开发协议书》。项目总投资超过30亿元，拟用5到10年时间，将夏村坝打造成集国家级AAAAA旅游景区、国家级山地旅游度假区和国家级文旅特色小镇为一体的旅游综合体。

21日至28日　应新西兰怀马卡里里市市长及澳大利亚昆士兰州投资贸易局邀请，州长刘芳震率团赴新西兰、澳大利亚两国访问。代表团同驻外领馆、当地政府、高等学校、华人华侨社团密集交流，开展友城交往、项目签约、拜访会见等活动，出席省政府代表团在当地举行的经贸推介活动。

23日 由省食品药品监督管理局、州食品药品安全委员会主办，利川市人民政府、州食品药品监督管理局承办的2017年度全省首场食品安全突发事件应急演练在利川市举行。

28日 “荆楚楷模”2016年度人物致敬礼在湖北广播电视台举行，通过长江云APP全省同步直播。宣恩县长潭河侗族乡两溪河村党支部书记张兴红当选2016“荆楚楷模”年度人物并出席致敬礼。

31日 2017湖北茶文化旅游启动仪式暨宣恩伍家台贡茶文化旅游推广活动在宣恩县举行。

同月 2016年度“全国三八红旗手”和“三八红旗集体”名单揭晓，来凤县翔凤镇花园堡社区党委副书记、妇联主席连芳获评“全国三八红旗手”。

4月

7日 全省劳动保障监察工作会议在恩施州召开，总结上年工作，交流经验，部署当年任务。

8日 “东西部协作·旅游扶贫——杭州旅行商恩施行暨2017‘恩施社节’”活动在恩施女儿城举行，来自杭州市旅游协会和各大旅行商，恩施摄影家、网评员和旅行商代表200余人参加活动。

9日至10日 省政协主席张昌尔到恩施州开展省政协“加强和改进农村生活垃圾治理”月度协商座谈会会前调研。

18日 由湖北扬帆旅游发展有限公司、巴东神农溪景区开发有限公司主办的第五届长江三峡（巴东）纤夫文化旅游节在巴东神农溪纤夫文化走廊举行。

22日至23日 由湖北省社会体育中心、州文体新广局、州旅游委、建始县人民政府、“越野e族”体育赛事（北京）有限公司主办的2017年中国汽车越野巡回赛（COT）建始站赛暨中国·建始第二届龙王淌汽车场地越野公开赛在建始县花坪镇举行。

24日至25日 省委副书记、省长王晓东到宣恩县、恩施市调研精准扶贫精准脱贫工作，考察亚麦食品、佳鑫农业等龙头企业和锣圈岩、龙马风情小镇等生态旅游扶贫项目；到宣恩县椒园村易地扶贫搬迁安置点、恩施市龙凤镇保扎片区、恩施市精准扶贫综合服务中心实地调研。

24日 利川市毛坝镇青岩村覃家沟出生的土家姑娘覃健（1985—2013），被表彰为第十三届全国见义勇为模范。2013年11月28日下午4时许，时任广东东莞横沥镇培英小学三年级语文教师的覃健和同事一起护送学生过马路，因保护学生献出27岁生命。

同月 利川市茶产业协会向国家工商总局商标局申请的“利川工夫红茶”地理标志证明商标注册成功。

5月

4日 中央文明办发布4月“中国好人榜”，建始县段丙英上榜“孝老爱亲好人”。段丙英，1956年1月生，汉族，建始县业州镇苏家坪村村民，二十一年如一日照顾公婆和三个智障兄弟。

6日 大型企业进恩施暨重大项目推介会举行，恩施州第一支创业投资基金——恩施银河光彩创业投资基金正式成立。该基金由北京银河鼎发创业投资有限公司、光彩（北京）资产管理有限公司、恩施州国有资本投资运营有限公司共同发起成立。该基金首期规模10亿元，由恩施鼎发光彩创业投资管理有限公司负责管理运营。

11日 第十三届中国（深圳）国际文化博览交易会在深圳举行。恩施州组织州内具有代表性的文化企业、文化产品参加展览展销，举办文化产业专题招商推介、文化产业相关内容考察交流等活动。现场推介彭家寨中国泛博物馆走廊项目、《嗯嘎·女儿会》土家风情歌舞诗剧剧场、来凤县仙佛寺宗教文化体验旅游区、黄四姐下坝文化产业园、寇准主题文化公园、唐崖土司城址文化产业园、鹤峰“土家四道茶”等项目。

18日至21日　首届中国国际茶业博览会在杭州国际博览中心举行。19日，恩施州举行恩施硒茶专场推介会，州委书记、州人大常委会主任李建明出席推介会。

20日　“成都钓鱼人·百万店长争夺赛”全国巡回总决赛首站在恩施州双龙源钓场开竿，来自湖北、湖南、重庆、四川等地的160名垂钓爱好者参赛。

24日至25日　省委常委、统战部长尔肯江·吐拉洪到恩施调研检查指导防汛抗旱及精准扶贫工作。

24日　中央电视台《中国影像志》栏目组到鹤峰县容美镇屏山景区进行“土家四道茶”录制。

25日　省委宣传部、省文明办公布“荆楚楷模”2017年5月榜单，卢自德当选。

同日　全州工业经济工作推进会在州城恩施召开，传达贯彻州委书记、州人大常委会主任李建明批示精神，启动“千名干部进千企”活动，部署下阶段工业经济工作。

26日　中共恩施州委七届三次全体（扩大）会议在州城恩施举行。会议审议通过《关于召开恩施州党代表会议的决议》，投票确定恩施州出席省第十一次党代会代表候选人预备人选名单，审议通过《中共恩施州委关于加强和改进党支部建设的十条意见》。

31日至6月1日　省人大常委会党组副书记、副主任张岱梨带领省人大常委会调研组到来凤县调研，了解产业扶贫、易地扶贫搬迁安置点建设以及基层党建工作情况，看望慰问贫困户，并反馈调研意见。

31日　省财政厅公示湖北省农村综改办美丽乡村建设提档升级试点村名单，恩施州有12个村名列其中，分别是建始县高坪镇大店子村、三里乡煤炭沟村、三里乡石牌湖村、红岩寺镇桃园社区、花坪镇小西湖村、业州镇牛角水村，来凤县绿水镇周家湾村、三胡乡黄柏村，鹤峰县中营镇大路坪村、走马镇升子村、铁炉白族乡细杉村、燕子镇董家村。

6月

5日至6日　重庆市黔江区委书记余长明率考察团到恩施市、咸丰县，考察恩施州依托特色村寨、特色产业加快“一村一品、一镇一业”建设情况，了解恩施州推动一、二、三产业融合发展经验做法，学习恩施州绿色崛起、特色发展路径。

7日至9日　全国人大常委会委员、全国人大民族委员会副主任委员王万宾率调研组到恩施州，专题调研精准扶贫工作。

13日　全州宗教工作会议召开，贯彻落实全国、全省宗教工作会议精神，分析宗教工作新形势新问题，部署全州宗教工作。

15日至18日　第十一届中国医师协会眼科医师分会年会在上海召开，恩施州眼科学科带头人、州中心医院院长李拓获“第八届全国优秀眼科医师”。

15日至16日　省政协副主席王振有率调研组到恩施州，围绕“复兴‘万里茶道’东方茶都，叫响湖北茶叶品牌”月度协商主题进行调研座谈。

19日　恩施市“满天星”少先队名师工作室获授首批全国少先队名师工作室称号。

24日至25日　2017第六届品牌农商发展

大会在北京举行，恩施硒茶获评100个“2017最受消费者喜爱的中国农产品区域公用品牌”之一。

25日　2017中国山地马拉松系列赛利川站比赛在利川市东城街道办事处白鹊山民宿广场举行。

27日　在召开的全国人民调解工作会议上，恩施市司法局新塘司法所所长龙兆开被司法部授予“全国模范人民调解员”称号。

同月　被省、州、县授予“见义勇为先进个人”称号的建始籍英雄谢莫健，获得由中华见义勇为基金会和海航集团联合发起的“海航·见义勇为英模安居工程”建房补贴15万元。

7月

4日至6日　全国政协民族和宗教委员会副主任杨松率调研组到恩施州，调研经济社会发展和养老产业发展情况。

4日至6日　省人大常委会副主任王建鸣到宣恩县高罗镇，参加向家坪“聚力脱贫攻坚五级代表在行动”人大代表小组活动。

7日　省人大常委会党组副书记、副主任张岱梨到来凤县翔凤镇，参加“聚力脱贫攻坚五级代表在行动”人大代表小组活动。

10日　国家茶叶产业技术体系“茶叶机械化标准化生产技术集成与示范”现场交流会在恩施州召开，来自国家茶叶产业技术体系的10多名专家及12个省（市）综合试验站相关人员150余人参加会议。

14日　全国爱卫办发布《关于命名2014—2016周期国家卫生县城（乡镇）的决定》，巴东县城被命名为“国家卫生县城”。

同日　省人大常委会副主任尹汉宁到巴东县野三关镇，参加向家坪“聚力脱贫攻坚五级代表在行动”人大代表小组活动。

18日至19日　第八次全国信访工作会议在北京召开，表彰全国信访系统先进集体和先进工作者，利川市信访局被表彰为“全国信访系统先进集体”。

18日　巴东县水布垭清江大桥成功合龙。水布垭清江大桥位于巴东县水布垭镇三友坪社区丝茅岭，2014年11月开工修建，是清江巴东境内的首座跨江大桥和省道巴东至鹤峰公路改建工程的控制性工程。大桥主桥为单跨双绞钢桁架悬索桥，全长565米，主跨420米，桥面净宽11米，总投资2.1亿元，建设工期36个月。

25日　省委宣传部、省文明办公布“荆楚楷模”2017年7月榜单，宣恩县万寨乡向家村村民谭世六当选。

28日　湖北省经信委公布“第五届湖北省工艺美术大师”评审结果（鄂经信轻纺〔2017〕96号），恩施州牟利忠、田若兰被授予“第五届湖北省工艺美术大师”。

同月　由州委宣传部、州文明办组织评选的2017年第二期“恩施楷模”上榜人物发布，分别是：建始县景阳镇民兵应急分队，宣恩县李家河镇汤湾村党支部书记、村委会主任王志兵，利川市忠路镇双寨村村民徐彩兰，巴东县公安局绿葱坡派出所所长李峰，鹤峰县铁炉民族中心学校教师熊红霞。

8月

4日　在北京2017年度国家地理标志产品保护申请技术审查会上，“恩施马铃薯”全票通过国家地理标志产品保护的技术审查。

8日　“民体杯”全国高脚竞速比赛暨湖北省第九届少数民族“全民健身日”启动式在利川市举行。全国12个省市区代表队，湖北师范大学、西藏民族大学等9个民族高等院校代表队250名运动员参赛。

15日 州委、州政府在深圳举办2017世界硒都·中国硒谷投资推介会，签约10个项目共26.6亿元。

17日 在国家卫计委召开的表彰大会上，恩施州中心医院获得“全国卫生计生系统先进集体”奖状。

18日至22日 2017“荆楚优品”澳门湖北农产品展销周举行，恩施州13家企业组团赴澳门参展，签订2200万元的意向采购协议。

25日 州政府召开全州工业经济和商务工作督办会，分析当前工业经济和商务工作形势，进一步部署工作。

同月 省人民政府下发（鄂政发〔2017〕31号）文件，通报第四届湖北省科普先进工作者，恩施州农科院瞿勇、建始县科协唐文海、巴东县易达聚农杂粮蔬菜技术协会胡代燕名列其中。

同月 住建部公布第二批全国特色小镇名单，利川市谋道镇名列其中。

同月 利川市建南镇中坪村卫生室医生张家国被人社部、国家卫计委、国家中医药管理局联合发文表彰为“全国卫生计生系统劳动模范”。

9月

8日至10日 中央国家机关青联委员到恩施州，调研脱贫攻坚及中央国家机关定点扶贫工作。

8日 宜（都）至来（凤）高速公路鹤峰东段开工建设动员会在鹤峰县燕子镇新行村举行。宜来高速公路鹤峰东段，起于鹤峰与五峰分界的马蹄岩隧道，与规划的宜来高速公路五峰段对接，经燕子镇，于龙潭坪附近与正在建设的宜来高速公路鹤峰（容美）至宣恩（当阳坪）段对接。项目路线全长38.53千米，工程投资约60亿元，建设工期为42个月。

13日至14日 浙江省委副书记、省长袁家军率领浙江省代表团到恩施州考察，贯彻落实党中央、国务院关于加强东西部扶贫协作的决策部署，进一步推动两地交流合作，实现共赢发展。

15日 由中国农业国际合作促进会茶产业委员会、中国合作经济学会旅游合作专业委员会共同主办的2017年度“全国十大魅力茶乡、全国三十座最美茶园”评选结果揭晓，宣恩县伍家台贡茶昌臣茶园当选“2017年度全国三十座最美茶园”之一。

16日至19日 恩施州第八届运动会在来凤县龙凤文化体育中心举行。本届运动会以“活力恩施、激情八运”为主题，设青少年类、职工类、少数民族类、农民类4个类别24个比赛项目227个小项，其中10个比赛项目于7月15日起陆续开赛。

19日至20日 省委副书记、省长王晓东到恩施市和巴东县调研精准扶贫工作，到恩施市鲁竹坝村、恩施市裕登农庄、亲硒源茶厂和巴东县荷花村易地扶贫搬迁安置点、巴东县金山电商产业园、巴东县大湾村实地调研。

21日 州委宣传部、州文明办、州妇联联合举办2017年恩施州“喜迎十九大，巾帼建新功”百姓宣讲暨“最美家庭”颁奖仪式，冯学权家庭等10户家庭获颁2017年恩施州“最美家庭”证书，胡晓明家庭等20户家庭获2017年恩施州“最美家庭”提名，予以通报表扬。

23日至25日 国家民委党组副书记、副主任刘慧到来凤、咸丰、利川、恩施4个县市，调研民族团结进步、少数民族特色村寨创建、民族地区全面建成小康等工作。

24日至26日 “峡谷柔情·为爱高飞”——2017年中国恩施大峡谷热气球旅游节在恩施大峡谷景区举办。

25日 国际“茶艺大师杯”比赛开幕典礼在州城恩施举行。本届比赛由中国食品土畜进出口商会茶业分会、俄罗斯茶叶咖啡协会共同举办，是2017国际茶业大会的重要活动之一。

26日至30日 2017国际茶业大会暨第四届世界硒都（恩施）硒产品博览交易会在州城恩施举办。来自38个国家和地区、国内19个省市区的茶叶主产区和硒产业发展区的相关领导、专家、企业家代表参会。开幕式上，国际茶叶委员会授予恩施州“世界富硒养生茶”牌匾。本届国际茶业大会以“一带一路、养生引领、共享共赢”为主题，举办2017国际“茶艺大师杯”总决赛、国际茶业CEO论坛、全球茶产业可持续发展圆桌会议、“恩施硒茶”公用品牌发布等活动。第四届硒博会以“健康中国·硒引天下”为主题，举办中国硒产业发展地区领导人圆桌会议、“硒发现200周年纪念——硒望高端论坛”、硒与大健康论坛、名优硒产品评选等活动。

26日至27日 全国人大代表、副省长郭生练到恩施州调研省级高新技术产业园区创建工作，到建始县龙坪乡楂树坪村参加“聚力脱贫攻坚人大代表在行动”代表小组活动。

27日 华中师范大学校长杨宗凯到恩施州调研。州委副书记、州长刘芳震与其座谈，就深化校地合作达成多项共识。

同日 2017国际茶业大会暨第四届世界硒都（恩施）硒产品博览交易会举行恩施硒茶国际前景发展峰会暨“世界硒都·中国硒谷”投资推介和项目签约仪式。

28日至29日 俄罗斯列宁格勒州加特契纳市市长柳布什金娜·叶莲娜一行5人访问利川市，就进一步加强双方友好合作关系进行洽谈。

28日 “恩施硒茶”公用品牌发布会暨恩施州人民政府与湖北省联合发展投资集团有限公司产业扶贫战略合作协议签字仪式在州文化中心举行。

29日 经省人民政府批准，同意建始县撤销长梁乡，设立长梁镇（鄂民政函〔2017〕671号），以原长梁乡的行政区域为长梁镇的行政区域，镇人民政府驻头坝堰（鄂民政函〔2017〕671号）。

30日 由州委宣传部、州档案局、州史志办承办的“砥砺奋进·绿色崛起——恩施州喜迎十九大经济社会发展成就图片展”在州博物馆开展。

同月 省委、省政府作出决定，向一批改革创新的先进集体和个人授予“湖北改革奖”。恩施市龙凤镇党委书记崔宇辉、鹤峰县检察院副检察长刘玉清获此荣誉。

10月

10日 全国少数民族地区艺术院团十大进京演出剧目——土家族南剧《初心》在中央民族歌舞团民族剧场上演。

13日至16日 第27届恩施州老年人运动会在宣恩县开幕。来自全州的9个代表团、10支代表队计600名运动员参加气排球、柔力球、太极拳等8个项目比赛。

13日 由恩施市人民政府、州住房和城乡建设委员会主办，恩施市住房制度改革办公室、恩施州房地产业协会、恩施市房地产业协会承办，恩施日报社、恩施州电视台协办的恩施2017房地产交易展示会在在州文化中心举行。

17日 省委组织部、省农业厅在武汉举行全省农村实用人才创业创新项目创意大赛总决赛，湖北盛稀源农业科技有限公司何方获二等奖，恩施硒园素生态农业发展有限公司席印海获三等奖，来凤武陵龙凤现代农业有限责任公司陈建平、巴东西溪坝葡萄种植专业合作社伍海贤获优胜奖，分别获得10万元、5万元和3万元奖励。

20日至22日 国务院国资委资本收益局局长李冰率调研组到恩施州，调研国有企业“三供一业”分离移交工作。

20日 湖北省旅游景区质量等级评定委员会

发布2017年第3号公告，批准鹤峰县满山红景区为国家AAAA级景区。

26日 在云南临沧举办的第十三届中国茶业经济年会上，宣恩县被评为2017年度“全国十大生态产茶县”。

30日 国家发展改革委印发《全国红色旅游经典景区三期总体建设方案》的通知，围绕2016年印发的《全国红色旅游经典景区目录》，确定228个全国红色旅游经典景区基础设施建设项目，恩施州湘鄂边苏区革命烈士陵园、五里坪革命旧址群、鼓锣山三十二烈士殉难处、中营红三军军部旧址、咸丰忠堡大捷遗址及烈士陵园5个红色旅游经典景区名列其中。

30日至31日 省委常委、常务副省长黄楚平到鹤峰县调研，并召开“616”工程对口帮扶鹤峰现场办公会。实地调研宣鹤高速、青翠源茶业、土家购电商平台、集优农业、八峰药化等重点项目和企业，了解鹤峰县经济社会发展情况及项目建设、企业经营、精准扶贫和对口帮扶情况。

31日 中央文明办发布2017年10月“中国好人榜”，鹤峰县许群群上榜“敬业奉献好人”。许群群，1984年生，土家族，鹤峰县容美镇张家村人，湖北省洪富农牧业有限公司总经理。她2009年毕业于武汉音乐学院声乐系，后前往新加坡成为歌手，2013年放弃演艺事业回到鹤峰县，在海拔1400米的燕子镇朝阳村办养牛场，艰苦创业带领村民致富。9月25日，许群群当选9月“荆楚楷模”。

同月 农业部公示2017年度全国名特优新农产品目录，恩施州宣恩贡米、贡水白柚、伍家台贡茶、恩施大米、恩施富硒茶、恩施玉露、巴东郡贡茶7类农产品榜上有名。

同月 由州委宣传部、州文明办组织评选的2017年第三期“恩施楷模”上榜人物发布，分别是湖北洪富农牧业有限公司总经理许群群，利川市汪营镇钓鱼村五组村民潘中鹏，为救战友牺牲的宣恩籍烈士龚昊，巴东县水布垭镇杨柳社区电商个体户陈兹方，鹤峰县下坪乡留驾小学校长黄家菊，恩施市城建监察大队六角亭中队队员王洋洋，自愿捐献器官的“渐冻症”患者娄滔。

11月

7日至8日 省人大常委会副主任王玲率督导组到恩施州调研，督导检查全州县乡人大建设和“聚力脱贫攻坚人大代表在行动”、环保世纪行等活动开展情况及突出环境问题整改落实情况。

10日 恩施市税邮合作营业厅在州城恩施正式启用。是全省建成的首个税邮合作营业厅，设有网上办税区、咨询辅导区，安装6台自助办税终端和4台自助办税计算机，纳税人可通过终端自助办理发票领用、增值税专用发票代开、增值税专用发票认证、纳税申报等业务。

16日 国家质检总局批准对恩施州利川工夫红茶、恩施马铃薯实施国家地理标志产品保护。全州获得批准的国家地理标志保护产品已达24个。

17日 由农业部、湖北省政府主办，武汉市政府、省农业厅承办的第十四届武汉农博会在武汉国际博览中心开幕。恩施州以“世界硒都·恩施硒谷”为主题，设龙头企业展区、珍品馆、特色优势农产品展区、合作社展区、休闲农业展区，100家企业的1000余种产品参展。

17日 中国文明网（受权发布）第五届全国文明城市、文明村镇、文明单位和第一届全国文明校园名单。建始县龙坪乡店子坪村、巴东县野三关镇石桥坪村、宣恩县万寨乡伍家台村、恩施市三岔乡莲花池村、咸丰县小村乡羊蹄村、鹤峰县五里乡南村村获评第五届全国文明村镇；国网湖北省电力公司恩施供电公司、建始县人民医院、中国工商银行恩施利川支行获评第五届全国文明单位；恩施市实验小学获评第一届全国文明校园。

18日 宣恩县2017贡水白柚文化节在宣恩县高罗镇举行。

21日 第四届全国少数民族医药工作会议在北京召开，会议通报表彰60个全国少数民族医药工作表现突出集体、199名全国少数民族医药工作表现突出个人。恩施州民族医院（恩施州中心医院中医部）、咸丰县中医院被表彰为全国少数民族医药工作表现突出集体，恩施市中心医院田先彩、利川市民族中医院范长秋、咸丰县中医院胡德俊、宣恩县民族医院谭宗和、建始县中医院张健被表彰为全国少数民族医药工作表现突出个人。

同日 农业部推介恩施州来凤县、咸丰县及湖南永顺县、龙山县等农业部定点扶贫县特色农产品对接活动在来凤县举行，现场签约项目3个，金额5.72亿元。其中，来凤县签约项目2个，金额5.5亿元。

22日 恩施州委召开全州领导干部大会。省委组织部常务副部长胡志强出席会议并宣布省委决定：柯俊任恩施州委委员、常委、书记（2017年11月10日鄂发干〔2017〕558号）；提名柯俊为恩施州人大常委会主任候选人。

同日 由中国旅游协会、民族团结杂志社、省旅游委、州政府联合主办的第三届全国民宿大会暨恩施州首届民宿发展大会在恩施女儿城举行。州政府与重庆西演产业集团签订文旅合作战略协议，与唐乡（北京）投资管理有限公司签订“唐乡”新乡居生活社区项目合作框架协议；县市签订民宿招商项目协议金额15亿元。评选出“全国民宿发展创新示范单位”“全国民宿游学基地”；省旅游委命名一批金宿级、银宿级旅游民宿，恩施市茶花山居民宿及利川市丽森民宿、白鹊山民宿获评金宿级，宣恩县千户土家民宿、利川市大美土家民宿获评银宿级。会议发布《2017全球民宿发展研究报告》《恩施州民宿产业发展研究报告》。

26日至28日 全国人大常委会委员、全国人大环境与资源保护委员会主任委员陆浩，全国人大常委会委员、全国人大环境与资源保护委员会副主任委员罗清泉、王庆喜率全国人大调研组到恩施州，就环境与资源保护、产业转型升级等进行调研。

同月 国家质检总局发布2017年产品质量检验机构工作质量分类监管工作的考核情况通报，国家富硒产品质量监督检验中心获评国家Ⅰ类检验机构。

同月 全国畜牧总站公布2017年全国基层畜牧（草原）技术推广示范站名单，201家基层推广站被确定为2017年全国基层推广示范站。建始县、恩施市、宣恩县畜牧技术推广站名列其中。

12月

4日 全州第十八次科学技术奖励大会在恩施召开，贯彻中共十九大精神和国家、省科技奖励大会精神，表彰为全州科技事业作出突出贡献的科技工作者，动员全州上下加快实施创新驱动发展战略，为经济社会发展提供强有力的科技支撑。州委书记柯俊出席大会，为突出贡献奖获得者恩施州植物保护站推广研究员李维群颁奖。会议宣读《州人民政府关于恩施州第十八次科学技术进步奖的通报》。

同日 在第四届世界互联网大会上，阿里巴巴和蚂蚁金服分别与两个国家级深度贫困地区湖北恩施州巴东县、甘肃定西市签约“结对帮扶”。

5日 全国工商联办公厅发布《关于确认2017年全国“五好”县级工商联的通知》，恩施市、利川市、巴东县、咸丰县、鹤峰县工商联被评为2017年全国“五好”县级工商联。

同日 由农业部农产品加工局主办，四川省农业厅承办的中国美丽休闲乡村建设现场经验交流活动在四川省广安市武胜县举行，全国150个乡村被评为“2017年中国美丽休闲乡村”，来凤县石桥村被评为特色民居村。

12日 州编委以州机编发〔2017〕74号文批复同意“中共恩施州经济开发区工作委员会”更名为“中共恩施州高新技术产业园区工作委员会”，“湖北恩施州经济开发区（筹）管理委员会”更名为“恩施州高新技术产业园区管理委员会”。10月18日，省人民政府以鄂政函〔2017〕134号文批复同意设立恩施州高新技术产业园区，享受省级高新技术产业园区的相关政策。

20日 省政府办公厅印发《湖北省特色小镇创建工作实施方案》，公布首批20个特色小镇创建名单，巴东县野三关镇作为酿酒小镇名列其中。

25日 省委宣传部、省文明办公布“荆楚楷模”2017年12月榜单，恩施生态文化旅游发展有限公司市场营销部导服组高级主管谭桂英当选。2006年，谭桂英辞职回乡，白天干农活，晚上自学导游自考教材，2009年正式成为恩施大峡谷景区讲解员，2011年，通过国家级导游考试。她热爱旅游工作，极富爱心，2016年获人力资源和社会保障部、国家旅游局表彰为“全国旅游系统劳动模范”。

26日 经过为期4年的建设，湖北利川至重庆万州高速公路全线通车运营，跨越湖北、重庆、四川3个省市的恩广高速（恩施到广元）全线通车，利川至万州车程将由原来的2.5小时缩短至1小时。利万高速亦称万利高速，是连接湖北利川和重庆万州的跨省高速公路，也是沪蓉高速与沪渝高速的重要连接线，起于利川市凉雾乡旗杆村，止于万州区，全长96.09千米，全线采用双向四车道高速公路标准，设计速度80千米/小时。其中湖北境内的42.06千米由湖北省交通投资集团投资建设，总投资约52亿元。

27日至28日 中国农业科学院茶叶研究所所长、国家茶叶产业技术体系首席科学家杨亚军到鹤峰县考察调研茶产业发展情况，在鹤峰成立全国首个科技成果转换中心——中国农业科学院茶叶研究所武陵山区（鹤峰）科技成果转化中心。

28日至29日 中央农村工作会议在北京举行，80名全国农业劳动模范和先进工作者代表会前受到中央领导接见，列席中央农村工作会议。来凤县农园果蔬专业合作社理事长、农园（恩施）农业发展有限公司董事长向辉（来凤县旧司镇新街村人）参加。

28日 全国人力资源社会保障系统先进集体和先进工作者表彰大会上，巴东县金果坪乡人社服务中心主任易盛荣被表彰为“全国人力资源社会保障系统先进工作者”。

29日 由恩施州及恩施市实施《全民健身条例》工作委员会主办，州及恩施市文体新广局承办，湖北画报亿和文旅有限公司策划执行的恩施州迎新年全民健身跑暨短程马拉松活动举行，主题为“全民健身，绿跑恩施‘益’起来”。

同月 省委宣传部、省文明办、省工商局授予105家企业2017年度（第三届）湖北省“文明诚信示范企业”称号，恩施市长源轴承制造有限公司、利川金利茶业有限责任公司、湖北鑫麒麟管业有限公司、宣恩县伍台昌臣茶业有限公司4家企业名列其中。

（编辑 梁卫民 时小婷）

恩施州概况

地理环境与自然资源

【地理位置与面积】 恩施土家族苗族自治州位于湖北省西南部，云贵高原东延武陵山余脉与大巴山之间，北纬 29° 07′ 10″—31° 24′ 13″，东经 108° 23′ 12″—110° 38′ 08″。东接湖北省宜昌市，南毗湖南省湘西土家族苗族自治州，西连重庆市黔江区，北邻重庆市万州区，东北端连湖北省神农架林区。全州总面积 2406026.48 公顷。州府驻恩施市舞阳坝，至省会武汉市航空线 470 千米，沿 318 国道公路 648 千米；至宜昌市航空线 179 千米，公路 320 千米；至湖南省张家界火车站公路 347 千米；至重庆市公路 454 千米；至万州区公路 251 千米；至长江巴东港公路 195 千米。巴东港水路至武汉 736 千米，至宜昌 110 千米，至重庆 450 千米。2017 年 12 月 26 日，利万高速公路全线通车运营，在州内设利川西、齐岳山、鄂渝 3 个站。

【地质 · 地貌】 州境位于新华夏系第三隆起带南段之黔东褶皱北东端，扬子江中下游东西向构造西端，北邻淮阳山字形构造西翼反射弧，西与四川盆地毗邻。处于扬子江淮地台近中部偏西，西为四川中台坳之川东梳状褶皱束，中、东部为八面山台坳之黔江隆起褶皱束和武陵坳褶皱束的北东段。州境位于多种构造体系联合、复合部位，具有多期活动的特征。中、南部的华夏系构造和八面山弧形帚状构造及纵贯中、北部的新华夏系联合式构造、新华夏系复合式结构、北部的东西向构造系州境的基本地质构造格架。武陵山脉由湖南北部伸入州境，分成数条支脉展开，占据州境中部、南部地区，约占总面积 60%；巫山山脉由重庆东部顺长江南北两岸伸延入州境；大娄山余脉由重庆东部延伸入利川市境；大巴山余脉由陕西南部切入，分两支绵延于巴东县境长江以北。州境绝大部分是山地，惯称“八山半水分半田”。地貌以碳酸盐岩组成的高原型山地为主体，兼有碳酸盐岩组成的低山峡谷与溶蚀盆地，砂岩组成的低中山宽谷及山间红色盆地。海拔最高点为巴东靠神农架主峰的大窝坑 3032 米，最低点为巴东长江边的红庙岭 66.8 米。全州以山地为主，平均海拔高度 1000 米。海拔 1200 米以上的地区占总面积的 29.4%，海拔 800—1200 米的地区占总面积的 43.6%，海拔 800 米以下的地区占总面积的 27%。州域东西最宽 220 千米，南北最长 260 千米。境内地形复杂，具有多种特殊类型的地貌，大河、小溪成树枝状展布，有“见山不走山”的丘原，有“两山咫尺行半天”的深谷，伏流、溶洞、冲、槽、漏斗、石林等各处可见。州境整个地势呈西北、东北部高，中部相对低的状态。地貌基本特征是：阶梯状地貌发育。由于受新构造运动间歇活动的影响，大面积隆起成山，局部断陷、沉积形成多级夷面与山间河谷断陷盆地。境内除东北部有海拔3000米以上小面积山地外，普遍展布着海拔2000—1700米、1500—1300米、1200—1000米、900—800米、700—500米等五级面积不等的夷平面，并存在一至二级河谷阶地，呈现明显层状地貌。地表切割深、沟壑纵横、山体破碎。州境纵横河流分布于新构造运动的影响下，地表相对抬升，河流向下深切。横贯巴东的长江切穿巫山，形成巫峡。清江、酉水、溇水、唐崖河、郁江等河流及其支流，多沿断裂发育，地表切割深，形成程度不等的深切曲流。全州地表切割深度（相对高差）平均为812.8米，其中，海拔400—800米中切割为多，占总面积的41.6%；800—1000米占总面积的14.9%；1000—1200米占总面积的12.3%；1200—1400米占总面积10.1%；小于400米而大于1400米只占面积的21.1%。

【土地资源】 根据2009年第二次土地调查成果，恩施州国土总面积2406026.48公顷，约占全省面积的13%。2016年末土地利用现状变更调查统计显示：恩施州耕地面积452625.57公顷，占总面积的18.81%，园地面积55128.58公顷，占总面积的2.29%，林地面积1658752.39公顷，占总面积的68.94%，草地面积39246.63公顷，占总面积的1.63%，城镇村及工矿用地面积77818.47公顷，占总面积的3.24%，交通运输用地面积22388.77公顷，占总面积的0.93%，水域及水利设施用地面积39504.01公顷，占总面积的1.64%，其他土地面积60562.06公顷，占总面积的2.52%。

【水资源】 全州流域面积大于100平方千米的河流45条；大于1000平方千米的河流有清江、酉水、溇水、唐崖河、郁江、沿渡河、忠建河、马水河、野三河，这9条河流在州境内总长度1154千米，总流域面积21801平方千米。全州水资源总量为299.8亿立方米。根据多年实测和12个径流站年径流资料（按8个区划分）计算得出，全州平均年径流量为233.63亿立方米。岩溶发育强烈，暗河伏流多，地下水储量丰富，类型为裂隙岩溶水，储量64亿立方米，占全州水资源总量的21.4%。全州水能资源理论蕴藏量为509万千瓦，可开发量349.1万千瓦。

【矿产资源】 据2017年全州矿产资源储量表显示，恩施州矿产资源种类较丰富、特色矿产鲜明。截至2017年底，全州共发现各类矿产75种，已查明资源储量的矿产38种，分别占全省已发现149个矿种和已查明92个矿种的50.3%和41.3%。全州矿产资源以能源、黑色金属、化工原料、冶金辅助原料及建筑材料非金属矿产为主，天然气、煤、铁、硫铁矿、磷矿、耐火黏土、水泥用灰岩、石膏、高岭土、建筑石料、生物大理岩等矿产较丰富。天然气、煤、石煤、硫铁矿、铁、硒等资源储量居全省前列；菊花石、白鹤玉、硒矿、高岭土、饰面石材为本州的特色矿产资源；有色金属矿产较为短缺。矿床规模多为中、小型，大型偏少。截至2015年底，全州矿床（点）总数为633处。其中：大型12处，占1.9%；中型45处，占7.1%；小型及矿点576处，占矿床（点）总数的91%。大型矿床主要有赤铁矿（2处）、耐火黏土（1处）、磷矿（1处）、硫铁矿（2处）、高岭土（1处）、白云岩（1处），建筑石料（4处）。矿产规模达到中型的主要有天然气、赤铁矿、赤菱铁矿、硫铁矿、磷矿、水泥用灰岩、建筑石料等。其他矿产包括煤、水泥黏土、砖瓦黏土、大理岩（包括生物大理岩和饰面大理岩）、菊花石、硒矿等均为小型矿床。矿产资源分布较为集中。铁矿主要分布在恩施、建始、巴东、宣恩等县（市）境内；以小型矿床为主，8个县（市）内都有分布，巴东新家和麻沙、利川齐岳山、来凤五台、咸丰杨洞等地相对集中分布。恩施州矿产资源分布基本形成六个相对集中的矿产组合区：恩施菊花石、黏土、硫铁矿、石灰岩、高岭土、白云岩、硒等矿产集中分布区；巴东煤、铁、石灰岩、石英砂岩、白云岩等矿产集中分布区；建始煤、硫铁矿、铁矿集中分布区；鹤峰磷、钒、铝、煤、硫铁矿、石灰岩、生物大理岩等矿产集中分布区；咸丰煤、铝土矿、石灰岩、大理岩等矿产集中分布区；利川天然气、石膏、煤、硫铁矿、石灰岩、生物大理岩等矿产集中分布区。

【植物资源】 据2000年野生动植物资源普查，全州植物资源219科1038属4011种。森林资源尤为丰富，有木本植物117科419属2060种，其中乔木72科196属约845种，灌木70科208属约954种，藤本28科62属约261种，树种总数约占全国树种的七分之一。经济价值较高的有300余种。有国家一级保护野生植物水杉、珙桐、光叶珙桐、红豆杉、南方红豆杉、伯乐树（钟萼木）、银杏、莼菜8种。有国家二级保护野生植物金毛狗、篦子三尖杉、秦岭冷杉、大果青扦、金钱松、黄杉、巴山榧树、榧树、台湾杉等33种。有国家一级珍贵树种水杉、秃杉、银杏、南方红豆杉、伯乐树（钟萼木）、珙桐、光叶珙桐、香果树8种。有国家二级珍贵树种篦子三尖杉、秦岭冷杉、麦吊云杉、大果青扦、黄杉、刺楸、连香树、杜仲、闽楠、楠木等18种。野生植物按其经济用途可分野生油料、野生药材、野生芳香油、野生鞣料、野生纤维、野生淀粉、野生饲料和其他野生植物类。野生油料植物300多种，可食用油料植物约100种，可供工业用油植物200余种。野生药用植物168科854属2000余种，占全国中草药种类的46%，已作中药收购的300余种，占全国中药收购品种的56%。鸡爪黄连、板党、紫油厚朴、续断等已可人工栽培。野生名贵者如小蛇参、江边一碗水、头顶一颗珠、七叶一枝花、绞股蓝、乌云伞、水灵芝（蛇胆草）等有很高的开发前景。据《2017年恩施州国民经济和社会发展统计公报》公布，年末全州森林覆盖率为64.37%。

【动物资源】 全州动物种类多样，以东洋界居多，古北界种类相对较少。据2000年野生动植物资源普查，全州有动物资源61目289科2017种。其中兽类8目24科98种，鸟类17目46科308种，两栖类2目10科45种，爬行类3目11科51种，昆虫类22目178科1368种，鱼类9目20科147种。州境内有国家重点保护陆生野生动物77种。其中国家一级保护陆生野生动物有金丝猴、豹、云豹、扭角羚、白鹤、林麝、金雕、中华秋沙鸭等8种，国家二级保护陆生野生动物有猕猴、短尾猴、豺、黑熊、穿山甲、黄喉貂、大灵猫、小灵猫、金猫、河麂、斑羚、鬣羚、岩羊、水獭、白额雁、斑嘴鹈鹕等69种。

天然鱼类资源已收集到的和从外地引进的有9个目、20个科、147种（包括亚种）。其中鲤科鱼类85种占58%，有经济价值的鱼类34种占23%。主要有鲤、鲫、鳊鲂、马口鱼、鲴类、鲃类、类、鲇、鳜、、黄鳝等。经济价值较高的鱼类有中华倒刺耙、稀有白甲鱼、鳜、鲌、鲂和鳝。清江及其支流所栖息的瓣结鱼、泸流直口鳗、墨头鱼、片唇、中华裂腹鱼、四川中华腹吸鳅、平舟原口吸鳅、昆明高原鳅、云斑鳅、类，集中反映州境山区鱼类组成及资源特点。天然鱼多属地域性鱼类，具有多样性、经济性和小宗分散的特点。地域性鱼类资源受其再生能力影响和遭到毒、炸、电等有害渔具渔法及水质污染等人为破坏，种群数量减少，个体减小，天然鱼产量逐年下降。在江河中拦河筑坝，引起江河水域生态系统变化，影响到一些鱼类产卵、摄食、越冬、洄游活动，导致鱼类资源锐减，加上渔业利用功能降低，有的鱼类濒于绝迹，如鲥鱼、青鱼、鳍鱼等，天然渔获物个体体重越来越小，低龄鱼群趋于优势，鱼类区系组成日益简单化，一些经济价值较低的定居性鱼类比重上升。恩施州其他水生动植物资源丰富。主要水生经济动物有虾、蟹、蚌、龟、鳖、棘蛙、水獭、水禽等；主要水生经济植物有藕、荸荠、茭白、莼菜等。具有开发价值、富有地方特色的品种有莼菜、葛仙米、棘蛙、大鲵等。

【旅游资源】 州境地形以山区为主，喀斯特地貌发育，溶洞溶洼众多，峡深谷幽，峰奇洞异，山清水秀，珍藏无数胜景。自然风光以“雄、奇、秀、幽、险”著称。自然景观有：位于恩施、利川、咸丰3县市交界的星斗山国家级自然保护区，位于宣恩、鹤峰、恩施和湖南桑植4县市交界的七姊妹山国家级自然保护区，位于鹤峰县境内的湖北木林子国家级自然保护区，位于巴东县北部的湖北巴东金丝猴国家级自然保护区，咸丰县的坪坝营、唐崖河（黄金洞）、小南海，利川市的腾龙洞、佛宝山大峡谷、玉龙洞、龙船水乡，巴东县的神农溪、巴人河、链子溪、水布垭，恩施市的恩施大峡谷、梭步垭石林、龙洞河风景区，建始县的野三河、黄鹤桥、石门河，来凤县的仙佛寺风景区、卯洞风景区等。主要人文景观有：咸丰唐崖土司城遗址（世界文化遗产），利川大水井古建筑群、鱼木寨，来凤仙佛寺摩崖石刻，恩施施州城址、土司城、连珠塔，建始直立人遗址、石柱观，宣恩彭家寨吊脚楼群，鹤峰容美土司城遗址，巴东秋风亭等。全州有2个国家AAAAA级旅游景区：巴东神农溪、恩施大峡谷；有17个国家AAAA级旅游景区：恩施女儿城、土司城、梭布垭，利川腾龙洞、佛宝山、大水井、龙船水乡，建始野三河、石门河，巴东巴人河、链子溪，咸丰唐崖河、坪坝营，来凤仙佛寺、杨梅古寨，宣恩伍家台乡村休闲度假区，鹤峰满山红景区。革命历史纪念地鹤峰“满山红”烈士陵园安葬着红二方面军红九师师长段德昌、参谋长王炳南、湘鄂西联防司令贺英等革命先烈的遗骨。恩施市五峰山中共鄂西特委旧址重新维修，方家坝烈士陵园安葬着鄂西特委书记何功伟、鄂西特委妇女部长刘惠馨，叶挺将军囚禁恩施的旧居保存完好。此外还有鹤峰五里坪的中共湘鄂边特委机关旧址、中营镇的红三军军部旧址，湘鄂西中央分局咸丰大村会议旧址等。

【气　候】 2017年，平均气温整体偏高0.6℃，冬季冷空气强度较强，夏季高温日多，出现明显暖夏暖冬；降水较历史同期明显偏多（偏多13%），8个县市年雨量在1300—2000毫米之间，空间分布南多北少；日照时数较常年同期偏多13.6小时，年日照空间分布不均。主要气象灾害为：冬季阶段性低温雨雪、频发的霾污染；春季局地强对流天气；夏季强降水、局地强对流和阶段性高温；秋季严重秋汛、连阴雨。气象灾害相对常年仍然偏重，农业气候条件较差，对农业生产影响最大的是秋季长时间连续阴雨和频繁强降水危害。

【气　温】 恩施州区域（8县市均值）2017年平均气温16.1℃，比历年偏高0.6℃。冬季冷空气活动频繁，但势力较弱，出现明显暖冬。单日极端最高气温44.0℃（出现在7月27日巴东平阳坝），国家级台站最高39.2℃（出现在7月27日巴东站）；单日极端最低气温-8.7℃（出现在12月19日宣恩椿木营），国家级台站最低-4.0℃（出现在12月20日、21日利川站）。春季气温起伏大，冷空气活动频繁但整体偏弱，无明显倒春寒天气。夏季气温总趋势略偏高，区域平均偏高0.5℃，6月气温较常年略偏低，7、8月份略偏高。州内低山大部地区≥35℃的高温日数平均偏多7.3天左右。秋季恩施州气温偏高，总体呈逐渐下降趋势，季前期气温相对平稳，后期冷空气活动频繁且程度偏强。

【降　水】 2017年恩施州降水均值1568.9毫米，与常年相比明显偏多（13%），八县市年雨量在1300—2000毫米之间，空间分布差异明显。单日最大降水247.8毫米（出现在6月10日恩施崔坝），国家级台站最大138.6毫米（出现在10月2日恩施站）。冬季恩施州各地降水量为65.2—145.2毫米，区域均值99.0毫米。与历史同期相比，恩施州降水量分布极不均匀，除利川偏少外，其余各县市均偏多，各县市距平百分率在 -10.6%（利川）—39.1%（鹤峰）之间。春季恩施州降雨量为 398.2 毫米，空间分布不均，总体呈南多北少趋势。与历史同期相比较，恩施州各地春季总降水量与历史同期偏多 9%。夏季总降水大部 500—900 毫米之间，区域均值 618.5 毫米，区域距平百分率仅 -4.7%，与常年相比相当；强降水主要出现在 6 月到 7 月上中旬，8 月多局地短时强降水，大部降水明显偏少。夏季出现多次大范围强降水天气，局部雨强大、影响范围广，灾害较严重。秋季恩施各地累积降水量在 347.1 毫米—626.4 毫米之间，区域降水量较常年均明显偏多，偏多幅度在 24.2%—100.8% 之间。

【日　照】 2017 年，恩施州区域平均日照时数 1196.6 小时，较常年同期偏多 13.6 小时。年日照空间分布不均，各地均在 1064.1—1446.4 小时，与常年同期相比，除建始、宣恩、鹤峰分别偏少 94.3 小时、22.1 小时、49.4 小时外，其余县市分别偏多 3.7—153.5 小时不等。从各季看，冬季恩施州各地日照时数为 117.1—225.8 小时，与常年对比，各县市均极度接近历年平均值；2017 年春季恩施州平均日照时数为 358.2 小时，较历年平均偏多 59.4 小时。各地日照时数为 294.1—448.4 小时，空间上呈北多南少；夏季总日照时数与常年相比略偏多，区域平均偏多 51.9 小时，利川偏多 73.9 小时，鹤峰偏少 36.1 小时。从日照逐月分布看，7—8 月，州内大部日照充足，6 月，由于降水日数多，恩施州均偏少；秋季恩施各地日照时数在 166.2—228 小时之间，较常年明显偏少，偏少幅度在 49.5—104.8 小时不等，恩施州东部偏少的幅度较西部明显；日照主要集中在 9 月上旬后期和中旬、10 月上旬末和下旬以及 11 月上旬和下旬前期，空间分布上北多南少。

建置 · 区划

【建置沿革】 州域固定形成于 1932 年，之前，曾多次变动。春秋为巴子国地；战国为楚地；秦属黔中郡，汉属南郡、武陵郡；三国先属蜀，后属吴建平郡、武陵郡；两晋、南北朝宋、齐属建平郡、天门郡、武陵郡；梁属信陵郡；北周属秭归郡、业州军屯郡、清江郡；隋属巴东郡巴东县，清江郡清江县、开夷县、建始县；唐属归州巴东县、施州清江县、建始县；宋属归州巴东县、施州清江县、建始县及辰州、富州、高州、定州等小羁縻州；元属归州巴东县、施州建始县，南部少数民族地区实行土司制度，先后置散毛、唐崖、金峒、龙潭、忠建、毛岭、施南等土司；明属夔州建始县、归州巴东县、施州卫军民指挥使司，南部地区仍施行土司制度，设有容美宣慰司，施南、散毛、忠建 3 个宣抚司，9 个安抚司，13 个长官司，5 个蛮夷长官司。清初沿用明制。雍正六年（1728 年）裁施州卫，设施县，辖区未变。雍正十三年（1735 年）改土归流，置施南府，辖恩施县、宣恩县、来凤县、咸丰县、利川县，乾隆元年（1736 年），夔州建始县划归施州。巴东县、鹤峰州属宜昌府。民国元年（1912 年）废府设道存县，民国 4 年（1915）年设荆南道，治所恩施县，辖恩施、建始、利川、宣恩、来凤、咸丰 6 县。民国 15 年（1926 年）改荆南道为施鹤道，鹤峰州改县划入施鹤道。民国 17 年（1928 年）改设鄂西行政区。民国 21 年（1932 年）改为第十行政督察区，巴东县划入，州域始为 8 县之治。民国 25 年（1936 年）改为第七行政督察区，辖区未变。

民国 17 年至民国 24 年（1928 年至 1935 年），州境部分地区先后属于巴归兴、湘鄂边和湘鄂川黔苏区，并建立苏维埃政权。先后建立的有巴东县人民委员会，巴归兴县苏维埃政府，鹤峰县苏维埃政府，长（阳）巴（东）县苏维埃政府，建始县苏维埃政府，恩施县苏维埃政府，宣恩县苏维埃政府。红军主力撤走后，各苏维埃政府遭到破坏。

【行政区划】 1949年9月，恩施行政区专员公署在宜昌成立；11月，恩施县城解放，专署机关从宜昌迁至恩施；11月6日至12月1日，巴东、建始、恩施、宣恩、咸丰、利川、鹤峰、来凤8个县的人民政府相继成立。1951年5月，恩施行政区专员公署改名为湖北省人民政府恩施地区专员公署。1955年5月，恩施地区专员公署更名为恩施专员公署。1968年1月，改恩施专区专员公署为恩施地区革命委员会。1978年11月4日，湖北省委批准成立恩施地区行政公署，撤销恩施地区革命委员会。1979年12月19日，国务院批准建立来凤土家族自治县，撤销来凤县，1980年5月21日举行成立大会。1980年4月20日，国务院批准建立鹤峰土家族自治县，撤销鹤峰县，5月25日举行成立大会。1981年11月7日，国务院批准成立恩施市，辖区为原施南镇，市、县分设，1982年4月30日举行成立大会。1983年8月19日，国务院批准撤销恩施地区，设立鄂西土家族苗族自治州，同时撤销来凤、鹤峰土家族自治县，恢复来凤县、鹤峰县，撤销恩施县，恩施县与恩施市合并为恩施市，12月1日举行自治州成立大会。全州辖恩施市、巴东县、建始县、利川县、来凤县、咸丰县、宣恩县、鹤峰县1市7县。1986年5月27日，国务院批准撤销利川县，设立利川市，10月1日举行成立大会。全州辖恩施市、利川市、巴东县、建始县、来凤县、咸丰县、宣恩县、鹤峰县2市6县。1993年4月，经国务院批准，鄂西土家族苗族自治州更名为恩施土家族苗族自治州。2005年，将州庆节日由12月1日改为8月19日。

民族分布

【民族构成及分布】 恩施州是一个多民族聚居的少数民族自治州。从民族成分构成看，以土家族、苗族聚居，侗族、白族、回族、蒙古族等少数民族散杂居；从民族人口构成看，是一个以汉族、土家族、苗族为主体民族的多民族地区。土家族遍布全州各县市，主要分布在清江以南历史上属湖广土司域内来凤、鹤峰、咸丰、宣恩和利川5个县市，分别占其总人口的34.34%、69.07%、74.57%、42.46%、52.42%，恩施市、巴东县、建始县3县市的土家族占其总人口的38.30%、50.17%、35.06%（据2010年恩施州第六次全国人口普查资料）。

【民族普查】 据2010年恩施州第六次全国人口普查资料，以2010年11月1日零时为标准时点，全州常住人口为3290294人，其中，汉族1491307人，占45.32%，少数民族1798987人，占54.68%。少数民族中，1000人以上的少数民族有8个，土家族1562948人，占常住人口总数的47.50%，占少数民族人口总数的86.88%；苗族164844人，占常住人口总数的5.01%，占少数民族人口总数的9.16%；侗族50255人，占少数民族人口总数的2.79%；白族5639人；回族3096人；蒙古族3004人；畲族2206人；壮族1061人。全州有4个民族乡（恩施市芭蕉侗族乡，宣恩县晓关侗族乡、长潭河侗族乡，鹤峰县铁炉白族乡）以及鹤峰县中营乡三家台蒙古族村、走马镇曲溪白族村。

人口·区划

【人　口】 年末全州总人口401.36万人，其中，男性人口209.34万人，占总人口的52.2%；女性人口192.02万人，占总人口的47.8%。年末全州常住人口336.10万人，其中城镇常住人口146.14万人，占常住人口的比重（常住人口城镇化率）为43.48%，比上年提高1.6个百分点。全年人口出生率为9.97‰，人口死亡率为6.48‰，人口自然增长率为3.49‰。出生总人数4.23万人，出生人口性别比107.86（女为100）。二孩人数2.08万人，二孩率为49.24%。

【行政区划】 恩施土家族苗族自治州辖恩施市、利川市、建始县、巴东县、宣恩县、咸丰县、来凤县、鹤峰县2市6县。全州有乡（镇、街道办事处）88个，乡32个（其中民族乡4个），镇51个，街道办事处5个；村2331个；社区172个（其中城市社区79个），乡镇社区93个；社区居民小组1256个，村民小组22600个。

2017年恩施自治州行政区划情况表

表1　　单位：个

项目 单位	乡、镇、街道办事处					社　区			居民小组			村	村民小组
	合计	乡	其中：民族乡	镇	街道办事处	计合	城区社区	乡镇社区	合计	城区社区居民小组	乡镇社区居民小组		
恩施市	16	8	1	5	3	36	19	17	176	86	90	172	1530
利川市	14	5		7	2	30	25	5	140	132	8	559	5949
建始县	10	3		7		43	9	34	365	59	306	367	3232
巴东县	12	2		10		21	7	14	273	52	221	301	3637
宣恩县	9	4	2	5		5	5		52	52		279	2677
咸丰县	10	4		6		12	6	6	112	50	62	263	2406
来凤县	8	2		6		11	4	7	66	40	26	185	1800
鹤峰县	9	4	1	5		14	4	10	72	41	31	205	1369
全　州	88	32	4	51	5	172	79	93	1256	512	744	2331	22600

说明：1. 本表数据截止日期：2017年12月31日

2. 2017年1月20日，经省人民政府批准，同意恩施市撤销三岔乡，设立三岔镇（鄂民政函〔2017〕34号）；2017年9月29日，经省人民政府批准，同意建始县撤销长梁乡，设立长梁镇（鄂民政函〔2017〕671号）

2017年国民经济和社会发展状况

【全州经济生产总值】 2017年全州完成生产总值801.23亿元，比上年增长6.2%。其中，第一产业增加值160.14亿元，增长4.2%；第二产业增加值286.01亿元，增长3.5%；第三产业增加值355.08亿元，增长9.5%。三次产业结构比为20.0∶35.7∶44.3。按年均常住人口计算，全州人均生产总值23892元，增长5.7%。（生产总值、各产业增加值及人均生产总值绝对数按现价计算，增长速度按2015年不变价格计算）。年末全州实有市场主体22.65万户，比上年增长12.6%。其中，私营企业3.63万户、外商投资企业249户、内资企业0.27万户、个体工商户17.65万户、农民专业合作社1.08万户。全年新登记各类市场主体4.1万户，比上年增长1.9%。全年居民消费价格比上年上涨2.1%。商品零售价格上涨0.6%。构成居民消费价格的八大类商品价格呈现“七涨一跌”：医疗保健类价格上涨8.2%，教育文化和娱乐类价格上涨7.1%，居住类价格上涨1.9%，其他用品和服务类价格上涨1.2%，衣着类价格上涨1.0%，生活用品及服务类价格上涨0.4%，交通和通信类价格上涨0.9%，食品烟酒类价格下跌0.3%。

【农　业】 全年实现农林牧渔业增加值161.83亿元，比上年增长4.4%；实现农林牧渔业总产值275.19亿元，增长4.0%（农、林、牧、渔业增加值含农、林、牧、渔服务业增加值，农、林、牧、渔业总产值含农、林、牧、渔服务业产值）。年末常用耕地面积261.76千公顷。全年农村用电量5.18亿千瓦时，农用化肥施用量（折纯）27.36万吨。全年粮食播种面积428.17千公顷，比上年下降0.8%；粮食产量153.67万吨，增长2.6%；油料播种面积64.43千公顷、产量10.99万吨，面积下降0.7%、产量增长2.7%。烟叶种植面积27.51千公顷、产量4.59万吨，面积下降14.3%、产量下降21.1%。茶园面积105.87千公顷，增长7.8%，其中当年采摘面积74.59千公顷，增长1.7%；全年茶叶产量10.29万吨，增长7.9%。全年生猪出栏485.53万头，年末生猪存栏277.40万头，全年家禽出笼1296.25万只，畜禽肉产量46.80万吨，禽蛋产量2.84万吨，水产品产量0.67万吨。全州农村外出从业人员85.75万人，比上年增加1.74万人。其中县内乡外从业11.10万人，省内县外从业16.70万人，省外从业57.88万人。

【工业和建筑业】 全年实现全部工业增加值233.02亿元，比上年增长4.4%。规模以上工业增加值增长3.9%。在规模以上工业中，轻工业增加值增长2.3%；重工业增加值增长5.3%。年末全州规模以上工业企业528家，全年实现主营业务收入273.67亿元（不含烟厂和供电企业数据），比上年增长0.5%；实现利税总额40.37亿元，增长7.4%。规模以上工业企业主要产品产量：鲜冷藏肉7.61万吨，比上年增长3.0%；精制茶6.21万吨，比上年增长2.1%；卷烟34.28万箱，比上年增长20.1%，其中一类卷烟27.57万箱，比上年增长43.2%；水泥490.09万吨，比上年增长2.2%；发电量116.12亿千瓦时，比上年增长13.2%，其中水电107.83亿千瓦时，比上年增长11.6%。全州具有资质等级以上的建筑企业123家，完成建筑业总产值122.09亿元，比上年下降13.2%，全社会建筑业增加值52.99亿元，扣除价格因素下降0.4%。

【固定资产投资】 全州完成固定资产投资831.16亿元，比上年增长15.5%。其中，500万元以上城镇和非农户项目投资699.66亿元，增长18.9%；房地产开发投资131.5亿元，增长0.6%。分产业看，第一产业投资39.38亿元，下降1.0%；第二产业投资134.83亿元，增长37.7%；第三产业投资656.95亿元，增长12.9%。全州完成重点项目投资270.06亿元，民间投资298.17亿元。［固定资产投资包括城镇和非农户项目固定资产投资、房地产开发投资，不含农户固定资产投资。民间固定资产投资是指具有集体、私营、个人性质的内资企事业单位以及由其控股（包括绝对控股和相对控股）的企业单位建造或购置固定资产的投资］全年商品房施工面积1231.28万平方米，比上年下降3.4%；竣工面积97.34万平方米，下降2.2%；销售面积306.09万平方米，增长1.1%；待售面积56.16万平方米，下降18.3%。全年商品房销售额137.80亿元，增长19.6%，其中：住宅销售额112.25亿元，增长19.5%。

【国内贸易、对外及对港澳经济】 全年社会消费品零售总额556.41亿元，比上年增长11.2%。按经营地统计，城镇消费品零售额414.90亿元；乡村消费品零售额141.51亿元。限额以上企业通过公共网络实现的商品销售同比增长28.3%。全年消费汽车类商品61.23亿元，同比增长11.4%。举办2017国际茶业大会暨第四届世界硒都（恩施）硒产品博览会、2017大型企业进恩施暨重大项目推介会、2017年杭州·恩施东西部扶贫协作农业龙头企业招商引资对接洽谈会、2017恩施—杭州硒产品推介对接会等，参加第十届中国中部贸易投资博览会、第三届武汉国际电子商务暨网络商品博览会、2017鄂港澳粤经贸合作洽谈活动、第四届中国（杭州）国际电子商务博览会暨第一届跨境电商博览会、第三届楚商大会、荆楚优品·2017湖北省农产品农餐对接会暨中国食材电商节农餐互联大会、第26届中国食品博览会暨中国（武汉）国际食品交易会等。全年实际利用外资5000万美元，比上年增长1.8%。招商引资实际到位资金315.98亿元，增长12.8%。对外贸易进出口额53246万美元，下降1.0%。其中，外贸出口53196万美元，下降1.1%。

【交通、邮电、旅游】 年末全州民用机动车拥有量62.52万辆，其中民用汽车拥有量35.71万辆。全年新建公路1927千米，年末全州公路通车里程22583千米，其中等级公路22581千米。全年公路运输货物4495万吨，比上年增长20.4%，运输旅客3816万人，增长1.4%。全州内河通航里程450.31千米，其中等级航道186.41千米。全年水路运输货物99万吨，比上年增长7.1%；运输旅客60.18万人，增长8.0%。恩施机场全年航班起降6333架次，比上年增长56.4%；民航运输货物1202吨，增长21.5%；运输旅客77.01万人，增长55.2%。全州4个火车站旅客发送量653.56万人，比上年增长26.2%；货物发送量23.32万吨，增长99.8%。全年邮政业务收入6.33亿元，其中快递业务收入2.05亿元。全州邮政业务总量5.52亿元，电信业务总量25.49亿元。年末全州固定电话用户22.78万户，移动电话用户306.51万户。固定宽带接入用户65.68万户，移动宽带用户211.71万户（移动宽带用户是指报告期末在计费系统拥有使用信息，占用3G或4G网络资源的在网用户）。光缆线路长度10.52万千米。全州旅游接待人数5132.89万人次，比上年增长17.6%；旅游综合收入367.46亿元，增长22.3%。新增2个湖北旅游名镇、2个湖北旅游名村。全州形成2家国家AAAAA级旅游景区、18家国家AAAA级旅游景区、12家国家AAA级旅游景区的高等级景观集群。

【财政、金融】 全年地方财政总收入161.11亿元，比上年增长13.0%。其中，地方一般公共预算收入74.93亿元，增长7.2%。在地方一般公共预算收入中，税收收入53.73亿元，增长8.6%。全年一般公共预算支出340.25亿元，增长6.2%。其中，一般公共服务支出35.69亿元，增长6.0%；社会保障和就业支出48.12亿元，增长3.1%；科学技术支出3.24亿元，增长13.8%；教育支出66.36亿元，增长9.5%；医疗卫生与计划生育支出39.47亿元，增长11.3%。（地方一般公共预算收入、地方税收收入同比增幅按“营改增”税收新政策调整的可比口径计算）

年末全州金融机构人民币存款余额1381.12亿元，比年初增加148.40亿元，增长12.0%。其中住户存款余额793.66亿元，比年初增加105.81亿元，增长15.4%。金融机构人民币贷款余额903.58亿元，比年初增加132.23亿元，增长17.1%。住户贷款419.67亿元，增长28.0%。其中短期贷款125.43亿元，增长48.1%，短期贷款中的消费贷款、经营贷款分别增长1.3倍和18.9%；中长期贷款294.24亿元，增长21.0%，中长期贷款的消费贷款和经营贷款分别增长25.4%和8.7%。非金融企业及机关团体贷款483.90亿元，增长9.1%。全州保险公司33家，县市保险机构117家，乡镇保险营销服务部138个，村（社区）服务网点432个。保险公司保费收入44.29亿元，比上年增长9.8%。其中，寿险业务保费收入30.03亿元，增长2.7%；财产险业务保费收入14.26亿元，增长28.5%。全年支付各类赔款及给付金额13.49亿元，增长35.9%。全州有长江、华泰2家证券公司开设的股票基金账户8.53万户，全年保证金存款1.09亿元，交易额480.55亿元。

【教育和科学技术】 年末全州有幼儿园534所，在园幼儿10.38万人。小学471所，招生4.12万人，在校学生26.46万人。普通中学167所，招生6.45万人，在校学生18.43万人。中等职业学校12所，招生1.05万人，在校学生3.02万人。普通高校3所，招生0.97万人，在校生3.61万人，毕业生0.99万人。全州高新技术产业增加值8.22亿元，占全州生产总值比重为1.03%。全年获得专利授权585件，其中发明专利46件。

【文化体育、广电和卫生事业】 年末全州文化系统有表演场所9个，文化馆9个，博物馆10个，体育场馆14个，公共图书馆9个，图书总藏量269.96万册。全年广播综合人口覆盖率为99.48%，电视综合人口覆盖率为99.16%。4个县市成功创建全省文化体育示范区。举办恩施州第八届运动会。全州注册运动员近900人，其中513人获省运会注册资格。大型南剧《初心》入选2017年省委宣传部文艺精品创作扶持项目，并作为全国十台少数民族精品剧目之一进京汇报演出。歌曲《龙船调的家》获得湖北省音乐最高奖——第七届音乐金编钟奖。全州各级医疗卫生机构3068个，床位数2.40万张；卫生技术人员2.19万人，其中执业（助理）医师0.80万人，注册护士1.05万人。全州孕产妇死亡率为12.09/10万，婴儿死亡率为4.74‰，5岁以下儿童死亡率为6.55‰。

【人民生活和社会保障】 全年全体居民人均可支配收入15259元，比上年增长9.7%；人均生活消费支出11534元，增长10.6%。农村常住居民人均可支配收入9588元，增长9.9%；人均生活消费支出7891元，增长11.2%。城镇常住居民人均可支配收入26766元，增长9.7%；人均生活消费支出18927元，增长10.1%。恩格尔系数为36.1%，其中城镇为33.0%，农村为39.8%。全年新增城镇就业人员4.45万人，城镇登记失业率为1.31%。城镇失业人员再就业0.87万人，就业困难人员再就业0.34万人，扶持创业0.40万人，带动就业1.32万人。全年新增高技能人才0.11万人。年末全州企业基本养老保险参保人数38.47万人，机关事业单位养老保险参保人数2.63万人；工伤保险参保人数19.98万人；失业保险参保人数14.41万人；生育保险参保人数10.28万人；城镇职工基本医疗保险参保人数25.63万人，城镇居民基本医疗保险参保人数22.43万人，新农合参保人数318.81万人。城乡居民社会养老保险参保人数187.12万人。全年征收各项社会保险费44.36亿元。推进脱贫攻坚，全年减贫人口12.38万人。全州城镇居民最低生活保障已保人数1.34万人，农村居民最低生活保障人数19.20万人。年末收养性社会福利单位132个，床位数1.57万张。农村特困人员救助供养1.78万人。

【住房保障和城市建设、环境保护】 全年开工保障性住房0.76万套，基本建成0.99万套，分配入住0.4万套；新增租赁补贴31户，棚户区改造货币化安置0.44万户，危房改造开工1.95万户，竣工1.85万户。乡镇污水处理、垃圾无害化处理工程全面启动。推进“六城”同创，新增国家级城市品牌3个、省级城市品牌5个。年末城市建成区面积108.39平方千米，建成区绿化覆盖面积3918公顷，建成区绿化覆盖率为36.15%。全州公园56个，公园面积793公顷。城市供水管道长度1480.09千米，用水人口93.80万人，年供水总量8971.91万立方米。全年天然气供气量14415.56万立方米，液化石油气供气量6278.61吨。各类公共厕所196座。生活垃圾无害化处理厂9个，污水处理厂11个。生活垃圾清运量（含少数乡镇）41万吨，生活垃圾无害化处理量41万吨。城市排水管道长度730.03千米，污水排放量6900万立方米，污水处理总量（含其他污水处理装置）6080万立方米。全州能源消费总量408.41万吨标煤，单位地区生产总值能耗0.5307吨标准煤/万元，比上年下降4.08%。全社会用电量46.05亿千瓦时，比上年增长10.2%。全州建设用地面积8.91万公顷，单位地区生产总值建设用地为111.18公顷/亿元。全年水资源总量250.59亿立方米，年平均降水量1677.3毫米，全州总用水量5.47亿立方米，单位地区生产总值用水量68.27立方米/万元。（单位地区生产总值能耗、单位地区生产总值建设用地、单位地区生产总值用水量按2017年价格计算）全州8个县市城区空气平均优良天数322天，平均优良天数达标率为91.8%。8个县市城区PM10均值为54微克/立方米，比上年下降14.3%；PM2.5均值为36微克/立方米，下降10.0%。全州10个县级集中式饮用水源地水质达标率均为100%。全年全州11条主要河流水质总体良好，22个监测断面中，水质符合Ⅰ—Ⅱ类标准的断面20个，符合Ⅲ类标准的2个。年末全州森林覆盖率为64.37%，林木绿化率为73.61%。全州自然保护区7个，其中国家级自然保护区4个，面积14.46万公顷；省级自然保护区1个，面积0.54万公顷；州级自然保护区2个，面积1.84万公顷。

【安全生产】 全年发生各类安全生产事故75起，比上年减少92起；死亡人数84人，减少51人；直接经济损失3192万元。全州亿元生产总值生产安全事故死亡人数0.105人，工矿商贸企业就业人员10万人生产安全事故死亡人数4.4人，煤矿百万吨死亡人数1.63人，运营车辆万车死亡人数9.99人。

（据《2017年恩施州国民经济和社会发展统计公报》和相关单位资料整理。）

编辑　梁卫民

经济管理

发展和改革

【概　况】 2017年，恩施州实现地区生产总值801.2亿元，同比增长6.2%，总量居全省第13位，增幅居全省第16位，经济运行呈现出稳中有进、进中向好的发展态势。恩施州发改委省级文明单位复查通过省级验收。

【计划规划编制和实施】 州八届人大一次会议审议通过《关于恩施州2016年国民经济和社会发展计划执行情况与2017年计划的决议》，并批准2017年计划。完成《湖北恩施高新技术产业园区发展战略规划（2017—2021）》《湖北恩施高新技术产业园区产业发展规划（2017—2021）》等专项规划编制工作。

【宏观经济管理】 加强对全州经济运行形势的分析与监测，科学拟订季度经济运行形势分析报告、双月重点工作完成情况。牵头起草《中共恩施州委关于学习贯彻落实中共十九大精神加快绿色发展建成全省特色产业增长极的决定》《关于深入推进供给侧结构性改革实施意见（提纲）》《恩施州“十三五”节能减排综合工作方案》《恩施州推进清江流域绿色生态经济带建设的总体思路及政策建议》等重要文件和方案，参谋作用进一步发挥。

【固定资产投资工作】 全年完成固定资产投资831.16亿元，增长15.5%，高于全省4.5个百分点，增幅居全省第8位。2017年争取中省预算内投资项目261个，争取中省预算内资金16.26亿元。

【重点项目工作】 171个省州级重点项目完成年度投资270亿元。利万高速、巴野公路建成通车。郑万铁路、黔张常铁路、渝鄂直流背靠背联网工程、鹤峰县江坪河电站等省州重点项目加速推进。机场迁建、安恩张铁路、恩黔铁路、咸来高速、恩施州民族体育运动中心、淋溪河电站等168个重大前期推进项目加快推进。申报录入财政部信息平台PPP项目13个，州妇幼保健计划生育服务中心、来凤县精准扶贫农村饮水安全等3个项目成功入选省级PPP示范项目。

【深化改革】 供给侧结构性改革扎实推进。关闭煤矿11家，化解过剩产能69万吨，商品房去化周期控制在14个月以内；累计为企业和社会减负15亿元；新增新三板、四板挂牌企业72家，为近1000家企业办理过桥服务，累计过桥金额超过100亿元。推进“放管服”改革，取消企业投资核准项目申请书等多种前置审批，投资环境进一步改善。推进全州发改系统在线审批监管平台应用，网上审批时限内办结率达到100%，办件量在全省居第6位。信用体系建设初见成效，建成恩施州信用信息汇集系统，完成信用信息目录编制工作。

【对口支援工作】 北京市对口支援巴东县脱贫攻

坚、小区帮扶、智力援助项目全年落实对口支援无偿援助资金及物资折款5507万元。

【物价工作】 价格指数保持稳定，全州CPI累计涨幅为2.1%，在全年控制目标3.5%以内。稳步推进环境资源价格改革，全面落实差别化电价政策，启动全州农业水价综合改革工作，完成城市公立医院价格改革任务，同步调整县级和基层公立医院医疗服务价格。降低成本效果明显，有效降低用能成本、物流成本，全年累计为企业和社会减轻负担6亿元以上。扎实做好农本调查工作，公布州级涉农价费政策清单，建立三级涉农收费价费政策清单制度。以明码标价为抓手，打造公开透明价格环境，营造诚信经营氛围，通过强化专项治理、重点问题整改、重点时段巡察等方式，价格监管执法进一步加强。全州共办理各类价格认定案件859件，涉案总金额6269万元。立案办结价格违法案件17件，实施经济制裁70.48万元。

【恩施州发展和改革委员会负责人名录】

党组书记、主任：刘定学

党组副书记、常务副主任：陈泽刚

党组成员、派驻纪检组长：徐炳龙

党组成员、州铁路办主任：程　飞

社会发展领导小组办公室主任

（州人大常委会副主任）：刘　青

党组成员、副主任：易吉斌

党组成员、副主任：廖泽熙

副主任：苏继良

（谭文双）

编辑　马兹河

财　政

【概　况】 2017年，全州地方财政总收入完成161.11亿元，同比增长13%，全州地方一般公共预算收入完成74.93亿元，同比增长7.2%，自然增长4.2%；全州地方税收收入完成53.73亿元，可比增长8.6%，自然增长4.5%，占地方一般公共预算收入的71.7%。州直地方财政总收入完成63.4亿元，增长11.7%；州直地方公共财政预算收入完成16.4亿元，可比增长-0.3%，自然增长3.9%。

全州地方一般公共预算支出完成340.3亿元，比上年增长6.2%。其中一般公共服务支出完成35.7亿元，增长6%；国防支出0.3亿元，增长1.2%；公共安全支出10亿元，降低1.4%；教育支出66.4亿元，增长9.5%；科学技术支出3.2亿元，增长13.8%；文化体育与传媒支出5.3亿元，下降6.9%；社会保障和就业支出48.1亿元，增长3.1%；医疗卫生与计划生育支出39.5亿元，增长11.3%；节能环保支出8.1亿元，下降9%；城乡社区支出8亿元，增长6%；农林水支出54.8亿元，下降4.3%；交通运输支出31.4亿元，增长28%；资源勘探信息等支出1.2亿元，下降2.8%；商业服务业等支出2.5亿元，增长1.6%；金融支出0.1亿元，下降0.4%；国土资源气象等支出5.2亿元，增长93%；住房保障支出14.5亿元，下降1.7%；粮油物资储备事务支出1.1亿元，下降8.8%；其他支出0.3亿元，下降73.3%；债务付息支出4.5亿元，增长57.6%。

【推进财税改革】 继续落实国家关于全面推开营改增试点政策，截至2017年5月31日，恩施州四大行业试点纳税人共计21820户，较上年试点启动时增长16.65%。试点一年，四大行业实现改征增值税收入12.85亿元，占同期增值税收入的24.5%，占同期全州国税收入的9.2%。全州营改增净减税2.78亿元。进一步深化预算制度改革。2017年进一步加大规范性管理，除教育收费、事业经营性收入、医疗卫生机构事业收入外，其他各类收入全部纳入金库管理，确保财政收入的规范性和真实性。进一步加大预算信息公开力度。2017年，按照规范收支分类、细化预算编制的要求，出台了统一公开式样，州级部门预算按支出功能分类编制到项、支出经济分类编制到款级科目。进一步优化预算支出结构，优先保障民生政策和重点项目。从预算编制入手，大力压减一般性支出，收回部门结余实有资金和结转资金12445万元。2017年财政拨款“三公”经费预算安排比上年压减11.7%。积极推进专项预算编制改革，提高预算到位率。2017年专项预算到位率达到50.3%，比上年提高5.8个百分点。推进支出经济分类科目改革。充分发挥部门作为预算编制的主体作用，建立“财政—主管部门—所属单位”部门预算管理格局。从2017年起，取消对相关行业协会商会的财政直接拨款。稳步推进财政体制改革。进一步理顺高速公路和铁路分税制财政管理体制，代拟收入征管结算办法和税收分享政策；改革和完善州与恩施市财政管理体制，代拟《关于进一步调整和完善州与恩施市分税制财政管理体制改革方案》；制定高新区财政管理体制实施方案，代拟《恩施州高新区财政管理体制方案》，助力高新技术产业做大做强。深化国库集中支付改革。2017年，州本级151个预算单位国库集中支付资金全部纳入动态监控。全年州本级国库集中支付业务总量为14.3万笔，同比增长12.5%；支付总规模达383亿元，与2016年（390.9亿元）相比下降2%。其中，本级预算单位支出23.3亿元，同比增长15.3%；财政业务科室拨付资金35.2亿元，同比下降22%；国库账务往来资金支付13.5亿元，同比下降10.6%；县市资金调度311亿元，与2016年（310.5亿元）基本持平，增长0.2%；完善地方政府债券管理，提高债券资金管理水平。2017年，全州共偿付到期地方政府债券本金及利息28批次，本金4.01亿元，利息及还款手续费5.26亿元。全年落实地方政府债券转贷额度52.2亿元。其中，新增政府债券资金转贷37.4亿元，置换存量债务债券转贷14.8亿元。制定政府采购目录，明确采购项目标准。代拟《恩施州2018年政府采购目录及标准》，进一步明确采购品目，规范采购程序，为各采购单位科学精细编制2018年部门预算提供制度依据。牵头降低企业成本工作初见成效。代拟《恩施州2017年降低企业成本专项行动方案》，建立恩施州降成本工作月报制度，每月接受省政府督查组督查。

【切实保障民生】 2017年，全州民生支出预算安排171.7亿元，占一般公共预算支出76%，比上年预算安排提高4个百分点。州本级安排教育、科技、社会保障和卫生等公共项目资金2.7亿元，确保州级民生保障政策落实。落实创业担保贷款贴息及奖补政策，助力大众创业万众创新，落实创业担保贷款2568笔、26872万元，贴息资金2883万元。2017年，州本级安排就业专项资金1587万元，比上年增长45.6%，积极支持就业创业。聚焦民生短板，投入资金49亿元，重点用于支持交通、水利、生态等重大基础设施建设。协调推进文教卫等社会事业发展，投入教育专项资金11.9亿元，助推学前教育、义务教育、高中教育、职业教育和特殊教育均衡发展。投入资金1.8亿元，支持文体、科技事业发展。争取社保转移支付资金51.9万元，逐步完善基本养老保险、失业保险、医疗保险、城镇居民最低生活保障等社会保障体系。深入推进医改工作，州本级筹集860万元村卫生室运行经费以及300万元以奖代补资金，支持村卫生室建设。投入2000万元卫生计生系统信息化建设项目资金支持远程医疗平台建设，安排2000万元专项补助资金，支持中医院建设。积极筹集资金，推进城乡统筹发展。全年争取中央、省级2017年城乡建设与发展“以奖代补”专项资金1925万元、农村危房改造补助资金21853万元；落实易地扶贫搬迁工程中央和省基建投资60251.8万元；落实国有工矿棚户区改造和保障性安居工程配套基础设施建设资金28962万元。

【支持项目建设】 2017年，州本级安排重点项目建设资金3.1亿元，航空口岸、海关等重大建设稳步推进。安排生态文明建设、“六城”同创和供给侧结构性改革建设资金1亿元；安排教育、科技、社会保障和卫生等公共项目资金2.7亿元，保州级重点项目顺利推进。坚持投资拉动，争取中央、省级预算内项目资金47.7亿元，落实地方政府债券转贷52.2亿元，保障全州重大项目建设落实落地。继续加大航空事业投入，共安排航空航线补贴资金16136.6万元。积极争取上级民航发展专项资金1458万元。筹措资金，支持环境保护工作。落实2017年农村环境整治及节能减排资金2940万元，用于支持传统村落保护和推进农村生活垃圾及污水处理、畜禽养殖污染妨害、饮用水保护、农村历史遗留工矿污染治理等综合整治工作；兑现2016年煤炭行业化解过剩产能州级配套奖补资金145万元。围绕州委州政府重大战略部署，在旅游事业发展、人才队伍建设、民族地区开发、硒资源开发与利用等方面，加大资金争取和政策落实力度。全年共争取上级转移支付补助资金2.81亿元，其中政法专项资金2.12亿元，民族专项资金2515万元；州本级安排专项经费6900万元，其中旅游宣传促销2700万元，硒产品开发与利用950万元，民族发展资金680万元，人才专项1200万元，党建经费1000万元，司法救助基金100万元，疑难信访资金100万元，努力服务全州经济和社会发展大局。积极筹措资金，支持交通建设。2017年，全州共争取成品油价格和税费改革转移支付104714万元，落实车辆购置税收入补助地方资金98166万元，筹集普通公路建设养护资金24727万元，落实城市公交车成品油价格补助资金1202万元。加强国土资源整治。2017年共筹措资金10898万元推进土地整理及低丘岗地改造；全年争取基本农田保护项目支出874万元，用于已划定2.92万公顷基本农田建设保护；下达集体土地确权登记发证等工作补助2949万元，保障全省农村集体土地确权登记发证工作进度；下达2017年度矿产资源补偿费150万元，州本级“生态文明建设专项”安排恩施腾龙洞大峡谷国家地质公园博物馆建设资金1599.4万元。

【聚焦精准扶贫】 加大财政投入力度，落实各项农业支持、惠农财政补贴政策。2017年全州预算安排精准扶贫资金58841万元（本级预算安排22660万元）。全州用于精准扶贫“五个一批”专项资金79.16亿元（其中发展生产脱贫一批17.28亿元，易地搬迁脱贫一批42.09亿元，生态补偿脱贫一批2.74亿元，发展教育脱贫一批7.04亿元，社会保障兜底一批10亿元），落实易地扶贫搬迁工程中央和省基建投资60251.8万元。本级预算安排支农专项资金2530万元，比2016年增长10%。强化资金监管，保障涉农资金安全。深入开展扶贫领域项目资金使用、基层工程项目建设损害群众利益突出问题等专项治理工作，组织对项目实施情况进行全面审计，保障扶贫资金安全；建立资金整合机制，统筹使用各级财政专项资金。支持县市按照“以规划为引导、以重点项目为载体、以奖补资金引领”“大类间统筹、大类内打通”的原则，做到各级所有财政性资金应统尽统。2017年，全州计划统筹使用资金149.65亿元，其中财政资金74.37亿元（年中调整为70.7亿元）、社会资金75.28亿元。计划统筹资金用于精准扶贫73.2亿元。

【支持实体经济发展】 实施积极财政政策，切实发挥“重大产业发展基金”“县域经济发展调度资金”“中小实体经济发展资金”等财政“三项资金”的杠杆作用，通过与银行合作，放大资金效益，支持实体经济发展。2017年，州本级安排重大产业发展资金2.4亿元，投入武陵山少数民族发展试验区产业发展基金11.5亿元，扶持重点企业75户；投入县域经济发展调度资金18.84亿元，缓解了337户企业流动资金困难；落实中小微企业贷款担保优惠政策，全州7家政府性担保公司为1052户企业担保资金50余亿元，缓解中小微企业融资难、融资贵问题。鼓励企业多渠道融资，提高直接融资比重，支持实体经济发展。2017年兑现2016年在新三板、四板挂牌的49家企业补助资金192万元。积极争取上级资金支持担保机构发展，2017年向省财政厅申请省级融资担保机构专项借款1.3亿元。全州7家政府融资性担保公司，经州、县市政府累计注资，实收资本达到15.16亿元，中小企业融资担保能力已达到75亿—150亿元，担保体系基本建成，担保能力初具规模。

【PPP项目破局】 建立恩施州政府和社会资本合作项目库，政府与社会资本合作成效显著。2017年推进项目47个，政府与社会资本投资总额为472.87亿元、448.37亿元。其中，落地项目8个，总投资45.73亿元；完成评审进入采购阶段的项目14个，总投资88.13亿元；进入前期谋划准备阶段的项目23个，总投资314.51亿元。其中“州妇幼保健计划生育服务中心”项目、建始县“乡镇污水处理项目”、咸丰县“咸丰大道”项目、宣恩县“湖北天宇生态物流园（恩施海关监管场所）”等4个项目列入2016年湖北省政府和社会资本合作示范项目，来凤县“精准扶贫饮水安全PPP项目”、来凤县“互联网大数据中心PPP项目”被列入财政部第四批政府和社会资本合作示范项目。

【强化财政监督】 开展财政专项检查。建立财政大监督管理体系，切实发挥财政监督管理职责，整合科室力量，统筹推进“小金库”整治、会计信息质量监督检查、财务管理违规问题、政府采购、单位内控制度、非税收入征缴、预决算公开等专项检查，实现监督管理全覆盖，财政监督更加科学规范、严格有效。2017年，全州检查发现问题2280个，涉及资金5941.07万元；加强地方债务管理。规范举债行为，限制债务规模，控制债务风险。2017年，全州整改违规举债35起，涉及金额101.86亿元；加大资金整合力度，集中财力办大事。2017年，全州统筹使用资金78.11亿元。推进财政与编制政务公开工作。及时更新财政资金分配拨付信息，有效避免财政资金滞拨现象。2017年，全州累计上网财政专项资金395项，金额16.8亿元。加强财政投资评审。2017年州本级组织工程预算评审项目21个，送审金额2.43亿元，审定金额2.04亿元，审减金额3927万元，审减率为16.14%，有效提高财政资金使用效益。加强农村财政财务监管。加强农村“三资”管理，对村主职干部、村级财务代理人员、村级报账员培训全覆盖，并对农村集体“三资”再次全面摸底，切实加强管理。调研撰写了《恩施州乡镇财政队伍建设情况报告》，为领导决策提供依据。

【恩施州财政局负责人名录】

局长：黄　敏

纪检组长：朱先忠

副局长：赵　洪　刘国文　朱鹏程

总会计师：涂燕琼

（许辉燕）

编辑　马兹河

公共资源交易监督管理

【概　况】 2017年，全州公共资源进场交易项目5013个（包含建设工程、政府采购、其他公共资源交易），同比增加767个，同比增长18.06%；累计交易额214.64亿元，同比增长24.74%；累计节约资金11.62亿元，累计增值资金8.11亿元。其中，建设工程交易项目2239个，同比增长29.20%；交易额132.80亿元，累计节约资金9.35亿元，节约率达6.58%。政府采购交易项目2260个，同比增长7.82%；交易额45.91亿元，同比增长131.68%；累计节约资金2.27亿元，节约率达 4.71%。其他公共资源交易项目 514 个（包含土地使用权出让、矿业权出让、国有产权交易），同比增长 23.26%；交易额 35.93 亿元，同比增长 240.59%；累计增值资金 8.11 亿元。全年收到投诉案件 47 宗，依法受理 12 宗，向相关行业主管部门移送 10 宗，向县市公共资源交易监管部门转办 10 宗，不予受理 15 宗，撤销 1 宗（不算入 47 宗内），维持原中标结果的 42 宗，改变中标结果的 5 宗。

【提升服务效能】 降低制度性交易成本。继续落实州公共资源交易监督管理局 2016 年出台的降低企业成本的措施制度，按照规定降低工程建设领域投标保证金缴纳比例，由最高不超过项目估算价的 2% 降为 1%，并将缴纳的最高限额调降为 50 万元。全面清理投标保证金、履约保证金，对超期限的投标保证金、履约保证金，督促责任部门、责任人及时退还。各级交易中心收取的交易平台信息服务费从 6 月 1 日起统一下降 30%，为投标企业免费发放暗标技术标封面 12000 余套。降低企业投标成本。推动电子招投标平台建设，在“州县一体化平台”的基础上，全州诚信库累计注册企业达 5200 家。全流程电子化评标，3 月 1 日起，全州水利项目实现全流程电子评标，八县市具备远程异地评标条件。交通、房建项目全流程电子评标 7 月底投入试运行。政府采购全流程电子系统于 9 月上线试运行，实现企业信息全州范围内信息共享，CA 锁州内一锁通用。通过电子交易平台将各县市评委语音抽取系统集成，整合汇集州内各行业专家 6 类 2891 名，实现“全州一库”。“乌江流域唐岩河干流金洞司河段近期防护”工程项目与省公共资源交易中心成功完成了远程异地评标工作，“全省一网”对接成功。截至 2017 年底，通过电子交易平台运行 3301 个项目，为投标人节约投标成本共计人民币 670 万元。运用现代科技及“互联网 +”技术。全流程电子化和远程异地电子评标结合，防止招投标腐败行为。异地抽取评标专家进行评标，自动汇总评标结果，降低人为因素对招投标工作的影响。强化源头监管，评标过程全程留痕可控可查。在 2016 年打造“绿色通道”的基础上提档升级，明确首问负责制、对重大项目和异地扶贫搬迁项目容缺条件放宽到办理施工许可前补齐、对法定时间有最低和最高时限要求的按最低时限办结。

【强化综合监管】 对《恩施州招标投标监督管理办法》进行修订，报州政府审定后以恩施州政规〔2017〕1 号文件正式施行。修订权责清单，推进政务公开。根据省、州政府安排部署，推行“互联网 + 放管服”改革，根据权责清单梳理局及交易中心的公共服务事项，结合各科部室工作实际，牵头完成局及中心的公共服务事项指南在《湖北省行政职权和服务事项管理系统》的编制录入工作。执行《关于建立州级招标投标综合监管协调机制的通知》《信用体系建设方案》等文件规定。要求系统按照《湖北省招标投标不良行为量化管理暂行办法》中的相关规定做好量化计分和违法违规记录工作，在信息报送上及时、全面、准确，本年度报送 3 条不良行为量化记录，向省公共资源交易监督管理局报送不良行为量化记录 17 条。开展招投标事前信用承诺工作。印发《上传招投标事前信用承诺的通知》，要求市场主体和评标专家签署信用承诺书上传省公共资源信用信息平台，公开其承诺，接受社会监督。与全州参与公共资源招标投标活动的投标单位、招标代理机构及评标专家签订招投标事前信用承诺共 4219 份。建立市场主体诚信库和交易信息库，信息公开共享，网员库注册的企业达到 5200 多家。州级评标专家扩库增容及清理，交通行业子库评标专家人数调增为 132 人，根据州委第一巡查组整改意见继续征集扩容；州级其他行业新申报专家 32 人，全州专家库总人数达到 2891 人。按照省、州纪委的安排，对少数代理机构代理的项目进行重点检查，上报发现问题线索并对相关人员进行工作约谈。

【加强教育培训】 贯彻《湖北省公共资源招标投标监督管理条例》。在《恩施日报》全文登载《条例》进行宣传，印制3000余份《条例》手册向州、县市直单位和相关领导发送宣传。与今日湖北、恩施州电视台、恩施日报社、云上恩施签订年度宣传协议宣贯《条例》，定期向社会宣传公共资源交易新政策、新动态。在全州系统局机关与交易中心设立咨询台，免费向招标人、投标人、监标人、评标专家等发放《条例》，提供咨询服务。开展评标专家培训入库工作。到县市开展评标专家业务培训2场，电子评标操作培训8场，参加人员近1000人，发放评委操作手册1000余份。开通恩施州公共资源交易微信公众号，为公共资源交易各方提供开展学习、政策咨询、业务服务平台。

【强化信息管理】 在《恩施州公共资源交易信息网》《湖北省公共资源电子服务平台》《中国政府采购网》发布工程招标公告公示信息3114条、政府采购信息1904条、产权交易140条、综合信息179条，信息发布率达到100%，差错率1%，公告公示发布数量较上年增长43%。投标保证金及履约保证金管理双人双岗执业，缴纳、退还执行《招投标法实施条例》《恩施州投标保证金管理办法》及省政府办公厅64号文件规定。2017年，投标保证金缴退总笔数26656笔，缴退总额33.726亿元；中标人递交中标人履约情况审查表116份，退还116笔，履约保证金账户余额2031.49万元，收到履约保函2份，退还投标人2份。交易数据上传推送受到省交易中心肯定。截至2017年底，州级交易中心在交易项目信息上传及时性、准确性工作评比中得分分别位居第二和第一名。加强公共资源交易数据的统计分析工作，建立健全月报表制度，为各级党委、政府的决策提供经济发展分析数据。

【全面履职尽责】 恩施州公共资源交易中心及八县市分中心全面履职尽责接受督促检查工作按照省、州纪委和省政府采购中心部署安排，按照“问题导向、分级负责、分类督查”的工作原则，围绕州委、州政府年度中心工作开展。通过制订方案、宣传发动、征求意见、自查自纠，有针对性地进行整改，优化服务流程和“绿色通道”，解决服务民生和推进事业发展的具体问题。在2017年履职尽责点题督查工作考评中，以91.54的总分获第一名。

【推进精准扶贫】 围绕“扶持谁”。通过与恩施市板桥镇穿洞村负责人及党员代表、企业代表座谈、走访慰问贫困户、入户调查研究和召开现场会等形式，熟悉当地基本情况、了解掌握贫困现状、分析帮扶难点、研究帮扶措施、精准识别贫困户；下发《关于干部职工2017年—2019年度驻村结对帮扶贫困户的通知》，安排干部职工结对帮扶31户贫困户。围绕“谁来扶”。成立以主要负责人牵头负总责，分管负责人具体负责，相关科室负责人为成员的精准扶贫工作领导小组。把能吃苦、敢担当、善扶贫、会沟通的机关干部调整到扶贫一线；下发《调整精准扶贫工作领导小组的通知》《2017年精准扶贫工作计划》，明确责任领导，细化工作措施，落实一户一策。围绕“怎么扶”。加强与相关单位的协调，推进扶贫措施落地落实。2017年，全村有产业发展的贫困户258户、717人，其中药材发展面积16.04公顷，蔬菜种植面积14.47公顷，养殖业发展188头。争取基础设施建设资金100万元，用于道路修缮及硬化、土地治理、安全饮水和村级便民服务室标准化建设。按照金融扶贫工作相关要求，促成达到评信要求44户贫困户与恩施市巨鑫农业股份有限公司签订“市场主体分红贷”。邀请州中药材研究所到村进行调研，明确以发展中药材（大黄）和高山反季蔬菜为主导产业，对接华西生态园负责人，达成帮扶共识。

【恩施州公共资源交易监督管理局负责人名录】

局长：王　牟

纪检组长：刘洪章

副局长：吴绍明　杨洪安

中心主任：熊昌甫

（黄誉娇）

编辑　马兹河

审　计

【概　况】 2017年，全州审计机关共审计318个项目（单位），审计查出问题金额1116585万元，其中：查出违规金额166855万元、损失浪费金额36万元、管理不规范金额949693万元。审计发现侵害人民群众利益金额80万元；审计处理处罚金额182490万元，其中：应上缴财政79782万元、应归还原渠道资金54575万元。移送纪检监察机关、司法机关处理事项24件、19人，移送处理金额4728万元。审计促进整改落实有关问题资金39334万元。审计提出建议470条，被审计单位及有关部门采纳审计建议307条，制定整改措施42项；向各级党委、政府提交的审计专题、综合性报告和信息简报被批示采用的566篇（次）；向社会公告审计结果24篇。

【2016年度州本级预算执行和其他财政收支审计】 2017年5月9日至6月30日，对州本级2016年度预算执行及其他财政收支进行了就地审计。审计结果表明。2016年，财政部门认真贯彻落实中央、省、州各级党委、政府决策部署，服务于“五州”战略发展大局，不断推进工作创新，各项重点工作取得新的进展。

财政收入稳中有增，对县市补助力度加大。一是财政收入保持稳定增长。2016年度州本级完成财政总收入56.75亿元，同比增长14.1%，完成一般公共预算收入15.77亿元，同比增长26.6%。二是对县市的补助支出力度加大。2016年度，州本级对县市补助支出6.09亿元（一般公共预算补助支出5.73亿元、政府性基金补助支出0.36亿元），同比增长43.5%，重点支持县市精准扶贫、六城同创、安居工程、农业产业化、生态文明建设、抗灾救灾等工作。

财政支持重点工作进一步加强。一是积极落实国家稳促调惠防政策，取消和暂停征收48项行政事业性收费，减少税收、行政事业性收费以及基金收入约6.8亿元；争取中央、省预算内资金36.27亿元，支持绿色生态旅游公路和省国道升级、通畅工程、客运基础设施、物流园区、农村安全饮水巩固提升等项目，安排环境空气质量生态补偿资金950万元，安排化解煤炭过剩产能配套资金3000万元，申请亚行贷款1亿美元，实施清江上游环境治理生态保护项目。二是切实保障与改善民生。2016年全州民生支出270.57亿元，占全州一般公共预算支出的84.5%。其中教育支出60.59亿元，同比增长10.8%；社会保障和就业支出46.66亿元，同比增长22.6%；医疗卫生和计划生育支出35.46亿元，同比增长6.7%；城乡社区支出7.56亿元，同比增长13.1%；农林水支出57.31亿元，同比增长14.3%。三是保障州级重点项目推进。本级安排4亿元设立旅游和硒产业基金，支持硒产业和旅游产业发展，安排3.8亿元设立过桥基金，为全州287家中小企业提供过桥服务，累计过桥金额25.44亿元，安排重大产业发展资金1.9亿元，生态文明建设和“六城”同创建设资金1.1亿元，重点项目建设资金2.3亿元，重点用于农业产业发展、城乡基础设施建设、重大项目建设等方面。四是统筹财政资金用于精准扶贫和灾后重建。州本级安排精准扶贫资金3.28亿元，筹集“五个一批”专项资金84.8亿元，全州申报农业综合开发项目62个，获得财政投资2.6亿元，其中1.8亿元财政资金直接投入到79个重点贫困村，争取上级补助资金1.03亿元，支持全州666个行政村“一事一议”奖补。

财政管理进一步深化。一是州本级收回、盘活存量资金 11.3 亿元；二是开展了全州政府性资产报告编制，对 233 个州直行政事业单位资产进行清查，将 52 家州直行政事业单位经营性资产移交州国投公司经营管理；三是开展政府购买服务，45 个州直部门（单位）编制政府购买服务预算；四是推行州级电商采购平台；五是建立州政府和社会资本合作（PPP）项目库，入库项目 74 个；六是对州本级 155 家预算单位的国库集中支付资金实施预算执行动态监控，启动了国库集中支付电子化改革；七是开展了全州县市财政资金安全检查、非税收入收缴专项检查、全州惠农补贴资金专项检查、财务报销问题专项治理和政府采购专项检查。存在的主要问题是部分财政收入未及时缴库、预算管理不够规范等。

【2016 年度本级税收政策执行情况审计】 2017 年 7 月 10 日至 7 月 31 日，对州地方税务局 2016 年度税收政策执行情况进行了就地审计。审计结果表明：州地方税务局提供的税收征管及其他相关资料较为真实、完整地反映了税收政策执行等情况。但仍存在一些需要纠正和改进的问题。存在的主要问题：税款未及时缴入国库等。

【稳增长促改革调结构惠民生政策措施落实情况审计】 州、县两级审计机关对全州 2017 年稳增长促改革调结构惠民生防风险政策措施落实情况进行了跟踪审计。第一季度对全州八个县（市）及州财政部门财政资金信息化管理情况进行了专项审计调查；第二季度对州本级截至 2016 年 12 月 31 日清理偿还政府欠款情况进行了专项审计调查；第三季度对州本级截至 2016 年 12 月 31 日财政存量资金开展了审计调查；第四季度对州经济开发区 2014 至 2016 年重点基建项目推进实施情况开展了审计；第二、三、四季度，八县（市）审计机关根据当地情况实施不同审计项目，主要有财政资金统筹使用情况审计调查，地方政府清理偿还政府欠款情况跟踪审计，扶贫政策落实、扶贫资金分配管理使用及项目建设运营情况跟踪审计等。存在的主要问题是少数县市财政管理信息系统没有充分发挥作用；部分县市统筹整合财政资金存在统筹整合扶贫资金不实，教育、健康扶贫政策措施落实不到位，扶贫资金结存大、扶贫资金效益不明显，扶贫项目推进不及时、建设管理不规范等问题。

【全州 2016 年度保障性安居工程建设跟踪审计】 2016 年 12 月至 2017 年 3 月，州、县两级审计机关派出 8 个审计组、30 名审计人员，对全州 8 个市县 2016 年保障性安居工程（含公共租赁住房、经济适用住房、限价商品住房等保障性住房和各类棚户区改造、农村危房改造，以下统称安居工程）的计划、投资、建设、分配、运营等情况，及配套基础设施建设情况进行了审计，重点对政府购买棚改服务和货币化安置、安居工程建设管理和保障性住房分配使用情况进行了审计。此次重点审计了各县市人民政府所属住房城乡建设、发展改革、财政、国土资源、林业等有关部门，以及住房保障管理中心等经办管理机构，并延伸调查了 96 个村的 474 户农村危房改造家庭，对 48 个安居工程项目的建设管理情况进行了检查。

【党政领导干部经济责任审计】 2017 年全州共完成 67 名党政领导干部经济责任审计。审计查出违规金额 60817 万元（其中领导干部负直接责任 5972 万元）、管理不规范金额 29482 万元（其中领导干部负直接责任 4779 万元）、损失浪费金额 22 万元。通过审计，促进了领导干部依法尽责履职。州审计局共组织完成 10 个州直单位（部门）的 10 位党政领导干部经济责任审计。

【领导干部自然资源资产离任审计】 2017 年全州审计机关共完成 1 个县和 8 个乡镇的自然资源资产离任审计，查出违规占用土地 91 宗、13.91 公顷；违规占用林地 9 宗、25.49 公顷；盗伐滥伐林木 93 宗、1705.88 立方米，少缴罚款 20210.29

元；擅自开垦、破坏地表植被7宗、2.65公顷；违规设置排污口9个；违规兴建与改善水环境、生态保护、航运、道路等公共设施无关的建筑物和构筑物4处、面积1370平方米；违规采矿17处，累计开采面积4.02公顷，开采总量54938.04吨。

州审计局完成了咸丰县2014年至2016年自然资源资产审计。

【政府投资项目审计】 全州审计机关2017年共完成政府投资项目审计997个，送审金额47.66亿元，审减投资额4.38亿元，审减率9.18%。

【恩施州审计局负责人名录】

党组书记、局长：彭元洪

副局长：李东平

党组成员、副局长：徐青安

党组成员、经责局局长：杨岸军

党组成员、副局长：蔡泽慧

党组成员、总审计师：陈　宏

（王　凌）

编辑　马兹河

国有资产监督管理

【概　况】 2017年，州政府国资委学习贯彻习近平总书记系列重要讲话精神和中共十九大精神，贯彻落实州委、州政府和省政府国资委决策部署，围绕全州中心工作，服务科学发展大局，推进国资监管、国企改革发展等各项工作，促进恩施州经济社会发展。经州委研究决定，2017年5月，恩施州政府国资委党委成立。

【国资监管】 对恩施州国有资本投资运营公司、恩施州农发信用担保股份有限公司、恩施州经济开发公司、恩施州硒康牧业发展有限公司、恩施州平安武装押运公司、恩施州粮油储备公司、恩施日报社印刷厂、恩施州城乡规划设计院进行监管。实现州属国有企业资产评估项目核准备案率、州属企业国有资产处置审批率、州属国有产权进场项目转让信息发布率和州属企业国有资产进场交易率“四个100%”。执行产权登记制度，对8县市产权登记进行指导检查，全州办理产权登记企业总数达到75家。

【企业改革与发展】 实施州属国有企业改革改制“百日攻坚”行动，27家州属国有企业（含经营性事业单位）改革加快进行。已批复立项27家，进入清产核资阶段20家，进入资产移交环节2家，基本完成改革改制5家。州平安武装押运公司、州粮油储备公司移交州政府国资委履行出资人职责；州城乡规划设计院公司制改造有序推进，州交通规划设计院等企业改制进入实质操作阶段；州审图所、惠民检测中心改制进入债权移交阶段；对14家僵尸企业进行了全面清理，其中州水产技术综合服务部等6家企业完成了注销出清。

【三供一业】 配合搞好在恩央企、省企“三供一业”分离移交工作，12家企业涉及分离移交总户数7886户，框架协议签订率达到90%，其中供水3084户、供电837户、供气115户；签订物业移交框架协议5386户。

【法规建设】 出台《恩施州人民政府国有资产监督管理委员会出资企业负责人经营业绩考核办法》《恩施州人民政府国有资产监督管理委员会出资企业负责人薪酬管理暂行办法》，与企业负责人签订经营目标责任书、任期目标责任书，压实国有资产保值增值责任链条。以规范权力运行为抓手，厘清权力事项，公布《州政府国资委出资人监管权力和责任清单》和工作流程图，明确各项重点工作的办理流程，确保风险防控无盲点。

【平台建设】 州国投公司成为州属国有平台旗舰公司，公司资产总额达到31.2亿元，收入8623万元，上缴各类税费及利润3500万元，净利润4580万元，融资授信20.4亿元。恩施州硒资源国际交易中心完成了信息发布平台、交易大数据、自有交易系统等建设。

【资产重组】 将州工程咨询公司整体改制为州国投公司的全资子公司，全力攻坚全州 CCER 碳资源开发工作；将土司城和龙麟宫资产整体划入州国投公司，促进城区旅游资源的优化整合，推动景区深度开发和提档升级。

【国有企业监事会】 州政府监事会聘请中介机构对 4 家州属平台公司进行年度审计检查，并形成专项报告呈报州人民政府，4 家州属平台公司进行整改落实。

【国企党建】 州委批准成立州政府国资委党委，将 8 家州属国有企业的党组织关系由州直机关工委移交州政府国资委管理。州国投公司、州平安武装押运公司成立党委，州经济开发公司、州城乡规划设计院成立党支部。落实全面管党治党责任写进章程，探索现代企业制度下国有企业党组织发挥政治核心作用的有效形式和途径，明确党组织研究讨论是董事会、经理层决策重大问题的前置程序。完善“双向进入、交叉任职”机制，由州政府国资委党委直接管理的 8 家企业的党组织书记全部由董事长或公司主要负责人兼任，经理层与党组织领导班子适度交叉任职。各企业结合实际，面向社会和大专院校招聘专业人才 33 人，其中州国投公司招聘 30 人，州平安武装押运公司招聘 3 人，企业人才队伍逐渐壮大。印发《中共恩施州政府国资委党委深入学习贯彻党的十九大精神实施方案》，召开州国资系统学习宣传贯彻中共十九大精神动员会，邀请恩施州十九大代表王光国为全州国资国企干部职工进行十九大精神专题宣讲。印发《州政府国资委党委关于开展 2017 年度基层党建述职评议考核工作的通知》，印发《2017 年度州属国有企业党的建设工作考核办法》《2017 年度州属国有企业落实党风廉政建设责任制检查考核实施方案》等。

【精准扶贫】 对口扶贫恩施州建始县龙坪乡新场垭村，围绕拟建产业基地，自筹资金 5 万余元，完成硬化产业路路基近 5 千米；易地扶贫搬迁启动 5 户、完成 9 户，危房改造启动 3 户、完成 7 户；围绕产业基地项目，已完成种植落叶松 10.01 公顷、厚朴 10.01 公顷、新补核桃 1.33 公顷、落实种植青脆李子项目 13.34 公顷；组织机关及州属企业对特困户进行慰问捐款 1.7 万余元。

【信访维稳】 全年接待群众来信来访 130 余人次，特别是对州信访领导小组、州人民政府转办的 3 件重点案件，积极与相关单位对接，研究政策尽力化解，在全州中共十九大安保维稳工作方面，1 人受到州委办的通报表扬。

【老干部工作】 按照“3211”（三项活动、二项制度、一项党建、一个场所）的思路，做好老干部工作，加强老干支部建设。全年组织老干部集中学习 3 次、州内考察 1 次，召开支委会 4 次，开展主题党日活动 11 次，看望慰问离退休干部 50 余人次，对老干宿舍场坝进行了消防器具更换等工作，进一步优化老干部生活环境。

【机关建设】 争创文明单位，机关档案继续保持省一级，社会治安综合治理、计划生育、安全生产无“一票否决”，保密工作无泄密、失密发生。机关党的建设、法治建设、社会治安综合治理为州直机关优胜单位。同时，有序推进城市管理、殡葬管理、电子政务、网站维护及管理等工作。通过全州 2015—2016 年度文明创建检查验收工作，被明确为合格单位。

【宣传与调研】 加强信息报送工作，宣传工作有新突破，做到重大活动、重要会议、重点工作有媒体报道，全年上报信息 70 多条。办国资宣传专栏 4 期（春夏秋冬）。围绕州委、州政府重大决策部署和全州经济社会发展大局，深入调研，组织完成《以党组织规范化建设，促进国企改革发展》等调研文章。

【恩施州国有资产监督管理委员会负责人名录】

党委书记、主任：姚茂易

党委成员、州属国有企业监事会主席：
彭　斌
党委委员、副主任：冯国慧

（乔　阳　王　瑛）
编辑　马兹河

税　务

国　税

【概　况】 2017年，全州国税系统累计完成税收收入109.69亿元，占年度目标的108.07%，同比增长28%，增收24亿元；其中完成地方公共财政预算收入25.33亿元，增收8.12亿元。恩施州国税收入首次突破百亿元大关，收入规模稳居全省前五位。同时，加强工会经费代收工作，入库工会经费4240万元。

【依法治税】 推进依法行政，按期召开依法行政领导小组工作会议，强化领导干部学法用法等要求，年度无纸化学法用法参学率、完成率均达100%。积极组织"12·4"宪法宣传日活动，巴东县国税局的宪法宣誓活动得到地方党委政府高度肯定。积极创建法治税务基地，咸丰县国税局被评为省级税收法治基地。不断规范执法行为，建始县国税局引入税收执法记录仪，防范税收执法风险，被《法制日报》报道。开展"双随机"检查，重拳出击虚开增值税专用发票和骗取出口退税违法犯罪行为，全年查补税款4111万元，打击发票犯罪工作成绩突出，受到税务总局通报表扬。

【税收征管】 在山区征管改革经验的基础上，扩大试点范围，以推行纳税人自主申报纳税、提供优质便捷服务为前提，推行分类分级管理，转变征管职能，优化资源配置，加强风险防控，推进体制机制创新，得到纳税人和地方党委政府的高度肯定，在2017年全省国税征管会上进行交流发言。全面推进国地税合作，促进国地税两家资源共享、征管互助、服务共融，大力推进一窗式联合办税，在风险应对、执法协同、管查联合等方面广泛开展合作，联合为纳税人提供专业税收宣传和纳税辅导，联合开展税收调查，44个合作项目基本完成。来凤县国税局联合来凤地税、龙山国地税，开展两县四局龙凤示范区税收协作，开启"区域合作＋国地税合作"新模式。

【纳税服务】 落实"放管服"要求，深化"五证合一""两证整合"商事制度改革，加强信息共享，全年共办理信息确认11452户。大力拓展办税渠道，全面推行智慧办税，努力打造办税厅"安静工程"，借助网站、移动终端引导纳税人从"走马路"到"走网路"。推行微信缴税，设立11个车购税自助办税网点，自助终端征收车购税1.42亿元，占全州车购税的21%。开展税邮合作，在恩施市打造全省首家税邮合作厅，全州邮政代开发票13.5万笔。加强办税厅导税、运维等团队建设，通过开展"三评"活动，提升队伍素质，其中4人被评为全省纳税服务明星，2人被评为全省优秀办税服务厅主任。服务国家信用体系建设，推行实名办税，采集实名办税37715户，联合地税进行纳税信用等级评定，对302户A级纳税人推出绿色通道服务，推出纳税信用贷、出口退税贷，帮助纳税人获得贷款30900万元。通过综合施策，纳税人满意度不断提升，在测评中大厅服务指标排全省前列。

【队伍建设】 树立"两个基层"意识，开展"大调研大督查"，把精力向基层投入、保障向基层倾斜。配齐配强县市区局领导班子，统筹制定公务员招录计划，科学设置职位条件，有针对性地解决各单位在大调研中集中反映的人员不足、年龄断层等问题。以数字人事为引领，加大干部培训力度，分别在浙江大学、复旦大学和华南理工组织多期培训，开阔视野，提升业务水平。组织"岗位大练兵业务大比武"活动，在全省纳税服务类现场竞技中，获得团体第三名。着力开展"五优基层"建设，在全系统推进"1234"思想政治工作改革创新模式，得到税务总局局长王军、省国税局局长胡立升等领导的批示，全省基层思想政治工作会议在州国税局进行观摩。注重挖掘身边典型，组织开展国税楷模评选，两名干部入选全省“最美税务人”。以“清和”文化品牌为统领，开展廉政教育和入职教育，充分发挥文化的引导、凝聚和激励作用，州国税局文化基地建设获知名学者叶青点赞，得到省政协领导高度评价。依托图书室，开展全民阅读荐书活动，省全民阅读办对州国税局书香机关建设给予高度评价。

【精准扶贫】 把脱贫职责扛在肩上，把脱贫任务抓在手上，累计投入资金160多万元，实施产业扶贫、教育扶贫等325项帮扶项目，有力支持贫困村基础设施建设和产业发展，得到地方党委政府和贫困群众的充分肯定。开发区国税局克服人少事多的特殊困难，勇挑3个村的脱贫攻坚重担，彰显大局意识和责任担当。利川市国税局安勇因扶贫成绩突出，被推选为省第十一次党代会代表。

【行政管理】 落实绩效结果运用办法，将绩效管理与数字人事统筹推进、融合共进，促进税收事业与干部成长同步发展，工作质效与干部能力同时提升，系统上下“事事求绩效、人人重绩效”的干事创业氛围进一步形成。始终将创新作为引领发展的重要动力，在业务管理、行政管理、税收宣传等方面积极推进工作创新，涌现出“1234”、税纪联动等一批有质有效的创新项目，有力推动工作不断发展。强化税收宣传，全年在中国税务报上稿15篇，湖北日报上稿23篇，恩施晚报头版头条上稿4篇。在税收宣传月，创新推出的《小蓝说税》系列微电影，向纳税人宣传税收政策，科普办税流程，在湖北日报公众号等平台点击量突破30万次，获得省国税局和纳税人的高度好评，中国税务报予以宣传推介。运用“互联网+”思维，承担全省风险管理平台微信端开发任务，创新打造风险E推送平台，减轻基层税务机关和纳税人的负担，提升风险应对质效，宣恩县国税局通过风控平台入库税款1200多万元。以平安治税为目标，开展综治信访工作，利川市国税局颜学根被国家信访局表彰，获税务总局局长王军接见。设立“夕阳红”志愿服务队和青年志愿服务队，开展关爱留守儿童和失能老人等活动，社会反响良好。加强财务管理，提升经费保障，强化政府采购，推进公车改革，严控“三公”经费和会议费；提升信息化保障水平，推动信息技术与税收业务深度融合；关心爱护离退休干部，支持工青妇等群团组织发挥桥梁纽带作用，不断提高后勤服务保障水平。

【受表彰情况】 恩施州国家税务局被省国税局评为2017年度“湖北省国税系统练兵比武优胜团队”第三名。颜学根（男，1960年5月，汉族，恩施州利川市国家税务局办公室干部），被国家信访局颁发从事信访工作25年以上信访工作者荣誉证书。安勇（男，1978年6月，土家族，恩施州利川市国家税务局都亭税务分局副局长）、向光琼（女，1986年3月，土家族，恩施州国家税务局监察室科员），被省国税局、省精神文明建设委员会办公室、省总工会、共青团湖北省委、省妇女联合会评选为“最美税务人”。

【恩施州国家税务局负责人名录】

党组书记、局长：黄成元

党组成员、副局长：徐　萍　龚道明　潘劲松

党组成员、纪检组长：陈克星

党组成员、总经济师：李仕力

党组成员、总会计师：余　凯

（王姗露）

编辑　马兹河

地方税务

【概　况】 2017年，恩施州地税部门共完成各项收入73.2亿元，其中：税收收入37.13亿元，可比增长12.04%；社会保险费收入31.45亿元，同

比增长13.01%；其他收入4.62亿元，同比增长2.45%。地方一般公共预算收入完成32.64亿元，占州政府计划32.39亿元的101.2%，同比增长8.34%。

【深化改革】 推进征管体制改革，51项国地税合作事项全部落地，16个办税服务场所实现“一窗式”联合办税。稳步推进“放管服”改革、商事制度改革、资源税从价计征改革和环境保护税改革。顺利完成全省城乡居民医保征收试点和手机端APP上线试点任务。

【国地税合作】 深化国地税合作，联合开展税收宣传、办税服务、协同执法、信用等级评定、风险应对、纳税评估、税务稽查等工作，全年共计联合定税13449户，联合开展信用评定2874户，联合共享数据90314条，联合清理单管户86511条。

【依法治税】 优化法治服务，夯实法治基础，培育法治示范基地。建立法律服务平台，深入实施法治指导员、公职律师、法律顾问、权利清单制度。深化行政执法管理，将稽查局行政处罚信息全部录入恩施州行政执法与刑事司法平台，纳入检察机关监督。建立督查人才库，围绕组织收入、减免税等六项内容，开展税收执法督察。

【征收管理】 开展房产、土地、车船、股权税源基础信息核查，解决房产土地税收下滑现象及财产类税源不清、登记不明、征收不规范等问题。开展存量房交易申报计税价格调整和评估系统信息数据更新维护，解决新增存量房信息较为滞后的问题。推进大企业税收管理改革，对电信、移动、汉口银行、邮政储蓄银行纳税情况开展税收风险分析，发现风险点7个，查补税款135万元。

【纳税服务】 联合国税、银监等部门及各商业银行开展“银税互动”，破解企业融资难问题，共为211户企业发放贷款逾3亿元。在全省率先运行推广银行端查询缴税费系统，全州7家商业银行300多个网点累计办理查询缴税费业务近10万户次，缴纳税费款达8亿元。联合国税部门共同规范、简并纳税人报送的涉税资料，实现七大类涉税资料一次采集、共享共用，减轻办税负担，提高办税效率。

【税收优惠】 以聚焦解决纳税人关心关注的问题和税收优惠政策为重点，运用内外网、微信公众号、QQ群、“12366”热线等平台，推送税收政策，扩大受益面。“12366”短信平台发送税收短信84万条，举办纳税人学堂46期，培训纳税人2万余人次。全面落实各项税收优惠政策和州局支持供给侧结构性改革措施20条，营造公平公正公开的营商环境，共为3.45万户次纳税人减免各项税费近4亿元。

【队伍管理】 加强干部教育管理，开展干部个人有关事项报告和抽查核实工作，推动从严监督管理干部常态化。面向基层遴选5名稽查岗位公务员，推荐年轻干部参加总局、省直、州直遴选，为年轻干部成长搭建良好平台。

【教育培训】 依托“硒都税校”开展每日一题、每周一练、每月一考，联合中南财经政法大学、湖北经济学院等高校，举办法治建设、信息化建设、十九大精神等10期专题培训班，培训500余人次，干部素质得到提升。

【恩施州地方税务局负责人名录】

党组书记、局长：陈　平

党组副书记、副局长：童　军

州纪委驻州地税局纪检组组长、州地税局党组成员：覃辉富

党组成员、副局长：李　清　王立坤　谭祖圣

党组成员：孙　军

（郑留克）

编辑　马兹河

统　计

【概　况】 2017年，恩施州统计局贯彻中共十八大、十九大精神和全国、全省统计工作会议精神，贯彻落实中央、省关于深化统计管理体制改革提高统计数据真实性的重大部署，围绕州委、州政府中心工作，以数据质量为中心，稳妥推进统计创新，夯实统计基层基础，提升统计服务质量，为全州经济社会发展提供坚实的统计保障。

【领导调研】 9月6至7日，国家统计局服务业司副司长王群英一行三人在省统计局服务业处处长魏尚平的陪同下，到恩施州调研服务业发展和服务业统计工作情况。王群英一行详细了解了恩施州州情、服务业发展情况和服务业统计工作开展情况，重点考察恩施州新经济、新服务和幸福产业发展情况，先后深入恩施土司城、恩施市华硒文化旅游有限责任公司和恩施生态文化旅游发展有限公司，通过实地走访，听取介绍等方式，了解恩施州城市商业综合体和现代旅游服务业发展情况。

【贯彻落实统计改革决策部署】 争取领导高度重视。中办、国办《关于深化统计管理体制改革提高统计数据真实性的意见》和省委办公厅、省政府办公厅《关于深化统计管理体制改革提高统计数据真实性的实施意见》出台后，及时向州领导汇报，争取州领导对统计改革、提高数据质量的重视和支持。州委明确把深化统计管理体制改革纳入州委深改组的重要改革内容，分管副州长批示要求认真抓好《意见》贯彻落实。认真组织学习研讨。在全州统计系统组织多次学习研讨，要求统计系统增强政治意识，全面领会文件精神，把落实文件要求作为全面提升统计能力、提高数据质量的重要抓手。研究具体贯彻措施。草拟恩施州《关于深化统计管理体制改革提高统计数据真实性的实施方案（代拟稿）》，明确恩施州贯彻落实《意见》、实施统计体制改革的十二项具体措施。

【统计基层基础】 构建统计治理体系。加快推进诚信企业创建，诚信企业比例达到58.29%；进一步加强乡镇、村统计工作，91个村实行村级统计网格化建设管理；深化县级统计基础规范化建设。积极开展统计培训。把加强统计人员培训作为提升统计业务能力的重要手段，举办各类统计培训27次，培训1041人。先后举办县市统计骨干和乡镇统计员培训班、中南财经政法大学统计业务骨干班、农业普查数据开发培训班、1%人口抽样调查暨统计法律法规知识培训等大型培训活动。各专业也都采取以会代训形式培训县市和部门统计人员。

【统计数据管控】 规范数据生产各个环节。坚持“先入库，后有数”，把好企业入库关，实行新增企业凡进必查，全州共核查新增调查单位137家；坚持即报即审，加强对数据阶段的审核、评估；坚持集体定数，防止以数谋私，定期对主要经济数据进行集体会审。

【依法统计】 严格把握统计法治建设要求。认真贯彻落实中央和省委、省政府领导对统计工作重要批示指示精神，牢固树立“质量可靠、全局主动”的意识，大力推进统计法治进程。深入开展统计宣传。认真学习宣传《统计法实施条例》《统计违法违纪责任人处分处理建议办法》《统计执法监督检查办法》等法规，举办首届恩施州统计法律法规知识竞赛，开展了以“统计新动能服务新常态”为主题的第八届统计开放日活动，开展“12·4”国家宪法日活动。严格统计执法检查。构建专项检查、双随机核查、执法检查“三位一体”的统计数据核查体系，开展了数据质量整治专项行动。全年共核查企业258家，对有数据质量问题企业严肃处理，限期整改43家，通报批评14家，立案查处10家。

【统计数库建设】 抓好常规统计产品生产。及时编印统计月报、武陵山周边地市和全国30个民族自治州主要经济指标季报、数据恩施、数据快递、统计公报、统计资料手册等统计资料。每季度召开经济形势发布会，满足社会公众需求。利用统计信息网、统计微信和云上恩施等网络平台公布统计信息。

【统计智库建设】 强化监测预警。在全州经济形势分析会上分析全州经济运行面临的形势、问题，提出合理化的意见建议。强化分析研判。做到“两会一调研”常态化，每季度召开两个层面的经济形势分析会，由县市局长、州局专业负责人进行深入分析。同时，深入基层调研，掌握第一手资料。强化统计服务。紧扣供给侧结构性改革和恩施州“打造湖北省特色经济增长极”“一谷两基地三示范区”等战略目标，不断优化统计服务。认真开展“产业链”“硒产业”统计监测工作，协助完成了国家统计局重大统计科研课题《恩施州生态价值评估报告》，开展了全面建成小康社会进程、精准脱贫进程和大健康产业统计监测工作，统筹开展自然资源资产负债表编制和绿色发展评价工作。推出《恩施州避暑纳凉经济统计调研报告》《重点项目建设推进难，难在何处》《从GDP核算指标看我州经济发展短板》等一批统计分析。全年撰写统计分析12篇，其中，2篇被州领导签批，1篇获全省优秀统计分析报告一等奖。加强统计信息的报送力度，全年被州委办公室《每日要情》采用24篇、国家局内网采用2篇，省统计局内网采用525篇（居全省第二位）。

【社情民意调查】 按照“听民声、察民意、汇民智、促民主”的总体要求，强化民调品牌，投入16万元宣传经费，利用报纸、广播、电视等渠道宣传“12340”调查专线和民意调查工作。坚持自主调查和委托调查相结合，建立10万个号码样本库，完成精准扶贫进程调查、城乡大病保险调查、国资委出资企业民意调查等13项调查任务。

【第三次全国农业普查】 严格现场入户登记。严格组织实施现场登记工作，全州共登记上报909376户，其中普通农户893605户、规模农业经营户15771户、农业经营单位10295个。实现现场登记入户率、普查数据签字确认率“两个100%”。严格数据审核验收。建立分片包干负责的审核纠错机制，实行“审核纠错一日两次通报”，按时完成审核纠错和验收工作。严格数据质量管控。按照《省农普办、省统计局关于严肃纪律，加强农业普查执法，确保普查数据质量的通知》要求，建立了农普弄虚作假举报制度，对违反纪律的严肃追责问责。

【干部队伍建设】 坚持用制度管人管事。建立具有统计特色的“1+9”机关管理制度体系，制定《州统计局工作规则》，修订完善了政府采购、公务接待、公车管理、固定资产管理等9项制度。加强干部培养。积极组织干部职工参加网络在线学习、参加党校培训、鼓励参加职称考试、定期集中学习、轮岗和外出培训等，全面提升干部综合素质。加强统计交流。积极参与30个少数民族州统计年会、武陵山统计协作会议并做交流发言。利用杭州市对口支援恩施州扶贫机制，主要领导带队到杭州市统计局考察学习“三新”统计、统计服务工作。组织考察组前往十堰、襄阳考察学习统计基层基础和统计法制建设。重庆、宜昌、仙桃等地统计局到恩施州统计局考察交流。扎实开展精准扶贫工作。选派第一书记到鹤峰县下坪乡东洲村开展驻村扶贫工作，组织工作人员结对帮扶，开展入户走访、调查贫困户需求，按照“五个一批”的工作要求，积极争取项目资金，落实帮扶措施，支持产业发展，切实为群众办实事、办好事。

【恩施州统计局负责人名录】

党组书记、局长：侯　斌

党组成员、调查监测分局局长：黄成举

党组成员、副局长：李臣章

党组成员、总统计师：向恩玲

党组成员、副局长：黄莉芹　邱德曲

调查监测分局副局长：胡梅源

（覃春芳）

编辑　马兹河

国家统计局恩施州调查队

【概　况】 2017年，国家统计局恩施州调查队（以下简称恩施州调查队）组织实施一体化住户、市场物价、农产品产量、采购经理指数、规模以下工业和规模以下服务业、小微企业固定资产投资、个体经营户跟踪调查等抽样调查工作，同时开展重点贫困县、农民工、退耕还林、畜禽等统计监测工作。为国家建立经济核算体系和全国统一的基本统计报表提供基础数据，为恩施州争取国家政策提供数据支撑。围绕经济社会中的热点、难点问题开展调查研究，服务全州社会经济发展大局，为各级党委、政府领导决策发挥参谋作用。全年共完成22个专题调研，10个专题调研经总队综合后被国家统计局《每日调查》及中办、国办采用；编撰分析资料14篇，其中6篇被州委、州政府主要领导批示。被总队内网采用信息124篇，被国家局内网采用9篇，《中国信息报》采用19篇、《恩施日报》《恩施晚报》采用10余篇。在总队的分析信息评比中，恩施州系统获一、二、三等奖各一篇；在总队的课题评比中，州队的一项课题获三等奖；在州政府2017年度的社科优秀成果评比中，州队的一项课题获重大课题奖。

【党建工作】 抓党建突出思想引领，强化意识形态领域工作，高标准严要求开展好每月的“主题党日”活动，创新开展“重温入党志愿，不忘入党初心”活动。组织开展“和谐谋发展”大讨论，推进“两学一做”专题教育常态化、制度化，坚持“八事联动”机制，落实“三会一课”，强化党员先锋指数管理、民主评议党员等支部组织生活制度。2017年，党组中心组开展学习8次，班子成员上党课6次。结合“主题党日”活动开展学习和讨论12次。邀请总队领导讲党课2次，参加“清江大讲堂”4次。开展不同形式的业务集中培训6次。十九大刚闭幕，及时编印《十九大报告精选50条》读本辅导学习。

【文明创建】 2017年1月22日，恩施州调查队正式迁入位于金桂大道188号州机关事务局综合大楼13楼办公。迁入后第一件大事就是研究落实文明单位创建工作，主动向州委宣传部长和州文明办领导汇报，得到了支持和指导。加强了硬件建设，完善了软件建设，巩固了长板补齐了短板，创建省级文明单位获得成功。争取恩施市非遗中心的支持，利用“恩施耍耍”这种特有的土家族文艺表演形式，创作了《打起“耍耍”唱国调》，宣传国调工作。非遗中心将在送戏下乡、统计调查的重大活动中演出，并刻制成光盘和发布上网传播。

【业务工作】 贯彻落实中央领导对统计工作的指示批示精神和《关于深化统计管理体制改革提高统计数据真实性的意见》《统计法实施条例》《统计违纪违法责任人处分处理建议办法》，州队注重夯实数据质量基础，重大改革事项和业务工作亮点纷呈。一是创新数据评估方法。通过量化住户调查年报数据“五性”（“基础性、真实性、全面性、特殊性、延续性”），对居民收入年报数据影响程度，进行加权量化评分，按得分高低确定城乡居民收入增幅位次，进一步完善了数据评估办法，有效提升了数据公信力。二是搭建数据搜集平台。根据州委副书记、州长刘芳震的批示要求，搭建居民收支信息部门联动搜集平台，州直17个单位“专人、专时、专报”有关统计数据，从根本上转变了被动获得数据的方式。三是实施城乡居民收入典型调查。住户科根据各个季度和年度经济社会运行情况统一设计并不断完善《城乡居民收入典型情况调查表》，为评估分析居民收入情况发挥了比较重要作用。全省只有恩施州队采用这一做法。四是高质量完成住户样本轮换工作。着力抓保障，州队和8个县市统计局、调查队落实经费272.55万元，开展业务培训指导和检查督办，保质量按进度完成样本轮换工作。全州1160户住户调查新样本户，11月全部开始试记账。其中电子记账户有914户，电子记账率达到81%，三个建有调查队的县市记账率达到91%。五是圆满完成总队的示范项目和试点工作各一项。圆满完成全省工业调查示范项目并在全省会议上推介。开展了全省农产品价格影像核查系统试点工作。同时，运用遥感测量调查粮食播种面积、推行CPI移动采价终端应用等改革创新，也收到了较好的成效。六是统计执法工作进一步强化。强化开展基础工作和数据质量检查，及时就检查情况向县市局队通报，指出问题，并责令整改，跟踪督办，把问题解决在萌芽状态。同时以法人单位为重点，开展统计执法检查。2017年对全州29家法人单位进行了统计执法检查，并对1家企业进行了立案查处，防止了数据造假、弄虚作假行为的发生。加强统计法律法规和业务知识的学习宣传，与州统计局、监测分局联合举办了统计知识竞赛，全州12支队参赛，州调查队代表队获第一名。

【精准扶贫】 按照州委、州政府的统一安排，州队牵头利川市凉雾乡两河村的精准扶贫工作。选派了驻村第一书记，组建了工作队，全队干部职工开展了与建档立卡贫困户“一对一”“一对二”甚至是“一对三”的结对帮扶。开展了“春季攻势”、“夏季拉练”、精准识别纠偏，制定脱贫发展计划，落实扶贫项目和资金等工作。该村已落实2017年、2018年国家扶贫项目资金700万元，州政府配套60万元。2017年州队扶贫支出资金近10万元，干部职工个人帮扶2万多元，各项工作正在推进，部分项目已完工产生效益。

【领导批示】 4月19日，州长刘芳震对州队撰写的《三个“50+”凸显恩施州企业用工形势严峻》批示：“随着恩施州经济发展步入快车道，宏观经济向好稳健发展，用工难问题会更加突出，调查报告反映的问题和所提建议值得研究，请人社局及相关部门深入研究，充分运用各项政策措施解决用工难、人才供给不足等问题。”6月5日，时任州委书记李建明对恩施州队撰写的《恩施硒产业孵化器发展的喜与难》批示：“请芳震、水源同志阅示，对相关政策落实情况要检查评估，充分发挥作用。”6月6日，州长刘芳震也批示：“请科技局牵头，人社局、财政局、工商局等对孵化器发展问题进行研究，解决突出问题，支持孵化器发展。”7月28日，州长刘芳震对州队撰写的《恩施州规下工业企业喜忧参半》批示：“此报告较真实地反映了我州规下企业现状。如何实现‘顶天立地’与‘铺天盖地’相互补充的实体经济格局，是打好基础、培优做强的关键。此件发州经信委、发改委、商务局、各金融机构、国地财税单位及各县市政府，研究如何支持小微企业发展问题，做实发展基础，优化经济结构，增加就业，维护社会稳定。”11月6日，分管扶贫工作的副州长夏锡璠在恩施州调查资料《对恩施深度贫困山区脱贫攻坚的思考》上批示：“此报告分析细致，对策具体可行。请扶贫办发全州扶贫系统及驻村工作队学习借鉴。”11月13日，州长刘芳震批示该文：“较好的反映了我州贫困村的现状、致贫原因分析、提出针对性强的思路对策，值得各帮扶工作队学习、县市政府研究重点贫困村的扶贫工作。”

【国家统计局恩施州调查队负责人名录】

党组书记、队长：吴立锋

党组成员、副队长：张洪恩　王晓云

党组成员、纪检组长：官　民

（赖红丹）

编辑　马兹河

工商行政管理

【概　况】2017年是工商体制改革后运行的第一年，州工商局认真贯彻落实州委州政府的决策部署，结合推进“五州战略”,“一谷两基地三示范区”建设，按照“一二三一”的工作思路（全面贯彻党的十九大精神；突出“两项重点”即商事制度改革和商标品牌建设；强化“三项工作”即市场监管、消费维权、自身建设；守住“一条底线”即确保安全稳定）主动适应新常态，落实新发展理念，立足当好深化改革“先行官”、市场秩序“守护神”、创业创新“先锋官”、消费维权“保护神”，各项工作取得新的明显成效。书记柯俊、州长刘芳震、副州长田金培和杨军，先后对工商局商标品牌建设、广告市场整治、商事制度改革等工作给予批示肯定。副州长田金培带队到省工商局专题汇报工商工作，体现政府领导对工商工作的重视与支持。全州市场主体总量达到226464户，新登记市场主体总量41020户；全州“二十七证合一”总业务量30075条；全州有效注册商标9637件；全州12315大数据系统共录入信息14802件，处理投诉举报4012件，为消费者挽回经济损失1300余万元。

【商事制度改革】推行“多证合一”改革，在“五证合一”基础上，新增8个部门22个登记备案事项，实行“二十七证合一”，全州“二十七证合一”总业务量42189条；推进工商登记全程电子化，与农业银行、建设银行、工商银行签订《“政银合作”备忘录》，在65个银行网点开通免费代办工商登记业务；推行“一次办好”清单管理，梳理13项审批、服务事项，制定“一次办好”办事指南；在工商登记窗口增设导办帮办岗。

【市场主体发展】全州市场主体总量226464户，比上年增长12.64%；市场主体注册资金2347.43亿元，比上年增长29.02%；企业类市场主体总量39190户，比上年增长21.82%；企业类市场主体注册资金1982.91亿元，比上年增长29.94%；新登记市场主体总量41020户。

【新型农村经营主体】农民专业合作社达到10768户，居全省市州第一；注册登记家庭农场2295户，“农家乐”4920户，网络经营主体2298户。

【商标品牌建设】全州有效商标注册总量9637件，居全省市州第七位，在全国30个自治州中居第二位。中国驰名商标4件，地理标志商标总量达到26件。向企业兑现了2014—2017年获得驰名商标、著名商标、地理标志商标认证的391万元奖金。

【全州地理标志证明商标总数达到26件】到2017年底，全州地理标志证明商标总数达到26件，居全省市州第六位。2017年成功注册4件。分别为来凤大头菜、宣恩贡米、宣恩贡水白柚和宣恩黄坪黄金梨。

【年报公示及双随机一公开抽查】全州2016年度企业年报公示率为91.77%，个体工商户年报公示率为91.93%，农民专业合作社年报公示率为91.60%。抽查市场主体5704户，其中企业908户、农民专业合作社264户、个体工商户4532户，检查录入公示100%。

【信用信息共享交换平台应用】推广运用信用信息共享交换平台，应注册的371个部门已全面完成注册，注册用户28935户。归集行政许可信息51241条，排名全省第二；归集行政处罚信息8359条，排名全省第四。信用信息归集公示工作在省局年度重点业务工作目标责任制考评中获得单项奖。

【企业简易注销】3月1日起，恩施州全面实施企业简易注销登记改革，进一步深化商事制度改革，完善市场主体退出机制，提高社会资源利用效率，降低企业退出成本。全州1006户企业在“国家企业信用信息公示系统（湖北）”上发布简易注销公告，其中575户准予简易注销。

【无照经营查处】 出动执法人员2102人次、执法车辆634台次，检查各类市场主体31225户次，查处无照经营372户，处罚款100多万元，规范办照331户、限期整改159户、取缔无照经营41户，抄告无证经营397户。市场主体持照率、亮照率均达到95%以上，全年无一起无照经营重大安全事故发生。

【红盾护农】 落实全州农资商品“重点监管名单”制度；组织开展州级“农资经营示范店”创建公示工作。抽检农资133批次，立案查处农资违章违法案件11件，案值17.5万元。下达责令整改通知书20份，受理处理投诉咨询15件，为农民挽回经济损失8万元。发放红盾护农宣传资料1.2万份。

【动产抵押】 全州共办理动产抵押物登记249件，助企业融资22亿元，企业动产抵押登记信息网上公示率100%。

【非公经济组织党建】 开展全州非公经济组织党组织和工作覆盖“百日巩固行动”，全州共组建非公企业党组织439个，覆盖非公企业1521家，覆盖率为74.74%，较上年有增长。

【12315投诉举报】 12315指挥中心录入信息14802件，较上年同期增长3.8%。其中咨询10684件、投诉3573件、举报545件。办结咨询10684件、投诉3479件、举报533件，办结率分别为100%、97.4%、97.8%，为消费者挽回经济损失1362.13万元。

【消费维权站建设】 创建12315“五进维权站”760个、“一会两站”2522个，建站率为89%。其中省级示范站13个、州级示范站20个、县级示范站30个。省消委、省工商局在恩施建立四个消费教育基地，开展旅游消费知识、农产品消费知识、茶叶消费知识相关消费教育活动。

【打击传销】 按照“三查两清一创建”思路，严厉打击传销规范直销。查处了福建珍菌堂生物有限公司传销案，没收违法所得2860万元，罚没款200万元。对“善心汇”传销组织200多名骨干分子重点清查。

【商品质量监管】 开展商品质量抽检1159批次，其中不合格334批次。办理各类经济违章违法案件184件，案值379万元。

【广告市场监管】 共清查医疗广告10700余条（幅、份），发现虚假违法医疗广告9480余条（幅、份），收缴拆除8049条（幅、份），责令整改1424条（幅、份），立案查办涉嫌虚假宣传医疗广告案件7件。整治拆除高速公路沿线户外广告牌281块，约35000平方米。

【旅游市场监管】 围绕“打造全域旅游示范区”，维护全州良好的旅游市场秩序，州工商局组织对全州旅游市场和旅游中介组织进行专项检查。重点查处旅游市场中存在的发布虚假违法旅游服务广告、商业贿赂、虚假宣传等不正当竞争行为，垄断行为，销售假冒伪劣商品，侵犯商标专用权，合同违法行为以及利用合同格式条款侵害消费者合法权益的行为。

【恩施州工商局受到人社部办公厅和工商总局办公厅通报表扬】 5月18日，人力资源社会保障部办公厅、国家工商总局办公厅联合发函（人社厅函〔2017〕207号）对在清理整顿人力资源市场秩序专项行动中成绩突出的390个单位予以通报表扬，湖北省14个单位受到通报表扬，恩施州劳动保障监察局、州工商局名列其中。

【工商登记全程电子化】 6月23日，全州工商登记全程电子化暨“政银合作、助力发展”建行网点代办营业执照在州城启动。这是继“先照后证”“五证合一”等一系列改革后，恩施州推进商事制度改革的又一项重大举措。网上登记系统开通的业务有：企业名称预先核准、企业设立登记，逐步实现企业网上登记区域全覆盖、业务全覆盖、类型全覆盖。办事群众在全州建行任一营业网点，由建行工作人员代为办理。工商登记全程电子化暨“政银合作、助力发展”建行网点代办的启动实施，让办事群众“少跑路、办成事、就近办理”，既降低制度性成本，又提高行政办事效率。

【州工商局窗口荣获全省工商系统“青年文明号”】 7月21日，湖北省工商局下发《省工商局关于命名2015—2016年度全省工商系统青年文明号的决定》，对全省工商系统青年集体进行命名。恩施州政务服务中心工商窗口、建始县政务服务中心工商窗口获得“2015—2016年度全省工商系统青年文明号”称号。

【利川市旅游业示范园认定为省级现代服务业品牌建设示范园】 8月10日，湖北省工商局、省发展和改革委员会发文认定首批13个省级现代服务业品牌建设示范园区，利川市旅游业示范园区在列。省工商局、省发展改革委联合开展省级现代服务业品牌示范园区建设，经园区自愿申报，市（州）、直管市、林区工商局、发展改革委联合推荐，省工商局和省发展改革委实地抽查、共同评审，决定认定“‘汉阳造’文化创意产业园”等13个园区为首批省级现代服务业品牌建设示范园区。

【地理标志商标精准扶贫】 8月25日，国家工商总局在江苏省淮安市召开全国工商和市场监管部门地理标志商标精准扶贫经验交流会。恩施州作为六个经验交流发言单位之一，在会上作题为《发挥引领作用助力精准扶贫》的经验交流。会议还公布全国已注册地理标志情况和全国地级市地理标志注册情况。截至2017年7月底，全国共注册地理标志3712件，其中湖北省注册325件，居全国第三、中部第一。宜昌、襄阳、荆州、武汉、鄂州、十堰、恩施、咸宁等8市州进入全国地级市地理标志注册40强。恩施州被国家工商总局商标局评为运用地理标志精准扶贫十大典型地市。

【恩施州6家企业实现无行政区域名称登记】 8月28日，土家六口茶健康产业股份公司申报通过国家工商总局核准的无行政区域名称登记。自国家工商总局放开企业名称库以来，恩施州共登记不冠行政区划企业6家，其中设立登记3家（中百益农牧业科技发展股份有限公司、拓普永道咨询顾问股份有限公司、土家六口茶健康产业股份公司），变更登记3家（荣锦建设工程有限公司、中硒健康产业投资集团股份有限公司、硒多宝饮品集团股份有限公司）。

【召开全州网络市场监管部门联系会议】 9月22日，州工商局牵头召开网络市场部门联系会议第一次全体会议，州委宣传部、州发改委、州旅游委、州公安局等十个成员单位参加会议。讨论通过《恩施州网络市场监管联系会议工作规则》，明确各部门职责和2017年网络市场监管重点。

【恩施州工商行政管理局负责人名录】

党组书记、局长：吴贤勇

副局长：王建明　李　军　徐敬东

（孙国华　张　勇）

编辑　马兹河

质量技术监督

【概　况】 2017年，恩施州质监局学习贯彻中共十九大精神，按照质量强省强州战略部署，围绕州委州政府“一谷两基地三示范区”形象定位和建成全省特色产业增长极目标任务，在“抓质量、保安全、促发展、强质监”上抓实效，国家富硒产品质量监督检验中心通过国家质检总局现场验收，并正式设立为B级国家质检中心；湖北永恒太阳能股份有限公司获得省政府第七届长江质量奖提名奖，实现恩施州零的突破；省级产品监督抽查合格率97.2%，高于全省平均合格率1.4个百分点，州级产品监督抽查合格率达98.7%，州城经济发展总体质量稳中向好。

【质量强州】 9家企业12个产品获“2017年湖北名牌制造业产品”称号，1家企业的物流配送服务获“2017 年度湖北名牌服务业”称号。新增质量管理体系认证企业 86 家、3C 认证 5 张。组织指导巴东经济开发区创建成湖北省“富硒农产品深加工产业”知名品牌示范区，宣恩县创建成全国有机产品认证示范区。鹤峰葛仙米地理标志产品保护示范区获批筹创建第六批省级农业标准化示范区。利川工夫红茶、坝漆获得国家地理标志产品保护。

【标准化】 对照“世界硒都 · 中国硒谷”建设工作要求，组建 75 人富硒种养殖标准专家库，提出 98 项生产技术规程制修订需求计划，制定发布实施《恩施硒土豆生产技术规程》等 10 项富硒种养殖州级地方标准，建立富硒种养殖标准化体系框架，助推硒产业提质增效。《乡村智慧服务体系建设规范》省级地方标准通过专家评审，《湖北省雪茄烟等级质量标准》获省级地方标准立项。

【产品质量监督】 加强工业生产许可证获证企业事中事后监管，65 家企业、52 批次产品进行风险监测，发现质量安全隐患 30 起，完成隐患整治 30 起。对全州 5 家水泥企业组织开展专项监督检查。对全州 188 家企业 236 批次产品进行定检，其中合格 233 批次，合格率 98.7%，对全州 235 家企业 317 个产品标准建档立册，联合省标院开展“比标对标、提标升标”活动，全面提高产品质量。

【计量监督与管理】 加强州级计量技术机构能力建设，更新 2 项检定装置，煤矿安全检定装置 3 个计量标准恢复建标。州计量所申报的 1 个计量科技项目被确立为省局科技计划项目，实现全州质监系统零的突破。巴东、建始、咸丰、来凤计量能力建设项目建设顺利推进，全州 13 人新获得注册计量师资格，创历史新高。2017 年，对全州 16 家企业进行定量包装商品净含量监督抽查。免费检定、校准计量器具 67084 台件，为企业减免费用 985.25 万元。

【特种设备安全监管】 按期完成中央环保督查燃煤锅炉整改销号任务，对违规新建 29 台锅炉，经过整治，淘汰 21 台、停用 5 台、改造 3 台。组织开展特种设备和危险化学品产品安全生产大检查大督查大整治，督促企业开展自查自纠 468 家，发现隐患 332 个，整改 332 个；出动执法人员 1430 人次，检查单位 608 个，发现隐患 384 个，下发监察指令书 150 份，挂牌督办 18 件，查办特种设备案件 30 起，罚款 46.5 万元。未发生特种设备伤亡事故。

【政务服务】 全面推行行政审批“一张网”“一次办好”便民服务，全年受理各类政务服务事项 4900 件、办结 4886 件；全面推行“双随机一公开”监管，100% 完成州级 11 项随机抽查事项。

【行政执法】 深入开展电线电缆、“地条钢”、食品相关产品、危化品、检验检测机构、成品油、地理标志保护产品等专项执法检查行动，严厉查处制售假冒伪劣产品违法行为。组织开展全州眼镜验配行业强检工作计量器具专项执法检查行动，对 83 家眼镜验配责任主体进行立案查处。“12365”举报处置中心受理咨询 253 起、投诉举报 58 起。全州立案查处违法案件 142 起，结案 93 起，涉案货值金额达 20.5 万元，处罚款金额 59 万余元，移交公安机关案件 1 起。

【精准扶贫】 对咸丰县坪坝营镇苟家营村 94 户贫困户进行建档立卡，开展结对帮扶。结合职能开展送标准下乡、油茶种植等服务，筹措落实到位扶贫资金 80 万元，立项申报安全饮水和农网改造、环组公路建设，制订实施辣椒种植、豪猪养殖、油茶种植等短中长期产业发展计划，硬化公路 3.4 公里，建成村级文化广场。

【重要会议】 6 月 9 日，2017 年度恩施州质量强州第一次工作会议在州政府召开，会议审议了 2016 年度全州质量工作考核结果，明确质量强州工作委员会成员单位工作职责，研究 2017 年度质量工作行动计划，启动第三届清江质量奖评定。

【全州推行特种设备安装、改造、维修无纸化告知】 自2月3日起，州质监局在全州推行特种设备安装、改造、维修无纸化告知政策，企业不出家门口即可完成告知全过程。

【恩施州富硒农产品种养殖地方标准获突破】 4月1日，首个恩施州硒种养殖地方标准《恩施硒土豆生产技术规程》（DB422800/T006—2017）通过省质监局审核，获得备案，于2017年5月10日正式实施。12月，恩施州质监局组织对《富硒藤茶生产技术规程》等其他9个富硒种养殖类恩施州地方标准进行了审查、备案。

【服务2017年国际茶业大会、第四届世界硒都（恩施）硒产品博览交易会】 9月26日至30日，恩施州质监局牵头组织质监组10个单位严把2134批次参展产品检验关、进场关、标识关，首次实现参展产品质量零举报零投诉。

【接受巡察】 根据州委统一部署，11月27日至12月21日，州委第一巡察组对州质监局党组领导班子及其成员进行了巡察。州质监局党组对照巡察重点内容，集体深入查找了本单位在党的领导、党的建设、全面从严治党、党风廉政建设和反腐败及选人用人等方面存在的具体问题，提交主体自查报告1份，专题报告23份，50余名干部职工接受巡察谈话。

【《州人民政府关于深化标准化工作改革创新的实施意见》发布实施】 12月9日，州人民政府印发《关于深化标准化工作改革创新的实施意见》，围绕打造全省特色产业增长极，进一步明确提升硒产业等五大产业标准化水平的目标任务，实施标准化奖励政策，深化标准化改革创新，推动经济结构转型升级。

【10家企业现场陈述答辩角逐第三届恩施州清江质量奖】 12月26日，恩施州第三届清江质量奖陈述答辩会在州质监局举行。此项工作于7月启动，通过县市政府及州直部门推荐组织申报，经专家评定委员会对申报企业进行资格审查、形式审查、资料评审、现场陈述答辩、长江质量奖评审员进行现场评审、专家评定委员会对现场评审报告进行审议表决以及征求质强委各成员单位意见后，拟推荐湖北省八峰药化股份有限公司、湖北巴东博宇工贸有限公司获第三届恩施州清江质量奖，恩施市长源轴承制造有限公司、利川腾龙风景区旅游资源开发有限公司、湖北巴楚风印务有限公司、恩施徕福硒业有限公司获提名奖报州政府审定。

【恩施州质监局负责人名录】

党组书记、局长：刘　琳

党组成员、副局长：王富昌　范宏涛

宋全喜

党组成员、总工程师：冯兆雄

（张竣益）

编辑　马兹河

国家富硒产品质量监督检验中心
恩施州食品药品检验检测中心
恩施州产品质量检验检测中心

【概　况】 国家富硒产品质量监督检验中心（国家硒检中心）、恩施土家族苗族自治州食品药品检验检测中心、恩施土家族苗族自治州产品质量检验检测中心（以下简称中心）是恩施州委、州政府按照《国务院机构改革和职能转变方案》的要求，为推进检验、检测、认证机构整合而组建的综合性检验检测机构。恩施州政办发〔2015〕80号文件明确国家硒检中心、恩施土家族苗族自治州食品药品检验检测中心、恩施土家族苗族自治州产品质量检验检测中心为一个机构、三块牌子、一套班子，是恩施州人民政府直属正县级公益一类财政拨款事业单位。中心现有在岗干部职工75人（包括自聘人员17人），其中专业技术人员69名，拥有高级职称者13人（正高2人），中级职称者22人，中高级技术职称占在岗人员的46.67%。在岗人员学历构成为硕士研究生8

人，大学本科50人，本科及以上学历占在岗人员的77.33%。同时，本中心拥有8名食品审评专家、6名工业产品审评专家、2名化妆品审评专家及1名药品审评专家。现有资产总值10197.9万元，房屋总面积20596平方米。其中，实验室面积16576平方米。拥有仪器设备1318台套，设备总值4315.43万元。检测能力覆盖硒产品、食品、药品、农副产品、饮料、饲料、化工产品、建材产品、轻工机电产品、金属材料及制品、电器安全性能、石油制品等。2017年5月，完成国家硒检中心验收六个问题整改，9月，通过了国家质检总局委派专家组现场验收，11月下文批复国家硒检中心正式成立（国质检科〔2017〕488号）；同月，通过了资质认定（扩项）现场评审，扩项项目共为48个产品243项参数。（省质监局关于检验检测机构资质认定证书附表161700110324，发证日期：2017年11月16日）；2017年10月，通过了机构分类监管考核，中心再一次获评全国Ⅰ类检测机构（国家质检总局产品质量监督司关于2017年产品质量检验机构工作质量分类监管情况的通报，印发时间：2017年10月27日）；2017年，组织参加能力验证12批次和实验室比对10批次，结果均为满意；被州委、州政府表彰为2017国际茶业大会、第四届硒博会筹办工作表现突出的集体（恩施州文〔2017〕43号，印发日期：2017年12月31日）。

【主要职能】 承担全国硒产品国家质量监督抽查任务，开展全国硒产品委托检验服务；接受政府及相关职能部门委托负责食品、药品、粮油产品、化工产品、建材产品、轻工机电产品、化妆品等产品的检验检测工作；接受企业及公众委托，提供产品生产许可发证检验及电子商务委托检验检测服务；开展硒产品标准制定及检验方法标准制定研究；承担食品、药品、化妆品及其他产品地方质量标准的起草、修订、技术复核工作及开展相关的研发、咨询、技术服务；开展有关食品、药品、化妆品、农产品及其他产品快速检验检测技术研究，培训食品、药品、医疗器械及其他产品的快速检验检测业务技术人员；开展食品、药品安全风险评估所需的检验检测和结果评定研究；负责创优产品、产品质量认证检验；承担涉嫌食品犯罪的检验及技术鉴定工作，受理仲裁、公正、委托检验及委托验货等事务；提供技术检验、质量管理、标准制（修）订及验证服务；完成上级交办的其它检验检测任务。

【检验检测工作完成情况】 2017年度共完成检验检测8117批次，产值893.06万元。其中，受理政府指令性计划任务3600批次，在规定时间范围内完成，执行率100%。受理社会委托检验业务4517批次，无故延误率为零；利用中心信息平台和检验管理系统，及时录入上报检验检测数据2424条，提交质量分析报告14份，其中，上报的食品安全抽检数据2424条中，合格2241批次，不合格183批次，检验过程中问题发现率为7.5%，为行政监督执法提供了技术支撑；围绕检验检测，为职能部门提供延伸服务，累计为恩施市、建始县、巴东县食药监局进行抽样业务技术培训5次，涉及食药监局工作人员200余人次、企业负责人20余人次。

【标准化和科研工作完成情况】 为使恩施州用硒标准制（修）订赢得话语权，中心协同州质监局参与硒标准专业技术委员的筹建工作，并与湖北省质量与标准化研究院合作，完成了《硒产业标准体系》《全国农业和食品类标准化技术委员会筹建任务书》的拟定，目前申请材料已由湖北省质量技术监督局报送国家标准化管理委员会；为推动硒检测方法标准研究，申报了省级科技项目《植物中有机硒和无机硒测定方法的研究》，同时，与州农科院合作起草的湖北省食品安全地方标准《富硒食品中无机硒的测定原子荧光形态分析法》，现已通过专家评审；探索联合科研的模式，与湖北民族大学、省农科院共同申报《道地中药材恩施黄精品种选育与富硒规范化栽培集成技术研究》省科研重大项目。同时与德源健康产业集团开展合作，为使恩施地方特色本草—堇叶碎米荠选取为国家地理标志产品，共同完成了堇叶碎米荠资源调查、历史传承等资料收集，目前正在逐步完善申报材料；为落实《州人民政府关于深化标准化工作改革创新的实施意见》，围绕富硒种养殖基地，加快生产技术标准建立，与州农业局、州农科院合作起草恩施州富硒农产品种植技术标准4个、富硒畜禽养殖标准5个，已通过专家评审；中心专业技术人员与特聘专家建立了“一对一”和“n对一”的合作模式，形成科研工作团队后联合申报科研课题，撰写学术论文，已联合申报国家标准1个，湖北省地方标准2个，全年在各类期刊上发表学术论文19篇，其中核心期刊1篇，SCI论文2篇。

【项目建设】 国家富硒产品质量监督检验中心（湖北）通过正式验收，2012年8月，国家质检总局批准筹建国家硒检中心，筹建期限为18个月。按照筹建任务书的六大要求，筹建工作异常艰难，直到2016年11月才通过项目预验收。2017年3月，国家质检总局委派中国标准化研究院对中心的验收进行文本审查。2017年9月15日通过了国家质检总局委派的专家组现场正式验收，分级评定为B级。2017年11月15日，国家质检总局、国家认监委联合发文批准国家富硒产品质量监督检验中心（湖北）成立；2015年8月中心成立后，在州人民政府支持下，中心积极向湖北省食药监局和湖北省发改委争取中央项目资金，争取恩施州食品安全检（监）测能力建设项目落户恩施州。2016年6月30日申报成功（鄂发改投资〔2016〕426号），批复项目总投资1917万元（其中中央投资1486万元）。2016年7月1日起，启动项目前期准备工作，于2017年9月25日取得建设用地规划许可证，2017年11月22日取得建设用地批准书，2017年11月30日取得建设工程规划许可证，2017年12月13日，州住建委核发施工许可证，项目工程正式开始施工。目前工程施工进展顺利，后续仪器设备、实验室装修工程正在招标过程中，2018年底可建成投入使用。中心后续基建项目建材检测楼建设现已完成主体工程竣工，目前正进行实验室装修设计。

【能力建设】 完善农残资质能力，省质监局派出专家组于9月10日对农残资质扩项进行现场评审，通过48个产品、243项参数，扩项后本中心省级资质达到产品1700个、参数2113项。其中，食品及化工产品1304个、参数1744项，药品、化妆品及保健品等参数155项，建材轻工等工业产品396个、参数214项；仪器设备增添和提档升级，全年新增仪器设备近40个类别50台套，金额1736万元；省质监局为加强产品质量检验及工作质量分类监管工作，对中心进行了机构分类监管考核，考核得分92.4，中心被评为I类检验机构。全国1086家检验机构参加考核，有174家检验机构评为I类机构，评为I类机构概率为16.0%，中心已连续3年被评为I类检验机构。

【质量建设】 按照检验检测机构评审准则要求，中心领导班子成员分工进行重新调整，并对中心第一版《质量手册》和《程序文件》进行了初步修订；为使仪器设备量值准确，组织对实验室强制性定检仪器设备进行了检定和校准，启动了非强制性仪器设备的定检校准，共组织检定仪器设备310台套；提升检验检测标准查新能力，在保障检验检测实效和质量的前提条件下，与省质量标准院对接，完善中心检验标准体系，2017年新搜集标准452份，查新检测标准2862份，检验检测报告误差率为0，为恩施州食品、药品和产品质量安全监管和产业发展提供了有效技术支撑；抓好检验检测质量控制，在做好量值溯源的同时开展实验室间比对和能力验证活动，2017年参加国家认监委、国家食药总局、国家质检总局和省质监局组织的能力验证12批次，组织开展实验室比对10批次，其中完成2项CNAS（中国合格评定国家专家委员会）能力验证，验证和比对结果均为满意。

【廉政建设】 中心成立以党组书记为组长的党风廉政建设责任制工作领导小组，通过召开党风廉政建设和反腐败工作推进会和每季度召开一次党风廉政建设工作形势分析会，加强和改进党风廉政建设工作，做到党风廉政建设与业务工作两手抓、两促进，同研究、同部署、同落实、同考核；建立健全廉政风险防控体系，履行“一岗双责”，按照“一把手”负总责，“谁主管谁负责”的原则对责任制进行分解细化落实，中心党组书记与党支部书记、各科室所负责人层层签订党风廉政建设目标责任书，形成一级抓一级的责任体系；严格按照全面从严治党的要求，制订“两个责任”工作方案和责任清单，印发了中心2017年党风廉政建设和反腐败工作要点，解决“两个责任”职责不清、任务不明、责任虚化问题；出台了《十不准》规定，筑牢拒腐防变的“防火墙”；为抓好“两学一做”学习教育常态化制度化，把学习任务贯穿中心整体工作部署之中，中心严格按照州委“八事联动”要求，规范和丰富支部主题党日活动，2017年组织12期支部主题党日活动，做到每期有方案、有议程、有记录、有图片，使党内政治生活严肃有序；为抓好《党章》《关于新形势下党内政治生活若干准则》《中国共产党党内监督条例》等党内法规的学习贯彻，先后组织集中学习42次、民主生活会1次，开展专题讨论18次，参加5次党的十九大精神宣讲，开展警示教育3次；通过组织党员干部观看警示教育片《打铁还需自身硬》《不可触碰的纪律红线》、开展《党章》《准则》《条例》专题测试、纪检组长上廉政党课、观看廉政微电影、参观红色教育基地、开展廉洁家风建设、关注“清风恩施”公众号、交心谈心等方式强化党风廉政教育；把握运用监督执纪“四种形态”，2017年党组成员带头讲党课13次，开展廉政谈话146人次，交心谈心172人次，工作约谈4人，批评教育1人，纪律约谈2人，组织中心干部职工签订家庭助廉承诺书86份。形成了中心上下敢于担当、共同干净的良好工作局面。

【人才队伍建设】 2017年组织公开招聘3次，招聘专业人才13名，其中专项招聘3名，选聘4名，公开招聘6名，进一步充实人员队伍；完善中层干部选拔任用工作，完成4名正科级干部、8名副科级干部的推荐任用工作；开展业务培训，通过先后邀请仪器厂家的工程师到实验室进行现场培训6次，选派检验人员先后赴江苏、青岛、长沙、重庆、珠海、海口等地参加新版标准、检验检测法规、微生物检验、设备应用操作等专业培训30人次，参加十九大精神轮训班15人次，参加党务工作培训3人次，提升检验检测专业技术人员能力水平和党务工作管理水平；维护干部队伍稳定，中心在承接原州质检所划转人员过程中，因政策原因存在职工个人待遇下降、职工个人利益诉求得不到有效解决、合同签订和岗位设置工作难以推进等诸多问题，中心党组和纪检组积极作为，通过向上争取政策、寻求解决方案、与职工谈心谈话、下基层走访等方式解决问题，2017年上半年中心全体聘用人员按期签订劳动合同，使中心检验检测工作和其他重点工作得以正常开展。

【精准扶贫工作】 2017年召开2次推进会、3次主任办公会、3次党组会议研究部署精准扶贫工作，配合州质监局开展精准扶贫工作；进村入户，精准识别贫困户信息，中心51名正式在职在编干部职工全部完成进村入户，根据贫困户致贫原因和实际情况制定了有针对性的具体帮扶方案和工作措施，驻村工作队基本解决了扶贫村电源不稳、组级道路狭窄、无文化娱乐场所问题。为实现全村安全饮水，饮水管网的铺设工作正在进行中；发展扶贫产业，短期辣椒种植项目辣椒收成较好，中期豪猪养殖项目已完成征地拆迁工作，长期油茶树项目已完成911亩油茶树种植。通过扶贫措施的落实，在规定时间内完成6户贫困户实质性脱贫；筹措爱心基金，组织全体干部职工为贫困对象捐款捐物，募集资金9410元，中心拨付扶贫资金20万元，全用于扶贫村项目建设和产业发展。

【服务第四届硒博会】 2017年9月，第四届硒博会召开之时，中心共受理硒博会组织委员会送检样品2134批次（其中州内送检368家企业1742批次，州外送检涉及17个省、市、自治区202家企业392批次），送检产品较上一届增长了11.67%；硒博会期间，组织国家硒检中心11名特聘专家在中心召开座谈会，共商恩施州硒产业发展之计。

【恩施州食品、药品、产品质量检验检测中心负责人名录】

主任：程银阶

纪检组长：向忠银

副主任：李智勇　黄　卫

向诗勇　崔久红

（罗文雪）

编辑　马兹河

食品药品监督管理

【概　况】 2017年，在省局和州委、州政府的坚强领导下，全州食药监系统认真履职尽责，进一步完善体制机制，加强食品药品监管，主动服务食品药品产业发展，全州食品药品安全形势保持稳定向好，整体水平稳步提升，全年未发生食品药品安全责任事故。在省政府食品药品安全目标考核中，州政府得分96.25分，获得全省优加等次，食品药品安全公众满意度得分79.5分，位列全省第四。2017年度药品不良反应监测工作绩效考核，恩施州以95.25分喜获全省第一，并在2018年度全省药品不良反应监测工作会上作题为《恩施州“六个强化”提升不良反应监测水平》工作经验交流。

【党政同责，落实责任】 州委、州政府科学谋划，以落实“四个最严”坚守食品药品安全底线、以落实“两个责任”坚守干部队伍安全底线，一个节点接着一个节点地抓，突出重点，扎实推进，强化督办，督促整改。州委、州政府多次主持召开食品药品相关会议，会上会下州委州政府主要领导、分管领导、多位领导多次调研、多次要求、多次批示食品药品安全工作，有力保证省委省政府决策部署的真正落实。州政府与8个县市政府、31个州食药安委成员单位签订《2017年度食品药品安全工作目标责任书》，明确县市政府、相关成员单位具体工作任务与责任目标，全面实行食品药品安全工作“党政同责、一岗双责、失职问责”管理。州政府制定食品药品安全“十三五”规划，食品安全突发事件应急预案，治理餐桌污染、建设食品放心工程，进一步加强地沟油治理，小作坊、小餐饮基本标准等文件，州食药安委下发加强食品相关产品、食品摊贩、保健食品及医疗器械等文件。州食药安委成员单位的协作力度更大、频次更密、范围更广、内容更实。州食药安办召集相关成员单位参加专题会议（座谈、讨论）15次，发函征求各部门意见建议14次。

【食品药品安全日常监管】 为有效防范食品质量安全风险，实现州、县级监督抽检“四个覆盖”：覆盖食品类别、覆盖获证企业、覆盖安全性项目、覆盖全产业链条。突出食品安全项目进行抽检，将农残兽残、添加剂滥用作为抽检重点。2017年，全州完成食品监督抽样7227批次，占全年计划的106%，问题发现率4.69%；全州完成药品化妆品监督抽样650批次（其中化妆品抽验70批），问题发现率5.95%。

【开展各项专项整治稽查执法工作】 在全州开展为期两个月的食品小作坊专项整治工作，进一步摸清底数，对3026家小作坊建立信息台账，进一步强化了措施，集中解决一批突出问题。专项整治期间举办培训班60次，培训小作坊业主3191人次，现场指导并下达责令改正通知书1260份，责令停业停产6家，立案查处40起。

将白酒、包装饮用水、定制式义齿、普通骨科植入类医疗器械等纳入重点监管对象加强重点监管。全州出动执法人员476人次，检查定制式义齿生产企业2家，医疗器械经营企业23家，使用单位169家，责令改正14家，行政处罚1起，罚款5000元。

春、秋季开学前对学校及周边食品安全隐患进行全面排查。检查学校食堂1308家，责令整改735家，组织培训710次，培训人员6240余人次；检查食品经营者3073家次，下达责令整改通知书612份，查扣不合格食品719.4公斤，查处食品违法案件29件，受理和处理消费者投诉举报4件。

全州开展网络订餐专项整治。摸清订餐平台及线下实体店底数，建立监管工作档案。入网经营的线下餐饮服务单位在饿了么平台入网登记101家，在美团外卖入网登记772家。积极对网络订餐第三方平台分支机构的培训，对其进行规范。开展对第三方平台分支机构的监督检查和对线下实体店的全面监督检查。

开展畜禽产品抗生素、禁用化合物及兽药残留超标专项整治。检查集中交易市场78家、畜禽水产品销售者1118家、餐饮服务者2106家。开展专项抽检214批次，快速检测235批次，查处销售违法畜禽水产品案件3起，查扣违法畜禽水产品27.95吨，移送司法机关案件3起，受理和处理投诉和举报4起。

深化“两小两冷”药品问题治理。全州检查药品批发企业23家、药品零售企业781家、医疗机构1582家，责令整改163家，立案查处5起，罚没款86153元。对去年全州药品“三小”专项整治开展“回头看”，以城乡结合部、城中村、农村、国道省道路边等监管薄弱地区为重点，以药品及医疗器械购进渠道、索证索票、储存条件、特殊药品管理、近效期药品管理、制度建设及落实情况等为重点检查内容，检查零售药店1087家、诊所430家、卫生室1556家，责令改正403家，约谈3家，立案161起，罚没款36万元。

全州各级开展“百日执法交叉大检查”，食品类交叉大检查结合秋季开学、中秋、国庆、旅游黄金周食品安全监管工作，检查了食品生产经营企业216家，其中食品生产环节66家、食品流通环节42家、食品消费环节108家。药品医疗器械类对27家药品批发企业、62家药品、医疗器械经营使用单位开展了检查。各县市局跨乡镇交叉检查共检查零售药店531家，使用单位437家，责令整改122家，约谈12家，立案26起。14家药品、医疗器械经营使用单位接受省食药监局检查组的交叉检查。

开展食品生产经营环节的食品相关产品专项整治，已对136家食品生产企业、71家大型超市和经营单位、265家学校食堂、3000多家餐饮服务单位的食品相关产品来源、标签标识、进货查验进行专项检查，并组织了食品相关产品的专项抽检26批次。

食药监局与州卫计委在全州开展医疗美容服务机构专项监督检查。培训执法人员和行政相对人600多人；出动执法人员955人次，检查单位543家，责令改正87家，立案查处6起，罚没款5万余元。

2017年已累计立案1138起，结案979起，收缴罚没款630.22万元，移送司法机关9起，已判决8人。同时，对新《中华人民共和国食品安全法》实施以来食品违法犯罪追究刑责的10名人员实施处罚到自然人，并向社会进行了公告。

【保健食品整治】全州开展三轮较大规模的食品、保健食品、医疗器械虚假宣传专项整治。3月开始全州食药监系统开展两个月的专项整治，5月开始全州食药监和工商部门联合开展专项整治，从8月开始全州食药监、工商、公安等八部门在全州集中开展为期半年的打击保健食品、医疗器械虚假宣传专项整治行动。期间在电视台、云上恩施滚动播出保健食品消费预警公告，下发《加强普通食品、保健食品、医疗器械知识宣传，引导正确消费》的通知，发布《关于打击欺诈营销保健品行为的公告》，印制《关爱健康珍惜生命关注食药安全》宣传单免费发放，执法人员到社区进行保健食品知识讲座，与大型宾馆签订责任状，督促企业学习法律法规，切实履行主体责任，对市场上销售的“301牌参茸倍力胶囊、松花粉”等10个产品发函协查，弄清产品合法性，确保产品质量。全州立案19起，其中食品、保健食品立案12起，结案3起，罚没款417750元；医疗器械立案7起，结案6起，罚没款22000元。咸丰县查处一起保健食品违法案件罚没款达337312元，在当地反响巨大。

【餐厨废弃物处置】为推动餐厨废弃物无害化处理资源化利用，州政府将此纳入重点，州政府法制办主动将《餐厨废弃物管理办法》纳入2017年地方性规章的立法计划，州食药安办起草了《恩施州餐厨废弃物管理办法（草案）》，并根据州政府的安排移送州住建委进一步修改按程序报批。恩施市政府计划出资700万元建设全州第一家餐厨废弃物处理工厂，有望2018年投入使用。全州食药监系统进一步加强了生产经营单位餐厨废弃物的流向管理，明确了市场主体的主体责任，没有发现地沟油流向餐桌的行为。

【处方药销售管理】州卫计委与州食药监局联合下发文件，要求药店与医疗机构实现处方共享，州卫计委和州食药监局分别开展专项检查和暗访，州政府督查室将医疗机构无条件提供门诊处方纳入食品药品安全督查重点内容，所有二级以上医疗机构将实现医院门诊处方与零售药店共享。恩施州倡导药品零售企业使用电子处方运用系统，通过与“微问诊”等平台合作，向零售药店消费者提供健康咨询、轻症诊疗和电子普通处方指导用药服务，目前已安装使用电子处方运用系统试点的药店有350家。从6月试点以来，共为老百姓提供医生远程视频咨询服务204489人次，开具电子处方20万余张。同时开展处方药管理专项整治，全州共下达责令改正420份，约谈643家企业，立案查处16起，罚没款1.6万元。

【药品、医疗器械不良反应监测】全州上报药品不良反应2648例，每百万人口报告数为797例，远超过省要求的600例的全年目标，新的、严重的报告数1170例，占比达44.2%，严重的不良反应报告642例，占同期报告数的24.2%（新的、严重的报告占比、严重的报告占比远超省定目标）；上报医疗器械不良事件624例，每百万人口报告数188例，已达到每百万人口180例的全年目标；上报化妆品不良反应病例120例，百万人口报告数为36.1例；全州共上报药物滥用病例874例。

【食品安全示范创建】全州基层食药监所达到省级示范所标准的8个，占全省的1/6；达到省级标准所的62个，占全省的1/10。全州86个乡镇食药监所将达到州级示范所标准。鹤峰县、宣恩县已纳入创建国家农产品质量安全县试点。利川市创建省级食品安全示范城市取得好成绩，省食药安委已命名；恩施市、咸丰县纳入全省第二批省级食品安全示范城市创建试点。全州新创建2条省级餐饮示范街，利川腾龙洞、巴东女人谷2个景区经过“全省餐饮服务食品安全示范景区”现场考评，新建成“明厨亮灶示范店”24家，新建成省级学校放心食堂22所，学校及大中型餐饮服务单位量化分级率达100%。

【食品药品信用体系建设】在全州范围内开展食

品、药品、医疗器械生产经营企业安全信用等级评定和“做老实人、办良心企业”教育活动。其中，发证食品生产企业守信495家、基本守信5家、失信1家；发证食品小作坊守信1363家、基本守信103家、失信2家；药品生产经营企业守信1284家、基本守信63家、失信3家、严重失信1家；医疗器械生产经营企业守信137家，基本守信2家。

【食品药品宣传教育活动】 组织开展“12331”食品药品安全宣传日、食品安全宣传周、安全用药宣传月专题宣传活动。印制“防止野生蘑菇中毒”宣传画，张贴到村组，宣传到户；通过报刊、电视台和本局政务网站、微信平台、短信发布“警惕野生菌中毒”警示，在电视台黄金时段连续播放“警惕食用野生菌中毒”宣传片。印制100万份“食品药品安全基本常识”宣传单张贴到每家每户。各级监管部门分级分类对辖区食品药品从业人员进行了全员培训。将“食品安全教育”纳入中小学健康教育教学内容。

【深化行政审批制度改革】 凡涉及食品药品行政审批事项全部集中由“窗口”统一办理，实行“一次告知、一口受理、一次发证”，将行政审批事项和审批、流程100%在网上公开公示，执行审批“一周办结制度”。先后在全省率先将“四大类”食品生产许可审批，眼镜店经营软性角膜接触镜、护理用液，医疗体验店经营高压电位治疗仪的行政审批权限下放县市，州食药监局只负责发证；将“一类医疗器械生产备案”和“二类医疗器械经营备案”并入工商部门实施“多证合一”管理，食药监部门再不进行备案管理。与全省同步实行了各类行政事项“一个标准”审批，推进“互联网+审批服务”，12月中旬电子化审批正式建成运行。

【精准扶贫】 2017年，州食药监局结对帮扶宣恩县李家河镇老司城村。经过精准识别，剔除硬伤户，全村建档立卡贫困户101户403人，州局帮扶84户，334人。其中正科级以上干部每人结对帮扶两户，一般干部职工结对帮扶一户。村驻村工作队和村支“两委”坚持“实事求是，因地制宜，分类指导，精准扶贫”的方针，实施水、电、路、网全覆盖工程，积极改善人居环境，加强党建引领、生态立村、产业富民，取得明显成效，基础设施大为改善。一道路交通建设。2016年至2017年累计投资543万元，对全村16.5千米主干道全部实施了路面硬化，并为4组院落新建桥梁1座，投资50万元，实现了全村组组通公路。二安全饮水建设。采取集中供水和分散供水相结合的办法，对1至11组采取由集镇管网集中供水的办法，对12组通过实施1500米大堰续建工程，有效解决了全村安全饮水问题。三电力设施建设。2016年新增改造10千伏线路0.8千米，新增改造低压线路7.24千米，新增台区1个，改造台区1个，共投资45.6万元。2017年新增改造10千伏线路1.42千米，新增改造低压线路15.7千米，新增台区3个，改造台区2个，共投资112.8万元，累计投资158.4万元，有效解决了全村低电压问题，用电不卡口。公共服务明显改善。新建村委会办公场所、标准化村卫生室、群众文化活动场所及图书室、老年活动中心等。实现通电信宽带和移动4G网络全覆盖，广播电视综合入户率达到100%。居民新型农村合作医疗参保率达到98%，适龄儿童入学率达到100%，对低收入家庭和人口实现了应保尽保。特色产业不断发展。全村共发展白柚100.05公顷、柑橘30.02公顷。着力好产业发展配管，先后投入3万元组织开展农业技术培训，投入5万元购买肥料免费发放给白柚种植户，投入34万元建好3.2千米白柚基地排水渠；扶持贫困户养殖仔猪97头，消除了产业空白户，有劳动力的贫困户实现了“一长两短”产业项目到户到人。人均可支配收入逐年增长。2017年村集体经济实现收入5万元，摘掉了“空壳村”帽子。全部落实整村项目，“五个一批”落实有效，陆续向村民赠送了4500元的肥料、大米以及食用油；向村里赠送了5900元的空调柜机，并成立了“老年人协会”；向建档立卡的98户贫困户赠送了电视信号接收器；通过宣恩县顺达生态养殖合作社向老司城的98户建档立卡贫困户每户提供了一头猪崽、一袋肥料；成立了“老司城村白柚柑橘专业合作社”，扩大老司城村村民的致富途径。恩施州脱贫攻坚榜样事迹报告会上，局驻村第一书记幸茂伟被评为“驻村帮扶模范”。

【党风廉政建设】 2017年，机关党建工作以中共十八大、十八届六中全会和习近平总书记系列重要讲话精神为指南，全面学习贯彻中共十九大精神，以加强食品药品安全监管，确保人民群众饮食用药安全为中心，以全面加强系统履职尽责工作为抓手，不断提高机关党建工作科学化水平。食品稽查分局支部被州委表彰为先进基层党组织，局机关党支部1人被州委表彰为优秀共产党员。

推进“两学一做”学习教育常态化制度化，扎实抓好十九大精神学习宣传。局党总支组织退休干部到店子坪红色教育基地参观学习，聆听十九大代表王光国作报告；党组书记带头讲党课，请党校专家专题辅导学习十九大报告；在局门户网站开辟学习宣传贯彻十九大精神专栏，宣传展示党员干部学习十九大精神的感想感悟和心得体会。

提高基层党支部规范化建设，提升党支部的凝聚力和战斗力。完成局党总支和机关支部的换届选举；全年共有2人向局机关支部提交个人入党申请，6月食品稽查分局支部有1名预备党员经组织考察培养按期转正。

全面落实从严治党向基层延伸，提升党员干部廉洁从政意识。党员领导干部均编入分管领域的一个支部，以普通党员的身份参加“双指数”评比活动；组织机关全体纪检委员参加州纪委派驻纪检组组织的培训，提高机关党总支及3个党支部纪检委员开展工作的能力；认真落实党风廉政建设主体责任，党组成员与党支部书记签订《意识形态工作责任书》，落实意识形态领域“一岗双责”；组织全体党员干部到方家坝烈士陵园、叶挺纪念馆等教育基地接受红色基因教育，组织观看专题片《不可触碰的纪律红线》，组织干部学习有关违法违纪通报，落实谈心谈话制度，深入推进机关党风廉政建设和反腐败工作。

【恩施州食品药品监督管理局负责人名录】

局长：张紫阳

党组书记：吴耀先

党组成员、纪检组长：周和平

党组成员、副局长：涂兴宏　刘可红

马宏君　莫小刚

党组成员、总工程师：郑江才

（滕藤蓓）

编辑　马兹河

安全生产监督管理

【概　况】 按照省委、省政府、州委、州政府关于安全生产工作的决策部署和工作要求，贯彻落实《中共中央、国务院关于推进安全生产领域改革发展的意见》及省委、省政府实施意见，以防范较大及以上生产安全事故为重点，以国务院安委会安全生产巡查为契机，以开展安全生产大检查为载体，坚持以人为本、生命至上、安全第一，坚持“隐患就是事故、隐患不整改视同事故处理”的理念，坚持全域、全员、全程抓安全生产，全州安全生产工作取得了积极进展。2017年，全州共发生各类生产安全事故75起，死亡84人。事故起数、死亡人数同比分别下降55%、37%，其中，煤矿事故2起，死亡2人；建筑施工事故25起，死亡30人；金属非金属矿山事故3起，死亡4人；道路运输事故36起，死亡39人；水上交通事故1起，死亡1人；其他事故8起，死亡8人；烟花爆竹、危险化学品等行业未发生生产安全事故。

【重要会议】 3月3日，州委副书记、州长刘芳震主持召开州政府第4次常务会议暨2017年度州安委会第一次全体会议，专题研究部署安全生产工作。3月7日，州政府召开全州绿色工业经济暨安全生产食品药品安全电力工作视频会议。4月11日，副州长张勇强主持召开会议，研究部署汛期、旅游旺季安全生产有关工作。5月2日，副州长田金培主持召开专题会议，研究全州煤矿安全生产工作，传达学习省委书记蒋超良、州委书记李建明、州长刘芳震关于利川市水井湾煤矿“4·23”事故的重要指示批示精神。7月31日，国务院召开督查组反馈会，州委副书记、州长刘芳震出席会议，要求从严从实抓好反馈问题整改，加强安全生产大检查，做好重点领域安全生产工作。9月25日，召开全州安全生产“一无两降”誓师大会，副州长田金培部署当前和今后一个时期安全生产工作。9月29日，州委召开第25次常委会，研究旅游安全工作。同日，全省召开安全生产视频会商会议，州委副书记、州长刘芳震汇报了恩施州煤矿安全生产情况，同时安排部署了国庆期间全州安全生产工作。10月24日，州委副书记、州长刘芳震主持召开州政府第15次常务会议暨2017年度州安委会第三次全体会议，审定《恩施州安全生产“十三五”规划》，研究部署四季度安全生产工作。10月29日，州委副书记、州长刘芳震主持召开州委常委会会议，传达学习《中共湖北省委、湖北省人民政府关于推进安全生产领域改革发展的实施意见》，研究全州当前及今后一个时期安全生产工作。11月23日，州政府召开全州安全生产紧急电视电话会议，总结建始县“11·22”较大事故教训，部署当前全州安全生产重点工作。

【领导调研检查】 1月17至18日，省安办督查组由省质监局总工程师朱宝玉带队，省安监局监管三处、省质监局质量监管处有关人员及省烟花爆竹专家一行到恩施州开展烟花爆竹“打非”专项行动督查。2月7日至9日，湖北煤监局副局长冯国祥带队，到恩施州巴东县开展辛家煤矿“12·5”瓦突事故后续调查工作。4月10日至15日，湖北煤监局副局长冯国祥赴恩施州咸丰县、利川市开展煤矿全面“体检”和复工复产督导工作。6月20日至22日，省安监局副局长郑应国带队到我州，开展第二季度“双随机、两公开”执法检查。8月15日至16日，国家安监总局监管一司副司长王新年带领国务院安委会安全生产大检查督查组，赴恩施州开展督查检查，湖北煤监局副局长冯国祥陪同督查检查。12日12日至14日，国家煤矿安监局副局长杨富赴恩施州，调研煤矿安全生产工作，湖北煤监局局长石文怀陪同调研。12月18日至21日，湖北煤监局局长石文怀带队，对州政府年度安全生产责任目标考核暨安全生产综合督查。

【重点领域风险监管】 对81家煤矿严格实行“一个煤矿、一名领导、一个专班”的“三个一”包矿责任制。对26家地下开采的非煤矿山落实了“三个一”包保责任，对3家危化品生产企业实行了政企“包联包保”，对2座尾矿库落实了“五人包保”责任人。州委、州政府多次研究化解煤矿过剩产能工作，明确煤矿按照生产条件复工，按照安全标准监管，不降低标准，不提高门槛，必须保安全，必须保稳定。全年关闭退出煤矿11家，淘汰落后产能69万吨。推进非煤矿山关闭整合，露天矿山实行“关二开一”，地下矿山实行“关一开一”。交通、运管部门落实道路长途客运实名制管理工作。水利系统全面推行安全生产网格化管理，实现安全生产监管区域、监管工程、监管单位“三个全覆盖”。对危险化学品企业进行了综合安全治理，开展了史上最严的监管执法。公安部门落实“五项机制”，恩施州境内连续54个月未发生重大交通事故，2017年春运首次实现道路运输"零事故"。住建部门加强对危险性较大分部分项工程监管，组织开展多轮专项督查并公开通报，加强事故警示教育。

【重点领域风险监管专项整治和打非治违】 开展为期一年的打非治违专项行动。煤矿领域以整治擅自生产和非正规开采为重点，非煤矿山领域以取缔"临时料场"为重点，危险化学品和烟花爆竹领域以打击非法经营储存为重点，建筑施工领域以打击无资质超资质范围承揽工程、违法分包转包、未履行建设管理程序为重点，道路交通领域以治理"三超一疲劳"为重点，消防领域以电气火灾治理为重点，深入开展打非治违，打击非法违法行为，提升安全生产水平。国土资源、安监、公安、电力等多部门联合采取停止供电、停供爆炸物资、构建封堵墙、专人盯守等措施，严厉打击无证开采以及越层越界等非法开采矿山企业。公安部门组织开展为期5个月的易制爆物品专项整治，查处未经许可经营、超范围销售、销售不备案等各类非法违法案件312起。公安、交通运输、安监等部门联合开展烟花爆竹领域专项整治，查处非法运输烟花爆竹案件49起，收缴销毁非法烟花爆竹4000余件。州危险化学品、烟花爆竹安全专业委员会开展危化品和烟花爆竹领域打非治违行动，组织四个督查组，对各县市危化品和烟花爆竹岁末年初安全生产工作和打非治违工作开展情况进行督查。公安、农机等部门加强"警监联勤"农机道路联合执法，严厉打击变形拖拉机超速、超载、无牌行驶、无证驾驶、非法载人等重点交通违法行为，农机安全生产水平明显提升，2017年8月11日CCTV-2财经栏目《第一时间》就此宣传报道，向全国推介典型做法。交通运输部门查处违规经营车辆602台，责令停产整顿企业17家，处理路政案件329起。质监部门组织开展电梯安全、燃煤锅炉安全、气瓶安全等多次攻坚战，查办特种设备案件27起，罚款46.5万元。州消防专业委员会部署打非治违工作，开展彻查火灾隐患、高层建筑、木质连片房屋和木质文物古建筑、电气火灾专项治理。

【安全生产大检查】 按照国务院安委会、省安委会的统一部署，各级各部门深入开展安全生产大检查。安全生产大检查期间，关闭取缔生产经营单位74家，停产整顿49家，行政处罚478.35万元，联合惩戒失信企业10家，问责16人。国务院安委会安全生产巡查反馈涉及恩施州的问题和省安委会办公室公告督办涉及恩施州安全隐患。对40家开工煤矿进行了"安全体检"，对复工复产煤矿进行"六查"（查复工复产程序、查包矿责任落实、查全面安全"体检"整改、查从业人员教育培训、查重大隐患排查治理、查超层越界和超能力生产），开展不定时夜间巡查的"零点行动"，检查210余矿次，实施行政处罚32矿次，处罚款464.28万元。严肃调查利川水井湾煤矿"4·23"高坠一般瞒报事故，对事故责任单位和责任人处罚257.9万元。州政府对利川市"8·6"事故组织提级调查。

【基础工作】 大力加强队伍建设。各级党委、政府坚持做到安全生产工作事项"五个优先"，即工作优先研究、经费优先保障、人才队伍优先解决、设备装备优先配备、检查考评优先安排。各级财政足额保障安全生产工作经费并逐年增加。全州所有乡镇都设立了安全生产监督管理机构，村级组织配备了安全员，煤矿设立了驻矿安全员。州委、州政府给州安委会办公室增核1名副县级领导职数。在原则上不新增机构的大背景下，8月18日，州编委会批准成立恩施州安全生产考试中心，增加事业人员编制5名。强化基础设施建设。加快推进"455"公路生命防护工程建设，全年累计完成国省干线、农村公路安保设施4067公里，1651辆"两客一危"营运车辆动态监控视频终端4G升级工作，179艘客渡船北斗（GPS）定位系统，34艘客船安装了AIS终端设备，鹤峰大垭、宣恩东门关、朝东岩3处隧道安装视频监控并投入使用。建筑领域制定并推行建筑起重机械设备“一体化”管理模式，烟花爆竹生产经营企业完成了整体改造和机械设备升级工作。强化应急管理。组织修订完善了《恩施州矿山事故灾难应急救援预案》《恩施州危险化学品事故灾难应急预案》等应急救援预案，对生产经营单位应急预案实行备案管理，加强应急预案的动态管理，定期组织开展安全生产应急演练。组织开展矿山救护队实矿演练。交通运输部门组建了公路抢险保畅应急分队、客运运力保障应急队、货运运力保障应急队、水上搜救应急队四支汛期应急保障分队，落实应急车辆20辆、船舶12艘，今年组织大型应急演练4次。

【宣传教育】 围绕“全面落实企业安全生产主体责任”的活动主题，结合我州实际情况，采取群众喜闻乐见、易于参与的形式，组织开展了一系列安全生产宣传教育活动，取得了良好的效果。6月9日，恩施州安委会、利川市政府在利川市联合举行恩施州第十六个“安全生产月”活动启动仪式，副州长杨军出席活动。6月16日上午，恩施州安委会、恩施市政府联合在恩施市民族广场举行恩施州第十六个“安全生产月”宣传咨询日活动，组织开展了“安全生产月暨安全生产万里行公众开放日”宣传活动，副州长田金培出席活动观摩指导。据初步统计安全生产月期间，全州共设置安全生产宣传咨询台300余个、安全生产宣传展牌1500余块，发放宣传资料2万余份，接受群众咨询8000余次，直接受教育群众达到8万人次。全州各县市、各部门采取多种形式送安全文化“进企业、进学校、进机关、进社区、进农村、进家庭、进公共场所”的“七进”活动，把安全文化产品送到基层和企业，丰富基层安全文化生活，增强安全文化建设的社会效果。

【表彰奖励】 2017年，州政府被省政府评为全省安全生产责任目标考核优秀单位。

【恩施州安全生产监督管理局负责人名录】

局长：董兴培

副局长：谢华平　廖光耀

总工程师：赵义朋

（陈　蓉）

编辑　马兹河

出入境检验检疫

【概　况】 2017年，恩施检验检疫局紧紧围绕依法治检、改革创新、廉政勤政的三大工作目标，以促进地方经济发展和加快恩施检验检疫局自身发展两条主线为抓手，进一步落实“抓质量、保安全、促发展、强质检”十二字工作方针。2017年在建综合实验大楼完成内部装饰，综合实验大楼及附属设施项目二期（食堂及干部周转房）建设项目启动，实验室装修改造项目进入验收阶段。2017年恩施检验检疫局进出口报检批为351批，总货值3096.6万美元，与2016年相比进出口批次上涨7.7%、货值上涨10.4%，进出口主要产品类别为农产品和食品，其次是少量的医疗设备、动物产品和危化品，产品出口至美国、欧盟、日本、东南亚等20多个国家和地区，茶叶出口到欧盟高端市场的比例逐年增长，2017年达到了246万美元。恩施州出口商品的不合格率控制在7%以下，整体产品质量稳定。2017年恩施检验检疫局签发原产地证209份，签证金额2602.92万美元，签证金额同比上涨84.95%。在恩施检验检疫局备案的出口基地35家，其中出口茶叶基地27家，蔬菜基地4家，食用菌基地2家，供港蔬菜基地2家。国家级出口食品农产品质量安全示范区2家，省级出口食品农产品质量安全示范区2家。

【支持地方航空口岸建设】 恩施检验检疫局积极协调恩施州政府、湖北检验检疫局，对恩施机场国际航站楼检验检疫基础设施建设及办公用房、功能性用房及面积等标准和要求进行了多次研讨。2017年完成了航空口岸建设设计的初审和复核，落实了检验检疫机构所需要的工作设备清单，为2018年正式通航奠定基础。

【检验检疫流程改革】 为加强检验检疫流程管理，提高出入境货物通关效率，11月1日，国家质量监督检验检疫总局（以下简称质检总局）推行审单放行新模式，运用风险管理理念，强化商品风险管理和企业信用管理，实施抽检比例动态管理，强化事中事后监管，对于抽批未抽中货物，经审单符合要求的，直接予以审单放行，不再进行现场查验和实验室检测。11月28日，恩施检验检疫局联合恩施州商务局、恩施州食品药品监督管理局（以下简称恩施州食药监）、恩施州质量检验监督局，召开审单放行新模式宣贯会，落实质检总局审单放行新模式的改革工作，恩施州内有进出口业务的企业参加会议。

【帮扶企业】 为更好地帮扶恩施州内新增出口企业。2017年恩施检验检疫局联合恩施海关工作组，恩施州商务局，赴各县市开展出口食品农产品调研工作，发掘有竞争力的出口优质农产品，引导和培育新的出口农产品生产、加工企业，形成新的出口增长点，争取形成“一县一品”模式。通过调研帮扶，恩施市的湖北绿心现代农业有限责任公司、鹤峰县的湖北季季香现代农业有限公司、建始县的恩施炜丰富硒茶叶股份有限公司实现了首次出口。

【面向长江经济带检验检疫能力提升专项项目】 2017年，国家发展和改革委员会批复“面向长江经济带检验检疫能力提升专项”，恩施检验检疫局主动对接湖北检验检疫局，立足于提升检验检疫能力建设，提出了恩施州出口食品生产企业在线监控系统项目创建工作，项目获得通过，争取到“面向长江经济带检验检疫能力提升专项项目”资金220万元，2017年已完成摸底调研、与技术架设公司商谈相关技术指标工作。

【“进企业进社区进学校”活动】 4月，根据湖北检验检疫局《2017年国门生物安全全民宣传教育活动方案》（鄂检植〔2017〕43号）和《湖北检验检疫局关于发布〈湖北检验检疫局2017年“绿蕾3”专项行动方案〉的通知》（鄂检植〔2017〕44号）的要求，恩施检验检疫局在恩施州内开展“国门生物安全进机关”活动，在恩施州党政机关大院内设置为期一个月的宣传展板，发放宣传资料，并进行现场答疑，将国门生物安全的重要性、严峻性零距离传播给州内党政机关工作人员，营造共同关注和参与国门生物安全的氛围。5月，恩施检验检疫局在恩施孝感幼儿园开展“如何安全、理性消费进口儿童食品、用品”为主题的专题科普宣传讲座活动。6月，恩施检验检疫局联合恩施州食药监和恩施市食品药品安全委员会办公室、州公安局、州质量技术监督局、州粮食局、州畜牧局、州农业局，开展“进口食品安全社区行”宣传教育活动，用以普及进出口食品安全知识，增进消费者对进口食品安全状况和监管情况的了解。7月，恩施检验检疫局与恩施州商务局、恩施州统计局、恩施海关临时工作组等单位联合为恩施州8个县市的企业开展了为期半个月的全州“课堂进千企”培训活动。该培训活动主要面向各县市工业、外贸企业的高层管理人员和业务相关人员进行，培训内容涉及工业、统计和外贸出口等。恩施检验检疫局派专员向企业就出入境检验检疫业务方面的知识进行培训，旨在落实惠企政策，提升企业外贸易知识水平，促进质量水平整体提升。

【助力质量安全提升】 9月，根据质检总局和恩施地区出口企业的反馈信息得知，摩洛哥政府准备采用新的茶叶进口标准——CAC（国际食品法典委员会）标准。摩洛哥为恩施州茶叶出口的主要国家，每年总量占比超过62%，且呈现逐年递增的趋势，新标准的实施对恩施州茶叶出口的影响极大。为有效应对摩洛哥新的出口标准，进一步提升恩施地区出口茶叶品质，有效占有国际茶叶市场，恩施检验检疫局向恩施州政府提出《关于摩洛哥政府拟采用新的茶叶进口标准的紧急报告》并提出四点应对措施。

【取得硒茶标准制定权】 2017 年恩施检验检疫局向国家认证认可监督管理委员会争取到国家《中国硒茶出口检验标准》的制标权，为恩施地区硒茶出口争取到话语权。

【进口食品风险排查】 3 月，为应对日本涉核污染输华食品潜在的食品安全风险，保护消费者健康安全，根据《国家质量监督检验检疫总局关于开展跨境电商零售进口日本食品排查工作的通知》及《湖北检验检疫局关于开展辖区跨境电商零售进口日本食品排查工作的通知》要求，恩施检验检疫局对恩施州内 4 家跨境电商零售进口日本食品进行周密排查。12 月，联合恩施州食药监开展排查活动，对恩施州内跨境电商领域进口食品化妆品进行风险排查。

【推进“生态原产地产品保护工作”】 恩施检验检疫局多次派员赴企业宣传、指导“生态原产地产品保护工作”，并结合恩施地区特色产业结构，以已经获得生态原产地产品保护的产品和企业为示范，推动辖区内企业进行生态原产地产品保护申报工作，截至 2017 年 12 月 31 日，恩施州内生态原产地产品保护获证企业 3 家、新申报企业 2 家，为提高恩施地区出口产品国际竞争力和影响力、助推恩施地区外贸经济转型升级奠定基础。

【恩施州检验检疫局负责人名录】

局长：田　帅

纪检委员、副调研员：余克毅

（王美君）

编辑　马兹河

粮　食

【概　况】 2017 年，全州粮食系统贯彻落实党中央国务院和省委省政府、州委州政府的决策部署，践行新发展理念，尽责担当，创新作为，落实粮食安全行政首长责任制，抓好粮食市场监管和储粮管理，落实市场调控举措，推进粮食流通改革，统筹推进供给侧改革，不断强化粮食行业风险防控，完成各项工作任务，粮食工作取得了新成绩。

【宏观调控】 执行国家粮食收购政策，督促粮食收购者严格遵守“五要五不准”粮食收购守则。依法授予“粮食收购许可证”86 个，依法注销粮食收购许可 32 个，核查录入粮食收购许可 82 个。切实开展“一规定两守则一规范”培训，压实安全生产和储粮安全责任，及时组织春秋两季储粮安全普查，推动仓储规范化管理，实现全年基本无储粮安全事故发生。全州选定粮食应急主体 173 家，基本实现与应急主体签订粮食应急供应保障协议和授牌全覆盖，全年及重大节假日期间，未出现市场供应成品粮油断档、脱销。

【产业经济】 落实粮食供给侧结构改革举措。制定《恩施州粮食供给侧结构性改革工作方案》，明确抓好富硒优质稻和恩施马铃薯、小杂粮等优势粮油的生产，为全州粮食供给侧改革工作落实指明了方向、提供了保障。抓实粮油产业经济。2017 年，全州全年粮食收购累计 2453 万公斤，完成省计划的 163.53%。全年全州粮油工业实现总产值 17.92 亿元，销售收入 17.48 亿元，利税 9385 万元。落实富硒粮油标准化示范基地 1700 公顷，粮油订单基地 26250 公顷，收购订单粮油 722 万公斤，带动 8.9 万农户增收 4948 万元。组织全州粮食企业参加各类推介会、展交会等，大力宣传推介恩施“生态、富硒”优质粮油产品。推动科技创新。组织企业参加科技对接活动，提升科技水平。

【项目建设】 2017 年，全州争取项目资金 1223 万元，完成 4 个仓储维修改造新建项目；州财政安排 832 万元，实施州粮油储备有限公司储备粮油库建设，进一步夯实了粮食仓储基础设施，提升了科技储粮绿色储粮水平。同时，向上申报了8个产后服务体系建设项目。2017年，完成2014—2015年度危仓老库维修改造尾欠项目3个，恩施国库、咸丰杨泗坝和尖山收纳库、鹤峰中心库竣工并完成自验收工作；完成2016年度仓储维修改造项目3个，总投资192万元，其中省财政资金96万元，项目名称：建始县粮食储备中心库、宣恩县珠山粮食购销公司沙道库、晓关库；完成2015年度新库建设项目1个，即巴东县粮食购销储备中心溪丘湾库；完成2016年度新库建设项目1个，即建始县粮食储备公司中心库。

【粮油监管】 持续实施严格管理和规范管理，更好地实现依法治粮和依法管粮。注重织密扎紧制度笼子，先后出台《恩施州粮食流通行政执法全过程记录制度（试行）》，修订完善了《恩施州粮食局"双随机一公开"抽查实施细则》《恩施州粮食局随机抽查事项清单》《恩施州粮食局行政服务事项清单》。全年开展专项监督检查和执法监督5期，专项整治行动2次，专项监督检查和核查5项，检查、抽查、核查检查对象单位累计82家，累计出动检查人员74人次，覆盖检查对象80.3%。全年执法监督累计发现问题557个，全年发现问题整改完成率100%。先后制定下发了《州粮食局关于严格地方储备粮监管严肃责任追究严防严控风险的实施意见》《州粮食局关于严格军粮供应管理严肃供应纪律严防严控管理风险的意见》《州粮食局关于严格规范地方储备粮油创新的意见》《州粮食局关于严格规范成品粮储备管理强化风险防控的意见》等风险防控制度，落实各环节风险防控措施。全年全州粮食系统没有被省粮食局及第三方作为典型案例查处、通报的单位和个人，基本守住了底线，切实堵住了大部分风险漏洞。

【国有粮食企业改革】 持续推动地方储备粮经营管理创新。2017年，恩施市、宣恩县、鹤峰县、州公司继续开展异地租仓储存合作，利川市与龙头加工企业合作经营，来凤县、咸丰县等县市充分利用轮换加工与放心粮油和军粮供应相结合，宣恩县充分利用市场经营与省级成品粮动态储备相结合等，基本摆脱了收原粮储原粮卖原粮的经营模式，取得较好效益。深化国有粮食企业改革。各县市土地变性及资产确权等尾欠任务基本完成。恩施州粮油储备有限公司改革目标任务基本完成，顺利移交。利川市、建始县等县市也正在按要求推进国有粮食企业改革。转变行政管理职能。由管国有企业向管全社会各类市场主体转变，由直接管理向实施行业监管转变。

【自身建设】 遵守政治纪律和政治规矩，增强"四个意识"、坚定"四个自信"，坚决维护习近平总书记在党中央和全党的核心地位，坚决维护党中央权威和集中统一领导，把思想和行动高度统一到中共十九大精神上来，始终在政治立场、政治方向、政治原则、政治道路上同以习近平同志为核心的党中央保持高度一致。把学习贯彻十九大精神和习近平新时代中国特色社会主义思想作为首要政治任务。持续推进"两学一做"学习教育常态化制度化，扎实开展"不忘初心、牢记使命"主题教育。认真落实习近平总书记关于进一步纠正"四风"、加强作风建设的重要批示精神，严格执行中央八项规定精神及新修订的实施细则，锲而不舍抓好作风建设。切实落实党风廉政建设"两个责任"，坚持把纪律挺在前面，抓早抓小、防微杜渐，强化对涉粮项目、资金的管理和监督，以零容忍态度持续查纠行业不正之风，严肃查处各类涉粮腐败案件。2017年，州粮食局直接组织政纪处理给予记过处分1人，直接发出执法监督通报2期，书面通报单位11个，书面点名严肃批评单位2个，直接作出问题处理决定案例1起；直接发出行政执法文书14份，其中直接责令改正案例5例，直接执法监督查询单位1个；执法监督追责问责16人，追责问责单位7

个，其中直接组织约谈提醒4人，直接书面警告单位1个，直接责令书面检讨单位1个，直接责令个人书面检讨1人，责令县市粮食局书面警告单位3个，责令县市粮食局警告约谈11人。2017年，录入湖北省“双随机一公开”监管平台的市场监管主体信息101个，录入执法检查人员29人；州粮食局实施“双随机”抽查4期，抽查对象累计20个，覆盖率为14.85%，抽查事项比率100%，抽查结果公示率100%，抽查结果正常率63.16%，抽查结果异常率36.84%，抽查结果在州粮食局网站公示抽查信息3期。基本起到查处一例、震慑一片、警示一方的效果。

【恩施州粮食局负责人名录】

党组书记、局　长：陈德义

党组成员、副局长：郑莉莉　李红兵

（张明志）

编辑　马兹河

烟草专卖

【概　况】 2017年，恩施州烟草系统在行业上级和州委、州政府的领导和关怀下，切实认清形势、顺应大势、把握局势，聚焦“烟叶提质量、卷烟上销量、利税保增长”三个硬指标，走“两个转型发展”道路，完成年度各项工作目标任务，全州烟草产业在特殊复杂严峻形势下继续保持持续稳健发展的良好局面。

【经济运行】 全年全州商业系统实现销售收入49.65亿元，同比44.73亿元增加4.92亿元，增幅10.99%；实现利税14.6亿元，同比14.55亿元增加0.05亿元，增幅0.34%；上缴税收10.65亿元，同比9.05亿元增加1.6亿元，增幅17.68%。继2014年、2015年、2016年，州局（公司）第四次被表彰为“全省百强企业”。全年全州共销售卷烟9.8万箱，单箱均价30182元，同比增加1423元，增幅4.95%。

【烟叶生产】 2017年，虽然全州烟叶生产遭受了严重自然灾害减产近10万担，但全州烟叶收购态势是近几年来最平稳的一年，基本实现烟农、企业、客户、政府“四满意”目标。全州收购烟叶70.36万担，完成计划任务的87.07%，其中烤烟62.1万担，完成计划任务86.25%，白肋烟7.93万担，完成计划任务93.2%，雪茄烟0.33万担，完成计划任务100%。烟农实现现金收入11.39亿元，同比减少1.64亿元；烤烟户均收入6.1万元，同比增加0.2万元；销售烟叶136.5万担。

【专卖管理】 全年全州查获涉烟案件1915起，同比增加769起。其中，查获万元以上案件460起，同比增加137起；查获5万元以上案件39起，同比增加19起。查获非法“三烟”2649万支，同比减少341万支；查获非法烟叶1707.5担，同比增加485.75担。查获烟草专卖品案（标）值1827.80万元，同比增加231.07万元。全州共办理网络案件12起，同比9起增加3起。其中，国家局标准3起、省局标准9起。涉烟犯罪打击追刑32人，同比35减少3人。

【基础设施建设】 重点围绕烟叶产业转型升级和烟叶种植核心区巩固提升，精打细算、查漏补缺，突出重点区域和急需项目，完成项目1110件，投入资金787.45万元。其中密集烤房和育苗设施修复共1056件，修复补贴资金578.58万元。2017年度无新的水源工程建设，之前开工建设的恩施喻家河水库、宣恩官千水库、咸丰龙洞湾水库3个项目正在抓紧建设。

【现代烟草农业】 2017年，继续加强21个基地单元“巩固、提升、完善”。大力推进“5+n”专业化服务，全州专业化育苗、机耕、起垄、植保、分级覆盖率分别达到100%、81.51%、78.63%、80%、100%。

【科技创新】 “清江源”烟叶品牌蝉联湖北省名牌产品称号，获得省公司（地市级）科技成果3项；获得省公司科技进步奖3项、科技成果转化推广奖1项；申请专利6项（发明3项）、授权专利5项（发明2项）；在科技核心期刊发表论文12篇。

【精准扶贫】 2017年，全州系统17个单位（含州局机关）对口帮扶贫困村29个，贫困户1106户、3253人。2017年全州系统共支出捐赠资金1734.64万元。其中公益性捐赠1299.78万元，全州系统驻村扶贫点投入资金425.86万元，全州系统员工在第四个扶贫日募捐9万元。此外，2017年全州系统共为所帮扶贫困村、贫困户争取政府、社会等扶贫资金2287.9余万元。州局机关对口帮扶鹤峰太平祝家台村，委派了驻村第一书记，统筹烟草、国税部门资金171.2万元增强该村脱贫内生动力，确保按时脱贫销号。发挥产业优势，持续开展“发展烟叶生产脱贫一批”，共有1627户、6023人通过种植发展烟叶达到脱贫标准，占种烟贫困户的81.1%。州局被省局评为2015—2017年度全省系统扶贫工作先进集体，4支扶贫工作队被评为先进工作队，1人被评为扶贫先进个人。

【企业文化】 全州烟草系统以省烟草专卖局“知行”文化为引领，切实加强恩施烟草“山文化”建设，并将企业文化建设与精神文明创建、基层创优等相结合，增强了干部职工的凝聚力。恩施州局机关金星QC小组发布的《降低烟用物资库存率》课题，在全省烟草商业系统第三届优秀质量管理小组成果发布会上荣获一等奖。

【恩施州烟草专卖局负责人名录】

党组书记、局长（经理）：谭志平

党组成员、纪检组长：方　建

党组成员、副局长（副经理）：先开远

秦　丽

焦家凯

总农艺师：朱家明

（孔　伟）

编辑　马兹河

供　销

【概　况】 2017年，在州委、州政府的领导下，州供销社执行州委、州政府各项决策部署，全州供销社综合改革向善向好，试点的“三位一体”综合合作，打造出符合山区特色的合作经济恩施样板，得到省供销社的充分肯定。综合改革走在全省前列，荣获“2016年度全省供销合作社系统综合业绩考核市级优胜单位特等奖”，综合排名全省第五。

【基层供销社恢复重建】 通过劳动合作、资本合作、土地合作等多种途径，大力推进基层社建设，全州恢复重建新型基层社65个，打造了10个带动能力强、服务水平高的标杆基层社，构建了生产、供销、信用“三位一体”的农民合作经济组织体系4家。2017年四个试点乡镇供销社，通过“生产”合作的形式，农业产值突破3.7亿元，汪营镇供销社仅撮合成交香菇贷达3700万元。

【农村电子商务建设】 全州建成县级电子商务中心8个、乡镇电商服务中心10个、村级电子商务平台79个。组织150余家农民专业合作社、农业产业化龙头企业在县级电子商务运营中心开展电子商务，基本形成县市有农村电商运营中心、乡镇有农村电商服务中心、村有电商服务站的三级电商运营服务体系，2017年整村脱贫的79个建档立卡已全部建立村级电商平台。

【村级综合服务社提质扩面】 全州累计建成村级综合服务社2115个，持续抓好村级综合服务社提档升级，培育了一批示范社、星级社，建成了10个集网络购物、网订店取、便民缴费、物流快递、农资购销合作等便民服务于一身的便民综合服务中心。

【再生资源回收利用网络建设】 2017年环益再生资源公司恩施再生资源产业园一期工程建成投产，利川再生资源产业园建设破土动工，7县（市）建成了再生资源分拣中心，23个乡（镇）

建成再生资源回收站，改造村级再生资源回收点100个，2017年全州再生资源回收加工利用购销总额突破10亿元。

【农民专业合作经济组织发展】 围绕全州茶叶、畜牧、蔬菜等特色农业产业，通过共同出资、共创品牌、共享利益等方式，创办领办产业型和服务型的农民专业合作社100家。

【恩施州供销社负责人名录】

党组书记、主任：谢俊泽

党组成员、副主任：谢　斌　杨　频

党组成员、监事会主任：王卫东

（赵　旭）

编辑　马兹河

盐务管理

【概　况】 2017年，公司购进各类盐1316.7万公斤，完成年度计划的109.72%，同比增加116.7万公斤。销售各类盐1506.35万公斤，完成年度计划的116%，完成自定计划98%。2017年度实现营业总收入2681万元，完成年度计划3175万元的84.4%。其中：主营业务收入：截至年末，我司实现主营业务收入2681万元，完成年度计划3175万元的84.4%；截至12月末，管理费用支出733.3万元，比预算减少69万元；截至12月末，销售费用支出1241万元，预算下降90万元；截至12月末，公司累计亏损670.22万元，比2016年同期利润342.83万元相比下降，完成全年比预算计划-796万元减亏94万元。2017年底，恩施州盐务管理局全州共计出动盐政人员人2918/次，出动执法车辆1161台/次，检查食盐流通户、零售户共计8912户，检查食品加用盐及小工业用盐户共计251家，检查餐馆共计2601家，检查其他用盐户共计201户，全年查获假冒小袋盐案27起，共查获违法盐产品9.33万公斤。

【“5·15”主题活动】 恩施盐务管理局组织开展全州范围的了“5·15”主题宣传活动，全州七个基层单位分别在辖区的公共场所组织开展了主题为“每天一点碘，健康多一点”及“预防智力残疾从胎儿开始”的宣传活动，本次活动主要是为营造安全放心的消费环境，保护消费者的安全利益。同时，通过盐业法律法规宣传，碘盐知识、碘缺乏病的危害及预防措施、真假碘盐的辨别方法等的宣传讲解，食盐专营等热点问题的解答，起到向广大群众宣传科学食用碘盐和实行食盐专营政策的重要作用。

【加强市场检查】 恩施州盐务管理局在5—6月和9—11月分别组织两次大规模的市场检查，有效地净化市场。恩施州盐务管理局重新修订实行以“举报即奖”为核心的盐政违法举报奖励制度，提高违法案件举报率和有效率，局主要领导和分管领导亲自挂帅，到各县（市）深入基层开展专项整治行动，既看到市场的真实状况，又锤炼管理队伍，也取得较好的市场管理效果，有效地遏制涉盐违法案件进一步频发和蔓延的趋势。

【三项制度改革】 根据集团公司2016年关于推进公司“三项制度”改革的要求，自2016年9月开始，公司根据集团公司《关于三项制度改革指导意见》开始运筹“三项制度”改革工作，成立了公司三项制度改革领导小组，制定了方案，初步方案形成后广泛征求全公司职工意见，不断完善方案，于17年1月形成正式方案，并召开职工代表大会讨论通过，2017年4月正式实施。公司“三项制度”改革方案的实施，解决干部能上能下的问题，职工能进能出的问题，工资能升能降的问题，同时压缩管理人员，充实一线人员。通过改革，公司设计管理单元和经理单元，公司管理单元人员从28人降到了15人。

【党建工作】 2017年，恩施盐业公司党的建设紧紧围绕企业中心工作，制定“两学一做”学习教育和年度学习计划，按集团公司党委和州委州直机关工委要求认真组织各阶段中心组学习，组织开展“荐书读书”“党建品牌创建”“主题党日”等活动。恩施盐业公司按年初拟定干部培训计划，先后选派干部参加湖北民院“书香恩施”课程、“党务工作者”以及“浙江大学杭州十九大学习”州直培训班、集团公司干部培训，定期组织党员干部参加“三会一课”，除聘请专家授课，公司领导班子也进行讲座会谈。公司党委认真贯彻州委文件精神和集团公司党委的要求，积极开展“两学一做”学习教育活动，明确指导思想、总体要求、目标任务、应遵循的基本原则和开展活动的具体要求，公司“两学一做”学习教育实践活动顺利启动并开展。

【精准扶贫】 按照恩施州委、州政府的统筹部署，恩施盐业公司积极主动配合开展精准扶贫工作，成立一把手主要负责、分管领导直接负责的工作领导小组，并委派办公室宋祥臣主任全年深入驻点扶贫村开展结对帮扶工作。本次帮扶工作中，恩施盐业公司领导班子每人至少深入贫困户家中2次，并自发地以私人名义对结对帮扶的贫困对象给予一定的经济补偿，公司职工也分批次的对自己结对帮扶的贫困户进行探望，并送去物资，对某些极其贫困需要帮助的对象，某些职工给予一定的经济援助，公司也不同程度的增加物资供给。恩施盐业公司扎扎实实地完成本年的扶贫工作任务，为实现“贫困户收入有来源，不愁吃，不愁穿，义务教育，基本医疗，住房和养老有保障”这个目标不断努力。

【恩施盐务管理局负责人名录】

局长（经理）：田昌元

书记：王英军

副局长（副经理）：王孝祥

副经理：陈家乐　陈　晔

（官伟兵）

编辑　马兹河

经济开发

扶贫开发

【概　况】 2017年，恩施州坚持“两不愁三保障”总体目标，精准施策，扎实推进脱贫攻坚，取得了明显成效，实现140个贫困村顺利出列，12.38万贫困人口稳定脱贫，现留存315个贫困村、40.9万贫困人口。

【基础设施扶贫】 恩施州脱贫攻坚指挥部办公室印发《恩施州455个重点贫困村基础设施整体提升方案》，2017年，建成农村公路5084千米，完成公路安全生命防护工程4086千米，解决了14.53万建档立卡贫困户人口和6.11万巩固提升人口的饮水安全问题，实现了1689个村4G网络全覆盖，2359个行政村通光纤宽带网络。

【产业扶贫】 恩施州脱贫攻坚指挥部办公室印发《关于整合财政金融政策推进产业扶贫的意见》，调整产业扶贫思路，创新产业扶贫模式，力争有劳动能力贫困家庭户户都有精准的产业项目做支撑，切实推进脱贫攻坚。2017年，农村常住居民人均可支配收入9557元，增长9.5%；全州农村居民可支配收入的68.27%来自产业发展，53.4万人通过产业实现脱贫；2017年，新增和改造硒农产品基地83千公顷，全州特色产业基地面积达到500余千公顷，特色养殖规模达到550万头，带动20.9万户贫困户稳定脱贫；全州从事电子商务市场主体3531个，电商平台75个，实现电子商务交易额35.6亿元，网络零售额18.2亿元；全州729个贫困村建立服务站472个，吸引了近500个贫困村的100个专业合作社进行抱团发展，辐射带动贫困群众近20万人，从业人员人均年增收1000元以上。全州新增扶贫小额贷款15.69亿元，2.08万建档立卡贫困户获得贷款。坚持加大就业扶持，创新方式拓展家门口就业渠道，全州729个重点贫困村均明确了主导产业，648个村建立了1257个专业合作社，579个村对接了602家龙头企业。

【易地扶贫搬迁】 2017年，全州易地扶贫搬迁安置房完工且具备入住条件（含已入住）28486户90886人，占省下达年度搬迁任务的105.6%（省下达全州2017年搬迁任务86074人）；搬迁入住23347户73703人。坚持将安置点安排在基地边、城镇边、园区边、景区边，确保贫困户搬得出、稳得住、逐步能致富。

【兜底保障】 2017年，共兜底保障社会救助对象224617人，其中农村低保对象10.7万户、19.3万人；全州1430名孤儿基本生活得到有效保障，8.41万人残疾人按标准发放补贴。按照不同学段分类标准给贫困学生发放生活补助，全州104803名建档立卡贫困学生全部纳入资助，共发放各类资助资金21797.3万元，资助学生15.9万人次。退耕还林兑现资金4558万元，涉及建档立卡贫困户13379户、35432人；生态公益林补偿资金近1.2亿元，其中涉及贫困户补偿资金2895.5万元，1357个贫困村104349个建档立卡贫困户33.7万人；落实生态护林员7398名，人均年管护费4000元，带动3万贫困人口增收。

【健康扶贫】 恩施州脱贫攻坚指挥部办公室出台《关于深化医疗保障精准扶贫工作的通知》《关于创新保险扶贫机制助推脱贫攻坚工作的实施意见》等文件，全面建立“基本医保＋大病保险＋补充保险＋医疗救助＋临时救助＋慈善救助”的“1+5”医疗保障体系。县市政府为所有贫困户购买基本医疗保险，按照每人每年不低于200元的标准购买补充商业保险，确保贫困人口住院及门诊慢性病医疗费用报销比例达90%以上，个人年度自负合规医疗费用控制在5000元以内；非建档立卡贫困户出现因病致贫问题，在其大病发生次年初，按程序将其纳入建档立卡贫困户管理范围，并解决其上年度发生的医疗费用。

【社会扶贫】 全州共有1068家企业结对帮扶729个重点贫困村，实施帮扶项目1213个，投入资金5.85亿元，近10万贫困人口受益。中国社会扶贫网注册总人数116515人，其中爱心人士注册55674人，贫困户注册数量59264人，管理员1577人，爱心捐赠成功对接的累计数量6765，对接需求、爱心捐赠对接成功率59.76%。

【东西部扶贫协作对口帮扶工作】 2月15日至17日，恩施州党政考察团在浙江省杭州市考察，深入贯彻习近平总书记在东西部扶贫协作座谈会上的重要讲话精神，对接东西部扶贫协作和对口帮扶事宜，学习借鉴杭州在创新发展、生态建设、城乡建设改造等方面的经验做法。浙江省委常委、杭州市委书记赵一德，州委书记、州人大常委会主任李建明出席两地联席会议并讲话，杭州市委副书记、市长张鸿铭，州委副书记、州长刘芳震代表两地签署《杭州市人民政府　恩施州人民政府东西部扶贫协作和对口帮扶合作框架协议（2016—2020年）》。制定《杭州市对口帮扶湖北省恩施州“十三五”规划》，2017年共实施各类对口帮扶项目37个，项目总投资5.6亿元，落实财政帮扶资金3000万元；杭州市及各相关区落实捐赠帮扶资金共计1855万元。杭州市8个区与恩施州8县市积极开展“携手奔小康”行动，8个县市与结对区均签订了帮扶合作框架协议，各自达成了广泛合作共识，协议谋划了一批帮扶项目。同时，全州共有50个乡镇和50个贫困村与杭州市街道办和社区建立了“一对一”结对关系，并开展了大量互动工作。州农业局、州旅游委、州商务局、州供销社、州卫生计生委、州文体新广局、州教育局、州经济开发区等单位多次组织人员前往杭州，对接对口部门，开展双方互动交流，各自达成多方面协作意向。杭州市选派5名干部赴恩施挂职并成立“杭州市对口帮扶恩施州联络处”，恩施州选派17名干部赴杭州挂职，累计已有300多人赴杭学习培训。

【驻村帮扶】 坚持州领导联县包村制度，州县乡三级同步推行领导干部联系贫困村、单位帮扶贫困村、干部结对贫困户制度。全州共有驻村工作队2438个、驻村第一书记999人、常驻工作队员6189名，5.4万名干部职工结对帮扶34万户贫困户。先后印发《关于进一步规范和明确全州干部驻村帮扶工作的通知》《全州驻村扶贫工作队工作责任清单》，进一步严明了驻村工作纪律、明确了工作队职责。对各级驻村工作队实行备案管理，实现机关单位定点扶贫结对不重叠、职责不交叉、脱贫攻坚期内不调整、帮扶责任可追溯，各级各部门帮扶责任得到全面落实。州扶贫办、州财政局印发《关于明确州直驻农村工作队有关经费补助标准的补充通知》，提高驻村工作队员生活补助标准。规范资金管理，扶贫、财政部门联合印发了《恩施州州直扶贫工作队驻村帮扶专项资金管理办法》。

【精准识别】 狠抓扶贫对象精准、扶贫对象信息质量精准，先后印发《关于限时做好建档立卡数据核准和补录工作的紧急通知》《关于扎实做好贫困人口动态调整工作的通知》《关于印发〈贫困户精准识别纠偏工作步骤〉的通知》等文件，全州在动态调整过程中以村为单位开展拉网式普查，通过逐户走访、精准甄别、回访沟通、民主评议、定案上报"五步工作法"，再次识别、核查贫困对象，将符合标准的困难家庭按照程序纳入建档立卡范围并落实帮扶人员和脱贫措施，将不符合标准的坚决剔除出建档立卡范围。2017年，全国扶贫开发信息系统中建档立卡总户数为345246户，总人数为1098556人。

【考核验收】 制定《恩施州县市精准扶贫目标责任制考评指标方案》《恩施州州直单位驻村扶贫和行业扶贫目标责任制考评工作方案》和《恩施州贫困村贫困户脱贫验收方案》，将精准扶贫具体工作落实作为考核评价的根本，确保脱贫攻坚质量。根据中央"不层层加码"的精神，对《恩施州贫困户精准脱贫评估验收表》《恩施州贫困村精准脱贫评估验收表》部分验收指标进行了修订。对八县市扶贫成效进行年度考评，对2017年脱贫的140个贫困村、12.38万贫困人口进行抽样验收。根据脱贫攻坚目标任务，将行业扶贫考评单位由原来的45家减少到26家。实行县市片区交叉考评的形式，对133家州直单位驻村扶贫严格考评。

【政策保障】 以《中共恩施州委、恩施州人民政府关于全力推进精准扶贫精准脱贫的决定》为统揽，聚焦"扶持谁、谁来扶、怎么扶、如何退"等核心问题，配套出台了《恩施州精准扶贫"五个一批"工作指导意见》《关于建立精准脱贫标准、程序及激励机制的实施方案》《恩施州精准扶贫目标责任考评办法》《恩施州贯彻落实国家和省脱贫攻坚重要政策措施责任清单》《关于进一步做好旅游扶贫工作的意见》《关于加快推进电商扶贫工程的实施意见》《关于整合财政金融政策推进产业扶贫的意见》《关于深化医疗保障精准扶贫工作的通知》《关于创新保险扶贫机制助推脱贫攻坚工作的实施意见》《恩施州决战深度贫困实施方案》等多个配套政策文件，逐步建立起"1+N+M"政策支撑体系，基本形成了科学稳定的顶层制度设计，为脱贫攻坚建立强大的政策支撑。

【督实攻坚主责】 州县纪委每月至少召开1次扶贫领域问题线索排查会，针对上级对我州扶贫专项巡视、督查、考核和审计发现的问题，加强整改销号和跟踪问效。举办电视问政、党风政风热线访谈活动，每月集中曝光一批扶贫领域突出问题。整合省委专项巡视、省政府每月督查、大数据比对、审计等问题线索，严查严处各类不作为、慢作为、乱作为和徇私舞弊、贪污腐败等问题。2017年，全州对1586件扶贫领域信访件台账管理，实行周报告、月通报、月曝光，"挂牌督办"109件、"重点交办"56件、"直接查办"5件。全州大数据监督检查查实问题16.83万个，查实率32.86%，查处违规违纪资金210.96万元，党政纪处分106人，组织处理868人，通报典型案例63起。

【全国政协调研组调研鹤峰县燕子镇龙坪村】 4月14日至19日，全国政协副主席马飚带队的全国政协调研组到鹤峰县燕子镇龙坪村蹲点调研，调研组"四进"龙坪村"解剖麻雀"；调研组认为，龙坪村全面贯彻落实了中央关于精准扶贫精准脱贫的重大决策部署，扶贫发展思路符合实际，脱贫攻坚效果明显，发展潜力巨大，深切感受到村民脱贫奔小康的信心和激情。

【领导调研】 3月26日至27日，省委书记蒋超良到恩施州调研。蒋超良强调，要认真贯彻落实习近平总书记扶贫开发战略思想，从讲政治的高度着力抓好脱贫攻坚工作，坚决打赢脱贫攻坚战，打造特色经济增长带。4月24日至25日，省委副书记、省长王晓东在恩施州调研精准扶贫精准脱贫工作时强调，要认真贯彻落实习近平总书记扶贫开发战略思想，按照中央和省委决策部署，真正把脱贫攻坚作为头等大事和“第一民生”，聚焦“准实”二字，下足功夫，切实做到真扶贫、扶真贫、真脱贫，确保脱贫攻坚工作成效经得起实践和历史检验。州扶贫办副主任周明富陪同调研。

【全州脱贫攻坚暨驻村扶贫工作电视电话会议】 1月24日，州委、州政府召开全州脱贫攻坚暨驻村扶贫工作电视电话会议，学习贯彻习近平总书记系列重要讲话特别是关于脱贫攻坚的重要讲话精神和全国扶贫开发工作会议精神，总结回顾去年工作，部署今年脱贫攻坚工作。州委书记、州人大常委会主任李建明讲话。州委副书记、州长刘芳震主持会议。州委副书记柯东海，州政协主席刘建平，州委常委陈江龙、尹达、周静、涂元玲、郑开国、唐泓，州人大常委会常务副主任吕金施等州“四大家”领导，州法检两长，湖北民院、恩施职院、恩施州经济开发区负责人出席会议。

【州脱贫攻坚榜样事迹报告会】 10月16日，恩施州脱贫攻坚榜样事迹报告会在州城举行，对评选出的脱贫攻坚榜样陈兹方等25人和农业部第十一批扶贫联络组等16个组织予以表彰。州委副书记、州长刘芳震，州委副书记、政法委书记柯东海，州领导周静、唐泓、夏锡璠出席活动。报告会上，9名受表彰人员讲述了在精准扶贫、精准脱贫大潮中的感人故事。州领导分别为获奖人员颁奖。州直单位主要负责人和州直110名驻村第一书记或工作队长参加报告会。

【贫困村支部书记培训班】 11月21日至23日，恩施州举办“贫困村支部书记培训班”，通过课堂教学、案例分析及现场观摩等多种形式对全州2018年拟脱贫出列贫困村党支部书记进行培训。

【乔迁新址】 5月16日，州脱贫攻坚指挥部办公室迁至原州粮食宾馆。5月22日，州脱贫攻坚指挥部办公室工作人员全部到新址报到上班。经州委、州政府同意，州脱贫攻坚指挥部办公室从湖北民族学院、州职业技术学院、州农科院、州委党校、州电大、州统计局、州移民局、州公路局、州粮食局、州经济开发区、州电视台、恩施日报社抽调14名工作人员。

【恩施州扶贫开发办公室负责人名录】

党组书记、主任：梁公章

党组成员、副主任：周明富　向　超　赵秀峰

（付　晴）

编辑　马兹河

老区建设促进工作

【概　况】 恩施州老区建设促进会（以下简称州老促会）在2017年里，认真学习贯彻中共十八大、十九大精神和习总书记关于扶贫开发和加强老区建设的系列重要指示，围绕促进老区建设和实现老区脱贫的总体目标，在加大红色基因宣传、深入基层调查研究、积极参与精准扶贫、做好思源回报工程、改革基金管理、动员社会力量帮扶老区、争取国家出台老区振兴发展规划等方面取得了明显成效。

【调查研究为党委政府当好参谋】 老促会深入到恩施、鹤峰、宣恩、来凤、巴东、建始、咸丰七个县市调查扶贫攻坚情况，并向省老促会写出了详细的调查报告，根据恩施州脱贫攻坚任务和实际情况，发现存在的一些主要困难和问题并向上级提出了若干建议。建议继续加大对革命老区基础设施的投入。恩施州贫困规模大、基础设施和公共服务历史欠账大，全州还有5159千米撤并村通畅工程、35477千米规模以上自然村通畅工程、1089千米资源旅游公路、6603千米建制村窄路面加宽和10116延米农村公路桥梁需要建设，目前尚有资金缺口196.3亿元。农村公路损毁严重，通行条件差，有安全隐患的达10735千米，新建

项目配套安防工程资金缺口30亿元。全州仍有50万饮水困难人口，目前无水源工程的乡集镇有22个，枯水季节只能限时供水。农田水利基础设施差，全州耕地有效灌溉面积96.45千公顷，仅占全省的3.33%。为此建议省级层面进一步加大对革命老区扶贫的政策和资金的投入力度，确保打赢脱贫攻坚战。要大力提高公共服务均等化水平。恩施州专业技术人才匮乏，专业人才流失严重。如乡村教师“招不进、留不住、教不好”、年龄老化；学前教育师资严重不足，未单独核编；乡镇卫生院医技人员缺额2000人，每千人口乡镇卫生院医生在编拥有量为0.75人，仅为全国平均水平1.43人的一半。全州学前教育三年毛入园率仅为71.07%（国家“十三五”规划为85%）。有1056个村卫生室未完成标准化建设，按地方尽力自筹一半资金计算，缺口仍达7000多万。恩施自治州蕴含十分丰富的铁矿资源和其他矿藏资源以及丰富的水能资源，国家对恩施州生态功能区确定为长江中上游重要水土保护区和生物多样性保护区的限制开发区，省委省政府把恩施全地域两万多平方公里都作为生态保护的旅游景区，因此建议省级层面要相应建立健全对恩施州老区建设的生态补偿机制，加大对恩施州老区的生态补偿投入。根据恩施州地处北纬30度独特的气候条件等优势，最适合珍贵树种金丝楠木的生长，建议省老促会和我们州老促会共同努力，争取省政府支持，充分利用退耕还林的政策，在恩施大力发展金丝楠木。为把恩施革命老区建设成为生态恩施、绿色恩施、富贵恩施做贡献。省老促会为此拨款20万元表示支持。

【开展红色宣传】 为提高广大干部群众的老区意识，一年来，通过《中国老区建设》《中国老区建设网》《红色思源网》《恩施日报》《恩施新闻网》《恩施电视台》等诸多主流媒体以及简报等阵地，大力宣传恩施革命老区的光荣红色历史，宣传在促进革命老区建设过程中涌现出的先进单位和个人，宣传各级党委政府重视老区工作，解决老区困难，加大老区投入，宣传老区建设的成就和变化，宣传各部门、行业、企业和社会力量扶持老区发展的先进事迹，宣传基层县市老促会的工作经验等各方面典型，起到了很好的作用。如利用《中国老区建设》《中国老区建设网》《红色思源网》《恩施日报》广泛宣传巾帼英雄刘小英带领贫困农户脱贫的事迹，引起了社会的广泛的好评，刘小英也因此被国家老促会评选为2017年巾帼英雄，到北京出席了颁奖会议。思源回报工程发源地巴东金果坪的现场会召开后，及时加大宣传，《中国老区建设》《中国老区建设网》《红色思源网》《恩施日报》都给予登载，有力促进了金果坪广大干部群众的扶贫攻坚的积极性，给全州起到了示范效应。为弘扬革命传统和老区精神，编辑主办了《恩施新闻网》恩施老区建设网页4期，选择一批典型宣传，使更多的人群了解老区，关心老区，支持老区的建设和发展。还搜集整理、编辑了《恩施老区革命故事集》，并请贺龙的女儿贺捷生将军为该书作序。还积极做好《中国老区建设》的通联、订阅和用刊工作。今年中国老促会在井冈山召开了宣传工作会后，组织了纪念建军90周年和革命老区创建90周年一系列活动。一是利用《恩施日报》，撰写纪念文章；二是组织了大型文艺晚会，演员就多达100多人，1000多人的剧场座无虚席。

【精准扶贫】 在脱贫攻坚战役中，老促会对恩施市屯堡乡花枝山村茶叶基地精准扶贫联系点采取一系列措施，帮扶带动贫困农户奔小康做出了突出贡献。老促会会长于德海、副会长冯国亮带领老促会一班人，一年内10多次到联系点调查情况、研究问题、解决难题。发现存在的突出问题就是生产加工跟不上，向他们提出解决的办法，并多次找到市委书记向前进和有关市长和部门，召开办公会解决资金、土地、环保等多方面问题，帮助顺利度过各种难关。花枝山村的精准扶贫实绩突出，领头人刘小英被国家老促会授予巾帼扶贫建功英雄称号；在鹤峰县邬阳乡办茶叶扶贫联系点，利用骑龙茶业公司与邬阳乡村、组、农户联办有机茶叶生产基地，解决了全乡的贫困户脱贫，成为全国的典型；在来凤县漫水乡鱼塘村班的想联系点，在县扶贫部门扶持和专业合作社组织带动下，采用“专业合作社 + 农户”的模式，发展在山林中敞养土鸡，获得很好的效益；在利川市创办龙头企业流转土地经营权，连片开发莼菜生产等开展调查研究，探索以发展特色产业精准扶贫、脱贫的模式，总结经验加以推广，扩大社会效应，挽救了莼菜产业，成功扶持了上百户农户脱贫；在鹤峰发展的油茶扶贫联系点，产业兴旺，参与的贫困农户全部脱贫。在充分调查研究的基础上，因地制宜选准一个好的产业进行扶贫，是增强贫困农户造血功能的最好途径。咸丰县是著名的革命老区，当年贺龙指挥的忠堡大捷威震敌胆。但是由于特殊地理位置等诸多原因，咸丰仍然是特困县，认真分析当地的地理环境特点，特别适合种植金丝楠木。金丝楠是我国独有的珍贵木材，具有重要的生态观赏价值和实用经济价值，是国家级保护物种。恩施州地处神秘的北纬 30 度，独特的地理环境和气候条件特别适合金丝楠生长。为抢救金丝楠珍稀树种，为保护恩施州的生态环境，为子孙创造更好的生态环境和持续的经济效益，为有效解决丁寨贫困户脱贫奔小康，决定在丁寨乡高山羊村建立老区扶贫金丝楠苗圃基地。老促会三位住会会长多次到丁寨调查研究，并于 2017 年 9 月 28 日上午，召开现场办公会解决一揽子问题。会议由老促会会长于德海主持，咸丰县人大、政府、林业局、乡党委、丁寨村委会等单位主要领导参会，县人大常委会常务副主任欧阳北平做了重要讲话。会议决定结合美丽乡村建设制定武陵山区珍稀苗木基地规划，将金丝楠苗圃规划、山茶花基地规划等纳入其间，成立专业合作社，在全县农民土地三权上交易平台之前与农民签订土地承包流转合同。结合精准扶贫工作，将村里未脱贫的农户组织进专业合作社，让贫困农民得到土地租赁收入、劳动工资收入以及其他收入。抓住机遇，改善基础设施，尤其要根据美丽乡村建设需要和武陵山区珍稀苗圃基地以及植物观赏园的需要，改造提档升级观光公路，建造蓄水池，解决苗圃的生产用水以及其他基础设施。积极争取得到省州林业厅的支持。丁寨乡党委政府协助高山羊村抓紧制定美丽乡村规划并积极申报。州老促会筹集 10 万元资金解决苗圃基地开发建设急需资金，并积极争取省老促会项目资金。

截至目前，老促会和咸丰老促会新建立的老区扶贫金丝楠木苗圃基地顺利建立，已经筹集了资金 30 多万元，农民脱贫合作社也已建立，50 亩土地已经栽种了金丝楠小苗，两年就开始有收益。恩施州老促会与鹤峰县老促会始终把邬阳乡骑龙茶业公司和走马黄金岭油茶专业合作社作为脱贫致富联系点，帮助出谋策划，挤出一定资金给茶农培训和购买有机肥予以支持。通过扶持企业促成企业帮扶贫困户脱贫，取得了显著成效。如邬阳骑龙茶业有限公司，将栗子、三元、高峰等 8 个村，确定为精准扶贫”帮扶村，公司聘请 8 名从村支两委退下来的村干部，作为 8 个村的驻村联系责任人，每人每月发定补工资 1200 元，帮助农民发展有机茶，在贫困户的帮扶上，以支持发展有机茶产业为重点，无偿为茶农硬化田间路，安装杀虫灯、杀虫板、供应有机肥，先后为有机茶农无偿投资达 300 多万元，茶农人平年增加收入 1000 多元。公司帮扶的“精准扶贫”特困户于 2017 年底提前脱贫。邬阳乡骑龙茶业公司到 2017 年底已发展有机茶基地约 466.9 公顷，经农业部认定合格的有机茶园 100.05 公顷，实现销售收入 4100 万元。创利税 200 多万元。州、县老促会联合办的建始县甜柿产业扶贫基地，经过多年的努力，实现了千公顷产业基地，2017 年全县有

133.4公顷甜柿进入盛果期，亩平达500公斤收入2000元以上，在重点村组通过开展“四户同创”活动，甜柿收入万元以上达到34户，最高的状元户长梁子村的谭启祥，2017年实际收入达到了12.3万元。更可喜的是建始县政府已经把老促会办的甜柿产业作为政府的扶贫产业在全县推广。

【改革和加强基金管理】 经理事会反复研究，并报州委、州政府分管领导同意，决定将恩施州老促会申请认定为慈善组织。恩施州老促会是非营利性社会团体，过去没有向社会公开募集资金的职能。基金会改革的经验得到省老促会和省扶贫基金会的高度认可，并向全省推广。各县市老促会积极募集扶贫资金，如宣恩县2017年共募集资金243.02万元，在县扶贫办的大力支持下，开展“10·17”国家扶贫日捐赠活动，当天募集资金50万元。

【促进“思源回报工程”】 积极争取州直、县市直部门、企业和社会力量对“思源回报工程”的42个老区乡镇开展重点帮扶。老促会对贫困村的特色产业、教育卫生设施、改善民生工程、革命遗址保护等加以扶持。2017年，老促会本会扶持“思源回报工程”项目28个，共投入资金365.78万元。其中，产业发展项目12个，资金190.3万元；基础设施项目7个，资金114.7万元；社会文化项目9个，资金60.78万元。这些扶持项目带动相关部门和社会力量投入建设发展资金数亿元以上。烟草公司积极支持老区公益事业发展。“十二五”时期以来，累计投入1亿元支持老区教育、基础设施建设等公益事业。为使“思源回报工程”发源地巴东金果坪发扬光大，老促会召集金果坪乡党委书记王卿、乡长卢宗旺专程到恩施州老促会汇报该乡的发展问题，老促会所有领导参加听取汇报。为促使思源回报工程发源地在新的时期加快发展步伐，老促会给出明确意见：一是要深刻领会习总书记说的“革命老区是党和人民军队的根”，要继承红色基因，发挥红色优势，打好红色牌；二是要多给县委政府汇报，积极主动争取得到上级支持；三是要认真学习贯彻中办64号文件和省人大关于加快老区建设的条例，争取各部门的大力支持；四是要发扬老区精神，激发广大干部群众脱贫攻坚的积极性，特别是要珍惜金果坪是全国“思源回报工程”的发源地，不要墙内开花墙外香，要做出新的贡献。中共巴东县委十分重视州老促会的意见，8月3日至4日，巴东县委书记单艳平等县领导带领县交通、发改、财政、住建、环保等22个单位的主要负责人，来到革命老区巴东县金果坪乡现场办公，大力实施思源汇报工程项目，要求五年不得低于10亿元，2017年不得低于1亿元。到2017年底，已经下达资金计划文件共21个，资金9345.12万元，其中已经建设完工投入使用的项目7个，已经启动的项目7个，正在评审的7个，其余正在紧张地进程之中。目前正在编制2018至2022年金果坪革命老区发展项目建设规划，涉及14大类77个小项，投资金额将达10亿元以上。

【积极争取国家出台革命根据地振新发展规划】 中共十一届六中全会认定的12个革命老区迄今为止，国家相继出台了10个老区的振新发展规划，但湘鄂西、湘鄂川黔两个老区还没有出台振兴发展规划。与相关的四川、湖南、贵州、湖北、重庆市等四省市老促会多次共同研究，积极筹划争取国家出台类似规划，在2017年3月召开的全国人代会上，四省市的人大代表联名向大会提出了要求国家出台湘鄂西、湘鄂川黔革命老区振新发展规划的议案或建议，大会已经作为建议案转交国务院办理。

【恩施州老区建设促进会负责人名录】

会长：于德海

副会长：冯国亮　刘祥华

秘书长：吴建辉

（吴建辉）

编辑　马兹河

经济开发区建设

【概　况】2017年，全州开发区经济实现平稳发展。全州9家开发区规划面积122.14平方公里，实际开发面积55.65平方公里；入园企业1030个，其中规模以上工业企业323个，高新技术企业34个，从业人员11.12万人；全年实现园区生产总值189.81亿元，同比下降3.20%，其中规模以上工业增加值103.06亿元，同比增长1.19%；实现工业总产值313.24亿元，同比增长6.0%，其中规模以上工业总产值286.03亿元，同比增长4.65%；实现税收28.10亿元，同比增长5.32%；完成招商引资78.48亿元，同比增长8.25%；完成固定资产投资245.17亿元，同比增长10.15%；全年施工项目356个，其中亿元以上项目89个，新开工项目105个；实现出口交货值11.69亿元，同比增长10.18%。

恩施州经济开发区

【概　况】2017年，州经济开发区在习近平新时代中国特色社会主义思想指导下，贯彻落实中共十九大精神以及省委、省政府，州委、州政府决策部署，全面落实从严治党主体责任和党风廉政建设“两个责任”，全力推进重点工程项目建设和高新区创建工作，实现各项工作目标任务，取得较好成绩。全区共有在建项目27个，其中州级重点项目8个、亿元以上项目11个、新开工项目5个，累计完成固定资产投资约13.5亿元（不含房地产投资），完成全年目标任务12亿元的112.5%；招商引资实际到位资金5.96亿元，完成全年目标任务5亿元的119.2%；实现工业总产值5.45亿元，完成全年目标任务5.4亿元的109%；税收存量7500万元。2017年，中共恩施州经济开发区工委被州委州直机关工委表彰为党的建设先进单位。

【规划先行】参与编制《湖北恩施高新技术产业园区发展战略规划（2017—2021）》《湖北恩施高新技术产业园区产业发展规划（2017—2021）》。启动高新区概念规划及近期建设规划编制的招标工作。审定《恩施州经济开发区西区绕城线两侧30米绿化带景观设计》方案。完成规划10号路北侧、东方名都南侧等6个地块的规划策划方案编制。规划管理。取得规划10号路北侧、东方名都南侧等12个地块的规划条件；完成州体育中心、西区产业园标准厂房一期、中药生产线等项目选址；完成州经济开发区2017—2018年度城乡规划及工程测绘项目采购。2017年辖区内落地项目办理建设工程规划许可证共计16个，审批建筑面积122.78万平方米，其中工业项目4个，审批建筑面积6.9万平方米。批后管理。完成规划执法检查工作的基础数据清理，完成企业服务中心规划验收。

【土地开发利用】全年报批土地9.6公顷；收储土地13.54公顷，兑现资金3836.65万元；出让土地6宗、10.49公顷，实现土地价款19983万元，净收益14049万元。

【基础设施建设】西区规划6号路、金河路东段和中段工程已经竣工。金河路东段延伸段建成。西区规划6号路及规划19号路绿化工程完成招标。规划5号路（规划6号路至高旗大道段）、规划19号路（规划6号路至高旗大道段）道路工程已编制项目建议书。组织建设金龙大道中段管网。

【重点项目建设】2017年全区共有州级重点项目8个，其中米迪床垫、柚子茶精、菜籽油及富硒大米、欣华理想城、恩施星汇广场、中心医院新城医疗中心等6个项目正在抓紧建设，累计完成固定资产投资5.6亿元；金龙大道南段（开发区段）完成施工招标，已经开工建设；西区标准厂房工程项目已取得立项批复，土地整理的地勘、设计已完成。

【招商引资】新落地项目5个，其中银北高速入口加油站项目、松树坪韵达物流园项目已取得土地。到苏州考察达翔公司年产1亿片柔性线路板项目，达成项目投资意向，初步规划项目投资约8亿元，首期投资不低于1亿元；与浪潮集团等意向入园单位进行对接；华阳药业、武陵山天然气调度结算中心项目已完成选址。

【筹资融资平台建设】 国投公司已入驻州经济开发区企业服务中心；已有16家企业入驻科技孵化器，签订入孵协议企业50余家。完成省级科技孵化器和州级人才创新创业平台申报认定工作，12月中旬，恩施州硒源科技创业服务中心及恩施远奕科技企业孵化器有限公司、恩施国创科技企业孵化器有限公司被省科技厅认定为省级科技企业孵化器，恩施州科技孵化器入选2017年度“恩施州人才创新创业示范平台”名单；完成孵化器内装修工程造价咨询采购。

【东西部扶贫协作】 5月中旬，州经济开发区考察组到杭州市余杭经济技术开发区、富阳经济技术开发区进行考察，与富阳经济开发区达成结对帮扶意向。6月21日，富阳区委常委、经济开发区主任丁永刚一行到州经济开发区考察，正式与州经济开发区结为友好园区。6月22日，浙江省委常委、杭州市委书记赵一德到恩施州考察，明确指示双方加强合作，探索发展“飞地经济”。9月下旬，杭州富阳经济技术开发区党工委委员、常务副主任陈建平一行18人到州经济开发区，实地考察园区基础设施建设等情况，双方正式签订《友好园区合作框架协议》，共商园区结对帮扶及“飞地经济”建设。

【精准脱贫】 州经济开发区驻村帮扶来凤县旧司镇四方石村，已投入15.5万元为建档立卡贫困户购置发放多功能节能炉、电饭煲150套，新建和改扩建道路8.8千米；已投入20万元用于村级阵地建设；发展漆树8公顷、藤茶4公顷、种植油茶40公顷、万寿菊4公顷；协调来凤县扶贫办落实光伏发电项目；“一对一”结对帮扶25户建档立卡贫困户。

【高新区创建工作情况】 州委、州政府决定采用“一区多园”模式创建省级高新技术产业园区。参与高新区筹建前期各项工作。赴咸宁考察学习高新区创建先进经验；抽调班子成员和工作人员各一名积极参与创建综合组工作；参与《恩施州高新技术产业园区筹建暨体制机制改革创新工作总体方案》《恩施州高新技术产业园区发展区域范围建议方案》等起草工作；完善开发区目录修订，对州经济开发区四至范围、申报面积和坐标量算面积进行重新审核，为高新区创建奠定基础。加强领导、明确任务、细化措施，积极推进创建工作。制定落实创建高新区工作任务的实施方案。成立了创建高新区工作领导小组，按照《恩施州省级高新技术产业园区创建工作任务分解表》，涉及州经济开发区的6大项9小项工作任务，分解到人，举全区之力创建高新区。创建工作进展平稳。9月20日，州经济开发区与州规划局召开联席会议，明确高新区规划编制由州规划局和州经济开发区共同完成，对州高新区托管范围六角亭街道办事处编制整体发展规划，确定州高新区发展目标、发展定位、发展方向、功能分区、建设用地初步布局等内容；对中心城区范围（约24.2平方千米）编制近期建设规划，确定近期建设目标、建设方向、功能布局，落实项目布局及建设方案。已启动六角亭片区规划编制招标的前期工作。9月30日，州人民政府办公室发布了《湖北恩施高新技术产业园区发展战略规划（2017—2021）》《湖北恩施高新技术产业园区产业发展规划（2017—2021）》。10月12日，州法制办出具《〈恩施州高新技术产业园区托管协议〉的审查意见》，州政府要求州经济开发区再与恩施市政府共同商讨托管具体工作，达成初步协议后，送州政府审签。已与恩施市就托管协议进行了磋商和修改完善。全面清产核资，积极组织对辖区内的资产、负债及土地收储情况进行了清理。加强省级科技孵化器创建，已完成孵化器内装修工程造价咨询询价；恩施州硒源科技创业服务中心（恩施州科技孵化器）由州科技局整体划转至州经济开发区，并整体搬迁进入企业服务中心大楼，目前入孵企业16家，签订入孵协议50家；完成省级科技孵化器和省级人才创新创业平台申报工作。

10月18日，省人民政府以鄂政函〔2017〕134号文批复同意设立恩施州高新技术产业园区，享受省级高新技术产业园区的相关政策。

12月12日，恩施州编委以恩施州机编发〔2017〕74号文批复同意“中共恩施州经济开发区工作委员会”更名为“中共恩施州高新技术产业园区工作委员会”，“湖北恩施州经济开发区（筹）管理委员会”更名为“恩施州高新技术产业园区管理委员会”。恩施州高新区管委会核定内设机构6个：综合办公室、社会事务管理局、科技创新和经济发展局、财政局、国土规划建设局、招商局。

【恩施州经济开发区管委会负责人名录】

党工委书记、管委会主任：杜寿昌

党工委委员、纪工委书记：向习汉

党工委委员、管委会副主任：黄　敏

范祖谋

伍晓锋

管委会副主任：张　伟

（姚传双）

编辑　马兹河

湖北恩施经济开发区

【概　况】 2017年，恩施经济开发区以“五园一中心”（七里坪工业园、龙凤低碳工业园、白杨坪产业园、崔家坝特色产业园、芭蕉特色产业园和现代商贸物流中心）及农产品加工园建设为载体，大力实施产业化、城镇化“双轮驱动”，“推进生态文明，建设美丽恩施”，深入推进“绿色生态产城融合一体化”发展，奋力将开发区打造成“生态新区、产业新区、城镇新区”，打造成招商引资的洼地、城市发展的高地、创新创业的福地、富硒旅游休闲养生的目的地，2017年，开发区实现工业总产值130亿元；规模以上工业增加值47.3亿元；固定资产投资达到133.09亿元；税收总额17.32亿元；招商引资到位资金24.84亿元；出口5767.5万美元。

【产业建设】 开发区立足构建产业发展高地，加快产业结构调整，打造富硒产品品牌，提升特色产业发展水平，促进产业有效升级。思想大开放，产业大开发。根据恩施开放开发实际，开发区大开山门，打开脑门，跳出武陵山，用世界眼光瞄准恩施本土优势，把产业链建设战略，放到全省、全国乃至全世界的高度来谋划定位。重点对接“一带一路”倡议及长江经济带建设，培育具有国际竞争力的世界级富硒绿色产业集群“中国硒谷”，着力把开发区打造成招商引资的洼地、城市发展的高地、创新创业的福地、富硒旅游休闲养生的目的地，建成中国富硒产业发展先行区、武陵山区域商贸物流中心和湖北省产城融合发展示范区。载体要突出，品牌要打响。开发区以“五园一中心”为载体，打绿色生态牌，全面推进产城融合，突出一个产业（绿色生态）、两个支点（生态旅游、富硒绿色）、两大空间（平面调优产业结构，立体发展产业链条），把富硒养生与户外休闲旅游为支撑的大健康产业作为重要特色产业链来规划打造，建成“立足恩施、带动武陵、辐射全国”的富硒产品集散中心、休闲旅游中心。特色更明显，转型更升级。在富硒产业链建设上，将突出领军人才、产业标准和龙头企业三大重点，加快抢占硒产业发展制高点和市场话语权，依托国家富硒产品检测中心平台，全力打造“中国硒谷”，把资源世界硒都变成产业世界硒谷，以中国硒谷的发展优势，汇集世界级富硒产业集群，再造恩施经济新的增长极。在产业融合转型升级上，以富硒特色农产品加工业为主导，用“互联网+”思维，加快发展现代服务业（信息产业、现代商贸物流业、生态文化旅游业、汽车服务业、总部经济），培育发展战略新兴产业（生物产业、节能环保产业、新能源产业、新材料产业），改造提升传统产业（机械制造、家居建材、服装加工），建成武陵山地区重要的特色农产品加工业基地、富硒产品加工基地、国内“硒”产业标准制订和检测基地、武陵山地区商贸物流中心，实现农产品加工业与现代服务业“双轮驱动”，培育壮大一批具有竞争力的产业集群，构筑和完善若干优势产业链，拓展产业发展空间格局，建立完善投融资平台，把开发区建设成为产业发展高地、城镇发展新区和生态建设新城。

【园区建设】 开发区着力加快建立生态园区，坚持绿色生态产城融合一体发展，坚持合理、节约、集约、高效开发利用土地，走绿色发展之路，探索产业共生发展模式，打造“五园一中心”。

围绕“一谷两基地三示范区”战略打造硒谷孵化器。硒谷孵化器作为中国富硒产业联盟和“三级协会（湖北省硒资源开发利用促进会、恩施州硒产业发展联合会、恩施市硒谷产业园企业联合会）”唯一运营体，构建“工厂、产销、产服、产协、产研、产游”六大联盟体。孵化园区目前已落成面积1.06万平方米，在建面积1.95万平方米，由2栋企业总部办公大楼和4栋功能楼建筑组成，分为企业总部办公区、科研技术服务区、综合配套服务区、企业之家服务区、观光型加工区等。至年底，入驻孵化器的企业达到30家，办公人员达到170人，有科技研发型博士专家21人，营销专家20人，策划设计专业人士18人，法律专业人士5人，检测专家7人，营养专家6人，电子商务从业人员20人，办公人员73人。其中孵化毕业企业恩施徕福硒业有限公司已经启动IPO主板上市工作。硒谷孵化器2016年被恩施州科技局评为州级孵化器，被湖北省科技厅评为优秀双创平台，2017年先后被评为省级星创天地、国家级星创天地，并已完成湖北省省级科技孵化器申报工作。建设小微企业快速成长平台打造恩施远奕科技企业孵化器。恩施远奕科技企业孵化器建立了标准化专业化的入孵流程，对申请入孵的项目团队从创业目的、发展规划、团队能力、投资风险等各个方面进行评估审核，截至目前，共55家企业加入孵化器进行入孵，涉及行业包括电子商务、培训教育、家装体验、富硒特产、广告设计、互联网开发等领域，举办大小活动近百场，解决了300人就业。获得“恩施州州级科技企业孵化器”“湖北省众创空间”“恩施市人才创业超市”等资质，并先后成立恩施远奕创业基地党支部委员会、妇女联合会、工会委员会。以农产品加工园建设为依托，加快建设园区基础设施建设。协调规划、建设、国土、电力等部门，解决规划调整以及园区高压电线迁改问题。高压杆线迁改已进入实施阶段，桂杨线已经完成，旗桂线、黄桂线正在施工。规划一路已建成通车；规划二路完成路基工程50%，正在筹备路面工程施工；规划三路东段已建成并投入使用；规划五路（规划二路与规划三路中间段）土方开挖已完成；规划八路已进场施工，正在进行路基土石方开挖工作。安置房一期工程4万立方米已全部建成并完成竣工验收，二期工程已完成施工图审查，即将动工建设，配套服务区建设近15万立方米。同时，配合市园区办参与乡镇办工业园建设前期工作，配合市安置办做好施州大道北段改造工作。

【招商引资】 立足本地资源优势，围绕全州“七大产业链”建设，开发区继续实施“走出去、请进来”招商引资战略，打绿色生态牌，着力推动招商引资向招商选资转变，力求招商项目向高新技术产业、人才密集型产业、绿色产业倾斜。作好项目储备。结合恩施市及开发区实际，协同市招商局编制了《恩施市2017年投资指南》（共57个项目，分工业、旅游、基础设施、商贸流通、社会发展五类，其中工业类11个，旅游类17个，基础设施类18个，商贸流通类4个，社会发展类7个），进一步充实了招商引资项目库。创新招商方式。在实施“走出去、请进来”这一招商引资战略的基础上，围绕全州产业链建设，充分发挥本地资源优势，打绿色生态牌，全面推进产城融合，向高新技术产业、人才密集型产业、绿色产业倾斜。广泛采取项目招商、以商招商、推介招商、合作招商、网络招商等多种方式科学开展招商活动。充分利用政府平台、社会平台、产业平台和网络平台广泛挖掘收集项目信息。加大与省、州、市相关部门的合作，积极参与相关推介活动，共享招商信息资源，共同推进项目落地。此外，加强与市招商局及小分队联系，保持信息互通和资源共享，实现招商工作内外联动。着力精准招商。恩施硒资源丰富，富硒农特产品已在全国具备一定知名度，为打造以产业为载体，创新“产业+资产+基金+投资+交易+孵化+互联网”的循环经济发展模式，形成富硒农业、绿色开发、金融创新、产业融合、双创平台、交易会展、仓储物流于一体的现代化综合性产业园区。湖北中奥恒达城镇投资开发有限公司投资的硒博城项目落户龙凤低碳产业园，投资方正在研究项目整体布局等相关前期工作，由恩施众惠富硒农业科技发展有限公司投资的富硒固体饮料项目落户农产品加工园，正在办理前期手续，创思诺、钜鑫工贸等企业一批以商招商项目正在洽谈。完成招商引资到位资金24.84亿元。

【重点项目建设】 2017年，开发区重点项目共27个，其中，新建类8个、续建类13个、策划类6个。新建、续建类项目总投资1031032万元，计划完成投资176300万元，截至年底，已完成投资额100908万元，其中新建项目8个，总投资33512万元，已完成投资14150万元，续建项目13个，总投资997520万元，已完成投资86758万元，新储备项目57个，完成土地挂牌7.97公顷。部分重点项目情况简介如下：

续建类。施州实业农产品加工生产线二期项目：该项目由湖北施州实业有限公司投资建设，总投资5000万元，占地14148平方米，建筑占地面积5658平方米，总建筑面积37269.77平方米，新建二期厂房、仓库、科研办公楼，建设茶叶及相关制品、蜂产品、蔬菜制品、豆制品、大米杂粮生产线各1条，配套建设相关附属设施，建成后预计年产销农特产品12000万吨。目前已完成投资3500万元，2018年计划完成投资1500万元，项目一期已完成，即将进入二期主体建设。项目存在的问题主要是第一期办公楼和厂房旁边的山体滑坡，存在安全隐患。

龙凤低碳工业园（龙凤新区小微企业孵化园）。该项目由恩施市旺龙新农村建设有限公司投资开发建设，项目位于龙凤镇三河村铁路桥东侧，占地面积378亩，建筑占地面积92600平方米，总建筑面积22万平方米。建设标准厂房18万平方米、办公及住宿用房4万平方米，配套建设相关附属设施。总投资4亿元，已完成投资3000万元，目前硒博城项目需市政府协调到州规划局调整378亩（龙凤低碳工业园）工业用地中部分土地调整为商服用地，现在调整后的规划设计方案将于近期上报给州规划局，投资补充协议草案已于2017年7月17日政府八次常委会审议，并已与政府签订。

恩施复烤厂仓储扩建项目。该项目由湖北烟草金叶复烤有限责任公司恩施复烤厂负责实施，总投资4.03亿元，已完成投资6700万元。项目用地面积191亩，主要建设原烟仓库、选叶车间、验级棚和辅料库等仓储设施。目前厂区外供水安装工作已完成；烟框采购项目第一、二标包已供货已完成；建安工程施工总承包第二次招标工作启动，至年底完成资格评审，拟于2018年初开标。存在的问题主要是施工用电报装电力公司不受理及第二次挂牌1.05公顷土地差价返还问题，望政府能协调电力公司早日受理电力报装；及时返还土地差价款。

武陵国际建材三期工程。项目业主新楚源置业有限公司，总投资4.3亿元，已完成投资1.4亿元，总建设面积87185.13平方米，建商业写字楼、酒店。至年底项目正在进行主体建设，进展情况良好。

硒都茶城二期项目。项目业主恩施众森绿色产业投资发展有限公司，项目内容是新建住宅、酒店、写字楼、商场等，总投资3.12亿元，已完成投资1.61亿元，年底正在进行安装垃圾处理站相关设备的购买，解决小区道路与主干道链接问题，地下室停车位划线编号等工作。

国际服装城建设项目。项目业主恩施中侨置业有限公司，用地面积120亩，新建服装专业市场及配套设施，总投资5亿元，已完成投资1.75亿元，项目一期已完工，取得二期60亩建设用地后，开始二期主体建设。

国际名品城建设项目。项目业主恩施名品城投资有限公司，用地120亩，建筑总面积216775平方米，一期建设综合服务区，二期建设商务区和休闲体验区，总投资7亿元，已完成投资2.5亿元，目前一期已完成建设，二期土地拆迁无法推进，迟迟不能开工。

恩施世纪广场项目（众业．汇通广场）。项目业主恩施众业房地产开发有限责任公司，该项目用地面积51亩，项目分两期开发建设，即第一期建筑物为11栋，总建筑面积为76855平方米，二期建筑物2栋，总建筑面积34741平方米。总投资4.5亿元，已完成投资2.58亿元，一期、二期已完工，三期16层酒店和写字楼正进行基础施工。存在的问题施州大道改造路段靠近项目地的一方标高设计不清楚，影响项目广场设计。

施南古城旅游开发建设项目。项目业主湖北施南古城旅游开发有限公司，本项目为施南古城旅游核心区及旅游聚散区，规划用地面积197887平方米，建筑占地面积29293平方米，总建筑面积157574平方米。配套建设道路及场地、绿化、供排水、供电、消防等公用辅助工程。总投资14.8亿元，已完成投资100万元，2018年计划启动景区建设。

奥山世纪城旅游接待中心建设项目。项目业主恩施奥山文化旅游发展有限公司，总投资20亿元，建游客接待中心、土苗风情一条街、酒店、商住楼等，已完成投资94979万元，项目二期洋房、叠拼复式楼、联排低密度住宅、商业街已全面竣工。存在的问题一是周边道路正在施工，需保证项目材料运输通畅，二是西侧土体未场平，影响采光及品质，需尽快移除，三是年底交房，北侧的火车站前路能否尽快施工。

新建类：恩施卷烟厂改扩建项目。项目占地面积110亩，建筑面积8万平方米，新建库房3栋、管理用房1栋，总投资4.5亿元，计划2018年启动建设。

硒润食品加工及包装建设项目。项目业主恩施州硒润食品有限公司，总投资3412万元，2018年计划完成投资1000万元，项目占地9762平方米，新建厂房、车间、仓库，设备购置及安装等，配套建设相关附属设施，年加工各类食品5000吨，年生产包装3000吨。年底已完成场地平整，正进行规划报批工作，存在的问题：高压杆线未迁移，影响施工；环评手续2017年3月就到期，却迟迟无法施工；土地出让年限50年，现在已过去6年，还无法建设。

德源健康天然植物硒蛋白产品开发与产业化基地建设项目。项目业主恩施盛硒德源有限公司，总投资1亿元，用地面积30亩，建筑总面积约2万平方米，其中生产厂房、仓库面积1.1万平方米，科研办公及辅助用房大楼面积8500平方米，现已完成场地平整，正进行规划设计工作。

策划类：新龙药业中药饮片加工及药品配送中心项目。项目业主新龙药业集团恩施有限公司，总投资7860万元，新建药品配送中心、仓库及附属办公设施，建筑占地面积14290平方米，总建筑面积23690平方米。

【发展环境】 恩施经济开发区位于恩施市城区北部，规划总面积17.5平方公里，东至武汉市公路里程625公里、宜昌市320公里，南至湖南张家界市火车站347公里，西至重庆市454公里、重庆万州区251公里，北至长江巴东港195公里，至武汉市航空线470公里。巴东港水路至武汉740公里，至宜昌112公里，至重庆538公里。209国道和318国道在这里交汇，沪容高速公路、宜万铁路绕城而过，火车站在开发区境内的商贸物流园区。优化园区服务机制，深入企业走访调查。2017年，组建多个企业服务专班，20余次到"硒谷富硒产业联盟总部"，百余次到园区龙头企业，了解企业发展建设、生产经营基本情况。"突出产业链建设，壮大特色产业体系"，收集整理恩施硒产品相关资料，助企业做长做粗产业链，明确园区企业主体责任，组织企业参加各种安全培训及会议，协助州、市消防部门对企业进行安全知识培训，进一步完善园区企业安全生产应急措施预案，使得园区安全生产"零事故"。组织非公企业党员开展"两学一做"学习教育，强化企业党员理想信念，助推企业转型升级发展。及时收集整理并帮助企业解决困难。实施金桂大道102号处应急地质灾害治理工程，解决地质灾害（崩塌）险情危及下方众业汇通小区众多居民安全问题。协调复烤厂仓储区项目解决厂区出入通道开口，电力报装等问题。

2017年，标准厂房等资产已移交给福达产投公司。

【湖北恩施经济开发区管委会负责人名录】

工委书记：向前进

工委委员、开发区纪委书记：胡启发

工委委员、管委会副主任：曹　云

管委会副调研员：余典语

（吴　萍）

编辑　马兹河

区域建设

县域经济发展

【概　况】 2017年，恩施州抢抓湖北武陵山少数民族经济社会发展实验区建设和全国先进自治州建设的重要机遇，围绕"一谷两基地三示范区"建设，扩总量，转方式，增后劲，全州县域经济延续积极向好的发展趋势，恩施市在三类县市中继续稳居第一位次。农业经济稳步发展。全州深入推进农业产业结构调整，注重加强品牌建设力度，着力走规模化、标准化、产业化发展之路。恩施州实现农林牧渔业总产值2751932万元，实现农林牧渔业增加值1618329万元，比上年增长4.4%（扣除价格因素）。全州新认证农业"三品一标"企业10家，农产品25个，新申报农业"三品一标"企业28家，农产品62个。在第六届全国品牌农商发展大会上，"恩施硒茶"成为100个"2017最受消费者喜爱的中国农产品区域公用品牌"之一。规模工业稳中有增。规模以上工业增加值呈现年初低开、年中回升、年底回落的局面。全州规模以上工业企业实现利润28.1亿元，同比增长4.6%；规上工业企业缴纳税金12.4亿元，同比增长5.8%；每百元主营业务收入中的成本为76.9元，同比下降1.3元，企业效益逐步好转。旅游经济持续增长。旅游基础设施更为完善、品牌挖掘更为深入、旅游产品更为丰富，吃住行游购娱六要素全面增长格局正在形成。民宿旅游、度假旅游、乡村旅游等旅游新业态蓬勃发展，全年累计接待游客4900万人次，增长12.2%，实现旅游综合收入360亿元，同比增长 18.8%。发展后劲不断增强。全州固定资产投资累计完成 831.16 亿元，同比增长 15.5%，增幅居全省第 8 位，高于全省平均增幅 4.5 个百分点。

武陵山龙山来凤经济协作示范区

【概　况】 武陵山龙山来凤经济协作示范区（简称龙凤示范区）包括湖南省最西北的龙山县和湖北省最西南的来凤县，地处湘鄂渝三省市交界处，是湖南吉首、张家界、重庆黔江、湖北恩施四个地级市的几何中心，面积 4473 平方千米（龙山县 3131 平方千米，来凤县 1342 平方千米），总人口 93 万人（龙山县 60 万人，来凤县 33 万人），现有城区面积 25 平方千米，城区人口 25 万人，初具中等城市规模。两县经贸人文交流频繁，探索积累了丰富的区域协作经验，来凤县连续六次、龙山县五次被国务院授予“全国民族团结先进集体”称号，是武陵山片区区域经济协作的典范和缩影两县山同脉、水同源、民通俗、人同宗，县城以酉水河为界，县城新区已实现零距离融合，是全国县城间毗邻最近、区位条件最为独特的两个县。2011 年 10 月，国务院以国函〔2011〕125 号文件批复《武陵山片区区域发展与扶贫攻坚规划（2011—2020 年）》，并设立龙凤示范区。龙凤示范区是全国 14 个集中连片特困地区中设立的唯一的跨省经济协作示范区。国家和省级规划中明确其主要任务为：大力推进行政管理、要素市场和投融资体制等领域的改革，全面推进城乡统筹、基础设施、公共服务、特色产业、生态建设与环境保护等一体化建设，为区域一体化发展发挥示范带动作用。到 2015 年，在城乡建设、基本公共服务均等化、特色产业发展、生态环境保护等方面取得新进展，一体化发展格局基本形成。湖南、湖北两省联合批复的《武陵山龙山来凤经济协作示范区发展战略规划》赋予龙凤示范区的定位和发展目标为：到 2020 年，全面建成一体化发展体系，在武陵山片区率先全面建成小康社会。建成全国贫困地区跨省经济协作示范区、全国贫困地区扶贫攻坚示范区、全国民族团结进步示范区、国内外知名生态文化旅游区。

龙凤示范区承担着先行先试、为贫困地区区域一体化发展发挥示范带动作用的历史重任。龙凤示范区，是国家在连片贫困地区、跨省协作区域和民族地区设立的唯一示范区，是国家探索跨省区域协作经验和模式的重要举措，旨在通过政策支持和规划引导，深化体制机制改革，创新区域协作模式，探索贫困地区加快发展的新路子。充分利用得天独厚的地理位置、资源禀赋和人文环境，抢抓国家规划建设龙凤示范区的历史性发展机遇，以推动两县经济社会的快速发展。

2017 年，在党中央、国务院的亲切关怀下，在国家发改委、国家民委、国务院扶贫办以及湖南湖北两省、湘西恩施两州的重视支持下，湖南龙山、湖北来凤两县全力抢抓机遇，乘势而上，积极推进龙凤示范区各项建设，取得了阶段性成果。

2017 年，全区实现生产总值 148.65 亿元，同比增长 6.35%；第一产业总值 33.12 亿元，同比增长 4.3%；第二产业总值 36.15 亿元，同比增长 7.7%；第三产业总值 79.36 亿元，同比增长 11.07%；地方公共财政预算收入 9.09 亿元，同比增长 5.21%；规模工业增加值 20.19 亿元，同比增长 11.06%；社会消费品零售总额 82.35 亿元，同比增长 11.62%；金融机构人民币各项存款余额 255.88 亿元，同比增长 14.83%；金融机构人民币各项贷款 156.57 亿元，同比增长 18.04%；城镇居民人均可支配收入 21808 元，同比增长 13.32%；农民人均纯收入 8723 元，同比增长 11.46%，全社会固定资产投资 111.90 亿元；全区全年接待旅游人次 571 万人次，实现旅游收入 29.19 亿元。

【龙凤示范区（来凤）重点项目集中开工】 1 月 3 日，来凤县在龙凤新区指挥部举行了龙凤示范区（来凤）2017年第一批重点项目集中开工仪式。集中开工了3个重点项目，涉及脱贫基础设施、城市建设、幸福民生等领域，总投资3.55亿元。具体包括2017年农村公路建设项目、龙凤新区凤舞一路道路工程项目和中华山·壹号院项目。

【召开龙凤示范区建设第八次联席会议】 3月10日，龙凤示范区建设第八次联席会议在龙山县召开，龙山来凤两县县委书记、县长及相关县领导、两县相关县直部门主要负责人参加会议。会议回顾总结了龙凤示范区建设推进工作，讨论研究了《龙凤示范区2017年协作共建建议方案》，统筹部署下阶段双方联合推进工作重点和具体措施。达成两县共同推进《酉水河保护条例》的贯彻实施、龙凤双城酉水河城区段风光带一体化建设、城市基础设施建设等10个示范工程、居民共享旅游景区门票优惠政策、城市规划区内全面禁止燃放烟花爆竹等协作事项。

【推进酉水河保护与利用一体化】 龙山来凤两县共同推进鄂、湘、渝、黔11县市开展酉水河保护立法工作,《酉水河保护条例》经湖北、湖南两省人大常委会表决通过，开创了跨区域协同立法的先例。两县围绕城区酉水河段的规划和建设坚持一体化规划和建设原则，协作共建龙凤双城酉水河景观带。3月1日,《恩施土家族苗族自治州酉水河保护条例》正式施行。5月1日,《湘西土家族苗族自治州酉水河保护条例》正式施行。《条例》的出台，有利于加快推进龙凤示范区生态环境保护一体化建设，推动武陵山区绿色繁荣、可持续发展。

【积极争取国家和省级支持】 6月13日，龙山县委副书记、县长刘东生，来凤县委副书记谭培忠带领两县示范办、民宗局主要负责人赴国家民委经济司，就龙凤示范区建设情况作了专题汇报。7月21日，县人大常委会副主任、县示范办主任邓家斌参加省发改委召开的湖北省际区域合作推进会，并就龙凤经济协作示范区建设作了交流发言。7月25日，省发改委组织湖南、江西省发改委召开长江中游地区省际协商工作协调会，省发改委已将龙凤示范区建设作为湘鄂省际协作重点事项。9月5日，湖北省人民政府办公厅出台《湖北省促进中部地区崛起“十三五”规划实施方案》，明确将龙凤经济协作示范区纳入促进区域协同发展的工作任务。

【推进龙凤交通一体化】 黔张常铁路建设顺利推进。来凤火车站增设客运功能获批。讨（火车）橙（木园）线二级公路建成通车。张（家界）花（垣）高速里耶连接线实现开工，龙（山）永（顺）二级公路、洗洛至里耶二级公路和龙永高速农车至洗车、狮子头至县城连接线建成通车。

【推进龙凤旅游一体化】 7月8日至9日，来凤成功举办杨梅古寨首届桃花节、百福司龙舟赛、第二届中国·来凤杨梅文化旅游节暨中国河钓大赛、旧司葡萄采摘节、仙佛寺庙会等系列活动。启动百福司古镇国家AAAA级旅游景区创建工作。来凤大力实施“旅游兴县”战略，增加发展后劲，抓好2017年“全域旅游创建推进年”建设，完成了《来凤县全域旅游规划》初稿，编制完成《舍米湖和兴安村旅游发展规划》《檀木湾村旅游发展规划》《桐子园村乡村旅游规划》，启动了《安家堡村乡村旅游规划》《土家寨村乡村旅游规划》编制。龙山里耶古城、惹巴拉、乌龙山大峡谷、太平山等景区建设加快推进，里耶—乌龙山风景名胜区获评国家级风景名胜区，突出里耶秦文化金字招牌，深度挖掘土家族民族民俗文化资源和自然景观资源，加快里耶秦文化中心、八面山空中草原、乌龙山国家级地质公园、惹巴拉土家文化景观带、太平山宗教文化等景点景区建设，里耶镇成功入选“中国特色小镇”，桂塘镇成功入选湖南省“第三届最美少数民族特色村镇”名录。

（严国庆）

编辑　马兹河

恩施市龙凤镇综合扶贫改革试点建设

【概　况】2017年，龙凤试点建设坚持以习近平新时代中国特色社会主义思想指导，在较好完成李克强总理"四句话"任务、实现全镇15个重点贫困村脱贫摘帽的基础上，以"五个龙凤"建设为抓手，大力推进产业提档升级，加速美丽乡村建设，全面巩固扶贫成效，进一步探索和完善已形成的经验做法，为推进"扶贫试点"向"小康试点"转型升级和实现乡村振兴夯实了坚实根基，农村贫困发生率降至2.79%，城镇人均可支配收入和农民纯收入分别达到24517元和10867元，同比增长4.3%和16.2%。

【扶贫搬迁】继续落实扶贫搬迁、土地增减挂钩、特色民居改造实物补助等奖补政策，按照企业代建、农民自建、政府承建三种建设方式，进一步实施推行就地集中安置、自主转移安置、梯次搬迁改造、民政福利安置四种搬迁模式，引导自然条件恶劣、交通不便、发展后劲不足等偏远区域的农户向集镇、社区或居民点梯次搬迁。2017年，完成易地扶贫搬迁144户、就地改造347户、危房改造52户。累计建成9个中心社区、37个集中安置居民点及2个安置小区，完成1700余户特色民居改造，打造了青堡、杉木坝等12个生态村庄，5716户、2万余农民住进生态宜居的新家园。

【移民建镇】加快龙凤新区拓宽，改造龙凤集镇市政设施，建成金龙大道北段南端4.66千米城区主干道并通车，完成建设大道龙凤集镇段升级改造，启动龙凤集镇车站、集贸市场及停车场等项目建设，集镇功能更加完善，承载能力不断增强。引进省联投集团按照国家AAAA级旅游景区建设标准精心打造龙马风情小镇，完成滨河路、拦河大坝、风情街、龙马卫生院、金果产业园等20余个项目建设，龙马风情小镇已于2017年7月15日开街营业，成为恩施州"旅游+城镇化"的新样板。全面完善交通、水利、通讯、教育、卫生等基础设施建设，建成"通村进组入户"的农村综合交通网络，配套村村通客运车62辆；全面推进农村安全饮水项目建设，实现安全饮水全覆盖；全面完成农村电网改造、网络干路提档升级，农村宽带入户率已达51%，4G网络中心村全覆盖。目前，集镇、中心社区及居民点常住人口规模达4.52万人，城镇化率达64.6%。

【退耕还林】加强2467.9公顷退耕还林管护。精心经营退耕后新发展的1万亩漆树和1334公顷茶叶，2017年新增采摘茶园面积1000.5公顷，亩均增收1000元，实现经济效益与生态效益双赢。2017年3月，龙凤镇被授予"省级生态乡镇"称号，柑子坪村被评为2017年湖北省"绿色示范乡村"。

【产业结构调整】围绕"旅游+、硒+、生态+、互联网+"等新兴业态，积极培育产业发展新动能，加速一二三产业高度融合，进一步拓宽农民增收渠道。目前，龙凤镇三产结构比已由2013年32∶49∶19调整为25∶38∶37。依托富硒、生态等优势，积极推进全域旅游发展。完成龙凤镇全域旅游发展总体规划编制，确立了"一心两翼五区六村庄"的旅游发展格局，精心打造吉心至二坡"小水果及蔬菜+生态农庄"、双龙线"茶叶+生态村庄"等新型业态，城郊休闲旅游示范基地正在崛起。2017年，全镇新发展旅游类专业合作社3家，新增宾馆旅舍床位1000余个，年接待游客6万人次。

依托地方特色，加速产业提档升级。积极打造龙马金果连心园、农产品加工园、低碳工业园及硒产业联盟等产业园区建设。投资1亿元建成金果茶业加工园，引进年加工茶业2000吨全自动生产线，并与杭州知名企业建立合作伙伴关系。依托恩施硒产业联盟，积极打造恩施绿色富硒知名品牌。目前，已有67家涉硒企业入园，成为联盟合作关系，提升了恩施农产品知名度和市场竞争力。借力电商龙头企业，大力发展电商产业。通过引进湖北供销裕农公司和武汉企派信息技术有限公司2家，建成1个电商运营中心、1个农副产品网上市场和18家村级综合服务社，为全市252家企业、专业合作社及农户提供电商技术指导与服务，顺利打通“工业品下乡、农产品进城”最后一千米。

【体制机制创新】 2017年，试点创新工作重点围绕金融服务、镇村治理、农村产权交易、公共服务均等化等5个方面，不断完善创新机制，加大推广力度，12月，试点金融扶贫机制入选全国基层改革创新案例。省委书记蒋超良、省长王晓东在省第十四次深改组会议上对试点创新工作给予高度肯定。恩施市委常委、龙凤镇党委书记崔宇辉荣获“湖北改革奖”荣誉称号。

金融服务创新机制。持续释放“一卡两社”金融扶贫改革红利，破解“三农”融资难、融资贵、融资慢等问题。“两社”已累计为农业企业、专业合作社及农户融资4.2亿元，其中2017年度融资额度为1.1亿元。扩大金融服务范围，推广金融服务机制在全市应用。目前，已有4个镇外企业、合作社加入专业合作社扶贫互助联合社，在红土、新塘等3个乡新成立了专业合作社扶贫互助联合社。金融创新助力龙凤镇市场主体由42家猛增至211家，徕福硒业、联强农贸两家企业快速发展成省级农业龙头企业。

农村产权交易创新机制。进一步规范农村产权交易，鼓励贫困户以土地入股的方式加入专业合作社，让贫困户的资源变资产、资金变资本，实现农民变股民。目前，中心已将业务覆盖到全市17个乡（镇、办事处），推动全市生产要素合理流动，盘活了农村资源和资产，在全市已实现“10672公顷资源变资产、8亿元资金变资本、3万农民变股民”，为43家企业开展“两权”抵押贷款1.04亿元，为38家企业开展“远程流动金融仓储”贷款2.3亿元，累计吸引10亿元工商资本流向农村。同时，依托平台探索建立针对贫困户的农业产业化项目配股、光伏发电收益分红、土地山林资源托管等财产性收入新机制，为900户兜底贫困农户增收加上了“双保险”。

产业扶贫创新机制。重点突出“互联网+、生态+、硒+、旅游+”四种新兴业态，引进培育一批农业龙头企业及产业、金融两类专业合作社，采取互惠联动的方式，带动老百姓发家致富。通过优化产业布局、搭建创新创业孵化平台、创新产业发展驱动，建立了“企业+专业合作社+基地+农户”联动发展模式和“猪—沼—菜（茶、水果）”生态循环发展模式，构建了生产、供销、信用“三位一体”综合性合作机制，形成了“一（多）村一品”“一（多）村一业”的产业发展格局，实现共赢发展、绿色崛起。2017年，全镇18个行政村集体经济收入均超过5万元，农村人均纯收入超过万元大关。

【重大事件和活动】 2月14日，省委常委、省纪委书记侯长安一行到恩施精准扶贫综合服务中心、龙马、硒产业联盟、国家硒检测中心调研试点建设、硒产业发展、体制机制创新及全面从严治党情况。同日，省易地扶贫搬迁考核组到龙凤镇双堰塘、佐家坝、猫子山、古场坝实地考评易地扶贫搬迁工作。28日，杭州市发改委对口办主任诸德斌一行到恩施精准扶贫综合服务中心、二坡及硒产业联盟调研试点“358”精准扶贫、“1+2+X”产业扶贫和硒产业发展情况并座谈。

3月27日，省委书记蒋超良在省委常委、省委秘书长傅德辉的陪同下，到恩施精准扶贫综合服务中心、龙马、硒产业联盟调研试点建设并召开座谈会。

4月11日，全国政协委员、台盟中央社会

服务部长蔡国斌率队到恩施精准扶贫综合服务中心调研试点大数据扶贫工作。24日，柬埔寨奉新比克党拉那烈主席办公厅副主任马尊率奉新比克党干部考察团到龙凤新区、龙凤初中、武商小学调研农村网校、同步课堂及“亲情小屋”建设情况。25日，省长王晓东在省政府秘书长王祥喜陪同下，到恩施精准扶贫综合服务中心、硒产业联盟、龙马保扎、龙马风情小镇调研试点建设及产业发展情况。

9月14日，浙江省委副书记、省长袁家军一行到恩施精准扶贫综合服务中心、龙马调研试点产业发展及体制机制创新情况并走访贫困户。

（蔡　燕）

编辑　马兹河

农业和农村经济

农业产业

【概　况】 全州共有乡村户93.55万户，乡村人口318.45万人，其中乡村劳动力202.49万人。全州耕地面积392.6万亩，其中水田104.1万亩，旱地288.4万亩。全州农林牧渔业增加值达到161.83亿元，同比增长4.4%。实现农林牧渔业总产值275.19亿元，增长4.0%。农村常住居民人均可支配收入达到9588元，同比增长9.9%，增幅居全省第3位，高于全省1.4个百分点。

【茶产业链建设】 全州年末实有茶园面积158.81万亩，新增11.5万亩，占全省面积533万亩的29.8%，位居全省第1位。其中投产茶园120万亩，比上年增加10万亩。茶叶总产量达到10.29万吨，同比增7.9%，占全省产量32.5%，位居全省第1位。茶业综合产值达到120亿元，同比增长10%。全州茶农人均茶叶收入4200元，同比增长19.5%。主要茶类绿茶、红茶、青茶、黑茶的结构比例，由2016年的0.63∶0.26∶0.06∶0.05，调整为0.61∶0.29∶0.05∶0.05。全州具有直接出口业绩的茶叶企业12家，全年直接出口3151.4万美元，出口额与去年持平。“恩施富硒茶”在2017年中国茶叶区域公共品牌价值评估中，价值为12.92亿元，排名第47位，较2016年上升6位。“恩施玉露”品牌价值达到15.27亿元，排名第37位，较2016年上升6位。“恩施硒茶”参加由中国优质农产品开发服务协会2017年底主办的“2017最受消费者喜爱的中国农产品区域公用品牌”评选，荣获“2017最受消费者喜爱的中国农产品区域公用品牌”。“恩施玉露”参加首届中国国际茶叶博览会“中国十大茶叶区域公用品牌”评选，入围27个“中国优秀茶叶区域公用品牌”之列。宣恩伍家台荣获“全国最美茶园”荣誉称号。恩施硒茶州域公用品牌地理标志商标进入审批程序，“利川功夫红茶”成功注册地理标志证明商标。

在全国、全省率先启动茶叶全域绿色化生产，打造了恩施市白杨坪镇、鹤峰县邬阳乡两个茶叶绿色化示范乡镇。实施省农业厅下达恩施州茶叶绿色生产模式示范项目4个160万元，分别在恩施市、宣恩县、咸丰县、鹤峰县建设完成。推进茶叶加工电气化，2017年全州新增电气化制茶企业26家，达到52家。

2017年5月12日，组织27家企业参加“2017第十届中国武汉茶业博览交易会”，独立开设了560平方米的“恩施硒茶馆”，现场销售产品113万元，签订销售订单21个，各参展企业共找到战略合作伙伴43个。

【在杭州举办：恩施硒茶推介会】 2017年6月19日，借助农业部和浙江省人民政府联合主办的首届“中国国际茶叶博览会”平台，恩施州在杭州国际博览中心举办了“恩施硒茶推介会”，州委书记、州人大常委会主任李建明亲自作“恩施硒茶”推介。

【参加2017年国际茶业大会】 2017年9月26日，2017国际茶业大会在恩施市召开。来自35个国家和国际组织，国内19个省市区及港、澳、台地区的茶业行会组织、政要、专家、企业家等400多名代表，国内外200多家茶商、2000余个产品参展参会，70多家媒体120多名记者到会采访。本次大会共开展了14项主题活动，其间共签约茶叶出口协议7个、贸易总额4000万美元；茶叶采购协议22个、采购金额2.9亿元；签约投资项目23个、投资总额103.66亿元，签约其他硒产品采购协议58个采购金额13.44亿元。国际茶叶委员会授牌恩施州“世界富硒养生茶”、宣恩县“国际魅力茶乡”，授予省农业厅调研员、省茶叶学会会长宗庆波“国际杰出贡献茶人”；授予省陆羽茶文化研究会会长石艾发、省茶叶学会副会长兼秘书长龚自明、省茶叶协会会长李云、省茶叶协会常务副会长、秘书长孙冰、武汉茶业协会会长张岳峰、武汉易生生物科技有限公司董事长王戈达、利川金利茶业有限责任公司董事长王启茂、随州市神农茶业集团董事长刘三运、恩施市润邦国际富硒茶业有限公司董事长张文旗“国际魅力茶人”奖；授予恩施玉露传承人杨胜伟教授“国际硒茶大师”称号。

产业融合发展上有重大突破，咸丰县麻柳溪村、恩施市芭蕉侗族乡枫香坡风情寨、宣恩县伍家台休闲农业园、巴东县香浓寨生态有机茶园，被省农业厅、省旅游委正式认定为湖北省休闲农业示范点。

【硒产业建设】 2017年硒农业总产值达到245亿元，占全州硒产业总产值的55%。2017年新建或改造硒茶基地6.14千公顷、硒粮油基地33.35千公顷、马铃薯基地13.34千公顷、硒干鲜果2.47千公顷。全州已建成富硒特色农产品基地233.45千公顷，其中烟叶、茶叶、蔬菜、魔芋、烟叶、中药材等富硒产品基地面积均居全省首位，并率先在恩施市白杨坪镇、鹤峰县邬阳乡实施了恩施硒茶标准化种植项目，初步建成标准化基地0.02千公顷，打造了恩施芭蕉、建始花坪、宣恩万寨等一大批集中度高、特色明显的富硒产业专业乡镇。全州从事硒产品生产、加工、流通的企业已达到1000家，其中规模以上企业127家，涉硒高新技术企业21家。2017年全州共投入资金7.67亿元，用于206家涉硒企业扶持，“中国硒谷生态农业板块”40家企业在四板集中挂牌。

【加强品牌打造】 不断提升恩施硒产品的品牌影响力。加强“恩施硒茶”“恩施硒土豆”等公共品牌打造和保护，品牌影响力不断扩大，“恩施硒茶”入选第一批62个中国特色农产品优势区名单，“恩施硒土豆”“恩施硒茶”先后荣获“2016、2017最受消费者喜爱的中国农产品区域公用品牌”。加强宣传推介，着力打造“世界硒都·中国硒谷”公共品牌，在国内主流媒体刊发专稿专版面或制作播出专题节目，利用对外会议交流活动进行推介宣传，全面唱响恩施硒品牌；聘请央视纪录东方栏目组拍摄了“恩施硒游记”；CCTV-7《乡土》栏目拍摄记录片《行走魅力茶乡——茶香飘过恩施》。组织州内200余家（次）涉硒企业参加全国品牌农业大会、陕西安康硒博会、武汉农博会、湖南桃源硒博会等展会，进一步在全国各地唱响了硒品牌。9月25日—9月30日，第四届世界硒都（恩施）硒产品博览交易会成功举办，中国名优（特色）硒产品评选活动首次全程引入了公证机制，共收到州内外150余家企业、417个样品参加评选，最终评选出了52个“中国名优硒产品”、59个“中国特色硒产品”。

【硒标准体系建设】 引导硒产业走标准化和规范化发展道路，提高恩施硒标准话语权。先后成立了富硒种植养殖、富硒食品、富硒茶业出口检验检测三个标准化推进办公室。依托州内科技检测力量，推动制定了湖北省富有机硒含量的地方标准，研究制定了水稻、马铃薯、红小豆等五大类作物的富硒种植规程，备案了100余项硒产品加工的企业标准。探索建立硒产品质量溯源体系，将相关信息浓缩为产品二维码，确保消费者明白消费、安全消费，并已经在硒博会成功使用。

【马铃薯主粮化】 2017年，全州马铃薯种植规模达到133.13千公顷，同比增长1.69%；产量212万吨，同比增长8.71%；综合效益达到35亿元。2017年脱毒种薯普及率达到30%以上，农机作业率达到15%。新建马铃薯“三薯合一”生产示范基地339.74公顷，“良种下大田”示范基地511.06公顷，马铃薯储藏库7505.8平方米，研制马铃薯主食加工产品96款，新增年产600吨马铃薯复合花片生产线一条，引进、鉴定和保存马铃薯资源500余份，新建马铃薯晚疫病预警防控观测点20个。巴东县马铃薯绿色高效创建专项（中央农业转移支付资金550万元），新发展马铃薯种植农户5400多户，涉及8个乡镇、41个村，总播种面积达到733.7公顷。国家现代农业生产发展资金500万元重点建成马铃薯原种生产基地66.7公顷、马铃薯脱毒种薯生产智能温室1200平方米。争取到国家主食加工试点项目资金100万元，支持恩施州亚麦食品有限责任公司完成了马铃薯主食加工生产线改造升级。全州从事马铃薯种植、主食产品加工、市场营销的企业和专业合作社已达96家，其中2016年新增27家，其中种薯生产企业占13.33%、加工企业占7.62%、营销企业占17.14%、优质商品薯生产企业占61.91%、蔬菜转行企业占65%以上。2017年6月17日至20日，组团参加在贵州毕节举行2017年中国马铃薯大会，全州报名参会人数达64人，其中企业代表26人。2017年8月9日，组织参加了中国农科院在陕西定边举行的全国马铃薯主食加工会议，亚麦公司研制的“富硒土豆烧”获第二届中国马铃薯主食产业“十大主食”称号。协助中央电视台记者拍摄的《小土豆变身金蛋蛋》专题片于2017年12月4日、12月6日在中央7台农广天地栏目中播出。

【粮油生产】 全年粮食播种面积42.84万公顷，比上年下降0.8%；粮食产量153.67万吨，增长2.6%；油料播种面积6.45万公顷、产量10.99万吨，面积下降0.7%、产量增长2.7%。其中，水稻面积5.86万公顷，比上年减少2270公顷，产量33.32万吨，比上年减少0.36万吨；小麦面积4640公顷，比上年减少4000公顷，产量1.3万吨，比上年减少0.09万吨；玉米面积13.11万公顷，比上年减少1250公顷，产量63.28万吨，比上年减少1.65万吨；马铃薯13.33万公顷，比上年增长670公顷，产量30.55万吨，比上年减少0.05万吨；大豆面积2.37万公顷，比上年增长420公顷，产量3.7万吨，比上年减少0.12万吨；蚕豌豆面积9450公顷，比上年增长300公顷，产量2.02万吨，比上年增长0.31万吨；红薯面积6.28万公顷，比上年减少2030公顷，产量16.84万吨，比上年减少1.86万吨。全年油料播种面积6.45万公顷、产量10.99万吨，面积下降0.7%、产量增长2.7%。其中，油菜籽面积4.67万公顷，比上年减少870公顷，产量7.75万吨，比上年增长0.04万吨；花生9020公顷，比上年增长710公顷，产量23.95万吨，比上年增长0.24万吨。

【蔬菜水果】 全州蔬菜播种面积达到14.55万公顷，比上年减少320公顷，产量269.32万吨，比上年减少14.62万吨。全州果园总面积达到5.9万公顷，同比增长14.41%；总产量35.58万吨，同比增长8.6%。

【产业扶贫】 将产业扶贫纳入全州农业农村工作重点和农业“十三五”发展规划。按照“121”（在贫困村建1片基地+专业合作组织、资金互助合作组织2个合作组织+1个龙头企业）产业扶贫模式，大力发展茶叶、蔬菜、水果等特色产业，全州729个村已经建立或者引进了产业合作社1675个，729个村建立了729个金融互助合作社（站），729个村对接了602家龙头企业。围绕州县优势主导产业，总结提炼了恩施硒茶、来凤藤茶、咸丰黑猪、咸丰唐崖茶等4个产业扶贫范例。研究制定出台《关于整合财政金融政策推进产业扶贫的意见》《关于推进恩施州扶贫小额信贷健康发展的意见》《恩施州"新型农业经营主体+建档立卡贫困户"扶贫小额信贷管理实施细则》等政策性文件，推出"资产收益、股权收益、信贷收益、就业收益"等政策扶贫收益模式，确保产业扶贫资金和小额信贷资金效益最大化。对产业扶贫实行"清单式"管理，月月督促县市及产业扶贫责任单位按时上报月度工作清单，时时监测全州产业扶贫进展，并开展"产业扶贫不作为乱作为专项治理"，对查出问题严肃整改，截至12月底，对查找出的产业扶贫不作为乱作为106个问题，已完成整改56个，正在整改8个，42个问题需长期整改。

【农业产业化】 全州农产品加工业种类齐全，涵盖11个农产品加工业大类。从2017年分行业产值来看，产值过50亿元的加工行业1个，产值过10亿元的3个，产值过5亿元的2个，其余5个行业产值在5亿元以下1亿元以上。从2017年分行业增速来看，皮革、毛皮、羽毛及其制品和制鞋业同比下降33%，下降幅度最大；农副食品加工业同比下降4.4%；造纸和纸制品业同比增长46%，烟草制品业同比增长22%，增长幅度明显；食品制造业同比增长11.54%；酒、饮料和精制茶制造业同比增长5.3%；其他行业增幅趋于稳定。2017年全州规模以上农产品加工企业298家，比去年减少4家，占全州规模以上企业（528家）的56.4%，实现农业总产值275.19亿元，规模以上农产品加工产值249.76亿元（含烟厂），规模以上农产品加工产值与农业总产值之比为0.91∶1，同比增加0.05个百分点。从企业数量和产值来看，农产品加工业占据了全州工业的半壁江山，其中全州拥有烟草加工企业2家，2017年产值93.16亿元，同比增长31.47%。同时，全州拥有农业产业化国家级重点龙头企业2家、省级重点龙头企业41家、州级重点龙头企业207家，家庭农场、农民专业合作社分别达到3169家、10768个，分别同比增长42.04%和22.74%。全州去年产值过5亿元的企业只有1家，即思乐集团，销售过亿元的企业只有32家，仅占全州农业产业化龙头企业的15.46%、规上企业的10.6%。2017年全州新增1个全国最美休闲乡村，即来凤县石桥村；新增7个湖北省休闲农业与乡村旅游示范点，即咸丰县麻柳溪村、恩施市芭蕉侗族乡枫香坡风情寨、宣恩县伍家台休闲农业园、利川市白鹊山民俗旅游生态园、宣恩县绿康源生态农庄、湖北大美土家生态农业园、巴东县香浓寨生态有机茶园；新增2个全国"一村一品"示范村镇，即建始县花坪镇村坊村（关口葡萄）、咸丰县高乐山镇沙坝村（长青茶叶）。全州现有星级农家乐2474个，累计接待游客4900万人次，实现旅游综合收入360亿元，增长18.8%。乡村旅游产业每年承载10万农民就业，拉动城乡居民收入年均增长10%以上。2017年全州注册商标数9637件，比2016年新增2258件，其中涉农商标3457件，新增706件，涉硒商标298件、茶叶商标1255件、药材商标245件。我州现有中国驰名商标4件，分别是"恩施玉露及图""伍家台贡茶及图""三峡牌及图"白酒和"长友牌及图"果蔬罐头；全州共有地理标志24件，拥有湖北省著名商标133件，湖北名牌产品59个，拥有"三品一标"认证企业136家（农业部认定），产品274个，有机农产品基地获得国家认证为全省唯一，绿色食品原料基地认证面积为全省第一，绿色、有机食品产品认证总量为全省第一。拥有"恩施硒茶""恩施玉露""恩施硒土豆""思乐"畜产品、"大山鼎"高山蔬菜、"清江源"烟叶等州域公用品牌。2017恩施硒茶销售额51.77亿元，恩施玉露销售额5.1亿元。

【农产品质量安全】 坚持制度先行，研究起草《恩施州农产品质量安全工作规则》《恩施州基层农产品质量安全监管体系建设方案》《恩施州农业化学投入品管理规定》等政策文件。建立健全农产品质量安全监管机制，全州88个乡镇成立了农产品质量安全监管机构，宣恩县、鹤峰县建成县级农产品质量安全追溯平台，鹤峰骑龙茶业、鹤峰金阳特色农产品、咸丰鑫源等3家企业建立了农产品质量安全追溯系统。扎实开展“农产品质量安全管理年”活动，围绕全州农产品质量安全监管突出问题和薄弱环节开展专项整治活动。切实加强农产品质量安全监测，主要农产品抽检合格率达99.68%，全年未发生重大农产品质量安全事件。宣恩、鹤峰两县被列为“国家级农产品质量安全县”创建单位，利川、来凤、咸丰三个县市被列为第二批“省级农产品质量安全县”创建单位，为我州争创“国家级农产品质量安全州”奠定了基础。抓无公害、绿色、有机和地理标志农产品“三品一标”基地建设，2017年新申报创建国家、省级有机和绿色食品原料基地6个，总面积38.49千公顷。目前全州已认证和正在创建的“全国绿色食品原料标准化生产基地”“全国有机农业示范基地”“湖北省省级绿色食品原料标准化生产基地”共18个，基地总面积107.15千公顷，基地数量和规模全省第一；已认证有机基地4个为全省独有，占全国总计22个有机基地的18%，成为全省唯一获得国家有机农产品基地认证的市州；全年新认证绿色、有机生产企业17家，产品50个，累计通过农业部认证“三品一标”企业达136家，认证产品274个。

【农业科技推广】 品种上，马铃薯主推“鄂马铃薯10号”“青薯9号”等品种，加大优质老品种“米拉”脱毒种薯扩繁；水稻主推“宜香107”“宜香优208”“瑞优3399”“中9优591”等优质品种；玉米主推“康农玉108”“恩单804”“腾龙1号”“鄂玉26”“康农玉3号”等；油菜主推“华油杂9号”“华油12号”“中油杂12”“德新油59”“大地199”等；小麦主推“鄂恩6号”“郑麦9023”；甘薯主推“恩薯3号”大豆主推“恩豆—31”“兴豆1号”等；积极引进荞麦、大豆、红小豆、高粱等小杂粮新品种10余个。技术上，积极推行良种良法配套，农机农艺融合，发布2017年恩施州农业主推技术、水稻集中育秧及全程机械化技术、水稻病虫害绿色防控技术、玉米轻简高效栽培集成技术、“恩施硒土豆”精准集成高效栽培技术、“恩施硒油菜”绿色高效栽培技术等轻简栽培技术。《恩施硒土豆生产技术规程》已经恩施州质量技术监督局发布（DB422800 / T006–2017）并正在申报农业部和省级标准，《恩施硒油菜绿色高效生产技术规程》《恩施州富硒稻谷生产技术规程》《恩施州富硒大豆生产技术规程》，已经恩施州质量技术监督局立项和专家评审。

【农业科技培训】 实施新型职业农民培育工程，共培训新型职业农民4080人，争取到2017年新型职业农民培育项目资金972万元。组织开展农技人员知识更新培训393人。恩施市龙凤坝农业服务中心袁亮、利川市忠路农业服务中心黄云书被评为全国最美农技员（全国共评选100名，全省7名），11人评为全省最美农技员（全省共评选100名）。组织各项农村实用人才培训1538人，成功举办农村实用人才带头人创业大赛，评选出优质创业项目16个，共奖励资助专项资金40万元，4个项目获省创业大赛奖励。

【农业行政审批】 梳理权责清单，对权责清单进行动态管理，调整事项1项，取消事项2项，承接事项，1项，进一步确保事项办理规范、公开、透明、便民。依法依规开展政务服务，认领行政服务事项10项，行政许可1项，并进行服务指南和流程的编制。行政许可即主要农作物种子生产经营许可，已被纳入恩施市民之家第一批“一次办好”事项。2017年，接受许可证办理咨询5人次，农作物种子质量检验检测费减免涉及3家企业，减轻企业负担1500元，农产品质量委托检测费减免涉18家企业，减轻企业负担53635元。严格落实农业系统“双随机一公开”抽查制度，州农业局9项双随机监督检查事项实现了检查事项覆盖率100%，系统录入率100%，对外公开率100%。扎实巩固“红顶中介”治理成果，恩施农业部门主管的协会，实现和坚持机构、人员、职能、财务、办公场所与农业部门“五脱钩”。

【农业行政执法】 全州组织开展种子市场专项执法行动、农资打假专项督查行动、农药市场监督抽检行动、种子（苗）市场植物检疫检查行动、禁用农药和危化品农药专项整治行动、农药管理新条例宣传贯彻行动、农资违法案件查处行动、肥料执法专项行动等八大专项行动。共出动执法车辆503台（次），出动执法人员4199人次，检查农资经营门市3711余家（次），抽样检测327批次，下达责令改正通知书11份，立案查处案件40起。彻底销毁了我州长期积存的废弃农药113吨，消除了失窃、易燃易爆易中毒、污染环境等多重隐患。

【农业机械化】 全州拥有各类农机具138万台套，农业机械原值16.95亿元，农机总动力在剔除农用运输车动力后达到237.91万千瓦，主要农作物生产机械化综合水平达到46%，其中耕种收水平达到28%。机耕作业面积450万亩，机播面积18万亩，机电灌溉面积58万亩，机械植保面积283万亩，机收面积102万亩，农机跨区作业面积达到31万亩。

【项目建设】 全州农业项目争取到位个数、资金双超历史，全年共申报争取到位农业部农业建设项目12个，项目总投资14477.65万元，是16年争取到位农业部建设项目资金的3倍多，其中：中央资金7616万元，省级财政配套1296万元，建设单位自筹5565.65万元；同时协调争取支农专项资金1亿多元，其中省级优势特色农产品示范区项目建设资金5500万元、一二三产业融合发展资金1350万元。完成申报2018年农业部项目4个，项目总投资9500万元，其中：中央资金4100万元，省级财政配套400万元，建设单位自筹5000万元。全州有农业部下达的在建项目36个，总投资达2.52亿元，其中中央资金1.71亿元，部分项目通过省级竣工验收并投入使用，一批项目进入竣工验收程序，一批项目建设进度明显加快。制定出台《恩施州农业项目专家库管理制度》《恩施州农业项目专家工作规程》，充实完善了农业“专家库”。

【农业招商】 农业招商围绕实在项目、实质对接、实际成效的工作思路，创新建立一个项目库，精心举办一批对接会，成功引进一批投资商。江苏赛银投资控股有限公司投资的硒产业项目一度成为2017年度全州硒产业升级的引爆点，受到州委州政府主要领导的重视，《恩施日报》《每日要情》等专栏报道农业招商工作。构建“大招商”格局、突出“针对性”对接、提供“保姆式”服务，2017年，全州落地农业招商项目24个，总投资约87亿元，农业招商为落实全州招商引资“一号工程”探索一条可复制、可推广的典型经验。

【扶贫帮扶】 紧盯产业所需，突出协作帮扶，杭州.恩施东西部扶贫协作茶产业提升工程获得国务院考核组首肯，成为亮点；农业部定点扶贫工作以建立扶贫攻坚合力共建新机制为突破口，部州联系更加紧密，工作对接更加有力。一年来，在互访互联、科教培训、人才交流、活动会展、开设窗口等领域与杭州方面开展了密切协作，浙江新洲国际贸易有限公司、艺福堂茶业有限公司等杭州茶企相继到恩施投资兴业；恩施州在项目申报、特优区创建、产业扶贫、农企对接等方面得到农业部倾力支持。部地同心、区域协作处处展现的是决战脱贫农业部门积极作为、勇立新功的信心和决心。

【农业灾害】暴雨洪涝。9月以来，全州平均阴雨天达38天，且在9月1日至2日、9日至10日、18日至19日、28日至29日、10月2日出现5次大范围强降水过程，10月2日8个国家站平均雨量达138.6毫米，达大暴雨量级，为60余年来最严重秋汛，对恩施州农作物秋收秋种秋管工作造成很大影响。致使全州农作物作物受灾面积4.78万公顷，成灾面积2.58万公顷，绝收面积5580公顷，损失产量5.83万吨，损失金额19656.76万元。其中玉米1.88万公顷受灾，7800公顷成灾，3420公顷绝收，损失产量30203.1吨，损失金额13079.5万元；水稻5180公顷受灾，3020公顷成灾，950公顷绝收，损失产量6350.2吨，损失金额2375.26万元；豆类3790公顷受灾，1170公顷成灾，750公顷绝收，损失产量1418吨，损失金额617万元；红薯7370公顷受灾，6000公顷成灾，66.7公顷绝收，损失产量10650吨，损失金额1745万元；蔬菜8400公顷受灾，600公顷成灾，66.7公顷绝收，损失产量5700吨，损失金额1040万元；秋马铃薯1330公顷受灾，1330公顷成灾，3335公顷亩绝收，损失产量4000吨，损失金额800万元。

病虫害。全州农作物病虫发生的总体趋势是病害重于虫害，其中马铃薯晚疫病偏重发生、水稻两迁害虫中等发生、玉米灰斑病、穗腐病偏重发生、茶小绿叶蝉中等发生、葡萄霜霉病偏重发生。全州各县市农业部门及时发布病虫情报，并组织机防队适时开展统防统治，病虫害得到有效控制，产量损失不大。

【考核表彰】2017年10月26日，州农业局在组织开展2017年湖北省农村实用人才创业创新项目创意大赛活动中被湖北省农村实用人才工作领导小组授予“最佳组织奖”。2017年11月8日，恩施市龙凤坝农业服务中心袁亮、利川市忠路农业服务中心黄云书被农业部评为全国最美农技员，利川市农业局研究员邓楚洪等11人被省农业厅评为全省最美农技员。2017年12月22日，恩施州利川市忠路镇农业服务中心主任黄云书被人社部、农业部表彰为全国先进工作者，巴东县兴余绿色农产品种养专业合作社邓绍南、来凤县农园果蔬专业合作社向辉被人社部、农业部表彰为全国农业劳动模范。2017年12月19日，恩施州绿色食品管理办公室被湖北省绿色食品管理办公室、湖北省农产品治理安全中心表彰为“全省‘三品一标’工作绩效考核优秀单位”。2017年12月29日，恩施州种子管理局被湖北省种子管理局“2017年度全省种子管理工作先进单位”。2018年1月10日，州农业局被湖北省农业厅表彰为“2017年度全省农业工作成绩突出先进单位”。2018年1月15日，恩施州农业执法支队被湖北省农业行政综合执法总队表彰为“2017年度全省农业行政综合执法工作先进单位”。在省对州政绩目标考核中，州农业局在湖北省农业厅年度综合考核中被评为优秀单位。

【重要活动及会议】2017年4月14日，恩施州委农办、农业局在全省“三品一标”暨农产品标准化现场会上作了题为《大力发展“三品一标”农产品培植经济发展绿色增长》的交流发言。2017年6月15日，原州委书记李建明在全国（重庆石柱）产业扶贫现场会上以《抓住产业扶贫根本夯实脱贫攻坚基础》为题作了典型交流发言。2017年11月22至23日，恩施州农业局组织承办了农业部经管司、经管总站在恩施市举办龙头企业与恩施、湘西产业扶贫考察对接活动。2017年12月4日，恩施州委农办、农业局在全省农业计划财务管理培训班上作了题为《着力建章立制完善监管体系不断提高农业项目建设管理水平》的交流发言。

【恩施州农业局负责人名录】

中共恩施州委农办主任、州农业局党组书记、局长：黎华辉

农业局党组成员、州纪委派驻纪检组组长：谭祖沧

中共恩施州委农办副主任、州农业局党组成员、副局长：杜方平

农业局党组成员、副局长：肖刚清　刘　军
田代华

农业局副局长：徐力兴（农业部挂职干部）

农业局党组成员、州农机化办主任：
李继红

（雷　晶）
编辑　马兹河

农业科技

【概　况】 2017 年，恩施州农业科学研究院（以下简称州农科院）在中共十八大、十九大精神的指引下，学习贯彻习近平新时代中国特色社会主义思想，围绕“建设创新型国家”“供给侧结构性改革”“精准扶贫”“走在前列、建设支点”“打造湖北省特色产业增长极”等国家、省、州一系列重大决策部署，在州委、州政府的坚强领导下，院党委团结带领全体干部职工乘势而上，砥砺前行，通过抓改革、搭平台、聚人才、出成果、促转化、强管理、严党建、促和谐一系列卓有成效的工作，推动全院各项工作高标准高质量开展，圆满完成了各项任务。

【科研课题】 承担国家马铃薯科学家岗位，玉米、茶叶、水稻、马铃薯、华中薯类观测实验站、农产品风险评估实验站等“一岗六站”的创新任务，省农业科技创新中心马铃薯、特色作物、粮油作物“三个”创新团队、民族专项创新课题、硒专项为主的地方课题及国际合作、国内协同创新课题共 70 余项，全年科研经费达 1700 余万元。

【科研成果】 申报的“名优绿茶清洁化连续化生产线示范推广”获省科技成果推广奖三等奖，申报的“马铃薯新品种鄂马铃薯 10 号的选育及示范推广”获州科技进步二等奖，“高产抗病杂交水稻中 9 优 591 的推广应用”“恩施州马铃薯脱毒种薯繁育体系的建立及推广示范”分别获州科学技术成果转化二等奖、三等奖。联合申报的“魔芋软腐病绿色高效防治技术创新与集成应用选育”“武陵山片区茶叶质量安全可视化追溯大数据服务平台开发与应用”获省科技进步二等奖。选育的玉米新品种“恩单 3558”已通过省级审定，“适用于机械化管理的茶园内环式栽培模式的研究与应用”获省成果鉴定。全年在省级以上期刊发表论文 34 篇，其中两篇在国际著名学术期刊《科学》等上发表，3 篇论文被 SCI 收录。制定的省食品地方标准《富硒食品中无机硒的测定——原子荧光形态分析法》获得通过，完成了恩施州地方标准和企业标准各 10 项。获专利授权 9 项。支持恩施市申报的“恩施马铃薯”获国家地理标志产品保护。主持编写了《农业部武陵山区定点扶贫县农业特色产业技术指导丛书》一套 4 册。参与编写《高山野生菜用植物资源评价与训化栽培》一部。

【马铃薯甘薯科研】 2017 年新引进 80 余份，播种种质资源 950 余份。完成 200 余份杂交组合，现已有 16 份组合杂交结实；播种杂交实生籽 132420 粒，已移栽实生苗 6 万余株；鉴定各类无性系 7000 余份，其中高代品系 11 份，有 3 个品系田间表现高抗晚疫病，植株长势旺盛，综合性状优良；提供 2 个新品种参加湖北省 7 个点的品种比较试验，目前田间综合表现较好；提供鄂马铃薯 16 号、T0135-1 参加试验，目前田间综合表现较好。为扩大品种选育适应范围，与福建农林大学、襄阳市农科院合作，100 余份材料表现较好。

全年生产鄂马铃薯 10 号、11 号、12 号、13 号、14 号、16 号、米拉试管苗 88000 根；对 11FF28-9、11FF36-3 等 23 份马铃薯优良品系及

品种、3份甘薯品种资源进行茎尖脱毒；完成了马铃薯品种资源323份材料的继代、扩繁及保存工作。开展品种引进试验1组，引进国内优良早熟品种9个，中晚熟品种12个，初步筛选低海拔优良品种3个，中高海拔优良品种2个。开展硒肥试验3组，开展YM生物菌肥试验1组。开展马铃薯田间杂草资源库建设，制作杂草标本30份，采集马铃薯主要杂草种子23种，已基本完成西南地区数据采集；开展马铃薯田草害综合防治技术研究，在恩施、重庆、长春、襄阳等地开展田间试验24组；对土壤和薯块主要除草剂进行动态残留检测和室内生测。在恩施红庙、三岔、天池山、太山庙及利川汪营、齐岳山建立马铃薯晚疫病预警系统6台和天池山1台马铃薯墒情仪，收集田间气象、土壤资料，有效指导了晚疫病化学防治时间，防治效果明显；选择当地主栽品种，在恩施不同海拔高度建立多品种抗性观测圃；选择多点开展马铃薯晚疫病药剂筛选和预警系统指导马铃薯晚疫病防治的验证试验等4组；在恩施马铃薯主产区采集晚疫病样品60余份，已完成病菌分离鉴定。提供鄂马铃薯系列品种、费乌瑞它、青薯9号和米拉等品种在湖北省及武陵山区等西南马铃薯主产区进行展示试验及大面积推广，建立米拉、鄂马铃薯10号、11号、13号、14号等专用新品种良种繁育生产示范基地6个，面积达333.5公顷。依托湖北清江种业有限责任公司，在利川、恩施、巴东等新建脱毒种薯繁育基地166.75公顷。积极对接企业，搞好春播春管春防技术培训，先后在恩施芭蕉、新塘、红土、三岔、太山庙，鹤峰高原，咸丰忠堡，宣恩李家河，建始官店、龙坪，巴东绿葱坡、大支坪、野三关，利川汪营、文斗、齐岳山等地开展播种、管理、综防等技术培训，共开展技术讲座和田间指导培训15期，培训人员300余人次，科技咨询达到500余人次。还与来凤三丰时代农业有限公司继续开展甘薯的脱毒种薯技术和快繁体系研究。协助恩施市三岔镇人民政府举办了“土豆花儿开”文化旅游推介活动，3名正高职专家被特聘为马铃薯产业科技顾问，选育的鄂马铃薯10号、米拉等马铃薯品种作为地方支撑品种，被誉为“脱贫薯”“致富薯”。

【魔芋大豆科研】 配制魔芋杂交组合180个，其中远缘杂交组合150个，杂交成功率在70%以上，优选苗头品系7个，扩繁新品系7个，引进资源12份。全力支持花果山公司和后河魔芋专业合作社建立“鄂魔芋1号”种繁基地和标准示范基地，开展技术培训和田间指导10次，达到500人次。建立鄂魔芋1号种芋基地33.35公顷，其中建始30公顷，恩施龙凤镇3.34公顷。后河魔芋专业合作社被评为精准扶贫优秀市场主体单位。完成大豆区域试验2组，开展耐阴性大豆新品种选育研究，与宣恩土家爱公司签订了院企合作协议，开发一系列富硒大豆产品。

【水稻油菜科研】 完成国家武陵山区试，湖北省中稻区试等各级区试任务。完成水稻创新团队的创新任务；完成水稻粳稻品种选育和水稻富硒品种选育项目的阶段性工作；水稻的南繁试验工作；完成水稻品种现场考察3个。提供多个品种参加湖北省中稻预试、武陵山国家区试及省级区试。油菜稀植高产栽培技术全国有关专家测产验收亩产306公斤，完成油菜稀植高产栽培技术规程起草和查新等工作。与利川富余农资有限公司、咸丰农技站、宜宾市农科院、利川南坪丛青家庭农场等单位开展41个品种的合作。继续推进与省农科院、湖北大学、孝感农科院、武汉市农科院、武汉市多倍体生物科技有限公司和中种集团等单位的合作；与中油所合作完成夏繁鉴定和新组合区试供种。与企业合作完成水稻新品种示范33.35公顷；全州油菜稀植高产栽培示范约4000公顷；旱地油菜栽培示范0.34公顷。推广小村红衣米花生高产高效栽培技术，培训农民200人次以上。

【玉米小麦科研】 种植常用玉米材料2800份，种植特用玉米材料355份，共鉴定常用玉米测交组合9500份，甜糯玉米组40份，常用玉米组合品比255个，玉米测验25份，展示玉米组合112个。诱导单倍体，组建材料6份，材料加倍12份，种植DH系255份，扩繁诱导系6份。与华中农业大学、四川省农科院、宜昌市农科院、十堰市农科院等单位合作，进行新组合、材料的鉴定；与北京金色农华、安徽丰大、武汉丰乐、四川禾馨奇、湖北粒满尖、湖北省种子集团、湖北腾龙种业、巴东金穗合作，进行玉米新品种示范。依托湖北中种武陵种业，湖北腾龙种业、湖北粒满尖、武汉丰乐等企业，推广自育玉米品种244.72千公顷，社会效益显著。实施千亩玉米新品种示范工程。作为主编单位，与河南省农科院、河北省农科院、东北农业大学、黑龙江省农垦科学院、宜昌市农科院、恩施州农业局等单位共同撰写《中国东部不同熟制地区玉米栽培》专著一部。

【茶叶科研】 在利川、鹤峰、宣恩新建茶园内环式应用技术新建示范推广基地13.34公顷。完成国家茶叶产业技术体系、省现代农业技术体系试验任务，开展农技人员植保员培训60余人。引进茶树新品系10份，进行适应性调查。完成茶树富硒机理课题，采集土样60个，茶叶样品208个。完成生长调节剂试验，按照试验方案完成茶叶样品300个，测产及茶叶内质分析，撰写试验报告。承担恩施硒茶安全生产集成技术研究与示范，富硒旅游茶食品研究与开发均取得了实质性进展。第一时间协助恩施市应对2017年5月的重大茶叶病虫害，及时为种植农户提供技术支持，减轻灾情，减少损失。举办一次“茶为国饮，硒茶为优”的全民饮茶日活动，宣传恩施硒茶，社会反响良好。成功举办全国“茶叶机械化标准化生产技术集成与示范”现场交流会，自编自演的“恩施印象”欢迎茶会受到与会人员高度肯定。

【植保科研】 首次公开提出“稻瘟病菌致病性时空假说”，在水稻品种抗稻瘟病全程监控技术理论研究方面取得重大突破。主持制定的《水稻品种抽穗扬花期耐冷性鉴定与评价技术规程》2017年12月3日通过湖北省地方标准评审。按照农业部科教司产业技术处关于开展14个特困连片区域产业技术体系扶贫工作的要求，2017年度恩施综合试验站在水稻优势产区利川示范县开展“武陵山区水稻产业提质增效安全生产关键技术研发与示范”工作，筛选出符合利川二高山种植的抗病、耐冷、早熟、优质、高产水稻品种两个；监测17个审定推广的水稻抗稻瘟病品种；选择75个组合F3代进入2018年鉴定选择；开展利川二高山水稻绿色高产配套栽培技术试验和富硒稻米、稻鱼、稻虾等高效栽培模式试验。本年度完成湖北省鉴定材料18组216份，参与其早、中、晚稻区试和生产试验考察工作并撰写考察报告3份；完成国家武陵山区鉴定材料1组18份，恩施州鉴定材料3组50份。全年共培训农技人员484人次、种田大户698户、农民4200人次，发放培训资料5785份。开展对外技术服务合作项目51项。

【药材园艺科研】 开展天然富硒功能性食品研究与开发、三叶木通繁殖与栽培技术研究、富硒益生菌关键技术研究与产品开发、药食同源植物资源富硒栽培技术研究与综合利用、富硒食用菌的研究与开发等10多项课题。全年申报湖北省科技厅重大专项1项，登记恩施州科技成果5项，获授权发明专利2项，制定富硒生产技术规程4项。受理发明专利9项，发表论文6篇，企标1项。以恩施市崔家坝镇尖龙坪山羊养殖专业合作社为依托，建立农业科技“五个一”行动与精准扶贫科技示范基地，以项目“恩施富硒山羊饲养技术示范基地”建设为基础，建立3.34公顷亩皇竹草种苗繁殖基地，6.67公顷富硒牧草种植示范基地。与恩施比智高合作开发富硒功能性凉茶产品。转让一种牧草鲁梅克斯的硒富集栽培方法、硒蛋白提取中试工艺技术两项专利。

【组培技术】 完成2017国家农产品质量安全风险评估实验站项目立项申报书、采样调研、会议汇报、专题研究报告、年度总结及2018年风险评估项目申报书等相关材料1套。积极落实州土壤治理人才引进项目，启动国家土壤监测试验站、农产品质量安全监测试验站建设任务，建设试验基点3个。完成地方标准《食品中无机硒的测定》、行业标准《土壤中有效硒的测定》的制订及申报工作。完成“富硒营养风味酱油”研制方案1套。与建始国硒冷水渔业有限公司合作开展富硒冷水鱼标准化养殖技术研究与成果转化，申报成果登记1项。落实农业科技“五个一”工程，建设藤茶实验基地1个，全年参观来访者进行科普讲解500人次以上。

【畜牧科研】 7月畜牧所正式成立，完成团队组建，新建畜禽养殖实验基地200平方米，改建饲料生产线1条，建立牧草资源圃2个。申报的《恩施黄牛、山羊富硒标准化养殖技术研究》获恩施州科技支撑项目、申报的《恩施草食畜牧示范区建设》获州畜牧局支持项目。在青贮玉米品种筛选、富硒富DHA羊奶研发、富硒中草药饲料添加剂开发、硒蛋白急性中毒、富硒鸡（兔）养殖等方面开展技术研究，建立富硒牧草种植示范基地10公顷。全面落实农业科技“五个一”行动，在崔坝镇开展富硒恩施山羊饲养技术推广项目，进展良好。并积极参与扶贫，指导利川谋道乡四合村富硒非洲雁养殖技术。参加了第二届中国中西部畜牧业博览会，推介自主研发的富硒低胆固醇饲料添加剂、富硒黑猪全价料、富硒富DHA泌乳母羊精料、富硒动物益生菌、富硒酵母等科研成果。编制了恩施黄牛、黑猪、蛋鸡等三项富硒标准化养殖技术规程，通过了专家评审。

【扶贫工作】 高度重视利川谋道四合村的精准扶贫工作，抽调精兵强将组建工作队、选派第一书记第一时间驻村。按照精准识别的贫困户、贫困人口，落实院主要领导、院分管扶贫的领导包村，其他副院长包片，科室专业所负责人包组，每一名院领导、中层干部、中级职称及以上专业技术人员包户的工作方案，做到精准帮扶、精准施策。组织村支两委考察致富产业，寻找产业发展路子，制定和实施科技示范和产业帮扶的措施，新建种植香菇大棚11栋，推进短期发展香菇、马铃薯、蔬菜等短平快产业，长远发展山桐子产业的进程。组织参加全国地市州农科院院长会议的160多名代表进村指导扶贫工作，共同签订《精准扶贫倡议书》。动工修建的异地搬迁10户住房已竣工，进镇安置1户住房已摇号，党员群众服务中心基本建成，通村道路已开工。院为该村安排道路改造项目资金20万元，科技示范专项资金20万元，组织全院职工捐资5万多元支持该村产业发展。在村开展绿满荆楚活动，新栽树木120多株。全年全院600余人次到村到户开展扶贫工作，宣讲党的扶贫政策，与村民建立良好感情。

【成果转化工作】 以集中召开新闻发布会的形式，激励科研人员进村入户到企业，19项新成果成功转让给农业新型经营主体。实施农业科技“五个一”行动，马铃薯、优质米、茶叶、魔芋、硒资源、畜牧等七项特色项目列入其中，成效显著。全年组织科技人员两百余人次到多家企业、专业合作社开展技术指导和培训。

【恩施州农科院负责人名录】

党委书记、院长、中心主任：李卫东

党委委员、副院长：张　强　王黎明　向极钎

副院长：沈艳芬

（张　庶）

编辑　马兹河

林　业

【概　况】 2017年，恩施州林业局学习贯彻落实

中共十九大精神，以习近平新时代中国特色社会主义思想为统领，按照中共恩施州委、恩施州人民政府的决策部署，围绕打造恩施全国生态文明示范区，实现恩施绿色崛起目标，国土绿化如火如荼，资源保护全面加强，"绿满荆楚"行动圆满收官，国有林场改革基本完成，精准扶贫持续发力，行政执法成绩斐然，最严环保督查整改圆满交账，"森林城市"创建步伐加快，全面从严治党成效显著。

【造林绿化】 全州以天然林保护、退耕还林、长江防护林等国家、省重点生态工程为依托，以"绿满荆楚"行动、"山更青"专项治理、全民义务植树和森林城市、绿色示范乡村创建活动为抓手，全面加强林业生态建设。2017年，全州共完成义务植树500余万株。2017年计划造林3.89万公顷，实际完成造林4.39万公顷，其中，"绿满荆楚"行动完成3.23万公顷，退耕还林完成1.16万公顷。恩施州86.71万公顷公益林和国有林得到有效管护，完成公益林及天然林大数据录入工作，完成集体生态公益林兑现。完成封山育林1870公顷，人工造林466.9公顷。

【森林城市创建】 恩施市经国家林业局批准，启动创建"国家森林城市"，巴东县、利川市成功创建为"省级森林城市"，建始县、宣恩县、咸丰县、来凤县、鹤峰县"省级森林城市"创建总体规划通过评审；"森林城镇"创建增加至9个，2017年新创建巴东县野三关镇、利川市汪营镇、宣恩县椒园镇3个；完成124个"绿色示范乡村"创建工作。

【林业改革创新】 集体林权改革成效显著。恩施市在坚持家庭承包经营长久不变的基础上，开展集体林地所有权、承包权、经营权"三权分置"改革试点，完成林业综合改革试验示范区建设任务，恩施市林业局被国家林业局授予"全国集体林权制度改革先进集体"荣誉称号。国有林场改革基本完成。按照州委、州政府下发的《恩施州国有林场改革实施意见》精神要求，国有林场定性为公益一类事业单位，按80.04公顷/人核定编制，共核定编制数523人，财政保障已全部到位，林场所办的医院、学校等已全部移交属地进行管理，全州30个国有林场改革工作已基本完成。林业综合行政执法改革进展明显。出台《恩施州林业局综合行政执法改革方案》，把"警务综合信息平台"升级到3.0版本，参加全国森林公安深化改革推进会，并在会上作以《应用"大数据"侦查破案，做强"警务实战化"》的经验交流。林业科研工作有新突破。州林科所获得湖北省政府成果推广一等奖1项，获湖北省政府科技进步三等奖1项，获得国家知识产权局授权1项，制定并被颁布执行湖北省地方标准3个。

【生态补偿助力精准脱贫】 生态护林员精准到户。2017年，全州落实生态护林员7398名，人均年管护费4000元，年支付管护工资近3000万元；聘请620名农民护林员，年平均工资6000元，为8000户农民稳定增收。同时，天然林停伐区划落界完成600千公顷，补助标准15元/亩，惠及农户近20万户。公益林补偿兑现到户。2017年，全州兑现资金9325万元，其中贫困户补偿资金2895.5万元。退耕还林补偿落实到户。各县市将退耕还林补偿优先安排给符合条件的建档立卡贫困户，2016年度退耕还林计划任务11570公顷，恩施市、巴东县、宣恩县已完成县级验收，建始县、利川市、咸丰县、来凤县、鹤峰县已合计兑现4110公顷，资金2172.4万元，涉及建档立卡贫困户13379户35432人将受益。

【行政执法】 2017年，全州共接处警1750起，受理案件1155起，查处1135起，查处率98%。其中刑事案件立案241起，破案225起，抓获犯罪嫌疑人227人，刑事拘留85人，批准逮捕39人，取保候审134人，抓获逃犯15人，移送起诉170案198人。林业行政案件受理914起，查处910起，处罚1028人次，罚款1568.6万元，没收木材2154.2立方米，没收野生植物1835株，没收野生动物710头（只），没收野生动物制品272.9公斤，没收猎具3件，治安拘留6人，责令补种树木27952株，限期恢复原状149起，补办手续45起。出动车辆6005台次，出动警力17294人次。2017年，恩施州案件综合排名全省第二，刑事案件立案数、破案数、人均办案数均居全省第一。行政案件办理总数全省第二。在分县市考核中，全省82个县市森林公安局参评，恩施州有6个县市森林公安局跻身全省前17名。

【森林防火】 2017年全州共发生森林火灾18起，其中较大森林火灾1起，恩施市1起、巴东县1起、来凤县13起、咸丰县2起、宣恩县1起，利川市、建始县、鹤峰县零火灾发生，森未发生重大以上森林火灾，未发生人员伤亡事故，林火灾受害面积7.7公顷，受害率0.005‰，森林火灾受害率低于省控指标0.9‰以内，森林防火形势平稳可控。

【城市公园建设】 根据《州委办公室州政府办公室关于进一步建立完善全州重大项目建设推进工作机制的通知》和《关于研究加快推进州城城市公园建设工作的纪要》精神，在州城规划建设五峰山、挂榜岩、凤凰山、青树林、小龙潭、方家坝、月亮岩、龙洞河、南门、金马、高桥坝、清江带状12个州市级公园。2017年，开展了11个公园的规划编制，其中，五峰山和挂榜岩2个公园的修详规已完成；凤凰山、青树林、小龙潭、方家坝、月亮岩、龙洞河、南门、金马、清江带状9个公园的规划编制正在有序推进；五峰山公园建设持续推进。

【自然保护区建设】 自然保护区建设成效显著。压实保护区管护责任，加强保护区的森林防火、森林病虫害防治等工作，林业自然保护区占国土面积的比例保持在8%，各国家级自然保护区的野生动植物种群和数量均呈增长趋势；加强湿地保护与修复，湿地保护率达到30%。自然保护区突出问题整改扎实推进。自6月开始，在全州范围内开展自然保护区突出问题整改专项行动和“绿盾2017”自然保护区监督检查专项行动，需要整改的突出问题被分类整理为17个（类），涉及林业部门的为14个，已整改销号10个，其它问题按计划在2018年全部整改销号。

【林业供给侧结构性改革】 2017年全州林业总产值207.98亿元，同比增长16.16%，其中第一产业87.36亿元，第二产业72.21亿元，第三产业48.41亿元。产业规模不断扩大。在林业产业11大类中，除木、竹、苇浆造纸类外，其余10类均有企业或经济组织经营利用，全州涉林主体3934个，其中林业企业907家、事业单位40个、涉林专业合作社1789个、种养殖大户1172户、林场26个。其中湖北省级龙头林业企业35家。产业基础设施不断完善。随着天然林保护、退耕还林、自然保护区建设等一批重点工程项目的实施，山、水、林、田、路得到综合治理，林业基础设施不断改善；全州森林面积155万公顷，活立木蓄积量8114.9万立方米，森林覆盖率64.37%，良好的生态体系基本建成。产业基地发展重点突出。全州用材林63.89万公顷，以核桃为主的干果基地12.47万公顷；以柑橘、梨子、柚子为主的鲜果基地6.31万公顷；以厚朴、杜仲、黄柏为主的木本药材6.08万公顷，以油茶、核桃为主的木本油料基地3.15万公顷，森林资源支撑得到加强，产业基础不断巩固。绿色产品得到市场认可。2017年，全州林业系统共组织39家林业企业、158种林产品参加第二届中国??武汉绿色产品交易会，现场销售金额137万元，线上销售99万元，签订协议订单17个，订单合同金额204926万元，26个企业荣获金奖，6个企业荣获优质奖，恩施州林业局荣获第二届中国·武汉绿色产品交易会优秀组织奖。

【恩施州林业局负责人名录】

党组书记局长：邓升志

党组成员　州纪委派驻州林业局纪检组长：向森林

党组成员　副局长：戴应金　黄　琴　雷天兵

党组成员：黄家斌（州森林公安局局长）

（贺凤丽）

编辑　马兹河

畜牧业

【概　况】 2017年度，全州出栏生猪485.53万头、肉禽出笼1296.3万只，出栏肉牛15.12万头、出栏肉羊91.87万头，畜牧产业综合产值268.06亿元，超额完成年度目标任务。

【产业结构调整】 2017年全州达到适度规模的畜禽养殖户14756家。其中猪9261户、牛1451户、羊2594户、肉鸡707户、蛋鸡473户、肉鸭88户、蛋鸭182户。深入推进标准化养殖，组织4家养殖场成功创建部级标准化示范场。全州恩施黑猪、恩施黄牛出栏分别为13万头和2.93万头。以鹤峰为重点发展中蜂产业，全县养蜂专业合作社达19家，养殖户达3000户，蜜蜂存蜂量4.02万群，产值超过1亿元。

【畜禽养殖污染防治】 全州8县市均完成畜禽养殖三区（禁养区、限养区、适养区）拐点图的绘制，出台关闭搬迁补偿标准；全州畜禽养殖禁养区计划关闭的39家规模养殖场（小区）已全部关闭搬迁完毕。全州需开展污染治理的畜禽规模养殖场共339家，已全部完成治理。州环委会交办11个，中央环保督察组交办的涉牧信访件12个、电视问政涉牧环保问题5个已全部整改落实。

【重点项目建设】 引进全国养猪龙头企业北京大北农集团在盛家坝实施10个年存栏4400头能繁母猪基地项目，到位资金3500万元，133.4公顷种养结合土地完成流转程序，采取“公司＋农户”寄养模式已投放2万头仔猪。组织全州畜牧兽医系统及33家畜牧企业代表参加第二届中国中西部畜牧博览会，展出7大类、128种畜牧产品，现场销售39.2万元，达成协议订单39个，订单合同金额3085万元。积极开展南方现代草地畜牧业推进行动项目建设，发展草场超过1000公顷，四家企业共获得中央投资465万元。

【畜产品质量安全监管】 完成省级抽检兽药20批次、饲料7批次、畜产品兽药残留检测16批次，畜产品质量监督抽检110批次，农业部畜产品质量安全例行风险监测抽检112批次。全州产地检疫生猪254.35万头，牛10.82万头，羊35.38万只，禽865.74万羽。屠宰检疫生猪屠宰检疫生猪112.41万头，牛羊9.47万头，禽173.10万羽，规范了市场行为，确保了畜产品安全。通过强化日常监管和专项整治，全州全年未发生重大畜产品质量安全事故。

【动物疫病防控】 全州畜牧兽医系统严格开展H7N9流感防控，累计排查养禽场12.99万场次，交易市场4729个，运输车辆3065辆，鸡97.8万羽。“春秋”两季集中防疫期间，全州共为697.03万头次生猪注射口蹄疫、猪瘟、蓝耳病疫苗，为55.88万头次牛注射口蹄疫疫苗，为110.47万只次羊注射口蹄疫和小反刍兽疫疫苗，为1834.33万羽次家禽注射禽流感疫苗，为1713.59万羽次鸡注射鸡新城疫疫苗，免疫密度均达100%。全州全年未发生区域性重大动物疫情。

【畜牧行业扶贫】 全州从事畜牧业的精准扶贫户87917户，饲养生猪、肉牛、肉羊、肉鸡分别为236501头、6497头、53032只和513186羽，蜜蜂养殖户5310户。参与精准扶贫的龙头企业29家、专业合作社308家、金融互助社10家，联接扶贫户25230户。

【恩施州畜牧兽医局负责人名录】

局长：王新林

纪检组长：赵彦本

副局长：许　强　向庆红

总畜牧师：肖秀川

（邹　苗）

编辑　马兹河

医药产业

【概　况】2017年，全州药业综合产值达46亿元，与2016年相比增加9.5%，其中，中药材种植业收入24亿元，较上年增加18.8%。

【基地建设】2017年，恩施州各类中药材留存面积13万公顷，当年新建中药材基地3万公顷。全州重点推进了12个中药材1000公顷乡镇、48个中药材千亩村和紫油厚朴百里长廊产业经济带建设。常年留存面积1000公顷以上的品种有22个，其中：留存面积突破1万公顷以上药材品种有4个，5000公顷以上的有2个，3000公顷以上的有3个，1000公顷以上的有13个。常年人工种植品种近60种，常年收购贸易中药材品种近300种，年上市交易量14万吨，成为全国中药材九大主产区之一。目前，全州开展了14个道地药材品种GAP试验示范基地建设，巴东玄参基地、利川黄连基地、恩施黄连基地获得国家GAP基地认证。建设了利川市汪营镇黄连交易中心和农贸市场药材交易场所，培育了一批药材销售民营企业，逐步形成了黄连、玄参、白术、党参、百合等主导品种产地交易市场。由本地营销企业在亳州、安国等药市设立销售窗口，联系太极集团等制药企业联办订单基地，形成了药材销售流通的多个渠道和平台。

【市场主体建设】各类市场主体对产业发展的带动能力增强，全年全州有各类药业企业80家，其中，基地型药业企业19家，加工型企业11家，营销型药业企业35家，综合型药业企业15家。通过国家GMP认证的制药企业8家，规模以上企业11家；省级农业产业化龙头企业9家；高新技术企业6家；州级农业产业化龙头企业20家；州级林业化龙头企业17家；全州中药材合作经济组织368家。

【招商引资】2017年，恩施州推介一批中药材项目，加强招商引资工作，与中青健康产业发展有限公司、恩施硒都科技园有限公司、湖北硒谷神奇科技开发公司、新天地集团、纽宾凯集团、太极集团等形成合作，开发恩施州中药材产业。

【科技兴药】一建设了黄连、贝母、独活、白术、玄参、瓜蒌、大黄等30个品种标准化试验示范基地，开展良种选育培育和良繁基地建设，创新生态立体栽培模式。二开展实用技术培训，全州共组织30余期药业技术培训，培训药农4000人次，发放技术资料20000余份。三制定技术规程，针对中药材初加工环节不规范行为，州药办、州食药监局、省农科院中药材研究所组成调研组，对恩施州12个重点道地药材品种开展专项调研，制定初加工技术规程。

【恩施州药业产业化领导小组办公室负责人名录】

主任：贺永红。

副主任：卢习弘　柳福情

（皮小雪）

编辑　马兹河

水利·水产

【概　况】2017年围绕实现绿色崛起、服务全面小康目标，把项目建设放在推动恩施州水利发展的重要位置，全年争取中央预算内及中央财政水利发展资金投资计划49459万元，增幅超过20%，共计完成投资48300万元，投资计划完成率97.66%。解决14.53万建档立卡贫困户人口和6.11万人口饮水安全问题；清江干流利川段、恩施段重点河段近期防洪治理工程进展顺利；9个病险水库除险加固工程主体工程基本完工；5个高效节水灌溉项目通过验收；农村小型水利工程维修养护项目投资逐年递增；2个农村小水电扶贫试点项目投产发电，中央投资6%的收益在2017年4月全部兑现到农户。在建工程中未发生较大质量问题，无质量安全事故，水利行业安全形势继续保持稳定，实现全州水利行业安全生产“零事故、零伤亡”的年度目标。推进水生态文明建设，形成四级联动的河长制体系；积极探索投融资体制改革，融资额度达到49590万元；扎实开展防汛抗旱工作，实现“零”伤亡的目标。

【防汛抗旱】 牢固树立“防大汛、抗大洪、救大灾”的思想不动摇，提前动员、全面部署防汛抗旱工作，严格落实以行政首长负责制为核心的防汛抗旱责任制，组建防汛抗旱应急抢险队和抢险救援队伍，层层签订责任书，严明防汛抗旱工作纪律与责任。储备防汛抢险物资2388.6万元，抗旱物资4816.35万元，组建127支3218名队员参加的防汛抢险服务队。对在建水电工程、水库和除险加固等涉河涉水工程进行拉网式检查。及时监测预警，加强防汛演练，坚持会商部署和科学调度，采取预泄、错峰等多种措施科学调度水库洪水，确保各水库运行及人民群众生命安全。据统计，2017年，恩施州遭受14场强暴雨袭击，各级党委和政府始终把确保人民群众生命安全放在首位，出动15502人次投入抢险救灾，投入抢险及重建资金1417.22万元。

【“水更绿”专项治理】 实行最严格水资源管理制度，“三条红线”指标均达到省水利厅下达的控制目标，2016年被省厅核定为良好等次，施州民族小学等10家单位被评为湖北省公共机构节水型单位。从严监管水电站生态流量，印发《恩施州水电站生态流量监督管理办法》，完成全州水电站生态流量核定工作。严厉打击各类涉水违法犯罪行为，共巡查河道5150.4千米，现场制止违法行为100起，查处水事违法案件19起。全州共征收水资源费5351.11万元、水土保持补偿费1387.62万元。全州各部门治理水土流失面积158.03平方千米。积极开展环保问题整改督办，中央第三环境保护督查组反馈的整改意见、州交办的相关环境问题、电视问政曝光问题中涉及水利水产局的都已全部完成整改并销号；由州局领办的自然保护区内突出问题已完成生产生活、旅游开发等两项问题整改，四个电站已完成整改并销号。

【水利扶贫】 突出解决好农村贫困人口饮水安全难题。全州水利部门重点解决14.53万建档立卡贫困户人口和6.11万人口的饮水安全问题，完成投资17667万元。加上通过异地扶贫搬迁解决饮水安全问题的8.68万建档立卡贫困人口，共有29万农村居民解决了饮水安全难题。同时，恩施州水质合格率达到79%以上，超过省委提出目标要求。2个农村小水电扶贫试点项目投产发电，中央投资6%的收益在2017年4月全部兑现到农户。

【水利改革】 恩施州在水利融资改革方面取得新进展。目前，8个县市与金融、其他机构等均有合作投资意向，已有6个县（市）水利部门与农业发展银行签订融资协议，签订协议项目6个，投资额度达到49590万元，已到位资金近2亿元。为推介来凤县精准扶贫农村饮水安全PPP模式，州水利水产局会同恩施日报社进行深度采访，形成《他山之石如何攻玉》一文专报州委、州政府和省水利厅，得到州委、州政府主要领导、分管领导和省厅主要领导的高度重视和批示。州政府《决策与调研》（〔2017〕第4期）采用此文。《恩施日报》《湖北日报》《中国水利报》于7月和9月也先后刊发此文。

【水产渔业】 以生态保护为重点，精心组织、严格落实，有序推进围栏围网网箱取缔，全面完成江河水库水产养殖污染治理任务。2017 年 12 月，8 县市政府提交自查验收报告，经州政府同意，州水利水产局组织专班对 8 县市进行抽查验收，并与省水产局分别完成网上销号公示。共计拆除围栏围网网箱 573758.91 平方米（其中：围栏 163353 平方米，围网 173031.56 平方米，网箱 237374.35 平方米）。重点抓好虹鳟、大鲵等名特优水产品的生态养殖，开展稻渔生态养殖等特色综合渔业模式，提高渔业水域的综合效益。2017 年，完成水产品产量 6740 吨，养殖水面 1850 公顷。有序组织开展限定渔业捕捞限额、打击非法捕捞等专项执法行动，立案查处渔政案件 18 起。

【恩施州水利水产局负责人名录】

局党组书记、局长：刘　剑

局党组成员、副局长：于左清　周兴发

覃　涛

局党组成员、州防汛办常务副主任：黄思昭

局党组成员、总工程师：李昌雄

（黄　泳）

编辑　马兹河

农村经济

【概　况】 2017 年，恩施州农经管理工作严格按照中央、省、州 1 号文件要求，紧紧围绕深化农村改革主线，突出重点，开拓创新，建立健全农村合作经济体系，推进农民负担监督管理常态化、制度化管理，开展农民专业合作社、家庭农场规范化建设，强化农村经济审计，加强农村“三资”监管工作力度，各项工作取得新进展。

【农村经济收益分配】 农村经济总收入继续呈现增长势头。2017 年，恩施州农村经济总收入达 520.10 亿元，比上年增加 42 亿元，增长 8.78%。其中农民家庭经营收入 429.24 亿元，占总收入的 82.53%，比上年增加 39.64 亿元，增幅 10.17%。从行业看：农业、林业、牧业、渔业、工业、建筑业、运输业、商饮业、服务业收入均有增长。农业收入 192.18 亿元，增长 7.24%；林业收入 7.48 亿元，增长 7.32%；牧业收入 139.75 亿元，增长 6.35%；渔业收入 2.01 亿元，增长 6.35%；工业收入 60.80 亿元，增长 4.77%；建筑业收入 29.63 亿元，增长 15.43%；运输业收入 23.65 亿元，增长 10.98%；商饮业收入 23.51 亿元，增长 11.95%；服务业收入 12.97 亿元，增长 15.39%。总费用同步增加。全州农村经济总费用 289.32 亿元，增长 7.63%。在总费用中，生产费用 228.49 亿元，占总费用的 78.97%，增长 11.72%；管理费用 60.06 亿元，占总费用的 20.76%，增长 11.55%。可分配净收入增加。全州农村经济可分配净收入总额 371.72 亿元，比上年增加 38.73 亿元，增长 11.63%。可分配净收入的具体分配情况是：国家税金 2.73 亿元，占可分配净收入总额的 0.73%；上国家有关部门 1.32 亿元，占可分配净收入总额的 0.36%；外来投资分利和外来人员劳务收入 7.22 亿元，占可分配净收入总额的 1.94%；企业各项留利 17.08 亿元，占可分配净收入总额的 4.59%；农民经营所得 343.13 亿元，占可分配净收入总额的 92.31%，较上年增长 12.59%。农民所得增加。全州农民所得总额 345.32 亿元，比上年增加 39.04 亿元，增长 12.75%。全州农民人均所得 9950 元，比上年增加 1052 元，增长 11.82%。全州八县市农民人均所得额由高到低排列次序是：第一位鹤峰县 11125 元，增长 16.29%；第二位利川市 10577 元，增长 11.77%；第三位来凤县 10421 元，增长 9.51%；第四位咸丰县 10197 元，增长 20.09%；第五位恩施市 9939 元，增长 12.20%；第六位巴东县 9484 元，增长 8.08%；第七位宣恩县 9175 元，增长 11.44%；第八位建始县

8853元，增长8.56%。

【农村土地承包经营及管理】 农村土地确权登记颁证工作稳步推进。截至2017年底，全州总体完成进度85%。完成2432个村、82万承包农户调查测绘工作，实测承包地块569万块，实测承包地总面积423550公顷。完善土地承包合同45万份，建立土地承包经营权登记簿43万份，颁发土地承包经营权证书37万个，恩施市、建始县、巴东县、鹤峰县通过州级核查验收。

【深化农村改革】 农村集体资产产权制度改革试点工作启动。成立"恩施州农村集体资产产权制度创新试点工作领导小组办公室"。根据省经管局要求，经报请州委农办同意，湖北省农村集体产权制度改革办公室批准，确定鹤峰县为试点县、其他七县市共21个村为试点村。农村综合产权交易中心建设初具雏形。全州八县市农村产权交易中心挂牌成立，完成县乡两级软件操作人员培训。5月举办第二期农村产权交易中心信息员培训班。截至2017年底，鹤峰县交易19宗，交易额367万元，实现集体资产增值80万元；恩施市交易1宗，交易额615万元，实现集体增加收入215万元。建始县农村土地"三权分置"试点工作完成。在建始县业州镇代陈沟村、牛角水村，长梁乡后三溪村、白云村开展"三权分置"试点，制定《恩施州农经局关于对建始县开展农村土地"三权分置"改革试点的指导意见》和具体实施方案，4个试点村土地确权登记颁证工作全部完成，颁发农户承包证1616个，进驻新型经营主体25家，流转耕地面积154.74公顷。

【村级集体经济】 村级集体经济收入有所增长。2017年全州村级集体经济收入4.82亿元，比上年增加0.04亿元，增长0.84%。当年有经营收益的村1037个，比去年增加117个，其中经营收益5万元以下的村461个，5万—10万元的村408个，10万—50万元的村151个，50万元—100万元的村11个，100万元以上的村6个。村级集体经济总支出同步增加。2017年，全州村级集体经济总支出为3.64亿元，比上年增加0.05亿元，增长1.39%。其中经营支出486.74万元，比上年降低89.22%；管理费用2.39亿元，比上年增长16.59%。村级债务情况。村级债务主要为经营性负债及兴办公益事业负债，2017年，全州村级负债总额为25623.17万元，较上年减少3375.3万元，同比降低11.64%。其中经营性负债2013.20万元，比上年减少589.80万元，下降22.66%；兴办公益事业负债9210.38万元，比上年减少3982.62万元，下降30.19%。

【农村集体"三资"监管】 农村集体"三资"监管突出问题专项治理"回头看"成效显著。2017年通过自查和抽查，共发现问题896个，整改问题717个，涉及金额1386.83万元，通报5个乡镇、21个村，通报2人、诫勉谈话38人、组织处理33人、纪律处分30人、移送司法处理4人。通过专项治理，农村集体"三资"管理更加规范，资源处置公开透明，农村集体资产保值增值，有效地推动了农村集体经济发展。

【农民负担监督管理】 农民负担监督管理形成常态化管理机制。2017年继续将农民负担监管工作纳入政府工作目标责任考核，加强对村级组织和农村新型经营主体负担的监管，开展农民负担执法监督检查。全州农民负担总体水平低，农民群众对国家惠农政策落实和涉农收费情况满意度较高，全州没有发生因农民负担问题引发的恶性和群体性事件。

【农村新型经营主体】 农村新型经营主体健康发展。我州新型经营主体覆盖了烟叶、茶叶、畜牧、蔬菜、林果、药材等六大主导产业，发展势头好。截至2017年底，全州在工商部门注册登记的农民合作社10566个，当年新增1674个，入社成员401387个，其中农民成员349158个，带动非成员农户数385702户；在工商部门注册登记的家庭农场总数3232个，新增931个，其中被县级以上农业部门认定为示范性家庭农场292个。2017年，组织申报评选2017年州级农民合作社示范社100个，通过培育示范社，发挥典型引领带动作用，有效提升了全州农民合作社的发展水平；严格开展省级示范社监测，对于未实质运营、管理混乱的合作社，先后分两批共剔除15个。

【恩施州农经局负责人名录】

局长：熊坤赤

副局长：王　弘

（邓宏娟）

编辑　马兹河

工　业

工业行业管理

经济和信息化

【概　况】 2017年，恩施州围绕“一谷、两基地、三示范区”建设目标，坚持创新驱动、绿色发展的总基调，以供给侧结构性改革为主线，主动作为，务实重行，克难攻坚，扩总量，强主体，增后劲，工业经济发展取得新突破。全州规模以上工业增加值增长3.9%，居全省市州第16位；完成产值309.8亿元（不含卷烟和供电），实现利润、税金28.1亿元、12.4亿元，分别占全省工业比重0.7%、1.1%、0.6%。

【主要产业】 2017年，全州规模工业实现主营收入275.5亿元，主要集中在绿色食品、洁净能源、新型建材、生物医药、现代烟草五大支柱产业，分别实现产值125.7亿元、46.77亿元、44.4亿元、6.3亿元、93.16亿元，合计占全州工业总产值的72.03%（不含烟草）。

【企业发展】 2017年，恩施州实施中小企业成长工程，培育市场主体，打造一批细分市场领军企业和行业重点龙头企业。全州新增规模以上工业企业25户。2017年底，经过统计调整，全州规模以上工业企业383户。

【项目建设】 坚持“无中生有”的工作思路，对接“中国制造2025”“互联网+行动”“一带一路”倡议等国家战略，谋划了81个科技含量高、质量效益好、可落地的工业项目和技改项目，建立20个亿元以上重点工业项目库，完成工业固定资产投资134.83亿元，同比增长37.7%。

【技术改造】 抢抓全省“万企万亿技改工程”机遇，实施新一轮技术改造和设备更新三年行动方案，推进农村电网升级改造和以巴东博宇工贸为龙头的亿元技改项目，启动建设湖北能源集团元堡风电场、广汇再生资源循环经济产业园等一批亿元项目，完成技术改造投资13.55亿元，同比增长5.6%，工业发展后劲不断增强。

【企业服务】 全州上下坚持以企业为中心、以服务企业为根本的理念，全力以赴服务工业企业。建立州、县领导联系重点工业企业制度，开展“千名干部进千企”活动，全州508家单位1900余名干部与528家企业开展结对走访帮扶，实现规模以上工业企业全覆盖，收集整理企业反映的问题4400条，协调解决企业发展难题695个；在全州“课堂进千企”活动中，邀请专家到各县市开展企业管理、统计、外贸出口、商检、海关等相关知识培训，开展讲座32场，培训企业管理人员及相关业务公职人员1000余人次，发放惠企政策资料800余份，现场答疑解惑问题200个，解决企业发展难题100余个；在恩施州第二批民营企业家“123”企业家培训中，采用课堂教学与现场教学相结合的方式，50名优秀民营企业家代表在中南民族大学参加了为期5天的培训，深受企业好评。

【深化改革】2017年，全州上下着眼“三去一降一补”和非公有制经济改革，力促企业转型发展、提质增效。全年关闭煤矿11家，化解过剩产能69万吨；积极配合协调落实减税、降费、降低要素成本等降低企业成本和扶持小微企业等支持实体经济的政策措施，减轻企业负担成效明显。通过落实降低收费成本政策措施，全年为企业及社会减轻负担2.32亿元；通过降低用能成本政策措施，全年为企业和社会减少支出约1.91亿元；努力降低物流成本方面，严格落实高速公路优惠政策和绿色通道减免政策。落实国家和省有关降费减负政策，对政府定价管理的涉企经营服务性收费实行清单管理，实现清单外无收费，坚决整治涉企乱收费、乱摊派等违规行为。深化非公经济体制改革，指导工业企业建立产权明晰、运行规范的现代企业制度，全州新增现代企业制度试点企业5家。

【信息基础】在实现全州2361个行政村通光纤宽带网络的基础上，持续推动“宽带乡村”惠民工程建设，积极推进光纤宽带网络向自然村延伸，全州家庭宽带接入户数达到71万户，全州15195个自然村已通光纤网络，占自然村总数（22790个）的66.67%；电信、移动、联通三家通讯企业骨干网总出口带宽达到740G；全州2361个行政村已实现光纤宽带全覆盖且接入速率达到100M以上；全州4G移动互联网总覆盖率（人口居住区和人口活动区）电信公司为77.01%，移动公司为53.69%，联通公司为52.63%。建立了通信企业联席会议制度，切实解决通信企业面临的困难与问题，对铁塔公司面临的25个铁塔基站选址难、施工难问题开展针对性解决。全州率先开展了全州4G移动互联网网络信号测试，为统筹信息基础设施建设提供准确的数据支撑，2017年，全州信息基础设施建设投资达到6.17亿元，截至2017年底，全州共有4G基站8087个，信息基础设施建设更加完善。高度重视两化融合工作，不断探索两化融合长效机制，全州全年新增信息产业企业8家，省级两化融合示范试点企业达到44家，电子信息产业产值达到45.44亿元，同比增长24.57%，两化融合工作成效初步显现。

【行业管理】州经信委高度重视行业管理工作，积极研究解决行业运行过程中的问题和困难。州经信委通过聘请第三方机构进行审计的方式，强化融资担保机构的监管，加强日常检查，坚决守住不引发金融风险的红线。各县市强化监管，创新服务，以良好的安全态势力促行业健康发展；巴东县出台了《关于振兴白酒产业打造“武陵”酒都的实施意见》，为做大做强巴东县白酒产业起到了积极的推动作用；利川市经信局认真开展民爆行业管理工作，做到了在服务中监管，在监管中服务。牢固树立“安全第一，预防为主”理念，紧紧围绕“去隐患、压事故、保安全”总体目标，切实履行管行业必须管安全、管业务必须管安全、管生产经营必须管安全“三个必须”的工作职责，成立了煤炭、工业企业两个安全生产专业委员会，深刻吸取巴东辛家煤矿“12·5”安全事故教训，压紧压实安全生产主体责任和监管责任，强化煤炭、民爆、电力、面上工业企业等行业的安全生产检查巡查，切实消除安全事故隐患，工业企业安全生产水平不断提升。全州民爆行业持续保持“零事故”的良好态势；煤矿企业死亡人数同比下降86%；工业行业安全生产形势总体平稳。

【恩施州经济和信息化委员会负责人名录】

党组书记、主任：杨天龙

党组成员、副主任：杨　琼　黄　勇

党组成员、总工程师：吴远方

（梁中进）

编辑　马兹河

企业联合会（企业家协会）

【概　况】2017年，是恩施州企联发生重大变革的一年。州企联与原主管部门州政府办公室脱钩，由登记管理机关州民政局直接管理。在州企联二届一次会员代表大会上，经换届选举产生了州企联新一届驻会领导：会长兼法定代表人谭远斌，常务副会长何义彬，秘书长刘力，监事会主席谭隆泽；并以选举方式确认了州企联 24 个副会长单位。州企联认真参与州级劳动关系“三方协商”工作，积极做好反腐倡廉工作，成立了州企联功能型党支部，深入到会员单位调研，协调推荐州烟草公司成功入围湖北省百强企业并名列第 80 位，通过各种形式推进企联宣传工作，应邀参加 2017 年中国企业家活动日暨中国企业家年会。2017 年，州企联在工作机制、“三方协商”、党建、宣传等方面进行了一系列创新和探索，初见成效。

【参加中国企业家活动日】 5 月 6 日，由中国企业联合会、中国企业家协会主办，株洲市人民政府承办的 2017 年全国企业家活动日暨中国企业家年会在株洲市隆重举行。来自全国各地的 1000 余名企业家汇聚一堂，围绕“弘扬企业家精神，振兴实体经济”主题深入研讨，积极寻找振兴实体经济新路径。全国企业家活动日暨中国企业家年会是中国企业联合会、中国企业家协会与全国各地企联共同开展的一项层次高、规模大、社会影响力强的活动。自 1994 年开始举办以来，中国企业家年会已经发展成为全国企业家一年一度的盛会。此次年会是历届规格最高、人数最多的一次，包括多位获得“袁宝华企业管理金奖”的杰出企业家、部分中国 500 强企业的高层精英、几十位院士和专家学者等参会。整个活动为期 2 天，除召开年会大会外，还举行“加快智能制造、提升竞争优势”“‘千镇千企’工程进株洲”“新能源汽车发展趋势与展望”“硬质合金产业高峰论坛暨产需合作对接会”“IGBT 产业高峰论坛”“风电产业高峰论坛”6 个论坛，“走进株洲 · 中国动力谷”等系列子活动。恩施州企联受邀参加此次活动。

【推进反腐倡廉】 5 月 25 日，全州社会组织反腐倡廉工作会议在恩施华龙城三楼会议室举行。州企联常务副会长兼秘书长何义彬参加会议。5 月 26 日，州企联召开机关全体工作人员会议，传达全州社会组织反腐倡廉工作会议精神，按照州民政局的要求，开展好自查自纠工作，按照规定时间和要求向州民政局报送有关材料，确保不走形式，并以此为契机改进州企联的日常工作。

【州烟草公司入围 2017 湖北企业 100 强】 7 月 6 日上午，2017 湖北企业 100 强发布会在武昌洪山宾馆举行。此次活动由湖北省企业联合会、湖北省企业家协会主办，这也是湖北省企业联合会、湖北省企业家协会连续 9 年向社会发布湖北企业百强排序榜。恩施州企联组织州内企业积极申报，经评选，湖北省烟草公司恩施州公司以 46.6364 亿元的营业收入名列第 80 位，也是恩施州唯一入围湖北省百强的企业。

【参加湖北省市州企联会长会议】 7 月 31 日至 8 月 3 日，湖北省企业联合会、企业家协会、工业经济协会（简称“湖北省企联”）在黄石市召开“全省第十一次市州企联会长会议”，全省各市州企联的会长、秘书长参加会议，黄石市政府、市经信委的领导出席会议并致辞。会议学习中共中央总书记习近平在 2017 年 7 月 26 日省部级主要领导干部专题研讨班上的重要讲话精神，省企联和各市州企联的会长或秘书长分别发言，交流目前工作情况，提出下阶段工作计划。恩施州企联的工作获得了参会人员的一致认可。

【成立州企联功能型党支部】 为落实社会组织党的组织和工作全覆盖的工作要求，经州企联驻会领导集体研究，报经州民政局党组同意，成立州企联（功能型）党支部，由州企联秘书长刘力同志任书记，州企联办公室主任兼会员（雇主）工作部主任傅开宇同志任副书记，原州企联会长王坤元为委员。

【恩施州企联第二届一次会员代表大会】 12 月 22 日，恩施州企业联合会（企业家协会）第二届一次会员代表大会在恩施富源国宾酒店举行。州委统战部，州民政局，州国资，州人社局，州总工会，州经信委等部门有关领导到会指导。来自州企联副会长单位、常务理事单位、理事单位、会员单位代表的95名代表参加大会。大会审议通过关于修改州企联《恩施州企业联合会章程》的建议；大会审议通过何义彬同志代表州企联所作的工作报告；大会选举谭远斌为州企联会长，选举何义彬为州企联常务副会长，选举刘力为州企联秘书长，选举谭隆泽为州企联监事会主席。大会决定，刘祥禹不再担任州企联法定代表人，由谭远斌担任州企联法定代表人；大会选举恩施州和润建设投资集团有限公司等24家单位为州企联副会长单位。

【参与州级劳动关系三方协商】 12月29日上午，2017年恩施州劳动关系三方协商会议在州人社局举行。州人社局副局长何再兴主持会议。州企联会长谭远斌、州工商联副主席傅建国、州总工会副主席张发兵出席会议并分别发言。会议总结恩施州2017年劳动关系创建活动，安排部署2018年恩施州劳动关系三方协商会议工作。

【宣传工作】 与恩施日报社和恩施州电视台开展合作，抓好企联工作的宣传。积极发挥《恩施企业与企业家》期刊和州企联官网的作用，推进宣传工作，扩大企联工作的影响力。《恩施企业与企业家》全年编印四期，宣传推介恩施州优秀企业及州企联副会长单位，报道恩施州企联工作的动态，选登与企联工作有关的政策法规、领导讲话，选登有关专家、知名学者的观点和文章，关注社会热点和经济发展走向，受到广大会员单位欢迎。州企联官网及时追踪、更新信息，为广大会员提供免费沟通展示平台，网站点击率大幅上升。

【恩施州企业联合会（企业家协会）负责人名录】

会长：谭远斌

常务副会长：何义彬

秘书长：刘　力

监事会主席：谭隆泽

（刘　力　傅开宇）

编辑　马兹河

电力工业

【概　况】 国网湖北省电力公司恩施供电公司（以下简称国网恩施供电公司）以建设和运营恩施电网为核心业务，担负着为恩施经济社会发展提供安全、可靠、优质电力保障的重要使命。经营区域覆盖恩施州辖恩施市、利川市、咸丰县、来凤县、宣恩县、鹤峰县、巴东县、建始县，供电面积24060平方千米，供电人口404.01万人。2017年底有用电客户139.81万户，其中，居民客户123.35万户。至2017年底，国网恩施供电公司本部设职能部室11个，业务支撑和实施机构7个，县（市）级供电公司8个。在册职工4465人。

恩施电网西联重庆、东接宜昌，担负着恩施州水电外送的重任。±800千伏锦苏线、±800千伏复奉线2条特高压直流穿境而过，是“西电东输”的重要通道。目前，恩施电网以500千伏为支撑、220千伏为枢纽、110千伏为骨架、35千伏为基础的网络体系逐步完善。电网拥有500千伏变电站1座、150万千伏安；220千伏变电站（开关站）11座/249.6万千伏安，线路877千米；110千伏变电站37座/164.95万千伏安，线路1642千米；35千伏变电站（配电站）123座/90.37万千伏安，线路2073千米；10千伏公用配变2万台/260.09万千伏安，线路2.11万千米。截至2017年底，恩施地区总发电装机容量205.04万千瓦，同比增加5.99万千瓦，其中：水电装机（比重77.40%）增加2.28万千瓦，风电装机（比重18.07%）增加0.66万千瓦，光伏装机增加3.05万千瓦。1至12月地方电厂累计发电

2016—2017 年恩施州累计发电情况表

表 2　　单位：万千瓦时

	2016 年	占比	2017 年	占比	占比变化	增量	增幅
合计	568303		632898			64595	11.37%
水电厂	499822.49	87.95%	542330.29	85.69%	–2.26%	42507.8	9%
风电厂	52852.18	9.3%	67783.37	10.71%	1.41%	14931.19	28%
生物质电厂	8240.39	1.45%	11202.29	1.77%	0.32%	2961.9	36%
自备电厂	7217.45	1.27%	9303.6	1.47%	0.20%	2086.15	29%
光伏电厂	170.49	0.03%	2278.45	0.36%	0.33%	2107.96	1236%

63.29 亿千瓦时，同比（2016 年 56.83 亿千瓦时）增长 11.37%。其中：水电 54.23 亿千瓦时（占比 85.69%），同比增长 8.51%，占比下降 2.26 个百分点；风电 6.79 亿千瓦时（占比 10.72%），同比增长 28.32%，占比提升 1.42 个百分点；光伏 2252.59 万千瓦时，同比增长 1159.20%。

全社会用电量情况。截至 2017 年底，全州累计全社会用电量 46.05 亿千瓦时（全省占比 2.46%），同比增长 10.22%，高于全省平均水平（6.01%）4.21 个百分点，居全省第 3 位。2017 年，全州一、二、三产及城乡居民生活用电占全社会用电比重分别为 1.08%、37.54%、26.83% 和 34.55%。与上年同期相比，城乡居民生活用电比重提升 1.97 个百分点；第三产业用电比重提升 0.48 百分点；第二产业用电比重下滑 2.56 百分点；第一产业用电比重提升 0.10 个百分点。

人均用电情况。2017 年人均年用电量由 2016 年 875 千瓦时提升至 1140 千瓦时。

2017 年投资情况。2017 年完成电网投资 19.62 亿元，其中电网建设 17.19 亿元。2017 年，公司完成固定资产投资 19.62 亿元；售电量 39.53 亿千瓦时，同比增长 12.35%，增幅居全省第 2 位；售电均价 676.73 元 / 千千瓦时，居全省第 2 位；综合线损率 9.97%，与计划值持平；内部概念利润 9.52 亿元，完成年计划的 102.56%；全口径劳动生产率 21.97 万元 / 人 · 年。

【安全生产】 注重责任落实，制定修编 13 项安全规章制度，成立 11 个安全专业委员会。加强停电计划管控和统筹安排，设备重复停运同比下降 9.52%，临时检修同比下降 8.33%。发布电网风险预警 52 次，成功应对酒泉—湖南特高压直流线路跨越施工三级电网风险，得到国网公司和省公司领导高度肯定。深化隐患排查治理，发现问题及隐患 884 个，整改完成 679 个。强化运检精益管理，建成 6 条标准化线路、8 座标准化变电站、14 个标准化台区。推进弱电线路搭挂电力杆塔隐患治理，整条线路拆除完成率 25.08%。加大作业现场管控，查处违章 820 次，清退违章分包商 4 家。组织“安规”普考调考 3400 人次。科学制定各类保电方案，完成春节、两会、十九大等保电任务。成功应对多轮强降雨、低温雨雪冰冻天气等考验，打赢抗灾保电攻坚战，多次受到州委、州政府主要领导批示肯定。恩施电网安全运行 21 周年。公司被省公司表彰为“2017 年安全生产红旗单位”。

【电网建设】 完成“十三五”配电网规划滚动修编，配合省公司开展《鄂西电网抵御自然灾害能力》等 11 项专题研究。按期完成 16 个 35 千伏及以上项目可研批复。13 个 220 千伏及以下项目获得核准。酒泉—湖南特高压直流线路（恩施段）全面建成。渝鄂直流背靠背工程南通道换流站进入主体施工。恩施东 500 千伏输变电工程、江坪河水电站 500 千伏送出工程进展顺利。全年开工 35 千伏及以上输电线路 169.1 千米、变电容量

2015—2017 年恩施州电网投资情况表

表 3　　单位：万元

	2017 年	2016 年	2015 年
电网投资	196234	221410	146211
其中：大中型电网建设（含配网、大型技改）	171883	203103	122581
220 千伏	34390	5357	12032
110 千伏	7797	33761	20422
35 千伏	8019	18462	9645
10 千伏及以下	98453	138943	80416
光伏扶贫或独立二次	23224	6580	66

2017 年恩施州全社会累计用电量情况表

表 4　　单位：万千瓦时

	第一产业	第二产业	第三产业	居民生活用电	全社会用电总计
2016 年	4084	167527	110087	136095	417793
占比	0.98%	40.10%	26.35%	32.57%	
2017 年	4969	172886	123551	159097	460503
占比	1.08%	37.54%	26.83%	34.55%	
占比变化	0.10%	–2.56%	0.48%	1.97%	
增量	885	5359	13464	23002	42710
增幅	21.67%	3.20%	12.23%	16.90%	10.22%
贡献度	2.07%	12.55%	31.52%	53.86%	100.00%

25.21 万千伏安，投产 35.65 千米、10.41 万千伏安。完成配电网投资 9.13 亿元。巴东双道冲 110 千伏变电站等 3 个项目被命名为国网优质工程，建始三里 35 千伏变电站等 16 个项目被命名为省公司优质工程。

【经营管理】 深入开展“电气化 + 六大领域”行动，实现替代电量 1.11 亿千瓦时。密切跟踪工业园区及重点项目建设进展，投产 89 个送电项目、21.6 万千伏安。推进线上业扩报装业务受理，新增容量 74.35 万千伏安，同比增长 4.3 个百分点。开展线损异常台区日监测和预警，同期线损合格率 73.38%，同比上升 20.75 个百分点。加快“全能型”乡镇供电所建设，1 个供电所被国网公司命名为“五星级乡镇供电所”。深化智能营销体系建设，“智能电管家”推广应用率 97.29%。开通“服务直通车”电话，组织营业普查、“投诉反思会”等专项活动，投诉总量同比下降 20.14%。配网实时管控系统应用在省公司年度考核中居第一名。开展“物资供应基础管理年”活动，压降库存物资 5174.52 万元，处置废旧物资 657.6 万元。完成公司系统 29 个家属区“三供一业”分离移交项目可研，与 6 家企业签订供电设施接收框架协议。集体企业“子改分”和瘦身健体工作有序推进。

【党的建设】 广泛开展“喜迎十九大”系列活动，组建十九大精神宣讲团“进班组、进一线”，实现十九大精神宣讲全覆盖。组织开展“两学一做”党委中心组专题学习 10 次，举办“主题党日 +”活动 1600 余次。坚持党员领导干部讲党课制度，固化党员经常性教育“4+X”管理模式。认真实施“旗帜领航　三年登高”计划，探索党建“级数”管理，构建党委、党支部、党员三级登高路径。加大“一支部一名片”“党员之家”示范建设，1个支部被命名为“国家电网先锋党支部”，1人被评选为“国家电网公司优秀共产党员”。照单全收国网公司巡视反馈问题清单，自查20个问题并整改完毕。积极配合省公司内部巡察，制订整改措施211项，完成整改208项。充分运用“一本一榜一档案”深化创“星”工程建设。以“一图两书四清单”细化分解41项主体责任、35项监督责任。

【荣　誉】 大力开展技能比武和培训竞赛，公司在省公司第九届职工技能运动会上获进位奖，2个专业项目获三等奖。咸丰公司刘彬创新工作室被命名为“湖北省职工（劳模）创新工作室”。完成公司新一届团委换届，举办公司首届青年员工才艺大赛，开展“护航高考　电靓青春”“青老互助”等志愿服务活动60余次。公司获湖北省“五一劳动奖状”。1个供电所被授予“国家电网公司先进班组”称号。1个供电所被命名为“中国金牌最美供电所”，1人被授予“全国五一劳动奖章”，1人获“国家电网公司劳动模范”称号，1人获“国家电网公司第三届青年岗位能手”称号。

【电　力】 公司落实“国网阳光扶贫行动”部署，圆满完成巴东县118座村级光伏扶贫电站建设任务。为118个建档立卡贫困村捐赠资产1.91亿元，结算村级光伏发电收益378.52万元，建档立卡的5.39万户、17.25万贫困人口从中受益，充分体现了国家电网光伏扶贫“全、准、稳”的新模式。为确保电站按期投运，建设人员“白加黑”“五加二”战斗在一线，平均1天建成1.1座电站，创造出光伏扶贫的“恩施速度”。

【国网恩施供电公司被中央文明建设指导委员会授予第五届“全国文明单位”称号】 11月17日，全国精神文明建设表彰大会在北京召开，国网恩施供电公司被中央文明委授予第五届“全国文明单位”称号。近年来，网恩施供电公司党委高度重视文明单位创建工作，坚持“依法治企、以德育企、文化强企”，全面履行企业政治责任、经济责任和社会责任，充分展现“责任央企”担当，在巩固和深化省级文明单位创建成果基础上，积极创建“全国文明单位”，不断夯实创建基础，打造创建亮点，丰富创建内涵，提升创建水平，为服务民族地区经济社会发展和电网科学发展提供了强大的精神动力。

【湖北省电能替代工作现场会成功在恩施召开】 9月17日，湖北省电能替代工作现场会在恩施召开，副省长周先旺出席会议并充分肯定国网恩施供电公司电能替代工作。会上，湖北省电力公司和州人民政府签署了《“电气化+”战略合作框架协议》，决定共同推进“电气化+”工作在恩施的实施。2017年，国网恩施供电公司共实施“电气化+”项目146个，累计完成电能替代电量1.1亿千瓦时，占总电量的2.8%，占新增电量比重的25.45%，为公司售电量呈现两位数增长做出突出贡献。公司全年完成售电量39.53亿千瓦时，同比增幅12.35%，增幅排名全省第二名，完成全年计划的100.33%，进度列全省第一位。

【恩施电网安全稳定运行21周年，连续三年被表彰为湖北省电力公司“安全生产红旗单位”】 国网恩施供电公司始终坚持“安全第一，预防为主，综合治理”工作方针，严格落实安全风险预控措施，全力推进本质安全型电网企业建设。全年未发生人身伤亡事故，未发生六级及以上电网、设备、质量事件，未发生一般及以上火灾事故，未发生七级及以上信息系统事件，未发生对公司造成重大影响的安全生产突发事件，未发生责任性重要客户用电安全事件，电网设备事件同比下降74.28%，恩施电网安全稳定运行21周年，连续三年被表彰为省公司“安全生产红旗单位”。

【国网恩施供电公司被表彰为国家电网公司"新一轮农网改造升级'两年攻坚战'工作先进集体"】 国网恩施供电公司积极承担社会责任，聚合力、鼓干劲，圆满完成"两年攻坚战"工作任务，及时发挥了工程建设效益，获国家电网公司"新一轮农网改造升级'两年攻坚战'工作先进集体"表彰。国网恩施供电公司2016—2017年"两年攻坚战"项目总投资12.58亿元，其中：中心村配电网投资6.35亿元，中心村供电能力全面提升，惠及443个行政村；机井通电工程投资0.92亿元，贫困乡村水利设施供电条件极大改善；村村通动力电工程投资5.31亿元，解决了2335个自然村不通动力电或动力电不足问题。"两年攻坚战"项目的实施为全州坚决打赢脱贫攻坚战，与全国齐步迈进全面小康社会提供了可靠的能源保障。

【渝鄂直流背靠背联网工程（南通道）等重点项目进展顺利】 全州电网重点项目建设掀起新高潮，总投资约33亿元、世界上电压等级最高、输送容量最大的柔性直流联网工程——渝鄂直流背靠背联网工程（南通道）于5月25日正式开工建设，经过半年多的奋战，其换流站已完成"四通一平"，转入主体工程施工，大件运输道路桥梁加固改造工程全面启动。恩施东500千伏输变电工程获得核准开工。酒—湖 ±800千伏特高压直流输电线路工程（恩施段）全面建成。公司一批220千伏输变电项目获得核准开工。

【国网恩施供电公司深入贯彻落实中共十九大精神】 公司深入学习宣传贯彻中共十九大精神，组建宣讲团，推动宣讲进基层、进班组、进一线、进岗位，确保中共十九大精神宣讲全覆盖。并深入结合恩施电网实际，着力解决恩施电网发展不充分、不平衡问题，将党的十九大精神落到实处。

深入开展电网先锋党支部和共产党员示范岗、责任区和服务队建设，芭蕉供电所获国家电网公司"先锋党支部"称号，"恩施大峡谷"共产党员服务队在省公司"献礼十九大旗帜领航程"共产党员服务队竞赛决赛中获评省公司"优秀共产党员服务队"。认真落实"三会一课"制度，启动"一支部一名片"和"党员之家"建设，基层党支部开展"主题党日+"活动950次、"红心结"结对共建活动86次，发展新党员21名，圆满完成基层党支部书记和党务工作者培训，2个基层党支部获评省公司先锋党支部。

【国网恩施供电公司被湖北省民族宗教事务委员会命名为"湖北省民族团结进步先进单位"】 全面把握"共同团结奋斗、共同繁荣发展"的主题，立足治理融入、发展融入、服务融入、情感融入、根植融入，扎实推进民族团结进步创建工作，国家民委党组副书记、副主任刘慧，国家民委副主任陈改户，省公司董事长、党委书记肖黎春等领导充分肯定公司民族团结进步工作，主要经验在全国民族团结进步创建工作交流会上推介，公司被湖北省民族宗教事务委员会名为"湖北省民族团结进步先进单位"。

【上级表彰】 国网恩施供电公司被授予第五届全国文明单位；国网恩施供电公司职工林丽（女）被授予全国五一劳动奖章；国网恩施供电公司被授予湖北五一劳动奖状；国网恩施供电公司职工林明仲被授予国家电网公司劳动模范；国网恩施市供电公司芭蕉供电所党支部被授予国家电网公司电网先锋党支部；国网恩施市供电公司三岔供电所被授予国家电网公司先进班组；国网恩施供电公司总经理许子武被授予国家电网公司优秀共产党员；国网恩施供电公司职工张省三被授予国家电网公司青年岗位能手；国网恩施市供电公司屯堡供电所被授予中国金牌最美供电所；国网建始县供电公司红岩寺供电所被授予国家电网公司五星级乡镇供电所；国网恩施供电公司被授予国家电网公司新一轮农网改造升级"两年攻坚战"工作先进集体；国网恩施供电公司被授予国家

电网公司2017年配电网标准化创建活动达标单位；国网恩施供电公司信息通信分公司被授予国家电网公司信息通信工作先进集体；恩施巴东双道冲110千伏变电站工程、恩施白杨坪110千伏变电站工程、恩施巴东神农溪110千伏变电站工程被授予国家电网公司2017年度第一批输变电优质工程；国网建始县供电公司花坪供电所被授予湖北省工人先锋号；国网咸丰县供电公司刘彬劳模创新工作室被授予湖北省职工（劳模）创新工作室。

【国网恩施供电公司负责人名录】

总经理、党委副书记：许子武

党委书记、副总经理：田锦贵　王华章

袁中祥　侯显立

党委委员、总会计师：何忠时

党委委员、纪委书记、工会主席：李兴桂

（覃章锡　罗　萍）

编辑　马兹河

中国石化销售有限公司湖北恩施石油分公司

【概　况】 2017年，中国石化销售有限公司湖北恩施石油分公司实现成品油销售总量43.16万吨，同比增幅11.23%，全省排名第2；实现非油品销售额1.33亿元，同比增幅32%，全省排名第4；上缴税收4182万元，比2016年增加1100万元。在全省15个地市公司年度综合考核排名第1，在中国石化销售有限公司“地市公司发展进步能力”排名第17。恩施、利川、宣恩、建始4家县市公司荣获全省“十强县市公司”。

【市场保供平稳运行】 2017年公司共调进油品47.97万吨，同比增加2.74万吨，增幅6.06%；出库油品47.23万吨，同比增加1.94万吨，增幅4.28%。其中，中石化恩施铁路油库出库46.01万吨，中石化万州油库出库1.22万吨；完成二次配送量32.33万吨，同比增加2.5万吨，增幅8.38%。跨库配送3.86万吨，同比增加2.9万吨。确保全州八县市及周边武陵山区的成品油供应。

【党建三基工作夯实】 公司党委牢固树立“在经济领域为党工作”理念，“把抓好党建作为最大的政绩”，围绕公司中心工作认真落实“两个责任”，扎实开展“两学一做”学习教育。公司党委开展的“六个一”活动（听一次党课、读一本书、开展一次讨论、撰写一篇心得、举行一次考试、办好一期专栏），以及总结提炼的“支部工作十抓法”（抓组织建设、抓团队建设、抓党员发展、抓学习教育、抓活动载体、抓协调沟通、抓舆论宣传、抓企业文化、抓信息记录、抓考核考评），得到省公司党委肯定，在全省系统进行推广。

【安全环保】 公司联合督查队全年督导108座加油站，覆盖率100%，促进了隐患的整改。同时，公司对108座库站及铁路油库的视频监控系统进行全面升级，全员、全方位、全过程保障企业安全环保运行。“6月安全月”活动中，公司与州消防支队在铁路油库联合举办“公众开放日”和大型消防灭火实战演练，州消防支队、恩施市消防大队出动50余名官兵和13台消防车参加预案演练，并邀请恩施州副州长田金培及州市两级安监、商务、环保等相关职能部门领导现场观摩，恩施电视台、恩施晚报等媒体记者进行现场报道。同时，公司响应“生态立州”号召，支持“绿色恩施”建设。2015—2017年，共向上级公司争取5000余万元专项资金，对铁路油库及全州在营的108座加油站进行油气回收改造。并督办恩施州恒盛运输公司将52台油罐车全部进行油气回收改造。

【精准扶贫】 开展产业扶贫。公司把精准扶贫作为一项民生工程、民心工程和光荣的政治任务。2017年3月1日，湖北省石油公司总经理于海平到恩施公司调研时，与刘芳震州长达成共识，5

月6日，省公司与州人民政府签订了《战略合作协议》，利用中石化非油销售网络和庞大的加油站销售平台，将恩施州的富硒特色产品销往湖北乃至推向全国各地，用企业转型发展助力恩施百姓脱贫。宣恩伍家台绿茶、鹤峰青翠源黑茶、来凤恒茂茶油、恩施楚丰农业大米、恩施黄氏兄弟食品、巴东豆干、硒之源饮品、建始大曲、建始金茨泉等219个恩施土特产品走进中石化加油站易捷便利店,《湖北日报》《楚天都市报》头版头条分别刊发题为《土家特产走进石化加油站》专题报道。同时，公司将精准扶贫作为转变机关干部作风，落实“两学一做”、培养锻炼党员干部的机遇和平台，真心实意沉到基层，进村入户，走访民情，办实事促发展。公司派驻了第一书记并抽调专人常驻扶贫点。8个县市公司也分别成立由县市经理任第一书记的专班常驻扶贫点。40多名副科以上干部每人结对帮扶3—5户贫困户。2017年，公司向中石化总部争取50余万元的扶贫资金，帮助贫困村改善基础设施、发展农副产业。

【单位表彰】 2017年，公司党委班子被中石化销售公司评为“四好班子”；公司被湖北省石油公司评为“安全环保先进单位”；恩施铁路油库连续第四年获得全省“安全管理先进油库”；利川王家湾加油站被湖北省总工会授予“工人先锋号”；利川谋道加油站被中石化销售公司评选为“绿色基层”；恩施七里高速出口加油站分别被团省委、团州委授予“青年文明号”、被省公司授予“建功立业岗”；恩施铁路油库团支部被省公司授予“五四红旗团支部”；恩施七里高速出口加油站、利川香庐山加油站、恩施铁路油库收卸维修班被省公司授予“三标班组”；恩施七里坪加油站吴新华创新工作室被省公司授予“职工创新工作室”。

【中国石化销售有限公司湖北恩施石油分公司负责人名录】

总经理、党委书记、纪委书记：罗青山

党委委员、副总经理：谭逢文　张　播
何大友

（张　惠）

编辑　马兹河

中国石油天然气股份有限公司湖北恩施销售分公司

【概　况】 2017年，中国石油恩施分公司实现油品销售15.6万吨，销售收入10.17亿元，质量抽检合格率100%。安全环保责任事故为零，年度安全考核和销售完成情况名列湖北公司前列。

【油品营销】 2017年中国石油恩施分公司坚持量效并举，发展质量迈上新台阶。提高营销质量，协调推进跨区配送和资源串换，保障了恩施成品油市场资源的顺畅供应。提升服务质量，加大机构客户的开发与维护，深挖销售潜能，现场管理能力和服务水平持续提升，完成恩施州6座旗舰店打造，改善了加油站现场硬件条件。

【非油经营】 明确主营定位，充分发挥全员的主观能动性，加强“油非互动”，非油业务实现跨越发展。结合恩施市场消费特点，研究区域化、个性化的销售政策，实现“加油站+”业务拓展；利用地域文化，突出品牌特色，将旅游资源、地方土特产、民族文化等元素有机融合，打造民族特色店；丰富油非互动模式，2017年实现非油销售收入4000万元，其中销售超过百万元便利店17座，非油创效能力显著提升。

【网络建设】 2017年恩施分公司加快项目开发，紧跟恩施州总体规划目标，实时新增加油站网点，完善城市中心站和重点区域网络布局，推进新城区及城市环线项目，持续开发高效站点，进一步优化县域销售网络体系，拓展县域网络布局，2017年在全州新投运加油站2座。

【安全环保】 截至2017年，已完成全部在营加油站油气回收系统改造，完成8座加油站双层油罐更换，节能环保能力持续增强。深化依法合规管理，持续开展全员合规培训，引导员工养成依法合规意识，定期梳理各岗位风险点并制定风险防控措施，形成全员合规文化浓厚氛围。将岗位风险培训纳入员工业务培训。入职环节，抓住岗前法律风险防控指引培训；履职环节，开展常态化练兵培训；晋升环节，以法律风险防控能力作为否决项，全面提升全员法律风险防范意识和能力。

【中国石油天然气股份有限公司湖北恩施销售分公司负责人名录】

党委书记、总经理：马朝军

副总经理：胡新华　杨恭鹏

（张如燎）

编辑　马兹河

交通　物流

交通管理与服务

交通运输

【概　况】 2017年底，全州在册公路通车里程达到23053千米，较上年度增长9.3%，路网密度95.61千米／百平方千米。其中高速公路465千米、一级公路76千米、二级公路2238千米、三级公路749千米、四级公路19525千米；内河航道通航总里程590千米（界河按二分之一算），港口3个，生产性码头泊位25个；客运站55个，其中一级客运站1个、二级客运站5个、三级客运站7个、四级客运站14个、五级客运站28个。

2017年，恩施州道路运输行业共完成客运量3.8千万人次，旅客周转量23.59亿人千米，货运量4490万吨，货物周转量89.49亿吨千米，分别同比增长1.32%、0.24%、20.44%、9.37%。道路客货运输持续稳定健康发展。

交通基础设施建设。全州公路水路完成固定资产投资110.48亿元，占省厅下达目标的131.6%，占全州年度固定资产投资的13.3%。利万高速全线建成通车，建恩、宣鹤高速快速推进。全省普通公路中建设难度最大的巴野公路全线通车，清江跨度最大的水布垭大桥基本建成，国内同类型桥梁转体跨度最大的南渡江大桥成功合龙，全州首座承接公铁换乘的恩施汽车客运中心站投入运营。351国道芭蕉互通至谢家土段、宣恩椿木营至长潭河段等12个项目如期开工；353国道咸丰县城麻柳坝至丁寨沙坝段等33个续建项目顺利推进。全面完成县乡道网调整工作，调整后全州县道里程达到2650千米，乡道里程达到12280千米。“十三五”规划的97个重点项目前期工作全部启动并加快落地。鹤峰东段高速前期工作基本完成；来咸高速初步设计已通过省厅预审；建恩北段高速省际接点和利咸高速路线走廊方案基本确定。57个、1509千米普通国省道项目完成工可研批复项目48个、1232千米，占规划总里程的82%；完成初设批复项目36个、1051千米，占规划总里程的70%。34个水运、站场及物流项目中已完成工可研批复项目23个，占规划项目数的68%；完成17个项目初设批复，占规划项目数的50%。

综合运输。恩施州完成道路旅客运输3815.5万人次、货物运输4495.4万吨，水路旅客运输60.2万人次、货物运输99万吨，同比分别增长1.3%、20.4%、8%、7%。圆满完成春运、兵运、硒博会等交通运输组织保障任务。奋力完成汛期、冰雪期等急难险重交通安全保畅工作。倡导绿色交通发展理念，新能源公交车达275辆，港口靠泊船舶均使用了岸电，中央环保督查反馈的3个交通环保问题全部完成整改销号。长江干线非法码头治理顺利通过督查验收，巴东港砂石集并中心建设有序推进，港口船舶污染物接收转运处置设施加快建设。鹤峰走马、巴东野三关等乡镇集镇公交运行稳定，巴东至溪丘湾、利川至团堡等城乡道路客运班线完成公交化改造。“12328”服务监督电话良好运转。货车非法改装和超限超载“歼灭战”成效明显，源头治理、综合施策、部门协同态势正在形成。

【安全应急管理】 深入开展安全生产大建设、大排查、大整治。加快实施“455”安防工程，完成国省道安防工程533千米、农村公路安防工程3553千米，占年度计划的112%。全州省、市际长途班线全部落实旅客实名制管理，1628辆“两客一危”车辆完成4G动态监控系统安装使用。2017年全州交通运输行业未发生较大及以上交通运输安全生产事故，实现“一无两降”目标，安全生产形势持续稳定。行业管理。稳慎推进出租车行业改革，取消巡游出租车经营权有偿使用费，促进巡游出租车、网约出租车融合发展。持续推进行政审批制度改革，先后承接省下放行政审批项目3个大项、18个子项，取消、下放行政审批项目7项，落实行政审批“一个窗口”对外和行政服务事项“一周办结”，落实网上审批、并联审批，探索事中事后监管、新业态包容审慎监管，推进“双随机一公开”。

【脱贫攻坚】 按照“三年计划、一年下达、分年实施、鼓励超前”的思路建设农村扶贫公路，不断加大农村公路建设筹融资力度，争取政策性金融支持10.8亿元，财政整合资金10.06亿元，建成农村公路5084千米，占省计划目标2466千米的206.2%、占州计划目标3500千米的145.3%。全力推进“四县市五乡镇”高山片区等重点贫困区域交通扶贫，恩施市红土至石窑等一大批产业扶贫公路相继开工。来凤县积极筹措资金提升农村公路建设质量和标准。狠抓“四好农村路”示范建设，巴东县申报纳入“四好农村路”省级示范县，每个县市培树了1个“四好农村路”示范乡镇，培树“四好农村路”示范线988千米。全国首部“四好农村路”题材电影《村路弯弯》在建始县拍摄。恩施市农村物流试点示范项目建成。认真履行脱贫攻坚基础设施发展牵头职能，协调水、电、路、网等基础设施建设稳步推进，编制完成全州455个重点贫困村基础设施整体提升方案。全州交通运输系统各单位认真履行驻点扶贫职责，完成驻村帮扶任务。

【文明创建和廉政建设】 在全州交通运输系统掀起学习贯彻中共十九大精神的热潮，将建设交通强国、交通强省举措落实到全面从严治党和交通运输事业发展实践中。压紧压实主体责任链条和意识形态工作责任制，扎实推进“两学一做”学习教育常态化制度化。严肃党内政治生活，扎实开展党组中心组学习，规范开展“支部主题党日”活动。制定党组落实中央八项规定实施细则精神的实施办法，持续反“四风”、改作风。逐一整改州委巡察反馈的5大方面38个问题，迅速整改省州媒体问政及党风政风热线反映的问题，广大干部受到教育警醒，一些不符合新时代要求的习惯性思维和作法得到改变，新观念、新制度、新机制正在建立和完善。交通史志、建议提案、交通宣传等各项工作统筹推进。

【恩施州交通运输局负责人名录】

党组书记、局长：杨盛僚

党组成员、纪检组长：李玉剑

党组成员、公路管理局局长杨国卫

党组成员、副局长：曹明旭　王　勇

黄秀武

党组成员、总工程师：敖建华

（罗贤菊）

编辑　马兹河

道路运输

【道路运输】 2017年底，全州班线运输企业达到94家、客车5140辆90326座，旅游客运企业22家（含增加旅游客运经营范围的11家班线企业）、旅游客车351辆12850座，汽车租赁企业68家、客车329辆1645座，货物运输业户7506（危险货物运输企业14家）、货车15803辆8680万吨（危险品运输车辆达322辆2937吨）。道路运输保障能力增强。长途客运联网联控深入推进。18家长途车站、216条省际客运班线、68条市际客运班线实现实名制网上购票。11家长途客运企业建立11个接驳点，66条线路、224辆车实现接驳运输。城乡客运一体化创新突破。城乡一体化建设通过AAAAA级评价。全州首条城乡一体化新能源客车“巴（东）—溪（丘湾）”线开通运行。建始至天生班线公交化改造取得突破。“村村通客车”成果得到巩固。利川等县市不断完善“村村通客车”发展长效机制，在机构、人员、资金上给予保障。各县市油补资金按时发放到位，利川市发放管理油补的做法受到省局充分肯定。建始县编委明确乡镇农村公路服务中心“负责辖区内‘村村通客车’运输监管工作”职责。春运、兵运、防汛、黄金周、硒博会、十九大等指令性运输保障任务圆满完成。实现无较大以上安全责任事故、无重大服务质量投诉案件、无严重滞留旅客事件“三无”目标。全年累计完成客运量3815.51万人、客运周转量23.58亿人千米，同比增长1.33%、0.25%；完成货运量4495.42万吨、货运周转量89.48亿吨千米，同比增长20.42%、9.38%。

【城市客运】 2017年，全州新增出租车13辆，总数达1914辆；新增（含更新）公交车101辆，全部为新能源公交车（其中，纯电动公交车99辆，油电混动公交车2辆），全州公交车总数达695辆768.5标台。城市客运健康有序发展。政策争取力度加大。争取州政府出台《深化改革推进出租汽车行业健康发展工作方案》和《州人民政府关于城市优先发展公共交通的实施意见》。开展公交专题调研，形成《州城公交车驾驶员如厕难等问题的专题调查报告》和《关于解决州城公交车行车难、充电难和驾驶员就餐难、如厕等难题的相关建议》。出租车改革稳步推进。建始县、恩施市率先出台出租车改革方案和网约出租车管理细则，恩施市率先许可“深圳万顺叫车”“武汉斑马快跑”2家网约车平台公司。全年新增巡游出租车13辆，出租车总数达到1914辆。公交提档升级步伐加快。公交车总数达到695辆、线路85条、总里程1233.6千米，分别同比增长19%、10.38%、8.21%，全年累计营运里程3991万千米、完成运输量11116万人次，同比增长2.23%和6.21%。全年新增或更新新能源公交车101辆（纯电动99辆），新能源公交车达到275辆（纯电动220辆），占公交车总数的39.6%。宣恩城区20千米范围内公交覆盖率高，惠及群众多。利川市推进公交无线Wi-Fi进车厢、手机APP、电子站牌等“智慧公交”建设，咸丰、宣恩、来凤推广应用公交电子“IC”卡乘车和语音报站服务、“掌上公交”APP系统，巴东推进智能化调度系统建设和候车亭智能化改造，均有明显成效。出租车、公交车行业防范化解重大风险措施得当，管控有效。

【站场建设】 19个“十三五”期间站场建设项目，已竣工2个（恩施客运中心站、利川中心客运站，全州唯一承接公铁换乘的恩施汽车客运中心站投入运营），开工2个（恩施东升客运站、恩施货运中心站），完成工可初设等前期工作9个（咸丰坪坝营旅游客运站、来凤客运中心站、鹤峰客运中心站、巴东汽车客运站、建始火车站客运站、咸丰县综合客运枢纽站、巴东北站、利川谋道客运站、巴东溪丘湾农村综合运输服务站。2个未纳入“十三五”规划的“十二五”续建项目，1个已开工建设（红岩寺客运站），1个已完成工可初设等前期工（沙道沟客运站）。全年完成项目投资19455万元，占年度计划的92.74%。完成“十三五”规划中期执行情况调研和评估工作。

【相关业务】 2017年底，全州机动车维修业户一类维修企业达到42家、二类维修215家、三类维修657家；A级机动车综合性能检测站10家从业人员1万余人；道路运输从业资格培训机构数量8家，(其中：客、货运8家、危险品运输1家、出租车2家)，拥有理论培训教室面积2068平方米，应用能力考试面积场地面积8100平方米，从业资格培训师资49人（理论教员24人、实操教员25人），无纸化理论考试计算机1500台，多媒体教学设备14台。维修检测驾培管理加强。联动协作机制得到加强。联合公安交管部门制定《恩施州从严管理教练车七项措施》，整治驾培驾考秩序。联合州交通局、州环保局举办汽车维修企业危险废弃物安全处理培训，开展专题整治，州城维修企业环境治理获州城空气质量治理联席会议办公室肯定。联合州总工会、恩施晚报、州驾协举办首届“诚信驾校”“金牌教练员”“优秀教练员”评选活动，全国交通运输“德科杯”汽车维修工职业技能竞赛，州恒信奥龙汽车销售服务公司郑柳等2名选手获湖北赛区“优秀选手奖”。驾培改革深入推进。推行“计时培训、按学时收费、先培训后付费”驾培服务模式改革逐步落实。汽车维修电子健康档案建设有效推进。242家一、二类维修企业安装维修电子健康档案系统，安装率达100%，使用率在全省领先。“驾驶员继续教育管理平台”试点应用受到省局充分肯定。同时，机动车综合性能检测、二级维护管理、从业资格培训考试及档案管理下放等工作有序开展，巴东所和建始所运综管理责任落实、效果较好。

【市场监管】 贯彻落实全面依法治国新理论。领导干部学法用法、执法业务骨干培训、行政执法突出问题专项治理等工作有序进行，自查发现的16个问题全部整改到位。“双随机一公开”监管全面落实，2次开展旅游客运、危货运输“双随机一公开”监督检查。落实“放管服”有新进展。县际道路旅客运输和班线经营2项行政许可下放到县市所（局），从业资格证档案管理下放工作有序推进，新版四级协同道路运政信息系统应用极大方便了办事群众、提高了办事效率。网上平台应用迈出新步伐。运用运政管理信息系统、车辆动态联网联控系统查处车辆违章行为201起，录入“湖北信用”平台948起，录入率达100%。120家企业质量信誉考核面达到100%，运政信息系统录入率达98%。运用阳光信访系统办理信访件6件，办结率100%。治超“歼灭战”有新举措。强力推进治超工作，签订货运源头企业《规范装载协议》171份，签订维修企业《不予非法改装承诺书》123份，开展联合执法124次，查处超限超载车辆274台次，排除非法改装300台次，清理退出不合规车辆运输车13辆，落实“一超四罚”违章行为172起。“打非治违”有新成效。处、所（局）组织开展“打非治违”专项行动40余次，暂扣非法营运车辆764台次，纠正违规经营行为320余起，有效地规范了道路运输市场秩序，全系统运政执法实现无失职渎职、无行政败诉“两无”目标。信访维稳有新突破。处、所（局）两级处理各类信访投诉917件，办结率100%。成功化解恩施贵华客运公司信访积案，咸丰畅达公司内部纠纷等信访问题有效稳控。

【安全管理】 责任体系不断完善。以“人、车、企、点、线、网”六要素为主要内容，以签订责任状、责任书、责任清单等为主要形式，健全完善“上下联动、横向到边、纵向到底”安全责任体系。安全管理常抓常新。建立了“两客一危”联网联控月考核通报机制，1628辆“两客一危”车辆4G动态监控系统升级。湖北车安达信息科技有限公司入选恩施州第三方安全监测平台并投入运行。恩施、巴东等县市开展道路运输突发事件演练效果明显。处、所、企业运用微信网络新媒体下发通知、传达精神、通报事故，提高了安全生产管理和教育的时效性、针对性和广泛性。专项整治不断深入。通过开展客运站安全专项整治、危货运输综合治理等系列专项整治活动，排查隐患1135处、整改1099起、责令停运车辆137台次、查处违规经营车辆602台。安全生产态势趋稳向好。共发生“两客一危”行车事故5起，造成5人死亡、35人受伤，事故率、死亡率同比均下降37.5%，受伤率上升45.8%，未发生较大以上道路运输事故和因运管失职渎职造成的一般事故，新兵运输创连续56年“零”事故记录。

【恩施州道路运输管理处负责人名录】

副主任：徐　东（牵头负责）

陈青松　覃　杰　刘　静

（宋　泯）

编辑　马兹河

公路管理

【概　况】 恩施州公路管理局担负着全州境内国省干线公路建设、公路养护、路政管理等行业管理任务。下辖8个县市公路管理局，51个公路养护管理站，2个直属事业单位（州公路局工程处、巴东长江公路大桥管理局），1个经营实体（恩施州衡利工程质量检测监理有限公司）和1个直属企业（恩施州华泰建设有限责任公司）。全州在编在岗1193人。截至2017年底，全州通车里程达到22582.56千米，等级公路22580.95千米，其中一级公路75.69千米、二级公路2222.23千米、三级公路752.96千米、四级公路19530.08千米；沥青、水泥混凝土路面17914.89千米；公路桥梁1984座/67387.28延米，其中特大桥5座/3598.8延米；公路隧道32道/18337延米；公路密度94.32千米/百平方千米。100%乡镇、100%行政村实现铺装路面。现有国道1506.17千米/7条、省道1914.26千米/26条。

【鸦来线鹤峰县城关至宣恩县沙道路段改扩建工程】 项目建设依据为《省发改委批复鹤来公路鹤峰县城关至宣恩县当阳坪段改建工程初步设计的批复》（鄂发改交通〔2011〕208号）。项目起于鹤峰县跳鱼坎大桥，经太平镇、分水岭、岩屋坪、沙道镇，止于宣恩县当阳坪。线路全长63.954千米，其中新建14.04千米。全线设计大桥4座、中桥9座、长隧道2座、短隧道1座、平面交叉12处、涵洞43道。设计速度为40千米/小时的二级公路标准，路基宽度8.5米，汽车荷载等级采用公路—Ⅱ级，设计洪水频率大、中桥1/100，小桥、涵洞1/50。项目概算总投资49244.12万元。2010年12月27日破土开工，由于受宣恩七姊妹山国家级自然保护区调规制约，工期受到严重拖滞。2017年完成建设投资5045.3万元，累计完成投资22314.15万元，占建安工程费合同总额26304.51万元的84.8%。

【利万高速连接线工程】 利川至万州高速公路湖北段南坪互通至谋道连接线工程起于利川市南坪乡干堰村上核桃树，途径齐岳山、满家湾、老草湾、铁炉坡，止于谋道镇南浦村的店子坪水库。路线全长6.39千米，设大桥356米/2座，通道11.55米/1座，隧道3580米/2座（其中齐岳山隧道为2960米、铁炉坡隧道620米），涵洞9道，平面交叉2处。设计采用双向双车道二级公路标准建设，设计速度60千米/小时。该项目于2016年12月底完工，累计完成投资18152万元。2017年1月13日，利万高速公路谋道连接线正式通车试运行。

【南渡江特大桥转体合龙】 2017年9月25日，省道南鹤公路南渡江特大桥成功转体合龙，标志着南鹤公路改建项目控制性工程的关键施工环节按期完成。该桥全长252.2米，主桥净跨190米，为上承式钢筋混凝土箱型拱桥，桥高163米。主桥采用有平衡重转体施工工艺施工，是目前国内采用钢筋混凝土球铰转体施工的最大跨度劲性骨架钢筋混凝土箱型拱桥，两岸转体角分别为155度和135度，转动体系质量重达5980吨。为确保大桥顺利转体，恩施州公路管理局、鹤峰县交通运输局与监控单位武汉理工大学、武汉马房山理工检测公司共同合作，首次引入自动化往复驱动找心试验方法和网络化传感技术，为大桥精确测定重心并配重和随时观测并发布转体的稳定性量测数据，两大新技术应用为确保南渡江特大桥安全顺利转体合龙起到关键性的支撑作用，并创造一项桥梁建设的新记录。

【公路养护】 2017年，全州国省干线公路完成路面大中修61.98千米，投资7592万元。完成公路地质灾害治理工程32处，投资6970万元。完成国省干线安防工程建设年度目标533千米，投资6323万元。完成国省道危桥加固改造7座（莲花坝大桥、沙坨桥、老官桥、隔牛洞桥、蛟蝉溪桥、东州河桥、小河沟桥），投资1684.5万元。完成水沟清理11634.2千米，修补路面坑槽3.09万平方米，完成路面灌缝938.1千米，修复安防设施8997米，补植绿化树2.9万棵，补划标线3385.2千米，增设标志标牌388块。恩施市、宣恩县、咸丰县、来凤县、鹤峰县于2016年提前完成通道绿化任务，巴东县、建始县、利川市2017年完成植绿1515亩，8个县市公路局“绿满荆楚”任务全部完成，公路可绿化路段基本实现全覆盖。2017年全州共接养国省干线868.261千米。国省干线路面使用性能指数为81.8。

【养护站场建设和配套服务建设】 2017年实施站房改造6处（恩施鸦鹊站、白杨坪站，建始花坪站，咸丰白岩站，鹤峰五里站，宣恩椒园站），已完成前期工作。实施新增服务区5处（鸦鹊、白杨、东门关、杨家大湾、白岩），停车区1处（巴东石马岭停车区），东门关服务区在建，其他完成方案上报。实施现有管养设施便民服务改造7处（白杨站、朝东岩站、花坪站、当阳坪站、白岩站、范家沟站、五里站），当阳坪站改造完成，其他项目处于前期工作阶段。

【水毁保通】 2017年，多轮持续性强降雨共造成恩施州国省干线受灾827处，交通中断184处/22条，损毁路基51381立方米/13.44千米，沥青路面276848平方米/80.11千米，水泥路面100868平方米/19.74千米，护坡7068立方米/42处，挡土墙106004立方米/235处，坍塌方23.1618万立方米/1024处，损毁涵洞91道，累计造成经济损失约10664.71万元。全州公路部门累计投入挖掘机、装载机、工程车辆等抢险机械设备2040台（次），投入人工约3194人次，抢险投入砂石料约1270立方米，共计投入抢险保通资金约563.5万元。

【公路渡口】 巴东县南潭河汽车渡口是省道巴鹤线（S245）上的一个交通枢纽，恩施州国省干线上保留的唯一的汽车专用渡口。位于清江中游，南靠清江泗淌坪，北依武落钟离山，东接水布垭大坝，西隔桃符口，起止桩号为K75.146—K76.752。2017年累计开班航次5058次，车次88685次，排查整改安全隐患63处，新增救生衣30件，船舶动力系统大修保养1次，启墩维修螺旋桨1次，维护保养62次，定期安全检查30次，汛期安全隐患排查90余次，组织开展安全应急演练8次，安全培训4次。

【南里渡特大桥通过2017年公路重点桥梁监测检查】 2017年6月，恩施市公路局管养的南里渡特大桥代表湖北省特大型桥梁接受2017年公路重点桥梁监测检查，检查组专家认为南里渡特大桥整体技术状况良好，顺利通过2017年公路重点桥梁监测检查。在交通运输部2017年公路重点桥梁监测湖北省末次会上，交通部公路院研究员杨昀同志对恩施市公路局在南里渡特大桥养护工作中实施的引桥预防性养护、养护检修通道（栈道）等“四新”技术亮点给予充分肯定并建议在全国推广。

【路政执法】 2017年，全州路政案件立案366起，结案 348 起，路政案件查处率达到 98%，结案率达到 95%，文书使用率达到 100%，案卷合格率达到 98%。全年拆除违章建筑 92 处、5254 平方米，拆除违法非标 3328 块，清理公路及用地范围内堆积物 2728 处、25504 平方米，清理占道经营 1591 处、8787 平方米，共收取罚款 2.47 万元，收取赔补偿费 134.52 万元。全年检测车辆 20865 辆，查处超限车辆 1206 辆，卸货 9276 吨，罚款 44.35 万元，对引导进入固定超限检测站的车辆检测率达 100%，超限车辆卸货率达 100%。“路政宣传月”期间，全州摆放活动式宣传展板 50 余块，发放法律法规文本、倡议书、漫画等宣传资料 19440 份，悬挂宣传标语 111 余幅，张贴宣传画 160 余张。

【科研探索】《大跨径混凝土拱桥超长悬臂转体关键技术研究》由恩施州公路管理局联合武汉理工大学共同承担。2015 年省公路局批准立项。该科研项目主要研究解决南渡江特大桥施工转体的安全控制关键技术，为 200 米及以上跨径混凝土拱桥转体施工的安全控制提供理论依据。项目已完成研究工作。

《硬质沥青在湖北省沥青路面中的应用研究》由恩施自治州公路管理局联合湖北省安全环境技术科学研究院有限公司、恩施州恒通工贸有限公司、中国石化炼油销售有限公司于 2015 年 9 月提交立项，2016 年 3 月完成立项，此项研究为硬质沥青在湖北省的应用夯实理论基础，为夏季炎热地区重载道路和长大纵坡路段的采用硬质沥青建设沥青路面提供依据，为修订现有沥青路面施工技术规范提供参考。项目已完成研究工作。

《生态自密实混凝土材料设计与工程应用研究》课题由恩施州公路管理局会同武汉理工大学共同承担。2015 年 5 月湖北省公路局以《关于下达 2015 年科技项目补助资金计划安排的通知》（鄂路计〔2015〕80 号）批复立项，以省道 S325（鸦来公路）鹤峰县城关至当阳坪段改扩建工程混凝土桥涵隧道混凝土工程为依托，课题通过级配设计的突破和关键材料的研制，可大幅度降低自密实混凝土中胶凝材料用量，克服传统自密实混凝土为保证流动性（粗骨料用量低）而导致的粗骨料重力离析缺陷，实现自密实混凝土低成本化和混凝土施工工程化，解决自密实混凝土推广应用等技术经济瓶颈，在公路桥梁建设中具有广阔的应用前景。截至 2017 年底，理论和室内实验研究基本完成。

《道路工程电热法融雪化冰技术规程》根据省质量技术监督局下达的“2016 年度湖北省地方标准制修订项目计划”正式启动编制工作。恩施州公路管理局作为主要编制单位之一，负责对在全国率先完成的省道南鹤线大垭一、二号桥桥面融雪化冰系统以及建始县红岩至景阳公路沥青路面轨道式融雪化冰系统两个工程案例的相关技术指标进行整理、提炼成为该技术规程的重要内容。该规程对湖北省高海拔路段的桥梁、道路推广碳纤维融雪化冰加热系统，规范该系统的设计、施工，消除高海拔公路冬季行车安全隐患具有重要意义。该规程已完成编制工作，即将公开出版。

【荣　誉】 恩施州公路管理局被省公路局评为 2017 年安全应急工作“先进单位”。巴东县公路管理局绿葱坡公路养护管理站职工张祚琼当选为湖北省第十一届党代会党代表。恩施市公路管理局龙凤坝超限检测站荣获湖北省 2017 年度“工人先锋号”。恩施州建始县公路管理局路政大队被省公路局授予 2017 年度“标准化路政大队”称号。恩施州巴东县绿葱坡超限检测站被省公路局授予 2017 年度“标准化超限检测站”称号。恩施州巴东县绿葱坡超限检测站谭金堂被省公路局授予 2017 年度“十佳治超员”称号。恩施市公路管理局养护中心被省公路局评为“2017 年度全省公路系统先进集体”“2017 年公路养护规范管理年活动先进集体”。咸丰县公路管理局局长秦绍国被评为“全州老干部工作先进工作者”。

【直属单位建设】 州衡利工程质量检测监理有限公司由恩施州公路管理局实体——湖北省恩施自治州公路工程质量检测中心改制，并经州人民政府批准同意，于2012年9月登记注册成立的法人。2017年公司实现产值804万元。

巴东长江公路大桥管理局是经恩施州机构编制委员会于2010年4月22日批准设立的自收自支科级事业单位（恩施州机编发〔2010〕23号），系由原巴东长江公路大桥建设开发管理处与巴东长江渡口所合并而成，隶属恩施州公路管理局管理。2017年完成大桥接线及附属设施维修改造项目施工、巴东长江大桥运营期支座更换维护项目开工建设、大桥防撞设施二期项目开工建设，完成桥梁定期检查1次、经常性检查10次，对管辖区内基础设施进行30次全面安全隐患排查、12次消防安全大检查、1次设备预防性检测。

恩施州华泰建设有限责任公司是州公路管理局直属路桥施工企业，成立于2000年8月，截至2017年12月31日，公司资产总计224036041.65元，负债总计216611532.48元，所有者权益总计7424509.17元。2017年全年实现营业收入231717897.87元，营业成本210210753.30元，税金及附加3116772.73元，管理费用9942480.71元，财务费用2699299.84元，营业利润5748591.29元，上缴企业所得税4017435.96元，实现净利润1731829.05元。

【恩施州公路管理局负责人名录】

党委书记、局长：杨国卫

党委委员、纪委书记：陈一鸣

党委委员、副局长：沈　波　黄建生

熊家方

党委委员、总工程师：吕卫兵

（曾雅君）

编辑　马兹河

农村公路管理

【概况】 到2017年底，全州农村公路通车里程达17222千米，其中县道857千米、乡道4381千米、村道11983千米。

【农村公路项目建设】 按照“三年计划、一年下达、分年实施、鼓励超前”的思路，全州争取政策性金融支持10.8亿元，财政统筹或整合资金10.06亿元，建成农村公路5084千米。其中完成资源旅游公路53.6千米、规模以上自然村通畅工程990千米、撤并村通畅工程464.3千米、建制村窄路面加宽559千米、省精准扶贫产业路369千米、产业路30.1千米、县市精准扶贫产业路2618千米。完成农村公路桥梁1034延米。全面完成县乡道网调整工作，调整后全州县道里程2645千米，乡道里程12280千米。巴东县申报纳入“四好农村路”省级示范县，各县市培树“四好农村路”示范乡镇1个，全州培树“四好农村路”示范线988千米。

【农村公路管理养护】 2017年，全州投入列养农村公路养护资金6503.1万元，其中省补3026万元，地方配套3477.1万元。探索规范化养护，利川市成立8家乡镇农村公路养护公司，村委会设立养护员和护路员，探索农村公路养护市场化机制；咸丰县将全县农村公路分成3个标段，向社会公开招标，遴选具有相关资质的企业进行养护。交通安全设施明显改善，全州完成“455”农村公路安防工程3553千米；完成村道危桥改造10座236.4延米，总投资707.05万元。完成2016年农村公路灾毁修复项目707个、2274千米，总投资13.64亿元；抢通修复2017年407条农村公路2856处水毁交通中断。强化冬季扫雪防滑，全州农村公路投入融雪剂1026吨、炭灰2926立方米、机械2154台班、10458人次、资金709万元，有效保障了村公路冬季及春运工作安全运行。

【农村公路法制建设】 深入宣贯《恩施州农村公路条例》《湖北省公路路政管理条例》，制定《全州农村公路管理与交通物流发展法制宣传教育第七个五年规划》。开展“爱护公路，服务出行”路政宣传月活动，开展货车非法改装和超限超载治理。开展行政执法突出问题专项治理和公路执法服务大走访。办理州人大代表建议、政协委员提案主办件4件、会办件5件。认真受理信访投诉，处理来电、转办信访件14件，办结率100%，满意率100%。州政协开展农村公路建管养运工作专题调研。

【农村公路安全生产】 落实安全生产“党政同责、一岗双责、失职追责”各项措施，督导企业落实安全生产主体责任。开展“安全生产月”活动，组织安全生产自查，推进施工安全标准化。开展汛期安全生产大检查，及时发布预警信息，强化汛期安全应急管理，行业安全生产形势稳定。

【全面推进从严治党】 落实主体责任，加强党风廉政建设，开展廉政谈话、廉政风险排查、第十八个党风廉政建设宣传教育月活动。强化作风建设，保持纠正“四风”高压态势，完成州委巡察反馈问题整改。践行“两学一做”学习教育，加强机关党建工作，学习贯彻中共十九大精神，严格党内政治生活，规范开展“支部主题党日”活动，转正党员1名，吸收预备党员1名。深化文明创建，落实“六城”同创、精准扶贫各项工作任务，加强行业文化建设，为事业发展凝聚正能量。

【恩施州农村公路管理局负责人名录】

局长：蒋周城

副局长：东爱明　王自江

总工程师：向先明

（郭　军　张仕斌）

编辑　马兹河

港航管理

【水路交通概况】 港航建设。2017年，全州港航建设固定资产全年投资规模达到1.87亿元。水路运输全州完成水路运输客运量60.18万人，同期比上升8%；完成水路运输货运量99万吨，同期比上升7%；完成港口货物吞吐量69.32万吨，比去年同期上升12.4%；完成港口旅客吞吐量52.18万人，比去年同期上升7.3%。完成各类船舶法定检验368艘次，船舶登记业务77艘次。

水上安全。全州未发生上报水上交通事故，死亡人数、经济损失均为零，船舶安全面保持在100%，水上交通安全形势稳定。

【港航建设】 审批项目。长江三峡库区湖北省支流（沿渡河、小溪河）航道工程。该项目建设规模为Ⅲ级航道27.9千米，批准概算总投资为8373.79万元，资金来源为申请交通运输部投资、移民资金及地方自筹。该项目业主是巴东县港航管理所。该项目已完成剩余两个标段炸礁工程、航标工作船施工招标，进入项目实施阶段。溇水（鹤峰城区至江坪河段）航道整治工程。该项目起于容美镇溇水河一级闸坝，止于江坪河电站枢纽大坝，全长57.6千米，其中四级航道42.3千米、五级航道5.2千米、六级航道10.1千米。估算总投资6260万元。业主是鹤峰县港航管理所。该项目已完成工可报告编制及相关专题批复，工可已于11月24日取得批复，预计2018年开工建设。恩施港汾水港区大清江综合码头工程。新建500吨级（兼顾1000吨级）泊位2个，年设计通过能力为25万人次、15万吨。

使用岸线长度。客运泊位425.6米、货运泊位146.8米，概算投资4990.44万元。

建设进度。该项目旅游客运泊位2017年9月7日交工验收，2017年9月16日投入试运营；货运泊位正在开展施工图设计。恩施港城区港区旅游码头工程。位于恩施市城区中心，拟在施州大桥至东门桥清江河段新建旅游客运码头2座，其中：在凤凰大桥上游西岸建设1个100客运泊位及10个20客位的游艇泊位，年设计通过能力40万人次；在东门大桥上游东岸建设1个100客位的客运泊位码头，年设计通过能力20万人次；配套建设相应的生产、辅助生产建筑、供水及供电等设施；对4公里的航道进行整治。该项目工可、初步设计及施工图设计均由恩施州交通运输局予以批复。项目概算总金额为4046.92万元，其中工程费用为3272.69万元，建设工期为12个月，于2017年3月开工建设。恩施港景阳港区老集镇综合码头工程。该项目新建500客位客运泊位1个，新建500吨及货运泊位1个，估算投资为4476.04万元，资金来源为企业自筹与政府投资补助相结合。该项目业主为建始县景江生态农业开发有限责任公司。该项目于2017年9月获州交通运输局批复，现正报审初步设计，拟于2018年开工建设。

核准项目。鹤峰港溇水港口建设工程。鹤峰港纳入湖北省一般港口名录,《鹤峰港总体规划（2015—2030）》及《鹤峰县溇水航道技术等级论证》已获批复。拟新建6个港区（江坪河库区内5个，江垭库区内1个），泊位数总计31个，其中：货运泊位3个，客运泊位25个，工作船泊位3个。估算投资32361.75万元，资金来源为：按相关投资政策申请省补助资金，其余资金由鹤峰县人民政府进行招商，采用PPP模式，由PPP中标单位自筹解决。拟于2018年与航道整治工程同步实施。巴东港货运综合码头工程。新建3000吨级泊位3个，设计年吞吐量为174万吨，使用岸线长度600米，估算总投资59052万元。

备案项目。恩施港水布垭港区七一〇试验区码头工程。新建500吨级（兼顾1000吨级）泊位2个，设计总吞吐量为6000吨/年、货物通过能力2.18万吨/年，预计年内完成投资500万元，使用岸线长度560米，概算总投资2043万元。建设进度：该项目2015年9月已开工泊位2个，现已完工。恩施港龙王河港区尤家河综合码头工程。新建500吨级货运泊位1个，年设计货运吞吐量30万吨，总投资2000万元。前期工作进度已确定项目投资人，工程已取得航评批复，正开展项目备案。

【水上交通安全管理】 2017年入汛以来，州港航海事局立足防大汛、抗大灾、抢大险，针对山区水上交通特点，提前谋划、精心安排，先后召开防汛救灾专题会议4次，成立防汛救灾工作组深入基层一线开展督导检查10余次，及时向水运企业、渡口安全管理人员发布预警信息200余次，加强24小时应急值守和巡查，及时组织、协调做好险情处置工作，汛期全州未发生一起水上交通运输事故。全面落实渡口渡船安全监管网格化，各县市海事部门严格执行《湖北省渡口渡船安全监管工作制度》，将辖区渡口分片包干、责任到人，实行网格化管理，严格落实渡口渡船监管工作目标，并按要求及时向省局上报监管名单。全州183处渡口未发生一起安全事故，有效确保了人民群众生命财产的安全。2017年以来，州港航海事局开展了2次渡口渡船安全专项检查活动，为落实州委第一巡察组《州委第一巡察组关于向州港航局的反馈意见》中关于对“2015年州安委会挂牌督办的来凤县仙佛寺库区安全隐患问题，州港航海事局督促整改进展缓慢”的问题整改要求，为强化主体责任，切实增强“四个意识”，抓好来凤仙佛寺景区水上交通安全隐患整改落实工作，州港航海事局下发了《关于对来凤仙佛寺景区水上交通安全隐患再次督促整改的通知》（恩施州海事发〔2017〕7号），再次就来凤仙佛寺景区水上交通安全隐患提出了整改意见。

【非法码头整治】 全州长江干线非法码头共12座，经过近两年的整治，现已基本完成“三个一批”治理任务。“取缔一批”如期完成。全州属于“取缔一批”的码头共有3个，截至2017年2月20日，已按照“三个到位”的要求，完成拆除、清场，并采取断水、断电、断路、断航等措施，严防反弹。码头复绿工作正结合巴东县库岸盈彩水岸建设工作同步加紧进行。“规范一批”落实到位。根据省联席办《关于印发〈湖北省治理长江干线非法码头规范提升工作实施意见〉的通知》(省联席办〔2016〕34号)文件精神，纳入“规范一批”的5座码头完成环评、安评，经综合评估验收后，州港航局于2017年10月12日向此5座码头涉及的8家港口经营企业，依法发放“港口经营许可证”，实现了规范经营。“提升一批”关建并举。全州属于“提升一批”的4个非法码头已于2017年7月全面取缔，港航、海事等部门加强巡查，所有货船禁止在非法码头停靠，过渡期选定巴东港主城港区华润物流码头作为货船临时集并处。长效机制初步建立。按照“三个到位”(拆除到位、清场到位、防反弹到位)的要求，全州建立了防止非法码头反弹的长效工作机制，在政府网站公示“两个清单”(已拆除非法码头清单、拟保留各类码头清单)，公布非法码头作业举报电话，并实行举报奖励措施，严防反弹。

【行业管理】 2017年以来，州港航海事局行政服务大厅窗口受理并办结行政许可事项共计513项。5月，组织各县市海事人员共计3人参加执法人员培训，并顺利通过全省行政执法考试。11月开展行政执法检查“双随机、一公开”工作，并制定实施细则，完成检查事项清单、抽查企业名录及执法人员名录。行业管理工作有序开展。严格船舶法定检验。对三峡库区客船、客渡船的安全性能进行了专项复核，开展自卸砂船专项检查，结合营运检验，加大对现有客运船舶消防、救生设备的检验检查力度。规范运政和港口管理。重点对全州水路运输企业、经营性运输船舶，港口码头资质进行了逐一核查，开展了全州航运市场秩序专项治理。督查整改。中央环保督察反馈意见整改工作涉及恩施州水路交通的共3项任务，现均已完成整改，正申请销号备案。第45项经核查，全州无饮用水水源地一、二级保护区内违法违规码头。第58项涉及中石化湖北恩施巴东石油分公司油库码头已停止一切经营活动。第60项由州政府2017年3月批准三峡库区恩施州水生生物自然保护区部分区段调整为一般水域，完成整改销号。按照州政府政务督查室《关于办理省人大代表第20170218号建议的通知》要求，向州政府上报实施清江畅通工程逐步实现全线通航的建议。

【文明创建】 发挥三峡库区深水航道的独特优势，谋划将巴东港建成为湖北西大门和三峡库区门户港。建始县大沙河渡工万芳权续写“百年义渡”传奇，成为“中国网事·感动2017”网络人物评选恩施州的唯一入围者。全局干部职工献爱心捐款1700元，资助利川南坪贫困生；清江航道市场化养护经验在全省推介；“六型示范窗口”达到5个，1人获交通运输部“先进人”称号。突出产业扶贫，助力“六城同创”。大石坝村贫困户共129户，现在村已发展油茶1000余亩，生猪养殖约3000余头，药材，辣椒种植约33.35公顷，人均收入较往年有提高；通村水泥路香沟林至桃子平已完成招标，马上进入施工阶段，二组新修入户公路已完成申报；电网改造工程已完成，实现100%全覆盖；完成全村20余千米的管道铺设，主水管道及入户管道已铺设完毕，预计明年年初可实现安全供水；一期工程已完成24户搬迁入住，二期搬迁工程46户房屋正在有序施工中，已完成工程的60%；教育扶贫全覆盖，适龄儿童入学率100%，贫困生补助雨露计划不落一人；新建村卫生室，贫困户医疗保险缴纳全部完成。

【勤政廉政】 落实两个责任，打造廉政之风。贯彻全面从严治党要求，牢固树立“以党建促发展、以党建抓全局”的工作理念，切实抓好以上率下、强化压力传导。一是坚持把责任落到实处。制定了主体责任和监督责任清单，明确了领导班子、主要领导、班子成员和支部纪检委员的“一岗双责”职责，全面落实廉政谈话、廉政责任状签订廉政风险排查全覆盖，建立完善廉政风险防控机制。二是坚持把纪律挺在前面。严格执行局领导和机关科室工作动态、工作例会、严格考勤和严明会议纪律等四项制度，严肃财政纪律，严控“三公”经费的使用，不断加强和改进作风建设。积极落实整改州委巡察组我局巡察反馈意见。三是坚持学习教育不放松。扎实开展“支部主题党日”活动和“三会一课”等制度的落实，深入巩固推进“两学一做”学习教育常态化、制度化。深入开展党纪党规、十八届六中全会精神和十九大报告及习近平总书记系列讲话精神的学习，开展了“第十八个党风廉政建设宣传教育月”活动，组织观看《巡视利剑》《将改革进行到底》等专题教育片，并开展交流讨论，不断增强政治意识、大局意识、核心意识和看齐意识，激发了干部职工立足岗位、干事创业的热情和活力，廉政海事形象进一步提升。创建五好班子，助推领航先锋建设。抓牢建好全州水运事业快速发展的“火车头”，制定印发全州港航海事系统开展“领航先锋”五好班子建设实施方案，以“抓班子带队伍好、守纪律讲规矩好、谋大事促发展好、严管理保安全好、创品牌树典型好”五条标准，开展“领航先锋”五好班子创建，积极营造干事创业的良好氛围。局领导班子成员召开专题座谈会，就创建标准深入查找自身存在的问题和不足，开展批评与自我批评，并制定了整改责任清单。积极营造了干事创业的良好氛围。

【恩施州港航海事船检局负责人名录】

局长：朱一进

副局长：刘　亮　郭建军

（王树珍）

编辑　马兹河

铁路建设

【概　况】 2017年，恩施州铁路建设委员会办公室围绕全州经济社会发展大局和“七干两支”铁路网规划，构建高效畅通的铁路运输网络，夯实全州经济社会发展的铁路交通运输底盘。自宜万、渝利铁路开通运营以来，全线实现高效、平稳、安全运营。经停恩施州的列车已达到53对，其中动车组列车（含高铁）39对、普速列车14对。2017年累计发送旅客653.56万人次，发送货物65万余吨。乘动车可直达北京、上海、南京、杭州、武汉、郑州、南昌、福州、厦门、重庆、成都等城市。切实做好黔张常、郑万铁路征地拆迁及协调服务工作，推进渝武高铁、安恩张、昭黔恩铁路新项目前期工作，推进腾龙洞至大峡谷旅游观光铁路项目工作进程。组成调研组专程到襄阳、宜昌等地进行调查了解，详细分析全州铁路货运情况并提出对策及建议，撰写《关于恩施州铁路货运情况的调研报告》，为州委州政府决策提供参考。

【黔张常铁路建设】 黔张常铁路即由重庆黔江向东南经咸丰、来凤、湖南龙山、永顺、桑植至张家界至常德铁路。线路全长340千米，设计为国铁Ⅰ级双线电气化铁路，其中途经恩施州咸丰、来凤，在全州境内全长56千米，按2个标段分别由中铁十七局和中铁十四局施工建设。2017年红线征地开累完成141.81公顷，完成项目总计划的99%；临时用地完成128.69公顷，完成项目总计划的96%，房屋拆迁已完成项目计划的98%。完成计划投资9.4亿元，占年度投资计划的100%。

【郑万铁路建设】 郑万铁路即河南郑州至重庆万州的高速铁路，途经恩施州巴东并在平阳坝设站，该线路全长818.1千米，估算总投资1195亿元，2016年12月开工，建设工期为6年，其中巴东县境内长约34千米，投资约47亿元。2017年巴东段完成红线内征地32.5公顷，拆迁房屋

58541.54 平方米，附属设施 5379.38 平方米，临时性建筑 5888.49 平方米，“一事一议” 3348.02 平方米。完成计划投资 5.5 亿元。

【沿江高铁南线方案（渝武高铁）】 渝武高铁即重庆经恩施经宜昌至武汉高速铁路，设计速度为 350 千米 / 小时，建设该项目可形成一条连接鄂渝的高速铁路专线通道。2017 年 2 月，重庆市发布《重庆市中长期铁路网规划（2016—2030 年）》并将该项目列入其中，5 月 12 日，州铁路办争取原州委书记李建明带队到省发改委、武汉铁路局对接，恳请省发改委、武汉铁路局协调争取国家发改委、中国铁路总公司给予大力支持。

【安恩张铁路、昭黔恩铁路建设】 安恩张铁路即陕西安康经重庆奉节、湖北恩施、湖南张家界至衡阳铁路。该铁路纵贯陕西、重庆、湖北、湖南三省一市，是沟通西北、西南、华南地区的重要通道。线路全长约 869 千米，为国家 I 级双线电气化铁路，设计时速为 200 千米。其中恩施州境内长约 150 千米，估算投资 150 亿元，该项目可填补恩施州及武陵山片区 24 万平方千米范围内无纵向铁路的空白。2017 年 3 月恩施州正式与中铁一院签订安恩张铁路项目预可行性研究合同，配合中铁一院专家组开展现场踏勘、收集项目沿线资料，并多次与设计单位进行对接沟通，开展项目预可行性研究工作。为切实配合设计单位做好项目规划编制工作，7 月 27 日，原州委常委、常务副州长周静带队就安恩张铁路规划研究和旅游观光铁路项目推进事宜与中铁一院相关领导和负责人进行了充分沟通和对接。12 月 20 日，中铁一院副总工程师李伟率专家团队到恩施州，对项目规划研究报告进行进一步沟通协商。2017 年底，项目预可研规划编制工作已基本完成。

昭黔恩铁路即云南昭通经重庆黔江至湖北恩施铁路，线路全长约 838 千米，总投资约 687 亿元，设计为国家 I 级电气化铁路，时速 160 千米。其中恩施州境内长约 108 千米，投资约 110 亿元。2017 年，州铁路办多次到省发改委、省铁路办就谋划争取等情况做汇报。并主动加强与重庆市黔江区、市交委等单位的沟通和联系，积极推动恩黔铁路项目前期工作。

【恩施旅游观光铁路】 恩施旅游观光铁路自宜万铁路利川站经腾龙洞景区、腾龙洞规划二期景区、大峡谷七星寨景区、清江画廊，最终到达恩施火车站。项目正线全长约 70 千米，投资概算为 65 亿元。恩施州委、州政府高度重视该项目，州委副书记、州长刘芳震、州委常委、利川市委书记沙玉山、副州长张勇强多次前往省铁投集团、中铁四院等部门进行沟通对接。2017 年 6 月 14 日，州铁路办致函省铁投集团，恳请其尽快对项目建设及下步工作打算给予明确回复，8 月 21 日省铁投集团进行复函，并明确表示：在相应补亏政策未明确、资金测算未实现平衡的前提下，省铁投集团不能贸然进入实质性投资阶段；若有更佳战略投资者介入，省铁投集团愿意退出。9 月 22 日，州委常委、利川市委书记沙沙玉山带队专程到省国资委进行汇报衔接，请求省国资委给予大力支持。

【高坪火车站】 为改善群众出行条件，增强宜万铁路运输安全保障能力，促进沿线自然资源与旅游资源开发，推动乡村振兴与绿色发展，2017 年 5 月 16 日，恩施州向省政府呈报《关于开通宜万铁路高坪火车站的请示》（恩施州政文〔2017〕21 号），恳请省政府批准开通宜万铁路高坪火车站，得到省政府领导的高度重视、认可和支持，并作出重要批示，为项目争取奠定良好基础。

【路地协调服务】 做好宜万铁路和渝利铁路的后续服务工作，协调解决宜万、渝利铁路的遗留问题。配合州防汛办协调解决宜万铁路建始县小溪口水电站重大防洪安全隐患事宜；协调解决恩施火车站、巴东火车站扬尘问题；积极联合州无线电管理处、州住建委开展铁路沿线多起无线电非法干扰排查工作；配合铁路电务部门开展宜万铁路沿线危树砍伐工作。积极协助配合武汉铁路局做好恩施火车站铁路职工生产生活用房、州经济开发区土地开发等项目前期工作，加强路地联系与合作，搞好衔接服务和沟通协调。3月23日，副州长张勇强带队专程到武汉铁路局进行拜访，就恩施火车站站前广场改造升级等相关事宜进行沟通和对接，争取武汉铁路局的支持。

【怕湿货物运输】 针对宜昌车务段对货运营运办理限制的修改，州域内四个火车站不再办理怕湿货物发送业务，导致恩施州怕湿货物运输不畅，州铁路办积极协调宜昌车务段开通怕湿货物中粮食、化肥、食盐等物资的发送，满足全州广大群众和企业的生产生活需要。

【宜万铁路移动通信网络整改】 州铁路办会同州经信委及州内三家移动通信运营商共同与武汉铁路局和省通信运营商沟通衔接，协调解决宜万铁路移动通信信号不畅问题。2017年12月，武汉铁路局与中国移动湖北公司已启动宜万铁路通信网络升级改造工程，对铁路沿线部分线路通信网络进行整改；武汉铁路局表示将积极与中国电信湖北公司、中国联通湖北公司沟通衔接，共同做好宜万铁路沿线通信信号维护工作。

【恩施州铁路建设委员会办公室负责人名录】

主任：程　飞

副主任：杨宏宇　周道华

（李玉辉　杨斯然）

编辑　马兹河

恩施机场

【概　况】 2017年，完成旅客吞吐77万人次、货邮1202吨、起降航班6333架次，分别同比增长55%、21.7%、56.4%。全年实现总收入5155万元，同比增长46.17%，全年亏损142万元，减幅93%。

【安全管理下实功】 全面实现各项安全管理目标，未发生各类责任事故、事故征候，未发生等级以上不安全事件，实现许家坪机场开航以来连续第24个安全年。坚持“持续安全”理念，建立“生产一线每日查、职能部门每周查、公司领导每月查”制度，每周督办、每月兑现、每事追责，集团46项挂牌督办整改项全部落实，安全整改合格率100%，安全管理、航管、消防、安保、场务等岗位资质符合行业标准；机场供电专线隐患整改、消防医疗救护等历史遗留问题获州政府政策资金支持，取得突破进展；做好“G20”“一带一路高峰论坛”及“十九大”等重大活动运输保障，确保安全顺畅无差错。

【真情服务受好评】 全年未发生各类服务差错和旅客有效投诉，第四季度ACI旅客满意度测评值4.08，突破集团下达基础指标（目标值为3.99）。出台《航站楼员工服务规范》、升级航站楼Wi-Fi功能、引进摩拜共享单车、增设高端纯净饮用水、开通军人优先服务通道、南航驻场填补恩施早晚无往返武汉航班空白、开通恩施南四县往返机场直通车；首次在候机楼成功举办“情满旅途·感恩有您”大型春运宣传暨航空市场推介活动，深受旅客好评。

【生产运输形势好】 超额完成年度三大生产运输目标。2017年新增航线3条，加密武汉中转北上广航班，每天5个航班往返省城武汉，恩施与武汉的“空中快巴”初具雏形；开通成都、大连、西安、杭州、深圳、西宁、昆明、天津直飞航线。

【政府支持尽全力】 2017年，州委州政府支持力度空前。州长、分管副州长现场调研，2次专题会、3次常务会专题研究解决机场事宜；2017年航线补贴资金1.4亿元，取消机场航线配套资金100万元，保证每年80万元航空市场拓展费，兑现2017年10万元“航空旅客吞吐增量奖”；全额出资国际航站楼5000余万元建设资金；承诺配套200万元机场专用供电线路整改资金以及100万元安全设施设备更新改造资金；拨付二期扩建1312万元工程尾款；州文体新广局投资20余万元援建机场灯光篮球场；州地税局减免机场房产税、土地税375万元；州供电、自来水公司全力配合推进员工家属区“三供一业”分离移交工作；宣恩县政府全力支持建成宣恩城市候机楼。

【改革创新出成果】 对接机场集团改革“60条”，调整地面服务、航站楼管理、调度指挥、机坪监管等模块工作职责，提高运营效率；及时启动机关人员轮岗交流，充实一线生产岗位，缓解航班量增长带来的人力资源相对不足问题；推行贵宾厅商务嘉宾卡全员营销奖励，先行先试改进全员绩效考核，鼓励“多劳多得”；开展航站楼保洁、楼内消防、员工通勤车、机组保障及航延车等低端业务外包；改革审批流程，提高行政效率；创新市场营销模式，加大推介力度，航旅深度融合，取得一定成效。

【党建工作有成效】 政治上思想上行动上始终与以习近平同志为核心的党中央保持高度一致，认真贯彻执行集团党委各项决策部署；严格落实“两个责任”，层层压紧压实责任，不断强化对落实党风廉政建设主体责任的监督；扎实推进“两学一做”学习教育常态化制度化，以“支部主题党日”活动为载体，学做结合，夯实党建基层基础；狠抓党风廉政建设，加强对“八项规定”执行情况的监督检查，驰而不息纠正“四风”；认真开展“不担当不作为”突出问题治理，深化作风建设，推动干事创业；深入学习宣传贯彻中共十九大精神，强化理论武装，指导实践，推动工作；切实履行国企社会责任，扎实开展巴东县官渡口镇园淌子村118户贫困户结对帮扶工作，受到州委领导肯定，《湖北日报》专题报道。

【负责人名录】

总经理：左小平

党委副书记：聂成志

副总经理：陈国华

（杨　胜　陈明浩）

编辑　马兹河

物流管理

【概　况】 2017年，恩施州交通物流系统围绕落实供给侧结构性改革、补齐基础设施短板要求，完成年度交通物流各项工作目标任务，物流基础设施不断改善，农村物流试点全面开展，持续推进物流降本增效，物流市场监管全面加强，全面从严治党纵深推进，开创了交通物流发展新局面。

【基础设施建设】 全州完成物流基础设施固定资产投资3.15亿元。恩施施好又多华硒物流园和易事通物流园加快物流仓库建设，宣恩椒园物流园加快零担业务中心建设，利川市交通物流园完成办公大楼主体工程。

【农村物流发展】 恩施市农村物流试点项目全部完工，总投资2233.3万元。巴东农村物流试点项目被省厅确定为全省农村交通物流试点示范项目，建成1800平方米县级农村物流配送中心仓库、10000平方米农资周转仓库、农村物流配送调度办公区和野三关分拨中心，建成乡镇农村物流服务中心6个、村级物流网点133个。来凤县多部门签订《来凤县农村物流融合发展战略合作协议》，编制了农村物流融合发展规划，以来凤县天顺实业有限公司为建设主体，加快建设县乡村三级农村物流节点网络体系，完成来凤县农村物流仓储中心建设。中央电视台财经频道、湖北电视台垄上频道、恩施电视台等多家媒体深度报道我州农村物流发展情况。

【物流降本增效】 开展专题调研，完成《恩施州综合交通货运物流调研报告》《物流行业降本增效进展情况及建议》。恩施好又多华硒物流有限公司争创省级重点物流企业。以恩施好又多华硒物流园信息化建设为基础，推动公、铁、水、空及邮政快递、货物仓储等行业物流信息资源整合，建立互联互通的智慧物流信息平台，努力实现运力与货源有效对接。以恩施易事通运输有限公司为试点推进物流仓储智能化建设，提升入库出库效率，提高仓储周转率，降低仓储配送成本。恩施铁路公司等重点物流企业申报国家第二批多式联运试点。

【全面从严治党】 落实主体责任，加强党风廉政建设，开展廉政谈话、廉政风险排查、第十八个党风廉政建设宣传教育月活动。强化作风建设，保持纠正“四风”高压态势，完成州委巡察反馈问题整改。践行“两学一做”学习教育，加强机关党建工作，学习贯彻中共十九大精神，严格党内政治生活，规范开展“支部主题党日”活动，转正党员1名，吸收预备党员1名。深化文明创建，落实“六城”同创、精准扶贫各项工作任务，加强行业文化建设，为事业发展凝聚正能量。

【恩施州交通物流发展局负责人名录】

局长：蒋周城

副局长：东爱明　王自江

总工程师：向先明

（郭　军　张仕斌）

编辑　马兹河

金 融

银行业

【概　况】2017年末，恩施州共有州级银行机构10家，各级分支机构（营业网点）363个，从业人员4999人。截至2017年末，恩施州银行机构存款余额1381亿元，比年初增加148亿元，同比增长12.04%；贷款余额904亿元，较年初增加132亿元，同比增长17.1%。信贷结构持续优化，小微企业和扶贫领域金融支持力度加大，2017年末，恩施州小微企业贷款余额283.99亿元、同比增长25.51%，金融精准扶贫贷款余额137.08亿元、同比增长24.31%。恩施州保费收入44.29亿元、同比增长9.75%，其中，产险14.26亿元、同比增长28.43%，寿险30.03亿元、同比增长2.66%；理赔金额13.49亿元、同比增长35.83%，其中，产险8.02亿元、同比增长52.01%，寿险5.44亿元、同比增长16.87%。恩施州证券交易户数8.53万个，同比增长27.05%；证券交易额480.55亿元，同比减少8.95%；截止2017年末，恩施州共有3家企业在新三板挂牌、138家企业四板挂牌。

银行业监督管理

【概　况】2017年，恩施银监分局在湖北银监局党委和州委、州政府坚强领导下，认真学习贯彻中共十九大精神，以习近平新时代中国特色社会主义思想为指导，围绕湖北银监局党委工作布局恩施实施，监管引领全州银行业回归本源、专注主业，以“一谷两基地三示范区”建设为支柱强化金融服务，以“三三四十”专项治理为重点强化风险防控，以金融服务网格化和普惠金融体系建设为中心深化银行改革，切实弥补监管短板提升监管效能，各项工作全面进步，成效显著。2017年末，全辖共有银行业机构网点365个，比年初增加2个。其中9家法人机构，2家一级分行，6家二级分行，348家支行及支行以下营业网点；银行业机构从业人员（在岗）4878人。截至2017年末，全州银行业机构资产总计1477.12亿元，比年初净增169.08亿元，增幅12.93%；负债总额1426.80亿元，比年初净增157.01亿元，增幅12.36%。各项存款余额1327.54亿元，比年初净增140.60亿元，增幅11.85%；各项贷款余额为903.59亿元，比年初净增132.24亿元，增幅17.14%。不良贷款余额16.47亿元，较年初下降0.85亿元，不良贷款占比1.82%，较年初下降0.42个百分点。全州银行业实现盈利17.05亿元，同比增盈1.93亿元。恩施银监分局获得2017年度湖北银监局系统先进单位、分局班子获得省局系统“优秀领导班子”，获得2017年度中国银监会系统模范职工之家、2017年度中国银监会舆情工作先进单位、2016—2017年度湖北银监局系统“文明单位”、2017年金融服务网格化精准扶贫先进单位等称号。

【党的建设】 始终坚持党要管党、全面从严治党。喜迎中共十九大，学懂弄通做实十九大精神。举办“喜迎党的十九大·共筑银监梦”演讲，开展“我的入党记忆”征文，集中收看《将改革进行到底》《巡视利剑》等专题片，高质量严要求组织完成了分局系统出席湖北银监局系统党代表会议党代表选举工作。组织分局全体干部职工收看中共十九大开幕会，采取党委会、党委中心组、宣讲报告会、支部主题党日、专题研讨、知识测试、宣传橱窗、撰写心得体会等方式，多层次、多形式深入学习宣传贯彻中共十九大精神。把抓党建作为最大政绩。举办中层干部党建培训班，开展支部书记抓党建专题研讨，研究出台加强党建工作指导意见、党委理论学习中心组学习规划、党委“三重一大”落实细则15条等一系列文件。扎实推进“两学一做”学习教育常态化制度化。制定具体实施方案和学习计划，以支部主题党日活动为平台，与学习宣传贯彻十八届六中全会精神、学习习近平总书记“7·26”讲话精神、学习贯彻中共十九大精神相结合，与纪念建党96周年系列活动相结合，认真学习银监会履职回避、公私分开、监管问责办法细则，开展“讲政治”“重品行”“专业专注”“勇于负责”四个专题学习研讨。牢固树立“党的一切工作到支部”鲜明导向。制定党支部工作规则，严格落实“三会一课”制度，开展支部达标建设活动和支部主题党日活动，进行“五好党支部”、支部五星和党员先锋指数评选，探索创新“支部主题党日+”，将党建与金融服务网格化、精准扶贫、打造五个银行等中心工作有机融合，建设坚强的支部战斗堡垒。旗帜鲜明抓好意识形态工作。将意识形态工作纳入党委工作报告、民主生活会和述职报告内容，制定意识形态年度工作要点和责任清单，建立意识形态工作联席会议制度，出台《意识形态安全管理细则》《意识形态宣传管理细则》《员工意识形态行为规范》《意识形态工作考核办法》牢牢掌握意识形态工作主动权。坚持不懈加强党风廉政建设和反腐败工作。全面落实“两个责任”，调整党委落实党风廉政建设主体责任办公室组成人员，进一步强化主体责任落实，调整分局纪委组成人员，进一步充实纪委力量，强化监督责任落实。2017年，分局党委专题听取纪委工作汇报4次，党委专题研究纪检监察工作6次，分局纪委召开专题会议5次，开展督导检查4次。深化“两员”工作试点，制定“两员”履职尽责考核评价暂行办法，加强监督考核，18名纪律检查委员和廉政监督员全部上岗，全面履职，试点工作的经验做法得到省局党委书记赖秀福和纪委书记彭绪军的肯定批示。

【服务实体经济】 引导全州银行业支持供给侧结构性改革，对接“一谷两基地三示范区”建设，以打造全省特色产业增长极为着力点，提高服务实体经济的能力和水平。“金融服务网格化”圆满收官。截至2017年末，全州各银行业机构共建立金融服务网格化工作站2804个，网格覆盖率及城乡建档面均已达到100%，授信金额145亿元，发放贷款140.4亿元，不良率为1%，共建档案49.95万份，设立助农服务终端、ATM机和便民服务站774个，完成湖北银监局三年工作目标。支持供给侧结构性改革。2017年新组建2家银行业债权人委员会，全州债委会已组建8家，涉及银行贷款11.57亿元，通过调整还款期限、下调利率等方法，合力支持困难企业渡过难关。进一步深化银行“放管服”改革，以加强商业银行服务价格管理为重点推动降成本，全州银行业累计为企业减费让利4724万元。制定加快推进绿色信贷发展实施细则和绿色信贷工作考核办法，推动全州银行业践行绿色发展理念，积极调整信贷结构，促进经济转型发展。截至2017年末，全州绿色信贷余额39.45亿元，较年初增长0.55亿元，增幅1.43%，七大产业链贷款余额120.9亿元，占全州贷款余额的13.75%。加大对薄弱环节支持力度。开展“扶贫日”扶贫募捐活动，全州银行业累计捐款30.6万元。开展脱贫攻坚“春季攻势”，与州扶贫办联合下发银行业支持精准扶贫精准脱贫“提质增效年”行动方案，组织“全国金融青联走进恩施助力精准脱贫”系列活动，建立全州银行业支持精准扶贫的问责机制，创新推出“扶贫兴业贷”“牵手贷”“扶贫惠农贷”等多项扶贫贷款创新产品，实现金融扶贫资金的持续增长和精准投放。截至2017年末，全州银行业易地扶贫搬迁贷款余额30.83亿元，同比增长114.26%；小额扶贫贷款余额21.24亿元，同比增加314.79%。突出支持小微企业，编印《恩施银行业小微企业产品服务手册》，开展“小微企业宣传服务月”活动，与州国税局、地税局联合先后召开“银税互动”推进会议和金融产品推介会，助力小微企业健康发展。截至2017年末，全州银行业开发“银税互动”产品5个，发放贷款41笔，贷款余额8319万元；全州银行业小微企业贷款余额381亿元，同比增速15.8%，小微企业贷款占各项贷款比例达42%。

【防范金融风险】 坚持把防控金融风险放到更加重要的位置，着力做好“金融活”“金融稳”两篇文章。突出加强法人银行业机构风险监管。组织开展法人机构“两会一层”风险防控责任落实情况专项检查，督促法人机构加强与改进公司治理、内部控制和风险管理，做实风险防控“第一道防线”。扎实做好监管评级，其中，村镇银行监管评级为二级，8家农商行均为三A级。突出加强重点领域风险防控。深入开展信用风险排查，对3家法人机构、5家分支机构进行了信用风险排查，核查贷款185笔金额11.56亿元。完善流动性风险治理，对法人机构流动性比例、流动性缺口率及核心负债依存度等监管指标进行动态监测分析，组织辖内法人机构开展流动性压力风险测试，引导法人机构加入流动性互助联盟“一盟一委”。做好大额信贷监测，运用非现场系统、客户风险预警系统及EAST系统，对贷款金额1000万元以上、贷款机构三家以上的大额客户异常变动情况进行实时监测。做好声誉风险防控，积极应对建始工行旧办公楼脚手架倒塌突发事件，妥善应对处理鹤峰农行“残币证明”舆情事件，加强舆情监测，防止发生声誉风险。突出防范社会金融风险。开展银行业打击和处置非法集资宣传教育活动，组织银行业进行非法集资专项整治，按季实施银行业非法集资风险摸底排查，对银行业涉嫌非法集资广告咨询信息进行排查清理，参加全州防范金融风险攻坚行动工作巡查，配合州政府做好来凤民生能源集团等公司债务处置工作，有效维护社会稳定。配合有关部门对全州各县市P2P网络借贷机构进行摸底排查，开展防范和打击“非法校园贷”主题宣传服务月活动，参加“5·15”打击防范经济犯罪宣传日活动，积极宣传正规金融，提升公众权益意识。突出案件风险防控。保持案防高压态势，召开全州银行业案防工作会，签订案防责任状，开展内控合规知识测试和竞赛，实施案防“亮剑行动”并进行专项督查，落实案件风险排查和案防巡查制度，配合省局案稽处做好安防督查，就发现的问题约谈有关银行机构，强化整改，弥补短板。与公安部门联合开展安保检查并启动第五轮安全评估，严格落实24小时值班巡查制度，切实做好安全防范。全州银行业运行总体平稳，风险可控，连续13年未发生案件风险。

【深化银行改革】 围绕打造“五个银行”，采取有力措施推进银行业改革。积极打造“五个银行”。引领全州银行业转变经营理念和方式，促进可持续发展。对建始、来凤、咸丰农商行开展资本管理评估工作。督促法人银行机构严格执行资本规划，审慎制定利润分配方案，提足拨备、做实利润，鼓励资本公积转增股本。积极支持恩施、利川农商行发行二级资本债券。支持辖内三家法人机构完成增资扩股7716万元。继续下沉银行机构。充实县域银行服务体系，汉口银行利川支行、建始农商行广润支行顺利开业，湖北银行鹤峰支行、汉口银行建始支行、开发区支行也正在筹建中。加强乡镇网点建设，村镇银行新设兴福驿站5家，全州已设立兴福驿站18家。推动体制机制和产品服务创新，督导国有大型银行按照上级行要求积极推进普惠金融事业部建设，发挥好大型银行“领头羊”作用。支持邮储银行机构改革，成立“三农金融事业部恩施州二级分部”，打造农业产业链式金融服务模式。突出“一乡一村一品”，引导各行围绕金融服务网格化创新产品，如光伏能源贷、茶叶贷等，部分信贷产品入选湖北银监局金融服务网格化创新产品目录。

【提升监管质效】 加强监管能力建设，不断提高监管有效性。进行制度清理维护。开展“法治建设行”活动，对分局成立以来发布的、现行有效的87个文件及内部制度进行集中清理，修订《恩施银监分局行政许可审查委员会工作规程》等10个制度，废止《恩施州银行业金融机构高级管理人员履职评价工作试行办法》等31个文件及制度，新增《分局党委“三重一大”事项规定》《办公用品管理办法》等8个制度。强化三大板块监管。提升市场准入效能，召开行政许可委员会审查会议7次，核准或初审高管任职资格41人、机构和业务准入事项11项。加强非现场监管，加强风险提示与督促整改，累计下发风险提示21份，召开审慎监管座谈会12次，开展监管约谈42次。提高现场检查质效，坚持党委会、局务会听取现场检查汇报、研究处理意见，召开4次行政处罚委员会审议会议，对“三套利”“三违反”“四不当”市场乱象整治等专项检查中发现的问题实施行政处罚158万元，其中对7家银行罚款154万元，对2名责任人罚款4万元。深化EAST系统运用。探索建立“+EAST”和“EAST+”体系；组织应用培训交流会5次，自建和修改完善模型100多个，在“三违反”“三套利”“四不当”等现场检查中，利用EAST系统发现违规疑点，强化现场检查精准性，核实疑点信息438条，疑点金额9.14亿元。在湖北银监局EAST系统应用推广劳动竞赛中获得优秀应用团队和优秀应用个人两个奖项。强化消费者权益保护。组织开展“3·15”主题宣传周和金融知识进万家系列宣传活动，持续加强消费者宣传教育。严格落实银监会信访工作办法和通过法定途径处理信访投诉请求的意见，妥善处理消费者投诉16件。夯实各项基础工作。加强保密管理，在内网开辟“保密安全”专栏，开展保密自查，通过州保密局和省局保密工作检查，夯实保密基础工作，弥补保密漏洞，严守机要保密红线。修订和完善财务管理制度，开展“严肃财经纪律年”系列活动。开展一系列工青团妇活动，进一步增强了干部职工对监管事业的信心和热爱。

【恩施州银监局负责人名录】

党委书记、局长：李佐钦

党委委员、副局长：余丁牛　刘家旺

党委委员、纪委书记：刘　琼

（叶　乾）

编辑　马滋河

中国人民银行恩施州中心支行

【贯彻执行稳健货币政策】 2017年，人行恩施州中支通过专题汇报、列席州委常委会、参加政府常务会、政风行风热线、编发《参阅件》和召开州直金融机构座谈会、季度金融形势分析会形式，营造良好的信贷调控环境。组织开展州直金融机构党委（党组）中心组联组学习，研究讨论党建统领金融发展工作。印发《关于做好2017年度货币信贷工作支持供给侧结构性改革促发展的实施意见》，引导金融机构结合地方经济发展的合理需求，做好信贷投放工作。加强扶贫再贷款管理与运用，制定《扶贫再贷款实施细则》，2017年累计发放扶贫再贷款金额14.27亿元。发挥扶贫再贷款政策效应，2017年3月30日，人行恩施州中支与恩施州扶贫办在利川市召开金融扶贫暨扶贫再贷款示范基地创建现场推进会；2017年，共在利川市、来凤县、宣恩县三县市创建扶贫再贷款示范基地9个。落实优惠存款准备金率政策，增加7家法人机构和7家达标农行“三农事业部”可用资金约6.35亿元。加强宏观审慎评估，做好以市场利率定价自律机制建设为主体的利率市场化工作。完成2016年度民贸民品优惠利率贷款5390万元的贴息初审申报。联合相关部门出台《恩施州小微企业金融服务示范工程实施方案》和《关于金融支持民营企业发展的指导意见》，协调推动开展“银企手拉手”活动，提升了民营企业、小微企业的金融服务水平。助推企业主动对接多层次资本市场，在2017年4月12日举行的恩施州挂牌企业投融资对接会上，现场签订授信协议18份，金额1.55亿元。

【金融扶贫】 牵头恩施州脱贫攻坚指挥部金融工作组工作，印发《恩施州2017年金融精准扶贫行动方案》，编制《恩施州金融扶贫工作手册》。出台《恩施州“新型农业经营主体+建档立卡贫困户扶贫小额信贷管理实施细则”》和《关于推进恩施州扶贫小额信贷健康快速发展的意见》，促进扶贫小额信贷提量扩面。印发《恩施州关于做好恩建宣鹤四县市五乡镇金融服务的工作方案》，开展高山片区金融精准扶贫工作，相关做法被周静常务副州长批示肯定。稳步推进“金融精准扶贫工作站”和“惠农金融服务站”建设，2017年末，恩施州共建成“金融精准扶贫工作站”729个，实现建档立卡贫困村全覆盖；非建档立卡贫困村建成“惠农金融服务站”1105个，覆盖率67.75%。在宣恩县试点开展“普惠金融示范县”创建工作，2017年8月11日，宣恩县普惠金融示范县暨融资性信用卡试点启动仪式在宣恩县椒园镇石家沟村成功举行。恩施州金融扶贫的相关做法先后四次在全国、省级会议上进行了交流；鹤峰县金融扶贫成效被国务院扶贫办《扶贫开发》推介。在开展好行业扶贫工作的同时，持续做好驻村帮扶工作，对帮扶定点村——来凤县觅鸭溪村出资11万元升级改造乡村路灯，提供近10万元的办公设备；协调项目资金近50万元完成村幸福园、码头产业扶贫公路建设和小学校园维修项目，进一步改善了该村的基础设施。

【金融管理】 制定《存款保险重点项目核查办法》和《存款保险重点项目定量数据核查表》，相关做法被人总行《存款保险通讯》推介。提请恩施州政府出台《恩施州防范化解金融风险攻坚战工作方案》，进一步加强对辖区金融机构、类金融机构、互联网金融和问题企业风险的日常监测和评估。修订完善《恩施州金融机构重大事项报告制度》，严格落实“零报告”制度，全年受理各类重大事项报告63起。持续规范和完善开业管理流程，完成辖内2家金融机构的开业审批工作。深入开展综合评价和执法检查工作，对9家法人和8家非法人银行机构进行了综合评价，对8家银行机构开展执法检查11次。协调湖南吉首、重庆黔江建立反洗钱联席会议机制，深入推进鄂湘渝三省反洗钱协作工作。加强与公检法、纪委部门的合作，加快洗钱线索的分析、传递、侦查，促进洗钱行为的立案审判。分行业开展“积极履行反洗钱义务”宣誓活动，增强了金融机构反洗钱履职意识。加强金融消费者权益保护，开展消费者金融素养问卷调查工作，为金融知识普及工作提供了依据。妥善处理金融消费者投诉，2017年共受理消费者投诉82件，办结77件，办结率93.9%，群众满意率逐年提高。

【支付体系建设】 加强农民工工资准备金账户管理，进一步保障了农民工工资支付。在巴东县推动“袖珍银行”加载信贷咨询、贷前申请、金融宣传、生活缴费金融服务功能，打造了惠农金融服务“升级版”。拓展银行卡民生应用领域，指导建始县农商行与公交公司联合发行福卡IC卡，实现公交车银行卡支付服务、存取款、医社保、生活缴费“一卡多用”功能。开展银行卡收单市场专项整治行动，规范了支付服务市场秩序。开展小额支付存量POS机、IC卡受理环境安全专项检查，进一步优化金融IC卡受理环境。

【国库服务】 2017年，恩施州共办理国库公共预算收入174.43亿元元，其中通过TIPS系统处理业务102.96亿元。试点开展库税银企退更免电子化业务，打通了退税服务最后一公里。建立财税库银沟通协调机制，保障了国家预算顺利执行。组织开展恩施州国库会计标准化展评竞赛及现场培训工作，深化了国库会计标准化管理。建立渝、湘、鄂三省国债跨区域宣传及投资者权益保护协作机制，相关做法被人总行《国库情况反映》推介。

【货币金银工作】 以保供应、保安全为基础，以“三化”管理为手段，进一步推进货币金银工作业务转型。实施硬币集中清分整点，稳步开展硬币自循环工作。坚持现金管理工作季度例会制度，切实做好“反宣币”防范打击工作。举办恩施州人行系统“2017年度反假货币知识与技能竞赛”，提高了业务人员反假货币知识水平与技能。指导人行宣恩县支行深化人民币反假网格化管理，探索了人民币防假反假助推金融精准扶贫的途径。

【征信体系建设】 在咸丰县试点建立“大数据+网格化”农村信用信息服务平台，促进了农村信用环境、金融生态环境、社会治理环境同步改善，相关做法被人总行《小微企业与农村信用体系建设简报》推介。组织开展“诚信文化进课堂”活动，联合恩施州教育局成功举办中小学生诚信文化主题征文比赛，深入推进了诚信文化教育。认真贯彻落实人行武汉分行《关于进一步加强应收账款融资服务平台推广应用工作的通知》精神，稳步推进应收账款融资平台应用，2017年，共有130家机构在平台注册，融资交易133笔，金额62亿元。

【外汇管理与服务】 做好贸易外汇管理行政许可登记、重点企业非现场检测、个人外汇监测、外汇账户统计分析、经常项目外汇收支形势分析基础性工作，保障了系统的安全运行。与恩施州商务局联合出台《关于进一步规范进出口贸易的意见》和《关于支持恩施州招商引资工作的指导意见》，强化了“控流出、扩流入”工作。推进主体监管制度建设及流程再造，探索了外汇服务实体经济发展的有效途径，相关做法被人行武汉分行行长马骏副批示肯定。

【调查统计工作】 编发《恩施金融信息参考》《恩施州金融统计月报》各12期，完成各类调研课题30个，提升了调研服务决策的参谋能力。召开全州金融业综合统计工作暨培训会议，建立恩施州金融业综合统计工作联席会议制度，推进恩施州金融业综合统计工作。8月16日，人行恩施州中支组织举办恩施州银行业金融机构统计人员培训班暨第二届金融统计理论与实务知识竞答大赛，提升了金融机构相关人员统计分析水平。

【金融知识宣传和政务公开】 探索运用“互联网+”技术，借助“云上恩施”平台开展政务公开和金融知识普及工作，相关做法被人行武汉分行副行长赵以邗批示肯定。2017年9月13日，组织召开“金融知识普及月”媒体通气会，会上介绍2017年“金融知识普及月”相关情况，并就媒体记者关心的问题进行了回答。组织开展金融扶贫工作站站长培训及征信、反假货币知识网络答题活动，提升了社会公众的金融素质。开展以“防范金融风险，远离非法集资”为主题的非法集资宣传月活动，深入推进打击和处置非法集资风险排查工作。

【金融生态环境建设】 根据《湖北省金融信用市州县评定指标修订方案》《湖北省金融信用市州

县考评指标涉及工作分解参考表》文件要求，制定《恩施州金融生态工作责任清单》，完善金融生态建设工作机制。以“信用培植、信用增进、信用平台、信用维护、信用使用”为抓手，不断拓展金融服务功能，维护区域金融生态环境。完成2016年度湖北省信用州县（市）申报工作，恩施州连续第二年以全省综合排名第一的成绩荣获“湖北省信用州”称号，辖区8县市均通过信用县（市）评定。

【中国人民银行恩施州中心支行负责人名录】

党委书记、行长：吴剑峰

党委委员、副行长：王公明　闵达律

周文清

党委委员、纪委书记：王建国

党委委员、系统工会主任：李爱明

（严继先）

编辑　马兹河

中国工商银行股份有限公司恩施分行

【概　况】 工行恩施分行认真贯彻落实中央和监管部门要求，紧紧围绕恩施州内重大建设项目和四大产业集群，建立完善金融服务和投融资创新机制，重点支持重点项目建设、化解中小企业的融资难题。同时，积极响应国家金融精准扶贫工作要求，把精准扶贫作为一种社会责任和政治任务加以落实，取得了良好的成绩。在总行经营绩效和业务发展考评中位列全国二级分行第51位，是湖北工作系统取得最好排位的二级分行。文明单位创建实现了历史性突破，党建工作受到上级行和地方党委的高度评价，社会形象大幅度提升。恩施分行服务地方经济建设的做法在《湖北日报》等平面媒体纷纷报道，2017年累计发放公司和个人贷款达34亿元。

【服务经济】 根据州委州政府提出恩施州“一谷二基地三实验区”的发展战略。针对恩施中小企业流动资金匮乏、原始积累不够等特点，既要让企业打通金融获取信贷资金最后一公里通道，又要符合银行资产质量监管和风险管控要求，恩施分行集思广益，创新适合配套融资产品，以“银政集合贷款”“旅游贷”“集群贷”等产品向各类小微企业提供流动资金贷款支持；以订单融资、发票融资、保理等方式提供贸易融资支持；以“纳税信用贷”向纳税信用良好、生产经营状况稳定的小微企业提供小额信用贷款；向能提供足额抵押物的小微企业提供短期流动资金贷款。同时，加大民生项目支持力度，为来凤锦程交投公司，湖北武荆高速公路发展有限公司、利川靓丽城投、恩施民生天然气、利川吉顺交通、利川博海水务、恩施市御景源公司、国道209绕城线等项目发放贷款的近10亿元，这些贷款的发放，为当地建设融资解决了实际困难。

【支持产业】 根据恩施州委、州政府的工作要求，细化支持四大产业集群发展的目标、措施和考核要求，依照“抓大、抓小、抓优、抓新”的信贷投放导向，千方百计向省行争取信贷资金和规模，加快信贷投放，做到“不断贷、不抽贷、不压贷”，把服务公众、服务三农作为重点，实施中小企业信用培植工程，推行“审批＋培植”的管理模式，主动发掘培植与审批跟进培植相结合，让更多符合条件的中小企业实体经济享受优质信贷服务，对全州四大产业集群企业进行全面调查，对符合支持条件企业的进行名单式管理，对目前不符合支持条件的实行跟踪联系。并对大型园区和旅游企业进行了全面调查，在掌握基本情况的前提下，积极与政府、园区协商沟通，创新融资产品，有针对性地开展支持。

【精准扶贫】 恩施分行针对恩施州农村及扶贫的现状，进一步拓宽信贷支持扶贫的渠道。一是通过开展普惠金融活动，以社区和村委会为平台，加强农村村民的金融知识培训，提高农民的金融知识水平，让村民知道利用金融产品实现致富。二是通过金融网格化建设的全面推进，全面的了解居民和农民的基本情况，并建立金融服务档案，对农村村民和三农企业的金融服务需求进行表格化管理，组建专业团队服务三农。三是发挥网络优势，以移动的介质实现金融服务的全覆盖，把工行的牡丹信用卡发放到农村村民手中，通过开通网上银行、手机银行，把工商银行变成农民家中的银行，随身携带的银行，让广大的农民随时随地的享受工商银行提供的理财等金融服务。四是开展融 e 购电商扶贫工作。随着融 e 购在“湖北健康馆”上线。商户销量大幅上升，产品销售遍及 30 个省（市）、自治区，让具有恩施本地高山、绿色、有机、富硒特色的商户入驻融 e 购平台，目标商户首选农业产业化龙头企业、获得绿色有机认证企业和“荆楚美味”上榜企业，该类企业占到入驻企业的 70% 左右。五是成立了精准扶贫工作领导小组，组建了富有农村工作经验的四人驻村工作队，且与单位工作脱钩，专职开展精准扶贫工作。按计划将 20.01 公顷小水果种苗（其中猕猴桃 15.34 公顷，冬枣 4.67 公顷）落实到位，按期实现 6 千米公路硬化全线通车，我行出资 12000 元，开展了农民技术培训，并为其购买了农药、工具等，收到较好的效果；积极落实结对帮扶，组织近 300 余人到村开展结对帮扶活动，干部个人帮扶捐款 30000 元。六是在上级行和当地银监部门的指导和统一部署下，积极响应州委政府有关扶贫的号召，利用自身力量全面开展金融精准扶贫工作，截至 2017 年 12 月底，共计发放扶贫类贷款 35735 万元，惠及贫困户 4191 户，包含易地扶贫搬迁项目贷款、贫困户个人贷款、涉农龙头企业贷款等多个品种，助力恩施早日整体脱贫解困，解决制约恩施经济社会发展的瓶颈问题，为全州早日实现小康加油、助威。

【中国工商银行股份有限公司恩施分行负责人名录】

党委书记、行长：徐云峰

党委委员、纪委书记：王煜明

党委委员、副行长：伍先跃　熊通江　谭知龙

（汤祥松）

编辑　马兹河

中国建设银行股份有限公司恩施分行

【概　况】 2017 年，恩施分行围绕省分行“12345”工作思路，坚定“双进位，争第一，四提升”工作目标不动摇，突出党建首位意识，聚焦四轮驱动，坚持转型创新，强化案防合规，各项工作呈现了稳中向好的有利局面

【经营效益】 全年实现中间业务净收入 11091 万元，实现账面利润 31523 万元，完成保底目标的 109.81%，其中功能性收入 7797 万元，占比 62.49%，较上年提升 23.62 个百分点。

【负债业务】 截至 2017 年底，全行一般性存款日均余额 132.45 亿元，日均新增 8.37 亿元，市场份额较年初提升 0.24 个百分点。

【资产业务】 2017 年各项贷款时点余额 146.69 亿元，较年初净增 14.02 亿元。成功申报了湖北能源江坪河电站 15 亿元项目贷款；稳健发展小企业贷款，全年新增小企业客户 96 户，新增贷款 3.3 亿元，位居全省前列；积极营销住房按揭、快贷等消费经营类贷款，全年个贷累计发放 63789 笔 17.83 亿元，其中住房贷款发放 2708 笔 81197 万元，经营类贷款发放 1040 笔 17450 万元，消费类贷款发放 60031 笔 79259 万元。

【优质服务】 柜面服务迈上新台阶。开展“优质服务年”活动，制定年度服务考评办法，按季度评选服务标杆网点；星级网点数量实现新突破，营业室荣获总行“五星级网点”、鹤峰、咸丰支行获总行“四星级网点”荣誉称号；全省服务现场检查平均得分 99 分以上，非现场检查综合考评位列全省第一方阵，2 名员工荣获全省年度服务明星。州分行表彰季度服务明星 30 人、年度服

务明星 10 人；及时妥善处理客户投诉工单 1470 笔，提升服务满意度，2017 年客户投诉处理年度得分满分；渠道建设实现新进展，已建成开业投产 3 个离行式自助网点，共新增投产自助设备 26 台，自助设备在运行总量 1347 台，全行移动金融交易量占比为 86.19%，较上年同期提升 22.38 个百分点。

【内控案防】 完善恩施分行营运主管及柜面业务风险防控考核办法，加大队伍建设力度，认真落实“员工合规严管年”“一加强、两遏制”“合规建行、人人创建”活动部署；健全联防联控机制，提高员工合规意识；加强信贷基础管理，严格落实贷前、贷中、贷后规定动作，最大限度降低信贷风险；切实抓好内外部审计、检查发现问题的整改，全年审计整改率达 98.21%；抓好对网点场所、自助设备和重点部位安全隐患排查，加强公务车辆、消防安全管理，及时消除隐患。持续加强声誉风险管理，完善舆情快速反应和处置机制，妥善化解客户投诉等负面舆情；推进“平安年”创建，制定应急预案，实现了“三无三安全”。

【中国建设银行有限公司恩施分行负责人名录】

党委书记、行长：向　黔

党委委员、副行长、工会主席：刘　平

党委委员、副行长：谢　诚　王　芳

党委委员、纪委书记：李晓明

（肖　涛）

编辑　马兹河

中国农业银行股份有限公司恩施分行

【支持恩施经济发展】 2017 年，累放贷款 93.95 亿元、净增 15.93 亿元（剔除压票 1.5 亿元和核销 0.8 亿元不良贷款因素，实际净增 18.23 亿元）；增量存贷比 149%，比上年同期提升 94 个百分点，比全州金融机构高出 53 个百分点。贷款投放实现“四超”：一超同期，各项贷款同比多增 6.5 亿元；二超兄弟行，增量排名全省第 8 位，超过咸宁、黄石等区域经济好于恩施的农行；三超份额，系统内增量占比 8.2%，大大超出存款增量 1.87% 的份额；四超同业，贷款增量市场份额 33.9%，四大行排名第一，比工行多投放 2.6 亿元、比中行多投放 12.3 亿元、比建行多投放 1.9 亿元（建行剔除回归 6.6 亿元以前年度信用卡数据，农行实际比建行多投放 8.5 亿元）。重大项目力保障。2017 年，主动对接重大交通项目、重大基础设施项目，向利万高速、恩施高旗大道、宣恩教育城等 14 个重点建设项目授信 65 亿元，全年共向交通、能源、水利、旅游等重点建设项目投放贷款 15.57 亿元，满足了恩施州重点建设项目的融资需求，加快了重点项目的建设步伐。

特色产业强支持。2017 年，对中小企业累计投放贷款 17.69 亿元。其中，投向特色产业集群客户 12.2 亿元、占比 68%。分别投向生态文化旅游企业 1.2 亿元、硒产品精深加工企业 3.5 亿元、生物医药企业 1.5 亿元、清洁能源企业 6 亿元。金融扶贫勇推进。2017 年，累放扶贫贷款 9.33 亿元，余额 13.47 亿元；其中，项目扶贫贷款 8.24 亿元、带动贫困人口 6330 人；产业扶贫贷款 0.1 亿元、带动贫困人口 100 人；建档立卡贫困户贷款 0.99 亿元、带动贫困人口 1110 户。

【加大信贷投放，提升服务水平】 增加信贷投放总量。通过利用贷款限额管理空白期早投放、重大项目向省分行争取专项规模以及清收盘活核销不良贷款、退票进贷等手段，全年共争取、腾挪规模 11.7 亿元。不遗余力提高信贷服务效率。以缩短办贷时间为目标，创新服务方式，为企业提供方便、快捷、高效的融资服务。优化信贷流程，简化操作环节，推行“一次调查、一次审查、一次审批”的信贷运作模式。推进无纸化办贷，实现信贷业务从贷款受理到贷款发放全流程的网上作业。建立快速联动机制，做到项目申报全流程的每一步有人盯、每一环节有人管、每一重大事项有人反馈，恩施市高旗大道项目，仅用26天完成审批流程，授信8亿元。提升服务层级。精选58家四大特色产业群客户，建立了特色产业重点企业目录库。对这58家客户的用信需求，由州分行直接受理、调查、审批，2017年投放贷款12.2亿元。2017年，各项贷款平均利率为5.27%，比同业平均水平低0.32个百分点；其中小微企业平均利率水平5.22%，低于同业平均利率水平0.43个百分点。减免服务性收费降成本。认真落实银监会七不准、四公开的规定，对企业服务性收费能减尽减、能免尽免，为企业减负。2017年，仅收取6万元服务费，仅占金融同业服务收费（1962万元）的0.3%，对小微企业服务性收费实行了全免。减免交易性收费降成本。严格执行《国家发展改革委中国银监会关于取消和暂停商业银行部分基础金融服务收费的通知》文件，取消和暂停收取结算账户年费、账户管理费等基础金融服务收费，全年减免交易性收费达143万元。

【紧扣州域发展规划，调整投向保重点】 聚焦支持四大特色产业集群发展。2017年，通过创新产品支持、专项活动推进、团队服务帮扶等措施，全力支持四大特色产业集群做大做强，全年共向四大产业集群累放贷款12.2亿元。创新产品强支持。推出小微企业简式贷、置业贷、经营贷、兴业贷等多个融资产品，支持特色产业企业多渠道融资、多元化发展，累放小微企业贷款18.69亿元。专项活动促发展。积极开展“为旅加油”、“美丽家园”等专项活动，精准对接生态文化旅游企业，2017年新增旅游贷款企业2户，发放贷款6750万元。指导企业快发展。对列入我行重点企业目录的114户小微企业客户，组建一对一的专家服务团队，提供投融资、信息咨询、经营管理等方面的顾问服务，提升企业的经营管理水平，引导企业良性发展。快速推进重大基础设施项目建设。全力对接郑万铁路、黔张常铁路、利万高速、恩建高速等重大交通项目，已对郑万铁路授信220亿元、黔张常铁路授信50亿元、利万高速授信10亿元、建恩高速授信10亿元。全力对接国省道改造、城市水电路气、地下综合管廊、水利工程等重大基础设施项目，对省道利鱼线利川市绕城段项目授信4.5亿元，恩施市路网建设金龙大道南段（二标段）及连接线龙洞河南路项目授信2.1亿元、宣恩县“教育中心”项目授信3亿元、恩施市高旗大道道路工程项目授信8亿元、咸丰县水利设施灾后重建重点项目授信3亿元。多法并举精准帮扶困难群众脱贫。引入市场意识，推动产业扶贫。全面对接恩施州“一个村一个主导产业、一个村对接一个产业合作社、一个金融互助合作社、一个村联结一个龙头企业”的“121+X”产业扶贫模式，全面启动“户贷企用，分贷统还”的金融扶贫模式，因地制宜扶持特色产业，对产业扶贫龙头企业累放贷款0.1亿元，带动贫困人口100人，提升贫困地区自我“造血”功能。创新扶贫模式，支持农村经营主体。建立并完善政府增信体系及农户资信评价体系，以“牵手贷”为桥梁，搭建起专业大户、家庭农场、农民合作社、农业产业化龙头企业等新型农业经营主体和建档立卡贫困户共同发展的平台，实现产业发展和精准脱贫的有机融合，向585户新型农业主体发放贷款0.75亿元。增强“造血”机能，有序投放扶贫贷款。直接向1110户建档立卡贫困户发放金穗扶贫惠农贷款0.99亿元，有效地改善了贫困户的生产、生活条件。真心排忧解难，驻村扶贫见实绩。州、县两级行共帮扶19个自然村，共有建档立卡贫困户830户。选派精干力量组成驻村工作组，扎实开展扶贫工作，2017年，共有290户建档立卡贫困户脱贫。其中，州分行机关帮扶利川中原村，成立了“利川中原村银花王种植专业合作社”，贫困户入社44户，涵盖贫困人口158人，种植金银花10.67公顷。强力助推全域供给侧结构性改革。积极支持房地产“去库存”工作，推动房地产健康发展。创新推出国内首个专门针对农民群体的个人住房贷款产品“农民安家贷”，投放贷款6.64亿元，支持2334户农民在县、市城区圆了“购房梦”。2017年，累放个人住房贷款11.02亿元，帮助房地产企业消化库存约30万平方米。积极支持淘汰行业“去产能”工作。对州委、州政府确定的“去产能”重点行业——煤炭、水泥行业，实行行业限制政策管制，未向该类企业发放贷款。

【积极盘活市场主体】 多渠道、多手段，缓解企业经营压力。增强主动服务意识，及时了解掌握企业经营状况，积极满足企业合理信贷需求，帮助企业渡过经营难关。2017年，对55家企业采用转贷方式，延长还款期限，减轻当期经营压力，涉及金额5.85亿元。其中对26户企业采用“连贷通”产品延长贷款期限，涉及金额2.1亿元，对29户企业采用“过桥”资金还贷，涉及金额3.75亿元。不抽贷、不压贷，银企齐心共渡难关。近年来，恩施地区企业风险逐步显现，现金流短缺，银企双方面临巨大压力。针对此情况，主动应对，积极作为，为企业排忧解难，对暂时出现困难的企业，不抽贷、不断贷，积极运用多种风险化解措施帮助企业渡过难关。如对华龙集团采取了展期、利率下调、调整结息周期等措施，帮助企业渡过难关。对咸丰建塬石材、咸丰恒旭新材料公司等企业采取降息、展期2—3年的措施，缓解企业经营压力。建渠道，惠民生，普惠金融提质增效。按照“普惠制、广覆盖”的原则，结合地方产业创新金融产品，加大服务“三农”力度。已建立惠农通服务点1480个，覆盖行政村1450个，覆盖率达63.51%。着力提升社保代理能力，在社保卡代理的37个乡镇中，设立“新农保代理支付点”524个，覆盖891个行政村，累放城乡居民社会保障卡81万张，占全州发卡总量的31.2%，其中“农保卡”54万张、“城保卡”27万张，激活率达80.8%，代理支付养老金8.1亿元。构建互联网金融模式，大力推广“E农管家”，为企业提供精准营销、精准配送、精准管理，服务直达村组和农户，2017年交易量突破15亿元，大大提高了农产品的交易效率，降低了企业交易成本。

【中国农业银行股份有限公司恩施分行负责人名录】

中党委书记、行长：孔爱平

党委委员、纪委书记：冯克文

党委委员、副行长：谭桂萍　穆世科

党委委员：彭　霏

（吕　鹏）

编辑　马兹河

中国银行股份有限公司恩施分行

【概　况】 2017年，中国银行恩施分行贯彻落实州委州政府的决策部署，围绕恩施州“五州”战略、“一谷两基地三示范区”发展目标，着力服务脱贫攻坚和特色产业发展，通过合理优化授信投向，完善工作机制，扎实推进业务、客户、渠道转型，全力为全州经济社会发展提供金融支持和服务。截至12月末，人民币各项存款余额80.88亿元，人民币贷款余额56.37亿元，信用卡分期交易量首次突破6亿元。全辖不良率较年初下降3.96个百分点。中间业务收入同比增加1252万元，市场占比为17.66%，较年初上升2.66个百分点；业务净收同比增加1141万元，增幅4.66%。个人借记卡有效卡量新增、外汇客户全量金融资产提升、中银E贷和个贷利率定价在全省系统内名列前茅；国际结算和跨境人民币等特色业务市场份额居当地同业第一。

【扶贫攻坚】 运用金融资源优势，推进精准扶贫贷款在巴东、建始、来凤、鹤峰和利川的落地，申报获批全州乃至全省精准扶贫首笔农村饮水安全PPP项目2.5亿元，成功投放180万元精准扶贫小额贷款，实现了扶贫贷款业务“零”的突破。

探索创新建档立卡贫困户投放模式，助力建档立卡贫困户脱贫，获批贷款1800余万元。努力推进公益中国爱心活动，举办“为爱而跑”——中国银行公益微跑活动，募集善款逾58万元，募集全部所得捐赠给巴东县民族实验小学、贫困村和贫困儿童。进一步落实再就业小额担保、扶贫贴息开发和民族优惠利率贷款政策，全力支持社会就业和创业，努力为构建和谐社会做出应用贡献。

【重点项目建设】 围绕恩施州“一谷二基地三示范村”发展战略，坚持“有效投放增长、资产质量管控、信贷结构调整”并举，加大对政府重点项目的授信支持。2017年，成功投放恩施州最大一笔绿色信贷公司授信——鄂旅投3.58亿元，用于农产品加工园区基础设施建设项目。新增申报近5亿元用于棚户区改造项目，惠及巴东县和鹤峰县东等多个片区及居民。全年各类贷款累计投放金额22亿元，公司授信累计投放总额超历史水平，绿色信贷及节能减排授信项目较年初增加5.12个百分点，占比32.63%；个人贷款和信用卡分期业务投放量快速增长。

【资产质量提升】 强化主动风险管理，牢牢守住风险底线，资产质量显著提升。开展信贷资产盘存、贷款期限管理，抓好“重点机构、重点项目、重点产品、重点客户”风险管控。建立严格考核机制，定期开展“一户一表”管理方案汇报，严格控制风险资产的五级分类向下迁移。加快清收、压降存量不良和潜在不良化解，截至2017年12月，不良贷款实现双降，不良贷款余额较年初下降2.03亿元，不良率下降3.83%，不良贷款余额和不良贷款率实现双降。

【服务渠道优化】 主动优化物理渠道，完成巴东支行北京大道离行自助银行迁址和来凤支行、土桥大道支行、施州大道支行、分行营业部原址装修升级。加快推进网点智能化升级改造，智能柜台网点覆盖率达100%，大大降低客户等候时间，提升客户体验。全面升级手机银行，2017年交易金额达115.29亿元，同比增长38.16%，成为个人客户最为活跃的线上交易渠道。开展普惠金融宣传，落实金融服务网格化要求，拓宽支持“三农”渠道，推进网点员工职责和服务流程转型，较好地满足了农村金融服务的需求。

【中国银行股份有限公司恩施支行负责人名录】

党委书记、行长：黄　丹

党委委员：陈永杰

党委委员、纪委书记：沙建国

党委委员、副行长：方　毅　杨林辉

（刘　浏）

编辑　马兹河

中国农业发展银行恩施州分行

【概　况】 农发行恩施州分行成立于1996年11月。2017年末在岗职工151人，年末存贷款余额实现“双过百亿”，贷款余额100.40亿元，对公存款余额103.18亿元。存款日均余额83.02亿元，账面利润3.05亿元。

【信贷支农】 2017年，全年累计投放贷款46.80亿元。共投放购销储贷款1.48亿元，支持收购稻谷364150吨、菜籽油246.65吨、魔芋10560吨。支持政策性粮油“去库存”，回笼收贷1.14亿元；投放各类扶贫贷款14.64亿元，其中易地扶贫搬迁贷款12.64亿元，通过省级平台承接专项贷款26.05亿元；投放贷款26.56亿元，支持安置人口1.79万户、6.48万人；积极支持富硒产业、茶业、高山蔬菜、中药材、畜牧养殖等特色产业发展，支持产业化龙头企业18家，累计投放贷款1.6亿元，带动当地农民就业6.5万人。辖内咸丰县支行发放全州首笔救灾应急贷款1亿元，支持因灾受损道路基础设施修护。辖内利川市支行发放全州首笔扶贫过桥贷款2亿元，支持修建农村公路33.58千米。

【党的建设】 推进“两学一做”学习教育，狠抓制度建设，推进党建工作规范化；抓实党建活动，开展“支部主题党日”活动，开展“线上+线下”双层教育培训，建立“微信党课”学习班，集中全行党员举办封闭式培训班，深入学习宣传贯彻十九大精神；抓政治生活，严格落实“三会一课”，深入推进民主评议党员、谈心谈话，加强党员管理。党员先锋模范作用得到明显加强，党建成效进一步深化。

【中国农业发展银行恩施州分行负责人名录】

党委书记、行　长：黄志强

党委委员、副行长：王文成　杨　洪

俞　斌

（秦国文）

编辑　马兹河

中国邮政储蓄银行股份有限公司恩施州分行

【概　况】 2017年，中国邮政储蓄银行股份有限公司恩施州分行在恩施州委、州政府及湖北省分行的领导下，在监管部门的政策指导和监管引领下，坚持稳中求进工作总基调，坚持以推进供给侧结构性改革为主线，坚持推行五大发展理念，遵循金融发展规律，牢牢把握金融工作重点，主动适应经济金融新常态，风险内控管理良好，金融扶贫成效显著，在促进自身经营转型和效益提升的同时，全力支持恩施州地方经济和社会发展。规模保持增长。2017年末，邮储银行恩施州分行总资产276.66亿元，同比增长12.86%，资产规模排恩施同业第2位。其中，个人储蓄存款余额243.46亿元，较年初增长33.65亿元，市场占有率30.59%；公司存款余额22.9亿元，较年初下降5.1亿元，市场占有率4.3%。所获重要荣誉。2017年，邮储银行恩施州分行获评2015—2016年度州级文明单位，在全州银行业内控合规知识竞赛中获得“第二名”，在恩施州第二届银行业金融机构金融统计理论与实务知识竞答大赛中获得“第三名”。分支机构中，利川市支行获得湖北省银监局颁发的“2017年全省金融服务网格化精准扶贫先进单位”，建始县支行获得省分行“2017年度先进基层党组织”表彰，咸丰县育英路支行获得湖北省银监局“合规先进基层网点”表彰。

【信贷投放】 2017年，邮储银行恩施州分行累计发放贷款30.74亿元，14521户，覆盖“七大产业链，绝大部分贷款投放在三农领域，全年信贷投放净增8.19亿元，净增额比2016年多增2.39亿元，同比增长22.03%，贷款市场占有率5.0%，较年初增加0.2个百分点。

【金融扶贫】 着力“三个创新”推动。2017年8月31日，成立“中国邮政储蓄银行三农金融事业部恩施州二级分部”，内设小额贷款中心（扶贫业务中心）、农业产业化中心、审查审批中心3个专业团队，专业化人员由原来的6人增配到15人，并在县域设立8家营业部，网点设立小额贷款中心，形成覆盖全州的专业化为农服务体系。结合恩施州“七大产业链”金融服务需求，进行了涉农贷款产品的创新，为特色农业经营户及新型农业经营主体提供贷款资金9亿元，全年发放扶贫类贷款2.35亿元，向全州邮储银行挂点扶贫村建档立卡贫困户发放扶贫贷款5069万元，推进了金融扶贫工作由“输血”向“造血”转变。构建银政、银协、银企、银保、银担五大服务平台，利用政府优惠政策和合作机构增信措施，帮助农户享受金融优惠政策，降低融资成本。2017年，邮储银行恩施州分行建成银政合作平台8家，银企合作平台14家、银担合作平台1家，银村合作平台78个。

【扶贫公益】 2017年，邮储银行恩施州分行对19个挂点贫困村、1172个贫困户、3998人开展结对帮扶工作，全年筹措扶贫项目资金8.25万元用于扶贫村修建村级公路、改善医疗卫生条件、办公条件，同时组织全行职工向田大军、谭明绪两名身患重病的贫困户捐赠善款8640元，帮助特困户渡过难关。2017年，中国邮政储蓄银行和中国扶贫基金会共同发起“邮爱公益基金”，用于“邮爱自强班”公益项目，恩施州咸丰一中、利川五中100名贫困高中生获得了该项基金54万元捐助。

【便民服务】 2017年，邮储银行恩施州分行持续加大硬件投入，践行普惠金融，全年新增自助银行18台，共计293台，新增POS机具415部，共计5032部，新增商易通4部，共计438部，助农通共计927部，为利川长顺、利川长坪、建始申西坪这些边远行政村带来了金融便利。同时，邮储银行恩施州分行继开发完善交通罚没款代收、社保代收、非税代收、水费代收、移动通讯费代收系统的基础上，实现了交通罚没款手机缴费功能，已相继在恩施市、利川市投入使用。

【金融服务网格化】 2017年，邮储银行恩施州分行将扶贫与创业、就业纳入金融服务网格化建设管理，主动联系服务群体，在网格区域内开展防诈骗、反非法集资金融知识宣传，推动金融服务覆盖，截至2017年底，建立了78个普惠金融网格化工作站，其中72个为贫困村网格工作站。网格工作站配有专职网格员15人，兼职网格员78人，安装电子机具73个，收集客户信息7万多条，贷款授信4.86亿元，发放贷款4.68亿元，涉及6000多名客户，提供存款、结算、咨询金融服务8万人次。

【风险管理】 2017年，邮储银行恩施州分行机构风险等级被邮储银行湖北省分行评为评价为A级，内控评价等级被邮储银行湖北省分行评为评价为二级。在国家宏观调控、经济下行影响，信用风险上升外部环境下，通过强化自查自纠和风险隐患整改，注重合规文化创建，全年无资金案件发生，整体资产质量可控。

【党建引领】 2017年，邮储银行恩施州分行严格落实中央八项规定精神和集团公司20条实施意见，聚焦监督执纪问责，严防“四风”问题反弹。以开展强基固本2.0建设工程为主要内容，注重党的学习、建设、基础管理，推进“两学一做”学习教育的常态化、制度化、规范化，以打造一批领导班子过硬、党员作用突出、党内生活规范、组织保障到位的优秀基层党组织为工作重心，引领全行各项工作稳步发展。

【银政挂职】 继2016年邮储银行恩施州分行派出3位团委挂职干部后，2017年又为建始、鹤峰、巴东三个县派驻3名优秀青年挂职。挂职干部结合共青团的组织优势，协助、配合团县委领导在夯实基层团建、送金融知识下乡，加强农村贫困人口创业辅导及扶持、关爱贫困留守儿童、助力精准扶贫、加强青少年思想引领、志愿者服务方面贡献了青春力量。同时，挂职干部发挥自身优势，主动作为，以点带面普及金融知识并开展农村青年创业小额贷款工作，在带动就业、助力扶贫工作上作为明显。

【先进典型】 2017年，咸丰支行行长鲁伏秋，来凤县支行客户经理费春艳分别获得邮储银行全国小额贷款“乡村银行家”经营管理能力竞赛一、二等奖。

【中国邮政储蓄银行股份有限公司恩施州分行负责人名录】

行长、党委书记：万开梅

党委委员、副行长：徐福彪　王　敏

李淑平　黄　杰

党委委员、纪委书记：徐福彪

（陈卫生）

编辑　马兹河

湖北恩施农村商业银行股份有限公司

【概　况】 2017年，湖北恩施农村商业银行股份有限公司（简称恩施农村商业银行）紧紧围绕转型发展和“三大银行”建设，按照“稳中求进”工作总基调，着力调结构、稳增长、提质效，促进各项工作取得新成效。到2017年末，各项存款余额336.58亿元，比年初净增39.53亿元，增幅13.31%，存款净增额占全州银行业净增总额的28.73%，存款市场份额25.41%，较年初上升0.39个百分点，存款总量、增量持续位居全州银行业第一。各项贷款余额232.16亿元，比年初净增33.81亿元，增幅17.05%，贷款净增额占全州银行业净增总额的25.57%，贷款市场份额25.69%，贷款总量、增量位居全州银行业第一。恩施农村商业银行《贫困山区金融精准扶贫的难点及对策》调研文章获得全省农村商业银行重点调研课题一等奖，来凤农村商业银行获评省级文明单位，建始、鹤峰农村商业银行获评全省农村商业银行2017年度先进单位。

【党建工作】 2017年，全行深入学习宣传贯彻中共十九大精神，扎实推进“两学一做”学习教育，开展“三抓一促”、廉政宣传教育、7个法规制度、助廉教育基地参观等学习教育活动，制定下发《全州农商行2017年“党支部标准化建设年”实施方案》《压实两个责任、推进全面从严治党和从严治行向基层延伸“三道防线”》等制度文件，将意识形态教育、合规经营管理、队伍廉洁建设纳入“三道防线”问责管理，推进全面从严治党向基层延伸，反腐倡廉制度体系日益完善、党员干部党性修养显著增强、队伍合力得以凝聚。党建工作正式写入《恩施州农村商业银行章程》，新发展党员24人，壮大党员队伍；召开恩施农村商业银行共青团第二届团员代表大会，完善团组织建设。恩施农村商业银行芭蕉支行党支部等8个基层党组织、高永辉等8名共产党员荣获省信用联社先进表彰。

【支农支小】 全行围绕农业供给侧结构性改革，优化信贷行业投向，严控房地产、建筑业、制造业、工程项目等行业贷款过度集中，加大涉农产业投放力度，围绕“七大特色产业链”建设，助推农村经济转型升级。落实“不断贷、不抽贷、不压贷”要求，加大实体经济支持力度；全面对接农村经营大户、家庭农场、农民专业合作社等农村新型经营主体及小微企业。2017年末，全州农村商业银行涉农贷款余额205.39亿元，占全部贷款余额的88.47%，比年初净增24.79亿元，占全部新增贷款的73.33%；小微企业贷款余额86.28亿元，比年初净增8.35亿元，增幅10.72%；乡镇贷款比年初净增15.69亿元，占全部新增贷款的46.40%，增幅29.59%，高于全部贷款增速12.55个百分点。

【金融扶贫】 全行围绕各级党委、政府关于精准扶贫的决策部署，加大金融服务方式创新，以金融扶贫为抓手，积极探索创新推广“大户带动扶贫”“贫困户投资分红贷”“高山扶贫贷”等扶贫产品，加大扶贫小额贷款投放力度，助推全州精准扶贫、精准脱贫工作。先后与州、市、乡（镇）三级政府签订《银政战略合作协议》《金融扶贫战略合作协议》《扶贫小额信贷合作协议》等多个合作协议，共同构建了“政府＋农商行”风险共担机制，2017年共争取政府扶贫小额信贷风险补偿基金1.87亿元，获得人行扶贫再贷款8.4亿元。2017年末，全州农村商业银行精准扶贫贷款余额21.84亿元，2017年累计发放扶贫贷款16.87亿元，比年初增加9.74亿元；其中扶贫小额贷款余额12.95亿元，比年初增加9.27亿元，帮扶带动40356户建档立卡贫困户就业脱贫。开展“结对帮扶”践行社会责任，八家县市农村商业银行机关干部职工均深入到驻点村开展“一对一”对接帮扶活动，组织“支部主题党日＋爱心捐赠”捐款11万元。全州农村商业银行金融扶贫工作获得社会的高度认可和广泛好评，并获得刘芳震州长批示肯定，金融扶贫经验做法编印成《金融扶贫信息动态》供州直部门学习并上报至省扶贫办。金融扶贫工作受到新闻媒体高度关注，吸引国家、省、州三级媒体深入采访报道。《中国农村金融》杂志社4月到恩施农村商业银行就金融扶贫工作进行专访；湖北电视台《榜样湖北》栏目7月份连续两期播出《创新模式精准扶贫——恩施农商行系统扶贫工作纪实》,《湖北日报》10月20日登载《金融扶贫的“恩施故事”》,《恩施日报》10月17日第8版整版刊发《金融扶贫勇当先“农”墨重彩绘新篇——恩施农村商业银行倾力支持金融精准扶贫工作》;恩施电视台《直播恩施》栏目10月18日对农商行驻村帮扶工作进行全程跟踪报道。

【金融服务全覆盖】 扎实推进“智慧银行”建设,积极践行普惠金融服务理念,通过开展“深耕四区”、进村入户、金融服务网格化等活动,发挥电子银行产品优势,有效改善农村支付环境和结算渠道。加大对智慧网点建设投入,推动自助银行服务触角向村组延伸,让广大农户足不出村即可享受助农取款、转账、结算、代收、贷款等金融服务。2017年末,共布放自助存取款设备372台、设立离行式自助银行网点94个、安装转账电话15024台,居全州银行业第一位;拥有电子银行客户数232万户,开发金融服务网格化平台并建立工作站2377个,真正实现打通金融服务最后一公里。

【转型发展】 2017年,恩施农村商业银行紧紧围绕“责任银行”“合规银行”“智慧银行”三大银行建设,推进全行改革发展。一是大力开展“春天行动”“短板提升”“金秋稳存”等活动增存稳存,拓展对公存款和活期存款渠道,优化存款结构。2017年,全州农村商业银行活期存款净增22.12亿元,占当年存款净增额的55.97%;存款付息率同比下降0.16个百分点。二是推进信贷转型,调整基层支行贷款自主审批权限,加大乡镇贷款投放考核力度。2017年,全州农村商业银行乡镇贷款增幅29.59%,高于全部贷款增速12.55个百分点。同时注重客户扩面增量,注重提升小额贷款占比,贷款客户数增幅18.74%,500万元以下小额贷款净增额20.82亿元,比年初增长22.05%。三是提高电子银行质效,抓好手机银行、微信银行、信用卡、扫码付、行业应用的推广,增加有效客户数,避免重复营销、低效营销,提高电子渠道交易替代率。

【湖北恩施农村商业银行股份有限公司负责人名录】

党委书记、董事长:林　忠

党委委员、行长:何　涛

党委委员、纪委书记、监事长:吕召雷

党委委员、副行长:陈振文　张　奇
杨允华

(覃　磊)

编辑　马兹河

保险业

保险行业协会

【概　况】 2017年,全州各保险机构实现保费收入44.29亿元,同比增长9.75%。其中,产险保费14.26亿元、同比增长28.43%,人身险保费30.03亿元、同比增长2.66%;理赔金额13.49亿元、同比增长35.83%,其中,财产保险理赔8.02亿元、同比增长52.01%,人身险理赔5.44亿元、同比增长16.87%。2017年保险业为全州提供各类风险保障金额7800多亿元,比上年增长24.3%。全州保险深度(保费收入占国民生产总值)5.35%,比上年5.07%提高0.28个百分点;保险深度(人均保费)1053元,比上年人均911.57元提高141.43元。全州保险行业签订劳动合同、代理合同的从业人数2.1万人。其中,保险代理人18752人。

【保险赔付】 2017年各保险受理出险报案22.56万件,比上年增加4.8万件,增长27.02%。其中,当年办结赔付22.56万件,结案率100%。其中,财险公司接报案15.52万件,占68.79%,当年结案14.98万件、结案率96.5%;人身险公司接报案7.04万件占31.21%,当年结案7.03万件、结案率99.8%。保险赔款总金额13.46亿元,比上年增加 2.3 亿元，增长 20.4%。在所有赔案中，87.5% 的案件在一天之内结案理赔到位。

【保险业缴税】 2017 年，各保险公司缴纳税款 1.41 亿元，比上年增长 38.81%。其中，增值税 6830 万元、个人所得税 5944 万元、其他税款 1322 万元。同时，代收代缴车船使用税 10075 万元，比上年增长 25.56%。保险业缴税总额超过千万元的保险公司有人保财险、中国人寿、太保财险 3 家。平安财险、中华财险、大地财险、永安财险、长江财险、紫金财险、泰康人寿、人民人寿、百年人寿等 9 家保险州公司获得政府 A 类缴税人评级。

【精准扶贫】 驻村驻点扶贫。人保财险、中国人寿、太保财险、太保人寿、人民人寿、中华财险、大地财险、天安财险等 8 家保险公司在 25 个乡镇的 30 个村开展驻村、驻点扶贫工作（包村驻点 13 个村、联合驻点 17 村），抽调扶贫工作人员 181 人，走访建档立卡贫困户和贫困人口 1638 户 10118 人，帮扶 182 个村民小组 6257 户 24684 人（其中建档立卡贫困人口 8909 人）。保险产品扶贫。以优惠保险费率或赠送保险方式，开办农村小额人身保险、医疗保险、学生幼儿意外伤害保险、治安家财、建档立卡贫困户家财小额保险、“两属两户”农房保险、社会治安农村组合保险、1 元防癌险等多种“扶贫保”产品，精准对接贫困户，共承保 49538 户、531908 人，已赔付 44 户、1993 人赔款 516.64 万元。大病保险“起付线”针对建档立卡贫困人口从 12000 元降低到 5000 元，并增加 5% 的赔付比例，保险公司增加赔付金额 1000 多万元。项目资金扶贫。各驻村扶贫的保险公司多渠道引入资金、技术，帮助贫困村和贫困户进行住房升级改造、电力改造、建水窖、硬化公路和连户路、河道治理、油菜种植、马铃薯种植、茶叶种植、养蜂、提供肥料、鸡苗等 10 多项基础设施建设和特色种植、养殖项目，投入、引入和财政配套扶贫资金 1415.08 万元。“普惠金融”支农支小服务实体经济。2017 年保险业办理普惠贷款保险 37 笔，融资和拉动贷款 2050 万元，支持小微企业个数 13 个、农村合作社 61 个、种养大户 211 户，办理赔款 10 笔共计 18.4 万元。五是多维度爱心扶贫。有 28 家保险公司组织开展捐赠等献爱心扶危济困活动，公司和员工多种方式筹措帮扶资金 134.73 万元、慈善捐赠 12 万元，帮扶贫困村 26 个，贫困户 846 户，帮扶建档立卡人口 1208 人，帮扶学校 9 所，帮扶贫困学生 595 名。

【保险业发挥参与社会管理职能】 保险机构经办政府购买大病保险服务，发挥机构、网络、人员、专业、管理、宣传等各项优势实现“一站式”即时结报，全州基本医疗保险、新型农村合作医疗大病保险承保 339.3 万人，实现应保尽保全覆盖，2017 年赔付 43343 人次，赔付金额 8411.84 万元，已赔付 82.64%。全年各保险公司承保全州“三农”责任险、车辆责任险、特种设备责任险、环境污染责任险、食品安全责任险、医疗责任险、校园责任、公众责任险等各类责任保险超过 10 万件，承担风险超过 5000 亿元。

【维护保险消费者权益】 2017 年 3 月，恩施州保险行业协会设立“恩施州保险纠纷人民调解委员会”，负责调解全州范围内涉及商业保险的民间纠纷。全年及时受理、调解信访件 31 件，调解结案率、成功率 100%。其中，办理州信访局转办件 2 件；妥善调解保险服务热线“12378”投诉疑难信访件 4 件；及时化解群体性上访事件 1 起。保险业与人民法院建立保险纠纷诉讼与调解对接机制，多渠道化解纠纷，维护保险消费者合法权益，在恩施市法院试点，成功“诉前调解”案件 4 起。

【防范化解保险业经营风险】 恩施州保险行业贯彻落实全国金融工作会议、保险监管工作会议精神，2017 年按照中国保监会“强监管，治乱象，补短板，防风险”的要求，采取有效措施贯彻落实保监会“1+4”等系列文件：协会及时制定《深入贯彻落实保监会“1+4”等系列文件精神的通知》（恩施保协发〔2017〕19号）；组织各会员公司作出依法合规经营的承诺书，报协会备案；协会统一编印一套学习资料供高管、主管学习交流；举办一次全州三级、四级机构高管（主管）参加的“1+4”系列文件学习培训班；采取“一听”“二看”“三座谈”方式，开展一次学习贯彻落实“1+4”等系列文件精神情况大检查。组织各保险公司签订各项自律公约，加大行业内对违法违规规约行为的检查处理力度，从承保、理赔、财务三个方面对14家寿险、18家财险公司进行自律检查，做到应查尽查全覆盖。对检查中发现的问题进行约谈、通报，按自律公约对17家保险公司高管约谈21人次，业内通报18家违约公司，处扣13家公司违约金17.1万元。

【党建工作】 恩施州保险行业协会按照党组织和党建工作“两个全覆盖”要求，根据恩施州组通〔2017〕29号、恩施州民政发〔2017〕56号文件精神，联合恩施翘楚文化传媒有限公司，经中共恩施市委非公有制经济组织和社会团体组织工作委员会批复同意，于2017年11月20日成立中共恩施州保险行业协会联合支部委员会，按照规定程序与要求选举产生支部书记，建立党员活动室，开展学习十九大精神、党章，重温入党誓词，以及每月组织开展党的“主题日活动”按月缴纳党费等党建活动。

【恩施州保险行业协会负责人名录】

会长：王　冰（兼职，现任中国人寿财险恩施中心支公司总经理）

常务副会长：王　辉（兼职，现任人保财险恩施分公司总经理）

副会长：詹晓青（兼职，现任平安财险恩施中心支公司总经理）

刘春艳（兼职，现任太平洋人寿财险恩施中心支公司副总经理，主持工作）

监事：李明锦（兼职，现任天安财险恩施中心支公司总经理）

黄爱民（兼职，现任阳光人寿财险恩施中心支公司总经理）

秘书长：习文锋（专职驻会，主持协会工作）

（习文锋）

编辑　马兹河

中国人民财产保险股份有限公司恩施州分公司

【概　况】 人保财险恩施州分公司下辖11家分支机构，34个乡镇营销服务部，972个农村服务网点，现有各类合同从业人员1365人。2017年，公司累计保费收入突破5.45亿元，上缴各类税款近7408.88万元，其中个人所得税866.77万元，处理各类赔案1.4万余件，支付赔款2.85亿元。公司开展“政融保”支农融资业务服务三农。“政融保”支农融资业务是人保财险在全国范围内开展的一项普惠金融服务，积极扶持中、小、微企业及种养殖大户。2017年12月，与利川市政府签订协议，融资2亿元，服务农业产业化发展。2018年将增加恩施市、建始县、宣恩县普惠金融“政融保”支农融资业务，增加授信3亿元，融资余额达到1亿元以上。2017年，公司先后在巴东、鹤峰开展产业扶贫保险，为建档立卡贫困户20765户提供风险保障。2017年恩施州社会治安保险参与户数16.9万户，保障金额8.6亿元，公司在恩施、利川、咸丰等地开办了建档立卡家财小额保险，涵盖家财和人员意外及医疗着力解决贫困地区群众风险保障问题，特别是推广贫困人口医疗补充保险，防止因灾、因病致贫、返贫。

【中国人民财产保险股份有限公司恩施州分公司负责人名录】

公司党委书记、总经理：王　辉

公司党委委员、副总经理：袁宗泉 杨光明 郭 雨

（刘雯雯）

编辑 马兹河

中国人民人寿保险股份有限公司恩施中心支公司

【概 况】2017年，中国人民人寿保险股份有限公司恩施中心支公司秉承“人民保险，服务人民”为宗旨，认真贯彻落实“稳增长、重价值、强基础”的九字方针，砥砺前行，奋力跨越，取得了期交价值保费快速增长、业务结构逐步优化、四级机构期交业务上平台、队伍转型成效凸显，在当地14家寿险公司中规模保费市场份额位居第五名。恩施中心支公司被省公司评为“创业红旗机构中支公司”，利川市支公司被省公司评为“创业红旗机构支公司”。截至2017年12月31日，累计实现规模保费28803.92万元，其中：新单期交7645.04万元，趸交12018.86万元，短期险保费1141.13万，续收保费7998.89万元。累计赔给付15264.61万元，其中：满期给付14490.39万元，赔款774.22万元。

【合规意识不断加强，服务能力不断提升】加强员工合规教育，落实监管要求，是人保寿险恩施中心支公司一贯的经营方针，在管理上，通过认真组织监管政策学习，提高全体内外勤员工的风险管控意识。公司先后组织全体员工学习贯彻全国金融工作会议及保监会“1+4”系列文件精神，并以培训形式，增强全体员工及销售队伍的合规意识，严格遵守行业自律及人才流动公约。在服务上，通过认真落实监管要求，确保各个环节杜绝风险隐患。在发展上，通过对客户资料、信息严格核实，严把业务入口，杜绝劣质保单承保，杜绝业务隐患。公司通过各种方式，把合规经营、风险管理工作贯彻到所有业务售前、售中、售后各个环节，确保监管工作有效落实。

【参与社会公益】来凤县支公司按照来凤县委组织部要求，对大河乡黑家坝村进行驻村扶贫帮扶，派驻点人员1人。工作队本着要干事先了解村情的原则，采取座谈、走访、入户等多种形式，进一步摸清了该村的基本情况和存在问题，建档立卡183人，全村50户贫困户，2015年脱贫1户，2016年脱贫6户，2017年脱贫9户。预计2018年脱贫34户，完成分散安置2户。开展“慈善一日捐”活动，“慈善一日捐”活动是一次学习和践行中共十九大精神的实际行动，是根据州委州政府“两办”文件开展的，活动本身体现了保险行业“人人为我、我为人人，互助共济、分摊风险，助人于危难”的行业精神，意义重大。通过这次活动，恩施中支本部员工向恩施州慈善总会捐赠善款2000元。借势地方政府相关文件，积极探索“女性特定疾病保险”新路径，鹤峰县支公司与县扶贫办联合在中营镇开展“女性特定疾病保险”业务。率先探索了精准扶贫、保障先行的模式。鹤峰县扶贫办代表鹤峰县人民政府统一向恩施中心支公司投保“女性特定疾病保险”，投保7202人，保险费总计360100元，其中由鹤峰县人民政府拨缴保险费324090元，鹤峰县支公司补贴36010元，承担14404万元风险保额。开展以“爱心传递、无偿献血”为活动主题的爱心献血活动，2017年有26人参加无偿献血，献血达到8500毫升。

【诚信经营】2017年，公司党委、总经理室引领全体员工以及营销团队深入贯彻落实保监局和总、省公司各项法规制度，坚持开展好依法合规诚信经营，积极开展“防范非法集资”“3·15宣传”“7·8保险宣传日”“反洗钱宣传”等活动，其间累计共投入人员100多人、设置宣传栏展板8块、参与活动的消费者数量达700余人、向社会发放宣传资料1000余份；同时借助宣传单、网

络、微信等各种载体造势，向保险从业人员和公司客户进行广泛宣传。

【**提升服务**】为进一步提升客户服务水平，强化客户黏合度、稳固“中国人民保险”品牌形象，提升客户满意度，2017年，全州系统积极开展了以“倾听客户的心声，服务客户的需求”为主题的客户节，以“增效能，降投诉”为宣传口号，维护客户合法权益，改进服务短板，有效提升服务质量考评和投诉处理考评指标，为广大消费者提供满意的产品和优质服务。

【**不忘初心、永跟党走**】以“两学一做”学习教育、“不忘初心，永跟党走”活动为契机，加强管理团队及党员队伍建设，推动思想作风和工作作风的根本性转变。一是学习王光国不畏艰难、苦干实干的愚公精神。二是围绕“两学一做”学习教育、“不忘初心，永跟党走”的主题进行了党课教育学习，坚定理想信念，提高党性觉悟，增强“四个意识”，树立清风正气，严守政治纪律。要以“四讲四有”为标准，努力争做政治合格、信念坚定；严守规矩、纪律严明；道德高尚、品行端正；奉献担当；敢为善为的合格党员。践行“不忘初心、永跟党走”活动面向未来，面向挑战，用自己的实际行动践行着“不忘初心，永跟党走”的活动。截至12月，党支部开展集中讨论学习共14次，党委书记讲党课5次，党支部书记讲党课5次，普通党员讲微党课4次，真正做到全员各层级深入学习，引导党员干部进一步提振干事创业的精气神，切实把学习教育成果转化为推动企业发展提升突破的成效。

【**中国人民人寿保险股份有限公司恩施中心支公司负责人名录**】

总经理：张忠东

销售总监：孙选宏　曹友海　向　建

（张冬敏）

编辑　马兹河

中国太平洋财产保险股份有限公司恩施中心支公司

【**概　况**】中国太平洋财产保险股份有限公司（以下简称“太平洋产险”）是中国太平洋保险（集团）股份有限公司旗下的一家专业子公司。2017年，太保产险恩施中心支公司（简称太保产险恩施中支）完成保费收入20513万元，比上年同期增长11.2%，代缴纳车船税1509.57万元，营业税及附加1012.5万元。

【**业务发展**】坚持以客户需求为导向战略转型为指引，以效益经营为统领，以依法合规经营为前提，以能力提升为基础，以加快发展为第一要务的工作方针，按照抓发展夯实基础，抓渠道促发展，抓管控增效益，抓队伍强能力，抓服务树形象的工作思路，全方位开展各项经营活动。全年完成保费收入20513万元，其中车险保费18422万元，占比90%，非车险保费2090万元，占比10%，保费增速11.2%，市场份额14.4%，保持行业第二地位。

【**理　赔**】全年处理各类赔案18158件，累计支付赔款10873万元，综合赔付率70.16%。为了提高理赔速度，加强了对案件进行有效管控，开通3G移动视频定损，实现事故现场、事故定损和后台监控中心的实时连接和数据传输，大大提高了理赔时效。

【**积极拓展“三农”保险**】推广适合农村发展的各类险种和服务，帮助养殖、种植户、合作社及广大农户有效防范抵御风险。以能繁母猪保险为突破口，包括育肥猪养殖保险、林木火灾保险、“两属两户”农房及农民工意外伤害保险等农业保险业务正有序推进。与畜牧龙头企业湖北省思乐牧业集团连续多年合作，鹤峰县连续3年实现能繁母猪全县统保，利川县谋道、建南等乡镇连续2年投保。由太平洋财产保险公司竞标成为未来三年恩施市森林保险承保机构，每年为恩施市20.44万公顷公益林及1.6万公顷商品林提供保险服务，保障金额11.02亿元，总保费330.66万元。太保产险为服务“三农”量身定做新推出的“e农保”农村保险，包括“农庄保”“农安保”和“农家保”，保费低、保额大、惠及人群广，帮助广大农户有效提高防范风险的能力，为保障地方经济建设和人民群众生活稳定做出一定的贡献。发挥保险的经济补偿和社会服务功能，因地制宜，开发和推广农业新险种，有效增强其抗风险能力，防止因病因灾致贫、返贫。

【“精准扶贫”和“三万”活动工作】 2017年，恩施中心支公司在咸丰县活龙坪乡茶林堡村，与咸丰县财政局结队帮扶，党委委员秦远书任第一书记，进村入户结对帮扶，发展白茶、辣椒产业，与县财政局共同努力，茶林堡村被评为县级扶贫示范村。累计投入270人次、资金38.8万元，为提高贫困村和贫困户自我发展能力，改善贫困村发展条件，全面加快脱贫奔小康步伐添砖加瓦。

【中国太平洋财产保险股份有限公司恩施中心支公司负责人名录】

党委书记、总经理：陈银桥

副总经理：邓仲明　邓建华

纪检组长：邓建华

（黄　锐）

编辑　马兹河

中国太平洋人寿保险股份有限公司恩施中心支公司

【概　况】 2017年，中国太平洋人寿保险股份有限公司恩施中心支公司（以下简称“太平洋寿险恩施中心支公司”）。2017年，全年累计实现总体保费收入4.38亿元，同比增长25%。其中：新保保费1.78亿元，同比增长15%，居系统内第7位；续期保费2.60亿元，同比增长32%。个险新保1.09亿元，同比增长20%；个险续期2.49亿元，同比增长35%；法渠新保0.69亿元，同比增长9%。2017年，公司获得了诸多内外部重要荣誉，相继被恩施州保险行业协会授予“AA级会员公司”荣誉称号，2017年度恩施州保险行业无偿献血先进单位二等奖，恩施州保险业2017年度宣传组织工作优秀单位，被恩施日报授予恩施州保险业“十大影响力赔案”荣誉称号。

【社会责任】 2017年，太平洋寿险恩施中心支公司法人渠道业务实现规模保费收入8700余万元，承保全州60%的城乡居民大病保险，承保人数近200万人。

【业务创新】 太平洋寿险恩施中心支公司在湖北分公司的高度重视和指导下，顺利推进“服务+销售”模式，实现战略协同和资源共享，助力业务发展。全年完成“个法+员福非健”业务131万元，年度达成率94%，同比增长52.3%。产寿交叉全年任务1870万元，实际达成2049万元，达成率110%，同比增长33%，举绩率18%，同比增长11%。从个险新保期缴来看，个险期缴在当地市场排名第二，法渠短意险市场排名第二，短期健康险市场排名第一。太平洋寿险恩施中心支公司所辖的县级机构中，近年来发展迅猛。8家县级机构的经营等级实现5家甲类机构、2家乙类机构、1家丙类机构，实现了历史性的突破！城区本部实现跨档晋级甲AAA，稳居全省四级机构前20强且排名上升。机构的晋级发展位列全省系统内前茅，取得了显著的成绩。公司的标准保费持续实现稳步正增长，公司标保连续超额完成分公司下达目标。

【营运保障】 为顺应大数据、云技术、移动终端、社交媒体等新技术快速发展的大趋势，公司加强新技术运用体系建设，着力打造智能营运、建设数字太保，相继打造了“神行太保”移动终端和“中国太保”官方微博两大平台，陆续上线新应用100多项，逐步实现了对传统作业模式的替代；为适应客户需求，不断完善和提升行销与客户服务平台，“太平洋寿险APP”的开发实现了从“神行太保”移动终端到手机终端“太平洋寿险APP”的优化。客户可自行通过“太平洋寿险APP”自主选择上线产品，保险保障灵活搭配。线上服务更加方便快捷，交互活动也更丰富多样；电子保单将传统纸质保险合同以电子文书的形式替代，客户通过保险公司可查询、下载、打印保单，并可在网上进行保单有效性验证。客户在办理电子保单的保全、理赔业务时无需提供保单。电子保单更具安全性、高效性、便捷性。

【脱贫攻坚】 2017年，太平洋寿险恩施中心支公司连续八年参加州委州政府组织的扶贫工作，为积极响应恩施州委、州政府关于“精准扶贫”的号召，恩施中心支公司长驻村工作队员2名（书记1人、工作队员1人）对全村贫困户进行了全覆盖结对帮扶。自3月起公司党委带领20名党员及中层干部前后8次全覆盖式入村入户走访，共计300余人次，党员和中层干部与贫困户结成“一对多”帮扶模式。完善了贫困户建档立卡信息，了解了贫困户致贫原因，制定了精准帮扶措施，建立了帮扶人与贫困户的感情，增加了贫困户脱贫致富的信心；邀请太阳河乡党委副书记和扶贫办主任前往太平洋寿险恩施中心支公司就精准扶贫工作的相关政策及工作要求进行宣导培训；与村支两委协调制订三年规划及实施方案，指派第一书记和扶贫专岗队员驻村工作；中支党委委员陪同州委常委、秘书长郑开国前往茅湖淌村进行专项调研活动；中支多次参加州、市、乡三级精准扶贫的工作会议，汇报公司扶贫工作落实情况；为帮扶对象购买了计划生育保险、房屋保险、人身意外伤害保险，以及少数贫困户的基本医疗保险，同时为贫困户购买了热水瓶、提水桶等生活用品，年底由党委委员带队下到扶贫村开展慰问。

【党建工作】 认真贯彻民主集中制原则，“三重一大”集体决策制度执行落地。2017年共召开16次党委会和总经理办公会议，研讨决策公司有关人事任免、重大项目安排及大额度资金运用，确保决策的科学化、民主化、制度化；完善党风廉政建设制度体系，落实一岗双责。切实担负起党委党风廉政建设的主体责任和领导责任，明确抓好是本职，不抓是失职，抓不好是渎职的责任意识，率先垂范，敢抓敢管。建立了年初诺廉、年中督查践廉、年底交账评廉机制。

【中国太平洋人寿保险股份有限公司恩施中心支公司负责人名录】

副总经理（主持工作）：刘春艳

副总经理：覃业学　刘培林

总经理助理：覃文军

（尹　恒）

编辑　马兹河

天安财产保险股份有限公司恩施中心支公司

【概　况】 天安财产保险股份有限公司恩施中心支公司现拥有33家分公司（含航运保险中心）、298家地市级中支公司及978家支公司级营业网点，经营区域覆盖了除港澳台、西藏、青海、宁夏及内蒙古以外的全国主要行政区域。随着门店、网站、微信、APP、“95505”电话投保等渠道的全面铺开，传统险产品、新型理财产品、天安金交所系列产品的上线，天安财险已实现互联网时代多元化的发展，丰富了多层次客户的需求。2017年，传统险保费计划数4000万元，实际完成3981.67万元，计划达成率99.54%，全年支付赔款2587.16万元，上缴各类税款598.62万元。

【业务发展】 业务竞赛。下发《2017年开门业务发展激励方案》，召开一季度开门红销售会议，部署一季度工作。通过薪酬方案、业务激励方案等措施确保业务的正常发展。通过费用政策、核保政策等手段积极调整业务结构，优质业务占比得到提升。第二季度开展“时间过半、任务过半”营销活动，第三季度开展“收获金秋”国庆假期业务推动活动。非车险业务发展。转化观念，从零散的人车联动、各种责任保险等方面拓展非车险业务。全年实现非车险业务539.02万元，达成年初预算目标。改革服务创新。为适应广大群众需求，2017年天安财险恩施中支推出车易赔、创盈、易行销三款手机版的车险服务软件，系统操作便捷，为车险用户提供了方便快捷的网络车险产品及服务。

【理赔（给付）】 2017年立案3987件，结案3873件，当年结案率为99.87%。已决赔款2587.16万元，综合赔付率67.04%（2016年61.58%）。

【内控管理】 5月，开展防范非法集资专题宣传月活动，因地制宜地组织开展对保险消费者和公司保险从业人员的宣传，强化警示教育，营造良好的舆论氛围，提升对非法集资风险的防范意识和识别能力，从源头上有效遏制非法集资频发高发的势头，并对个人和机构进行非法集资专项风险排查。

【反洗钱工作】 2017年度下发反洗钱内控制度，开展宣传及培训工作共8次；8月开展反洗钱宣传活动，发放宣传手册。在中国人民银行恩施中心支行8月金融机构反洗钱内控制度展评活动中评为A类机构。积极履行宣传、培训、履职等反洗钱义务，做到年初有计划，年终有总结，有效规避洗钱风险。

【地方经济建设和社会公益活动】 2017年，秉承着天安“化险为夷、补天爱人”的使命，积极履行企业的社会责任。参与无偿献血、夏日送清凉、捐资助学、精准扶贫、灾后重建等社会公益事业，感恩社会，回馈社会。

【荣 誉】 2017年8月荣获恩施州保险行业协会颁发的“综合量化考核AAAA级会员公司”、2016—2017年度被共青团恩施州委评为恩施州青年文明号。

【天安财产保险股份有限公司恩施中心支公司负责人名录】

总经理：李明锦

（杨 霄）

编辑 马兹河

邮政　电信

邮　政

邮政管理

【概　况】 2017年，全州邮政业业务量累计完成5.52亿元，同比增长35.41%，邮政业业务收入累计完成6.33亿元，同比增长24.57%。其中：快递企业业务量（收件）累计完成1099.16万件，同比增长66.30%，投递量累计完成5021万件，同比增长61.4%；快递业务收入累计完成2.05亿元，同比增长59.52%。快递企业业务量增幅排全省第三，收入增幅排全省第四。全年全行业无重大服务质量事故及重大安全事故和案件发生，行业平稳运行。

【基础能力建设】 在实现需建农村乡镇100%覆盖快递超市的基础上，快递企业采取快递超市、村邮站合作以及商超合作等模式延伸下乡进村服务网络，2017年，实现全州35%以上的行政村通快递。2017年，全州累计建成村邮站2357个，已覆盖全州100%的行政村（含直投到户的村）。全州建设集村邮站、农村电商、快递、金融等多功能于一体的综合服务平台，建成实现“便民服务+金融服务+代投自提”的标准功能模式的“N合一”站点1712个。

【城市快递末端服务体系】 邮政企业、第三方供应商参与推进“快递五进”工程，在政府机关、企事业单位、商厦、写字楼等地面层或人流量较为集中的区域布放安装智能包裹柜和快件箱。2017年，全州已累计建成智能包裹柜、快件箱108组5120个格口。校园超市建设取得突破，恩施职业技术学院、湖北民族学院科技学院、恩施卫校等校园快递超市相继建成营业。

【电商、快递协同发展】 邮政、快递企业主动服务特色产业和农村电商。来凤快递超市争取来凤县国家电子商务进农村示范县的政策支持，建成66个村级电商、快递综合服务平台。建始圆通建成31个具有电商、快递综合服务功能的“妈妈驿站”。快递在服务全州茶叶、中药材、柑橘、葡萄、黄金梨等各种土特产品外销中作用明显。

【寄递渠道安全监管】 2016年10月到2017年10月，已开展六轮全覆盖的内部检查，共计检查企业2898家次，共计发现安全隐患2036处，整改安全隐患1904处。

【寄递安全“三项制度”】 邮政行业贯彻落实寄递安全“三项制度”（收寄验视、实名收寄、过机安检），2017年，全面推广应用实名收寄信息系统，全州注册企业82家，注册使用快递员1800余名，12月份全州快递实名率已达93%以上，散件实名率达100%。全州快递企业配备安检机达到22台，严格执行“100%过机安检”制度。

【标准化管理】 以建立“一套制度，四本台账”为主要内容，即：同一品牌快递企业统一建立一套以安全和服务管理为主的综合管理制度、一本安全与服务综合管理台账、一本实名收寄信息登记台账、一本会议记录及学习培训台账、一本公文管理台账，在日常管理过程中严格按照相关制度及要求执行并做好台账的登记，推进快递企业标准化管理。全州已实现所有企业和网点全面执行“一套制度、四本台账”标准化管理。

【执法检查】 2017年，州邮政管理局加大执法检查的密度和深度，坚持每月到县市企业检查时间不少于7天，落实恩施城区网点每周1天1个月全覆盖、其他县市城区网点每半年覆盖1次、乡镇网点全年全覆盖1次以上的检查频次。联合各部门力量开展检查，由综治、邮政管理、公安、国安、文体、烟草等部门组成专班开展联合检查活动，全年共出动检查人数690人次，共下发限期整改通知书68份，行政约谈企业41家次，立案处罚违法企业33家。协助烟草部门查处了寄递渠道涉烟违法案件13起，查处案值达260余万元。

【普遍服务】 邮政企业推动《邮政普遍服务》新标准迅速落地，邮件全程时限已经达到或者超过了新标准规定的时限标准。城市、乡镇集镇包裹均按要求投递入户，乡镇以下农村地区将邮件投递到户或者村邮站、村委会等固定场所。县市、乡镇邮政营业场所服务功能达标，县市公司全部设立办理国际业务的窗口，乡镇支局均设立包裹领取服务场所。全州八县市均已实现《人民日报》等党报党刊当日见报。管理部门加强服务与监管，组织开展随机普遍服务网点剖析检查，印发检查通报3期。开展《邮政普遍服务》标准达标调查，共计调查8个县、18个乡镇、19处邮政普遍服务营业场所、18个邮件处理场所，实地核查行政村40个，住宅小区、单位用户25个，走访个人用户68人次。开展全州建制村通邮情况调查工作，促进81个投递困难的行政村采取有效方式实现投递到村。加强纪特邮票发行管理，《丁酉年》《中国共产党第十九次全国代表大会》等特种邮票销售活动规范有序。

【快递市场秩序】 贯彻快递服务国家标准，重点检查处理野蛮分拣、延误、丢失损毁、收寄和投递服务质量等问题。组织实施快递放心消费工程，不断提升快递服务水平，着力消灭末端网点“摆地摊”现象，努力实现快件“不着地、不抛件”。实施快递企业服务质量“双月通报”制度，积极推动行业队伍素质及服务水平建设。深入开展快递市场主体资格整顿规范，对恩施州城各快递品牌快件处理中心进行专项清理整治，督促企业合法合规经营。全州147家县级以上企业持证经营率达到100%，快递市场经营秩序得到了明显规范。大力开展快递企业分支机构设立及备案专项清理整顿行动，全面开展末端网点备案工作，432个应备案分支机构和末端网点已全部备案。

【依法治邮】 贯彻实施“七五”普法规划，实施《恩施州法治邮政建设规划纲要（2016—2020年）》，以《中华人民共和国邮政法》《湖北省邮政条例》《禁止寄递物品管理规定》为重点，在行业内及全社会加大普法宣传力度。落实“三重一大”决策制度，强化行政行为监督，促进部门依法履职。落实信息公开制度，开展行政权力和服务事项清理，向社会进行公示，接受社会监督。促进部门依法行政，发挥法律顾问制度的积极作用，为重大决策提供法律支撑。落实行政执法“十条禁令”等制度，建立执法过程记录制度，促进规范公正文明执法。

【快递从业人员管理】 落实《快递从业人员管理办法》，建立快递从业人员基础信息库和诚信档案，对违法违规、不适宜从事快递业务的从业人员建立“黑名单”制度。组织邮政企业管理人员和员工重点学习《中华人民共和国邮政法》《邮政普遍服务监督管理办法》《邮政普遍服务国家标准》等法律法规和规范。全面开展快递企业县市“夜校”培训，基层一线员工的安全、服务工作的业务素质得到全面提升。组织企业管理人员参与国家标准培训、企业安全负责人专项培训。

【机要通信】 州邮政管理局根据《邮政机要通信服务规范》和修订后的《邮政机要通信保密管理规定》，开展机要通信安全全覆盖检查，下达《邮政机要通信整改通知书》共8份，印发《机要通信服务质量及履职管理情况通报》4期。将邮政专用标志车辆纳入恩施市快递收派服务机动车辆“三统一”范围，统一悬挂提示牌上路。制定《恩施州邮政机要通信保密突发事件应急预案》，建立健全全州邮政机要通信突发事件应急工作机制，2017年全州邮政机要通信全年稳定运行，实现失密丢损“零事故”目标。

【“扫黄打非”工作】 加强邮政业“扫黄打非”工作，督促企业严格执行收寄验视制度，在收寄场所公示禁寄宣传警示语，按月组织自查活动。与恩施州“扫黄打非”工作领导小组办公室开展联合检查活动。坚持依法监管与宣传引导相结合，打击各类非法出版物及有害信息作为重要任务，全面维护寄递渠道安全、畅通。全年共出动检查人员844人次，对66处邮政营业场所、335处快递营业场所进行了检查。

【荣　誉】 联合州文明办对全州“十星级文明快递员”进行表彰，联合州文明办、州总工会、州消费者委员会开展全州“十佳快递企业（邮政支局）、十佳快递员（邮递员）”评选活动。

【领导调研】 2017年3月27日，恩施州政府副州长田金培、杨军一行到恩施州邮政管理局专题调研，强调邮政管理工作要解决“三大矛盾（解决行业快速发展与监管能力不足、工业品进入多与农产品输出不够、客观基础设施条件与邮政业服务社会需求之间的矛盾）”，实现“五大融合（邮政业与产业融合、与民生融合、与市政基础设施规划建设融合、与电商融合、与人才培养融合）”，推动全州邮政业又好又快发展。2017年4月15日至16日，国家邮政局副局长刘君一行到恩施州中通快递分拨中心、恩施市芭蕉侗族乡快递超市、芭蕉侗族乡高拱桥村村邮站，调研快递行业发展和管理工作情况。2017年8月5日，湖北省邮政管理局党组书记、局长唐顺益一行到恩施州宣恩县高罗乡麻阳寨村调研指导村邮站建设及快邮合作推进工作。2017年10月23日，中国快递协会科技信息部主任阮守斌一行到恩施调研全州快递业业务旺季保障工作情况。

【廉政教育】 开展中共十九大精神学习活动，落实廉政风险防控体系建设工作。开展“以案释纪明纪，严守纪律规矩”主题教育实践活动，开展财务管理、贯彻落实中央八项规定精神自查自纠，加强廉政教育，组织抓好第十八个党风廉政建设宣传教育月“十个一”活动：开展一次《中国共产党廉洁自律准则》《中国共产党纪律处分条例》集中宣传教育学习活动，开展一次党风廉政建设“教育链”深化拓展活动，开展一次廉政专题党课活动，组织一次《中国共产党廉洁自律准则》《中国共产党纪律处分条例》知识测试活动，开展一次“支部主题党日”活动，观看一部警示教育片，组织一次红色教育基地参观活动，开展一次廉政文化进机关活动，开展一次廉政谈话，观看一次廉政微电影。

【恩施州邮政管理局负责人名录】

党组书记、局长：谭忠厚

党组成员、纪检组长、副局长：郑亚平

（顿艳玲）

编辑　马兹河

中国邮政集团公司恩施州分公司

【概　况】 2017年，在集团公司、省分公司和州委州政府的领导下，全州邮政围绕“做强做优做大”中心任务，聚焦“创客引领、提质增效、转型升级”三大重点，放大发展格局，提升工作标准，打造恩施特色，企业发展呈现良好态势。全年实现业务收入4.29亿元，完成省公司预算的103.14%，同比增长11.35%，收入规模保持全省第六位。

【党建工作】 压实责任，从严治党扎实落地。强思想之魂，开展“邮政梦·廉洁情”“传承红色基因，筑牢信念之魂”等活动，“两学一做”学习教育形成常态化。强制度之基，印发《2017年全州邮政企业党建暨纪检监察工作主要任务分解方案》，逐级签订《落实全面从严治党要求主体责任书》《落实全面从严治党要求专责监督责任书》，治党管党责任全面压实。强考评之力，扎实推进党建工作评议考核，对4个县市分公司党总支书记进行了约谈。动真问责，廉政建设深入推进。廉政教育动真，扎实开展了第18个党风廉政建设宣教月活动，严格执行廉政谈话、节假日廉洁提醒等制度，防止了“四风”问题反弹。效能监察动真，开展了岗位廉洁风险防控和企业房屋出租专项治理效能监察。执纪问责动真，对机关作风整顿不力的单位进行了考核通报。问题整改动真，集团公司、省分公司党组巡视反馈问题整改率100%。勇于担责，组织建设持续加强。特色工程亮，扎实推进“支部建在支局”工程，3个党支部被评为全省“红旗党支部”。组织生活亮，认真落实“三会一课”、“主题党日”、“民主生活会”、双重组织生活会等组织生活制度，增强了基层党组织的创造力、凝聚力和战斗力。队伍建设亮，全州配备专兼职党务干部11人，强化了党建纪检工作人员培训，有效提升了全州专兼职党建纪检监察队伍素质；州县市分公司都选派了“尖刀班”成员进驻扶贫村开展扶贫攻坚工作。

【创新发展】 2017年10月10日，举办全州首届创客论坛，征集创客交流材料71篇；上墙创客看板96块，加快了创客引领工作在基层一线落地。领创有效果，全州共征集创意课题100余个，其中“咚咚邮”创意纳入省分公司重点孵化项目，《人工智能深度学、员工培训好伙伴》被评为全省邮政十佳领创创意成果，荣获全省青年创意大赛二等奖；州金融营销团队、鹤峰农村电商团队被评为全省邮政二十佳领创营销团队，来凤解放路营业所，利川沙溪营业所、清江大道营业所、东城营业所被评为全省邮政六十佳领创支局站点。创客有活力，全州邮政在集团公司云创平台上共发布点子265个，位居全省第三位，营造了人人争当创客的良好氛围。

提质增效成果显著。代理金融业务全年新增综合资产42.7亿元，实现金融业务收入3.19亿元，居全省第6位。新增余额27.43亿元，代理邮储规模达到173.65亿元，市场占有率21.82%；新增保费12.43亿元，新增理财2.84亿元。资产结构中保险、理财占比不断提升；邮储结构上活期占比居全省前列；保费结构上，中长期期交保费占比不断提升，达到22.46%。储蓄万元以上客户数较年初增长3万户，累计达到42.05万户，万元以上客户资产达到157.61亿元；新增移动支付绑卡客户15.93万户，绑卡率26.23%；新增手机银行8.7万户，电子银行交易替代率88.67%，其他交易替代率47.7%，均位居全省前列；邮储综合收益率1.57%，位居全省第一位；保险综合收益率达到3.89%。

包裹快递业务方面。全年收寄快包84.9万件，同比增长130.48%，完成收入931.7万元，呈现提速发展态势。利川团堡山药、毛坝茶叶等精品项目实现收入104万元，巴东椪柑、脐橙寄递等优势项目单月实现收入39万元。

农村电商方面。三级电商体系进一步完善，新建了利川电商批销仓配中心、宣恩电商运营中心，邮掌柜站点累计达到1602个。邮政批销效果初显，探索了“电器专场+社会商家+地方农品”的批销发展模式，招商28家，上线单品1000余种，成功举办了首届“9·19”邮乐电商节活动，全年累计实现批销交易额3515万元。抱团营销成效明显，在全省率先组织了州级“大抱团”分销业务订货会，现场缴款2432万元，增幅达到48.3%。

文化传媒业务方面。函件业务上大力推进新媒体广告、“凤眼电影票”、旅游和文化等惠民项目，实现收入1083万元；集邮业务抓项目、抓活动，成功举办了《凤》文物、《西游记》、《喜鹊》、建军90周年等首发活动，实现收入1285万元；报刊业务突出发展高费率畅销报刊，扎实开展大收订，组织了作文大赛、公益大讲堂等活动，实现收入1836万元。税务“双代”业务实现收入482.01万元，同比增长154.73%。机要通信强化了质量管理，实现了安全“零事故”、服务“零投诉”目标。

【创新管理】 对标。进一步构建完善了分级分层对标体系，基层网点均制作了对标看板，营造了浓厚的对标氛围；全省对标发展中，来凤进1位，恩施、利川、巴东、鹤峰保持了原有位次；全州对标中，36个支局实现了进位。转型。金融转型不断深化，新增转型网点26个，实现了金融网点转型全覆盖，并全力打造了3个转型标杆。投递转型破题推进，新增投递转型站点24个，打造了清江路投递转型标杆站点，转型站点当日妥投率、信息实时反馈率、外勤监控采集率等重点指标均高于非转型站点；依托网格化系统，探索了区域经营投递转型新模式。“三互”。全州“三互三问”活动在鹤峰举行，通过照得失、称轻重、量长短、测远近，坚持问题导向，剖析鹤峰，对照全州，取得较好效果；各县市“三互”活动共找出问题248个，整改销号246个，整改率达99.2%，深入解决了基层落地不够、中层督导不够、高层关注不够等核心问题。

【能力建设】 社会平台建设深入推进。新增“邮掌柜”372个，累计达到1602个，其中AB类掌柜达到903个，占比56.4%，邮掌柜月活跃度达到90%以上；全州社会平台累计代收费5198万元；新建“邮乐购”店中店85个，新增扫码付132个，累计开通邮乐小店1.4万个、邮助手1483个。网点建设不断升级。启动了龙坪等两个网点重建工程，装修改造了东瀼口、万寨等7个网点，启动并推进了施州大道、清江路等5个网点的智慧大堂建设工作和大客户人脸识别系统试点工作，新建了清水、长坪等10个经营型自助银行。网运能力进一步提升。组开了区内二频邮路和恩施至宜昌自办邮路，省际出口邮件时限达标率99.33%。全面推进“三合一”作业模式，快递包裹及时投递率达到99.2%。信息化建设取得新进展。对州分公司机房进行了改造，达到国家B级标准；完成了“咚咚邮”和“大客户人脸识别”系统项目的研发上线；完成了客户价值提升系统的推广上线工作，并在网格化系统上叠加了客户节模块。

【企业管理】 经营管理联动融合。版块融合深入推进，整合板块资源，强化客户引流，邮掌柜引流率达到84.91%。营销联动深入推进，探索了“电商+寄递”模式，造包10.2万个；推进了金晖、掌柜等客户俱乐部建设，全州共建俱乐部157个，新增会员1.6万人；社会平台贡献金融资产规模39.86亿元，“掌柜贷”发放贷款289.6万元。异业联盟深入推进，深化“税邮”“邮旅”合作，打造了全省首个税邮合作营业厅施南支局，全州税务双代引流率达到83.35%。财务管理规范高效。全面实施了零基预算，推进了ERP相关子系统的上线运行；严格落实“三直达”，利川分公司实现了资金直达，清江路等8个支局实现报账直达和成本直达；规范组织招议标工作53次，节约预算资金近260万元。人力资源管理效能释放。新增用工向“一体两翼”重点岗位及人员紧缺单位倾斜，劳务用工降至13.54%，资源配置更优；适应工资总额零基预算核算办法，完成了经营组织架构调整工作；选送的9名大学生全部走上支局管理岗位；全年培训3315人（次），

2 人取得技师资格，队伍素质进一步增强。安全管理平稳有序。认真开展综合大检查及各类安防竞赛活动，扎实推进“平安邮政”建设，新安装了防护舱 34 台，加固改造了 6 个网点，实现了全年零案件、零事故的目标。

服务管理质量提升。全面落实普遍服务新标准，7 个县市城区网点开办了国际业务，加强了两岗履职管理，全年通信服务质量满意度达到 88.62 分，高于全省平均水平。

【中国邮政集团公司恩施州分公司负责人名录】

总经理：李茂山

副总经理：邓　波　雷　剑　陈　刚

（王曙光）

编辑　马兹河

电　信

中国电信恩施分公司

【概　况】 2017 年按照中国电信集团“三化五圈”转型战略，恩施电信紧密围绕州委州政府“一谷、两基地、三示范区”建设，坚持党建统领，强执行、抓落实。以“智慧恩施”建设为载体，深入推进信息精准扶贫等各项工作落地，在“两学一做”学习教育中展现央企的社会责任和政治担当。

【党建工作】 强化“四个意识”教育。公司自觉用习近平总书记系列重要讲话精神武装头脑、指导实践、推动工作。要求广大党员特别是领导干部要牢固树立政治意识、大局意识、核心意识和看齐意识，坚决贯彻执行党中央做到步调一致、令行禁止。加强班子建设，强化工作责任日常工作中，党委班子坚持“两手抓，两手都要硬”的方针，把党建工作摆在十分突出的位置，列入重要议事日程，并将党建工作与业务工作紧密结合，抓党建、促业务，为开展工作搭建了平台，促使党建工作和其他工作均收到明显成效，形成了良好的工作格局。认真贯彻执行民主集中制原则，坚持集体领导和个人分工负责相结合的制度，对重大事项等各项工作的贯彻实施坚持集体讨论决定，既杜绝了“家长制”和“一言堂”现象，又提高了决策工作的民主性和科学性。推进“两学一做”学习教育常态化制度化：恩施分公司以“两学一做”学习教育为基本内容、以“三会一课”为基本制度、以“支部主题党日”为基本动作，以党支部为基本单位、以解决问题发挥作用为基本目标，把党内学习教育管理融入日常、抓在经常。

【推进“宽带乡村”信息精准扶贫工作】 自“宽带乡村”工程启动以来，在州委州政府和湖北电信的大力支持下，恩施电信公司以“高标准、严要求、高效率、高质量”的责任意识全面提速农村高速宽带光网建设，两年共计投入 5 亿元用于村通宽带建设，并已实现所有行政村通光建设，使村通宽带率由 43% 提高到 100%，且均能提供 50M 以上接入速率。与此同时，恩施电信宽带出口带宽达到 360G（占全州的 75%），乡镇出口带宽最低也达到 10G 以上，一举使恩施州农村的信息化基础设施建设水平进入全省前列，并带动相关信息产业实现规模化发展。在州政府“市场主导、政府引导、建用同步、以用促建”建设模式指导下，通过全州上下共同努力，使得恩施州农村宽带入户率快速提升，两年来，全州农村宽带用户达到近 20 万户，“宽带乡村”助推产业融合，积极培育出一大批信息产业链新业态，互联网电子商务蓬勃发展，来凤、鹤峰、咸丰等县成功入围国家商务部“农村电子商务示范县”。

【签订《信息化助推恩施州精准扶贫》合作协议】 9 月 19 日，中国电信湖北公司与州政府在来凤签订《信息化助推恩施州精准扶贫》合作协议。州政府专门出台支持 800 兆 4G 移动互联网项目建设文件，将 800 兆定义为“宽带乡村”的重要组成部分，在州委州政府和省电信公司的共同努力和争取下，电信集团公司决定将恩施800兆网络一期基站数量由480个增至960个。建成后，不仅可解决偏远山区上网难的问题，而且可提供随时随地上网的便利。面对来之不易的投资和政府的信任，恩施电信自2017年4月份起，就在政府相关部门协调配合下，于8月底已完成960个基站的建设，初步实现乡集镇信号全部及农村75%区域的信号覆盖，“双百兆”网络已初现雏形，为“网路扶贫行动计划”打下了坚实的基础。

【推进服务地方的重大信息化项目落地】 深化电子政务应用，推动“互联网+政务”，恩施州电子政务平台切实提升了各单位办公效率，提高了行政效能。全面落实中小企业“提速惠企”政策，大力扶持中小企业信息发展。承接工业和信息化部关于提速降费工作的若干意见和全州的整体部署，精准扶持双创，以提速降费加快中小企业市场快速发展。全面下调恩施互联网专线标准资费，在原标准资费体系内下调15%资费标准。对恩施全州范围内低于100兆的静态路由接入互联网专线客户开展提速，与客户达成一致意见后予以免费速率翻倍。对恩施全州范围内中小企业客户中速率低于50兆的客户，在客户达成一致意见后予免费提速至50兆。对恩施全州范围内中小企业客户于20兆以下ITV承载、ADSL宽带进行光改和提速ITV承载宽带产品，与客户达成一致意见后予以宽带速率达到20兆及20兆以上。“爱心小屋”关爱留守儿童，服务社会构建和谐校园。在州妇女儿童工作委员会的统筹安排下，在全州各级政府，妇联、教育部门、民政局部门的共同协助下，以2016年“爱心小屋”项目为基础，恩施电信以深度打造公益化教育服务为愿景，优化“爱心小屋”项目的三屏互动，完善家长实时跟踪家校共育的教育方针，以“互联网+”方式实现留守儿童成长关爱，创新的建设“互联网+教育”频道，达到优质教育资源共享，实现边远农村地区孩子免费享受与城区孩子一样的教育资源。通过以上有效途径解决留守儿童亲情饥渴问题，在一定程度上缓解问题儿童的产生，减少校园暴力事件发生。2017年为全州614所中小学全面完成“爱心小屋”的建设和维护工作，“爱心小屋”项目得到全州各阶层的一致认可，河南、四川等省市教育部门纷纷到恩施参观考察。

【“三胡”模式助精准扶贫】 “互联网+旅游”以旅游大数据平台为基础服务于行业管理部门，通过对数据的分析提供集成的管理信息，把握旅游行业运行态势，实现高效管理。大数据平台更有效地从运营管理、服务质量、游客需求等多个维度帮助景区抓取核心问题，提升景区在市场的竞争能力。通过发展旅游业带动当地经济发展，帮助当地老百姓脱贫致富。

“互联网+扶贫”以“幸福新农村”为平台，接入精准扶贫大数据平台，依托大数据实施精细管理，推动扶贫政策和扶贫资源投向更精准、扶贫查询更便利。幸福新农村同时推动农业线下线上融合与质量追溯体系整合提升，整合优化恩施州农产品电子商务平台。APP整合本地企业，开发线上发布招工平台，充分发挥企业带动作用，以大带小，带动种植户脱贫致富。移动医疗分级诊疗、健康巡访，信息化助力农村居民医疗健康，全面提高农村贫困人口医疗救助水平，推进精准扶贫。有效防范“小病拖大病、治病花大钱”的状况。通过建立医疗健康档案平台，助力医疗精准扶贫。互联网培训教室。各村建立互联网培训教室，教会农民用手机。“云课堂教室”是依托云电信双百兆光纤网络，为家长、老师、学生提供的开放式沟通平台。通过手机、电脑上的简单操作实现教育资源共享。

“互联网+政务”“平安乡村”视频监控系统，掌握全乡各村委会及重点路口的治安状况，及时发布预警信息，为百姓安居乐业，平安出行保驾护航。云视频会议系统，依托中国电信网络和天翼云系统，通过视频实现点对点或点对多点的通话和互动。依托电子政务办公系统，将办公网络延伸至手机上，让乡、村干部能随时随地处理公文和待办事项。

“互联网＋金融”电信红包补贴翼支付资金，到村级翼支付超市领生活补贴。面向农村开展的电商翼支付惠民补贴超市，生活所需品在家购买，惠民超市村内送货上门还享补贴折扣。目前全州已接入旅游、农产品、便利店、商场等线下商户，提供便民生活衣食住行。

【超常规通信基础网络建设】 农村宽带基础网络能力大力提升。根据宽带乡村建设方案，近两年我公司共投入近5亿元，现所有行政村已通光通宽，新建光纤线路5835千米，新增接入箱体1.3万个，新建宽带用户端口21.2万个，全州农村区域光纤宽带用户端口数达到31万个。同时完成国家重点关注的四县五乡镇（恩施新塘、红土，建始官店，宣恩椿木营，鹤峰中营）村村通宽带。全州乡镇以上完成光网化改造。通过实施“光进铜退”、软交换、CN2建设等项目，公司近几年共投入1.2亿元对原有铜缆网络进行光网化改造。全州光网化改造共新建接入箱体2.3万个，敷设线路6万公里，改造老端口25万个，新建光端口32万个。通过改造后，城市家庭普遍具备50兆以上接入能力，农村家庭普遍具备20兆以上接入能力。

全州骨干承载网络能力倍增。通过实施全州城域网扩容项目，公司总出口带宽达到360G，占全州总带宽75%以上；乡镇出口带宽最低达到10G以上，较2015年底增加5—10倍，并建成覆盖全州乡镇的OTN网络。天翼4G移动网络覆盖逐步提升。全州累计建成移动基站2803个，近两年投资2.8亿元，2G、3G网络信号已实现城乡全覆盖，2017年已经完成“穿透好、覆盖广”的800兆4G网络第一、二期工程960个基站建设，已实现乡镇以上区域全覆盖，农村区域4G覆盖率达到80%以上。

【做好各类重大通信保障工作】 2017年，恩施电信分公司重视重大网络应急保障工作，层层压实保障责任，建设好州、县、分局三级保障体系，统筹好自有维护人员、施工队伍、厂家支撑人员三支队伍，健全应急通信保障工作机制，完善通信保障措施，认真做好应急通信保障工作。圆满完成“十九大”“两会”“两考”“硒博会”及州县社会活动共计23次应急通信保障任务。以高度的政治责任感，应对2017年初的极端冰雪天气、汛期的防汛工作。通过不断修订完善预案，加强应急演练，加强维护检查，确保应急措施的落实。做好物资分囤，提升应急保障速度。并为6县市配置海事卫星。具体开展干线光缆线路隐患排查，对无线基站和接入网点进行重点巡检，落实通信电源设备的预检预修，落实通信机楼、设备机房的防水、防漏、防雷措施，备全备齐应急抢修物资，加强与地方政府的联系沟通和汇报，做好政府、水利、交通、银行等重要大客户的保障。

【中国电信恩施分公司负责人名录】

总经理：高　斌

副总经理：潘　华　胡玉辉　蔡文斌

（张　艳）

编辑　马兹河

中国移动通信集团湖北有限公司恩施分公司

【概　况】 2017年，学习领会中共十九大精神，在州委、州政府和省公司的正确领导下，坚持和加强党的全面领导，推进“大连接”战略落地实施，围绕“发展优先，全省争先”目标，笃行保持4G网络领先；推进宽带能力提升；加快集团信息化提升；社会及员工满意度全面提升的方针，以干部员工队伍升华年；网络基础能力质变年；4G客户全面渗透年；宽带净增份额过半年；

智慧政企深度拓展年；综合运营能力跨越年；满意度务实提升年；全面从严治党持续强化年，这“八个年”为抓手，不忘初心、砥砺奋进，全面开创了新局面，全年通信服务收入达12.05亿元。

【网络能力提升方面】 以需求为基础，拓展网络规模。围绕“质量、进度、成本、合规、安全”五要素，强化主动意识，加大“三级协调”力度，狠抓工程建设进度和质量提升。4G站点新建1774个，达到4849个，利万、恩来、恩黔高速，以及宜万铁路沿线实现4G网络全覆盖；传输光缆新建4113千米，达到32502千米；综合业务区新建82个，达到126个；管道新建31.4千米，达到1236千米；传输机房新建13个，达到176个；宽带小区新建681个，新增端口8.4万个，端口总量达24.7万个；城域网出口带宽由80G扩容至140G。

【融合家庭产品发展】 坚持实施宽带追赶“八步攻坚”，突破原有宽带发展局限，形成智能宽带+和TV、IMS、和目等家庭产品的良性融合发展局面，全面推进家庭市场精益运营。宽带用户达到7.7万户，累计净增4万户；和TV净增3.25万户；IMS完成1.25万户；智能网关完成2.47万户；和目完成0.13万户。

【信息化发展】 坚持“一县市一重点”信息化项目发展，参与政府采购招标挂网项目13个，中标9个，其中鹤峰党建云项目获得行业信息化十佳案例“转型创新奖”。通过协同战训，新增集团宽带5105条；通过专线连接扎实推进，累计新增专线544条，新增物联网连接数15045户。

【党建工作】 2017年，抓好党员、干部、员工三支队伍建设，队伍能力得到提升，企业发展活力增强。党员队伍建设加强。将贯彻习近平新时代中国特色社会主义思想和中共十九大精神作为内生动力，加强党员队伍的教育和管理。开展“强党性、提能力、聚合力”培训，党员守纪律讲规矩的意识增强，干事创业的激情增长；组织基层支部开展党务知识培训，发放书籍300余套，指导党员日常学习，提高党员党性修养；组织党员到何功伟烈士墓扫墓、到建始店子坪学习王光国精神。学习贯彻中共十九大精神，持续强化全面从严治党。利用党委中心组学习、支部主题党日活动、月度经分会等，多场次系统学习宣贯中共十九大精神和习近平新时代中国特色社会主义思想。把全面从严治党主体责任工作纳入年度考评内容，根据支部主体责任工作任务清单定期督查；落实星级暨“六好”党支部创建工作，15个支部全部完成规范化达标建设。通过“两学一做”学习教育、组织生活会和党员民主评议，提升党员干部素质能力，市场部、咸丰、鹤峰三个党支部获得省公司先进基层党组织称号，鹤峰党支部荣获“湖北公司创新型党组织创建单位”。切实履行监督责任工作，强化日常监督，落实巡察整改。将嵌入式廉洁风险防控工作，纳入党委主体责任清单和纪委监督责任清单中，共计梳理435个风险点，发现、制止、纠正苗头性倾向性问题33个，开展谈话提醒、批评教育37人次，制定防控措施158项，完善制度51个。针对内部巡察发现的问题，整改完成57条。严格落实中央八项规定精神，作风建设进一步加强，形成了“五个相结合”的工作程序。

【综合运营能力实现新的跨越】 州县基础管理能力持续提升。全面制度治企，内部协同运营机制建设日渐成熟。加快推进“法治移动”建设。持续推进“嵌入式法律顾问支撑体系”建设，完成合规管理小组建设，全年法律顾问受理咨询及案件处理57件。加强了安消防硬件设施建设，加大了安全检查频次，累计排查隐患2850处，整改率达97%。

【多维度向基层延伸开展满意度提升工作】 围绕中心工作，提升员工满意度，从四个维度制定员工满意度提升工作方案，十个部门和八个县市同步开展，18个公司级满意度提升项目均按计划完成；聚焦短板改善，提升客户满意度，围绕“纠风红线、宽带投诉、营业厅服务”，创新开展自营厅惊喜服务、集团双人满意度提升实践等活动；积极履行社会责任，提升社会满意度，2017年，经全国文明委复查确认，恩施分公司蝉联全国文明单位荣誉称号；连续六年被评为“恩施州纳税大户前20强”。积极开展精准扶贫，落实驻村扶贫和扶贫对象责任到人工作，共计帮扶贫困村12个，扶持帮扶对象985户。为重要会议、重大活动提供通信保障18次，洪灾、雪灾通信保障出动人员1620人次、车辆540台次、油机920台次，全力保障通信畅通，得到州委、州政府的高度肯定。

【中国移动通信集团湖北有限公司恩施分公司负责人名录】

党委书记、总经理：肖宝杰

党委委员、纪委书记、副总经理：郑国涛

党委委员、工会主席、副总经理：彭中安

党委委员、副总经理：段小刚　胡昌金

（刁　萌）

编辑　马兹河

中国联合网络通信有限公司恩施州分公司

【概　况】 2017年，是实施“十三五”规划的重要一年，也是恩施联通“再次创业”爬坡过坎的关键一年。公司上下“撸起袖子加油干、卷起裤腿加速跑”，持续落实聚焦战略，坚持稳中求进工作总基调，坚持以提高发展质量和效益为中心，坚持问题导向，抓党建、促发展、提能力、优机制，推动公司持续健康发展。全年收入突破6亿元，同比增长11.9%，增幅排名系统内全省第一；盈利能力持续增强，全年完成考核利润5412万元，完成率112.5%，排名全省前列；收入市场份额稳居中国联通南方21省本地网首位。EVA、经营现金流、投资增收比持续改善；互联网化运营转型开始起步，互联网产品用户有效增长，2I累计出账用户占全网移动用户比达到14.25%；云计算、物联网、大数据等政企创新业务取得快速突破。

【网络基础设施建设】 2017年，恩施联通全年完成网络投资计划1.25亿元。新建4G站点600余个；新建基站接入光缆1054.5公里，新建主干光缆50.5千米，新建主干管道沟24.4千米；建设固网宽带端口近8万线，大客户专线538条，新增OLT56套，全州所有乡镇具备光纤宽带接入能力。截至年底，恩施联通各类基站总规模达到6352个，网络覆盖能力进一步增强。4G网络在市区、县城、乡镇覆盖率达到95%，行政村覆盖率达到90%，高速覆盖率达到90%，景区覆盖率达到95%。共建共享取得实质进展。主动开展网络建设领域深度合作，降低建设成本，提升资源使用效益，全年共享他方机房104个、管道15.86孔千米、杆路338.33千米。竞合电信站点9个，节约投资87.12万元，节约铁塔租金40万元/年。

【服务客户】 2017年，恩施联通紧紧围绕“NPS、渠道触点、品牌管理”三条主线，强化投、申诉管控长效机制，重点关注服务短板改善；狠抓触点基础服务能力提升，打造最佳客户体验；科学化客情预警，着力聚类问题改善，快速提升客户满意度。NPS（客户净推荐值）持续提升，常年排名全省系统内前列。全年工信部申诉量180件，定责申诉率仅6.41件/百万户；全业务普通投诉率仅为0.15%，投诉管控排名全省系统内第一。

【企业党建】 管党治党取得新成效。坚持以党建统领全局。公司各级党组织深入学习贯彻落实习近平新时代中国特色社会主义思想和中共十九大精神，扎实推进“两学一做”学习教育常态化、制度化；不断完善党委中心组学习制度，组织开展党委中心组理论学习10次；公司党委班子成员以普通党员身份参加机关支部组织生活；各支部在落实“三会一课”的基础上，利用理论学习、警示教育等多种形式开展主题党日活动100余次，落实支部书记讲党课50余次；创建党员示范岗促进党员干部以身示范树标杆，全州建成党员示范区10个；推进党建工作和经营工作深度融入，各支部围绕中心工作，分专业组织开展了“党建＋冰激凌专项营销”“党建＋十九大通信保障”“党建＋BTO验收”“党建＋业务创新”等10余个分载体项目；强化党员教育培训，全年新培养入党积极分子13名，4人发展为预备党员，3人转为正式党员。坚决落实全面从严治党。组织召开中国联通恩施州分公司2017年党风廉政建设和反腐败工作会议，安排部署党风廉政建设工作；制定《中国联通恩施州分公司党委落实党风廉政建设主体责任清单分工》，明确责任分工；发挥恩施联通党风廉政建设和反腐败工作协调小组职能作用，推动党风廉政建设和反腐败工作深入开展；签订《落实党风廉政建设责任制承诺书》，层层落实责任。抓好廉洁风险防控，堵住经营管理漏洞，共排查20个廉洁风险环节，35个廉洁风险点，制定出76条防控措施。狠抓监督检查，清查统计党员干部婚丧喜庆事宜，开展“小金库”自查自纠工作，监督、检查公司经营管理上的重点项目、领域。有针对性地整理出33个关键岗位涉及的117条工作“禁令”，并制作成廉洁从业警示桌牌。开展廉洁约谈，加强廉洁提醒，全年开展廉政约谈110人次。驰而不息抓好中央八项规定精神的落实，促进了企业生态持续好转。大力加强精神文明建设。全面践行社会主义核心价值观，认真学习贯彻集团公司“文化兴企”战略。通过争创文明单位、青年文明号，深入践行企业文化等方式，完成了省级文明单位复评工作并被共青团中央、国务院国资委授予2015—2016年度“全国青年文明号”荣誉称号。

【精准扶贫】 为积极践行企业社会责任，持之以恒地开展精准扶贫工作，恩施联通成立了以党委书记任组长、党委委员任副组长、部门经理任成员的精准扶贫工作领导小组；由党委分管党群的领导具体抓落实，组建了驻咸丰县唐崖镇小水坪村工作队，并按照州委州政府的统一部署，扎实开展精准扶贫工作。2017年底，在全州州直单位2017年精准扶贫目标责任考核中得分99分，在咸丰县县级整村脱贫达标验收中考核得分99分，驻村帮扶群众认可度测评得分96分；各县市分公司按照当地党委政府要求，组建了驻村扶贫工作队，按照“一村一策、一户一法”的要求，根据实际情况和贫困户意愿，为每户贫困户制定行之有效的脱贫计划，精准扶贫工作取得明显成效。

【中国联合网络通信有限公司恩施州分公司负责人名录】

党委书记、总经理：昌晓华

党委委员、工会主席、副总经理：周兴胜

党委委员、纪检组长：龚仁献

党委委员、副总经理：李振茂　刘学锋

（谭立传）

编辑　马兹河

中国铁塔恩施州分公司

【概　况】 2014年10月，按照中国铁塔总部以及湖北省铁塔公司的统一部署，恩施铁塔组建成立。截至2017年底，恩施分公司共有员工37人，设有总经理1名、副总经理2名；设有综合部、财务部、建设部、维护部、市场部、业务拓展部6个部门，并在全州八个县市设有派出办事处。作为目前恩施州内唯一的国有专业通信基础设施运营主体，能够集中资源、统一规划、统筹安排铁塔的建设和维护，从而在根本上避免重复建设，解决目前共建共享存在的瓶颈问题，最大程度提升社会效益和经济效益。

2017年，恩施铁塔全面贯彻落实中共十八大和十八届历次全会以及十九大会议精神，落实总部及省公司2017年工作会精神，始终将“三有利—做到了—知道了—认可了”作为各项工作的出发点和落脚点，精准管理，提质增效，不忘初心，砥砺前行。实现建设交付总量全省第二；经营收入完成近1.9亿元，收入规模全省排名第六。2017年初步建立了拓展业务发展体系，实现了通信塔向社会塔转变的起步。

【建设维护情况】 投资建设方面。2017年恩施州分公司累计建设站址2587个，投资约2.3亿元，交付总量连续三年位居全省第二。截至2017年底，全州共计铁塔物理站址达到6710个，运营商租户数9410个，三家运营商站址总数相比铁塔公司成立前增加约70%。三家移动通信网络差距缩小，行业发展逐步趋向均衡，4G用户体验明显改善，电信网络服务社会的能力有效增强，较大程度上解决了“信号弱”“薄覆盖”的问题。共享改善方面。2017年，平均站址租户数到达1.36个，相比上年提升0.05个。新建铁塔共享率从过去的10%快速提升至76%，全网共享率达到35%，比铁塔公司成立前提升23个百分点，累计少建通信铁塔2400余座，节约行业投资逾4亿元，减少土地资源占用200余亩，为行业改革和建设资源节约型社会带来了明显的效益。

【精准扶贫情况】 宣恩龙潭河村、鹤峰板辽村是中国铁塔总部对口扶贫点，总部抽调精兵强将派驻扶贫点专抓扶贫工作；总部及省公司领导多次亲临扶贫一线指导工作，并派驻罗文骏、南昌鑫2人到宣恩、鹤峰挂职任副县长，主抓两个扶贫村的精准脱贫工作。截至2017年底，鹤峰板辽已实现脱贫出列，宣恩龙潭河村已通过验收；派驻至鹤峰板辽村的沈克勇被评为2017年度“最美鹤峰人”。

【中国铁塔恩施分公司负责人名录】

总经理：胡　平

副总经理：邓继强　徐安响

（和　蕊）

编辑　马兹河

无线电管理

【概　况】 2017年，恩施州无线电管理工作，坚持以习近平新时代中国特色社会主义思想为指导，贯彻落实十八届六中全会、十九大精神，围绕省无委办和恩施州委、州政府的中心工作，按照“建成支点，走在前列”的工作目标，坚持抓党建与抓业务工作力度相统一，完成全年工作任务。

【党建和党风廉政建设】 为贯彻落实中共十八届六中全会精神，持续推动全面从严治党突出“关键少数”并向基层延伸，管理处制定出台《推进“两学一做”学习教育常态化制度化实施方案》和《加强落实恩施州管理处党风廉政建设“两个”责任清单》。坚持将每月第一个星期的星期一作为“支部主题党日”活动时间，按照省无委办党委和恩施州委的要求，以“八事联动”为基本步骤，学《中国共产党党章》《中华人民共和国宪法》，学恩施州委宣传部每月印发的“支部主题党日”学习资料，开展组织生活，进行党员先锋指数评定和支部星级评定，将“支部主题党日”作为推动单位党建、党风廉政建设和中心工作的有效载体，活动覆盖率达100%。5月，制定《恩施州管理处第十八个党风廉政建设宣传教育月活动方案》，精心组织宣教月活动内容，办专栏1期。组织2次《中国共产党廉洁自律准则》《中国共产党纪律处分条例》知识测试。全年党支部召开学习专题会议16次，开展“支部主题党日”活动12次，上党课11次，召开党员大会8次，召开支委会11次，在红色教育基地，开展爱国主义和革命传统教育2次。

【频率台站管理】 2017年，重新审批三家移动通信运营商2016年12月31日前在用基站1.3万个。共征收频率占用费6.59万元，已全部上缴省无线电管理委员会办公室。2017年新增设台单位2个，注销设台单位10家。除三家移动通信运营商外，2017年数据库新增申请表50张，新增台站77个。其中，新增业余电台57个，新增超短波对讲机20部。3—8月，集中开展频谱使用评估数据采集工作，组织技术人员从人员分工、技术设施、采集标准、线路规划等多方面研究部署数据采集工作，分闲时忙时采集数据，力求提高采集区域、采集时间的覆盖率。其中，移动监测行程630千米，采集时长30小时，采集数据68GB；固定监测站采集时长130小时，采集数据140GB，圆满完成频谱使用评估数据采集工作。

【无线电监测】 2017年，在加强日常无线电监测工作，保障重要通信安全方面，重点加强对航空、铁路、公众移动通信、广播电视、防汛救灾等无线电频率的监测。共计监测时间6649个小时，其中固定监测时间5853个小时，完成无人机专项监测时间100小时，移动监测时间为个696小时。移动站监测打击伪基站活动时间264小时，打击“黑广播”时间176小时，考试保障时间112小时，干扰查处时间152小时。共排查干扰12起，排查率达100%；其中航空干扰1起，铁路干扰1起，电信运营商基站干扰8起。查获“伪基站”案件1起，“黑广播”1起。做好全国“两会”、中共“十九大”等重要时期重大活动无线电安全保障工作。完成高考、公务员考试、事业单位资格考试、医师资格考试、大学英语四、六级等考试无线电保障8次。保障期间，共出动人员62人次，车辆24台次，共开展监测112小时，压制阻断疑似作弊信号2个。

【监督执法】 2017年，检查10个设台单位，下达限期整改通知书4份，立案处理违法设台行为4宗，查处违法设台共计18台。其中，查获“黑广播”1起，查获“伪基站”案件1起，擅自设置手机信号屏蔽仪案件2起。开展法制培训一次。6月，在恩施市开展以“净化市场，保障高考”为主题的无线电发射设备销售市场专项执法检查工作。

【目标管理和规范化建设】 2017年初，在制订目标考核任务分解清单的基础上，通过分工负责、协作共进、分季度考核等形式，全力推进目标管理考核工作，真正做到全年目标考核工作有部署、有检查、有成效。同时，在规范化制度化建设方面迈出坚实步伐。认真修订和完善工作制度、工作流程共计78项，编印成册发放给干部职工人手一册，并要求全处干部职工严格按照相关制度和流程开展各项工作，做到有章可循，有据可查，进一步提高工作效率。

【无线电宣传】 2017年，按照《恩施州管理处2017年无线电管理宣传工作实施方案》，以新修订的《中华人民共和国无线电管理条例》宣传为重点，开展宣传工作。在各类新闻媒体共发稿67篇，完成全年宣传工作任务100%。在2月13日的“世界无线电日”和9月“无线电宣传月”宣传活动中，以宣传新《条例》为活动载体，开展“进机关、进用户、进学校、进社区、进村镇”的“五进”宣传活动，取得很好的社会宣传效果。5月的“全国科技活动周”，联合州业余无线电协会，针对广大农村群众、社区居民和设台单位、企业及个人，广泛宣传新《条例》和无线电科普知识。

【恩施州无线电管理处负责人名录】

处长：洪五一

站长：杨继斌

（陈文刚）

编辑　马兹河

旅　游

旅游管理

【概　况】 2017年，全州旅游工作在州委、州政府的领导下，贯彻落实州第七次党代会、州八届人大一次会议精神，实施全域旅游发展战略，推进国家全域旅游示范区创建，全面加强党的建设，取得明显成效。全年接待5132.89万人次，同比增长17.6%；实现旅游综合收入367.46亿元，同比增长22.3%，均高于年初预订目标。恩施大峡谷、利川腾龙洞、恩施土司城、建始石门河、建始野三峡等核心景区接待总量均增长30%以上。春节、清明、五一、端午等四个节假日，接待人次、直接收入同比均实现了高基数上的平稳增长。

【州旅游委赴杭州市开展旅游结对帮扶对接】 2月15—17日，恩施州党政代表团赴杭州，就东西部扶贫协作结对帮扶工作进行对接。其间，州旅游委主任吴捷带队，专程到杭州市旅游委开展旅游结对帮扶对接汇报工作。吴捷一行先后参观西溪智慧景区建设、杭州旅游经济实验室（旅游大数据中心），考察全域旅游建设情况，与杭州市旅游委进行座谈，汇报恩施州旅游发展情况，并就产业合作、市场合作、旅游人才培训、建立高效的旅游帮扶合作沟通机制等方面请求杭州市旅游委予以大力帮扶支持。杭州市旅游委党组副书记、副主任孙喆及相关处室负责人参加座谈会。孙喆表示，将积极推动杭州市结对帮扶恩施州有关旅游产业发展方面的帮扶工作。

【省旅游委主任钱远坤到恩施州调研】 3月21日至24日，省旅游委主任钱远坤到恩施州巴东县开展扶贫工作，并深入巴东县、鹤峰县调研。强调要守住红线，保住底线，营造风景线，以旅游业发展促进产业结构优化，促进精准扶贫。在调研中，钱远坤一直强调，旅游业是非常好的绿色产业、朝阳产业、致富产业，也是非常重要的民生事业。要通过强化保护守住生态红线，要通过精准扶贫守住脱贫底线，要通过全域旅游扮靓旅游风景线，融合产业、融合要素，大力发展全域旅游，促进精准扶贫、全面小康。

【州委常委、宣传部长尹达调研全域旅游工作】 4月26日上午，在全州全域旅游动员会召开后的第二天，州委常委、宣传部长尹达一行到州旅游委调研全域旅游工作。州旅游委党组书记、主任吴捷向尹达一行汇报全州旅游产业发展情况、全域旅游工作情况、机关建设情况，并就旅游工作存在的难点重点问题请求宣传部门予以支持和解决。尹达在听取州旅游委的汇报之后充分肯定近年来旅游工作取得的成绩，并就当前的全域旅游工作提出明确要求并指出，近年来，全州旅游工作在州委、州政府的高度重视下，在旅游部门的艰苦奋斗下，在全州人民的支持下，思路清晰、重点突出，成效显著。发展旅游产业是全州的共识，是旅游部门的应尽之责。在今后的工作中，旅游部门要围绕“五抓”来积极创建国家全域旅游示范区。“抓规划”，紧扣全域，突出“1+8”，规划要高标准，要有前瞻性和操作性，有好的规划来引领整个创建工作和产业发展。“抓项目”，要积极谋划、争取、储备项目，多与项目部门衔接沟通，及时了解相关政策和信息。要结合恩施实际，特别是供给侧结构性改革的实际，突出产业融合来谋划、支持项目建设。“抓营销”，要做好必要的常规性的宣传促销，还要推出主打品牌，策划具有较大影响力的活动。同时，要注重新媒体的运用。“抓服务”，旅游服务是一个系统工程，旅游部门要抓好自身的服务，还要注重与其他相关部门的沟通配合，把整个行业的服务水平提升起来。“抓建设”，主要是自身建设，落实全面从严治党主体责任，抓好支部主题党日活动，把支部主题党日活动与业务工作结合起来，用推动工作和解决问题来检验机关建设的成效。还要抓好意识形态的工作，尤其是网络意识形态工作。

【启动“乡村旅游后备箱工程”】 6月10日，恩施州“乡村旅游后备箱工程”启动仪式暨恩施牧童蓝莓首届采摘节在建始县石牌村拉开帷幕，这也标志恩施州“乡村旅游后备箱工程”建设正式启动。“乡村旅游后备箱工程”是指游客自驾车到某旅游目的地，在观光旅游之后，利用汽车的后备箱装满当地的特色产品。实施“乡村旅游后备箱工程”，旨在大力发展乡村旅游业，让物产变商品，让商品变产品，让产品变品牌，做大做优做强乡村旅游，放大旅游的示范带动效应，丰富“旅游＋农业”内涵，切实推进乡村旅游富民工程，做大旅游脱贫的文章。2017年以来，恩施州将以“五级联创”为依托，结合旅游扶贫工作，大力发展“乡村旅游后备箱工程”。“十三五”期间，恩施州拟创建10个州级“乡村旅游后备箱工程”示范基地。用乡里的特色旅游产品把游客的后备箱装满，把农民的钱包装满，不断创新旅游扶贫方式，真正让人民群众在旅游产业发展中得到真正的实惠。到年底，恩施城区至大峡谷旅游公路沿线、宣恩伍家台旅游发展有限公司、建始县S339乡村旅游带、湖北金果茶叶股份有限公司金果庄园、利川市宜影古镇风情街正在申请创建湖北省级“乡村旅游后备箱工程”示范基地。

【州旅游委七大专项行动展开】 6月19日，州旅游委正式下发《关于印发〈旅游部门正风肃纪行动方案〉等七个行动方案的通知》，恩施州旅游行业市场环境大整治全面铺开。2017年，州旅游委按照统一行动、同一目标、分级实施、上下联动的要求，抓本级带下级，抓机关带行业，重点从干部作风、欺客宰客、消费维权、景区治理、厕所革命、安全隐患排查、旅游扶贫攻坚等七个方面开展专项整治行动。以严肃旅游系统纪律作风和落实全面从严治党主体责任为重点，集中开展旅游部门正风肃纪行动，达到端正思想、严肃纪律、改进作风的工作目标；以打击旅游市场欺诈、不合理低价游、强迫购物为重点，集中开展旅游市场欺客宰客整治行动，打好“春季行动”“诱导烧香”“暑期整顿”“秋冬会战”“案件督查”五大战役；以落实“12301”平台投诉、受理、转办和督办为重点，集中开展旅游消费维权行动；以整治旅游景区环境脏乱差、服务设施破旧、服务质量不高等为重点，集中开展旅游景区整治百日行动，实现全州旅游景区环境卫生达标、旅游设施完好、安全隐患排除、管理服务提升的总体目标；以解决旅游厕所数量不足、标准不高的问题为重点，集中开展旅游厕所革命行动，2017年底，圆满完成全州新建旅游厕所71座、改建旅游厕所7座的建设目标；以排查旅游包车、旅游景区滑道索道以及游乐设施安全隐患为重点，集中开展旅游安全隐患拉网排查行动；以发挥旅游产业扶贫功能、推进五级联创、发展乡村旅游为重点，集中开展旅游扶贫攻坚行动，2017年底，实现全州至少扶持48个扶贫村开展乡村旅游、每个扶贫村乡村旅游年经营收入达到100万元的目标。

【省直机关红色教育基地在店子坪授牌】 10月13日，省直机关红色教育基地在建始县店子坪红色教育基地授牌。授牌仪式上，省直机关工委副书记于春利将“湖北省直机关党员干部教育基地”牌匾交到建始县委常委、组织部长、店子坪红色教育基地培训学校校长曾凡忠手中。州委常委、副州长唐泓参加授牌仪式。2016年，省委提出将店子坪打造为当代红色教育基地、当代红色旅游基地和精准扶贫示范基地。一年多来，经过省、州、县共同努力，已完成水、路等配套基础设施建设，可容纳200余人的培训学校也投入使用。2017年4月，州委州直机关工委与省委省直机关工委对接，经过专题调研论证，省委于日前正式发文予以确认。

【恩施州967名导游持电子导游证上岗】 10月25日，恩施州旅游委举行电子导游证发放仪式，全面启动电子导游证发放工作。从此，恩施州导游管理正式步入智慧化、便捷化、动态化进程。截至目前，恩施州共换发电子导游证967张。为落实国家旅游局关于“导游证IC卡将于今年10月31号停止使用”的规定，恩施州旅游委于2017年3月迅速启动电子导游证换发的各项准备工作。购置电子导游证打印设备，配备专门工作人员。恩施州导游员在“全国旅游监管服务平台”网上申请注册电子导游证，待审核通过后，本人携带导游资格证、身份证原件前往恩施州旅游委规范管理科打印电子导游证身份识别卡。电子导游证是国家旅游局实行全国旅游监管服务的新一代导游身份标识，是集导游执业、导游执业信息记录、导游服务评价和投诉、旅游监管执法等多种功能于一体的综合化信息体系，也是进一步深化导游体制改革、创新行业管理手段的重要举措。游客可通过手机扫描电子导游证件上的二维码获取导游基本信息，还可参与导游带团成果评价，自主给予导游服务星级评定。旅游监管部门，通过对电子导游证信息管理，对导游进行动态监管，进一步提高管理和执法效率，从而全面提升导游服务质量。

【恩施州旅游委负责人名录】

党组书记、主任：吴 捷

党组成员、副主任：胡福先 袁 武 徐忠碧

2017年新增国家AAAA级旅游景区

【鹤峰县满山红景区】 2017年10月20日，湖北省旅游景区质量等级评定委员会发布2017年第3号公告，批准鹤峰县满山红景区为国家AAAA级旅游景区。

满山红景区的核心景点湘鄂边苏区革命烈士陵园始建于1959年，系国家级烈士纪念设施保护单位、全国爱国主义教育示范基地、国防教育示范基地、“全国30条红色旅游精品线路”重点景区，是恩施州唯一的1所国家级烈士陵园。

（孙晓玲）

编辑 马兹河

生态旅游发展

【恩施州旅游工作获省旅游委肯定】 2月20日至21日，省旅游产业发展委员会成员单位座谈会暨全省旅游发展推进会在武汉召开。此次会上，恩施州多项工作得到肯定。2月21日，州旅游委主任吴捷参加了全域旅游与转型升级研讨，介绍了恩施州推进全域旅游的一些具体做法。会上，省旅游委对2016年度湖北旅游示范品牌进行了通报，恩施州的武陵龙凤国际旅行社上榜全省“十强”入境入鄂旅行社，恩施州巴人园国际旅行社有限公司、恩施日报传媒集团国际旅行社有限责

任公司、恩施大峡谷景区被评为“全省文明旅游企业”；建始县高坪镇石门村旅游扶贫规划、恩施市盛家坝乡二官寨养殖合作社总经理覃登军、巴东县巴人河生态旅游区被评为“全省旅游扶贫典型”。

【4件旅游商品在2016“湖北礼道”旅游商品创意设计大赛中获奖】 省旅游委通报2016“湖北礼道”旅游商品创意设计大赛获奖情况，恩施州参赛旅游商品喜获佳绩，共有4件旅游商品分别获得金、银、铜奖，其中:《恩施合渣》获农产品土特产类金奖;《土家石磨》《西兰卡普围巾》获工艺品日用品类银奖;《富硒姜汤系列》获农产品土特产类铜奖。在历时6个月的“湖北礼道”旅游商品创意设计大赛遴选过程中，全省共有数百家企业、600余件旅游商品实物及创新设计类作品积极报名参选。由来自中国旅游协会旅游商品与装备分会、省旅游委、旅行社、新闻媒体、高等院校等单位专家组成的评审组对选送的旅游商品进行了评定，最终评出实物类（工艺品日用品类、农产品土特产类）金奖6名、银奖10名、铜奖14名、概念设计类最佳创意设计奖6名，优秀创意设计奖10名。

【春游恩施主题活动】 3月10日，恩施州旅游委举行“花之美·茶之香”春游恩施主题活动新闻发布会，现场发布1个重点活动、16个主题活动以及20条赏花游和茶文化游线路，助力恩施州乡村旅游和全域旅游发展。

【恩施州旅游形象宣传片3月15日登陆央视】 “中国旅游新发现——湖北·恩施”15秒旅游形象片将于3月15日正式登陆央视。3月17、20、23、26、29日在CCTV-1、CCTV-新闻频道《新闻30分》并机播出，12:00—12:30，广告插播在栏目中12:26左右；3月15、18、21、24、27、30日在CCTV-4《海峡两岸》中插播，首播晚间20:58左右，次日重播在早间6:30左右、午间11:58左右。

【第五届长江三峡（巴东）纤夫文化旅游节】 4月18日，第五届长江三峡（巴东）纤夫文化旅游节在神农溪纤夫文化走廊揭幕。毓秀山水、幽深峡谷、阳刚纤夫、激情漂流，沉寂了五年的巴东纤夫节，在壮美的溪谷中扬旗擂鼓，船歌赶浪，传承“神州第一漂”不变的神话。北京市旅游委财务处调研员赵晓波，杭州市下城区经济和旅游局副局长夏艳，湖北省旅游委副巡视员刘晗，恩施州委常委、州委宣传部部长尹达，副州长张勇强等有关领导应邀参加。活动期间，新华社、人民网、人民日报、工人日报、中新社、新浪网、中国网、央广网、凤凰网、搜狐网、腾讯大楚网、荆楚网、湖北日报、三峡晚报、恩施日报、恩施晚报、恩施电视台等40家国家、省、州主流媒体对开幕式进行了报道。

【恩施州启动“乡村旅游后备箱工程”促乡村旅游发展】 6月10日，恩施州乡村旅游后备箱工程启动仪式暨恩施牧童蓝莓首届采摘节在建始县石牌村拉开帷幕，这也标志恩施州“乡村旅游后备箱工程”建设正式启动。“乡村旅游后备箱工程”是指游客自驾车到某旅游目的地，在观光旅游之后，利用汽车的后备箱装满当地的特色产品。实施“乡村旅游后备箱工程”，旨在大力发展乡村旅游业，让物产变商品，让商品变产品，让产品变品牌，做大做优做强乡村旅游，放大旅游的示范带动效应，丰富“旅游+农业”内涵，切实推进乡村旅游富民工程，做大旅游脱贫的文章。

2017年以来，恩施州以“五级联创”为依托，结合旅游扶贫工作，大力发展“乡村旅游后备箱工程”。“十三五”期间，恩施州拟创建10个州级“乡村旅游后备箱工程”示范基地。用乡里的特色旅游产品把游客的后备箱装满，把农民的钱包装满，不断创新旅游扶贫方式，真正让人民群众在旅游产业发展中得到真正的实惠。目前，恩施城区至大峡谷旅游公路沿线、宣恩伍家台旅游发展有限公司、建始县S339乡村旅游带、湖北金果茶叶股份有限公司金果庄园、利川市宜影古镇风情街正在申请创建湖北省级“乡村旅游后备箱工程”示范基地。

【恩施州举办旅游产品重庆推介会】 8月7日，恩施州旅游产品重庆推介会在重庆盛装亮相。恩施州政府副州长张勇强、重庆市旅游局副局长秦定波出席推介会并致辞，恩施州旅游委、各县市旅游局、重庆市100余家旅行商和恩施州景区、旅行社、宾馆酒店代表，以及中国旅游报、重庆日报、重庆晨报、重庆商报、重庆广电集团、重庆卫视、新华网、重庆旅游网等新闻媒体参加推介会。

【谋道镇入围第二批全国特色小镇】 住建部公布第二批全国特色小镇名单，利川市谋道镇成功入围，成为恩施州第一个获此殊荣的乡镇。

【恩施国际房车自驾露营首发活动暨恩施大峡谷国际房车露营地揭牌仪式隆重举行】 8月25日，由恩施市旅游局、春秋旅游、上汽大通和恩施旅游集团共同主办的恩施大峡谷国际房车露营地揭牌仪式暨恩施国际房车自驾露营首发活动仪式在恩施大峡谷景区隆重举行。此次揭牌的恩施大峡谷景区房车露营地位于景区大型停车场，设房车露营位30个，采用无人值守式智能水电桩，房车驴友可以线预订和开通水电补给功能。营区毗邻恩施大峡谷景区游客中心，商业街、餐饮娱乐、景区游览、景区实景演出等服务均在步行距离内，为游客提供了一个既可远观美景，又可满足个性化出游要求的房车露营地。国家AAAAA级旅游景区恩施大峡谷作为此次房车游的首发之地，揭开了恩施房车游的开篇，打响了武陵山区房车游的第一枪。恩施大峡谷在春秋集团和上汽大通达成的房车旅游和露营地战略合作基础上，将致力于打造恩施乃至整个武陵山区房车游的先行示范基地，促进恩施旅游更好、更快的发展。

【龙船调刺绣养生枕喜获首届中国民族旅游商品大赛铜奖】 9月1日至3日，首届中国民族特色旅游商品大赛在内蒙古包头隆重举行，中国旅游协会组织专家，对全国31个省、市、自治区选送的特色旅游商品进行了评选。利川市旅游局积极组织、广泛发动，从全市精心筛选出4件旅游商品参加评选和参展。由龙船调服饰有限公司选送的龙船调刺绣养生枕，喜获首届中国民族旅游商品大赛铜奖。

【第三届全国民宿大会暨恩施州首届民宿发展大会在湖北省恩施州隆重召开】 11月22日，第三届全国民宿大会暨恩施州首届民宿发展大会在恩施土家族苗族自治州隆重召开。来自于北京、上海、重庆、浙江等省市区和台湾地区等20多个省市区的部分旅游部门、民宿协会代表、民宿产业链从业者、民宿品牌机构、民宿业主，以及湖北省各市州旅游部门负责人，恩施州各县市政府分管负责人、各县市旅游局局长参加大会，新华社、经济日报、环球时报、中国旅游报、湖北日报、中国网、凤凰网等新闻媒体进行全程报道。本届大会以“落实十九大精神，实施乡村振兴战略，承载新时代人民美好生活向往”为指导思想，旨在交流民宿发展经验，分享民宿经营之道，促进民宿产业化发展，围绕“标准与非标的碰撞”“情怀与商业的跨界”“生意与才艺的融合”“个体与群体的共赢”等多个板块展开，发布了《2017全球民宿发展研究报告》和《恩施州民宿产业发展研究报告》。会上，恩施州政府与重庆西演集团签订了文旅合作战略协议，与唐乡（北京）投资管理有限公司签订了“唐乡”新乡居生活社区项目合作框架协议，县市签订民宿招商项目协议金额15亿元。大会还评选出了“全国民宿发展创新示范单位”“全国民宿游学基地”，湖北省旅游委命名了一批金宿级、银宿级旅游民宿。

（孙晓玲）

编辑　马兹河

商　贸

商务管理

【概　况】 2017，全州商务系统紧扣州委、州政府决策部署，聚焦主体责任落实年、招商引资突破年、电子商务推进年“三个年”活动，完成各项工作任务。招商引资到资315.98亿元，同比增长12.83%；直接利用外资5000万美元，同比增长1.83%；社会消费品零售总额556.41亿元，同比增长11.2%；外贸出口5.32亿美元，同比下降1.1%。

【招商引资】 实施“招商引资突破年”行动，州级组建招商工作队10支，搭建招商服务平台10个，县市组建招商小分队78支，围绕农产品加工、旅游、文化、大健康、现代制造等五大优势产业，推出州级重点招商项目180多个、投资总额1400多亿元。在州内举办了“2017国际茶业大会暨第四届硒博会”“2017大型企业进恩施暨重大项目推介会”“招商服务平台启动仪式暨恩商回归座谈会”等重大招商活动，走出去参加“中博会”、“鄂港粤经贸会”、第三届楚商大会等各类展会活动。全州新签约项目143个，总投资848亿元，新开工项目97个，总投资263.5亿元，新投产项目50个，投资总额100.14亿元。

【外贸出口】 实施自营出口主体培育工程，扶持一批现有出口企业扩规，培育一批优势农产品企业出口破零、转化一批招商企业拓展出口业务，全州新增备案企业83家，新增开口业绩企业39家，有出口业绩企业达到95家，其中自营出口企业42家，实现自营出口3756万美元。实施高标准出口基地创建工程，利川市通过省级茶叶安全示范区和山药出口基地验收，启动来凤县、建始县省级茶叶出口基地建设。实施外贸企业服务提升工程，出台《关于进一步规范进出口贸易的意见》，支持规范企业积极开展出口业务，成功举办“汉口北市场采购贸易方式试点政策宣读会”，面对面对企业开展外贸出口业务培训，州域内出口企业国际竞争力得到提升。

【外资外经】 全州直接利用外资实现平稳增长，直接利用外资5000万美元，同比增长1.83%；新增外商投资企业4家，其中恩施市1家，利川市2家，建始县1家，合同外资额32055万美元，其中湖北香莲药业有限责任公司合同外资1299万美元、湖北柏臣旅游开发有限公司合同外资3亿美元、湖北武陵山生态农业股份有限公司合同外资301万美元、恩施普天皮具有限公司合同外资385万美元。

【内贸流通】 完善商贸基础设施，启动建设恩施华硒农产品批发市场二期、恩施硒茶加工、利川市二手车市场建设、利川吉美家国际建材家居市场、建始长兴产业城、巴东金山商贸城、宣恩国际商贸城、咸丰海玉建材家居广场、来凤凤凰传奇综合体（一期）中心广场工程、鹤峰县特色生态农产品流通骨干网络建设等十大商贸基础设施建设项目，总投资33.15亿元，2017年完成投资9.85亿元。完善成品油市场体系，全州加油站点达到223座，全年成品油销售69.94万吨，同比增长23.46%，销售额55.3亿元，同比增长24.4%。拓展消费平台，开展“百企千品进万店”活动，推进本地名优特农产品进入中石化零售网点销售，17家企业、230个单品入驻州内54个站点，销售总额达到100万元；搭建“硒品入杭”等展会平台，组织200余家企业主动走出去，现场签订采购合同（协议）7.6亿元。创建消费品牌，实施“中小企业成长工程”，加大绿色饭店和湖北老字号创建力度，2家企业被评为“五叶级绿色饭店”、2家企业评为“五叶级绿色餐饮企业”，4个品牌被评为“湖北老字号”。精心组织“荆楚美味”评选、“荆楚优品”推选活动，13家企业16款产品入围荆楚美味之百佳好网货候选产品；8家企业及产品入选湖北省首批“荆楚优品”目录。

【电子商务发展】 实施“电子商务推进年”活动，阿里、京东等一批新兴电商企业相继落户恩施，硒可商城、土家购等本土电商势头强劲；新增建始县、巴东县、利川市三个国家电子商务进农村综合示范县；制定恩杭对口帮扶工作计划和《杭州—恩施东西部扶贫协作项目电子商务帮扶实施方案》，组团参加“第四届中国（杭州）国际电子商务博览会暨第一届跨境电商博览会”，东西帮扶协作快速推进。全州从事电子商务市场主体达到3531个，建成县市级公共运营服务中心22个，乡村综合服务网点2555个，全年实现电子商务交易额35.6亿元，网络零售额18.2亿元，分别增长8.5%、13.75%。

【国际茶业大会】 9月26—30日，成功举办“2017国际茶业大会暨第四届世界硒都（恩施）硒产品博览会”，先后开展国际“茶艺大师杯”赛等13项活动；邀请38个国家或者地区有关嘉宾参加活动。活动吸引州内外96家茶叶生产企业参展，国内外200多家茶商参展，共签约恩施硒茶出口协议7个，贸易总额4000万美元；签订茶叶采购协议22个，采购金额2.9亿元；签约投资项目23个，投资总额103.66亿元，签订其他硒产品采购协议58个，采购金额13.44亿元。宣恩县荣获“国际魅力茶乡”称号。

【通关平台建设】 坚持恩施海关机构设立争取与恩施机场口岸查验基础设施建设同步推进。建成恩施出入境检验检疫局综合实验大楼，附属设施建设有序推进。投入资金2270万元，改造已建成的原恩施地税灾备中心大楼，用于海关办公、业务及生活用房使用。投资5200万元，按照一类航空口岸标准对恩施机场国际航站楼进行改造，建成后可达到一类航空口岸建设标准，同时，已向省政府口岸办呈报了将恩施机场口岸列入国家口岸开放2018年度审理计划。

【行业安全监管】 坚持一手抓市场体系建设，一手抓行业监管，商务重点监管行业安全、稳定、有序。完成1座油库和207座加油站油气回收改造，以及66座加油站、216个地下油罐的水污染防治改造，全州油气回收工作全部完成，环境突出问题实现整改销号。对54个偏远乡村民营加油站进行拉网式排查，安全隐患得到集中整治。联合工商、公安、国税、环保等部门开展二手车市场专项整治，共检查二手车企业104家，杜绝二手车以街为市、占道经营的状况。动态化监管典当、拍卖企业，确保了规范运行，依法经营，17家典当企业年检均为A类。

【深化改革】 围绕深化内贸流通体制改革，制定《恩施州电子商务进农村综合示范改革实施方案》，下发《恩施州2017年招商引资突破年行动方案》，利川市、建始县、巴东县成功纳入2017年国家电子商务进农村综合示范县市，招商引资到位资金突破300亿元。推进行政审批制度改革，承接“从事拍卖业务的许可、对外劳务合作经营资格核准、成品油零售经营许可、典当行及分支机构设立审批”等4项行政审批事项，共为5座加油站进行验收发证，办理多个加油站、多家典当行变更事项；大力开展“双随机一公开”执法检查，实现抽查事项全覆盖和抽查频次全达标。推进州属国有企业改革，全面推进州外贸发展公司、州金属回收总公司和州食品公司3家国有企业改革工作，3家“僵尸企业”完成改制立项、清产核资、财务审计、离任审计等前期工作，启动州商业总公司改制工作，完成清产核资和财务审计工作。

【履职尽责年】 实施“履职尽责年”活动，成立履职尽责督促检查领导小组，组建工作专班，层层动员，全员参与，制定《2017年度履职尽责督促检查工作实施方案》，从落实全面从严治党政治责任、严格依法行政、服务改善民生、转变工作作风、收集和解决问题等5个方面接受全面督查。按照动员部署、查找问题、整改测评、总结提高4个阶段，重点解决履职不力、作风不正、行为不廉等突出问题，推进商务部门依法履职、改进作风、提升效能。根据收集的意见建议，形成履职尽责问题清单19个，整改完成18个。完成政风热线上线和电视问政工作，现场评议名次靠前。在参与的全面督查考核部门中，恩施州商务部门以第四名的成绩获得优秀。

【精准扶贫】 推进行业扶贫，搭建营销平台，推介恩施产品，通过“荆楚美味评选”、“百企千品进万店”、2017国际茶业大会、硒博会等活动，推介恩施优质农副产品走出山外；开展招商引资，围绕农产品加工、旅游、文化、大健康等优势产业，为贫困村开展招商引资，引进项目，加快产业建设；大力发展农村电商，建设村级电商服务网点，引导农副产品通过网商拓展销售渠道，全州729个贫困村已建服务站（点）472个，辐射带动20万贫困人口精准脱贫。推进驻村帮扶，全面走访咸丰县坪坝营镇大溪村建档立卡贫困户，把好精准识别关，确保“卡外无真贫、卡内无硬伤”，实行“一对一”结对帮扶，因户施策制定了帮扶措施，2017年完成大溪村10户28人的脱贫目标任务。精准发展产业，流转土地500亩发展高山蔬菜，完成40个蔬菜大棚建设，为村集体经济注入5万元资金，实现村集体经济破零发展；组建集体股份合作社，完成大马士革玫瑰育苗5万株；同时，为20多户贫困户累计争取到了100多万元小额贷款。完善基础设施，从机关经费中投入43万元，争取州县投资150万元用于大溪村基础设施建设，通组公路硬化全面完成，村卫生室主体工程完工，新修水厂开工，村文化广场建设及村委会办公室维修工程有序推进。

【重大经贸活动】 3月7日，“湖北省电子商务精准扶贫领头人培养计划”送课到恩施培训班在恩施开班，来自恩施市和利川市各乡镇、村电商扶贫负责人、新型农村经济主体、电商从业人员及返乡创业青年代表等220余人接受了为期5天的培训。4月28日，“荆楚美味 · 首届湖北农村优品网货销售活动”恩施现场评选在恩施开赛，恩施州内79家企业、近120件商品参加路演。5月6日，2017大型企业进恩施暨重大项目推介会在恩施华龙城大酒店举行，170多家央企、省企和知名民企500余人参会，会上签约项目36个，签约金额986.8亿元。5月17日，第十届中国中部贸易投资博览会在安徽省合肥市举行，恩施绿嘉依农业发展有限公司与广东广弘医药有限公司成功签约“咸丰县道地中药材种植基地及饮片加工项目”，项目合同金额2.5亿元；湖北金果茶业公司、伍家台贡茶公司、硒之泉矿泉水公司、硒品汇公司、硒圣植物科技公司参展的恩施硒茶、"稀世宝"富硒矿泉水、硒多宝富硒植物原饮、富硒植物精华片等产品进驻湖北省综合形象馆集中展示。5月18日至20日，第三届武汉国际电子商务暨网络商品博览会在武汉举行。恩施共有47家企业参展，展区展位面积243平方米，设立产品展示区和体验区。同期举办了荆楚美味——首届湖北农村地标优品网货销售活动启动仪式，恩施州参展的硒多宝原饮、羊肚菌、富硒香米、红米、野生葛粉、土蜂蜜、山药生片、野猪肉干、糙米、唐崖竹筒酒、绿茶、乌龙茶、葛仙米、红茶等产品深受关注。5月19日，首届中国国际茶叶博览会在杭州市举办，恩施州组团参加并组织恩施硒茶专场推介会。6月21日，"2017年杭州·恩施东西部扶贫协作农业龙头企业招商引资对接洽谈会"在杭州市举行，恩施州农业局与杭州茂华茶叶有限公司现场签订招商引资协议5000万元、签订购销合同及合作协议1.35亿元。湖北鹤峰鑫农茶业有限公司、湖北超丰富硒生态农业有限公司等20余家恩施企业与杭州艺福堂茶业有限公司、杭州互通医疗科技有限公司等30余家杭州企业进行了对接洽谈。8月15日至18日，州长刘芳震、副州长田金培率团参加"2017鄂港澳粤经贸合作洽谈活动"，在全程参加省政府活动基础上，自主开展相关招商推介、洽谈对接活动。8月15日，州委、州政府在深圳市五洲酒店举办"2017恩施—深圳世界硒都·中国硒谷投资推介会"，签约10个重点项目，投资总额26.6亿元；8月16日，率团拜会香港贸发局和香港餐饮联业协会，推介恩施州富硒产业、生态文化旅游业、大健康产业等优势产业，希望通过贸发局搭建产品出口平台；8月17日，率团拜会澳门中国旅行社股份有限公司（南光集团旗下企业）、中国澳门阿尔巴尼亚文化经济促进会，与相关负责人对接交流，促进合作；8月18日，率团参加在澳门威尼斯人酒店会展中心举行的"荆楚优品2017澳门湖北农产品展销周"，恩施州13家企业参展，恩施市楚丰现代农业有限公司、恩施硒品汇电子商务有限公司与澳门陈衡记冻肉食品有限公司在会上集中签订意向采购协议。9月26至30日，2017国际茶业大会暨第四届世界硒都（恩施）硒产品博览会在恩施举办，吸引了州内外96家茶叶生产企业参展，国内外200多家茶商参展。现场签订茶业出口贸易协议7个，贸易总额4000万美元，签订茶叶采购协议22个，采购金额2.9亿元，签订投资项目23个，投资总额103.66亿元，签订其他硒产品采购协议58个，采购金额13.44亿元。10月25日至29日，第四届中国（杭州）国际电子商务博览会暨第一届跨境电商博览会在杭州市举行，恩施州44家硒产品生产（销售）企业参会学习，230个硒产品参展，60多家杭州知名商超、餐饮、电商企业参加对接。10月29日，举办"2017恩施—杭州硒产品推介对接会"，恩施州共签约项目11个，合同金额1.2亿元；与会60多家杭州知名企业与恩施州44企业进行面对面交流，建立了长期稳定合作机制，为硒品入杭，硒品拓展国内外市场奠定了坚实基础。11月10日，恩施特色产品甄选暨企业对接洽谈会在恩施州召开，标志着"2018恩施特产全媒体年货节"扶贫公益项目在恩施州正式启动。11月15日至17日，第三届楚商大会在武汉东湖国际会议中心举行，利川市人民政府与重庆市锦鸿实业有限公司银溪谷生态旅游康养小镇项目，项目投资总额20亿元。11月15日至17日，"荆楚优品·2017湖北省农产品农餐对接会暨中国食材电商节农餐互联大会"在武汉白沙洲举行。恩施州组织8家企业参加了对接会，签订购销合同8个，合同金额1260万元。12月14日，"大美恩施腊么骄傲·2018恩施特产全媒体年货节"电商扶贫公益项目启动暨采购协议签订仪式在恩施州举行。12月16日至30日，第26届中国食品博览会暨中国（武汉）国际食品交易会在武汉举行，恩施州45家企业的近50个单品参展，现场销售金额50万元，建始晓姚食品、食达好、朱砂溪茶叶等销售现场火爆，恩施州商务局获第二十六届中国食品博览会大会组委会“最佳布展奖”“最佳组团奖”两个奖项。

【恩施州商务局负责人名录】

党组书记：田　首

州政协副主席、州商务局局长：刘晓冰

党组成员、副局长：柯遵友　刘咸辉

刘恩敏　包首玉

（邓　军）

编辑　马兹河

住房和城乡建设

城乡规划

【概　况】2017年，恩施州住房和城乡建设工作按照州委第七次党代会确定的“一谷、两基地、三示范区”目标，实施“城与乡”统筹发展，进一步优化城镇布局，拓展和提升城镇功能，着力建设一主两副、中心县城、乡镇集镇、中心村（社区）“四位一体”全域新型城镇体系，推进“以人为本、城乡统筹、产城互动、节约集约、绿色生态、民族文化彰显、宜居宜旅”的恩施特色新型城镇化发展道路。城乡面貌持续改善。乡镇污水处理、垃圾无害化处理工程全面启动。2017年，编制完成《恩施自治州城镇体系规划（2017—2030）》，重点推进各县市城市总体规划、城区控制性详细规划和各类专项规划、乡镇村庄规划的编制与实施管理。全州“六城”同创持续推进，新增国家级城市品牌3个、省级城市品牌5个：取得国家级授牌3项，分别是利川市创建为国家园林城市，巴东县创建为国家园林县城、国家卫生县城；取得省级授牌5项，分别是利川市、巴东县创建为省级森林城市，咸丰县创建为省级文明城市；咸丰县、鹤峰县创建为省级卫生县城，全州省级卫生县城创建至此实现了全覆盖。2017年2月，经省人民政府批准，恩施市三岔乡撤乡建镇；9月，建始县长梁乡撤乡建镇。8月22日，住建部公布第二批全国特色小镇名单，湖北省11个，利川市谋道镇名列其中。在全州77个乡镇中（不含县城、街道办事处、非建制乡镇等），建制镇达45个，建制乡32个。年末全州总人口401.36万人。年末全州常住人口336.10万人，其中城镇常住人口146.14万人，占常住人口的比重（常住人口城镇化率）为43.48%，比上年提高个1.6百分点。2017年，全州住房公积金归集26.33亿元，同比增长23.56%；全年发放个人住房贷款0.70万笔、21.88亿元，完成年度计划任务的2.18倍；全年住房公积金提取与个人贷款用于支持住房消费的资金总量达34.26亿元，使用率达到83.43%；州住房公积金管理中心全力抓好住建部“双贯标”验收准备工作，年底顺利通过住建部“双贯标”验收。2月，州住建委自施州大道金安建设大厦、州公积金管理中心自东风大道248号，搬迁至恩施市金龙大道中段，在建设服务暨人防指挥中心综合大楼新址办公。7月18日，省人民政府、省军区授予州人民防空办公室（州住建委）“全省人民防空先进单位”荣誉称号。

【概　况】2017年，全州城乡规划工作取得较大突破，强化规划宏观引领，做好顶层设计，优化核心带动特色塑造；大力推进县市城区总规修编做优，深化乡镇村庄规划编制做特；强化城乡规划管理审批管控，全面深化改革，理顺体制机制和信息化建设等取得阶段成果。

【城市发展规划】 编制完成《恩施自治州城镇体系规划（2017—2030）》，6月16日经湖北省人民政府批准实施。该规划充分对接了《国家新型城镇化规划（2014—2020）》和湖北省城镇体系规划，是恩施州城镇化发展的纲领性文件。推进全州“十三五”城乡发展规划编制，各县市的“十三五”城乡发展规划已先后编制完成。《恩施州“十三五”城乡发展规划》形成了规划成果，在报州人民政府审批中，该规划将对恩施州近期城乡规划建设和重大项目落地，具有较强的指导作用。

【县市城区规划】 推进各县市城市总体规划、城区控制性详细规划和各类专项规划的编制：主动适应新形势下城镇发展需求，探索恩施山区城市全域规划编制有效路径。《恩施市城市总体规划（2011—2030年）（2016年修订）》，于6月16日经湖北省人民政府批准实施；咸丰县城市总体规划已经州人民政府审批实施；巴东县城市总体规划修编已完成评审，在按程序抓紧报州人民政府审批；利川市城市总体规划，在按程序抓紧报省住建厅审查；建始县、宣恩县、鹤峰县城市总体规划正在修编中。加强县市城区建设的管控和引导，大力推进县市城区控制性详细规划编制。州城中心城区已实现控制性详细规划全覆盖；各县市在根据城市总体规划加快城区控规编制覆盖。提升城区综合服务功能，强力推进县市城区专项规划编制。督促各县市先后开展了消防、防洪、给排水、环卫、医疗设施、养老设施等专项规划的编制。按照州政府安排，已启动恩施市旧城改造规划编制。

【乡镇村庄规划】 全州编制乡镇村庄规划，强化扶持做特做优：强化对乡镇编制全域规划和村庄规划的资金扶持，提高规划成果的科学性可操作性，将全州城乡规划编制“以奖代补”资金990万元分拨到各县市，用于奖励完成规划编制的乡镇和村庄。落实《州人民政府关于加快特色小（城）镇规划建设的意见》，支持全州特色小镇培育创建，拨付全州特色小镇的规划编制补助经费1300万元到各县市。全州88个乡镇（街道办事处）规划编制有序推进，全域规划编制完成量近30%；来凤县的乡镇全域规划编制工作走在全州前列，除县城所在的翔凤镇外，每个乡镇都编制了全域规划；全州乡镇控制性详细规划编制完成量近60%；各县市开展了美丽乡村规划编制工作，鹤峰县村庄规划编制完成量达90%。

【城市“双修”】 强化生态修复和城市修补，改善人居生态环境：注重生态保护和生态修复。加大山体水体保护力度，加快实施《恩施州山体保护条例》，编制《恩施州城中心城区山体保护专项规划和法定图则》，已通过恩施市人大常委会审议，在报送州人民政府审批中；推进州城水体保护，启动编制州城水体水系保护规划，形成规划成果。其他县市的山体、水体保护规划，在编制过程中。精心打造州城生态休闲公园。加快推进凤凰山国家森林公园、挂榜岩历史文化公园、小龙潭森林公园、方家坝森林公园及月亮岩丹霞地质公园五大公园的总体规划编制，已通过专家评审；编制完成《恩施市挂榜岩（摩天岭）历史文化公园修建性详细规划》；正在大力推进恩施市新城区的青树林公园、龙洞河公园及南门湿地公园、清江带状公园修建性详细规划编制。强化老城复兴和环境整治。5月，由州人民政府批准实施《恩施州城清江沿线景观设计及综合整治规划》；加快《恩施市六角亭片区旧城复兴及旅游规划》《恩施市龙洞河流域综合整治规划》《恩施市中心城区旧城改造近期实施规划》的编制。开展城市设计。完成《恩施市中心城区城市设计》的项目招标与前期对接，编制城市设计规划在推进中。

【城乡规划管理】 2017年，加强规划技术支撑体系建设，提升了管理决策效能：结合州域山地城镇的特点，借鉴周边城镇的管理经验，制定了州政府规章《恩施州城市规划管理技术规定》，8月23日经州八届人民政府第12次常务会议审议通过，修改完善后，12月23日以州人民政府令第2号公布，自2018年2月1日起施行，运用现代测绘信息技术，结合数字恩施建设，启动州城数字规划管理系统建设，促进规划决策的科学智能系统化。更新规划理念，启动“两规”合一试点建设，完成规划、国土“一张图”试验段建设的前期衔接。

【州城规划审批】 规划项目许可数量创新高。共出具建设项目选址及用地规划审查意见33件，用地面积约110.9万平方米；建设用地规划条件45件，涉及用地面积约165.9万平方米。核发《建设项目选址意见书》25件，用地面积约44.4万平方米，市政道路约71.9千米。办理省级建设项目选址初审意见8件。办理《建设用地规划许可证》53件，用地面积约154.5万平方米。核发建筑红线图95份，核发“建设工程规划许可证”88项，批准建筑面积349.94万平方米（计容建筑面积278.3万平方米）；临时建筑规划许可4项，批准建筑面积0.85万平方米；收取城市配套费1.646亿元。规范城市规划公示，完善公示制度，畅通规划公示渠道，加强现场公示巡查。

【规划实施管控】 提升规划实施过程的严肃性：全面实施州级城乡规划督察制度，开展州级城乡规划督察。按照《2017年恩施州州城城乡规划督察工作方案》和“双随机一公开”原则，9月对州城范围内的规划建设项目开展了重点抽查。同时加强对县市的城乡规划督察力度，针对2016年规划督察发现的问题，11月向各县市下达《城乡规划督察随机抽查项目涉及违法问题的督察建议》。做好城乡规划督察整改。按照省住建厅向州人民政府下达的《湖北省城乡规划督察建议书》和《整改通知书》精神与州领导批示要求，州规划局会同恩施市政府开展三个重点航测图斑违法问题整改，向省住建厅汇报了整改落实情况。10月，配合省住建厅开展对利川市城乡规划督察疑似图斑开展核查。加大违法建设查处。全州8县（市）住房城乡建设领域受理举报170件，立案317件，结案118件，罚没款总额335.27万元，没收违法建筑物、构筑物和其他设施804.26平方米，拆除违法建筑物、构筑物和其他设施9666.35平方米，行政处罚企业15家，行政处罚36人。抓历史项目整改。全面梳理州城清江河一带水河临河建设项目，对2016年以来已批在建的恩施市消防大队清江中队和两个旧城改造项目（和润城，五峰连珠·时尚广场）实施整改，建筑物后退清江岸线距离由原规划的23.0米—25.7米调整到30米，增大公共活动空间。其中和润城减少商业面积2100平方米，五峰连珠·时尚广场由批准的10.6万平方米调减为5.8万平方米。通过项目整改，凸显以生态优先、公共利益为重的理念，高标准打造清江滨水景观。

【理顺规划管理机制】 理顺州城规划审批管理体制机制：鉴于州市同城的行政体制，召开州市联席会议，出台《州人民政府关于加强和改进州城规划建设管理工作的实施意见》（恩施州发〔2017〕11号），按照“州级决策审批、市级监管实施”的原则，进一步明确州、市两级在州城规划区的管理职能。州级主要负责州城规划编制、规划成果审查、“一书两证”管理（包括建设项目规划选址定点、规划条件、规划建设方案审批）、规划实施的指导与监督检查。市级主要负责项目准入审核，建设项目规划放（验）线、日常跟踪管理、规划条件验收核实，规划违法行为查处，私人建房的规划管理。按照新的职能分工，避免建设项目重复申报，节约审查时间提高了行政审批和管理效率。

【规范县镇规划管理】 各县市乡镇的规划建设管理逐步得到规范：强化对乡镇规划管理的指导，规范乡村建设规划许可审批程序，提升乡镇规划管理水平。州规划局、州住建委、州国土资源局联合下发的《关于规范全州农村居民建房规划建设管理审批程序的指导意见（试行）》，各县市依据意见，针对乡镇规划管理出台相关规定。逐步健全乡镇规划管理队伍，全州乡镇都成立村镇规划管理机构，配备了相关人员，实现乡村规划管理从“无人管”到“有人管”的转变。初步建立乡镇规划督察制度，县市完成乡镇级规划督察制度建设，制订工作规程聘任城乡规划督察员。

【配合房地产去库存】 稳步推进房地产去库存专项行动：严把城市规划关、供地关，积极去库存。根据《恩施州房地产“去库存”专项行动方案》要求，按程序审议批准北美花都、广东恩商投资创意园等项目的商住比例调整；连珠畔岛一期、东方隽园、恩施国际名品城等项目户型结构调整；恩施东来置业投资有限公司土地用地性质调整（商业用地调整为商住用地）。强化规划引领和过程管控，加快完善城市新区配套设施。强化城市配套服务设施的规划管控，特别是将居住小区配套设施（物业用房、体育健身设施、幼儿园、社区活动办公用房、居家养老用房、公共厕所、垃圾收集站点、停车位等），纳入规划条件、方案审查、验收核实等环节的重点核查内容。强化旅游、养生、养老地产用地保障，年内各县市重点推进了《城镇养老设施空间布局规划》的编制。

【规划信息化创新】 通过信息化创新驱动规划审批科学发展：高标准建设“一张图”。基本完成“数字恩施地理空间框架”建设数据生产，全面启动规划管理“一张图”编制，将以往分散的、剥离的各类规划数据通过GIS平台进行规范性整合，从根本上避免规划审查中遗漏数据、缺失规范的风险。不断丰富技术手段及地理信息数据，保障规划管理从精细化向精准化转变。先后完成恩施市似大地水准面精化项目、州城主城区新增地物动态监测项目、资源三号卫星推送影像DOM生产项目的需求调研，为2018年初步建成州城及全州基础地理信息数据库打好基础。启动建设州规划局规划管理系统，在文电办公、项目审批进度、资料查询等方面真正做到无纸化、即视化；借鉴重庆等地模式，在全省率先开展半间距管理模式下的电子报批系统建设。

住房和建设管理

【住房和城乡建设主要指标】 2017年，全州完成城镇基础设施重点项目投资186亿元，建成和在建一大批城镇道路桥梁、供水供气、污水垃圾处理、生态绿化及市政配套工程。城市规划建设管理进一步强化，城市功能不断增强，城市面貌进明显改观。2017年，全州城市保障性住房开工0.76万套，基本建成0.99万套，分配入住0.4万套，新增租赁补贴31户，棚户区改造货币化安置0.44万户。农村危房改造共开工1.95万户，竣工1.85万户。年末8县市城市建成区面积108.39平方千米，比上年增加0.54平方千米，增长率5.01%。城区人口88.35万人，暂住人口12.27万人。建成区绿化覆盖面积3918.04公顷；全州各类公园33个，公园面积774.93公顷。城市建成区道路长度662.69千米，面积962.95万平方米，其中人行道面积207.73万平方米，公共停车场车位27714个，配建停车场车位21948个，路内停车位7100个；道路安装路灯48506盏，照明道路长度611.53千米，照明装灯总功率6311千瓦。城市各类桥梁139座，其中大桥及特大桥18座、立交桥7座。城市建成区供水管道长度1449.87千米，供水水厂16座，综合生产能力48.9万立方米/日，年供水总量8971.91万吨，用水人口95.09万人，用水户数271161户，其中家庭用户245085户，市政消火栓1933具。天然气供气管道长2419.32千米，全年天然气供气总量14415.56万立方米，总用气户数22.39万户，其中居民家庭用户21.93万户，用气人口61.47万人，天然气汽车加气站7座；液化石油气储气能力943.25吨，供气总量6278.61吨，用气户数66278户，其中家庭用户64805户，用气人口24.01万人。道路清扫保洁面积1167万平方米，其中机械化清扫面积831万平方米；各类公共厕所196座，其中三类以上187座；环卫专用车辆设备271辆，其中道路清扫保洁专用106辆，生活垃圾运输专用134辆；生活垃圾转运站29座，转运能力810吨/日；垃圾无害化处理场9个，无害化处理能力1145吨/日，均为卫生填埋；年生活垃圾清运量41万吨，生活垃圾无害化处理量41万吨，建筑垃圾清运量433.79万吨；污水处理厂11座（均为二级以上），污水处理能力19.9万立方米/日；城市排水管道长度729.03千米，其中污水管道257.57千米、雨水管道135.88千米、雨合流污水管道335.58千米；污水排放总量6900万立方米，污水收集总量6843.75万立方米，污水处理量5752万立方米；干污泥处理能力69.74吨/日；年干污泥产生量与处置量3593吨。州内有国家级风景名胜区一处，巴东县神农溪是长江三峡风景名胜区的组成部分之一，面积140平方千米，年游人量109万人；有省级风景名胜区二处，咸丰县唐崖河与利川市腾龙洞，面积399平方千米，年游人量64万人。城市（县城）市政公用设施水平（含暂住人口）：建成区绿化覆盖率36.15%，绿地率31.12%，人均公园绿地面积9.36平方米；人均城市道路面积9.57平方米，建成区道路面积率8.88%；供水普及率94.50%，人均日生活用水量132.20升；燃气普及率84.95%；污水处理率88.12%，污水处理厂集中处理率83.36%；生活垃圾无害化处理率100%。全州8县市均设立城市管理执法监督局，下设市容环卫、园林绿化、城建监察、市政管理（局、处、大队、所）等执法机构30余个，均为事业单位性质；初步建成数字化城市管理平台（恩施市）1个。全州城市管理执法人员895人，其中在编事业单位人员750人；城市管理执法协管人员844人；城市管理执法执勤用车204辆。恩施州城市管理执法监督局组建基本完成。

【保障性住房建设】 2017年，恩施州城市棚户区改造工作完成，全年开工保障性住房0.76万套，基本建成0.99万套，分配入住0.4万套，新增租赁补贴31户，棚户区改造货币化安置0.44万户，在全省后来居上。省住建厅下达目标任务：棚改新开工目标任务7555套，其中货币安置3826套；基本建成4441套，其中棚户区改造基本建成3800套，公共租赁住房基本建成641套；2013年底前开工建设的公租房竣工备案率要达到100%，分配要完成90%以上。截至11月底，全州棚户区改造完成开工7570套，完成年度目标任务的100.2%，其中货币安置4428套，目标任务完成率115.7%。基本建成9880套，目标任务完成率222.5%，其中棚户区改造基本建成8874套，目标任务完成率233.5%，公共租赁住房基本建成1006套，目标任务完成率156.9%。2017年坚持积极调研、主动作为、认真谋划，全力打赢保障房建设攻坚战。具体做法主要是“八抓”（目标责任、工作要点、审计问题、棚改融资、建始棚改经验、信访问题、质量安全、督办检查）“两建”（针对审计问题建章立制、分配管理的联合审核机制），通过做足产城融合文章，灵活运用融资等方式，全面完成当年棚改7555户任务目标。

【州直保障性住房】 2017年，州直保障性住房建设管理中心，主要开展七项工作：一是完成公租房摇号配租。9月，怡泰苑小区332套公共租赁住房完成公租房交接及入住，其中单独居住120户，多人居住206户，优先安排6户。加强配租管理，为60户换装了可开启的消防防火窗解决了生活用气需要，对D栋临北坡进行排险处理。二是加快住房销售促进资金回收。乘势推进怡泰苑商品房销售，年内完成249套销售，销售额达1.1

亿元；积极处理剩余经济适用住房房源，本年度销售剩余房源44套，完成销售额约1200万元。协调恩施市政府筹措资金，及时收回怡泰苑售房款近2000万元。三是推动建设工程项目扫尾。完成怡丽苑小区消防验收及附属工程路面黑色化，完成怡泰苑小区垃圾处理池施工及验收。在推动小区后期入住服务的同时，完善工程签证及核算工程量，按照合同约定，需支付怡泰苑工程款约4000万元，支付怡丽苑工程款约1000万元。四是促进项目竣工审计及物价核定。多次与审计及物价部门协调，加快对州直经济适用住房项目的竣工审计和物价核定；指导施工单位整理资料，完善工程手续。协调第三方审计，先行对已基本审计完成的部分项目开展第三方审计，已对怡馨苑、怡嘉苑、怡甸苑、怡泰苑等小区部分项目采取了第三方审计；怡馨苑B1栋、怡泰苑D栋及怡嘉苑部分已基本完成第三方审计；陆续加快其余各未审项目进度。五是推进资产运营完善管理机制。通过半年的会计核算，对各小区资金、成本、资产情况进行清算、统计造册，已基本完成清算工作。探索管理运营机制，经过咨询、考察和评估分析，形成了与清和园（恩施风雨桥）资产公司合并重组的初步方案，对今后资产运营有了基本思路。六是逐项落实土地问题。协调州不动产登记机构，对怡泰苑小区土地进行分割落宗，逐步协调解决怡泰苑土地性质相应问题。筹备土地资料，逐步落实金龙苑小区土地证问题，基本达到不动产登记条件。协调怡泰苑小区土地周边关系，逐步解决长期存在的土地争议。多次督促恩施市小渡船办事处落实怡泰苑二期土地手续。七是加强档案和队伍建设。建立了保障性住房中心综合档案室，添置了密集架、新风系统、档案软件等管理设备；聘请专业人员逐步整理归档各项业务档案，档案资料基本达到档案达标要求。加强队伍建设，逐步完善各项制度，调整优化细化职责分工。加强作风和纪律建设，加强培训提高窗口服务水平。建立了基层工会，增强队伍凝聚力。

【城市管理体制】 2017年，全州推进城市管理执法体制改革，完善城市治理体系，提高城市治理能力。根据《中共中央国务院关于深入推进城市执法体系改革改进城市管理工作的指导意见》和《中共湖北省委湖北省人民政府关于深入推进城市执法体制改革改进城市管理工作的实施意见》精神，州及各县市两级成立工作领导小组，召开联席会议研究出台工作方案。7—9月，结合实际拟定《中共恩施州委恩施州人民政府关于深入推进城市执法体制改革改进城市管理工作的实施方案》，按程序报经省编办及省住建厅审查通过并印发，加快组建成立州城市管理综合执法监督局。拟定《县市城市管理执法局机构设置指导意见》，积极指导县市城管改革，加紧出台县市方案。

【特色小镇建设】 2017年，住建委结合州域小城镇经济发展现状，申报利川市谋道镇苏马荡、巴东县野三关镇、宣恩县珠山镇、恩施市沐抚办事处、建始县花坪镇等为湖北省特色小（城）镇培育对象；7月27日国家住建部官网公示，8月22日正式公布，恩施州利川市谋道镇被列入第二批全国特色小镇。在特色小（城）镇培育中发挥规划的导向作用，加强公共服务和基础设施建设，通过发展特色产业、改善环境卫生等措施，突出“特色产业集镇”“特色经营村镇”“特色边贸集镇”“红色文化集镇”“民族文化村镇”建设，特色小镇品味有提升，人居环境改善有成效。

【传统村落推送】 2017年，住建委抓住国家最后一次命名中国传统村落保护名录的机遇，组织对州内承载和体现土、苗传统文化，村落整体风貌保存完好，具有民族地域特色的传统村落，开展全面调查摸底，指导各县市乡镇做好传统村落申报。经前期工作，共推荐申报恩施市龙凤镇杉木坝村等205个村落为第五批“中国传统村落”。

【乡镇生活污水治理】2017年，全州纳入省级核定政府专项债券支持范围的乡镇生活污水处理厂共计74个，其中新建57个，续建6个，改扩建11个。2017年全州申请政府债券额度126628.18万元，实际批准额度103782万元，估算全州拟建污水处理厂总规模7.1万立方米/天，建成后全州乡镇污水处理能力约为2600万立方米/年。全州上下把乡镇污水治理作为头号工程抓，1月初召开“全州城乡环境保护暨乡镇生活污水治理电视电话会议”，成立了以州长为组长的乡镇生活污水治理工作领导小组，组建了由住房和城乡建设委员会、环境保护局等16个单位参加的乡镇生活污水治理工作专班；州委州政府、全州住建部门先后9次召开工作联席会议，及时解决阶段性工作难题。加大对县市的政策与业务指导，发现问题采取召开现场会、聘请专家开展业务培训等方式，促进全州乡镇污水治理工作稳步推进；加大督察督办的力度，对纳入省级考核的74个乡镇生活污水处理厂实行挂图作战，将2017年前期准备工作任务细化分解，在“作战图”上实行“销号式痕迹管理”。由州政府督查室牵头，各成员单位参加，建立乡镇生活污水治理工作一月一考评一通报考评机制；全州乡镇生活污水治理工作专班建立一周一碰头一调度的工作制度推进工作。截至年底，全州8县市均完成《乡镇生活污水治理工作实施方案》评审、项目建议书批复、规划选址、土地预审、可研和PPP项目实施方案编制工作；各县市完成地灾、环评、地勘工作；全部完成社会资本方挂网招标和初步设计方案评审，8县市均确定了社会资本方，41个乡镇已举行开工建设仪式。

【农村垃圾治理】2017年，州农村垃圾治理办公室印发《恩施州农村生活垃圾分类处理工作办法》等文件，定期对各县市农村垃圾治理工作进行检查督办、考核评比并通报检查情况，将考核结果纳入县市政府年度责任目标考核内容。各级政府加大投入强化责任，坚持“政府引导、群众主体、部门联动、市场运作、制度保障”的工作机制，推进农村生活垃圾“减量化、资源化、无害化”工作。各乡镇均成立了领导机构和工作专班，按照乡镇集镇每5000平方米配备一名保洁员、中心村每500人配备一名保洁员的标准建立了保洁员队伍。年末，全州已建垃圾卫生填埋场9个，在建垃圾处理场12个，拟建4个；已建垃圾中转站5个，在建中转站4个。有18个乡镇的垃圾纳入县城处理场进行处理，处理量为11.68万吨/年。共建设垃圾收集点2945个，设置垃圾收集箱（桶）24154个，购置垃圾收集、转运车辆566台，全州共有乡村保洁人员2386人。农村垃圾治理设计处理能力达到40.58万吨/年，按设计处理能力计算，垃圾处理率达71.5%。有效提升了农村垃圾处理能力。

【建筑产业】2017年，全州具有资质等级以上且开展施工业务的建筑企业123家，完成建筑业总产值122.09亿元，比上年下降13.2%，全社会建筑业增加值52.99亿元，扣除价格因素下降0.4%；全州新建工程项目共549项，建设规模590.18万平方米，项目总投资83.12亿元。主要采取六方面措施推进工作：一是深化非国有投资发包方式改革。全州已有37项工程实现自主招标，工程总规模163.5万平方米，总投资额达18.91亿元。二是强化建筑市场监管。在工程招标投标领域，按照省住建厅统一部署，开展招标代理机构专项检查，对州内登记执业的61家代理机构进行了全面检查，对通报中发现的问题开展整改。三是强化工程造价管理。基于“互联网+”云服务模式，实现对建设工程材料市场信息价的网络化管理，构建“大数据”平台，恩施州建设工程造价信息发布系统平台（www.escci.cn）于2017年7月20日起正式上线运行投入使用，提升全州建设工程材料市场价数据采集效率与信息发布质量。开展恩施州招标工程量清单编制、招标控制价、施工合同备案管理工作。其中招标工程量清单编制备案共30个项目，涵盖建筑、装修、维修改造、污水处理等多个工程领域；招标控制价备案共30个项目，总造价为40273.8万元。加强工程造价咨询市场的监管，规范造价咨询企业、执业人员的市场行为，提升造价咨询成果质量。四是加大执法处罚力度。上半年针对恩施碧桂园一期7#楼项目工程、恩施北美花都（一期）建设工程未办理施工许可擅自施工问题进行了行政处罚，共处罚金53.81万元。五是强化和落实农民工工资清欠工作。年内，全州已全面实施农民工工资准备金制度、工资银行代发制度、实名制信息化管理制度、欠薪银行授信代偿制度四项制度。上半年，全州建设施工领域约有300个工程项目，开设农民工工资准备金账户，共拨付准备金约1.5亿元；有19个工程项目已实现银行代发工资，共发放工资约2600万元，涉及农民工3000余人。六是按照《基层工程项目建设损害群众利益突出问题专项治理方案》的要求抓专项治理。全州对179个易地扶贫搬迁项目通过巡查，共发现质量安全隐患问题254个。截至8月底，全州公共租赁住房和棚户区改造项目存在的9个突出问题、鹤峰县危房改造项目16个问题，已全部整改完毕。对涉及违纪违法的行为，已行政撤职处分1人，警告处分1人，开除党籍并司法处理1人，处罚金3.48万元并上缴国库。

【城市燃气管理】 2017年，全州燃气管理从九个方面强化燃气行业管理。一是9月成立恩施州城镇燃气安全生产专业委员会，是州安委会的分支机构，专委的办公室设在州住建委燃气管理办。二是完成《恩施州全域燃气专项规划（2017—2030）》。由州住建委牵头，州发改委等部门配合，修编原“州燃气专项规划”，对全州燃气产业发展、助推生态恩施建设进行总体规划和统筹布局；督导各县市结合“州规划”和县情实际，启动燃气专项规划修编。三是加快实施天然气调控保障工程。截至年底，恩施民生能源集团已建成储气能力150万立方米的利川LNG深冷调峰气库和储气能力3.5万立方米的咸丰、宣恩储气调峰库，来凤民生公司3万立方米储气调峰库正在谋划中，有效解决各经营企业冬季调峰及应急供气等难题。恩施市推进天然气老旧管网改造置换工程，年内实施完成舞阳坝—官坡、六角亭老城、沿江路等片区中压和庭院老旧管网改造。四是严格实施燃气工程建设规范规程。加强燃气经营企业人员的培训，达到管理层掌握新规范应用，员工获基本上岗资格的要求。年内建始县、利川市、宣恩县、咸丰县共培训燃气从业人员100人次。五是强化燃气安全隐患排查整治。全州全年共抽查燃气管网658千米，石油液化气场站30家，天然气企业26家，燃气具安装维修企业32家，餐饮业2320家，学校17家。排查安全隐患277处，责令整改157处，限期整改120处，取缔非法销售点2处，当年完成整改275处。加强对老旧管网的整改，恩施市、利川市、宣恩县、咸丰县先后投入近8000万元，整改老旧管网500公里。六是加强燃气经营许可、燃气安装维修资质、燃烧器具生产销售的监管。健全新、改、扩建燃气工程，燃烧器具生产销售备案公示制度。强化市场巡查检查，其中建始县查处无证经营行为3起，取缔无证经营点一处。七是强化入户安全检查。及时纠正燃气用户擅自拆、改、装燃气设施以及违反安全规定安装使用燃气器具等35处违规行为。八是加强燃气安全宣传引导。各县市燃气主管部门督促燃气企业开展形式多样的安全宣传教育活动，全州开展“燃气安全生产月”发放宣传册共计50万册、宣传单100万张。向社会普及燃气安全使用和消防知识。

【建筑安全监督】 2017年，全州共有在建工程项目1224个，其中房地产开发及棚户区改造等建筑工程236个，市政基础设施建设项目182个，装饰工程229个，区乡工程及易地扶贫搬迁项目

577个。州直直接实施安全监管的在建工程项目55个，其中本年度新报增项目35个，上年度转接项目22个。召开县市住建局分管副局长、安监站长会议6次，传达和部署安排上级精神和安全生产重点工作；召开建筑起重机械设备“一体化”管理会议6次。在全州范围内发布安全生产应急管理信息31次，下发建设行业安全生产文件通知41份，在汛期、暑期、冬季、节假日、重大政治活动期间发布行业安全生产应急管理信息38次。全年共创建省级安全文明施工现场标准化工地19个，州级安全文明施工现场31个，鼓励企业加大投入，创建文明示范工地。

事故情况。全州房屋建筑及市政工程领域共发生建筑类安全生产事故13起死亡18人。13起事故中，依法办理安全监督备案且依法取得施工许可项目发生安全生产事故6起死亡6人，主要为高处坠落、物体打击等一般安全生产事故。未正常纳入住建部门安全监督机构管理安全事故7起死亡12人，其中5起10人属行业违规施工行为；交通事故和电力设施改造事故各1起1人。

督查督办。针对行业安全、易地扶贫搬迁、汛期、扬尘管控、国务院督查、十九大安保维稳、农民工工资等七大方面，共开展对县市安全生产督查活动6次，督查在建工程项目103个，下达隐患整改通知书或执法建议书76份，责令停工整改通知书27份，并上网通报持续传导压力，强化属地监管和州级督办重心。召开州直建筑施工企业及州管在建项目主要负责人座谈约谈会议7次，对涉及突出隐患的56个责任主体单位进行了约谈。

宣传教育。5月，联合州消防支队开展在建工地消防安全警示教育现场会；6月邀请住建部专家在华龙城开展500人以上规模的“安全生产月”标准规范宣贯培训班；“安全生产616咨询日”期间，在州民族广场集中开展行业安全生产知识常识咨询日活动；7月2日在州电视台“新闻九点半”栏目播报扬尘管控明察暗访情况，曝光不良行为；8月编印施行《恩施州建设工程安全监督档案指南》，细化标准化达标创建与考核管理操作细则；9月召开《恩施州建筑安全文明施工标准化实施手册》改版升级筹备会，增加部分新规范要求，广泛征求修订意见并整稿编写，提高施工现场文明施工、安全生产指导作用。10月27日，召开恩施市及州直相关部门扬尘管控安全生产大会，落实省厅、州政府加强扬尘管控的会议精神；邀请州、市“六城”同创、城管、环保、交通、运管等部门召开动员会，持续开展扬尘管控，将施工扬尘纳入日常检查中。

【建筑节能与勘察设计】 2017年，建筑节能有效推进。全州新增建筑节能能力1.96万吨标准煤；发展绿色建筑51.51万平方米；可再生能源建筑应用30.97万平方米；新增节能居住建筑面积194.66万平方米；新增节能公共建筑面积49.48万平方米；既有建筑节能改造面积5.905万平方米；散装水泥供应量270万吨；预拌混凝土供应量222万立方米；预拌砂浆供应量1.04万吨；有商品混凝土生产企业31家。恩施景泰节能建材有限公司和建始县红土新型节能建筑材料有限公司取得了三星级绿色建材评价标识证书。2017年，全州水泥生产量490.09万吨，比上年增加10.52万吨，增加率2.2%。与省散装水泥办公室衔接，开展散装水泥业务，参加各项行业活动。按照省散办统一部署，以“推广应用散装水泥，全力减少粉尘污染，打造绿色流通产业，努力保护碧水蓝天”为主题，宣传国家的推散政策及恩施州的推散成绩。开展散装水泥市场监督检查，依法行政规范执法行为；加强动态监管和核查，查处“禁现”（禁止现场搅拌混凝土）区域违规行为，强化事中事后监管巩固成果。

州内勘察设计市场全面放开，按照上级有关规定，取消州外勘察设计企业备案管理，加强勘察设计单位关键岗位人员持证在岗执业监督管理，规范勘察设计市场和企业内部管理制度。全年完成施工图设计审查项目674个，设计项目投资130亿元，建筑面积390万平方米，突出工程结构安全和建筑节能等重点专项审查。

【工程造价管理】 2017年，做好工程造价计价依据的贯彻实施。每个季度发布一次建筑市场主要材料价格信息。全年共编制《恩施州工程材料市场信息价》期刊4期，发行2800册，根据市场材料价格变化情况，增补新型建材、预拌砂浆材料、缺项材料30余项。加强工程造价咨询市场的监管，规范造价咨询企业、执业人员的市场行为，提升了造价咨询成果质量。开展工程造价纠纷调解和计价依据解释，针对技术咨询的问题，书面和电话回复意见27份次。提高造价师执业能力。年内组织造价师完成网上继续教育培训学习63人；初审注册2人次；延续注册10人次；变更注册2人次。首次开展恩施州招标工程量清单编制、招标控制价、施工合同备案管理工作。全年招标工程量清单编制备案38个项目，涵盖了建筑、装修、维修改造、污水处理等多个工程领域；招标控制价备案38个项目，总造价为54120.94万元；施工合同备案16个项目，合同总金额为26149.23万元。开展造价咨询机构执业质量综合检查。按照《关于开展全省工程造价咨询企业专项检查的通知》（鄂建办〔2017〕303号）文件精神，对州内本地的4家工程造价咨询企业的执业质量和资质状况，进行全面的检查并通报结果。六基于“互联网+”云服务模式，构建了“大数据”平台。7月20日，恩施州建设工程造价信息发布系统平台（www.escci.cn）正式上线运行投入使用，提升了全州建设工程材料市场价数据采集效率与信息发布质量。实现对建设工程材料市场信息价网络化管理。

【行业教育培训】 2017年，州住建委及培训中心积极推进全州建设行业“八大员”（安全员、施工员、质量员、标准员、材料员、机械员、预算员、资料员）培训新办证书，建成特种作业人员实操基地并投入使用，加强行业“三类人员”（主要负责人、项目负责人、专职安全生产管理人员）培训和考试考核，建章立制加强内部管理。按照省住建厅“考培分离”的要求，州建设行业教育培训中心负责各类人员的考试（考核）和对培训机构监督管理，将培训工作推向市场。3月通过政府采购的形式，遴选了三家符合要求的培训机构，分别为武汉翼达工程技术职业培训学校、武汉市建设学校、湖北省城市建设继续教育学院。为多次汇报多方争取，共投入资金30余万元建立了电子考场，设置专业考场考点，配齐办公设施设备。场内配有百万高清数字球机（带云台）视频设备3台、硬盘录像机1台、考试电脑60台、考试桌椅60套、摄像头60个、身份实名识别认证设备2台，基本满足州内建设领域考试考核需要。根据省厅要求建立特种作业人员实操基地，多次与武汉翼达工程技术职业培训学校和恩施州道同学校协商，投资300余万元的实操基地已建成，省厅于11月进行验收。州内特种作业人员的考试考核、资格审查、取证审批以及延期审核工作已能够顺利开展。截至12月，全州共开展住建领域现场专业人员（即“八大员”）换办证24批次4450人；组织新办证人员报名1536人，资格审查合格1229人，考试合格684人，合格率55.6%；开展“三类人员”考试考核36批次1925人，通过率达60%以上。

【工程质量监督】 2017年度房屋建筑及市政工程领域，州直自管项目新开工工程35个，总面积92.153万平方米；上年度接转工程51个，总面积229.51万平方米；竣工工程16个，竣工面积641.85万平方米；监督覆盖率100%，一次性验收合格率100%。自管工程和全州工程全年未发生重大质量事故，总体质量处于有效受控状态，质量水平稳定提升。推进建设工程质量“信息化”。依托省厅质量安全总站“建筑工程质量监督系统”和“检测信息监管平台”，实现对工程质量全过程信息化监管，对检测机构的检测行为及过程的有效实时监管，促进工程质量提升。建立恩施州“智慧工地”管理平台，实现了建设工程施工现场的实时监控。实施工程质量“标准化”。积极推进工程质量标准化，从设计、施工等环节入手，指导企业开展优质工程创建活动，提升管理水平。主动谋划提前准备，编制“质量管理标准化实施方案”，初步成立恩施州工程质量管理标准化工作领导小组，召开州内部分企业工程质量管理标准化实施协调会。开展质量管理标准化的探索和试点，指导建筑企业编制“标准化方案”，实施样板引路建样板工程。在试点企业形成部分制度、工作标准和操作规程等初步成果，为全州试行标准化打下了基础。加强对检测机构监管。按照省厅《关于开展工程质量检测市场专项整治的通知》等文件精神，州建设工程质量监督站编制《恩施州检测机构专项整治行动方案》，上半年完成全州19家（共23家）检测机构第一轮巡查检查工作。检查主要针对建设、施工、检测等单位落实主体责任，检测机构登记、数据实时上传、检测机构建设、检测行为。6月14日约谈全州19家检测机构主要负责人，通报检查中发现的问题，并宣贯相关法律法规、技术规范，下发问题整改通知单18份。各检测机构在机构设置、内部管理、检测执业等方面，通过专项整治得到规范。督查易地扶贫搬迁。州工程质监站开展对全州8县市30余项易地扶贫搬迁工程的检查。按照州政府要求，对州“四县五乡镇”高山片区易地扶贫搬迁项目进行了抽查，通报检查发现的问题；落实工程建设主体责任，规范市场、质量、安全管理。深化工程质量终身责任制。严格执行“两书一牌”制度，落实各方主体终身责任。加强分户验收以及重要分部工程、关键施工节点验收监督，治理工程质量通病。全年全州共处理质量投诉97起（其中州直13起），较往年质量投诉量下降。

房地产业

【概　况】 2017年，全州全年商品房施工面积1231.28万平方米，比上年下降3.4%；竣工面积97.34万平方米，下降2.2%；销售面积306.09万平方米，增长1.1%；待售面积56.16万平方米，下降18.3%。全年商品房销售额137.80亿元，增长19.6%，其中：住宅销售额112.25亿元，增长19.5%。全州完成固定资产投资831.16亿元，比上年增长15.5%。其中，房地产开发投资131.5亿元，增长0.6%。截至2017年11月底，全州有房地产企业588家，其中：开发企业337家，一级资质1家，二级资质9家，三级资质32家，四级及暂定295家；物业服务企业195家；经纪机构46家；估价机构10家。州城恩施市住宅销售备案均价4920元/平方米，同比上升12.84%，市场呈现量价齐升的态势。随着人们生活水平的提高，对住房品质的追求催生着楼市品牌的形成，全州房地产行业正向“品质时代”迈进。质量合格的建筑，设计精良的户型，景观设施完善的社区，人性化物业服务的商品房小区陆续产生。

【房地产去库存】 2017年，全州库存商品房为350万平方米，消化周期13.5个月，与2016年底持平。其中，住房库存160.55万平方米，去化周期8个月，与2016年底持平。非住房库存189.45万平方米，去化周期58个月，比上年底增加3个月。截至2017年11月底，全州销售商品房266.1万平方米，同比增长5%。其中住宅230.98万平方米，非住宅35.12万平方米。去库存的思路。实施棚户区改造货币化、住房公积金支持、鼓励农民进城购房联动三条路径去库存。与促进人口城镇化，与城市间基础设施互联互通，与提升县市教育医疗等公共服务水平三个相结合去库存。加强与国土、财政、税务、金融、户籍、教育、医疗等部门联动，多措并举综合施策，形成工作合力去库存。“一城一策”去库存、“一盘一策”去库存效果明显。去库存采取的措施。州政府2016年制定《恩施州房地产去库存专项方案》，出台具有可操作性工作措施17条；在此基础上又升级出台《恩施州2017年房地产去库存专项行动方案》，包含土地供应、结构调整、降低成本、促进销售等相关措施19条。10月13至15日举办了恩施秋季房交会；通过调研，起草制定了《关于加快引导推进恩施州商业用房去库存工作的实施意见》，推进商业去库存；起草印发了《回购商品房用于保障性住房和安置房的指导意见》。

【2017恩施房交会】 10月13日，恩施2017房地产交易展示会，在州文化中心广场正式开幕并持续3天。房交会由恩施市人民政府、州住房和城乡建设委员会主办，恩施市住房制度改革办公室、州市二个房地产业协会承办；恩施日报社、州电视台协办。来自州城的28家房企、3家二手房中介机构、5家家装建材品牌以及其他相关行业机构进驻展示。其中，房企项目囊括普通住宅、洋房、别墅、商铺等类型。从10月13日至11月12日，置业者购买参展楼盘房源并签订网购合同的，均享受由州房协代缴的免首期住房公共维修基金优惠。房交会期间，组委会开展10多项主题活动活跃现场气氛，举办家装设计师作品交流展、房产宝贝·舞动全城、梦想纸飞机、恩施好声音等活动。多家房企精心表演的魔术、歌舞、游戏等节目，占地1500平方米的大型美食展提升房交会人气，50多个美食展馆、100多种小吃，让逛展的居民吃喝玩买好。10月15日，交易展示会完美谢幕，现场以购房抽大奖的活动结束了此次房交会。悦融湾楼盘的幸运购房者冯健获得现金10000元大奖，还有中钰·桃花源、盛和景园、南山小镇等多个楼盘的客户抽到其他奖项。据不完全统计，房交会参展人数9957人次，意向购买住房登记5727套，其他1197间，网签9套，网签金额近656万元，达成认购住房协议147套，其他35间。

【市场监管与整治】 2017年，加强房地产市场监测分析。对八县市实行月报监测，掌握运市场行情况。坚持房地产交易信息日报制度，每日下午四时上报当日合同网签数据、新建商品房及二手房的成交面积金额。依据《恩施自治州房地产经纪机构管理办法》等规定，加强事中事后监管，5至6月开展全州房地产企业和中介机构资质年检和监督检查。按照省住建厅安排，5—11月开展房地产开发中介市场专项整治，对发布虚假房源信息，恶意炒作、哄抬房价等18种违规行为进行整治。逐步完善商品房预售许可、商品房广告发布、交易合同网签备案、交易资金监管、交易场所明码标价、中介机构备案、企业信用管理等房地产市场监管措施，从源头上遏制违法违规行为的发生。7—12月开展小区物业服务市场专项整治，对物业服务企业不规范、开发企业配套不到位，维修不及时等行为进行整治规范。

【房地产七项重点工作】 4月6日至9日，举办了两期“恩施州房地产经纪从业人员技能培班”，全州八县市主管部门管理人员和房地产经纪从业人员560人参加了培训。为4月10日起恩施州个人住房信息系统部分子系统正式顺利上线运行、正式启用新版的预售商品房《商品房买卖合同》打了基础。开展房地产领域涉稳风险排查化解工作，加强开发市场监管，强化开发项目的风险控制，化解矛盾保持稳定，促进市场平稳健康发展。开展城市老旧建筑安全排查，在州直各单位自查自报的基础上，排查39个单位的住宅楼84栋，非住宅楼45栋，总建筑面积共计18.93万平方米，涉及居住户数1328户，居住人数4284人。排查出存在严重结构安全隐患的房屋33栋，建筑面积1.98万平方米。采取多种应对措施加强老旧建筑安全管理，坚决防止垮塌事故发生。认真办理州人大、政协关于房地产的提案建议，主办完成人大建议1个、会办2个；主办政协提案4个，满意率均100%。同时认真调研，妥善回复网民的网络问政和群众的投诉信访复议问题。开展领导干部房产信息核查，严肃纪律积极配合，全程留痕加强监管，完成州委组织部、州纪委、巡察办等部门布置委托的查核任务。加快推进《恩施州个人住房信息系统》的建设。保持机房服务器运行、安全防护、数据交互正常。8县市的信息数据迁移全部完成，新建商品房网签及日报正常上报。恩施市已完成15个子系统的上线，新建商品房及二手房的交易日报月报自动上报。加强法规制度建设，为行业监管提供依据。经州政府同意，制定出台《恩施州物业服务与管理办法》《恩施州房屋安全管理办法》等政府规章。州住建委制定《恩施州房屋建筑拆除施工安全管理办法》；出台《恩施州物业服务企业信用年度评价暂行办法》，并于11月对全州物业企业进行了培训学习，构建“诚信激励、失信惩戒”机制；会同州国土局、州规划局制定了《恩施州地下空间使用登记管理办法》。

【恩施州住房和城乡建设委员会负责人名录】

党组书记、主任：向　辉

党组成员、纪检组长：王敬东

党组成员、副主任：袁燕奇（正县级）

滕明红（正县级）

张应坤

党组成员、燃气办主任：姚玉华

党组成员、总工程师：陈家祥

副主任：陈　颖

【恩施州城乡规划管理局负责人名录】

局党组书记、局长：雷纯忠（兼任州测绘地理信息局局长）

局党组成员、副局长：詹厚兰

局党组成员、副局长：兰光平

总规划师：关树华

局党组成员、州测绘地理信息局专职副局长：陈新宇

（郑新民）

编辑　马兹河

“六城”同创

【概　况】 恩施州“六城”同创工作作为生态立州的新抓手、产业兴州的新平台、开放活州的新标准、依法治州的新载体、富民强州的新名片。坚持以六大类城市创建（优秀旅游城市、文明城市、园林城市、卫生城市、森林城市、环保模范城市）和“七大工程”（环境洁净工程、交通畅通工程、绿化亮化工程、城市宁静工程、空气净化工程、河道美化工程、全民素质提升工程）为牵引，强力推进精细化管理、人性化服务，“扫干净、摆整齐、保畅通”的基本要求得到全面落实，城乡面貌发生深刻变化，人居环境日益改善，文明素质逐步提升，老百姓的获得感和幸福感明显增强。2017年上半年咸丰县、鹤峰县成功创建省级卫生县城，至此全州省级卫生县城创建实现了全覆盖。2017年10月利川市被命名为国家园林城市，巴东县被命名为国家园林县城。

【州领导专题研究部署全州“六城”同创工作】 2017年4月24日，州委、州政府召开全州全域旅游动员暨推进“六城”同创工作电视电话会议。李建明要求，坚持把“六城”同创引向深入，按照州委、州政府既定部署，坚持党政主职挂帅、创建班子不散、创建氛围不降、创建力度不减，着力在常态化、长效化上下功夫。要在巩固已有成果的基础上，拓展创建领域，推动“六城”同创向乡镇集镇、工业园区、中心村、乡村旅游区、易地扶贫搬迁集中安置小区延伸，做到创建全覆盖、工作无死角。要把“六城”同创作为深化群众性精神文明创建的重要载体，深化文

明城市、文明村镇、文明单位、文明家庭、文明校园等群众性精神文明创建活动，展示恩施现代文明形象。与会代表观看了全州“六城”同创工作专题片及暗访督查片。恩施市、宣恩县、州旅游委、恩施大峡谷景区、利川腾龙洞景区作典型发言。2017 年 7 月 14 日，州委常委、州委秘书长郑开国到州“六城”同创指挥部办公室调研指导工作，听取“六城”同创工作开展情况汇报。郑开国指出，“六城”同创是州委、州政府高度重视的工作，要加大宣传力度，全州上下形成共识，按照“以人为本、生态优先、功能为要、文化为魂”的总要求，围绕打造生态城市、文明城市、卫生城市、智慧城市、健康城市、旅游城市六大类城市创建新标准，加快工作进度，提高州城形象和品位。郑开国要求，恩施市要率先启动城市管理执法体制改革，以《中共中央、国务院关于深入推进城市执法体制改革改进城市管理工作的指导意见》为基本遵循，按照恩施实际和发展规律，积极探索，创新方式方法，精心制订工作方案，实行挂图作战，确保按期完成改革任务。

【学习交流】 2017 年 5 月 15 日至 20 日，州“六城”同创指挥部办公室及各县市“六城”同创指挥部办公室负责人一行 14 人前往浙江安吉县、平阳县、余杭区就美丽乡村建设及城市建设管理工作开展调研考察，借他山之石，助恩施州“六创”。2017 年 12 月 7 日至 8 日，湖南省张家界市考察团到恩施州考察学习“六城”同创工作。考察团先后到博物馆、规划馆、恩施市松树坪国际汽车城、六角亭街道办事处解放路社区等地实地参观，并深入交流，详细了解恩施州“六城”同创在规划引领、项目建设、设施投入、精细管理、人性服务等方面的情况。座谈会上，州“六城”同创办公室负责人介绍了恩施州“六城”同创活动开展以来，如何紧扣“两化两感两提升”，充分发挥综合协调、指挥、宣传、督导、考评工作职能，在六大类城市创建、“七大工程”实施方面的经验做法。考察团成员表示，恩施州“六城”同创工作有党委政府的坚强领导、有过硬的干部队伍、有完善的制度机制，思路清晰、定位准确、措施有力、成效显著，值得借鉴学习。

【密集督导，推动问题整改】 2017 年 9 月 8 日、13 日，州“六城”同创指挥部办公室与州环委会办公室对州城开展大气污染防治巡查暗访，涉及秸秆垃圾露天禁烧、道路及建筑施工扬尘管控、裸露地块扬尘治理、渣土车运输管理、禁燃区管理、工业废气治理、堆场管控、露天燃烤治理等内容。为防止污染反弹，11 月 8 日晚，州政府又指挥部署了第二次突击整治行动，州及恩施市环保、住建、城管、食药、公安、工商、“六城同创”办公室七部门组成联合突击检查组，出动人员 100 余人，对州城恩施市秸秆垃圾露天焚烧、建筑施工及渣土车扬尘治理、餐饮油烟露天烧烤及加油站油气回收开展突击整治行动。2017 年 8 月 6 日至 8 月 20 日、12 月 8 日至 12 月 19 日州“六城”同创指挥部办公室组织专班对全州 91 个乡镇（办事处）开展暗访督查，经过认真的考评复核、综合打分后，评选出 10 个美丽乡镇、10 个“环境卫生问题突出乡镇”、80 个最美村庄和“环境卫生问题突出村（居委会）”。针对个别乡镇认识不足，整改不力，且连续两次被评为“环境卫生问题突出乡镇”的咸丰县活龙坪乡、宣恩县沙道沟镇、来凤县大河镇，由州人民政府于 2017 年 12 月 28 日对上述三个乡镇主要负责人进行了约谈。

（陈　娜）

编辑　马兹河

中国共产党

中共恩施州委员会

【概　况】 2017年，中共恩施自治州委团结带领全州各级党组织和各族干部群众，全面贯彻落实中共十九大精神，深入学习习近平新时代中国特色社会主义思想，深入实施“五州”战略，紧紧围绕打造全省特色产业增长极目标定位和“一谷两基地三示范区”形象定位，聚力攻坚、开拓进取、勇于担当、实干苦干，全州经济社会发展和党的建设等各项事业取得新进步。

【全面深化改革】 牢牢把握改革正确方向、强化改革政治担当、落实改革硬任务，当好改革促进派和实干家。全年共召开4次全面深化改革领导小组全体会议，研究部署推进各项改革工作，积极推动改革落实落地。实行重大改革项目领衔制，18位州领导带头示范，领衔6大类17个重大重点改革项目。着力构建亲清新型政商关系。注重防范和化解金融风险，严厉打击破坏正常经济秩序的违法行为。深入推进供给侧结构性改革，化解煤炭过剩产能69万吨，住宅去化周期控制在14个月。深入实施农村综合改革，农村土地确权登记颁证完成85%，农村土地“三权分置”试点积极开展，8县市农村综合产权交易中心挂牌运行。农村房地一体确权登记发证有序推进，不动产登记实现全覆盖。行政审批制度改革高位推进，“一次办好”审批服务全面启动。医疗卫生体制改革进展顺利，城市公立医院综合改革全面实施，公立医院药品实现零差价销售，分级诊疗服务逐步完善，建成医联体、医共体36个。扎实推进妇联、工会、团委、科协、侨联系统改革，完成群团改革“强三性”“去四化”目标要求和年度目标任务。大力推进司法体制改革，司法部门85%以上力量回归办案一线，以审判为中心的刑事诉讼制度改革稳步推进。深入推进国家监察体制改革，完成年度改革任务。

【民主政治建设】 坚持党的领导、人民当家做主、依法治国有机统一，加强民主政治建设，加快推进法治恩施建设，不断提升依法治州水平。坚持以宪法和法律为依据，完善州委议事决策机制，坚持一个党委（州委）、五个党组（人大、政府、政协、法院、检察院）、八个县市委定期统筹工作机制，促进决策民主化、规范化、科学化。不断完善党委领导、人大主导、政府配合、公众参与、专家建言献策的“五位一体”立法工作格局，加强民族立法和地方立法，发挥人大及其常委会在立法工作中的主导作用，制定《恩施州硒资源保护和利用条例》，开展《恩施州山体保护条例》等法规的执法检查。全面落实依法行政，普遍建立政府法律顾问制度，行政机关负责人出庭应诉率达到68%。深入开展法制宣传教育，持续开展“12·4”国家宪法日宣传，推进宪法宣誓制度贯彻落实，彰显宪法权威，深入开展“七五”普法等活动，推动形成尊法、学法、信法、守法、用法的良好氛围。在全国“六五”普法验收中，全州共有31个集体和21名个人受到省级及以上表彰表扬。强化依法行政考核评价和监督检查，严防干预司法活动。坚决支持州人大、州政府、州政协、州法院、州检察院依法独立履行职能；着力构建大统战工作格局，广泛凝聚思想政治共识；加强对群团工作的领导，持续做好党管武装工作，全面巩固民族团结进步示范州创建成果，民主政治全面加强。

【全面从严治党】 牢固树立“抓好党建是最大政绩”理念，切实履行全面从严治党主体责任，推动全面从严治党向基层延伸、向纵深发展。深入学习宣传贯彻中共十九大精神，多次召开州委常委会会议和举行党委理论学习中心组学习，深学细研中共十九大精神；举办4期领导干部学习贯彻中共十九大精神轮训班，培训县处级干部和乡镇党委书记共1007人；开展中共十九大精神进企业、进农村、进机关、进校园、进社区、进军营、进网络活动，引领全州各行业、各领域、各战线始终坚持以习近平新时代中国特色社会主义思想武装头脑、指导实践、推动工作，不忘初心，牢记使命。带头践行“四个意识”，增强政治定力，严守政治纪律和政治规矩，坚决拥护省委关于杨天然系列案件的处理决定，在思想上政治上划清界限，坚决肃清恶劣影响。规范党委（党组）理论学习中心组学习，扎实开展“支部主题党日”活动，推动“两学一做”学习教育常态化制度化。全力维护意识形态安全，将意识形态工作责任制纳入党建考核、领导班子考核和巡察工作，印发《意识形态工作责任制清单目录》等规范性文件，压实党委（党组）意识形态工作责任，建立意识形态工作联席会议制度，统筹管理思想文化类论坛、讲座、报告会等。加强对新闻媒体的领导和管理，严格落实新闻媒体导向管理制度。大力开展“净网行动”，积极开展网上舆论斗争，牢牢把握工作主动权。扣紧党风廉政建设责任链条，实行领导干部落实主体责任全程纪实制度。突出政治标准，深入推进三轮巡察。突出抓好基层党组织建设，召开州委七届三次全会研究部署党支部建设，出台《关于加强和改进党支部建设的十条意见》，大力实施“整县推进”计划，着力解决管党治党中存在的突出问题。坚持有腐必反、有贪必肃，有效运用四种形态，坚如磐石巩固反腐败斗争压倒性态势、夺取压倒性胜利。持之以恒纠正“四风”，严防隐身变种、反弹回潮。出台《恩施州贯彻〈中共中央政治局贯彻落实中央八项规定实施细则〉精神实施办法》，紧盯节假日等关键节点开展专项整治，全年查处违反中央八项规定精神问题74个，处理136人。开展“不担当、不作为”“文山会海、照抄照转”“工作不实、弄虚作假”突出问题专项治理，研究形成制度成果。深入实施领导班子和领导干部履职尽责管理，对11个部门实行履职尽责督促检查。加强干部能力培养，开展针对性培训16班次6410人，选派334名干部到脱贫攻坚、项目建设、招商引资和信访维稳“四个一线”接受锻炼。构建全链条、无缝隙的“大监督”格局，防止干部“带病提拔”。统筹做好老干部、女干部、少数民族干部和党外干部相关工作。深化人才发展体制机制改革，省级人才创新创业平台、人才超市和“众创空间”取得新突破。

【蒋超良到恩施州调研】 3月26日至27日，省委书记蒋超良到恩施州硒产业联盟总部、恩施市龙凤镇、龙马风情小镇等地调研。他强调，要认真贯彻落实习近平总书记扶贫开发战略思想，从讲政治的高度着力抓好脱贫攻坚工作，坚决打赢脱贫攻坚战，打造特色经济增长带。要深化供给侧结构性改革，坚决落实习近平总书记提出的“加减乘除”一起做的要求。要认真学习贯彻习近平总书记在中央民族工作会议上的重要讲话精神和党中央决策部署，努力打造全国民族团结进步示范区。要推进全面从严治党向基层延伸，推进“两学一做”学习教育常态化制度化。

【张昌尔到恩施州调研】 4月9日至10日，省政协主席张昌尔到恩施进行“加强和改进农村生活垃圾治理”月度协商座谈会会前调研。张昌尔强调，要认真贯彻落实习近平总书记关于“美丽乡村”建设重要指示，深刻认识推进农村生活垃圾处理对建设生态文明、推进农业供给侧结构性改革和可持续发展、提高农民生活质量的重要意义，按照省委、省政府部署要求，坚持绿色生态理念，突出规划引领，加强设施建设，创新处理模式，完善建管机制，努力实现农村生活垃圾处理减量化、资源化、无害化。

【王晋到恩施州调研】 6月6日至7日，省检察院党组书记、检察长王晋在恩施州调研检察工作。王晋强调，全州各级检察机关要在服务发展大局上进一步深化拓展，紧紧围绕州委部署和特殊州情开展工作，更加突出对生态环境的司法保障，继续服务和保障实体经济发展，全力助推脱贫攻坚，为州域经济社会发展提供订单式司法解决方案。要坚持问题导向，聚焦办案主责主业，在司法办案上固强补弱；严控方案风险，注意办案方法，防止办案事故，切实为全州和谐稳定做出应有贡献。要不折不扣落实司法体制改革要求，针对改革中存在的困难和问题，不断优化完善改革措施，确保改革取得实实在在的成效。要从严从实加强自身建设，建优配强各级检察机关领导班子，做好强基固本基础性工作，着力打造一支忠诚、干净、担当的检察干部队伍。

【陈一新到恩施州调研】 6月17日至18日，省委副书记、武汉市委书记陈一新到恩施调研。陈一新强调，要认真贯彻落实习近平总书记扶贫开发战略思想，充分发挥生态资源优势，大力发展绿色产业，坚决打赢脱贫攻坚战，实现生态富民、绿色发展。

【屈冬玉到恩施州调研】 6月19日至21日，农业部副部长屈冬玉率调研组到恩施州调研农业产业化发展及农业部定点帮扶等工作。屈冬玉强调，明确发展定位，突出发展特色，着力推进农业产业化，充分发挥产业扶贫作用；进一步加大定点帮扶恩施力度，全力支持恩施打赢脱贫攻坚战。农业部农垦发展中心副主任孙法军参加调研。

【王艳玲到恩施州调研】 8月9日至10日，省委常委、省委宣传部部长王艳玲到恩施调研宣传思想文化及“616”工程对口帮扶工作。王艳玲强调，要抓好意识形态工作，着力构建意识形态工作大格局，推动意识形态工作责任落到实处，确保意识形态安全。要抓好管网治网工作，加大网络管理人才资金的保障力度，创新网络管理的方式方法和内容。要抓好精神文明创建工作，不断创新文明创建的平台载体，让社会主义核心价值观真正融入群众生产生活。要抓好文化事业、文化产业建设，努力让群众享受到更加丰富的精神文化产品，着力补齐文化小康短板，确保如期实现全面小康。州领导刘芳震、尹达陪同调研。

【周先旺到恩施州办理人大代表建议案】 9月15日至16日，副省长周先旺在恩施市现场办理省人大代表建议案，调研“四好农村路”建设和综合交通运输安全工作。周先旺强调，要认真贯彻落实习近平总书记关于建设“四好农村路”的重要指示精神，以建好、管好、护好、营运好为抓手，加快推进农村公路提质增效、科学发展，为全面建成小康社会当好先行官。周先旺强调，要坚守安全生产红线意识，追求“零事故”标准；牢固树立“隐患就是事故”“隐患不消除视同事故处理”理念，深化交通安全大建设大排查大整治，着力补齐信息化短板，以严的标准、实的举措确保公、铁、水、空、管综合交通运输安全。要强化煤矿、燃气管道等重点行业领域安全，促进安全生产形势持续稳定好转。

【童道驰到恩施州调研并宣讲中共十九大精神】 11月24日，副省长童道驰到恩施州调研并宣讲中共十九大精神。童道驰强调，学习贯彻中共十九大精神，要深刻领会习近平新时代中国特色社会主义思想基本内涵，要深刻认识中国特色社会主义进入新时代，要充分领会新时代主要社会矛盾的转化，要深刻领会民族地区发展新要求，要全面领会决胜全面小康目标，扎实做好相关工作。童道驰强调，要坚定不移全面从严治党，牢固树立“四个意识”，坚决维护党中央权威和集中统一领导，切实加强党风廉政建设。

【曾欣到恩施州督办省级重点项目建设】 12月8日，副省长、省公安厅长曾欣到恩施州督办省级重点项目建设，调研精准脱贫工作。曾欣指出，恩施州认真贯彻落实全省经济工作会议的决定部署，坚持以项目为主抓手，以扩大有效投资为主引擎，建立了强有力的领导推进机制、良好的项目梯队管理机制、重大项目集中开工机制、全方位的要素保障机制、严格的督办考核机制。围绕打造全省特色产业增长极目标，加快推进“一谷两基地三示范区”建设，经济发展呈现出“整体平稳、稳中有进”的良好态势。曾欣要求，要进一步形成工作合力，上下齐心，多方联动，加快推进未开工项目。要统筹协调，抓当前，谋长远，积极做好2017年项目收官和2018年项目开局工作。

【全面从严治党向基层延伸纵深推进电视电话会暨州纪委七届二次全会】 1月24日，全面从严治党向纵深发展推进会暨州纪委七届二次全会召开。会议要求，全州各级党组织必须旗帜鲜明地把管党治党作为最大职责、最大任务，认真执行省委《关于学习贯彻党的十八届六中全会精神深入推进全面从严治党的决定》，压紧压实主体责任，扎实推进标本兼治，打造纪检“铁军”，以责任的全面落实推进全面从严治党各项工作的全面落实。州委书记、州人大常委会主任李建明出席会议并讲话，州委常委、州纪委书记陈江龙作题为《深入贯彻六中全会精神、推动全面从严治党向纵深发展》的工作报告。

【全州县处级干部学习贯彻中共十八届六中全会精神轮训班】 3月22日，全州县处级干部学习贯彻中共十八届六中全会精神轮训班在州委党校开班。州委书记、州人大常委会主任李建明出席开班仪式并讲话。李建明强调，全州各级党组织和全体党员干部要认真学习贯彻中共十八届六中全会精神，必须旗帜鲜明讲政治，坚决维护党中央权威，严肃党内政治生活，坚持勇于自我革命，切实提高政治能力，层层压实政治责任，确保中央决策部署和习近平总书记指示精神在恩施州落实见效。

【州防汛抗旱指挥部分析研判会】 4月24日，恩施州召开防汛抗旱形势分析研判会，深入贯彻落实省委书记蒋超良对做好防汛工作的重要批示精神，分析防汛抗旱形势，提前部署防汛抗旱各项工作。会议强调，要筑牢“三个大堤”，做到“四个到位”，始终把人民生命财产安全放在首位，扎实做好全州防汛抗旱工作。

【恩施州全域旅游暨“六城”同创推进工作电视电话会】 4月24日，州委、州政府召开全州全域旅游动员暨“六城”同创推进工作电视电话会议，推动“六城”同创工作向基层延伸，促进全州旅游业大发展、大提升、大跨越，为加快建设“一谷两基地三示范区”、绿色崛起提供强大支撑。

【州委七届三次全体（扩大）会】 5月26日，州委七届三次全体（扩大）会议在州城举行。会议审议通过《关于召开恩施州党代表会议的决议》，投票确定恩施州出席省第十一次党代会代表候选人预备人选名单，审议通过《中共恩施州委关于加强和改进党支部建设的十条意见》。全会号召，以全面加强基层党支部建设催生恩施赶超跨越的强大气场，以绿色崛起的生动局面检验合格党支部建设实际成效，全力推进基层党建工作全面进步全面过硬，加快推进“一谷两基地三示范区”

建设，以优异成绩迎接中共十九大和省第十一次党代会胜利召开。

【全州特殊困难群体脱贫对策暨督查问题整改专题会】 6月12日，全州特殊困难群体脱贫对策暨督查问题整改专题会议召开。会议强调，全面落实落地党中央和省委关于脱贫攻坚决策部署和各项政策，真正做到科学精准、务实高效，整合各方资源力量，以绣花功夫合力打赢脱贫攻坚战。会议通报了国家和省发现并反馈至恩施州的脱贫攻坚工作中存在的问题；州直相关部门汇报了全州发展生产脱贫、易地搬迁脱贫、生态补偿脱贫、发展教育脱贫、社会保障兜底以及金融扶贫、健康扶贫等方面工作情况，剖析了存在的困难和问题，提出下阶段具体整改落实举措，并就特殊困难群体脱贫提出意见建议。

【纪念中国共产党成立96周年座谈会】 7月1日，全州纪念中国共产党成立96周年座谈会召开。州委书记李建明与老干部、老党员、基层一线优秀党员、党务工作者代表以及州委党建领导小组成员单位负责人座谈，回顾党的奋斗历程和辉煌成就，共话恩施发展美好未来。李建明强调，高举中国特色社会主义伟大旗帜，以更饱满的热情、更务实的作风，统筹推进“五位一体”总体布局和协调推进“四个全面”战略布局在恩施落地生效，共同谱写建设全国先进自治州新篇章。

【省委宣讲团专题宣讲省党代会精神】 7月14日，召开恩施州学习贯彻省第十一次党代会精神省委宣讲团报告会。省委宣讲团成员、省农业厅副厅长涂胜华作题为《吹响“建成支点、走在前列”新征程的进军号角——学习宣传贯彻省第十一次党代会精神》的宣讲报告，全面系统深入地解读了省党代会精神。

【全省农业产业扶贫现场推进会】 8月24日，全省农业产业扶贫现场推进会召开。会议深入学习贯彻习近平总书记在深度贫困地区脱贫攻坚座谈会上的重要讲话精神，认真落实省第十一次党代会精神和全省深度贫困地区脱贫攻坚座谈会精神，分析当前产业扶贫形势，总结推广一批可复制、可学习的典型模式，研究部署下一阶段农业产业精准扶贫工作，不断将产业扶贫、精准脱贫工作引向深入。

【全省电能替代工作现场会】 9月16日，全省电能替代工作现场会召开。副省长周先旺指出，各地各部门要结合发展水平、地域和行业特点，明确主打领域，选准优势项目，加强试点示范，带动推广实施电能替代。周先旺强调，要严守安全红线，落实“三个必须”，抓好电能替代的安全生产基础工作。

【2017国际茶业大会暨第四届硒博会】 9月26日，2017国际茶业大会暨第四届世界硒都（恩施）硒产品博览交易会隆重开幕。本届硒博会的主题为“健康中国·硒引天下”。来自38个国家和地区、19个省市区的茶叶主产区和硒产业发展区的领导、专家、学者、友人、企业家出席展会相关活动，共同聚焦富硒产业发展。国际茶叶委员会主席伊恩·吉布斯主持的国际茶叶CEO论坛在恩施成功举行，其间还开展了国际茶人联谊会、全球茶产业可持续发展圆桌会议、锡兰茶拍卖会、道德茶叶联盟（ETP）专题研讨会等多项活动。在投资推介和项目签约仪式上，现场签订贸易协议7个，贸易总额4000万美元；签订投资项目23个，投资总额103.66亿元；签订80对采购协议，贸易金额达16亿元。展会期间，《恩施硒产业发展白皮书（2016）》发布，《硒科学普及52问》一书问世。

【全省易地扶贫搬迁现场会】 10月31日，全省易地扶贫搬迁现场会召开，省委常委、常务副省长黄楚平强调，深入贯彻落实中共十九大精神和习近平新时代中国特色社会主义思想，贯彻落实全国易地扶贫搬迁现场会精神，强化“三个意识”，做到“五个聚焦”，确保如期完成全年目标。黄楚平强调，各地各部门务必强化政治意识，强化问题意识，强化使命意识，带着感情、使命和责任，啃下“硬骨头”。黄楚平要求，各地各部门要加强组织领导，加强部门联动，加强考核问责，加强项目谋划，坚决打赢易地扶贫搬迁攻坚战。

【省委宣讲团到恩施宣讲中共十九大精神】 11月20日，学习贯彻中共十九大精神省委宣讲团报告会在恩施大剧院举行。省委宣讲团成员、省委党校副校长肖卫康以“新时代的政治宣言和行动纲领”为主题，分大会盛况及意义、报告框架及精神、学习贯彻基本要求三个部分，对中共十九大精神进行全面系统深入的讲解。

【全州领导干部学习贯彻中共十九大精神轮训班】 11月28日，全州领导干部学习贯彻中共十九大精神轮训班在州委党校开班，州委书记柯俊作开班动员和首场辅导报告。柯俊以《学思践悟习近平新时代中国特色社会主义思想，推动党的十九大精神在恩施落地生根》为题，从怎么看、怎么学、怎么做三个方面作学习辅导。

【中共恩施州委员会组成人员名录】

书记：柯　俊

副书记：刘芳震（土家族）　柯东海

常委：柯　俊

刘芳震（土家族）

柯东海

陈江龙

沙玉山（回族）

尹　达

张建文

涂元玲

郑开国

唐　泓（挂职）

李俊杰（挂职）

委员：（按姓氏笔画排序）

习　覃（女，土家族）

王小平

王兰英（女，土家族）

王光国（土家族）

邓正平（土家族）

尹　达

田金培（土家族）

田景福（土家族）

邢祖训

吕金施

向红林（女，土家族）

向宏贵（土家族）

向前进（土家族）

刘芳震（土家族）

刘定学

刘建平（土家族）

刘恒明

刘智勇

许一鸣

杜寿昌

杨　皓（苗族）

杨局成

苏　勇（土家族）

肖谏诚（土家族）

吴建清（土家族）

沙玉山（回族）

张　涛（苗族）

张在勇

张全榜（土家族）

张建文

张勇强

张银莲（女）

张渊平

陈江龙

陈学明（苗族）

周辉军（土家族）

郑开国

郑东来（苗族）

单艳平（土家族）
柯　俊
柯东海
胡　泽（土家族）
胡平江（苗族）
夏锡播（土家族）
郭　玲（女，土家族）
涂元玲（女，土家族）
黄　敏（侗族）
覃正炜（土家族）
覃章梁（土家族）
谭志平（土家族）
黎华辉
戴清堂（土家族）

候补委员：（按得票多少排序，得票相同的按姓氏笔画排序）

王坤德（土家族）
文　林
石明义（苗族）
刘　剑
杨盛僚（苗族）
张仁谦（土家族）
张安俊（土家族）
段怀刚
袁　平（女，土家族）
梁公章

【中共恩施州委秘书长、副秘书长名单】

秘书长：郑开国（1月任）

副秘书长：（根据任职时间排列）

匡乐轩　吴远东
周辉军　严　斌
曾召辉

【中共恩施州委办公室负责人名录】

主任：周辉军（兼）

副秘书长：匡乐轩　严　斌
吴远东　曾召辉

州纪委派驻纪检组长：安之禄

防范办主任：刘海波

副主任：胡　尧　张　华

（刘广达　徐　焘）

编辑　刘　权

组织工作

【概　况】 截至2017年底，全州有基层党组织7321个，其中基层党委251个，党总支416个，党支部6654个。有党员15.78万名，其中农村党员10.58万名，女党员3.44万名，少数民族党员9.2万名，中专、高中及以上学历党员10.02万名。2017年度新发展党员3305名，其中新发展35岁以下青年党员2443名，女党员1482名，少数民族党员2160名，生产工作一线党员2475名，大专及以上学历党员1418名。全州有公务员1.83万人，其中女性4887人，少数民族1.33万人，党员1.49万人，35岁及以下5471人，研究生学历676人。全州党政机关干部中，正县级210人，副县级629人，正科级3260人，副科级4623人。全州人才总量为21.45万人，其中党政人才1.83万人，企业经营管理人才9800人，专业技术人才7.32万人，高技能人才1.87万人，农村实用人才9.2万人，社会工作人才2500人。

【“两学一做”学习教育常态化制度化】 把支部主题党日作为推进“两学一做”学习教育常态化制度化的基本制度，立足抓细抓常，突出真学实做，教育引导全州党员干部增强“四个意识”、坚定“四个自信”、做到“四个服从”。出台《关于党员领导干部以普通党员身份参加并指导基层党支部主题党日的通知》，开展“书记示范讲党课百佳视频教材评比推送”活动，州委常委班子成员自觉参加并指导基层党支部主题党日95次，为基层党员讲党课51次，示范带动县市委常委班子成员参加组织生活599次、讲党课297次。

出台《关于进一步深化“支部主题党日”的指导意见》，实行“八事联动”（交纳党费、重温入党誓词、诵读党章、集中学习、组织生活、民主议事、民主监督、特色实践），与“三会一课”、民主评议党员等基本制度进行有机融合，推动党内组织生活制度化、规范化、程序化，增强党内政治生活的政治性、时代性、原则性、战斗性。全面推行党员先锋指数管理，对照“四个合格”标准，分层分类按“基础指数＋先锋指数”设定3类12项具体的量化指标和加分扣分项目，通过小型组织生活会的形式进行自评、互评、点评，坚持一月一评议一公示，把党员教育管理抓在经常、融入日常，实现党员民主评议、批评与自我批评、合格党员实践检验三个常态化。聚焦合格党员标准，教育引导领导班子和领导干部对照履职尽责清单做、普通党员干部对标工作清单做、无职党员围绕设岗定责清单做，推动脱贫攻坚、项目建设、招商引资、信访维稳等重点工作落实落地，各级党员领导干部带头破解制约基础设施、基础产业、基层治理、基层党建的难题62887件。各级党员干部履职尽责、担当作为，全州有28人（集体）受到中央国家机关表彰、76人（集体）获得省级党政机关表彰，党员干部先锋模范作用得到发挥，干事创业活力得到增强。全面构建过程管理机制、评议倒逼机制、跟踪问责机制，形成上下贯通、左右衔接的整改责任闭合链条，省对州反馈的11大方面19类问题、州对县市反馈的5大方面8类问题，各基层党支部6000余个问题得到全面整改。

【领导班子思想政治建设】 实施领导班子和领导干部政治管理、组织管理、履职管理，坚持和落实民主集中制，制定《州管领导班子成员分工调整报备办法》，推动各级领导班子协调、高效、有序运转。开展换届后县市领导班子运行情况专题调研，运用干部信息管理与研判平台进行综合分析，健全完善经常了解掌握干部思想动态的机制，开展日常谈话，严肃任职谈话，及时提醒谈话，把思想政治工作做在平常、抓在经常。严格执行保持贫困县乡党政正职稳定的政策规定，从严把关乡镇领导班子成员调整配备，教育引导县乡干部静下心来履职尽责、沉下心来干事创业、安下心来脱贫攻坚。

【领导干部学习贯彻中共十九大精神轮训班】 11月28日至12月12日，根据中央、省委统一部署，按照习近平总书记“学懂、弄通、做实”的要求，州委举办全州领导干部学习贯彻中共十九大精神轮训班，分4期对全州1000余名县处级干部和乡镇党委书记进行全覆盖集中轮训。州委书记柯俊进行开班动员，并以《学思践悟习近平新时代中国特色社会主义思想，推动中共十九大精神在恩施落地生根》为题作首场辅导报告。

【“四个一线”干部锻炼平台】 建立脱贫攻坚、项目建设、招商引资和信访维稳“四个一线”干部锻炼平台，选派74名干部到扶贫部门挂职锻炼，选派60名干部到信访维稳部门挂职锻炼，抽调130名干部从事重点项目建设，抽调70名干部进行招商引资，从中提拔117人、重用11人，树立工作一线落实、作风一线检验、干部一线选拔的选人用人导向。

【干部选拔任用全程纪实】 制定《中共恩施州委组织部干部任免全程纪实项目清单》，把干部动议、民主推荐、深入考察、资料搜集、任前监督、讨论决定、正式任职等环节纳入全程纪实内容，实行“一人一卷”纪实管理，干部选拔任用的规范化水平进一步提高。2017年度，恩施州干部选拔任用工作满意度居全省第4位，比2015年上升6位。

【不担当、不作为问题专项治理】 牵头开展干部不担当、不作为问题专项治理，治理重点主要包括职责范围的工作该拍板不拍板、该签字不签字或签字无态度；“三重一大”等重大事项议而不决、决而不行、进展缓慢；对群众利益问题推诿拖延，对群众合理诉求故意刁难，需要担责的不担责，需要协调的不协调；行政审批事项该取消不取消、明取消暗转移，行政服务大厅“前店后厂”、资料要求复杂多余、审批超时限。专项治理从5月开始，10月结束，分为自查自纠、立行立改，重点检查、挂牌督办，建章立制、总结提高三个阶段。全州查出不担当、不作为突出问题522个，通报单位28个、个人49人，约谈76人，函询6人，诫勉29人，组织调整14人，组织处理45人，纪律处分12人，推动形成敢担当、敢作为的干事创业氛围。

【州管干部数字档案管理系统】 恩施州被省委组织部列为全省第一批开展市州管干部档案数字化加工单位，在全省率先建成州管干部数字档案管理系统，实现纸质干部档案和数字干部档案“一人两档”。该系统具有在大组工网便捷、快速、精确查询干部档案信息的功能，干部档案工作的规范化、信息化水平进一步提高。同时，能够避免纸质干部档案不易保管、不便查阅以及容易丢失和涂改等缺点，保护干部档案原始材料不被丢失、不受损坏、不遭涂改，干部档案管理的安全性、永久性进一步提高。

【支部建设“十条意见”】 为贯彻落实习近平总书记“抓实基层支部”的重要指示，树立“党的一切工作到支部”的导向，根据《中国共产党章程》和党内法规相关规定，结合恩施州实际，5月26日召开的州委七届三次全会审议通过《中共恩施州委关于加强和改进党支部建设的十条意见》（简称支部建设“十条意见”），列出“四个规范、六个强化”（规范支部设置、规范支委成员配备、规范支部工作运行、规范支部组织生活，强化支部书记队伍素质、强化支部政治功能、强化支部服务能力、强化支部建设保障、强化支部建设责任、强化支部建设督导）的操作指南，在支部建设上贡献恩施实践、提供恩施经验。

【基层党建“整县推进”】 制定《恩施州基层党建“整县推进”实施规划》，以恩施市、宣恩县为试点，以支部为基本单元，全地域、全领域、全要素、全功能实施基层党建“整县推进”计划。分层分类制定合格支部建设标准和指导方案，一个一个建、一个一个验，全州2593个支部完成规范化建设，652个支部达到优秀标准，超额完成年度30%的既定目标，机关党支部服务发展示范牵引力、农村党支部脱贫攻坚战斗力、社区党支部服务群众需求供给力、非公有制经济组织和社会组织党支部政治凝聚力进一步提升。

【非公有制经济组织和社会组织“百日巩固行动”】 根据全省统一部署，在“百日攻坚行动”的基础上，在全州开展非公有制经济组织和社会组织党的组织和工作覆盖“百日巩固行动”。成立州委非公有制经济组织和社会组织工作委员会（以下简称党工委），在州委领导下开展非公有制经济组织和社会组织党建工作。党工委下设办公室，办公室设在州委组织部党员教育中心，具体承担党工委日常工作。新建非公有制企业党组织21个、社会组织党组织18个、功能型党组织40个，党的组织覆盖率稳步提升。选派881名党建指导员进驻非公有制经济组织和社会组织党组织，指导开展党建工作，党的工作实现全覆盖。对全州463个非公有制企业党支部按照每个支部1000元的标准拨付活动经费，建设10个经济开发区、工业园区非公有制经济组织和社会组织活动平台，带动周边非公有制企业和社会组织互促互动开展活动，推进党建工作提档升级。

【抓党建促脱贫攻坚】 把抓党建促脱贫攻坚作为主旋律，发挥基层党组织在脱贫攻坚中的战斗堡垒作用、党员在精准扶贫中的先锋模范作用。围绕党组织班子建设、党员管理、村务财务公开和民主管理、社会治安和信访矛盾处理、村级党员群众服务中心提档升级等11个方面，集中整顿转化软弱涣散村党组织，党组织抓党建促脱贫攻坚的凝聚力、号召力、战斗力进一步增强。按照全领域全覆盖、分层分类的原则，对基层党组织书记进行以“五基”（党的基本理论、基本政策、基本制度、基本规范和精准扶贫基本能力）为主要内容的全员轮训，提高其“严抓党建、改善民生、引领发展”的能力。推行双向选配、择优遴选制度，州县两级选派747名政治素质好、办事能力强、农村工作熟、工作作风实的驻村第一书记，建档立卡贫困村和软弱涣散村党组织实现派驻第一书记全覆盖，新招录的223名大学生村官全部分配到建档立卡贫困村任职，为打赢脱贫攻坚战充实精兵强将。采取党费补助、财政资助、盘活“三资”等方式，以发展特色产业为核心，引导推动村级集体经济提速提质。在店子坪当代红色教育基地培训学校承办全省贫困地区乡村党组织书记示范培训班，培训成效得到省委组织部肯定。通过一系列举措，将党的组织资源转化为脱贫资源、组织优势转化为脱贫优势、组织活力转化为脱贫活力，抓党建促脱贫攻坚取得阶段性成效。

【人才体制机制改革】 11月3日，州委、州政府印发《关于深化人才发展体制机制改革的实施意见》，从创新人才引进机制、优化人才培育机制、健全人才流动机制、改进人才评价机制、强化人才激励机制、完善人才管理体制、加强党对人才工作的领导7个方面，提出紧扣需求引才、创新方式引才、拓宽渠道引才、扶持主体引才、加大急需紧缺人才培养力度、着力培育企业经营管理人才、不断拓宽技能人才培养渠道、创新优秀青年人才培养机制、引导优秀人才向基层一线流动、引导科技人才向市场主体流动、改进人才评价考核方式、积极推进职称制度改革、完善优秀人才激励政策、加大创新人才激励力度、推进人才发展平台建设、优化事业单位编制管理程序、创新事业单位岗位设置管理、深入推进人才公共服务改革、完善人才工作领导体制、充分发挥党组织凝聚人才作用等20条具体措施，引导推动贫困山区人才“引育留用”难题破解。

【杭州市人才支援项目】 借力国家东西部扶贫协作杭州市对口支援机遇，立足推动人才合作开发与精准脱贫、特色产业融合发展，编制《恩施州对接实施杭州市人才支援项目专项规划（2017—2020年）》，确定3大类、7个子项的帮扶项目。选派32人到杭州市挂职，在杭州市举办恩施州农业龙头企业负责人培训班等10个班次、培训400余人。依托国家“东支西”人才培养项目，选派10批次、61人赴发达地区学习，培训内容涉及农村电商、金融扶贫、贫困地区IPO操作实务等领域。

【人才创新创业】 围绕“大众创业、万众创新”，坚持市场导向，注重多方联动，加快硒资源开发利用、生态文化旅游等领域的人才创新创业平台、人才超市、众创空间建设，为人才创新创业夯实基础。成功创建省级人才创新创业平台、人才超市各1家，创办省级“众创空间”2家，评审命名州级人才创新创业平台、人才超市10家。组织开展“我选湖北·绿色恩施梦”大学生就业创业行动、全域旅游青年人才创新创业大赛、农村实用人才创新创业资助计划，为各类人才创新创业搭建平台。

【“组工调研信息宣传年”活动】 在全州组织系统开展“组工调研信息宣传年”活动，把调研信息宣传工作列为各县市委组织部、州委组织部各科室履职尽责的重要内容，作为组工干部的硬任务、硬指标。建立健全月督办、半年通报、年终考评制度，对目标任务完成好、表现优秀的单位（科室）和个人，在年度考核、评先表优时予以倾斜；对未完成目标任务的单位（科室）和个人，年度考核一般不得评为优秀，一般不得评先表优。8月25日，召开2013年以来全州组织系统规格高、规模大、影响深的调研信息宣传工作会议。州县两级组织部门承担中组部党建研究所课题1个、省委组织部课题2个、省党建研究会课题7个、恩施州社科课题2个，其中《党支部制度建设问题研究》获全省组织工作重点调研课题三等奖、恩施州优秀社科课题奖,《建立健全激励保障机制、调动干部队伍积极性问题研究》获全省组织工作自选调研课题优秀奖,《干部担当问题研究》获恩施州重点社科课题奖；被中组部采用信息2条，省委组织部采用17条；在国家级媒体发表外宣稿件66篇，省级媒体发表134篇，全州组织工作的影响力进一步扩大。

【中共恩施州委组织部负责人名录】

州委常委、组织部长：张建文

常务副部长：田景福

州纪委派驻纪检组长：冉崇柳

副部长：彭立华　张敬东

（蔡望雄）

编辑　刘　权

宣传思想文化工作

【概　况】 2017年，全州宣传思想文化系统围绕学习宣传贯彻中共十九大精神、省第十一次党代会精神、州第七次党代会精神，推进理论武装、舆论引导、互联网治理、精神文明建设和文化改革发展等重点工作，为“一谷两基地三示范区”建设、决胜全面建成小康社会提供了思想保障、精神动力、舆论支持和文化滋养。

【学习宣传贯彻中共十九大精神】 各级新闻媒体开设专题、专栏，报道各地各单位喜迎中共十九大动态。9月30日至11月28日，“砥砺奋进·绿色崛起——恩施州喜迎十九大经济社会发展成就图片展”在州文化中心举办，5万多名干部群众参展。十九大召开后，全州各级党组织和广大党员干部第一时间传达学习十九大精神。10月25日，恩施州“宣传十九大·文艺进百村”活动在巴东县野三关镇石桥坪村启动。11月20日，党的十九大精神省委宣讲团在州文化中心举行宣讲报告会，1100多名党员干部现场聆听。11月24日，副省长童道驰到恩施州为基层干部群众宣讲十九大精神。11月28日，学习贯彻中共十九大精神州委宣讲团动员会暨全州党委（党组）理论学习中心组学习经验交流会召开。中共十九大精神州委宣讲团赴州直单位和各县市开展宣讲，全州举办各类宣讲报告会6595场次。

【意识形态工作责任制】 印发《意识形态工作责任制清单目录》《意识形态工作联席会议议事规则》《意识形态形势分析研判机制》，建立意识形态工作联席会议机制，召开6次意识形态工作联席会议，3次专题分析研判会。对党委（党组）中心组学习和思想文化类论坛、报告会、讲座、研讨会实行报备制。加强对新闻媒体的领导和管理，刊发《新闻阅评》9期。落实意识形态工作“五纳入三报告”制度，把意识形态工作纳入党建工作责任制，纳入领导班子领导干部履职尽责考核，纳入民主生活会对照检查内容，纳入巡视巡察范围，纳入上级党委、政府与下级党委、政府签订目标责任书内容；每年两次向上级党委报告，一次向同级党委全会报告和纪委全会报告。对各县市和州直单位的意识形态工作责任制、党委（党组）中心组学习、网络意识形态工作责任制落实情况开展2次督查。

【理论武装工作】 开展中共十八届六中全会精神、习近平总书记系列重要讲话精神、党中央治国理政新理念新思想新战略的学习宣传研究。组织《习近平谈治国理政（第二卷）》的订阅和学习。各级党组织深入学习宣传省第十一次党代会和州第七次党代会精神，开展省第十一次党代会理论宣讲413场次，直接听众5万人。州委中心组集中学习15次。州直百姓宣讲团举办“圆梦恩施”大型百姓巡回宣讲活动9场，听众1万人。州政府表彰了第七届社会科学优秀成果。评选出2017年度全州社科重大课题12项、重点课题

18项、优秀课题30项、县市“基层社科课题资助”项目22项。举办“武陵地区精准脱贫案例交流”理论研讨会。在《恩施日报》开设“恩施社科”“学习实践”理论专栏，编印《支部主题党日学习资料》14期、《理论信息》9期、《智库报告》4期。

【新闻宣传工作】 围绕建设“一谷两基地三示范区”、打造湖北特色产业发展增长极、精准扶贫、全面从严治党、法治恩施建设等主题开展系列报道，召开新闻发布会30多场。州直媒体开展早春走一线、百名记者进园区进景区采编活动，展示全州上下凝心聚力谋发展的局面。开展典型宣传报道，3人当选中国好人、7人当选荆楚楷模、1人当选全省道德模范，推出恩施楷模17组，恩施市环卫处、黄家菊分别被评为全省岗位学雷锋示范点和学雷锋标兵。在省级以上主流媒体刊发稿件2200多条。在国际茶业大会暨第四届硒博会期间，组织“百名记者品硒茶”采访报道活动，各类媒体刊发稿件500多条，转发量和浏览量超过1000万次。与新华社共同建立采访、供稿、反馈合作机制，3月9日，新华社湖北分社社长叶俊东带队到恩施州采访。新华社刊发恩施州重点报道80条，内参稿件得到中央、省委领导批示。

【网信工作】 9月15日，州编委正式批复，同意州网络文化建设和信息安全管理办公室更名为州网络安全和信息化领导小组办公室（挂州互联网信息办公室牌子），设在州委宣传部。将州大数据应用与管理局并入州网信办，该局6名行政编制及人员同步划转。实行网络舆情日报告、月分析制度，编发互联网涉恩舆情161期，编发月度综合分析报告12期。面对突发事件，第一时间分析研判处置，满足公众知情权。在中共十九大、省第十一次党代会期间，网上舆情平稳。12月9日，召开全州净网行动动员会，启动净网专项行动。依法打击网上造谣传谣、虚假广告、诈骗信息。开通恩施文明网和文明恩施微信公众号。召开网络媒体座谈会，邀请专家对网信干部进行业务培训。州网络媒体协会组织自媒体参加茶业大会暨硒博会宣传工作，网络空间清朗有序。

【精神文明建设】 3月9日，全州农村精神文明建设现场会在鹤峰召开，总结推广了鹤峰“最美”系列评选活动经验，对全州农村精神文明建设工作进行安排部署。州委常委、宣传部长尹达主持会议，州委副书记、政法委书记柯东海出席会议并讲话，180多人参加会议。新华社、央广网、湖北日报等20多家媒体对会议情况和鹤峰经验做法进行报道。省委常委、宣传部长王艳玲对恩施州农村精神文明建设作出批示：“恩施州在农村精神文明创建中坚持问题导向，强化机制创新，注重群众参与，放大典型效应，打造特色品牌，取得了较好成效，望进一步加强探索，在精神文明创建工作中取得更大成效。”开展培育和弘扬社会主义核心价值观活动，推荐2017年度全国志愿服务“四个100”先进典型12组。新增乡村学校少年宫项目12个，达65所。2017“感动恩施”年度人物评选活动暨颁奖仪式启动，评选出十大“感动恩施”年度人物。全省“同声诵经典·走进恩施”展演活动在恩施举办。恩施市、咸丰县被评为省级文明城市。全国文明乡镇3个，全国文明村10个，全国文明单位8个，全国文明校园1个，全国最美家庭2个。

【文化体制改革和文化产业发展】 州编委同意将州文联的工作职能、编制、人员、牌子划转州委宣传部。制定国家级文化生态保护实验区试点总体规划，并报文化部审批。州艺校并入恩施职院。州文化中心划转州文体新广局管理。推进基层思想政治工作改革创新，9月27日，全省基层思想政治改革创新观摩交流会在恩施召开，省委宣传部副部长喻立平出席会议，对恩施州此项工作给予高度评价。湖北宣教微信公众号专题推送此项工作。州国税局的1234思想政治工作模式得到国家税务总局局长王军的两次批示，国家税务报、湖北日报进行报道，省税务局在全省推广。国网恩施供电公司实施“创星工程”，湖北日报进行专题报道。组织文化专家编纂“恩施故事”，服务文化旅游业发展。州委常委、宣传部长尹达率团参加深圳文博会。文化产业招商项目签约金额98亿元，到位资金2亿元，3个项目落地。州直宣传文化单位坚持经济效益和社会效益相统一，大力拓展经营业务。恩施日报社完成广告收入2600万元，所属印刷厂实现经营收入1900万元。恩施电视台实现经营收入4000万元。省新华书店恩施分公司营业收入突破2亿元。楚天视讯恩施分公司实现经营收入2.25亿元。省民族歌舞团经营收入400多万元。

【文化事业发展】《陈连升》丛书、散文作品集《山水无言》等优秀文学作品相继问世。土家乡村音乐剧《黄四姐》在全州巡演，来凤县大型现代南剧《初心》赴省进京演出，群舞《摆手的幺妹等等我》入围全国“荷花奖”终评。电影《漂洋过海来爱你》《让爱活下去》《缺失的爱》在全国上映。开展“文化惠民”系列活动，文艺院团送戏下乡1195场。省民族歌舞团完成各类演出891场次，演出场次居全国专业艺术院团之首。开展戏曲进校园活动688场，精品剧目展演周活动受到群众欢迎。在全省广场舞比赛中，利川、宣恩、咸丰取得优秀成绩。公共文化服务体系日臻完善，11月24日，全省基层综合文化服务中心建设推进会在利川召开。投资11.8亿元的州民族体育运动中心项目建设正式启动。投资0.35亿元的209个文化示范村基本建成。恩施日报社正式搬入州传媒中心办公，省民族歌舞团即将搬进州文化中心。“村村响”“户户通”文化惠民工程稳步推进，“三馆一站”覆盖更加广泛。

【自身建设】 加强党的建设，改选部机关党总支，为所属三个支部配齐纪检委员。1月中旬，通过首轮巡察整改验收。落实“三会一课”制度，1月18日、9月30日，分别召开部领导班子民主生活会。3月30日，州直宣传文化单位集体上廉政党课，州委常委、宣传部长尹达参加廉政党课并讲话。七一前夕，州直宣传文化系统开展主题党课教育活动，尹达以《传承井冈山精神，扎实推进“两学一做”》为题，为200多名与会党员作专题讲课。加强宣传干部队伍建设，举行恩施州第二届“杰出文化新人”颁授典礼，17人被授予“杰出文化新人”称号。举办全州宣传干部培训班，对120名县市宣传部领导班子成员、乡镇宣传委员进行培训。抽调1名科级干部到建始县三里乡扎鱼口村任第一书记，配备1名工作人员，与州纪委派驻州委宣传部纪检组、省楚天视讯恩施分公司、省新华书店恩施分公司共同开展精准扶贫工作，结对帮扶该村113户贫困户。

【中共恩施州委宣传部负责人名录】

州委常委、宣传部部长：尹　达

常务副部长：文　林

州纪委派驻纪检组长：陈登帆

副部长：唐敦权　冯兴炼（3月任）

（陈国清）

编辑　刘　权

统战工作

【概　况】 2017年，全州统战部门深入学习贯彻习近平新时代中国特色社会主义思想和中共十九大精神，认真贯彻落实中央、省委、州委关于统一战线系列重大决策部署，积极推动构建大统战工作格局，围绕州委州政府中心工作，主动履职尽责，不断推动全州统战工作创新发展。

【多党合作制度效能提升】 把学习贯彻习近平新时代中国特色社会主义思想作为核心内容，引导、支持各民主党派推进“不忘合作初心，继续携手前行”和“两学一做”学习教育主题实践活动，召开各类学习讨论会议14次，开展到重庆中国民主党派历史陈列馆重温历史、店子坪当代红色教育基地感悟“愚公精神”等特色活动16场次，430人次，扎实开展思想政治引领活动，巩固共同思想政治基础。完成协商民主制度创新专项改革任务，以州委办公室名义印发《恩施州政党协商实施方案》，推进政党协商制度化、程序化、规范化。广泛征求州各民主党派意见，研究制定《2017年中共恩施州委政党协商计划》，全年召开党外人士迎春座谈会、情况通报会等4次。积极支持各民主党派围绕州委州政府重点、难点工作开展调查研究，建言献策，完成11项专题课题调研，提出提案、意见和建议158件。积极支持民主党派履行监督职能，推动脱贫攻坚民主监督新实践。加强特约人员工作，协助相关部门聘请13名民主党派成员担任特约监察员，多名民主党派成员被邀请担任电视问政特约评论员、问政嘉宾。积极引导、协助各民主党派开展“关爱留守儿童行”“思源·移民班”“思源救护”“脑瘫患儿救助”“法律志愿服务进村”等特色社会服务活动。

【非公有制经济领域统战工作】 加强对非公有制经济人士的思想政治工作，开展以守法诚信为重点的理想信念教育实践活动，引导非公有制经济人士不断增强“四信”。研究部署工商联换届工作，加强对各级工商联换届工作的指导，州、县两级工商联顺利完成换届。为提振民营企业发展信心，弘扬优秀企业家精神，州委统战部联合州工商联、州电视台、恩施日报社在恩施日报、恩施晚报、恩施电视台、云上恩施等多家传统和新媒体创办《民企名人》专栏，通过典型事迹、叙述故事等形式深度宣传民营企业和民营企业家，全年专题报道33期典型企业和人物，弘扬正能量，增强了非公企业发展信心。截至2017年底，该项业务为全州274家中小微企业解决流动资金贷款12.74亿元。

【民族工作】 贯彻落实中央、省委、州委民族工作会议精神，在成功创建全国民族团结进步示范州的基础上，州第七次党代会明确将“打造全国民族团结进步示范区”纳入“一谷两基地三示范区”战略定位，把民族团结进步创建工作上升到州级发展战略。2017年成功创建国家级示范单位2家，省级示范单位16家，省级示范基地1个，开展“民族团结进步宣传县市行”等系列专题宣传教育、全州民族团结进步互观互检等特色活动，全省民族团结进步创建工作座谈会暨湖北武陵山民族团结进步创建活动经验交流现场推进会在恩施州召开，“616”对口支援工程在6个县市召开工作对接会，示范区创建迈出了坚实的步伐，全州呈现经济快速发展、民族团结和谐的良好局面。开展城市民族工作专题调研，邀请宜昌新疆工作站站长艾海提以“学讲话、感党恩、听党话、跟党走”为题开展政策法规宣讲，积极做好外来务工经商少数民族人员服务管理工作，促进各民族交往交流交融。

【宗教工作】 贯彻落实全国、全省宗教工作会议精神，6月13日，州委召开全州宗教工作会议，对全州宗教工作进行全面安排部署，推动各地各部门落实宗教工作主体责任。州委中心组（扩大）学习会议，邀请省民宗委党组成员、副主任邓汉光作题为《深入学习贯彻全国全省宗教工作会议精神，不断推进全省宗教工作再上新台阶》的宣讲报告，进一步增强各级领导干部宗教工作意识。突出问题导向，组织开展履职尽责问题督查工作，查找宗教领域四大类共28个问题，2017年底27个问题进行了整改销号。

【党外代表人士队伍建设】 对全州副科级以上党外干部进行摸底调查，更新1134人的党外干部数据库。下发《关于调整州委常委和州人大、州政协主要领导与党外人士联系交友人员名单的通知》，党员领导干部带头广交深交党外朋友。4月至5月，开办2017年党外干部进修主体班，州委常委、统战部长涂元玲与学员开展座谈交流，并作专题辅导讲座。建立党外干部工作联席会议制度并定期召开联席会议，加强党外干部的储备、培养、使用和管理，除法检“两院”外，党外代表人士政治安排、党外干部配备达到政策要求。

【对台工作】 举办“全省台协会长联席会暨投资推介会”、“相约女儿会、恩台少数民族手牵手”、台商参加硒博会等系列活动，积极参加湖北“台湾周”活动，接待台湾同胞组团来恩施考察、参访12批次400多人次，不断加强对台经贸文化交流合作。

【省委常委、统战部长、省总工会主席尔肯江·吐拉洪到恩施调研】 5月24日至25日，省委常委、统战部长、省总工会主席尔肯江·吐拉洪到恩施调研检查指导防汛抗旱、精准扶贫及统战工作，深入恩施市、利川市、宣恩县进行现场调研，并主持召开座谈会。他强调，立足于防，立足于早，立足于打硬仗，抓好防汛抗旱这一“天大的事”；聚焦准实，下足“绣花功夫”，坚决打赢脱贫攻坚战；尔肯江·吐拉洪要求要贯彻落实好中央、省委关于统一战线系列重大决策部署，推动恩施州统一战线工作迈上新台阶。

【恩施州招商服务平台启动仪式暨“恩商回归”座谈会】 3月18日，州委、州政府举行恩施州招商服务平台启动仪式暨“恩商回归”座谈会。会上，来自广东、河南、昆明、宜昌、上海、武汉、温州、重庆等地的恩商代表介绍了各地恩施商会发展情况，表达了投资家乡的意愿，并提出意见建议。刘芳震等州领导为宜昌恩施商会、广东恩施商会、上海恩施商会、北京恩施商会、河南恩施商会、武汉恩施商会、昆明恩施商会、温州恩施商会、恩施州驻华东地区招商联络处9家异地招商引资服务平台颁证授牌，负责服务机构所在区域的招商引资相关工作。

【“千企帮千村、脱贫奔小康”精准扶贫】 推进“千企帮千村、脱贫奔小康”行动，不断探索创新“公司＋基地＋农户”有效帮扶模式，引导、鼓励民营企业充分发挥各自优势，围绕产业带村、项目兴村、资金扶村，健全完善市场主体与贫困户利益联结机制，取得村企共赢的良好局面。截至2017年底，全州共有1068家民营企业结对帮扶729个建档立卡贫困村，实现重点贫困村帮扶全覆盖，共实施帮扶项目1816个，投入帮扶资金6.65亿元，其中，产业帮扶投资5.69亿元，公益捐款2069万元，就业帮扶6913万元，技能帮扶583万元，辐射带动贫困户21743户，104479人。

【中共恩施州委统战部负责人名录】

州委常委、统战部长、州总工会主席：涂元玲（1月任）

常务副部长：袁　平

州纪委派驻纪检组长：刘洪亮

副部长、州台办主任：李　新（4月任）

副部长、州工商联党组书记：张　蓉

（谭文豪）

编辑　刘　权

信访工作

【概　况】 2017年，恩施州受理办理群众信访事项22208件/批次，同比上升56.5%。其中，来信1551件次，同比下降24.4%；来访6359批次，同比上升45.2%；网上信访14298件次，同比上升84.5%。总体来看，全州信访结构趋优，网上信访占全州信访总量的63.9%，成群众信访主渠道；秩序可控、总体向好，未发生因信访问题引发的群体性事件、网上负面炒作和个人极端恶性事件。

【信访维稳】 2017年是政治年，中共十九大、“一带一路”国际合作高峰论坛、省党代会及全国、全省、全州“两会”等重大活动多，信访维稳任务艰巨。州委统揽全局、协调各方，各级各部门担当使命、克难攻坚，经过持续不断努力和决战攻坚，实现“州内不出事、矛盾不上行、网上不炒作”的工作目标。

【信访改革】 推行律师“三进”工作，得到湖北省委书记蒋超良、省长王晓东的批示肯定；推进领导干部接访常态化、推进矛盾纠纷层级调处等做法得到国家、湖北省信访局高度肯定。在全州组织开展领导下访、书记陪访、领导开门大接访活动，变“群众上访”为“领导下访”、变“被动受理”为“主动办理”，推动信访问题在一线解决。自2017年4月起，实行州、县、乡三级领导工作日轮流在各级群众信访接待中心值班，做到有访必接、随访随接。州、县市、乡镇三级领导干部共接待群众来访4858批8827人次，签批交办1220件；州“四大家”领导干部每季度、县（市）领导干部每月至少下访接待群众1次，乡镇（街道）领导干部用三分之一的时间做信访维稳工作。全州各级领导干部共下访约访1620人次，化解信访事项477件；县、乡、村三级党组织和州、县、乡三级职能部门党组织书记在第一时间研究处理本地本部门的信访个案，及时就地解决群众合理诉求，对上行矛盾落实书记陪访，全州381名县乡领导陪访群众878人次，862名村（社区）书记陪访群众1326人次。在全省率先制定出台律师进村（社区）、进信访大厅、进疑难复杂信访案件工作办法，全面实现村（居）信访矛盾有法律顾问化解、信访部门接访大厅有法律顾问坐班、疑难复杂信访案件有法律顾问参与。全州2400多个村聘请法律顾问，走村串户开展普法宣传教育，“面对面”提供法律咨询，“实打实”解决矛盾纠纷，从源头上预防信访问题的产生和上行；州县两级信访部门在信访大厅开辟律师接谈室，聘请数名律师，工作日轮流值守，引导分类处理，参与信访接待，为信访人、信访干部、接访领导提供法律服务。2017年，全州律师进接访大厅927人次，接待群众1449批2638人次，参与领导接访562次；对久拖未决的积案难案，组建化解稳控专班，吸纳律师参与，帮助厘清是非对错，依法出具律师意见书，配合做好释法说理工作。全州交办各类信访积案714件，律师参与化解信访积案505件。25名州领导包案50件信访积案，严格按照“三到位一处理”原则，千方百计，综合施策，推动化解；州级财政设立信访积案化解专项奖补资金500万元，专项用于信访积案化解，着力减少积案库存量。针对非正常上访突出、集体访大幅攀升等问题，州综治委、州信访工作领导小组联合行文，将在社会矛盾源头防范、信访矛盾化解稳控、重点矛盾重点管理、信访秩序依法治理、依法文明接访工作、责任落实等方面的做法固化为六大机制，推动信访工作由“被动控”向“主动接”转变、维稳工作由“事后维”向“事前稳”转变。州中级人民法院、州人民检察院、州公安局联合发布公告，加大对信访活动中14种违法犯罪行为的宣传处置力度，推动信访秩序持续好转。

【业务规范】 推进“三无”县市和人民满意窗口创建工作，开展信访基础业务规范化检查，以信访“五率”为抓手，倒逼有权处理单位履职尽责，推进事要解决。2017年，全州信访事项登记录入率100%，信访部门及时受理率99.98%，有权处理行政机关及时受理率99.96%，信访事项按期办结率99.96%，信访部门群众满意率99.10%，有权处理行政机关群众满意率98.61%。制定出台《恩施州接待群众来访工作规则》，围绕接访、办理、结案、共治、行为、应急、建设、考核等8个方面，对来访怎么接、接了怎么办、办了怎么结作出具体规定，拟定初信初访台账、双向承诺书、工作流程图、“六个严禁”行为规则，全州一个模式统一推进，实行正常上访、规范接访，进一步改善信访接待场所环境，提升信访工作服务水平，推动实现初访初结初了、人民来访“只跑一次”工作目标。持续推进依法分类处理试点工作，受理上讲法定途径，办理上讲政策依据，结果上讲法律效力。在法定途径清单州直部门全覆盖基础上，以州直部门为主体，系统抓、抓系统，上下同频共振，做到分类标准、办理程序、文书格式一致。制定出台《恩施州信访工作责任制实施细则》，明确各级党政机关的信访工作责任、各级党政机关领导班子的领导责任、各级党委政府的主体责任、各级信访部门的主管责任、各级党政机关工作人员处理信访事项的首办责任，厘清责任边界，严格追责问责，倒逼工作落实。2017年，州、县市两级先后对80多名工作认识不到位、信访责任不落实的党员干部进行了问责处理。

【中共恩施州委群众工作部（州信访局）负责人名录】

部（局）长：向　辉

副部（局）长：甘应绪　邢　宇

（黄淑琪）

编辑　刘　权

政策研究及深化改革工作

【概　况】 2017年，中共恩施州委政策研究室（州改革办）全面贯彻中共十八大以来中央历届全会精神、中共十九大精神和省第十一次党代会、省委十一届二次全会精神，紧紧围绕州委决策部署和全州中心工作，坚强“铁笔杆”“铁榔头”“铁脚板”三支铁军，主攻文稿服务、改革调研、脱贫攻坚三项核心工作，以铁的纪律、铁的作风、铁的担当攻城拔寨、干事创业，为推动全州加快绿色发展、实现绿色崛起发挥了参谋作用。全年州级实施改革项目92个。其中，省级以上试点项目15个，省对州重点考核项目18个，其他项目59个。共65个项目顺利结项，结项率100%。改革成果推介成效突出，一批重点改革项目的创新举措和改革经验在国家级、省级层面得到批示肯定，并在核心媒体予以宣传推广：获中央部委主要领导批示1项、获国家级表彰3项、举办全国性现场会1次、参加全国性交流会并作典型发言5项、获中央主流媒体报道24项、获省级领导批示肯定8项、获省级表彰4项、举办省级现场会4次、参加全省性交流会并作典型发言6次、获省级主流媒体报道38项。

【调查研究】 坚持把调查研究作为服务州委科学决策的主责主业，创新调研方式，拓宽调研领域，紧紧围绕州委的中心工作、领导关注的重点问题、涉及全局的重大问题、制约发展的关键问题，外地涌现的新鲜经验和最新动态，组织精兵强将开展系列调研，先后完成《重庆市群团改革工作调研报告》《全州基层组织建设调研报告》等重要调研文稿。紧扣落实州第七次党代会决策部署，围绕怎么建设一谷两基地三示范区，怎么打造湖北特色产业增长极，拟定13个事关恩施长远发展的重大调研课题。每个课题明确一名州领导牵头，邀请专家学者与各业务部门共同研究，形成一大批调研成果，为进一步贯彻落实州第七次党代会精神提供决策服务，其中《关于建设“一谷两基地三示范区”，打造全省特色发展增长极的总体战略研究》得到省委主要领导批示。

【《今日恩施》编辑】 宣传州委州政府重大工作部署和指导思想，适时推介全州各地各部门的典型经验和先进做法。加强与州作家协会、州摄影家协会、州委党校等单位沟通协调，丰富刊物栏目和内容，提升刊物可读性和观赏性。及时刊发州委、州政府主要领导重要讲话，推介优秀调研文章，宣传全州经济社会发展、全面深化改革等方面典型经验。全年出刊《今日恩施》6期，编发文章150篇，发挥了宣传和服务恩施的作用。

【经验推广】 恩施市林业局获“全国集体林权制度改革先进集体”表彰。利川市信访局获人社部“全国信访系统先进集体”表彰。恩施州获“全国基层改革创新案例”3例：创新金融扶贫，搅动一池春水—湖北省恩施市创新“两社两司一卡一库一平台”金融扶贫机制；让群众少跑腿，让数据多跑路—湖北省巴东县“农民办事不出村”信息化改革项目探索；坚持三管齐下，推进并驾齐驱—宣恩县在改革与开放融合中促进县域经济换道超越。第三届全国民俗大会在恩施举办。习近平总书记主持召开深度贫困地区脱贫攻坚座谈会，恩施州作典型发言。文化部主办国家级文化生态保护实验区建设工作座谈会，恩施州作典型发言。全国集体林业综合改革试验示范区交流会，恩施市作典型发言。全国首批健康扶贫示范区签约仪式，利川市作典型发言。全国民族团结进步创建经验交流现场会，恩施供电公司作典型发言。巴东县易地扶贫搬迁、恩施州律师“三进”、宣恩县试点推进经营权抵押贷款等24个改革案例分别在中央电视台、人民网、人民日报等媒体推介。

【扶贫工作】 按照州委、州政府统一安排，牵头负责州委书记扶贫联系点恩施市三岔镇燕子坝村精准扶贫工作。政研室全体始终坚持把“对书记负责、让群众满意”作为最重要的政治纪律，认真履行扶贫帮困责任，用心用情用力做好各项帮扶工作。引导该村大力发展生态观光农业，全力打造“民俗旅游＋特色种养殖业＋劳务输出”复合产业模式，村级主导产业1500亩干鲜果得到升级，新发展中药材200亩、蔬菜200亩、烟叶500亩，“一村一品”产业结构初步成型。用好金融扶贫政策，扎实开展扶贫小额信贷，完成金融扶贫投资分红贷510万元，51户贫困户年度分红30余万元。积极拓宽务工增收门路，组织28名贫困留守妇女接受免费月嫂培训，落实护林员岗位8人。加快推进叶家台自来水厂建设，解决250户、800人安全饮水问题。加快村组公路建设，大坝至双驴寨3.5公里道路硬化项目完成立项，叶水线公路至长岭组4公里改扩建项目完工。国土整治项目完成踏勘选址，八字岩农田水利整治启动实施。易地扶贫搬迁危房改造全部完成。

【中共恩施州委政研室（州改革办）负责人名录】

主任：陈开国

常务副主任：向文锋（3月任）

副主任：沈祥辉　舒　田　邓　锐（5月任）

（谭建威）

编辑　刘　权

机关党建

【概　况】 2017年，州委州直机关工委贯彻落实党中央和省委、州委全面从严治党决策部署，牢牢把握“党的一切工作到支部”的鲜明导向，充分发挥抓机关党建牵头抓总、督促落实的职能职责，不断夯实管党治党政治责任，机关党建工作取得明显成效。截至2017年底，隶属于州委州直机关工委管理的党委47个，总支部17个，支部37个，党员11280名。

【思想建设】 严格落实州委部署，持续推进州直机关“两学一做”学习教育常态化制度化。充分发挥党校、高校、“清江大讲堂”主阵地作用，多形式、分层次、全覆盖做好党员干部教育培训工作。争取省直工委政策，将建始县店子坪村纳入全省党员干部红色教育培训基地。认真落实党组（党委）中心组“一学一报”制度，定期对州直单位中心组学习情况进行调研、督查、通报。高度重视意识形态工作，牢牢把握意识形态工作的主动权，确保微信群、QQ群等工作平台始终保持正确的政治方向。

【组织建设】 2017年，州直共发展党员285名（含湖北民院、恩施职院）。指导27个州直单位党组织设立机关纪委，31个州直单位党组织按期换届，11个单位党组织对空缺的委员进行补选。进一步做好党内激励、关怀、帮扶工作，“七一”表彰39个先进党支部、50名优秀党务工作者、98名优秀共产党员，走访慰问州直中华人民共和国成立前老党员、生活困难党员30名。

【党风廉政建设】 2017年，对党建重点工作落实不力的62个党组织进行约谈，44个单位进行公开通报、现场扣分，对11个省委巡视、州委巡察单位党建工作存在的问题整改情况进行督办，对29名违反中央八项规定精神的科级党员干部给予党纪处分。扎实开展第十八个党风廉政建设宣传教育月活动，组织党员干部到叶挺纪念馆和何功伟烈士陵园开展入园（馆）缅怀活动。利用节假日等特殊时间节点，通过发送廉政贺卡、廉洁短信等方式，温馨提醒党员干部过好"廉节"、把好"廉关"，打好廉洁"预防针"。邀请州纪委副书记为州直机关干部职工作"贪廉一念间荣辱两世界"专题辅导讲座，引导党员干部加强家风建设，涵养勤俭持家、尚廉知耻的良好家风，以良好的家风促进党风政风、带动社风民风。狠抓中央八项规定精神和省委六条意见落实，厉行"三短一简一俭"，针对不担当、不作为，工作不实、弄虚作假，文山会海、照抄照转和财务管理违规等现象开展专项治理，查找突出问题，推动整改落实。

【精神文明建设】 2017年完成2015—2016年度州级（最佳）文明单位的申报、验收、资料上报工作。做好州直文明单位检查验收和推荐申报工作。对10个新申报州级最佳文明单位、7个新申报州级文明单位逐一进行考评，抽查14个需确认的州级最佳文明单位、州级文明单位。州委州直机关工委向州文明委推荐新申报4个省级文明单位，申报复查确认43个省级文明单位、48个州级最佳文明单位、36个州级文明单位；做好3个州直单位申报2016—2017年度市级文明单位的有关组织协调工作；加强志愿者队伍建设，围绕生态恩施、美丽州城建设，组织开展多种方式的志愿服务。

【学习宣传贯彻中共十九大精神】 把学习宣传贯彻中共十九大精神作为首要政治任务抓紧抓好。州委州直机关工委班子带头学习、带头宣讲，以习近平新时代中国特色社会主义思想统领工作全局。11月8日至15日、11月22日至29日，分两期将州直单位148名党务工作者送至浙江大学集中学习中共十九大精神，培养一批学习宣传骨干。州直党务干部学习贯彻中共十九大精神培训侧记《当学懂弄通做实的表率》和《州直党务干部学习贯彻中共十九大精神培训心得》分别于2017年12月7日、8日在《恩施日报》刊登。通过全面解读、深入研究、广泛宣传十九大精神，参训学员主动担当十九大精神宣讲员，有效推动了中共十九大精神进机关、进基层党组织、进头脑，在州直机关迅速掀起学习贯彻十九大精神热潮。用留存党费购买《中华民族复兴大战略》《党的十九大报告学习辅导百问》《党的十九大报告辅导读本》《中国共产党第十九次全国代表大会文件汇编》等学习资料各1000册，免费发放到州直各基层党组织和党员干部手中。州直各单位党组织采取邀请领导与专家讲党课、专题辅导、座谈交流等多种形式，以"支部主题党日"、党组（党委）中心组学习等为载体，通过上党课、民主讨论和微信群、QQ群等多种形式和载体，广泛学习和宣传十九大精神，凝聚贯彻落实党中央和省委、州委决策部署的发展共识。

【深化"支部主题党日"】 州委领导以身作则，带头示范，亲自设计、亲自谋划、亲自参与"支部主题党日"活动，切实担当引领、监管之责。加强检查督导，州委州直机关工委联合有关部门，对"支部主题党日"活动开展情况每月进行一次督查暗访，每月进行一次公开通报，及时督促整改突出问题。经过7轮督导，州直532个基层党支部11000余名共产党员参与学习教育。州委州直机关工委先后召开州直单位"支部主题党日"活动推进会，制作督查暗访片和专题示范片。抓结果运用，将"支部主题党日"活动督查暗访情况纳入党建考评，对不开展"支部主题党日"活动和活动不规范的，在党建日常考核中进行扣分。通过一轮一轮的督导、示范，州直机关“支部主题党日”活动得到规范和深化。

【党建考评改革】 发挥党建考评的导向作用，以考核改革为指挥棒，倒逼各单位管党治党责任的落实。一改过去党建工作年终考核“一锤定音”的模式，实行党建考核改革，日常考核和年终集中考核各占50分，以党建考核为指挥棒，使基层党建工作考在平时、严在经常。加大平时考核的权重，实行扣分制，对机关党建日常重点工作落实不力、“支部主题党日”开展不规范、党组（党委）中心组学习未达规定次数的单位党组织实行扣分，以严格考核倒逼责任落实，使基层党建工作抓在平时、落实在平时、作用发挥在平时。

【“书香恩施·清江大讲堂”】 2017年，“书香恩施·清江大讲堂”举办5期专题讲座，内容涉及党的十九大精神宣讲、党风廉政建设、法治思维与依法行政、清廉家风、培养健康有趣的爱好等，州直千余名党员干部受到学习教育。实施党组织书记讲示范党课工程，州直600余名党组织书记讲示范党课1000余次。州直各单位通过内外网、微信公众号、微信群、QQ群、干部在线学习等互联网平台，组织干部职工充分利用工作之余加强自学和交流互学，多形式多平台促学不走过场。

【精准扶贫】 为咸丰县清坪镇高峰村统筹资金1488万元用于基础设施建设，完成通村公路10.3公里，通组公路14.5公里，产业路3公里的硬化工程；家家饮用安全自来水；完成农网改造项目；完成易地扶贫搬迁58户，特色居民改造53户，村庄环境整治全面启动；争取县林业局项目资金48万元，用于发展猕猴桃产业；在通村到组公路及产业园区种植樱花树1000棵，种植猕猴桃1200亩，辣椒550亩；建成农副产品烘烤厂、冷藏库，建成辣椒、油茶烘烤加工、水果冷藏的集散中心；完成农村集体经济股份制合作社权能改革，多面拓展集体经济；出租鱼塘承包，厂房每年固定征收租金6万元；建设微信官方公众平台，推送生态养殖计划，有力促进整村生态养殖业的发展，为每户增收3000余元。

【中共恩施州委州直机关工委负责人名录】

书记：郑开国（兼）

常务副书记：石明义

纪工委书记：黄　政

副书记：牟超忠　范　俊

（王敦才）

编辑　刘　权

机构编制管理

【概　况】 2017年，恩施州编办围绕建设全国先进自治州这一目标，落实州委、州政府各项决策部署，全面推进“放管服”改革，深化重点领域体制改革、不断加强机构编制管理，不断强化自身建设，为恩施州经济社会发展提供了良好的体制机制保障。截至12月31日，全州行政单位核定行政编制总数16614名，其中党政群系统行政编制13231名，政法系统编制3383名（不含鄂编办文〔2015〕109号文件上收的试点法院检察院政法专项编制），实有在职人员15795名；具体核定到单位的事业编制67428名，另有440名待分配事业编制，实有在职人员56789名。

【机构编制管理】 按照“控制总量、盘活存量、优化结构、增减平衡”的总体要求，经州编委研究、州常委会审定，2017年下达恩施州直单位使用编制指标277名，其中党政群机关78名（含遴选指标22名）、政法机关19名（含遴选指标6名）、参公单位19名（含遴选指标7名），其他事业单位161名。下达8县市使用编制新增人员指标2527名，其中县市党政群机关165名，乡镇机关210名，政法机关99名，参公单位53名，其他事业单位2000名（其中非农村义务教育学校指标236名，农村义务教育学校指标955名，新机制教师指标103名）。将全州财政供养人员控制在省编委下达的财政供养控制目标人数范围内。经省编办审批，下达全州招录公务员和参照公务员法管理单位工作人员用编指标594名，参公单位用编指标65名，全州新机制教师用编计划103名，农村义务教育学校新机制教师招聘用编计划761名。同时，积极推进政务公开，上网公示上级机构编制管理政策、法规、文件，处理和回复咨询、建议和投诉。及时更新州直各单位机构、人员信息，州直行政单位、参公管理事业单位机构编制人员网上公开率达100%，事业单位公开率达99%。因特殊原因不便公开的单位，已向省政务公开办写了情况说明。

【行政审批制度改革】 规范管理各类事项。一是大力推行权力清单制度。对公开的州级清单中行政许可事项相关项目和96项行政职权进行调整；组织县市编制公开全州88个乡镇政府权责清单；组织县市集中审核并调整行政职权事项。二是严格行政审批事项目录化管理。国务院、省政府对行政审批事项进行调整后，及时启动程序，组织调整行政审批事项目录。州、县（市）分别保留行政审批事项168项、211项，均不再保留非行政许可审批事项。各部门严格按目录编制调整办事指南，规范实施各项审批。三是全面清理规范行政审批中介服务事项。经锁定、取消和调整，明确州、县（市）行政审批中介服务事项92项、89项。各部门严格清理行政审批申请材料，确保未纳入清单的事项一律不得作为行政审批的受理条件。四是编制公开随机抽查事项清单。《恩施州州级随机抽查事项清单》共纳入43个州级单位217项随机抽查事项。组织县市编审《恩施州县（市）级随机抽查事项清单》（通用），清单共纳入38个单位276项随机抽查事项。五是实施行政许可事项标准化。开展湖北省行政职权和服务事项管理系统技术培训，组织州直部门在系统中认领行政许可事项，并按要求编制和录入服务指南。六是完成州级证照清理工作。根据省编办的安排，对州直22个部门报送的151项证照事项进行审核，初步确认纳入本次清理的证照事项共92项（涉及16个部门）。同时，完成全州精减证明事项的清理，清理出全州精减证明120项。

全面推行“双随机一公开”监管。6月，公布《州级随机抽查事项清单》，明确抽查主体和事项。7月，印发《关于定期报送全面推行“双随机一公开”监管工作进展情况的通知》，强力推进“双随机一公开”监管。9月，召开恩施州、市“双随机一公开”监管工作推进暨平台操作培训会，进一步助推监管改革，推广应用湖北省“双随机一公开”监管平台。10月，开展网上督查并通报，再次明确时间节点和工作要求。各部门按计划开展抽查和公开工作，并按要求将数据录入平台，确保年底前完成全覆盖任务。

清理整治“红顶中介”。跟踪督促前两轮“红顶中介”专项检查问题整改落实。组织开展第三轮专项检查。在全州发改、气象、林业、规划四大行业自查的基础上，对恩施市、建始县、州林业局、州规划局、州气象局进行抽查，各县市各部门对发现问题积极整改，自查自纠效果明显。咸丰县、州规划局按整改通知要求进行了整改。加强湖北省行政审批中介服务平台推广应用。对平台进行技术培训，并组织部门完成基础数据录入，州发改委、咸丰县民政局等单位依托平台开展网上采购。

督查推动任务落实。借势大督查，推动相关改革。紧密结合4月国务院“放管服”专项督查、7月国务院第四次大督查、9月省政府大督查，组织各牵头部门全面梳理，查漏补缺，扎实推进。组织大调研，促进审改相关工作。6月，围绕简政放权事项承接、行政审批大科室制、“互联网+放管服”等工作，在全州开展“放管服”调研，形成《全州“放管服”改革情况报告》《关于行政审批“三集中三到位”工作开展情况的调研报告》《关于“互联网+放管服”改革落实意见的报告》，进一步明确下步改革工作。组织专项检查，助推重点工作。7月底，选取“多证合一”改革、投资项目联审、“红顶中介”整治、“双随机一公开”“三集中三到位”等五项工作，组织相关责任单位进行专项督查，较好地推动了相关具体改革任务的进程。

【行政管理体制改革】 根据《中共中央办公厅印发〈关于在全国各地推开国家监察体制改革试点方案〉的通知》（中办发〔2017〕62号）精神，摸清州纪委、州检察院涉及划转机构及人员情况，按照不新增机构、不新增编制、不新增职数的要求，科学设置纪委、监委内设机构，实现纪委、监委合署办公。同时对县市纪委、监委内设机构设置情况进行了指导。

根据《中共湖北省委湖北省人民政府关于深入推进城市执法体制改革改进城市管理工作的实施意见》精神，成立恩施州城市管理执法监督局，在州住建委加挂牌子，明确其职能职责，将环保局、水利水产局、规划局、住建委、工商局、食药监局等部门涉及城市管理方面的部分行政处罚权移交到州城市管理执法监督局，同时划转人员编制5名。草拟《县市城市管理执法局组建方案指导意见》，加强对县市工作的指导。

为加快恩施创新发展，实现绿色崛起，做大做强“一谷、两基地、三示范区”的平台和载体，促进开发区转型升级，根据州委、州政府依托州经济开发区创建恩施州高新技术产业园区的决策部署，起草州高新区组织框架及人员编制实施方案。历经10次修改，形成州高新区机构设置框架。

根据中央、省关于群团改革精神和州群团改革专项领导小组的工作部署，按照“精简、统一、效能”原则，州编办积极谋划群团机构编制改革方案，结合州情，通过制定“三定”，规范群团机关职责任务，完善机构设置，优化队伍结构，为群团改革提供支撑和保障，力促改革落实到位。

【相关领域改革】 明确恩施州盐业机构职责和人员编制相关事项；配合完成恩施州城市公立医院综合改革相关工作；配合完成文化市场综合执法体制改革；配合推进公证体制改革机制创新工作；参与对国有林场改革的检查验收；对州直负有安全生产监管职责部门的安全生产工作职责进行明确；配合人社部门做好机关事业单位养老保险工作，审核州直行政事业单位在职在编人员信息。

【事业单位登记管理制度改革】 对2016年度事业单位法人年度报告实行网上受理、一键公示。州直全部197家事业单位完成网上提交2016年度事业单位法人年度报告工作，州登记局按照省要求在登记管理系统中采用一键公示将全部事业单位的法人年度报告进行公示。实行网上统一登记管理。按照“全事项”“全流程”网上办理的要求实行网上统一登记管理。已完成239项（其中：设立登记3项、变更登记37项、年度报告197项、注销登记2项）。党政机关统一社会信用代码。在完成上年赋码工作的前提下，为人民银行、国税、地税、恩施监狱等垂直管理部门发放统一社会信用代码证书。档案建设不断规范化。作为全省推行事业单位登记档案规范化、自动化建设的试点，严格按照省里的要求，将2013年至2017年档案进行进一步分类整理，为试点工作奠定了基础。

【恩施州编办负责人名录】

主任：秦顺富

副主任：刘春华　张水斌

（熊建益）

编辑　刘　权

老干部工作

【概　况】 2017年，恩施州委老干部局围绕中心，服务大局，完成各项工作任务。截至2017年12月31日，恩施州有离退休干部42517人。其中离休干部372人，分别是机关189人，事业单位84人，企业99人；州直单位离休干部101人，其中机关51人，事业单位28人，企业22人。全州享受副省级单项待遇（医疗）1人，厅级9人，县处级200人，乡科级80人，乡科级以下82人。全州有退休干部42145人，分别是机关11964人，事业单位24966人，企业5215人，其中厅局级38人（其中：正职9人，副职29人）；县处级1743人（其中正职486人，副职1257人）；乡科级12254人，乡科级以下28110人。其中州直退休干部4010人，分别是机关1684人，事业单位2298人，企业28人，其中厅局级以上38人，县处级1052人，乡科级1825人；乡科级以下及其他1095人。全州、县（市）委老干部局共有编制91个，在编人员73人。

【落实老干部工作部署】 全面贯彻落实中办发3号、鄂办发12号文件精神，代恩施州委办、恩施州政府办起草《关于进一步加强和改进离退休干部工作的实施意见》（恩施州办发〔2017〕7号）。举办县市和恩施州直单位老干部工作者业务培训班，解读文件主要内容。督促各地各单位通过多种形式组织老干部和老干部工作者深入学习文件精神，印发相关学习资料1000余册，举办各类座谈会、培训班20余次。

【离退休干部思想政治建设】 加强政治理论学习。开展离退休干部“两学一做”学习教育，针对体弱多病、行动不便的老同志，通过上门送学，传达精神等形式，确保学习全覆盖、无遗漏。认真落实老干部政治待遇的相关制度。2017年召开老干部情况通报会、党代会、人代会、各级党委民主生活会以及重要活动都邀请了老干部代表参加。组织厅级老干部到利川福宝山、南坪等地参观考察。坚持走访慰问。2017年春节、重阳节前夕和中国共产党成立96年之际，慰问老干部代表，并分组对易地安置的离休老干部进行全覆盖走访慰问，使老干部们真切感受到党委政府的关怀和温暖。

【离退休干部党组织建设】 落实党建工作责任，督促县市和恩施州直各单位将离退休干部党组织建设纳入党建工作总体部署，作为基层党建述职评议的重要内容。强化组织建设，在支部中增设群工委员，派出联络员。恩施州离退休干部独立党支部达397个，有62位在职党员干部在离退休干部党支部中兼任离退休干部党支部第一书记或委员，有230名在职干部担任联络员，有273个离退休干部党支部增设了群工委员，加强了指导联系。通过开展“示范党支部”和“支部主题党日”工作促支部建设规范化。2017年共创建湖北省级示范党支部10个。在2017年7月召开的湖北省离退休干部党建工作会上，恩施州委老干部局就离退休干部党建工作作专题书面交流，建始县红岩寺镇机关离退休干部党支部作交流发言，与会领导高度评价：这就是离退休干部党支部的“支部工作法”。

【老年活动场所建设和管理】 建好学习活动阵地。将老干部党校、老年大学、老干部活动中心建设统筹考虑，纳入经济社会发展规划。恩施州老年大学新校区投资1020万元，已于2017年6月正式投入使用。各县市老年大学建设稳步推进。加强项目建设的检查督办。对县市的老年大学建设进行检查督办，并发文通报。2017年4月，向恩施州委常委会汇报了全州老年大学建设情况，会议决定将各县市老年大学建设作为州委重点督查项目。办好老年大学，发挥恩施州老年大学示范引领作用。提升老年大学学校管理水平，促进老年教育事业健康发展。组织班级党支部书记、团队负责人及部分教师外出学习交流教育管理经验。2017年，恩施州老年大学（老干部党校）被评为“全国示范老年大学”。加强对县市老年大学的指导督办。开展恩施州老年大学教育教学督导，召开恩施州老年大学老年教育工作会，提升老年大学学校管理水平，促进老年教育事业健康发展。

【离退休干部正能量活动】 开展“畅谈十八大以来变化、展望十九大胜利召开”活动。通过举办座谈会、宣讲报告会、讲好中国故事进机关、校园、社区等形式积极“点赞”十八大以来改革发展取得的新成绩，展望十九大的美好蓝图。召开10场座谈会，收到300余条建言，形成100余篇建言文章。还通过网站、“恩施老干部”微信公众号等媒体开设专题，刊发老干部的积极建言，营造了浓厚氛围，并组织离退休干部“喜迎十九大”的专场文艺汇演。开展“树长者风范、做风范长者”活动。2017年共评选“风范长者”100名，7月在恩施州老年大学新校区举办了授牌仪式。并将这些风范长者的先进事迹汇编成册进行广泛宣传，通过组织宣讲会、讨论交流的形式加大宣传力度。开展离退休干部“手牵手”活动。组织离退休干部走进特校开展献爱心、帮扶青少年、“智慧老人乡下行”等一系列“手牵手”活动，为青少年引路，为孤残儿童圆梦，为贫困群众助力脱贫致富。利川市组织离退休干部与210名留守儿童牵手，捐赠学习、生活用品；建始县红岩寺镇离退休干部党员牵手贫困户，发展甜柿产业；恩施州教育局退休干部牵手学生党员，分别为湖北民族学院、恩施职院学生党员讲授党史知识；恩施州农业局组织退休茶叶专家牵手创业者，打造了品牌茶叶基地。开展丰富多彩、积极健康的文体活动。2017年，举办“智慧之星”恩施州老年桥牌、竞技麻将团体比赛、象棋比赛、庆祝建党96周年文艺汇演、“喜迎十九大夕阳映青山”诗书画影展等一系列活动，丰富了老干部的精神文化生活，展示了老干部健康活力、快乐向上的精神风貌。

【老干部工作部门自身建设】 落实党建主体责任。注重意识形态工作，将意识形态工作纳入党建责任和民主生活会内容，并召开班子会研究意识形态工作责任制清单目录。完善单位请示报告、去向公示、公务接待、财务管理等一系列制度，织紧制度的“笼子”，严格执行中央八项规定精神、湖北省委六条意见和恩施州委实施细则。提升队伍综合素质。加强学习教育，以每月一次的“支部主题党日”和每月一次的中心组集中理论学习为载体，推进“两学一做”学习教育常态化制度化，全面深入学习中共十九大精神，结合工作实际，创新“支部主题党日”+扶贫攻坚、志愿服务、廉政教育、红色教育、岗位竞赛等特色实践活动，组织全体干部职工参加业务知识、文明礼仪、法律法规等的培训学习，提高综合素质。全体干部职工积极履职尽责，乐于奉献服务，讲政治、敢担当、有作为，部门形象大力提升。打造过硬队伍和品牌部门。以“三创”（创湖北省级文明单位、创“红旗党支部”“示范党支部”、创目标责任考核优胜单位）活动为载体，打造过硬队伍和品牌部门。湖北省级文明单位创建已验收公示结束。恩施州委老干部局机关党支部“红旗党支部”创建有序推进，恩施州委老干部局离退休干部党支部被评为湖北省级“示范党支部”。下属二级单位恩施州老年大学获得湖北省老干部工作先进集体表彰。恩施州委老干部局2位干部撰写的2篇调研报告获得湖北省委老干部系统优秀调研报告和理论文章评选二等奖，2篇获得三等奖。

恩施州委老干部局副局长龙世清被湖北省委组织部和湖北省委老干部局授予“湖北省老干部工作先进个人”荣誉。

【老干部工作会】 7月28日，恩施州委组织部、州委老干部局组织召开全州老干部工作会议，举行“风范长者”授牌仪式。恩施州委组织部常务副部长田景福主持会议，恩施州常委、组织部部长张建文出席会议并讲话。会上，宣读了全州“风范长者”命名通报，并举行授牌仪式。会议结束后，举行恩施州“颂长者风范展夕阳风采喜迎十九大”文艺汇演。各县市委组织部部长、老干局局长、恩施州直单位分管老干部工作领导及工作人员、“风范长者”代表、老年大学学员代表及演职人员近600人参加。

【州领导走访慰问老干部】 1月22日，在新春佳节到来之际，恩施州委书记、州人大常委会主任李建明，恩施州委副书记、州长刘芳震，恩施州委副书记、政法委书记柯东海在恩施州委老干部局局长汪云陪同下，看望慰问杨久富、王仕才、杨俊发、周立润4位老干部代表。州委常委、纪委书记陈江龙，州委常委、常务副州长周静，州委常委、组织部部长张建文，州委常委、统战部部长涂元玲，州委常委、州委秘书长郑开国，州人大常委会常务副主任吕金施参加慰问。10月27日，恩施州委副书记柯东海，州委常委、州委秘书长郑开国在恩施州委老干部局局长汪云、恩施州人大常委会副秘书长唐登峰、恩施州政协副秘书长段绪慧的陪同下，看望慰问了杨久富、王仕才、杨俊发老干部代表。11月23日，新任恩施州委书记柯俊，在恩施州委老干部局局长汪云陪同下，看望慰问了杨久富、王仕才、杨俊发、瞿赫之4位老干部代表。恩施州委常委、组织部部长张建文，恩施州委副秘书长、州委办公室主任周辉军参加慰问。

【中组部老干部局调研离退休干部党建工作】 11月7日，中组部老干部局调研湖北离退休干部党建工作座谈会在恩施州武陵都宾馆二楼会议室召开。中组部老干部局副巡视员陈丽云、一处副处长钱彦琮，湖北省委老干部局副局长项俊、调研处副处长何福利，恩施州委常委、组织部部长张建文出席会议。湖北省襄阳市、孝感市、武汉市武昌区、宜昌市秭归县、恩施州及下辖恩施市和利川市老干部局局长参加会议。会后调研组到建始县红岩寺镇、恩施州老年大学及恩施市老年大学实地考察离退休干部党建工作，并听取恩施州相关情况汇报。陈丽云对恩施州离退休干部党建工作给予肯定。

【离退休干部党支部书记培训】 11月28日，恩施州委老干部局、州委老干部党校举办恩施州离退休干部党支部书记培训班。培训会上，恩施州委党校教授李玉华作学习贯彻中共十九大精神专题报告，恩施州委州直机关工委组织科科长覃学炼作如何做好离退休干部党支部书记专题讲座，恩施州委老干部局老干科朱艳作离退休干部“示范党支部”创建辅导讲座。培训后，学员们围绕如何进一步开展离退休干部党支部工作进行分组讨论，离退休干部党支部书记代表作了交流发言。各县市委老干部局分管局长、县市及恩施州直各单位离退休干部党支部书记、组织委员200余人参加培训。

【中共恩施州委老干部局负责人名录】

局长：汪　云

副局长：龙世清　陈跃阶

（王小平）

编辑　刘　权

保密工作

【概　况】 2017年，恩施州各级保密行政管理部门深入贯彻习近平总书记关于保密工作的重要讲话、批示指示精神和《中共中央关于加强和改进保密工作的意见》，坚持党管保密，加强依法治密，紧紧围绕《恩施州“十三五”时期保密事业发展规划》《2017年全州保密工作要点》，认真落实严密、严格、严肃、严厉要求，压实“三个责任”，突出宣传教育、加大检查督促、严格日常管理、强化服务问责，确保了全州未发生大的失泄密事件，推动了全州保密工作再上新台阶。

【保密工作责任制】 各级党委、政府和保密委员会认真落实党政领导干部保密工作责任制的有关规定。州、县市党委、政府主要领导认真贯彻落实中央、省委、州委关于保密工作的方针、政策、指示和要求；及时听取保密部门工作情况汇报，研究解决制约保密工作全面深入开展的重大问题，对有关文件做出重要批示。部分县市委常委会专题研究保密部门的机构和人员问题，同意将县市保密局升格为正科级机构，增加人员编制，逐步解决“小马拉大车”的突出问题。州委保密委员会年初与各县市委保密委员会和州直单位签订《中共恩施州委保密委员会2017年度保密工作目标管理责任书》和《恩施州直机关单位2017年度保密工作目标管理责任书》。

【保密法制宣传教育】 州、县市保密部门以“两识教育”为抓手，通过多种形式、多种渠道全面深入开展保密教育和培训。充分发挥党校教育主阵地的作用，多次在党校主体班上开展保密知识讲座，涵盖县处级、乡科级领导干部和新录用公务员等，受训人员3000余人。大力拓宽宣传范围，以“两学一做”“4·15”国家安全教育日和“12·4”宪法宣传日为契机，通过悬挂条幅、制作展板、散发传单等形式，营造全民保密氛围。组织征订《保密工作》《保密科学技术》，推进学刊用刊工作。创新宣传方式，州保密局通过联合举办“支部主题党日”的形式，先后在州规划局、州总工会、州史志办开展保密讲座3次；应邀到州纪委、州电力公司、州文体局等单位开展保密培训10余次；在建始县委中心组（扩大）、巴东县委中心组（扩大）和建始县保密知识培训班上讲授保密知识。运用新型学习平台，州国家保密局给局内干部配备《保密宣传教育移动阅读终端》，拓展学习内容，提高学习时效，努力打造学习型、专业型机关。扎实开展保密法纪知识测试活动，及时印发《关于组织开展省管干部保密法纪知识测试活动的通知》，并根据州委保密委员会领导意见，组织全州州管干部参加测试活动，全州600余人参加该测试。

【网络保密管理】 加强电子政务内网保密管理，州、县市保密部门积极参与全州电子政务内网的建设工作，提出要求，确定方案，加大指导，督促整改。省国家保密局对恩施州电子政务内网建设工作给予肯定，于9月20日至22日在恩施州举办全省保密培训班，省保密科技测评中心多次抽调州保密局同志赴新疆、孝感等地协助开展电子政务内网测评，得到充分肯定。重点加强互联网门户网站管理，根据《省委办公厅、省政府办公厅关于严格机关、单位互联网网站信息发布管理的通知》和州委办公室要求，州国家保密局结合保密法律法规和有关文件，明确要求，细化措施，确保文件真正落地落实。对个别单位机构不健全、程序不规范、台账不具体的现象提出改进措施。

【计算机及移动存储介质保密管理】 督促机关、单位对计算机和介质实行集中管理，完善制度，健全台账，落实使用责任人和管理责任人。加强对非涉密计算机的保密检查，防止违规存储、处理涉密文件资料，防止优盘乱插乱用、交叉使用。

【涉密文件资料保密管理】 督促机关、单位明确人员、落实责任、完善台账、加强监管。重点加强涉密中央、省委和州委文件的保密管理，严防擅自扩大传阅范围、擅自复制和擅自销毁等违规现象发生。对擅自销毁、丢失“三密”文件的单位和个人进行专项保密检查。加强涉密文件资料销毁工作的保密管理，全年销毁文件资料近20吨。

【保密检查和服务】 州、县市保密部门按照严格依法、认真履职、提高效率、保证质量的要求，协助有关部门切实加强保密检查，确保未发生失泄密现象。开展有重点、有目标的突击检查，先后组织人员对党委办、政府办、政法、公安、民宗、信访、教育等重点涉密单位开展保密检查，针对存在的问题提出整改要求，出具书面整改意见。对个别存在突出问题的单位形成书面情况报告，得到时任州委常委、常务副州长周静和州委常委、州委秘书长、州委保密委员会主任郑开国的重要批示。加强对各类考试工作的保密管理，主动服务研究生考试及各类职称考试保密工作，对试卷保密室进行现场检查验收并核发《合格证》，中高考期间对全部高考试卷保密室和部分县市中考试卷保密室进行专项检查。全程参与全国司法考试工作，得到省司法厅和州司法局的肯定，州国家保密局王必庆被省司法厅通报表彰为全省司法考试服务工作先进个人。对涉密会议、活动提供保密服务，共提供手机屏蔽服务20余次，提供相关单位重大活动、重要文件保密业务咨询近10次。

【恩施州保密局负责人名录】

副主任（副局长）：王必庆

（赵秀朝）

编辑　刘　权

党校工作

【概　况】 2017年，全州9所党校在职教职工有202人，其中，州委党校60人，恩施市委党校23人，利川市委党校24人，建始县委党校17人，巴东县委党校17人，宣恩县委党校19人，咸丰县委党校17人，来凤县委党校12人，鹤峰县委党校13人。全年党校系统举办干部培训班（含主体班、专题班）216期，培训各级干部3.27万人，其中，州委党校举办培训班61期培训干部8808人，恩施市委党校举办培训班23期培训干部4002人，利川市委党校举培训班20期培训干部3236人，建始县委党校举办培训班7期培训干部1139人，巴东县委党校举办培训班31期培训干部3401人，宣恩县委党校举办培训班17期培训干部2136人，咸丰县委党校举办培训班28期培训干部4100人，来凤县委党校举办培训班20期培训干部2874人，鹤峰县委党校举办培训班9期培训干部3029人。全州党校系统坚持把从严治校作为从严治党在党校工作中的具体体现，强化学风学纪建设，全年学员管理未出现违规违纪事件。

【教学管理】 州委党校主体班教学布局上，深化教学内容改革，突出主课教育。根据中央、省委下发的《关于加强和改进新形势下党校工作的意见》，构建了由3个教学单元和“8+N”教学模块组成的教学体系，讲授专题115个。一是党的理论教育单元。由马克思主义基础理论、习近平重要讲话、中国特色社会主义理论3个教学模块组成，开设61个教学专题。二是党性教育单元。由党章党规、党史国史、廉政文化3个教学模块组成，开设24个教学专题。三是省情州情与专业知识教育单元。由省情州情、专业能力2个教学模块组成，开设30个教学专题。“N”为增设模块，依据州委的要求设定，秋季学期主体班增设“党的十九大精神”教学模块。党的理论教育单元，班次平均课时占总课时的比例达53.1%；党性教育单元班次平均课时占总课时的比例为21.4%，超过中央不低于20%的规定要求。这两类主课的班次平均课时占班次总课时的比例达到74.5%，超过中央和省委、州委不低于70%的规定要求。州委书记、州长等16名州领导和县市委书记、县市长、州直部门负责人等27名县处级领导干部到州委党校为学员授课78次。领导干部讲授专题42个，课时占班次总课时的比例达36.5%，超过省委规定不低于30%的要求。教育培训工作得到上级组织的充分肯定。2017年5月17日，省委委员、省委党校常务副校长陶良虎教授作肯定性批示。指导全省党校工作的《中共湖北省委党校工作通讯》2017年第3期，以《在改革中前行——恩施州委党校创新干部教育培训实践》为题，把州委党校培训教学工作经验推介到全省各地党校。

【社科研究】 州委党校全年完成课题36项，其中省社科联2016年立项的课题8项、省委组织部安排课题1项、省老龄办安排课题1项、州委安排课题4项、州政府课题11项、州直部门协作课题2项、校委立项课题9项。州人民政府通报的2017年全州社会科学优秀课题成果奖中，州委党校有11项，占本次受奖总数60项的18.3%。主办“武陵地区精准扶贫案例交流暨恩施州党校系统第28届理论研讨会”，州内党校系统、扶贫开发系统和重庆黔江、湖南湘西党校共230人参加研讨活动，收到扶贫案例调研报告200篇，从中优选出代表性较强的60个案例，汇编成《精准扶贫60例》印送给州四大家领导、各县市、州直部门和武陵地区党校、省直有关部门参阅。《恩施州委党校整体搬迁新建论证》课题报告，作为5月4日州委召开的“支持党校发展专题会议”材料，转化成州委、州政府决策成果。2017年春季学期纪检干部进修班学员完成的《恩施州基层纪检工作现状专题调研》课题的8篇调研报告，被时任州委书记李建明批示到州纪委、州委组织部参阅，州委常委、纪委书记陈江龙批示印发到州纪委班子成员、县市纪委书记、州纪委派驻纪检组长参阅。

【新校区项目建设】 2017年5月4日州委召开支持州委党校发展专题会议，研究州委党校整体搬迁和新校园建设工作，印发《州委关于支持州委党校发展的专题会议纪要》（州委专题会议纪要〔2017〕4号）。恩施州委党校（州行政学院）新校区位于恩施市龙凤坝镇向家村青树林新区内的州行政服务中心东侧地块，州行政服务中心大楼与城区规划外环路之间。项目总用地面积12.53万平方米，建筑占地面积1.24万平方米。总建筑面积5.73万平方米，其中计容建筑面积为4.35万平方米，不计容建筑面积为1.38万平方米（地下室为1.25万平方米，架空层为1305.72平方米）。建筑工程由学员食堂、教研服务楼、图书馆和学术报告厅、教学楼、考试中心、学员公寓楼、体育馆及附属工程等组成。项目概算总投资2.85亿元，其中，工程费用2.53亿元，工程建设其他费用1781.35万元，预备费813.60万元，办公设备600万元。建设工期24个月。

【中共恩施州委党校（州行政学院）负责人名录】

州委党校第一校长：柯　俊（12月任）

州委党校校长：张建文

州行政学院院长：周　静

常务副校（院）长：覃章梁

纪检组长：胡守洲

副校（院）长：吴绍佳　王　韬

杨　华（6月任）

（谭云勤）

编辑　刘　权

人民代表大会

恩施州人民代表大会

【概　况】 2017年是本届州人民代表大会及其常务委员会依法履职的第一年。全年共召开常委会会议7次，听取和审议专项工作报告11个，作出决议决定7项、审议意见9个，任免国家机关工作人员75人次；开展专题视察调研12次，对《州山体保护条例》开展执法检查，对审计查出的问题进行专题询问；备案审查规范性文件10件；认真组织开展“聚力脱贫攻坚、人大代表在行动”、环保世纪行等重要活动，圆满完成州八届人大一次会议确定的各项目标任务。

地方立法

【科学编制五年立法规划】 根据立法工作面临的新情况新任务新要求，在广泛征集立法项目、深入调查研究、反复论证遴选的基础上，科学编制州人民代表大会及其常务委员会五年立法规划。规划拟制定、修订《州城乡规划建设管理条例》等单行条例2件，制定《州硒资源保护和利用条例》《州少数民族特色村寨和传统村落保护条例》等地方性法规5件，废止单行条例2件，预备立法项目10件，设置立法项目库项目10件。

【组织实施2017年立法计划】 组织制定《州硒资源保护和利用条例》。在条例制定过程中，强化人大的主导作用，坚持科学立法、民主立法、依法立法，充分发挥立法机关在表达、平衡、调整社会利益方面的重要作用。召开座谈会、论证会，网站、微信平台公开《州城乡规划建设管理条例》等7部条例（草案），广泛征求意见，充分听取基层单位和人民群众对7部《条例（草案）》的意见和建议，并首次与州政协召开立法协商座谈会征求意见。先后收到修改意见500余条，形成修改版本28个，保证7部《条例（草案）》起草质量。启动《州城乡规划建设管理条例》的修订工作，召开修订工作座谈会，开展专题调研。按照全国人大、省人大的要求，积极自查以审计结果作为政府投资项目竣工结算依据的相关法规的清理工作，做好涉及生态文明建设和环境保护法规的专项清理工作，决定提请本次大会审议《州星斗山国家级自然保护区管理条例修正案（草案）》，切实维护国家法制统一。

【配合上级人大开展立法工作】 协助省人大开展立法调研和基层立法点联系工作。配合全国人大、省人大完成《水污染防治法修正案（草案）》《省公路路政管理条例（修订草案）》等12部法规草案的征求意见工作，部分意见得到采纳。

人大监督

【人大监督工作概况】 坚持围绕中心、服务大局，把实行正确监督、有效监督作为开展监督工作的基本原则，突出监督重点，创新监督方式，增强监督实效。加强对中央和省委、州委重大决策部署落实情况的监督。围绕统筹推进“五位一体”总体布局、协调推进“四个全面”战略布局恩施实施，就加快全州经济社会发展、“打造全省特色产业增长极”开展一系列监督活动。对《州山体保护条例》进行执法检查；分别对“国家全域旅游示范区”建设情况、“全国民族团结进步示范区”建设情况、传统村落和古民居文化保护与可持续发展情况进行专题视察，对全州硒资源保护与利用情况进行专题调研，听取和审议州政府相关工作报告，分别提出审议意见，要求进一步凝聚发展共识、健全管理体制和工作机制、压实压紧工作责任，推动经济结构转型升级，加快建设全省特色产业增长极。

【监督脱贫攻坚工作】 常委会组织视察组深入到乡镇、贫困村、企业、合作社、建档立卡贫困户开展调研，全面了解全州脱贫攻坚工作开展情况，组织全州各级人大代表开展“聚力脱贫攻坚、人大代表在行动”活动，主动履行监督职责。听取和审议州政府关于脱贫攻坚工作情况的报告，提出提高思想认识、夯实脱贫基础、攻克脱贫难题、补齐脱贫短板、整合扶贫力量的审议意见。促成州政府制定《关于整合财政金融政策推进产业扶贫的意见》《关于深化医疗保障精准扶贫工作的通知》等一批解决带有普遍性、倾向性问题的文件，推动了“因病致贫、因病返贫”“饮水难”“行路难”等关系困难群众切身利益问题的解决，形成全社会参与脱贫攻坚的强大活力。

【对民生和环保工作的监督】 为让群众喝上放心水，对恩施州饮用水源地保护情况开展调研，提出增强全民水资源保护意识、科学制订水源保护规划、加强水源地保护、提高污水处理能力、强化污染源治理的意见。为推进医药卫生体制改革，提高基本公共卫生服务均等化水平，针对乡镇卫生院人才匮乏、基础设施投入不足、资金使用管理不尽合理和人民群众自我健康管理意识不强等问题，组织开展全州基本公共卫生服务实施情况调研，加快推进健康恩施建设。对《中华人民共和国消防法》《省消防条例》《省农村五保供养条例》贯彻落实情况开展视察，积极维护弱势群体利益，维护人民群众生命财产安全。视察调研活动中，坚持问题导向，查找问题成因，提出切实可行的意见和建议，形成专题报告送交州政府办理。对全州环境状况和环境保护目标完成情况进行调研，听取和审议州政府有关工作报告，要求全面深化环保意识、严格落实环保责任、打好污染防治攻坚战，积极构建人与自然和谐发展的现代化建设新格局。组织开展以“绿水青山就是金山银山”为主题的环保世纪行活动，开展系列环保宣教工作，按照“三个一批”要求，协调安排新闻媒体进行深入采访、报道，曝光突出问题，组织督导组进行重点督导，推动突出环境问题整改和配套措施落实，打造活动“升级版”。

【对计划执行和预算执行的审查监督】 组织视察组对部分重点企业、重点项目建设情况进行视察，了解计划和预算执行情况，听取和审议州政府关于计划执行、预算执行、审计等工作报告，分别提出审议意见，要求全力抓好发展这个第一要务，狠抓招商、投资及项目建设工作，做大做强实体经济。批准 2017 年预算调整方案和 2016 年州级财政决算，就 2015 年审计查出问题整改落实情况进行专题询问。推进州级预算联网监督工作，与州财政局等 6 个州直部门实现联网，初步实现从事后监督向全过程实时监督的转变。

【对司法工作的监督】 对《州重点项目领域预防职务犯罪工作条例》实施情况进行视察，审议“一府两院”相关工作报告，要求加大预防职务犯罪工作力度，建立完善长效机制，全面推进惩治和预防腐败体系建设。首次安排听取“两院”半年工作汇报，要求全州法院、检察院充分发挥审判、检察职能，积极稳妥推进司法体制改革，为经济社会发展提供有力的司法保障。为加快推动行政执法与刑事司法工作的相互衔接，积极开展督办，推动解决一些领域有案不移、有案难移、以罚代刑等问题。加强对“行政机关负责人出庭应诉”、州法院“执行难”、州检察院“公益诉讼”的支持与监督，切实维护人民群众的切身利益。

【加强规范性文件备案审查工作】 按照“有件必报、有备必审、有错必纠”的要求，进一步规范备案审查程序，提升备案审查能力，建立半年工作通报制度和督查制度，提升了规范性文件的报备率和规范率。

机关管理工作

【重大事项决定和人事任免】 根据中央、省有关文件精神，修订《州人大常委会关于讨论决定重大事项办法》，规范重大事项报告的范围、标准和程序。按照抓大事、议大事、定大事的原则，依法行使重大事项决定权，先后就脱贫攻坚、预算调整、决算等作出决议，作出关于批准《恩施州城镇体系规划（2013—2030）》的决议。坚持党管干部与人大依法任免有机统一，规范人事任免程序，把好拟任人员任职资格关，坚持任前法律知识考试、主任会议审议、拟任职发言、常委会会议表决、颁发任命书、宪法宣誓等制度。加强任后监督，通过开展执法检查、视察调查，听取代表和人民群众对任命人员的意见和建议，增强其宪法意识、责任意识和公仆意识。

【发挥人大代表作用】 在全州大力开展“聚力脱贫攻坚、人大代表在行动”专题代表活动，全年共开展2次代表小组活动，7685名各级人大代表共走访贫困户10666户，收集选民诉求4200件，形成代表建议2435件，分层分类交州、县、乡各级政府办理，属于省级层面办理的建议积极向省人大报送专题报告，由省人大交省直有关部门办理。州、县（市）、乡（镇）收到的意见建议已全部办理完毕，并答复各代表小组。坚持“双联”制度，密切与人民群众的联系。建立健全常委会组成人员与代表、代表与人民群众的联系制度，常委会每位组成人员都联系5至10名代表，每位州人大代表都联系5至10位选民，实现“双联”活动的全覆盖、常态化。加快推进代表活动阵地建设，全州已建成规范化“代表之家”80多个，“代表活动室”500多个，成为代表学习培训、联系选民、开展活动的重要履职平台。借助网络平台等现代信息手段，建立各级代表小组QQ群、微信群，代表还和选民建立QQ群、微信群，与人民群众联系的渠道更加广泛、更加畅通。

保障和服务代表依法履职。围绕坚持和完善人民代表大会制度、依法履行代表职务等专题，常委会在州委党校举办两期代表履职培训班，349名州人大代表、118名人大干部参加培训，同时采用其他方式对代表进行培训，提高了代表的履职能力，夯实了人大工作的基础。邀请代表参与常委会工作，100多名基层州人大代表参与立法调研、执法检查、议案建议督办等活动，60多名基层州人大代表应邀列席州人大常委会会议，使代表在参与中更多了解常委会工作，也使常委会在深入了解民情、充分反映民意、广泛集中民智的基础之上依法履行职责。

认真督办落实代表议案和建议。加强对州八届人大一次会议确定的《关于加大农村环境综合整治力度，推进美丽乡村建设的议案》办理工作的督办，督促州政府出台办理方案，落实工作责任，加快推进办理进程。州八届人大一次会议期间收到代表建议141件，闭会期间收到建议1件，在开展“聚力脱贫攻坚、人大代表在行动”活动期间收到建议12件，144件建议已全部办理完毕，代表们对建议办理工作的满意率达98%。坚持常委会领导督办重点建议、州政府领导领办重点建议、各承办单位“一把手”主办、常委会代表工作机构与州政府督查部门联合跟踪督办的办理制度，狠抓意见建议的办理工作，在办理实效上下功夫。代表们提出的关于全州优质教育资源共享化、关于加快全州“互联网+”分级诊疗制度以及部分加快基础设施建设等方面的建议得到有效落实。

【自身建设】 加强县乡人大建设。常委会认真贯彻落实全省加强县乡人大建设工作电视电话会议精神，协助州委召开全州加强县乡人大建设工作会议，州委转发《州人大常委会党组关于进一步加强县乡人大工作和建设的意见》。组织专门力量深入县市、乡镇开展专项督查，加强督办指导协调，推动解决县乡人大组织机构设置、人员编制和工作机制等突出问题，从制度上规范县乡人大工作和建设。加强与县乡人大的联系，及时指导工作，开展工作交流，推进全州人大工作与时俱进。加强政治建设。坚持以习近平总书记新时代中国特色社会主义思想武装头脑、引领方向、指导实践，成为推动人大工作与时俱进的强大动力。认真贯彻落实党的路线方针政策，坚决执行州委的决议决定，扎实推进“两学一做”专题学习教育工作常态化制度化，坚定理想信念，增强党性修养，强化宗旨意识，努力打牢履职尽责根基。加强制度建设。坚持民主集中制，牢固树立法治观念，严格依法办事。集中审查修改常委会各项工作制度，先后制定、修订《常委会议事规则》《常委会组成人员守则》《州人大代表联系群众办法》等7项制度，编印了《州人大机关制度汇编》，推进常委会及机关工作的规范化、制度化建设。加强作风建设。持之以恒贯彻执行中央八项规定精神、省委实施意见和州委实施细则，切实落实两个责任，层层压实责任、传导压力，持续推进党风廉政建设。不断改进会风，制定《关于加强州人大常委会会风建设的意见》。认真处理群众来信来访，维护群众合法权益。加强能力建设。坚持把加强履职培训、提升履职能力作为一项重要而紧迫的任务，健全常委会专题法制讲座、常委会中心组学习、支部主题党日活动等学习制度，组织人大干部参加全国人大、省人大开展的培训学习，努力做到学有所得、学有所用。围绕坚持和完善人民代表制度、全州改革发展稳定和基层人大建设等重大问题，大力开展调查研究，深入进行理论探讨，全年实施改革项目2个，完成调研课题20余件。加强宣传工作。围绕人民代表大会制度这一国家根本政治制度加大宣传力度，通过传统媒体和新型媒体进行及时准确、内涵丰富、鲜活生动的宣传报道，加强对人大立法、监督、代表等工作的宣传报道和深入解读，办好《恩施人大》杂志、恩施人大网等宣传平台，讲好人大故事、展现代表风采。

【八届人大一次会议】 2017年1月6日至10日，恩施土家族苗族自治州第八届人民代表大会第一次会议召开。会议听取和审议了州人民政府州长刘芳震关于政府工作的报告、州七届人大常委会副主任吕金施关于州人大常委会工作的报告、州中级人民法院代理院长许一鸣关于州中级人民法院工作的报告、州人民检察院代理检察长刘恒明关于州人民检察院工作的报告；审议了州人民政府《关于恩施州2016年国民经济和社会发展计划执行情况与2017年计划草案的报告》和《关于恩施州2016年财政预算执行情况和2017年预算草案的报告》。会议作出关于政府工作报告的决议、关于恩施州2016年国民经济和社会发展计划执行情况与2017年计划的决议、关于恩施州2016年财政预算执行情况和2017年财政预算的决议、关于州人大常委会工作报告的决议、关于州中级人民法院工作报告的决议、关于州人民检察院工作报告的决议。会议审议并通过关于废止《州人口与计划生育条例》的决定。会议选举产生州八届人大常委会组成人员、州八届人民政府州长及副州长、州中级人民法院院长、州人民检察院检察长。李建明当选为州八届人大常委会主任，吕金施、陈晓燕、邓正平、陈学明、王小平当选为州八届人大常委会副主任，向文虎当选为州八届人大常委会秘书长，马天平等 33 人当选州八届人大常委会委员；刘芳震当选为州人民政府州长，周静、田金培、张勇强、夏锡璠、程建宏、高敬佩当选为州人民政府副州长；许一鸣当选为州中级人民法院院长；刘恒明当选为州人民检察院检察长（须报省人大常委会批准）。会议表决通过关于设立州八届人民代表大会专门委员会的决定及其组成人员名单。大会期间，共收到代表 10 人以上联名提出的议案 30 件。其中：交通建设方面 10 件，文化旅游方面 6 件，生态文明方面 5 件，精准扶贫方面 3 件，城市建设与管理方面 3 件，食品安全方面 1 件，社会事业方面 1 件，区域协作方面 1 件。会议通过大会议案审查委员会《关于代表联名提出的议案处理意见的报告》，决定将《关于加强农村环境综合整治力度、推进美丽乡村建设的议案》列为大会议案，由州人大环资委负责牵头办理；决定将其他 29 件代表联名提出的议案作为代表建议，连同大会期间收到的代表建议 112 件，由州人大常委会在本次会议闭会后交有关机关和组织研究办理，并负责答复代表。

【人大常委会会议】 1 月 10 日，州八届人大常委会举行第一次会议。会议审议通过州八届人大常委会代表资格审查委员会组成人员名单，审议并通过州人大常委会主任会议、州人民政府、州人民检察院分别提请的有关人事任免议案。3 月 24 日，州八届人大常委会举行第二次会议。会议审议通过州人大常委会 2017 年工作要点；审议通过州八届人大常委会立法规划和 2017 年度立法计划；听取和审议了州人民政府关于全州“国家全域旅游示范区”建设情况的报告；审议了州人民政府关于提请审议《恩施土家族苗族自治州城镇体系规划（草案）》的议案，作出关于批准《恩施土家族苗族自治州城镇体系规划》的决议；会议审议通过《关于加强州人大常委会会风建设的意见》和《恩施州人民代表大会代表联系人民群众办法》。会议还审议并通过州人民政府和州中级人民法院有关人事任免议案。5 月 31 日，州八届人大常委会举行第三次会议。会议审议并通过《恩施自治州第八届人大常委会关于充分发挥人大代表作用，大力推进脱贫攻坚，确保与全省同步全面建成小康社会的决议》；审议通过《州人大常委会议事规则（修订）》《州人大常委会审议意见办理规则（修订）》；听取和审议了州人民政府关于全州传统村落和古民居文化保护与可持续发展情况的报告和关于审计查出问题整改落实情况的报告；审议了《州硒资源保护与开发条例（草案）》（一审）。会议还审议并通过有关人事任免事项。8 月 2 日，州八届人大常委会举行第四次会议。会议分别听取和审议了州人民政府关于 2017 年上半年全州国民经济和社会发展计划执行情况的报告、关于 2017 年上半年财政预算执行情况的报告、关于全州脱贫攻坚工作情况的报告、关于全州“全国民族团结进步示范区”建设情况的报告；听取和审议了州人大常委会督查组关于全州开展“聚力脱贫攻坚、人大代表在行动”活动情况的督查报告；审议了《州硒资源保护与开发条例（草案）》（二审）；审议并通过《州人大常委会组成人员守则》。9 月 22 日，州八届人大常委会举行第五次会议。会议听取和审议了州人民政府关于 2016 年州级财政决算的报告，作出关于批准 2016 年州级财政决算的决议；听取和审议了州人民政府关于 2016 年州本级财政预算执行和其他财政收支的审计工作报告，作出对 2016 年州本级财政预算执行和其他财政收支审计查出问题进行整改的决议；听取和审议了州人民政府关于 2017 年州级预算调整方案的报告，作出关于批准 2017 年州级财政预算调整方案的决议。会议还听取和审议了州人民政府关于全州环境状况和环境保护目标完成情况的报告、州人大常委会执法检查组关于检查《州山体保护条例》实施情况的报告。12月1日，州第八届人大常委会举行第六次会议。会议听取和审议了州人民政府关于2017年州级预算调整方案的报告，作出关于批准2017年州级财政预算调整方案的决议；听取和审议了州人民检察院关于《恩施州重点项目领域预防职务犯罪工作条例》贯彻实施情况的报告；听取和审议了州人民政府关于州八届人大一次会议代表议案办理情况的报告；审议并通过《恩施土家族苗族自治州人民代表大会常务委员会讨论决定重大事项办法（修订草案）》。会议还审议并通过有关人事任免议案。12月20日，州第八届人大常委会举行第七次会议。会议决定：州八届人大二次会议于2018年1月5日至8日在州城举行。会议审查了州八届人大二次会议议程（草案）、日程（草案）、主席团和秘书长名单（草案）；决定了州八届人大二次会议列席人员名单；审议了关于州八届人大代表变动情况的报告；审查了州人大常委会工作报告（草案）。会议审议了《州硒资源保护与利用条例（草案三审稿）》《州星斗山国家级自然保护区管理条例修正案（草案）》，决定提请州八届人大二次会议审议；审议了关于全州开展“聚力脱贫攻坚、人大代表在行动”活动情况的报告。会议还审议并通过有关人事任免议案。

【各专门委员会主要工作】 州人大各专门委员会利用自身的工作特点和优势，积极协助常委会开展执法检查和审议专项工作报告，及时了解情况，提出监督重点，并主动跟踪检查，督促有关审议意见落到实处。2017年，法制委对州内现行有效的1部自治条例、16部单行条例、1部地方性法规进行清理，对州人大及其常委会通过的现行有效的涉及生态文明建设和环境保护的9部法规进行清理；民族宗教法制委员会积极组织开展民族团结进步示范区建设课题研究工作，形成《恩施州民族团结进步示范区建设制度研究》课题报告；内司委组织听取“两院”半年工作报告，专门了解“两院”司改工作情况；财经委依托财政部门网络及技术力量，推进州人大预算联网监督工作，于11月底实现州人大预算联网监督平台与六个部门的网络连通；农村委组织开展全州饮用水源地保护情况的调研工作；教科文卫委配合省人大常委会开展《中华人民共和国红十字法》和《湖北省人体器官捐献条例》贯彻执行情况的执法检查；环资委协助常委会调研城镇体系规划编制、2017年环保世纪行活动。

【县市人大常委会主任座谈会】 6月20日，全州县市人大常委会主任座谈会召开，会议传达了省委书记蒋超良，省委副书记、省长王晓东对开展“聚力脱贫攻坚五级代表在行动”活动的重要批示，全省市州人大常委会主任座谈会、全省“聚力脱贫攻坚五级代表在行动”活动工作部署暨现场推进会等会议精神，总结交流了换届以来的人大工作及“聚力脱贫攻坚五级代表在行动”活动前期工作情况，对活动进行再动员、再部署。州人大常委会党组书记、副主任吕金施主持会议，副主任陈晓燕、邓正平、陈学明，秘书长向文虎出席会议。吕金施要求全州各级人大切实提高思想认识，提升政治站位，把思想和行动统一到中央、省委决策部署和省人大常委会活动要求上来，精心组织开展活动，充分发挥人大代表在推进脱贫攻坚工作中的重要作用。会议指出，要精心组织、扎实推进“聚力脱贫攻坚五级代表在行动”活动，确保活动取得实效；要激发人大工作的生机活力，不断提升履职能力，与时俱进加强全州各级人大及其常委会自身建设。会议强调，要进一步强化思想认识，确保活动有效推进。要进一步明确活动主要内容，保证活动不走样，把监督工作作为活动内容的重中之重，并将代表发挥桥梁纽带作用、示范引领作用贯穿于监督作用之中。要进一步明确职责任务，州人大常委会抓好协调督导，县市人大常委会抓好组织实施，乡镇人大主席团抓好贯彻落实。

【领导视察调研】 6月7日至9日，全国人大常委会委员、全国人大民族委员会副主任委员王万宾率调研组到恩施州就精准扶贫进行专题调研。王万宾一行先后到宣恩县万寨乡伍家台村有机茶园、易地扶贫搬迁安置点，长潭河侗族乡福利院、细沙村党员群众服务中心，咸丰县唐崖镇桂花村、忠堡镇板桥村易地扶贫搬迁安置点，恩施市芭蕉侗族乡枫香坡、南方马铃薯研究中心、国家富硒产品质量监督检验中心、硒谷产业联盟、恩施女儿城等，实地了解精准脱贫、产业发展等情况，同基层干部群众座谈交流，详细了解搬迁群众生产生活、家庭收入情况，看望慰问在校师生、贫困户和福利院老人。

9月26日至29日，全国人大常委会委员、湖北省扶贫开发协会会长苏晓云前往利川市调研脱贫攻坚等工作情况并出席“湖北首届山桐子产业发展论坛”。苏晓云先后前往利川市南坪乡塘坊村查看山桐子树形整形试验示范园，前往汪营镇盛稀源科技有限公司调研香菇产业发展及助力产业脱贫工作情况，前往汪营镇清江源园区调研清江保护工作情况，前往香连药业调研特色优势资源企业发展现状，前往团堡镇宜影古镇调研旅游康养工作情况，前往凉雾乡池谷调研易地扶贫搬迁工作，前往南坪乡调研“田园综合体”及丽森生态农庄生态旅游扶贫情况。

11月26日至28日，全国人大常委会委员、全国人大环境与资源保护委员会主任委员陆浩及副主任委员罗清泉、王庆喜率全国人大调研组到恩施，就环境与资源保护、产业转型升级等进行调研。调研组强调要坚定不移地走绿色发展之路，深入学习贯彻落实中共十九大精神，把生态文明建设提到更高的高度；要进一步抓好“山更青、水更绿、天更蓝、土更净、城乡更美”五大专项治理，加大基础设施建设力度；要在贫困地区发展、环境保护、生态补偿等方面加大立法和监督力度，依法促进生态文明建设。

7月7日，省人大常委会党组副书记、副主任张岱梨到来凤县翔凤镇，与大沟片区代表小组17名省、州、县、镇四级人大代表一起，参加“聚力脱贫攻坚五级代表在行动”代表小组活动。张岱梨到翔凤镇枫香村与代表小组召开碰头会，听取县、镇、村精准扶贫、精准脱贫工作情况汇报，明确本次活动主题，分配小分队具体任务。随后，张岱梨和小分队成员深入老茶村贫困户家中调查走访。

2月27日至3月2日，省人大常委会副主任王建鸣到恩施州就《湖北省公路路政条例（修订草案）》征求意见建议，就宣恩县开展2017年脱贫攻坚“春季攻势”进行督导调研指出，在“十二五”期间，恩施州抢抓机遇，交通基础设施建设日新月异，运输服务水平显著提升。希望恩施州在“十三五”期间，继续以交通基础设施建设为先导，围绕建成“武陵山综合交通枢纽中心”这一总目标，基本形成布局合理、结构优化、功能完善、服务优质的现代化综合交通运输体系。

3月31日，省人大常委会副主任尹汉宁到巴东县督导调研脱贫攻坚“春季攻势”。尹汉宁对巴东县脱贫攻坚“春季攻势”行动给予充分肯定。7月14日，尹汉宁到巴东，参加野三关镇向家坪人大代表小组“聚力脱贫攻坚五级代表在行动”活动。尹汉宁走访贫困户，详细了解贫困户家庭情况，询问致贫原因，查对扶贫政策、帮扶措施落实情况。

5月2日，省人大常委会副主任王玲一行到恩施州调研指导脱贫攻坚工作，征求恩施州有关代表对省人大常委会开展“聚力脱贫攻坚五级代表在行动”活动的意见和建议。王玲一行听取州及恩施市脱贫攻坚相关情况汇报，征求了关于在全省开展“聚力脱贫攻坚五级代表在行动”活动方案（草案）的意见和建议。11月7日至8日，王玲率督导组一行到恩施州督导检查全州县乡人大建设和“聚力脱贫攻坚　人大代表在行动”、环保世纪行等活动开展情况以及突出环境问题整改落实情况。

6月8日至10日，省人大常委会代表工作委员会主任余幼明一行调研恩施州“聚力脱贫攻坚五级代表在行动”开展情况。

6月11日至15日，省人大常委会委员、内务司法委员会主任委员付明珠一行到恩施州就农村五保供养情况开展调研。付明珠一行先后深入鹤峰县走马镇福利院、来凤县翔凤镇福利院、咸丰县唐崖福利院、宣恩县万寨乡福利院，采取听、看、谈相结合的方式，实地了解分散供养、集中供养老人的生活情况及落实五保供养政策情况，询问供养人员在生活中有什么困难需要帮助解决。实地了解相关情况并书面听取州政府汇报后，视察组充分肯定了恩施州贯彻落实《湖北省农村五保供养条例》取得的成绩，要求进一步加大贯彻落实力度，强化工作措施，不断提升农村福利院管理水平和服务质量，努力把五保供养工作真正落到实处。

6月26日至28日，省人大城环委副主任委员张达华率调研组，到恩施州就清江流域水环境保护及立法工作情况开展调研。调研组一行先后深入恩施市、鹤峰县进行了实地调研。调研组指出，清江保护永远在路上。要强化绿色发展理念，让绿色生产、生活方式成为常态；要加大《湖北省人民代表大会关于大力推进长江经济带生态保护和绿色发展的决定》的贯彻落实力度，使“共抓大保护、不搞大开发”深入人心、形成自觉；要强化清江流域水环境保护力度，形成各级各部门和全社会齐抓共管的合力。

6月29日至30日，省人大民族宗教侨务外事委员会副主任委员陈亚平率领督导组，到恩施州检查“聚力脱贫攻坚五级代表在行动”活动。州人大常委会副主任陈学明向督导组作工作汇报。8月2日至5日，陈亚平赴恩施州建始县、咸丰县、宣恩县开展督导工作。要求，要进一步解决认识问题特别是人大系统内的认识问题。活动开展以来仍有少数怀疑的声音，乡镇代表、农民代表的积极性很高，但极少数干部代表仍存在应付心态。要搞好回头看工作。要做好拾遗补缺，没有参加活动的代表仍然要尽量参加，不必拘泥于参加集体活动这种形式。要固化活动机制、流程。代表建议要一表一问题，档案要整理好，这是代表履职的具体体现，也是考核乡镇人大工作的重要依据，代表建议的解决要依靠县市政府统筹。

7月25日，省人大代表、原省人大常委会委员、原省人大民族宗教侨务外事委员会主任委员谭徽在到利川沙溪乡参加“聚力脱贫攻坚　人大代表在行动”天望坡代表小组活动。谭徽在建议要进一步深化思想认识，强化组织领导，优化工作方案，实化保障措施。

9月19日至20日，省人大财经委副主任委员刘兆麟率调研组到恩施州开展《湖北省道路运输条例》立法调研。调研组一行先后到恩施市航空路客运站、市中心客运站、市职中驾校、恩施州易事通汽车运输有限责任公司实地考察道路运输业发展情况，并座谈听取恩施州情况汇报。

【扶贫帮困】 2017年，州人大常委会办公室开展驻建始县茅田乡张大顶村帮扶及建始片区州直单位驻村帮扶牵头工作。着力加强村级党建。积极争取茅田乡党委政府支持，为张大顶村配齐计生专干，驻村公务员。捐赠价值近8万元的办公设备，改善村委会办公楼硬件设施，结束村里无地方办公的历史。驻村第一书记协助召开支部大会和村民代表会，开展支部主题党日活动，党员队伍思想观念有了较大转变，凝聚力和战斗力得到了较大提升。狠抓产业和基础设施建设。紧盯村出列户销号标准，在深入了解村情民意、多方征求意见的基础上，制定张大顶村年度脱贫规划，涉及投资1000余万元。规划作为纲领性文件，结合建始县开发209国道旅游资源，将张大顶村打造为高山休闲避暑目的地的中期目标，围绕“旅游+基础设施+特色产业”，以新建7千米旅游公路、打通5.3千米村级产业循环路、升级2.5千米村级主干道，新建500立方米、300立方米、200立方米、3000立方米水池各1个，新建通讯基站2座，变压器一座。长短结合发展“一花两树三子”（五倍子花、青脆李及银杏种植、猪子鸡子蜂子）养殖等富民特色产业为突破口，指导张大顶村脱贫攻坚工作。2017年已引导贫困户建百头猪场1个，散养本地黄牛52头、猪205头、鸡328只。完成村级主导产业清脆李、银杏各7.34公顷、倍子树2.67公顷，300箱（新发展144箱）中蜂养殖的布局。成立张大顶中蜂养殖专业合作社，经营范围涵盖干鲜果和畜禽养殖，确保带动绝大多数贫困户增收致富。单位帮扶5.3万元支持村级发展，其中，1.6万元用于中蜂越冬和蜜源植物种植，1.7万元用于乡风文明建设，2万元用于村级水毁公路修复。新建500立方米、200立方米水池一个，管网1万米，已进入招投标阶段。村委会至肖家梁子公路1.3千米资金已经落实；旅游公路已进入路基开挖阶段；入户公路正在摸底，预计2018年实施完成。集体经济发展专项资金25万元已到位，正在论证集体经济发展方案。扎实开展结对帮扶。制定下发《州人大常委会办公室干部职工结对帮扶实施方案》，明确帮扶工作任务、措施和推进时间节点。组织机关干部职工65人结对帮扶93户贫困户，做到结对帮扶全覆盖。

【人大宣传】 2017年，无论是机关内部刊物、网站，还是省人大杂志、网站以及州内主流媒体、州委信息报送，用稿数量都得到大提升。州、县市人大常委会共上省人大常委会网站稿件90条，其中州人大常委会报送41条；州人大常委会机关上《楚天主人》杂志稿件6篇，发布到省政府网站7条，在恩施日报刊发各类稿件151条，发布到《每日要情》信息15条，较上年均有大幅上升。州人大常委会网站上各类稿件516条，较上年全年数247条增长1.09倍，其中采用州人大常委会各工作（办事）机构稿件297条、县市人大常委会稿件83条、其它来源136条。《恩施人大》杂志采用州人大常委会各工作（办事）机构供稿45篇、采用县市人大常委会供稿34篇，较上年明显增加。

【恩施州第八届人大常委会组成人员名单】

副主任：吕金施
陈晓燕（女，土家族）
邓正平（土家族）
陈学明
王小平

委员：（33人，按姓名笔画排列）
马天平（女）
王兰英（女，土家族）
邓明才（土家族）
石遵广
卢群林（土家族）
吕世安（土家族）
朱克清
朱德云
向金洲（土家族）
刘春荣（女，土家族）
杨　琴（女，土家族）
杨永和（土家族）
杨安明（土家族）
李卫东
李　拓
吴远东
汪　敏（苗族）
张　娟（女，彝族）
张　捷
张银莲（女）

张敬东
卓俊杰（土家族）
庞青云
郑开显（土家族）
袁作禧
袁　健（土家族）
郭隆平
唐洪贵（土家族）
黄　勇
覃正炜（土家族）
覃章梁（土家族）
覃道元（土家族）

【秘书长、副秘书长名单】

秘书长：向文虎（土家族）
副秘书长：刘海燕　唐登峰　卓万俊
党组书记、办公室主任：向文虎（兼）
州纪委派驻纪检组组长：查忠志
副主任：徐廷海　周　霆（6月任）

（刘　浏）

编辑　刘　权

人民政府

恩施州人民政府

【概　况】 2017 年，恩施州围绕打造全省特色产业增长极的目标定位和“一谷两基地三示范区”的形象定位，大力推进“生态立州、产业兴州、开放活州、依法治州、富民强州”战略，始终坚持稳增长、促改革、调结构、惠民生、防风险，全州经济发展呈现出稳中有进、进中向好的发展态势。全年实现地区生产总值 801.23 亿元，增长 6.2%；完成固定资产投资 831.16 亿元，同比增长 15.5%；实现地方财政总收入 161.11 亿元，同比增长 13%，地方一般公共预算收入 74.93 亿元，可比增长 7.2%；社会消费品零售总额 556.41 亿元，同比增长 11.2%；金融机构存款余额 1381.12 亿元，同比增长 12%，贷款余额 903.58 亿元，同比增长 17.1%；全社会用电量 46.05 亿千瓦时，同比增长 10.2%，位居全省第 4 位；城镇常住居民人均可支配收入 26766 元，同比增长 9.7%，增幅居全省第 2 位，农村常住居民人均可支配收入 9588 元，同比增长 9.9%，居全省第 3 位。

政府工作概况

【脱贫攻坚】 坚持精准发力、精准施策，140 个重点贫困村顺利出列，12.38 万人脱贫销号，贫困发生率由 14.8% 下降到 11.6%。统筹整合资金 70 亿元，硬化农村公路 4977 千米，解决了 14 万贫困人口饮水安全问题，完成 781 个村电力基础设施建设，实现 1689 个村 4G 网络全覆盖。“五个一批”分类扶持成效显著。1.6 万户贫困户与 602 家龙头企业、1257 家专业合作社建立了利益链接机制，直接带动人均增收 1500 元。医疗保障体系基本建立，贫困人口住院报销比例达到 87% 以上；兜底保障全面覆盖，20.6 万人纳入城乡低保、1.8 万人纳入农村特困供养。全省产业扶贫现场会、易地扶贫搬迁现场会先后在恩施召开。“四县市五乡镇”高山连片特困地区扶贫开发加快推进，杭州东西部扶贫协作“携手奔小康”行动全面开展，中直部门定点扶贫、省“616”对口帮扶等扶贫工程持续实施。国家电网公司投资 3.2 亿元的巴东光伏电站全面建成投产。1068 家企业和各类社会力量积 极参与扶贫，扶持项目 1213 个，扶持资金 5.9 亿元。

【特色产业】 特色农业加快发展。新增和改造硒农产品基地 83 万亩；新增地理标志商标 2 件、“三品一标”农业企业 17 家；创建省级农村三产融合发展示范乡镇 4 个、省级休闲农业示范点 7 个，被授予“全国休闲农业与乡村旅游示范州”称号。恩施硒茶成功入选第一批中国特色农产品优势区名单。4 个有机农业基地、8 个绿色食品原料基地通过国家有机、绿色认证，总量居全省首位，成为全省唯一获得国家有机农产品基地认证的市州。农产品质量安全监管不断强化，国家富硒产品质量监督检验中心（湖北）正式成立，宣恩、鹤峰被列为“国家级农产品质量安全县”创建单位。生态文化旅游业加速发展。新增国家AAAA级旅游景区2个、湖北旅游名镇2个、湖北旅游名村2个。腾龙洞——大峡谷国家地质公园加快创建。民宿旅游、度假旅游、乡村旅游等旅游新业态蓬勃发展。全年累计接待游客5133万人次，增长17.6%，实现旅游综合收入367.5亿元，增长22.3%。工业经济稳中向好。制定出台“工业二十五条”，恩施高新技术产业园区成功获批省级高新区。电子商务、现代物流等服务业加快发展，阿里、京东等知名电商相继开设恩施馆，电商交易额突破30亿元，增长40%。各类市场主体达到22.6万户，增长12.6%。

【重点项目】 恩施州建立完善了州县（市）领导领办联系重大项目前期推进工作机制、重点项目前期工作经费管理制度和重大项目库滚动管理制度，实行领导包保、集中开工、季度拉练、全程督查，重点项目建设加快推进。实施省州级重点项目171个，完成投资270亿元，利万高速、巴野二级公路建成通车，巴东清江大桥基本建成。郑万高铁、黔张常铁路、建恩高速、宣鹤高速、351国道咸丰段进入投资高峰期，渝鄂直流背靠背联网工程全面开工。恩施板桥风电、宣恩锣圈岩景区、咸丰富硒马铃薯精深加工等产业项目稳步推进，巴东长江干流库岸综合整治、利川清江上游环境治理、建始南山路等城镇项目加快建设，来凤精准扶贫农村饮水安全工程、鹤峰思源实验学校等民生项目全面开工。PPP项目有序推进，申报录入财政部信息平台PPP项目13个，成功入选省级PPP示范项目3个，已开工项目累计完成投资超过12亿元。

【改革创新】 供给侧结构性改革扎实推进。关闭煤矿11家，化解过剩产能69万吨，商品房去化周期控制在14.5个月以内；累计为企业和社会减负15亿元；新增新三板、四板挂牌企业72家，为近1000家企业办理过桥服务，累计过桥金额超过100亿元。重点领域和关键环节改革纵深推进。深入实施农村综合改革，农村土地确权登记颁证完成85%，农村土地“三权分置”试点积极开展，8县市农村综合产权交易中心挂牌运行。农村房地一体确权登记发证有序推进，不动产统一登记实现全覆盖。国有林场改革基本完成。行政审批制度改革成效明显，“一次办好”审批服务全面启动。医药卫生体制改革进展顺利，城市公立医院综合改革全面实施，公立医院药品实现零差价销售，分级诊疗服务逐步完善，建成医联体、医共体36个。科技创新能力不断增强，新增省级科技企业孵化器3家，认定高新技术企业23家。对外开放步伐不断加快。新增有出口业绩企业27家，全年实现外贸出口5.5亿美元。成功主办2017国际茶业大会、第四届硒博会、第三届全国民宿大会等重大活动。

【改善城乡面貌】 全州城镇体系规划获省政府批准实施。城镇化率达到43.3%，增加1.6个百分点。施州大道北段、五峰山隧道即将建成通车，金龙大道南段、209绕城线全面开工建设，恩施客运中心站、城市生活垃圾填埋场等设施投入使用，挂榜岩历史文化公园具备开工条件，五峰山休闲公园动工建设。县市城区加快发展，实施了高速公路连接线、国道绕城线等一批城市重点项目，城区骨架不断拓展，城市功能逐步完善。乡镇污水处理、垃圾无害化处理工程全面启动建设，两年内可实现全覆盖。美丽乡村建设成效显著，利川谋道成功创建国家级特色小镇，28个村纳入全省美丽乡村建设试点。“六城同创”持续推进，新增国家级城市品牌3个、省级城市品牌5个。

【提升环境质量】 牢固树立“绿水青山就是金山银山”的理念，像保护眼睛一样保护生态环境，严守生态功能保障基线、环境质量安全底线、自然资源利用上线。以中央、省环保督察为契机，狠抓反馈问题的整改落实，实行分类处理、挂图作战、销号管理，坚决打好生态环保和污染防治攻坚战。认真执行《恩施州山体保护条例》，城区山体划线定界全面完成；严守水资源管理“三条红线”，州县乡村“四级河长”体系全面建立，江河水库围栏围网全部拆除，所有监测断面水质全部达标；大力推行大气污染防治“三禁三治”，州城空气质量优良天数平均保持在317天以上，7个县市空气质量稳居全省前10位。推进国土资源节约集约利用，建立农药化肥负面清单制度，完成土壤酸化治理100万亩，农村面源污染防控不断加强。实施环境综合整治114个村，新增省级以上生态乡镇11个、生态村104个，城乡环境明显改善。

【民生保障】 坚持以人民为中心的发展理念，全力保障和改善民生，全年财政民生支出比达83.8%，发展成果不断惠及更多群众。教育办学条件持续改善，新（改、扩）建校舍37.3万平方米，20人以上的教学点及所有中小学全部接入互联网。坚决化解城区超级大班问题，6个县市义务教育起始年级班额控制在55人以内；招录农村教师864名，定向委培农村教师400人。医疗卫生服务体系不断完善，乡镇卫生院“四化”达标56个，村卫生室“五化”达标1975个，218家医疗机构完成远程医疗系统建设，定向培养农村医生200名。深入实施“百千万文化扶贫工程”，相继举办州八届运动会等一大批文体活动，人民群众文化生活日益丰富。着力解决就业难题，城镇新增就业4.5万人、再就业8719人，各类社会保险参保人数达到609.9万人次。切实保障住有所居，建成保障性安居工程9880套，改造棚户区7570户、农村危房10728户。高度重视信访工作，深入开展大排查、大接访、大化解、大督办，实现中共十九大期间零进京、零非访的目标。切实加强社会治安综合治理，平安恩施建设不断加强。安全生产、食品药品安全状况稳中向好，人民群众安全感稳步提升。

【党建工作】 始终把加强党的建设作为首要政治要求，深入贯彻落实党的十九大精神，牢固树立“四个意识”，切实增强“四个自信”，牢牢把握政府工作正确的政治方向。坚决贯彻党领导一切的原则，深入推进政府系统党风廉政建设和反腐败工作，营造了风清气正的良好政治生态。始终把纪律和规矩挺在前面，认真贯彻中央八项规定及实施细则精神，严格落实全面从严治党“一岗双责”，深入开展“两学一做”学习教育和“支部主题党日”活动。全面推进依法行政，行政机关负责人出庭应诉率达到68%，法治政府建设不断加强。自觉接受人大法律监督、工作监督和政协民主监督，广泛听取民主党派、工商联及无党派人士意见建议，建议和提案办结率达到100%，满意和基本满意率达到98%以上。

重要工作会议

【八届人民政府第一次全体会议】 1月11日，州政府组织召开第八届人民政府第一次全体会议，传达学习贯彻省委全会暨全省经济工作会、州第七次党代会和州“两会”精神，全面推进政府各项工作。会议指出，未来几年，面临着坚决打赢脱贫攻坚战的艰巨任务，同步全面建成小康社会的光荣使命，前有标兵，后有追兵，等不起、坐不住、慢不得。会议强调，要坚持以人民为中心的发展思想，着力保障和改善民生。要认真贯彻落实转作风的各项规定，坚持务实重行，简化程序、优化流程，提高效率。要大兴调查研究之风，问政于民、问计于民、问需于民，排忧解难。要认真履行“一岗双责”，抓好党风廉政建设。

【空气质量治理联席会议】 1月20日，州政府组织召开2017年度第一次州城空气质量治理联席会议。会议指出，各级各部门务必进一步压实主体责任，细化工作措施，以雷霆之势，切实推动大气污染防治各项工作落到实处。会议强调，要进一步加大道路和建筑工地扬尘管控力度，实施精细化管理；尽快开展对全州非煤矿山开采及加工行业的专项整治行动，对未配套高效除尘设施的企业依法依规严肃处理，已配套的确保正常运行；进一步强化露天焚烧管控，建立“属地管理、分级负责、全面覆盖、责任到人”的工作机制，并加大巡查力度，做到全面禁烧；进一步加快餐饮油烟治理进度，严格准入，抓好高污染料禁燃区的落实，全面取缔露天烧烤；进一步完善重污染天气应对机制，加强预判预警能力，进一步细化应急响应措施。

【脱贫攻坚暨驻村扶贫工作电视电话会议】 1月24日，州委、州政府召开全州脱贫攻坚暨驻村扶贫工作电视电话会议，学习贯彻习近平总书记系列重要讲话特别是关于脱贫攻坚的重要讲话精神和全国扶贫开发工作会议精神，总结回顾上年工作，部署2017年脱贫攻坚工作。会议要求，要围绕“扶持谁”，坚持目标导向、底线思维、危机意识，不断增强农业农村发展后劲，提升农业对“绿色崛起”的支撑能力，确保2017年脱贫摘帽目标任务全面实现。要围绕“谁来扶”，树立看齐意识、政治意识、主体意识，切实压实州县两级领导带部门驻村帮扶责任，动员组织全州所有党员干部开展结对帮扶，让每一个贫困户都有结对帮扶人。要围绕“怎么扶”，聚焦工作短板、群众需求，具体问题具体分析，迅速发起春季攻势，确保各项扶贫政策措施真正落地落实、到户到人，提升贫困群众的获得感、幸福感。

【经济工作暨固定资产投资推进会】 2月3日，全州召开经济工作暨固定资产投资推进会，贯彻中央、省经济工作会和省“两会”精神，进一步分解州第七次党代会和州“两会”确定的目标任务，深入分析当前形势，谋划部署2017年经济工作。会议指出，过去一年，面对经济持续下行和特大洪涝灾害双重压力，全州上下凝心聚力、克难攻坚，实现“十三五”良好开局。会议强调，要始终坚持发展第一要务不动摇，始终坚持稳中求进、创新驱动、绿色崛起不动摇，继续推进“五州战略”，努力打造“一谷、两基地、三示范区”，着力打造全省特色经济发展增长极。会议要求，充分发挥投资对稳增长的“定海神针”作用，着力构建全过程的项目责任体系、全方位的项目推进体系、全要素的项目保障体系“三大体系”，着力扩大有效投资；强化产业支撑、园区支撑、城镇支撑“三大支撑”作用，着力提振实体经济；突出改革创新、招商引资、财税金融“三大重点”，着力增强发展活力；打好脱贫攻坚、环境保护、民生改善“三大战役”，不断提升民生福祉。

【乡镇生活污水治理电视电话会议】 3月2日，州委、州政府召开全州环境保护城乡建设暨乡镇生活污水治理电视电话会议。会议要求，强化城乡建设，要抓住城市建设这个牛鼻子，加大城镇建设项目推进力度，更加突出州城龙头地位；县市要进一步理顺城市建设管理机制，完善基础设施，加快城郊接合部环境优化，形成组团发展、融合发展新格局。会议强调，要对照中央环保督察组及省、州环委会交办的问题，认真组织“回头看”，全面梳理、排查、整改、督办；建立健全长效机制，确保各类环境问题扎实有效整改；大力实施生态修复，确保遭到破坏的生态系统逐步恢复。要持续深入推进“五大专项治理”“三禁三治”“三污同治”，强化大气污染防治和耕地、山体、水体保护。

【八届人民政府第一次廉政工作会议】 4月5日，州八届人民政府召开第一次廉政工作会议暨全州作风建设专项治理和履职尽责督促检查工作动员部署视频会议，部署政府系统廉政建设等重点工作。会议指出，抓好全面从严治党和廉政建设是时代赋予的重大政治责任，是维护政府公信力的需要，也是促进干事创业的重要保障。会议要求，全州各级政府及部门尤其是领导干部，要提高政治站位，坚决落实中央、省、州各项决策部署，全面推进依法行政，依法履职尽责；强化责任担当，切实担负起全面从严治党的主体责任；积极率先垂范，做严守党的政治纪律和政治规矩的带头人、示范者，以廉政建设新成效提升广大群众对政府的满意度，努力为全州脱贫攻坚和全面小康社会建设提供坚强保障。

【恩施硒茶抢滩首届中国国际茶博会】 5月18日至21日，首届中国国际茶业博览会在杭州国际博览中心举行。恩施州于19日举行恩施硒茶专场推介会，州委书记、州人大常委会主任李建明出席推介会并为恩施硒茶“代言”。

【大型企业进恩施暨重大项目推介会】 5月6日，大型企业进恩施暨重大项目推介会举行，恩施州第一支创业投资基金——恩施银河光彩创业投资基金正式成立。

【全州金融工作暨资本市场建设专题座谈会】 5月9日，全州金融工作暨资本市场建设专题座谈会召开。会议强调，着力做好金融活、金融稳两篇大文章，既要把金融做活，大力支持地方实体经济发展，深入推进金融扶贫，加快多层次资本市场建设，又要把金融做稳，防范化解金融风险，推动全州经济持续平稳健康发展。

【半年经济形势分析会暨固定资产投资调度会】 7月21日，恩施州召开上半年经济形势分析会暨固定资产投资调度会，研判当前经济运行态势，部署下半年经济工作。会议指出，2017年以来，全州经济运行呈现出“稳、快、新、好”发展态势，各项工作取得突破性进展。会议强调，下半年，全州要以竞进的斗志抢时间、赶进度，用科学的方法抓重点、破难点，以“三步并作两步走”的精神和干劲狠抓落实，确保硬账硬结、顺利完成。会议要求，全州各级各部门要切实把思想和行动统一到习近平总书记对当前经济形势的判断上来，充分结合恩施州经济发展实际，找准差距，补齐短板，坚决打赢脱贫攻坚战，确保与全省同步建成小康社会。

【决战深度贫困工作部署会议】 8月14日，恩施州召开决战深度贫困工作部署会议，贯彻落实中央、省会议精神，部署恩施州深度贫困地区脱贫攻坚工作。会议指出，要以高度的政治自觉，坚决贯彻中央和省的各项决策部署，坚决打赢脱贫攻坚这场硬仗。会议强调，要用产业链的思路谋划产业发展，大力发展富硒产业、畜禽养殖、道地药材等特色产业，通过产业发展，进一步增强贫困群众增收致富的能力。会议要求，要全面落实国家、省关于统筹整合财政资金用于精准扶贫的各项规定，进一步规范资金统筹的范围和口径，最大限度保障扶贫投入。要为贫困人口脱贫提供有利的发展环境，大力实施水、电、路等基础设施改善“六到农家”，确保基本公共服务主要指标达到全省平均水平。要改进工作方式方法，通过生产奖补、脱贫激励等机制，提高贫困群众自主参与脱贫攻坚的积极性，进一步激发脱贫攻坚的内生动力。

【农业部第十一批扶贫联络组座谈会】 8月26日，农业部第十一批扶贫联络组座谈会在咸丰县召开。会上，刘芳震详细介绍了恩施州州情、当前经济社会发展情况，充分肯定农业部定点扶贫工作取得的成效，感谢农业部对恩施州脱贫攻坚的倾情支持。唐泓介绍了中央对定点扶贫工作的新要求、农业部对定点扶贫工作的安排、联络组开展工作情况，提出推进产业扶贫工作及定点扶贫工作的建议。

【中央国家机关青联委员到恩施州调研】 9月8日至10日，中央国家机关青联委员一行到恩施州调研脱贫攻坚及中央国家机关定点扶贫工作。中央国家机关青联委员代表表示，为贯彻落实习近平总书记关于脱贫攻坚工作的重要指示，各个委员带着任务到恩施脱贫攻坚一线调研，在调研考察脱贫攻坚实施情况基础上，努力找契合点，建立渠道和机制，为基层服好务，并把基层的好经验好做法带回去，运用到工作中，形成调查报告，积极争取更多支持。

【州第八届运动会】 9月16日，恩施州第八届运动会在来凤县龙凤文化体育中心开幕。本届运动会以“活力恩施激情八运”为主题，共设青少年类、职工类、少数民族类、农民类4个类别24个比赛项目227个小项，来自全州3000多名运动员将参加田径、篮球、足球、摆手舞、陀螺、高脚、舞龙等项目比赛。

【2017国际茶业大会暨第四届硒博会】 9月26日至30日，2017国际茶业大会暨第四届世界硒都（恩施）硒产品博览交易会在州文化中心隆重举行。本次大会由中国食品土畜进出口商会、国际茶叶委员会、中国国际茶文化研究会、中国茶叶学会、中华茶人联谊会、华侨茶业发展研究基金会、中国商业联合会、中国优质农产品开发服务协会、中国农产品市场协会、中国营养学会、中国保健协会和恩施州人民政府共同主办，得到国家民委、商务部、农业部等国家部委和省委、省政府及省直相关部门大力支持。35个国家和我国港澳台地区、19个省（市、区）的茶叶主产区和硒产业发展区的领导、专家、学者、友人、企业家出席开幕式并参加相关展会活动。国内外200多家茶叶企业、400多家硒产业企业和50多家行业协会、商会应邀参加本次展会。

【第三季度经济形势分析会】 10月30日，全州召开第三季度经济形势分析会。会议指出，2017年以来，全州上下克难攻坚，真抓实干，经济社会发展呈现出“总体稳定、稳中有进”的良好态势。会议强调，全州上下必须以学习宣传贯彻十九大精神为统领，全面落实全省三季度经济形势分析会要求，提速冲刺、决战决胜，坚决打好“五大攻坚战”，确保圆满完成全年目标任务。

【全国第三届民宿大会】 11月22日，第三届全国民宿大会暨恩施州首届民宿发展大会在恩施女儿城开幕。会上，州政府与重庆西演产业集团签订文旅合作战略协议，与唐乡（北京）投资管理有限公司签订“唐乡”新乡居生活社区项目合作框架协议；县市签订民宿招商项目协议金额15亿元。大会评选出“全国民宿发展创新示范单位”“全国民宿游学基地”；恩施市茶花山居民宿及利川市丽森民宿、白鹊山民宿获评金宿级，宣恩县千户土家民宿、利川市大美土家民宿获评银宿级。会议发布《2017全球民宿发展研究报告》和《恩施州民宿产业发展研究报告》。在恩施州召开此次会议，将推进恩施旅游民宿规范化标准化品质化发展。

【第十八次科技奖励大会】 12月4日，全州召开第十八次科学技术奖励大会，贯彻中共十九大精神和国家、省科技奖励大会精神，表彰为全州科技事业作出突出贡献的科技工作者，动员全州上下加快实施创新驱动发展战略，为经济社会发展提供强有力的科技支撑。州委书记柯俊出席大会，为突出贡献奖获得者恩施州植物保护站推广研究员李维群颁奖。

【恩施州成立马铃薯产业协会】 12月16日，恩施州马铃薯产业协会在州城成立，选举产生第一届会长、副会长及其成员单位，标志着恩施州推进马铃薯主粮化战略迈出了重要一步。自国家实施马铃薯主粮化战略以来，恩施州作为国家马铃薯优势生产区和马铃薯主食加工产品开发试点区，在全省率先试点推进主粮化发展助推精准扶贫，取得突出成效，从事马铃薯生产、加工、营销的企业迅速崛起，标准化、规模化基地规模快速扩大，马铃薯主食加工业迅速发展，马铃薯区域公用品牌“恩施硒土豆”市场竞争力有效提升。

【安全生产工作会议】 1月11日，全州安全生产电视电话会议召开。会议指出，过去一年，在各级各部门的努力下，全州安全生产形势总体稳定，发展态势良好。会议要求，全州各级各部门思想要进一步强化警觉警醒，制订过硬措施，加强组织领导，提供坚强保障，全力确保本年度安全生产总体形势平稳有序。7月20日，全州安全生产电视电话会议第二次召开。会议指出，当前和今后一个时期安全生产工作的重要任务是贯彻落实全国全省安全生产电视电话会议精神，全州上下要认清形势，狠抓安全生产责任落实。会议安排部署了当前安全生产各项工作。7月31日，全州召开安全生产会议，贯彻落实国务院督查组反馈会精神。会议要求，全州上下要从严从实抓好反馈问题整改，加强安全生产大检查，做好重点领域安全生产工作，确保安全生产形势稳定。

【环保工作会议】 3月2日，全州环境保护城乡建设电视电话会议召开。会议要求，全州各级各部门要切实抓好突出环境问题整改，逐一对照327个突出环境问题，认真组织“回头看”，进行全面梳理、排查、整改、督办，要建立健全长效机制，使整改落实长效化、严格执法常态化，确保各类环境问题得到扎实有效整改。会议明确，由州政府成立督查工作组，抽调州直相关部门，分4组赴各县市对中央环保督察组交办信访问题整改落实情况及2016年省政府环境保护综合督查通报交办的A类和B类环境问题整改情况进行督办检查。7月13日，恩施州委、州政府召开中央环保督察反馈意见整改暨州环委会2017年全会。会议强调，要围绕全国生态文明示范区创建总体目标，对照中央环保督察反馈问题，结合“六城”同创向基层、向村社区延伸，着力解决“乱挖山、乱采矿、乱砍树、乱填河、乱排放”等突出问题，从根本上补齐恩施州环境保护和生态建设短板。要大力推行“三禁三治”“三污同治”，落实四级河长制，开展土壤污染状况详查，抓好耕地酸化治理，加强大气环境、水环境、土壤环境综合治理。要加大力度、加快进度，确保2017年底全州乡镇生活污水处理建设项目全部开工。要对照“国标”和创建规划，积极推进生态文明建设示范县（市）、乡（镇）、村创建，力争到2020年全州80%的县市建成国家级生态县市，80%的乡镇建成国家级生态乡镇。8月8日，全州召开安全生产视频会商会议。会议通报了利川“8·6”事故情况。会议要求，全州各级各部门要深刻汲取事故教训，举一反三、防微杜渐，做好全州建筑施工领域安全生产工作。10月25日，州委、州政府召开全州中央环保督察反馈意见整改攻坚交账会。会议强调，目前，全州中央环保督察反馈意见整改工作已进入攻坚、交账的冲刺阶段，各级各部门要限时结账，严格对照整改方案和任务清单，进一步完善整改措施，加快整改进度，确保按期整改到位；要严格整改标准和销号条件，做到整改一个、公示一个、销号一个、见效一个；对已销号的问题要搞“回头看”，杜绝假销号；要进一步压实责任，坚持党政同责，全面落实县市的主体责任和部门的监督责任；要坚持以“功成不必在我”的胸襟，克服厌战情绪和消极心态，长抓常治、久久为功。

【政府常务会议】 2月3日，研究重点项目建设推进工作机制、开通民航新航线、与省农业信贷担保公司合作、增加机关事业单位离退休人员奖励性补贴发放项目、统一州直机关事业单位社会保险和住房公积金缴费基数口径等工作。2月20日，审议《关于推行河长制的实施意见》《关于深入推进供给侧结构性改革的实施意见》《关于深入推进特色农业供给侧结构性改革的指导意见》，研究招商引资、州国投公司开展对外债权投资业务和变更恩施硒资源国际交易中心股权、恩施机场国际楼改扩建工程初步设计和概算等相关工作，研究讨论全州工业经济发展和去产能工作。

3月3日，审定《恩施州综合交通运输“十三五”发展规划纲要》《关于城市优先发展公共交通的实施意见》《恩施州农业水价综合改革实施方案》《关于在市场体系建设中建立公平竞争审查制度的实施意见》《关于推进法律顾问制度和公职律师公司律师制度的实施意见》《恩施州金融支持实体经济发展措施》，研究食品药品安全工作、州高新技术产业园区创建等工作。同日，传达学习中央、省安全生产工作会议精神，专题研究部署全州安全生产工作。

4月6日、10日，审定《恩施州法治政府建设方案》《恩施州地名管理办法》《恩施州招投标监督管理办法》《州城城市建设管理体制改革意见》《恩施州禁止露天焚烧秸秆垃圾工作方案》，研究消防安全、州高新技术产业园区筹建、治理拖欠农民工工资、州直单位驻村扶贫、中心戒毒（康复）社区建设、气象现代化建设、州行政服务中心征地拆迁安置等工作。

5月8日、17日，学习传达中央和省委民族工作会议精神经验交流会暨全省城市民族工作会议精神，审议《恩施州2017—2020年生态文明建设行动方案》《恩施州生态文明建设奖励办法》《恩施州州级随机抽查事项清单》《恩施州硒资源保护与开发条例（草案）》《关于推动工业经济加快发展的实施意见》，研究州国投公司受让湖北银行股份、州网格化服务管理平台建设等工作。5月17日，传达学习省委书记蒋超良、省长王晓东关于安全生产工作的重要讲话、全省安全生产工作座谈会会议精神，研究部署全州安全生产工作。5月17日，审议《恩施州中央环保督察组反馈问题整改方案》，专题研究部署中央第三环境保护督察组向湖北省反馈意见的整改落实工作。5月31日，传达全省经济形势座谈会会议精神，分析研判全州经济形势，安排部署下一阶段全州经济社会发展工作。

6月9日，审定《农业产业化州级重点龙头企业申报认定和检测管理办法》《恩施州食品生产加工小作坊小餐饮规模标准（试行）》《关于加快发展养老服务业的实施意见》《恩施州易地扶贫搬迁资金管理办法》，研究州及恩施市政务服务中心集中统一办公、“12345”政府公共服务热线平台建设、州文化中心建设项目工程款结算、恩施口岸查验部门基础设施建设等工作。

7月5日，审议《恩施州城乡基本医疗保险实施办法》，研究恩施州高新技术产业园区筹建等工作。7月20日，审议《关于深入推进城市执法体制改革改进城市管理工作的实施方案》《恩施州公立医院综合改革实施方案》《关于深化人才工作体制机制改革推进创新驱动发展的实施意见》《大力推进“我选湖北·绿色恩施梦”大学生就业创业行动实施方案》，研究城乡居民医疗保险等工作。

8月1日，审定《恩施州特困人员供养实施办法》，审议《恩施州州级党政机关培训费管理办法》，研究全州高风险行业工伤保险缴费政策、州行政服务中心征地拆迁安置补偿等工作。8月23日，审议《湖北恩施高新技术产业园区发展战略规划（2017—2021）》《湖北恩施高新技术产业园区产业发展规划（2017—2021）》《恩施州城市规划管理技术规定》《恩施州禁止露天焚烧秸秆垃圾工作问责暂行办法》《关于加快特色小（城）镇规划建设的意见》，研究神农武陵生态健康产业基金设立、州国投公司不动产过户等工作。

9月1日，传达学习全国东西部扶贫协作经验交流会议精神及省政府常务会议精神，审定《恩施州洁净能源基地建设实施意见》，研究部署精准脱贫等五大专项攻坚行动计划，研究盐业体制改革、州民族艺术职业学校和州交通高级技工学校并入恩施职院相关工作。9月19日、22日，审定《恩施州州级政务服务事项目录》《恩施州县（市）级政务服务事项目录》，审议《恩施州全域旅游发展规划》《恩施州硒产业科研发展战略合作协议》，研究法治政府建设、精准扶贫就业创业培训等工作。10月24日，审定《恩施州安全生产“十三五”规划》，专题研究部署全州安全生产工作。10月24日，审定《恩施州中小学校管理办法》，研究部署中央环保督察反馈意见整改及重点环保工作、2017年恩施冬春航班换季航线等工作。

11月1日，审定《恩施州“十三五”民航发展及中长期机场建设规划》，研究州文化广场建设相关工作。11月27日，审议《恩施州土壤污染防治行动计划工作方案》《湖北省恩施州通用航空项目战略合作框架协议》，研究恩施机场建设改造、州电视台搬迁、调整恩施高中事业单位管理类别等工作。

12月19日，讨论《关于学习贯彻落实党的十九大精神加快建设全省特色产业增长极的决定》，审议《关于进一步推动民营经济加快发展的意见》《恩施州产业工人队伍建设改革实施方案》《恩施州政府性债务风险应急处置预案》《关于全面推进中医药发展的实施意见》，审定《恩施州应急体系建设“十三五”规划》，研究引进湖北省供合农业融资担保有限公司、恩施机场二期扩建、州民族体育运动中心建设、落实社会保险精准扶贫政策等有关工作。

重要政务活动

【恩施州与杭州市签署东西部扶贫协作对口帮扶协议】 2月15日至17日，恩施州党政考察团到浙江省杭州市考察，对接东西部扶贫协作和对口帮扶事宜，学习借鉴杭州在创新发展、生态建设、城乡建设改造等方面的经验做法。杭州市委副书记、市长张鸿铭，州委副书记、州长刘芳震代表两地签署东西部扶贫协作和对口帮扶协议。

【重点项目建设】 2月26日，恩施州举行重点项目集中开工仪式，本次集中开工的22个重点项目累计投资超过100亿元。

【恩施州与中国科技大学先进技术研究院开展富硒功能农业战略合作】 2月27日，恩施州与中国科技大学先进技术研究院功能农业工程中心、苏州硒谷科技有限公司在江苏省苏州工业园区签订中国·恩施富硒功能农业战略合作协议，协议主要内容是中国科技大学先进技术研究院功能农业工程中心协助恩施州制订富硒功能农产品3年行动方案。此协议的签订在恩施州富硒功能农产品发展史上具有里程碑意义。

【恩施州代表团出访澳大利亚、新西兰】 3月21日至28日，州长刘芳震率团赴新西兰怀马卡里里市和澳大利亚昆士兰州投资贸易局进行访问。刘芳震此行同怀马卡里里市市长大卫·林赛·艾尔斯举行了正式会晤，参观了当地企业和学校，并代表州人民政府与怀马卡里里市市长签订了两地《2017—2020年合作行动计划》。此次出访使恩施州与怀马卡里里市实现了州（市）长级别的互访，为双方国际姊妹城市关系向深层次、多领域发展奠定了坚实基础。在新西兰访问期间，刘芳震拜会了中国驻奥克兰总领事许尔文、新西兰湖北经贸文化协会会长周亚非；访问了奥克兰大学，并代表州人民政府与奥克兰大学签订《硒资源高效利用及富硒功能食品研发深度合作备忘录》。

【州政府与南京总医院签订双拥共建协议】 4月11日，州人民政府、州中心医院分别与南京总医院签订《双拥共建协议》《技术帮带合作协议》。根据协议，南京总医院领导和知名专家将担任州政府卫生、科技顾问，参与重大卫生、科技决策和区域性可持续发展战略咨询与论证。该院将在医院管理、临床诊疗服务、适宜技术应用等方面与州中心医院建立技术帮带合作关系，建立院际之间的远程会诊网络系统。

领导调研

【曹广晶到恩施州调研】 1月3日至4日，副省长曹广晶在鹤峰县调研精准扶贫工作。曹广晶强调，要强化“绿水青山就是金山银山”理念，进一步加强生态环境保护，守住发展之本。打好绿色、富硒两张金字招牌，做足硒文章，要大力扶持对贫困户带动能力强的龙头企业，要充分借力资本市场，完善基础设施建设。要求省直各有关部门要不遗余力对鹤峰县精准扶贫进行大力支持。

【郭生练到恩施州调研】 2月8日至9日，副省长郭生练到恩施市、建始县调研民族地区教育和“616”工程对口帮扶、扶贫攻坚“春季行动”等工作。郭生练强调，要充分发挥当地特色资源优势，积聚人气，加强推广，提升发展软实力、竞争力和内生动力。要加快旅游、健康养生和富硒农副产品加工等优势产业发展，保持县域经济稳中有进、进中提质。要务实重行抓落实，以大干、实干推动各项工作开展。在扶贫攻坚工作中，要切实做到精准识别找短板，精准发力攻难点，精准施策拔穷根，坚决啃下“硬骨头”，打赢脱贫攻坚战。

9月26日至27日，郭生练到恩施州调研省级高新技术产业园区创建工作，到建始县龙坪乡楂树坪村参加“聚力脱贫攻坚　人大代表在行动”代表小组活动。郭生练强调，恩施州要结合自身实际，突出恩施特色，走出一条符合恩施实际的绿色发展之路。高新区创建工作要从创建模式、功能定位、主导产业、管理模式、机构编制等方面认真谋划，理顺体制机制，各级各部门要统一思想认识，全州“一盘棋”，加快完成规划审批工作。

【王晓东到恩施州调研】 4月24日至25日，省委副书记、省长王晓东到恩施市和宣恩县调研精准扶贫精准脱贫工作。他强调，要认真贯彻落实习近平总书记扶贫开发战略思想，按照中央和省委决策部署，真正把脱贫攻坚作为头等大事和“第一民生”，聚焦“准实”二字，下足“绣花”功夫，切实做到真扶贫、扶真贫、真脱贫，确保脱贫攻坚工作成效经得起实践和历史检验。

9月19日至20日，省委副书记、省长王晓东到恩施市和巴东县调研精准扶贫工作。他强调，要深入学习贯彻习近平总书记扶贫开发战略思想，按照党中央、国务院决策部署和省委、省政府工作要求，落实以人民为中心的发展思想，稳扎稳打下足绣花功夫，更准更实打好脱贫攻坚战，以优异成绩迎接中共十九大胜利召开。王晓东强调，脱贫攻坚贵在精准，重在实效，要以硬作风打赢脱贫攻坚战，要带着对贫困群众的深厚感情打通政策落实的“最后一公里”，让贫困群众真真切切地感受到党和政府的温暖。

【浙江省和杭州市领导调研】 5月8日至12日，杭州市发改委主任、市对口支援办主任李玲率团到恩施州调研对口帮扶工作。州委副书记、州长刘芳震与李玲一行座谈，共商扶贫协作和对口帮扶工作，并达成工作共识。李玲表示，杭州市对口帮扶恩施州，既是实施国家战略贡献力量的政治责任，更是杭州寻求更好发展的现实需要。她建议，恩施州要抢抓中部崛起、脱贫攻坚国家战略机遇期，大力争取国家支持，实现高铁规划，将补硒纳入国民健身计划。

9月13日至14日，浙江省委副书记、省长袁家军率团到恩施州调研，深化扶贫协作，实现共赢发展。袁家军强调，浙江坚决落实习近平总书记关于东西部扶贫协作的重要指示精神，及时明确杭州市对口帮扶恩施州，全力协助恩施州打赢脱贫攻坚战，助推恩施州到2020年建档立卡贫困人口全部脱贫、贫困村全部出列、贫困县全部摘帽。

【刘慧到恩施州调研】 9月23日至25日，国家民委党组副书记、副主任刘慧一行，到恩施州来凤、咸丰、利川、恩施4县市，就民族团结进步、少数民族特色村寨创建、民族地区全面建成小康等工作进行调研。刘慧强调，要充分发挥资源优势，帮助贫困群众提高自我发展能力，拓宽增收渠道，实现脱贫致富目标，全力以赴打赢脱贫攻坚战。要进一步巩固和发展各民族大团结，持续用力、久久为功，深入开展民族团结进步创建活动，让“中华民族一家亲、同心共筑中国梦”的理念深入人心。

【张仲秋到恩施州调研】 9月26日至27日，国家首席兽医师张仲秋到咸丰县、宣恩县调研产业扶贫工作。张仲秋强调，恩施州农业产业化建设要紧扣精准扶贫，立足实际，发挥资源优势，统筹用好各项扶持政策，抓好产业扶贫。要走可持续发展道路，将农业与观光旅游相融合，打造生态农业体验基地，形成集生产销售、观光体验等于一体的农业休闲旅游体系；要延伸加粗农业产业链条，着力农产品精深加工，提高农产品附加值；要立足资源优势，优化产业结构，创新农业生态循环模式。

【黄楚平到恩施州调研】 10月30日至31日，省委常委、常务副省长黄楚平到恩施州鹤峰县调研，并召开“616”工程对口帮扶鹤峰现场办公会。黄楚平强调，要深入学习贯彻党的十九大精神，按照省委、省政府决策部署，坚持高位推动、地方主动、部门联动，全面落实帮扶计划，合力帮扶鹤峰与全省同步实现全面小康。黄楚平强调，要提高政治站位，以更高认识、更大决心、更快步伐推进脱贫攻坚，做到政策上最大限度照顾、项目上最大限度支持、资金上最大限度倾斜、感情上最大限度关心。要讲政治、讲感情、讲责任，以更实的责任、作风和考核，抢抓机遇、克难奋进，齐心协力打赢鹤峰县脱贫攻坚战。

【余欣荣到恩施州调研】 12月12日至13日，农业部党组副书记、副部长余欣荣在恩施州调研。余欣荣强调，深入贯彻落实中共十九大精神，坚持精准理念，注重精神脱贫，聚焦深度贫困，更加重视产业扶贫，下足“绣花”功夫，合力推动定点扶贫走在前列。

【恩施土家族苗族自治州人民政府领导人名单】

州长：刘芳震（土家族）

州委常委、副州长：唐　泓

李俊杰（5月任）

副州长：田金培（1月任）

张勇强

夏锡播（土家族）

高敬佩（女，苗族，1月任）

孔发阶（12月任）

程水源

【秘书长、副秘书长名单】

秘书长：戴清堂（1月任）

副秘书长：李国庆　余和平

王新国　谭鉴锡

向应才　胡　斌

孙　伟（8月任，挂职）

州政府机关党组书记、办公室主任：戴清堂

州纪委派驻纪检组组长：张声勇（5月任）

（黄世德）

编辑　刘　权

民族宗教工作

【概　况】 2017年，全州民宗系统认真贯彻习近平总书记系列重要讲话和中共十八大、十九大会议精神，深入落实中央、省委及州委关于民族宗教工作的决策部署，围绕州委确立的“一谷两基地三示范区”发展战略，着力推进“全国民族团结进步示范区”建设，在全面建成小康社会大局中，进一步提高民族宗教事务治理法治化水平，着力推进民族团结宗教和谐，为恩施州建成全省特色产业增长极、决胜全面小康作出新的贡献。

【推进民族团结进步示范区创建】 2017年国家民委、省民宗委等部门对恩施州的创建工作继续高度关注，国家民委副主任刘慧、省民宗委主任马萍、国家民委监督检查司主管创建工作的负责人先后到恩施州调研，对恩施州的创建工作予以充分肯定。全省民族团结进步创建工作座谈会暨湖北武陵山民族团结进步创建活动经验交流现场推进会、新时代全国民族团结进步高端智库建设座谈会在恩施州成功召开。全年共有50批次来自全国各地的民族工作同仁到恩施州考察交流学习创建工作经验。州委常委会议、州政府常务会议专题听取全国民族团结进步示范区创建工作汇报并作出重要指示。国家民委2017年正式命名恩施州咸丰县为第五批全国民族团结进步创建活动示范县，这是恩施州第5个被命名的示范县。恩施市硒都民族实验小学等16家单位被命名为全省民族团结进步示范单位，恩施市叶挺将军囚居纪念馆被命名为“全省民族团结进步教育基地”。以社区民族工作为切入点，推动建立相互嵌入式的社区环境，在恩施城区流动少数民族人口集中的社区建立外来城市少数民族人员服务中心，努力营造各民族“共居、共学、共事、共享”的良好氛围。践行公共服务均等化承诺，会同公安、教育、税务等职能部门为在恩施经商的吾斯曼等20多名维族同胞解决住房、办证、纳税、子女就学等系列难题，还与他们共度开斋节等穆斯林重要节日。

【新时代全国民族团结进步高端智库建设座谈会在恩施州召开】 12月18日至19日，由国家民委主办，中南民族大学、恩施州民宗委承办的新时代全国民族团结进步高端智库建设座谈会在恩施州召开。州民宗委、咸丰县及宣恩县民宗局汇报民族团结进步创建工作。会议宣读了《民族团结进步创建高端智库专家名录》，中国社会科学院民族学与人类学研究所所长王延中等25人入选第一批名录。

【落实民族政策】 争取中央、省级民族专项资金支持，2017年共争取到中央和省级资金1.22亿元，比2016年净增559万元，同比增4.8%，其中中央资金比2016年净增1035万元，同比增长12.04%。出台《恩施州民族贸易企业申报与管理实施办法》，加强对民贸民品企业申报的规范管理，向省民宗委成功申报143家企业为民族贸易企业。2015年4季度及2016年全年的民贸民品企业流动资金贷款贴息已由财政部门下拨到各县市。全年依法依规审批变更民族成分78批786人次，完成17028名少数民族考生的资格审核，占高考总人数的64.4%。发挥散居少数民族资金“四两拨千斤”的杠杆作用，争取州财政安排110万元散居少数民族发展资金支持民族乡（村）发展，重点围绕基础设施、民生事业、产业发展等方面加大投入和支持力度。承办全省“1+1”对口支援现场交流会，协调落实“1+1”对口帮扶政策，推动民族乡（村）与全州一道同步全面建成小康。

【特色村寨建设】 2017年，在民族专项资金聚焦脱贫攻坚中心工作的同时，全州民宗系统共安排项目资金3500余万元用于特色村寨建设，州民宗委还从州本级经费中安排150万元对国家民委第一批命名的15个特色村寨进行提档升级，丰富民族文化内涵。同时，指导县市将特色村寨建设与脱贫攻坚、全域旅游示范区建设紧密结合，打造精准扶贫示范村升级版。

【精准扶贫和行业扶贫工作】 加大行业扶贫力度，中央少数民族发展资金统筹用于精准扶贫7385万元，超目标责任21%。本级安排17万元专项资金资助34名少数民族贫困大学生，帮扶人数超目标责任13%。履行精准扶贫职责，全年为扶贫联系点恩施市芭蕉乡二凤岩村直接投入140万元，整合项目帮扶资金500余万元，加强基础设施、特色产业、集体经济、文化传承等建设。

【民族文化工作】 加大对民族民间文化的传承保护推广力度。投入50万元创建3个州级民间艺术大师传习所。对健在的39名民间艺术大师按时足额发放津贴。会同有关部门精心组织土家族南剧《初心》作为全国少数民族地区艺术院团十大进京演出剧目在北京中央民族歌舞团民族剧场上演。大力开展民族文化进校园活动。恩施市硒都民族实验小学、恩施市施州民族小学、利川市民族实验中学、建始县民族小学、来凤县民族幼儿园 5 所学校成功跻身湖北省首届“民族文化进校园”十佳示范学校。

【少数民族传统体育工作】 创新开展少数民族传统体育工作。成功将少数民族特色体育活动“肉连响”列为全省少数民族运动会比赛项目。7 月 11—12 日，由湖北省民宗委主办、恩施州民宗委承办的湖北省第九届少数民族传统体育运动会竞赛项目“肉连响”在恩施州委党校开班培训。培训对象分别来自全省 10 个民族县市、中南民大、湖北民院、恩施职院以及业余爱好者等 60 余人，其中年龄最大的 60 多岁，最小的只有 5 岁。

协助来凤县办好恩施州第八届运动会少数民族体育项目。9 月 16 日，湖北省恩施州第八届运动会在来凤县龙凤文化体育中心开幕。本届运动会以“活力恩施激情八运”为主题，共设青少年类、职工类、少数民族类、农民类 4 个类别 24 个比赛项目 227 个小项，其中有 10 个比赛项目已于 7 月 15 日起陆续开赛。运动会定于 9 月 19 日闭幕，期间，来自全州 9 个代表团的 3000 多名运动员参加田径、篮球、足球、摆手舞、陀螺、高脚、舞龙等项目比赛。此外，完成 8 月 8 日在利川举办的 2017 年“民体杯”全国高脚竞速比赛。

【宗教工作】 6 月 13 日，全州宗教工作会议召开，深入贯彻落实全国、全省宗教工作会议精神，分析宗教工作新形势新问题，部署当前和今后一个时期全州宗教工作。会后，随即召开州委中心组（扩大）学习会议，专题传达学习全国全省宗教工作会议精神，会议邀请湖北省民宗委副主任邓汉光为州委中心组作了题为“深入学习贯彻全国全省工作会议精神，努力提高全省宗教工作水平”的专题讲座。

做好履职尽责点题督查工作。将履职尽责点题督查工作与贯彻落实全国、全省、全州宗教工作会议紧密结合，先后两次召开全州民宗系统点题督查工作推进会对存在的问题进行查找梳理，查找出违规大型露天造像、宗教场所筹备建设过程不规范、不合法封建迷信活动及违规设置功德箱和违规对宗教场等五大方面共 28 个问题并整改完毕。该项工作先后两次受到省民宗委的肯定。完成“双随机一公开”检查工作。检查恩施市、利川市、巴东县、来凤县的 8 家宗教活动场所，找出安全隐患等问题，督促相关场所立行立改，将问题处理在苗头状态，圆满完成各项执法检查任务。

【推进“武陵山民族经济社会发展试验区”“616”工程和全国先进自治州建设】 制定下发《关于进一步做好武陵山试验区建设暨“616”政策争取工作的通知》，向州直相关部门寄发《关于进一步做好“616”工程政策争取工作的函》，及时跟踪了解县市争取“616”工程一年一度会议召开及工作推进情况和政策争取落实落地情况。2017 年，鄂发〔2011〕25 号文件 20 条政策支持资金到位 60 亿元，全州共实施“616”工程项目 249 个，到位资金 17.5 亿元，对口支援市到位资金 6788 万元。围绕试验区建设、“616”工程和对口支援市等对口支援工作的开展，省、州（市）县领导进行互访或工作调研的领导及工作人员 200 余人次，其中厅以上领导 70 余人次。除资金项目支持外，在人才支持、技术培训等方面给予大力援助，据不完全统计，互派干部挂职 36 人、互派教师 143 人次、互派医生 50 人次，共举办培训班 82 期，其中培训干部、教师、医生共 859 人次，培训劳动力 980 人次。学习研究《武陵山片区区域发展与扶贫攻坚规划》相关政策，了解《规划》推进实施情况，及时向国家民委汇报恩施州推动武陵山片区区域发展与脱贫攻坚工作取得的成效、存在的问题和请求建议，共列出铁路、桥梁、电价补贴、天然气管道及生态补偿等 8 大项目，请求国家民委在 2018 年协调国家发改委、财政部、中国铁路总公司、国家能源局、中石油、中石化等相关部委局给予支持解决。组织全州相关单位参加中国民族贸易促进会在北京举办的全国民族地区投资贸易洽谈会，共向会议推荐42个项目进行书面推介，由于组织到位，被大会授予优秀组织奖并授牌，全国仅10家。利用互联网加大宣传推介，与国家民委、去哪儿网沟通衔接，推选恩施枫香坡等5个特色村寨和利川白鹊山庄等5个民宿客栈以及具有民族文化风情、特色旅游代表性的视频、图片资料等在“多彩民族——武陵问桃园”专栏进行推介，讲述恩施故事，提升恩施“全域旅游”知名度。

【领导调研】 3月29日至30日，省委统战部副部长刘强率省新疆工作组一行到恩施州调研新疆籍务工经商人员服务与管理工作。4月10日，省政协主席张昌尔一行到“中国少数民族特色村寨”——宣恩县沙道沟镇两河口村彭家寨调研，了解恩施州土家族地区保存最完整的吊脚楼群。8月9日至10日，省委常委、宣传部长王艳玲到恩施州，就“616”工程对口帮扶工作进行调研。9月23日至25日，国家民委党组副书记、副主任刘慧一行，到恩施州来凤、咸丰、利川、恩施4县市，就民族团结进步、少数民族特色村寨创建、民族地区全面建成小康等工作进行调研。10月30日至31日，省委常委、常务副省长黄楚平在鹤峰县调研并召开“616”工程对口帮扶鹤峰现场办公会。

【恩施土司城移交国投公司管理】 4月1日，恩施土司城正式由州民宗委移交国投公司管理，成立恩施土司城旅游管理有限公司，由事业单位改制成为国有企业，注册资本1亿元。

【恩施州民族研究学会第十一次会员代表大会】 10月31日，恩施州民族研究学会第十一次会员代表大会在恩施国际大酒店召开。会议选举产生学会第七届理事会。王平当选理事长，王大菊、刘伦文、朱世学、谷斌、何泽勋、谭志满当选为副理事长，孙云逸当选为秘书长。

【恩施州民族宗教事务委员会负责人名录】

主任：向莉萍（兼任州“四办”主任）

副主任：吴家新（兼任州“四办”副主任）

何　毅

（段迪斯）

编辑　刘　权

外事侨务工作

【概　况】 2017年，恩施州外事侨务局（以下简称州外侨局）搭乘湖北省“走出去”快车，围绕恩施州“一谷两基地三示范区”建设，内强素质，外树形象，全方位、多层次、宽领域开展对外交流合作，进一步提高对外开放水平。继续丰富对外工作。全年共办理因公出国（境）手续98人次，完成11个批次的自组团出访任务，签订关于经济、科技、文化合作协议，扩大恩施州与上述出访国的交往与合作。完成重要外宾来访团组接待任务。全年共接待柬埔寨奉辛比克党干部考察团、韩国堤川市代表团、新加坡中国商会代表团、俄罗斯加特契纳市代表团、美国驻武汉总领馆领事陈路家等到访的重要外宾团组共计182人次，宣传推介恩施州灿烂的民族文化和雄奇的自然风光。推进政府和民间对外交往工作。在新西兰举办“土家文化飘大洋”恩施摄影家作品展暨恩施非物质文化遗产展演活动、促成俄罗斯列宁格勒州加特契纳市市长与恩施市和利川市互访、参加韩国堤川市举办的2017堤川国际韩医生物博览会，政府和民间对外交往成果丰硕。服务企业“走出去”。针对恩施州出口企业，将海外客商请到恩施举办多场推介会，加深面对面沟通与了解，为企业搭建“走出去”平台。做好侨务项目。助力多个惠及民生的侨务慈善项目在恩施州落地。“澳大利亚魏基成慈善列车”为恩施州捐赠冬衣1200件，折合人民币36万元。争取到利川市第一中学（以下简称利川一中）、巴东县第二高级中学的2017年度“珍珠班”2个，资助总额达60万元。至年底恩施州共有在办“珍珠班”7

个，资助总金额232.5万元。为利川一中李伦同学成功申报“湖北—澳门理工学院2017奖学金计划”。争取到省侨办侨务扶贫资金3万元扶持新加坡归侨许群群创立的湖北省洪富农牧业有限公司养殖项目。

【看望慰问贫困归侨侨眷和恩施籍驻外大使家属】 1月22至23日，州外侨局党组书记、局长邓习猛走访慰问贫困归侨侨眷和恩施籍驻外大使的家属，把党和政府的关心和温暖送到贫困归侨侨眷手中。

【英国湖北同乡会秘书长宋安娜赴恩施考察】 2月27日，英国湖北同乡会秘书长宋安娜一行2人到恩施州就教育合作进行调研。在恩施市英才实验学校进行实地考察，与恩施市教育局和学校负责人召开座谈会，双方就教学合作，举办“国际高中”和“国际教育理念”等方面进行了深入探讨，并达成共识。

【省外侨办副巡视员马爱国到恩施州调研】 3月3日，湖北省外事侨务办公室（以下简称省外办）副巡视员马爱国一行到恩施州调研2017年“华侨华人创业发展洽谈会（以下简称华创会）”筹备工作情况，就恩施州2016年“华创会”项目落实情况、2017年“华创会”筹备情况同恩施州政府深入交换了意见。

【州长刘芳震率团出访新西兰、澳大利亚两国】 3月21日至28日，应新西兰怀马卡里里市长及澳大利亚昆士兰州投资贸易局邀请，州长刘芳震率团赴新西兰、澳大利亚两国访问，代表团同驻外领馆、当地政府、高等学校、华人华侨社团交流，开展友城交往、项目签约、拜访会见等活动，并参加省政府代表团在当地举行的经贸推介活动。在访问新西兰怀马卡里里市期间，州长刘芳震同市长大卫·林赛·艾尔斯举行正式会晤，并在市长陪同下前往当地企业、农场、学校参观。在“中国湖北——新西兰投资贸易合作推介会”上，在省长和有关方面见证下，刘芳震代表州人民政府与市长大卫·林赛·艾尔斯签订《中国恩施州与新西兰怀马卡里里地区2017—2020年合作行动计划》。在新西兰访问期间，刘芳震还拜会了中国驻奥克兰总领事许尔文、中国驻基督城总领事金智健、新西兰湖北经贸文化协会会长周亚非；访问了奥克兰大学，并代表州人民政府与奥克兰大学签订《硒资源高效利用及富硒功能食品研发深度合作备忘录》。在澳大利亚访问期间，刘芳震陪同省长王晓东出席湖北省向昆士兰州图书馆捐赠图书暨“荆楚文化图片展”开展仪式，拜会了驻布里斯班总领事，参加湖北省在布里斯班举行的“中国湖北——澳大利亚昆士兰合作项目对接会”。会上，宣恩伍家台富硒贡茶有限责任公司进行项目推介，并与外商签订富硒茶叶贸易协议。

【法律专题讲座】 4月5日，外侨局邀请法律顾问进行“以案说纪、以案说法”专题法律讲座。律师结合外事侨务工作，重点就法律效力、法律规则与法律原则、三大诉讼及仲裁介绍、合同签订的法律常识等内容作了详尽阐述，并结合生动的具体案例，与大家进行讨论交流。

【柬埔寨奉辛比克党干部考察团到恩施考察】 4月21日至24日，应中国共产党中央委员会对外联络部（以下简称中联部）的邀请，柬埔寨奉辛比克党干部考察团一行20人在恩施州进行参观考察。州委副书记、州委政法委书记柯东海会见到访问的柬埔寨奉新比克党拉那烈主席办公厅副主任马尊一行。考察团听取恩施州交通建设、生态环境、文化旅游等方面情况介绍，参观考察恩施市龙凤初级中学，了解该校智慧校园建设以及恩施市推进农村网校建设的经验。

【恩施市副市长张献宏率团赴新西兰进行友好访问】 4月29日至5月3日，应新西兰怀马卡里里市市长大卫·林赛·艾尔斯的邀请，恩施市副市长张献宏率恩施市文化交流团赴新西兰进行友好访问。访问期间，代表团出席在基督城理工学院举办的“土家风情飘大洋”摄影展开幕式及文化交流、经贸推介活动。此次摄影作品展共展出30多位恩施市摄影师的100多幅作品。文化交流活动期间，代表团还先后前往市政厅、体育赛场、露营基地、学校和两家农场进行考察。

【韩国堤川市副市长朴仁用率团访问恩施】 6月1日至3日，韩国堤川市副市长朴仁用率团访问恩施州，推介“2017堤川国际韩医生物产业博览会”。州人民政府副州长杨军出席推介会并致欢迎词。访问期间，代表团先后到中硒集团、恩施硒多宝饮品有限公司、恩施富硒产业联盟总部、来凤金祈藤茶生物有限公司等企业实地参观，了解企业生产经营情况。

【省侨联副主席刘文华一行到恩施州调研侨联改革工作】 6月21日至23日，湖北省归国华侨联合会（以下简称省侨联）副主席刘文华一行到恩施州调研侨联改革工作情况，就改革过程中的相关问题进行解答，对下一步工作进行指导。调研期间，调研组一行还对香港惩教社教育基金会捐建的“侨心工程”项目恩施市鸦鹊水小学综合楼、宣恩县板栗园小学和上洞坪小学住宿楼的建设情况进行了检查督办。

【新加坡中国商会会长胡进胜率团到恩施考察】 7月3日至5日，应第17届华人华侨创业发展洽谈会组委会的邀请，新加坡中国商会会长胡进胜率考察团一行11人对恩施州进行考察访问。期间，考察团同州外侨局、州旅游委、州环保局、州卫计委举行座谈。双方就出境旅游、农村污水处理、健康疗养等方面进行了交流与探讨。

【国际茶业大会和硒博会邀请接待工作】 9月25日至30日，2017国际茶业大会、第四届世界硒都（恩施）硒产品博览交易会在恩施召开。州外侨局为港澳台及涉外事务联络组的牵头单位，负责制定本组工作方案、预算方案及组织实施，负责展会涉外事项的统筹、协调和处理，统筹相关单位做好我国港、澳、台地区及国外嘉宾、专家学者和代表的邀请和接待以及整个会议、论坛的同声传译、交替传译和陪同翻译的协调工作。其中州外侨局邀请24人，州科协邀请2人，州农科院邀请5人，州卫计委邀请1人，州台办邀请9人。嘉宾包括恩施州国际友好城市代表团，涉硒领域国际专家学者及我国港澳台企业家代表等。州外侨局还协助中国食品土畜进出口商会和州商务局办理受邀参加国际茶业大会外宾的来华签证及审批手续。国际茶业大会邀请30多个国家近百名国际茶业协会代表参加此次盛会。

【俄罗斯列宁格勒州加特契纳市市长柳布什金娜·叶莲娜访问恩施】 9月25日至30日，俄罗斯列宁格勒州加特契纳市市长柳布什金娜·叶莲娜一行5人访问恩施州。访问期间，代表团出席第四届世界硒都（恩施）硒产品博览交易会和2017国际茶业大会开幕式，参观恩施州具有代表性的涉硒企业中硒集团和恩施德源健康科技发展有限公司，并赴利川市开展友城交流活动。

【州政协主席刘建平率团访问韩国堤川市】 10月9日至13日，应韩国堤川市长李根圭的邀请，恩施州政协主席刘建平率团赴韩国堤川进行访问。代表团出席在堤川举行的“2017堤川国际韩医生物博览会”，参观恩施州参展的友城馆。访问期间，代表团一行还与韩国艺总堤川支会进行座谈，就两地间的文化艺术交流问题进行讨论并制定活动计划。

【“扶贫日”活动】 10月17日，州外侨局同湖北木林子国家级自然保护区管理局、鹤峰县工商局赴鹤峰县邬阳乡高桥村开展“扶贫日”活动。州外侨局组织开展捐赠活动，共为当地村民捐赠冬衣240余件、老花镜70余副、助听器60余部。

【州委常委、组织部长张建文率团访问德国、瑞典、法国】 10月18日至27日，州委常委、组织部长张建文率恩施州人才工作代表团赴德国、瑞典、法国进行为期10天的交流访问，与当地政府、科研机构、驻华使馆、高等院校、侨领、企业开展人才政策推介和合作交流洽谈等活动。在瑞典访问期间，恩施州人才工作代表团与瑞典卡罗琳斯卡医学院伊莱亚斯·阿诺教授达成合作意向：一是恩施州中心医院可选派1至2名优秀研究员到阿诺实验室进行为期半年至一年的研修深造。二是恩施州邀请阿诺博士本人及研究团队专家来恩施讲学和指导硒与人体健康的科学研究。

【省侨联副主席刘文华慰问恩施归侨侨眷】 10月24日，省侨联副主席刘文华率领省侨联慰问组到恩施州慰问归侨侨眷。慰问组先后到恩施城区和宣恩县归侨侨眷家中，与印尼归侨方美重等老人们亲切交谈，了解他们的身体状况和家庭情况，并送上慰问金。

【美国驻武汉总领事馆领事处处长陈路家来恩施调研】 11月28日至30日，美国驻武汉总领事馆领事处处长 Terry Mobley（陈路家）及其助理陈珍到恩施州开展调研。陈路家一行分别赴州旅游委、州商务局、州公安局出入境管理支队、湖北民族学院、恩施市第一中学、中硒健康产业投资集团股份有限公司和恩施德源健康科技发展有限公司进行调研，与各单位负责人及业务主管人员开展座谈，详细了解恩施州各行业对外交流合作情况以及在恩施州工作或临时居留的美国公民的有关情况。同时，陈路家也向各单位详细介绍了美国驻武汉总领事馆各处室的工作职能以及办理赴美签证的有关政策。

【恩施州人大、常委会副主任吕金施率团出访希腊、意大利、法国】 11月1日至10日，恩施州人大常委会党组书记、副主任吕金施率恩施州友好代表团出访希腊、意大利、法国等三国。代表团与以上三国地方议会开展友好交流，并重点就古建筑及特色民居保护立法及城乡规划建设与希腊国家考古博物馆、法国巴黎城市规划设计院、意大利圣乔瓦尼图西亚市议会、法国圣但尼市议会等单位负责人进行深入洽谈并达成初步合作意向。

【全州外侨办主任工作座谈会】 11月27日，州外侨局组织召开全州外侨办主任工作座谈会，集中学习中共第十九次全国代表大会关于对外工作的方针、政策以及中央、省委关于外事侨务工作政策法规和有关指示精神，同时还对办理因公出国（境）手续等业务工作进行培训。与会的8县（市）侨办主任交流发言，对新形势下如何发挥外侨优势，服务恩施州经济社会发展，努力开创外侨工作新局面建言献策。

【“澳大利亚魏基成天籁列车”冬衣捐赠活动走进宣恩县】 12月5日，由澳大利亚华人慈善家魏基成发起的“慈善列车”冬衣捐赠活动走进宣恩县李家河镇板栗园小学和上洞坪小学，为山区孩子捐赠爱心冬衣800件。

【恩施州外事侨务局负责人名录】

党组书记、局长：邓习猛

副局长：王怀东　乔　怡

（付绍华）

编辑　刘　权

机关事务管理

【概　况】 2017年，全州机关事务管理系统按照“管理有序、保障有力、服务有效、干部有为”的目标要求，紧紧围绕中心大局，完善管理体制机制，着力增强保障服务能力，切实转变机关事务发展方式。全系统干部职工统一思想、团结拼搏、争先晋位、开拓创新，完成全年的各项目标任务。

【国有资产管理】 办结回复州委州政府交办的办公用房审批件48件，完成州委、州政府安排的州教育局办公场地调研和州文体新广局进驻州传媒中心广电大楼的合规性分析调研。恩施海关业务用房装修改造工程进入设计阶段，办公用房信息化平台完成软件初调工作。完成州政府驻深圳、海口办事处的资产移交工作。开展全州办公用房督办检查两次，全州腾退办公用房4.11万平方米，各单位和省管干部办公用房总使用面积均在核定范围内。在2017年全省党政机关办公用房工作检查中，全州整体情况居17个地市州的前三位。

【公务用车制度改革】 党政机关车改取消车辆的拍卖处置工作全部完成，全年举行两次车辆拍卖会，成交32辆，总价128.78万元。完成县市2353辆保留车辆集中定编工作。完成全州1725辆公务用车的标识喷涂工作。联合州纪委印发《关于进一步严明全州公务用车管理和使用纪律的通知》，加强全州党政机关公务用车监管力度，对发现的3起违规问题进行通报。完成137个州级非参公事业单位公务用车清理统计工作，清查摸底车辆227台。

【公共机构节能】 开展“践行生态节能理念，助推恩施州绿色崛起节能金点子有奖征集活动”，征集到全国各地节能小故事、节能标语、节能建议1000多条信息。集中订购公务“共享单车”50辆，发放到州直46个单位，促进绿色出行。推动州文广办、咸丰县唐崖土司遗址管理处创建国家级节约型公共机构示范单位，咸丰县水利局等10家单位被评为全省节水型公共机构示范创建单位，全州公共机构能耗统计完成省定考核任务，示范带头效果明显。

【系统建设】 贯彻落实《机关事务管理条例》《湖北省机关事务管理实施办法》《恩施州机关事务管理实施细则》和国家局、省局机关事务管理“十三五”规划，加强对全州8县市、州直相关单位机关事务管理工作业务指导，推动全州机关事务工作实现有序运转。完成7县市党政机关公务应急用车网络平台建设，实现公务应急用车出行“便捷派车、高效用车、透明管车、有效督车”目标。各县市党委政府领导高度重视和支持本地区机关事务管理工作，县市局主动作为、工作不断创新。

【用车保障】 启用“互联网+公务用车”管理智慧云服务调度平台，坚持“全天候值守，规范化调度、分层次预警、信息化监管”工作机制，全年接受90家用车单位用车申请2175次，安全运行70万公里，完成车辆安全维修保养195台次，并通过执行回场审核、满意度回访等制度，开展电话回访用车单位45家78次，满意率100%。组织司勤人员安全教育活动9次，开展2017年驾驶员安全应急、技能大比武等活动，提高了操作水平和安全意识。

【文化广场管理】 强化文化广场消防、保洁、会务服务、安全巡逻工作力度。先后投入资金236万元对空调系统等设施设备进行维护保养，投资50余万元新添置安检安防设备，实现文化中心监控全覆盖。承担各类会议25场次、剧院演出20场次、综合活动40余场次，全年服务收入240余万元。精心组织、科学谋划，保障州、市党代会、两会和硒博会等多个重大政务会务活动的顺利开展。

【巡察整改】 11月28日至12月25日，州委第三巡察组对州机关事务局进行政治巡察。局党组始终站在讲政治、讲大局、讲纪律的高度，先后召开局党组会议、科室负责人会议以及专题会议5次，研究配合支持巡察和整改工作，思想上高度重视，组织上严明纪律，行动上积极支持，认真配合、主动接受监督，保证巡察工作顺利开展。巡察意见反馈后，局党组对巡视反馈的问题按照规定时间节点立行立改。通过巡察整改强化长效机制建设，进一步夯实主体责任，从严从实纠治问题积弊，推动整改落地见效。

【精准扶贫】 完善数据录入，建立“一户一档”，剔除“硬伤”户34户。积极争取通畅工程、小流域治理和特色村寨建设项目资金686万元。投入资金30万元进行“以奖代补”产业发展，新发展茶叶300亩、喂养生猪200头。动员82户贫困户参与“金融扶贫分红贷”活动，每年可分红3000

至6000元。发展瓜蒌基地13.34公顷，村级集体经济收入达到每年5万元，并整修村级党员群众服务中心，强化村级阵地建设。推行了“五个一”的精准扶贫工作法，保证每户一个精准脱贫方案、每户一张公示牌、每半月一次电话联系、每月一次入户帮扶、每年一次送温暖。

【恩施州机关事务管理局负责人名录】

党组书记、局长：陈明海（4月任）

副局长：刘莺燕　谭　娜

李远斌（12月军转安置）

（周相如）

编辑　刘　权

政务公开服务工作

【概　况】 2017年，恩施州政府政务公开和政务服务管理办公室（以下简称州政管办）按照“向创新要动力、向改革要活力、向服务要效益”的思路，开拓创新，深化改革，推动“一次办好”落实落地，全力服务“一谷两基地三示范区”建设，进一步推进政务公开和政务服务规范化、标准化建设，切实提高政务公开和政务服务质量和效率。截至2017年12月，全州8县市均挂牌成立政务服务中心，建成率达100%；全州88个乡（镇）均设立便民服务大厅；2495个村（社区）已有2390个村（社区）成立便民服务室，政务服务信息平台已覆盖2444个村（社区）。2017年恩施州各级政务服务机构共受理各类审批及服务事项425.3万件（州级10.8万件，县级293.4万件、乡级77.7万件、村级43.4万件），办结423.6万件（州级10.8万件，县级293万件、乡级76.8万件、村级43万件），按期办结率100%。

【健全机构机制】 根据《恩施州机构编制委员会关于州政府政务服务中心管理办公室更名的批复》（恩施州机编发〔2017〕39号）文件精神，“恩施土家族苗族自治州人民政府政务服务中心管理办公室”更名为“恩施土家族苗族自治州人民政府政务公开和政务服务管理办公室”，正式承接政务公开工作职能。

【优化审批流程】 全面落实“三集中三到位”。督促审批职能部门进一步落实行政审批大科室制度，并整体进驻政务服务中心。截至2017年12月，17个部门在州政务中心设置常驻窗口，其中7个需单设行政审批科的部门均实现整体进驻，其余部门全部纳入综合窗口管理，州级所有行政审批及政务服务事项实现“一窗式受理，一站式办结”。建立审批服务事项动态管理机制。结合“放管服”和简政放权工作，建立审批和服务事项动态管理机制，定期对事项进行流程优化。2017年分别对州、县市两级44个职能部门审批事项和服务事项办理流程进行第三轮梳理和完善，形成更新版的事项办理清单，企业和群众照“单”办事、审批部门照“单”规范审批。探索建立帮办服务机制。恩施市民之家率先探索建立帮办服务机制，布置专人专岗从事办事咨询、业务查询、办事指导、资料预审等辅助工作。在市民之家大厅设置5个帮办服务点，安排18名人员在一线负责帮办工作。编制公开办事服务指南。通过网站发布和编制小册子的形式，对进驻政务中心所有窗口审批服务事项进行梳理和统计。

【推行“一次办好”】 梳理公布事项清单。对照“互联网+政务服务”改革要求，州政府办公室印发《恩施州推行审批服务“一次办好实施方案的通知》，截至2017年12月底，州及8县市均公布“一次办好”事项清单，“一次办好”事项在全部审批服务事项中的比例均超过50%。进一步优化办事指南。各部门对照“一次办好”要求，通过“三减”（减环节、减材料、减时限）对原有流程进行优化再造，逐项编制标准化办事指南。推行邮政寄递服务。结合恩施州交通出行成本高实际，与EMS合作推行证照寄递服务，通过邮政快递将申请人办理结果直接送达，使群众体验“在线咨询、网上申请、邮寄送达”的便捷服务。

【试行“一窗通办”】 国税、地税部门合作进一步升级，探索实施“一窗通办”（即部分地税窗口受理国税综合业务，而国税窗口在代开发票时直接征收个人所得税和附加税等税款，无需纳税人再前往地税窗口缴纳），由“一厅通办”到“一窗通办”。

【建立重点项目“容缺预审”机制】 确定涉及恩施州级重点项目审批的6个部门8个审批事项实行容缺预审，容缺比例达到47%，项目审批时间从138个工作日缩减到71个工作日，审批提速49%，解决了部分审批事项耗时过长的问题。全州8县市已全部建立重点项目容缺预审机制。

【推进并联审批、联审联办】 组织发改、环保、国土、规划、住建重点审批部门，按照政府投资类、企业投资备案类、企业投资核准类等类型探索建立并联审批机制，结合推行“绿色通道”服务，对重点项目和易地扶贫搬迁项目实行优先受理、并联审批、容缺办理、减少审批环节，促进审批提速。

【结合“互联网+政务服务”，推行统一电子平台】

根据恩施州智能化政务服务统一电子平台建设要求，2017年2月完成平台搭建。平台实现行政审批和政务服务、效能监管、社会公共服务四大功能，州、县、乡、村四级379项审批事项和642项服务事项已录入到位并开通线上办理。恩施州四级政务服务机构共开通3429个服务账号，实现审批工作“六统一”，即统一平台、统一事项、统一门户网站、统一掌上服务、统一后台运维、统一效能监察。截至2017年12月，通过恩施州智能化政务服务统一电子平台办件已达14万件，集行政审批、政务服务、效能监察等多功能于一体的“互联网+”政务模式现已初现雏形。

【恩施州政府政务服务中心管理办公室负责人名录】

主任：周后培（8月任）

副主任：唐春燕　赵树锋

（陈世祥）

编辑　刘　权

人民政协

恩施州人民政协

【概　况】 2017年1月换届以来，政协恩施州第八届委员会认真落实省委书记蒋超良在恩施调研时的重要讲话精神，围绕中心、服务大局，积极进取，勤勉履职，全州人民政协事业在继承中创新、在创新中发展，各项工作迈上新台阶。

工作概况

【思想政治建设】 州政协党组牢固树立“管党是主责”“党建是主业”的意识，认真落实主体责任，坚持标本兼治，推动全面从严治党向纵深发展。召开10次党组会议，研究全面从严治党工作。出台加强意识形态工作的实施意见，牢牢掌握意识形态话语权。扎实推进“两学一做”学习教育常态化、制度化，修订党组中心组学习制度，开展25次党组（中心组）会议，集中学习系列准则、条例和中共十九大报告、新党章、习近平新时代中国特色社会主义思想，第一时间传达中央、省委、州委重要精神，切实把党的指导思想和主张转化成为人民政协各参加单位和各族各界人士的思想政治共识。注重源头预防，建立党建优先、一月一调度、全程纪实管理和责任清单等制度，把全面从严治党覆盖到每一个支部、每一名党员。严肃党内政治生活，严格执行双重组织生活会、“三会一课”、谈心谈话等制度，开展专题民主生活会2次、“支部主题党日”活动12次，党内政治生活的政治性、时代性、原则性、战斗性进一步增强。坚持挺纪在前，教育在先，突出州政协常委会议组成人员和各县市政协党组书记“关键少数”，开展全面从严治党专题辅导1次、爱国主义教育4次、警示教育9次、谈心谈话120余人次。持续正风肃纪，严格执行八项规定，推进作风建设常态化、长效化，营造风清气正的政治生态。

【服务改革发展】 按照“党委想什么，我们议什么；政府干什么，我们帮什么；群众要什么，我们提什么”的原则，咨政建言、出谋划策，切实做到政治协商从发展着眼，民主监督为发展助力，参政议政为发展服务。紧扣州委、州政府重大决策部署和中心工作以及群众普遍关注的热点难点问题进行协商议政，召开6次主席会议、5次常委会议、3次双月协商座谈会议，聚焦硒产业发展（州高新区建设）、全域旅游发展、农村垃圾治理、农业绿色发展、施州古城保护开发、精准扶贫组织开展专题调研视察、协商议政，形成调研报告6份、考察报告6份、单项建言材料36份，同时将协商成果和群众诉求通过社情民意信息向上级政协和州委、州政府反映，22件社情民意信息被全国政协和省政协采用，17件建言成果被州委书记柯俊、州长刘芳震批示。重点围绕行政机关负责人出庭应诉、州城饮用水源地治理、宗教管理等工作开展专项监督，推动州委、州政府重要决策部署贯彻落实。

【政治协商新气象】 注重上下联动，做好全国政协、省政协领导19次来恩施州调研考察的服务工作，主动到省政协汇报、争取指导。在省政协月度协商座谈会上就恩施州康养产业发展专题发言，“苏马荡现象”引起省委、省政府高度重视。建立州政协主席、副主席联系县（市）政协制度，设立州政协驻各县（市）联络组，邀请县（市）政协主席列席州政协重要会议和活动56人次，邀请县（市）政协和住县（市）州政协委员参与调研、视察等活动300余人次。注重横向联系，密切与政协参加单位的联系和合作，支持他们充分利用提案、反映社情民意、政协例会和活动履行政协职能。加强与外地政协的联系交流，利用武陵山片区政协主席联席会、湘鄂黔渝边区县（市、区）政协工作联系会等平台，聚焦片区共同发展，积极呼吁国家政策支持，推动联动联合发展。参与全国民族团结进步示范区创建，推动各民族为全州改革发展广泛凝聚智慧和力量。

【强化制度建设】 以制度建设为突破口，着力改革创新，全方位提高民主协商水平。坚持上下联动与左右协同相结合、州内调研与州外考察相结合、委员参与和专家学者论证相结合，不断丰富调研视察形式，延伸调研触角，力求从不同侧面、不同角度把问题研究透彻，形成1个主题报告、1个视频、若干个建言材料的“1+1+X”的成果，确保建言建在需要时、议政议在点子上、监督监在关键处。健全完善协商议政制度体系，及时修订完善《州政协常务委员会议工作规则》《双月协商座谈会实施办法》等12项制度规则，推动政协协商民主制度化、规范化、程序化发展。将加强和改进民主监督作为重点改革项目，争取州委出台《关于加强和改进人民政协民主监督工作的实施意见》，综合运用协商会议、调研视察、大会发言、“两会”委员热线等形式，增加监督力度，提升监督实效，为州纪委、法院、检察院、人社局、住房公积金中心等单位推荐40多名州政协委员参与党风政风监督，充分发挥政协委员民主监督作用。推进提案立案审查制度改革，修订《提案审查立案实施细则》，完善提案办理督办制度，238件提案经有关部门办理，促成一批重要问题有效解决。创新大会发言制度，实行州政协党组会议研究审定全会大会发言，坚持质量至上、以质定序，把所有委员的智慧汇集起来，着力传播政协好声音。

【加强自身建设】 修订《界别工作组活动实施办法》，设立10个界别工作组，选优配强组长、副组长和界别召集人，完善主席会议成员制度和界别活动召集人制度，健全专委会联系服务界别工作机制。出台《关于加强州政协委员和政协工作者学习培训的实施意见》《委员守则》《政协恩施州第八届委员会委员履职手册（2017—2021年）》，修订《委员视察条例》，强化服务管理，组织119人参加全国政协、省政协培训，198人参加省、州两级党校专题培训。出台《政协恩施州第八届委员会关于政协委员参与精准扶贫“三大工程”的实施意见》，大力实施政协委员参与精准脱贫为民、爱心、带动“三大工程”，推行“1331模式”（1名政协常委会议组成人员带领3名以上政协委员开展“三大工程”、提出一条好的意见建议），1993名州、县（市）两级政协委员组成286个小组，对口帮扶3755户贫困户、2265名贫困学生、398个农业专业合作社，有钱出钱、有力出力、有点子想点子、有门路找门路，涌现出许多感人的帮扶故事，充分彰显了政协委员强烈的社会责任感。出台《关于加强专门委员会建设的十条意见》，修订《专门委员会通则》，加强州政协办公室与专委会及各专委会之间的衔接、配合、联动，围绕重点履职项目统筹力量、集中攻关，实行扁平式管理，提升专委会履职实效。深入开展“提质增能严纪、创建一流机关”活动，修订机关管理制度37项，对工作任务实行项目化、清单化、方案化管理，形成“以制度管人、按制度办事”的制度体系，机关干部精神面貌焕然一新，服务水平明显提高。

重要会议

【政协八届一次会议】 1月4日至8日，中国人民政治协商会议湖北省恩施土家族苗族自治州第八届委员会第一次会议召开。会议听取并审议肖谏诚代表政协恩施州第七届委员会常务委员会所作的工作报告，听取并审议谭建军代表政协恩施州第七届委员会常务委员会所作的提案工作情况报告。会议通报表扬了2016年度优秀提案、提案办理先进单位及先进个人。围绕“恩施发展和民生改善”主题共征集58篇发言材料。选举产生政协恩施州第八届委员会主席、副主席、秘书长和常务委员会。会议审议通过政协恩施州第八届委员会第一次会议关于常委会工作报告的决议，审议通过政协恩施州第八届委员会提案委员会关于八届一次会议提案初审情况的报告，审议通过政协恩施州第八届委员会第一次会议政治决议。会议期间，州政协各参加单位、专门委员会和委员共提交提案253件，审查立案238件。

【政协常委会议】 1月8日召开州政协八届一次常委会议。会议审议通过政协恩施州第八届委员会常务委员会关于设置专门委员会的决定。根据《政协章程》有关规定和工作需要，政协恩施州第八届委员会设提案委员会、经济委员会、科教文卫体委员会、人口资源环境委员会、民族宗教委员会、社会法制港澳台侨外事委员会、文史资料委员会、委员工作委员会等8个专门委员会。审议通过政协恩施州第八届委员会常务委员会关于任命各专门委员会主任、副主任的决定和关于任命州政协副秘书长的决定。2月21日召开州政协八届二次常委会议。会议传达学习湖北省政协十一届五次会议精神，通过《恩施州政协2017年工作要点》，修订政协恩施州委员会相关工作规章和工作制度，通过任命政协恩施州第八届委员会专门委员会副主任的决定。5月18日召开州政协八届三次常委会议。会议围绕“以‘中国硒谷’建设为引领，推动特色产业增长极突破性发展”协商议政。4月中旬，恩施州政协组成调研组，深入8县市调查研究，并到陕西安康和四川达州学习考察并形成系列汇报材料。会上，州政协常委、委员和专家学者、基层工作者围绕“以‘中国硒谷’建设为引领，推动特色产业增长极突破性发展”建言献策，州直有关部门作表态性发言。通过《关于以“中国硒谷”建设为引领，推动特色产业增长极突破性发展的建议案》。

11月27日召开州政协八届四次常委会议。会议传达学习中共十九大精神，围绕生态农业发展和绿色农产品供给协商议政并通过《关于突出绿色发展主题，加快推进恩施农业供给侧结构性改革的建议案》，通过《恩施州政协关于加强专门委员会建设的十条意见》，决定增补郑开显为政协恩施州第八届委员会委员，并任命其为政协恩施州第八届委员会文史资料委员会专职副主任。

12月19日召开州政协八届五次常委会议。会议听取州政府关于州政协八届一次会议以来提案办理情况的通报；听取州纪委关于2017年党风廉政建设情况的通报；审议通过《中国人民政治协商会议湖北省恩施土家族苗族自治州第八届委员会常务委员会工作报告（草案）》，并协商推举报告人；审议通过《中国人民政治协商会议湖北省恩施土家族苗族自治州第八届委员会常务委员会关于八届一次会议以来提案工作情况的报告（草案）》，并协商推举报告人；审议通过《州政协八届二次会议相关文件（草案）》；审议通过政协恩施州第八届委员会常务委员会有关人事任免的决定。

【双月协商座谈会】 2017年州政协共召开双月协

商座谈会3次。4月27日召开州政协2017年第一次双月协商座谈会，会议围绕“农村生活垃圾治理”建言献策。6月20日召开州政协2017年第二次双月协商座谈会，会议围绕“州城文化挖掘保护”建言献策。座谈会上，组织观看州政协视察组拍摄的专题短片，州政协委员、文化工作者和州城市民代表从不同角度对施州古城保护开发提出的意见建议，州旅游委、州规划局、州文体新广局和恩施市政府负责人作回应发言。8月28日召开州政协2017年第三次双月协商座谈会，会议围绕“农村公路建设与管理”建言献策。会上播放全州农村公路建设与管理专题片，州政协农村公路调研组通报关于全州农村公路建管养运的调研情况，与会州政协委员、专家学者从农村公路质量、建管机制、投融资、安保、服务民生等方面分析现状和存在的问题，并提出有针对性的意见和建议。

【政协提案工作座谈会】 5月25日，恩施州政协提案工作座谈会召开。会议要求要积极争取党政领导重视，实现州、县市党政主要负责人领衔督办重点提案全覆盖和承办单位主要负责同志领办重点提案全覆盖，加强提案办理协商，积极公开提案办理结果，加强对提案办理的跟踪督办，努力把提案办出实效。

【全州政协社情民意信息工作推进会】 7月24日，恩施州政协社情民意信息工作会在咸丰县召开，会议通报2017年上半年全州政协社情民意信息采用情况，聘请特邀信息员，并邀请省政协研究室信息处负责人作社情民意信息专题讲座。

【参加武陵山片区政协主席联席会第二次会议】 9月，恩施州政协党组书记、主席刘建平带队参加武陵山片区政协主席联席会第二次会议。会议期间在接受媒体专访时刘建平表示，恩施州与张家界、与整个武陵山片区山水相似、文化同根同源，希望借助政协主席联席会发挥自身的特色和优势，汇聚政协力量，奉献政协智慧，共同为片区脱贫攻坚和全域旅游发展做出应有的贡献。

相关工作

【《人民政协报》报道恩施州高山扶贫工作】 1月，《人民政协报》记者采写的《湖北恩施州打响高山片区扶贫攻坚战政协提案助推扶贫工作精准运行》在该报刊发，详细介绍由恩施州政协委员联名提出《关于整体推进恩宣建鹤四县市高山片区扶贫综合开发的建议》的提案办理成效。

【政协委员开展“四送“活动】 5月26日，由恩施州政协主办，州委宣传部、州科学技术协会、州科技局、州工商联、州妇联、州司法局、州卫计委、湖北省民族歌舞团、州中心医院、州农科院，恩施市政府、市政协、市科协等13家单位协办的恩施州2017年科技活动周暨政协委员“四送”（送科技、送文化、送法律、送卫生）活动在恩施市沐抚办事处木贡村举办，州政协党组副书记、副主席肖谏诚率队参加，130多名卫生、法律、科技、农业、文化专家参加咨询和服务。

【《中国政协》报道恩施州政协委员履职事迹】 2017年第10期《中国政协》杂志以“参政议政勤为民，一肩双责倾热情”为题，介绍湖北省政协委员、恩施州政协常委肖雪琴的履职心得，这也是几年来恩施州政协委员履职事迹首次走进《中国政协》。

【州城饮用水源地保护情况专项民主监督】 8月16日，恩施州政协党组成员、副主席向宏贵率调研组来到恩施市，就州城饮用水源地保护情况开展视察活动。调研组一行先后来到喻家河视察应急水源水库建设情况及大坝建设情况，到大龙潭水质在线监测站了解水质监测运行情况、鸭松溪藻类分离站查看藻类分离站工作状况、屯堡集镇视察库区隔离防护网及污水管网收集处理情况、车坝河坝址视察库区网箱养鱼拆除情况，并通过座谈会，听取恩施市对各水源地保护工作及水源工程建设情况，了解存在问题，探究解决的方法和途径。调研组根据监督视察情况形成《关于恩施州城饮用水源地保护情况专项民主监督的报告》上报州委、州政府领导参阅。

【恩施州行政机关负责人出庭应诉情况专项民主监督】 8月24日，恩施州政协党组书记、主席刘建平率领部分州政协委员到州中级人民法院调研，旁听行政诉讼案的审理，观看关于建设数字法院、解决执行难的汇报片，并听取该院工作汇报。9月14日，州政协组织召开行政机关负责人出庭应诉民主监督座谈会。调研组根据监督视察情况形成《恩施州行政机关负责人出庭应诉情况监督报告》上报州委、州政府领导参阅。

【关于加强和改进人民政协民主监督工作的实施意见】 10月，恩施州委办公室印发《关于加强和改进人民政协民主监督工作的实施意见》，全面部署加强全州人民政协民主监督工作。《实施意见》从政协民主监督总体要求、主要内容、监督形式、工作程序、工作机制和加强党的领导6个方面提出明确要求。

【关于加强专门委员会建设的十条意见】 12月，恩施州政协印发《关于加强专门委员会建设的十条意见》，从制度层面增强专委会工作的程序性和规范性，加强州政协办公室与专委会及各专委会之间的衔接、配合、联动，围绕重点履职项目统筹力量、集中攻关，实行扁平式管理，提升专委会履职实效。

【政协恩施土家族苗族自治州第八届委员会、负责人名录】

主席：刘建平（土家族）

副主席：肖谏诚（土家族）

谭建军（蒙古族）

王继刚

刘晓冰（女，土家族）

向宏贵（土家族）

张全榜（土家族）

何义发

常务委员：王　军（女）

王　峰（土家族）

王　晖（女）

王克全

王贤忠（土家族）

尹文仲（土家族）

田　苗（女，土家族）

冯　俐（女）

司马俊莲（女）

朱胜武

向代祥（土家族）

向兴朝（土家族）

刘　刈

刘贤玲（女，土家族）

许　强（土家族）

孙　蓬（女）

孙兴无

李　平（土家族）

李小国（土家族）

李东平（女）

李绍贵（苗族）

杨　东

杨方列（土家族）

杨德华（土家族）

肖雪琴（女，苗族）

沈艳芬（女，土家族）

张　均（土家族）

张　俊（女，回族）

张　蓉（女，土家族）

张　频（土家族）

张　磊

张紫阳（土家族）

张登仕

张献宏（女）

陈　胜（土家族）
陈　烨
陈　颖（女，土家族）
陈耀兵（土家族）
赵　萍（女，土家族）
胡德卫
钟　林
郜志中（土家族）
贺永红（土家族）
秦　亢（土家族）
袁　泉（土家族）
袁　媛（女）
聂紫云（女，苗族）
唐红珍（女，土家族）
黄　鹄（土家族）
黄本维（土家族）
黄宏伟（侗族）
彭立华（女）
曾凡培（土家族）
赖于明
蔡　平
廖于实
廖海燕（女，土家族）
谭　平（土家族）
谭冬青（土家族）
谭明珍（女，土家族）
谭德明（土家族）
颜益志（土家族）

秘书长、副秘书长名单

秘书长：张树香（女，土家族）

副秘书长：谭志国（土家族）　黄卜生
　　　　　段绪慧（女，土家族）

【州政协办公室机构编制、领导班子成员】

党组书记、主任：张树香（兼）

州纪委派驻纪检组长：洪克敏（土家族）

副主任：王俊杰

（李仁高　岳光辉　宋　涛）

编辑　刘　权

纪检监察

综　述

【概　况】 2017年，全州各级纪检监察机关忠实履行党章和宪法赋予的职责，切实加大监督执纪问责力度，推动党风廉政建设和反腐败工作取得新进展新成效，为恩施全面从严治党向纵深发展提供坚强保障。省民意调查结果显示，恩施州党风廉政建设群众满意度2017年居市州第4位。通过长期学、系统学、深入学，逐步形成“政、法、民、俭、勤”理念，“干明白先想明白”问题进一步解决；净化政治生态，政治监督、政治审查、政治巡察不力问题进一步解决；正风肃纪反腐，存量进一步减少，增量进一步遏制；国家监察体制改革试点、巡察改革、派驻改革、县市纪委班子建设、信息化和科技化试点进一步深化，改革红利持续累积并逐步释放。全州纪检监察机关处置问题线索7356件次，初核3232件次，谈话函询444件次，了结1959件次，立案1707件，处分1413人，查办县级干部36人，州纪委自办案件65件，88个乡镇立案897件。

重大活动

【纪委七届二次全体会议】 1月24日，州第七届纪律检查委员会第二次全体会议召开。会议传达学习十八届六中全会、十八届中央纪委七次全会、省委十届八次全会、省纪委十届七次全会精神，落实州第七次党代会决策部署，总结2016年全州党风廉政建设和反腐败工作，部署2017年工作任务，听取鹤峰县委、恩施市委、利川市政府、州粮食局、州卫计委、州中心医院、州国投公司党组织负责人述责述廉。会议表彰了2016年度全州纪检监察工作绩效考评先进单位。

【贯彻落实中央“八项规定”精神】 继续坚持“四个一”自动运行机制，紧守节点严明纪律，对2016年1月1日以后发生违反中央八项规定精神行为受到党政纪处分的，一律点名道姓通报曝光，查处违反中央八项规定精神问题103个，处理187人，给予党纪政纪处分137人，召开10次新闻发布会，通报55起典型案例；坚持明纪于前，向全州县处级以上干部发送廉政短信11128条；开展6轮明察暗访，发现233个问题线索，处理83人，其中给予党纪政纪处分12人；编印违反中央八项规定精神典型案例读本，下发至全州各级党组织学习；开展高档白酒、“升学宴”“谢师宴”等突出问题专项整治，整改问题7560个，党纪政纪处分244人，通报典型案例103起。交办44条问题线索，处理11人。

领导调研

【侯长安到恩施调研】 2月14日至15日，省委常委、省纪委书记侯长安，省纪委常委、秘书长毕春群一行到恩施州城富硒联盟总部、国家硒检测中心，恩施市精准扶贫综合服务中心、龙凤镇龙马村，咸丰县唐崖镇，就恩施州学习贯彻十八届六中全会、十八届中央纪委七次全会、省纪委十届七次全会精神情况及贯彻落实中的重点难点、意见建议等进行调研，深入一线了解恩施州各地学习贯彻落实中央纪委、省纪委七次全会精神及硒产业发展、特色小镇建设、文化遗产开发与保护等方面情况，对恩施州在经济社会发展和全面从严治党方面取得的成效给予肯定。

【薛红文到恩施调研】 9月13日，省纪委常委薛红文一行到恩施州纪委机关就恩施州纪检监察工作情况开展调研，对恩施州纪检监察工作情况给予肯定，认为恩施州纪委工作抓得细、抓得实，思想认识高、措施有力、成效明显，体现中纪委、省纪委的工作要求和精神，为改善恩施州的政治生态作出重要贡献。

【熊征宇到恩施调研】 8月15日至16日，省纪委常委熊征宇带领有关方面负责人，先后深入宣恩县沙道沟镇当阳坪村，鹤峰县太平镇龙潭村、容美镇脱贫攻坚指挥部办公室、县纪委信访室、思源学校建设工地，就扶贫政策落实、大数据监督检查、扶贫领域监督执纪问责等工作开展明察暗访，现场督导调研。12月11日至12日，熊征宇一行到建始县、恩施市调研督导深化监察体制改革试点工作准备情况，先后到恩施市“互联网+精准扶贫监督”平台调研，到州纪委信访举报中心看望信访干部，参观州纪委远程视频接访室，并现场指导工作。

执纪监督

【执纪审查】 围绕巩固扩大反腐败斗争压倒性态势，切实加大执纪审查力度，2017年立案1707件，结案1476件，给予党纪政纪处分1413人。查办乡科级以上“一把手”案件36件，接续查处耗资9亿元的州文化中心建设工程、耗资2.45亿元的州传媒中心建设工程和恩施市农副产品加工园项目中涉及违纪问题，配合省纪委查处省管干部3人，查处县级干部13人、科级干部27人，挽回经济损失9500余万元。落实党纪处分决定向所在党组织全体党员公开宣布和执行情况报告制度，全州纪检机关谈话函询444件次，对124名函询了结的党员干部进行回告。运用第一种形态处理1977人次、第二种形态处理1156人、第三种形态处理188人、第四种形态处理69人。

【扶贫领域监督执纪问责】 按照组建工作专班，建立联席会议、问题线索移送制度，将扶贫领域监督执纪问责工作纳入全州脱贫攻坚大格局、将扶贫领域纪检监察信访工作纳入全州信访工作大格局、将州县纪委机关精准扶贫工作纳入纪委工作大格局，突出聚焦扶贫领域“不担当、不作为、不落实”问题，聚焦扶贫重点领域、重点环节，聚焦运用大数据对精准扶贫政策落实情况监督检查，聚焦扶贫领域专项巡察的“1234”工作思路，打响扶贫领域不正之风和腐败问题专项整治战役，通报脱贫攻坚“两个责任”落实不力问题32个，通报扶贫领域典型案例210起、415人。州县乡310个检查组、7轮暗访328个村，对宣恩县、鹤峰县15个乡镇、24个重点贫困村进行暗访。开展残疾证办理、农村义务教育学生营养餐暨全州中小学食堂违纪违规问题、产业扶贫不作为乱作为3个专项整治，发现问题941个，注销残疾证1181个，新办理残疾证4356个，为8883名残疾人申领发放“两项补贴”，清退学校食堂管理资金141万元，追责问责332人。对1586件扶贫领域信访件进行台账管理和督办交办，“挂牌督办”150件、“重点交办”116件、“直接查办”37件问题线索。推进运用大数据开展精准扶贫政策落实情况监督检查工作，全年共收集数据4213万条，其中源数据2424万条，比对数据1789万条，通过比对发现问题51.21万个，其中问题线索40.22万个，录入错误10.99万个。经1787个核查专班8269人入户核查、复查和巡查抽查，查实问题16.83万条，查实率32.86%；查处违纪违规资金722.26万元，已追缴退交210.96万元，其中党员干部主动退交96.10万元；共追责问责1157人，立案审查183人、党纪政纪处分106人、组织处理868人，通报典型案例47起。

【纪检体制改革探索】 制定《恩施州纪委机关内部体制改革实施方案》，就执纪监督部门与执纪审查部门职责分离方面进行探索性改革，第一至四纪检监察室不再固定联系某一县市、单位，专司执纪审查工作，由案管室实行“一案一授权”；第五纪检监察室不再开展执纪审查工作，更名为第二执纪监督室，专司日常执纪监督工作，联系州直单位，指导州直机关内部纪检机构监督执纪问责工作。原党风政风室更名为第一执纪监督室，在保留原党风政风室职能的基础上，负责联系、指导8县市监督执纪问责工作。制定《监督执纪工作“五项规程”（试行）》，推进监督执纪程序化、规范化、格式化。完成全州副科级以上纪检监察干部的信息采集，建成纪检监察干部廉政档案，干部监督管理改革基本成型。

【巡察工作】 制定出台《中共恩施州委关于州县党委建立巡察制度的实施意见》等涵盖宏观指导、工作流程、组织协调、干部管理等方面的规范性制度9个，修订《恩施州巡察工作实施办法》、优化《巡察监督工作清单》，研究制定《2017—2021年巡察工作规划》，基本形成以贯彻党章党规、落实《巡视工作条例》和《关于市县党委建立巡察制度的意见》为核心的具有恩施特色的巡察工作制度体系。重点选取民政、住建、水利、人社、卫计、扶贫、残联、环保等14个行政权力集中、项目资金量大、涉及扶贫领域的重点部门，紧盯党的领导弱化、党的建设缺失、全面从严治党不力“三大问题”，开展4轮巡察，共发现面上问题839件，问题线索112件，涉及处级干部56人，组织调整落实管党治党主体责任不力的4个被巡察党组织一把手。建立被巡察单位分管州领导出席巡察动员会、参加巡察反馈会制度，严格执行向有关职能部门的反馈机制。先后向9个州直部门的分管州领导进行反馈，对州财政局等7个负有监管职责的州直部门进行专项反馈。2次组织对州直有关单位、8县市委和州高新区落实省委巡视反馈意见和移交问题线索处置情况进行“大起底”，建立台账、清单管理、督促整改。探索建立州委巡察组联系县市巡察工作机制，每个州委巡察组分片联系2—3个县市，形成上下联动、整体提升的局面。建实建强州委巡察组长库、人才库，储备巡察组长、副组长40人，巡察业务骨干80余人。

【行政监察】 对11个政府部门系统开展履职尽责督促检查，聘请24名政风督查员，分成4组对8县市和11个被督促检查部门开展巡回式督导，查找全面问题清单454条，确定重点问题清单76条。启动党风政风热线，抽调社会各界代表200余名进行现场问卷测评，6.96万名州内外群众通过互联网投票通道参与网络测评，开展服务对象第三方评估，开展“督促履职尽责，推动工作落实”电视问政活动，曝光问题35个，对2个单位进行集体工作约谈，对84人进行追责问责。开展“五个专项治理”和农村集体“三资”监管突出问题专项治理“回头看”工作，发现问题9149个，除800余件历史遗留问题外，整改问题7560个，有效整改率达95%，涉及2.33亿元，通报典型案例103例，组织处理116人，党纪政纪处分244人，移送司法机关32人。聚焦“不作为、不担当、不落实”，通报24起典型问题和5起典型案例，问责80余人。依法参与安全生产责任事故调查追责，对巴东县“12·5”煤矿煤与瓦斯突出事故追责15人，对来凤县“11·2”事件追责22人。处理完成中央环保督察组交办的138件问题线索。

【自身建设】 着力加强思想政治建设，成立机关政治学习领导小组，及时学思践悟习近平新时代中国特色社会主义思想和系列重要讲话精神，举办2期中共十九大精神培训班，11名班子成员、16名支部书记大会交流学习心得，100多名党员干部畅谈学习体会；落实组织生活制度，共召开支部会12次，党员大会4次，州纪委常委会领导班子为支部党员讲党课28次，召开6次专题组织生活会；落实谈心谈话和家访制度，累计开展交心谈心237人次、谈话提醒72人次、家访85人次。出台《州纪委机关干部俭以养德若干规定（试行）》。组织开展全州纪检监察系统“巾帼建功·争当岗位能手”“最美家庭”“勤勉之星”“三星一手”评选活动，营造比学赶超氛围。举办北戴河培训中心培训班、新进纪检干部等18期专题培训班，累计培训纪检监察干部6000余人次，培训县乡纪委委员、支部纪检委员、重点贫困村纪检委员1299名，完成中纪委、省纪委、州委组织部调训232人次；实施“三百三挂”工程（百人报“司考”、百人学刑法、百人大集训，选送干部外派杭州纪委挂职、与检察院互派挂职、州县纪委上下挂职），为监察体制改革提前储备法律知识。开展“双向选择、竞争上岗”推进委机关和派驻机构一体化建设，152人参与，重新任职78人，从委机关交流到派驻机构任职21人，从纪检组交流到机关任职16人；通过选调、公招、接收军转、遴选等方式新进93人，提拔、转正科级干部28人；选派18名干部到杭州市区纪委挂职，选派14名干部到州法检两院、县市纪委跟班学习，从基层选派12名干部到委机关挂职学习。建立证据比对人员库、执纪审查人员库，共入库332人。在全州纪检系统开展2次作风巡查，发现问题223个，录入915名纪检干部廉政档案信息。坚持刀刃向内，对反映纪检干部的46件问题线索全部处置，共责成书面检查2个单位，提醒谈话、工作约谈4人，批评教育2人，通报6人，调离系统3人，立案审查1人。

【中共恩施州纪律检查委员会、州监察局负责人名录】

州委常委、州纪委书记：陈江龙

副书记：张在勇

石遵广

王　峰

常委：陈江龙　张在勇

石遵广　王　峰

李木林　向宏明

杨　峻　严　芳

田科伟

州监察局局长：张在勇

州预防腐败局局长：张在勇

（冉　庆）

编辑　刘　权

群众团体

总工会

【概　况】2017年，恩施州总工会以工会改革为契机，履行工会职能，转变工作作风，带领全州职工在围绕中心、服务大局中建功立业，推动工会各项工作迈上新台阶，取得较好成绩。州总工会下辖有6县2市总工会，全州工会组织4868个，直接管理的州直基层工会6351个，涵盖法人单位8505个，共有会员42万人（其中农民工会员17.3万人）。

【服务职工“四送”活动】1月22日，州委副书记、州委政法委书记柯东海，州委常委、常务副州长周静，州委常委、州委统战部长、州总工会主席涂元玲，副州长、州公安局长程建宏走访慰问部分困难职工、全国劳模代表，转交中华全国总工会致全国劳模的慰问信并为他们送去新春的祝福和慰问金。2月8日，州总工会联合州人社局、州妇联、州残联共同举办2017年“春风行动”大型招聘会，进行政策和法律咨询，并发放相关就业信息、创业指导、残疾人权益保护知识等各类宣传资料。4月25日，州总工会与州委宣传部、恩施日报社、恩施州电视台联合在全州范围内开展以服务职工群众为主题的“四送路上”宣传评选活动，推动“四送”活动向纵深发展，持续唱响帮扶“四季歌”，进一步激发广大职工的干事创业激情。活动持续到12月底。5月19日，州总工会党组书记、常务副主席张银莲一行为鹤峰县部分企业困难职工、扶贫点贫困户的子女送去书包、文具、笔记本、保温杯、雨伞等物品。走访鹤峰县翠泉茶叶有限公司、华新水泥（鹤峰）有限公司、鹤峰建筑行业工会、中营镇柳家村等，并与部分困难职工、贫困户代表进行座谈。8月2日，州委副书记、州长刘芳震，州委副书记、政法委书记柯东海，州委常委、统战部长、州总工会主席涂元玲，州政府秘书长戴清堂一行对州城奋战在一线的环卫工人、值勤交警、重点企业车间和重点工程建设工地的职工进行走访慰问。

【领导调研】2月16日，副州长高敬佩到州总工会精准扶贫点鹤峰县中营镇柳家村调研，对柳家村的基本情况、发展现状、村民健康状况、村卫生室建设和村基础设施建设存在的困难和问题进行深入了解，并走访村中的养蜂大户和部分村民。10月30日，副州长张勇强对州总工会资产管理及工人文化宫运行管理情况进行专题调研。张勇强实地查看工会固定资产、工人文化宫和干部培训学校运行管理情况。随后召开座谈会，张勇强对恩施州工会资产管理工作特别是工人文化宫运行管理所取得的成绩给予充分肯定。他指出，恩施州工会资产管理工作成效显著，固定资产管理做到产权明晰、安全完整、保值增效；工人文化宫的运行管理做到突出公益性质不变、服务方式持续改进、服务标准不断提高。他强调，工会工作要按照新时期党的群团工作的实践要求，为不断满足职工的文化生活需求，切实把工人文化宫这一服务职工的有效阵地保护好、巩固好、管理好、使用好，让广大职工有更多的获得感。

4月12日至13日，州委常委、州委统战部部长、州总工会主席涂元玲到鹤峰县、宣恩县调研基层工会工作，了解工会办公场所设置、工会干部日常工作情况，以及企业发展、工会组织建设情况，并慰问部分困难职工。10月12日，涂元玲一行到建始县调研工会改革工作。在高坪镇快乐女人俱乐部、业州镇硒多稀少青年俱乐部和晨龙精密制造有限公司就工会等群团改革工作进行调研，了解群团改革工作开展和落实情况。在双达鞋业和石门村，调研组就民营企业助力精准扶贫、“千企帮千村”和特色村寨建设工作进行调研，听取企业负责人对企业发展、经营状况、工会活动情况的汇报，到车间询问工人的工资收入情况。涂元玲一行到永恒太阳能公司，调研基层工会组织建设和工作开展情况，为省部级劳模（职工）谭黎明创新工作室送去奖励工作经费50000元。

5月31至6月1日，省总工会副巡视员、权益保护部部长高仲桥、省总工会权益保障部调研员吴海飚一行深入建始县茅田乡东升煤矿调研去产能职工权益维护情况并召开座谈会，同时就建始县总工会2016年度各项帮扶资金的使用情况和困难职工建档情况进行调研。9月14日至15日，省总工会党组成员、副主席胡碧辉一行到恩施州调研基层工会工作及督导工会改革、产业工人队伍改革工作。胡碧辉一行先赴湖南龙山县总工会交流工会改革及工人文化宫、职工服务中心建设工作经验。随后到来凤县百福司镇、来凤县电力公司和金凤建材工业有限责任公司等单位调研。

【州八运会】 3月2日，州总工会召开州八运会州直代表团组团筹备会议，会议就职工类男子篮球、男子足球、羽毛球、乒乓球、门球、土家健身摆手舞、健身气功、气排球、排舞等项目比赛规则的制定及组队工作进行讨论。9月16日上午，恩施州第八届运动会在来凤县开幕。省总工会党组成员、副主席胡碧辉应邀出席开幕式。根据州组委会的安排，州总工会负责全州9个职工类项目竞赛规程的制订：男子篮球、男子足球、羽毛球、乒乓球、门球、土家健身摆手舞、健身气功、气排球、排舞，并负责州直职工代表团的组队及参赛工作。

【总工会五届六次全委会议】 3月7日，总工会五届六次全委（扩大）会议召开，总结2016年工会工作，部署2017年工会工作。选举产生委员、经审委员，选举涂元玲为恩施州工会五届委员会主席，张银莲为恩施州工会五届委员会常务副主席，李兴柱、谢奎为恩施州工会五届委员会常务委员。

【州委常委会研究工会工作】 3月20日，恩施州委书记、州人大常委会主任李建明主持召开州委常委会议，研究全州工会工作。州委常委、州委统战部部长、州总工会主席涂元玲率州总工会领导班子成员参加会议。会议原则同意将党建带工建工作纳入全州综合目标责任制考核指标之中。

【工会活动】 4月26日，在州民族体育馆举办2017年恩施州庆祝“五一”国际劳动节暨“平安杯”州直职工趣味运动会。本次趣味运动会共有103家州直行政、企事业单位1443人次报名参加，共组织271支参赛队伍。最终决出一等奖5名，二等奖15名，三等奖25名，以及20个组织奖和10个道德风尚奖。5月4日，州总工会与州委宣传部、州人社局、恩施州电视台、恩施日报社联合组织开展首届寻找“恩施工匠”活动正式启动，将在全州寻找10名“恩施工匠”。5月22日，全州“贡献大智慧·共建好娘家”金点子征集活动正式启动。活动持续到10月31日。6月27日上午，州总工会联合州委宣传部、州委州直机关工委共同举办全州“喜迎十九大·建功十三五”演讲比赛。历时一个多月的海选，来自州直9个系统和8个县市的17名选手进入决赛，经过3个小时的激烈角逐，来自来凤县绿水镇政府的选手周秀娟最终折桂。

7月4日下午，由州总工会与州卫计委、州人社局联合举办，恩施州疾控中心、州中心医院和湖北民族学院附属民大医院承办的恩施州卫生应急演练竞赛活动开始。7月17日，州总工会联合州委宣传部、恩施电视台、恩施日报、州摄影家协会联合举办的“新生活·新风采·新业绩”随手拍摄影大赛正式启动，通过手机或相机多角度、全方位展现和诠释全州广大工人、职工群众生产、生活、工作中的精彩瞬间和幸福时刻。活动持续到10月底结束。在5月党风廉政宣传教育月期间，州总工会组织开展微信有效答题活动，全州共有260余家单位7000余人参加，抽取奖金共计1万余元。10月26日，州总工会、湖北民族学院、恩施市总工会走进恩施欧力服饰有限公司开展“尊法守法·携手筑梦”服务农民工法治宣传活动。10月25日至26日，恩施州国税局与恩施州总工会联合举办“紧扣新时代勇羽谱新篇”国税系统职工运动会。来自州局机关、州局直属单位和县市区局的13个代表队的220名运动员参加比赛。11月3日，由恩施州发改委和恩施州总工会主办的全州发改系统“欢庆十九大·聚力齐奋发”球类运动会在恩施开幕，共有包括州发改委和各县市发改局九支代表队、267名运动员，比赛项目有男子篮球、男女羽毛球和乒乓球的团体和单打等。

【荣　誉】 4月27日上午，湖北省庆祝“五一”国际劳动节暨表彰大会在东湖宾馆梅岭礼堂召开。恩施州获得“全国五一劳动奖章”1个，“湖北五一劳动奖状”1个，“湖北五一劳动奖章”2个，“湖北省工人先锋号”3个。全国五一劳动奖章（国网恩施州供电公司咸丰供电公司查表工林丽）；湖北五一劳动奖状（利川市自来水公司）；湖北五一劳动奖章（来凤县尚风寨蜂蜜养殖专业合作社理事长姚俊、宣恩县宣桃茶叶有限公司车间主任、评茶员杨在双）；湖北工人先锋号（鹤峰县自来水公司官网维修班鹤峰县自来水公司、建始县安顺公汽公司2路车、恩施市公路管理局龙凤坝超限监测站）。

9月27日至29日，湖北省总工会在武汉华师佑铭体育馆举办“健康女性·幸福生活”女职工太极拳大赛，恩施州总工会代表队获得铜奖。10月9日至12日，在湖北省第五届职工排舞大赛中，恩施州代表队以精彩的编排、青春激昂的舞姿收获混双一等奖、男双二等奖、女双二等奖。10月9日至12日，在全省职工趣味体育比赛中，恩施州纪委代表队参赛的三个项目，一个获冠军，一个第四名。男子团体及女子团体收获两座奖杯。

【2017中国（宣恩）内陆河水上运动会暨武陵山区龙舟争霸赛开幕】 8月27日，由恩施州人民政府主办，州总工会、州文体新广局、州电视台、宣恩县人民政府承办，以“激情贡水·浪漫宣恩”为主题的“2017中国（宣恩）内陆河水上运动会暨武陵山区龙舟争霸赛”在宣恩县贡水河拉开帷幕。来自浙、湘、渝、黔、鄂五省（市）77支代表队，2个观摩团2208名运动健儿欢聚在贡水河，在为期4天的时间里，进行龙舟竞赛、游泳比赛、水上排球、水上拔河、皮划艇竞速等赛事。

【“爱心驿站”建设工作】 9月6日，全州“爱心驿站”建设试点工作正式启动，各县市先行建设1—2个试点，“爱心驿站”必须在10平方米以上，包括一间妈咪小屋（母婴室），把“爱心驿站”建设成为户外职工的歇脚处、补给站、休息室。

【全州工会改革和产业工人队伍建设改革会议】 9月29日，州总工会召开全州工会改革和产业工人队伍建设改革推进会，集中传达习近平总书记关于群团改革的重要指示和群团改革工作座谈会精神以及省委进一步做好群团改革工作的要求，总结前段时间改革工作，并就下一步如何推进“两项改革”工作作出具体安排部署。10 月 31 日，州总工会召开全州产业工人队伍建设改革座谈会，就下一步如何推进全州产业工人队伍建设改革工作进行安排部署。

【全州工会系统中共十九大精神宣讲报告会】 11 月 17 日，恩施州总工会举办全州工会系统党的十九大精神宣讲报告会。十九大代表、全国劳模、“愚公支书”王光国应邀出席报告会做专题报告并分享参会感受和体会。会上，王光国从“大会盛况”“十九大报告精神”“中央纪委报告精神”“党章修改的主要精神”等方面系统讲解党的十九大精神。

【州工会第五届七次经审全委会议】 12 月 13 日，恩施州工会经费审查委员会召开第五届七次经审全委会议，审议通过《恩施州工会五届财务工作报告》和《恩施州工会五届经费审查委员会工作报告》。同意将两个报告提交恩施州第六次代表大会审议。

【州总工会第六次代表大会】 12 月 18 日至 19 日，恩施州工会第六次代表大会召开。会议号召全州各级工会组织深入学习贯彻中共十九大精神和习近平新时代中国特色社会主义思想，牢记使命，凝心聚力，充分发挥工人阶级主力军作用和工会组织桥梁纽带作用，组织动员全州职工拥抱新时代、践行新思想、实现新作为，坚定不移跟党走，为决胜全面建成小康社会、夺取新时代中国特色社会主义伟大胜利共同奋斗。会议选举出新一届领导班子并一致同意张银莲代表恩施州工会第五届委员会所作的题为《不忘初心 牢记使命团结动员广大职工为恩施绿色崛起而努力奋斗》的工作报告。

【总工会考察组赴杭州考察工人文化宫建设】 12 月 25 日至 27 日，州委常委、州总工会主席涂元玲带队赴杭州市总工会对接考察，深入贯彻习近平总书记在东西部扶贫协作座谈会上的重要讲话精神和恩施州委州政府关于加强与杭州市对口协作的重大部署，对接东西部扶贫协作和对口帮扶事宜，学习借鉴杭州市在工人文化宫建设以及工会工作等方面的经验做法。

【恩施州劳动关系三方协商会议】 12 月 29 日，恩施州劳动关系三方协商会议召开。会议对 2017 年恩施州和谐劳动关系创建工作进行总结，并研究部署恩施州劳动关系三方协商会议 2018 年工作要点，与会单位还分别结合实际提出工作中存在的问题和建议。

【恩施州总工会负责人名录】

主席：涂元玲

常务副主席：张银莲

副主席：张　维　李　俊（12 月调入）

张发兵（挂职）

（曾　冬）

编辑　刘　权

共青团

【概　况】 2017 年，团州委在吸引凝聚青年上用实功，在围绕中心服务大局上干实事，在加强自身建设上出实招，在推进共青团改革上求实效，团结带领全州广大青少年为恩施州建设“一谷两基地三示范区”、建成全省特色产业增长极作出积极贡献。

【中共第十九次全国代表大会精神学习宣讲活动】 在团干中举办中共第十九次全国代表大会精神学习研讨班，组织全州各级团组织和团员围绕中共十九大开展“大讨论”“大征集”“大研学”“大竞答”“大宣讲”五大活动，团州委在全省共青团系统“党的十九大精神答题”活动中，团干部参与率全省市州第一，参与人数和团员参与率全省市州第二。在州第七次团代会、州青联二次会议上通过《深入学习宣传贯彻党的十九大精神的决议》。团州委专职和挂职团干部共在机关参加十九大专题学习8场次，每人至少到3个以上团支部开展面对面宣讲交流活动，发言56次，撰写相关文章10篇。组织团员学习十九大精神培训班2次，覆盖青年500人。全州各级团组织开展学习中共十九大精神主题团（队）日活动，上报心得体会及征文2721篇。

【共青团改革】 制定出台《共青团恩施州委改革实施方案》，指导督促县市出台改革实施方案。完善团的代表大会和委员会制度，州、县两级团委均如期完成换届，基层一线青年比例大幅提高，州及各县市团委“专兼挂”领导班子配备完成，充实兼挂团干部20名，全州团委人员编制数增加53.8%，各县市团委在岗人数全部达到5人以上，少先队总辅导员配备率达75%。按照本地常住青少年人数每人每年不少于1元的标准足额预算团委工作经费。积极争取州财政、民政等部门将青少年社会工作服务纳入州级政府购买服务目录。州县两级教育团工委全部成立，每县市至少建有5个青少年综合服务平台。

【志愿服务工作】 继续做好“博士服务团”“西部计划”“研究生支教团”培训服务管理工作。2017年共有13名省博士服务团和4名中央博士服务团成员到恩施挂职服务，新招募33名西部计划、38名研究生支教团志愿者；开展“三下乡”活动，组织253支大中专学生志愿者团队奔赴各地开展爱心支教、关爱帮扶、红色寻访、法律援助、文化传承、环境保护等各项社会实践志愿服务活动；做好硒博会志愿服务，招募选拔培训146名硒博会志愿者完成接站、跟车、翻译、会务、礼仪等系列志愿服务活动；做好环保志愿服务活动，开展“绿色崛起人人参与”“绿水青山就是金山银山”志愿服务活动，1000余名志愿者参与。

【全域旅游青年创新创业大赛】 举办“我选湖北·绿色恩施梦”全域旅游青年创新创业大赛。大赛从启动到决赛历时5个月，有300多个项目报名，100多万人次浏览赛事信息，30多万人参与投票，50多名创业青年参加“企业互访”、精英训练营和路演培训，大赛决赛共评出一、二、三等奖各一名，创业之星7名，一等奖奖金20万元。整个赛事活动受到党委政府和社会各界的关注，培育和发现一批青年创业典型。

【关爱重点青少年群体】 组织开展“爱心助飞·圆梦起航”系列助学活动，共争取、筹集资金共计120余万元，帮扶农村贫困学子600余名。建成“希望书屋”88个。全州线上5394名贫困留守儿童全部完成一对一结对。实施“希望家园”项目，组织361名志愿者服务全州5000余名留守儿童。积极依托社会组织开展对困境未成年人的关爱保护工作，组织4个社会组织申报“希望伴飞”计划项目关爱困境未成年人。集中开展“百场法治宣讲进校园”活动，在湖北民院、恩施职院、宣恩县、来凤县开展示范宣讲活动，覆盖青少年3000余人次。

【网络新媒体工作】 2017年7月成立“恩施青年新媒体中心”。“恩施青年新媒体中心”以政府购买服务的方式，聘请湖北映秀文化传播有限公司专门负责，进一步构建“青”字号网络新媒体工作矩阵。截至2017年底，“青春恩施州”粉丝数达87964人，“青春恩施州”微信公众号共发布微信701条，“青春恩施州”在全省市州共青团微信排行榜中跃居前五。

【领导考察调研】 10月17日，团省委副书记金鹏一行赴利川市调研督导共青团改革工作，与团干部、团员青年进行座谈交流，指明改革方向，提出改革措施，明确改革要求。11月30日，团省委副书记金鹏为利川市第一中学师生宣讲中共十九大精神。金鹏围绕“青年学子为什么需要学习十九大”“青年学子可以高度关注的十九大内容”两大主题，结合自身学习感悟及工作经历，与现场师生一起重温报告，全面阐述习近平新时代中国特色社会主义思想的精髓要义，分享习近平总书记对青年一代的寄语。10月25日，团省委副书记张澍到来凤县督导共青团助力精准扶贫“双结双促”工作。围绕来凤县关爱留守儿童工作，参观来凤县青少年综合服务平台，走访三胡乡石桥村，召开督导座谈会，提出整改要求。

【与共青团杭州市委开展东西部扶贫协作】 8月9日至11日，共青团杭州市委副书记马利阳一行15人到恩施州考察调研东西部扶贫协作工作。8月10日上午，考察组先后到恩施市青创会远奕创业孵化器、恩施精准扶贫综合服务中心、龙凤镇龙马村保扎片区、龙马风情小镇土苗风情街，调研恩施州电子商务、茶叶产业、旅游产业带动扶贫等情况。下午，考察组一行到恩施市崔家坝镇南里渡村焦庄坡小学，向恩施州捐赠“希望书屋”建设资金102000元，向焦庄坡小学捐赠电脑20台，并结对南里渡村16名贫困学生。此次考察调研，共青团杭州市委和共青团恩施州委就聚焦脱贫攻坚、健全协作机制、搭建交流平台、谋划帮扶项目达成长期合作共识。

【主题团（队）日活动】 6月1日，举办恩施州“童心向党喜迎十九大”主题队日示范活动，时任州委书记、州人大常委会主任李建明出席活动并寄语全州少年儿童，州领导柯东海、李俊杰、陈晓燕、张全榜出席活动，州及恩施市少工委成员单位负责人现场观摩，其他县市少工委成员单位负责人通过线上直播平台观摩。为构建党、团、队一体化分层思想教育体系，团州委积极争取州委常委会专题研究，7月26日州委办公室、州政府办公室转发《共青团恩施州委、恩施州教育局、恩施州少工委关于常态化规范化开展“主题团（队）日”活动的实施方案》的通知，在团队组织中常态化规范化开展“支部团（队）日”活动共计5372场次。

【承办湖北希望工作现场推进会】 2017年6月，全省希望工程现场推进会暨希望工程业务培训班在恩施召开。多年来，恩施州倾力打造“恩施骄傲”“爱心助飞”“健康浴室”等工作品牌，创新线上结对线下帮扶模式，争取各级资源，寻求社会各界支持，帮扶一大批贫困学子和农村儿童，恩施州希望工程品牌实现公益效应、社会效应的“双丰收”，得到团省委和省青基会的充分肯定。在推进会上，团州委作典型交流发言。

【承办2017“创青春”湖北青年创新创业大赛总决赛】 12月1日，全省“创青春”湖北青年创新创业大赛——现代农业和农村电子商务组决赛在利川市举行，恩施州推荐的创业青年陈兹方荣获三等奖。

【承办湖北省少先队辅导员技能大赛决赛】 12月10日至12日，湖北省少先队辅导员技能大赛决赛在恩施市硒都民族实验小学举行，全省300多名辅导员现场观摩，14支代表队、30名选手参赛，恩施参赛选手分获特等奖、一等奖和二等奖。

【恩施州青年联合会第二届委员会全体会议】 12月11日至12日，恩施州青年联合会第二届委员会全体会议召开。会议审议通过《恩施州青年联合会第二届委员会全体会议关于一届常务委员会工作报告的决议》《恩施州青联关于深入学习宣传贯彻党的十九大精神的决议》《恩施州青联助力精准脱贫的决议》。举行州青联与精准脱贫帮扶村结对授牌仪式，恩施市秋木村、利川市见天村、建始县茶豆坦村、巴东县祁家坪村、宣恩县后河村、咸丰县马家楼村、来凤县都司村、鹤峰县大五里坪村、恩施市南里渡村9个贫困村，作为州青联第一批精准脱贫结对帮扶村。选举产生州青联第二届委员会主席、副主席，选举产生24名常务委员。

【共青团恩施州第七次团代会】 12月26日，共青团恩施州第七次代表大会召开，大会的主题是：高举中国特色社会主义伟大旗帜，深入学习贯彻习近平新时代中国特色社会主义思想和党的十九大精神，认真贯彻落实省第十一次党代会、省委十一届二次全体会议、州第七次党代会精神，立足新起点，担当新使命，团结带领全州广大团员青年不忘初心跟党走、高举旗帜勇担当，为恩施打造“一谷两基地三示范区”，决胜全面建成小康社会，加快建设全省特色产业增长极贡献青春力量。大会共239名正式代表，6名列席代表。大会选举产生共青团第七届委员会委员27人、候补委员15人。大会审议通过《关于共青团恩施州第六届委员会工作报告的决议》《关于学习宣传贯彻党的十九大精神的决议》。12月27日，团州委七届一次全会召开，会议选举产生共青团恩施州委第七届委员会常委9人，覃正炜当选为团州委书记，沈浩然、陈潇当选为专职副书记，夏路当选为挂职副书记，方云霞、张省三、周光兵当选为兼职副书记。

【陈兹方获“湖北青年五四奖章”】 陈兹方，巴东县水布垭镇人，土家族，1989年3月出生，先天残疾，没有双臂，但其身残志坚、努力奋斗、自力更生，创办微店“陈兹方铺子”，其顽强拼搏的精神鼓舞了广大团员青年，获得团省委、湖北省青年联合会联合表彰的2017年“湖北青年五四奖章”。

【共青团恩施州委负责人名录】

书记：覃正炜（土家族）

副书记：沈浩然（12月8日任）

陈　潇（6月9日任）

挂职副书记：夏　路（12月27日任）

兼职副书记：方云霞（12月27日任）

张省三（12月27日任）

周光兵（12月27日任）

（周　娥）

编辑　刘　权

妇女联合会

【概　况】 2017年，全州各级妇联组织贯彻习近平总书记系列重要讲话精神，全面落实中央、省委、州委重大决策部署，以迎接学习宣传贯彻中共十九大为主线，以保持和增强政治性、先进性、群众性为目标，着力凝聚广大妇女团结奋进的强大力量，推进妇联改革，做好服务大局、服务妇女群众各项工作，圆满完成州妇联六届五次会议提出的各项目标任务。

【意识形态教育】 以“巾帼心向党·建功新时代”为主题，以“新时代巾帼讲习所”为主阵地，组织开展“十百千万巾帼大宣讲”活动，召开以“巾帼心向党·建功新时代”为主题的全州妇联系统学习贯彻中共十九大精神“巾帼大宣讲”活动启动仪式，组成20人的宣讲团分赴各县市，进村、入社区开展集中宣讲、面对面宣讲活动，全州开展各种形式巾帼宣讲活动180余场次；开设“喜迎十九大·巾帼建新功”“喜迎十九大·美德润万家”“巾帼心向党·建功新时代”等专栏，宣传中共十九大精神；在《恩施日报》和《恩施晚报》开设专栏、专版，宣传恩施州优秀妇女典型和各级“最美家庭”故事；开展优秀女性进校园活动，组织优秀女性与广大学生面对面交流；开展“新媒体传播与网络舆情管理暨干部结对帮扶工作培训会”，由州网管办、恩施晚报、建始县扶贫办有关人员授课。

【妇联改革工作】 州委常委会先后2次召开专题会议部署群团部门改革工作，州委办印发《恩施州妇联改革工作方案》，明确全州妇联改革工作方向、目标任务。州妇联制定2017年妇联系统重点改革任务清单，召开妇联组织改革研讨会、妇联改革现场推进会，举办全州妇联改革专题培训班，州妇联常执委、各县市及乡镇（街道）妇联主席等100名妇女干部在州委党校进行为期一周的集中学习，开展3次专题集中督办。州妇联完成6大项28小项改革任务的“销号交账”。全州88个乡镇（街道）、2484个村（社区）全面完成区域化组织建设和“会改联”工作。在“两新”

组织建立妇女组织134个。打造州级示范“妇女之家”32个，各县市建设规范“妇女之家”1323个。州妇联常委会、执委会、妇女代表大会中基层一线人员分别达到70%、61%、30%，各县市比例均高于省定比例。州及县市妇联共有挂职副主席9人，兼职副主席19人，兼、挂职工作人员9人，达到县市级妇联领导班子专职成员不超过50%，机关兼挂职不低于30%比例。全州妇联系统建有官方网站3个、官方微信公众平台9个；州、县、乡三级妇联组织乡镇及以上妇联建立微信、QQ工作群182个，建有网宣群10个、网宣员941人；3000余名村、乡、县、州四级专兼职妇联干部注册“妇联通”云办公平台。

【创业就业巾帼建功】 开展“巾帼创新业·建功十三五”主题活动，与团州委、州人社局等部门联合举办“我选湖北·绿色恩施梦”全域旅游青年创新创业大赛，4个巾帼创业项目进入决赛。与州人社局、州总工会等部门联合举办“春风行动”招聘会，1568人实现就近就地就业。与人社部门联合实施“巾帼创业扶持”项目，5家妇字号企业获得扶持资金。与扶贫办联合创建命名16个“巾帼脱贫示范基地”。组队参加第四届湖北家政服务职业技能大赛，恩施州大博物业管理股份有限公司获银牌家政服务企业，选手李美凤、黄远淑分获家政经理人项目金牌、家务料理项目铜牌。组织3家手工、农产品企业参加湖北省第四届妇女儿童服务业博览会，扩大企业影响力。加强对恩施州女企业家协会的指导，重新吸纳72名会员，支持女企业家抱团做大做强。各县市与人社等部门联合组织开展电子商务、家政服务、手工制品等城乡妇女技能培训，3000余人次参训。

【家风建设】 推动家风建设实行“四个纳入”：纳入州委中心组学习内容，全国“最美家庭”李道坤家庭、荆楚“最美家庭”曹旺珍家庭代表分享家庭故事，600余名领导干部聆听；纳入支部主题党日活动学习内容，全州党员通过专题学习，主动做到用社会主义核心价值观引领家庭文明建设，弘扬中华传统美德；纳入党校课程体系，有教师专题研究家风建设内容；纳入全州精神文明创建测评体系。开展“四项活动”；常态化开展寻找“最美家庭”活动。2017年有2户家庭获全国“最美家庭”，6户家庭获省级“最美家庭”及提名，30户家庭获州级“最美家庭”及提名；广泛开展“最美家庭”故事巡讲活动，《恩施开讲》——2017年恩施州“喜迎十九大·巾帼建新功”百姓宣讲暨“最美家庭”颁奖仪式在州电视台录播，4户最美家庭通过电视节目向全州人民分享家庭故事，全州各级“最美家庭”开展各类百姓宣讲活动近200场次；开展“树清廉家风·创最美家庭”暨领导干部家属廉政教育活动，州级50名新任县处级领导干部家属签订家属廉政承诺书；开展“我家最美故事暨亲子阅读”主题实践活动，组织1万名中小学生参与全省“我家最美故事”征文活动，1组家庭获得3等奖，1组家庭获得优秀奖。

【“心系妇儿·送法到家”活动】 持续抓好“心系妇儿·送法到家”法治宣讲和权益维护服务，利用“3·8”维权周、“反家暴日”等时间节点，开展法治知识专题讲座320余场次，发放涉及《中华人民共和国妇女权益保护法》《中华人民共和国反家暴法》等法治宣传资料近2万张册。选编45个州内妇儿维权典型案例，编发《以案说法》读本3000册下发到村。畅通“12338”维权热线，接听来电67件，调处率100%。联合州畜牧局、省民族歌舞团等单位，在扶贫点建始县业州镇代陈沟村开展2017年“扶贫日”暨“心系妇儿·送法到家”文艺汇演，以有奖问答等多种形式宣传法规法纪。

【“家调委”建设】 创新开展婚姻家庭纠纷人民调解工作，按照党委领导、综治牵头、司法主导、基层组织具体承担、各级妇联协调推动、相关部门积极配合的工作格局，在8县市普遍建立

"家调委"，聘请专业调解人员60余名，共调处家庭纠纷106件，调解成功103件，调解成功率达97.2%。

【关心关爱救助妇儿】 开展"金凤工程"助学项目，48名贫困家庭女大学新生共获省州资助11.55万元。召开全州"家校连心·亲情小屋"现场会，持续推进614个"亲情小屋"发挥作用。开展贫困妇女"两癌"救助活动，为193名"两癌"贫困妇女患者每人发放1万元救助资金，为201名"两癌"贫困妇女患者争取到新一轮救助资金。联合州妇幼保健院、湖北民院附属医院开展"关爱女性健康.提高生命质量"保健知识讲座、女性免费检查、义诊义演等活动。联合恩施慧益眼科医院开展"关爱妇儿眼健康　爱心义诊送光明"公益活动，2.45万余名妇女儿童接受免费检查，2700余名接受免费治疗。指导恩施州福康商贸有限公司成立以妇女儿童营养健康、心理咨询等为专业服务的恩施州福康妇女儿童营养健康服务中心，并为37名建档立卡贫困儿童捐赠价值近7万元的现金、奶粉和衣服。

【"关爱困境儿童成长"公益项目】 8月17日至11月26日，通过政府购买服务的形式，由湖北联信律师事务所承接实施"州妇联关爱困境儿童成长公益木兰项目"，项目由"童心共享·爱心传递"困境儿童关爱活动、心理辅导及家庭教育活动、困境儿童的心理疏导及节假日的亲情陪伴活动、未成年人法治宣讲及权益维护活动四部分组成，受益人达54176人。联合湖北民族学院，由恩施市毕兹卡社会工作服务中心承接实施关爱留守儿童暑期"彩虹行动"项目，近300名留守儿童受益。

【领导调研】 2月9日，州政府副州长夏锡璠率州畜牧兽医局、州妇联赴帮扶村建始县业州镇代陈沟村调研，实地了解贫困户状况、产业培植、基础设施建设等情况，现场研究解决扶贫攻坚中存在的困难和问题。2月16日，州委副书记、政法委书记柯东海到州妇联调研，看望慰问机关工作人员，听取妇联工作汇报。6月29日，州妇联党组书记、主席王兰英到恩施市崔家坝镇调研区域化组织建设工作，参加该镇鸦鹊水村的妇女代表大会，并与水淌村妇女代表座谈。8月17日，全州妇联改革现场推进会在恩施市召开。与会人员参观恩施市机场路社区和时代家居妇联组织建设，观摩崔家坝镇南里渡村妇联选举大会现场，并于当日下午在南里渡村召开会议，会议传达省妇联改革现场会和州委群团改革推进会的精神，交流各级妇联组织改革试点工作经验，州妇联党组书记、主席王兰英安排部署下一阶段的工作。9月6日至15日，州妇联党组书记、主席王兰英，副主席向继玲分别带队对各县市妇联改革工作进行调研督导。11月8日至9日，州妇联党组书记、主席王兰英，副主席向继玲分别带队对各县市示范"妇女之家"创建工作进行调研督导。

4月19日至20日，省妇联副主席王保举一行赴恩施州调研，先后到恩施市法院龙凤女子法庭、俏姑娘编制专业合作社、咸丰县妇女儿童活动中心、咸丰县宏伟电子有限公司、恩施州土家山寨织锦工艺有限公司等地察看巾帼文明岗创建、妇女创业就业、妇女手工编织业发展等情况。7月24日至25日，省妇联副主席吴红娅带领省妇联系统改革第三调研督导组到恩施州就妇联改革工作进行调研督导。7月25日，吴红娅一行先后到恩施市崔家坝镇鸦鹊水村、小渡船街道办事处机场路社区、时代家居商圈现场调研了解妇联改革推进情况。9月19日，省妇联组联部副部长向宗波一行到恩施州督导妇联改革工作，实地察看利川市、建始县的改革推进情况；10月16日至17日，省妇联发展部部长黄晓芳率全省巾帼文明岗（法治类）第二检查组到恩施州检查，实地察看州检察院公诉未检部、恩施市检察院公诉未检部、鹤峰县人民检察院案件管理部、恩施市法院龙凤女子法庭"巾帼文明岗"创建情况；

10月23日至25日，省扶贫开发指导处调研员李兆林率全省巾帼文明岗（脱贫类）第四检查组到恩施州检查，实地察看湖北鹏博生态农业有限公司、宣恩县供电公司电力调度控制分中心调控运行班“巾帼文明岗”创建情况。12月5日至6日，省妇联“家调委”督导组一行到恩施州检查督导婚姻家庭纠纷调解委员会建设及工作开展情况。召开座谈会，听取州妇联、州综治办等相关部门对“家调委”建设情况的汇报，并先后到利川市、巴东县实地了解工作开展情况。

【荣　誉】“三八”妇女节前夕，全国妇联对先进集体和先进个人进行表彰。来凤县翔凤镇花园堡社区党委副书记、妇联主席连芳获“全国三八红旗手”称号；恩施市红土乡妇联主席黄银芳，湖北震邦华广律师事务所党支部书记、律师谭娟，恩施市人民法院龙凤法庭庭长韩笑莲3人荣获“全国维护妇女儿童权益先进个人”称号。3月8日，全省各界妇女纪念“三八”国际劳动妇女节107周年大会在武汉洪山礼堂举行，恩施州6人、3个集体获表彰：湖北省洪富农牧业有限公司董事长许群群荣获“湖北省三八红旗手标兵”称号；恩施市龙凤联强农贸有限公司总经理方荣、湖北联信律师事务所副主任张廷红、巴东县第一高级中学教师乔凤、利川市农产品质检站副站长王明琼、利川市芳芳圆梦园托管中心校长王芳（社会推荐）荣获“湖北省三八红旗手”称号；恩施市硒都民族实验小学、咸丰县黄金洞乡麻柳溪村妇代会、建始县高坪镇女子民兵连荣获“湖北省三八红旗集体”称号。4月18日，省人民政府通报：恩施州卫生计生委、恩施州民政局、恩施市妇联等3个单位获“全省实施妇女儿童发展规划表现突出单位”称号。恩施州委组织部副部长彭立华，恩施州妇儿工委办公室副主任、恩施州妇联副主席谭明珍，恩施州扶贫办扶贫科科长丁蕾、建始县司法局高坪司法所所长李桂武、来凤县人民检察院检察官肖茜予5名同志获“全省实施妇女儿童发展规划表现突出个人”称号。4月19日，全国妇联下发文件，对全国巾帼文明岗等先进集体和个人进行表彰，恩施州1人3集体获表彰：建始县人民检察院“青少年维权岗”、利川市扶贫开发办公室综合股荣获“全国巾帼文明岗”称号；恩施职业技术学院科技处科长饶莉荣获“全国巾帼建功标兵”称号；来凤县凤阳米业有限责任公司荣获“全国巾帼建功先进集体”称号。9月27日，由省妇联、省委宣传部、省文明办主办，湖北经视承办的“喜迎十九大·美德润万家”暨2017年“荆楚最美家庭”活动在洪山礼堂隆重举行。利川市曹旺珍家庭、建始县王光国家庭荣获“荆楚最美家庭”称号；恩施市李菊梅家庭、宣恩县李金凤家庭、来凤县彭兰花家庭、鹤峰县冯学权家庭荣获“荆楚最美家庭”提名。

【恩施州妇联合会负责人名录】

党组书记、主席：王兰英

党组成员、副主席：朱　瑾　向继玲

（李　琼　邓　勇）

编辑　刘　权

红十字会

【概　况】2017年，恩施州红十字会持续开展救灾，帮困和送温暖活动，推进全州红十字各项事业发展。根据州机编发〔2016〕72号文件，经州机构编制委员会2016年9月24日会议研究，并报州委常委会审定，同意将州红十字会办公室更名为州红十字会，机构级别为正县级。调整州红十字会管理模式，列入群团序列管理，不再隶属州卫计委管理。2017年，全州红十字会有冠名医院1个（湖北民院医学院附属医院），红十字志愿服务队9支，2017年5月15日，24个社区被批准为2017年红十字社区基层组织建设试点社区。推进恩施州红十字会社区基层组织建设全覆盖工作，配备工作手册、宣传资料、红十字马甲等，开展志愿服务、应急救护培训等活动。发放社区基层组织建设红十字人道救助经费3万元，救助30名低保或残疾的困难群众。全年接受捐赠140372元。

【红十字宣传工作】 5月8日，开展博爱周系列活动。在《恩施日报》专题刊登《中华人民共和国红十字法》，在州电视台播放为期一个星期的红十字公益广告。12月21日，举办恩施州红十字志愿服务队伍建设新闻发布会。

【无偿献血、无偿造血干细胞捐献、无偿器官捐献】 完成招募志愿者采集血样208人份。恩施州第10位造血干细胞捐献者是恩施州中心医院的岳俞宏，5月14日在武汉完成造血干细胞捐献。完成4例人体器官组织的捐献。2月，国家卫生计生委、中国红十字会总会、中央军委后勤保障部卫生局联合下发《关于表彰2014—2015年度无偿献血奉献奖金奖等奖项获奖者的决定》（国卫医发〔2016〕73号），恩施州26名红十字志愿者获表彰。恩施市红十字会2017年组织开展“恩施市卫计系统无偿献血月”和庆祝第14个“6·14世界献血者日暨第三届公务员无偿献血月”主题宣传活动。利川市红十字会联合市人民广播电台FM100对农广播宣传无偿献血相关知识，在全市65个乡镇及单位组织无偿献血宣传活动。

【应急救护】 6月，红十字水上义务救援队开展警民共建，联合水上应急救援演练。恩施州红十字应急救护站点——咸丰中医院选派人员，组成一支红十字救护志愿服务队参选省红会参加第四届全国红十字应急救护大赛选拔赛，获全省第2名。11月，组织举办“2017年恩施州红十字应急救护师资培训班”，来自全州各县市红十字会工作人员、项目点负责人及具有相关医学、教育背景的红十字志愿者近60人参加培训。12月，和州中心血站联合举办1期初级救护员培训班，培训初级救护员60余人。恩施市红十字会组织恩施市中心医院相关专家对恩施生态文化旅游发展公司下辖的大峡谷职工300多人进行应急医疗救护知识培训；咸丰县红十字会组织湖北省红十字会应急救护中心咸丰县站联合县公安局举办“警医情·青春梦”联谊活动；来凤县启动红十字会应急救护培训，为县公安系统50余名特警讲授应急救护培训课；利川市红十字会邀请市人民医院急救专家开展“紧急医疗救援知识进社区”知识培训，14个乡镇村卫生室以“人人学救护”为主题开办专栏，宣传应急救护知识。

【红十字志愿服务】 3月，州红十字会和恩施市机场路红十字社区开展慰问贫困母亲活动，走访慰问6个困难家庭。4月，武汉新好国际教育集团在恩施市小白杨幼儿园举行“爱心厨房、关爱幼儿”捐赠活动，为恩施市小白杨幼儿园爱心捐赠6.55万元，改善幼儿园厨房，捐赠价值3万元图书近300册。由农业部、中国奶业协会发起，通过中国红基会执行的“中国小康牛奶行动D20牛奶公益助学”伊利牛奶捐赠活动，爱心企业伊利集团向咸丰县民族实验学校捐赠2万提学生奶，邀请北京奥运会女子柔道冠军杨秀丽参与活动。继续开展以“爱相守·关爱留守儿童”为主题的志愿活动。11月1日，获得由恩施州民政局颁发的“慈善组织公开募捐资格证书”。

【精准扶贫】 2月，开展恩施州“博爱送万家”活动，发放省红十字会下拨物资价值14万余元。响应全国红十字会系统众筹扶贫大赛，推荐极具恩施特色的4个产品参赛，1个产品被评为优秀项目，进入全国50强。实施恩施州红十字“梦想启航，圆梦助学”品牌项目，23名贫困学生获得6.9万元资助资金。11月28日至29日，由中国红十字基金会联合湖北省红十字基金会、武汉儿童医院共同发起“天使之旅——走进恩施”贫困先心病患儿筛查及义诊活动在恩施站、巴东站举行，筛查患儿143人，确诊符合手术体征的患儿47人，患儿将在定点医院接受免费手术。继续实施“小天使基金”“天使阳光”项目，办理完成资助30人，资助金额89万元。办理完成低保、残疾、贫困等人道救助100余人次，救助金额17万余元。配合省红基会开展博爱助学箱项目，收集、上报、审核3400名建档立卡贫困学生信息，改善其学习和生活环境。

【领导调研】 9月15日，省红十字会人体器官捐献管理中心主任魏勇到恩施州红十字会调研。11月28日，省红十字会党组书记、常务副会长宋悦明到恩施市小渡船街道办事处机场路社区调研。

【恩施州红十字会负责人名录】

会长：高敬佩

常务副会长：段怀刚

专职副会长：陈太英

（赵　林）

编辑　梁卫民

工商业联合会（总商会）

【概　况】 2017年，全州工商联系统贯彻中共十九大会议精神和州委七届三次、四次全会精神，围绕中心服务大局，促进“两个健康”，团结和带领广大非公有制经济人士投身精准扶贫和美丽恩施建设，各项工作取得较好成绩。

【自身建设】 2017年，全州各级工商联认真落实党风廉政建设主体责任，积极推进“两学一做”学习教育常态化制度化，进一步转变工作作风。推动全面从严治党向纵深发展。州工商联充实调整落实党风廉政建设主体责任领导小组，全年召开14次会议研究部署党风廉政工作。完善主体责任清单。层层签订党风廉政责任书和承诺书，修订《州工商联机关廉政风险点排查及防控措施方案》，推进责任全面落实。认真开展工作不实弄虚作假、不担当不作为等“六个专项治理”工作。针对2017年涉及驻村扶贫有关补助报销票据、会议报销票据和出差报销票据，开展机关财务专项清理。坚持教育在先、预防在先，以“两学一做”学习教育为契机，全年开展中心组专题学习11次，班子成员讲授廉政党课6次，加强对《党章》、“二准则四条例”等党纪党规的学习，持续深化党风廉政宣传教育。重视和支持派驻纪检组工作。中共十九大召开后，州工商联及时下发通知，制定学习计划，征订并发放学习资料，组织专人进商会、进企业宣讲中共十九大精神，深入推进十九大精神的学习宣传和贯彻落实，提升非公有制经济人士发展的信心和决心。州工商联组织40名民营企业家参加州委统战部、州社会主义学院举办的全州统一战线成员学习传达十九大精神培训班活动。建始县工商联邀请中共十九大代表王光国为全县80余家民营企业家作十九大专题辅导报告。

【组织建设】 2017年，全州各级工商联加强组织建设，着力提升工商联及商会工作水平。1月11日，州工商联召开第六次会员代表大会，完成换届工作。会议听取并审议恩施州工商联（总商会）五届执委会工作报告，通过恩施州工商业联合会第五次会员代表大会决议，选举产生州工商联（总商会）新一届领导班子，王继刚再次当选为州工商联（总商会）主席（会长）。配合省工商联做好省联第十二次会员代表大会的筹备工作，向其推荐代表38名、执委22名、常委7名，并组织他们参加省工商联第十二次会员代表大会。推荐1名代表作为湖北省代表团成员参加全国工商联第十二次全国代表大会。

加强异地商会建设。3月18日州工商联召开异地商会建设座谈会，广东恩施商会、上海恩施商会、河南恩施商会等8家异地商会的有关负责人和商会代表共计50余人共谋商会建设，共商恩施经济发展。在州工商联的指导和支持下，全国恩施商会会长秘书长联席会议第一次会议在广州召开。会议经讨论形成全国恩施商会（2017）广州共识，并确定全国恩施商会会长秘书长联席会议第二次会议于2018年在上海召开。州工商联积极指导异地商会筹备成立，州工商联主要领导分别多次前往重庆、杭州、海口等地，就筹备成立恩施商会的工作进行协商。12月23日，全国第9个异地恩施商会——海南恩施商会在海口成立。规范基层商会建设。指导基层商会换届工作，州工商联就基层商会的重要意义、当前商会工作面临哪些机遇和挑战以及新型政商关系与遵纪守法等为宣恩县进行指导。利川市、咸丰县工商联组建专班积极指导乡镇商会换届工作。继续加强“四好”商会建设。利川市工商联积极督促乡镇商会按照“成熟一个、申报一个、登记一个”的原则到市民政局登记注册，有6个乡镇商会完成登记注册工作。建始县工商联印发《关于创建“五好”乡镇商会的通知》，推动乡镇商会工作的规范化、制度化建设。宣恩县工商联以创建“四好”商会为内容，出台《加强基层商会规范化建设意见》，并解决部分乡镇商会无办公场所的问题。加强县级工商联建设。8县市工商联全部完成“五好”县级工商联创建工作，其中7县市工商联通过验收。2017年11月，恩施市、利川市、巴东县、咸丰县、鹤峰县工商联被全国工商联确认为2017年全国“五好”工商联，占比62.5%，位于全省前列。推进和落实州联领导联系县市工商联制度，做好协调和指导，支持各县市工商联按时完成换届工作，全州8县市工商联配齐领导班子和工作班子。加强非公有制企业和商会党建工作。州工商联召开州直属商会座谈会，就“四好”商会建设、商会党建、反腐倡廉及商会开展理想信念教育实践活动等工作进行安排部署。为深入开展社会组织党的组织和工作覆盖“百日巩固行动”，扎实推进社会组织党建工作，州工商联召开直属商会党组织筹建座谈会，恩施州福建商会、恩施州温州商会、恩施州鄂东商会、恩施州汽车汽配商会、恩施州小微企业信用合作社促进会5家直属商会功能性党组织建设完成。深入温州恩施商会等异地商会，听取商会党建工作情况汇报，与支部书记座谈，希望商会党支部以党建促进商会和企业更好地发展。建始县工商联按照“夯实基础、建强队伍、创新载体、打造品牌”的工作思路，以创建“双强六好”非公有制党组织为重点，使非公有制企业党组织的“两个作用”得到充分发挥。巴东县工商联制定出台《关于加强非公企业党组织建设的实施方案》，引导非公企业加强基层组织建设。宣恩县工商联探索出“商会＋支部”、形成以“党建促企业、以企业强商会”“依托商会抓非公有制企业党建工作”等经验，向非公有制经济人士传递正能量。咸丰县工商联以“支部主题党日”为抓手，制定出台《咸丰县非工委分类指导非公经济组织“支部主题党日”活动实施意见》，引导北京、武汉、广东、温州四地咸丰商会建立流动导员党支部，并配齐支部班子开展活动。来凤县工商联组织非公企业负责人参加全县党建业务知识课程培训班。

【参政议政】 2017年两会期间，工商界人大代表、政协委员共提交提案46件，大会发言1件。其中，5件被评为州政协优秀提案，占比20%。州工商联提出的优秀提案《关于整合全州白酒行业发展的提案》催生《巴东县振兴白酒产业打造“武陵酒都”的实施意见》（巴办文〔2017〕35号）。州工商联分批次召开工商联界别政协委员座谈会，向政协委员宣讲十九大精神，围绕社情民意、大会发言等工作进行深入讨论，对即将召开的州政协八届二次会议的准备工作提出要求。州工商联在认真调查研究的基础上，形成并提出《构建“亲”“清”新型政商关系，推动恩施州民营经济健康发展》的集体提案和大会发言材料。州政协副主席、州工商联主席王继刚带领州政协工商联界别工作组委员前往咸丰县、利川市，就化解“精准扶贫”中“三农”融资难的问题进行专题调研，形成《关于进一步支持村镇银行在金融扶贫中发挥作用的建议》专题调研报告，州政协办公室以此形成一期社情民意，专报州委主要领导。同时，组织并参加州政协委员赴鹤峰、利川开展的垃圾视察活动。组织工商界企业家参加恩施市开展的州城饮用水源视察工作，并形成视察报告上报。协助省工商联持续开展上规模民营企业调研、民营企业信息直报点等工作。积极配合省工商联调研组在恩施州调研非公有制经济供给侧结构性改革、民营企业信息直报工作推进情况。建始县工商联向有关部门推荐20名执法监督员、特约监察员，对11个政府部门的履职尽责进行评议。

结合“千名干部进企业”活动，全州各级工商联深入会员企业、基层商会，围绕非公有制企业发展中的热点、难点问题，开展深层次调研。州工商联班子成员赴8县市进行民营经济发展及相关政策调研，及时了解情况，分析相关政策，为民营经济发展增强信心。恩施市工商联开展“访民企、办实事、强信心”调研活动，深入70家企业走访调研，与市委组织部联合召开全市部门民营企业家代表座谈会，专题听取民营企业的意见建议。利川市工商联联合市委统战部组成4个调研小组，分别深入到29家企业开展“大走访、大调研、大联系、大服务”活动，并形成调研报告。鹤峰县工商联开展“进民企、解难题、促发展”等调研活动，经常性地走访企业，了解企业生产经营状况，为企业发展排忧解难。

【社会服务】 开展非公有制经济人士理想信念活动。全州工商联系统通过报告会、培训班、现场观摩等形式，广泛开展政策宣讲，增强广大非公有制经济人士永跟党走的信心和决心，引导他们积极投身到恩施州经济改革发展中去。州工商联组织150余名非公有制经济人士参加全国非公有制经济人士暨年轻一代理想信念教育实践活动报告会。配合省联建立年轻一代非公有制经济代表人士数据库。协助省工商联、省高级人民法院、省司法厅、省普法办、湖北国森律师事务所等举办的“法律进恩施”活动，使269名企业家500多人次直接聆听法律专家的精彩授课。利川市工商联与市委统战部共同邀请中国社会科学院西亚非洲研究所研究室主任、首席研究员、硕士生导师贺文萍为80余家非公企业负责人作《“一带一路”战略：中国企业面临的机遇与挑战》专题讲座，帮助企业了解当前国际经济宏观环境和热点问题，掌握和利用对外经贸促进政策。

推进“千企帮千村，脱贫奔小康”精准扶贫行动提质增效。截至2017年底，全州共有1068家民营企业结对帮扶729个建档立卡贫困村，实施帮扶项目1213个，投入帮扶资金5.85亿元，辐射贫困人口95666人。“千企帮千村”行动作为民营企业参与脱贫攻坚的主要形式和主要平台，已经成为精准扶贫、精准脱贫的生力军和重要力量，得到州委、州政府的高度重视和支持。11月1日，州委、州政府在宣恩县召开全州“千企帮千村”精准扶贫行动现场推进会。会议对全州“千企帮千村”活动情况进行通报，对下一步工作进行安排部署。州工商联通过实地走访、查阅资料、听取汇报等形式，对全州8县市“千企帮千村、脱贫奔小康”精准扶贫行动开展情况进行督办检查。州工商联积极与异地商会进行沟通、衔接，广东恩施商会、昆明恩施商会等6个异地商会共23家企业提供704人77个岗位需求，解决部分易地扶贫搬迁户的就业难题。注重典型案例宣传，州工商联将巴东县将军山农牧开发有限公司、鹤峰鑫农茶业有限公司作为先进典型推荐到省工商联，其中，鹤峰鑫农茶业被省工商联推荐为全国“万企帮万村”精准扶贫行动先进民营企业。

开展《民企名人》系列宣传活动。恩施州委统战部和州工商联借助恩施日报、恩施晚报、恩施电视台、云上恩施等多家媒体单位，联合开办《民企名人》专栏，对全州有一定代表性和影响力的民营企业家予以推介，州委、州政府高度重视此项工作，从财力、人力、物力上给予大力支持。《民企名人》专栏从2017年5月启动，在恩施日报共开辟33期专题内容，在恩施电视台共开辟25期专题内容，对恩施州经济各领域的龙头民营企业进行深度的报道和推介，赢得全社会好评。

组织企业参与全州“我选湖北绿色恩施梦”行动，为全州民营企业提供大学生实习实训用工岗位。来凤县工商联联合县人社局、县委人才办等部门举办“青创杯”第二届“我选湖北·创业来凤·筑梦小康”青年创业大赛暨“草根创业计划”项目扶持大赛，培养选树一批创新人才和创业典型，营造全社会关心关注青年创业的良好氛围。搭建融资协调平台。州工商联依托恩施州小微企业信用合作促进会，与州工行合作，继续开展“政银集合贷”业务。截至2017年12月底，该项业务为恩施州285家中小微企业解决流动资金贷款12.78亿元。宣恩县工商联参照“政银集合贷”业务，与中国邮政储蓄银行合作推出“企业促保贷”业务。积极探索和创新，举办银企论坛，推进银企对接。利川市工商联联合市金融办、市经信局召开利川市支持实体经济暨中小微企业健康发展培训会，邀请楚商资本、九丰投资主要负责人与该市160余家参训企业负责人共同探讨如何破解融资难题。

【维权服务】 2017年，全州各级工商联整合各项资源，紧贴非公有制经济人士的需求，着力推动非公经济的发展。搭建政企沟通平台。继续搭建好非公有制经济人士与州委、州政府的对话平台，召开州领导与民营企业家座谈会，州“四大家”领导与10位民营企业家代表进行座谈，协调解决企业发展中的困难。州工商联分期、分批、分类组织召开3次会议，就构建新型政商关系、优化民营经济发展环境、加快民营经济发展进行讨论座谈，为《中共恩施州委恩施州人民政府关于加快民营经济发展的意见》建言献策。发挥劳动关系三方委员会成员单位的作用，代表企业利益，推动和谐劳动关系的构建。配合省工商联和州人社局，做好非公有制经济人士专业技术职务任职资格评审工作，2017年有836人通过职称评审获得任职资格，其中7人取得高级经济师的任职资格。

【招商联络】 2017年，全州工商联发挥优势，进一步做好招商联络工作。州工商联与浙江省杭州市工商联、江苏省常州市工商联、十堰市工商联、荆门工商联、海南湖北商会等进行对接交流，积极推介恩施硒产业和绿色生态产业。协助州委州政府举行恩施州招商服务平台启动仪式暨“恩商回归”座谈会，会上确定广东恩施商会、上海恩施商会等9家异地商会为2017年恩施州招商引资服务平台，负责服务机构所在区域的招商引资相关工作。州工商联与州商务局联合向州政府争取到80万元经费作为各招商引资服务平台开展工作的补助经费。利川市工商联积极开展“以商招商”工作，全年成功招商对接10个项目，其中签订6个投资框架协议总计投资额为312.2亿元、4个投资协议总计投资额为13.6亿元。巴东县工商联制定出台《关于招商引资服务平台建设工作的实施方案》，并积极筹建珠三角、长三角等6个招商引资平台。

【恩施州工商业联合会（总商会）负责人名录】

主席：王继刚

党组书记、常务副主席：张　蓉

党组成员、副主席：傅建国　宿成慧　喻东来

党组成员：谭世平

副主席：张文旗　袁　媛　徐庆斌　苏方俊　郑德厚　秦　亢

汤世辉　唐启玉

黄毅华

秘书长：喻东来

恩施州总商会领导人

会长：王继刚

副会长：傅建国　宿成慧

喻东来　冯　俐

刘传宝　饶新宇

张　磊　杨方列

陈艳平　段　亮

袁　泉　钱国岗

崔应朝　谢炳练

（杨　岩）

编辑　刘　权

民主党派

中国国民党革命委员会恩施州委员会

【概　况】 中国国民党革命委员会恩施土家族苗族自治州委员会（简称民革恩施州委），是中国国民党革命委员会设在恩施的地方组织，是恩施州民主党派的重要组成部分，基本职能是参政议政、民主监督，参加中国共产党领导的政治协商。民革恩施州委共有党员113人，大学以上文化程度71人，中级以上职称47人，女党员42人，退休党员29人，交叉党员2人，平均年龄51岁。民革恩施州委下设恩施州直综合第一支部、恩施州直综合第二支部、州中心医院支部、湖北民族学院支部和恩施市支部。党员中，2人担任恩施州第八届人大代表，19人担任恩施州第八届政协委员（其中常委7人）；2人担任恩施市第十届人大代表（其中常委1人），13人担任恩施市第九届政协委员（其中常委5人）。恩施市政府副市长1人；恩施市政协副主席1人；恩施市人大常委会副主任1人。

【参政议政】 民革恩施州委被民革湖北省委授予2017年度参政议政先进集体三等奖。1月，州政协八届一次全会上，提交大会发言4件，提案36件（其中：集体提案7件，个人提案29件）。《关于进一步加大环境保护工作力度的提案》等2件提案被选作大会发言，得到州主要领导充分肯定和高度点赞。张献宏在《关于建立恩施州中医中药应用与发展中心的提案》提出“四个有利于”的建议被纳入《州人民政府关于全面推进中医药发展的实施意见》。张均提出《关于解决我州医疗废物集中处理问题的提案》被选为2017年度重点提案，并交由州政协副主席张全榜督办。秦为民提出《关于将“咸丰大道”命名为“神鹰大道”的提案》得到咸丰县政协高度重视，派专人赴恩施与提案人进行沟通。《关于解决我州医疗废物集中处理问题的提案》等两件被州政协表彰为2017年度优秀提案。民革恩施州委提出《关于我州餐厨废弃物规范化处理的建议》由副州长张勇强签批，办理成效显著。《朝东岩隧道口环境亟待整治》《关于开发精品富硒大米，打造“恩施硒大米”公共品牌的建议》《关于规范州民族幼儿园招生工作的建议》等6件社情民意信息被州政协专报采用,《关于将日间手术纳入城乡居民基本医疗保险报销范围的建议》等3件社情民意信息被民革湖北省委采用,《排除违规“消字号”产品隐患刻不容缓》等2件社情民意信息上报全国政协和民革中央。

【民主监督】 民革恩施州委按照中共恩施州委、民革湖北省委的安排和部署，认真落实脱贫攻坚民主监督工作。4月，成立由主委任组长，分管民主监督工作的副主委任副组长的领导小组和由支部主委任小组组长的工作小组，建立与宣恩县对口联系的“5+9”模式，即“5个小组+9个乡镇”对口联系机制。5至7月，民主监督小组深入宣恩县9个乡镇开展脱贫攻坚民主监督工作，通过看现场、查资料、深入贫困户家中发现精准扶贫工作中存在的村级集体经济薄弱、易地搬迁机制、精准识别等方面的问题，在7月18日中共恩施州委组织召开的脱贫攻坚民主监督会议上作专题汇报，提出具体建议，得到相关部门采纳。在社会监督方面，3人被恩施州纪委、监察局聘为特约监察员，积极参加纪委组织的活动。7月，1人参加恩施州各县市纪委上半年述职述廉工作情况通报会。8月至9月，1人参加恩施市纪委组织的精准扶贫大数据巡查工作，对三岔镇的精准扶贫工作进行为期40天的巡查，对精准识别中存在的问题及线索进行了核实。

【政治协商】 加强党员对政治协商的认知，通过微信公众号开辟的学习园地版块发布《中国共产党统一战线工作条例（试行）》《关于加强政党协商的实施意见》等政策文件，让党员深刻了解政治协商制度。积极参加政党协商会、迎春座谈会、全州经济社会发展会、党风廉政建设及反腐败工作会、讨论《政府工作报告》会、双月座谈会和政协常委会等会议，立足民革实际，发挥民革优势建真言、建实言、建好言，提出的《建设农村公路最后100米，增强农村群众的幸福感获得感》作为政协双月座谈会的专题发言；提出的《粪污变粪肥，助推恩施生态农业发展》建议被中共恩施州委采用。

【社会服务】 民革恩施州委积极参与精准扶贫工作，按照中共恩施州委统战部《关于组织动员全州统一战线积极参与精准扶贫工作的通知》精神要求，开展鹤峰县容美镇七峰村对口帮扶工作，积极为七峰村发展筹措资金，向州政府争取扶贫专项资金5万元，调拨党派机关工作经费2.5万元，共筹集7.5万元资金，用于七峰村的基础设施建设、产业发展，机关干部定期到七峰村2户贫困户进行帮扶对接。按照州政协《关于实施政协委员参与精准扶贫“三大工程”的实施意见》，党员中的政协委员积极参与“三大工程”，完成“为民、爱心、带动”三大工程工作任务。7月，联合兄弟党派在七峰村开展送医送药、法律服务和科技培训等社会服务活动，组织法律专家给村民解答法律困惑，医疗专家为村民进行义诊，并免费向村民发放4000余元的常用药品，受到当地村民的热烈欢迎。各支部结合民革中央“博爱·牵手”活动积极开展社会服务工作。开展医疗扶贫。州中心医院支部发挥医疗优势，助力健康脱贫，赴巴东县野三关镇马眠塘村、来凤县绿水镇、利川市汪营镇、咸丰县黄金洞乡等多地开展以“送医送药走基层，健康宣教助脱贫”为主题的社会服务活动，累计接诊患者1500余人次，发放健康宣传教育资料2000余份，慢性疾病筛查4000余人次，免费发放价值2万余元的药品，并为巴东县野三关镇马眠塘村卫生室捐赠价值8000元的心电图机一台，为马眠塘小学捐赠价值1500元的体育用品和课外书籍。湖北民族学院支部在恩施市新塘乡开展义诊活动，接诊患者400余人次，免费发放价值4000余元的药品。开展捐资助学。州直综合第一支部与桂花园小学建立多年的对口帮扶，2017年为学校购置价值5000余元文体用具。开展对口帮扶。恩施市支部按照中共恩施市统一战线精准扶贫活动要求，结对帮扶板桥镇大山顶村贺元凯、黄瑞松、李元成3户贫困户，多次到3户贫困户家中，实地查看、交心谈心，了解生产生活情况，并从党费中列支7700元，捐赠给贫困户和贫困学生，鼓励贫困户努力发展脱贫，引导贫困学生加强学习。民革恩施州委社会服务工作形成特色化、常态化的良好格局。

【对台工作】 11月，为支持民革湖北民族学院成立台湾研究所，组织湖北民族学院支部部分党员赴武汉、厦门等地开展新时期促进祖国统一工作调研活动，实地了解当地台湾研究所工作开展情况，以及对台工作的宝贵经验和成绩。

【宣传工作】 3月，民革恩施州委开通恩施民革微信公众号，宣传发布民革工作信息，活动报道被民革湖北省委会网站采用21篇，恩施州人民政府、恩施州政协、中共恩施州委统战部网站也分别报道民革工作简讯。民革恩施州委被团结报社授予2017年度《团结报》发行征订工作先进集体（地市）优秀奖。

【民革恩施州第二届委员会组成人员】

主任委员：许　强

副主委：肖雪琴（女）　张献宏（女）

李家忠

委员：李绍贵　吴全省

向毓明　叶　茂（女）　杨　帆

（李玮玮）

编辑　刘　权

中国民主同盟恩施州委员会

【概　况】 2017年，中国民主同盟恩施土家族苗族自治州委员会（以下简称民盟恩施州委）有盟员257人，其中大专以上文化程度231人，中高级职称204人，女盟员84人，交叉党员6人，平均年龄51.6岁。民盟恩施州委下设恩施州直属一支部、恩施州直属二支部、恩施州教育支部、湖北民族学院支部、恩施职业技术学院支部、恩施市支部、恩施高中支部7个支部。盟员中，1人担任省十三届人大代表，1人担任省十二届政协委员；6人担任州八届人大代表，其中1人担任州人大常委，23人担任州八届政协委员，其中1人担任州政协副主席，7人担任州政协常委；16人担任恩施市第九届政协委员，其中6人担任恩施市政协常委。

【思想建设】 坚持中心组学习，采用领导导学、成员轮流领学和讨论交流相结合的方式，定期集中学习习近平总书记系列讲话精神和中央、省、州重要会议精神，学习盟史盟章，紧跟时代步伐，提升思想政治水平。举办盟史和革命传统教育专题培训，于8月4日至5日组织近30名骨干盟员及新、老盟员代表参观浠水县闻一多纪念馆、红安县黄麻起义和鄂豫皖苏区革命烈士陵园，通过寻访先贤足迹、凭吊革命英烈，追根溯源，不忘初心，弘扬革命传统，传承民盟精神，进一步增强民盟恩施州委开展“不忘合作初心，继续携手前进”和“两学一跟”专题教育活动的实效性。学习宣传贯彻中共十九大精神，积极发动、组织盟员收听收看中共十九大会议盛况，制定详细的学习方案和计划并组织实施，及时召开学习交流会，为盟员发放学习资料，并于12月1日召开学习中共十九大学习报告会，推动全盟迅速掀起学习贯彻中共十九大精神的热潮。积极推荐和组织盟员参加上级盟组织举办和省州统战部门组织的学习和培训活动，向省盟推荐4名盟员参加在省社会主义学院举办的新盟员培训班、推荐2名盟员参加在中央社会主义学院举办的青年骨干盟员培训班，共组织5名盟员参加省委统战部、州委统战部分别在省、州社会主义学院举办的统战系统学习贯彻中共十九大精神专题培训班。

【组织建设】 根据盟章和《民盟组织发展暂行条例》及德才兼备的要求，注重质量标准，严格考核程序，把好入口关。2017年共发展新盟员11名，其中中高级以上职称7人，科级干部1人，平均年龄37岁，均为大学以上文化程度。根据组织发展需要，为恩施高中盟员组织和活动开展提供便利，组建恩施高中支部。

【作风建设】 制定《民盟恩施州委关于落实党风廉政建设责任制的实施办法》，明确盟州委和各基层组织领导班子的责任内容、强化监督考核、严格责任追究，构建恩施民盟组织的党风廉政建设责任体系。

【参政议政】 加强对盟内人大代表、政协委员等参政议政骨干盟员的培训力度，召开参政议政培训会议，邀请专家作培训辅导报告，提高他们的参政议政能力。精心组织调研活动，对全年的调研活动及早谋划，将全盟的调研课题分为省盟招标承办课题、盟州委重点课题及招标课题三个层级，以深度调研为基础确保高水平的议政建言。其中，按照民盟省委要求，承担并完成招标调研课题《大力推动产业扶贫，加速脱贫攻坚奔小康》；根据《2017年中共恩施州委政党协商计划安排》，确定5个由主委、副主委负责的重大调研课题；在面向支部和全体盟员开展课题招标活动，立项8个课题。各层级课题组认真开展调研活动，如期提交调研成果。省盟调研课题经评审合格，拟作为省政协提案的素材。州级调研课题由民盟州委组织专班评审，9个课题经评审合格转化为2018年度州政协提案和大会发言。认真组织建议提案等工作，充分发挥“两会”平台作用，在年初省州“两会”上，盟员人大代表向省人大提交建议5件，向州人大提交建议6件；盟员政协委员向省政协提交提案5件，向州政协提交提案36件（其中民盟州委集体提案8件）；提交州政协大会发言8篇，其中作口头发言2篇。其中，民盟恩施州委提交的《关于将特殊教育纳入精准扶贫的提案》列为州政府副州长高敬佩领办提案，并与盟员政协委员田苗等人提交的《关于提高物业管理服务质量，推进和谐小区建设的提案》被州政协评为2017年度优秀提案。提交3篇社情民意信息被州政协采用，其中《关于保护性改造恩施老城的再次建议》受到中共恩施州委书记李建明的签批。

【政治协商】 民盟州委领导积极参加中共州委召开的关于脱贫攻坚和全州党风廉政建设和反腐倡廉等工作的政党协商座谈及州政府召开的工作报告征求意见会；民盟州委高度重视政协恩施老城改造专题协商会，会前精心准备、认真调研，确保发言有深度、有价值；推荐盟内专家、学者参与州直有关部门组织的征求意见会。

【脱贫攻坚民主监督】 开展脱贫攻坚民主监督工作，制定出台《民盟恩施州委开展脱贫攻坚民主监督工作实施方案》，召开专题会议，研究部署恩施、鹤峰脱贫攻坚民主监督工作，成立两个工作组并分别制定详细工作方案，先后于4月下旬、5月上旬开展集中实地调研活动，采取与政府有关部门座谈，查看资料，随机抽取乡（镇）、村和贫困户进行调查等方式，以全面了解脱贫情况及扶持措施落实情况，发现扶贫亮点，找准存在的问题，主动与有关部门沟通，发挥监督实效。

【社会服务】 帮扶鹤峰县七峰村，助力精准扶贫。组织机关干部开展对贫困户鲁爱生、鲁智宁父子的帮扶活动，定期走访慰问，为其家庭生产发展出谋划策，关心鲁智宁的学习和生活，为其购置衣物、学习用品等共计1000余元；联合兄弟党派于7月6日在七峰村开展送医送药、法律服务和科技培训等社会服务活动，组织盟员法律专家给村民解答法律困惑，盟员医疗专家为村民进行义诊，并免费向村民发放价值4000余元的常用药品，受到当地村民的热烈欢迎；积极为七峰村发展筹措资金，向州政府争取扶贫专项资金5万元，号召广大盟员以缴纳特殊盟费的形式为七峰村的精准扶贫助力，共收到捐款2.5万元，合计筹集7.5万元用于七峰村的基础设施建设、产业发展。组建和巩固专业志愿服务团队，拓展社会服务的广度和深度。发挥盟内医疗人才众多的优势组建民盟恩施州医疗志愿服务队，于8月13日当天在地处偏远的利川市南坪乡黄田村开展首次义诊服务活动，10余盟员志愿医务工作者对该村100余名村民进行义诊，免费发放价值5000余元的药品，初步诊断3名村民为重症患者，并为重症患者留下联系方式，让他们进城住院进一步确诊治疗；组织民盟恩施州委法律志愿者服务队于11月30日在恩施市七里坪中学开展“送法进校园”活动，将举行传统的法律知识讲座、参观普法展板、送发普法口袋书与上演生动活泼的普法短剧、开展法律知识有奖问答结合起来，紧紧抓住师生们的注意力，调动大家的参与热情，取得良好的普法效果；指导和支持民盟恩施州教育支部利用教育界人才云集的突出优势组建“教育志愿服务小分队”，重点围绕“聚焦课堂、提升质量”的目标，针对恩施州内部分师资力量薄弱、教育教学质量较差的农村偏远学校常态化地开展志愿服务活动，先后于4月25日、11月17日两次在恩施市太阳河初级中学开展以同课异构、说课议课、专家引领为主要内容的送课送训志愿服务活动。12月，恩施州教育支部因近年来农村教育“烛光行动”中突出表现，在民盟湖北省委召开的“烛光行动”十周年座谈会上被表彰为“农村烛光行动”先进集体。开展“一老一少”活动，真情关爱特殊群体。5月27日，民盟恩施州委牵头组织宣恩县政协、统战部等单位在宣恩县珠山镇和平中小学开展“播散爱的阳光，共建留守乐园”活动，携手该校留守儿童共庆“六一”国际儿童节，为他们献爱心并开展文艺联欢，让他们感受到来自社会的关爱。本次活动中，民盟州委为孩子们捐赠价值7000元的文体用品，组织民盟各支部和宣恩县政协、统战部等单位捐赠18000元现金，用于该校留守乐园乐队建设。11月15日，民盟恩施州委组织州直一支部、二支部的盟员在恩施市屯堡乡福利院开展“冬日温情”活动，为该院25名老人送温暖。由民盟医疗志愿服务队为老人们进行健康体检，并为福利院提供一批老人需要的常用药品，赠送价值3000余元食物、棉鞋等慰问品。民盟恩施州委被民盟湖北省委表彰为“2017年社会服务工作先进单位”。

【宣传工作】 办好杂志《恩施民盟》、民盟恩施州委网站和微信公众号，及时为上级盟组织、中共恩施州委统战部和州政协等报送信息30余件，积极联系电视、报刊、网络等宣传媒体对重大盟务活动进行报道宣传，强化参政党的形象宣传。民盟恩施州委被民盟湖北省委表彰为“2017年度宣传工作先进单位”。

【成立30周年纪念活动】 在恩施州民盟组织成立30周年之际，精心编撰出版50万字纪念图书《初心有梦》，并于12月1日举办成就展和纪念大会。这一系列活动全面系统地总结了恩施民盟组织成立30周年的历史和成就，激发了广大盟员的荣誉感、自豪感、使命感和归属感。

【中国民主同盟恩施州委员会负责人名录】

主委：何义发

副主委：司马俊莲（女） 王 平

朱胜武 刘春荣（女）

（王庭斌 田 苗）

编辑 刘 权

中国民主建国会恩施州委员会

【概 况】 2017年，民建恩施州委以深入推进坚持和发展中国特色社会主义学习实践活动为抓手，不断加强自身建设。围绕州委、州政府的中心工作，积极履行参政议政、社会服务职责，各项工作扎实开展、稳步推进。民建组织在恩施州有1个基层委员会、2个总支、13个基层支部、2个专门委员会。截至12月底，共有会员297名；县（市）政协委员22人，州人大代表6人，其中常委3人，州政协委员29人，其中常委7人、副主席1人；省人大代表1人，省政协委员1人，全国人大代表1人。

【自身建设】 夯实共同思想政治基础。坚持开展中心组学习。全年共组织5次中心组学习会议，专题传达中共十九大精神，各级“两会”、中共党代会精神，民建湖北省换届大会精神等。中心组学习中共十九大专题扩大会上，20多名各级组织班子成员交流心得体会。部署落实各项学习活动。州委会编印“两学一跟”学习资料200余本、购买450册中共十九大精神学习辅导读本发放到会员；在州委网站开辟“学习中共十九大精神，同心共筑中国梦”专栏、“两学一跟”学习教育专栏，宣传中共十九大精神和习近平新时代中国特色社会主义思想，报道各级学习动态；组织30名会员赴巴东参观“绝壁天河”，深化“两学一跟”学习教育；组织老会员赴龙马风情小镇开展重阳节活动，了解龙凤镇综合扶贫改革试点建设情况；组织“不忘合作初心，继续携手前进”征文评选，通报表扬获奖征文。督促协助支部抓好学习。基层组织全年共集中开展20余次各类学习活动，提交30余篇“学习中共十九大，同心共筑中国梦”心得体会、“不忘合作初心，继续携手前进”征文。其中会员唐红珍撰写的征文《初心依旧追逐中国梦》，在全国2100多篇征文评选中，获民建中央“不忘合作初心，继续携手前进”征文优秀作品奖。持续开展“会员大走访”活动，了解会员的思想状况，收集会员的意见和建议。各级组织共走访会员企业32家，走访会员230余人，7名长期未参加支部活动的会员、失联会员回到支部，会员满意度进一步提升。提升思想宣传工作质量。《恩施民讯》全年出刊2期，完成民建州委网站升级改版工作，开通民建州委网站手机版和恩施民建微信公众号，在国家、省州各级媒体采用稿件100余条，在全州统战系统信息工作排名前列。恩施民建位列2017年度民建全省宣传思想工作二等奖。

提升组织建设规范化水平。贯彻民主集中制，加强各级领导班子建设。州委班子明确分工，各负其责，坚持民主集中制，重大事项主委会、州委会集体研究民主决策。在专委会建设方面，完成经济委员会换届工作，筹备开展企业委员会的换届，探索筹建妇女会员工作委员会。在加强基层组织班子建设上，按程序完成恩施市基层委员会主委改选，州直三支部的主委改选、副主委增补，州直一支部、州直二支部及州直四支部委员增补等工作。抓好组织发展。坚持注重质量、注意数量，吸收高素质人才入会。全年发展会员17人，其中公务员5人，新社会阶层人士8人。州委会增补2名副秘书长，并将年轻的公务员、企业家会员充实到专委会及支部班子中，加强年轻后备干部培养。在各类培训学习活动中优先推荐年轻骨干会员参加，全年共安排12名年轻会员参加省、州组织的党外干部培训、新闻宣传社情民意学习。创新新会员培训方式。改变传统的本地集中授课培训方式，以异地培训和现场教学为主，组织2015年以来33名新会员赴重庆参观民建成立旧址陈列馆、中国民主党派陈列馆，学习会章会史，民建优良传统，新会员撰写心得体会文章10余篇。

【参政议政】“两会”建言献策。2017年，会员杨琴在全国人大全会上提交建议6件，其中关于《对“校闹”零容忍，维护育人环境的建议》受媒体关注报道。在省“两会”上，民建会员提交建议1件，提案3件。州“两会”上，民建会员提交议案1件，提案41件；议案立案转建议1件，提案立案41件，其中州领导领办建议1件、提案4件。州政协八届二次会议表彰的2017年优秀提案共26件，民建会员提案占6件（刘家红撰写的《关于抓好营改增后地方财源建设的提案》、吴军撰写的《关于加大过人行横道“车不让人”监控处罚力度的提案》、唐启玉撰写的《关于加快促进恩施州广告业发展的提案》、沈娟撰写的《关于加大力度建设人工湿地治理乡镇生活污水的提案》、吴中余撰写的《关于以林为本，打造恩施全域生态公园的提案》、赵萍撰写的《关于在保护中开发利用恩施州硒资源的提案》）。刘海清等撰写的《关于以“双创”为统领加强全州食品安全监管工作的议案》转为建议得到办理。

开展重点课题调研。各基层组织结合特色和优势，围绕经济社会发展的重点难点问题，深入开展调查研究，接地气、摸实情、出实招，为各项事业发展贡献智慧和力量。共报送重点课题调研成果10篇，转化为州政协八届二次全会大会发言材料6篇。在州政协八届二次全会上，民建界别的大会发言材料占据四分之一，调研成果调查研究详细深入，分析问题客观真实，提出建议切实可行，得到相关部门的重视和好评。其中由州三支部、四支部提交的中药产业发展调研报告，经归纳整理为《大力发展中药材产业让“华中药库”名符其实》，恩施市基层委员会报送的《扶强民营实体经济　加强州域财源建设》，均被列为大会口头发言材料。

社情民意信息。全年向民建省委报送社情民意信息56条，民建省委采用56条，全国政协采用1条、民建中央采用1条、省政协采用2条，社情民意信息工作位列民建全省先进。州政协采用社情民意4条，州领导签批4条（《关于开发宽叶缬草植物打造特色中草药品牌的建议》《关于规范家庭过期药品回收处置的建议》《关于开展建始县榨茨河流域治理的紧急建议》《关于从严管控州高新区区域内不动产的建议》），州政协统计计分45分，居全州政协反映社情民意信息工作首位。

开展民主监督。州委会组织开展对建始县、巴东县的脱贫攻坚民主监督。在州委召开的脱贫攻坚政党协商会上，对恩施州精准扶贫工作提出系列的意见和建议，将监督情况和建议分别反馈给建始县、巴东县。在州党代会报告征求意见会、州政府工作报告征求意见会，以及州委、州政府举办的民主协商会、通报会、座谈会上，积极建言献策，提出大量建设性意见。在恩施州及各县市电视问政中，多名会员担任问政嘉宾，其中胡心木、鲁诚、陈烨受邀担任州及县市电视问政特约评论员。他们全年参与10场电视问政，围绕曝光问题深入剖析，提出中肯的建议意见，强化民主监督政府职能部门的作用，促进各职能部门进一步转变作风，提高履职能力。

【社会服务】 打造“思源”社会服务品牌。积极向民建省委社服部争取，向扶贫基金会争取更多“思源”项目落户恩施，打造恩施民建社会服务品牌。抢抓“思源救护”项目。做好申报前期材料准备工作，全年累计争取到“思源救护车”13台，近三年来累计争取到23台“思源”救护车，缓解了县乡卫生院急诊用车难的现状。争取“思源·佑华教育移民班”落户恩施。积极发动广大会员爱心捐助，共筹集地方配套资金20余万元，争取“民建中央思源扶贫基金会”40万元资金，可帮助100名优秀农村贫困初中生完成三年学业。在咸丰县高乐山镇民族中学开班1个。

助力精准扶贫。州委会号召各级组织、广大会员积极参与精准扶贫，为全州打赢精准脱贫攻坚战助力。机关开展精准扶贫。在州委统战部的带领下，州委会结对帮扶鹤峰县容美镇七峰村，为该村援助扶贫专项资金7.5万元，协调会员企业捐赠价值1万余元的太阳能路灯4盏、生物有机肥1.5吨。机关干部结对帮扶贫困户鲁爱华，发展中蜂养殖、药材产业，异地搬迁新房建成。各级组织参与扶贫。帮扶精准扶贫村12个，建立“同心工程”基地3个，提供科技培训、法律咨询及培训、义诊等服务39次，服务4200余人次，培训各类人才817人。会员企业带动发展产业基地10多个，专业合作社14个，提供就业帮扶近600人。其中，恩施基层市委会向大山顶村7户贫困户送尿素1500公斤，组织会员企业众惠农业向大山顶村捐赠有机肥20吨；市三支部为高拱桥村、白岩村的185名贫困户送羽绒服185件，价值3.7万元；民院二支部发挥专业优势，为利川山桐子产业、恩施朱砂溪杨梅产业提供技术指导服务；开发区支部积极参与承办州妇联实施的关爱困境儿童成长公益项目。同时，民建30多名各级政协委员积极参与精准扶贫“三大工程”，每人结对帮扶1户贫困户、1个贫困学生、1家专业合作社。2017年恩施民建会员精准扶贫捐赠资金、物资，达80多万元。其中州直五支部副主委吴中余为精准扶贫村捐赠50万元建村级办公场所及卫生室；会员企业锦联华为精准扶贫村建始县高坪镇汪家槽村共捐赠15万元物资；州直二支部为椿木营中心学校留守儿童捐赠价值6万余元的文具、衣物；会员鲁云武为扶贫村捐资5万元用于公路建设；会员梁忠树主动帮助贫困村发展茶叶产业并为大病贫困户捐助6000元现金。

服务会员企业发展。通过多种形式为企业家会员搭建信息交流的平台和桥梁。维护会员合法权益。充分发挥民建组织和会内律师队伍作用，维护企业权益20多次。为企业搭建信息平台。联合州发改委召开“产业政策暨重点项目情况报告会”，推进产业政策、发展项目与民建企业的对接；与州农业局等部门主动对接，组织15名涉农企业家会员参加中国农科院专家专题讲座。帮助企业家会员开拓视野。共组织28名企业家会员参加滴慧商学院企业管理培训；组织6名会员参加民建中央举办的风险投资论坛、非公有制经济发展论坛和全省民建企业股权交易培训暨金融服务企业交流会。积极筹备成立“恩施州中小企业互助合作促进会”。

【中国民主建国会恩施州委员会负责人名录】

主委：谭建军

副主委：卓万俊　冯　俐（女）

　　　　唐红珍（女）

（唐红珍）

编辑　刘　权

中国民主促进会恩施州支部委员会

【概　况】 2017年是民进恩施州支部工作的开局之年，支部落实民进中央、民进湖北省委会和中共恩施州委部署的各项工作，不忘合作初心，凝聚政治共识，在自身建设、参政议政、精准扶贫、“双岗”建功等方面认真履职尽责，取得较好的成绩。民进恩施州支部共有会员30人，其中女会员12人。会员中有民进湖北省委第七届委员会常委1人，湖北省第十二届政协委员1人；恩施州第八届人大代表2人，恩施州第八届政协委员6人（其中常委2人）；恩施市第九届政协委员3人（其中常委1人）。

【思想建设】 学习贯彻中共十八大、十九大精神和习近平新时代中国特色社会主义思想，切实加强政治思想建设。确保质量。坚持务实性和多样性相结合，以会员大会、支部会和统战部门组织的专题学习活动为载体，联系工作和生活实际，开展学习、座谈、讨论、交流等活动，务求学习效果。确保数量。2017年开展专题学习和参加上级部门组织的座谈会、报告会、培训班、大讲堂等各类活动6次。利用微信群和QQ群等平台，推送民进中央、民进省委会发布的相关信息200余条，对支部会议、全体会议以及各类活动进行及时报道，在民进省委会、恩施州委统战部等部门网站和微信公众号上发布。让全体会员及时有效地学习并掌握最新资讯。收集重要活动信息，编写恩施民进2017年大事记。学以致用。在中共的群众路线教育实践活动、“三严三实”教育活动和脱贫攻坚行动中，组织民进会员发挥积极作用。

【组织建设】 加强班子建设。充分发挥班子的领航作用，率先垂范，坚持民主集中制，创新思路，扎实进取。激发会员创造力，对政治素质好、思想水平高、代表性强、热心会务的会员“压担子”，明任务。加强会员发展。按会章要求，严格程序，把政治素质好、知识层次高、参政议政意识能力强的代表人士发展入会。做到发展对象重点考察培养，成熟一个发展一个，2017年新发展会员5名。加强活动开展。从会员工作和生活实际出发，紧扣支部工作重点，力争活动内容生动，形式多样，丰富多彩，使会员感到有收获、有吸引力。把组织活动与社会工作融为一体，找准切入点，精心安排，开展调查研究，在思想、措施、实效等环节下功夫，增强支部的活力和凝聚力。加强建章立制。逐步建立会议制度、学习制度、“三重一大”议事决策制度、财务管理制度，保障各项工作开展。

【参政议政】 参加政党协商活动。2017年分别参加迎春座谈会、脱贫攻坚协商会、党风廉政建设和反腐败工作协商会、中共恩施州委全会工作报告和政府工作报告征求意见会，对全州经济社会发展和党风廉政建设工作提出建议，许多建议被中共恩施州委、州政府和州纪委采纳。开展脱贫攻坚专题民主监督。在对咸丰县精准扶贫工作进行全面认真调查研究基础上，形成民进恩施州支部脱贫攻坚民主监督专题调研报告，对推进全州精准扶贫工作提出针对性意见和建议，获得中共恩施州委高度肯定。开展参政议政。民进恩施州支部作为州政协的组成单位之一，依托州政协平台，积极开展参政议政工作。参加州政协召开的专题会议和组织的各项活动，积极发言，建言献策。参加州政协提案委员会举行的工作会议和提案审查活动，提出工作建议，推进提案审查和办理工作的制度创新。在州政协八届一次全会上提交提案9件，其中民进恩施州支部提交集体提案2件，会员中的政协委员提交个人提案7件。在州人大八届一次全会上，会员中的州人大代表提交个人建议2件。民进恩施州支部提出的关于加快特色药食两用植物资源地方目录建设、推动地方经济发展的提案，获得州政协优秀提案表彰。

【精准扶贫】 民进恩施州支部按照中共恩施州委的部署，主动参与精准脱贫工作。担任公职的会员严格按照规定在联系村开展扶贫结对帮扶，深入扶贫工作第一线，积极出谋献策，捐资捐物，为精准脱贫贡献力量。州人大常委会副主任、支部主委陈晓燕和咸丰县大溪村的贫困户黎生华家庭组成结对帮扶，多次到家走访，帮助解决医疗、生活和住房等实际困难，2017年黎生华住进异地搬迁安置房，经程序评议，该户顺利脱贫。会员中的人大代表、政协委员积极参加精准扶贫工作。7名政协委员参加州政协组织的精准扶贫“三个一”活动，分别帮扶1名贫困户、1名困难学生和联系1家农民专业合作社。通过调研，提出的发展竹节人参产业助推产业扶贫的提案，得到州政府和办理单位州扶贫办的高度重视，州政府安排专项600余万元，建设竹节人参产业扶贫基地。企业家会员充分发挥企业优势，吸纳贫困户务工，出资帮扶。恩施州利贞商贸有限公司，2017年带动发展产业和直接捐资达138万元，吸纳贫困户工人20个，在购买“五险一金”及包吃住的基础上，保证每人年收入2.2万元以上，帮助20家贫困户脱贫。同时，该公司还在贫困户家中收购定点养殖的鸡、猪达13万余元。落实中共恩施州委部署的脱贫攻坚民主监督任务，按照州委统战部的统一安排，民进恩施州支部组建由州人大常委会副主任、主委陈晓燕任组长的调研组，制订详细的实施方案，对咸丰县脱贫攻坚工作进行专题调研，带领会员多次利用“五级人大代表在行动”等活动的机会，深入扶贫工作第一线，通过查阅县、乡、村、户扶贫档案资料，走访贫困群众，召开座谈会等形式，调查和了解全县贫困户生产生活情况，多层面、全方位掌握全县精准脱贫工作，形成建设性的调研报告。同时，民进恩施州支部还配合民进省委会对全州的精准脱贫工作开展民主监督。

【民进恩施州支部第一届委员会组成人员】

主委：陈晓燕

副主委：贺永红　蒋　俊

（罗永健）

编辑　刘　权

中国农工党恩施州委员会

【概　况】 2017年，农工党恩施州委落实农工党中央、农工党湖北省委和中共恩施州委的要求和部署，按照《农工党恩施州委二〇一七年工作要点》的安排，认真学习贯彻中共十八届三中、四中、五中、六中全会精神和习近平总书记系列重要讲话精神，学习贯彻中共十九大精神，农工党十六大精神，中共湖北省第十一次党代会精神，中共恩施州委第七次党代会和七届四中全会精神。围绕中共恩施州第七次党代会提出的实施“一谷两基地三示范区”和打赢脱贫攻坚战的目标为中心工作任务，积极开展政治协商、参政议政、民主监督和思想建设、组织建设、参与精准扶贫精准脱贫和社会服务等方面的工作。加强思想建设，提升党员的思想政治素质；深入开展“两学一跟”和“不忘合作初心继续携手前进”主题教育；加强组织发展，组织建设巩固提升；积极参政议政，建言献策；开展脱贫攻坚民主监督工作，取得新成绩；继续发挥界别优势，努力开展社会服务活动；参与州委统战部到鹤峰县七峰村开展精准扶贫精准脱贫活动。

【自身建设】 7月22日，农工党恩施州委在恩施市时代家具有限公司会议室召开学习贯彻中共湖北省第十一次党代会和农工党湖北省第八次代表大会精神暨法律知识专题讲座会议。会议传达学习《农工党湖北省委关于开展学习贯彻中共湖北省委第十一党代会精神的通知》和《中共恩施州委关于认真学习宣传贯彻中国共产党的十一次代表大会精神的通知》文件精神。学习中共湖北省委书记将超良代表第十届委员会向大会所做的题为《高举旗帜牢记嘱托全面建成小康社会开启湖北“建成支点走在前列”新征程》工作报告的重点内容。会议还进行《关于企业家法律知识》讲座培训。11月15日，农工党恩施州委召开学习中共十九大精神报告会。报告会上，邀请中共恩施州委党校常务副校长覃章梁教授作学习贯彻中共十九大精神专题辅导报告。

开展“两学一跟”和“不忘合作初心，继续携手前进”主题红色教育实践活动。9月18至19日，农工党恩施州委组织各支部及基层委员会部分领导班子成员、新党员和退休党员共30人到建始县龙坪乡店子坪村——当代红色教育基地，开展“两学一跟”和“不忘合作初心，继续携手前进”红色教育实践活动。9月25日至28日，农工党恩施州委组织近年来发展的新党员20人，分2期，每期10人，先后赴重庆中国民主党派历史陈列馆、农工党中央旧址陈列馆开展学习教育培训活动。从继承和发扬农工党优良传统入手，坚定农工党员走中国特色社会主义的道路自信、理论自信、制度自信、文化自信，不断增强农工党员的思想政治素质和提升参与多党合作的能力。进一步推动全体农工党员学习农工党史和农工党前辈的优良传统和光辉业绩。

10月14日至15日，组织党员参加农工党湖北省委第五届“同心建支点”论坛活动。湖北民院基层委员会黄德斌、李玉山、徐宜良撰写的《集中优势资源打造立体生态农业产业链是可持续绿色发展的根本》论文获2017年农工党湖北省委第五届“同心建支点”论坛二等奖，并由黄德斌在会上发言交流。州直综合支部刘刈撰写的《以中国传统村落、少数民族特色村寨为依托推进乡村旅游健康快速发展》论文获得三等奖并在大会上作书面交流。州直综合支部王克全撰写的《政府向社会购买服务在实践中存在的问题与建议》论文获得优秀奖并在大会上作书面交流。

11月26日，农工党中央在北京召开“坚持和发展中国特色社会主义学习实践活动总结表彰大会”。全国人大常委会副委员长、农工党中央主席陈竺出席并讲话。农工党恩施州委会荣获中国农工民主党开展坚持和发展中国特色社会主义学习实践活动先进集体称号；农工党恩施州州直综合支部委员会荣获中国农工民主党开展坚持和发展中国特色社会主义学习实践活动组织建设工作先进集体称号；农工党恩施州州直综合支部委员、湖北亚联建设工程有限公司总经理曾建春荣获中国农工民主党开展坚持和发展中国特色社会主义学习实践活动先进个人称号。

【参政议政】 1月，州政协八届一次会议上，州委会提交大会发言和集体提案共7件，委员提交提案19件，被州政协八届一次会议立案18件（含合并1件），内容涉及医药卫生事业发展、城市建设与管理、医疗保险制度改革与完善、法治恩施建设、中小学生健康教育等，是近年来提交提案最多的一次，提案全部得到有关单位的办理和回复。其中《关于医患纠纷法制化建设的调查与建议》《关于“新农合”制度实施成效的思考与建议》《推进法治恩施建设工作的路径探讨》《关于加强落实“被诉行政机关负责人出庭应诉”制度，全面推进依法行政促进法治恩施建设的提案》《关于尽快开展“医疗损害鉴定”工作的提案》等全部被州政协八届一次会议采纳，并在大会上发言和被立案办理。其中《关于加强落实“被诉行政机关负责人出庭应诉”制度，全面推进依法行政促进法治恩施建设的提案》，被州政府、州政协列为2017年州领导领办的重点提案，由州长刘芳震领办。王军委员提出的《关于发展农村电商的提案》列为重点提案，由州政协副主席谭建军领办。

4—7月，农工党州委主委杨德华、副主委张登仕、秘书长王克全先后参加由州政协有关副主席带队开展的“农村生活垃圾处理”“农村公路建设与管理”“生态农业和有机农产品供给”等“双月协商座谈会”和“议政性常委会”的调研课题的考察调研活动，副主委张登仕、秘书长王克全分别提交《关于完善农村公路建设体制机制进一步促进主体责任落实的建议》《关于农村生活垃圾处理方式的建议》，并在座谈会上发言。

【组织建设】 2017年，按照《中国农工民主党章程》规定和“三个为主”的原则，新发展党员15人，其中医疗卫生界11人，占73%，政府机关1人，其他3人；本科8人，硕士5人，专科2人；30岁以下5人，31至40岁6人，41至50岁4人。截至2017年12月底，共有党员180人，其中，医疗卫生界114人，占63%；文化教育界24人，占14%；科技界2人，占1%，其他40人，占22%。党员中，大学以上学历120人，其中大学98人、硕士18人、博士4人，占党员总数的67%。党员平均年龄50.8岁，其中30岁以下9人，年龄最小的27岁；31至40岁30人；41至50岁55人，51岁至60岁50人，61岁以上36人，党员中退休44人，占24.4%。

【民主监督】 4月6日至7日，农工党恩施州委专职副主委、恩施州政协常委张登仕带领农工党恩施州委调研组一行5人到来凤县，开展脱贫攻坚民主监督调研活动。4月6日上午，张登仕一行参加脱贫攻坚民主监督工作调研座谈会。会上，调研组成员分别就贫困人口精准识别情况、“五个一批”和“六个精准”进展情况、扶贫资金项目管理使用情况、贫困群众的教育培训和激发脱贫内生动力工作开展、移民搬迁集中安置小区的生产生活配套建设工作、扶贫政策措施落实落地及宣传到位等内容与来凤县有关部门的负责人进行沟通交流，对脱贫攻坚工作中存在的“易地搬迁进度慢、产业发展带动力度不强、金融扶贫覆盖面窄、健康扶贫滞后、贫困群众的技能培训和激发内生动力有待加强”等方面的不足提出意见和建议。4月6日下午至4月7日上午，调研组一行先后到来凤县百户司镇新安村、山茶油基地、村扶贫搬迁安置小区和三胡乡石桥村、藤茶产业基地、村扶贫搬迁安置小区现场走访，听取有关乡镇、村委会负责人对脱贫攻坚工作情况介绍。并对在产业发展、异地安置小区配套生产生活设施建设及工程进度、质量管理、健康扶贫政策宣传落实落地、贫困群众的教育和技能培训、村级组织和人才队伍建设及基层干部能力提升、村容村貌的建设和垃圾处理等方面的困难和问题进行交流和分析探讨，提出意见建议。

2017年6月1日至2日，农工党恩施州委主委杨德华一行到利川市开展脱贫攻坚民主监督调研。通过座谈，听取利川市脱贫攻坚工作推进情况和“五个一批”“六个精准”政策落实情况。并深入利川市的井坝村、清江村、长乐村、黄田村等村实地调研，与村、组干部、扶贫对象座谈了解情况，查看易地扶贫搬迁集中安置点和产业发展情况等。主委杨德华指出，利川市的精准扶贫工作任务艰巨、措施具体、成效明显，工作有特色、有亮点。要挖掘利川的资源优势，围绕产业发展做文章，在“精准”二字上下功夫，杜绝和防止“被脱贫”和“数字脱贫”等的问题，确保与全州同步实现整体脱贫摘帽和与全省同步实现小康的目标。

【社会服务】 5月3日至6月30日，湖北民族学院基层委员会组织湖北民族学院医学院大学生在恩施市风雨桥、硒都广场、土桥广场实施持续60天的“大学生送健康进社区活动”。7月1日，湖北民院基层委员会在恩施国际大酒店组织开展“军魂永恒，全民双拥，携手共进”公益慰问活动，活动内容有文艺演出、餐叙，得到参加活动的100余名退伍老兵的赞誉，恩施州电视台、恩施日报进行宣传报道。2017年6月9日至12日，联系开展由农工党中央社会服务部、吴阶平医学基金会组织的专家组第二次赴恩施州共进行四场“脑瘫患儿筛查活动，并将有康复可能的6名患儿送北京治疗，治疗费用，每人5万元，由吴阶平医学基金会共计支付30万元，并给予恩施州每名赴北京治疗的患儿补助生活费1000元。7月28日，是“世界肝病日”，农工党恩施州委组织州中心医院中医部支部、西医部支部医卫界的专家，到恩施市芭蕉侗族乡开展义诊送药活动，提升基层群众防范肝炎意识，为基层群众送医送药送健康，助力全州的健康扶贫。当天医卫界专家共16人参加活动，发放价值1万元的药品，为500余名基层群众提供义诊、咨询服务。继续开展“同心同行携手共建”帮扶活动，8月1日，农工党武汉市委和农工党恩施州委联合到利川市开展的第二期“同心助医工程”五年活动启动仪式在利川市举行。本次活动由利川市委统战部和利川市卫计局主办，利川市民族中医院承办、利川市人民医院协办的“2017同心助医暨消化系统疾病诊疗进展研修班”暨大型义诊送药和查房活动在利川市举行。来自武汉市大型医院的20余位专家进行消化内科、神经内科、外科、儿科、妇科等五个领域的最新业务专题讲座，还在利川市逸园广场举行大型义诊送药活动，当天接受群众咨询问诊达500余人次，现场免费发放药品价值10000余元。来自武汉市大型医院的专家到利川市中医院、利川市人民医院针对危急重病人查房、现场教学、疑难病例进行讨论分析，让基层百姓接受医疗专家面对面诊疗，同时为基层医疗工作者学习行业新理念、新技术提供一个新平台。

8月27日，农工党中央“杏林春雨”项目启动仪式在恩施军供站举行。由农工党恩施州委联系落实的农工党中央“杏林春雨”——恩施州癫痫病义诊救助公益项目启动仪式在恩施军供站举行。本次活动在全州8县市共进行9天义诊筛查。癫痫病义诊救助活动是中国农工民主党中央社会服务部开展的一个社会服务公益项目，由农工党恩施州委积极联系争取的为救助恩施州贫困癫痫病患者所设立，是救助力度和援助范围较广的慈善项目。凡符合转诊条件的患者将送到北京、西安、郑州定点专科医院治疗，其医疗费用由中国初级卫生保健基金会负担50%，并资助每名患者路费1000元，患者凭定点医院开具的住院发票，回本县市后可按医保、新农合有关规定报销。截至2017年12月，全州已筛查800余名患者，共救治270余名患者，此项目总投入资金1000万元，2017年已投入资金270余万元。

助力精准扶贫。农工党恩施州委委员到鹤峰县对口帮扶的贫困户、专业合作社及贫困学生家庭等地开展参与“三大工程”对接、走访调研、听取意见和建议。通过向州政府及财政部门专题报告同意拨入扶贫专项资金5万元，同时农工党恩施州委会机关自筹资金2.5万元共7.5万元用于鹤峰县容美镇七峰村精准扶贫。7月6日，农工党恩施州委联合其他民主党派到鹤峰县容美镇七峰村委会开展大型义诊送药、捐物，进行农业、法律知识培训活动。义诊专家有内分泌科、外科、心脑血管科、眼科、口腔科、妇科、儿科、中医科等20余人，捐赠常用药品价值10000元，捐赠太阳能路灯、肥料3万元。

【出席农工党湖北省第八次代表大会】 6月9日至11日，农工党湖北省第八次代表大会在武昌召开，农工党恩施州委主委杨德华，副主委张登仕、向仕莲、向建强，秘书长王克全，党员黄浩出席会议，其中主委杨德华被选举为农工党湖北省第八届委员会委员。

【中国农工党恩施州委员会负责人名录】

主委：杨德华

副主委：向仕莲（女）向建强

张登仕　颜益志

（张登仕）

编辑　刘　权

法　治

政法委及综治

【**概　况**】2017年，恩施州政法系统自觉提升政治站位，强化责任担当，积极创新进取，履行好促一方平安、保一方稳定的政治责任，为全州经济建设，决战贫困、绿色崛起营造了安全稳定的社会环境和公正有序的法治环境。律师“三进”做法受到省委领导肯定，“一统三治”基层社会治理、律师参与信访矛盾化解、党内法规制度建设等做法被新华社、人民日报、法治日报等媒体和全省推介，进一步叫响了恩施品牌、擦亮了恩施名片、扩大了恩施影响。

【**维稳工作**】全年州委州政府召开8次常委会、17次专题会，州委书记、州长批示维稳工作37次，就涉及全州维稳的重大问题、重大工作作出决定和部署。安排8名州领导分别督办包保1个县市的稳定工作，把党对维稳工作的领导落实到基层一线。坚持以党建促维稳，把全面从严治党贯彻始终，把严格执纪问责贯彻始终，州、县市问责处理89名工作不到位、责任不落实的党员干部，为维稳工作提供了坚强政治保证、组织保证、作风保证和纪律保证。出台《恩施州涉稳风险隐患排查化解稳控责任制度》，落实重大涉稳隐患州委主要领导双签双交办制度。坚持情报信息日研判机制，做到情报导稳；坚持“三同步”原则，做到突发事件快速平息；坚持战时维稳机制，做到重要节点平稳有序，圆满完成中共十九大、“两会”、“一带一路”峰会、省第十一次党代会等重大敏感节点的专项安保维稳工作。

【**基层社会治理**】探索推进以基层党建为统领、自治法治德治深度融合的“一统三治”基层社会治理新模式，推动基层社会治理由部门单独抓向党委统筹抓转变、分散零碎抓向系统全面抓转变、治标抓向治本抓转变。启动平安宣传月活动，宣传平安知识，讲好平安故事，平安县市、平安乡镇、平安校园、平安铁路、平安家庭创建不断深化，平安建设知晓率、参与率不断提高。为全州400余万户籍人口购买“见义勇为救助责任险”，全民参与平安建设的积极性不断激发。褒奖宣扬见义勇为先进典型，表彰奖励12名见义勇为先进个人和1个先进群体，社会正义不断彰显。坚持人民调解、行政调解、司法调解有机结合，专业调解组织不断健全。总结推广恩施市营上村层级调处成功经验，做到下级不调上级来处、下级不理上级来督。全年排查各类矛盾纠纷18207起，调处16814起，调处成功率92.34%。着力加强特殊人群服务管理，组织开展“春季专项行动”。

【**信息化建设**】贯彻落实省委政法委政法信息化建设“1234”工程的部署要求，全面推进“智慧恩施”暨政法信息化建设。成立全州政法信息化建设领导小组，抽调技术骨干组建专家小组，提供组织保证和智力支撑。政法信息化指挥中心和云平台建设实质性推进，完成网格化管理平台软件一期研发和基础信息采集手机APP软件研发。雪亮工程建设有序推进，实现村（居）交通要道、治安卡口、公共场所等视频探头建设覆盖，在政法综治维稳工作中发挥了重要作用。

【法治恩施建设】 州委、州政府印发《法治恩施建设规划纲要（2016—2020年）》《恩施州“七五”普法规划纲要》，从制度上搞好顶层设计。配齐配强法治办专职人员，州、县市安排900万元司法救助资金，为法治恩施建设提供人、财保障。司法责任制改革深化推进，85%以上的力量回归办案一线，全州法、检两院办案数量、质量较改革前有较大提升。以审判为中心的刑事诉讼制度改革稳步推进，证据标准、庭审实质化水平大幅提高。加强对法治建设绩效的考核，强化考核结果运用，对排名靠后的县市和州直部门进行约谈问责。出台法律“六进”办法，印发“法治六创”方案。组织开展非法集资、电信诈骗、防范和打击传销开展专项法治宣传，最大限度保护群众利益。稳步推进普遍建立法律顾问制度，全州2490个村（居）和党政机关法律顾问实现全覆盖。建立村级“法律诊所”2400余个，实现农民法律咨询不出村。

【政法队伍建设】 组织全州政法系统学习宣传贯彻中共十九大精神和习近平新时代中国特色社会主义思想，学习贯彻《准则》《条例》，党管政法的核心作用进一步彰显。强化党内监督特别是政治监督，按照好干部要求选准配强干部、严格要求干部，中央、省委、州委政令畅通、令行禁止。落实中共中央《关于加强新形势下政法队伍建设的意见》和省委《关于加强新形势下全省政法队伍建设的实施意见》，研究制定并积极推进恩施州的落实办法。举办3期培训班，对全州410个重点行政村（社区）的党支部书记、88个乡镇分管政法综治维稳工作的副书记和24名县市综治办、维稳办、法治办主任进行系统培训，基层落实开展综治维稳法治的能力和素质全面提升。

【中共恩施州委政法委负责人名录】

州委副书记、政法委书记：柯东海

常务副书记：张仁谦

副书记：张远虚　洪家进

（杨浩栩）

编辑　刘　权

法治政府建设

【概　况】 2017年，州政府法制办围绕州委、州政府的中心工作，认真履行参谋、助手和顾问职责，为全面推进依法行政，建设法治政府，推动恩施州经济社会跨越式发展，建设全国先进自治州创造良好的法治环境。

【立法工作】 出台《恩施土家族苗族自治州地名管理办法》《恩施州城市规划管理技术规定》两部规章，将《恩施土家族苗族自治州房屋安全管理办法》《恩施土家族苗族自治州物业管理办法》《恩施土家族苗族自治州餐厨废弃物管理办法》《恩施土家族苗族自治州城市养犬管理办法》《恩施州地下空间管理办法》等5项规章列入州政府规章立法计划并稳步推进。

【规范性文件管理】 全省地方性法规规章规范性文件清理工作会后，7月，召开全州行政规范性文件清理工作专题会，坚持合法性、公平竞争性、廉洁性、合理性、可行性审查及可控性评估相统一，清理审核90件规范性文件，其中继续有效的57件、予以修改的2件、宣布废止的6件、宣布失效的25件。

【行政复议】 依法依规办理行政复议案件93件，化解大量行政争议。加强与人民法院的协调沟通，办理59件行政诉讼案件。印发《关于开展行政机关负责人出庭应诉专项检查工作的通知》，对各级行政机关负责人出庭应诉情况进行专项检查。

【信访复查复核】 办理信访复查复核案件77件，确保恩施州稳定与发展协调并重。同时，热情接待来访群众，耐心解释、正确引导，努力化解社会矛盾。

【政府法律事务】 对州政府及相关部门制发的文件178件，州政府重大民商事合同、协议119件进行合法性、公平竞争性审查，依法依规出具审查意见。

【执法监督检查】 按照省纪委、州纪委的统一安排部署，5月至11月，组织开展行政执法突出问题专项治理工作，本次专项治理工作覆盖公安、人社、住建、交通、农业、卫计、工商、质监、物价、食药监等具有行政执法职能的机关及其工作人员。重点围绕“执法不严格、执法不公正、执法不规范、执法不廉洁、执法不文明”五个方面开展自查自纠、重点检查等工作。经过专项治理工作，恩施州共发现问题2236个，整改问题1979个，各有关单位针对查出的问题分类列出问题清单，未整改的问题列明整改进度，并继续强有力地进行整改。

【仲裁工作】 2017年恩施仲裁委员会受案数量再创新高。全年共受理案件117件，比上年增长89%，受案标的额1.75亿元。共审结案件107件，结案率91%，其中裁决56件，调撤51件，调撤率47%。案件类型增加，不但涉及物业服务、房地产、民间借贷、商品交易、承包、租赁、金融、保险等广泛领域，还拓展到中介委托、鉴定纠纷等新领域。2017年走访了律师事务所、行政机关、企事业单位、行业协会等单位近30家，宣传仲裁法律制度，听取各行业对仲裁工作的意见建议，改进工作作风，提升仲裁的服务能力和影响力。

【法制办公室机构编制、领导人】

主任：李邦和

副主任：谷元桂　龙学军

（王　甜）

编辑　刘　权

公　安

【概　况】 2017年，全州公安机关学习贯彻中共十九大精神，践行习近平总书记提出的“对党忠诚、服务人民、执法公正、纪律严明”总要求，牢牢把握“政治年”这个根本和十九大安保维稳这条主线，始终坚持问题导向、强化风险管控，攻克重点难点，从严从细从实抓好保稳定、护平安、促发展的各项工作，确保“五大安全”，实现“三个不发生”目标。

【社会管理】 全年全州解决历史遗留问题无户口人员落户1742人，注销重复户口4721人，为群众异地办理居民身份证10420张，登记流动人口33570人，办理居住证19318张，根据《恩施州人民政府关于进一步推进户籍制度改革的实施意见》，积极推动户籍制度改革，全面放开落户门槛，启动租房户办理落户登记。全州公安机关收缴各类枪支248支、子弹13802发、管制刀具245把；收缴非法炸药80公斤、雷管227枚、索类爆炸物品141米；立案侦办涉枪刑事案件51起，采取刑事强制措施33人；受案查处涉枪涉爆治安案件192起、治安处罚164人。查处涉黄案件170起，打击处理违法犯罪嫌疑人318人，共破获盗抢骗案件7841起、伤害案3156起、故意毁财案1137起；打掉违法犯罪团伙65个，抓获违法犯罪人员10623人，为群众追回机动车62辆，现金45.9万元。

【信访工作】 2017年，全州公安信访工作以稳定为目标，以改革为导向，以创新措施为载体，以化解矛盾为宗旨，全力推进源头治理、基础防范及积案化解工作，全力做好公安信访维稳工作。全州公安机关接待来信来访1557件次，办结1391件次，办结率89.3%。狠抓积案治理。全州公安机关共排查信访积案75件，化解51件，化解率68%，成功化解李鸿控告田某在“文化大革命”期间报复伤害致父死亡案。积极推动律师参与。75件信访积案中，律师参与化解15件，成功化解11件，成功率73.3%。狠抓责任追究。2017年，通过信访案件错案责任追究，启动问责2件8人。

【刑事侦查】 2017年，全州立刑事案件9638起，破案3546起，破案率36.8%，三项指标同比下降21.6%、上升4.5%、上升9.2%。共抓获各类刑事犯罪嫌疑人3689人。八类案件立案481起，破案413起，破案率86%，立案同比下降24.8%，破案率上升11.7%。连续六年实现现行命案全破，成功破获“恩施20170930持枪杀人案”“宣恩20170511双尸命案”“恩施20170609双尸命案”“恩施20170129双尸命案”“来凤20170806持枪杀人案”等一大批性质恶劣、影响大、侦破难的命案。全州共打掉涉恶团伙22个，判决涉恶犯罪249人。抓获网上逃犯506人，其中本地抓获外省上网逃犯285人，本地上网逃犯被抓获485名，抓获本地命案逃犯7人。共核查网络贩枪线索2785条，起诉涉枪案件犯罪嫌疑人192人，收缴枪支204支，成功侦破“恩施20170718非法持有枪支案”“利川杨胜等人非法制造、贩卖、邮寄枪支弹药案”等涉枪案件。建设恩施州反电信诈骗中心，累计止付诈骗犯罪嫌疑人账户1020个、止付金额102万元，冻结赃款256万元，为群众返还损失资金72万元。全州共起诉拐卖妇女儿童案件2起，解救被拐妇女2人。

【经侦工作】 全年受理经济犯罪案件200起，立案126起，抓获犯罪嫌疑人98人，涉案价值13亿元，挽回经济损失1.4亿元，同比2016年，分别下降3.8%、6.7%、46.2%，上升46.1%、84.2%。全州受理本地涉众型案件17起，同比2016年上升89%，立案14起（非法集资案8起、传销案6起），涉案人员61300余人，涉案金额25.9亿元，破案3起，抓获犯罪嫌疑人16人。协助外省调查取证涉众型案件45起，涉及人数900余人。积极打击骗贷行为，接受州农发担保公司报案及州纪委移送案件线索12起，分别交办给恩施市6起、利川市3起、宣恩县1起、来凤县2起。联合“打非办”、金融办、发改、住建、工商、税务、银监等部门，对民间融资公司、房产、矿山、交通等企业进行风险排查，摸清底数，掌握可能引发区域性金融风险的情报，开展涉嫌非法集资广告资讯信息排查清理活动。

【安全监管】 2017年，全州道路交通事故与上年相比，实现“三降一升”，共录入交综平台事故457起，同比下降27.96%，死亡225人，同比下降10.36%，受伤493人，同比下降38.91%，财产损失488万元，同比上升17.04%。其中，发生较大事故1起，死3人。全州已连续57个月未发生一次死亡10人以上重特大交通事故。全州共有7座以上车辆69393台，已落实见人见车64307台，查处7座以上车辆交通违法9592起，录入道路隐患信息8356处，其中农村道路重大安全隐患157处，整改完成104处。公路安防“455”工程年度建设任务超额完成，全州计划完成公路安防“455”工程3637.6公里，2017年完成4028.417公里，完成比例达110.74%。全州黄标车淘汰任务总数为3927辆，已淘汰3899辆，完成占比99.29%。车驾管业务更加便民利民，手机APP“12123”互联网服务进一步拓展，群众利用手机可以实现机动车号牌选取、办理互联网考试预约等多项车驾管业务服务。落实“全警当交警、派出所管交通”共管共担机制落地。印制《安全知识“六进”校园读本》2万余册。通过短信向广大交通参与者群发信息100万条，通过“双微”平台发布交通安全提示2000余条，开展公安交管执法“大直播”8次。

【出入境管理】 管理临时入境人员1143人。常住外国人140人，其中：教师3人，学生92人，家庭团聚人员45人。审批出入境申请共计138356次，其中护照申请47525人次，内地居民往来港澳地区申请83158人次，内地居民前往港澳定居申请55人次，大陆居民往来台湾地区申请7618人次，签发外国人签证、居（停）留证件76人次。查处7起行政案件，妥善处理一名台胞正常死亡案件。其中外国人非法居留案件3起，冒用他人身份骗取出国境证件案件1起，持用骗取证件出境入境案2起，未按规定报送外国人住宿登记信息案1起。配合州委组织部开展领导干部个人事项抽查核查工作，接收组织部、纪委等单位下发的委托函22期，核查州直领导干部及家属的办证记录及出入境记录1200人次。严把中国公民出国（境）受理审批工作中的"户籍审查关、面见询问关、材料审核关、调查取证关"，在办理出入境证件过程中查获双重户籍人员7人，查获在逃人员1人，阻止法定不准出境人员办证4人，阻止违法违规人员办证2人。

【网安工作】 全州网安部门办理配侦案件250余起，抓获犯罪嫌疑人178人，其中CCIC逃犯39人。支队配合办理案件125起，关注重点群体、目标75个，协助各县（市）查证线索1566条，为网络舆情落地查询500余人次，办理省厅交办案件及异地网安部门线索查证45件。配合侦破"9·30"命案，配合来凤县成功跨境抓捕命案在逃嫌疑人两名，配合刑侦破获通过内幕交易以拉拢受害人参与现货、期货和藏品买卖的网络诈骗案件。成功侦办"唐真等人组织数万人参与网上非法活动专案""部督17051906网络情报专案""520网络涉警维稳专案""1701网络涉恐专案""B01邪教组织专案""来凤3·11维稳专案""蓝鲸死亡游戏专案"等涉网情报专案10余起，得到省委、州委各级领导的高度重视和充分肯定。

【禁毒工作】 2017年，立涉毒刑事案件159起，打击处理毒品犯罪嫌疑人180名；查处吸毒人员1423人次，其中强制隔离戒毒183人，社区戒毒康复429人，行政拘留1299人，收缴毒资11万余元，缴获15.2千克各类毒品；铲毒413起，铲除50979株毒品原植物，实现非法种植毒品原植物"零产量"目标。打击毒品团伙案件6起，成功侦破公安部"2017–71"号毒品目标案件，获省督目标案件"2017–53"案件，抓获犯罪嫌疑人26名，查获吸毒人员179人，缴获冰毒1.057公斤，麻果21.3克。在侦重大团伙制贩毒案件恩施的"2017–73"省督目标案件、建始的"2017–40"省督目标案件、巴东的"2017–44"省督目标案件。将"8·31工程"（中心戒毒社区创建）打造成特色亮点。已建成18个中心戒毒社区，并将咸丰县高乐山镇中心戒毒社区打造成全国示范点；咸丰坪坝营中心戒毒社区、恩施市六角亭中心戒毒社区打造成全省一级中心戒毒社区；将来凤县翔凤镇中心戒毒社区、宣恩珠山镇中心戒毒社区、建始县业州镇中心戒毒社区打造成二级中心戒毒社区。全州完成州政府下达的中心戒毒社区创建任务。全州吸毒人员管控率达到57.3%。

【政治工作】 2017年，全州公安机关共在省级以上媒体刊发消息、通讯1497篇，播出电视新闻专题片168条，州媒体刊发消息、通讯3063篇。其中，长篇通讯《幼女生命垂危民警援手跑赢死神农妇圆了27年的报恩心》登载于《湖北日报》社会版，长篇通讯《湖北恩施破获系列特大电信诈骗案抓获涉案人员90人》登载于新华网、《湖北日报》《楚天都市报》头版导读到视点版，长篇通讯《逃亡十六年恩施男子的双面人生》分别登载于《湖北日报》《楚天都市报》,《人民公安报》刊发《男子挟持两女子利川民警化装老板夺刀救人》等通讯7篇,《湖北日报》刊发通讯《逃亡8年后利川一男子自首》《利川民警罗建波徒手夺刀解救人质获记个人二等功》等，与中央电视台联合制作《她与父亲相伴的日子》《危险对峙》《男子劫持女人质民警解救》等8期法治专题节目。完成州局2016年推荐考核的7名副科级干部职务任免及干部任前谈话，举行宣誓就职仪式。经州委组织部批准，5月25日州局正式启动州公安局6名正科级非领导职务干部选拔任用工作，审核呈报全州警衔材料409人，其中首授80人，晋升329人。组织开展“州公安局机关职工趣味运动会”，恩施州第七届‘蓝盾杯’男子篮球赛。全州64名基层公安派出所所长先后分四期参加湖北公安派出所长学校派出所长培训班，选送60名刑技民警和41名网安民警分别赴中国刑警学院和中国人民公安大学“充电提能”。选派网安、技侦、刑侦、治安等部门60余名民警到厦门、杭州、上海、北京等发达地区先进企业和公安机关跟班学习培训。组织7名民警（辅警）参加中国警察网举办的电视节目暨微电影创作培训班。

【恩施州公安局负责人名录】

党委书记、局长：孔发阶（州政府副州长）

党委委员、纪委书记：冯　勇

党委委员、副局长：王志华　陈学经　张孝赤

党委委员、政治部主任：肖　辉

副局长：武　刚

（胡　源）

编辑　刘　权

检　察

【概　况】 2017年，州人民检察院坚持以依法履职尽责、服务保障大局为主线，着力加强检察业务工作，持续深化司法体制改革，狠抓过硬队伍建设，各项工作取得新进展。2017年，全州检察机关先后有43名个人、11个集体获省级以上表彰。6个检察院被评为“省级文明单位”，州检察院、建始县检察院分别被中华全国妇女联合会表彰为“全国维护妇女儿童权益先进集体”“全国巾帼文明岗”，州院公诉处被团省委、省文明办命名表彰为“2015—2016湖北省青年文明号”，恩施市检察院被省检察院表彰为“全省检察文化建设示范院”。

【刑事检察】 履行批捕、起诉等职能，做好保安全、护稳定工作。2017年，全州检察机关批准逮捕各类刑事案件1664人，起诉2619人。严厉打击严重刑事犯罪和多发性侵财犯罪，批捕危害公共安全犯罪90人，起诉442人。批捕抢劫、盗窃等犯罪476人，起诉565人。批捕各类毒品犯罪174人，起诉173人。办理卢某等人聚众斗殴、故意杀人等严重危害公众安全案，被央视《庭审现场》录播。严厉打击严重经济犯罪、电信网络诈骗犯罪，开展“金融秩序专项整治活动”，批捕非法吸收公众存款、集资诈骗、贷款诈骗、传销等犯罪22人、起诉105人。在办案的同时妥善化解案件中存在的不稳定因素，依法不捕284人、不起诉472人，达成刑事和解150人。

【公益诉讼】 立案办理公益诉讼案件65件，其中，行政公益诉讼62件，民事公益诉讼3件。发出诉前检察建议62件，提起诉讼5件，法院已判决4件。行政机关高度重视检察机关的监督，回复检察建议53件，督促整改28件，其中，作出行政处罚4件，要求相对人补办审批手续6件，发出催款通知书6件，责令限期治理5件。开展形式多样的集中宣传，州院拍摄公益诉讼专题片《守护公益》在恩施电视台黄金时间播放，并在主流媒体刊登。结合州委、州政府推行的“河长制”工作部署，以及检察机关“保护生态环境，促进绿色发展”等专项活动，发诉前检察建议11件，整改到位5件，移送起诉1件。

【刑事立案和侦查监督】 坚持重心下移，拓展侦查监督途径。恩施、利川市检察院探索在基层公安派出所派驻检察室、检察官办公室，强化对公安派出所侦查活动的监督。重点加强对有案不立、刑讯逼供、违法取证等问题的监督。对应当立案而不立案的，监督侦查机关立案253件；对不应当立案而立案的，监督侦查机关撤案125件。对侦查活动中违法情形，书面纠正153件次。监

督立案后批捕87人，起诉119人。监督立案案件被法院判处3至10年有期徒刑13人，判处10年以上有期徒刑2人。对应当提请逮捕而未提请的，监督纠正漏捕149人。对应当移送起诉而未移送的，监督纠正漏诉108人，追诉漏罪105件。完善“两法衔接”信息平台，实现对250余家行政执法单位执法活动的同步监督，监督行政执法机关移送涉嫌犯罪63人。

【刑事审判监督】 对审查认为确有错误的刑事裁判，按照二审程序、审判监督程序提出抗诉50件，法院采纳抗诉意见发回重审或改判32件，向法院发出检察建议和书面纠正违法通知书40件。州检察院支持抗诉的魏某抢劫一案，二审法院将魏某的刑期从9个月改判为13年。

【刑罚执行检察监督】 2017年，对刑罚执行和监管活动中各类违法情形提出纠正意见182件次，已纠正171件次；办理减刑、假释、暂予监外执行案件244件，提出扣减幅度或不予减刑意见145件次，法院采纳116件次；监督考察监外执行罪犯3000余人次，提出纠正意见211件次，已纠正205件次；监督强制医疗执行案件25次；检察核查财产刑执行案件2209件次，提出纠正意见110件次，已纠正106件次；纠正超期羁押58件；查办刑事执行领域职务犯罪案件1件1人。

【民事行政检察】 优化多元化民事行政检察监督格局，对认为确有错误的民事行政生效裁判、调解书提请抗诉和再审检察建议13件，对审判程序中的违法情形提出检察建议25件；纠正民事、行政执行活动违法49件。开展“虚假诉讼专项清理”活动，办理虚假诉讼案件3件。通过办理李某、邓某与村民委员会建设工程合同纠纷虚假诉讼监督案，深挖农村基层组织人员职务犯罪3人。对不服法院正确裁判的79件案件，认真做好当事人息诉服判工作，维护司法权威。

【未成年人刑事检察】 推进未成年人检察工作“捕、诉、监、防”一体化工作模式，严厉打击侵害未成年人案件，提起公诉48件86人，落实未成年人犯罪刑事诉讼特殊程序，依法不批捕28人，对68名不起诉的涉罪未成年人实行教育矫治，完善社会化帮教体系，帮助改过自新、回归社会、考上大学。组建州县两级检察官巡讲团，积极开展“法治进校园”活动，累计覆盖106所学校、16.8万学生，优化青少年成长环境。

【控告申诉检察】 妥善处理群众信访1269件次。开展国家刑事司法救助21件，对生活确有困难的26名刑事被害人及近亲属，发放司法救助金32.8万元，体现司法人文关怀。

【惩防职务犯罪】 持续保持反腐败高压态势，立案查处职务犯罪案件145件158人，其中，大案48件，要案8人。查处县处级干部9人、科级干部14人。查办工程项目建设领域职务犯罪54件55人，查办州传媒中心系列案件、龙凤生态园系列案件19人。查办涉及群众切身利益领域的职务犯罪53件54人。查处行贿犯罪61人。坚持标本兼治、惩防并举，结合办案开展警示教育95次、预防调查45次，提出预防检察建议114件次，向相关部门发出检察建议19份。为工程招投标、政府采购等提供行贿档案查询2万余次。认真贯彻执行《恩施州重点项目领域预防职务犯罪工作条例》，州检察院向州人大常委会专题报告了《条例》实施情况。与州邮政公司联合开展预防职务犯罪邮路活动，利用邮政服务网络点多面广优势，开展形式多样的预防宣传，推动廉洁理念走入千家万户。

【检务公开】 加强案件信息公开工作，公开案件信息3600余件，公开法律文书1000余份，组织人民监督员监督案件91件，让检察权在阳光下运行。在州级以上媒体发稿9091篇，其中，在中央级重点主流媒体发稿505篇，在省级重点主流媒体发稿124篇。举办专题新闻发布会、媒体见面会、记者专访3次，编辑发布“护绿”专题微信8期，其中6期被“鄂检在线”转发。拍摄《守护公益》和《扳直弯弯树，唤醒梦虫虫》公益广告，在恩施电视台滚动播出。

【司法体制改革】 严格落实员额检察官到办案一线规定，合理设置办案组织，全州234名入额检察官全部投入一线主办案件，办案力量得到明显加强，司法资源得到进一步科学合理配置。实行领导干部带头办案、定期通报制度，全州两级院领导直接办理案件812件。按照“充分放权”“应放尽放”的原则，授权检察官决定事项264项，检察官决定各类案件2399件，检察官成为有权有责、权责并重的办案主体。持续推进内设机构改革，彻底打破以往“三级审批”的办案模式，实现“谁办案、谁负责”，倒逼司法责任制全面实践运行。全面完成检察官单独职务序列等级确定、首次按期晋升工作。

【推进以审判为中心的刑事诉讼改革】 成立领导小组，下设专班。建立完善提前介入引导侦查机制，主动介入重大案件侦查334件次。贯彻证据裁判规则，要求侦查机关对瑕疵证据补正和作出合理解释1028份，对侦查违法行为提出纠正意见149件次，启动非法证据排除43件次。探索“1+T”文证审查模式，纠错7件，纠错率达3.8%,《检察日报》作了专题报道。注重强化诉前主导和审前过滤，加大检察环节审查把关力度，对不构成犯罪或证据不足的不批捕66人、不起诉466人。开展羁押必要性审查，提出变更强制措施建议120件次，采纳107件次。

【检察技术】 共办理技术检案1901件。其中州院328件，基层院1573件。技术性证据审查、检验鉴定和技术协助案件与上年同期相比均稳步攀升。

【恩施州检察院负责人名录】

党组书记、检察长：刘恒明

党组副书记、副检察长：罗　林

党组成员、纪检组长：师红刚

党组成员、副检察长：谭　明　曹光汉

（熊　荃）

编辑　刘　权

法 院

【概　况】 2017年，全州法院忠实履行宪法和法律赋予的职责，努力让人民群众在每一个司法案件中感受到公平正义。全年全州法院共受理各类案件48904件，居全省第六位，同比上升25.72%；结案46327件，居全省第五位，同比上升39.51%；人均结案149件，居全省第四位，同比上升33.64%；结案率94.73%，居全省第三位，同比上升9.36%。州中院受理各类案件4761件，同比上升18.67%；结案4563件，同比上升31.99%；结案率95.84%，同比上升9.67%。全州法院获得全国和全省表彰、奖励39项。建始县法院黄崧获评“全国优秀法官”，恩施市法院韩笑莲、高学力分别荣获“全国维护妇女儿童权益先进个人”“全国法院司法技术工作先进个人”称号，咸丰县法院获评“全省先进法院”，宣恩县沙道沟人民法庭、建始县红岩寺人民法庭获评“全省先进人民法庭”，利川市汪营人民法庭、巴东县野三关人民法庭、咸丰县坪坝营旅游巡回法庭获评“全省示范人民法庭”，巴东县法院罗杨军获评“全省优秀法官”。

【刑事审判】 坚持惩治犯罪与保障人权并重，推进以审判为中心的刑事诉讼制度改革。审结刑事案件2494件，生效案件中判处3年至15年有期徒刑300人，判处15年以上有期徒刑、无期徒刑、死刑32人。打击恶性、暴力刑事犯罪，审结杀人、抢劫、强奸、涉黑、涉毒等严重危害社会治安的犯罪案件180件。履行反腐败工作职责，认真贯彻《州重点项目领域预防职务犯罪工作条例》，审结贪污案件14件26人、贿赂案件90件98人，渎职案件10件14人。贯彻宽严相济刑事政策，判处拘役、管制、缓刑、免予刑事处罚947人；恪守罪刑法定、证据裁判、疑罪从无等法律原则，宣告无罪7人。严格减刑、假释和暂予监外执行适用标准，参与社会治安综合治理及打黑除恶、扫黄打非等专项行动，维护国家安全和社会稳定。

【民事审判】 化解各类民事纠纷12010件，同比上升17%。审结婚姻家庭、抚养继承等家事纠纷案件6191件，促进家庭美满、社会和谐，恩施市法院龙凤女子法庭获评全省“巾帼文明岗”，利川市法院少年审判庭被命名为全省“青少年维权岗”。审结土地承包经营、宅基地纠纷、拖欠农民工工资等“涉农”案件787件，保障农民安居乐业。加强生态环境资源司法保护力度，做好环境保护行政执法与刑事司法的衔接，审结环境资源类案件172件。建立多元化纠纷解决机制，加强交通事故、劳动争议、医疗卫生等领域诉调对接平台建设，与州妇联联合出台《关于建立家事纠纷联动机制共同维护妇女儿童合法权益的意见》。全年通过调解或当事人自愿撤诉结案13892件，调撤率32.25%，联合社会力量化解矛盾纠纷485件。

【商事审判】 妥善审理经济领域纠纷，审结合同纠纷、企业破产、知识产权等商事案件13859件，同比上升41.47%，标的额46.19亿元。重视经济发展中的新矛盾、新问题，审结涉及房地产开发、建设工程类纠纷案件1612件，同比上升27.63%。完善破产审判工作机制，促进“僵尸企业”清理工作。对破产案件实行集中管辖，出台《为推进全州供给侧结构性改革促进非公有制经济健康发展提供司法保障和服务的意见》，为恩施州经济发展提供司法服务。依法受理湖北长友现代农业股份有限公司破产清算案，推动通过破产重整方式助力企业脱困。鹤峰江坪河和淋溪河电站、八峰药化有限公司、咸丰楚焱工贸公司等3家企业通过破产重整获得新生，创造产值47亿元，上缴税收近4亿元，提供就业岗位4000多个。妥善化解军队和武警部队全面停止有偿服务活动中出现的涉诉纠纷，依法促进全面停止有偿服务工作落到实处。

【行政审判】 注重行政争议实质性解决，审结行政案件1012件，同比上升4.16%。严把合法性审查标准，监督行政机关依法履行职责，判决撤销、变更行政行为120件，其中确认行政行为违法或无效97件，判决履行法定职责13件，行政机关主动变更行政行为10件，行政机关败诉率12.01%。审结国家赔偿案件16件，依法保障赔偿请求人合法权益。坚持保障相对人权益与支持地方发展并重，做好协调和解工作，193件行政案件的原告主动申请撤诉，撤诉率28.34%。推动行政机关负责人出庭应诉工作，行政机关负责人出庭应诉率67.47%，同比上升10.2%，利川、咸丰等县市行政机关负责人出庭应诉率85%以上。建立行政审判白皮书制度，提出依法行政司法建议17份，助力提升社会治理法治化水平。

【信访维稳】 加大涉诉信访工作力度，组建9个信访工作专班，实行院领导包案责任制，完善领导干部预约接访、带案下访制度，州中院处理来信来访1251人次，院领导接访146人次，纳入省委政法委“千案化解”任务的22件信访积案全部结案。参与处置华龙集团、来凤民生能源集团等重大涉稳案件，一批难案、积案得以妥善化解。

【执行工作】 构建党委领导、人大监督、政府支持、政法委协调、法院主办、部门配合、社会各界参与的“基本解决执行难”工作格局。连续开展“霹雳”“飓风”“破冰”三大行动，执行工作质效指标一直居于全省法院首位。充分运用信息化手段惩戒“老赖”，建成执行指挥中心，实施网络查控案件1.4万件，网络司法拍卖520件。依法打击恶意逃债、规避和抗拒执行行为，与公安、检察机关联合出台《关于依法打击规避、妨碍、抗拒人民法院执行违法犯罪行为的意见》，发布执行“督促令”“悬赏令”231次，实施司法拘留282人，以拒不执行判决、裁定罪判处3人，公布失信被执行人4062名。提高执行队伍政治业务素质，配齐配强执行力量，确保执行干警不少于人员总数15%。全年全州法院共执结各类案件

14390件，结案率93.65%，执行标的50多亿元。

【司法改革】 科学配置审判资源，出台《关于审判团队办理案件的暂行规定》，打破业务庭人员结构，实行扁平化管理，组建审判团队，1名法官配备1名法官助理或1名书记员，合理调配办案力量。咸丰县法院在全省率先推进内设机构改革，精简整合机构人员，提升工作效率，被评为“全省司法体制改革示范法院”。各县市法院均结合实际建立审判团队办案模式，将85%以上的人员力量充实到审判执行一线，实现以法官为核心的审判力量的最优化，为提升审判质效打下基础。分类制定司法人员责任清单，明确法官审判权与院庭长监督管理权的边界，构建权责明晰的审判权运行机制。推进院庭领导办案实质化、常态化，制定《关于院庭领导办理案件的规定》，将院庭领导直接编入审判团队承办案件，审管办定期公布办案数量，杜绝院庭领导“挂名办案”。全年两级法院院庭领导共办理各类案件23967件，占已结案件的52.58%。

【审判管理】 完善审判管理监督制度，修订《法官审判业绩评价实施细则》《审判委员会工作规则》《法官联席会议的规定》等制度规定。推进法官联席会议制度化、规范化，更好发挥审委会的监督、指导、把关职能。定期发布全州法院审判运行态势分析报告，建立法官绩效公示制度，每月公布法官办案情况，逐案督办长期未结和超审限案件，提升审判效率。建立常态化案件评查制度，两级法院共评查案件8614件，对评查发现的违反法定程序、适用法律错误等13类问题进行整改、通报，确保案件质量不因审判任务加重而下降。

【司法为民】 开通案件流程查询平台，多渠道为当事人查询案件信息提供服务。运用“便携式法庭”“车载巡回审判法庭”深入边远乡镇、田间地头开展巡回审判490余次，集诉讼服务、巡回审判、法制宣传于一体，为交通不便地区当事人诉讼提供便利。加强旅游巡回法庭建设，开通旅游诉讼服务热线，并与旅游主管部门、工商、公安机关联合办案；全州旅游巡回法庭在旅游旺季安排值班377人次，接受法律咨询610人次，得到游客和景区好评。针对山区法院普遍存在的“盖章难”“送达难”问题，推广应用电子签章系统，采用电话同步录音和微信等进行辅助送达，节约诉讼成本。用好司法救助制度，对符合救助条件的当事人救助149.5万元，为困难当事人缓、减、免诉讼费273.4万元。

【跨域立案】 制定《试点工作实施方案》和《关于跨域立案诉讼服务工作若干问题的规定》，并召开新闻发布会广泛宣传，确保两级法院同步推进、稳步实施。建立跨域立案法官工作群、律师工作群，及时交换、沟通、共享跨域立案信息。全州登记跨域立案案件228件，湖北日报、人民法院报等媒体专题报道恩施州法院做法，省委改革办、省法院推介试点经验。

【司法公开】 完善司法公开平台建设，审判流程信息在湖北司法公开网同步推送，在中国执行信息公开网公布执行信息14377条，在中国裁判文书网公布裁判文书37557份，在中国庭审公开网直播庭审92次。发挥门户网站、法院专网、微博微信及手机客户端的作用，发布各类司法信息2.8万条。落实新闻发言人制度，召开新闻发布会、通气会5次，广泛接受媒体和社会公众监督。

【接受监督】 自觉接受人大法律监督、政协民主监督，对重要会议、重点工作、重大事项及时专题报告，完成州人大、州政协部署的各项工作任务，办结人大代表建议55件，办结政协提案4件，督办代表、委员关注案件33件，邀请代表、委员到法院视察工作、旁听庭审583人次。加强与代表、委员的联络，建立“1234”工作机制，主要做法被上级法院作为典型经验予以推介。依法接受检察机关诉讼监督，审理检察机关抗诉和检察建议案件45件。

【廉洁司法】 全面落实从严治党“两个责任”，分层逐级签订党风廉政建设责任书，将全面从严治党责任细化为量化可查的工作任务，逐项明确到岗、落实到人。应对司法改革后廉政风险点向合议庭、独任法官转移的变化，运用案件评查结果和信访举报数据，筛查出可能存在风险的重点岗位、重要环节，及时预警和发现问题。全年州纪委派驻纪检组和州中院监察处办理群众举报、案件线索86件，约谈、函询干警16人，给予纪律处分1人。围绕审判纪律、会风会纪、信访举报等建立常态化监管机制，州中院下发各类通报29期，两级法院开展审务督察148次，发出督察建议67份。

【恩施州中级人民法院负责人名录】

党组书记、院长：许一鸣

党组副书记、副院长：许勤举

党组成员、州纪委派驻纪检组长：陈学军

党组成员、副院长：刘平立　黄家俊

刘茂仕（兼诉访局长）

党组成员、执行局长：徐东海

党组成员、政治部主任：廖学贵

审判委员会专职委员：江开德　向北海

（史常富　杜　靖）

编辑　刘　权

司法行政

【概　况】 2017年，全州司法行政系统坚持以服务州委政府中心为第一使命、以满足群众法治需求为第一责任、以推进法治恩施建设为第一目标、以建强司法行政队伍为第一保障，全力服务“五州战略”，推动司法行政事业竞进提质、加快发展，保障平安法治恩施建设和全州经济社会持续稳定健康发展。

【社区矫正】 规范社区矫正管理。联合州检察院在全州开展社区矫正联合大检查，召开恩施州社区矫正领域“清查安全隐患、防范安全事故”回头看现场会，覆盖全州90个乡镇司法所，点检社区服刑人员1867人，查阅社区服刑人员档案1931份。全年共办理调查评估案件530起、警告处罚案件254起、治安处罚案件17起、收监执行案件21起，杜绝社区服刑人员脱漏管现象。推动社区矫正教育。在恩施市、咸丰县分别召开全州社区矫正工作现场推进会，推进信息化和管理教育中心的建设，探索适应山区社区矫正的教育改造模式。全年共组织社区服刑人员集中教育11565人（次），个别谈话教育9891人（次），组织社区服务10592人（次）。开展社区矫正帮扶。争取财政、工商、教育、妇联、民政、卫生等职能部门支持，加强对社区矫正对象的帮扶力度，为社区服刑人员落实低保45人（次），落实承包田543人（次），指导就业就学270人（次）。全年全州在册社区服刑人员1880人，重新犯罪4人，重新犯罪率0.2%。

【强制隔离戒毒】 组织强制隔离戒毒科按期开展警务督察，发现问题25个，制定《恩施州强制隔离戒毒所整改方案》，细化整改措施，明确整改时限，建立长效机制。以“6·26”国际禁毒日主题教育活动为契机，为戒毒学员开展专题讲座，组织观看警示教育片，深化“中华魂”读书活动，丰富学员生活。引入志愿者，聘请心理咨询师，为强戒学员提供心理咨询，帮助他们回归社会。

【人民调解】 完善组织。新组建恩施州医患纠纷调委会、保险纠纷调委会，出台《恩施州人民调解委员会规范化建设指导细则》《关于做好全州婚姻家庭纠纷人民调解委员会建设工作的通知》。完善队伍。建立专职人民调解员制度，全州共有人民调解员9386名，涌现出一批人民调解先进典型，其中利川市道路交通事故人民调解委员会被授予“全国模范人民调解委员会”称号，龙兆开、梁学慧、王善成被授予“全国模范人民调解员”称号。完善保障。州综治委将人民调解工作纳入综治目标考核范畴，争取各县市将人民调解“三项工作经费”纳入同级财政预算，巴东县通过《巴东县人民调解案件补贴办法》和《巴东县矛盾纠纷化解层级管理办法》，利川市采取政府购买服务的方式返聘18名司法系统退休人员，解决基层人民调解队伍人员不足的问题。全州共成立各级调解组织2618个（其中乡镇88个、街道办5个、村2332个，居153个、企事业单位23个，行业性专业性人民调委会17个），共调解各类矛盾纠纷15569件，涉及当事人37112人，涉及标的金额5.8亿元。

【法律援助】 调整援助标准。加大刑事和民事法律援助工作力度，拓展法律援助覆盖面，将法律援助经济困难标准调整至低收入标准。推进站所建设。全州共设立2145个法律援助联系点，法律援助各站点已延伸至各村居。全州9个法律服务中心，增添窗口便民服务设施，不断增强服务效能。全州9个人民法院及8个公安看守所均设立法律援助工作站，实现全覆盖，并实现律师进入信访大厅值班制度化、常态化。强化信息管理。实现法律援助信息系统乡镇、街道、村居全覆盖，鹤峰县依托社会综合治理网格化平台在251个行政村设立法律援助咨询点，自主研发APP网络直播平台与法律援助中心连接，延伸了法律援助服务触角。全年全州共办理法律援助案件3564件，完成省厅任务3400件的104%，完成法律援助事项34423件，完成省厅任务34000件的100%，为受援人取得经济利益或挽回经济损失8360万余元。

【“七五”普法】 推进普法精准化。制定《恩施州“法律六进”工作规范》《恩施州法治创建考核评估标准》，细化法律进机关、法律进农村、法律进社区、法律进学校、法律进企业、法律进单位等法治宣传教育和法治实践活动的责任主体、实施对象、目标任务和具体要求，分类制订法治县（市）、法治乡（镇）、法治单位、法治学校、法治企业和法治村（社区）创建考核评估标准，受到省委政法委肯定和推介。推进普法清单化。各级各部门拟定领导干部和国家工作人员学法项目清单、部门普法责任制项目清单、法治创建项目清单，州普法办对照项目清单开展日常督办、年底考核，确保“谁执法谁普法”“谁服务谁普法”责任制落实落地。7月，州委、州政府组织4个督查专班，开展“七五”普法专项督查，促进普法工作向纵深发展。推进普法项目化。构建全方位、立体式法治宣传格局，针对群访群闹等社会事件，抓住关键环节和关键人物，及时运用法治手段和法治力量予以化解。针对非法集资、民间借贷等社会热点，采取电视、广播、网络等多种传播方式，制作专题节目，传递法治信息，引导群众理性维权。全年与州电视台共制作播放《法治恩施》电视专题节目62期、《普法微课堂》广播节目363期。州司法局微信公众号编发普法微信512条。在《云上恩施》《今日头条》等手机客服端发布普法信息192条。加强法治文化阵地建设，打造一批法治文化广场、公园、长廊、院落等法治文化亮点工程，恩施市龙凤镇双堰塘村法治文化长廊、利川市白鹊山民俗旅游法治文化阵地、来凤县凤鸣山法治文化公园等一批三星级以上的法治文化阵地建成投入使用。依托“12·4”国家宪法日暨法治主题宣传月，精心组织8县市同步举办“12·4”国家宪法日大型广场活动，并开展法治宣讲报告团巡回宣讲、法律知识电视大赛、“宪法在我心中”法治征文、法治书法摄影比赛、法治文艺演出等系列法治主题宣传活动。

【法律服务】 探索建立实体平台。支持恩施市整合律师、公证、司法鉴定、法治宣传、人民调解等资源，纵向在市、乡镇、村（居）、组四个层面，横向在政府、社会、市场三个方面，形成“四级三方”共同参与公共法律服务体系建设的新格局，州市共建1000平方米的恩施公共法律服务中心，法律咨询、法援援助、人民调解、公证等职能实现进驻服务，司法鉴定、特殊人群管理服务等事项实行代办服务，发布全国首个县（市）公共法律服务中心服务规范地方标准——《恩施州公共法律服务中心服务规范》。大力建设网络平台。支持恩施市、鹤峰县研发“律师面对面”平台，在公共法律服务中心（工作站）建设远程视频接待室，安排律师及其他法律服务工作者进驻接待，在村（居）公共法律服务工作室按照“四个一”标准（一台电脑、一台身份证读取器、一个视频摄像头、一组音响）建设视频连线室，通过“律师面对面”平台实现县（市）、乡镇（街道）、村（居）三级网络平台互联互通，方便群众及时获取相关法律咨询意见或法律援助服务。同时，借助“12348”微信群，建立信息发布机制、督查巡查机制，出台《恩施州“12348”微信群“五必须、十不准”规定》，全州建立“12348”州级微信群1个、县（市）群8个、乡镇群90个、村（居）群1831个，实现州、县（市）、乡镇、村（居）四级全覆盖。完成国家司法考试组织工作。全年全州共有1205人报名参加国家司法考试，对2016年国家司法考试成绩，组织开展审核工作，140人被司法部授予法律职业资格证书。持续做好2016年以前取得法律职业资格证书的年度备案及职业变更备案工作，全年共备案登记529人，执业变更备案6人。

【公证律师及司法鉴定管理】 实现律师协会自主管理。成立恩施州律师协会投诉受理中心和维护律师执业权利中心，制定《律师申请维权流程操作规则》，加强律师执业保障和违法违纪惩处力度。制定《申请律师执业人员实习考核细则》，完成44家律师事务所、445名执业律师的年度考核。搭建律师参政议政平台，推荐优秀律师参政议政，全州共有25名律师担任州县（市）两级人大代表、政协委员，3名律师推荐为州知识分子联谊会常务理事和理事。1名律师当选为州工会副主席，1名女律师被推荐为州妇联副主席后备人选。规范公证案件办理。建立健全公证质量管理制度，公开《公证管理操作规程》。加大公证投入力度，成功运用“诺特瑞”公证业务软件，提高公证工作信息化水平。运用全国公证遗嘱备案查询平台，及时完成公证遗嘱信息的录入、审核工作。完成州、县两级公证工作“两随机一公开”事项清单编制工作，让依法行使公证权力有章可循。全年全州公证机关共办理公证4500件（涉外公证1124件，涉港澳台公证事项97件）。强化司法鉴定执业纪律。组织司法鉴定人员到省司法厅、湖北崇新司法鉴定中心、宜都明信法医司法鉴定所考察学习。7月，组织全州司法鉴定人管理工作会议和培训，邀请省司法鉴定协会会长刘良、秘书长曾广定授课。组织州司法鉴定人协会、各县市司法局对全州16家司法鉴定机构进行督查，覆盖率100%，切实改进和加强司法鉴定执业事中事后监管。全年共办理各类司法鉴定3284件，开展法律援助案109件，共减免各类鉴定费13.19万元。

【司法行政改革】 “律师三进”模式在全省推广。2013年恩施州开始引入律师参与信访积案化解，2014年在各级党政机关及企事业单位推进普遍建立法律顾问制度，2015年全州推行“律师进村、法律便民”，2016年提档升级为“律师三进”模式。2017年1月，省委书记蒋超良批示肯定：“律师三进”是信访法治化的重要举措，也是化解信访难题的有效方法，值得在全省推广。“律师三进”恩施经验成为靓丽品牌，改革成果正逐步推广放大。公证律师体制改革走在前列。印发《关于推进公证体制改革的实施意见》（恩施州司发通〔2017〕36号），为深化全州公证体制改革提供条件。2017年9月30日，全州9个公证处均按期完成改制任务，均改制为公益二类事业单位，且全部重新核定事业编制数，在全省的公证体制改革中走在前列。探索建立公职律师、公司律师制度，完成全州公职律师、公司律师的调研和7名公职律师的申报工作。对湖北施南律师事务所的改制遗留问题进行“百日攻坚”，已完成项目立项、清产核资、财务审核和资产评估。人民监督员管理持续规范。建立全州人民监督员个人档案管理登记制度，将人民监督员的学习培训情况、履职情况以及奖励处罚情况等记入个人档案，并将其作为年终考核人民监督员履职工作主要内容。进一步规范和完善人民监督员抽选、通知工作流程，全年共抽选、通知人民监督员开展案件监督和检务活动211件次，人民监督员915人次，发放人民监督员案件监督及检务活动补贴20.74万元。

【精准扶贫】 州人民政府副州长夏锡璠带领州县相关职能部门在州司法局帮扶点建始县长梁乡后三溪村召开脱贫攻坚现场办公会，明确基础设施、产业建设等七项支持事项。州司法局争取财政资金1000多万元实施人畜安全饮水项目、二轮电网改造项目和通组公路项目建设，组织后三溪村党员群众代表78人到恩施市芭蕉乡学习茶旅融合发展的经验，发展优质速生茶叶基地13.34公顷，改造老茶园53.36公顷，帮助申报3个特色养殖项目，培育壮大该村特色产业。

【自身建设】 积极创建红旗司法所。按照《湖北省红旗司法所评选办法》要求编制《恩施州规范化司法所建设指南》、印发《关于开展“红旗司法所”示范带建设的通知》，恩施市司法局三岔司法所、利川市司法局柏杨坝司法所、建始县司法局长梁司法所、宣恩县司法局椒园司法所被命名为“湖北省红旗司法所”，州司法局被表彰为“创建红旗司法所先进单位”。实施信息化升级改造。成立全州司法行政系统信息化建设领导小组，统一规划、指导、部署全州系统信息化建设工作。州司法局设立科技信息科，配备科级正职1名，副职1名。州、县两级9个司法局、州强制隔离戒毒所及3个司法所成功通过远程视频会见系统测试，全州90个司法所全部完成电子政务外网改造升级，完成全州司法行政系统198个单位部门和493名工作人员（含管理员）基础信息采集工作。夯实基础设施阵地。积极推进州司法局业务用房建设项目，对全州“十二五”期间司法所尾欠项目进行检查，对利川市司法局腾龙、佛宝山司法所建设项目等6个项目进行督办整改。

【恩施州司法局负责人名录】

党组书记、局长：万雪峰

党组成员、副局长：张 峋 陈朝晖 张 俊

党组成员、政治（警务）部主任：罗建刚

州依法治州领导小组办公室专职副主任：刘清安

（李 晶）

编辑 刘 权

湖北省恩施监狱

【概　况】 2017年，湖北省恩施监狱树立“安全为先、执法为要、队伍为本”的理念，推进“平安监狱、法治监狱、智慧监狱、文明监狱”建设，坚持“严、细、实、规、廉”工作要求，围绕“全面规范、全面从严、全面改革、全面创新、全面发展、全面提升”的工作思路来谋划推动工作，实现“五无五提升”工作目标。被省局授予党建工作先进单位，年度工作目标责任制考核先进单位，被恩施州委、州政府授予“2015—2016”年度州级文明单位，恩施州社会综合治理委员会授予年度综治工作优胜单位，监狱整体工作长足发展。

【监管安全】 恩施监狱投资40余万元更新改造AB门监管安全设施，投资50余万元建立围墙周界监控报警系统，投资40余万元完成监狱视频监控全覆盖及联网集成改造工程，投入8万余元建立罪犯外医远程视频监控等安防措施；投资40余万元进行“煤改气”的清洁能源改造工程，投资20余万元对服刑人员食堂进行“无刀化”管理，

提升安全技防水平。全面落实进监物品、监门管理和清监搜身等制度；开展“罪犯行为规范专项整治”“违禁品、违规品专项清查”等活动，实现全年手机、现金、酒类、毒品等违禁品进监零发生；贯彻实施司法部计分考核新的考核细则，全年共给予罪犯行政奖励1134人次，行政处分122人次，禁闭45人次。开展刑罚执行案件和重要执法环节“大清查、大整改、大规范”活动，共办理罪犯减刑假释296件，案件合格率100%。加强狱情分析排查，深入整改问题隐患，健全工作机制措施，落实民警岗位职责，深化监狱规范管理，推进监区规范化建设，保证监狱持续安全稳定。连续29年中转押解无事故、连续21年无罪犯自杀、连续13年无安全生产事故、连续12年无罪犯脱逃，监狱社会层面持续稳定。

【教育改造】 恩施监狱继续提升“巴山润雨”文化品牌，明确“一完善”“两规范”“三提升”“四落实”的“5+1+1”工作思路，在服刑人员中开展“云课堂”。制定《关于进一步规范入监教育工作的实施意见》和《新分罪犯衔接教育管理办法》等制度，全年组织入监教育10期，出监质量评估率达到100%；以“惩恶扬善树正气，积极改造奔新程”为主题，组织开展行为规范教育、年终评审、“两违品”排查整治年、“警官请带我走”“两惩教、两公开”等专项教育活动；6名服刑人员参加扫盲教育，129名罪犯参加电工职业技能鉴定考试，283人参加物业管理员和物流员职业技能培训、227人获得培训合格证书，86名服刑人员先后报名参加212个科次的高自考，“围绕就业抓培训”的做法被司法部、省监狱局转载。心理健康档案建档率100%，新投犯心理测试率100%，心理健康教育普及率100%，接受个别教育面100%，顽危犯心理矫治率均达到100%，开展团体心理辅导2次，心里矫治有序推进；与湖北省新华书店（集团）有限公司恩施市分公司、利川山江农业有限公司等社会单位签订联合帮教协议，走访66户服刑人员家庭，开展“小手牵大手，亲情促改造”帮教活动，邀请全国道德模范吴天祥进监联合帮教，激发服刑人员积极改造的决心和信心；与恩施义工协会一起举办2017年服刑人员迎春联欢会、“巴山润雨、善行人生”主题春联大赛、第六届“巴山润雨”监区文化节、“流动书市”等监区文化活动，全年对外投稿35篇、刊稿34篇次，其中恩施日报、恩施电视台刊稿3篇，省局、司法厅、司法部门户网站采用7篇，省局“阳光下的灿烂”微信公众号刊载24篇；被省局评为2016年度教育信息优秀报送“先进单位”，提升监区文化品牌的知晓率和影响力；在民警队伍中以“比、学、赛”等方式开展基础业务工作专项评比，确保教育改造工作的力度和密度，提高教育改造工作的针对性。

【廉政建设】 监狱党委以第十八个党风廉政建设宣传教育月为抓手，开展“举案说纪”专题讲座，观看警示教育片等多种形式，筑牢民警纪律作风和廉政建设的思想防线。先后组织4批213人次的纪律教育大会，发布节日廉洁提醒信息30多条，利用内网推送信息63篇；全年处置问题线索31起，组织处理29人次，运用第一种形态红脸出汗抓早抓小占比91%；细化执纪审查等三项制度，开展日常监督、专项监督和年度巡察监督，及时纠正廉政风险隐患32个；家庭助廉、社会监督员进监、廉政书画展、正反典型宣传等廉政宣传活动广受好评；案管工作经验受到省监狱局纪委肯定。

【湖北省恩施监狱负责人名录】

党委书记、监狱长：胡晓山

党委副书记：李清泉

党委委员、纪委书记：熊锋

党委委员、副政委：崔世民

党委委员、政治处主任：向金成

（李雪明）

编辑　刘　权

军　事

中国人民解放军恩施军分区

【概　况】 2017年，军分区党委围绕改革主线、树牢“四个意识”，坚持练兵备战、强化履职尽责，扭住全面从严、推进正风肃纪，完成各项任务，部队建设呈现出稳中有进、向上向好的发展态势。

【思想政治建设】 坚持政治建军，践行“三个维护”，部队建设始终保持正确方向。以迎接和贯彻十九大为主线，深入学习贯彻习近平主席在庆祝中国解放军建军90周年大会上的讲话精神，周密组织“维护核心、听从指挥”主题教育，扎实推进“两学一做”学习教育常态化制度化，按照“一季度一专题”落实党委中心组带机关理论学习，开展主官交流活动，官兵职工“四个意识”“四个自信”进一步强化，军分区制作的微电影《砺心》被省军区推荐到国防动员部参评，获得肯定。坚持“头等大事摆上头等位置”，强势推进“军分区十九大新党章学习宣传月活动”，官兵轮流领学权威辅导文章，落实考勤补课、调展笔记等制度，确保“学懂弄通做实”，军分区进村入户宣讲十九大精神的做法被中央七台报道。

【备战执勤】 紧跟指挥体制调整加强作战值班，严格落实战备执勤、战备教育及战备力量，完成改革调整、“6・4”、“7・5”、十九大前后等专项值班备勤任务，战备秩序进一步正规。严密组织民兵遂行急难险重任务，有效遂行抗洪抢险、森林火火、应急维稳及协助维护社会治安等任务，受到地方各级好评。突出军事训练中心地位，每季度召开党委常委议训会，抓好现役干部集训，落实新大纲试训论证，开展专武干部、民兵骨干集训10余期，组织民兵队伍训练40余期。1人代表省军区参加中部战区比武竞赛受到表彰，1人参与省军区系统新兵训练获得好评。分区机关年度军事训练考核排名省军区第二，县（市）人武部考核成绩均在良好以上。

【国防动员工作】 着力巩固国防动员基础，及时调整州国动委领导机构，先后两次召开办公室会议，组织开展“十三五”规划编制、重难点问题研究、专项潜力统计调查、方案预案修订等基础性工作，初步形成以政府为主导的军地协调机制。抓好民兵应急分队建设，稳步提升基层阵地建设水平，研究制定民兵预备役建设“十三五”规划，合理确定民兵力量分布。聚力抓好年度征兵工作，以“五率”量化考评为牵引，多举措、常态化落实征兵宣传，高校工作经费和大学生入伍经济补助有效落实，全面推行网络版体检信息管理系统。

【后装保障】 坚持党委理财，强化资金集中统管，开通军队网上银行支付平台，实现年度经费收支平衡。全区行政消耗性预算同比下降，保障中心工作经费持续上涨。深入推进作风建设，全面修订保障方案计划，先后组织3期保障业务集中培训，依法管理、依规办事深入人心、形成常态。强力推进全面停止有偿服务工作，协调地方党委政府成立州、县两级领导小组，按期关停全区有偿服务项目。严密组织武器装备接领和上交，抓好技能培训和联防方案修订，完成报废枪支弹药底数清查，启动仓库安防工程升级改造。

【恩施军分区党委十一届四次全体（扩大）会议】 3月14日，恩施军分区党委十一届四次全体（扩大）会议召开，传达学习军委国防动员部和湖北省军区两级党委全会精神，分析总结军分区部队2016年建设形势，研究部署2017年工作任务。会上，军分区党委副书记、司令员江明辉代表军分区党委作工作报告，并就“圆满完成调整改革期间各项工作任务，以新的姿态推进分区部队全面建设实现新跨越”提出明确要求，纪委书记、军分区政治部主任李家华代表纪委作书面工作报告，并报告干部工作重大事项。

（尤 佳）

编辑 刘 权

武警恩施支队

【概 况】 中国人民武装警察部队湖北省总队恩施支队，简称恩施支队。2017年，在改革调整落地落实、整风整改纵深推进、十九大胜利召开的大背景下，面对“五个大考”严峻考验，紧紧围绕迎接保卫学习贯彻党的十九大这条主线，紧跟看齐稳思想、紧贴任务强能力、紧扣法治促正规、紧盯基层打基础、紧抓安全求发展，部队全面建设稳中有进、向上向好，支队再创先进，以开新图强的崭新姿态迈进新时代。

【思想政治建设】 始终按照学懂弄通做实要求，把学习贯彻中共十九大精神作为首要政治任务；开展“维护核心、听从指挥”主题教育，组织“提振精气神，聚力迎大考”学习教育活动，推进“两学一做”学习教育常态化制度化落实，从思想政治上引领部队；注重强军文化滋养部队，组织“乐舞清江、军旅之梦”文艺汇演、“强军故事会”等活动，参观店子坪红色教育基地，祭奠革命先烈，建立电子信箱、博客论坛，设立综合信息平台，探索廉政文化建设路子；组织“三好”“双争”评比活动，宣扬身边先进典型，落实政治工作“八个到现场”；举办“官兵大讲堂”，通过驻地游览、参观见学、现地教育等形式，铸牢官兵思想根基。

【执勤训练工作】 坚持战斗力标准，向能打仗、打胜仗聚焦。突出首长机关抓龙头，严格落实每周训练“五个一”，着力解决“五个不会一个不知道”问题；突出骨干培养抓教头，组织优秀教练员巡回授课，发挥酵母作用；突出机动力量抓拳头，加强特勤排和应急班建设，严密组织“魔鬼周”训练、应急班比武集训，涌现出一大批特战精兵；突出部队训练抓大头，组织勤训轮换、军事体育运动会和搏击比武，开展全方位岗位大练兵，掀起训练热潮，部队战斗力整体提升。贯彻“科技强勤”会议精神，加强“智慧磐石”工程建设，实现“两看”勤务“五防一体化”建设全部达标；规范联勤武装巡逻勤务，严抓固定目标执勤，严查彻治执勤隐患，组织防逃制逃演练，开展执勤先进单位和执勤训练标兵评选，执勤正规化水平明显提升；严密组织春运执勤、城市武装巡逻和“十九大”安保，完成来凤“6·30”非法集资人员闹事事件机动备勤，成功处置利川“8·1”劫持人质事件，成功抓获“9·30”持枪杀人犯罪嫌疑人，赢得地方党委政府和人民群众高度赞誉。

【基层建设】 始终坚持抓基层打基础，选准配强大（中）队主官，开展“三抓一提高”活动。以总队团以上领导干部集中轮训为牵引，精心制定党委中心组理论学习计划，深入学习中共十九大精神和习近平新时代中国特色社会主义思想；大力加强政治能力训练，紧紧围绕贯彻《纲要》《三十条》、军事训练“八落实”、安全工作“八个规范”等课题，组织班子成员深入部队蹲点调研，提高理性思维层次；贯彻落实“三条例两准则”，班子成员主动汇报思想，及时缴纳党费，公开承诺践诺，带头执行八项规定，带头落实治酒“十一个严禁”，为基层树立导向；针对部队建设薄弱环节，完善“党委成员包片、机关股队挂钩、全年负责到底”帮建机制；坚决执行军委、总部、总队禁酒令等纪律规定，组织后勤领域排查整治，开展枪弹安全专项清理整治活动，建立口收集、周分析、月排查预防工作机制，全方位筑牢安全屏障。恩施支队被武警湖北总队表彰为“基层建设先进支队”。巴东中队被武警湖北总队表彰为“基层建设标兵中队”，四中队、恩施中队、宣恩中队被武警湖北总队表彰为“基层建设先进中队”。

【重要会议】 3月4日，支队召开党委扩大会议，传达学习贯彻总队党委三届十三次全体（扩大）会议精神，表彰2016年度先进单位和个人，研究部署2017年度工作任务。魏涛代表支队党委作工作报告。支队党委委员出席会议，部门以上领导、全体机关干部、基层大（中）队主官列席会议。8月4日，支队召开第一次党代表大会。恩施州副州长、公安局局长兼支队第一政委程建宏出席会议并讲话，机关和基层共85名代表参加。选举产生支队党委委员、支队纪委委员和出席总队第四次党代表大会代表。11月1日上午，支队召开宣布命令大会。林副政委代表总队党委宣读总部命令：武汉支队政治部主任吴保民任恩施支队政治委员，恩施支队政治委员戴昌武任总队人力资源处处长。

【完成重要任务】 1月5日至10日，支队完成恩施州第八届人大第一次会议和政协第一次会议现场临时警卫任务。8月1日，支队长魏涛率精干前指和一中队特勤排、利川中队应急班，成功处置利川市1名犯罪嫌疑人劫持2名女性人质事件。9月30日至10月21日，在省联指统一指挥下，支队长魏涛率参战官兵先后转战5个区域，持续奋战21昼夜501小时，完成设卡、设伏、搜索、追踪、巡查、围歼和应急机动等任务，成功抓获恩施市新塘乡恶性持枪杀人案件在逃犯罪嫌疑人康绍格。11月7日，总队副参谋长黄军民率总队考核组以处置大规模群体性事件为背景，对支队机关前指率特勤排、县市中队应急班进行全员、全装、全要素实兵拉动，对支队兵力抽组、实兵机动、指挥控制、野战指挥所开设和任务中政治工作、后勤保障工作等内容进行检验评估。

【重要活动】 12月25日，支队举行部队新番号挂牌仪式，掀开支队全面建设新篇章。根据武警部队编制体制调整，原武警恩施自治州支队改称武警恩施支队，新的编制从2018年1月1日零时运行。

（李智胜）

编辑　刘　权

武警恩施州消防支队

【概　况】 2017年，恩施州消防支队围绕“火灾形势稳定、部队内部稳定”的总目标，紧扣“稳中求进”的总基调，扎实推进各项工作任务，消防工作和部队建设实现新发展。支队机关和7个大队创建为省级文明单位，1个单位获评全省民族团结进步示范单位，3个集体、278名个人立功受奖。部队“两个经常性”工作、政治工作“六深化六推进”措施，以及消防安全扶贫等多项工作受到上级推广。

【落实消防安全责任制】 宣传贯彻《消防安全责任实施办法》，州人大组织1次“一法一条例”督导检查，州政府开展4次消防安全督查，约谈负有消防安全责任的政府领导、行业部门负责人、社会单位责任人、管理人共1.3万余人次。

【火灾防控】 开展夏季消防安全检查、电气火灾综合治理、木质连片房屋和木质文物古建筑消防安全整治、高层建筑消防安全综合治理等专项行动，政府挂牌督办重大火灾隐患15处。推广以“五改五增”（改电线、改水源、改道路、改灶具、改陋习，增隔墙、增队伍、增保障、增设施、增宣传）为主要内容的农村消防工作模式，紧盯“靶心”防大火。2017年，全州安装独立式感烟探测报警器2443个、简易喷淋设施26套，全州消防执法“查（检查）、改（整改）、罚（罚款）、封（查封）、停（停业）、拘（拘留）”六项指数同比分别上升31.57%、37.22%、100.19%、82.98%、88.3%、237.5%。火灾起数、直接财产损失数同比分别下降24.67%、29.99%。

【消防力量建设】 全州共建成80支乡镇政府专职消防队、18支企业保安消防队、1151个单位和社区微型消防站、2365支农村志愿消防队，健全“以现役消防队为主体，专职消防队为骨干，重点单位、社区保安消防队和微型消防站为支撑，农村志愿消防队为补充”的多元化消防力量体系。州委常委会研究决定“十三五”期间，在原有300名政府专职消防员的基础上，再增加414名，进一步壮大消防力量。

【能力提升】 开展每月战训大讲堂，组织预提班长和攻坚组队员培训，举办体能对抗赛，提升部队打赢能力。州、县市政府应急办建立“周拉动”机制，现役与多种形式消防队伍联合训练129次，联合演练93次，联合作战57次，举办多种形式消防队伍比武竞赛8次，利用手台指挥专职消防队灭火救援193次。“10·2”恩施市白果坝乡抗洪抢险行动受到省领导的高度肯定。支队被总队表彰为“荆楚消防铁军先锋队”。组队参加武陵山片区第五届“巅峰勇士”登山对决赛，获团体第三名。

【消防宣传教育】 在主要交通路口、景区、机场、火车站、高速公路出口等地安装大型消防宣传牌30块。发放“消防宣传围裙”7.2万余条，建成达标社区27个。按照“每村一块、每组一条、每户一幅”的标准，在农村地区共张贴宣传挂历106.8万幅、设置宣传橱窗5820个、涂刷宣传标语2062条。将消防安全知识纳入中小学校必修课，集中开展“开学消防安全第一课”和“消防进军训”活动530余次。

【“智慧消防”建设】 研发移动综合业务平台APP、营区管控、装备管理、专职队“一键式”调度系统、数字化预案管理系统，完善图像信息传输系统，装备卫星便携站、无人机，实现“实时调阅图像、现场辅助决策，远程调集力量、远程指挥作战”，以信息化促进作战行动高效化。

【基地建设】 州综合应急救援实训基地暨龙凤消防站项目用地取得《国有建设用地划拨决定书》和《建设用地批准书》，完成总体平面设计。利川市应急救援训练基地、第三消防站建设项目完成初步设计。恩施清江消防站投入执勤。巴东江北消防站完成细项设计。建始、宣恩、咸丰、来凤、鹤峰5县第二消防站建设项目已办理土地规划许可。

【部队安全稳定管理】 落实两个经常性工作“双十条”措施，压实四维管理责任（党委统揽、主官抓总、一岗双责、纪委监督），实施大中队“五联动”机制（组织生活、管理教育、检查熟悉、灭火火调、督导考评联动），建立“五小员”队伍（小教员、小观察员、小宣传员、小信息员、小调解员），严把专职消防员“五个关口”（入口关、合同关、管教关、考核关、保障关），开展安全大检查“查、改、补”专项活动，严抓细抠日常行为，规范“四个秩序”。提炼出恩施消防精神、队训以及基层单位文化主题，构建“生命之火”强警文化体系，微电影《逆行》获公安消防部队“喜迎十九大·壮志映红门”主题微电影评选二等奖。建立医疗、心理、网络、法律四个服务中心，建成战友天地休闲室、警营书吧、红门影院、俱乐部、战备恢复间、健身室，升级士官公寓、星级食堂，建设花园式、人文式警营。7月，省消防总队在支队召开“两个经常性工作”推进会，推介“恩施经验”。

【重要会议】 1月20日，州政府召开高速公路应急救援协调会，并出台《州政府专题会议纪要》（〔2017〕7号），要求依据法律法规和省政府有关会议精神，制定高速公路应急管理问题清单、责任清单，落实野三关消防站日常运行经费，加快推进沪渝高速公路恩施朝阳坡、恩施白果坝、建始红岩寺、利川城区、利川白羊塘5个应急救援站和宜巴高速公路巴东溪丘湾应急救援站建设，完善高速公路应急救援制度建设。3月20日，州政府召开2017年全州消防工作会议，总结工作、研判形势，安排部署年度消防工作任务。8月2日，州政府在宣恩县召开木质连片房屋文物古建筑消防安全整治现场会暨高层建筑消防安全综合治理推进会，推广宣恩县木质连片房屋文物古建筑消防安全整治工作经验。11月8日，州政府召开今冬明春火灾防控动员部署视频会，对全州今冬明春火灾防控工作进行强调部署。11月13日，州政府召开视频会议，对国务院办公厅《消防安全责任制实施办法》宣传贯彻工作进行专题安排部署。11月29日，州政府召开今冬明春火灾防控工作推进会暨第四季度消防工作联席会。11月6日，州政府、恩施市政府在恩施职业技术学院组织以“关注消防，平安你我”为主题的2017年恩施“119”消防宣传月启动仪式。

【人民防空】 2017年，全州所有人防警报器在“9·18”试鸣，鸣响率全部达到了100%。全州人防工作从三个方面的开展。人防法制宣传方面。以“人防宣传月”为契机，在全州8个县市广泛开展人防宣传教育进机关、进学校、进企业、进社区、进网络“五进”活动。加强对在校学生的人防知识教育工作，全州共向城区初级中学发放《人民防空知识》教材4500本，开展人防知识讲座8次，组织中学生疏散演练4次，全州城区初级中学人防知识教育普及率达100%。积极开展人防法制宣传进社区活动，全州共发放《人民防空法》单行本和《居民防空防灾应急手册》18.1万册，在社区开展人防法规知识讲座次，给学校、社区、赠送便携式防空警报器98台；在“9·18”防空警报试鸣活动前，8县市利用电视台、报纸、手机短信，开展了为期7天的人防法律法规和人防知识宣传教育活动。继续落实在党校、行政学院和干部学院的人防法规、知识教育。采取聘请人防工作专家、人防部门领导到学校讲课的形式，2017年，全州累计培训副科级以上干部600余人次。人防工程建设管理方面。抓人防工程建设规划。恩施市已完成人防工程建设规划修编，并通过专家评审；利川市、巴东县、建始县、宣恩县、来凤县人防工程建设规划已全部报批；咸丰县、鹤峰县人防工程建设规划编制工作已进入政府招投标程序。抓人防指挥工程建设。建始县已完成人防基本指挥所、应急指挥所建设；州本级、来凤县、鹤峰县已完成应急指挥所建设，来凤县正在筹备人防基本指挥所建设；截至年底，全州已完成应急指挥所建设5个，完成基本指挥所建设1个。恩施市基本指挥所、应急指挥所已完成可研报告，通过了专家评审。抓人防工程项目审批，全州8个县市人防工程建设管理，进入有序推进和稳步发展时期。人防指挥通信建设方面。恩施州人防应急指挥中心指挥信息系统工程（一期）已建成并通过专家验收，可投入使用；利川市（二期）、建始县、来凤县、鹤峰县应急指挥中心指挥信息系统建设，在积极开展前期准备工作；恩施市基本指挥所、应急指挥中心、机动指挥所指挥信息系统，进入可研和扩初设计阶段；更换和新增电声警报器4台，新增便捷式警报器26部，全州所有警报器都实现“六有”规范化管理；积极参加湖北省人防“三楚”（楚天、楚越、楚竞）训练演练，组织各县市人防办共24人次赴宜昌到武汉，参加全省人防防空袭行动网上演习和训练考核活动，完成年度训练演练考核任务，加强全州人防队伍指挥实战化训练和军事斗争人防准备。

【信访维稳】 2017年，州住建委重点加强行业特殊时段维稳工作，下发《全州住建系统信访维稳工作实施方案》《全州住建系统特定敏感时段涉稳潜在风险隐患稳控工作实施方案》《十九大期间信访维稳攻坚行动方案》，制定《住建系统涉稳敏感突发事件应急预案》，上下联动同向发力，依照“三到位一处理”原则，依法分类处理信访诉求。全年共接处来信来访155件，办结145件，办结率93.5%。同时做好省第十一次党代会和中共十九大期间维稳攻坚，实行“一案一策”“专班专员专群专报”和“主动约访、律师陪访、培训化访”工作模式受到肯定；州政府交办牵头化解32件重大集体上访隐患，无一进京上访事件，信访维稳形势持续好转。

（王远华）

编辑　刘　权

文 化

恩施州文化管理

【概　况】 2017年，全州8个县市推进国家级文化生态保护实验区建设；4个县市成功创建全省文化体育示范区；全省文化工作现场会、全省体育工作现场会、全省新闻出版广电工作现场会在恩施州召开；在全国、全省作工作经验介绍近20次；获国家级表彰、省级表彰103人次。11月，州领导对近年来州文体新广局在推动恩施州体育事业发展上作出的努力和取得的成效给予肯定。2017年全州争取中央、省下拨公共文化体育资金11828万元，其中文物保护资金4328万元，占全省1/6；公共文化资金5900万元，占全省1/7；体育资金1600万元。

【新闻稿件刊发】 全年在省级以上报刊和主流媒体网站发表新闻稿件103篇；在《恩施日报》《恩施晚报》刊发专版104期，刊发履职尽责专栏9期，发表新闻稿件652篇；在恩施电视台新闻联播栏目播发视频新闻112条。在州局“两网两微一端”网络平台推送信息5109条，微信单条点击量最高达137514次，907名网友的点赞和留言；对“2017年精准扶贫·文化惠民”演出季开幕式暨“文化和遗产日”活动、全州广场舞大赛、精品戏剧展演周等重大活动进行微直播12场，浏览量80多万人次。围绕全州“村村响”“户户通”工程推进、州八运会、“精准扶贫·文化惠民”演出季活动等重点工作和重大文化、体育活动向省厅（局）门户网站报送信息207篇，向州委、州政府、州委宣传部报送信息113篇，完成约稿5篇。11月9日，在省新闻出版广电局召开的全省信息工作会上，恩施州文体新广局在会上作《以创新思维推动宣传信息工作》的交流发言。专栏宣传。在《恩施日报》《恩施晚报》、恩施电视台以及州局门户网站和微信公众号开设“履职尽责·务实担当”专栏，刊发和发布全州文化系统接受履职尽责督促检查各类新闻稿件332篇，编印工作信息100期；围绕宣传学习党的十九大精神，在局门户网站和微信公众号开设“学习贯彻十九大·文体担当有作为”专栏，发布全系统学习宣传十九大精神动态信息110多条。

【送戏下乡】 全年全州各专业演出团体送戏下乡1700余场。惠及88个乡镇2000多个村，全州9个广场电影放映点共放映电影800多场，观众人数24万多人次，截至12月，农村公益电影放映达32964场，现场观影群众629.6万人次。2017年全州共开展戏曲进校园688场，演出362场，讲座151场，辅导175场，超额完成省文化厅下达的戏曲进校园任务场次。

【文化建设】 州图书馆全面实施免费开放，2017年办理新证2531人，新增图书4802种13589册；

馆内流通读者 88521 人次，馆外流通读者 57700 人次，全年累计接待服务读者 221321 人次。州文化馆 2017 年开设包括成人及少儿的舞蹈、合唱、古筝、钢琴、吉他、书法、美术、拉丁、主持、模特走秀计 20 余个培训项目，培训累计 742 场次，5.1 万人次。州文化馆及各县市文化馆成立乡村文艺宣传辅导组，对全州各个乡镇、村进行文艺辅导。服务人数 5 万余人次。州博物馆推出《武陵足音》《恩施抗战》《红色记忆》3 个微展览，展出图版 158 幅，发放宣传资料 4000 余份。全年接待观众 320228 人次，免费讲解 524 场，机关单位预约讲解 127 次，发放宣传资料 20 多万份。全州“三馆一站”累计免费开放 3000 余天，服务群众 200 万余人次。

全年“村村响”工程建成 8 个县（市）级平台、90 个乡镇级平台、939 个村级广播室，安装音柱 5014 个、喇叭 8144 个，光纤通行政村 2205 个，通村率 94.27%;“户户通”工程到货 572875 套，到货率 100%，累计信息录入 426281 套，录入率 74.41%，累计安装开通 406501 套，开通率 70.96%。

编纂《恩施州文化体育新闻出版广电局年鉴（2016）》，是首卷年鉴，内部资料性出版物。全卷图片 297 张、文字 32.5 万字，全面记述 2016 年度全州文化、体育、新闻出版、广播电视、文物、文联等工作情况。在湖北省第四届年鉴出版质量评审活动中,《恩施州文化体育新闻出版广电局年鉴（2016）》获专业年鉴二等奖。

开展州级文化产业示范基地和州级体育产业示范单位评选工作，命名 13 家州级文化产业示范基地和 10 家州级体育产业示范单位。推荐咸丰唐崖土司城址旅游有限公司申报成功省级文化产业示范基地，湖北利忠奇木艺雕有限公司获省级文化产业专项扶持资金，完成公示。推荐 3 个项目申报省级体育产业引导资金。

文化艺术

【文化活动】 启动“第二十五届百团上山下乡暨新春金秋巡回演出季活动”。全州各专业演出团体将文化惠民演出与“精准扶贫”中心工作相结合，与“深入生活·扎根人民”工作相结合，重点推出“文化惠民·精准扶贫”“文化惠民·戏曲进校园”“文化惠民·与法同行”“文化惠民·环保同行”等系列演出。全年全州各专业演出团体送戏下乡 1195 场。2 月 4 日至 12 日春节期间，湖北省民族歌舞团在恩施民族大剧院推出恩施春节文化活动——第二届“百姓过年八天乐”惠民演出。恩施市、利川市、建始县承接长江人民艺术剧院的原创音乐剧《寻访满堂音》的惠民演出工作，巴东县承接省黄梅戏剧院的惠民演出工作，宣恩县、咸丰县、来凤县、鹤峰县分别承接省花鼓戏艺术研究院的惠民演出工作。湖北省民族歌舞团赴神农架林区，十堰市竹山县、竹溪县、房县等地，完成省牌文艺院团“文化惠民”演出。

7 月 23 日至 8 月 25 日，由省民族歌舞团进一步提升的土家乡村音乐剧《黄四姐》在全州巡演。利川市结合“湖北省第二批公共文化服务体系示范区群众文艺展演”，创作地域鲜明、特色浓郁的精品节目民族歌舞音画《龙船调的家》，进入排练。

文化馆送文化进社区、进学校、进军营，打造“乐舞清江”系列品牌活动：举办“乐舞清江·军旅之梦”文艺联欢晚会、“乐舞清江·和谐家园”亲子 T 台秀、“乐舞清江·金色童年”少儿舞蹈大赛、喜迎十九大·欢度国庆节“乐舞清江·清凉一夏”群众文艺晚会、“乐舞清江·笑由心生”相声、小品喜剧大赛、“乐舞清江·舞之身韵”全州舞蹈大赛等。恩施州首届“清江清”书法美术摄影作品展进入征稿阶段。群文活动期间，恩施市举办中国旅游日2017’恩施三岔“土豆花儿开”文化旅游活动；利川市举办社区精品节目展演暨元宵灯谜会等2017年元旦春节系列文化活动；建始县举办船儿岛元宵节系列活动，承办龙王淌“闹元宵”活动；巴东县举办“九佬十八匠”传统技艺展示活动；宣恩县举办“贡水情怀·浪漫宣恩”2017元宵灯汇展演；咸丰县创编的大型南剧《唐崖土司夫人》在县会展中心开展为期两天公演活动；来凤县举办《来凤县2017年第25届百团上山下乡慰问演出》《文化进乡村》等活动；鹤峰县开展“喜迎党代会·荆楚新跨越”鹤峰县2017年“文化和自然遗产日”非遗项目展演，“寻觅山中茶，重走古茶道”暨2017年“中国文化遗产日”活动等。

州书法家协会开展“送春联送福到乡村”的书法惠民活动，为恩施市沙地乡麦淌村群众现场书写赠送春联400幅、“福”字400个；参加“推动移风易俗、树立文明乡风”活动，为咸丰县忠堡乡群众义务书写春联近400幅；参加恩施州“最美家庭”评选活动，义务书写作品10幅作为奖品颁发给获奖家庭。恩施州书协被省书协评为“2017年元旦春节写万福送万家活动先进单位”。

7月28日晚，州民族轻音乐团与州文促会共同承办的2017消夏音乐会，在州城桥西广场举行，为州城人民奉上了一台精彩的音乐盛宴，州民族轻音乐团的乐手们共为大家演奏《我没有远方》《四季歌》《摆手歌》等10余首曲目，为州城人民献上“轻凉”之音。精品歌曲回声嘹亮。在培养学生文化素养和艺术审美素养的同时，传承中华优秀传统文化，进一步增强青少年学生的文化自信和文化自觉。州音乐家协会先后创作出10多首精品歌曲，包括红色教育基地《店子坪村歌》、6首校园歌曲等，围绕“一县一品”打造精品歌曲。

摄影家协会先后举办“东岸蜕变”和润城主题摄影大赛、第二届“画说试点·图写龙凤”摄影大赛、石门河景区摄影大赛、2017佛宝山摄影大赛、新华书店杯“书香恩施·阅读映像”摄影展五个年度摄影赛事，收集整理摄影赛事作品7000余幅（组）。州舞蹈家协会以赛事为载体，举办了“金色童年”少儿舞蹈大赛、全州“文化力量民间精彩”广场舞大赛、全州群众舞蹈大赛等多项赛事活动。

州戏剧家协会先后走进施州民族小学、恩施市第三实验小学、桂花园小学、恩施市第一中学、湖北民族学院音乐舞蹈学院等各中小学校，开展“戏曲进校园”恩施州京剧戏迷票友演唱会活动，州曲艺家协会走进恩施市孝感幼儿园、恩施市硒都小学，以生动活泼的艺术形式对学生们进行民族文化的熏陶。州诗词楹联学会不断创新活动形式，展示和弘扬诗词楹联文化，继2016年在店子坪村打造第一个红色楹联新村后，2017年又在官店镇打造出楹联镇，同时还在宣恩县珠山镇成功举办蔡章武先生辞赋创作研讨会。州美术家协会组织开展“守望家园·恩施州中国传统村落行”写生采风活动，对全州43个中国传统村落中的12村落个进行写生、采风与调研考察，储备了一批作品素材和文本资料。

【戏曲艺术】 来凤县南剧传习研究所创作反映精准扶贫题材的大型现代南剧《初心》，在中共十九大即将召开之际，作为全国少数民族地区艺术院团十大进京演出剧目在中央民族剧院演出。复排南剧传统剧目《生死牌》《春草闯堂》。咸丰县南剧艺术传承保护中心2017届南剧定向戏曲班顺利结业，20名学员在省艺校开展为期三年的系统学习培训。11月22日至30日，恩施州五大剧种作为恩施州地方戏种的代表参加全省第三届地方戏曲艺术节展演活动，恩施市的傩戏《还阳傩》《开坛祭酒》到首义广场，开展戏曲进社区表演活动；灯戏《春假》、巴东县的堂戏《金葫芦》、鹤峰县的柳子戏《打仓救主》在湖北省人民剧院公益演出；咸丰县大型南剧《唐崖土司夫人》到中南民族大学剧场，作为戏曲进校园剧目演出。12月，南剧折子戏《武松打店》《活捉三郎》在咸丰县会展中心免费为市民演出。全州全年戏曲进校园演出362场，学术讲座151场，业务辅导175场。

【文学创作】 由州文联打造的重点文学项目《陈连升》丛书，自2013年底启动创作，历时四年多，年底可望正式出版。其中，长篇叙事诗《东方战神》之前已在《解放军文艺》公开发表部分章节，长篇小说《大将军》已在《今古传奇》公开发表，报告文学《民族英雄陈连升》已在《中国报告文学》上刊发。由州文联专职副主席田苹编剧的电影《漂洋过海来爱你》被国内媒体推为“2017中国最美爱情”，并于2017年6月12日在全国各大院线浓情上映。州文促会编纂完成《恩施州文化促进会十年成果汇编》并举行首发式，该书记录了恩施州文化建设乃至社会发展有价值的诸多文化成果，被多家单位图书馆收藏。州文艺理论家协会主席李莉撰写的评论文章《论网络小说对中国当代文学之贡献》，获中国文艺评论家协会首届网络文艺评论大赛三等奖。由州民间文艺家协会选送的民歌作品《幺姑筛茶来》，获得第十三届中国民间文艺山花奖优秀民间艺术表演作品奖。继《大山里的土家娃》获得湖北省第五届音乐“金编钟”奖后，杨军、谈焱焱再度合作创作的歌曲《龙船调的家》又一次获得湖北省音乐最高奖——第七届音乐金编钟奖。

大型现代南剧《初心》入选2017年湖北省委宣传部文艺精品创作扶持项目，徐晓华散文集《那条叫清江的河》、杜李文学评论《恩施民族文学档案》入选中国作协民族文学重点项目，田苹的电影剧本《我要现在》入选湖北省文联重点文艺扶持项目，李莉的研究课题“民间文学对中国乡土小说之贡献研究”入选湖北省教育厅重点项目。

【对外文化交流】 交流活动开拓视野。州文联有效整合资源，充分发挥文联优势的整体效应，坚持开展全方位、多层次对外文化交流活动，“请进来，走出去”，步履不停，对外交流的空间大大拓展。6月3日，中国作家协会《民族文学》年度奖颁奖典礼暨《民族文学》恩施市创作基地授牌仪式在州文化中心举行，来自全国各地的作家、翻译家、创作基地代表等50人齐聚恩施，共同交流发展，恩施市成为《民族文学》在湖北首个创作基地。研讨活动层出不穷。9月，巴文化研究会应邀参加四川省巴中市“三院建设”北京座谈会，邓斌在会上作《又长又宽的巴人文化沉积带》主题发言，并参与起草拟定《泛巴文化区域合作宣言》；参加四川省巴中市第五届巴人文化艺术节暨“话语巴山”巴文化研讨会，邓斌作题为《巴人背影与文学艺术追索》的专题讲话。文艺理论家协会牵头筹办的“首届恩施少数民族文学高峰论坛”在利川举办，中国作家协会党组成员、书记处书记吴义勤出席论坛并讲话，湖北省作协副主席高晓晖、湖北大学文学院院长刘川鄂，以及来自全国各地的作家、评论家、高校研究生等100余人参加论坛，大会收录论文50篇。对接活动起步不凡。11月22日，杭州市文联开展的“到人民中去向人民学习”文艺志愿活动走进恩施，分别在恩施市非遗中心和清江外国语学校开展文艺交流与帮扶活动，来自杭州市文联的艺术家们与本地的文化工作者及清外的师生们近距离交流，共同献艺。

【第三届群众广场舞展演】 第三届群众广场舞展演活动3月上旬启动，全州参加广场舞展演的团队达1000多支，参演人员近3余万人，到现场观看和微信直播收看的人数近150万人。本届群众广场舞展演活动通过网络投票，产生“广场舞之星”和“最佳人气团队”。全州16支队伍和8名个人参与评选，鹤峰县走马镇代表队在全省68支队伍中荣获“最佳人气奖”广场舞团队，鹤峰县杨芳荣获“广场舞之星”的荣誉称号。7月22日，恩施州“文化力量·民间精彩”——“广电网络杯”第三届全州群众广场舞大赛在州城拉开帷幕，先后经过乡镇和县市的两轮选拔，最终有14支参赛队伍从全州1000余支队伍中脱颖而出，参加全州比赛。经过比拼，宣恩县珠山镇幺妹艺术团《铜铃摇响送安康》（乡镇组）和咸丰县人民医院舞蹈队的《沂蒙山情》（街道组）荣膺一等奖。在全省广场舞比赛中，利川市都亭街道山茶花艺术团的《节哟节》获得老年组二等奖；宣恩县珠山镇幺妹艺术团的《铜铃摇响送安康》获得中青年组二等奖；咸丰县人民医院代表队的《沂蒙山情》获得中青年组三等奖。

【全民阅读活动】 3月，州委、州政府对州全民阅读领导小组进行调整，领导小组办公室设在州文体新广局。办公室落实专职人员负责指导、组织、协调、策划等相关工作。制定《2017年“书香恩施文化湖北”全民阅读活动实施方案》，明确活动主题为“推进全民阅读，共建书香恩施”，各县市和州直各相关部门结合实际，制定具体活动方案。通过“4·23”世界读书日活动、“9·28”孔子诞辰日纪念活动等，营造全民阅读氛围。4月23日，州全阅办在恩施城民族广场举办2017“全民阅读·书香恩施”暨第二届长江读书节恩施分会场启动式。活动现场宣读《关于2016年恩施州“书香校园”推选结果的通报》，为书香校园颁奖，省新华书店集团恩施分公司为获奖学校捐赠图书（每所学校捐赠价值两万元图书）。活动当天，现场组织开展经典国文诵读展演活动，全州9家公共图书馆签约全州全民阅读推广联盟，打造全州阅读推广活动品牌，开展“汽车图书馆”送图书下乡活动，全州8台流动图书车首次集体走向馆外，在全州各县市集中展示流动图书车的文化服务，“汽车图书馆”配送流通图书1.2万册，服务市民1万人次，流通图书2万册次。《中国文化报》《湖北日报》等主流媒体都对活动进行报道。举办“同声诵经典——2017湖北省‘起点阅读·朝读经典’校园巡回展演活动，来自恩施市城区8所中小学千余名学生代表齐聚恩施州民族礼堂，直接参加活动的人数达4万人次以上。通过全州“十进一创”活动、流动图书车现场借阅、“书香恩施”系列讲座、2017“我的书屋·我的梦”、“农家书屋阅读示范点”建设活动等，让全民阅读进机关、进农村、进（社区）、进工地等。“我的书屋·我的梦”农村少年儿童阅读活动以农家书屋为平台，组织农村中小学生开展阅读活动，组织城市学生暑期走进农村，捐赠书籍，与农村学生共读一本书，征集读书心得和实践体会，集结成册。与新华书店联合开展特色书店建设，新建校园书店6家，社区书店1家。其中来凤县一中校园店获“最美书店”称号；恩施女儿城夷水书馆、利川市白鹊山旅游书店被中国新华书店协会列入《中国新华书店社会责任报告书》；恩施州第一家社区新华书店——恩施市硒香书社开业。开展“书香机关”建设，州文明办将创建书香机关纳入机关建设达标考评的重要内容。州国税局被评为“全省全民阅读先进集体”，利川市被评为“全省全民阅读书香县市”，州图书馆被评为“全省全民阅读基地”，鹤峰县向宏建被评为“湖北省最美读书人”。

【农家书屋】 推进农家书屋数字化试点。湖北省首个数字农家书屋示范点揭牌仪式在恩施市芭蕉侗族乡高拱桥村举行。全州30余个农家书屋开展数字化转型试点工作。保障农家书屋出版物更新，合理配置图书品类，将群众，学生需要、期盼、喜爱的出版物配送到农家书屋，全州2949个农家书屋配备中共十九大文件及学习辅导读物，11月底已全部配备到位。合理规划调整农家书屋布局。结合美丽乡村点、农民文化乐园、学校等建设，建设中心农家书屋，尽量将书屋设在人口集中、方便群众借阅使用的位置，为群众读书看报提供便利条件。召开全州农家书屋推进会，要求县市推进农村公共图书服务一体化建设，定期组织各书屋图书进行流转置换，形成一条补充、更新、流转图书的畅通渠道，实现政府公共资源向基层乡村的有效辐射。提升全民阅读服务水平。以农家书屋为平台，开展“我的书屋我的梦”为主题的读书演讲比赛、“小手拉大手亲子读书”、青少年爱国主义读书教育活动等活动。创建“书香之家”“书香社区”“书香之乡（镇、街道）”等。以开展履职尽责为契机，先后派出8个检查组，对8个县市农家书屋建设管理进行抽查，要求县市局对全州农家书屋进行盘点，梳理漏洞，规范管理。通过宣传栏、广播、微信、电子屏、QQ群等形式，宣传农家书屋。利川市羊子岭村农家书屋、来凤县仙佛寺村农家书屋入选“全国示范性农家书屋”，鹤峰县新行村农家书屋管理员向宏建、恩施市高拱桥村农家书屋管理员范锦武入选“全国优秀农家书屋管理员”，向宏建被评为“湖北省农家书屋建设工程十周年优秀管理员”，参加全州文体新广系统履职尽责先进典型事迹宣讲团。

【公共文化服务体系建设】 文化扶贫推向纵深。开展“百千万文化扶贫工程”。对县市下达“四馆三场”年度建设任务、“百日百场公益电影放映”任务、“三馆一站”免费开放任务和文化品牌建设任务。全年完成农村文体广场576个，占任务的96%；群众文艺团队648支，占任务的108%；组建健身团队988支，占任务的98.8%；组织送戏下乡活动1195场，占任务的119.5%；完善农家书屋1596个，占任务的159.6%；开展文化艺术知识普及和培训1007场，占任务的100.7%；组织农村文体活动10012场，占任务的100.12%；新增农村科普图书24692册，占任务的246.92%；组织农村电影放映30632场，占任务的102%；新建健身步道113500步，占任务的113.5%。州公共文化服务体系建设协调领导小组于3月上旬及4月中旬，两次组织开展对州本级及8县市公共文化服务体系建设调研督查。召开恩施州公共文化服务体系建设协调领导小组第二次会议。领导小组向州政府常务会作汇报并下发工作通报。8月9日，全州公共文化服务体系建设推进现场会在利川市召开。11月24日，全省基层综合文化服务中心建设推进会在利川召开，利川、黄石、嘉鱼、夷陵、鄂城5个县市区代表与会作经验交流。省文化厅分别与湖北省广播电视信息网络股份有限公司、湖北长江电影集团有限责任公司、湖北省新华书店（集团）有限公司签订全省基层综合文化服务中心合作共建协议。全州落实乡镇综合文化站人员258人，利川市率先探索“县聘乡用”路子，共在市文化馆、市图书馆落实14个事业编制用于县聘乡用。恩施市、利川市、建始县、咸丰县、来凤县、鹤峰县也分别成立公共文化体系建设协调领导小组，恩施市、利川市、建始县、咸丰县、来凤县出台实施细则。组织开展全州县市公共图书馆第六次评估工作检查，对各县市图书馆评估定级工作进行检查。州图书馆全面实施免费开放，读者可免费借阅图书，免费查阅检索文献资源，免费下载电子图书和在线资源。每周免费开放时间保证63小时以上，全年365天为读者提供服务。上半年累计办证1003人，馆内流通读者18313人次，馆外流通读者20800人次，网站浏览人数4.5万人次，电子借阅机点击率4万余次。2017年开设包括成人及少儿的舞蹈、合唱、古筝、钢琴、吉他、书法、美术、拉丁、主持、模特走秀共计20余个培训项目，培训累计742场次，5.1万人次。开展为期3天的全州滚龙连厢培训班，举办为期近一个月的“阳光女神”培训班，开展恩施州首届篆隶楷行草五体书法培训班。全州“三馆一站”累计免费开放3000余天，服务群众20万余次。全州共完成公益电影放映12030场，观众421913人次。州文化馆及各县市文化馆成立乡村文艺宣传辅导组，对全州各个乡镇、村进行文艺辅导，服务人数达到5万余人。

利川市成立公共文化服务体系建设工作协调领导小组，组建示范区创建工作专班；逐步完善公共文化基础设施建设；启动谋道、沙溪两个乡镇文化站维修改造工程，启动70个文化广场和200个村级综合文化服务中心建设，完成50个村级综合文化服务中心建设及挂牌；开展文化骨干培训。

【第二次全州社会文艺团队普查工作】 州及各县市2017年社会文艺团队普查工作于4月全面启动，至9月底陆续结束。共普查出社会文艺团队1056支，并从其中选派优秀团队参加省文化厅组织的全省社会文艺团队骨干培训班。

【文化生态保护规划】 开展《武陵山区（鄂西南）土家族苗族文化生态保护实验区总体规划》各县市子规划的编制工作，总体规划编制工作专班和专家团队完成对8县市子规划的初审，提交省文化厅，由省文化厅联合中南民族大学的专家团队将总体规划初稿提交文化部，各县市正在根据文化部反馈意见进行修改。

【非物质文化遗产展示】 6月10日，2017年“文化和自然遗产日”活动在咸丰县唐崖镇举行，各个县市的非遗传承人来到活动现场，分别进行了传统技艺展示、优秀节目展演和非遗产品展销。恩施市非遗保护传承展演中心精品节目男女声表演唱《哪门搞起》按照文化部公共文化司要求，赴安徽省滁州市参加第六届中国农民歌会开幕式演出。10月13日，第二届长江非物质文化遗产大展中，恩施州国家级非遗项目恩施玉露制作技艺、省级非遗项目来凤漆筷制作技艺、咸丰何氏根雕、利川柏杨豆干制作技艺参展。

【全省文化生态保护区建设工作培训】 2017年11月22日全省文化生态保护区建设工作培训班在来凤县举办。中南民族大学副校长段超就《武陵山区（鄂西南）土家族苗族文化生态保护实验区总体规划》编制情况作说明。恩施州、宜昌市文化局及国家级文化生态保护区“一州两县”县市人民政府副县市长、文化局长、非遗产保护中心主任，其他6个省级文化生态保护实验区所在县文化局长参加培训。

【文化市场管理】 全年全州文化市场执法部门共出动车辆892车次，出动执法人员5286人次；检查各类经营市场主体1608家次，其中网吧475家、影院41家、书店217家、印刷厂104家、体彩销售点53家、其他娱乐场所191家，高危体育项目经营单位42家次，其他经营场所56家次。通过检查，发现各类涉嫌违法经营行为73起，下达《责令整改通知书》125起，立案查处38起，办结36起。收缴、销毁侵权盗版及非法出版物图书9258册，非法报刊7965份；电子出版物6823张、音像制品3208张，其中淫秽色情光盘2052张；非法卫星地面接收设施4293套。

根据州文体新广局年初制定下发的《2017年安全生产专项巡查工作实施方案》，按照“双随机一公开”要求对县市文化市场进行巡查督办，全年开展4次安全生产巡查，检查覆盖全州全部文化市场，重点检查安全生产的制度建设、日常监管、安全培训及消防设施等情况。严格实施季度安全生产巡查制度，做到每季度有重点、有针对性地开展文化市场安全生产巡查。突出痕迹管理，对于在安全检查、排查工作中发现的各类重大安全隐患，做到建档立卡，单独管理并挂牌跟踪整改。

先后举办两期行政审批培训班。同时，对县市开展两次行政审批检查，检查内容包括审批案卷、经营单位现场等。此外，按照“简政放权，放管结合，优化服务”的要求，州、县市文体新广局全面开展行政权力清理，制定2017年新的权力清单。组织参与省、州综合执法业务的集中培训共4期，参训执法人员达4次100余人次；结合自身实际，采取由县市文化市场执法大队业务骨干进行科目课件的演示、讲解并现场练习评比，开展岗位业务技能练兵活动3次，主要内容有执法文书制作填写规范、执法装备基础操作使用、执法取证照片图文编辑等。为积极适应信息化时代执法人员学习方式的新变化，努力推进学习型队伍和高素质队伍建设，全州执法人员积极参加业务线上学习培训，宣恩、来凤两县参训率、合格率均达到“双百”要求，且部分执法队员取得个人学习进度居全国前列的好成绩。有针对性地举办两期经营业主及从业人员法制与安全培训。参训网吧、歌舞娱乐及图书、印刷业经营单位达38家次，经营业主及从业人员50余人次。

3月29日至4月2日，天门市执法支队到恩施州驻队交流学习。本次对口交流活动以“景区文化市场净化工程建设”和“农村文化市场监管”两个课题作为交流学习内容，采取现场培训、以案施训、市场巡查、座谈交流、查阅资料等形式，先后前往咸丰县、来凤县、宣恩县、恩施市检查文化市场，开展现场交流活动，并与天门市支队共同探讨文化市场执法中遇到的问题及对策，就文化市场的运行机制、管理体制等共性问题进行交流，各自阐述所运用的法规依据及组织协调措施，达到互动学习，取长补短，共同发展的目的。10月27日，万州区文化市场行政执法支队考察调研恩施市“扫黄打非”进基层工作，实地查看女儿城“扫黄打非”净化工程示范点建设情况及宣恩县庆阳老街等文物保护情况。27日下午，在恩施市举行“扫黄打非”边区联防协作联席会议，专题研究“扫黄打非”边区联防行动，并签订鄂渝边区“扫黄打非”联防协作协议，正式启动两地边区“扫黄打非”互联共建工作。

【电子竞技】 按照省文化厅下发的《2017ECGC湖北省文化市场行业转型升级电子竞技大赛方案》要求，推动恩施州电子竞技项目的持续发展，繁荣文化体育市场，搭建资源共享、合作共赢的文体产业平台，满足更多层次的群众需求，聚集文体产业人气，树立良好社会形象，促进文体行业向健康化、智能化、竞技化方向发展，州文体新广局委托州网吧协会组织开展电子竞技大赛。5月县市举办海选赛，6月州总决赛举行，8月组队参加荆州鄂西南片区赛和武汉全省复赛，11月组织观摩湖北省总决赛。恩施州咸丰木子网吧获得鄂西南片区第二名和全省第八名的好成绩。

【表彰奖励】 2017年9月13日咸丰县项目办荣获“2016年阳光工程——中西部农村文化志愿服务行动计划典型”，邓秋兰、夏莉萍荣获先进个人；李健的《亲子好时光阅读甜如蜜》获得湖北省图书馆第十四届“童之趣”未成年人优秀阅读案例。

新闻出版

【软件正版化】 下发《关于印发〈2017年恩施州推进使用正版软件工作实施方案〉的通知》，完善正版软件领导小组联席会议制度，召开联席会议。州使用正版软件工作领导小组办公室、州文体新广局组织专班及第三方对恩施州正版软件推进情况进行抽查。对州直各部门和企事业单位就制度建设和责任落实情况、正版软件管理情况、计算机软件安装使用情况进行全面检查，对抽查中发现的问题，提出整改要求。

省使用正版软件工作领导小组对恩施州使用正版软件情况进行检查，对州使用正版软件领导小组办公室的工作给予充分肯定。按照州政府要求，州文体新广局率先垂范，购买53套正版操作系统、办公软件。

【扫黄打非】 2017年1月13日，召开全州“扫黄打非”电视电话会，会议通报2016年全州“扫黄打非”工作情况，并对2017年工作进行安排部署。

根据州“扫黄打非”工作领导小组统一部署，5月，州“扫黄打非”工作小组办公室、州文体新广局组织全州文化市场综合执法人员对恩施市文化市场开展1次拉网式、地毯式的集中检查行动，出动执法车辆13台，执法人员68人，检查各类经营场所45家，其中网吧19家，影院4家，书店4家，印刷厂7家，体彩销售点5家，娱乐场所6家，发现各类涉嫌违法经营行为12起。执法人员对12家涉嫌违法经营单位依法下达《责令整改通知书》，按照属地管理原则，将相关涉案线索移交恩施市文体新广局处理。加强整治，“扫黄打非”取得实效。开展印刷复制企业专项整治行动、中小学教辅材料和少儿出版物市场专项整治行动、清源行动、净网行动、护苗行动、秋风行动、固边行动、打击侵犯知识产权和制售假冒伪劣商品专项行动、校园周边环境专项整治行动、卫星地面接收设施专项治理行动等专项行动。狠抓源头，净化出版物市场。对全州35家出版（主办）单位的43种出版物、71家印刷企业、发行单位严格按照要求进行年检，召集经信委、网安、网管办等成员单位，召开“净网行动”专项整治会议；州新闻出版广播电视监审中心对IP地址在恩施州境内的452家网站进行全天候巡查。通过巡查，责令整改涉嫌违规网站11家，2家涉嫌淫秽色情的网站，2家涉嫌侵权盗版的网站，已由执法机构立案办理。对赵某某侵犯著作权案的办理得到肯定，成为2017年全国版权十大案件之一。联合无线电管理委员会，公安等成员单位，开展非法电台清查治理工作，抓获涉案嫌疑人90人，缴获“黑广播”“黑电台”等各类非法设备100余台。开展查处非法印制宣传品专项行动。全州共出动执法人员7295人次，检查各类文化市场经营单位2369家次，查处各类“扫黄打非”案件8起，全州各地共收缴各类非法出版物7845件。推进“双十”工程。确定全州评选十个乡镇（街道），十个村（社区、学校、企业、景区）作为“扫黄打非”进基层示范点。要求各县市在基层成立专门工作机构，完善基层机制建设，开展示范创建。全州共有8个乡镇、7个村（社区）入选全省示范点，恩施大峡谷景区、来凤百福司镇分别入选为全国示范点。“全国扫黄打非办”“省扫黄打非办”等领导对恩施市、咸丰县、来凤县、巴东县基层“扫黄打非”示范点进行检查验收工作，得到领导好评。

10月27日，与重庆市万州区举行“扫黄打非”边区联防协作联席会议，并签订鄂渝边区“扫黄打非”联防协作协议。11月15日，鄂渝陕“扫黄打非·秦巴山工程”区域联防协作会议在州城恩施召开。

举办全州农家书屋管理员暨“扫黄打非”信息员培训班，参训人员达150余人。开展侵权盗版及非法出版物集中销毁活动，共销毁侵权盗版及非法出版物图书9258册，非法报刊7965份；电子出版物6823张、音像制品3208张，非法卫星地面接收设施4293套。恩施州直“扫黄打非”工作小组成员单位负责人或代表、印刷、出版物经营业主及各界群众代表均参加销毁活动。举行“12·4”国家宪法日暨“扫黄打非”法制宣传活动。活动当天发放各类法律法规读本1000余册，咨询台现场受理群众文化市场法制咨询、投诉举报，现场展出“扫黄打非”、文化市场等内容的宣传展板6块，开展文化市场法制知识有奖问答。

广播电视

【安全保障】 在中共十九大召开前夕和召开之中，为进一步做好会议宣传报道等方面的安全工作，切实加强组织领导，紧紧围绕迎接宣传贯彻中共十九大主线，与各县市局及各级播出机构层层签订中共十九大安全保障责任书，从抓值守人员转变作风入手，强化管控措施，运用纪律保障，坚守安全播出第一线。自9月初起，实行安全保障日报告制度，确保在中共十九大召开之际，全州的安全播出和宣传报道工作的展开。

发挥中心监管功能。充分发挥州新闻出版广播电视监管审读中心的监管功能，建立健全监听监看制度，组织一批政治觉悟高、经验丰富的监听监看队伍，对州内主要频道、频率播出节目进行监听监看，配合总局和省局的建设和管理监测监管系统，配备完善监听监看设施设备，设置投诉电话，24 小时接受听众观众投诉。监听监看有完整工作记录和台账，为舆论管控和保障广播电视安全播出提供依据。

集中全州执法力量，通过集中执法和交叉执法，先后组织开展“黑电台”清理、广播影视行业整治、卫星地面接收设施治理、视听节目网站整顿等专项行动，形成群防群治的工作局面。

【媒体宣传】 打造亮点，开展重大宣传活动。组织全州各宣传媒体认真总结推广行之有效的宣传模式和策划思路，不断探索加强和改革重大宣传报道和重大主题宣传的新路，把中共十九大精神和习总书记系列重要讲话精神以及“中国梦”、社会主义核心价值观、省第十一次党代会精神、省委州委重要会议精神的宣传报道贯穿于日常宣传之中，将“走转改”与重大宣传和主题宣传进行组合，树立品牌、打造亮点，传递社会正能量，引领社会新风尚，为全州经济社会发展营造良好的舆论氛围。推进融合，加强全媒体宣传工作。面对媒体发展新形势，大力推进融媒体建设，打造“资源通融、内容兼融、宣传互融、利益共融”的全媒体，形成以新闻为中心、视频为特色、互动为纽带、4G 直播为突破的新媒体格局。加强“云上恩施”网络政务平台建设，切实强化网上舆论引导，借助互联网思维改进理念、内容、方式，不断增强吸引力和感染力，提升舆论引导效果；规范网上传播秩序，积极回应社会关切，主动设置网络议题，疏导公众情绪、化解社会矛盾，牢牢把握网络舆论话语权，积极维护清朗的网络生态。

【惠民工程】 通过实施广播电视无线覆盖工程，大力推进农村广播电视公共文化服务体系建设；“村村响、户户通”工程建设稳步推进，州政府将其列为重大惠民工程安排部署，全州各县市主动作为、负重奋进，把这项工程作为政治工程、生命工程和“一把手”工程来抓，纳入年度目标责任考核重要内容，研究解决专项经费，组建工作专班，安排专人负责，主动作为，督办进度，跟踪问责，工程建设有序推进。7 月 1 日，在全州 8 县市同步启动城市社区“百日百场”公益电影放映活动，全州 9 个广场电影放映点共放映电影 800 多场，观众人数达 24 万多人次。

省政府下达恩施州 572875 户“户户通”工程建设任务，截至 2017 年 12 月，“村村响”工程建成 8 个县（市）级平台、90 个乡镇级平台、939 个村级广播室，安装音柱 5014 个、喇叭 8144 个，光纤通行政村 2205 个，通村率 94.27%；“户户通”工程到货 572875 套，到货率 100%，累计信息录入 426281 套，录入率 74.41%，累计安装开通 406501 套，开通率 70.96%。

【队伍建设】 加强农村电影放映员培训，农村公益电影放映持续火爆。全年全州各专业演出团体送戏下乡 1700 余场。惠及 88 个乡镇 2000 多个村，全州 9 个广场电影放映点共放映电影 800 多场，观众人数 24 万多人次，截至 12 月，农村公益电影放映达 32964 场，现场观影群众 629.6 万人次。完成州局下达的 2017 年全州农村公益电影放映任务。其中，科教片总场次占到总任务场次的三分之一，结合精准扶贫工作将科学技术送到田间地头，为农民增收“扶智”，成效明显。11 月 28 日至 29 日，举办全州第二期农村放映员培训班，对未参加第一期培训的农村放映员 76 人进行再次培训，力求实现培训全覆盖。

【恩施州文化体育新闻出版广电局负责人名录】

党组书记、局长：王坤德

党组成员、副局长：朱华松　谭祖庆

黄明畅（6 月调入）

党组成员、州文联专职副主席：田 苹
副局长：谭冬青

（卢晓红 魏 娜）
编辑 刘 权

湖北省民族歌舞团

【概 况】 2017年，湖北省民族歌舞团立足本职、团结奋进、履职尽责，全年完成各项演出1020场次，演出收入123万元，产业实际收入394.23万元，被省委宣传部表彰为“全省宣传思想工作先进集体”，实现2014年提出的“用3—5年时间，把全团打造成为一支在全州有作为、在全省有地位、在全国有影响的艺术团体”的奋斗目标，各项工作有序推进。

【廉政宣教】 将家风建设与党风廉政宣传月活动相结合，制定出台《湖北省民族歌舞团党风廉政建设宣教月活动方案》，结合业务工作实际，以“文化惠民·服务群众”为契机，于2017年5月开展廉政宣传教育月主题文艺演出系列活动，将《扶贫款》《法律援助》《唱响正气歌》《懒汉脱贫》《向领导汇报》等具有反腐倡廉意义的歌舞、小品带给群众，使党风廉政建设的观念深入人心。推选出《清水出活源》《别怪我不讲人情》两篇廉政小故事参加“清风恩施·正气涤荡”廉政征文活动。

【队伍建设】 提升干部队伍水平。2月27日，湖北省民族歌舞团在恩施民族大剧院承办“2017年恩施州专业文艺院团长培训会”，全州各县市非遗展演中心负责人参加会议。3月21日，湖北省民族歌舞团党委书记、团长燕冰被湖北省文联表彰为“全省文艺工作创新先进个人”。3月上旬，青年干部曹爱平率3人赴广州参加“2017全国专业灯光音响设备展览”，为该团舞美灯光提档升级储备人才力量。8月末，青年干部刘佳、张明霞入选省文化厅“湖北省舞台艺术和美术‘两个一百’专题培训班”，为该团高层次艺术人才队伍建设水平提升做准备。9月6日，中层干部郑申国、靳海艳被恩施州文体新广局表彰为“恩施州文体新广系统履职尽责先进个人”。

拔高演员业务能力。2017年上半年，在省文联的支持下，该团邀请国家一级演员李祝华、王丹平等省内专家于2月19日至3月2日对土家乡村音乐剧《黄四姐》角色演员进行声乐、表演培训；在省舞蹈家协会的支持下，2月21日至4月4日，该团邀请中国东方歌舞团老师余丽菲对全团舞蹈演员进行封闭式形体集训。4月8日下午，湖北省民族歌舞团组织培训汇报展演，受到省舞蹈家协会主席梅昌胜等专家的高度好评。12月28—29日，湖北省民族歌舞团在恩施民族大剧院面向全社会开放，对声乐队、舞蹈队演员进行2017年度业务技能考核，此次考核继续贯彻“公平、公正、公开”的原则，邀请业内专家和各界观众做评委，根据年度考核结果评选表彰先进，激励全团干部职工向优秀职工学习看齐。5月，湖北民族学院艺术专业11名本科生进团展开为期一年的见习。5月10日，长江大学艺术学院舞蹈系的30多名师生走进湖北省民族歌舞团开展观摩、教学及交流演出。

【荣 誉】 6月8日，青年演员李顺洪在州委宣传部“喜迎十九大·建功十三五”演讲比赛中，获得州直社会发展组三等奖。6月12日，湖北省民族歌舞团声乐演员易汉章在《中国新歌声》（第二季）城市海选全国总决赛的第三场比赛中，与来自全国各地的百名歌手同台竞技，经过层层筛选和多轮角逐，成功晋级全国总决赛。6月27日，青年演员蔡呈被中共恩施州直机关工委表彰为“优秀共产党员”。9月18日，恩施州第八届体育运动会全健排舞大赛在来凤县龙凤中心体育馆圆满落幕，湖北省民族歌舞团代表的州直队在本次比赛中取得参加四项比赛收获三金一银的优异成绩。10月9日至12日，湖北省民族歌舞团代表恩施州赴黄石市参加全省第五届职工排舞大赛，收获混双一等奖、男双二等奖、女双二等奖。此外，湖北省民族歌舞团获州委宣传部2017“感动恩施”年度人物评选活动特别贡献奖，该团女子舞蹈队获2017“恩施州巾帼文明岗”荣誉，青年演员冉彩霞获2017“恩施州三八红旗标兵”称号。

【文艺创作】 全年承接商业演出32场，场租服务7场，完成土司城驻演740场，全年在省级以上刊物发表通讯稿5篇，在湖北日报发表新闻稿10余篇，在州级发表各类稿件30篇，公众微信号发布推文180余篇。7月14日，中国演出行业协会评定发布“年度中国演出行业诚信经营单位”，该团获此殊荣。

3月31日，湖北省民族歌舞团精心策划的“第五届长江三峡（巴东）纤夫文化旅游节”演出，组成“5朵金花”快闪表演队，以“穿越江河来接你”为主题进行广泛宣传，历时12天，穿越北京、杭州、成都等8个城市，别出心裁的宣传形式在全国范围内掀起“巴东纤夫节”旅游热的高潮。4月18日完成“江河汇聚·逐浪巴东”第五届长江三峡（巴东）纤夫文化旅游节·中国江河号子对抗赛暨巴东名曲明星演唱会演出，湖北省民族歌舞团上演的9个节目，占据整场演出的“半壁江山”，为来自世界各地的游客奉上了一场精彩绝伦的艺术盛宴。4月26日，2017·第二届枝江月季文化旅游节盛大开幕，湖北省民族歌舞团再次作为最主要的参演单位受邀参加开幕式演出。5月23日，“小康山村幸福歌”——第十五届“春满楚天”湖北省地方台春节文艺节目展评颁奖礼暨“到人民中去——文艺家走进保康”文艺志愿者慰问演出活动，在“中国十大幸福村庄”——保康县马桥镇尧治河村隆重举行，湖北省民族歌舞团的文艺志愿者们用《锦绣山乡》《开口又唱幸福歌》《回乡曲》《花咚咚姐儿一朵花》《金山银水尧治河》《走在小康路上》等精彩节目为近万名当地群众送上一场文化盛宴。11月17日晚，三峡1916原浆酒·《峡江映辉煌》湖北省电视艺术家协会成立30周年送欢乐下基层文化惠民演出在宜昌市秭归县屈原广场举办。演出分《岁月如歌》《峡江回想》《辉煌永恒》三个篇章，演出《花好月圆人欢悦》《向天再借五百年》《中国话》《水涨船高》《红军阿哥你慢慢走》《万泉河水》《打起手鼓唱起歌》《美酒飘香》《我们都是神枪手》《红旗飘飘》《欢迎您到秭归来》等精彩节目。此次活动由湖北省文学艺术界联合会、湖北文艺志愿者协会、中共秭归县委宣传部、秭归县文联主办，湖北电视台、宜昌电视台、秭归电视台对当天的演出盛况进行并机直播，长江云、秭归在线等新媒体同步网络直播。

【惠民演出】 2017年湖北省民族歌舞团开展文化惠民演出164场次，新创作纯舞蹈节目13个、歌伴舞节目45个，音乐创作4个，晚会创作5台、其他类1个，服务群众的脚步踏访全国各地，收获社会广泛好评。

第二届“百姓过年八天乐”服务群众。2017年2月4日至12日期间每晚19:30，在恩施民族大剧院推出恩施春节文化活动——第二届“百姓过年八天乐”惠民演出。演出分声乐、小品曲艺、舞蹈、综艺四大专场，每个专场演出两场，用内容丰富、精彩不断、形式多样、赏心悦目的春节文化活动，与州城观众共度新春佳节。演出期间，一万多名州城观众直接前往现场观看了演出，该团依托和发挥“万多名场外观众通过手机、平板电脑等观看和参与到晚会直播，使“百姓过年八天乐”赢得“互联网+”的优势，与恩施微联合作的网络直播，获得社会各界的高度肯定和州城观众的忠实褒奖。

“文化惠民·精准扶贫”系列演出服务群众。将文化惠民演出与州委州政府的决策部署相结合，与“精准扶贫”工作相结合，会同多家行政企事业单位，重点推出“文化惠民·精准扶贫”

系列之：环保进万家、义诊到我家、魅力乡村行、司法同行、广电帮困、电网助农、公益体彩等惠民演出，打造“文化惠民”品牌。在演出现场设立政策咨询台、技术服务台、医疗义诊台、献血车等，优化整合资源，为老百姓送去了文化、科技、医疗卫生等服务，使老百姓知政策、得实惠。尤其是与州环保局联合举办的“文化惠民·环保同行”文艺演出、与司法系统联合举办的“文化惠民·司法同行”法制文艺宣传活动在全州八县市逐一开展，分别以环境保护、司法行政为主题、以文艺演出活动聚集广大群众，以歌曲、舞蹈、小品、魔术等多种形式广泛宣传相关政策，取得了良好效果。

主题宣传展演服务群众。举办宣传展演月活动：五月党风廉政文艺演出宣教月、六月“喜迎党代会荆楚新跨越”文艺展演月、九月“喜迎十九大争创新业绩”湖北省优秀剧目展演月等。5 月 4 日，携手共青团来凤县委在来凤县龙凤文化中心开展“决战小康·来凤青年在行动”纪念五四运动 98 周年文艺汇演。6 月 19 至 23 日，开展庆祝建党九十六周年系列宣传教育演出活动。11 月 7 日至 13 日，来回七天，车行 3000 千米，跨越十多个区（县），湖北省民族歌舞团圆满完成省文化厅主办的挂省牌文艺院团“精准扶贫”演出活动，为神农架林区，十堰市竹溪县、房县、竹山县上万观众送去了特色文艺演出。

“宣传十九大·文艺进百村”活动服务群众。“宣传十九大·文艺进百村”活动由州委宣传部、州文体新广局主办，省民族歌舞团承办，以宣传中共十九大为主要内容，用群众喜闻乐见的歌舞、戏曲、小品等文艺演出形式把中共十九大精神宣传到百余村的老百姓中去。10 月 25 日，“宣传十九大·文艺进百村”活动启动仪式在辛亥革命元勋邓玉麟将军的故乡、“全国文明村”巴东县野三关镇石桥坪村举行，州委宣传部常务副部长文林主持启动仪式，州委常委、宣传部部长尹达宣布恩施州“宣传十九大·文艺进百村”活动正式启动。自 2017 年 10 月下旬活动启动以来，湖北省民族歌舞团现已前往全州 10 余个农村（社区）陆续演出。

“戏曲进校园”服务群众。为继续推进恩施州戏曲振兴发展，推动中华优秀传统文化在学校的传播和普及，2017 年，湖北省民族歌舞团制定下发《戏曲进乡村活动落实方案》，成立由主要演员担任组员的工作队，该团创编部门通过学习研究恩施州戏曲民族文化，收集整合相关演出资料，将本地特色南曲、扬琴以及川剧拟定为演出内容，精心编排京剧唱段《叶算子·咏梅》、京剧《智斗》《打虎上山》《梨花颂》、二胡演奏《赛马》、川剧《变脸》等多个优秀戏曲节目。在送戏曲表演的同时，让戏曲教育走进音乐课堂及课余生活，形成课堂教学与课外活动相结合、普及教育与专业教育相促进、学校教育和社会教育相衔接有益传播机制。为了将“戏曲进校园”活动做出特色、做出成效，湖北省民族歌舞团根据不同类型学校和不同年龄层的学生特点，策划了不同的演出内容及演出形式，以演带讲，以讲带学，以学带练。专场演出之余，将戏曲节目表演穿插在惠民演出中，让师生群众都能学习戏曲知识、品位戏曲艺术、感受戏曲魅力。全年到恩施州八县市各大中小学开展戏曲专场演出、讲座、辅导 60 余场次。

【精品推广】 完成土家乡村音乐剧《黄四姐》恩施州巡演。按照省政府打造“永不落幕的《黄四姐》”和州委打造“文化大峡谷”的指示精神，2017 年 7 月中旬至 8 月下旬，湖北省民族歌舞团在恩施州 8 县（市）展开巡演土家乡村音乐剧《黄四姐》16 场次，由该团产业办工作人员张世涛撰写的土家乡村音乐剧《黄四姐》巡演通讯稿《百花回归沃土艺术奉献人民》在中国民族报、湖北文化、戏剧之家、鄂西民族各大报纸、杂志、媒体发表。《黄四姐》由湖北省文学艺术界联合会、恩施州委州政府出品，由湖北省民族歌舞团、建始县委县政府共同打造，于2016年摘得第五届全国少数民族文艺会演剧目银奖和最受观众欢迎十佳剧目奖。此次的《黄四姐》巡演是在国赛会演和旅游驻演两个版本的基础上改编而成，在保留原有剧目风格的基础上，进行进一步优化和浓缩，并巧妙融入与游客和观众互动环节，更具时代性、民族性、娱乐性和互动性。《黄四姐》恩施州的巡演告一段落，全国巡演杭州首站已进入筹备阶段。

原生态精品舞蹈《响·想·享》受邀参展。6月29日，由湖北省民族歌舞团打造的男子群舞《响·想·享》从全国近五百件作品中脱颖而出，入围第二届全国少数民族优秀舞蹈作品展演。7月9日至12日,《响·想·享》代表湖北省，赴内蒙古呼和浩特参加由国家民委主办、第七届中国呼和浩特少数民族文化旅游艺术节组委会承办的“第二届全国少数民族优秀舞蹈作品展演”，与全国各地的45件优秀舞蹈作品同场竞技。

谋划符合时代主旋律的红色音乐剧《龙船调》。为更好的宣传湖北省优秀民族文化，扩大湖北省民族文化的影响力，2017年，湖北省民族歌舞持续推陈出新，于7月提出：将恩施州另一优秀民歌《龙船调》打造为传播当代中国价值观念、弘扬正能量、传得开、留得住的“中国首部原生态民族歌剧”，通过向上级部门请示、与行内专家深入探讨以及全方位调研，已争取到州委州政府、省文联的支持，作品进入剧本创作阶段。

【文化交流】 省内合作办演出。5月7日下午，湖北省民族歌舞团偕武汉歌舞剧院共同发起的《土汉飙歌》同台交流演出在汉开幕，两个半小时的演出，包括音乐剧、歌剧、流行音乐、民族音乐、通俗音乐等类型和风格的19个音乐作品登台。湖北省民族歌舞团表演《我把幺妹送过河》《峡江情歌》《土家女儿会》、音乐剧《黄四姐》选段《女儿会》、男声小组唱《船工号子》5个节目。湖北省民族歌舞团歌手与武汉歌舞剧院歌手搭档演出《可爱的一朵玫瑰花》《纤夫的爱》。

高校联谊常互动。7月7日至8日，武汉工程科技学院大学生艺术团“艺心艺意”三下乡暑期实践团来到湖北省民族歌舞团，该校暑期实践团连续三年到湖北省民族歌舞团参观交流。两天时间里，同学们参观男子群舞《响·想·享》的排练，与团里的舞蹈、声乐演员进行交流，还学习了一支具有土家民族特色的舞蹈。

国际展会亮相献艺。9月26日，在2017国际茶业大会暨第四届世界硒都（恩施）硒产品博览交易会的开幕式及当晚的国际茶人联谊会上，由湖北省民族歌舞团执导演出的《茅古斯》《六口茶》《直尕思得》《木叶咚咚喹》《花咚咚姐儿一朵花》《女儿会》《船工号子》《滚龙莲湘》《土家魂》《峡江情歌》等彰显少数民族精神与物质文化内涵的原生态节目浓情上演，来自35个国家和中国港澳台地区、19个省（市、区）的茶叶主产区和硒产业发展区的领导、专家、学者、友人、企业家以及国内外200多家茶叶企业、400多家硒产业企业和50多家行业协会、商会代表等千余人观看当天的演出盛会。

全国院团合作共赢。11月2日至4日，湖北省民族歌舞团在恩施民族剧院承办第二届民族院团业务发展研讨会，本次会议由国家民委、湖北省民委指导，中央民族歌舞团主办。来自湖南省民族歌舞团、海南省民族歌舞团、重庆市民族歌舞团、甘肃省民族歌舞团、青海省演艺集团、延边歌舞团、云南省红河州歌舞团等9个少数民族文艺院团和国家民委文宣司、湖北省民委、恩施州委宣传部的领导，以及恩施州文体新广局、恩施州民宗委、重庆黔江区旅投、重庆市黔江区文化委、云南省红河州文体局等相关部门的负责人和恩施州演艺联盟的代表参加研讨会议。各少数民族文艺院团本着“互助互利、共同发展”的原则，全面贯彻落实中共十九大精神，继续探索合作机制，努力在采风创作、业务培训等方面广泛交流合作，实现资源共享，共谋发展，积极推动少数民族文化艺术事业繁荣发展，助推全国少数民族演艺产业蓬勃发展。

【重要会议】 7月17日上午，湖北省民族歌舞团召开土家乡村音乐剧《黄四姐》全州巡演新闻发布会，面向媒体通报《黄四姐》打造情况，为何巡演，巡演安排等相关工作。

【湖北省民族歌舞团负责人名录】

党委书记、团长：燕　冰

党委委员、副团长：杨　芳

（向莉莉）

编辑　刘　权

文物·博物

【概　况】 恩施州共有国有博物馆8个，纪念馆1个，陈列馆1个，民办博物馆2个，世界文化遗产1处，国家级重点文物保护单位9处，省级文物保护单位89处，州级文物保护单位45处，县市级文物保护单位376处，文物点1652处。全州藏品总数量11.82万件（套），文物数量11.32万件（套），其中一级文物74件（套）、二级文物246件（套）、三级文物700件（套）。2017年，恩施州文物博物工作创造性地开展，免费开放工作稳步推进，全年累计接待观众74.58万人，其中未成年观众18.78万人、境外观众0.83万人。2017年，恩施州博物馆获“恩施州‘十二五’科学素质工作优秀组织单位”；在“砥砺奋进绿色崛起——恩施州喜迎十九大经济社会发展成就图片展”工作中，被州委宣传部表彰为特别贡献奖；被湖北省文物局表彰为“全省第一次全国可移动文物普查突出贡献单位”。

【机构改革】 2017年9月，根据《恩施州机构编制委员会关于设立鹤峰县文化遗产局的批复》，鹤峰县机构编制委员会《关于印发鹤峰县文化遗产局主要职责内设机构和人员编制规定的通知》文件，设立鹤峰县文化遗产局，加挂鹤峰县博物馆牌子，为鹤峰县文体新广局管理的正科级公益一类财政全额拨款事业单位，下设办公室、博物馆股、遗址管理股、安保防控股、宣传教育股等股室，核定事业编制数21名。2017年12月，完成机构名称、法人及业务范围变更。2016年建始县博物馆在湖北省文物局登记注册，2017年纳入免费开放博物馆。

【项目申报】 全州共申报文物工程项目75个，其中安防项目4个，消防项目17个，陈列布展项目3个，大遗址环境整治项目1个，保护规划（方案）编制6个，文物本体保护维修项目33个，其他项目11个。截至2017年在申请的文物本体保护维修工程项目中有15个获得批准立项。全年全州文物专项资金已下达3428万元，其中国家重点文物保护专项资金2022万元，安全防护资金190万元，抢险加固资金140万元，保护维修工程资金270万元，陈列布展经费200万元，博物馆运转经费476万元，其他130万元。其中恩施市恩施地委县委旧址消防工程项目，获湖北省文物局批准；完成州级文物保护单位《中美空军俱乐部旧址保养维护计划任务书》，获州级文物保护资金20万元。利川市大水井古建筑群堡坎修缮及边坡治理工程、鱼木寨新湾民居抢险修缮工程、鱼木寨防雷工程等勘察设计方案通过国家文物局评审，符合2017年度国家专项资金安排条件。全年共争取国家、省、州文物保护项目资金607万元。巴东县省级重点文物保护单位“秋风亭”维修项目，通过立项审批。建始县省级文物保护单位石柱观修缮工程立项，勘察设计方案通过湖北省文物局评审。咸丰县蒋家花园、十字路风雨凉桥维修工程通过立项申报；严家祠堂、十字路风雨桥维修工程建设项目通过湖北省文物局立项。鹤峰县完成容美土司考古遗址公园编制规划，获国家文物局批准。

【文物保护】 安全巡查常抓不懈。3月至5月和11月至12月，从县市抽调工作人员进行全州文物安全巡查，涉及全州州级以上所有文保单位以及部分市县文保单位，针对文物“四有”情况、本体保护状况、古建筑用火用气规范情况、安全制度落实、应急预案等进行常规检查，做到每次巡查前有通知有方案，检查中有记录有整改意见，检查后有通报有报告。文物安防常记心中。与州公安消防支队联合制定印发《关于开展全州春季文物消防安全大检查的通知》，3月22日至4月30日，在全州开展文物消防安全大检查，重点对古建筑特别是木质文物建筑的消防安全责任落实情况、消防设施设备配置情况、灭火和应急预案制定和演练情况以及用火、用电、用油、用气等管理制度落实情况进行检查，并形成报告上报州人民政府和省文物局，同时形成通报下发县市文物局。排查行动从未间断。推进全州文物安全状况大排查工作，于6月5日召开大排查工作会议，成立大排查行动领导小组，制定并印发《恩施州文物安全状况大排查行动工作方案》，各县市文物局开展大排查工作，于7月25日前，汇总全州文物安全状况报表，上报省文物局。各县市均形成《文物安全状况大排查情况报告》上报各县市政府。从8月开始进入隐患整改落实阶段。节庆排查成为常态。在元旦、春节、国庆、中秋等重大节日期间，制定并下发加强文物安全工作的通知，同时在汛期印发加强文物监管的通知，要求各县市加强安全巡查，做好应急预案，落实安全监管责任。妥善处理铁塔公司恩施分公司在唐崖土司城址建设控制地带内违法修建铁塔事宜。

恩施市完成窑湾医院旧址维修工程，南城门城楼对外开放；9月29日，湖北省政府批准公布《施州城址保护规划》，完成《文昌祠公园暨环境整治规划设计》，获恩施市规划委员会同意，纳入老城区三个公园建设项目之一。全年，利川市完成鱼木寨重点遗存修缮工程、传统村落环境整治工程，通过州文物局预验收；完成中共湘鄂西前敌委员会会议旧址修缮工程，验收合格。巴东县完成县博物馆文物库房建设项目。咸丰县完成严家祠堂、大村会议旧址抢险加固工程。建始县完成国家发改委、国家文物局重点文物保护项目建始直立人遗址保护主体工程；五阳书院安防、消防、装修及配套工程竣工并试运行；州级文物保护单位黄显极墓抢救性保护工程竣工并通过验收；县级文物保护单位向宏钧夫妇墓抢救性保护工程竣工并通过验收。鹤峰县完成五里坪革命旧址二期修缮工程，通过省文物局验收；完成五里坪革命旧址消防工程建设；红二军团军部旧址修缮工程竣工，通过州文物局验收。

【惠民活动】 恩施州博物馆创新多种宣教形式，开展文化惠民活动。协调、联系州旅游委、州文物局，举办“恩施州首届骨干导游博物馆讲解培训”，州内各大旅行社50名骨干青年导游参训；开展“走进博物馆”系列活动，联合恩施市各小学举办启动仪式，开展“与文物对话”主题征文，招募第二届“小小讲解员”活动；以“5 · 18国际博物馆日”“自然和文化遗产日”为契机，推出3个微展览，在州城风雨桥、咸丰唐崖土司城址、鹤峰县、宣恩县、恩施职院、武警恩施某中队展出，共展出图版158幅，发放宣传资料4000余份；联合州残疾人联合会、恩施市义工协会举办“2017年恩施州志愿助残阳光行动之‘微心愿’爱心助残”活动，与州图书馆联合承办“全民阅读、书香恩施 · 长江讲坛《望子成龙与芝兰玉树——古代家教的两种模式》讲座”；与恩施电视台《直播恩施》栏目组合作开辟《施州有宝》专栏，播出系列节目10期。建始县利用“5 · 18国际博物馆日”及“文化遗产日”，制作以“千年古县——建始”为主题的宣传展板40块，开展进农村、进社区、进学校宣传展览。巴东县博物馆结合“5·18博物馆日”和“文化遗产日”，推出“文博+文艺”模式，采用“讲、演”结合，开展“微展五进”活动，全年在8个乡镇举办文物知识巡展17次，接待观众4万人。咸丰县唐崖土司城遗址管理处利用节假日推出门票折扣等惠民政策；联合咸丰县第一中学、城西社区日间照料服务中心开展“千名学生走进博物馆”“残疾人走进博物馆”活动；举办“严家祠堂家规家训”主题展及“咸丰历史我来说”公益实践活动。来凤县民族博物馆开展“百万学生走进博物馆”“文物展览下乡”活动，利用传统节日，在来凤县文化体育广场举行集中宣传活动。鹤峰县博物馆结合“5·18国际博物馆日”主题活动，举办“历史在诉说”——万里茶道及容美土司宣讲活动，接待观众2000人；配合中央电视台“中国影像志”栏目组完成屏山爵府遗址和万全洞遗址拍摄，于12月在中央电视台10频道播出。

【文物征集】 建始县红岩寺镇金子墩村发现化石，经湖北省文物考古研究所、南京大学古生物专家认定为犀牛化石，标本已采集做年代测定及进一步研究；建始县业州镇田家坪村发现疑似“编钟”1件，经鉴定系战国时期青铜甬钟，发现人邹北平主动将出土文物上交国家，由建始县文物管理局接收保管；2017年建始县文物局征集“二十四孝”木雕1套，鹤峰县博物馆新增文物及照片资料116件。

【临时展览】 恩施州博物馆全年引进贵州民族博物馆《傩魂神韵——中国傩戏傩面具艺术展》，辛亥革命纪念馆《我的童年我的书——小儿书展》，武汉中共中央机关旧址纪念馆《红色记忆——中共中央在武汉》图片展，中国妇女儿童博物馆“家和万事兴”——家教家风主题图片展，广州辛亥革命纪念馆《历史的放大镜——辛亥革命时期漫画展》5个展览。推出《清江风物——恩施土家族苗族自治州非物质文化展》《绫锦斑驳——西兰卡普土家丝锦展》《傩魂神韵——土家族傩面文化展》3个微展览。协助州委宣传部举办“砥砺奋进·绿色崛起——恩施州喜迎十九大经济社会发展成就图片展”，展期3个月。

【学术研究】 2017年，恩施州博物馆发起成立恩施州文博学术研究会、恩施州博物馆展览联盟，举办首届恩施州文博论坛学术研讨会，副州长高敬佩出席开幕式并讲话。武陵周边地区专家、学者60余人参加学术讨论。全州文博系统干部职工共发表学术论文26篇，省级以上核心期刊发表学术论文7篇。

【勘探发掘】 2017年3月至8月，恩施州博物馆完成大汪家湾墓地考古发掘资料整理。包括器物修复、照相、绘图，器物的统计、分类及与相关材料的对比研究，将不能确定质地的器物送中国地质大学（武汉）进行检测。完成《广水市大汪家湾墓地发掘简报》的撰写。9月中旬，考古发掘资料交湖北省文物局。恩施市完成太阳河云台观，舞阳坝原省财政厅旧址、西气东输二线工程文物调查。宣恩县文物局配合湖北省考古所，完成中武当遗址野外清理。鹤峰县完成容美土司南府行署遗址、紫云宫遗址、天泉山遗址、容美土司五里乡三路口村大隘关遗址考古调查和勘探；完成容美土司西坪府寨考古调查清理；协助湖北省考古所编辑出版《容美土司影像志》《容美土司碑刻》，完成资料拍摄、拓片整理。

【宜红古茶道学术研讨会】 2017年1月，鹤峰县古茶道进入“万里茶道”申遗遴选建议名单，为助推鹤峰“宜红古茶道”申遗工作，支持鹤峰县于9月24日承办以“线路与遗产”为主题的宜红古茶道学术研讨会。此次研讨会共收到相关学术论文73篇，内容涉及宜红古茶道的概念及其在“万里茶道”中的定位，与茶道相关的茶区、聚落、茶历史、茶文化、茶道遗存等，对于进一步挖掘和宣传“宜红古茶道”的历史文化价值，助推鹤峰相关历史文化遗存成为“万里茶道”申遗点具有重要作用。

【学习培训】 2017年4月初，与旅游委联合开展导游进文博培训，举办为期3天的恩施州首届骨干导游博物馆讲解培训，州内各大旅行社50名骨干青年导游参训，近10位专家老师讲课。州文物局与州教育局联合行文，7月在州博物馆启动“走进博物馆”系列教育活动，与恩施市各小学联合举办启动仪式，开展“与文物对话”主题征文，招募第二届“小小讲解员”，各县市博物馆纷纷培养“小小讲解员”，与中小学联动，让更多的少年走进博物馆，增长文博知识、了解恩施历史和民俗文化，践行“文化自信”从小抓起，从学校抓起。主动作为，举办多期培训班。举办恩施州讲解员大赛，全州共17名讲解员进行精彩的讲解。举办石刻文物拓片培训班，邀请湖北省考古研究专家顾圣鸣研究员赴恩施教授拓片技术。举办文化文物执法培训、文物保护工程实施与管理技术培训。先后派出42人次参加省文物局主办的文物保护项目绩效管理培训、文物消防安全培训、文物安全管理培训、文物考古培训、文物工程质量管理培训、“十三五”文博人才培训等等。

【调研、宣传】 4月至5月，州人大组织开展全州传统村落和古民居保护及其可持续发展专项视察，州政协组织复兴恩施老城区省级历史文化名城的调研，先后形成视察或调研报告上报州委常委会。8月、11月，新任州委书记柯俊、副州长高敬佩先后赴国家重点文物保护单位鱼木寨、州博物馆进行实地调研。各博物馆围绕“博物馆讲述难以言说的历史”的主题，在“5·18博物馆日”前后举办一系列活动。各种展览让恩施人真正“读懂”自己的家乡，让更多州外的游客了解恩施州丰富的革命文化、民俗文化、抗战文化和土司文化。6月10日，“文化和自然遗产日”活动在咸丰县唐崖镇举行。此次活动向社会大众重点展示恩施州重点文物保护单位的保护现状及其历史、艺术、科学价值；展示恩施州第一次可移动文物普查的成果，介绍了诸如双虎钮錞于、大日如来佛像、河图洛书等重要藏品。抓住巡查文保单位的机会，通过巡查现场对附近的居民以及乡镇村等干部宣传文物法律法规以及文物保护常识；在对拟申报第八批国宝的文保单位进行现场勘查时，一方面帮助他们了解身边的文物，介绍这些文物的科学历史价值；另一方面宣传保护好珍惜好身边的文物的重要意义和发展前景。加强监管，规范程序。州文物局通过多次培训的机会，反复强调文物保护法律法规的有效运用；在文物工程项目的实施过程中，强调从申请、招投标、施工、资金拨付以及验收、审计等各环节的程序合法性与公正性；在进行文物执法的过程中强调执法过程中对法律法规的合理利用与执法程序的合法性。下发《州文体新广局关于做好文物保护专项资金使用情况自查和年度审计工作的通知》，要求对2015年以来的文物专项资金使用情况进行自查，并于年底提交资金审计报告。

【文化交流】 恩施州博物馆与华中师范大学、中央音乐学院联合建设实施“土家音乐文化数字化保护与展示关键技术研究及示范基地”；与湖北民族学院美术与设计学院合作，申报文化遗产数字化保护工程，成为“西兰卡普”编织工艺数字化展示基地，在恩施碑刻、土家吊脚楼制作工艺等数字化展示合作上达成协议。唐崖土司城遗址管理处与中南民族大学合作共建“国家级民族美术实验教学中心唐崖漆艺实践基地”；协同上海大学举办全国第五届大学生艺术展演。鹤峰县举办“线路与遗产：宜红古茶道学术研讨会”，鹤峰县、五峰县、湖南石门县签订宜红古茶道遗址遗存保护、研究、开发、利用协作书，为联合申遗打下基础。

【荣　誉】 省政府发文对唐崖土司城址申遗筹备工作有功单位和个人进行表彰奖励。州人民政府和恩施州文体新广局成为受到嘉奖的集体。省政府全国第一次可移动文物普查领导小组发文对可移动文物普查工作进行表彰，恩施州文体新广局成为受到通报表扬的集体单位。

【恩施州博物馆负责人名录】

馆长：董祖斌

副馆长：王晓宁　廖甲波　陈利平

（龚艳萍）

编辑　刘　权

图书馆

【概　况】 恩施土家族苗族自治州图书馆共有藏书101万余册（传统计量），其中纸质藏书76万册，电子图书25万册。珍贵文献是抗战时期湖北省立图书馆遗留下来的古籍线装书、民国时期平装书，其中不乏善本，有5部古籍入选为湖北省第一批珍贵古籍名录。2017年全年入藏书刊16992册。全年累计接待服务读者221321人次。

2月28日，恩施州图书馆在州委州政府主持召开的全州公共文化服务体系推进会上做典型发言。4月21日，在全州文体新广系统履职尽责督促检查工作动员会上作表态发言。5月8日，湖北省全民阅读领导小组表彰州图书馆为2015—2016年度“全民阅读创先争优先进单位”（鄂全阅〔2017〕1号文件）。2017年，恩施州图书馆破格申报并获得州委、州政府授予2015—2016年度“州级文明单位”称号。

8月8日，湖南省吉首大学图书馆负责人、研究馆员谷遇春带领学校图书馆一行7人专程到恩施，与恩施州图书馆签订吉首大学研究生培养基地共建协议，为州图书馆授牌“吉首大学教学实践基地”，并聘请州图书馆馆长、副研究馆员谭华梅为该校图书情报专业硕士研究生导师。

9月5日，全省汽车图书馆系列活动在黄冈市召开，恩施州图书馆馆长谭华梅作题为《流动“汽车图书馆”行走在大山深处》的经验交流，向全省的图书馆同仁们介绍州图书馆“流动图书馆”特色服务。

【调整窗口部门免费开放时间】 自2017年1月1日起，恩施州图书馆调整窗口部门开放时间，早上8:30到下午5:30连续开放，中午不休息，并实行倒班制，每周免费开放时间保证63小时以上，并且全年365天为读者提供服务。

【组织成立全州公共图书馆阅读推广联盟】 4月23日，恩施州图书馆组织成立全州公共图书馆阅读推广联盟，并首次举办恩施州公共图书馆阅读推广联盟流动“汽车图书馆”巡展。4月23日至26日，恩施州9家公共图书馆的8台流动“汽车图书馆”首次集体走出馆外，在恩施州城、利川市、来凤县、咸丰县开展为期4天的巡展活动，也是第二届长江读书节恩施分会场系列活动之一。此次巡展内容以“全民阅读·书香恩施”为主题。全州公共图书馆现场共展出各县市图书馆全民阅读宣传片5个，展出展牌106块，恩施州全民阅读活动成果图片748张，“汽车图书馆”配送流通图书12000册。为期4天的巡展活动，“汽车图书馆”服务市民1万余人次，“汽车图书馆”图书流通2万册次。此项活动被湖北省图书馆表彰为“十佳汽车图书馆”，被湖北省图书馆学会表彰为“全民阅读推广创新案例”。

【图书自助借还系统启用】 恩施州图书馆争取40万元专项资金，完成图书自助借还系统项目。将馆藏7万册图书全部加入RFID智能芯片，设立安全检测门3台、自助借还机4台、智慧墙1组。自11月1日起，全部实现读者到馆后自助借还、查询图书等功能。

【建设智能化图书馆】 恩施州图书馆投入经费8万元单独搭建interlib数字化管理系统，从湖北省图书馆管理系统中分离出来，读者可以登录网站、微信，在手机、电脑上进行图书的检索、续借等处理，同时能访问在线数字资源，实现与图书馆的零距离接触。设立图书馆智慧墙系统，实时统计到馆人数，采集并分析各部门文献流通量、利用率。

【数字资源建设】 恩施州图书馆申报2017年国

家项目资金33万元，继续开展地方文献数字化工作，与州史志办、恩施日报社资源共享，完成1.8万页地方志、0.5万版《恩施日报》的数字化；对网络资源进行采集，完成1万条恩施州政府公开信息的整理；第一次申报国家图书馆公开课项目，邀请邓辉、田发刚、朱世学、雷翔、向勇、谷斌、董祖斌等本土7位知名专家授课，完成“国图公开课——恩施地方民族特色文化”系列讲座40课时，传承和弘扬优秀民族文化。

【地方文献收藏】 恩施州图书馆全年共收到单位及个人捐赠图书20人次，受赠方志、家谱等图书772种1058册。

【公共图书馆评估定级】 2017年是全国第六次县级以上公共图书馆评估定级年，按照文化部、省文化厅的统一安排部署，恩施州9个公共图书馆积极参加全国第六次县级以上公共图书馆评估定级工作，7月19日，全国公共图书馆第六次评估定级湖北省专家组一行6人到恩施州实地评估，采取网上评审、实地评估与现场座谈相结合的方式进行。

【文化志愿者服务】 全年文化志愿者累计服务人员215人，累计服务455人次，累计服务时间达755小时。7月，派特藏部田亚玲、龚黎参加为期一个月的“中华古籍普查志愿服务行动·湖北行”活动，全年不定期到“馆外图书流通服务点”开展“心手相牵悦读相伴”阅读辅导文化志愿服务，全年累计馆外服务41次。根据文化志愿者服务表现，经认真评选，评选出最佳志愿者16人。

【馆外流通服务】 全年为22个馆外流通服务点开展流通服务30余次，送去图书6714册，服务读者3万人次，流通册次8万余册。在湖北省图书馆组织的长江读书节“十佳评选”中，恩施州图书馆选送的馆外流通服务点——极叶那山书屋荣获“十佳阅读空间”称号。

【少儿读书活动】 由湖北省知识工程领导小组办公室主办，湖北省图书馆、全国文化信息资源共享工程湖北分中心承办的第十四届“童之趣”杯“弘扬核心价值观，传递中华正能量”征文大赛中，州图书馆荣获“优秀组织奖”，征文获得一等奖7篇，二等奖4篇，三等奖1篇。在由湖北省委宣传部、湖北省文化厅、湖北省图书馆联合举办的“放飞梦想——湖北·莫斯科（托伦、阿拉木图）国际少年画展”征集中，州图书馆获得“优秀组织奖”，两幅作品（《京戏》和《放飞梦想，快乐伴我成长》）入选国际巡展。由湖北省图书馆第十四届“童之趣”少儿读书节未成年人阅读案例征集活动中，全省评选出8个年度优秀阅读案例，恩施州图书馆选送的两个阅读案例:《亲子好时光阅读甜如蜜——读书，让我们陪伴孩子走过“悦读时光”》（作者：李健）和《用阅读涵养心灵，让书本指引人生——上官沛然阅读成长之路》（作者：龙阳玲）获得全省年度优秀阅读案例。在湖北省图书馆组织的长江读书节“十佳评选”中，恩施州图书馆选送的少儿演诵节目《春江花月夜》（演诵者：朱姊妤）获得少儿组“十佳演诵之星”。

【经典诵读活动】 4月23日，恩施州2017“全民阅读·书香恩施”暨第二届长江读书节恩施分会场启动仪式在州城民族广场正式开始，恩施州图书馆举办全民阅读经典诵读活动。9月27日，恩施州图书馆联合恩施市图书馆、恩施市英英幼儿园举办“喜迎十九大全民颂中华——经典诵读”手机直播活动。9月28日，恩施州图书馆联合恩施市图书馆、恩施市英英幼儿园举办“弘扬传统文化·诵读国学经典——9·28孔子诞辰日纪念活动”。本次活动以诵读为主，来自州（市）图书馆的干部职工和恩施市英英幼儿园师生及家长纷纷以歌唱、诵读孔子学说中的经典语句等多种节目形式进行展演。恩施州图书馆、恩施市图书馆干部职工，恩施市英英幼儿园师生及家长近800人参加此次活动。

【“移动图书馆”进机关】 7月4日，送“电子阅读机”进恩施州纪委机关大楼。8月，送“电子阅读机”进恩施州文体新广局机关大楼，为机关干部职工免费提供正版电子图书下载阅读服务，推动恩施州全民阅读。

【湖北省图书馆《长江讲坛》下基层巡讲在恩施开讲】 7月27日上午，2017年湖北省图书馆长江讲坛“中华传统文化”主题讲座下基层到恩施州巡讲，此次讲座在恩施州博物馆多功能报告厅开讲，由湖北省图书馆、恩施州文体新广局、恩施州全阅办主办，恩施州图书馆承办，恩施州博物馆协办，讲座主题是《望子成龙与芝兰玉树——古代家教的两种模式》，主讲人蒋方（湖北大学文学院教授，楚文化学者）吸引家长、孩子200余人到场聆听。

【省州县各级公共图书馆联动发展】 以省图书馆为龙头，上下联动打造全省阅读推广品牌。4月至10月，省图书馆举办第二届“长江读书节”活动，恩施州图书馆联动举办“长江读书节，清江飘书香”恩施分会场全民阅读系列活动，结合省馆“六百”系列活动，筹划主题活动，支持书香恩施建设。2月，恩施州图书馆在州城恩施举办全州公共图书馆馆长业务培训会20余人参加培训。4月23—26日，恩施州图书馆组织成立全州公共图书馆阅读推广联盟，并开展全民阅读成果巡展活动。

【恩施州图书馆负责人名录】

馆长：谭华梅

副馆长：袁少如　杨献忠　兰　芳

（田　媛）

编辑　刘　权

文化传媒

恩施日报社

【概　况】 2017年，恩施日报社宣传贯彻落实党的十八届六中全会精神、十九大精神和习近平新时代中国特色社会主义思想，坚持党管媒体、党管宣传原则，围绕中心、服务大局，各项事业稳步发展，为恩施州建设“一谷两基地三示范区”、实现绿色崛起、决胜全面小康营造了浓厚的舆论氛围。2017年度全社有8件作品获第35届湖北新闻奖，1件作品获版面金奖，2件作品获版面银奖。22件作品获湖北省市州报新闻奖，其中一等奖作品4件、二等奖作品15件、好版面1个、好标题1个、副刊作品一件。

【事业发展】 年初，报社注册组建恩施晚报传媒有限责任公司，负责全社广告经营任务。通过整合各类资源，建立广告公司与各媒体的沟通机制，做大政务市场，抢占商业市场，形成既要事业也要产业的良性格局。媒体广告经营稳步推进。加大服务力度，扩大政务广告市场。与州检察院、州教育局、州发改委、州交通局等单位联办专刊专栏，《恩施晚报》还新开辟了利川新闻版，有力支撑了政务广告逆势上扬。全年政务广告可实现2000万元。注重活动策划，抢占商业广告市场。2017年，晚报（公司）精心策划“3·15”特刊、全州驾培驾考行业评选、保险行业案例评选、“老百姓喜爱楼盘”房地产交易展示会、硒博会特刊等活动和会刊，实际完成商业广告500万元。利用新媒体，培育广告增收新平台。2017年，仅恩施晚报微信公众号粉丝由最初的5.8万增加到30万。公司利用新媒体优势和平台影响力拓展广告市场，全年新媒体广告收入实现160万元，较上年翻了一番。报社印刷厂改制及经营工作有序推进。报纸印刷工作正常开展，杂件生产平稳有序，全年可实现生产经营收入1900万元。整体搬迁工作顺利完成。报社组建搬迁工作专班，经过一年多时间的前期筹备，于国庆节期间顺利完成搬迁。

【党建工作】 报社以加强党建工作为统领，统筹党风廉政建设、精神文明建设、群团组织建设等，队伍工作作风明显好转，单位管理水平明显提升。完善党建工作机制，落实党建工作责任。年初，社党委会专题研究全年党风廉政建设工作，印发《2017年党风廉政建设工作要点》，并对责任进行细化分解，形成完善的责任链条。同时，将党建工作目标纳入报社各部门综合目标考核内容，将“软任务”变成“硬指标”。强化廉政教育，不断提高反腐倡廉意识。教育党员干部把纪律挺在前面，坚持不懈落实中央八项规定精神，坚定不移反对腐败，自觉执行《廉洁自律准则》。组织党员学习典型案例通报、观看警示教育片、进一步强化廉洁自律意识。开展“以案明纪”警示教育活动，组织党员干部集中观看警示教育片《偏离坐标的人生》，深刻剖析原副社长徐清华严重违纪违法案例，用身边案例教育身边人，使全体干部职工以案为鉴、闻警自省。抓好州委决策传达学习，增强行动自觉。牢固树立“四个意识”，促进党媒姓党，传达学习州委宣传部关于严禁借中共十九大进行商业炒作的会议精神，强化政治把关。

【廉政建设】 配备纪检监察机构负责人及工作人员，强化监督执纪问责力量。对2名违规自办或参股办公司的工作人员分别给予诫勉谈话、批评教育的处理。加强廉政风险预警防范，组织开展《恩施日报社广告经营行为廉政风险防范管理办法》落实情况专项督查，并逐一进行整改。对照州委第二巡察组巡察反馈意见，进一步落实整改措施。社党委根据有关规定，对16名自主招聘的无编制人员所任职务全部免除，将违规突破社“三定”方案增设机构、超配科级干部方面的问题整改到位。1名涉嫌严重违法、违纪的副县级干部，被检察院逮捕。

【主题宣传】 聚焦宣传党的十九大精神，确保政治方向、舆论导向正确，做到“零失误”。十九大召开期间，《恩施日报》密集发稿十九大要闻90余条（幅），并以“要闻”“特稿”“关注”等形式推出17个“新时代十九大特别报道”整版专题。《恩施晚报》及时报道十九大要闻，并推出多个十九大报道专题。恩施新闻网十九大专题共发布各类稿件（含文字、图片、视频）866件。恩施发布公众号共推送十九大重要报道19篇，总阅读量超过30万人次。

【典型宣传】 开办《培育和践行社会主义核心价值观》《身边正能量》《恩施楷模》等专栏、专题，推出一系列先进人物典型。其中推出的国家科技进步奖特等奖得主建始籍博士张诗壮、利川家教家风典范向坤芝老人、“挥手英雄”向锐、咸丰丁寨孝老爱亲模范刘树碧、毛坝十任书记种茶30年等重大典型，引起社会高度关注。推出“鹤峰最美评选”、恩施州破解基层信访之痛的法治实践、建始大数据监管精准扶贫、恩施州探索河长制升级版等典型经验报道。

【时政报道】 通过强化新闻在版面中的主导地位，主打深度报道的“纵深”板块、聚焦时政新闻的“时政”板块迅速成为吸引读者广泛关注的热点;《新春走基层》《过年我在岗》读者认可度很高;《宣恩三青年东莞街头勇斗劫匪》等深度调查、连续报道，得到州领导批示肯定;《社区故事会》反映市民的感人事、烦心事、新鲜事，有料、有趣、有温度；社会新闻《寻找黄春桃》读者参与度高,《温州阿兵，寻亲报恩恩施好人》引起热烈讨论。

【经济报道】 日报通过改版，新设《经济周刊》板块，强化经济报道的深度。自3月初起，相继推出《新闻深1度》《经济广角 · 连连看》《清江观潮》等栏目，每期有重点、有看点。州委副书记、州长刘芳震对社党委高度重视经济工作宣传的行动给予批示肯定。日报在二版开办《改革之窗》，推出21个全州2016年改革优秀案例。加大招商引资宣传力度，报道全州各地项目招商、选商引资、绿色招商的新思路、新举措和好效果。搞好创业就业报道，在日报三版开辟《创业足迹》专栏，持续报道城乡就业创业典型。

【本土报道】 深耕本土文化，形成宣传特色。《恩施晚报》在新闻题材上进行本土化选择，推出《文化抢救在行动》栏目，通过对西兰卡普、传统村落、特色村寨、书法资源普查、文物保护、恩施民歌、地方戏剧等各种地方文化遗产存续现状的深度报道，向读者强化了濒危文化保护意识，同时，也使本土文化保护话题成功设置成为社会公共议程。《恩施日报·文化旅游周刊》新开辟栏目《文化抢救工程系列报道》，同时还推出《地名故事》报道。

【精准扶贫报道】 围绕精准扶贫、精准脱贫做文章。重点编发《经济观察》《创业足迹》《脱贫攻坚倒计时》等栏目，报道各地精准扶贫、精准脱贫的做法和效果。结合恩施州农村产业发展及结构调整需要，介绍农村生产经营模式创新，如《股份制闹热金陵寨——李家河镇试点土地联片入股综合开发扶贫调查》《村民当股东抱团摘穷帽——记金果坪“金融扶贫+股份制”模式》等；推介精准扶贫新模式，如《“引窝蛋”扶贫》《特产上网脱贫有路》《牟老汉变形记》《沐抚为特困户卖土特产》《网上卖特产喜迎开门红》《“微信家政”助春耕》《羊肉面“煮”出大产业》等。

在做好扶贫报道的同时，报社按照州委、州政府的部署和州脱贫攻坚指挥部的要求，认真开展驻村帮扶工作。抽专人组成扶贫工作队，扎实开展71户预脱贫户精准扶贫精准脱贫工作，全年开展5轮集中走访，了解贫困户的生产生活情况，宣传精准扶贫政策，逐户制定和落实脱贫计划。到年底，桐子园村已发展油茶1500亩，油茶产业已经成为桐子园村的支柱产业，成为村民致富的主要收入来源。12月初，报社帮扶的咸丰县丁寨乡桐子园村通过考核验收，实现了整村脱贫目标。

【“走转改”活动】 “走基层”专栏受到社会高度关注。本报记者采写的《决不能让贫困户受损失》走基层现场新闻，引起中宣部“三项”教育办的关注。“记者走基层主题采风”活动受到社会广泛好评。2017年3月，报社精心策划，组织开展“精准扶贫竞进小康——记者高山乡镇行”主题采风活动，由8名社领导带队分赴全州8个县市高山乡镇，特别是4县市5个高山乡镇集中连片贫困地区进行深入采访。推出的《十任书记种茶30年》的典型报道，全国重要新闻网站纷纷转载，州委宣传部主要领导给予批示肯定。

【从严治党宣传】 推进全面从严治党向纵深发展。相继推出《用好“标尺”正风纪——我州积极运用“四种形态”治病救人》《正风巡察鹰眼疾——州委真巡真察推动全面从严治党向纵深发展》《强基固本正气升腾——州委为全面建成小康提供政治保证》《心中有“数”——建始运用大数据查“微腐败”》《正风肃纪在路上——利川着力打通全面从严治党“最后一公里”》等重头报道。组织开展以“清风恩施·正气荡涤”为主题的身边真实廉政小故事征文活动，《老教师编花鼓词唱清风》《上访户给政府送锦旗》《阳仔的坚持》《拒吃晚餐》等一批廉政小故事，获广泛好评。

【新媒体建设】 推进新媒体“增粉工程”，提升媒体覆盖面和传播力。整合力量，对新媒体中心和恩施新闻网实行两套班子、合署运行。经过调整后，新媒体中心负责3个网站、3个微博、3个微信公众号的整体运行维护管理。恩施州政府网省网信息上传总量居全省前列，国务院两次抽查均为合格。3月底，恩施州政府网首次进入全国市州政府门户网站百强，州委副书记、州长刘芳震作出批示，对网站建设取得的成绩予以肯定。恩施发布公众号加强原创，立足于重大、热点题材，及时跟进，深入挖掘，保证内容的新鲜度和丰富度，如反映春节期间各行各业坚守奉献的《恩施医生晕倒手术室监控视频曝光！最全真实记录，揭秘背后隐情……》《最近恩施经常有人在路上拦车？一线直击情况如下……》，展现恩施抗战历史的《视频直击！恩施一颗炮弹13日爆破，揭开一段惨烈历史》，挖掘各领域恩施籍杰出人才的《这是要上天！移动4G关键技术掌握在恩施人手中》，与百姓生活息息相关的社会现象《恩施街头一夜冒出400辆共享单车，网友评论亮了！》等。新榜指数长期居全国政务微信前列，在湖北政务微信影响力排行榜中排名一直保持前5位。同时，制定《恩施发布有奖留言活动方案》，开展“有奖留言”活动，积极与网友交流沟通、答疑解惑。

【恩施日报社负责人名录】

党委书记、社长：向定山

党委副书记、总编辑：毛永丰

党委委员、纪委书记：黄东风

党委委员、副社长：谭炜焰　费东海

党委委员、副总编辑：安家友　薛　辉

副总编辑：罗　鸣

（柳季春）

编辑　刘　权

恩施电视台

【概　况】 2017年，恩施州电视台被省委宣传部表彰2017年“新春走基层”活动先进集体，被州委州政府表彰为2017国际茶业大会、第四届硒博会筹办工作表现突出集体。“云上恩施”被省委宣传部表彰为全省宣传思想文化工作创新项目。

【主题宣传】 恩施州电视台始终坚持党管宣传，党管意识形态不动摇，不断创新思路，丰富形式，筑牢舆论宣传主阵地。始终高举旗帜，坚持团结稳定鼓劲和正面宣传为主的方针，围绕州委、州政府中心工作，营造良好舆论氛围，确保宣传导向正确。围绕迎接和学习宣传贯彻中共十九大、省第十一次党代会、州第七次党代会进行重大主题宣传。围绕打造“一谷两基地三示范区”和湖北特色产业发展增长极的战略部署进行重点宣传。在做好常规宣传报道的同时，开展“县市委书记、县市长访谈”“州直局长主任访谈”“早春走一线”“百名记者进园区进景区”等融媒体大型采访活动。重点策划“学习宣传贯彻十九大精神，打好五大攻坚战”“精准扶贫”等系列宣传。开展党风廉政宣传月、精神文明建设、生态文明示范区建设、防汛抗旱等专题报道。拍摄制作《不忘初心》MV大型公益宣传片。开展“最美鹤峰”“感动恩施”脱贫攻坚榜样事迹报告会等大型主题活动，讲好恩施故事，传递恩施好声音，凝聚发展正能量。

【对外宣传】 加强与中央电视台、省广播电视台联系协作，有针对性地做好选题策划和投稿，对外宣传迈上新台阶。全年在中央电视台播出新闻61条，全国新闻联播上稿3条；在湖北电视台播出新闻821条，电视外宣首次进入全省前五位，上头条、上提要的重头报道明显增多。在中央人民广播电台用稿42条，其中“中国之声”用稿22条；在湖北广播电台的综合用稿1354分（条），连续三年位列全省市州第一。新媒体向国家和省级移动客户端推送恩施新闻信息1589条，恩施电视台微信公众号稳居全国地市级电视台微信公众号前三名，其中有6条微信点击量达10万余次。

【舆论监督】 以关注百姓心声、聚焦民生热点、促进民生和谐为宗旨，回应群众关切。依托《今晚九点半》《直播恩施》《党风政风热线》，云上恩施“民生”“爆料”等栏目，进行舆论引导，回应群众关切。《电视问政》围绕部门履职尽责、干部作风转变等，履行媒体监督职能，全年共完成拍摄制作问题短片92个、专题片5个，完成13个专项工作任务，完成电视问政7场。广播电台《政风行风热线》播出100余期，邀请州、县市领导和部门负责人上线与听众互动。云上恩施开通《党风政风热线》《3·15线索征集》《直播恩施爆料台》《干部懒政怠政问题举报》，及时受理群众诉求。《直播恩施》全年播出350余期，播发民生新闻5600余条，解决百姓实际问题300多件。

【节目改版】 各频道、各频率、各版面（网页）根据用户需求和州委州政府的要求，不断改革创新。电视节目全年完成包装420件。新闻频道将《电视问政》作为独立栏目设置，新增《天天问政》子栏目。进一步整合《法治恩施》节目;《直播恩施》全新改版，设置“新闻第一线”“社区大小事”两大板块，开通“随手拍”。公共频道整体改版升级，重新定位包装，新增大型直播生活服务类节目《生活520》;《幺妹带你耍》《天天硒博会》《恩施开讲》等栏目重新包装，定位更加准确。广播电台调整部分节目时段，新增《整点播报》《今夜星空下》《情定940》《星音乐》等6档节目，直播时长达13小时。云上恩施进一步优化版面布局，先后开办《领航新征程》《世界硒都中国硒谷》等56个专题，用户体验得到优化。制作完成《六城同创共建文明》《国家安全》《森林防火》等50多部公益广告。

【安全播出】 健全完善广播电视安全生产和安全播出管理制度，层层落实安全责任。严格落实节目“三审制”，重大宣传由台长、总编辑审核把关。加强重点热点难点问题和突发事件的舆论引导，与党委政府保持一致。强化互联网思维，加强网络舆论监管和引导。坚持“广告也要讲导向”，严格执行新《中华人民共和国广告法》，强化对广告经营活动的监管。加强广播电视安全播出管理，保障“一带一路”高峰论坛、湖北省第十一次党代会以及中共十九大等重要会议期间转播安全及近7000期自办节目、50多场大型直播、8000余集（期）下载转播类节目未出现任何问题。

【媒体融合】 在媒体融合取得良好起步的基础上，立足建设新型主流媒体，进一步加强探索创新，推进媒体融合向纵深发展。推进发展理念的融合，树立媒体融合发展理念、互联网思维和用户意识，制定出台推进媒体融合发展的执行办法，逐步实现三个转变：记者从单一摄像记者向文字、图片、音频、视频、无人机、VR运用及制作的全技能记者转变；绩效考核比重向重要岗位转变，向优质稿件和优秀创意策划转变；生产流程从以电视为先向以多媒体全面发展转变，工作时序从以白班为主向全天候转变。推进技术平台的融合，云上恩施政务版块实现州直部门全入驻，与恩施州网上办事大厅后台实现无缝对接，云上恩施、州中心医院智慧医疗项目正式上线，打造集信息收集、舆情研判、采访调度、电视广播和网络新闻编辑、新媒体制作推送、大数据处理等功能于一体的全媒体智慧指挥平台，投资100多万元建设大数据交换平台，实现信息资源的交换、共享、管理和开发利用。推进内容生产的融合，打造新闻采编“中央厨房”，按照“多渠道采集、多元化生产、多终端发布”的融合发展思路，构建适应媒体融合的组织架构和生产流程，真正形成“新媒体首发、全媒体跟进、融媒体传播”的宣传格局。推进发布终端的融合，1月1日云上恩施电脑端正式运行，5月云上恩施电视端上线，云上恩施手机端、电脑端、电视端，微信公众号、微博多终端融合，实现统筹联动，形成舆论宣传媒体矩阵和强大合力。推进影响力的提升，“云上恩施”手机端用户达20万户，三端总用户数超过40万户，“恩施电视台”微信公众号粉丝数达到50万户左右。协助省广播电视学会组织“新形式下广电媒体发展与责任”研讨会。先后有全国各地30多批次考察团到恩施台学习考察媒体融合工作。

【综合配套改革】 实施综合配套改革，进一步理顺体制机制，不断推进产业转型升级。聘请专业机构指导改革，做好全台改革战略规划及方案设计工作。按照“增量改革、独立核算、分灶吃饭、工效挂钩”的总原则，制定综合配套改革及薪酬改革方案，并经职代会通过实施。实行“频道+中心”制管理模式及频道总监负责制，明确新闻频道、公共频道、广播电台、新媒体中心、广告公司五大经营主体，明确经营重点和目标任务，细化薪酬体系。

【广播电视信号覆盖】 加强广播电视基础设施建设，不断增强信号覆盖面，推进媒体传播能力提升。实施无线覆盖工程，中央及省级地面数字电视覆盖工作有序推进，完成7个补点站选点勘测和发射塔租赁协调工作，完成天池山主站天馈系统安装调试。推进广播惠民工程，成立广播覆盖领导小组，推进广播电台信号覆盖，投入100万元，完成FM99全州同频覆盖建设，实现FM99、FM94两套频率覆盖全州县市中心城区、边界重点乡镇和重要景区；投入295万元的FM99、FM94三次覆盖已经完成站点勘测和招标工作；配合完成“村村响”州级平台与县市平台的对接工作，为广播节目下传做好各项准备工作。

【传媒中心广电大楼建设】 成立传媒中心广电大楼装修工程领导小组，有序推进装修工作。11月27日，州政府第17次常务会议专题研究州传媒中心广电业务用房搬迁事宜，同意电视台实施装饰装修搬迁请求，并提出由州财政一次性解决州电视台设备购置、装饰装修业务用房所需资金及现有债务。

【经营活动】 坚持产业强台，拓宽发展领域，广告公司不断显现良好经营效益，“3·15晚会”“广电车展”“广电房交会”品牌效应逐步显现；“广电商城”正式营业，收入达到预期；“广电家装”顺利开馆，业务有序推进；“广电团购汇”“广电旅游”打下良好基础；云上视界科技公司人员和内部框架组建完成；纪录片产业市场不断拓展。坚持活动兴台，增强发展活力，先后举办“最美鹤峰”“贡茶仙子”“少儿才艺大赛”“恩施好医生”“中国内陆河水上运动会”“万人徒步大赛”“感动恩施”“汉语英雄大赛”“经典诵读”等电视活动70余场次；广播活动线上线下互动频繁，共以主办、联办开展线下活动45场次，其中“妈咪宝贝爬行赛”“春节踏青自驾游”“主播听友见面会”“情定940线下相亲会”“高考爱心送考”“母婴文化节”等活动群众参与度高、社会反响好。坚持开放合作，拓展发展空间，恩施电视台与中央电视台、湖北广播电视台、杭州文广集团等主流媒体建立合作关系，取得阶段性成果。

【重要活动及领导调研】 2月14日，州委常委、州委宣传部部长尹达到州电视台调研云上恩施建设情况，要求切实加强全方位管理，不断推进改革创新，充分发挥主流媒体在服务州委州政府中心工作、服务经济社会发展、服务人民群众中的重要作用，加快广电事业和产业发展。

4月7日，副州长高敬佩到恩施州传媒中心现场调研，了解州电视台启动广电大楼搬迁工程中存在的困难和问题，要求加快推进大楼搬迁进度，早日完成建设工作。

8月14日上午，中南民族大学法学院副院长孙光焰一行到本台调研文化产业发展和文化体制改革等情况，双方就产业发展、体制改革等问题进行深入的探讨交流。

9月7日，湖北广播电视台党委委员、总工程师聂长生前往天池山电视转播台检查广播电视安全播出工作，要求继续加大管理力度，做好各项应急预案，落实各播出环节的应急措施，做好广播电视安全播出。

9月21日，湖北省广播电视学会“新形势下广电媒体发展与责任研讨会”在恩施州召开。

9月22日，湖北省新闻出版广电局党组书记、局长张良成到州电视台检查安全播出工作，要求层层压实安全播出责任，把握关键环节、重点部位、敏感时期，时刻保持清醒头脑，切实做到防患未然，做到安全播出零事故，以最佳状态迎接中共十九大胜利召开。

【恩施电视台负责人名录】

党委书记、台长：贾继播

党委委员、总编辑：谭也平

党委委员、纪委书记：白　灵（5月调入）

党委委员、副台长：陈平财

饶章涛（7 月调入）

党委委员、总工程师：黎忠勇

党委委员、副总编辑：孟　涛

（吴承明）

编辑　刘　权

湖北省楚天视讯网络有限公司恩施分公司

【概　况】 2017 年末，全州数字电视总体用户规模达到 53.6 万户，电视渗透率为 38.3%；广电宽带用户达到 15.3 万户，宽带占电视用户渗透率为 29.3%；OTT 广电智宝盒用户 8.6 万户。

【产业发展】 恩施分公司严格履行国有文化企业的社会责任，加快发展广电网络，确保国有资产保值增值。2017 年全州共投入 1.7 亿元，近年来已累计投入 4 亿余元大力推进广电网络基础设施建设，全州广电网络资产总量从网络整合重组时的 4.6 亿元增加到 7.53 亿元。加大光纤通村力度，2017 年新通光纤 600 余个行政村，全州 2359 个行政村已通达 2243 个，通村率 95.1%，为“村村响”工程、“综治视联网”工程提供传输链路。加大干线建设力度，州内北四县沿铁路干线建设已竣工，为州至相关县市干线提供 36 芯的光纤传输通道。加大机房平台建设力度，完成乡镇机房标准化基础建设。恩施分公司在州传媒中心广电大楼的新核心数据机房基础建设工程已于 12 月底启动。

【事业建设】 恩施分支公司积极主动参与公共文化建设。负责全州广播电视 2919 个村“村村响”和 572875 户“户户通”重大文化惠民工程建设的具体安装运维工作，“村村响”工程已建成 8 个县市平台、90 个乡镇平台、1198 个村平台，安装终端 13158 个；“户户通”设备已安装开通 413774 套，开通率 72.23%。恩施州电视台和恩施分公司组建专班，通过“村村响”终端开播 FM99 广大村民喜闻乐见的对农节目。

【智慧服务】 恩施分公司参与智慧恩施、信息产业链、公共文化服务体系建设，推进由传统有线电视向“互联网 +”“广电 +”的转型发展。已建成建始铁路监控专网、环保监测专网和巴东政府视频会议、财政专网、铁矿监控等视频监控和行业专网系统，建成州文化中心硒博会展区、州委党校、湖北民族学院、利川谋道苏马荡旅游度假区、建始和巴东火车站等公共场所无线 Wi-Fi 覆盖。经过恩施分公司、恩施州电视台新媒体中心和北京国安广传网络科技有限公司近半年的研发，5 月 12 日，“云上恩施 · 云上建始”、智慧家园、慧生活电视版在建始县业州镇成功上线，这是全省“长江云”电视版的首次推介应用。12 月 6 日，湖北省楚天视讯网络有限公司与巴东县人民政府就“智慧巴东”建设达成战略合作框架协议。“五个智慧红岩”试点建设为乡村振兴战略提供智能化支撑。2017 年，恩施分公司在建始县红岩寺镇以“五个智慧红岩”建设为试点，“社会管理应急调度指挥系统”“智慧医疗”“智慧交通”、公共 Wi-Fi 等项目建设已启动或建成，“变压器电力数据信息远程采集”项目作为省国网供电公司试点已建成开通，建始县政法委综治指挥中心和红岩寺镇所有村立体防控雪亮工程，得到县委县政府主要领导的高度肯定。

【优质服务】 恩施州率先在省广电网络公司实现广电网络层级管理，成功推行州对县市、县市对乡镇的层级管理，在村（居）、社区设置网格单元，在全州乡镇和城区网格都设有服务网点，全州按用户多少划分区域设置 158 个网格，每个乡镇经营部和网格都有 2—3 名正式员工，对用户实行全天候贴心服务，最大限度地满足用户需求。广电网络服务触角已深入到城市和乡村的每一个角落，层级管理效能正在生产经营过程中持续释放。

【湖北省楚天视讯网络有限公司恩施分公司负责人名录】

党委书记、总经理：赵明政

党委副书记、常务副总经理：袁谷兵

纪委书记：王利民

党委委员、工会主席、副总经理：廖兆文

党委委员、财务总监：朱家权

党委委员、总工程师：曹宏森

（陈鹏飞）

编辑 刘 权

档 案

【概 况】 2017年，恩施州档案局（馆）紧扣州委、州政府中心工作和省局年度目标任务，牢记"为党管档、为国守史、为民服务"神圣使命，履职尽责，档案业务建设成效明显：全州各级综合档案馆共接收纸质档案37523卷31792件，征集家谱、家训、家风和明清珍贵地契档案88套；接待利用档案21523人次，查阅档案资料62848卷（册）次；累计完成档案全文扫描3023万页；全部完成州直应复查单位39家档案复查验收；州、县市档案局组织业务培训13期1002人次参训。档案馆建设有效推进，档案服务能力建设显著提升，党风廉政建设力度加大，精准扶贫工作成效突出。

【档案馆建设和档案资源建设】 档案馆建设。建始、咸丰、鹤峰、来凤县和利川市档案馆新馆已投入使用；恩施市档案馆新馆已开工建设；宣恩县档案馆新馆已经完成设计、图审、造价；巴东县档案馆新馆已完成选址、立项等前期工作；恩施州档案馆新馆建设前期工作正在紧锣密鼓进行。档案资源建设。2017年，全州各级综合档案馆共接收纸质档案37523卷、31792件，并充分利用纸质媒体、门户网站等广泛宣传档案征集工作。恩施州档案馆征集家谱、家训、家风45套；恩施市档案馆征集明清珍贵地契档案43件，最早为蒋氏家族搬迁龙马青堡契税，反映当时的税赋历史，具有极大保存价值。

【档案法治建设和教育培训】 档案法治宣传。全州各级档案部门和机关单位档案室在"6·9国际档案日"组织开展丰富多彩的档案宣传活动，州直116家单位在电子显示屏上滚动播放档案工作宣传标语，48家单位张贴宣传海报，12家单位制作宣传展板。整个活动期间，全州共发放、张贴档案宣传挂图80份、宣传册910件。档案执法检查。贯彻落实"双随机一公开"监管工作要求，于10月25日至11月8日展开专项行动，随机抽选12家州直单位开展档案执法检查，对相关单位违法违规情况及时进行通报，要求限期整改，确保档案执法检查工作依法、公开、规范、高效推进。档案教育培训。州、县市档案局组织业务培训13期、1002人次参训；并组织辖区内档案员到省局参加岗位培训368人。8月15日至17日，恩施州档案局举办全州行政执法人员培训班，55名档案行政执法人员参加培训。省档案局法宣处处长罗忆、馆室处副处长袁作军亲临授课，恩施州人大法制委员会有关人员讲授行政执法实务。

【档案信息化建设】 全年全州9个国家综合档案馆已累计完成档案全文扫描3023万页；其中，恩施州档案馆已累计完成档案全文扫描732.7万页，馆藏档案数字化率达到63.85%。数字档案馆（室）建设稳步推进，利川市直机关单位数字档案室试点工作已正式启动；电子文件在线归档工作初见成效，恩施州住房公积金中心推行的文档一体化已经取得实质性进展。

【档案服务能力建设和档案资源开发利用】 围绕关键节点提供档案服务。在全国上下喜迎中共十九大胜利召开之际，恩施州档案局承办"砥砺奋进绿色崛起——恩施州喜迎十九大经济社会发展成就图片展"（州委、州政府主办），以实际行动喜迎中共十九大。州委、州政府主要领导参加开展仪式并带领有关单位参观展览。自9月30日开展以来，吸引恩施州内外240个单位、5万余人参观，引起社会各界强烈反响。围绕中心工作提供档案服务。全州档案部门围绕精准扶贫、农村土地确权、重大项目建设等全局工作，开展业务培训、加强监督指导、规范档案管理，提供优质服务。召开精准扶贫档案工作会议170余次，组织培训200余次，培训6000余人次；组织土地确权档案工作培训会20多次，培训120余人次；开展重大建设项目档案登记、指导和验收工作，2017年州级以上重点建设项目171个已全部完成档案登记。围绕州委、州政府决策提供档案服务。结合档案局工作职能深入开展调研，编写《历任州委书记对恩施发展路径的探索与实践》《保护和抢救恩施州抗战遗存遗址刻不容缓》等资政报告，为州委、州政府决策提供有效参考。档案资源开发利用。2017年，全州各级国家综合档案馆共接待利用档案21523人次，查阅档案资料62848卷（册）次，复打印资料58966页。档案编研工作成效显著，恩施州档案局编辑出版《中华民国湖北省政府施政报告》，咸丰县完成《唐崖镇志》“全国名镇志文化工程”申报，启动目录编审工作。

【家庭建档工作指导和档案目标管理】 家庭建档工作指导。在《恩施日报》和《恩施晚报》上刊登征集家庭建档的启事，7月28日举办全州家庭建档工作培训班，加强对家庭建档工作的监督指导。全州各县市家庭建档工作有序推进，确定家庭建档州级示范户8户，宣恩县朱耀被省档案局评为2017年度家庭建档省级示范户。档案目标管理。注重提质扩面，放大效应，州直副县级以上单位和县市副科级以上单位实现档案目标管理全覆盖，全州档案工作整体水平显著提升。2017年，州直应复查单位共39家，已经全部完成验收。加强对县市档案目标管理工作的抽查监管，全年对3个县的档案目标管理工作进行抽查，对抽查发现的问题点名通报，对不合格的县市档案局限期整改，确保档案目标管理质量，避免走过场、送人情的情况发生。

【恩施州档案局（馆）负责人名录】

局（馆）长：谭立文

副局（馆）长：李　锦

（张　农）

编辑　刘　权

史　志

【概　况】 2017年，全州工作遵循国务院《地方志工作条例》和《湖北省地方志工作规定》，把牢“党史姓党”方向，以“修志问道，以启未来”“直笔著信史，彰善引风气”的方志工作精神，推动地方史志事业发展。全年全州史志部门出版党史、方志、年鉴、地情资料著作共计20余部。地方党史二卷正本编撰截至2017年底，正式出版6本。州及县市综合年鉴继续保持县县编年鉴，年年出年鉴良好局面，村志试点工作初见成效，《湖北要览》州卷及县市卷编纂工作启动。加大史志工作宣传力度，全年州史志网上发布史志动态61条，州委办公室《每日要情》采用11条，省党史网登出信息5条，中央党史网采用1条。党史、志鉴成果利用转化有突破，州史志办对全州范围内有关抗战口述史研究情况进行摸底调查，参与承办“砥砺前行、绿色崛起——恩施州喜迎十九大经济社会发展成就图片展”，结合精准扶贫工作实际调研撰写的文章《精准扶贫工作中如何发挥地方志职能——兼议文化扶贫中扶知、扶智、扶志的辩证思考》收录至《中国地方志学会方志学分会2017年年会论文集》。在推进全面从严治党向纵深发展工作中，严格落实党建和党风廉政建设主体责任，继续推进“两学一做”常态化制度化建设，在支部主题党日活动中按照规定动作完成“八事联动”的同时，创新丰富党建活动内容。

【党史正本编研】 州史志办按照省委党史研究室的终审意见，对《中国共产党恩施州历史（第二卷)》进行修改并指导督促县市党史二卷编撰，2017年,《中国共产党鹤峰县历史(1949—1978)》出版，宣恩、来凤、咸丰党史二卷稿经过评审修改于年底进入出版环节。县市党史三卷启动工作展开，州、县市调整了党史工作领导小组,《中国共产党建始县历史(第三卷)》编审委员会成立,《中国共产党巴东县历史(第三卷)》编纂工作专班组建后开始进行资料的收集。州史志办对县市党史三卷编纂加强指导，批复《利川市党史三卷编纂方案的请示》，先后组织州、县市2批次、18人参加省党史业务培训。

【组织史资料编写】 恩施州及8县市完成《湖北省组织史资料》恩施州部分的上报本。2017年《恩施州组织史资料》第六卷自编本处于资料收集的关键时期，共审核了8个县市及104个州直单位的初稿。县市组织史第六卷自编本采用单卷或合卷编纂方式进行,《中国共产党巴东县组织史资料(第六卷)(2008—2012年)》、《中国共产党恩施市组织史资料(2009—2013)》出版。

【乡镇志、村(社区)志编纂】 全州史志工作部门加强对乡镇志、村(社区)志编纂工作的指导和推进。巴东县乡镇和开展修志工作的村(社区)成立编纂委员会，制定乡镇志和村(社区)志工作规划，巴东县史志办公室编撰印发《巴东县乡镇志村(社区)志编纂工作手册》200册用于指导乡镇志、村(社区)志编纂工作；恩施州村志试点——恩施市《高拱桥村志》《鸦鹊水村志》通过评审。恩施市政府召开新编村志编纂业务培训，有22部新编村志启动编纂工作；鹤峰县有9个乡镇成立了编修工作领导小组(恩施、鹤峰启动)；建始县史志办公室重点对长梁乡、茅田乡、高坪镇3个试点乡镇的乡镇志和村志编纂工作进行业务指导，长梁乡、茅田乡开展资料收集工作，高坪镇志初稿基本完成。《店子坪村志》2017年11月公开出版发行，成为恩施州、建始县第一部公开出版的村志；来凤县史志办印发《来凤县乡镇村志文化工程实施方案》，举办全县乡镇村志编纂工作专班，发放《来凤县乡镇村志编纂工作手册》；列入首批湖北名镇志的《利川柏杨坝镇志》出版发行,《柏杨坝镇柏杨坝村志》完成初稿撰写。咸丰县冲刺第二批“全国名镇志文化工程”，完成《唐崖镇志》“全国名镇志文化工程”申报，启动目录编审工作，力图将《唐崖镇志》打造成咸丰县历史文化名片工程。

【年鉴编纂】 年鉴编纂树立“精品”意识。州、县市9部综合年鉴全部完成年度编纂任务。《恩施土家族苗族自治州年鉴·实用手册(2017)》编辑出版。组织县市年鉴工作者学习《湖北省地方综合年鉴备案管理办法(试行)》，规范年鉴编纂程序。完成湖北省年鉴恩施州撰稿及8个县市稿件编纂上报。2017年，全州史志系统6名年鉴撰稿人获省方志办表彰。7月，湖北省方志办公布湖北省第四届年鉴出版质量评审结果，共评出综合类特等奖16个、一等奖37个、二等奖36个、三等奖7个，单项优等85个，其中《恩施州年鉴(2016)》获综合类二等奖。《宣恩年鉴(2015)》获县(市、区)地方综合年鉴一等奖，同时获条目编写单项奖。《恩施市年鉴(2016)》《利川市年鉴(2016)》《建始县年鉴(2016)》《咸丰县年鉴(2016)》《巴东县年鉴(2016)》《鹤峰县年鉴(2015)》获县(市、区)地方综合年鉴二等奖。《恩施州文化体育新闻出版广电局年鉴(2016)》获专业年鉴二等奖。

【改革开放实录课题研究编写】 2017年,《恩施州改革开放实录》共收录《恩施富硒茶—张靓丽的名片——恩施市茶叶产业发展纪实》《畅行建始大交通》《从救济式扶贫到精准扶贫》《“一园三区”助推建始工业发展》《驶上快车道的建始旅游业》《日本落叶松的引进科研与推广》6个专题研究成果。

【《恩施州大事》编写】《恩施州大事》全年4期，按季度出刊。收录主要领导重要活动、全州重大有影响事件等共计300余条，其中上报省委党史研究室60条。

【部门、专业志书编纂】 恩施州史志办对《恩施州供销合作社志》《恩施文化简史》稿进行评审指导，《恩施州金融志》年底出版。利川市整体推进部门志、行业志编纂，有20部部门行业志书启动编写。

【旧志整理】 完成乾隆版《来凤县志》、同治版《来凤县志》《巴东县志·明嘉靖版》等旧志整理和校注工作并出版。

【启动《湖北要览》丛书恩施州及县市编纂工作】 史志办以会代训，率先在全省启动《湖北要览》丛书编纂工作。建始县是《湖北要览》系列丛书编纂全省县级试点，2017年5月湖北省地方志办公室召开专家评审会，通过对《湖北要览·建始县》书稿的评审，定稿于2017年底报送省方志办。巴东、来凤、宣恩等县市卷资料收集工作启动。

【承办“喜迎十九大·经济社会发展成就展”】 完成“砥砺前行·绿色崛起——恩施州喜迎十九大经济社会发展成就图片展”布展任务。成就展通过丰富多彩的表现形式和现代科技手段，采用真实宝贵的图片影像资料，从不同角度、不同层面展现党和国家对恩施发展的高度重视与亲切关怀，展示五年来恩施经济社会发展成就。州史志办作为承办单位之一，抽调专人，历时半年时间，认真履行资料征集、筛选审定职责，精选图片468幅、103件实物布展。成就展结束后，中共恩施州委宣传部开展了表彰活动，州史志办荣获成就展组织奖，龙新松、刘权2人获得先进个人表彰。

【参与举办“全民阅读·书香恩施”活动】 在第22个世界读书日到来之际，由恩施州全民阅读活动领导小组、湖北省图书馆主办，恩施州文体新广局、恩施州教育局、恩施州史志办、恩施州图书馆、湖北省新华书店集团恩施分公司联合举行2017“全民阅读·书香恩施”暨长江读书节活动，州史志办在读书节活动中展出大量地方党史、地情资料图书，深受广大市民喜爱。

【全州史志办主任暨业务培训会】 8月10日上午，全州史志办主任会议召开。8县市史志办主任、分管业务副主任、《湖北要览》编撰人员及州史志办全体职工参加会议。会议传达学习《湖北省党史研究室主任会议精神》《全省地方志工作会议精神》，全面总结2016年全州史志工作，安排部署2017年重点工作。县市史志办主任就本县市史志工作开展情况、方法经验、取得的成果相互进行学习交流，与会人员就如何结合史志工作实际，提出意见和建议。会上，州史志办主任杨华就全州下一步史志业务工作和队伍建设等方面进行了统一安排和部署。8月10日下午召开《湖北要览》编撰业务培训会，湖北省地方志办公室副主任、高级研究员司念堂就《湖北要览》的具体编纂工作进行专题业务授课。

【中国地方志学会方志学分会2017年年会】 10月28日至30日，由中国地方志指导小组办公室和中国地方志学会方志学分会主办的中国地方志学会方志学分会2017年年会在江苏常州举行。恩施州史志办公室副主任马兹河应邀参加，其主持撰写的论文《精准扶贫工作中如何发挥地方志职能——兼议文化扶贫中扶知、扶智、扶志的辩证思考》收录至《中国地方志学会方志学分会2017年年会论文集》。年会现场安排12名来自全国各省、市及高校的方志界专家、教授进行了交流发言，马兹河作为湖北省唯一发言代表，其充分结合恩施州贫困地区精准扶贫工作的实践，从文化扶贫中“三扶”的辩证关系出发，让地方志职能在文化扶贫中得到进一步拓展和创新的观点得到大会的强烈共识和充分肯定。

【领导调研】 8月7日上午，恩施州委常委、副州长李俊杰，副州长高敬佩在州政府副秘书长李国庆等陪同下，到恩施州史志办公室调研史志工作。副州长高敬佩对史志工作取得的成绩予以肯定，认为恩施州史志办近几年来各项业务工作取得较好的成绩，部分业务工作在全省位次靠前，各项中心工作得到较好的推进。对史志办存在的史志馆建设需要进一步推进、现有办公场所较差、队伍建设发展后劲不足等现实问题，表示将协调有关部门有序推进、逐步完成。

【特色党建活动】 4月5日，总工会、史志办、柳家村党支部带领全体党员在中营镇柳家村委会开展“支部主题党日”活动，州史志办机关党支部书记马兹河以《鹤峰县革命斗争史》为题讲授党课，开展村民议事，共同查找村出列、户脱贫工作中的短板；5月18日，史志办机关党支部组织党员干部到恩施市后山湾叶挺纪念馆、方家坝何功伟烈士陵园参加“传承红色基因、筑牢信念之魂”入园（馆）缅怀活动，聆听先烈的英雄事迹，重温入党誓词。

【精准扶贫】 2017年，州史志办入驻鹤峰县中营镇柳家村，会同州总工会、县党校、中营镇及柳家村完成摸排、核对、完善帮扶信息、调查产业扶贫等基础工作。筹措资金完成村级综合文化服务中心（文化广场）、“雪亮工程”建设，实施村便民服务中心改扩建、村级入户公路3.5千米、危房改造23户、光纤入户12户，异地搬迁扶贫31户中，已验收16户、主体完工11户、4户尚在施工中。12户贫困户与国鑫中蜂养殖场签订“1528”模式的合同，中蜂养殖规模进一步扩大，形成了茶叶、养殖生猪、土鸡、山羊、肉牛、中蜂、药材种植等主导产业，基本覆盖全村所有农户。2017年，州史志办结对帮扶贫困户19户51人，其中10户31人已脱贫。

【恩施州史志办公室负责人名录】

主任：杨　华（6月任）

副主任：张树松　马兹河

总编审：龙新松

（向　晶）

编辑　刘　权

科学技术

恩施州科技局

【概　况】 2017年，科技系统学习宣传贯彻中共十九大精神，以习近平新时代中国特色社会主义思想为指导，落实中央、省委、州委及各级纪委全会决策部署，围绕州委、州政府的总体部署和科技工作各项目标任务，聚焦主责主业，强化责任担当，推进各项工作开展。

【省级高新区创建】 争取湖北省科技厅支持，省科技厅分管领导先后3次到恩施州调研指导高新区创建和高新技术产业发展工作，组织专家对《恩施州高新技术产业园区战略发展规划》和《产业发展规划》进行评审论证。相关处室领导围绕高新区创建、高新技术企业认定等开展培训、到企业调研指导。开展高新区创建基础工作，起草《恩施州高新技术产业园区申报创建组工作方案》，代拟《关于请求支持创建恩施州高新技术产业园区（省级高新区）的请示》《州人民政府办公室关于下达省级高新技术产业园区创建工作任务的通知》《中共恩施州委恩施州人民政府关于支持恩施州高新技术产业园区建设发展的意见》，对恩施州开发区企业开展调查摸底。加大高新技术产业培育，组织孵化器和相关部门到武汉考察学习，邀请武汉欣联国际咨询有限公司到恩施州开展孵化器建设和申报服务；举办科技创新创业专题培训，激发创新创业活力；举办高新技术企业认定培训会，邀请省厅领导及专家深入恩施市、咸丰县，对拟申报高新技术企业进行现场调研和指导；举办“全州企业研究开发项目信息管理系统”应用操作培训，恩施州100多家高新技术企业、高新技术后备企业、有研发项目企业的财务人员和各县市国税局、地税局、科技局工作人员共150人参加培训。

【科技计划管理】 2017年，争取国家、省科研项目资金同比增长12.94%。争取到各类项目56个，获得资金1992万元，同比增长6.94%。其中国家项目13个852万元，省级项目43个1140万元；科研项目资金1503万元、知识产权转化与引导资金89万元、三区人才资金400万元。明确硒科研为全州科技计划支持重点，将硒资源保护与开发、硒产业发展应用技术研究作为州级科技计划支持重点。共安排州级科研项目49项，安排资金1000万元。其中，安排硒科研资金700万元，占州科技经费的70%。加强科技项目管理及验收工作，修订《恩施州科技计划项目立项规程（试行）》，现场审核2017年拟立项项目；组织开展省级科研项目中期检查、2014—2015年项目验收工作，完成部分到期项目的检查验收；针对2013年国家惠民项目“恩施紫油厚朴产业化技术集成与示范”、国家富民强县项目“薇菜苗种工厂繁育与高产栽培技术推广示范”开展督办验收结题；组织8家承担2013—2015年科技项目的企业提交结题验收材料，配合省厅对恩施市巨鑫现代农业开发有限公司承担的省重大科技创新项目“高山蔬菜高效安全生产关键技术研发”进行现场验收。

【科技成果转化和对外合作】 完善成果转化网络建设，召开全州科技成果大转化工作会，提升科技成果服务对接工作，促进科技成果转化。围绕国家科技成果转化“三部曲”及省“科技十条”“新九条”等系列政策进行宣传与解读，开展政策解读和技术指导近10批次，惠及30多家企业，督促高校院所、科研单位制定落实科技成果转化实施细则；代拟《恩施州科技成果大转化实施意见》，鼓励和支持科技成果转化。2017年共登记合同数202项，技术成交额6.3亿元，落实有税收优惠减免政策三项，减免增值税100多万元。开展科技成果大转化科惠三大专项活动，开展“科小惠行”，深入企业挖掘技术需求43条，开展“科惠行动高校院所行”，组织23家企业进行四个专场现场对接，达成意向项目12项；开展“专家市州行”，举办两场成果对接会，促进3项成果转化，共建硒产业技术服务平台一项。推荐上报省科技成果转化项目18项。2017年登记省州科技成果51项，其中省成果登记26项，州成果登记25项。积极组织申报省级科技成果奖励，获得省科技奖励达到3项，其中，省科技进步二等奖1项，省科技推广奖一、三等奖各1项。

恩施自治州第十八次科学技术奖获奖项目一览表

表5

序号	奖种	奖次	编号	获奖项目	获奖单位	获奖人员	推荐单位
1	科学技术突出贡献奖		2016G-1			李维群	恩施州农业局
2	科技进步奖	一等奖	2016J-3-1-1	信息型太阳能电池组件关键技术及其在智能光伏电站中的应用	湖北民族学院、湖北永恒太阳能股份有限公司	谭建军 朱　黎 孙先波 黄　勇 易金桥 胡　涛 李　沁 丁尚云 廖克书 谭黎明	湖北民族学院
3		二等奖	2016J-3-2-2-1	马铃薯新品种鄂马铃薯10号的选育及示范推广	湖北恩施中国南方马铃薯研究中心　湖北清江种业有限责任公司	张远学 沈艳芬 肖春芳 徐　怡 程　群 高剑华 李大春 陈巧玲	恩施州农科院
4		二等奖	2016J-3-2-2-2	强骨康疏方治疗原发性骨质疏松症实验研究与临床应用	湖北民族学院	向　阳 袁　林 苏林冲 姜锦林 冯　佳 向诗非 赵小丹 龚书识	湖北民族学院
5	技术发明奖	二等奖	2016F-4-2-2-1	藤茶种质复壮、快繁及其深加工关键技术研究与应用	湖北民族学院、来凤凤雅藤茶生物有限公司、湖北仁和康源农业有限公司	郑小江 董静洲 武　芸 罗祖友 王　麒 薛廷华	湖北民族学院
6		二等奖	2016F-4-2-2-2	一种冰翠龙须绞股蓝的加工方法	湖北仙芝堂生物科技有限公司	张　喜 张红兵	恩施市科技局
7		三等奖	2016F-4-3-2-1	一种速溶姜汤粉及速溶姜汤	湖北凤头食品有限公司、湖北省农业科学院农产品加工与核农技术研究所	吴文锦 汪　兰 田延富 梅德荣 熊光权 程　薇	来凤县科技局

续表 5

序号	奖种	奖次	编号	获奖项目	获奖单位	获奖人员	推荐单位
8	技术发明奖	三等奖	2016F-4-3-2-2	自吸式提取回收和纯化技术应用于天然产物提取	湖北民族学院、来凤凤雅藤茶生物有限公司、湖北旭舟林农科技有限公司	董静洲 郑小江 艾训儒 雷 灿 谭爱东 薛廷华	湖北民族学院
9	成果转化奖	二等奖	2016Z-4-2-1	高产抗病杂交水稻中9优591的推广应用	恩施自治州农业科学院利川市农业技术推广中心	李洪胜 李继辉 陈继富 黄海清 胡承伟 李春勇 皮秀权 钟育海 蒲小利 王光建	恩施州农科院
10		三等奖	2016Z-4-3-3-1	恩施紫油厚朴标准化种植关键技术集成与应用	湖北省农业科学院中药材研究所、恩施济源药业科技开发有限公司、恩施九州通中药发展有限公司	林先明 郭汉玖 郭 杰 刘海华 郭晓亮 由金文 薛月辉 何银生	省农科院中药材所
11		三等奖	2016Z-4-3-3-2	恩施州马铃薯脱毒种薯繁育体系的建立及推广示范	湖北恩施中国南方马铃薯研究中心	高剑华 瞿 勇 李卫东 陈家吉 程 群 李大春 高大军 杨国才	恩施州农科院
12	成果转化奖	三等奖	2016Z-4-3-3-3	景阳鸡饲养技术规程研究与应用	建始县畜牧兽医局、建始县质量技术监督局、建始县青龙食品有限责任公司	谭维君 刘 健 向登尤 柳运平 刘 弈 王祥武 张美成 冯家丰	建始县科技局
13	企业科技创新奖		2016C-2-2-1		湖北凤头食品有限公司		来凤县科技局
14			2016C-2-2-2		恩施徕福硒业有限公司		恩施市科技局

【知识产权】 2017年受理4件专利侵权纠纷案件，已结案4件。制定《恩施州2017年度专利执法维权“护航”专项行动方案》，开展专利执法3次，检查大型商场、超市、药店等80家，检查商品2000余件，联合相关单位出动执法人员50人次，打击侵权行为，规范市场经济秩序。开展专利执法培训、企业知识产权培训、“4·26”知识产权宣传周系列活动，推动社会知识产权意识的提升。联合州财政局制定《恩施州专利申请授权资助奖励实施办法（试行）》（恩州科发〔2017〕30号），完善知识产权发展政策。开展硒知识产权评议工作，委托国家知识产权局专利局专利审查协作湖北中心对恩施州富硒茶叶、富硒马铃薯进行知识产权评议。2017年，恩施州专利申请总量、发明专利申请量两个指标在全省实现新站位，专利申请总量1840件，其中发明专利申请量925件，分别增长46.26%和86.11%，增长率处于全省前列。专利授权总量586件，其中发明专利授权量46件。2017年获得省知识产权引导及发展专项资金89万元，兑现专利申请授权州级资助奖励资金81.7万元，其中申请资助56.9万元、授权奖励24.8万元。

【科技人才服务】 2017年，争取国家“三区”科技人才200名，加强“三区”科技人才工作的考核与跟踪服务。开展2016年、2017年“三区”人才及2017年省级科技特派员的考核工作；组织43人参加全省湖北省“三区”人才支持计划农村科技创业骨干培训班培训。申报创新创业平台，获得湖北省科技厅优秀人才创新创业综合平台“恩施州中国富硒产业联盟”奖励性建设补贴100万元；拟订《恩施州重点创新团队管理办法（送审稿）》；组织申报推荐省级双创战略团队6

个、省级人才创新创业平台3个，申报州级人才创新创业平台17个，并对17个平台进行实地考核和评审；拟定《恩施州2017年重点创新团队培育工作方案》。做好专家库完善工作。

【科技活动周】 5月19日，恩施州2017年科技活动周正式在利川启动。本届科技活动周以“科技强国，创新圆梦”为主题，举办了科普讲座、全国硒友硒科普讲座、优秀科技特派员宣传活动、科普基地开放日、州政协委员“三进”活动等16项主题活动。活动周期间，开展科技下乡50余次，发放科技资料8万余份（册），科技咨询1.8万人次，赠送农资及物品近14万元，义诊2.2万多人次、赠送药品14万元，为企业进行技术诊断262项，开放科普基地20多个，举办各类培训班25个。全州200多个单位参加本届科技活动周，1200多名专业技术人员进社区、下农村、入学校开展科技普及、技术咨询、技术服务、科技培训、义诊活动，参与群众10万多人。

【知识产权宣传周】 4月下旬，恩施州开展以“加强知识产权保护运用，加快知识产权强国建设”为主题的知识产权宣传周活动，开展专利纠纷侵权判定、专利行政执法检查、知识产权进校园、知识产权进企业、全州知识产权宣传培训会、“4·26”知识产权日集中宣传咨询等活动。活动周期间共组织发放200份报纸，恩施州近6000名小学生通过科学课、校本课程、校园广播等多种形式学习宣讲知识产权基本知识。各县市科技局联合多家单位，深入100多家企业开展知识产权座谈、专利咨询、专利保护服务，传达政策导向，加大服务力度，并在县城设立宣传点，悬挂宣传条幅，向过往行人和群众发放知识产权宣传材料8000份，接受群众答疑咨询几百人次。共计140多人参加“恩施州科技系统暨州内有关科技创新企业知识产权宣传培训会”，会议邀请了5位业界专家发表专题演讲。

【重要会议】 4月7日，恩施州科技局组织召开全州科技成果大转化工作会议，推动湖北省科技成果大转化工程和“2017年度科惠行动”在恩施州落地实施。4月27日，恩施州科技工作会议召开，部署2017恩施州科技系统工作计划。12月4日，恩施州第十八次科学技术奖励大会召开，评选出五类13项奖，并给予表彰。

【恩施州科学技术局负责人名录】

局长：曾彬文

副局长：胡　斌　唐生莲

（吴　宇）

编辑　马兹河

科学技术协会

【概　况】 恩施自治州科学技术协会（简称恩施州科协）是全州科技工作者的群众组织，是州委领导下的人民团体，是党委政府联系科技工作者的桥梁和纽带，是推动恩施州科技事业发展的重要力量。

【“小记者‘探秘’科普教育基地”】 1月18日，由州科协与恩施州小记者团联合发起的“小记者‘探秘’科普教育基地”活动在州农科院农业高新技术示范园内举行，旨在通过“零距离”接触茶叶、魔芋、马铃薯、小麦、油菜等一些常见农作物，普及现代农业知识，探索植物奥秘，激发孩子的科学兴趣。

【科普灯谜闹元宵】 2月11日，州、市科协、恩施女儿城在女儿城联合开展“科普灯谜闹元宵”活动，此次活动以元宵灯谜为载体，以科普知识、硒知识等为内容，趣味性、民俗性十足，吸引了广大市民纷纷参与。

【科技服务促春耕】 2月28日，2017年科技服务促春耕·助推精准扶贫活动启动仪式在建始县红岩寺镇举行。3月10日，恩施市2017“远教科技促春耕”惠民月活动在白杨坪镇熊家岩村启动。3月30日，咸丰县举办“科技服务促春耕·助推精准扶贫”茶叶技术培训。

【青少年科技竞技活动辅导员培训班】 3月24日，由湖北省青少年科技中心主办，恩施州科协、恩施州教育局承办的2017年恩施州青少年科技竞技活动辅导员培训班开班，此次培训分为“电子制作”与“七巧科技”两个部分，来自恩施州各县市的135名科技辅导员和部分县市科协工作人员参加了培训，通过培训进一步提高了基层科技辅导员的知识技能、辅导水平和组织能力。

【大手拉小手——科普报告荆楚行】 4月10日至12日，“大手拉小手——科普报告荆楚行”分别在巴东县委中心学习组、巴东县职业高中、巴东县第一高级中学、巴东县官渡口镇中心小学、巴东县京信友谊中学、巴东县茶店子中学、巴东县野三关镇初级中学、巴东县野三关镇民族实验中学举行。科普报告由中科院老科学家科普演讲团李皓博士、王康博士主讲。

【科技活动周】 5月19日，恩施州科技活动周暨利川市硒科普宣传月活动启动会在利川市举行，拉开全州第17个科技活动周的序幕。2017年科技活动周，围绕“科技强国、创新圆梦”的主题，从宣传科技扶贫成就、举办特色科普活动、开放优质科技资源、营造创新文化氛围等四个方面，切实开展十项科技科普活动。并结合全州实施“世界硒都·中国硒谷”战略的实际，以推进硒产业发展的供给侧结构性改革，深化“硒+X”的先进发展理念为重点，开展广泛深入的硒科普知识的宣传，营造说硒话、谋硒事、图硒景、做硒人的发展氛围。5月26日，由政协恩施州委员会主办，州科协承办，州委宣传部、州科技局、州工商联等单位协办的恩施州2017年科技活动周——政协委员送科技、送文化、送法律、送卫生进农村活动在木贡村举办。科技活动周期间，开展5次科普活动，发放科普资料500余份，举办报告会3场。

【科技工作者日】 为纪念首个“全国科技工作者日”，5月27日，恩施州科协召开“科技工作者日”暨湖北省科协“九大”代表座谈会，旨在激发科技工作者的潜力和积极性，在建设“一谷两基地三示范区”战略进程中充分发挥科技工作者的主体作用，科技创新，带动发展。

【科普项目】 自2017年来，州科协严格按照项目管理办法，加强全州科普项目的申报、实施、督查等相关工作。恩施州科协系统获2017年“湖北省基层科普服务能力提升行动计划”项目21个，资金164万元；积极申报2018年“湖北省基层科普服务能力提升行动计划”项目7个，获2018年湖北省特色产业科普示范基地5个，每个基地建设期3年，每年补助资金50万元。并对2014年以来中国科协和省科协补助的44个项目实施情况进行督查。

【“科学补硒·健康生活”公益宣传活动】 该活动由中国保健协会科普教育分会、恩施州人民政府共同主办，恩施市人民政府、恩施州硒资源保护与开发局、恩施州科学技术协会、恩施州旅游委员会、恩施州硒应用技术与产品开发研究院协办，湖北省硒产业协会、恩施德源健康产业集团共同承办。派出科普小分队前往广东、南京、上海、北京、华中、东北的省地级城市，参加中国“科学补硒·健康生活”公益宣传百城千场活动，推介硒资源、普及硒知识、助力硒产业。自该活动启动以来，走过全国21个省、4个自治区、4个直辖市的200多个大中城市。中国保健协会科普教育分会及恩施州“普硒小分队”，直接参与大中型科普活动500余场，协办单位自行组织科普活动1.5万场次，逾100万人次参加；超过30万个家庭开启科学补硒的健康生活，实现健康梦想；通过中央和地方媒体对活动的接力报道，影响人次高达4.5亿。6月28日，“中国‘科学补硒·健康生活’百城千场公益科普宣传活动三周年总结大会”在恩施州文化中心举行。

【科协系统深化改革】 围绕强“三性”（政治性、

先进性、群众性）去“四化”（行政化、机关化、贵族化、娱乐化）的目标，坚持问题导向，全面推进科协系统深化改革工作。6月初，恩施州科协及时启动全州科协系统深化改革工作，在认真学习省州群团改革实施方案、深入调查研究、召开座谈会、广泛征求意见、外出考察借鉴、多次集中讨论的基础上，结合恩施州科协实际，根据湖北省科协《关于市县科协制定科协系统深化改革实施方案征求意见需把握要点的统一回复》，形成《恩施州科协系统深化改革方案》。7月底，州委办公室下发“5+1”群团改革方案。随后，制定恩施州科协系统深化改革工作推进计划书和恩施州科协系统深化改革实施细则，分解工作任务，责任到人、到天，做好跟踪督查，扎实稳步推进深化改革工作。通过全州科协系统的深化改革，常委会、全委会中基层一线人员比例达70%，全州乡镇科协85个，企业科协25个，园区科协1个，科协组织覆盖面不断扩大，提升科协的广泛性、代表性；医学会、骨科学会等40家学会建立功能性党组织，预防医学会等7家学会视同成立党组织，均选派党建指导员，提升学会的制度化、规范化；加强“双创”、产学研等服务平台建设，提升科协创新服务能力；建立领导联系科技工作者制度，引导科技工作者践行社会主义核心价值观，提升科协的凝聚力。

【科普进军营】 7月31日，恩施州科协主办，恩施州护理学会、恩施州硒产业发展联合会、恩施州信德创新基金管理有限责任公司、恩施硒司令生态农业科技发展有限公司协办的恩施州2017年庆“八一”科普进军营联谊活动在武警恩施州支队举行，活动中赠送慰问物资，恩施中心医院骨科护士长王文燕、肿瘤一科陈澄、眼科黄正娇为一百余名武警官兵做《户外急救基本技能》讲座和心肺复苏基本技能演练。

【全国科普日 · 恩施科普月】 9月，围绕“全国科普日 · 恩施科普月”开展系列活动。在此期间，全州八县市科协共开展95场科普活动。9月15日上午，州科协、州教育局、州科技局、州环保局、州农业局、州发展和改革委员会、湖北民族学院科技学院联合举办的2017年恩施州“全国科普日 · 恩施科普月”活动启动仪式暨州政协委员进科普教育基地等系列活动在湖北民族学院科技学院举行，州直相关单位、政协恩施州第八届委员会第八联络组政协委员、近300名师生参加启动仪式，副州长李俊杰出席启动式，州科协党组书记、主席陈芳主持启动仪式，州科协副主席梁家治向湖北民族学院科技学院人体生命科学馆授予恩施州科普教育基地匾牌，州科协副主席赵萍给湖北民院科技学院近300名师生做“恩施州硒资源背景和硒产业展望”的硒科普知识讲座。9月18日，来凤县在喳西泰文化广场举行以“创新驱动发展，科学破除愚昧”为主题的全国科普日暨民族团结进步宣传月活动。9月21日上午，2017年巴东县“全国科普日 . 恩施科普月”启动仪式暨硒科普助力精准扶贫与全民健康等系列科普活动在野三关镇谭家村社区红军小学举行。9月22日，2017年“全国科普日 · 恩施科普月”恩施市主场系列科普活动暨第六届青少年科技创新市长奖颁奖仪式在桥西广场举行。建始县科协被中国科协表彰为“2017年全国科普日优秀组织单位”；恩施州科协、鹤峰县科协、宣恩县科协被湖北省科协表彰为“2017年全国科普日优秀组织单位”，李华武、廖春林等五位同志获得湖北省科协表彰的“2017年全国科普日优秀个人”称号。

【科普信息化】 1月10日，州科协科普e站在市民之家、州财政局、州中心医院安装调试上线，开启科普信息化新模式；11月，州科协出台《关于加强全州科普信息化建设实施方案》，大力推进科普e站建设，实现科普e站大屏、恩施科普微信公众号、恩施科协网站三屏联动。同时，通过及时更新州科协网站、提档升级微信公众号

《恩施科普》、在今日头条注册恩施州科协等，不断利用新型媒体开展科普宣传，创新“互联网+科普”活动方式。至年底，全州共有网站9个，微信公众号5个。

【青少年科技创新大赛】 年初，科协和教育局联合组成第十二届恩施州青少年科技创新大赛评审小组，按照《恩施州青少年科技创新大赛竞赛规则》认真进行评审，共评出科技创新成果奖、优秀科技实践活动、少儿科幻绘画、科普征文各奖项等次，评出科技辅导员创新成果39项、优秀科技教师32名、优秀组织奖18个。在第32届湖北省青少年科技创新大赛中，恩施州获科技创新成果一等奖1项、二等奖13项、三等奖44项，科技实践活动一等奖1项、二等奖4项、三等奖5项，获少年儿童科学幻想绘画一等奖8个、二等奖7个、三等奖2个，恩施市板桥镇中心中学申报的《给香蕉穿上“保鲜衣”》获青少年科学DV作品一等奖，恩施市书院中学陈薇、恩施市板桥城镇初级中学张贤平获优秀科技教师奖，恩施州科协聂丹获优秀组织工作者奖，恩施州科学技术协会、恩施市科学技术协会、利川市科学技术协会获优秀组织单位奖。12月下旬，州科协、州教育局组成第十三届恩施州青少年科技创新大赛评审小组，对青少年科技创新成果183项、科技辅导员创新成果33项、优秀科技实践活动55项、少儿科幻绘画421幅、科普征文362篇、优秀科技教师31名进行评审。

【第四次代表大会】 12月12日，恩施州科协第四次代表大会召开，大会听取州科协第三届委员会工作报告。州委书记柯俊出席开幕式并讲话，大会开幕式由州委副书记、政法委书记柯东海主持。省科协党组成员、副主席马忠星，州领导刘建平、尹达、涂元玲、吕金施、陈晓燕、肖谏诚出席会议。大会通过州科协第四次代表大会关于第三届委员会《工作报告》的决议、关于《州科协实施〈中国科协章程〉细则》的决议，选举产生恩施州科协第四届委员会成员，陈芳当选恩施州科协第四届委员会主席，梁家治、赵萍、王松、张如学、李卫东、胡斌、高斌当选恩施州科协第四届委员会副主席，马焱雷、王世强、王松、向阳、陈芳、李卫东、李华武、李宜恩、张伟、张如学、赵萍、胡斌、高斌、唐欣、梁家治、姬其佐、蒋健梅、游景茂、樊家英当选恩施州科协第四届委员会常委，李宜恩当选恩施州科协第四届委员会秘书长。

【科普志愿者队伍】 2017年，恩施州科协以系统深化改革为契机，加强科普志愿者队伍建设，制定出台“恩施州科普志愿者管理办法”，建立科普志愿者队伍17支236人，为全州科普工作及活动提供无偿的服务，增强科普力量，推动公民科学素质工作。

【全民科学素质工作】 恩施州科协认真履行全民科学素质工作领导小组办公室职责，制定2017年恩施州、各县市全民科学素质工作要点，完成党委、政府对州直单位、县市政府和县直单位、乡镇政府全民科学素质工作年度考核任务；认真履行协调职责，加强与各成员单位的联系与沟通，共同搭建推进全民科学素质工作的合作平台，确保《科学素质纲要》(简称《纲要》)实施工作的稳步推进。9月举办首届恩施州公民基本科学素质网络知识竞赛，《恩施科技》和恩施州科协网站大力宣传《纲要》实施情况，编印《砥砺奋进、再创辉煌》——2011—2017年恩施州全民科学素质行动计划纲要回眸；各县市科协对全民科学素质工作十分重视，纷纷向党委、政府汇报，调整全民科学素质纲要领导小组成员单位及人员，完善工作责任制度和联络员制度，对各乡镇和县直成员单位进行全民科学素质工作考核，开展恩施州“十二五”科学素质工作优秀组织单位和优秀组织工作者评选活动，评选出的68个单位和108名个人，在恩施州科协第四次代表大会上通报表扬。12月29日，恩施州全民科学素质工作领导小组工作会议召开，对恩施州2017年全民科学素质工作开展情况进行全面总结，研究部署2018年全民科学素质工作。

【硒科普宣传工程】 州科协围绕恩施州硒科普教育工程工作要点，与州直相关部门和八县市科协联动，培训硒导游，开设硒科普宣传专栏，组建科普小分队，走进利川苏马荡、建始小西湖开展硒科普活动。参加6月在俄罗斯圣彼得堡举办的第十六届国际人与动物微量元素大会，在大会上的积极推介恩施州硒产业。参与第四届硒博会的会务工作，9月26日，州科协负责邀请和接待国际人与动物微量元素学术委员会的2名权威硒专家参加第四届中国硒博会。培育命名一批硒科普教育基地，龙凤镇二坡生态农业示范园被命名为恩施市的硒科普示范基地，利川山江农业公司被命名为利川市的硒科普基地；利川山江农业公司、恩施德源健康科技发展公司、中国硒谷富硒产业联盟总部的硒文化展厅被命名为州级的硒科普教育示范基地。

【学会组织建设】 2017年新成立恩施州围产医学会、恩施州神经外科学会和恩施州营养学会。召开学会工作会议，总结表彰2016年学会工作先进单位和个人。修订完善的学会秘书长联席会议制度，继续实施年度学会工作特色活动重点资助项目评选，鼓励和支持所属学会及基层科协组织开展特色活动。

【学术交流】 为增强学会凝聚力，活跃学术思想，州科协及各学会搭建不同模式、不同类型的学术交流平台，组织引导参与学会开展学术交流活动。据不完全统计，2017年开展各种学术活动130次，举办各种技术培训193次，参加人数3万余人，交流学术论文600多篇，有1000余人次参加国家、省级学术交流，提交国家、省级论文450余篇，有2个学会建立网站、20余个学会建立QQ群或微信群。为贯彻中共十九大会议精神，落实州政府关于生态立州、生态文明示范区建设的战略部署，立足我州水生态环境建设的需求，12月1日，经州政府批准，联合武汉市科协成功举办恩施州2017水生态环境保护与治理国际学术报告会。报告会上，美国弗尔吉尼亚理工大学博士教授（美籍华人）郭一平，中国土木工程学会水工业分会理事长、住建部城建司原副司长、巡视员张悦，中国地质大学地球科学学院地理系教授、全国政协委员李长安等三位专家就清江水流域、环保问题分别作学术报告。

【人才推荐工作】 恩施州科协积极做好省科协九大代表和委员的推选工作，向极钎、罗菊英等26位推选为省科协第九次代表大会代表，张捷等4位当选为省科协第九届委员会委员。积极推荐恩施州农科院副院长张强为全国创新争先奖状候选对象。恩施州农科院瞿勇、建始县科协唐文海、巴东县易达聚农杂粮蔬菜技术协会胡代燕获第四届湖北省科普先进工作者称号。恩施市科协徐琦琪、利川市科协王应辉、咸丰县科协周安明、来凤县科技馆田英荣获全省科协系统先进工作者称号。

【恩施州科学技术协会负责人名录】

主席：陈　芳

副主席：梁家治、赵　萍

（聂　丹）

编辑　马兹河

卫生和计划生育

卫生管理

【概　况】 2017年，全州各级拥有医疗卫生机构3067个：医院46个，其中综合医院28家（三级综合医院4家）、中医医院5家（三级中医院3家）、中西医结合医院1家、民族医院3家、专科医院9家；公共卫生服务机构30个；基层医疗卫生机构2984个，其中社区服务中心（站）27家、乡镇卫生院86家、村卫生室2401个、诊所、卫生所、医务室462个、门诊部8个；其他机构7个。全州各级医疗机构有床位数2.4万张；卫生计生专业技术人员2.19万人，其中执业（助理）医师0.8万人、注册护士1.05万人。拥有国家级重点专科4个，省级重点专科38个；国医堂85个，名医堂7个，养生堂7个，知名中医工作室34个。全州公立医院全面取消药品加成，综合改革工作全面推开。5月，州委、州政府召开全州卫生与健康大会，州委书记、州人大常委会主任李建明出席并做重要讲话。恩施州代表湖北省迎接2016年度国家基本公共卫生服务项目考核，在全国32个省、自治区、直辖市中排名第七（国卫基层发〔2017〕47号），获得国家139万元奖励资金。恩施州卫生计生委被省人民政府通报表彰为全省实施妇女儿童发展规划工作突出单位（鄂政发〔2017〕15号）。恩施州卫生计生委在全省医疗卫生专题工作会议和全省卫生计生法治建设创建工作推进会上作交流发言。在全州卫生计生工作履职尽责考评中，利川市、恩施市、鹤峰县、咸丰县为优秀县市，宣恩县、巴东县、建始县、来凤县为合格县市。

【公立医院改革】 全州公立医院综合改革全面推开，州及县市党委政府主要负责人任医改领导小组组长，加强对医改工作的统一领导。州人民政府印发《恩施州城市公立医院综合改革实施方案》，7月31日准时启动州直公立医院综合改革，并将省属湖北民族学院附属民大医院（以下简称民大医院）纳入改革范围同步推进，全州实现公立医院综合改革全覆盖。与相关部门联合出台有关配套政策:《恩施州综合改革公立医疗卫生机构医疗服务项目指导价格（2017版）》《恩施州城市公立医院取消药品加成财政专项补助资金管理办法（试行）》《恩施州推进家庭医生签约服务实施方案》《全州公立医疗机构药品采购“两票制”实施方案（试行）》《关于推进医疗联合体建设和发展的实施方案》等。改革中围绕破除以药补医、创新体制机制、调动医务人员积极性3个关键环节，探索建立现代医院管理制度，推动医院管理模式和运行方式转变，发挥公立医院示范引领，建立维护公益性、调动积极性、保障可持续的公立医院运行新机制。一是政府办医责任逐步落实。完善公立医院法人治理结构，实行政事分开、管办分开，明确政府作为出资人的举办监督职责和公立医院的自主运营管理权限。转变政府职能，把主要精力放在管方向、管政策、管规划上，减少对医院人事编制、科室设定、岗位聘任、收入分配等方面的微观管理。加强医院绩效考核体系建设，促进提高医院管理水平。二是破除以药补医机制。取消药品加成后，按照“三医”联动的思路，推动建立新的补偿机制和运行机制。坚持调放结合、州县联动，全面开展医疗服务价格改革，州、县、乡、村公立医疗机构医疗服务价格同步调整，并实现与医保支付、医疗控费、分级诊疗等政策的统筹衔接。初步统计州、县公立医院药占比同比从31.61%下降到27.76%，医务性收入从31.5上升到34.5%，收支结构得到优化。三是调动医务人员积极性。落实公立医院用人自主权，建立灵活的用人方式。探索开展薪酬制度改革，完善公立医院绩效工资总量核定办法，设立人才专项津贴。加强绩效考核，建立与岗位职责、工作业绩、实际贡献紧密联系的分配激励机制。四是多措并举控制医疗费用不合理增长。按照年度医疗费用增长幅度降到10%以下的要求确定并分解各级公立医院控费指标。下发《恩施州二级以上医疗机构重点监控辅助用药目录》，建设覆盖公立医疗机构的智能监控审核系统，控制医疗费用不合理上涨。五是组织开展县级公立医院综合改革效果考核评价。全省64家县级公立医院考评中总体排名较好，其中鹤峰县位列第五位，获得改革补助资金奖励。

【医疗基础设施建设】 全州卫计系统开工的中央预算内投资项目5个，分别为利川市民族中医院门诊医技楼建设项目、宣恩县民族医院住院楼建设项目、建始县妇幼保健计划生育服务中心建设项目、建始县疾病预防控制中心业务综合楼建设项目、巴东县疾病预防控制中心业务用房建设项目。州卫生计生委主抓重点投资项目4个。一是恩施州中心医院新区建设项目。州中心医院新区妇儿中心主体封顶完工，完成投资1.4亿元。二是州公共卫生服务中心建设项目（含2个子项目：州妇幼保健计生服务中心项目、州疾控中心项目）。州妇幼保健计生服务中心项目作为州本级首个PPP项目完成投资人遴选，中标公司为成都互联恩蓉实业有限公司，由州人民政府委托恩施州国有资本投资有限公司与成都互联恩蓉实业有限公司成立湖北圣棠医药投资有限公司作为项目管理公司，进入工程设计图审阶段。州疾控中心项目取得建设用地规划许可、土地预审批复，建设用地地勘完成，建筑设计工作进入招标程序。三是引入一脉阳光投资3亿元建设恩施远程影像中心。四是全州申报省级财政债券担保资金修建740个村卫生室，完工538个，在建114个，未开工88个，开工完工率88.11%。

【医政管理】 开展过度医疗专项整治行动，进一步控制医疗机构医疗费用不合理增长，对医院门诊住院人均医药费用、药占比、检查化验和卫生材料占医疗收入比重等10项指标进行公示。开展恩施州大型公立医院巡查，分别对利川市人民医院、建始县人民医院、巴东县人民医院、宣恩县人民医院、咸丰县人民医院进行巡查，重点巡查医疗机构反腐倡廉建设、严守党的纪律、政治规矩、建立完善反对“四风”长效机制、选人用人机制、公款接待、公车管理、药品采购、器械采购、医疗收费、便民惠民服务措施、进一步落实医疗服务行动计划、落实医疗卫生行风建设“九不准”等方面。依托31个州级质控中心加强医疗质量管理，完成6家二级医院的现场评价工作。通过远程医疗、组建医联体等，有效促进人才、技术和管理等优质资源下沉。《州人民政府办公室印发关于推进医疗联合体建设和发展的实施方案的通知》（州政办发〔2017〕38号）印发，全州分别以托管、技术协作的形式组建31个紧密型及松散型的医疗联合体，全州全域远程医疗系统进入招标投标程序。全州乡村两级医疗机构承担63.37%的诊疗量，县域内的平均就诊率在85%

以上。加强平安医院创建，保障医疗安全，维护医疗秩序。加强无偿献血网底建设和宣传发动，综合运用传统媒体和新媒体，加强对无偿献血宣传，全年采全血量60814.5U，同比增长8.4%。

【中医药管理】 全州累计创建国医堂85个，名医堂7个，养生堂7个，知名中医工作室34个。

开展《中华人民共和国中医药法》宣传活动，3月17日“中国国医日”恩施州卫计系统组织开展《中华人民共和国中医药法》相关知识竞赛活动。提升基层中医药服务能力，全州所有乡镇卫生院和社区卫生服务中心都设立中医科和中药房，并配备中医诊疗设备，能够按照中医药技术操作规范开展中医药适宜技术。组织开展大型公立医院巡查，重点巡查医疗机构的反腐倡廉建设情况、行风建设情况、医疗质量管理情况、经济运行情况，对查找出的问题责令医院限期整改。实施“中医药人才春苗工程”，12月，组织开展恩施州中医药人才培养春苗工程（2015年3月至2017年12月）培训，培训内容涵盖中医基础和方剂学。有序推进中医药预防保健服务项目工作。

【药政管理】 巩固完善基本药物制度，在抓好政府办基层医疗卫生机构配备使用基本药物的同时，重点做好二级以上公立医院配备使用政策的落实。开展药价虚高突出问题专项整治，在专项整治中加强合理用药监管，进一步规范医疗机构药品购销、使用和医疗服务行为，逐步降低药品虚高价格，减轻人民群众看病就医负担。开展药品带量采购工作，组织州城3家医院开展6种药品的带量采购，以量控价、以量保供，降低药品价格。开展抗菌药物和辅助用药专项整治活动，对全州二级以上医疗机构的抗菌药物和辅助用药的使用情况进行专项督导检查，对检查出的问题限期整改。开展短缺药品监测工作，组织各哨点医院按照省卫计委要求做好药品保障供应和短缺药品信息监测报送工作。开展合理用药宣传周活动，组织义诊专家团走村入户开展义诊活动并发放合理用药宣传资料，普及合理用药理念，宣教合理用药知识，提高人民群众自我保护意识，提升人民群众健康素养，形成人人支持、关心、知晓的合理用药习惯与氛围。

【公共卫生服务】 基本公共卫生服务范围扩展为14类55项（增加免费避孕药具和健康促进项目），基本公共卫生服务经费提高到52元。全州累计接诊疑似肺结核患者11771例，发现并免费治疗肺结核患者3285例。免疫接种768473剂次。辖区内管理65岁以上老年人24.75万人、高血压患者24.87万人、糖尿病患者4.41万人。重性精神病患者做到应管尽管，城乡居民规范化电子档案建档率为90.95%。免费婚前医学检查目标人群覆盖率为100.6%。免费孕前优生健康检查目标人群覆盖率为104.12%。开展公共场所卫生、生活饮用水、医疗卫生、放射卫生等专项督查。全州卫生监督协管信息报告率为100%，传染病及突发公共卫生事件报告和处理率均为100%。突出家庭医生签约服务，出台《关于印发恩施州推进家庭医生签约服务实施方案的通知》，全州家庭医生签约服务覆盖率为41.99%，重点人群签约服务覆盖率为65.85%。提供免费避孕药具，计生药具调拨发放率为141.9%，免费药具“新五进”覆盖率为100%。

【爱国卫生】 按照州委、州政府“六城”同创活动总部署，重点抓好卫生城市创建工作，形成“横向到边、纵向到底”的责任体系。督导国家、省级卫生城市（县城）创建、复核，对各县市创建工作开展情况实行量化评分及季度排名。开展城乡环境卫生整洁行动，明确具体规划和要求。推进健康管理工作，实施将健康融入所有政策的策略。开展全州除“四害”专项行动。2017年，巴东县成功获得国家级卫生城市（卫生县城）称号，咸丰县、鹤峰县成功创建省级卫生城市，9个乡镇创建省级卫生乡镇（街道）。全州累计创建省级卫生乡镇64个、省级卫生村（社区）803个，省级卫生单位478个，省级卫生示范景区6个。

【卫生应急】 全州组建“四类”卫生应急专业队伍和乡镇医疗卫生防疫队伍182支1709人。各级医疗机构全年开展23次卫生应急演练。州级队伍在全省突发急性传染病防控和突发中毒事件处置应急演练暨技能竞赛中取得佳绩。自2016年建立恩施州航空紧急救援点以来，累计培训航空救援医护骨干力量30余人。组建志愿者队伍，成立恩施州清江冬泳协会红十字水上义务救援队和心理救援队。全州所有二级以上公立医院和88个乡镇卫生院全部设置卫生应急办公室。全州突发公共卫生事件处置率为100%，传染病疫情和突发公共卫生事件网络直报覆盖率为100%。发挥联防联控机制做好传染病疫情防控，积极抵御H7N9流感、埃博拉、中东呼吸综合征等国内外疫情的输入。严格按照湖北省防指防汛Ⅱ级应急响应要求作出部署，确保一旦出现灾情，迅速有效落实各项医疗服务和卫生防病措施。

【妇幼健康服务】 继续实施国家农村妇女“宫颈癌”检查、预防艾滋病、梅毒和乙肝母婴传播、增补叶酸预防神经管缺陷、妇幼卫生监测、孕产妇健康管理、0—6岁儿童健康管理、贫困地区儿童营养改善、新生儿疾病筛查、48种遗传代谢性疾病筛查等妇幼健康项目，启动新生儿耳聋基因筛查项目，农村孕产妇住院分娩项目因国家政策调整，于2017年8月停止实施。2016年10月至2017年9月，全州活产数41363例，孕产妇死亡5例，死亡率为12.09/10万；婴儿死亡196例，死亡率4.74‰；5岁以下儿童死亡338例，死亡率6.55‰。免费婚前医学检查目标人群覆盖率为100.60%。2016年1月至12月孕产妇系统管理率为91.29%，高危孕产妇管理率为99.90%，高危孕产妇住院分娩率为99.98%，0—3岁儿童系统管理率为89.46%，0—6儿童系统管理率为89.92%，出生缺陷发生率为16.65‰，免费孕前优生健康检查目标人群覆盖率为104.12%。开展三级以上计划生育手术并发症复核和州级鉴定，指导各县市开展病残儿医学鉴定工作。利川市妇保院、鹤峰县妇保院继续实施湖北省妇幼健康服务机构标准化建设与规范化管理试点建设。州卫计委妇幼健康服务科被州妇联评为恩施州维护妇女儿童权益优秀集体。

【卫生执法监督】 开展州级“双随机一公开”监督检查工作，对随机抽取的职业健康服务机构，医疗机构，血站及单采血浆站，母婴保健技术服务机构进行双随机执法检查，对发现的42项次的问题要求限时整改，并在门户网站进行公示。组织开展专项监督和专项整治工作。开展医疗美容服务专项整治，与州食药监局联合开展全州医疗美容机构的监督检查，立案查处5家。开展全州违法医疗广告专项整治行动，发现29家医疗机构违法发布户外医疗广告661条，及时进行整改。继续开展卫生计生重点问题专项整治行动，针对各县市医院重点问题整改进行“回头看”行动，经过督办落实进一步增强医疗机构依法执业意识。开展行政执法突出问题专项整治行动，纠正和查处行政执法过程中存在的突出问题，查找问题111个，及时进行整改。公开投诉举报电话12320，及时办理相关咨询投诉件。进一步做好医疗机构、公共卫生、计划生育违法违规行为举报件的查处工作，办理计划生育违法举报件1起，医疗机构违法发布医疗广告举报件1起，组织听证会1次。

【医疗卫生人才科教】 2017年县、乡医疗卫生机构公开招聘医生307名。组织实施国家卫生专业技术资格考试、国家医师考试、国家护士执业资格考试恩施州考点工作，参考人员分别为3774人、1250人、1952人。开展住院医师规范化培训招生197人，其中，西医147人（州中心医院111人、民大医院36人），中医50人（州中心医院17人、利川中医院16人、建始中医院17人）；西医结业76人（州中心医院57人、民大医院19人）。22人在民大医院接受全科医师转岗培训。全州继续医学教育申报国家级项目16个，获批9个，执行9个；申报省级项目92个，获批67个，执行67个。医疗机构继续医学教育覆盖率为100%。全州医疗机构晋升高级职称人员学分审验上报76人，经省审核合格76人；副高职称申报178人，合格178人。依托州卫校订单定向培养乡村医生144名，结业84人。依托湖北学院科技学院培养助产类高职高专免费生39名。继续实施精准扶贫农村医疗卫生人才能力提升工程，全年举办4期州办骨干村医培训班，完成州级培训240人；推进县级培训及“一对一”结对帮带村医活动，县级累计培训2135人次，“一对一”结对帮带村医3075人；实现全州所有村医均有1个城市医生帮带。

【新闻宣传】 全州卫生计生系统在《人民日报》、《中国人口报》、《健康报》、《湖北日报》、湖北人民广播电台、湖北电视台等省级以上主流媒体刊播卫生计生新闻宣传稿件428篇，本地主流媒体600多篇，健康湖北新媒体30多篇。向州委、州政府及省卫生计生委报送政务信息600余篇。全州发放卫生计生政策、健康保健、全面二孩等宣传资料150万份。在州人民广播电台举行政风行风热线回应公众关注热点1次，举办新闻发布会2次，在政府网站在线访谈举行1次。开展卫生计生课题理论研究，形成《全面两孩政策下生育保障制度探析》《全面两孩政策下少数民族地区计生服务管理改革探索》等9个成果。

【行政审批】 成立行政审批科并进驻州行政服务中心，实现行政审批人员、职能、办事事项的“三集中”。深化行政审批制度改革，优化服务流程，最大限度方便群众，在州卫计委门户网站发布公告，本级所有行政审批事项均受理网上申请（医护人员相关业务除外）持续推进推行“一次办好”，提高审批效率。全州办理行政审批事项3816件，行政服务事项13692件，窗口接受群众咨询46929人次。其中，州本级办理行政审批95件，行政服务8555件，窗口接受群众咨询5000多人次。

【信息化建设】 印发《恩施州人口健康信息化建设总体方案》（州卫生计生发〔2017〕2号），要求将人口健康信息化建设作为深化医药卫生体制改革的重要支撑。完成州县两级平台（数据中心）和软件建设，人口健康信息专网接入，实现省、州、县三级平台的互联互通和数据交互。全州4家省州属医疗机构均完成与州级平台的对接互通并上传数据，其中州中心医院上传数据669万，民大医院539万，州优抚医院204万，州妇幼保健院9万；22家县级公立医疗机构（除建始县中医院正在招标更换系统）完成系统接口改造和数据上传，其中恩施市上传450万、利川市160万、建始县120万、巴东县785万、宣恩县2161万、咸丰县2387万、来凤县2000万、鹤峰县50万。启动远程医疗服务系统建设，项目招标成功。推进全民健康信息化相关项目建设，人口健康信息化建设项目监理招标完成，中心机房相关硬件设备成功升级。推进城乡医保智能监控系统建设，与州人社局联合下发《恩施州全面推进城乡医保智能监控系统建设工作的实施方案的通知》（州人社发〔2017〕35号），各单位在规定的时间内完成专网环境改造、His数据接口改造和数据上传。

【健康扶贫】 州脱贫攻坚指挥部印发《关于深化医疗保障精准扶贫工作的通知》（州政扶组办发〔2017〕25号）。州卫生计生委制定《关于防范过度医疗行为控制医疗费用过快增长的实施方案》和《关于在全州医疗机构建立医疗救助基金助力解决因病致贫因病返贫问题的通知》等文件。通过在医疗机构建立医疗救助基金，助力解决因病致贫、因病返贫问题。各县市按照州脱贫攻坚指挥部的要求，抓紧制定针对贫困人口的医疗保障政策性文件，启动“三个一批”相关工作（大病集中救治一批、慢性病服务签约管理一批、重病兜底保障一批）。2017年开展农村贫困人口患有9种大病的救治摸底调查工作，排查贫困群众16.23万人。开展大病集中救治工作，需救治人数960人，已救治人数744人，救治进度为77.50%。推动慢病签约服务管理，推进家庭医生签约服务，全州建档立卡贫困人口家庭医生签约率为79.70%。通过慢病服务，累计救治次数33975人次。开展重病兜底保障工作，累计救治次数2797次。自2017年起，州财政对农村贫困人口按每人每年100元给予补助，资助其参加商业健康保险，剩余资金由县市财政承担。各县市制定的兜底保障政策覆盖全州所有精准扶贫对象。各县市城乡居民基本医保、大病保险对贫困人口（含农村五保、低保、残疾人）基本实现全覆盖并实行政策倾斜。新农合参保对五保、低保、残疾人、计生特扶对象实行兜底保障，全额资助；对其他贫困人口实行半额资助。

【精准扶贫】 州卫生计生委驻鹤峰县铁炉白族乡渔山村扶贫，结对帮扶6户扶贫户。党组先后5次召开专题会议研究部署驻村扶贫有关工作，制定《州卫生计生委2017年驻村扶贫工作实施方案》。出资1.8万元对索道进行更换维护保养；争取资金5000元解决村文化广场征地；争取村卫生室修建项目，并另外拨付资金5万元；解决资金25万元为铁炉乡卫生院配备救护车1台；争取配套资金，配合渔山村委会实施“雪亮工程”，覆盖全村7个小组；安排州中心血站及州麻风病防治中心解决驻村扶贫户发展基金；为渔山村培养1名农村医学中专生，免费提供学费，资助生活费，三年后接班村卫生室工作。加强基层党建，提升服务功能。新发展茶叶120亩，培育茶叶专业合作社2家。引进中蜂养殖“1528”模式，16户贫困户参与养蜂，全村新发展中蜂150群以上，总计约350群，计划种植蜜源植物荞麦50亩以上，年底可直接给村民带来30万余元经济效益。争取5.8千米硬化路整修项目，新建水池2口，铺设水管6千米，对符合搬迁和危房改造条件的对象全部纳入，易地搬迁户65户，贫困户危房改造6户。

【全州卫生与健康大会】 5月10日，州委、州政府召开全州卫生与健康大会。李建明强调，落实大健康理念，构筑全民健康防火墙；推进大健康工程，织牢全民健康保障网；发展大健康产业，铺就全民健康小康路；全面建设健康恩施，为人民提供全生命周期卫生与健康服务。刘芳震要求，树牢大健康理念，凝聚全州人民智慧，运用各行各业政策，整合各级各地资源，着力推动中央、省委、州委关于卫生与健康工作决策部署落实落地。要强化组织领导，健全投入机制，建强人才队伍，完善配套设施，补齐服务短板，深入推进医药卫生体制改革，开创全州卫生与健康事业发展新局面。州直相关部门负责人，各县市党政及相关部门有关负责人参加会议。恩施市、利川市、鹤峰县、州中心医院交流发言。

计划生育

【概　况】 2017年，全州计划生育工作以贯彻实施全面两孩政策为核心，围绕“人文、法治、智慧、服务”，推动计生服务管理转型发展。全州出生44134人，死亡25984人，政策外多孩率2.07%，出生人口性别比为107.24（女为100），完成省委、省政府下达的各项计划生育责任目标。全面落实基本生育免费服务，与人社部门联合出台《恩施州基本生育免费服务实施管理办法》。免费婚前医学检查和免费孕前优生健康检查项目实现城乡全覆盖，各项计划生育奖励、扶助政策，政策落实和资金发放到位率为100%，为计划生育特殊家庭开通就医绿色通道率为100%，联系人制度落实率为100%。2017年，恩施州获评2016年度市（州）党政领导线计划生育目标管理考评三等奖，受到省委、省政府表彰（鄂办文〔2017〕39号）。在全州党政领导线计划生育目标管理责任制考评中，利川市，咸丰县，鹤峰县、恩施市分别获2016年度党政领导线计划生育目标管理责任制考评一、二、三等奖；恩施市龙凤镇、利川市东城街道办事处、建始县红岩寺镇、巴东县野三关镇、宣恩县椒园镇、咸丰县清坪镇、来凤县翔凤镇、鹤峰县燕子镇等单位2016年度计划生育工作成绩突出、成效显著；恩施市盛家坝乡、建始县龙坪乡、宣恩县椿木营乡、鹤峰县太平镇等单位2016年计划生育工作措施得力、进步较大；评定州委组织部、州委宣传部、州公安局、州教育局、州人社局、州卫生计生委、州民政局、州财政局、州扶贫办、州发改委、州中级人民法院、州委党校、州农业局、州交通运输局、州妇联、州食药监局、州文体新广局为“2016年度州直责任部门线计划生育目标管理考核优秀等次”。有关情况以州委、州政府名义通报。

【基层指导】 坚持计划生育基本国策，落实全面二孩政策。全州出生二孩21546人，同比增加2034人，增幅10.42%；其中非农业人口二孩出生2592人，同比增加1091人，增幅72.68%。抓智慧计生建设。在以恩施市为试点打造卫生计生智慧服务管理信息平台基础上，出台《恩施州卫生计生智慧服务管理信息平台实施方案》，加快智慧计生建设步伐。抓工作机制建设。出台《恩施州计划生育基层基础工作规范》，对基层计生工作职责、信息统计口径、基础资料整理、基本工作制度等作出进一步规范。在来凤县启动村级计生专干“两员合一”工作，对村级计生专干实行“双岗双责”管理。村级计生专干新增妇幼保健员工作职责，与村医共同做好孕产妇、儿童保健“精细化”服务。抓工作队伍建设。全州90个乡镇（街道）计生办，配备工作人员419人，其中具备执法资格公务员157人。全州2494个村（居）全部配齐女性计生专干，初中以上文化占比74%，任村支两委成员占比76.06%，年报酬16975元，较上年增加3975元。抓全国生育状况抽样调查。恩施州抽中30个样本点，涉及8个县市，14个乡镇（街道），28个村（居）委会，2所大中专院校，完成个人问卷非学校样本540个、学校样本60个，村居问卷30个。

【困难家庭扶助】 坚持把“以人民为中心”的理念贯穿计生工作全过程，加大计生困难家庭扶助力度，开展系列关怀扶助行动，在具体工作中体现人文关怀。全州农村部分计划生育家庭奖励扶助新增6854人，退出953人，累计49713人。计划生育家庭特别扶助新增445人，退出124人，累计3243人。核定全州独生子女死亡家庭新增特殊对象290人，落实计划生育特殊家庭一次性抚慰金214.5万元。州直企业退休职工一次性奖励新增190人，落实奖励资金66.5万元，累计1818人。对计划生育特殊困难家庭中经核对的特困家庭夫妻及其伤残子子女参加城乡居民养老保险的1299人，个人缴费补贴15.95万元；对计划生育特殊困难家庭中经核定的特困家庭夫妻及其伤残子女参加城乡居民基本医疗保险的个人缴费部分补贴资助3333人，补贴50.65万元。3266人享受免费体检服务“绿色通道”，1814人通过“绿色通道”优先入院并享受优诊政策。

【依法治理】 严厉打击“两非”行为（非医学需要的胎儿性别鉴定和非医学需要选择性人工终止妊娠）。加强源头治理，对举报属实的，奖励金额最高为3万元，提升群众自治积极性；加强二孩以上孕情监控，倒查不明原因的消失案例，重点核查孕情消失原因，为打击“两非”树立法治屏障。保持高压态势，建立部门联动机制，开展专项整治行动，全年立案查处“两非”案件17例，结案15例。利川市、咸丰县被省卫计委表彰为综合治理出生人口性别比先进县市。严格按照相关要求配备法律专业人士从事计划生育执法，规范公正文明执法，维护群众切身利益。全州计划生育行政行为合法率为100%，执法案卷合格率为100%，确保计划生育无行政复议撤销和行政诉讼败诉。开展生育登记和便民办证行动，严格规范生育证办理和便民服务工作，实行一、二孩生育登记服务制度，将再生育子女的审批权限下放至乡镇，简化办证流程，全面推行网上办证和凭群众承诺办证制度。全年通过便民办证系统办理生育证1874件，十日内办结率为99.5%，平均办结天数为0.6天。

【优质服务】 以加强人性化服务为主线，健全完善服务体系，加强优生优育保障，增强服务精准性，提升人民群众获得感。加强服务母婴设施建设。组织召开全州部门联席会议，专题研究部署母婴设施建设和规范化管理，重点在机场、汽车站、综合医院、著名景区等人口密集场所建设母婴设施，全年建成标准母婴室50余个。加强孕前优生保健服务。坚持政府主导、卫计牵头、部门配合的原则，推动优检婚检工作快速健康发展，全州孕前优生健康检查目标人群覆盖率为104.12%，全州婚前医学检查目标人群覆盖率为100.60%。加强生殖健康服务。开展“体检式”生殖健康检查服务，通过增加服务项目、优化服务流程、提高服务质量等方式，保障育龄妇女享受健康检查服务的权利。其中，利川市筹措资金，将血常规、血糖、肝功能、妇科常规检查等纳入生殖健康检查项目，提升育龄群众的参与度和满意度。开展流动人口区域协作，依托流动党支部、恩施商会等载体组建流动人口计生协会，为恩施在外流动人口提供心贴心服务。开展“三留守”人员关怀行动，全面落实“三留守”人员健康关爱政策，缓解流动人口的后顾之忧。

【计划生育协会工作】 健全基层组织网络，基本形成以州、县、乡、村四级计生协会为主体，企事业计生协会、流动人口计生协会等为依托的组织体系，全州计生协会会员50余万人。推进基层群众自治，全州申报7个省级基层群众自治示范乡镇、8个示范村；关爱关怀计生家庭，全州累计募集人口福利基金519万元。咸丰县高乐山镇官坝村有机乌龙茶基地申报省人口福利基金60万元用于项目发展，可辐射周边5个乡镇，项目负责人金艳当选为州人大代表。支持贫困计生家庭女孩圆梦大学，近三年全州筹集近500万元，资助计生家庭女孩4000余名。常态化开展“暖冬行动”。重点宣传有声有色，开展“健康知识进万家·生育关怀伴您行”知识讲座。印发《恩施州流动人口健康服务年活动实施方案》，决定2017年4月至2018年6月在全州范围内开展流动人口服务年活动。推进计生家庭意外伤害保险工作，帮助14万余户计生家庭抵御意外风险。7月11日，与州卫生计生委等联合举办“人口流动健康同行·计划生育倡导文明”为主题的世界人口日宣传活动。各县市结合实际，开展“5·29”、“7·11”、母亲节活动。推进《人生》杂志的订、学、用。开展“十佳幸福计生家庭”评选活动，1个家庭被评为湖北省“十佳幸福计生家庭”。

【药具发放】 药具工作纳入基本公卫项目管理，稳定药具基层服务管理机构，加强药具工作组织、队伍、阵地和投入保障，药具优质服务水平提升。全年药具入库金额41.3万元，出库金额58.6万元，计生药具调拨发放率为141.9%。免费药具进县级公立医疗机构、进乡镇卫生院、进社区卫生服务中心或进村卫生服务室、进产科、进妇科（人流室）覆盖率为100%。突出网点覆盖，配置自助发放机189台，发放网点4141个，打造免费药具“十分钟服务圈”。利用宣传标语、宣传片、新“五进”等多种形式，抓制度覆盖。抓好创建覆盖，以点带面，继2015年咸丰县，2016年宣恩县、巴东县成功创建省级计生药具示范县后，2017年恩施市、利川市、来凤县获“湖北省计划生育药具示范县”称号。通过落实知情选择服务、随访到位服务、关心关爱服务、自助发放服务4个服务，将药具工作与妇幼健康、基本公共卫生服务相结合，促进药具发放服务工作从“人工药具”到“自助药具”的转变。

【流动人口服务管理】 全州流动人口计划生育服务管理以突出流动人口基层基础工作为重点，加强区域协作，深化流动人口服务管理“一盘棋”工作机制，推进流动人口基本公共卫生计生服务均等化，提升全州流动人口计划生育服务管理水平。2017年度全州流动人口883610人，其中流出人口840486人，流出已婚育龄妇女275986人，流动人口基本公共卫生计生服务均等化到位率为96.25%。落实均等化基本公共服务。全州对35834名流入人口建立健康档案，对3678名流入儿童进行预防接种，对1241名流入孕产妇进行访视和产前检查，对流入人口提供国家规定基本项目的计划生育免费技术服务，免费服务面为100%。协调相关部门落实流入人口在子女上学、就医、培训就业等方面享受市民化待遇，维护流动人口合法权益。据测算，全州流动人口卫生计生基本公共服务均等化到位率为96.25%。开展社区特色服务。全州各地依托社区服务功能，利用图书室、文体娱乐室、人口文化室、四点半学校等，开展计划生育宣传，利用“三八妇女节”“六一儿童节”“世界人口日”等节日为流动人口妇女儿童提供生殖健康、优生优育、心理辅导、邻里关系、法律咨询等特色服务，在社区组织居民喜闻乐见的培训讲座、健身娱乐等活动吸引她们参加，使流动人口真正成为社区人，自觉接受社区的管理服务。加强基层基础工作，突出“精、准、细、严”管理，全州为计生专干配备专用手机发放通讯费，方便与流动人口联系，流动人口跟踪服务管理到位率为98.38%。

【恩施州卫生和计划生育委员会负责人名录】

党组书记、主任：段怀刚

党组成员、州纪委派驻纪检组长：吴祖文

党组成员、副主任：杨祖旺　赵重文　琚兆清

副主任：吴　军

党组成员、州计生协会专职副会长：王君立

（张　森）

编辑　梁卫民

医疗服务

恩施州中心医院

【概　况】 恩施州中心医院（武汉大学恩施临床学院、湖北民族学院附属恩施州中心医院）辖西医部、中医部（中医部即恩施州民族医院）和在建中的新区医疗中心，编制床位1900张，实际开放病床2300张，设置行政后勤、临床和医技科室116个，目前是武陵山地区乃至全国30个少数民族自治州中在办院规模、现代化程度、医疗技术水平等方面综合实力较强的医疗服务中心，医疗服务辐射半径覆盖毗邻的湖南、重庆、贵州等周边地区。2017年，医院在岗职工2479人，其中具有博士学历学位17人、硕士学历学位318人、本科学历1427人、博士生及硕士生导师21人、享受国务院特殊津贴5人、省政府特殊津贴3人、正高级职称108人、副高级职称285人、中级职称518人、初级职称1229人。按照“三优先一控制”原则，有计划、分批次购置万元以上医疗设备527台（件），金额2552万余元，拥有3.0 T核磁共振仪、64排128层容积/电子束CT、平板血管造影系统、实验室自动化流水线检验系统、医用直线加速器等总价值逾4亿元的大型尖端设备近400台（件），全面开展各科现代前沿业务。门（急）诊病人数148.53万人次，比2016年同期增长5.3%；住院病人数7.75万人次，比2016年同期增长9.6%；开展手术22176台次，比2016年同期增长9.0%。

【荣　誉】 2017年获得集体荣誉23项、州级以

上表彰个人荣誉70人次。集体荣誉有：全国卫生计生系统先进集体、2017年全国少数民族医药工作表现突出的先进单位、全省改善医疗服务行动计划示范医院、全省第六轮“三万”活动工作突出的工作组、2017年湖北省突发急性传染病防控技能竞赛团体二等奖、慈善医疗众筹定点医院、恩施州卫生计生系统《中华人民共和国中医药法》相关知识竞赛团体二等奖、2016年度全州药品（医疗器械）不良反应（事件）监测工作先进单位、2016年度计划生育协会工作先进单位、2016年度全州卫生计生宣传工作优秀单位、2017年庆“五一”平安杯州直职工趣味运动会一等奖、恩施州2017年度医疗机构依法执业知识技能竞赛团体一等奖等。个人荣誉有：李拓获中国医师协会首届“白求恩式好医生”荣誉称号、被聘任为中国医院协会第三届理事和《中国医院管理》杂志全国理事会常务理事，肖雪琴《关于充分利用硒资源优势，大力发展富硒中药材的提案》获省优秀提案，蒋师获“全国优质护理服务工作中表现突出的护士”荣誉称号，杨毅获“2016年度全省扶贫工作突出的工作队员”荣誉称号，于新桥、刘勇和李顺振获“全省改善医疗服务行动计划示范个人”荣誉称号，王建平获“全省老干部工作先进工作者”荣誉称号，胡玲波获“湖北省保健工作突出贡献个人”荣誉称号，陈柏荫和孙国珍获“风范长者”荣誉称号，刘铁强获“2016年度全州卫生计生宣传工作优秀个人”荣誉称号等。

【武陵山区域医疗卫生中心建设】 围绕建设武陵山区域性医疗卫生中心目标，完善和深化精细化管理，抓好医疗业务、人才梯队、科研教学、市场拓展、医联体建设等重点工作，优化完善内部管理，医疗市场向基层和周边地区延伸。分三个层次抓好武陵山医疗集团相关工作（三个层次即“托管”“医疗联合体”和“集团”其他一般成员单位）。“托管”工作和对外交流势头良好，后勤保障体系不断完善。加强中医内涵建设，促进中西医协调同步发展，巩固三甲复审成果，推进“名医、名科、名院”战略，核心竞争力和品牌影响力提升，武陵山医疗中心内涵不断充实和丰富。在恩施州中心医院新区医疗中心建设协调领导小组的统筹协调下，新区医疗中心（一期）妇儿中心大楼主体工程于11月3日封顶。

【业务管理】 围绕医院中心工作，按照三甲复审、新医改、大型公立医院巡查的要求，开展重点问题专项整治、效能提升专项整治月等活动。从数据管控入手，抓质量管理。将三甲办的工作职能和重心转移，制定《医院质量与安全管理控制方案》，实行院级质量目标管理，推进全面质量管理和全程质量控制；加强病案管理和信息统计数据管控；优化平衡计分卡考核管理，加大对医疗质量及运行指标的考核权重，对业务科室和职能部门实行双向监管；根据公立医院考核指标，指导各业务科室质量管控重点；启动医院三甲复审后第一次内审工作；主编《综合医院等级评审实战手册》；开展职工“换位就医体验”活动及行政人员门诊志愿者服务；举办第二届PDCA案例展示大赛。接待到院考察学习17批次，派员到恩施州7个县市主要医院指导医院等级评审工作。从重点工作入手，督导问题整改。定期编写《医院质量与安全季度通讯》，实行医院质量与安全问题周会曝光制；对三甲复审现场评审反馈的52项及大型公立医院巡查发现的66项问题与不足，建立台账实行销号管理；针对省卫生计生委重点问题专项整治“回头看”检查中发现的问题进行整改督查；根据《恩施州公立医院绩效评价方案》、2017年度省州属医疗卫生单位履职尽责项目清单、恩施州防范过度医疗行为控制医疗费用过快增长实施方案，分别建立责任清单并督办；建立对转院转诊患者追踪随访的长效机制。从医改工作入手，加强内涵建设。在7月31日正式启动“新医改”后，“药品零加成”等医改政策调整，医院对“新医改”重点工作任务进行分解督办；贯彻落实药品零加成、大型检查收费降价等工作，科学控制医疗费用不合理增长，严格管控平均住院日、例均费用、药占比、料占比等指标。研究符合医改政策的绩效分配方案，确保职工收入。

【学科建设】 2017年新增7个省级临床重点专科（州中心医院省级临床重点专科总数超过20个）；对西医部儿科和超声诊断中心实行二级分科；整合内科心血管病中心、西医部超声诊断中心心电检查业务成立心电诊断中心；将治未病中心并入健康管理中心统一管理；各临床医技科室拓展业务领域，开展新业务新技术70余项；夫精人工授精技术业务运行良好；完成母婴保健技术服务执业许可校验工作；恩施州胸痛中心挂靠州中心医院；州中心医院成为武汉大学口腔医院口腔专科的医疗联合体成员单位及该院互联网医疗协作单位。

【人才队伍建设】 医院人才结构优化。招录（招聘）各类人员150余名，新增1名“省贴”专家（恩施州中心医院龙凤医疗中心常务副主任、主任医师宋秀胜被评为2017度“享受省政府专项津贴人员”），推荐申报“西部之光”访问学者2人，推荐国家高值医用耗材价格谈判专家12人，推荐申报国家卫生计生突出贡献中青年专家1人，选派2名业务专家型管理人才赴医疗联合体成员单位挂职担任副院长。“青年人才成长工程”实施一年来取得成效，总人数增加至71人，5人博士研究生毕业，2人硕士研究生毕业，2人外出攻读博士；12人获国家、省、州级科研课题的经费资助；完成论文50余篇，其中SCI论文9篇。

【医教研转型升级】 承担湖北民院的教学任务由临床医学本科班增加到护理班、中医班及专硕研究生全覆盖，全院256名医护专家参与教学；组织参与教学评估、教学培训等活动。加强住培基地的规范化建设，完成2017年住培学员招录工作；接收进修、实习生730人，其中武陵山医疗集团成员单位进修人员89人；制定推行新的教学查房方案；技能操作中心规范运行；开办英语口语培训班8期；承担“精准扶贫农村医疗卫生人才能力提升工程”教学任务，全年举办2期培训140人次。申报国家、省自然科学基金项目12项；申报获得国家级继教项目8项、省级23项；全年获得院外科研经费支持累计121万元；开展硒与人体健康相关研究；在统计源及以上级别期刊发表论文292篇，其中SCI论文30篇。国际科研合作取得进展。美国、法国、俄罗斯、意大利的6名专家教授到医院开展学术交流与指导工作，聘请美国哥伦比亚大学2名专家为医院客座教授；推进湖北硒与人体健康研究院和瑞典卡洛琳斯卡医学院阿诺实验室合作事宜；首选3名省级临床重点专科学科带头人赴海外培训。

【医疗质量控制】 坚持每季度召开一次科主任联席会，每月进行医疗质量大检查，抽调临床医技科室主任对医疗质量实施动态过程管理、基础质量管理、环节质量控制、终末质量检查，抓好医疗核心制度的落实。加强临床路径及单病种的信息管理；规范病历文书书写、各级各类人员授权和各科化疗药物管理，加强合理用血管理，规范《医疗质量与安全管理持续改进本》填写，抓好病案首页的质量管理，加强对住院超30天病例的管理和非计划二次手术病人的监管。开展医疗责任保险、医疗安全不良事件上报工作及“医疗安全专项整治月活动”；落实分级诊疗及双向转诊服务，转诊患者可通过信息系统开设绿色通道预约转诊住院，简化各县市医院患者来院就诊的流程。

【院感管理和公共卫生工作】 贯彻落实国家卫计委院感新标准；推进负压病房建设工作；推进医院立体化地空联合紧急医疗救援体系建设，联合县市医院开展直升机空中医疗救援演练，承办恩施州突发事件紧急医学救援技能竞赛，组队参加湖北省突发事件紧急医学救援技能竞赛；全年处置公共卫生突发事件14次；人感染H7N9禽流感等传染病防控工作在省、州专项督查中受到肯定；完善慢病管理系统，提高慢病监测效率；发热门诊归口感染性疾病科统一规范管理；推进控烟及健康促进医院创建工作。

【优质护理服务】 坚持“以病人为中心”，落实责任制整体护理，举办“护理管理系列培训”，创建湖北省心血管病专科和康复专科护士临床培训基地并接受现场评审，开展专科疾病“一病一品”工作，提高专科护理内涵，规范专科护理门诊等工作。加强门诊服务工作，常态化开展午间门诊，利用信息化手段优化门诊服务流程，推进预约诊疗及分时段预约服务，门诊药房取药分诊系统上线。加强信息化建设。推进建设医院集成平台和数据中心；升级完善“掌上智慧医院”系统功能；实现门诊“处方共享”工作；实现PACS检查报告临床打印；“云上恩施”智慧医疗服务平台正式启用，基本建成“互联网+”医疗综合服务系统；推进宣传教学视频系统工程建设工作；“银医通”运行稳定；恩施州医疗服务信息质控中心和医疗服务信息平台挂靠恩施州中心医院。

【中医民族医学发展】 加强中医内涵建设，促进中西医协调同步发展。在实行同质化管理的同时，进一步支持中医部建设发展。加强中医三基及中医药法律法规知识培训，推广应用中医药适宜技术，优化中医临床路径工作流程，开展“治未病”服务项目；制定《优化中医优势病种诊疗工作实施方案（2017版）》，修订40个中医优势病种诊疗方案，制定16个病种中医护理方案；规范中医病案书写，加强中医内涵建设；组队参加恩施州中医药“春苗工程”2017年培训并结业；承办并组队参加“恩施州2017年医疗机构《中医药法》知识竞赛”，取得优异成绩。

【宣传外联与市场拓展工作】 在各级各类媒体发布医院新闻440余篇；完善“医院视觉形象识别系统”和新媒体建设。与南京总医院、重庆医科大学附属儿童医院签署合作协议；发起成立州中心医院第一个跨区域专科联盟组织“中国武陵山区儿科医学发展合作组织”。“武陵山医疗集团”成员医院增至61家。来凤县中心医院的托管工作和附属利川和谐医院运行良好；继建始县人民医院、建始县中医医院签约挂牌成为州中心医院医疗联合体成员医院之后，增加利川市人民医院、利川市民族中医院、宣恩县人民医院、宣恩县民族医院4家医联体成员医院。截至年底，恩施州中心医院医疗联合体拥有8家县市级成员医院。

【硒与人体健康研究】 在坚持以医疗为主体的基础上，开展硒与人体健康相关研究，为全州“硒产业”发展贡献力量。培养引进医学领军人才和科研型人才，培育和营造浓厚的科研氛围，发挥湖北硒与人体健康研究院及医学实验中心的大平台、大数据作用，支持开展医学临床和“硒与人体健康”等领域的科学研究。湖北硒与人体健康研究院被认定为联合国教科文组织微量元素研究院合作单位。

【“三四五”管理制度】 三大查房制度（院领导带队医疗质量大检查、院领导行政夜查房和职能部门中层干部行政夜查房），以问题为导向，优化工作机制；多部门联合开展“四合理”（合理检查、合理治疗、合理用药、合理收费）专项检查，取得良好成效；抓好医疗安全、生产安全、综治安全、消防安全、信息安全“五大安全”管理和“廉政安全”防控，完善“五加一”安全管理工作机制，确保医院平安稳定。

【医院公益形象】 坚持公益本位，提升医院公益形象和品牌形象。2017年，募集“医疗助困慈善基金”568.68万余元，规范使用管理；住院优惠减免6735人次，计286.74万元；其他大病救助203人次，优惠金额144.5万元；救助白内障、脑瘫儿童402人次，计119.19万元；救助门诊透析病人424人次，计6.35万元。参加恩施州精准扶贫“慈善一日捐”活动，捐款20万元；被省卫生计生委授予“慈善医疗众筹定点医院”；选派62名专家前往龙凤医疗中心及医联体成员单位建始县人民医院、利川市人民医院等开展坐诊、授课、查房、手术示教等对口帮扶指导；开展“616”“万名卫生计生干部下基层”等对口支援工作；开展第四届“关爱农民工、新春献爱心”、“救助顶梁柱计划——青壮年风湿性心脏病救治”、“心希望・心感动”百万善款救心行动、白内障和儿童脑瘫患者医疗慈善救助活动、大型义诊等各种健康公益活动和志愿服务；开办健康讲座，为群众送健康送知识。

【精准扶贫工作】 派4名队员驻村（宣恩县椿木营乡长槽村）扶贫，院领导及中层干部对该村136户贫困户开展“一对一”精准帮扶，先后筹集、捐助扶贫款19.87万元，出资50万元修建该村村民活动广场、购买垃圾运输车；搭建该村卫生室远程医疗平台；主导发展牛膝中药材种植产业116亩；组织专家多次到村开展义诊及科普活动。

【恩施州中心医院负责人名录】

院长、党委副书记：李　拓

党委书记、副院长：李元红

党委委员、纪委书记：金选贵

党委委员、副院长：王在平　李晓英

吴　波　陈洪波

党委委员、总会计师：梁秀林

副院长：肖雪琴

（代文婷　李先云　王玉蓉）

编辑　梁卫民

湖北民族学院附属民大医院

【概　况】 湖北民族学院附属民大医院（简称民大医院）是武陵山地区集医疗、教学、科研、急救、防保、康复、培训为一体的高校直属附属医院、国家三级甲等综合医院、湖北省卫生计生委直管医院、恩施州红十字医院。2017年有职工1170人，其中高级职称135人，博士10人，硕士210人。设35个临床科室，10个医技科室，有5个省级临床重点专科（风湿免疫科、儿科、肾病内科、中医肝病科、产科），33个州级重点专科，3个州级医疗中心（儿童医疗中心、风湿免疫性疾病诊疗中心、脑瘫儿童康复治疗中心），1个省级专科培训中心（血液净化）。民大医院是湖北民族学院临床医学院，现有18个临床教研室，开设临床医学、护理学、影像诊断学、康复理疗学、检验医学、中医学6个专业，开设临床医学、中医学2个一级学科硕士学位点。民大医院是“国家级综合住院医师规范化培训基地”“恩施州乡村医生培训基地”，是恩施州首家国家药品不良反应监测哨点医院和“临床合理用药示范基地”。现设有1个省级重点实验室（风湿性疾病发生与干预湖北省重点实验室），4个省级医学临床研究中心恩施基地（腔镜外科、肠病科、新生儿急救科、肝胆外科），10个校级研究所。

【医疗质量】 落实医疗核心制度，为建设健康恩施作贡献。全年医院门急诊量559622人次，出院总人数37583人次，较上年同期增长5.72%；手术例次14857次，较上年同期增长20.68%；告病重患者8842人次，同比增长12.98%；病危患者1852人次，同比增长2.15%。坚持开展门诊和住院病历、处方质量控制检查。强调入院告知书、授权书、各种诊疗知情同意书的规范完整书写，加强对诊疗计划、手术安全核查、用药安全性等督导检查。做好常态化质控考评，夯实一级质控基础，制定《湖北民族学院附属民大医院2017年季度绩效考核办法》，完善目标管理体系。2017年湖北省三级医院病案首页专项质量检查总分位居恩施州第一。

2017年临床医技科室开展新业务新技术40余项。风湿免疫科正式成为国家风湿病数据库中心成员单位、中国系统性红斑狼疮研究协作组成员单位。肾病内科开展的腹膜透析模式被国家卫计委列为宣传推广的山区典范。呼吸内科完成氩气刀切除气管肿瘤和金属支架置治疗气道狭窄手术，完成全麻下氩气刀切除气管肿瘤和全麻下金属支架置治疗气道狭窄手术奠定呼吸内科在武陵地区该专业的学术地位。组建胸痛中心，建立起患者生命急救绿色通道，使胸痛患者能够在第一时间得到最佳救治。大型3、4级手术的比重较2016年分别增加48%和18%。住院危重症病人比重达到24%，住院患者死亡率和手术患者死亡率明显低于三甲医院基准值。关节外科的计算机精准导航技术在TKA中的临床运用达到国内领先水平。心内科心脏介入手术量较2016年增长21%。心脏介入手术500台次，各种微创手术占手术总量的35%，椎间孔镜技术广泛应用，开展腹腔镜下半肝切除手术等一批高水平微创手术，微创技术居州内领先水平。产科收治的产后大出血病人手术过程中两次心脏骤停，最终抢救成功。妇科、普外科、消化内科的专业微创技术达到省内一流水平。医技科室严把质量关，坚持规范操作，优化检查流程，提高技术水平，超声介入取得进步，配合临床科室诊疗，确保医疗安全。2017年，首次开设护理专科门诊，持续创建“温馨病区”，举办技能大赛，规范到诊流程，打造护理服务品牌形象。护理工作基本形成制度完备、素质过硬、服务温馨的护理服务体系，护理人员和技术水平居于全州前列，全院护理平均满意度为99.6%。医院院感工作取得进步，对重点区域和重点环节严格把关，定期或不定期对全院各科室进行院感督导，全年组织院感培训49期，培训3151人次，2017年医院院内感染发生率控制在较好范围，全年无感染暴发事件发生。

【教学科研】 坚持“医教研”协同发展，形成本科教学、研究生教学、留学生教学、住培生培训以及乡村医生培训的多层次医学教育格局，发挥高校直属附属医院和临床医学院作用，为武陵山地区培养优秀的医学人才。全年累计完成35000余学时的日常教学任务；招收临床医学专业硕士研究生29人，规范研究生培养模式；承担留学生教学任务，选派4名优秀教师赴美进修学习，投资20多万元，组织20余名教师参加“一对一双语师资培训”，提高各教研室的双语教学能力；接受进修生、实习生400余人；招录住院医师规范化学员38人，实现集中规范化管理；住培学员结业19人，通过考核19人，通过率100%，位于全省前列。

2017年，医院修订《民大医院博士和硕士学位津贴考核办法》，激励和支持开展科研活动。全年发表论文96篇，其中SCI期刊11篇，自然科学类权威期刊7篇；获得地厅级科研立项13项，国家自然科学基金地区项目1项；出版著作8篇（部）；科研结题10项；获批继教项目33项，其中国家级2项，省级20项。一些专家成为州级、省级甚至国家级的学术委员会委员，麻醉科手术室李敬平成为中国妇幼保健协会妇幼微创专业委员会委员，脊柱外科唐尚权成为中国残疾人康复协会肢体残疾康复专业委员会委员等。组建武陵山儿科医疗联盟分盟，成立中国肺癌防治联盟·恩施州肺结节诊治分中心，提高医院解决专科重大疾病的救治能力。风湿性疾病发生与干预湖北省重点实验室教授向阳带领的科研团队获恩施州科技进步二等奖。内分泌内科·血液内科教授姚平带领团队与湖北省人民医院共同协作项目获湖北省科技进步二等奖。医院组织、培训学生参加第八届全国高等医学院校大学生技能竞赛，获华中赛区二等奖，连续8届成绩位居省属同类高校之首。

【对外交流和合作】 2017年，组建民大医院—建始民族医院医疗联合体、民大医院—咸丰县中医医院医疗联合体，形成“一大带七小”的医联体双向合作模式。累计派出120人次对口支援医联体单位，为解决恩施州群众“看病难”作出贡献。全年组织下乡义诊20余次，派遣产科主治医师朱代玉赴新疆进行医疗援助。

【湖北民族学院附属民大医院负责人名录】

院长、党委副书记：谭庆丰

党委书记、副院长：黄　华

党委委员、党委副书记：刘木球

党委委员、纪检组长：邓顺松

党委委员、总会计师：冯炳英

党委委员、副院长：汪莲开　王　松

石　磊

（洪玉洁）

编辑　梁卫民

恩施土家族苗族自治州优抚医院

【概　况】 恩施州优抚医院2017年收治住院患者4200人次，较上年同期增长300人次，其中精神病患者3518人次、综合科患者261人次、失能老人养护171人次、优抚对象疗养250人次。精神病人日均占用床位730张。出院患者2700人次。门诊就诊33731人次，同比增长500人次。司法精神病鉴定102例、劳动能力鉴定12例、医学鉴定8例、智力鉴定407例。美沙酮维持治疗门诊新入组治疗36人次，重入组治疗132人次，累计治疗98人，门诊服药8024人次，恩施州第一强制隔离戒毒所医务室、恩施州强制隔离戒毒所医务室分别为781名、259名强制隔离戒毒人员提供医疗服务。全年发表科研论文21篇、宣传稿件73篇。恩施州精神病人福利院建设项目2017年完成招标工作，年底开工主体建设。

【优抚事业】 围绕“以医带养、医养结合”模式，为优抚疗养人员和失能老人提供医疗服务、健康教育及生活护理。全年完成8个县市12期250名优抚对象疗养工作，养护中心新收入住老人85人次，出院83人次，临终关怀护理10人。组织疗养人员外出参观游玩36次，棋牌趣味比赛12次，疗养健康讲座12次，完成疗养人员及托养人员健康体检386人次，组织疗养及托养人员开展“爱满荆楚”“粽情优抚”“爱国拥军”“携手夕阳”等活动12次，接受志愿者服务280人次。

【精神卫生公共职能】 做好国家严重精神障碍信息系统工作，将各县市数据收集汇总上报。到乡镇对4291名疑似精神病患者进行诊断，确诊2369名，到乡镇进行精神障碍管理督导10次。开展全州基本公共卫生服务管理规范培训，对巴东乡镇卫生院分管院长、公卫科长、管理精神病人医师进行业务培训，开展4期骨干村医培训严重精神障碍管理规范。4月7日是第68个世界卫生日，围绕“共同面对抑郁，共促心理健康”主题，开展义诊，发放宣传单，进行精神卫生知识科普宣传。

【精准扶贫】 2017年，州优抚医院扶贫点定于巴东县水布垭镇景家坪村，选派第一书记1名和驻村干部2名，根据景家坪村的基本条件、发展现状、优势产业实际情况，制定五年发展规划和年度发展计划。36名中层干部结对帮扶88户贫困户，为299户贫困户建档立卡；引进帮扶资金407万元，帮助成立檀香坪土蜂养殖合作社，发展畜牧业，发展特色产业基地面积1204亩，帮扶项目农户受益342户，集体经济收入3.5万元。为道路、通信建设和村民饮水等投入30万元。发展中蜂养殖，为养蜂户每桶补贴100元资金。便民服务和群众文体活动中心建设首期投入30万元，计划投入60万元。

【恩施州优抚医院负责人名录】

院长：赵廷君

副院长：谭显金　向开斌　谭　燕　李　昱

（彭贻龙）

编辑　梁卫民

教育 体育

教育管理

【概 况】2017年，州教育局确定全州教育“343”工作思路，紧盯“三个目标”（办好每一所学校，教好每一个学生，发展好每一名教师），抓住“四个关键”（提质量、补短板、促公平、优环境），守住“三条底线”（党风廉洁底线、师德师风底线、校园安全底线），统筹推进教育改革发展。全州学前三年毛入园率73.8%；小学学龄儿童净入学率100%，零辍学；初中三年巩固率97.62%；初中升高中升学率91.11%。全州有各级各类学校1194所（不含小学教学点586个），其中幼儿园534所，义务教育学校611所（小学471所、初中140所），高中阶段学校39所（普通高中27所、中等职业学校12所），高等教育学校4所（普通高校3所、成人高校1所），特殊教育学校6所；有在校学生623886人，其中学前教育103797人，义务教育386550人（小学264554人、初中121996人），高中阶段教育92483人（普通高中62260人、中等职业学校30223人），高等教育40632人（普通高校36059人、成人高校4573人），特殊教育424人；有教职工39496人，其中学前教育7738人，义务教育22747人（小学13607人、初中9140人），高中阶段教育6277人（普通高中5089人、中等职业学校1188人），高等教育2614人（普通高校2564人、成人高校50人），特殊教育120人。

2017年恩施州教育事业发展状况统计表

表6

类别	学校数（个）	毕业生数（人）	招生数（人）	在校学生数（人）	毕业班人数（人）	教职工数（人）	
						总数	其中：专任教师
一、普通高校	3	9916	9704	36059	9429	2564	1807
1. 湖北民院	1	5799	4780	19083	4964	1525	1061
普通	—	4258	3592	15942	4165	—	—
成人	—	1417	971	2542	603	—	—
硕士研究生	—	124	217	599	196	—	—
2. 湖北民院科技学院	1	2681	2497	10848	2755	495	355
本科	—	2057	1951	9266	2217	—	—

续表 6

类别	学校数（个）	毕业生数（人）	招生数（人）	在校学生数（人）	毕业班人数（人）	教职工数（人）	
						总数	其中：专任教师
专科	—	624	546	1582	538	—	—
3. 恩施职院	1	1436	2427	6128	1710	544	391
普通	—	1177	2286	5613	1336	544	391
成人	—	259	141	515	374	—	—
二、成人高校	1	2100	1999	4573	1670	50	40
恩施电大	1	2100	1999	4573	1670	50	40
其中：网络	—	158	73	323	213	—	—
三、中等职业学校	12	8511	10542	30223	9433	1188	1079
四、普通中学	167	55986	64473	184256	57299	14229	13177
1. 初中	140	35988	42723	121996	37277	9140	8793
2. 高中	27	19998	21750	62260	20022	5089	4384
五、小学	471	41607	41196	264554	44879	13607	13396
六、特殊教育	6	27	42	424	63	120	110
七、幼儿园	534	41977	37209	103797	48662	7738	3669

说明：中等职业技术学校不含劳动部门学校

【超级大班化解】 秋季学期全州小学一年级班级数 1206 个，班额控制在 55 人以内的班级数 1095 个，占 90.8%；初中七年级班级数 795 个，班额控制在 55 人以内的班级数 617 个，占 77.61%。恩施、巴东、宣恩、鹤峰 4 个县市全面实现义务教育起始年级班额不超过 55 人的目标。

【中职教育】 完成中职招生 10542 人，普职比 6.7 : 3.3。应届毕业人数 8511 人，升学人数 4760 人，升学率 55.92%；就业人数 3431 人，就业率 40.31%；升学及直接就业率 96% 以上。中职学校学生技能大赛获省级一等奖 2 项、二等奖 14 项、三等奖 18 项，优秀奖 11 项。中职学生“文明风采”大赛作品获国家级二等奖 3 件、三等奖 5 件、优秀奖 13 件，恩施市职校获全国优秀组织奖；获省级一等奖 8 件、二等奖 32 件、三等奖 46 件，州教育局获市（州）级优秀组织奖。

【教育建设项目】 全州启动教育建设项目 360 个，投入资金 81728.55 万元，建设面积 59.38 万平方米（含运动场）；其中“全面改薄”土建项目 290 个，投入资金 29270.75 万元，建设面积 37.28 万平方米；高中阶段学校建设项目 10 个，投入资金 7100 万元，建设面积 7.17 万平方米；农村中小学教师住房建设项目 24 个，投入资金 2371.8 万元，建设面积 1.1 万平方米，建设教师住房 478 套；县市自建项目 36 个，投入资金 42986 万元，建设面积 13.82 万平方米。恩施清江外国语学校高中部、恩施市武陵国际实验学校高中部、宣恩思源实验学校、宣恩清江外国语学校开始招收新生。

【推进集团化办学改革工作】 召开全州补齐教育短板推进会。推进集团化办学改革工作，恩施市启动 4 个学区制试点，宣恩县通过强弱校联合办学模式组建宣恩神龙教育集团。

【教育精准扶贫】 全州建档立卡贫困户在校学生 216812 人，其中未脱贫建档立卡贫困户在校学生 104803 人。全年发放各类政策性学生资助资金 37880.8 万元，资助学生 344044 万人次。实行精准扶贫中考定向招生，98名贫困学生通过专项计划被恩施高中及各县市一中录取。

【教师队伍建设】 全州招录到岗农村义务教育学校教师864人。完成农村小学全科教师及公办幼儿园教师定向委培招生400人。完成教师培训2万余人次、城乡教师交流1588人次。开展“做四有好老师、当四个引路人”主题实践活动。评选命名99名恩施州名师（第二届）、10名师德标兵和20名师德优秀个人。州政府召开恩施州第33个教师节庆祝大会。举办“学生发展核心素养”暑期校长培训班。在杭州市举办2期高中校长及骨干教师赴杭培训班（东西部扶贫协作项目）。

【信息化建设】 全州中小学全部实现优质资源“班班通”，数字资源教师应用率、学科覆盖率、教师网络空间注册率、晒课率均实现100%。2016—2017年度“一师一优课、一课一名师”获评部级优课20节、省级优课269节，评选州级优课726节。11个网络教研工作室被评为省级“优秀网络教研工作室”。“恩施三式”（同体式、支教式、协作式三类在线同步课堂教学模式）被教育部作为中国教育信息化经典案例推荐参加联合国教科文组织“哈马德国王奖”评选。

【学校安全】 成立州校园安全生产专业委员会。排查整改各类学校安全隐患3926处。创建省级平安校园7所、州级平安校园23所。与州应急办联合开展全州第22个“全国中小学生安全教育日”主题教育暨应急安全知识宣传周活动。举办恩施州首届“PICC杯”安全知识及防灾减灾作品大赛。与州公安局联合开展安全知识“六进”校园活动。

【教育管理】 州政府印发《恩施州统筹推进县域内城乡义务教育一体化改革发展实施方案》《恩施州中小学校管理办法》。6所学校通过第五批“湖北省依法治校示范校”检查验收。推进“双随机一公开”监管工作，开展4次州级教育督导检查和1次学校体育艺术工作专项监督检查。通过招标确定全州统一的涉教商业保险经纪服务公司。38所学校获评全州首批“文明餐桌行动示范学校”。11所学校获评湖北省学校食品安全“放心食堂”。推进中小学校责任督学挂牌督导工作，恩施市入选第二批全国中小学校责任督学挂牌督导创新县（市、区）。

【教育环境】 州委、州政府召开全州教育工作专题会议。州教育局分别与6个县市政府召开教育工作现场办公会议。与恩施日报传媒集团和恩施州电视台合作，加强教育全媒体宣传，在《恩施日报》开设《恩施教育》新闻周刊。开展农村义务教育学生营养餐暨全州中小学食堂违纪违规问题专项治理、全州教育系统扶贫领域不正之风和腐败问题专项整治。

【素质教育】 借鉴“支部主题党日”的形式，在全州中小学校开展“主题团（队）日”活动。评选2016—2017学年度州级优秀学生580名。开展以“寻梦·一路精彩”为主题的全州首届中小学生艺术节活动。与州农村商业银行联合主办2017农商行杯“汉语英雄”大赛。22所中小学成功创建“全国青少年校园足球特色学校”。

【教育质量】 召开全州提升教育质量现场推进会、中职学校教学诊改工作研讨会、中考质量点评会。开展全州小学、高中教学质量监测。恩施市教育局获评2017年国家义务教育质量监测实施“县级优秀组织单位”。恩施市实验小学获评第一届“全国文明校园”。恩施市硒都民族实验小学、利川市凉雾乡凉雾小学、华中师范大学来凤附属中学获评“2017湖北省学校文化建设百强校”。恩施市硒都民族实验小学、恩施市施州民族小学、利川市民族中学、建始县民族小学、来凤县民族幼儿园获评全省首届“民族文化进校园”十佳示范学校。

【先进人物】 恩施市中等职业技术学校教师谢作玲获全国“黄炎培职业教育奖”；鹤峰县五里乡六峰小学教师黄家菊获评全省“岗位学雷锋

标兵”；恩施市第一中学教师尹应睿、鹤峰县实验中学教师张法英获评“湖北省师德先进个人”；巴东县野三关镇民族实验初级中学教师韩亮获评“荆楚好老师”；恩施市教学研究和教师培训中心培训部主任钟祖国在送教下乡途中因公殉职，获评2017“感动恩施”年度人物。建始县中等职业技术学校陈丹丹获评2017年度全国“最美中职生标兵”；巴东县野三关镇初级中学覃浩然、恩施市舞阳中学龙馨悦获评2017年度全国“最美中学生”；恩施市中等职业技术学校李辉柱获评2017年度全国“最美中职生”。

【恩施州教育局负责人名录】

党组书记、局长，州政府教育督导室主任：胡　泽

党组成员、州纪委派驻纪检组组长：谭若峰

党组成员、副局长：赖于明　周文忠

（周成伟）

编辑　梁卫民

重点院校简介

湖北民族学院

【概　况】 湖北民族学院截至2017年底学校占地面积106余公顷，教学科研仪器设备价值2.27亿余元，藏书180万余册，建有完备的现代电子图书系统，电子图书320万余种。学校设有18个学院、1所直属附属三级甲等综合医院（附属民大医院）、2所非直属附属三级甲等综合医院（附属恩施州中心医院、附属荆门市第一人民医院）。有61个本科专业，涵盖经济学、法学、教育学、文学、理学、工学、农学、医学、管理学、艺术学等十大学科门类。教师队伍中有博士学位的269人，有高级专业技术职务的561人，其中教授136人。有享受国务院政府特殊津贴专家、省有突出贡献中青年专家、省政府专项津贴获得者等各级各类专家50余人。学校坚持“立足湖北，面向西部，辐射全国，服务基层”的办学定位，面向全国23个省（市、自治区）招生，现有全日制在校学生近1.7万人。

【学科建设】 推进“双一流”建设，民族学和林学2个学科被列为湖北省“一流学科”重点建设学科，获得省财政专项资金支持。做好硕士学位授权点申报和合格评估工作，新增中国语言文学等3个一级学科授权点，通过教育部公示。组建新的教育学院，调整城乡规划、机械电子工程等6个专业学科归属，学科专业布局更趋合理。创设校企共建的新材料与机电工程学院。以学科专业建设为重点，启动新一轮四川大学对口支援学院的工作，签订合作协议。

【科研工作】 全年获批省部级以上项目41项，其中国家基金项目20项，教育部人文社科项目3项。科研到账经费2334.3万元，增幅26.5%。全年产出高水平论文186篇，被SCI、EI、ISTP收录近100篇，出版学术专著30部；获得授权发明专利10件，实用新型及外观设计专利11件。科研成果转化实现重大突破，其中“一种信息型太阳能电池组件及其智能发电系统系列知识产权”转让金额600万元，科研成果“信息型太阳能电池组件关键技术及分布式智能光伏发电系统的应用与示范”获省科技进步二等奖。成立武陵山片区发展研究院，增强社会服务能力。

【招生就业】 2017年由教育部、省教育厅下达学院普通本科、少数民族预科计划数3772人，实际完成计划3776人（新疆预科增加4人）。其中省外1285人，占34.82%，省内2405人，占65.18%；普通本科3507人、预科184人。新生报到率为96.23%。2017届毕业生数为4258人，初次就业率为93.07%；协议就业占62.61%，灵活就业占18.6%，升学占10.64%，自主创业占0.78%，出国出境占0.44%，待就业占6.93%。2017年录取全日制硕士研究生218人，新生报到216人，报到率为99%。2017届研究生一次性就业率为95%，

其中协议就业率为80%，升学率为5%。

【办学条件】 优化新校区建设规划，抓好产教融合发展工程建设项目前期准备工作，促成该项目进入国家重大建设项目库，申请并取得2018年中央预算内第一期投资5000万元、省级财政专项补助500万元。推进生物示范中心大楼、三洼食堂、室内小球馆建设和校园网络有线无线一体化建设。维修改造博学公寓1—6栋学生宿舍并重新安装床具。实施民院新村环境综合治理，修建桂花园校区供水二次加压站，维修和改造部分教职工住户供水管道，改善人居环境。彻底清理危化品，实现规范管理。新增纸质图书22.4万余册，纸质文献总藏量180.47万册。全年新增资产（固定资产、无形资产）7077万元，净增资产4932万元。

【大学生思想政治教育】 出台《湖北民族学院关于加强和改进新形势下思想政治工作的具体措施》；推进思政理论课教学改革，结合巡视整改和本科教学审核评估，从思想上提高教师使命感，开展集体备课、试讲，组织观摩示范课，开展领导和同行听课评课，促进教学质量提高；创新实践教育方式，以“主题实践教学”形式展示思想政治理论实践教学成果。推进“四个一”思想政治教育主题活动，其中“一院一主题”16项，辅导员“一人一专题”70余项，“一院一品”院级项目16项，校级项目2项，“家书载梦主题教育”项目获湖北省高校校园文化成果二等奖。

【大学更名工作】 学校组建大学更名工作专班，认真筹备更名申报工作。根据更名指标体系完成更名材料收集整理工作，形成全面的指标材料。借力国家民族政策和西部地区优惠政策，争取教育部、国家民委、省委、省政府、州委、州政府支持。设立现场考察点，集中展示学科专业建设成果。9月，顺利通过湖北省高校设置专家组实地考察，11月，将更名相关材料报送至教育部，完成2017年度工作目标。

【审核评估】 教育部本科教学工作审核评估是学校2017年的工作重点，学校按照以评促建、以评促改、以评促管、评建结合、重在建设的总要求，做好审核评估各项工作。在学校《自评报告》、年度《本科教学质量报告》及《教学基本状态数据分析报告》基础上，整理备查资料，完善教学设施与公共服务设施，准备课堂教学与实践教学等考察环节。4月，迎接专家组进校考察取得预期效果，并将专家组的反馈意见整改落实。

【驻村扶贫】 巩固2016年取得的户销号、村出列的脱贫成果，推进精准扶贫。围绕扶强弱项、补齐短板的帮扶思路，强基础，兴产业，全年投入资金56万元，改善恩施市三岔镇王家村基础设施，发展村域主导产业，壮大村级集体经济，组织大学生暑期到村内对适龄学童进行支教访学活动。

【郑明辉被评为“享受省政府专项津贴人员”】 郑明辉，男，1972年10月出生，博士，博士后，教授，现任湖北民族学院研究生处副处长，是湖北省杰出青年基金获得者，湖北省创新群体项目负责人，湖北省新世纪高层次人才工程第二层次人选，IEEE会员，中国密码学会会员，中国CCF会员，湖北省计算机学会理事，中国计算机学会开放系统专委委员，中国计算机学会教育专委委员，中国计算机办公自动化专委委员。2017年被评为“享受省政府专项津贴人员”。

【湖北民族学院负责人名录】

党委书记：吴建清

副书记：顿祖义　汪兴平

纪委书记：韩思懿

院长：顿祖义

副院长：汪兴平　李清政　邓　磊
祝建波　秦群燕

总会计师：余　来

（李奇峰）

编辑　梁卫民

湖北民族学院科技学院

【概　况】 湖北民族学院科技学院坚持“立足恩施，辐射全国，面向市场，服务基层”的办学定位，设7个教学系（部），开设40个本科、10个专科专业以及本科民族班、少数民族本科预科班，涵盖经济学、法学、教育学、文学、理学、工学、农学、医学、管理学、艺术学十大学科门类，现有省级重点本科培育专业1个、省级精品课程2门、省级战略性新兴（支柱）产业人才计划项目1项，恩施州农村精准扶贫订单定向本土化医学生培养项目2个。面向全国18个省（市、自治区）招生，现有全日制在校生11098人，其中本科生9196人、专科生1589人、预科生313人。

【师资队伍】 学校教职工本科以上学历228人，占比84.5%；硕士学历占比57.10%；具有初级及以上职称168人，占比62.5%，具有中级以上职称95人，占比35.3%。2017年招聘需求61人，实际招聘到岗人数45人，招聘完成率为73.77%。全年组织及协助开展内部培训23次，培训总人数604人；外部培训65次，培训总人数70人。推进职称评审改革，完成职称评审工作，全年申报职称评审10人，通过副高3人、中级讲师5人。

【招生与就业】 2017年学院争取招生计划3515人（本科计划1492人，预科升入计划663人，预科计划350人，高职高专计划1010人）；实际录取3147人（本科1492人，预科升入662人，预科350人，高职高专643人）；实际到校2895人（本科1356人、预科升入662人，预科311人、专科566人），到校率为92%。2017年本科录取1842人，一志愿填报1614人，志愿率88%，较2016年志愿数提高4个百分点。2017年毕业生2872人（本科2248人、专科624人），就业人数2657人（本科2091人、专科566人），就业率为92.51%。截至2017年9月1日，一次性就业率91.54%，1名毕业生被评为“长江学子”创业奖。

【科研工作】 截至年底，学院在国家自然科学基金委员会、湖北省科技厅、恩施州科技局等科研主管单位建立账户，获得地厅级及以上项目立项19项，其中湖北省教育科学规划课题1项、湖北省人文社会科学课题4项、湖北省教育厅科研课题9项、湖北省社会科学基金项目1项、湖北省自然科学基金项目1项、恩施州科技计划项目1项，获批经费13万元。全年学院教师发表论文59篇，其中核心及以上期刊17篇；以第一作者发表的论文CSCD及CSSCI期刊收录文章7篇、ISTP收录1篇；获得软件著作权2项、发明专利1项；主编参编专著及教材4部。科研奖励金额9万元。

【新校园建设】 学院新校园规划用地总面积82.64公顷，总建筑面积592632平方米，工程分三期实施，总投资15.85亿元。第一期32.23公顷，建筑面积351574平方米，建设内容为教学楼、实验实训楼、图书馆、体育场馆、学生宿舍、学生食堂及教工生活设施；第二期20.84公顷，建筑面积129106平方米，建设内容为教学楼、实验实训楼、学生活动中心以及教职工住房；第三期29.57公顷，建筑面积111952平方米，建设内容为教学实训基地、配套建设及校园体育文化设施、公共服务设施及博士楼等。截至2017年底，学院基本完成新校园一期建设任务，完成征地31.40公顷；完成包括学生宿舍、食堂、图书馆、医学院、实验楼等14栋单体建筑总建设面积约16.3万平方米的建设任务；完成运动场看台及400米运动场、风雨篮球场、教育教学设备设施、水系景观、市政、绿化等10多项配套附属工程；总投资6.21亿元。2016级、2017级新生入住新校园。

【人才培养】 整合利用校园文化资源，推进大学生文化艺术、社会实践、社团、志愿服务等活动开展。形成“五大赛事”“四个大项”“五个文化节”“八大会典”校园文化。1人被共青团恩施州委表彰为优秀团员。学校组织参加湖北省“挑战杯”学术科技作品大赛,“一种基于 DPLL 控制的工业金属热处理逆变器”获省级二等奖,“消防员安全检测系统”获省级三等奖。1 人在湖北省语委、教育厅组织的高校普通话大赛中获省级三等奖。参加湖北省大学生艺术节,获声乐组省级一等奖。在湖北省创业大赛项目中,学院推选的 4 个项目顺利晋级 2018 年湖北团省委“挑战杯”创业计划大赛。学院 17 支校级暑期社会实践团队完成设定目标和预期任务,1 人获得共青团中央学校部“千校千项”表彰,2 人获省级优秀暑期社会实践个人、1 支团队被评为省级优秀暑期社会实践团队、1 人被评为省级暑期实践优秀工作者。

【教育扶贫】 按照州人民政府统一部署,与恩施州卫计委配合,开展恩施州农村精准扶贫订单定向本土化医学生培养项目——临床医学、助产专科专业的培养。助产专科专业 2017 年正式招生,招生报到人数 39 人。临床医学专科专业通过教育部和国家卫计委审批,将于 2018 年开始招生。学院评选“一个不能少”自强助学金获得者 371 人,发放助学金 76.1 万元。学院为贵州望谟县 1 名 2017 级新生(孤儿)减免全部学杂费 11820 元。为 1 名特困生减免 5000 元学费。

【教育助学】 开展家庭经济困难学生资助工作,实现数据资金管理“零差错”、资助工作“零投诉”。评选国家励志奖学金 130 人,发放国家励志奖学金 65 万元。评选发放国家助学金 192 万元。设立校内勤工助学岗,全年发放勤工助学金 4 万元。2017 年办理学生生源地贷款 1071 人,贷款总额 856.8 万元。兑现参军入伍学生学费补偿款 16.8 万元,退役士兵学费补偿 1.6 万元。帮助 119 余名恩施籍专科贫困生成功申报“雨露计划”。

【宣传思想工作】 按照《关于进一步加强和改进新形势下高校宣传思想工作的意见》文件精神,加强院内宣传思想文化阵地管理,抓好校园网络安全管理,做好意识形态领域信息汇集和报送工作,提升网上舆论引导能力和水平。4 月 21 日,全省民办高校“贯彻落实全国高校思想政治工作会议精神暨加强民办高校党的建设工作学习研讨会”在学院召开,全省 31 所民办高校的党委书记及相关部门负责人 105 人出席会议。通过湖北民族学院科技学院青年通讯社运营“湖北民族学院科技学院微校园”公众订阅号,引导管理“校园之声”“校园广播台”。在官网发布各类校园新闻 700 余条,拍摄各类图片 3800 余幅,在优酷网、腾讯视频等宣传平台,整理上传宣传视频 30 余个。利用“湖北民族学院科技学院微校园”微信公众号(目前关注量 6000 多人,每期推送平均阅读量 800 多人次),制作宣传校园文化的微信节目 400 多期。

【湖北民族学院科技学院负责人名录】

党委书记:廖　云

院长:池永文

纪检组长:卓思涛

副院长:万由祥　邓利群　杨春海

　　　　王少海　李　俊

院长助理:曾繁荣

(田婉吟)

责任编辑　梁卫民

恩施职业技术学院

【概　况】 恩施职业技术学院 2017 年学院总收入 21249 万元,其中事业收入 3984 万元,财政拨款 17265 万元,总支出 21657 万元。截至 12 月 31 日,学院资产总额 41737.34 万元,其中固定资产 31852.03 万元。

【教育教学工作】 三年创新发展行动计划:2017 年度完成 40 个建设项目的建设方案,按照方案完成年度工作任务;完成 37 个建设任务的建设方案;其中优质专科高职院校建设项目完成 8 个子项目工程和 7 个专业群建设的任务书及年度任务。教学诊断与改进工作:2017 年编写完成内部质量保证体系规划,对 41 名教师的课堂教学进行诊改，完成高职教育质量年度报告，组织编制5个层面6个诊改报告模板及2018年各单位质量目标任务及考核方案。制定主要教学环节的质量标准、专业建设标准、课程建设标准、实训基地建设标准、实习管理工作流程、教研活动管理规范、学生学分制管理办法等。专业建设：2017年，旅游管理专业获教育部、国家旅游局批准为国家专业示范点。省级品牌专业本年度验收1个、在建1个；省级特色专业本年度验收1个、在建1个、新立项1个。完成3个高职新专业、4个中职新专业的申报。课程建设：全年完成4门精品在线课程建设，深化"思政课"教学改革，高职班增加《马克思主义哲学原理》选修课，高中职学生均开展《形势与政策》课程。实训室建设：2017年学院新配备600台计算机、新建的10个实训机房及105个多媒体教室投入使用；完成人文教育学院"班班通"及实训基地建设；物联网、电子、汽车、数控、建筑工程、畜牧兽医6个实训室正在新建或改造之中；9个非遗传承大师工作室设备采购及房屋改造进入招标环节。学生技能竞赛：组织"职业教育活动周""技能大赛活动月"活动，开展大师进校园、劳模进校园、企业家进校园、优秀毕业生返母校活动，组织校内技能竞赛活动43项，参与学生5000余人。全年参加省级或全国行业部门技能竞赛19个项目，其中获得一等奖2人、二等奖12人，三等奖31人。教科研成果：2017年，《学前教育专业〈手工〉课程"能做、会做、善研究"教学改革与实践》获省教学成果二等奖，《高职〈高等数学〉课程改革的研究与实践》获省教学成果三等奖。学院教师获准立项并结题"湖北思想库"课题1项，省社科联课题申报实现零突破；获准立项并结题州社科联重大课题1项、重点课题1项、优秀课题1项；获准立项恩施州科技计划项目1项。《关于打造恩施州特色产业发展增长极的几点建议》获州领导肯定。《恩施职业技术学院学报》获全国高院校学报研究会"优秀内刊"。

【继续教育工作】 全年全院社会培训完成29464人日，实现培训收入237.51万元；继续教育学院完成社会培训3856人日，实现培训收入36.27万元，均超额完成年初制定的目标任务。

【招生就业】 高职招生：2017年省厅下达招生计划2798人，比2016年增加268人，涉及全院32个招生专业，在18个省（市或自治区）招生。实际录取2499人，招生计划完成率为89.3%，其中湖北2080人（含单独招生录取1160人，定向委培单招录取415人，五年一贯制转入357人），外省419人。中职招生：2017年省厅下达面向初中毕业生招生计划2000人，实际报到注册1863人（五年一贯制456人、中高职衔接1407人），全面完成学院1800人（含五年一贯制400人）的中职招生目标任务。另外州艺校并入中职新生33人，州交通技校中职新生168人，2017级中职新生注册2064人。"政府订单班"招录：5月，完成州政府定向委培农村小学全科教师及公办幼儿园教师单招录取工作，录取415人（小学教育264人、学前教育151人），实际到校报到414人（含神农架委培15人）。就业创业：截至12月31日，学院2017届高职毕业生1177人，就业率为91.25%；2017届中职毕业生1602人，就业率为96%。2017届毕业生中25人走上自主创业路，在校生中1人申请注册公司进入运行。

【合作办学】 校地合作：2017年学院首次全面与8个县市职校签订联合培养协议，省厅下达11个"3+2"联合培养专业招生计划1130人；与恩施市职校签订深度合作协议，151名中高职衔接学生进校转入高职段学习；洽谈鹤峰职校、巴东职校深度合作；对口支持咸丰中等职业学校。校企合作：2017年度学院成立"校友招商领导小组"，拟订招商方案。截至年底，院属各单位向"校友招商办"上报意向投资企业41家。校校合作：11月，学院领导带队赴杭州市，与杭州职业技术学院、杭州师范大学成功对接。学院首批55名专业骨干教师于2017年寒假赴杭州职院参加为期半月的执教能力培训，并与杭州职院开展电梯工程技术等专业“2+1”联合培养，杭州师范大学有意在恩施职院建立乡村教师培训站。国际交流：2017年学院生物工程学院老师曾璐瑶参加由中国农业部和德国农业协会举办的“中德青年农业实用人才能力建设项目”第三期培训并赴德国相关企业实习3个月。9月28日，在国际茶业大会上，国际茶叶委员会主席为学院颁发“国际硒茶人才摇篮”奖牌，为学院退休教师杨胜伟颁发“国际硒茶大师”荣誉证书。

【师资建设】 全年完成新一轮专业带头人聘任工作，全院新一轮聘用28名专业带头人、36名教研室主任；新进教师24名，培训60人次；暑期教师培训460人次；暑期教师社会实践168人；外聘教师培训与管理40余人；组织教师参加信息化教学大赛；86名经验丰富的骨干教师与青年教师结对开展“传帮带”活动；2017年寒假，组织55名专业骨干教师赴杭州职院参加教学能力提升培训；组织教师参加信息化教学大赛，获省赛三等奖1项。

【巡视巡察】 6月省委巡视组回访督查，认定34个问题整改到位，对整改工作给予充分肯定。6月底党委研究启动6个遗留问题整改工作，10月初对6个整改项目进行专项检查督查，11月8日专题听取整改责任人汇报整改落实情况，推进整改任务落实。春季学期，学院组建4个巡察工作组开展院内巡察，发现问题62个，通过督办整改，促进工作；秋季学期联系州教育局纪检组、州电视台《电视问政》栏目组进行院内暗访。12月25日举办“电视问政”会，主动曝光10个问题，对12个部门负责人“现场问政”，追责问责21人。开展作风建设突出问题等专项治理，开展“不担当、不作为、不落实”专项治理，纠正“四风”专项活动，查找问题125个，制定整改措施125条。严格遵守“3、7、30”的问题线索处置工作流程，全年处理问题线索4件，其中初核4件，函询2件，立案1件，组织处理1人，降低岗位等级1人。

【精准扶贫】 2017年，学院接受巴东县溪丘湾乡营盘村帮扶任务，先后引进3家龙头企业，实现柑橘种植53.33公顷，石榴46.67公顷，建成空心李子、冬桃和药材种植基地。根据州脱贫攻坚指挥部1号令，学院组建以院党委副书记董奎为队长、15人为成员的驻村工作队，恢复驻鱼塘湾村驻村工作队，落实8个到村到户；结对帮扶咸丰职校，重点支持旅游管理、会计2个专业建设。对口帮扶湖北省干部红色培训基地——建始县店子坪村山泉民族幼儿园，提供学前教育专业师资支持。

【恩施职业技术学院负责人名录】

党委书记：许　敏

院长：张　捷

副书记：董　奎

副院长：张如学

（曾　稳　王　昕）

编辑　梁卫民

恩施州广播电视大学

【概　况】 恩施州广播电视大学与恩施州信息技术学校（中等职业教育）为“一个机构，两块牌子，一套班子”。2017年坚持“三抓”（开放教育、中职教育、培训教育）“两突破”（规模、效益）“一增强”（竞争实力）工作思路，加强系统建设和内涵建设，提升建设学习型社会服务能力，以内涵建设打造现代远程教育品牌；围绕提升教学能力，突出教学中心地位，利用现代信息技术手段推进教学改革，体现电大教育“便于自学、实用性强、应用面广”特点，实现课程教学目标；优化教学内容，细化教学设计，将教学要求落到实处；合理选择与运用教学媒体，做好自学、导学与助学的学习支持服务。中职教育主要围绕市场需求为当地经济和社会发展服务开办专业，探索校企合作、订单培养、顶岗实习等形式的办学模式。参加精准扶贫，学校驻点鹤峰县红鱼村，2016 年全村人均可支配收入 5800 元，2017 年年全村人均可支配收入 9613 元，同比增长 65%，村集体经济收入 5 万元，实现全村脱贫出列。

【应用型人才培养】 围绕应用型人才培养，做好教学过程的管理和监控，定期开展教研活动和听课评课活动，完成教学任务，提升教学质量。采取学生评教评学等形式，实现以教师为中心向以学生为中心的转变，规范实践性教学环节，培养学生动手能力，注重才艺培养，加强德育教育，让学生“学会做人，学会做事”，推进职业教育改革与创新。全年开放教育毕业生 980 人，成人、奥鹏、自考教育毕业生 155 人，中职教育毕业生 350 人，就业率为 98%。

【招生、培训与就业】 根据建设武陵山少数民族经济社会发展试验区的实际需要，学校及时调整招生专业与计划。根据州委、州政府制定的恩施州发展规划，围绕州七大产业链建设开展会计、金融、跆拳道等专业。招生工作实行“统一计划、专班负责、全员参与”运作机制，到广大农村倾听家长和学生意见，按照招生政策为学生推介合适的专业。全年完成各类招生 2484 人，同比增长 23%。其中开放教育招生 1926 人，成人、奥鹏招生 118 人，中职招生 440 人。就业指导工作注重与家长、用人单位、毕业生等方面沟通，开展就业观念、择业思想引导，鼓励学生到一线工作，鼓励学生自主创业。巩固和扩展毕业生就业基地，实行校企合作，完善订单式培养就业模式。组织专人到实习就业基地调查研究，改进实习与就业措施，完善毕业生就业信息库，有的放矢，提高就业率。

【州广播电视教育研究会活动】 恩施州广播电视教育研究会（简称研究会）是在州民政局注册登记、归口州科协业务管理、挂靠州电大的现代远程教育群众性科研学会组织。研究会以湘鄂渝黔四省边区电大研究协作会为平台，开办科普宣传专刊 5 期，举办青少年心理健康讲座 10 次，到基层面对面辅导学习 600 多人次。

【武陵山电大教育区域协作】 由恩施州电大主办，黔江电大、万州电大、涪陵电大，湘西电大、张家界电大、怀化电大、黔东南电大、铜仁电大、遵义电大协办的协作会刊《武陵电大教育》，继续加强合作。期刊全年出版 4 期，刊登协作会研究论文 68 篇，基础教育研究论文 14 篇；重点宣传州内特色学校；与全国各省市电大教育机构开展期刊交流，实现资源共享。

【思想教育】 坚持正面教育，疏通引导，做好细致思想工作，利用学校、家庭和社会“三结合”教育形式，将社会主义核心价值体系融入爱国主义、集体主义、社会主义思想教育之中。学校通过系列活动开展文明礼貌教育、爱心教育、心理健康教育等专题教育，指导学生学会学习、学会生活、学会做人。以活动为载体开展演讲比赛、文艺晚会、体育竞赛、实训操作竞赛等活动，培养学生良好的思想道德素质、健康活泼的生活情趣，增强学生的生存竞争能力。开展“学雷锋见行动”、“三八”趣味运动会、清明扫墓、“文明修身”主题教育及“主题团日”等活动 16 次，将中职生精神文明创建活动、公民道德教育活动、学风建设等结合贯穿起来，分阶段、分层次，由浅入深地开展教育引导工作，使学生自觉树立良好形象，改善学风、班风和校风。

【恩施州广播电视大学负责人名录】

党委书记、校长：田中华

党委委员、副校长：向　阳

（谭晓明）

编辑　梁卫民

恩施州卫生学校

【概　况】 2017年，恩施州卫生学校有在籍学生3357人。开设有护理、助产、药剂、康复技术、医学检验、农村医学6个专业，招生注册1021人，其中农村医学专业招生注册143人。66名应届毕业生通过技能高考进入大学。2017届护理、助产专业毕业生护士执业资格考试过关率为85.2%。2017届毕业生就业率为95%。继续与三峡大学合作开办护理、助产专业自考专科衔接班，继续与荆州职业技术学院联合开办药剂专业"3+2"模式教育。2017年，生均教学仪器设备值1382元，较上年增加588元。生均实训实习工位数2.75个，较上年增1.64个。2017年，通过自主招聘4名工作人员。选派2名专业教师外出进修学习；组织全校教师进行15次集中培训；安排教师外出考察18人次。

【卫生行业国家职业技能鉴定】 恩施州卫生行业国家职业技能鉴定站设在州卫校，2017年组织完成1208人次应往届毕业生和社会人员的职业技能鉴定工作，其中保健按摩师（四级）115人、育婴师（四级）302人、养老护理员（四级）206人、医药商品购销员（四级）498人。

【教学科研】 2017年在省级以上刊物发表专业论文3篇；在学校刊物《恩施卫生职教》发表刊登学校教师论文30篇；向湖北省医学职业教育学术年会组稿论文6篇，其中1篇大会交流，3篇获三等奖。2名教师参加编写人民卫生出版社出版的《2017年护士执业资格考试辅导讲义》。3名教师参加2017年恩施州中等职业学校信息化教学大赛，获一等奖1个、二等奖2个。

【参加湖北省医学职业教育护理技能大赛】 组织学生参加2017年湖北省医学职业教育护理技能大赛，1名学生获单项操作一等奖及全能三等奖，2名学生获单项操作三等奖及全能三等奖。

【恩施州卫生学校负责人名录】

校长：覃太敏

副校长：杨　琴　陶守春　李云飞

（舒绍逸）

编辑　梁卫民

恩施土家族苗族自治州高级中学

【概　况】 湖北省恩施土家族苗族自治州高级中学（简称恩施高中）2017年有管理干部58人，其中正处级干部2人，副处级干部5人，正科级干部15人，女干部7人。全校在职在编教职工346人，其中专任教师307人，其中研究生学历24人，正高级教师2人，高级教师140人，特级教师4人，湖北名师2人，享受省政府专项津贴专家2人，"州级名师"4人，在岗党员159人。教学班级80个，学生人数4400人，学生来自全州8个县市，全部住校食宿。坚持特色办学，慈善阳光班、理科实验班、文科实验班、常规平行班、国际班、美术特长班、音乐特长班、体育特长班、传媒特长班9类班级共同发展。

【高考成绩】 2017年高考，不含少数民族加分，学校文理科上全国一本线1244人，有14人被清华、北大录取，理科继续保持州内优势，文科进入全省前列，600分以上176人。刘慕颖同学以664分获全州文科状元（全省第三），张力升同学以669分获全州理科应届生状元。

【教师队伍建设】 提升教师信息技术运用能力。3月，学校制定《恩施高中关于开展"恩施州教育云平台规模化应用"工作的方案》；4月至12月，开展全校教师教育云平台分期培训；8月，开展教室新的升级设备希沃一体机使用培训；10月，派遣10名教师到武汉培训。抓好青年教师培养。3月，物理教科室朱亚中老师获州文明办、共青团恩施州委联合表彰的全州青年岗位能手称号；4月，学校表彰7个教科室为优秀教科室；6月，在州直社会发展组“喜迎十九大·建功十三五”演讲比赛中，语文教科室齐征琳老师获一等奖；6月，学校表彰20名青年教师德育论文比赛优秀作者；2017年，孙如镜、喻发凯、孙作贵等老师被评为州优秀教师或师德模范。提升常规教学。按照“自主、合作、探究”学习方式要求，深化教学改革，将教科室和备课组作为提升质量关键，坚持“三规范、六督办、一研究”。全年召开教科室主任月例会8次，召开全校教学工作例会4次。坚持与教务处联合开展的全校每天教学检查值日及记载制度。组织3个年级进行春季学期、秋季学期的全校性教学检查2次。发挥高考领导小组的协调功能和备考小组的研究功能，落实常规教学管理，加强高考备考指导。全年请专家来校讲座7次。暑假组织校领导和教师去浙江考察。11月，组织教师在恩施市一中培训学习。

【教研成果】 抓好校本教研。全年开展省、州级课题10个，省级课题结题1个（物理教科室承担的省级课题《生成性教学课题研究——子课题必修2》历时三年研究，2017年11月24日在武汉结题会上做典型交流发言），发表教研论文200余篇。4月26日至5月30日由教研处、校工会负责组织德育论文比赛，收到10个教科室35岁（含）以下青年教师德育论文118篇并评出奖项。2017年上半年“一师一优课”获得部级优质课推荐资格12节，获省级优质课18节。完成3个年级的网上学生综合素质评价。开展高二、高三年级研究性学习课题并上交结题报告，完成高二模块成绩网传。高一年级开展科技节活动。修订完善《恩施高中综合实践活动课实施方案及填写手册》，为新高一学生印刷1500本备用。启动2018年新高考改革模式准备工作。

【学生培养】 督办语、英、数、物、化、生教科室落实高一、高二年级培优、奥赛（或竞赛）辅导工作。4月，对2015级、2016级5个奥赛班每个教师的教学情况形成总结报告提交学校。暑假英语教科室邓贵兰、张开平、谭淑玲老师带领学生参加耶鲁上海论坛。10月，英语教科室在体育科技艺术节之际举办学校首届莎士比亚英语戏剧晚会，11月，参加全州首届莎士比亚英语戏剧晚会。11月，《习近平用典》书法艺术巡展走进恩施高中；高一、高二组织13名优秀学生到日本游学。2017年“创意青春·创客行动”科技节活动历时1个多月，收到作品187件，评选获奖作品118件。

【德育建设】 继续坚持“以德为首、全面发展”的理念，围绕1个目标（将学生培养成“志向高远、底蕴深厚、素质全面，特长明显、追求卓越”的优秀人才），推进关爱学生2个工程（继续推进落实成长导师制工程、推进贫困生资助工程），抓好3项传统教育（国防教育、革命传统教育、业余党校教育活动），建设3支德育队伍（以政教处为中心的管理和服务队伍、以年级组为中心的班主任队伍、以学生会为中心的学生干部队伍），实施4项值日制度（学生会干部值日制度，文明值周制度，班主任值日制度，校务值日制度）。全年举办3期家长学校，发挥家长委员会作用。6月25日，学校召开“规范办学行为实行监督员制”家长会议，聘请陆先坦等54名家长为学校首批“规范办学行为家长监督员”。高一年级开展清明远足踏青活动。高二年级举办校园足球、排球联赛。4月，1768名高三学生举行十八岁成人宣誓仪式，并组织远足减压活动。6月，中国远征军段国杰将军次女傅晓方为学生作《站在历史的天空中下——我的新远征》讲座。6月，学校组织“不忘初心永跟党走”爱国主义歌唱比赛活动。8月，举行新生军训；2017级1400名新生听取国防知识讲座。11月，举办恩施高中2017年体育科技艺术节。全年邀请4名专家为学生做励志报告讲座。开办业余党校，利用班团课及升旗时间，加强学生社会主义核心价值观培养，第22期业余党校开课11次。上半年利用每周星期一升旗仪式开展“弘扬社会主义核心价值观”主题教育活动，学校领导进行3次国旗下演讲，12名学生进行国旗下演讲；下半年围绕“学习贯彻党的十九大精神”主题教育活动，学校领导进行4次国旗下演讲，9名学生代表进行国旗下演讲。学生国旗下演讲稿上传学校网站。

【学生资助】 做好2017年国家助学金的评定和发放工作。其中，春季资助人数1128人，资助金额近120万元；秋季资助人数540人，资助金额近150万元。落实2017年春秋两季建档立卡学生统计及学费退还。其中，春季退费人数445人，退费金额36万元；秋季退费人数483人，退费金额40多万元。配合省慈善总会完成“99公益日”慈善阳光班募捐活动，学校募捐金额28万元。完成2017年彩票公益金、滋蕙计划评定及发放，资助人数200人，资助金额40万元。

【精准扶贫】 学校帮扶咸丰县清坪镇杨家庄村。以种植白茶为主要致富项目，开办种植培训班；全年基础设施建设投入950万元，连户路到户率为80%，完成1个文化广场建设，实施特色居民改造项目。

【恩施州高级中学负责人名录】

党委书记：邱建华

校长：谭　斌

纪委书记：余朝文

党委委员、副校长：张绍元　赵明庄

王　晓　向太平

（杨　倩）

编辑　梁卫民

恩施州清江外国语学校

【概　况】 恩施州清江外国语学校是由恩施宏城房地产开发有限公司投资，2017年底已形成小学、初中、高中一条龙办学模式。有恩施许家坪校区、恩施龙凤校区、利川校区、宣恩校区，有来凤、利川2个清外幼儿园，本部和清外小渡船昂立2个培训部，在校学生9840人。

【教师队伍】 学校现有专任教师725人，其中，湖北名师1人，特级教师1人，高级教师136人；硕士研究生44人，本科学历621人；县级以上优秀及骨干教师242人，州教研室兼职教研员3人，州级教育科研先进个人12人，教师平均年龄32.5岁，专业合格率为100%。

【学校发展】 2017年，恩施校区新教师公寓主体竣工。9月，恩施校区高中部（龙凤校区）、宣恩清江外国语学校正式开学。来凤、利川2个清外幼儿园，清外艺术发展中心和清外小渡船昂立2个培训部相继成立。

【高考、中考成绩】 文理科文化类406人参加高考，第一批本科上线人数164人，一本升学率为40.4%，上二本以上379人，二本升学率为93.3%。艺体类考生46人，上本科34人。本届学生中考成绩在恩施高中公费线以上学生57人，其中高考上一本47人，上线率为82.5%。全校1103人参考，690分以上13人，侯安琪、李屹凡、牟伟豪3名学生以698分的总分获得全州中考桂冠，有8人进入全州前10名，全校均分618.7分。高分层（666分以上）154人，高分率为13.96%；600分以上815人，占参考人数的73.89%，优分层（592分以上）850人，优分率为77.06%，合格层（444分以上）1091人，合格率为99%。八年级756人参加地生中考，90分以上212人，80分以上600人，合格率为98.7%，年级均分54.51分。

【荣　誉】 2月，学校被湖北科学研究院、湖北教育出版社联合授予“湖北省中小学微课推广实验基地”。5月，学校被恩施州学校及周边治安综合治理工作领导小组表彰为2015—2016年度恩施州州级平安校园；被湖北省食品药品监督管理局和湖北省教育厅评为2016年度湖北餐饮服务安全学校“放心食堂”；学校学工处被恩施州文明办、共青团恩施州委授予2015—2016年度“青年文明号”荣誉称号。6月，学校被湖北省教育科学研究院和湖北教育出版社授予“湖北省中小学微课推广实验基地”。7月，学校被中国科学院授予“湖北省科技创新实验学校”。11月，学校被中国科学院武汉教育基地基础教育研究中心授予“湖北省科技创新实验学校”；被中国人民解放军空军招飞局广州选拔中心授予“空军青少年航空学校招生工作先进单位”。

【第九届文化体育艺术节】 10月18日至21日，学校举办为期4天的第九届文化体育艺术节，综合展现学校文化体育艺术水平。活动以“出彩青春，放飞梦想”为主题，包含开幕式、第十届体育运动会、“双语晚会”、“第五届清外好声音·第一届清外舞之星”大赛、“才艺晚会”、书画作品展览、学生艺术节摄影展等项目，书画社、摄影社、文学社、爱心社、志愿服务队等学生社团参与，3台晚会的网络直播总点击量10万人次。

【恩施州清江外国语学校负责人名录】

董事长：李瑞成

总校长：姚源波

党总支书记：吴民佑

（刘　军）

编辑　梁卫民

体　育

【概　况】 2017年，全州4个县市成功创建全省文化体育示范区，全年全州争取中央、省下拨体育资金1600万元。开展州级体育产业示范单位评选工作，命名10家州级体育产业示范单位。推荐3个项目申报省级体育产业引导资金。11月，州领导刘芳震、柯东海、尹达、周静、高敬佩分别作出批示，对近年来州文体新广局在推动恩施州体育事业发展上作出的努力和取得的成效给予肯定。

【体育基础设施】 近年推动出台《恩施州全民健身实施计划（2016—2020）》《恩施州人民政府关于加快发展体育产业促进体育消费的实施意见》《恩施州人民政府办公室关于促进恩施州足球改革发展的实施意见》《关于加快构建现代公共文化服务体系的实施意见》《恩施州青少年竞技体育比赛经费预算标准》《恩施州群众体育赛事活动经费预算标准》等文件，为实现恩施州“十三五”体育工作提供政策保障。全年投入3400万元用于全民健身基础设施建设，争取省体育局援建720万元健身器材；完成260万元的助力工程的三方协议签订；结合精准扶贫脱贫工作，为重点村安排村级文体广场建设项目和资金180万元；重点支持来凤县、宣恩县等县市城区和乡镇体育设施建设549.4万元。全州有1202个行政村、社区实施农民体育健身工程、全民健身路径工程等体育惠民工程；全州人均体育场地面积1.14平方米，比上年增加0.14平方米，总面积456万平方米；全州参加全民健身活动220万人次，体育人口占比为46.52%。通过“政府投入、争取上级补助、社会力量参与”等筹资方式，全州建成体育健身中心5个、大型体育场馆10个、大型健身广场49片、羽毛球场60多片、篮球场2000余片，州、县市两级体育基础设施改善，90%的城市社区建成“15分钟体育健身圈”，2017年有5个县市“五馆三场”启动建设。规划面积34万平方米，采用PPP模式运作，总投资十多亿元的恩施州民族体育运动中心项目正式立项并进入招投标程序。

【群众体育】 基本形成“一县一品”群体赛事，推动8个县市依托各地山水旅游资源，开展各类体育赛事活动，初步形成“县县有品牌、月月有赛事、天天有活动、年年有新意”的全民健身格局。恩施州城迎新年全民健身跑暨短程马拉松比赛，恩施市大峡谷热气球挑战赛、太阳河十大拐全国山地自行车挑战赛，利川市中国山地马拉松比赛，建始县龙王淌汽车越野场地公开赛，宣恩县中国内陆河水上运动会暨武陵山龙舟争霸赛，咸丰县全国老年柔力球比赛，来凤县全国河钓大赛，巴东县冬泳比赛等赛事活动成为"国"字号品牌赛事，吸引来自全国各地的参赛运动员7.2万人次、观众及亲友团近14万人次。举办第二十七届恩施州老年人运动会、州直单位职工趣味运动会、省足协杯足球赛恩施赛区比赛、首届"体育馆杯"五人制足球赛、第三届职教杯教职工篮球赛等80多项县级以上群众体育赛事。宝沃唐崖土司车队"作为全国唯一一支少数民族自治州的车队出征达喀尔中国拉力赛获佳绩。推进州、县市公共体育场馆免费开放，各类体育场所开放1129个，累计开放时长27万小时，受益群众200万余人次。形成以各级全民健身组织为面，以社会团体为线，以基层体育指导站为点，覆盖面广的州、县市、乡镇三级社会化群众体育健身组织网络。全年培训社会体育指导员1700人，指导群众科学健身。12月7日，2017年全省县级全民健身工作培训班在来凤县举办，来自全省各市州体育局的群体科（处）长，全省县市区体育行政部门的局长、副局长等170余人参加培训，推介来凤县作为全省基本公共体育服务体系建设示范县的经验作法。

【竞技体育】 体教结合取得成效。2017年，指导督办体育传统项目学校、青少年单项俱乐部活动及项目训练和省级青少年足球训练中心活动开展，提升足球训练技能，培养、选拔、输送优秀后备人才。全州有22个青少年体育俱乐部，其中省级以上俱乐部14个，省级青少年足球训练中心1个，省级体育传统项目学校3所，省级足球特校17所，在训人数1500余人。各县市开展青少年阳光体育活动及"足球进校园"活动。恩施市在有条件的乡镇学校组建"梦想球队"，联合武汉体育学院足球教研室组织专业的"校园足球教练团队"，定期训练、举办赛事。推进青少年体育，每年举办的恩施州青少年运动会成为恩施州青少年体育品牌赛事。5月13日，州青运会在利川市举行开幕式，5月13日至6月25日，游泳、田径、跆拳道、乒乓球、羽毛球、足球、篮球、排球等12个项目143个小项比赛在各县市举行，有参赛运动员1220名，裁判员263名，赛事产生金牌140枚、银牌138枚、铜牌126枚（含集体项目），其中恩施市、利川市、建始县分列前三名。通过州青运会选拔组队参加全省青少年田径、游泳、乒乓球等12个项目年度锦标赛，各项目组队参赛181人。获得省青少年网球排名赛第一站U12男单金牌；省青少年足球女子U12组锦标赛第六名及"体育道德风尚奖"；省少儿游泳锦标赛银牌1枚、铜牌1枚及"体育道德风尚奖"；省田径锦标赛获得男子丙组400米异程接力金牌，男子乙组跳高银牌；举重锦标赛获得男子乙组56公斤级金牌、男子甲组69以上公斤级金牌、男子甲组62公斤级金牌、女子甲组58以上公斤级金牌，男女团体分获第三名和第二名。截至年底，恩施州有注册运动员近900人，其中513人获得省运会注册资格。

【恩施州第八届运动会】 7月15日至9月19日，以"活力恩施、激情八运"为主题的恩施州第八届运动会在来凤县举办。9月16日，在来凤县龙凤体育中心举行开幕式，5000余群众演员进行文艺展演。9月19日举行闭幕式，与宣恩县进行交接会旗仪式。比赛设青少年类、职工类、少数民族类、农民类4个类别24个项目227个小项比赛项目，全州8个县市和州直单位组团有2923名运动员、510名工作人员参与比赛活动。实际产生222枚金牌。其中恩施市代表团以80金60银45铜位居奖牌数之首，来凤县代表团以51金42银28铜、利川市代表团以33金33银37铜分列奖牌数第二名和第三名。运动会带动交通、餐饮、住宿、旅游、运动装备等产业经济收入近1亿元。

【体育产业】2017年，恩施州体育产业总产出13.44亿元，实现增加值8.28亿元，占当年全州生产总值比重的1.13%，同比增长2.76亿元，增速25.84%。启动《恩施州户外休闲运动规划（2017—2025）》编制相关工作，完成县市调研报告。会同州统计局开展文化体育产业企业“小进规”工作，12月中旬完成全州文化体育产业企业的摸底工作，推荐安排符合条件的企业完成入库工作，为2018年的文化体育产业企业普查工作做准备。文体旅深度融合，社会资本逐渐转向投入体育旅游、户外运动、健身休闲等领域，有恩施市沐抚大峡谷国家级全民健身户外活动基地、恩施市凤凰山国家级全民健身户外基地、咸丰县坪坝营国家级青少年户外营地，支持培育体育及相关产业经营组织900余家。社会力量自主举办的体育赛事活动逐渐增多。全年利用体育场馆举办各类赛事260余场次，吸引参赛、观赛人员104万余人次；利用山水资源进行体育培训、体育表演、体育休闲、户外健身200多万人次。全年体育赛事消费42.08亿元。体育彩票加强销售网络建设，加大站点铺设面，建立以传统网点为主，以商超形象店、社区便利店和户外卖场为辅的多业态销售网络。全年开展健身进社区、公益进校园、爱心扶贫助残等大型公益活动近100场次，提升体育彩票公益形象和社会效益。截至年底，恩施体彩销售额近4.4亿元，同比增长25%。

【民族体育项目建设】参与州民族体育运动中心PPP项目专班工作，完成项目可行性研究报告、PPP咨询机构的招标等前期工作，项目征地拆迁等重点工作正在开展。配合省体育局检查组对全州大型体育场馆2016年度免费低收费工作开展情况进行检查，下发通报；组织申报2017年度免低资金。配合州体育馆、恩施市体育中心接受省体育局的点题督查。

【荣　誉】8月，宣恩县人民政府、州文体新广局、利川市文体新广局等7个单位，以及恩施市太阳河乡党委书记张丽红等5名个人，被国家体育总局表彰为2013—2016年度全国群众体育先进单位和个人。8月27日，张丽红在天津全运会受到习近平等党和国家领导人的亲切接见。

（卢晓红　魏　娜）

编辑　梁卫民

社会生活

人力资源和社会保障工作

【概　况】 2017年，全州人力资源社会保障部门以“转作风、树标杆、亮窗口”专项行动推动业务工作开展。全州城镇新增就业4.45万人；城镇登记失业率控制在4.1%以内；基本养老、基本医疗、失业、工伤、生育保险分别参保228.2万人、366.9万人、14.4万人、20万人、10.3万人；核定征收社会保险费44.4亿元（不含机关事业单位养老保险），支出社保费66.9亿元，社保卡持卡人数261万人，推进机关事业单位养老保险制度改革和城乡医疗保险制度整合。全州各级劳动保障监察机构受理举报投诉案件266件，依法及时办结涉及农民工工资拖欠案件193件。全年受理争议案件1376件，结案1369件。恩施市开发“恩施社保”手机APP人脸生存识别系统，使享受城乡居民养老保险待遇人员足不出户可进行生存认证。利川市制定《市人社局办理市民诉求实施办法》，确保市民诉求得到及时响应和满意办结。建始县开展就业创业工作助推精准扶贫，构建“企业双创＋精准扶贫”“实用技术＋精准扶贫”“自主创业＋精准扶贫”模式。巴东县加强人社政策宣传，用老百姓能听懂的语言突出热点、难点、特点、盲点，回应民生诉求，受到群众欢迎。宣恩县实施“贡水人才”计划，筑巢引凤，精准引才。咸丰县落实建设领域农民工工资支付“4+3”模式（实施农民工工资准备金、银行代发、实名制信息化管理、银行授信代偿“四项制度”和农民工工资支付保障工作部门联、追责问责、失信联合惩戒“三项机制”），抓好劳动保障监察维权。来凤县以市场主体为核心，以产业发展为基础，形成开放式、广覆盖、多层次大学生实习实训新格局。建始县、鹤峰县发挥行业部门职能，落实医疗健康扶贫政策，提高贫困对象医疗保障水平，受到省人社厅通报表扬。

【就业创业】 报请州委、州政府印发《恩施州大力推进“我选湖北·绿色恩施梦”大学生就业创业行动实施方案》，多次组织赴省内高校开展校园巡回推介活动，吸引5253人在恩施州实习实训，建立定点实习基地46家。出台《关于落实大学生实习实训补贴和购买人身意外伤害保险的通知》，引导湖北民族学院与州财政、税务、卫计等系统签订实习实训工作5年战略合作协议。实施“草根创业”计划和精准扶贫就业创业扶持工程，扶持一批初创业企业和精准扶贫创业项目。举办2017年“我选湖北·绿色恩施梦”全域旅游青年创新创业大赛，对获奖项目跟踪指导。搭建创新创业平台，建成州级创业孵化示范基地2个。组织开展建档立卡贫困人员就业创业培训，开发公益性岗位安置建档立卡贫困人员就业。组织开展春风行动等系列主题招聘活动。与杭州市和省内经济较发达地区人社部门，签订贫困人员劳务输出精准对接战略合作协议，完成农村劳动力转移就业5.95万人。

【社会保险】 10月15日，机关事业单位养老保险上线工作完成年度工作任务。省垂直管理、省直汉外及符合条件的“老机保”人员上线运行工作有序推进。城乡医保管理职责整合、机构组建和人员划转工作完成。报请州人民政府出台《恩施州城乡基本医疗保险实施办法》(州政规〔2017〕4号)，明确新生儿免缴当年医疗保险费、提高医疗保障待遇、全额资助困难群体参加城乡居民医保等惠民政策。正式开展跨省异地就医住院医疗费用直接结算业务。州内县市间异地就医结算功能正式上线。实施“湖北社保共享计划(2017)”，按政策提高离退休人员基本养老金水平。落实全额资助特殊困难群体参加城乡居民养老保险政策，在州直和恩施市开展“助保贷”试点。调整伤残津贴、生活护理费、供养亲属抚恤金待遇标准，提高工伤保险待遇。全州建筑工程项目实现工伤保险全覆盖。加强信息化建设，实现社保服务进万村。

【人事管理】 转发《人社部关于支持和鼓励事业单位专业技术人员创新创业的指导意见》，推进事业单位专业技术人员在岗创业、离岗创业。调整中小学、幼儿园岗位设置管理办法，化解中小学(幼儿园)岗位结构比例偏低、高级专业技术岗位无管理办法等相关问题。与州财政局联合下发《关于加快推进乡镇财政所岗位设置管理改革的通知》(州人社函〔2017〕18号)，推动乡镇财政所岗位设置管理改革。组织30名农技、卫生、艺术行业专家到基层一线开展服务活动。

【收入分配】 落实2016年度应休未休年休假待遇，开展乡镇落实纪检、信访、安监岗位津贴补贴问题的调研工作，形成调研报告，提出解决问题的建议和意见。完成对林业、农业、畜牧、环保等部门落实国家关于从事有毒有害工作人员卫生保健津贴的调研和督办。推进州直公立医院改革工作，出台《州直公立医院薪酬制度改革指导意见(试行)》。完成检察院法院系统司法体制改革新工资标准套改工作。

【劳动关系】 将构建和谐劳动关系工作纳入综治考核指标。指导煤炭行业化解过剩产能劳动(或劳务)关系职工安置工作。开展“百日攻坚”行动，指导27家拟改革和身份转换国有企业的人员安置工作。开展劳动人事争议专业化试点建设，受到省人社厅专家组肯定。探索完善治理农民工欠薪“4+3”工作机制，其经验得到国务院、国家人社部及省委、省政府的肯定，吸引省内外24个考察团到此学习参观。

【劳动监察】 依法维护用人单位和劳动者的合法权益，保证劳动保障法律法规的贯彻落实。建立用人单位信息数据库，完成各级劳动保障监察机构信息录入，在湖北省劳动保障监察信息系统中案件录入率为100%。拟定全面治理拖欠农民工工资问题追责问责暂行办法、建设领域保障农民工工资支付建造师和监理工程师管理办法、拖欠农民工工资“黑名单”管理暂行办法等文件，加强建设施工企业监管支付的职责，优化银行代发工资方式，推动信息化实名制系统的使用力度，完善治理农民工欠薪“4+3”模式，全州落实“四项制度”的工程项目，均无拖欠农民工工资案件发生，省委书记蒋超良作出批示肯定。全州各级劳动保障监察机构受理举报投诉案件266件，结案266件，案件办结率为100%，其中：订立和解除劳动合同类案件2件，支付工资和最低工资标准类案件223件，参加社会保险和缴纳社会保险费类案件31件，其他案件10件。全年依法及时办结涉及农民工工资拖欠案件193件，涉及农民工6330人，涉及金额8314.432万元。

【劳动仲裁】 在全州90个乡镇劳动人事争议调解中心(含恩施市沐抚办事处、咸丰县大路坝区工委)，246个企事业单位劳动人事争议调解委员会中实现调解组织标识、名称、工作职责、工作程序、调解员行为规范和证书管理"六统一"，形成预防功能好、处理渠道多、执行能力强、上下联通、左右衔接的劳动人事争议调解组织网络，全州近30%的劳动争议案件在基层调解组织得到化解。吸纳律师、专家学者等法律工作者担任兼职仲裁员。分类、分级开展业务培训，236人取得调解员证书，141人取得仲裁员资格证书，实行持证上岗。开展疑难案件研讨，统一裁决标准。完善仲裁工作管理制度，规范仲裁文书，优化举证程序。全年受理争议案件1376件，结案1369件，按期结案率为100%。9月21日，全州劳动人事争议仲裁培训班开班，全州80余名劳动人事争议仲裁业务骨干参训。

【民办技工学校】 州人社局管理的民办技工学校有3所：恩施州民族技工学校、利川民族技工学校、咸丰民族技工学校。恩施州民族技工学校：原名"恩施州楚才职业培训学校"，2004年经恩施州劳动和社会保障局批准创办，2006年经湖北省劳动和社会保障厅（鄂劳社函〔2006〕235号）批准筹建"恩施州楚才技工学校"，2008年经湖北省劳动和社会保障厅验收后颁发民办技工学校办学许可证。2016年根据州民宗发〔2016〕17号和州人社许可变〔2016〕5号文件批准，"恩施州楚才技工学校"更名为"恩施州民族技工学校"。学校经费来源为股东自筹。学校占地面积2.4万平方米，校舍建筑面积1万平方米。学校现有教师20人，在校学生（含实习）学生300余人。主要开设铁路客服、国际海员、银行录入、无人机、机器人、3D打印、民族音乐与舞蹈、汽修、烹饪、平面设计等专业。利川民族技工学校：2014年建校，学校建筑面积7566平方米，教师27人，在校学生116人。开办汽车维修、护理、幼儿教育、休闲体育、航空服务、计算机网络技术等专业。咸丰民族技工学校：占地面积8000平方米，教师16人，在校学生245人。开办专业有商务文秘、模具制造、汽车维修、计算机应用与维修、机器人应用与维护等。

【相关机构设置变化】 2月，根据《恩施州机构编制委员会关于州人事考试院相关机构编制事项的批复》（州机编发〔2017〕24号），增核州人事考试院事业编制4名，增设内设科室考务科，增核副科级领导职数1名；在综合科加挂数据管理科牌子。2月，根据《恩施州机构编制委员会关于同意州劳动监察支队更名增核事业编制的批复》（州机编发〔2017〕25号），州劳动监察支队更名为州劳动保障监察局，增核事业编制3名。8月，根据《恩施州机构编制委员会关于同意调整州社会保险管理局相关机构编制事项的批复》（州机编发〔2017〕62号），撤销州新型农村合作医疗管理办公室，3名事业编制和人员整体划转进入州社会保险管理局。将州社会保险管理局"城镇居民医疗保险管理科"更名为"城乡居民医疗保险管理科"、"医疗保险科"更名为"职工医疗保险管理科"，增设"异地就医结算管理科""工伤保险管理科"；增核州社会保险管理局事业编制3名，增核正科级领导职数2名、副科级领导职数2名。

【查处和防范社会保险欺诈工作联席会议制度】 州人社局、州政府法制办、州公安局、州人民检察院、州中级人民法院5个部门联合印发《关于印发查处和防范社会保险欺诈工作联席会议制度的通知》，加强社会保险行政部门与司法机关的协作配合，严厉打击和有效防范社会保险欺诈行为。

【重要会议】 3月10日，全州人社工作会议召开，落实国家、省人力资源和社会保障工作安排部署，总结2016年工作，部署2017年重点工作任务。4月7日，全省劳动保障监察工作会议在恩施州召开，总结2016年工作，交流经验，部署当年工作。5月11日，全省医疗、工伤、生育保险经办业务培训会在恩施州召开。8月2日，全州保障农民工工资支付"4+3"模式三方工作推进会在中国人民银行恩施州中心支行召开，会议总结“4+3”模式推行以来取得的成绩，部署下步工作。9月20日，全州劳动保障监察工作现场会在咸丰县召开，总结前三季度劳动保障监察工作情况，分析治理拖欠农民工工资问题“4+3”模式工作现状，部署第四季度的工作。11月10日，恩施州人社系统在利川市召开深入贯彻中共十九大精神暨年度工作现场推进会，参会人员现场观摩柏杨镇人社服务中心平台建设、南坪镇大学生创业示范基地、“滨江一号”项目部，了解全州人社系统重点工作推进情况。

【上级领导督办调研】 2月23日至25日，人社部人事考试中心主任范勇到恩施州调研人事考试工作。查看恩施州人事考试服务大厅，听取全州人事考试工作情况汇报，到咸丰县工业园党员人才服务中心、唐岩镇人社服务中心了解基层人事考试工作和人才工作情况。3月25日至28日，湖北省人社厅党组成员、副厅长陈金刚带领省政府调研组到恩施州调研“4+3”模式治理农民工欠薪工作。11月2日，国家人社部信息中心、湖北省人社厅信息中心相关领导到恩施州调研人社基层平台公共信息化建设工作。12月7日至9日，省委组织部副部长，省人社厅党组书记、厅长，省公务员局党组书记肖菊华到恩施州督查调研人社工作，了解人社事业目标计划执行、精准扶贫政策落实、“我选湖北”计划实施、机关事业单位养老保险制度改革落地、城乡医疗保险制度建设、治理拖欠农民工工资进展、作风建设、党风廉政建设和农民工返乡创业情况。12月11日至14日，省交通运输厅高速公路管理局党委书记、局长张磊带领省考核组成员，对恩施州2017年度党政领导班子保障农民工工资支付工作开展专项考评。12月26日至27日，省人事考试院副院长姜昌灯等到恩施州督办调研人事考试工作。12月28日，省医保局长戴伟到恩施州督办贫困人口医疗保险待遇落实情况。

【“千名监察员服务万企”活动】 4月7日，湖北省人力资源和社会保障厅在恩施州全面启动“千名监察员服务万企”活动，活动中全省选派1000名监察员，每名监察员服务10家企业。

【中共恩施州社会流动人才党委成立】 7月1日，中共恩施州社会流动人才党委成立暨第一届委员会选举大会召开，来自州内外的28名社会流动人才党员现场参加选举，138名社会流动人才党员参加线上选举投票

【“清风润人社·书香满家园”主题诵读比赛】 8月30日，全州人社系统在州文化馆举办深化“两学一做”“清风润人社·书香满家园”主题诵读比赛，特邀州直相关部门领导现场观摩，全州人社系统11支代表队200多人参加诵读比赛。

【人社局参加“党风政风热线”栏目上线直播访谈】 9月5日，人社局参加“党风政风热线”栏目上线直播访谈，恩施州广播电台通过云上恩施、网络电视台、广播频道直播州人社局的上线访谈，广大民众通过拨打节目热线电话、关注微信公众号、点击云上恩施“党风政风”直播间参与互动。

【全省基层公务员脱贫攻坚专题培训班在咸丰县举办】 10月24日，由省人社厅、省公务员局主办的基层公务员脱贫攻坚专题培训班在咸丰县开班。来自全州8个县市的50名基层公务员参加培训。省扶贫办党组成员、副主任张杰以“实施精准扶贫方略，夺取脱贫攻坚胜利”为主题授课。

【全省“12333”电话咨询服务培训班在恩施州举办】 11月1日至2日，2017年度全省“12333”电话咨询服务培训班在恩施州举办，来自全省人社系统的40余名“12333”电话咨询服务管理人员和业务骨干参加培训。人社部信息中心处长罗震以《全国12333规划与发展》为题授课。

【东西部协作对口帮扶工作】 9月6日，杭州市对口帮扶恩施州劳务协作座谈会召开，杭州市就

业管理服务局与恩施州人社系统相关负责人就如何开展两地劳务协作、创新创业资源协作、对口帮扶、建立长效机制等进行交流，共商两地劳务协作事宜。11月15日至18日，州人社系统考察组赴杭州市开展东西部对口帮扶合作暨家庭服务协作考察工作。12月19日，杭州市人社局、州人社局联合主办的“东西部扶贫协作2017杭州市·恩施州劳务协作专场招聘会”在恩施市桥西广场举办。此次招聘会以“东西部携手合作扶贫，新时代共建全面小康”为主题，进场招聘的用工企业186家，提供就业岗位3000余个（杭州市16家企业提供就业岗位1300个），吸引1500余名劳动者前来应聘和咨询，现场发放宣传资料2018份。当天还举行杭州市与恩施州劳务协作第一次联席会议暨举办劳务协作协议签约仪式。州人力资源和社会保障局与杭州市人力资源和社会保障局签订《杭州市人社局——恩施州人社局扶贫协作和对口帮扶合作框架协议》。随后，杭州市上城区、下城区、滨江区与鹤峰县、巴东县、建始县分别签署区县层面的劳务协作协议。

【湖北省民间工艺技能大赛】 11月18日至19日，恩施州代表队9名队员参加2017年湖北省民间工艺技能大赛，其中根雕项目朱祖旭、张旭分别获得银奖、铜奖，获得技师称号；余兴桥获第4名，获高级技工称号；漆器项目余江获第8名，获高级技工称号。

【李洪胜被评为“湖北省有突出贡献中青年专家”】 11月30日，经省委、省政府批准，恩施州农科院水稻油菜研究所所长、正高级农艺师专家李洪胜被评为2017年度“湖北省有突出贡献中青年专家”。李洪胜现为恩施州农科院水稻油菜研究所所长，正高级农艺师。他从事农业科研工作22年，先后获得省科技进步二等奖1项、中华农业科技三等奖1项、州科技进步一等奖1项，州成果转化二等奖1项；省科技推广二等奖1项、州科技二等奖3项、州科技三等奖3项；2006—2011年连续六年被评为恩施州区试先进个人，被恩施州委授予“优秀共产党员”称号，是恩施州第二届具有突出贡献专家，湖北省第十届青年科技奖获得者。

【宋秀胜被评为“享受省政府专项津贴人员”】 11月30日，经省政府批准，恩施州中心医院龙凤医疗中心常务副主任、主任医师宋秀胜被评为2017度“享受省政府专项津贴人员”。宋秀胜现任州中心医院龙凤医疗中心常务副主任，主任医师，武汉大学博士研究生。省医学会眼科学分会角膜病学组、湖北省生物医学工程学会眼生物材料专业委员会、湖北省医学会科研管理分会委员，恩施州医学会第四届理事会常务理事。州第三届优秀人才，州首届“二十佳医生”，率先在恩施州成立湖北省地级市医院第一个眼科临床实验室，十年来获得医院新业务、新技术奖励8项。获得州政府科技进步二等奖2项，三等奖1项，2013年他承担国家重点实验室开放课题，实现医院国家自然科学基金零突破。

【易盛荣被人社部表彰为“全国人力资源社会保障系统先进工作者”】 12月28日，巴东县金果坪乡人社服务中心主任易盛荣被国家人社部表彰为“全国人力资源社会保障系统先进工作者”。易盛荣是巴东县金果坪乡人力资源和社会保障服务中心主任，在距离县城200千米的金果坪乡默默工作25年，主动为当地群众提供办证等亲情服务2.4万人次，行程15万余千米。通过创业技能培训、引导建立合作社和淘宝店、就近创业就业等形式，打通地域闭塞条件下金果坪的创业瓶颈。

【恩施州人力资源和社会保障局负责人名录】

党组书记、局长：郑开廷

党组副书记、副局长：刘　玲

党组成员、州社会保险管理局局长：周　清

党组成员、副局长：何再兴　满延杰

党组成员、州公共就业和人才服务局局长：陶文胜

党组成员、总会计师：杨　峰

（胡　伟）

编辑　梁卫民

民政工作

【概　况】 2017年，全州民政系统在以加强基层民政能力建设为主线，做实兜底保障、公共服务、社会管理等主要工作，发挥民政职能，展现民政作为，全州民政工作得到省民政厅和州政府肯定，在全省年度综合评估中获得优秀等次。农村低保标准提高到3500元/人·年，全州兜底保障农村贫困人口21万人，其中农村低保对象10.7万户19.3万人，占全省农村低保对象的13.94%。落实优抚安置政策，保障退役士兵权益。接收退伍义务兵和转业士官1434人，其中符合安排工作条件的转业士官120人，自主就业1314人。提高抚恤和生活补助标准，全州有2770人享受义务兵优待金。政策性安置遗留问题实现清零。社会组织有序发展，推进社区建设。稳妥推进行业协会商会与行政机关脱钩第三批试点工作，开展2016年度社会组织年检工作。完成信用体系建设及信用代码赋码换证。全州88个乡镇（街道）中有80个开展农村社区建设试点工作，试点村总数609个。第二次全国地名普查通过省级验收。灾害救助及时有序，防灾减灾体系完善。有效应对18次较大的自然灾害，下拨汛期救灾资金1984万元，规划恢复重建332户、1018间，修缮2024户、4162间，申报恩施市新塘社区等8个2017年全省综合减灾示范社区和13个2018年全国综合减灾示范社区。完善公共服务体系，社会事务规范有效。谋划中国武陵山医养示范中心、州殡葬服务中心、州儿童福利院、州军休服务中心4个州级重点项目。建立恩施州农村留守儿童关爱保护工作联席会议制度，对所辖区内违规建设公墓进行全面排查。

【社会保障兜底】 服务全州精准扶贫工作，报请州政府转发《恩施州农村低保制度与扶贫开发政策有效衔接实施细则》。全年累计支出社会救助资金90657.45万元，同比增加27694.58万元，上升43.99%。其中：城市低保6481.29万元，同比减少1256.02万元，下降16.23%；农村低保48395.81万元，同比增加15066.68万元，上升45.21%；农村特困救助供养11384.57万元，同比增加3641.29万元，上升47.03%。城市低保月人均补助水平358.34元，同比增长12.31%，达到城市低保标准的74.65%；农村低保月人均补助水平198.15元，同比增长9.88%，达到农村低保标准的67.94%。年末收养性社会福利单位132个，床位数1.57万张。

【城乡低保保障】 全州有农村低保对象10.54万户、19.21万人，占全州328万农业人口的5.86%，占现有建档立卡贫困人口65.7万人的29.24%；现有城市低保9051户、13440人。提升保障标准，全州农村低保标准为年人均3500元，城市低保标准为月人均480元，均高于国家规定的保障标准。

【五保供养】 农村五保供养标准统一提高到6300元/人·年，全州现有农村五保对象17794人，其中，集中供养3432人、分散供养14362人。印发《恩施州农村福利院建设管理标准》《关于进一步加强全州社会福利养老机构食堂食品安全管理工作的通知》《恩施州福利养老机构彻查火灾专项行动方案》，开展农村福利院服务质量提升活动和农村福利院“冬暖工程”“平安工程”建设，通过省民政厅检查验收。

【医疗救助和临时救助】 医疗救助水平达到医疗救助对象自负合规医疗费用的70%，重点救助对象医疗救助人均补助水平达到救助对象自负合规医疗费用的73%，同比上升3%；全年支出医疗救助资金18280.43万元，同比增加8684.31万

元，上升90.50%，救助401155人次，人均救助455.69元。全年累计支出临时救助资金6115.35万元，同比增加1558.32万元，上升34.2%。救助49910人次，人均救助1225.28元。

【双拥创建】 将恩施州建成“全国双拥模范城”纳入厅、州合作联席会议纪要。双拥成员单位与驻军结队共建全覆盖，互办实事、结队帮扶，全州驻军联系9个重点贫困村。全州多个单位在烈士陵园开展清明祭扫活动、重温入党誓词活动、支部主题党日活动等；全国烈士纪念日，州及各县市举办烈士公祭或向烈士敬献花篮活动，全年到烈士陵园瞻仰祭扫、进行爱国主义教育的干部、社会各界群众有18万余人次。“春节”“八一”期间，州、县市党委、政府主要领导走访慰问驻军单位和乡老复员军人、军属、部分重点优抚对象1000余人。一批企事业单位、经营商户参加慰问活动，送慰问金600余万元，慰问物资折合人民币100余万元。

【优抚安置】 落实各项优抚政策，开展复退军人解“四难”活动，摸清全州8万余人复退军人底数，投入资金675万元，妥善解决3377名优抚对象的住房、生活、就医等困难。建立抚恤补助标准与社会平均生活水平指标挂钩联动机制，大幅提高抚恤补助标准，从2017年10月1日起调整提高抚恤和生活补助标准，增幅10%左右。建立义务兵家庭优待金与经济同步增长的良性机制，全州6个县2个市对2017年度义务兵家庭优待金作调整，全州有享受义务兵优待金家庭有2770人，发放义务兵家庭优待金4123.7万元。其中：农村义务兵家庭2138人，优待标准8728元/人，较上年增长9.5%；城镇义务兵家庭632人，优待标准11826元/人，较上年增长6.6%。成立退役士兵安置和权益保障工作领导小组，政策性安置遗留问题实现清零。完成军队退役人员接收安置任务，为958名退役士兵发放资金1057万元，符合政府安排工作条件的转业士官120人全部完成安置。开展退役士兵免费职业技能培训19次，培训1224人。州优抚医院全年收治住院精神病患者3500人次、强制隔离戒毒人员1040名。恩施军供站保障功能作用有效发挥。

【落实军休干部待遇】 全州有各类军休人员79人，其中离休干部6人，退休干部34人，退休士官7人，无军籍退休职工23人，军队离休干部遗属9人。执行各项军休政策，加强军休文化建设，提升军休干部精神文化生活。认真落实军休干部“两个待遇”。推进服务管理标准化建设，提升军休服务管理水平。

【社会组织管理】 出台《恩施州改革社会组织管理制度促进社会组织健康有序发展的实施意见》（州办发〔2017〕16号），成立州改革社会组织管理制度领导小组。推进行业协会商会与行政机关脱钩第三批试点工作，全州行业性协会商会脱钩81家，脱钩比例为75%。规范领导干部在社会组织兼职行为，全州有222名退（离）休领导干部和在职公务员退出兼职，继续兼职部分人员按照要求进行申报。推进社会组织党组织和党的工作全覆盖，召开全州社会组织党建工作会议和全州社会组织反腐倡廉工作会议，确保有党员的社会组织均按要求组建党组织，并对所有社会组织选派党建指导员。

【救灾工作】 全州先后遭受山体崩塌、风雹、洪涝、旱灾等19次较大自然灾害，累计受灾60万人次，因灾死亡3人，造成直接经济损失9.21亿元。先后紧急转移安置2721人，紧急生活救助7173人，过渡性生活救助1012人，下拨汛期救灾资金1984万元。加强防灾救灾体系建设，举办防灾减灾知识专题讲座403场，主题班会525场，开展防灾减灾演练活动160次，排查家庭灾害风险隐患6.56万户，灾害风险469处。

【社会福利和社会事务】 建成100个城市及乡镇社区居家养老服务中心、1170个农村老年人互助照料中心，发展民办养老机构16家。加强农村留守儿童及困境儿童关爱，全年实施明天计划11例，申报明天计划经费资助22万元。加强殡葬服务管理，执行惠民殡葬政策，减免费用92.21万元。保持城市街面无流浪乞讨人员目标，全年救助3016人。全年全州登记结婚26402对，离婚10089对。婚姻收养登记信息录入率为100%，档案归档率为100%。抓好弃婴儿童的收养登记工作。严格按照《中华人民共和国收养法》的要求，认真办理收养登记，依法办理收养登记44宗。落实残疾人“两项补贴”制度，发放资金5859万余元，惠及残疾人8.9万余人。

【福彩事业】 全州累计销售福利彩票80015万元，销量位居全省第三位，增幅居全省第四位，同比增幅9.3%，提前48天完成冲刺任务指标，完成率为114.4%，获得省福彩中心通报表扬。筹集公益金约2.8亿元，其中，州县市本级约8400万元。

【基层政权建设】 推进农村社区建设试点，新增试点村77个，总数569个，农村社区综合服务设施覆盖率为8.64%，农村社区公共服务综合信息平台覆盖率为8.09%。建立农村社会组织1463个，农村社区工作人员2234人。将“难点村”全部纳入精准扶贫范畴，投资2000多万元进行综合治理。

【地名区划】 完成第二次全国地名普查省级验收，全州8个县市顺利通过省第二次全国地名普查领导小组检查验收，编写地名调查目录61097条，超出一普调查目录57.8%。出台《恩施州地名管理办法》（政府令第1号），各县市正在编制出版《行政区划图》。规范一批地名标牌，筹集福彩公益金506万元，安装地名标志牌1600块。恩施市三岔乡、建始县长梁镇撤乡建镇。

【老龄人口现状】 全州60周岁以上老年人口53.66万人，占全州总人口的16.13%。其中，65周岁以上老年人口36.40万人，占全州总人口的10.94%。60周岁以上老年人口农村有51.62万人，占老年人总数的80%；全州有32500名失能老人，其中，农村有2.6万人，占84.5%；城镇“三无”老人和农村五保老人19251人，其中，农村五保老人18011人，占93.5%。全州农村60岁以上老年人中，留守老人达15万人以上，占农村老龄人口的31.2%。

【老龄事业】 在第二届全国“敬老文明号”创建活动中，恩施林业文化博物园有限责任公司和建始县茅田乡小茅田村老年协会获得全国“敬老文明号”称号；恩施市老街坊养老服务中心王帮银、恩施市白果乡两河口老年服务中心张必斗等4人获得全国“敬老爱老助老模范人物”称号。在第十二届全省中老年人才艺大赛中，由州老龄办选送的恩施州老年大学艺术团舞蹈节目《嗯啊嗯》获银奖；利川市老年书画研究会选送的8个书画作品分别获银奖和铜奖；5个书画作品获优秀奖。有83225名80周岁以上老年人享受高龄津贴，合计4295余万元。为老年人办理优待证12033张。推进养老服务体系建设，巴东县信陵镇瀼坡社区成为湖北省首批“老年宜居社区”试点单位。

【慈善事业】 开展慈善助学活动，争取援助资金800万元，保证1600名高、初中贫困生的就学。华泰证券集团捐赠20万元，在恩施市龙凤镇龙马小学开办留守儿童之家。开展“慈善一日捐”活动，募集慈善资金153万余元。争取到价值362.4万元的慈善捐赠医疗设备。开展专项医疗救助活动，中国人民解放军总医院的医疗专家组到恩施对全州53名先心病患儿进行筛查，将符合条件的14人送到北京解放军总医院免费手术治疗，减免费用43万元；对全州200多名患儿进行了筛查，将符合手术治疗条件的6名患者送往北京进行手术，减免12万元医疗费用；对2000多名癫痫病患者进行筛查，组织10批243人，先后送北京军海医院进行治疗，救助221万元；组织4991名白内障患者进行免费手术治疗，减免医疗费用1299.2万元；免费发放药物累计价值386万元；开展大病现金救助活动，救助37名符合条件的贫困大病患者13万余元。

【**重要会议及文件**】4月7日，州委、州政府召开全州民政会议，部署今后一个时期全州民政工作。州长刘芳震出席会议并作工作报告，省民政厅厅长彭军出席会议并讲话，县市、乡镇主要负责人220人参加会议。同日，省民政厅和州人民政府召开厅、州合作联席会议，总结2010年以来厅、州合作共建开展情况，商谈新一轮厅、州合作事宜，双方就共同推进恩施州民政事业加快发展若干重大问题达成共识。出台《恩施州人民政府关于进一步推进全州民政事业加快发展的意见》（州政发〔2017〕4号）、《恩施州人民政府关于加快发展养老服务业的意见》（州政发〔2017〕10号）、《恩施土家族苗族自治州地名管理办法》（政府令第1号）、《恩施土家族苗族自治州特困人员供养实施办法》（恩施州政规〔2017〕5号）、《厅州合作联席会议纪要》（〔2017〕1号）。

【**领导调研督办**】3月2日，省福彩中心部长王小飞到恩施州调研指导福彩工作，听取恩施州福彩工作情况、省中心7个文件贯彻落实情况汇报，实地查看利川福彩部分站点和中福在线大厅。3月21日至24日，省民政厅厅长彭军带队到恩施州开展集中调研活动，实地走访来凤县三胡乡、建始县茅田乡，看望慰问民政服务对象，了解民政项目建设情况，召开座谈会，听取县委、县政府和基层民政干部意见建议。4月20日，国家民政部办公厅副主任王克强和省民政厅相关领导，到宣恩县开展基层民政工作蹲点调研工作并召开座谈会，就蹲点工作安排、部分重点领域工作交换意见。6月13日，省民政厅派出人员到建始县督察指导民政工作。督察组到高坪、红岩2个乡镇，了解农村福利院院民生活情况，检查福利院的消防安全、卫生等工作。8月9日至10日，省民政厅厅长彭军到来凤县调研定点扶贫工作，召开省直单位定点扶贫工作座谈会，明确新增结对帮扶贫困村、援助村集体经济发展等具体帮扶目标任务，落实省委、省政府关于进一步做好省直单位定点扶贫工作安排部署。10月10日至11日，省民政厅派出人员到巴东县核查灾情，到东壤口镇羊乳山村、沿渡河镇界岭村视察灾情，听取当地民政部门灾情汇报。

【**恩施州民政局负责人名录**】

局长：张安俊

副局长：周和松（正团级）　向群艳

阳　明

（王金科　刘　蹇）

编辑　梁卫民

移民工作

【**概　况**】2017年，州委、州政府将移民工作纳入全州经济社会发展“一盘棋”，统一安排部署，统一督查督导，统一检查考评。州委副书记、州长刘芳震对移民工作作出重要指示，分管副州长夏锡璠先后2次到州移民局调研、到巴东等县市督导检查移民工作，现场办公，为移民工作排忧解难。9月19日，州政府组织水布垭库区5个县市政府，州移民局、州公安局、州国土局等州直有关部门，专题召开水布垭库区移民遗留问题处理现场办公会，印发专题会议纪要，有效促进遗留问题化解。州移民局围绕三峡后续规划建设，统筹解决水布垭库区遗留问题，科学指导县市自管水库移民工作，以移民精准脱贫安稳致富奔小康为目标，促进地方水电产业跨越发展，较好地完成年度各项目标任务。在省移民工作会上，恩施州移民局、利川市移民局、宣恩县移民局、巴东县移民局获评2017年度“全省移民工作任务绩效评价优秀单位”。宣传报送移民工作重要信息，全年在省移民局简报发稿2篇，在州委《每日要情》、《恩施日报》、“云上恩施”等媒体发稿71篇。

【**点题督查工作**】州移民局坚持将履职尽责点题督查作为年度工作重点动员部署，做到督查工作、部门参与、宣传发动“全覆盖”；抓好责任落实，每月一安排、每月一督查、每月一小结；加强问题导向，坚持查找问题无“盲区”“死角”，全州移民系统查出问题103个；聘请政风督查员58名，全程参与督查和暗访；落实整改，推行“一个问题、一个方案、一本台账”措施，问题整改完成率为100%。在全州履职尽责点题督查考评中，州及8个县市移民局得分均在90分以上，全部被评为“优秀单位”。

【移民项目建设】 2011年至2017年，国家批复巴东县的三峡后续项目125个，总投资42.38亿元，核定专项资金20.08亿元，到位资金18.1亿元，已完工81个、在建44个、自验71个，拨付资金14.69亿元，项目开工率、自验率和资金拨付使用率分别为99.2%、91%、73.98%，“三率”达到省定目标，在项目绩效考评中位居湖北省库区第一，奖励资金2000万元。清江水布垭库区移民帮扶解困项目规划资金1567.51万元，下达资金计划1571万元，涉及项目24个，已完工8个、在建15个，项目开工率为95%。2017年，后扶项目启动实施37个。申报2018年三峡后续新建项目14个，续报项目2个，项目总投资24.96亿元，申请三峡后续工作专项资金9.43亿元，申请清江帮扶解困项目24个、1571万元。申请移民后扶项目86个、12034万元。2017年，到省移民局专题汇报项目工作5次，争取项目资金较上年增加近7000万元。

【移民搬迁安置】 全州在建水利水电工程18个，其中大中型4个、小型14个，完成搬迁安置513户、1880人。为解决江坪河电站搬迁安置历史遗留难题，2017年鹤峰县移民局反复与业主方沟通协调，争取业主方同意新增搬迁安置资金5.04亿元，全部给移民补偿到位。江坪河电站移民搬迁安置基本完成，峡口塘水电站正规划修编，青龙水电站将竣工验收，龙洞湾水库正实施搬迁，团堡河、小沙溪等小型水电站完成征地移民补偿安置，官千水库、鸡笼洞水电站完成库（坝）区移民征地，罗坡坝水电站移民安置工作正申报终验，长湖电站完成实物指标调查，金滩坪水库正编制移民安置规划报告，木桥河水库完成下闸蓄水阶段自验，仙女湖水电站工程完成竣工阶段移民安置验收。

【移民美丽村庄建设】 以示范带动抓试点，2017年，全州移民系统按照宜居、宜业、宜游的要求，启动10个村的美丽村庄建设，其中恩施市、巴东县各2个，其他6个县市各启动1个，恩施新街村、宣恩大坨村、利川锦屏村建设取得成效。全州移民系统集中后扶增长人口到村资金、小水库扶助资金、三峡后续精准帮扶资金重点支持示范点建设，协调相关乡镇、村争取部门项目建设资金借力建设，使示范村每年投资总量达到200万元以上。2017年，各县市落实建设资金4421万元，其中移民资金3705万元，成功建设巴东东坡村、恩施龙马村保扎等一批移民“小康示范村”。

【精准扶贫工作】 2017年，州移民局联合州直3个部门制定出台《恩施州大中型水库贫困移民脱贫实施办法》，召开全州贫困移民精准脱贫工作业务培训会，指导县市编制脱贫工作方案，统筹三峡后续、移民后扶、移民安置结余等存量资金2478万元集中用于贫困移民精准脱贫，实施贫困移民产业发展项目23个、基础设施建设项目26个，投入资金244万元组织贫困劳动力实用技能培训2842人，资助贫困移民学生467人、91万元，救助特困移民163人、39万元。

【移民资金管理】 注重移民资金监管，全面清理移民资金管理情况，针对州移民局本级存在的“多头开户、资金存量过大、拨款不及时”等问题，制定整改措施，明确整改责任、列出整改进度，逐一整改销号，重新修订《移民资金管理规定》《财务管理办法》等规章制度。注重资金效益发挥，加大后扶政策兑现力度，2017年省移民局下拨恩施州后期扶持资金5252万元，其中直补资金3543万元，新增人口资金241万元，两区结余资金1433万元，已使用3887.29万元。针对拨付巴东县三峡后续培训资金60万元使用效益发挥不够的问题，州移民局数次派人到巴东督查纠偏，责其限期整改，信陵等3个相关乡镇在较短时间内4批次组织移民培训，使870名移民受益。

【信访维稳】 州移民局及时调整信访领导小组和工作专班，按照属地管理原则层层落实责任，对州信访维稳领导小组交办的信访突出问题、信访积案，严格实行“四包”责任制。创新工作方法，建立月研判、月报告和法治信访制度，严格落实领导下访制度，局领导干部全年下访12次。化解信访矛盾，针对洞坪库区蓄水后出现的地质滑坡等情况，实地调查，协调解决，从省移民局争取库区基金300万元用于洞坪库区瞿家湾避险搬迁，所有涉及对象采取临时过渡避让措施搬离滑坡区。2017年全州移民系统接待来访人员49批66人次，来信8件，完成信访复核2件，没有发生大规模集体上访和群体性事件，移民“两区”总体平安稳定。

【恩施州移民局负责人名录】

局长：覃遵国

副局长：张中见　孙永红

（刘凤英）

编辑　梁卫民

残疾人保障工作

【概　况】 截至2017年12月31日，全州有办证残疾人126458人。其中视力残疾18710人，听力残疾6656人，言语残疾1397人，肢体残疾72814人，智力残疾7355人，精神病残疾8554人，多重残疾10972人；与财政局、地税局、人民银行恩施分行联合印发《关于规范残疾人就业保障金征收使用管理工作的通知》（州财政发〔2017〕56号），截至年底，全州征收入库残疾人保障金3905.8万元，其中州本级1182万元。做好12385全国残疾人维权热线电话接听和问题处理工作。全年未发生越级上访或重大信访责任事件。在提案办理工作中，完成交办的3个提案会办件。根据残联发〔2017〕38号和鄂残联发〔2017〕15号文件精神及省残联党组书记、理事长陶慧芬9月到恩施州调研时的工作要求，10月9日，《恩施州残疾人联合会关于州、县、乡级残疾人联合会换届工作的实施意见的通知》（州残联发〔2017〕10号）印发，召开县市残联理事长会议安排部署，县市残联结合实际制定实施方案开展换届工作。截至12月19日，全州88个乡镇和咸丰县大路坝区、恩施市沐抚办事处、利川市佛宝山开发区全部完成换届，截至12月29日，恩施州8个县市残联全部完成换届工作。州残联换届工作正在筹备。9月，州委巡察组对州残联开展巡察，10月11日召开动员会，开展巡察工作。

【残疾人补贴审核发放】 州残联下发《关于开展残疾人两项补贴督导检查工作方案》《关于切实做好残疾人两项补贴等相关工作的通知》，成立两项补贴督导检查工作领导小组，对全州8个县市两项补贴制度落实情况进行督导检查。2017年全州发放困难残疾人生活补贴人数40498人，资金2061.16万元；发放重度残疾人护理补贴人数50581人，资金5589.14万元。2017年为604名残疾人按照每人260元/年的标准，发放燃油补贴157040元。

【残疾人精准康复服务和辅具适配工作】 与恩施州残工委等相关部门出台《恩施州残疾人精准康复服务实施方案》，实施精准康复服务，2017年，全州对242名0—6岁智力、脑瘫、孤独症、听力贫困残疾儿童进行康复救助；培训家长470人次，康复定点机构参加社会融合活动12次，服务1587人次；全年完成贫困精神病患者免费服药726名。完成235户农村贫困残疾人家庭无障碍设施改造工程。开展各类辅具适配。2017年为残疾人免费适配发放轮椅、腋拐杖、助行器、盲杖、坐便器、助视器、手杖凳等各类辅助器具7729件；为200名成人听障人士验配助听器。全州完成假肢安装157人（小腿假肢95例、大腿假肢47例、髋离断假肢4例、前臂假肢2例、矫形器装配9例）；委托省残疾人辅具中心采购96万元辅助器具，州残联通过政府采购、询价等方式采购15万余元辅具。7月3日至4日，省残联康复处听力专家在恩施艺萌听力语言康复中心为15名听力残疾儿童免费配发助听器，每名儿童一次性获得价值2万余元的助听器2台，总价值83万余元。9月17日至22日，州残联联合省残疾人辅具中心开展对成年残疾人康复救助和辅具适配工作，湖北省残疾人辅具中心专家先后到恩施市、利川市、建始县、宣恩县为有需求的残疾人巡回适配助听器和低视力辅具，免费适配助听器80台、低视力辅具119件。12月4日至6日，省残疾人辅具中心专家组到恩施开展助听器适配工作。3天为全州107名听障人士每人适配1台价值12800元的助听器，适配耳蜗12例，总价值100多万元，验配成功的听力患者年龄最小4岁，最大93岁。

【残疾人教育就业】 开展残疾人自强创业扶持和就业培训工作。州残联印发《关于申报2017年度州级残疾人自强创业扶持项目的通知》（州残联发〔2017〕2号），安排资金100万元，专项扶持50名残疾人（户）创业，每名补助2万元。2017年全州安排1289名残疾人参加各类实用技术培训、“云客服”培训、“魔豆花开”培训、电商培训、种养加培训，促进残疾人培训就业。完成残疾人阳光创业“双百工程”项目99户，每户给予5000元补助，发放资金49.5万元。全州有3个省级残疾人就业创业扶贫品牌基地。巴东县将军山生态农业专业合作社被授予2017年度省级残疾人就业创业扶贫品牌基地，获得省残联一次性补助资金30万元，合作社吸纳25名残疾人为会员，助其脱贫奔小康。做好2017年残疾学生参加普通高考和奖励补发相关工作，2017年全州有40名残疾学生参加高考，州本级为残疾大学生及贫困残疾人家庭大学生发放助学补助经费22.7万元.各县市残联为2015年度46名残疾大学生补发经费6.7万元，为2016年度69名残疾人大学生发放补助经费11.5万元。做好实名制系统录入和就业指导竞赛等工作。落实残疾人托养服务工作。完成84个寄宿托养指标，完成495个居家托养指标。利用残疾人日间照料中心，托养残疾人30余人次。

【残疾人文化体育】 4月，州残联组织声乐、舞蹈、器乐类4个节目参加第九届全省残疾人艺术汇演，利川市原生态歌曲《薅黄瓜》获得声乐组三等奖，其他节目均获优秀奖。在2017年全国残疾人游泳锦标赛上，咸丰县无臂少年袁伟译获4金1银，其中1项打破全国记录。

【行业扶贫】 截至年底，全州建档立卡持证贫困残疾人59809人，已脱贫19692人，40117人未脱贫。全州处于就业年龄段残疾人65145人（男16—59岁，女16—54岁），其中贫困残疾人28839人。制定行业扶贫方案，修改完善行业扶贫措施，将业务工作融合进精准扶贫工作，在全州精准扶贫考核中列为30分的量化分值，促进残疾人惠残政策落实。

【全州残疾人证专项治理】 8月16日，残联组织召开全州残疾人证专项治理工作会议。会议传达学习州纪委《关于开展“三个专项整治活动”的总体工作方案》《全州纪检监察机关扶贫领域执纪问责工作方案的通知》，传达印发《关于做好全州残联系统贫困户残疾人证办理专项治理工作实施方案的通知》，会议强调抓好残疾人办证及残疾人两项补贴等惠残政策的宣传、加强协调联动、开展核查整改。8月至10月，全州残联系统开展残疾人证办理专项治理工作，州残联印发实施方案，召开县市专题会议部署，针对专项治理工作4项要求，州残联根据实际情况，细化残疾人证办证不严不实8个方面内容、残疾人办证政策宣传不到位2个方面内容、残疾人证办理服务下沉基层不到位4个方面内容、残疾人两项补贴补助发放不及时、管理不到位6个方面内容。10月30日，完成工作总结报送，全州残联系统利用办证窗口、报刊网站、村村响广播、微信公众号、印制宣传手册和告知书及流程指示牌等广泛宣传和发放办证、两补政策，印制宣传资料13万份。截至12月，通过继续开展扶贫领域不正之风专项整治，全州残联系统经严格审定两补有6507人经过整改后纳入两项补贴之列；核实因不符合两补政策条件、一直未办证、外出无法联系、本人不愿意申请等原因无法纳入两补1371人；正在进一步核实整改中2132人（数据存在动态变化）；采取下乡上门办证服务，全州为2016年以来应办证未办证的4287个疑似残疾人补办残疾人证。全州残联系统完成残疾人基本服务状况和需求信息数据动态更新培训、入户调查、数据上报及应用等工作，做好2018年1月1日正式实施的新的残疾人证办理管理办法的宣传工作。

【全州残联工作会】 2月28日，州残联召开2017年度全州残联工作会，会议传达全州党建工作会议、全省残联工作会议精神，恩施州残联理事会作工作报告，各县市残联汇报2016年度工作开展情况和2017年度工作打算，印发《2017年全州残疾人工作要点》。

【全州残疾人精准康复暨辅助器具适配工作培训】 7月27日，州残联举办2017年恩施州残疾人精准康复暨辅助器具适配工作培训，全州各县市残联分管康复工作的理事长、康复和辅具负责人、康复信息统计员及定点康复机构负责人参加培训。省残联康复处处长唐利娟及省辅具中心副主任王翔作专题辅导授课。传达2017年全省残疾人康复工作会议精神，安排全州残疾人精准康复工作。省残联康复处和辅具中心业务专家现场操作演示、答疑解惑，检查指导州残疾人假肢站。

【领导调研督导】 7月25日，省残联副巡视员杨霞带领省残联督导组对恩施州宣恩县残疾人精准扶贫、两项补贴及动态更新工作进行检查督导。9月6日至10日，湖北省残联党组书记、理事长陶慧芬到恩施州就残联系统换届、惠残项目推进情况、精准扶贫等工作进行督办和调研。陶慧芬与州委副书记、州政法委书记柯东海就残联系统换届等工作交换意见。调研组到恩施市特校和恩施市残疾人托养服务中心、宣恩县残疾人康复中心及综合服务设施项目选址所在地、宣恩县高罗镇九间店和黄家河两处通过易地扶贫搬迁划拨给残联使用的残疾人托养站及就业庇护站、咸丰残疾人日间照料中心实地调研，看望慰问贫困残疾人家庭，实地查看残疾人创业基地。

【“春风行动”促进残疾人就业】 2月8日，由州人社局、州总工会、州妇联、州残联主办，州、市公共就业和人才服务局承办的以“新春送岗、促进就业”为主题的2017年州、恩施市“春风行动”大型招聘会在州城桥西广场举行。恩施州、市残联工作人员为对求职的残疾人进行登记，提供企业用工信息，现场设置政策咨询台，发放《残疾人就业促进条例》等各类宣传资料。2017年“就业援助月”期间，组织召开的8场“春风行动”专场招聘会，为近200名残疾人提供就业岗位。全年实现新增就业1514人。

【恩施州第18次全国爱耳日主题活动】 3月3日，州残联、湖北民族学院附属民大医院、恩施市义工协会在恩施州艺萌听力语言康复中心联合举办第18次全国爱耳日主题活动。湖北民院附属民大医院耳鼻喉科专家为聋儿家长讲授听力预防与治疗、助听器验配与使用、耳蜗筛查等知识，免费为康复中心儿童进行常规听力监测和外耳道清理；恩施市义工协会志愿者发放宣传单。

【恩施州第27次全国助残日活动】 5月19日，州残联、州卫计委主办的以“推进残疾预防，健康成就小康”为主题的第二十七次全国助残日活动启动仪式在湖北民院附属民大医院举行，州脑瘫儿童康复中心患儿及家长110余人、市义工协会助残志愿者参加启动仪式。民大医院专家现场为残疾患儿进行爱心义诊，播放残疾预防宣传片，恩施市义工协会志愿者发放《防治出生缺陷知识问答》宣传册。启动仪式结束后，州残联党组成员、副理事长余昭敏到恩施市舞阳街道残疾人托养中心、州艺萌听力语言康复中心进行慰问。全国助残日前夕，5月18日，州残联党组书记、理事长郭晋到建始县景阳镇为福利院24名残疾人送去轮椅、拐杖等辅助器具和慰问金，宣传康复医疗知识；州残联党组成员、副理事长刘迪玉到宣恩县高罗乡，对18名集中托养的残疾人、7户贫困残疾人家庭走访慰问。各县市残联组织开展丰富多彩的全国助残日活动，活动期间播放残疾预防宣传片，志愿者发放宣传册8000余份，接受残疾人政策咨询及解答1000余次，进行爱心义诊、送医送药、现场为残疾人评鉴办证100余人次，为贫困残疾人送去轮椅、拐杖、坐便器、智能饮水机、学习用品等辅助器具400余件，送去慰问金3.9万余元。

【“集善工程·启明行动”启动仪式】 6月8日，2017年“集善工程·启明行动”启动仪式在恩施慧益眼科医院举行。项目捐赠方FACE时尚协会人员、中国残疾人福利基金会、湖北省残疾人福利基金会领导及州政协副主席张全榜出席启动仪式。FACE时尚协会此次捐赠40万元给恩施慧益眼科医院，用于恩施州300例老年女性白内障患者和50例先天性上睑下垂、斜视儿童康复治疗。

【“微心愿”活动启动】 8月5日，州残联联合恩施市义工协会在州文化中心博物馆举行在2017年恩施州志愿助残阳光行动主题活动之“微心愿”活动启动仪式。州残联全体干部职工及恩施市义工协会50名志愿者和众多爱心人士到场参加活动。微心愿认领人现场为15名残疾人代表实现“微心愿”，送上轮椅、拐杖、电饭煲、米、油等物资。

【恩施州残疾人康复及托养中心（一期）复工开工】 5月3日，州发改委对该项目的可行性研究报告批复立项，7月10日对项目的初步设计进行批复。10月19日，州残联向州住建委报送康复中心项目复工申请；11月13日，康复中心项目建设前期招标内容复工；11月30日康复中心及托养中心（一期）项目第二次招标内容开工。

【恩施州残疾人联合会负责人名录】

党组书记、理事长：郭　晋

党组成员、副理事长：刘迪玉　余昭敏

（康　慧）

编辑　梁卫民

住房公积金

【概　况】 2017年，全州住房公积金管理系统贯彻落实州委、州政府和省住建厅各项工作部署，全面推进从严治党向基层延伸、向纵深发展，支持全州房地产去库存，完善政策制度，推进财务集中统一核算，加强信息化建设，较好地完成全年各项工作任务。州住房公积金管理委员会有23名委员，由州政府和相关部门的分管领导组成，召开六届一次全体会议，审议通过2017年度住房公积金归集、使用计划执行情况，对其他重要事项进行决策。2017年住房公积金每人每月缴存上限调整为3890元，缴存下限为200元，缴存比例为5%—12%；个人住房贷款最高限额调整为50万元。全力抓好住建部“双贯标”验收准备工作，2017年底双贯标各项准备工作完成，顺利通过住建部“双贯标”验收。

【住房公积金归集】 全年实缴单位2782家，新增开户单位169家；实缴职工13.53万人，新增缴存职工15800人，净增职工0.77万人；受委托办理住房公积金缴存业务的银行7家，与上年持平。

当年全州归集26.33亿元，同比增长23.56%，完成年度目标任务的192.19%。截至年底，归集总额达119.41亿元，较上年同期93.08亿元增长28.29%。2017年底全州住房公积金余额为70.30亿元，较年初净增11亿元，增长幅度为18.58%。

【住房公积金个人贷款】 全年发放个人住房贷款0.70万笔、21.88亿元，同比增长-11.74%、5.96%，完成年度计划任务的2.18倍。其中，直属营业部发放个人住房贷款0.18万笔、6.13亿元。截至年底，累计发放个人住房贷款6.60万笔89.72亿元，贷款余额50.59亿元，同比分别增长11.86%、32.53%、38.03%。个人住房贷款率为71.83%，比上年同期增加10个百分点。当年全州回收个人住房贷款7.94亿元，较上年同期增长7.15%；累计收回个贷总额达40.72亿元。全州住房公积金逾期贷款率为0.001‰，远低于行业控制1‰的标准。

【住房公积金提取与增值收益】 全年提取住房公积金15.31亿元，同比增长26.63%，占当年缴存额的58.16%，比上年同期增加1.38个百分点。年底累计提取总额49.11亿元，同比增长40.60%。全年实现住房公积金增值收益1亿元，完成年度任务的217.39%。

【推动房地产去库存】 全年全州住房公积金提取与个人贷款用于支持住房消费的资金总量达34.26亿元，住房公积金使用率达到83.43%，支持购买的住房面积达88.95万平方米，占全州商品房住宅销售面积的22%，支持全州房地产去库存成效明显。

【公积金政策调整与宣传】 在保证政策连续的前提下，按照上级文件要求，经管委会研究同意，中心年初对住房公积金使用政策作适当调整。提取方面取消装修提取，代际互助提取。将个人提取账户保留余额由原来提取前账户余额的百分之十调整为1元。贷款方面，购房贷款合同期限由原七年缩短为三年。政策调整有收有放，从全年执行情况来看，整体平稳。2017年底，全州房地产行业虽仍以去库存为主，但房地产市场也出现一些新的情况，比如房价上涨较快等。州中心认真研判州内房地产市场发展形势，按照十九大报告中提出的“房子是用来住的，不是用来炒的”定位，对住房公积金使用政策进行了调整，既保证刚需，又防止炒房行为。将贷款最高额度提高到50万元，外地人员在恩施购房夫妻双方必须有一方是恩施户籍等。多方式多渠道宣传住房公积金政策：利用中心网站、微信公众号、官方微博等，及时全面发布政策调整变动情况；通过《恩施日报》、《恩施晚报》、恩施电视台等州内主流媒体及时宣传公积金管理工作动态、政策。

【开展“面对面 · 听期盼”大走访活动】 贴近群众“面对面 · 听期盼”大走访活动由省住建厅组织开展。州公积金中心精心组织发动，认真走访征求意见建议并积极整改。大走访活动中，利用微信向缴交职工推送了13万余条信息，全系统干部职工走访各类单位66家，走访缴存职工、房地产企业工作人员等各类人员300多人，召开座谈16次，发送宣传手册资料10000余册，完成调研报告8篇。大走访活动中收集到的意见建议，梳理分类汇总后共有8大类46条。中心党组对征求到的意见高度重视，制定整改清单，明确整改时限和责任人。通过整改，46个问题全部整改到位；6个对外公开承诺事项全部兑现，活动达到了预期目的。

【精准扶贫】 全州公积金系统共有12个精准扶贫驻点村，按照上级要求，组建9个驻村工作队，明确驻村人员。州中心驻巴东县柏杨坪村工作队积极多方争取支持，筹集项目资金400万元，用于农网改造项目项目，新增变压器11台，根本解决该村386户的电压不稳，安全隐患等问题；主动作为，积极协调、解决用地、选址、施工等难题，200千瓦时光伏发电项目全面建成并网发电，彻底解决柏杨坪村集体经济收入空壳村的问题，每年实现收入20万元；帮助柏杨坪村修建了村党员活动中心，修通了村级断头路，改造升级部分村组公路。认真抓好一对一结对帮扶、开展“10·17”国家扶贫日慰问等活动。

【恩施州住房公积金管理中心负责人名录】

党组书记、主任：陈怀玉

党组成员、纪检组长：欧阳树宇

党组成员、副主任：石小刚　张卫国

党组成员、总会计师：赵　钧

（郑新民）

编辑　马兹河

居民生活

全体居民生活

【全体居民收入】 2017年，恩施州全体居民人均可支配收入为15259元，比上年增加1354元，增长9.7%，扣除价格因素后实际增长7.5%。

与全国、全省及省内其他市州比较。2017年，恩施州全体居民人均可支配收入比全国平均水平25974元低41.3%，比全省平均水平23757元低35.8%，在全省17个市州中（含直管市和林区，下同），绝对数排第十七位，增幅排第二位。

2017年恩施州全体居民人均可支配收入情况表

表7

指　标	2017年		2016年		2017年比2016年		
	绝对数（元）	构成（%）	绝对数（元）	构成（%）	增加额（元）	增幅（%）	贡献率（%）
全年可支配收入	15259	100	13905	100	1354	9.7	100
1. 工资性收入	7169	47.0	6522	46.9	647	9.9	47.8
2. 经营净收入	3943	25.8	3607	25.9	336	9.3	24.8
3. 财产净收入	812	5.3	737	5.3	75	10.2	5.5
4. 转移净收入	3335	21.9	3039	21.9	296	9.7	21.9

2017年全国、全省及省内各市州全体居民人均可支配收入情况表

表8

地　区	2017年		2016年		2017年	
	绝对数（元）	市州位次	绝对数（元）	市州位次	增幅（%）	市州位次
全　国	25974	—	23821	—	9.0	—
全　省	23757	—	21787	—	9.0	—
武汉市	38642	1	35383	1	9.2	4
黄石市	24968	2	22984	2	8.6	9
十堰市	18716	14	17062	14	9.7	3
宜昌市	24182	4	22261	3	8.6	10
襄阳市	24030	6	22117	6	8.6	8
鄂州市	24214	3	22215	4	9.0	5
荆门市	24049	5	22187	5	8.4	17
孝感市	22256	10	20517	10	8.5	15
荆州市	22261	9	20533	9	8.4	16
黄冈市	17658	15	16224	15	8.8	6
咸宁市	20310	12	18699	12	8.6	11

续表 8

地　区	2017 年		2016 年		2017 年	
	绝对数	市州位次	绝对数	市州位次	增幅	市州位次
随州市	20069	13	18480	13	8.6	13
恩施州	15259	17	13905	17	9.7	2
仙桃市	22963	7	21119	7	8.7	7
潜江市	22689	8	20909	8	8.5	14
天门市	20486	11	18862	11	8.6	12
神农架林区	16482	16	14981	16	10.0	1

说明：表中增幅只保留 1 位小数使部分市州表现数值相同，其位次按计算增幅数值排列

与武陵山部分市（州、区）比较。在武陵山区 6 个市（州、区）中，绝对数排第二位，增幅排第五位。

【全体居民消费】 2017 年，恩施州全体居民人均生活消费支出为 11534 元，比上年增加 1106 元，增长 10.6%。全体居民恩格尔系数（食品支出占生活消费支出比重）为 36.1%。

2017 年武陵山市（州、区）全体居民人均可支配收入情况表

表 9

地　区	绝对数（元）	绝对数位次	增幅（%）	增幅位次
湖南省湘西州	13949	5	10.8	2
湖南省张家界市	15033	4	10.5	3
湖南省怀化市	15183	3	10.0	4
重庆市黔江区	19824	1	11.2	1
贵州省铜仁市	—	—	—	—
湖北省恩施州	15259	2	9.7	5

说明：截至 2018 年 4 月，贵州省未发布包括铜仁市在内的市州全体居民收入数据

2017 年恩施州全体居民人均生活消费支出情况表

表 10

指　标	2017 年		2016 年		2017 年比 2016 年	
	绝对数（元）	构成（%）	绝对数（%）	构成（%）	绝对数（元）	幅度（%）
生活消费支出	11534	100	10428	100	1106	10.6
1. 食品烟酒	4165	36.1	3776	36.2	389	10.3
2. 衣着	896	7.8	812	7.8	84	10.3
3. 居住	2273	19.7	2053	19.7	220	10.7
4. 生活用品及服务	766	6.6	687	6.6	79	11.5
5. 交通通信	1094	9.5	1000	9.6	94	9.4
6. 教育文化娱乐	1171	10.2	1055	10.1	116	11.0
7. 医疗保健	942	8.2	840	8.1	102	12.1
8. 其他用品和服务	227	1.9	205	1.9	22	10.7

城镇居民生活

【城镇居民收入】 2017年，恩施州城镇常住居民人均可支配收入为26766元，比上年增加2356元，增长9.7%，扣除价格因素后实际增长7.4%。

2017年恩施州城镇常住居民人均可支配收入情况表

表11

指　标	2017年		2016年		2017年比2016年		
	绝对数（元）	构成（%）	绝对数（元）	构成（%）	增加额（元）	增幅（%）	贡献率（%）
全年可支配收入	26766	100	24410	100	2356	9.7	100
1. 工资性收入	15796	59.0	14420	59.1	1376	9.5	58.4
2. 经营净收入	3490	13.1	3158	12.9	332	10.5	14.1
3. 财产净收入	2204	8.2	2028	8.3	176	8.7	7.5
4. 转移净收入	5276	19.7	4804	19.7	472	9.8	20.0

与全国、全省及省内其他市州比较。2017年，恩施州城镇常住居民人均可支配收入比全国平均水平36396元低26.5%，比全省平均水平31889元低16.1%，在全省17个市州中（含直管市和林区，下同），绝对数排第十五位，增幅排第二位。

2017年全国、全省及省内各市州城镇常住居民人均可支配收入情况表

表12

地区	2017年		2016年		2017年	
	绝对数（元）	市州位次	绝对数（元）	市州位次	增幅（%）	市州位次
全　国	36396	—	33616	—	8.3	—
全　省	31889	—	29386	—	8.5	—
武汉市	43405	1	39737	1	9.2	4
黄石市	32535	2	29906	2	8.8	7
十堰市	28518	11	26030	11	9.6	3
宜昌市	32316	3	29735	3	8.7	10
襄阳市	31316	5	28794	5	8.8	8
鄂州市	29399	8	26986	8	8.9	6
荆门市	31317	4	28920	4	8.3	17
孝感市	30264	6	27939	6	8.3	16
荆州市	29973	7	27666	7	8.3	15
黄冈市	26884	14	24796	14	8.4	13
咸宁市	28053	12	25839	12	8.6	11
随州市	26959	13	24799	13	8.7	9
恩施州	26766	15	24410	16	9.7	2
仙桃市	29266	10	26845	10	9.0	5
潜江市	29284	9	26985	9	8.5	12

续表 12

地区	2017 年		2016 年		2017 年	
	绝对数（元）	市州位次	绝对数（元）	市州位次	增幅（%）	市州位次
天门市	26528	16	24475	15	8.4	14
神农架林区	25767	17	23452	17	9.9	1

说明：表中增幅只保留 1 位小数使部分市州表现数值相同，其位次按计算增幅数值排列

与武陵山部分市（州、区）比较。在武陵山区 6 个市（州、区）中，绝对数排第三位，增幅与重庆市黔江区并列排第一位。

【城镇居民消费】 2017 年，恩施州城镇居民人均生活消费支出为 18927 元，比上年增加 1738 元，增长 10.1%。城镇居民恩格尔系数为 33.0%。

2017 年武陵山市（州、区）城镇常住居民人均可支配收入情况表

表 13

地　区	绝对数（元）	绝对数位次	增幅（%）	增幅位次
湖南省湘西州	22728	6	9.2	4
湖南省张家界市	22944	5	9.1	5
湖南省怀化市	24498	4	8.6	6
重庆市黔江区	29812	1	9.7	1
贵州省铜仁市	26944	2	9.3	3
湖北省恩施州	26766	3	9.7	1

2017 年恩施州城镇常住居民人均生活消费支出情况表

表 14

指　标	2017 年		2016 年		2017 年比 2016 年	
	绝对数（元）	构成（%）	绝对数（元）	构成（%）	绝对数（元）	幅度（%）
生活消费支出	18927	100	17189	100	1738	10.1
1. 食品烟酒	6246	33.0	5689	33.1	557	9.8
2. 衣着	1662	8.8	1519	8.8	143	9.4
3. 居住	3897	20.6	3529	20.5	368	10.4
4. 生活用品及服务	1184	6.2	1052	6.1	132	12.5
5. 交通通信	2018	10.7	1848	10.8	170	9.2
6. 教育文化娱乐	2099	11.1	1904	11.1	195	10.2
7. 医疗保健	1404	7.4	1269	7.4	135	10.6
8. 其他用品和服务	417	2.2	379	2.2	38	10.0

农村居民生活

【农村居民收入】 2017 年，恩施州农村常住居民人均可支配收入为 9588 元，比上年增加 860 元，增长 9.9%，扣除价格因素后实际增长 7.6%。

与全国、全省及其他市州比较。2017 年，恩

施州农村常住居民人均可支配收入比全国平均水平13432元低28.6%，比全省平均水平12725元低30.6%，在全省17个市州中，绝对数排第十五位，增幅排第三位。

2017年恩施州农村常住居民人均可支配收入情况表

表15

指　标	2017年		2016年		2017年比2016年		
	绝对数（元）	构成（%）	绝对数（元）	构成（%）	增加额（元）	增幅（%）	贡献率（%）
全年可支配收入	9588	100	8728	100	860	9.9	100
1. 工资性收入	2917	30.4	2630	30.1	287	10.9	33.4
2. 经营净收入	4166	43.5	3828	43.9	338	8.8	39.3
3. 财产净收入	127	1.3	101	1.2	26	25.7	3.0
4. 转移净收入	2378	24.8	2169	24.8	209	9.6	24.3

2017年全国、全省及省内各市州农村常住居民人均可支配收入情况表

表16

地　区	2017年		2016年		2017年	
	绝对数（元）	市州位次	绝对数（元）	市州位次	增幅（%）	市州位次
全　国	13432	——	12363	——	8.6	——
全　省	13812	——	12725	——	8.5	——
武汉市	20887	1	19152	1	9.1	6
黄石市	13972	12	12925	12	8.1	17
十堰市	9373	16	8514	16	10.1	2
宜昌市	15253	10	14057	10	8.5	12
襄阳市	16005	6	14762	6	8.4	15
鄂州市	16168	5	14813	5	9.1	5
荆门市	17167	2	15811	2	8.6	10
孝感市	14744	11	13554	11	8.8	8
荆州市	15962	7	14707	7	8.5	11
黄冈市	12116	14	11076	14	9.4	4
咸宁市	13925	13	12812	13	8.7	9
随州市	15268	9	14077	9	8.5	14
恩施州	9588	15	8728	15	9.9	3
仙桃市	16736	3	15462	3	8.2	16
潜江市	16397	4	15113	4	8.5	13
天门市	15367	8	14107	8	8.9	7
神农架林区	9205	17	8342	17	10.3	1

说明：表中增幅只保留1位小数使部分市州表现数值相同，其位次按计算增幅数值排列

与武陵山部分市（州、区）比较。在武陵山地区6个市（州、区）中，绝对数排第二位，增幅与重庆市黔江区并列排第五位。

【农村居民消费】 2017年，恩施州农村居民人均生活消费支出为7891元，比上年增加795元，增长11.2%。农村居民恩格尔系数为39.8%。

2017 年武陵山市（州、区）农村常住居民人均可支配收入情况表

表 17

地　区	绝对数（元）	绝对数位次	增幅（%）	增幅位次
湖南省湘西州	8273	6	11.6	1
湖南省张家界市	8692	4	11.4	2
湖南省怀化市	8831	3	10.9	3
重庆市黔江区	10792	1	9.9	5
贵州省铜仁市	8425	5	10.4	4
湖北省恩施州	9588	2	9.9	5

2017 年恩施州农村常住居民人均生活消费支出情况表

表 18

指　标	2017 年		2016 年		2017 年比 2016 年	
	绝对数（元）	构成（%）	绝对数（元）	构成（%）	绝对数（元）	幅度（%）
生活消费支出	7891	100	7096	100	795	11.2
1. 食品烟酒	3139	39.8	2833	39.9	306	10.8
2. 衣着	519	6.6	463	6.5	56	12.1
3. 居住	1473	18.7	1326	18.7	147	11.1
4. 生活用品及服务	560	7.1	508	7.1	52	10.2
5. 交通通信	639	8.1	582	8.2	57	9.8
6. 教育文化娱乐	714	9.0	637	9.0	77	12.1
7. 医疗保健	714	9.0	628	8.9	86	13.7
8. 其他用品和服务	133	1.7	119	1.7	14	11.8

市场价格运行

【市场价格总体运行】 2017 年，恩施州市场价格总体运行平稳，CPI 全年累计上涨 2.1%，涨幅位居全省市州之首，八大类商品价格呈现“七涨一跌”。从环比上看，全年市场价格涨跌互现，呈现震荡运行态势（见图 1）。12 个月中，有 6 个月价格环比上涨，4 个月环比下跌，2 个月环比持平。其中，春节因素推动 1 月环比上涨 1.2%，涨幅全年最高；11 月天气良好，鲜菜鲜果供应充足，价格下跌，使 11 月 CPI 环比下跌 0.6%，为全年最低点。从同比上看，除个别月份有小幅回升外，市场价格呈现出持续下行态势，同比涨幅从全年最高的 1 月的 3.8% 一路下行至全年最低

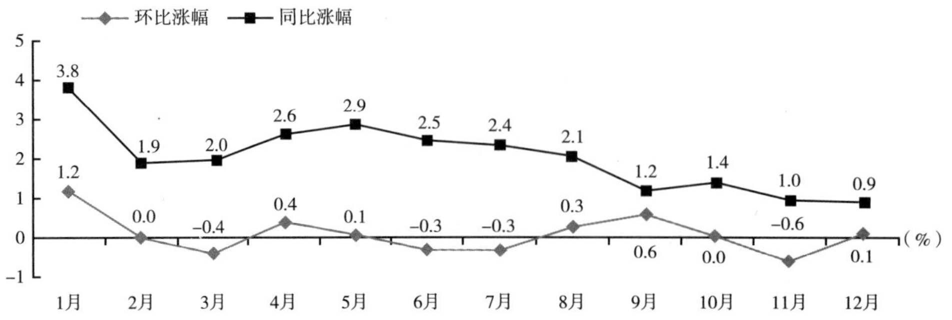

图 1　2017 年恩施州市场价格环比和同比走势图

的12月的0.9%。恩施州CPI的震荡下行，一方面与猪肉、鲜菜等主要商品价格整体走低有一定关系，另一方面也受教育文化娱乐、居住等部分大类翘尾因素影响在年中消退有关。

2017年，翘尾因素成为影响CPI的重要因素之一。由于2016年秋季部分民办学校上调学费，恩施州教育文化和娱乐类价格大幅攀升，其翘尾因素影响一直持续到2017年9月才逐渐消退。1至8月教育文化和娱乐类价格同比涨幅均在6%以上，9月回落至4%上下，全年教育文化和娱乐类价格累计上涨7.1%。居住类受部分学区房在2016年夏秋季房租上涨产生的翘尾因素影响，2017年1月至7月同比涨幅高位运行，全年累计上涨1.9%。两个大类在翘尾因素助推下，共同推动CPI总指数累计上涨1.23%，影响度为58.6%，是推高CPI总指数的首要因素。

【八大类消费品价格】 2017年，恩施州八大类消费品的价格走势呈现出“七涨一跌”（见图2）。医疗保健类全年累计上涨8.2%，涨幅位居八大类之首，推动CPI总指数累计上涨0.66%；教育文化和娱乐类累计上涨7.1%，推动CPI总指数累计上涨0.83%，是推动总指数上涨的主要因素；居住类累计上涨1.9%；涨幅位居第三；其他用品和服务类、衣着类、交通和通信类、生活用品及服务类分别累计上涨1.2%、1.0%、0.9%和0.4%；食品烟酒类是唯一出现下跌的大类，累计跌幅为0.3%。

【主要食品价格】 2017年，食品烟酒类成为八大类消费品中唯一价格下跌的大类，全年累计下跌0.3%。其中，猪肉价格持续低迷成为拉低食品烟酒类价格的首要因素。受猪肉生产周期影响，猪肉价格全年处在低位，偶有反弹，但总体疲软乏力，较上年同期累计下跌12.1%，猪肉价格走低拉动畜肉类价格累计下跌7.5%，拉低CPI总指数累计下跌0.36%，畜肉类价格全年除1月受春节因素同比小幅上涨外，全年均处在负增长区间。鲜菜价格全年波动剧烈，但价格总体处于下行状态，全年累计跌幅为6.6%，拉动CPI总指数累计下跌0.19%。究其原因，一是2017年整体天气状况较好，适宜蔬菜生长，蔬菜供应充足；二是2016年部分极端天气对蔬菜的生产和运输产生影响，抬高基期价格。“肉菜齐跌”抵消水产品、鲜果等部分食品价格上涨带来的影响，使食品烟酒类价格持续低迷运行，全年仅有2个月同比出现上涨，其余月份均同比下跌。

【医疗保健类价格】 2017年，湖北省各市州推进公立医院医疗改革，上调部分体现医护人员劳动价值的诊疗费用。受此影响，恩施州医疗保健类价格全年累计上涨8.2%，推动CPI总指数上涨0.66%，成为推高CPI总指数的主要因素之一。各市州医疗保健类价格因此出现普涨，全省医疗保健类价格全年累计上涨10.6%，武汉、襄阳、荆门等部分地市医疗保健类价格累计涨幅超过10%。

（周大开　朱　珺）

编辑　梁卫民

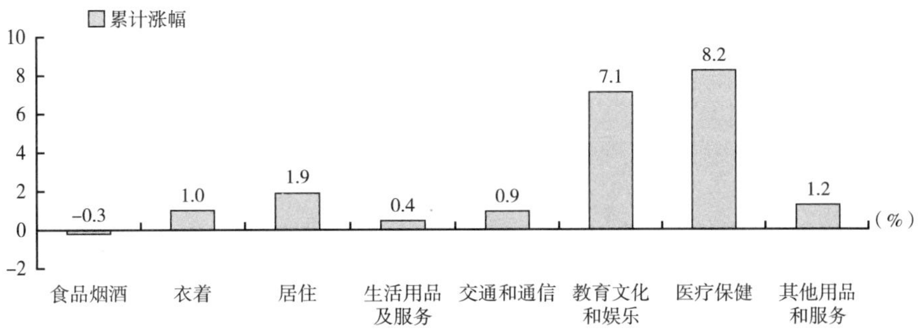

图2　2017年恩施州八大类消费品累计涨幅图

环　保

水文·气象

水　文

【概　况】 2017年，全年发送水雨情信息300万余条，30分钟到报率达96%，缺报率在2.31%以内，错报率小于0.1‰；发布洪水预报288次，合格率为95%，达到起报标准无缺报。完成恩施州及各县市共8个水资源公报编制，开展国家及省级水功能区、重要入河排污口、恩施城区主要河流、县市界及县级水功能区水质监测评价工作，全年共完成144水质断面的监测、分析、评价工作，开展清江上游水生态监测工作，向恩施州“四大家”等有关部门报送《恩施自治州水功能区水质通报》12期、《恩施市城区主要河流水质简报》12期、各县市水功能区水质通报54期。完成2016年度水文资料整编，包括水位资料32站年、流量资料13站年、泥沙资料1站年、水温资料1站年、降水资料149站年、蒸发量资料4站年。

【水情情报预报服务】 在全州开展向地方政府、防汛抗旱指挥部报送水情简报、旬报、月报，向州防汛抗旱指挥部报送土壤含水量信息简报工作。2017年共报送水情简报600份、水情旬报42期、水情月报20期、水情快报19期、防洪形势分析33期、专题水雨情分析10期、旱情分析3期、“e信”139份、水情信息播报195期、水情短信69092条。5月19日起，向州、市防汛办、恩施电视台、州人民广播电台、恩施日报、恩施晚报、恩施市门户网站等提供水文信息播报，社会公众可以通过恩施新闻联播、恩施硒都网、恩施周刊、乡村广播“村村响”、云上恩施、恩施水文微信公众号等多种方式更加便捷、直观地了解水文信息。

【水雨情】 2017年，恩施州气候形势复杂多变，极端暴雨洪水、高温频现。汛期（4月1日—10月15日），全州面雨量为1465毫米，较常年同期偏多2成，较2016年同期偏多近1成，多地暴雨重现期达到或超过50年一遇。全州遭受了十多轮强降雨天气过程，多地因短时强降雨或持续性降雨诱发渍涝、山洪、滑坡、泥石流等灾害，造成基础设施毁损、农作物受灾等，人民生命财产安全受到严重威胁。其中，7月21日至8月30日，全州降水量、径流量较常年同期普遍偏少，其间遭受持续性晴热高温天气过程，部分区域持续无有效降水天数达到20天以上，全州多地出现了不同程度的旱情；9月1日至10月20日，各县市平均雨日、雨量、径流量较常年同期异常偏多，出现严重秋汛；10月1日17时至2日17时，清江支流车坝河恩施市见天坝站最大6小时、9小时降水量分别为176.5毫米、190.5毫米，为该站自1965年有实测水文记录以来的最大值，最大6

小时暴雨重现期约 50 年一遇。

【水资源监测评价】 完成 2016 年度恩施州水资源公报及恩施市、利川市、巴东县、宣恩县、咸丰县、来凤县、鹤峰县水资源公报（共 8 个公报）；编制来凤县最严格水资源管理制度实施方案、恩施市节水型社会达标建设实施方案、咸丰县自来水公司第三水厂水资源论证、恩施市各乡镇污水处理厂建设项目入河排污口论证等报告；组建县级水资源白皮书编制工作专班，编制《利川市水资源白皮书》；完成水功能区、排污口、水生态、大鲵保护区、恩施城区河流、市州界断面等各类水质监测点 144 处的水质监测工作；每月按时向省水环境监测中心、长江流域水环境监测中心及州内相关服务单位提供水质检测报告，质控合格率达 100%；对 10 个生态监测断面每月开展常规水质监测、每年开展 3 次生态调查，并上报监测成果，形成生态调查报告；通过湖北省水环境监测中心内部评审、水利部检查组评审；开展第三次水资源调查评价工作，收集整理各类水文资料 6249 站年，补充了州内大小型水库、主要入河排污口、县级供水水源地水质监测资料。

【水文勘测业务改革】 完成《恩施州水文测站名录》编制；完成恩施州水文测区划分和《恩施州巡测方案》编制，组建专班完成了水文监测业务改革工作方案编制；协助湖北省水文局完成 1991—1995 年水文年鉴 6 卷 4 册、5 册的抢救性汇编刊印工作。

【水文应急监测】 恩施水文应急监测突击队充实了人员，完善了装备，修改了应急方案。5 月 31 日，接到湖北省水文水资源局通知，立即组织应急监测突击队队员参加了 6 月 1 日在荆州引江济汉渠首大闸举行的应急监测演练。基层水文部门均采用不同方式对各自区域内的中小河流水文监测站网开展应急监测演练。

【水文科技工作】 启动《清江恩施段纳污能力的研究》《忠建河流域水库群防洪优化调度影响研究》2 个科研项目并取得初步成效；在全省水文优秀科技论文评比中，提交 5 篇论文获评一等奖 2 篇、二等奖 1 篇、三等奖 2 篇。

【水文水政监察】 与地方水行政主管部门一起开展“世界水日”“中国水周”宣传纪念活动，加大水法律法规的宣传力度，营造保护水文设施设备的氛围。4 月上旬，对全州管辖范围内的水文测报设施设备和水文监测环境开展了执法检查活动，妥善处置了三起水事案件：一是恩施市污水管网改造工程建设导致所属北门水位站（清江桥下）水文测验设施设备遭受破坏损毁，二是建始水文站整体拆迁补偿事宜，三是鹤峰县通龙燃气有限公司因铺设天然气管道占用鹤峰水文站站院用地。有效维护了水文权益。

【水文基础设施建设】 推进基层水文规范化建设，恩施市水文局、利川及宣恩水文站建设工程顺利完成；完成来凤水文站水文缆道机房重建工程；完成了 72 个水文监测站点的水毁修复工作，有力保障了全年的防汛测报工作；龙凤坝中心水文站基地全面建成并通过验收备案。

【水文信息化建设】 自主开发恩施市水情预警软件，主动向市直成员单位及各乡镇传送水雨情信息。完成郁江峡口塘、龙马、巴公溪、南门等遥测站的重建工作，为服务防汛减灾提供了应有的保障。做好“恩施州水文信息 GIS 共享平台”、移动 106 短信平台维护工作，确保信息畅通。局信息科被评选为全省水利系统“2017 年度水文信息化建设与应用”先进单位。

【服务地方建设】 开展水文分析计算、水文情报预报、水资源调查评价、水资源论证、防洪影响评价、水环境监测等服务工作；成立了恩施州水文水资源勘测局技术委员会，负责全州水文系统专业技术等方面工作，主要参与全州科研规划、计划制定，科研项目咨询、科研论文成果审查、技术成果质量控制，年度内审率达到 100%。做好水文服务河长制工作顶层设计，制定了《全面推行河长制加强水文服务工作的意见》和技术方案，受委托编制完成《恩施州河道岸线界限划定工作技术细则（试行）》和来凤、鹤峰《河道岸线界线划定工作总体方案》。作为成员单位多次参加州河长制联席会议，为恩施州全面推行河长制工作建言献策。承担了州级和6个县（市）级"一河一策"编制任务，涉及州内62条河流。承担了大量的水质监测、排污口监测、河流纳污能力核定等工作任务。根据州河库长办安排，作为组长单位带队对鹤峰县2017年度河长制工作进行了检查验收。

【恩施州水文水资源勘测局负责人名录】

党委书记、局长：王平章

党委副书记、纪委书记：黄恩建

党委委员、副局长：杨松元

周红英（女）

陈好山

总工程师：陈明权

（袁勤坤）

编辑　马兹河

气　象

【概　况】 2017年，在恩施州委、州政府和湖北省气象局党组的领导下，恩施州气象部门以党建为引领，以争先为目标，重点谋划、统筹推进，各项工作均取得较好成绩，获得湖北省气象部门2017年度目标管理综合考核"特别优秀达标单位"表彰，专业气象服务获得省气象局"创新工作奖"表彰，继续保持湖北省气象部门第一方阵。在州直党建工作考核中获得"先进单位"表彰。顺利通过2017年度省级文明单位复审。现任州委书记柯俊、时任州委书记李建明，州长刘芳震、常务副州长周静、分管副州长夏锡璠等分别肯定气象服务工作取得的成绩，表示将继续关心支持气象事业发展。4月10日，州政府第5次常务会议听取气象工作汇报，研究部署推进气象现代化工作。6月19日，州政府召开全州气象现代化建设工作推进会，副州长夏锡璠部署气象现代化建设和自评估工作。3月28日、11月29日，副州长夏锡璠两次到恩施州气象局调研，检查指导谋划气象重点工作。州气象局通过技术人员调整、行政力量分配、设施资源倾斜，全力做好公共气象服务，提升气象防灾减灾能力，以汛期气象服务、人工影响天气防雹减灾服务和气象信息服务为重点，实现工作重心转移，圆满完成全年气象服务工作。汛期遭遇13轮较大范围强降水，预报的起止时间、落点、量级、过程趋势等与实况基本相符，暴雨预报24小时准确率居全省第二位。

【主要气候事件】

2017年灾害天气及影响一览表

表19

序号	灾害类别	出现日期	天气概况	灾　情
1	冰雹大风	4月15日	15日20—21时，恩施州建始北部（高坪附近）、巴东西部（大支坪附近）出现了冰雹，并伴随雷雨大风等短时强对流天气。从雨量实况监测，15日20时左右开始出现降水，短时强降水主要出现在建始高坪、巴东耀英坪站，最大小时雨量出现在高坪的20—21时（53.8毫米）	据核查统计，巴东、建始2县共8个乡镇9427人受灾，紧急转移安置46人；倒塌房屋2户5间，严重损房10户23间，一般损房52户99间；农作物受灾面积854.2公顷，成灾面积650公顷，绝收335.2公顷，毁坏耕地面积13公顷；直接经济损失995万，其中：农业经济损失786万元，基础设施损失78万元，家庭财产损失131万元

续表 19

序号	灾害类别	出现日期	天气概况	灾 情
2	暴雨	5 月 11 日	11 日，恩施州大部大到暴雨，个别站点大暴雨，降水主要集中在 11 日凌晨至白天，此次暴雨，伴随雷电、短时强降水同时出现。统计 360 个加密雨量站中，有 154 站大雨，163 站暴雨，2 站大暴雨，8 个国家站中，巴东、利川达到暴雨级别，雨量分别为 68.6 毫米、71.8 毫米	据核查统计，利川、宣恩共 12 个乡镇 22240 人受灾，分散转移安置 11 人，需过渡性救助 11 人；农作物受灾面积 519 公顷，成灾面积 236.1 公顷，绝收面积 47.7 公顷；倒塌房屋 1 户 2 间，严重损坏 12 户 28 间，一般损坏房屋 18 户 20 间；造成直接经济损失 1259 万元，其中：农业损失 342 万元，工矿企业损失 10 万元，基础设施损失 790 万元，公益设施损失 52 万元，家庭财产损失 65 万元
3	暴雨	5 月 21—22 日	21—22 日，恩施州自西向东，西北向南发生了大范围的暴雨、局部大暴雨降水过程。恩施州 360 个自动气象站中，降水量 100 毫米以上的自动站有 102 个，累计降水最大值出现在利川文斗为 215.9 毫米。强降水中心分段出现：21 日强降水集中在中西部，22 日强降水南压到中南部，23 日降水集中在州西南部，但强度明显减弱	据核查统计，恩施、利川、宣恩、咸丰、鹤峰 5 县市共 33 个乡镇 21225 人受灾，分散转移安置 62 人，需紧急生活救助 115 人，需过渡性救助 13 人；农作物受灾面积 859.2 公顷，成灾面积 409.7 公顷，绝收面积 125 公顷；倒塌房屋 4 户 12 间，严重损坏 51 户 124 间，一般损坏房屋 67 户 130 间；造成直接经济损失 2346.1 万元，其中：农业损失 441.55 万元，工矿企业损失 5 万元，基础设施损失 1660 万元，公益设施损失 5 万元，家庭财产损失 234.55 万元
4	崩塌（地质灾害）	5 月 24 日	21 日夜间开始，恩施州转为降水天气，连续强降雨天气极诱发地质灾害	据核查统计，5 月 24 日早上 7 时许，谋龙线（S466）K39+300 米处（建南镇建新村 3 组）发生岩崩坠石，石约 300 立方米，岩崩点距公路约 100 米。山体崩塌造成 11 人受灾，2 人死亡；直接经济损失 17 万元，其中，基础设施损失 5 万元（公路），家庭财产损失 12 万元（汽车）
5	暴雨	6 月 4—5 日	4 日 08 至 5 日 08 时雨量，恩施州 360 个自动雨量站，雨量达暴雨标准的 89 站，大雨 159 站，排在前五的站点分别是巴东茅山岭 95.4 毫米、巴东锥子场 95.3 毫米、巴东高岩 86.4 毫米、鹤峰柏榔 83.6 毫米、利川汪营镇 83.1 毫米。（巴东本站 60. 毫米）	据核查统计，恩施、巴东、来凤 3 县市 12 个乡镇 3754 人受灾，分散转移安置 29 人，需过渡性救助人口 12 人；受灾面积 248 公顷，成灾面积 128 公顷，绝收面积 10 公顷，倒塌房屋 4 户 10 间，严重损房 8 户 27 间，一般损房 13 户 21 间；直接经济损失 266 万元，其中，农业损失 100 万元，基础设施损失 115 万元，家庭财产损失 51 万元
6	暴雨	6 月 9—10 日	9—10 日，恩施州出现分布不均的 2 个强降水时段：8 日夜间到 9 日凌晨，强降水主要位于鹤峰（集中时段：8 日 22 时至 9 日 07 时）；9 日夜间到 10 日凌晨，强降水位于建始大部、巴东南部、恩施北部、恩施东部与建始交界处。 从实况监测，此次降水过程多站出现超过 50 毫米 / 小时的短时强降水，并伴随雷电，小时雨强最大出现在崔坝的 04 至 05 时（73.8 毫米 / 小时）。统计 9 日 20 日至 10 日 20 时雨量，出现暴雨的 69 站，大暴雨 20 站，恩施崔坝镇最多达 247.8 毫米，且主要集中在 10 日 04 至 07 时短短 4 个小时内，此次受灾最严重的建始景阳镇累积雨量 178.2 毫米，也集中在 10 日 06 至 10 时 5 个小时内	据核查统计，恩施、建始、巴东、鹤峰 4 县市共 35 个乡镇 61178 人受灾，转移安置 735 人（集中安置 37 人，分散安置 698 人），需紧急生活救助 179 人，需过渡性救助 207 人；受灾面积 3763.7 公顷，成灾面积 2493.2 公顷，绝收面积 735.7 公顷；倒塌房屋 15 户 44 间，严重损房 238 户 729 间，一般损房 857 户 1566 间；直接经济损失 11945.8 万元，其中，农业损失 1921.8 万元，工矿企业损失 1102 万元，基础设施损失 7672.2 万元，公益设施损失 87.3 万元，家庭财产损失 1162.5 万元

续表 19

序号	灾害类别	出现日期	天气概况	灾　情
7	暴雨	6月23—24日	恩施州西部出现中到大雨，局部暴雨，个别站点大暴雨天气，东部大部小到中雨。降水主要集中在23日夜间，强降水区位于利川北部、咸丰大部、恩施中部、来凤大部以及宣恩南部；统计恩施州自动雨量站（23日08时至24日08时），大暴雨1站，暴雨49站，大雨83站，最大降水出现在来凤黄土坝108.8毫米，其次为咸丰清坪99.1毫米，来凤漫水96.6毫米，来凤塘口96.1毫米，来凤大河95.7毫米	据核查统计，来凤8个乡镇（翔凤、百福司、大河、绿水、漫水、旧司、三胡、革勒车）4571人受灾，分散转移安置16人；农作物（主要是玉米、烟叶、蔬菜）受灾面积298公顷，成灾面积135公顷，绝收面积61公顷，严重损房13户28间，一般损房35户60间；水利堤防损失13处、1.4284千米、灌溉设施受损6处；直接经济损失665万元，其中，农业损失244万元，基础设施损失302万元，公益设施损失34万元，家庭财产损失85万元
8	暴雨	7月7—9日	7—9日，恩施州持续强降水天气，多站伴随20毫米/小时及以上短时强降水、雷电等强对流天气，最大小时雨强出现在8日22—23时来凤的田坝站（68.2毫米/小时）、其次是来凤大河（66.6毫米/小时）、水田坝（60.5毫米/小时）及09日02—03时鹤峰核桃湾（60毫米/小时）。统计7日08时至9日08时雨量，360个加密雨量站中，累积雨量超过100毫米达221站，其中200毫米以上35站，250毫米以上4站，最多累积降水出现在建始红瓦屋268.5毫米，其次分别为鹤峰八峰山260.3毫米、鹤峰本站256.9毫米、鹤峰太平250.0毫米、鹤峰杨柳坪245.8毫米	据核查统计，灾情共造成恩施州8个县市53个乡镇56751人受灾，紧急转移安置254人（集中转移安置16人，分散转移安置238人），需过渡性救助38人；农作物受灾面积2783.2公顷，成灾面积1951公顷，绝收面积794.85公顷，毁坏耕地7.9公顷；倒塌房屋25户69间，严重损房69户188间，一般损房84户164间；直接经济损失5322.7万元，其中，农业损失1978.2万元，基础设施损失2742.4万元，公益设施损失101万元，家庭财产损失500.1万元
9	暴雨	7月14—15日	14日夜间到15日白天，强降水中心位于恩施大部、利川南部、咸丰北部、鹤峰中部，最强降水中心位于鹤峰湖坪附近、恩施新塘附近，14日夜间到15凌晨，多站出现50毫米/小时短时强降水，最强出现在15日00至01时恩施龚家坪站（69.5毫米/小时）、其次是新塘（69.4毫米/小时）；15日夜间到16日，强降水主要位于恩施大部。统计14到16日（13日20时至16日20时）3天累积雨量，360个加密雨量站中，超过200毫米以上站点139站，其中300毫米及以上站点42个，雨量排前五的站点均位于恩施，即龚家坪501.6毫米、沙地499.3毫米、新塘481.8毫米、云台观418.2毫米、长岭岗414.9毫米	据核查统计，灾情共造成恩施州7个县市55个乡镇102101人受灾，紧急转移安置347人（分散安置），需紧急生活救助98人，需过渡性救助90人；农作物受灾面积3973.9公顷，成灾面积1960公顷，绝收面积600.3公顷，毁坏耕地1.1公顷，因灾死亡大牲畜5头（只），羊只8只；倒塌房屋23户56间，严重损房148户338间，一般损房238户486间；直接经济损失19883.1万元，其中，农业损失1817.8万元，基础设施损失17362.3万元，公益设施损失91.8万元，家庭财产损失611.2万元
10	风雹	7月29—30日	29日13—15时，恩施州出现入夏以来范围最广、强度最强风雹天气，从实况监测，多站出现6—8级阵风，其中，建始、鹤峰、恩施局地出现8级以上大风，最强出现在29日15时01分的建始黄木垭站，瞬时风速27.4米/秒，达到10级狂风标准，其次是恩施市龙凤镇，14时29分瞬时风速为20.4米/秒	据核查统计，恩施市3个乡镇（红土、太阳河、屯堡）648人受灾，农作物（主要是烟叶）受灾面积54.2公顷，成灾面积43公顷，绝收面积27.3公顷，直接经济损失150.4万元（均为农业损失）

续表 19

序号	灾害类别	出现日期	天气概况	灾 情
11	旱灾	7 月 17—31 日	17—31 日，受副热带高压控制，恩施州以晴热高温天气为主，局部阵雨或雷阵雨。咸丰累积雨量 27.3 毫米，偏少 75.8%	据核查统计，旱情造成恩施州咸丰县 3 个乡镇（龙坪乡、小村乡、朝阳寺镇）6611 人受灾，因旱需生活救助人口 3730 人（其中，因旱饮水困难需救助人口 3730 人），农作物（烟叶、玉米、水稻、蔬菜、药材等作物因干旱缺水减产，特别是沙地地区，作物严重缺水）受灾面积 749 公顷，成灾面积 325 公顷，绝收面积 65 公顷，此次因灾造成经济损失共计 136 万元
12	暴雨	8 月 8—9 日	8—9 日，恩施州北部出现大到暴雨，个别站点大暴雨，南部大部小到中雨，局部大雨。统计全州 360 个自动雨量站，大雨（≥ 25 毫米）及以上 96 站，其中暴雨 5 站，大暴雨 1 站，雨量排前五位的站点是建始天生（118.8 毫米）、建始茅田（83.7 毫米）、建始火龙（79.3 毫米）、建始封竹（57.6 毫米）、利川建南明星村（53.3 毫米）。局部暴雨造成利川、巴东遭受暴雨洪涝灾害	据核查统计，灾情共造成恩施州 2 个县市 9 个乡镇 13573 人受灾，紧急转移安置 49 人，需紧急生活救助 49 人；农作物（主要是玉米、烟叶）受灾面积 613.3 公顷，成灾面积 364.1 公顷，绝收面积 88 公顷；严重损房 7 户 15 间，一般损房 17 户 24 间；直接经济损失 873.8 万元，其中，农业损失 619.8 万元，基础设施损失 150 万元，公益设施损失 30 万元，家庭财产损失 74 万元
13	暴雨	9 月 1—2 日	1 日开始，恩施州出现持续降水天气，2 日，出现大范围中等偏强降水，强降水主要位于恩施州中西部的利川、恩施。9 月 4 日 08 时，统计恩施州 360 个自动雨量站，（8 月 31 日 20 时至 9 月 4 日 08 时），累积雨量 25—50 毫米站点 127 个，50—100 毫米站点 90 个，超过 100 毫米站点 3 个，最多出现在恩施车坝水库 109.3 毫米	据核查统计，灾情共造成恩施州 5 个县市（恩施、利川、巴东、来凤、鹤峰）35 个乡镇 17394 人受灾，紧急转移安置 81 人（分散安置），需紧急生活救助 12 人，需过渡性救助 7 人；农作物（主要是玉米、水稻、蔬菜、烟叶、药材）受灾面积 904.3 公顷，成灾面积 604 公顷，绝收面积 242.9 公顷，毁坏耕地 2 公顷，因灾死亡大牲畜 1 头（只），羊只 7 只；倒塌房屋 6 户 18 间，严重损房 50 户 118 间，一般损房 111 户 199 间；直接经济损失 3173.3 万元，其中农业损失 1569.7 万元，基础设施损失 1326 万元，家庭财产损失 277.6 万元
14	暴雨	9 月 9—10 日	9—10 日，恩施州出现大范围强降水，大部暴雨，局部大暴雨，此次降水，具有空间分布不均匀，局部“坨子雨”明显的特征，强降水落区主要在利川、建始、咸丰局部，宣恩、鹤峰、来凤大部。降水主要出现在 9 日 22 时至 10 日 20 时，强降水主要集中在 9 日 23 时—10 日 06 时，该时段内自西向东、自北向南多站出现 20 毫米 / 小时及以上短时强降水，局部 50 毫米 / 小时以上，并伴随雷电和短时阵风。统计 9 日 20 时—10 日 20 时雨量情况，360 个加密站中，暴雨及以上站点 251 个，其中大暴雨 64 站，最强出现在鹤峰木林子站 183.1 毫米，其次是来凤旧司 163 毫米。8 个国家站中，除利川、巴东大雨外，其余均达到暴雨及以上量级。从小时雨强看，9 日 23 时—10 日 06 时分别在利川、宣恩、来凤、鹤峰先后出现短时强降水，最强出现在 10 日 3—4 时的来凤旧司站（71.8 毫米 / 小时），其次是 10 日 1—2 时鹤峰木林子站（70.4 毫米 / 小时）	
15	暴雨	9 月 18—20 日	降水过程总量（18 日 08 时至 20 日 08 时），恩施州大部大到暴雨，部分地区大暴雨。统计恩施州 360 个雨量站，大暴雨 23 站，暴雨 159 站，大雨 117 站，其中 48 小时累积降水量前五名为恩施长岭岗 144.8 毫米、恩施太山庙 133.8 毫米、恩施下坝 125.2 毫米、利川汪营镇 124 毫米、恩施天楼地枕 119.9 毫米	据核查统计，恩施、建始 2 县市共 11 个乡镇 1513 人受灾，转移安置 15 人；受灾面积 35.9 公顷，成灾面积 22.1 公顷，绝收面积 7 公顷；严重损房 41 户 108 间，一般损房 21 户 48 间；直接经济损失 316.1 万元，其中，农业损失 28.8 万元，基础设施损失 137 万元，家庭财产损失 150.3 万元

续表 19

序号	灾害类别	出现日期	天气概况	灾　情
16	暴雨	9 月 27—28 日	恩施州 360 个雨量站，50 毫米及以上站点 120 个，其中 7 站超过 100 毫米，累积雨量排名前五的站点分别是：巴东茅山岭（178.6 毫米）、巴东堆子场（133.4 毫米）、巴东高岩（126 毫米）、来凤百福司（115.6 毫米）、巴宜向 K1278+850 米高速站（110.2 毫米）、巴东龙洞河（106.6 毫米）。8 个国家站中，最多出现在建始 48.6 毫米，其次是恩施 42.4 毫米	据核查统计，巴东 8 个乡镇（东壤口、官渡口、溪丘湾、水布垭、金果坪、沿渡河、绿葱坡、清太坪）32076 人受灾，紧急转移安置 24 人（分散安置），需过渡性救助 24 人；农作物（主要是玉米）受灾面积 1800 公顷，成灾面积 1263 公顷，绝收面积 549 公顷；倒塌房屋 1 户 3 间，严重损房 17 户 38 间，一般损房 28 户 67 间；直接经济损失 1746 万元，其中，农业损失 1446 万元，基础设施损失 197 万元，家庭财产损失 103 万元
17	暴雨	10 月 2 日	10 月 1 日夜间到 2 日白天，恩施州出现大范围强降水天气，1 日夜间强降水主要集中在鹤峰、宣恩、建始、利川。2 日 08 时至 20 时，利川、恩施、建始局部降水超过 100 毫米，最大降水出现在恩施水柳坝 148.8 毫米，最大小时雨强 47 毫米（9—10 时），恩施城区累积雨量 123.7 毫米。统计 24 小时（1 日 20 时至 2 日 20 时）全州 360 个自动雨量站，出现暴雨及以上 192 站，其中大暴雨 40 站，累积雨量排在前五位的站点均出现在恩施市，分别为水柳坝 183.5 毫米、雷达站 154.1 毫米、车坝水库 145.2 毫米、沪渝 k1412（144.7 毫米）、恩施本站 138.6 毫米	据核查统计，恩施、利川、建始、巴东、咸丰、来凤等 6 个县市 38 个乡镇 29300 人受灾，紧急转移安置分散安置 207 人；农作物受灾面积 1028.3 公顷，其中成灾面积 591.5 公顷，绝收面积 241.6 公顷；倒塌房屋 14 户 44 间，严重损房 36 户 80 间，一般损房 75 户 186 间；直接经济损失 5944.6 万元，其中农业损失 1293 万元，工矿企业损失 7 万元，基础设施损 4246.5 万元，公益损失 5 万元，家庭财产损失 393.1 万元

说明：灾情资料来源于民政局

【主汛期气象服务】 主汛期前，气象局组织召开 30 多个单位参加的气象灾害防御指挥部成员单位联络员会议，畅通气象灾害应急渠道，形成恩施州气象防灾减灾一张网。针对极端性、突发性、灾害性重大天气气候事件及其次生、衍生灾害，向州委、州政府汇报，提供及时准确决策气象服务，有 3 份决策气象服务材料以州防汛抗旱指挥部通知和汛期会商会议纪要方式，得到州政府领导批示，根据州气象局预测预报结论提出加强防汛工作意见。2017 年，恩施州气象局共发布重大气象信息专报 14 期，专题气象服务 91 期，灾害预警 261 期；服务快报 365 期，雨情快报 19 期，应急专报 8 期，防汛会议专题材料 3 期；重要农业气象预报 7 期。4 月 15 至 16 日恩施州内局部出现强对流天气（冰雹、大风、短时强降水），特别是 4 月 15 日 20—21 时发生在建始高坪附近的强冰雹天气，给农业生产带来严重危害，受损严重的高坪镇汪家槽村、木耳山村春季作物绝收。汛期各月均有强降水出现，大范围强降水共出现 13 次，特别是 6 月 9—10 日和 7 月 7—9 日两次过程，影响最严重。从实况监测，6 月 9—10 日多站出现超过 50 毫米 / 小时的短时强降水，并伴随雷电，6 月 10 日凌晨，建始景阳出现大面积滑坡，交通中断。7 月 7—9 日 8 时累积雨量超过 100 毫米达 221 站，其中 200 毫米以上 35 站，250 毫米以上 4 站，各地受灾严重。

【灾害天气决策服务】 10 月 11 日，川气东送恩施市崔家坝镇水田坝村管道土质滑坡。地灾滑坡隐患危及川气东输天然气管道安全，恩施州（市）政府启动灾害应急预案。恩施州气象局局长孙学军到受灾现场指挥气象服务。15 日下午，恩施州人民政府州长刘芳震赶赴应急指挥部召开川气东送管道 EES260 滑坡体险情应急处置协调会。州长刘芳震听取了川气东送管道受灾地最新情况处置的汇报，当即提出了六项工作要求：一是恩施州气象局与川气东送天然气管道有限公司要建立好信息联络机制，做好应急处置现场的气象服务工作，对滑坡位置降雨情况做到定点预报。二是地方政府和川气东送天然气管道有限公司要做好应急处置现场周边的警戒工作，防止已疏散安置人员私自返回应急处置现场。三是各部门要建立好信息联动机制，并及时更新地方政府及管道公司应急处理指挥部的联络花名册，保证信息沟通渠道正常，做到信息共享，应急处置科学有效。四是各级地方政府要做好信访维稳工作，全力支持配合管道企业做好滑坡体应急处置相关工作；川气东送天然气管道有限公司要继续做好滑坡体险情应急处置工作。五是加强滑坡体河道下游500到1000米的排查工作，防止下游河道堵塞出现堰塞湖的情况。六是针对群众安置等相关费用，崔家坝镇政府与中石化公司要第一时间协商解决。州长把气象服务放在六项工作之首。

【重大活动保障服务】 9月下旬，在恩施州举办的2017年国际茶业大会、第四届世界硒都（恩施）硒产品博览交易会、9月中旬的第三届恩施大峡谷旅游节，在活动开展前、过程中，提供气象保障服务。按照省气象局部署和《湖北省气象局关于印发〈湖北生态文明建设气象保障服务工作方案〉的通知》（鄂气发〔2017〕90号）、《恩施州2017—2020年生态文明建设行动方案》要求，恩施州气象局制定并下发了《恩施州气象局2017年度生态创建工作方案》。2月，印发《2017年恩施州气象局农业气象服务方案》，明确农业气象服务业务由州气象台牵头，州气象局相关单位及县（市）气象台共同参与的方式进行。农业气象服务产品主要包括重要农业气象预报、重大农业气象灾害评估、服务专报（春耕春播、夏收夏种、秋收秋种）。组织参与恩施州水电气象服务调研，对恩施州大小水库、水电站进行摸底，了解需求，拓宽了气象服务的渠道。

【人工影响天气服务】 2017年，人工影响天气服务共开展防雹作业598次，其中高炮作业372次，用弹14619发；大火箭作业217次，用弹422枚；小火箭作业9次，用弹22枚。累计保护受益面积约4.5万平方千米，累计减损超2亿元。3月13日，《恩施州2017年人工影响天气实施方案》经州人民政府批复后，由州人工影响天气领导小组转发到各成员单位和各县市人民政府组织实施。全年组织人工影响天气作业人员岗前培训300余人次。持续推进人工影响天气现代化建设，在现有70个标准化人工影响天气固定工作站、46门“三七”型双管高炮、12门“三七”型单管高炮、1门“五七”型双管高炮、70具大火箭架、8具小火箭架的基础上，2017年改造8门“三七”型双管高炮远程自动控制系统。改造后的高炮使用电控发射系统，可实现人炮分离，大幅度降低作业人员的劳动强度，提高作业时效性和作业人员的安全性。恩施州人工影响天气固定工作站数量、作业装备总数、使用数量、作业任务量等数据均排全省首位。

【融媒体宣传助力气象转型发展】 2017年，春节后上班第一天（2月3日），《山巅上的雷达站》新闻先后在人民网、新华网、湖北日报等主流媒体刊发后，引起社会各界广泛关注，近百家媒体纷纷转载。湖北省气象局局长崔讲学批示：这项工作对时间和内容的把握很好。在春节特定时期宣传气象人无私奉献的精神，扩大了气象工作的影响，增加了社会对气象人的理解。湖北省气象局向各市（州）、省直管市（区）气象局，省局直属各单位，机关各处室转发《恩施州气象局关于图文报道〈山巅上的雷达站〉引起全国各大媒体广泛关注的情况报告》及局长崔讲学批示，要求各地各单位学习借鉴恩施州局的好做法。3月，结合“3·23”世界气象日“观云识天”主题，恩施日报推出《天气好不好其实云知道》专版；恩施晚报用两个整版刊发气象科普宣传；5月11日，气象扶贫工作通讯《村里来了“气象妈妈”》上了中国气象报二版头条；6月14日，湖北省首个DZB1型移动气象站落户恩施并调试、安装、运行成功的报道纷纷在各主流媒体图文报道，再度掀起恩施气象宣传高潮。省电视台在综合新闻播报后，省电视台教育频道又组织采访组专程到恩施州现场采访，跟踪作了专题报道；11月3日，中国气象报推出《追寻“鄂西第一哨”绿葱坡气象站的前世今生》专版。

【与省同步基本实现气象现代化】 根据湖北省气象局部署，经恩施州政府批示同意，5月启动恩施州气象现代化自评估工作。8月24日，州政府向省气象局提交了《恩施州基本实现气象现代化综合评估报告》，按现代化指标体系评分，恩施得分95.43分，与湖北省同步基本实现气象现代化。恩施州气象局气象现代化工作信息先后在中国气象局全面推进气象现代化工作动态2017年第12期、18期上刊登。

【防雷减灾体制改革有序推进】 恩施州气象局配合住建、经信、环保、交通等部门，完成防雷行政许可交接工作。印发实施《恩施州气象部门深化防雷减灾体制改革实施方案》。梳理恩施市74家公益性检测单位，4月在政府网上向社会公示。按照省、州审改办要求，完成气象行政审批所涉中介服务事项清理工作，较好通过“红顶中介”专项治理工作检查。认真履行防雷安全监管职能，印发通知部署恩施州易燃易爆场所防雷检测，开展烟花爆竹生产经营企业防雷专项检查。建立防雷安全重点单位名录库，将恩施市范围内液化气站、加油站易燃易爆等企事业单位列入名录库予以重点监管。

【“放管服”改革深入推进】 按照气象行政执法管理办法、“双随机一公开”等工作制度，强化气象依法履职能力，推进管理法治化建设。编制恩施州气象部门州、县两级2017年行政权力清单、行政审批目录清单，规范行政许可事权，并建立行政审批事项事中事后监管制度。加强行政执法，分区、分片加强“低空慢”巡查，对升空气球行为依法处理。

【举办恩施州气象灾害应急演练】 5月25日，举办了恩施州气象灾害应急演练。演练全程展现天气加密会商、天气形势分析研判、应急响应工作流程，州委宣传部等8家单位报告了应急处置情况。各单位应对突发情况的备战能力得到了很好的检验和提高。

【四省边区气象学术交流会在恩施召开】 12月3—5日，第29届湘鄂渝黔四省边区气象学术交流会在恩施召开。重庆、湖南、贵州、湖北四省19个单位参加会议。会议收到论文112篇，其中恩施投稿43篇，占论文总数的38%。

【牵头开展精准扶贫】 2017年，恩施州气象局被州政府确定为来凤县旧司镇小河村驻村扶贫牵头单位，局党组高度重视，先后召开党组会4次、办公会3次，解决扶贫人员、经费、交通等问题，解决扶贫工作经费17万余元（不含扶贫队员差旅与补助、车辆维持费用等），调剂1台越野车，确保扶贫工作扎实深入开展。1月18日，恩施州气人函〔2017〕3号发出恩施州气象局人事科关于调整州局精准扶贫工作队组成人员的通知。为加强驻村精准扶贫工作，经研究决定调整州气象局精准扶驻村工作队组成人员，陶生明任驻村第一书记、扶贫工作队队长，刘克怀、张才敏任驻村工作队队员。以上三人专职从事“精准扶贫”工作，与原单位业务工作脱钩。恩施州气象局党员干部结对帮扶38户，为每户均制定了具体帮扶措施，进村入户200人次。“三八”妇女节、植树节、“六一”儿童节前后，组织女干部、青年职工、退休职工先后组织到小河村开展送爱心活动。《气象妈妈暖着贫困孩子》被媒体广泛报道后，引起一位企业家关注，自发带着全家为困难户送上慰问品与现金。9月，气象局55名职工为扶贫点重病户捐款7000元。根据州委、州政府脱贫攻坚指挥部安排，州气象局作为州直牵头单位，与恩施监狱、国网来凤供电公司共同结对帮扶来凤县旧司小河村。9月12日，召集恩施监狱、来凤供电公司负责人于旧司镇召开了扶贫工作推进会。会同村支两委干部，对小河村重新调查摸底，初步形成符合小河村村情及县宏观区域布局的发展思路，即“一桥一路一产业”（桥，即连接小河村村委会和觅鸭溪村、村委会连7至14组公路的大桥；路，即连接高洞集镇至该村至高洞集镇的沿河公路；产业，即箬叶产业）。小河大桥项目得到县委县政府认可，并列为恩施州455个重点贫困村基础设施建设项目（恩施州扶组办发〔2017〕35号），项目计划投资1000多万元。

【党建工作】 树立“抓党建就是抓发展，抓发展必须抓党建”理念，局长总谋划、负总责，支部书记抓落实、抓推进，党办专人专职抓具体、抓日常党建工作，确保党建工作严格、细致地落实。持续加强政治建设，规范党内政治生活，印发《恩施州气象局推进“两学一做”学习教育常态化制度化工作方案》，以习近平新时代中国特色社会主义思想为引领，深入贯彻学习十九大精神，组织开展十九大学习在线知识测试、征文与演讲比赛，强化“四个意识”，坚定“四个自信”，坚持以党建工作统揽全局，落实全面从严治党主体责任。坚持党建工作与气象工作同部署、同检查、同考核、同落实。严肃和规范党内政治生活，“支部主题党日”活动与“三会一课”深度融合，推进“两学一做”学习教育常态化制度化。严格落实党风廉政建设“一岗双责”责任制，局党组成员对分管县市气象局落实党风廉政建设情况实行定期不定期指导和检查，以考核督办倒逼责任落实。认真落实湖北省气象局巡察工作“回头看”，确保整改事项件件有着落。抓早抓小，防微杜渐，通过“听、访、查、谈、评”和设立举报电话、意见箱等形式，对7个县市气象局开展全方位巡察工作。恩施州气象局获得2017年度州直单位党建工作考核“先进单位”表彰。

【荣　誉】 2017年度全省气象部门目标综合考评中，恩施州气象局获得“特别优秀达标单位”表彰，在13个市（州）气象局中排名第二，考评成绩仅次于武汉市气象局。利川市忠路镇气象协管员谭建章，在气象服务需求反馈、气象灾害收集、气象设备维护、气象法规和科普知识宣传中作出贡献，获得2017年度中国气象局表彰的百名优秀气象信息员称号。巴东县气象局获得湖北省气象局“2017年度湖北省重大气象服务先进集体”表彰。恩施州气象台台长罗菊英出席湖北省第十一次党代会；出席湖北省科学技术协会第九次代表大会。鹤峰县气象台台长王永旭获2017年湖北省气象部门“重大气象服务先进个人”表彰。张洪刚获得中国气象报2017年度优秀通讯员表彰；摄影作品《白雪映衬下的恩施新一代多普勒天气雷达站》获全国气象新闻第九届摄影大赛二等奖。首届湖北省气象科普讲解大赛刘文桥获得大赛一等奖，并代表湖北参加全国气象科普讲解大赛获得二等奖。湖北省气象部门“身边的榜样”征文与演讲比赛活动，隗钊征文获得二等奖；刘文桥、谭林分别获得演讲比赛二等奖。

【考察调研】 3月2日，省气象局局长崔讲学到海拔1738米高的恩施天气雷达站看望慰问职工，对新春上班第一天《山巅上的雷达站》图文报道受到全国众多媒体关注进一步肯定赞赏，对雷达站工作生活环境、冬季冰雪观测场地进行了详细了解，对未来如何更好利用雷达为地方经济发展服务提出了建议。7月31日，湖北省气象局党组成员、副局长王丽率应急与减灾处、计财处相关负责人于恩施调研公共气象服务、气象预报预测、计划财务工作。8月8—10日，湖北省省气象局党组成员，副局长王金星带领局办公室调研员、现代办常务副主任许焱陪等到恩施检查指导气象现代化建设工作。先后对来凤、咸丰、鹤峰等部分县市进行了走访调研，了解基层台站气象事业发展情况，就县级气象现代化和基层气象事业发展与地方领导交换意见。10月9日，湖北省省气象局党组成员，副局长王仁乔一行三人到恩施就国家基准气候站制氢储氢设备安全隐患指导督办整改。11月29日，恩施州人民政府副州长夏锡璠到州气象局调研中共十九大学习情况，检查指导谋划气象重点工作。

【恩施州气象局负责人名录】

党组书记、局长：孙学军

党组副书记、纪检组长：卓洪涛

党组成员、副局长：单兴佑

谭　波

（张洪刚）

编辑　马兹河

自然资源管理

国土资源局

【土地资源概况】 根据2009年第二次土地调查成果，恩施州国土总面积2406026.48公顷，约占全省面积的13%，按照《土地利用现状分类》（GB/T21010–2007），将土地分为八个一级类：耕地、园地、林地、草地、城镇村及工矿用地、交通运输用地、水域及水利设施用地和其他土地。2016年末土地利用现状变更调查统计显示：恩施州耕地面积452625.57公顷，占总面积的18.81%，园地面积55128.58公顷，占总面积的2.29%，林地面积1658752.39公顷，占总面积的68.94%，草地面积39246.63公顷，占总面积的1.63%，城镇村及工矿用地面积77818.47公顷，占总面积的3.23%，交通运输用地面积22388.77公顷，占总面积的0.93%，水域及水利设施用地面积39504.01公顷，占总面积的1.64%，其他土地面积60562.06公顷，占总面积的2.52%。

【矿产资源概况】 截至2017年底，全州共发现各类矿产75种，已查明资源储量的矿产38种，分别占全省已发现149个矿种和已查明92个矿种的50.3%和41.3%。全州矿产资源以能源、黑色金属、化工原料、冶金辅助原料及建筑材料非金属矿产为主，天然气、煤、铁、硫铁矿、磷矿、耐火黏土、水泥用灰岩、石膏、高岭土、建筑石料、生物大理岩等矿产较丰富。天然气、煤、石煤、硫铁矿、铁、硒等资源储量居全省前列；菊花石、白鹤玉、硒矿、高岭土、饰面石材为本州的特色矿产资源；有色金属矿产较为短缺。矿床规模多为中、小型，大型偏少。截至2015年底，全州矿床（点）总数为633处，其中：大型12处，占1.90%；中型45处，占7.11%；小型及矿点576处，占矿床（点）总数的91.0%。大型矿床主要有赤铁矿（2处）、耐火黏土（1处）、磷矿（1处）、硫铁矿（2处）、高岭土（1处）、白云岩（1处），建筑石料（4处），矿产规模达到中型的主要有天然气、赤铁矿、赤菱铁矿、硫铁矿、磷矿、水泥用灰岩、建筑石料等。其他矿产包括煤、水泥黏土、砖瓦黏土、大理岩（包括生物大理岩和饰面大理岩）、菊花石、硒矿等均为小型矿床。矿产资源分布较为集中。铁矿主要分布在恩施、建始、巴东、宣恩等县（市）境内；以小型矿床为主，八个县（市）内都有分布，巴东新家和麻沙、利川齐岳山、来凤五台、咸丰杨洞等地相对集中分布。恩施州矿产资源分布基本形成了六个相对集中的矿产组合区，即：①恩施菊花石、黏土、硫铁矿、石灰岩、高岭土、白云岩、硒等矿产集中分布区；②巴东煤、铁、石灰岩、石英砂岩、白云岩等矿产集中分布区；③建始煤、硫铁矿、铁矿集中分布区；④鹤峰磷、钒、铝、煤、硫铁矿、石灰岩、生物大理岩等矿产集中分布区；⑤咸丰煤、铝土矿、石灰岩、大理岩等矿产集中分布区；⑥利川天然气、石膏、煤、硫铁矿、石灰岩、生物大理岩等矿产集中分布区。

【防灾减灾】 汛期地灾防治工作成效显著。全系统编制地质灾害防治方案和应急预案，并报同级政府批准实施。严格执行24小时值班制度，搞好地灾信息收集和报送，为领导决策提供了真实准确依据。开展地灾防治知识宣传和培训，提高地灾防治的能力和水平。狠抓监测预警、巡查排查和应急处置，全年成功预报8起，避免人员伤亡178人，避免直接经济损失478万元。与气象部门建立信息共享和预警联动机制，全年发布气象信息56条，提高了监测预警能力。完成地灾防治网格化管理数据核查和矿山地质环境调查，形成专题报告并通过专家评审。3个重点地灾治理项目开工建设，完成11个矿山环境恢复治理项目核查验收，实现了“一手抓防、一手抓治、两手都硬”目标。编制《恩施州防震减灾应急预案》，并报州政府批准实施。强化地震烈度仪监管，定期到各观测点实地检查，确保了地震信息报送渠道畅通无阻。

【不动产统一登记】 加快不动产登记窗口及资料档案保管场所建设，做好不动产数据的安全保密和查询。县市级不动产登记数据全部接入州级汇总，州级与国家不动产登记数据顺利对接。完成原始房产登记电子数据和纸质资料移交，完成组织、纪委、检察等部门交办的干部个人事项查询，为清理干部多占政策性住房提供真实准确依据。截至2017年底，全州累计颁发不动产权证书39750本，出具不动产登记证明58846份。

【湖北恩施腾龙洞大峡谷国家地质公园建设】 完成《恩施腾龙洞大峡谷国家地质公园博物馆陈展深化设计方案》并通过评审；完成标本采集和化石展品购买的招标，展品采集、购买量超过70%；博物馆装修工程已完成70%，预计明年3月可竣工。完成了《恩施腾龙洞大峡谷国家地质公园规划（2016—2030年）》编制，《湖北恩施腾龙洞大峡谷国家地质公园科学研究》资料编汇，交通引导标识、界碑、地质遗迹景点解说牌样式设计及埋设，印制了宣传折页，举办了首期导游培训，为明年5月迎接国土资源部验收做好了充分的前期准备。

【保障用地】 全面完成州、县、乡三级土地利用总体规划调整完善，划定永久基本农田保护、生态保护和城市开发边界三条红线，优化了生产生活生态空间布局。完成第三轮矿产资源规划编制，为矿产资源转型发展提供规划保障。完成全州增减挂钩实施方案编制，已上报省厅待批复。积极配合恩施高新区筹建，对划定区域内的186.76公顷基本农田予以调整，为高新区建设留足了发展空间。省厅支持的1600公顷耕地占补平衡指标，已交易800公顷，获收益15.77亿元，全部用于贫困区域基础设施建设；剩余1.2万亩，用于保障重点项目建设。全州易地搬迁与增减挂钩项目同步实施、同步验收、同步转化为新增耕地指标，搬迁安置用地应保尽保。国土整治项目全部安排到贫困村，夯实脱贫攻坚项目大底盘，拉动贫困村经济发展。大力实施“金土地”工程，编制全域硒资源普查规划，为全州精准扶贫、硒产业链发展奠定坚实基础。

【耕地保护】 年初州政府与各县市签订耕地保护目标责任书，层层压实责任，实现了36.28公顷耕地保有量，29.28公顷永久基本农田面积不减少、质量不降低目标。全面完成永久基本农田划定，顺利通过省级验收。大力实施耕地占补项目，确保了重点项目占补平衡。积极争取耕地占补平衡指标160.08公顷，价值超过30亿元，有效化解了占补指标不足难题。争取国土整治项目8671公顷，资金3.25亿元，全部安排到贫困村；完成2013年以前土地整治项目验收，2014年项目基本竣工，2017年项目完成立项审批，改善了贫困村基础设施条件，促进了农民脱贫致富。

【建设用地管理】 全年上报用地87批次459.43公顷，获批629.45公顷（含宣鹤高速279.27公顷），确保了171个重点项目顺利落地。全州供地1369宗1338.2公顷，其中新增建设用地1015.5公顷（主要是高速公路、铁路），存量建设用地322.69公顷，分别占总量的75.9%、24.1%，出让价款36亿元，同比增长57.32%；清理出让土地48宗、1081.1公顷，清缴价款9.28亿元，为推进全州城镇化建设提供了有力资金保障。开展城市建设用地节约集约利用更新评价，前五年平均供地率为70.62%，比去年同期增长10.62%，单位GDP地耗下降率为5.77%。清理闲置土地70宗、232.08公顷，已全部处置。

【地籍管理】 完成2016年度土地变更调查并启用数据成果，启动2017年变更调查遥感监测工作，启动全国第三次土地调查前期准备工作。继续推进不动产登记改革工作。全面完成不动产登记数据接入国家级平台任务，大力推进不动产登记城乡一体化建设。房地一体“两权”工作。全州八县市均已完成项目招标工作，进入外业调查实施阶段。

【矿产资源管理】 积极配合省厅做好煤炭去产能工作，关闭煤炭矿山10家，淘汰落后产能69万吨，退还探矿权价款1宗，退还价款12万元，有序推进全州煤炭去产能工作。加大矿业权有偿化处置力度，采矿权外围资源储量有偿化处置方式，得到省厅充分肯定，全年成交采矿权21宗，出让价款2311万元。中央环保督察组交办的31件非煤矿山环境突出问题，督促相关县市全部整改销号。深入开展矿业权审批专项治理，分类处置问题8个，逐个整改销号。稳步推进页岩气勘探开发进度，查明了勘探开发空白区，协助华电集团搞好勘探区块延续，完成了州级页岩气合资平台建设。

【信访维稳】 十九大期间，州局组织专班驻点包保宣恩县信访维稳，确保了“零进京、零非访”，驻点维稳工作得到州委、州政府通报表扬。全年收到来信来访112件，办结110件，办结率98%；行政复议17件，不予受理4件，办结13件，办结率100%，做到了件件有回音，事事有着落。

【执法监察】 突出抓好土地例行督查和卫片执法。武汉督察局反馈违法问题135个，已整改落实117个，整改率87%，全省排名第三，获得省厅通报表彰。部下发土地图斑579个，矿产图斑20个，经现场核查判定，土地违法图斑31个，矿产违法图斑7个，全部整改到位，实现了“零问责、零约谈”目标。深入开展新开工项目清理。全州清理新开工项目59宗283.23公顷（耕地131.98公顷），已批准54宗281.85公顷（耕地131.98公顷），未批准5宗1.37公顷（耕地0.003公顷），未批占总面积比例4.84%，未批占耕地比例0.03%。

【恩施州国土资源局负责人名录】

局长：吴时刚

党组成员、调研员：张祖廷

副局长：周建国　谢代树　刘　进

（魏　立）

编辑　马兹河

环境管理

【概　况】 2017年，恩施州环境保护工作坚持以环境质量改善为核心，以中央环保督察问题整改为突破口，以生态文明示范区创建为载体，以全面从严治党、全面深化改革为动力，推进大气、水、土壤污染防治，美丽恩施建设取得显著成效，环保事业得到健康有序发展，恩施州生态文明建设工作被省环境保护委员会通报表彰为优秀等次；恩施州环保局第二次获得全省市州环保部门目标考核“优胜单位”称号。

【大气环境】 2017年，全州8县市城区按照《环境空气质量标准》（GB3095-2012）六项指标评价（六项指标指二氧化硫、二氧化氮、可吸入颗粒物、一氧化碳、臭氧、细颗粒物），平均优良天数322天，平均优良天数达标率91.8%，较2016年上升3.5%，可吸入颗粒物（PM10）、细颗粒物（PM2.5）均值分别为54微克/立方米，36微克/立方米，较2016年分别下降14.3%、10.0%。恩施市、利川市、建始县、巴东县、宣恩县、咸丰县、来凤县、鹤峰县优良天数分别为317天、340天、316天、320天、307天、330天、325天、324天。优良天数达标率分别为86.8%、93.9%、89.0%、90.9%、90.3%、93.5%、92.6%、94.7%，与2016年相比，除宣恩县下降0.4%外，其他县市依次分别上升1.4%、4.3%、2.9%、3.7%、1.7%、7.9%、3.7%。可吸入颗粒物（PM10）年均值分别为63微克/立方米、45微克/立方米、58微克/立方米、47微克/立方米、52微克/立方米、54微克/立方米、67微克/立方米、45微克/立方米，较2016年分别下降8.7%、11.8%、7.9%、23.0%、20.0%、8.5%、17.3%、13.5%。细颗粒物（PM2.5）年均值分别为46微克/立方米、31微克/立方米、37微克/立方米、33微克/立方米、35微克/立方米、36微克/立方米、36微克/立方米、28微克/立方米，较2016年分别下降4.2%、11.4%、5.1%、19.5%、12.5%、2.7%、14.3%、28.2%。按照城市环境空气质量综合指数评价，空气质量监测结果相对较好——相对较差的县市城区依次是：鹤峰、咸丰、利川、巴东、建始、来凤、宣恩、恩施市。鹤峰、咸丰、利川、建始、巴东、来凤6县市的环境空气质量综合排名在全省114个县（市、区）中排名前十。

【水环境】 经对8县市辖区内10个县级以上城镇集中式饮用水源地水质进行监测，水质达标率均为100%；经对州内长江、神农溪、清江、梅子河、郁江、唐岩河、酉水、溇水、广润河、忠建河和芭蕉河等11条河流的22个断面（10个国控断面、12个非国控断面）进行监测，水质符合Ⅰ－Ⅱ类标准的断面20个，Ⅲ类标准的2个，其中清江大沙坝国控断面水质优于2016年同期，其他无变化；经对州内13个跨县（市）界考核断面水质进行监测，断面水质均满足考核目标，水质达标率100%。

【声环境】 全州8县市城市区域环境噪声等效声级平均值56.8分贝，区域声环境质量一般；道路交通噪声等效声级平均值69.6分贝，道路交通噪声质量较好。

【降　水】 恩施市、利川市和咸丰县进行了降水监测，3个县市共采集降水样品数318个，其中检出酸雨样品数2个，酸雨检出率为0.6%。五是生态环境质量。2016年，恩施州生态环境状况指数（EI）为80.36，生态环境状况为优，居湖北省所有地市州中第二位，仅次于神农架林区（因受相关部门数据收集时间所限，生态环境质量评价较其他环境要素滞后一年）。

【生态保护】 开展环保模范城市、生态县市、生态乡镇、生态村、绿色学校、绿色社区、自然生态保护区和生态旅游示范区等生态创建活动，实施《恩施州创建国家生态文明建设示范区规划（2015—2022年）》，推进国家生态文明建设示范区创建工作，州人民政府印发《恩施州2017—2020年生态文明建设行动方案》《恩施州创建国家级省级生态文明建设示范县（市）奖励办法》（恩施州政发〔2017〕9号），全州开展生态经济培育、美丽城乡建设、生态屏障建设、风险防控等十大生态文明示范区创建行动，从2017年起，明确对成功创建国家级、省级生态文明建设示范县的县市，州级财政将分别给予2000万元、1000万元的财政奖励。鹤峰县、咸丰县已率先通过省级生态文明建设示范县的验收，全州新增省级生态乡镇8个，省级生态村104个。

【突出环境问题整改】 2017年，恩施州35个涉及中央环保督察反馈意见整改任务，已有33个立行立改，向省申请销号。中央环保督察交办的138个信访件已全部整改完成。省级交办的29个突出环境问题已全部整改完成，州环委会交办的166个突出环境问题已基本整改完成。全州自然保护区17个突出问题已基本完成整改15个。

【总量减排】 恩施州落实减排任务目标责任制，推进工程减排、管理减排和结构减排，建立齐抓共管的部门联动机制，总量减排合力不断增强。全州化学需氧量、氨氮、二氧化硫、氮氧化物排放总量持续下降，分别较2016年下降0.71%、0.51%、2.94%、1.65%。

【优化发展环境】 恩施州环保部门积极推进“放管服”改革，严把环评准入关，坚持“三线一单”约束机制，加快推进了州级以上重点建设项目环评工作，对保障民生类项目继续开辟“绿色通道”，提速审批，全州全年共审批建设项目385个，验收建设项目31个，环境影响登记备案项目3281个。严格执行新的排污许可证制度，全州共对七个行业13家排污单位发放了排污许可证。

【大气污染防治】 恩施州推行“三禁三治”（禁烧、禁煤、禁鞭，治理扬尘、治理机动车尾气、治理非煤矿山）和“天更蓝”专项治理，实行州城与县市联防联控，推进大气污染防治工作。在禁烧上，州八届人民政府第5次常务会议对全州禁止露天焚烧秸秆垃圾工作进行专题研究，州人民政府印发《关于加强秸秆垃圾露天焚烧监管工作的通知》（恩施州政办电〔2017〕46号），全面落实县市领导包乡镇、乡镇领导包村、村干部包组包户的划片包干责任制，全州共制止露天焚烧秸秆、垃圾、杂草等行为200余起。在禁煤上，州环保局联合州发改、质监部门印发《关于在全州开展燃煤锅炉改造升级淘汰攻坚战的通知》、《关于规范生物质成燃料及专用锅炉管理的通知》，全州共整治燃煤锅炉331台（其中淘汰210台，停用90台，改造25台，治理达标排放6台），8县市城区已无在用燃煤锅炉，燃煤锅炉整治任务已全面完成。在禁鞭上，各县市均制定和完善禁止燃放烟花爆竹的规定，县市城区“禁鞭”工作取得十分显著成效。在扬尘治理上，全州建筑施工工地严格按照“六不开工，五不上路”禁令要求，落实硬质围挡、进出口道路硬化、设置冲洗槽等措施，对管理不规范、设施不配套的建筑工地及时查处，共检查建筑施工项目500余个，发现环境突出问题200余处，治理成效显著；各县市城区完善环境卫生作业规范，加大洗扫设备设施投入，全州城镇机械化清扫率达到60%以上，县市城市建成区道路机扫率达到85.5%，其中主干道机扫率达到100%。在机动车尾气治理上，全州累计淘汰黄标车18169辆，圆满完成省下达黄标车淘汰任务，州机动车排气监管平台正式运行，已检测车辆109643台次，首检不合格车辆13896台次，监管效果明显。在非煤矿山治理上，全州开展非煤矿山突出环境问题专项检查行动，并将小规模开矿、挖砂取土、打砂等也一并纳入整治范围。在挥发性有机物治理上，全面开展工业挥发性有机物摸底调查工作，各县市对石化、化工、工业涂装、包装印刷等重点挥发性有机物排放行业进行全面清查，州环委会办公室印发《恩施州2017年度重点行业挥发性有机物减排工作方案》，明确63个重点工业行业挥发性有机物减排项目名单，目前所有项目均已完成治理；全州强力推进加油站、储油库、油罐车的油气回收治理，州内1座储油库、207座加油站、109辆油罐车已全部完成治理任务。在重污染天气应对上，州城恩施市启动重污染天气蓝色预警开展IV级应急响应2次，持续时间共124小时，启动重污染天气黄色预警开展III级应急响应1次，持续时间共66小时；建始县启动重污染天气黄色预警开展III级应急响应1次，持续时间共63小时；开展重污染天气应急评估1次。

【水污染防治】 恩施州推行“三污同治”（工业废水、生活污水、农业面源污染共同治理）和“水更绿”专项治理，推进水污染防治工作。强化工业污染防治，全州辖区内8个省级工业集聚区，7个园区污水已全部收集处理，相关处理设施已安装自动监控系统。推进加油站地下油罐防渗处理设施建设，全州209座加油站，702个地下油罐，已完成地下油罐整改的加油站66座，完成改造地下油罐216个。推进城镇生活污染治理，全州现已建成城区污水处理厂11座，处理能力19.9万吨/天，建成乡镇污水处理厂6个，处理能力1.5万吨/天，纳入政府专项债券支持的74个乡镇生活污水处理项目已全部开工，新建改造污水管道22千米，全州城市污水处理率达到90%；已建成城区垃圾处理场9座，无害化处理能力1105吨/日，乡镇垃圾焚烧场（炉）47个、垃圾卫生填埋场9个，合计垃圾处理能力9万吨/年。推进面源污染防治，全州已完成畜禽养殖“三区”划定工作，共划定禁养区563个，禁养区面积4451.39平方千米；全州畜禽养殖禁养区内已确定需要关闭搬迁的规模养殖场（小区）36家，养殖专业户3户，已全部关闭；纳入全州年度治理任务的339家规模化养殖场，已全部完成；全州完成111个村环境综合整治。保障了饮用水安全，进一步加强乡镇及以上饮用水水源地规范化建设，对省政府饮用水源地专项检查发现的5个问题已整改到位，完成了10个县级集中式饮用水源地环境保护状况评估，对4个新增县级集中式饮用水水源地和149个乡镇集中式饮用水水源地制定保护区划定方案并报请省政府批准；积极推动县市城区备用水源地建设工作，利川市、鹤峰县、来凤县备用水源地已建成并供水，建始县备用水源地已建成，并蓄水，配套供水管网正在建设；恩施市、宣恩县、咸丰县城区备用水源地已开工建设；巴东县城区备用水源地建设正在进行前期工作。全面推进河长制，恩施州境内长度5公里以上的河流实现了河长制管理，全州现有7名州级河长、142名县级河长、371名乡镇级河长，1398名村级河长，形成四级联动的河长制体系。加强船舶港口污染防治，完成港口和船舶污染物接收转运及处置总建设任务的37.56%，完成年度目标任务。

【土壤污染防治】 州人民政府印发《恩施州土壤污染防治行动计划工作方案》（恩施州政发〔2017〕17号），全州已启动农用地土壤污染详查工作，已完成全州2875个农用地详查点位布设，正开展3337个土壤样品的采集工作。

【环境监管执法】 组织开展“一园两水四行业”专项执法行动、2017年环境保护“双护双促”综合执法行动及环境执法大练兵等多项执法行动，全州环保部门共立案查处环境违法行为186件，实施行政处罚145件，处罚377.5万元，较2016年分别增长38%、37%、20.1%；大力推进环保法及其配套办法的实施，全州八县市（含州本级）均无空白办案，共执行《中华人民共和国环保法》配套办法28件，较2016年增长33%，其中按日连续计罚1件、查封扣押11件、限产停产5件、移交行政拘留9件、涉嫌环境污染罪2件，所有行政处罚决定书均通过本级门户网站面向社会公开。全州“12369”环境违法有奖举报平台，共受理举报285件，办结240件，对符合奖励条件的24件，共核定奖励资金9.45万元。构建环境保护行政执法与刑事司法衔接工作联席会议机制，州环保局联合州政法委、法院、检察院、公安、司法、信访、林业等部门出台《恩施州打击环境违法犯罪行为联系工作机制》，形成防范和打击环境违法犯罪活动的工作合力。抓好重点污染源自动监控系统的运维监管，有序开展挥发性有机物排污收费试点工作。

【环境监测】 全面开展地表水、空气、酸雨、饮用水水源地、城市噪声、生态、土壤等常规监测以及污染源监督性监测和应急信访纠纷等监测工作。加强环境监测质量管理，开展环境监测专项检查。不断规范环境监测数据发布，建成恩施州空气质量实时发布系统，向社会公布地表水和空气质量自动监测实时数据。完成对全州县市城区9个空气自动监测站的运维交接，配合做好地表水国控断面采测分离工作，全面启动了8个国控考核断面水质自动站建设工作。

【辐射管理】 开展全州放射源安全检查专项行动，对全州18家重点企业进行专项检查和后督察。组织第二次全国伴生放射性矿污染源普查工作，对恩施州114家矿点进行全面初测。全面加强核技术利用单位规范管理，做到底数清、情况明，经摸底，全州现有持证核技术利用单位138家，射线装置383台套（Ⅱ类9台套，Ⅲ类374台套），放射源5枚（Ⅲ类1枚，Ⅴ类4枚）；完成全州广电项目清理，全州7家单位共有发射设备45台套；完成全州雷达及导航发射项目清理，涉及设备5台94套。

【危险废物管理】 开展持久性有机污染物调查，汞污染排放源现状调查，开展危险废物申报登记工作，首次开展一般工业固体废物申报登记，恩施州在物联网中注册医疗废物产生单位155家，工业危险废物单位238家，经营单位2家；有15家企业申报了工业固体废物的年报情况。组织开展全州危险废物规范化管理培训、全州二类以上汽修行业危废管理培训，州环保局联合州交通运输局印发《关于开展全州机动车维修行业危险废物专项整治工作的通知》，开展全州汽修行业专项整治行动，规范汽修行业危险废物管理，通过电子联单转移废矿物油246吨。

【环保宣传】 举行2017年恩施州、市环保世纪行暨第46个“世界环境日”宣传教育活动，原州委书记、州人大常委会主任李建明等州“四大家”领导出席活动，活动中宣读《争做环保市民，共建美丽恩施》倡议书，开展“绿水青山就是金山银山”主题单车骑行活动，设置环保咨询台，州市环保系统干部职工宣讲环保知识，倡导环保理念。举办公众开放日活动，全州环保部门先后邀请政风督察员、学校师生、“两代表一委员”等各界代表参观城区空气自动监测站、污水处理厂及其他环保污染治理设施。开展“文化惠民·环保同行”文艺专场演出，州环保局联合省民族歌舞团，在全州八县市的乡镇、村寨先后举办10场文艺演出，用歌曲、舞蹈、小品、环保有奖知识问答等形式宣传节能减排、垃圾分类、绿色出行等理念，展示恩施州近年来环保工作的重点和亮点。推进环保法律法规进学校、机关和企业活动，州环保局党组书记、局长陈华先后在州委党校、建始县店子坪村为州党校参训学员、建始县委中心组就新《中华人民共和国环保法》等进行辅导授课。

【生态文明体制改革】《恩施州全面深化改革领导小组2017年工作要点》所确定的划定永久基本农田、全面推进河长制、承接环境监测监察省垂直管理制度和建立耕地草原河湖休养生息制度等4项生态文明体制改革任务，其中，永久基本农田划定成果已于2017年上半年通过省国土厅和省农业厅组织的验收；州、县、乡、村四级河长制体系全面建立；省以下环保机构监测监察执法垂直管理制度改革期间有关工作有序开展；建立耕地草原河湖休养生息制度正有序推进。2017年应结项3个，已结项3个，结项率100%。

【接受履职尽责督促检查】 恩施州环保系统以接受履职尽责督促检查工作为契机，回应群众关切，全面查找整改自身问题。自工作开展以来，全州环保系统共召开动员会19次，推进会28次，督察督办41轮，督察督办595人次，对各类突出环境问题整改发放督办通知28件。在宣传方面，共设置专栏16个，编发简报183期，媒体宣传报道331篇次，推送微信微博105条（次），组织宣传活动47场次，参加人数6万余人。在征求意见方面，共召开座谈会27次，走访对象453次，发放征求意见表1688份，征求意见建议235条。在问题整改方面，“四个清单”197个问题已整改到位，在政治建设、党的建设、队伍建设等完善制度38个，环保业务领域和内部管理等完善制度办法47个。

【重要会议、活动】 3月2日，恩施州委、州政府召开全州环境保护城乡建设暨乡镇生活污水治理电视电话会议，贯彻落实全省环保工作会精神，总结2016年全州环保工作成绩，部署2017年工作任务。会议要求，全州各级各部门要抓好突出环境问题整改，抓好环境综合治理，抓好生态文明示范创建。

6月2日，2017年恩施州、市环保世纪行暨第46个“世界环境日”宣传教育活动在州民族广场举行，活动以“绿水青山就是金山银山”为主题。活动中宣读《争做环保市民，共建美丽恩施》倡议书，开展“绿水青山就是金山银山”主题单车骑行活动，举办“文化惠民·环保同行”文艺专场演出，设置环保咨询台，州市环保系统干部职工宣讲环保知识，倡导环保理念。

7月13日，恩施州委、州政府召开中央环保督察反馈意见整改暨州环委会2017年全会，推进中央环保督察反馈意见、电视问政环保问题整改，部署2017年生态环境保护工作，推动城乡人居环境持续改善。会议要求，各级各有关单位要提高认识、站位全局，将抓好生态环境建设作为当前重大政治任务和重要民生工程来抓，下大决心、大力气攻坚克难，以实实在在的发展成效回应群众关切，增强群众幸福感、获得感。

【恩施州环保局负责人名录】

局长：陈　华

副局长：秦　进　向仕莲　李成卓

总工程师：杨绪敏

（曹　平）

编辑　马兹河

环境监测

【概　况】 2017年，恩施州环境监测站在州委、州政府、省环保厅的正确领导和州环保局党组、省环境监测中心站的具体指导下，深入学习贯彻落实中共十九大精神，坚持以习近平新时代中国特色社会主义思想为指导，以深入开展“支部主题党日”活动为载体，扎实推进全面从严治党落地生根，以加强环境监测质量管理和实验室建设为重点，不断完善生态环境监测网络，积极推进环境监测体制改革，全面提升环境监测能力水平，在为地方社会经济发展提供技术支持、技术服务与技术监督等方面做了大量卓有成效的工作。全年共取得有效环境监测数据4万余个，编制各类环境质量报告180余份。

【环境质量监测】 2017年，州站共取得地表水、空气、酸雨、饮用水水源地、城市噪声、生态、土壤等环境质量监测数据3万余个。一是安排专人每日对自动监测数据审核把关，通过QQ、微信及电话等方式，督促各县市站及第三方运维机构做好空气自动站的运维管理。每日向公众实时发布空气质量AQI指数，及时开展空气质量三天预报，积极与有关部门开展会商研判，为启动或取消《恩施州城重污染天气应急预案（试行）》提供合理建议。2017年州城空气质量优良天数317天，优良天数率为86.8%，同比增加6天。PM10均值63微克/立方米，同比下降8.7%；PM2.5均值46微克/立方米，同比下降4.2%。二是州站组织完成12条河流23个地表水监测断面水质监测，对国控断面与上下游环境监测站开展联合监测，全年共获取有效监测数据8100个。三是完成了八县市10个城市集中式饮用水源地水质监测，水质达标率100%，全年共获取有效监测数据6048个。四是完成了全州4个降水监测点位逢雨必测，上半年酸雨检出率为0。五是州站组织对城市区域进行了区域声环境质量监测、城市道路及功能区环境噪声监测。

【污染源监督性监测】 州站强化污染源监督性监测，为全州完成总量减排任务提供数据支撑。州站每季度对州内5家国控重点废气污染源（建始县泰丰水泥有限责任公司，华新水泥（恩施）有限公司、恩施州腾龙水泥有限责任公司、华新水泥（鹤峰）有限公司、来凤县金凤建材工业有限责任公司）、9家污水处理厂（恩施首创水务有限公司、利川正源环保工程有限公司、建始县城市污水处理厂、巴东自来水公司污水处理分公司、巴东县野三关污水处理厂、宣恩县污水处理厂、咸丰县污水处理厂、来凤县污水处理厂和鹤峰桑德德瑞水务有限公司）、1 家重金属污染企业（恩施山寨皮革有限公司）等 15 家国控企业开展污染源监督性监测，获得了大量污染源监督性监测数据。同时州站对污染源自动监测数据进行了有效性审核和比对监测，全年共编制污染源监测报告 60 份，污染源季报 4 份，坚持及时收集、整理、上报监测数据。

【应急、投诉及专项监测】 2017 年，州站成功开展建始县茅田乡奇美松香加工厂环境污染、中大御城小区博雅园中国联通通信设备机房噪声等应急投诉监测。开展了利川垃圾处理厂渗滤液、红庙污水处理厂等比对监测，为环境执法和应急处置提供了科学依据。积极服务中央环保督查后续整改工作，开展来凤县发利煤矿等 3 个企业重点环境问题现场监测。在全州 8 县市 10 个县级以上（含县级）城镇集中式饮用水源地共布设 30 个监测点位，开展饮用水源地周边土壤监测。州站还组织县市站开展国家重点生态功能区县域生态环境质量监测，开展了农村环境空气、饮用水源地、地表水、土壤等监测。9 月，州站派技术人员参加省厅组织的全省土壤详查点位布设集中审核工作，工作成果获得省厅领导的充分肯定。12 月，州站积极组织开展全州 342 个省控土壤点位详查现场核查工作，同时抽调专人参与第二次全国污染源普查工作。

【“2+26”城市京津冀执法监测】 11 月，州站抽调 3 名技术骨干，精心组织，积极参加环保部组织开展的“2+26”城市京津冀及周边地区大气污染综合治理重点行业达标排放执法监测，现场监测人员圆满完成了该项监测任务。

【参加国家地表水环境质量监测工作】 10 月，按照国家地表水监测事权上收整体工作部署，组织参加了国家地表水环境质量“采测分离”监测工作，州站组织相关县市站每月对清江恩施大沙坝、七要口等 8 个国控断面开展同步监测，同时州站作为湖北省内 11 家分析测站之一，每月还承担全国范围内近 200 个异地来样监测任务。

【国家能力验证】 州站参加国家总站组织的 2017 年国家环境监测网实验室能力考核 4 轮 4 个项目的考核工作。

【环境监测质量管理】 组织修编州站第四版《质量手册》和《程序文件》，全站所有工作程序都受控于《质量手册》和《管理手册》，环境监测工作更加规范化、制度化、标准化。州站顺利通过资质认定复查评审工作，取得检验检测机构资质认定证书，州站的检测能力范围由 2014 年的 5 大类 67 项扩展到 5 大类 111 项，新增了土壤中重金属、水中有机类等项目，州站的监测能力大幅提升。制定《2017 年恩施州环境监测质控考核工作方案》，持续开展全过程质量管理。组织开展了内审和管理评审工作。加强站内质控考核。共发放站内外控质控样 53 支对州站内部进行质量控制，考核项目 33 项，考核全部合格。强化企业和第三方运维机构质控考核。定期使用有证标准物质（参考物质）对 9 家国控污染源企业和 3 个水质自动站进行在线监测比对。2017 年，共对国控污染源企业发放质控盲样 144 支，对水质自动站发放质控盲样 15 支。加强县市站质控管理。按《2017 年恩施州环境监测质控考核工作方案》要求，对县市站地表水环境、集中式饮用水水源地、重点生态功能区等监测工作进行质控考核，共发放质控盲样 31 支。配合相关单位完成对辖区内 7 个县市监测站资质认定复查评审工作。州站参加省站对地表水环境监测网、集中式饮用水水源、饮用水源地水质全分析质控考核工作。组织本站技术人员 19 人参加了湖北省环境监测人员持证上岗理论考核工作。

【业务宣传及信息公开】 州站定期向州委、州政府报送环境质量月报和全州环境质量状况报告，通过官方网站和空气质量实时发布系统定期向公众发布地表水、饮用水、环境空气监测报告和地表水和空气质量自动监测实时数据。同时，为更方便公众获取环境信息，州站积极拓宽环境监测信息发布渠道，将微信公众号、电脑版网站和手机版网站融合，及时发布环境质量数据和空气质量预报。

【机关党建及党风廉政建设】 进一步强化“两个责任”的压实，党风廉政建设和反腐败工作得到持续推进。2月28日，州环保局党组书记、局长陈华对州站全体干部职工就党风廉政建设等工作进行集体提醒谈话。8月25日，站长、党支部书记张念胜再次召开全站党员干部大会进行集体廉政谈话，并提出6个方面的明确具体要求。组织党员干部观看警示教育片，扎实开展系统内部廉政教育活动。认真开展第十八个党风廉政建设宣教月和每月的支部主题党日活动，引导党员干部践行《准则》《条例》，做遵规守矩党员。

【恩施州环境监测站负责人名录】

站长：张念胜

副站长：王 泞 陈 英

总工程师：张 仪

（黄光鑫）

编辑 马兹河

硒资源保护与开发

【概 况】 2017年，围绕州委、州政府提出的“一谷、两基地、三示范区”的战略部署，立足“世界硒都”资源优势，强化“硒+X”产业发展理念，深化供给侧结构性改革，积极探索“规模经营之路、多元精品之路、高附加值之路、高科技之路、捆绑复合之路、联合发展集聚之路、外引招商之路、标准化之路”，建立以硒为主体的产业集群，积极推进“世界硒都·中国硒谷”建设，着力打造全国知名的生态富硒产业基地。

【世界硒都·中国硒谷建设】 为贯彻落实州第七次党代会精神，加快推进“世界硒都·中国硒谷”建设，着力打造全国知名的生态富硒产业基地，恩施州人民政府于2017年3月成立“世界硒都·中国硒谷”建设工作领导小组，州委副书记、州长刘芳震任领导小组组长，州委常委、常务副州长周静任领导小组常务副组长，其他副州长和州长助理任副组长，州发改委、州财政局、州农业局等30个州直单位和8个县市政府为领导小组成员。领导小组下设办公室，办公室设在州硒资源保护与开发局，负责领导小组日常工作，程水源兼任办公室主任，张祖清任办公室常务副主任。2017年4月18日，召开“世界硒都·中国硒谷”建设工作领导小组第一次会议，州委副书记、州长、领导小组组长刘芳震要求，要把建设“世界硒都·中国硒谷”作为富民强州的根本举措，对标聚焦，精准发力，狠抓落实，同时将“世界硒都·中国硒谷”建设主要工作任务细化分解到各责任单位。2017年7月6日，召开“世界硒都·中国硒谷”建设工作领导小组第二次会议暨2017国际茶业大会、第四届世界硒都（恩施）硒产品博览交易会筹备动员视频会，通报“世界硒都·中国硒谷”建设推进情况，安排部署2017国际茶业大会、第四届硒博会筹备工作。

【硒产业发展】 恩施州委、州政府将以硒产业为核心的大健康产业纳入全州第七大产业链，提出“硒+X”产业发展新模式，有效推动全州硒产业的蓬勃发展，硒产业呈现出产业融合的良好势头。完成《恩施州硒产业发展十三五规划（2016—2020）》编制；印发《2017年全州硒产业发展年度工作要点》；出版《恩施州硒产业发展白皮书（2016）》《硒科学普及52问》；聘请央视纪录东方栏目组到恩施州实地拍摄“恩施硒游记”；与电影《武陵山上的星光》剧组合作，在该片植入“世界硒都·中国硒谷”品牌宣传；开设恩施州电视台“天天硒博会”栏目和恩施晚报“硒望周刊”专版。

2017年，全州申报地理标志6件，公示3件

（“巴东郡贡茶”“恩施硒茶”“恩施硒土豆”），申报中国驰名商标2件（大派、土家爱）。全州投入县域经济发展调度资金、武陵山产业发展基金等各项资金7.67亿元用于全州206家涉硒企业扶持，“中国硒谷生态农业板块”40家企业在四板集中挂牌。2017年，全州从事硒产品生产、加工、流通的企业1200家，其中规模以上企业216家。

【硒资源保护】 2017年，积极争取省国土厅批准、省地质局地质调查院实施“金土地”1∶50000土地质量地球化学评价项目。6月，完成建始、宣恩、来凤、鹤峰4项“金土地”工程，调查总面积1894平方公里，项目成果成功通过省国土资源厅和省地质局评审验收，其中两个项目成果报告评为优秀级。11月，配合州国土资源局和省地质局第二地质大队成功争取省“金土地”工程——高标准基本农田地球化学调项目2个，普查面积1006平方千米，项日经费630万元。完成恩施、巴东、宣恩三县市172个村的村级档案建设，为调查区土地规划、生态保护、土地治理、产业结构调整提供了科学依据。恩施市利用“金土地”成果，在龙凤镇杉木坝建设富硒产业示范村，大力发展富硒农作物种植和硒产品加工，7家知名企业已入驻。通过实施“金土地”工程，全州上下“打富硒牌、唱特色戏、圆小康梦”的底气更足。

【硒科研合作】 积极协调国家硒检中心和州质监局参与硒标准专业技术委员的筹建工作，并与湖北省质量与标准化研究院合作，完成《全国农业和食品类标准化技术委员会筹建任务书》。围绕富硒种养殖基地，全力推进生产技术标准实施和富硒种养殖标准制定工作，协调州质监局建立由74名专家组成的标准专家库，拟定《富硒种养殖标准体系表》《富硒种养殖生产技术规程目录》。根据州农科院提供的拟制定标准清单，全年启动并完成8个种养殖标准查新和标准制定及文稿征求意见，12月组织专家评审并完成发布。协调州农业局、国家硒检中心、州质监局、州农科院等单位探索联合科研的模式，起草湖北省食品安全地方标准《富硒食品中无机硒测定方法——高效液相原子荧光光谱法》。同时，启动恩施州科技计划项目《富硒马铃薯》标准相关工作。国际硒研究学会在恩施州设立国际硒研究学会秘书处恩施办事处，授予恩施州“国际天然生物营养强化项目NPB科研基地”称号，授予恩施硒茶“世界富硒养生茶”称号，“恩施州硒应用技术与产品开发研究院”成功升格为“湖北省硒产业技术研究院”。协调配合国家硒检中心推进检测平台建设，协助解决机构改革、学术论文发表等相关问题，9月国家硒检中心顺利通过国家质检总局验收，11月得到国家质检总局和国家认监委的正式批复。

不断加强现代富硒农业种植业示范基地建设。2017年新建（改造）硒茶基地6136.4公顷、硒粮油基地33350公顷、马铃薯基地13340公顷、硒干鲜果2467.9公顷。全州已建成富硒特色农产品基地233450公顷，其中烟叶、茶叶、蔬菜、魔芋、烟叶、中药材等富硒产品基地面积均居全省首位，并率先在恩施市白杨坪镇、鹤峰县邬阳乡实施恩施硒茶标准化种植项目，初步建成标准化基地266.8公顷。

【对外交流合作】 2月27日，恩施州与中国科技大学先进技术研究院功能农业工程中心、苏州硒谷科技有限公司在江苏省苏州工业园区签订中国·恩施富硒功能农业战略合作协议。

5月22日至24日，第十三届全国营养科学大会暨全球华人营养科学大会在国家会议中心（北京）举行。恩施州代表团是唯一受邀在开幕式上致辞的行政代表团。

5月28日，中国·宝清农耕文化主题活动在黑龙江省双鸭山市宝清县启动，副州长范辉政率州硒资源保护与开发局、州科技局、国检中心等单位和部分企业参加并致辞。

7月3日，副州长程水源、高敬佩带领州卫

生计生委、州硒资源保护与开发局、州质监局、州农业局、州食药监局、国家硒产品检验中心等单位主要负责人到省卫生计生委，专题汇报硒标准体系建设相关事宜。省卫生计生委副主任姚云和省卫生计生委、省卫生计生综合监督局相关人员参加汇报会。

8月13日至17日，为纪念硒元素发现200周年，“第11届硒与生物学和医学国际研讨会”暨“第5届硒与环境和人体健康国际会议”在瑞典首都斯德哥尔摩卡罗琳医学院举行。恩施州受大会组委会主席EliasArn é r教授热情邀请出席大会。副州长程水源率团参会，并向大会推介“世界硒都”。

10月19日，全国富硒产业发展研讨会在武汉市召开，旨在为全国富硒产业发展建言献策，为国家落实健康中国战略做好调研论证，恩施州硒产业发展获得与会领导专家的一致好评。副州长程水源带领州硒资源保护与开发局、州农科院相关负责人参会并发言。

11月26日，中国保健协会、州人民政府举办“荣耀献礼筑梦辉煌——纪念硒发现200周年暨25年健康路颁奖盛典”在武汉举行。这是将硒科普从以“世界硒都”恩施为中心辐射到全国的战略举措。来自上海、四川、江苏等100余个城市的近万名恩施之硒受益者参加活动。

【恩施州硒资源保护与利用条例】 为最大限度地为硒产业发展创优环境，州人大常委会将《恩施州硒资源保护与利用条例》(以下简称《条例》)纳入2017年度立法计划，州人民政府高度重视，将《条例（草案）》起草工作纳入全年重点工作。为着力推进硒资源保护与开发立法工作，州政府办公室成立《条例（草案）》起草工作领导小组，组建起草专班，招标法律咨询专家团队，印发工作方案，明确相关单位责任领导和任务清单，建立与州人大法工委的协调会议机制。

2017年3月21日,《条例》立法启动会议召开，对《条例（草案）》起草工作及相关进度进行部署，听取各部门意见和建议，明确相关成员单位工作职责。5月17日，州政府召开常务会议对《条例（草案）》进行专题研究和讨论，进一步修改完善后正式形成立法议案。5月、8月和12月，州人大常委会会议对《条例（草案）》进行三次审议。

【第四届世界硒都（恩施）硒产品博览交易会】
2017国际茶业大会、第四届世界硒都（恩施）硒产品博览交易会于9月26日至9月30日在恩施州文化中心成功举办，来自35个国家、19个省市区及我国港澳台地区的政要、专家、企业家们齐聚恩施州，共商合作大计，共建产业平台，共享发展成果，实现项目对接、商企对接、科研对接、文化对接，掀开了恩施州硒产业与茶产业融合发展的新篇章。展会邀请国家民委，农业部、商务部等国家部委和湖北省人民政府领导莅临指导，省委农办、省商务厅、省质监局等16个省直单位负责人参加，邀请中国商业联合会、中国农产品市场协会、中国营养学会、中国保健学会等50多个协（学）会专家参加，人民日报、新华社、中央电视台、中央人民广播电台、光明日报、经济日报、香港商报、湖北日报、湖北电视台、人民网、新华网、凤凰网、荆楚网等70多家媒体全方位宣传报道，集中展示恩施州经济社会改革发展成果。

展会精心组织硒发现200周年纪念“硒望高端论坛”和学术研讨会，硒与大健康论坛，国际茶业CEO论坛，全球茶业可持续发展论坛。美国农业部植物学家、国际硒研究学会主席盖瑞，国际人与动物微量元素大会学术委员会主席雷新根，国际茶叶委员会主席伊恩·吉布斯等国际组织负责人出席会议致辞或作主题演讲。国际硒研究学会在恩施州设立“国际硒研究学会秘书处恩施办事处、国际天然生物营养强化项目NPB科研基地”并授牌。国际硒研究学会国际茶叶委员会授予恩施硒茶“世界富硒养生茶”称号，授予宣恩县“世界魅力茶乡”称号。

武汉大学、中国地质大学、华中农业大学、中南民族大学、武汉轻工大学、省地质局、省农科院、中国医学科学院药物研究所、国际硒研究学会、中国保健协会、中国营养学会分别与恩施州人民政府签订战略合作协议。召开全国硒产业发展地党政代表圆桌会议，州人民政府与31个地区联合签署《关于共同推进硒产业发展地区硒产业标准化建设战略合作协议》，同时开启“硒研天下”公共网络服务平台。加强省内协作，与湖北省联合发展投资集团公司签订产业扶贫战略合作协议。省科技厅为湖北省富硒产业技术研究院授牌，州硒应用技术与产品开发研究院正式升格为省级科研机构。

国内外200多家茶叶企业、400多家硒产业企业和50多家行业协会商会前来参会参展，展会现场签订采购合同金额14亿元，达成合作意向协议金额10亿元；参展企业现场销售金额587万元，网上销售金额30.4万元。会议期间，共签约投资项目23个项目，投资总额103.7亿元；签订外贸协议7份，贸易总额4000万美元；签订国内采购协议80份，贸易金额16亿元。

【恩施州硒资源保护与开发局负责人名录】

政府办副主任、州硒资源保护与开发局局长：张祖清

硒资源保护与开发局副局长：陈普亮　魏　凯

（杜先慈）

编辑　马兹河

自然资源保护区和研究所

湖北星斗山国家级自然保护区

【概　况】 2017年，湖北星斗山国家级自然保护区围绕中央提出的“五位一体”总体布局和“四个全面”战略布局，扣住州委确定的“一谷两基地三示范区”未来五年建设目标，扎实推进省委省政府的“绿满荆楚”战略部署，狠抓党风廉政、精准扶贫、资源管理、森林防火等重点工作，实现连续37年无重特大森林火灾发生。

【资源管理】 压实管护责任，建立由保护区牵头、乡镇村共同参与的资源管护体系，管护责任实行分片包干，责任到人、到山头、到地块，对重要区域重点时期加强巡护、检查和督办；严格护林员管理，充实调整管护人员，对部分兼职护林员职责进行明确，与护林员签订管护合同；加大巡护检查力度。资源保护科每月上山实地查看资源保护情况，检查护林员巡山情况，查看巡护记录本，不定期对护林员的巡护情况进行抽查，按季度对管护员进行考核兑现工资；加强森林防火工作，安排专人修订防火预案、拟定防火工作方案、制定防火值班表，安排防火线砍抚计划，聘请专人维修防火器具，召开森林防火专题会议，对片区签订森林防火责任状，对周边重点村签订森林防火联防协议，组建森林防火巡查工作专班，实行专人24小时值班和零报告制度，为核心区周边村建立森林防火物资仓库，组建村级义务扑火队，构筑联防联治资源保护和防火体系；加大执法打击力度，组织开展“长江经济带林业资源保护专项行动”，发现独立查处3起林业案件，并配合参与州森林公安局办理多起涉林案件；推进中央环保督察整改，成立以主要领导为组长的环保问题整改工作领导小组，对省环保督察反馈意见整改工作领导小组反馈星斗山保护区存在的182个问题，协助各县市对每一个问题制定整改措施并落实责任人，共同推动中央环保督察反馈问题的整改销号。

【科研监测】 开展野生动物种类监测，组织购买50台红外线照相机并安装到位，做到布点科学、按月读卡和更换电池，监测到野生动物20余种；开展古树名木调查，组织对东部星斗山片的古树名木进行全面调查，建立电子和图片档案，完成外业普查和内业整理录入工作，形成普查成果汇

总资料；开展生物多样性监测样地建设，联合中国林科院和湖北民族学院共同建设60个生物多样性监测样地，对每个样地进行了每木调查，完成资料汇编成册；开展珙桐种源保存及提早开花结实研究，组织在芭蕉溪进行珙桐嫁接试验，共嫁接50株，取得了一定研究成效；开展水杉保护与研究，承办全省极小种群保护座谈会，购买安装2盏太阳能自动虫情测报灯，对水杉虫害进行监测，购买药具和聘请人员对小河一带水杉色卷叶蛾进行化学防治，拨付专款对0311号、0312号水杉母树实施排危加固，聘请湖北民族学院开展水杉原生母树调查及二维码制作，开展芭蕉溪水杉原生母树无性繁殖苗的日常管护。

【项目建设】 完成三县场综合管理站规划和招标，完成三县场管理站附属设施内部建设，开展水杉博物馆用地、设计、地勘、林地报批等前期工作；开展宣教设施建设，对保护区四至边界进行再次踏查，制作50块宣传碑牌安装到位；组织编制《湖北恩施森林生态系统定位观测研究站初步设计》，上报省林业厅获批；争取了林业系统国家级自然保护区补助资金100万元；申报水杉救护性基因保存项目和娥媚含笑救护与繁育项目；办理三县场和芭蕉溪片区国有建设土地和房产手续；实施生物多样性保护专项、水杉极小种群保护等公共支出项目。

【生态公益林建设】 组织进行信息核对，对保护区1万多户公益林受益户信息进行全面调查、核对和清理，按要求上报省林业厅；完成2016年度补偿兑现，将没有争议的生态公益林林地全部补偿到老百姓手中，完成兑现面积66.2万平方米，补偿资金880.42万元。对2016年度资金兑现情况在网上进行公示，对2016年度未予兑现的三户农户信息重新核对给予全部兑现；组织进行大数据核查，根据州纪委要求，对保护区范围内的生态公益林补偿等惠农资金发放情况进行全面核查，及时上报；创新管理体制，通过争取州林业局和省林业厅支持，把2017年度星斗山保护区成立国家级时新划入区域的生态公益林补偿兑现工作下划给相关县市进行。

【湖北星斗山国家级自然保护区负责人名录】

局长：黄照林

副局长：黄厚伦

（何泽卫）

编辑　马兹河

湖北七姊妹山国家级自然保护区

【概　况】 湖北七姊妹山自然保护区始建于1990年，2002年批准建立省级自然保护区，2008年晋升为“湖北七姊妹山国家级自然保护区”（以下简称“七姊妹山”）（国办发〔2008〕5号）。七姊妹山位于宣恩县境内，北与恩施市河溪村交界，东北属宣恩县椿木营乡管辖，东与鹤峰县太平镇接壤，南接湖南八大公山国家级自然保护区核心区毗连，西与宣恩县长潭乡和沙道沟镇相连，地处北纬29° 39′ 30″—30° 05′ 15″，东经109° 38′ 30″—109° 47′ 00″。七姊妹山属森林生态系统类型自然保护区，主要保护以珙桐等珍稀动植物为主的森林生态系统和以亚高山泥炭藓沼泽湿地为主的湿地生态系统。总面积3.46万公顷，其中核心区1.17万公顷，缓冲区1.17万公顷，实验区1.13万公顷，森林覆盖率68.97%（森林“二清”调查数据）。

【资源保护】 以生物多样性保护为核心，以森林巡护为重点，实行局、站、点的天保工程三级管护网络体系，聘用专兼职护林员132名，划定管护人员责任片区，把管护责任逐级落实到人头。按照省林业厅安排，2017年开展了生态公益林大数据录入工作。录入数据涉及七姊妹山自然保护区所辖管理范围内的25个村、173个村民小组、3020户、1.76万宗地，录入面积2.89万公顷。按期兑现2017年度生态公益林面积2.86万公顷，兑现金额550.06万元。其中兑现农户个体数3069

户，兑现面积2.46万公顷，兑现金额473.72万元；兑现集体及共有面积3991.57公顷，兑现金额76.34万元。新开银行卡农户288户。开展国家公益林区划界定及数据库更新。2017年9月，启动国家公益林区划界定及数据库更新工作。管理局组建工作领导小组，出台工作方案，成立三个工作专班开展此项工作。2017年底完成内外业调查，补充修订落界任务，在完成成果编制及资料汇总的基础上，进村入户与农户签订《国家公益林区划界定书》。2017年保持防火态势。构筑了防火责任网络体系和火灾扑救查处预警预案，开展森林防火巡查督办工作，出动宣传车100余台次，发放宣传手册3000余份，制作悬挂宣传横幅50条、宣传字模35套。入户走访，签订防火责任状、张贴防火通告和防火“十不准”年历宣传，签订率达100%，防火宣传实行全覆盖，实现保护区内零森林火灾记录。加强对保护区鹤来高速、S325公路改扩建工程依法予以监管，对照环保部遥感监测数据反映保护区人类活动变化的监测影像情况，进行了现场核查。保护区对涉林违法行为，坚持“预防为主，积极查处”的方针，做到遇警必接，逢案必查，依靠群众，主动出击，始终保持高压态势。2017年，办理行政案件6起，依法查处并警告擅自进入保护区30余人。2017年，省环保督察反馈恩施州自然保护区主要问题清单中所列湖北七姊妹山国家级自然保护区存在的16个主要问题13处，主要包括：水电设施4个（跨核心区和缓冲区）；核心区和缓冲区内居民点较多。七姊妹山管理局成立了问题整改领导小组，制定出台了整改方案和整改任务清单，与环保、林业、水利、国土、畜牧、交通等单位配合、协作，在当地党委政府的领导下，共同做好环保突出问题整改工作，履行好自然保护管理职能。至2017年12月底，除观音坪电站等水电开发项目作为历史遗留问题暂不能销号外，其余问题宣恩县人民政府已向上级申请销号。

【科研宣教】 加强野生动物及保护区内人为活动监测。辖区内设置了18条监测样线，野外安装监测红外相机达到84台。通过每月收取的监测资料统计显示，国家I级保护动物林麝，国家II级保护动物有黑熊、苏门羚、斑羚、红腹锦鸡、红腹角雉、勺鸡，省级重点保护动物有毛冠鹿、猪獾、红白鼯鼠等，保护区内野猪数量较多。开展植物资源调查，2017年通过近10个月的野外调查，拍摄植物照片1.28万张，其中群落照片900张，整个生境照片60张，采集到湖北新分布科——车前蕨科，目前已鉴定的1927种中，有1042种为保护区以前科考报告中没有的物种，有50种以上为湖北省新分布种。开展古树名木调查，已完成野外调查任务。开展珍稀濒危植物调查，已出版《七姊妹山国家级自然保护区植物图鉴》（上、下两集）。2017年，启动了泥炭藓栽培项目，栽培整地面积1公顷。泥炭藓栽培项目关系到保护区今后科研及产业发展问题，该项目实施后，形成了指导泥炭藓栽植的技术规程，规范了泥炭藓沼泽湿地恢复和栽培技术，为泥炭藓产业发展探索一条切实可行之路。开通并启用微信公众号“七姊妹山保护区”，协助开展了全省“保护野生动物宣传月活动”，拍摄了《我们共同的家园》专题宣传片，围绕保护区的动物资源制作了宣传展板，与州电视台合作，拍摄《不忘初心》宣传片，加大保护区的宣传力度，努力提升公民的保护意识，修改完善保护区总体规划。

【社区工作】 围绕“统筹规划、阶段实施、精准管理、精准脱贫”的思路，利用生态移民搬迁、专项扶贫搬迁政策，配合县、乡政府宣传易地扶贫搬迁安置相关工作，推进保护区核心区人口搬迁安置工作。保护区涉及3个乡镇、25个行政村，现有人口2936户、9536人，建档立卡贫困户1155户、3909人。管理局召开专题工作会，研究部署社区调查工作。制定了《湖北七姊妹山国家级自然保护区社区基本情况调查方案》，成立了社区居民基本情况调查领导小组，设立5个专班，开展入户摸底调查。建立了层级信访调处机制，制定了《信访工作方案》，成立了信访工作领导小组，推动信访问题及时就地解决，三次化解矛盾纠纷，将隐患消除在萌芽状态，信访事项及时受理率、按期办结率、群众满意率达100%。

【项目工作】 成立重点项目建设工作领导小组，组建四个工作部。2017年，二期项目建设完成了科研监测设备采购工作，并对设备的使用进行了业务培训；完成了防火牌、标志牌制作安装工作；长潭河防火物资库和龙潭哨卡主体工程已完工；防火监控视频购置与安装项目已投入使用；对二期项目后续建设工作进行调研，确定了建设方案。已完成宣教馆装饰工程重新招标工作，野生动物标本采购已签订合同。沙坪管理站房屋灾后重建已开工建设。2017年使用资金总计440万元，加强了保护区基础设施建设、资源保护和监测能力。

【湖北七姊妹山国家级自然保护区负责人名录】

局长：罗永生

副局长：宋春禄　杨　斌

总工程师：刘昌勇

（羿成宇）

编辑　马兹河

湖北木林子国家级自然保护区

【概　况】 湖北木林子自然保护区始建于1983年，1988年批准建立省级自然保护区，2012年晋升为“湖北木林子国家级自然保护区”（以下简称“木林子保护区”）（国办发〔2012〕7号）。保护区管理机构为“湖北木林子国家级自然保护区管理局”（鄂编文〔2015〕8号）。2015年8月，州编委批准木林子管理局成立并明确为归口州林业局管理的正县级财政拨款、公益一类事业单位，纳入州直管理，核定全额拨款事业编制30人；2015年11月开始组建。2016年3月，恩施州林业局直属机关党委批准设立木林子管理局党支部；2016年6月，恩施州森林公安局木林子自然保护区分局（以下简称“木林子森林公安分局”，加挂“湖北木林子国家级自然保护区护林防火办公室”牌子）组建并开展工作。

木林子保护区地处武陵山腹地，位于恩施土家族苗族自治州鹤峰县北部，北纬29° 55′ 59″—30° 10′ 47″，东经109° 59′ 30″— 110° 17′ 58″。面积20838公顷，其中核心区7634公顷、缓冲区5621公顷、实验区7583公顷。

【资源保护】 建设完善资源管护体系。围绕资源管理，健全管理责任制，建立由“管理局——管理站——管护点——管护员”构成的四级森林管护体系。保护区建立10个管护点，聘请10名森林管护员，配备智能巡护终端。与鹤峰县建立共建共管体制机制，共同行文出台《关于加强木林子自然保护区建设管理的意见》，形成齐抓共管的工作局面。推进保护区突出问题核查整改工作。成立保护区突出问题核查整改工作专班，配合开展“绿盾专项行动”，按照环保部门提供的2016年度卫片核查资料，对16个问题点组织核查，对发现的问题协调督办，落实整改，得到上级主管部门的肯定。12月，根据环保部门提供的2017年度卫片核查资料，管理局完成20个点的核查工作。加强森林防火工作。贯彻落实国家及省州森林防火文件及会议精神，组建一支应急队伍，协助下坪、邬阳、中营、燕子等乡镇的4支应急队伍进行培训，并配备了防火物资，分层级签订防火责任状，与近4000户农户签订了承诺书，发放宣传资料10000份，确保保护区内森林防火安全，实现“三无一低”（无重大责任事故，无人员伤亡，无重大森林火灾）工作目标。四是加强日常巡查工作。2017年，森林公安木林子分局查办破坏野生动物林业行政案件1起，收缴钢丝圈24副、细钢丝绳24根、铁夹3副，并处罚款1万元，确保了野生动植物资源安全。

【科研宣教】 开展野生动物监测工作。为全面掌握保护区野生动物种群的现状和变化，摸清野生动物数量和栖息地状况，掌握野生动物活动规律，专人定期对90台野生动物监测设备进行数据采集整理，收集黑熊、猕猴、豹猫、勺鸡、穿山甲、麂类等野生动物的活动影像。启动植物资源本底调查工作。10月中旬，华中农业大学专业调查组进入保护区开展第一次野外调查，采集400余种植物标本。完成古树名木调查工作。古树名木调查工作从8月起展开，至10月底结束，成果已完成汇编并进行评审验收。调查成果显示，木林子保护区发现古树名木351株，占鹤峰县古树名木资源的三分之一。四开展保护区法规宣传教育工作。制作安装各类宣传牌和指示牌250余块。为各管护站点工作人员配备14台便携式多功能音响，提高宣传能力。五是组织进行保护区信息化系统——“智慧木林子”设计工作，拟纳入基础设施建设和能力建设项目。

【社区事务】 完成社区初步调查工作。完成保护区户籍调查3540户，人口调查11331人，并对经济发展状况进行初步调查，为建立和谐社区打下基础。

【项目工作】 中央财政预算基础设施建设项目资金1318万元已于2017年7月底下达。该项目已完成项目立项、可研报告审批、初步设计审批等工作。2016—2017年度能力建设项目资金150万元，建设任务已经完成。申报山水林田路综合治理项目，申报资金规模1.4亿元。

【湖北木林子国家级自然保护区负责人名录】

局长：肖刚清

副局长：朱　宏　孙继开

（刘松柏　朱　丹）

编辑　马兹河

湖北省农业科学院中药材研究所

【概　况】 2017年湖北省农业科学院中药材研究所共申报各类项目26项，落实经费529万元。全年共有在研项目30项，其中新上项目17项，延续项目13项。完成科技成果评价2项；获得省级成果省推广一等奖1项；制订省级地方标准1项，评审省级地方标准2项；申报发明专利11项；发表学术论文15篇。进行中药材新技术、新品种示范推广，共提供新技术、新模式9项，新品种推广面积4600公顷。累计创经济、社会效益4000万元以上。成果转化3项，获得经费38万元。

【“鄂西两山两库地区传统中药材生态种植集成示范及产业链升级”项目】 此项目属中央引导地方科技发展专项项目。已开展厚朴套种湖北贝母、银杏套种重楼、天师栗套种白及对中药材产量品质、土壤性质、微生物群落的影响，同时在恩施、建始、巴东、十堰等地建立示范基地800多亩。

【“恩施紫油厚朴产业化技术集成与示范”项目】 此项目属国家科技惠民计划项目。已完成核心基地建设面积23.35公顷，示范推广面积266.8公顷，建立乡级技术服务点5个，发放技术培训资料800份，开展技术培训7次，培训人员400多人。

【“湖北省重点道地药材品种选育及配套关键技术研究”项目】 此项目属2017年省级科技创新平台专项项目。已开展的新品种选育及配套栽培技术研究有开展白术、独活、半夏、石斛等中药材，已选出优势单株112个，选出优良品系8个进入对比试验，同时开展相关品种的配方施肥、绿色防控及产地加工试验。

【“恩施富硒中药资源本底调查”项目】 此项目属湖北省科技厅民族专项。已在恩施新塘、石窑等富硒土壤采集药用植物196份、土壤样品16份，硒含量检测工作已完成，数据在整理分析中。

【国家中药材产业技术体系恩施综合试验站建设】 8月28日，国家中药材产业技术体系启动大会在北京召开。中药材产业技术体系首席科学家黄璐琦院士对体系、岗位专家以及综合试验站的工作任务作了具体安排。恩施综合试验站作为27个综合试验站之一承担恩施、利川、咸丰、建始、巴东等5个县10个示范点的试验示范任务以及厚朴、黄连、党参、白术、独活等品种的绿色种植、品质创新、绿色防控、产地加工、市场信息等方面的研究与调研工作。10月24日，恩施综合站在恩施召开2017年工作推进会。成立试验站以来，已在恩施、咸丰、远安、十堰、襄城、五峰等20多个县市开展技术培训和指导30多次，培训涉及厚朴、黄连、重楼、麦冬、党参等10多个品种的种植、绿色防控、产地加工、市场信息等农民急需的技术，培训农民1500多人次，发放技术资料3000余份，直接服务基地面积6670公顷以上。

【科技成果】“道地药材紫油厚朴标准化种植关键技术集成与应用”项目获得湖北省成果推广一等奖。填补建所以来中药材所独立主持并获省级科技推广一等奖的空白。该项目通过多效益叠加，实现精准脱贫与生态并行，推进湖北省中药农业供给侧结构性改革。该成果在武陵山区、秦巴山区、大别山区的推广应用，树立一个发展经济、守住生态底线的成功范例，并获得多个湖北省科技进步奖，被列入湖北省主推技术，在全省建成示范基地80多个，推广面积8.71万公顷，其中厚朴林下复合种植面积达2.12万公顷，增加产值51亿元。2017年11月14日，湖北日报第11版对该成果进行了宣传介绍。

【科技推广与服务】 组织实施“中药材立体模式技术集成与示范”“紫油厚朴标准化技术升级及应用示范”“中药复方系列硒健康产品研究与开发”3个“百研”重点项目，与通城裕丰公司、英山宗坤公司、恩施程丰公司等15个企业（专业合作社）开展实质性合作，协助企业建设绿色中药材GAP示范基地204.24公顷；与15个村签订服务协议，科技人员开展科技培训服务105批次，举办培训班15期，培训1016人次，发放培训资料2500多份，培养科技带头人（新型职业农民）78人，助推贫困户85户。

【华中药用植物园建设】 顺利实施华中药用植物园建设整体规划，增补园区品种308种，增加部分安全设施；承办2017年农业科技成果转化年会等现场考察活动；接待农业部、中国医学科学院、中国农科院、湖南农科院、杭州农科院以及州委州政府领导调研和专家学者考察5000多人次。

【湖北省农业科学院中药材研究所负责人名录】

党委委员、所长：郭汉玖

党委书记：陈　沫

党委委员、纪委书记、副所长：赵仁君

党委委员、副所长：林先明

（罗　倩）

编辑　马兹河

生态建设

【清洁能源产业链建设】 洁净能源新增装机6万千瓦，实现综合产值85.78亿元，全年发电量115.81亿千瓦时，同比增长11.37%；全社会用电量46.05亿千瓦时，同比增长10.22%。化石能源消耗大幅下降，有效降低二氧化碳排放。江坪河电站、利川峡口塘电站、忠路电站建设进展顺利；利川安家坝、中槽、元堡风电场项目建设累计完成投资4亿元以上；鹤峰、来凤—咸丰两大区块页岩气勘探野外地质调查工作全部完成；渝鄂直流背靠背联网工程完成投资8000万元，来凤、巴东220千伏输变电工程完成投资3.3亿元，110千伏及以下农网升级改造工程完成投资8.4亿元，鹤峰天然气管道建设项目完成投资7500万元。全州累计建成“电气化+”项目2221个，减少标准煤燃烧9.52万吨，减少二氧化碳23.64万吨，减少硫化物排放0.71万吨。油气管道安全隐患得到有效整治。

【大健康产业链建设】 争取大健康产业中央、省预算内投资26915万元。“恩施州医养一体化示范项目”3500万欧元境外贷款获得国家批准，环评、节能评估、水土保持评估等前期工作基本完成。完成恩施州民族体育运动中心、恩施职业技术学院E栋学生公寓、恩施腾龙洞大峡谷国家地质公园博物馆、恩施日报数字化及全媒体平台、恩施州残疾人康复中心及托养中心（一期）、恩施州综合型公共实训基地、恩施州委党校（州行政学院）新校区建设项目审批工作。

【节能减碳】 2017年全州万元生产总值能耗为0.5307吨标准煤，比上年下降4.08%，超额完成省定目标任务。全州能耗总量408.41万吨标准煤，比上年增加7.47万吨标准煤，控制在省定目标之内。单位生产总值二氧化碳减排5%以上，完成省下达目标任务。

【农业生态文明建设】 深入推进土壤酸化治理，治理面积87.38千公顷，建立土壤酸化治理示范样板12个，示范面积达5.94千公顷。实施化肥农药零增长行动，制定《恩施州化肥药减量增效行动实施方案》《恩施州农业全域绿色化创建核心示范区肥药减量增效技术方案》；咸丰县成功申报全国有机肥替代化肥示范县建设竞争性项目；建成获证商品有机肥生产企业18家，较去年增加2家，年产销商品有机肥15万吨以上。加强农药监管，全面实行高毒高风险农药定点经营制度，禁止生产、销售、使用国家规定的禁用农药，建成农药减量示范样板91个，示范面积1600公顷。大力加强耕地质量监管，建立了国家级重金属污染长期定位监测点560个，州级耕地质量长期定位监测点88个，落实土壤及农产品协同取样任务1790个。全力推进高标准农田建设，成立了高标准农田建设领导小组，组建了专班，印发了《恩施州高标准农田建设工作流程》，全州共整合高标准农田建设项目66个，面积35300公顷，争取到位省级项目资金4.74亿元。实施清洁能源入户工程，建设户用沼气池290户、小型沼气工程71处、大型沼气工程3处、沼气后续服务网点29处，推广生物质半气化炉834台、太阳能路灯436盏、太阳能热水器60台。深入开展农业生产废弃物综合利用，推广果、菜、茶沼肥替代化肥技术，新建及巩固提高“猪—沼—茶（果、菜）”农业循环经济示范点20处，加快推进秸秆综合利用产业发展，秸秆综合利用率达到85%以上。开展废弃农药及其包装物统一销毁工作，彻底销毁了恩施州长期积存的废弃农药113吨。

（谭文双　雷　晶）

编辑　马兹河

市县概览

恩施市

【概　况】 恩施市位于湖北省西南部，地处清江中上游的鄂西南山区中部。地理坐标：北纬29° 50′ 33″—30° 39′ 30″，东经109° 04′ 48″—109° 58′ 42″，是恩施土家族苗族自治州首府所在地，为全州政治、经济、文化中心和交通枢纽。市域东西宽86.5千米，南北长90.2千米。东邻建始、鹤峰，南接宣恩，西连利川、咸丰，北界重庆奉节。318、209国道在境内交会，许家坪机场波音737客机直达武汉、北京等地，宜万铁路、沪渝高速公路均经过境内。由恩施市区至省会武汉市，水路（含恩施至巴东旱路195千米）915千米，航空距离470千米。全市区域面积3967.28平方千米。其中，分布在海拔800米以下的低山1.19万公顷，占总面积的30%；海拔800—1200米的二高山1.47万公顷，占总面积37%；海拔1200米以上的高山1.31万公顷，占总面积33%。年末耕地面积4.78万公顷。

【行政区划及人口】 全市有45个民族，其中少数民族44个，主要是土家族、苗族、侗族等，少数民族人口占总人口的比例为41.12%。其中土家族31.44万人，占全市总人口的比例为38.98%；苗族5812人，占0.72%；侗族1.09万人，占1.35%；回族530人，占0.07%；其他少数民族都在500人以下，有的只一人或几人。民族乡有芭蕉侗族乡。

全市辖8个乡、5个镇、3个街道和1个办事处、172个村和36个社区。年末全市户籍总人口80.65万人，其中，男性人口41.43万人，女性人口39.22万人，男女性别比为105.64（女性为100）。常住人口77.7万人，按城乡划分口径分：城镇人口（含城区城郊区和乡镇集镇辖区）42.58万人，乡村人口35.12万人，常住人口城镇化率为54.8%，比上年提高1.5个百分点。当年出生人口9395人，当年死亡人口4667人，人口出生率为10.76‰，人口死亡率为5.34‰，人口自然增长率为5.42‰。年末60岁以上老年人口15.45万人，占总人口的19.2%。（注：户籍人口以公安人口统计口径，出生和死亡人口以卫计部门统计口径）。全市人口密度（按常住人口计算）为195.85人/平方千米。按农业口径分：全市乡村人口为61.02万人，乡村户数17.82万户。全市符合政策生育率为97.8%。在出生总人口中，一孩生育率占47.7%，二孩生育率占46.1%，多孩生育率占6.2%。女性初婚晚婚率为71.7%，早婚率为0.26%。

2017 年恩施市乡（镇、街道）基本情况表

表 20

乡（镇、街道）	区域面积（平方千米）	年末耕地面积（千公顷）	总户数（户）	年末总人口（人）	村、社区（个）			村（居）民小组（个）	粮食产量（吨）	党委书记，乡镇长、办事处主任（12 月底在职）
					小计	村	社区			
三岔镇	249.02	2.96	14765	41203	13	12	1	61	10126	查忠权　谭海鹰
新塘乡	408.45	4.75	16128	50265	13	10	3	112	30650	张晓军　袁铭方
红土乡	228.72	4.08	15042	45924	13	11	2	93	27187	张　涛　王　祎
沙地乡	190.28	4.16	12752	34445	10	9	1	93	17147	戴　锐　赵　林
盛家坝乡	369.18	3.86	13216	38292	11	10	1	130	19468	李华军　雷世军
屯堡乡	350.00	3.23	23496	76172	14	13	1	123	11107	叶　辉　马承恩
太阳河乡	247.77	2.18	7498	21728	13	12	1	72	14772	张丽红　钟　辉
白果乡	324.50	2.93	9954	29974	12	11	1	63	9543	胡　志　彭钦钊
芭蕉侗族乡	284.77	3.36	20087	64199	18	17	1	145	10130	龙　慧　张　义
白杨坪镇	249.21	3.44	20316	60852	13	12	1	120	14242	张金元　陈铁丹
崔家坝镇	222.77	2.72	14112	41027	12	11	1	94	11637	钟迎松　薛成功
龙凤镇	277.05	3.03	23716	69186	19	18	1	148	14397	崔宇辉　程俊毅
板桥镇	339.24	2.67	7709	22367	5	4	1	27	9490	郭永伦　蒲晓斌
舞阳坝街道	116.13	1.38	46028	120645	19	10	9	80	7917	曾　军　史光武
六角亭街道	81.52	0.66	16558	44405	8	4	4	62	2018	柳景国　李文静
小渡船街道	28.67	0.17	18914	45811	9	3	6	13	3446	付定平　熊　竹
沐抚办事处		2.24			6	5	1	46	10020	黄向前　黄　猛
合计	3967.28	47.82	280291	806495	208	172	36	1482	223297	

说明：总人口和总户数由公安人口年报提供。沐抚办事处有关数据暂未单列

【经济发展】 全年实现生产总值 211.22 亿元，扣除价格因素，同比增长 7.9%。人均地区生产总值（现价）2.72 万元，比上年提高 2882 元。第一产业实现增加值 28.92 亿元，增长 4.1%；第二产业实现增加值 84.53 亿元，增长 7.8%；第三产业实现增加值 97.77 亿元，增长 9.3%。三次产业结构由上年的 14.7 : 39.4 : 45.9 调整为 13.7 : 40 : 46.3，其中第一产业比重下降 1 个百分点，第二产业比重提高 0.6 个百分点，第三产业比重提高 0.4 个百分点。

全年实现农、林、牧、渔业总产值 48.75 亿元，扣除价格因素，同比增长 4.1%。其中，农业产值 27.13 亿元，同比增长 4.9%；林业产值 1.49 亿元，同比增长 6.1%；牧业产值 19.63 亿元，同比增长 2.6%；渔业产值 0.1 亿元，同比增长 4.6%；农业服务业产值 0.4 亿元，同比增长 10.8%。全年粮食产量 22.33 万吨，比上年增产 2.6%。其中，夏粮产量 6.36 万吨，比上年增产 0.5%，秋粮产量 15.97 万吨，比上年增产 3.5%。蔬菜（含魔芋）产量 60.68 万吨，减产 3.5%；油料产量 1.82 万吨，减产 2%；烟叶产量 7492 吨，减产 27%；茶叶产量 2.21 万吨，增产 3.6%；水果产量 3.26 万吨，增产 17%。全年生猪出栏 97.58 万头，比上年增长 2.7%；牛出栏 4.9 万头，增长 1.8%；羊出栏 18.78 万只，增长 1.5%；家禽出笼 236.29 万只，比上年下降 0.3%。

年末全市规模工业企业 91 家，比上年净增 6 家，实现工业总产值 55.12 亿元，比上年增长

7.6%（不含烟厂和州市供电公司数据。包含烟厂和州市供电公司数据，则工业总产值为156.93亿元，比上年增长20%）。全部工业实现增加值69.37亿元，可比增长8.1%。其中，规上工业增加值可比增长7.8%。规上工业（不含烟厂和州市供电公司数据）实现营业收入53.32亿元，同比增长3.8%。实现利润总额3.15亿元，同比下降8.8%。实现利税总额6.19亿元，同比增长6.7%。全市拥有资质等级三级及以上建筑企业50家，其中一级建筑资质2家，二级建筑资质16家，三级建筑资质12家，二级装修资质13家，三级装修资质7家。全年实现建筑业总产值57.23亿元，增长8.1%。

全年完成固定资产投资205.86亿元（不含农户），同比增长18.2%。其中5000万元以上项目投资63.96亿元，同比增长22.9%；房地产开发投资53.27亿元，同比增长12.9%。按产业划分，一产业投资7.92亿元，同比增长39.3%；二产业完成投资34.31亿元，同比增长86.5%；三产业完成投资163.63亿元，同比增长9%。全年商品房销售面积135.54万平方米，比上年增长22.3%，其中住宅销售122.28万平方米，同比增长18%。实现商品房销售额71.61亿元，同比增长45.4%。

全年实现社会消费品零售总额173.91亿元，同比增长11.5%。分行业看，批发业、零售业、住宿业、餐饮业分别实现零售额33.4亿元、126.45亿元、6.19亿元、7.87亿元，同比分别增长13.6%、11.1%、12.5%、8.8%。全年实现外贸出口1.65亿美元，同比下降1.14%。市场物价平稳运行。居民消费价格总指数比上年上涨2.1个百分点；商品零售价格总指数比上年上涨0.6个百分点；工业生产者出厂价格指数上涨5.9个百分点；工业原材料购进价格指数上涨5个百分点。2017年新签招商引资合同（协议）29个，合同（协议）金额83.41亿元，比上年增长22.5%。全年实际到位资金46.96亿元，比上年增长14%。其中2017年新签项目到位资金17.4亿元，同比增长74.6%，续建项目到位资金29.56亿元。全年实际利用外资769万美元，同比增长9.9%。

全年实现财政总收入31.75亿元，同比增长12.8%，其中，一般公共预算收入21.11亿元，增长3.1%。分部门收入分别为：国税部门13.73亿元，同比增长27.8%；地税部门13.32亿元，同比下降0.1%；财政部门4.69亿元，同比增长15.6%。一般公共预算收入中税收收入16.42亿元，占比77.8%。全年公共财政预算支出61.65亿元，同比增长4.2%。年末全市金融机构人民币存款余额472.11亿元，比上年末增长12.4%，其中城乡居民储蓄存款余额192.91亿元，下降0.5%。金融机构人民币贷款余额405.61亿元，比上年末增长12.4%。贷存比85.91%。

【社会发展】 全市四级及以上公路里程3236.79千米，比上年增加500千米，其中，一级公路28.56千米、二级公路393.66千米、三级公路134.77千米、四级公路2679.80千米。年末实有公共汽车营运车辆数265辆，营运线路35条，线路总长度562千米。市内客运出租汽车840辆。年末拥有固定电话用户4万户，年末拥有移动电话用户97.42万户。全年接待国内旅游总人数1718.5万人次，增长16.67%。全年旅游综合收入138.96亿元，增长21.75%。旅游入境外汇收入103.2万美元。

全市辖区拥有幼儿园118所，小学105所，初级中学25所（含九年一贯制学校3所），高级中学8所［含十二年一贯制学校3所（含清江外国语学校）、金峰高级中学］。中等职业学校2所，特殊教育学校1所，乡村教学点76个。学前教育幼儿园在园人数2.35万人，小学在校学生5.29万人，小学学龄儿童入学率为100%，普通初中在校学生2.67万人，初中学龄入学率为100%，初中毕业生升学率为91.46%，九年义务教育完成率为98.78%。普通高中在校学生1.67万人。特殊教育学校在校学生112人。学前教育拥有教职工1991人，其中专任教师859人；小学教育拥有教职工3206人，其中专任教师3136人；初级中学拥有教职工2451人，其中专任教师2233人；高级中学拥有教职工1690人，其中专任教师1468人。11月17日，恩施市实验小学在全国精神文明建设表彰大会上，获首届“全国文明校园”称号。全年新增高新技术企业11家（全市高新技术企业总数20家），全年新增高新技术产品备案登记8个（全市高新产品备案总数25个），实现高新技术产值9.74亿元，增加值2.21亿元，分别占地区生产总值的4.61%、1.05%。争取省企业研发费用补助资金近20万元，兑现本级高新技术企业培育与专利奖补资金73万余元；成功申报州级科技项目9项，省级科技项目4项，实施本级科技项目10项，争取上级科技项目资金近600万元、安排本级科技项目资金130万元，带动社会研发投入近4000万元；完成专利申请405件（其中发明专利申请243件），同比增长39.18%，专利授权144件（其中发明专利授权20件），同比增长50%，落实兑现各级专利奖补财政资金86.5万元；完成技术交易登记1.25亿元，成果转化3项；认定国家星创空间1个、申报国家众创空间1个、认定省级科技企业孵化器2家、州级人才创新创业平台3个，争取省、州“双创”平台建设奖补资金100万元。全市辖区拥有卫生机构233个，其中，医院16个，乡镇卫生院17个，村及城区卫生室（所）194个。全年市财政直接用于医疗卫生与计划生育支出7.15亿元，全市辖区医疗机构年末拥有医疗床位7223张，按常住人口计算每千人拥有医疗床位9.3张；拥有卫生技术人员6855人，其中：执业（助理）医师2302人，注册护士3611人。

全年城镇常住居民人均可支配收入2.91万元，增长9.71%，年人均生活消费总支出2.06万元，增长10.2%。城镇居民恩格尔系数33%。农村常住居民年人均可支配收入9931元，增长9.89%；年人均生活消费支出8173元，增长11.2%。农村居民恩格尔系数39.7%。农村自来水普及率为79.86%。城乡全体居民人均可支配收入1.86万元，增长9.76%。城乡居民人均生活消费支出1.38万元，增长10.5%。城乡居民收入比为2.94∶1。全体居民恩格尔系数35.2%。

全年城镇新增就业人数8493人，城镇登记失业率为0.5%。参加各种社会保险人数131.19万人，其中，企业基本养老保险9.03万人；机关事业单位基本养老保险1.56万人；城乡居民养老保险35.07万人；城镇职工基本医疗保险5.86万人；城乡居民医疗保险66.53万人；失业保险4.37万人；工伤保险5.81万人；生育保险2.96万人。养老保险覆盖率为99.73%，医疗保险覆盖率为99.39%。全年征收各种社会保险基金11.3亿元。

经省州复核验收及第三方评估，全年有25个重点贫困村脱贫、6835户、2.09万人脱贫销号。全年统筹项目资金3.2亿元用于产业发展，启动股权收益扶贫、农业产业保险扶贫等工作，推进旅游扶贫、电商扶贫、光伏扶贫和特色村寨建设、危房改造、农业综合开发、国土整治项目；全年统筹资金3.69亿元用于易地扶贫搬迁工程，完成省定1853户、5922人搬迁对象房屋拆旧工作；全年生态补偿资金整合平台统筹项目资金2826万元，实施林业项目7个，全面开工并完工6个；全年投入统筹资金1.65亿元，用于资助贫困学生资助、关爱特殊群体学生、推进薄弱学校改造等项目；全年统筹资金6873万元用于社会兜底保障工作，筹集资金528万元对贫困户开展保险扶贫工作。全年统筹资金2.82亿元，用于农村非列养公路规范化管理养护2019.63千米，市财政配套养护资金540.68万元，改善农村基础设施条件；统筹各类资金550万元实施31个村（社区）党员群众服务中心建设项目；全年投入资金

2805万元用于农村危房改造项目，全年改造危房1500户，使用资金2250万元，贫困户住危旧房或危房下降率为43%。

【市政建设】 全年完成市政公用设施建设投资8.58亿元。其中，城区道路桥梁建设投资6.14亿元；供水供气改扩建投资1.43亿元；污水处理工程建设投资0.99亿元。年末城区面积52平方千米，其中，建成区面积36平方千米。2017年更新改造城区道路1.76千米，年末城市道路长度182.81千米。2017年更新改造道路面积4.44万平方米，年末城市道路面积238.43万平方米。年末安装路灯道路长度187千米，年末道路照明灯1.65万盏。年末城市绿化覆盖面积1910公顷，其中，建成区1400公顷。建成区绿化覆盖率为38.89%。年末建成区园林绿地面积1220公顷。城区公园5个，面积198公顷。2017年新增供水管道长度52.55千米，年末供水管道长度481.65千米，综合生产能力17.3万立方米/日，全年供水总量4468.28万立方米。用水户数12.09万户，用水人口25.49万人。城市饮用水水质综合合格率为100%。2017年新增天然气供气管道长度250.11千米，年末供气管道长度1110.19千米，储气能力10万立方米，全年供气总量7758.33万立方米，用气户数8.88万户，用气人口20.5万人。液化石油气储气能力380吨，全年供气总量918吨，用气户数7200户，用气人口1.8万人。年末拥有市容环卫专用车辆94辆，道路清扫保洁面积320万平方米，清运生活垃圾14.05万吨，全年污水排放总量3128万立方米，污水处理量2415万立方米。全年能源消耗总量122.6万吨标准煤，比上年增长2.34%。单位地区生产总值能耗0.61吨标准煤/万元，比上年下降5.19%。单位工业增加值耗能1.23吨标准煤/万元，比上年下降8.09%。单位地区生产总值电能消耗817.8千瓦时/万元，比上年下降2.16%。主要污染物总量减排完成省、州下达任务目标；全市空气质量优良天数达317天，城区饮用水源水质达标率为100%。森林覆盖率为64.3%。全年发生交通事故1.95万起，死亡人数77人，交通事故损失金额2292万元。全年发生火灾事故148起，火灾损失金额92.44万元。全年工矿商贸企业安全事故发生13起，死亡13人，损失金额893万元。全年生产安全事故25起，死亡人数25人，生产安全事故损失金额1473万元。亿元地区生产总值生产安全事故死亡率0.12人/亿元。

【恩施市政府与杭州市江干区政府签署结对帮扶框架协议】 2月13日至16日，恩施市党政考察团到杭州市江干区对接东西部扶贫协作和对口帮扶工作，双方举行座谈会并签署结对帮扶框架协议。根据协议，2017—2020年，双方将围绕精准扶贫、精准脱贫基本方略，重点推进双方在经济协作、生态建设和农业综合开发、文化教育卫生旅游、劳务输出对接等方面进行合作交流。期间，恩施市党政考察团先后到丁兰智慧小镇、皋亭山管委会、杭州东站枢纽、杭州钱塘智慧城跨境电商综合试验区、巨星科技、华东林业产权交易所、四季青街道企业服务中心和社会综合管理服务中心等实地考察。

【恩施市两个单位获授“湖北省少数民族非物质文化遗产保护传承示范基地”】 2月23日，恩施市的傩戏（恩施傩戏）——恩施市三岔乡传承基地，绿茶制作技艺（恩施玉露制作技艺）——恩施市润邦国际富硒茶业有限公司传承基地2个单位获授“湖北省少数民族非物质文化遗产保护传承示范基地”。

【恩施市2017大型企业进恩施暨重大项目推介会】 5月6日，恩施市2017大型企业进恩施暨重大项目推介会举行，中国建筑工程总公司、光彩集团、中国光大国际有限公司等22家大型企业到恩施市对接项目，共谋发展。重点推介的投资项目包括工业类、旅游类、基础设施类、商贸流通类、社会发展类和PPP模式类43个。

【全国政协调研组调研“幸福新农村”建设】 5月8日，全国政协常委、提案委员会主任，中央直属机关工委原常务副书记孙淦到恩施市芭蕉侗族乡五星级农家乐侗族人家及侗族民俗文化馆，调研“幸福新农村”信息平台建设及生态茶园基地建设情况。

【省政府召开“616”工程对口帮扶工作座谈会】 5月12日，省政府召开“616”工程对口帮扶工作座谈会，听取汇报，回顾2016年省委、省政府对恩施市“616”工程对口帮扶工作情况，对2017年工作进行部署和安排。省政府秘书长王祥喜主持会议，恩施市委书记向前进汇报2016年度“616”工程工作情况。

【武汉大学签订对口支援恩施市中心医院合作协议】 6月28至29日，武汉大学校长窦贤康到恩施市芭蕉侗族乡白果树村、市第一中学、市中心医院，调研“616”工程对口支援和定点扶贫工作，签订对口支援恩施市中心医院合作协议。

【国家农业综合开发办检查组督查农业综合开发工作】 10月10日，国家农业综合开发办公室正处级调研员李荣琳率国家农业综合开发办检查组到恩施市，检查农业综合开发项目工作，召开农业综合开发项目汇报会。

【恩施市“中国硒谷”生态农业板块40家企业集体在武汉挂牌】 10月30日，恩施市“中国硒谷”生态农业板块暨40家企业集体在武汉股权托管交易中心挂牌开市。，恩施亲稀源硒茶产业发展公司、湖北星斗山泉有限公司与长江证券签订《投资意向协议》，恩施市楚丰现代农业有限公司、湖北山友特色农业有限公司与武汉股权托管交易中心签订《财务顾问协议》。

【谭桂英当选12月“荆楚楷模”】 12月25日，省委宣传部、省文明办公布“荆楚楷模”2017年12月榜单，恩施市谭桂英当选。谭桂英是恩施生态文化旅游发展有限公司市场营销部导服组高级主管。

【全国人大调研组到恩施市调研】 11月26日至28日，全国人大常委会委员、全国人大环境与资源保护委员会主任委员陆浩，全国人大常委会委员、全国人大环境与资源保护委员会副主任委员罗清泉、王庆喜率全国人大调研组到恩施市芭蕉侗族乡和沐抚办事处等地，就环境与资源保护、产业转型升级等进行调研。

【政协恩施市第九届委员会第二次会议】 12月22日至24日，中国人民政治协商会议恩施市第九届委员会第二次会议召开。市委书记向前进致辞，市政协副主席蔡万高主持会议。市政协主席郑晓斌向大会作常委会工作报告。市政协副主席蔡万高向大会报告市政协九届一次会议以来的提案工作情况。市委常委，常务副市长黄波代表市人民政府向大会通报政协恩施市第九届委员会第一次会议以来政府系统提案办理情况。大会补选3名政协常务委员会委员，大会表彰九届一次会议以来提案办理先进单位、提案办理先进个人和优秀提案，通过《政协恩施市第九届委员会第二次会议政治决议》。

【恩施市第十届人民代表大会第三次会议】 12月23日至25日，恩施市第十届人民代表大会第三次会议在州文化中心召开。市委书记向前进致辞。市委副书记、市长苏勇代表市政府向大会作政府工作报告。大会选举谭祖沧为市监察委员会主任，当选人向宪法进行宣誓。表决通过议案审查委员会议案审查情况报告，计划、预算审查报告，大会有关决议和决定；开展政府工作部门、法院、检察院工作“满意度”测评。州委县市两会风气巡查组到会指导和巡查本次会议。

【恩施市“四大家”领导人】

中共恩施市第九届委员会常务委员会

书记：向前进（土家族）

副书记：苏　勇（土家族）

　　　　吴卫平（土家族）

常委：向前进（土家族）

　　　苏　勇（土家族）

吴卫平（土家族）
谭祖沧（土家族）
黄　波（土家族）
易善翔（土家族）
郭亚妮（女，苗族）
谢　奎（土家族）
崔宇辉
冉茂和（土家族）
蒋利辉（土家族，挂职）

恩施市第十届人民代表大会常务委员会
主任：刘　凡
副主任：金德钧（土家族）
余秋红（女）
黎昔品（侗族）
王学渊（土家族）
杨　帆（土家族）

恩施市第十届人民政府
市长：苏　勇（土家族）
副市长：黄　波（土家族）
蒋利辉（土家族，挂职）
张献宏（女）
范　荣
田贵周（土家族）
汪业民　徐　卫
刘　超（挂职）
祝振洲（挂职）
郑汉琼（土家族，挂职）
何永福（挂职）

政协恩施市第九届委员会
主席：郑晓斌（土家族）
副主席：蔡万高（土家族）
李家忠　柳诲龙
万亨东（土家族）
刘庆华（女，土家族）

（熊　璞）
编辑　梁卫民

利川市

【概　况】 利川市位于鄂西南隅，地处巫山流脉和武陵山北上余支交会部，为清江、郁江发源地。东距省会武汉市公路711千米，距恩施土家族苗族自治州首府恩施城公路100千米。地跨北纬29° 42′—30° 39′，东经108° 21′—109° 18′。东与恩施市接壤，南与咸丰县毗连，西南与重庆黔江、彭水两县相邻，由西至北依次与重庆石柱、万县、云阳、奉节诸县毗连。东西距宽92千米，南北长105千米，区域面积4612.1平方千米，是恩施土家族苗族自治州面积最大的县级市。

【自然资源和文物保护】 境内生物、矿产、水能、风能资源丰富。现有维管植物191科557属1037种，其中有国家一级保护树种3种，二级保护树种12种，三级保护树种13种。境内盛产坝漆、黄连、莼菜，也是地球上的珍稀孑遗树种水杉树的发祥地，利川被誉为坝漆之乡、黄连之乡、莼菜之乡、水杉之乡。有野生动物100余种，主要粮食作物10余种，家畜家禽10余种。矿产资源门类齐全，初步探明有43种，111处矿点，天然气、卤水、煤炭、生物礁、石膏、石灰石蕴藏量较大。水能资源理论蕴藏量70万千瓦，可开发量50万千瓦，已开发的总装机容量26.3万千瓦。风能资源蕴藏量120万千瓦，可开发量70万千瓦，已开发的总装机容量37万千瓦，在建装机容量13万千瓦。利川境内自然景观奇特秀丽。位于谋道集镇东南的水杉古树，是地球上已知的最大、最古老的一棵水杉母树，树龄508年，人称“天下第一杉”。位于毛坝乡东南部的星斗山，植被区系庞杂，起源古老，植物种类丰富，是国家级自然保护区。有古遗址15处、古墓葬18处、古建筑33处、石窟寺及石刻6处、近现代重要史迹17处、近现代代表性建筑1处，均列为市级以上文物保护单位。其中，大水井古建筑群、鱼木寨为全国重点文物保护单位；太平塘摩崖题刻、石龙寺、如膏书院、三元堂、花梨岭天主教堂、范家老屋、中共湘鄂西前敌委员会旧址、谢家老屋等18处为省级文物保护单位；鞍山古墓群、永顺桥、中共湘鄂西中央分局十字路会议旧址3处为州级文物保护单位，支罗遗址等71处为市级文物保护单位。

【行政区划及人口】 2017年，全市有5个乡（元堡、凉雾、南坪、文斗、沙溪）、7个镇（柏杨坝、建南、汪营、忠路、团堡、谋道、毛坝）、2个街道（都亭、东城），2个开发区（佛宝山生态综合开发区、湖北利川经济开发区），有589个村（社区）（其中549个村、40个社区）、6147个村民小组。2017年，年末全市户籍总人口为91.37万人，比上年末减少0.66万人。全市常住人口66.9万人，比上年增加0.3万人，其中城镇人口28.83万人，城镇化率为43.1%，比上年提高1.64个百分点。全年出生人口10442人，出生率为10.9‰；死亡人口5683人，死亡率为5.93‰，人口自然增长率为4.97‰。出生人口性别比为107.55（女为100）。

2017年利川市乡（镇、街道、开发区）基本情况表

表21

乡（镇、街道、开发区）	区域面积（平方千米）	总户数（户）	总人口（人）	村、社区（个）	粮食产量（吨）	党委书记、乡（镇）长（街道、开发区主任）
都亭街道	34.50	32864	70628	14	2003.24	喻正祥　向红文
东城街道	90.50	15897	35528	23	9128.55	向绍红　覃远军
柏杨坝镇	554.00	26281	88173	58	40940.64	佘　军　牟杰鹏
谋道镇	336.60	25143	71248	56	29659.55	陈建平　王厚军
忠路镇	515.12	29781	84134	61	29864.20	龚友明　梁凤翔
团堡镇	446.64	23011	69448	56	17599.51	谭长玖　张新德
汪营镇	386.50	34941	99378	53	40924.64	朱定攀　覃征操
建南镇	326.81	23908	73300	54	33404.80	吴兴灿　李　兰
元堡乡	263.00	12345	35674	26	11451.16	陈显祥　张　浩
凉雾乡	418.00	24258	71322	45	29261.23	黄佑东　张全胜
毛坝镇	325.84	14541	42170	44	10087.38	曾维权　刘　宇
南坪乡	148.60	19825	60546	21	34590.93	周德燕　周远忠
沙溪乡	291.67	13087	36443	22	16109.71	刘玲芳　杨海明
文斗乡	429.82	23890	73383	56	37021.93	孙　海　黄代双
福宝山生态综合开发区	44.50	823	2343		190.85	范正洪
湖北利川经济开发区	—	—	—	—	—	田　鸿
合　计	4612.10	320595	913718	589	342238.32	—

【经济发展状况】 2017年全市完成地区生产总值1178804万元，增长7.0%。其中，第一产业增加值339386万元，增长4.3%，第二产业增加值330503万元，增长7.1%；第三产业增加值508915万元，增长9.0%。三次产业结构由2016年的30.13∶27.56∶42.31调整为28.79∶28.04∶43.17，在第三产业中交通运输仓储和邮政业、批发和零售业、住宿和餐饮业、金融业、房地产业和其他服务业增加值分别增长5.8%、6.7%、6.1%、16.1%、9.2%和9.1%。按年

均常住人口计算，全市人均地区生产总值17660元，比上年增长6.5%。2017年，全市居民消费价格比上年上涨0.9%。商品零售价格下跌0.8%。全年财政总收入190169万元，比上年增加24620万元，同比增长14.9%。其中地方一般公共财政预算收入101716万元，同比增长3.5%。税收收入71435万元，同比增长9.8%。全年财政支出合计802846万元，同比增长33.9%。全年全市农、林、牧、渔业总产值582188万元，按可比价格计算，比上年增长3.8%。其中，农业总产值370866万元；林业总产值20077万元；牧业总产值184668万元；渔业总产值4175万元；农林牧渔服务业总产值2402万元。农、林、牧、渔业增加值340927万元，比上年增长4.4%。全市农作物播种总面积18.47万公顷，比上年增加430公顷。其中粮食种植面积99810公顷，比上年减少1120公顷；油料作物种植面积8450公顷，比上年增加320公顷；烟叶种植面积5840公顷，比上年减少890公顷；药材播种面积15200公顷，比上年增加230公顷；蔬菜、食用菌种植面积40050公顷，比上年增加700公顷。全年粮食产量342238吨，比上年增加9438吨，同比增长2.8%。其中，夏粮产量64700吨，比上年增加600吨，增长0.9%；秋粮产量277538吨，比上年增加8838吨，增长3.3%。全年油料产量14651吨，比上年增加959吨，增长7.0%。烟叶产量10600吨，比上年下降23.6%。蔬菜产量818991吨，比上年增长5.5%。茶叶产量17043吨，比上年增长5.9%。2017年，利川市被中国茶叶流通协会授予全国100个重点产茶县之一，位列第34位；在第18届中国绿色食品博览会上，利川嘉润茶叶的“有机茶”、焱鑫茶叶的“毛坝宜红”获金奖，利川“硒源土豆”获优秀商务奖；经中国绿色食品发展中心审核，利川市临江茶叶被认定为绿色食品A级产品，许可使用绿色食品标志；利川山药入编《中国地理标志产品大典湖北卷二》。全年生猪出栏77.21万头，比上年增加3.1万头。牛出栏32401头，增加578头。羊出栏77764头，增加1487头。家禽出笼303.68万只，减少0.64万只。年末生猪存栏44.12万头。牛存栏102418头。家禽存笼328.91万只。全年肉类总产量8.05万吨，同比增长2.5%。其中，猪肉产量6.28万吨，同比增长2.45%；牛肉产量5010吨，同比增长5.03%；羊肉产量1750吨，同比增长7.56%；家禽产量5125吨，同比增长3.39%。全年水产品产量4042吨，比上年减少123吨。

全年全部工业增加值263430万元，比上年增长6.6%。其中规模以上工业增加值增长6.1%。年末全市有规上工业企业61家。全年全市规模以上工业企业累计实现利润总额52134万元，比上年增长51.7%。

全年固定资产投资（不含农户）1342190万元，增长18.2%。其中500万元以上项目固定资产投资919535万元，增长29.0%；房地产投资422655万元，增长0.01%。按产业划分，第一产业投资53426万元，下降3.0%；第二产业投资246174万元，增长35.1%；第三产业投资1042590万元，增长16.1%。全年全市建筑业实现总产值11.52亿元，比上年增长0.43%，实现增加值67073万元，比上年增长8.9%。全市具有资质等级建筑业企业20家，期末从业人员3419人。全年商品房施工面积388.47万平方米，比上年增长10.3%；竣工面积33.87万平方米，增长24.6%。商品房销售面积89.52万平方米，增长52.2%；待售面积25.02万平方米，下降19.8%。商品房销售额336159万元，增长64.1%，其中住宅销售额313251万元，增长71.1%。

全年社会消费品零售总额981465万元，比上年增长10.9%。分地域看，城镇社会消费品零售额736296万元，增长10.9%；乡村社会消费品零售额245169万元，增长10.8%。分行业看，批发业零售额127046万元，增长11.3%；零售业零售额738628万元，增长10.9%；住宿业零售额42961万元，增长9.9%，餐饮业零售额72830万元，增长11.2%。全年外贸出口总额8988万美元，比上年下降5.3%。利川市入围商务部公布的2017年电子商务进农村综合示范县名单。

【社会发展】 全年交通运输、仓储和邮政业增加值26018万元，比上年增长5.8%。年末全市公路通车里程4666.8千米。其中等级公路4657.8千米，比上年增加407千米。12月26日，利万高速公路正式通车。全年完成邮电业务总量5.57亿元，比上年增长7.1%。其中邮政业务总量1.3亿元，增长18.2%；电信业务总量4.27亿元，增长1.6%。全市年末固定电话用户2.7万户。年末移动电话用户55.29万户。互联网宽带接入用户数9.13万户。全年国内旅游人数超1200万人次，比上年增长22.9%。实现旅游综合收入70.1亿元，同比增长18.2%。至2017年底，全市有A级旅游景区9个（其中AAAA级4个，AAA级2个）；星级旅游饭店17家（其中四星级2家、三星级10家），城区在册登记的宾馆饭店近200家，床位8000余张；旅行社17家（其中3家分社，5家门市部）；旅游车队2家、旅游购物商店20余家、规模以上餐饮企业37家、星级农家乐204家（其中五星级农家乐2家）；全市旅游直接从业人员5000余人，间接从业人员近3万人。11月22日，在第三届全国民宿大会暨恩施州首届民宿发展大会上，利川市丽森民宿、白鹊山民宿被评为金宿级民宿，利川大美土家民宿被评为银宿级民宿。6月21日，央广网、香港每日电讯、湖北日报网、华龙网、大楚网、农村新报、成都自由行等媒体65人到利川参加硒游利川暨全国旅游大咖利川行活动。8月15日，“你来或者不来，利川就在这里等你”利川地铁专列首发仪式在武汉市举行。2017中国候鸟旅居小城入选榜（G250）发布，利川市获“凉爽消夏十佳”。“茶乡毛坝”被省旅游委推介为2017湖北茶文化旅游16条线路之一。

年末金融机构存款余额2407752万元，同比增长14.8%，其中住户存款1617190万元，增长16.1%。金融机构贷款余额1475782万元，同比增长25.3%。

年末全市有各级各类学校292所。包括幼儿园137所，小学122所，初中26所，高中5所，普通中等职业技术学校和特校各1所。全市普通高中在校学生14027人，毕业生4380人。初中在校学生31084人，毕业生8640人。小学在校学生69733人，毕业生11000人。职业技术学校在校学生3562人，毕业生847人。特殊教育在校学生119人，毕业生14人。幼儿园在园人数24716人，离园人数10951人。全市普通高中有专职教师767人，师生比1∶18.3；初中专职教师1641人，师生比1∶18.9；小学专职教师3189人，师生比1∶21.9；职业技术学校教师171人，师生比1∶20.8；特殊教育教师25人，师生比1∶4.8。利川清江外国语学校入选教育部公布的“2017年全国青少年校园足球特色学校和试点县（区）”。利川一中入选“湖北省示范高中”名单。年末全市有科技推广服务机构14个，农民技术协会14个，市直专业学会6个，各类专业技术人员12073人。全市争取科技项目资金累计185万元；申请专利393项，其中发明专利159件；授权专利117件，其中发明专利授权7件。全市有公共图书馆1个，文化馆1个，乡镇文体广电服务中心14个，文物保护管理机构3个，文联协会9个，体育协会14个。年末有线数字电视用户10.43万户，电视综合人口覆盖率为100%。2017年，全市建成269个村（社区）级综合文化服务中心，建成文化广场320个、百姓大舞台50个、农家书屋和文化活动室565个，建立9个乡镇文化分馆、14个乡镇图书分馆。市图书馆接待读者10万余人次，外借图书13万（含电子文献）余册次，开展流动图书车下乡服务80余次，开展全民阅读推广活动30余场次。成功举办“凉城利川·欢乐一家亲”系列文化活动之“文化力量·民间精彩”广场舞大赛、第五届戏迷票友京剧演唱会、第十二届“索华杯”最美舞姿大赛、“喜迎十九大·争创新业绩”美术书法作品展及文艺演出系列文化活动。时代之声合唱团、山茶花艺术团、现代乐团等社会文艺团队参加“利川市社会文艺团队庆元旦、迎新春”——走进羊子岭民宿旅游村专场文艺演出、精准扶贫惠民演出、2017 山马赛开幕式演出等文艺演出活动，山茶花艺术团《节哟节》参加全州广场舞大赛获第二名，代表全州参加全省第三届广场舞大赛获老年组第二名。全市已公布非物质文化遗产名录 61 项，其中国家级 2 项、省级 6 项、州级 11 项、市级 42 项。全市已公布非物质文化遗产代表性传承人 54 名，其中国家级 1 名，省级 5 名，州级 5 名，市级 43 名。编辑出版《利川戏剧曲艺》《利川民间歌曲集》《利川遗风》3 部非遗系列丛书。歌曲《龙船调的家》获 2017 年湖北音乐第七届声乐作品“金编钟奖”。柏杨土家族童声合唱团演唱曲目《大山里的土家娃》在深圳市松禾成长关爱基金会举办的首届飞越彩虹民族合唱团及网络艺术春晚活动中获三等奖。《大山坳的篮球梦》在中宣部组织的社会主义核心价值观主题微电影征集展示活动中被评为三等奖（30 分钟作品），被国家新闻出版广电总局评为“2017 优秀原创网络视听作品”（优秀网络短片奖）。雨燕的长篇小说《盐大路》获“土家族优秀作品奖”。全市建成农民体育健身工程 380 多个，基本实现乡镇、社区、村全民健身路径、器材全覆盖。2017 年，组织元旦万人徒步，举办 2017 中国山地马拉松系列赛利川站比赛、全民健身联赛、“百盛”杯 LCBA 男子篮球争霸赛、乡镇篮球赛等系列群众体育活动。承办“国际汽车城杯”中欧篮球明星对抗赛、民体杯全国高脚竞速比赛、中国 CBSA 中式台球冠军赛、“苏马荡杯”中国龙胄最美乡村门球赛、省第二十七届毽球锦标赛、第二届湖北·利川旅游城市民族体育舞蹈《国际标准舞》邀请赛及州青运会等比赛。在州八运会上，利川代表团获得 110 枚奖牌，其中金牌 33 枚、银牌 36 枚、铜牌 41 枚，获优秀组织奖；州青运会中获金牌 28 枚、银牌 29 枚、铜牌 27 枚，获得男女篮球冠军；宣恩水运会上，利川代表队获龙舟争霸赛 200 米第一和第四名，500 米第二名。年末全市有卫生机构 754 个，其中医院 8 个，卫生院 13 个，妇幼保健院 1 个，疾病预防控制中心（防疫站）1 个。卫生技术人员 4148 人，其中执业医师和执业助理医师 1541 人，注册护士 2014 人。卫生机构床位 4919 张。

全年农村常住居民人均可支配收入 9473 元，比上年增长 10.1%；城镇常住居民人均可支配收入 26711 元，增长 9.4%。年末全市参加基本养老保险 42.46 万人，其中城镇职工基本养老保险参保人数 5.74 万人；城乡居民基本养老保险 36.72 万人。城镇基本医疗保险参保人数 9.45 万人。失业保险参保人数 1.83 万人。工伤保险参保人数 3.04 万人。生育保险参保人数 2.37 万人。城镇登记失业人员 836 人，城镇登记失业率为 1.99%。居民最低生活保障已保人数 42299 人，其中农村居民最低生活保障保 2348 人，城镇最低生活保障 39951 人，居民最低生活保障支出 12057 万元，其中城镇居民最低生活保障支出 1086 万元，农村最低生活保障支出 10971 万元。年末全市各类收养性社会福利单位 16 个，拥有床位 2030 张。全市特困供养 3853 人，发放供养金 2464 万元。其中，城市特困集中供养 30 人，分散供养 2 人，发放供养金 27 万元；农村特困集中供养 486 人，分散供养 3335 人，发放供养金 2436 万元。全年实施医疗救助 30894 人，合计支出救助医疗资金 4701 万元。2017 年全市实现 22386 人的贫困人口稳定脱贫销号，27 个贫困村脱贫摘帽。2017 年，都亭前进社区被民政部评为“2016 年度全国综合减灾示范社区”。

【市镇建设】 年末全市建成区面积 19 平方千米。

全年全市总用水量2144万立方米。全年天然气总用量3977万立方米。年末耕地总资源59700公顷。全年完成人工造林7416公顷，森林覆盖率为62.73%。年末城市生活垃圾处理场日处理能力达150吨，生活垃圾无害化处理率达100%；城市污水日处理能力2万立方米。建成区绿化覆盖率为39.56%。城市人均公园绿地面积9.65平方米。2017年，建南镇、凉雾乡被省环境保护委员会授予“省级生态乡镇”；凉雾乡大包村、关东村、海洋村、马前村、群凤村、双井村，柏杨坝镇新民村，东城街道白鹊山村，元堡乡友联村、瑞平村、洛阳村、旧司村等12个村被省环境保护委员会授予“省级生态村”称号；柏杨镇水井村、沙溪乡荷花村张高寨、团堡镇野猫水村被国家民委命名为第二批“中国少数民族特色村寨”；利川被国家住建部命名为“国家园林城市”；在第四届湖北生态文化论坛上，利川市被授予“湖北省森林城市”称号，汪营镇被授予“湖北省森林城镇”称号，毛坝镇五一村、建南镇林场村等12个村被授予“绿色示范乡村”称号。利川名列国土资源部公布的全国2017年建成并通过验收的284个地质灾害防治高标准“十有县”名单。谋道镇获评住建部公布第二批全国特色小镇名单。

【《柏杨坝镇志》举行首发式】 5月16日,《柏杨坝镇志》首发式举行。2015年底，经州、市史志办公室推荐,《柏杨坝镇志》被省地方志办公室列入湖北6个名镇名村志编纂范畴之一，是全州唯一列入的乡镇志。该志共设专志10篇36章，218节，85余万字，记录柏杨坝369年的历史变迁。

【全国新媒体与VR+培训在利川市举行】 5月25日，来自全国22个省、市、自治区、直辖市卫生计生系统的近200名学员参加由中国人口宣教中心和湖北省卫生计生宣教中心联合在利川市举办的2017年新媒体与VR+培训。培训时间3天，课程主要为新媒体时代的舆情控制、技术制作、策划营销、运营思路、VR技术等。

【民宿新闻发布会】 6月6日，利川召开新闻发布会，面向社会推介东城白鹊山村“大地乡居·龙船调”精品民宿。此项项目位于东城街道白鹊山村5组向家湾，距城区8千米，由利川市龙船调民宿旅游开发有限公司按EPC工程总承包方式邀请北京大地乡居旅游发展有限公司规划设计、施工建设和经营承包。项目占地4.68万平方米，建筑面积2000多平方米，总投资2000余万元，建设内容包括6栋民宿楼以及白鹊山书舍、灯歌口述博物馆、竹林歌场和赶山乐园等，已完成各项主体工程。

【“茶业机械标准化生产技术集成与示范”现场交流会在毛坝镇举行】 6月23日，国家茶业产业技术体系“茶业机械标准化生产技术集成与示范”现场交流会在利川市毛坝镇举行。中国农科院茶业研究所所长、首席科学家杨亚军等来自全国各地的茶叶专家学者到胡家茶园、飞强茶业等地参观茶叶生长基地和机械标准化生产技术。

【中国山地马拉松系列赛利川站在白鹊山举行】 6月25日，由中国登山协会、湖北省体育局、恩施州人民政府等单位主办，利川市人民政府等单位承办的中国山地马拉松系列赛利川站在东城白鹊山民宿文化广场举行，来自全国各地近3000名选手参赛。国家体育总局、省体育局、省民宗委、州人大常委会等各级领导、嘉宾出席活动。

【利川市被被授予“全国综合健康扶贫项目示范基地”称号】 7月23日，利川市被确定为全国首批100个健康扶贫示范区之一，被授予“全国综合健康扶贫项目示范基地”称号，该示范项目从2017年开始实施10年，总投入1900万元。

【张家国被表彰为“全国卫生计生系统劳动模范”】 8月，利川市建南镇中坪村卫生室医生张家国被人社部、国家卫计委、国家中医药管理局联合发文表彰为“全国卫生计生系统劳动模范”。张家国，男，1957年出生于建南镇中坪村，1977年开始从事村医工作，中共党员，土家族，作为村卫生室医生，41年来坚守在海拔1400多米的建南镇中坪村，被乡亲们亲切地称为“骡马村医”。张家国先后被教科文卫体工会全国委员会、国家卫生计生委办公厅授予“全国医德标兵”称号，被湖北省卫生计生委授予“人民好医生”称号，被恩施州政府表彰为“州劳动模范”，被中共利川市委宣传部评选为“感动利川2014新闻人物”。

【柳布什金娜·叶莲娜率团访问利川】 9月28日，俄罗斯列宁格勒州加特契纳市市长柳布什金娜·叶莲娜率团访问利川，在参观毛坝茶叶基地、汪营香菇小镇后，表示要进一步共建友好合作关系。

【湖北青年创新创业大赛——现代农业和农村电子商务组决赛”在利川市举行】 12月1日，2017“创青春”湖北青年创新创业大赛——现代农业和农村电子商务组决赛”在利川市举行。活动以“新时代·新青年·新经济·新动能”为主题，推进“大众创业、万众创新”。省、州、市参会领导为获奖选手颁奖。

【对外宣传】 6月，国家体育总局资助项目“挖掘与传承中国传统体育文化——排舞采风活动走进湖北利川”启动；全国十佳优秀导演、著名电影人井泉到利川，对散落在利川境内的古盐道采风。7月11日，CCTV《中国重镇》系列纪录片《多彩汪营》在利川开机拍摄，首批参与拍摄纪录片的100个重点镇中包括利川市的汪营和谋道2个镇。7月14日，中央电视台7套《乡土》栏目播出利川休闲农业专题片《节日里的利川》，宣传利川休闲农业、乡村旅游和特色农副产品。7月26日，中央电视台5套报道在利川苏马荡举办的中国最美山村门球赛事。8月7日，中央电视台摄制组制片人张鹏到利川开展特别节目《还看今朝》拍摄工作，展示十八大以来利川市在创新、生态、开放、转型等方面取得的成绩；湖北电视台新闻中心记者李莫愁到利川采访都亭街道大塘社区党委基层党建新探索系列选题。8月9日18:5,《乡村大世界——走进湖北利川》栏目在CCTV–7频道播出，8月10日23:17在该频道重播，节目时长85分钟，以“凉城利川·康养胜地”为主题，宣介“龙船调”“肉连响”等优秀民族文化，以娱乐化的艺术形式展示利川面貌。12月21日，央视《非常传奇》摄制组总导演赵文忠到利川拍摄非遗项目“肉连响”。12月24日，中央电视台《纪录东方》栏目组到利川取材，拍摄《恩施硒游记》纪录片。

【领导检查调研】 5月9日，全国政协常委、提案委员会主任孙淦率调研组就“启动长江经济带生态修复工程”重点提案工作到利川市调研。5月18日，国家林业局派出督查组到利川市督查退耕还林突出问题专项整治工作。5月23日，中国社会科学院西亚非洲研究所首席研究员贺文萍到利川市调研利川与西亚非洲地区经济合作情况及精准扶贫工作。5月25日，杭州市农业局考察组到利川市考察南坪乡干堰村“稻鱼共生”基地。5月26日，杭州市委常委、萧山区委书记盛阅春率萧山区党政考察团及5家知名企业负责人到利川市，就东西部扶贫协作事宜进行交流调研，促进帮扶项目落地。双方对接谋划项目10个，总投资2070万元，投入帮扶资金1650万元，2017年拟实施项目6个。6月22日，浙江省委常委、杭州市委书记赵一德率团到利川市考察杭州市萧山区与利川市对口帮扶合作框架协作项目进展情况。6月29日，国务院安委会安全生产第三巡查组到利川市巡查安全生产工作；中国社会科学院扶贫百村调研课题组到利川市调研。7月4日，全国政协民族和宗教委员会副主任杨松率调研组到利川市开展“发挥民族地区生态优势、发展健康养老产业”专题调研。7月13日，全国人大代表、民进湖北省委会专职副主委兼秘书长周建元等到利川市开展精准扶贫民主监督现场调研。8月21日，中国扶贫开发协会副会长、北京壹加艾克斯医学研究院院长张相玉率全国健康扶贫大样本项目示范区考察团到利川市考察健康扶贫示范区建设工作。9月16日至17日，国家住建部人事司副司长陈付率专家组到利川市检查“国家园林城市”创建工作。1月14日，全国乡镇长联谊会会长、中体产业集团中体传播网法人代表、中体影视总经理、中国国际体育旅游公司办公室主任、亚洲排球联合会市场部官员韩威到利川市洽谈合作建设湖北省利川市体育特色小镇项目。

【荣　誉】 2017年，利川市被省委、省政府表彰为全省第六轮“三万”（万名干部进万村入万户）活动工作突出县（市）；利川市交通事故人民解委员会获“全国模范人民调解委员会”荣誉称号；利川市被评为湖北省计划生育先进县（市、区）；利川市信访局被表彰为全国信访系统先进集体；利川市文体新广局被国家体育总局表彰为2013—2016年度全国群众体育先进单位。2017年，市殡仪馆殡仪服务人员吴华宇被民政部授予“全国殡葬工作先进个人”称号；土家姑娘覃健被表彰为第十三届全国见义勇为模范；利川孙绘家庭获全国“最美家庭”称号；建南镇中坪村村医张家国被人社部、国家卫计委、国家中医药管理局联合表彰为“全国卫生计生系统劳动模范”；农业部发布寻找最美农技员活动遴选结果公告，利川市忠路镇农业服务中心农艺师黄云书被评为“最美农技员”；市人民检察院反贪污贿赂局教导员贺弟鳌被评为全国检察机关职务犯罪侦查预防部门骨干，检察官吴奎、张定华、谭皓川被评为全国检察机关职务犯罪侦查预防部门能手人才；在第四届全国少数民族医药工作会议上，利川市民族中医院医生范长秋被评为“全国少数民族医药工作表现突出个人”。

【利川市“四大家”领导人】

中共利川市第八届委员会

书记：沙玉山（回族）

副书记：张　涛（苗族）

粟　勇（土家族）

常委：沙玉山（回族）

张　涛（苗族）

粟　勇（土家族）

刘言成（土家族）

郑至吾（土家族）

卢智绘（土家族）

邓　勇（苗族）

刘　勇（女，土家族）

顾　问

何文建

利川市人大常委会第九届委员会

主任：蒋代成

副主任：程　飞（土家族）

周峥嵘（女）

郭益超

王　梅（女，土家族）

黄佑军

汤明田（土家族）

利川市第九届人民政府

市长：张　涛（苗族）

副市长：卢智绘（土家族）

雷凌云（女，土家族）

李学森

彭必武（土家族）

刘　勇

张也俏

洪　超（土家族）

郜志彬（苗族）

政协利川市第九届委员会

主席：粟　勇（土家族）

副主席：郭莉萍（女）

肖传武

周志刚（土家族）

王代轩（土家族）

王　智

（向尉华）

编辑　梁卫民

建始县

【概　况】 建始县位于鄂西南山区北部，北纬30° 06′—30° 54′，东经109° 32′—110° 12′，东连巴东县，以野三河为界；西接恩施市，以太阳河为界；南邻鹤峰县，以长河、茶寮河为界；北与重庆市奉节、巫山两县接壤。南北长89千米，东西最宽64.5千米，最窄处12.5千米，总面积2665平方千米。全县最高点北部太平峰海拔2090.1米，最低点原为南部野三口，海拔213米，水布垭水库蓄水后被淹没。野三口淹没后的最低海拔为长梁乡细沙村水井槽，海拔287米。野三口被淹没前平均海拔1152米，淹没后平均海拔1188.5米。县城业州镇位于县境北部偏西的一个山区小盆地中，沿318国道距湖北省会武汉市607千米，沿209国道距恩施州府所在地恩施市区59千米。

【自然及人文资源】 全县已发现有开采价值的矿产资源有煤、硫、铁、石灰石、石煤、陶瓷土、硅石、耐火土、紫色砂岩、大理石、东湖砂岩、石英砂岩、五花岩、铝土、石膏、磷石等20多种，其中以煤、硫、铁、硅、石灰石等储量最大。建始是国内连片面积最大、平均硒水平含量最高的富硒生物圈。县境内水资源丰富，多年平均降水量40亿立方米，大气降水的85.5%形成径流，其中14.5%被蒸发掉。在85.5%的径流（年总径流量32.2亿立方米）中，地表径流量26.4亿立方米（不含清江景阳段过境客水62.13亿立方米），占降水量的60%，入渗补给地下径流7.8亿立方米，占降水量的19.5%；多年人均拥有淡水量约5100立方米，耕地每平方公顷拥有淡水量约70000立方米。全县水能资源理论蕴藏量24.3万千瓦，可开发量17万千瓦，水库库容量12268.59万立方米。据县林业局专业调查队近年调查，县内仅存野生动物资源106种，其中兽类29种、鸟类54种、爬行类13种、两栖类10种。全县林业用地面积18.87万公顷，占区域总面积的71%，其中森林面积16.2万公顷，活立木蓄积达到831.78万立方米，年森林增长率4%。县境内主要用材林、经济林树种约52科115属231种。稀有树种有鹅掌楸、金钱槭、连香、银杏、川黔紫薇。药用植物，已查明的有维管束植物163科627属1118种，低等植物有176科644属1206种。牧草优良品种54个分属10科。野生花卉植物有木、藤、草3类计200多种。蜜源植物有48科121属193种。野生菌类50余种。2017年，人工造林面积6377公顷，新增封山育（护）林面积2906公顷；育苗面积2010公顷；新一轮退耕地造林533公顷；森林覆盖率为66.49%。

全县形成“一心三线”的旅游空间布局，即以县城为游客集散中心，由云雾灵山、朝阳观等景点组成的环城度假休闲游线路，由建始直立人遗址、黄四姐故居、石门河等景点组成的民俗风情游线路，由黄鹤桥、景阳画廊、野三河等景点组成的山水观光游线路。截至2017年底，全县有国家AAAA级旅游景区2个，国家AAA级旅游景区1个。全县有全国重点文物保护单位1处、省级文物保护单位5处、州级文物保护单位9处、县级文物保护单位29处。有县苏维埃旧址、红军洞、烈士墓、巴（东）建（始）鹤（峰）边防司令部旧址、中共湘鄂西中央分局（1933年春）旧址等革命纪念地。整理汇编非物质文化遗产普查成果12套册，充实文本资料、摄影、摄像内容，完成电子数据库建设。组织专班对全县遗漏的非遗项目大普查，做好《丝弦锣鼓》《黄四姐喜花鼓》等名目为国家级非物质文化遗产的申报准备工作。

【行政区划及人口】 根据全国第六次人口普查，全县总人口50.97万人中，汉族、土家族、苗族3个民族共409291人，占总数的99.34%。其中，汉族258547人，占总数的62.75%；土家族144410人，占总数的35.05%；苗族6334人，占总数的1.54%。

2017年，全县辖3个乡7个镇，410个村（社区）（其中367个行政村、43个社区），总面积2665平方千米，年末耕地总面积4.68万公顷。年末公安户籍人口51.19万人，总户数170920户。户籍人口中，男性人口26.57万人，女性人口24.62万人。全年出生4990人，出生率9.44‰；死亡3618人，死亡率6.85‰，人口自然增长率为2.59‰。全县常住人口（指常住本县半年以上人口）42.02万人，其中：城镇16.85万人，乡村25.17万人。城镇化率为40.1%。

2017年建始县乡（镇）基本情况表

表22

乡（镇）	区域面积（平方千米）	年末耕地总面积（公顷）	总户数（户）	总人口（人）	社区（个）	村（个）	村（居）民小组（个）	粮食产量（吨）	党委书记，乡（镇）长（12月底在职）
业州镇	372.84	6234.58	41728	112748	18	36	536	24377	姚永红　冉云峰
长梁镇	398.14	6559.95	26821	79252	6	60	561	27478	谭　明　张　彬
茅田乡	210.71	2388.47	7700	22984	1	28	232	16799	冯成碧　范　妮
龙坪乡	228.28	3725.14	8865	27401	1	28	265	14977	米敦文　胡北平
高坪镇	259.80	5519.88	17376	53363	6	36	345	24897	金　鑫　朱翠萍
三里乡	172.19	4460.62	14157	45055	5	32	343	19402	李　丽　向　军
红岩寺镇	85.13	1886.67	6565	20426	2	13	134	12554	姚建军　熊　健
花坪镇	405.67	6751.97	18007	55644	1	56	536	22071	向　帆　李太彬
景阳镇	160.39	3463.13	13343	39984	2	30	258	26667	赵学成　谢小虎
官店镇	371.76	5824.09	16358	55084	1	48	382	27378	毛传顺　陈绍荣
合　计	2664.91	46814.50	170920	511941	43	367	3592	216600	

【经济发展】 全年新登记市场主体5490户。其中：新登记企业693户，增长7.9%。全县实现生产总值92.58亿元，按可比价格计算，比上年增长4.0%。其中：第一产业完成增加值19.88亿元，增长3.9%；第二产业完成增加值30.33亿元，下降1.5%；第三产业完成增加值42.37亿元，增长8.5%。按常住人口计算，全县人均生产总值22080元。三次产业结构由上年的22.2∶34.6∶43.2调整为21.5∶32.7∶45.8，第三产业比重上升2.6个百分点。全年全县地方一般公共预算收入5.79亿元，增长4.9%。地方税收收入4亿元，增长0.4%。地方税收占地方一般公共预算收入的69.2%。人均地方一般公共预算收入1444元。地方财政总收入10.69亿元，占生产总值比重为11.5%。全年一般公共预算支出39.37亿元，增长18.3%。全县用于教育、文化体育与传媒、社会保障和就业、医疗卫生、城乡社区事务、节能环保、农林水事务、住房保障等方面的民生支出34.28亿元，占财政支出的比重为87.1%。全年实现农林牧渔业增加值20.3亿元，可比增幅为4.9%。实现农林牧渔业总产值34.77亿元，比上年增长4.3%，其中：农业产值17.52亿元，增长4.2%；畜牧业产值15亿元，增长4.1%。全年粮食总产量21.66万吨，增长2.7%。油料总产量

16667吨，增长2.2%。茶叶总产量1026吨，增长5.6%。烟叶总产量4973吨，下降4.5%。全年出栏生猪67.98万头，增长5.9%；存栏38.3万头，下降19.6%。全年猪牛羊禽肉产量6.59万吨，增长1.9%。其中：猪肉产量5.56万吨，增长2.2%；牛肉产量1447吨，下降29.3%；羊肉产量3569吨，下降4.6%；禽肉产量5265吨，增长17%。全年新增农民专业合作社215家，总数1239家。年末全县农业机械总动力32.42万千瓦，比上年增长0.6%。全县农村用电量5451万千瓦，增长2.3%；化肥施用量（折纯量）4.46万吨，下降1.5%；农药使用量162吨，下降3.0%；农用塑料薄膜使用量419吨，增长1.5%。有效灌溉面积9900公顷。

全年完成全部工业增加值24.14亿元，比上年增长4.6%。规模以上工业增加值增长3.8%。在规模以上工业中，分经济类型看，国有企业增长7.9%，股份制企业增长1.7%。分三大门类看，采矿业增加值同比下降9.4%，制造业下降7.5%，电力、热力、燃气及水生产和供应业增长90.6%。战略性新兴产业增加值增长1.1%。煤炭开采和洗选业增加值下降4%；农副食品加工业下降26.4%；食品制造业增长17.5%；酒、饮料和精制茶制造业增长17.3%；木材加工和木、竹、藤、棕、草制品业下降44.1%；非金属矿物制品业下降7.1%。

全年全社会固定资产投资103.77亿元，比上年增长17.1%。其中，5000万元以上固定资产投资完成12.11亿元，比上年增长9.1%。在全部投资中，国有投资73.69亿元，增长28.4%，非国有投资30.07亿元，下降3.7%，非国有投资占全部投资比重28.9%。第一产业完成投资额2.05亿元，增长9.9%；第二产业完成投资额10.21亿元，下降23.1%；第三产业完成投资额91.51亿元，增长24.5%。房地产开发投资11.04亿元，同比增长3.1%。全年全社会建筑业增加值6.19亿元，比上年下降18.3%。商品房销售面积13.92万平方米，实现商品房销售额7.05亿元。

全年实现社会消费品零售总额62.08亿元，比上年增长11.7%。其中，城镇零售额44.45亿元，增长11.7%；乡村零售额17.63亿元，增长11.6%。按行业构成分，批发零售业零售额55亿元，增长11.7%，住宿餐饮业零售额7.08亿元，增长11.9%。零售业占社会消费零售总额的比重达88.6%。其中，限额以上企业（单位）实现消费品零售额8.84亿元，增长33.4%。批发和零售业通过公共网络实现的商品销售零售额3.48亿元，比上年增长39.5%。全年外贸出口总额6057.9万美元，比上年增长23.7%。招商引资实际到位资金40.77亿元，比上年增长11.5%。全年实际利用外资686万美元，比上年增长6.2%。8月，建始县被商务部市场体系建设司公布为最新一批260个国家电商进农村示范县之一。

年末全县金融机构各项存款余额126.86亿元，比年初增加13.05亿元。其中住户存款79.05亿元，比年初增加11.17亿元。金融机构各项贷款余额72.72亿元，比年初增加12.58亿元。其中短期贷款12.31亿元，增加2.68亿元；中长期贷款26.52亿元，比年初增加7.08亿元。金融机构个人消费贷款余额21.52亿元。其中个人短期消费贷款余额4.49亿元，比年初增加2.02亿元；个人中长期消费贷款余额17.03亿元，比年初增加4.57亿元。

【社会发展】 全年建设农村公路305千米。其中，业州镇当阳片的扶贫搬迁易迁示范路40千米；围绕全省当代红色教育基地店子坪片区绕村线、出山路、创业二路等旅游示范路45千米；围绕葡萄、猕猴桃、淡水养鱼产业建设产业路47千米。将第一批建设的农村公路改造升级成双幅四级路，促进沿线葡萄、猕猴桃产业以及富硒冷水鱼业发展。全县新开通乡村客运班线81条，410个行政村、社区居委会全部开通，新增“村村通”客车

108辆972座，行政村通车率100%，形成以城区为中心、乡镇为节点、覆盖村组的三级客运网络。年末全县民用汽车拥车量4.5万辆，新注册汽车增长3.2%，私人汽车增长20.6%。全年完成邮电业务总量2.71亿元，比上年下降0.3%，其中，邮政业务总量3701万元，比上年增长11.5%。年末互联网宽带接入用户7.99万户，增长25.4%。固定电话用户2.79万户，下降21.7%。移动电话用户34.71万户，增长4.7%。县政府通过以奖代补方式，沿野三峡至石门河2个AAAA级景区“一线串珠”，建设以景阳薄壳核桃、关口葡萄、猕猴桃为主的百里生态走廊，沿线新建和改造特色民居和农家乐2500余户；建设完善绿色旅游公路117千米，新建和改造旅游厕所34座、建观景平台20处。全年全县接待游客312万人次，同比增长18.6%；实现旅游综合收入20.96亿元，同比增长21.2%。全县共有AAAA景区2个，AAA景区1个。2017年，龙坪乡店子坪村被授予“湖北省旅游名村”称号。

年末全县有各类学校164所，其中普通中学19所，中等职业技术学校1所，小学144所。有义务教育阶段以上在校学生51744人，其中普通中学20644人，中等职业技术学校2438人，小学28662人。有幼儿园65所，在园幼儿10986人。有专任教师3791人，其中普通中学1615人，中职教育172人，小学2004人。2011—2017年，全县义务教育阶段学校累计实施学校标准化建设项目472个，投资3.85亿元。2017年，全县“雨露计划”发放资金775.35万元，其中春季补助对象1619人，发放资金242.85万元；秋季补助对象2130人，发放资金532.5万元。覆盖全县农村建档立卡贫困家庭，实现“应学尽学，应补尽补”目标。全年用于研究与试验发展（R&D）经费支出276.1万元。全县备案登记省高新产品22个。全部高新企业实现产值2.02亿元，占生产总值比重2.2%。全年专利申请量119件，其中发明45件；授权专利67件，其中发明2件。年末拥有专业艺术团体1个，文化馆1个，文物保护管理机构1个，公共图书馆1个，文化站10个。电视综合人口覆盖率99.5%，广播综合人口覆盖率99.8%。年末全县有医疗卫生机构428个（含村卫生室），其中医院3家，乡镇卫生院10个，妇幼保健院1个，疾病预防控制中心1个。卫生工作人员3264人，卫生技术人员2440人，其中执业（助理）医师906人，注册护士1129人；卫生机构床位3160张，其中医院床位2100张。

全体居民人均可支配收入13954元，增长9.8%，其中城镇常住居民人均可支配收入25138元，增长9.9%；农村常住居民人均可支配收入9523元，增长9.6%。年末参加养老保险306581人，增长6.9%，其中参加城乡居民基本养老保险249003人，城镇职工参加基本养老保险31336人，城镇离退休人员参加基木养老保险22584人。参加城镇居民基本医疗保险人数21809人，参加工伤保险26820人，参加生育保险16246人，参加失业保险人数11999人。全县参加新农合423979人，共筹集资金2.85亿元（含利息），其中财政配套资金1.92亿元，个人上交资金9140万元。全县共有1329人享受城镇居民最低生活保障，26443人享受农村居民最低生活保障。农村五保供养2689人，国家抚恤、补助各类优抚对象3317人。城乡医疗救助40431人次，民政部门资助参保11979人次，发放救助资金1749.63万元；临时救助6006人次，发放救助资金1031万元。全年销售社会福利彩票6995万元（其中电脑彩票4416万元，开票销售309万元，中福在线销售2270万元）。2017年启动黄家湾、老建筑、原人大、原公安局等区域城市棚户区改造。

全县耕地保有量3.41万公顷，基本农田2.85万公顷。全年人工造林面积6377公顷，新增封山育（护）林面积2906公顷；育苗面积2010公顷；新一轮退耕地造林533公顷；森林覆盖率

66.49%。全年平均气温为15.8℃，年平均降雨量1620.2毫米。城区优良天气数达到316天，优良率为86.3%，全县10个重点集中式饮用水水源地水质达标率为100%，州控地表水清江景阳段和广润河城区段上游七里坪水质稳定在Ⅱ类标准，广润河城区段下游小溪口水质达到或优于Ⅲ类标准，达标率为100%。主要污染物总量减排完成州定目标任务。全年能源消费总量48.22万吨标准煤。单位地区生产总值能耗比上年下降3.07%，继续保持下降态势。2017年，全县新建高坪、景阳、官店3个再生资源回收中心，15个村级再生资源回收点，实现年回收收入2560万元。全县共被命名国家级生态镇1个、省级生态乡镇5个、省级生态村47个，生态村创建率为33.24%。全年发生生产安全事故9起，死亡13人。煤矿、非煤矿山、危险化学品、特种设备、水上交通、消防等重点行业和领域没有发生生产安全责任事故。

【高坪赤沙地茶叶获欧盟有机认证证书】 1月18日，恩施炜丰富硒茶业股份有限公司收到由德国色瑞斯公司寄来的正式欧盟有机茶生产认证证书。证书载明，炜丰茶业高坪赤沙地茶场1000亩茶园、年产112吨鲜叶（红茶、乌龙茶30吨）的产品符合欧盟有机生产标准。

【“牵手黄四姐·相约金建始”旅游推介活动】 4月17日、19日，建始县委、县政府分别在江城武汉和古城西安举办2017年“牵手黄四姐·相约金建始”旅游推介新闻发布会。这次“牵手黄四姐·相约金建始”旅游推介活动，从武汉走进西安，举行3次“快闪”活动，近万人观看建始的土家背鼓和摆手舞。2场推介会，60多家媒体记者应邀进行采访报道，建始旅游景区代表和旅游产品经销商与230名旅游运营商现场对接，相互交流。

【龙王淌被公布为全国汽车自驾运动营地】 4月22日，在建始站龙王淌举行中国汽车越野巡回赛（COT）2017赛季建始站龙王淌第二届汽车场地公开赛。湖北省旅游委副巡视员刘晗为龙王淌授“汽车自驾运动营地”牌；省旅游协会自驾游和房车露营分会副会长张为民为龙王淌授“湖北省旅游协会自驾游和房车露营分会理事长单位”。全国20多个省市专业赛车手及200余名业余赛车手参加比赛，500名汽车运动爱好者观摩比赛，100名摩托车爱好者参加骑行活动，50家商家参展。8月29日，在随州西游记公园召开的湖北第二届自驾游发展大会上，建始花坪龙王淌被公布为湖北省十大品质自驾目的地和10条品质自驾线路。龙王淌休闲度假旅游区按照“体育+文化+旅游”模式，率先在恩施州、湖北省及武陵山区范围建设有重要影响力的高端越野赛事品牌，被国家体育总局认定为“全国汽车自驾运动营地”。同时，立足花坪镇龙王淌山水田园风光、冬无严寒夏无酷暑的气候资源，创建有自驾车、房车营地，以越野汽车赛事、体验和培训为主要内容的汽车运动文化中心，建设包括自行车骑行游、动力伞、滑翔伞和拓展训练营等项目的时尚休闲运动基地、示范性乡村旅游综合体。

【建始获“最古老地名”称号】 1月，湖北省第二次全国地名普查领导小组办公室宣布，由湖北省民政厅、湖北省政府文史馆和湖北省地方志编纂委员会办公室主办“寻根荆楚文脉，寻找最美地名”（系列）评选活动。6月28日，评选活动结束，恩施州6个地名获“最美地名”称号，其中，建始获“最古老地名”称号。

【中国建始首届“景阳杯”清江江钓大赛】 7月21日至23日，由湖北省社会体育管理中心、湖北省钓鱼协会、恩施州旅游委、恩施州文体新广局、建始县人民政府主办，建始县文体新广局、建始县旅游局、建始县景阳镇人民政府、恩施景江生态旅游投资开发有限公司、恩施州万合营销策划有限公司、建始黄四姐文化传媒有限公司承办的中国建始首届“景阳杯”清江江钓大赛在建始景阳镇举行。来自全国各地的60支队伍180名钓鱼爱好者参赛。21日晚上19点30分，由湖北民族歌舞团助阵的大赛开幕式在景阳中学举行。

【建始县被列为国家电商进农村示范县】 8月21日，建始县被商务部市场体系建设司公布为最新一批260个国家电商进农村示范县之一。建始县地处国内连片面积最大、平均硒含量水平最高的富硒生物圈，是全国魔芋种植大县、华中药库地道药材主产区之一，有魔芋“双歧因子”、“水果之王”猕猴桃、“绿珍珠”关口葡萄、景阳鸡等特色产品，全县有“三品一标”农产品19个、“中国名优硒产品”17个、“中国特色硒产品”20个。全县引进培育农村电商体系建设骨干企业3家，电商关联企业148家，相继建成3个县级运营服务体验中心、10个乡镇示范店和服务中心、800多个村级电商服务站，350个行政村实现代购、代销、代办，京东特产恩施馆、1号店恩施馆、邮乐网建始馆、苏宁易购建始馆、淘实惠智慧商城等5家官方授权运营平台相继上线，48家专营店、380余家淘宝店在线运营，78家生产型企业转型电商营销，成立县级电商协会，首届入会企业70家，“全媒体、多渠道、扁平化”营销体系逐步成型。探索推行定时、定点、定线“三定”物流通村模式和“分片式、小规模、点对点”的电商培训模式，60%的行政村实现物流进村，3000余人次接受电商培训。

【建始县畜禽产品在中国中西部畜牧业博览会上展出】 9月15日至17日，建始县组织辖区畜牧企业参加在重庆国际博览中心举办的“第二届中国中西部畜牧业博览会暨畜牧产品交易会”。会上采取整体推介、展示展销、交易洽谈、产销对接等方式，组织建始县祥丰农牧有限公司、建始立丰生态农业发展有限公司、恩施晓姚农夫食品开发有限公司、恩施广惠农业开发有限公司、湖北恩施黎伯农业有限公司等参会，展示生态黑猪腊肉、手撕腊肉、蒸扣肉、QQ蹄花、富硒地标恩施黄牛肉、自加热富硒羊肉罐头、景阳鸡、景阳鸡蛋、景阳鸡自加热汤罐、硒妈妈土鸡蛋、魔芋丝、富硒蕌头、富硒绿茶、水晶土豆粑粑、土蜂蜜等300多个品种。

【撤销长梁乡设立长梁镇】 9月29日，湖北省民政厅向恩施土家族苗族自治州人民政府发函（鄂民政函〔2017〕671号），经省人民政府批准，同意建始县撤销长梁乡，设立长梁镇，以原长梁乡的行政区域为长梁镇的行政区域，镇人民政府驻头坝堰。

【央视《乡约》栏目走进建始】 10月20日，CCTV-7《乡约》栏目在建始花坪镇龙王淌自驾车露营地录制《乡约》节目，数千名观众现场观看。建始县委书记向红林通过央视屏幕向全国观众推介建始，宣传建始的资源、文化，引导群众形成正确的婚恋观、价值观和文明乡风。县委副书记、县长张渊平现场和几位土家妹子合唱一曲《黄四姐》。节目组到建始县城、石门河景区、野三峡景区、关口葡萄长廊等地拍摄外景。

【建始民族医院获“2017年全国民营诚信医院”称号】 11月，建始民族医院被评为“2017年全国诚信民营医院”。建始民族医院始终坚持以“精湛的技术、优质的服务、低廉的价格”为理念，创建集医疗、养老、教学、科研为一体的大型现代化综合医院，先后获得“湖北省消费者满意单位”“恩施州消费者满意单位”“湖北省优秀民营医院”等称号。

【建始枸杞珍酒业获“荆楚优品”称号】 12月16日，2017“荆楚优品”合作大会暨企业家年会在武汉国际会展中心举行。建始枸杞珍酒业获全省2017年度“荆楚优品”称号，由省商务厅颁发证书。

【建始县十八届人民代表大会第二次会议】 12月22日至25日，建始县第十八届人民代表大会第二次会议在建始县城召开。会议通过县人民政府工作报告和县人大常委会、县人民法院、县人民检察院的工作报告以及其他报告，作出相应的决议、决定。会议选举产生县监察委员会主任，选举产生4名县人大常委会委员。当选的县监察委员会主任和4名县人大常委会委员分别进行宪法宣誓。会议对事关全县改革发展稳定大局和人民群众切身利益的重大问题，提出意见和建议。会议对乡镇、县直单位进行民主测评，组织评选建始好人，通报表扬2017年代表建议办理优秀单位和个人。

【政协建始县九届二次全体会议】 12月22日至24日，中国人民政治协商会议建始县第九届委员会第二次全体会议在建始县城举行。中共建始县委书记向红林在开幕式上讲话。会议听取并审议通过县委副书记、县政协主席李伟代表县政协常委会所作《政协建始县第九届委员会常务委员会工作报告》，赞同县委常委、县政府常务副县长刘天林代表县人民政府所作《县人民政府关于县政协九届一次会议以来委员提案办理情况的报告》。会议宣读表扬2017年度优秀提案和先进承办单位，5位优秀政协委员分别作大会发言。会议协商讨论《政府工作报告》，协商讨论《县人民法院工作报告》《县人民检察院工作报告》及其他报告，对上述报告表示赞同。审议并通过《中国人民政治协商会议建始县第九届委员会提案审查委员会关于九届二次全体会议提案审查情况的报告》《中国人民政治协商会议建始县第九届委员会第二次会议政治决议》。

【建始县马铃薯产业链建设】 按照州委、州政府《关于加快推进马铃薯主粮化的实施意见》要求，建始县将马铃薯产业建设成调结构、转方式的重点产业，脱贫增收的扶贫产业，提质增效的优势产业，坚持“政府引导、市场主导、企业主体、科技支撑”的原则，推广良种青薯9号、鄂薯10号、14号等品系，项目投资160万元，在官店镇照京村，长梁乡天鹅池村两大片建173公顷良（原）种示范基地。2017年，全县推广脱毒种薯1万公顷，商品薯2.1万公顷。规划2017—2020年，在茅田、花坪、长梁、高坪等5个乡镇建原种一、二级种薯基地2000公顷，全县推广脱毒良种1万公顷。稳定商品薯面积2.27万公顷，鲜薯产量50万吨。推广脱毒种薯1.67万公顷，实现马铃薯综合产值10亿元，将马铃薯主粮化产业建设成全县农业特色支柱产业。

【建始县支持煤炭行业去产能】 建始县推进煤矿关闭退出工作，积极稳妥化解煤炭行业过剩产能。乡镇和相关部门始终坚持煤矿打非治违的高压态势，坚决查处煤矿关闭退出后仍继续生产等违法行为。抓好关闭煤矿风险评估，切实化解矛盾，维护社会稳定，从社会救助救济等方面帮扶下岗困难职工，加大对关闭煤矿企业职工的思想疏导力度，对无理取闹、借机衅事，阻碍煤炭行业化解过剩产能工作正常开展的，依法依规予以惩处。全县煤矿最多时达600多家，经多轮矿业秩序整顿、关闭整合、技改升级，到2017年，保留煤矿17家，将煤与瓦斯突出、水害等灾害严重、环保影响较大、不具备基本安全条件的矿井和资源接近枯竭及长期停产的矿井引导关闭退出，全县压减煤炭产能90万吨。

【建始县“四大家”领导人】

中共建始县第十五届委员会

书记：向红林（女，土家族）

副书记：张渊平　李　伟（土家族）

常委：向红林（女，土家族）

张渊平

李　伟（土家族）

蔡　倞

陈久奎（土家族）

吴以忠（土家族）

曾凡忠（侗族）

刘天林　胡永康

张作明

建始县第十八届人大常委会

主任：郑孝文

副主任：胡文江　曾玉平

汪　平　姚永红

姚冬菊（女，土家族）

建始县第十八届人民政府

县　长：张渊平

副县长：刘天林　李世祥

田真明

周爱华（女，土家族）

孙玉斌（土家族）

陈万胜

政协建始县第九届委员会

主席：李　伟（土家族）

副主席：吴绍溶

柳毓廷（土家族）

张　华

颜昌泉（土家族）

李　丽（女）

（付一中）

编辑　梁卫民

巴东县

【概　况】 巴东县位于北纬30° 13′—31° 28′，东经110° 04′—110° 32′，居恩施土家族苗族自治州的东北部。东连湖北省兴山县、秭归县、长阳县，南接湖北省五峰县、鹤峰县，西临湖北省建始县、重庆市巫山县，北靠神农架林区。边界线全长529千米，其中省界80千米，县界449千米。

【自然及旅游资源】 巴东县土壤类型多样，全县有10个土类、20个亚类、52个土属、235个土种，土地利用率为51%左右。全县耕地面积40.72千公顷。全县河流落差大，水能资源丰富，多年平均径流量为33.05亿立方米，多年平均径流深为903.2毫米，地下水10.84亿立方米。水能理论蕴藏量24.12万千瓦，可利用量15.47万千瓦，平均每平方千米45.04千瓦。全县已探明矿产种类23个，矿产地93处，其中大型铁矿床1处，中型煤矿床2处，中型铁矿床4处。煤炭、铁矿、石灰石、硅石为四大骨干矿产，其中煤炭总储量8727万吨，占全州的36%左右，占全省14.9%。巴东地处中国植物区系分布关键地区的东缘，承东接西，南北交会，植物种类繁多，品种资源丰富。北部属神农架著名植物“基因库”的一部分。已知的蕨类和种子植物约有166科734属1870余种，全县高等植物不少于2000种，其中第三世纪前后孑遗、残遗及特有稀有植物50余种。全县野生动物和驯养动物品种多，其中有18种脊椎动物受国家保护。已知的鱼类有9目16科63种。旅游资源有神农溪、链子溪、巴人河、无源洞、格子河、小神农架自然保护区、水布垭等自然风光，有“杀官夺印旧址”“九峰岩农民起义军旧址”“巴归兴县委扩大会议旧址”“贺龙旧居”“段德昌殉难处”“巴东县革命烈士陵园”等革命历史纪念地。巴东有地下文物、地上碑刻、古墓葬（悬棺葬、岩葬）和遗址多种，民族文物古迹丰厚。地下文物为青铜器、陶瓷、钱币、印章、兵器等发掘出土的物件，青铜器多为春秋战国至汉代各个时期的青铜用具，其中最为珍贵的是具有土家族特色的“虎钮錞于”；石碑刻有余太夫人碑刻、向灵异碑刻、田行皋墓碑、向世刚碑刻等；摩崖石刻有“楚峡云开”“浪淘英雄”“化险为夷”“我示行舟”“楚蜀鸿沟”“要区天成”“共话好河山”“为善最乐”等；还有秋风亭、无源洞石桥、土家族吊脚楼等具有民族传统特色的历史建筑物。

【行政区划及人口】 巴东县是一个以土家族、汉族为主的多民族聚居地。据巴东县2010年人口普查资料显示：县内居住着汉族、土家族、苗族、回族、侗族等25个民族。全县常住人口中，汉族人口为208321人，占全县常住人口的49.5%。少数民族为212519人，占全县常住人口的50.0%，其中土家族人口有211114人。

2017年，巴东县辖2个乡、10个镇，1个经济开发区，301个村、21个社区，区域面积3352平方千米，其中：农耕地占14.63%，林地占64.64%，水面占2.77%，牧草地占0.02%。全县年末户籍总人口49万人。其中，男性人口25.53万人，占总人口的52.1%；女性人口23.47万人，占总人口的47.9%。年末全县常住人口42.90万人，其中城镇人口16.13万人，城镇化率37.60%。全县人口密度（常住人口计算）为127.91人/平方千米。全县全年出生人口5119人，人口出生率为10.45‰；全年死亡人口6086人，人口死亡率为12.42‰；人口自然增长率为-1.97‰；出生人口性别比为104（女为100）。

2017年巴东县乡（镇）基本情况表

表23

乡（镇）	区域面积（平方千米）	年末耕地总资源（千公顷）	总户数（户）	年末总人口（人）	村、社区（个））（个）			村（居）民小组	地方一般预算收入（万元）	党委书记、乡（镇）长（12月底在职）
					小计	村	社区			
东瀼口镇	109	1.41	10027	26664	16	16	0	174	711.05	王发堂　李　宁
溪丘湾乡	265	3.81	17274	45241	33	33	0	301	2022.00	舒显伟　李　初
沿渡河镇	485	4.64	18660	50408	39	39	0	443	2229.64	黄祖贵　贾旺刚
官渡口镇	328	4.52	20913	58362	40	37	3	438	1380.03	熊学红　肖　辉
茶店子镇	266	3.08	13463	34179	32	32	0	318	1021.61	宋　良　郑爱华
绿葱坡镇	281	4.14	8601	23836	22	21	1	274	633.37	田恒勇　谭先吾
大支坪镇	212	2.24	7869	21582	15	15	0	225	421.59	向　明　谭　红
野三关镇	528	7.52	27631	70119	33	26	7	681	7234.09	邓亚敏　王昌龙
清太坪镇	279	4.02	14971	40096	32	31	1	333	457.53	裴成龙　陈君琪
水布垭镇	329	5.13	17346	45908	30	28	2	409	1173.42	田祚立　贺齐政
金果坪乡	182	2.35	8255	24341	14	14	0	180	652.35	王　卿　卢宗旺
信陵镇	88	0.72	21773	49263	16	9	7	134	7565.49	焦旭东　万运泰
合　计	3352	43.58	186783	489999	322	301	21	3910	25502.17	

【经济发展】 全年全县完成地区生产总值1055734万元，按可比价格计算，同比增长5.3%。其中：第一产业增加值191765万元，同比增长4.2%；第二产业增加值432839万元，同比增长2.7%，其中工业增加值380820万元，同比增长4.8%，建筑业增加值52019万元，同比下降11.7%；第三产业增加值431130万元，同比增长8.5%。三次产业构成由2016年的18.9∶41.1∶40.0调整为18.2∶41.0∶40.8，按常住人口计算，2017年全县人均生产总值达到24663元，同比增加2137元，增长9.5%；人均公共财政预算收入1488元，同比增加105元，增长7.6%。各月CPI环比涨跌幅均在1.0%以内，12月末CPI同比上涨0.9%，八大类消费品价格呈现出“五涨三跌”的走势，教育文化和娱乐、医疗保健类指数分别同比上涨4.6%和9%；居住类、生活用品和服务类、交通和通信类价格指数分别同比上涨0.3%、0.5%、1.5%；食品烟酒类、衣着类、其他用品和服务类价格累计同比分别下降1.7%、0.4%、0.2%。2017年，全县新登记各类市场主体5851户，各类市场主体总数26592户。年度新增企业1351家，新增个体工商户3943户，注册资金5.88亿元；新增农民专业合作社557家，其中53家被授予“2017年度巴东县农民专业合作社示范社”，31家家庭农场被授予“2017年度巴东县示范家庭农场”称号。全年完成地方财

政总收入96797万元，比上年增长13.9%，其中：公共财政预算收入63818万元，增长8.0%。公共财政预算收入中，税收收入46063万元，增长7.6%。全年公共财政预算支出372499万元，同比增长1.8%，其中：一般公共服务支出49177万元，同比增长25.3%；教育支出78609万元，同比增长6.1%；社会保障和就业支出62687万元，同比增长40.9%；医疗卫生支出51426万元，同比增长24.0%。年末常用耕地面积36090千公顷，有效灌溉面积3570公顷，旱涝保收面积1.9万公顷。全年农村用电量4770.0万千瓦时，农用化肥施用量（折纯）442854吨。年末全县自来水受益村322个，占总村数的100%；通有线电视村268个，占总村数83.2%；通宽带村322个，占总村数的100%。全年农、林、牧、渔业总产值330634万元，按可比价格计算，同比增长4.0%。全年实现农林牧渔业增加值193102万元，同比增长4.3%。其中：种植业增加值101260万元，增长4.9%；林业增加值7247万元，增长2.2%；牧业增加值82984万元，增长3.6%；渔业增加值274万元，下降3.5%，农、林、牧、渔服务业增加值1337万元，增长30.3%。全年粮食播种面积60.47千公顷，同比下降1.05%；粮食产量21.07万吨，同比增长2.5%。经济作物播种面积49720公顷，同比下降2.7%，其中油料作物播种面积17100公顷，下降2.7%，产量2.29万吨，增长0.7%；烟叶种植面积3.59千公顷，下降10%。全县茶园面积5670公顷，同比增长7.5%，其中当年新增400公顷；本年采摘面积2990公顷，同比增长4.2%；茶叶产量2542吨，新增248吨，同比增长10.8%。全县农副产品加工业产值181834万元，同比增长4.3%；农副产品加工业产值占农业总产值的55.0%，占比较上年下降19.4个百分点。全年造林面积6.06千公顷，其中，国家投资成片造林4300公顷，封山育林2880公顷，森林抚育面积330公顷。实施天然林管护13.2万公顷、公益林补偿10.8万公顷。当年苗木产量900万株，油桐籽85吨。全年实现林业产值13105万元，按可比价格计算，比上年增长2.4%。全年生猪出栏68.60万头，同比增长3.78%；年末生猪存栏37.82万头，同比增长3.59%。全年畜禽肉产量6.88万吨，同比增长3.6%，其中猪肉产量5.18万吨，同比增长3.81%。全年实现畜牧业增加值82984万元，按可比价格计算，同比增长3.6%。全县落实耕地地力保护补贴资金4479.1万元。2017年末，全县乡村劳动力资源26.28万人，乡村从业人员24.75万人，乡村外出务工人员8.76万人。全县统筹整合财政资金17.75亿元用于精准扶贫，实现19个贫困村出列、5137户、15879人脱贫。新建集中安置点140个，完成12599人易地扶贫搬迁。

年末规模以上工业企业61家，较上年减少5家，完成规模工业总产值421418万元，同比增长1.3%；实现规模工业增加值190458万元，扣除价格因素，同比增长4.9%。在总产值中，轻工业完成产值181132万元、同比增长3.3%，重工业完成产值240286万元，同比下降0.1%。完成规模工业销售产值414376万元，同比增长1.9%；工业产品产销率为98.3%，同比提高0.5个百分点。全县规模工业产值完成情况分行业涉及16个中类，酒、饮料和精制茶制造业完成46781万元，同比增长14.9%；中药饮片加工产值完成16567万元，同比下降6.9%；水力发电业完成190129万元，同比增长12.1%。全县规模工业产品产量增少降多。全年规模以上工业企业主营业务收入398152.1万元，比上年增长0.1%。

全年投资500万元以上施工项目241个，比上年增加29个，其中：本年新开工项目175个，比上年增加20个。累计完成固定资产投资1175717万元（不含农村私人投资），同比增长17.6%，其中：500万元—4999万元项目投资325980万元；5000万元及以上项目投资831725

万元；房地产开发投资18012万元，同比下降81.5%。分产业看，第一产业投资137761万元，同比增长7.0%；第二产业投资263250万元，同比增长141.2%；第三产业投资774706万元，同比增长1.7%。全县具有资质等级以上的建筑企业11家，建筑企业年末从业人员2109人，房地产企业10家，房地产企业年末从业人员773人。全年完成建筑业总产值111239万元，同比增长5.21%，实现建筑业增加值52019万元，同比下降11.7%。商品房建筑施工面积23万平方米，同比下降55.3%；房屋建筑竣工面积13.21万平方米，同比下降13.8%。

全年商品房施工面积23.02万平方米，比上年下降55.3%；竣工面积13.2万平方米，同比下降13.8%；销售面积5.76万平方米，同比下降88.1%；空置面积5.41万平方米，同比下降23.7%。全年商品房销售额21698万元，同比下降86.2%，其中：住宅销售额11755万元，下降83.4%。

2017年，实现社会消费品零售总额62.89亿元，同比增长10.9%。按经营地统计，城镇消费品零售额44.33亿元，同比增长10.7%；乡村消费品零售额18.56亿元，同比增长11.3%。分行业看，批发业零售额9.49亿元，同比增长11.6%；零售业零售额47.13亿元，同比增长10.8%；住宿业零售额1.01亿元，同比增长7.4%；餐饮业零售额5.26亿元，同比增长11.3%。分限额看，限额以上企业实现零售额7.28亿元，同比增长6.9%；限额以下企业实现零售额55.61亿元，同比增长11.4%。全县招商引资到位资金370039万元，同比增长13.2%；实际利用外资0美元，同比下降100%；实现外贸出口额5785.8万美元，同比下降27.8%。

【社会发展】 年末全县通车总里程4956.5千米，改扩建公路44.9千米，农村通公路行政村达100%。其中等级公路4015.4千米，高速公路72.16千米。全县公路密度按国土面积计算为146.26千米/百平方千米，按年平均常住人口计算为115.54千米/万人。全年实现邮电业务总量30193万元，同比增长13.5%。其中邮政业务总量4510万元，电信业务总量25683万元，同比分别增长18.6%和12.6%。年末固定电话用户2.87万户，移动电话用户39.85万部，固定及移动电话普及率为99.6部/百人。年末互联网宽带用户发展到7.4万户，较上年增长20.9%。全年接待游客719.5万人次，同比增长10.3%。实现旅游综合收入550800万元，同比增长21.4%。全县AAA级以上景区6个，其中：神农溪为AAAAA级景区，链子溪、巴人河为AAAA级景区，无源洞、野三关邓玉麟将军故里和寇准文化公园为AAA级景区。全县星级饭店16家，名胜风景区和文物保护区各1个。

年末全县金融机构人民币存款余额1510669万元，比年初增加110177万元，增长7.9%，其中城乡居民储蓄存款余额877834万元，比年初增加125618万元，增长16.7%。金融机构人民币贷款余额653395万元，比年初增加101787万元，增长18.5%。年末城乡居民人均储蓄存款余额20462元，比上年增加2850元，增长16.2%。

全县拥有各类学校78所，其中：普通中学23所，中等职业学校1所，小学（完小）53所，特殊教育学校1所。拥有专任教师3177人，在校学生52273人。幼儿园72所，在园幼儿10932人。全县学前三年毛入学率、小学学龄儿童入学率、初中阶段毛入学率、高中阶段毛入学率分别达到85.3%、100%、99.9%、93.5%。小学六年巩固率、初中三年巩固率分别达到100%、99.7%。初中毕业生升学率、九年义务教育完成率分别达到100%和100%。6岁及以上人均受教育年限9.8年。全年有R & D活动的企业10个，其中有研发机构企业数3个，有专利申请企业数3个，有新产品销售企业数6个，R & D活动人员118人，机构中博士硕士占机构人员比重为59.38%。年末有效发明专利数30件，开发新产品项目6个。全年累计完成高新技术产业总产值24604万元，高新技术产业增加值6408万元，高新技术产业增加值占地区生产总值和工业增加值的比重分别为0.61%、3.4%。年末全县拥有各类专业技术人员5322人。其中：中级技术职称以上3370人，农业技术人员225人。年末全县拥有公共图书馆1个，总藏书量9.15万余册。广播覆盖率99.60%，电视覆盖率99.88%。全县各级医疗卫生机构20家，其中县级医院2家，私立医院2家，社区卫生服务中心1家，疾控预防控制、妇幼计划生育服务中心各1家，卫生监督执法机构1家，乡（镇）卫生院11家。全县有卫生技术人员1916人，其中执业（含助理）医师833人，注册护士796人。卫生机构床位数2184张，床位使用率78.99%，每千人口床位数5.17张，每千人口卫生技术人员4.47人。农村卫生厕所普及率75%，孕产妇死亡率2.23‰，新生婴儿死亡率1.56‰。新农合参保人数41.61万人，参合率97%。

全体居民人均可支配收入14061元，比上年增加1257元，增长9.82%。其中：农村常住居民人均可支配收入9476元，比上年增加848元，增长9.83%；城镇常住居民人均可支配收入25496元，比上年增加2277元，增长9.81%。全县新增城镇就业人员5361人，全年实现下岗再就业871人。通过劳动就业局组织转移农村劳动力就业5411人。城镇登记失业率控制在1.44%以内。年末全县城镇职工基本养老保险参保人数38589人，比上年增加2898人；城乡居民社会养老保险参保人数291554人，比上年增加50617人，其中新型农村社会养老保险参保人数289456人。城镇职工基本医疗保险参保人数21250人，城镇居民基本医疗保险参保人数22320人。失业保险参保人数10400人，比上年增加420人。生育保险参保人数6538人，比上年增加928人。工伤保险参保人数1.46万人，比上年增加0.01万人。全县收养性社会福利单位15个，床位数2040张，社区居家养老服务中心4个，农村互助照料中心32个，新改建农村福利院4个。民政事业费支出人数85204人，支出费用2.34亿元。农村居民最低生活保障人数26521人，城镇居民最低生活保障人数4202人。2017年，县级行政审批事项新增4项、承接4项、取消5项、调整7项、保留209项。乡镇便民服务事项102项，村（社区）便民服务事项90项。县政务服务中心办理行政审批10584件，乡镇办理各类事项99042件，村（社区）办理各类事项46887件。全年发生刑事案件629件，破案254起。交通事故死亡24人，火灾事故死亡2人。全年各类安全生产事故发生3起，各类安全生产事故死亡人数4人。全县亿元GDP生产安全事故死亡率为0.04人/亿元。

【市政建设】 全年开工建设保障性住房、棚户区改造住房共2348套（户），基本建成1400套（户），竣工分配入住1780套（户），新增发放廉租住房租赁补贴415户，改造农村危房4448户。园林绿地面积297.57公顷，公共绿地面积86.4公顷，建成区绿化覆盖率39%。全县公园（含广场、绿地、剪影墙等）25个，城市公园绿地面积86.4公顷。城市供水人口10.3万人，年供水总量618万立方米，其中居民家庭用水224万吨。城市道路长度95千米，道路面积111.47万平方米。城市各类公共厕所18座，垃圾处理站7个，污水处理厂5个。城市排水管道长度72.98千米，城市污水处理厂集中处理率85%。2017年全县单位GDP能耗为0.56吨标准煤/万元，较上年下降3.68%，比2016年低0.57个百分点。2017年全县单位GDP电耗为454.99千瓦时/万元，较上年上涨6.49%。主要污染物总量减排完成省下达目标。7月，巴东县城被全国爱国卫生运动委员会办公室命名为“国家卫生县城”；10月，巴东县被国家住建部命名为“国家园林县城”；11月，巴东县成功创建2017年“湖北省森林城市”。

【余合智创作春联入选“鸡年最佳春联”】 1月19日，由中央电视台、中国楹联学会、中国书法家协会、中国国家图书馆主办的第四届（2017鸡年）全球春联征集活动评选揭晓，国网巴东县供电公司职工余合智创作的春联“听南海涛声，看中华崛起；话杭州峰会，显大国担当”入选“鸡年最佳春联”。本次征集作品以“春联里的中国”为主题，评选出10副“鸡年最佳春联”和100副“鸡年优秀春联”。

【微电影《天降神龟》获评“优秀微电影奖”】 3月1日，以“坚定法治信仰守望公平正义”为主题的全国法院第四届十佳微电影评选结果在北京揭晓，巴东县人民法院自导自演的微电影《天降神龟》获评“优秀微电影奖”。全国各级法院共选送278部微电影参选，有10部作品获综合类十佳微电影奖，85部作品获优秀微电影奖。

【乔凤获得2016年度全省三八红旗手称号】 3月8日，在全省各界妇女纪念“三八”国际劳动妇女节107周年大会上，巴东县一中教师乔凤获2016年度全省三八红旗手称号，全州有6人获评。乔凤是巴东一中英语高级教师，曾5次受到州、县级奖励，多次参与国家、省、州级课题研究，撰写的论文在《中小学电教》《中小学实验室》《中国教育技术装备》等在国家、省级以上刊物发表，8篇论文在各级评比中获奖。

【巴东县全国绿色食品原料（柑橘）标准化生产基地续创成功】 3月13日，巴东县全国绿色食品原料（柑橘）标准化生产基地续创成功，有效期为2017年至2022年。这个是巴东县唯一一个国家级原料标准化生产基地，也是全州唯一一个国家级柑橘原料标准化生产基地。

【香浓寨生态有机茶示范园获评2017年湖北省休闲农业示范点】 4月24日，2017年湖北省休闲农业示范点名单公布，香浓寨生态有机茶示范园名列其中。香浓寨生态有机茶示范园位于水布垭镇南潭村，先后发展130多公顷生态有机茶示范园，茶旅互动，推动全村精准脱贫。

【巴东无臂青年陈兹方获评2017年“湖北青年五四奖章”】 5月，巴东县无臂青年陈兹方获评2017年“湖北青年五四奖章”。家住水布垭镇鞍场村的无臂青年陈兹方，身残志坚，凭着顽强毅力，用双脚代替双手，基本实现生活自理，注册成立“陈兹方铺子”，成为一名电商，为全县的脱贫攻坚注入正能量，曾获恩施州“五四青年奖章”。

【李峰获评全国优秀人民警察】 5月19日，公安部发布关于表彰全国公安系统优秀单位、优秀人民警察的命令，对1100名全国优秀人民警察进行表彰，巴东县公安局绿葱坡派出所所长李峰被评为优秀人民警察。李峰根据绿葱坡当地气候特点，创造性地开通“绿葱坡冬季路况直播”微信公众平台，实时直播绿葱坡冬季道路状况，使辖区道路交通事故大幅下降，以群众喜闻乐见的小视频等形式开展网络安全宣传，其事迹先后被湖北日报、中国新闻网等十几家媒体报道。

【巴东经济开发区的示范区建设】 5月24日，巴东经济开发区被省质量强省工作委员会办公室确定为恩施州首个“湖北省知名品牌示范区”。6月23日，巴东经济开发区被命名为湖北省“富硒农产品深加工产业”知名品牌创建示范区，是恩施州首个省级知名品牌创建示范区、全省首个以硒命名的省级知名品牌创建示范区。巴东县今大药业有限公司、湖北水布垭酒业有限公司、湖北巴东县劝农生态农业有限公司等13家知名企业成为示范区内创建知名品牌的骨干企业。

【巴东县城被命名为“国家卫生县城”】 7月14日，全国爱卫办发布《关于命名2014—2016周期国家卫生县城（乡镇）的决定》（全爱卫发〔2017〕4号）文件，巴东县城被命名为“国家卫生县城”。巴东印发《巴东县国家卫生县城创建实施方案》，相继取得“湖北省除四害先进城区”“省级健康促进县”“省级慢病示范区”。全县创建省级卫生乡镇6个、占乡镇总数的50%；省级卫生村100个，占行政村总数的33%。

【中共巴东县第十五届委员会第四次全体（扩大）会议】 8月2日，中共巴东县第十五届委员会第四次全体（扩大）会议召开。会议审议通过《中共巴东县委关于进一步加强村（社区）党支部建设的十条意见》。会议传达学习《习近平总书记在省部级主要领导干部专题研讨班开班仪式上的重要讲话精神》；领学新修改的《中国共产党巡视工作条例》和《关于市县党委建立巡察制度的意见》；对《中共巴东县委关于进一步加强村（社区）党支部建设的十条意见（讨论稿）》作起草说明。与会人员就《意见》进行分组讨论和审议。

【胡代燕获评第四届湖北省科普先进工作者】 8月15日，省人民政府印发文件，通报表彰第四届湖北省科普先进工作者，巴东县易达聚农杂粮专业技术协会理事长，易达聚农杂粮蔬菜作业技术协会会长胡代燕名列其中。胡代燕组建巴东县易达聚农杂粮专业合作社，有发证会员3081人，在全县105个村成立技术协会分会，在9个乡镇成立技术咨询服务处。合作社与华中农业科技大学，湖北省农科院、恩施州农科院建立稳定合作关系，成立“湖北省科技厅巴东校企共建黑色杂粮、蔬菜研发中心”“湖北省科协巴东易达院士专家工作站”，引进国家二级教授吴江生、杂豆首席专家万正煌等各类专家12人，省科技厅科技特派员4人。

【巴东县获评全国电子商务进农村综合示范县】 8月23日，2017年全国电子商务进农村综合示范县名单公布，巴东县名列其中。2017年国家级电子商务进农村综合示范县认定工作，由财政部、商务部、国务院扶贫办联合组织，获得国家级电子商务进农村综合示范县的县区将获国家财政2000万元的资金扶持，用于县、乡、村级物流体系建设，公共服务平台建设，电商服务站、品牌和质量保障体系建设，电商培训等。

【巴东县被命名为“中国廪君文化之乡”】 8月25日，中国民间文艺家协会以民协发〔2017〕13号文发布关于命名湖北省巴东县为中国廪君文化之乡决定，发文至湖北民间文艺家协会并巴东县人民政府。

【第一届巴东国际地质灾害学术论坛暨第七届青年工程地质学术研讨会】 8月26日至27日，第一届巴东国际地质灾害学术论坛（英文简称：BIGS 2017）暨第七届青年工程地质学术研讨会在巴东县城召开，来自美国、英国、德国、澳大利亚、加拿大、匈牙利、法国、新西兰和中国香港地区的知名专家、学者和研究生300余人参加会议。中国国家自然科学基金委地球科学部处长熊巨华，国土资源部地质环境司地质灾害处处长李晓春，中国地质大学（武汉）党委副书记唐辉明，恩施州副州长程水源等领导参加。研讨会由中国地质大学（武汉）、国家自然科学基金委员会地学部和巴东县委、县政府共同筹办完成，主题为“水库滑坡地质灾害防治”，其间安排12个主题报告、9个特邀报告和50个会议展板，开展“地质灾害演化过程”“地质灾害早期识别”“地质灾害监测预警”等6个专题交流与研讨；考察史家坡滑坡和黄土坡滑坡2个地质灾害点；清华大学、浙江大学、重庆大学和科研单位的18名青年学者汇报分享各自在相关领域取得的研究进展。

【巴东县黄土坡野外综合试验场申报“中国科协科普试验基地”】 9月2日，中国岩石力学与工程学会副秘书长徐文立带领专家组考察巴东县黄土坡野外综合试验场。专家组到黄土坡野外综合试验场，实地调研项目建设及运行情况，听取情况汇报。巴东野外综合试验场是教育部“长江三峡库区地质灾害研究优势学科创新平台”建设的关键工程，是中国地质大学集滑坡灾害教学、科研、生产于一体的综合性野外教学研究基地。该项目由巴东县政府与中国地质大学（武汉）共同合作建设，总投资3000万元，是进行地质灾害教学、科研的综合性野外教学研究基地，为地质灾害特别是滑坡治理提供基础性数据和科学技术支撑。专家组支持巴东将黄土坡野外综合试验场申报成“中国科协科普试验基地”。

【巴东县获评“2017年度全国重点产茶县”称号】 10月26日，在云南临沧召开的第十三届中国茶业经济年会上，巴东县获评“2017年度全国重点产茶县”称号。本次评选活动由中国茶叶流通协会和全国各省级茶叶行业社团组织联合开展，面向全国各产茶县（市、区）展示中国茶业成果。

【湖北省第一届“极目楚天舒”全民健身系列赛事2017游泳公开水域活动（巴东站）暨首届“畅游神农溪·横渡大三峡”冬泳邀请赛】 10月27日至29日，湖北省第一届“极目楚天舒”全民健身系列赛事2017游泳公开水域活动（巴东站）暨首届“畅游神农溪·横渡大三峡”冬泳邀请赛在巴东长江大桥水域举行。冬泳邀请赛有嘉宾、裁判员、运动员1000余人。其中运动员800余名，年龄最大的65岁，最小的18岁。分别来自广东、山东、浙江、江苏、安徽、福建、重庆、四川，以及武汉、宜昌、恩施等冬泳协会和冬泳运动俱乐部，共45支代表队参加。赛事由湖北省体育局、湖北省体育总会主办，中共巴东县委、巴东县人民政府、湖北省体育总局游泳跳水运动管理中心、湖北省游泳协会、恩施州文体新广局承办。邀请赛分为横渡大三峡和畅游神农溪2项内容。其间，举办旅游考察和美食文化节活动。湖北省第一届“极目楚天舒”全民健身系列赛事2017游泳公开水域活动属省级品牌赛事，巴东是首次承办此赛事。

【巴东县被命名为“国家园林县城”】 10月30日，国家住建部关于命名2017年国家园林城市的通报，巴东县被命名为“国家园林县城”。巴东县先后投入2.3亿元用于绿地建设，新增绿地91公顷，县城建成区绿化覆盖面积291.72公顷，绿化覆盖率为39%，绿地率为33.9%，人均公园绿地面积9.36平方米，各项指标均达到国家园林县城标准。

【“巴东郡贡茶”入选2017年度全国名特优新农产品果品类名录】 11月10日，“巴东郡贡茶”入选2017年度全国名特优新农产品果品类名录。“巴东郡贡茶”是巴东2017年推出的全县茶叶公用品牌，取自《茶经》《本草纲目》《图经本草》《湖北通志》等历史文献记载。

【巴东县部分乡（镇）、村获评全省2017年度“森林城镇”和“绿色示范乡村”】 11月10日，野三关镇获评湖北省“森林城镇”，官渡口镇西溪坝村，溪丘湾乡后坪村，绿葱坡镇香家垭村、祁家坪村，大支坪镇柏杨坪村，信陵镇土店子村，野三关镇铺坪村，沿渡河镇茅圩坪村，茶店子镇柏杉村，清太坪镇郑家园村，水布垭镇八斗坪村，东瀼口镇牛洞坪村、羊乳山村和金果坪乡长冲村获评湖北省“绿色示范乡村”。

【巴东县获评2017年“湖北省森林城市”】 11月11日，巴东县成功创建为2017年“湖北省森林城市”，县长郭玲在第四届湖北生态文化论坛上，接过2017年“湖北森林城市”牌匾。巴东县森林覆盖率为60.74%，建成区绿化覆盖面积214.11万平方米，公园绿地面积76.5万平方米，人均公园绿地面积9.36平方米。建成森林公园4个，公园广场13个，省级自然保护区7个，林下养殖企业26家，苗圃基地21个，道路总面积67.8万平方米，树冠覆盖面积32.65万平方米，通道绿化2830千米，已成功创建湖北省森林城镇1个，省级绿色示范乡村36个。

【《巴东县主城区城市设计及控制性详细规划》通过评审】 12月6日，华中科技大学、湖北省城市规划设计研究院等单位组成专家组，对《巴东县主城区城市设计及控制性详细规划》进行评审，对《规划》提出改进建议和意见，原则同意通过该《规划》，建议经进一步修改完善后按程序上报。

【邓绍南被表彰为全国农业劳动模范】 12月22日，人力资源社会保障部、农业部关于表彰全国农业劳动模范和先进工作者的决定发布，巴东县兴余绿色农产品种养专业合作社执行理事邓绍南被表彰为全国农业劳动模范。邓绍南注册巴东县兴余绿色农产品种养专业合作社，组建成立巴东县楠柏生态农业发展有限公司，采取“公司＋合作社＋基地＋农户”的模式进行野猪养殖，成功注册“巴野”商标，引进野猪食品精深加工生产线，推出秘制野猪肉干、野猪扣肉、野猪腊蹄等系列风味食品，成为巴东吸纳就业、助农增收和产业脱贫的农业实力企业。

【野三关镇获省特色小镇“酿酒小镇”】 12月20日，省政府办公厅印发《湖北省特色小镇创建工作实施方案》，公布首批20个特色小镇创建名单，巴东县野三关镇作为酿酒小镇名列其中。野三关镇地处北纬30度，北宋寇准时期有酿酒的传统，有白酒生产企业4家，坊式酒厂126家，基酒生产线设计生产能力25000吨/年，成品酒设计生产能力98000吨/年，产品涵盖酱香型、清香型和浓香型3种类型。

【巴东县部分乡（镇）、村获评恩施州“美丽乡镇、美丽村庄”】 12月22日，恩施州“美丽乡镇、美丽村庄”评选出10个美丽乡镇和78个美丽村庄。巴东县沿渡河镇被评为美丽乡镇；官渡口镇蔡家村、茶店子镇茶庵寺村、野三关镇石桥坪村、绿葱坡镇野花坪村、大支坪镇十二岭村、水布垭镇围龙坝村、清太坪镇八字岩村、溪丘湾乡白湾村、金果坪乡江家村等10个村庄被评为美丽村庄。

【《巴东县高铁新区城市设计》获城市规划类一等奖】 12月22日，2017年度湖北省优秀城乡规划设计奖获奖项目中，《巴东县高铁新区城市设计》（以下简称《设计》）获城市规划类一等奖。该《设计》由中南建筑设计院股份有限公司编制，历经一年时间，与巴东县委、县政府和规划部门协作完成，依托“集聚枢纽、功能复合，空间缝合、联动开发，城水共生、秘境巴东”的规划理念，构建山体、水体生态网络，打造山、水、城、景交融的旅游新区、特色城镇。

【易盛荣获“全国人力资源和社会保障系统先进工作者”】 12月29日，在全国人力资源社会保障系统先进集体和先进工作者表彰大会上，巴东县人社系统工作人员易盛荣被人社部表彰为“全国人力资源和社会保障系统先进工作者”。

【巴东县“四大家”领导人】

中共巴东县委员会
书记：单艳平（土家族）
副书记：郭　玲（女，土家族）
　　王国玮（土家族）
常委：单艳平（土家族）
　　郭　玲（女，土家族）
　　王国玮（土家族）
　　赵久胜
　　田爱民（土家族）
　　张亚平（土家族）
　　牟来举（土家族）
　　邓亚敏
　　钱才东（土家族）
　　贾继建
　　向　宁（土家族，挂职）

巴东县人民代表大会常务委员会
主任：向　东（女，土家族）
副主任：胡庆平
　　师　艺
　　潘世奎（土家族）
　　王德曙（土家族）
　　唐　耘（女）

巴东县人民政府
县长：郭　玲（女，土家族）

常务副县长：钱才东（土家族）
副县长：谢成校（土家族）
黄艳妮（女，土家族）
何祖爱（土家族）
肖金科（挂职）
雷玉龙（土家族）
易开美（土家族）
李斯君（挂职）
卓达松（挂职）
向　宁（土家族，挂职）
王继建（挂职）
中国人民政治协商会议巴东县委员会
主席：刘太可
副主席：向凤英（女，土家族）
李　闯（土家族）
刘传谊（土家族）
向孔辉（土家族）
向秀忠（土家族）

（傅瑞丰）
编辑　梁卫民

宣恩县

【概　况】 宣恩县位于恩施土家族苗族自治州南部，地处北纬29° 32′ 46″—30° 13′ 36″，东经109° 10′ 50″—109° 55′ 52″。南北长73.9千米，东西宽71.5千米。东接鹤峰，西南邻咸丰、来凤，东北、西北及北部与恩施市交界，东南与湖南省龙山、桑植等县接壤。全县土地面积2737.17平方千米，分别占全省、全州土地面积的1.47%、11.39%。耕地总资源38658公顷，年末常用耕地24743公顷。209国道由北入至西南出，椒（园）石（门坎）省道、鸦（雀岭）当（阳坪）省道一北一南横串东西方向呈“工”字形。县城距恩施许家坪机场53千米，距宜（昌）万（州）铁路恩施站51千米，距沪蓉西高速公路恩施西入口40.5千米，距长江巴东港234千米。县境内恩来恩黔高速起于恩施松树坪、至晓关侗族乡倒洞塘野鸡坳分蘖成“人”字形三岔互通枢纽：向南经康家坡、忠建河大桥、大茅坡隧道，纵贯高罗镇、沙道沟镇、李家河镇，至来凤县关口，是国家高速公路网银北（银川至北海线）的一部分；向西经大岩坝隧道、龙桥湾大桥、至咸丰茶园坡隧道，对接恩黔高速公路重庆段，为包茂（包头至茂名）高速公路的一部分。恩来恩黔高速宣恩境内有宣恩（椒园）、晓关、高罗3个出入口（收费站），有李家河、晓关2个服务区，县城距宣恩（椒园）收费站11.5千米。

【自然资源及旅游景点】 县境内两大水系（贡水、西水）4条主要河流的水能理论蕴藏量为55万千瓦，已勘察论证可开发量为40万千瓦，占理论蕴藏量的73%。已探明的矿有33种，矿产地（矿点）132处。主要矿种有煤矿、铜矿、铁矿、铅锌矿、硫铁矿、炭质页岩、石英矿、白云岩、生物大理石、石灰岩、菊花石、黑滑石、紫砂陶土等。据1998年全县野生动物调查统计，境内有野生动物8目20科，共176种，其中兽类45种，鸟类94种（候鸟12种），爬行类19种，两栖类18种；另有昆虫类60余种。境内高等植物5000余种，维管束植物183科752属2027种，常见乔、灌木有96科215属882种及63个变种。国家一级保护树种有水杉、珙桐、光叶珙桐、银杏、伯乐树（钟萼木）、红豆杉、南方红豆杉、苏铁、银杉等9种；国家二级保护树种有36种。按国家标准《旅游资源分类、调查与评价》（GB/T18972 — 2003）中旅游资源的分类分级系统，在旅游资源类型的8大主类（地文景观类、水域风光类、生物景观类、天象与气候景观类、遗址遗迹类、建筑与设施类、旅游商品类、人文活动类）31个亚类和155个基本类型中，宣恩县旅游资源8大主类齐全，31亚类中宣恩县有22亚类，占71%，在155个基本类型中，宣恩县有58个，占37%。县境内峰峦跌宕，山重水复，历史悠久，生态文化、民族文化、土司文化、红色文化特色纷呈。七姊妹山国家级自然保护区有较好的原始森林。贡水和酉水两大水系山清水秀，景色宜人。土家寨子沙道沟镇彭家寨土家吊脚楼群（国家重点文物保护单位）、椒园镇庆阳坝土家凉亭街建筑风格独具。苗族寨子高罗小茅坡营苗族村寨是湖北省唯一保留完整苗语的苗寨。侗族寨子有1734年修建的晓关张官铺侗寨、半边火塘，有古树、古渡口、造纸坊、鞭炮坊、水碾坊、油榨坊的野椒园杨家院子、张家院子侗寨。宣恩县是“湖北省民间文化艺术（滚龙连厢）之乡”，有中国传统村落4个（沙道沟镇两河村、椒园镇庆阳坝村、长潭河侗族乡两溪河村、晓关侗族乡野椒园村）。宣恩伍家台乡村休闲度假区为国家AAAA级旅游景区。国家级非物质文化遗产2项（薅草锣鼓和三棒鼓），省级非物质文化遗产10项，州级非物质文化遗产25项，县级非物质文化遗产46项。宣恩县每年举办水上运动会、龙舟赛、广场舞大赛、贡茶艺术节、白柚采摘节、高山露营节等活动。张官合渣、晓关豆腐、覃家坪米粑粑、沙道沟油粑粑、李家河大蔸菜、椿木营水酸菜、椒园苞谷粑、双龙湖清水鱼、龙洞大块鸡、万寨油茶汤为宣恩县特色饮食。人文景观有凌云塔、鼓台山烈士陵园、板栗园大捷纪念碑、贺龙收编神兵旧址——晓关禹王宫、猫子庄宣恩县苏维埃政府旧址、烧粑岩湘鄂西中央分局会议旧址、文澜桥、钟楼、侗族鼓楼等。国内革命战争时期，宣恩县是湘鄂西、湘鄂川黔根据地重要组成部分，红军收编的第一支神兵为晓关联英会，板栗园伏击战被写入《中国工农红军第二方面军战史》。

【行政区划与人口】 全县有14个民族，汉族人口占33.6%，13个少数民族占66.4%。其中，土家族占41.9%，苗族占10.2%，侗族占13.9%；还有彝族、回族、白族、满族、壮族、蒙古族、畲族、傣族、朝鲜族、维吾尔族等。晓关乡、长潭河乡为侗族乡。

2017年，宣恩县辖珠山镇、椒园镇、沙道沟镇、李家河镇、高罗镇、晓关乡、万寨乡、长潭河乡、椿木营乡，1个工业园区（副县级），5个社区居委会，279个行政村，2698个村（居）民小组。土地面积2737.17平方千米，耕地总资源38658公顷，年末常用耕地24743公顷。全县年末总人口358032万人。其中，男性人口187973万人，占总人口的52.5%；女性人口170059万人，占总人口的47.5%。年末全县常住人口30.58万人，其中城镇人口11.22万人，城镇化率为36.70%。全年出生人口3863人，出生率为10.28‰；死亡人口2190人，死亡率为5.83‰。人口自然增长率为4.5‰。出生人口性别比108.92（女为100）。

2017年宣恩县乡（镇）基本情况表

表24

乡（镇）	区域面积（平方千米）	年末常用耕地面积（公顷）	粮食作物播种面积（公顷）	粮食产量（吨）	总户数（户）	年末总人口（人）	村、社区（个）				公共财政收入（万元）	党委书记，乡（镇）长、常务副乡长（12月底在职）
							社区	居民小组	村	村民小组		
珠山镇	163.77	1602	2879	11033	17097	46185	5	49	19	172	21627.00	曾　伟　戴　青
椒园镇	175.97	1477	2445	7489	8444	25739	—	—	21	188	775.23	袁永灿　向莲花
沙道沟镇	649.95	4282	6528	24366	22502	66597	—	—	49	522	1635.60	朱朝春　秦正才
万寨乡	183.58	2253	3490	10672	9852	30031	—	—	24	244	424.82	谭华军　张艳丽
晓关侗族乡	421.38	4271	5739	18385	14877	42330	—	—	40	441	187.56	唐　猛　黄　义

续表 24

乡（镇）	区域面积（平方千米）	年末常用耕地面积（公顷）	粮食作物播种面积（公顷）	粮食产量（吨）	总户数（户）	年末总人口（人）	村、社区（个）				公共财政收入（万元）	党委书记，乡（镇）长、常务副乡长（12月底在职）
							社区	居民小组	村	村民小组		
李家河镇	216.79	3226	4705	19951	14820	52242	—	—	40	352	756.23	唐　刚　明关祝
长潭河侗族乡	432.71	3634	5245	15042	13784	37301	—	—	39	361	281.85	龚家邦　谢迭胜
高罗镇	287.18	2675	5514	12402	14678	45297	—	—	32	313	286.16	彭　超　陈　涛
椿木营乡	205.84	1323	1448	4143	4588	12310	—	—	15	84	584.30	尤　浩　徐兆海
合　计	2737.17	24743	37993	123483	120642	358032	5	49	279	2677	26559.75	

【经济发展】 2017 年全县实现生产总值 661619 万元，剔除价格因素，比上年增长 6.8%。其中，第一产业增 9 加值 161250 万元，增长 4.3%；第二产业增加值 190924 万元，增长 5.8%；第三产业增加值 309445 万元，增长 8.9%。按年均常住人口计算，全县人均生产总值 21685 元。全县三次产业结构由 2016 年的 25.5 : 28.6 : 45.9 变为 24.4 : 28.8 : 46.8，第一产业比重下降 1.1 个百分点，第二产业上升 0.2 个百分点，第三产业上升 0.9 个百分点。第三产业增长 8.9%，高于生产总值增速 2.1 个百分点。其中，金融业增长 11.6%，其他服务业增长 10.2%，建筑业增长 7.4%，批发零售业、住宿餐饮业、房地产业分别增长 6.9%、6.8%、5.4%，交通运输、仓储和邮政业增长 4.5%。全年实现地方财政总收入 53895 万元，增长 14%，其中，地方公共预算收入 35508 万元，增长 12.3%。税收收入 26789 万元，占地方公共预算收入的 75.4%。地方公共预算支出 299224 万元，增长 8%。其中，一般公共服务支出 31320 万元，增长 10.3%；公共安全支出 8405 万元，增长 11.8%；教育支出 51626 万元，增长 18.6%；科学技术支出 2917 万元，增长 4.7%；社会保障和就业支出 36068 万元，增长 2.4%；医疗卫生和计划生育支出 37437 万元，增长 26.1%；节能环保支出 7034 万元，下降 12.74%；城乡社区支出 7431 万元，下降 29.3%。全年实现农林牧渔业总产值 286608 万元，比上年增长 4.3%（可比价增幅，下同）。其中：农业产值 169712 万元，增长 5.5%，林业产值 3884 万元，下降 25.1%，畜牧业产值 109382 万元，增长 4.8%，渔业产值 2240 万元，下降22.9%，农林牧渔服务业产值1390万元，增长 3.7%。实现农林牧渔业增加值 162619 万元，比上年增长4.5%。全年粮食种植面积37990公顷，比上年增长 1.1%，其中，夏粮种植面积 10190 公顷，比上年增长0.5%；秋粮种植面积27800公顷，比上年增长 1.3%。中草药材播种面积 9940 公顷，比上年增长 1.6%；烟叶种植面积 4160 公顷，比上年减少 13.7%；年末实有茶园面积 15680 公顷，比上年增长 5.8%；年末果园面积 12540 公顷，比上年增长 5%。全县农村用电量 6144.80 万千瓦时，比上年增加 365.74 万千瓦时；化肥施用量（折纯）25899 吨，比上年减少 705 吨。新发展农民专业合作社 138 家，累计 677 家，合作社成员数 33988 个。全县种植大户 269 户，比上年增加 22 户。

全县规模以上工业企业 62 家，其中，产值过亿元的 6 家，年末从业人员 3596 人。完成工业总产值 328586 万元，比上年增长 10.1%。其中，轻工业产值 236616 万元，增长 7.8%；重工业产值 91970 万元，增长 16.3%。实现销售产值 321955 万元，比上年增长 10%，产销率 98%。规模以上工业增加值按可比价格计算，增长 4.7%。全县社会用电量 27640 万千瓦时，同比增长 19.3%，其中工业用电量 6973 万千瓦时，增长 8.2%。全年规模以上工业企业营业收入328586万元，比上年增长10.1%；实现利润总额22749万元，增长8.9%；资产总额347254万元，增长6.6%；负债总额161253万元，增长3%。全县完成工业总产值52.3亿元，同比增长14.7%；实现工业增加值14.59亿元，剔除价格因素增长5.3%。

全年完成固定资产投资530527万元（不含农村私人投资），比上年增长18.8%。其中，500万元以上项目投资476212万元，增长18.3%；房地产开发项目投资54315万元，增长22.8%。项目投资分产业看，第一产业投资23769万元，增长314.2%；第二产业投资83929万元，下降24.9%；第三产业投资422829万元，增长28.4%。全县具有资质等级的建筑企业5家，年末从业人员1309人，实现总产值72043万元，比上年增长12.2%；房屋建筑施工面积14万平方米，增长3%。

年末全县具有资质等级的房地产开发企业7家。商品房施工面积22.25万平方米，比上年下降45.4%；商品房销售面积18.51万平方米，增长14.1%；商品房销售额63925万元，增长6.2%。

全县限额以上商贸企业35家。其中，批发企业2家，零售企业26家，住宿企业3家，餐饮企业4家。全县累计完成社会消费品零售总额423748万元，比上年增长11.3%。其中，按规模分：限额以上零售额48504万元，增长21.8%；限额以下375244万元，增长10.1%。按销售地分：城镇零售额296624万元，增长11.5%；乡村零售额127124万元，增长10.9%。按行业分：批发零售业376161万元，增长11.3%；住宿餐饮业47587万元，增长11.4%。全县外贸出口总额2600万美元，比上年增长11.6%；利用外资695万美元，增长32.6%；招商引资累计到位资金336420万元，增长16.7%。

【社会发展】 全年交通运输、仓储及邮政业实现增加值25412万元，剔除价格因素增长4.5%。全县境内高等级公路369千米，行政村通公路率为100%。年末公交车8路，实有公共汽（电）车营运车辆34辆、出租汽车64辆。年末全县AAA及以上级旅游景区2个（伍家台乡村旅游度假区AAAA级，上好硒博园AAA级），3星级及以上饭店2家（金源国际酒店AAAA级，新欣大酒店AAA级）。

年末全县金融机构各项存款余额960012万元，比年初增加105623万元，增长12.4%。其中：住户存款549715万元，比年初增加78370万元，增长16.6%；非金融机构企业存款144894万元，比年初增加46707万元，增长47.6%；广义政府存款265390万元，比年初减少19455万元，下降6.8%。金融机构各项人民币贷款余额509832万元，比年初增加119659万元，增长30.7%。其中：住户贷款243113万元，比年初增加49115万元，增长25.3%；非金融企业及机关团体贷款266692万元，比年初增加70517万元，增长36%。

全县有学校105所，其中，普通小学88所，普通中学15所，中等职业教育学校1所，特殊教育学校1所。年末全县专任教师总数2247人，其中，小学专任教师1163人，普通中学专任教师999人，中等职业教育学校在校教师72人。在校学生总数37714人，其中，小学在校生22023人；普通中学在校生14201人；职业学校在校生1414人；特殊教育学校76人。全县幼儿园43所，幼儿在园人数8616人。全县学前三年毛入园率为83.5%，小学适龄儿童净入学率为100%，初中三年巩固率为98.9%。全年发放学前教育补贴3852人次192.6万元，义务教育阶段家庭经济困难学生生活补助17607人次、760.34万元，中等职业教育助学金1939人次、193.9万元，普通高中助学金2013人次、277.6万元，免学费1996人次、170.97万元。全年高新技术产业总产值30895万元，实现高新技术产业增加值7165万元，占生产总值比重为1.08%，按可比价计算，比上年增长8%。全县有剧场、影剧院1个，公共图书馆1个，馆藏图书 8.49 万册。电视覆盖率 99.6%，广播覆盖率 99%，村村通有线电视。各级医疗卫生机构 271 个，床位数 1378 张；卫生技术人员 1386 人，其中执业（含助理）医师 432 人。全年婴儿死亡率为 4.69‰，5 岁以下儿童死亡率为 7.45‰。社会福利收养性单位 11 个，收养性床位 1165 张，收养性社会福利单位收养人数 253 人。全县城镇居民最低生活保障人数 465 人，农村居民最低生活保障人数 13406 人。

全县全体居民人均可支配收入 13471 元，比上年增长 9.8%。农村常住居民人均可支配收入 9408 元，增长 10%；人均生活消费支出 7743 元，增长 11.4%。城镇常住居民人均可支配收入 24954 元，同比增长 9.5%；人均生活消费支出 17646 元，同比增长 10%。农村、城镇居民恩格尔系数分别为 39.8%、33%。城镇登记失业人员 950 人，比上年减少 210 人；城镇新增就业人员 5330 人。企业基本养老保险参保 30291 人，城乡居民社会养老保险参保 177398 人，失业保险参保 9483 人，城镇职工基本医疗保险参保 16371 人，城镇居民基本医疗保险参保 15321 人，工伤保险参保 11100 人，生育保险参保 5253 人。

创建“仙山贡水浪漫宣恩”旅游区，加强旅游基础设施建设，实施县城净化、绿化、亮化、美化工程，完善贡水河国家湿地公园，双龙湖，文澜桥，音乐喷泉，民族风情街，土、苗、侗族特色标志性建筑鼓楼、钟楼，宝塔山森林公园等景点建设。与北京摩拜科技公司签订合作协议，在县城区内投放共享单车 960 辆。全县有污水处理厂 1 个，污水处理厂集中处理率为 100%，城市污水处理率为 90.1%。落实城区垃圾全封闭清运、中转和无害化处理，机械化作业面积近 60.7 万平方米，机械清扫率为 86%，全年清运、中转生活垃圾 24120 吨，处理率为 100%，落实城区环卫日常清扫保洁作业精细化、常态化管理。

全年查处治安案件 932 件，人民法院审结案件 2061 件，其中刑事案件 121 件。火灾事故发生数 71 起，无人员死亡，直接经济损失 214 万元，火灾发生率 2 次 / 万人。

【全面从严治党向纵深发展推进会暨县纪委十五届二次全会】 2 月 10 日，宣恩县召开全面从严治党向纵深发展推进会暨县纪委十五届二次全会。县委书记、县人大常委会主任刘智勇就学习贯彻中央、省、州纪委全会，特别是习近平总书记重要讲话精神，扎实做好全县党风廉政建设和反腐败工作，推动全面从严治党向纵深发展作重要讲话；县委常委、县纪委书记曾志敏代表县纪委常委会作《对标看齐务实重行推动全面从严治党向纵深发展》的工作报告，安排部署 2017 年全县党风廉政建设和反腐败工作。相关单位负责人述责述廉并接受县纪委委员现场提问。会议通报表彰 2016 年度全县纪检监察系统绩效考评优胜单位，并审议全会决议。

【宣恩县 4 个村被命名为第二批“中国少数民族特色村寨”】 3 月 3 日，《国家民委关于命名第二批中国少数民族特色村寨的通知》（民委发〔2017〕34 号）印发，决定命名 717 个村寨为第二批“中国少数民族特色村寨”，予以挂牌，宣恩县高罗镇小茅坡营村、板寮村、椒园镇庆阳坝村、万寨乡伍家台村名列其中。

【追授苏祖辉“恩施青年五四奖章”】 3 月 28 日晚 11 时左右，在东莞市企石镇务工的宣恩县沙道沟镇青年苏祖辉等与 2 名劫匪搏斗，苏祖辉身中 8 刀因伤势过重、失血过多，经抢救无效，不幸身亡。4 月 1 日，2 名犯罪嫌疑人到当地公安机关投案自首。4 月 12 日，共青团恩施州委追授苏祖辉“恩施青年五四奖章”。4 月 15 日，苏祖辉家祭仪式在沙道沟镇红石村举行，“大夜”不收礼金，红石村为其举行追悼会。

【伍家台休闲农业园等被认定为 2017 年湖北省休闲农业示范点】 4 月 27 日，《省农业厅、省旅游发展委员会关于公布 2017 年湖北省休闲农业示范点的通知》(鄂农函〔2017〕100号)认定140家单位为2017年湖北省休闲农业示范点，宣恩县伍家台休闲农业园、宣恩县绿康源生态农庄名列其中。

【官千水库水源工程导流洞、交通洞分部工程验收会】 4月28日，宣恩县官千水库水源工程导流洞、交通洞分部工程验收会在晓关侗族乡小溪村举行。官千水库水源工程是宣恩县“十二五”规划的重点水源性项目之一，于2013年6月立项，2015年12月获中国烟草总公司(中烟办〔2015〕339号)批准兴建。工程包括改线交通洞及导流洞、防空洞施工。导流洞、交通洞分部工程于2016年7月5日开工，分别于2017年1月25日、2016年11月26日完工。验收会上，工程验收专家组最后讨论通过阶段验收签证书，经过严格评定，交通洞具备通车、导流洞具备过流条件，官千水库水源工程导流洞、交通洞分部工程通过验收。

【宣恩县推行河长制】 5月17日，《宣恩县全面推行河长制实施方案》印发，对全县121条大小溪沟开展调查摸底、登记造册，境内30条流域面积在50平方千米以上、河长在5千米以上的河流纳入“河长制”河道管理范畴，实施县、乡(镇)、村三级“河长制”。县河长制办公室设在县水利水产局，负责全县推进河长制工作联席会议的日常工作和河长制实施的组织、监督、协调、考核等工作。各乡镇相应设立河长制办公室。实现“河长”公示牌全覆盖，境内30条河流所涉乡镇、沿河行政村辖区河段设立“河长”公示牌，设一级“河长”公示牌8块(县领导)和二级“河长”公示牌157块(乡镇领导)。确定村级“河长”169人，制定《“河长制”工作考核办法》《河长责任制度》等制度，明确各级河长、信息员、保洁员管辖范围。全年累计印发河道管理、渔业资源保护公告2000余份，印发水法律法规宣传手册500份。

【贡水河发现桃花水母】 8月初，宣恩市民在贡水河纳凉时，多次发现一种通体透明、像小伞在水中一张一缩上下飘荡的不明生物，经专家鉴定，此生物为“桃花水母”。桃花水母是一种淡水生活的小型水母，为世界级濒危物种，是国家一级保护动物，有“水中大熊猫”之称，是名副其实的“活化石”，具有极高的研究价值和观赏价值。桃花水母生活在清洁的江河、湖泊之中，在同一地点常年(或每年)出现的现象十分罕见，它的出现，标志着贡水河水质良好。

【中武当遗址进行野外清理(考古)作业】 8月23日至9月12日，宣恩县文物局组建考古队，对中武当遗址进行野外清理(考古)作业，对遗址表面杂草灌木进行清理，对地表文物进行搜集，总清理(考古)面积9000多平方米。中武当遗址位于宣恩县长潭河侗族乡猫村子村1组铜钟山顶，在贡水河与叉槽河交汇之畔，最高海拔为1010米，东西北三面系贡水河环绕，四周绝壁，山顶平坦，形若葫芦，石灰岩质结构，四方悬崖陡壁，高险殊绝。经清理，原建筑基址明显，地面建筑已毁。其建筑物为依照山体修建的三进院落，每进院落刚好处在一个台地上，共3个台地。第一台地包括石道、山门、采石场和地母庙；第二台地包括灵官殿、观音殿和水井；第三台地建有三进四合天井院，名为大殿(玉皇楼)，处于核心区域。大殿(玉皇楼)西至100米处名为龙头香，有凉亭遗迹1处。总建筑面积约700平方米。经统计，地面遗存文物有完好青石条石3块；残青石条石2块；残青石门登2块；青石门檐2个；各式柱础12个；完好的功德碑3块，残碑若干；石狮1只；挖掘烧制有“中武”二字的碎瓷片1块。

【“宣恩市民之家”启用】 11月20日，宣恩市民之家启用，实现一站式服务、集中办理本级政府权限范围内行政许可、政务服务、公共服务事项。市民之家位于珠山镇人民路129号，2015年

1月动工修建，占地面积11634平方米，建筑面积18000平方米。全县具有行政审批、政务服务、公共服务职能的49个部门全部进驻市民之家政务服务中心办事大厅办公，设有145个服务窗口，涉及行政审批事项214项、政务服务事项140项。

【伍家台村获“全国文明村镇”称号】 11月17日，中央精神文明建设指导委员会授予宣恩县万寨乡伍家台村第五届“全国文明村镇”称号。伍家台村位于万寨乡集镇之南，距宣恩县城、万寨集镇各15千米。全村土地面积8.5平方千米，辖17个村民小组，572户，2068人。全村有茶园300.67公顷，其中有机认证240公顷，大小茶叶加工企业11家，规模以上企业1家。2016年，伍家台贡茶文化旅游区通过国家AAAA级旅游景区验收。伍家台村注重贡茶文化，群众文体活动丰富，依托产业基础、文化优势和品牌效应，走出一条茶旅融合富民强村的产业扶贫之路，先后被授予“湖北省休闲农业示范村”、湖北省第三批“宜居村庄”“湖北省绿色示范乡村”、湖北省首届荆楚最美村镇之“最佳景观奖”等称号。

【宣恩县扶贫领域监督执纪问责】 5月，宣恩县启动运用大数据对精准扶贫政策落实情况进行监督检查工作，采集源数据228万条、比对数据186万条，比对并交办问题数46912条。按照线索真伪不查结不放过、资格条件不核准不放过、资金去向不查明不放过、办理程序不查清不放过、责任人责任不厘清不放过的要求，全县抽调693人组建171个核查专班，抽调109人组建9个巡查督导组、2个再监督组进行全面核查督导，查实问题线索10857条，查实率为23.1%；巡查督导组抽查复核8030条，抽查率为33.7%，查否转查实429条。9月6日，召开大数据监督检查整改执纪问责工作部署会，安排部署大数据监督检查整改执纪问责工作。全县纪检监察机关扶贫领域立案审查68件；对10月州纪委扶贫专班明察暗访宣恩县发现的80条问题线索，进行分类核查、督办、整改和追责问责；对上级交办扶贫领域信访件及重点问题线索实行“挂牌督办”，办结省纪委交办的扶贫领域资金闲置等问题线索，问责处理152人；州纪委挂牌督办11件，立案8件，初核了结3件，纪律处分8人，组织处理3人。开展整改问责工作，大数据监督检查立案审查43人，运用“第一种形态”处理167人、263人次，追缴违纪违规资金22.5万元；全县取消不符合政策对象5133人，纳入符合政策对象5387人。

【宣恩县第十八届人民代表大会第二次会议】 12月23日至25日，宣恩县第十八届人民代表大会第二次会议在县城召开。大会听取和审议县人民政府、县人大常委会、县人民法院、县人民检察院工作报告；审查和批准县2017年国民经济和社会发展计划执行情况与2018年国民经济和社会发展计划草案的报告，批准2018年国民经济和社会发展计划；审查县2017年财政预算执行情况与2018年财政预算草案的报告，批准2018年财政预算；审查县十八届人大第一次会议代表议案、建议、批评和意见办理情况的报告；补选县十八届人大常委会主任、副主任、委员；选举县监察委员会主任。会议通过关于县人民政府、县人大常委会、县人民法院、县人民检察院工作报告的决议，关于县2017年国民经济和社会发展计划执行情况与2018年计划的决议，关于县2017年财政预算执行情况与2018年财政预算的决议。选举唐斌为宣恩县第十八届人民代表大会常务委员会主任，李川为副主任，朱昌顺、杨仕荣、谭友弟为委员；曾志敏为宣恩县监察委员会主任。

【2017年湖北省暨恩施州保护野生动物宣传月活动启动仪式】 11月6日，2017年湖北省暨恩施州保护野生动物宣传月活动启动仪式在宣恩人民广场举行。活动由湖北省林业厅、恩施州人民政府、湖北省野生动植物保护协会、湖北省湿地保护基金会共同主办，宣恩县人民政府、恩施州林

业局、湖北省野生动植物保护总站共同承办。活动主题是“保护野生动物，推进生态文明”。省政协副主席王振有出席启动仪式并宣布活动启动。会议为“最美野生动物守护人”、第二届湖北省林业系统职工观鸟比赛8个获奖代表队、12个省野保协会团体会员、“湖北省保护野生动物宣传月活动突出贡献奖”相关人员和单位授奖授牌。

【“聚力脱贫攻坚，人大代表在行动”活动】 2017年，按照省、州人大的安排部署，宣恩县人大常委会组织全县583名乡镇人大代表，200名县人大代表，43名州人大代表以及省、州安排到宣恩县参加活动的全国、省、州人大代表，划分为55个代表小组开展二次活动。第一次代表小组活动主题为“脱贫政策知晓落实情况，到户帮扶措施是否精准”。7月10日，55个代表小组活动全部完成，走访贫困户1479户，收集代表建议意见283条，分别交县政府、乡镇政府办理，乡镇代表之家、代表小组活动室规范化建设基本完成。第二次代表小组活动主题为“回头监督，办理落实，促精准脱贫一度三率达标”。11月10日至18日，各代表小组相继开展活动，对“代表行动”第一次活动提出的建议意见办理情况进行听取汇报、重点督查、现场查看和满意度测评。重点督查73条建议意见，察看91处现场，重点走访301户贫困户。建议意见得到解决的276条，占97.5%，正在解决7条，占2.5%，满意率为99%。

【中共宣恩县委十五届四次全体（扩大）会议】 12月21日，中共宣恩县委十五届四次全体（扩大）会议在宣恩市民之家召开。会议主题为：以党的十九大精神为指引，确保2018年顺利脱贫摘帽。大会书面报告县委常委会、县纪委2017年工作，讨论通过《中共宣恩县委十五届四次全体（扩大）会议决议》。全会决定免去朱瑾中国共产党宣恩县第十五届委员会委员职务；递补明关祝为中国共产党宣恩县第十五届委员会委员。

【监察体制改革试点】 12月1日，制定《宣恩县深化国家监察体制改革试点实施方案》《宣恩县监察委员会领导班子组建方案》《宣恩县检察机关机构职能人员转隶方案》，成立县监察体制改革试点工作领导小组，县委书记刘智勇任领导小组组长。12月21日，按照方案完成转隶8人。12月25日，宣恩县第十八届人民代表大会第二次全体会议选举曾志敏为宣恩县监察委员会主任。12月27日，宣恩县监察委员会正式挂牌。

【宣恩县“四大家”领导人】

中共宣恩县委

书记：刘智勇

副书记：习　覃（女，土家族）

　　　　王　波（土家族）

常委：刘智勇

　　　　习　覃（女，土家族）

　　　　王　波（土家族）

　　　　龙志刚（侗族）

　　　　刘红艳（女，土家族）

　　　　曾志敏（土家族）

　　　　周志斌

　　　　邵爱华（土家族）

　　　　谢世鸿（土家族）

　　　　覃国锋（土家族）

宣恩县人大常委会

主任：唐　斌（土家族）

副主任：姚元文（侗族）

　　　　覃正彪（土家族）

　　　　史红珍（女，土家族）

　　　　乾维德（土家族）

　　　　李　川（土家族）

宣恩县人民政府

县长：习　覃（女，土家族）

副县长：邵爱华（土家族）

向建强（土家族）
张友刚（土家族）
李家锦（土家族）
胡晓洪（侗族）
向重臣（土家族）
罗文骏（挂职）
朱正东（挂职）
黄家勇（土家族，挂职）
胡明辰（挂职）

政协宣恩县委员会

主席：黄同元（土家族）

副主席：黄玉贤（土家族）
钟昌泽（侗族）
陶　华（女，土家族）
姚　敏（侗族）
李明然

（江安鸣）

编辑　梁卫民

咸丰县

【概　况】 咸丰县位于恩施土家族苗族自治州西南部，云贵高原东延武陵山余脉与大巴山之间，北纬 29° 19′ 28″—30° 2′ 54″，东经 108° 37′ 8″—109° 20′ 8″。南北长 80.38 千米，东西宽 68.95 千米。东接宣恩，东南邻来凤，南与重庆酉阳接壤，西界重庆黔江，北连利川，东北接恩施市。全县区域面积 2550 平方千米，分别占省、州的 1.3%、9.4%。县治高乐山镇至州府公路里程 93 千米、至省府 655 千米。

【自然资源环境及景观】 县内河流分属乌江、清江、沅江三大水系，主要有忠建河、曲江、龙洞河、南河、青狮河、龙嘴河、蛇盘溪、冷水河、白家河、唐崖河。境内湖泊主要有小南海和汪大海，小南海距咸丰县城西 75 千米，为全国保护完好的地震遗址之一。全县有地表水资源 23.85 亿立方米，多年平均入境客水 7.56 亿立方米，多年平均每平方千米产水量 93.97 万立方米。县内出露较大山泉有 91 处，常年流量在 0.1 立方米 / 秒以上的 36 处。2005 年《咸丰县“十一五”水电农村电气化建设规划》测算县水能蕴藏量为 24.68 万千瓦，可开发量为 22.85 万千瓦（水电装机容量 14.5051 万千瓦）。县境内已开发利用和发现的矿产有煤炭、石煤、铝土矿、高岭土、耐水性黏土、硅矿、磷矿、铁矿、铅锌矿、铜矿、汞矿、萤石矿、重晶石、白云石、大理石、石灰石等 20 余种。煤炭累计资源量 4962 万吨，其中探明资源量 3846 万吨。大理石属石灰岩型，总储量 3.8 亿立方米。方解石主要位于忠堡、丁寨等地，仅忠堡矿区探明资源量 525 万吨。

境内有木本植物 100 余科，300 多属，1000 余种。属国家一级保护植物有 9 种，国家二级保护植物有 41 种。百年以上的乔灌木和胸径 80 厘米以上的大乔木均属省级保护植物。挂牌保护古树名木 619 株。已发现草本植物 160 多科 900 多种。拥有珙桐、古杜鹃、南方红豆杉、红豆杉（所有种）、水杉、银杏、秃松（台湾杉）、伯乐树（钟萼木）、苏铁、银杉等 10 多种珍品树种群落。药用植物已发现 182 科 1100 余种，已鉴定有 178 科，650 属，1172 种。其中名贵药材主要有天麻、鸡爪黄连、鸡腿白术、党参、甜味绞股蓝、七叶一枝花、竹节人参等 10 余种。县境野生动物有 52 科、376 余种，有林麝（獐子）、白鹤、金钱豹、中华虎凤蝶等国家一级重点保护野生动物 5 种；有猕猴、穿山甲、黑熊、大灵猫、果子狸、大鲵（娃娃鱼）等国家二级重点保护野生动物 20 种。境内有坪坝营国家森林公园、忠建河大鲵国家级自然保护区。自然景观资源主要有坪坝营生态旅游区、唐崖河旅游资源带、小南海地震遗址区、二仙岩高山湿地、县城及城郊旅游资源区。人文景观资源主要有世界文化遗产唐崖土司城遗址，严家祠堂，飞凤楼，官坝苗寨，秦国镛、温朝钟故居遗址等。另有忠堡大捷遗址、大村会议旧址、龙潭司暴动遗址、贺龙收编黑洞神兵遗址、鄂川边独立团遗址等革命历史遗址。

【行政区划与人口】 2017 年，咸丰县辖 5 个乡、5 个镇、1 个区工委，13 个社区居委会、263 个村民委员会，2420 个村（居）民小组。土地面积 2550 平方千米。年末，全县户籍总人口 385159 人，143922 户。其中男性 203189 人、女性 181970 人。常住人口 30.8 万人，其中城镇常住人口 12.7 万人，占常住人口的比重（常住人口城镇化率）为 41.35%，比上年提高 1.53 个百分点。全年出生人口 5234 人，死亡人口 4382 人。

2017 年咸丰县乡（镇）基本情况表

表 25

乡（镇）	区域面积（平方千米）	年末耕地面积（公顷）	乡村户数（户）	年末乡村人口数（人）	村、社区（个）			村（居）民小组（个）	党委书记、乡（镇）长（12 月底在职）
					小计	村	社区		
高乐山镇	322	3940	33740	79498	41	35	6	377	尹健康　张宏武
忠堡镇	140	1673	6529	16721	13	12	1	86	李成舟　袁志会
朝阳寺镇	83	720	5566	14813	8	7	1	57	孟　奎　曾胜阳
清坪镇	305	6279	16750	45432	34	34	—	248	杨　俊　杨建平
坪坝营镇	347	3658	19909	58195	43	41	2	425	赵红敏　何万友
丁寨乡	182	2233	11917	32821	22	21	1	127	严克远　刘兴华
黄金洞乡	215	3493	9560	25814	20	20	—	148	何　祥　杨万明
小村乡	224	1519	7375	21961	12	12	—	108	向光辉　吴　娟
唐崖镇	318	4917	15480	41348	38	37	1	356	蔡　玲　张　进
活龙坪乡	314	5152	14022	39187	38	37	1	427	谭　皓　金　韬
大路坝区工委	100	1435	3074	9369	7	7	—	40	田　毅　冉启胜
合　计	2550	35019	143922	385159	276	263	13	2399	

【经济发展】 2017 年，全县实现地区生产总值 79.2 亿元，比上年增长 4.5%。其中，第一产业实现增加值 17.68 亿元，增长 4.1%；第二产业实现增加值 23.89 亿元，增长 -1.1%，其中工业实现增加值 18.83 亿元，增长 2.1%；第三产业实现增加值 37.66 亿元，增长 8.5%。三次产业结构比由 2016 年的 22.9 : 31.1 : 46.0 调整为 22.3 : 30.2 : 47.5。按年均常住人口计算，2017 年全县人均生产总值为 25783 元。全年居民消费价格比上年上涨 2.1%。商品零售价格上涨 0.6%。构成居民消费价格的八大类商品价格呈现“七涨一跌”：医疗保健价格上涨 8.2%，教育文化和娱乐价格上涨 7.1%，居住价格上涨 1.9%，其他用品和服务价格上涨 1.2%，衣着价格上涨 1.0%，生活用品及服务价格上涨 0.4%，交通通讯价格上涨 0.9%，食品烟酒价格下跌 0.3%。年末全县实有市场主体 23504 户，比上年增长 5.4%，其中私营企业 2652 户、外商投资企业 7 户、内资企业 2652 户、个体工商户 17164 户、农民专业合作社 1029 户。全年新登记各类市场主体 3584 户。全年实现地方财政总收入 76377 万元，比上年增长 14.7%，其中地方一般公共预算收入 42907 万元，比上年增长 8.7%。实现税收收入 31315 万元，比上年增长 9.9%，税收收入占地方一般公共预算收

入的比重为73.0%。实现政府性基金收入31301万元，比上年增长460.3%；实现社会保险基金收入29440万元，同比增长24.7%。全年一般预算支出301449万元，同比下降14.7%。

全年实现农、林、牧、渔业总产值28.89亿元，按可比价格计算，比上年增长4.0%。其中，农业产值13.87亿元，增长5.2%；林业产值0.66亿元，增长2.9%；牧业产值13.76亿元，增长2.1%；渔业产值0.06亿元，下降9.3%；农林牧渔服务业产值0.54亿元，同比增长28.8%。实现农林牧渔业增加值18.01亿元，按可比价格计算，比上年增长4.4%。其中，农业增加值7.64亿元，增长5.4%；林业增加值0.45亿元，增长1.6%；牧业增加值9.55亿元，增长3.2%；渔业增加值0.04亿元，下降10.4%；农、林、牧、渔服务业增加值0.32亿元，增长27.2%。粮食播种面积47920公顷，比上年下降0.8%；粮食总产量21.61万吨，比上年增长2.7%。油料播种面积7260公顷，比上年增长5.8%，总产量20527吨，比上年增长10.8%。烟叶（未加工烟草）播种面积3780公顷，比上年增长2.7%，烟叶总产量4775吨，比上年下降15.5%。蔬菜播种面积20130公顷，比上年增长8.1%，产量276234吨，比上年增长29.0%。药材面积17060公顷，比上年增长45.6%。年末实有茶园面积15801公顷，其中可采摘面积9256公顷，全年茶叶产量9136吨，比上年增长7.1%。年末有各类果园面积14310公顷，比上年增长17.8%，园林水果总产量23069吨，比上年增长17.0%。年内出栏肥猪61.35万头，比上年增长4.0%，猪肉总产量52700吨。年末生猪存栏35.05万头，比上年下降42.4%。其中能繁母猪存栏6.65万头，比上年增长3.9%。年末牛存栏56037头，羊存栏17698只。全县通汽车的村263个，通电话的村263个，自来水受益的村263个。化肥施用量（折纯量)3.68万吨，比上年增长4.8%；年末耕地总资源42100公顷，其中，常用耕地面积28640公顷，临时性耕地13460公顷。完成扶贫搬迁2167户、7094人，建档立卡贫困户45024户、146905人，已脱贫28137户、97859人。解决34.1万农村人口饮水安全问题。

全县实现工业增加值18.83亿元，扣除价格因素比上年增长2.1%，在全县生产总值中的比重为23.8%。全县规模以上工业企业70家，实现规模以上工业总产值34.2亿元，增加值扣除价格因素比上年增长1.8%。全县规模以上工业企业全年实现主营业务收入306897.3万元，实现利润总额22751.9万元，工业品产销率为98.1%。全县具有资质等级以上建筑企业10家，实现建筑业总产值17.3亿元，比上年增长5.4%。房屋施工面积94.4万平方米，比上年增长19.2%；房屋竣工面积66.04万平方米，比上年下降1.4%。截至2017年底，全县具有资质等级以上房地产企业17家。商品房销售面积22.93万平方米，商品房销售额9.05亿元，住宅商品房销售额6.51亿元。

全年实现固定资产投资74.5亿元，比上年增长18.4%。其中，5000万元以上项目投资18.55亿元，增长138.1%；5000万元以下项目投资48.32亿元，下降1.4%；房地产开发投资7.59亿元，增长25.2%。

全年实现社会消费品零售总额452753万元，比上年增长11.1%。按经营地统计，城镇消费品零售额363060万元，比上年增长11.2%；乡村消费品零售额89693万元，比上年增长10.7%。全年实现外贸出口总额7097.4万美元，比上年增长11.7%；招商引资到位资金39.6亿元，比上年增长12.2%；直接利用外资726万美元。

【社会发展】 全县通车公路里程2795.48千米，其中国道64千米、省道111千米、市道144.25千米、乡道434.07千米、村道2042.16千米。按等级分，一级公路15千米、二级公路160千米、三级公路144.25千米、四级公路2476.23千米。

农村通公路行政村比重为100%。全社会客运量289万人次，旅客周转量47001万人千米；货运量488万吨，货物周转量80998万吨千米。年末有公交4路36辆，出租车200辆。邮电通信行业全年邮电业务收入4209.85万元，比上年增长10.1%，电信业务收入2.29亿元，增长16.8%。年末全县固定电话用户9.35万户；移动电话用户31.5万户，其中4G移动电话用户18.81万户。电话普及率为81.9部/百人。宽带互联网接入用户8.98万户。全年旅游接待人数580万人次，比上年增长11.0%，实现旅游综合收入53.73亿元，比上年增长21.0%。全县基本形成全域旅游格局，出台《关于加快旅游产业发展十条意见》和《咸丰县创建国家全域旅游示范区实施方案》。启动《咸丰县全域旅游发展规划》编制，规划初稿初见雏形。完善乡村旅游规划。完成全县旅游资源调查。唐崖土司城址世界文化遗产旅游区按照“九个一”建设标准，组建工作专班，推进基础设施建设和国家AAAA级旅游景区创建等工作；坪坝营景区开展AAAAA级旅游景区创建基础设施提升工程，2017年年底完成股权转让收购，完成四洞峡山顶游线、老街改造及绿化、停车场、大溪洞景点、幺妹河漂流等重点工程建设。谋划“十三五”期间重点旅游项目10个（子项目26个），总投资167亿元。推进4个旅游重点建设项目，当年完成投资1.6亿万元。全年开工建设旅游厕所7个，6个投入使用，1个正在进行装修装饰。发展乡村旅游，黄金洞大沙坝美丽乡村、坪坝营月季园、丁寨川洞田园相继开园。2017年，全县乡村旅游人数149万人次，实现综合收入3.82亿元。唐崖镇成功创建省旅游名镇，坪坝营镇水车坪村开展省旅游名村创建工作。唐崖河景区申报国家级生态旅游示范区，黄金洞大沙坝村、坪坝营镇水车坪村作为湖北省乡村旅游后备箱工程培育。设计“穿越土司之行”“森林养生之行”“花之美、茶之香”等8条旅游线路，推出咸丰美丽乡村游720° VR全景图，参加“一起游湖北”春暖花现、夏安时光四季路演主题活动、第九届华旅博会、硒博会等活动，开展“绿沃园”风车节、茶香大沙坝等主题活动。在县全域旅游发展委员会框架下成立旅游安全专业委员会、旅游市场综合监管工作小组，完善“1+3”旅游综合执法体系，探索建立公安、工商等11个部门统一监管的综合监管机制，加强市场环境专项整治，定期开展旅游安全指导和专项检查，旅游安全形势持续良好，未发生安全事故。

全县金融机构年末各项存款余额1090035万元，比年初增加163738万元。其中，城乡居民储蓄存款余额724846万元，比年初增加83143万元。金融机构各项贷款余额573353万元，比年初增加147011万元，其中短期贷款余额124376万元，比年初增加33298万元，中长期贷款余额191344万元，比年初增加42069万元。

2017年末，全县有各类学校48所（不含幼儿园及教学点），其中：中等职业学校1所，普通中学（含九年一贯制学校）16所，完全小学30所，特殊教育学校1所。有普通高中专任教师245人，中等职业教育专任教师132人，普通初中专任教师835人，小学专任教师1193人。在校学生47774人，其中：中等职业学校在校生3895人，普通中学在校生18968人，小学在校生24901人，特殊教育在校生10人。全县初中适龄人员入学率为100%，初中三年巩固率为97.9%。全县幼儿园48所，专任教师349人，在校学生7474人。全县高新技术企业3家，全年专利申请223件，其中专利发明97件；全年专利授权51件，其中发明专利3件。全年举办少儿科技竞赛1次，参与3600人次；举办少儿科技教育培训3次，参与1620人次；未成年人参观科技馆41000人次。全县拥有医疗卫生机构367个（含村卫生室），全县拥有职业医师（含助理医师）人员697人。卫生机构床位数2141张，每千人拥有床位数（含卫生室）7.09

张，每千人拥有医生（含助理）数 2.31 人。

2017 年城镇常住居民人均可支配收入 24999 元，比上年增长9.4%；人均消费性支出17678元，比上年增长 9.9%；城镇人均住房建筑面积 42.4 平方米。农村常住居民人均可支配收入 9475 元，比上年增长 10.0%；人均消费性支出 7798 元，比上年增长 11.4%；农村人均住房建筑面积 43 平方米。2017 年末，各种社会福利收养性事业单位 13 个，各种社会福利收养性事业单位床位 1608 张。城镇基本养老保险参保人数 42094 人，城镇基本医疗保险参保人数 19355 人，新型农村合作医疗参保人数321166人，工伤保险参保人数12819人。失业保险参保人数 12299 人，生育保险参保人数 7929 人，新型农村社会养老保险参保人数 160165 人，城镇居民最低生活保障人数 1930 人，农村居民最低生活保障人数 30756 人。全县乡村从业人员合计 17.19 万人，其中：农村外出从业人员 8.06 万人，比上年减少 0.09 万人，占乡村从业人员总数的 46.9%。按外出地点分，县内乡外 0.72 万人，省内县外 1.36 万人，省外 5.98 万人；按外出人员从事行业分，第一产业 0.25 万人，第二产业 6.07 万人，第三产业 1.74 万人；按外出从业目的分，务工 7.36 万人，经商 0.59 万人，其他 0.11 万人。参加过职业技能培训的 3.11 万人，持有职业技术资格证书的有 1.13 万人。

城市建成区绿化覆盖率为 34.95%，城市人均公园绿地面积 10.23 平方米，城市生活垃圾无害化处理率为 98.0%，城市污水处理厂集中处理率为 80%。全县环境优良天数 332 天。全县全社会用电量 32744 万度，比上年增长 14.1%。第一产业用电量 581.05 万千瓦时；第二产业用电量 13259.27 万千瓦时，其中：工业用电 11201 万度，比上年增长 21.8%；第三产业用电量 7561.56 万千瓦时。全县 2017 年能源消费量 45.29 万吨标准煤，比上年增长 1.3%。全县单位 GDP 能耗 0.604 吨标准煤 / 万元，比上年下降 3.05%；万元 GDP 电耗 436.4 千瓦时，比上年增长 9.2%。

【咸丰大道开工建设】 1 月 3 日，咸丰大道开工仪式在咸丰县城麻柳坝举行，是咸丰县首个 PPP 模式建设的重点项目。大道路线全长 10.7 千米，起于高乐山镇麻柳坝，接楚蜀大道，经小模、吉家院子、小十字路、野猫河，止于丁寨乡大坪，与在建的 249 省道丁寨至甲马池段公路相接。建设工期为 36 个月，采用设计时速 60 千米 / 小时的城市主干路标准建设，路基宽度 40 米，双向 6 车道，设有野猫河大桥（全长 307.5 米）、丁寨中桥（全长 46 米）、涵洞通道 15 处（1 处通道、12 处盖板涵、2 处圆管涵）、平交口 5 处。全线统一采用 LED 路灯照明。除人行道以外，都是沥青路面。大道路面结构荷载：BZZ-100 标准轴载；设计洪水频率：1/100（采用 100 年以来出现的最高洪水位重现的概率）；地震动峰值加速系数：0.05g（相当于 6 度抗震设防烈度）。

【咸丰休闲农业与乡村旅游示范点川洞田园开园】

8 月 19 日，川洞田园迎来盛大开园及招商引资签约仪式。川洞田园 · 田园综合体位于咸丰县丁寨乡春沟村、魏家堡村和杨家寨村交汇区域，北接巨型天然洞穴穿洞，南至野猫河和曲江河的汇流点，东起丁寨内八景之一的白岩观，西临 232 省道。园区距咸丰县城 8 千米，占地面积约 173.33 公顷，其中农田梯田约 117 公顷，山林面积约 54 公顷，水面和道路占 2.2 公顷。项目地境内四季分明，气候温和，自然资源丰富，土地非常适宜农作物、苗木、花卉生长，森林覆盖率 65.3%，宜林面积 2533.33 公顷。山谷中地势高低起伏，以梯田、水田为主。内有峭壁、穿洞、暗河等奇观异景，更有土家民房等人文景观。项目纳入国家农业部“一村一品”项目示范点。

【咸丰县绿满荆楚行动】 2017 年上级下达咸丰县绿满荆楚行动绿化任务 1553.27 公顷，林业重点工程人工造林任务 166.67 公顷（石漠化综合治理工程 100 公顷、天保工程 66.67 公顷），共计

1719.94 公顷。2017 年全县实际完成 2715.06 公顷。其中林业重点工程人工造林任务 128.29 公顷，通道绿化完成 7.6 公顷，村庄绿化完成 2579.17 公顷。人工造林 66.67 公顷，封山育林 466.67 公顷。引导企业、专业合作社、个人投入社会资金 1499 万元，造林面积约 1300 公顷。开展“义务植树月”活动，组织全县干部职工参与义务植树造林活动，发动机关干部及党员群众 15 万余人次，植树 200 万株，营造义务植树样板点 15 个，促进“身边增绿”。

【渝鄂直流背靠背联网工程南通道项目在咸丰县高乐山镇杉树园村开工】 5 月 25 日，渝鄂直流背靠背联网工程南通道项目在咸丰县高乐山镇杉树园村开工。当天，渝鄂直流背靠背联网工程在湖北宜昌、恩施两地同时开工。渝鄂直流背靠背联网工程分南、北 2 个通道，在渝鄂断面现有九盘—龙泉、张家坝—恩施 500 千伏输电通道上，新建 2 座柔性直流背靠背换流站。位于咸丰县高乐山镇杉树园村的南通道换流站，总用地 12.47 公顷，总投资 32.7 亿元。

【余杭、咸丰携手东西部协作帮扶】 6 月 14 日至 15 日，余杭区、咸丰县党政联席会议在咸丰县召开。杭州市委常委、余杭区委书记毛溪浩出席会议，县委书记郑东来主持会议，县委副书记、县长杨皓作工作汇报。余杭区向咸丰县捐赠 100 万元教育帮扶资金。2017 年，咸丰县在余杭举办各类培训班 10 期，累计培训 800 人次；开展 5 次招商推介活动，深化两地产业合作；余杭区安排资金 350 万元帮助解决实际困难；组织劳务协作，建立和完善劳务输出精准对接机制，咸丰县在余杭就业人员 322 人，其中贫困户 71 人；两地签订合作框架协议，余杭区 11 个镇（街道）结对帮扶全县 11 个乡镇（区），积极探索扶贫协作新形式，推进“十个一”扶贫协作重点。

【中国共产党咸丰县第十四届代表大会第二次会议】 12 月 15 日，中国共产党咸丰县第十四届代表大会第二次会议在县会展中心召开，本次大会应到正式代表 200 人，实到 185 人，符合规定人数。大会表决通过《关于中国共产党咸丰县第十四届委员会工作报告的决议》《关于中国共产党咸丰县第十四届纪律检查委员会工作报告的决议》《关于中国共产党咸丰县第十四届代表大会第一次会议代表提案提议办理情况报告的决议》《关于加快全面建成小康咸丰的决定的决议》《中国共产党咸丰县第十四届代表大会第一次会议代表提案提议审查报告》。

【咸丰县第十八届人民代表大会第二次会议】 12 月 21 日至 23 日，咸丰县第十八届人民代表大会第二次会议在县会展中心召开。大会应到代表 199 名，实到代表 188 名，符合法定人数。大会听取和审查县人民政府工作报告、县人大常委会工作报告、县人民法院工作报告、县人民检察院工作报告、县人民政府关于县十八届人大一次会议议案及代表建议办理情况的报告；审查和批准咸丰县 2017 年国民经济和社会发展计划执行情况与 2018 年国民经济和社会发展计划草案的报告，批准 2018 年国民经济和社会发展计划；审查和批准咸丰县 2017 年财政预算执行情况与 2018 年财政预算草案的报告，批准 2018 年财政预算；选举欧阳开平为咸丰县第十八届人民代表大会常务委员会主任、卢小志为县监察委员会主任。

【政协咸丰县第九届委员会第二次会议】 12 月 20 日至 22 日，政协咸丰县第九届委员会第二次会议在县会展中心召开。本次会议应到委员 171 名，实到 162 名，符合政协章程规定。会议听取并审议通过县政协主席邹玉萍代表县政协常务委员会所作的工作报告和县政协副主席谭锐所作的提案工作情况的报告。列席咸丰县第十八届人民代表大会第二次会议，协商讨论县人民政府县长杨皓所作的《政府工作报告》和会议的其他报告。会议期间，委员们围绕“五个咸丰”建设中的重大问题和人民群众普遍关注的热点、难点问题，通过大会发言、分组讨论、提出提案、反映社情民意信息等形式，开展政治协商，积极参政议政，提出许多建设性的意见和建议。审议通过政协咸丰县第九届委员会提案委员会关于九届二次会议提案审查情况的报告和政协咸丰县第九届委员会第二次会议有关决议。

【咸丰县成功创建全国民族团结进步创建示范区】

12月26日，咸丰县被国家民委命名为“全国民族团结进步创建示范区”。咸丰县委、县政府贯彻落实党的民族政策，把握“共同团结奋斗、共同繁荣发展”的民族工作主题，建立健全组织领导、工作推进、督办考评“三大机制”；创新形式，搭建宣传发动、典型引领、多样活动、特色创新“四大载体”；围绕中心，重点打造民族经济发展、民族文化繁荣、生态文明建设、民族关系和谐、民生事业改善“五大示范”，形成并巩固各民族和睦相处、和衷共济、和谐发展的良好局面。全县创建省级示范单位10个、州级23个、县级63个；1个集体、2名个人获国家级表彰，6个集体、3名个人获省级命名，11个集体、15名个人获州级命名。开展“六村”同创，从宣传教育、创建活动开展、民族文化挖掘传承、传统民居保护、民族关系等方面开展工作，打造创建工作的“咸丰模式”。推进特色村寨保护与发展，黄金洞乡麻柳溪村被国家民委命名为“首批中国少数民族特色村寨”。高乐山镇沙坝村和大路坝区蛇盘溪被评为“第二批中国少数民族特色村寨”，成功申报6个省级试点特色村寨。

【咸丰县“四大家”领导人】

中共咸丰县第十四届委员会
书记：郑东来（苗族）
副书记：杨　皓（苗族）
　　　　邹　炜（土家族）
常委：郑东来（苗族）
　　　杨　皓（苗族）
　　　邹　炜（土家族）
　　　卢小志
　　　梁爱民（土家族）
　　　王　兵（土家族）
　　　宋爱军（土家族）
　　　刘拥军
　　　宋庆平
　　　邓　华（女，苗族）
　　　祁　睿（挂职）
　　　吴海广（挂职）

咸丰县第十八届人大常委会
主任：欧阳开平
副主任：蔡红萍（女，朝鲜族）
　　　　张建清　邓启胜
　　　　曾永国　田应贵

咸丰县第十八届人民政府
县长：杨　皓（苗族）
副县长：王兵（土家族）
　　　　李好文　黄光英（女）
　　　　张志奇　杨志高
　　　　熊海淞　陈振文（挂职）
　　　　隋文平（挂职）
　　　　李红斌（挂职）

咸丰县第九届政协委员会
主席：邹玉萍（女，苗族）
副主席：谭　锐（苗族）
　　　　黎生华　李方胜
　　　　徐子轩　刘玉学

（陈江陵）

编辑　梁卫民

来凤县

【概　况】 来凤县是一个少数民族聚居地区和革命老区，属于国家扶贫开发工作重点县。地处鄂西南最南端，介于北纬29° 06′ 15″—29° 41′ 05″，东经109° 01′ 00″—109° 25′ 45″之间。东南邻湖南省龙山县，西南毗重庆市酉阳县，东北与宣恩县接壤，西北与咸丰县相连，素有“一脚踏三省”之称。县城所在地翔凤镇，东距省会武汉市公路640千米（直距440千米），北距恩施土家族苗族自治州首府恩施市公路86千米（直距60千米）。县境东西距长42.5千米，南北距长61.3千米。来凤县与湖南省龙山县以酉水为界，两个县城逐渐连成一体，2011年10月，国务院以国函〔2011〕125号文件批复《武陵山片区区域发展与扶贫攻坚规划（2011—2020年》，设立武陵山龙山来凤经济协作示范区。

【自然及人文资源】 来凤县河流属长江流域沅江水系酉水北源，境内溪河密布，有5千米以上河流27条，总长500余千米，较大溪流38条，总长138.6千米，流域面积在100平方千米以上的较大河流有5条。酉水干流在境内流程约100千米，来凤县金龙滩以上控制流域面积4119平方千米，境内汇水面积1332平方千米。酉水在境内有主要支流4条：老虎洞河流程31千米，流域面积110平方千米；新峡河流程39千米，流域面积260平方千米；老峡河流程47千米，流域面积427平方千米；怯道河流程23千米，流域面积696平方千米。来凤县水资源丰富，多年平均年降雨：来凤县雨量站1348.9毫米（翔凤镇点雨量）；酉水来凤水文站1566.1毫米（酉水来凤段上游面雨量）；酉水纳吉滩站1581.2毫米（酉水来凤段下游面雨量）。来凤县水能资源年平均水资源总量约为42.069亿立方米。可开发利用水量约为23.1亿立方米。理论蕴藏量为19.2万千瓦，经济开发量18.37万千瓦。根据山区溪河密布，河床坡降大，利于阶梯级开发的特点，已开发利用21处，装机12.4045万千瓦，在建电站1处（落水洞），装机容量3.5万千瓦，拟定开发水电站1处，装机容量0.9万千瓦，规划开发小水电站5处，装机1.36万千瓦。根据拟待建电站初步勘测数据，按照国家行业标准测算和工业类比结果，来凤县拟待建电站具有较好的开发前景和经济效益。中华人民共和国成立以来，全县建成中小型水库54座，总蓄水量2.1359亿立方米，其中：中型水库4座，蓄水量1.6381亿立方米；小（一）型水库21座，蓄水量0.4346亿立方米；小（二）型水库29座，蓄水量0.0631亿立方米；塘堰299口，蓄水量0.059981亿立方米（其中1万立方米以上的塘堰158口，蓄水0.056492亿立方米）。主要水产品为各种淡水鱼虾，全县可养水面333.33公顷，其中水库面积66.67公顷，精养鱼池233.33公顷，河沟33.33公顷，主要养殖四大家鱼。另有特色水产大鲵养殖户250户，养殖大鲵3万余尾。

来凤县矿产资源主要有：煤炭资源，普查地质333、334储量约为1771.37万吨，每年开采量约为20万吨—30万吨。重晶石矿，普查地质333、334储量约为3366.39万吨，每年开采量100万吨。萤石矿，普查地质333、334储量约为1200万吨，每年开采量约为5万吨。方解石矿，普查地质333、334储量约为5000万吨，每年开采量约为100万吨。2011年经地质部门进行初步勘探，发现新矿点29处，方解石333、334资源量2457.45万吨，重晶石、萤石333、334资源量2366.39万吨。白云岩（氯化镁），普查地质333、334储量约为4000万吨，尚未开发。水泥用灰岩矿6385.75万吨，每年开采量约为100万吨。建筑用灰岩矿每年开采量约为200万吨。硅石：基础储量约800万吨，尚未开发利用。大理石：根据赋存条件预测资源潜力在1000万立方米以上，矿层厚度大。页岩气：资源储量692亿立方米—1350亿立方米。位于来凤县大河镇境内的“来页1井”设计井深1050米，由中国华电集团清洁能源有限公司设计，湖北省页岩气开发有限公司投资，江汉钻井一公司中标并组织实施钻探。其优质页岩段平均含气量为每吨2.856立方米，甲烷含量平均为99%。

据动植物资源普查，全县有植物资源161科，

706种。其中乔木树种51科237种，灌木树种40科128种，木质藤本10科20种，野生草本60科321种。主要用材林优势树种有杉木、马尾松、柳杉、水杉、柏木、栎类、枫香、椿树、樟木、楠木、高擦、马褂木、泡桐等。主要经济林树种有油桐、油茶、漆树、五倍子、柑橘、杜仲、厚朴、棕榈、板栗、银杏、茶叶、蚕桑、杨梅、核桃等。动物资源有脊椎动物68科213种，其中哺乳动物17科50种，爬行动物5科20种，鸟类33科90种，两栖动物4科10种，鱼类9科43种。

来凤县自然风光秀丽，民族文化浓郁，土地肥沃、物产丰饶。千年古寺仙佛寺为全国重点文物保护单位，上依绝壁，下临深潭，摩岩雕凿的佛像为江南之最。酉水之源，灵山秀水，如诗如画。龙嘴峡、阿塔峡、卯洞峡或洞峡相映，或奇趣灵秀，或悠然静谧。百福司地质公园有世界级地质遗迹1处，国家级地质遗迹3处，省级地质遗迹21处。酉水古镇百福司历史文化厚重，明朝嘉靖年间，辰州同知徐珊奉旨到卯洞采集楠木修皇庙，著有《卯洞集》存世。黄柏园、徐家寨、茶岔溪古村落古风古韵犹存。南方天池白岩山生态极佳，为康体养生休闲度假之所。舍米湖摆手堂保存完好，原生态土家摆手舞享誉中外。摆手舞、地龙灯、南剧为国家级非物质文化遗产。土家油茶汤是独具特色的东方茶文化。土家织锦西兰卡普是土家艺术的奇葩。金丝桐油1958年曾获国务院颁发的“卯洞桐油，质量第一”锦旗。凤头生姜、松花皮蛋、大头菜、宝石花漆筷、古杨梅、藤茶声名远播。2013年，来凤县先后获评“中国最美生态文化旅游名县”“中国土家人文艺术名都”“武陵山自驾游基地”“中国民间文化艺术之乡”“湖北旅游强县”、湖北省公共文化服务体系示范区，仙佛寺景区、杨梅古寨景区为国家AAAA级旅游景区，百福司镇获评“湖北旅游名镇”。

【行政区划与人口】 来凤县是一个多民族聚居县，居住着土家、苗、黎、汉等26个民族群众。2010年全国第六次人口普查，来凤县以土家族、苗族为主的少数民族人口占总人口56%。其中土家族占总人口34%，苗族占总人口20%，其他少数民族占总人口2%。来凤县土家族大姓为覃、田、向、冉、白、彭，苗族大姓为张、吴、杨、廖、石、龙。

2017年，来凤县辖2个乡、6个镇、1个省级经济开发区，11个社区，185个行政村。全县总面积1342.05平方千米。年末全县总人口332665人，其中，男性人口172943人，占总人口的52%；女性人口159722人，占总人口的48%。年末全县常住人口24.8万人，其中城镇人口10.37万人，城镇化率为41.8%。全年（自然年度）出生人口4010人，出生率为11.43‰；死亡人口2040人，死亡率为5.81‰；人口自然增长率为5.62‰。出生人口性别比109.4。

2017年来凤县乡（镇）基本情况表一览表

表26

乡（镇）	区域面积（平方千米）	常用耕地面积（千公顷）	年末林地面积（公顷）	总户数（户）	年末总人口（人）	社区、村（个）			粮食产量（吨）	公共财政收入（万元）	乡（镇）党委书记，乡（镇）长（12月底在职）
						小计	社区	村			
翔凤镇	137.78	2.63	6450.98	32480	102907	32	4	28	13720	5832.34	覃玉斌　田征西
绿水镇	115.48	1.29	6559.42	7350	25284	18	1	17	11264	1248.32	满　涛　向寿刚
漫水乡	133.58	1.63	9921.42	6293	23181	14	1	13	10148	510.83	向　峰　宋　宇
百福司镇	190.14	2.48	13169.38	9631	31242	24	1	23	15925	701.48	宋道桥　向雪峰
旧司镇	198.54	2.62	15279.51	14818	49180	33	1	32	20672	755.99	尹　宾　李尚海

续表 26

乡（镇）	区域面积（平方千米）	常用耕地面积（千公顷）	年末林地面积（公顷）	总户数（户）	年末总人口（人）	社区、村（个）			粮食产量（吨）	公共财政收入（万元）	乡（镇）党委书记，乡（镇）长（12 月底在职）
						小计	社区	村			
大河镇	324.84	3.34	25425.22	16047	50593	41	1	40	20238	425.52	黄祥平　赵　军
三胡乡	125.42	1.56	9387.69	9057	30020	16	1	15	13186	376.56	田　慧　龙显著
革勒车镇	116.27	1.45	7591.10	6296	20258	18	1	17	11320	391.96	张冠华　徐　骏
合　计	1342.05	17.00	93784.72	101972	332665	196	11	185	116473	10243.00	

说明：上述年末林地面积统计不含国有胡家坪林场 2456.49 公顷

【经济发展】 2017 年，全县地区生产总值 685683 万元，比上年增长 6%（2015 年不变价计算）。其中，第一产业增加值 135636 万元，增长 4.5%；第二产业增加值 198939 万元，增长 2.8%；第三产业增加值 351108 万元，增长 8.6%。三次产业结构由 2016 年的 20.5 : 29.4 : 50.1 调整为 19.8 : 29.0 : 51.2。按年均常住人口计算，2017 年全县人均地区生产总值 27704 元。2017 年，全县实现财政总收入 86542 万元，增长 15.2%，其中：地方公共预算收入 38888 万元，增长 1%，税收收入占地方公共预算收入比重为 77.6%。地方公共预算支出 254110 万元，同比增长 0.2%。财政八项支出 170557 万元，增长 0.8%。其中，一般公共服务支出 37513 万元，增长 3.7%；公共安全支出 7598 万元，增长 7.1%；教育支出 56500 万元，增长 8.9%；科学技术支出 897 万元，下降 55.4%；社会保障和就业支出 28803 万元，增长 8%；医疗卫生和计划生育支出 32430 万元，增长 3.7%；节能环保支出 2785 万元，下降 39.2%；城乡社区支出 4031 万元，下降 59.4%。全年农林牧渔业总产值 230662 万元，比上年增长 3.9%（可比价增幅，下同），其中，农业产值 117671 万元，增长 4.3%；林业产值 9581 万元，下降 0.2%；畜牧业产值 100677 万元，增长 3.7%；渔业产值 1110 万元，下降 1.1%；农林牧渔服务业产值 1623 万元，增长 29.8%。年末耕地总资源 25130 公顷，比上年下降 0.4%。全年粮食种植面积 29330 公顷，比上年增长 0.5%；油料种植面积 5840 公顷，比上年增长 2.3%；药材种植面积 2770 公顷，比上年增长 0.5%；烟叶种植面积 900 公顷，比上年下降 13.3%；蔬菜种植面积 7130 公顷，比上年下降 2.5%。全县森林覆盖率 56.8%，全年造林面积 0.13 万公顷，零星植树 70 万株。全县自来水受益的村 144 个，比上年增加 48 个。农村用电量 2910 万千瓦时，比上年增长 3.6%。化肥施用量（折纯）0.97 万吨，比上年下降 3.6%。发展以“两茶一果”（藤茶、油茶和小水果）为核心的特色产业，新发展农民专业合作社 110 家，新获地理标志证明商标 1 件、湖北名牌产品 1 个。“来凤藤茶”“来凤姜”“来凤山茶油”等形成特色农产品品牌优势。6 月 7 日，来凤农园果蔬专业合作社创业基地入选首批全国农村创业创新园区（基地）目录。7 月 14 日，来凤县与中国农业科学院茶叶研究所在杭州市签署《来凤县人民政府中国农业科学院茶叶研究所共同推进来凤县茶产业链建设战略合作协议》。

2017 年，全县规模以上工业企业 57 家，年末平均人数 4625 人，完成工业总产值 437934 万元，同比增长 11.5%。产值过亿元企业 7 家。其中，轻工业实现产值 199349 万元，同比增长 14.6%；重工业实现产值 238585 万元，同比增长 9.1%。实现销售产值 421884 万元，同比增长 11.4%，产销率 96.3%。实现工业增加值 109763 万元，同比增长 6%。全社会用电量 38602 万千瓦时，同比增长5.2%，其中工业用电量15240万千瓦时。规模以上工业企业实现营业收入333290万元，同比增长5.9%（同企业口径）；实现利润总额18922万元，同比下降28.2%（同企业口径）；资产总计490266万元，同比增长2.6%（同企业口径）；负债总额252616万元，同比下降1.4%（同企业口径）。

2017年，完成固定资产投资452777万元（不含农村私人投资），比上年下降33.1%。其中，500万元以上项目投资369032万元，同比下降35.7%；房地产开发项目投资83745万元，同比下降18.3%。分产业看，第一产业投资35115万元，同比下降31.3%；第二产业投资73918万元（全部为工业项目投资），同比下降45.7%；第三产业投资343744万元，同比下降29.8%。完成全社会固定资产投资467734万元（含农村私人投资），比上年下降33.1%。其中，农村私人投资14957万元，同比下降33.1%。2017年，全县具有资质等级的建筑企业8家，年末从业人员1521人，实现总产值60259万元，比上年下降21.3%；房屋建筑施工面积57.91万平方米。年末全县具有资质等级的房地产开发企业20家。商品房施工面积120.19万平方米，同比增长24%；商品房竣工面积19.29万平方米，同比增长95.9%；商品房销售面积16.85万平方米，同比下降10.1%；商品房销售额69662万元，同比增长3.4%。

全县限额以上商贸企业39家。其中，批发企业1家，零售企业25家，住宿企业8家，餐饮企业5家。完成社会消费品零售总额396786万元，比上年增长10.7%。其中，限额以上商贸企业完成97484万元，限额以下商贸企业完成299302万元。按销售地分：城镇零售额289360万元，同比增长10.9%；乡村零售额107426万元，同比增长10.2%。按行业分：批发业销售额25447万元，同比增长6.1%；零售业销售额323694万元，同比增长11.1%；住宿业营业额8863万元，同比增长13.7%；餐饮业营业额38782万元，同比增长9.8%。同利·星都汇、凤凰传奇、黔龙建材城等商贸综合体加快建设，初步显现龙凤商圈辐射效应。2017年，全县外贸出口总额597万美元，同比下降53.7%；利用外资695万美元，同比增长26.4%；招商引资累计到位资金379795万元，同比增长11.8%。全年谋划31个重点招商引资项目，其中藤茶产业园、火车站物流园等12个项目进入州级重点招商项目库。实施产业链招商、驻地招商、以商招商，全年签约项目8个，到位资金同比增长11%，中国藤茶产业电子商务平台投入运营，互联网大数据中心等项目进展顺利。8月15日，来凤县与四川中农亿盛实业有限公司签订武陵山·来凤农产品批发交易城项目投资协议。12月7日，来凤县在电商产业园举行2017年电商扶贫创业创新大赛决赛。

年末全县金融机构各项存款余额982652万元，比年初增加117616万元，比年初增长13.6%。其中，住户存款664608万元，比年初增加99903万元，比年初增长17.7%；非金融机构企业存款173376万元，比年初增加18798万元，比年初增长12.2%；广义政府存款144655万元，比年初减少1090万元，比年初下降0.7%；境外存款13万元，比年初增加4万元，比年初增长44.4%。金融机构各项人民币贷款余额685671万元，比年初增加95690万元，比年初增长16.2%。其中：住户贷款327376万元，比年初增加38741万元，比年初增长13.4%；非金融企业及机关团体贷款358295万元，比年初增加56949万元，比年初增长18.9%

【社会发展】 2017年，全县公路通车里程2490千米，其中等级公路263.67千米。全年新建、续建交通项目15个，完成投资4.58亿元。讨橙线、灵（官庙）新（街）线改造全面完成，绿旧线改造、漫水大桥建设基本完工，猴革线改造推进。2017年，邮政业务总量3115万元，同比增长18.8%；固定电话用户2.06万户，移动电话用户24.9万户，计算机互联网用户4.9万户。2017年，全年接待游客250.95万人次，比上年增长34.8%，全县A级以上景区3个，星级饭店3家。推进全域旅游示范区创建工作，成功举办第二届中国·来凤杨梅文化旅游节暨中国河钓大赛、恩施州第八届运动会等活动。9月，召开全县旅游资源普查工作会议。

2017年，全县学校总数62所，其中，小学57所，普通中学4所，职业学校1所。年末全县专任教师总数2400人，其中，小学教师1326人；中学教师985人；职业学校教师89人。在校学生总数43053人，其中，小学在校生25269人；普通中学在校生15915人；职业学校在校生1869人。全县幼儿园48所，在园幼儿数11838人。全县小学适龄儿童净入学率100%，初中三年巩固率95.1%。义务教育均衡发展有序推进，通过国家验收。高考一本上线率比上年增长2个百分点。2017年，全年高新技术产业增加值7792.2万元，占地区生产总值比重为1.1%。全县申报专利技术62项，授权专利21件。2017年，全县有体育场馆3个，剧场、影剧院2个，公共图书馆1个。全县电视覆盖率99.9%，广播覆盖率99.9%，全县150个村通有线电视，有线电视入户率82.5%。"三馆一站"（图书馆、文化馆、博物馆和乡镇文化站）继续免费开放，体育中心分时段免费开放。南剧《初心》作为全国少数民族地区十大晋京演出剧目赴京展演。第三届"中华宝石文学新人奖"获奖名单揭晓，来凤县国土资源局干部谢开军获得宝石文学新人奖。举办《凤（文物）》特种邮票首发式活动。2017年全省县级全民健身工作培训在来凤县举办。12月23日，大型记录片《记住乡愁》第四季开播特别节目在央视演播厅录制，来凤原生态摆手舞队参加。全县各级医疗卫生机构200个，床位数1780张，有卫生技术人员1627人，其中执业医师554人，护士790人。全县孕产妇死亡率0/10万，婴儿死亡率4.19‰，5岁以下儿童死亡率5.67‰。每千人口床位数7.21张，每千人口卫生技术人员7.25人。推进医疗卫生体制改革，龙凤医疗中心爱心楼建成投入使用，完成31个村卫生室标准化建设，达标率为97%。11月11日，中国儿童虹膜防丢网络平台来凤工作站启动。

全县居民人均可支配收入13571元，同比增长9.67%。农村常住居民人均可支配收入9362元，同比增长9.6%，人均生活消费支出7705元，同比增长10.9%，农村居民恩格尔系数39.8%。城镇常住居民人均可支配收入25690元，同比增长9.8%，人均生活消费支出18166元，同比增长10.2%，城镇居民恩格尔系数为33%。2017年，全县就业人员19.98万人，其中，城镇就业人员2.42万人。年末城镇登记失业人员235人，城镇登记失业率为0.94%。基本养老保险参保人数180293人，其中，城镇基本养老保险参保人数33445人；农村基本养老保险参保人数126653人；职工基本养老保险参保人数20195人。城乡居民医疗保险参保人数300811人。失业保险参保人数5925人。工伤保险参保职工人数11462人。生育保险参保职工人数4807人。2017年，全县社会福利收养性单位14个，收养性床位900张；全县城镇低保人数1237人，农村低保人数16430人。公积金缴存人数9798人。全年全县实有公务员人数1604人，参照公务员管理的事业单位人数205人，事业单位人数4976人。

2017年，全县全年统筹整合用于精准扶贫的财政资金10.7亿元，是2016年的3.1倍。实施"五个一批"工程（发展生产脱贫一批，易地搬迁脱贫一批，生态补偿脱贫一批，发展教育脱贫一批，社会保障兜底一批）：全年新发展特色产业基地4600公顷；实施易地搬迁2088户、7613人，比上年增加633户、2212人；实施危房改造3072户，是2016的4.2倍；落实生态公益林补偿26000公顷、440万元；发放教育资助补贴3.75万人次、3200万元，比上年增加1.11万人次、760万元；低保、五保救助18650人、5600万元，比上年增加1995人、633万元。推进农村安全饮水、农村电网改造、农村公路建设、宽带进村入户、基层服务网络“五网覆盖”工程建设：投资3.75亿元，新建成农村水厂11个、铺设管道2000余千米，是全省首个采取PPP模式运作的农村安全饮水全覆盖工程；改造农村电网200千米，缓解农村低电压、供电卡口等问题；开工建设农村公路589千米，是过去五年建设里程总和的近2倍；在全州率先实施800兆4G移动互联网项目建设，建成基站75座，有效覆盖率85%；完成村级阵地建设项目13个。抓好金融扶贫，发放扶贫小额贷款2.8亿元，是2016年的4.3倍，覆盖5800多户贫困户。抓好健康扶贫，建立2000万元的补充医疗救助基金，全面启动重点村贫困人口免费健康体检，贫困人口报销医疗费用5219万元，比上年增加615万元。抓好“1628”中蜂养殖（1户贫困户领养6窝中蜂、种2亩花地、保底收入8000元）等社会化扶贫，全县29家民营企业与46个重点贫困村结对，帮扶贫困户2170户。出台《关于进一步落实精准扶贫到户、到人帮扶项目的通知》，明确10大类、39小项到户帮扶项目，兑付到户项目资金7450多万元。开展“春季攻势”“村村行”“扶贫日”“精准识别周”“百日攻坚”等专项行动。9月1日，省委第十一巡视组在来凤县召开巡视工作动员会，启动对来凤县扶贫领域专项巡视。12月12日，来凤县召开“中国社会扶贫网”上线动员会暨培训会。

【市政及乡村建设】 2017年，投资3600万元建成酉水滨江公园一期工程，接龙桥路改造和滨江路延伸段建设完工，家和花园·双城之星等项目进展顺利。开展生态乡镇、生态村创建工作，开展“绿满荆楚”行动，15个村获得“绿色示范村”称号。开展环境问题专项整治，城市规划区全面禁鞭，治理大气污染，全年空气质量优良天数315天以上。开展美丽乡村建设，实施农村生活垃圾治理项目，开展农村环境综合整治。革勒车镇土家寨村、翔凤镇老虎洞村纳入全省美丽乡村建设试点，三胡乡石桥村入选中国美丽休闲乡村，大河镇冷水溪村列入国家改善农村人居环境示范村。2017年，全年刑事案件立案数1271件，民事案件收案数1675件。交通事故发生数2820起，死亡人数20人，损失额414.95万元；火灾事故发生数49起，损失额161.29万元。全年工矿企业安全事故死亡2人，损失额175万元。

【易地扶贫搬迁】 2月7日，来凤县召开易地扶贫搬迁工作督导会。县易迁办公室通报2016年易地扶贫搬迁工作进展情况并对2017年度工作安排部署，县城投公司就易地扶贫搬迁项目资金使用情况进行讲解。3月31日，来凤县召开易地扶贫搬迁专题会议，听取各乡镇政府和县易迁办关于易地扶贫搬迁工作汇报，研究相关问题。4月21日，来凤县召开易地扶贫搬迁工作推进会，安排部署2016年易地扶贫搬迁考核工作，各乡镇汇报2016年易地扶贫搬迁任务完成情况及2017年工作开展情况，县直有关部门负责人就考核及推进易地扶贫搬迁工作提出意见和建议。4月27日，召开易地扶贫搬迁项目规划设计评审工作培训会议。5月8日，召开易地扶贫搬迁工作领导小组会议，对《2017年易地扶贫搬迁实施方案（草案）》、资金管理办法、外观效果图、各乡镇工作经费等作专题研究。7月24日，召开全县易地扶贫搬迁工作推进会，总结前期进展，分析存在问题，部署下步工作。

【健康扶贫、教育扶贫、金融扶贫】 2月15日，县委副书记、县长杨局成主持召开来凤县健康扶贫推进会。会议听取相关部门关于2017年度新农合征收情况和基本医疗、大病保险、大病救助、临时救助等相关政策落实情况汇报，并就健康扶贫中存在的问题进行研究，就如何保障新农合征收和如何提高新农合报销比例提出意见和建议。会议要求积极探索整合资源，切实提高农村贫困人口医疗救助保障水平，着力解决“因病致贫、因病返贫”问题。5月18日，杨局成主持召开全县健康扶贫工作调研座谈会，要求通过加强村级卫生室建设、建立健全家庭医生签约服务机制和提高医疗救助的比例和水平等，做好来凤县健康扶贫工作，助力整县脱贫。6月19日，杨局成主持召开健康扶贫和教育扶贫工作推进会，要求统筹整合各项资金，成立健康扶贫和教育扶贫基金，加快筹建精准扶贫医疗保障服务中心，建立贫困家庭学生入学救助制度，确保不让一名贫困群众因病返贫，不让一名贫困学生失学辍学。7月4日，来凤县召开“金融扶贫、健康扶贫”推进会，讨论研究来凤县金融扶贫、健康扶贫实施方案。7月28日，来凤县健康扶贫暨家庭医生签约服务启动仪式在旧司镇民族小学操场举行。9月7日，来凤县组织召开金融扶贫现场推进暨政银企座谈会。10月18日，杨局成主持召开会议，听取来凤县金融扶贫和金融风险防范工作推进情况汇报研究分析存在的问题，安排部署下步工作。12月1日，中国人寿来凤支公司组织2支队伍分别到翔凤镇檀木湾村和旧司镇三寨坪村，开展建档立卡贫困户因病住院情况信息采集工作，标志来凤县正式启动健康扶贫大病救助补充保险工作。12月13日，来凤县召开健康扶贫座谈会。

【四川中农亿盛公司到来凤县洽谈农产品批发交易城项目】 3月11日，四川中农亿盛公司董事长曾波到来凤县，就武陵山来凤农产品批发交易城项目落地与来凤县协商洽谈，双方围绕加快推进项目落地进行交流。

【老茶村、桐子园村纳入全省美丽乡村建设试点】 3月13日，2017年度全省美丽乡村建设试点名单公示期满，来凤县翔凤镇老茶村、大河镇桐子园村纳入全省2017年度美丽乡村建设试点村。

【来凤县3个村被命名第二批“中国少数民族特色村寨”】 3月29日，国家民委发文，命名全国717个村寨为第二批“中国少数民族特色村寨”，恩施州23个村入列，来凤县百福司镇兴安村、舍米湖村，三胡乡石桥村名列其中。

【来凤县2个村获评全省“村级集体经济发展进步村”】 4月7日，来凤县百福司镇安家堡村、漫水乡龟塘村获2016年度全省“村级集体经济发展进步村”称号，每个村获得5万元奖补资金。

【来凤县与来凤仁信民族医院有限公司签订健康服务产业建设项目投资协议】 4月13日，来凤县与武汉瑞德富股权投资基金合伙企业来凤仁信民族医院有限公司签订健康服务产业建设项目投资协议。湖北同济堂投资控股有限公司总经理、武汉瑞德富资金基金管理有限公司董事长李明炎，湖北同济堂投资控股有限公司投资总监程浩，武汉瑞德富资金基金管理有限公司投资总监胡伟伦，高级顾问唐万品出席签约仪式。

【北京网库集团到来凤县洽谈藤茶产业电子商务基地建设项目】 4月22日，北京网库集团总裁李军保到来凤县考察洽谈藤茶产业电子商务基地建设项目，对接双方合作相关具体事宜。5月5日，在工信部2017年中小企业信息化年会上，来凤与北京网库集团签订合作协议，将围绕共同建设“中国藤茶产业电子商务基地”展开合作。

【武汉华盛资产评估事务所到来凤县验收电子商务进农村工作】 4月24日，武汉华盛资产评估事务所魏红到来凤县验收电子商务进农村示范县绩效评价整改工作。省验收组先后到县电子商务公共服务中心、县物流分拣配送仓储中心、县农特产品展示中心、县电商产业园、鸟鸟客O2O体验店、三胡乡藤茶基地、三胡乡石桥村裕农电商服务站等地实地查看、查阅资料，检查来凤县电商综合示范县绩效评价工作。

【来凤县与武汉烽火众智数字技术有限责任公司签署战略合作协议】 5月6日，2017大型企业进恩施暨重大项目推介会在恩施华龙城召开，来凤县与武汉烽火众智数字技术有限责任公司等4家企业现场签订投资意向协议，签约总额21亿元。来凤县与湖北省工业建筑集团签订PPP项目框架性协议，涉及道路、污水处理、城区园林等项目。来凤县人民政府与武汉烽火众智数字技术有限责任公司开展合作，6月23日，签署互联网大数据中心（IDC）项目战略合作协议，标志着该项目正式落户来凤；10月26日，签署《来凤县互联网大数据中心PPP项目合同》，启动互联网大数据深入合作。

【来凤县举行关爱留守儿童活动】 5月26日，来凤县关爱留守儿童暨六一国际儿童节庆祝活动在旧司镇民族小学举行，县民政局、县教育局、团县委、旧司镇农村商业银行等单位为学校90名留守儿童送来学习和体育用品等，开展书法展、文艺表演等活动。全县为2000名建档立卡贫困家庭留守儿童每人打卡发放慰问金500元。

【来凤县召开黔张常铁路建设协调会】 8月23日，来凤县委副书记、县长杨局成主持召开黔张常铁路建设协调会，研究铁路建设中的困难和问题，推进铁路建设。

【恩施州第八届运动会在来凤县举办】 以“活力恩施、激情八运”为主题的恩施州第八届运动会（简称州八运会）全部赛程于7月15日至9月19日在来凤县举行，设青少年类、职工类、少数民族类、农民类4个类别、24个比赛项目、227个小项，来自州直及全州8县市的9个代表队，5000余名运动员参加比赛。9月16日，州八运会在来凤县举行开幕式。中国女子跳水队队员、2016年里约奥运会跳水女子双人10米台冠军、全国五一劳动奖获得者刘蕙瑕，中央农业广播电视学校党委书记、中国农民体育协会副主席兼秘书长杭大鹏，国家民委文化宣传司孟拥军，国家一级编导、著名导演、中国少数民族文化艺术促进会展演中心主任赵士军等出席开幕式，州领导刘芳震、尹达、涂元玲、陈晓燕、高敬佩、谭建军等在主席台就座。9月19日下午，经过60余天的比赛，恩施州第八届运动会在来凤县龙凤体育中心体育馆闭幕。

【土家族南剧《初心》晋京演出】 9月22日，土家族大型现代南剧《初心》在来凤县文化中心大剧院在首次公演。9月26日,《初心》晋京演出新闻发布会在北京市民族文化交流中心举行，就湖北省、恩施州、来凤县少数民族戏曲情况及大型现代南剧《初心》晋京演出进行介绍。9月27日，来凤县与中央民族歌舞团相关领导就《初心》晋京公演相关事宜举行座谈，达成弘扬民族文化合作意愿。10月10日至11日，作为全国少数民族地区艺术院团十大晋京演出剧目,《初心》在中央民族歌舞团民族剧场上演，12月26日，在武汉武昌洪山礼堂上演。

【中共来凤县委召开十五届四次全体（扩大）会议】 11月16日，中共来凤县委召开十五届四次全体（扩大）会议，审议通过《中共来凤县委、来凤县人民政府关于加强和创新基层社会治理加快建设依法治理模范县的实施意见》等。

【对口帮扶工作】 2月15日至17日，来凤县委书记邢祖训率代表团赴浙江省杭州市拱墅区对接东西部扶贫协作工作，商洽扶贫协作的具体事宜。3月8日至10日，浙江省杭州市拱墅区招商局到来凤县，考察对口帮扶工作。4月25日，来凤县召开武汉市对口帮扶来凤县工作会。会议听取武汉市对口帮扶相关工作情况汇报，审议武汉市及省直单位对口帮扶清单，各乡镇和县直各单位围绕整县脱贫、小康来凤建设，从基础设施、产业建设、公共服务和智力支持等方面，就具体请求武汉市支持的事项作汇报。5月9日至10日，杭州市拱墅区区委副书记、区长章燕率队到来凤县开展对口帮扶工作，签订对口帮扶框架协议，捐赠帮扶资金100万元。未来4年，计划实施村精准扶贫、教育医疗、电商扶贫、劳务输出、智力帮扶等方面17个扶贫项目。7月11日至14日，县委副书记、县长杨局成率队赴浙江省杭州市拱墅区对接东西部扶贫协作工作，落实街道园区与来凤县乡镇村“一对一”结对帮扶，商洽扶贫协作具体事宜。参加活动的各乡镇和部门分别与拱墅区对口帮扶单位部门进行对接。11月21日，农业部定点扶贫地区特色加工农产品对接活动在来凤县举行，推介来凤、咸丰、永顺、龙山县等农业部定点扶贫县特色农产品。来凤县现场签约项目2个，金额5.5亿元。12月12日，由武汉市和来凤县人民政府共同主办的武汉市与来凤县产业合作对接会在武汉市召开，武汉市发改委、农委、商务局（招商局）、工商联、国资公司（武商联集团）等部门负责人以及武商、中商、中百、沃尔玛、汉福超市、武汉恩施商会等武汉企业代表参加会议。2017年，农业部相关司局多次到来凤县调研产业发展、项目建设等工作，落实帮扶项目5个，帮扶资金3740万元。武汉市及其各区加大对来凤及各乡镇的帮扶力度，帮扶资金2580万元。杭州市拱墅区与来凤县建立领导定期互访、街道对口帮扶乡镇机制，从资金扶持、产业合作、人才交流等方面给予来凤支持。省直定点扶贫和“616”对口帮扶力度加大。

【上级领导检查调研】 2月16日至17日，省人大常委会党组副书记、副主任张岱梨到来凤县百福司镇和三胡乡，调研督导来凤县2017年脱贫攻坚工作。3月29日，中南工程咨询设计集团有限公司党委委员、副总经理马登华到来凤县考察，与来凤县签署战略合作框架协议，双方将围绕来凤县规划建设目标，区域范围内的综合开发、基础设施建设等项目开展战略合作。7月7日，省人大常委会党组副书记、副主任张岱梨到来凤县参加“聚力脱贫攻坚、五级代表在行动”第一次活动。7月13日，全国政协常委、省政协副主席田玉科，全国人大常委、九三学社湖北省第七届委员会主委、中国工程院院士秦顺全到来凤县，调研精准扶贫工作。12月7日，省人大常委会党组副书记、副主任张岱梨到来凤县，随机抽查大河镇沙坝村，暗访检查精准扶贫、精准脱贫工作。

【来凤县“四大家”领导人】

中共来凤县委员会

书记：邢祖训

副书记：杨局成
谭培忠（土家族）

常委：邢祖训
杨局成
谭培忠（土家族）
丁玲琳（女）
费国华（土家族）
刘　涛（土家族）
向子明（土家族）
管民桦（土家族）
林正高（苗族）
万　晨
夏　伟

来凤县人大常委会

主任：邓家斌

副主任：彭远仪（土家族）
赵昌青（土家族）
向清堂（土家族）
蔡　勇（苗族）
张　钧（苗族）
田　慧（女，土家族）

来凤县人民政府

县长：杨局成

副县长：向子明（土家族）
万　晨（挂职）
夏　伟（挂职）
赵映年
杨振宇（苗族）
向　莉（女，土家族）

曾　生
牟林炎（土家族）
卢　彬（挂职）
朱学敏（土家族，挂职）
张家安
政协来凤县委员会
主席：田延初（土家族）
副主席：彭云宪（土家族）
向家林（土家族）
廖金芳（女，土家族）
滕建刚（苗族）
张冠华（苗族）

（吴文勇　刘银梅）
编辑　梁卫民

鹤峰县

【概　况】 鹤峰县位于湖北省西南边陲，恩施土家族苗族自治州东南部，地处北纬29° 38′—30° 14′，东经109° 45′—110° 38′，县境东西最大跨度85千米，南北最大跨度67千米。全县区域面积2868平方千米。境内地形西北高，东南低，山岳连绵，沟壑纵横。海拔最高点牛池2098.1米，最低点江口194.6米，两地相对高差1903.5米；地表坡陡，全县耕地平均坡度为18.1度，地形地貌具典型山地特征。属亚热带大陆性季风湿润气候，四季分明，春凉夏热、秋爽冬寒、雨热同季、降水充沛、无霜期长。年平均气温16.4℃，比历年（1981—2010年）值高0.8℃；年降水量1939.8毫米，比历年（1981—2010年）值多276.9毫米（16.7%）；年日照时数1084.8小时，比历年（1971—2000年）值多87.0小时。地表高低悬殊，切割深，立体气候显著，表现为低（山）热、中（二高山）暖、高（山）湿寒。东北邻湖北省五峰县，东南与湖南省石门县、桑植县接壤，西靠宣恩县、恩施市，北连建始县、巴东县。县城距省会武汉市603千米，距州府恩施市城区178千米，距长江巴东港、枝城港分别为251千米和272千米。距张家界火车站与张家界荷花机场190千米。

【自然资源及人文景观】 鹤峰县境内土壤分为10个土类，23个亚类，65个土属，169个土种。全县土地划分为农用地、建设用地、未利用地，构成“八山一水一分田”的土地利用状况。境内河溪分属澧水、清江、沅水三大水系。全县水资源平均总量为44.25亿立方米，其中地表水资源总量34.25亿立方米，占77.4%，人平水资源2.06万立方米，居全省第一位。全县水能资源理论蕴藏量78.76万千瓦，可供开发利用的有97处，可调峰开发装机95万千瓦。位于溇水干流的江坪河与淋溪河水电站，总装机62万千瓦，占全县水电理论装机95万千瓦的65.26%。境内已知矿物有煤矿、磷矿、钒矿、铜矿、镍矿等31种，重点开采煤、硫、铁、磷、硅石、生物大理石等，走马磷矿区是湘鄂磷矿的重要矿区。

鹤峰县自然条件得天独厚，生态环境多样化，林木植被种类繁多，根据2009年中国地质大学生态环境研究所调查共有206科943属2797种（包括种下分类群及重要的栽培种）。其中，蕨类植物35科76属283种，种子植物171科867属2514种。其中：国家Ⅰ级保护的有水杉、红豆杉、伯乐树、珙桐、光叶珙桐和银杏6种，国家Ⅱ级保护的有黄杉、秃杉、榧树、篦子三尖杉、鹅掌楸、楠木、红椿和峨眉含笑等，集中分布在县境内的木林子国家级自然保护区，因受人为干扰较小，大多处于原生状态。茶叶面积、产量和薇菜、箬叶出口量居全省第一。五鹤续断等道地中药材1800多种，稀有珍品葛仙米产地面积一万余亩。境内发现的陆生野生脊椎动物303种，隶属4纲26目75科190属。其中，国家Ⅰ级保护的有豹、林麝、黄腹角雉等，国家Ⅱ级保护的有黑熊、大灵猫、小灵猫、红腹锦鸡、红腹角雉、苏门羚等。水生动物常见的是鱼类和两栖类动物，鱼类有1科25种。其中大鲵（娃娃鱼）属国家Ⅱ级保护动物。境内旅游资源丰富，自然景观有国家级自然保护区木林子、溇水峡谷以及董家河、屏山峡谷等；人文景观有列入第六批全国重点文物保护单位的“容美土司遗址”和“五里坪革命旧址”为代表的各级文物保护单位100多处，五里坪系列景区（国家级烈士陵园——湘鄂边苏区革命烈士陵园、五里坪革命旧址群、鼓锣山三十二烈士殉难处、中营红三军军部旧址）入选全国红色旅游300处景区名录。2017年，满山红景区成功创建国家AAAA级旅游景区。另有通过国家工业旅游示范点验收的“八峰生态工业园”，被列为全国农业旅游示范点的走马镇、董家河等。傩愿戏、打溜子为国家级非物质文化遗产，柳子戏、满堂音、鹤峰山歌、鹤峰花鼓灯为省级非物质文化遗产。

【行政区划及人口】 据2010年全国第六次人口普查：全县常住人口199892人。全县户籍人口（包含户口待定的人）224038人，与2000年第五次人口普查户籍人口220187人比较，增加3851人，增长1.75%。全县常住人口中，汉族人口为50521人，占全县常住人口的25.27%。各少数民族人口为149371人，占全县常住人口的74.73%。其中，土家族138002人，占69.04%；苗族5311人，占2.66%。与2000年第五次全国人口普查相比，各少数民族人口的比重提高3.83个百分点。

2017年，鹤峰县辖5个镇4个乡，1个经济开发区，14个城镇社区，205个行政村。土地面积2868平方千米。年末全县户籍总人数216761人。其中，男性112416人，女性104345人，性别比107.7（女为100）。年内人口出生率为9.1‰，死亡率为6.13‰，人口自然增长率为2.97‰。全县常住人口20.4万人（指常住本县半年以上人口），其中：城镇7.42万人，乡村12.98万人。城镇化率为36.35%。

2017年鹤峰县乡（镇）基本情况表

表27

乡（镇）	区域面积（平方千米）	年末耕地总资源（千公顷）	常用耕地面积（千公顷）	总户数（万户）	户籍总人口数（万人）	村、社区（个）			粮食产量（吨）	财政收入（万元）	党委书记、乡（镇）长（12底在职）
						小计	村	社区			
铁炉白族乡	228.4	0.87	0.87	4984	14970	12	12	0	3861	373	谷成辉　龚丽娜
走马镇	498.0	3.46	3.21	17476	47054	36	33	3	20379	4162	黄凤协　陈　刚
五里乡	379.7	2.30	1.84	7303	21295	22	21	1	9496	537	阳如海　刘万红
燕子镇	369.9	2.84	2.21	8381	22000	30	29	1	9427	3023	陈卫锋　蔡彬权
下坪乡	160.6	1.86	1.64	5215	14993	14	13	1	8044	637	米惠莲　杨年武
邬阳乡	186.1	1.31	1.20	5378	15331	17	16	1	5942	845	汪　娟　刘迪成
中营镇	415.4	3.92	2.62	8444	23313	34	32	2	14459	873	肖红胜　李　超
太平镇	320.2	1.44	1.44	6210	16687	19	18	1	6207	3337	危　俊　李勉进
容美镇	309.7	1.77	1.78	17262	41118	35	31	4	10085	15776	黄宏启　张道勇
合　计	2868	19.77	16.81	80653	216761	219	205	14	87900	29563	

【经济发展】全县完成县域生产总值567453万元，按可比价格计算，同比增长6.1%。其中：第一产业完成增加值108550万元，增长4.3%；第二产业完成增加值237219万元，增长4.6%；第三产业完成增加值221684万元，增长8.9%。年末三次产业结构由2016年的19.8∶41.7∶38.5调整为19.1∶41.8∶39.1，第三产业占比提高0.6个百分点。按平均常住人口计算，全县人均县域生产总值27871元，比上年增加2213元。县各类市场主体12272家。全年完成财政总收入49088万元，同比增长8.0%。地方公共预算收入33577万元，同比增长0.7%；其中税收收入24162万元，同比增长3.5%。全年财政支出270568万元，同比增长5.0%，其中：一般公共服务支出32228万元，同比增长1.2%；医疗卫生和计划生育支出23491万元，同比增长7.5%；教育支出36916万元，同比增长3.6%；社会保障和就业支出44185万元，同比增长5.5%；公共安全支出9071万元，同比增长14.0%；科学技术支出2661万元，同比增长8.4%；节能环保支出10183万元，同比增长4.6%；农林水事务支出42054万元，同比下降14.1%；其他支出69779万元。全年民生支出占公共预算支出的82%。全县农林牧渔业现价总产值197767万元，同比增长4.9%，其中：农业产值126459万元，增长6.8%；畜牧业产值46662万元，下降0.1%；林业产值21822万元，增长2.5%；渔业产值165万元，增长1.2%；农林牧渔服务业产值2659万元，增长30.8%。年末耕地总资源19770公顷，常用耕地面积16810公顷。全年农作物播种面积46740公顷，其中，粮食作物种植面积24310公顷，经济作物种植面积22430公顷。粮食总产量8.79万吨。成功创建省级农产品质量安全试点县，生猪、牛、禽、羊分别出栏20.90万头、0.49万头、46.08万羽、8.80万只，肉类总产量19891吨，禽蛋产量2690吨。茶园面积23300公顷，精制茶产量2.1万吨。新建及改造茶园1866.67公顷，落实2533.33公顷有机茶基地认领，出口创汇1300万美元，实现综合产值28亿元。农村专业合作组织发展到562家，家庭农场发展到179家。以茶叶、烟叶、蔬菜、林业、畜牧等为主的特色产业基地人均面积0.53公顷。中央电视台、《人民日报》《光明日报》等中央媒体聚焦播报鹤峰茶叶“全域有机”。

全县规模以上工业企业61家。全年完成规模以上工业总产值24.3亿元。构建“一区五园”（即鹤峰经济开发区，八峰氨基酸产业园、太平工业园、走马茶谷观光产业园、燕子健康旅游产业园、中营蔬菜加工产业园）空间布局，入园企业23家，工业总产值14亿元。湖北高原红生态农业公司、鹤峰县巨融林业有限公司在新四板挂牌上市。华顺饮业天然弱碱性硒泉水开发项目、八峰药化瓜氨酸及其复方制剂开发研究等项目投产；坪江电站试运营，走马风电场项目获得省发展改革委员会核准批复，淋溪河水电站启动配套设施建设。

全县完成固定资产投资581100万元，同比增长18.5%。其中，第一产业投资34513万元，同比下降55.4%；第二产业投资167480万元，同比增长33.7%；第三产业投资379107万元，同比增长31.9%。500万元以上城镇和非农户项目投资563824万元，同比增长15.3%。房地产开发投资17276万元，同比增长1196%。全年实施重点项目78个，完成年度投资37.44亿元，占全年固定资产投资的64.42%。江坪河水电站大坝填筑至422米高程，宣鹤高速鹤峰段完成工程总量的45%，宜来高速鹤峰东段启动建设。溇水河综合治理等30个项目启动建设，G351瓦窑坪至四坪段、警苑小区等43个项目进展顺利，国土整治、茶厂还建房等25个项目如期建成，康岭水库、G351长岭至腊树垭段建设等28个重大推进项目取得进展。绕城公路完成工程总量95%，国省道提档升级25千米，南渡江大桥成功合龙。襄阳大道、九龙广场建设项目推进。全县资质建筑企业完成产值91827万元，同比增长1.2%；实现增加值36083万元，同比增长8.8%，占第二产业增加值的15.2%。全年商品房施工面积148881平方米，同比下降56%；销售面积30545平方米，同比增长865.1%。

全年实现社会消费品零售总额320562万元，同比增长10.6%。其中，批发零售业270783万元，住宿餐饮业49779万元，分别同比增长10.7%、10.2%。批发零售和住宿餐饮业实现增加值15396万元，同比增长6.3%，占第三产业的6.9%。电子商务建成县乡村三级物流体系，136家企业入驻“土家购”电商平台，全年电商交易额4亿元。全年签约项目6个，招商引资到位资金32.9亿元，同比增长13.6%。直接利用外资130万美元，同比下降82.4%。硒博会、国际茶叶大会签约金额近5亿元。实现外贸出口5596.7万美元，同比增长18.7%。

【社会发展】 推进城乡建设，实施城建项目27个，城市基础设施建设投资3.5亿元。完成“智慧鹤峰”、3个乡镇（邬阳乡、五里乡、下坪乡）和10个美丽乡村（燕子镇三溪村、董家村，中营镇三家台蒙古村、大路坪村，铁炉白族乡渔山村、细杉村，走马镇官仓村、千金村，容美镇屏山村，五里乡南村村）规划编制工作。完成亲水走廊华龙半岛段、龙泉路改造，茶厂还建房竣工。启动鸡公洞大桥、中村大桥、麂子峡公园建设。麂子峡桥头景观接线工程基本完成。走马、五里集镇改造建设及县城、走马集镇天然气供气建设顺利。太平污水处理厂试运行，其他乡镇污水处理项目年内开工。开展城市管理综合执法改革，推进“六城”同创向乡村延伸，持续实施城镇“保畅通”治理，占道经营、渣土遗漏、油烟污染整治常态化。成功创建成为省级卫生县城。龙潭村获国家级“美丽宜居村庄示范”称号。推进东街、新庄、张家村等地灾滑坡治理工程，保障群众生命财产安全。依法关停天源屠宰厂，规范肉产品经营秩序。依法依规回购旺家生态陵园，为殡葬改革打下基础。推进山更青、水更绿、土更净、天更蓝、城乡更美行动“五大行动”，建设“六大生态走廊”。其中，太平生态走廊沿分水岭—奇峰关—四坪—康岭一线，全长约32千米；屏山生态走廊沿新庄—屏山—雕崖—大路坪—中营坪一线，全长约56千米；木林子生态走廊沿堰坪—龚家垭—栗子—朝阳—牛池一线，全长约69千米；董家河生态走廊沿云南庄—杨柳坪—新行—清湖一线，全长约40千米；木耳山生态走廊沿杨柳坪—南村—木耳山—大典—细杉一线，全长约116千米；溇水画廊生态走廊沿两河口—跳鱼坎—南渡江—江坪河一线，全长约125千米。燕子镇新寨村、龙坪村，铁炉白族乡细杉村、马家村，走马镇红罗沟村、升子村、古城村，五里乡南村村、杨柳村，中营镇金竹园村、龙家湾村、棕园村，容美镇杨柳坪村、唐家铺村、吕坪村15个村获评省级“绿色示范乡村”。推行“河长制”，开展燃煤锅炉淘汰、畜禽养殖污染治理。中央环保督察交办的31个问题全部整改销号。成功创建省级生态文明建设示范县。划定县域生态保护红线。年末全县森林覆盖率为72.6%，森林面积208229.9公顷，自然保护区面积20838公顷。全年人工造林2767公顷，封山育林1667公顷，完成节能减碳州定目标任务。县城空气质量优良天数在320天以上，位居全省前列，地表水环境质量和饮用水环境质量达标率均为100%。

年末金融机构各项存款余额870664万元，比年初增加23462万元；其中，住户存款余额499088万元，比年初增加61703万元；非金融企业存款余额187239万元，比年初减少22578万元。各项贷款余额354499万元，比年初减少6784万元。其中：住户贷款158745万元，比年初增加38892万元；非金融企业及机关团体贷款195754

万元，比年初减少 45676 万元。

全县公路总里程 2421.1 千米，其中，高等级公路 318.5 千米，农村通公路行政村比重为 100%；公交车 12 路，实有公共汽（电）车运营车 54 辆，实有出租汽车 50 辆。建成 800 兆 4G 基站 112 个。年末全县固定电话用户 1.3 万户，移动电话用户 22.4 万户，互联网宽带接入用户 4.94 万户。全域旅游规划启动，满山红景区成功创建国家 AAAA 级旅游景区，申报大路坪 AAAA 级景区。全年旅游接待人数 156.56 万人次，同比增长 22.5%，实现国内旅游综合收入 83347 万元，同比增长 25.0%。

全县现有学校 63 所，其中高中、职校各 1 所，初中 5 所，九年制学校 8 所，小学 25 所，教学点 23 个，全县专任教师 1616 人。年末在校学生 17889 人，其中，普通中学在校学生 6118 人，中等职校在校学生 1371 人，小学在校学生 10400 人。全县幼儿园 24 所，在园幼儿 3982 人。学龄儿童入学率为 100%。初中毕业生升学率为 97.8%。九年义务教育完成率为 98.8%。县一中（加分）一本上线 74 人、二本 472 人。中考综合排名位居恩施州第三。采取“定单式”培养乡村教师，师资配比 1∶11。“改薄”学校 58 所，思源实验学校、县一中学生食堂、县职校现代职业教育提升工程、太平幼儿园等建设完工。实施学前教育项目，通过改善办园条件、购买玩教具、奖励等多种方式扩大学前教育资源，支持普惠性民办幼儿园发展，解决“入园难”“入园贵”的问题，学前三年毛入学率提高。义务教育均衡发展指标数据均达到国家标准。修改完善《鹤峰县专利申请资助及授权奖励办法》。全年申请专利 84 件，授权专利 17 件。人均体育场地面积 1.62 平方米，农民健身工程覆盖率为 85%，年参与文化体育活动的人数为 15 万人次。全县有剧场影剧院 1 个，公共图书馆 1 个，图书室 221 个，公共图书馆图书总藏量 7.7 万册。全年广播综合人口覆盖率为 0.8%，电视综合人口覆盖率为 42.7%。推进“万里茶道——宜红古茶道（鹤峰段）”申遗工作，成功举办宜红古茶道学术研讨会。推进容美土司遗址保护项目建设。原创音乐剧《寻访满堂音》全省巡演。年末拥有卫生机构 173 个，病床 1008 张。卫生技术人员 1070 人，其中，执业医师 342 人，注册护士 412 人。落实基本药物制度改革，县中心医院基本药物配备率为 60% 或以上，使用率为 41.2% 左右。医改工作考核为全省第五，公立医院改革走在全省前列，县中心医院通过二甲复审，太平、燕子镇卫生院及县疾控中心业务用房建设顺利，县中医院项目前期取得进展。推进医共体建设，县住院治疗病人比例达 80%，成功创建省健康促进县、省慢病防控示范区。

2017 年，全体居民人均可支配收入 14336 元，比上年增加 1261 元，同比增长 9.6%。其中，城镇常住居民人均可支配收入 25351 元，比上年增加 2229 元，同比增长 9.6%；农村常住居民人均可支配收入 10043 元，比上年增加 884 元，同比增长 9.7%。年末参加城镇基本养老保险人数 3.2 万人，参加城乡居民养老保险人数 11.5 万人；参加失业保险人数 0.79 万人；参加城镇基本医疗保险人数 2.89 万人，工伤保险人数 0.91 万人，生育保险人数 0.87 万人。年末各种社会福利性收养单位 11 个，社会福利性收养单位床位数 1038 张，居民最低生活保障已保人数 0.98 万人，其中，城镇居民最低生活保障已保人数 0.11 万人，农村社会救济人数 1.23 万人。新增城镇就业人员 3580 人，城镇失业人员再就业 964 人，就业困难人员再就业 306 人，扶持创业 248 人，带动就业 750 人，城镇登记失业率控制在 3.2% 以内。

制定出台 10 项精准扶贫行动及配套方案，实施“千企帮千村”活动，创新“161”（即公司 + 合作社、加工厂、基地、大户、电商、就业 + 农户）、“1+4 > 1 万”（即 1 户贫困户根据自身能力，选择生产土豆、红薯、茶叶、箬叶、中蜂等4种以上传统农副产品，实现年收入不低于1万元的目标）、“1528”（即1户贫困户发展5群中蜂，种植2亩蜜源植物，年收入不低于8000元）等产业扶贫模式，通过扶贫贷款、产业培训等措施激励贫困户发展产业，累计新增茶叶面积1666.7公顷、蔬菜866.7公顷、特色林果866.7公顷，新增生猪5万头、山羊1.3万只、土鸡9.8万羽、中蜂1.6万群。特色产业基地新发展1933.3公顷，累计增加5200公顷；改造农村危房3323户，完成易地扶贫搬迁10039人，“4叶+1业”（即烟叶、茶叶、箬叶、菜叶+就业）搬迁产业配套模式得到省、州认可；落实10900名贫困学生教育助学政策，发放各类教育扶贫资金0.38亿元。为17642名农村低保、五保对象发放兜底保障金2900万元，为所有建档立卡贫困人口购买意外伤害险，贫困对象医疗费用综合报销率为91%。累计实施26个贫困村电网改造，建成村级卫生室117个，硬化道路240千米，新建砂石路330千米，国土整治1200公顷，宽带入户1.6万户。持续推进武陵山试验区建设和“616”对口支援工程，对接东西部扶贫协作、省内区域协作和定点帮扶。用“最美”评选激发群众脱贫意愿，新华社《内参选编》《半月谈》等多家媒体关注。年内12个贫困村如期出列，2740户8973人稳定脱贫，累计完成脱贫任务的80%，贫困发生率下降至8.04%。先后2次代表湖北省接受国检，6次代表恩施州接受省检，受到肯定。解决2万人农村安全饮水问题。实施“电气化+”工程，完成1800户低电压改造，成为恩施州首个电气化示范县。全年全社会用电量2.78亿千瓦时，比上年增长24%。

【推进体制改革】 推进农业供给侧结构性改革，农村土地确权登记颁证全面完成，“三权分置”（即农村土地所有权、承包权、经营权分置）改革启动实施。持续化解过剩产能，关闭金竹园煤矿，化解产能9万吨。推进“观天下”项目破产重整，启动8个棚户区改造，医院片区征收补偿安置基本完成。运用PPP模式推动乡镇污水处理厂等公共基础设施建设。县财政为45家企业安排县域经济发展调度资金1.6亿元，为34家企业投放过桥资金43笔1.6亿元，为41家企业担保0.96亿元。“高山致富贷”等新型扶贫信贷累计发放贷款0.9亿元，累计投放金融扶贫贴息贷款2.3亿元；落实税收优惠政策，为小微企业优惠税额1000万元，办理出口退税500万元。严格执行降低社会费率政策，失业保险少征收300万元，企业养老保险少征收200万元，工伤保险少征收100万元，发放失业保险稳岗补贴50万元；启动编制硒产业发展规划。

推进“放管服”改革，编制完成县乡权责清单，“双随机一公开”监管全覆盖，推进“一次办好”行政服务工作。接受县人大、县政协监督，办结163件议案、建议和提案，完成规范性文件清理工作，行政机关负责人出庭应诉率为100%。推进政务公开，开通政府门户网站“县长热线”，推广运用政府OA办公系统，建成县、乡、村三级政务服务体系，205个村、13个社区全部实现“农民办事不出村”。修订完善政府工作规则，制定实施重点项目容缺预审管理办法。开展“五个专项治理”，对不作为、不担当等问题、对财务管理违规问题、对行政执法突出问题、对基层工程项目建设损害群众利益突出问题、对土地征收突出问题实施专项治理。

【乡村建设】 持续开展“最美鹤峰人”“最美家庭”“最美乡村（社区）”评选，“免费两餐”、大病医保等爱心工程惠及全县。推进平安鹤峰、法治鹤峰建设，实施以县、乡、村三级综治中心为指挥平台、以综治信息化为支撑、以网格化管理为基础、以公共安全视频监控联网应用为重点的群众性治安防控工程——“雪亮工程”，以信息化为支撑、法治德治自治深度融合的“一化三治”模式在全州推广，“一感两度两率”（群众安全感，治安状况满意度、公正执法满意度，平安创建知晓率、平安创建参与率）居全州前列。全县没有发生较大以上安全事故，一般事故7起，死亡5人，受伤6人。其中，道路交通事故5起，死亡3人；电站触电事故1起，死亡1人；煤矿事故1起，死亡1人。非煤矿山、危险化学品、烟花爆竹等行业和领域没有发生生产安全事故。

【龙潭村获评国家级“美丽宜居村庄示范”称号】 1月3日，国家住房和城乡建设部办公厅通过网络公布第四批美丽宜居小镇、美丽宜居村庄示范名单，鹤峰县龙潭村获国家级“美丽宜居村庄示范”称号。

【溇水鹤峰港入列全省一般港口名录】 4月18日，《湖北水运》网站发布，省人民政府批准将溇水鹤峰港列为全省一般港口名录。溇水鹤峰港地处鹤峰县境内，涵盖58千米的四级、六级航道，涉及鹤峰县容美、太平、燕子、五里、走马、铁炉6个乡镇，是以旅游客运为主，兼有货物运输的综合性港口。根据2016年5月获批的《溇水鹤峰港总体规划（2015—2030）》，鹤峰港规划港区6个，其中江坪河库区内港区5个（鹿子峡、长岭、南渡江、五龙山、大坝港区），江垭枢纽库区港区1个（江口港区）。鹤峰港规划泊位数34个，其中：货运泊位3个，客运泊位27个，年通过能力810万人次；工作船泊位4个。

【中央电视台推介鹤峰“一小时法律服务圈”】 4月25日，中央电视台《社会与法》频道节目部记者到鹤峰县拍摄《司法在改革中前进》纪录片，对鹤峰县“律师进村、法律便民”典型经验以及“一小时法律服务圈”便民措施进行推介。鹤峰县推进“法治鹤峰”建设，开展“律师进村、法律便民”工作，普遍推行“乡（镇）有一个律师顾问团，村有一个法务工作联络员，组有一个义务调解员，户有一个法律明白人”四级法务网络建设。利用“互联网+法律服务”网络平台，推进“一小时法律服务圈”建设，确保离县城最远村（居）也能在一小时内法律咨询有人答、法律服务有人接、法律援助有人管、矛盾纠纷有人调，解决法律服务群众最后一公里问题。

【《中国影像方志》（鹤峰篇）录制播出】 5月24日，中央电视台《中国影像方志》栏目组到鹤峰县录制《中国影像方志》（鹤峰篇）。纪录片以鹤峰历代地方志为基础，以《鹤峰：中国之中“融”华夏文明》为题，通过“地名记”“当代记”“大事记”“人物记”“名胜记”等板块，用现代影视手段和视角拍摄记录鹤峰的地理位置、历史文化、民俗风情、旅游资源、特色物产，为鹤峰县留下一份珍贵、鲜活的影像地方志。《中国影像方志》（鹤峰篇）为《中国影像方志》长卷的第37集，长度40分钟。12月4日22∶02时，中央电视台10频道播出。

【渔山村微纪录片《别了，云端上的求学路》】 铁炉白族乡渔山村是鹤峰县最偏远的山村，三面被峡谷包围，长期依靠一条横贯山谷的铁索道解决村民出行、孩子上学问题。6月10日至16日，新华社湖北分社报道组到渔山村，对村中孩子的求学路进行全方位跟踪采访，制作成微纪录片《别了，云端上的求学路》，讲述渔山村在国家精准扶贫政策支持下，修通通往山外的公路，渔山村民出行、孩子上学彻底告别依靠横贯山谷索道的故事。该纪录片是新华全媒头条“总书记关心的六件事”系列报道的湖北样本——“习近平推动解决的六件百姓关切事之贫困地区儿童就学篇”。7月13日，新华全媒头条播出微纪录片《别了，云端上的求学路》。播出首日，网络点击量突破百万人次。

【推行有机茶生产】 8月3日，鹤峰县委召开十五届四次全体（扩大）会议，决定在全县范围内推行有机茶生产，走茶叶“全域有机”发展之路，建成“中国有机茶第一县”。按照“政府主导，企业主力，农民主体”的模式，实施茶叶供给侧改革，引导促进茶叶产业转型升级、提质增效，实现企业增效、农民增收、农村增绿。县设立机茶产业发展专项资金，每年安排“以奖代补”资金从基础设施、农业投入品、加工机械等方面，对积极参与有机创建的企业、农户进行奖补。完善信贷融资机制，围绕产业发展需要，解决茶叶市场主体的融资难题。按照全县统一部署，金阳、骑龙、集优、阳光、龙福、东狮、融杏、齐云春、青翠源等茶叶重点企业，根据各公司茶叶原材料基地分布认领有机茶园建设基地，全县9个乡镇均有企业认领创建的有机茶基地。

【音乐剧《寻访满堂音》全省巡演】 8月24日至25日，由省民宗委、省演艺集团、鹤峰县政府联合打造，长江人民艺术剧院、鹤峰满堂音文化传媒有限公司创作演出的原创土家乡村音乐剧《寻访满堂音》在湖北剧院举行首演，同时启动全省各地30场巡演。满堂音是流传鹤峰县的古老民间艺术，为湖北省非物质文化遗产。该音乐剧以“寻访满堂音”为主线，讲述村里文艺表演队与满堂音传人覃文举之间的故事，以邀请他重新出山、带徒传艺的故事为主线索，将流传于鹤峰当地的满堂音、五句子山歌、傩舞、花鼓灯等民间艺术逐一呈现，展示鹤峰的乡音、乡韵、乡风、乡情，通过一波三折的故事情节，反映传统文化发展与传承中的挫折与坚守，为观众带来原生态文艺演出样式，展示民族优秀传统文化生生不息、代代传承。《寻访满堂音》由长江人民艺术剧院的演员和来自鹤峰县的满堂音传承人彭文照、民间艺人张春生等出演。10月26日晚在鹤峰上演，云上恩施、云上鹤峰、鹤峰电视台、鹤峰网微信公众号等现场直播，观众10多万人。

【宜红古茶道学术研讨会】 9月22日至24日，由湖北省鹤峰县、五峰县和湖南省石门县人民政府与湖北省古建筑保护中心、三峡大学民族学院联合举办，鹤峰县人民政府承办的“线路与遗产：宜红古茶道学术研讨会”在鹤峰县走马镇召开。中央民族大学、国家博物馆综合考古部、中国文化遗产研究院、上海复旦大学、内蒙古博物院、武汉大学、湖南省文物局、中南大学、北京建工建筑设计学院、三峡大学、湖北省古建筑保护中心、湖北民族学院等21家文博、科研单位和高校的84名专家学者出席研讨会。会议围绕万里茶道研究、宜红古茶道文化遗产的保护与利用、容美茶的历史与文化挖掘等主题展开学术研讨。研讨会期间，三个县分别在鹤峰的五里南府衙署、连三坡古茶道、五里坪老街茶庄、木耳山茶园，石门的泰和合茶号、宜沙老街、黄虎港，五峰的精制茶厂、汉阳桥、好汉坡等处布置宜红古茶道的遗迹考察点，分别在走马鑫龙公司布置宜红古茶道鹤峰陈列厅、在泰和合茶号布置宜红古茶道文物陈列、在五峰精制茶厂布置展览，让与会专家学者见证宜红古茶道的真实性和完整性。鹤峰县为专家学者演出一台《茶道古韵》，用鹤峰非物质文化遗产“柳子戏”“满堂音”“打溜子”“傩戏”等艺术表现形式演绎反映宜红古茶道的历史文化繁荣与兴旺。研讨会收到学术论文73篇，内容涉及宜红古茶道的概念及其在“万里茶道”中的定位，与茶道相关的茶区、聚落、茶历史、茶文化、茶道遗存等。研讨会期间，鹤峰县委副书记、县长胡平江，五峰县县委常委、宣传部部长王巍，石门县县委常委、宣传部部长江毅代表三县政府签订《线路与遗产：宜红古茶道遗址遗存保护、研究、开发、利用协作书》，三个县正式携手推进宜红古茶道文化内涵的挖掘，促进相关文物的保护，推进茶道申遗。

【南渡江特大桥成功合龙】 9月25日上午9时30分，位于省道南鹤公路的南渡江特大桥顺利完成转体，成功合龙。桥梁全长272米、重12000多吨，桥宽10米，主桥净跨190米，桥高163米，设计速度40千米每小时，为上承式钢筋混凝土球绞转体施工的劲性骨架外包钢筋混凝土箱型拱桥。承建单位为中铁一局集团桥梁工程有限公司。此桥是江坪河水电站蓄水配套工程，2015年

5月开工，项目总投资3.5亿元。

【满山红景区入列国家AAAA级旅游景区】 10月10日，省旅游委召开新闻发布会，公布湖北省新增鹤峰县满山红景区等3家国家AAAA级旅游景区。鹤峰县于2013年启动创建满山红AAAA景区工作，历时4年。

【鹤峰县2家企业登陆湖北四板】 10月30日，恩施"中国硒谷"生态农业板块启动暨企业股权挂牌仪式在武汉股权交易托管中心举行，鹤峰县中营镇的湖北高原红生态农业有限公司和下坪乡的鹤峰县巨融林业有限公司在湖北四板挂牌上市。全县累计挂牌上市企业20家。

【《中国共产党鹤峰县历史》第二卷（1949—1978）出版发行】 10月,《中国共产党鹤峰县历史》第二卷（1949—1978）出版发行。全书分5篇15章30万余字，以中共鹤峰县委贯彻党的路线、方针、政策的实践为主线，按历史发展脉络，记述1949年11月鹤峰县解放至1978年12月这29年间鹤峰县的重要历史进程和重大历史事件。

【鹤峰县创建湖北省生态文明建设示范县通过考核验收】 11月21日至23日，省环保厅考核验收组对鹤峰县创建湖北省生态文明建设示范县的工作进行考核验收。考核验收组根据《湖北省生态文明建设示范县指标（修订）》要求，查看县城污水处理厂、县中心医院、芭蕉河饮用水源地、中营镇大路坪村、走马镇等项目现场，了解鹤峰县省级生态文明建设示范县创建工作过程，调阅创建资料，听取创建汇报，核查生态制度、生态环境、生态空间、生态经济、生态生活和生态文化等6类10项39个指标均达到创建湖北省省级生态文明建设示范县的标准。

【中央环保督察交办问题整改销号】 2016年12月1日，收到中央环保督察组反馈交办的鹤峰县的31个问题后，县委、县政府坚持问题导向，成立鹤峰县环境保护督察反馈意见整改攻坚指挥部。经过一年多时间整改，涉及中央环保督察反馈意见整改任务31个问题中，有22个问题立行立改。经县委、县政府组织相关部门验收认可，11月27日，县中央环保督察反馈意见整改攻坚指挥部对中央环保督察反馈意见问题整改完成销号情况予以公示。

【走马风电场工程项目获核准批复】 12月13日，湖北能源集团鹤峰大垭新能源有限公司获得省发展和改革委员会关于核准鹤峰走马风电场（50MW）项目核准批复，同意建设湖北能源集团鹤峰走马风电场工程（项目代码2017-422828-44-02-140813），项目单位为湖北能源集团新能源发展有限公司全资子公司湖北能源集团鹤峰大垭新能源有限公司，项目建设规模为5万千瓦，安装25台单机容量2000千瓦的风力发电机组，以及相关配套设施，年设计上网电量9308万千瓦时。项目总投资为44403万元（不含送出系统工程投资），其中资本金8896万元，占总投资的比例为20%，由湖北能源集团鹤峰大垭新能源有限公司出资。

【"国培计划（2017）"湖北省项目县线下集中研修送教活动在鹤峰县举办】 12月18日至19日，由中国教师研修网和鹤峰县教育局联合主办的2017年湖北省国培计划项目县网络研修线下集中研修送教活动在鹤峰县举办。湖北省教育学会教师教育分会副秘书长、学术专家胡松林，英语课程专家谭晓鸣、申黛芬到鹤峰县现场教学指导。专家团队到鹤峰县示范基地校——县实验小学和县实验中学，开展送培送教活动。活动以"基于重难点的教学技能提升"为主题，采用"同课异构+专家引领+成果展示+互动点评+项目调研"形式，将跟进式网络研修与校本实践活动相结合，帮助鹤峰县教师在专业领域上取得发展，促进教育均衡。

【武陵山区（鹤峰）科技成果转换中心成立】 12月27日，中国农业科学院茶叶研究所武陵山区（鹤峰）科技成果转换中心挂牌成立。借助这个平台，中国农业科学院茶叶研究所（简称中茶所）在鹤峰县建立有机茶实践基地，和鹤峰县在科技创新、成果转化和技术服务上开展合作，整合鹤峰优势资源，合力打造“鹤峰茶”公共品牌。中茶所选派 1 名技术转移首席科学家指导鹤峰发展有机茶，聘请中国农业科学院茶叶研究所所长、国家茶叶产业技术体系首席科学家杨亚军等 10 名专家教授作为茶产业链建设专家顾问。

【鹤峰县“四大家”领导人】

中共鹤峰县委员会
书记：王小平
副书记：胡平江（苗族）
胡　铭
常委：王小平
胡平江（苗族）
胡　铭
王　闯（土家族）
谷祥勇（白族）
钱成玉（女，土家族）
熊　翔（土家族）
刘支皇（土家族）
滕晓东（土家族）
胡明义（蒙古族）

鹤峰县人大常委会
主任：罗申贵（土家族）
副主任：陶拥政
杨振凡（苗族）
向宏安（土家族）
王红艳（女，白族）
章银华（女，土家族）

鹤峰县人民政府
县长：胡平江（苗族）
副县长：滕晓东
覃长玉（女，土家族）
林　洪（土家族）
赵　虎
阳如海（苗族）
熊　敏（土家族）
南昌鑫（满族，挂职）
饶映雪（女，挂职）
马先雄（挂职）
邹先宏（挂职）

政协鹤峰县委员会
主席：张真炎（土家族）
副主席：符良成（苗族）
夏德术（苗族）
夏依忠（苗族）
郑　平（土家族）
张甄秀（女，土家族）

（李悟珍）
编辑　梁卫民

人　物

先进人物

2016 年度全国三八红旗手

连　芳　女，中共党员，来凤县翔凤镇花园堡社区党委副书记、妇联主席

2017 年全国五一劳动奖章

林　丽　女，中共党员，国网咸丰县供电公司营销员

新闻人物

陈照南

陈照南　男，土家族，1929 年 12 月生，咸丰县唐崖镇唐崖司村人。2017 年 1 月 31 日，中央文明办发布 1 月“中国好人榜”，陈照南上榜“诚实守信好人”。他自 1987 年以来承担着唐崖土司城遗址讲解工作，将守护土司城当成一生的事业，见证唐崖土司城遗址从县级到省级、到国家级重点文物保护单位的历程，亲历唐崖土司城申报世界文化遗产的整个过程。2014 年 3 月 26 日，85 岁的陈照南最后一次打扫完土司城，因突发脑溢血去世。2016 年 5 月 21 日，中央电视台大型纪录片《记住乡愁》讲述陈照南近三十年守护唐崖土司城址的故事。2017 年 3 月，陈照南当选“荆楚楷模”，湖北省楹联学会阙东明为其撰联“三旬风雨，身影依稀，最难忘石板路旁，土司城下；八五春秋，人生精彩，当无愧践行之道，守护者功”。

（州委宣传部）

段丙英

段丙英　女，1956 年 1 月生，建始县业州镇苏家坪村村民。2017 年 5 月 4 日，中央文明办发布 4 月“中国好人榜”，段丙英上榜“孝老爱亲好人”。段丙英 3 岁丧父，母亲视力残疾，她 7 岁时就能独身挑菜到集镇售卖贴补家用。她不顾家里反对，和家有 3 个智障兄弟、家境贫寒的“兵哥哥”张光春结婚。婚后第二年，张光春因患上神经官能症而提前退伍回家休养，2 个孩子相继出生，家庭的重担落在段丙英一人身上。公公、婆婆和丈夫的智障兄长先后病重，加上两个智障小叔和多病的丈夫，家里一下出现了 6 个病人，生活繁重劳累，但她从不马虎，精心照顾病人。公婆和兄长去世后，她继续精心照顾丈夫和小叔子。2012 年、2013 年，儿媳和张光春被分别检查出身患乳癌和肺癌，为了治病，儿子的房子卖了，家里背上沉重的债务。2014 年 4 月，张光春去世，段丙英依然坚强地撑起这个家。她的言行影响着家庭每一个成员，2 个正读小学的孙子从学校回来，就自觉做力所能及的家务。“老天不会总是下雨”，段丙英坚信人只要不懒，苦日

子总有到头的一天，梦想也会实现。2016 年 9 月，段丙英当选湖北省“荆楚楷模”。

（州委宣传部）

许群群

许群群 女，土家族，1984 年生，鹤峰县容美镇张家村人，湖北省洪富农牧业有限公司董事长。2017 年 10 月 31 日中央文明办发布 10 月“中国好人榜”，许群群上榜“敬业奉献好人”。许群群 2009 年毕业于武汉音乐学院声乐系，后前往新加坡成为专业歌手。2013 年，她放弃演艺事业回到鹤峰县，在海拔 1400 米的燕子镇朝阳村办养牛场。经过 4 年艰苦创业，她的公司拥有占地面积 3 公顷左右的养牛场，存栏优质母牛 330 头，种植牧草、蔬菜、高山玉米 267 公顷，固定资产 4000 万元。许群群在创业过程中，热心公益活动，带领乡亲脱贫致富。2017 年 9 月，许群群当选“荆楚楷模”。

（州委宣传部）

向 波

向 波 男，土家族，1976 年 3 月出生，湖北利川人，中共党员，大学学历，现任州地税局税政管理科副主任科员，州地税局驻建始县官店镇车营村扶贫工作队副队长，兼任恩施市义工协会会长，曾被授予全省地税系统最美地税人、全州优秀共产党员、全州劳动模范。2017 年，被国家税务总局表彰为全国税务系统先进工作者，被州委表彰为优秀共产党员，被评为 2017 感动恩施年度人物。主要事迹：2009 年组建恩施市地税局志愿服务队，2011 年更名为恩施义工协会，成为恩施州第一个在民政部门注册的民间义工组织，带领广大义工开展照料福利院老人、贫困学子爱心帮扶、重症儿童筹资救助等活动，将爱心送给最需要帮助的弱势群体。

革命烈士名录

龚 昊

龚 昊 男，侗族，中共党员，生于 1990 年 9 月 28 日，宣恩县晓关侗族乡堰塘坪村人。龚昊 2008 年 12 月入伍，2011 年 11 月加入中国共产党，生前系火箭军某部班长，中士军衔。2016 年 8 月 14 日，他在执行巡逻任务中，因抢救落水战士英勇牺牲，献出年仅 26 岁的宝贵生命。龚昊被部队批准为烈士（2016 军烈字第 090300040001 号）。

2008 年 12 月，龚昊怀着报效祖国、献身国防的远大志向应征入伍，成为一名光荣的人民解放军战士。在部队他不怕吃苦，加强训练，勤奋学习，乐于助人，入伍第三年，光荣加入中国共产党，入伍第五年，当上班长，先后被评为“优秀学员”“优秀士兵”“优秀士官”。2016 年 8 月 14 日，按照日常工作要求，身为班长的龚昊和战友按规定对军事禁区周边进行例行巡查。下午 2∶30 分左右，巡查队伍中的一名战友不慎崴脚跌入深 3—4 米的深水沟。危急时刻，不谙水性的龚昊边喊救人边脱去体能训练服从 5 米远的高地跑下来，不顾自身安危，与另一位战友一起下水救人，紧急关头，龚昊奋力将溺水战友猛然推向岸边战友，自己却沉入水中。事发突然，在战友和村民展开紧急救援未成功的情况下，当地公安、消防等部门组织大量救援人员搜索近 3 个小时，18∶30 分左右，龚昊同志被救上岸，却已英勇牺牲。2017 年 8 月 15 日上午 9 点 15 分，宣恩县在宣恩县殡仪馆举行悼念仪式，迎接龚昊烈士回家，其舍己救人、勇于牺牲自我的烈士精神感染社会各界人士。8 月 16 日上午 7 点，龚昊烈士骨灰被安葬在宣恩县烈士陵园。

（宣恩县史志办）

辞世人物

覃 健

覃 健（1985—2013），女，土家族，利川市毛坝镇青岩村覃家沟人。2013 年 11 月 28 日下午 4 时许，时任广东东莞横沥镇培英小学三年级语文教师的覃健和同事一起护送学生过马路。在斑马线处，覃健走到路中间，与站在路边的同事拉起绳子，示意过往车辆暂停。当学生队列前两名学生刚走上斑马线时，一辆摩托车和一辆小轿车飞驰而来。情况万分危急，覃健示意学生“注意车辆”，孩子们立即停住脚步，她却被飞驰而来的小轿车撞飞十几米，献出 27 岁的年轻生命。2017 年 4 月 24 日覃健被表彰为第十三届全国见义勇为模范。

（利川市史志办）

别良芳

别良芳 男，中共党员，原恩施州原计委顾问，副地（局）级待遇。因病医治无效于 2017 年 9 月 2 日逝世，享年 89 岁。别良芳 1928 年 2 月出生，河南西峡人。1948 年 5 月参加革命。曾在恩施军分区工作，历任中共建始县高坪公社书记、建始县猫坪区长，鹤峰县委宣传部长、常委，省建委恩施工程公司党委书记，恩施地区建委副主任、党组副书记，州设计院顾问，州计委顾问等职。1990 年 11 月离休。

（州委老干部局）

谭宗艾

谭宗艾 男，土家族，中共党员，恩施州中心医院终身专家，主任医师，于 2017 年 11 月 9 日病逝，享年 77 岁。谭宗艾生于 1941 年 5 月，恩施新塘人。他是中西医结合专业专家，中华医学会会员，第一届“湖北中医名师”，恩施州唯一的第二届“湖北中医大师”，恩施州中医大师，享受湖北省政府津贴。曾任恩施州中心医院党委委员、副院长，湖北省中西医结合学会常务理事，恩施州中医药学会常务副理事长，湖北民族学院客座教授。1998 年被评为湖北省先进卫生工作者，2006 年获恩施州“劳动模范”荣誉称号。他主持开发的“沙白兰感康糖浆治疗外感咳嗽”“清感口服液治疗外感高热症”“降脂活血片治疗高血脂症”“参芪益肺糖浆治疗小儿反复呼吸道感染”等多项科研课题通过湖北省成果鉴定，达到国内领先或国内先进水平。先后在各级各类医学刊物发表文章 30 余篇，出版医学专著 3 部。主持或参与科研项目 7 项，其中 3 项获得恩施州科技进步三等奖，2 项达到国家领先水平，沙白兰感康糖浆治疗外感肺热咳嗽的临床实验研究被国家科技部认定为 2000 年的重大科研成果，获成果专利转换 1 项。

（州中心医院）

编辑 梁卫民

附　录

重要文件选登

恩施州发［2017］

1号　中共恩施州委、恩施州人民政府关于印发《恩施州特色农业供侧给结构性改革行动方案（2017—2020年》的通知

2号　中共恩施州委关于印发《中共恩施州委常委会2017年工作要点》的通知

3号　中共恩施州委、恩施州人民政府关于印发《法治恩施建设纲要（2016—2020年）》的通知

6号　中共恩施州委、恩施州人民政府关于印发《恩施法治政府建设实施方案（2016—2020年）》的通知

7号　中共恩施州委关于加强和改进党支部建设的十条意见

9号　中共恩施州委关于认真学习宣传贯彻党的十九大精神的通知

10号　中共恩施州委、恩施州人民政府关于深化人才发展机制体制改革的实施意见

恩施州文［2017］

1号　中共恩施州委关于州委常委分工的通知

3号　中共恩施州委关于党风廉政建设主体责任工作情况的报告

4号　中共恩施州委关于恩施州州县乡领导班子换届工作情况的报告

13号　中共恩施州委关于召开中国共产党恩施州代表会议的请示

18号　中共恩施州委关于2017年上半年落实管党治党政治责任情况的报告

19号　中共恩施州委关于认真学习宣传贯彻省第十一次党代会精神的通知

20号　中共恩施州委关于2017年上半年全州意识形态工作情况的报告

24号　中共恩施州委、恩施州人民政府关于呈报《恩施州自然保护区问题整改方案》的报告

37号　中共恩施州委、恩施州人民政府关于恩施州2017年扶贫开发工作成效考核自评情况的报告

38号　中共恩施州委、恩施州人民政府关于恩施州2017年贯彻落实全面推行河长制工作情况的报告

41号　中共恩施州委关于2017年度意识形态工作情况的报告

42号　中共恩施州委关于落实党风廉政建设主体责任情况的报告

恩施州办发［2017］

3号　州委办公室、州政府办公室印发《关于推行法律顾问制度和公职律师公司律师制度的实施意见》的通知

4号　州委办公室、州政府办公室关于印发《恩施州全面推行河长制实施方案》的通知

5号　州委办公室、州政府办公室关于落实深入推进供给侧结构性改革重点任务的通知

10号　州委办公室、州政府办公室关于印发《2017年度州直机关目标责任制管理考核工作实施办法》的通知

11号　州委办公室、州政府办公室印发《关于开展农村社区建设试点工作的实施意见》的通知

13号　中共恩施州委办公室印发《关于加强和改进人民政协民主监督工作的实施意见》的通知

16号　州委办公室、州政府办公室关于印发《恩施州改革社会组织管理制度促进社会组织健康有序发展的实施意见》的通知

17号　州委办公室、州政府办公室关于印发《全州扶贫领域不正之风和腐败问题专项整治战役工作方案》的通知

18号　州委办公室、州政府办公室印发《关于落实国家机关"谁执法谁普法"普法责任制的实施意见》的通知

27号　中共恩施州委办公室关于印发《恩施土家族苗族自治州妇女联合会机关主要职责内设机构和人员编制规定》的通知

28号　中共恩施州委办公室关于印发《恩施土家族苗族自治州科学技术协会机关主要职责内设机构和人员编制规定》的通知

29号　州委办公室、州政府办公室关于印发《恩施州党政机关国内公务接待管理办法》的通知

恩施州办文［2017］

1号　州委办公室、州政府办公室关于在全州开展领导下访和书记陪访活动的通知

3号　中共恩施州委办公室关于印发《州委中心组2017年度学习计划》的通知

6号　州委办公室、州政府办公室关于印发《2017年全州重大调研改革课题实施方案》的通知

9号　州委办公室、州政府办公室关于进一步建立完善全州重大项目建设推进工作机制的通知

12号　中共恩施州委办公室印发《关于落实侯长安同志恩施州调研重要要求的责任分工方案》的通知

15号　中共恩施州委办公室关于调整州委常委和州人大、州政协主要领导与党外人士联系交友人员名单的通知

16号　州委办公室、州政府办公室关于进一步做好州领导联系重点工业企业有关工作的通知

22号　中共恩施自治州委办公室关于印发《中共恩施州委2017年重点督查计划》的通知

32号　州委办公室、州政府办公室转发《共青团恩施州委、恩施州教育局、恩施州少工委关于常态化开展"主题团（队）日"活动的实施方案》的通知

33号　中共恩施州委办公室关于印发《2017年度县市目标责任制管理考核实施办法》的通知

36号　州委办公室、州政府办公室关于做好2017年生态文明建设评价考核工作的通知

48号　中共恩施州委办公室关于印发《恩施州学习宣传贯彻党的十九大精神宣讲工作实施方案》的通知

54号　州委办公室、州政府办公室转发《州深化医药卫生体制改革工作领导小组关于恩施州强化"三医"联动推进公立医疗机构综合改革的

实施方案》的通知

恩施州政府令

第 2 号 《恩施土家族苗族自治州城市规划管理技术规定》

恩施州政规［2017］

1 号 关于印发恩施土家族苗族自治州招标投标监督管理办法的通知

2 号 关于印发《恩施土家族苗族自治州猎捕野猪规定》的通知

3 号 关于印发《农业产业化州级重点龙头企业申报认定和监测管理办法》的通知

4 号 关于印发《恩施土家族苗族自治州城乡基本医疗保险实施办法》的通知

5 号 关于印发《恩施土家族苗族自治州特困人员供养实施办法》的通知

6 号 关于印发《恩施州中小学校管理办法》的通知

恩施州政发［2017］

2 号 关于印发《恩施土家族苗族自治州人民政府工作规则》的通知

3 号 关于印发恩施州金融支持实体经济发展措施的通知

4 号 关于进一步推进全州民政事业加快发展的意见

5 号 关于在市场体系建设中建立公平竞争审查制度的通知

6 号 关于印发恩施州残疾人事业“十三五”发展规划纲要的通知

7 号 关于推动工业经济加快发展的实施意见

8 号 关于城市优先发展公共交通的实施意见

9 号 关于印发《恩施州 2017—2020 年生态文明建设行动方案》《恩施州创建国家级、省级生态文明建设示范县（市）奖励办法》的通知

10 号 关于加快养老服务业的实施意见

11 号 关于加强和改进州城建设管理工作的实施意见

12 号 关于印发恩施州食品药品安全“十三五”规划的通知

13 号 关于取消和调整行政审批项目等事项的决定

14 号 关于进一步加强货车非法改装和超限超载治理工作的通知

15 号 关于促进全州快递业健康发展的实施意见

16 号 关于深化标准化工作改革创新的实施意见

17 号 关于印发恩施州土壤污染防治行动计划工作方案的通知

18 号 关于加强学前和义务教育阶段特殊教育工作的实施意见

恩施州政办发［2017］

1 号 关于印发恩施州深化改革推进出租汽车行业健康发展工作方案的通知

3 号 关于印发 2017 年全州农业农村工作要点的通知

6 号 关于转发恩施州 2017 年度地质灾害防治方案的通知

7 号 关于印发《恩施州行政容错免责办法（试行）》的通知

8 号 关于全面推进乡镇生活污水治理工作实施方案的通知

9 号 关于做好《恩施州年鉴》（2017 年卷）撰稿工作的通知

10 号 关于交办州人大代表建议和政协提案的通知

21 号 关于印发《恩施州 2017 年招商引资

突破年行动方案》的通知

22 号 关于印发恩施州发送农村人居环境实施方案的通知

23 号 关于加快推进全州中心戒（康复）社区创建工作的通知

24 号 关于印发 2017 年恩施州人民政府规章立法计划的通知

26 号 关于全面推进公路安全生命防护工程的实施意见

27 号 关于加强旅游市场综合监管的通知

28 号 关于公布州级随机抽查事项清单的通知

29 号 关于印发《恩施州食品生产加工小作坊小餐饮规模标准规定（试行）》的通知

30 号 关于印发《恩施州 2017 年治理“餐桌污染”建设“食品放心工程”实施方案》的通知

31 号 关于明确其他城建项目类企业投资项目核准备案事项的通知

32 号 关于印发《恩施州城市公立医院综合改革实施方案》的通知

38 号 关于推进医疗联合体建设和发展的实施方案的通知

39 号 关于印发精准脱贫等五大攻坚行动工作方案的通知

41 号 关于印发恩施州国土资源节约集约示范州创建工作实施方案的通知

42 号 关于进一步加强“地沟油”治理工作的通知

43 号 关于印发恩施州自然灾害救助应急预案的通知

46 号 关于印发恩施州洁净能源基地建设实施方案的通知

47 号 关于印发恩施州推行审批服务“一次办好”实施方案的通知

48 号 关于印发恩施州综合防灾减灾“十三五”规划的通知

50 号 关于印发恩施州食品安全突发事件应急预案的通知

51 号 关于印发恩施州农业水价综合改革的通知

52 号 关于印发恩施州职业病防治规划（2016—2020 年）的通知

53 号 关于发布实施《恩施州“十三五”民航发展及中长期机场建设规划（2016—2030 年）》的通知

54 号 关于印发恩施州安全生产“十三五”规划的通知

55 号 关于印发恩施州统筹推进县域内城乡义务教育一体化改革发展实施方案的通知

56 号 关于发布实施《恩施州旅游业发展“十三五”规划》的通知

统计资料

2017 年全国 30 个少数民族自治州主要经济指标

表 28 单位：亿元，%

自治州	地区生产总值	位次	地区生产总值增幅	位次	第一产业增加值	第二产业增加值	其中：工业增加值	第三产业增加值	第一产业比重	第二产业比重	其中：工业占比	第三产业比重
延 边	927.58	11	3.3	24	69.19	424.90	384.86	433.50	7.5	45.8	41.5	46.7
恩 施	801.23	13	6.2	19	160.14	286.01	233.02	355.08	20.0	35.7	29.1	44.3
湘 西	582.60	14	7.6	16	83.80	179.40	141.70	319.40	14.4	30.8	24.3	54.8

续表 28

自治州	地区生产总值	位次	地区生产总值增幅	位次	第一产业增加值	第二产业增加值	其中：工业增加值	第三产业增加值	第一产业比重	第二产业比重	其中：工业占比	第三产业比重
阿　坝	295.16	18	4.0	22	46.44	141.34	114.05	107.38	15.7	47.9	38.6	36.4
甘　孜	261.50	20	9.1	12	61.29	103.82	63.54	96.39	23.4	39.7	24.3	36.9
凉　山	1480.91	2	5.3	20	296.52	621.88	367.37	562.51	20.0	42.0	24.8	38.0
黔西南	1067.60	6	12.5	1	204.08	340.68	273.92	522.84	19.1	31.9	25.7	49.0
黔东南	972.18	8	5.2	21	195.87	224.11	141.88	552.20	20.1	23.1	14.6	56.8
黔　南	1160.59	5	12.1	2	202.30	412.91	306.47	545.38	17.4	35.6	26.4	47.0
楚　雄	937.37	10	10.8	6	171.02	366.11	246.23	400.24	18.2	39.1	26.3	42.7
红　河	1478.57	3	10.8	6	225.03	687.94	499.47	565.60	15.2	46.5	33.8	38.3
文　山	809.11	12	10.0	9	163.03	291.67	182.21	354.40	20.1	36.0	22.5	43.8
西双版纳	393.84	16	8.7	13	96.80	106.63	58.44	190.41	24.6	27.1	14.8	48.3
大　理	1066.51	7	9.7	10	214.95	409.60	301.60	441.96	20.2	38.4	28.3	41.4
德　宏	356.97	17	10.7	8	81.87	89.19	57.59	185.91	22.9	25.0	16.1	52.1
怒　江	141.50	24	10.9	5	20.86	43.25	23.82	77.39	20.7	30.6	16.8	54.7
迪　庆	198.65	22	11.0	4	12.00	75.99	14.39	110.66	6.0	38.3	7.2	55.7
临　夏	238.80	21	3.7	23	38.90	43.20	21.80	156.80	16.3	18.1	9.1	65.7
甘　南	136.59	25	0.3	27	30.35	19.47	15.66	86.77	22.2	14.3	11.5	63.5
海　北	82.91	27	-20.3	30	19.81	23.83	—	39.28	23.9	28.7	—	47.4
黄　南	79.01	28	3.3	24	20.35	26.64	12.79	32.02	25.8	33.7	16.2	40.5
海　南	145.82	23	-1.4	28	34.62	66.10	—	45.10	23.7	45.3	—	30.9
果　洛	37.27	30	-2.6	29	6.65	12.28	2.96	18.34	17.8	32.9	7.9	49.2
玉　树	64.38	29	1.0	26	27.87	22.71	0.82	13.82	43.3	35.3	1.3	21.5
海　西	526.19	15	9.5	11	29.46	349.66	—	147.07	5.6	66.5	—	27.9
昌　吉	1224.23	4	7.0	17	244.22	583.41	444.12	396.60	19.9	47.7	36.3	32.4
博尔塔拉	267.99	19	12.1	2	43.17	88.25	45.88	136.57	16.1	32.9	17.1	51.0
巴音郭楞	951.50	9	7.0	17	187.10	478.20	382.60	286.30	19.7	50.3	40.2	30.1
克孜勒苏	112.12	26	8.2	14	15.75	39.63	21.09	56.74	14.0	35.3	18.8	50.6
伊　犁	1742.78	1	8.0	15	482.56	508.40	305.65	751.81	27.7	29.2	17.5	43.1

续表 28

自治州	规模工业增加值	位次	规模工业增加值增幅	位次	固定资产投资	位次	固定资产投资增幅	位次	社会消费品零售总额	位次	社会消费品零售总额增幅	位次
延 边	—	—	1.6	24	727.86	12	-3.5	26	560.01	2	5.4	29
恩 施	—	—	3.9	21	831.16	9	15.5	17	556.41	3	11.2	13
湘 西	—	—	6.5	19	466.70	16	12.0	20	280.10	10	10.7	16
阿 坝	—	—	7.0	17	304.27	21	-12.7	27	85.81	20	2.3	30
甘 孜	—	—	21.5	1	428.82	17	3.8	21	90.86	18	11.4	12
凉 山	—	—	1.8	23	1134.04	6	2.0	23	616.28	1	11.8	11
黔西南	315.94	5	10.6	12	981.40	7	22.7	7	243.92	13	12.5	3
黔东南	92.14	10	1.5	25	699.54	14	0.3	24	322.08	9	11.0	15
黔 南	402.37	1	11.6	9	1284.83	4	21.9	9	279.14	11	12.6	2
楚 雄	231.24	6	12.2	8	1290.33	3	27.8	3	335.99	8	12.5	3
红 河	395.45	2	14.0	6	2533.75	1	20.3	13	411.85	4	12.4	5
文 山	157.99	9	14.5	5	758.07	10	20.8	12	363.40	7	12.3	6
西双版纳	—	—	7.1	16	479.35	15	15.5	17	130.33	16	12.0	8
大 理	223.58	7	11.3	10	881.97	8	17.5	16	373.80	6	12.3	6
德 宏	—	—	15.2	4	371.39	18	19.6	15	138.52	15	11.1	14
怒 江	11.46	15	13.8	7	151.65	26	25.4	4	36.53	24	12.0	8
迪 庆	19.77	12	16.1	3	364.48	19	15.5	17	51.42	21	12.0	8
临 夏	13.40	14	-1.3	26	175.10	24	-47.2	30	90.80	19	8.5	26
甘 南	10.26	16	3.5	22	213.54	22	2.3	22	48.63	22	7.3	28
海 北	—	—	-57.0	29	109.19	27	-15.3	28	23.01	26	9.8	20
黄 南	8.24	17	-3.7	27	105.05	28	21.2	10	10.37	29	10.0	17
海 南	—	—	7.0	17	161.54	25	-35.8	29	30.25	25	9.7	21
果 洛	2.30	18	-26.5	28	71.50	29	-0.6	25	6.45	30	10.0	17
玉 树	—	—	—	—	69.92	30	21.1	11	12.46	28	9.9	19
海 西	—	—	9.2	13	700.17	13	25.0	5	98.27	17	9.4	23
昌 吉	362.20	4	5.0	20	1800.00	2	20.0	14	266.12	12	9.1	25
博尔塔拉	37.20	11	16.2	2	328.60	20	23.5	6	46.17	23	12.7	1
巴音郭楞	372.00	3	7.5	15	740.70	11	22.1	8	183.63	14	9.3	24
克孜勒苏	18.93	13	8.0	14	195.76	23	36.1	1	21.98	27	9.5	22
伊 犁	183.00	8	11.1	11	1233.80	5	30.1	2	382.11	5	8.1	27

续表 28

自治州	地方一般公共预算收入	位次	地方一般公共预算收入增幅	位次	农村常住居民人均可支配收入（元）	位次	农村常住居民人均可支配收入增幅	位次	城镇居民人均可支配收入（元）	位次	城镇居民人均可支配收入增幅	位次
延 边	69.51	12	–24.0	29	10449	11	8.0	26	25022	26	7.5	29
恩 施	74.93	11	7.2	12	9588	17	9.9	10	26766	24	9.7	1
湘 西	54.90	14	10.0	7	8273	22	11.6	1	22728	28	9.2	5
阿 坝	26.81	19	–17.7	26	11751	7	9.8	11	30264	8	7.9	26
甘 孜	27.37	18	–9.1	24	10444	12	11.5	2	29486	11	8.8	13
凉 山	134.55	3	11.2	3	11415	9	10.1	8	28170	18	8.5	16
黔西南	114.38	6	3.1	21	8596	20	10.5	6	27758	20	9.2	5
黔东南	86.56	8	–19.9	28	8388	21	10.6	5	27659	21	9.4	3
黔 南	119.00	5	13.0	1	9746	16	10.2	7	28565	15	9.6	2
楚 雄	80.26	10	10.4	5	10044	15	9.4	16	31653	3	8.4	17
红 河	141.28	2	6.1	15	10356	14	9.6	13	30808	5	8.7	14
文 山	56.88	13	4.0	19	9184	19	9.3	17	27995	19	8.6	15
西双版纳	28.46	17	–4.0	23	12043	6	9.0	24	27201	22	7.8	28
大 理	87.01	7	6.1	15	10525	10	9.5	14	31779	2	8.2	19
德 宏	33.77	16	3.6	20	9464	18	9.3	17	27013	23	8.3	18
怒 江	9.93	25	4.9	18	5871	30	10.8	3	22648	29	9.3	4
迪 庆	10.17	24	5.8	17	7776	24	9.7	12	31853	1	8.2	19
临 夏	16.90	21	–2.3	22	6203	29	9.2	20	19380	30	8.2	19
甘 南	8.55	26	–13.2	25	6998	25	9.1	22	23012	27	7.9	26
海 北	4.78	27	6.2	14	11714	8	9.1	22	29267	12	9.1	7
黄 南	3.51	28	6.9	13	8164	23	9.5	14	28952	14	9.0	10
海 南	10.31	23	8.3	9	10426	13	9.2	20	28545	16	8.9	12
果 洛	2.50	29	–19.6	27	6625	27	10.1	8	30678	6	9.0	10
玉 树	1.89	30	–39.3	30	6839	26	10.7	4	30512	7	9.1	7
海 西	50.12	15	11.1	4	12607	4	9.3	17	30233	9	9.1	7
昌 吉	133.96	4	10.4	5	17316	1	5.3	30	30201	10	8.0	24
博尔塔拉	21.63	20	7.8	10	15163	3	7.2	28	29235	13	8.2	19
巴音郭楞	80.66	9	7.4	11	16337	2	6.9	29	30853	4	7.1	30
克孜勒苏	12.64	22	9.0	8	6524	28	8.7	25	26467	25	8.1	23
伊 犁	166.76	1	12.4	2	12290	5	7.5	27	28241	17	8.0	24

说明：资料来源于恩施州统计局 2018 年 3 月《恩施州统计资料手册 · 2017》

2017年武陵山六地市主要经济指标

表29　　　　　　　　　　　　　　　　　　　　　　　　单位，亿元，%

地市指标	湘西州	张家界市	怀化市	黔江市	铜仁市	恩施州
地区生产总值	582.64	542.41	1503.97	231.87	969.86	801.23
位次	4	5	1	6	2	3
地区生产总值增幅	7.6	8.7	7.7	5.8	11.5	6.2
位次	4	2	3	6	1	5
一产业增加值	83.79	58.61	208.49	22.81	219.73	160.14
位次	4	5	2	6	1	3
一产业增加值增幅	3.8	3.9	4.0	4.5	6.6	4.2
位次	6	5	4	2	1	3
二产业增加值	179.42	112.27	538.56	124.23	277.53	286.01
位次	4	6	1	5	3	2
二产业增加值增幅	5.8	4.1	5.7	7.1	11.8	3.5
位次	3	5	4	2	1	6
规模以上工业增加值	—	—	—	—	—	—
位次	—	—	—	—	—	—
规模工业增加值增幅	6.5	6.4	7	6.4	10.9	3.9
位次	3	4	2	4	1	6
三产业增加值	319.43	371.53	756.92	84.83	472.60	355.1
位次	5	3	1	6	2	4
三产业增加值增幅	9.7	11.0	10.6	4.7	13.6	9.5
位次	4	2	3	6	1	5
旅游综合收入	325.01	623.78	392.27	62.90	—	367.5
位次	4	1	2	5	—	3
旅游综合收入增幅	22.6	21.9	32.7	86.5	—	22.3
位次	3	5	2	1	—	4
固定资产投资	466.73	351.33	1235.74	262.69	1073.58	831.16
位次	4	5	1	6	2	3
固定资产投资增幅	12.0	14.9	14.2	4.0	22.8	15.5
位次	5	3	4	6	1	2
财政总收入	107.64	56.57	136.71	56.71	120.16	161.11
位次	4	6	2	5	3	1
财政总收入增幅	22.3	14.3	11.0	6.8	12.7	13.0
位次	1	2	5	6	4	3
地方一般公共预算收入	54.87	34.17	81.11	22.99	65.64	74.93
位次	4	5	1	6	3	2
地方一般公共预算收入增幅	10.0	9.4	6.1	10.0	11.7	7.2
位次	2	4	6	2	1	5
农村常住居民人均可支配收入（元）	8273	8692	8831	10792	8425	9588
位次	6	4	3	1	5	2

续表 29

地市指标	湘西州	张家界市	怀化市	黔江市	铜仁市	恩施州
农村常住居民人均可支配收入增幅	11.6	11.4	10.9	9.9	10.4	9.9
位次	1	2	3	5	4	5
城镇常住居民人均可支配收入（元）	22728	22944	24498	29812	26944	26766
位次	6	5	4	1	2	3
城镇常住居民人均可支配收入增幅	9.2	9.1	8.6	9.7	9.3	9.7
位次	4	5	6	1	3	1
社会消费品零售总额	280.11	219.21	620.65	103.17	210.85	556.41
位次	3	4	1	6	5	2
社会消费品零售总额增幅	10.7	10.7	10.5	11.6	12.7	11.2
位次	4	4	6	2	1	3
金融机构存款余额	1153.86	795.76	1946.34	226.37	1416.25	1381.12
位次	4	5	1	6	2	3
金融机构存款余额增幅	11.9	16.5	10.8	—7.1	10.6	12.0
位次	3	1	4	6	5	2
住户存款余额	693.82	448.91	1299.95	137.75	688.86	793.66
位次	3	5	1	6	4	2
住户存款余额增幅	14.8	13.6	11.5	8.6	16.6	15.4
位次	3	4	5	6	1	2
金融机构贷款余额	631.96	557.56	1030.53	238.37	991.77	903.58
位次	4	5	1	6	2	3
金融机构贷款余额增幅	19.6	33.4	12.5	15.4	21.3	17.1
位次	3	1	6	5	2	4

说明：金融存贷款余额为人民币口径。资料来源于州统计局 2018 年 3 月《恩施州统计资料手册 · 2017》

编辑　梁卫民

恩施州 2017 年市场主体发展情况分析报告

本分析报告主要以工商部门市场主体登记注册信息资料为依托，根据《湖北省工商大数据分析系统》，通过全面、系统分析恩施州市场主体发展的数量、注册资本、行业特点、区域分类，以及通过对省内各地市场主体发展情况的对比，客观分析全州市场主体发展现状、主要做法，剖析存在的主要问题，为党委、政府决策提供依据、当好参谋，为市场主体进入市场当好向导，引导市场主体积极调整产业结构，减少从业盲目性，促进市场主体做大做强，进一步促进大众创业、万众创新。

一、2017 年市场主体发展概况

全州实有市场主体 226464 户，比上年底增长 12.64%。其中，实有私营企业 36274 户、外

商投资企业249户、内资企业2667户、个体工商户176506户、农民专业合作社10768户。新登记各类市场主体41020户。企业类市场主体总数39190户，较上年同期增长21.82%。实有企业类市场主体注册资本1982.78亿元，比上年底净增456.77亿元，增幅30.02%。发展变化情况参见图1“2009—2017年恩施州市场主体发展趋势图”。

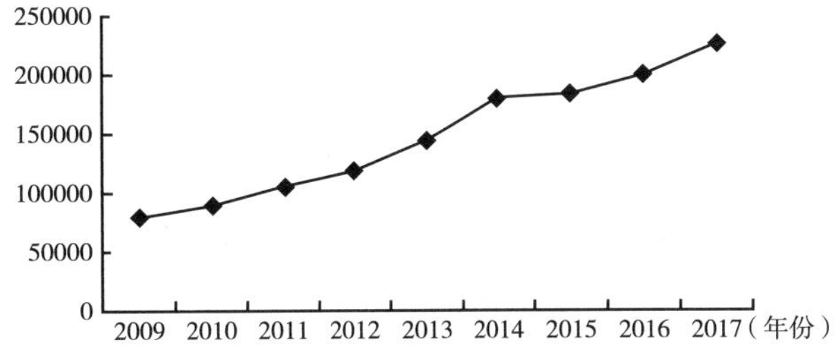

图1 2009—2017年恩施州市场主体发展趋势图

（一）内资企业发展情况

2017年，全州注册登记各类内资企业2667户。其中，公司1789户，占67.08%；国有企业737户，占27.63%；集体企业117户，占4.39%；其他24户，占0.89%。

内资企业注册资本总额3165629.83万元，增幅22.45%。注册资本行业分布情况参见表29“2017年恩施州内资企业注册资本行业分布情况表”。

2017年恩施州内资企业注册资本行业分布情况表

表30

行业分布	2017年（万元）	2016年（万元）	与上年比	
			增长（万元）	增长（±%）
农、林、牧、渔业	79051.51	74045.51	5006.00	6.76
采矿业	42453.16	39634.16	2819.00	7.11
制造业	202109.46	196256.76	5852.70	2.98
电力、燃气及水的生产和供应业	416817.90	384986.90	31831.00	8.27
建筑业	139161.41	101397.41	37764.00	37.24
交通运输、仓储和邮政业	26760.10	23611.10	3149.00	13.34
信息传输、计算机服务和软件业	37706.33	21689.10	16017.23	73.85
批发和零售业	111157.83	89245.30	21912.53	24.55
住宿和餐饮业	12502.00	11892.40	609.60	5.13
金融业	327294.00	334794.00	–7500.00	–2.24
房地产业	115046.32	91409.83	23636.49	25.86
租赁和商业服务业	1370042.68	1038009.95	332032.70	31.99
科学研究、技术服务和地质勘查业	83999.00	74253.00	9746.00	13.13
水利、环境和公共设施管理业	134510.76	45162.00	89348.76	197.84
居民服务和其他服务业	3111.71	823.13	2288.58	278.03
教育	1448.20	1448.20	0.00	0.00
卫生、社会保障和社会福利业	5350.00	3300.00	2050.00	62.12
文化、体育与娱乐	34289.96	30389.96	3900.00	12.83
其他行业	22817.50	22825.50	–8.00	–0.04
合计	3165629.83	2585174.21	580455.59	22.45

内资企业按行业分布，批发和零售业占总户数的22.95%、金融业占总户数的17.02%、租赁和商务服务业占总户数的10.12%。按产业分布，第一产业占6.19%，第二产业占16.19%，第三产业占77.62%。

（二）私营企业发展情况

全州有私营企业36274户，从业人员217399人，注册资金16190210.23万元。商事制度改革实施后，民营资本推动市场主体发展，企业类市场主体增量中主要为新登记私营企业。2017 年新登记 9219 户，注册资金 3681699.74 万元，分别比上年同期增长 7.94% 和 25.08%，占全部新登记企业户数、资金总额的 95.75% 和 84.96%。全州私营企业发展情况参见表 30 “2016—2017 年恩施州私营企业发展情况对比表”、图 2 “2009—2017 年私营企业发展趋势图”。

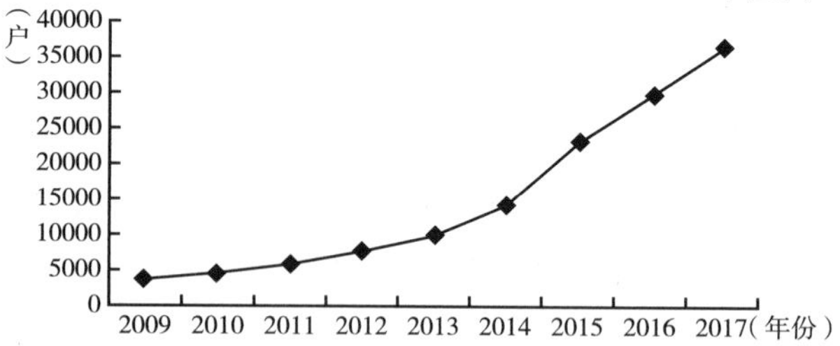

图 2　2009—2017 年恩施州私营企业发展趋势图

2016—2017 年恩施州私营企业发展情况对比表

表 31

单　位	2017 年期末（户）	2016 年期末（户）	与同期比（±%）	占全州比例（%）	2017 年新增（户）	2016 年新增（户）	与同期比（±%）	占全州比例（%）
恩施市	12430	9088	37.10	34.35	4206	3252	29.34	45.62
利川市	5263	4245	23.98	14.50	1438	1383	3.98	15.61
建始县	2851	2348	21.42	7.80	665	625	6.40	7.21
巴东县	4243	3655	16.09	11.70	908	797	13.93	9.86
宣恩县	2212	1803	22.68	6.10	519	547	–5.12	5.63
咸丰县	2432	2004	21.36	6.70	556	545	2.02	6.03
来凤县	2160	1802	19.87	5.95	556	464	19.83	6.03
鹤峰县	1527	1243	22.85	4.20	317	273	16.12	3.45
州　直	3156	3373	–6.43	8.70	54	655	–92.21	0.56
合　计	36274	29561	22.71	100.00	9219	8541	7.94	100.00

私营企业组织形式分布：有限责任公司 32808 户，注册资金 15346246.57 万元；独资企业 2250 户，注册资金 129569.17 万元；合伙企业 906 户，认缴出资额 84011.50 万元；股份有限公司 310 户，注册资金 630382.98 万元。

从产业结构看，第三产业服务业仍占主导地位，占私营企业总数的 71.47%；第二产业占私营企业总数的 18.59%；第一产业占私营企业总数的 9.94%。与 2016 年度相比，第二产业比重上升，第一产业和第三产业所占比重有所下降。租赁和商业服务等现代服务业占比明显提高，增速明显加快。

与全省发展水平比较，全州私营企业总量 36274 户，占全省 3.92%。参见表 31 “2017 年湖北省期末实有私营企业对比情况表”。

（三）外商投资企业发展情况

外商投资企业 249 户，比上年增长 96.06%。其中企业法人 51 户，分支机构 198 户。投资总额为 111053.87 万美元，注册资本为 71709.66 万美元。2017 年新增外商投资企业 23 户，其中法人企业 4 户，投资总额 33426.2 万美元，注册资本 32337.56 万美元，外方认缴 31288.5 万美元。州内区域分布情况参见表 32 “2017 年恩施州外商投资企业州内区域分布情况表”。

外商投资行业结构，第一产业 6 户，占总户数的 2.41%；第二产业 25 户，占总户数的 10.04%；第三产业 218 户，占总户数的 87.55%。新登记外资企业与往年新登记行业偏重有所不同，以交通运输、仓储和邮政业（6 户）、批发零售业（5 户）为主。

2017 年期末湖北省实有私营企业对比情况表

表 32

单　位	2017 年末总户数（户）	2016 年末总户数（户）	增长率（%）	占全省比例（%）
省　直	2541	2593	-2.01	0.27
武　汉	386497	346503	11.54	41.80
黄　石	37691	32747	15.10	4.08
十　堰	43606	37315	16.86	4.72
宜　昌	59410	57555	3.22	6.42
襄　阳	79175	69490	13.94	8.56
鄂　州	16836	14590	15.39	1.82
荆　门	31863	25380	25.54	3.45
孝　感	40519	33662	20.37	4.38
荆　州	47319	39667	19.29	5.12
黄　冈	58092	49371	17.66	6.28
咸　宁	26509	22894	15.79	2.87
随　州	23282	20072	15.99	2.52
恩　施	36274	29561	22.71	3.92
仙　桃	14270	12822	11.29	1.54
潜　江	8941	8122	10.08	0.97
天　门	10540	8252	27.73	1.14
神农架林区	1334	1151	15.90	0.14
合　计	924699	811747	13.91	100.00

2017 年恩施州外商投资企业州内区域分布情况表

表 33

区域	2017 年户数（户）	2016 年户数（户）	增长率（%）	占总户数（%）
恩施市	60	34	76.47	24.10
建始县	32	16	100.00	12.85
巴东县	32	16	100.00	12.85
利川市	34	13	161.54	13.65
宣恩县	23	11	109.09	9.24
咸丰县	31	16	93.75	12.45
来凤县	20	14	42.86	8.03
鹤峰县	17	7	142.86	6.83
合　计	249	127	96.06	100.00

外商投资企业以亚洲国家和我国香港地区投资为主，香港地区投资企业占外资法人企业的 88.24%。51 户法人企业中，亚洲投资企业 45 户，投资总额 99189.16 万美元，注册资本 67212.55 万美元；拉丁美洲投资企业 2 户，投资总额 3476.41 万美元，注册资本 2476.41 万美元；北美洲投资企业 3 户，投资总额 1036.8 万美元，注册资本 730.2 万美元；大洋洲投资企业 1 户，投资总额 7351.5 万美元，注册资本 1290.5 万美元。具体情况参见表 33“2016—2017 年恩施州外资法人企业来源国家和地区分布表”。

（四）个体工商户发展情况

全州个体工商户总数 176506 户，从业人员 40.15 万人，注册资金 1981668.12 万元，户均注册资金由2016年的9.92万元增加到11.23万元。2017年新登记个体工商户29322户。发展情况参见图3“2009—2017年个体工商户发展趋势图”、表34“2017年恩施州个体工商户分布情况对比表”。个体工商户区域分布情况参见图4“2016—2017年恩施州个体工商户区域分布情况图”。

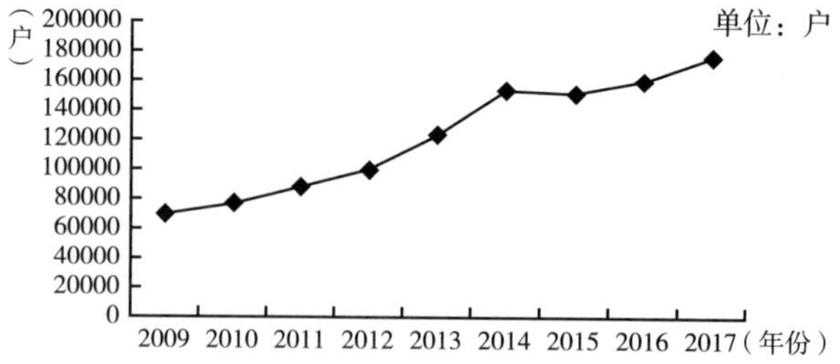

图3　2009—2017年个体工商户发展趋势图

2016—2017年恩施州外资法人企业来源国家和地区分布表

表34

国别（地区）		2017年		2016年	
		户数（户）	投资总额（万美元）	户数（户）	投资总额（万美元）
一、亚洲		45	99189.16	58	78233.11
其中	中国香港	32	62930.10	39	71487.97
	中国台湾	7	32511.52	7	2219.68
	中国澳门	0	0	2	610.94
	韩国	3	3298.80	6	3312.78
	日本	3	448.74	3	448.74
	文莱	0	0	1	153.00
二、欧洲		0	0	0	0
其中	法国	0	0	0	0
	乌克兰	0	0	0	0
	俄罗斯	0	0	0	0
三、拉丁美洲		2	3476.41	2	3476.41
其中	英属维尔京群岛	2	3476.41	2	3476.41
四、北美洲		3	1036.80	4	3050.10
其中	美国	2	986.80	3	3000.10
	加拿大	1	50.00	1	50.00
五、大洋洲		1	7351.50	0	0
其中	萨摩亚	1	7351.50	0	0
合　计		51	111053.87	64	84759.62

2017年恩施州个体工商户分布情况对比表

表35

单　位	2017年户数（户）	与2016年底比（±%）	占全州比例（%）	2017年注册资本（万元）	与2016年底比（±%）	占全州比例（%）
恩　施	36221	12.94	20.52	459531.85	21.05	23.19
利　川	32706	13.81	18.53	401367.11	27.80	20.25
建　始	24834	8.31	14.07	292640.35	35.17	14.77
巴　东	20638	12.25	11.69	226004.50	23.13	11.40
宣　恩	16061	8.92	9.10	151657.35	25.97	7.65
咸　丰	17164	0.47	9.72	138424.24	16.65	6.99
来　凤	16499	10.49	9.35	167783.03	24.75	8.47
鹤　峰	12383	11.11	7.02	144259.69	19.62	7.28
合　计	176506	10.29	100.00	1981668.12	24.80	100.00

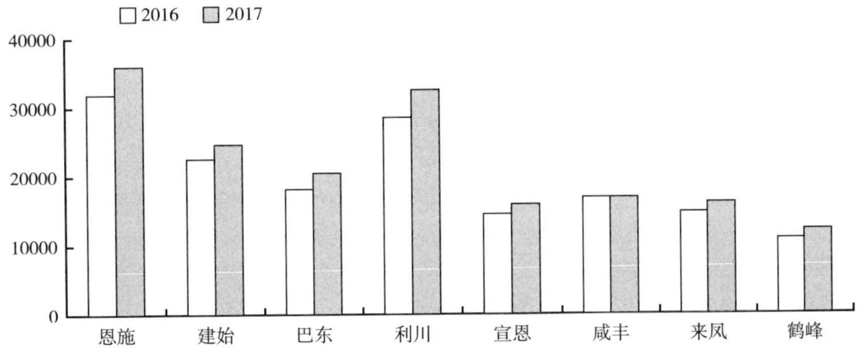

图 4　2016—2017 年恩施州个体工商户区域分布情况图

投资热点和产业布局。随着高速公路和铁路开通，交通便利优势，激发个体私营业主创业投资热情，一、二、三产业的比例发生较大变化，个体经营以第三产业为主，逐步向其他领域拓展。农村服务业、乡村民俗旅游、农家乐、特色农业和观光农业等综合开发所占比重逐渐增大。从行业结构看，个体经济仍以批发零售业为主导，发展到 106559 户，占总户数的 60.37%；其次是住宿和餐饮业 24247 户，占总户数的 13.74%；第三位是为居民服务、修理和其他服务业 18179 户，占总户数的 10.29%。从事第三产业的个体工商户 154590 户，比重占据总户数的 87.58%。

（五）农民专业合作社发展情况

农民专业合作社总数 10768 户，占全省 12.83%。合作社成员 85888 人（其中，农民成员 82157 人，占 95.66%；其他成员 3731 人，占 4.34%）。出资额 1663513.99 万元（其中，货币出资 1448153.97 万元，占 87.06%；非货币出资 215360.02 万元，占 12.94%），户均出资额为 154.49 万元。2017 年新发展 2070 户，新增合作社成员 11224 人，新增出资额 326485.57 万元。发展情况参见表 35“2017 年恩施州农业专业合作社区域分布情况表”。

2017 年恩施州农业专业合作社区域分布情况表

表 36

单　位	2017 年户数（户）	与 2016 年底比（±%）	占全州比例（%）	2017 年出资总额（万元）	与 2016 年底比（±%）	占全州比例（%）
恩施市	1481	27.12	13.75	224873.04	27.81	13.52
利川市	2754	15.52	25.58	617830.56	16.12	37.14
建始县	1239	17.33	11.51	135883.36	24.00	8.17
巴东县	2287	19.61	21.24	241071.55	24.22	14.49
宣恩县	671	30.80	6.23	96000.99	32.56	5.77
咸丰县	1029	28.46	9.56	140645.17	38.33	8.45
来凤县	634	23.83	5.89	85980.39	27.17	5.17
鹤峰县	673	31.96	6.25	121228.93	31.23	7.29
合　计	10768	21.63	100.00	1663513.99	23.61	100.00

农民专业合作社行业分布：种植业 6021 户、养殖业 4072 户、农产品销售业 36 户、农资购买 17 户，农业信息 288 户，农产品加工及其他 334 户。参见表 36“2013—2017 年恩施州农民专业合作社行业分布情况表”。

2013—2017年恩施州农民专业合作社行业分布情况表

表37

单位：户

行　业	合计	种植	养殖	农产品销售	农资购买	农业信息	农产品加工及其他
2013年	3579	2043	1496	25	6	100	89
2014年	4756	2583	1884	29	20	110	130
2015年	6105	3337	2432	31	17	111	177
2016年	8853	4855	3460	33	17	216	272
2017年	10768	6021	4072	36	17	288	334

二、促进市场主体发展的主要做法

全州工商系统按照州委、州政府和省工商局的部署要求，以“宽进严管”“提质增量”为目标，坚持“便捷高效、规范统一、宽进严管”的改革原则，有据立改，认准早改，试点先改，竞进提质，推进商事制度改革，促进大众创业、万众创新。

（一）继续深化商事制度改革

自2017年8月1日起在“五证合一”基础上，将涉及13个部门的27项企业登记性、备案性而非行政审批性的各类证照整合到营业执照上。企业在办理营业执照后，无须办理整合事项登记，即能达到一般经营项目的生产经营状态，使“一照一码”营业执照成为企业唯一“身份证”、统一社会信用代码成为企业唯一身份代码，最大限度降低大众创业投资制度性交易成本。推行企业登记电子化。探索实现“网上申报、网上受理、网上审核、身份认证、电子签章、电子归档”全程电子化登记和核发电子营业执照服务。实施企业名称预先核准和设立、变更、备案、注销登记网上申报审核。申请人在网上审核通过后，只需到登记窗口一次性提交登记材料即可办结登记事项。企业简易注销。为化解企业退出市场难的问题，从3月1日起，全州推行企业简易注销。对领取营业执照后未开展经营活动的、申请注销登记前未发生债权债务或已将债权债务清算完结的有限责任公司、非公司企业法人、个人独资企业、合伙企业适用于简易注销，方便未开业和无债权债务企业退出。通过《恩施日报》、州工商局官网、企业年报QQ群、政务中心窗口等渠道对简易注销政策进行宣传，鼓励符合条件的企业进行简易注销登记。

（二）优化市场准入环境，提高服务质量

推行“同城通办”“局所通办”，个体工商户、个人独资企业、农民专业合作社登记下放到基层工商所，实行“同城通办”，合伙企业、内资有限公司登记实行“局所通办”。实行外资企业授权委托登记，外商投资企业是国家总局授权委托县市级工商局办理登记，以前外商投资企业由州工商局窗口办理。现在将外商投资企业登记的受理工作，委托给各县市工商局办理，建立“县市工商局受理、远程核准、就近领照”的登记服务模式，方便外商投资企业办理登记手续。开放企业名称库、开通网上登记。省、州、县三级企业名称库对社会开放，企业可以在外网上查是否重名，再到窗口办理。全省开通“湖北省工商局政务服务中心”网上登记系统，从10月底开始，公司、非公司企业法人、个人独资企业、农民专业合作社等各类市场主体的各项工商登记业务，都实现外网申请、内网审核，一次可以办好。在政务中心服务工商窗口推行帮办服务，专门聘请帮办人员，指导创业者填写表格、提供业务咨询服务，指导创业者准备相关资料，引导创业者到窗口办理工商登记。银行网点无偿代办营业执照服务。州工商局和建设银行、工商银行、农业银行签订《政银合作备忘录》，启动代

办营业执照服务，全州65个银行网点开通无偿代办工商登记服务，企业能“就近选择、就近办理”。

三、市场主体发展存在的困难和问题

一是市场主体发展总量偏低、规模较小。市场主体发展总量虽然保持稳步增长态势，突破22万户，但总体市场主体质量不高，且77.94%为个体工商户。企业因规模小、实力弱、管理不规范，抵御风险能力差，在市场竞争中被淘汰的比率也很高，“出生”（办照）容易“生存”（经营）难成为普遍现象，未正常经营的企业占较大比例。个体户经营受规模小、管理水平较低以及场地租金、水电气费用等经营成本逐年攀升和抵御风险能力低等因素影响，存活周期短。

二是“双创”所需的人才、平台等要素存在瓶颈。没有针对高层次“双创”人才实行“一站式服务”和建立绿色通道，企业也普遍缺乏引进“双创”人才的手段和留住“双创”人才的办法，“双创”人才队伍建设相对滞后。众创空间、科技企业孵化器、大学生创业园等平台总量不足、功能不全，特别缺乏种子基金投资、创业辅导培训等功能。农民工返乡创业受资金、技术、经验等限制，大多规模较小且经营艰难，有部分创业失败的农民工重新打工。

三是市场主体融资难尚未完全解决。工商部门发挥职能优势，运用动产抵押、股权出质、债权转股权等措施，为市场主体融资提供较好平台。但从整体看，全州真正能获得信贷资格的市场主体远远不足。无论国有商业银行还是民营小额贷款公司，加上其他途径融资渠道，资金流向多瞄准重点企业和重点项目，绝大部分市场主体融资存在较大困难。

四是“宽进”后“严管”联动滞后。改革在降低市场准入门槛的同时，带来也诸多监管难题，“双随机一公开”抽查需要多部门联动。信息共享交换平台建设滞后，各部门审批流程相互独立，信息系统较为封闭，“双告知一承诺”在执行中效率较低。

五是“双创”主体后劲乏力。缺乏在国内、省内外具有较大影响力的大企业、大公司、大集团。市场主体中科技企业数量太少，在规模以上工业企业中不多。拥有创新意识和高素质的企业家不多，对科技创新的认识和投入有限，缺乏创新风险防控意识。电商等新兴“双创”主体发展不平衡。由于缺乏规划和引导，多集中在淘宝电商，社区电商、农村电商、跨境电商发展薄弱，电商平台型企业寥寥无几。

（吴华平　张　勇）

编辑　梁卫民

U0809893

大丰市人民代表大会志

DA FENG SHI REN MIN DAI BIAO DA HUI ZHI

《大丰市人民代表大会志》编纂委员会 编

方志出版社

图书在版编目(CIP)数据

大丰市人民代表大会志/《大丰市人民代表大会志》编纂委员会编.
——北京:方志出版社,2016.5
ISBN 978—7—5144—1981—8

Ⅰ.①大… Ⅱ.①大… Ⅲ.①地方各级人民代表大会—工作概况—大丰市 Ⅳ.①D624.534

中国版本图书馆CIP数据核字(2016)第076138号

大丰市人民代表大会志

编　　者:《大丰市人民代表大会志》编纂委员会
责任编辑: 张　颢

出 版 人: 冀祥德
出 版 者: 方志出版社
地址　北京市朝阳区潘家园东里9号(国家方志馆4层)
邮编　100021
网址　http://www.fzph.org
发　　行: 方志出版社发行中心
电话(010)67110500
经　　销: 各地新华书店
印　　刷: 大丰市科星印刷有限责任公司

开　　本: 889×1194　1/16
印　　张: 37.5
字　　数: 561千字
版　　次: 2016年5月第1版　2016年5月第1次印刷
印　　数: 0001~1000册

ISBN 978—7—5144—1981—8　**定价:** 198.00元

·版权所有　翻印必究·

《大丰市人民代表大会志》编审人员名录

《大丰市人民代表大会志》编纂委员会

名誉主任：倪　峰

主　　任：吴家祥

副 主 任：江志坚　夏继永　王周斌　江　波

委　　员：（以姓氏笔画为序）

王连军　王海滨　李　勇　陈爱华　陈桂官

周　健　金福华　杨海慧　徐文忠　夏　寅

夏萍娟　黄　艳　黄　静　曹　震

顾　　问：马春芳　陆燕池　王德茂　陈远春　柏授方

包庆石　王忠珠　朱　绵　鲁鸿发　杨国美

魏翠萍　施志康　朱达丰　陆　琪　杜家宏

倪巍山　陈相凤　丁瑞云　陈同远

《大丰市人民代表大会志》编纂人员

主　　编：吴家祥

执行主编：陈爱华　黄　艳

副 主 编：周廉明　陈　泰　韩迪生

编　　辑：王晓聪　朱　辉　李方然　张　娴　姜　玲

黄永新　程　曦　董均玲　翟晓忠

摄　　影：杨国美　周古凯　邱　鹏　严正东　李方然

校　　核：黄永新　张　娴

1998 年 9 月 18 日，全国人大农委主任高德占(中)检查大丰《农业法》贯彻实施情况。

2012 年 6 月 29 日，江苏省委书记罗志军(中)视察大丰港莎士比亚小镇。

2011 年 8 月 7 日,江苏省政府省长李学勇(前左二)视察大丰金风科技新技术运用和产能情况。

2003年11月29日，江苏省委原书记、省人大常委会原主任韩培信（中）视察江苏大丰麋鹿国家级自然保护区。

2002年7月6日,江苏省人大常委会主任陈焕友(中)视察大丰港建设。

2002年10月17日，江苏省人大工作理论研究会会长沈达人(中)视察大丰港。

2003 年 5 月 6 日,江苏省人大常委会副主任俞敬忠(中)视察大丰农业农村工作。

1998 年 1 月 6 日—9 日,大丰市召开第十一届人民代表大会第一次会议。

2003 年 1 月 6 日—9 日,大丰市召开第十二届人民代表大会第一次会议。

2007 年 12 月 26 日–30 日，大丰市召开第十三届人民代表大会第一次会议。

2012 年 3 月 22 日–25 日，大丰市召开第十四届人民代表大会第一次会议。

2015 年 1 月 12 日–15 日，大丰市召开第十四届人民代表大会第四次会议。

1990 年 2 月，大丰县第八届人大常委会组成人员合影。

1993 年 2 月，大丰县第九届人大常委会组成人员合影。

1997 年 12 月，大丰市第十届人大常委会组成人员合影。

2007 年 12 月，大丰市第十二届人大常委会组成人员合影。

2007 年 12 月，大丰市第十三届人大常委会全体领导合影。

2012 年 4 月，大丰市第十四届人大常委会组成人员合影。

2014 年 9 月 20 日，大丰市委召开纪念全国人民代表大会成立 60 周年座谈会。

2012 年 4 月 1 日，大丰市第十四届人大常委会召开第 1 次会议。

大丰市第十四届人民代表大会第四次会议，组织代表开展财政预算编制专题审议。

2014年7月22日，大丰市第十四届人大常委会组织部分组成人员和代表视察企业转型升级。

大丰市第十四届人大常委会第27次会议，首次就物业管理工作情况开展专题询问。

委员当面问　　部门当面答

港城旭照

荷兰花海

麋鹿欢腾

诗画东郊

抗日丰碑

《水浒》作者

序

吴家祥

在庆祝全国人民代表大会成立60周年之际，大丰市人大常委会“以史为镜”，决定编纂《大丰市人民代表大会志》。

1954年7月4日，大丰县第一届人民代表大会第一次会议隆重召开。到2015年1月13日，市(县)人民代表大会共召开了十四届48次会议。60年来，人大自觉接受党的领导。全市各级人大围绕市委工作中心和全市改革发展，认真履行宪法和法律赋予的职责，在推动发展、促进改革、改善民生、维护稳定等方面，在推进沿海开发、旅游兴市、生态建设、城乡统筹、民生幸福等重点工作上，作出了显著成绩，确保党委重大决策部署得到贯彻落实。60年来，人大依法有效地履行监督职责。加强对“一府两院”执法、司法工作的监督，确保行政权、审判权、检察权得到有效行使，做到寓监督于支持，寓监督于理解，促进各项工作落到实处，努力保持全市良好政治生态环境，推动形成风清气正的党风、政风和民风。60年来，人大进行大胆实践探索。按照全面深化改革的要求，进一步加强人民代表大会制度理论研究和实践创新，在监督、视察、执法检查、代表述职、联系代表和选民、人事任免、常务委员会会议、常委会主任会议等各项议事规则、规定、办法的制定、修缮和重大事项的决策等方面，逐步健全适合地方国家权力机关特点的工作制度和运行机制。60年来，各届人大常委会及其组成人员履职尽责。广泛开展工作视察和专题调研，密切与选民和群众联系，广纳群言，广集民智，及时把党委政府的决策带下去，把基层反映和群众的呼声带上来，理顺群众情绪，化解矛盾，及时办好群众最盼望的事情。60年来，加强市镇人大工作和建设。开展工作交流，实现全市各级人大工作的整体推进、同步发展。

习近平总书记在庆祝全国人民代表大会成立60周年大会讲话时指出:“必须毫不动摇坚持中国共产党的领导、必须保证和发展人民当家做主、必须全面推进依法治国、必须坚持民主集中制。”大丰市人大常委会将认真践行“四个必须”,坚持贯彻“四个全面”,努力做到“三严三实”,结合大丰实际,抓好江苏沿海开发、长三角一体化等国家战略机遇,用好上海自贸区等综合改革试点平台,融入“一带一路”,系统谋划“十三五”经济社会发展,以积极进取、奋发有为的精神状态,努力建设实力大丰、美丽大丰、幸福大丰,为实现伟大“中国梦”的大丰篇章而不懈奋斗。

(作者为大丰市第十四届人大常委会主任、党组书记)

2015年10月

凡　　例

一、《大丰市人民代表大会志》以马克思列宁主义、毛泽东思想、邓小平理论、“三个代表”重要思想、科学发展观、习近平系列重要讲话为指导，运用辩证唯物主义和历史唯物主义观点，实事求是地记述大丰市（县）人民代表大会及其常务委员会的历史，力求思想性、科学性和资料性相统一。

二、本志记述范围为大丰市（县）人民代表大会及其常务委员会和各镇（乡）人民代表大会。

三、本志记述期限，上限1954年7月，下限2014年年底，为六十年。重大事件的记述，延至2015年8月，撤市设区之时。新中国成立前后的参议会、各界人民代表大会作简要叙述。

四、本志首设概述、大事记，以章、节、目为基本框架，辅以图表，按门类横排，纵向记述。

五、本志时间记法，一律采用公元纪年。行文采用语体文记述体。

六、本志人物篇按届次介绍大丰市（县）人民代表大会常务委员会主任、副主任的基本情况和各级人大代表的风采。

七、本志选编的文件，努力体现时代特征和地方特色。

八、本志资料来自市档案馆和市人大储存的原始资料，以及其他有关部门和乡镇人大、市人大老领导提供的文字、图片资料。

目 录

序

凡 例

概 述 …… 1

大事记 …… 9

第一章 机 构

第一节 选举机构 …… 47

第二节 会议机构 …… 51

第三节 常设机构 …… 67

第四节 工作机构 …… 78

第五节 理论研究会 …… 101

第二章 选 举

第一节 选举办法 …… 112

第二节 选区划分 …… 128

第三节 选民登记 …… 151

第四节 代表名额 …… 159

第五节 代表侯选人 …… 161

第六节 选举程序 …… 162

第七节 代表名单 …… 164

第八节 代表构成 …… 189

第九节 代表任期 …… 190

第十节 出席全国、省、盐城市人民代表大会代表名单 …… 191

第三章 会 议

第一节 县参政(参议)会和各界人民代表会议 …… 198
第二节 市(县)人民代表大会 …… 201
第三节 市(县)人大常委会会议 …… 214
第四节 市(县)人大常委会主任会议 …… 255

第四章 人大代表

第一节 代表的权利和义务 …… 273
第二节 服务与保障 …… 275
第三节 组织代表活动 …… 276
第四节 议案和建议的办理 …… 286
第五节 代表述职和述职评议 …… 293

第五章 监 督

第一节 法律监督 …… 296
第二节 工作监督 …… 306
第三节 调查研究 …… 317
第四节 评议工作 …… 325
第五节 信访工作 …… 328

第六章 任 免

第一节 大丰县第六届人大常委会任免人员 …… 332
第二节 大丰县第七届人大常委会任免人员 …… 340

第三节　大丰县第八届人大常委会任免人员 …… 345
第四节　大丰县第九届人大常委会任免人员 …… 352
第五节　大丰市(县)第十届人大常委会任免人员 …… 358
第六节　大丰市第十一届人大常委会任免人员 …… 368
第七节　大丰市第十二届人大常委会任免人员 …… 379
第八节　大丰市第十三届人大常委会任免人员 …… 389
第九节　大丰市第十四届人大常委会任免人员 …… 398

第七章　人　　物

第一节　人物简介 …… 410
第二节　代表风采 …… 421

第八章　乡镇人民代表大会

第一节　镇级人大工作基本情况 …… 440
第二节　乡镇人民代表大会 …… 442

附录　文件选编

一、工作报告 …… 476
二、领导论坛 …… 494
三、调查研究 …… 504
四、理论研讨 …… 523
五、新闻报道 …… 536
六、规章制度 …… 548
编后记 …… 593

概　　述

大丰市位于江苏省中部,黄海之滨,江淮平原东翼。属亚热带与温带过渡地带的气候型,温和湿润,四季分明。大丰成陆于春秋战国时期,唐朝开始设立盐场建制,北宋起隶属于泰州海陵,1942 年设立台北县,1951 年更名为大丰县,1996 年撤县建市,2015 年 8 月撤销大丰市,设立盐城市大丰区。因清末状元张謇废灶兴垦,兴办大丰盐垦股份有限公司,故得名大丰。大丰有大批南通、启东、海门、上海移民,是兼容并蓄的移民城市,形成了大气包容的人群特质。大丰总人口 72 万人,总面积 3059 平方公里,下辖 12 个镇、两个省级开发区,境内有上海市属农场 1 家、江苏省属农场 3 家。大丰是麋鹿故乡、湿地之都、黄海港城、上海"飞地",具有港口与岸线、土地与滩涂、海洋与岛屿、风能与光能等独特优势,是国家首批可持续发展先进示范区、国家卫生城市、中国优秀旅游城市、国家科技进步先进县(市),是江苏省文明城市、社会治安安全县(市)、省级生态市。近年来,大丰全力稳增长、促改革、调结构、惠民生、防风险,经济社会发展保持良好态势。2014 年,实现 GDP486.7 亿元,增长 12.1%;一般公共预算收入 60.02 亿元,增长 19.9%;固定资产投资 322.7 亿元,增长 24.7%。全国百强县排名第 45 位。一是转型发展稳步推进。大丰高新技术区建成国家级科技孵化器,风电产业园建成"江苏省特色产业集群"。12 个产品被认定为国家重点新产品,江苏丰东"ASPN 活性屏离子氮化炉"产品被科技部认定为国家重点战略新产品。建成省级以上创新服务平台 34 个,区域人才竞争力苏北第一,入选国家知识产权试点城市、江苏省创新型试点市。二是沿海开发持续升温。高品位建设现代、生态、宜居国际化海港新城,港城 CBD 加快建设,物联大厦新引进物流企业 36 家,云计算中心和生产指挥中心建成投入使用。港城建设突破年围绕绿化提升、功能完善,推进工程,集聚人气,滨河公园、威尼斯人海鲜美食街建成,小镇影院对外开放,建成省级绿色节能示范区。大丰港建成万吨级以上泊位 16 个,10 万~15 万吨级外海深水航道工程列入国家计划。建成世界首台套兆瓦级非并网风电淡化海水示范项目,国储能源、鸿明重工汽配等项目加快建设,中汽汽车试验场项目部分建成营运,大丰港大宗商品展示交易中心正式上线。对外开放持续深化,沪苏大丰产业联动集聚区实质性启动建设,大丰港印尼产业园加快建设,苏港清能、赐百年、富奥电梯 3 家企业进入上海股交中心 E 板签约,大丰港海外投资控股有限公司成为江苏沿海首家进入香港资本市场的经营实体。三是旅游发展成效显著。大力发展生态游、休闲游、蓝色游、乡村游，大丰港动物园及大熊猫乐园建成开放，熊猫、麋鹿、丹顶鹤齐聚大丰。海洋乐园建成营运，海豚、海豹、海狮表演为海洋世界增添新的亮点。荷兰花海花市、智慧旅游建成营运，创单日游客接待量35万人次纪录。中华麋鹿园建成国家AAAAA级旅游景区，知青农场、海洋世界建成国家AAAA级景区，荷兰花海通过AAAA级验收。旅游软实力全面提升，“请到麋鹿故乡来——大丰好玩呢”品牌叫响大江南北。受邀参加上海国际旅游节花车大巡游，引起海内外游客高度关注，开通上海、南京、盐城至大丰旅游直通车，开通网络订票等服务，景区实现Wi－Fi全覆盖。2014年全市吸引海内外游客590万人次，实现旅游总收入55亿元，分别增长84.3%、52.7%。四是城乡统筹步伐加快。大力组织实施城建重点工程，老旧小区基础设施改造基本完成，后街小巷黑色化全覆盖，城市化率达55.6%。镇域经济不断壮大，新落户千万元以上项目30个。现代农业全面提升，丰收大地、盐土大地建成全国四星级休闲农业与乡村旅游示范区，恒北村建成全国农村科普示范基地。农村垃圾集中处理、镇污水处理全覆盖、沟河整治长效管理及城乡供水一体化“3＋1”工程持续推进，镇村输水管网全覆盖，连续三年被省表彰为村庄环境整治先进县（市）。五是生态环境不断提升。大力开展生态保护和生态修复，科学划定7类生态红线区域1468.6平方公里，占全区国土面积的48%。城区绿化覆盖率达36.3%，公园绿地绿化服务半径覆盖率超过80%。建成新团河备用水源，完成城乡自来水深化处理工程。麋鹿保护区获“国家级生态文明教育基地”称号，人民路小学被环保部命名为国际生态学校，通过国家生态市、国家环保模范城市、国家园林城市验收。六是民生事业协调发展。大力实施十大民生实事工程，保障性住房建设扎实推进，公共自行车系统试营运，盐丰公交开通。建成居家养老服务指挥平台，老年福利水平和优待政策全省领先。实施村卫生室提档升级工程，乡村医生签约服务工作得到国家卫计委肯定并推广。有线数字电视实现全覆盖，区档案馆建成国家二级综合档案馆，连续两年被评为省、国家群众体育工作先进集体。“平安大丰”“法治大丰”建设稳步推进，被评为省社会治安综合治理先进县（市）。安全生产检查整改和“六打六治”打非治违专项行动扎实开展。幸福大丰官方微博位列人民日报“政务指数排行榜”第69位。

当前，大丰全面深入贯彻党的十八大、十八届三中、四中全会精神和习近平总书记系列重要讲话以及在江苏视察时的重要讲话精神，推动转型升级、内涵发展、绿色增长，适应新常态，建设新大丰，发展上台阶。

2015年8月，大丰市第十四届人大常委会在召开三十次会议上，根据国务院《关于同意江苏省调整盐城市部分行政区划的批复》和省政府《关于调整盐城市行政区划的通知》以及盐城市委常委会会议精神，撤销县级大丰市，设立盐城市大丰区，以原大丰市的行政区域为盐城市大丰区的行政区域。

一、大丰人大基本情况

1. 历史沿革

1950 年 2 月至 1954 年 6 月，大丰（台北）县设参政（参议）会、各界人民代表会议，依法召开了 5 届 9 次会议。

1954 年 7 月，人民代表大会制度在大丰正式施行，7 月 4—6 日，大丰县召开第一届人民代表大会。从 1954 年 7 月一届一次会议至 1964 年 2 月五届一次会议，大丰共召开县人民代表大会会议 5 届 11 次。后因“文化大革命”的影响，1965—1980 年，大丰县、乡人民代表大会制度中断。十一届三中全会以后，社会主义民主与法制得以恢复和发展。1981 年 1 月，大丰县召开第六届人民代表大会第一次会议，依法选举产生了县人民代表大会常务委员会。从此人民代表大会制度在大丰全面贯彻实施，并得以充分发展。从 1981 年 1 月县六届人大一次会议至 2014 年 1 月市十四届人大三次会议，大丰市（县）人民代表大会共依法召开了 9 届 36 次会议。

2. 机构设置

大丰市（县）人民代表大会常务委员会作为市（县）人民代表大会的常设机关，1981 年 1 月依法选举产生，任期与市（县）人民代表大会一致。在人民代表大会闭会期间，行使大会职能。实行集体负责制，每两个月举行一次常委会，每月召开一次主任会议，至 2014 年年底，市（县）人大常委会共召开会议 269 次，主任会议 496 次，作出决议决定 260 多项，听取和审议“一府两院”专项工作报告 1000 多项，任免国家机关工作人员 1800 多人次。

为保障常委会高效运行，1981 年，县六届人大常委会始设人大常委会办公室。建立法制、财政经济、科教文卫三个工作小组；1984 年，增设城乡经济工作组；1985 年，将四个工作组改建为四个工作委员会，即法制、财政经济、教科文卫、城乡建设工作委员会。1989 年，增设内务工作委员会，城乡建设工作委员会分为城乡建设工作委员会和农村工作委员会。1997 年机构改革，对各工作机构进行了整体调整，设“一办四委”，即办公室和内务司法、财政经济、社会事业、人事代表联络四个工作委员会。2003 年，增设农村工作委员会，2004 年，增设研究室。2012 年 2 月，根据省委、盐城市委关于市县乡三级人大换届选举工作的意见，经大丰市委批准，市人大常委会进行了内设机构调整，增设环境资源城乡建设工作委员会，将原有社会事业工作委员会更名为教科文卫工作委员会。现市人大常委会设有“二室六委”，即办公室、研究室、人事代表联络工作委员会、财政经济工作委员会、内务司法工作委员会、教科文卫工作委员会、环境资源城乡建设工作委员会、农村工作委员会。

3. 人员组成

市（县）人大常委会组成人员，由市（县）人民代表大会选举产生。县六届人大常委会组成人员 19 人，七至十一届为 25 人，十二届至十四届为 27 人。

4. 代表情况

2014 年，大丰市共有省、市、县、镇四级人大代表 1238 名，其中：省级人大代表 5 名；盐城市级人大代表 50 名；大丰市级人大人表 273 名；镇级人大代表 910 名。

5. 镇（乡）级人大基本情况

大丰乡、镇（公社）人民代表大会，由乡、镇选民选举产生，每年至少举行一次人民代表大会。每次代表大会的主要内容是审议批准乡、镇人民政府工作报告，选举乡、镇长，选举出席县人民代表大会代表。1981 年实行县级人大代表直接选举后，乡、镇人民代表大会不再选举县（市）人大代表。1987 年，增加审议批准乡、镇财政预决算。根据 1989 年 8 月 21 日《江苏省人民代表大会常务委员会关于乡、镇人民代表大会主席团在大会闭会期间设立常务主席的决定》，1990 年起，全县乡镇设立乡、镇人民代表大会主席团常务主席，负责处理乡镇人大日常工作。根据 1995 年 2 月 28 日第八届全国人民代表大会常务委员会第十二次会议修订的《中华人民共和国地方各级人民代表大会和地方各级人民政府组织法》，1996 年起，全市乡、镇人民代表大会选举本级人民代表大会主席、副主席。乡镇人大主席、副主席在闭会期间负责联系本级人大代表，组织代表开展活动，并反映代表和群众对本级人民政府工作的建议、批评和意见。

为了确保镇级人大工作顺利开展，2012 年根据市县镇三级人大换届选举工作要求，大丰市将全市 12 个镇中 9 个镇党委书记兼任人大主席的，调整为专职正职人大主席，专职主席配备率为盐城第一。并在大丰经济开发区、大丰港经济开发区这两个省级经济开发区设立了人大工作联络处，在新丰、大中两镇专设镇人大办公室，每个镇都配备人大工作人员。

二、大丰市人民代表大会成立 60 周年回眸

1953 年 1 月，中央人民政府委员会决定：召开由普选办法产生的乡、县、市、省各级人民代表大会，并在此基础上召开全国人民代表大会。随后，又正式颁布了《中华人民共和国选举法》。大丰县于 1954 年 5 月结束基层选举，共选出县级人大代表 264 名。1954 年 7 月 4 日，大丰县第一届人民代表大会第一次会议召开，标志着人民代表大会制度在大丰正式建立，从此掀开了卯酉大地人民当家做主和地方政权建设的崭新一页。

60 年来，全市各级人大紧紧围绕党委中心工作和全市改革发展稳定大局，围绕推动发展、促进改革、改善民生，认真履行宪法和法律赋予的职责，推动大丰人大工作不断登上新台阶。

围绕中心 服务大局——承载重托的60年

始终牢记党和人民的重托，紧紧围绕事关经济社会发展的重大事项和全市人民普遍关心的重大问题，与市委、市政府同心协力，抢抓机遇，推动发展。

着力助推经济社会全面发展。人大自成立以来，紧扣加强农业基础地位、农业增效、农民增收等工作开展监督，极大调动了人民群众的政治热情和生产积极性。随着改革开放大潮的不断深入，常委会高度重视经济发展态势，先后围绕载体建设、重大项目推进、旅游兴市、科技创新、金融创新、城乡一体化、中小企业发展、城乡统筹发展、现代高效农业建设、新农村建设等工作作出决议、决定。沿海开发作为全市经济改革发展大局的引擎，常委会坚持监督与服务并行，连续5年将沿海开发作为人代会联组审议议题，先后20多次听取沿海开发工作情况汇报，分别就大丰港码头建设、“三港”联动开发、临港产业发展等作出决议决定6项，有力推动了全市沿海开发。生态立市是大丰市四大发展战略之一，市委提出了创建国家生态县(市)、打响“生态大丰”品牌的目标。常委会主动策应，专题组织开展视察，依法作出了大丰市生态市建设规划、加强绿化建设和保护等决定，为生态大丰建设提供了有力支撑。为了增强计划、预算监督实效，常委会不断前置和深化预算监督，预算监督实现了从程序性向实效性转变，确保了财政经济高效安全。坚持党管干部原则，正确行使人事任免权，依法任免“一府两院”组成人员，共任免国家机关工作人员1800多人次，先后对环保、教育、住建、食药监等政府部门进行了专项工作评议，各部门认真落实整改，人民群众满意度明显提高。

今日大丰，经济发展，百业兴旺，正在建设高水平小康社会的大道上奋力前行。每一个发展瞬间、每一个亮点工程都体现着市人大及其常委会贴近中心谋发展的闪光足迹和卓越风采。

关注民生 促进和谐——不辱使命的60年

始终坚持民生幸福第一目标。密切关注全市人民最关心、最直接、最现实的利益问题，致力增进人民福祉，有效促进社会和谐。

民生福祉倍受关切。常委会先后听取和审议了市政府关于社会保障体系建设、医药卫生体制改革、环境保护、物价、残疾人保障、职工再就业、教育、文化事业发展、生态大丰建设等专项工作汇报862个，先后调查和视察了交通、城市建设、食品药品安全、安全生产等近300项与人民群众生活密切相关的工作，有力促进了全市社会事业统筹发展。由于看病难、看病贵，人民群众反响强烈，常委会以此为抓手，连续多年将深化医疗改革、加大医疗救助列为常委会重点建议，组织专项督办，目前覆盖全市城乡的医保体系全面建立，针对困难群众的大病救助办法全面实施。以督办为民办实事工程建设为抓手，组织常委会组成人员、市镇人大代表对工程实施情况开展视察调研，提出对策建议，实事工程效益不断显现。保障群众饮用水安全是政府为民实事工程的头号工程，常委会连续6届25年跟踪推进，实现了取水口西移、备用水源建设、新水源地开辟、城乡供水一体化全覆盖。坚持把接待人民群众来信来访作为维护稳定、促进和谐的重要手段，多年来共接待和处理群众来信3745件次、来访2879人次，有力保障了人民群众切身利益。

一枝一叶总关情，点点滴滴暖民心。一件件、一项项关系民生的政策出台、措施落实、问题解决，无不凝聚着市人大常委会的拳拳爱民之心和殷殷民本情怀。

依法监督　维护正义——与法同行的60年

始终把保证法律法规的正确有效实施放在重要位置，认真履行法律监督职能，支持和督促“一府两院”依法行政、公正司法，着力维护社会公平正义。

重视普法教育和法治宣传。先后作出了《关于依法治市的决议》《关于进一步加强法治宣传教育的决议》和6个五年普法决议。切实保障法律法规贯彻实施，对《食品安全法》《城乡规划法》等65部法律法规的贯彻实施情况开展了执法检查，举办了《刑事诉讼法》《农产品质量安全法》《劳动合同法》等126场法制讲座。建立和完善社会保障体系是全面建设小康社会的重要内容，常委会以《社会保险法》执法检查为抓手，历时5个多月，对全市12镇、两区的587家企业进行全面深入检查，有力推动了全市社会保险工作有序深入开展。全力推进依法行政、公正司法，先后听取并审议了市人民法院非诉行政执行、立案工作、诉讼调解，市人民检察院监所检察、控告申诉等108个专项工作情况汇报；对政府基层派出所建设、人民调解、人民法庭建设和社区矫正等工作开展专题视察；先后邀请1200多名人大代表参与“百名代表评十案”活动，有效维护社会公平正义。注重规范性文件备案审查，制定出台了审查意见，对市政府报备的65件规范性文件进行了审查。

和风细雨、润物无声。市人大常委会正日益成为法制宣传的主阵地、维护正义的主力军，在推进基层民主法治建设和维护社会公平正义的征途上步履坚实，足迹深深。

立足主体　发挥作用——为民代言的60年

始终把发挥代表作用作为人大工作的重点，创新代表工作思路，丰富代表活动内容，切实保障代表依法履职行权，着力提高代表工作实效。

坚持充分发扬民主，严格依法办事。先后开展人大代表选举14次，超过95%的选民积极行使自己民主权利。大力优化代表结构，及时组织对市、镇人大代表开展履职业务知识培训，代表履职能力逐年增强。强化代表活动组织，不断提升代表履职积极性。十四届人大以来，开展以“建设幸福大丰、争当模范代表”为主题的“五个一”“五争当”实践活动和“争先创优”活动，组织全体人大代表“访选民、听意见、提建议”，广大代表积极参与，主动作为，先后服务企业240家，帮扶贫困户1200户，为群众办实事460件，提出建议1320条，接待选民4900人次。切实保证人大代表依法行使职权，组织开展视察、调研和代表小组活动628次。高度重视代表议案建议办理工作，每年人代会都把人民群众最关心、代表最关注的热点难点问题，如被征地农民生活保障、城乡居民医疗救助和城乡供水一体化等，列为一号议案，由常委会全面跟踪督办，确保办出成果、办出实效。对重点建议实行常委会领导领衔督办制，共办理代表议案、建议8481件。

人民选我当代表、我当代表为人民，已从一句口号化虚为实，成为代表的积极行动。全体人大代表牢记嘱托，忠实履职，争当人民群众的贴心人和代言人，代表工作越发生动、有效。

固本强基　加强建设——与时俱进的60年

始终把坚持党的领导作为第一要求，不断强化自身建设，以奋发有为的精神状态，开拓创新，合力奋进，努力提高服务发展的能力。

坚持重大事项向市委请示报告制度，并及时将市委重大决策部署通过人大转变为全市人民的共同行动。以开展群众路线教育实践活动、先进性教育活动为契机，组织机关全体同志深入基层，深入群众，切实改进工作作风。全力服从服务经济建设。常委会领导积极参加市委统一分工，投身一线、服务发展，机关同志积极投身招商引资、“两化”建设等工作，成果丰硕。注重加强人大宣传和理论研究工作，坚持办好《人大工作情况》、大丰人大网站等宣传阵地，举办调研好成果、新闻好稿件、摄影好作品“三好评比”活动，连续多年被省、盐城市人大表彰为宣传调研先进集体。创新制度建设，探索完善人大工作程序，制定出台了常委会议事规则、主任会议议事规则、规范性文件备案审查、专题询问和质询办法等制度46项。实行常委会领导分片联系指导镇人大工作制度，强化镇级人大组织建设，认真开展市镇人大联动视察调研，定期召开市镇人大工作座谈会，努力推进镇人大工作再上新台阶。

一次次实践探索，一项项制度创新，常委会自身建设在创新中发展，在实践中提高，凝聚力和战斗力持续增强，风清气正的和谐氛围已然形成。

“巍巍华表倚天立、灿灿国徽映日红。”60年来，人民代表大会制度已经深深扎根于卯酉大地，人民代表大会制度的信念越来越深入人心，人民代表大会制度越来越显示出它的巨大优越性和强大生命力。习近平总书记在《庆祝全国人民代表大会成立60周年大会上的讲话》指出："回顾人民代表大会制度建立和发展的历程，坚定中国特色社会主义道路自信、理论自信、制度自信，在新的历史起点上坚持和完善人民代表大会制度，更好组织和动员全国各族人民为实现'两个一百年'奋斗目标、实现中华民族伟大复兴的中国梦而奋斗。"这是充满激情与自信的政治宣言，是亿万人民意志的体现。为我们进一步做好人大工作，指明了方向，增添了无限的动力。

大 事 记

1954 年

7 月 4—6 日，大丰县第一届人民代表大会第一次会议举行。通过拥护宪法（草案）的决议，选举出席省人民代表大会代表。

1955 年

7 月 23—26 日，大丰县第一届人民代表大会第二次会议举行。县人民政府改称县人民委员会，行使原县人民政府职能。选举胥德元为县长，徐兆俊为县人民法院院长。

1957 年

1 月 23—27 日，大丰县第二届人民代表大会第一次会议举行。选举张劬为县长，朱振兴、张玉堂、吴辉、王德茂为副县长。

1958 年

5 月 23—26 日，大丰县第三届人民代表大会第一次会议举行。选举周成元为县长，张劬、蒋新民、朱振兴、张玉堂为副县长和 16 名县人民委员会委员，杨兴礼为县人民法院院长。

1961 年

9 月 15—19 日，大丰县第四届人民代表大会第一次会议举行。选举董曙为县长，马春芳、吴辉、单雨霖、宋月升为副县长，朱辉为县人民法院院长。

1964 年

2 月 1—5 日，大丰县第五届人民代表大会第一次会议举行。选举董曙为县长，马春芳、单雨霖、陈逸生为副县长，朱辉为县人民法院院长。

1981 年

1 月 26—29 日，大丰县第六届人民代表大会第一次会议举行。选举金一平为县人大常委会主任，杨春华、周成元、丁同春、王德茂、陈果行为副主任，马春芳为县人民政府县长，陈如祥、陈远春、宋维保、吴金陵、冯永源、高继宽为副县长，杨才章为县人民法院院长，何锦秀为县人民检察院检察长。会议决定，撤销大丰县革命委员会，成立大丰县人民政府。会后，相继撤销各人民公社、镇革命委员会，成立各公社、镇管理委员会。

3 月 19—21 日，县六届人大常委会第 1 次会议召开。会议通过了 9 个公社、149 个大队重新命名或更名事项。

5 月 18—21 日，县六届人大常委会第 2 次会议召开。会议听取金一平主任传达省五届人大三次会议精神，并通过了有关人事任免事项。

10 月 17—19 日，县六届人大常委会第 5 次会议召开。会议讨论决定建立人大法制、财政经济、科教文卫三个工作小组。

12 月 11 日，县六届人大常委会第 6 次会议召开。会议研究讨论了大丰县第六届人民代表大会第二次会议的筹备工作。

1982 年

1 月 13—15 日，县六届人大常委会第 7 次会议召开。会议讨论通过了县人民法院、县人民检察院干部任免名单。

2 月 17 日，县六届人大常委会第 9 次会议召开。会议听取了县人民政府关于全县工交工作情况的汇报。

3 月 27—30 日，大丰县第六届人民代表大会第二次会议召开。选举黄家明为县人大常委会副主任，刘文儒为县人民政府副县长。

9月14日,县六届人大常委会第13次会议召开。会议原则通过《大丰县人民政府关于计划生育若干问题的规定》。

11月9—11日,县六届人大常委会第14次会议召开。会议听取了县人民法院关于开展打击经济领域中严重犯罪斗争情况的汇报。会议讨论通过了人事任免事项。

1983年

1月11—13日,县六届人大常委会第15次会议召开。会议讨论修改了县人大常委会1982年的工作报告,研究了1983年的工作任务。

1月28日,县六届人大常委会第16次会议召开。会议讨论通过了县人民政府提请任命干部名单。

3月8日,县六届人大常委会第17次会议召开。会议原则通过了县人民政府关于政社分设的具体方案和《大丰县人民政府关于进一步鼓励农民致富的规定》。

3月,省人民政府决定撤销盐城地区行署,建立盐城市,大丰县隶属盐城市。

16—24日,大丰县第六届人民代表大会第三次会议召开。选举出席江苏省第六届人民代表大会代表13名,盐城市第一届人民代表大会代表61名,选举王连祝为县人民法院院长。

6月,全国人民代表大会代表、县人大常委会副主任、大丰县卫生防疫站副站长陈果行出席第六届全国人民代表大会第一次会议。

12月23日,县六届人大常委会第23次会议召开。会议讨论通过《大丰县城总体规划》。

1984年

1月11日,县六届人大常委会第24次会议召开。会议讨论通过了县六届人大四次会议计划和日程安排。

21—22日,大丰县第六届人民代表大会第四次会议召开。选举马春芳为县人大常委会主任,冯永农为县人民政府县长,顾来生、鲁鸿发、魏翠萍为副县长。

5月16—21日,大丰县第七届人民代表大会第一次会议召开。选举马春芳为县人大常委会主任,王德茂、陈果行为副主任,冯永农为县人民政府县长,陈如祥、陈远春、顾来生、鲁鸿发、魏翠萍为副县长,王连祝为县人民法院院长,何锦秀为县人民检察院检察长。

6月13—15日,县七届人大常委会第1次会议召开。会议讨论通过了《大丰县人大常委会关于加强同县人民代表联系的办法》,县七届人大常委会代表资格审查委员会组成人员,建立了法制、教科文卫、财政经济、城乡建设4个工作组。

8月10—11日,县七届人大常委会第2次会议召开。会议听取审议了县人民政府关于县城乡体制改革情况的汇报。

1985年

1月7—8日,县七届人大常委会第5次会议召开。会议听取县人民政府关于县七届人大一次会议代表议案办理等工作情况的汇报。

2月10—11日,县七届人大常委会第6次会议召开。会议听取县人民政府关于普及法制常识五年规划的汇报,并作出相应决议,会议作出《关于召开大丰县第七届人民代表大会第二次会议的决定》。

3月25—26日,县七届人大常委会第7次会议召开。会议决定大丰县第七届人民代表大会第二次会议于1985年4月6日召开,讨论通过了县七届人大二次会议的计划和日程安排。

4月6—9日,大丰县第七届人民代表大会第二次会议召开。会议接受马春芳辞去县人大常委会主任的请求,选举宋维保为县人大常委会主任,李怀稳为县人民政府副县长。

12月13—14日,中共江苏省委书记韩培信到大丰视察。

1986年

3月9—12日,大丰县第七届人民代表大会第三次会议召开。会议选举吴金陵为县人大常委会副主任,杨国美为县人民政府副县长。

8月14日,从英国返回麋鹿39头运抵大丰,圈养于自然保护区。

9月19—20日,县七届人大常委会第17次会议召开。会议听取和审议了县人民政府四个部门的工作汇报,通过了《大丰县人大常委会关于监督县司法机关的暂行办法》。

12月15—16日,县七届人大常委会第20次会议召开。会议讨论通过了《大丰县县、乡两级人民代表大会代表换届选举工作方案》。

1987 年

3 月 19 日，全国人民代表大会代表、县人大常委会副主任陈果行赴京参加第六届全国人民代表大会第二次会议。

20 日，大丰县的省人大代表和列席省人代会的负责同志一行九人集中乘专车前往南京参加省六届五次人代会。

5 月 19 日，盐城市人大常委会主任陆逵陪同省军区离休干部彭灏、杜祥华到大丰视察，县人大常委会主任宋维保等陪同。

21—23 日，县第八届人大常委会第 1 次会议召开。传达全国、省、市三级人代会精神。

6 月 11 日，县人大召开党组会议，研究人大常委会各工作委员会的组织建设等问题。

13 日，县人大常委会举行颁发任命书仪式。县人大常委会主任宋维保，副主任吴金陵、陈果行、包庆石出席。

22 日，县人大常委会副主任陈果行和人大城乡建设工作委员会成员到新丰电镀厂、毛巾厂、肉松厂等单位检查环保工作。县人大常委会副主任包庆石和人大科教文卫工作委员会召集县科委、教育局等 13 个单位负责同志召开座谈会，就人大教科文卫工作委员会的机构建制、工作任务和人员组成情况向有关部门作了介绍，并就今后如何加强对口联系等问题交换了意见。

7 月 7 日，县人大常委会主任宋维保、副主任吴金陵，分别到龙堤、三圩、西团察看雨涝和农业生产情况。

23—25 日，县人大召开扩大的第八届人大常委会第 2 次会议。县委书记林成立讲话，县长冯永农作了上半年政府工作报告，法院院长、检察院检察长分别作了上半年工作报告。

29 日，县人大常委会主任宋维保与盐城市人大杨志文、郑绍真等负责同志一起听取了水产、滩涂办等单位的工作汇报。

9 月 24 日，县第八届人大常委会召开第 3 次会议。传达了盐城市县、区人大常委会主任座谈会精神。

10 月 12 日，县人大常委会主任宋维保等赴盐城市人大汇报省、市人大代表换届的准备工作。县人大财经、法制、城建委员会分头就下次常委会的内容开展视察活动。

12 月 9 日，县第八届人大常委会召开第 5 次会议。会议听取和审议了县人民政府关于修改调整县城总体规划的报告。

10日，县第八届人民代表大会第二次会议召开，依法选举大丰县出席盐城市第二届人民代表大会的代表。

1988年

1月2日，县人大常委会主任宋维保出席盐城市二届一次人代会。

3月2日，县人大常委会主任宋维保赴白驹了解党风责任制情况，听取了镇党委的汇报。

22—24日，县人大召开第八届人民代表大会第三次会议。会议听取和审议了县政府工作报告、经济计划报告、财政预决算报告、人大工作报告、法院和检察院工作报告。

28日，县委、县人大召开会议，传达全国七届人大一次会议精神。县人大常委会主任宋维保传达会议精神，县委书记林成立讲话。

5月3—24日，县人大常委会主任宋维保一行九人赴广州、深圳等地参观学习。

6日，盐城市人大常委会主任沙金茂、法制委员会主任乔斌、办公室副主任顾正伟、联络科长骆梅兰等召集大丰县的市人大代表小组组长，就如何在市人大代表中开展"为振兴盐城经济献策活动"进行座谈。

17日，省长顾秀莲在市委书记金基鹏的陪同下，到大丰县调查对外开放、发展外向型经济的情况。在丰期间，顾省长接见了县四套班子负责同志，听取了县委领导的工作汇报，并参观考察了飞轮厂、轻机厂、对虾养殖公司、华丰公司。

27日，中央顾问委员会常委陈丕显在省人大常委会主任储江、盐城市委书记金基鹏陪同下到大丰考察。在丰期间，参观考察了白驹狮子口新四军、八路军会师纪念塔、飞轮厂、淮南纱厂，并为大丰县纺织集团题词。

19—21日，县八届人大常委会举行第9次会议。会议听取和审议了"一府两院"上半年的工作报告。县委书记林成立讲话，宋维保主任对会议作了总结。

8月10日，县人大常委会主任宋维保赴龙堤乡调查了解农村产业结构调整等情况。

25日，全国人大代表、盐城市市长秦兆桢率领全国人大代表一行10人到大丰县视察政府工作。县委书记林成立、县人大主任宋维保、县政府县长冯永农接待并汇报了工作。

9月14—15日，县人大常委会主任宋维保赴白驹、三渣等乡镇检查农村工作。

10月13日，盐城市人大常委会副主任范学仁等一行四人到大丰联系市人大代表。县人大常委会主任宋维保陪同，走访了西团、南团的市人大代表。

15日，县人大常委会副主任陈果行赴苏州参加卫生部举办的学术讲座，在会上作了《关于治虫防毒和环境生态的学术报告》。

18日,县人大常委会副主任包庆石赴南京参加省人大举办的为期40天的市、县人大负责同志学习班。

11月4日,县人大常委会副主任吴金陵一行七人结束了对广东、深圳的参观学习,于下午回丰。

14—15日,省人大常委会秘书长白云一行4人到大丰视察人大工作。盐城市人大常委会秘书长徐崇飞和县人大常委会主任宋维保分别汇报了工作。

21—23日,县八届人大常委会举行第11次会议。听取了县政府关于落实八届10次人大常委会审议意见情况,以及经济计划工作、科技工作、普法工作情况的汇报。

12月3—26日,县人大常委会副主任吴金陵等赴吉林省通化县和临江区参观学习人大工作,赴北京洽谈有关经济项目。

5日,县人大法制委员会召开《中华人民共和国行政诉讼法》修改意见座谈会。县人大常委会主任宋维保出席会议。

8—9日,县人大召开县人大代表工作座谈会。总结人大工作,交流工作经验,讨论部署今后工作任务。

1989年

2月18日,以县长冯永农为领队的省人大代表一行八人视察大丰县滩涂。

21—22日,县部分人大代表视察了南阳供销社、西团纱厂、新丰地毯厂、毛巾厂等单位。

26日,县人大常委会副主任陈果行到白驹参加杨肖氏百岁祝寿活动。

28日,县人大党组召开会议,研究召开八届14次常委会的有关内容。县人大常委会主任宋维保,副主任吴金陵、包庆石出席了会议。

4月17日,大丰县的省人大代表一行四人,在宋维保主任的带领下前往南京出席省人民代表大会。

20日,县人大常委会副主任吴金陵、县政协副主席陈远春参加县考察组前往云南省有关市、县参观学习。

28—30日,县人大常委会主任宋维保、县长顾竟成出席省人大工作经验交流会。

5月9日,原省人大常委会副主任汪冰石,原南京军区副政委王静敏等一行12人,在盐城市人大常委会主任沙金茂的陪同下,到大丰县视察滩涂,考察经济开发工作。

11 日，县人大常委会副主任包庆石参加县卫生系统“护士节”座谈会。

18—19 日，县人大举行八届人大常委会第 16 次会议，会议通过了有关人事任免事项。

7 月 3—24 日，县人大分 4 个小组，分别在县人大常委会主任宋维保，副主任吴金陵、陈果行、包庆石的带领下，对大丰县上半年经济工作、廉政建设、农业生产、社会治安执法情况进行了调查了解，为县八届人大常委会第 17 次会议审议上半年“一府两院”工作作准备。

27—29 日，县八届人大常委会举行第 17 次会议。会议听取和审议了“一府两院”上半年工作情况及下半年工作打算的报告。

9 月 2 日，盐城市委副书记赵虹、市人大常委会主任沙金茂到大丰，听取县委、县人大负责同志关于县八届人大常委会第 15 次会议有关人事任免问题的汇报。

6 日，县人大常委会副主任包庆石出席《中华人民共和国传染病防治法》座谈会并向全县发表了广播讲话。

10 月 16 日，县人大召开八届人大常委会第 19 次会议。会议听取和审议了县人民法院、县人民检察院关于贯彻两高院《通告》的汇报。

11 月 7 日，县选举委员会召开第一次会议，研究县、乡（镇）两级人民代表大会代表换届选举工作的有关问题。

17 日，县人大常委会主任宋维保参加县物资交流会剪彩仪式。

20 日，县委召开选举工作会议。县人大常委会副主任吴金陵对县乡两级人大换届选举工作作了部署。

24 日，县八届人大常委会第 20 次会议举行。听取并审议县政府关于《村民委员会组织法（试行）》情况、经济计划工作和 1989 年财政预算部分变更情况、“科技兴县”情况、《中华人民共和国大气污染防治法》实施情况和饮水健康情况等 4 个方面的报告。讨论通过了各乡镇选举委员会组成人员建议名单。

12 月 18 日，县八届人大常委会第 21 次会议召开，听取并审议了县乡两级人代会换届选举工作情况的汇报。

1990 年

1 月 6 日，县人大常委会副主任陈果行出席县消费者协会年会。

10 日，中共中央政治局常委宋平在省人大常委会主任韩培信、省委常委、组织部部长顾浩的陪同下，参观考察了大丰县沿海滩涂，听取了县委书记顾竟成的工作汇报。宋平亲笔题词

“建设新大丰”，并分别与县四套班子负责同志和工作人员合影。

2 月 13—15 日，省、盐城市人大代表在原盐城市人大常委会副主任郑朝真的带领下到大丰县调查农业生产、滩涂开发等情况，县人大常委会副主任包庆石、副县长郭健生陪同并汇报了有关工作。

19 日，大丰县四名省人大代表，由李声源带领，前往南京参加省七届人大三次大会。

25—28 日，县九届人大一次会议召开。听取和审议县人民政府、县计经委、县财政局、县人大常委会、县人民法院、县人民检察院等工作报告。选举李怀稳为县第九届人大常委会主任，陈远春、陈果行、包庆石、魏翠萍为副主任，裴日昌为县人民政府县长，向增来、杨国美、陈昌明、郭健生、王立功、陈辉为副县长，谭兴隆为县法院院长，张民权为县检察院检察长。

3 月 4—10 日，大丰县的市人大代表出席盐城市第二届人民代表大会第三次会议。

21 日，省人大常委会邢白副主任一行在县人大常委会副主任包庆石、副县长陈辉等陪同下，视察了大丰县滩涂和麋鹿保护区，并题词“保护生态，麋鹿还乡”。

5 月 2 日，县人大常委会召开颁发任命书会议。会议由县人大常委会副主任陈远春主持，县人大常委会主任李怀稳向任命的 34 名政府组成人员颁发了任命书。

6 月 14 日，县人大、政府、法院、检察院召开联席会议。研究通报半年议政会的有关事项。

15 日，县人大常委会主任李怀稳、计经委主任倪向荣赴苏联参观考察。

24 日，县人大常委会召开省、市、县驻城三级代表座谈会。李怀稳主任向三级人大代表通报了县九届人大常委会以来的工作情况。

9 月 17—18 日，以盐城市人大常委会主任沙金茂为领队的省人大代表一行 7 人到大丰县视察海堤、涵闸等水利设施，县人大常委会主任李怀稳、副主任陈远春和县长助理卢锋陪同并汇报有关工作。

10 月 16 日，盐城市人大常委会主任沙金茂陪同省人大城乡委员会及省有关方面的领导同志到大丰县检查《滩涂管理条例》执法情况。

19—30 日，县人大常委会副主任陈远春、包庆石参加盐城市社会主义理论第五期学习班。

26—27 日，县人大召开九届人大常委会第 6 次会议。会议听取和审议了县人民政府贯彻执行《江苏省保护老龄人合法权益条例》、关于 1990 年 1—10 月份财政预算执行情况和 1990 年财政预算部分变更情况、关于加强中小学思想政治工作情况、关于县属城镇规划和管理工作情况、关于“四二〇”工程规划落实情况的报告。会议还讨论通过了县人大常委会有关工作制度等。

28 日，省人大科教文卫委员会主任吴镇一行 10 人，在盐城市人大科教文卫委员会副主任范玉娟的陪同下，到大丰县视察“扫黄”工作情况。

12 月 6 日，江苏省人大常委会副主任张耀华，在盐城市人大常委会主任沙金茂的陪同下到大丰县视察滩涂开发工作，县人大常委会主任李怀稳陪同。

14 日，县人大常委会主任李怀稳和副县长王立功带领有关单位负责同志，到太仓刘河港慰问大丰渔民。14 日—20 日，县人大常委会副主任陈远春和副县长杨国美带领有关单位负责同志，赴 1990 年棉花百万担的河南省扶沟县、湖北省天门县考察棉花生产。

21 日，大丰县的省、市、县人大代表视察了县自来水厂、白驹江海化工厂、刘庄五件宛厂的环境保护工作。

24 日，县九届人大常委会召开第 7 次会议，审议通过有关人事任免事项。

26 日，县人大常委会主任李怀稳出席了盐城市委召开的地方人大建立十周年工作会议。

1991 年

1 月 16 日，县人大召开有关部、委、办、局负责人参加的九届二次人代会筹备工作会议。

16—18 日，县人大常委会副主任魏翠萍赴盐城列席市二届 20 次常委会会议。

21 日，县九届人大常委会召开第八次会议。会议听取并审议了县人民政府关于冬春人民群众生活安排，春节市场物价和供应工作情况的汇报。

3 月 1—5 日，大丰县的市人大代表在县委书记顾竟成、县人大常委会主任李怀稳的带领下，赴盐城参加市二届四次人代会。

6—9 日，县召开第九届人民代表大会第二次会议。听取和审议县长裴日昌作的政府工作报告，审查和批准了“八五”计划报告。

8—18 日，大丰县的省人大代表朱同仁、陈相凤、蒋敏、卞婷婷在县委副书记陆燕池带领下赴南京参加省第七届人民代表大会第四次会议。

21—31 日，以县人大常委会主任李怀稳、县人民政府副县长卢峰为领队的大丰经济考察组一行九人，赴福建龙岩、上杭等地进行经济考察、洽谈。

4 月 11 日，县人大常委会讨论修改《地方组织法》和《中华人民共和国选举法》。

20 日，县委、县人大联合召开大丰县人大常委会建立十周年报告会。县人大常委会主任李怀稳对县人大常委会十年来的工作进行了总结。原县六届人大常委会主任金一平、县九届人大代表、常委会委员刘玉珺发了言。县委书记顾竟成就坚持和完善人民代表大会制度，加强和改善对人大工作的领导，讲了三点意见。

5 月 6 日，县人大常委会副主任陈远春和县政府有关方面的同志去山西进行横向联系。

22—23 日，县九届人大常委会召开第 11 次会议。听取和审议了县人民政府关于经济合同监督、预算外资金管理、《公路管理条例》执行、农村教育综合改革等情况的汇报。会议作出了《大丰县人大常委会关于三龙乡乡改镇的决定》。

6 月 15 日，县人大和“一府两院”举行联席会议，通报县九届人大常委会第 12 次会议（即半年议政会）的有关准备情况。

16—30 日，县人大常委会驻会委员分别到有关县人大代表小组参加活动，为半年议政会做准备工作。

29 日，县委召开庆祝中国共产党成立七十周年大会。县四套班子领导出席了大会，县委副书记、县长裴日昌宣读了县委关于表彰 5 个先进党委、5 个先进学校和 349 名优秀共产党员、52 名优秀党务工作者的决定。县委书记顾竟成作了题为《坚持党的领导，加强党的建设，沿着有中国特色的社会主义道路胜利前进》的讲话。

7 月 30 日，县九届人大常委会召开第 12 次会议，听取和审议县人民政府抗洪救灾、生产自救工作。

9 月 23—24 日，县九届人大常委会第 13 次会议召开。会议听取和审议了县人民政府关于县九届人大常委会有关审议意见办理情况的汇报，关于农田水利建设的汇报，关于县城群众生活饮水情况的汇报。

1992 年

3 月 1—4 日，县第九届人民代表大会第三次会议举行。听取了县长裴日昌所作的政府工作报告。

5 日，大丰县的省人大代表朱同仁、陈相凤、蒋敏、卞婷婷在县人大常委会主任李怀稳的带领下赴南京出席省七届人大五次会议。

16 日，大丰县的盐城市人大代表赴盐城参加市二届人大五次会议。

30 日，县九届人大常委会召开第 17 次会议。会议听取和审议了县人民政府关于《中华人民共和国行政诉讼法》、税法以及大丰县与淮北市杜集区建立友好县区的情况汇报，并作出了关于大丰县与淮北市杜集区建立友好县区的决议。

4 月 6 日，县人大常委会主任李怀稳、副主任陈远春率领县人大办、商业局、粮食局、供销社等单位负责同志前往四川等地考察学习流通领域“经营放开、价格放开、内部分配放开、用工制度放开”的“四放开”。

5 月 7—9 日，盐城市人大常委会副主任彭正柱带领部分省、市人大代表来大丰县视察《水法》执行情况。

7—14 日，县人大常委会主任李怀稳、副主任包庆石率领人大机关“一办六委”的主要负责同志前往上海市崇明县、宝山区、青浦县、无锡市等地参观学习人大工作。

13 日，县人大常委会主任李怀稳接待交通部港口考察团。

29 日，县九届人大常委会召开第 18 次会议。听取和审议了县人民政府关于《中华人民共和国企业法》《中华人民共和国水法》贯彻实施情况汇报，会议通过了大丰县与福建省上杭县建立友好县的决议。

7 月 16 日，县九届人大常委会召开第 19 次会议。县委书记顾竟成到会通报了县委近几个月来贯彻落实邓小平同志南巡重要讲话精神的情况以及当前和今后的工作安排，并对人大工作提出了要求。

31 日，县人大常委会主任李怀稳出席北京专家关于王港港口论证会议。

8 月 11 日，大丰经济技术开发区宣告成立。

10 月 9 日，省人大常委会副主任李执中在盐城市人大常委会主任沙金茂的陪同下到大丰县检查有关工作。

28 日，由国家科委、国家计委、国家体改委牵头，在常州举行了有国家 23 个部委和省 20 多个厅局参加的社会发展综合实验区授牌仪式。大丰县城正式被列为国家社会发展综合试验区，这是全国两千多个县中第一家列为国家级社会发展综合试验区。国家科委副主任邓楠亲自给裴日昌县长授牌，并合影留念。

11 月 9 日，大丰县和国家环保局在北京人民大会堂举行了全国第一个生态县——江苏省大丰县生态建设汇报会。全国政协副主席、著名科学家卢嘉锡，农业部原部长、中国科协副主席边疆，全国政协委员、中国儿童发展中心顾问林佳楣等领导同志出席了会议，在京的中央、国家有关部门、高等院校及新闻单位，共四十多个单位的 150 多名代表也应邀参加了会议，其中副部级以上的领导 23 人。国务委员、国务院环委会主任宋健向大会发来贺信，全国政协副主席卢嘉锡书赠题词“希望之路”。听取汇报的有关领导、专家学者充分肯定了大丰生态县建设的经验。

28 日，县九届人大常委会召开第 22 次会议。听取和审议县人民政府关于大丰棉花收购工作情况、中外合资企业经营管理情况、科技人员的管理与使用情况、大丰县与满洲里市建立友好县市的情况汇报。作出了大丰县与满洲里市建立友好县市的决议。

30 日，省人大常委会副主任邢白一行，在盐城市人大常委会副主任彭正柱、市人大秘书长徐崇飞的陪同下，到大丰县检查换届选举工作。

12 月 1 日，县召开庆祝大会，经国家科委、国家体改委、国家计委等部门联合批准，大丰被列为国家社会发展综合实验县，是全国 2000 多个县中唯一的实验县。

6 日，陈焕友省长在省政府副秘书长陈必亭、省交通厅厅长徐华强、南科院专家陈志昌和盐城市委书记徐国健、市长徐其耀、副市长王德超的陪同下，到大丰县视察王港港口的规划建设情况。

1993 年

1 月 19 日，县九届人大常委会主任会议决定，组织县十届人大代表学习宪法、《地方组织法》和《代表法》。

2 月 14—17 日，大丰县第十届人民代表大会第一次会议在县城举行。会议选举李怀稳为县人大常委会主任，柏授方、陈远春、包庆石、魏翠萍为副主任，裴日昌为县人民政府县长，陈昌明、杨国美、王立功、陈辉、沈德林、卢峰、储金泉、黄奇为副县长，张民权为县人民法院院长，谭兴隆为县人民检察院检察长。

3 月 22 日，筹备建立大丰县人大工作研究会。

30—31 日，县十届人大常委会第 1 次会议召开。听取和审议县人民政府关于贯彻执行《中华人民共和国森林法》情况的汇报，通过县人大常委会 1993 年工作要点。

4 月 17 日，县人大常委会召开传达贯彻八届全国人大一次会议精神大会。

5 月 14 日，县人大常委会召开颁发任命书会议。

31 日至 6 月 1 日，县十届人大常委会第 2 次会议召开。听取和审议县人民政府关于全县“二五”普法情况、全县文化工作情况和贯彻执行《水污染防治法》情况汇报。

7 月 26 日，县十届人大常委会第 3 次会议（半年议政会）召开。

9 月 25 日，县十届人大常委会第 4 次会议召开。听取和审议县人民政府关于“菜篮子”及其物价管理情况的汇报。

11 月 20 日，县十届人大常委会第 5 次会议召开。认真学习党的十四届三中全会公报，听取县人大常委会副主任柏授方关于学习《邓小平文选》第三卷有关精神的传达。

12 月 6 日，县人大常委会主任李怀稳在县电视台发表“宪法宣传周”电视讲话。

14 日，县人大常委会主任李怀稳、副县长沈德林、县政协副主席刘兆清带领县直四个工业产业局和 18 个县骨干企业负责人赴扬中县、仪征市、泰州市考察学习。

18 日，县人大召开会议对县法院、检察院、公安局的工作进行评议。盐城市人大常委会副主任彭正柱以及市有关部门的领导同志出席会议。

1994 年

1 月 21 日，省人大常委会副主任高德正到大丰调查王港建港前期准备工作。

3 月 8 日，县十届人民代表大会第二次会议召开。选举王忠珠、周廉明为县人大常委会副主任。

4 月 20 日，县人大常委会副主任柏授方率县司法局部分人员赴辽宁、北京、山东等地考察依法治县工作。县人大常委会副主任周廉明赴南通与外商洽谈有关事项。

23 日至 5 月 4 日，县人大常委会主任李怀稳，县政府副县长陈辉率县有关委、局、乡镇和企业的负责同志，赴厦门、海口开展招商引资活动。

19 日，县人大常委会主任李怀稳带领有关部门负责人，赴珠海等地考察洽谈有关项目。

9 月 1 日，县人大常委会主任李怀稳接待南通市杨任远市长一行。县人大常委会副主任包庆石、周廉明分别到北京、山东考察学习。

8 日，县十届人大常委会召开第 13 次会议，听取和审议县政府关于贯彻实施《中华人民共和国教师法》情况的汇报。

1995 年

2 月 15—17 日，县十届人民代表大会召开第三次会议。会议听取审议通过了《县人大常委会工作报告》《县政府工作报告》《县法院工作报告》和《县检察院工作报告》及县财政局 1994 年财政决算、1995 年财政预算的报告。会议选举储金泉为县人民政府县长，倪向荣为副县长，陆燕池为县人大常委会主任，朱绵为副主任，陈强为县人民法院院长。

6 月 1 日，中共中央政治局委员、全国人大常委会副委员长田纪云在省人大常委会副主任凌启鸿陪同下，考察大丰县华丰垦区、滩涂万亩对虾养殖场和麋鹿保护区。

10 月 15 日，全国人大常委、全国人大教科文卫委员会副主任李绪鄂为组长的全国人大科技执法视察检查组一行 10 人，在省、盐城市人大有关领导的陪同下到大丰县视察，听取县有关领导汇报并视察了华丰公司。

1996 年

3 月 2 日,县第十届人民代表大会第四次会议召开。增选管洪俊为县人大常委会副主任。

4 月 23 日,出席省人大常委会农经工作座谈会的人员视察大丰海洋开发综合利用情况。

5 月 30 日,县第十届人大常委会召开第 31 次会议。会议听取了县人民政府关于县十届人大常委会第 29 次会议审议意见办理落实情况的汇报,听取和审议了县人民政府关于上半年经济工作情况的汇报,听取了县人大常委会《关于减轻农民负担和村级集体经济情况的调查报告》和《关于全县工业经济情况的调查报告》。

8 月 1 日,经国务院批准,撤销大丰县,建立大丰市。

24 日,省八届人大代表省直盐城组一行 11 人,在省人大代表、原省体改委副主任、体改研究会会长陈鸿昌的带领下,由盐城市人大常委会副主任卜以庸陪同,就如何搞好国有企业改革到大丰市考察。

参加省人大科教文委员会工作座谈会的人员一行近百人,在盐城市人大常委会主任沙金茂、副主任刘万琳的陪同下,对大丰市的文化工作进行了视察。

11 月 11 日,大丰市隆重纪念中国古典名著《水浒传》作者施耐庵诞辰 700 周年。盐城市人大常委会副主任皋古华、市政府副秘书长李学义等领导和大丰市领导陆燕池、朱达丰、柏授方、魏翠萍、周廉明、王立功、刘兆清以及白驹镇、市直 20 多个单位 100 多人出席纪念活动。

1997 年

1 月 17 日,市十届人大常委会召开第 36 次会议。会议决定任命印寿荣为大丰市人民政府科技副市长,补选杨毅为盐城市第三届人民代表大会代表。

2 月 17 日,市第十届人民代表大会第五次会议召开。郭健生、陆燕池、储金泉、李声源、李驰、柏授方、包庆石、魏翠萍、王忠珠、周廉明、朱绵、管洪俊、朱达丰、沈纪万、王崇标、丁瑞云等四套班子领导出席大会,市长储金泉作政府工作报告。

4 月 3 日,市人大常委会召开纪念《中华人民共和国全国人民代表大会代表法》颁布实施五周年座谈会。

5 月 26 日,市人大常委会召开乡镇人大工作座谈会。市人大常委会主任陆燕池,副主任包庆石、王忠珠、周廉明、朱绵、管洪俊及市人大常委会各委办正副主任、各乡镇人大专职主席或副主席出席了会议。

6月28日，大丰市隆重召开“庆祝党的生日、庆祝香港回归”大会。市委书记郭健生讲话，市委副书记、市长储金泉主持会议。会上，市委副书记、常务副市长李驰宣读了《中共大丰市委员会关于表彰先进基层党组织、优秀共产党员和优秀党务工作者的决定》，对100个先进基层党组织、306名优秀共产党员和100名优秀党务工作者进行了表彰。会后，举行了精彩的文艺演出。

7月11日，盐城市人大、政府、政协的领导及全国、省、市人大代表和政协委员一行30多人视察了大丰港开发建设工程和现代化大街建设情况，并对大丰市的交通基础设施建设工作给予了高度评价。

22—23日，市十届人大常委会召开第40次会议。会议对市教育局、乡镇企业局、统计局局长本届任职情况进行了评议，并通过了有关人事任免。

29—30日，市人大常委会组织部分盐城市、大丰市人大代表参观考察张家港和阜宁两市县的城市现代化建设情况，并就如何借鉴两地的经验，加快城市现代化建设进行了座谈。

9月9日，市委、市政府隆重举行仪式，欢送市委书记郭健生赴京出席中国共产党第十五次全国代表大会。

30日至10月3日，中共中央委员、交通部部长黄镇东到大丰考察港口、公路、城市建设和沿海滩涂开发。

10月5日，市委专门召开换届选举工作会议，对全市换届选举工作进行具体部署。市委书记郭健生讲话。市委副书记朱达丰传达了全省换届选举工作会议精神。市人大常委会主任陆燕池对人大换届选举工作进行了部署。会议由市委常委、组织部长朱斌主持。市人大常委会副主任周廉明、市政协副主席杜家宏出席会议。

12日，市十届人大常委会召开第83次主任会议。听取了市人民政府关于全市企业产权制度改革情况的汇报，对如何进一步搞好企业改制工作提出了具体要求。

22日，市十届人大常委会召开第43次会议。选举李驰为大丰市人民政府副市长、代理市长，臧明为大丰市人民法院代理院长。

12月1日，市十届人大常委会召开第44次会议。任命丁瑞云、倪巍山、沈碧和为大丰市人民政府副市长。

12日，《纪念施耐庵诞辰700周年书画集》首发式在市施耐庵纪念馆举行。盐城市人大常委会副主任、盐城市水浒学会会长皋古华讲话。该书画集由盐城市水浒学会、大丰市施耐庵研究会、大丰市施耐庵纪念馆编辑，江苏人民出版社出版。党和国家领导人邹家华、费孝通、吴阶平、叶飞和省、市负责同志顾浩、林祥国等为书画集题了词。

1998 年

1 月 6—8 日,大丰市第十一届人民代表大会第一次会议举行。市十届人大常委会主任、大会主席团常务主席陆燕池主持了会议,代市长李驰作工作报告。选举陆燕池为市十一届人大常委会主任,杨国美、魏翠萍、王忠珠、朱绵、管洪俊、鲁鸿发为副主任,李驰为市人民政府市长,倪向荣、韦新、祁彪、丁瑞云、倪巍山、沈碧和为市人民政府副市长,臧明为市人民法院院长,谭兴隆为市人民检察院检察长。会议还选举产生了大丰市出席盐城市第四届人民代表大会的 53 名代表。

在省八届人大六次会议上,大丰市化肥厂厂长、党委书记陈湘陵当选为第九届全国人民代表大会代表。

3 月 24 日,市人大常委会召开颁发任命书大会,向大丰市新一届国家机关部门领导人员颁发任命书。

4 月 1 日,省人大、政协"海上苏东"视察组一行 20 多名领导及专家学者到大丰市考察,给作为"海上苏东"重点工程项目之一的大丰港港口建设提出了很好的建议。

3 日,市人大常委会召开全国、省、盐城市、大丰市及乡镇五级人大代表纪念《中华人民共和国代表法》六周年座谈会。

5 月 9 日,大丰市召开乡镇人大工作座谈会。交流了 1998 年以来各乡镇开展人大工作的情况,明确了当前乡镇人大工作的重点,提出了开展乡镇人大工作的设想和建议。

27—28 日,市第十一届人大常委会第 2 次会议召开。会议听取和审议了市人民政府的 5 个报告,通过《大丰市人大常委会关于批准大丰市市树、市花的决定》。

7 月 13—14 日,市十一届人大常委会召开第 3 次会议。会议听取和审议了市长李驰作的《大丰市人民政府关于上半年工作情况及下半年工作思路的报告》,市政府办公室主任陆琪作的《关于市第十一届人大一次会议代表建议、批评和意见办理情况的报告》,听取了市公安局局长王新民作的关于贯彻落实实施中华人民共和国刑法审议意见情况的汇报。

20 日,由省人大常委会副主任柏苏宁率领的江苏省人大常委会少数民族扶贫工作调查组一行 6 人,在盐城市人大常委会副主任蔡秀明、副市长谷容先陪同下,对大丰市少数民族扶贫情况进行调查。

10 月 22 日,市人大常委会领导陆燕池、杨国美、王忠珠、管洪俊、鲁鸿发、包庆石和市部分四级人大代表视察了创建卫生城市工作和现代化大街。

11 月 4 日，市十一届人大常委会召开第 5 次会议。会议传达了市委批转市人大常委会党组《关于做好全市乡镇人大换届选举工作的意见》的通知，讨论通过了《关于全市乡镇人民代表大会换届选举问题的决定》《关于全市乡镇人民代表大会代表名额的决定》。

1999 年

1 月 12 日，市十一届人大常委会召开第 7 次会议。会议决定批准《大丰市 1997—2010 年城市总体规划》《大丰市人大常委会 1999 年工作要点》。

28—29 日，大丰市第十一届人大二次会议召开。大会主席团常务主席郭健生、陆燕池、李驰、朱达丰、卢峰、倪崇彦、杨国美、魏翠萍、王忠珠、朱绵、管洪俊、鲁鸿发、施志康及市政协主席李声源在主席台前排就座。市人大常委会主任、大会主席团常务主席陆燕池主持会议。市长李驰作工作报告。

30 日，市委、市人大在市银都宾馆举行欢送仪式，欢送出席省九届人大二次会议的大丰市代表李驰、沈卫东、顾中伟、张娟、陈金扬启程赴宁。

2 月 4 日，市十一届人大常委会召开第八次会议，进行有关人事任免事项。

4 月 10 日，大丰市召开会议，传达贯彻全国人大、政协会议及省人大会议精神。李驰、朱达丰、陆燕池、李声源等市四套班子领导出席会议。会上，全国人大代表、市化肥厂厂长陈湘陵介绍了九届全国人大二次会议的主要情况。省人大代表、市长李驰传达了省九届人大二次会议的主要精神。市政协副主席陈昌明传达了全国政协九届二次会议的主要精神。

6 月 29 日，市人大常委会主任陆燕池、副主任朱绵带领大丰市部分四级人大代表视察市劳动局和有关企业生产经营市场开拓以及“两个条例”的贯彻执行情况。

8 月 6 日，市人大常委会主任陆燕池、副主任杨国美带领部分盐城、大丰人大代表视察了通榆河工程、新团河闸工程、大丰港港区海堤防护工程、王港闸等防洪防汛重点工程。

10 月，新长铁路铺轨到大丰境内，结束了大丰“地无寸铁”的历史。

2000 年

1 月 8 日，市人大常委会组织部分四级人大代表视察城镇建设情况，市人大常委会副主任杨国美、副市长陈相凤参加了视察活动。

凌晨1时10分，火车从山西长治运来120吨煤炭，顺利抵达新长铁路大丰站，这是大丰历史上通过铁路运输到达境内的第一批货物。

12日，省人大常委会副主任王霞林、柏苏宁率部分省直人大代表到大丰视察。

16—19日，大丰市十一届人大三次会议召开。市人大常委会主任陆燕池主持会议并致开幕词，市长李驰作工作报告。

3月25日，市人大常委会召开乡镇人大工作座谈会。市人大常委会主任陆燕池，副主任杨国美、魏翠萍、王忠珠、朱绵、管洪俊、鲁鸿发、施志康及29个乡镇人大专职主席或副主席参加会议。

6月14日，市人大常委会召开基层民主建设工作座谈会。市人大常委会主任陆燕池，副主任杨国美、鲁鸿发出席会议。

12月29日，市十一届人大常委会召开第22次会议。市委书记李驰到会并讲话。市人大常委会主任陆燕池主持会议。任命丁宇为大丰市人民政府代理市长。

2001年

2月26—28日，大丰市第十一届人民代表大会第四次会议召开。会议选举丁宇为大丰市人民政府市长。

4月4日，全国人大常委会副委员长许嘉璐，全国人大常委、教科文卫委员会副主任、民进中央常务副主席张怀西，全国政协常委、民进中央秘书长陈益群在省人大常委会副主任俞敬忠及林祥国、林成立、季克诚、俞军等盐城市领导的陪同下到大丰市视察。许嘉璐一行先后视察了大丰银都果蔬食品有限公司、裕华镇无公害蔬菜（大蒜）基地及国家级麋鹿自然保护区。

8月27日，省人大常委会副主任洪锦煌率领部分省人大代表到大丰市视察沿海滩涂开发情况。

9月12日，大丰市委召开全市人大工作会议，专题研究部署全市人大工作。

11月6日，市十一届人大常委会召开第31次会议。听取并审议了有关打黑除恶、民事审判、刑事审查批捕、《中华人民共和国审计法》和《中华人民共和国义务教育法》工作审议意见、市政府2001年市本级财政预算执行情况的汇报，还听取了市级政府机构改革方案，通过了镇人大换届选举的规定。

7日，市人大常委会举行仪式，向市十一届人大常委会第31次会议任命的市政府组成人员颁发任命书。

12 月 7 日,大丰市召开镇人大换届选举转段工作会议。市委副书记倪崇彦出席会议并讲话,市人大常委会副主任杨国美作具体部署。从 12 月开始,大丰市镇人大换届选举工作进入提名协商确定代表候选人阶段。从 12 月 26 日起,全市各镇选举新一届人大代表。

2002 年

1 月 22—24 日,大丰市第十一届人民代表大会第五次会议召开。市十一届人大常委会主任陆燕池主持会议。市长丁宇作政府工作报告。

3 月 26 日,市人大常委会主任陆燕池,副主任杨国美、朱绵、管洪俊、鲁鸿发、施志康、陆琪等到市药监局视察工作。

29 日,大丰市召开全市人大系统工作会议,部署镇人大工作任务。市人大常委会主任陆燕池在会上讲话,会议由副主任杨国美主持,副主任魏翠萍、朱绵、管洪俊、鲁鸿发、施志康、陆琪出席会议。

4 月 17 日,省人大常委会城建环保委副主任委员陈裕斌、省环保厅副厅长赵挺一行到大丰市对通榆河水污染防治情况进行调研。

10 月 9 日,大丰市召开市人大换届选举工作会议。市人大常委会主任陆燕池主持会议,市人大常委会副主任杨国美对选举工作进行了部署。

17 日,省人大工作理论研究会会长沈达人,副会长曹鸿鸣、凌启鸿、王敏生及无锡、徐州、连云港、南通、淮安、泰州、宿迁、盐城等八市人大领导一行 80 多人,在盐城市领导陶培荣、周侃、季克诚的陪同下到大丰视察。

22 日,市人大常委会主任陆燕池,副主任杨国美、魏翠萍、管洪俊、陆琪及部分人大代表一行 20 人视察法院工作。

12 月 11 日,大丰市人大工作理论研究会召开 2002 年年会。市人大常委会主任、研究会会长陆燕池,市人大常委会副主任和研究会副会长杨国美、魏翠萍、管洪俊、鲁鸿发、沈纪万、王忠珠出席会议。

16 日,市十一届人大常委会举行第 39 次会议。会议任命王荣为大丰市人民政府副市长、代理市长,王连春为大丰市人民政府副市长,陈卫玉为大丰市公安局局长,沙长河为大丰市人民法院副院长、审判委员会委员、代理院长。会议讨论通过了大丰市人大常委会关于调整市选举委员会成员的决定和关于成立大丰市第十二届人民代表大会第一次会议筹备处的决定。

17 日,大丰市召开市人大换届选举工作会议。

24 日,大丰市举办第十二届人大代表培训班,对新当选的 277 名市十二届人大代表就人大代表制度和代表工作等方面的内容进行培训。

27 日,市十一届人大常委会召开第 40 次会议。会议讨论通过了大丰市人大常委会关于召开大丰市第十二届人民代表大会第一次会议的计划和大丰市第十二届人民代表大会代表资格的审查报告,通过了关于召开大丰市第十二届人民代表大会第一次会议的决定。

2003 年

1 月,江波当选第十届全国人民代表大会代表。

1 月 5—8 日,大丰市第十二届人民代表大会第一次会议召开。市十一届人大常委会副主任、大会主席团常务主席沈纪万主持会议。代市长王荣作工作报告。选举丁宇为市十二届人大常委会主任,王荣为市人民政府市长。

2 月 11 日,市十二届人大常委会召开第 1 次主任会议。市委书记、市人大常委会主任丁宇,市人大常委会副主任沈纪万、魏翠萍、施志康、陆琪参加会议。会议讨论通过了 2003 年市人大常委会工作要点、2003 年市人大常委会学法计划及市人大常委会领导分片联系镇人大工作情况。

3 月 5 日,市十二届人大常委会召开第 1 次会议。市委书记、市人大常委会主任丁宇讲话。会议听取并审议了市政府关于药品管理法贯彻实施情况的汇报,审查通过了市人大常委会关于市十二届人大一次会议期间代表提出的议案的交办意见,审议批准了关于成立大丰市十二届人大常委会代表资格审查委员会的决定。

6 日,市人大常委会举行向十二届人大常委会第 1 次会议任命的市政府组成人员颁发任命书仪式。市委书记、市人大常委会主任丁宇向新任命的人员颁发任命书并作讲话,市人大常委会副主任沈纪万主持并宣读任命决定。

5 月 20 日,市十二届人大常委会召开第 3 次会议。会议听取和审议了市人民政府关于《水法》贯彻实施情况的汇报、市财政局关于大丰 2002 年市本级财政决算草案的报告、市审计局关于大丰市 2002 年本级预算执行及其他财政收支情况的审计工作报告,讨论通过了关于批准 2002 年大丰市本级财政决算的决议。

9 月 22 日,市人大召开人大工作理论研究会,市十一届人大常委会副主任杨国美主持会议。会上,理论研究会理事们就如何做好新形势下的人大工作作了论文交流。

12 月 24 日,省人大调研组对大丰市测绘法执法情况进行调研。

2004 年

1 月 5—8 日，大丰市第十二届人民代表大会第二次会议召开。丁宇、王荣、朱德平、葛启发、倪向荣、李从洋、朱达丰、沈纪万、魏翠萍、施志康、陆琪等市领导出席会议。市长王荣作《政府工作报告》。

4 月 23 日，全国人大常委会委员、全国人大教科文卫委员会主任委员朱丽兰率领全国人大常委会执法检查组，到大丰市检查贯彻实施《中华人民共和国义务教育法》情况。

9 月 5 日，大丰市邀请省人大常委会原党组副书记、副主任，现任省人大工作理论研究会副会长王霞林到大丰作人民代表大会制度讲座。

28 日，市十二届人大常委会召开第 16 次会议。会议讨论通过了《大丰市人大常委会 2005 年工作重点》《大丰市人大常委会工作报告》。讨论通过了关于召开大丰市第十二届人民代表大会第三次会议的有关名单、决定等。

2005 年

1 月 3—5 日，大丰市第十二届人民代表大会第三次会议召开。丁宇、王荣、倪向荣、李从洋、殷勇、韦新、朱达丰、沈纪万、魏翠萍、施志康、陆琪等市领导出席会议。市长王荣作《政府工作报告》。选举江志坚、陈相凤为大丰市第十二届人大常委会副主任，肖乐农为大丰市人民政府副市长。

4 月 15 日，全国人大常委会法制工作委员会副主任王茂林参观了大丰麋鹿国家级自然保护区。

24 日，省人大常委会原主任储江等省老领导在盐城市政协主席计高成、人大常委会副主任谷容先的陪同下到大丰市考察。

7 月 11 日，省人大常委会财经委员会主任周桂根一行到大丰市就沿海经济开发等有关情况进行调研。

9 月 21—22 日，盐城市人大工作理论研究会第四次常务理事会在大丰市召开。盐城市人大工作理论研究会会长周侃，盐城市人大常委会副主任、理论研究会副会长曹桂英及理论研究会副会长裴日昌、陆立新、滕家腾，大丰市领导丁宇、沈纪万出席会议。

10 月 9 日,全国人大代表省直三组在省交通厅厅长潘永和的带领下到大丰视察。

28 日,省委书记李源潮到大丰考察。盐城市领导张九汉、冯永农、林成立、沈德林和大丰市领导丁宇、王荣、倪向荣、李从洋、殷勇、韦新、赵又飞、朱达丰、王连春、陈同远、吴家祥、江志坚陪同。

11 月 14 日,在京中直单位和省直单位全国人大代表一行由盐城市委书记、市人大常委会主任张九汉,盐城市人大常委会副主任谷容先、徐昆荣陪同到大丰市视察。

23 日,省长梁保华在大丰会见了正在大丰市境内沪属农场视察的上海市市长韩正一行。

12 月 16 日,盐城市人大常委会副主任季克诚、盐城市副市长周古城、盐城市人大原副主任裴日昌带领盐城市部分人大代表到大丰市视察土地使用和执法监察工作。

30 日,市十二届人大常委会召开第 23 次会议,市委书记、市人大常委会主任丁宇主持会议并讲话。审议通过了《大丰市人大常委会关于批准大丰市生态市建设规划(2005—2020)的决议》。

2006 年

1 月 5 日,市十二届人大常委会召开第 24 次会议。市人大常委会副主任沈纪万、魏翠萍、施志康、陆琪、陈相凤出席会议。会议由沈纪万主持。通过戴刚、石根美等的人事任免事项。

8—10 日,市第十二届人民代表大会第四次会议召开。市长王荣作政府工作报告,选举丁瑞云、杜家宏、倪巍山、夏继永为市人大常委会副主任,范大玉为市人民政府副市长。

5 月 29 日,市十二届人大常委会召开第 27 次会议。会议听取和审议了市政府关于《中华人民共和国气象法》贯彻实施情况的报告。

10 月 6 日,大丰市万盈镇骆晓娟参加的中国女子重剑队在意大利世界击剑锦标赛上摘得团体金牌。骆晓娟改写了盐城市体育运动无世界冠军的历史,成为大丰市乃至盐城市体育世界冠军第一人。

8 日,江苏大丰麋鹿国家级自然保护区被国家林业局命名为全国林业示范保护区,全国共有 51 个保护区榜上有名,江苏仅此一家。

12 月 28 日,市第十二届人大常委会召开第 50 次主任会议。听取了市政府关于农村“三户”和城镇下岗职工冬春生活安排情况的汇报。

30 日,市十二届人大常委会召开第 32 次会议。讨论通过关于召开大丰市十二届人民代表大会第五次会议的计划,关于召开市十二届人民代表大会第五次会议的决定,市人大常委会2007年工作要点。

2007年

1月8—10日，市第十二届人民代表大会第五次会议召开。市长王荣作政府工作报告，选举吴家祥为大丰市人民政府副市长。

11日，省人大常委会副主任、党组书记王寿亭一行在盐城市委书记赵鹏的陪同下来大丰视察调研。

省人大到大丰进行《江苏省职工民主管理条例》立法调研，市委常委、政法委书记陈湘珍，市人大常委会副主任杜家宏陪同调研。

25日，市十二届人大常委会召开第53次主任会议，专题听取市政府关于《江苏省土地管理条例》贯彻实施情况的汇报，讨论确定今年市人大常委会重点督办的议案和建议。

6月19日，省人大代表省直盐城组一行在副省长张九汉的带领下到大丰市视察食品安全监管工作。

7月30日，大丰港一类口岸顺利通过国家验收。

12月6日，省人大常委会副秘书长、机关党委书记葛绍林一行到大丰市视察工作，市领导倪峰、袁冬青、杜家宏、王周斌陪同。

18日，市十二届人大常委会召开第41次会议。盐城市委常委、大丰市委书记、市人大常委会主任丁宇，市人大常委会副主任陈相凤、陆琪、丁瑞云、杜家宏、倪巍山、夏继永出席会议。

26—30日，大丰市第十三届人民代表大会第一次会议召开。选举倪峰为市长，吴家祥、陈湘珍、肖乐农、范大玉、王海、宗乐平为副市长，丁宇为大丰市第十三届人民代表大会常务委员会主任，陈相凤、江志坚、丁瑞云、杜家宏、倪巍山、夏继永、王周斌为副主任。

2008年

1月24日，市十三届人大常委会举行第1次会议。会议审议通过《大丰市人民代表大会常务委员会议事规则》，审议通过市十三届人大常委会代表资格审查委员会建议名单，决定任命新一届市政府各组成部门局长（主任），颁发任命书，听取和审议市政府各组成部门“争先创优”专项工作情况汇报。盐城市委常委、大丰市委书记、市人大常委会主任丁宇，市人大常委会副主任陈相凤、陆琪、丁瑞云、杜家宏、倪巍山、夏继永和人大常委会委员出席会议。

3 月 27 日,市十三届人大常委会第 2 次会议召开。会议听取市政府关于落实市人大常委会有关支农惠农政策、房地产开发管理工作审议意见的情况汇报;听取和审议市政府关于《农民专业合作社》贯彻实施情况汇报;审议通过《大丰市人大常委会关于市人大代表列席市人大常委会会议的暂行办法》。

4 月 17 日,省人大工作理论研究会会长陈焕友,副会长俞兴德、王霞林、俞敬忠、钱协寅一行到大丰市视察。

5 月 27 日,市十三届人大常委会第 3 次会议召开。会议听取和审议了市政府关于全市新农村试点村建设情况的汇报,听取和审议市人民检察院关于监所检察工作情况汇报,听取市政府关于落实市人大常委会关于全市合作医疗工作审议意见的情况报告,审议通过市人大常委会关于《市人大代表辞职的暂行办法》。进行相关人事任免事项。

7 月 29 日,市十三届人大常委会第 4 次会议召开。会议听取和审议了市政府关于全市上半年国民经济和社会发展计划执行情况报告;听取和审议了市政府关于市本级 2007 年财政决算报告,并批准了市本级 2007 年财政预算报告。

8 月 21 日,省人大常委会副主任、党组副书记李全林到大丰市视察。省人大常委会秘书长仇中文、省人大常委会人事代表联络委员会主任葛绍林等随同视察。

9 月 6 日,以全国人大常委会副秘书长刘振伟为组长的中央信访工作督查组一行,在省政协副主席张九汉的陪同下到大丰市视察。盐城市领导陈正邦、丁宇及大丰市领导倪峰、韦新、吴家祥等接待。

11 日,市十三届人大常委会第 5 次会议召开。会议听取了市人民政府关于落实市人大常委会关于《农民专业合作社法》贯彻实施审议意见的情况汇报,关于文化事业发展等工作情况汇报,通过了相关人事任免事项。

10 月 2 日,全国人大环境与资源保护委员会专职委员、原空军副司令员汪超群中将到大丰市考察。吴家祥、丁瑞云等市领导接待。

25 日,市十三届人大常委会第 6 次会议召开。会议听取市政府关于落实市人大常委会关于全市新农村试点村建设审议意见、市人民检察院关于落实市人大常委会关于监所检察工作审议意见的情况汇报。

12 月 30 日,市人大常委会第 7 次会议召开。会议听取并审议了市政府关于利用中国建设银行贷款进行二里半复河综合整治的议案,审议通过关于召开市十三届人大常委会二次会议的计划筹备情况等,通过了相关人事任免事项。

2009 年

1 月 5—8 日，市第十三届人民代表大会第二次会议召开。盐城市委常委、大丰市委书记、市人大常委会主任丁宇主持会议。大会听取和审议市长倪峰作的《政府工作报告》，市人大常委会副主任陈相凤作的《人大常委会工作报告》以及其他报告。

7 日，大丰市被国家人口计生委表彰为“全国计划生育优质服务先进单位”。

4 月 12 日，以全国人大常委，原云南省委副书记、省长徐荣凯为组长的中央深入学习实践科学发展观活动第二巡回检查组到大丰市检查指导。

15 日，中共中央政治局委员、上海市委书记俞正声，上海市委常委、政法委书记吴志明，上海市委常委、市委秘书长丁薛祥，江苏省委书记梁保华，省长罗志军，省委副书记、组织部部长王国生和副省长史和平等到大丰市视察。

18 日，原全国人大常委会副委员长周光召到大丰市视察。

20—21 日，市人大常委会副主任陈相凤、江志坚、杜家宏、倪巍山、陈同远、夏继永率领市人大常委会办公室、各工委主任，部分人大常委会委员，镇人大专职主席，赴连云港市和日照市学习考察。

31 日，市十三届人大常委会第 11 次会议举行。会议听取和审议市政府关于沿海开发工作的情况汇报，重点听取港口一期码头营运、二期码头建设、临港产业发展工作情况汇报。

6 月 17 日，省人大常委会委员、环资城建委主任陶培荣一行到大丰市调研。

7 月 1 日，省人大常委会副主任丁解民带领部分省人大常委、代表到大丰市进行视察。

29 日，市十三届人大常委会第 12 次会议举行。会议重点审议市政府关于招商引资、“两化”建设情况的汇报。

8 月 2 日，全国人大常委会常委、民进中央副主席朱永新到大丰市考察。

9 月 28 日，市十三届人大常委会第 13 次会议举行。会议听取和审议市政府关于农村改革及农村土地流转等工作情况的汇报。

11 月 26 日，市十三届人大常委会第 15 次会议举行。听取和审议市政府 2009 年市本级财政 1—10 月份执行情况报告，并作出决议，听取和审议市政府关于重大项目推进和规模企业培植等工作情况。

12 月 21 日，市十三届人大常委会第 16 次会议举行。审议通过市十三届人民代表大会第二次会议的计划（草案）等情况报告，通过了有关人事任免事项。

23 日，省人大常委会原代理主任、党组书记王寿亭，省人大常委会副主任、党组副书记柏苏宁,省水利厅厅长、党组书记吕振霖率省直单位及驻苏解放军全国人大代表一行到大丰市视察沿海开发情况。

2010 年

1 月 5 日,市十三届人大常委会召开第 32 次主任会议。会议听取了市政府关于市生态投资开发总公司申请中国银行大丰支行贷款等情况汇报。

8—10 日,市第十三届人民代表大会第三次会议召开。会议选举倪峰为市十三届人民代表大会常务委员会主任、盐城市第六届人民代表大会代表,陈平为大丰市市长,宋长琴为市人民法院院长。

3 月 1 日,在全国县委书记任职培训期间,中共中央政治局委员、中央书记处书记、中组部部长李源潮主持召开县委书记座谈会,并亲切接见了大丰市委书记倪峰。会上,李源潮认真听取了倪峰有关大丰市经济社会发展情况的汇报。李源潮充分肯定了大丰近年来经济社会发展所取得的成绩,并动情地表示:“大丰是一定要去的!”

19 日,市十三届人大常委会召开第 34 次主任会议。会议听取了市政府关于提请审议大丰高级中学贷款相关事项议案的情况汇报,讨论研究了开通市人大网站、深化“四个一”活动,全面提升机关效能的意见等。

22 日,市十三届人大常委会第 18 次会议举行。会议听取市政府关于农村改革及农村土地流转、重大项目推进和规模企业培植审议意见落实情况的汇报,听取市政府关于机构改革方案有关情况的说明。

4 月 14 日,省人大常委会副主任赵龙在盐城市人大常委会副主任周古城、马成志的陪同下到大丰视察。

15 日,市人大召开一季度镇人大工作座谈会。各镇人大交流了 2010 年工作计划和代表活动安排,会议还传达了全省代表工作会议精神。

5 月 13 日,市人大工作理论研究会召开常务理事会,就推进教育现代化进行了研讨。

19 日,盐城市各县(市、区)人大常委会研究室(办公室)主任座谈会在大丰市召开。会议传达了省人大研究室工作会议精神,部署了今后一段时期市人大研究室工作。

25 日,市人大常委会组织部分人大常委会委员和人大代表视察沿海农业资源开发工作。

27 日,市十三届人大常委会第 19 次会议举行。会议听取和审议市政府关于沿海开发工作情况汇报。

6月1日，省长罗志军，省委常委、常务副省长赵克志，副省长史和平到大丰市视察调研工作。盐城市委书记赵鹏，大丰市委书记倪峰、市长陈平陪同。到常州高新区大丰工业园、大丰经济开发区、丰收大地现代农业示范区、大丰港二期码头视察。

8日，北京市人大常委会副主任、党组副书记赵风山一行在盐城市人大常委会副主任周古城的陪同下到大丰参观考察。

19日，省邓小平理论研究会会长王霞林带领研究会专家来大丰市调研推进城镇化工作，市人大常委会副主任丁瑞云陪同。

28—29日，省人大常委会副主任朱龙生带领部分省人大常委会委员、省人大代表以及相关部门负责同志，就加大苏北地区区域供水实施力度的代表建议进行重点督办。

7月6日，省委书记梁保华到大丰，就沿海开发情况进行调研。

23日，市十三届人大常委会第20次会议举行。会议听取和审议市政府关于全市上半年国民经济和社会发展计划执行情况汇报，重点审议重大项目建设、城镇化、农业产业化工作。

8月，大丰市对部分镇进行了行政区划调整，撤销了大中镇、裕华镇建制，设立了新的大中镇；撤销了新丰镇、方强镇建制，设立了新的新丰镇。依照《地方组织法》《选举法》和省选举实施细则的有关规定，大丰市行政区划调整后新组建镇将依法进行镇人大换届选举。

14日，在大丰参选的盐城市第六届人大代表11人，到大丰开展“双联系月”活动。

9月13日，省人大常委会副主任、党组副书记李全林率部分省人大常委会委员、省人大常委会环资城建委负责同志来大丰就“关于加强通榆河水源保护工作的建议”进行重点督办。

28日，新四军、八路军白驹狮子口会师70周年纪念活动在大丰举行。盐城市新四军和华中抗日根据地研究会会长计高成，副会长孙德俊、徐恒菊、薛维松、王柏杏、万维干，大丰市市委书记倪峰，市委副书记、组织部部长殷勇等出席纪念活动。

10月16日，大丰市召开新组建镇人大换届选举工作会议。

19日，大丰市举行中国·大丰第八届国际麋鹿节开幕式和江苏大丰港——台湾基隆港直航典礼，盐城市委书记赵鹏，上海文新集团党委书记缪国琴，省发改委党组成员、纪检组长卢爱国，省环保厅宣教处处长高杰，山东博汇集团、台湾世邦国际企业集团、中国诚通发展集团和《江南时报》、群众杂志社、《农民日报》等企业和单位负责同志，及倪峰、陈平、韦新等大丰四套班子领导出席开幕式、直航典礼。

11月7日，由南京军区政治部原副主任张玉玺带队的驻苏部队省人大代表一行到大丰市参观考察，盐城军分区司令员许建新，盐城市委常委、盐城军分区政委宋修明，盐城市人大常委会副主任陈卫国及大丰市市长陈平，市人大常委会副主任陈相凤、江志坚陪同。

9日，辉丰股份首次A股在深交所发行上市。江苏辉丰农化股份有限公司在深圳举行上市答谢酒会。江苏证监局局长助理、党委委员凌峰，盐城市副市长谷家栋，大丰市市委书记倪峰，深圳证券交易所办公室副主任徐良平，平安证券投资银行事业部董事、总经理龚寒汀，辉丰公司董事长、总经理仲汉根分别致辞并共同触摸 LED 水晶球，祝贺辉丰股份成功上市。吴家祥、王海、陶培华等市领导参加酒会。

29 日，市十三届人大常委会第 22 次会议举行。会议听取并审议了市政府关于 2010 年市本级财政预算 1－10 月份执行情况的报告，并作出了相关决议，听取市政府关于沿海开发情况的报告。

12 月 2 日，市长陈平接见了载誉归来的第十六届广州亚运会女子重剑个人冠军骆晓娟。

22 日，市人大常委会组织部分市人大常委会委员和人大代表视察大丰市城市建设重点工程和市政府为民办实事工程建设情况。

2011 年

1 月 3 日，市十三届人大常委会第 24 次会议举行。会议补选了陆宇生为盐城市第七届人大代表，并进行了有关人事任免事项。

5—7 日，市第十三届人民代表大会第四次会议举行。会议听取和审议了市长陈平作的《政府工作报告》、市人大常委会副主任陈相凤作的《人大常委会工作报告》等报告，选举陈桂官为市十三届人大常委会委员。

2 月 10 日，全国人大常委、上海市人大常委会原主任龚学平一行到大丰市参观考察。

14 日，我市召开镇人代会工作会议，对全市新组建镇新一届人大第一次会议和其他各镇人代会例会工作进行部署。

3 月 24 日，市人大常委会组织常委会委员和部分人大代表视察大丰市物价工作。

29 日，市十三届人大常委会第 25 次会议举行。会议听取市政府关于统筹城乡发展试点建设工作审议意见落实情况的报告，市人民法院、市人民检察院有关工作情况的报告。

4 月 1 日，全国人大常委会委员、全国人大民族委员会主任委员马启智在盐城市人大常委会副主任马成志的陪同下到大丰考察。

5 月 10 日，大丰市和韩国忠州市签订友好城市合作协议，正式建立友好城市。

31 日，市十三届人大常委会第 26 次会议举行。会议听取和审议市政府关于现代农业建设工作情况报告、关于《中华人民共和国残疾人保障法》贯彻实施情况报告。

6 月 24 日，常州市人大常委会副主任朱龙虎、赵忠和带领常州市 13 名省人大代表到大丰考察。

7月6日，上海市人大常委会副主任胡延照在盐城市人大常委会副主任周古城、盐城市副市长曹友琥的陪同下到大丰市考察。

24—25日，省人大常委会副主任丁解民率领执法检查组到大丰，就《中华人民共和国农民专业合作社法》和《江苏省农民专业合作社条例》贯彻实施情况开展执法检查。

29日，市十三届人大常委会第28次会议举行。会议听取和审议市政府关于上半年国民经济和社会发展计划执行情况报告，重点审议产业升级、区园建设、招商引资、项目推进、沿海开发等工作。

8月3日，省人大常委会委员、省人大常委会环资委主任陶培荣一行在盐城市领导周古城、陈还堂的陪同下到大丰市视察饮用水源安全工作。

7日，省长李学勇到大丰市调研沿海开发工作。

30日，市人大常委会召开第51次主任会议。专题听取市政府关于融资平台运行情况的汇报。

9月7日，盐城市人大常委会副主任何桂英率调研组到大丰，就农产品质量检测体系建设工作进行专题调研。

10月16日，大丰市隆重举行中国·大丰第九届国际麋鹿节开幕式和大丰港5万~10万吨级石化码头暨大件码头试通航典礼。省政府副秘书长徐立，盐城市委书记赵鹏，副书记、代市长魏国强，副书记李驰，常委、秘书长戴元湖，新民晚报社党委书记吴芝麟，江苏博汇集团董事长杨延良，金风科技股份有限公司总裁郭健，南车株洲电机有限公司执行董事、总经理胡洋，省沿海办副主任乔德正，省港口管理局副局长周志木及市委书记倪峰、市长陈平等大丰市四套班子领导出席开幕式和试通航典礼。

11月10日，市十三届人大常委会第30次会议举行。会议听取市人大常委会人代工委关于全市市镇两级人大换届选举决定草案的说明。

15—16日，省人大常委会副主任、党组副书记李全林率部分省人大常委会委员和代表来到大丰市，就“关于加强城乡联网供水力度，确保苏北农村饮用水安全的建议”进行重点督办。

12月19日，在成都举办的2011第六届中国全面小康论坛上，大丰市获得“中国全面小康十大示范县市”称号。

23日，市人大常委会组织部分常委会委员和人大代表，视察城建重点工程和市政府为民办实事工程建设情况。

28日，市十三届人大常委会召开第56次主任会议。会议听取市政府关于城镇困难职工和农村困难群众生产生活帮扶情况汇报。

2012 年

1 月 19 日,市十三届人大常委会第 32 次会议召开。会议听取市政府关于“五五”普法实施情况和“六五”普法规划情况的汇报,审议通过了关于进一步加强法制宣传教育的决议,审议通过了市政府关于 2012 年度国有土地上房屋征收计划的议案。

27 日,中共中央政治局委员、中央书记处书记、中央组织部部长李源潮到大丰考察工作,和干部群众共度新春佳节。在大丰期间,李源潮先后考察了大丰港二期码头、盐土大地海洋生物产业科技园、大丰上海知青纪念馆等现场,听取了市委主要负责同志的工作汇报,对大丰科学发展、跨越发展、和谐发展所取得的新成绩给予充分肯定,对沿海开发、“三港”联动发展、城乡面貌变化给予较高评价,要求大丰坚持依港兴工、以工兴市、集约开发、保护生态,做大港口、做大港城、做大产业,实现新的繁荣和发展,把大丰建成江苏沿海中部新兴的现代化港口城市。

2 月 24 日,为大丰市市镇两级人大代表投票选举日。全市共召开 41 个选举大会,1503 个投票站,64.4 万选民投下庄严一票,选出了自己满意的人大代表。市委书记倪峰,市委副书记、市长陈平分别以普通选民的身份参加了所在选区的投票。

3 月 3 日,市十三届人大常委会第 34 会议召开。会议审议通过关于召开市十四届人民代表大会第一次会议的计划和决定,审议通过筹备处主任、副主任和工作机构名单,审议通过市十四届人大代表资格的审查报告。

3 月 22—25 日,大丰市第十四届人民代表大会第一次会议召开。会议选举倪峰为市第十四届人大常委会主任,吴家祥、江志坚、王周斌、江波为副主任,陈平为市人民政府市长,范大玉、黄正桂、顾富昌、石根美、罗强、赵玉霞为副市长,宋长琴为市人民法院院长,张春山为市人民检察院检察长。选举市十四届人大常委会委员 22 名,出席盐城市第七届人民代表大会代表 53 名。

4 月 1 日,市十四届人大常委会第 1 次会议召开。任命市十四届人民政府各工作部门负责人。

23 日下午,市十四届人大常委会召开第 2 次主任会议。会议听取了市药监局、工商局关于市人大代表工作评议意见落实情况等汇报。

5 月 22 日,市十四届人大常委会第 2 次会议召开。会议听取和审议大丰港“三港”联动发展情况报告。进行相关人事任免事项。

6 月 8 日，无锡市人大常委会新区工作委员会主任黄胜平一行到大丰市考察，市人大常委会副主任吴家祥、江波陪同。

26 日，市人大组织部分常委会组成人员、人大代表视察全市水利工程建设进展情况。市人大常委会副主任吴家祥、江志坚、夏继永、江波参加视察。

29 日，省委书记罗志军到大丰考察沿海开发情况。

7 月 24 日，市人大常委会组织部分常委会委员和人大代表，视察市区园建设、重大项目推进、金融创新和高效农业建设工作情况。市人大领导吴家样、江志坚、夏继永、王周斌参加。

31 日，市十四届人大常委会第 4 次会议召开。会议听取和审议市政府关于全市上半年国民经济和社会发展计划执行情况报告，重点审议项目建设、金融创新、高效农业建设等工作。

8 月 22—23 日，省人大常委会副主任丁解民率领执法检查组到大丰市检查《种子法》《江苏省种子条例》贯彻实施情况。

9 月 15 日，中共中央政治局常委、全国政协主席贾庆林在江苏省委书记、省人大常委会主任罗志军，省委副书记、省长李学勇，省政协主席张连珍的陪同下，到大丰市视察。

10 月 27 - 28 日，原上海市人大常委会副主任、工商联主席任文燕一行到大丰市参观考察，受到市委书记倪峰、市人大常委会副主任吴家祥的热情接待。

11 月 9 日，省政协原主席、党组书记曹克明带领省人大代表省直盐城组一行到大丰视察。

16 日，市十四届人大常委会第 6 次会议召开。会议听取市政府落实市人大常委会关于大丰港“三港”联动发展，医药卫生体制改革审议意见情况报告。

20 日，市十四届人大常委会第 7 次会议召开。会议审议通过《关于召开市第十四届人民代表大会第二次会议的计划》等，审议并原则通过《大丰市人大常委会工作报告》《大丰市人大常委会 2013 年工作要点》。

26 日，市委书记、市人大常委会主任倪峰到市高新技术区专题视察大丰国际软件园建设情况。

12 月 25—27 日，大丰市第十四届人民代表大会第二次会议召开。会议听取和审议市长陈平所作的《政府工作报告》，市人大常委会副主任吴家祥作的《市人大常委会工作报告》等。

29 日，国家主席胡锦涛在中共中央政治局委员栗战书和中央财经领导小组办公室主任朱云鑫、住房和城乡建设部部长姜伟新、中央办公厅副主任赵胜轩、胡锦涛主席办公室主任陈世炬等中央有关部门领导，及江苏省委书记罗志军、省长李学勇，盐城市委书记赵鹏、市长魏国强，大丰市委书记倪峰、市长陈平的陪同下，到大中镇恒北村，就学习贯彻中共十八大精神，加快城乡一体化发展等进行考察。

2013 年

3 月 1 日，全国人大常委会原副委员长、中国关心下一代工作委员会主任顾秀莲到大丰市调研关工委工作。

27 日，市十四届人大常委会第 8 次会议召开。会议听取市政府关于全市文化产业发展工作审议意见落实情况的汇报，听取和审议市政府关于中小企业运行情况报告。审议通过市人大常委会议事规则等 5 项制度。

5 月 29 日，市十四届人大常委会第 9 次会议召开。会议听取和审议市政府关于农业现代化建设、公安机关基层派出所建设、旅游业工作的情况报告，审议通过市人大常委会办理代表建议、批评和意见等 6 项制度。

6 月 5 日，省人大常委会副主任公丕祥率领省人大立法调研组到盐城开展五年立法规划调研，大丰市人大常委会副主任吴家祥应邀参加。

14 日，上海市奉贤区人大常委会副主任周龙华带领部分奉贤区人大代表到大丰市考察社区管理和村镇发展工作，市人大常委会副主任吴家祥、江志坚、丁瑞云陪同。

24 日，盐城市人大人事代表联络工作座谈会在大丰市召开。盐城市人大常委会副主任陈卫国，大丰市人大常委会副主任吴家祥、江志坚出席会议。

7 月 12—15 日，中共中央政治局常委、全国人大常委会委员长张德江在江苏省调研指导党的群众路线教育实践活动。根据中央安排，江苏省是张德江教育实践活动的联系点。他在江苏省委书记罗志军、省长李学勇等陪同下，到宿迁、盐城、泰州、扬州、南京等地，深入企业、农村、街道社区、省直部门，与党员、群众面对面交流，调研指导教育实践活动。在大丰市大中镇恒北村调研期间，张德江参观了该村“映像恒北”展示厅、村便民服务中心，并到农户家中、果园田头和群众亲切交谈，关心群众的生产生活情况。盐城市委书记朱克江、市长魏国强，大丰市委书记倪峰、市长陈平陪同。

25 日，市十四届人大常委会第 11 次会议召开。会议听取和审议市政府关于上半年国民经济和社会发展计划执行情况等报告，并作出相应决议。

8 月 5—6 日，省人大常委会副主任赵鹏率省人大代表省直盐城组到丰调研城镇化建设工作。盐城市委书记、市人大常委会主任朱克江，盐城市市长魏国强等陪同。

9 月 14 日，辽宁省铁岭市人大常委会副主任、党组副书记赵云鹏一行到大丰市考察农民专业合作社及党建、农村土地流转、农业保险等工作，市人大常委会领导吴家祥、夏继永陪同。

24—25 日，市十四届人大常委会第 12 次会议召开。会议听取市政府关于中小企业运行审议意见落实情况汇报，并首次进行满意度测评，听取和审议市政府关于科技创新工作情况报告，对国税局、住建局开展专项工作评议。

11 月 25 日，市十四届人大常委会第 13 次会议召开。会议听取市政府关于农业现代化建设等审议意见落实情况汇报，并进行满意度测评。

12 月 13 日，市十四届人大常委会召开 23 次主任会议。会议听取了市政府关于城镇困难职工和农村困难群众冬春生活帮扶情况汇报。

20 日，市十四届人大常委会召开第 14 次会议。会议审议和批准了《大丰市城市总体规划（2012—2030）》，审议通过关于召开市十四届人民代表大会第三次会议的计划，审议并原则通过市人大常委会工作报告和市人大常委会 2014 年工作要点。

2014 年

1 月 28 日，市十四届人大常委会第 15 次会议召开。会议审议通过了《大丰市人民政府关于提请授予卢荣来大丰市荣誉市民称号的议案》。

2 月 3—6 日，大丰市十四届人民代表大会第三次会议召开。会议听取和审议市人大和"一府两院"工作报告，审查批准了国民经济社会发展计划和财政预算安排。选举夏继永为市人大常委会副主任。

17 日，市人大常委会专题召开党组会议。会议传达学习了市委常委会会议精神，省、盐城、大丰市纪委全会精神，盐城、大丰市农村工作会议精神，在全市开展党的群众路线教育实践活动的各项准备工作与要求。

3 月 10 日，市人大机关召开党的群众路线教育实践活动动员会议，对教育实践活动进行动员部署。市人大常委会副主任、党组副书记吴家祥出席会议并讲话。

25—26 日，市十四届人大常委会第 16 次会议召开。会议听取和审议市政府关于加快土地流转、推进农业规模经营和全市学前教育工作情况报告。

4 月 16 日，市人大常委会组织部分常委会组成人员和人大代表视察人防工作。

17 日，省人大常委会农业与农村工作委员会主任张京霞率人大调研组到大丰开展气候资源保护和开发利用宣传调研。

5 月 5 日，盐城市人大常委会执法检查组由谷家栋副主任带队，到大丰开展《中华人民共和国防洪法》和《江苏省防洪条例》执法检查。

9日，盐城市人大常委会副主任肖紫英带领执法检查组到大丰开展《旅游法》执法检查。

13日，市人大常委会组织部分委员视察饮用水源建设、饮用水处理及检验系统。

21日，市人大常委会副主任夏继永带领部分常委会委员，就《中华人民共和国食品安全法》贯彻执行情况进行视察。

22日，市人大常委会副主任江波带领部分常委会委员视察生态文明建设工作。

27日，市十四届人大常委会第18次会议召开。会议听取了市政府关于保障房建设及使用审议意见落实情况汇报，并进行了满意度测评。听取和审议了市政府关于《中华人民共和国食品安全法》贯彻实施情况报告、关于生态文明建设情况报告等。

6月19日，盐城市委常委、大丰市委书记、市人大常委会主任倪峰听取市人大常委会党组关于开展党的群众路线教育实践活动情况汇报。

20日，市人大常委会组成人员和部分人大代表视察全市技防城市建设工作。市人大常委会副主任吴家祥、江志坚参加视察。

7月5日，市人大常委会党组召开专题民主生活会及情况通报会。

22日，市人大常委会组织全体组成人员和部分人大代表视察市重点工业企业和高效农业。市人大常委会副主任吴家祥、江志坚、夏继永参加。

28日，市十四届人大常委会第19次会议召开。会议听取和审议了市政府关于上半年国民经济和社会发展计划执行情况报告，重点审议了企业转型升级、新项目运行情况、农业农村（林业发展）等工作。

8月19日，市十四届人大常委会召开第31次主任会议。会议讨论通过了《关于组织市人大代表评议市卫生局、市质监局专项工作的方案》《大丰市人大调研好成果、新闻好稿件、摄影好作品“三好评比”活动实施细则》。

20日，市人大常委会组织部分常委会组成人员和人大代表开展市政府2014年为民办实事工程及提升民生保障水平工作专题视察活动，深入一线加强监督，全力推进工程建设实施。市人大常委会副主任吴家祥、江志坚、夏继永参加。

27日，盐城市人大常委会秘书长倪崇彦率检查组来丰，开展《江苏省通榆河水污染防治条例》执法检查。市人大常委会副主任吴家祥、江波，副市长黄正桂陪同。

9月11日，盐城市人大常委会副主任曹友琥带领部分常委会委员到大丰调研省级开发区发展情况。

12日，市人大常委会举行《人民代表大会制度理论与实践》专题讲座，邀请原省人大常委会副秘书长、研究室主任高永沂授课。

17日，省人大常委会环资城建委主任夏鸣率省人大旅游法执法检查组到大丰调研。

18日，市十四届人大常委会第20次会议召开。会议学习传达了习总书记在庆祝全国人民代表大会成立60周年大会上的重要讲话精神。

20日，市委召开纪念全国人民代表大会成立60周年座谈会。盐城市委常委、大丰市委书记、市人大常委会主任倪峰，市委副书记、市长陈平在座谈会上讲话。市政协主席韦新、市委副书记宋勇出席。市人大常委会副主任、党组副书记吴家祥主持。

26日，市十四届人大常委会第21次会议召开。会议听取了市政府关于加快土地流转、推进农业规模经营和学前教育审议意见落实情况报告，并进行了满意度测评。

10月22日，省人大常委会常务副主任、党组副书记蒋宏坤到大丰视察《江苏省海洋环境保护条例》贯彻实施情况。

11月1日，市十四届人大常委会第22次会议召开。会议传达学习了党的十八届四中全会精神。

17日，市人大常委会组织部分人大代表视察水环境综合整治与保护工作，市人大常委会副主任江波参加。

25日，浙江桐庐县人大常委会主任、党组书记游宏一行，到大丰市考察生态文明建设工作，市人大常委会副主任吴家祥、江波陪同。

27日，湖北省秭归县人大常委会副主任谭家政一行到大丰市考察城乡统筹发展、人大财政预算监督和代表联络等工作。

12月4日，省人大工作电视电话会议召开，大丰市设立分会场组织收听收看。盐城市委常委、大丰市委书记、市人大常委会主任倪峰，市人大常委会副主任吴家祥、江志坚、夏继永出席分会场会议。

8日，市人大常委会举办新《中华人民共和国预算法》培训讲座。市人大常委会副主任吴家祥主持。

9日，市人大常委会组织相关人员跟踪检查十四届人大三次会议期间代表提出的1号议案办理落实情况。市人大常委会副主任夏继永参加。

22日，市人大召开2015年度预算草案初审动员和部署会议，对2015年度全口径预算草案进行初审，并对民政局、粮食局2个单位的部门预算进行重点审查。

26日，市十四届人大常委会召开第37次主任会议。会议听取了市政府关于城乡困难群众冬春生活安排情况汇报，听取了市政府关于实事工程推进完成情况汇报。

2015 年

1 月 6 日，盐城市委书记、市人大常委会主任朱克江来丰调研园区建设工作。盐城市委常委、大丰市委书记、市人大常委会主任倪峰，大丰市市长陈平、市委副书记宋勇等陪同调研。

8 日，市人大常委会组织常委会组成人员、部分人大代表开展集中视察活动。先后察看了沪苏大丰产业联动集聚区、中汽汽车试验场、大数据产业园、城东新区实验小学、电商产业园博敏电子、奥泰汽车配件、德惠花园保障性住房项目、自来水深度处理项目等现场。代表们零距离感受全市经济社会发展新面貌和改革创新、转型发展新成果。市人大常委会副主任吴家祥、江志坚、夏继永、江波参加视察。

9 日，中共大丰市委决定，吴家祥任中共大丰市人大常委会党组书记。

13—15 日，大丰市第十四届人民代表大会第四次会议举行。选举吴家祥为大丰市第十四届人大常委会主任，陈爱华为大丰市第十四届人大常委会委员。

3 月 3 日，市十四届人大常委会第 25 次会议召开。会议审议通过有关人事任免事项，通报市人大常委会 2015 年工作要点并部署重要活动安排，传达近期系列重要会议精神。

4 月 11 日，2015 中国大丰麋鹿文化旅游季暨荷兰花海国际郁金香文化月开幕。市人大常委会主任吴家祥参加了旅游季的一系列活动，与来自世界各地的嘉宾、游客和新闻媒体共同为大丰旅游点赞喝彩。

23 日，市人大常委会召开党组会议。会议组织学习了“四个全面”战略布局，通报了市人大常委会党组关于群众路线教育实践活动后续整改工作情况。

5 月 6—8 日，全省市、县（市、区）人大常委会负责同志培训班在宁举行。省委书记、省人大常委会主任罗志军对培训班作出批示。省人大常委会常务副主任、党组副书记张卫国作开班动员讲话。大丰市人大常委会主任吴家祥参加了培训。

11 日，福州市人大常委会副主任鄢萍一行，在盐城市人大常委会副主任肖紫英的陪同下，到大丰市考察调研学前教育和促进生态旅游发展工作情况。市人大常委会主任吴家祥、副主任夏继永陪同。

21 日，市十四届人大常委会第 27 次会议召开。会议听取和审议市政府关于《江苏省物业管理条例》贯彻实施情况报告，就物业管理工作情况首次开展专题询问。

6 月 2 日，市人大常委会党组召开“三严三实”专题党课暨专题教育部署会。市人大常委会主任、党组书记吴家祥作动员部署，并讲授党课。

7月15日，市十四届人大常委会第28次会议召开。会议听取和审议了市政府关于建设新水源地的议案，决定通过《大丰市人民政府关于提请建设新水源地的报告》。

22日，市人大常委会全体组成人员和部分人大代表开展半年议政视察活动。市人大常委会主任吴家祥，副主任江志坚、夏继永、江波参加。

24日，市十四届人大常委会召开第29次会议。通过了《大丰市人大常委会关于批准调整全市“十二五”规划部分指标的决议》。

8月19日，市人大常委会召开党组会议。会议组织学习中共中央18号文件精神、省人大常委会党组扩大会议精神。

20日，市十四届人大常委会召开第30次会议，听取和审议了市人民政府《关于大丰区划调整有关情况的汇报》。按照《中华人民共和国地方各级人民代表大会和地方各级人民政府组织法》等有关法律规定，对大丰撤市建区有关事项作了相关决定。

21日，根据国务院和省政府关于调整盐城市部分行政区划的决定，撤销县级大丰市，设立盐城市大丰区。大丰市召开领导干部会议，对区划调整工作进行部署，动员和组织广大干部群众进一步统一思想认识，坚定发展信心，在新的起点上促进各项工作顺利推进、经济社会加快发展。盐城市委书记、市人大常委会主任朱克江，盐城市市长王荣平，盐城市政协主席李驰，盐城市委副书记戴元湖，盐城市委常委、大丰市委书记倪峰等出席。大丰市市长陈平主持会议。会上，王荣平宣读国务院《关于同意江苏省调整盐城市部分行政区划的批复》、省政府《关于调整盐城市部分行政区划的通知》和盐城市委、市政府《关于支持大丰撤市设区后加快发展的意见》。大丰市在丰四套班子全体领导出席。

第一章 机 构

从 1954 年 7 月,大丰县召开第一届人民代表大会,正式履行地方权力机构职能,到 1981 年 1 月,召开大丰县第六届人民代表大会,设立常务委员会,县人大及其常委会机构的设置是完全按照法律规定和工作开展情况逐步建立健全的。其组织形式有选举机构、会议机构、常设机构和工作机构。选举机构是为选举人民代表大会代表而设立的临时机构;会议机构是人民代表大会会议期间所设立的临时机构,主要有大会主席团和各审查委员会;常设机构和工作机构是人民代表大会闭会期间的办事机构。

第一节 选举机构

1953 年,中央人民政府颁布了《全国人民代表大会和地方各级人民代表大会选举法》(以下简称《选举法》)。根据《选举法》的规定,县一至五届人民代表大会代表选举之前,在县人民政府或县人民委员会下设选举委员会。根据 1979 年《选举法》的规定,由中共大丰县委任命的大丰县选举委员会领导了县第六届人民代表大会代表的选举。根据 1982 年修改的《地方组织法》和《选举法》的规定,从县第七届人民代表大会开始,历届代表选举之前,均由县人大常委会任命成立选举委员会。

选举委员会主持人民代表大会代表的选举工作,选举委员会下设办公室,负责选举的日常工作。

一、选举委员会的职责

(一)负责《选举法》和本级人民代表大会选举实施细则的贯彻执行;

(二)主持本级人民代表大会代表的选举;

(三)制定本级人民代表大会代表选举工作计划,规定选举日;

(四)宣传《选举法》《地方组织法》和《直接选举的若干规定》;

(五)培训选举人员;

(六)划分选区,分配各选区应选代表的名额;

(七)组织各选区进行选民登记、核对和选民资格审查,公布选民名单,印发选民证,受理对于选民名单不同意见的申诉，并作出决定；

（八）组织各选区选民推荐代表候选人，根据较多选民的意见，确定和公布正式代表候选人名单；

（九）组织各选区选民投票选举代表，确定选举结果是否有效，公布当选代表名单。

二、历届选举委员会名单

第一届大丰县选举委员会（1953 年）

1953 年 4 月 18 日，江苏省人民政府批复：同意大丰县选举委员会由钱岗、樊仲明、高继宽、蔡国凡、张英、朱养秀、施耀明、袁学成、陶明甫 9 人组成，并以钱岗为主席。

第二届大丰县选举委员会（1956 年）

1956 年 12 月，接江苏省人民委员会批复：同意任命郁步生为大丰县选举委员会主席，张劬、姚恩荣、卢福全、董志安、穆传林、任立汉、施耀明、杨锦标为大丰县选举委员会委员。

第三届大丰县选举委员会（1958 年）

1958 年 3 月 17 日大丰县人民委员会研究，并报江苏省人民委员会、盐城专员公署批准，大丰县选举委员会名单如下：

主　席　周成元

委　员　徐亚辉　张　劬　徐泽民　徐亚康　穆传林
单　鹏　杨凤奎　杨才章　施耀明　张慕骞
姜玉林　赵广义

第四届大丰县选举委员会（1961 年）

1961 年 3 月 9 日，经江苏省人民委员会、盐城专员公署批准，成立第四届大丰县选举委员会，组织领导第四届人民代表大会代表的选举工作。

主　席　徐亚辉

委　员　陈立才　蒋新民　吴　辉　王达涛　杨才章
王建寅　陈如祥　施耀明　张慕骞　姜玉林
卢福全　韩奎生　穆传林

第五届大丰县选举委员会（1963 年）

1963 年 3 月 10 日，大丰县人民委员会研究并报江苏省人民委员会、盐城专员公署批准，成立大丰县选举委员会，主持第五届人民代表大会代表的选举工作。

主　席　徐亚辉

委　员　董　曙　严丹亭　王建寅　高继宽　周素芳（女）

宋一强 陆国昌 施耀明 张慕骞 余显杨

卢昌辉 杨树旺

第六届大丰县选举委员会(1980年)

1980年10月21日,大丰县革命委员会任命的大丰县选举委员会,组织领导了县第六届人民代表大会代表的选举工作。

主 任 马春芳

副主任 杨大德 杨春华 宋一强

委 员 吴鸣岐 杨裕森 盛家麟 贺礼宏 施耀明

顾太余 杨凤奎 王连祝 沈仲尼 施扣英(女)

是月仙(女) 吴 辉 杨 钧 杨才章 陆志高

金中时 卞红英(女)

第七届大丰县选举委员会(1984年)

1984年2月19日,县六届人大常委会第26次会议,依法任命了大丰县选举委员会,组织领导第七届人民代表大会代表的选举工作。

主 任 陈如祥

副主任 王德茂 宋一强 程长海 张明权

委 员 陈果行 张福元 单 鹏 黄远昌 王连祝

朱元清 施云泽 陈宏发 蔡鼎山 卢 锋

张松山 蒋亚兰(女)

第八届大丰县选举委员会(1986年)

1986年12月10日,县七届人民代表大会常务委员会第19次会议决定,成立大丰县选举委员会,组织领导第八届人民代表大会代表的选举工作。

主 任 蒋道立

副主任 宋维保 李怀稳 吴金陵 王德茂 陈果行

委 员 管洪俊 谭兴隆 张民权 宋一强 刘文儒

徐新民 朱 绵 蔡鼎山 单广保 秦 军

宗育圣 耿翠盈(女) 朱元清 陈锦良 黄远昌

第九届大丰县选举委员会(1989年)

1989年10月27日,县八届人大常委会第19次会议决定,成立大丰县选举委员会,组织第九届人民代表大会代表的选举工作。

主　任　李宗耀

副主任　宋维保　向增来　吴金陵　陈果行　包庆石

委　员　管洪俊　谭兴隆　张民权　陈　辉　徐新民

王凤义　朱达丰　朱卫兵　沙毓麟　宗育圣

施　枫　耿翠盈(女)　吕书伯　贺礼宏　杜家宏

第十届大丰县选举委员会(1992 年)

1992 年 10 月 8 日,县九届人大第 21 次会议决定,成立大丰县选举委员会,组织领导第十届人民代表大会代表的选举工作。

主　任　陆燕池(女)

副主任　李怀稳　郭健生　陈远春　陈果行　包庆石

魏翠萍(女)

委　员　王忠珠　谭兴隆　张民权　朱达丰　余德鸿

刘伯森　王凤义　周廉明　吕书伯　沙毓麟

朱卫兵　宗育圣　王汉民　李新昌　耿翠盈(女)

周　平

第十一届大丰市选举委员会(1997 年)

1997 年 9 月 26 日,市十届人大常委会第 42 次会议决定,成立大丰市选举委员会,组织领导第十一届人民代表大会的选举工作。

主　任　朱达丰

副主任　陆燕池(女)　朱　斌　周廉明　杜家宏

成　员　陈同远　陈　栋　顾炳祥　陈仕祥　宣成凤

朱永进　杨凤成　陈　兴　郁　飞　宣维新

赵学达　王海涛　周洪芳(女)

第十二届大丰市选举委员会(2002 年)

2002 年 9 月 28 日,市十一届人大常委会第 37 次会议决定,成立大丰县选举委员会,主持第十二届人民代表大会代表的选举工作。

主　任　倪崇彦

副主任　陆燕池(女)　李从洋　杨国美　杜家宏

委　员　陈同远　许宗泉　沈　刚　韦稳元　陈　平

孟祥龙　王克源　陶培华　丁干宏　宣维新

董　俏　张林海　周红芳(女)

第十三届大丰市选举委员会(2007年)

2007年9月17日,市十二届人大常委会第38次会议决定,成立大丰市选举委员会,主持本级人大代表的选举。

主　任　殷　勇

副主任　陈相凤　江志坚　陈仕祥

委　员　韦稳元　沈　刚　蒋德爱　石根美　唐亚标

孙　杰　方启柏　倪菊平　陶培华　杨建平

沙长河　李　勤(女)　戴　刚　吴桂荣　董　俏

尹同阳　吴逸娥(女)

第十四届大丰市选举委员会(2011年)

2011年11月10日,市第十三届人大常委会第30次会议决定,成立大丰市选举委员会,主持本级人大代表的换届选举。

主　任　陈相凤

副主任　袁冬青　江志坚　倪巍山

委　员　韦应生　陈桂官　钱　江　唐亚标　袁金荣

方启柏　曹　震　黄　浩　成　星　宗兴荣

詹荣安　陈宏成　张建忠　臧秀军　徐中健

李　兰(女)

第二节　会议机构

人民代表大会的会议机构,通常情况下,由大会临时选举成立的大会主席团、各审查委员会和各代表团组成。人民代表大会会议由主席团主持,主席团推定常务主席和执行主席,轮流主持各次会议。

1954年7月,大丰县第一届人民代表大会举行之前,大丰县委组建了第一届人民代表大会第一次会议筹备委员会。大会举行时,以区(乡)为单位组成代表团,在大会预备会上选举产生大会主席团。经主席团提议,代表大会通过,组建大会秘书处和提案审查委员会。

从大丰县第七届人民代表大会第一次会议开始,县人民代表大会会议由县人民代表大会常务委员会召集。在大会主席团领导下设大会秘书处和代表资格审查委员会、计划和财政预算审查委员会、提案审查委员会(后改称议案审查委员会)。主席团成员和各审查委员会主任委员、副主任委员和委员名单由县人大常委会提出名单(草案),在大会预备会议上表决通过。大会举行时以区或乡镇为单位组成代表团(县、市直单位和驻丰农场各编2~3个代表团)。

大会的服务机构为秘书处,秘书处下设组织组、秘书组、宣传组、保卫组、行政组,并设秘书长1人,副秘书长2~3人。秘书长和副秘书长名单均由人大常委会提出名单(草案),在大会预备会上表决通过。

一、人民代表大会会议机构系统

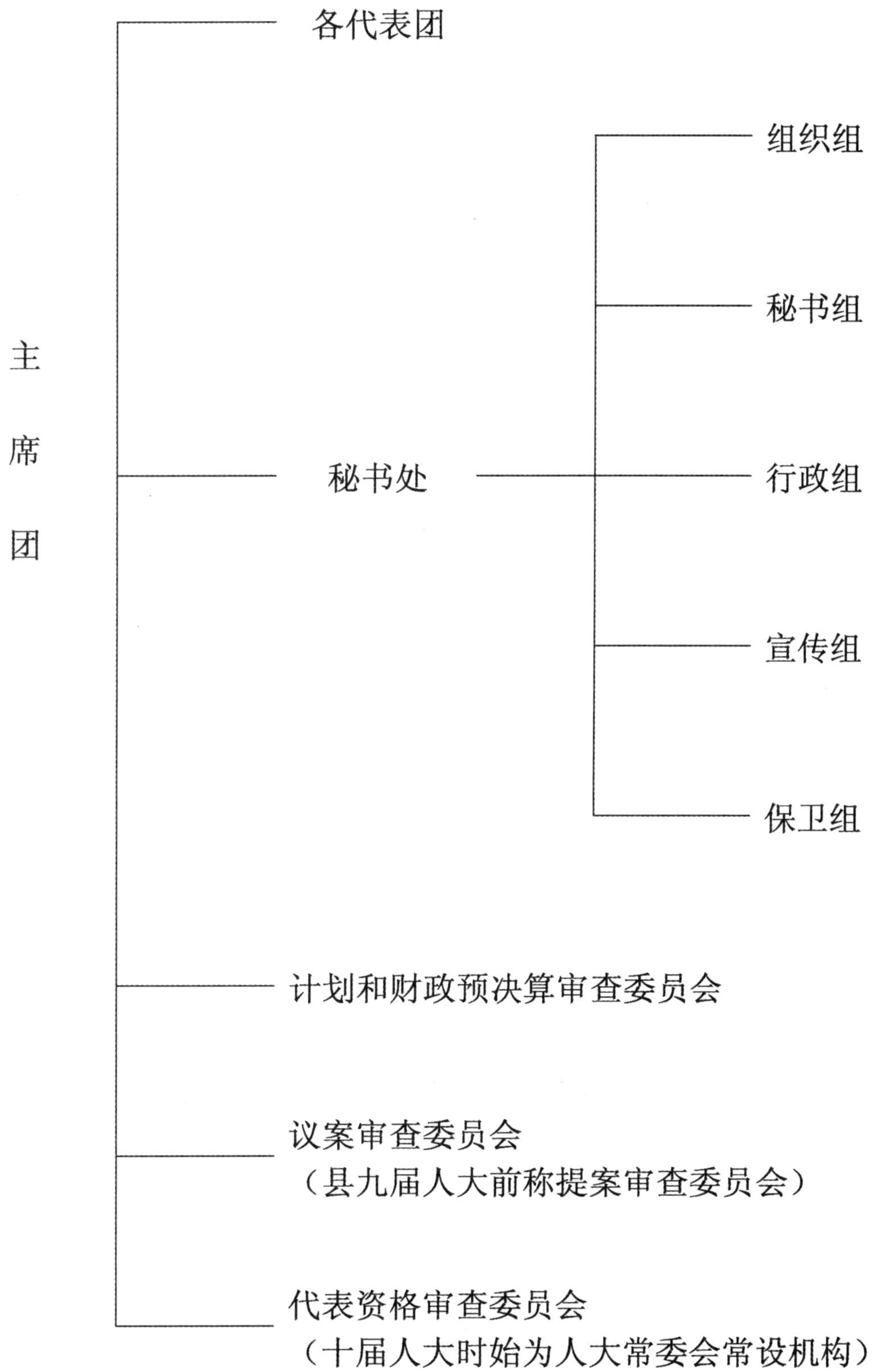

二、县二至十四届人民代表大会主席团和各审查委员会

（第一届人民代表大会主席团名单缺失）

大丰县第二届人民代表大会
第一次会议主席团名单

1957 年 1 月 23—27 日

张　劭　朱正兴　张玉堂　吴　辉　王德茂　徐亚辉
赵广义　卢昌辉　董志安　穆传林　杨锦标　单明水
施耀明　孙荫祥　袁学成　张慕骞　姜玉林　王永圣
许耀良

秘 书 长　樊仲明

副秘书长　袁季安　卢昌辉

议案审查委员会名单

单明水　倪受乐　姜玉林　王　昆　顾龙福　沈玉清　杨凤奎

代表资格审查委员会名单

蔡国民　张慕骞　董志安　葛柏广　金正银　郁建明　吴卜良

文电起草委员会名单

李　朴　束　衡　卢昌辉　穆传林　孙荫祥

财经委员会名单

李 朴 束 衡 卢昌辉 穆传林 孙荫翔

大丰县第三届人民代表大会第一次会议主席团名单

1958年5月23—26日

毛育人	卞怀珍(女)	卢昌辉	刘开轩	刘桂华(女)	吴 辉
金一平	单明水	单雨霖	施耀明	俞显扬	赵广义
赵江鸣	姜正林	孙荫翔	徐汉英(女)	徐泽民	袁 干
袁学成	张 劬	张玉堂	张慕骞	杨才章	杨凤奎
杨锦标	蒋新民	穆传林			
秘书长	刘开轩				
副秘书长	张慕骞	顾桂贤			

代表资格审查委员会名单

金一平 施耀明 卞怀珍(女) 徐汉英(女) 袁 干 张慕骞
杨锦标

提案审查委员会名单

杨才章 单明水 王 平 卢昌辉 单明水 姜玉林 蔡 祥
顾龙图

大丰县第四届人民代表大会
第一次会议主席团名单

1961 年 1 月 21—24 日

董　曙	马春芳	吴　辉	单雨霖	宋月昇	徐　植
徐亚辉	陈立才	羊　毅	高继宽	蔡韵芬(女)	刘敬轩
袁学成	俞显扬	孙荫翔	冯永源	施耀明	单明水
孟昭楼	任长富	卢福全	韩奎生	陈伯渊	赵福云
张慕骞	卢昌辉	智恒余	李才忠	姜玉林	蒋金秀(女)
陈荣乐	殷淦臣	杨英华	田永山	杨昌元	张静卿
时　辰	董华义	孙志卓	陶　山	董维赞	严志成
赵正海	董金海	颜宣同			

秘 书 长　马春芳

副秘书长　张　炎　　朱亚淮

代表资格审查委员会名单

孟昭楼　　施耀明　　朱　辉　　卢福全　　金晓峰

议案审查委员会名单

羊　毅　　张慕骞　　陈伯渊　　王保昆　　蒋金秀(女)　　蔡　祥

文电起草委员会名单

张　炎　　袁学成　　朱亚淮　　高继宽　　姜正之

大丰县第五届人民代表大会第一次会议主席团名单

1964 年 2 月 1—5 日

王东升	王君义	甘思文	田永山	朱西林	任长富
刘敬轩	羊　毅	李永伯	吴　辉	沈国楠	沈友山
季希道	束必珍	宋一强	周素芳(女)	毛隆年	金一平
赵福云	姜玉林	施耀明	俞显扬	马春芳	陈逸生
徐亚辉	陈立才	高继宽	汪国昌	徐泽民	袁学成
孙荫祥	陈翠霞(女)	陈伯渊	张良明	曹兰英(女)	董华义
沈良平	董志安	冯永源	单明水	单　良	单鸿仁
杨树仁	董金海	董维赞	董　曙	杨才章	蒋金秀(女)
卢昌辉	颜宣桐				

秘 书 长　高继宽

副秘书长　朱亚淮　方广生

代表资格审查委员会名单

施耀明　金一平　卞如玉　周素芳(女)　姜玉林

提案审查委员会名单

张民千　陆国昌

大丰县第六届人民代表大会
第一次会议主席团和秘书长名单

1981 年 1 月 26—29 日

丁同春 马春芳 卞红英(女) 王建寅 王德茂 冯永源
卢昌辉 甘思文 吕 安 刘玉珺(女) 朱正兰(女) 朱明贵
沈 锋 沈仲尼 吴 辉 吴金陵 吴银芳 杨才章
杨大德 杨凤奎 杨兴旺 杨春华 杨德忠 宋月升
宋维保 李成功 陈如祥 陈远春 陈杏珠(女) 陈果行
何锦秀 周 邦 周成元 周素芳(女) 金一平 俞文达
施扣英(女) 顾太余 徐宏俊 袁际禹 奚茂银 高明德
高继宽 夏桂银 浦揭民 商传友 黄守忠 盛家麟
彭正柱 董志安 管守禄

秘书长 陈如祥

预算审查委员会名单

王德茂 沈仲尼 卢昌辉 孙志卓 季明祥 夏成珠(女)
黄乃畊 黄守忠

提案审查委员会名单

沈 锋 陈果行 杨 童 杨凤奎 金文忠 张季芳
高明德

代表资格审查委员会名单

周成元 杨才章 向广鸿 金中时 张慕骞 顾忠芳(女)

大丰县第七届人民代表大会第一次会议主席团和秘书长名单

1984 年 5 月 17—19 日

主席团:(以姓氏笔画为序)

丁宏俊	马红仙(女)	马春芳	王兴旺	王德茂	左劲松
卞干林	卢昌辉	卢 峰	冯永农	冯永源	冯锦章
朱士高	朱兴发	朱季芳(女)	刘玉珺(女)	刘兆清	刘振良
孙志卓	孙宪章	杨大德	杨昌贵	杨德忠	李 伟
李声源	李怀稳	宋一强	宋维保	沈德荃	张松山
张慕骞	陈应忠	陈果行	陈继宣	陆永春	陆燕池(女)
武立和	房根同	金一平	柏俊才	柏授方	姚恩荣
施耀明	骆锦生	秦友礼	袁永奇	顾忠芳(女)	倪正兰(女)
徐瑞荣	黄汉彬	彭正柱	彭 涛	蒋亚兰(女)	蒋道立
谢美娟(女)					

秘书长:王德茂

预算审查委员会名单

主 任 委 员:王德茂

副主任委员:陈应忠

委 员:(以姓氏笔画为序)

卢昌辉 房根同 曹雪根 蔡鼎山 薛润涛(女)

议案审查委员会名单

主 任 委 员:蒋道立

副主任委员:陈果行

委　　　员:(以姓氏笔画为序)

朱　平　朱季芳(女)　刘玉珺(女)　陆永春

陈洪发　谢美娟(女)　储金泉

代表资格审查委员会名单

主 任 委 员:李怀稳

副主任委员:朱士高

委　　　员:(以姓氏笔画为序)

杨邦鼎　张慕骞　袁永奇

大丰县第八届人民代表大会
第一次会议主席团和秘书长名单

1987 年 4 月 8—12 日

王凤义	王兴旺	王希明	王信生	王德茂	左劲松
包庆石	石锦凤(女)	冯永农	朱元清	朱国柱	朱　绵
向增来	刘玉珺(女)	刘宏斌	孙宪章	花爱红(女)	李宗耀
杨玉茂	杨朝宰	吴金陵	吴恒生	宋一强	宋维保
张太泉	陈　华(女)	陈如祥	陈果行	林成立	宗育圣
秦友礼	秦　军	康邦兴	章谷雷	董爱兰(女)	蒋亚兰(女)
蒋振华	蒋　敏(女)	戴遐勇			

秘书长:吴金陵

提案审查委员会名单

主 任 委 员:李宗耀

副主任委员:王德茂 陈果行

委 员:(以姓氏笔画为序)

朱元清 刘玉珺(女) 陈汉龙 单士选

大丰县第九届人民代表大会
第一次会议主席团和秘书长名单

1990 年 2 月 25—28 日

马春芳	王凤义	邓恺权	包庆石	吕书伯	朱同仁
向增来	刘伯森	刘景海	李 伟	李声源	李怀稳
吴兴鹏	吴金陵	沈锦福	张民权	张明生	张振恺
张福元	陆燕池(女)	陈天元	陈兴红(女)	陈远春	陈如祥
陈果行	邵 明(女)	周汉松	周善辉	宗育圣	赵锦国
柏金生	施 枫	耿翠盈(女)	顾竟成	高潮珠	浦成元
康邦兴	章谷雷	商传友	蒋 敏(女)	蒋振华	裴日昌
管洪俊	谭兴隆	魏翠萍(女)			

秘书长:包庆石

议案审查委员会名单

陆燕池(女) 陈果行 王凤义 刘玉珺(女) 陈汉龙 单士选

蒋亚兰(女)

预算审查委员会名单

李声源　包庆石　王信生　韦珍和　张云茹(女)　张福元
施　斌

大丰县第十届人民代表大会
第一次会议主席团成员和秘书长名单

1993年2月14—17日

马春芳　王凤义　王立瑾(女)　倪永兰(女)　包庆石　吕书伯
朱学忠　刘伯森　刘景海　杜家宏　李声源　李怀稳
李新昌　杨桂庭　沈纪万　张民权　张明生　张振恺
张福元　陆炳昌　陆燕池(女)　陈如祥　陈远春　陈果行
陈继宣　季桂英(女)　周善辉　宗汝宏　宗育圣　柏金生
柏授方　洪维新　黄汉彬　康邦兴　蒋振华　裴日昌
管洪俊　谭兴隆　翟长虹　魏翠萍(女)

秘书长：包庆石

议案审查委员会名单

陆燕池(女)　包庆石　魏翠萍(女)　王凤义　杨志宏　陆炳昌
陈汉龙　顾绍将

预算审查委员会名单

李声源　陈远春　张福元　陈杰亚　陈炳若　喻仁高

大丰市第十一届人民代表大会
第一次会议主席团成员和秘书长名单

1998年1月6—8日

马春芳	王忠珠	王德民	卢　峰	朱　绵	朱　斌
朱干顺	朱达丰	朱连玉	朱炳炎	向广鸿	刘振泉
许宗泉	苏兴春	杜家宏	李　驰	李书元	李声源
李逸浩	杨玉堂	杨国美	沈　浩	沈纪万	陆　琪
陆燕池(女)	陈　根	陈往年(女)	陈相凤	赵学达	施志康
宣成凤	顾中伟	顾杰章	顾建林	顾炳祥	倪向荣
倪崇彦	郭健生	陶培华	黄兆山	董　俏	蒋红萍(女)
蒋高友	鲁鸿发	蔡洪涛	臧　明	管洪俊	谭兴隆
翟长虹	潘兆凤	魏翠萍(女)			

秘书长:杨国美

国民经济、社会发展计划和财政预算审查委员会名单

主任委员:朱　绵

副主任委员:黄兆山

委　　员:宋　蓉　　陈锦良　　袁存喜

议案审查委员会名单

主任委员:魏翠萍(女)

副主任委员:顾炳祥

委　　员:李锦华　　张正林　　顾杰章　　顾建林

大丰市第十二届人民代表大会第一次会议主席团成员和秘书长名单

2003 年 1 月 5—8 日

丁　宇	马春芳	王　荣	王　耀	王克源	王连春
王国佐	王周斌	王海涛	韦　新	韦稳元	冯晓晴(女)
朱　绵	朱达丰	朱德平	刘必宁	江志坚	许宗泉
孙建权	杜家宏	杨玉堂	杨国美	杨建平	李从洋
李国城	吴闽宁(女)	吴桂荣	吴家祥	沙长河	沈　刚
沈纪万	沈明高	张林海	陆　琪	陆　斌	陆燕池(女)
陈　平	陈　根	陈　海	陈同远	陈爱城	武炳光
明恒楼	季自怀	周　平	周洪芳(女)	宗乐平	孟宪春
施志康	施德明	顾仲荣	夏恒林	倪向荣	倪菊平
陶培华	韩植林	葛启发	董　俏	鲁鸿发	蔡　东

秘书长:沈纪万

议案审查委员会名单

主 任 委 员:沈纪万

副主任委员:沈　刚

委　　　员:肖建中　吴闽宁(女)　袁春发

国民经济、社会发展计划和财政预算审查委员会名单

主任委员:施志康

委　　员:孙建权　宋远坤　陈　婷(女)　孟宪春

大丰市第十三届人民代表大会第一次会议主席团成员和秘书长名单

2007年12月26—30日

丁 宇	丁仁俊	丁瑞云(女)	马春芳	王周斌	韦 新
韦稳元	方启柏	邓既明	尹同阳	石根美	朱达丰
朱达铭	刘古佐	江志坚	杜家宏	李 勤(女)	李东前
吴家祥	吴逸娥(女)	沙长河	沈 刚	张林海	张国江
张建洋	张锦生	陆 琪	陆卫红(女)	陈 平	陈仕祥
陈汉成	陈同远	陈苏萍(女)	陈良忠	陈相凤	陈湘珍(女)
罗 强	季明珍	赵晓庆	施建飞	袁冬青	袁国萍(女)
夏 寅	夏恒林	夏继永	钱 江	倪 峰	倪向荣
倪菊平	倪巍山	徐国祥	殷 勇	唐亚标	陶培华
曹 震	董 干	董 俏	蒋德爱	储金宽	雍庆丰
蔡 东					

秘书长:陈相凤

议案审查委员会名单

主 任 委 员:江志坚

副主任委员:蒋德爱

委 员:邵巧华(女) 姜 涛 董 俏

国民经济、社会发展计划和财政预算审查委员会名单

主 任 委 员:丁瑞云(女)

副主任委员:夏 寅

委 员:朱达铭 陈仕祥 储金宽

大丰市第十四届人民代表大会
第一次会议主席团成员和秘书长名单

2012 年 3 月 21—23 日

丁瑞云(女)	王　毅	王连军	王周斌	王海滨	韦　新
韦应生	韦稳元	仇兆华	方启柏	邓树梓	冯晓晴(女)
冯银芳(女)	江　波(女)	江志坚	孙　杰	杨荣富	李东前
李声源	李国城	李实业	吴家祥	沈　刚	宋　勇
宋长琴(女)	张建洋	张春山	张锦生	陈　平	陈同远
陈如俊	陈相凤	陈桂官	范大玉	季明珍	周　健
周宏奎	单干情	赵晓庆	骆　顺	袁冬青	袁国萍(女)
夏　寅	夏继永	倪　峰	倪向荣	徐卫东	徐中健
殷　勇	郭　超	唐亚标	黄　艳(女)	黄　静(女)	曹　震
董　坤	董　毅	蒋林明	蔡永兴	潘　伟	

秘书长：陈相凤

议案审查委员会名单

主 任 委 员：江志坚

副主任委员：黄　静(女)

委　　　员：李国城　沈菊兵(女)　葛中亚

国民经济、社会发展计划和财政预算审查委员会名单

主 任 委 员：丁瑞云(女)

副主任委员：夏　寅

委　　　员：陈仕祥　翟荣忠　朱建鹏

第三节 常设机构

1979年7月1日，五届全国人大二次会议通过的《中华人民共和国地方各级人民代表大会和地方各级人民政府组织法》规定，县级以上地方人民代表大会设立常务委员会，作为本级人民代表大会的常设机构。大丰县从1981年1月，县六届人大一次会议起，设立人民代表大会常务委员会。县人大常委会依照地方组织法规定，依法行使重大事项决定权、监督权和人事任免等各项职权。常委会由主任1人，副主任、委员若干人组成。常委会任期与本届人民代表大会每届任期相同。1996年8月1日，经国务院批准，撤销大丰县，建立大丰市。1996年9月28日大丰市委、市人大、市政府、市政协举行揭牌仪式。

一、组成人员

人大常委会由人民代表大会在代表中选举主任、副主任和委员组成。人大常委会组成人员不得担任国家行政机关、审判机关和检察机关的职务，如果担任上述职务，必须向常委会辞去常委会中担任的职务。

大丰县第六届人民代表大会常务委员会主任、副主任、委员名单

1981.1—1984.5

主　任	金一平	马春芳				
副主任	杨春华	周成元	丁同春	王德茂	陈果行	黄家明
委　员	卞红英(女)	张慕骞	杨邦鼎	盛家麟		
	孙宪章	吴　辉	浦揭民	金中时		
	丁凤旺	卢昌辉	杨昌贵	夏桂银		
	朱正兰(女)					

大丰县第七届人民代表大会常务委员会主任、副主任、委员名单

1984.5—1987.4

主　任	马春芳	宋维保		
副主任	王德茂	陈果行	吴金陵	
委　员	马红仙	卞干林	左劲松	卢昌辉
	冯锦章	朱士高	朱元清	朱季芳
	孙宪章	李华琦(女)	李怀稳	杨邦鼎
	杨昌贵	宋一强	张友其	张松山
	张慕骞	陈应标	袁永奇	倪正兰(女)
	蒋亚兰(女)			

大丰县第八届人民代表大会常务委员会主任、副主任、委员名单

1987.4—1990.2

主　任	宋维保			
副主任	吴金陵	陈果行	包庆石	
委　员	王凤义	王信生	左劲松	朱元清
	朱国柱	向增来	刘宏斌	孙宪章
	杨朝宰	宋一强	陈　华(女)	宗育圣
	顾中伟	倪正兰(女)	康邦兴	董爱兰(女)
	蒋亚兰(女)	蒋振华	蒋　敏(女)	

大丰县第九届人民代表大会常务委员会主任、副主任、委员名单

1990.2—1993.2

主　任	李怀稳			
副主任	陈远春	陈果行	包庆石	魏翠萍(女)
委　员	王凤义	吕书伯	刘玉珺(女)	刘伯森
	刘景海	张远鹏	张福元	陈天元
	邵　明(女)	宗育圣	施　枫	姚美玲(女)
	秦世明	顾中伟	顾翠平(女)	康邦兴
	蒋　敏(女)	蒋振华	耿翠盈(女)	高潮珠

大丰县第十届人民代表大会常务委员会主任、副主任、委员名单

1993.2—1998.1

主　任	李怀稳	陆燕池(女)		
副主任	柏授方	陈远春	包庆石	魏翠萍(女)
	王忠珠	周廉明	朱　绵	管洪俊
委　员	丁永和	丁昌峰	王凤义	王立瑾
	王春梅(女)	吕书伯	刘伯森	刘景海
	杜家宏	李新昌	张远鹏	张福元
	宗育圣	耿翠盈(女)	顾中伟	顾忠栋
	倪永兰(女)	高潮珠	康邦兴	蒋振华

大丰市第十一届人民代表大会常务委员会主任、副主任、委员名单

1998.1—2003.1

主　任	陆燕池(女)			
副主任	杨国美	魏翠萍(女)	王忠珠	朱　绵
	管洪俊	鲁鸿发	施志康	朱达丰
	沈纪万	陆　琪		
委　员	王永东	王春梅(女)	许宗泉	杜家宏
	李锦华	杨玉堂	陈　根	陈杏华
	陈往年(女)	赵学达	宣成凤	顾中伟
	顾炳祥	黄兆山	蒋红萍(女)	靳天龙

大丰市第十二届人民代表大会常务委员会主任、副主任、委员名单

2003.1—2007.12

主　任	丁　宇			
副主任	沈纪万	魏翠萍(女)	施志康	陆　琪
	陈相凤	江志坚	丁瑞云(女)	杜家宏
	倪巍山	夏继永		
委　员	王永东	许宗泉	杜家宏	杨玉堂
	杨如生	肖建中	沈　刚	沪淑兰(女)
	张来平	张林海	陈　平	陈　根
	邵巧华(女)	周洪芳(女)	袁春发	倪菊平
	董　俏	董汉英(女)		

大丰市第十三届人民代表大会常务委员会主任、副主任、委员名单

2007.12—2012.3

主　任	丁　宇	倪　峰		
副主任	陈相凤	江志坚	丁瑞云(女)	杜家宏
	倪巍山	夏继永	王周斌	陈同远
委　员	尹同阳	吕志梅(女)	朱兴元	朱国平
	杨永忠	吴逸娥(女)	沈　刚	陈仕祥
	陈桂官	邵巧华(女)	施建飞	姜　涛
	夏　寅	倪菊平	徐建娟(女)	唐亚标
	曹　震	董　干	董　俏	蒋德爱

大丰市第十四届人民代表大会常务委员会主任、副主任、委员名单

2012.3—2015.1

主　任	倪　峰	吴家祥		
副主任	江志坚	王周斌	江　波(女)	夏继永
委　员	王连军	王海滨	方启柏	冯晓晴(女)
	朱兴元	李　云(女)	李国城	沈菊兵(女)
	陈安丰	陈桂官	陈爱华	周　健
	夏　寅	夏继永	徐中健	徐建娟(女)
	高智华	唐亚标	黄　艳(女)	黄　静(女)
	曹　震	葛中亚	焦恒昌	

二、代表资格审查委员会

从1954年7月开始，县人民代表大会期间，代表资格审查委员会是根据当时的《地方组织法》规定设立的。代表资格审查委员会由主任委员、副主任委员、委员组成。其组成人选由大会主席团从出席会议的代表中提出建议名单，在大会通过后组成，是大会主席团领导下的临时机构。

根据1986年12月2日第六届全国人民代表大会常务委员会第十八次会议修改的《地方组织法》规定，大丰县第七届人民代表大会常务委员会第二十八次会议通过确定代表资格审查委员会为县人大常委会的常设机构。其组成人员由县人大常委会主任会议在县人大常委会组成人员中提名，县人大常委会会议通过，其任期与本级人大常委会每届任期相同。

大丰县第八届人大常委会代表资格审查委员会名单

（1987年7月25日县八届人大常委会第2次会议通过）

主 任 委 员：向增来

副主任委员：王凤义

委　　　员：（以姓氏笔画为序）

刘玉珺（女）　孙宪章　顾中伟

大丰县第九届人大常委会代表资格审查委员会名单

（1990年4月10日县九届人大常委会第1次会议通过）

主 任 委 员：吕书伯

副主任委员：王凤义

委　　　员：（以姓氏笔画为序）

刘玉珺（女）　刘伯森　顾中伟

大丰县第十届人大常委会代表资格审查委员会名单

（1993年9月25日县十届人大常委会第4次会议通过）

主 任 委 员:柏授方

副主任委员:王凤义　　吕书伯

委　　　员:(以姓氏笔画为序)

丁永和　　王立瑾(女)　　刘伯森　　顾中伟

大丰市第十一届人大常委会代表资格审查委员会建议名单

（1998年3月23日市十一届人大常委会第1次会议通过）

主 任 委 员:杨国美

副主任委员:顾炳祥　　宣成风

委　　　员:(以姓氏笔画为序)

李锦华　　陈往年(女)　　赵学达　　蒋红萍(女)

大丰市第十二届人大常委会代表资格审查委员会名单

（2003年3月5日市十二届人大常委会第1次会议通过）

主 任 委 员:沈纪万

副主任委员:沈　刚　　陈　平

委　　　员:(以姓氏笔画为序)

王永东　　张林海　　周红芳(女)　　董　俏

大丰市第十三届人大常委会代表资格审查委员会名单

（2008 年 1 月 24 日市十三届人大常委会第 1 次会议通过）

主 任 委 员:江志坚

副主任委员:蒋德爱　　唐亚标

委　　　员:(以姓氏笔画为序)

尹同阳　　朱兴元　　吴逸娥(女)　　董　俏

大丰市第十四届人大常委会代表资格审查委员会名单

（2012 年 4 月 1 日市十四届人大常委会第 1 次会议通过）

主 任 委 员:江志坚

副主任委员:黄　静(女)　　唐亚标

委　　　员:冯晓晴(女)　　朱兴元　　陈安丰　　焦恒昌

三、党组、机关支部

1981 年 6 月,根据中国共产党党章规定,经中共大丰县委批准,县六届人大常委会建立了中共大丰县人大常委会党组。之后,每逢县人大常委会换届或有人事变动,县委都适时对县人大常委会党组进行调整充实。党组的任务是:保证党的路线、方针、政策实现,团结带领县人大常委会组成人员和机关工作人员完成党和宪法、法律赋予的任务,指导县人大机关党支部和机关老干部党支部的工作。

六届人大常委会党组

1982 年 6 月—1984 年 5 月

书　记:金一平　马春芳

成　员:杨春华　周成元　丁同春　王德茂　黄家明

七届人大常委会党组

1984.5—1987.4

书　记:马春芳　宋维保

副书记:王德茂

成　员:吴金陵　王凤义

八届人大常委会党组

1987.4—1990.2

书　记:宋维保

副书记:吴金陵

成　员:包庆石　王凤义　刘伯森

九届人大常委会党组

1990.2—1993.2

书　记:李怀稳

副书记:柏授方

成　员:陈远春　包庆石　王凤义　刘伯森

十届人大常委会党组

1993.2—1998.1

书　记:李怀稳　陆燕池(女)

副书记:柏授方

成　员:陈远春　包庆石　王忠珠　周廉明　朱　绵　管洪俊　刘伯森　许宗泉

十一届人大常委会党组

1998.1—2003.1

书　记:陆燕池(女)

副书记:杨国美

成　员:王忠珠　朱　绵　管洪俊　鲁鸿发　施志康　朱达丰　沈纪万　陆　琪　许宗泉

十二届人大常委会党组

2007.1—2007.12

书　记:丁　宇

副书记:沈纪万

成　员:施志康　陆　琪　陈相凤　江志坚　丁瑞云(女)　杜家宏　夏继永　许宗泉　沈　刚

十三届人大常委会党组

2007.12—2012.3

书　记:丁　宇　倪　峰

副书记:陈相凤

成　员:江志坚　丁瑞云(女)　杜家宏　夏继永　王周斌　陈同远　沈　刚　陈桂官

十四届人大常委会党组

2012.3—2015.1

书　记:倪　峰　吴家祥

副书记:夏继永

成　员:江志坚　王周斌　陈桂官　陈爱华

机关党支部

1981 年 9 月,县六届人大常委会按照《中国共产党章程》的规定,经县级机关党委批准,成立了大丰县人大常委会机关党支部(简称人大机关党支部)。随着人大机关工作人员变动,县人大机关党支部已进行了多次改选和调整。许洪山、朱云清、方云友、刘伯森、陈栋、许宗泉先后任人大常委会机关党支部书记。2006 年 4 月,成立了人大机关党总支,下辖机关党支部和老干部支部。沈刚、陈桂官、陈爱华先后任市人大机关党总支书记。市人大机关党总支(支部),在市直机关党委的领导下和市人大常委会党组的指导下开展工作。党总支(支部)的任务是:宣传、贯彻执行党的路线、方针、政策和国家的法律、法规,贯彻执行上级党组织和人大的决议、决定,充分发挥党组织的战斗堡垒作用,团结带领机关党员和非党群众积极完成各项工作任务。

为加强人大机关自身建设,市人大机关党总支(支部)制定一系列工作学习制度,通过坚持和落实这些制度较好地发挥了战斗堡垒作用。

第四节　工作机构

1981 年 1 月,县六届人大常委会成立时工作机构只设办公室,作为常委会的综合办事机构。其职能为:负责常委会会议、主任会议和其他重要会议的会务准备工作;处理议案和代表建议、批评、意见;起草文件,处理来文和信函;组织视察和调查研究;接待和处理代表、群众来信来访;处理行政事务。

1981 年 10 月 18 日,经县六届人大常委会第五次会议通过,建立法制、财政经济、科教文卫 3 个工作小组,作为人大常委会的专门工作机构,其成员由县人大常委会委员分别担任。

1984 年 6 月 15 日,经七届人大常委会第一次会议通过,除建立法制、教科文卫、财政经济工作组外,又增设城乡建设工作组。

1985 年 2 月 11 日,经县七届人大常委会第六次会议通过,将 4 个工作组改建 4 个工作委员会,即法制、财政经济、教科文卫和城乡建设工作委员会,在县人大常委会领导下进行工作,对人大常委会负责。县第八届人大时,确定他们为县人大常委会下设的正科级建制的专门工作机构。

1989年12月，经县人大党组研究，增设内务工作委员会，城乡建设委员会分为城乡建设工作委员会和农村工作委员会。其职能为：围绕县人大常委会会议的预定议题、代表议案的办理和人民群众关心的重大问题，开展调查研究，提出调查报告；联系县人民政府有关部门和县人民法院、检察院，检查国家法律法规以及县人民代表大会及常委会决议、决定的实施情况等。各委员会的工作计划经人大常委会主任会议讨论同意后实施。

1998年3月23日，市十一届人大常委会第一次会议对市人大常委会工作机构作了调整：增设社会事业工作委员会；法制工作委员会更名为内务司法工作委员会；内务工作委员会更名为人事代表联络工作委员会；撤销科教文卫工作委员会、农村工作委员会、城乡建设工作委员会。

2003年，增设农村工作委员会。

2004年，增设研究室。

2012年2月，经中共大丰市委批准，市人大常委会进行了内设机构调整，增设环境资源城乡建设工作委员会，将原有社会事业工作委员会更名为教科文卫工作委员会。现人大常委会设有“二室六委”，即办公室、研究室，人事代表联络工作委员会、财政经济工作委员会、内务司法工作委员会、教科文卫工作委员会、环境资源城乡建设工作委员会、农村工作委员会。

一、职　　责

（一）1981年10月28日大丰县人民代表大会常务委员会关于试建法制、财政经济、科教文卫三个工作小组的决定

为了加强和改进县人大工作，决定在县人大常委会下面试建法制、财政经济、科教文卫三个工作小组，作为县人大常委会的专业工作机构。其任务主要是对本县的法制建设、财政经济、科教文卫等方面的重大问题，根据四化建设的需要，有计划有步骤地进行调查研究，提出建议，供县人大常委会讨论决定问题时参考。根据集体讨论研究的意见，负责处理县人大常委会授权处理的问题。工作小组每两个月活动一次，每次调查研究一个专题。三个工作小组的成员，由县人大常委会委员分别担任。三个工作小组开展工作时，可以根据需要，邀请有专业知识和实际工作经验的县人大代表或有专业技术的其他人员参加。

大丰县人大常委会法制工作小组名单

组　长:杨春华

副组长:浦揭民

组　员:(按姓氏笔画排列)

丁凤旺　　卞红英(女)　　吴　辉

大丰县人大常委会财政经济工作小组名单

组　长:丁同春　　王德茂

副组长:卢昌辉

组　员:(按姓氏笔画排列)

朱正兰(女)　　杨邦鼎　　夏桂银

大丰县人大常委会科教文卫工作小组名单

组　长:陈果行

副组长:盛家麟

组　员:(按姓氏笔画排列)

孙宪章　　张慕骞　　杨昌贵　　金中时

1986年6月13日大丰县人大常委会法制、财政经济、教科文卫、城乡建设工作委员会工作要点

大丰县人大常委会法制、财政经济、教科文卫、城乡建设等四个工作委员会建立以来，在经过一段时间的学习和工作实践的基础上，委员们充分酝酿讨论，根据有关法律规定，参照上级人大有关文件精神，结合本县实际情况，制订了工作要点。各工作委员会按照要点开展工作，并在实践过程中不断加以补充、修改，使之逐步完善。

一、四个工作委员会工作的指导思想

根据县人大常委会的职权和工作计划，围绕经济建设和经济体制改革这个中心，服从，服务于党的总目标和总任务，努力加强社会主义民主与法制建设。着重检查监督宪法和法律的贯彻执行，依法监督“一府两院”的工作，为县人大常委会行使职权，发挥参谋助手作用。

二、四个工作委员会工作要点

法制工作委员会

（一）督促检查普及法律常识五年规划的实施。

1. 督促协助有关部门抓好法律常识的宣传、教育。重点是各级领导干部。

2. 有计划地检查、了解普及法律常识的进展情况，以一个乡镇的村为联系点。

3. 参加举办法律常识讲座。

（二）依法监督公、检、法、司的工作。

1. 经常与公、检、法、司联系，了解他们的工作情况，发现问题，及时报告主任会议。

2. 侧重调查了解《宪法》和《刑法》《刑事诉讼法》《民事诉讼法（试行）》《治安管理处罚条例》等法律、法规的贯彻执行情况。

3. 监督公、检、法、司干警执法守法。发现违宪、违法问题，报告主任会议，并提出如何处理的初步意见。

4. 受理对公、检、法、司机关工作人员的控告信件和申诉案件，接待这方面的来访。根据人大常委会或主任会议的委托，做好办理或督促办理工作，并负责报告结果。

5. 应司法机关的要求，参加个别重大、疑难案件的讨论，依法提出意见和建议。

财政经济工作委员会

（一）参与上级人大经济立法讨论、修改工作。

对于全国和省人大下发征求意见的经济法律、法规草案，认真组织座谈讨论，必要时作典型调查，提出修改和补充的意见、建议，及时上报。

（二）检查了解经济法律、法规的贯彻执行情况。

加强对县人民政府贯彻执行经济法律、法规的检查监督，促进政府有关部门正确运用法律手段管理经济，把经济工作逐步纳入法律轨道。发现问题，及时报告情况，提出处理的初步意见，供常委会讨论研究。

（三）依法监督县人民政府的经济工作。

1. 与县人民政府各经济部门保持经常的联系，力求了解全县的经济工作形势和经济工作中比较重大的事情。

2. 及时了解县财政预算执行情况。对财政预算的部分变更，提出审查意见，报告主任会议，并在常委会上作出审查报告。

3. 本县提出的全县性集资计划，必须经县人大常委会讨论决定，财政经济委员会负责提出审查意见。

4. 注意了解重大基建项目、重要支出项目的情况。

5. 经常了解城乡经济体制改革的情况，进行专题调查研究。

教科文卫工作委员会

（一）检查监督县人民政府贯彻执行《中共中央关于教育体制改革的决定》和《江苏省普及初等义务教育暂行条例》、《江苏省扫除文盲暂行条例》。

1. 与教育部门经常联系，了解教育工作情况。督促、协助搞好以上一个决定和两个条例的宣传、贯彻。

2. 加强教育体制改革的调查研究，重点调查中等教育结构改革情况。推动职业技术教育。

3. 进行在校住宿中学生生活条件状况的调查，发现问题，提出改进意见和建议。

（二）加强科技工作方面的检查监督。

经常了解科技工作情况，重点了解落实知识分子政策的情况，发现问题，及时反映。

推动全县生态环境的建设，开展专题和学术调查。

（三）了解文化工作情况，督促文化部门加强理想、纪律教育和革命传统教育，开展健康有益的文化娱乐活动，成为精神文明建设的重要阵地。

（四）检查监督《中华人民共和国食品卫生法》的贯彻执行，与有关部门一道组织现场检查和食品抽样检查。

进行无公害食品的调查研究工作。

加强农业劳动保护的调查研究，督促县政府贯彻执行《大丰县农业劳动保护暂行办法》。

检查推动爱国卫生运动，根据季节组织一些检查视察。

城乡建设工作委员会

（一）参与上级人大有关城乡建设、环境保护立法的修改讨论工作，负责整理补充、修改意见，及时上报。

（二）检查监督《大丰县城总体规划》的实施。

1. 督促、协助有关部门抓好县城总体规划的宣传。

2. 经常与城建环保部门联系，检查了解县城总体规划及《大丰县城规划建设管理暂行办法》的贯彻实施情况，发现问题，及时向人大常委会或主任会议作出报告，并提出处理的初步意见。

3. 县城总体规划的变更，必须经县人大常委会讨论通过，城乡建设委员会负责提出审查意见。

（三）督促、协助政府有关部门抓好小城镇建设。

1. 各乡镇小城镇建设规划应经乡、镇人民代表大会通过，城乡建设委员会负责这一法律程序的检查监督。

2. 在小城镇建设中，监督《村镇建房用地管理条例》的贯彻执行。

3. 进行小城镇建设方面的调查研究，发现问题，向县人民政府提出建议和意见。

（四）检查监督《环境保护法》《水污染防治法》的贯彻执行。

1. 经常了解治污防污工作情况，听取汇报，进行视察，发现问题，依法提出意见和建议。

2. 监督政府有关职能部门依法办事。对污染严重、危害较大、群众呼声强烈的问题，要求县人民政府采取措施，切实加以解决。

3. 监督本县境内自然保护区的管理工作。

三、四个工作委员会的自身建设

（一）坚持建章立制，加强制度建设。这是四个工作委员会自身建设最起码的要求。

工作制度。按照县委〔1985〕26号文件精神，四个工作委员会委员中非人大常委会委员的同志，一年要有四分之一的时间参加工作委员会的活动，认真负责地完成常委会或主任会议委托的各项任务。各工作委员会相互协调，相互支持。提高工作质量，讲求工作效率。

会议制度。每个月开一次委员会会议，讨论研究工作，交流情况，学习文件。

（二）坚持学法用法，严格依法办事。这是四个工作委员会自身建设的关键。认真学习党和国家的方针政策和法律法令，提高政策水平和依法办事的水平。集体学与自学相结合。

（三）坚持调查研究，提高监督实效。这是各工作委员会必具的基本功和主要工作方法。既要调查了解情况，又要在研究上下功夫。了解下情，体察民情，敢讲真话，有效地实行监督。调查或视察时，可邀请有关方面的人员参加。

（四）坚持工作程序，注重请示汇报。这是四个工作委员会顺利开展工作的重要一环。各工作委员会在县人大常委会领导下，受它的委托进行工作，不是执行机构，不是行政部门，不代替政府有关部门的工作。遇事要加强请示汇报，未经常委会议或主任会议研究决定，不擅自答复、处理问题。

（二）1997年12月30日大丰市人大机关机构改革方案

根据地方组织法和中央〔1995〕7号，省委〔1995〕17号文件的有关规定，结合本市实际，市人大机关机构改革方案确定如下：

一、指导思想

市人大机关的机构改革，要有利于加强党对人大工作的领导，有利于加强社会主义民主与法制建设，有利于完善地方人民代表大会制度和加强人大工作。按照精简、统一、效能的原则，进一步明确职责，理顺关系，健全机构，精兵简政。机构的设置，必须同新的形势下市人大及其常委会的工作任务相适应，坚持从实际出发，实事求是，使机构设置更加科学合理，运转协调高效。人员编制的核定，既要贯彻精简原则，又要能够适应人大工作的需要，改善干部队伍结构，提高干部素质，注意充实有一定实践经验，熟悉法律、经济、业务和文字工作的干部到机关中来。通过机构改革，使市人大及其常委会更好地履行宪法和法律赋予的职责，更好地发挥地方国家权力机关的作用。

二、机构的设置及其主要职责

市人大常委会机关设办公室,为正科级综合办事机构,设内务司法工作委员会、财政经济工作委员会、社会事业工作委员会、人事代表联络工作委员会4个正科级工作机构。

(一)市人大常委会办公室

主要职责:

1. 承担市人民代表大会会议、常务委员会会议、主任会议和常委会党组会议的会务工作。

2. 负责市人大常委会会议决定和主任会议交办事项的督办工作。

3. 负责市人大常委会主任、副主任参加各项活动的组织安排,负责和协调市人大常委会统一组织的视察和执法检查的有关工作。

4. 根据主任会议的决定和安排,联络、协调机关内办事机构和工作机构的工作。

5. 承担市人大常委会及机关有关会议的会务性文字工作和党支部有关材料起草工作。

6. 负责机关文电、档案、机要、文印、通讯、收发工作。

7. 负责机关人事、劳资、干部培训、组织建设和思想政治工作,负责机关离退休干部的服务工作。

8. 负责机关后勤事务、安全保卫及内外宾的接待工作。

9. 承担市人大常委会同省、盐城市和各兄弟县、市人大常委会及其办公室的联系工作。

10. 办理群众来信、接待群众来访,综合报告信访中提出的重要建议和反映的重大问题。

11. 承办市人大常委会领导交办的其他事项。

(二)市人大常委会各工作委员会

主要职责:

1. 负责办理市人大交办的各项议案并提出报告及有关资料。

2. 根据各工作委员会的分工,同市人民政府所属部门,市人民法院、市人民检察院及市有关单位加强联系,了解宪法、法律、地方性法规和市人大及其常委会决议、决定的执行情况和有关工作,向主任会议汇报并提出意见、建议,必要时可受主任委托听取有关部门的汇报。

3. 组织对市人大常委会会议议题和主任会议听取的专题汇报进行视察调查,并提出初审意见,就有关重大问题开展调查研究,提出意见、建议。

4. 负责起草市人大常委会会议同本工作委员会有关的决议、决定和审议意见。

5. 组织讨论、修改全国、省人大常委会、盐城市人大常委会交付征求意见的法律、法规草案,并将修改意见汇总上报。

6. 负责处理有关代表建议和群众来信来访工作。

7. 做好市人代会、常委会主任会议及其他重要会议的有关服务工作。

8. 承办市人大常委会领导交办的其他工作。

三、人员编制和领导职数另行核定。

(三)2012 年 3 月十四届人大常委会成立后市人大常委会各工作机构职责

办公室

负责制定市人大常委会年度工作计划和有关活动安排、组织实施,承担各项决定、决议、意见的传递和督查落实工作。负责人代会会议、常委会会议、主任会议、常委会党组会议的组织工作。负责常委会、党组及机关有关文件的审核、印发和机关公文的收发、登记、传阅、清退及立卷归档和档案管理。负责常委会、党组、办公室印章的管理。负责对外工作联络和机关各办委工作协调及服务工作。负责机关精神文明建设和日常的思想政治工作。负责机关工作人员的管理、考核、测评、奖惩和各项规章制度落实情况的监督检查。负责机关改善办公条件、接待服务、经费管理、工资发放等工作。负责机关报刊的征订、收发。负责机关车辆的使用管理。负责办理市委、市政府下达的各项中心工作。协调组织常委会领导的公务活动,并做好服务工作。

研究室

承担常委会、党组和办公室文件、报告、工作总结以及常委会领导讲话、发言等文字材料的起草和校对等。承办主任会议、常委会会议、人代会会议和其他重要会议的方案制定、文稿拟定、宣传报道、信息反馈等工作,协助做好有关会务工作。组织对人民代表大会制度、民主法制建设、人大及其常委会的重要工作、人大代表履行职责等方面的宣传报道。组织整理上报信息,收集保存有关资料,编写人大工作史志和年鉴等。负责编辑《常委会会报》《人大工作情况》,维护大丰人大网站。组织开展人大工作理论研究和有关的调查活动,为常委会决策提供参谋、咨询服务。指导各镇人大开展宣传、信息、理论研究等方面的工作。

人事代表联络工作委员会

负责市国家机关工作人员选举和任免事宜。承办常委会代表资格审查委员会的具体工作,负责市、镇人大代表的选举事项,负责代表的视察、执法检查、调查研究的具体事务,负责代表议案和建议、批评、意见的办理工作以及人大代表的来信来访工作。负责本辖区的各级人大代表的联络、培训工作,负责指导镇人大建设工作。

内务司法工作委员会

负责对司法机关及所联系的政府部门有关法律法规贯彻实施情况进行监督检查。检查督促人民代表大会及常委会通过的有关内务司法工作方面的决议、决定及审议意见的执行落实情况。做好提交人大常委会审议、决定有关内务司法方面工作报告的初审,起草人大常委会有关内务司法方面的文件。负责人民群众来信来访的处理。负责做好市人民政府及其工作部门报送备案的规范性文件审查工作。

财政经济工作委员会

组织市人大常委会会议听取和审议市政府有关财经方面的专项工作报告前的视察或专题调研。为市人民代表大会计划预算审查委员会审查计划预算做好准备工作，对计划和预算草案及其报告进行初审。对市人民政府提请常委会议审查批准的计划、预算部分变更草案、决算报告和审计工作报告，进行初审并提出报告。对市人民代表大会批准的计划预算的执行情况进行监督。组织实施财经方面的执法检查，负责财经方面的调研工作。督办有关财经方面的代表建议和常委会的审议意见。

教科文卫工作委员会

督促检查分工联系部门和单位贯彻执行法律、法规和人大及其常委会决议、决定情况，承办有关执法检查的具体工作。调查了解教育、科学、文化、卫生等社会事业发展的情况及问题，为常委会讨论、决定重大事项提供依据。完成上级人大交办的工作和本级人大常委会交办的专题调研任务。

环境资源城乡建设工作委员会

督促检查城建环资有关法律法规和各项决议、决定贯彻实施情况，围绕城建环资工作，提出意见和建议。调查了解城乡建设、环境与资源保护、规划等有关方面情况及问题，为常务委员会讨论、决定重大事项提供依据。加强同对口单位的联系，了解情况，听取意见，及时向常委会反馈。完成上级人大交办的各项工作和本级常务委员会交办的专题调研任务。

农村工作委员会

加强同分工联系部门和单位的联系，调查了解农业与农村工作等方面的情况和问题，为常委会讨论、决定有关重大事项提供依据。督促检查分工联系部门和单位贯彻执行法律、法规和人大及其常委会的决议、决定情况，承办有关执法检查的具体工作。完成上级人大交办的有关工作和本级人大常委会交办的专题调研任务。

二、负责人

(一)办公室

主　任:王凤义(1987.2.18—1989.12.18)
　　　　刘伯森(1989.12.18—1996.10.22)
　　　　许宗泉(1997.12.1—2005.6.9)
　　　　沈　刚(2005.6.9—2010.3.23)
　　　　陈桂官(2010.5.27—2014.12.31)
　　　　陈爱华(2014.12.31—　)

副主任:许洪山(1981.9.16—1982.9.14)
　　　　朱元清(1982.9.14—1987.5.23)
　　　　方云友(1985.12.28—1989.9.23)
　　　　杨再生(1987.5.23—1988.11.23)
　　　　朱达成(1989.5.19—1994.2.2)
　　　　丁爱民(1990.7.30—1998.3.23)
　　　　顾国华(1993.3.31—1998.3.23)
　　　　陈　栋(1996.10.22—1997.12.1)
　　　　陈俐娟(1998.3.23—2005.6.9)
　　　　沈　刚(1999.8.9—2001.9.21)
　　　　蒋德爱(2002.7.25—2005.6.9)
　　　　黄　艳(2006.4.25—　)
　　　　王海滨(2006.4.25—2012.2.3)

(二)内务司法工作委员会(法制)

主　任:朱国柱(1987.5.23—1989.12.18)
　　　　高潮珠(1989.12.18—1996.9.21)
　　　　陈　根(1997.12.1—2007.4.19)
　　　　曹　震(2007.11.16—　)

副主任:朱国柱(1986.9.20—1987.5.23)
　　　　是月仙(1987.11.20—1990.4.9)

葛忠培(1991.1.22—1992.12.17)

黄汉高(1996.10.22—1997.12.1)

曹　震(2001.9.21—2007.11.16)

李　勇(2012.2.3—2014.12.31)

(三)财政经济工作委员会

主　任:朱元清(1987.5.23—1989.12.18)

张福元(1989.12.18—1996.9.21)

黄兆山(1998.3.2 3—2001.5.22)

夏　寅(2003.9.12—2014.12.31)

副主任:朱贻生(1991.1.22—1994.2.2)

夏　寅(1998.3.23—2003.9.12)

陈　德(2006.4.25—2007.11.16)

杨海慧(2010.7.23—　)

(四)教科文卫工作委员会(社会事业)

主　任:蒋振华(1987.5.23—1996.9.21)

杨玉堂(1997.12.1—2005.6.9)

施建飞(2005.6.9—2012.2.3)

周　健(2012.2.3—2014.12.31)

副主任:刘杏馨(1990.4.9—1993.3.31)

杨玉堂(1993.3.31—1997.12.1)

周　健(1999.8.9—2012.2.3)

李　勇(2014.12.31—　)

(五)环境资源城乡建设工作委员会

主　任:康邦兴(1990.4.9—1994.3.4)

王海滨(2012.2.3—　)

副主任:康邦兴(1987.5.23—1990.4.9)

徐文忠(2014.12.31—　)

(六)农村工作委员会

主　任:刘景海(1989.12.18—1996.9.21)

黄兆山(1996.1 0.22—1998.3.23)

袁春发(2004.4.12—2007.4.19)

董　干(2007.11.16—2011.3.29)

王连军(2012.2.3—　)

副主任:施建飞(2002.3.21—2005.6.9)

王连军(2006.3.27—2012.2.3)

(七)人事代表联络工作委员会(内务)

主　任:王凤义(1989.12.18—1994.3.4)

顾炳祥(1995.9.26—2001.5.22)

沈　刚(2001.9.21—2005.6.9)

蒋德爱(2005.6.9—2011.3.39)

黄　静(2012.2.3—　)

副主任:顾炳祥(1990.4.9—1995.9.26)

许玉明(1996.10.22—1999.1.12)

黄　静(2002.7.25—2012.2.3)

(八)研究室

主　任:黄　艳(2012.2.3—　)

三、机关规章制度

(2014年10月修订)

工　作　制　度

(一)总体要求

1、坚决贯彻执行党的路线、方针、政策和市委重大决策部署以及市人大常委会的决议、决定,在市人大常委会党组领导下开展工作,服从服务于全市发展大局和市人大常委会中心工作。

2、热爱人大工作,钻研人大业务,爱岗敬业,锐意进取,勇于创新,乐于奉献。

3、模范遵守市人大机关各项工作和管理制度,认真执行各级关于机关工作人员作风纪律的有关规定。

4、各委室要提高全局意识，既各司其职、各负其责，又加强沟通协调，形成相互支持、和谐共进的良好氛围。

5、加强廉洁从政教育，坚决贯彻中央八项规定和省、市委各项规定，带头讲党性、重品行、做表率，保持积极向上的精神面貌。

（二）上下班和请销假制度

1、机关工作人员要自觉遵守作息制度，按时上下班，上班期间不做与工作无关的事情，按时完成工作任务和领导交办的事项。

2、上班期间，如有特殊情况必须离开工作岗位的，要严格请假制度，不得无故缺勤。

3、探亲假、产假、婚丧假、年休假等严格按照有关规定，在履行请假手续后休假。

4、因公出差或因病、因事请假，要事先申明理由，并按干部管理权限和请假时间长短分级审批。

（1）各委室负责人请假，由常委会分管领导批准，出市的或2天以上的还须经主持工作的常委会领导批准；

一般工作人员请假由各委室负责人批准，2天以上的由常委会分管领导批准。

（2）请假3天以上的，须履行书面请假手续，经主持工作的常委会领导批准后生效。

如因急事或重病不能事先请假的，可委托他人代为请假或办理补假手续。

（3）为便于工作联系，请假人应将请假情况同时报办公室备案。

（4）请假期满因故要续假的，需及时向批准人办理续假手续。假期结束后，应及时向批准人销假。

5、机关工作人员的日常出勤、请销假情况由各委室登记，每月汇总后交办公室，办公室应按照有关文件规定建立健全出勤、请销假和工作人员年休假情况等台帐。年度内请事假累计5天以上的机关工作人员，其请事假天数抵冲当年的年休假天数。

6、上班时间内因事短时间离开机关，须向领导或在班的同志说明事由、时间、去向，并告知办公室，以便有必要时随时联系。

（三）请示报告制度

1、为进一步规范工作程序、严肃工作纪律，对需请示、报告的事项应及时、主动请示报告，确保经办事项不误办、不漏办。

2、机关日常工作根据分管职责和权限，实行逐级请示报告制度。

对个别特殊事项，坚持谁交办向谁请示、报告原则。

3、以下事项应请示、报告至常委会领导：

(1)常委会及机关重要工作、会议和活动的计划安排及进展情况；

(2)上级人大和市委下发的会议通知、交办的重要任务及需办理的重大事项；

(3)参加上级人大召开的会议和组织的活动情况；

(4)镇区人大及市直部门请示的重要事项；

(5)接待副处职以上来宾；

(6)以市人大常委会机关名义对外进行的联系与活动。

4、请示报告的注意事项：

(1)请示报告要实事求是，正确反映客观实事。

请示报告人将请示报告的内容，包括工作进展情况、遇到的问题和下一步工作打算认真整理，通过口头或书面的形式请示报告。

(2)请示汇报事项应当属于确有必要。

对应请示报告而没有履行的，要给予批评教育。凡职责范围内或能够把握得准的事项，要尽职尽责，果断处理，认真落实，不推诿扯皮，不借口请示报告将矛盾上交。

(3)请示报告应加强组织纪律观念。

请示报告事项做到个人服从组织、下级服从上级。凡属请示报告的事项，在领导未批复前，不得擅自行事；如在紧急情况下来不及请示，应在妥善处理或解决后，及时向领导报告。

对领导已经作出的处理决定，要及时进行布置落实，提高办事效率，确实遇到困难应及时报告，不能有抵触行为。

(四)值班制度

1、节假日和特殊时期应加强机关值班，严格防范非正常事件发生，及时处理相关工作事宜。机关所有工作人员都要确保通讯畅通，便于工作联系。

2、值班事宜由办公室根据有关要求统一安排，各委室轮流承担值班任务。

3、带班领导应督查值班情况，值班人员不得迟到、早退，不得擅自离岗，做到不失职、不误事。

4、认真做好值班记录和电话记录，负责处理来电，接待来客、来访，及时向有关领导报告重要情况，完成领导交办的事项。

5、严格交接班手续，明确交接办事宜，保持值班工作连续性。

6、因无故脱岗或责任心不强发生工作事故的，要追究值班人员的责任。

学 习 制 度

为更好的履行人大常委会工作职责，进一步提高机关工作人员政治、业务能力，适应新形势下人大工作的需要，特制定本制度。

（一）学习内容

机关学习要根据当年人大常委会工作要点和机关自身建设情况，有针对性的安排学习活动，

1、加强政治理论学习。重点学习邓小平理论、“三个代表”重要思想、科学发展观、习近平总书记系列重要讲话精神等党的基本理论；学习党的路线、方针、政策，各级党委重要会议及有关文件精神。

2、加强法律法规学习。重点学习《宪法》、《监督法》等与人大工作密切相关的法律知识，学习与工作监督、法律监督相关的法律法规。

3、加强业务知识学习。重点学习人民代表大会制度基本理论和人大工作基本方法，地方人大工作的理论知识与实践经验，上级人大的重要会议和文件精神，外地人大工作的先进经验等方面的知识。

4、加强相关知识学习。重点学习市委宣传部安排的月度学习内容以及现代科技、市场经济、先进文化等方面知识。

（二）学习时间

每周六进行集中学习，如遇特殊情况，由办公室另行通知。

积极参加市里统一组织的各种学习活动，保证学习时间。

（三）学习形式

采取集中学习与个人自学相结合，机关集体学习与委室分散学习相结合，走出去学与请进来教相结合等学习形式，采用请专家授课、举办讲座或宣读文件等形式集中辅导，交流心得、观看电教片、外出参观等学习方式，确保增强学习实效。

（四）组织实施

机关集中学习由宣传委员按要求提出学习内容、拟出学习计划，支部书记负责审定，办公室组织并安排专人做好学习记录。个人自学由各委室领导督促落实。

需要外邀专家学者作专题培训辅导的，根据学习内容经办公室和相关委室协商后，由涉及专题的委室负责联系授课人员，办公室负责接待等后勤保障工作。

机关工作人员参加上级或有关部门组织的其他学习培训，由办公室统一调度。

（五）学习要求

1、严肃学习纪律。机关集中学习，不得无故缺席，办公室做好考勤记录，每月公布一次出勤记录情况；确因特殊情况请假，须经支部书记批准同意。

2、端正学习态度。学习时间不得做与学习无关的事情，要认真做好学习笔记，按要求撰写学习心得体会。

3、强化学习效果。机关学习要依照学习计划进行，做到形式具体、内容实在、效果明显；在学习中要紧密联系思想和工作实际，开展心得交流，真正做到学有所获、学以致用。

财务管理制度

市人大机关财务管理工作依照财会法律法规要求，本着“统一管理、专款专用、规范操作、透明公开”的原则，做到厉行节约、合理使用、保障运转。

（一）经费预算管理

1、预算编报实行统筹兼顾、量入为出的原则，每年第四季度由办公室在征求机关各委室意见的基础上，申请、编制下年度部门预算，报主任会议通过后报市级机关事务管理处按程序审批。

2、严格执行预算，日常支出及各类经费均应严格按照批准的预算执行，由办公室和相关委室于年初分别编制本委室支出预算方案。

3、专项活动或支出金额较大的活动，由办公室向市政府申请专项活动经费，按批准后的额度控制使用。

（二）经费支出审批

1、机关各项经费由办公室统一扎口管理，凡需开支事项，均应按“先申请、后开支”的规定执行。各委室申报的经费使用计划，经分管该委室的常委会领导同意后，严格掌握使用；对于事先无法预知的，应在公务活动结束后的三天内提出增补计划后使用。

2、严格报批程序，坚持办公室主任“一支笔”审批制度，按照“谁分管、谁负责，谁签字、谁负责”的要求，在经费使用人、委室主任审核后，按规定报批。

3、机关财务由市级机关事务管理处统一纳入机关财务管理，人大机关设立费用报批登记员，经费由资金使用人经登记、审核、批准后交机关事务管理处财务科统一到市会计核算中心报支、核算。

（三）经费报销

机关经费报支应于每月月初汇总审核，每月 10 号前报销，特殊情况延迟不得超过两个月；所有票据必须是正式发票或财政票据，章印齐全，填写规范。未经批准或开支超范围、超标准、超权限、超预算的一律不予报销。

1、机关办公正常性支出按程序和规定执行。办公用品、文印耗材等由办公室统一购置、发放，打复印材料送指定文印室处理，印刷品在政府定点印刷单位印制，报刊杂志订阅在各委室提出计划后由办公室统一征订，更新购置办公设备由机关事务管理处进行政府采购。

2、出差、学习培训等车旅费凭有关会议通知和领导批示（外出考察应持考察通知，经常委会分管副主任签字同意后，报常委会主持日常工作的副主任批准），按规定在限额内凭据报销。

3、各委室专项经费须在财政局批准的用途和金额的范围内，严格执行“专款专用，总量控制”的原则，用于工作性支出。

4、车辆加油实行“一车一卡”对应管理，原则上不得现金加油；车辆维修、添置物品执行申报审批制度，需经办公室分管副主任同意后方可按程序报销。

5、公务接待按机关接待制度执行，未经统一安排，无接待通知单，未经相关授权人员签字的，所涉费用不予报支。

（四）固定资产管理

凡使用年限在一年以上以及单价在规定金额以上（一般设备 500 元，专用设备 800 元）的购入物品，都应计入机关固定资产管理。

1、机关固定资产由办公室指定专人负责统一登记和管理，并建立档案。

2、常委会领导办公室的固定资产由办公室负责管理，各委室使用的固定资产分别由各委室负责管理。

3、大额固定资产的购置实行政府集中采购，购进的资产由使用人按程序申请、报批并负责验收，由管理人员登记入账。

4、固定资产报废处置由各委室提出申请，经与管理人员核对后，填写“固定资产报废处置表”报办公室主任批准后交市级机关管理处核销，任何委室或个人未经批准不得随意处置。

5、年末配合市级机关事务管理处对本机关固定资产进行一次全面清查盘点，对清查盘点中发现的问题，及时采取措施按规定处理。

（五）经费管理监督

1、机关经费支出严格执行国家财经法规和财政部门相关规定，所有报批手续必须按照财务管理有关规定操作。

2、机关财务管理向常委会主任会议负责。每年年初向主任会议汇报当年总财政经费盘子和构成、机关全年各项经费安排、全年专项费用支出安排、上年度经费执行情况；7－8月份向主任会议汇报半年来的经费执行情况。

3、机关经费使用接受有关部门的稽核和审计。

接待工作制度

（一）接待原则

接待工作遵循确有必要、勤俭节约原则。

1、事前审批。接待事项必须事先按程序报批，未经批准的接待费用不得报销；

2、协调配合。市人大机关接待工作由市人大常委会办公室统一管理、统一协调，常委会各委室负责对口接待，相互配合，共同做好接待工作；

3、勤俭节约。接待工作既要热情周到，礼貌待客，又要务实节俭，严格标准，杜绝奢侈浪费；

4、定点接待。接待对象在市接待办招标签约的相关宾馆（饭店）接待。

（二）接待范围

5、全国、省、盐城市人大常委会来丰检查、调研、视察等工作的领导及工作人员；

6、市内外兄弟县（市、区）人大常委会来丰考察、学习交流的领导及随行人员；

7、各镇区人大到市人大机关参加公务活动的领导及工作人员；

8、到市人大机关参加公务活动的各级人大代表、公民旁听人员；

9、市人大机关服务的来丰考察、投资的各类客商；

10、到市人大机关联系工作的其他人员。

（三）客情报告

11、常委会各委办室接到来访信息后，及时填写《客情报告单》，写明来客姓名、单位、职务、人数、抵离时间、来访目的、主要活动安排及拟请领导参加等接待内容，报相关领导审批；

12、凡正处职以上领导的客情信息，常委会各委室应在第一时间告知办公室，由专人扎口填写《客情报告单》，经市人大办公室主任审核、单位盖章后报市委办和市接待办；

13、实行节假日公务接待备案制度。凡节假日公务接待需事先填报《节假日公务接待备案表》，经办公室主任签字加盖单位公章后，报市廉政办备案。

(四)方案制定

14、全国、省、地市级正处职以上宾客及其他重要宾客来丰,办公室协助有关委室及市接待办,根据宾客和有关领导意见,拟定宾客在丰期间接待方案,呈常委会领导、市有关领导审批,并做好衔接、落实和服务工作;

15、正处职(不含)以下来宾由办公室会同有关委室对口接待,由相关委办室拟定接待方案,经办公室主任签批后由办公室安排,相关委室落实。

(五)接待规格

16、全国、省、地市级正处职以上领导由市人大常委会有关领导接待。享受政策规定礼遇;

17、正处职(不含)以下领导由市人大常委会分管领导和相关委室负责同志对口接待。市人大常委会办公室做好服务保障工作;

18、会场和考察现场的布置注重简洁高效。

(六)接待标准

19、来丰客人的住宿、用餐、交通、参观等安排由市人大常委会办公室按规定承办;

20、住宿接待严格执行有关规定。由市人大常委会办公室负责在接待定点宾馆(饭店)安排,收费标准协议价格执行。住宿用房以标准间为主,接待省部级干部可以安排普通套间。不超标安排住房,不额外配发洗漱用品。住宿费原则上由客人自理;

21、就餐严格按照标准执行。来丰客人原则上安排接待 1 次,不超标安排,不得提供鱼翅、燕窝等高档菜肴和用野生保护动物制作的菜肴,不提供香烟和高档酒水,工作日中午不饮酒;

22、严格控制陪餐人数。原则上,接待对象在 10 人以内的,陪餐人数不得超过 3 人;超过 10 人的,不得超过接待对象人数的三分之一。

(七)其他事项

23、接待活动应当安排集中乘车,合理使用车型,严格控制随行车辆;

24、严格接待经费管理。接待经费使用日清月结,报销应当包括财务票据、派出单位公函和接待清单,经市人大常委会办公室主任审核签字后到市接待办报销;

25、办公室对接待经费管理和使用情况定期分析,并在适当范围内公布。

车辆管理制度

1、机关车辆由办公室统一安排。机关车辆用于保证常委会领导、各委室工作用车。常委会领导用车相对固定,如因工作需要临时调用,应征求常委会领导意见。离退休领导用车和各委室工作用车在机动车范围内调度安排,用车前要提前与办公室联系。

2、严格执行派车制度。遇有中心工作,所有车辆由办公室统一调度。除相对固定的车辆外,驾驶员未经办公室批准,不得擅自出车,更不得将车辆交付他人驾驶。因公因事需到盐城市外出差的,驾驶员应及时告知办公室。

3、严禁公车私驾、公车私用。对违反规定的,分别给予当事人通报批评和驾驶员离岗学习处理。发生交通事故的,由当事人和驾驶员全额承担事故处理和赔偿费用,依纪依法追究责任,并按规定对驾驶员作解聘或辞退处理。

4、严格按规定停放车辆。节假日除值班车辆外,其他所有车辆实行在机关大院集中封存制度;因乱停乱放造成失窃、碰砸损坏的一切后果(包括车辆维修费用),由驾驶员本人负责。

5、严格遵守交通法规条例。行车前要做好车辆检查,行车时安全行车,不做与驾驶无关的事,严禁酒后驾驶和违章行驶;对所开车辆的各种证件的有效性应经常检查,按时年审,出车时必须保证证照齐全。

6、认真遵守工作纪律。没有出车任务时,驾驶员要遵守机关上下班制度,在办公室待命;出车时,对领导或办公室来电,无特殊情况应及时回应,若屡次联系不上致使工作延误者,视情节轻重予以处理。

7、全面做好服务工作。服从领导、听从安排、热情服务,不得借故拖延或拒不出车;加强车辆清洁维护与保养,始终保持良好车况车貌;出长途前,认真研究地图,确认路线和目的地,选择最佳行车路线;出车在外,不仅要开好车,同时为领导做好相关辅助工作。

8、加强车辆维修管理。对车辆爱护使用、加强保养,在保证安全的前提下,节约经费;车辆需要购买新的零部件或进厂修理,须到市级机关汽车维修所按规定申请,并报告办公室分管领导;新车装潢或旧车添置必需品,须经办公室分管同意后,按程序和规定办理;严禁将汽油送外单位或个人,一经发现严肃处理。

公文办理制度

为进一步规范公文办理工作,提高公文办理的质量和效率,结合市人大常委会机关实际,制定本制度。

(一)发文办理

1、拟稿。发文应确有必要、精简、效能,由各委室按职责分工负责拟稿。文稿前应附发文

稿纸 并按规定填写各项内容。

2、校核。拟稿委室应对文稿认真细致地校对审核,包括公文格式、文字及内容等。

3、审签。文稿经委室主要负责人签字后,送办公室签署意见,再送常委会领导审签。

以常委会名义发文,经办公室主任核稿、常委会分管领导审阅后,由主持工作的常委会领导签发。

以办公室名义发文,经办公室主任核稿、常委会分管领导审阅后,由办公室主任签发。重要的或涉及面广的,由常委会分管领导签发。

联合行文时,须坚持会签制度,按上述程序核稿、签发。已签发文件如需重大修改,必须重新办理审签等手续。

4、登记。文件审签后应分门别类进行登记,统一编排相应的发文字号,领导签发日期为成文日期。

5、印发。文件由拟稿委室负责清样校对,按规定格式和份数印制,加盖印章,分发主送单位和抄送单位。

以常委会名义行文,从拟文到签发、印发,一般应在3天内完成。常委会审议意见、主任会议纪要一般要在会后5天内印发到有关单位。

6、归档。公文办理完毕,应根据有关档案管理规定,及时将正式文件和审签稿等有关材料送办公室存档。

(二)收文办理

1、签收。办公室负责接收所有来文(包括电子公文)。签收文件应逐件清点,发现问题及时与发文单位联系并采取相应措施。

2、登记。收文后逐件分门别类进行登记,区分阅办件和传阅件,填写阅办卡。

3、传阅。传阅件经办公室主任提出拟办意见后,按照规定和程序及时送有关领导传阅,不得随意扩大传阅范围。工作人员应随时掌握公文去向,避免漏传或延误。

4、审批。阅办件根据来文内容或来文单位的要求,经办公室主任提出拟办意见后,及时送常委会领导审批或转相关委室。

5、承办。常委会领导批示的公文,由接受任务的相关委室或人员负责办理落实,要急件急办,常规件及时办,提高效率,保证质量。

承办委室或人员按要求办理完毕后,要整理出办理结果,及时向常委会领导汇报。

6、归档。文件办理后,需要归档的,应按规定及时做好归档工作。对于普通文件也应定期整理,集中统一处理。

各委室外出开会所收的重要文件交由办公室统一登记、传阅、归档。

档案管理制度

（一）档案工作组织领导

机关档案工作由办公室牵头，确定一名领导分管档案工作，指定专人负责档案的收集、整理、归档，并联系各委室的建档工作。各委室配合，负责本部门工作形成的有关资料建档工作。

（二）档案工作职责

1、负责统一管理本机关的全宗档案，为档案的使用提供服务；

2、收集、整理、保管本机关形成的各种门类和载体的档案；

3、切实维护档案的安全，定期向档案局移送永久、长期保存的档案。

（三）归档文件材料整理分工

市人大及其常委会在依法履职的各种会议、活动和机关日常工作中形成的有保存价值的、不同形式的历史记录，包括文书档案、声像档案、实物档案等，由机关档案室集中统一管理，确保档案的完整与安全。

1、市人民代表大会会议、市人大常委会会议、主任会议、党组会议形成的文件材料（含记录材料）；以市人大常委会党组、市人大常委会、市人大常委会办公室名义起草的文件；市人大常委会公报、公告，市人民代表大会文件汇编、《人大工作情况》、《会报》及市人大常委会及机关日常形成的文件、材料由办公室、研究室收集、整理。

2、人事任免、规范性文件备案审查、执法检查、视察调研、专项工作评议、代表活动（大丰市级以上人大代表）等形成的材料由承担工作的相关委室收集、整理。

3、代表议案办理情况材料由具体督办的委室收集、整理；建议、批评和意见的办理情况材料由人代工委收集、整理。

4、上级人大常委会领导在本市指导检查工作形成的材料，由对口的相关委室收集、整理。

5、市、镇人大换届选举材料由人代工委收集、整理。

6、重要的群众来信来访和有领导批示的来信来访办理情况由内司工委收集、整理。

7、机关行政后勤工作形成的材料由办公室收集、整理。

8、历届全体代表合影、全体常委合影、重要会议和活动的影音资料由研究室收集、整理。

（四）档案管理

1、本机关工作人员查阅档案可由档案管理人员协助查阅，档案查阅应在档案室内进行。资料离开档案室，须办理借阅登记手续，点交清楚，并限期归还。

2、外单位查阅档案，需持单位介绍信（注明人员身份和查档内容），经办公室主任签字批准后方可查阅。

档案一律不外借。

3、严禁私自对案卷内容进行涂改、加注、撕毁、拆卷抽件，如需摘抄、复制档案内容，需经核对无误加盖公章后方有效。

查阅常委会党组会议记录、涉密调查报告、重要信访等涉密档案须报常委会分管领导批准，且不得擅自复印。

4、凡失密、损坏档案者，按档案法和保密法等有关规定处理。

第五节　理论研究会

为加强人大工作理论研究，促进人大工作理论研究更好地为经济发展服务，2000 年 10 月，市十一届人大常委会党组和主任会议研究决定成立大丰市人大工作理论研究会。经过两个月的酝酿和筹备，于2000 年 12 月 12 日在银都大酒店召开了市人大工作理论研究会成立大会。市委、市人大、市政府有关部门、社会团体以及乡镇人大的有关同志共 70 多人参加会议。会议由市人大常委会副主任杨国美主持，市民政局副局长季明礼宣读关于同意成立大丰市人大工作理论研究会的批复，市人大工作理论研究会会长陆燕池、盐城市人大常委会领导参加会议并讲话。会议通过了《大丰市人大工作理论研究会章程》。章程确定研究会的宗旨为：坚持以马列主义、毛泽东思想和邓小平理论为指导，认真学习“三个代表”重要思想，深入贯彻党的十五大精神，坚持贯彻依法治国，建设社会主义法制国家的基本方略，组织有关方面的力量，从理论和实践的结合上，积极开展对地方人大工作中的有关问题和有中国特色社会主义民主政治的理论研究，推动全市民主法制建设和人大工作，促进全市的改革开放、经济发展和社会稳定。根据章程推举产生了 9 名常务理事，并选举产生了会长、副会长、秘书长和副秘书长。

人大工作理论研究会在市人大常委会党组领导下开展工作，具体事务挂靠市人大常委会办公室。

市人大工作理论研究会成立以来，围绕人民代表大会制度和人大工作，结合大丰市民主法制建设的进程，坚持理论联系实际，每年有重点的安排 1—2 个专题组织会员开展调查研究和理论研讨活动。坚持定期召开理事会及会长、秘书长办公会，总结经验，研究工作，使研究会的活动逐步制度化、规范化。

在市人大常委会党组的领导及市人大工作理论研究会的组织和推动下，全市人大工作理论研究活动日趋活跃，成果丰硕。从2000年到2014年共交流发表论文200余篇，印发会议文件及论文汇编2万册。特别是2006年以来，市人大工作理论研究会积极参加盐城市、江苏省人大工作理论研究会组织的有关会议活动，撰写了理论调研文章200多篇，得到与会人员的普遍好评。

大丰市人大工作理论研究会
第一、二届理事会组成人员名单

第一届理事会成员名单

（2002年10月）

大丰市人大工作理论研究会会长、副会长名单

会　长：陆燕池　大丰市人大常委会主任
副会长：杨国美　大丰市人大常委会副主任
　　　　魏翠萍　大丰市人大常委会副主任
　　　　王忠珠　大丰市人大常委会副主任
　　　　朱　绵　大丰市人大常委会副主任
　　　　管洪俊　大丰市人大常委会副主任
　　　　鲁鸿发　大丰市人大常委会副主任
　　　　施志康　大丰市人大常委会副主任

大丰市人大工作理论研究会常务理事名单

（以姓氏笔画为序）

王忠珠　大丰市人大常委会副主任
朱　绵　大丰市人大常委会副主任
许宗泉　大丰市人大办公室主任
陆燕池　大丰市人大常委会主任
杨国美　大丰市人大常委会副主任
施志康　大丰市人大常委会副主任

鲁鸿发　大丰市人大常委会副主任
管洪俊　大丰市人大常委会副主任
魏翠萍　大丰市人大常委会副主任

大丰市人大工作理论研究会秘书长、副秘书长名单

秘 书 长:杨国美(兼)
副秘书长:许宗泉　大丰市人大办公室主任
　　　　沈　刚　大丰市人大办公室副主任
　　　　陈俐娟　大丰市人大办公室副主任
　　　　蒋德爱　大丰市人大办公室主任助理

第二届理事会成员名单

大丰市人大工作理论研究会会长、副会长名单

(2009年10月30日大丰市人大工作理论研究会二届一次会议通过)

会　长:陆燕池　原大丰市人大常委会主任
副会长:(以姓氏笔画为序)
　　王忠珠　原大丰市人大常委会副主任
　　朱　绵　原大丰市人大常委会副主任
　　杨国美　原大丰市人大常委会副主任
　　沈纪万　原大丰市人大常委会副主任
　　陆　琪　原大丰市人大常委会副主任
　　施志康　原大丰市人大常委会副主任
　　鲁鸿发　原大丰市人大常委会副主任
　　魏翠萍　原大丰市人大常委会副主任

大丰市人大工作理论研究会常务理事名单

（2009 年 10 月 30 日大丰市人大工作理论研究会二届一次会议通过）

（以姓氏笔画为序）

王忠珠　原大丰市人大常委会副主任

朱　绵　原大丰市人大常委会副主任

杨国美　原大丰市人大常委会副主任

沈　刚　大丰市人大常委会办公室主任

沈纪万　原大丰市人大常委会副主任

陆　琪　原大丰市人大常委会副主任

陆燕池　原大丰市人大常委会主任

施志康　原大丰市人大常委会副主任

鲁鸿发　原大丰市人大常委会副主任

魏翠萍　原大丰市人大常委会副主任

大丰市人大工作理论研究会秘书长、副秘书长名单

（2009 年 10 月 30 日大丰市人大工作理论研究会二届一次会议通过）

秘 书 长:杨国美(兼)

副秘书长:沈　刚　大丰市人大常委会办公室主任

黄　艳　大丰市人大常委会办公室副主任

王海滨　大丰市人大常委会办公室副主任

大丰市人大工作理论研究会理事名单

（2009 年 10 月 30 日大丰市人大工作理论研究会二届一次会议通过）

（以姓氏笔画为序）

丁　扬　大丰市城管局局长
丁金保　大丰市粮食局局长
王连军　大丰市人大常委会农村工委副主任
王忠珠　原大丰市人大常委会副主任
王海滨　大丰市人大常委会办公室副主任
王晓聪　大丰市人大常委会办公室秘书
卞泰鹏　大丰市林牧业局局长
石万宇　万达集团董事长
叶玉存　大丰市广电局局长
朱文明　丰东公司董事长、总经理
朱永进　大丰市物价局局长
朱国华　大丰市房管局局长
朱国新　大丰市滩涂海洋与渔业局局长
朱学忠　大丰市交通局局长
朱建明　大丰市安监局局长
朱　绵　原大丰市人大常委会副主任
仲汉根　辉丰集团董事长
刘桂根　大丰市人防办主任
汤卫忠　刘庄镇人大副主席
孙志强　大丰市审计局局长
杨永忠　草堰镇人大主席
杨国美　原大丰市人大常委会副主任
杨建平　大丰市民政局局长
杨海慧　大丰市人大常委会办公室副主任科员

李国城　大丰市经贸委主任
李　勤　大丰市人民检察院检察长
吴金富　小海镇人大副主席
吴树建　盐城市盐务局副局长、大丰市盐务局局长
吴桂荣　大丰市发改委主任
沙长河　大丰市人民法院院长
沈　刚　大丰市人大常委会办公室主任
沈纪万　原大丰市人大常委会副主任
沈明高　市委农工办主任
张锦生　大丰港经济区副主任、口岸委常务副主任
陆　琪　原大丰市人大常委会副主任
陆燕池　原大丰市人大常委会主任
陈　平　大丰市人事局局长
陈保富　西团镇人大副主席
陈　彬　白驹镇人大主席
陈湘陵　劲力公司副董事长、总经理
陈新明　大丰市水利局局长
陈耀忠　裕华镇人大副主席
邵巧华　方强镇人大主席
茅巍平　江苏人酒业公司董事长
茅巍柏　大丰市劳动和社会保障局局长
明恒楼　大丰市供销总社主任
季正相　新丰镇人大主席
迮钧祥　万盈镇人大副主席
金福华　大丰市人大常委会办公室秘书
周　健　大丰市人大常委会社事工委副主任
周新明　大丰市环保局局长
柏桂银　三龙镇人大副主席
赵晓庆　大丰经济开发区主任
施建飞　大丰市人大常委会社事工委主任

施志康　原大丰市人大常委会副主任
宣汉生　草庙镇人大副主席
姚明翔　金丰纺织董事长
袁兴平　宝鑫集团总经理
顾云彬　大中镇人大副主席
顾仲荣　市委党校常务副校长
顾国华　大丰市规划建设局局长
夏萍娟　大丰市人大常委会办公室秘书
夏　寅　大丰市人大常委会财经工委主任
倪菊平　大丰市财政局党组书记
徐向东　大丰市卫生局局长
殷凤山　丰山集团董事长
高　军　多为集团董事长
黄永新　大丰市人大常委会办公室秘书
黄　艳　大丰市人大常委会办公室副主任
黄　静　大丰市人大常委会人代工委副主任
曹　震　大丰市人大常委会内司工委主任
商明星　大丰市国土局局长
董　干　大丰市人大常委会农村工委主任
董　俏　大丰市总工会主席
蒋爱国　南阳镇人大常委会副主席
蒋德爱　大丰市人大常委会人代工委主任
储金宽　大丰市残联主席
鲁鸿发　原大丰市人大常委会副主任
蔡　东　大丰市外经局局长
缪凤群　大桥镇人大主席
魏翠萍　原大丰市人大常委会副主任

大丰市人大工作理论研究会章程

第一章 总 则

第一条 大丰市人大工作理论研究会(以下简称研究会)是从事人民代表大会制度和人大工作理论研究的学术团体。

第二条 研究会的宗旨是,坚持以马列主义、毛泽东思想和邓小平理论为指导,认真学习“三个代表”重要思想,深入贯彻党的十五大精神,坚持贯彻依法治国,建设社会主义法治国家的基本方略,组织有关方面的力量,从理论和实践的结合上,积极开展对地方人大工作中的有关问题和有中国特色社会主义民主政治的理论研究,为推动我市民主法制建设和人大工作,促进全市的改革开放、经济发展和社会稳定服务。

第三条 研究会接受市人大常委会的领导,接受大丰市民政局社团登记管理部门的业务指导和监督管理。

第二章 任 务

第四条 组织会员认真学习马列主义、毛泽东思想和邓小平理论,学习党的路线、方针、政策,学习宪法法律、法规及有关知识,不断提高会员的政治思想理论水平和研究工作能力。

第五条 组织会员开展对地方人大工作中的有关问题和人民代表大会制度以及社会主义民主法制的理论研究,总结人民代表大会制度建设及依法治国、依法治市的经验。

第六条 围绕党的中心工作和人大工作的实际,拟定研究课题,组织调研活动,积极开展理论研讨。

第七条 总结交流研究成果,编辑出版研究资料。

第八条 加强同省、盐城市和兄弟市(县、区)人大工作理论研究机构的联系,及时交流人大工作信息,邀请有关专家学者参加本会的研究活动。

第三章 会 员

第九条 凡承认本会章程,执行本会决议的有关研究团体和个人均可入会,申请者要填写入会申请书和会员登记表，由常务理事会批准。

第十条　本会会员享有下列权利：

（一）有选举和被选举权；

（二）参加本会组织的研讨活动；

（三）向本会申请研究课题，并获得本会提供的帮助；

（四）优先获得本会编印的研究资料；

（五）向本会申报或通过本会申报研究成果奖；

（六）对理事会或常务理事会的工作提出建议、批评和意见；

（七）会员可自愿向常务理事会提出退会申请。

第十一条　本会会员必须履行下列义务：

（一）遵守本会章程，执行本会决议；

（二）参加本会组织的有关研究活动，接受并完成本会委托的研究任务；

（三）向本会报送研究成果，提供信息，反映情况；

（四）按规定交纳会费。

第四章　组织机构

第十二条　研究会设理事会，每届任期五年。理事会行使下列职权：

（一）制定和修改本会章程；

（二）讨论决定本会工作的重大事项；

（三）听取和审议本届常务理事会的工作报告；

（四）选举会长、副会长、常务理事、秘书长和副秘书长，组成常务理事会；

（五）每年至少召开一次理事会会议。

第十三条　常务理事会在理事会闭会期间，是理事会的执行机构。行使下列职权：

（一）处理本会的日常工作；

（二）向理事会提出工作报告和建议；

（三）批准吸收会员，会员退会予以备案；

（四）制定本会工作计划，并组织实施；

（五）决定理事会副秘书长和办事机构的工作人员；

（六）每季召开一次常务理事会会议。

第十四条 本会的办事机构在秘书长的主持下负责处理研究会的日常工作。副秘书长协助秘书长的工作。

第五章 经 费

第十五条 研究会的经费来源:会员交纳会费,向财政申请补助,接受社会赞助。

第十六条 研究会经费主要用于召开研究会常务理事会、理事会和理论研讨会,编辑出版研究资料,评选优秀论文,奖励论文作者,组织调查研究,以及办事机构日常活动费用。

第十七条 执行国家规定的财务管理制度,接受社会团体管理部门和财政部门的监督。

第六章 附 则

第十八条 本章程自通过之日起生效,解释权属于本会常务理事会。

第二章 选　　举

本章所述选举，主要是指大丰市（县）级人大代表的选举。地方各级人民代表大会代表，代表人民的利益和意志，依照宪法和法律赋予本级人民代表大会的各项职权，参加行使国家权力。人大代表选举，是组织国家政权的一项基础性工作，是人民行使当家做主权力的主要途径和重要形式。是坚持和完善人民代表大会制度，实现社会主义民主制度化、规范化、程序化的重要步骤。

新中国成立之初，大丰县普选人大代表条件尚未具备，各界人民代表会议代表按照《中国人民政治协商会议共同纲领》要求，采用推荐、选举和邀请相结合的办法产生。1953 年 3 月，《中华人民共和国全国人民代表大会和地方各级人民代表大会选举法》颁布后，大丰县乡（镇）人民代表实行普选，再由乡（镇）人民代表大会选举产生县人民代表大会代表；从 1980 年起，根据新的选举法规定，大丰县（市）人民代表大会代表由原来的间接选举产生改为直接选举产生。在选举方式上，选举法规定实行差额选举，候选人名额应多于应选代表名额的三分之一至一倍；代表选举一律采用无记名投票的方法。

1980—2011 年期间，大丰六至十四届人民代表大会的代表，是根据《地方组织法》和《选举法》的规定，都是以直接选举和差额选举的办法，经过培训骨干宣传发动、选区划分、选民登记、提名推荐候选人、投票选举等阶段，由选民在各选区无记名直接投票选举产生。

第一节 选举办法

从 1954 年 7 月至 2012 年 2 月，大丰先后进行 14 次市（县）级人民代表大会代表的选举，市（县）选举委员会根据《地方组织法》《选举法》和《省选举实施细则》规定，均制定了选举办法、实施方案和换届选举工作安排意见。以下列举三次选举办法。

大丰县关于首届一次人民代表大会名额分配与产生办法

（1953年6月9日大丰县选举委员会通过）

一、本县人民代表大会代表名额的分配与产生，是根据《中华人民共和国全国人民代表大会和地方各级人民代表大会选举法》（以下简称《选举法》）及江苏省关于选举实施细则（草案）结合本县具体情况制定的。

二、本县人民代表大会之代表，由全县各乡镇人民代表大会暨经本县境内中国人民解放军及上海农场管理局等有关单位选举产生之。

三、本县人民代表大会代表名额，按《选举法》第10条、第11条规定为264人。

四、各乡应选县人民代表大会代表名额，按《选举法》第11条规定："人口在2000以上者选代表1人，人口超过2000者至6000者选代表2人。"因此，根据本县情况作具体分配如下：

（一）人口在2000以下的8个乡，各应选代表1人，计应选代表8人。垦北区：同丰乡、下明乡。川港区：潘丿乡。川东区：丁东乡、新东乡。沈灶区：沈灶乡。堤东区：团结乡。西团区：新民乡。

（二）人口在2000以上不足6000的有85个乡，各应选代表2人，计应选代表170人。垦北区：仁丰乡、鼎丰乡、万丰乡、益丰乡、乐丰乡、裕丰乡、天南乡、天北乡、时丰乡、丰余乡。垦南区：元丰乡、福东乡、晋丰乡、广丰乡、通隧乡、祥丰乡、祥附乡。大中区：泰丰乡、恒丰乡、阜丰乡、德丰乡、和瑞乡。万盈区：洋岸乡、万盈乡、盐河乡、王港乡、石港乡、竹港乡。川港区：中桥乡、江北乡、川岸乡、川港乡、叶戈乡、三圩乡。川东区：东灶乡、川东乡。小海区：海北乡、唐中乡、杨树乡、北虹乡、榆台乡、东兴乡。西团区：南团乡、新生乡、横圩乡、疆北乡、三团乡、新贵乡。沈灶区：殷灶乡、南灶乡、楚围乡、八东乡、复兴乡。堤东区：新团乡、沿港乡、联合乡、南灶乡、八西乡、荣围乡、新建乡、斗龙乡、八东乡。白驹区：沿堤乡、中心乡、黄浦乡、大龙乡、幸福乡、新港乡、双龙乡、七灶乡、圩龙乡。草堰区：浦东乡、三吴乡、六合乡、三渣乡、洋港乡、双合乡、堰东乡、合兴乡、东窑乡、丁溪乡。

五、县辖镇应选县人民代表大会代表名额，依据《选举法》第十一条规定，结合本县市镇不多、人口较少、本县政治、经济中心的具体情况，因此，按人口500人选代表1人，计应选代表69人。

（1）大中区大中镇人口8000人，应选代表16人。（2）垦北区新丰镇人口4078人，应选代表8人。（3）堤东区刘庄镇人口4569人，应选代表9人。（4）白驹区白驹镇人口5786人，应选代表 11 人。(5)小海区小海镇人口 3128 人,应选代表 6 人。(6)草堰区草堰镇人口 3004 人,应选代表 6 人。(7)西团区西团镇人口 2462 人,应选代表 5 人。(8)垦南区南阳镇人口 2198 人,应选代表 4 人。(9)川港区大桥镇人口 2011 人,应选代表 4 人。

六、人民武装部队,应选县人民代表大会代表名额,按选举法第十二条规定为 5 人。

七、上海农场为本县特殊重要农场,未有参加基层选举,其代表名额按人口与工作需要相适应的情况定为 12 人。

八、乡、镇出席县人民代表大会之代表候选人,按选举法第 47 条规定,可采用联合提名方法,由中共大丰县委、各民主党派、各人民团体和不属于上述各党派团体的负责人或代表,对具有全县性代表人士及对某些民主阶级代表人士协商出初步名单,然后分别交至各乡、镇,再由各乡、镇中共支部、各人民团体负责人、会同各乡镇应选县人民代表大会代表候选人,一并协商后,联合提出候选人名单,交由区代表主任在乡人民代表大会代表中反复进行酝酿,最终根据大多数代表意见,提交县选举委员会公布正式候选人名单,由乡镇人民代表大会进行选举产生之。

九、人民武装部队,应选县人民代表大会之代表候选人,按江苏省关于《选举法实施细则》第十二条规定,由县选举委员会邀请本县境内地方驻军及公安部队等有关单位代表,协商出初步名单,提交部队酝酿,最后根据大多数选民意见,再提交县选举委员会确定正式候选人名单,由部队联合直接选举产生之。

十、上海农场,应选县人民代表大会之代表候选人,由县选举委员会分配名额,交由上海农场选举委员会,邀请场内各有关单位代表协商,提出代表候选人初步名单交给选民酝酿,最后由上海农场选举委员会根据大多数选民意见,确定代表正式候选人名单,按选区由选民直接选举产生之。

十一、乡镇出席县人民代表大会之代表,其候选人的提出,不限于本乡镇人民代表大会之代表,凡被提为代表候选人者,由县选举委员会或委托乡镇人代会主席迅即通知其本人。

十二、选民和代表必须在规定的选举大会、代表大会开会时间前凭选民证、当选证书入场,如因故缺席或弃权者,不得由别人代替。

十三、选区选举大会代表大会所设监票、唱票、记票人员名单,分别由选举大会、代表大会主席团提出,经选举大会和代表大会通过。

十四、乡镇人民代表大会和县境内人民解放军暨上海农场管理局选举县人民代表大会代表时,凡参加选举之代表或选民,可按公布之代表候选人名单投票,亦可选举自己愿选的其他代表和选民,选举方法一般采用以举手代投票的方法为宜,有条件之单位,亦可采用无记名投票方法进行选举。

十五、乡镇人民代表大会、人民解放军和上海农场等选举单位选举县人民代表大会代表时,须有代表或选民过半数的出席,始得开会进行选举。如出席代表或选民不足过半数时,主席团应改期召开第二次大会进行选举,但第二次如仍不足半数时,应即进行选举。

十六、在选举代表时,每次选举所投票数多于投票人数者无效,少于投票人数者有效,每一选票所选举之人数,多于规定人数者作废,少于规定人数者有效。

十七、县人民代表大会正式候选人,需获出席代表或选民半数以上选票时,始得当选,如候选人所获得选票,不够半数时,应另行选举。

十八、选举结果,选举大会主席团根据"本办法第十六、十七"条确定是否有效,并宣布之。

十九、凡当选为县人民代表大会代表,各选举单位应将当选代表名单呈报县选举委员会并发给当选者证书。

二十、县人民代表在任期间,经多数选民或其他选举单位认为必须撤换者,得按法定手续撤回补选之。

二十一、本办法自即日起施行。

大丰县换届选举工作方案

(1984 年 2 月 18 日大丰县第六届人大常委会第 26 次会议通过)

根据《中华人民共和国全国人民代表大会和地方各级人民代表大会选举法》的规定和省、市人大常委会关于县、乡(镇)两级人民代表大会换届选举的指示精神,按照我县的实际情况、特制定以下换届选举工作方案:

一、充分认识县、乡(镇)两级人民代表大会换届选举的重要意义

按照《地方组织法》的规定,我县县、乡(镇)两级人民代表大会的任期,到 1984 年 1 月都已届满,必须进行换届选举工作。

县、乡(镇)两级人民代表大会换届选举工作,是全县人民政治生活中的一件大事,也是全县各级党政机关的一项重要政治任务。认真做好这项工作,对于发展社会主义民主和健全社会主义法制,巩固机构改革的胜利成果和加强地方政权建设,对于进一步提高广大干部群众的法制观念,养成依法办事的习惯,自觉参加国家管理,促进四化建设,对于实现党的十二大提出的战略目标,保证两个文明的建设,全面开创各项工作的新局面,都有着重要的意义。因此，全县各级党政组织，一定要把县、乡（镇）两级人民代表大会换届选举工作列入重要议事日程，切实加强领导，坚持一手抓生产，一手抓选举，做到选举、生产两不误，圆满完成换届选举任务。

二、时间步骤

根据省、市委的统一安排和部署，大丰县县、乡（镇）两级人民代表大会换届选举工作从现在开始，以3个月左右时间，分三个阶段进行，大体在5月20日前后结束。

第一阶段：搞好换届选举的准备工作。从2月18日到3月18日，约1个月左右的时间。

这一阶段主要做好三项工作：

（一）组织学习，建立选举工作机构，培训骨干。

1. 召开县六届人大常委会第26次会议。

2. 召开县选举委员会全体会议。

3. 各乡、镇分别召开选举委员会全体会议。

4. 在我县境内的国有农场（上海、海丰、川东、方强、大中、东坝头）和县直机关成立选举办公室，作为县选举委员会的派出机构。县直机关选举办公室由县级机关党委会牵头。

5. 召开县选举工作会议，用以会代训的办法培训骨干。

县选举工作结束后，各乡、镇、场和县直单位，抓紧培训骨干。乡、镇培训到村、居委会，村、居委会培训到村民、居民小组；机关、企事业单位培训到科室班组。

6. 划分选区。

7. 确定和分配县人民代表名额。

8. 划分乡、镇选区，确定和分配乡、镇人民代表名额。

（二）搞好宣传发动工作。

从2月28日到3月13日，集中半个月的时间，利用一切宣传工具，采用各种宣传形式，大张旗鼓地、广泛深入地向群众宣传《选举法》《地方组织法》和换届选举工作的意义。

宣传教育工作既作为一个阶段安排，集中一段时间进行，又要贯穿到选举工作的全过程。选举的各个阶段都要搞好宣传发动。在宣传发动、组织学习“两法”的过程中，要和宣传学习中央一号文件紧密结合起来，宣传今年农村工作的重点，宣传党的富民政策，进一步调动干部群众的积极性，在搞好换届选举工作的同时，促进和推动生产。

（三）进行选民登记。

1. 在宣传发动期间，结合进行选民初登预审工作。

2. 从3月11日到18日，用8天时间，搞好选民登记，依靠群众进行选民资格审查，确定选民，张榜公布，发选民证。

3. 全县确定1984年4月25日为县、乡（镇）选举日，计算选民年龄的截止日期，统一定为1984年4月25日。凡是在1966年4月26日零时前出生的公民，都可以登记为选民。

第二阶段：选举产生县、乡（镇）人民代表。从3月19日到4月30日，时间40天左右。

这一阶段大体分四步进行：

第一步：民主提名推荐代表候选人（从3月19日至4月2日，共15天）。自下而上，一人提名，三人附议，民主提名推荐代表候选人。在进行这一步时，各乡、镇同时提名推荐乡、镇人民代表候选人。

第二步：确定正式代表候选人（从4月3日至19日，共17天）。反复酝酿，民主协商，确定县、乡（镇）正式代表候选人。

第三步：做好选举大会的准备工作（从4月20日至24日，共5天）。

第四步：召开选举大会，选举产生县、乡（镇）人民代表（从4月25日至30日）。以选区为单位召开选举大会，采取无记名投票方法选举县、乡（镇）两级人民代表。全县各选区的投票时间，可以错开，一般为统一规定的选举日后一至五天。如因特殊情况需要适当推迟选举的，须经县选举委员会批准。

第三阶段：召开乡、镇人民代表大会和县人民代表大会。从5月1日到20日，时间20天左右。

县、乡（镇）人民代表大会的准备工作，在代表选举产生以后立即进行。有些准备工作，如会议计划、会议各项报告的起草等，在这以前要合理安排，穿插、套搭进行。

（一）召开各乡、镇人民代表大会（从5月5日到15日）。

（二）召开县七届人大一次会议（5月18日至25日）。

三、搞好试点，先行一步

为了取得点上的经验，指导面上的工作，保证换届选举顺利进行，确定裕华乡为换届选举工作先行一步的试点乡，由县选举委员会组织一定的力量，协同裕华乡搞好试点工作。试点工作实施计划由县选举委员会会同裕华乡共同制定。

大丰市市镇两级人大换届选举工作计划

大选办发〔2011〕1号

依据宪法、选举法、地方组织法、省选举实施细则和有关法律的规定，根据市委转发市人大常委会党组《关于做好全市市镇两级人大换届选举工作的意见》的通知精神，现提出换届选举工作计划如下：

一、指导思想

要以邓小平理论和“三个代表”重要思想为指导，全面贯彻党的十七大和十七届三中、四中、五中、六中全会精神，深入贯彻落实科学发展观，坚持党的领导、人民当家做主、依法治国的有机统一，坚持和完善人民代表大会制度，扩大社会主义民主，健全社会主义法制，增强党的执政能力，促进社会和谐稳定，进一步加强我市市镇两级政权建设，为“坚持科学发展、建设幸福大丰”，努力开创大丰科学发展新局面打下坚实的组织基础。

二、换届选举的准备工作(10月下旬至11月20日)

(一)组建选举机构

1. 成立市、镇人大换届选举领导小组和市、镇选举委员会及其办事机构。

根据中央有关文件精神，在市、镇人大换届选举时，市、镇成立由党委负责同志任组长的换届选举领导小组，以加强对换届选举工作的统筹协调，及时研究解决选举中的重要问题，全面负责本级人大换届选举的组织工作。《选举法》和省《选举实施细则》的有关规定，在换届选举期间，市、镇两级及市人武部设立选举委员会，主持本级人大代表的选举。市镇及市人武部选举委员会受市人大常委会的领导。市、镇选举委员会下设办公室，配备主任1名、副主任若干名和一定数量的工作人员，负责有关选举工作的具体事务。选举办公室分设秘书、组织、宣传、选举事务、选民资格审查等组，分别负责选举的各项具体工作。各组组长由选举委员会确定。大丰港经济区、市经济开发区(以下简称“两区”)、市级机关、驻丰有关农场成立选举工作领导小组，由5至7人组成，其中设组长1人，副组长2至3人。

2. 建立选区选举工作小组。

选举工作小组是选举委员会在选区设立的派出机构。设组长1人，副组长若干人，负责组织、协调所辖选区的选举工作。

3. 设立选民小组。

为了便于组织选民活动，选区内应分若干选民小组，设组长1人，副组长1至2人，负责组织选民活动。

（二）召开市镇两级人大换届选举工作会议，部署全市人大换届选举工作

1. 市人大常委会党组拟定市镇两级人大换届选举工作意见，报市委常委会研究同意后批转全市各地执行。

2. 召开市镇两级人大换届选举工作会议，进行具体部署。

（三）确定选举日，制定选举工作方案

1. 确定选举日。

选举日确定为2012年2月24日，选举日一旦确定，便具有法律效力，不能随意更改。

2. 制定选举工作方案。

为了保证换届选举工作顺利进行，市选举工作机构根据选举法、省选举实施细则和省委、盐城市委及大丰市委对换届选举工作的要求，依照法律和市人大常委会的有关规定，在调查研究的基础上，制定市镇两级人大换届选举工作计划。

根据选举工作总体方案，市、镇选举委员会办公室，各选举工作领导小组编写具体的选举工作日程，便于有计划、有步骤地做好各项选举工作。

（四）确定和分配代表名额

依据有关法律规定和省、盐城市、市人大要求，结合我市实际，提出市十四届人大代表名额分配方案，确定各镇新一届人大代表名额的决定（草案），提请市第十三届人大常委会第30次会议依法确定。新一届市人大代表名额分配方案上报盐城市人大常委会批准并报省人大常委会备案。新一届镇人大代表的具体名额，经市人大常委会批准，报盐城市人大常委会备案。镇人大代表名额的具体分配方案，由各镇选举委员会提出，报市选举委员会批准。

（五）划分和调整选区

划分选区的原则：

（1）选区大小应以能产生1～3名代表为原则。

（2）选区划分应便于选民参加选举活动和选举组织工作，便于选民了解、推荐代表候选人，便于代表联系选民，以及代表开展活动和接受选民的监督，选区划分应注意将地点就近、性质相同的单位划分为一个选区。

（3）选区每一代表所代表的人口数应当大体相等。各选区每一代表所代表的人口数与本行政区域内每一代表所代表的平均人口数之间相差的幅度一般不超过百分之三十。

（4）在划分选区时要注意科学合理，将市级选区和镇级选区进行合理套搭，在一个市级人

大代表选区内可划分几个镇级人大代表选区。各镇、“两区”、市级机关、驻丰有关农场拟定市人大代表选区划分方案,上报市选举委员会。市选举委员会召开会议,讨论确定选区划分及代表名额分配。镇人大代表选区划分方案由镇选举委员会讨论确定后报市选办。

(六)及早确定人事安排方案

人事安排是换届选举的一项重要工作,做好这项工作,直接关系到换届选举工作的顺利进行。市、镇领导干部中需要推荐为同级人大代表的,应在选举日的25日前(2012年1月30日前)向相关选举单位提供名单和情况,以便尽快落实到有关选区,并参加选民登记。

(七)做好舆论宣传的准备

舆论宣传是换届选举工作顺利进行的重要保证。在换届选举工作过程中,舆论宣传工作应注意针对性,突出重点,贯穿始终。着重宣传人民代表大会制度是我国的根本政治制度,宣传人大换届选举的重大意义,宣传选举法、地方组织法、代表法和省选举实施细则,宣传建设有中国特色社会主义民主政治的重要性等。要制定好换届选举宣传工作计划,编写好宣传提纲、宣传标语。要充分发挥主流媒体的舆论导向作用,要加强正面宣传,防止不当炒作,注意网上舆情,要为换届选举营造良好的舆论氛围。

(八)做好选举事务的准备

1. 换届选举前选举事务方面的准备工作;

2. 编造预算,落实选举经费;

3. 印制各种选举材料,包括表格、证件等会议准备材料。

(九)组织我市人大换届选举的业务培训

1. 印发换届选举工作计划、工作日程表;

2. 提出选民登记核对工作若干问题的处理意见;

3. 市镇人大分别对选举工作人员组织业务培训;

4. 印发换届选举有关材料及表格。

三、宣传发动和选民登记核对(11月21日至12月31日)

(一)做好换届选举转段准备工作,召开市换届选举转段工作会议(11月21日左右)

(二)做好换届选举的宣传发动工作

宣传教育的主要内容:

1. 换届选举的重大意义;

2. 换届选举工作的指导思想和任务、目的要求、时间步骤;

3. 人民代表大会的性质、地位和作用,人民代表大会制度的优越性;

4. 选民在直接选举中的权利和义务；

5. 宪法、选举法、地方组织法、代表法和省选举实施细则等有关的法律法规。

宣传的形式和方法应多种多样、因地制宜、注重实效。要充分运用《大丰日报》，市政府、人大网站，市电台、电视台，标语、黑板报、宣传车、文艺演出等多种形式，营造浓烈的舆论氛围。

（三）做好选民登记和核对工作

1. 认真挑选和培训选民登记和核对人员。

挑选政治素质好、法制观念强、工作认真负责、有一定电脑操作水平、对选民情况比较熟悉的人员承担选民登记核对工作，并对他们进行培训工作，以便适应工作需要。

2. 给每个选民发一封信，印发选民须知。

3. 登记和核对选民：

（1）发布有关选民登记的公告；

（2）接转选民资格证明；

（3）调查摸底，登记和核对选民。

4. 进行选民资格审查。

5. 公布选民榜和选民名单补正榜。

6. 填发选民证。

（四）时间步骤

本阶段分三步进行：

第一步约 10 天时间，主要是宣传发动和抽调、培训登记员，在组织上和舆论上为登记、核对选民工作做好准备；

第二步约 25 天时间，主要是各选区集中力量登记、核对选民；

第三步①约 3 天时间，市选举办公室对各选区进行选民资格审查。

②2011 年 12 月 29 日至 2012 年 2 月 3 日，各选区对已登记的选民名单再度复核，填发选民证。

③公布选民榜。选民名单在 2012 年 2 月 4 日前公布。

四、提名推荐和协商确定代表候选人（2012 年 1 月 1 日至 2 月 17 日）

（一）做好转段准备工作，召开提名推荐、协商确定代表候选人和组织介绍代表候选人情况阶段工作会议（2012 年 2 月 1 日左右）

（二）做好提名推荐和协商确定代表候选人的宣传工作

1. 宣传人民代表大会代表的地位和作用；

2. 宣传代表素质和结构要求；

3. 宣传代表的权利和义务；

4. 宣传代表产生的有关法律规定；

5. 宣传教育选民依照法律程序和对代表的各项要求，积极参与推荐、协商和确定代表候选人。要提高参提率和参商率。

（三）提出初步代表候选人

根据《选举法》的规定，市、镇两级人大代表候选人按选区提名产生。产生方式有两种：

1. 由市、镇政党、团体组织分别推荐本级人大代表候选人，先由政党、团体组织向本级选举委员会提出，再由市、镇选举委员会向选区推荐。

2. 由选民10人以上联名推荐代表候选人，应分别向市、镇选举委员会介绍候选人情况，并报市选举办公室过堂。

市、镇选举委员会对推荐的代表候选人汇总后对以上两种推荐的候选人在2月9日前公布。

（四）协商确定正式代表候选人

根据选举法和省选举实施细则的规定，市、镇两级人大代表候选人名单公布以后，由选举委员会组织各选区的选民小组反复酝酿、讨论、协商，根据较多数选民的意见，确定正式代表候选人名单，报市选举委员会办公室过堂后，经市选举委员会研究批准，在2月17日以前公布。市、镇两级选举委员会成员被推荐为本级正式代表候选人的，应当向市人大常委会主任会议书面提出辞去选举委员会成员职务。

（五）时间步骤

本阶段分两步进行（具体工作时间2月5—17日）：

第一步约5天时间，主要是做好提名、协商代表候选人的舆论宣传工作和其他准备工作。发动选民提名代表候选人按法定时间在2月9日前公布。

第二步约8天时间，组织选民反复酝酿、讨论、协商，确定正式代表候选人，按法定时间在2月17日前公布。

五、组织介绍代表候选人（2月18—23日）

（一）由选举委员会运用多种形式，向选民介绍正式代表候选人的情况

每个选区至少组织召开一次代表候选人与选民的见面会，回答选民提问，以增加选民对代表候选人的了解。

（二）投票选举的准备工作

1. 做好投票选举的宣传发动工作，提高参选率；

2. 指定主持各选区和投票站的负责人，培训工作人员；

3. 认真核对参选人数、落实外出选民的委托投票，在选举日以前公布选民名单补正榜。

4. 抓紧做好各项选举事务工作。

六、投票选举代表（2 月 24—28 日）

（一）做好转段准备工作，召开市投票选举代表阶段工作会议（2 月 20 日左右）

（二）投票选举的组织

1. 投票站的组织工作；

2. 选举大会的组织工作；

3. 一次选举没有成功后，第二次投票选举的组织工作。

（三）选举结果的确认与公布

（四）搞好市人大代表的培训工作

七、召开市、镇两级新一届人民代表大会第一次会议（2012 年 3 月底前）

1. 明确会议的指导思想；

2. 做好会前的各项筹备工作；

3. 依照法定程序召开好会议；

4. 上报选举结果。

八、搞好市、镇两级人大换届选举的总结工作（2012 年 6 月底以前）

1. 填写和上报选举统计报表；

2. 认真搞好选举工作总结；

3. 召开换届选举工作总结大会；

4. 做好选举材料的分类、立卷和归档工作。

大丰市市镇两级人大换届选举工作日程安排表

表 2—1　　　　2011 年 10 月

<table>
<tr><th>阶段</th><th>总时间</th><th>工　作　内　容</th><th>具体完成时间</th><th>承办单位</th></tr>
<tr><td rowspan="7">一、准备阶段</td><td rowspan="7">10 月中旬至 11 月 20 日</td><td>1. 向市委汇报省、盐城市人大换届选举工作会议精神和贯彻落实的意见，提请市委常委会讨论决定换届选举的有关问题。2. 起草市人大常委会党组《关于做好全市市、镇两级人大换届选举工作的意见》，经党组研究后报请市委转发。
3. 成立市换届选举领导小组。
4. 各镇成立换届选举领导小组</td><td>11 月 10 日前</td><td>人代委
组织部
市委办</td></tr>
<tr><td>各镇、“两区”、市级机关、驻丰有关农场拟定选区划分调整方案，确定各选举工作小组负责人，报市选举委员会</td><td>11 月 5 日左右</td><td>各镇、“两区”、市级机关、各农场</td></tr>
<tr><td>召开市第十三届人大常委会第 30 次会议：1. 讨论通过市、镇两级人大换届选举问题的决定；2. 任命市镇两级人大、市人武部选举委员会组成人员；3. 讨论通过新一届市人大代表名额具体分配方案，并报盐城市人大常委会批准、省人大常委会备案；4. 讨论确定各镇人大代表的具体名额，并报盐城市人大常委会备案；5. 讨论通过关于授权市人大主任会议接受市、镇选委会成员辞职的决定</td><td rowspan="2">11 月 10 日前</td><td>人代委</td></tr>
<tr><td>1. 印发市委批转的市人大常委会党组《关于做好全市市、镇两级人大换届选举工作的意见》；
2. 印发市十三届人大常委会第 30 次会议通过的决定</td><td>市委办
人大办
人代委</td></tr>
<tr><td>各镇建立健全选举工作机构；市级机关、“两区”、驻丰有关农场将选举工作领导小组成员名单报市选举委员会</td><td>11 月 10 日前</td><td>人代委、各镇、“两区”、市级机关、各农场</td></tr>
<tr><td>起草关于选民登记核对办法</td><td>11 月 15 日前</td><td>选举事务组</td></tr>
<tr><td>召开市选举委员会成员第一次会议：讨论通过关于设立选举委员会办公室的决定，讨论通过设立市级机关、“两区”、驻丰有关农场选举工作领导小组，讨论研究选举工作计划和具体工作日程，讨论市级选区划分和代表名额分配，讨论选民登记核对办法。
各镇选举委员会召开会议讨论确定镇人大代表选区划分、选区选举工作小组负责人和代表名额分配等有关事宜</td><td>11 月 11 日左右</td><td>选举办公室、各镇、“两区”、市级机关及各农场</td></tr>
</table>

续表 2—1

一、准备阶段	10 月中旬至 11 月 20 日	1. 准备市、镇两级人大换届选举工作会议材料； 2. 召开市、镇两级人大换届选举工作会议，部署换届选举工作	11 月 10—12 日	选举办公室
		落实选举办公室地点，添置办公设备，抽调工作人员等	11 月 10 日前	选举办公室
		印发市镇选举委员会、选举办公室启用印章的通知	11 月 15 日前	秘书组
		印制选民证和选民登记册、选举工作简报、各种表格、证明等，落实选举经费	11 月 20 日前	秘书组 选举事务组
		各镇及有关单位召开换届选举动员部署会议，传达市换届选举工作会议精神，以会代训，培训骨干	11 月 16 日 左右	各镇，市级机关及各农场
		印发“两区”、市级机关、驻丰有关农场选举工作领导小组组成人员名单的文件，印发关于选区划分、选区选举工作小组负责人、各镇人大代表名额分配的文件	11 月 15 日 左右	各镇、两区、市级机关及各农场秘书组、组织组、选举事务组
		印发《致全市选民的一封信》	11 月 20 日前	选举事务组
		印发宣传提纲、宣传标语等宣讲材料		宣传组
		准备转段工作会议材料	11 月 20 日前	秘书组
		组织选民登记核对业务培训	11 月 20 日 左右	选举事务组
		召开第一次转段工作会议：总结前一阶段工作，部署宣传发动和选民登记核对阶段的工作。	11 月 21 日 左右	各　组
二、宣传发动和选民登记核对阶段	11 月 21 日至 12 月 31 日	以“三个代表”重要思想、科学发展观重要思想和党的十七大和十七届三中、四中、五中、六中全会精神为指针，以《宪法》《选举法》《代表法》《省选举实施细则》为依据，针对干部群众的思想实际，利用各种宣传工具和形式，把换届选举的重大意义及有关法律规定宣传到家喻户晓、人人明白	11 月下旬— 12 月 31 日	宣传组
		各镇、“两区”、市级机关、驻丰有关农场挑选和培训选民登记核对人员。到派出所调取户籍信息资料	11 月下旬	各镇、“两区”、市级机关、各农场
		市选举委员会发布有关选举公告(市电台、电视台《大丰日报》，市政府、人大网站)，各选区张贴选民登记公告。	11 月 25 日前	各选区
		1. 镇各选区运用计算机形成选民基本信息核对底册的电子文档，各镇、“两区”、市级机关等内部进行比对，相互核对。 2. 市直、“两区”、驻丰农场、人武部选区进行选民核对	12 月 1 日 - 12 月 15 日	各选区选举工作小组
		全市范围内进行选民核对	12 月 16 日— 12 月 20 日	
		对初步形成的选民登记册各选区再度核对	12 月 21 日— 12 月 25 日	
		市进行选民资格审查过堂	12 月 26 日 - 12 月 28 日	选民资格审查组
		各选区对选民名单再度复核，书写选民公布榜，填写选民证	2012 年 2 月 3 日前	各镇、“两区”、市级机关、各农场
		公布选民榜	2012 年 2 月 4 日 (法定日)前	各选区

续表 2—1

三、提名推荐和协商确定正式代表候选人阶段	2012年1月1日至2月17日	市人大党组、各镇人大主席团提出留任代表建议名单	2012年1月15日前	组织组、选举事务组
		政党、团体提名推荐代表候选人	2012年1月30日前	组织组
		市选举委员会召开第二次会议：听取市委、人民团体提名推荐市人大代表候选人的情况介绍，并依法推荐到相关选区。 各镇选举委员会召开会议：听取镇党委提名推荐镇人大代表候选人的情况介绍，并依法推荐到相关选区	2012年2月5日前	秘书组、选举事务组
		做好转段准备工作及材料准备； 召开第二次转段工作会议，总结第二阶段工作，部署提名推荐、协商确定市、镇两级代表候选人阶段和组织介绍代表候选人情况阶段的工作	2月1日左右	各组
		宣传提名协商代表候选人的做法、要求	2月5－7日	宣传组
		选民10人以上联名推荐代表候选人	2月5－7日	各选区
		各镇、"两区"、市直机关、市人武部、驻丰有关农场选区将初提市级代表候选人名单及有关情况报市选举办公室过堂	2月8日	组织组 选举事务组
	2012年1月1日至2月17日	汇总初提代表候选人名单，对提名不充分的发动选民再度广泛提名	2月9日	各选办、选举工作领导小组、各选区
		按选区以姓氏笔画为序公布初提代表候选人名单	2月9日（法定日）前	各选区
		各选区发动选民酝酿、讨论、协商代表候选人，坚持"三上三下"的做法，并根据较多数选民意见，确定正式代表候选人名单	2月10－13日	组织组 选举事务组各选区
		各镇、"两区"、市直机关、市人武部驻丰有关农场将市、镇正式代表候选人名单报市过堂	2月14－16日	组织组 选举事务组
		市、镇选举委员会被确定为正式代表候选人的成员向市人大常委会主任会议提出辞呈，召开主任会议作出接受辞职的决定	2月17日	组织组 选举事务组
		1. 按选区以姓氏笔画为序公布正式代表候选人名单；分发有关材料、表格等。 2. 颁发选民证	2月17日（法定日）前	各选区、组织组、选举事务组
四、组织介绍代表候选人阶段	2月18日至2月23日	做好转段准备工作及材料准备； 召开第三次转段工作会议，总结前一阶段工作，部署投票选举阶段工作	2月20日左右	各组
		1. 选举委员会运用多种形式，向选民介绍代表候选人的情况。每个选区至少组织一次代表候选人与选民的见面会，回答选民的提问，以增加选民对代表候选人的了解。 2. 向选民宣传投票选举的意义及有关法律法规； 3. 公布投票选举的具体时间、地点、方法等。 4. 确定选举大会、投票站、流动投票站等投票形式，制作票箱，布置投票站、选举会场，设置好秘密写票处，做好投票选举前的各项准备工作。 5. 各选举工作领导小组、选举工作组抽调力量，培训工作人员，学习有关法律条款，做到严格依法办事；确定投票站、选举会场、流动投票站、流动票箱工作人员；印制好选票（候选人应当按姓氏笔画为序排列）	2月18－23日	各选办、选举工作领导小组、宣传组、组织组、选区选举工作小组

续表 2—1

五、投票选举代表阶段	2 月 24 日 至 2 月 28 日	1. 对选民变动情况进行核对，发布选民名单补正榜（在选举日前）； 2. 检查各选区投票选举的准备情况； 3. 做好投票选举的宣传发动工作，动员选民参加选举投票，提高参选率 2 月 23 日前选民资格审查组、各选办、各选举工作领导小组、宣传组、各选区	2 月 23 日前	选民资格审查组、各选办、各选举工作领导小组、宣传组、各选区
		1. 24 日为投票选举日，停止对候选人的介绍； 2. 24 日起的 5 天内进行投票选举。做好投票选举的具体组织工作； 3. 每一选民在一次选举中只有一个投票权，每一选民接受的委托不得超过 3 人； 4. 流动票箱应设两名以上工作人员，并另设一名监票员； 5. 每个选举会场和投票站都要设立秘密写票处； 6. 选票应为市人大代表选票和镇人大代表选票各一张，一律采取无记名投票的方式，一次发票，分别划票，一次投票，分别计票； 7. 精心组织选民投票，按照选举有效的规定和当选票数的规定，在投票结束后按有关规定进行核对和计票； 8. 选举结果于当日或次日公布，同时将市、镇两级代表的选举结果分别报市、镇选举委员会审核，经市、镇选举委员会确认后，张榜公布本选区市第十四届人大代表名单、各镇新一届人大代表名单	2 月 24 日 （选举日） 至 2 月 28 日	各选举工作小组、组织组、选举事务组
六、召开市新一届人大第一次会议阶段	2012 年 3 月底前	1. 市选举委员会召开第三次会议，听取关于代表选举情况汇报； 2. 市人大常委会代表资格审查委员会审查代表资格，镇人大代表资格审查委员会审查镇代表资格，并分别提出代表资格审查报告	3 月上旬	选举办公室
		1. 核发代表证。 2. 市、镇人大新一届代表建立代表小组，推选一至三名代表为小组召集人并开展活动； 3. 搞好市、镇人大代表的培训工作	3 月 10 日 以前	选举事务组 人代委、镇人大
	2 月下旬至 3 月下旬	做好市、镇两级新一届人代会第一次会议各项筹备工作	3 月中下旬	筹备处、各镇
		召开市、镇两级新一届人民代表大会第一次会议	2012 年 3 月 31 日前	大会秘书处 各镇
	2012 年 4 月 1 日 至 6 月 30 日	1. 搞好市、镇人大换届选举的总结工作； 2. 填写和上报选举统计报表； 3. 认真写好选举工作总结报告； 4. 做好选举材料的分类、立卷和归档工作； 5. 召开换届选举工作总结大会	2012 年 4 月 1 日 至 6 月 30 日	市、镇选办各组

第二节　选区划分

选区是组织选举、开展选举的基本单位。根据《选举法》和《地方组织法》对选区划分进行了几次修订,大丰人大代表选举选区的划分经历了“按居住状况划分”,“按生产单位、事业单位、工作单位和居住状况划分”和“可以按居住状况划分,也可以按生产单位、事业单位、工作单位划分”的演变。选区划分的原则:一是便于选举工作的进行;二是便于选民了解代表候选人;三是便于代表联系选民,开展活动,接受监督。

大丰在选举十四届人民代表大会代表时,根据2011年修订的《选举法》《省选举实施细则》和《大丰市人大常委会关于大丰市第十四届人民代表大会代表名额分配的决定》,市人大换届选举共划分为121个选区。各选区设立选举工作小组,选举工作小组设组长1人,副组长若干人。

大丰市人大换届选举选区划分一览表

表 2－2

选区序号	镇名称	选区名称	人口数	代表名额	每一代表所代表的人口数	镇分工干部	选区负责人		选区所辖单位	对应镇代表所属选区
							组　长	副组长		
1	草堰	草堰	6064	2	3032	黄冬霞	刘杏芬	刘洪建 高永金	草堰村、丁溪村、企业	草堰 1～2 选区、 丁溪 1～2 选区企业选区
2		双垛	6220	3	2073	唐　军	金　晖	孙玉祥 张海峰	双垛村、界中村	双垛 1～2 选区 界中 1～2 选区
3		合新	5783	2	2891	陈保国	杨启新	钱林祥 肖金存	合新村、双河村	合新 1～2 选区 双河 1～2 选区
4		三渣	5507	2	2753	朱　高	邵金城	丁　冬 周金荣	三渣村、西渣村、三渣居委会	三渣 1～2 选区 三渣居委会
5		三新	5235	2	2617	杨艳存	朱跃民	王　平 陈长青	三新村、三元村	三新 1～2 选区 三元 1～2 选区
6		成文	5317	2	2658	杨旭东	单文高	王官华 宗汝刚	成文村、竹园村	成文 1～2 选区 竹园 1～2 选区
7		集镇	5570	2	2785	王怀珠	黄文荣	钱玉荣 杨旭生	街道办、文卫、机关	街道办、文卫、镇机关选区
8	白驹	沿堤	7588	3	2529	管蔚蓉	王荣生	陈小平 周正存 陈林传	沿堤村、马家村、 民窑村	沿堤 1～2 选区、 马家 1～2 选区民窑 1－2 选区
9		团结	8081	3	2693	季自庆	邵桂成	张国庄 陈正锁 周荣德 王正洪	七里桥村、团结村、 三里树村、狮子口村、 中小企业园一期内企业	七里桥、团结、三里树选区 狮子口 1～2 选区 中小企业园
10		汤舍	6435	3	2145	葛余柏	肖洪珠	曹　映 朱洪富 肖桂存 宗如宏	汤舍村、唐西村、 肖坳村、进步村	汤舍、唐西、 肖坳、进步选区

续表 2－2

选区序号	镇名称	选区名称	人口数	代表名额	每一代表所代表的人口数	镇分工干部	选区负责人		选区所辖单位	对应镇代表所属选区
							组　长	副组长		
11	白驹	新垛	4872	2	2436	朱　锐	陈　俊	朱保美 周生书 姜俊选	新垛村、朱舍村、东窑村	新垛 1～2 选区 朱舍、东窑选区
12	白驹	洋心	6550	2	3275	周　进	唐继发	唐亚武 包连宏 朱跃平	窑港村、洋心居委会、 及洋心洼范围内企事业单位	窑港 1～2 选区、 洋心洼选区 洋心居委会 1－2 选区
13	白驹	社区	6714	2	3357	陈东平	王　东	董启荣 吴鹏飞	海宁、繁荣、富强三个 居委会及机关、企事业单位	海宁居委会 1～2 选区 繁荣居委会、富强居委会、 机关、企事业单位选区
14	刘庄	光荣	7862	3	2620	何春明 黄永健	成益程	王相裕 王书存 朱养才	光荣村、龙心村、 竞赛村	光荣 1～2 选区 龙心、竞赛选区
15	刘庄	新桥	8202	3	2734	钱万成 沈韶霞	束必珠	智翠玉 杨世宝 李红明	新桥村、友谊村、 云溪居委会	新桥 1～2 选区 友谊 1～2 选区 、云溪选区
16	刘庄	良好	6709	2	3354	商明华	葛玉友	季明俊 葛中香	良好村、民主村	良好 1～2 选区 民主 1～2 选区
17	刘庄	润民	6314	2	3157	陆　锋	丁明荣	韦林广 季自标	润民村、胜利村	润民 1～2 选区 胜利 1～2 选区
18	刘庄	东联	7591	3	2530	冯银芳 汤卫忠	束长云	丁　成 朱新全 葛秀德	东联村、东方村、 建成村	东联 1～2 选区、东方选区 建成 1～2 选区
19	刘庄	镇机关 驻镇单位	7103	3	2367	杨银珠 黄道平	朱建飞	束爱玲 智通太	镇机关、企事业单位、 街道办、三圩居委会	单位 1～3 选区、街道选区

续表 2－2

选区序号	镇名称	选区名称	人口数	代表名额	每一代表所代表的人口数	镇分工干部	选区负责人		选区所辖单位	对应镇代表所属选区
							组 长	副组长		
20	西团	西团	5167	2	2583	赵业龙	张益龙	石庆珠	西团村、北团村、腾龙集团	西团、北团、腾龙集团选区
21	西团	描花	4794	2	2397	詹桂玉	吴 斌	徐建生	描花村、新中村、西灵村	描花、新中、西灵选区
22	西团	赵场	4993	2	2496	钱 康	施云成	夏雪海	赵场村、九一村、黄浦村	赵场、九一、黄浦选区
23	西团	马港	4857	2	2428	杨开林	练国江	程德根	大龙居委会、马港村、丰特等企业、龙发等企业、华维等企业	大龙居委会、马港选区丰特、龙发华维选区
24	西团	众心	4889	2	2444	周正华	葛爱平	阮松树	众心村、龙窑村、文办等单位，春城等企业	众心、龙窑选区文办、春城选区
25	西团	西团居委会	4883	2	2441	陈安丰	李俊保	殷亚萍	居委会、机关等单位，新金达等企业，亮丰等企业，凌云等企业	居委会、机关、新金达、亮丰、凌云选区
26	小海	温泉	9510	3	3170	金德斌	金德斌	张信林 吴 俊 孙学宽 沈 权 吴根山	温泉村、无泊村、小洋村、徐南村	温泉 1～2 选区、无泊 1～2 选区、小洋村、徐南村选区
27	小海	海团	6050	2	3025	景小俊 吴守祥	吴守祥	赵桂存 徐兴海 夏恒洪	海团村、江北村	海团村 1～2 选区 江北 1～2 选区
28	小海	北虹	6950	3	2316	李桂荣 周普华	李桂荣	吴旭龙 朱荣勤 吴远宏 张庆楠	新村村、新窑村、北虹村	新村、新窑、北虹 1～2 选区
29	小海	杨树	5925	2	2962	陆进红 申友益	陆进红	刘天志 张绍华 单春明 陈志永	海西村、唐中村、杨树村	海西、唐中 1～2 选区、杨树村

续表 2－2

选区序号	镇名称	选区名称	人口数	代表名额	每一代表所代表的人口数	镇分工干部	选区负责人		选区所辖单位	对应镇代表所属选区
							组　长	副组长		
30	小海	南团居委会	5121	2	2560	吴金富 陈秀芹	陈秀芹	杨兴龙 吴志忠 吴德坤	南团居委会、新圩村 南团集镇各单位	南团居委会 1～2 选区 新圩、科教文卫、企业单位
31		小海居委会	6535	3	2178	单金华 黄晓梅	黄晓梅	董 禹 杨锁荣 单金华（村建） 陆书正	小海居委会及集镇 各单位市属驻海各单位	小海居委会 1～3 选区 镇直选区
32	大桥	大桥	6392	2	3196	王 毅	吕冬官	吴维龙	大桥村、镇机关及镇属部门（经贸、农经、计生、人力、农林牧渔等中心、中小学、卫生院等），市垂直单位（土管所、工商分局、交管所、交警中队、公安派出所），海盟等企业	大桥 1～3 选区 镇直选区
33		双丰	5303	2	2651	单春芳 黄　翊	杨美兰	储长明	双丰村、联丰村	双丰 1～3 选区 联丰 1～3 选区
34		中港	4682	2	2341	朱寿海 金祎臣	吕俊江	奚正进	中港村、中业村	中港 1～3 选区 中业 1～2 选区
35		方向	5462	2	2731	任以进 周　瑾 季明春	陈中林	周 锐 王海芹	方向村、潘南村、 中合村	方向 1～2 选区 潘南 1～2 选区 中合 1～2 选区
36		潘丿	5537	2	2768	陈国军 缪凤群	夏济明	何承峰	潘丿村、江岸村，镇驻潘丿镇属单位（中小学、同德医院、敬老院等）	潘丿 1 选区（镇属单位） 潘丿 2～3 选区 江岸 1～3 选区

续表 2－2

选区序号	镇名称	选区名称	人口数	代表名额	每一代表所代表的人口数	镇分工干部	选区负责人		选区所辖单位	对应镇代表所属选区
							组　长	副组长		
37	大桥	洋南	5947	2	2973	金干生 卞天群 吴恒胜	施雨华	陈生龙 金彩龙	洋南村、东塔村、川南村（含镇属林场）	洋南 1～2 选区 川南 1 选区（含镇属林场） 川南 2 选区 东塔 1～3 选区
38	草庙	新海	5640	2	2820	张　津 陈辉旺	丁柄恒	沈建华	庆生村、圩东村、新海村五总村	庆生、圩东、新海、五总选区
39		草居	5648	2	2824	顾海荣 朱永琦	季汉勤	杨海斌	四灶村、丁东村、沿河村草庙居委会	四灶、丁东、沿河选区 草居村 1～2 选区
40		竹港	5052	2	2526	吴少卿 杨　振	黄　鑫	朱荣贵	北灶村、竹港村、新场村文卫	北灶、竹港、新场、文卫
41		川居	6368	3	2122	丁东升 杨春宏	王鹤斌	杨应忠	川洋村、川东居委会、镇直、工业	川洋、川居 1～2 选区 镇直、工业选区
42		川竹	5188	2	2594	陈　慧 沈卫华	常守兰	安根元	川竹村、新东村、东灶村	川竹、新东、东灶选区
43	万盈	六川	5256	2	2628	王秋枫 彭金奎	陈　勇	丁善香 马金宏	六川村、殷灶村	六川 1～2 选区 殷灶选区
44		益民	5698	2	2849	潘　伟 朱春才	吴俊山	张　军 肖　华	益民居委会 万盈村、事业单位	益民居委会 1～2 选区 万盈、机关事业选区
45		沈灶	5644	2	2822	宗汝干 朱金国	杨艳萍	沈春龙 葛旺官 杨爱国	沈灶居委会 顾灶村、工业、事业	沈灶居委会 1～2 选区 顾灶选区
46		金龙	4414	2	2207	彭银忠 丁　波	杨　春	朱　平 朱卫平	金龙村、双福村	金龙 1～2 选区 双福选区

续表 2-2

选区序号	镇名称	选区名称	人口数	代表名额	每一代表所代表的人口数	镇分工干部	选区负责人		选区所辖单位	对应镇代表所属选区
							组长	副组长		
47	万盈	兆丰	5044	2	2522	陈纪忠 葛红平	潘永明	姚顺芹 单龙英	兆丰村、苗丰村	兆丰 1～2 选区 苗丰选区
48	万盈	西灶	5056	2	2528	张春枝 顾玉荣	许友赋	杨永生 朱永明	西灶村、双星村 西灶 1～2 选区 双星 1～2 选区	
49	万盈	六里	6043	2	3021	吕秀凤 陈　林	叶泽丽	李开银 李锦林	六里村、文达村 机关	六里 1～2 选区 文达 1～2 选区
50	万盈	天池	6880	2	3440	管佩钧 李宏斌	丁海平	孙加达 陈　宝	天池居委会、三合村 企业双管单位	天池 1～2 选区、三合选区 工业选区
51	万盈	双灶	4401	2	2200	顾春林 丁祥生	宗汝银	冯国银 朱一鸣	双灶村、康宁村	双灶选区、康宁选区
52	南阳	裕海	4725	2	2362	束伶俐	盛月华	夏可明、张建祥	裕海村	沿海选区 裕海 1～2 选区
53	南阳	吉兴	4569	2	2284	丁志勇	宗汝涛	钱德斌、王保安	吉兴村、民心村	吉兴 1～2 选区 民心选区
54	南阳	城乡	5666	2	2833	刘兴宏	茅晓泉	沈锦阳、陈元军	城乡村、诚心村	城乡 1～2 选区 诚心选区
55	南阳	广丰	5681	2	2840	季明珍	单连江	王权、张长松	广丰村、东旺村	广丰 1～2 选区 东旺 1～2 选区
56	南阳	祥北	6079	2	3039	郁　刚	张炳祥	陈泽华、李德胜	祥北村、祥西村	祥北 1～2 选区 祥西 1～2 选区
57	南阳	南阳居委会	5928	2	2964	彭金明	孙宁海	潘克红、朱红东	南阳居委会、祥南村	南阳居委会 1～2 选区 祥南 1～2 选区

续表 2－2

选区序号	镇名称	选区名称	人口数	代表名额	每一代表所代表的人口数	镇分工干部	选区负责人		选区所辖单位	对应镇代表所属选区
							组长	副组长		
58	南阳	镇直	4533	2	2266	施云飞	邢晓峰	石万宝 宋森范 徐宁	新区居委会、机关、学校各企事业单位，镇直	黄海 1～2 选区、新区居委会文卫、工业园区（东）、工业园区（西）、镇直选区
59	三龙	前进	5090	2	2545	曹海忠 韦峰	刘兰根	吕红秀	前进、龙西	前进 1～2 选区 龙西选区
60	三龙	龙南	6120	2	3060	朱闽 周兴权	陈雨权	吕锦秀	丰余、龙南	丰余 1～2 选区 龙南 1～2 选区
61	三龙	东红	8655	3	2885	周宏奎 曹海忠 韦峰 周兴权	吕凤银	邱信良 周安新 朱爱祥 拜守年	龙东、东红、开明、斗龙虹达	斗龙 1～2 选区 东红、开明、斗龙选区
62	三龙	镇直	4074	2	2037	沈菊兵 陈兵	陈应珠	翟东芳 刘兰凯 刘国钧	龙王庙居委会、驻镇企事业各单位、机关	龙王庙居委会、机关（含站、所、中心）、工业园区
63	三龙	新丰	8148	3	2716	沈菊兵 张汉林	陈怀亮	翟亚峰 王忠元 单纯	新丰、和平、洋桥、中路港养殖场	新丰 1～2 选区 和平、洋桥选区
64	三龙	新坍	8009	3	2669	顾松平 单宏祥 柏桂银	柏桂祥	刘永胜 张建松 陈圣祥	持久、久丰、新坍、增产	持久、久丰、新坍、增产选区
65	三龙	丰富	7647	3	2549	柏桂银 单宏祥 陈兵	杨凤林	李宏生 张爱成	富强、丰富、丰富居委会驻丰富办事处各单位（含园区泰和玩具厂）	富强、丰富 1～2 选区 丰富居委会、二中选区

续表 2－2

选区序号	镇名称	选区名称	人口数	代表名额	每一代表所代表的人口数	镇分工干部	选区负责人		选区所辖单位	对应镇代表所属选区
							组　长	副组长		
66	三龙	渔业	7848	3	2616	王国平 王凤书 徐凤山 季志祥	唐林海	肖正龙 王宣山 陈国平	斗龙港、下坝、渔业居委会、驻渔业办事处各企事业单位、稻麦场、良种场大丰闸管所、斗龙草站 斗南草站、堤防站等	斗龙港 1 ~2 选区 下坝、渔业居委会、宝龙选区
67	新丰	裕南	8261	3	2753	徐亚刚	徐亚刚	崔亚兵 朱　勇	裕南村、鼎丰村	裕南、鼎丰选区
68		裕北	6204	3	2068	柏　兴	柏　兴	季　华 顾忠祥	裕北村、仁南村	裕北、仁南选区
69		同丰	6038	3	2012	马绍良	马绍良	褚国东 朱秋萍 朱启延	同丰村、民主居委会、新丰农业银行、开发公司、锦绣花园小区、招待所、农经中心、新丰合作银行、新丰邮政、电信公司、移动公司、商业公司、食品站、建筑公司、水利站（含提防站）、幼儿园、供销社、电信局、邮政局、成人校、文化站、自来水厂、村建中心、土管所、粮管所、园区所辖企业	同丰、民主、园区选区

续表 2－2

选区序号	镇名称	选区名称	人口数	代表名额	每一代表所代表的人口数	镇分工干部	选区负责人		选区所辖单位	对应镇代表所属选区
							组 长	副组长		
70	新丰	全心	7717	3	2572	郁冰	郁冰	陈汉存 黄 美 孙德冲	全心村（含四卯酉节制闸管理所）、镇南居委会、国税、农机站、加油站、爱卫办、广电站、工商局、新丰派出所、交警中队、用电站（金墩变电所）、原水制厂（内有小厂）、原食品厂（内有小厂）紧固件厂、太阳能厂、粉丝厂、砂石站（内有小厂）、磷肥厂、致远化工厂、欧莱厂、纸箱厂、新北居委会、新丰镇中、福利厂、轧花厂（含幼儿园）、经贸中心、林业站、蚕桑站、农科站、水产站（含贝类场）	全心、镇南、新北选区

续表2－2

选区序号	镇名称	选区名称	人口数	代表名额	每一代表所代表的人口数	镇分工干部	选区负责人		选区所辖单位	对应镇代表所属选区
							组　长	副组长		
71	新丰	新淮选区	6223	3	2074	智恒炎	智恒炎	顾永琴 徐中龙 李海娟	新淮居委会、庆丰公司、双丰幼儿园、团结居委会、政府机关（城北新区指挥部）、中心小学、医院、兽医站、计生办、新丰药店、街道办、房管所、人力资源中心、和平居委会、影剧院、原纺织厂（内有厂）、志聪线代厂、供销生资门市、商业作坊、原针织厂（内有小厂）、原紧固件厂（内有小厂）、原饲料厂（内有小厂）、家家纺织、陆华织布厂、新丰水泥厂、强丰纺织厂	新淮、团结、和平选区
72		群乐选区	8169	3	2723	杜卫国	杜卫国	朱红明 卢富昌 潘传坤	群乐村、时丰村、四岔河居委会及辖区	群乐、时丰、四居选区
73		仁北	8447	3	2815	明恒忠	明恒忠	朱兆祥 何春钊 李　平	仁北村、金东村及在村企业（含面粉厂、饲料厂、乳化剂厂等）、金墩居委会及辖区（东至新丰粮库，西至金丰纺织公司企事业单位）	仁北、金东、金居选区

续表 2－2

选区序号	镇名称	选区名称	人口数	代表名额	每一代表所代表的人口数	镇分工干部	选区负责人		选区所辖单位	对应镇代表所属选区
							组长	副组长		
74	新丰	金西	7646	3	2548	陈亦龙	陈亦龙	杨正权 徐同美 王友宏	金西村、沙港村、太兴村及在村企业	金西、沙港、太兴选区
75		赤旗	8643	3	2881	季正相	季正相	洪以壮 季顺安 韦扣和	赤旗村及在村企业、车滩村、永跃村	赤旗、车滩、永跃选区
76		万众	8729	3	2909	张来平	张来平	韩志才 智通美 倪加润 邱信安	万众村、大团村及在村企业（大团加油站、大团居委会）、小团村及在村企业、龙堤居委会及辖区内全部企事业单位	万众、大团、小团、龙居选区
77		引水	9511	3	3170	徐月康	徐月康	赵长海 刘正西 蔡中江 李伯新	引水村、圩中村、五丰村腰港村	引水、圩中、五丰、腰港选区
78		齐贤	7469	3	2489	朱文勇	朱文勇	刘舜 柏松淦 王安东	齐贤村、安龙村、长坍村	齐贤、安龙、长坍选区
79		三总	6756	2	3378	徐　辉	徐　辉	卞忠平 夏金中	三总村、大明村	三总、大明选区
80		老墩	6762	2	3381	蒋同海	蒋同海	孙志银 陈良雨	老墩村、方强居委会及辖区内全部企事业单位	老墩、方居选区
81	大中	红花	7543	3	2514	陈学根 何　菊 顾云彬	高　峰	卢日干 徐祥保 季明德	红花各村民小组、德润热处理、建洋织造、辖区内所有相关单位	红花选区
									恒南各村民小组、辖区内所有相关单位	恒南选区
									恒丰各村民小组、恒丰家纺、辖区内所有相关单位	恒丰选区
									恒北各村民小组、辖区内所有相关单位	恒北选区

续表2－2

选区序号	镇名称	选区名称	人口数	代表名额	每一代表所代表的人口数	镇分工干部	选区负责人		选区所辖单位	对应镇代表所属选区
							组长	副组长		
82	大中	泰西	8576	3	2858	朱晓春 孙素芳 单俊发 姜正平	王正龙	施长华 沈志平 周井江	泰西各村民小组、农技站，辖区内所有相关单位	泰西选区
									泰丰各居民小组、林蚕站 农机站，辖区内所有相关单位	泰丰选区
									双喜各村民小组，辖区内所有相关单位	双喜选区
									利民各村民小组，辖区内所有相关单位	利民选区
83		阜丰	8150	3	2716	席刚 陈卫忠 李凤玲	沈建忠	徐俊 曾龙珠	阜丰各村民小组、农业示范园、永信服饰、丰升工艺品、明星国际家居城、上川钢材，辖区内所有相关单位	阜丰选区
									阜南各村民小组、虹宇时装，辖区内所有相关单位	阜南选区
									阜北各居民小组、辉绅服饰，辖区内所有相关单位	阜北选区
84		同德	7699	3	2566	袁兴平 邢程	宋远坤	施元忠 葛善洪	同德各村民小组，辖区内所有相关单位	同德选区
									大新村各村民小组、服务业集聚区、新艳鑫服装、南吉服饰、力兮机械、海聚汽配，辖区内所有相关单位	大新（村）选区
									德丰各村民小组、德丰纺织，辖区内所有相关单位	德丰选区

续表 2－2

选区序号	镇名称	选区名称	人口数	代表名额	每一代表所代表的人口数	镇分工干部	选区负责人		选区所辖单位	对应镇代表所属选区
							组长	副组长		
85	大中	老坝	6663	3	2221	陈卫东 顾仁泽 成晓驹	倪启芳	卞友权 焦恒昌	老坝各村民小组，辖区内所有相关单位	老坝选区
									八灶各村民小组，辖区内所有相关单位	八灶选区
									光明各村民小组，辖区内所有相关单位	光明选区
86		新团	6041	3	2013	顾云彬 管仁刚	周旭阜	邓翠华	新团社区各居民小组（区）七小、二幼、新华医院、多为公司、多为铸造、中田机械、中田海太、长江机械，辖区内所有相关单位	新团（居）选区
									新团村各村民小组、七中 新团粮库，辖区内所有相关单位	新团（村）选区
87		福丰	7560	3	2520	王金黄 陶炳生 连锦勇	吴新湘	张忠勇 马汝根	福丰各村民小组，辖区内所有相关单位	福丰选区
									晋丰各村民小组，辖区内所有相关单位	晋丰选区
									晋北各村民小组，辖区内所有相关单位	晋北选区
88		朝荣	7776	3	2592	仇建刚 吉建平 赵长春	钱国民	董正江 陈卫华	朝荣各村民小组，辖区内所有相关单位	朝荣选区
									元丰各村民小组，美克医药、明荣化学、辖区内所有相关单位	元丰选区
									海防各村民小组，辖区内所有相关单位	海防选区

续表2－2

选区序号	镇名称	选区名称	人口数	代表名额	每一代表所代表的人口数	镇分工干部	选区负责人		选区所辖单位	对应镇代表所属选区
							组　长	副组长		
89	大中	万　丰	8439	3	2813	周荷凤 陈耀忠 单俊发	李　斌	赵汉斌 卞俊富	万丰各村民小组，辖区内含中小企业园所有相关单位	万丰选区
									天祥各村民小组，盛兴公司，辖区内所有相关单位	天祥选区
									海丰各村民小组，辖区内所有相关单位	海丰选区
90		裕　华	7948	3	2649	杨正锋 杨建明	顾　华	邢祖华	裕华社区各村（居）民小组、苏鹿、海泰、加捻厂、福利纸箱厂、惠翔生化、办事处及部门；中小学、幼儿园、卫生院、供销社、敬老院、邮政、派出所，辖区内所有相关单位	裕华（村居）选区
									丰裕各村（居）民小组，民力、百花、中福织造、燃气设备，辖区内所有相关单位	丰裕选区

续表 2－2

选区序号	镇名称	选区名称	人口数	代表名额	每一代表所代表的人口数	镇分工干部	选区负责人		选区所辖单位	对应镇代表所属选区
							组　长	副组长		
91	大中	新　街	8702	3	2900	周荷凤 何　菊	沈继俊	刘加林	新街各居民小组（区）、经贸中心、村建中心、鑫宇家纺；大中法服所、镇机关，辖区内所有相关单位	新街选区
									老街各居民小组（区）、水利站、晓宇工艺品、中德精锻；广电站、三院，辖区内所有相关单位	老街选区
92		东　宁	6835	3	2278	李凤玲 朱晓春	黄月娥	邢红明	东宁各居民小组（区）、城北派出所（含集体户、农垦），五小，辖区内所有相关单位	东宁选区
									大华各居民小组（区），辖区内所有相关单位	大华选区
93		康　平	6805	2	3402	赵长春 成晓驹	严玉生	陈根生	康平各居民小组（区），中幼、大中工商分局，地税三分局，辖区内所有相关单位	康平选区
									城中各居民小组（区）、黄海街道办（所）、镇工会、城区计生办，辖区内所有相关单位	城中选区

续表 2－2

选区序号	镇名称	选区名称	人口数	代表名额	每一代表所代表的人口数	镇分工干部	选区负责人		选区所辖单位	对应镇代表所属选区
							组长	副组长		
94	大中	健东	7948	3	2649	陈卫忠 陈卫东 仇建刚	朱桂芳	卞耀涓 施连安	健东各居民小组(区)、二小、色织公司,辖区内所有相关单位	健东选区
									大新(居)各居民小组(区)、敬老院,辖区内所有相关单位	大新(居)选区
									飞达各居民小组(区)、辖区内所有相关单位	飞达选区
95		人民	6070	2	3035	卢春桃	李怀根	周坚	人民各居民小组(区),丰硕机电,辖区内所有相关单位	人民选区
96		育红	7234	3	2411	陈学根 孙素芳	柏金淦	曹其林	育红各居民小组(区)、兽医站(含新团)、鸿达织造、昌盛工业园,辖区内所有相关单位	育红选区
									大刘各居民小组(区)、农经中心、四小、城西工商分局、钰丰麦芽,辖区内所有相关单位	大刘选区
97		建业	6130	2	3065	陶炳生	倪伟	栾健菁	建业各居民小组(区)、计生中心,辖区内所有相关单位	建业选区

续表 2-2

选区序号	镇名称	选区名称	人口数	代表名额	每一代表所代表的人口数	镇分工干部	选区负责人		选区所辖单位	对应镇代表所属选区
							组长	副组长		
98	大中	沿河	7791	3	2597	姜正平 袁兴平	茅彩虹	朱德荣	沿河各居民小组(区)、国税二分局、人力资源中心;金丰街道办(所)、文化站,辖区内所有相关单位	沿河选区
									新村各居民小组(区)、城南派出所(含集体户)、金悦纺织,辖区内所有相关单位	新村选区
99		西河口	8177	3	2725	吉建平 管仁刚 杨正锋	陈银龙	王 伟 丁 慧 李晓霞	西河口各居民小组(区)、大中交管所、沿海水泥、班德瑞、金苹果纺织、广庆纺织、恒丰海绵、恒卫针织、彩虹工艺品、贝贝工艺品、莱克米机械,辖区内所有相关单位	西河口选区
									建西各居民小组(区)、六小、大中国土分局,辖区内所有相关单位	建西选区
									滨河各居民小组(区),辖区内所有相关单位	滨河选区
									新德各居民小组(区)、城西派出所(含集体户),辖区内所有相关单位	新德选区

续表 2－2

选区序号	镇名称	选区名称	人口数	代表名额	每一代表所代表的人口数	镇分工干部	选区负责人		选区所辖单位	对应镇代表所属选区
							组　长	副组长		
100	大中	大　中	城南新区	5212	2	2606	顾仁泽 王金黄	陈学根 孙素芳	城南新区（南）舒润、锐奇曼、永达布业、金色热处理及红利线以南所有企业	城南新区（南）选区
									城南新区（北）大富豪啤酒、寿力、凯恒服装、海悦纺织、宏图纺织、众鑫服饰、乐丰纸业、红利线以北恩贝尔、海聆梦、嘉华服饰等所有企业	城南新区（北）选区

续表2-2

市区选序号	名称	选区名称	代表名额	选区负责人		选区所辖单位	牵头单位
				组 长	副组长		
101	驻丰解放军	解放军	1	陈如俊	李 松 尹满州	人武部、驻丰雷达部队	人武部
102	市直机关	市 委 市政府	1	韦应生	钱 江	市委办、人大办、政府办、政协办、纪委(监察局)、组织部、宣传部、统战部(宗教局)、台办、老干局、编办、党校(农干校)、党史办、档案局、信访局、智囊团、关工委、老促会、扶贫开发协会、总工会(文化宫、职工学校、职工技术协作交流站)、团市委、妇联、科协(科技咨询中心)、文联、侨联、工商联、残联、红十字会、慈善总会、科技局(地震局、知识产权局)、民政局系统、人社局系统、旅游局(上海知青纪念馆、中国旅行社)、审计局、统计局、安监局、行政服务中心、招标采购办、人防办、城东新区、高新技术区、麋鹿生态旅游度假区	市委办
103		财税 垂直 部门	2	黄 浩	朱达铭	财政局(国资办、丰华、天翔会计事务所)、投资公司、沿海滩涂投资发展有限公司;人行、农发行、工行、农行、中行、建行、江苏银行、交通银行、农村合作银行、邮政储蓄银行、江南村镇银行、东吴农商行、人保公司、寿保公司、中华联合财保、太平洋财保、太平洋寿保、平安保险公司;国税局、地税局、工商局、质监局、气象局、供电公司、邮政局、电信公司、移动公司、联通公司、铁通公司、烟草局、住房公积金管理部、石油公司、新华书店	财政局
104		政法	1	吴宏祖	张 辉 宗兴荣 詹荣安 陈宏成 周德军 张治中 颜 鹏 徐金彪	政法委、防范和处理邪教问题领导小组办公室、公安局系统、法院、检察院、司法局(含公证处;丰圆、众连晟、道远、法鼎、涤非等九家律师事务所)、盐城边防检查站、边防大队、武警中队、消防大队	政法委

续表 2－2

市区选序号	名称	选区名称	代表名额	选区负责人		选区所辖单位	牵头单位
				组　长	副组长		
105	市直机关	交通	1	朱学忠	徐文新	交通局系统	交通局
106		教育	2	成秋生	顾植林 何　刚	教育局系统（体育局）；江苏城市学院大丰分院（职教中心）	教育局
107		社会事业	2	徐向东	汤云庆 刘桂先 姜正清	卫生局系统；文广新局系统；人口计生委（计划生育指导站）；药监局	卫生局
108		城建	1	顾国华	丁　扬	住建局系统；城管局系统	住建局
109		农口	1	沈明高	夏恒林 丁仁俊 陈新明 商明星 高永福 吴树建	农工办；农委系统（林业局、绿委办）；环保局（生态办）；水利局系统；国土局；滩涂海洋与渔业局系统；盐务局（盐城盐晶集团盐业有限公司）	农工办
110		经济	1	陆　斌	朱国新 蔡　东 陈　玲 明恒楼 陈良忠	经信委（江苏人酒业有限公司）；发改委（物价局、沿海办、农能办）；商务局；服务业发展办；市社系统（银都集团含银都大酒店）；粮食局系统	经信委

续表 2－2

市区选序号	名称	选区名称	人口数	代表名额	选区负责人		选区所辖单位	牵头单位
					组　长	副组长		
111	大丰经济开发区	东选区	5573	2	方云余	范正明	斗龙港河以东、大刘路以南、常新路以西、红花河以北，含新民村、新城社区	祥鸿泰和集团、新民村
112		西选区	5234	2	崔业平	丁天桂	斗龙港河以西、高速公路以东、大刘路以南、七灶路以北，含长安村、河口村	丰东公司、长安村
113		南选区	4883	2	韩贵生	束长高	东面红花河以南、西面七灶河以南，含和瑞村、七灶河村	七灶河村
114		北选区	4389	1	叶玉斌	束洪方	翻身河以北，含龙福村、建设村	龙福村
115		风电选区	2690	2	骆文富	张正才	新团河以北，含灶圩村、同圣村	金风科技、同圣村
116		常高区选区	1871	1	薛学斌	王瑞珍	常州高新区范围内单位	常高区管委会
117	大丰港经济区	港区第一选区	4182	2	陈建丰	姜福才 俞兴敏 邵正林 施建峰	港区机关、港口局、口岸委、集团公司分各公司、各企业	港区管委会
118		港区第二选区	6552	2	程　功	陈根生	南新村、王港居委会、王港闸街道管理办公室、棉花原种场	港区农村工作办公室

续表 2－2

市区选序号	名称	选区名称	人口数	代表名额	场分工干部	选区负责人		选区所辖单位	备　注
						组　长	副组长		
119	盐城监狱	场部	5179	2	王洪生 赵建武	王洪生	赵建武	盐城监狱 辖区内单位	
120	方强、东坝头农场	场部	4807	2	施东华 顾正权	施东华	顾正权	方强农场 辖区内单位	
					薛中然 朱正海 崔静波	薛中然	朱正海 崔静波	东坝头农场 辖区内单位	
121	海丰农场	场部	2378	1	沈其凤 杨耀宗	沈其凤	杨耀宗	海丰农场 辖区内单位	

第三节　选民登记

选民,指年满18周岁的公民(依照法律被剥夺政治权利的人除外)。选民登记是选举机构对依法享有选举权的公民实行登记造册,以便参加投票选举的一项选举制度。选民登记实质是对公民是否具有选举权的确认,是公民在法律上享有的选举权转化为实际上能够行使的权利的必经程序。选民登记按选区进行。实行一次登记,长期有效的制度。选民登记工作,既可以入户调查,到选民住所或工作单位动员选民进行登记,也可以在选区设立若干登记站,发动选民自行登记。力求做到不重登不漏登。每次选举前要进行选民登记工作,经确认的选民资格长期有效。

关于选民登记核对工作若干问题的处理意见

(1997年10月14日大丰市选举委员会)

一、选民是根据法律规定享有选举权和被选举权并列入选民名单的公民。在我国,凡年满十八周岁的公民,没有被依法剥夺政治权利的,都是选民,享有选举权和被选举权。依照法律被剥夺政治权利的人,没有选举权和被选举权。

二、选民登记按时按选区进行,经登记确认的选民资格长期有效。这次选民登记、核对工作以上次乡镇人大换届时登记、核对的选民名单资料为基础,对新满十八周岁的、户口迁进的、被剥夺政治权利期满恢复政治权利的选民,予以登记。对选民登记后户口迁出原选区的,列入户口迁入选区的选民名单。对死亡的、依照法律剥夺政治权利的人,从选民名单上除名。

三、选举日为1997年12月15日,凡是1979年12月15日24时前出生的公民,年满十八周岁,符合法定条件的都应登记为选民。用农历计算出生日期的,应当换算为公历出生日期。

四、每一个选民只能在一个选区进行登记。在选民登记、核对阶段,市选举委员会发布选民登记公告,对选民登记的时间、地点、方法、注意事项等提出要求。

五、市、乡(镇)党政机关、企事业单位、人民团体和其他组织的干部、职工均参加单位所在选区的选民登记和选举。

驻乡(镇)的市属企、事业单位(包括沿海滩涂有关单位)由有关乡镇统一划分选区,进行选民登记和选举。

六、外地在本市的下列人员，原则上应回户口所在地参加登记和选举。如本人要求在现居住地或现工作单位参加登记的，必须在规定的时间内，持户口所在地选民资格证明，主动到现在住地或工作单位的选区进行登记和选举。

（一）外地驻本市的办事机构、施工等单位的人员；

（二）外地派在本市工作、学习，培训的人员；

（三）外地在本市务工、经商等人员。

七、在换届选举期间受组织派往外地工作、学习的人员，或长期在外地生产、经营人数较多的单位，由原单位所在地的选区进行选民登记。

八、选民户口在本市，而人在市外居住、做工、经商、运输、上学等，应在本市户口所在地的选区参加选民登记和选举，或委托他人投票选举。如本人要求在现居住地参加选举的，应主动到户口所在地办理选民资格证明。

九、在本市内流动的人员，人与户分离的，凡有工作单位的，由工作单位所在地选区登记、核实；没有工作单位的，由户口所在地选区登记、核实。

十、在选民名单公布后，选举日前，由于工作调动、搬迁、转业、退伍、结婚等原因进入本市的人员，凡能确认选民资格，又未在外地参加过选举的，可以在本市户口所在地或工作单位参加选民登记。

十一、持有本市户口迁移待入证的选民，可在长期居住地进行选民登记，但不作为入户的依据。地方农转非人员可在长期居住地进行选民登记。

十二、停薪留职人员一般应在原单位的选区进行登记。在取得原单位的选民资格证明后，也可以在现居住地或工作单位参加登记。

十三、拆迁户暂住外地的，仍由原户口所在地的单位或街道居委会进行选民登记。

十四、年满十八周岁的在校学生，参加学校所在选区的选民登记。

十五、离休、退休人员，一般应在户口所在地进行选民登记。如离休、退休人员属于由原单位统一管理的，也可以在单位进行选民登记。居住在外地的也可以持选民资格证明，参加现居住地的选民登记。

十六、下落不明达两年以上的人员，不参加选民登记。

十七、对长期旷工但单位未除名的人员，不作下落不明处理，仍由原单位进行选民登记。

十八、市人武部、武警边防大队、武警消防大队参加市直选区选民登记。

十九、海丰农场、方强农场、大中农场、东坝头农场参加驻地所在选区选民登记。

二十、苏丰针纺织厂、亚丰针织厂、黄海制药厂参加市直选区选民登记。

二十一、水上流动人口由所属单位、组织或村、居民委员会负责登记、核对。

二十二、经批准出国出境工作、学习、探亲的人员,应予登记,发给选民证。不能参加投票选举又未委托他人代为投票选举的,作缺席处理。

二十三、旅居国外、境外的我市公民,在市人民代表大会代表选举期间在国内的,可以参加原籍地或者出国前居住地的选举活动,并在原籍地或出国前居住地进行选民登记。

二十四、精神病患者和无法表达意志的痴、呆、傻人员,无法行使选举权利的,要取得医院证明或者征得其监护人的同意,并经市选举委员会认可后,不参加选民登记;对间歇性精神病患者,应列入选民名单;选举时发病的,不行使选举权利。患有麻风病及其他急性传染病正在住院治疗的应参加选民登记,可由选区委托专业医务人员负责组织登记。

二十五、被剥夺政治权利和停止行使选举权、被选举权的,不予登记。

二十六、下列人员应当准予行使选举权利,参加选民登记。

(一)被判处有期徒刑、拘役、管制而没有附加剥夺政治权利的;

(二)被羁押,正在受侦查、起诉、审判,人民检察院或者人民法院没有决定停止行使选举权利的;

(三)正在被取保候审或者被监视居住的;

(四)正在被劳动教养的;

(五)正在被刑事拘留的。

二十七、关押在看守所的有选举权的人员,由户口所在地选区进行选民登记。

二十八、劳教人员和未被剥夺政治权利的劳改犯由原户口所在地选区进行选民登记。

二十九、选民名单应在 11 月 25 日前公布,并发给选民证,实行凭选民证参加选举。

三十、在选举日以前,各选区对选民名单要进行复查,对新迁入、迁出、死亡的选民,应当分别予以列入选民名单或者除名并张榜公布,如果市选举委员会规定的选举日推迟,新增加的年满十八周岁的选民,应当予以补登并公布。

三十一、选民对选民名单有不同意见的,可以按《选举法》和《省选举实施细则》的有关规定处理。

三十二、选举工作结束后,乡镇选民名册由乡镇人大保管;市直选民名册由市人大常委会办事机构保管;驻丰农场的选民名册由各农场自己保管。

三十三、各选举单位在选民登记、核对工作中,遇到本意见之外而又把握不准的问题,请及时向市选举委员会汇报请示。

大丰市市镇两级人大换届选举选民登记核对办法

（2011 年 11 月 17 日）

根据《中华人民共和国全国人民代表大会和地方各级人民代表大会选举法》和《江苏省各级人民代表大会选举实施细则》的规定，结合我市市、镇两级人大换届选举选民登记中的具体实际，现对选民登记核对工作中的若干问题，提出如下意见：

一、选民登记的条件

（一）必须具有中华人民共和国国籍。

（二）必须年满 18 周岁。我市人大代表选举日为 2012 年 2 月 24 日，凡在 1994 年 2 月 24 日当日及以前出生的，均属选民登记的范围，出生日期以户口簿或者身份证记载的时间为准。

（三）没有被依法剥夺政治权利。

选民登记除了上述三项基本条件外，还需具有政治行为能力要件。精神病患者不能行使选举权利的，经市选举委员会确认，可以不列入选民名单。间歇性精神病患者，应列入选民名单，选举时发病的，不行使选举权。

二、选民登记的原则

（一）选民登记按选区进行。

（二）每一个选民只能在一个选区进行选民登记。

（三）经登记确认的选民资格长期有效。

（四）以户籍登记为主。以单位划分选区的在单位登记。

（五）外来人员以自愿登记为主。

（六）以选举机构主动进行选民登记与选民主动进行登记相结合。

三、选民登记的方法

（一）设立选民登记站。在选区内设立若干个选民登记站，方便选民主动登记。

（二）充分利用现代信息手段进行选民登记。各镇利用公安机关已有的人口信息资料软件，将人口资料转化为选民登记基本信息资料，建立电子文档。通过多种途径，摸清人户分离选民的辅助信息资料，形成选区选民登记核对底册。

（三）组织选举工作人员通过上门入户核对、电话核对、网上核对等方式，最后形成正式的选民登记名册。

四、选民登记的要求

（一）各选区必须在选民登记核对前发布选民登记公告，选民应在规定的时间内主动到选民登记站参加登记、核对。

（二）各选区应主动做好衔接工作，在认真进行比照核对的基础上，做到不错、不漏、不重。

（三）选民在异地登记的，应凭原户口所在地或单位的选民资格证明。

五、选民登记中有关问题的处理意见

（一）各区（园）、市级机关、团体、学校、部队、驻丰有关农场及市属企事业单位，驻镇垂直单位、站所、中心人员登记的办法。

各区（园）、市级机关、团体、学校、部队、驻丰有关农场及市属企事业单位只参加市人大代表的选举，不参加镇人大代表的选举。驻镇垂直部门、站所和中心人员应参加所在镇的市镇人大代表的选举。

1. 大丰港经济区、市经济开发区（含常州高新区大丰工业园）（以下简称“两区”）分别负责本辖区内各选区的机关、企事业单位、居（村）民的选民登记工作；其他区（园）机关及其企事业单位在城区的参加市级机关选区登记；苏盐沿海工业区参加港区的选民登记工作；上海光明工业园参加海丰农场选区的登记。

2. 市委市级机关工委负责划入市直选区的机关、团体、学校和企事业单位及相关区（园）人员的选民登记工作。

3. 原工业办、纺工办、轻工办主管的企业和原农垦系统企业，按照大政办发〔2010〕79 号文件精神规定的属地管理原则，由各相关镇、区、部门负责登记（江苏人酒业有限公司在市直经济选区登记）。

4. 市人武部、雷达部队的官兵在解放军选区登记。

5. 边防大队、消防大队、武警中队、盐城边防检查站等在政法选区登记。

6. 海丰农场、盐城监狱、方强农场、东坝头农场人员在农场选区登记。

（二）具有本市户口选民的登记办法

1. 居民（不含另规定在单位登记的在职和从业人员）、村民及离退休人员的登记办法。

（1）具有本市户口的居民、村民，在户口所在地登记；户口所在地与现居住地不一致的，应回户口所在地登记。如果本人要求在现居住地参加选举的，应凭原户口所在地的选民资格证明，在现居住地登记。

（2）企业单位的离退休人员在户口所在地选区登记；机关、事业单位的离退休人员在原单位选区登记，居住地与原单位所在地不一致的，也可在现居住地登记。离退休人员随外地亲属生活的，由户口所在地或原工作单位出具选民资格证明，可在现居住地登记。退休后又从业的人员，可以在现从业单位登记。户口随子女迁往城镇，现又回农村老家安度晚年的老人，在现居住地或户口所在地选区登记。

（3）大学生村干部、跨村任职的村干部在现工作单位所在选区登记。

2. 在职人员和从业人员登记办法。

（1）以工作单位划分选区的机关、团体、各类企事业单位在职人员在现工作单位登记，挂职干部原则上回原单位登记。

（2）企业注册地与生产经营地分离的，其职工一般在企业生产经营地登记。驻镇企业搬迁到“两区”的由镇（或企业）与“两区”协商登记。

（3）商业、服务业等流通企业人员（明确划归市直选区的除外）、在城镇有固定经营场所的个体经营者及其从业人员，在户口所在地选区登记，也可以在经营场所所在地选区登记。

（4）年满十八周岁的在校学生，在学校所在地选区登记。在大专院校、科研单位学习、培训的各类人员，出国出境考察、学习人员，由选送（派）单位在本单位所在选区登记。

3. 其他选民的登记办法。

（1）不正常生产的企业职工、待岗职工、内退职工和正在破产之中的企业职工，与原企业解除劳动关系、领取失业保险金的职工，尚未安置的人员，在户口所在地选区登记。

（2）单位的集体户人员，停薪留职人员，在本单位所在选区登记。

（3）拆迁户、临时安置户但未迁移户籍的，在原户口所在地选区登记。城郊结合部及房屋开发小区人员，有固定工作单位的住房户，在单位选区登记。

（4）无固定工作单位人员，在户口所在地选区登记。

（5）对人户分离人员的登记。城乡有多处住房或户口在农村而人在城镇从事生产经营的，原则上回户口所在地登记，如本人要求在现居住地登记的，可凭选民资格证明在现居住地选区登记；没有安家定居而临时租借房屋居住的，回户口所在地选区登记。

（6）对涉及婚姻关系有关人员的登记。婚进无户口长期居住在本选区，身份清楚的，可以登记；婚嫁入或婚嫁出而未迁户口者，可以在现居住地选区进行选民登记；离婚的仍在户口所在地选区进行选民登记；夫妻一方户口在城镇，一方户口不在城镇，在各自的户口所在地选区登记。

（7）对外出人员的登记。凡本选区外出的选民，应在户口所在地登记。如果本人不能返回户口所在地参加选举的，可以依法办理委托投票手续。如果本人愿意在外出所在地参加选举的，也可以按照当地选举委员会的有关规定，持选民资格证明就地进行选民登记。出国劳务人员，一律由户口所在地或工作单位登记，如投票期间不能回来的，应及早办理委托投票手续。个人或集体组织到外地务工的人员，统一由户口所在地选区进行选民登记，如不能返回参加选举的，应及早通知其办理委托投票手续。集体组织外出人数较多的，受所在选区委托，可由派出单位派专人联系进行选民登记和组织选举活动。出国探亲人员，在户口所在地登记，不参加投票又未委托他人代为投票的，作自动放弃处理。

（三）对非本市户口选民登记办法

1. 现居住在本市的外地来丰人员，在各类企业事业单位从业的外地来丰人员，一般应当回户口所在地参加选举；在丰居住一年以上，如本人要求就地参加选举，由本人提供户口所在地选区选举机构出具的选民资格证明，可以在现工作单位或居住地参加登记。

2. 在本市无固定居所（租房户），临时居住的流动人员，水上流动人员，回户口所在地参加选民登记。

3. 在丰定居务工、务农的，上次换届登记的，这次也登记；上次未登记和后来的，这次可凭选民资格证明登记。

4. 选民名单公布以后，由于工作调动、搬迁、退伍、复员、结婚等原因迁进的，凡能确认其选民资格的，可在选举日以前参加户口所在地或工作单位选区的选民登记。

5. 户口已迁出仍居住在原地的，应回户口所在地登记，也可凭选民资格证明在原单位或原居住地登记。户口已迁出但还未入户的（即“袋袋”户口），凭迁移证明在现居住地登记。迁移证明不作为迁进户口的理由和依据。

6. 在选举期间，对回内地探亲半年以上或短期工作的台胞，本人要求参加选举的，可以在探亲地或现在工作的选区参加选民登记，并参加选举。

（四）对犯罪人员的登记

1. 因涉嫌危害国家安全或者其他严重刑事犯罪被羁押，正在受侦查、起诉、审判的人，经人民检察院或者人民法院决定，在被羁押期间，停止行使选举权利的，经市选举委员会审查确定，暂缓选民登记。

2. 下列人员经选举委员会和执行监禁、羁押、拘留或者劳动教养的机关共同决定，可以参加当地的选民登记，也可以参加原户口所在地或原工作单位所在地选区的选民登记。

（1）被判处有期徒刑、拘役、管制而没有附加剥夺政治权利的；

（2）被羁押、正在受侦查、起诉、审判，人民检察院或者人民法院没有决定停止行使选举权利的；

（3）正在取保候审或者被监视居住的；

（4）正在被劳动教养的；

（5）正在受拘留处罚的。

（五）对患有精神病、传染病人员的登记

1. 无法行使选举权利的精神病患者以及其他无法表达意志的痴傻人员，在取得医院证明或者征得其监护人的同意，并经市选举委员会审查确定后，不列入选民名单。

2. 间歇性精神病患者，应列入选民名单；选举时病发的，经市选举委员会审查确定，不行使选举权利。

3. 患有急性传染病正在住院治疗的选民，可由选区委托专业医务人员负责办理登记手续，组织选举工作。

（六）对下落不明人员的登记

在选民登记截止时间前无法取得联系的人员，由选区选举工作小组提出，并经市选举委员会审查确定后，可暂不列入选民名单。在选民补正榜公布之前取得联系的，应列入选民名单。负案在逃人员，不予登记。

六、对选民资格的审查与确认

（一）对选民资格的审查

1. 因危害国家安全罪案和其他严重刑事犯罪案被羁押正在受侦查的人员，在被羁押期间需要停止行使选举权利的，由公安机关提请人民检察院决定；属人民检察院自侦的，由人民检察院决定；正在被起诉的人员，在被羁押期间需停止行使选举权利的，由人民检察院决定；正在被审判的人员，在被羁押期间需停止行使选举权利的，由人民法院决定。以上决定，应当由决定机关向本人宣布。

2. 对被判处有期徒刑而未被剥夺政治权利的服刑人员，但因在服刑期间发现漏罪或者重新犯罪；正在受侦查、起诉、审判，需要停止行使选举权利的，由监狱、看守所报驻所检察室，经人民检察院决定，并向本人宣布。

3. 对因身份不明、有重大犯罪嫌疑或者在所内作案的劳教人员，需要停止行使选举权利的，由看守所（劳教所）报驻所检察室，经人民检察院决定，并向本人宣布。

4. 被判处管制、被宣告缓刑、被裁定假释和被暂予监外执行等社区矫正人员，正在所外执行、所外就医、试工、试学、试农的劳教人员的选民登记，由其现居住地司法所汇总整理后交各选举委员会、各选举工作领导小组登记。

5. 市人民法院、人民检察院、公安局、司法局等机关，要认真做好对服刑人员、劳教人员和正在受侦查、起诉、审判的被羁押人员的选民资格审查工作，相关停止行使选举权利决定书必须在市、镇选举日的五日以前送达市选举委员会办公室选民资格审查组，以便及时通知各选举委员会、各选举工作领导小组。对新收押人员的选民资格审查手续，也应做到及时办理。

6. 选民资格审查工作由市选举委员会办公室选民资格审查组负责审核备案。

（二）对选民资格的确认

1. 在选举日以前，各选举工作小组应当依法对选民名单进行复查，对符合选民资格的，列入选民名单；对不符合选民资格的，予以除名，并张贴选民补正榜予以公布。

2. 选民名单必须在选举日的二十日以前，即2012年2月4日前张榜公布，并发给选民证。

3. 选民对公布的选民名单有不同意见的，按《选举法》的有关规定处理。

本办法解释权属大丰市选举委员会。

第四节 代表名额

大丰一至七届人民代表大会代表的名额，是依据法律和江苏省、盐城选区有关选举的决定精神，按照便于召开会议、讨论问题和解决问题，以及具有广泛性、代表性的原则，报请上一级选举领导机构或人大常委会批准确定的。1986年12月《省选举实施细则》公布后，大丰八届至十四届人民代表大会代表的名额，是依据《选举法》和《省选举实施细则》规定由省人大常委会确定的。《省实施细则》规定："县人民代表大会代表名额基数为150人，每5000人可以增加一名代表"，"代表名额基数与按人口增加的代表数相加，即为县人民代表大会代表的总名额"。

县一届人民代表大会代表名额为264人，二届301人，三届300人，四届378人，五届439人，六届386人，七届390人，八届302人，九届315人，十届315人，十一届277人，十二届277人，十三届277人，十四届277人。

2011年11月10日大丰市十三届人大常委会第30次会议通过的大丰市第十四届人民代表大会代表名额分配决定如下：

一、市直机关的代表名额为12名；

二、大丰港经济区、市经济开发区的代表名额为14名；

三、全市12个镇的代表名额为245名，具体名额为：

镇名	分配数	参选数	合计
草堰	12	3	15
白驹	12	3	15
刘庄	13	3	16

西团	10	2	12
小海	12	3	15
大桥	10	2	12
草庙	9	2	11
万盈	15	3	18
南阳	12	2	14
三龙	18	3	21
新丰	34	6	40
大中	47	9	56
合计	204	41	245

四、驻丰解放军 1 名;

五、驻丰农场代表名额为 5 名,具体名额为:

盐城监狱　2 名
方强农场　1 名
东坝头农场　1 名
海丰农场　1 名

第五节 代表候选人

认真做好酝酿、推荐代表候选人的工作，是选好代表的重要前提。按照《选举法》的规定，代表候选人的提名、协商，应充分体现选民的意愿。按照广泛性、结构性、代表性、先进性的要求提名、确定候选人。一是推荐的代表候选人与人民群众的关系融洽；二是政治上表现进步；三是必须具备相当的履职能力；四是有较强的法律意识；五是身体健康。

大丰一至七届人民代表大会代表候选人的提出，根据1953年《选举法》第四十七条“可由中国共产党、各民主党派，人民团体（如工会、妇女联合会、青年联合会、合作社等）联合或单独提出，亦可由选民联合若干人联合提出，在农村一般可采取由选举委员会邀请共产党组织及各人民团体的代表进行协商的办法”规定，采取自下而上、联合提名、广泛协商的办法。即由选举委员会与共产党的组织及人民团体的代表协商提出初步代表候选人名单，交群众讨论，如多数群众对名单或名单中某些人提出不同意见，即可根据群众的意见进行修改，再交群众讨论，直至多数群众意见集中起来，即可确定为正式代表候选人，并于选举前5天公布。候选人的提名与代表当选数相等。

1979年颁布的《选举法》，把直接选举的范围，由只限于公社、乡（镇）一级扩大到县一级；把等额选举修改为差额选举，“正式代表候选人的名额，应当多于应选代表名额三分之一至一倍”，而且在候选人的提名办法上也有进一步的明确规定。县八届人民代表大会代表候选人的提出，按照1979年《选举法》，“中国共产党，各民主党派，各人民团体，可以联合或者单独推荐代表候选人。任何选民或者代表，有三人以上附议，也可以推荐代表候选人”的规定，采取了分两步进行的方法。第一步由选民自下而上地广泛提名。选民直接提出的代表候选人，相当于代表名额的14.1倍；第二步由中共大丰县委请群众团体和各公社、乡（镇）和县直部、委、办、局，根据选民提出的代表候选人名单进行协商，按照各选区代表名额和差额选举的比例，联合提出代表候选人推荐名单，作为建议上报选举委员会，连同选民提名推荐的候选人名单，一并发至各选区交选民讨论。经过反复讨论、充分酝酿，最后确定正式代表候选人，在选举前5天，交各选区，张榜公布。经过差额选举，选出县人民代表。

根据2011年修改的《选举法》和《省选举实施细则》，大丰市十四届人大代表候选人按下列办法提名、确定：

1. 代表候选人按选区提名产生，凡本市选民都可被提名为市人民代表大会代表候选人。

2. 各政党、各人民团体，可以联合或者单独推荐代表候选人，并由选举委员会介绍到选区；各政党、各人民团体，可以联合或者单独推荐市人民代表大会代表候选人，均不得超过本选区应选代表名额。

3. 选民 10 人以上联名，可以推荐代表候选人。推荐者应当向选举委员会介绍代表候选人的情况。

4. 各选区对于合法提出的代表候选人，全部列入代表候选人名单，上报选举委员会，选举委员会应在选举日 20 日以前，按选区张榜公布。

5. 各选区按选民小组组织选民对选举委员会汇总公布的初步代表候选人名单进行反复酝酿、讨论，选区工作组召集由选民小组或者几个选民小组联合推选的选民代表进行民主协商；选举委员会根据较多数选民的意见，确定正式代表候选人名单，并在选举日的 7 日以前公布。

6. 由选民直接选举的正式代表候选人的名额，应多于应选代表名额 1/3 ~1 倍。

7. 代表候选人名单，按姓名笔画顺序排列；经预选确定的，按得票多少顺序排列，票数相等的，按姓氏笔画顺序排列。

8. 在选举日前，选举委员会应当运用多种形式，向选民介绍代表候选人的情况。

选举委员会通过召开见面会、安排走访选民等形式，组织代表候选人与选民见面。每个选区至少组织召开一次代表候选人与选民的见面会。代表候选人在与选民见面时，应当向选民如实介绍本人的基本情况和当选代表后的打算，并回答选民提出的问题。

对代表候选人的介绍在投票选举日必须停止。

第六节 选举程序

在市人大常委会的领导下，统一安排人大换届选举的时间。市、乡（镇）两级人大同时换届时，可以将市、乡（镇）两级人大代表安排在同一程序中进行选举；尽量方便选民，减少选举次数，提高单位时间内选举活动的效率。同时，完善推选候选人制度，让选民充分表达选举意愿，保证候选人提名程序的公开、真实。

在选举大丰市十四届人民代表大会代表时，投票选举工作根据《选举法》和《省选举实施细则》的规定，按下列程序进行：

1. 各选区按选举委员会确定的投票选举日进行选举，选民凭选民证在进行登记或名单核对的选区参加选举。

2. 每个选区根据选民分布情况，可分设若干投票站或召开选举大会进行选举，并可以根据具体情况设立流动票箱，投票站或选举大会由选举委员会派人员主持。

3. 投票站或选举大会由选民推选的监票人对发票、投票、计票的工作过程进行监督，并且有若干名熟悉投票程序的工作人员，向选民说明投票注意的事项，办理组织投票选举的具体事务，维持投票秩序；正式代表候选人不得担任本选区投票站的任何工作。

4. 市人民代表大会代表的选举，实行无记名投票，投票站应为选民设置不受干扰的书写环境；选民写票，其他人不得围观和干预；选民如果是文盲或者因残疾不能书写选票的，可以委托其信任的人代写，代写人不得违背委托人的意志。

5. 选民应当到投票站投票，因患有疾病等原因行动不便的选民，可以在流动票箱投票。

6. 在选举期间外出的选民，经选举委员会同意，可以书面委托本选区其他选民代为投票，每一选民接受的委托不得超过 3 人。

7. 选民对于代表候选人可以投赞成票，可以投反对票，可以另选其他选民，也可以弃权。

8. 投票前，由监票人当众检查票箱并加封条，然后开始投票；投票结束，当众封箱；开箱计票时，应当将投票人数和票数加以核对，并作出记录，由监票人签字。

9. 每次选举所投的票数，等于或者少于投票人数的有效，多于投票人数的无效。

10. 选区全体选民的过半数参加投票，选举有效，代表候选人获得参加投票的选民过半数的选票时，始得当选；获得过半数选票的代表候选人名额超过应选代表名额时，以得票多者当选；如遇票数相等不能确定当选人时，应当就票数相等的候选人再次投票，以得票多者当选；获得过半数选票的当选代表的人数少于应选代表的名额时，不足的名额另行选举；另行选举时，根据在第一次投票时得票多少的顺序，按照《省选举实施细则》第三十七条规定的差额比例，确定候选人名单；另行选举时，代表候选人以得票多者当选，但是得票数不得少于选票的 1/3。

11. 各选区的选举结果由选举委员会依法确定是否有效，并分别在各选区予以公布。

第七节 代表名单

（一届、二届和四届县人大代表名单缺失）

大丰县第三届人民代表大会代表名单

1958 年 3 月

蔡　祥	喻颂杨	陈富良	董聿云	芦昌辉	吴志高
殷同德	林桂芬（女）	陈相根	智书德	束必如	崔辅成
陈广志	吉英风（女）	徐静容（女）	严学宽	朱养庆	王元礼
王春兰（女）	韦应和	韦想元	张　劬	唐　彻	王寿山
施志高	汪黛兰（女）	刘桂华（女）	陈桂珍（女）	赵月英（女）	陈俐英（女）
施风丹	迮广泉	李兆兰（女）	陈风祥	花继良	施元恺
杨根友	高继宽	常连恺	孙保岚	张风云（女）	张翠萍（女）
刘保荣	彭维香	高继桂	朱东宽	吴庆好	董金海
单永楠	刘美英（女）	张长英（女）	单金荣	章状都	金巧英（女）
吴宏德	刘荣桂	吴明山	王翠英（女）	王国治	吕福康
刘则先	张一敢	袁学成	许耀良	董春峰	周成元
杨兆祥	董志安	张　鸾（女）	周德標	李元祥	刘维周
施粉英（女）	刘凤英（女）	杨永安	宗明泽	刘保华	周尤旺
季兰芳（女）	缪桂英（女）	丁长林	陈进云	李存得	朱立衡
朱振兴	穆传林（女）	沈余清	王保昆	叶广中	朱品芳（女）
朱　政	刘希俊	管天洪（女）	董兰英（女）	董尔均	邵德付
李珍连	杨荣宽	董如林	葛广林	董明旺	陈振寰
宋圣耀	张年丰	冯保和	张世民	丁伟礼	张艮珠（女）

杨启龙	张花仁	单居华	王书珍(女)	丁元美	王建平
陈志宽	王 平	王洪耀	章 鲁	陈起旺	李本宽
宣银官	季兰芳(女)	张慕骞	王永圣	顾龙图	吕桂英(女)
胡恒远	樊仲明	洪福庆	李松涛	罗会根	丁 平
刘桂英(女)	高玉和	王保余	姚德才	李广生	吴长茂
孙国香	朱之美	李希情	束必云(女)	孙田松	卞文林
卢昌喜	徐亚康	朱同道	葛成康	单雨霖	杨兴礼
甘思文	周宝芹	樊川玲(女)	杨如英(女)	周存元	刘兴生
刘兴正	许怀山	肖克云	唐山连(女)	杨才章	杨风魁
孙荫翔	徐泽民	施耀明	陈新桂	俞 政(女)	浦友才
陈中梅(女)	黄汉荣	袁春相	季民耀	杨长春	汤玉兰(女)
卞玉山	刘贵英(女)	顾中义	张玉堂	蒋新民	袁继安
徐友德	韩桂生	朱士信	王鹤美	陈广生	年广炳
秦桂英(女)	周国英(女)	丁山庆	蔡恒尧	许兆龙	黄德英(女)
毛育人	朱亚淮	吴 辉	姜玉林	殷汉民	吴美芳(女)
王广福	范庆群	杭宝英(女)	丁月秀(女)	杨德明	吴玉凤(女)
金传群	张正富	张 释	刘开轩	束 衡	田乃宜(女)
蒋御天	赵江鸣	蔡锦涛	陆发奎	顾 萍	秦友礼
潘存宽	沈宝和	徐继德	房宇平	陈亚林(女)	陈美兰(女)
胡仁义	戴 玉	杨 毅	张锡义	杜龙海	李士斡
温光顺	刘步群	浦宏涛(女)	刘凤英(女)	陈 莲(女)	柏志龙
咸延庆	王 超	江锡洲	马 吉	柏维良	康享祥
庄 立	倪秋蟾	顾正荣	王书舫	高贻庸	刘谨山
张开明	李龙庭	吴福海	王 瑛(女)	管凤英(女)	田来赐
卜模勲	张宝澄	韦德宝	郁建明	朱遂良	张才栋
杨锦标	单明水	冯德咸	蔡兆明	毛学桂	房纯保

束必桂(女)	何龙海	张兰英(女)	张奎元	唐秀珍(女)	王楚兰(女)
朱天章	吕友林	杨士良	袁以善	沈清明	杨继云
杨茂得	杨书仁	李广付	王江荣	王桂英(女)	刘志云
陈文芳(女)	杨寿全	陈付礼	卞怀珍(女)		

大丰县第五届人民代表大会代表名单

1964 年 2 月

徐亚辉	陈逸生	朱遂良	吕俊和	郁兴华	张慕骞
杨锦标	顾明华	殷淦臣	陈翠霞(女)	张奎元	董金松
杨广余	施文奎	夏红英(女)	吴洪山	王照祖	常林高
徐启章	李秀英(女)	花凤英(女)	朱桂英(女)	房俊英(女)	陈秀芳(女)
陈兆标	单如仁	单其兰	张文忠	陈福喜	张德英(女)
朱兰兴(女)	朱天昌	陆发奎	孙建康	单雨霖	陈应忠
袁效苏	李希道	史庆甫(女)	甘思文	李兴坤	陈万华
王连堂	杨同生	单恒康	肖克云	许俊山	单永山
陈凤英(女)	朱存英(女)	许青元	景学荣	杨如英(女)	赵保和
王井英(女)	朱之良	朱亚淮	冯德咸	顾龙图	严志成
颜宣桐	蔡雨聖	周长春	陈桂领	许桂杨	许怀金
蔡连青	徐立英(女)	柏志龙	刘凤英(女)	卞友凤	陈广占
周爱珠(女)	王秀怀(女)	杨宝昌	徐友山	朱天晋	倪　明
丁正付	任长付	刘家璜	韦志元	骆永金	张凤英(女)
韦龙英(女)	林保祥	周翠英(女)	顾东存	黄正宏	丁天明
许永英(女)	严华宣	阮庆昌	严学宽	郑景皋	张甫春
田乃宜(女)	蔡锦涛	茅鹤峰	蒋金秀(女)	李仁才	王君义
凡金祥	陈美兰(女)	谢祝斌	袁桂英(女)	王永才	明长年

束宝华	陈伯渊	王保昆	徐长明	叶广忠	崔绍云(女)
孙志卓	曹兰英(女)	宋声耀	夏桂芳(女)	谭明忠	李炳全
董尔钧	李坛付	管天红(女)	姜保英(女)	董兰英(女)	董如林
施荣宽	宗志英(女)	杨连高	刘希俊	王志祥	倪昌贵
邓德付	吴跃进	张桂兰(女)	郁士忠	杨才章	梅周愷
陆颂骞	张宝澄	王和生	孙荫翔	王东升	袁美英(女)
陆秀英(女)	董华义	唐科银	高正美	陈启明	沈凤英(女)
周玉英(女)	高付荣	徐　亮	黄　标	程长生	沈荣元
王广喜	陈太芳(女)	沈则昌	时　辰	黄朝华	陆士云
郭建兰(女)	姜士明	董维赞	朱　俊(女)	年广炳	吕凤桂
江兰英(女)	王鹤美	周维付	陈怀俊	李秀蘭(女)	王志田
李凤鸣	陈树英(女)	柏锦文	陈广松	陈年山	陈道炳
潘怀芝	朱银山	柏仁甲	张夕义	靡享祥	卞玉如
蔡荣江	朱雨林	张静卿	顾保银	周付海	戚书茂
占世银	董金芝	居粉英(女)	唐龙英(女)	周领娣(女)	朱友英(女)
肖书洪(女)	杨金存	徐荣桂	李德润	金一平	朱　辉
杨兆祥	郝光明	张玉铭	颜炳华	田永山	董　曙
周立夫	蔡　祥	卢昌启	卢昌辉	许济川	韦安元
束必珍(女)	陈桐根	朱之美	朱永法	黄明凤(女)	葛兴英(女)
李希朋	葛巧云(女)	孙兰英(女)	朱达生	高义太	陈保华
蔡明宽	张凤兰(女)	邹文广	孙亮先	薛明桂	张春元
卞殿元	王成美	张　炎	丁正东	陈桂珍(女)	施耀明
葛汉芝	杨根友	赵元芳(女)	陆冠英	陈桂英(女)	陆兆明
彭朝品	韦开元	李文谷	吴　辉	吴美芳(女)	朱国昌
黄亚琴(女)	陆惠昌(女)	陆忠芬(女)	浦云松	潘祥云	施学文
许惠明	朱友堂	朱汉文	顾建岐	孟昭楼	陈学礼

杨树仁	朱同道	杨裕森	范加兴	陈长美	陈凤英(女)
顾本江	张志兰(女)	杨天桂	丁友庆	乔桂珍	徐金同
卞怀珍(女)	韦余庆	单　良	陈立才	徐友能	陈果行
杨英华	沈卜楠	王保余	冯树桂	李愷仁	金粉英(女)
潘凤英(女)	张如林	王存芳	李松桃	罗会根	吴玉章
马桂英(女)	朱福根	曹桂英(女)	丁　平	陈粉英(女)	任忠元
王志荣	曹桂玉(女)	骆　俊	王银存	姜志春	陈保才
朱粉才	丁一珍(女)	李锦友	刘瑾山	王保才	章　鲁
沈龙英(女)	沈祖先	沈友山	汪素英(女)	杨昌元	朱美英(女)
张存仁	赵美珍(女)	冯保和	丁泽林	沈　宁	冯昌怀
姚启伯	顾从德	骆玉兰(女)	单居华	季巧英(女)	张世民
丁灯桂	陈登喜	骆永风	李连宽	周素芳(女)	王国治
杨瑞林	单明水	蔡　尧	董志安	包明生	徐兴和
王翠英(女)	陆桂芳(女)	宗维宽	宗锦生	刘文香	邓凤英(女)
刘东英(女)	金巧英(女)	刘兴法	赵生存	宗连响	宗汝业
陈桂英(女)	吴永康	吕怀凤	卢福全	左凤英(女)	徐启太
单春和	骆书成	高继宽	徐泽民	王书舫	高贻庸
李永伯	房兰英(女)	张美如(女)	丁逊华(女)	李永康	曹　妈(女)
蒋春生	单凤英(女)	陈纯干	范雅林(女)	彭维香	赵福云
骆春茂	王正生	潘坤国	汤家贤	吴恒禄	吴天友
高继桂	施锦山	顾凤楼	刘德恒	吴珍莲(女)	智书清
陈龙英(女)	马春芳	宋一强	陆国昌	袁学成	俞显杨
蒋御天	冯永源	郁建民	单鸿江	王全清	吕德高
高瑞天	吴玉凤	陈学付	杨桂英(女)	宗永义	徐金桂
沈则民	刘金元	姜玉林	程竹山	朱广桐	臧殿萍(女)
杭保英(女)	施正芝(女)	秦美芳(女)	陈宏芳(女)	朱凤英(女)	羊　毅

刘敬轩	刘古洲	徐亚康	董金海	胡文俊	袁树仁
顾保禄	张宏芳(女)	束必根	周焕章	王春许	姜建礼
张桂英(女)	朱红英(女)	周培根	宋永英(女)	朱宏英(女)	蔡桂之
周彩林					

大丰县第六届人民代表大会代表名单

1981 年 1 月

周成元	吴忠根	孙玉明	李秀芳(女)	秦金高	王桂连(女)
李永康	陈华生	汪桂英(女)	李汉珠(女)	冯保仁	吴兴礼
朱明贵	杨昌贵	葛 钰	王月凤(女)	杨树仁	杨美娟(女)
陈相凤	杨清爱	陈相兰(女)	刘怀英(女)	陈付礼	宋维保
韦桂元	杨景海	张家寅	商传友	束粉英(女)	杨福宽
周旭英(女)	胡玉宏	束华粉(女)	王元国	陆松兰(女)	徐兴凤
杨春华	宋静福(女)	韩寿岷	朱长柏	王连海	孙仁亚
孙亮先	吕长桂	丁同春	庄从兰(女)	季希英(女)	严如中
李粉英(女)	葛中和	杨 童	朱之银	朱芝凤(女)	倪加信
智伯根	丁仕奎	陈远春	王建非	许永英(女)	唐正元
季希谨	储金泉	沈桂英(女)	刘玉兰(女)	季明祥	潘志英(女)
朱友为	朱友春	陈如祥	郝恒泉	朱广权	杨竟寸
王秀珠(女)	徐仕林	朱翠芳(女)	杨学存	葛树仁	朱国平
许步曾	沈九阳	沈兰英(女)	杨兴旺	甘思文	杨巧兰(女)
束 衡	肖克云	刘如淼	胡翠莲(女)	朱芝林	顾巧珍(女)
朱生权	肖长虹	宗恺亮	彭正柱	董志安	刘 涛
顾宏芳(女)	束华桩	石保华	杨锦红(女)	杨华红(女)	韦元干
陈加道	吴文浩	汪应凤(女)	梁培俊	金加春(女)	刘根宝

丁永和	赵祥荣	吴金陵	宋月升	俞德鸿	吴广和
吴红英(女)	吴汉功	张文涛	吴春元	吴盛亮	杨本政
吕鹤林(女)	吴桂兰(女)	成炳秀(女)	刘文香(女)	徐宏俊	单士选
单保仁	杨汝祥	沈桂勤	曹兴财	王　玉	康士和(女)
刘海林(女)	高继宽	朱世荣	阮粉林(女)	吕天和	王守情
朱吉荣	丁兴根	金一平	单永宏	姚洪林	顾祝余
徐福奎	许长云(女)	王荣生	王德付	吕桂芳(女)	陈杏珠(女)
杨连珠(女)	洪福庆	颜忠仁	施长海	丁月喜(女)	常化春
夏永桂	许国胜	吕长安	吕　安	许发云	程俊英(女)
金文忠	钱恩辉(女)	沈　锋	陈秀英(女)	杨凤英(女)	邱桂芝
张翠萍(女)	金中时	谢美林(女)	马宏根	吴银芳	房永忠
陈正明	殷银山	陈翠平(女)	杨凤奎	彭如杰	陈如宏
陈升华	许广明	丁友娣(女)	董彩兰(女)	王维宽	彭翠英(女)
杨国金	张启宾	丁凤旺	丁永发	王德茂	顾鸣华
章友祥	林象云	黄桂英(女)	管学和	苏蕴淑(女)	宋美英(女)
顾太余	周士明	黄守忠	宗怀全	王茂山	王秀珍(女)
陆信高	宋生凡	蔡因成	朱应生	王凤祥	施扣英(女)
叶志忠	蒋月琴(女)	陈海明	张素萍(女)	邱信平	夏桂银
仇裕宾	刘兰英(女)	曹美珍(女)	张志兰(女)	王元飞	茅祖芳(女)
徐善高	秦达明	胡亚新	英汉林	李凤俊	施秀兰(女)
罗其昌	何红香(女)	陈殿才	余金海	吴　辉	任莲芝(女)
陈登山	杨德忠	周素芳(女)	韦桂和	韦广同	柏　衡
周启芳(女)	沈大良	陈国凡	丁天宜	陈启明	周启兰(女)
管守祥	季正相	施红琴(女)	袁成相	仇爱奎	圣家麟
黄乃耕	王治平	杨长发	奚茂银	陈亚芳(女)	程如英
徐连英(女)	施惠珍(女)	陆志昂	施志香	杨才章	陆永春

朱陆新	王长久	韦凤英(女)	朱凤兰(女)	顾长国	施汉江
徐宏俊	陈卫国	孙慕颜	陈荣梅(女)	刘鹤英(女)	蔡寿宝
王福英(女)	马春芳	严汉香	尹红兰(女)	程粉秀(女)	陈步云
杜连成	张季方	蔡桂余	张一波	王能秀	李云忠
陈金兰(女)	刘鹤兰(女)	朱鸿利	管守录	王春华	浦揭民
陆嘉葵	徐国云(女)	杨传顺	王广来	张长凤(女)	沈仲尼
严如成	杨凤英(女)	祁步珍(女)	费宏科	王安义	刘同圣
王凤云(女)	姚俊甫	邢永华	刘正良	王长富	黄茂钊
杨秀英(女)	王建寅	王　坚	陈冬岭	卞红英(女)	向广鸿
高明德	朱芝广	施耀明	张甫春	孙志宏	朱正兰(女)
陈永明	陈果行	张慕骞	何宇明	吴仕海	王能才
葛鼎官	吴学文	孙志卓	莫履矩	顾中芳(女)	李成功
杨朝宰	宋汉兴	蔡国钧	冯永源	夏成珠(女)	顾广荣
陈大鹏	杨大德	沈则贤	孙宪章	杨帮鼎	朱同仁
卢昌辉	郑水清	周　帮	何锦秀	朱养秀	俞文达
陈美兰(女)	陈秀英(女)	张德泉	沙竹根	刘英华	王俊元
宗跃华	沈桂英(女)	戴　祥	韩兰英(女)	印锦生	王玉兰(女)
仇玉宏	杨俊明	徐子礼	赵蔚洁(女)	孙金山	沈美英(女)
彭大金	张汉义	赵冬才	张士生	董启萍(女)	邵振东
张克明	戈　峙	沈瑞芳(女)	钱硕异	朱庆胜	林碧金(女)
袁际禹	刘　敏				

大丰县第七届人民代表大会代表名单

1984 年 5 月

王连祝	冯正高	李兴桂	李龙昌	朱粉英(女)	汪业田(女)
汪桂英(女)	吴希良	陈继宣	单达富	袁定武	顾友红
董长虹	王月凤(女)	刘　琴(女)	李明玉	宋维保	陆　恺
陈　华(女)	陈林根	杨美凤(女)	花爱红(女)	施金根	施加安
曹雪根	温贵善	葛　钰	王兴旺	王继阳	朱养才
朱启林	束长和	束华粉(女)	邹章銮	陈湘芝	金玉领
周嘉源(女)	徐同林	蔡鼎山	戴淮生(女)	韦义和	王秀林(女)
陈玉生	陈如寿	陈应忠	陈远春	沈如山	沈廷栋
李粉英(女)	季自枫	季希英(女)	张太泉	丁士奎	丁宏俊
韦广凤(女)	韦永和	韦红女(女)	季希谨	周玉良	柏授方
柳存英(女)	徐佩霞(女)	丁伯高	卞干林	王伯鸿	刘玉珺(女)
刘海琴	束扣珠(女)	陈如祥	陈学珍	周彩道	徐干香(女)
顾桂林	蒋甫清	王步明	冯干清	沈九阳	杨启新
张　燕(女)	钟兆林	居维芬(女)	樊锁英(女)	朱生权	刘兴润
吴文付	陈志华	肖克云	肖桂芳(女)	胡翠林(女)	黄夕周
蒋道立	王文忠	韦元干	石宝华	杨华红(女)	赵　进
徐菊芳(女)	顾正宏	殷志才	彭正柱	孙志卓	吴文浩
沈玉美	张忠英(女)	姚高明	聂新华	盛剑华(女)	喻俊林
王书全	邓育成	冯永源	庄广秀(女)	吴从宽	吴汉功
吴春林(女)	徐瑞荣	董汝宏	孙宏喜	李　伟	朱德乾
朱德琴(女)	阮粉莲(女)	沈桂勤	季汉堂	陈升甫	陈果行
宗士云	茅正云(女)	单士选	张栋臣	夏　宣	曹兴才
丁怀喜(女)	丁成军	马金才	王连祥	冯正龙	冯保荣

刘　定	吕桂芳(女)	张松山	骆俊芳(女)	骆锦生	校翠兰(女)
徐福奎	许占洪	刘兆清	沈　浩	沈凤英(女)	杨连珠(女)
陈国华	施长海	洪福庆	丁才旺	丁维龙	卢　锋
吕长安	武立和	张息元(女)	姜志和	袁美芳(女)	顾志照
储永康	朱茂春	刘金海	胡　顺	殷同喜	黄维东
蒋亚兰(女)	丁安信	石万余	冯永农	刘红安	严才福
陈明泰	陈翠萍(女)	房永忠	谢美娟(女)	丁友梯(女)	马友美
王金敖	许　涛	吴春银	吴锦风(女)	张友其	唐秀章
彭为干	彭良礼	魏翠萍(女)	王德茂	王德昌	吕文岳
陈柏松	余恩银	宋美英(女)	宗乐平	周　勤(女)	柏成法
顾西煜	夏恒存	朱忠跃	杨大德	杨德忠	陆信高
张　雄	张佩英(女)	施兆兰(女)	蔡国龙	王秀兰(女)	郁兴忠
张翠威	潘友喜	马红仙	王炳泉	卢日超	许忠岳
宋一强	陈云芳(女)	陈忠祥	邱信平	单如章	英汉林
张素萍(女)	张锦生	商绍贵	秦达明	彭　涛	马文田
王广林	方井龙	朱佩芳(女)	李风俊	李凤英(女)	李秀琴(女)
李声源	李金华(女)	沈爱萍(女)	何锦秀	沈德荃	陆燕池(女)
陈　捷	陈义平	陈永高	陈国凡	陈相礼	陈祝兵
陈根生	陈爱卿(女)	陈惠兰(女)	张　凤(女)	张云才	张季方
洪秀珍(女)	唐杉林	秦友礼	徐祥宝	倪锦明	曹玉英(女)
王亚琴(女)	王志华	王保群	韦铁和	左劲松	沙承绪
沙鼎云	陆引芳(女)	陈国祥	陈锦兰(女)	施文涛	施洪琴(女)
施耀明	房根同	柳春余	程如英(女)	储金泉	丁生富
丁翠萍(女)	王正球	王长久	朱陆新	陆永春	沈菊芳(女)
吴冠章	施惠珍(女)	顾长国	鲁鸿发	马春芳	刘少康
刘继先	孙慕颜	陈介平	陈应珠	陈金秀(女)	陈根香
张咸西	秦翠英(女)	赵干云(女)	韦秀兰(女)	李云忠	李立新

朱国其	刘惠华(女)	陈　政	吴克贤	杨国美	柏俊才
顾来生	徐金良	丁振华	卞友傲	卞遂清	王定球
孙干香	刘冬青	刘贵英	李文江	李怀稳	陆为清
张长风(女)	柏友翔	赵永鑫	高金霞(女)	蒋维汉	王永风(女)
朱兴发	刘振良	陈应禧	张春林	黄　淦	王建芳(女)
李学思	袁锡华	王绪成	张永瑜	潘淑德(女)	王兴明
孙济民	李志明	李秋霞(女)	邬玲珠	陆正平	黄汉彬
王　铮	王国元	庄　杰	刘　敏	徐方法	秦丽芳(女)
梅曼华(女)	吉　颖	张文山	冯锦章	杨朝宰	张正保
张伯均	丁兴娟(女)	毛尚莲(女)	卢昌辉	江　丰(女)	孙宜芳(女)
孙宪章	朱　平	朱士高	朱友平	朱元清	朱季芳(女)
束华泉	束必恒	刘洪斌	李华琦(女)	何宇明	吴学文
陈大鹏	陈永明	陈宏发	杨邦鼎	杨昌贵	金一平
张慕骞	施云泽	姚恩荣	高才旺	袁永奇	徐仁兴
顾广荣	顾岚岗(女)	顾忠芳(女)	倪正兰(女)	喻崇富	薛润涛(女)

大丰县第八届人民代表大会代表名单

1987 年 4 月

冯正高	朱松柏	沈玉芳(女)	李兴桂	李应堂	单广保
张太泉	周保平	袁翠云(女)	王月凤(女)	卞红英(女)	陈　华(女)
陈远松	陈应安	花爱红(女)	商传友	葛世荣	蒋振华
沈广元	沈同庚	束长和	李国城	张　俊	张淑玉(女)
葛书红(女)	翟恒谷	蔡鼎山	王元国	韦林广	朱长兰(女)
沈田余	严如忠	宋维保	陈如寿	陈秀凤(女)	季希英(女)
王凤义	韦广良	韦根兄(女)	仲汉根	陆　飞	季存兰(女)
季明兰(女)	周建英(女)	倪新生	王兴旺	王伯鸿	王秀珠

卢成国	朱加林	朱兆怀	陈如祥	周知生	徐惠兰（女）
李　伟	沈宏坤	杨旭升	杨国兰（女）	景　进	谭兴隆
潘安仁	王文平	朱生权	任荣俊	肖余忠	肖桂芳（女）
陈志华	胡翠莲（女）	徐明达	汤小山	向增来	刘启云（女）
邵正红	杨明仁	周保宽	秦进高	徐菊芳（女）	朱榴生
吴金陵	陈德祥	杨春宏	练加永	张凤云（女）	聂新华
朱元清	吴从宽	吴春林（女）	张福元	周玉良	董加才
董汉成	王希明	邓宏如	成炳秀（女）	陈升甫	陈果行
单士选	单美萍（女）	张大中	季汉堂	宗世云	丁书生
丁凤兰（女）	王　芳（女）	冯殿鉴	刘兴乐	吕绕红（女）	沈海明
沈静夫	宗育圣	徐福奎	丁宏喜	于友汉	许占洪
何天罗	姚桂兰	葛利民	戴遐勇	丁维龙	左　龙
吕美玲（女）	陈慕银（女）	张息元（女）	秦　军	储永康	窦恺辉
丁永发	卞靓皋	朱银海	陈竹山	高秀英（女）	冯永农
陈如宏	张　平	张银龙	房永忠	姚桂龙（女）	高　翔
马友美	吴志凤（女）	吴锦凤（女）	张友其	张民权	赵金珠（女）
殷　慎	黄祖荫	黄维东	王德茂	吴锦莲（女）	陈柏松
武立和	周扬安（女）	夏恒存	顾西煜	董　坤	王增荣
茅一飞	施兆兰（女）	贲金生	赵锦国	黄岐林	蒋亚兰（女）
刘东余	郁兴忠	夏　萍（女）	潘友喜	王炳泉	田永珠（女）
朱　源	宋一强	邱信平	严根芳（女）	张思礼	茅卫东
房根同	徐宝祥	秦达明	曹云康	王信生	仲信寿
许树高	宋远发	宋应恒	沈卫东	沈黄初	杨晶芳（女）
何宽仁	李松林	吴恺保	陈汉龙	陈顾安	陈祝斌
孟兰英（女）	林成立	张凤兰（女）	张素琴（女）	季秀芳（女）	柏仲祥
郝家华	秦友礼	韩世德	颜建英（女）	王志华	卞淦泉
左劲松	李宗耀	杨长春	杨茂斌	俞锦良	陶家谷

袁茂航	唐亚英(女)	曾　浩	董爱兰(女)	王长银	王正球
何如群	沈菊芳(女)	沈惠清	杨汉昌	明洪暴	顾长国
康邦兴	刘少廉	朱建英(女)	吴恒生	陈凤高	陈　群
耿兴友	秦翠英(女)	唐维琢	朱国琪	李云忠	陆步兰
陈炳若	赵长俊	柏俊才	唐志仁	程粉秀(女)	王汉莲
王凤云	王定球	卞顺甲	刘冬青	刘金泉	朱国柱
陆维清	周凤华	黄成章	蔡　云(女)	陈书广	严德凤(女)
张春林	高明英(女)	王淑茹(女)	包庆石	石锦凤(女)	孙建权
孙宪章	朱　绵	刘玉珺(女)	刘宏斌	宋汉兴	杨玉茂
杨朝宰	杜龙生	陈　华(女)	陈永明	陈永斌	陈昌明
张振华	郑水清	周洁民	钟兆林	倪正兰(女)	顾中伟
袁国顺	展玲根	黄　淦	温贵善	蒋　敏(女)	宋宗贤
李学思	林碧金(女)	万炳奉	梅存松	储怀仁	乐定生
田崇志	陆正平	徐国祥	黄汉彬	马玉科	王俊龙
吴建元	陈明华(女)	章谷雷	蒋新茂(女)	吴德山	李德贵
夏义德	殷作书				

大丰县第九届人民代表大会代表名单

1990 年 2 月

吕书伯	刘广录	汪桂英(女)	陈龙阿	陈红兰(女)	周国华
周保平	耿志发	蒋　鑫	王月凤(女)	王江华	王蒙恩
李元才	李国城	杨丽娟(女)	张振恺	陈中云	陈德喜
王　菊(女)	包庆石	李根元	束方富	沈玉林	刘伯森
茅永飞	宗汝宏	陈兴红(女)	陈远春	周建兵	徐永凤(女)
黄建华	管洪俊	刘振良	朱连英	朱家茂	陈元才
陈建忠	宗育圣	王炳泉	方云友	何　英(女)	何乐萍(女)

陆永福	茅卫东	单俊发	季玉萍(女)	张见林	陈俊山
周建昌	施　枫	王信生	仲信寿	许树高	束华朗
吴亚平(女)	何宽仁	沈卫东	沈秀芬	金家明	陈汉龙
陈如正	陈顾安	陈锦彩	周善辉	赵菊萍(女)	耿翠盈(女)
顾翠萍(女)	钱培成	钱裕民	倪诗珍(女)	徐桂英(女)	康　平(女)
韩世德	韦　尧	仇月华	李怀稳	李恩泉	刘泰隆
孙广才	吴红英(女)	柏汉元	浦成元	常　芝	曾　浩
陶银明	万友富	韦桂和	冯长忠	李美芳(女)	杨正权
周汉松	徐安富	裴日昌	蔡佩珍	卞红英(女)	刘少廉
刘兰凯	李忠兰(女)	张汉香	张咸西	谭兴隆	蔡学才
王凤义	王其鹏	朱国其	李云忠	李素英(女)	陈明堂
柏修齐	高　琴(女)	许国元	孙增余	严如成	李才桂
陈月英(女)	陈果行	陈国春	唐永兰	秦志松	褚宏桂
褚国庆	张春林	陈正琴(女)	周加平	金文忠	潘如太
王兴土	张向明	崔世奎	沈忠祥	田作善	刘润平
孙银珠(女)	马高明	庄　杰	陈明华	周妙君	章谷雷
丁　义	田崇志	陈永定	徐鑫达	黄汉彬	蒋新茂(女)
吴正仪(女)	忻国贞	林化宾	马春芳	马惠平(女)	王　健
王扣珠(女)	朱友亮	刘玉珺(女)	张云茹(女)	张远朋	张伯匡
张茂刚	陈天元	陈文亮	陈应忠	陈忠才	邵　明(女)
杨国成	杨国华(女)	杭义旺	周洁民	柏金生	胡传江
施　兵	姚美玲(女)	姚爱宁	秦世民	顾中伟	展玲根
温贵善	蒋　敏(女)	蒋亚兰(女)	王元刚	王元国	王炳珍
朱芝来	孙宏粉(女)	沈庭栋	陆美娟(女)	顾竟成	魏锦海
韦存和	韦珍和	韦继华	向增来	陈定云(女)	周建英(女)
夏恒庚	倪加定	奚延龙	王　娟(女)	王美生	王秀珠
朱国生	沈锦福	张明生	周雨英(女)	顾西军	徐建华(女)

丁永发	王祝根	朱中英(女)	冯俊海	许天旺	陆燕池(女)
潘　俊	朱日山	朱庆生	肖余忠	肖桂芳(女)	陈志艳(女)
周兰英(女)	周荣发	蒋振华	石庆珠(女)	朱绍芳(女)	李声源
陈志华	陈相杰	武福余	赵　进	董尔锁	邓恺权
朱榴生	阮美玲(女)	杨春宏	吴金陵	盛金声	董开明
谭东文	卢远群	朱友根	刘启富	吴汉鼎	吴春芳(女)
张福元	秦进高	黄　玲(女)	魏翠萍(女)	丁荣成	许向前
吴兴鹏	金跃章	宗世云	单士选	单美萍(女)	居维芬(女)
骆干彪	顾忠栋	王月红(女)	王甫元	朱同仁	朱进高
沈夕珍	沈碧和	金　池	顾国富	徐福奎	殷　荣(女)
王洪模	任蔚华(女)	许占洪	刘景海	何德林	周银官
窦恺辉	丁宏林	许龙官	沈淑芳(女)	张息元(女)	陈如祥
陈慕银(女)	高惠德	黄俊美	王学勤	朱银海	朱瑞芳(女)
李　伟	胡亚琴(女)	贺礼宏	顾存义	马　兰(女)	毛东海
石万余	沈荣乐	房永忠	赵锦国	高潮珠	蒋连友
许登高	沈荔华(女)	张友其	张民权	陈兴干	陈应红
骆翠红(女)	黄祖荫	黄维东	万素萍(女)	向广鸿	陈柏松
徐玉明	高桂珍(女)	戚荣生	康邦兴	董锡荣	

大丰县第十届人民代表大会代表名单

1992 年 2 月

吴兴鹏	朱荣兰(女)	孙玉喜	袁兴法	徐庭康	吴剑波
周国华	沈达宇	陆冬华	康邦兴	秦春华	朱干顺
陈荣增	束长风	杨永龙	沈　健	骆银风	王树蕊
裴日昌	王文元	洪维新	束方富	樊庆洋	郭玉连
胡学桂	顾红艳(女)	潘焕玲(女)	陈远春	张才恒	朱加宝

孟余勤	王克源	丁伯元	束长云	季顺奇	王元国
韦块元	吕书伯	韦龙林	陈正英(女)	詹均寿	翟长虹
周加兴	陈定云	仲汉根	柏授方	王林生	卢定红(女)
卢桂凤(女)	刘贵英(女)	葛忠银	朱桂林	王虎山	高　军
陈果行	尹金来	王银珍(女)	顾竟成	沈巧林	陈继宣
王超俊	沈　乐	施根祥	盛龙宝	王美珠(女)	李新昌
肖翠英(女)	王　定	周学敏	朱日山	朱翠红(女)	李家骧
朱开祥	顾杰章	杨开国	李声源	石根林	蔡生云
杨海源	束　平	黄锦成	苏兴春	沈压美	瞿恒生
沈向华	朱亚萍(女)	朱保俊	施雨泉	张福元	陈炳若
宗悦红(女)	卢远存	吴汉鼎	刘利荣	董　俏	张学存
陈立凤(女)	张振恺	丁荣成	余德安	夏美芳(女)	许宗泉
杨根成	茅连富	顾忠栋	居维芬(女)	单金林	刘伯森
马伯平	彭兴奎	杨桂庭	王月宏(女)	朱巧云(女)	沈夕珍(女)
朱建高	王裕民	臧　琦	杨昌德	何以全	丁瑞云(女)
陈忠林	周祥官	姚桂兰(女)	杜家宏	许占洪	陈如祥
丁宏林	蔡庆堂	杨进达	常润民	陈杰亚	李玉兰(女)
谢往林(女)	杨俊柏	蒋振华	杨春宏	孙亚萍(女)	朱庆生
王义成	李桂平	张明生	王秀兰(女)	朱荣兵	朱国祥
潘兆凤	张兰苏	冯　斌	许宏春	沈艳荷(女)	夏仁贵
朱美明	房松泉	姚立夫	孙旭广	张民权	李亚仁
吴旭海	梅广鑫	吴应宽	秦秀群	周　仁	谢国森
张志龙	陈国春	吴爱琴(女)	管洪俊	沈纪万	魏翠萍(女)
宗汝宏	茅一飞	黄歧林	彭保祥	茅爱国	陈兴红(女)
练保久	陆炳云	顾建芳(女)	陈正龙	陆礼兴	李恩泉
陶银明	韦　尧	刘泰隆	陶加谷	耿翠盈(女)	王亚芬(女)
吴　萍(女)	刘景海	王能平	王彩娟(女)	蔡佩珍(女)	周正红(女)

韩茂海	管其圣	何国胜	杨永新	刘兰凯	谭兴隆
王宝凤(女)	蔡林宏	董金玉	卞咸忠	朱学忠	陈锦英(女)
拜守年	李怀稳	卞长华	张友姝(女)	丁金保	王文玉
杨传华	黄万俊	高　琴(女)	陈国桢	李书元	陈广法
包庆石	戴百万	秦志松	吴正英(女)	陈宣平	李志英(女)
赵建平	杨　忠	柏粉兰(女)	许国元	徐网根	刘振良
刘汉东	金正刚	朱学英(女)	王凤义	袁秀萍(女)	马春芳
王汉明	朱桂安	丁永和	沈　萍	朱友亮	张远鹏
柏金生	王翠兰(女)	杨志宏	倪永兰(女)	王立瑾	曹致德
费桂生	廖华标	朱谦逊	李天安	陈　兰(女)	吴桂荣
顾中伟	夏永华	王兴洲	丁昌峰	王春梅(女)	叶爱萍(女)
孙宜芳(女)	陆炳昌	展玲根	孙厚林	陈风群	田崇志
刘鲁生	黄汉彬	王月川	田作善	刘润平	崔益兰(女)
宋林宰	姚　斌	赵　莉(女)	吴德山	宗育圣	沈　涛
李炳成	金德富	喻仁高	王春梅(女)	陆燕池(女)	李国华
张亚康	丁国成	顾绍将	施达元	丁士祥	陆翠萍(女)
武志才	张菊芳(女)	施菊香(女)	刘亚萍(女)	赵宏安	王树华
方　亮	郁建玉	高潮珠	徐亚芹(女)	李松林	朱　绵
杨德富	陈汉龙	韩世德	张长庆	季桂英(女)	周善辉
王信生	吴亚平	何宽仁	陈翠红(女)	周正和	周廉明
于笑午(女)	沈秀芬(女)	倪诗珍(女)	柏金淦		

大丰市第十一届人民代表大会代表名单

1998 年 2 月

朱炳炎	肖新楼	臧　明	姜翠英(女)	朱长印	刘文华
夏可宜	孙锦凤(女)	王海涛	朱干顺	黄兆山	陈林相

陈生远	左兰凤(女)	陈远昌	季明娟(女)	朱连玉	石根美
陈仕祥	智翠玉(女)	蔡永美	丁才女(女)	陈天生	杜 梅(女)
陈洪根	沈明高	朱 绵	许宗泉	奚茂云(女)	沈田余
智通勤	季明珠	王冬梅(女)	翟长虹	季自怀	宣成凤
赵学达	韦广荣	韦铁和	智通太	朱友珍(女)	卢秀珠(女)
蒋高友	杨德宽	陆燕池(女)	鲁鸿发	陈玉祥	顾 明
季自庚	王安青(女)	智通阳	董 俏	陈新明	蒋红萍(女)
邢凤兰(女)	沈海兰(女)	陈 群	杨庆丰	朱爱涛	樊洪桂
沈纪万	肖 涛	朱莲凤(女)	卢晓芹(女)	周 靖	卞堰生
李声源	朱开平	江兴林(女)	束长宏	陈继凤(女)	苏兴春
董 坤	朱 斌	杨玉堂	季通芳(女)	花安国	陈德茂
晏翠兰(女)	杨进达	宗乐平	卢 峰	朱亚平(女)	束长春
吴仕凤(女)	吴春莲(女)	戴 珺(女)	张宏祥	管洪俊	王长明
黄春明	单正权	沈炳芳(女)	花如新	沈德霖	吕树俊
倪向荣	吕丹凤(女)	安汉文	沈新庭	韩竹兰(女)	骆永明
朱荷观	杜家宏	王锦祥	刘灯英(女)	李海湘(女)	陶 成
严如鹏	冯登岳	李逸浩	金应才	陈汝华(女)	夏灯明
赵文玲(女)	秦荣生	沈 浩	朱达丰	王爱萍(女)	陈益虎
陈锦桃(女)	潘兆凤	顾正国	施志康	宗荣俊	张兰苏(女)
王翠和(女)	陈亚峰	商明星	冯玉光	李 驰	卢增祥
王正荣	李秀平(女)	陈兴隆	朱汉莲(女)	董 干	吴剑波
孙玉华	董春萍(女)	陈锦海	黄亚新(女)	盛连钧	蔡洪涛
夏恒林	魏翠萍(女)	陈锦良	顾春林	严永兰(女)	赵玉菊(女)
祁荣华	周建平	陈金华	陆 波	陈 兴	陈文宏
王艳芳(女)	葛玉庆	卢昌宽	陆志明	顾炳祥	万志昌
张亚飞	王正洪(女)	丁士祥	朱养德	陆燕芹(女)	陆桂铭
沙明霞(女)	王继林	张正林	严桂英(女)	郭健生	陈往年(女)

陈相凤	施正兴	陈寿凤	吴　诚	吴永鹏	李松林
宋远坤	孟兰英（女）	李翠霞（女）	王信生	单春和	陈保存
朱亚琴（女）	吴宏祥	陈翠红（女）	何宽仁	柏金淦	朱　燕（女）
单怀全	郁汉生	倪菊平	施　梅（女）	蔡学勤（女）	卞广佑
李存秀（女）	陶　曹	朱　霞（女）	王育春	金莉莉（女）	施桂华
吴冠璋	王忠珠	龚翠贤（女）	袁明高	陈玉兰（女）	颜国芳
杨正权	王德民	刘汉高	卞松成	杨国美	刘兰凯
乔月霞（女）	王　兰（女）	董　杰	拜守年	董　杰	钱　勇
王传俊	倪崇彦	丁志来	唐永康	周　丽（女）	徐伟生
陈金干（女）	王兆仁	李书元	卞太鹏	谭兴隆	陈广法
柏万友	朱红英（女）	张玉珍（女）	李才桂	陈希坤	周云华（女）
冯建东	刘振泉	陈　根	李素梅（女）	茅仁宏	孙国平
陆　琪	袁存喜	郁洪波	马春芳	宣维民	骆干标
吴索南（女）	范正林	郑　敏（女）	李锦华	周彩芳（女）	王永东
刘宏斌	包玉兰（女）	陶培华	石万年	顾中伟	顾建林
张晓非	朱友亮	邵幼懿（女）	谷晓芹（女）	许忠学	陈杏华
宋　蓉（女）	金　凤（女）	刘永香（女）	靳天龙	王　健	王春梅（女）
向广鸿	顾杰章				

大丰市第十二届人民代表大会代表名单

2003 年 1 月

陈杰钧	吴　江	李凤云（女）	袁晓霞（女）	肖金存	高永金
钱旭祥	朱德平	景桂珠（女）	杨国美	刘翠香（女）	杨金明（女）
涂存祥	沈明高	丁仁俊	杨桂凤（女）	朱　绵	王正洪
刘桂平（女）	周洪芳（女）	宗德富	陈相驰	曹　映	唐春锁
张桂平（女）	陈远昌	陈福全	李生华	杨建平	李东前

朱建鹏	施华琴(女)	季红梅(女)	董　俏	陆进华(女)	束长云
蔡珍怀	卢日刚	陆爱兰(女)	蒋松海	韦林广	江志坚
奚茂云(女)	季自怀	陈　玲(女)	徐中群(女)	韦广权	王连春
倪菊平	韩志才	韦广才	韦　娟(女)	宗乐平	肖建中
丁　宇	肖卫华(女)	管洪俊	陈干成	张学明	徐海凤(女)
施国华	张俊凤(女)	薛锦云(女)	杨　松	吕雪春(女)	明恒楼
董汉英(女)	蒋红萍(女)	茅锦旺	沈　权	吴翠云(女)	张林海
刘加荣	吴永秀(女)	魏翠萍(女)	刘云卫	陈应龙	孙国富
刘承元	朱海红(女)	陈　海	周兴国	姚　秀	杨寅官
陆　琪	钱桂芳(女)	刘卫平(女)	刘必宁	李祝明	陆　斌
杨昌渠	沈春涛	葛　平	李爱林(女)	陈锦官	安明珠(女)
吕俊男	张　琴(女)	葛启发	丁存根	朱桂平(女)	殷德荣
施志康	吴桂荣	高春林	陈新明	韦　新	石　曙
沙长河	沈连凯	张亚兰(女)	张育琴(女)	张益华	姜素兰(女)
陈亚峰	陈秀芹(女)	王海涛	顾国华	陈　根	金文存
周　逊(女)	苏翠平(女)	鲁鸿发	马　明	朱春才	夏恒林
刘晓敏	倪建娥(女)	杜家宏	杨开荣	陆燕池(女)	刘红芳(女)
盛连钧	吴俊林	王国佐	董　干	王　荣	严永兰(女)
叶汉春	陈　平	赵玉菊(女)	张　斌	蔡永东	迮锦勇
钱　江	李　伟	汪高兵	李平芳(女)	杨建明	倪向荣
李慧菊(女)	马汝根	卞玉芳(女)	殷克芳(女)	张　辉	刘亚新(女)
陶培华	朱养德	丁桂芳(女)	武炳光	施德明	杨素清(女)
韦龙群	许宗泉	李国城	李德富	赵建成	王士祥
葛成彦(女)	沈纪万	陈怀亮	陈金干(女)	张惠干	翟荣翠(女)
杨国栋	蔡秀芹(女)	刘文宽	李实业	宗驭华	陆　懿
邵巧华(女)	陈胜祥	陈建国	孟正国	张龙霞(女)	沈　刚
李立祥	李玉清	陈同远	王波勤	柏宏娟(女)	顾仲荣

王　耀	陆　峰	黄　飞	李从洋	周玉龙	张来平
张斐明	杨玉堂	潘　雷	韦稳元	顾忠祥	顾秀凤(女)
张金生	姚明翔	明恒国	吴　林	李春罗(女)	朱登富
万　标	郭爱华	王周斌	王和生	董　坤	马春芳
李桂华	王克源	徐祥宝	陈　虹(女)	姜风平(女)	焦恒昌
施达彬	周利绕	高　军	倪启芳(女)	朱达丰	宋远坤
单桂青(女)	李松林	吴家祥	吴永鹏	卞跃凤(女)	高　峰
刘明芳(女)	熊建成	陈惠芳(女)	徐　波	陈晓芳(女)	练红梅(女)
陈保存	鲁海燕(女)	李文兰(女)	智通珠(女)	周　平	孟宪春
陆卫红(女)	陈　婷(女)	陈连兴	樊　锋	唐建平	胡国存
方云余	程亚平	尹登峰	韩植林	张长勇	王德民
李运光	崔世奎	王继林	冯晓晴(女)	孙建权	吴闽宁(女)
袁春发	陈爱城	胡光琴(女)	陈　群	沪淑兰(女)	朱亚军
莫晓英(女)	王永东	王晓稳	吴友祥	杭　娟(女)	杨如生
杨亚兰(女)	施　舒(女)	王春梅(女)			

大丰市第十三届人民代表大会代表名单

2007 年 12 月

袁国萍(女)	杨永忠	朱慧祥	王红连(女)	吴逸娥(女)	陈　林
孙玉祥	韩　玉(女)	景桂珠(女)	韦稳元	金　烨	夏继永
宗汝刚	陈杰钧	涂存祥	蔡　东	陈　彬	陈仕祥
李　峰	陈爱芹(女)	石根美	邵晓萍(女)	蒋德爱	陈相驰
韦应生	唐春锁	杨桂凤(女)	杨小军(女)	卞九龙	陈月平(女)
钱　江	汤卫忠	朱建鹏	施华琴(女)	王继朗	邹晓红(女)
吴家祥	朱启凤(女)	施建飞	王国平	陈祝粉(女)	陈定权
陈天生	韦林广	袁冬青	杨晓芳(女)	邓既明	陈保付

李东前	陈　艳(女)	倪巍山	陈干成	肖建中	夏　云(女)
董　俏	陈静青(女)	朱平芳(女)	董　毅	孙眉眉(女)	杨　松
张林海	吴金富	沈　权	房杏雨(女)	尹同阳	董红芳(女)
朱晓扣	朱国平	王长云(女)	曹　震	单金平(女)	丁瑞云(女)
陈　彬	刘承元	花英俊	罗　强	缪凤群	李爱林(女)
程　功	王竹芳(女)	李桂兰(女)	奚国保	陆　琪	张秀平(女)
刘古佐	徐　明	殷德荣	储卫娟(女)	张加平	陈苏萍(女)
宣汉生	陈书明	沙长河	杨永芳(女)	刘兴乐	王元成
杜家宏	陈卫兰(女)	姜素兰(女)	陈亚峰	黄道平	陈秀芹(女)
季明珍	连钧祥	赵美红(女)	潘　伟	肖红兰(女)	江志坚
周　逊(女)	沈红梅(女)	陈凤明	朱达丰	朱云凤(女)	冯佰和
李　勤(女)	杨寅官	张文生	石万宇	校月星	顾玉荣
夏恒林	蒋爱国	倪　峰	宗翠红(女)	陈相凤	石万琴(女)
陈仕桂	盛连钧	董春景	唐亚标	倪建娥(女)	王秋枫
茅仁芳(女)	刘启红(女)	吴俊林	徐国祥	陈耀忠	殷　勇
王亚平	陶培华	袁垚华(女)	连均香(女)	顾　华	张　辉
单干情	朱丽华(女)	常卫东	董　干	李平芳(女)	方家淇
王文娟(女)	陆志刚	陈良忠	柏桂银	周宏奎	徐瑞平
陈湘珍(女)	赵建成	沈　斌	陈锦英(女)	王士祥	李正国
赵晓庆	陈金干(女)	张月芹(女)	王周斌	翟荣翠(女)	柏书群(女)
王　芳(女)	卞玉良	蔡秀芹(女)	程　秀(女)	陈汉成	邵巧华(女)
李宗连	陈建国	蒋素华(女)	沈　刚	李立祥	严如凤(女)
陈同远	陈亚娟(女)	孙志银	丁仁俊	智恒炎	唐文龙
吴正芳(女)	沙孝母	卞广佑	张　红(女)	陈　平	周玉龙
常红芳(女)	夏　寅	陈汉存	施美芹(女)	倪菊平	杨　敏(女)
姚明翔	韦　新	徐中富	倪慧萍(女)	仲汉根	智恒宝
王继和	杨珍红(女)	朱红芳(女)	张　燕	鲁季元	万　标

李德祥	董　坤	顾云彬	张建洋	高春芳(女)	方启柏
曹海瑛(女)	丁　宇	李怀根	焦恒昌	朱月芳(女)	倪浦松
李实业	宋远坤	施姝娟(女)	李松林	高　军	吕志梅(女)
陆春香(女)	刘加林	项　翔	徐忠高	孙素国	陈　萍(女)
马春芳	高　芳(女)	陶炳生	陈惠芳(女)	熊建成	杜安祝
陈小芳(女)	张锦生	储金宽	倪向荣	丁　扬	王琦萍(女)
卞玉林	朱　瑾(女)	朱兴元	吴晓军(女)	张　宁(女)	张　俊(女)
张国江	胡光琴(女)	姚金龙	姚雷平(女)	郭大生	黄　英(女)
葛志政	颜丙中	张建平	朱达铭	陆卫红(女)	丁鹤翎(女)
于　斌	冯俊生	孙建权	沈秀云(女)	陈美兰(女)	房莉莉(女)
姜　涛	钱锡军	徐永跃	徐建娟(女)	梅义发	韩志春
韩贵生	程亚平	雍庆丰			

大丰市第十四届人民代表大会代表名单

2012 年 3 月

夏红霞(女)	袁葆春	王　铮(女)	刘素萍(女)	孙玉祥	李爱华
杨永忠	杨忙英(女)	张建洋	金　烨	周胡山	周　健
夏继永	景红云(女)	杨荣富	刘汉权	王志建	王翠兰(女)
韦应生	卞九龙	朱银芳(女)	刘进兰(女)	吴家祥	宋长琴(女)
陈　山	陈月平(女)	陈启俊	陈富传	陈翠平(女)	冯银芳(女)
陈安丰	王亚平(女)	韦稳元	包秀珍(女)	朱建鹏	朱晓春
许德贤	杨世保	陈天生	季彩红(女)	周正香(女)	查月琴(女)
袁冬青	黄道平	黄　静(女)	蔡永兴	赵业龙	孙亚芳(女)
李国城	肖建中	吴小艳(女)	吴兴华	陈　平	陈静青(女)
姜福前	蒋爱娟(女)	骆　顺	顾松平	丁瑞云(女)	王连军
朱素芹(女)	花英俊	李东前	吴志忠	吴俊芳(女)	沈　权

沈红旗	陈杰峰	单亚平(女)	房杏雨(女)	康仕银	陈国军
金干生	王海滨	李桂兰(女)	何德尧	徐中健	陈锦标
范大玉	徐长松	殷孝军	殷德荣	储卫娟(女)	董 毅
杨建辉	王元成	王美祥	石翠红(女)	陈卫兰(女)	陈同远
郁兴忠	单永祥	袁国萍(女)	储冬生	仇兆华	宗汝干
朱 平	朱云凤(女)	朱金国	江志坚	杨 璐(女)	张春山
陈 群	金玲琍(女)	周保芬	单龙英(女)	单红梅(女)	顾玉荣
殷 勇	葛永洪	季明珍	彭金明	马晶晶(女)	石志芹(女)
朱卫娟(女)	刘兴宏	李丽丽(女)	宋 勇	张 斌	张长松
陈仕桂	陈相凤	顾 平(女)	潘克红(女)	周宏奎	沈菊兵(女)
韦桂和	卞玉良	吕锦秀	刘小荣(女)	刘永胜	李开国
李玉生	李正国	杨怀平(女)	杨建华(女)	沈 斌	陈永发
周树萍(女)	赵建成	倪向荣	郭 超	唐林海	黄 艳(女)
蔡秀琴(女)	李实业	李南丰	丁 勇	韦 新	韦广权
韦扣和	仇 飞	冯晓晴(女)	刘 冬	江 波(女)	孙志银
李 芳(女)	杨怀甫	吴 林	何春钊	宋银生	张存兰(女)
陆建香(女)	陈 霞(女)	陈玉霞(女)	陈正秀(女)	陈汉存	范裕忠
季 华(女)	金珍云	金福玉	赵 勇	郝文才	洪以壮
姚明祥	夏 寅	徐卫东	徐同美	崔亚兵	葛兰芳(女)
褚国东	蔡云山	蔡忠江	戴放鸣	董 坤	顾云彬
王巧兰(女)	王周斌	王锡虎	方启柏	邢红明(女)	成晓驹(女)
朱永祥	朱丽华(女)	朱春香(女)	朱桂芳(女)	朱桂银	朱晓荣(女)
刘加林	刘素红(女)	孙 杰	李声源	李晓霞(女)	杨庆海
吴红云(女)	吴晓燕(女)	沈 刚	宋远坤	陈 军	陈 泽
陈卫东	陈学根	陈荣平	陈桂官	陈福涛	茅彩虹(女)
季素春(女)	项 翔	袁垚华(女)	夏和平	顾 华	顾亚平(女)
钱国民	倪 峰	校月星	徐 俊	高 军	高 峰

高卫岳	高智华	唐亚标	陶炳生	黄　曼（女）	黄育梅（女）
黄建华	曹　震	曹其林	盛月辉	蒋林明	焦恒昌
翟荣忠	吴宏祖	张遇春（女）	李　捷	韦存和	朱兴元
杨　枫（女）	陈如俊	单玲玲（女）	姚雷平（女）	徐建娟（女）	葛顺明
程　华	戴秋月（女）	潘　伟	葛中亚	于　斌	丁天桂
李　云（女）	束洪芳	余　乐	唐文龙	赵晓庆	姜小红（女）
梅义发	张锦生	田文忠	王继勇	邓树梓	邓既明
叶成忠	李平芳（女）	单干情	袁苏民	陶　莹	薛中然
王　毅	石根美	罗　强	夏文锦	商明华	薛文杰
张守中	柳玉标	征汉年	陈爱华		

第八节 代表构成

代表构成,指组成人民代表大会代表的比例与分布情况。历届市县级人大代表的构成反映了不同时期对代表群众结构的不同要求。

大丰市(县)人民代表大会一至十四届代表构成表

表2-3 单位:人

届别		一	二	三	四	五	六	七	八	九	十	十一	十二	十三	十四
代表人数		264	300	300	378	439	386	390	302	315	315	277	277	277	277
性别	男	219	230	238	275	333	277	288	233	236	228	80	195	187	191
	女	45	70	62	103	106	109	102	69	79	87	197	82	95	86
年龄	35岁以下						122	106	75	86	82	56	48	27	19
	36岁~55岁						217	248	207	222	218	180	219	283	222
	56岁以上						47	36	20	7	15	41	9	5	36
民族	汉族						385	387	300	312	313	274	274	277	277
	少数民族						1	3	2	3	2	3	3	0	
政治情况	共产党员		119	180			205	206	180	179	180	178	191	172	202
	共青团员						34	13	14						
	民主党派(民主人士)	10	37	24										1	
	无党派人士						4								
	群众		144	96			143	171	108	136	135	99	86	103	75
文化程度	大专及以上						28	49	47	67	79	115	98	104	210
	中专						17	54	43	52	48	126	70	84	55
	中学						180	211	180	178	182			73	12
	小学						144	71	32	18	6	36	34	14	
	文盲						17	5							
代表组成情况	工人	15	22	18		8	35	37	29	42	44	111	26		
	农民	158	137	138		290	206	149	108	107	110		78		
	军人		4	5		4	2	4	2	2	1	1	1		
	干部	48	91	94		101	81	79	73	77	82	56	95		
	知识分子	20	26	19		16	47	85	75	74	61	84	19		
	工商	21	18	23											
	爱国人士(归国华侨)					8	1	1	7	9	10				
	其他	2	2	3		12	14	35	8	4	7	25			

第九节 代表任期

代表任期,担任代表职务的期限。市(县)人民代表的任期时间依照宪法和《地方组织法》的规定,一至三届每届为2年,四至九届每届为3年,十至十四届每届为5年。代表的任期从每届人民代表大会第一次会议开始,至下一届人民代表大会第一次会议前一日止。初选的人大代表的任期从补选代表资格被确认时起到本届人民代表大会任期届满为止。

县一至十四届人大代表任期情况表

表2-4

届别	法定任期	实际任期	实际任期起止年月
一	2年	2年半	1954.7-1957.1
二	2年	1年半	1957.1-1958.5
三	2年	2年半	1958.5-1961.9
四	3年	2年半	1961.9-1964.2
五	3年	2年半	1964.2-1966.5
六	3年	3年	1981.1-1984.5
七	3年	2年半	1984.5-1987.4
八	3年	3年	1987.4-1990.2
九	3年	3年	1990.2-1993.2
十	5年	5年	1993.2-1998.1
十一	5年	5年	1998.1-2003.1
十二	5年	5年	2003.1-2007.12
十三	5年	4年半	2007.12-2012.3
十四	5年	5年	2012.3-

第十节　出席全国、省、盐城市人民代表大会代表名单

出席第六届全国人民代表大会代表

1983 年

陈果行

出席第九届全国人民代表大会代表

1998 年

陈湘陵

出席第十届全国人民代表大会代表

2003 年

江　波(女)

出席江苏省第一届人民代表大会代表

1954 年

丁友娣(女)　　徐亚辉　　高鹤年

出席江苏省第二届人民代表大会代表

1958 年

卞怀珍(女)　　陆仁瑞　　张　劬　　高鹤年

出席江苏省第三届人民代表大会代表

1964 年

卞怀珍(女)　董　曙

出席江苏省第四届人民代表大会代表

因“文化大革命”未开

出席江苏省第五届人民代表大会代表

1977 年

曹夕清　冯保仁　季明祥　余德和　金一平

出席江苏省第六届人民代表大会代表

1983 年

卞红英(女)　吴仕海　王能秀　马春芳　朱同仁　蒋　敏(女)
莫履矩　肖克勤

出席江苏省第七届人民代表大会代表

1988 年

卞婷婷(女)　陈相凤　朱同仁　蒋　敏(女)

出席江苏省第八届人民代表大会代表

1993 年

王连娣(女)　沈卫东　郭健生　刘玉珺(女)　蒋　敏(女)

出席江苏省第九届人民代表大会代表

1998 年

李　驰　沈卫东　顾中伟　张　娟(女)　陈金扬

出席江苏省第十届人民代表大会代表

2003 年

王　荣　丁玉华　肖建中　陈国民(女)　戴宾模

出席江苏省第十一届人民代表大会代表

2008 年

倪　峰　王凤书　江　波(女)　殷凤山　景志勇

出席江苏省第十二届人民代表大会代表

2012 年

陈　平　江　波(女)　仲汉根　刘加东　李晓霞(女)

出席盐城市第一届人民代表大会代表(61 人)

1983 年

丁仕云	丁正泉	丁国山	卞永兰(女)	王长富	王智卿
韦广同	冯默君	卢昌辉	卢明元	史长美(女)	成桂堂
吉素先	刘道良	吕美林	吕慧琴(女)	朱月英(女)	朱立树
朱同仁	朱宏源	朱宝林	朱遇春	陈杏珠(女)	陈东岭
何志英	苏　生	李文凯	沙竹根	沈志刚	沈明高
沈荣贵	肖宏祥	杨　雪	杨福兰(女)	张正兰(女)	张文涛
张时燮	张卓林	张　涛	范学仁	虎世平	金一平
林象云	郁　明	周根明	洪允征	胡卓明	高继宽
贲友梅(女)	顾长国	顾锦生	倪祖康	秦进高	徐志辉
夏正平	殷凯华	曹炳荣	黄振中	梁蔚均	葛　石
蒋玉琴(女)					

出席盐城市第二届人民代表大会代表(62 人)

1987 年

丁正泉	丁师云	丁荣幸	卫锦来	王　斌	王士鸣
王士桂	王凤楼	王记珠	王良美	王智卿	王锡震
王德超	吉素先	刘道良	祁崇岳	许开友	朱子贤
朱立俊	朱正友	朱光华	陈兰玉	何志英	陆燕池(女)
沈同庚	沈明高	宋维保	肖正旺	张　兰(女)	张　涛
张文涛	张贡斌	范学仁	虎世平	武立和	杨　勤
杨玉茂	郁秀琴(女)	周凤华	周廉明	柏桂清	柏授方
洪允征	胡美林(女)	柳元芳(女)	施秀英(女)	赵学成	顾正伟
顾竟成	倪春兰(女)	秦友礼	夏兰芳(女)	徐　莲(女)	龚学飞

黄 淦	黄启连	黄罗英(女)	蒋月琴(女)	鲍巧凤(女)	葛晴初
管洪俊	廖华山				

出席盐城市第三届人民代表大会代表(61人)

1993年

丁玉华	丁正泉	丁仕云	刁守白	王汉忠	王伯杏
王忠珠	王素萍(女)	韦 新	尹庭芳	卢 俊	吕立志
朱立俊	朱光华	朱家茂	朱 琳	刘希平	刘金海
刘益云	祁乃富	祁崇岳	李寿庆	李怀稳	李树培
李素英(女)	杨文文	杨邦鼎	杨进保	杨雨山	杨国平
杨淑文(女)	肖正旺	张秀芳	张锦生	陆恒吉	陈昌明
陈维梁	邵安琪	虎世萍	周善辉	周廉明	俞文进
施 珍	施桂华	姚 森	贺加干	秦 军	秦 峰
聂玉芳(女)	夏兰芳(女)	顾正伟	顾永年	顾森茂	倪春兰(女)
徐寿宝	徐 莲	殷亚萍(女)	唐书华	黄金虎	黄罗英(女)
彭正柱					

出席盐城市第四届人民代表大会代表(53人)

1998年

胡效寅	施建石	王伯杏	祁崇岳	李树培	宋成荣
陆立新	秦永超	顾正伟	顾亚平	徐寿宝	陈同远
吴剑波	任 耘(女)	卢 俊	李国城	陈亚云(女)	林长生
姜 涛	郭健生	钱文彬	景 进	朱光华	王克源
卞永兰(女)	卞桂林	陈启富	陆燕池(女)	郑献民	姚 森
殷凤山	颜建英(女)	蔡学才	陈耀东	宋远坤	沈恂寿
罗 强	金中时	夏兰芳(女)	倪向荣	高 琴(女)	戚月华(女)

郁　飞	朱学忠	丁玉华	朱　斌	孙益强(女)	仲汉根
陈国民(女)	陈爱华	黄祖瑢	路胜荣	魏翠萍(女)	

出席盐城市第五届人民代表大会代表(56 人)

2003 年

王甲道	邱跃民(女)	刘必茂	李　驰	陆立新	练红根
胡美成	沈进进	陈红红(女)	潘道津	谷容先	宋成荣
陆凤龙	蔡建军	倪菊平	施　展	丁　宇	卞晓莉(女)
石根美	朱文明	陈　兴	陈湘陵	郜　燕(女)	袁　涛(女)
黄镇玉	戚月华(女)	戴宾模	魏翠萍(女)	夏继永	江　舟
王连春	石万宇	刘爱民	李从洋	余培仁	季明凤(女)
房金渊	拜守年	袁　宏(女)	夏兰芳(女)	奚　杏(女)	陶步生
蔡学才	吴树建	王春银	卞跃美(女)	杨赛男(女)	李晓明
吴俊芳(女)	沈纪万	陈天生	陈雪琴(女)	季希彦	耿忠霞(女)
殷凤山	陈小沛				

出席盐城市第六届人民代表大会代表(55 人)

2008 年

卢铁农	申亚林	刘太亮	刘正秀(女)	邱跃民(女)	沈洪清
宋龙玲	陈还堂	赵　鹏	胥江华	骆晓娟(女)	郭健生
储金泉	叶玉存	刘洪飞	丁　宇	王新华	乔迎春(女)
沈德银	吴家祥	李　勤(女)	肖建中	郭　云(女)	奚　杏(女)
郜　燕(女)	管仁刚	刘古佐	卞松岭	姜正章(女)	王亚平
王亚琴(女)	仲汉根	朱月清	朱广云(女)	陈相凤	陈雪琴(女)
张桂萍(女)	季正相	候晓东	耿忠霞(女)	戴敬民	褚国栋
陈春平	石万宇	许桂霞(女)	朱慧祥	沙长河	季希彦

季 宇	季明凤(女)	拜守年	柏传平(女)	殷 勇	徐晓娟(女)
黄道平					

出席盐城市第七届人民代表大会代表(53人)

2012年

丁 宇	王启满	冯建东	刘连才	如 滨(女)	何桂英(女)
陈还堂	周 俊	柏晓兵	骆晓娟(女)	魏国强	王友贵
王迪生	王新华	卞 莉(女)	卞松岭	石万宇	冯艳华(女)
朱伯泉	仲汉根	刘春阳(女)	刘洪飞	刘爱君(女)	杨 枫(女)
杨姗姗(女)	吴家祥	邱建林	沈 刚	沈 斌	沈志敏(女)
宋长琴(女)	张春山	张桂萍(女)	陈 平(女)	陈小平	陈凤钢
陈春平	陈雪琴(女)	范大玉	周晓琴(女)	赵业龙	赵晓庆
袁 杰	袁冬青	倪 峰	倪向荣	殷 禹(女)	殷凤山
康仕银	韩伯群	董加凤(女)	景志勇	戴敬民	

第三章 会 议

召开会议是人大及其常委会保持自身权力能力的根本途径，是集体行使宪法和法律赋予职权的主要方式。本章所记述的会议，涵盖参政（参议）会、各界人民代表会议、市（县）人民代表大会、人大常委会会议、主任会议。

第一节 县参政（参议）会和各界人民代表会议

民国32年（1943）9月，台北县抗日民主政权成立后，为贯彻抗日民族统一战线政策，中共台北县委、县政府筹组成立台北县参政会。通过参政会，团结各阶层爱国人士参政议政，为巩固建设抗日民主根据地和夺取抗日战争和解放战争的胜利，做了大量工作。

新中国成立初期，台北县先后多次召开各界人民代表会议，动员各界群众和爱国民主人士，积极开展治水兴垦，增产节约，支援抗美援朝和加强民主建设等方面工作，为克服财政困难，恢复发展国民经济发挥了重要作用。各界人民代表会议是地方人民代表大会的前身过渡形式，是中华人民共和国成立伊始人民参与地方政权建设的机关，是加强政府与人民联系、协助政府开展工作的重要组织形式。

一、台北县参政（参议）会

第一次台北县参政会 民国32年（1943）9月，台北县政府筹组参政会，聘请国民党小海区分部执行委员、开明绅士叶东等10多人组成筹备委员会。后因故筹备工作停止，县参政会未能如期召开。

民国33年（1944）2月，台北县委、县政府在小海镇召开县、区、乡三级行政扩大会，再次筹组县参政会。盐垦中学校长孙蔚民、中共台北县委书记徐志仁分别任县参政会筹备委员会正、副主任。

民国33年（1944）4月1—7日，台北县在小海镇南新灶明理堂召开首届参政会，到会参政员119人，其中女代表5人，特邀代表17人。苏中二分区专员陈扬、法院院长林修德以及东台县临时参议会代表到会。会议由县委书记徐志仁致开幕词，东台县临时参议会代表作了关于东台县一年来参议会的工作经验介绍，二分区专员陈扬作了目前政治形势的报告，县长杨天华作台北三年来政权工作的报告，并对今后工作任务作了说明，讨论通过了台北县民国33年

(1944 年)的施政要点。会议选举盐垦中学校长孙蔚民为议长,县委书记徐志仕、开明绅士朱明熙为副议长,宗雨农为驻会秘书,束衡、单明水、杨兴礼、张超、袁及人、杨文伯、陶叔彪、袁天枢、高子卿为驻会委员。会议最后由专员陈扬作指示。会议期间,各级代表义卖献金一百余万元(抗币),开明绅士朱孔修一人捐款 5 万元。

此后,各区相应建立参工团,动员各界人士参加抗日斗争。

两台参议会 民国 33 年(1944)11 月,台北、东台两县合并为东台县,两县参政会同时合并为东台县临时参议会,议长胡辛人主持了首次参议会驻会委员会会议。会议主要内容是说明两县合并的意义,布置参军任务和冬季生产工作。

民国 34 年(1945)5 月,东台县临时参议会在东台县二仓区三宫殿召开,全县参议员出席了大会。苏中四分区专员梁灵光、司令员张震东、地委宣传部部长洪泽参加了大会。会议学习了党的七大会议精神,听取了县长董希白的政府工作报告,选举了出席苏中临时参议会的代表。

第二次台北县参政会　民国 34 年(1945)9 月,大中集解放后成立大中特区公署,黄亚成任主任。12 月 9 日,成立了台北县参政会筹备委员会,黄亚成任主任,原台北县参政员顾剑秋任副主任,特区公署秘书路力、朱道生为秘书长。

民国 34 年(1945)12 月 20 日,台北县政府、台北县参政会、台北县警卫团在大中集召开成立大会,到会参政员 111 人,苏中四分区专员梁灵光亲临大会。会议由黄亚成致开幕词,四分区专员梁灵光作形势报告。会议选举吴明为台北县县长,选举民主人士季彦敏为议长,中共台北县委书记林修德与开明绅士朱明熙为副议长,束衡、高子卿、宗雨农、单明水、袁及人、杨文柏、陈德忻等 9 人为驻会委员。

民国 35 年(1946)3 月,全国各地开展惩治汉奸运动,县长、区长任县、区惩奸运动委员会主任,县参议长、区参工团主任任县、区惩奸运动委员会副主任,参政会在配合党的惩奸运动中做了大量工作。

民国 36 年(1947)3 月,县参政会在参议长季彦敏家召开了驻会委员形势座谈会。会上,县长黄亚成作了形势报告,鼓舞参政员们坚定蒋军必败、我军必胜的信念。

民国 36 年(1947)10 月,为贯彻党中央的《土地法大纲》,在全县土地复查运动中,产生了“左”的倾向,县、区参政员中的一些党外人士受到牵连被错误处分,县参政会活动由此停止。

二、各界人民代表会议

第一届各界人民代表会议　于 1950 年 2 月 5—9 日召开,会议代表 252 人。会议听取了县长张锋所作的《一年来的政府工作》和中共台北县委书记沈堃所作的《春季工作方针与任务》的报告。会议作出关于 1950 年春季生产救灾、克服财政困难,发动群众加强冬防治安、保卫，生产救灾、治水兴垦顺利进行，文化教育工作，拥优工作，增产一成6项决议案。选举产生了由23人组成的第一届各界人民代表会议常务委员会。代表们提出提案112件，后综合为71件。

第二届各界人民代表会议　于1950年9月18—20日召开，会议代表252人。会议听取了县长朱映山所作的《八个月来政府工作的报告》，作出了关于生产节约备荒、结束土改、接受军队复员问题和财政经济工作4项决议案，通过了以增产节约实际行动支援抗美援朝给毛泽东主席的致敬电。选举产生了由23人组成的第二届各界人民代表会议常务委员会。代表们提出提案200件。

第三届各界人民代表会议　于1951年9月26日至10月2日召开，会议代表194人。会议由县委书记沈堃致开幕词，与会代表听取了常务委员会副主任施耀明所作的《关于常委会第二届工作报告》，县长朱映山所作的《政府工作报告》，县委书记沈堃所作的《关于今后三个月工作任务的报告》，并作出了3项决议。会议选举产生了由31人组成的大丰县第三届各界人民代表会议常务委员会。代表们提出提案299件，后综合为186件。

第四届各界人民代表会议　共召开两次会议。

第一次会议　于1952年2月6—12日召开，会议代表199人。会议的中心议题是贯彻抗美援朝、增产节约、思想改造三大任务。会议首先由常务委员会副主任施耀明传达了关于苏北行署人民代表会议决议精神，听取和讨论了副县长丁正东所作的《政府工作报告》和《大丰县人民政府关于今后几项主要工作的报告》，副主任施耀明所作的《关于上届常务委员会的工作报告》，并作出3项决议。会议选举产生了由29人组成的大丰县第四届各界人民代表会议常务委员会。这次会议共有提案217件，后综合为174件。

第二次会议　于1952年7月28—31日召开，会议代表217人。会议首先由常务委员会副主任施耀明传达了苏北行署及苏北行署政治协商会议联席会议的决议报告，听取和讨论了副县长丁正东所作的《政府工作报告》，对继续开展爱国主义教育、发展农业生产、开展城乡物资交流和爱国卫生运动、组织生产合作社和加强民主建设等方面工作进行了讨论，作出2项决议。代表们提出提案218件，后综合为171件。

第五届各界人民代表会议　根据中央人民政府颁布的“县各界人民代表会议组织通则”及本县第四届第二次各界人民代表会议的建议，本届会议代行县人民代表大会职权。县第五届各界人民代表会议共召开四次会议。

第一次会议　于1952年11月2—6日召开，会议代表285人。会议听取和讨论了副县长丁正东所作的《关于一九五二年八、九、十3个月政府工作报告》和县长胥德元所作的《今后工作任务方案》的报告，动员各界人民参加“中苏友好月”活动。会上，通过了关于政府工作报告、贯彻《新婚姻法》、开展“中苏友好月”活动3项决议，通过了致中国人民志愿军慰问电和全体代表给毛泽东主席的致敬电，还通电拥护亚洲及太平洋区域和平会议。会议选举产生了县长1人、副县长2人和县人民委员会委员19人，选举产生了由23人组成的大丰县第五届各界人民代表会议常务委员会。会议收到提案530件，后综合为84件。

第二次会议 于1953年2月20—24日召开，会议代表237人。会议听取了县长胥德元所作的《目前形势与任务》的报告，副县长丁正东所作的《三个月的工作报告》，副县长朱振兴所作的《关于贯彻〈婚姻法〉运动月》的报告，人武部部长朱养秀所作的《关于实行普遍义务民兵制》的报告，常务委员会副主任施耀明所作的《关于常务委员会三个月工作总结》，县长胥德元所作的《关于春季工作方案》的报告。通过讨论，会议作出了关于政府工作报告、常务委员会工作报告、贯彻《婚姻法》运动月、实行普遍民兵制、提案审查报告5项决议案。会议期间，代表提交提案327件，后综合为58件。

第三次会议 于1953年7月11—13日召开，会议代表212人。会议的中心议题是以确保秋季丰收为压倒一切的中心任务，结合完成第一批基层普选和公粮夏征工作。会议听取了副县长丁正东所作的《关于四个月的政府工作报告》，县长胥德元所作的《关于今后工作方案的报告》和施耀明副主任所作的《关于四个月常委会工作报告》。通过讨论，会议作出了关于政府工作报告和今后工作方案、贯彻第一批基层选举、四个月的会务工作、提案审查4项决议案。会议共收到提案225件，后综合为47件。

第四次会议 于1953年12月19—21日召开，会议代表211人。会议听取了县长胥德元所作的《关于四个月的政府工作报告》和副县长丁正东所作的《国家过渡时期总路线总任务与粮食收购》的报告，经过讨论，作出相应的2项决议。会议共收到代表提案195件，后综合为41件。

第二节 市(县)人民代表大会

1953年1月13日，中央人民政府委员会第二十次会议通过《关于召开全国人民代表大会及地方各级人民代表大会的决议》。决议提出：“必须依照共同纲领的规定，用普选的地方各级人民代表大会，代替现在由地方各界人民代表会议代行人民代表大会职权的形式，俾能进一步地加强人民政府与人民之间的联系，使人民民主专政的国家制度更加完备，以适应国家计划建设的要求。”依照中央人民政府委员会的决议规定，1954年7月4日召开县第一届人民代表大会第一次会议。县人民代表大会的召开，标志着全县广大劳动人民真正成了社会和国家的主人，作为国家根本制度的人民代表大会制度在大丰县正式确立。从1954年7月县第一届人民代表大会第一次会议开始，至2015年1月止，先后召开了14届48次人民代表大会。

一、第一届人民代表大会

第一次会议　于1954年7月4—6日召开。会议应到代表264人，实到245人。会议由县委书记钱岗致开幕词，与会代表听取了宣传部副部长尹良所作的《关于学习〈宪法〉草案》的报告和县长胥德元所作的《关于政府工作报告和防汛、保苗、争取秋季丰收的紧急措施的意见》，通过讨论，作出了关于拥护宪法草案、政府工作报告2项决议。选举了出席江苏省第一届人民代表大会的代表3人。会议收到代表提案153件。

第二次会议　于1955年7月23—26日召开。会议应到代表288人，实到244人。会议听取了县长胥德元所作的《政府工作报告》。通过讨论，作出了关于政府工作报告、议案审理报告2项决议。选举产生县长1人、副县长1人和人民委员会委员13人，选举县人民法院院长1人。收到代表提案209件。

第三次会议　于1956年10月12—16日召开。会议应到代表292人，实到207人。会议由副县长朱振兴致开幕词，与会代表听取了省人大代表、县委书记徐亚辉传达的江苏省首届人民代表大会第四次会议精神，听取和讨论了副县长朱振兴所作的《政府工作报告》，副县长张勋所作的关于大丰县1955年财政决算与1956年财政预算、议案审理报告，并通过了相应的3项决议。会上收到提案264件，后综合为191件。

二、第二届人民代表大会

第一次会议　于1957年1月23—27日召开。会议应到代表301人，实到273人。会议审查批准了副县长张玉堂所作的《大丰县第二届基层选举工作报告》，听取和讨论了副县长张勋所作的《政府工作报告》，并通过了相应的决议。选举产生了县长1人、副县长4人和县人民委员会委员16人，补选了出席江苏省第一届人民代表大会代表1人。会上，收到提案264件。

第二次会议　于1957年7月20—24日召开。会议应到代表301人，实到219人。会议由省人大代表、副县长张勋传达了省首届人民代表大会第六次会议精神，听取和讨论了副县长朱振兴所作的《政府工作报告》，副县长张玉堂所作的《大丰县1956年财政决算和1957年财政预算（草案）的报告》，县人民法院副院长杨兴礼所作的《大丰县人民法院工作报告》，并通过了相应的3项决议。会上，收到提案164件。

三、第三届人民代表大会

第一次会议　于1958年5月23—26日召开。会议应到代表300人，实到238人。会议听取和讨论了副县长张勋所作的《政府工作报告》，副县长张玉堂所作的《大丰县关于1957年财政预算执行情况和1958年财政预算（草案）的报告》，县人民法院副院长杨兴礼所作的《大丰县人民法院工作报告》,并通过了相应的3项决议。会议选举产生了县长1人,副县长4人和县人民委员会委员16人,选举县人民法院院长1人,选举了出席省第二届人民代表大会的代表3人。会上,收到提案205件。

第二次会议　于1959年6月29日至7月2日召开。会议应到代表300人,实到209人。大会由副县长吴辉致开幕词,会议听取和讨论了副县长张劬所作的《政府工作报告》,副县长张玉堂所作的《大丰县关于1958年财政决算和1959年的财政预算(草案)的报告》,县人民法院副院长赵斌所作的《大丰县人民法院工作报告》,并通过了相应的3项决议。补选了副县长1人和县人民法院院长1人。会上,收到提案114件。

第三次会议　于1961年1月21—24日召开。会议应到代表300人,实到179人。省人民代表大会代表、副县长张劬传达了省第二届人民代表大会第二次会议精神,听取和讨论了副县长张玉堂所作的《政府工作报告》,并通过了相应的决议。补选了县长1人。会上,收到提案74件。

四、第四届人民代表大会

第一次会议　于1961年9月15—19日召开。会议应到代表378人,实到325人。会议听取和讨论了副县长吴辉所作的《政府工作报告》,副县长张玉堂所作的《关于1960年财政决算和1961年财政预算(草案)的报告》,县人民法院副院长张祖谦所作的《大丰县人民法院工作报告》,并通过相应的3项决议。与会代表还学习了《农村人民公社工作条例》。会议选举产生了县长1人、副县长4人和县人民委员会委员18人,选举了县人民法院院长1人,补选了出席省二届人民代表大会代表1人。会上,收到提案282件。

第二次会议　于1963年2月10—15日召开。会议应到代表378人,实到260人。会议听取了县长董曙所作的《关于目前国内国际形势的报告》,听取和讨论了副县长马春芳所作的《大丰县人民委员会的工作报告》,副县长单雨霖所作的《1961年至1962年财政决算和1963年财政预算(草案)的报告》,县人民法院院长朱辉所作的《大丰县人民法院工作报告》,并通过相应的3项决议。会议补选了副县长1人。会上,收到提案165件。

五、第五届人民代表大会

第一次会议　于1964年2月1—5日召开。会议应到代表439人,实到337人。会议听取和讨论了县长董曙所作的《大丰县人民委员会的工作报告》,副县长单雨霖所作的《1963年财政决算和1964年财政预算(草案)的报告》,县人民法院院长朱辉所作的《大丰县人民法院工作报告》,并通过关于政府工作报告等3项决议。会议选举产生了县长1人、副县长3人和县人民委员会委员23人,选举了县人民法院院长1人,选举了出席省第三届人民代表大会代表5人。会上,收到提案422件。

六、第六届人民代表大会

第一次会议　于1981年1月26—29日召开。会议应到代表386人,实到376人。会议由县委副书记沈锋致开幕词,与会代表认真学习了中央工作会议精神和《人民日报》元旦社论。会上,县长马春芳作《政府工作报告》,县财政局局长孙志卓作《关于1980年财政决算和1981年财政预算(草案)的报告》,县人民法院院长杨才章作《大丰县人民法院工作报告》,县人民检察院检察长何锦秀作《大丰县人民检察院工作报告》。会议通过了关于政府工作报告等4项决议。会议选举金一平为县人大常委会主任,杨春华、周成元、丁同春、王德茂、陈果行为副主任,委员13人,马春芳为县长,陈如祥、高继宽、宋维保、吴金陵、冯永源、陈远春为副县长,杨才章为县人民法院院长,何锦秀为县人民检察院检察长。会上,收到提案720件。

第二次会议　于1982年3月27—30日召开。会议应到代表384人,实到326人。会上,县长马春芳作《政府工作报告》,县财政局局长孙志卓作《关于1981年财政决算和1982年财政预算(草案)的报告》,县人大常委会主任金一平作《大丰县人大常委会工作报告》,县人民法院院长杨才章作《大丰县人民法院工作报告》,县人民检察院检察长何锦秀作《大丰县人民检察院工作报告》。会议通过了关于政府工作报告等5项决议。会议增选黄家明为县人大常委会副主任,补选刘文儒为县人民政府副县长。会上收到提案507件。

第三次会议　于1983年3月16—20日召开。会议应到代表383人,实到333人。会上,县长马春芳作《政府工作报告》,县人大常委会主任金一平作《大丰县人民代表大会常务委员会工作报告》,县财政局局长孙志卓作《关于1982年财政决算和1983年财政预算(草案)报告》,县人民法院代院长王连祝作《大丰县人民法院工作报告》,县人民检察院副检察长朱国柱作《大丰县人民检察院工作报告》。会议通过了关于政府工作报告等5项决议。会议选举了出席江苏省第六届人民代表大会代表13人,补选王连祝为县人民法院院长,选举了出席盐城市首届人民代表大会的代表61人。会上,收到提案205件。

第四次会议　于1984年1月21—22日召开。会议应到代表377人,实到307人。会议的主要任务是:依法补选因机构改革而缺额的县人大常委会和县人民政府新的领导人员。会议由县委书记彭正柱致开幕词,代表们经过充分协商、反复酝酿后,补选马春芳为县人大常委会主任,冯永农为县人民政府县长,顾来生、鲁鸿发、魏翠萍为副县长。

七、第七届人民代表大会

第一次会议　于1984年5月16—21日召开。会议应到代表390人,实到377人。会议的主要任务是讨论确定大丰县今后三年的奋斗目标和1984年各项工作任务。县长冯永农作《政府工作报告》,计划经济委员会副主任姚惠忠作《关于1983年国民经济、社会发展计划执行结果和1984年安排意见的报告》,县财政局局长蔡鼎山作《关于1983年财政决算和1984

年财政预算（草案）的报告》，县人大常委会副主任王德茂作《大丰县人民代表大会常务委员会工作报告》，县人民法院院长王连祝作《大丰县人民法院工作报告》，县人民检察院检察长何锦秀作《大丰县人民检察院工作报告》。会议通过了关于政府工作报告等6项决议。会议选举马春芳为县人大常委会主任，王德茂、陈果行为副主任，委员22人，选举冯永农为县人民政府县长，陈如祥、陈远春、顾来生、鲁鸿发、魏翠萍为副县长，选举王连祝为县人民法院院长、何锦秀为县人民检察院检察长。会议收到代表议案、建议、批评和意见410件。

第二次会议　于1985年4月6—9日召开。会议应到代表390人，实到代表335人。县长冯永农作《政府工作报告》，县计划经济委员会主任顾竟成作《关于1984年国民经济、社会发展计划执行结果和1985年安排意见的报告》，县财政局局长蔡鼎山作《1984年财政决算和1985年财政预算（草案）的报告》，县人大常委会副主任王德茂作《大丰县人大常委会工作报告》，县人民法院院长王连祝作《大丰县人民法院工作报告》，县人民检察院检察长何锦秀作《大丰县人民检察院工作报告》。会议通过了关于政府工作报告等6项决议。会议接受了马春芳辞去县人大常委会主任的请求，补选宋维保为县人大常委会主任，李怀稳为县人民政府副县长。会议收到代表议案、建议、批评和意见200件。

第三次会议　于1986年3月9—12日召开。会议应到代表387人，实到356人。县长冯永农作《政府工作报告》，提出大丰县国民经济、社会发展第七个五年计划报告草案（书面），县计划经济委员会主任顾竟成作《关于1985年国民经济、社会发展计划执行结果和1986年安排意见的报告》，县财政局局长蔡鼎山作《关于1985年财政决算和1986年财政预算（草案）的报告》，县人大常委会主任宋维保作《大丰县人民代表大会常务委员会工作报告》，县人民法院院长王连祝作《大丰县人民法院工作报告》，县人民检察院检察长何锦秀作《大丰县人民检察院工作报告》。会议通过了关于政府工作报告等7项决议。会议补选吴金陵为县人大常委会副主任，杨国美为县人民政府副县长。会议收到代表议案、建议、批评和意见268件。

八、第八届人民代表大会

第一次会议　于1987年4月8—12日召开。会议应到代表302人，实到299人。县长冯永农作《政府工作报告》，副县长兼计划经济委员会主任顾竟成作《关于1986年国民经济、社会发展计划执行结果和1987年安排意见的报告》，县财政局局长蔡鼎山作《关于1986年财政决算和1987年财政预算（草案）的报告》，县人大常委会主任宋维保作《大丰县人民代表大会常务委员会工作报告》，县人民法院代院长谭兴隆作《大丰县人民法院工作报告》，县人民检察院代检察长张民权作《大丰县人民检察院工作报告》。会议通过了关于政府工作报告等6项决议，会议经过讨论还通过了《大丰县人大常委会关于议案处理的暂行办法》。会议选举宋维保为县人大常委会主任，吴金陵、陈果行、包庆石为副主任，委员21人，选举冯永农为县人民政府县长，杨国美、陈昌明、顾竟成、鲁鸿发、魏翠萍为副县长，选举谭兴隆为县人民法院院长、张民权为县人民检察院检察长。会议收到代表议案、建议、批评和意见394件。

第二次会议　于1987年12月10—11日召开。会议应到代表301人，实到269人。会议的主要任务是选举产生大丰县出席盐城市第二届人民代表大会的代表。会议以差额选举、无记名投票的方式，选举产生了62名出席盐城市第二届人民代表大会的代表。

第三次会议　于1988年3月22—24日召开。会议应到代表300人，实到269人。县长冯永农作《政府工作报告》，县计划经济委员会主任周廉明作《1987年国民经济、社会发展计划执行情况和1988年计划（草案）的报告》，县财政局局长朱卫兵作《1987年财政决算和1988年财政预算（草案）报告》，县人大常委会副主任吴金陵作《大丰县人大常委会工作报告》，县人民法院院长谭兴隆作《大丰县人民法院工作报告》，县人民检察院检察长张民权作《大丰县人民检察院工作报告》，会议通过了关于政府工作报告等6项决议。会议收到代表议案、建议、批评和意见238件。

第四次会议　于1989年3月17—20日召开。会议应到代表300人。县长冯永农作《政府工作报告》，县计划经济委员会主任郭健生作《1988年国民经济、社会发展计划执行情况和1989年计划草案的报告》，县财政局局长朱卫兵作《关于1988年财政决算和1989年财政预算（草案）的报告》，县人大常委会副主任吴金陵作《大丰县人大常委会工作报告》，县人民法院院长谭兴隆作《大丰县人民法院工作报告》，县人民检察院检察长张民权作《大丰县人民检察院工作报告》。会议通过了关于政府工作报告等6项决议。会议收到代表议案、建议、批评和意见193件。

九、第九届人民代表大会

第一次会议　于1990年2月25—28日召开。会议应到代表315人，实到308人。代县长裴日昌作《政府工作报告》，县计划经济委员会主任沈德林作《关于1989年国民经济、社会发展计划执行情况和1990年计划（草案）的报告》，县财政局局长朱卫兵作《关于1989年财政决算和1990年财政预算（草案）的报告》，县人大常委会副主任包庆石作《大丰县人大常委会工作报告》，县人民法院院长谭兴隆作《大丰县人民法院工作报告》，县人民检察院检察长张民权作《大丰县人民检察院工作报告》。会议经过审议，作出关于政府工作报告等6项决议。会议选举李怀稳为县人大常委会主任，陈远春、陈果行、包庆石、魏翠萍为副主任，委员20人，选举裴日昌为县人民政府县长，向增来、杨国美、陈昌明、郭健生、王立功、陈辉为副县长，选举谭兴隆为县人民法院院长、张民权为县人民检察院检察长。会议收到代表议案、建议、批评和意见287件。

第二次会议　于1991年3月7—9日召开，会议应到代表312人，实到303人。县长裴日昌作《政府工作报告》，县人民政府对“八五”计划作了书面报告，县计划经济委员会主任倪向荣作《1990 年国民经济、社会发展计划执行情况和 1991 年安排意见的报告》，县财政局局长朱卫兵作《1990 年财政决算和 1991 年财政安排意见的报告》，县人大常委会主任李怀稳作《县人大常委会工作报告》，县人民法院院长谭兴隆作《大丰县人民法院工作报告》，县人民检察院检察长张民权作《大丰县人民检察院工作报告》。会议收到代表议案、建议、批评和意见 177 件。

第三次会议　于 1992 年 3 月 1—4 日召开。会议应到代表 299 人，实到 290 人。县长裴日昌作《政府工作报告》，县计划经济委员会主任倪向荣作《1991 年国民经济、社会发展计划执行情况和 1992 年计划安排意见的报告》，县财政局局长朱卫兵作《1991 年财政决算和 1992 年财政安排意见的报告》，县人大常委会主任李怀稳作《大丰县人大常委会工作报告》，县人民法院院长谭兴隆作《大丰县人民法院工作报告》，县人民检察院检察长张民权作《大丰县人民检察院工作报告》。会议通过了关于政府工作报告等 6 项决议。会议还举行了县人大常委会表彰先进代表小组和优秀代表的颁奖仪式。会议收到代表议案、建议、批评和意见 199 件。

十、第十届人民代表大会

第一次会议　于 1993 年 2 月 14—17 日召开。会议应到代表 315 人，实到 311 人。县长裴日昌作《政府工作报告》，县计划经济委员会主任黄锦成作《1992 年国民经济、社会发展计划执行情况和 1993 年计划（草案）的报告》，县财政局局长朱卫兵作《关于 1992 年财政预算执行情况和 1993 年财政预算（草案）的报告》，县人大常委会主任李怀稳作《大丰县人大常委会工作报告》，县人民法院院长谭兴隆作《大丰县人民法院工作报告》，县人民检察院检察长张民权作《大丰县人民检察院工作报告》。会议通过了关于政府工作报告等 6 项决议。会议选举李怀稳为县人大常委会主任，柏授方、陈远春、包庆石、魏翠萍为副主任、委员 20 人，选举裴日昌为县人民政府县长，陈昌明、杨国美、王立功、陈辉、沈德林、卢峰、储金泉为副县长，选举张民权为县人民法院院长、谭兴隆为县人民检察院检察长，出席盐城市第三届人民代表大会代表 61 人。会议收到代表议案、建议、批评和意见 185 件。

第二次会议　于 1994 年 3 月 9—11 日召开。会议应到代表 317 人，实到 313 人。县长裴日昌作《政府工作报告》，县计划经济委员会主任黄锦成作《1993 年国民经济、社会发展计划执行情况和 1994 年计划（草案）的报告》，县财政局局长朱卫兵作《关于 1993 年财政预算执行情况和 1994 年财政预算安排意见的报告》，县人大常委会主任李怀稳作《大丰县人大常委会工作报告》，县人民法院院长张民权作《大丰县人民法院工作报告》，县人民检察院检察长谭兴隆作《大丰县人民检察院工作报告》，会议通过了关于政府工作报告等 6 项决议。会议补选王忠珠、周廉明为县人大常委会副主任。会议收到代表议案、建议、批评和意见 191 件。

第三次会议　于1995年2月15—17日召开。会议应到代表313人,实到308人。代县长储金泉作《政府工作报告》,县计划经济委员会主任殷济青作《1994年国民经济、社会发展计划执行情况和1995年计划(草案)的报告》,县财政局局长朱卫兵作《关于1994年财政预算执行情况和1995年财政预算(草案)的报告》,县人大常委会主任李怀稳作《大丰县人大常委会工作报告》,县人民法院代院长陈强作《大丰县人民法院工作报告》,县人民检察院检察长谭兴隆作《大丰县人民检察院工作报告》。会议通过了关于政府工作报告等6项决议。会议补选陆燕池为县人大常委会主任、朱绵为副主任,储金泉为县人民政府县长、倪向荣为副县长,陈强为县人民法院院长。会议收到代表议案、建议、批评和意见126件。

第四次会议　于1996年3月2—4日召开。会议应到代表313人,实到308人。县长储金泉作《政府工作报告》,县人民政府作《大丰县国民经济社会发展第九个五年计划和2010年远景目标纲要》的书面报告,县计划经济委员会主任殷济青作《1995年国民经济、社会发展计划执行情况和1996年国民经济社会发展计划(草案)的报告》,县财政局局长朱卫兵作《关于1995年财政预算执行情况和1996年财政预算(草案)的报告》,县人大常委会主任陆燕池作《大丰县人大常委会工作报告》,县人民法院院长陈强作《大丰县人民法院工作报告》,县人民检察院检察长谭兴隆作《大丰县人民检察院工作报告》。会议通过了关于政府工作报告等7项决议。会议补选管洪俊为县人大常委会副主任,顾炳祥为县人大常委会委员。会议收到代表议案、建议、批评和意见119件。

第五次会议　于1997年2月16—18日召开。会议应到代表314人,实到309人。市长储金泉作《政府工作报告》,市计划与经济委员会主任殷济青作《1996年国民经济、社会发展计划执行情况和1997年计划(草案)的报告》,市财政局局长陈兴作《关于1996年财政预算执行情况和1997年财政预算(草案)的报告》,市人大常委会主任陆燕池作《大丰市人大常委会工作报告》,市人民法院院长陈强作《大丰市人民法院工作报告》,市人民检察院检察长谭兴隆作《大丰市人民检察院工作报告》。会议通过了关于政府工作报告等6项决议。会议收到代表议案、建议、批评和意见84件。

十一、第十一届人民代表大会

第一次会议　于1998年1月6—8日召开。会议应到代表277名,实到274名。代市长李驰作《政府工作报告》,市计划与经济委员会主任吴剑波作《关于1997年国民经济、社会发展计划执行情况和1998年国民经济、社会发展计划(草案)的报告》,市财政局局长陈兴作《关于1997年财政预算执行情况和1998年财政预算(草案)的报告》,市人大常委会主任陆燕池作《大丰市人大常委会工作报告》,市人民法院代院长臧明作《大丰市人民法院工作报告》,市人民检察院检察长谭兴隆作《大丰市人民检察院工作报告》,会议通过了关于政府工作报告等

6 项决议。会议选举陆燕池为市人大常委会主任，杨国美、魏翠萍、王忠珠、朱绵、管洪俊、鲁鸿发为副主任，委员 16 人，选举李驰为市人民政府市长，倪向荣、韦新、祁彪、丁瑞云、倪巍山、沈碧和为副市长，选举臧明为市人民法院院长、谭兴隆为市人民检察院检察长，选举出席盐城市第四届人民代表大会代表 53 人。会议收到代表议案、建议、批评和意见 142 件。

第二次会议　于 1999 年 1 月 28—30 日召开。会议应到代表 276 人，实到 258 人。市长李驰作《政府工作报告》，市计划与经济委员会主任吴剑波作《关于 1998 年国民经济、社会发展计划执行情况和 1999 年计划（草案）的报告》，市财政局局长陈兴作《关于 1998 年财政预算执行情况和 1999 年财政预算（草案）的报告》，市人大常委会主任陆燕池作《大丰市人大常委会工作报告》，市人民法院院长臧明作《大丰市人民法院工作报告》，市人民检察院检察长谭兴隆作《大丰市人民检察院工作报告》，会议通过了关于政府工作报告等 6 项决议。会议补选施志康为市人大常委会副主任，陈相凤为市人民政府副市长。会议收到代表议案、建议、批评和意见 111 件。

第三次会议　于 2000 年 1 月 16—19 日召开。会议应到代表 273 人，实到 265 人。市长李驰作《政府工作报告》，市计划与经济委员会主任吴剑波作《关于 1999 年国民经济、社会发展计划执行情况和 2000 年计划（草案）的报告》，市人大常委会主任陆燕池作《大丰市人大常委会工作报告》，市人民法院院长臧明作《大丰市人民法院工作报告》，市人民检察院检察长谭兴隆作《大丰市人民检察院工作报告》，会议通过了关于政府工作报告等 6 项决议。会议收到代表议案、建议、批评和意见 51 件。

第四次会议　于 2001 年 2 月 25—28 日召开。会议应到代表 277 人，实到 269 人。会议听取和审议了代市长丁宇作的《政府工作报告》、市计划与经济委员会主任陈兴作的《关于 2000 年国民经济、社会发展计划执行情况和 2001 年国民经济、社会发展计划（草案）的报告》、市财政局局长陶培华作的《关于 2000 年财政预算执行情况和 2001 年财政预算（草案）的报告》、市人大常委会主任陆燕池作的《大丰市人大常委会工作报告》、市人民法院院长臧明作的《大丰市人民法院工作报告》、市人民检察院代检察长刘必宁作的《大丰市人民检察院工作报告》。会议决定批准上述报告，并通过相应的决议。会议补选丁宇为市人民政府市长，选举朱达丰、沈纪万为市人大常委会副主任，刘必宁为市人民检察院检察长。会议共收到代表议案、建议、批评和意见 103 件。

第五次会议　于 2002 年 1 月 22—24 日召开。会议应到代表 273 人，实到 268 人。会议听取和审议了市长丁宇作的《政府工作报告》、市发展计划委员会主任李国城作的《2001 年国民经济、社会发展计划执行情况和 2002 年国民经济、社会发展计划（草案）的报告》、市财政局局长陶培华作的《关于 2001 年财政预算执行情况和 2002 年财政预算（草案）的报告》、市人大常委会主任陆燕池作的《大丰市人大常委会工作报告》、市人民法院院长臧明作的《大丰市人民法院工作报告》、市人民检察院检察长刘必宁作的《大丰市人民检察院工作报告》。会议决定批准上述报告，并通过相应的决议。会议补选陆琪为市人大常委会副主任。会议共收到代表议案、建议、批评和意见77件。

十二、第十二届人民代表大会

第一次会议　于2003年1月5—8日召开。会议应到代表277名，实到274名。会议听取和审议了市长王荣作的《政府工作报告》、市发展计划委员会主任李国城作的《2002年国民经济社会发展计划执行情况和2003年计划草案的报告》、市财政局局长陶培华作的《2002年财政预算执行情况和2003年财政预算草案的报告》、市人大常委会主任陆燕池作的《大丰市人大常委会工作报告》、市人民法院代院长沙长河作的《大丰市人民法院工作报告》、市人民检察院检察长刘必宁作的《大丰市人民检察院工作报告》。会议选举丁宇为市人大常委会主任，沈纪万、魏翠萍、施志康、陆琪为副主任，委员18人，选举王荣为市人民政府市长，丁瑞云、王连春、韦新、沈碧和、陈相凤、倪巍山为副市长，沙长河为市人民法院院长，刘必宁为市人民检察院检察长，会议选举产生大丰市出席盐城市第五届人民代表大会代表56人。会议收到代表议案、建议、批评和意见127件。

第二次会议　于2004年1月5—7日召开。会议应到代表275名，实到270名。会议听取和审议了市长王荣作的《政府工作报告》、市发展计划委员会主任李国城作的《2003年国民经济、社会发展计划执行情况和2004年国民经济、社会发展计划草案的报告》、市财政局局长陶培华作的《2003年财政预算执行情况和2004年财政预算草案的报告》、市人大常委会副主任沈纪万作的《大丰市人大常委会工作报告》、市人民法院院长沙长河作的《大丰市人民法院工作报告》、市人民检察院检察长刘必宁作的《大丰市人民检察院工作报告》。会议收到代表议案、建议、批评和意见95件。

第三次会议　于2005年1月3—5日召开。会议应到代表275名，实到270人。会议听取和审议了市长王荣作的《政府工作报告》、市发展计划委员会主任李国城作的《2004年国民经济、社会发展计划执行情况和2005年国民经济、社会发展计划草案的报告》、市财政局局长陶培华作的《2004年财政预算执行情况和2005年财政预算草案的报告》、市人大常委会副主任沈纪万作的《大丰市人大常委会工作报告》、市人民法院院长沙长河作的《大丰市人民法院工作报告》、市人民检察院检察长刘必宁作的《大丰市人民检察院工作报告》。会议补选江志坚、陈相凤为市人大常委会副主任，肖乐农为市人民政府副市长。会议收到代表议案、建议、批评和意见99件。

第四次会议　于2006年1月8—10日召开。会议应到代表275人。实到268人。会议听取和审议了市人民政府市长王荣作的《政府工作报告》、市发展和改革委员会主任赵晓庆作的《关于大丰市国民经济和社会发展第十一个五年总体规划纲要的说明》《2005 年国民经济和社会发展计划执行情况和 2006 年国民经济、社会发展计划草案》的报告、市财政局局长陶培华作的《2005 年财政预算执行情况和 2006 年财政预算草案》的报告、市人大常委会副主任陈相凤作的《大丰市人大常委会工作报告》、市人民法院院长沙长河作的《大丰市人民法院工作报告》、市人民检察院检察长刘必宁作的《大丰市人民检察院工作报告》。会议同意沈纪万、施志康、魏翠萍辞去市人大常委会副主任职务,同意丁瑞云辞去市人民政府副市长职务。会议补选丁瑞云、杜家宏、倪巍山、夏继永为市人大常委会副主任,范大玉为市人民政府副市长。会议收到代表议案、建议、批评和意见 77 件。

第五次会议　于 2007 年 1 月 8—10 日召开。会议应到代表 272 人,实到 265 人。会议听取和审议了市长王荣作的《政府工作报告》、市发展和改革委员会主任赵晓庆作的《2006 年国民经济社会发展计划执行情况和 2007 年国民经济社会发展计划草案的报告》、市财政局局长陶培华作的《2006 年财政预算执行情况和 2007 年财政预算草案的报告》、市人大常委会副主任陈相凤作的《大丰市人大常委会工作报告》、市人民法院院长沙长河作的《大丰市人民法院工作报告》、市人民检察院检察长刘必宁作的《大丰市人民检察院工作报告》。会议同意王连春辞去市人民政府副市长职务。会议补选吴家祥为市人民政府副市长。会议期间,大会秘书处组织部分人大代表围绕"沿海开发"开展专题审议。会议收到代表议案、建议、批评和意见 92 件。

十三、第十三届人民代表大会

第一次会议　于 2007 年 12 月 26—30 日召开。会议应到代表 277 名,实到 271 名。会议听取和审议了代市长倪峰作的《政府工作报告》、市发展和改革委员会主任赵晓庆作的《2007 年国民经济发展计划执行情况和 2008 年国民经济发展计划草案的报告》、市财政局局长陶培华作的《2007 年财政预算执行情况和 2008 年财政预算草案的报告》、市人大常委会副主任陈相凤作的《大丰市人大常委会工作报告》、市人民法院院长沙长河作的《大丰市人民法院工作报告》、市人民检察院代检察长李勤作的《大丰市人民检察院工作报告》。会议选举丁宇为市十三届人民代表大会常务委员会主任,选举陈相凤、江志坚、丁瑞云、杜家宏、倪巍山、夏继永、王周斌为副主任,选举产生市十三届人大常务委员会委员 19 人,选举倪峰为市人民政府市长,吴家祥、陈湘珍、肖乐农、范大玉、王海、宗乐平为市人民政府副市长,选举沙长河为市人民法院院长,李勤为市人民检察院检察长,会议选举产生大丰市出席盐城市第六届人民代表大会代表 54 人。会议收到代表议案、建议、批评和意见 193 件。

第二次会议　于 2009 年 1 月 5—8 日召开。会议应到代表 277 名,实到 270 名。会议听取和审议了市长倪峰作的《政府工作报告》、市发展和改革委员会主任赵晓庆作的《2008 年国民经济、社会发展计划执行情况和 2009 年国民经济、社会发展计划草案的报告》、市财政局局长陶培华作的《2008 年财政预算执行情况和 2009 年财政预算草案的报告》、市人大常委会副主任陈相凤作的《大丰市人大常委会工作报告》、市人民法院院长沙长河作的《大丰市人民法院工作报告》、市人民检察院检察长李勤作的《大丰市人民检察院工作报告》，审议了市人民政府关于市十三届人民代表大会第一次会议期间代表议案及建议、批评和意见办理情况的报告。会议选举陈同远为市第十三届人民代表大会常务委员会副主任。预备会上，全体人大代表投票推选 2009 年接受代表评议的市政府工作部门。会议期间，大会秘书处组织部分代表围绕“城镇一体化发展”“环保和饮用水安全”“农村基础设施建设”开展专题审议。会议收到代表议案、建议、批评和意见 134 件。

第三次会议　于 2010 年 1 月 8—10 日召开。会议应到代表 272 名，实到 265 名。会议听取和审议了代市长陈平作的《政府工作报告》、市发展和改革委员会主任赵晓庆作的《2009 年国民经济、社会发展计划执行情况的报告和 2010 年国民经济、社会发展计划的草案报告》、市财政局局长陶培华作的《2009 年财政预算执行情况和 2010 年财政预算草案的报告》、市人大常委会副主任陈相凤作的《大丰市人大常委会工作报告》、市人民法院代院长宋长琴作的《大丰市人民法院工作报告》、市人民检察院检察长李勤作的《大丰市人民检察院工作报告》，审议市人民政府关于市十三届人民代表大会第二次会议期间代表议案及建议、批评和意见办理情况的报告。会议通过关于接受丁宇辞去大丰市第十三届人民代表大会常务委员会主任职务请求的决定。会议补选倪峰为市人大常委会主任，陈平为市人民政府市长，宋长琴为市人民法院院长，补选倪峰为盐城市第六届人民代表大会代表。预备会上，全体人大代表投票推选 2010 年接受代表评议的市政府部门。会议期间，大会秘书处组织部分代表围绕“沿海开发”“民生问题”“农村经济发展”开展专题审议。会议收到代表议案、建议、批评和意见 113 件。

第四次会议　于 2011 年 1 月 5—7 日召开。会议应到代表 274 名，实到 267 名。会议听取和审议了市人民政府市长陈平作的《政府工作报告》、市发展和改革委员会主任朱国新作的《大丰市国民经济和社会发展第十二个五年规划纲要》、《2010 年国民经济和社会发展计划执行情况报告与 2011 计划草案的报告》、市财政局局长陶培华作的《2010 年财政预算执行情况和 2011 年财政预算草案的报告》、市人大常委会副主任陈相凤作的《大丰市人大常委会工作报告》、市人民法院院长宋长琴作的《大丰市人民法院工作报告》、市人民检察院检察长李勤作的《大丰市人民检察院工作报告》，审议了市人民政府关于市十三届人大三次会议代表议案及建议、批评和意见办理情况的报告。会议补选陈桂官为市十三届人大常委会委员。预备会上,全体人大代表投票推选2011年接受代表评议的市政府工作部门。会议期间,大会秘书处组织部分代表围绕“沿海开发”“农村经济和社会发展”开展专题审议。会议收到代表议案、建议、批评和意见91件。

十四、第十四届人民代表大会

第一次会议 于2012年3月22—25日召开。会议应到代表277名,实到276名。会议听取和审议了市长陈平作的《政府工作报告》、市人大常委会副主任陈相凤作的《大丰市人大常委会工作报告》、市人民法院院长宋长琴作的《大丰市人民法院工作报告》、市人民检察院代检察长张春山作的《大丰市人民检察院工作报告》,审议了市2011年国民经济和社会发展计划执行情况与2012年国民经济和社会发展计划草案的报告、市2011年财政预算执行情况和2012年财政预算草案的报告、市人民政府关于市十三届人民代表大会第四次会议期间代表议案及建议、批评和意见办理情况报告。会议选举倪峰为市人大常委会主任,吴家祥、江志坚、王周斌、江波为副主任,选举陈平为市人民政府市长,范大玉、黄正桂、顾富昌、石根美、罗强、赵玉霞为副市长,宋长琴为市人民法院院长,张春山为市人民检察院检察长。会议选举产生22名市十四届人大常委会委员和53名大丰市出席盐城市第七届人民代表大会的代表。会议期间,大会秘书处组织部分代表围绕“沿海开发”“农村社会事业”开展专题审议。会议收到代表议案、建议、批评和意见165件。

第二次会议 于2012年12月26—28日召开。会议应到代表277名,实到272名。会议听取和审议了市长陈平作的《政府工作报告》、市人大常委会副主任吴家祥作的《大丰市人大常委会工作报告》、市人民法院院长宋长琴作的《大丰市人民法院工作报告》、市人民检察院检察长张春山作的《大丰市人民检察院工作报告》,审议了市2012年国民经济和社会发展计划执行情况与2013年国民经济和社会发展计划草案的报告、市2012年财政预算执行情况和2013年财政预算草案的报告、市人民政府关于市十四届人民代表大会第一次会议代表议案、建议、批评和意见办理情况报告。大会预备会宣读了表彰市十四届人大一次会议人大代表优秀议案建议的决定,全体人大代表投票推选了2013年接受专项工作评议的市政府部门。会议期间,大会秘书处组织部分代表围绕“生态文明建设”开展专题审议。会议收到代表议案、建议、批评和意见133件。

第三次会议 于2014年1月4—6日召开。会议应到代表275名,实到264名。会议听取和审议了市长陈平作的《政府工作报告》、市人大常委会副主任吴家祥作的《大丰市人大常委会工作报告》、市人民法院院长宋长琴作的《大丰市人民法院工作报告》、市人民检察院检察长张春山作的《大丰市人民检察院工作报告》,审议了市2013年国民经济和社会发展计划执行情况与2014年国民经济和社会发展计划草案的报告、市2013年财政预算执行情况和2014

年财政预算草案的报告、市人民政府关于市十四届人民代表大会第二次会议期间代表议案及建议、批评和意见办理情况报告。会议补选夏继永为市十四届人民代表大会常务委员会副主任。大会预备会宣读表彰大丰市十佳模范代表、代表优秀议案建议决定，全体市人大代表投票推选2014年接受专项工作评议的市人民政府部门。会议期间，大会秘书处组织部分代表围绕“大力发展特色农业、加快农业现代化进程”开展专题审议。会议收到代表议案、建议、批评和意见112件。

第四次会议　于2015年1月13—15日召开。会议应到代表273名，实到264名。会议听取和审议了市长陈平作的《政府工作报告》、市人大常委会副主任吴家祥作的《市人大常委会工作报告》、市人民法院院长宋长琴作的《市人民法院工作报告》、市人民检察院检察长张春山作的《市人民检察院工作报告》，审议市2014年国民经济和社会发展计划执行情况与2015年国民经济和社会发展计划草案的报告，市2014年财政预算执行情况和2015年财政预算草案的报告，市人民政府关于市十四届人民代表大会第三次会议期间代表议案及建议、批评和意见办理情况报告。会议通过关于接受倪峰辞去大丰市第十四届人大常委会主任职务请求的决定。会议补选吴家祥为市十四届人民代表大会常务委员会主任，陈爱华为市十四届人大常委会委员。预备会上，全体市人大代表投票推选2015年接受专项工作评议的市政府部门。会议期间，大会秘书处组织部分代表围绕“财政预算编制”开展专题审议。会议收到代表议案、建议、批评和意见110件。

第三节　市(县)人大常委会会议

人大常委会会议是一种具有法定权威性的国家性活动。人大常委会会议是在人民代表大会闭会期间，代表人民行使权力的国家形式和组织机构。党的许多重要决定和重要主张都是通过常委会会议形成国家的意志和人民的意志，从而更广泛、更深入地加以实施。人大常委会的权力，最主要、最集中地体现在常委会会议上。人大常委会会议中所审议、决定的事项，往往是本地区有着重要影响的问题。1954年7月至1964年2月，县一至五届人民代表大会未设立常设机关。根据《地方组织法》规定，1981年1月召开的大丰县第六届人民代表大会第一次会议选举产生了大丰县人民代表大会常务委员会，作为县人民代表大会的常设机关。

自1981年1月大丰县第六届人民代表大会设立常务委员会以来，至2015年8月共依法举行289次常务委员会会议。

一、县六届人大常委会会议

县六届人大常委会任期内先后召开28次会议。

第一次会议于1981年3月19—21日召开。会议讨论通过了9个公社、149个大队重新命名或更名,待报行署、省批准后公布;讨论通过了县人民法院院长提请任命的法院干部;讨论制定了县人大常委会当前工作计划。

第二次会议于1981年5月18—21日召开。会议听取了金一平主任传达省五届人大三次会议精神;学习了中共中央〔1981〕16号文件;委员们交流了各自的工作情况;审议了县选举委员会副主任宋一强《关于县、社、镇选举工作情况的汇报》、县人大常委会办公室副主任许洪山《关于代表提案审查处理和代表小组建立情况的回报》;制定了《县人大常委会委员、代表、选民联系制度试行办法》;讨论了县人大常委会委员的分工。会议讨论通过了县人民检察院检察长提请任命的副检察长、检察委员会委员名单,批准了检察员任命名单。

第三次会议于1981年7月20—24日召开。会议认真学习了六中全会公报、《关于建国以来党的若干历史问题的决议》和胡耀邦在庆祝党成立六十周年大会上的讲话,听取和审议了大丰县人民法院关于1981年上半年工作情况报告,听取和审议了县人民检察院关于1981年上半年工作报告,听取和审议了县财政局关于1981年上半年全县财政收支执行情况的报告;听取和审议了县人民政府办公室《关于人民代表提案处理情况汇报》。会议原则通过了县人民政府提交讨论的《大丰县人民政府关于大中地区城镇建设管理暂行规定》,并作出决议。会议对县人大常委会的工作进行了总结部署,讨论通过了《大丰县人大常委会1981年上半年工作情况和下半年工作意见》。

第四次会议于1981年9月14—16日召开。会议通过了县财办、公安局、文教局的工作汇报;原则通过了《大丰县城镇卫生管理暂行办法》和《大丰县执行〈江苏省排污收费和罚款试行办法〉的实施意见》。会议通过了县人大常委会办公室负责人和县人民政府委、办、局主任、局长任命名单。

第五次会议于1981年10月17—19日召开。会议讨论决定于11月上旬召开县人大代表小组组长座谈会,作出了《关于县人大常委会试建法制、财政经济、科教文卫三个工作小组的决定》;讨论制订了县人大常委会委员工作守则。会议通过了相关人事任免事项。

第六次会议于1981年12月11日召开。会议决定并提请县委讨论的事项有:大丰县第六届人民代表大会第二次会议于1982年2月中旬召开;成立大丰县第六届人民代表大会第二次会议筹备委员会;组织联合视察,协助政府推动工作。

第七次会议于1982年1月13—15日召开。会议的主要议程有四项:各代表小组汇报了视察活动情况;讨论修改了县人大常委会、县人民政府、县人民法院、县人民检察院在县六届人大二次会议上的工作报告初稿;讨论研究了有关县六届人大二次会议提案的收集整理工作。会议讨论通过了县人民法院、县人民检察院干部任免名单。

第八次会议于 1982 年 2 月 3 日召开。会议通过了 1981 年农、副、工业生产 238 个先进单位和县社蹲点组的 96 名先进工作者名单。会议讨论通过了县人民政府两名干部任命事项。

第九次会议于 1982 年 2 月 17 日召开。会议听取了县人民政府关于全县工交生产情况的汇报,讨论通过了 1981 年工交战线 97 个先进企业和成绩显著的单位、125 个先进集体和 392 个先进生产(工作)者名单。

第十次会议于 1982 年 3 月 25 日召开。会议检查了召开大丰县第六届人民代表大会第二次会议的有关准备工作,决定了会议议程和有关事项。

第十一次会议于 1982 年 5 月 5—7 日召开。会议传达了江苏省五届人大四次会议精神,学习和讨论了《中华人民共和国宪法修改草案》,并作出决议;讨论通过了《大丰县人大常委会 1982 年工作要点》;通过了《大丰县人民代表大会常务委员会关于在全县学习和讨论〈中华人民共和国宪法修改草案〉的决议》;原则通过了《大丰县农业劳动保护暂行办法》,决定由县人民政府修改后公布试行;原则通过了《大丰县人民政府关于加强物价管理的试行办法》,决定由县人民政府修改后公布试行;通过了县人民政府提请讨论的财贸系统 34 个先进单位、11 个先进集体、166 个先进个人名单;决定将万盈人民公社的“营”恢复为“盈”。会议通过了有关人事任免事项。

第十二次会议于 1982 年 7 月 7—9 日召开。会议听取和审议了县人民政府作的《关于大中地区目前卫生情况的汇报》;讨论审议了县人民政府《关于统一集镇名称的报告》;听取了县公安局作的《关于释放和安置原国民党县团以下党政军特人员的情况汇报》。会议原则同意县人民政府《关于统一集镇名称的报告》。

第十三次会议于 1982 年 9 月 10—14 日召开。会议学习十二大文件,传达省人大常委会工作座谈会精神,研究制定了贯彻实施意见;县人民政府汇报了贯彻调整方针,办好教育事业的情况,会议进行认真的审议,提出了意见和建议。会议原则通过《大丰县人民政府关于计划生育若干问题的规定》。会议通过了人事任免事项。

第十四次会议于 1982 年 11 月 9—11 日召开。县人民政府汇报了开展打击经济领域中严重犯罪斗争的情况和县人民政府办理代表提案的情况,县人民法院汇报了法院工作情况,县人民检察院汇报了检察院工作情况,县财政局汇报了全县财政预算执行情况。会议对上述工作汇报进行了认真的审议。会议作出了关于召开县六届人大三次会议的决定。会议讨论通过了人事任免事项。

第十五次会议于 1983 年 1 月 11—13 日召开。会议讨论修改了县人大常委会 1982 年的工作报告,研究了 1983 年的工作任务;讨论通过了《关于召开县六届人民代表大会第三次会议的计划》。

第十六次会议于1983年1月28日召开。会议讨论通过了人事任命事项。

第十七次会议于3月8日召开。会议同意县人民政府提出的有关政社分设中的具体方案,待上级人民政府批准后实施;原则上通过了《大丰县人民政府关于进一步鼓励农民致富的规定》。

第十八次会议于1983年3月20日召开。会议讨论通过了《大丰县人民政府关于农业技术推广工作暂行办法》。

第十九次会议于1983年5月18—21日召开。会议原则同意县沿海滩涂开发领导小组《关于沿海滩涂资源和开发利用总体规划设想》的汇报;原则通过《大丰县人民政府关于保护林木发展林业的布告》,作出了相应的决议。会议通过了县人民政府、县人民法院和县人民检察院的干部任免事项。

第二十次会议于1983年7月25—26日召开。会议听取审议了县人民政府上半年工作情况和下半年工作意见的汇报;通过了《关于停止执行〈大丰县执行江苏省排污收集和罚款试行办法和实施意见〉的决定》。会议通过了县人民政府、县人民法院的干部任免事项。

第二十一次会议于1983年9月27—29日召开。会议听取审议了县人民政府关于农村政社分设体制改革工作的情况汇报,贯彻国务院、中央纪委《紧急通知》的情况汇报和努力搞好工商行政管理工作,开展为经济建设服务的情况汇报;讨论了《大丰县人民政府关于加强水土保持工作的布告》,并予以原则通过。会议决定了人事任免事项。

第二十二次会议于1983年11月29—30日召开。会议听取审议了县人民政府关于县六届人大三次会议代表提案办理的情况汇报,关于严厉打击严重刑事犯罪活动、争取社会治安根本好转的情况汇报,关于财政预算执行情况的汇报以及商业、供销、粮食部门关于做好农副产品收购工作的情况汇报。会议通过了人事任命事项。

第二十三次会议于1983年12月23日召开。会议讨论通过了《大丰县城总体规划》,同意由县人民政府上报、审批。

第二十四次会议于1984年1月11日召开。会议讨论通过了县六届人大四次会议计划和日程安排,提出了县六届人大四次会议主席团成员建议名单和代表资格审查委员会成员建议名单;会议接受了金一平主任,杨春华、黄家明副主任因离休而提出的请求辞职的报告。

第二十五次会议于1984年1月23日召开。会议通过县级机构改革中任免的政府组成人员名单。

第二十六次会议于1984年2月18—19日召开。会议通过了《大丰县第六届人民代表大会常务委员会关于县、乡(镇)两级人民代表大会代表换届选举的决定》,制定并通过了《大丰县换届选举工作方案》。会议任命了县选举委员会和各乡、镇选举委员会的组成人员。

第二十七次会议于 1984 年 4 月 3 日召开。会议听取和审议了县人民政府关于开展第三个文明礼貌月活动情况的汇报，县选举委员会办公室关于县、乡（镇）两级人民代表大会换届选举工作进展情况的汇报，县绿化委员会关于绿化工作情况的汇报，作出了《关于进一步开展绿化、提高林木覆盖度、改善生态环境的决议》。会议补选王士金为盐城市首届人民代表大会的代表。会议通过了人事任命事项。

第二十八次会议于 1984 年 5 月 7 日召开。会议作出了《关于召开大丰县第七届人民代表大会第一次会议的决定》，决定大丰县第七届人民代表大会第一次会议于 1984 年 5 月 16—21 日召开；讨论通过了县七届人大一次会议计划和提请大会预备会议审议的大会议程、大会主席团、秘书长建议名单，以及大会议案审查委员会、预算委员会组成人员建议名单；讨论通过了提请大会审议的《关于议案处理的暂行办法（草案）》和县人大常委会工作报告。

二、县七届人大常委会会议

县七届人大常委会任期内先后召开 23 次会议。

第一次会议于 1984 年 6 月 13—15 日召开。会议讨论通过了《大丰县人大常委会关于加强同县人民代表联系的办法》；通过了县七届人大常委会代表资格审查委员会组成人员，明确了委员的分工；建立了法制、教科文卫、财经工交、城乡建设四个工作组。会议通过了有关人事任免事项。

第二次会议于 1984 年 8 月 10—11 日召开。会议听取审议了县人民政府关于全县当前城镇经济体制改革情况和今后任务的汇报；听取审议了县公安局关于全县公安工作情况和下一步工作打算的汇报。

第三次会议于 1984 年 10 月 10—11 日召开。会议听取审议了县人民政府《关于实行利改税第二步改革的情况汇报》；原则通过了《大丰县城规划建设管理暂行办法》。会议通过了县人民法院、县人民检察院提请的干部任免事项。

第四次会议于 1984 年 11 月 2—3 日召开。会议学习了《中国共产党第十二届中央委员会第三次全体会议公报》《中共中央关于经济体制改革的决定》。县委书记彭正柱介绍赴广东、深圳等地参观的情况，并就如何学习、宣传、贯彻《中共中央关于经济体制改革的决定》，提出了具体要求。

第五次会议于 1985 年 1 月 7—8 日召开。会议听取审议了县人民政府《关于 1984 年农副业生产情况和 1985 年工作意见的汇报》《关于全县社会治安综合治理情况的汇报》《关于县七届人大一次会议代表议案、建议、批评和意见办理情况的汇报》。会议通过了人事任免事项。

第六次会议于 1985 年 2 月 10—11 日召开。会议听取了县人民政府作的《关于大丰县普及法律常识的五年规划的汇报》,经过审议,作出了相应的决议,会议作出《关于召开大丰县第七届人民代表大会第二次会议的决定》,会议决定将县人大常委会委员分工的四个工作组改建为四个工作委员会。会议通过了各委员会主任委员、副主任委员和委员名单。

第七次会议于1985年3月25—26日召开。会议决定大丰县第七届人民代表大会第二次会议定于1985年4月6—9日召开;讨论通过了召开县七届人大二次会议的计划和提请大会预备会议审议的大会议程、大会主席团、秘书长建议名单,以及大会议案审查委员会、预算审查委员会组成人员建议名单;会议原则批准了县人大常委会工作报告,并授权县人大办公室根据讨论意见修改后,由主任会议进行审定;会议决定补选5名县七届人大代表,还补选了祁崇岳、王德超、宋维保为盐城市首届人大代表;会议讨论制定了县人大常委会1985年工作要点和岗位责任制。会议通过了县人民政府、县人民法院、县人民检察院提请的人事任免事项。

第八次会议于1985年5月3—4日召开。会议传达了盐城市一届人大三次会议精神。会议通过了人事任免事项,批准设置大丰县人民检察院方强农场检察组。

第九次会议于1985年6月11—13日召开。会议传达了江苏省六届人大三次会议精神和盐城市一届人大常委会第十六次会议精神;讨论制定了县人大常委会四个工作委员会工作要点;听取审议了县人民政府关于三级人大代表视察中提出的意见和建议办理情况、贯彻实施《经济合同法》情况、沿海滩涂开发利用现状及规划设想的情况、大丰县行政区内陆水域防治污染的情况汇报和关于在全县建立乡财政的工作汇报。会议通过了人事任免事项。

第十次会议于1985年8月13—15日召开。会议传达盐城市人大常委会第十七次会议精神;听取和审议了县人民政府、县人民法院、县人民检察院上半年工作报告。会议通过了有关人事任免事项。

第十一次会议于1985年10月22—24日召开。会议听取并审议了县人民政府关于1985年财政预算执行情况和预算调整的报告、关于执行县人大常委会普及法律常识决议的情况汇报、关于贯彻执行江苏省普及初等义务教育和扫除文盲两个暂行条例情况的汇报,以及办理县七届人大二次会议代表建议、批评和意见情况的汇报。会议通过了关于批准大丰县1985年财政预算部分变更的决定。

第十二次会议于1985年12月26—28日召开。会议传达了全国人大常委会彭真委员长和陈丕显副委员长最近在各省、直辖市、自治区人大常委会负责人座谈会上的讲话;学习了《中华人民共和国统计法》;听取并审议了县人民政府关于1985年财贸工作情况的汇报、关于贯彻实施《统计法》情况的汇报、关于文化工作情况的汇报和关于水产工作情况的汇报。会议同意县人民政府所作的四个工作汇报。会议通过了《关于制发大丰县人民代表大会代表工作证的决定》。

第十三次会议于1986年2月17—19日召开。会议学习了中共中央1986年一号文件;讨论了中共大丰县委对经济和社会发展第七个五年计划的建议(征求意见稿);讨论通过了县人大常委会1986年工作要点,作出了关于1986年3月9日召开大丰县第七届人民代表大会第三次会议的决定。会议通过了关于罢免苏生盐城市首届人民代表大会代表职务的决议。会议通过了有关人事任命事项。

第十四次会议于1986年3月7日召开。会议讨论通过了县人大常委会关于七届三次人代会的计划(草案);讨论通过了县人大常委会关于七届三次人代会主席团、秘书长建议名单;讨论通过了县人大常委会关于七届三次会议议案审查委员会建议名单;讨论通过了县人大常委会关于七届三次人代会议程建议;审议通过了县人大常委会代表资格审查委员会关于补选代表的代表资格审查报告;讨论通过了县人大常委会工作报告。会议补选徐保恒为盐城市首届人大代表,并通过了有关人事任免事项。

第十五次会议于1986年5月5—7日召开。会议听取并审议了县人民政府所作的《关于审计工作情况的汇报》《关于贯彻〈中共中央关于科学技术体制改革的决定〉的情况汇报》;听取了县政府关于制定《大丰县贯彻〈江苏省海岸带管理暂行规定〉实施细则》的说明和关于制定《大丰县城镇供水资源管理实施细则》的说明,讨论了两个“实施细则”的具体条款;会议作出了关于加强审计工作的决议。会议通过了人事任免事项。

第十六次会议于1986年7月17—19日召开。会议听取和审议了县人民政府、县人民法院、县人民检察院上半年工作报告。

第十七次会议于1986年9月19—20日召开。会议听取和审议了县人民政府作的《关于今年以来计划经济情况和第四季度工作意见的报告》、县城建环保局作的《关于县城总体规划执行情况的报告》、县财政局作的《关于学习、宣传、贯彻〈会计法〉情况的汇报》和县联社作的《供销社工作情况的汇报》,会议原则同意县政府及三个部门的工作汇报;会议通过了《大丰县人大常委会关于监督县司法机关的暂行办法》,作出了《关于批准成立大丰县人民法院刑事审判第二庭、执行庭的决定》。会议通过了人事任免事项。

第十八次会议于1986年10月7日召开。会议听取和审议了县人民政府作的《关于1986年1—8月份财政预算执行情况和调整财政预算的报告》,会议原则通过县人民政府提出的《关于1986年1-8月份财政预算执行情况和调整财政预算的报告》。会议确定11月上旬召开县七届人大常委会第十九次会议,原定十八次会议上的其他议题,顺延到十九次会议上进行。

第十九次会议于1986年11月17—19日召开。会议听取并审议了县人民政府作的关于办理七届三次人代会上代表的建议、批评、意见的情况汇报,县体改办作的关于经济体制改革情况的汇报,县教育局作的关于教育体制改革情况的汇报,县司法局作的关于普法情况的汇报以及县财政局作的关于财政预算执行情况的汇报;会议讨论了县、乡(镇)人民代表大会代表换届选举工作,作出了关于县、乡(镇)两级人民代表大会代表选举时间的决定,通过了县选举委员会主任、副主任、委员名单。会议通过了有关人事任命事项。

第二十次会议于1986年12月15—16日召开。会议讨论通过了《大丰县县、乡两级人民代表大会代表换届选举工作方案》;原则通过了县八届人大代表名额分配方案,批准任命了各乡镇选举委员会主任、副主任以及委员。

第二十二次会议于1987年3月3—3日召开。会议决定免去李怀稳大丰县人民政府副县长职务。

第二十三次会议于1987年3月30—31日召开。会议讨论通过召开县八届一次人代会的有关事项,决定4月7-12日召开大丰县八届一次人民代表大会,讨论并原则通过了人大常委会的工作报告。

三、县八届人大常委会会议

县八届人大常委会任期内先后召开23次会议。

第一次会议于1987年5月21—23日召开。会议传达全国、省、市三级人代会精神;讨论、制定县第八届人大常委会1987年工作要点;听取审议县人民政府《关于农业生产情况的汇报》;听取县选举办公室《关于县、乡两级换届选举情况的汇报》。会议通过人事任免事项。

第二次会议于1987年7月23—25日召开。会议听取审议了县人民政府、县人民法院、县人民检察院上半年工作报告和县教育局关于实施九年制义务教育的情况汇报;听取和审议了县人大委员提出的《关于迅速落实棉饼和口油返还政策的议案》,县人民政府关于《1987年财政预算追加部分进行安排》的报告;听取和审议了县人民政府关于制定《大丰县水利工程管理实施细则》的说明、《关于控制县城地面下沉的暂行办法》的说明,会议原则同意制定《实施细则》和《暂行办法》。会议通过了县八届人大常委会代表资格审查委员会组成人员名单和有关免职事项。

第三次会议于1987年9月24—25日召开。会议传达了盐城市县、区人大常委会主任座谈会议精神;听取审议了县人民政府关于今年以来"双增双节"情况和第四季度工作意见的报告,关于乡镇企业发展情况的汇报,关于普及法律常识的情况汇报,关于八届人大一次会议代表建议、批评和意见办理情况的汇报,关于办理迅速落实棉饼、口油返还政策议案的情况汇报,关于调整1987年财政预算的报告;会议同意县人民政府关于调整1987年财政预算的报告意见。会议通过了人事任免事项,同意县人民检察院向刘庄镇派驻检察组。

第四次会议于1987年11月18—20日召开。会议听取审议了县人民政府关于1987年财政预算执行情况和变更部分预算的报告，社会治安工作情况的汇报，执法大检查的情况汇报以及落实1986年度棉饼和口油返还政策情况的汇报；会议讨论并作出了《关于草堰等四个乡改镇后的人民代表大会名称变更问题的决定》《关于召开大丰县第八届人民代表大会第二次会议的决定》《关于批准1987年财政预算部分变更的决定》《关于对县人民政府办理〈关于迅速落实棉饼和口油返还政策的议案〉情况汇报的审查意见》。会议讨论通过了有关人事任命事项。

第六次会议于1988年2月4—5日召开。会议听取和审议了县人民政府关于市场管理、市场物价和市场供应情况的汇报以及关于扶贫、社会福利等工作情况的汇报；会议讨论、修改并原则通过了《大丰县人大常委会工作报告》《大丰县人大常委会1988年工作要点》《关于召开大丰县第八届人民代表大会第三次会议的决定》；会议还听取了省七届人大一次会议精神的传达。

第七次会议于1988年3月16—17日召开。会议讨论县八届人民代表大会第三次会议的有关问题；听取并审议了县人民政府贯彻执行《治安管理处罚条例》，加强社会治安工作情况的汇报；听取并审议了县人民政府关于文化工作情况的汇报；会议批准成立大丰县人民法院行政审判庭；同意大丰县检察院刘庄地区检察组更名为刘庄地区检察办事处。会议通过了有关人事任免事项。

第八次会议于1988年5月18—20日召开。会议听取审议了县人民政府关于当前农业生产情况，多种经营生产情况，土地管理工作情况，村组企业发展情况以及沿海滩涂开发情况和规划意见的汇报；听取了县财政局关于离休干部"三项"经费安排情况的汇报；讨论、修改并通过了《大丰县人大常委会关于在县人大代表中开展"为振兴大丰经济献计献策活动"的意见》。会议通过了人事任免事项。

第九次会议于1988年7月19—21日召开。会议听取和审议了县人民政府、县人民法院、县人民检察院上半年的工作报告。

第十次会议于1988年9月20—22日召开。会议听取和审议了县人民政府关于经济体制改革情况，全县农村卫生工作情况，县城规划管理和村镇建设情况，县八届人大三次会议代表建议、批评、意见和八届人大常委会第九次会议议政意见办理情况，1—8月份财政执行情况的汇报和调整财政预算的报告。会议通过了人事任免事项。

第十一次会议于1988年11月21—23日召开。会议听取并审议了县人民政府关于县八届人大常委会第十次会议对县政府五项工作审议意见落实情况的汇报，关于计划经济工作的报告，关于科技工作情况的汇报，关于普法工作情况的汇报。会议作出了关于批准大丰县人民法院设立告诉申诉庭的决定。会议通过了人事任免事项。

第十二次会议于1989年1月19—21日召开。会议听取审议了县人民政府关于全县治理经济环境、整顿经济秩序、全面深化改革的情况汇报以及关于冬春人民生活安排和春节物资供应情况的汇报。会议讨论、修改并原则通过了《大丰县人大常委会工作报告》《大丰县人大常委会1989年工作要点》,作出《关于召开大丰县第八届人民代表大会第四次会议的决定》。

第十三次会议于1989年2月27日召开。会议讨论《大丰县人民代表大会常务委员会关于更改召开大丰县第八届人民代表大会第四次会议日期的决定》,同意原定1989年3月20日召开的大丰县第八届人民代表大会第四次会议,更改为1989年3月17日召开。

第十四次会议于1989年3月14—15日召开。会议听取并审议了县人民政府关于贯彻执行《国务院关于违反财政法规处罚的暂行规定》的情况汇报;听取并审议了县人民政府关于教育工作和体育工作情况的汇报。会议讨论通过了有关人事任免事项。

第十五次会议于1989年3月29日召开。会议同意接受冯永农辞去大丰县人民政府县长职务的请求;会议按照《中华人民共和国地方各级人民代表大会和地方各级人民政府组织法》第三十九条的有关规定,作出了《大丰县第八届人民代表大会常务委员会关于顾竟成代理大丰县人民政府县长的决定》;决定任命向增来、郭健生为大丰县人民政府副县长。会议讨论决定了其他有关人事任免事项。

第十六次会议于1989年5月18—19日召开。会议传达学习了省人大工作经验交流会精神;听取并审议了县政府关于坚持“三靠”,狠抓关键,千方百计夺取1989年粮棉丰收的情况汇报;听取并审议了县人民检察院关于经济罪案举报、查处和执行《惩治贪污罪贿赂罪的补充规定》的情况汇报;会议通过了大丰县人民代表大会常务委员会关于裕华、小海两乡改镇后的人民代表大会名称变更问题的决定。会议讨论通过了有关人事任免事项。

第十七次会议于1989年7月27—29日召开。会议听取和审议了县人民政府、县人民法院、县人民检察院上半年工作报告。

第十八次会议于1989年9月22—23日召开。会议听取了县人民政府关于9月16日大丰县遭受龙卷风、台风、暴雨袭击,发生严重灾情以及抗灾救灾情况的通报;听取并审议了县人民政府关于普及法律常识情况的汇报;听取并审议了县人民政府关于城乡个体工商户税收征管情况的汇报;听取并审议了县人民政府关于《土地管理法》执行情况的汇报;听取并审议了县人民政府关于县八届四次人代会代表提出的建议、批评和意见以及县八届人大常委会第17次会议审议意见办理情况的汇报。会议讨论通过了有关人事任免事项。

第十九次会议于1989年10月16日召开。会议听取并审议了县人民法院作的《关于执行两高院〈通告〉的情况汇报》、县人民检察院作的《关于宣传、贯彻、执行两高院〈通告〉的情况汇报》和县监察局作的《关于贯彻执行监察部〈通告〉的情况汇报》;听取了县人民政府作的

《关于〈大丰县生态县规划〉的说明》，并原则通过了县人民政府关于《大丰县生态县规划报告》。会议还讨论通过了大丰县县、乡（镇）两级人民代表大会代表换届选举时间的决定和县选举委员会组成人员名单。

第二十次会议于1989年11月24—25日召开。会议听取并审议了县人民政府关于《村民委员会组织法（试行）》贯彻实施情况的汇报；听取并审议了县人民政府关于计划经济工作情况的汇报；听取并审议了县人民政府关于1989年财政预算部分变更情况的汇报；听取并审议了县人民政府关于"科技兴县"情况的汇报；听取并审议了县人民政府关于《大气污染防治法》实施情况和饮水卫生情况的汇报；通报县、乡（镇）两级人民代表大会代表换届选举工作方案。会议讨论通过了大丰县人民代表大会常务委员会关于批准1989年财政预算部分变更的决定和各乡、镇选举委员会组成人员建议名单。会议通过有关人事任免事项。

第二十一次会议于1989年12月18日召开。会议听取并审议了县选举委员会关于县、乡（镇）两级人大代表换届选举工作进展情况的汇报以及下一阶段工作安排。会议讨论通过了有关人事任免事项。

第二十二次会议于1990年1月19日召开。会议听取并审议了县人民政府关于春节物资供应、市场物价和冬春人民生活安排情况的汇报；讨论修改并原则通过了大丰县第八届人大常委会工作报告；听取了县选举委员会办公室关于县、乡（镇）两级人大代表换届选举工作情况的汇报；听取并通过了县八届人大常委会代表资格审查委员会关于县九届人大代表资格的初审报告；讨论召开县第九届人民代表大会第一次会议的有关问题。会议增补李怀稳为盐城市二届人大代表。会议进行了有关人事任免事项。

第二十三次会议于1990年2月12日召开。会议讨论通过了九届一次人代会的有关事项，决定1990年2月25－28日召开大丰县第九届人民代表大会第一次会议。

四、县九届人大常委会会议

县九届人大常委会任期内先后召开25次会议。

第一次会议于1990年4月9—10日召开。会议学习江泽民谈人大监督以及中共中央〔1990〕2号文件；讨论、通过大丰县人大常委会1990年工作要点；讨论、通过关于在县人大代表中开展"为建设新大丰献计献策活动"的决定；讨论、通过大丰县第九届人大常委会代表资格审查委员会人员名单；通过大丰县第九届人大常委会内务、法制、财政经济、教科文卫、城镇建设、农村工作委员会组成人员及各工作委员会与"一府两院"对口联系单位。会议通过了新一届县人大办、各工作委员会和县人民政府各部门正职负责人以及其他人事任免事项。

第二次会议于1990年5月24—25日召开。会议听取并审议了县人民政府开展"双增双节"运动情况的汇报；听取并审议了县人民政府关于市场物价管理工作的汇报；听取并审议了县人民政府关于粮棉生产规划指标落实和实施情况的汇报；听取并审议了县人民政府关于实施《中华人民共和国计量法》和《中华人民共和国标准化法》有关情况的汇报。

第三次会议于1990年7月28—30日召开。会议听取审议了县人民政府、县人民法院、县人民检察院上半年工作报告。县人民政府向会议作了《关于工业体制改革情况的汇报》《关于县九届人大常委会第二次会议审议意见办理情况的汇报》《关于依法治县试点情况的汇报》《关于基层法律服务所执法情况的汇报》《关于公安派出所执法情况的汇报》《关于多种经营生产情况的汇报》《关于劳动就业情况的汇报》的书面报告；县人民法院向会议作了《1990年上半年人民法院执法情况报告》的书面报告。会议听取了县人民政府作的《关于大丰县与山东省威海市环翠区建立友好县区的情况汇报》，作出了《关于大丰县与山东省威海市环翠区建立友好县区的决议》。会议进行了有关人事任命事项。

第四次会议于1990年9月14日召开。会议通过有关人事任免事项。

第五次会议于1990年9月28—29日召开。会议传达了省人大工作理论讨论会精神，听取和审议了县人民政府、县人民法院关于《行政诉讼法》实施前准备工作的情况汇报，作出了《关于贯彻执行〈中华人民共和国行政诉讼法〉的决定》；听取和审议了县人民检察院和大中地区人民检察院关于"两劳"对象如何执行改造政策的检察情况汇报；听取和审议了县人民政府关于《会计法》贯彻执行情况的汇报；听取和审议了县人民政府关于《传染病防治法》贯彻执行情况汇报；听取和审议了县人民政府关于《环境保护法》贯彻执行情况的汇报；听取和审议了县人民政府关于县九届一次人代会代表提出的建议、批评和意见办理情况的汇报。

第六次会议于1990年11月26—27日召开。会议听取并审议了县人民政府关于《江苏省保护老年人合法权益条例》贯彻执行情况的汇报、关于1990年1－10月份财政预算执行情况和1990年财政预算部分变更情况、关于中小学思想政治工作的汇报、建制镇城镇规划管理工作的情况、关于农业"四二〇"工程规划落实情况的汇报以及有关方面的工作情况汇报；会议通过了《关于认真贯彻实施〈江苏省保护老年人合法权益条例〉的决议》和《关于批准县人民政府"1990年财政预算部分变更报告"的决定》；会议还讨论通过了《大丰县人大常委会议事规则》（试行）和《大丰县人大常委会关于加强同县人民政府、县人民法院、县人民检察院工作联系的暂行办法》《大丰县人大常委会对行政、审判、检察机关行使监督权的暂行办法》《大丰县人大常委会关于人事任免的暂行办法》《大丰县人大常委会关于联系县人民代表大会代表的暂行办法》《大丰县人大常委会关于办理县人大代表的建议、批评和意见的暂行办法》《大丰县人大常委会关于处理人民群众来信来访的暂行办法》《大丰县人大常委会主任、副主任和驻会委员接待代表来访日制度》。

第七次会议于1990年12月24日召开。会议讨论通过有关人事任免事项。

第八次会议于1991年1月21—22日召开。会议听取并审议了县人民政府关于1990年国民经济发展计划执行情况和部分计划指标变更情况的报告、关于春节物资供应情况的汇报、关于冬春人民生活安排情况的汇报、关于市场物价工作情况的汇报以及关于争创全国体育先进县工作情况的汇报,会议对1990年国民经济计划指标的部分变更作了原则上的认可;通过了《关于争创全国体育先进县的决议》,会议讨论修改并原则通过了县人大常委会工作报告和县人大常委会1991年工作要点,通过了关于召开县九届二次人代会的决定。会议进行了有关人事任免事项。

第九次会议于1991年2月27日召开。会议讨论通过了召开大丰县第九届人民代表大会第二次会议的有关事项,通过了有关人事任免事项。

第十次会议于1991年3月25日召开。会议听取并审议了县人民政府关于第一个五年普法规划实施情况和1991年普法工作意见的汇报,关于贯彻执行《土地管理法》情况的汇报。会议通过了《关于在全县深入开展法制宣传教育的决议》。

第十一次会议于1991年5月22—23日召开。会议听取和审议了县人民政府关于经济合同监督、预算外资金管理、《公路管理条例》执行、农村教育综合改革等情况的汇报;会议作出了《大丰县人大常委会关于三龙乡乡改镇的决定》。会议通过了有关人事任免事项。

第十二次会议于1991年7月30日召开。会议专题座谈审议县人民政府抗洪救灾、生产自救工作。

第十三次会议于1991年9月23—24日召开。会议听取和审议了县人民政府关于县九届人大常委会有关审议意见办理情况的汇报,关于农田水利建设的汇报,关于县城群众生活饮用水情况的汇报,关于九届二次人代会代表批评、建议和意见办理情况的汇报。

第十四次会议于1991年11月25—26日召开。会议听取了县人民政府关于县九届人大常委会第13次会议审议意见的办理情况汇报;听取并审议了县人民政府关于1991年1－10月份国民经济、社会发展计划和财政预算执行情况及部分调整、变更情况的汇报;听取并审议了县人民政府关于贯彻实施《江苏省计划生育条例》情况的汇报。会议同意调整全县1991年主要经济指标及变更部分财政预算,并作出了相应的决定。会议进行了有关人事任免事项。

第十五次会议于1992年1月13—14日召开。会议听取了县人民政府关于县九届人大常委会第14次会议审议意见办理情况的汇报;听取和审议了县人民政府关于灾后社会治安和全年工作打算的情况汇报;听取和审议了县人民政府关于冬春人民群众生活安排情况的汇报;听取和审议了县人民政府关于春节市场供应、物价管理工作情况的汇报;听取和审议了县人民政府关于春节期间文化生活安排及春节前后文化市场管理的汇报。会议讨论修改并原则通过了县人大常委会工作报告及1992年工作要点;通过了关于召开县九届人民代表大会第三次会议的决定。会议进行了有关人事任免事项。

第十六次会议于1992年2月25日召开。会议审议通过了大丰县第九届人民代表大会第三次会议的有关事项。会议进行了人事任免事项。

第十七次会议于1992年3月30日召开。会议听取和审议了县人民政府关于《行政诉讼法》贯彻实施情况的汇报;听取和审议了关于税法实施情况的汇报;听取和审议了县人民政府关于大丰县与安徽省淮北市杜集区建立友好县区的情况汇报。会议作出了《大丰县与安徽省淮北市杜集区建立友好县区的决议》。

第十八次会议于1992年5月29日召开。会议听取了县公安局关于查处新丰派出所刑事执法情况的汇报,县监察局关于大中镇集资办学情况的汇报,县人民政府关于个别个体户纳税、户口、建房等情况的汇报,县人民政府关于大丰县与福建省上杭县建立友好县的情况汇报。会议作出了《关于大丰县与福建省上杭县建立友好县的决议》。会议听取和审议了县人民政府关于《企业法》《水法》贯彻实施情况的汇报。会议进行了有关人事任免事项。

第十九次会议于1992年7月16—17日召开。会议听取和审议了县人民政府、县人民法院、县人民检察院上半年工作报告和县计经委关于亏损企业、县财政局关于上半年财政预算执行、县公安局关于社会治安情况等汇报。会议进行了有关人事任免事项。

第二十次会议于1992年9月25日召开。会议听取和审议了县人民政府关于县九届人大常委会第19次会议审议意见办理情况的汇报,关于县九届三次人代会建议、批评和意见办理情况的汇报,关于贯彻执行《审计条例》情况的汇报,关于贯彻执行《城市规划法》情况的汇报。会议进行了有关人事任免事项。

第二十一次会议于1992年10月8日召开。会议研究决定人大换届选举的有关事项,并作出了相应的决议。会议通过了关于设立县选举委员会及其组成人员的决定。

第二十二次会议于1992年11月28日召开。会议听取了县人民政府关于县九届人大常委会第20次会议审议意见办理情况的汇报、关于大丰县棉花收购工作的情况汇报、关于中外合资企业经营管理情况的汇报以及关于大丰县科技人员管理与使用情况的汇报。会议还听取和审议了县人民政府关于大丰县与满洲里市建立友好县市的情况汇报,作出了《关于大丰县与满洲里市建立友好县市的决议》。

第二十三次会议于1992年12月17日召开。会议通过有关人事任免事项。

第二十四次会议于1993年1月13日召开。会议听取和审议了县人民政府关于县九届人大常委会第22次会议审议意见办理情况的汇报,关于春节市场供应、物价管理和冬春人民群众生活安排情况的汇报,关于节日期间治安综合治理情况的汇报;会议讨论并原则通过了县人大常委会工作报告,讨论并通过了关于召开县十届人大一次会议的决定,通报了县十届一次人代会筹备处组成人员名单。会议通过了有关人事任免事项。

第二十五次会议于1993年2月10日召开。会议讨论通过了县十届人大代表资格审查工作报告；通报了十届一次人代会计划及会议议程（草案）；通报了十届一次人代会主席团成员、秘书长、副秘书长和各组正、副组长名单，议案审查委员会、国民经济发展计划和财政预算审查委员会名单及列席人员类型。

五、市（县）十届人大常委会会议

市（县）十届人大常委会任期内先后召开45次会议。

第一次会议于1993年3月30—31日召开。会议听取和审议了大丰县人民政府关于贯彻实施《中华人民共和国森林法》的情况汇报；讨论通过了县人大常委会1993年工作要点。会议通过了有关人事任免事项。

第二次会议于1993年5月31日至6月1日召开。会议听取了县人民政府关于县十届人大常委会第一次会议审议意见办理情况的汇报，听取并审议了县人民政府关于全县文化工作情况、贯彻执行《水污染防治法》情况、全县“二五”普法工作情况的汇报。

第三次会议于1993年7月26日召开。会议围绕县人民政府上半年的经济工作，开展了议政。会议通报了县人大常委会下半年的主要工作安排。

第四次会议于1993年9月25日召开。会议听取和审议了县人民政府关于县十届人大一次会议代表建议、批评和意见办理情况的汇报，关于当前“菜篮子”及市场物价问题的汇报；会议通过了大丰县第十届人大常委会代表资格审查委员会主任委员、副主任委员、委员名单；会议听取了县人民政府关于大丰县与吉林省和龙县建立友好县的情况汇报，作出了《关于大丰县与吉林省和龙县建立友好县的决议》。

第五次会议于1993年11月29日召开。会议学习了《中共中央关于学习〈邓小平文选〉第三卷的决定》、《中国共产党第十四届中央委员会第三次全体会议公报》；通过了《大丰县人民代表大会常务委员会关于在全县省、市、县、乡四级人大代表中认真开展学习〈邓小平文选〉第三卷的决议》。会议听取了县人民政府关于县十届人大常委会第4次会议审议意见办理情况的汇报。会议通过了《大丰县人大常委会主任会议关于提请追认许可逮捕县人大代表金德富的报告》。

第六次会议于1994年1月17日召开。会议听取了县人民政府关于春节市场供应和冬春人民群众生活安排情况、1993年财政预算执行情况以及大丰县与四川省合江县结为友好县的情况汇报，会议作出了《关于大丰县与合江县结为友好县的决议》；通过了关于召开县十届二次人代会的决定和筹备处组成人员建议名单；通过了罢免金德富县十届人大代表资格的建议；原则通过了县十届人大二次会议工作报告和1994年县人大常委会工作要点。会议通过接受顾森茂辞去盐城市第三届人大代表职务的决定。

第七次会议于 1994 年 2 月 2 日召开。会议通过了有关人事任免事项。

第八次会议于 1994 年 2 月 18 日召开。会议作出了县十届人大二次会议于 3 月 9 - 11 日召开的决定;通过了县十届二次人代会计划和关于补选代表资格审查报告。会议通报了人代会有关组织机构及人员名单。

第九次会议于 1994 年 3 月 4 日召开。会议通报了大丰县第十届人民代表大会第二次会议代表团及正副团长建议名单、国民经济发展计划和财政预算审查委员会建议名单、主席团成员和秘书长建议名单。会议通过了人事任免事项。

第十次会议于 1994 年 3 月 26 日召开。会议进行了有关人事任免事项。

第十一次会议于 1994 年 5 月 11 日召开。会议听取了县人民政府关于全县 1—4 月份工业生产情况的汇报和关于 1994 年财政预算草案的报告。会议进行了有关人事任免事项。

第十二次会议于 1994 年 7 月 5—6 日召开。会议听取了县人民政府关于县十届人大常委会第 11 次会议审议意见办理落实情况的汇报;听取并审议了县人民政府关于工业企业改革情况和廉政建设工作的汇报。会议进行了有关人事任免事项。

第十三次会议于 1994 年 9 月 8 日召开。会议听取并审议了县人民政府关于贯彻《中华人民共和国教师法》的情况汇报;听取了县人民政府关于县十届人大常委会第 12 次会议审议意见办理落实情况的汇报和县十届人大二次会议代表建议、批评和意见办理情况的汇报。会议进行了有关人事任免事项。

第十四次会议于 1994 年 11 月 10 日召开。会议听取了县人民政府关于《大丰县“九五”科教兴县规划》的汇报,作出《关于原则批准〈大丰县“九五”科教兴县规划〉的决定》。

第十五次会议于 1994 年 11 月 24 日召开。会议听取了县人民政府关于县十届人大常委会第 13 次会议审议意见办理情况的汇报;听取并审议了县人民政府关于 1994 年 1 - 10 月份财政预算执行情况和财政预算部分变更情况的汇报;听取并审议了县人民政府关于社会稳定方面有关工作情况的汇报。会议进行了有关人事任免事项。

第十六次会议于 1995 年 1 月 17 日召开。会议听取了县人民政府关于县十届人大常委会第 15 次会议审议意见办理落实情况的汇报;听取并审议了关于春节市场供应及冬春人民生活安排情况的汇报;听取和审议了关于《大丰县高标准林业示范县总体规划》,并作出了相应决定;会议研究了十届三次人代会召开的时间、议程,并作出了相应决定,讨论通过了十届三次人代会筹备处人员名单,讨论通过了县人大常委会 1995 年工作要点。会议决定补选陶培荣为盐城市第三届人民代表大会代表。会议进行了有关人事任免事项。

第十七次会议于 1995 年 2 月 6 日召开。会议讨论通过了《大丰县人民代表大会常务委员会关于召开大丰县第十届人民代表大会第三次会议的决定》;通报了县十届人大三次会议主席团、秘书长建议名单、县十届人大三次会议国民经济发展计划和财政预算审查委员会建议名单、县十届人大三次会议列席人员范围、县十届人大三次会议代表团组成及团长建议名单;讨论通过了县人大常委会工作报告。会议进行了有关人事任免事项。

第十八次会议于1995年2月14日召开。会议讨论并通过了《大丰县人大常委会代表资格审查委员会关于补选县第十届人民代表大会代表资格审查报告》。

第十九次会议于1995年3月28日召开。会议听取和审议了县人民政府关于1991年财政决算的报告、《土地管理法》实施情况的汇报和《大丰县县城规划》的汇报;通过了关于批准大丰县1994年财政决算的决定和关于批准《大丰县县城规划》的决定。会议进行了有关人事任免事项。

第二十次会议于1995年5月30日召开。会议听取了县人民政府关于县十届人大常委会第19次会议审议意见办理情况的汇报、《消费者权益保护法》实施情况的汇报和《药品管理法》实施情况的汇报。会议进行了有关人事任免事项。

第二十一次会议于1995年6月16日召开。会议进行了有关人事任免事项。

第二十二次会议于1995年7月28日召开。会议听取了县人民政府关于县十届人大常委会第20次会议审议意见办理情况的汇报,听取和审议了关于上半年经济工作情况的汇报。

第二十三次会议于1995年9月26日召开。会议听取和审议了县人民政府关于县十届人大三次会议代表建议、批评和意见办理情况的汇报,《科技进步法》《江苏省基本农田保护条例》和《江苏省村镇规划建设管理条例》实施情况的汇报;讨论通过了《县人大常委会关于乡级人民代表大会换届选举问题的决定》和大丰县人民代表大会常务委员会致全县四级人大代表的一封信。会议进行了有关人事任免事项。

第二十四次会议于1995年11月23日召开。会议听取了县人民政府关于县十届人大常委会第23次会议审议意见办理情况的汇报;听取和审议县人民政府关于"二五"普法工作情况的汇报;听取和审议了县人民政府关于1995年1—10月份财政预算执行情况及1995年县本级财政预算调整方案的汇报,并作出了相应的决定;会议讨论通过了各乡镇选举委员会成员名单,讨论通过了各乡镇人大代表名额及各乡镇代表名额分配的决定。会议还进行了有关人事任免事项。

第二十五次会议于1995年12月23日召开。会议听取和审议了县人民政府关于大丰县"九五"科技发展规划的汇报,并原则通过了大丰县"九五"科技发展规划。会议补选了陆燕池、胡效寅、秦永超为盐城市第三届人民代表大会代表。会议进行了有关人事任免事项。

第二十六次会议于1996年1月12日召开。会议听取了县人民政府关于县十届人大常委会第 24 次会议审议意见办理情况的汇报；听取和审议了县人民政府关于春节物资供应、市场物价及冬春人民群众生活安排情况的汇报；会议讨论并原则通过了县人大常委会工作报告；讨论通过了县人大常委会 1996 年工作要点；讨论通过了县十届四次人代会有关事项；会议补选裴日昌为盐城市第三届人民代表大会代表。会议进行了有关人事任免事项。

第二十八次会议于 1996 年 4 月 5 日召开。会议听取和审议了县人民政府关于依法治县的情况汇报，并作出了相应的决议。会议进行了有关人事任免事项。

第二十九次会议于 1996 年 5 月 9 日召开。会议听取和审议了县人民政府关于 1995 年财政决算的汇报、关于“九五”规划及 1996 年计划调整情况的说明、关于《中华人民共和国经济合同法》贯彻执行情况的汇报；会议分别作出了《关于批准大丰县 1995 年县本级财政决算的决定》和《关于批准大丰县‘九五’规划及 1996 年计划部分经济指标调整的决定》。会议审议通过了县人民政府关于大丰县农业生态环境管理暂行规定，并作出了相应的决定。

第三十次会议于 1996 年 6 月 30 日召开。会议进行了有关人事任免事项。

第三十一次会议于 1996 年 7 月 30 日召开。会议听取了县人民政府关于贯彻实施《经济合同法》审议意见落实情况的汇报；听取和审议了县人民政府关于上半年经济和社会发展情况的汇报；听取了县人大常委会《关于减轻农民负担和村级经济情况的调查报告》《关于全县工业经济发展情况的调查报告》。会议进行了有关人事任免事项。

第三十二次会议于 1996 年 8 月 5 日召开。会议进行了有关人事任免事项。

第三十三次会议于 1996 年 9 月 21 日召开。会议听取了市人民政府关于市十届人大常委会第 31 次会议审议意见办理情况的汇报；听取和审议了市人民政府关于市十届人大四次会议代表建议批评和意见办理情况的汇报；听取和审议了市人民政府关于《劳动法》贯彻实施情况以及全市改水情况的汇报；会议讨论通过了关于在全市公民中开展法制宣传教育的第三个五年规划的决议；会议听取和评议了市计经委主任殷济青、市计生委主任杨兵、市多种经营管理局局长徐善高的述职报告。会议进行了有关人事任免事项，通过了关于接受高潮珠等辞去市十届人大常委会委员职务的请求的决定。

第三十四次会议于 1996 年 10 月 22 日召开。会议进行了有关人事任免事项；通过了关于接受刘伯森辞去市十届人大常委会委员职务的请求的决定。会议还通过了关于撤县设市后领导职务更名的决定。

第三十五次会议于 1996 年 11 月 26 日召开。会议听取了市人民政府关于市十届人大常委会第 33 次会议审议意见办理情况的汇报；听取和审议了市人民政府关于 1996 年 1—10 月份财政预算执行情况和 1996 年财政预算调整草案的报告并作出了相应的决议；听取和审议了市人民政府关于《种子管理条例》《教育法》贯彻实施情况的汇报；会议听取和评议了市工商局局长张正华、市文化局局长王凯的述职报告。会议进行了有关人事任免事项。

第三十六次会议于1997年1月17日召开。会议听取了市人民政府关于市人大常委会第35次会议审议意见办理情况的汇报；听取和审议了市人民政府对城市困难居民、特困企业职工、农村贫困户生活安排工作的汇报；听取和审议了市人民政府开展“冬季行动”工作的汇报；听取了市人民政府对节日前后文化活动情况的汇报；会议讨论并原则通过了市人大常委会工作报告和市人大常委会1997年工作要点；通报了市十届人大五次会议有关筹备工作情况，并作出关于召开市十届人大五次会议的决定。会议还进行了有关人事任免事项，补选杨毅为盐城市第三届人民代表大会代表。

第三十七次会议于1997年2月16日召开。会议讨论通过了市十届人民代表大会第五次会议主席团成员和秘书长建议名单、市十届人民代表大会第五次会议国民经济发展计划和财政预算审查委员会建议名单、市十届人民代表大会第五次会议议案审查委员会建议名单。

第三十八次会议于1997年3月25日召开。会议听取了市人民政府关于市十届人大常委会第35、第36次会议审议意见办理情况的汇报；听取和审议了市人民政府关于《农业技术推广法》贯彻实施情况的汇报；听取和审议了市人民政府关于《环境保护法》贯彻实施情况的汇报；讨论通过了大丰市人民法院、大丰市人民检察院关于“依法治市”的方案；会议听取和评议了市民政局局长陈远银、市劳动局局长吴启明、市科委主任陈维梁的述职报告。会议进行了有关人事任免事项。

第三十九次会议于1997年5月9日召开。会议听取了市人民政府对市人大常委会第38次会议审议意见办理情况的汇报；听取和审议了市人民政府关于《中华人民共和国城市规划法》和《江苏省村镇建设规划管理条例》实施情况的汇报；会议讨论并通过了《大丰市人大常委会关于对市人民法院、市人民检察院实施监督的暂行办法(试行)》和《大丰市人大常委会关于对任命的市人民法院、市人民检察院人员进行述职评议的意见(试行)》。会议进行了有关人事任免事项。

第四十次会议于1997年7月21—22日召开。会议听取了市人民政府关于十届人大常委会第39次会议审议意见办理情况的汇报；听取和审议了市人民政府关于上半年工作情况和下半年工作打算的汇报；审查了市人民政府1996年市本级财政决算，并作出了关于批准大丰市1996年市本级财政决算的决定；会议对市教育局局长徐一山、乡镇局局长庄荫祥、统计局局长吕鹤福的工作情况进行了评议。会议进行了有关人事任免事项。

第四十一次会议于1997年8月6日召开。会议通过了有关人事任免事项。会议原则通过了《大丰市第十一届人民代表大会代表名额分配方案(草案)》。

第四十二次会议于1997年9月26日召开。会议听取了市人民政府关于市十届人大常委会第40次会议审议意见和人大代表半年议政建议、批评、意见落实情况的汇报；听取和审议了市人民政府关于市十届人大五次会议代表所提建议、批评、意见办理情况；听取和审议了市人民法院、市人民检察院上半年的工作情况，市人民法院和市人民检察院对修改后《刑事诉讼法》实施情况及实施修改后《刑法》的准备工作的情况；听取和审议了市人民政府关于职工医疗保障制度改革的工作情况。会议通过了《关于实行执法责任制和错案（过错）责任追究制的决定》《关于大丰市人民代表大会换届选举问题的决定》和《大丰市选举委员会成员名单》。会议听取和评议了市人民法院副院长黄炳池、市人民检察院副检察长陈金贵的述职报告。

第四十三次会议于1997年11月22日召开。会议决定李驰为大丰市人民政府代理市长、臧明为大丰市人民法院代理院长；通过了接受储金泉辞去市人民政府市长职务请求的决定和陈强辞去市人民法院院长职务请求的决定。会议听取和审议了市人民政府关于医改工作审议意见办理情况和《乡镇企业法》贯彻实施情况的汇报。会议进行了有关人事任免事项。

第四十四次会议于1997年12月1日召开。会议听取了市人民法院、市人民检察院关于市十届人大常委会第42次会议审议意见落实情况的汇报；听取和审议了市人民政府关于"依法治市"和"三五"普法工作情况的汇报；听取和审议了市人民政府关于1997年1－11月份财政预算执行情况和调整情况的汇报，并作出关于批准大丰市1997年市本级财政预算调整议案的决议。会议原则通过大丰市人大常委会工作报告，作出关于召开大丰市第十一届人民代表大会第一次会议的决定。会议进行了有关人事任免事项。

第四十五次会议于1997年12月27日召开。会议讨论通过了市人大常委会关于召开第十一届人民代表大会第一次会议的计划；审查通过了关于市第十一届人民代表大会代表资格的审查报告；作出了关于成立市第十一届人民代表大会第一次会议筹备处的决定；通报了市第十一届人民代表大会第一会议有关筹备工作的情况。会议还进行了有关人事任免事项。

六、市十一届人大常委会会议

市十一届人大常委会任期内先后召开40次会议。

第一次会议于1998年3月23日召开。会议听取了市人民政府关于市十届人大常委会第44次会议审议意见落实情况的汇报；听取和审议了市人民政府《关于〈两制〉制定工作情况的汇报》；审查和批准通过了《关于1997年市本级财政决算的报告》；听取和审议了市人民政府《关于〈会计法〉贯彻落实情况的汇报》；讨论通过了《大丰市人大常委会1998年工作要点》《大丰市人大常委会关于调整机关机构的决定》和大丰市第十一届人民代表大会常务委员会代表资格审查委员会建议。会议进行了有关人事任免事项。

第二次会议于1998年5月27—28日召开。会议听取和审议了市人民政府《关于市十一届人大常委会第1次会议审议意见落实情况的汇报》；听取和审议了市人民政府《关于贯彻实施〈职业教育法〉的情况汇报》;听取和审议了市人民政府《关于贯彻实施〈刑法〉工作的情况汇报》;听取和审议了市人民政府关于推荐市树、市花的情况报告,作出了《关于批准大丰市市树、市花的决定》。会议进行有关人事任免事项。

第三次会议于1998年7月13—14日召开。会议听取和审议了市人民政府关于市十一届人大一次会议期间代表所提建议、批评和意见办理情况的汇报;听取了市人民政府落实市十一届人大常委会第2次会议关于贯彻实施《中华人民共和国刑法》审议意见情况的汇报。

第四次会议于1998年9月28日召开。会议听取和审议了市人民法院、市人民检察院1—8月份工作情况的汇报;对市人民法院副院长李建华、市人民检察院副检察长吴永刚进行了述职评议;听取了市人民政府《关于〈职业教育法〉审议意见落实情况的汇报》;听取了市人民政府关于市十一届人大常委会第3次会议审议意见落实情况的汇报;听取和审议了市人民政府《关于〈农业法〉贯彻实施情况和农业投入情况的汇报》。会议通过了《大丰市人民代表大会常务委员会议事规则》《大丰市人民代表大会常务委员会人事任免的暂行办法》《大丰市人大常委会主任会议议事规则》。

第五次会议于1998年11月4日召开。会议传达了中共大丰市委批准市人大常委会党组《关于做好全市乡镇人大换届选举工作的意见》的通知;讨论通过了《关于全市乡镇人民代表大会换届选举问题的决定》《关于全市乡镇人民代表大会代表名额的决定》。

第六次会议记录无存。

第七次会议于1999年1月12日召开。会议听取和审议了市人民政府关于《大丰市1997—2010年城市总体规划》,并作出相应的决定;会议通过《大丰市人大常委会关于召开大丰市第十一届人民代表大会第二次会议的决定》;讨论通过了市十一届人民代表大会第二次会议的计划及筹备处机构名单;讨论并原则通过了《大丰市人大常委会工作报告》和《大丰市人大常委会1999年工作要点》。会议补选薛禹、周强宁为盐城市第四届人民代表大会代表,通过关于接受赵学达辞去市十一届人大常委会委员职务请求的决定。会议通过了有关人事任免事项。

第八次会议于1999年2月4日召开。会议通过了有关人事任免事项。

第九次会议于1999年3月10日召开。会议听取了市人民政府、市人民法院、市人民检察院《关于"两制"(执法责任制、错案(过错)追究责任制)执行情况审议意见的办理情况汇报》;听取了市人民政府《关于〈公路法〉贯彻实施情况审议意见的办理情况的汇报》;听取和审议了市人民政府《关于〈预算法〉贯彻实施情况的汇报》。会议通过了有关人事任免事项。

第十次会议于1999年5月27—28日召开。会议听取了市人民政府关于市十一届人大常委会第9次会议审议意见的办理情况的汇报;听取了市人民政府《关于1998年度大丰市本级预算执行情况和其他财政收支的审计工作报告》;审议通过了《大丰市人大常委会关于加强和改进预算审查监督工作的意见》;听取和审议了市人民政府《关于〈防洪法〉贯彻实施情况的汇报》;听取和审议了市法院《关于〈行政诉讼法〉贯彻实施情况的汇报》。会议听取和评议了市乡镇企业管理局局长沈同庚、环境保护局局长顾来生的述职报告。会议通过了有关人事任免事项。

第十一次会议于1999年6月18日召开。会议审议通过了《大丰市人大常委会关于罢免祁崇岳盐城市第四届人民代表大会代表职务的决议》。

第十二次会议于1999年7月12日召开。会议听取和审议了市人民政府《关于工业产品市场开拓、村务公开推行、小城镇建设等工作情况的汇报》;听取和审议了《市人民政府关于市十一届二次人代会以来代表建议、批评和意见办理落实情况的汇报》;听取了市人民政府《关于第十一届人大常委会第10次会议审议意见办理情况的汇报》;听取了市人民法院《关于市十一届人大常委会第10次会议审议意见办理情况的汇报》;听取和审议了《市人民法院和市人民检察院上半年工作情况的汇报》。会议部署了下半年的人大工作。

第十三次会议于1999年8月9日召开。会议通过了有关人事任免事项。

第十四次会议于1999年9月22日召开。会议听取了市人民政府关于市十一届人大常委会第12次会议审议意见办理情况的汇报;听取和审议了市人民政府关于《全民所有制工业企业法》和《全民所有制工业企业转换经营机制条例》贯彻实施情况的汇报;听取和审议了市人民政府《关于〈环境保护法〉贯彻实施情况的汇报》。会议听取和评议了市人民法院副院长殷志才、市人民检察院副检察长施冲的述职报告。会议通过了有关人事任免事项。

第十五次会议于1999年11月24日召开。会议听取了市人民法院关于市十一届人大常委会第12次会议审议意见办理情况的汇报;听取了市人民政府关于市十一届人大常委会第14次会议审议意见办理情况的报告;听取和审议了市人民政府关于1999年1—10月份财政预算执行情况和1999年市本级财政预算调整情况的报告,并作出相应的决议;听取和审议了市人民政府关于《未成年人保护法》《野生动物保护法》贯彻实施情况的报告;会议听取和评议了市农业局局长俞德鸿、市交通局局长姜国华的述职报告。会议讨论并通过了《关于批准大丰市与意大利阿斯科利皮切诺省建立友好城市关系的决定》。会议还通过了有关人事任免事项。

第十六次会议于2000年1月5日召开。会议讨论通过《大丰市人大常委会关于召开大丰市第十一届人民代表大会第三次会议的决定》;通过《大丰市人大常委会关于召开大丰市第十一届人民代表大会第三次会议的计划》;通过《大丰市第十一届人民代表大会第三次会议筹备处主任、副主任和筹备处工作机构人员名单》;会议还原则讨论并通过《大丰市人大常委会工作报告》和《大丰市人大常委会2000年工作要点》。会议通过有关人事任免事项,通过关于蒋红萍等辞去市十一届人大常委会委员职务的决定。

第十七次会议于2000年3月15日召开。会议听取市人民政府关于市十一届人大常委会第15次会议审议意见办理情况的汇报;听取和审议市人民政府关于1999年市本级财政决算情况的报告;市审计局关于1999年大丰市本级财政预算执行情况和其他财政收支的审计工作报告;市人大常委会财经委关于1999年大丰市本级财政决算的审查报告;讨论通过市人大常委会关于市十一届人大三次会议期间代表提出的关于"改善市区饮水质量""保护通榆河不受污染""防止污染生态环境""联手治理串场河、潘堡河流域的污染源"等议案的交办意见。会议通过有关人事任免事项。

第十八次会议于2000年5月10日召开。会议听取和审议市人民政府关于《环境保护法》贯彻实施情况和控减农民负担工作情况的汇报;听取并审议大丰市2000年市本级财政支出预算调整情况的汇报,审查批准大丰市2000年市本级财政支出预算调整方案。

第十九次会议于2000年7月25日召开。会议听取关于市十一届人大常委会第18次会议关于控减农民负担工作、《环境保护法》贯彻实施审议意见落实情况的汇报;听取并审议市人民政府关于上半年经济工作情况的汇报;听取并审议市人民政府关于调减国内生产总值计划指标的报告;听取并审议市人民政府关于市十一届人大三次会议代表建议、批评和意见办理情况的汇报。

第二十次会议于2000年9月23日召开。会议听取市人民政府关于市第十一届人大常委会第19次会议审议意见落实情况的汇报;听取并审议市人民政府关于《土地管理法》贯彻实施情况的汇报;听取并审议市人民法院关于《合同法》贯彻实施情况的汇报;听取并审议市人民政府关于市十一届人大三次会议期间代表提出的议案交办意见办理落实情况的汇报。会议讨论通过《大丰市人大常委会关于联系市人民代表大会代表的暂行办法》《大丰市人大常委会对司法机关个案监督的暂行规定》。

第二十一次会议于2000年11月25日召开。会议听取市人民政府关于市人大常委会第20次会议审议意见落实情况的汇报;听取市人民法院关于上半年工作审议意见和市人大常委会第20次会议关于《合同法》贯彻实施情况的审议意见落实情况的汇报;听取市人民检察院关于上半年工作审议意见落实情况的汇报;听取并审议市人民政府关于《个人独资企业法》贯彻实施情况和私营个体经济发展情况的汇报。会议审议并批准《大丰市第三个五年普法工作总结》。会议通过有关人事任免事项。

第二十二次会议于2000年12月29日召开。会议听取并审议市人民政府关于2000年财政预算执行情况及部分调整情况的汇报,审查批准2000年市本级财政预算调整方案;听取并审议市人民政府关于十一届人大三次会议期间代表议案办理结果情况的汇报。会议讨论通过《大丰市人大常委会工作报告》《大丰市人大常委会2001年工作要点》。会议通过了有关人事任免事项。

第二十三次会议于2001年1月15日召开。会议讨论通过《大丰市人大常委会关于召开大丰市第十一届人民代表大会第四次会议的决定》;通过《大丰市人大常委会关于召开大丰市第十一届人民代表大会第四次会议的计划》;通过《大丰市第十一届人民代表大会第四次会议筹备处主任、副主任和筹备机构建议名单》;通过《大丰市人大常委会关于表彰先进市人大代表小组、优秀代表和优秀联络员的决定》。会议补选李驰为盐城市第四届人民代表大会代表。

第二十四次会议于2001年2月3日召开。会议通过了有关人事任免事项。

第二十五次会议于2001年2月24日召开。会议听取市十一届人大四次会议筹备工作情况的汇报;听取代表资格审查委员会关于市十一届人大四次会议补选代表的代表资格审查报告;通过市十一届人大四次会议主席团、秘书长建议名单;通过议案审查委员会,国民经济、社会发展计划和财政预算审查委员会建议名单;通过代表团及团长、副团长建议名单。会议通过有关人事任免事项。

第二十六次会议于2001年3月29日召开。会议听取并审议市人民政府关于《统计法》贯彻实施情况、2001年全市交通基础设施建设情况以及《城市房地产管理法》贯彻实施情况的汇报。会议通过有关人事任免事项。

第二十七次会议于2001年4月13日召开。会议听取并通过了大丰市人民政府关于调整大丰市乡镇行政区划和新组建镇设立办事处的报告。

第二十八次会议于2001年5月22日召开。会议听取市人民政府关于落实市人大常委会第21次会议关于个人独资企业法及个体私营经济发展情况和第26次会议关于统计法、城市房地产管理法审议意见的情况汇报;听取并审议市人民政府关于2000年市本级财政决算情况汇报和市本级2000年预算执行情况及其他财政收支的审计结果报告,原则批准2000年市本级财政决算;听取并审议市人民政府关于打黑除恶专项斗争情况汇报;审议并通过市人大常委会关于市十一届人大四次会议期间代表《关于尽快提高市区绿化覆盖率》议案的交办意见。会议通过有关人事任免事项。

第二十九次会议于2001年7月24日召开。会议听取并审议市人民政府关于上半年经济工作情况汇报,市人民法院、市人民检察院关于上半年工作情况的汇报;听取并审议市人民政府关于市十一届人大四次会议期间代表提出的建议、批评和意见办理情况的汇报;通过大丰市“四五”普法决议。会议通过有关人事任免事项。

第三十次会议于2001年9月21日召开。会议听取了市人民政府关于落实市十一届人大常委会第29次会议关于市人民政府上半年经济工作中企业改革、项目促进和农村税费改革情况审议意见的情况汇报；听取并审议市人民政府关于《审计法》贯彻实施情况的汇报；听取并审议市人民政府关于《义务教育法》贯彻实施情况的汇报。会议通过有关人事任免事项。

第三十一次会议于2001年11月6日召开。会议听取市人民政府、市人民法院、市人民检察院分别作的关于落实市人大常委会有关打黑除恶工作、民事审判工作、刑事审查批捕工作审议意见的情况汇报；听取市人民政府关于落实市人大常委会有关《审计法》和《义务教育法》审议意见的情况汇报；听取并审议市人民政府关于2001年市本级财政预算执行情况和部分调整情况的汇报；听取市人民政府关于市十一届人大四次会议期间代表议案办理情况的汇报；听取市人民政府关于市级机构改革方案有关问题的说明；通过镇人大换届选举的有关规定。会议通过有关人事任免事项。

第三十二次会议于2002年1月7日召开。会议听取市人民政府关于落实市人大常委会第26次会议《城市管理法》审议意见情况的汇报；听取市人民政府关于城镇下岗职工和农村贫困户冬春生活安排情况的汇报；听取和审议市人民政府关于大丰市旅游业发展总体规划的汇报，并作出决定；听取和审议市人民政府关于城市绿化规划有关情况的汇报；审议通过市人大常委会关于召开大丰市第十一届人民代表大会第五次会议的决定；审议通过市十一届人大常委会第五次会议计划；审议通过市十一届人大第五次会议筹备处工作机构人员名单；审议并原则通过市人大常委会工作报告和市人大常委会2002年工作要点。会议通过有关人事任免事项。

第三十三次会议于2002年1月25日召开。会议通过了有关人事任免事项。

第三十四次会议于2002年3月21日召开。会议听取和审议了市人民政府关于《农业技术推广法》、《种子法》贯彻实施情况的汇报；听取和审议市人民政府关于“二五”依法治市工作规划的汇报，作出大丰市人大常委会关于开展“二五”依法治市工作的决议；审议通过大丰市人大常委会关于加强人大代表工作的决定；审议通过大丰市人大常委会关于市十一届人大五次会议期间代表《关于切实加强蔬菜、食品、饮用水生产加工销售检测管理监督工作，保证人民群众身体健康》议案交办意见；审议通过大丰市人大常委会关于增设市人大常委会农村工作委员会的决定。会议通过了有关人事任免事项。

第三十五次会议于2002年5月27日召开。会议听取市人民政府关于落实市十一届人大常委会第34次会议关于《农业技术推广法》《种子法》审议意见落实情况的汇报；听取和审议市人民政府关于《城市规划法》贯彻实施情况的汇报；听取和审议市人民政府关于2001年市本级财政决算（草案）的报告；听取和审议市审计局关于大丰市2001年市本级预算执行及其他财政收支情况的审计报告，并通过了相关的决议。会议对市司法局局长宣维新、市计生委主任杨兵进行了述职评议。

第三十六次会议于2002年7月24—25日召开。会议听取市人民政府关于市十一届人大常委会第35次会议审议意见落实情况的汇报;听取并审议市人民政府上半年有关工作情况的汇报,重点是项目推进以及入世后农业产业结构调整和农民增收等工作;听取并审议市人民政府对市十一届五次人代会期间代表提出的议案和建议、批评和意见办理情况的汇报;听取并审议市人民法院关于《行政诉讼法》贯彻实施情况的汇报;听取并审议市人民检察院关于公诉工作情况的汇报。会议对市人事局局长吕书伯、市人民法院副院长刘广生进行述职评议。会议通过了有关人事任免事项。

第三十七次会议于2002年9月28日召开。会议听取市人民政府对市十一届人大常委会第35次会议关于《城市规划法》贯彻实施情况审议意见落实情况的汇报;听取和审议市人民政府关于《失业保险条例》《社会保险费征缴暂行条例》贯彻实施情况的汇报;讨论通过了市人大换届选举的有关决定。会议对市民政局局长陈远银、市教育局局长李晓明进行述职评议。

第三十八次会议于2002年11月28—29日召开。会议视察并听取城市建设情况的汇报;听取市人大常委会第36次会议审议意见落实情况的汇报;听取市人大常委会第37次会议审议意见落实情况的汇报;听取市人民政府关于市十一届第五次人代会议案办理意见落实情况的汇报;听取和审议市人民政府关于《渔业法》贯彻实施情况的汇报;听取和审议市人民政府关于2002年1—10月份财政预算执行情况的汇报。会议讨论通过《关于批准2002年市本级财政预算调整方案的决定》。

第三十九次会议于2002年12月16日召开。会议通过了关于调整市选举委员会成员名单的决定。会议通过了有关人事任免事项。

第四十次会议于2002年12月27日召开。会议审议通过大丰市人大常委会关于召开大丰市第十二届人民代表大会第一次会议的计划;审议通过大丰市人大常委会代表资格审查委员会关于大丰市第十二届人民代表大会代表资格的审查报告;审议通过大丰市人大常委会关于召开大丰市第十二届人民代表大会第一次会议的决定。会议通过有关人事任免事项。

七、市十二届人大常委会会议

市十二届人大常委会任期内先后召开41次会议。

第一次会议于2003年3月5日召开。会议听取并审议了市人民政府关于《药品管理法》贯彻实施情况的汇报,审议通过了市人大常委会关于市十二届人大一次会议期间代表《关于健全和完善社会保障制度,加强对社会保险基金征缴管理工作》议案的交办意见,审议批准了关于成立大丰市第十二届人大常委会代表资格审查委员会的决定。会议通过了有关人事任免事项。

第二次会议于2003年3月31日召开。会议听取并审议了市人民政府关于调整大丰市建制镇行政区划情况的汇报,并作出相应的决定。会议通过有关人事任免事项。

第三次会议于2003年5月20日召开。会议听取和审议了市人民政府关于《水法》贯彻实施情况的汇报;听取和审议了市财政局关于大丰市2002年市本级财政决算草案的报告;听取和审议了市审计局关于大丰市2002年市本级预算执行及其他财政收支情况的审计工作报告;讨论通过了关于批准2002年大丰市本级财政决算的决议。会议通过有关人事任免事项。

第四次会议于2003年7月22日召开。会议听取了市人民政府关于市十二届人大常委会第3次会议审议意见落实情况的汇报;听取并审议了市人民政府关于上半年国民经济社会发展计划和财政预算执行情况,重点突出项目推进、招商引资和培植规模企业、发展规模经济以及"两区一园"建设、实施农业标准化工作情况的汇报;听取并审议了市人民法院关于刑事审判工作情况的汇报;听取并审议了市人民检察院关于犯罪预防工作情况的汇报;听取并审议了市人民政府对市十二届人大一次会议期间代表提出的建议、批评、意见办理情况的汇报。会议通过了有关人事任命事项。

第五次会议于2003年9月12日召开。会议听取了市十二届人大常委会第1次会议关于《药品管理法》审议意见落实情况的汇报;听取和审议了市人民政府及其行政审批部门关于优化投资环境、为投资者服务情况的汇报;审议并通过了《大丰市人大常委会关于加强本级预算审查监督的决定》。会议通过了有关人事任命事项。

第六次会议于2003年11月12日召开。会议听取了市人民政府、市人民法院、市人民检察院关于市十二届人大常委会第4次会议审议意见落实情况的汇报;听取和审议了市人民政府关于全市肿瘤防治工作情况的汇报;听取和审议了市人民政府关于2003年1—10月份财政预算执行及2003年市本级财政预算调整方案情况的汇报;听取和审议了市人民政府关于十二届一次人代会代表议案交办意见落实情况的汇报;审议并通过了《大丰市人大常委会关于公民旁听暂行办法》;审议并通过了《关于新丰、南阳、万盈镇人民代表大会换届选举问题的决定》。会议通过了有关人事任免事项。

第七次会议于2003年12月27日召开。会议讨论通过了《大丰市人大常委会关于召开大丰市第十二届人民代表大会第二次会议的决定》;讨论通过了《大丰市人大常委会关于召开大丰市第十二届人民代表大会第二次会议的计划》;讨论通过了《大丰市第十二届人民代表大会第二次会议筹备处主任、副主任和工作机构人员建议名单》;讨论并原则通过了《大丰市人大常委会2003年工作报告》《大丰市人大常委会2004年工作要点》。

第八次会议于2004年4月12日召开。会议举办《中华人民共和国动物防疫法》法制讲座;听取市人民政府关于落实市十二届人大常委会第5次会议有关优化投资环境、为投资者服务审议意见的情况汇报;听取和审议市人民政府关于《中华人民共和国动物防疫法》贯彻实施及禽流感防治情况汇报;对市十二届二次人代会代表《关于尽快建立和完善农村合作医疗制度》议案作出交办意见;审议通过《大丰市人大常委会人事任免办法》《大丰市人大常委会工作评议和述职评议暂行办法》及大丰市人大常委会关于确定2004年工作评议和述职评议对象的议案。会议通过有关人事任命事项。

第九次会议于2004年4月28日召开。会议通过了有关人事任免事项。

第十次会议于2004年5月27—28日召开。会议对市公安局、市质量技术监督局进行工作评议;听取和审议市人民政府关于大丰市2003年市本级财政决算(草案)的报告;听取和审议市审计局关于大丰市2003年市本级预算执行及其他财政收支情况的审计工作报告;听取市人民政府关于落实市第十二届人大常委会第6次会议对肿瘤防治工作审议意见的情况汇报;听取和审议市人民政府关于文化工作情况的汇报;审议《大丰市农业标准化工作规划(草案)》。会议通过了有关人事任免事项。

第十一次会议于2004年6月24日召开。会议通过有关人事任免事项。

第十二次会议于2004年7月29日召开。会议听取和审议市人民政府关于2004年上半年经济工作情况汇报,重点突出项目推进、招商引资、培植规模企业、“三外”工作、农民增收减负工作;听取和审议市人民政府、市人民法院、市人民检察院关于“建设平安大丰、创建最安全地区”工作情况汇报;听取和审议市人民政府关于市十二届二次人代会期间代表建议、批评、意见办理情况的汇报。会议通过有关人事任免事项。

第十三次会议于2004年9月9日召开。会议通过了有关人事任免事项。

第十四次会议于2004年9月23日召开。会议听取市公安局、市质量技术监督局关于市人大常委会有关工作评议的整改交办意见落实情况的汇报;听取和审议市人民政府关于镇村公路建设情况的汇报;听取和审议市人民政府关于发展服务业工作情况的汇报;审议通过《大丰市农业标准化工作规划》;讨论通过《大丰市人大常委会关于在市人大代表工作中开展争先创优活动的决定》。会议对市水利局局长朱国华进行述职评议。

第十五次会议于2004年11月24日召开。会议听取市人民政府关于市十二届人大常委会第8次会议有关《中华人民共和国动物防疫法》审议意见的落实情况汇报;听取市人民政府关于市十二届人大二次会议代表议案交办意见的落实情况汇报;听取市人民政府关于市十二届人大常委会第10次会议有关全市文化工作审议意见的落实情况汇报;听取市人民政府关于市十二届人大常委会第12次会议有关全市上半年经济工作审议意见的落实情况汇报;听取“一府两院”关于市十二届人大常委会第12次会议有关“建设平安大丰,创建最安全地区”

工作审议意见的落实情况汇报；听取市人民政府关于市十二届人大常委会第14次会议有关镇村公路建设工作审议意见的落实情况汇报；听取市人民政府关于市十二届人大常委会第14次会议有关发展服务业工作审议意见的落实情况汇报；听取和审议市人民政府关于2004年1—10月财政预算执行情况和市本级财政预算调整方案的汇报；听取和审议市人民政府关于征地补偿费清欠工作情况的汇报。会议对市物价局局长朱永进、市体育局局长顾植林进行述职评议。

第十六次会议于2004年12月8日召开。会议审议并原则通过《大丰市人大常委会工作报告》《大丰市人大常委会2005年工作要点》，审议通过《大丰市人大常委会关于召开大丰市第十二届人民代表大会第三次会议的计划》《大丰市第十二届人民代表大会第三次会议筹备处主任、副主任和工作机构人员名单》；审议通过大丰市人大常委会代表资格审查委员会关于代表补选资格的决定。会议通过有关人事任免事项。

第十七次会议于2005年3月17日召开。会议听取并审议市人民政府关于农村改水工作情况的汇报，审议并通过《大丰市人大常委会关于办理市人大代表建议、批评和意见的办法》；对市十二届三次人代会代表关于进一步加大农村基础设施建设投入，提高农村生产生活条件议案作出交办意见；讨论通过《关于要求市规建局、市工商局对有关科室进行工作剖析的议案》。会议通过相关人事任免事项。

第十八次会议于2005年5月31日召开。会议听取并审议市人民政府关于《江苏省水利工程管理条例》贯彻实施情况的汇报；听取并审议市人民政府关于2004年市本级财政决算（草案）的报告；听取并审议市审计局关于大丰市2004年本级财政预算执行及其他财政收支情况审计工作的报告；听取并审议市人民政府关于《中华人民共和国劳动法》《中华人民共和国工会法》《住房公积金管理条例》贯彻实施情况的报告。会议讨论通过《大丰市人大常委会关于对司法机关个案监督的暂行规定》。会议对市人民法院副院长房晓娟、市交通局局长朱学忠进行述职评议。

第十九次会议于2005年6月9日召开。会议通过相关人事任免事项。

第二十次会议于2005年7月26日召开。会议听取和审议市人民政府关于上半年经济工作情况，重点审议项目推进、培植规模企业及工业结构调整和农村经济工作；听取和审议市人民法院审判监督工作情况报告；听取和审议市人民检察院民事行政检察工作情况报告；听取和审议市十二届人大三次会议代表建议、批评和意见办理工作情况报告。会议审议市人民政府关于制定《江苏省大丰市草堰古盐运集散地保护区保护规划》，并作出批准决定。

第二十一次会议于2005年9月27日召开。会议审议通过《大丰市城市总体规划（2005—2020年）》；听取市人民政府关于农村改水工作审议意见落实情况的汇报，以及市十二届人大三次会议代表议案交办意见落实情况的汇报；听取关于《中华人民共和国工会法》《中华人民共和国劳动法》《住房公积金管理条例》审议意见落实情况的汇报；听取市规划建设局、工商局关于有关科室整改情况的汇报。会议通过有关人事任免事项。会前举办《中华人民共和国城市规划法》法制讲座。

第二十二次会议于 2005 年 11 月 29 日召开。会议听取市人民政府关于落实市人大常委会关于市人民政府实施《江苏省水利工程管理条例》审议意见的情况汇报、关于市人民政府上半年经济工作审议意见的情况汇报；听取市人民法院关于落实市人大常委会关于审判监督工作审议意见的情况汇报；听取市人民检察院关于落实市人大常委会关于行政检察工作审议意见的情况汇报；听取并审议市人民政府关于 2005 年 1—10 月财政预算执行情况汇报，并作出相应决议。会议讨论通过《大丰市人大常委会关于讨论重大事项的规定（试行）》。会议对市城管局局长卞泰鹏、市人民检察院副检察长胡俊龙进行述职评议。会前举办《中华人民共和国审计法》讲座。

第二十三次会议于 2005 年 12 月 30 日召开。会议审议通过关于召开市十二届人民代表大会第四次会议的计划，关于召开市十二届人民代表大会第四次会议的决定，审议并原则通过市人大常委会工作报告，市人大常委会 2006 年工作要点，审议通过市十二届人民代表大会第四次会议筹备处主任、副主任和工作机构人员名单；审议通过市人大常委会代表资格审查委员会关于补选代表的代表资格的审查报告。会议审议通过《大丰市人大常委会关于批准大丰市生态市建设规划（2005—2020）的决议》。

第二十四次会议于 2006 年 1 月 5 日召开。会议通过有关人事任免事项，通过关于调整大丰市第十二届人民代表大会第四次会议筹备处主任、副主任和工作机构人员名单的决定。

第二十五次会议于 2006 年 3 月 27 日召开。会议审议通过关于法治大丰建设的决议；审议通过《关于提高人大常委会会议质量的意见》《关于加强对常委会决议、决定、审议意见及主任会议纪要贯彻落实情况进行督查的意见》；审议通过市十二届人大四次会议《关于加大化解村级债务力度议案》交办处理意见的报告。会议对市统计局局长陈洪根、市卫生局局长陈亚云进行述职评议，对市“一府两院”部分组成人员 2005 年书面述职报告进行测评。

第二十六次会议于 2006 年 4 月 25 日召开。会议通过有关人事任免事项。

第二十七次会议于 2006 年 5 月 29 日召开。会议听取和审议市人民政府关于《中华人民共和国气象法》贯彻实施情况的汇报；听取和审议市人民政府关于市本级 2005 年财政决算（草案）的报告，并作出相应决议；听取和审议市审计局关于大丰市 2005 年市本级财政预算执行及其他财政收支情况审计工作的报告。会议进行有关人事任免事项。

第二十八次会议于 2006 年 7 月 5 日召开。会议审议通过有关决定。

第二十九次会议于2006年7月28日召开。会议听取和审议市人民政府关于上半年经济工作汇报，重点审议招商引资、重大项目建设、规模经济、开放型经济发展和农村经济、农民增收、农业结构调整等工作的情况汇报；听取和审议市十二届四次人代会代表建议、批评和意见办理情况汇报；听取和审议市人民法院关于执行工作情况汇报；听取和审议市人民检察院关于反渎职侵权工作情况汇报。会议讨论通过《大丰市人大常委会关于加强法制宣传教育的决议》。会议通过有关人事任免事项。

第三十次会议于2006年9月28日召开。会议听取和审议市人民政府关于落实市人大常委会关于市十二届四次人代会议案处理意见的情况汇报；听取和审议市人民政府关于全市教育工作情况汇报；听取和审议市人民政府关于全市社会主义新农村建设情况汇报；听取和审议市人民政府关于全市沿海开发情况汇报。会议对市人民检察院副检察长陈宏成进行述职评议。

第三十一次会议于2006年11月28日召开。会议听取市人民政府关于落实市人大常委会关于《中华人民共和国气象法》贯彻实施审议意见，关于2006年上半年经济工作审议意见情况汇报；听取市人民检察院关于落实市人大常委会关于反渎职侵权工作审议意见情况汇报；听取和审议市人民政府关于2006年1—10月财政预算执行情况汇报；审议通过《大丰市人大常委会关于加强市人大代表工作的决定》；听取和审议市人民政府关于全市城市建设工作情况汇报。会议对市农业局局长翟长虹、市人民法院副院长詹荣安进行述职评议。会议进行有关人事任免事项。

第三十二次会议于2006年12月30日召开。会议审议通过关于召开大丰市第十二届人民代表大会第五次会议的计划；审议通过关于召开市十二届人民代表大会第五次会议的决定；审议并原则通过市人大常委会工作报告，市人大常委会2007年工作要点；审议通过市十二届人大五次会议筹备处主任、副主任和工作机构人员建议名单。

第三十三次会议于2007年3月23日召开。会议听取市人民政府关于落实市十二届人大常委会第30次会议关于教育工作审议意见，关于社会主义新农村建设工作审议意见，关于沿海开发工作审议意见的落实情况汇报；听取和审议市人民政府关于《中华人民共和国治安管理处罚法》贯彻实施情况汇报；审议并通过市十二届人大五次会议《关于切实维护职工权益的议案》交办处理意见；审议并通过市人民政府关于申请工商银行贷款进行城市重点工程建设的议案。会议进行有关人事任免事项。

第三十四次会议于2007年4月19日召开。会议进行有关人事任免，并作出有关事项的决定、决议。

第三十五次会议于2007年5月29日召开。会议听取市人民政府落实市十二届人大常委会第31次会议关于城市建设工作审议意见落实情况汇报；听取和审议市人民政府关于《中华人民共和国农产品质量安全法》贯彻实施情况汇报；听取和审议市人民政府关于大丰市2006年市本级财政决算草案的报告并作出决议；听取和审议市审计局关于大丰市2006年市本级财政预算执行及其他财政收支情况的审计报告。会议进行有关人事任免事项。

第三十六次会议于2007年7月27日召开。会议听取和审议市人民政府上半年国民经济和社会发展计划执行情况汇报，重点审议招商引资、项目推进、利用外资、规模企业培植、沿海开发和载体建设以及农村经济、农民增收工作；听取和审议市人民政府关于市十二届人大五次会议代表建议办理工作情况汇报；听取和审议市人民法院、市人民检察院上半年工作情况汇报；听取和审议市人民政府各组成部门关于“争先创优”专项工作情况汇报。会议通过相关人事任免事项。

第三十七次会议于2007年8月7日召开。会议通过有关人事任免事项。

第三十八次会议于2007年9月17日召开。会议听取市人民政府关于落实市人大常委会关于《中华人民共和国治安管理处罚法》贯彻实施工作审议意见情况汇报；听取市人民政府落实市人大常委会关于市十二届五次人代会代表议案处理意见情况汇报；听取和审议市人民政府关于贯彻落实中央、省、盐城市支农惠农政策情况汇报；听取和审议市人民政府关于全市房地产开发管理工作情况汇报。会议审议并通过市、镇两级人大换届选举的有关决定，审议并通过关于表彰市人大代表先进小组、优秀代表和优秀联络员的决定。

第三十九次会议于2007年11月16日召开。会议听取市人民政府落实市人大常委会关于《中华人民共和国农产品质量安全法》贯彻实施审议意见，市人民政府上半年经济工作审议意见，2006年市本级财政预算执行和其他财政收支情况审议中有关问题的整改意见，市人民法院上半年工作审议意见，市人民检察院上半年工作审议意见的情况汇报；听取并审议市人民政府1—10月财政预算执行情况并作出决议；听取和审议全市农村合作医疗工作情况汇报。会议审议并通过《大丰港经济区总体规划(2006—2020)》《大丰港经济区海港新城启动区控制性详细规划(2006—2020)》。会议通过相关人事任免事项。

第四十次会议于2007年11月20日召开。会议审议通过关于调整各镇人大换届选举委员会组成人员的决定。会议通过相关人事任免事项。

第四十一次会议于2007年12月18日召开。会议审议通过关于召开市十三届人大一次会议的计划；审议通过召开市十三届人大一次会议的决定；审议通过市十三届人大代表资格的审查报告；审议通过市十三届人大一次会议筹备处主任、副主任和工作机构人员建议名单；审议并原则通过市人大常委会工作报告，市人大常委会2008年工作要点。

八、市十三届人大常委会会议

市十三届人大常委会任期内先后召开34次会议。

第一次会议于2008年1月24日召开。会议审议通过《大丰市人民代表大会常务委员会议事规则》;审议通过市十三届人大常委会代表资格审查委员会建议名单;决定任命新一届市人民政府各组成部门局长(主任),颁发任命书;听取和审议市人民政府各组成部门"争先创优"专项工作情况汇报。

第二次会议于2008年3月27日召开。会议听取市人民政府关于落实市人大常委会有关全市支农惠农政策、房地产开发管理工作审议意见的情况汇报;听取和审议市人民政府关于《农民专业合作社法》贯彻实施情况汇报;审议通过市十三届人大一次会议《关于完善社会保障体系的议案》交办处理意见;审议通过《大丰市人大常委会关于市人大代表列席市人大常委会会议的暂行办法》。

第三次会议于2008年5月27日召开。会议听取和审议市人民政府关于全市新农村试点村建设情况的汇报;听取和审议市人民检察院关于监所检察工作情况汇报;听取市人民政府落实市人大常委会关于全市农村合作医疗工作审议意见的情况汇报;审议通过《大丰市人大常委会关于市人大代表辞职的暂行办法》;审议市人民政府关于申请民生银行贷款用于大丰港建设的议案。会议进行相关人事任免事项。

第四次会议于2008年7月29日召开。会议听取和审议市人民政府关于全市上半年国民经济和社会发展计划执行情况报告,重点审议招商引资、重大项目建设、高新技术发展、利用外资、接轨上海、沿海开发、港口运营和管理以及全市上半年农村经济工作情况报告;听取和审议市人民政府关于市本级2007年财政决算草案的报告并作出决议;听取和审议市人民政府关于2007年度本级财政预算执行和其他财政收支情况的审计工作报告,批准市本级2007年财政决算报告;听取和审议市人民政府关于市十三届人大一次会议代表建议、批评、意见办理情况报告;审议市人民政府关于利用韩国CONSUS资产管理公司贷款建设大丰港二期工程的议案。

第五次会议于2008年9月11日召开。会议听取市人民政府落实市人大常委会关于《农民专业合作社法》贯彻实施审议意见的情况汇报;听取和审议市人民政府关于文化事业发展工作情况汇报;听取和审议市人民政府关于市十三届人大一次会议代表提出的《关于完善社会保障体系的议案》办理工作情况汇报;听取和审议市人民法院关于诉讼调解工作情况汇报。会议通过相关人事任免事项。

第六次会议于2008年11月25日召开。会议听取市人民政府落实市人大常委会关于全市新农村试点村建设审议意见、关于财政收支情况审计中有关问题整改情况、市人民检察院关于落实市人大常委会关于监所检察工作审议意见的情况汇报;听取和审议市人民政府关于社区医疗卫生工作情况汇报；听取和审议市人民政府关于1—10月份财政预算执行情况并作出相应决议；听取和审议市人民政府关于利用中国农业发展银行贷款进行新农村建设水网改造工程建设的议案。

第七次会议于2008年12月30日召开。会议听取并审议市人民政府关于利用中国建设银行贷款进行二里半复河综合整治的议案；审议通过关于召开市十三届人民代表大会第二次会议的计划；审议通过关于召开市十三届人民代表大会第二次会议的决定；审议通过市十三届人大二次会议筹备处主任、副主任和工作机构人员建议名单；审议并原则通过市人大常委会工作报告，市人大常委会2009年工作要点。会议通过相关人事任职事项。

第八次会议于2009年2月19日召开。会议进行了相关人事任免事项。

第九次会议于2009年3月26日召开。会议听取市人民政府关于落实文化工作审议意见情况的汇报；听取市人民法院关于落实诉讼调解工作审议意见情况的汇报；听取和审议市人民政府关于落实中央扩大内需促进经济增长政策情况汇报；听取和审议市人民政府关于《中华人民共和国药品管理法》贯彻实施情况汇报；审议通过市十三届人大二次会议《关于加强食品卫生安全监管，保障人民群众身体健康》的议案交办处理意见；审议通过《大丰市人大常委会组成人员守则》。

第十次会议于2009年5月11日召开。会议进行了相关人事任免事项。

第十一次会议于2009年5月31口召开。会议听取市人民政府关于落实社区医疗卫生工作审议意见情况汇报；听取和审议市人民政府关于沿海开发工作情况汇报，重点听取港口一期码头营运、二期码头建设、临港产业发展工作情况汇报；听取和审议市人民政府关于现代农业载体建设情况汇报；听取和审议市人民法院人民法庭工作情况汇报。审议通过《大丰市人大常委会关于在市人大代表中开展争先创优活动的决定》。

第十二次会议于2009年7月29日召开。会议听取和审议市人民政府关于全市上半年国民经济和社会发展计划执行情况报告，重点审议招商引资、“两化”建设以及全市上半年农村经济情况汇报；听取和审议市人民政府关于2008年市本级财政决算草案的报告，关于2008年市本级财政预算执行及其他财政收支情况的审计工作报告；听取和审议市人民政府关于市十三届人大二次会议代表建议、批评、意见办理情况汇报；听取市人民政府关于落实《中华人民共和国药品管理法》贯彻实施审议意见的情况汇报。

第十三次会议于2009年9月28日召开。会议听取和审议市人民政府农村改革及农村土地流转工作情况的汇报；听取市人民政府关于落实市人大常委会关于落实中央扩大内需促进经济增长政策审议意见情况的汇报；听取市人民政府关于落实市人大常委会十三届人大二次会议《加强食品卫生安全监管，保障人民群众身体健康》议案处理意见情况的汇报；听取和审议市人民检察院控告申诉工作情况汇报。

第十四次会议于 2009 年 10 月 14 日召开。会议听取和审议市人民政府关于大丰市大丰港开发建设有限公司债券偿债方案的议案。会议通过相关人事任免事项。

第十五次会议于 2009 年 11 月 26 日召开。听取和审议市人民政府 2009 年市本级财政 1—10 月份执行情况的报告,并作出决议;听取和审议市人民政府关于重大项目推进和规模企业培植工作情况汇报;听取市人民政府落实市人大常委会关于现代农业载体建设工作审议意见、关于沿海开发工作审议意见情况汇报;听取市人民法院落实市人大常委会关于人民法庭工作审议意见情况汇报;审议有关决定。会议进行相关人事任免事项。

第十六次会议于 2009 年 12 月 21 日召开。会议审议通过市十三届人民代表大会第三次会议的计划、决定、筹备处机构人员建议名单,审议并原则通过市人大常委会工作报告、市人大常委会 2010 年工作要点;审议通过大丰市人大常委会关于表彰先进人大代表小组、优秀人大代表和优秀联络员的决定。会议通过相关人事任免事项。

第十七次会议于 2010 年 1 月 5 日召开。会议通过相关人事任免事项。

第十八次会议于 2010 年 3 月 22 日召开。会议听取市人民政府关于农村改革及农村土地流转、重大项目推进和规模企业培植审议意见落实情况的汇报;听取市人民检察院关于控告申诉审议意见的落实情况汇报;听取和审议市人民政府贯彻实施《中华人民共和国城乡规划法》情况汇报;听取和审议市人民政府关于城东新区和港城规划建设情况汇报;审议通过市十三届人大三次会议《关于加大推进新型农村社会养老保险工作力度的议案》交办意见;审议通过《大丰市人大常委会与市人民政府工作联系办法》《大丰市人大常委会与市人民法院、市人民检察院工作联系办法》;听取市人民政府机构改革方案有关情况的说明。会议通过相关人事任免事项。

第十九次会议于 2010 年 5 月 27 日召开。会议听取和审议市人民政府关于沿海开发工作情况汇报;听取和审议市人民政府关于沿海农业资源开发工作情况汇报;听取和审议市人民法院关于未成年人刑事审判工作情况汇报;审议通过《大丰市人大常委会关于规范性文件备案审查的实施意见》。会议通过相关人事任命事项。

第二十次会议于 2010 年 7 月 23 日召开。会议听取和审议市人民政府关于全市上半年国民经济和社会发展计划执行情况汇报,重点审议重大项目建设、城镇化、农业产业化工作;听取和审议市人民政府 2009 年市本级财政决算草案的报告;听取和审议市审计局关于 2009 年市本级财政预算执行及其他财政收支情况的审计工作报告,并作出决议;听取和审议市人民政府关于市十三届人大三次会议代表建议、批评和意见办理情况汇报。会议通过相关人事任免事项。

第二十一次会议于2010年9月28日召开。会议听取和审议市人民政府关于城乡统筹试点、示范镇村建设情况汇报；听取市人民政府落实市人大常委会关于市十三届人大三次会议《关于加大推进新型农村社会养老保险工作力度的议案》处理意见情况汇报；听取和审议市人民检察院案件监督管理专项工作情况汇报；审议通过《大丰市人大常委会关于新组建的大中镇、新丰镇人民代表大会换届选举问题的决定》《大丰市人大常委会关于成立新组建的大中镇、新丰镇人大换届选举委员会的决定》。

第二十二次会议于2010年11月29日召开。会议听取并审议市人民政府关于2010年市本级财政预算1—10月执行情况的报告，并作出相关决议；听取市人民政府落实市人大常委会关于《中华人民共和国城乡规划法》贯彻实施、沿海开发工作、沿海农业资源开发工作审议意见的汇报；听取市人民法院落实市人大常委会关于未成年人刑事审判工作审议意见的汇报。会议进行相关人事任免事项。会议对市教育局、质监局的工作进行评议。

第二十三次会议于2010年12月24日召开。会议审议通过市十三届人大四次会议计划；审议通过关于召开市十三届人大四次会议的决定；审议通过市十三届人大四次会议筹备处主任、副主任和工作机构建议名单；审议通过关于补选代表资格的审查报告；审议并原则通过市人大常委会工作报告、市人大常委会2011年工作要点。

第二十四次会议于2011年1月3日召开。会议补选陆宇生为盐城市第七届人大代表，进行了相关人事任免事项。

第二十五次会议于2011年3月29日召开。会议听取市人民政府关于统筹城乡发展试点建设工作审议意见落实情况的汇报；听取市人民检察院关于案件监督管理工作审议意见落实情况的汇报；听取审议市人民法院商事审判工作情况的报告；审议通过关于市十三届人大四次会议代表《关于城乡供水一体化工作》议案的交办处理意见。会议进行相关人事任免事项。

第二十六次会议于2011年5月31日召开。会议听取和审议市人民政府关于现代农业建设工作情况汇报；听取和审议市人民政府关于《中华人民共和国残疾人保障法》贯彻实施情况汇报。

第二十七次会议于2011年6月19日召开。会议进行相关人事任免事项。

第二十八次会议于2011年7月29日召开。会议听取和审议市人民政府关于上半年国民经济和社会发展计划执行情况报告，重点审议产业升级、区园建设、招商引资、项目推进、沿海开发、农民增收、农业基础设施建设、农村生态文明建设等工作；听取和审议市人民政府关于2010年市本级财政决算草案的报告，关于2010年市本级财政预算执行和其他财政收支情况的审计工作报告，并作出决议；听取和审议市人民政府关于市十三届人大四次会议期间代表建议、批评、意见办理情况报告。

第二十九次会议于2011年9月29日召开。会议听取和审议市人民政府关于市十三届人大四次会议代表议案办理情况报告；听取和审议市人民检察院公诉工作情况报告；听取市人民法院关于商事审判工作审议意见落实情况的汇报。

第三十次会议于2011年11月10日召开。会议听取市人大常委会人代工委关于全市市镇两级人大换届选举决定草案的说明；审议通过《大丰市人大常委会关于全市市、镇两级人民代表大会换届选举问题的决定》《大丰市人大常委会关于成立市选举委员会、各镇及市人武部选举委员会的决定》《大丰市人大常委会关于大丰市第十四届人民代表大会代表名额分配的决定》《大丰市人大常委会关于确定各镇人民代表大会代表名额的决定》《大丰市人大常委会关于授权主任会议接受大丰市选举委员会、各镇及市人武部选举委员会成员辞职的决定》。

第三十一次会议于2011年11月28日召开。会议听取和审议市人民政府2011年本级财政预算1—10月执行情况和预算调整方案的报告，并作出决议；听取市人民政府落实现代农业建设、《中华人民共和国残疾人保障法》贯彻实施审议意见的情况汇报。

第三十二次会议于2012年1月19日召开。会议审议了市人民政府关于“五五”普法实施情况和“六五”普法规划情况的汇报，作出相关决议；听取和审议市人民政府《关于2012年度市国有土地上房屋征收计划的议案》，作出批准的决定。会议进行相关人事任免事项。

第三十三次会议于2012年2月3日召开。会议进行相关人事任免事项。

第三十四次会议于2012年3月3日召开。会议审议通过关于召开市十四届人民代表大会第一次会议的计划、关于召开市十四届人民代表大会第一次会议的决定、大丰市十四届人大第一次会议筹备处主任、副主任和工作机构建议名单、大丰市人民代表大会常务委员会关于大丰市第十四届人民代表大会代表资格的审查决定；审议并原则通过大丰市第十三届人大常委会工作报告、大丰市人大常委会2012年工作要点。会议进行相关人事任免事项。

九、市十四届人大常委会会议

市十四届人大常委会任期内（截至2015年8月底）先后召开30次会议。

第一次会议于2012年4月1日召开。会议对市十四届人大一次会议第1号代表议案《关于切实解决失地农民社会保障问题》提出交办意见；审议通过市十四届人大常委会代表资格审查委员会名单；决定任命新一届市人民政府各工作部门负责人，并颁发任命书。

第二次会议于2012年5月22日召开。会议听取和审议大丰港关于“三港”联动发展情况报告；听取和审议市人民政府关于医药卫生体制改革工作、农村村庄环境整治工作及《中华人民共和国消防法》贯彻实施情况的报告。会议进行相关人事任命事项。

第三次会议于2012年6月2日召开。会议审议通过有关盐城市第七届人民代表大会代表的辞职和补选事项；接受陈还堂辞去盐城市第七届人民代表大会代表职务的请求；补选肖紫英为盐城市第七届人民代表大会代表。

第四次会议于2012年7月31日召开。会议听取和审议市人民政府关于全市上半年国民经济和社会发展计划执行情况报告,重点审议项目建设、金融创新、高效农业建设等工作;听取和审议市人民政府关于2011年市本级财政决算情况的报告,市审计局关于2011年市本级财政预算执行和其他财政收支情况的审计工作报告,并作出相关决议;听取和审议市人民政府关于市十四届人大一次会议期间代表建议、批评、意见办理情况报告。

第五次会议于2012年9月27日召开。会议听取和审议市人民政府关于全市绿化建设和保护工作情况报告,并作出相关决定;听取和审议市人民政府关于文化产业发展工作情况报告、关于市十四届人大一次会议1号议案的办理情况报告;审议通过人大代表优秀议案、建议及先进承办单位、个人评选表彰暂行办法。会议进行相关人事任命事项。

第六次会议于2012年11月16日召开。会议听取市人民政府关于大丰港“三港”联动发展、医药卫生体制改革、农村村庄环境整治、《中华人民共和国消防法》贯彻实施的审议意见落实情况汇报;听取和审议市人民政府关于生态市建设工作情况报告;审议批准《大丰市生态市建设规划(修编)2010—2020》;听取和审议市人民政府关于2012年1—10月份市本级财政预算执行情况的报告。会议进行相关人事任命事项。

第七次会议于2012年12月20日召开。会议审议通过关于召开市第十四届人民代表大会第二次会议的计划、关于召开市第十四届人民代表大会第二次会议的决定、大丰市第十四届人大二次会议筹备处主任、副主任和工作机构人员建议名单;审议并原则通过大丰市人大常委会工作报告、大丰市人大常委会2013年工作要点。会议进行相关人事任免事项。

第八次会议于2013年3月27日召开。会议听取市人民政府关于全市文化产业发展工作审议意见落实情况的汇报;对市十四届人大二次会议第1号议案“关于整合资源、加大对城乡居民大病救助力度”作出交办意见;听取和审议市人民政府关于全市中小企业运行情况报告;审议通过大丰市人大常委会《议事规则》《主任会议议事规则》《关于讨论决定重大事项的规定》《执法检查实施办法》《视察工作办法》5项制度。会议通过关于接受徐中健辞去市第十四届人大常委会委员职务请求的决定。

第九次会议于2013年5月29日召开。会议听取和审议市人民政府关于农业现代化建设、公安机关基层派出所建设、旅游业工作的情况报告;审议通过大丰市人民代表大会常务委员会《关于办理市人大代表建议、批评和意见的办法》《关于加强和规范闭会期间市人大代表活动的若干意见》《关于加强常委会组成人员联系代表、代表联系选民的办法》《关于人大代表向选民述职办法》《关于人大代表接待选民办法》《关于评选表彰代表活动先进小组、代表活动积极分子及优秀联络员办法》6项制度。会议进行有关人事任免事项。

第十次会议于2013年6月25日召开。会议进行有关人事任命事项，通过关于接受高智华辞去市第十四届人大常委会委员职务请求的决定。

第十一次会议于2013年7月25日召开。会议听取和审议市人民政府关于上半年国民经济和社会发展计划执行情况报告；听取和审议市人民政府关于全市上半年农民增收情况的报告；听取和审议市人民政府关于2012年市本级财政决算情况的报告、市审计局关于2012年度市本级财政预算执行和其他财政收支情况的审计工作报告，并作出相关决议；听取和审议市人民政府关于市十四届人大二次会议期间代表建议、批评、意见办理情况报告。

第十二次会议于2013年9月24—25日召开。会议听取市人民政府关于全市中小企业运行审议意见落实的情况汇报，并首次进行满意度测评；听取和审议市人民政府关于《中华人民共和国社会保险法》贯彻实施情况报告；听取和审议市人民政府关于科技创新工作情况报告；听取和审议市人民政府关于市十四届人大二次会议代表议案办理情况报告；对市国税局、住建局进行专项工作评议。会议进行有关人事任免事项。

第十三次会议于2013年11月25日召开。会议听取市人民政府关于农业现代化建设、公安机关基层派出所建设、旅游业工作审议意见落实情况的汇报，并进行满意度测评；听取和审议关于2013年1—10月市本级财政预算执行情况报告；听取和审议全市保障房建设及使用情况报告；审议批准《大丰市重点林地保护利用规划（2013—2020）》；审议通过《大丰市人大常委会关于表彰2012—2013年度“十佳模范代表”、市人大代表活动先进小组、代表活动积极分子和优秀联络员的决定》。会议进行有关人事任免事项。

第十四次会议于2013年12月20日召开。会议审议批准《大丰市城市总体规划（2012—2030）》；审议通过关于召开市十四届人民代表大会第三次会议的计划；审议通过关于召开市十四届人民代表大会第三次会议筹备处主任、副主任和工作机构建议名单；审议并原则通过市人大常委会工作报告和市人大常委会2014年工作要点。

第十五次会议于2014年1月28日召开。会议审议通过了《大丰市人民政府关于提请审议授予卢荣来大丰市荣誉市民称号的议案》。会议进行有关人事任免事项。

第十六次会议于2014年3月25—26日召开。会议听取和审议了市人民政府关于加快土地流转、推进农业规模经营情况报告，全市学前教育工作情况报告，听取了市人民政府关于科技创新工作和《社会保险法》执法检查审议意见落实情况报告，听取了市国税局、住建局关于专项工作综合评议意见落实整改情况报告，并进行了满意度测评；对市十四届人大三次会议代表1号议案《关于进一步提升居民饮用水质量，从源头上保护人民生命健康安全》作出交办意见。会议通过了关于接受单干情辞去大丰市第十四届人民代表大会代表职务请求的决定。会议进行有关人事任免事项。

第十七次会议于2014年4月22日召开。会议进行了有关人事任命事项,并组织市人大常委会组成人员进行集中学习。

第十八次会议于2014年5月27日召开。会议听取了市人民政府关于保障房建设及使用审议意见落实情况汇报,并进行了满意度测评;听取和审议了市人民政府关于《中华人民共和国食品安全法》贯彻实施情况报告、市人民政府关于生态文明建设情况报告、市人民法院关于落实人民陪审员工作制度情况报告,审议通过了《大丰市人民代表大会常务委员询问和质询办法(试行)》。会议通过了关于接受蔡云山辞去大丰市第十四届人民代表大会代表职务请求的决定。会议进行有关人事任命事项。

第十九次会议于2014年7月28日召开。会议听取和审议了市人民政府关于上半年国民经济和社会发展计划执行情况报告,重点审议了企业转型升级、新项目运行情况、农业农村(林业发展)等工作;听取和审议了市人民政府关于2013年市本级财政决算的报告;听取和审议了市审计局关于2013年市本级财政预算执行和其他财政收支情况的审计工作报告;审议通过了大丰市人大常委会关于批准2013年市本级财政决算的决议。会议通过了关于接受金福玉辞去大丰市第十四届人民代表大会代表职务请求的决定。会议进行有关人事任命事项。

第二十次会议于2014年9月18日召开。会议传达学习了习近平总书记在庆祝全国人民代表大会成立60周年大会上的重要讲话精神。会议进行有关人事任免事项。

第二十一次会议于2014年9月26日召开。会议听取了市人民政府关于加快土地流转、推进农业规模经营和学前教育工作审议意见落实情况汇报,并进行满意度测评;听取和审议了市人民政府关于行政审批改革和服务工作情况报告;听取和审议了市人民政府关于市十四届人大三次会议代表议案办理情况报告;听取和审议了市人民政府关于市十四届人大三次会议期间代表建议、批评和意见办理情况报告。会议对市卫生局、质监局进行了专项工作评议。会议进行了有关人事任免事项。

第二十二次会议于2014年11月1日召开。会议传达学习了党的十八届四中全会精神。会议通过关于接受唐文龙辞去大丰市第十四届人民代表大会代表职务请求的决定。

第二十三次会议于2014年11月19日召开。会议依法补选盐城市委副书记、代市长王荣平为盐城市第七届人民代表大会代表;听取和审议了市人民政府关于全市水环境整治和保护工作情况报告;听取审议了市人民检察院监所检察工作情况报告;听取审议了市人民政府关于2014年市本级财政预算1—10月份执行情况的报告,批准了2014年市本级财政预算调整方案;听取了市人民政府关于《食品安全法》执法检查、生态文明建设,市人民法院人民陪审员工作制度审议意见落实情况的汇报,并进行了满意度测评。会议进行了相关人事任命事项。

第二十四次会议于2014年12月31日召开。会议审议通过关于召开市第十四届人民代表大会第四次会议的计划;审议并决定市第十四届人民代表大会第四次会议于 2015 年 1 月 13 日至 15 日召开;审议通过市第十四届人民代表大会第四次会议筹备处主任、副主任和工作机构人员建议名单;审议通过市人大常委会代表资格审查委员会关于个别代表的代表资格的报告;审议并原则通过市人大常委会工作报告和市人大常委会 2015 年工作要点。会议进行了有关人事任免事项。

第二十五次会议于 2015 年 3 月 3 日召开。会议进行了有关人事任免事项,通报了市人大常委会 2015 年工作要点和重要活动安排,传达近期系列重要会议精神。

第二十六次会议于 2015 年 3 月 27 日召开。会议听取了市政府关于行政审批改革和服务工作审议意见落实情况汇报,听取了市卫生局、市市场监管局(质量技术监督)专项工作综合评议意见落实情况汇报,并进行了满意度测评;对市十四届人大四次会议代表议案《关于大力推进以居家养老为重点的社会化养老服务体系建设》作出交办意见;听取和审议了市政府关于人才和就业工作情况报告;听取和审议了市政府关于农村新型经营主体发展工作情况报告。会议进行了有关人事任命事项。

第二十七次会议于 2015 年 5 月 27 日召开。会议听取了市政府关于水环境整治和保护、市人民检察院关于监所检察工作审议意见落实情况汇报,并进行满意度测评;审议批准了《大丰市生态文明建设规划(2015—2021)》;听取和审议了市政府关于促进企业技术进步工作情况报告,市人民检察院关于反渎职侵权专项工作情况报告;听取和审议了市政府关于《江苏省物业管理条例》贯彻实施情况报告,并首次就物业管理工作进行专题询问,市政府有关部门和大中镇政府负责人现场接受了市人大常委会委员的询问。

第二十八次会议于 2015 年 7 月 15 日召开。会议听取和审议了市人民政府关于建设新水源地的议案。会议决定通过《大丰市人民政府关于提请建设新水源地的报告》。会议进行了有关人事任免事项。

第二十九次会议于 2015 年 7 月 24 日召开。会议听取和审议了市政府关于上半年国民经济和社会发展计划执行情况的报告;听取和审议了市政府关于 2014 年市本级财政决算(草案)的报告、市审计局关于 2014 年市本级财政预算执行和其他财政收支情况的审计工作报告;听取和审议了市人民政府关于调整大丰市"十二五"规划部分经济指标的议案。会议表决通过了《大丰市人大常委会关于批准 2014 年市本级财政决算的决议》和《大丰市人大常委会关于批准调整全市"十二五"规划部分指标的决议》。

第三十次会议于 2015 年 8 月 20 日召开。会议听取和审议了市政府关于大丰区划调整有关情况的报告,审议通过了《大丰市人大常委会关于大丰区划调整涉及相关事项的决定》。

第四节 市(县)人大常委会主任会议

依照《地方组织法》规定,市人民代表大会常务委员会主任、副主任组成主任会议,主任会议处理常务委员会的重要日常工作。本节记述各届人大常委会主任会议情况。(六届、七届主任会议记录无存)

一、县八届人大常委会主任会议

1987 年 5 月 11 日,县八届人大常委会召开主任会议。会议研究人大常委会各工作委员会的成员问题。

1987 年 7 月 15 日,县八届人大常委会召开主任会议。会议研究县八届人大常委会第 2 次会议召开时间、议程、列席对象等问题。

1987 年 10 月 9 日,县八届人大常委会召开主任会议。会议听取关于全县工业生产情况和审计工作情况的汇报。

1987 年 12 月 1 日,县八届人大常委会召开主任会议。会议传达盐城市委召开的人大、政协换届选举会议精神,落实县八届二次人代会的有关具体事务。

1987 年 12 月 18 日,县八届人大常委会召开主任会议。会议研究部署 1988 年的工作计划,并对 1987 年的工作进行了总结。

1988 年 1 月 22 日,县八届人大常委会召开主任会议。会议研究部署传达全国七届一次人代会会议精神,县八届人大常委会第 8 次会议的内容安排,以及乡镇人代会召开的情况。

1988 年 1 月 25 日,县八届人大常委会召开主任会议。会议听取县人民政府关于贯彻执行《统计法》情况的汇报。

1988 年 5 月 17 日,县八届人大常委会召开主任会议。会议研究了县八届人大常委会第 8 次会议的准备工作。

1988 年 8 月 17 日,县八届人大常委会召开主任会议。会议研究县八届人大常委会第 10 次会议的有关事项。

1988 年 11 月 10 日,县八届人大常委会召开主任会议。会议研究县八届人大常委会第 11 次会议的有关事项。

1988 年 12 月 13 日,县八届人大常委会召开主任会议。会议研究县八届人大常委会第 12 次会议的有关内容。

1989 年 1 月 5 日,县八届人大常委会召开主任会议。会议讨论 1988 年县人大工作总结和 1989 年工作要点。

1989 年 2 月 13 日，县八届人大常委会召开主任会议。会议研究落实各省、市、县人代会的有关事项。

1989 年 2 月 22 日，县八届人大常委会召开主任会议。会议研究讨论县八届四次人代会的材料准备情况和县八届人大常委会第 14 次会议的有关准备工作。

1989 年 7 月 25 日，县八届人大常委会召开主任会议。会议研究县八届人大常委会第 17 次会议的有关事项。

1989 年 9 月 5 日，县八届人大常委会召开主任会议。会议听取县人民政府关于"扫黄"工作的情况汇报。

1989 年 9 月 15 日，县八届人大常委会召开主任会议。会议研究县八届人大常委会第 18 次会议的有关事项。

1989 年 10 月 27 日，县八届人大常委会召开主任会议。会议听取 1989 年财政预算部分变更的情况汇报和县八届人大常委会第 20 次会议的有关准备工作。

1989 年 12 月 8 日，县八届人大常委会召开主任会议。会议研究县八届人大常委会第 21 次会议的有关内容和选举工作的有关问题。

1990 年 1 月 8 日，县八届人大常委会召开主任会议。会议研究县八届人大常委会第 22 次会议的有关事项。

二、县九届人大常委会主任会议

1990 年 6 月 20 日，县九届人大常委会召开主任会议。会议研究召开县九届人大常委会第 4 次会议的有关事宜。

1990 年 10 月 17 日，县九届人大常委会召开第 14 次主任会议。会议研究县九届人大常委会第 6 次会议的有关事项。

1990 年 12 月 10 日，县九届人大常委会召开第 16 次主任会议。会议研究有关九届二次人代会及 1991 年人大工作有关事项。

1990 年 12 月 20 日，县九届人大常委会召开第 17 次主任会议。会议讨论有关人事任免事项。

1990 年 12 月 24 日，县九届人大常委会召开第 18 次主任会议。会议研究召开县九届人大常委会第 8 次会议的有关准备工作。

1991 年 1 月 3 日，县九届人大常委会召开第 19 次主任会议。会议传达了盐城市委召开的人大工作会议精神。

1991 年 3 月 13 日，县九届人大常委会召开第 20 次主任会议。会议研究召开县九届人大常委会第 10 次会议的内容、时间和其他有关工作。

1991 年 5 月 10 日，县九届人大常委会召开第 22 次主任会议。会议听取了县人民政府关于二轮承包情况汇报。

1991 年 6 月 10 日，县九届人大常委会召开第 23 次主任会议。会议研究县九届人大常委会第 12 次会议的准备工作。

1991 年 7 月 24 日，县九届人大常委会召开第 24 次主任会议。会议研究县九届人大常委会第 12 次会议的有关事项。

1991 年 9 月 16 日，县九届人大常委会召开第 30 次主任会议。会议讨论研究评议人大任命干部的有关问题。

1991 年 9 月 20 日，县九届人大常委会召开第 31 次主任会议。会议听取了县民政局、城建局、外经委、卫生局、纺工局、水产局、滩涂局 7 个部门主要负责人的工作汇报。

1992 年 2 月 10 日，县九届人大常委会召开第 33 次主任会议。会议研究讨论县九届人大常委会第 16 次会议和九届人大三次会议的有关事项。

1992 年 3 月 23 日，县九届人大常委会召开第 35 次主任会议。会议研究县九届人大常委会第 17 次会议的有关事项和其他有关工作。

1992 年 4 月 30 日，县九届人大常委会召开第 36 次主任会议。会议研究县九届人大常委会第 18 次会议的有关事项。

1992 年 5 月 23 日，县九届人大常委会召开第 37 次主任会议。会议研究县九届人大常委会第 18 次会议的有关事项。

1992 年 7 月 4 日，县九届人大常委会召开第 39 次主任会议。会议研究县九届人大常委会第 19 次会议有关事项。

1992 年 11 月 25 日，县九届人大常委会召开第 46 次主任会议。会议研究县九届人大常委会第 22 次会议的有关事项。

1993 年 1 月 19 日，县九届人大常委会召开主任会议。会议决定，组织县十届人大代表学习宪法、《地方组织法》和《代表法》。

三、市(县)十届人大常委会主任会议

1993 年 2 月 22 日，县十届人大常委会召开第 1 次主任会议。会议听取县人大相关工委关于换届选举工作总结情况汇报；研究第十届人大常委会领导成员分工情况；研究县十届人大常委会第 1 次会议的有关事项；传达了县委关于县级机关办实体的有关意见。

1993 年 3 月 16 日，县十届人大常委会召开第 2 次主任会议。会议听取县人民政府关于甲肝防治情况的汇报；研究提出成立人大工作研究会的问题。

1993 年 5 月 8 日，县十届人大常委会召开第 5 次主任会议。会议研究召开颁发任命书大会的有关事项；确定县人大6个工作委员会的委员分工和与“一府两院”对口联系单位；研究对“两院”和公安、司法错案追究制的意见。

1993年9月18日，县十届人大常委会召开第10次主任会议。会议研究关于四级人大代表评议“两院一局”工作。

1993年9月27日，县十届人大常委会召开第16次主任会议。会议讨论县十届人大常委会第6次会议的有关事项；研究十届人大二次会议筹备处人员建议名单；讨论罢免金德富县人大代表资格问题。

1994年3月14日，县十届人大常委会召开第19次主任会议。会议研究有关常委会领导成员分工情况。

1994年6月28日，县十届人大常委会召开第23次主任会议。会议听取关于半年议政会相关议题的调查准备情况，研究常委会会议召开的相关事项。

1994年8月15日，县十届人大常委会召开第24次主任会议。会议研究9月份召开常委会的有关事项，传达防治“2号病”的会议精神。

1994年9月20日，县十届人大常委会召开第26次主任会议。会议研究县十届人大常委会第14次会议的有关事项。

1994年12月13日，县十届人大常委会召开第28次主任会议。会议研究县十届人大常委会第16次会议的有关事项，布置有关县、乡人大代表的补选问题。

1995年2月26日，县十届人大常委会召开第30次主任会议。会议研究县十届人大常委会第19次会议的有关事项，布置代表建议、批评和意见的交办、督办等工作。

1995年5月12日，县十届人大常委会召开第33次主任会议。会议研究县十届人大常委会第20次会议的有关事项，研究全年人大常委会和主任会议议题安排。

1995年6月30日，县十届人大常委会召开第34次主任会议。会议听取了县人民政府关于全县治安工作情况汇报，关于《质量法》《标准化法》《计量法》贯彻执行情况汇报，关于县城重点市政工程情况汇报。

1995年7月24日，县十届人大常委会召开第35次主任会议。会议听取关于县十届人大常委会第22次会议议题调查准备情况汇报，传达县委八届三次扩大会议精神。

1995年8月30日，县十届人大常委会召开第37次主任会议。会议听取县纪委关于整顿行风情况汇报；听取县人民政府关于《水法》执行情况汇报；听取县妇联关于《妇女权益保护法》执行情况汇报。

1995年10月9日，县十届人大常委会召开第39次主任会议。会议传达盐城市委人大工作会议精神，研究乡镇换届选举工作。

1995 年 10 月 27 日，县十届人大常委会召开第 41 次主任会议。会议听取关于县长环保责任状落实情况汇报；听取县人民政府关于 1—9 月份财政收入执行情况汇报。

1995 年 12 月 30 日，县十届人大常委会召开第 43 次主任会议。会议听取县人民政府关于个体私营经济发展情况的汇报；听取县人民法院关于告诉、申诉情况的汇报；讨论人大常委会工作报告与 1996 年常委会工作要点。

1996 年 3 月 7 日，县十届人大常委会召开第 46 次主任会议。会议研究常委会领导成员分工情况，布置当前工作安排。

1996 年 3 月 19 日，县十届人大常委会召开第 47 次主任会议。会议研究了全年常委会和主任会议议题，讨论了乡镇人大主席培训问题，布置人大开展“三讲”的有关活动安排。

1996 年 3 月 21 日，县十届人大常委会召开第 48 次主任会议。会议听取县人民政府关于皮防工作情况汇报。

1996 年 4 月 16 日，县十届人大常委会召开第 49 次主任会议。会议听取县人民政府关于打假扶优工作情况汇报，关于《江苏省农业机械管理办法》贯彻执行情况汇报。听取了县人大财经工委关于县政府贯彻实施《合同法》的调查情况汇报。

1996 年 6 月 29 日，县十届人大常委会召开第 51 次主任会议。会议听取了县人民政府关于农经工作情况汇报，关于公证工作情况汇报。

1996 年 8 月 29 日，县十届人大常委会召开第 52 次主任会议。会议听取县人民政府关于打霸除恶专项斗争情况汇报。

1996 年 9 月 2 日，市十届人大常委会召开第 53 次主任会议。会议传达大丰撤县建市有关会议精神，开展“我为撤县建市添光彩”活动。

1996 年 9 月 16 日，市十届人大常委会召开第 55 次主任会议。会议听取了市人大常委会相关工委关于对计生委主任杨兵、多管局局长徐善高、计经委主任殷济青开展述职评议的调查情况汇报。

1996 年 10 月 24 日，市十届人大常委会召开第 57 次主任会议。会议听取市人民政府关于文化市场管理工作情况汇报，关于“三高”农业示范区建设情况汇报。

1996 年 12 月 29 日，市十届人大常委会召开第 59 次主任会议。会议听取市人民政府关于农副产品收购政策执行情况的汇报，交通局关于 1996 年黑色路面工程实施情况汇报，水利局关于大丰港围垦工程情况汇报。

1997 年 1 月 5 日，市十届人大常委会召开第 60 次主任会议。会议听取市人民政府关于城市特困户、困难企业职工、农村贫困户生活安排情况汇报；讨论市人大常委会工作报告和 1997 年常委会工作要点。

1997年1月15日，市十届人大常委会召开第63次主任会议。会议听取市财政局关于1996年财政预算执行情况的汇报。

1997年3月24日，市十届人大常委会召开第66次主任会议。会议听取市人大相关工委关于科委主任程维梁、劳动局局长吴启明、民政局局长陈远银开展述职评议的调查情况汇报。

1997年4月29日，市十届人大常委会召开第68次主任会议。会议听取市人民政府关于预算外资金管理工作情况的汇报；研究讨论大丰市人大常委会《关于监督市司法机关执法检查情况暂行办法（草案）》《关于组织市人民法院、市人民检察院有关人员述职评议暂行办法（草案）》，并提交常委会审议；听取市人民法院关于对40个案件处理情况的汇报。

1997年5月9日，市十届人大常委会召开第70次主任会议。会议对市统计局局长吕鹤福的评议是否深入调查进行研究。

1997年6月20日，市十届人大常委会召开第73次主任会议。会议讨论了大丰市人大常委会议事规则（草案）、主任会议议事规则（草案）、人事任免暂行办法（草案）等制度制定情况；传达了盐城市人大关于换届选举工作的有关会议精神；听取了市人民法院、市人民检察院贯彻落实人大相关审议意见的情况汇报。

1997年6月27日，市十届人大常委会召开第74次主任会议。会议听取市人民政府关于实施“科教兴市”战略的情况汇报，关于大丰港围垦工程情况汇报，关于治安行政案件执法情况汇报；听取市人大各工委关于对工商局长张正华、计生委主任杨兵、文化局长王凯等评议后的反馈情况汇报。

1997年8月22日，市十届人大常委会召开第76次主任会议。会议听取市人民法院关于上半年刑事审判工作情况汇报；听取市人民检察院关于上半年不批捕、不起诉和刑事抗诉案件的情况汇报。

1997年10月6日，市十届人大常委会召开第79次主任会议。会议讨论研究了市人大机关机构改革方案，及换届选举工作计划和人员分工，讨论关于选举工作若干问题的意见。

1997年10月22日，市十届人大常委会召开第80次主任会议。会议听取市人民政府关于《中华人民共和国渔业法》贯彻实施情况汇报。

1997年11月12日，市十届人大常委会召开第83次主任会议。会议听取市人民政府关于全市企业产权制度改革情况的汇报。

1997年12月24日，市十届人大常委会召开第85次主任会议。会议听取关于选举的有关情况汇报；讨论召开市十一届人大一次会议的有关事项。

四、市十一届人大常委会主任会议

1998年2月23日，县十一届人大常委会召开第3次主任会议。会议听取市人民法院关于离退休法官协会法律服务部情况的汇报，讨论通过市人大常委会1998年工作要点。

1998年8月26日，县十一届人大常委会召开第8次主任会议。会议听取和讨论市人民政府关于贯彻执行《食品卫生法》《环境保护法》和加强法律服务市场管理工作的情况汇报；听取了市人民法院关于执行工作情况的汇报；讨论决定了十一届人大常委会第4次会议的议题内容以及调查研究工作的部署。

1998年10月22日，县十一届人大常委会召开第10次主任会议。会议听取市人民政府关于今年以来公安机关查处治安案件情况的汇报，关于贯彻实施国务院《全民健身纲要》情况的汇报；听取市人民法院、市人民检察院关于评议“两院”中层干部情况的汇报；会议还听取市人民政府关于港口和现代化大街建设情况汇报。

1998年11月18日，县十一届人大常委会召开第11次主任会议。会议决定，由市人大常委会副主任魏翠萍、管洪俊负责，就市区居民饮用水问题展开调查。调查汇集城建、供水、水利、环保、卫生防疫等有关部门的专家，就市区居民饮用水的水源、水质、供水方案等多个项目进行广泛全面的调研论证。

1999年4月26日，市十一届人大常委会召开第18次主任会议。会议听取市人民政府关于房改工作情况的汇报，关于市经济案件大队工作情况的汇报；听取市人民法院关于新德四组98户村民违章建筑拆除强制执行情况的通报。

1999年10月21日，市十一届人大常委会召开第24次主任会议。会议听取了市人民政府关于全市海洋经济发展情况的汇报；听取市人民法院关于公正司法和执行工作情况的汇报；听取市人民检察院关于公正司法情况的汇报；听取市“两院”关于中层干部述职评议情况的汇报。

2000年1月31日，市十一届人大常委会召开第28次主任会议。会议听取市人民政府关于冬春困难群众的生活及节日慰问安排情况的汇报，关于2000年困难企业（职工）解困工作的汇报，关于广播电视工作情况的汇报。

2000年2月21日，市十一届人大常委会召开第29次主任会议。会议传达盐城市四届三次人代会精神；研究办理和落实大丰市十一届三次人代会代表议案工作。

2000年4月24日，市十一届人大常委会召开第31次主任会议。会议听取了市人民政府关于全市人防工作情况的汇报；听取中国人民银行大丰市支行关于贯彻执行《中国人民银行法》、《商业银行法》情况的汇报。

2000年4月28日，市十一届人大常委会召开第32次主任会议。会议听取市人民政府关于2000年市本级财政支出预算调整情况的汇报。

2000年6月3日，市十一届人大常委会召开第33次主任会议。会议听取市人民政府关于贯彻《粮食收购条例》情况的汇报。

2000 年 8 月 24 日，市十一届人大常委会召开第 35 次主任会议。会议听取市公安局关于今年上半年工作情况的报告。

2000 年 10 月 27 日，市十一届人大常委会召开第 38 次主任会议。会议听取市政府《关于基础设施建设情况的汇报》；听取市人民法院和市人民检察院《关于中层干部述职评议的情况汇报》；听取市环保局关于市十一届人大三次会议期间代表议案交办意见落实情况的汇报。

2001 年 4 月 25 日，市十一届人大常委会召开第 48 次主任会议。会议听取市人民政府关于全市对外经贸工作情况的汇报。

2001 年 6 月 26 日，市十一届人大常委会召开第 51 次主任会议。会议听取市人民政府关于全市行政执法部门行风建设和推行政务公开情况的汇报。

2001 年 7 月 19 日，市十一届人大常委会召开第 52 次主任会议。会议听取市劳动局负责人关于加快劳动保障法制建设，完善社会保障体系的讲座。

2001 年 8 月 17 日，市十一届人大常委会召开第 53 次主任会议。会议听取市人民政府关于当前全市社会保障工作情况的汇报。

2001 年 10 月 30 日，市十一届人大常委会召开第 57 次主任会议。听取市人民政府关于全市旅游业发展情况和大丰港建设情况的汇报，并就这两个问题进行了讨论。

2001 年 11 月 5 日，市十一届人大常委会召开第 59 次主任会议。会议专题研究新形势下如何加强镇人大组织建设的问题。

2001 年 12 月 14 日，市十一届人大常委会召开第 60 次主任会议。会议听取市人民政府关于人民调解工作情况的汇报。

2002 年 2 月 4 日，市十一届人大常委会召开第 62 次主任会议。会议听取市人民政府关于全市第六届村民委员会换届选举工作情况的汇报。

2002 年 4 月 24 日，市十一届人大常委会召开第 65 次主任会议。会议听取市人民政府关于贯彻落实国务院《城市绿化条例》的情况汇报；讨论市人大常委会《关于审议议题的暂行办法》《关于公民旁听市人大常委会会议的暂行办法(草案)》。

2002 年 6 月 24 日，市十一届人大常委会召开第 68 次主任会议。会议听取市人民政府关于政府采购工作情况汇报。

2002 年 8 月 26 日，市十一届人大常委会召开第 71 次主任会议。会议听取市人民政府关于贯彻实施《城市市容和环境卫生管理条例》的情况汇报。

2002 年 10 月 24 日，市十一届人大常委会召开第 74 次主任会议。会议听取市人民检察院关于 2001 年以来反贪污贿赂工作情况的汇报。

2002 年 12 月 17 日，市十一届人大常委会召开第 76 次主任会议。会议听取市人民政府关于贯彻执行《中华人民共和国治安管理处罚条例》情况的汇报。

五、市十二届人大常委会主任会议

2003 年 2 月 12 日，市十二届人大常委会召开第 1 次主任会议。会议明确常委会领导成员工作分工及分片联系镇人大情况，明确常委会各工作机构对口联系单位；会议讨论通过大丰市人大常委会 2003 年工作要点和学法计划，决定在人大机关开展作风建设专题活动。

2003 年 2 月 28 日，市十二届人大常委会召开第 2 次主任会议。会议听取市人民政府关于法律援助工作情况的汇报。

2003 年 5 月 7 日，市十二届人大常委会召开第 4 次主任会议。会议听取市人民政府关于非典防治工作情况的汇报。

2003 年 6 月 16 日，市十二届人大常委会召开第 6 次主任会议。会议听取市人民政府关于《明确工作重点，把握关键环节，进一步完善学校德育工作新体系》的汇报。

2003 年 8 月 12 日，市十二届人大常委会召开第 8 次主任会议。会议听取市人民政府关于贯彻实施《中华人民共和国海域使用管理法》的情况汇报。与会人员视察了四卯酉河闸滩涂蓄水养殖现场和大丰港开发建设及近海开发利用情况。会议还进行了《海域使用管理法》的法制讲座。

2003 年 9 月 8 日，市十二届人大常委会召开第 9 次主任会议。会议听取市质检局关于贯彻实施《产品质量法》的情况汇报。

2004 年 2 月 20 日，市十二届人大常委会召开第 13 次主任会议。会议听取市人民政府关于建设农业龙头企业、推进农业产业化工作情况的汇报；讨论《大丰市人大常委会工作评议和述职评议暂行办法（草案）》《大丰市人民代表大会常务委员会人事任免办法（草案）》。

2004 年 3 月 18 日，市十二届人大常委会召开第 14 次主任会议。会议讨论确定市十二届人大第 8 次常委会议题，听取各委办关于相关议题准备工作的汇报。会上，人大办公室汇报了关于市政府落实优化投资环境审议意见的调查情况，农村工委汇报了市政府贯彻《动物防疫法》和禽流感防治工作的调查情况，人代工委、社事工委汇报了市十二届二次人代会代表议案交办意见等，主任会议还就 2004 年工作评议、述职评议工作提出了初案。

2004 年 6 月 22 日，市十二届人大常委会召开第 17 次主任会议。听取市人民政府关于全市公证工作情况的汇报。

2005 年 2 月 24 日，市十二届人大常委会召开第 26 次主任会议。会议听取市人民政府关于第七届村民委员会换届选举工作情况的汇报。

2005 年 4 月 18 日，市十二届人大常委会召开第 28 次主任会议。会议听取市人民政府关于全市农业服务体系改革工作情况的汇报，关于土地出让金使用情况的汇报；听取了市物价局局长朱永进、市体育局局长顾植林作的关于人大评议意见整改情况的汇报。

2005 年 6 月 21 日，市十二届人大常委会召开第 30 次主任会议。会议听取市人民政府关于全市安全生产工作情况的汇报；传达学习了省人大信访工作会议精神；对近期人大工作进行了部署。

2006 年 2 月 25 日，市十二届人大常委会召开第 39 次主任会议。会议听取市公安局关于交巡警工作情况的汇报；听取了市城管局局长卞泰鹏、市人民检察院副检察长胡俊龙关于落实市人大常委会有关述职评议整改意见情况的汇报；通报了市人大常委会领导分工联系镇人大工作安排；听取市人大办公室关于市人大机关招商引资项目推进的考核意见、关于人大机关开展“四个一”活动意见的汇报。

2006 年 4 月 24 日，市十二届人大常委会召开第 41 次主任会议。会议听取市人民政府关于全市农村劳动力转移的情况汇报。

2006 年 4 月 25 日，市十二届人大常委会召开第 42 次主任会议。会议听取市人民政府提请的有关人事任免议案。

2006 年 6 月 29 日，市十二届人大常委会召开第 43 次主任会议。会议听取市人民政府关于全市全民创业工作和服务业发展情况的汇报。

2006 年 8 月 23 日，市十二届人大常委会召开第 46 次主任会议。会议听取市人民政府关于全市贯彻实施《森林法》情况的汇报，关于滩涂开发利用建议办理情况的汇报。

2006 年 10 月 26 日，市十二届人大常委会召开第 48 次主任会议。会议听取市人民政府关于市区饮用水源保护工作的情况汇报；观看了市区饮用水源保护和应急预案演习的专题片。

2007 年 2 月 9 日，市十二届人大常委会召开第 51 次主任会议。会议听取市人民政府关于文化市场管理工作情况的汇报；讨论通过了《市人大常委会机关关于贯彻实施监督法的若干意见》。

2007 年 4 月 25 日，市十二届人大常委会召开第 53 次主任会议。会议听取市人民政府关于《江苏省土地管理条例》贯彻实施情况的汇报，讨论确定 2007 年市人大常委会重点督办的议案和建议。

2007 年 8 月 28 日，市十二届人大常委会召开第 57 次主任会议。会议听取市人民政府关于服务业发展、接轨上海工作情况的汇报。

2007 年 10 月 30 日，市十二届人大常委会召开第 59 次主任会议。会议听取市人民政府关于全市职业教育工作情况汇报。

六、市十三届人大常委会主任会议

2008年2月21日，市十三届人大常委会召开第3次主任会议。会议听取市人民政府关于人民调解工作情况的汇报；讨论通过了《大丰市人大常委会主任接待代表日制度》；研究决定了市人大常委会驻会组成人员联系代表的分工。

2008年3月25日，市十三届人大常委会召开第4次主任会议。会议听取市十三届人大常委会第2次会议议程的相关准备情况汇报、讨论研究了2008年市人大机关关于开展“四个一”活动、关于招商引资和项目建设实施意见。

2008年4月25日，市十三届人大常委会召开第5次主任会议。会议听取市人民政府关于全市第八届村民委员会换届选举工作情况的汇报，关于畜牧业发展工作情况的汇报，关于全民健身工作情况的汇报。

2008年6月24日，市十三届人大常委会召开第7次主任会议。会议听取市人民政府关于《安全生产法》、《特种设备监督条例》贯彻实施情况的汇报；听取了市人大常委会2008年重点督办建议办理情况的汇报。

2008年8月29日，市十三届人大常委会召开第9次主任会议。会议听取市人民政府关于滩涂、海洋环境保护工作情况汇报，关于全市现代高效农业发展工作情况汇报。

2008年10月22日，市十三届人大常委会召开第11次主任会议。会议听取市人民政府关于科技强警示范城市创建工作情况汇报。

2009年1月19日，市十三届人大常委会召开第14次主任会议。会议听取市人民政府关于利用相关银行贷款进行大丰港二期码头建设、大丰经济开发区综合商贸服务区建设和市区东宁路改造工程建设的情况汇报。

2009年2月27日，市十三届人大常委会召开第16次主任会议。会议听取市人民政府关于社会保障工作情况汇报。会议研究了“加强食品卫生安全监管、保障人民群众身体健康”“完善医疗保险，统一部门管理”“加强道路安全教育，提高公民安全意识”“农村水环境保护和治理”等议案及重点建议督办工作安排。

2009年3月9日，市十三届人大常委会召开第17次主任会议。会议听取市人民政府关于提请审议财政预算安排大丰市城建国有资产经营有限公司康平路延伸工程项目配套资金及还贷资金议案，关于提请审议财政预算安排大丰市交通投资有限责任公司省道332大丰段养护改善工程项目配套资金及还贷资金议案的有关情况汇报。

2009年4月20日，市十三届人大常委会召开第19次主任会议。会议听取市人民政府关于提请审议大丰市大丰港开发建设有限公司申请建设银行贷款议案，关于大丰市城建国有资产经营有限公司申请工商银行贷款议案、关于大丰市兴城投资开发有限公司申请建设银行、农业银行贷款议案的有关情况汇报。

2009年4月27日，市十三届人大常委会召开第20次主任会议。会议听取市人民政府关于冬春水利基础设施情况汇报。

2009年6月26日，市十三届人大常委会召开第22次主任会议。会议听取市人民政府关于中小企业运行情况的汇报；听取市人大常委会2009年重点督办建议办理情况的汇报。

2009年8月27日，市十三届人大常委会召开第24次主任会议。会议听取市人民政府关于律师行业监督管理工作情况汇报；讨论研究关于对市环保、供电部门开展工作评议的计划。

2009年9月24日，市十三届人大常委会召开第25次主任会议。会议听取市人民政府关于将常州高新区大丰工业园新建基础设施项目所需资金列入财政预算议案的情况汇报，关于大丰市生态投资开发总公司申请大丰农村合作银行贷款相关事项议案的情况汇报。

2009年10月26日，市十三届人大常委会召开第27次主任会议。会议听取市人民政府关于建设国家级农机化示范区情况汇报。

2010年1月5日，市十三届人大常委会召开第32次主任会议。会议听取市人民政府关于市生态投资开发总公司申请中国银行大丰支行贷款，关于江苏大丰港投资发展股份有限公司申请交通银行贷款议案的情况汇报。

2010年3月1日，市十三届人大常委会召开第33次主任会议。会议听取市人民政府关于提请审议大丰市交通投资有限公司刘大线航道整治工程项目配套资金及还贷资金相关事项议案，关于大丰市生态投资开发总公司申请银行贷款建设开发区北区基础设施项目相关事项议案的情况汇报；研究了市十三届人大三次会议议案及重点建议督办工作安排。

2010年3月19日，市十三届人大常委会召开第34次主任会议。会议听取市人民政府关于提请审议大丰高级中学贷款相关事项议案的情况汇报；听取了市十三届人大常委会第18次会议议题准备情况汇报；讨论研究了开通市人大网站、深化“四个一”活动全面提升机关效能的意见、2010年招商引资项目推进工作实施意见、宣传工作考核奖励试行办法。

2010年4月27日，市十三届人大常委会召开第35次主任会议。会议听取市人民政府关于《渔业法》贯彻实施情况汇报；听取了市环保局、供电公司关于市人大代表工作评议整改意见落实情况汇报。

2010年6月23日，市十三届人大常委会召开第37次主任会议。会议听取相关部门关于“完善运行机制，促进新型农村合作医疗健康发展”“尽快改善204国道交通状况，减少交通事故发生”“以农业产业化为抓手，促进农民增收”3个重点建议承办情况汇报；听取了市政府有关融资平台贷款偿还情况汇报。

2010年8月25日，市十三届人大常委会召开第39次主任会议。会议听取市人民政府关于农村医疗卫生工作情况的汇报。

2010年10月28日,市十三届人大常委会召开第42次主任会议。会议听取市人民政府关于交通工程建设情况的汇报。

2010年12月17日,市十三届人大常委会召开第44次主任会议。会议听取市人民政府关于城镇困难职工和农村困难群众冬春生活安排情况的汇报。

2011年2月22日,市十三届人大常委会召开第45次主任会议。会议研究了市十三届人大四次会议议案办理及重点建议督办工作安排。

2011年3月23日,市十三届人大常委会召开第46次主任会议。会议听取市十三届人大常委会第25次会议议题准备情况汇报及讨论研究常委会召开时间等事项。

2011年4月28日,市十三届人大常委会召开第47次主任会议。会议听取市人民政府关于老龄工作情况汇报,关于《中华人民共和国水法》贯彻实施情况汇报;听取市教育局、质监局关于市人大代表工作评议整改意见落实情况的汇报。

2011年5月25日,市十三届人大常委会召开第48次主任会议。会议听取了市十三届人大常委会第26次会议议题准备情况汇报及讨论研究市人大常委会召开时间等事项。

2011年6月29日,市十三届人大常委会召开第49次主任会议。会议听取市人民政府关于"三城"(提升老城、决战新城、突破港城)建设情况汇报;听取了相关部门关于"交通安全管理""农村医疗卫生""粮食安全"等重点建议督办情况汇报。

2011年7月26日,市十三届人大常委会召开第50次主任会议。会议听取市十三届人大常委会第28次会议议题准备情况汇报;讨论研究代表列席、公民旁听市人大常委会及常委会召开时间等事项;讨论研究开展工作评议的有关事项。

2011年8月30日,市十三届人大常委会召开第51次主任会议。会议听取市人民政府关于融资平台贷款偿还情况汇报;讨论研究开展工作评议的有关事项。

2011年9月28日,市十三届人大常委会召开第52次主任会议。会议听取市十三届人大常委会第29次会议议题准备情况汇报及讨论研究常委会召开时间等事项。

2011年10月27日,市十三届人大常委会召开第53次主任会议。会议听取市人民政府关于人口和计划生育工作情况汇报,关于全市农业财政投入和农村融资平台建设情况汇报。

2011年11月9日,市十三届人大常委会召开第54次主任会议。会议听取市十三届人大常委会第30次会议的准备情况汇报及讨论研究常委会召开的时间等事项。

2011年11月25日,市十三届人大常委会召开第55次主任会议。会议听取市十三届人大常委会第31次会议议题准备情况汇报及讨论研究市人大常委会召开的时间等事项;听取关于召开市食品药品监督管理局、市工商局工作评议会议的准备情况汇报。

2011 年 12 月 28 日，市十三届人大常委会召开第 56 次主任会议。会议听取市人民政府关于城镇困难职工和农村困难群众生产生活帮扶情况汇报。

2012 年 1 月 18 日，市十三届人大常委会召开第 57 次主任会议。会议听取市十三届人大常委会第 32 次会议议题准备情况汇报及讨论研究第 32 次常委会会议召开时间等事项。

2012 年 2 月 2 日，市十三届人大常委会召开第 58 次主任会议。会议听取市十三届人大常委会第 33 次会议议题准备情况汇报及讨论研究第 33 次常委会会议召开时间等事项。

2012 年 2 月 17 日，市十三届人大常委会召开第 59 次主任会议。会议通过关于接受市、镇及市人武部选举委员会成员辞职的决定；讨论常委会工作报告及 2012 年常委会工作要点。

2012 年 3 月 1 日，市十三届人大常委会召开第 60 次主任会议。会议讨论研究市十四届人民代表大会第一次会议有关事项；听取有关人事任免的情况汇报；讨论研究第 34 次常委会会议召开时间等事项。

七、市十四届人大常委会主任会议

2012 年 3 月 30 日，市十四届人大常委会召开第 1 次主任会议。会议听取市十四届人大常委会第 1 次会议议题准备情况汇报；研究会办重点建议督办工作，常委会领导成员分工，常委会领导成员分片联系各镇人大工作安排，常委会各委室对口联系单位安排等事项。

2012 年 4 月 23 日，市十四届人大常委会召开第 2 次主任会议。会议听取市食品药品监督管理局、工商局关于工作评议意见落实情况汇报；听取市人民法院立案审判工作情况汇报。

2012 年 5 月 18 日，市十四届人大常委会召开第 3 次主任会议。会议听取市十四届人大常委会第 2 次会议议题准备情况汇报及讨论研究第 2 次常委会会议召开时间等事项。

2012 年 6 月 2 日，市十四届人大常委会召开第 4 次主任会议。会议听取市十四届人大常委会第 3 次会议议题准备情况汇报及讨论研究第 3 次常委会会议召开时间等事项。

2012 年 6 月 27 日，市十四届人大常委会召开第 5 次主任会议。会议听取市人民政府有关农产品质量安全工作情况汇报；听取换届选举工作情况汇报；听取“关注人口老龄化问题”“加强农村环境综合整治”“增加计划生育手术并发症补助”等重点建议督办情况汇报。

2012 年 7 月 24 日，市十四届人大常委会召开第 6 次主任会议。会议听取市十四届人大常委会第 4 次会议议题准备情况汇报及讨论研究第 4 次常委会会议召开时间等事项。

2012 年 8 月 24 日，市十四届人大常委会召开第 7 次主任会议。会议听取市人民政府贯彻实施《中华人民共和国红十字会法》以及城乡供水一体化的情况汇报。

2012 年 9 月 19 日，市十四届人大常委会召开第 8 次主任会议。会议听取市十四届人大常委会第 5 次会议议题准备情况汇报及讨论研究第 5 次常委会会议召开时间等事项；讨论通过关于在市人大代表中开展“建设幸福大丰、争当模范代表”主题实践活动的实施方案；讨论通过大丰市人大系统优秀调查报告评比办法。

2012 年 10 月 25 日，市十四届人大常委会召开第 9 次主任会议。会议听取市人民政府为民办实事工程建设情况汇报，关于农业科技服务体系建设工作情况汇报；听取市人民检察院关于侦查监督工作情况汇报；讨论关于优秀调查报告评比有关情况。

2012 年 11 月 14 日，市十四届人大常委会召开第 10 次主任会议。会议听取市十四届人大常委会第 6 次会议议题准备情况汇报及讨论研究第 6 次常委会会议召开时间等事项。

2012 年 12 月 13 日，市十四届人大常委会召开第 11 次主任会议。会议听取市人民政府关于城镇困难职工和农村困难群众生产生活帮扶情况汇报；研究确定市十四届人大一次会议代表优秀议案、建议；听取有关人事任免情况汇报；讨论研究市十四届人民代表大会第二次会议召开有关事项；讨论市人大常委会工作报告及 2013 年市人大常委会工作要点。

2013 年 2 月 25 日，市十四届人大常委会召开第 12 次主任会议。会议研究议案及重点办理建议督办工作安排；研究确定市国税局和住建局为 2013 年接受专项工作评议的政府部门；讨论通过听取和审议市人民政府关于公安机关基层派出所建设专项工作报告实施方案。

2013 年 3 月 20 日，市十四届人大常委会召开第 13 次主任会议。会议听取市十四届人大常委会第 8 次会议议题调查准备情况汇报；讨论研究常委会召开时间等事项。

2013 年 4 月 25 日，市十四届人大常委会召开第 14 次主任会议。会议举办《江苏省城市市容和环境卫生管理条例》法制讲座；听取市人民政府关于城市管理（市容秩序）工作情况汇报；讨论通过关于开展《中华人民共和国社会保险法》执法检查和对市人民政府部门开展专项工作评议的实施方案。

2013 年 5 月 23 日，市十四届人大常委会召开第 15 次主任会议。会议听取市十四届人大常委会第 9 次会议议题调查准备情况汇报；讨论研究市十四届人大常委会第 9 次会议召开时间等事项。

2013 年 6 月 25 日，市十四届人大常委会召开第 16 次主任会议。会议举办《中华人民共和国渔业法》讲座；听取市人民政府关于滩涂开发发展情况汇报；听取相关部门关于“巩固城市创卫成果”“组建基层人民调解员协会”“加大农作物秸秆综合利用工作力度”“加强市区停车管理，加大停车场规划建设力度”等重点办理建议承办情况汇报。

2013 年 7 月 19 日，市十四届人大常委会召开第 17 次主任会议。会议听取市十四届人大常委会第 11 次会议议题调查准备情况汇报；讨论研究市十四届人大常委会第 11 次会议召开时间等事项。

2013 年 8 月 14 日，市十四届人大常委会召开第 18 次主任会议。会议听取市人民法院关于非诉行政执行工作情况汇报；听取市人民政府关于职业教育工作情况汇报；听取市人民政府关于城建国有资产经营有限公司发行企业债券工作情况汇报。

2013 年 9 月 13 日，市十四届人大常委会召开第 19 次主任会议。会议听取市十四届人大常委会第 12 次会议议题调查情况汇报；听取市国税局、住建局开展专项工作评议调查准备情况汇报；讨论研究市十四届人大常委会第 12 次会议召开时间等事项。

2013 年 9 月 25 日，市十四届人大常委会召开第 20 次主任会议。会议听取有关人事任免事项的汇报。

2013 年 10 月 25 日，市十四届人大常委会召开第 21 次主任会议。会议听取市人民政府关于“六五”普法工作情况汇报，关于交通、城建重点工程建设情况汇报。

2013 年 11 月 19 日，市十四届人大常委会召开第 22 次主任会议。会议听取市十四届人大常委会第 13 次会议议题调查准备情况汇报；讨论研究市十四届人大常委会第 13 次会议召开时间等事项。

2013 年 12 月 13 日，市十四届人大常委会召开第 23 次主任会议。会议听取市人民政府关于城镇困难职工和农村困难群众冬春生活安排情况汇报；听取市人民政府提请审议关于《大丰市城市总体规划（2012—2030）》的议案有关调查准备情况汇报；讨论研究市十四届人大三次会议召开有关事项；讨论市人大常委会工作报告和 2014 年工作要点。

2014 年 1 月 27 日，市十四届人大常委会召开第 24 次主任会议。会议听取有关议案（市人民政府授予荣誉市民称号）情况；研究常委会召开时间。

2014 年 3 月 3 日，市十四届人大常委会召开第 25 次主任会议。会议听取市人民政府关于第十届村委会换届选举工作情况汇报；研究议案及重点办理建议督办工作安排；研究确定市卫生局和质监局为 2014 年度接受专项工作评议的政府部门。

2014 年 3 月 17 日，市十四届人大常委会召开第 26 次主任会议。会议听取市十四届人大常委会第 16 次会议议题调查情况汇报；研究常委会召开时间。

2014 年 4 月 20 日，市十四届人大常委会召开第 27 次主任会议。会议听取市人民政府关于全市农业公共服务体系建设情况汇报，关于规范性文件制定、备案的管理工作情况的汇报。

2014 年 5 月 20 日，市十四届人大常委会召开第 28 次主任会议。会议听取市十四届人大常委会第 18 次会议议题调查情况汇报；研究常委会召开时间。

2014 年 6 月 26 日，市十四届人大常委会召开第 29 次主任会议。会议听取市人民政府关于计划生育惠民政策落实情况的汇报。

2014 年 7 月 24 日，市十四届人大常委会召开第 30 次主任会议。会议听取市十四届人大常委会第 19 次会议议题调查情况汇报；讨论通过《大丰市人大常委会办公室关于进一步加强老干部工作的实施办法》；研究常委会召开时间。

2014年8月19日，市十四届人大常委会召开第31次主任会议。会议举行《环境行政处罚办法》法制讲座；听取相关部门关于“进一步提高行政机关办事效率”“落实裕华境内设立交通信号灯及配套设施工作”“加大农村公路建设投入和养护管理力度”“大力发展我市乡村休闲旅游”等重点建议承办情况汇报；讨论通过《关于组织市人大代表评议市卫生局、市质监局专项工作的方案》；讨论通过《大丰市人大调研好成果、新闻好稿件、摄影好作品“三好评比”活动实施细则》。

2014年9月18日，市十四届人大常委会召开第32次主任会议。会议听取市十四届人大常委会第21次会议议题调查情况汇报；研究确定常委会召开时间。

2014年10月22日，市十四届人大常委会召开第33次主任会议。会议听取市人民政府关于全市健康服务业发展工作情况汇报，关于交通重点工程决战“十二五”工作情况汇报。

2014年11月14日，市十四届人大常委会召开第34次主任会议。会议听取市十四届人大常委会第23次会议议题调查准备情况汇报；研究确定常委会召开时间，讨论研究人大代表优秀议案、建议评选工作；讨论研究“三好评比”工作情况；研究常委会召开时间。

2014年12月8日，市十四届人大常委会召开第35次主任会议。会议讨论研究江苏丰收大地投资发展有限公司融资事项。

2014年12月12日，市十四届人大常委会召开第36次主任会议。会议讨论研究大丰市城建国有资产经营有限公司融资事项。

2014年12月26日，市十四届人大常委会召开第37次主任会议。会议听取市人民政府关于城乡困难群众冬春生活安排情况汇报，关于实事工程推进完成情况汇报；听取2015年财政预算初审工作情况汇报；听取关于补选代表资格审查情况汇报；讨论研究市十四届人大四次会议召开事项；研究常委会召开时间。

2014年12月30日，市十四届人大常委会召开第38次主任会议。会议讨论研究大丰市裕丰城镇建设发展有限公司融资事项。

2015年2月27日，市十四届人大常委会召开第39次主任会议。会议听取各委室3月份工作安排情况汇报；讨论研究增开常委会事项。

2015年3月20日，市十四届人大常委会召开第40次主任会议。会议听取了代表建议交办工作情况汇报和开展常委会领导领衔督办、相关工委对口督办、人代工委面上督办的“三维督办”工作安排；讨论通过了市人大常委会2015年重点督办的5件议案和建议；研究确定了市环保局和供电公司为2015年度接受专项工作评议的政府部门；讨论通过了市人大常委会关于《江苏省物业管理条例》执法检查实施方案。

2015年4月23日，市十四届人大常委会召开第41次主任会议。会议听取市人民政府关于现代服务业发展情况汇报。

2015 年 5 月 20 日，市十四届人大常委会召开第 42 次主任会议。会议听取市十四届人大常委会第 27 次会议议题调查准备情况汇报；讨论研究开展《江苏省物业管理条例》贯彻实施情况专题询问有关事项；研究确定市十四届人大常委会第 27 次会议召开时间等事项。

2015 年 6 月 26 日，市十四届人大常委会召开第 43 次主任会议。会议听取了市人民政府关于全市乡村旅游发展情况汇报，关于城乡饮用水安全保障工作情况汇报。会议讨论通过了关于对市环保局、供电公司开展专项工作评议方案。

2015 年 7 月 15 日，市十四届人大常委会召开第 44 次主任会议。会议听取常委会有关议题调查情况汇报；研究确定常委会召开时间等事项。

2015 年 8 月 19 日，市十四届人大常委会召开第 45 次主任会议。会议听取市人大常委会第 30 次会议有关议题准备情况汇报；研究确定常委会召开时间等事项。

2015 年 8 月 27 日，市十四届人大常委会召开第 46 次主任会议。会议听取了区人民政府相关部门关于“加快便民服务中心建设，为民生发展搭好平台”“加强基层法制宣传，提升依法行政水平”“加强农村环境综合管理长效机制，建设美丽乡村”“做好垃圾分类宣传”等重点建议承办情况汇报；听取了区人大各委室关于“代表建议集中督办月”情况汇报；讨论通过了区人大常委会关于《农产品质量安全法》执法检查方案。

第四章　人大代表

人大代表是地方国家权力机关的主体。代表工作是人大及其常委会工作的重要基础。做好代表工作是坚持和完善人民代表大会制度的重要内容,也是国家权力机关保持旺盛生命力的关键。大丰历届人大及其常委会高度重视代表工作,先后采取一系列重要措施,加强与代表和人民群众的联系,积极支持代表依法履行职务,努力创新代表活动形式,代表工作追随时代的脉搏焕发新活力。

第一节　代表的权利和义务

县(市)人大代表的权利是代表作为国家权力机关组成人员所享有的基本权利。人大代表的义务是代表必须作出一定行为或不得作出一定行为的约束。县(市)人民代表大会代表的权利和义务由《宪法》《地方组织法》和《代表法》规定。

一、代表的权利

县(市)人民代表大会代表的权利包括代表在县(市)人民代表大会会议期间和闭会期间的权利。代表的权利主要包括出席会议权、审议权、动议权、建议权、选举权、表决权,以及依法行使代表职务的言论免责权、人身特别保护权等保障权。

(一)会议期间的权利

1. 出席会议权。参加县(市)人民代表大会全体会议、代表团全体会议、小组会议,可以被推选或者受邀请参加主席团会议、各专门委员会会议。

2. 审议权。代表有权对列入会议议程的各项报告和议案进行讨论、发表意见、表明意愿和立场,给予肯定、否定或者提出修改意见。

3. 提出议案权。代表有权向大会提出属于本级人民代表大会职权范围内的议案。

4. 选举权。代表参加大会的各项选举,是法律赋予代表的一项重要职权。代表通过联名有权提出本级人大常委会组成人员、政府领导人员、人民法院院长、检察院检察长以及上一级人代会代表的人选。

5. 询问权。代表在审议有关议案和报告时,可以向有关国家机关提出询问,有关国家机关应当派人回答代表的询问。

6. 质询权。代表有权书面提出对本级人民政府和它所属工作部门以及法院、检察院的质询案。

7. 罢免权。县级以上的地方各级人大代表十分之一以上联名,有权依照法律规定的程序提出对本级人大常委会组成人员、人民政府组成人员、人民法院院长、人民检察院检察长的罢免案。

8. 特定问题调查权。县级以上的各级人大代表有权依法提议组织关于特定问题的调查委员会。

9. 表决权。代表参加本级人民代表大会表决,可以投赞成票,可以投反对票,也可以投弃权票。

10. 建议权。代表有权向本级人民代表大会提出对各方面工作的建议、批评和意见。

(二)闭会期间的权利

1. 小组活动权。代表可以组成代表小组,开展代表活动。

2. 听取群众意见权。代表可以通过多种方式听取人民群众的意见和要求。

3. 约见领导权。代表可以约见本级或下级国家机关负责人。

4. 视察调研权。代表可以参加视察、开展专题调研活动。代表可以持代表证就地进行视察。在视察中,代表可以向被视察单位提出建议、批评和意见,但不直接处理问题。

5. 提议召集会议权。代表有权提出临时召集本级人民代表大会会议。

6. 列席有关会议权。代表可以应邀列席本级人大常委会会议和各专门委员会会议,也可以应邀列席原选举单位的人民代表大会会议。

7. 参加特定问题调查权。县级以上的各级人大代表,根据本级人大或常委会的决定,有权参加特定问题调查委员会。

8. 建议权。代表可以对各方面工作提出建议、批评、意见。

二、代表的义务

1. 模范地遵守宪法和法律,保守国家秘密,协助宪法和法律的实施。

2. 按时出席本级人民代表大会,认真审议各项议案、报告和其他议题,发表意见,做好会议期间的各项工作。

3. 积极参加统一组织的视察、专题调研、执法检查等履职活动。

4. 加强履职学习和调查研究,不断提高执行代表职务的能力。

5. 与原选区选民或者原选举单位和人民群众保持密切联系,听取和反映他们的意见和要求,努力为人民服务。

6. 自觉遵守社会公德,廉洁自律,公道正派,勤勉尽责。

7. 法律规定的其他义务。

第二节　服务与保障

代表法规定:“代表在本级人民代表大会会议期间的工作和在本级人民代表大会闭会期间的活动,都是执行代表职务。国家和社会为代表执行代表职务提供保障。”历届县(市)人大常委会十分尊重代表的主体地位,从政治上、法律上、时间上以及经费物质保障上,为人大代表依法履行代表职务提供强有力的服务和保障。

一、完善服务机构

县六届人大常委会,下设人大常委会办公室,作为机关综合性的办事机构。对县人大代表的联系和服务性的工作,亦由常委会办公室承担。1989 年 12 月,县人大常委会建立了内务工作委员会,使代表建议、批评和意见的办理工作有专门机构,专人负责。1998 年 3 月,市人大常委会决定内务工作委员会更名为人事代表联络工作委员会,作为联系和服务人大代表的专门办事机构,主要负责代表日常工作。1998 年,对全市 29 个乡镇人大主席团配备了 34 名专职主席或副主席。2012 年,在大中、新丰两镇专设镇人大办公室,每个镇都配备人大工作人员;并在大丰经济开发区、大丰港经济开发区设立了人大工作联络处。人大工作机构的逐步完善为代表工作的开展创造了条件,为人大代表在闭会期间的活动提供了服务和保障。

二、健全保障措施

1983 年 6 月,县六届人大常委会专门发文明确,各乡(镇)、公社的县人民代表小组活动,按规定发给不脱产的县人民代表误工补助费和伙食补助费。其补助标准是:每天误工补助费六角,伙食补助费五角,脱产的代表只享受伙食补助费五角。1984 年 6 月,县七届人大常委会再度明确,代表参加活动的经费开支标准按县规定执行。县人大常委会办公室要向代表提供《会报》和其他有关文件、资料,并提供信笺、信封。2006 年 11 月,市十二届人大常委会就关于加强市人大代表工作作出决定,在每次代表大会举行前,市人大常委会办事机构应请市人民政府及其相关部门、市人民法院、市人民检察院向代表通报全市改革发展稳定和审判、检察工作的基本情况,并将有关材料印发给全体市人大代表。在代表大会闭会期间,市人大常委会办事机构应及时向代表通报常委会会议、常委会重要工作安排和重要活动的情况。市人大常委会有关机构定期向代表寄送《中国人大》《人民与权力》《大丰市人大常委会会报》《人大工作情况》等刊物和资料。“一府两院”可通过寄送简报、刊物等形式,定期向代表通报有关情况及重大事项。乡镇人大印发给本级人大代表的资料,同时印发本选区的上级人大代表,为代表执行职务提供保障。市人大代表在闭会期间,参加由市人大常委会、代表小组、镇人大安排的各项活动，代表所在单位必须给予时间保障，每年不少于 10 天。适当增加代表活动经费。代表在闭会期间的活动经费列入市级财政预算，并随着经济发展和实际工作的需要逐步增加。代表活动经费专款专用，严格管理。代表履行职责期间，有关部门和单位应提供必要的交通、电信、办公用品等物质保障。代表出席人代会和参加闭会期间的活动，所在单位应按照正常出勤对待，享受所在单位的工资和其他待遇。对无固定工资收入的代表执行职务要适当给予补贴。为代表执行职务提供司法保障。代表在人民代表大会和常委会会议上的发言和表决，不受法律追究。司法机关对有违法犯罪嫌疑的人大代表采取法律规定的限制人身自由措施前，应按照有关规定报请许可。对阻碍代表执行职务或对代表执行职务打击报复的违法行为要依法查处。

2013 年 5 月，市十四届人大常委会《关于加强常委会组成人员联系代表、代表联系选民的办法》提出要求，市人大常委会及其办事机构和工作机构，应牢固树立为代表服务思想，把联系人大代表作为一项重要职责和做好各项工作的基础，做到密切联系、接受监督、搞好服务，为代表依法执行职务创造条件，提供方便。市人大常委会驻会组成人员应带头参加本代表小组活动，定期深入基层，征求市人大代表对市人民代表大会及其常务委员会工作的意见。市人大常委会办事机构和工作机构，应根据自身工作特点和工作需要，确定对口联系市人大代表或不驻会委员。市人大常委会要保障代表的知情权，并督促市人民政府、市人民法院、市人民检察院为代表知情知政和市人民代表大会及其常务委员会审议各项报告、议案提供相关的资料信息。市人大常委会应将年度工作要点、重要工作安排、重要活动情况、作出的决议、决定等，通过印发会报、刊物、市人大网站公布、新闻媒体宣传等形式，定期向市人大代表通报。

第三节　组织代表活动

人大代表是人大工作的主体，人大工作的基础在代表。人大代表是一种公职，代表在于活动。1981 年以前，因县级人民代表大会没有常设机构，也没有具体负责人大代表工作的办事机构，县级人大代表在闭会期间的活动开展得不够经常。自 1981 年 1 月设立人大常委会后，历届人大常委会均将加强与代表的联系、组织代表开展活动列入重要议事日程，制定出台文件，提出具体要求，抓好督查落实。1981 年 3 月，县六届人大常委会成立伊始，就制定了联系代表和代表活动制度。1984 年 6 月，县七届人大常委会通过加强同县人大代表联系的办法。1985 年 12 月，常委会决定向县人大代表颁发代表工作证，组织县人大代表持代表工作证检查工作。1988 年 3 月，县八届人大常委会规定每月 15 日为接待代表来访日。5 月，常委会组织县人大代表开展“为振兴大丰经济献计献策活动”。12 月，常委会召开了县人大建立以来的第一次代表工作座谈会议。会上有6个代表组和3位代表介绍了经验，研究探索了如何组织代表活动、发挥代表作用的新路数，对推动全县代表工作的开展起到了积极的作用。1990年4月，县九届人大常委会组织县人大代表开展“为建设新大丰献计献策活动”。11月，常委会通过联系县人民代表大会代表暂行办法。1995年9月，县十届人大常委会发表致全县四级人大代表的一封信。2000年9月，市十一届人大常委会通过联系市人民代表大会代表的暂行办法。2002年3月，市人大常委会作出了加强人大代表工作的决定。2006年11月，市人大常委会作出了加强市人大代表工作的决定。2013年5月，市十四届人大常委会为实现闭会期间代表活动的常态化，密集制定了关于加强和规范闭会期间市人大代表活动的若干意见，关于人大代表接待选民办法，关于人大代表向选民述职办法，关于加强常委会组成人员联系代表、代表联系选民的办法以及关于办理市人大代表建议、批评和意见的办法，为代表履职创造必要的条件，提供良好的服务，代表工作日趋正常化、制度化和规范化，为推进大丰经济社会发展和民主法治建设做出积极贡献。

一、代表小组建设

代表小组是人大代表在闭会期间开展活动的重要组织形式，是代表工作和代表活动的基础。代表小组具有承上启下的地位和承前启后的作用。为加强代表联络，便于人大代表在闭会期间有组织地开展活动，更好地发挥代表作用，每届人大代表选举产生后，市（县）人大常委会都按照便于组织和开展活动的原则，及时将人大代表编成若干小组。第六届全县386名人大代表划分为40个小组，推选了正、副组长和记录员；第七届全县390名人大代表划分为38个小组；第八届全县302名人大代表划分为36个小组；第九届全县375名代表划分为37个小组；第十届全市311名代表划分为35个小组；第十一届全市277名代表划分为16个小组；第十二届全市277名代表划分为16个小组；第十三届全市277名代表划分为21个小组；第十四届全市277名代表划分为18个小组。

1981年5月20日，县六届人大常委会第2次会议通过的《大丰县人大常委会委员、代表、选民联系制度试行办法》规定，各代表小组坚持每月集中活动一次，及时汇集群众的意见和要求，对政府工作提出建议或批评，并用书信等形式随时向县人大常委会反映；县人大常委会要认真研究，并及时转给有关部门处理。为了加强同代表小组间的联系，县人大常委会每季召开一次代表小组组长会议，交流工作经验。

1984年6月14日，县七届人大常委会第1次会议通过的《大丰县人民代表大会关于加强同县人民代表联系的办法》明确代表小组的主要任务是，组织代表学习和宣传党和国家的方针、政策、法律、法令以及县人大常委会的决定、决议和会议精神；协助本级人民政府推行工作；组织代表进行访问、汇集人民群众的意见和要求，及时向县人大常委会和县人民政府反映;交流代表的工作经验等。每次活动确定一两个重点内容,活动后向县人大常委会汇报活动情况。县人大常委会不定期召开代表组长会议,交流代表小组活动的情况和经验,听取代表小组的建议、批评和意见,总结推广先进典型,以便更好地发挥代表小组的作用。

1991 年,县九届人大常委会加强对代表小组活动的指导,制定下发了《代表小组定期开展活动和情况反馈制度》。

2000 年 9 月 23 日,市十一届人大常委会第 20 次会议通过的《大丰市人大常委会关于联系市人民代表大会代表的暂行办法》明确要求,每次小组活动情况,由代表小组组长及时向市人大常委会办事机构报告。

2003 年,市十二届人大常委会向各代表小组联络员颁发聘书,完善制度,明确职责,有效加强了与代表小组的联络工作。

2006 年 11 月 28 日,市十二届人大常委会第 31 次会议通过的《大丰市人民代表大会常务委员会关于加强市人大代表工作的决定》,对代表小组活动制度进行完善,代表小组任务也更加翔实、明确。代表在闭会期间的活动以集体活动为主,以代表小组活动为基本形式。代表小组活动一般每年安排 3 ~4 次,活动的内容可以根据市人大常委会的要求确定,也可以由代表小组根据当地实际情况确定。

市十四届人大常委会主动适应代表工作不断发展的要求,积极创新代表工作的方式方法。2013 年 5 月,市人大常委会就代表小组活动要有量的指标、便于检查再出实招。市人大常委会代表工作机构根据市人大常委会工作要点,应及早提出代表小组的年度活动意见,指导各代表小组研究制定年度活动计划,并负责提醒和督促代表小组召集人按计划开展活动。各代表小组应当根据常委会工作要点和代表活动意见的要求,制定代表小组年度活动计划。代表小组活动应做到有计划、有主题、有深度、有实效。每次活动前,应当上报代表小组活动实施方案;活动后,应当上报代表小组活动登记表。代表小组的正、副组长切实负起责任,按照要求认真组织本组的代表开展活动,联络员积极为代表开展活动做好服务工作。市人大代表小组活动一般每年安排 3 ~ 4 次。代表应当参加本代表小组活动,代表因故不能参加活动的,应当向代表小组召集人请假。专业代表小组在相关工作委员会的领导下开展活动,人事代表联络工作委员会给予指导。

二、设立人大代表之家

为进一步推进基层人大工作,更好开展人大代表活动,市人大常委会通过创建"人大代表之家"夯实代表工作的基础。

2004 年,在学习借鉴外地经验的基础上,全市共建立"人大代表之家"58 个,普遍活动 2 ~3 次,接待选民 1300 人次,接转代表建议、批评、意见 520 多条,为加强基层民主建设、密切代表与选民的联系、提高代表参政议政积极性和履职能力,发挥了重要的阵地作用。

2005 年,全市共建立“人大代表之家”77 个,开展活动 182 人次,接待选民 1281 人次,形成代表建议、批评、意见交市镇两级政府和部门办理 1020 条。

2006 年,市人大常委会认真组织代表开展活动,重视“人大代表之家”建设。通过召开镇人大工作座谈会、到各镇指导工作等形式加强督查,使全市 14 个镇人大“代表之家”均活动 4 次以上。

2007 年,市人大常委会坚持和完善“人大代表之家”活动制度,注重“人大代表之家”的长效管理,全年开展“人大代表之家”活动 120 次。

2008 年,在全市各镇开展创建“人大代表之家”和开展“三带一创”(带头致富、带领群众致富、带头招商引资、投身全民创业)活动,共创建“代表之家”71 个。

2009 年,市人大常委会把“一个载体、两项制度”(一个载体指代表之家;两项制度指代表向选民述职制度,代表接待选民制度)建设作为开展基层人大工作的重要抓手,精心组织,扎实推进。以镇人大代表小组为单位建立“人大代表之家”,统一时间,每年在“人大代表之家”开展两次人大代表接待选民日活动。制订人大代表向选民述职计划,确保年底市镇两级人大代表述职人数不低于代表总数的 40%。常委会编印“大丰市‘人大代表之家’有关制度台账样本”发给各镇人大。年内,对各镇开展“一个载体、两项制度”工作进行抽查,并召开全市“一个载体、两项制度”建设工作现场观摩会。2009 年,全市 68 个镇人大代表小组建立了 75 个“人大代表之家”。有 369 名市镇两级人大代表参加了选民接待日活动,有 248 名市镇两级人大代表向选民述职。

2010 年,全市建立 74 个“五有”(有阵地、有制度、有计划、有记录、有学习资料)“人大代表之家”。全年有 300 多名市、镇两级人大代表参加选民接待日活动,接待选民 1000 余人次,收集整理选民意见 400 多条。年内,有 269 名市镇人大代表向选民述职。

2011 年,市人大常委会指导各镇人大加强“人大代表之家”建设,为代表履职提供平台。

2012 年,市人大常委会召开全市“一个载体、两项制度”现场观摩会,对全市 74 个“人大代表之家”开展“家家到”集中督查活动,形成督查报告通报,通过促动,各“人大代表之家”均按标准建立完备,并按年度计划定期开展活动,桥梁纽带作用得到发挥。

三、开展争先创优

为不断调动代表参政议政的积极性,进一步提高代表参政议政的能力,1991 年,县八届人大常委会开始以表彰优秀代表和先进代表小组为主要内容的争先创优活动,共评出优秀代表 36 名,先进代表小组 7 个,并作出了表彰决定。历届人大常委会十分重视对代表先进事迹的宣传,对参政议政作用发挥较好、在各项工作中起表率和带头作用的代表,在《人大工作情况》

设专栏介绍，展示了代表风采。

2001 年 1 月，市十一届人大常委会表彰了 10 个先进市人大代表小组、34 名优秀市人大代表和 10 名优秀市人大代表小组联络员。

2002 年，常委会表彰了 10 个先进代表小组、34 名优秀人大代表。

2004 年 9 月，市十二届人大常委会组织市人大代表开展“争先创优”（创建先进人大代表小组、争当优秀人大代表、优秀联络员）活动。

2005 年，常委会组织全市各级人大代表开展带头致富、带领致富、带头招商引资、积极开展全民创业活动。

2006 年，常委会先后宣传共建和谐的典型石万宇、农民致富的带头人倪启芳、蒜乡创业的引路人杨建明等一系列代表先进事迹。全市 1000 余名各级人大代表中，创办各种实业的 600 余人，超过代表总数的 60%，兴办各类经济实体 600 余个，总投资达 45 亿元，年创利税突破 2.5 亿元，吸纳 7200 余人就业。

2007 年，常委会广泛发动各级人大代表积极投入带头致富、带领群众致富、带头招商引资、参与全民创业的“三带一创”活动，宣传活动典型 13 人。全市 1300 多名各级人大代表中，有 65% 以上的代表兴办各类经济实体，总投资 50 亿元，年创利税突破 3 亿元，吸纳近万名劳动力就业。

2008 年 9 月，常委会表彰了 5 个市人大代表先进小组、28 名优秀代表和 6 名优秀联络员。

2009 年 5 月，市十三届人大常委会组织市人大代表开展争先创优活动。12 月，常委会作出表彰先进人大代表小组、优秀人大代表和优秀联络员的决定，共表彰 5 个先进代表小组、26 名优秀代表和 5 名优秀联络员。

2012 年，市十四届人大常委会在市人大代表中开展“建设幸福大丰、争当模范代表”主题实践活动，号召广大代表争当“服务大局、创业创新，带头致富、带领致富，联系选民、服务群众，关注民生、扶贫解困，维护稳定、促进和谐”的模范，在参与决策、监督协助、桥梁纽带、模范带头等方面发挥作用。

2013 年 5 月，常委会制定了关于评选表彰代表活动先进小组、代表活动积极分子及优秀联络员办法。在代表中开展以“建设幸福大丰、争当模范代表”为主题的实践活动，广大代表积极争当“服务大局创业创新、带头致富带领致富、联系选民服务群众、关注民生扶贫解困、维护稳定促进和谐”五个方面的模范，活动取得了较好成效。同年 11 月，常委会表彰了十佳模范代表 10 名、代表活动积极分子 28 名、代表活动先进小组 5 个和优秀联络员 5 名，在《大丰日报》系列宣传了“十佳模范代表”的履职风采。

2014 年，市人大常委会继续深化“建设幸福大丰、争当模范代表”主题实践活动，动员广大代表积极参与“五个一”（服务一个企业、帮扶一个贫困户、办一件实事、接待一次选民、提出一条民生建议）实践，不断增强创先争优活力，更好地发挥代表主体作用。全年共帮扶各类企业 159 家，为群众办实事好事 307 件，帮扶困难户 524 户，提供帮扶资金近 30 万元。

四、代表视察调研

视察与调研是闭会期间人大代表履行职务的重要内容。1981 年以来，县（市）人大常委会紧紧围绕县（市）委的战略目标和县（市）人代会的各项要求，以及人民群众关心的热点、难点问题，组织人大代表进行视察调研。2013 年 3 月 27 日，市人大常委会制定出台了《大丰市人民代表大会常务委员会视察工作办法》，对视察的对象、内容、形式、方法、组织实施和法律保障等提出规范操作的指导意见。

1981 年—2014 年（县六届人大至市十四届人大），县（市）人大常委会共组织 400 余次代表视察活动。

1981—1983 年（县六届人大），县人大常委会围绕全县两个文明建设和群众普遍关心的问题，组织代表视察活动。

1981 年，县人大常委会组织人大代表对工业联合、发展多种经营、党纪党风情况进行视察。通过典型解剖，代表们出主意、想办法，提建议，对搞好工作、解决问题起到了促进和指导作用。

1982 年，县人大常委会组织代表先后视察了大中地区开展第一个“全民文明礼貌月”活动的情况以及大中地区开展爱国卫生运动的情况。县委、县政府对县人大视察组反映的情况十分重视，专门召开会议，研究解决存在的问题，使大中地区的卫生状况有了很大改观，促进了大中地区精神文明建设。

1983 年，县人大常委会组织人大代表到潘丿、大桥、草庙、南阳等乡视察棉花收购工作，对严格执行收购政策、改进收购方法、提高棉花品位等问题，提出了针对性强的整改建议。潘丿乡中业收花站是新棉上市前突击建起来的，由于县有关部门意见不一致，迟迟不能开秤收花，当地群众反映比较强烈。县人大视察组立即与县政府联系，当天就解决了问题，受到干部、群众的好评。

1984 年—1986 年（县七届人大），县人大常委会围绕贯彻实施法律法规、有关经济体制改革、经济建设、社会治安等大事组织代表进行视察。

1984 年，县人大常委会组织代表视察农村、工厂、财贸等 60 个单位，对视察中发现的问题提出了积极的意见和建议。同年，组织三个组视察城乡水污染及其防治情况，重点视察境内川东港污染情况，基本弄清了川东港污染状况和污染源，对少数污染严重、治污又差的单位提出了抓紧治理的要求。

1985年,县人大常委会对县人民医院、县化肥厂、刘庄五件宛厂等单位贯彻执行《中华人民共和国水污染防治法》情况进行视察活动。通过共同学习法律,研究治理措施,明确治理要求,年底大中地区重点污染源单位的治污工作都取得了不同程度的效果。年内,视察检查了《药品管理法》的贯彻执行情况,将视察中查出的535种、价值10500元的失效、变质、淘汰药品,当众销毁。

1986年,县人大常委会组织代表对食品卫生、环境保护、市场物价、市镇建设和司法机关执法情况等方面持证进行了视察,有效地推动了这些方面工作的开展。在视察司法机关执法情况时,发现县人民法院的少数判决执行不及时,县公安局看守所监所管理制度不严密等现象,经提出后,有关部门都立即采取措施,及时进行了纠正。

1987年—1989年(县八届人大),县人大常委会先后组织63次视察活动。

1987年,县人大常委会组织代表视察了重要的经济建设项目、企业治理污染的情况以及饮服、食品行业贯彻执行《食品卫生法》的情况。国庆和春节之前,视察了市场物资供应和物价工作情况,对市场管理不严、违法活动增强以及食品价格上涨等问题提出了意见和建议。

1988年,每次县人大常委会前,县人大常委会都组织代表围绕会议议题进行视察调查,并列席常委会,审议政府有关工作。同年,两次视察县公安局看守所和两次检查在押犯的办案期限,督促司法机关依法办事。

1989年,县人大常委会组织代表对浆粕化纤工程、四万吨尿素工程、东南环城路的修建工程和淮南一厂、二厂等重点工程和重点企业进行视察,有力地保证了人代会通过的国民经济计划的贯彻实施。

1990年—1992年(县九届人大),县人大常委会经常组织人大代表进行视察活动,不断拓宽代表参政议政的渠道。

1990年,县人大常委会组织人大代表视察《水污染防治法》、《企业法》、《食品卫生法》等法律、法规的执行情况,并针对存在问题,提出了54条建议和意见。

1991年,县人大常委会组织人大代表对重点投资项目的实施情况以及工商税收等方面的情况进行视察,分析计划和预算实施过程中的存在问题及原因,督促和支持政府保证计划和预算的顺利实施。同年,还组织代表对大四河的污染、县城规划和管理等进行视察,促进政府把造福后代的实事办好。

1992年,县人大常委会组织代表对全县沿海滩涂中小学教育情况进行了广泛的视察,实地察看了解了斗龙渔业、王港、川东等乡的有关中小学教育情况和县直驻滩涂的10多个厂场、公司的职工子女入学情况,提出了制订切实可行的发展规划、实行政策倾斜、努力改善沿海滩涂中小学师资质量和办学条件、妥善解决沿海滩涂职工子女入学难问题的建议,依法督促政府切实解决群众关心的难事。

1993年—1997年(县〈市〉十届人大),市人大常委会共组织代表视察活动37次。

1993年,县人大常委会组织人大代表视察全县贯彻执行《代表法》《药品管理法》《企业法》《经济合同法》《食品卫生法》《传染病防治法》《城市规划法》《江苏省外商投资企业工会条例》、《江苏省科学技术进步条例》等项法律法规的情况,保证了这些法律法规的正确实施。

1994年,县人大常委会组织人大代表围绕县委工作会议精神,对全县工业企业满负荷生产情况、亏损企业的扭亏情况以及技改项目资金的落实情况进行了广泛的调查视察,充分调动了工业企业的生产积极性。

1995年,县人大常委会组织人大代表视察了森威、大力、虹达、珍丰、豪斯等企业集团,提出了发挥规模经济优势,盘大骨干企业,营造一批经济“巨人”等积极建议。同年,还组织人大代表视察了大刘一级公路、县城创建工作和公路黑色化工程,对加大基础设施建设工作力度、巩固创建成果等提出了建设性意见,有力地支持了全县基础设施建设工作的顺利进行。

1996年,市人大常委会组织代表视察了政府的廉政建设工作,在肯定成绩的同时,提出了进一步加大反腐倡廉工作力度、认真查处大案要案、强化预算外资金管理、制订完善各项规章制度、树立良好政风等建议,推动了廉政建设。同年,多次视察小康村建设情况,提出了要科学规划先行,进一步壮大村级集体经济,千方百计增加集体积累等建议,有力地推动了小康村建设工作的力度。

1997年,市人大常委会先后组织代表对现代化大街建设情况、大丰港口导堤建设情况、外向型经济工作、文化市场管理、食品卫生等进行视察,为代表知情知政,行使职权创造条件。

1998年—2002年(市十一届人大),市人大常委会共组织人大代表视察活动245次。市人大常委会注重每年组织代表进行一到两次规模较大的集中视察活动,对市人民政府科学决策和做好工作起到较大推动作用。

1998年,市人大常委会组织全市1900多名各级人大代表视察了大丰港、金丰大街、幸福大街、人民公园等重点工程,代表们通过看成就议变化,积极为全市两个文明建设献计献策。

1999年,市人大常委会开展了千名代表视察村务公开活动,村务公开质量明显提高,有力推进了基层民主政治建设;对推进农业产业化、水利重点达标工程建设、发展旅游业、为企业优质服务、环境保护等12个重要议题进行视察,提出46条建议和意见。

2000年,市人大常委会组织代表开展专题视察60次。对发展个体私营经济、深化企业改革、加快结构调整、控减农民负担工作、饮用水源保护区监管以及《环境保护法》《土地管理法》《个人独资企业法》等法律贯彻情况进行重点视察调研,提出了加快发展、形成后发优势的建议,发挥了代表的主体作用。

2001年,市人大常委会组织代表围绕大力发展私营个体经济、深化国有企业改革、加快工业结构调整、加强城镇基础设施建设以及环境保护等议题进行视察活动。

2002年,市人大常委会组织代表视察大丰港、市区金丰大街、幸福大街等重点工程建设,提出经营城市理念、招商引资、加快建设等建议。

2003年—2007年(市十二届人大),市人大常委会精心组织人大代表视察活动,提高履职能力,发挥主体作用。

2003年,市人大常委会组织全市人大代表和各镇人大代表视察镇特色工业园区建设和市"两区"(海洋经济开发区、经济技术开发区)招商引资、项目推进情况,全市抗击"非典"、防洪排涝、开展农业标准化工作、行政审批改革、道路交通管理、海域使用情况。

2004年,市人大常委会组织市、镇人大代表对全市"两区一园"、招商引资、项目推进、农民增收减负、农业产业化等工作情况进行视察调研。

2005年,市人大常委会组织人大代表视察市"两区"新开工的项目建设以及招商引资、项目推进、培植规模企业、全民创业等工作;组织部分人大代表到东沙实地视察调研;对全市安全生产工作、师德建设情况、滩涂开发利用情况进行视察调研。

2006年,市人大常委会开展市镇人大代表联动视察,组织观摩大中、西团等镇人大代表全民创业现场;组织市人大代表视察有关服务业重点项目建设情况;组织人大代表走访部分贫困户家庭,调查他们的生活状况、经济收入、实际需求,明确对安排群众生活的各项措施落实情况进行跟踪督促;组织市人大代表视察水利桥梁建设现场,大中镇、裕华镇的议案办理工作,市区供水工作、环保工作;视察气象观测站、卫星接收站、视频会商系统;视察林业工作。通过视察,人大代表为各项工作再上新台阶提出了积极的建议。

2007年,市人大常委会组织人大代表视察了新农村建设试点,并就农业、农村经济发展和农民增收等重点工作深入调查;组织视察全市社区矫正工作、文化娱乐市场管理情况、残疾人保障工作情况、房地产开发管理工作、港区化工园区污水集中处理工程和市区污水管网建设工程、大丰港经济区规划建设现场以及城市重点工程建设情况。

2008年—2011年(市十三届人大),市人大常委会积极探索充分发挥代表作用的方式和途径,有针对性地开展代表视察调研活动。

2008年,市人大常委会组织人大代表对全市农业、农村经济工作组织开展调研视察,推动农村经济发展、农业增效、农民增收;组织人大代表对市滩涂、海洋环境保护情况进行视察,要求加大环境保护法律法规宣传力度、基础设施投入力度、法律法规执行力度、生态环境建设力度;围绕招商引资、项目推进、利用外资、接轨上海、沿海开发、港口建设和管理等议题,组织人大代表进行专题视察调研;组织人大代表对人民调解工作、检察院工作和公安局基层派出所建设及交警、监管等工作情况进行视察,围绕法治大丰建设、“五五”普法和平安创建、社会综合治理等推进民主法制建设议题开展调研;组织人大代表对全市全民健身工作、文化事业发展工作进行视察;组织人大代表对市 2008 年政府为民办实事工程和城市建设重点工程建设情况进行视察,促进加快建设进度,确保工程质量,完成目标任务。

2009 年,市人大常委会组织人大代表视察大丰港一期码头运营、二期码头建设和重大项目、规模企业、园区共建等工作,促进了港口、产业、重大基础设施和项目建设取得突破;组织人大代表对农村水利、新农村建设、创建国家级农机示范市等工作开展视察调研,有力促进了农村发展、农业增效和农民增收;组织人大代表对全市交通基础设施、城市绿化、保障性住房、文化教育设施建设等开展视察调研,确保 2009 年度政府为民办实事工程落到实处;组织人大代表对城市饮用水源保护、农村改水工作进行视察检查,确保全市人民饮用水安全;组织人大代表视察市公安局社会面监控系统建设情况,提出加大投入力度、拓展监控范围、强化人员培训、提高处置能力等建议。

2010 年,市人大常委会组织人大代表到上海视察招商工作,建议市人民政府发挥飞地和资源两大优势,促进“两海”发展战略融合互动;组织视察全市城乡统筹发展试点、示范镇村建设等工作,推进全市城乡统筹协调发展;组织人大代表对全市饮用水源保护和城乡供水一体化工作开展视察,提出意见和建议;组织人大代表深入保障性住房建设、新农保扩面、交通和城市建设重点工程现场开展视察调研,有力地推进工程顺利实施。

2011 年,市人大常委会组织人大代表对食品药品安全、物价工作、工商工作、人口与计划生育、农村卫生工作、城市重点工程和为民办实事工程等与人民群众生活密切相关的工作进行重点视察调查,推动全市社会事业与经济建设协调发展;组织视察沿海开发、“三区一园”、产业升级及重大项目推进情况,提出要主攻重特大项目、切实优化发展软环境、促进服务业与制造业协调发展、壮大镇域经济等建议;组织视察全市防汛防旱及水利设施建设、现代农业建设、城乡供水一体化、生态大丰建设等工作;组织视察建议办理工作,对代表反馈为不满意的 2 件答复件,要求承办单位重新办理后再次答复代表。

2012 年—2014 年(市十四届人大),市人大常委会在发展全局中找准切入点和着力点,与时俱进地发挥人大代表作用,经常性组织代表进行视察调研,全力助推大丰经济社会又好又快发展。

2012 年,市人大常委会组织人大代表到“三港”(港口、港城、港区)建设一线集中视察,推动沿海开发战略实施;组织视察镇、村“两化”(城镇化、工业化)建设工作,推动城乡统筹发展;专题视察生态市建设工作,推动大丰市生态文明建设;组织市镇人大代表联动视察水利、交通、城建等重点工程,提出建议,支持政府办好实事工程;组织人大代表围绕热点难点问题开展视察调研活动,为代表提出高质量议案和建议提供服务;组织视察调研全市农业农村经济发展工作、农产品质量安全工作。

2013 年,市人大常委会组织人大代表实地察看保障性住房建设及使用、城建交通重点工程建设等现场,视察调研城市管理工作,推动为民实事工程和社会公用事业协调发展;组织视察区园建设和重大项目推进情况;组织视察调研全市滩涂开发利用情况,提出要完善规划、提高定位,发展深加工精加工产业、以资源促产业,加大项目推进、强化基础配套,实施科技兴滩战略,严格环境评估、注重生态保护等意见。

2014 年,市人大常委会组织人大代表深入重点经济部门、镇、区园、企业调研视察,建议市人民政府以科技创新为动力,提升传统产业,做强优势产业,做大新兴产业,努力扩大新项目对全市经济的贡献份额;组织开展林业工作视察,促进政府加快成片林基地建设,扩大农田林网覆盖面,努力提升林业管理水平;常委会以每月至少一次的频率,组织人大代表深入通榆河沿线村企、制水企业、监管部门、备用水源建设工地视察调查,提出提升源水水质、加快备用水源建设、完善城乡供水管网等建议,促进全市水源水质实现了安全、卫生、可靠;组织对城乡环境综合整治、川东港疏浚、福利院建设、保险便民服务、人民医院高新区分院建设等 10 件民生实事和 12 件提升民生保障水平工程开展视察调研,形成调查报告,积极提出意见建议,推进各项工程顺利实施。

第四节　议案和建议的办理

人大代表在会议期间和闭会期间,依照法律规定的程序向本级人民代表大会及其常委会提出议案及建议、批评和意见,是依法执行代表职务、参与行使国家权力的重要形式。加强和改进人大代表议案及建议办理工作,不断提高办理质量,对于充分发挥代表主体作用,推动人民代表大会制度与时俱进意义重大。

办理代表议案、建议是人大的一项重要工作。大丰市历届人民代表大会及其常务委员会非常重视代表议案和建议办理工作,不断完善工作机制,强化任务措施,努力做到办理落实“无死角”、跟踪反馈“零距离”。

一、提高建议质量

代表提出高质量的建议是依法办理建议的前提和必要条件。为提高代表建议的可行性、准确性、针对性,市人大常委会一抓学习培训。建立健全代表学习培训、激励和约束机制。市人大常委会每届有计划地开展代表初任学习、履职学习、专题学习和履职经验交流。充分利用培训、专题调研、视察、执法检查、联系人民群众、出列席人代会和常委会会议、代表小组或专业代表小组活动、代表之家互动交流等形式，让代表看到问题，掌握实情，从众多头绪中挑选出反映民意、急待解决的问题。组织代表学习了解法律法规、党和国家的方针政策、代表履职知识等，吃透上情，摸清下情，找准建议的切入点，提出“好建议”。二抓深入调研。市人大常委会统一安排，代表于每年年中、年末至少进行两次专题调研活动。代表小组的调研活动由市人大常委会委托各镇（区）人大组织。专业代表小组的调研活动由市人大常委会有关工作机构组织。围绕全市改革发展稳定的大局，围绕经济、政治、文化、社会和生态文明建设中的重大问题，围绕群众普遍关心的热点、难点问题，深入调查研究，广泛了解社情民意，提出“实建议”。

二、着力抓好办理

办理工作的目的在于解决问题。历届市人大常委会把议案、建议办理工作作为维护政府形象和社会和谐稳定的重要途径，坚持多措并举，着力在增强办理实效上下功夫。一是抓好沟通环节。在办理前、办理中、办理后通过走访、调研、座谈、电话等形式与代表联系，充分听取代表意见，加强沟通，解疑释惑，达成共识。二是加强跟踪督办。市人大常委会在制度机制推进、创新督办方式、公开建议办理结果等方面予以指导示范，推动代表建议办理工作向规范化、制度化、科学化、法治化迈进。首先，强化办理制度落实。2005 年 3 月 17 日，市十二届人大常委会通过《大丰市人大常委会关于办理市人大代表建议、批评和意见的办法》。2013 年 5 月 29 日，市十四届人大常委会修订《大丰市人民代表大会常务委员会关于办理市人大代表建议、批评和意见的办法》，在代表建议的提出、交办、承办和督促检查等方面作了具体规定，进一步完善沟通联系、询问评议、情况反馈等工作机制，强化与承办单位责任分工、绩效考核、协调反馈、结果公示等制度落实，保障办前有计划，办中有沟通，办后有总结，将加强跟踪督办用制度的形式加以固定，有力地推动了市人民政府、市人民法院、市人民检察院和有关部门的工作。其次，创新督办工作方式。进一步加强常委会专项检查与重点督办。采取代表对承办单位进行视察调研、“面对面”询问评议等形式，保证建议落地见效。对代表提出的重要或者有重大影响的建议的办理情况，市人大常委会主任会议听取承办单位专题汇报，提出工作意见；必要时由主任会议将相关议题提请市人大常委会会议审议。再次，推进建议办理公开。办理结果公开的社会关注度高。市人大常委会积极探索代表建议和办理结果同步公开的工作制度，规范建议公开的程序和方式，扩大建议办理公开的范围和内容。市人大代表在市人民代表大会会议期间提出的建议以及有关单位的办理工作情况分别在市主要新闻媒体和“大丰人大网”上对社会公布，对承办单位办理责任制落实情况、办理结果、代表对办理工作的满意度等情况分别进行公示，并在下一次人代会上向代表通报。

三、建议办理简况

1981—2014年(县六届人大至市十四届人大),代表共提建议、批评和意见5719件。经过县人大常委会与县人民政府的共同努力,逐步形成了一套较为完整的交办、承办、督办、查办的程序,并采取了抽样调查、跟踪反馈等措施,做到了事事有着落,件件有答复,对一些办理后代表不满意的建议、批评和意见,还要求政府和有关部门重新办理。1989年县人大常委会建立了内务工作委员会,县政府办公室也明确专人负责,使代表建议、批评和意见的办理工作有专门机构、专人负责,从而使办理工作的质量逐年提高,增强了人民群众对党和国家机关的信任感。

第六届人民代表大会 1981年,县六届人大一次会议期间,代表们共提出436件提案。会议闭幕后,各项提案由县人大常委会交县人民政府和各有关部门研究处理。县政府办公室分工一名副主任兼管、一名秘书专门负责这项工作。各承办单位将处理结果及时直接答复提案人,并向县人大常委会汇报,436件提案做到案案有结果,件件有交代。

1982年,县六届人大二次会议期间,共收到代表提案322件。县人大常委会逐件审核把关,及时交办,承办单位认真答复,322件提案全部处理结束并答复了代表。

1983年,县六届人大三次会议期间,代表提案共125件,做到件件有着落,事事有交待。部分代表在提案中要求解决"卖棉花难""卖蚕茧难",县人民政府十分重视,县供销社积极规划、抓紧施工,当年在25个乡、镇建起了30个新的收花站、点,使收花窗口由51个增加到332个。新建收茧站6个,由原来的11个增加到17个。基本解决了"卖花难",一些地方"卖茧难"的状况也有所好转。代表提出的扩建县精神病医院、搬迁大中鞭炮厂等提案,也都由有关部门办理,得到了解决。

第七届人民代表大会 1984年,县七届人大一次会议期间,代表们共提出410件议案、建议、批评和意见。县人大常委会认真督促办理,并答复了代表本人。常委会直接参与办理了群众反映强烈、要求迫切的建议和意见。如代表们提出改善群众饮用水条件的意见,县人大常委会专门召开了改水问题座谈会,对全县的水资源进行了科学的分析,要求县人民政府合理开发、利用,制定切实可行的长远规划和近期实施意见,抓紧改善人民群众的饮用水条件,解决部分乡、村"吃水难""用水难"的问题。

1985年,县七届人大二次会议期间,代表们提出了218件建议、批评和意见,年底前全部办理结束。县人民政府采取领导亲自动手,实地会办,限期办理等多种办法,把办理代表意见落到实处。凡是合理而又能办到的问题,都立即办理。如代表们强烈反映棉花压级压价的问题,经调查核实,按照政策退补40多万元,当年全部结算发放到户。

1986年,县七届人大三次会议期间,代表们共提出建议、批评和意见268件,当年全部办理结束,并直接向代表们作了答复。县人大常委会于年底走访了草堰、洋心洼、南团、通商、三龙、金墩等乡的38名县人民代表。代表们反映，他们提的建议和意见，县人民政府基本上做到了事事有交待，件件有着落，感到比较满意。

第八届人民代表大会 1987年，县八届人大一次会议期间，代表们共提建议、批评和意见433件。至同年10月，代表所提出的建议、批评和意见已经办结。县人大常委会十分重视办理质量，对代表不满意的，交有关部门重新办理。大中地区代表提出加快县城基础设施建设的意见后，城建部门认真拟定了1987年县城建设实施方案，同年，建成健康西路、育红路、人民南路等部分路面，修建了公共厕所，还安装了部分路灯。

1988年，县八届人大二次会议期间，代表们共提建议、批评和意见227件。县人大常委会交有关部门限期办结，并对办理情况抽样调查了42件，对31件办理不满意的建议、批评和意见，都逐一研究了落实措施，并重新答复了代表。代表提出政府工作要改进，发展粮棉生产，发展外向型经济，农村不要乱征用土地，干部要廉洁等建议、批评和意见。对此，县人民政府于同年分别制定了《大丰县人民政府工作规则》及"鼓励发展棉花生产的十条规定""鼓励出口创汇的规定""调查处理股级以上干部政纪案件的暂行办法"等规章，使政府工作逐步走上法制轨道。

1989年，在县八届人大三次会议期间，代表们共提建议、批评和意见193件，县人大常委会交有关部门限期办结。为了解办理情况，检查办理质量，常委会组织力量，抽样调查了80件建议、批评和意见的办理情况，对代表不满意的要求政府重新办理。代表们提出的完善企业承包经营责任制，解决农资供应紧缺的矛盾，处理建设单位拖欠工程款，查处违法建私房的案件，以及飞轮联合生产的意见等，都得到了较好的落实。

第九届人民代表大会 1990年，在县九届人大一次会议期间，代表们共提建议、批评和意见286件，县人大常委会认真抓转办、抓督办、抓反馈，使代表建议办理工作落到了实处，取得了较好的效果。潘丿乡代表提出要增加高亢地区改造中低产田的投资，县人民政府十分重视，将川东港以南地区列为中低产田改造重点，并向省市提出了规划报告，申请国家补助经费。同年，县政府向该地区投入资金5.5万元，努力改善生产条件。马春芳等代表对大丰县中学、龙堤中心小学的建设问题提出建议。县人民政府在财力十分困难的情况下，决定为丰中建一幢宿舍楼，同时，对龙堤中心小学的搬迁，给予适当补助。

1991年，县九届人大二次会议期间，代表们共提出建议、批评和意见176件。县人大常委会为了提高办理效果，检查办理质量，不仅给代表发征询意见表，还到草庙等7个乡镇抽样调查了88件代表建议、批评和意见的办理情况，征求了84位代表的意见，对代表不满意的，要求有关部门重新办理、答复。马兰代表建议尽快发放1990年度棉花扶持费，支持棉农发展生产。对此，县人民政府十分重视，责成有关部门抓紧落实，同年四月份就将1983万元扶持费拨到基层供销社，并全部兑现给棉农。

1992 年，县九届人大三次会议期间，代表们共提出建议、批评和意见 194 件。县人大常委会为了提高办理效果，召开了代表座谈会，抽样调查代表意见，当面听取代表对办理答复的意见，并组织部分代表视察了有关办理现场，努力做到事事有着落，件件有答复。

第十届人民代表大会 1993 年，县十届人大一次会议期间，代表们共提建议、批评和意见 182 件。县人大常委会坚持“涉及重大事项的建议重点交办、久拖不决的建议跟踪查办、群众关心的建议抓紧催办”的原则，保证了所有建议在法定时间内办理完毕，达到了代表满意的要求。黄岐林等 10 名代表联名提出“要求解决乡镇企业向多头主管部门上交管理费问题”，县人民政府十分重视，深入调研，专题会办，按核定企业管理费的提成总额不得超过销售收入的百分之一规定，合理确定各级分成比例。尹金来等 10 名代表联名提出《农副产品放开后政府的配套政策应当及早出台》、施恒祥代表提出《整顿文化市场》、顾中栋等代表提出《要求年内完成大沈公路黑色工程》等建议得到较好落实。

1994 年，县十届人大二次会议期间，代表们积极参政议政，通过书面形式对全县的改革开放、经济建设和社会事业，以及政府工作提出了建议、批评和意见 189 件。经县政府和各有关部门、有关乡镇共同努力，均已全部办复代表。

1995 年，县十届人大三次会议期间，代表们共提出建议、批评和意见 124 件，在法定期限内全部答复代表。16 位代表要求兑现棉花扶持费加价款和奖售化肥，在国家对棉花扶持费尚未下拨的情况下，县长常务会议决定，由县棉麻公司先贷款 2698 万元，全额兑现给棉农。

1996 年，县十届人大四次会议期间，代表们共提出建议、批评和意见 113 件，经县人民政府及各有关部门的共同努力，全部办复代表。陶加谷等代表提出《加大打假力度》、柏金生等代表提出《重视水源保护提高县城饮水质量》、王保凤代表提出《关于解决革命战争时期老同志养老问题》等建议，均被采纳落实。

1997 年，市十届人大五次会议之后，市人大常委会及时把 81 件建议、批评和意见交有关部门办理。沈达宇等 13 位代表要求《加快教师安居工程建设的建议》，市人民政府高度重视，列为市政府为民办实事的十件实事之一。丁瑞云等代表《关于大力发展农业机械化的建议》、翟长虹代表《关于斗龙港韦灶村渡口撤渡建桥的建议》都得到了较好解决。

第十一届人民代表大会 市十一届人大常委会对代表提出建议、批评和意见及时交办，通过会议审议、召开座谈会、组织代表视察办理现场等形式，积极推动抓好督办工作。1998 年，市十一届人大一次会议期间，共收到代表建议、批评和意见 142 件，都按时作了办理，并答复了代表。被列为 1 号建议的“新金桥”以及南阳龙须桥等修建工程，分别于当年竣工通车，为群众办了实事、好事。

1999 年,市十一届人大二次会议期间,代表们共提出建议、批评和意见 111 件,代表对答复满意和基本满意率达 95%。一些群众迫切要求解决的问题得到了落实。如为全市人民办实事重点工程之一的"淼淼"净化深井水在城区推广饮用、定点完中办学经费统筹付诸实施、方强南直河大桥建成通车。

2000 年,市十一届人大三次会议期间,代表们提出 51 件建议、批评和意见,市人大常委会及时召开交办会,督促政府及承办部门完善制度,落实责任,提高办理质量。代表联名提出的《关于改善市区饮用水质量、防止污染沿海生态环境》等议案,市人大常委会作出了严禁新上污染项目、加大污染治理力度以及提高饮用水质量的交办意见得到了较好落实,代表比较满意。

2001 年,市十一届人大四次会议期间,代表们提出 103 件建议、批评和意见,均在法定时间内办理完毕,代表比较满意。石根美等代表提出的《关于核减农业税计税面积,增加财政转移支付》,董坤等代表提出的《要优化企业环境,减轻企业负担,营造企业发展环境》,杜家宏等代表提出的《适当调整蚕桑生产服务费标准》以及代表联名提出的《关于尽快提高市区绿化覆盖率的议案》等议案建议,均办理解决或措施基本落实。

2002 年,市十一届人大五次会议期间,代表们提出的 66 件建议、批评和意见,均在法定期限内正式办复代表。

第十二届人民代表大会　市人大常委会注重增强代表建议办理实效,切实提高代表建议涉及问题的解决率,确保落到实处。

2003 年,市十二届人大一次会议期间,代表们提出建议、批评和意见 127 件,均办结并答复代表。针对代表提出的《关于健全和完善社会保障制度,加强对社会保障基金征缴管理工作的议案》,市人大常委会重点督促办理,并提出切实可行的建议。

2004 年,市十二届人大二次会议期间,代表们提出 95 件议案、建议,均在规定时间内办理完毕,代表满意率 90% 以上。魏翠萍、陆琪等 10 位人大代表提出的《关于尽快建立和完善农村合作医疗制度的议案》,经市人大常委会专题审议,作出交办意见。市人民政府将此议案的办理作为一项"民心工程"和农村五件实事之一,较好地控制和减少了农民群众因病致贫、因病返贫现象的发生。

2005 年,市十二届人大三次会议后,市人大常委会及时把 99 件议案、建议、批评和意见交有关部门办理。常委会将张来平等 10 位代表提出的《关于进一步加大农村基础设施建设投入,提高农村生产生活条件的议案》作为 1 号议案,进行专题审议,并提出具体处理意见交由市人民政府办理,促进加快农村基础设施建设。

2006 年,市十二届人大四次会议期间,代表们提出的 77 件议案及建议、批评和意见办复率100%。对高春林等10位代表提出的《关于加大化解村级债务力度》的1号议案,市人大常委会组织专题调查和审议,及时形成交办意见,加强跟踪督查,为化解村级债务作出积极努力。常委会总结推广了裕华、刘庄等镇办理建议工作的经验和做法,加大督查力度,提高了办理质量和代表满意率。

2007年,市人大常委会认真督办市十二届人大五次会议期间,代表们提出的92件议案和建议,及时召开交办会,提出具体要求。将《切实维护职工合法权益》列为1号议案,将往年1号议案以及《关于解决低收入人群住房问题》《关于及时足额拨付关爱工程配套资金》等5项与人民群众生活密切相关的建议列为2007年常委会督办的重点,明确常委会领导牵头负责、相关工委督办和具体单位承办,保证议案、建议的办结率,提高代表满意度。

第十三届人民代表大会 市人大常委会把办理代表建议作为密切联系群众、自觉接受监督、回应群众期盼的重要途径,通过督办代表建议推动全市经济社会事业发展。

2008年,市十三届人大一次会议期间,代表们提出议案、建议、意见190件,市人大常委会加强重点督办,规范办理程序,代表满意和基本满意率达98%。常委会认真督办代表提出的关于完善社会保障体系建设的议案,两次组织代表进行视察督查,要求市政府相关职能部门扩大社保覆盖范围,切实提高监管能力。

2009年,市人大常委会对市十三届人大二次会议以来的134件代表建议、批评和意见及时分类梳理,制定督办方案,定期听取办理情况汇报,提高建议落实率和代表满意度。徐瑞平等10位代表提出《关于加强食品卫生安全监管,保障人民群众身体健康》的议案,常委会十分重视,组织代表深入视察调研,提出广泛宣传发动,加大食品安全执法力度、完善监管保障机制等建议。朱月芳代表提出的《关于进一步加大对经济薄弱村扶持力度》的建议,吴俊林等代表提出的《关于部委办局改进接待方式,使老百姓门好进》的建议等,均被及时采纳落实。

2010年,市十三届人大三次会议期间,代表们共提出113件议案、建议和意见。市人大常委会创新代表建议办理方法,规范办理程序,确保代表全程参与;让承办部门与代表面对面交流,及时通过《大丰日报》和大丰人大网站公布办理结果,向人代会公布代表满意度。常委会对孙志银等11位代表提出的《关于加大推进新型农村社会养老保险工作力度的议案》(1号议案)实行重点督办,努力推进公共卫生服务均等化,切实保障农民健康。《尽快改善204国道交通状况,减少交通事故发生》等建议得到较好落实。

2011年,市人大常委会坚持议案、建议办理公示制,共办理市十三届人大四次会议以来的议案建议91件,办结率100%,代表满意率98%。常委会把殷德荣等10位代表提出的事关民生的《城乡供水一体化工作》列为人代会1号议案,实行跟踪督办,确保取得实效。代表们对1号议案的办理答复满意率100%,对办理结果的满意率100%。

第十四届人民代表大会　市人大常委会按照让群众满意、让建议落实、让建议发挥最大作用这条主线来开展工作，进一步加强对议案建议办成情况的督查，让“办成率”唱主角，确保代表议案建议办理“落地有声”。每年人代会都把人民群众最关心、代表最关注的热点难点问题，列为1号议案，常委会全面跟踪督办，确保办出成果，办出实效，努力打通服务和联系群众的“最后一公里”，把代表建议办理工作提高到一个新的水平。

2012年，市十四届人大一次会议上代表提出的165件议案、建议全部按期办复，面商率、办结率100%，代表满意率98%。市人大常委会将办理陈卫东等10位代表提出的《关于切实解决失地农民社会保障问题》（人代会的1号议案），视为关注民生的一项民心工程大力推进，跟踪督办，促进市政府出台《大丰市被征地农民基本生活保障暂行办法》。张锦生等代表《关于王港闸整体下迁》的建议，市政府作为2012年10件政府为民办实事工程之一加快实施。

2013年，市人大常委会以提高建议办成率为目标，加大督办代表议案建议力度，坚持常委会领导重点督办制，推动相关问题解决。实行建议网上办理，完善建议办前、办中、办后公示制，进行代表不满意重新办理制，增强办理实效。市十四届人大三次会议以来，代表提出的133件议案建议全部按期办结并答复代表，办成率62.9%，代表满意率98%。沈菊兵等11位代表提出的《关于整合资源，加大对城乡居民大病救助力度的议案》被列为1号议案，常委会专门作出交办意见，对议案办理推进的组织领导、方式方法、时间步骤、各阶段的重点、最终要达到的效果都提出明确要求，督促市人民政府及时修订《大丰市城乡困难居民医疗救助办法》。镇村卫生室药品增加配给、康平南路南延、开通107路公交、丰山桥交通整治等事关发展、普惠民生事项的建议均被采纳并得到解决。

2014年，代表提出的112件议案建议全部按期办结并答复代表，代表满意率达98%以上。李国城等11位代表提出的《进一步提升饮用水质量，从源头保护人民生命健康安全的议案》被列为1号议案，市人大常委会提出了“高度重视、认真办理、明确目标、落实措施、强化领导、统筹推进”的交办意见，市人民政府把落实议案列为政府实事工程重点重抓，使通榆河水环境明显改善，备用水源建设全面启动，检测监督体系日趋完善，全市饮用水质量明显提升。常委会对《进一步提高行政机关办事效率和服务水平》等4件作重点建议，由常委会领导牵头督办，对涉及现代农业发展、村级债务化解、农村环境整治及土地流转、农资市场管理、加大对中小企业扶持力度等30件代表建议进行对口督办，促进了建议办理的落实。

第五节　代表述职和述职评议

人大代表向选民述职、接受选民评议，是密切人大代表与选民的联系，加强选民对人大代表的监督，增强代表履行职责的自觉性和责任感的有效举措，是健全人大代表监督机制，推动基层民主建设的有效尝试。《代表法》第六条规定："代表受原选区选民或者原选举单位的监督。"代表向选民报告工作，体现了人民当家做主的政治地位。代表与选民面对面交流，心与心交流，听真话、讲实话、办实事、解民忧，真诚述职，真实评议，有利于代表在履职过程中得到选民和选举单位的大力支持，为代表履行职务创造一个更加宽松良好的外部环境。全面开展代表向选民述职活动，产生了"监督者首先要受监督"的良好示范效应。

为增强代表政治责任感，提高履行代表职务自觉性，充分发挥代表作用，规范人大工作，根据《代表法》有关规定，2004 年 10 月 20 日，大丰市人大常委会办公室、人事代表联络工作委员会提出《关于开展市、镇两级人大代表向选民述职的工作意见》。2013 年 5 月 29 日，市十四届人大常委会第 9 次会议通过《大丰市人民代表大会关于人大代表向选民述职办法》，形成了制度化的规范，促进代表联系选民的常态化。

一、代表述职的内容和方法

内容。代表述职内容主要有 6 个方面：一是学习宣传和贯彻执行宪法、法律、法规，以及人大决议、决定的情况；二是参加人代会期间审议议案和各项工作报告，以及提出代表议案与建议、批评和意见等情况；三是闭会期间参加常委会组织的视察、专题调研、执法检查、座谈、学习培训及其他各项活动，参加"人大代表之家"、代表小组等各项活动的情况；四是联系选民、参加"代表接待选民日"活动的情况，听取和反映选民意见和要求，为群众办实事的情况；五是换届选举期间代表候选人与选民见面会上向选民所作的承诺和实践情况；六是履职中存在的问题及改进措施。

方法。市人大代表的述职活动由市人大常委会或委托镇人大、"两区"人大工作联络处组织，镇人大代表述职活动由镇人大组织。市人大常委会代表工作机构和镇（区）人大应制定一届任期内市、镇人大代表述职计划，并对各个年度开展代表向选民述职活动作出具体安排，市、镇人大代表述职按选区进行。每位市、镇人大代表在一届任期内都要向原选区的选民述职一次。

二、代表述职评议应掌握的事项

做好述职准备。在召开代表述职会议前一个月，组织者应通知有关代表做好述职准备。参加述职的代表应采取多种形式、充分听取原选区选民意见，认真回顾总结任期内履行代表职责的情况，按代表述职的主要内容撰写好述职报告，并于述职会议前 5 天送达会议的组织者。代表述职会议由原选区选民代表参加。各选区按照为人正派，在群众中有一定的威信，具有一定的反映选民意见能力的条件，确定参加代表述职会议的选民代表，人数一般不少于 50 人。

规范操作程序。召开代表述职会议。主要议程：一是学习代表法的有关规定；二是述职代表向选民述职；三是选民对述职代表作评议发言，提出意见和建议，并可以要求代表就履职的有关问题做出回答；四是选民对代表履职情况进行测评，分为满意、基本满意和不满意三个档次；五是主持人公布测评结果，也可于会后公布；六是述职代表作表态发言。

述职会议结束后，由组织者汇总选民评议意见和测评结果书面反馈代表本人。测评总满意票数等于或超过参评人数百分之七十的为满意，总满意票、基本满意票数超过参评人数百分之五十的为基本满意，总不满意票数等于或不超过参评人数百分之五十的为不满意。对测评不满意的代表，由市人大常委会代表工作机构或委托镇（区）人大主席、副主席进行诫勉谈话，并责成其在规定时间内制定出整改措施，报市人大常委会代表工作机构和镇（区）人大主席团。对整改不积极，整改措施不力，选民对其履职情况不满意的，可以劝其辞去代表职务，或由原选区选民按照法定程序提出罢免案。市镇人大代表述职报告、汇总后的选民评议意见及测评结果等材料，应报送市人大常委会代表工作机构和镇人大主席团留存，并作为评先创优和换届时推荐下一届代表候选人的重要依据。

三、代表述职工作简况

为不断增强人大代表履行职责的自觉性和责任感，市人大常委会于2004年在刘庄镇新桥村组织了代表向选民述职的现场观摩会，同时下发了《关于开展市镇两级人大代表向选民述职的工作意见》，开始了全市范围内的市、镇两级人大代表向选民述职工作，全年有146名市镇两级人大代表向选民述职。通过开展选民对人大代表履职情况进行评议，有效实践了代表要“受选民和原选举单位的监督”的法律规定，密切了代表与人民群众的联系，进一步拓宽了提高人大代表素质、发挥人大代表作用的途径。

2005年，市人大常委会组织近千名代表向选民述职，市镇两级人大代表有2/3以上向选民述职。

2006年，全市有985名市镇两级人大代表向选民述职，占全部代表的85%以上，基本完成了全体代表届内述职的预定目标。

2007年，市人大常委会组织85名代表向选民述职。

2008年，市人大常委会对代表向选民述职工作情况进行检查指导。

2010年，有269名市镇人大代表向选民述职，其中市代表46名，镇代表223名。

2011年，全市1200多名市镇人大代表实现了任期内均向选民述职一次的目标。

2012年，市人大常委会在草庙镇丁东村组织召开市镇人大代表向选民述职现场观摩会。

2013年，市人大常委会组织320名市镇人大代表向选民述职。

2014年，市人大常委会组织代表向选民述职，常委会组成人员带头参加，以述职促履职，以履职促尽职，共有321名市镇人大代表向选民述职，代表履职动力不断激发。

第五章 监　　督

监督权，是地方人大及其常委会的重要职权之一。人大及其常委会拥有的监督权是宪法和法律赋予的。代表人民行使监督权，是地方人大的重要职责。人大及其常委会监督法律实施情况和“一府两院”的工作，是人民代表大会制度的重要原则和制度设计，是全面推进依法治国的重要内容和必然要求。

大丰市(县)历届人大及其常委会切实担负起宪法法律赋予的监督职责，始终把法律法规的正确有效实施放在重要位置，不断加大监督力度，完善监督程序，增强监督实效。为了更好地加强对“一府两院”的法律监督和工作监督，充分发挥地方国家权力机关的作用，随着依法治国进程的不断推进，市人大常委会先后作出了《关于依法治市的决议》《关于进一步加强法制宣传教育的决议》和六个五年普法决议。常委会反复修订并通过了《大丰县人大常委会关于监督县司法机关的暂行办法》《大丰县人大常委会对行政、审判、检察机关行使监督职权的暂行办法》《大丰市人大常委会与市人民政府工作联系办法》《大丰市人大常委会与市人民法院、市人民检察院工作联系办法》《大丰市人大常委会关于在我市实行执法责任制和错案(过错)责任制的决定》《大丰市人大常委会对司法机关个案监督的暂行规定》《大丰市人大常委会关于对市人民法院、市人民检察院实施监督的暂行办法》以及《大丰市人民代表大会常务委员会执法检查实施办法》，使监督有章可循，更好地发挥人大监督的职权，监督工作与党委中心工作“合拍”、同“一府两院”整体工作“合力”、与群众愿望“合心”，实现监督和支持相统一，达到切实解决问题的目的，着力维护社会公平正义。

第一节　法律监督

开展对法律实施情况的检查监督，是地方人大常委会监督工作的常态之一。县(市)人大及其常委会的法律监督，是监督宪法、法律、行政法规、地方性法规以及人大及其常委会有关的决议、决定在本行政区域内的实施情况。

大丰市人大及其常委会始终把法律监督工作放在人大工作的重要位置，加强对法律、法规实施情况的监督检查，促进严格执法，推进依法治市，有效地保证了宪法和法律、法规在全市的贯彻实施。法律监督方面以听取法律实施情况的汇报和执法检查为主。人大开展监督工作的主要职能就是监督“一府两院”贯彻法律法规的实施，执法检查是人大及其常委会进行法律监督最常见的监督形式。市人大常委会坚持抓住法律实施中的重点问题、突出矛盾和薄弱环节进行检查，抓住民生关注的热点问题开展检查，不断加大执法检查力度，增强执法检查的权威性、针对性和实效效。

2013 年 3 月 27 日，市十四届人大常委会第 8 次会议通过的《大丰市人民代表大会常务委员会执法检查实施办法》，对执法检查的重点对象、内容、参与人员的组成、执法检查工作的开展、执法检查报告的形式和审议、审议意见的处理以及审议意见及落实情况的公布等作出了明确规定，执法检查工作更加程序化、规范化和经常化。

一、县第六届人民代表大会及其常务委员会

1982 年 5 月 7 日，县人大常委会通过《关于在全县学习和讨论〈中华人民共和国宪法修改草案〉的决议》。举行各方面人士座谈会，向全县作广播讲话，到基层宣讲，召开县直干部大会，传达省人大常委会宣讲宪法修改草案的报告，召集县直单位和各公社、镇学习、讨论宪法修改草案汇报会。常委会归纳整理了 30 条修改意见和建议，先后两次向省人大常委会作了汇报，其中，被采纳的有 8 条。组织部分委员和代表举行新宪法学习讨论会。编写印发了《民主与法制宣讲材料》，在全县城乡开展民主与法制的宣讲活动，使广大干部群众普遍受到了一次学法、知法、懂法、守法的教育。

1983 年，县人大常委会召开了新宪法宣传会议，对组织全县人民学习、宣传新宪法作了部署，印发了《学习新宪法讲话材料》。将法律法规的监督工作列入议事日程，有选择地加以检查。常委会抽调 23 名干部，分片检查学习、宣传《中华人民共和国宪法》的情况，先后听取 29 个公社、镇和 23 个县直单位的汇报，抽查了 12 个公社、镇，35 个村、工厂、街道、学校和 5 个县直单位。通过检查，提高了广大干部群众对新宪法的认识，增强了法制观念，为在全县范围内保证宪法的贯彻执行奠定了思想基础。

二、县第七届人民代表大会及其常务委员会

1984 年 12 月，县人大常委会检查了《中华人民共和国水污染防治法》贯彻执行情况，重点检查境内川东港污染情况。现场察看了 4 个工厂和草堰、三渣、沈灶、大桥、潘丿、草庙等乡的有关村、组，召开 12 次座谈会，走访受害户。对治污工作做得好的单位给予了肯定和表扬，对治污还不够的单位提出了进一步治理的意见，责成少数污染严重、治污不力的单位抓紧治理。常委会领导还到造成川东港污染的东台造纸厂、化肥厂，反映本县川东港沿岸人民群众受害的后果和要求，吁请他们搞好治污工作。

1985 年，县人大常委会作出《关于在五年内向全县人民普及法律常识》的决议。多次检查了解《经济合同法》、《环境保护法(试行)》《水污染防治法》《食品卫生法》、《药品管理法》

《刑法》《刑事诉讼法》和《社会治安管理处罚条例》等法律、法规贯彻执行情况，在肯定成绩的同时，及时指出存在问题，帮助研究改进措施，提出建议和意见。常委会还组织有关人员深入三圩、洋心洼、小海、方强等乡，实地检查普法实施情况，使全县普法工作顺利开展，提高了广大干部群众学法、守法的自觉性。举办了县直机关法律讲座，宣讲了《地方组织法》。

1986年，县人大常委会先后听取和审议了《计量法》、《会计法》等法律法规的实施情况，提出了加强宣传贯彻工作的具体建议，推动了这两个法的贯彻执行。常委会通过了《关于监督县司法机关的暂行办法》。对《食品卫生法》、《环境保护法》《水污染防治法》等项法律的执行情况和本县司法机关的执法情况开展检查。在检查《食品卫生法》执行情况时，发现个别食品厂使用不合格的香精配制饮料，某门市部出售霉变的虾片、银耳等；在检查司法机关执法情况时，发现法院的少数判决执行不及时、监所管理制度不严密等现象。经检查组提出后，有关部门立即采取措施，及时进行了整改。

三、县第八届人民代表大会及其常务委员会

1987年，县人大常委会听取和审议了县人民政府关于普法教育、社会治安和执法大检查情况的汇报，督促和检查县人民政府贯彻执行国家有关法律法规。重点对《义务教育法》《水污染防治法》《环境保护法》《食品卫生法》的贯彻执行情况，进行了检查监督，促进了这些法律、法规的贯彻执行。在法律监督的过程中，把监督司法机关的执法情况作为一个重要的方面。对司法机关办案中个别执法不严的现象和少数干警存在的问题，常委会及时组织调查，在弄清情况的基础上，提出建议和意见，使这些问题较快地得到纠正和改进，促进了司法机关依法办案、文明办案和从严治警。

1988年，县人大常委会先后听取和审议了《土地管理法》《义务教育法》等法律法规的实施情况，重点检查了《档案法》《计量法》《环境保护法》《水污染防治法》和《价格管理条例》等7个法律法规的执行情况。针对全县执法大检查中存在的问题，提出了整顿行政执法队伍，加强政府法制建设的意见。县政府根据检查反馈的意见，研究制定了《大丰县人民政府工作规则》和《调查处理股级以下行政工作人员政纪案件的暂行办法》等规章制度，使政府工作逐步纳入法制的轨道。常委会特别重视对司法机关依法办事的检查，先后8次听取了“两院”、公安、司法等部门关于法纪工作情况的汇报，两次视察看守所和两次检查在押犯的办案期限。对重大的、疑难的、有影响的或内部意见有争议的刑事、民事和经济纠纷案件，常委会领导亲自主持召开司法机关负责人会议，听取承办单位的汇报，提出处理建议或意见，督促司法机关依法办事。

1989年，县人大常委会先后听取和审议了《渔业法》《惩治贪污罪贿赂罪的补充规定》《城乡个体工商业户所得税暂行条例》《土地管理法》《村民委员会组织法(试行)》《大气污染防治法》等法律法规的贯彻实施情况，多次检查贯彻执行《义务教育法》《价格管理条例》《刑法》《刑事诉讼法》《治安管理处罚条例》《民事诉讼法》等项法律法规的情况和司法机关的执法情况，收到了一定效果。在检查公检法机关执法情况时，对发现的有些刑事犯罪案件依法从重处罚不够、有些案件在办案环节上有粗糙现象和治警不严等问题，不仅提出建议，常委会领导还与有关职能机关的领导交换意见，查明问题的原因，提出整改措施，保证了有关法律法规的正确实施。对全县普法工作进行检查，重点检查了35个委办局的普法工作情况和领导干部学法、守法、执法情况。

四、县第九届人民代表大会及其常务委员会

1990年，县人大常委会先后听取和审议了县人民政府关于实施《计量法》《标准化法》《会计法》《传染病防治法》《环境保护法》《江苏省保护老年人合法权益条例》的情况和关于《行政诉讼法》实施前准备工作情况的报告，作出了关于贯彻执行《行政诉讼法》和《江苏省保护老年人合法权益条例》的决议，进一步推动了这些法律法规在全县的贯彻实施。听取审议了县人民政府关于依法治县试点情况的汇报，提出了把全县各项工作纳入法制轨道的6点建议。有计划有步骤地检查了解《水污染防治法》《企业法》《食品卫生法》等法律、法规的执行情况，并针对存在问题，提出了54条建议和意见。先后对法院、检察院、公安局、司法局等部门以及基层法庭、派出所、法律服务所、拘留所、看守所的执法情况进行检查。对发现的有些刑事犯罪案件依法从重处罚不严、有些案件办理环节不严谨等问题，常委领导多次召开司法机关负责人会议，提出处理建议和意见，督促司法机关依法办事。

1991年，县人大常委会先后听取和审议了《土地管理法》《公路管理条例》《经济合同法》《计划生育条例》等法律法规的实施，检查《义务教育法》《环境保护法》《行政诉讼法》等法律法规的贯彻情况，保证了这些法律法规的正确实施。为了监督和支持司法机关搞好执法工作，多次组织委员和县人大代表对县公安行政拘留所和看守所进行检察，对超期关押和少数干警违纪以及履行法律手续不完备等问题提出了整改建议，并督促落实。在对"两院"的监督中，除经常听取工作汇报外，还坚持普遍查阅案件卷宗和抽查部分或单案卷宗的制度。全年共查阅"两院"卷宗120件，督促有关部门对3件有问题的案件作了纠正，对一些量刑不当，违反诉讼程序等问题及时提出建议。同时，根据人民群众举报，反映司法机关少数人以权谋私、贪污受贿和违法乱纪的情况，先后5次听取"两院"和公安等部门的汇报，提出具体建议10条。听取和审议县人民政府《关于我县"二五"普法规划实施情况和1991年普法工作意见的汇报》，作出《大丰市人民代表大会常务委员会关于在全县深入开展法制宣传教育的决议》。

1992年，县人大常委会先后听取和审议了《行政诉讼法》《全民所有制工业企业法》《水法》《审计条例》《城市规划法》以及税法等法律法规的实施情况。经常定期不定期地根据调查了解的情况和群众的反映,广泛开展执法检查活动。对《土地法》《食品卫生法》《矿产资源法》《公路管理条例》等法律法规以及基层公安派出所、法庭的执法情况进行了检查视察,对发现的一些违法现象进行了纠正。在对基层公安派出所、法庭执法情况进行检查时,发现某基层派出所1990年到1991年底,有10件12人刑事犯罪案件处罚不当,12名犯罪分子没有受到应有的制裁,而是用行政手段,按《治安处罚条例》和《乡规民约》处罚了事。常委会及时督促县公安局进行严肃查处,并先后三次召开主任会议,一次常委会议,听取县公安局关于查处情况的汇报,使12名犯罪分子(其中6名又重新犯罪,已逮捕归案)中的3名犯罪人员被重新审查,逮捕归案。常委会全年共查阅申诉卷宗32本,通过阅卷,对确有冤屈情节的,建议有关部门给予纠正,对于应该立案或追究法律责任的,依法监督有关部门办理,收到了较好的效果,维护了法律尊严。注重实效,切实推进"二五"普法工作。召开了纪念新宪法颁发十周年座谈会,常委会对进一步开展以宪法为核心的"二五"普法工作提出了具体要求。

五、市(县)第十届人民代表大会及其常务委员会

1993年,县人大常委会先后听取和审议了《森林法》《水污染防治法》的实施情况,提出了不断强化执法队伍建设和提高执法水平的建议,推动了法律的贯彻实施。常委会还多次组织人大代表,视察贯彻执行《代表法》《江苏省外商投资企业工会条例》《江苏省科学技术进步条例》《药品管理法》《企业法》《全民所有制工业企业转换经营机制条例》《经济合同法》《城市规划法》《食品卫生法》《传染病防治法》等项法律法规的情况,保证了这些法律法规的正确实施。常委会对两件行政案件进行调查了解,实施监督。听取了县人民政府关于"二五"普法实施情况的汇报,推动了全县"二五"普法工作的开展。召开了《江苏省外商投资企业工会条例》贯彻实施的会办会,学习宣传贯彻《中华人民共和国红十字会法》座谈会,促使这些法律法规在全县更好地贯彻实施。

1994年,县人大常委会听取和审议了县人民政府关于贯彻《中华人民共和国教师法》的情况汇报。

1995年,县人大常委会先后听取和审议了《土地管理法》《消费者权益保护法》《药品管理法》《科技进步法》《江苏省基本农田保护条例》《江苏省村镇规划建设管理条例》《产品质量法》《标准化法》《计量法》《红十字法》《水法》《妇女权益保护法》《治安管理处罚条例》等法律法规实施情况的汇报,就进一步保证这些法律法规在全县贯彻实施,提出了许多有价值的建议和意见,收到明显成效。常委会会同政府开展了全县环保执法大检查,对有关乡镇和污染严重的企业,提出了许多有效的整改措施,对促进环保法律知识的普及和环境执法水平的提高,推动全县环境与经济的协调发展起到了积极作用。针对人民群众反映强烈的严重刑事犯罪活动比较猖獗等问题,对《治安管理条例》执行情况进行了检查视察,维护了全县社会治安稳定。开展了税法执法检查，对增值税、营业税、屠宰税及个人所得税等税种的征收管理以及个体工商户的税收征管等方面提出较有分量的意见和建议，保证了全年财税目标的圆满完成。

1996年，市人大常委会先后听取和审议了《经济合同法》《劳动法》《种子管理条例》《传染病防治法》《教育法》《律师暂行条例》《江苏省公证条例》《江苏省农业机械管理办法》等法律法规实施情况的汇报，提出了许多建设性意见。充分运用上下联动开展执法检查这一行之有效的方法，取得了明显效果。针对农民负担反弹这一实际情况，组织市、乡(镇)两级人大代表，对市人民政府贯彻国务院《农民承担费用和劳务管理条例》的情况进行了检查，保证了《条例》的正确实施。与盐城市人大常委会联手，就贯彻实施《村镇规划建设管理条例》和《基本农田保护条例》进行执法检查，肯定成绩，指出不足，有力地推动了两个条例的贯彻实施。为了加大对“三五”普法工作的宣传监督力度，常委会作出了关于开展“三五”普法的决议。

1997年，市人大常委会先后听取和审议了《农业技术推广法》《环境保护法》《城市规划法》《渔业法》《乡镇企业法》《江苏省村镇规划建设管理条例》《教育法》等法律法规实施情况的汇报。通过审议监督，有力地推进了这些法律法规的贯彻实施。讨论通过了《大丰市人大常委会关于对市人民法院、市人民检察院实施监督的暂行办法(试行)》以及《关于在我市执行执法责任制和错案(过错)责任追究制的决定》。组织人员对全市社会治安情况进行调查，抽查了部分治安案件，促进秉公执法，防止一些新的不稳定因素的发生。在对司法机关实施宏观监督的同时，重视对个案的监督。在对公、检、法三机关实施个案监督中，通过调阅卷宗，深入基层，了解情况，共纠正错案11件。

六、市第十一届人民代表大会及其常务委员会

1998年，市人大常委会听取审议了《刑法》《会计法》《农业法》《公路法》《职业教育法》《环境保护法》《中外合资经营企业法》《产品质量法》《食品卫生法》《全民健身法》等法律法规实施情况的汇报，就进一步保证这些法律法规的贯彻实施，提出了许多有价值的建议和意见。多次组织执法检查，推动“一府两院”建立健全了执法责任制和错案(过错)责任追究制。常委会对“两制”执行工作提出了许多积极意见。全市依法行政、“依法建制、以制治村”工作全面推行，一个以基层依法治理为基础，行业依法治理为支柱，部门执法责任制、错案(过错)责任追究制为重点的全方位、多层次的依法治理格局加快形成，推动了依法治市工作不断向纵深发展。先后邀请了南京大学法学院教授和省人大常委会领导给全市副科级以上领导干部作法制讲座，组织政府组成人员进行了公务员法律知识考试。

1999年，市人大常委会强化执法检查，有计划、有重点地对《预算法》《防洪法》《全民所有制工业企业法》《环保法》《未成年人保护法》《野生动物保护法》《食品卫生法》《传染病防治法》等法律法规在全市的贯彻实施情况进行检查监督,促进了政府部门依法行政。实施司法监督,督促公正司法。常委会听取和审议了市法院关于《行政诉讼法》实施情况的汇报和“两院”上半年工作情况汇报,加强督促检查,使64件执行案件得以解决;通过信访渠道,对82件情况复杂、反映强烈的司法信访进行了督办和查办。全年要求司法机关评查案件61件,追究错案责任10件、10人。加强对典型案件的个案监督力度,共监督纠正错案5起,维护了法律尊严。把全面落实执法责任制和错案(过错)责任追究制,深化“两制”运行作为实施法律监督的重点,切实抓紧抓好。召开了全市依法治市工作经验交流会,推动依法治市工作深入开展。

2000年,市人大常委会先后听取并审议了《环境保护法》《土地管理法》《合同法》《个人独资企业法》《中国人民银行法》《商业银行法》《粮食收购条例》等法律法规的实施情况。不断探索和改进执法检查工作,加大执法检查力度。针对市内农药化工企业污染较为严重的状况,常委会组织委员、人大代表深入到全市29个乡镇和47个农药化工企业,就《环境保护法》贯彻实施情况开展深入细致的检查。年内并再次分6个组,对全市农药化工企业污染治理情况进行了抽查,对发现的问题提出了整改意见,使全市农药化工企业污染治理取得了较好效果。常委会讨论通过了关于对司法机关个案监督的暂行规定,使个案监督工作逐步走上规范化、制度化轨道。一年来,常委会收到个案监督方面的信访15件次,听取司法机关汇报案件26件次,旁听人民法院庭审10次,先后过问、协调、审查监督个案7件,纠正偏错案4件,维护了公民、法人和其他组织的合法权益。全市政务公开工作在常委会的督查下,乡镇和市行政执法部门政务公开率达100%。总结推广了市化肥厂、南团乡等普法工作典型,对全市普法检查工作进行了指导。

2001年,市人大常委会有计划、有重点地检查了《统计法》《城市房地产管理法》《审计法》《义务教育法》《森林法》等法律法规在全市的贯彻落实情况,有力地促进了政府部门依法行政。全年召开市法院院长、检察院检察长、公安局局长、司法局局长联席会议4次,听取司法机关案件汇报并具体指导29件次,旁听人民法院庭审9次,过问、协调、审查监督个案63件,督促司法机关纠正错案3起,促进了严明执法,公正司法,维护了社会稳定。认真抓好普法,推进依法治理。常委会先后举办“民法通则”、“义务教育法”、“劳动法”等讲座5次,并对《选举法》《组织法》进行广泛宣传。常委会审查并批准了市政府“三五”普法工作总结,通过了《关于进一步开展法制宣传教育的决议》和“四五”普法规划。

2002年,市人大常委会针对法律法规实施中的突出问题和社会关注的热点问题,先后对《行政诉讼法》《渔业法》《城市规划法》《失业保险条例》《社会保险费征缴暂行条例》等法律法规的贯彻落实情况进行了检查。对刑法和刑事诉讼法的贯彻实施情况及民事审判、审查批捕、公诉、反贪污贿赂、打黑除恶、干警队伍建设等工作，提出许多建设性意见。作出了关于对司法机关个案监督的暂行规定，督促司法机关纠正错偏案 15 起。市人大与法院、检察院、公安局、司法局建立联席会议制度，了解政法机关履行职责的情况，加强督查。常委会把全面落实“行政执法责任制和错案（过错）责任追究制”作为依法治市的重点，多次组织检查，狠抓落实，推行政务公开、审务公开、检务公开。

七、市第十二届人民代表大会及其常务委员会

2003 年，市人大常委会以推进依法治市为目标，认真履行法律监督职责。通过开展执法检查、司法工作监督、举办法制讲座、开展依法治市检查等形式，认真履行宪法和法律赋予的职能。围绕社会热点开展执法检查，保障法律法规正确贯彻实施。针对《药品法》《水法》《海域使用管理法》《产品质量监督法》等法律法规的贯彻实施情况开展专题执法检查，并配合省、盐城市人大对《工会法》《动物防疫法》《土地管理法》《农村土地承包法》《政府采购法》等法律法规的贯彻实施情况开展联动检查，保障宪法、法律和法规的贯彻执行。在全市范围内开展“二五”依法治市及“四五”普法工作中期检查，对国家机关依法行政、公正司法、农村基层民主法制建设情况进行全面检查；在各镇开展民主法制示范村创建活动，促进了司法公正，为创建平安大丰和推进依法治市做出了积极的努力。

2004 年，市人大常委会围绕社会热点，认真开展执法检查。年初，针对一些地区相继发生禽流感的敏感问题，迅速组织代表对《动物防疫法》的贯彻实施及禽流感的防治情况开展检查。常委会先后对国家机关依法行政、公正司法及农村基层民主法制建设情况进行督查，通过视察市看守所、基层派出所，旁听市人民法院庭审等形式，积极推进依法治市工作。先后协调、审查 20 多件群众反映强烈的案件，督促有关单位和部门纠正错偏案 3 件，主持和参与信访案件调查处理 2 件，平息越级上访事件 4 起。

2005 年，市人大常委会认真开展法律监督，促进依法行政和公正司法。常委会检查《中华人民共和国传染病防治法》《中华人民共和国安全生产法》《中华人民共和国行政监察法》《中华人民共和国种子法》等 16 项法律法规贯彻实施情况，专项调查《江苏省水利工程管理条例》贯彻实施情况，深入调查《中华人民共和国工会法》《中华人民共和国劳动法》《住房公积金管理条例》贯彻执行情况。听取市人民法院审判监督和市人民检察院民事行政检察工作情况汇报，讨论修改并通过《关于对司法机关个案监督的暂行规定》。全年常委会过问、协调案件 20 件次，听取司法机关汇报案件 14 件次，旁听人民法院庭审 4 次，督促纠正偏错案 4 件。开展《中华人民共和国律师法》《中华人民共和国审计法》《中华人民共和国城市规划法》等法律讲座 4 次。

2006 年，市人大常委会开展执法检查，保证法律法规贯彻落实。对贯彻实施《中华人民共和国气象法》情况进行专项调查，组织开展《中华人民共和国森林法》执法检查，配合全国、省、盐城市人大开展《中华人民共和国海域使用管理法》《中华人民共和国节约能源法》等法律法规贯彻实施情况的执法检查。加强司法监督，促进公正司法。听取并审议市人民法院执行工作情况的报告、市人民检察院反渎职侵权工作情况的报告。常委会先后过问、协调、审查监督个案20余件，督促有关机构纠正错偏案件，帮助有关方面和当事人解决实际问题，化解纷争，维护法律尊严，促进司法公正。完善相关制度，推进依法治市工作。常委会通过《关于法治大丰建设的决议》，举办《中华人民共和国治安管理处罚法》《中华人民共和国义务教育法》等法制讲座，组织学习国务院《信访工作条例》《中华人民共和国商标法》《中华人民共和国水污染防治法》等十余部法律法规，提高常委会组成人员、市人大代表及"一府两院"职能部门负责人的法制意识和依法行政、公正司法水平。

2007年，市人大常委会对《中华人民共和国治安管理处罚法》贯彻实施情况进行执法检查，开展《中华人民共和国农产品质量安全法》执法检查，对《江苏省防洪条例》贯彻实施情况进行调查，保证相关法律法规的贯彻实施。推动政府法治建设和"两院"公正司法，全年共审查市政府及职能部门下发的《大丰市新型农村合作医疗实施办法》《大丰市农村基本养老保险试点实施办法》等规范性文件46件，提出修改意见和建议15条。组织代表视察全市社区矫正工作、市人民法院审判庭和基层法庭建设等工作。

八、市第十三届人民代表大会及其常务委员会

2008年，市人大常委会组织开展《农民专业合作社法》执法检查，提出依法规范农民专业合作社的组织和行为，增强农业生产抗风险能力，促进农民增收的建议。听取全市第八届村民委员会换届选举工作情况汇报，提出要进一步明确职责权限，确保村委会民主决策、民主管理，努力保障人民群众民主权利有效行使。开展《安全生产法》和《特种设备安全监察条例》执法检查，要求相关职能部门进一步加强宣传教育，严格落实安全生产责任，大力开展专项整治，保证人民群众生命财产安全。听取并审议市人民法院诉讼调解工作、市人民检察院监所检察工作，还通过组织代表旁听庭审，转办、交办、督办涉法涉诉信访案件等形式，积极探索司法监督工作的新路子，不断加强对司法机关工作的监督。视察全市基层派出所建设工作。听取科技强警示范市创建工作情况汇报，举办"劳动合同法""预算法"等法制讲座，组织学习《监督法》《物权法》《药品监督管理条例》等法律法规。

2009年，市人大常委会开展《药品管理法》执法检查，组织委员和代表深入基层视察调研，听取群众意见，执法检查取得了较好效果。常委会注重加强和改进与"两院"的联系，组织开展"百名代表评十案"专项活动。听取了全市律师行业监督管理工作汇报，要求加强律师行业监管的组织领导，切实提高律师整体素质，规范服务市场。组织代表检查市公安局社会面监控系统建设情况,提出加大投入力度、拓展监控范围、强化人员培训、提高处置能力等建议,为推动平安大丰、法治大丰建设作出了积极努力。

2010年,市人大常委会审议通过《大丰市人大常委会与市人民法院、市人民检察院工作联系办法》,使司法监督工作步入常态化、规范化轨道。配合盐城市人大常委会执法检查组对大丰贯彻实施《中华人民共和国残疾人保障法》《革命烈士褒扬条例》情况进行检查。听取和审议市人民法院未成年人刑事审判工作、市人民检察院案件监督管理工作。组织开展“百名代表评十案”活动,组织代表旁听市人民法院案件庭审。举办《中华人民共和国环境保护法》《中华人民共和国广告法》法制讲座,组织学习《中华人民共和国物权法》《中华人民共和国道路交通安全法》等法律法规。对《中华人民共和国城乡规划法》贯彻实施情况开展检查,促进《中华人民共和国城乡规划法》的实施。审议通过大丰市人大常委会《关于规范性文件备案审查的实施意见》,全年审查规范性文件7件。出台与市“一府两院”工作联系办法,为推进法律监督和工作监督的规范化、程序化提供制度保证。

2011年,市人大常委会以社会主义民主法治建设为根本任务,切实加强法律监督,对《中华人民共和国水法》《中华人民共和国残疾人保障法》等法律法规的贯彻实施情况开展执法检查,举办《中华人民共和国价格法》《中华人民共和国水法》《中华人民共和国人民调解法》等法制讲座,组织学习《中华人民共和国选举法》《中华人民共和国社会保险法》《中华人民共和国行政监察法》《中华人民共和国职业教育法》《中华人民共和国农村土地承包经营纠纷调解仲裁法》等多部法律法规,为促进法律法规贯彻实施营造氛围。常委会听取并审议了大丰市人民法院商事审判、大丰市人民检察院公诉工作等专项工作报告,提出意见和建议。深入开展“百名代表评十案”专项活动,继续深化对法院审判工作的监督。组织40多名人大代表旁听评议案件4件,组织省、市、县三级人大代表开展“人大代表法庭行”活动,充分发挥了人大代表的监督作用。

九、市第十四届人民代表大会及其常务委员会

2012年,市人大常委会举办《中华人民共和国刑法修正案(八)》《中华人民共和国农产品质量安全法》《中华人民共和国行政强制法》《中华人民共和国建设项目预审用地管理办法》等法制讲座;组织学习《江苏省文化娱乐管理条例》《中华人民共和国个人所得税法》《中华人民共和国社会保障法》等多部法律法规,提升市人大常委会委员及代表的法律水平。市人大常委会组织对《中华人民共和国消防法》开展执法检查,听取市红十字会《中华人民共和国红十字会法》贯彻实施的情况汇报,推动法律法规的贯彻实施。强化司法监督,听取市人民法院立案审查、检察院侦查监督工作情况汇报,促进司法公正。配合盐城市人大常委会调研大丰公安机关基层派出所建设工作。全年备案审查15件市政府报送的规范性文件,推进依法行政。

2013年,市人大常委会以社会主义民主法治建设为根本任务,切实加强法律监督,维护社会公平正义。常委会举办《中华人民共和国刑事诉讼法(修正案)》《江苏省城市市容和环境卫生管理条例》等法制讲座,增强法制意识。听取全市“六五”普法工作情况汇报,推动政府及相关部门普法宣传。组织对《中华人民共和国社会保险法》的贯彻实施情况开展执法检查,推动全市社会保险工作有序开展。参与省人大五年立法规划调研,配合盐城市人大对《中华人民共和国知识产权保护法》《中华人民共和国台湾同胞投资保护法》开展执法检查。组织对法院、检察院工作开展调研,听取市人民法院非诉行政执行工作情况汇报,促进司法公正。听取和审议公安机关基层派出所建设情况报告,强化基层基础建设。组织人大代表参与“百名代表、委员评十案”活动,加强执法监督,提升司法公信力,实现法律效果和社会效果的统一。

2014年,市人大常委会认真履行法律监督职能,大力促进依法行政、公正司法,切实维护人民群众合法权益。采取听取汇报与实地察看、重点检查与委托检查、明察与暗访相结合的方式,对《食品安全法》贯彻实施情况开展执法检查,深入食品产销各环节了解《食品安全法》的贯彻实施情况,查找存在问题,提出意见建议20多条,确保“舌尖上的安全”。配合省、盐城市人大对《通榆河水污染防治条例》《海洋环境保护条例》等法律法规开展执法检查,推动相关法律贯彻实施。听取和审议法院人民陪审员、检察院监所检察工作情况报告,听取村委会换届选举、规范性文件制定备案和管理情况汇报,备案审查市政府规范性文件4件,推动依法行政、公正司法。举办《民事诉讼法(修正案)》《环境处罚办法》等法制讲座,通过多种方式支持国家宪法日、法制宣传日等普法宣传教育活动,努力提升全民法律素养。

第二节　工作监督

代表人民行使监督权,监督行政、审判、检察机关的工作,支持和保证他们依法行政,是宪法和法律赋予地方人大及其常委会的又一职权,也是常委会最大量、最经常的一项工作。人大开展监督工作的主要职能就是监督“一府两院”贯彻法律法规的实施、存在的薄弱环节和突出问题如何解决。34年来,市(县)人大常委会按照抓大事、求实效的原则,围绕本市改革发展中的重大事项和人民群众普遍关心的问题,抓住人民群众所思所盼积极开展监督,突出问题导向,不断强化工作监督,努力增强监督实效。

一、县六届人大常委会

1982年,县人大常委会召开常委会会议7次,听取和审议了县人民政府《关于开展打击经济领域中严重犯罪活动斗争情况的汇报》《关于代表提案处理情况汇报》、县人民政府委托县卫生局作的《关于大中地区卫生情况汇报》、县公安局作的《关于释放和安置原国民党县团以下党政军特人员的情况汇报》、县文教局作的《关于贯彻调整方针、办好教育事业的情况汇报》、县财政局作的《关于 1982 年 1—9 月份财政预算执行情况的汇报》、县人民法院《关于 1982 年 1—9 月份工作情况汇报》和县人民检察院《关于 1982 年 1—9 月份工作情况汇报》;讨论批准了《大丰县农业劳动保护暂行办法》《大丰县人民政府关于加强物价管理的试行办法》《大丰县人民政府关于计划生育若干问题的规定》;讨论通过了县人民政府提出的关于统一集镇名称的报告,以及县财贸系统 34 个先进单位、11 个先进集体、166 名先进个人名单。召开了县人民法院、县人民检察院工作座谈会,督促和指导公社、镇开好本届人大二次会议,依照法律规定和民主程序补选、增选了 30 名公社管委会主任、副主任和镇人民政府镇长、副镇长,较好地履行了监督的职责。

1983 年,县人大常委会召开常委会会议 10 次,听取和审议县人民政府和有关部门的工作报告共 13 项。主要有县人民政府关于全县实行农村政社分设体制改革工作情况的汇报,关于 1983 年上半年工作情况和下半年工作意见的汇报,县农业委员会关于沿海滩涂资源开发利用设想和实施情况的汇报,县计划委员会关于为贯彻国务院、中纪委《紧急通知》,制止乱涨价、乱摊派情况的汇报,县工商行政管理局关于努力搞好工商行政管理,积极为经济建设服务情况的汇报,县财政局关于 1983 年 1—10 月份财政预算执行情况的汇报,县商业局关于食品收购工作情况的汇报,县供销合作联社关于农副产品收购情况,县粮食局关于 1983 年粮食征购情况的汇报,县人民政府关于第三个文明礼貌月活动情况的汇报,县绿化委员会关于绿化工作情况的汇报,县公安局关于严厉打击严重刑事犯罪活动、争取社会治安根本好转的情况汇报,县人民政府办公室关于县六届人大三次会议提案办理情况的汇报。常委会对有关方面工作中存在的问题,都提出了积极的建议,从而从多个角度、多个层面督促承办单位切实把工作抓好。常委会讨论通过了《大丰县人民政府关于保护林木发展林业的布告》《大丰县人民政府关于加强水土保持工作的布告》和《大丰县县城总体规划》,并分别就抓好林业生产和水土保持工作作出了决议。

二、县七届人大常委会

1984 年,县人大常委会召开常委会会议 7 次,听取和审议县人民政府和有关部门的工作报告共 7 项。主要有:县体改办作的《关于城镇经济体制改革情况的汇报》,税务局作的《关于实行利改税第二步改革的情况汇报》,公安局作的《关于公安工作情况的汇报》和《关于全县社会治安综合治理情况的汇报》,县政府作的《关于 1984 年农副业生产情况和 1985 年工作意见的汇报》,以及县政府办公室作的《关于办理县七届人大一次会议上代表提出的议案、建议、批评和意见的汇报》,司法局作的《关于大丰县普及法律常识的五年规划的报告》等。在审议中,既肯定了这些工作方面的成绩,也提出了许多建设性的意见和批评,推动了相关工作的深入开展。常委会原则通过了县人民政府提出的《大丰县城镇规划建设管理暂行办法》,作出了《关于在五年内向全县人民普及法律常识的决议》。

1985 年,县人大常委会召开常委会会议 7 次,听取和审议县人民政府和有关部门的工作报告共 15 项。主要有:贯彻实施《经济合同法》《统计法》,开发利用沿海滩涂,防治内陆水域污染,执行财政预算,财贸,水产等方面的汇报。

1986 年,县人大常委会召开常委会会议 9 次,听取和审议县人民政府和有关部门报告共 17 项。主要有:县人民政府关于全县科技体制改革、教育体制改革、经济体制改革、审计工作、执行县城总体规划、计划经济、财政预算等工作情况的报告。常委会先后三次听取审议了县财政预算执行情况的汇报,并对预算外资金的收支情况进行了调查。常委会讨论决定或通过了关于加强审计工作的决议,关于批准一九八六年财政预算部分变更的决定,关于县、乡两级人大代表选举时间的决定,关于认真学习贯彻全国人大常委会《关于加强法制教育维护安定团结的决定》的决议以及关于县人民法院、县人民检察院主要负责人人事变动的决定等九项决定、决议。加强了对人大常委会任命的干部的考核、监督工作,初步改变了过去只任不管的现象。

三、县八届人大常委会

1987 年,县人大常委会召开常委会会议 7 次,听取和审议了县人民政府和有关部门工作报告共 18 项。常委会坚持把工作监督寓于支持之中,及时听取和审议"一府两院"的有关工作情况汇报,讨论决定全县经济和社会发展的重大事项。听取了县人民政府关于调整财政预算的报告,作出了《关于同意 1987 年财政预算追加部分安排的决定》,在县财政比较困难的情况下,按照"实事求是,先急后缓"的原则,使一些急需解决的问题得到了解决。听取、审议了县人民政府《关于修改调整县城总体规划的报告》,作出了《关于同意修改调整县城总体规划的决定》。常委会在人事任免工作中,进一步完善法律程序,健全各项手续制度,充分酝酿,发扬民主,举行了颁发县人民政府组成人员和人大机关干部任命书仪式,对被任命的干部进行民主和法制的教育。

1988 年,县人大常委会召开常委会会议 7 次,听取和审议县人民政府和有关部门工作报告共 19 项。主要有:县人民政府关于上半年全县深化改革的情况报告,关于滩涂开发情况和规划意见的汇报,关于 1—10 月份计划执行情况和今后工作意见的汇报,关于财政预算执行情况的汇报,关于农村医疗卫生工作情况的汇报,关于治理、整顿、深化改革情况的汇报,关于冬春人民生活安排和春节物资供应情况的汇报等;审议全县农业、多种经营、村组发展、县城和村镇建设等重大事项。常委会作出《批准调整 1988 年财政预算的决定》。在人事任免中,进一步完善法律程序,健全各项手续制度,反复酝酿,发扬民主,反映民意。对新任命的干部,常委会领导都要逐个找其谈话,指出缺点,提出要求。平时,通过听取有关工作汇报,加强对任命干部尽职尽责和实绩情况的了解;年终,会同有关部门进行考核,为依法任免提供了依据,基本做到了任免与考核相结合。

1989 年,县人大常委会围绕治理整顿和深化改革,加强对“一府两院”的工作监督。听取和审议了县人民政府关于计划经济工作、1989 年财政预算 1—10 月份执行情况和部分调整的情况汇报,作出了关于批准 1989 年财政预算部分变更的决定;听取和审议了县人民政府关于农业生产情况的汇报;听取和审议了县人民政府《关于〈大丰县生态县规划〉的说明》和“科技兴县”工作情况的汇报,并原则通过了县人民政府关于《大丰县生态县规划报告》;听取县人民政府开展“扫黄”工作的情况汇报,“一府两院”关于贯彻执行最高人民法院、最高人民检察院《关于贪污、受贿、投机倒把等犯罪分子必须在限期内自首坦白的通告》和监察部《关于有依法贿赂行为的国家行政机关工作人员必须在限期内主动交待问题的通告》的情况汇报;听取审议了县人民政府关于冬春人民生活安排和春节市场物资供应情况的汇报;先后四次对教育、体育、科技、卫生、环境保护等社会事业发展情况进行了调查审议,推动了有关方面的工作。

四、县九届人大常委会

1990 年,县人大常委会召开常委会会议 9 次,听取和审议“一府两院”工作报告 24 次。主要有:县人民政府关于 1990 年上半年治理整顿、深化改革工作情况的报告,关于双增双节情况和今后一段时期经济工作意见的报告,关于粮棉生产规划指标落实和实施情况的汇报,关于农业“四二〇”工程规划落实情况的汇报,关于多种经营生产情况的汇报等;先后审议了全县工业体制改革、劳动就业、环境保护、中小学思想政治工作、文化工作、建制镇城镇规划管理、县城体育设施等 9 项汇报,提出了许多积极的建议,促进了政府工作的进一步开展;专题审议了县人民政府关于江苏省大丰县与山东省威海市环翠区建立友好县区的情况汇报,作出“关于江苏省大丰县与山东省威海市环翠区建立友好县区的决定”;审议了全县 1—10 月份财政预算执行情况和预算部分变更情况的汇报,作出了批准部分变更的决定,支持了政府工作的顺利开展。

1991 年,县人大常委会召开常委会会议 7 次,听取和审议县人民政府和有关部门的工作报告共 18 项。主要有:县人民政府关于计划经济工作、预算外资金的管理使用、1991 年 1—10 月份财政预算执行情况和部分变更情况的汇报,县计经委关于 1991 年计划经济工作和 1992 年经济工作思路的汇报,县人民政府关于企业承包工作情况的汇报,关于抗洪救灾和生产自救工作情况的汇报,关于今冬明春水利建设情况和冬春人民群众生活安排的汇报,关于县城居民饮水情况的汇报等。常委会切实做到在理解中监督,在信任中监督,在支持中监督,推动了全县经济社会持续稳定协调发展。

1992年,县人大常委会围绕加快经济建设和改革开放大局,积极开展工作监督。常委会听取和审议了县人民政府关于《全民所有制工业企业法》实施情况的汇报,关于中外合资企业经营管理情况的汇报和全县科技人员管理与使用情况的汇报,关于全县工业企业亏损情况的汇报,关于上半年财政预算执行情况的汇报。听取和审议了县人民政府关于本县与安徽省淮北市杜集区、福建省上杭县、内蒙古自治区满州里市结为友好县(区)、市的情况汇报,分别作出了批准建立友好县(区)、市的决议。常委会六次召集县人民法院、县人民检察院有关人员,会办研究,为乡镇企业排忧解难,并两次赴外地协调解决了8个乡镇企业经济纠纷案件,帮助企业挽回经济损失20多万元。在干部任免工作中,坚持任前了解与任后监督相结合,还对拟任命人员进行法律知识考试,并将考试成绩作为任职条件之一。

五、市(县)十届人大常委会

1993年,县人大常委会召开常委会会议5次,听取和审议"一府两院"工作报告12项。常委会听取了县人民政府关于上半年经济工作的汇报,提出了加快建立社会主义市场经济体制,推动全县经济持续稳定发展等建议。围绕农村工作、工业经济工作、经济技术协作工作等重点工作,实施系列监督。听取和审议了县人民政府关于本县与吉林省和龙县、四川省合江县结为友好县的情况汇报,分别作出了批准建立友好县的决议。针对群众关心的热点问题,进行专项监督。听取县人民政府关于疫情和防治工作情况的汇报,及时提出多措并举控制疫情的建议。为有效控制农民负担,常委会作出了《关于严禁乡镇人代会作出有关增加农民负担决议的通知》。

1994年,县人大常委会召开常委会会议10次,听取和审议了县人民政府关于工业企业改革情况和廉政建设情况、关于社会稳定方面有关情况、关于《大丰县"九五"科教兴县规划的汇报》,作出了《关于原则批准〈大丰县"九五"科教兴县规划〉的决定》。

1995年,县人大常委会围绕经济建设中心,积极开展工作监督。常委会听取和审议"一府两院"工作报告24项。其中经济方面有:县政府关于全县"三外"工作情况的汇报,关于1995年财政预算调整方案的报告,作出了《关于批准大丰县1995年本级财政预算调整方案的决议》;听取和审议县政府关于剖亏扭亏工作情况的汇报,关于全县公路黑色化、城镇建设、供电、邮电等工作情况的汇报,关于全县农村经济工作情况的汇报,关于私营经济发展情况的汇报以及关于春节市场供应情况的汇报。常委会听取和审议的这些报告,较好地适应了形势发展的需要,体现出时代特色和针对性。

1996年,市人大常委会听取和审议涉及经济方面的工作报告有:市人民政府关于大丰港港口规划工作和大丰港围垦工程情况的汇报,关于1995年财政决算草案的报告,关于1995

年预算执行情况和其他财政收支审计工作报告,关于大丰市“九五”计划及1996年计划调整情况的汇报,关于全市工业技改投入和企业管理年工作情况的汇报,关于小康村建设情况的汇报,关于农业示范区建设情况的汇报,听取和审议了大丰市农业生产环境管理暂行规定,并作出了相应的决议;教科文卫方面有:市人民政府关于贯彻实施《教育法》的情况汇报;政法方面有:市人民政府关于“严打”斗争和打霸除恶专项斗争及文化市场整顿工作情况的汇报;其他还有:市人民政府关于市区供水情况、特困企业职工和农村困难户冬春生活安排情况以及农副产品收购价格情况的汇报。审议中,常委会提出的意见和建议,在政府决策和实际工作中产生了积极影响。常委会在人事任免中,坚持任前了解和任后监督相结合,运用述职评议这一有效的监督形式,不断加大任后的监督力度。

1997年,市人大常委会听取和审议涉及经济方面的工作报告有:市人民政府关于外向型经济工作的汇报,关于工业结构调整工作的汇报,关于全市工业产权制度改革工作的汇报,关于外向型经济工作情况的汇报,关于加强预算外资金管理工作的汇报,关于1997年1—11月份财政预算外执行情况及预算调整情况的汇报、并作出了相应的决定。先后对加快农业产业化进程,减轻农民负担等工作进行监督;教科文卫方面有:市人民政府关于“科教兴市”情况的汇报,关于职工医疗保障制度改革工作的情况汇报;其他还有:加强了对环境保护、控减农民负担以及廉政建设等工作的有效监督。常委会强化人事监督,制定了《大丰市人大常委会关于对任命的市人民法院、市人民检察院人员进行述职评议的意见(试行)》。

六、市十一届人大常委会

1998年,市人大常委会积极开展工作监督,在支持和促进“一府两院”工作中取得了新进展。常委会听取和审议了市人民政府关于贯彻实施《中外合资经营企业法》的情况汇报,关于《公路法》贯彻实施情况的汇报,关于困难企业困难职工的生产生活情况、落实下岗职工基本生活保障和实施再就业工程情况的汇报;听取并审议了市政府关于1998年1—10月份财政预算执行情况和1998年市本级财政预算调整方案的汇报,作出了《关于批准大丰市1998年本级财政预算调整方案的决议》。常委会还作出了银杏树为市树、月季花为市花的决定。突出对农业和农村工作、企业改制工作、“三产”和个体私营经济工作等重点工作进行系列监督,并针对企业负担过重和城区居民生活饮用水问题进行专项监督。

1999年,市人大常委会突出经济建设中心,强化工作监督,积极推进全市现代化建设事业。突出重点,实施全程监督。常委会研究制定了《大丰市人大常委会关于加强和改进预算审查监督工作的意见》,对全市国民经济、社会发展主要计划指标实施情况进行全过程监督。审议批准了《大丰市1997—2010年城市总体规划》,对城市现代化建设工作进行监督。紧扣难点,开展专项监督。常委会听取和审议了全市工业产品市场开拓、农业结构调整、发展海洋经济等专题,提出了积极建议和意见,有力促进了这些工作的深入开展。抓住热点,进行跟踪监督。常委会对职工养老保险、农村合作医疗、住房制度改革以及创建文明卫生城市等人民群众关心的问题进行调查、视察和审议,促进了有关问题的解决。常委会在1998年对改善城区居民生活饮用水质量提出实施方案的基础上,组织部分人大代表实地视察,提出改善城乡人民生活饮用水质量等建议。政府为民办实事工程之一的“淼淼”净化深井水在城区推广饮用,解决了部分城区居民的饮水问题。

2000年,市人大常委会认真审议决定重大事项,促进经济和社会全面发展。常委会对全市国民经济发展主要计划指标实施情况、1999年市本级财政预算执行情况和其他收支情况进行认真审议。常委会组成人员和市人大代表深入企业、农村,对企业改革与发展、农业结构调整和私营个体经济发展情况开展调查,听取并审议政府汇报,提出积极性的建议。常委会组织省、盐城市、大丰市及乡(镇)四级人大代表对全市乡镇减控农民负担工作进行调查审议,建议市政府全面推行公平负担,真正把减负落到实处。组织代表视察市自来水厂取水口和“淼淼”纯净水、净化深井水生产情况,提出二水厂取水口的设置及对现有饮用水源保护的建议。听取市政府关于下岗职工和农村贫困户冬春生活安排工作、基础设施建设、广播电视、人民防空等工作情况的汇报,提出许多积极性的建议和意见。

2001年,市人大常委会按照加强和改进预算审查监督工作的意见,对国民经济计划和财政预算执行情况进行审查监督。听取并审议了2000年度市本级预算执行情况和其他财政收支情况的审计工作报告,审查批准了2000年度市本级财政决算,批准了调整市本级财政预算的方案。紧紧抓住经济发展中的关键性问题实施监督。听取并审议了市政府关于企业改革、项目推进和农村税费改革情况汇报,关于全市外经贸工作情况汇报,关于冬春下岗职工、农村贫困户生活安排情况以及全市社会保障工作情况汇报。听取市旅游业发展情况汇报,批准了《大丰市旅游业发展总体规划》。听取并通过了市政府关于调整乡镇行政区划和新组建镇设置办事处的报告,以及关于市级政府机构改革的报告。

2002年,市人大常委会认真实施工作监督。以经济建设为中心,加强对国民经济和财政预算执行情况的监督。听取并审议了企业改革、项目建设和“两区一园”(市经济技术开发区、市港口经济区、镇工业园区)建设等工作,建议政府以改革促发展,按照“全面、彻底、规范、配套”的要求,加快企业重组,推进开放式改制,增强企业活力。听取了发展海洋经济、旅游业等工作汇报,就发挥大丰后发优势,培植新经济增长点提出许多建设性意见。关注和重视全市社会保障工作,听取城镇下岗职工和农村贫困户生活安排工作汇报,组织代表深入部分企业进行视察调查,检查失业保险条例、社会保险费征缴暂行条例的落实情况。常委会修订和完善了人事任免暂行办法,对提请任职的干部,进行考察、民主测评和法律知识考试,举行颁发任命书仪式,对任命人员进行任职谈话,进一步完善了干部监督机制。

七、市十二届人大常委会

2003年,市人大常委会围绕经济建设和维护群众利益,加大工作监督力度,注重监督实效。对市政府招商引资、“两区一园”建设、财政预算管理、农业标准化工作、行政审批改革、优化投资环境等工作开展重点监督。针对人大代表提出的“关于健全和完善社会保障制度,加强对社会保险基金征缴管理工作的议案”,召开交办会,提出切实可行的建议。面对“非典”和洪涝灾害,常委会迅速调整监督思路,联系实际,与时俱进,及时投身第一线,指导和组织干群开展抗灾自救工作。关注生存环境,跟踪难点连续监督,为保证人民群众生活质量不懈努力。

2004年,市人大常委会把握第一要务,强化工作监督。常委会先后3次组织代表和委员就财政工作开展调查视察,听取和审议了市政府关于市财政预算执行情况和其他财政收支的审计工作报告,全市上半年财政形势分析报告和1－10月财政预算执行情况的报告,全市上半年经济工作情况的报告,开展全民创业、发展民营经济工作情况的报告。听取和审议了全市文化工作情况汇报,关于镇村公路建设情况汇报,关于职业教育、民族宗教工作情况汇报;制定了《大丰市人大常委会关于对提请任命人员进行任前法律知识考试的办法》,修改完善了《大丰市人大常委会人事任免办法》。

2005年,市人大常委会认真履行职能,推进经济和社会全面发展。听取并审议市人民政府2004年市本级财政预算执行情况和其他财政收支情况的审计工作报告,审查批准2004年度市本级财政决算,批准市政府关于预算收支的调整方案。听取并审议市政府关于农村经济和农民增收工作、农村饮水问题、农业服务体系改革等情况汇报。视察全市重点工程建设、农机安全管理、入海港道畅通、城区自来水供应等工作。组织常委会委员和代表视察“两区”新开工的项目建设以及招商引资、项目推进、培植规模企业、全民创业等工作。组织部分人大代表到东沙实地视察调研。对全市安全生产工作、师德建设情况、滩涂开发利用情况进行视察。审议通过《大丰市人大常委会关于讨论重大事项的规定(试行)》,审议批准《大丰市城市建设总体规划(2005—2020)》、《关于大丰生态市建设的规划(2005—2020)》,审议通过《关于大丰市草堰镇古盐运集散地保护区保护规划的决定》。全年共作出有关决定、决议12项。

2006年,市人大常委会组织对全市国民经济运行情况进行深入调查,听取并审议招商引资、项目建设、培植规模企业、开放型经济及农民增收、农业增效、农业结构调整等重点工作的汇报。突出重点,加强对重大发展战略实施情况的专项监督。组织委员、代表赴上海洋山港、山东日照港和江苏省赣榆、如东等地学习考察,推进大丰市沿海开发。组织视察全市服务业、城建重点工程,提出进一步完善城市规划,加大城市建设力度,提升城市功能,创新城市管理机制等建议,使城市面貌有较大改变。

2007年,市人大常委会依法履行职能,促进经济社会更好更快发展。常委会共听取和审议“一府两院”工作报告16项,作出决议决定4项。常委会审议2007年市人民政府上半年经济工作;听取服务业发展和接轨上海工作汇报;根据1—10月国民经济社会发展和财政预算执行的实际情况,批准预算调整方案。组织视察新农村建设试点村建设,深入调查农业、农村经济发展和农民增收及支农惠农政策落实情况等重点工作。全力推进沿海开发战略实施,专题审议全市沿海开发工作,审议通过《大丰港经济区总体规划(2006~2020)》《大丰港经济区海港新城启动区控制性详细规划(2006—2020)》。努力推进资源节约型、环境友好型社会建设,组织调查《江苏省土地管理条例》贯彻实施情况,专题听取相关情况汇报。着力推进政府部门争先创优,听取和审议市政府组成部门争先创优专项工作报告。进一步推进全市各项工作上水平、登台阶,组织专题视察、调研城市重点工程建设、职业教育、文化市场管理、残疾人事业等工作,有力推动各项工作的深入开展。

八、市十三届人大常委会

2008年,市人大常委会全年共召开常委会会议7次,听取和审议“一府两院”工作报告14项,作出决议、决定5项。常委会听取市政府上半年经济工作汇报,审查批准2007年财政决算和2008年预算调整方案,对财政收支审计中发现的问题进行跟踪督查。对市政府提出的关于利用商业银行贷款进行港口开发和城市重点工程建设等4项议案,组织专题视察,并依法作出决定,确保资金使用的效率和安全。对全市农业、农村经济工作组织开展调查视察,分别听取市政府关于新农村试点村建设、现代高效农业、畜牧业发展等工作情况汇报,推动农村经济发展、农业增效、农民增收。两次组织专题视察镇工业集中区、全民创业园和城镇化建设工作。视察全市滩涂海洋环保工作,听取市政府相关工作情况汇报,把滩涂海洋环保的各项措施落到实处。认真督办市十三届人大一次会议代表提出的关于完善社会保障体系建设的议案,组织代表、委员进行视察督查。对农村交通基础设施、北片农村饮用水、市区绿化、农村文化事业及老年公寓建设等实事工程进行视察,有力促进实事工程建设。专题听取市政府关于社区医疗卫生工作情况汇报,着力解决群众“看病难、看病贵”问题,确保城乡居民病有所医。组织全市房地产开发管理工作专题视察,听取市政府关于城镇困难职工、农村困难群众冬春生活安排工作情况汇报,着力解决人民群众的实际问题。

2009年,市人大常委会组织部分委员和代表视察大丰港一期码头运营、二期码头建设和重大项目、规模企业、园区共建等工作,促进了港口、产业、重大基础设施和项目建设取得突破。听取审议市政府关于落实中央扩大内需促进经济增长政策情况的汇报,关于上半年经济工作以及全市现代高效农业发展情况汇报,并对农村发展和农村土地流转工作开展专项监督,对农村水利、新农村建设、创建国家级农机示范市等工作开展调研视察。听取和审议市政府关于计划和预算执行情况报告和审计工作报告,审查批准了市本级决算。对市政府全年向常委会提出的16件关于利用银行资金进行“两区”和城市重点工程建设的议案,及时组织调查,建议强化资金监管,建立责任机制,确保资金使用效率和安全。组织代表对全市交通基础设施、城市绿化、保障性住房、文化教育设施建设等开展视察调研,听取专项工作情况汇报。组织部分代表多次对城市饮用水源保护、农村改水工作进行视察检查,专题听取了全市城镇困难职工和农村困难群众冬春生活安排情况汇报。重视城镇职工和农村合作医疗工作,促进全市医疗保障水平明显提高。

2010年,市人大常委会听取和审议“一府两院”专项工作报告14项,对12项重点工作组织专题视察。听取并审议市政府关于计划预算执行情况的报告和审计工作报告,审查批准市本级决算。审议通过城东新区、港城建设规划和《〈大丰市城市总体规划(2005—2020)〉(2010年修改)》议案。组织对全市融资平台贷款偿还情况进行调查,要求市政府加强管理,确保资金使用效益和安全。听取全市沿海开发情况汇报,组织代表和委员到上海视察招商工作,召开驻上海招商人员座谈会,听取全市“两海齐抓”战略实施情况汇报,促进“两海”发展战略融合互动,使之成为全市经济社会跨越发展的有力支撑。组织视察全市城乡统筹发展试点、示范镇村建设及全市“两化”工作,对《中华人民共和国渔业法》贯彻实施、沿海农业资源开发、基本农田保护等工作开展重点监督。推进全市城乡统筹协调发展,把推进新型农村养老保险全覆盖作为惠及全市农民的德政工程,督促办理《加大推进新型农村社会养老保险工作力度》议案。对全市困难群众冬春生活安排情况进行调研,对全市饮用水源保护和城乡供水一体化工作开展视察,深入保障性住房建设、新农保扩面、交通和城市建设等重点工程现场开展视察调研,听取专题报告,有力推进实事工程顺利实施。

2011年,市人大常委会对沿海开发、招商引资、区园建设、产业升级、重大项目推进,以及镇“两化”建设、现代农业、农村生态文明、农村基础设施、农民增收、农业财政投入等重点工作组织调查和审议,推进了全市经济社会发展。及时审议和批准了“十二五”规划,支持了政府工作。切实行使计划和预算监督权,关注经济运行状况,听取并审议市政府关于国民经济和社会发展计划、财政预算执行情况的汇报、关于融资平台贷款偿还情况的汇报,提出建议和意见,为保持经济平稳较快发展提供保障。把事关民生的城乡供水一体化工作列为市人代会1号议案,实行跟踪督办,确保取得实效。常委会听取并审议关于老龄、物价、残疾人保障、城镇困难职工和农村困难群众冬春生产生活帮扶等工作报告,对食品药品安全、人口与计划生育、城市重点工程和为民办实事工程等与人民群众生活密切相关的工作进行重点调查视察,推动全市社会事业与经济建设协调发展和城乡统筹发展。

九、市十四届人大常委会

市人大常委会从依法治国的大背景中，立足人大的角度和监督者的视角、立足法律法规和国家的方针政策、立足中心工作、立足广大人民群众的强烈要求，坚持问题导向，不断提高监督实效。

2012年，常委会及时组织对重大项目推进、产业转型升级、培育大企业大集团、金融创新等工作开展视察调研和审议，加强对计划和预算执行的监督，依法审查批准市本级财政决算，对审计财政收支中发现的问题，及时提出整改意见，为经济平稳较快发展提供保障。多次组织市人大常委会委员、人大代表到“三港”（港口、港城、港区）建设一线集中视察，分别审议“三港”联动发展、项目建设、环境保护，推动沿海开发战略实施；组织视察镇、村“两化”（城镇化、工业化）建设工作，听取和审议农村环境整治、农业科技服务体系建设工作，推动城乡统筹发展；专题视察生态市建设工作，依法审议批准《大丰市生态市建设规划（修编）2010—2010》；听取和审议绿化建设和保护工作，作出《加强绿化建设和保护的决定》，推动大丰市生态建设。常委会将办理市人代会的1号议案《关于切实解决失地农民社会保障问题》，视为关注民生的一项民心工程大力推进，跟踪督办，促进市政府出台《大丰市被征地农民基本生活保障暂行办法》。组织市镇人大代表联动视察水利、交通、城建等重点工程，听取汇报，提出建议，支持政府办好实事工程。

2013年，市人大常委会突出转型跨越主题，依法行使监督职权。聚焦沿海开发、区园建设、重大项目推进，组织代表开展视察调研，听取和审议全市经济社会发展计划执行情况报告，强化对财政预算的监督，依法审查批准年度财政预算和决算，为经济健康发展提供保障。听取和审议全市中小企业运行、科技创新工作情况报告，促进经济结构优化。组织调研全市旅游工作，专题审议农业现代化建设工作，依法审议批准《大丰市城市总体规划（2012—2030）》《大丰市重点林地保护利用规划（2013—2020）》。以督办市十四届人大二次会议《关于整合资源，加大对城乡居民大病救助力度的议案》为重点，多次召开座谈会、推进会，督促市政府及时修订《大丰市城乡困难居民医疗救助办法》。关注市十四届人大一次会议《关于切实解决失地农民社会保障问题议案》后续办理工作，督促各项政策落实到位。组织常委会组成人员、人大代表实地察看保障性住房建设及使用、城建交通重点工程建设等现场，专题听取全市职业教育、城乡困难群众冬春生活安排情况汇报，对全市文化产业发展审议意见落实情况跟踪监督，视察调研城市管理工作，推动为民实事工程和社会公用事业协调发展。

2014年，市人大常委会围绕全面深化改革重大战略部署，主动发挥职能作用。听取和审议全市国民经济社会发展情况报告，组织委员和代表深入重点经济部门、镇、区园、企业调研视察，推进新项目运行、经济转型升级。听取和审议全市生态文明建设、水环境保护专项工作报告，促进生态文明建设。听取和审议全市土地流转、农业规模经营情况报告，农业公共服务体系建设工作汇报,开展林业工作视察,专题调研"两化"工作,推动城乡统筹发展。听取财政预决算及审计工作情况报告,依法审查批准市本级财政决算和预算调整,举办新《预算法》培训讲座,组织专门人员对2015年全市公共财政预算、政府性基金预算、社会保险基金预算、国有资本经营预算,连同市本级部门预算进行初审,开展全口径预算审查,推动政府加强经济运行调节,为稳增长、调结构、惠民生提供有力保障。听取和审议行政审批改革服务专项工作报告。把推动解决老百姓最关心、反映最强烈、受益面最广的问题,作为人大工作的出发点和落脚点,加强监督,着力提升人民幸福指数。以督办市十四届人大三次会议《进一步提升饮用水质量,从源头保护人民生命健康安全》议案为重点,组织委员和代表深入通榆河沿线村企、制水企业、备用水源建设工地等现场视察调查,听取报告提出建议。听取和审议学前教育工作报告,专题听取健康服务业发展、计划生育惠民、困难群众冬春生活安排情况汇报,对保障性住房建设及使用情况审议意见的落实情况跟踪监督,组织代表对城乡环境综合整治、川东港疏浚、福利院建设、保险便民服务等民生实事工程开展视察,有力推动社会事业全面进步。

第三节 调查研究

调查研究是地方人大常委会依法行使职权的一项基础工作,是人大常委会的基本工作方法,是提高审议水平的前提。人大宣传工作是人大工作的重要组成部分。做好人大宣传调研工作是坚持和完善人民代表大会制度的需要,是提高全社会对人民代表大会认识、推进民主法制建设的需要,也是推进人大工作、提高人大工作水平、加强人大自身建设的需要。市(县)人大常委会成立后,十分重视宣传调研工作,不断加强和改进人大宣传调研工作,切实提高宣传调研工作的针对性、有效性。常委会逐步从综合性调研转变为专题性调研,每年选择关系经济社会发展全局、群众反映强烈、社会普遍关注的问题进行重点课题调研,提出切实可行的意见建议,增强监督的实效性。

一、县六届人大常委会

县人大常委会调查研究围绕党的中心工作、围绕人大常委会讨论决定的重大事项,围绕群众迫切需要解决的问题进行。

1981年6月,全县农药中毒事故较多,群众反映强烈,常委会就农村实行生产责任制以后,如何科学组织治虫防毒问题进行了调查研究。开展打击经济领域中严重犯罪活动斗争以后,农村中少数群众对党的政策缺乏正确的理解,不敢大胆发展多种经营,常委会就农村中社员个人发展多种经营的正当途径作了调查研究。党的十二大提出到20世纪末实现工农业年总产值翻两番的宏伟目标，常委会到大桥公社就一个公社如何实现“翻两番”的问题进行调查研究。常委会还对基层民事调解工作、代表小组工作等方面进行了调查研究。通过调查，摸清情况，发现问题，提出建议，写成调查材料向县委报告，并转告县人民政府。许多建议被县委、县政府及时采纳，得到处理落实。有些调查材料受到上级党委和政府的重视。常委会组织视察，进行调查研究，更好地履行职责的做法，得到县委和省人大常委会的肯定，受到县人民政府和广大干部、群众的支持。主要做法是：明确调查研究的目的，在于从实际出发，支持和协助政府推动工作。调查研究时抓住重点，以专题为主，调查研究之前做好充分准备，调查研究目的是实事求是地解决一些问题。实践证明，搞好调查研究，工作上就能掌握主动权，讨论问题就有发言权，人大常委会就能正确行使监督权。

1982 年，县人大常委会对全县工交生产情况，大中地区卫生情况和全县打击经济领域中严重犯罪活动斗争情况进行了调研。

1983 年，县人大常委会先后进行 8 次专题调查，形成调查报告 7 份，其内容是：沈灶乡顾灶村办敬老院的调查，三龙、丰富乡非正常死亡情况的调查，草埝乡农民负担的调查，新丰镇曙光村大包干以后农民十个满意和十个盼望的调查，培育和推广作物良种的调查，法院、检察院、公安部门违宪问题的调查，生态环境现状的调查和农民肺流行病的调查。这些调查报告有的被县、市转发，有的被省召开的有关专业会议作为典型材料，有的被省以上杂志发表。调查报告中反映的问题，受到党委和政府的重视，有的建议被县政府采纳，得到处理和落实，推动了有关方面的工作。

二、县七届人大常委会

1984 年，县人大常委会到潘丿乡、新丰镇对乡镇企业“一包三改”和社会治安综合治理情况进行调查研究，肯定了“一包三改”取得的成效，也向县委、县政府反映了一些存在的问题。同时，还总结了新丰镇充分发挥基层治保组织作用，搞好社会治安综合治理的经验。到县无线电厂、磷肥厂，大中镇有关村、组，调查了解城、乡经济体制改革和工农业生产情况，由于掌握了真实情况，在听取审议有关部门工作汇报时，就能正确地提出问题、讨论问题，有针对性地提出解决办法和建议。为了贯彻执行《中华人民共和国水污染防治法》，常委会根据省、市人大的部署要求，组织三个组调查城乡水污染及其防治情况，重点调查境内川东港污染情况。

1985 年，县人大常委会深入调查《经济合同法》《食品卫生法》《药品卫生法》等法律法规的贯彻执行情况，有效地保证了法律法规在全市的贯彻实施。常委会通过农村产业结构调整情况专题调查研究，既肯定成绩，也指出有些乡村存在着“重视工业，轻视副业，放松农业”的问题，还有乱摊派、乱收费等问题，得到县人民政府重视，及时采取了加强农业和减轻农民负担的措施。常委会还就物价工作进行了调查，促进了物价改革工作的健康发展。

1986 年，县人大常委会到龙堤、大龙、裕华、金墩等乡调查了近二十所学校，提出了《关于农村教育情况的调查报告》，及时建议有关乡镇和部门解决了大龙七灶小学、龙堤小团小学的校舍维修问题。为了探索研究农村第二步改革的情况，到裕华、刘庄两个乡镇调查了一个星期，并综合其他乡镇的调查材料，初步总结了部分乡镇农村经济第二步改革的经验。为了解全县企业改革、放权，试行厂长经理负责制的情况，到县农机厂、建筑公司等单位进行了专题调查，实事求是地分析研究了这两个单位的改革试点工作，为城镇企业的改革总结了经验教训。在调查农村工作时，发现部分乡镇棉花实际种植面积与统计上报的面积不符，少数农民种棉的积极性不高，种植面积有所减少，及时向县委、县政府反映了这一情况。为了了解农村土地使用情况，到农村进行了专题调查，发现近三年来全县耕地面积减少情况比较严重，分析研究了面积减少的主要原因，及时向各有关部门发出了情况简报。对全县的生态环境进行了调查和研究，为制定本县《生态规划设想》提出了积极的意见和建议。为了审议县财经工作，常委会先后三次听取审议了县财政预算执行情况的汇报，并对预算外资金的收支情况进行了调查。

三、县八届人大常委会

1987 年，县人大常委会到新丰、西团、大龙、南阳、金墩、万盈、沈灶等乡镇调查 10 个工业企业，召开县直 9 个工厂的厂长座谈会，就发展全县工业、加快和深化改革，提出了开发新项目，抓好在建和扩建项目，工业经济上质量、上批量、上水平，提高经济效益等意见和建议。到沈灶等乡镇调查农业生产情况，提出了进一步提高对发展农业的思想认识，切实加强对农业生产的领导，逐步增加对农业生产的投入，因地制宜发展多种经营的建议和意见。到白驹、大桥等乡镇，对开展“双增双节”运动情况进行了调查。围绕教育、普法、社会治安等精神文明建设方面，开展了系列调查活动。通过调查研究，提高了对各项议题审议的针对性和科学性，对全县经济社会发展起到了促进作用。

1988 年，县人大常委会深入调查 7 个乡镇、8 个村组、6 个县属企业和 21 个乡镇村组工厂企业改革情况，提出了深化改革使企业承包制更加配套、完善，农村第二步改革有所突破，城乡改革同步进行、以及科技兴县等意见，推动了政府加快和深化改革的步伐。会同部分省、市人大代表一起，就物价、审计问题，国家机关工作人员廉洁问题和“菜篮子”问题，调查了 4 个乡镇和县直有关单位，召开了离休干部、科技人员、工人、农民、个体户等 7 个座谈会，察看县城农贸市场和康民市场，向县政府提出建议和意见，引起了县政府的重视，推动和促进了有关方面的工作。

1989 年，县人大常委会对教育、体育、科技、卫生、环保等社会事业发展情况进行了调查，提出了进一步端正办学思想，加强学校的思想政治工作，动员全民办体育，加快改水步伐等许多积极的建议，促进了政府工作的进一步开展。对全县的廉政建设进行了专题调查，分析了本县国家机关工作人员中存在不廉洁问题和腐败现象的原因，对少数干部以权谋私、违法建房问题，进行了尖锐的批评，提出了许多整改建议，要求县人民政府认真研究落实，以取信于民。对群众关心的农用物资供应、农副产品收购中打白条、市场物价、小刀手偷漏税、中小学流生等问题，进行了深入的调查了解，指出存在问题，要求政府研究解决。

四、县九届人大常委会

1990 年，县人大常委会组织调查视察活动 83 次，写出调查审议报告 51 篇。常委会还抓了人大工作的宣传报道。年内，在省、市级以上报纸杂志上共发表文章 29 篇，发表摄影作品 9 幅，在盐城市同系统中处于领先地位。

1991 年，县人大常委会对企业一轮承包工作进行调查研究，提出了进一步统一认识，加强领导，完善经营责任制，抓好骨干企业，搞好跟踪审计，促使企业管理上水平，不断提高经济效益的建议，推动了全县企业二轮承包工作的开展。在抗击特大洪涝灾害中，及时整理了 8 名代表的先进事迹在全县进行推广。

1992 年，县人大常委会多次对农村深化改革、结构调整等工作情况进行调查研究，提出了完善农业社会化服务体系建设，调整农业产品结构，增加农业投入，发展集体经济，增强农业发展后劲等建议。对个别乡镇超过群众承受能力、大额集资办学问题，棉花收购中部分乡镇打白条问题，及时进行深入细致的调查研究，并提出相应的建议，督促政府予以妥善处理。

五、市(县)十届人大常委会

1993 年，县人大常委会对裕华大蒜市场、大团粮食贸易市场、南阳山羊市场和草堰丁溪招商场进行调查，促进了全县社会主义市场经济的发展。对粮棉生产情况、多种经营发展情况、全县农村经济、执行农村政策等工作进行了深入调查，提出了积极的建议和意见，推动了农村经济持续稳定发展。对全县工业经济情况进行全面调查，提出富有成效的建议，推动了工业经济的健康发展。

1994 年，县人大常委会对认真组织工业生产，加大投入力度、增强发展后劲，切实抓好亏损企业扭亏增盈工作，对县政府贯彻实施《教师法》情况，对廉政建设和反腐败工作进行调研。

1995 年，县人大常委会深入亏损企业调查研究，分析原因，研究对策，有力地推动了扭亏增盈工作。开展了粮棉播种计划落实、农资供应和农资市场管理、棉花收购政策执行等情况的调查活动，收到了较好的效果。对市场物价、亏损企业职工生活安排、冬春人民生活和落实农村政策减轻农民负担等情况进行多次调查，及时了解人民群众的意见和要求，推动了有关问题的解决。

1996 年，市人大常委会多次调查全市规模经济、外向型经济的发展情况，提出了加快营造多层次经济“巨人”,不断扩大外向度,加快经济国际化步伐等建议,对全市规模经济和外向型经济的发展起到了一定的推动作用。对全市村级集体经济情况和农村土地流转问题进行了调查,以审议意见的形式转交市人民政府研究落实,收到了较好的效果。常委会组织代表围绕如何实现经济体制和经济增长方式的转变,加强和发展农业,大力实施“科教兴市、外向突破、规模推进、港口带动”战略,弘扬大丰精神等方面开展“千人百点”调查活动,共收到代表提出的书面建议 87 份,调查报告 23 份,极大地调动了广大代表参与管理国家事务的积极性。

1997 年,市人大常委会对“科教兴市”战略的贯彻实施情况、全面达小康工作、控减农民负担工作情况进行深入调查,提出了许多有益的建议,推动了相关工作更好地开展。对市人民法院、市人民检察院国家工作人员法律法规贯彻执行情况和廉政勤政等方面的情况开展重点调研,对个别不宜在原岗位任职的干部,及时向市委提出调整建议。

六、市十一届人大常委会

1998 年,市人大常委会先后就全市工业结构和“三外”企业运行情况、农业产业化情况、企业改制情况、“三产”和个体私营经济工作、企业负担过重情况以及城区居民生活饮用水等问题开展调查研究活动。深入广泛的调查研究,提高了常委会会议的审议水平,推动了“一府两院”工作。常委会提出的以产业化为重点的农业结构调整方式,受到了全国人大《农业法》执法检查组充分肯定。

1999 年,市人大常委会深入实际,深入群众,开展调查研究。常委会先后组织了 72 次调查,写出 156 篇调查报告,其中被国家、省级报刊采用 45 篇,促进了常委会决策民主化、科学化,为市委决策和推动政府工作起到积极作用。针对农业发展面临的新形势,常委会深入调研,提出了进一步加快农业结构调整,推进农业产业化进程,努力提高农民收入,促进农村稳定等建议。对基层依法治理、职工养老保险、农村合作医疗、住房制度改革、药品市场管理、创建文明城市以及职工养老保险工作等人民关心的问题进行调查,促进了有关问题的解决。

2000 年,市人大常委会先后组织 85 次调查,形成 126 篇调查报告,被国家级、省级报刊采用 46 篇。成立人大理论研究会,宣传工作有了新拓展。常委会就全市企业改革与发展、农村结构调整、发展私营个体经济、控减农民负担工作以及保护饮用水源、改善居民饮用水质量等热点难点问题开展调查,有力地推动相关工作的开展。

2001 年,市人大常委会先后组织 89 次调查,形成调查报告 136 篇,其中被省级以上报刊采用 46 篇,并组织召开市人大工作理论研究会第一届年会,47 篇优秀论文进行了交流研讨。常委会深入调查了全市经济工作情况、大丰港建设情况以及环境保护等,提出了切实可行的建议。

2002 年,市人大常委会对全市私营个体经济发展,控减农民负担工作,失业保险条例、社会保险费征缴暂行条例落实情况，改善市区饮用水质量、加大污染治理力度，加强环境保护，尽快提高市区绿化覆盖率以及加强蔬菜、食品、饮用水生产销售检测监督管理、保障人民群众身体健康等进行调查，提出了建设性的意见。

七、市十二届人大常委会

2003年，市人大常委会对全市招商引资、项目推进和“两区一园”建设、“非典”防治工作、开展农业标准化等工作情况进行专项调查，促进了有关工作的改进和提高。

2004年，市人大常委会召开了人大工作理论研究会，组织在人大工作过的老同志回顾人大发展历程座谈会；在新闻媒体开办人大工作专栏节目，组编《盐城市人大工作通讯·大丰专版》；召开全市人大宣传工作会议，出台《关于进一步加强人大宣传工作的意见》。重视对代表先进事迹的宣传，《人大工作情况》每期都有专题栏目介绍代表先进事迹的特约文章。对全市基础设施建设、开展禽流感防治、农村产业化工作以及建立农村新型合作医疗等工作情况开展调查，起到了积极的促进作用。

2005年，市人大常委会组织召开市人大工作理论研究会第四次年会。先后组织70余次调查，形成调查报告110余篇，其中被国家级、省级报刊采用16篇，市人大办公室获盐城市人大系统宣传工作先进集体称号。常委会对农业结构调整、农业产业化、农民增收工作、滩涂开发利用与保护、盐务工作、水利工程管理工作以及全市推行部门预算执行情况等进行重点调查。配合盐城市人大开展国民经济和社会发展计划、财政预算执行情况调查，加快沿海经济开发情况调研。

2006年，市人大常委会围绕人民群众关心的热点难点问题，组织各类调研80余次，召开市人大工作理论研究会年会，形成调查报告和论文130余篇。关注居民饮水问题的报道《为民谋水十六年》在《中国人大》杂志刊登。赴香港、澳门和山东、苏北等地学习考察的2篇报告被市委批转。常委会办公室再次获盐城市人大系统宣传工作先进集体称号。常委会对全市国民经济运行情况，财政预算编制、执行、调整情况，服务业发展工作，农村劳动力转移工作，全民创业工作，城镇下岗职工和农村困难群众生活，以及市质监、水利、交通、环保、发改委、公安交巡警等部门工作进行深入调查，提出建设性的意见，得到市政府及有关部门的重视，受到群众的欢迎。

2007年，市人大常委会开展调研30多次，形成调查报告40多份，组织编辑《人大工作情况》14期、《常委会会报》5期。召开市人大工作理论研究会年会、常务理事会，撰写论文50多篇。常委会对农业、农村经济发展和农民增收、城市重点工程建设、职业教育、文化市场管理、残疾人事业以及《江苏省土地管理条例》贯彻实施情况等工作组织专题调研，肯定成绩，指出问题，剖析原因，提出建议，有力地推动了各项工作的深入开展。

八、市十三届人大常委会

2008年,市人大常委会共开展调研30多次,形成调查报告40多份。组织部分常委会委员、代表对全市全民健身工作,文化事业发展工作,保障性住房建设、分配、管理情况进行调查;配合盐城市人大对大丰市《江苏省药品管理条例》贯彻实施情况进行调查;对全市农村经济工作,滩涂海洋环境保护工作,高效农业发展情况,畜牧业发展情况,贯彻实施《中华人民共和国农民专业合作社法》,以及万盈、新丰、南阳等镇新农村试点建议情况进行调查,发挥了监督作用,推动了政府工作开展。

2009年,市人大常委会组织开展各类调研70多次,召开了市人大工作理论研究会二届一次理事会,形成调查报告和论文110多篇,有14件作品获省、盐城市人大宣传奖项。对农村水利、新农村建设、创建国家级农机示范市等工作开展调研,有力促进了农村发展、农业增效和农民增收;对全市交通基础设施、城市绿化、保障性住房、文化教育设施建设等为民办实事项目开展调研,推动各项工作均按时序顺利实施。

2010年,市人大常委会开通大丰人大网站,做好人大信息调研和理论研究。全年接待安排全国、省、盐城市人大代表到大丰调研活动4次。常委会先后对招商引资、项目推进、重点镇"两化"、规模企业培植、保障性住房建设情况、《中华人民共和国渔业法》的执行情况、全市农业农村经济发展特别是农业产业化推进工作、全市农业资源开发工作、全市试点镇村的城乡统筹建设工作进行调查,有效监督和促进了"一府两院"的工作。

2011年,市人大常委会重视人大宣传和理论研究工作,坚持办好《市人大常委会会报》《人大工作情况》、大丰人大网站等宣传阵地,指导市人大工作理论研究会开展专题调研。常委会调查了全市人口老龄化现状,提出对80周岁以上老人发放养老金的建议,市政府落实到位,受到好评;对大丰人民法院商事审判专项工作进行调研;配合盐城市人大常委会对大丰市法院刑事审判和检察机关刑事检察工作进行专题调研;对政府有关融资平台近几年来贷款偿还情况进行调查,提出要规范贷款行为、落实还贷责任、建立健全风险防范和偿债机制;对全市现代农业建设情况、农村生态文明建设工作、农村卫生情况进行调查;配合做好省、盐城市人大在大丰市开展的关于沿海植树造林、统筹城乡发展和重点镇建设、农产品质量检测体系建设专题调研;对全市保障性住房建设情况进行调研。

九、市十四届人大常委会

市人大常委会将宣传调研工作作为坚持和实践人民代表大会制度、保障人民当家做主的重要抓手,把握人大宣传调研工作的新趋势、新特点和新规律,加强人大宣传调研工作,提高人大宣传调研工作能力,在更大范围、以更生动的形式来讲好人大故事。每年年初,均及早制定《常委会年度宣传工作意见》,并先后制定出台《人大宣传工作考核奖励办法》《关于人大系统优秀调查报告评比办法》《市人大常委会关于进一步加强和改进调查研究意见》《关于人大调研好成果、新闻好稿件、摄影好作品“三好”评比活动实施细则》，为加强全市人大宣传调研工作提供制度保障。

2012年，市人大常委会在全市人大系统开展优秀调查报告评选活动。组织开展沿海开发、区园建设、重大项目推进、集镇化建设、城乡统筹发展及金融创新等重点工作调研活动；调研市人民检察院侦查监督检察工作情况；配合盐城市人大常委会调研大丰公安机关基层派出所建设工作；围绕全市企业职工工资情况及全市困难群众冬春生活安排情况、医改工作、全市农业农村经济发展工作、农产品质量安全工作、全市绿化建设和保护工作和城乡供水一体化工作等专题进行调查研究，写出了质量较高的调研报告，推动了相关问题的解决。深入调研大丰国家级生态市建设工作，批准《大丰市生态市建设规划（修编）2010—2020年》。

2013年，市人大常委会举办人大通讯员培训班，加强宣传报道，被省和盐城市人大表彰为通联宣传先进集体。在全省人大常委会主任培训班上，大丰市人大常委会专题就调查研究工作进行经验交流，得到省人大肯定，在盐城市人大评比中名列第一。常委会对沿海开发、区园建设、重大项目推进、中小企业发展等重点工作进行调研；对全市农业现代化建设情况，全市林业工作及全市紫菜产业发展情况，全市旅游工作，城市管理工作，城市总体规划修编工作，全市城建、交通重点工程建设情况，全市保障性住房建设及使用情况，全市职业教育工作情况，全市困难职工冬春生活安排情况，法院、检察院工作及公安机关基层派出所建设情况进行专题调研，调研工作在深度、广度和力度上都有了新的提高。聚焦问题的扎实调研，提高了监督实效，产生了积极的社会影响。

2014年，市人大常委会在《大丰日报》、大丰人大网分别开设了纪念60周年活动专版专栏，全方位宣传人民代表大会制度。认真组织开展人大调研好成果、新闻好稿件、摄影好作品“三好评比”活动，共征集各类作品140篇（幅），分别评选出一、二、三等奖5篇（幅）、8篇（幅）、10篇（幅），优秀组织奖8个。积极向全国、省市人大报送信息稿件，全年报送各类稿件近200篇，多篇作品被《人民代表报》《人民与权力》《盐城人大》等媒体采用。积极参加上级纪念人民代表大会成立60周年征文竞赛活动，《巍巍华表倚天立》《永不竣工的一号工程》两篇作品获江苏省人大征文二等奖；《合力助推生态文明建设》《民生建议有回音、民生改善看得见》等获盐城市人大好新闻二、三等奖。组织参加盐城人大优秀调查报告评比活动，《落实人民陪审员制度调研》《通榆河水污染条例执法检查报告》《当前农村土地流转转调研》《审议意见规范抓落实调研》4篇调研报告分获一、二、三等奖，我市人大获省、盐城市通联、宣传、调研先进集体。

第四节 评议工作

工作评议作为一种行之有效的监督形式，是地方人大监督工作的一种创造。工作评议对于完善和强化地方人大的监督，增强被评部门和人员的法制意识、公仆意识和创新意识，促进秉公执法和行风廉政建设起到了积极的推动作用。评议工作提高了代表参政意识，促进了国家机关严格依法行政，密切了党和政府与人民群众之间的联系，也保持了人大常委会民主渠道的畅通。自十届人大开始，大丰开展了工作评议和述职评议的工作。1997 年 5 月 9 日，市十届人大常委会第 39 次会议通过了《大丰市人大常委会关于对任命的市人民法院、市人民检察院人员进行述职评议的意见》；2004 年 4 月 12 日，市十二届人大常委会第 8 次会议通过了《大丰市人大常委会工作评议和述职评议暂行办法》，使工作评议逐步走上了制度化和规范化的轨道，促进评议工作不断深入，评议工作成为惯例。

一、工作评议的基本做法

工作评议的对象。对象为市人民政府组成部门及市人民法院、市人民检察院，市直属部门、市垂直部门；述职评议的对象为经市人民代表大会选举和市人大常委会任命的任满现职一年以上的国家机关工作人员。

工作评议和述职评议的内容。1. 贯彻执行宪法、法律法规的情况；2. 执行任期目标责任制，完成工作任务的情况；3. 贯彻执行上级和本级人民代表大会及其常务委员会决议、决定，接受人大代表和群众监督，办理市人大代表议案及建议、批评和意见的情况；4. 贯彻民主集中制原则、勤政廉政、工作作风的情况；5. 市人大常委会认为应进行评议和述职的其他事项。

评议工作的特色。一是学法贯穿评议始终。评议既是检查“一府两院”工作的过程，也是代表、被评议部门和群众学习、遵守和执行法律法规的过程。二是调查研究深入。广泛了解对评议对象的意见，对被评对象的履职情况进行广泛调研。评议报告反映问题有公正性和透明度，提出意见和建议有广度和深度，能客观反映代表和群众对被评部门的满意程度。三是方式方法多样。评议综合运用了人大行使职权的多种形式和手段：有集中开会形式，如召开评议大会、听取自查自纠报告、审议整改方案；有专项活动形式，如专题调查、专项审计、执法检查、视察座谈、督促整改；还有问卷调查、代表询问等。市人大常委会利用常委会《会报》《人大工作情况》等媒体公布工作评议和述职评议情况，并建立工作评议和述职评议档案，同时将测评情况和综合评议意见报送市委或上级主管部门。多种形式和手段的综合运用，较好地体现了人大监督、代表监督和公众舆论监督的有机结合，常委会会议监督和一般性监督的有机结合，对部门工作监督和对有关负责人监督的有机结合。人大评议彰显监督正能量，增强了监督的开放性、全面性和权威性，拓宽了人大监督渠道，推进了“一府两院”进一步改进工作。

二、评议工作概况

1996 年，市人大常委会对市计经委主任殷济青、市计生委主任杨兵、市多管局局长徐善高、市工商局局长张正华、市文化局局长王凯的工作进行了评议。在评议中，认真抓了三个环节：一是充分做好准备工作。评议前，常委会组织专门调查小组，广泛开展调查研究，深入到述职人员所在单位，通过召开座谈会，重点了解、走访等形式，广泛听取各方面意见。二是认真评议。评议发言做到坚持原则，实事求是，有理有据，力求客观公正。三是抓住关键，督促整改。评议工作，进一步增强了被任命干部对人民负责和对党负责一致性的观念，强化了公仆意识，有效地促进了被任命干部的廉政、勤政建设。

1997 年，市人大常委会组织开展了对市民政局局长陈远银、市劳动局局长吴启明、市科委主任陈维梁、市教育局局长徐一山、市乡镇企业局局长庄荫祥、市统计局局长吕鹤福、市人民法院副院长黄炳池、市人民检察院副检察长陈金贵的述职评议。评议工作做到任职与述职相结合、群众评议与常委会评议相结合、评议与督促整改相结合，在广泛征求意见，深入调查研究的基础上，重点了解法律法规贯彻执行情况和廉政勤政等方面的情况，对评议出的问题提出限期整改的要求，并督促做好评议意见的落实工作。对个别不宜在原岗位任职的人员，及时向市委提出调整建议。

1998 年，市人大常委会组织开展了对市人民法院副院长李建华、市人民检察院副检察长吴永刚的述职评议。

1999 年，市人大常委会组织开展了对市乡镇企业管理局局长沈同庚、市环境保护局局长顾来生、市农业局局长俞德鸿、市交通局局长姜国华、市人民法院副院长殷志才、市人民检察院副院长施冲的述职评议，组织“两院”对 16 名常委会任命的干部在本系统进行述职评议。一年中，未被安排到常委会上述职的“一府两院”组成人员，向常委会递交了年度述职报告，健全和完善了常委会对任命干部的监督机制，有力促进了干部队伍素质的提高。

2000 年，市人大常委会组织“两院”对 8 名常委会任命的干部进行了述职评议。市政府组成人员和市法院副院长、市检察院副检察长向常委会递交了年度述职报告，使所有常委会任命的干部都处在正常的监督之下开展工作。

2001 年，市政府部门主要负责人和市法院副院长、市检察院副检察长年终向常委会递交了书面述职报告。

2002 年，市人大常委会对市司法局局长宣维新、市计生委主任杨兵、市人事局局长吕书伯、市民政局局长陈远银、市教育局局长李晓明、市人民法院副院长刘广生进行述职评议。常委会把述职评议作为对任命干部监督的有效形式，通过深入调查，广泛征求意见，重点了解被评者贯彻执行法律法规、履行工作职责及廉政建设等方面的情况,进一步完善了干部监督机制。

2003 年,市人大常委会对通过任免的干部颁发任命书,并要求他们向常委会递交书面述职报告。

2004 年,常委会将被任命的一府两院组成人员 2003 年度书面述职报告印发给全体组成人员进行审阅测评、提出意见,并将有关测评结果和综合意见及时反馈给述职对象本人,使年终书面述职报告不流于形式;年内,先后对市水利局局长朱国华、市物价局局长朱永进、市体育局局长顾植林进行了述职评议,对市公安局、市质量技术监督局进行了工作评议。通过真评实议,有效地增强了被评人员和单位执政为民的责任意识以及自觉接受人大监督的法制意识,同时也拓展了人大监督的方式和内容,扩大了人大工作的积极影响力,受到较好的社会效果。如对公安、质监两局工作评议后,两局的工作有了较为明显的改变,社会满意率分别比评议前提高了 11 个百分点和 29 个百分点,满意度和基本满意率达到 90% 以上。

2005 年,市人大常委会根据《常委会关于述职评议和工作评议的暂行规定》,对市人民政府 6 名副市长 2005 年度工作报告进行测评,对市人民法院副院长詹荣安、市人民检察院副检察长胡俊龙、市交通局局长朱学忠、市城管局局长卞泰鹏进行述职评议。述职对象所在部门的班子全体成员到会全程旁听,审阅市政府组成部门主要负责人和“两院”副职向常委会递交的年度述职报告。

2006 年,市人大常委会对市统计局局长陈洪根、市卫生局局长陈亚云、市农业局局长翟长虹、市人民法院副院长詹荣安、市人民检察院副检察长陈宏成进行了述职评议;对 35 名政府组成人员和两院副职组织了年度书面述职。通过述职活动,进一步增强了国家机关工作人员为民掌权、依法执政、服务群众的意识。

2009 年,市人大常委会围绕依法履职、勤政廉政、行风建设等方面,组织对市环保局、市供电公司开展了工作评议,通过走访群众、召开座谈会、发放调查问卷等形式,广泛征求各界意见 70 多条。针对调查中发现的问题提出了整改意见,积极整改,进一步推进了各项工作。

2010 年,市人大常委会组织代表对市教育局、质监局开展工作评议,通过市镇联动走访、召开座谈会、发放调查问卷等形式,征求各界意见 60 多条,对调查中发现的问题,召开评议会进行交办,促进受评部门认真整改。

2011 年,市人大常委会通过调研走访、问卷调查、座谈会等形式,组织代表对市食品药品监督、工商等 2 个职能部门的工作进行评议,促进了部门工作的改进和提高,维护了人民群众根本利益。

2013 年,市人大常委会对市国税局开展专项工作评议。重点就依法征管税收、服务地方经济、接受公众监督、加强行风建设等方面展开调查，进行专项工作评议。市国税局接受评议，落实整改，部门管理服务水平提升。对市住建局开展专项工作评议，重点调查规划管理、收费管理、行业管理三个方面。组织召开座谈会6次，对重点企业项目以及部分房地产企业发放调查表44份，随访保障房住户15户，走访外来客商、建筑施工单位及相关中介服务机构7个，对“两区”和部分镇的10个企业和在建项目进行调查，撰写调查报告，提出整改建议。评议会后，市住建部门逐条细化，分解落实，及时查纠，推动评议工作取得实效。

2014年，市人大常委会对市卫生局、质监局开展专项工作评议，通过市镇联动、座谈走访、问卷调查等形式，广泛征求社会各界意见30多条，受评部门认真接受评议，积极落实整改，部门服务质效不断提升。

第五节　信访工作

信访工作是人大常委会密切联系人民群众的一条重要渠道，是加强法律监督和工作监督的一条有效途径，也是人大常委会的一项重要工作。市人大常委会始终重视和认真做好代表和人民群众的来信来访工作，从组织领导、制度建设、经费保障、网络畅通、运转规范等各方面加强了信访工作，坚持认真落实信访工作领导责任制、规范信访工作办理程序、建立重点信访案件会办制度、加强与“一府两院”的联系以及及时上报信访信息等制度，基本做到了人民群众来信来访件件有交代，事事有着落。

1983年，县人大常委会处理人民来信44件，接待来访42人次。对来信来访，都能及时转交有关部门办理，或由人大常委会办公室处理，解决了来信来访者要求解决和反映的问题。

1984年，县人大常委会接待了50人次，处理人民来信78件。

1985年，县人大常委会接待人民群众来访81人次，处理群众来信67件。对群众来信来访反映的问题，一般由常委会领导批阅后及时转请有关部门研究处理，或者根据政策规定予以说明解释，进行教育疏导工作。重要的申诉案件，经主任会议研究后，组织联合调查，使问题依法得到处理。

1986年，县人大常委会共处理群众来信101件，接待来访76人次。对这些来信来访，都按照“分级负责，对口处理”的原则，进行了认真的接待处理。

1987年，县人大常委会接待和处理了248件(次)来信来访。

1988年，县人大常委会接待和处理了164件(次)来信来访。

1989年，县人大常委会共受理申告来信140封，接待来访131人次，对群众反映的个别执法不严、以罚代刑、极少数事实有出入、适用法律和量刑不当的申诉案件以及执法机关少数干部自身要求不严等问题，常委会都及时自办、转办或组织调查、提出意见，使问题得到纠正和克服，维护了法律的尊严，保护了公民应有的合法权益。

1990 年，县人大常委会接待和处理了 624 件（次）来信来访，受理群众申诉控告 42 件。对常委会任命的司法机关个别工作人员执法犯法的问题，在认真调查、核清事实的基础上，依法撤销其职务。

1991 年，县人大常委会接待和处理了 936 件（次）来信来访。在信访接待和处理工作中，坚持：一是热情接待；二是送审会办；三是办理落实；四是检查反馈。对于一些重大的信访或疑难信访，常委会还责成办事机构会同县政府信访局等部门到基层或人大机关会办，现场解决问题，使一些经常上访的老户停访息诉，既维护了社会的安定，又解决了群众的实际问题。

1992 年，县人大常委会共接待人民来信来访、控告申诉 817 人（件）次。对于一些重大或疑难信访，常委会依法督促有关部门，认真研究解决。大龙乡一养鱼户，被偷鱼人打成重伤，有关部门认为事实不清，证据不足，不予受理，致使其长达两年告状无门，常委会依法督促有关部门受理，使偷鱼人被逮捕归案，受到了法律的制裁。一年来，常委会责成办事机构会同政府有关职能部门和“两院”共同会办，研究解决有关信访问题，使 12 户上访老户（其中上访 5 年以上的老户 3 户）停访息诉。

1993 年，县人大常委会接待和处理了 2210 件（次）来信来访。对一些重大或疑难信访领导亲自过问，及时解决，使人民来信来访基本达到事事有着落、件件有回音。

1994 年，县人大常委会共接待人民来信来访 1232 件（次）。解决了人民群众的实际问题，促进了社会安定。

1995 年，县人大常委会共受理群众来信来访 1628 件（件），均得到较好的办理。

1996 年，市人大常委会共受理人民来信来访、控告申诉 721 件（次）。对一些重大信访案件，常委会负责同志亲自过问，明确专人负责，直至问题解决。根据人民群众的来信来访，对 3 件案件依法进行了监督，使犯罪分子得到了应有的惩罚。

1997 年，市人大常委会共接待来信来访、控告申诉 868 件（次）。对于一些重大或疑难信访，常委会依法督促有关部门，认真研究。例如，4 月，金墩镇乐丰村发生 20 多户农民的 7 公顷责任田因施劣质磷肥造成麦苗受害的事件。常委会根据群众来访，在充分调查的基础上督促法院、工商局联合查处，使受害农民得到 8000 元的赔偿，避免了一起集体上访事件，严厉打击了非法制假活动，依法保护了农民的合法权益。

1998 年，市人大常委会共接待来信来访 679 件（次）。草堰镇冯某某因债务一案申请执行回转，由于执行回转难度大，久执未结。常委会接访后，依法督促有关部门，使该案终于执行完结。

1999年,市人大常委会共受理代表来信来访156件次,人民群众来信来访920件(次),维护了公民、法人的合法权益,密切了常委会与代表和群众的联系,有效地化解了社会矛盾。6月份,承建市水产公司大楼的施工单位昼夜施工,建筑噪声超标,严重影响周围居民休息和学生学习。常委会领导接到来信后,十分重视,立即责成环保部门进行了查处,维护了人民群众正常的生产生活秩序。

2000年,市人大常委会共受理人民群众来信来访1000多件次,有效化解了社会矛盾,维护了社会稳定。

2001年,市人大常委会共办理来信来访1000余件次,接待代表来访90多人次。市淮南二厂被武进市一个体户抢去价值6万多元的棉纱,向当地公安机关报案后迟迟未能追回。常委会接到来访后,立即派人前往武进,请当地人大出面进行监督,终于追回被抢棉纱,维护了企业的利益。

2003年,市人大常委会接待和处理群众来信来访760余件次,出具交办单121份,书面回复信访人76件次。

2004年,市人大常委会共收到群众和代表来信370件次,接待来访400多人次。对这些信访件,大部分都及时转交有关单位阅处,同时也筛选出部分群众反映强烈的案件,进行重点处理,先后协调、审查20多件,督促有关单位和部门纠正错偏案3件,主持和参与信访案件调查处理2件,平息越级上访事件4起,化解了矛盾纷争,维护了法律尊严和群众利益,促进了社会稳定。

2005年,市人大常委会加强对人大信访工作的领导,对重要信访案件,常委会领导及时批阅,认真督办,切实解决;对复杂信访案件,委派相关工委与有关部门共同会办研究。全年接待群众来访420人次,受理人民群众来信1146件次;接待代表来访122人次,处理代表来信来电165件次;对全国人大交办的28件信访件,全部交由各有关单位或部门认真办理.并将办理情况及处理结果书面上报全国人大信访机构。走访代表1300余人次,走访、接待选民2400人次。

2006年,市人大常委会共收到人民来信和人大代表信件194件,接待来访340多人次。对上级人大交办的信访件,常委会严格按照信访条例和有关要求,交由承办单位专人办理并负责报告,确保了接办率、回复率、实际问题解决率和群众满意率,做到"件件有登记、件件有接访、件件有交办、件件有回音"4个100%。常委会办理信访件的做法得到上级人大的充分肯定,并在盐城市推广。在做好疏导、转办、交办工作的同时,督促有关方面依法处理,妥善解决。如冯某某为其胞姐1986年意外事故身亡,申诉告状前后长达二十年,常委会领导和相关工委接访后,认真阅读申诉资料和证据,综合认定该信访件属民事权益之争,构不成刑事犯罪，并对当事人做了耐心细致的说服解释工作，终于使这件老大难信访案件停访息诉。

2007 年，市人大常委会认真做好信访工作，对人民群众的来信来访，严格依照《信访条例》做好转办、交办、督办，努力做好说服、解释工作，全年共受理人民来信来访 532 件次，接待来访群众 473 人次。

2008 年，市人大常委会共受理人民来信 186 件，接待来访群众 600 多人次。

2009 年，市人大常委会共收到群众和代表来信 114 件，接待来访 300 多人次，对每件信访都认真进行转办、交办和重点督办，落实专人负责，做到件件有着落，事事有回音，促进解决问题，维护信访人合法权益和社会大局稳定。

2010 年，市人大常委会受理人民来信 86 件，接待群众来访 256 人次。

2011 年，市人大常委会接待来访代表和群众 90 余人次，处理群众来信 80 余件，有力推进了法治大丰、平安大丰建设。

2012 年，市人大常委会处理群众来信和网民留言 107 件，接待群众来访 80 余人次，实行重点信访件重点督办，维护社会和谐稳定。

2013 年，市人大常委会受理群众来信 62 件，接待来访代表和群众 50 多人次，认真办理每一件信访案件，对人民信访反映的问题作详细了解；对群众有误解的问题，做好说服教育工作；对人民信访合法诉求，督促主管部门负责办理，维护信访人的合法权益。

2014 年，市人大常委会把信访作为倾听民声、为民解忧的重要途径，受理群众来信 30 件，接待来访代表和群众 30 多人次，积极推动社会矛盾化解。

第六章　任　　免

党委推荐干部，人大常委会依法任免干部，是人民当家做主、管理国家事务的具体体现。人事任免工作是人大及其常委会的一项重要职责，任免同级国家机关的工作人员是宪法和法律赋予人大及其常委会的一项重要职权。

市人民代表大会成立60年来，在人事任免工作中，市人大及其常委会坚持党管干部原则和依法任免干部有机结合，充分发扬民主，严格依法办事，认真行使了人事任免权。根据宪法、法律的规定，常委会于2002年通过了人事任免暂行办法；2004年，常委会修改了《大丰市人大常委会人事任免办法》，对人事任免工作的规范办法、完善程序等作了具体规定，进一步保证了人大常委会人事任免法律的严肃性、程序的合法性和操作的规范性。

本章记述市人大常委会的人事任免工作。

第一节　大丰县第六届人大常委会任免人员

县六届人大常委会任期内，依法任免本级国家机关工作人员201人次。其中任免县人大常委会工作机构负责人3人次，县人民政府组成人员86人次，县人民法院干部65人次，县人民检察院干部47人次。

县六届人大常委会任免人员

表6—1

会议	姓名	任　免　职　务	任免时间
第1次会议	刘兴旺	任县人民法院庭长	1981.3.20
	黄　伟	任县人民法院庭长	1981.3.20
	张　芳	任县人民法院庭长	1981.3.20
	瞿友良	任县人民法院副庭长	1981.3.20
	龚沛生	任县人民法院副庭长	1981.3.20
	张介雄	任县人民法院副庭长	1981.3.20
	黄汉高	任县人民法院审判员	1981.3.20

续表 6—1

会议	姓名	任　免　职　务	任免时间
第 1 次会议	申广银	任县人民法院审判员	1981.3.20
	吕荣庆	任县人民法院审判员	1981.3.20
	王正球	任县人民法院审判员	1981.3.20
	晁　初	任县人民法院审判员	1981.3.20
	蒋桂山	任县人民法院审判员	1981.3.20
	季文博	任县人民法院审判员	1981.3.20
	高建飞	任县人民法院审判员(以工代干)	1981.3.20
第 2 次会议	何锦秀	任县人民检察院检察长	1981.5.20
	朱国柱	任县人民检察院副检察长	1981.5.20
	陈清湘	任县人民检察院副检察长	1981.5.20
	何锦秀	任县人民检察院检察委员会委员	1981.5.20
	朱国柱	任县人民检察院检察委员会委员	1981.5.20
	陈清湘	任县人民检察院检察委员会委员	1981.5.20
	万玉昌	任县人民检察院检察委员会委员	1981.5.20
	陈相明	任县人民检察院检察委员会委员	1981.5.20
	陈永柏	任县人民检察院检察委员会委员	1981.5.20
	徐新志	任县人民检察院检察委员会委员	1981.5.20
	万玉昌	任县人民检察院检察员	1981.5.20
	柏冀方	任县人民检察院检察员	1981.5.20
	吴明文	任县人民检察院检察员	1981.5.20
	吴永刚	任县人民检察院检察员	1981.5.20
	刘东宽	任县人民检察院检察员	1981.5.20
	戴锦江	任县人民检察院检察员	1981.5.20
	陈相明	任县人民检察院检察员	1981.5.20
	周克钧	任县人民检察院检察员	1981.5.20
	张贤芳	任县人民检察院检察员	1981.5.20
	陈荫怀	任县人民检察院检察员	1981.5.20

续表 6—1

会议	姓名	任 免 职 务	任免时间
第 2 次会议	夏正清	任县人民检察院检察员	1981.5.20
	杨学才	任县人民检察院检察员	1981.5.20
	陈永柏	任县人民检察院检察员	1981.5.20
	宣 骏	任县人民检察院检察员	1981.5.20
	王兴康	任县人民检察院检察员	1981.5.20
	朱龙海	任县人民检察院检察员	1981.5.20
	施鹤森	任县人民检察院检察员	1981.5.20
	徐新志	任县人民检察院检察员	1981.5.20
	周景学	任县人民检察院检察员	1981.5.20
	肖笃根	任县人民检察院检察员	1981.5.20
	李子康	任县人民检察院检察员	1981.5.20
	李学山	任县人民检察院检察员	1981.5.20
	蔡树民	任县人民检察院检察员(以工代干)	1981.5.20
	黄善春	任县人民检察院检察员(以工代干)	1981.5.20
	曹菊生	任县人民检察院检察员(以工代干)	1981.5.20
第 3 次会议	朱 梅	任县人民法院副院长	1981.9.3
	王保治	任县人民法院副院长	1981.9.3
	高潮珠	任县人民法院副院长	1981.9.3
	杨才章	任县人民法院审判委员会委员	1981.9.3
	朱 梅	任县人民法院审判委员会委员	1981.9.3
	王保治	任县人民法院审判委员会委员	1981.9.3
	高潮珠	任县人民法院审判委员会委员	1981.9.3
	黄 伟	任县人民法院审判委员会委员	1981.9.3
	张 芳	任县人民法院审判委员会委员	1981.9.3
	瞿友良	任县人民法院审判委员会委员	1981.9.3
	刘兴旺	任县人民法院审判委员会委员	1981.9.3
	张介雄	任县人民法院审判委员会委员	1981.9.3

续表 6—1

会议	姓名	任 免 职 务	任免时间
第4次会议	许洪山	任县人大常委会办公室副主任	1981.9.16
	马春芳	任县编制委员会主任(兼)	1981.9.16
	施云泽	任县人民政府办公室主任	1981.9.16
	顾太余	任县经济委员会主任	1981.9.16
	杨风奎	任县农业委员会主任	1981.9.16
	郁建明	任县老干部局局长	1981.9.16
	谢佩朋	任县人事局局长	1981.9.16
	周　邦	任县公安局局长	1981.9.16
	朱养秀	任县民政局局长	1981.9.16
	徐　飞	任县卫生局局长	1981.9.16
	徐泽民	任县劳动局局长	1981.9.16
	王　坚	任县物资局局长	1981.9.16
	高明德	任县工业局局长	1981.9.16
	高尚德	任县手工业管理局、社队企业管理局局长	1981.9.16
	陈应忠	任县交通局局长	1981.9.16
	单　鹏	任县农业局局长(兼)	1981.9.16
	智　慧	任县农机局局长	1981.9.16
	周绍襄	任县水利局局长	1981.9.16
	谢天林	任县水产局局长	1981.9.16
	沈国铨	任县多种经营管理局局长	1981.9.16
	孙志卓	任县财政局局长	1981.9.16
	李万春	任县工商行政管理局局长	1981.9.16
	朱天晋	任县外贸局局长	1981.9.16
	陆　陶	任县体育运动委员会主任	1981.9.16
	史长美	任县计划生育办公室主任	1981.9.16
第5次会议	张志发	任县劳动局局长	1981.10.19
	朱　平	任县商业局局长	1981.10.19
	徐兆元	任县民政局局长	1981.10.19

续表 6—1

会议	姓名	任 免 职 务	任免时间
第 7 次会议	黄　伟	任县人民法院经济法庭庭长	1982.1.15
	黄　伟	免县人民法院小海法庭庭长职务	1982.1.15
	杨　乾	任县人民法院经济法庭审判员	1982.1.15
	张　芳	免县人民法院刘庄法庭庭长职务	1982.1.15
	朱龙海	免县人民检察院检察员职务	1982.1.15
第 8 次会议	董志安	任县计划委员会主任	1982.2.3
	高守惠	任县粮食局局长	1982.2.3
第 11 次会议	董维赞	任县副业办公室主任	1982.5.7
	邓斌成	任县财贸办公室主任	1982.5.7
	左耀东	任县人民政府侨务办公室主任	1982.5.7
	王连祝	任县人民法院院长	1982.5.7
	杨延喜	任县人民检察院检察员	1982.5.7
	汤渭滨	任县人民检察院检察员	1982.5.7
	黄振东	任县人民检察院检察员	1982.5.7
	钱忠友	任县人民检察院检察员	1982.5.7
	陈　嘉	任县人民检察院检察员	1982.5.7
	李凤林	任县人民检察院检察员	1982.5.7
	肖正祥	任县人民法院民庭庭长	1982.5.7
	殷志才	任县人民法院大桥法庭庭长	1982.5.7
	杨鹤新	任县人民法院大桥法庭副庭长	1982.5.7
	黄军涛	任县人民法院小海法庭庭长	1982.5.7
	晁国良	任县人民法院刑庭副庭长	1982.5.7
	龚志斌	任县人民法院刘庄法庭副庭长	1982.5.7
	陆玉英	任县人民法院民庭审判员	1982.5.7
	宋增元	任县人民法院审判员	1982.5.7
	申广银	任县人民法院审判员	1982.5.7

续表 6—1

会议	姓名	任　免　职　务	任免时间
第 13 次会议	朱元清	任县人大常委会办公室副主任	1982.9.14
	许洪山	免县人大常委会办公室副主任职务	1982.9.14
	黄　伟	任县人民法院刑庭庭长	1982.9.14
	黄　伟	免县人民法院经济庭庭长职务	1982.9.14
	肖正祥	任县人民法院经济庭庭长	1982.9.14
	肖正祥	免县人民法院刑庭庭长职务	1982.9.14
	晁国良	免县人民法院刑庭副庭长职务	1982.9.14
	蒋桂山	免县人民法院刘庄法庭审判员职务	1982.9.14
第 14 次会议	王植槐	任县人民政府信访办公室主任	1982.11.10
	陶　山	任县农业局局长	1982.11.10
	单　鹏	免兼任县农业局局长职务	1982.11.10
	李子康	免县人民检察院检察员职务	1982.11.10
	左耀东	免县人民政府侨务办公室主任职务	1982.11.10
	王连祝	任县人民法院审判委员会委员	1982.11.10
	肖正祥	任县人民法院审判委员会委员	1982.11.10
	晁国良	任县人民法院审判委员会委员	1982.11.10
	朱　梅	免县人民法院副院长、审判委员会委员职务	1982.11.10
第 16 次会议	冯育新	任县多种经营管理局局长	1983.1.28
	陈宏发	任县民政局局长	1983.1.28
	丁洪亮	任县建设局局长	1983.1.28
	朱士高	任县工商行政管理局局长	1983.1.28
第 19 次会议	王振邦	任县老干部局局长	1983.5.21
	杨　童	任县文教局局长	1983.5.21
	肖正祥	任县人民法院刘庄人民法庭庭长	1983.5.21
	肖正祥	免县人民法院经济审判庭庭长职务	1983.5.21
	龚沛生	任县人民法院大中人民法庭副庭长	1983.5.21
	龚沛生	免县人民法院民事审判庭副庭长职务	1983.5.21

续表 6—1

会议	姓名	任　免　职　务	任免时间
第 19 次会议	杨鹤新	任县人民法院南阳人民法庭副庭长	1983.5.21
	杨鹤新	免县人民法院大桥人民法庭副庭长职务	1983.5.21
	龚志斌	任县人民法院新丰人民法庭副庭长	1983.5.21
	龚志斌	免县人民法院刘庄人民法庭副庭长职务	1983.5.21
	杨　乾	任县人民法院经济审判副庭长	1983.5.21
	马素珍	任县人民法院审判员	1983.5.21
	田学渊	任县人民法院二排河人民法庭副庭长	1983.5.21
	刘理华	任县人民法院东坝头人民法庭副庭长	1983.5.21
	王志珍	任县人民法院一里河人民法庭庭长	1983.5.21
	周恒元	任县人民检察院检察员	1983.5.21
	徐新志	免县人民检察院检察员职务	1983.5.21
	杨学才	免县人民检察院检察员职务	1983.5.21
第 20 次会议	高才旺	任县物资局局长	1983.7.26
	郁秀琴	任县计划生育委员会主任	1983.7.26
	黄　淦	任县公安局局长	1983.7.26
	周　邦	免县公安局局长职务	1983.7.26
	杨　乾	任县人民法院审判委员会委员	1983.7.26
第 21 次会议	冯永农	任县人民政府副县长	1983.9.29
	宋汉兴	任县水利局局长	1983.9.29
	周绍襄	免县水利局局长职务	1983.9.29
	罗忠银	任县人民检察院检察员	1983.9.29
第 22 次会议	蔡鼎山	任县税务局局长	1983.11.30
	杨素兰	任县人民法院民事审判庭审判员	1983.11.30
第 25 次会议	董志安	任县计划经济委员会主任	1984.1.23
	董志安	免县计划委员会主任职务	1984.1.23
	蔡鼎山	任县财政局局长、税务局局长	1984.1.23
	杨友淦	任县粮食局局长	1984.1.23

续表6—1

会议	姓名	任　免　职　务	任免时间
第25次会议	张之发	任县工商行政管理局局长	1984.1.23
	张之发	免县劳动局局长职务	1984.1.23
	茹涌潮	任县农业局局长	1984.1.23
	朱明贵	任县水利农机局局长	1984.1.23
	陶　山	任县水产局局长	1984.1.23
	陶　山	免县农业局局长职务	1984.1.23
	丁洪亮	任县城乡建设环境保护局局长	1984.1.23
	丁洪亮	免县建设局局长职务	1984.1.23
	高明德	任县社队工业局局长	1984.1.23
	陈昌明	任县交通局局长	1984.1.23
	苏　明	任县人事局局长	1984.1.23
	陈歧山	任县老干部局局长	1984.1.23
	蒋振华	任县文化局局长	1984.1.23
	杨　童	任县教育局局长	1984.1.23
	杨　童	免县文教局局长职务	1984.1.23
	赵学达	任县劳动局局长	1984.1.23
	顾太余	免县经济委员会主任职务	1984.1.23
	邓斌成	免县财贸办公室主任职务	1984.1.23
	董维赞	免县副业办公室主任职务	1984.1.23
	孙志卓	免县财政局局长职务	1984.1.23
	高守惠	免县粮食局局长职务	1984.1.23
	陈应宗	免县交通局局长职务	1984.1.23
	王振邦	免县老干部局局长职务	1984.1.23
	宋汉兴	免县水利局局长职务	1984.1.23
	朱士高	免县工商行政管理局局长职务	1984.1.23
	徐　飞	免县卫生局局长职务	1984.1.23
	陆　陶	免县体育运动委员会主任职务	1984.1.23

续表 6—1

会议	姓名	任　免　职　务	任免时间
第 25 次会议	朱天晋	免县对外贸易局局长职务	1984.1.23
	王植槐	免县人民政府信访办公室主任职务	1984.1.23
	高尚德	免县手工业管理局、社队企业管理局局长职务	1984.1.23
第 27 次会议	黄　淦	任县公安局局长	1984.4.3
	施正魁	任县司法局局长	1984.4.3

第二节　大丰县第七届人大常委会任免人员

县七届人大常委会任期内，依法任免本级国家机关工作人员 173 人次。其中任免县人大常委会工作机构负责人 5 人次，县人民政府组成人员 60 人次，县人民法院干部 61 人次，县人民检察院干部 47 人次。

县七届人大常委会任免人员

表 6—2

会议	姓名	任　免　职　务	任免时间
第 1 次会议	朱元清	任县人大常委会办公室副主任	1984.6.14
	施云泽	任县人民政府办公室主任	1984.6.14
	董志安	任县计划经济委员会主任	1984.6.14
	蔡鼎山	任县财政局局长、税务局局长	1984.6.14
	茹涌潮	任县农业局局长	1984.6.14
	冯育新	任县多种经营管理局局长	1984.6.14
	朱明贵	任县水利农机局局长	1984.6.14
	丁宏亮	任县城乡建设环境保护局局长	1984.6.14
	高才旺	任县物资局局长	1984.6.14
	陈昌明	任县交通局局长	1984.6.14
	朱　平	任县商业局局长	1984.6.14
	张之发	任县工商行政管理局局长	1984.6.14
	杨友淦	任县粮食局局长	1984.6.14
	陶　山	任县水产局局长	1984.6.14
	高明德	任县乡镇企业管理局局长	1984.6.14

续表 6—2

会议	姓名	任 免 职 务	任免时间
第 1 次会议	陈歧山	任县老干部局局长	1984.6.14
	苏 明	任县人事局局长	1984.6.14
	赵学达	任县劳动局局长	1984.6.14
	黄 淦	任县公安局局长	1984.6.14
	陈宏发	任县民政局局长	1984.6.14
	施正魁	任县司法局局长	1984.6.14
	杨 童	任县教育局局长	1984.6.14
	蒋振华	任县文化局局长	1984.6.14
	郁秀琴	任县计划生育委员会主任	1984.6.14
	季文博	任县人民法院三龙人民法庭庭长	1984.6.14
	马素珍	任县人民法院刑事审判庭副庭长	1984.6.14
	吕荣庆	任县人民法院大桥人民法庭副庭长	1984.6.14
	叶金宝	任县人民法院白驹人民法庭副庭长	1984.6.14
	杨卫红	任县人民法院民事审判庭副庭长	1984.6.14
	祁 荣	任县人民法院审判员	1984.6.14
	李建华	任县人民法院审判员	1984.6.14
	陈立勋	任县人民法院审判员	1984.6.14
	杨 发	任县人民法院审判员	1984.6.14
	杨素兰	任县人民法院审判员	1984.6.14
	顾爱平	任县人民法院审判员	1984.6.14
	晁国良	任县人民法院审判员	1984.6.14
	阴家骏	任县人民法院审判员	1984.6.14
	晁 初	免县人民法院审判员职务	1984.6.14
	李新建	任县人民检察院检察员	1984.6.14
第 3 次会议	左锦江	任县人民法院海丰人民法庭庭长	1984.10.11
	王洪宝	任县人民法院海丰人民法庭审判员	1984.10.11
	张稳高	任县人民法院海丰人民法庭审判员	1984.10.11
	冯 平	任县人民法院海丰人民法庭审判员	1984.10.11
	周恒元	任县人民检察院检察委员会委员	1984.10.11
	刘东宽	任县人民检察院检察委员会委员	1984.10.11
	钱忠友	任县人民检察院检察委员会委员	1984.10.11

续表 6—2

会议	姓名	任免职务	任免时间
第 5 次会议	林吉成	任县卫生局局长	1985.1.8
	杨启祥	任县人民法院三渣人民法庭庭长	1985.1.8
	李可章	任县人民法院四岔河人民法庭庭长	1985.1.8
	梅曼华	任县人民法院四岔河人民法庭审判员	1985.1.8
	陈元礼	任县人民检察检察员	1985.1.8
第 7 次会议	石　鼎	任县人民法院吴家洼人民法庭庭长	1985.3.26
	周翰文	任县人民法院吴家洼人民法庭审判员	1985.3.26
	顾竟成	任县计划经济委员会主任	1985.3.26
	董志安	免县计划经济委员会主任职务	1985.3.26
	周承瑚	任县人民检察院检察员	1985.3.26
	朱继康	任县人民检察院检察员	1985.3.26
第 8 次会议	李怀稳	辞县人大常委会委员职务	1985.5.4
	朱　绵	任县人民政府办公室主任	1985.5.4
	杨兴旺	任县水产局局长	1985.5.4
	陶　山	任县沿海滩涂开发办事处主任	1985.5.4
	陶　山	免县水产局局长职务	1985.5.4
	姚惠忠	任县城乡建设环境保护局局长	1985.5.4
	丁宏亮	任县统计局局长	1985.5.4
	丁宏亮	免县城乡建设环境保护局局长职务	1985.5.4
	施云泽	免县人民政府办公室主任职务	1985.5.4
第 9 次会议	肖正祥	任县人民法院大中人民法庭庭长	1985.6.13
	肖正祥	免县人民法院刘庄人民法庭庭长职务	1985.6.13
	龚沛生	任县人民法院民事审判庭副庭长	1985.6.13
	龚沛生	免县人民法院大中人民法庭副庭长职务	1985.6.13
	刘理华	任县人民法院东坝头人民法庭庭长	1985.6.13
	吴广杰	任县人民法院审判员	1985.6.13

续表 6—2

会议	姓名	任 免 职 务	任免时间
第 10 次会议	施正魁	任县人民法院副院长	1985. 8. 15
	余茂金	任县人民法院一里河人民法庭庭长	1985. 8. 15
	陈兆明	任县人民法院一里河人民法庭副庭长	1985. 8. 15
	陈德贵	任县人民法院一里河人民法庭审判员	1985. 8. 15
	陈相银	任县粮食局局长	1985. 8. 15
	杨友淦	免县粮食局局长职务	1985. 8. 15
	施正魁	免县司法局长职务	1985. 8. 15
	王 凯	任县文化局局长	1985. 8. 15
	蒋振华	免县文化局局长职务	1985. 8. 15
	李思义	任县经济体制改革办公室主任	1985. 8. 15
	朱 绵	免县经济体制改革办公室主任职务	1985. 8. 15
第 12 次会议	陈远春	免县人民政府副县长职务	1985. 12. 28
	姚惠中	任县人民政府副县长	1985. 12. 28
	姚惠中	免县城乡建设环境保护局局长职务	1985. 12. 28
	宋汉兴	任县水利农机局局长	1985. 12. 28
	朱明贵	免县水利农机局局长职务	1985. 12. 28
	单广保	任县民政局局长	1985. 12. 28
	陈宏发	免县民政局局长职务	1985. 12. 28
	张正华	任县商业局局长	1985. 12. 28
	朱 平	免县商业局局长职务	1985. 12. 28
	高才旺	免县物资局局长职务	1985. 12. 28
	浦成元	任县乡镇企业管理局局长	1985. 12. 28
	高明德	免县乡镇企业管理局局长职务	1985. 12. 28
	方云友	任县人大常委会办公室副主任	1985. 12. 28
	施正魁	免县人民法院副院长职务	1985. 12. 28
第 13 次会议	苏 生	罢免盐城市人大代表职务	1986. 2. 19
	陈金贵	任县人民检察院副检察长	1986. 2. 19
	秦亚东	任县人民检察院检察员	1986. 2. 19
	朱汝中	任县人民检察院检察员	1986. 2. 19

续表 6—2

会议	姓名	任　免　职　务	任免时间
第 14 次会议	陈保障	任县税务局局长	1986.3.7
	蔡鼎山	免兼任县税务局局长职务	1986.3.7
	黄炳池	任县人民法院副院长	1986.3.7
第 15 次会议	王连祝	辞县人民法院院长职务	1986.5.7
	何锦秀	辞县人民检察院检察长职务	1986.5.7
	谭兴隆	代理县人民法院院长	1986.5.7
	张民权	代理县人民检察院检察长	1986.5.7
	程长海	任县司法局局长	1986.5.7
	钟兆林	任县物资局局长	1986.5.7
	杨　乾	任县人民法院经济庭庭长	1986.5.7
	杨　发	任县人民法院刘庄人民法庭副庭长	1986.5.7
	陈立勋	任县人民法院三龙人民法庭副庭长	1986.5.7
	施朋生	任县人民法院白驹人民法庭副庭长	1986.5.7
	杨卫红	任县人民法院审判员	1986.5.7
	杨卫红	免县人民法院民庭副庭长职务	1986.5.7
	蒋桂山	任县人民法院审判员	1986.5.7
	阴家骏	任县人民法院经济庭审判员	1986.5.7
	阴家骏	免县人民法院民庭副庭长职务	1986.5.7
	高贵生	任县人民法院审判员	1986.5.7
第 16 次会议	吴金陵	任县人大常委会法制委员会主任委员(兼)	1986.7.19
	谭兴隆	任县人民法院审判委员会委员	1986.7.19
	黄炳池	任县人民法院审判委员会委员	1986.7.19
	崔益观	任县人民法院大桥人民法庭副庭长	1986.7.19
	赵恒山	任县人民法院小海人民法庭副庭长	1986.7.19
	戴金海	任县人民法院审判员	1986.7.19
	贾善仁	任县人民法院四岔河人民法庭庭长	1986.7.19
	李可章	免县人民法院四岔河人民法庭庭长职务	1986.7.19

续表 6—2

会议	姓名	任　免　职　务	任免时间
第17次会议	朱国柱	任县人大常委会法制工作委员会副主任委员	1986.9.20
	朱国柱	免县人民检察院副检察长职务	1986.9.20
	张民权	任县人民检察院检察委员会委员	1986.9.20
	陈金贵	任县人民检察院检察委员会委员	1986.9.20
	吴明文	任县人民检察院检察委员会委员	1986.9.20
	高建飞	任县人民法院副院长	1986.9.20
	龚沛生	任县人民法院执行庭副庭长	1986.9.20
	龚沛生	免县人民法院民庭副庭长职务	1986.9.20
	瞿友良	任县人民法院刑二庭副庭长	1986.9.20
	瞿友良	免县人民法院刑庭副庭长职务	1986.9.20
第19次会议	顾竟成	任县人民政府副县长	1986.11.19
	高建飞	任县人民法院审判委员会委员	1986.11.19
	黄军涛	任县人民法院审判委员会委员	1986.11.19
第21次会议	王凤义	任县人大常委会办公室主任	1987.2.18
	秦亚东	任县人民检察院副检察长	1987.2.18
第22次会议	李怀稳	免县人民政府副县长职务	1987.3.3

第三节　大丰县第八届人大常委会任免人员

县八届人大常委会任期内,依法任免本级国家机关工作人员174人次。其中任免县人大常委会工作机构负责人20人次,县人民政府组成人员66人次,县人民法院干部64人次,县人民检察院干部24人次。

县八届人大常委会任免人员

表 6—3

会议	姓名	任　免　职　务	任免时间
第1次会议	王凤义	任县人大常委会办公室主任	1987.5.23
	方云友	任县人大常委会办公室副主任	1987.5.23
	杨再生	任县人大常委会办公室副主任	1987.5.23

续表 6—3

会议	姓名	任　免　职　务	任免时间
第1次会议	朱国柱	任县人大常委会法制工作委员会主任	1987.5.23
	朱元清	任县人大常委会财政经济工作委员会主任	1987.5.23
	蒋振华	任县人大常委会教科文卫工作委员会主任	1987.5.23
	康邦兴	任县人大常委会城乡建设工作委员会副主任	1987.5.23
	朱　绵	任县人民政府办公室主任	1987.5.23
	周廉明	任县计划经济委员会主任	1987.5.23
	蔡鼎山	任县财政局局长	1987.5.23
	陈炳若	任县审计局局长	1987.5.23
	陈保障	任县税务局局长	1987.5.23
	茄涌潮	任县农业局局长	1987.5.23
	冯育新	任县多种经营管理局局长	1987.5.23
	宋汉兴	任县水利农机局局长	1987.5.23
	杨国屏	任县城乡建设环境保护局局长	1987.5.23
	钟兆林	任县物资局局长	1987.5.23
	沈凤高	任县交通局局长	1987.5.23
	张正华	任县商业局局长	1987.5.23
	张之发	任县工商行政管理局局长	1987.5.23
	陈相银	任县粮食局局长	1987.5.23
	浦成元	任县乡镇企业管理局局长	1987.5.23
	杨兴旺	任县水产局局长	1987.5.23
	苏　明	任县人事局局长	1987.5.23
	赵学达	任县劳动局局长	1987.5.23
	丁宏亮	任县统计局局长	1987.5.23
	黄　淦	任县公安局局长	1987.5.23
	单广保	任县民政局局长	1987.5.23
	程长海	任县司法局局长	1987.5.23
	徐一山	任县教育局局长	1987.5.23

续表 6—3

会议	姓名	任　免　职　务	任免时间
第 1 次会议	王　凯	任县文化局局长	1987.5.23
	林吉成	任县卫生局局长	1987.5.23
	郁秀琴	任县计划生育委员会主任	1987.5.23
	龚沛生	任县人民法院执行庭庭长	1987.5.23
	李建华	任县人民法院刑二庭庭长	1987.5.23
	杨　发	任县人民法院刘庄人民法庭庭长	1987.5.23
	杨鹤新	任县人民法院南阳人民法庭庭长	1987.5.23
	陈立勋	任县人民法院三龙人民法庭庭长	1987.5.23
	龚志斌	任县人民法院新丰人民法庭庭长	1987.5.23
	黄汉高	任县人民法院刑一庭副庭长	1987.5.23
	顾爱平	任县人民法院民庭副庭长	1987.5.23
	吕荣庆	任县人民法院经济庭副庭长	1987.5.23
	吕荣庆	免县人民法院大桥人民法庭副庭长职务	1987.5.23
	刘广生	任县人民法院白驹人民法庭副庭长	1987.5.23
	孙兴宏	任县人民法院三渣人民法庭副庭长	1987.5.23
	叶金保	任县人民法院审判员	1987.5.23
	叶金保	免县人民法院白驹人民法庭副庭长职务	1987.5.23
	秦亚东	任县人民检察院检察委员会委员	1987.5.23
	龚守义	任县人民检察院检察员	1987.5.23
	谷昌淦	任县人民检察院检察员	1987.5.23
	姚国富	任县人民检察院检察员	1987.5.23
	何锦秀	免县人民检察院检察委员会委员职务	1987.5.23
	陈相明	免县人民检察院检察委员会委员职务	1987.5.23
	周恒元	免县人民检察院检察委员会委员职务	1987.5.23
第 2 次会议	朱国柱	免县人民检察院检察委员会委员职务	1987.7.25
第 3 次会议	李志鑫	任县人民检察院检察员	1987.9.25
	李新建	免县人民检察院检察员职务	1987.9.25
	张稳高	任县人民法院海丰人民法庭副庭长	1987.9.25
	左锦江	免县人民法院海丰人民法庭副庭长职务	1987.9.25

续表 6—3

会议	姓名	任　免　职　务	任免时间
第 4 次会议	陈维良	任县科学技术委员会主任	1987.11.20
	是月仙	任县人大常委会法制工作委员会副主任	1987.11.20
第 7 次会议	沈纪万	任县监察局局长	1988.3.16
	陈锦良	任县土地管理局局长	1988.3.16
	朱卫兵	任县财政局局长	1988.3.16
	蔡鼎山	免县财政局局长职务	1988.3.16
	刘广生	任县人民法院白驹人民法庭庭长	1988.3.16
	施朋生	任县人民法院民事审判庭副庭长	1988.3.16
	施朋生	免县人民法院白驹人民法庭副庭长职务	1988.3.16
	陆富高	任县人民法院南阳人民法庭副庭长	1988.3.16
	徐瑞荣	任县人民法院审判员	1988.3.16
	卢国平	任县人民法院审判员	1988.3.16
	张仲良	任县人民法院审判员	1988.3.16
	王龙璋	任县人民法院审判员	1988.3.16
	袁菊新	任县人民法院审判员	1988.3.16
	茅桂芳	任县人民法院审判员	1988.3.16
	周华才	任县人民法院审判员	1988.3.16
	丁善荣	任县人民法院审判员	1988.3.16
	李建华	任县人民法院审判委员会委员	1988.3.16
	黄军涛	免县人民法院审判委员会委员职务	1988.3.16
	瞿友良	免县人民法院审判委员会委员职务	1988.3.16
	肖正祥	免县人民法院审判委员会委员职务	1988.3.16
第 8 次会议	汪敷荣	任县人民检察院检察员	1988.5.20
	夏乔旺	任县人民检察院检察员	1988.5.20
	邵荣和	任县人民检察院检察员	1988.5.20
	李如金	任县人民检察院检察员	1988.5.20
	董仕俊	任县人民检察院检察员	1988.5.20

续表 6—3

会议	姓名	任 免 职 务	任免时间
第 8 次会议	杨正龙	任县人民检察院检察员	1988.5.20
	吕永康	任县人民检察院检察员	1988.5.20
	刘洪芳	任县人民检察院检察员	1988.5.20
	刘景海	任县农业局局长	1988.5.20
	茹涌潮	免县农业局局长职务	1988.5.20
	杨伟红	任县人民法院行政审判庭庭长	1988.5.20
	李建华	任县人民法院审判员	1988.5.20
	李建华	免县人民法院刑二庭庭长职务	1988.5.20
	周翰文	免县人民法院吴家洼人民法庭审判员职务	1988.5.20
第 10 次会议	殷志才	任县人民法院审判委员会委员、审判员	1988.9.22
	王道学	任县人民法院一里河人民法庭审判员	1988.9.22
	黄家沛	任县人民检察院检察员	1988.9.22
	余茂金	免县人民法院一里河人民法庭庭长职务	1988.9.22
	陈立勋	免县人民法院三龙人民法庭庭长职务	1988.9.22
	吴广杰	免县人民法院审判员职务	1988.9.22
	陈德贵	免县人民法院一里河人民法庭审判员职务	1988.9.22
第 11 次会议	窦贻俭	任县人民政府副县长	1988.11.23
	孙怀顺	任县人民政府办公室主任	1988.11.23
	郭健生	任县计划经济委员会主任	1988.11.23
	周廉明	任县人事局局长	1988.11.23
	周廉明	免县计划经济委员会主任职务	1988.11.23
	朱 绵	免县人民政府办公室主任职务	1988.11.23
	苏 明	免县人事局局长职务	1988.11.23
	浦成元	免县乡镇企业管理局局长职务	1988.11.23
	杨再生	免县人大常委会办公室副主任职务	1988.11.23
	蒋正宽	任县人民法院三龙人民法庭副庭长	1988.11.23
	吴俊鹏	任县人民法院新丰人民法庭副庭长	1988.11.23
	朱桂兰	任县人民法院审判员	1988.11.23

续表 6—3

会议	姓名	任免职务	任免时间
第 14 次会议	李思义	任县经济体制改革委员会主任	1989.3.15
第 15 次会议	顾竟成	任县人民政府代理县长	1989.3.29
	向增来	任县人民政府副县长	1989.3.29
	郭健生	任县人民政府副县长	1989.3.29
	鲁鸿发	免县人民政府副县长职务	1989.3.29
	吕鹤福	任县统计局局长	1989.3.29
	庄荫祥	任县乡镇企业管理局局长	1989.3.29
	冯育新	免县多种经营管理局局长职务	1989.3.29
	丁宏亮	免县统计局局长职务	1989.3.29
第 16 次会议	朱达成	任县人大常委会办公室副主任	1989.5.19
	储金泉	任县农业委员会主任	1989.5.19
	施振辉	任县建设局局长	1989.5.19
	顾来生	任县环境保护局局长	1989.5.19
	殷志才	任县人民检察院副检察长	1989.5.19
	殷志才	免县人民法院审判委员会委员、审判员职务	1989.5.19
	晁国良	任县人民法院告诉申诉庭庭长	1989.5.19
	施朋生	任县人民法院告诉申诉庭副庭长	1989.5.19
	施朋生	免县人民法院民事审判庭副庭长职务	1989.5.19
	叶金宝	任县人民法院大中人民法庭副庭长	1989.5.19
	申广银	任县人民法院审判员	1989.5.19
	陆方新	任县人民法院审判员	1989.5.19
	崔世茂	任县人民法院审判员	1989.5.19
	季自道	任县人民法院审判员	1989.5.19
	王洪宝	免县人民法院海丰人民法庭审判员职务	1989.5.19
	吴永刚	任县人民检察院检察委员会委员	1989.5.19
	陈永柏	免县人民检察院检察委员会委员职务	1989.5.19

续表 6—3

会议	姓名	任　免　职　务	任免时间
第 18 次会议	朱达丰	任县人民政府办公室主任	1989.9.23
	柏成法	任县物价局局长	1989.9.23
	聂新华	任县多种经营管理局局长	1989.9.23
	沙毓麟	任县民政局局长	1989.9.23
	陈　强	任县司法局局长	1989.9.23
	孙怀顺	免县人民政府办公室主任职务	1989.9.23
	程长海	免县司法局局长职务	1989.9.23
	单广保	免县民政局局长职务	1989.9.23
	方云友	免县人大常委会办公室副主任职务	1989.9.23
	沈纪潭	任县人民法院审判员	1989.9.23
	倪建平	任县人民法院审判员	1989.9.23
	孟昭秀	任县人民法院二排河人民法庭副庭长	1989.9.23
	陆玉英	免县人民法院审判员职务	1989.9.23
	杨伟红	免县人民法院行政审判庭庭长职务	1989.9.23
	田学渊	免县人民法院二排河人民法庭副庭长职务	1989.9.23
	殷志才	任县人民检察院检察委员会委员	1989.9.23
第 20 次会议	沈德林	任县计划经济委员会主任	1989.11.25
	郭健生	免县计划经济委员会主任职务	1989.11.25
	刘理华	免县人民法院东坝头人民法庭庭长职务	1989.11.25
	李志鑫	免县人民检察院检察员职务	1989.11.25
第 21 次会议	裴日昌	任县人民政府副县长	1989.12.18
	王立功	任县人民政府副县长	1989.12.18
	刘伯森	任县人大常委会办公室主任	1989.12.18
	高潮珠	任县人大常委会法制工作委员会主任	1989.12.18
	高潮珠	免县人民法院副院长、审判委员会委员职务	1989.12.18
	张福元	任县人大常委会财政经济工作委员会主任	1989.12.18
	康邦兴	任县人大常委会城镇建设工作委员会主任	1989.12.18

续表 6—3

会议	姓名	任　免　职　务	任免时间
第21次会议	刘景海	任县人大常委会农村工作委员会主任	1989.12.18
	刘景海	免县农业局局长职务	1989.12.18
	王凤义	任县人大常委会内务工作委员会主任	1989.12.18
	王凤义	免县人大常委会办公室主任职务	1989.12.18
	朱国柱	免县人大常委会法制工作委员会主任职务	1989.12.18
	朱元清	免县人大常委会财政经济工作委员会主任职务	1989.12.18

第四节　大丰县第九届人大常委会任免人员

县九届人大常委会任期内，依法任免本级国家机关工作人员143人次。其中任免县人大常委会工作机构负责人15人次，县人民政府组成人员59人次，县人民法院干部53人次，县人民检察院干部16人次。

县九届人大常委会任免人员

表 6—4

会议	姓名	任　免　职　务	任免时间
第1次会议	刘伯森	任县人大常委会办公室主任	1990.4.9
	朱达成	任县人大常委会办公室副主任	1990.4.9
	王凤义	任县人大常委会内务工作委员会主任	1990.4.9
	顾炳祥	任县人大常委会内务工作委员会副主任	1990.4.9
	高潮珠	任县人大常委会法制工作委员会主任	1990.4.9
	张福元	任县人大常委会财政经济工作委员会主任	1990.4.9
	蒋振华	任县人大常委会教科文卫工作委员会主任	1990.4.9
	刘杏馨	任县人大常委会教科文卫工作委员会副主任	1990.4.9
	康邦兴	任县人大常委会城镇建设工作委员会主任	1990.4.9
	刘景海	任县人大常委会农村工作委员会主任	1990.4.9
	是月仙	免县人大常委会法制工作委员会副主任职务	1990.4.9
	周廉明	任县人民政府办公室主任	1990.4.9
	沈德林	任县计划经济委员会主任	1990.4.9

续表6—4

会议	姓名	任　免　职　务	任免时间
第1次会议	季希全	任县经济体制改革委员会主任	1990.4.9
	储金泉	任县农业委员会主任	1990.4.9
	陈维良	任县科学技术委员会主任	1990.4.9
	缪宝旺	任县人事局局长	1990.4.9
	沈纪万	任县监察局局长	1990.4.9
	赵学达	任县劳动局局长	1990.4.9
	朱卫兵	任县财政局局长	1990.4.9
	陈保障	任县税务局局长	1990.4.9
	张志发	任县工商行政管理局局长	1990.4.9
	陈炳若	任县审计局局长	1990.4.9
	黄　淦	任县公安局局长	1990.4.9
	陈　强	任县司法局局长	1990.4.9
	沙毓麟	任县民政局局长	1990.4.9
	吕鹤福	任县统计局局长	1990.4.9
	柏成法	任县物价局局长	1990.4.9
	李思义	任县农业局局长	1990.4.9
	陈锦良	任县土地管理局局长	1990.4.9
	聂新华	任县多种经营管理局局长	1990.4.9
	杨兴旺	任县水产局局长	1990.4.9
	宋汉兴	任县水利农机局局长	1990.4.9
	施振辉	任县建设局局长	1990.4.9
	顾来生	任县环境保护局局长	1990.4.9
	张正华	任县商业局局长	1990.4.9
	吴恒生	任县粮食局局长	1990.4.9
	宗育云	任县物资局局长	1990.4.9
	沈凤高	任县交通局局长	1990.4.9
	庄荫祥	任县乡镇企业管理局局长	1990.4.9

续表6—4

会议	姓名	任　免　职　务	任免时间
第1次会议	徐一山	任县教育局局长	1990.4.9
第1次会议	王　凯	任县文化局局长	1990.4.9
第1次会议	林吉成	任县卫生局局长	1990.4.9
第1次会议	郁秀琴	任县计划生育生育委员会主任	1990.4.9
第1次会议	鲍同寿	任县体育运动委员会主任	1990.4.9
第1次会议	肖正祥	任县人民法院行政庭庭长	1990.4.9
第1次会议	肖正祥	免县人民法院大中人民法庭庭长职务	1990.4.9
第1次会议	杨　发	任县人民法院大中人民法庭庭庭长	1990.4.9
第1次会议	杨　发	免县人民法院刘庄人民法庭庭长职务	1990.4.9
第1次会议	崔世茂	任县人民法院刘庄人民法庭副庭长	1990.4.9
第1次会议	冯　平	免县人民法院审判员职务	1990.4.9
第3次会议	张厚森	任县人民政府科技副县长	1990.7.30
第3次会议	倪向荣	任县对外经济贸易委员会主任	1990.7.30
第3次会议	朱同仁	任县轻工业局局长	1990.7.30
第3次会议	何志英	任县工业局局长	1990.7.30
第3次会议	陆　炜	任县纺织工业局局长	1990.7.30
第3次会议	丁爱民	任县人大常委会办公室副主任	1990.7.30
第3次会议	季顺普	任县人民检察院检察员	1990.7.30
第3次会议	朱德富	任县人民检察院检察员	1990.7.30
第3次会议	夏祥如	任县人民检察院检察员	1990.7.30
第3次会议	张裕峰	任县人民检察院检察员	1990.7.30
第3次会议	常华锋	任县人民检察院检察员	1990.7.30
第4次会议	向增来	免县人民政府副县长职务	1990.9.14
第4次会议	陈清湘	免县人民检察院副检察长职务	1990.9.14
第4次会议	戴金海	撤销县人民法院审判员职务	1990.9.14
第7次会议	沈德林	任县人民政府副县长	1990.12.24
第7次会议	孙怀顺	任县滩涂开发管理局、县农业资源综合开发管理局局长	1990.12.24

续表6—4

会议	姓名	任　免　职　务	任免时间
第7次会议	何中桥	任县人民法院吴家洼人民法庭审判员	1990.12.24
	刘玉玲	任县人民法院二排河人民法庭审判员	1990.12.24
	马素珍	免县人民法院第一刑事审判庭副庭长职务	1990.12.24
	彭正辉	任县人民检察院检察员	1990.12.24
	喻晨育	任县人民检察院检察员	1990.12.24
	王永平	任县人民检察院检察员	1990.12.24
	何其成	任县人民检察院检察员	1990.12.24
第8次会议	朱贻生	任县人大常委会财政经济工作委员会副主任	1991.1.22
	葛忠培	任县人大常委会法制工作委员会副主任	1991.1.22
	倪向荣	任县计划经济委员会主任	1991.1.22
	龚志斌	任县人民法院执行庭庭长	1991.1.22
	龚志斌	免县人民法院新丰人民法庭庭长职务	1991.1.22
	龚沛生	任县人民法院行政审判庭副庭长	1991.1.22
	龚沛生	免县人民法院执行庭庭长职务	1991.1.22
	陆富高	任县人民法院民事审判庭副庭长	1991.1.22
	陆富高	免县人民法院南阳人民法庭副庭长职务	1991.1.22
	阴家骏	任县人民法院经济审判庭副庭长	1991.1.22
	茅桂芳	任县人民法院执行庭副庭长	1991.1.22
	杨素兰	任县人民法院执行庭副庭长	1991.1.22
	房晓娟	任县人民法院审判员	1991.1.22
	朱永庆	任县人民法院审判员	1991.1.22
第9次会议	卢　峰	任县人民政府副县长	1991.2.27
第11次会议	张稳高	任县人民法院海丰人民法庭庭长	1991.5.23
	邹贤志	任县人民法院东坝头人民法庭庭长	1991.5.23
	陈学富	任县人民法院东坝头人民法庭审判员	1991.5.23

续表 6—4

会议	姓名	任 免 职 务	任免时间
第 14 次会议	张正华	任县工商行政管理局局长	1991.11.26
	张正华	免县商业局局长职务	1991.11.26
	徐善高	任县多种经营管理局局长	1991.11.26
	宋汉兴	任县水利局局长	1991.11.26
	陶培根	任县农业机械管理局局长	1991.11.26
	宋夕岳	任县信访局局长	1991.11.26
	张之发	免县工商行政管理局局长职务	1991.11.26
	聂新华	免县多种经营管理局局长职务	1991.11.26
	肖正祥	任县人民法院审判委员会委员、经济庭庭长	1991.11.26
	肖正祥	免县人民法院行政庭庭长职务	1991.11.26
	黄军涛	任县人民法院行政庭庭长	1991.11.26
	黄军涛	免县人民法院小海人民法庭庭长职务	1991.11.26
	施朋生	任县人民法院三渣人民法庭副庭长	1991.11.26
	施朋生	免县人民法院告诉申诉庭副庭长职务	1991.11.26
	杨　乾	任县人民法院审判员	1991.11.26
	杨　乾	免县人民法院经济庭庭长职务	1991.11.26
	黄家沛	免县人民检察院检察员职务	1991.11.26
第 15 次会议	黄汉高	任县人民法院刑事审判庭庭长、审判委员会委员	1992.1.14
	陆富高	任县人民法院民事审判庭副庭长、审判委员会委员	1992.1.14
	孙兴宏	任县人民法院小海人民法庭庭长	1992.1.14
	吴俊鹏	任县人民法院新丰人民法庭庭长	1992.1.14
	蒋正宽	任县人民法院大桥人民法庭庭长	1992.1.14
	蒋正宽	免县人民法院三龙人民法庭副庭长职务	1992.1.14
	王龙璋	任县人民法院刑事审判庭副庭长	1992.1.14
	杨素兰	任县人民法院告诉申诉庭副庭长	1992.1.14

续表 6—4

会议	姓名	任 免 职 务	任免时间
第 15 次会议	杨素兰	免县人民法院执行庭副庭长职务	1992.1.14
	沈恂怡	任县人民法院审判员	1992.1.14
	刘兴旺	任县人民法院审判员	1992.1.14
	刘兴旺	免县人民法院民事审判庭庭长、审判委员会委员职务	1992.1.14
	黄 伟	任县人民法院审判员	1992.1.14
	黄 伟	免县人民法院刑事审判庭庭长、审判委员会委员职务	1992.1.14
第 16 次会议	沈海明	任县商业局局长	1992.2.25
	吕永康	免县人民检察院检察员职务	1992.2.25
第 18 次会议	管仁安	任县人民检察院检察员	1992.5.29
	沙正祥	任县人民检察院检察员	1992.5.29
	陈树林	任县人民检察院检察员	1992.5.29
	陈清湘	免县人民检察院检察委员会委员职务	1992.5.29
第 19 次会议	黄锦成	任县计划经济委员会主任	1992.7.17
	陈远银	任县经济技术协作委员会主任	1992.7.17
	倪向荣	免县计划经济委员会主任职务	1992.7.17
第 20 次会议	黄 奇	任县人民政府科技副县长	1992.9.25
	龚沛生	任县人民法院白驹人民法庭庭长	1992.9.25
	龚沛生	免县人民法院行政庭副庭长职务	1992.9.25
	王道学	任县人民法院一里河人民法庭副庭长	1992.9.25
	刘广生	任县人民法院审判员	1992.9.25
	刘广生	免县人民法院白驹人民法庭庭长职务	1992.9.25
	季步东	任县人民法院审判员	1992.9.25
	张志定	任县人民法院审判员	1992.9.25
第 23 次会议	郭健生	免县人民政府副县长职务	1992.12.17
	葛忠培	免县人大常委会法制工作委员会副主任职务	1992.12.17
第 24 次会议	储金泉	任县人民政府副县长	1993.1.13

第五节 大丰市(县)第十届人大常委会任免人员

市(县)十届人大常委会任期内,依法任免本级国家机关工作人员263人次。其中任免市(县)人大常委会工作机构负责人34人次,市(县)人民政府组成人员118人次,市(县)人民法院干部81人次,市(县)人民检察院干部30人次。

市十届人大常委会任免人员

表6—5

会议	姓名	任免职务	任免时间
第1次会议	刘伯森	任县人大常委会办公室主任	1993.3.31
	朱达成	任县人大常委会办公室副主任	1993.3.31
	丁爱民	任县人大常委会办公室副主任	1993.3.31
	王凤义	任县人大常委会内务工作委员会主任	1993.3.31
	顾炳祥	任县人大常委会内务工作委员会副主任	1993.3.31
	高潮珠	任县人大常委会法制工作委员会主任	1993.3.31
	张福元	任县人大常委会财政经济工作委员会主任	1993.3.31
	朱贻生	任县人大常委会财政经济工作委员会副主任	1993.3.31
	蒋振华	任县人大常委会教科文卫工作委员会主任	1993.3.31
	杨玉堂	任县人大常委会教科文卫工作委员会副主任	1993.3.31
	康邦兴	任县人大常委会城镇建设工作委员会主任	1993.3.31
	刘景海	任县人大常委会农村工作委员会主任	1993.3.31
	顾国华	任县人大常委会办公室副主任	1993.3.31
	黄 奇	任县人民政府科技副县长	1993.3.31
	周廉明	任县人民政府办公室主任	1993.3.31
	黄锦成	任县计划经济委员会主任	1993.3.31
	季希全	任县经济体制改革委员会主任	1993.3.31
	茅祖平	任县对外经济贸易委员会主任	1993.3.31
	陈远银	任县经济技术协作委员会主任	1993.3.31
	沈碧和	任县农业委员会主任	1993.3.31
	陈维梁	任县科学技术委员会主任	1993.3.31

续表 6—5

会议	姓名	任　免　职　务	任免时间
第1次会议	缪宝旺	任县人事局局长	1993.3.31
	沈纪万	任县监察局局长	1993.3.31
	吴启明	任县劳动局局长	1993.3.31
	朱卫兵	任县财政局局长	1993.3.31
	陈保障	任县税务局局长	1993.3.31
	张正华	任县工商行政管理局局长	1993.3.31
	陈炳若	任县审计局局长	1993.3.31
	黄金虎	任县公安局局长	1993.3.31
	陈　强	任县司法局局长	1993.3.31
	沙毓麟	任县民政局局长	1993.3.31
	吕鹤福	任县统计局局长	1993.3.31
	柏成法	任县物价局局长	1993.3.31
	李思义	任县农业局局长	1993.3.31
	陈锦良	任县土地管理局局长	1993.3.31
	徐善高	任县多种经营管理局局长	1993.3.31
	杨兴旺	任县水产局局长	1993.3.31
	宋汉兴	任县水利局局长	1993.3.31
	孙怀顺	任县滩涂开发管理局、农业资源综合开发管理局局长	1993.3.31
	陶培根	任县农业机械管理局局长	1993.3.31
	施振辉	任县建设局局长	1993.3.31
	顾来生	任县环境保护局局长	1993.3.31
	沈海明	任县商业局局长	1993.3.31
	吴恒生	任县粮食局局长	1993.3.31
	宗育云	任县物资局局长	1993.3.31
	沈凤高	任县交通局、港务局局长	1993.3.31
	朱同仁	任县轻工业局局长	1993.3.31
	赵学达	任县工业局局长	1993.3.31

续表 6—5

会议	姓名	任 免 职 务	任免时间
第 1 次会议	陆 炜	任县纺织工业局局长	1993.3.31
	庄荫祥	任县乡镇企业管理局局长	1993.3.31
	徐一山	任县教育局局长	1993.3.31
	王 凯	任县文化局局长	1993.3.31
	林吉成	任县卫生局局长	1993.3.31
	杨 兵	任县计划生育委员会主任	1993.3.31
	鲍同寿	任县体育运动委员会主任	1993.3.31
	宋锡岳	任县信访局局长	1993.3.31
	沈纪潭	任县人民法院审判委员会委员	1993.3.31
	冯嘉国	任县人民法院吴家洼人民法庭庭长	1993.3.31
	房晓娟	任县人民法院民事审判庭副庭长	1993.3.31
	施朋生	任县人民法院刘庄人民法庭副庭长	1993.3.31
	施朋生	免县人民法院三渣人民法庭副庭长职务	1993.3.31
	崔世茂	任县人民法院执行庭副庭长	1993.3.31
	崔世茂	免县人民法院刘庄人民法庭副庭长职务	1993.3.31
	石 鼎	免县人民法院吴家洼人民法庭庭长职务	1993.3.31
	朱汝中	任县人民检察院检察委员会委员	1993.3.31
	夏长美	任县人民检察院检察员	1993.3.31
	蒋广权	任县人民检察院检察员	1993.3.31
	曹菊生	免县人民检察院检察员职务	1993.3.31
第 6 次会议	顾森茂	辞盐城市人大代表职务	1994.1.17
第 7 次会议	朱达成	免县人大常委会办公室副主任职务	1994.2.2
	朱贻生	免县人大常委会财经工作委员会副主任职务	1994.2.2
	赵锦国	任县水产局局长	1994.2.2
	杨兴旺	免县水产局局长职务	1994.2.2
	姚举红	任县体育运动委员会主任	1994.2.2
	鲍同寿	免县体育运动委员会主任职务	1994.2.2

续表 6—5

会议	姓名	任 免 职 务	任免时间
第7次会议	李建华	任县人民法院副院长	1994.2.2
	王保治	免县人民法院副院长职务	1994.2.2
	吴永刚	任县人民检察院副检察长	1994.2.2
第9次会议	王凤义	免县人大常委会内务工作委员会主任职务	1994.3.4
	康邦兴	免县人大常委会城镇建设工作委员会主任职务	1994.3.4
	王凤义	辞县人大常委会委员职务	1994.3.4
	康邦兴	辞县人大常委会委员职务	1994.3.4
第10次会议	董小平	任县人民政府办公室主任	1994.3.26
	周廉明	免县人民政府办公室主任职务	1994.3.26
	周承瑚	任县人民检察院检察委员会委员	1994.3.26
	刘东宽	任县人民检察院检察委员会委员	1994.3.26
	朱德富	免县人民检察院检察员职务	1994.3.26
第11次会议	李玉祥	任县公安局局长	1994.5.11
	黄金虎	免县公安局局长	1994.5.11
第12次会议	殷济青	任县计划经济委员会主任	1994.7.6
	黄锦成	免县计划经济委员会主任职务	1994.7.6
	施朋生	任县人民法院刘庄人民法庭庭长	1994.7.6
	崔益观	任县人民法院三龙人民法庭庭长	1994.7.6
	吕荣庆	任县人民法院告诉申诉庭副庭长	1994.7.6
	吕荣庆	免县人民法院经济庭副庭长职务	1994.7.6
	季步东	任县人民法院南阳人民法庭副庭长	1994.7.6
	施　瑛	任县人民法院审判员	1994.7.6
	沈恩德	任县人民法院审判员	1994.7.6
	董素岚	任县人民法院审判员	1994.7.6
	高　翊	任县人民法院审判员	1994.7.6
	赵　荣	任县人民法院四岔河人民法庭审判员	1994.7.6
	袁　清	任县人民法院一里河人民法庭审判员	1994.7.6

续表6—5

会议	姓名	任　免　职　务	任免时间
第13次会议	陈远银	任县民政局局长	1994.9.8
	陈远银	免县经济技术协作委员会主任职务	1994.9.8
	周如江	任县经济技术协作委员会主任	1994.9.8
	朱国华	任县水利局局长	1994.9.8
	沙毓麟	免县民政局局长职务	1994.9.8
	宋汉兴	免县水利局局长职务	1994.9.8
	陈长荣	任县人民检察院检察员	1994.9.8
	朱启宁	任县人民检察院检察员	1994.9.8
	陈萌林	免县人民检察院检察员职务	1994.9.8
	戴锦江	免县人民检察院检察员职务	1994.9.8
第16次会议	陈　强	免县司法局局长职务	1995.1.17
	陈　强	任县人民法院副院长、审判委员会委员	1995.1.17
	黄　伟	免县人民法院审判员职务	1995.1.17
	刘兴旺	免县人民法院审判员职务	1995.1.17
	施　冲	任县人民检察院副检察长、检察委员会委员	1995.1.17
	陈　强	任县人民法院代理院长	1995.1.17
	张民权	辞县人民法院院长职务	1995.1.17
第19次会议	茅艳林	任县建设局局长	1995.3.28
	姜国华	任县司法局局长	1995.3.28
	施振辉	免县建设局局长职务	1995.3.28
	董小平	免县人民政府办公室主任职务	1995.3.28
	王保治	免县人民法院审判员委员会委员职务	1995.3.28
	沈纪潭	免县人民法院审判员委员会委员职务	1995.3.28
	范端涛	任县人民检察院检察员	1995.3.28
第23次会议	张　青	任县人民政府科技副县长	1995.9.26
	顾炳祥	任县人大常委会内务工作委员会主任	1995.9.26
	陈国华	任县人民法院审判委员会委员	1995.9.26

续表6—5

会议	姓名	任　免　职　务	任免时间
第23次会议	季步东	任县人民法院南阳人民法庭庭长	1995.9.26
	肖正祥	任县人民法院审判员	1995.9.26
	肖正祥	免县人民法院经济庭庭长职务	1995.9.26
	杨鹤新	任县人民法院审判员	1995.9.26
	杨鹤新	免县人民法院南阳人民法庭庭长职务	1995.9.26
	刘旭晨	任县人民法院审判员	1995.9.26
	肖惠民	任县人民检察院检察员	1995.9.26
	张正新	任县人民检察院检察员	1995.9.26
	袁兴国	任县人民检察院检察员	1995.9.26
第25次会议	王其鹏	任县对外经济贸易委员会主任	1995.12.26
	茅祖平	免县对外经济贸易委员会主任职务	1995.12.26
	沈纪潭	任县人民法院副院长、审判委员会委员	1995.12.26
第28次会议	韦　新	任县人民政府副县长	1996.4.5
第30次会议	李　驰	任县人民政府副县长	1996.6.30
第31次会议	刘广生	任县人民法院经济审判庭庭长、审判委员会委员	1996.7.30
	茅桂芳	任县人民法院执行庭副庭长	1996.7.30
	房晓娟	任县人民法院少年法庭庭长	1996.7.30
	房晓娟	免县人民法院民事审判庭副庭长职务	1996.7.30
	王龙璋	任县人民法院告诉申诉庭副庭长	1996.7.30
	王龙璋	免县人民法院刑事审判庭副庭长职务	1996.7.30
	朱永庆	任县人民法院经济审判庭副庭长	1996.7.30
	龚沛生	任县人民法院审判员	1996.7.30
	龚沛生	免县人民法院白驹人民法庭庭长职务	1996.7.30
	施朋生	任县人民法院审判员	1996.7.30
	施朋生	免县人民法院刘庄人民法庭副庭长职务	1996.7.30
	蒋正宽	任县人民法院审判员	1996.7.30

续表 6—5

会议	姓名	任 免 职 务	任免时间
第31次会议	蒋正宽	免县人民法院大桥人民法庭庭长职务	1996.7.30
	龚志斌	任县人民法院审判员	1996.7.30
	龚志斌	免县人民法院执行庭庭长职务	1996.7.30
	朱芝华	任县人民法院审判员	1996.7.30
	詹荣安	任县人民法院审判员	1996.7.30
	陈浩锋	任县人民法院审判员	1996.7.30
	陈　杰	任县人民法院审判员	1996.7.30
	潘　锋	任县人民法院审判员	1996.7.30
	许永进	任县人民法院审判员	1996.7.30
	陈锦辉	任县人民检察院检察员	1996.7.30
	丁宏生	任县人民检察院检察员	1996.7.30
	郁　伟	任县人民检察院检察员	1996.7.30
	仇月华	任县人民检察院检察员	1996.7.30
	王银凤	任县人民检察院检察员	1996.7.30
	黄　健	任县人民检察院检察员	1996.7.30
	陈建红	任县人民检察院检察员	1996.7.30
第32次会议	俞德鸿	任县农业局局长	1996.8.5
	陈锦良	任县审计局局长	1996.8.5
	陈锦良	免县国土管理局局长职务	1996.8.5
	陆燕行	任县国土管理局局长	1996.8.5
	姜国华	任县交通局、港务局局长	1996.8.5
	姜国华	免县司法局局长职务	1996.8.5
	宣维新	任县司法局局长	1996.8.5
	沈同庚	任县工业局局长	1996.8.5
	陈　兴	任县财政局局长	1996.8.5
	吕书伯	任县人事局局长	1996.8.5
	蒋　鑫	任县信访局局长	1996.8.5

续表 6—5

会议	姓名	任 免 职 务	任免时间
第32次会议	李思义	免县农业局局长职务	1996.8.5
	陈炳若	免县审计局局长职务	1996.8.5
	沈凤高	免县交通局、港务局局长职务	1996.8.5
	赵学达	免县工业局局长职务	1996.8.5
	朱卫兵	免县财政局局长职务	1996.8.5
	缪宝旺	免县人事局局长职务	1996.8.5
	宋锡岳	免县信访局局长职务	1996.8.5
	柏成法	免县物价局局长职务	1996.8.5
	沈纪潭	免县人民法院副院长、审判委员会委员职务	1996.8.5
	秦亚东	免县人民检察院副检察长、检察委员会委员职务	1996.8.5
第33次会议	蒋振华	免市人大常委会教科文卫工作委员会主任职务	1996.9.21
	高潮珠	免市人大常委会法制工作委员会主任职务	1996.9.21
	张福元	免人大常委会财政经济工作委员会主任职务	1996.9.21
	刘景海	免市人大常委会农村工作委员会主任职务	1996.9.21
	高潮珠	辞市人大常委会委员职务	1996.9.21
	张福元	辞市人大常委会委员职务	1996.9.21
	刘景海	辞市人大常委会委员职务	1996.9.21
	耿翠盈	辞市人大常委会委员职务	1996.9.21
	吕书伯	辞市人大常委会委员职务	1996.9.21
	宗育圣	辞市人大常委会委员职务	1996.9.21
第34次会议	黄兆山	任市人大常委会农村工作委员会主任	1996.10.22
	陈　栋	任市人大常委会办公室副主任	1996.10.22
	黄汉高	任市人大常委会法制工作委员会副主任	1996.10.22
	黄汉高	免市人民法院刑事审判庭庭长、审判员、审判委员会委员职务	1996.10.22
	许玉明	任市人大常委会内务工作委员会副主任	1996.10.22
	刘伯森	免市人大常委会办公室主任职务	1996.10.22
	刘伯森	辞市人大常委会委员职务	1996.10.22

续表 6—5

会议	姓名	任　免　职　务	任免时间
第 35 次会议	丁善荣	任市人民法院白驹人民法庭副庭长	1996.11.26
	詹荣安	任市人民法院刘庄人民法庭副庭长	1996.11.26
	潘　锋	任市人民法院三渣人民法庭副庭长	1996.11.26
	董素岚	任市人民法院刑事审判庭副庭长	1996.11.26
	高　翊	任市人民法院民事审判庭副庭长	1996.11.26
	杨启祥	任市人民法院审判员	1996.11.26
	杨启祥	免市人民法院三渣人民法庭庭长职务	1996.11.26
第 36 次会议	印寿荣	任市人民政府科技副市长	1997.1.17
	黄　奇	免市人民政府科技副市长职务	1997.1.17
第 38 次会议	李国城	任市对外经济贸易委员会主任	1997.3.25
	王其鹏	免市对外经济贸易委员会主任职务	1997.3.25
	蔡学才	任市林牧业局局长	1997.3.25
	徐善高	免市林牧业局局长职务	1997.3.25
	王龙珠	任市人民法院审判委员会委员	1997.3.25
	袁菊新	任市人民法院行政审判庭副庭长	1997.3.25
	丁冯旺	任市人民法院审判员	1997.3.25
	姜存高	任市人民法院审判员	1997.3.25
	季忠明	任市人民法院审判员	1997.3.25
	刘曙杲	任市人民法院审判员	1997.3.25
	晁国良	任市人民法院审判员	1997.3.25
	晁国良	免市人民法院审判委员会委员职务	1997.3.25
	孟昭秀	免市人民法院二排河人民法庭副庭长职务	1997.3.25
	万玉昌	免市人民检察院检察委员会委员职务	1997.3.25
	刘东宽	免市人民检察院检察员职务	1997.3.25
	陈永柏	免市人民检察院检察员职务	1997.3.25

续表 6—5

会议	姓名	任　免　职　务	任免时间
第 39 次会议	李新昌	辞市人大常委会委员职务	1997.5.9
	祁　彪	任市人民政府副市长	1997.5.9
	卢　峰	免市人民政府副市长职务	1997.5.9
	殷志才	任市人民法院副院长	1997.5.9
	殷志才	免市人民检察院副检察长职务	1997.5.9
	高建飞	任市人民检察院副检察长	1997.5.9
	高建飞	免市人民法院副院长职务	1997.5.9
第 40 次会议	吴剑波	任市计划与经济委员会主任	1997.7.23
	金跃章	任市物价局局长	1997.7.23
	殷济青	免市计划与经济委员会主任职务	1997.7.23
第 41 次会议	杨玲俐	任市统计局局长	1997.8.6
	吕鹤福	免市统计局局长职务	1997.8.6
第 43 次会议	李　驰	任市人民政府代理市长	1997.11.22
	储金泉	辞市人民政府市长职务	1997.11.22
	臧　明	任市人民法院副院长、审判委员会委员	1997.11.22
	陈国华	免市人民法院副院长、审判委员会委员职务	1997.11.22
	王新民	任市公安局局长	1997.11.22
	王学富	任市城市管理委员会主任	1997.11.22
	李玉祥	免市公安局局长职务	1997.11.22
	陈　强	辞市人民法院院长职务	1997.11.22
	臧　明	任市人民法院代理院长	1997.11.22
第 44 次会议	丁瑞云	任市人民政府副市长	1997.12.1
	倪巍山	任市人民政府副市长	1997.12.1
	沈碧和	任市人民政府副市长	1997.12.1
	束长太	任市粮食局局长	1997.12.1
	吴恒生	免市粮食局局长职务	1997.12.1
	许宗泉	任市人大常委会办公室主任	1997.12.1

续表 6—5

会议	姓名	任 免 职 务	任免时间
第 44 次会议	陈　根	任市人大常委会内务工作委员会主任	1997.12.1
	杨玉堂	任市人大常委会社会事业工作委员会主任	1997.12.1
	陈　栋	免市人大常委会办公室副主任职务	1997.12.1
	黄汉高	免市人大常委会法制工作委员会副主任职务	1997.12.1
第 45 次会议	陆向宇	任市人民政府科技副市长	1997.12.27
	倪菊平	任市监察局局长	1997.12.27
	李乃铨	任市林牧业局局长	1997.12.27
	张　青	免市人民政府科技副市长职务	1997.12.27
	蔡学才	免市林牧业局局长职务	1997.12.27
	房　平	撤销市监察局局长职务	1997.12.27

第六节　大丰市第十一届人大常委会任免人员

市十一届人大常委会任期内，依法任免本级国家机关工作人员 286 人次。其中任免市人大常委会工作机构负责人 20 人次，市人民政府组成人员 123 人次，市人民法院干部 94 人次，市人民检察院干部 49 人次。

市十一届人大常委会任免人员

表 6—6

会议	姓名	任 免 职 务	任免时间
第 1 次会议	印寿荣	任市人民政府科技副市长	1998.3.23
	陆向宇	任市人民政府科技副市长	1998.3.23
	陈仕祥	任市人民政府办公室主任	1998.3.23
	吴剑波	任市计划与经济委员会主任	1998.3.23
	季希全	任市经济体制改革委员会主任	1998.3.23
	李国城	任市对外经济贸易委员会主任	1998.3.23
	吴桂荣	任市科学技术委员会主任	1998.3.23
	吕书伯	任市人事局局长	1998.3.23

续表 6—6

会议	姓名	任　免　职　务	任免时间
第 1 次会议	倪菊平	任市监察局局长	1998.3.23
	吴启明	任市劳动局局长	1998.3.23
	陈　兴	任市财政局局长	1998.3.23
	庄荫祥	任市工商行政管理局局长	1998.3.23
	陈锦良	任市审计局局长	1998.3.23
	王新民	任市公安局局长	1998.3.23
	宣维新	任市司法局局长	1998.3.23
	陈远银	任市民政局局长	1998.3.23
	杨玲俐	任市统计局局长	1998.3.23
	金跃章	任市物价局局长	1998.3.23
	俞德鸿	任市农业局局长	1998.3.23
	李乃铨	任市林牧业局局长	1998.3.23
	朱国华	任市水利局局长	1998.3.23
	陆燕行	任市国土管理局局长	1998.3.23
	顾来生	任市环境保护局局长	1998.3.23
	沈海明	任市贸易局局长	1998.3.23
	束长太	任市粮食局局长	1998.3.23
	茅艳林	任市建设局局长	1998.3.23
	姜国华	任市交通局局长	1998.3.23
	沈同庚	任市乡镇企业管理局局长	1998.3.23
	徐一山	任市教育局局长	1998.3.23
	王　凯	任市文化局局长	1998.3.23
	颜建英	任市卫生局局长	1998.3.23
	杨　兵	任市计划生育委员会主任	1998.3.23
	姚举红	任市体育运动委员会主任	1998.3.23
	向广鸿	任市城市管理委员会主任	1998.3.23
	杨洪斌	任市人民防空办公室主任	1998.3.23

续表6—6

会议	姓名	任　免　职　务	任免时间
第1次会议	许宗泉	任市人大常委会办公室主任	1998.3.23
	陈俐娟	任市人大常委会办公室副主任	1998.3.23
	顾炳祥	任市人大常委会人事代表联络工作委员会主任	1998.3.23
	许玉明	任市人大常委会人事代表联络工作委员会副主任	1998.3.23
	陈　根	任市人大常委会内务司法工作委员会主任	1998.3.23
	黄兆山	任市人大常委会财政经济工作委员会主任	1998.3.23
	夏　寅	任市人大常委会财政经济工作委员会副主任	1998.3.23
	杨玉堂	任市人大常委会社会事业工作委员会主任	1998.3.23
	顾国华	免市人大常委会办公室副主任职务	1998.3.23
	丁爱民	免市人大常委会办公室副主任职务	1998.3.23
第2次会议	陆　琪	任市人民政府办公室主任	1998.5.28
	陈仕祥	任市劳动局局长	1998.5.28
	陈仕祥	免市人民政府办公室主任职务	1998.5.28
	吴启明	免市劳动局局长职务	1998.5.28
	房晓娟	任市人民法院刑事审判庭庭长、审判委员会委员	1998.5.28
	房晓娟	免市人民法院少年刑事审判庭庭长职务	1998.5.28
	陈　杰	任市人民法院执行庭副庭长	1998.5.28
	丁善荣	任市人民法院白驹人民法庭庭长	1998.5.28
	陈浩锋	任市人民法院大桥人民法庭副庭长	1998.5.28
	黄建华	任市人民法院审判员	1998.5.28
	曾智泉	任市人民法院审判员	1998.5.28
	许永进	免市人民法院审判员职务	1998.5.28
	黄善春	任市人民检察院检察委员会委员	1998.5.28
	刘洪芳	任市人民检察院检察委员会委员	1998.5.28
	许永进	任市人民检察院检察员	1998.5.28
	章桂森	任市人民检察院检察员	1998.5.28
	张万顺	任市人民检察院检察员	1998.5.28

续表 6—6

会议	姓名	任　免　职　务	任免时间
第 2 次会议	柏永娴	任市人民检察院检察员	1998.5.28
	王永平	任市人民检察院检察员	1998.5.28
	陈　鑫	任市人民检察院检察员	1998.5.28
	周承瑚	免市人民检察院检察委员会委员职务	1998.5.28
	夏乔旺	免市人民检察院检察员职务	1998.5.28
第 7 次会议	李维林	任市人民政府科技副市长	1999.1.12
	黄祖瑢	任市科学技术委员会主任	1999.1.12
	印寿荣	免市人民政府科技副市长职务	1999.1.12
	吴桂荣	免市科学技术委员会主任职务	1999.1.12
	许玉明	免市人大常委会人事代表联络工作委员会副主任职务	1999.1.12
	赵　荣	免市人民法院四岔河人民法庭审判员职务	1999.1.12
	刘玉玲	免市人民法院二排河人民法庭审判员职务	1999.1.12
	陈学富	免市人民法院东坝头人民法庭审判员职务	1999.1.12
第 8 次会议	潘贻芳	任市公安局局长	1999.2.4
	王新民	免市公安局局长职务	1999.2.4
第 9 次会议	茅艳林	任市建设委员会主任	1999.3.10
	茅艳林	免市建设局局长职务	1999.3.10
	向广鸿	免市城市管理委员会主任职务	1999.3.10
第 10 次会议	宗育圣	任市贸易局局长	1999.5.27
	沈海明	免市贸易局局长职务	1999.5.27
	徐　祥	任市人民法院审判员	1999.5.27
	吴春荣	任市人民法院审判员	1999.5.27
	杨应龙	任市人民法院审判员	1999.5.27
	陆文义	任市人民法院审判员	1999.5.27
	邓　建	任市人民法院审判员	1999.5.27
	夏玉珍	任市人民法院审判员	1999.5.27
	周长青	任市人民法院审判员	1999.5.27

续表 6—6

会议	姓名	任　免　职　务	任免时间
第 10 次会议	冯玉栋	任市人民法院审判员	1999.5.27
	谷昌淦	免市人民检察院检察员职务	1999.5.27
	肖笃根	免市人民检察院检察员职务	1999.5.27
	龚守义	免市人民检察院检察员职务	1999.5.27
	范端涛	免市人民检察院检察员职务	1999.5.27
第 13 次会议	沈　刚	任市人大常委会办公室副主任	1999.8.9
	周　健	任市人大常委会社会事业工作委员会副主任	1999.8.9
	陶培华	任市财政局局长	1999.8.9
	李晓明	任市教育局局长	1999.8.9
	陈　兴	免市财政局局长职务	1999.8.9
	黄炳池	免市人民法院副院长职务	1999.8.9
	徐一山	免市教育局局长职务	1999.8.9
第 14 次会议	吴淮平	任市人民法院审判员	1999.9.22
	刘俊发	任市人民法院审判员	1999.9.22
	耿斌祥	任市人民法院审判员	1999.9.22
	严如春	任市人民法院审判员	1999.9.22
	李　勇	任市人民法院审判员	1999.9.22
	黄　杰	任市人民法院审判员	1999.9.22
	姜安国	任市人民法院审判员	1999.9.22
	陈　康	任市人民法院审判员	1999.9.22
	杨祥湖	任市人民检察院检察员	1999.9.22
	朱德勇	任市人民检察院检察员	1999.9.22
	朱绍波	任市人民检察院检察员	1999.9.22
	钱忠友	免市人民检察院检察委员会委员职务	1999.9.22

续表 6—6

会议	姓名	任　免　职　务	任免时间
第 15 次会议	王龙璋	任市人民法院立案庭庭长	1999.11.24
	王龙璋	免市人民法院告诉申诉庭庭长职务	1999.11.24
	瞿友良	任市人民法院审判监督庭副庭长	1999.11.24
	瞿友良	免市人民法院告诉申诉庭副庭长职务	1999.11.24
	杨素兰	免市人民法院告诉申诉庭副庭长、审判员职务	1999.11.24
第 19 次会议	吴永刚	撤销市人民检察院副检察长、检察委员会委员职务	2000.7.25
第 21 次会议	胡俊龙	任市人民检察院副检察长、检察委员会委员	2000.11.25
	吕志平	任市人民检察院副检察长、检察委员会委员	2000.11.25
	汪敷荣	免市人民检察院检察员职务	2000.11.25
	朱梅芳	任市人民法院审判员、立案庭副庭长	2000.11.25
	周长青	任市人民法院三龙人民法庭副庭长	2000.11.25
	徐俊华	任市人民法院审判员、小海人民法庭庭长	2000.11.25
	严如春	任市人民法院大桥人民法庭副庭长	2000.11.25
	丁冯旺	任市人民法院刘庄人民法庭副庭长	2000.11.25
	朱金龙	任市人民法院审判员	2000.11.25
	孙寿如	任市人民法院审判员	2000.11.25
	沈纪谭	免市人民法院审判员职务	2000.11.25
第 22 次会议	丁　宇	任市人民政府副市长	2000.12.29
	褚保平	任市人民法院审判员	2000.12.29
	杨　涛	任市人民法院审判员	2000.12.29
	袁　强	任市人民法院审判员	2000.12.29
	陈春银	任市人民法院审判员	2000.12.29
	陈　菁	任市人民法院审判员	2000.12.29
	施洪飞	任市人民法院审判员	2000.12.29
	丁　宇	任市人民政府代理市长	2000.12.29
	李　驰	辞市人民政府市长职务	2000.12.29

续表 6—6

会议	姓名	任　免　职　务	任免时间
第 24 次会议	李逸浩	任市人民政府副市长	2001.2.3
	刘必宁	任市人民检察院副检察长、检察委员会委员	2001.2.3
	祁　彪	辞市人民政府副市长职务	2001.2.3
	刘必宁	任市人民检察院代理检察长	2001.2.3
	谭兴隆	辞市人民检察院检察长职务	2001.2.3
第 25 次会议	陈　兴	任市计划与经济委员会主任	2001.2.24
	吴剑波	免市计划与经济委员会主任职务	2001.2.24
第 26 次会议	施　军	任市人民政府科技副市长	2001.3.29
	李维林	免市人民政府科技副市长职务	2001.3.29
	王克源	任市监察局局长	2001.3.29
	倪菊平	免市监察局局长职务	2001.3.29
	陈浩锋	任市人民法院行政审判庭庭长	2001.3.29
	陈浩锋	免市人民法院刘庄人民法庭庭长职务	2001.3.29
	吴俊鹏	任市人民法院民事审判庭副庭长	2001.3.29
	吴俊鹏	免市人民法院新丰人民法庭庭长职务	2001.3.29
	崔益观	任市人民法院经济审判庭副庭长	2001.3.29
	崔益观	免市人民法院南阳人民法庭庭长职务	2001.3.29
第 28 次会议	黄兆山	免市人大常委会财政经济工作委员会主任职务	2001.5.22
	顾炳祥	免市人大常委会人事代表联络工作委员会主任职务	2001.5.22
	翟长虹	任市农业局局长	2001.5.22
	俞德鸿	免市农业局局长职务	2001.5.22
	刘金泉	任市人民防空办公室主任	2001.5.22
	杨洪斌	免市人民防空办公室主任职务	2001.5.22
	刘启方	任市文化局局长	2001.5.22
	王　凯	免市文化局局长职务	2001.5.22
	颜建英	免市卫生局局长职务	2001.5.22
	黄祖瑢	免市科学技术委员会主任职务	2001.5.22

续表 6—6

会议	姓名	任 免 职 务	任免时间
第28次会议	顾来生	免市环境保护局局长职务	2001.5.22
	殷志才	免市人民法院副院长职务	2001.5.22
	陈金贵	免市人民检察院副检察长职务	2001.5.22
第29次会议	万玉昌	免市人民检察院检察员职务	2001.7.24
	邵荣和	免市人民检察院检察员职务	2001.7.24
第30次会议	沈　刚	任市人大常委会人事代表联络工作委员会主任	2001.9.21
	沈　刚	免市人大常委会办公室副主任职务	2001.9.21
	曹　震	任市人大常委会内务司法工作委员会副主任	2001.9.21
	陈亚云	任市卫生局局长	2001.9.21
	苏兴春	任市科学技术委员会主任	2001.9.21
	吴启明	任市环境保护局局长	2001.9.21
	颜建英	罢免市人民代表大会代表职务	2001.9.21
第31次会议	陆　琪	任市人民政府办公室主任	2001.11.6
	李国城	任市发展计划委员会主任	2001.11.6
	陈　兴	任市经济贸易委员会主任	2001.11.6
	李晓明	任市教育局局长	2001.11.6
	苏兴春	任市科学技术局局长	2001.11.6
	潘贻芳	任市公安局局长	2001.11.6
	王克源	任市监察局局长	2001.11.6
	陈远银	任市民政局局长	2001.11.6
	宣维新	任市司法局局长	2001.11.6
	陶培华	任市财政局局长	2001.11.6
	吕书伯	任市人事局局长	2001.11.6
	陈仕祥	任市劳动和社会保障局局长	2001.11.6
	陆燕行	任市国土资源局局长	2001.11.6
	茅艳林	任市规划建设局局长	2001.11.6
	卞泰鹏	任市城市管理局局长	2001.11.6

续表 6—6

会议	姓名	任　免　职　务	任免时间
第 31 次会议	沈　平	任市房产管理局局长	2001.11.6
	朱学忠	任市交通局局长	2001.11.6
	朱国华	任市水利局局长	2001.11.6
	翟长虹	任市农业局局长	2001.11.6
	潘兆凤	任市林牧业局局长	2001.11.6
	赵锦国	任市滩涂海洋与渔业局、市农业资源开发局局长	2001.11.6
	邓既明	任市对外贸易经济合作局局长	2001.11.6
	刘启方	任市文化局局长	2001.11.6
	陈亚云	任市卫生局局长	2001.11.6
	杨　兵	任市计划生育委员会主任	2001.11.6
	陈锦良	任市审计局局长	2001.11.6
	吴启明	任市环境保护局局长	2001.11.6
	陈洪根	任市统计局局长	2001.11.6
	朱永进	任市物价局局长	2001.11.6
	束长太	任市粮食局局长	2001.11.6
	姜国华	免市交通局局长职务	2001.11.6
	金跃章	免市物价局局长职务	2001.11.6
	杨伶俐	免市统计局局长职务	2001.11.6
	李乃铨	免市林牧业局局长职务	2001.11.6
第 33 次会议	韦稳元	任市人民政府办公室主任	2002.1.25
	陆　琪	免市人民政府办公室主任职务	2002.1.25
	朱达丰	辞市人大常委会副主任职务	2002.1.25
	李建华	免市人民法院副院长、审判委员会委员、审判员职务	2002.1.25
	吕志平	免市人民检察院副检察长、检察委员会委员职务	2002.1.25
第 34 次会议	施建飞	任市人大常委会农村工作委员会副主任	2002.3.21
	詹荣安	任市人民法院副院长	2002.3.21
	詹荣安	免市人民法院刑事审判庭庭长职务	2002.3.21

续表 6—6

会议	姓名	任 免 职 务	任免时间
第 34 次会议	徐 祥	任市人民法院副院长	2002.3.21
	季步东	任市人民法院民事审判第一庭庭长	2002.3.21
	孙兴宏	任市人民法院审判第一庭副庭长	2002.3.21
	孙兴宏	免市人民法院小海人民法庭副庭长职务	2002.3.21
	高 翊	任市人民法院民事审判第一庭副庭长	2002.3.21
	崔益观	任市人民法院民事审判第二庭副庭长	2002.3.21
	阴家骏	任市人民法院民事审判第二庭副庭长	2002.3.21
	朱永庆	任市人民法院民事审判第二庭副庭长	2002.3.21
	陈浩锋	任市人民法院审判委员会委员	2002.3.21
	丁善荣	任市人民法院审判委员会委员	2002.3.21
	丁善荣	免市人民法院大桥人民法庭庭长职务	2002.3.21
	茅桂芳	任市人民法院审判委员会委员、审判监督庭庭长	2002.3.21
	徐俊华	任市人民法院审判监督庭副庭长	2002.3.21
	徐俊华	免市人民法院小海人民法庭副庭长职务	2002.3.21
	吴俊鹏	任市人民法院审判员	2002.3.21
	陆富高	免市人民法院审判委员会委员职务	2002.3.21
	杨 发	免市人民法院审判监督庭庭长职务	2002.3.21
	肖正祥	免市人民法院审判委员会委员、审判员职务	2002.3.21
	瞿友良	免市人民法院审判监督庭副庭长职务	2002.3.21
	晁国良	免市人民法院审判员职务	2002.3.21
	龚沛生	免市人民法院审判员职务	2002.3.21
	杨启祥	免市人民法院审判员职务	2002.3.21
	徐瑞荣	免市人民法院审判员职务	2002.3.21
	龚志斌	免市人民法院审判员职务	2002.3.21
	陆方新	免市人民法院审判员职务	2002.3.21
	蒋桂山	免市人民法院审判员职务	2002.3.21
	赵恒山	免市人民法院审判员职务	2002.3.21

续表 6—6

会议	姓名	任免职务	任免时间
第34次会议	朱芝华	免市人民法院审判员职务	2002.3.21
	申广银	免市人民法院审判员职务	2002.3.21
	周新明	任市环境保护局局长	2002.3.21
	吴启明	免市环境保护局局长职务	2002.3.21
	陈宏成	任市人民检察院副检察长	2002.3.21
	何其成	任市人民检察院副检察长、检察委员会委员	2002.3.21
	高建飞	免市人民检察院副检察长、检察委员会委员职务	2002.3.21
	陈金贵	免市人民检察院检察委员会委员职务	2002.3.21
	秦亚东	免市人民检察院检察员职务	2002.3.21
	钱忠友	免市人民检察院检察员职务	2002.3.21
	陈　嘉	免市人民检察院检察员职务	2002.3.21
第36次会议	黄　静	任市人大常委会人事代表联络工作委员会副主任	2002.7.25
	蒋德爱	任市人大常委会办公室副主任	2002.7.25
	顾植林	任市体育局局长	2002.7.25
	董素岚	任市人民法院审判委员会委员、刑事审判庭庭长	2002.7.25
	邓　建	任市人民法院民事审判第一庭副庭长	2002.7.25
	丁冯旺	任市人民法院刘庄人民法庭庭长	2002.7.25
	姜安国	任市人民法院刘庄人民法庭副庭长	2002.7.25
	严如春	任市人民法院大桥人民法庭庭长	2002.7.25
	臧全思	任市人民法院大桥人民法庭副庭长	2002.7.25
	施　冲	免市人民检察院副检察长、检察委员会委员职务	2002.7.25
	吴明文	免市人民检察院检察员职务	2002.7.25
	周承瑚	免市人民检察院检察员职务	2002.7.25
	杨迎喜	免市人民检察院检察员职务	2002.7.25
	陈元礼	免市人民检察院检察员职务	2002.7.25
	高贵生	免市人民检察院检察员职务	2002.7.25
	汤渭滨	免市人民检察院检察员职务	2002.7.25

续表 6—6

会议	姓名	任 免 职 务	任免时间
第 36 次会议	施鹤森	免市人民检察院检察员职务	2002.7.25
	朱继康	免市人民检察院检察员职务	2002.7.25
	陈长荣	免市人民检察院检察员职务	2002.7.25
	季如金	免市人民检察院检察员职务	2002.7.25
	罗忠银	免市人民检察院检察员职务	2002.7.25
	朱启宁	免市人民检察院检察员职务	2002.7.25
第 39 次会议	王 荣	任市人民政府代理市长	2002.12.16
	丁 宇	辞市人民政府市长职务	2002.12.16
	倪向荣	辞市人民政府副市长职务	2002.12.16
	李逸浩	辞市人民政府副市长职务	2002.12.16
	沙长河	任市人民法院代理院长	2002.12.16
	臧 明	辞市人民法院院长职务	2002.12.16
第 40 次会议	阮绍荣	任市规划建设局局长	2002.12.27
	茅艳林	免市规划建设局局长职务	2002.12.27

第七节 大丰市第十二届人大常委会任免人员

市十二届人大常委会任期内，依法任免本级国家机关工作人员 243 人次。其中任免市人大常委会工作机构负责人 18 人次，市人民政府组成人员 102 人次，市人民法院干部 98 人次，市人民检察院干部 25 人次。

市十二届人大常委会任免人员

表 6—7

会议	姓名	任 免 职 务	任免时间
第 1 次会议	冯旭松	任市人民政府副市长	2003.3.5
	韦稳元	任市人民政府办公室主任	2003.3.5
	李国城	任市发展计划委员会主任	2003.3.5
	陈 兴	任经济贸易委员会主任	2003.3.5

续表 6—7

会议	姓名	任　免　职　务	任免时间
第 1 次会议	李晓明	任市教育局局长	2003.3.5
	苏兴春	任市科技局局长	2003.3.5
	陈卫玉	任市公安局局长	2003.3.5
	陈远银	任市民政局局长	2003.3.5
	宣维新	任市司法局局长	2003.3.5
	陶培华	任市财政局局长	2003.3.5
	吕书伯	任市人事局局长	2003.3.5
	陈仕祥	任市劳动和社会保障局局长	2003.3.5
	王克源	任市国土资源局局长	2003.3.5
	王克源	免市监察局局长职务	2003.3.5
	阮绍荣	任市规划建设局局长	2003.3.5
	卞泰鹏	任市城市管理局局长	2003.3.5
	朱学忠	任市交通局局长	2003.3.5
	朱国华	任市水利局局长	2003.3.5
	翟长虹	任市农业局局长	2003.3.5
	潘兆凤	任市林牧业局局长	2003.3.5
	赵锦国	任市滩涂海洋与渔业局局长	2003.3.5
	邓既明	任市对外贸易经济合作局局长	2003.3.5
	刘启方	任市文化局局长	2003.3.5
	陈亚云	任市卫生局局长	2003.3.5
	杨　兵	任市计划生育委员会主任	2003.3.5
	孙志强	任市审计局局长	2003.3.5
	周新明	任市环境保护局局长	2003.3.5
	顾植林	任市体育局局长	2003.3.5
	陈洪根	任市统计局局长	2003.3.5
	朱永进	任市物价局局长	2003.3.5
	束长太	任市粮食局局长	2003.3.5
	沈　平	任市房产管理局局长	2003.3.5
	卞堰生	任市民族宗教事务局局长	2003.3.5
	施　军	免市人民政府副市长职务	2003.3.5
	陆燕行	免市国土资源局局长职务	2003.3.5

续表 6—7

会议	姓名	任　免　职　务	任免时间
第 1 次会议	陈锦良	免市审计局局长职务	2003.3.5
	王永平	免市人民检察院检察员职务	2003.3.5
	吴春荣	撤销市人民法院审判员职务	2003.3.5
第 2 次会议	李伟海	任市监察局局长	2003.3.31
第 3 次会议	蔡建军	任市人民政府副市长	2003.3.31
第 4 次会议	韩　健	任市人民政府副市长	2003.7.22
	徐运锋	任市人民检察院检察员	2003.7.22
	顾兴俊	任市人民检察院检察员	2003.7.22
	徐　斌	任市人民检察院检察员	2003.7.22
	李智祥	任市人民检察院检察员	2003.7.22
	陈　宏	任市人民检察院检察员	2003.7.22
	程　遥	任市人民检察院检察员	2003.7.22
	周恒元	免市人民检察院检察员职务	2003.7.22
第 5 次会议	夏　寅	任市人大常委会财政经济工作委员会主任	2003.9.12
第 6 次会议	吴淮平	任市人民法院审判委员会委员、民事审判第二庭庭长	2003.11.12
	朱梅芳	任市人民法院民事审判第二庭副庭长	2003.11.12
	朱梅芳	免市人民法院立案庭副庭长职务	2003.11.12
	严如春	任市人民法院审判委员会委员、审判监督庭庭长	2003.11.12
	严如春	免市人民法院大桥人民法庭庭长职务	2003.11.12
	阴家骏	任市人民法院审判监督庭副庭长	2003.11.12
	阴家骏	免市人民法院民事审判第二庭副庭长职务	2003.11.12
	臧全思	任市人民法院立案庭副庭长	2003.11.12
	臧全思	免市人民法院大桥人民法庭副庭长职务	2003.11.12
	朱永庆	任市人民法院刑事审判庭副庭长	2003.11.12
	朱永庆	免市人民法院民事审判第二庭副庭长职务	2003.11.12
	周长青	任市人民法院刑事审判庭副庭长	2003.11.12

续表 6—7

会议	姓名	任　免　职　务	任免时间
第 6 次会议	周长青	免市人民法院三龙人民法庭副庭长职务	2003.11.12
	陈　杰	任市人民法院民事审判第一庭副庭长	2003.11.12
	李　勇	任市人民法院三龙人民法庭副庭长	2003.11.12
	王　建	任市人民法院审判员	2003.11.12
	李玉平	任市人民法院审判员	2003.11.12
	杨　军	任市人民法院审判员	2003.11.12
	杨　霞	任市人民法院审判员	2003.11.12
	沈勇兵	任市人民法院审判员	2003.11.12
	郑　刚	任市人民法院审判员	2003.11.12
	倪维峰	任市人民法院审判员	2003.11.12
	茅桂芳	免市人民法院审判委员会委员、审判监督庭庭长职务	2003.11.12
	徐俊华	免市人民法院审判监督庭副庭长职务	2003.11.12
	邓　建	免市人民法院民事审判第一庭副庭长职务	2003.11.12
	陈军和	免市人民法院审判员职务	2003.11.12
	易　娟	免市人民法院审判员职务	2003.11.12
	施朋生	免市人民法院审判员职务	2003.11.12
第 8 次会议	袁春发	任市人大常委会农村工作委员会主任	2004.4.12
	徐远峰	任市人民检察院检察委员会委员	2004.4.12
	丁宏生	任市人民检察院检察委员会委员	2004.4.12
	许永进	任市人民检察院检察委员会委员	2004.4.12
	臧　明	免市人民法院审判委员会委员职务	2004.4.12
	倪建平	免市人民法院审判员职务	2004.4.12
	黄善春	免市人民检察院检察委员会委员职务	2004.4.12
	刘洪芳	免市人民检察院检察委员会委员职务	2004.4.12
	成秋生	任市计划生育委员会主任	2004.4.12
	杨　兵	免市计划生育委员会主任职务	2004.4.12

续表 6—7

会议	姓名	任　免　职　务	任免时间
第 9 次会议	张建洋	任市人民政府副市长	2004.4.28
	韦　新	免市人民政府副市长职务	2004.4.28
第 10 次会议	蔡学才	任市劳动和社会保障局局长	2004.5.28
	陈仕祥	免市劳动和社会保障局局长职务	2004.5.28
第 11 次会议	沈碧和	撤销市人民政府副市长职务	2004.6.24
第 12 次会议	徐俊华	任市人民法院审判委员会委员	2004.7.29
	秦　刚	任市人民法院南阳人民法庭庭长	2004.7.29
	陈　康	任市人民法院南阳人民法庭副庭长	2004.7.29
	郑　刚	任市人民法院刘庄人民法庭副庭长	2004.7.29
	姜安国	任市人民法院立案庭副庭长	2004.7.29
	姜安国	免市人民法院刘庄人民法庭副庭长职务	2004.7.29
	佘万卿	任市人民法院审判员	2004.7.29
	陈祚宏	任市人民法院审判员	2004.7.29
	季顺江	任市人民法院审判员	2004.7.29
	臧全思	免市人民法院立案庭副庭长职务	2004.7.29
第 13 次会议	陈　兴	任市人民政府副市长	2004.9.9
	成秋生	任市人口和计划生育委员会主任	2004.9.9
	成秋生	免市计划生育委员会主任职务	2004.9.9
	胡立东	任市人民检察院副检察长、检察委员会委员	2004.9.9
第 16 次会议	倪巍山	辞市人民政府副市长职务	2004.12.28
	陈相凤	辞市人民政府副市长职务	2004.12.28
	杜家宏	辞市人大常委会委员职务	2004.12.28
第 17 次会议	朱建明	任市安全生产监督管理局局长	2005.3.17
	李国城	任市经济贸易委员会主任	2005.3.17
	李国城	免市发展计划委员会主任职务	2005.3.17
	赵晓庆	任市发展计划委员会主任	2005.3.17
	陈　兴	免市经济贸易委员会主任职务	2005.3.17

续表 6—7

会议	姓名	任 免 职 务	任免时间
第19次会议	杨玉堂	辞市人大常委会委员职务	2005.6.9
	陈 平	辞市人大常委会委员职务	2005.6.9
	沈 刚	任市人大常委会办公室主任	2005.6.9
	沈 刚	免市人大常委会人事代表联络工作委员会主任职务	2005.6.9
	许宗泉	免市人大常委会办公室主任职务	2005.6.9
	陈俐娟	免市人大常委会办公室副主任职务	2005.6.9
	蒋德爱	任市人大常委会人事代表联络工作委员会主任	2005.6.9
	蒋德爱	免市人大常委会办公室副主任职务	2005.6.9
	施建飞	任市人大常委会社会事业工作委员会主任	2005.6.9
	施建飞	免市人大常委会农村工作委员会副主任职务	2005.6.9
	杨玉堂	免市人大常委会社会事业工作委员会主任职务	2005.6.9
	陈 平	任市人事局局长	2005.6.9
	吕书伯	免市人事局局长职务	2005.6.9
	杨建平	任市民政局局长	2005.6.9
	陈远银	免市民政局局长职务	2005.6.9
	丁金保	任市粮食局局长	2005.6.9
	茅巍柏	任市滩涂海洋与渔业局(市农业资源开发局)局长	2005.6.9
	赵锦国	免市滩涂海洋与渔业局(市农业资源开发局)局长职务	2005.6.9
	吴桂荣	任市司法局局长	2005.6.9
	宣维新	免市司法局局长职务	2005.6.9
第21次会议	蔡建军	免市人民政府副市长职务	2005.9.27
	冯旭松	免市人民政府副市长职务	2005.9.27
	李 勇	任市人民法院西团人民法庭庭长	2005.9.27
	李 勇	免市人民法院三龙人民法庭副庭长职务	2005.9.27
	韩龙云	任市人民法院审判委员会委员	2005.9.27
	朱梅芳	任市人民法院审判委员会委员、立案庭庭长	2005.9.27
	朱梅芳	免市人民法院民事审判第二庭副庭长职务	2005.9.27

续表 6—7

会议	姓名	任　免　职　务	任免时间
第21次会议	陈　杰	任市人民法院立案庭副庭长	2005.9.27
	陈　杰	免市人民法院民事审判第一庭副庭长职务	2005.9.27
	陈浩锋	任市人民法院民事审判第一庭庭长	2005.9.27
	陈浩锋	免市人民法院行政审判庭庭长职务	2005.9.27
	陈菁华	任市人民法院民事审判第一庭副庭长	2005.9.27
	陈庆华	任市人民法院民事审判第一庭副庭长	2005.9.27
	陆文义	任市人民法院民事审判第一庭副庭长	2005.9.27
	高　翊	任市人民法院民事审判第二庭副庭长	2005.9.27
	高　翊	免市人民法院民事审判第一庭副庭长职务	2005.9.27
	郑　刚	任市人民法院民事审判第二庭副庭长	2005.9.27
	郑　刚	免市人民法院刘庄人民法庭副庭长职务	2005.9.27
	季步东	任市人民法院行政审判庭庭长	2005.9.27
	季步东	免市人民法院民事审判第一庭庭长职务	2005.9.27
	杜美玲	任市人民法院行政审判庭副庭长	2005.9.27
	陈　康	任市人民法院审判监督庭副庭长	2005.9.27
	陈　康	免市人民法院南阳人民法庭副庭长职务	2005.9.27
	沈勇兵	任市人民法院刘庄人民法庭副庭长	2005.9.27
	朱金龙	任市人民法院三龙人民法庭副庭长	2005.9.27
	陈祚宏	任市人民法院南阳人民法庭副庭长	2005.9.27
	倪巍峰	任市人民法院西团人民法庭副庭长	2005.9.27
	王小平	任市人民法院审判员	2005.9.27
	朱　列	任市人民法院审判员	2005.9.27
	赵　强	任市人民法院审判员	2005.9.27
	孙兴宏	任市人民法院审判员	2005.9.27
	崔益观	任市人民法院审判员	2005.9.27
	孙兴宏	免市人民法院民事审判第一庭副庭长职务	2005.9.27
	崔益观	免市人民法院民事审判第二庭副庭长职务	2005.9.27

续表 6—7

会议	姓名	任 免 职 务	任免时间
第 21 次会议	王龙璋	免市人民法院审判委员会委员、立案庭庭长职务	2005.9.27
	姜安国	免市人民法院立案庭副庭长职务	2005.9.27
	袁菊新	免市人民法院行政审判庭副庭长职务	2005.9.27
	阴家骏	免市人民法院审判监督庭副庭长职务	2005.9.27
第 24 次会议	戴　刚	任市公安局局长	2006.1.5
	陈卫玉	免市公安局局长职务	2006.1.5
	石根美	任市人民政府办公室主任	2006.1.5
	韦稳元	免市人民政府办公室主任	2006.1.5
第 25 次会议	王连军	任市人大常委会农村工作委员会副主任	2006.3.27
第 26 次会议	赵晓庆	任市发展和改革委员会主任	2006.4.25
	赵晓庆	免市发展计划委员会主任职务	2006.4.25
	成秋生	任市教育局局长	2006.4.25
	成秋生	免市人口和计划生育委员会主任职务	2006.4.25
	刘桂先	任市人口和计划生育委员会主任	2006.4.25
	李晓明	免市教育局局长职务	2006.4.25
	黄　艳	任市人大常委会办公室副主任	2006.4.25
	王海滨	任市人大常委会办公室副主任	2006.4.25
	陈　德	任市人大常委会财政经济工作委员会副主任	2006.4.25
第 27 次会议	王忠强	任市人民检察院检察员	2006.5.29
	蔡　萍	任市人民检察院检察员	2006.5.29
	周定新	任市人民检察院检察员	2006.5.29
	殷武华	任市人民检察院检察员	2006.5.29
	陈春海	任市人民检察院检察员	2006.5.29
	李　强	任市人民检察院检察员	2006.5.29
第 29 次会议	方启柏	任市监察局局长	2006.7.28
	李伟海	免市监察局局长	2006.7.28
	胡立东	免市人民检察院副检察长、检察委员会委员职务	2006.7.28

续表 6—7

会议	姓名	任　免　职　务	任免时间
第 31 次会议	骆　荣	免市人民法院审判员职务	2006.11.28
	邓　建	免市人民法院审判员职务	2006.11.28
第 33 次会议	韩　健	免市人民政府副市长职务	2007.3.23
	缪志伟	任市科学技术局局长	2007.3.23
	苏兴春	免市科学技术局局长职务	2007.3.23
第 34 次会议	潘兆凤	任市水利局局长	2007.4.19
	潘兆凤	免市林牧业局局长职务	2007.4.19
	沈　平	任市城市管理局局长	2007.4.19
	沈　平	免市房产管理局局长职务	2007.4.19
	朱国华	任市房产管理局局长	2007.4.19
	朱国华	免市水利局局长职务	2007.4.19
	卞泰鹏	任市林牧业局局长	2007.4.19
	卞泰鹏	免市城市管理局局长职务	2007.4.19
	陈　根	免市人大常委会内务司法工作委员会主任职务	2007.4.19
	袁春发	免市人大常委会农村工作委员会主任职务	2007.4.19
	陈　兴	罢免盐城市第五届人民代表大会代表职务	2007.4.19
第 35 次会议	赵维清	任市人民检察院检察员	2007.5.29
第 36 次会议	李　勤	任市人民检察院副检察长、检察委员会委员	2007.7.27
	李　勤	任市人民检察院代理检察长	2007.7.27
	刘必宁	辞市人民检察院检察长、检察委员会委员职务	2007.7.27
第 37 次会议	顾国华	任市规划建设局局长	2007.8.7
	阮绍荣	免市规划建设局局长职务	2007.8.7
第 39 次会议	倪　峰	任市人民政府副市长	2007.11.16
	宗乐平	任市人民政府副市长	2007.11.16
	张建洋	免市人民政府副市长职务	2007.11.16
	王　荣	辞市人民政府市长职务	2007.11.16

续表 6—7

会议	姓名	任 免 职 务	任免时间
第39次会议	倪 峰	任市人民政府代理市长	2007.11.16
	董 干	任市人大常委会农村工作委员会主任	2007.11.16
	曹 震	任市人大常委会内务司法工作委员会主任	2007.11.16
	陈 德	免市人大常委会财政经济工作委员会副主任职务	2007.11.16
	丁冯旺	任市人民法院审判委员会委员	2007.11.16
	潘 锋	任市人民法院审判委员会委员、立案庭庭长	2007.11.16
	臧全思	任市人民法院刘庄人民法庭庭长	2007.11.16
	郑 刚	任市人民法院三龙人民法庭庭长	2007.11.16
	陈菁华	任市人民法院大丰港人民法庭庭长	2007.11.16
	朱 薇	任市人民法院审判委员会委员	2007.11.16
	杨 霞	任市人民法院审判监督庭副庭长	2007.11.16
	郁剑波	任市人民法院西团人民法庭副庭长	2007.11.16
	陈 康	任市人民法院民事审判第二庭副庭长	2007.11.16
	刘兴柏	任市人民法院审判员	2007.11.16
	丁冯旺	免市人民法院刘庄人民法庭庭长职务	2007.11.16
	潘 锋	免市人民法院三龙人民法庭庭长职务	2007.11.16
	郑 刚	免市人民法院民事审判第二庭副庭长职务	2007.11.16
	陈菁华	免市人民法院民事审判第一庭副庭长职务	2007.11.16
	陈 康	免市人民法院审判监督庭副庭长职务	2007.11.16
	朱梅芳	免市人民法院立案庭庭长职务	2007.11.16
	丁善荣	免市人民法院审判委员会委员职务	2007.11.16
	倪维峰	免市人民法院西团人民法庭副庭长职务	2007.11.16
	陈 杰	免市人民法院立案庭副庭长职务	2007.11.16
第40次会议	陈湘珍	任市人民政府副市长	2007.11.20
	王 海	任市人民政府副市长	2007.11.20
	邓既明	免市对外贸易经济合作局局长职务	2007.11.20

第八节　大丰市第十三届人大常委会任免人员

市十三届人大常委会任期内，依法任免本级国家机关工作人员231人次。其中任免市人大常委会工作机构负责人13人次，市人民政府组成人员125人次，市人民法院干部66人次，市人民检察院干部27人次。

市十三届人大常委会任免人员

表6—8

会议	姓名	任　免　职　务	任免时间
第1次会议	石根美	任市人民政府办公室主任	2008.1.24
	赵晓庆	任市发展和改革委员会主任	2008.1.24
	李国城	任市经济贸易委员会主任	2008.1.24
	成秋生	任市教育局局长	2008.1.24
	缪志伟	任市科学技术局局长	2008.1.24
	戴　刚	任市公安局局长	2008.1.24
	方启柏	任市监察局局长	2008.1.24
	杨建平	任市民政局局长	2008.1.24
	吴桂荣	任市司法局局长	2008.1.24
	陶培华	任市财政局局长	2008.1.24
	陈　平	任市人事局局长	2008.1.24
	蔡学才	任市劳动和社会保障局局长	2008.1.24
	顾国华	任市规划建设局局长	2008.1.24
	沈　平	任市城市管理局局长	2008.1.24
	朱学忠	任市交通局局长	2008.1.24
	陈新明	任市水利局局长	2008.1.24
	翟长虹	任市农业局局长	2008.1.24
	卞泰鹏	任市林牧业局局长	2008.1.24
	茅巍柏	任市滩涂海洋与渔业局局长	2008.1.24
	朱国新	任市对外经济贸易合作局局长	2008.1.24
	刘启方	任市文化局局长	2008.1.24

续表6—8

会议	姓名	任　免　职　务	任免时间
第1次会议	陈亚云	任市卫生局局长	2008.1.24
	刘桂先	任市人口和计划生育委员会主任	2008.1.24
	孙志强	任市审计局局长	2008.1.24
	周新明	任市环境保护局局长	2008.1.24
	顾植林	任市体育局局长	2008.1.24
	陈洪根	任市统计局局长	2008.1.24
	朱建明	任市安全生产监督管理局局长	2008.1.24
	朱永进	任市物价局局长	2008.1.24
	丁金保	任市粮食局局长	2008.1.24
	朱国华	任市房产管理局局长	2008.1.24
	卞堰生	任市民族宗教事务局局长	2008.1.24
第3次会议	查亚强	任市人民政府副市长	2008.5.27
	胡俊龙	免市人民检察院副检察长、检察委员会委员职务	2008.5.27
	彭正辉	免市人民检察院检察员职务	2008.5.27
	李凤林	免市人民检察院检察员职务	2008.5.27
第5次会议	丁　杨	任市城市管理局局长	2008.9.11
	沈　平	免市城市管理局局长职务	2008.9.11
	夏祥如	免市人民检察院检察员职务	2008.9.11
第7次会议	乔德正	任市人民政府副市长	2008.12.30
	戴　刚	任市人民政府副市长	2008.12.30
第8次会议	朱爱涛	任市民族宗教事务局局长	2009.2.19
	茅巍柏	任市劳动和社会保障局局长	2009.2.19
	朱国新	任市滩涂海洋与渔业局局长	2009.2.19
	蔡　东	任市对外贸易经济合作局局长	2009.2.19
	陈汉成	任市统计局局长	2009.2.19
	卞堰生	免市民族宗教事务局局长职务	2009.2.19
	蔡学才	免市劳动和社会保障局局长职务	2009.2.19

续表 6—8

会议	姓名	任　免　职　务	任免时间
第 8 次会议	茅巍柏	免市滩涂海洋与渔业局局长职务	2009.2.19
	朱国新	免市对外贸易经济合作局局长职务	2009.2.19
	陈洪根	免市统计局局长职务	2009.2.19
	徐远峰	任市人民法院副院长、审判委员会委员、审判员	2009.2.19
	朱梅芳	任市人民检察院副检察长、检察委员会委员、检察员	2009.2.19
	刘广生	免市人民法院副院长、审判委员会委员职务	2009.2.19
	房晓娟	免市人民法院副院长、审判委员会委员职务	2009.2.19
	朱梅芳	免市人民法院审判委员会委员、审判员职务	2009.2.19
	何其成	免市人民检察院副检察长、检察委员会委员职务	2009.2.19
	徐远峰	免市人民检察院检察委员会委员、检察员职务	2009.2.19
	杨　发	免市人民法院审判员职务	2009.2.19
	蒋正宽	免市人民法院审判员职务	2009.2.19
	叶金保	免市人民法院审判员职务	2009.2.19
	周华才	免市人民法院审判员职务	2009.2.19
	季自道	免市人民法院审判员职务	2009.2.19
第 10 次会议	石根美	任市人民政府副市长	2009.5.11
	石根美	免市人民政府办公室主任职务	2009.5.11
	罗　强	任市人民政府办公室主任	2009.5.11
	吴桂荣	任市发展和改革委员会主任	2009.5.11
	吴桂荣	免市司法局局长职务	2009.5.11
	宗兴荣	任市司法局局长	2009.5.11
	徐向东	任市卫生局局长	2009.5.11
	赵晓庆	免市发展和改革委员会主任职务	2009.5.11
	陈亚云	免市卫生局局长职务	2009.5.11
	张震新	任市人民检察院检察委员会委员	2009.5.11
	殷武华	任市人民检察院检察委员会委员	2009.5.11
	顾西江	任市人民检察院检察员	2009.5.11

续表 6—8

会议	姓名	任 免 职 务	任免时间
第 10 次会议	朱亚萍	任市人民检察院检察员	2009.5.11
	管仁安	免市人民检察院检察委员会委员职务	2009.5.11
	沙正祥	免市人民检察院检察员职务	2009.5.11
	倪菊平	辞市人大常委会委员职务	2009.5.11
第 14 次会议	吴汉国	任市人民法院副院长、审判委员会委员、审判员	2009.10.14
	季步东	免市人民法院审判委员会委员、行政审判庭庭长职务	2009.10.14
	朱金龙	免市人民法院三龙法庭副庭长职务	2009.10.14
	茅桂芳	免市人民法院审判员职务	2009.10.14
	卢国平	免市人民法院审判员职务	2009.10.14
	尹同阳	辞市人大常委会委员职务	2009.10.14
第 15 次会议	鲁　伟	任市科学技术局局长	2009.11.26
	缪志伟	免市科学技术局局长	2009.11.26
第 16 次会议	陈　平	任市人民政府副市长	2009.12.21
	倪　峰	辞市人民政府市长职务	2009.12.21
	陈　平	任市人民政府代理市长	2009.12.21
第 17 次会议	宋长琴	任市人民法院副院长、审判委员会委员	2010.1.5
	沙长河	辞市人民法院院长、审判委员会委员职务	2010.1.5
	宋长琴	任市人民法院代理院长	2010.1.5
第 18 次会议	查亚强	免市人民政府副市长职务	2010.3.22
	沈　刚	免市人大常委会办公室主任职务	2010.3.22
	沈　刚	辞市人大常委会委员职务	2010.3.22
	钱　江	任市人民政府办公室主任	2010.3.22
	罗　强	免市人民政府办公室主任职务	2010.3.22
	朱国新	任市发展和改革委员会主任	2010.3.22
	朱国新	免市滩涂海洋与渔业局局长职务	2010.3.22
	吴桂荣	免市发展和改革委员会主任职务	2010.3.22
	朱永进	免市物价局局长职务	2010.3.22

续表 6—8

会议	姓名	任　免　职　务	任免时间
第 18 次会议	丁金保	免市粮食局局长职务	2010.3.22
	李国城	任市经济和信息化委员会主任	2010.3.22
	李国城	免市经济贸易委员会主任职务	2010.3.22
	陈　平	任市人力资源和社会保障局局长	2010.3.22
	陈　平	免市人事局局长职务	2010.3.22
	茅巍柏	免市劳动和社会保障局局长职务	2010.3.22
	朱学忠	任市交通运输局局长	2010.3.22
	朱学忠	免市交通局局长职务	2010.3.22
	顾国华	任市住房和城乡建设局局长	2010.3.22
	顾国华	免市规划建设局局长职务	2010.3.22
	丁仁俊	任市农业委员会主任	2010.3.22
	翟长虹	免市农业局局长职务	2010.3.22
	卞泰鹏	免市林牧业局局长职务	2010.3.22
	蔡　东	任市商务局局长	2010.3.22
	蔡　东	免市对外经济贸易合作局局长职务	2010.3.22
	叶玉存	任市文化局局长职务	2010.3.22
	刘启方	免市文化局局长职务	2010.3.22
	徐国祥	任市旅游局局长	2010.3.22
	夏恒林	任市环境保护局局长	2010.3.22
	周新明	免市环境保护局局长职务	2010.3.22
	张林海	任市统计局局长	2010.3.22
	陈汉成	免市统计局局长职务	2010.3.22
第 19 次会议	汤　建	任市人民政府副市长	2010.5.27
	陈桂官	任市人大常委会办公室主任	2010.5.27
	柏永娴	任市人民检察院检察委员会委员	2010.5.27
	朱德勇	任市人民检察院检察委员会委员	2010.5.27
	陈　宏	任市人民检察院检察委员会委员	2010.5.27

续表 6—8

会议	姓名	任 免 职 务	任免时间
第19次会议	陶冬林	任市人民检察院检察员	2010.5.27
	高红梅	任市人民检察院检察员	2010.5.27
	陈　磊	任市人民检察院检察员	2010.5.27
	朱　华	任市人民检察院检察员	2010.5.27
第20次会议	杨海慧	任市人大常委会财政经济工作委员会副主任	2010.7.23
	许永进	任市人民检察院副检察长	2010.7.23
第22次会议	郑　刚	任市人民法院审判委员会委员	2010.11.29
	郑　刚	免市人民法院三龙人民法庭庭长职务	2010.11.29
	丁冯旺	任市人民法院刑事审判庭庭长	2010.11.29
	陈菁华	任市人民法院审判委员会委员、民事审判第一庭庭长	2010.11.29
	陈菁华	免市人民法院大丰港人民法庭庭长职务	2010.11.29
	陈浩锋	任市人民法院行政审判庭庭长	2010.11.29
	陈浩锋	免市人民法院民事审判第一庭庭长职务	2010.11.29
	秦　钢	任市人民法院审判委员会委员、审判监督庭庭长	2010.11.29
	秦　钢	免市人民法院南阳人民法庭庭长职务	2010.11.29
	沈勇兵	任市人民法院大丰港人民法庭庭长	2010.11.29
	沈勇兵	免市人民法院刘庄人民法庭副庭长职务	2010.11.29
	杜美玲	任市人民法院三龙人民法庭庭长	2010.11.29
	杜美玲	免市人民法院行政审判庭副庭长职务	2010.11.29
	陈庆华	任市人民法院南阳人民法庭副庭长	2010.11.29
	陈庆华	免市人民法院民事审判第一庭庭长职务	2010.11.29
	郁剑波	任市人民法院审判监督庭副庭长	2010.11.29
	郁剑波	免市人民法院西团人民法庭副庭长职务	2010.11.29
	陈祚宏	任市人民法院民事审判第一庭副庭长	2010.11.29
	陈祚宏	免市人民法院南阳人民法庭副庭长职务	2010.11.29
	陈　芳	任市人民法院审判员、民事审判第一庭副庭长	2010.11.29
	朱剑媚	任市人民法院审判员	2010.11.29

续表 6—8

会议	姓名	任　免　职　务	任免时间
第 22 次会议	朱艳萍	任市人民法院审判员	2010.11.29
	董素岚	免市人民法院审判委员会委员、刑事审判庭庭长职务	2010.11.29
	吴淮平	免市人民法院审判委员会委员、民事审判第二庭庭长职务	2010.11.29
	严如春	免市人民法院审判委员会委员、审判监督庭庭长职务	2010.11.29
	杨　霞	免市人民法院审判监督庭副庭长职务	2010.11.29
第 24 次会议	顾富昌	任市人民政府副市长、市公安局局长	2011.1.3
	鲁　伟	免市科学技术局局长职务	2011.1.3
	戴　刚	辞市人民政府副市长、市公安局局长职务	2011.1.3
	杜家宏	辞市人大常委会副主任职务	2011.1.3
第 25 次会议	陈苏萍	任市科学技术局局长	2011.3.29
	王亚东	任市人力资源和社会保障局局长	2011.3.29
	陈　平	免市人力资源和社会保障局局长职务	2011.3.29
	陆　斌	任市经济和信息化委员会主任	2011.3.29
	李国城	免市经济和信息化委员会主任职务	2011.3.29
	姜正清	任市食品药品监督管理局局长	2011.3.29
	汤云庆	任市文化广电新闻出版局局长	2011.3.29
	叶玉存	免市文化广电新闻出版局局长职务	2011.3.29
	蒋德爱	免市人大常委会人事代表联络工作委员会主任职务	2011.3.29
	董　干	免市人大常委会农村工作委员会主任职务	2011.3.29
	蒋德爱	辞市人大常委会委员职务	2011.3.29
第 27 次会议	陈湘珍	辞市人民政府副市长职务	2011.6.19
	曹卜成	任市人民政府副市长	2011.6.19
	罗　强	任市人民政府副市长	2011.6.19
第 32 次会议	卞松岭	任市财政局局长	2012.1.19
	陶培华	免市财政局局长职务	2012.1.19

续表 6—8

会议	姓名	任 免 职 务	任免时间
第32次会议	刘桂先	任市安全生产监督管理局局长	2012.1.19
	刘桂先	免市人口和计划生育委员会主任职务	2012.1.19
	朱建明	免市安全生产监督管理局局长职务	2012.1.19
	丁 扬	任市人口和计划生育委员会主任	2012.1.19
	臧全思	任市人民法院审判委员会委员、民事审判第二庭庭长	2012.1.19
	臧全思	免市人民法院刘庄人民法庭庭长职务	2012.1.19
	陈 康	任市人民法院刘庄人民法庭庭长	2012.1.19
	陈 康	免市人民法院民事审判第二庭副庭长职务	2012.1.19
	朱金龙	任市人民法院审判委员会委员	2012.1.19
	陈 芳	任市人民法院审判委员会委员	2012.1.19
	陈 芳	免市人民法院民事审判第一庭副庭长职务	2012.1.19
	周长青	任市人民法院民事审判第二庭副庭长	2012.1.19
	周长青	免市人民法院刑事审判庭副庭长职务	2012.1.19
	姜安国	任市人民法院西团人民法庭副庭长	2012.1.19
	陈春银	任市人民法院民事审判第一庭副庭长	2012.1.19
	赵 强	任市人民法院行政审判庭副庭长	2012.1.19
	陆文义	免市人民法院民事审判第一庭副庭长职务	2012.1.19
	朱 薇	免市人民法院民事审判第一庭副庭长职务	2012.1.19
	房晓娟	免市人民法院审判员职务	2012.1.19
	严如春	免市人民法院审判员职务	2012.1.19
	施 瑛	免市人民法院审判员职务	2012.1.19
	朱桂兰	免市人民法院审判员职务	2012.1.19
	张志定	免市人民法院审判员职务	2012.1.19
	崔世茂	免市人民法院审判员职务	2012.1.19
	崔益观	免市人民法院审判员职务	2012.1.19
	阴家骏	免市人民法院审判员职务	2012.1.19
	顾兴俊	任市人民检察院检察委员会委员	2012.1.19

续表 6—8

会议	姓名	任　免　职　务	任免时间
第 32 次会议	沈　锋	任市人民检察院检察员	2012.1.19
	单庆恒	任市人民检察院检察员	2012.1.19
第 33 次会议	黄正桂	任市人民政府副市长	2012.2.3
	赵玉霞	任市人民政府副市长	2012.2.3
	吴家祥	免市人民政府副市长职务	2012.2.3
	肖乐农	免市人民政府副市长职务	2012.2.3
	王　海	免市人民政府副市长职务	2012.2.3
	黄　艳	任市人大常委会研究室主任	2012.2.3
	黄　静	任市人大常委会人事代表联络工作委员会主任	2012.2.3
	周　健	任市人大常委会社会事业工作委员会主任	2012.2.3
	施建飞	免市人大常委会社会事业工作委员会主任职务	2012.2.3
	王连军	任市人大常委会农村工作委员会主任	2012.2.3
	王海滨	任市人大常委会环境资源城乡建设工作委员会主任	2012.2.3
	王海滨	免市人大常委会办公室副主任职务	2012.2.3
	李　勇	任市人大常委会内务司法工作委员会副主任	2012.2.3
	李　勇	免市人民法院西团人民法庭庭长、审判员职务	2012.2.3
	倪巍山	辞市人大常委会副主任职务	2012.2.3
	陈同远	辞市人大常委会副主任职务	2012.2.3
	夏继永	辞市人大常委会副主任职务	2012.2.3
	施建飞	辞市人大常委会委员职务	2012.2.3
第 34 次会议	张春山	任市人民检察院副检察长、检察委员会委员	2012.3.3
	李　勤	辞市人民检察院检察长、检察委员会委员职务	2012.3.3
	张春山	任市人民检察院代理检察长	2012.3.3

第九节 大丰市第十四届人大常委会任免人员

市十四届人大常委会任期内,依法任免本级国家机关工作人员 122 人次。其中任免市人大常委会工作机构负责人 7 人次,市人民政府组成人员 53 人次,市人民法院干部 42 人次,市人民检察院干部 20 人次。

市十四届人大常委会任免人员

表 6—9

会议	姓名	任 免 职 务	任免时间
第 1 次会议	钱 江	任市人民政府办公室主任	2012.4.1
	朱国新	任市发展和改革委员会主任	2012.4.1
	陆 斌	任市经济和信息化委员会主任	2012.4.1
	成秋生	任市教育局局长	2012.4.1
	陈苏萍	任市科学技术局局长	2012.4.1
	顾富昌	任市公安局局长	2012.4.1
	方启柏	任市监察局局长	2012.4.1
	杨建平	任市民政局局长	2012.4.1
	宗兴荣	任市司法局局长	2012.4.1
	卞松岭	任市财政局局长	2012.4.1
	王亚东	任市人力资源和社会保障局局长	2012.4.1
	顾国华	任市住房和城乡建设局局长	2012.4.1
	朱学忠	任市交通运输局局长	2012.4.1
	陈新明	任市水利局局长	2012.4.1
	丁仁俊	任市农业委员会主任	2012.4.1
	蔡 东	任市商务局局长	2012.4.1
	汤云庆	任市文化广电新闻出版局局长	2012.4.1
	徐向东	任市卫生局局长	2012.4.1
	丁 扬	任市人口和计划生育委员会主任	2012.4.1
	徐国祥	任市旅游局局长	2012.4.1
	孙志强	任市审计局局长	2012.4.1

续表 6—9

会议	姓名	任　免　职　务	任免时间
第 1 次会议	夏恒林	任市环境保护局局长	2012.4.1
	张林海	任市统计局局长	2012.4.1
	刘桂先	任市安全生产监督管理局局长	2012.4.1
	姜正清	任市食品药品监督管理局局长	2012.4.1
第 2 次会议	曹卜成	任市人民政府副市长	2012.5.22
	邓既明	任市人民政府副市长	2012.5.22
第 3 次会议	陈还堂	辞盐城市第七届人民代表大会代表职务	2012.6.2
	肖紫英	补选盐城市第七届人民代表大会代表	2012.6.2
第 5 次会议	耿志发	任市人民法院人民陪审员	2012.9.27
	樊春华	任市人民法院人民陪审员	2012.9.27
	陆月琴	任市人民法院人民陪审员	2012.9.27
	杨世友	任市人民法院人民陪审员	2012.9.27
	朱慧琴	任市人民法院人民陪审员	2012.9.27
	杨　慧	任市人民法院人民陪审员	2012.9.27
	葛晓萍	任市人民法院人民陪审员	2012.9.27
	宋桂保	任市人民法院人民陪审员	2012.9.27
	吴顺成	任市人民法院人民陪审员	2012.9.27
	赵明全	任市人民法院人民陪审员	2012.9.27
	梅保才	任市人民法院人民陪审员	2012.9.27
	杨　斌	任市人民法院人民陪审员	2012.9.27
	朱爱东	任市人民法院人民陪审员	2012.9.27
	杨开荣	任市人民法院人民陪审员	2012.9.27
	成　平	任市人民法院人民陪审员	2012.9.27
	王　权	任市人民法院人民陪审员	2012.9.27
	王　适	任市人民法院人民陪审员	2012.9.27
	卞志钊	任市人民法院人民陪审员	2012.9.27
	刘华庆	任市人民法院人民陪审员	2012.9.27

续表 6—9

会议	姓名	任 免 职 务	任免时间
第 5 次会议	周金敖	任市人民法院人民陪审员	2012.9.27
	朱玲芳	任市人民法院人民陪审员	2012.9.27
	汪广江	任市人民法院人民陪审员	2012.9.27
	黄亚娟	任市人民法院人民陪审员	2012.9.27
	陈　星	任市人民法院人民陪审员	2012.9.27
	陆正华	任市人民法院人民陪审员	2012.9.27
	卢逢林	任市人民法院人民陪审员	2012.9.27
	吴广龙	任市人民法院人民陪审员	2012.9.27
	施正茂	任市人民法院人民陪审员	2012.9.27
	束亚杰	任市人民法院人民陪审员	2012.9.27
	徐　慧	任市人民法院人民陪审员	2012.9.27
	陈　茵	任市人民法院人民陪审员	2012.9.27
	肖　波	任市人民法院人民陪审员	2012.9.27
	杨永明	任市人民法院人民陪审员	2012.9.27
	王锦忠	任市人民法院人民陪审员	2012.9.27
	王全玉	任市人民法院人民陪审员	2012.9.27
	夏存琴	任市人民法院人民陪审员	2012.9.27
	陆玉岗	任市人民法院人民陪审员	2012.9.27
	柏晓红	任市人民法院人民陪审员	2012.9.27
	程　艳	任市人民法院人民陪审员	2012.9.27
	王素琴	任市人民法院人民陪审员	2012.9.27
	邱亚萍	任市人民法院人民陪审员	2012.9.27
	陈琳琳	任市人民法院人民陪审员	2012.9.27
	徐　燕	任市人民法院人民陪审员	2012.9.27
	徐　荣	任市人民法院人民陪审员	2012.9.27
	陈　静	任市人民法院人民陪审员	2012.9.27
	朱锦梅	任市人民法院人民陪审员	2012.9.27

续表6—9

会议	姓名	任免职务	任免时间
第5次会议	赵　琪	任市人民法院人民陪审员	2012.9.27
	王海燕	任市人民法院人民陪审员	2012.9.27
	吴　玲	任市人民法院人民陪审员	2012.9.27
	史春丽	任市人民法院人民陪审员	2012.9.27
	陈　燕	任市人民法院人民陪审员	2012.9.27
	陆　陈	任市人民法院人民陪审员	2012.9.27
	花剑剑	任市人民法院人民陪审员	2012.9.27
	周寅华	任市人民法院人民陪审员	2012.9.27
	潘　文	任市人民法院人民陪审员	2012.9.27
第6次会议	石玉军	任市人民政府副市长	2012.11.16
第7次会议	李智祥	任市人民检察院检察委员会委员	2012.12.20
	黄　健	任市人民检察院检察委员会委员	2012.12.20
	陈建红	任市人民检察院检察委员会委员	2012.12.20
	丁宏生	免市人民检察院检察委员会委员、检察员职务	2012.12.20
	张裕峰	免市人民检察院检察员职务	2012.12.20
	夏长美	免市人民检察院检察员职务	2012.12.20
	刘洪芳	免市人民检察院检察员职务	2012.12.20
	黄善春	免市人民检察院检察员职务	2012.12.20
	喻晨育	免市人民检察院检察员职务	2012.12.20
	季顺普	免市人民检察院检察员职务	2012.12.20
	蒋广权	免市人民检察院检察员职务	2012.12.20
	章桂森	免市人民检察院检察员职务	2012.12.20
	董仕俊	免市人民检察院检察员职务	2012.12.20
	杨正龙	免市人民检察院检察员职务	2012.12.20
第8次会议	徐中健	辞市人大常委会委员职务	2013.3.27

续表 6—9

会议	姓名	任　免　职　务	任免时间
第9次会议	陈春银	任市人民法院民事审判第二庭副庭长	2013.5.29
	陈春银	免市人民法院民事审判第一庭副庭长职务	2013.5.29
	蔡树祥	任市人民法院审判员、西团人民法庭副庭长	2013.5.29
	徐忠俊	任市人民法院审判员、三龙人民法庭副庭长	2013.5.29
	刘　锋	任市人民法院审判员、南阳人民法庭副庭长	2013.5.29
	吴　丹	任市人民法院审判员、刑事审判庭副庭长	2013.5.29
	刘　萍	任市人民法院审判员、民事审判第一庭副庭长	2013.5.29
	朱艳萍	任市人民法院少年审判庭副庭长	2013.5.29
	杨金柏	任市人民法院审判员	2013.5.29
	黄　葳	任市人民法院审判员	2013.5.29
	王季锋	任市人民法院审判员	2013.5.29
	韦翔龙	任市人民法院审判员	2013.5.29
	周长青	免市人民法院民事审判第二庭副庭长职务	2013.5.29
	董素岚	免市人民法院审判员职务	2013.5.29
	王龙璋	免市人民法院审判员职务	2013.5.29
	耿斌祥	免市人民法院审判员职务	2013.5.29
第10次会议	高智华	辞市十四届人大常委会委员职务	2013.6.25
第12次会议	李智祥	任市人民检察院副检察长	2013.9.25
	顾兴俊	任市人民检察院副检察长	2013.9.25
	殷　楠	任市人民检察院检察员	2013.9.25
	陈　隽	任市人民检察院检察员	2013.9.25
	苏学峰	任市人民检察院检察员	2013.9.25
	陈宏成	免市人民检察院副检察长、检察委员会委员职务	2013.9.25
	曹卜成	免市人民政府副市长职务	2013.9.25
第13次会议	姜安国	任市人民法院西团人民法庭庭长	2013.11.25
	倪巍峰	任市人民法院经济开发区人民法庭庭长	2013.11.25
	黄　葳	任市人民法院刘庄人民法庭副庭长	2013.11.25

续表 6—9

会议	姓名	任　免　职　务	任免时间
第 15 次会议	孟祥龙	任市民政局局长	2014.1.28
	陈新明	任市交通运输局局长	2014.1.28
	季明珍	任市水利局局长	2014.1.28
	杨国峰	任市农业委员会主任	2014.1.28
	杨建平	免市民政局局长职务	2014.1.28
	陈新明	免市水利局局长职务	2014.1.28
	朱学忠	免市交通运输局局长职务	2014.1.28
	丁仁俊	免市农业委员会主任职务	2014.1.28
第 16 次会议	徐俊华	任市人民法院副院长	2014.3.25
	郑　刚	任市人民法院副院长	2014.3.25
	陈菁华	任市人民法院民事审判第二庭庭长	2014.3.25
	陈菁华	免市人民法院民事审判第一庭庭长职务	2014.3.25
	高　翊	任市人民法院行政审判庭副庭长	2014.3.25
	高　翊	免市人民法院民事审判第二庭副庭长职务	2014.3.25
	陆文义	任市人民法院民事审判第二庭副庭长	2014.3.25
	朱剑媚	任市人民法院民事审判第一庭副庭长	2014.3.25
	季顺江	任市人民法院立案庭副庭长	2014.3.25
	杨金柏	任市人民法院大丰港人民法庭副庭长	2014.3.25
	刘　锋	任市人民法院经济开发区人民法庭副庭长	2014.3.25
	刘　锋	免市人民法院南阳人民法庭副庭长职务	2014.3.25
	王季锋	任市人民法院南阳人民法庭副庭长	2014.3.25
	茅小红	任市人民法院审判员	2014.3.25
	陈　斌	任市人民法院审判员	2014.3.25
	詹荣安	免市人民法院副院长、审判委员会委员、审判员职务	2014.3.25
	秦　钢	免市人民法院审判监督庭庭长职务	2014.3.25
	陈浩锋	免市人民法院审判委员会委员、行政审判庭庭长职务	2014.3.25
	臧全思	免市人民法院民事审判第二庭庭长职务	2014.3.25

续表 6—9

会议	姓名	任　免　职　务	任免时间
第 16 次会议	袁　强	免市人民法院审判员职务	2014.3.25
	施洪飞	免市人民法院审判员职务	2014.3.25
	单干情	辞市第十四届人民代表大会代表职务	2014.3.25
第 17 次会议	陈万华	任市人民政府副市长	2014.4.22
第 18 次会议	陈祚宏	任市人民法院民事审判第一庭庭长	2014.5.27
	黄　杰	任市人民法院民事审判第一庭副庭长	2014.5.27
	蔡云山	辞市第十四届人民代表大会代表职务	2014.5.27
第 19 次会议	金福玉	辞市第十四届人民代表大会代表职务	2014.7.28
第 20 次会议	韦应生	任市人民政府副市长	2014.9.18
	陆嘉昂	任市人民政府副市长	2014.9.18
	石根美	辞市人民政府副市长职务	2014.9.18
第 21 次会议	杨国荣	任市人民法院人民陪审员	2014.9.26
	刘俊锋	任市人民法院人民陪审员	2014.9.26
	景步银	任市人民法院人民陪审员	2014.9.26
	陈东远	任市人民法院人民陪审员	2014.9.26
	刘爱华	任市人民法院人民陪审员	2014.9.26
	束必高	任市人民法院人民陪审员	2014.9.26
	葛中平	任市人民法院人民陪审员	2014.9.26
	朱兆喜	任市人民法院人民陪审员	2014.9.26
	刘兰武	任市人民法院人民陪审员	2014.9.26
	蒋元群	任市人民法院人民陪审员	2014.9.26
	陈松明	任市人民法院人民陪审员	2014.9.26
	卫荣美	任市人民法院人民陪审员	2014.9.26
	陈　余	任市人民法院人民陪审员	2014.9.26
	韦天德	任市人民法院人民陪审员	2014.9.26
	单金兰	任市人民法院人民陪审员	2014.9.26

续表 6—9

会议	姓名	任　免　职　务	任免时间
第 21 次会议	肖余坤	任市人民法院人民陪审员	2014.9.26
	钱叶飞	任市人民法院人民陪审员	2014.9.26
	朱亚忠	任市人民法院人民陪审员	2014.9.26
	储瑞旺	任市人民法院人民陪审员	2014.9.26
	朱进存	任市人民法院人民陪审员	2014.9.26
	单长锁	任市人民法院人民陪审员	2014.9.26
	宗静峰	任市人民法院人民陪审员	2014.9.26
	孙建平	任市人民法院人民陪审员	2014.9.26
	任　伟	任市人民法院人民陪审员	2014.9.26
	李灵玲	任市人民法院人民陪审员	2014.9.26
	黄云龙	任市人民法院人民陪审员	2014.9.26
	柏　静	任市人民法院人民陪审员	2014.9.26
	李志进	任市人民法院人民陪审员	2014.9.26
	杨桢桢	任市人民法院人民陪审员	2014.9.26
	施洪华	任市人民法院人民陪审员	2014.9.26
	季云飞	任市人民法院人民陪审员	2014.9.26
	吕晶晶	任市人民法院人民陪审员	2014.9.26
	张汉香	任市人民法院人民陪审员	2014.9.26
	马克轩	任市人民法院人民陪审员	2014.9.26
	咸建海	任市人民法院人民陪审员	2014.9.26
	赵长海	任市人民法院人民陪审员	2014.9.26
	计　杨	任市人民法院人民陪审员	2014.9.26
	李　兵	任市人民法院人民陪审员	2014.9.26
	沈冠山	任市人民法院人民陪审员	2014.9.26
	陈庆罗	任市人民法院人民陪审员	2014.9.26
	黄传国	任市人民法院人民陪审员	2014.9.26
	杨　兴	任市人民法院人民陪审员	2014.9.26

续表 6—9

会议	姓名	任　免　职　务	任免时间
第 21 次会议	吴　陈	任市人民法院人民陪审员	2014.9.26
	张　伟	任市人民法院人民陪审员	2014.9.26
	黄月娥	任市人民法院人民陪审员	2014.9.26
	李亚芹	任市人民法院人民陪审员	2014.9.26
	姚俐君	任市人民法院人民陪审员	2014.9.26
	刘素萍	任市人民法院人民陪审员	2014.9.26
	许旭峰	任市人民法院人民陪审员	2014.9.26
	吴筱啸	任市人民法院人民陪审员	2014.9.26
	唐天虎	任市人民法院人民陪审员	2014.9.26
	刘欣晖	任市人民法院人民陪审员	2014.9.26
	申晓芸	任市人民法院人民陪审员	2014.9.26
	蔡　雪	任市人民法院人民陪审员	2014.9.26
	王翼飞	任市人民法院人民陪审员	2014.9.26
	朱爱凤	任市人民法院人民陪审员	2014.9.26
	王　莹	任市人民法院人民陪审员	2014.9.26
	蔡　芹	任市人民法院人民陪审员	2014.9.26
	骆俊功	任市人民法院人民陪审员	2014.9.26
	刘　燕	任市人民法院人民陪审员	2014.9.26
	徐晓雯	任市人民法院人民陪审员	2014.9.26
	张　军	任市人民法院人民陪审员	2014.9.26
	朱　涛	任市人民法院人民陪审员	2014.9.26
	周建华	任市人民法院人民陪审员	2014.9.26
	沈书龙	任市人民法院人民陪审员	2014.9.26
	曹　辉	任市人民法院人民陪审员	2014.9.26
	丁师席	任市人民法院人民陪审员	2014.9.26
	葛星星	任市人民法院人民陪审员	2014.9.26
	周　荣	任市人民法院人民陪审员	2014.9.26

续表 6—9

会议	姓名	任　免　职　务	任免时间
第 21 次会议	杜苏生	任市人民法院人民陪审员	2014.9.26
	纪仁琳	任市人民法院人民陪审员	2014.9.26
	顾卫东	任市人民法院人民陪审员	2014.9.26
	王　斌	任市人民法院人民陪审员	2014.9.26
	周　斌	任市人民法院人民陪审员	2014.9.26
	朱华兵	任市人民法院人民陪审员	2014.9.26
	唐春兰	任市人民法院人民陪审员	2014.9.26
	吴秀梅	任市人民法院人民陪审员	2014.9.26
	吴春花	任市人民法院人民陪审员	2014.9.26
	赵晓颖	任市人民法院人民陪审员	2014.9.26
	宗　洁	任市人民法院人民陪审员	2014.9.26
	吴保成	任市人民法院人民陪审员	2014.9.26
	花　荟	任市人民法院人民陪审员	2014.9.26
	卞长霞	任市人民法院人民陪审员	2014.9.26
	冯海云	任市人民法院人民陪审员	2014.9.26
	周　欣	任市人民法院人民陪审员	2014.9.26
	孙甜甜	任市人民法院人民陪审员	2014.9.26
	焦长贵	任市人民法院人民陪审员	2014.9.26
	唐冬盛	任市人民法院人民陪审员	2014.9.26
	黄　义	任市人民法院人民陪审员	2014.9.26
	陈　冀	任市人民法院人民陪审员	2014.9.26
	杨　昕	任市人民法院人民陪审员	2014.9.26
	朱亚平	任市人民法院人民陪审员	2014.9.26
	潘进华	任市人民法院人民陪审员	2014.9.26
	陈以平	任市人民法院人民陪审员	2014.9.26
	吴春湘	任市人民法院人民陪审员	2014.9.26
	庄　正	任市人民法院人民陪审员	2014.9.26

续表 6—9

会议	姓名	任　免　职　务	任免时间
第 21 次会议	周卫东	任市人民法院人民陪审员	2014.9.26
	吴宏祥	任市人民法院人民陪审员	2014.9.26
	关兰英	任市人民法院人民陪审员	2014.9.26
	杨禹治	任市人民法院人民陪审员	2014.9.26
	王　悦	任市人民法院人民陪审员	2014.9.26
	刘梅玲	任市人民法院人民陪审员	2014.9.26
	郁锦龙	任市人民法院人民陪审员	2014.9.26
	吴红云	任市人民法院人民陪审员	2014.9.26
	顾　凡	任市人民法院人民陪审员	2014.9.26
	王林锋	任市人民法院人民陪审员	2014.9.26
	朱爱俊	任市人民法院人民陪审员	2014.9.26
	陆雅婧	任市人民法院人民陪审员	2014.9.26
	董国群	任市人民法院人民陪审员	2014.9.26
	朱海霞	任市人民法院人民陪审员	2014.9.26
	张晓艳	任市人民法院人民陪审员	2014.9.26
	陆　玮	任市人民法院人民陪审员	2014.9.26
	陈美玲	任市人民法院人民陪审员	2014.9.26
	肖书平	任市人民法院人民陪审员	2014.9.26
	潘益华	任市人民法院人民陪审员	2014.9.26
	肖惠民	免市人民检察院检察员职务	2014.9.26
第 22 次会议	唐文龙	辞市第十四届人民代表大会代表职务	2014.11.1
第 22 次会议	周瑞星	任市人民法院审判员、审判委员会委员、副院长	2014.11.19
	杜美玲	任市人民法院审判委员会委员	2014.11.19
	陈祚宏	任市人民法院审判委员会委员	2014.11.19
	朱艳萍	任市人民法院审判委员会委员、少年审判庭庭长	2014.11.19

续表 6—9

会议	姓名	任　免　职　务	任免时间
第 24 次会议	朱国新	任市人民政府副市长	2014.12.31
	张林海	任市人民政府办公室主任	2014.12.31
	陈良忠	任市商务局局长	2014.12.31
	张　强	任市统计局局长	2014.12.31
	罗　强	免市人民政府副市长职务	2014.12.31
	钱　江	免市人民政府办公室主任职务	2014.12.31
	张林海	免市统计局局长职务	2014.12.31
	蔡　东	免市商务局局长职务	2014.12.31
	陈爱华	任市人大常委会办公室主任	2014.12.31
	李　勇	任市人大常委会教科文卫工作委员会副主任	2014.12.31
	李　勇	免市人大常委会内务司法工作委员会副主任职务	2014.12.31
	徐文忠	任市人大常委会环境资源城乡建设工作委员会副主任	2014.12.31
	陈桂官	免市人大常委会办公室主任职务	2014.12.31
	夏　寅	免市人大常委会财政经济工作委员会主任职务	2014.12.31
	周　健	免市人大常委会教科文卫工作委员会主任职务	2014.12.31

第七章 人 物

第一节 人物简介

大丰市(县)人大常委会历届主任

金一平,男,(1922 - 2006),汉族,江苏涟水人,中共党员,初中文化。历任涟水县村农会长、乡治保主任、区委干事、秘书,解放军无锡支队二营政教、盐城军分区政治部干事、指导员,大丰人武部副政委,县委组织部副部长、部长,县委副书记,县革委会副主任,县人大常委会主任,县委顾问,老龄委、关工委、老区促进会理事长。离休后享受地市级待遇。在解放战争涟水战役、淮海战役中出色完成任务,受到盐城军分区表彰,获淮海战役纪念章。

马春芳,男,(1924 - 2015),汉族,江苏涟水人,中共党员,高中文化。历任涟东县乡农抗会长,区队指导员,区委组织科科长,县委巡视团支部书记,县青联委员,县“五四”土改队队长,地委敌工部干事,巡视组组员,社会主义青年团团委、部长,农协会委员,结束土改工作队队委书记,地委农委互助合作组组长,阜宁县委委员,陈集区委书记,县委组织部部长、合作部部长,副县长,大丰县副县长、县革会副主任,县委副书记,县长,县人大常委会主任。中共江苏省第三次代表大会代表,江苏省第六届人民代表大会代表。离休后享受地市级待遇。被大丰市委誉为“优秀共产党员”,农牧渔业部授予“省草灶”科技三等奖,被江苏省评为“全省老干部先进个人”,荣获中共中央、国务院、中央军委颁发的“中国人民抗日战争胜利六十周年”纪念章一枚。

宋维保,男,(1930—1999),汉族,江苏盐城人,中共党员,初中文化。历任盐城秦南区秦惠乡治保主任、秦南区巡回教育组组长,盐城县公安局科员、土复大队小组长、县公安局副股长、股长,副局长,盐城地委整党队队员,盐城县秦南公社党委副书记、书记,盐城县革委会副主任,大丰县副县长、人大常委会主任,郊区人民政府顾问。离休干部。

李怀稳，男，(1937—2003)，汉族，江苏阜宁人，中共党员，大学文化，高级经济师。历任华东水利学院系团总支书记，学院党委组织部干事，大丰县“五七”干校教务组组长，水利局副股长、股长。县委组织部干事、组织员、青干科长、副部长，县委常委、组织部部长，县政府常务副县长，建湖县委副书记，大丰县人大常委会主任、党组书记。盐城市二届人大代表。

陆燕池，女，1943年5月出生，汉族，江苏大丰人，中共党员，大专文化，高级政工师。历任大丰县三合人民公社妇联主任，县妇联副主任，金墩人民公社党委书记、管委会主任，农业局副局长，县委常委、阜丰人民公社党委书记，县委常委，县妇联主任，县委常委、县纪委书记，县委副书记兼政法委书记，县委副书记，县人大常委会主任、党组书记。盐城市委、市政府表彰为先进工作者，中央综治委表彰为先进工作者，省级劳模，盐城市委、市政府记二等功两次。

丁宇，男，1956年12月出生，汉族，江苏东台人，中共党员，研究生。历任东台县梁垛公社三洋大队会计、团支书，县教育局纪检组纪检员，共青团东台县委青农部部长、副书记、书记，东台县头灶镇副镇长、镇长，党委副书记、书记，东台市委常委、头灶镇、三仓镇、东台镇党委书记，东台市委副书记，大丰市委副书记，市政府市长，市委书记，人大常委会主任、党组书记，市人武部党委第一书记，盐城市委常委、政法委书记、盐城经济技术开发区党工委书记。党的十七大代表，省十一次党代会代表，盐城市三次、四次、五次党代会代表，五届人大代表。被盐城市委表彰为优秀乡镇党委书记，被评为全国、江苏省优秀党务工作者，被盐城市委、市政府表彰为先进工作者。

倪峰，男，1959年8月出生，汉族，江苏建湖人，中共党员，省委党校研究生，经济师。历任盐城商业学校教师、团委干事、教研组组长，盐城市委组织部干部科干事、副科级组织员、正科级组织员、研究室主任、办公室主任、副处级组织员，盐城市委副秘书长、对外宣传办公室主任、市委办公室主任，大丰市委副书记、市政府代市长、市长，大丰市委书记、市人大常委会主任，盐城市委常委、大丰市委书记。被省委组织部、省军区表彰为党管武装好书记，被省委、省政府表彰为2006—2010年全省社会治安综合治理先进工作者，被国家科技部表彰为全国县(市)科技进步考核先进个人，被盐城市委、市政府表彰为2010年度、2011年度、2012年度、2013年度、2014年度全市目标任务绩效考核综合先进个人，被解放军报社、中国国防报社、中国民兵杂志社联合表彰为2013年度全国国防后备力量建设十大新闻人物，被盐城市人才工作领导小组表彰为2013年度“盐城市人才工作好领导”。

吴家祥，男，1958年10月出生，汉族，江苏大丰人，中共党员，党校函授本科，经济师。历任大丰县计划经济委员会办公室秘书、计划科副科长，县政府办公室工业科副科长、经济科科长，县委政策研究室副主任，市委办公室副主任，大中镇党委副书记、镇长，大中镇党委书记，大丰市委常委，大丰市经济技术开发区党委书记、管委会主任，市政府招商局局长，江苏省大丰外向型农业综合开发区党工委书记、管委会主任，大丰市委常委、市政府常务副市长，市经济技术开发区党委书记，政法委副书记，市行政学校校长，光明食品工业园党工委书记，市人大常委会副主任、党组副书记（正处级，主持工作），市人大常委会主任、党组书记。在大中镇担任党委书记时，被盐城市政府记二等功，在市政府担任常务副市长时，被盐城市委、市政府两次表彰为先进工作者。

大丰市（县）人大常委会历届副主任

杨春华，男，（1918—1997），汉族，江苏大丰人，中共党员，初中文化。历任台北县堤东河北乡农抗会会长、乡民兵指导员、支部书记、乡长，白驹区政府公安股长、区委联络科科长，西团区委联络科科长、区委书记，白驹区委书记，台北县委组织部副部长、大丰县委组织部副部长、部长，中粮苏北分公司副经理，江苏省粮食厅人事科副科长、人事处副处长，盐城专区粮食局副局长，大丰县委副书记、书记处书记，盐城地委直属工业党委副书记，盐城专区劳动局局长，盐城地委视察室视察员，响水县响水镇党委书记，大丰县县级机关党委书记，大丰县委常委、组织部部长，大丰县人大常委会副主任。离休后享受地市级待遇。

周成元，男，（1926—2002），汉族，江苏沭阳人，中共党员，初中文化。历任沭阳县周圩乡、五荡乡乡长，宿迁县粮食局副局长，淮阴、盐城中心支行科长、行长，盐城地委财贸部副部长，大丰县县长、副书记，盐城地委交通部、工交部副部长，盐城专署手工业局局长，大丰县工业局副局长、工办副主任，县革委会副主任，县人大常委会副主任。离休后享受副厅级待遇。

丁同春，男，（1933—2002），汉族，江苏东台人，中共党员，相当高中文化。历任东台县唐洋区丁何乡支书、乡长、副区长、区长，县政府助理秘书，办公室副主任，副县长，盐城地区钢铁厂副厂长、厂长，中心支行行长，大丰县刘庄公社、刘庄区党委书记，三圩公社党委书记，县委办公室主任、财办主任，县革委会副主任，县人大常委会副主任。离休后享受副厅级待遇。

陈果行，男，（1927—2011），汉族，江苏江阴人，大学文化，主任医师。历任江苏省防疫站劳动卫生医师，中国医学科学院江苏分院卫生研究所医师，大丰县防疫站劳动卫生医师、副站长、站长,人大常委会副主任。第六届全国人大代表,世界卫生组织职业卫生合作中心学术顾问。

黄家明,男,(1919—2013),汉族,江苏海门人,中共党员,高中文化。历任台北独立团随军记者、台北县委宣传部干事、文教科科长,县政府办公室副主任,盐城地区治淮指挥部秘书,盐城地区文化干校校长,中国驻罗马尼亚大使馆三等秘书,大丰县副县长,小海公社、新丰公社党委书记,农业局局长,响水县委常委、副县长,大丰老龄委主任,县人大常委会副主任。在解放战争期间,工作成绩突出,被华中局通报表扬。作为县老龄委主任,推行“五老”(老有所养、老有所医,老有所乐,老有所学,老有所为)工作试点,出席全国老龄工作表彰会,“五老”工作经验被全国推广。离休后享受地市级待遇。

王德茂,男,1928 年 2 月出生,汉族,江苏大丰人,中共党员,相当初中文化。历任台北县垦北区烈士乡、裕西乡财干、治安员、党支部副书记、书记,区委总干事、宣传科科长,县委组织部、宣传部副科长、科长,垦北区委副书记、书记,大丰县委政治秘书、城工委副书记,县供销合作社第二主任,财贸部、农工部部长,县委委员、常委,副县长,草庙、万盈公社书记,县财贸、城镇政治部副主任、主任,商业局长,财办副主任,县革委会副主任,县人大常委会副主任。被盐城市委评为先进工作者,市政府表彰为先进个人。离休后享受地市级待遇。

吴金陵,男,(1931—2000),汉族,江苏如东人,中共党员,高中文化。历任华中兵工厂组长、工会委员、山东分局南下干校副队长,苏北棉垦局大中镇轧花厂人秘科副科长、工会主席,大丰县工业科科员,城工部、经济工作部、工业交通部指导员,县政策研究室、县委办公室秘书、副主任,西团人民公社党委副书记、书记、管委会副主任、主任,县政府副县长,盐城市外贸局局长、党委书记,大丰县人大常委会副主任。解放战争中,在苏中、华中兵工团因创造多刃切削法荣立两次三等功,两次四等功。

陈远春,男,1935 年 3 月出生,汉族,江苏大丰人,中共党员,初中文化。历任盐城县供销社科员,志愿军 73 师管理科文书,大丰县人事科科员,县委组织部组织员,刘庄区委组织委员,县宣传站秘书,三圩人民公社副书记、革委会副主任,龙堤人民公社书记、革委会主任,县政府副县长,县政协副主席、兼统战部部长,县人大常委会副主任。退休后任大丰市关工委主任,于 1997 年、2011 年、2012 年被省关工委、文明办、盐城市委、市政府表彰为关心下一代工作先进个人、先进工作者,市关工委于 2009—2013 年被全国关工委、省关工委、文明办表彰为先进集体。

包庆石，男，1937年2月出生，汉族，江苏启东人，中共党员，大学文化，中学高级教师。历任大丰中学教师、县文教局教研室教研员、副主任，大丰中学副校长、校长、党支部书记，县人大常委会副主任。被盐城市委组织部、人事局表彰为先进个人，被国家教委、人事部、中华全国教育工会授予“优秀教育工作者”称号。

魏翠萍，女，1944年3月出生，汉族，江苏南京人，大学文化，中学高级教师。历任灌云县云台农场加工厂团支部书记，曾在北师大政教系学习，大丰县南阳中学教师、教研组组长，县人民政府副县长，县人大常委会副主任，盐城市人大常委会委员。受省教委表彰为先进个人。

柏授方，男，1938年7月出生，汉族，江苏大丰人，中共党员，大专文化，高级政工师。历任中共大丰县委宣传部干事、理论教育组副组长、龙堤人民公社党委副书记（主持工作）、书记，县委常委、宣传部部长，盐城市人民政府副秘书长、党组成员，盐城市委统战部副部长（正处级）、党组副书记，兼任盐城市政协学委会主任，大丰县人大常委会副主任（正处级）、党组副书记。

王忠珠，男，1941年12月出生，汉族，江苏大丰人，中共党员，高中文化，中级政工师。历任守备76团炮营八五炮连班长、守备一团二营排长、副连长，省军区司令部特兵处参谋，大丰县人武部作训科科长、副部长、政委，大丰县（市）人大常委会副主任。荣立三等功一次，受省委组织部、省军区政治部、司令部、《新华日报》、江苏电视台五单位联合表彰，授予“热爱武装工作好干部”称号。

周廉明，男，1940年4月出生，汉族，江苏南通人，中共党员，大专文化，高级经济师。历任大丰师范、教师进修学校教师，县总工会秘书，县政府办公室秘书、副主任，计划经济委员会主任、党组书记，人事局局长，县政府办主任、政府党组成员，人大常委会副主任、党组成员。盐城市两届人大代表。获县科技三等奖，被盐城市委、市政府授予文秘先进工作者、劳动模范，被盐城市人大授予优秀人民代表。多次受到县委、县政府表彰为优秀共产党员、先进工作者。江苏省、盐城市作家协会会员，著有长篇小说、散文集多部。获“当代文学之星”“构建和谐社会中华民族知名作家”称号。

朱绵，男，1943年4月出生，汉族，江苏东台人，中共党员，大学文化，高级政工师。历任中国人民解放军3010部队宣传科干事，大丰县委党校教员，计生委秘书，经济体制改革办主任，县政府办公室主任，大中镇党委书记，市人大常委会副主任。多次被大丰县委、县政府表彰为先进个人，盐城市委表彰为优秀乡镇党委书记。

管洪俊，男，(1943—2005)，汉族，江苏大丰人，中共党员，大专文化，政工师。历任陆军七十四师炮兵团榴炮营班长、排长、副连长，陆军七十四师司令部参谋，江苏省军区独立师炮兵团参谋长，泰兴县人武部部长、党委副书记，大丰县人武部部长、党委副书记、书记，大丰县委常委，市人大常委会副主任。被江苏省政府、省军区表彰为民兵预备役工作先进个人，被省委组织部、省军区政治部表彰为先进人武部党委书记，在抗洪救灾中被省政府、省军区荣记三等功。

杨国美，男，1945年5月出生，汉族，江苏大丰人，中共党员，大专文化，农艺师。历任大丰县小海人民公社明星大队团支部书记、党支部书记，小海人民公社党委副书记、公社革委会副主任、公社党委书记，南阳乡(镇)党委书记，大丰县政府副县长，市委常委、市政府副市长，市人大常委会副主任、党组副书记。江苏省委、省政府表彰为抗洪救灾先进个人，人事部、林业部、全国绿化委授予全国绿化奖章(省级劳模)。中国摄影家协会、中国新闻摄影学会、中国艺术摄影学会、国际摄影学会会员，盐城市摄影家协会副主席，大丰市摄影家协会主席。286幅摄影作品在英、美、法、德等56个国家和港澳台举办的国际影展中入选、获奖。并于中国美术馆及香港等地举办个展，两次出版麋鹿摄影专集，被誉为中国麋鹿摄影第一人。中国摄影家协会曾授予“德艺双馨艺术家”的称号。

鲁鸿发，男，1943年3月出生，汉族，江苏海门人，中共党员，大学文化，高级工程师。历任哈尔滨工业大学工作人员，黑龙江省延寿机床厂技术员，大丰市机械总厂工程师、支部书记、厂长，大丰县人民政府副县长，盐城市机械工业局副局长，大丰市政协副主席，市人大常委会副主任，在盐城机械工业局因工作突出获盐城市政府嘉奖。

施志康，男，1947年8月出生，汉族，江苏海门人，中共党员，大专文化，政工师。历任南京军区守备三团排长，守备三团司令部参谋，步兵营副营长，守备三团参谋长、常委，东台人武部副部长、部长、副书记，大丰人武部部长、副书记、书记，大丰市委常委，市人大常委会副主任。被省政府、省军区评为民兵预备役工作先进个人，南京军区训练工作先进个人，盐城市政府、军分区训练工作先进个人，并记功一次，誉为盐城市关心武装工作好领导。

朱达丰，男，1948 年 10 月出生，汉族，江苏大丰人，中共党员，大学文化，政工师。历任大丰县委宣传部副部长，县政府办公室主任，市委办公室主任，市委常委、宣传部长，市委副书记，市人大常委会副主任（正处级）、党组副书记，市政协主席。盐城市、大丰市政协委员。被盐城市委、市政府评为先进工作者、优秀文秘工作者。

沈纪万，男，（1947—2011），汉族，江苏大丰人，中共党员，大专文化。历任大丰县教师进修校教员，县文教局办事员，县委、县革委会办公室助秘，县政府秘书，通商人民公社党委副书记，县纪委、监察局副书记、局长，市委常委、纪委书记，市人大常委会副主任（主持工作）。被省监察厅授予监察工作先进个人，盐城市委、市政府授予先进工作者，省委、省政府表彰为优秀纪检监察干部。

陆琪，男，1949 年 5 月出生，汉族，江苏东台人，中共党员，大学文化，助理研究员。历任小海中心小学副校长，县委宣传部干事、县电大管理站副站长，县体改办副主任，县政府办副主任，白驹镇党委书记、镇人大主席，市政府研究室主任，法制局局长，政府办主任、党组成员，市人大常委会副主任。被盐城市委、市政府嘉奖三次，评为优秀党员一次、记二等功一次，被大丰市（县）委政府嘉奖表彰八次，被国务院人口普查领导小组两次评为全国先进个人。

陈相凤，男，1953 年 12 月出生，汉族，江苏大丰人，中共党员，大学文化，政工师。历任大丰县白驹人民公社幸福大队、马家大队党支部书记，公社街道办事处主任、经管会副主任，公社党委副书记、经管会主任，白驹镇副镇长，草堰镇党委副书记、镇长，三渣乡党委书记，大丰县委组织部副部长，大中镇党委书记、人大主席，市政府副市长，市人大常委会副主任、党组副书记（正处级，主持工作）。省七届人大代表，盐城市五届党代会代表，第六届人大代表，被评为大丰县抗洪救灾先进个人，大丰市委表彰为优秀共产党员，被盐城市委、市政府记二等功。

江志坚，男，1959 年 9 月出生，汉族，江苏射阳人，中共党员，大学文化。历任炮兵 9 师 14 团 3 营指挥连班长，第 60 军炮兵团 3 营 8 连排长、9 连副连长，军直炮兵指挥连代连长、连长，第一集团军军直炮兵指挥连连长、坦克 10 师炮兵团 1 营副营长、2 营营长、团参谋长，启东市、响水县、大丰市人民武装部部长，大丰市委常委、人武部部长，市人大常委会副主任。被第一集团军政治部记三等功、坦克第十师记三等功，江苏省政府、省军区表彰为海防工作先进个人，省军区表彰为优秀团级单位主官。

丁瑞云，女，1954年4月出生，汉族，江苏大丰人，中共党员，研究生，政工师。历任大丰县潘丿公社团委副书记、书记、妇联主任、管委会副主任，乡党委副书记、镇长，镇党委书记、人大主席，县委常委、镇党委书记，市妇联主席，市政府副市长、市红十字会会长，市人大常委会副主任，盐城市四届党代会代表。省政府表彰为计划生育先进个人，大丰市委表彰为先进个人，科技部表彰为科技工作先进个人。

杜家宏，男，1951年6月出生，汉族，江苏东台人，中共党员，大学文化，政工师。历任解放军12军高炮团政治处报道员、营部书记、副连长、连长、参谋，大丰县煤石公司办事员，县委宣传部办事员、宣传科副科长，小海乡党委副书记，县委宣传部副部长，县委统战部部长，政协秘书长、县政协副主席，市人大常委会副主任。南京军区六次党代会代表，盐城市二届、三届、四届、五届政协委员。在部队立三等功一次，被盐城市委、市政府记功，受中宣部、国家计生委表彰。

倪巍山，男，1952年1月出生，汉族，江苏建湖人，大学文化，工程师。历任大丰县王港林业站、城建办公室、建设局技术员，城建环保局副股长，市政建设公司副经理，林业站副站长，建设局城建股长，沈灶乡乡长助理，建设局副局长，县政协副主席，市政府副市长，市经济技术开发区管委会主任，市红十字会会长，市人大常委会副主任。

陈同远，男，1955年7月出生，汉族，江苏大丰人，中共党员，大学文化，政工师。历任大丰县白驹人民公社团委副书记、书记，县委宣传部干事、理论教育科科长，县委办公室副科级秘书、县委研究室副主任、主任，县委办公室副主任、主任，市委办公室主任，市委常委、宣传部部长，市人大常委会副主任，市政协副主席、党组副书记。盐城市委、市政府记二等功，盐城市委表彰为优秀共产党员、盐城市目标任务绩效考核先进个人。

夏继永，男，1956年2月出生，汉族，江苏大丰人，中共党员，大专文化，助理经济师。历任大丰县大中量刃具厂车间主任，电镀厂厂长，大中工业联合公司横联开发科科长，裕华镇工业服务公司副经理，工业管理办公室副主任、主任，新团乡政府科技乡长助理、副乡长、新团镇副镇长、党委副书记，大中镇党委副书记，新丰镇党委书记、人大主席，大丰海洋经济综合开发区党委副书记、书记、管委会常务副主任、项目服务中心主任，大丰港经济区管委会常务副主任、大丰市人大常委会副主任、党组副书记。盐城市四次党代会代表、五届人大代表。被盐城市委、市政府授予盐城市综合先进个人,盐城市优秀党务工作者,盐城市招商引资、城镇建设先进个人。

王周斌,男,1956年12月出生,汉族,江苏大丰人,中共党员,大专文化。历任中国人民解放军海军37142部队807舰战士、威海水警区训练科枪炮教练员,大丰县大中镇利民村五组组长、村委会主任、村党支部书记,大中镇政府副镇长、党委副书记、大中镇镇长、党委书记、人大主席,大丰市政协副主席,大丰港经济区党委副书记、管委会常务副主任、项目服务中心主任,大丰市人大常委会副主任。盐城市五届党代会代表,盐城市第七届政协委员。全国人口普查领导小组表彰为先进个人,江苏省委表彰为优秀共产党员(享受省劳模待遇),盐城市委、市政府表彰为突出贡献先进个人等。

江波,女,1962年10月出生,汉族,江苏大丰人,本科学历,高级工程师。历任大丰县淮南第二纱厂职教办职工教师,生产技术科技术员、质监科科长、厂长助理兼生产技术科科长、副厂长,江苏全丰集团有限公司副总经理,大丰市祥鸿泰和棉纺织公司副总经理,大丰市港口管理局副局长,大丰市人大常委会副主任。十届全国人大代表,十一届、十二届江苏省人大代表。荣获“江苏省政府纺织设计开发先进工作者”称号,两项专利获得国家知识产权局颁发的实用新型专利证书,曾多次荣获省科技进步二等奖、三等奖。

大丰市(县)六至十四届人民代表大会常务委员会主任、副主任更迭表

表7—1

届别	时　间	姓　名	职　务	籍　贯	任　职　时　间
六	1981.1－1984.5	金一平	主　任	江苏省涟水县	1981.1－1984.1
		马春芳	主　任	江苏省涟水县	1984.1－1984.5
		杨春华	副主任	江苏省大丰市	1981.1－1983.12
		周成元	副主任	江苏省沭阳县	1981.1－1981.12
		丁同春	副主任	江苏省东台市	1981.1－1981.12
		王德茂	副主任	江苏省大丰市	1981.1－1984.5
		陈果行	副主任	江苏省江阴市	1981.1－1984.5
		黄家明	副主任	江苏省海门市	1982.3－1982.11
七	1984.5－1987.4	马春芳	主　任	江苏省涟水县	1984.5－1985.4
		宋维保	主　任	江苏省盐城市	1985.4－1987.4
		王德茂	副主任	江苏省大丰市	1984.5－1987.4
		陈果行	副主任	江苏省江阴市	1984.5－1987.4.
		吴金陵	副主任	江苏省如东县	1986.3－1987.4
八	1987.4－1990.2	宋维保	主　任	江苏省盐城市	1987.4－1990.2
		吴金陵	副主任	江苏省如东县	1987.4－1990.2
		陈果行	副主任	江苏省江阴市	1987.4－1990.2
		包庆石	副主任	江苏省启东市	1987.4－1990.2
九	1990.2－1993.2	李怀稳	主任	江苏省阜宁县	1990.2－1993.2
		陈远春	副主任	江苏省大丰市	1990.2－1993.2
		陈果行	副主任	江苏省江阴市	1990.2－1993.2
		包庆石	副主任	江苏省启东市	1990.2－1993.2
		魏翠萍(女)	副主任	江苏省南京市	1990.2－1993.2
十	1993.2－1998.1	李怀稳	主　任	江苏省阜宁县	1993.2－1995.2
		陆燕池(女)	主　任	江苏省启东市	1995.2－1998.1
		柏授方	副主任	江苏省大丰市	1993.2－1998.1
		陈远春	副主任	江苏省大丰市	1993.2－1995.1
		包庆石	副主任	江苏省启东市	1993.2－1998.1
		魏翠萍(女)	副主任	江苏省南京市	1993.2－1998.1
		王忠珠	副主任	江苏省大丰市	1994.3－1998.1
		周廉明	副主任	江苏省南通市	1994.3－1998.1
		朱　绵	副主任	江苏省东台市	1995.2－1998.1
		管洪俊	副主任	江苏省大丰市	1996.3－1998.1

续表 7—2

十一	1998.1－2003.1	陆燕池(女)	主　任	江苏省启东市	1998.1－2003.1
		杨国美	副主任	江苏省大丰市	1998.1－2003.1
		魏翠萍(女)	副主任	江苏省南京市	1998.1－2003.1
		王忠珠	副主任	江苏省大丰市	1998.1－2001.2
		朱　绵	副主任	江苏省东台市	1998.1－2003.1
		管洪俊	副主任	江苏省大丰市	1998.1－2003.1
		鲁鸿发	副主任	江苏省海门市	1998.1－2003.1
		施志康	副主任	江苏省海门市	1999.1－2003.1
		朱达丰	副主任	江苏省大丰市	2001.2－2002.1
		沈纪万	副主任	江苏省大丰市	2001.2－2003.1
		陆　琪	副主任	江苏省大丰市	2002.1－2003.1
十二	2003.1－2007.12	丁　宇	主　任	江苏省东台市	2003.1－2007.12
		沈纪万	副主任	江苏省海门市	2003.1－2006.1
		魏翠萍(女)	副主任	江苏省南京市	2003.1－2006.1
		施志康	副主任	江苏省海门市	2003.1－2006.1
		陆琪	副主任	江苏省大丰市	2003.1－2007.12
		陈相凤	副主任	江苏省大丰市	2005.1－2007.12
		江志坚	副主任	江苏省射阳县	2005.1－2007.12
		丁瑞云(女)	副主任	江苏省大丰市	2006.1－2007.12
		杜家宏	副主任	江苏省东台市	2006.1－2007.12
		倪巍山	副主任	江苏省建湖县	2006.1－2007.12
		夏继永	副主任	江苏省大丰市	2006.1－2007.12
十三	2007.12－2012.3	丁　宇	主　任	江苏省东台市	2007.12－2010.1
		倪　峰	主　任	江苏省建湖县	2010.1－2012.3
		陈相凤	副主任	江苏省大丰市	2007.12－2012.3
		江志坚	副主任	江苏省射阳县	2007.12－2012.3
		丁瑞云(女)	副主任	江苏省大丰市	2007.12－2012.3
		杜家宏	副主任	江苏省东台市	2007.12－2011.1
		倪巍山	副主任	江苏省建湖县	2007.12－2012.2
		夏继永	副主任	江苏省大丰市	2007.12－2012.2
		王周斌	副主任	江苏省大丰市	2007.12－2012.3
		陈同远	副主任	江苏省大丰市	2009.1－2012.2
十四	2012.3－	倪　峰	主　任	江苏省建湖县	2012.3－2015.1
		吴家祥	副主任	江苏省大丰市	2012.3－2015.1
		吴家祥	主　任	江苏省大丰市	2015.1－
		江志坚	副主任	江苏省射阳县	2012.3－
		王周斌	副主任	江苏省大丰市	2012.3－
		江波(女)	副主任	江苏省大丰市	2012.3－
		夏继永	副主任	江苏省大丰市	2014.1－

第二节　代表风采

开拓进取　永不停步

——记第十届全国人大代表　江　波

提起江波，熟悉她的人总说找她可不容易，三天两头出差，争取资金、报批项目、下乡调研……其实，自从参加工作，忙碌一直就是她的标签，在当选十届全国人大代表，省十一届、十二届人大代表后，那双为发展、为民生不停奔波的脚步更是停不下来。

在企业工作期间，作为技术骨干的她，取得多项科技成果，《完善质量考核制度，推行一等品工资制》《运用正交设计，优化细纱工艺》和《班组规范化管理》被评为1992年度江苏省企业管理现代化成果一等奖和二等奖；1998年被授予江苏省纺织产品设计开发先进工作者称号；2000年由她设计的"双纬自停装置""环锭纺细纱机包芯装置"获得国家知识产权局颁发的实用新型专利证书；1998年《复合织物芝麻呢》《纯棉提花特宽幅面料的开发》参加全国无梭织机技术进步研讨会交流获一等奖。2000年作为江苏省优秀中青年被江苏省人事厅破格晋升为高级工程师。

2005年4月调入大丰市港务局工作以后，面对新的岗位要求，她争分夺秒地学习港口知识、沿海开发政策等，在短时间内掌握港口建设、发展和政策、法律法规和目标要求等，很快就取得了骄人的工作业绩。一是积极开展码头项目报批工作。为使码头工程尽快开工，她不断地在北京、南京来回奔波，一遍遍沟通协调汇报，实现了项目当年报批、当年核准的"火箭速度"，使二期工程于2007年9月顺利开工建设。同时，也使大丰港深水航道项目列入了交通部"十二五"规划。二是积极宣传推介大丰港。邀请了交通部李盛霖部长到大丰港视察指导，引荐香港、韩国等多名客商到大丰投资考察。2007年参加省十一届人代会期间，在省政府工作报告讨论稿未提及大丰港的情况下，在市委主要领导带领下，通过大丰代表团小组的不懈努力，最终在省政府工作报告中，将大丰港列入省重点工程项目。三是积极向上争取建设资金。在项目报批的同时，积极向交通部、省交通厅、省发改委等部门争取港口基础设施配套资金。2014年深水航道项目争取交通部补助资金3.069亿元，省政府参照交通部标准配套。

在当选大丰市第十四届人大常委会副主任后，根据工作安排，分管环资工委工作，认真开展法律监督和工作监督，先后对“三港”联动发展、城乡供水一体化、生态市建设、全市保障房建设及使用、城市总体规划的修编等事关全市发展大局和民生幸福的议题进行调研，推动相关工作取得实效；对市住建局、环保局开展专项工作评议，推动部门进一步改进工作作风，提高工作效能，助推经济社会发展；对《进一步提升饮用水安全，保障人民生命健康安全》一号议案进行督办，进一步提升全市居民饮用水水质，确保人民群众饮用水安全。

由于在企业一线工作时间较长，对群众、对基层了解较多。在履行人大代表职责上，一方面认真研读法律法规，掌握履职本领；另一方面深入基层调查研究，积极参政议政。先后参加了《劳动法》等三部法律法规的修改，领衔撰写的《关于建议修改妇女权益保障法》《关于提高农副产品深加工抵扣税》《关于制定劳动合同法》《关于制定社会保障法》等议案交由有关专门委员会审议，得到一致好评。在省人代会上提出的“关于加强通榆河水环境保护工作的建议”，被省人大列为重点建议，由省人大李全林副主任亲自督办。2004 年在全国人代会上提出的《加快长江干线航道治理，打造黄金水道》建议得到国务院、交通部的高度重视，并将我省长江南京 12.5 米以下深水航道列入国家“十二五”规划和国务院关于加快长江与内河水运发展的意见，并确定为国家重点工程。

从企业到机关，从省人大代表到全国人大代表，对她来说，角色在不停转换，但她那不断开拓进取、为民谋福的脚步却不断前进。

（李方然）

创业为民，书写永恒的代表职责

——记江苏省第十二届人大代表、辉丰农化股份有限公司董事长　仲汉根

仲汉根，是江苏辉丰农化股份有限公司董事长，第十二届省人大代表，第四届、第六届盐城市人大代表，大丰市第七届、第八届、第九届、第十届、第十一届、第十三届人大代表。

仲汉根的创业过程，始终与他担任各级人大代表、为人民履行代表职责的过程相交相融。二十多年来，他始终坚定着为民创业、创业为民的信念！他领导的辉丰农化，由一个只有十几人的乡间小作坊，逐步成长为拥有资产 5.8 亿元、主营业务收入过 10 亿元、税利近 2 亿元、产品远销国内外的国家中型股份制企业。

临危受命，发奋图强初创业

辉丰公司的前身叫“大丰县农化厂”，是个仅仅靠为县农资公司分装小包装农药来挣点加工费的乡办手工小作坊，一年的销售额才十几万元。由于经营不善，企业始终在倒闭的边缘挣扎。在这个节骨眼上，他想企业要生存要发展，就必须有自己的当家产品。那阵子他南下北上，走东窜西，辗转于江苏省农药研究所、中国农业大学等十多个科研机构，找专家、求配方，最终成功买断了一个新配方。回大丰后，为了让项目尽快上马，他东挪西借，甚至变卖家产，最后筹集到了 30 多万元资金，保证了项目顺利竣工投产，很快生产出了第一个真正属于辉丰企业自己的产品。由于配方先进，效果明显，“辉丰一号”在很短的时间内便迅速占领了大丰及周边市场。此后，他又接连引进开发了“辉丰二号”“辉丰快克”“辉丰稻金山”等多个农药新产品，这一系列过硬的当家产品，让辉丰企业逐步摆脱了生存危机，走上了稳步发展的快车道。首次创业取得了很大成功，但他并不满足，通过调查分析，决心走一流农化企业制剂与原药同步发展的路子。经过反复筛选，他决定上国内还没有的咪鲜胺原药合成线。经过 100 多个日日夜夜的奋战，终于生产出了合格的咪鲜胺，填补了国内空白，成为国家级新产品，打破了德国拜耳公司长达 20 年的市场垄断地位。后来又成功上马了溴苯腈、二噻农等原药生产线，企业综合实力稳步提升，2006 年，企业跻身于全国农化行业前 20 强。

乘势而上，再创辉煌报人民

盐城、大丰两级人大在人大代表中开展争当“创业之星”的活动，仲汉根积极响应。决定在大丰滩涂上征地 46.7 公顷，实施辉丰公司的第三次创业。他明确了企业发展的新目标：要把辉丰建成世界上最大的咪鲜胺产业基地、最大的溴苯腈产业基地、最大的二噻农产业基地。由于辉丰是亚太地区唯一通过 EHS 认证的企业，一批世界 500 强企业最终选择了辉丰，建立起长期战略合作伙伴关系。来自德国、澳大利亚、以色列等国家和地区的众多同行，主动向他表达了进一步加强投资合作的意愿，为辉丰的国际化战略打开了巨大的发展空间。在东南亚、中东，在非洲、美洲，在俄罗斯、乌克兰，到处都有辉丰农化的分支机构在筹建、建成和运行，2010 年 10 月江苏辉丰农化股份有限公司在深圳证券交易所成功上市。

伴随着事业的发展成功，仲汉根的人生品位也不断提高。1997 年度当选为全国乡镇企业家协会理事；1999 年荣获盐城市人才开发先进个人奖；2003 年荣获江苏省“十佳优秀专利发明人”的光荣称号。仲汉根同志富了不忘乡亲，热心公益事业。每年春节前夕，他都要将龙堤镇特困户挨家挨户跑个遍，送去钱物，带去温暖；童年失去母亲的王刚同学，考上交大，无法筹集学费，他每年给予5000元资助，直至毕业；智通良罹患癌症，他一次捐赠3000元。2002年他对龙堤人民承诺，用五年时间，花50万元资助50名龙堤籍学子完成大学学业。他决心发扬“发展辉丰，争创一流”的企业精神，为振兴我国农业，全面建设小康社会做出新的贡献。

（黄　静）

扎根沃土写人生

——记江苏省第十二届人大代表　李晓霞

每个人都有属于自己的梦想，对于省人大代表、大丰市大中镇恒北村党委书记李晓霞来说，她的梦想就是有一天能用自己的知识和能力，建设一个美丽、富裕、文明的现代化乡村。

倾情为民谋福祉

作为一名基层干部，李晓霞经常说的一句话就是：“我是一手托两家，既要完成上级领导交办的任务，更要让老百姓满意。”2012年，恒北村进行河道驳岸工程时，发生过这样一件事。有位村民到处扬言说：“谁也不准到我家河边驳岸，谁来我轰谁，我就要给李晓霞一个下马威，咱们走着瞧！”原来这个村民，家里一贫如洗，与一女子同居，也没领结婚证，生下孩子后，那个女人受不了贫穷跑了。转眼间，孩子快到上学的年龄了，还是个黑户。得知此事后，李晓霞会同村里计生专干吴永芝主动上门了解情况，跑计生委、派出所。左一趟右一趟，不厌其烦，前后跑了二十多天，终于帮孩子把户口安了下来，孩子的上学问题也就迎刃而解了。那个村民感激得逢人就说：“李书记真是个好干部，不是她，孩子也上不了学啊！”后来，他不但同意将自家河岸驳了，还劝左右邻居及组里的“钉子户”把河岸驳了。这个河道的驳岸工程，保质保量地完工，得到了老百姓的一致赞许。“润物细无声”。李晓霞工作中的点点滴滴，化作春风细雨滋润着百姓的心田。

作为女儿，李晓霞没有常伴在自己父母的身边，却把更多的关爱留给了辖区内的困难家庭。新德社区的袁磊，父亲早逝，母亲改嫁，随着爷爷生活。爷爷七十多岁，是企业退休职工，每月只有500多元的退休金，生活非常艰苦。李晓霞得知这一情况后，便成了他们家的常客。

逢年过节，总会送上米、油、猪肉等生活必需品，还主动帮袁磊家办好低保，同时还与袁磊结对帮扶。2010 年袁磊读高三，在高考前的一次模拟测试中，发挥不理想，情绪十分低落，有想放弃的念头。李晓霞第一时间赶到袁磊所在的学校，帮他分析原因，疏导心理，鼓励他坚持下去。那年，袁磊顺利考上了江南大学，李晓霞又帮他申请了万向慈善基金会的助学金。同时，她还将袁磊的情况向江南大学反映，学校方面也非常关心，答应帮他办理助学贷款，并提供勤工俭学的机会。袁磊万分感激。

倾心当好群众代言人

做一名称职的人大代表，首先要认真学习，努力提高思想觉悟和履行代表职责的水平。平时，李晓霞除积极参加单位的政治学习以外，还特别注重对人大业务的学习。几年来，李晓霞先后认真学习《宪法》《地方组织法》《代表法》以及一些地方性法规，提高了对人民代表大会这一根本政治制度的认识，为履行代表职责打下了良好的基础。她经常勉励自己，要睁大眼睛，竖起耳朵，深入实际，调查研究，倾听群众呼声。她十分珍惜每一次参加人代会的机会，认真参政议政，积极建言献策。她在省人代会上提出的建议、批评和意见，都是从周围群众中听到、看到的事情中产生的。在 2013 年省十二届人大一次会议期间，李晓霞重点提出了《关于修订〈江苏省发展新型墙体材料条例〉的建议》和《关于大力推进长三角经济一体化苏沪合作试验区建设的建议》。在省十二届人大二次会议期间，李晓霞和大丰的其他几位省人大代表联名提出了《关于加快推进上海江苏（大丰）产业联动集聚区建设的建议》《关于铺设长江至苏北专用管道封闭输送饮用水的建议》《关于支持大丰港设立自由贸易港的建议》等 6 件建议。这些建议都得到了省政府及有关部门的重视和采纳。

自 2012 年 4 月担任大丰市大中镇恒北村党支部书记以来，恒北村先后获得国家级生态村、全国十佳小康村、江苏省第二届最美乡村、江苏省新农村建设先进村、江苏文明村、江苏和谐示范村、江苏省三星级康居乡村、江苏省四星级乡村旅游点和盐城市最美乡村等殊荣。李晓霞光荣当选省人大代表、全国妇代会代表，并先后获得江苏省优秀农民专业合作社理事长、盐城市劳动模范、盐城市优秀村党组织书记等多项殊荣。

“农村是个大舞台，我要继续在上面舞出自己精彩的人生。”望着远处枝叶婆娑的梨园，李晓霞言语坚定，远眺的目光充满了深情。

（张伯铭）

丰山有路情为径

——记江苏省十一届人大代表、丰山集团董事长 殷凤山

这是一个普通劳动者历尽千辛万苦用勤劳和智慧创造出的奇迹！

1988年9月，殷凤山自筹资金2000元，靠一口铁锅起家，创办了大丰草庙化工厂。2014年，昔日的小作坊已长成参天大树，创造了年销售10亿元，利税1.5亿元的辉煌。先后培育出7个“江苏名牌产品”、5个“江苏高新技术产品”和1个“中国驰名商标”，拥有两大工业园区和8家子公司，跨区域、跨行业、多门类的集团公司，成就了一个作坊式加工厂到全国大型农药企业的华丽转身。

办企业 满腔热情

1988年春节以后，殷凤山到张家港市的一家企业帮助安装设备，这家企业有一个溶缩固碱的小化工车间，生产工艺简单，投资小、见效快，当时市场行情较好。回来以后，殷凤山组织了五六个农民，凑集了2000元资金，租了两间房子，自己动手砌了一口大灶，花了七天时间，办起了大丰县草庙乡化工厂，搞起了固碱加工。当年就创下120万元产值，利税10万元的好成绩。

通过固碱加工、农药分装，在对市场进行深入了解和研究之后，殷凤山逐步认识到：只有高科技产品，才有市场竞争力。只有拥有高科技的企业，才能具有旺盛的生命力。为此，他再次奔赴南京，请专家，找产品。省农药研究所拿出了他们多年研制而成的新产品——20%杀灭灵。殷凤山如获至宝，请高级技术人员进行论证，根据市场的需要，浓度由20%上升到25%。产品试制出来后，拿到田间一试，效果很好，给它起了一个名字：25%快杀灵。成为全国同类产品年产量最大、销售量最多、覆盖面最广、最受用户欢迎的产品。于是，殷凤山沿着“高科技”的道路大步向前走。几年来他先后与中科院、清华大学、上海科技大学、江苏农科院、南京农业大学以及江苏省农药研究所、山东省农药研究所等十几家科研院所，建立了稳固的协作关系。1992年以来，共同研制开发出杀虫、杀菌、锄草等6大类36个品种。这些产品一上市，就赢得了用户好评。为了扩大产品的品牌效应，新上辛硫磷和氰戊菊酯两条原药生产线，从日本引进高新技术开发出新型除草剂“盖草灵”，新上合成生产线及配套设施，从而形

成了丰山品牌群体，丰富了品牌内涵。丰山集团已从创办初期的单一农药复配生产发展成为原药生产、复配、加工、自动分装一条龙，一体化的大型农药生产基地。市场也由本地迅速向华东、华中直至全国辐射，形成丰山集团全国销售网。

近30年奋斗的激情创业，目前的丰山已是具有年生产合成原药50000吨，加工、复配制剂50000吨的生产能力，其中精喹禾灵原药、氟乐灵产能亚洲第一，烟嘧磺隆产能全国第一。2001年被农业部列为全国农药行业13强骨干企业。2005年12月，"丰山"商标被国家工商行政总局成功认定为"中国驰名商标"。2000年10月，丰山集团被江苏省科学技术厅认定为高新技术企业。

当代表 侠骨柔情

作为江苏省、盐城市、大丰市多届人大代表，殷凤山深感肩负重托，任重道远。如何当好代表、如何履职？一句话，要具备侠骨柔情。侠骨，就是要站在人民群众的立场上，敢于讲真话，实话。柔情，就是要对群众要关爱，柔情似水一心为民。

殷凤山说到做到，言出必行。人大开会、参观视察、调研审议等活动，他从不缺席。他多次出席和列席省、市人代会，先后提出了二十多条议案和建议。其中，关于《砖瓦厂逐步关、停、并、转，减少土资源消耗》和《开发区要实事求是尽量减少圈地，节约土地》的建议得到省人大领导的首肯。他多次提出的《关爱农村老人，适当增加农村老人生活补助》《重视教育，增加教育投入》《关爱农村基层干部，农村基层干部也要适当交流》等建议，先后被省市直有关部门采纳。

殷凤山深深感到丰山集团的发展，离不开人民群众的关爱，离不开社会各界的支持，应该为社会尽一份自己的责任。多年来，他坚持做到"四个不忘"：一是不忘按章纳税，守法经营，从未欠过国家一分税款。二是不忘为社会事业发展做贡献，几年来主动无偿资助300万元，为草庙镇建桥修路办学校；1998年抗洪救灾，捐款600万元；大丰成立慈善总会，他一次性认捐600万元。三是不忘全镇老党员和贫困户，从1994年开始，每年定补给草庙镇全镇新中国成立前老党员、村组老干部、敬老院五保户、社会困难户和社会孤儿生活费。目前已累计发放近200万元。四是不忘其他民营企业。他发起成立了大丰市民营企业商会，先后吸纳了300多家民营企业参加，并被推举为大丰市民营企业商会会长。商会创办8年，已取得了骄人的成绩，被省民政厅命名为"AAAAA"级商会，殷凤山作为盐城市企业界唯一受邀代表，连续五次出席了亚太经合组织(APEC)峰会。

（陈 泰）

一位市人大代表的乡情

——记盐城市第七届人大代表、大丰海聆梦公司董事长 邱建林

邱建林,是一个恋家、想家、爱家的"凤还巢"企业家。在外创业多年,总感觉自己像个浮萍,没有属于自己的根。2004年,带着对"家"的眷恋,他毅然回乡二次创业。在地方党委、政府的帮助下,经过10多年努力,企业从30台缝纫机、50名员工的小作坊发展成为全国生产外销家纺产品中的龙头老大,并筹备上市。市人大常委会在人大代表中开展民生实事"五个一"活动,就是呼唤每一名市人大代表内心深处的乡情,是让其力所能及地帮助自己身边的乡亲。

乡情使他将大义扛在肩

回乡创业的初衷,就是能带动乡亲就业,带动家乡企业发展,带动家乡人民生活水平提高。在后金融危机时代,家纺行业顶着巨大的压力。为此,该公司采取主攻顶级客户、调整产品结构、满足市场需求、严格信守承诺、按期保质交货等措施,确保了海聆梦公司呈现逆势增长,2013年销售额同比增长30%。公司2014年销售额超8亿元,纳税3000万元,列大丰市纳税前十强。

一次偶然机会,途径新丰镇一家企业,见围着很多人在吵闹。了解后得知一家浙江客商在此创办的家纺企业,由于经营管理不善,销售渠道受阻,企业行将破产,拖欠100多位员工半年工资。此情此景,"五个一"的要求再次引起他的深思,当场作出了帮扶该企业的决定。在提供该企业半年生产订单的基础上,还提供了各类原辅材料近30余万元,同时承诺他们等成品销售后再结账。针对该企业管理和质量问题,该公司派出了最强班底进驻该企业进行"一对一"帮扶。这家企业再次实现了产销两旺。目前海聆梦家纺吸纳社会就业达1500多人,部分员工月收入能达到5000多元。

良知让他把帮扶记心间

创业这些年来,成绩来之不易。每每驻足回首,越发感觉到没有家乡员工为企业的无私

奉献,没有他们的不离不弃和风雨共担,海聆梦也许还是个毫不起眼的“小作坊”。因此,该公司竭尽所能地帮助自己身边的乡亲和员工走出困境。一位叫郭静的聋哑女孩找到他,泪流满面地用手语说,父亲刚刚下岗,母亲常年疾病,生活举步维艰,要求到公司上班。这样的年纪正是读大学之时,可苦于自身的残疾和家庭的无奈,却要承担维持家庭生计的重任。因她不会缝纫,就安排学习简单的拷边手艺。现在月工资3000多元。从这个事情上,他作出了吸纳残疾人就业的决定。两年来,共吸纳10多名残疾人就业。姜鑫洁和张帆是大丰市新丰镇的两名贫困学生。第一次遇到姜鑫洁时,是一年冬天,零下好几度的天气,孩子就裹着一件旧棉袄,连件像样的毛线衣也没有。细细一问才知道,他跟着年迈的爷爷奶奶生活,老人给他买衣服的钱,都用来买书了。这样坚持读书的孩子,让邱建林思绪万千。张帆的情况和姜鑫洁差不多,跟随叔叔生活,生活也相当贫困。为此,他承担了两个孩子全部学杂费用和生活费用,逢年过节他都让爱人帮他们买衣服,买书籍,接他们一起吃团圆饭。并承诺将一直资助他们,直到大学毕业。2012年,公司向大丰市慈善总会一次性认捐400万元。先后向贫困学生群体、红十字会等捐助资金20余万元。近两年来为家乡南阳镇镇村捐助建设路桥等资金也达30余万元。

代表职务促他将反映民意放在前

作为一名人大代表,必须要履行好代表的权利和义务。他向社会公布了自己的手机号码、电子邮箱、QQ号码等,在企业设立了人大代表信箱,及时收集群众的意见和建议。虽然企业事务繁杂,但履职两年来,他没有缺席过一次人大组织的会议和开展的活动。与10位群众建立了正常联系,通过他们来收集社情民意。

“你是人大代表,要帮我们反映问题,小区前面大河里的水又变臭了,要想办法彻底解决问题。”一位小区群众向其反映。邱建林实地调查走访,多方查阅资料,撰写了《关于采取切实措施、彻底解决城区河水污染问题的调查报告》,市政府相关部门高度重视,认真办理,2004年在主城区投资2000多万元实行污水整治工程。两年来他先后在市人代会上联名或单独提交代表建议7件。

如今,他和家乡没有了“你在这头,我在那头”的相思,却多了“五个一”的市人大常委会的号召,他表示要以更大的热情为家乡的发展,乡亲生活水平的提高做出应有的贡献!

（金福华）

一个科技企业代表的情怀

——记盐城市第七届人大代表、大丰市建筑设计院院长　沈志敏

沈志敏，大丰市建筑设计院院长，一个拥有高级工程师职称的客籍知识分子。自从当选盐城市第七届人大代表后，她坚信人生，脚踏实地，做好本职工作的同时，勇于担当，积极履职，把“人民选我当代表，我当代表为人民”作为工作的出发点，为地方发展、民生福祉做出了应有的贡献。

情系企业，关爱员工，通过开拓市场、健全制度，强化服务，促进企业稳步发展。沈志敏既是一名科技工作者，也是一名企业经营者。做好企业，是立足之本、发展之基。大丰市建筑设计院从2004年改制以来，面对新形势、新挑战，沈志敏带领企业员工积极改革，大胆创新。首先，主动找市场。先后争取了50万平方米市政府保障性住房、20万平方米经济开发区的安置房、10多万平方米镇标房等公益项目设计工作，以优秀的作品和优质服务，赢得了大家的认可。面对超资质的要求，积极与上海、苏州、盐城等设计单位合作，争取了东方一号、城南嘉苑、三水嘉苑、朝阳景都等项目，扩大影响力。在近几年的30多个设计项目中，推广了各种新材料、新技术20多项，为企业节约成本5000多万元，提高效益1000多万元。其次，健全管理制度。她先后制定了企业内部财务、用车、考勤、拓展业务、客户满意度、员工培训等10项考核意见，规范员工行为。同时，鼓励员工加强学习，参加各项证书的培训，先后有5名员工获得国家级结构、建筑、园林等方面的设计论证。沈志敏被员工称为“好大姐、好师长”。连续几年被大丰市表彰为“优秀科技工作者”，被盐城市命名为“盐城市劳动模范”。

情系选民，关注民生，通过走访基层、接待百姓、兴办实事，赢得群众的认同。2012年年初，沈志敏当选了盐城市第七届人大代表后，在自己繁重的工作中，又增加了新的内容。每月要花上一天时间到农村、社区、企业、学校、医院走一走，到自己挂钩的建筑企业看一看，到自己的设计项目工地上瞧一瞧，听听基层群众的建议和诉求。2012年6月份，有一位老居民向她反映，所居住的小区存在绿化被毁、下水道堵塞、化粪池溢出、道路破损等问题。她听后，到小区去看，不仅是一个小区，在城区的老小区普遍存在，于是她向大丰市人大、住建局领导反映这一情况，引起了大丰市主要领导重视，并列为2013年政府为民办实事工程，投入了2000多万元，组织人力、物力对城区17个居民小区进行了彻底改造，面貌焕然一新，巩固了大丰市

创建国家卫生城市的成果。沈志敏在接待群众来访中，了解到一些大学生就业困难，她将所了解的16名大学生的名字、专业、电话记录下来，主动找企业、单位联系，终于在博汇、辉丰、联鑫、民进等企业帮助他们找到了适合自己的工作。还从应届毕业生中，录用了学建筑、学设计、学园林的6名大学生到设计院工作，搭建实现他们个人梦想的平台。近几年来，沈志敏向有关部门反映的情况16件，引起有关部门领导重视并加以解决的有10件，深得大家的好评。

情系社会，关注热点，通过调查研究，撰写议案，加强督办，努力履职尽责。2013年，她通过调研，发现农村秸秆焚烧严重，破坏了生态环境，会同几名盐城市人大代表提出了“农村秸秆综合利用”的议案，得到了盐城市和大丰市领导的高度重视，并列为重点议案进行办理。两年来未发现一起火点，改善了农村生态环境，受到了省市领导的表扬和奖励。沿海开发是国家发展战略，沈志敏在盐城、大丰市人大组织的视察、调研活动中，提出了沿海开发必须坚持环保优先、节能减排、保护生态等建议，受到了各级领导的重视。沈志敏在人代会上，共提出10条议案和建议，其中自己领衔的就有3件，较好地发挥了代表履职作用。

（王连军）

书写民生情怀　彰显代表本色

——记大丰市第十四届人大常委会委员、市总工会主席、党组书记　李国城

作为一级工会组织负责人，他始终恪尽职守，情牵职工，视维护广大职工群众权益为己任，以高度的责任感和饱满的工作热情率领全市工会系统为和谐劳动关系的建立积极奔走；身为一名人大代表，他时刻牢记使命，心系民生，深刻领会“人民代表人民选，选好代表为人民”的内涵要义，立足本职，履行代表职责。他就是大丰市第十四届人大代表，市总工会主席、党组书记李国城。

全心全意当好职工的娘家人

作为市总工会的主要负责人，他总是时刻为广大职工着想。近年来，在夏季“三送”活动中，他走访企业和工地60多家，走访慰问农民工7500人次，发放防暑降温用品90多万元。督

促企业整改危害农民工身心健康和生命安全的事故隐患 23 个，发放《职业危害防治知识职工普及读本》等资料 210 份。他关心就业问题，每年配合市人社局组织大型专场招聘会，动员规模企业以及各镇特色企业参加招聘会，提供就业岗位。利用工会职工服务中心窗口电子屏幕，免费发布用工信息 11 期，成功介绍就业 142 人。委托市职教中心职工培训站点，为 866 名下岗失业职工、农民工免费提供技能、家政培训。为了开展常态化服务，他组建了总工会青年志愿服务队，利用业余时间深入企业和居民区，面对面提供法律咨询和心理咨询，发放心理健康和法律宣传资料。2013 年共发放法律法规宣传资料 5600 多份。为了推进和谐劳动关系建设，他积极探索职工工资集体协商制度。目前，全市建立工资集体协商制度的企业达 1645 家，占全市建会企业的 96.2%，其中单个建立工资集体协商制度的企业为 634 家，行业、区域签订工资集体协议 108 份，覆盖了 1011 家企业。为了让更多职工享受到工会的服务，把职工之家建到职工的身边，仅 2013 年就新建独立基层工会 198 家，超额盐城市总下达指标 118%。同时完成 36 家单位的换届选举工作，推进企业职工活动阵地建设 800 多家。

真心实意帮困难群众办实事

作为一位出身基层、在基层工作多年的部门干部，李国城对城乡困难群众、职工的生活感同身受，无论工作岗位调整变动，他始终将帮贫扶困工作置于重要的位置。

时刻牵挂困难职工。2013 年“两节”期间，筹集慰问款 43.09 万元，慰问困难职工 442 人，其中农民工 393 人、困难劳模 20 人，困难工会主席 29 人。近两年，在“金秋三助”活动中，共筹措资金近 100 万元，对 213 名困难职工和困难学生进行了帮扶，前后共与 17 名困难大学生签订了长期助学协议，与市劳动和社会保障局联合为 123 户特困职工家庭发放了特困证（优待证）。建立“双月”会办帮扶机制，使 300 名职工得到资金上的及时帮扶。有效开展职工互助活动。指导全市 313 家机关企事业单位签订了“大病大家帮”协议，签约职工达 67827 人，受益职工 107 人，受益金额 51 万元。

小海镇徐南村是总工会的党组织联建共建村，他多次与村书记进行交流，与村老党员、老干部、致富能手等座谈，为徐南村的进一步发展理清了思路。坚持正常走访困难群众家庭 16 户，送去慰问品慰问金 8000 元。为了进一步改善徐南村的基础设施条件，总工会分三年帮助该村新建和改造庄线路道和部分桥梁。2014 年筹资 16 万多元将三年办实事规划压缩到一年全面启动，切实帮助该村改善生产生活环境。

一心一意履行好代表职责

当选市人大代表以来，李国城始终认为，代表身份不仅是一份荣誉，更是一种责任，而作为市人大常委会委员——代表中的代表，必须忠实履行广大选民和代表赋予的重要使命，为民代言、议政督政。为此，他自觉坚持钻研人大业务，积极参加市人大常委会组织的视察调研、检查评议等活动，为全面、准确、深入履职进行积累储备。他积极利用在经济主体、综合部门主持工作多年的优势，深入参与常委会议题审议，全面发挥参政议政作用。他先后提出了《加快构建和谐劳动关系》《开展社会保险法调查》《提升我市统筹城乡发展水平几个关键问题的思考》等建议，提出的“进一步提升居民饮用水质量，从源头上保护人民生命健康安全”的议案还被列为市第十四届人大第三次会议 1 号议案。

他说，我是一名普通代表，所做的工作与人民群众的期盼还有很大差距，但我始终把人民的嘱托和代表的责任铭记于心——这就是一份炽热的代表情怀。

（赵业龙）

“铁嘴代表”的履职经

——记大丰市第十四届人大常委会委员、三龙镇人大主席 沈菊兵

沈菊兵是大丰市第十四届人大代表。由于她会说、敢说、善说，当地干部群众热情地称她“铁嘴代表”。

精心调查研究 洞察社情民意

2012 年，沈菊兵荣任三龙镇人大主席后，最常思考的问题就是如何让人大代表行动起来。为此，她制定年度代表活动计划，建立代表之家，组织代表开展各种活动。2013 年 3 月，她组织部分人大代表对全镇农村干部队伍中存在的问题和解决途径进行了深入的调查研究，并撰写《关于加强村组干部队伍建设的探索与对策》一文。该文不仅为镇党委提供了决策参考，还

被评为市人大优秀调查报告二等奖。

每年市人代会召开之前,沈菊兵都会组织全镇各级人大代表深入基层认真开展调研,为提出高质量的建议意见做准备。由于组织有力、调研广泛,在市十四届人大一至四次会议上,她领衔和参与提出的议案达43件,占人代会议案总数的22%,其中关于《整合资源,加大对城乡居民大病救助力度》《大力推进以居家养老为重点的社会化养老服务体系建设》的议案被列为2013年度、2015年度大丰市人大1号议案。

沈菊兵还是市人大常委会委员。每年年初,她都要对人大常委会年度工作要点进行认真研究,对常委会各项审议议题做到了然于胸。每次常委会会议召开前,她都会主动来到人大办公室,查找资料,了解情况,再针对议题组织代表活动,并把"接地气"的调研情况带到常委会会议上。四年来,她在常委会会议上的审议发言达20次之多,其中,关于《探索基层医疗卫生机构特殊用药申请制度》《发展家庭农场,推进土地规模经营》《健全覆盖城乡的社保服务网络体系,发挥社保网络的作用》等建议都被吸收进常委会的审议意见中。

心中有百姓　就不怕说错

近年来,大丰市政府十分重视城乡统筹工作。然而,在实际工作中,项目招引难、财政支持难等问题成了该项工作推进的"拦路虎"。于是,沈菊兵一头扎进社区和村组,了解群众对市城乡发展规划的看法,并与市发改委、农工办和国土局的领导谈了自己的看法,提出了相关建议。市政府及其部门非常重视她提出的建议,并采用了其中可操作的部分。

沈菊兵不仅敢于提建议,还认真监督建议的实施过程。她提出的建议首先在三龙镇开花结果。该镇新镇区的规划选址、斗龙港村渔民新村的打造等都饱含了沈菊兵的心血。如今,斗龙港村渔民新村的别墅区已成为新农村建设的一个精致样板。生活在这里的村民张海忠经常发出这样的感慨:"为了我们渔民新村的绿化,沈代表可真是费了不少心啊。"

关心群众冷暖　助推社会发展

"只有把人民的嘱托和群众的疾苦挂在心头的代表,才能成为人民群众信赖的代表。"沈菊兵说。2013年年初,三龙镇东红村一户村民家的孩子不幸患了尿毒症,母亲愿意将自己的一只肾移植给儿子,但手术费、医疗费需要26万元,全家无力承受。沈菊兵知道后,专程来到孩子家，鼓励他们尽快完成手术。同时，沈菊兵四处寻求救助资金。经手术，孩子从死亡线上被拉了回来，但这个原本幸福的家庭一夜之间也成了贫困户。沈菊兵联想到近些年来她所见过的贫困家庭，心里有说不出的滋味。于是，她领衔提出《关于整合资源，加大对城乡居民大病救助力度的议案》。该议案在人代会上引起与会代表的广泛共鸣，并得到相关部门的高度重视，被列为大会1号议案，交至人大常委会闭会后审议并重点督办。不久，大丰市政府召开政府常务会议，修订完善了该市医疗救助的相关制度。

近年来，大丰市计划生育结扎后遗症的补助标准一直不高。经广泛走访调研后，沈菊兵在2012年的市人代会上领衔提出《关于增加计划生育结扎后遗症补助的议案》。该议案交办后得到市政府和相关部门的高度重视，相关领导当即表态，在之后的4个月内，财政部门拿出124.92万元专款为全市符合条件的1025人发放特别扶助金。这项工作的开展得到省计划生育部门的高度评价，如今已发展成全省扶助计划生育特殊对象的核心工作，解决了众多特殊家庭的实际困难。

四年，相对于历史长河微不足道，但沈菊兵履行人大代表职责的四年却是一本厚厚耐读的书，鲜活生动地诠释了当好一名人大代表的真谛——心与人民同跳动，血与人民同奔流，脚与人民同迈步，梦与人民同追求。

（黄　艳　邹　进）

村民满意是我最大的幸福

——记大丰市第十四届人大常委会委员、大中镇光明村党总支部书记　焦恒昌

7年前的大中镇光明村，可以用一句话形容：没有一条好路，没有一座好桥，没有一条好河，光有一身债务。如今的光明村，也可以用一句话形容：河道通畅了，道路宽阔了，环境变美了，村民幸福了。而这一切的改变，市第十二届、十三届、十四届人大代表——光明村党总支书记焦恒昌功不可没。焦恒昌刚到光明村任职时，许多人都替他捏了一把汗。不仅因为该村的脏、乱、差远近闻名，更因为村里人心涣散、村风“日下”。许多人都清楚地记得，当时村里没有一条可以见底的河道，全被水草、垃圾覆盖着；没有一条像样的道路，下到雨就泥泞不堪，根本无法出门；没有一个防涝排涝站，每逢下雨全村逢涝必淹。不仅如此，村务工作也是彻底瘫痪。每次会议，都变成了村民的声讨会；每次活动，没有一个村民前往参加……

但做了“当家人”的焦恒昌不仅没有“后退”，身为人大代表的先进性在他身上更是得到了充分展现。在对全村现状深入调查研究后，焦恒昌认为根本问题还是出在“人心”上。“必须补上‘道德’这一课，重建道德社会，凝聚全村人心。”焦恒昌决定从“人心”抓起，改变这一状况。首先加强对村干部的教育，要求“官为民做、权为民用、贴身服务、取信于民”；其次加强对党员和群众代表的教育，“支部是堡垒、党员是旗帜、群众是模范”，每年开展优秀共产党员、优秀村干部、优秀村民评选活动：同时在他的提议下，村党总支和村委会在全村广大村民中开展道德模范评选活动，并将此项活动作为净化“人心”的治本之策，从而形成一种积极向上的主旋律，引导广大村民向道德模范学习。从此，光明村全体村民参与的道德“爬坡”征程拉开序幕，道德模范、先进人物公示栏在光明村村部竖立起来，一件件感人至深的事迹也逐渐出现在功德栏里。村里修建中心路时，年近70岁的老党员卢定珠，用孙女作业本上的纸糊成信封，里面放了500元，亲自送到了焦恒昌手上，信封上写着“为后代造福，愿奉献伍佰”的字样；修建朝阳河大桥时，由于资金短缺，困难重重，经营砂石的个体户顾希彬得知后，二话没说，毅然赞助价值5000余元的砂石帮助建桥……凝聚了人心，焦恒昌更有了信心。他多次代表村民，向上争取资金和政策支持，与相关部门对接沟通，先后投资800多万元，大力度推进全村基础设施建设，从解决逢涝必淹入手，建成了3个防涝排涝小区、4座排涝站，打破了全村逢涝必淹的困局：疏浚拓宽沟河18条、14000多米，疏浚土方30多万立方米，全村境内有问题的沟河基本处理一遍；改造危桥14座，机耕桥5座，完成村庄道路水泥硬化20公里；化解了180万元的村级债务。群众的满意度不断提升，幸福感不断提高。光明村2013年在全镇综合考核中进入全镇综合先进行列，让光明村走向了“光明”。

连续三届当选市人大代表的焦恒昌清楚地知道，自己身上不仅肩负着全村经济社会发展的重任，更担负着切实履行好人大代表、常委会组成人员的职责。“人民选我当代表，我当代表为人民”。10多年来，他积极为民代言，提出了“加强绿化，建设生态大丰”“多措并举，提高秸秆利用率”等十几条建议意见，得到市委、市政府的高度重视。在人大常委会审议绿化工作、生态市建设等议题时，他还深入调研，以翔实的第一手资料，为常委会依法行使重大事项决定权提供参考。

如今，走进光明村，只要提起焦恒昌，村民们都会不约而同地竖起大拇指夸奖一番。对此，焦恒昌感到很幸福，用他的话说：“村民满意就是我最大的幸福。”

（顾晶晶　朱　辉）

履职尽责　为民尽力

——记大丰市第十二、十三、十四届人大代表、大桥镇计生服务中心党支部书记　殷德荣

作为一名连任三届的市人大代表，殷德荣牢记代表的责任和使命，认真履行代表职责，全心全意为民代言，尽心尽力为百姓解难，展示了一名优秀基层人大代表的风采。

倾听民声，谏言献策。市、镇人大召开的会议、组织的活动，他总是提前到场，并在会上积极发言，议政督政。他深入群众，联系选民，倾听群众的意见和要求，用开阔的眼界、创新的思路提出了许多科学合理、切实可行的建议。多年来，他提出"加快推进农村公交村村通工程"等议案建议20多条，其中在市十三届人大四次会议上提出的《加快推进城乡供水一体化工程实施步伐》被列为人大一号议案，由市人大常委会督办，市政府及相关部门高度重视，积极实施，目前已实现市镇村全覆盖。他还多次被邀请为人代会专题审议代表，在沿海开发、农村经济和社会发展、生态文明专题审议中提出许多中肯的建议意见，得到了领导的肯定与群众的信任，2007年、2011年、2013年分别被三届人大常委会表彰为优秀、模范代表。

带头创业，共同致富。自担任大桥镇东塔村党支部书记起，他始终把发展作为第一要务，促进农民增收、致富作为己任。结合东塔村实际，他敢闯新路，从调整产业结构入手，带领村组干部投资50多万元，带头种植3.3公顷钢架大棚西瓜，获得可喜的收益，调动了群众搞设施栽培的积极性。全村大棚西瓜、大棚青椒等种植户达到200多户，种植面积达到200多公顷。他还带头发展家禽养殖，引导群众发展养殖业，各类养殖大户达300多户。他还牵线搭桥帮助村民去无锡创办物流公司，创业人员达300多人。他使一个传统种植的落后村变成了特经种养先进村，全村人均纯收入超过了万元，先后被市、镇表彰为"优秀农民经纪人"。

爱岗敬业，倾情办事。按照"当代表，尽职责，做贡献"的工作理念，他在发展经济的同时，还十分注重全村各项社会事业的发展。为了改善村里的交通状况，他积极向上级争取补助资金，发动群众筹资投劳，先后为村修建危桥13座、水泥公路5公里、砂石路7.5公里、涵闸4座、水泵站3座，有效解决了困扰村民多年的"雨天路难走，涝期水难排"问题，极大地方便了群众生产生活，老百姓都交口称赞。

2010年10月，任镇村建中心支部书记后，为新镇区建设不辞辛劳，使新区房屋拆迁、土地

征用、工程建筑等得以顺利实施，保证了镇区建设进度。2012 年 6 月，殷德荣又走上计生办支书这个新岗位，起早摸黑、走村串户，硬是把全镇的计划生育工作摸了个透。哪个村有多少妇检对象，有多少流动人口，他都了如指掌。他带领镇计生办干部一家一户上门做工作，开展多项春风送温暖服务活动，打造服务品牌，提升计生对外形象，获得了广大群众的好评。

“群众选我当干部，我就得在心里牢牢装着集体，装着群众，真心真意为群众解决实际困难。”这是一个土生土长的农民儿子、朴实果敢的人大代表、倾心为民的基层干部的心声。殷德荣时刻提醒自己，每次表彰的后面，又是一个新的起点，每一项工作的结束，又是另一项新工作的开始。他在建设社会主义新农村的主战场上成了人民代表的表率，赢得了群众的赞誉。

（金干生　顾　颖）

第八章　乡镇人民代表大会

乡镇人民代表大会是我国人民代表大会制度的重要组成部分，是我国最基层的地方国家权力机关，是我国地方国家政权的重要基础，是基层群众实现当家做主、行使民主权利的基本形式，是维系党和政府与广大群众密切联系的桥梁和纽带。做好乡镇人大工作，直接关系到依法治国方略在基层的实施和我国民主政治建设的进程。

大丰市(县)的乡镇人代会从1954年的第一届到1966年的第六届，每届任期2年。“文化大革命”中，乡镇人代会中断。党的十一届三中全会后，乡镇人代会制度恢复，并逐步完善。1982年根据《宪法》规定，乡镇人大每届任期3年。2004年根据修订的《中华人民共和国全国人民代表大会和地方各级人民代表大会选举法》，乡镇人大每届任期5年。每年举行一次会议。

第一届至第六届　1954—1966年，全县各区、乡镇进行了换届选举，分别召开区、乡镇人民代表大会。

第七届　1981年，全县28个人民公社、1个县属镇各自召开新的一届人民代表大会第一次会议。2263名乡镇人大代表，共选出146名管委会正副主任、乡镇长，249名人民委员会委员。

第八届　1984年，全县29个乡镇各自召开新的一届人民代表大会第一次会议。2288名乡镇人大代表选举产生了60名正副乡镇长。

第九届　1987年，全县29个乡镇各自召开新的一届乡镇人民代表大会第一次会议。1576名乡镇人大代表选出103名正副乡镇长。

第十届　1990年，全县29个乡镇各自召开了新的一届人民代表大会第一次会议。1811名乡镇人大代表选出29名人代会主席团常务主席，117名正副乡镇长。

第十一届　1993年，全县29个乡镇各自召开新的一届乡镇人民代表大会第一次会议。1823名乡镇人大代表选出29名乡镇人大常务主席，124名正副乡镇长。

第十二届　1996年，全县29个乡镇各自召开新的一届乡镇人民代表大会第一次会议。1637名乡镇人大代表选出58名正副乡镇人大主席，147名正副乡镇长。

第十三届　1999年，全市29个乡镇各自召开新的一届乡镇人民代表大会第一次会议。1637名乡镇人大代表选出52名正副乡镇人大主席，142名正副乡镇长。

第十四届　2002 年,全市 17 个镇各自召开新的一届镇人民代表大会。1038 名各镇人大代表选出 33 名正副镇人大主席,80 名正副镇长。

第十五届　2007 年,全市 14 个镇各自召开新的一届镇人民代表大会。997 名各镇人大代表选出 27 名正副镇人大主席,69 名正副镇长。

第十六届　2011 年,大中、新丰 2 个乡镇,2012 年,其他 10 个镇共 12 个镇各自召开新的一届镇人民代表大会。939 名各镇人大代表选出 16 名正副镇人大主席,69 名正副镇长。

第一节　镇级人大工作基本情况

1983 年,农村体制改革,人民公社改为乡镇,到 2000 年,大丰市辖 29 个乡镇(22 个镇、7 个乡)。2001 年,乡镇体制改革,合并为 17 个镇。2003 年合并为 14 个镇。2010 年合并为 12 个镇。

各镇人大主席团在市人大常委会的指导下,在镇党委的领导下,围绕中心、服务大局,认真履行宪法和法律赋予的职责,强化组织策划,积极发挥职能作用,各项工作有序开展。

1. *服务中心意识进一步凸显*。坚持从自身实际出发,努力发掘人大工作同中心工作、重点工作契合点,融入大局,主动作为。积极投身中心工作。大桥镇人大牵头组织招商引资,先后招引 13 家浙江机械铸造企业落户镇工业园区,初步形成产业链,吸引不少外地配套企业主动洽谈投资合作。草庙镇人大牵头协调服务的土地流转工作,一次性流转农村集体土地 1330 公顷,得到盐城市有关部门充分肯定。白驹镇人大主动参与总部经济建设,2013 年协调公共财政收入达 70 多万元。服务支持部门工作。各镇人大相继组织对基层站所工作进行评议,促整改重实效,寓监督于支持,有力推动部门工作。草堰镇、新丰镇人大主席牵头负责镇重点工作、重点项目的推进督查,小海镇人大全程参与工程招投标,监督作用凸显。积极推进民生实事。各镇人大纷纷以推进民生实事为抓手,主动发挥监督促进职能,在农村基础设施建设、农村环境整治、秸秆“双禁”等工作中主动作为,加强督查协调,提出建议措施。三龙镇人大主动约请在本选区参选的市领导到选区开展联系接待,选民反映突出的路、桥等基础设施配套落后问题得到有关领导的高度重视,并予协调解决,受到当地百姓一致赞誉。

2. *依法监督能力进一步加强*。坚持在党委领导下,依法开展工作监督和法律监督,全力助推政府工作。组织好镇人代会。听取和审议镇政府工作报告,审查通过财政预算、预算执行情况报告,提出积极的建议意见,积极发挥参政议政作用。及时召集镇人代会对镇政府领导班子人事调整予以选举确认,切实保障政府工作运行合法、规范、高效。规范开展主席团常务工作。结合区域工作实际,制定年度工作计划,坚持按季度召开主席团会议,研究部署主席团常务工作,跟踪督办代表议案建议,并适时听取和审议政府有关工作情况汇报,督促政府依法行政。积极参与市镇人大工作联动。配合市人大开展了《社会保险法》《消防法》《食品安全法》等执法检查工作,配合开展对市住建局、国税局、卫生局等部门专项工作评议,参与市人大常委会议题视察调研,准确反映基层情况,提出意见建议。

3. 代表工作水平进一步提升。坚持科学组织,精细谋划,突出活动,全力促进代表作用发挥。阵地建设全面加强。作为代表活动的重要载体,"代表之家"建设得到有效落实,目前已按统一标准建成75家。草庙镇还结合基层代表特点,将代表之家延伸设立到每个村,方便代表就近开展活动。代表活动有序推进。结合群众路线教育实践活动,不断拓宽代表与选民的沟通联系渠道,加强代表与选民的联系,广泛收集民意、积极为民代言。有计划组织代表向选民述职,代表履职的责任感、使命感得到进一步增强。深入开展主题实践活动,突出"五个争当",引导广大代表乐于奉献、主动作为,全面升华代表的先进性。议案建议督办有力。建立健全代表议案建议交办督办机制,把督办工作作为主席团会议的固定议题,通过组织专题视察、调研,强化对办理工作的跟踪督促,加强沟通协商,争取代表支持理解。2012年到2014年,各镇人大共收到各类代表议案建议450件,办成367件,办成率达81.6%。

4. 自身建设进一步加强。加强党的领导。各镇党委能够定期听取人大工作汇报,专题研究人大工作,支持人大依法行权,帮助解决困难,对在行使职权过程中涉及的需要党委统筹协调的问题,党委积极支持,保证人大工作的顺利开展。组织构架趋于完善。大丰市各镇人大,分别于2010年、2012年完成换届工作,并对镇人大负责人进行了专职设置,12个镇中有9个为专职、正职,3个镇为党委书记兼任,专职主席配备率为盐城第一。全市镇级人大现有工作人员25人(不含两区人大工作联络处及党委书记兼任),其中新丰、大中两镇专设镇人大办公室。工作条件显著改善。镇人大工作经费列入同级财政预算,办公场所、电脑等硬件设施配备到位。

中共江苏省委《关于坚持完善人民代表大会制度推动人大工作与时俱进的意见》(苏发〔2014〕27号)指出:"乡镇人大是国家最基层的权力机关。各级党委特别是县、乡两级党委要高度重视和加强乡镇人大工作,支持乡镇人大依法行使职权,对于乡镇经济社会中的重大事项,应及时召开乡镇人民代表大会讨论决定。乡镇政府要强化依法行政意识,自觉接受乡镇人大监督,事关人大职权范围内的事项,必须主动提请人大审议。发挥好乡镇人大主席团的作用,乡镇人大主席一般为专职,如乡镇人大主席是兼任的,应当配备一名专职人大副主席。专职主席或副主席应参加或列席同级党委会会议。适时修订乡镇人大工作暂行条例。"中共中央转发《中共全国人大常委会党组关于加强县乡人大工作和建设的若干意见》的通告(中发

〔2015〕18 号)指出,“县级人民代表大会及其常务委员会和乡镇人民代表大会”,“必须全面贯彻党的十八大和十八届三中、四中全会精神,深入贯彻习近平总书记系列重要讲话精神,坚持党的领导、人民当家做主、依法治国有机统一,按照总结、继承、完善、提高的原则,保证县乡人大依法行使职权,健全县乡人大组织制度和人大工作与时俱进、完善发展,为协调推进‘四个全面’战略布局、促进党和国家各项事业发展做出积极贡献”。为大丰市各镇人大工作进一步指明了方向。

第二节 乡镇人民代表大会

1981 年以后,各乡镇每次代表大会的主要内容是审议批准乡、镇人民政府工作报告,选举乡、镇长,选举出席县人民代表大会的代表。1987 年,增加审议批准乡、镇财政预决算和定项限额预决算报告。自 1998 年起,增加审查决定本行政区域内的经济文化事业和公共事业建设计划的议程。在人代会期间,代表依法提出的议案、建议、批评和意见,均由本级人大主席团研究后,交有关部门办理,并在下次会议上报告办理结果。为此,在叙述乡镇人代会情况时,以上内容从略。

草堰镇人民代表大会

第七届人民代表大会第一次会议于 1981 年 3 月 21 日召开,到会代表 76 名。选举陈华生为人民公社管理委员会(简称“公社管委会,下同”)主任,陈伸彦、陈殿金、罗翠兰、黄清柏为副主任。本届共开了二次会议。在二次会议上,选举陈继宣为乡长,黄清柏为副乡长,成桂堂为主任,陈殿金、施玉芳、刘广生为副主任。

第八届人民代表大会第一次会议于 1984 年 5 月 5 日召开,到会代表 78 名。选举陈继宣为乡长,黄清柏为副乡长。本届共开了六次会议。在三次会议上,选举成桂堂为乡长,陈殿金、施玉芳、王桂林为副乡长。在四次会议上,选举成桂堂为乡长,陈殿金、施玉芳、王桂林为副乡长。

第九届人民代表大会第一次会议于 1987 年 3 月 24 日在召开,到会代表 55 名。选举张太泉为乡长,王志祥、王桂林、施玉芳为副乡长。本届共开了三次会议。在二次会议上,选举陈相凤为镇长,陈继宣为副镇长,在三次会议上,选举肖兴楼为副镇长。

第十届人民代表大会第一次会议于 1990 年 2 月 13 日召开,到会代表 65 名。选举张太泉为人大主席,蒋鑫为镇长,陈继宣、王桂林、肖兴楼为副镇长。本届共开了四次会议。在二次会议上,选举陈志华为人大主席,周保平为副镇长。

第十一届人民代表大会第一次会议(未找到考证资料)。本届共开了四次会议。在四次会议上,选举吴剑波为人大主席,翟恒谷为镇长。

第十二届人民代表大会第一次会议于1996年1月30日召开,到会代表53名。选举吴剑波为人大主席、陈保国为副主席,翟恒谷为镇长,单金德、陈彬、宗汝杰、陈永书为副镇长。本届共开了六次会议。在四次会议上,选举朱炳炎为人大主席。在五次会议上,选举单金德为人大副主席,李南丰、姜福才为副镇长。在六次会议上,选举肖兴楼为人大主席、钱存喜为人大副主席,陈爱城为镇长、臧江浩为副镇长。

第十三届人民代表大会第一次会议于1999年1月24日召开。本届共开了三次会议。在三次会议上,选举袁国萍为副镇长。

第十四届人民代表大会第一次会议于2002年1月9日召开,到会代表65名。选举陈爱城为人大主席、肖文富为副主席,陈胜祥为镇长,杨永忠、姜福才、沈希元、董建超为副镇长。本届共开了七次会议。在二次会议上,选举石根美为人大主席、沈希元为副主席,陈良忠为镇长,汤卫忠、刘汉权为副镇长。在六次会议上,选举杨永忠为人大主席,陈林为镇长。

第十五届人民代表大会第一次会议于2007年12月13日召开,到会代表66名。选举杨永忠为镇人大主席,陈林为镇长,丁卫伟、刘汉权、唐军、杨艳存为副镇长。本届共开了四次会议。在三次会议上,选举张强为镇长。在四次会议上,选举单干情为镇人大主席、袁葆春为副主席、王怀珠、朱高为副镇长。

第十六届人民代表大会第一次会议于2012年3月15日召开。到会代表66名,选举单干情为镇人大主席,袁葆春为副主席,夏红霞为镇长,唐军、杨艳存、朱高、王怀珠为副镇长。本届共开了四次会议。在二次会议上,选举夏红霞为人大主席,商明华为镇长,黄冬霞为副镇长。在三次会议上,选举梅海江为副镇长。在四次会议上,选举唐军为镇人大副主席。

镇人大主席、副主席概况:

主　席	张太泉	1990.2—1991.2
	陈志华	1991.2—1996.1
	吴剑波	1996.1—1997.7
	朱炳炎	1997.7—1999.1
	肖新楼	1999.1—2002.1
	陈爱城	2002.1—2003.4

石根美　2003.4—2006.3
杨永忠　2006.3—2011.2
单干情　2011.2—2013.1
夏红霞　2013.1—
副主席　陈保国　1996.1—1997.7
钱存喜　1999.1—2002.1
肖文富　2002.1—2003.4
沈希元　2003.4—2007.12
袁葆春　2011.2—
唐　军　2015.1—

（附:三渣乡）

第三届人民代表大会第一次会议于1981年3月22日召开,到会代表73名。选举葛树仁为经管会主任,陈东兆、高素英、杨根奎、沈碧和为副主任。本届共开了三次会议。在二次会议上,选举秦金高为经管会主任,宗育圣、王步明为副主任。在三次会议上,选举王步明为乡长,高素英为副乡长。

第四届人民代表大会第一次会议于1984年5月8日召开,到会代表73名。选举王步明为乡长,王志祥为副乡长。本届共开了五次会议。

第五届人民代表大会第一次会议于1987年3月24日召开,到会代表47名。选举李伟为乡长,王步明、陈保忠、盛根宝为副乡长。本届共开了四次会议。

第六届人民代表大会第一次会议于1990年2月13日召开,到会代表58名。选举丁永发为乡长,王步明、盛根宝、景进为副乡长。本届共开了三次会议。在二次会议上,选举陈继宣为乡长。

第七届人民代表大会第一次会议于1993年2月9日召开,到会代表57名。选举陈继宣为乡长,王步明、盛根宝、景进、肖长虹为副乡长。本届共开了三次会议。在三次会议上,选举杨德宽为乡长,刘晓敏为副乡长。

第八届人民代表大会第一次会议于1996年1月29日召开,到会代表51名。选举陈继宣为人大主席、王步明为副主席,杨德宽为乡长,丁仁俊、刘晓敏、杨永忠为副乡长。本届共开了三次会议。在三次会议上,选举陈新明为乡长。

第九届人民代表大会第一次会议于1999年1月24日召开,到会代表51名。选举董俏为人大主席、盛根宝为副主席,丁仁俊为乡长,冯银芳、刘正昌、刘晓敏、杨永忠为副乡长。本届共开了二次会议。

2001年4月,撤并至草堰镇。

白驹镇人民代表大会

第六届人民代表大会第一次会议于1981年4月3日召开,到会代表78人。选举朱明贵为公社管委会主任,杨任远、朱同道、史庆普为副主任。

第七届人民代表大会第一次会议于1984年5月3日召开,到会代表74人。选举曹雪根为镇长,夏孚宜为副镇长。本届共开了七次会议。在二次、三次会议上,选举李国城为副镇长,在四次会议上选举张太泉为镇长,陆汉明、陈爱城、唐世华为副镇长,在七次会议上,选举黄正涛为副镇长。

第八届人民代表大会第一次会议于1987年3月22日召开,到会代表53人。选举商传友为镇长,陈相凤、唐生华、陈爱城为副镇长。本届共开了三次会议。在二次会议上,增选韦广平为副镇长。在三次会议上,增选钱万成为副镇长。

第九届人民代表大会第一次会议于1990年2月21日召开,到会代表63人。选举李国城为镇长,韦广平、钱万成、陈爱城为副镇长。本届共开了三次会议。

第十届人民代表大会第一次会议于1993年2月7日召开,到会代表63人。选举束长峰为镇长,韦广平、王桂林、陈爱城为副镇长。本届共开了二次会议。在二次会议上,选举李寿庆为副镇长。

第十一届人民代表大会第一次会议于1996年1月28日召开,到会代表55人。选举朱干顺为人大主席,曹德祥为副主席,韦广平为镇长,杨永涛、陈应国、陈爱城、单俊友、徐建为副镇长。本届共开了四次会议。在二次会议上,增选陆小东为副镇长。在三次会议上,选举韦广平为镇人大主席,陈绍付为副主席,王海涛为镇长,王汝柏、何承祥、王建中为副镇长。在四次会议上,选举沈明高为镇长。

第十二届人民代表大会第一次会议于1999年1月24日召开,到会代表55人。选举曹德祥为镇人大主席,沈明高为镇长,王汝柏、王建中、何承祥、陈应国为副镇长。本届共开了二次会议。

第十三届人民代表大会第一次会议于2002年1月10日召开,到会代表68人。选举沈明高为人大主席,金丽华为副主席,丁仁俊为镇长,朱开志、杨永涛、何承祥、陈永书、陈应国为副镇长。本届共开了六次会议。在三次会议上,选举左琪翔为人大副主席,张林海为镇长。在四次会议上,选举王学海为镇人大主席。在五次会议上,选举陈彬为镇人大主席,杨永涛为副镇长。在六次会议上,增选王毅、周俊为副镇长。

第十四届人民代表大会第一次会议于2007年12月15日召开,到会代表68人。选举陈彬为镇人大主席,韦应生为镇长,杨俊、陈东平、周俊、葛余柏为副镇长。本届共开了四次会议。在二次会议上,选举杨荣富为镇长。在四次会议上,选举韦应生为镇人大主席、刘汉权为副主席,沈辉、朱锐为副镇长。

第十五届人民代表大会第一次会议于2012年3月15日召开,到会代表68人。选举刘汉权为人大主席,王志建为镇长,陈东平、杨俊、沈辉、朱锐、管蔚蓉为副镇长。本届共开了四次会议。在二次会议上,选举朱平、周进为副镇长。

镇人大主席、副主席概况

主　席	朱干顺	1996.1—1998.3
	韦广平	1998.3—1999.1
	曹德祥	1999.1—2002.1
	沈明高	2002.1—2005.3
	王学海	2005.3—2006.2
	陈　彬	2006.2—2011.1
	韦应生	2011.1—2011.6
	杨荣富	2011.6—2012.1
	刘汉权	2012.12—
副主席	曹德祥	1996.1—1998.3
	陈绍付	1998.3—1999.1
	金丽华	2002.1—2005.3
	左琪翔	2004.2—2005.3
	陈应国	2009.2—2010.10
	刘汉权	2011.1—2012.1

（附:洋心洼乡）

第七届人民代表大会第一次会议于1981年3月20日召开,到会代表78人。选举朱子林为公社管委会主任,王观珠、杨英华、刘锦海为管委会副主任。本届共开了三次会议。在二次会议上,增选陈志华为管委会副主任。在三次会议上,选举陈志华为乡长,许万林为副乡长,胥中怀为管委会主任,孙兴红、王保金、朱庆生为管委会副主任。

第八届人民代表大会第一次会议于1984年5月5日召开,到会代表78人。选举陈志华为乡长，许万林为副乡长。本届共开了二次会议。

第九届人民代表大会第一次会议于 1987 年 3 月 20 日召开，到会代表 50 人。选举陈志华为乡长，王保金、朱庆生为副乡长。本届共开了三次会议。在三次会议上，补选王文银为副乡长。

第十届人民代表大会第一次会议于 1990 年 2 月 17 日召开，到会代表 54 人。选举朱庆生为乡长，王保金、樊洪桂、王文银为副乡长。本届共开了三次会议。在三次会议上，增选沈大有为副乡长。

第十一届人民代表大会第一次会议于 1993 年 2 月 9 日召开，到会代表 54 人。选举王定为乡长，王文银、沈大有、樊洪桂为副乡长。本届共开了二次会议。

第十二届人民代表大会第一次会议于 1996 年 2 月 5 日召开，到会代表 40 人。选举宗汝宏为乡人大主席、樊洪桂为人大副主席，朱爱涛为乡长，吴友林、王建中、朱开志、金丽华为副乡长。本届共开了二次会议。在二次会议上，增选周勇为副乡长。

第十三届人民代表大会第一次会议于 1999 年 1 月 24 日召开，到会代表 52 人。选举王海涛为人大主席，樊洪桂为副主席。朱爱涛为乡长，朱开志、金丽华、杨永涛、周勇为副乡长。

2001 年 4 月，撤并至白驹镇。

刘庄镇人民代表大会

第六届人民代表大会第三次会议于 1983 年 8 月 20 日召开，到会代表 67 人。选举王兴旺为乡长，季明喜为副乡长，宗育圣为经管会主任。

第七届人民代表大会第一次会议于 1984 年 5 月 8 日召开，到会代表 78 人。选举王兴旺为镇长，季明喜为副镇长。本届共开了四次会议。

第八届人民代表大会第一次会议于 1987 年 3 月 23 日召开，到会代表 50 人。选举李国城为镇长，束长贵、陈维栋为副镇长。本届共开了三次会议。在二次会议上，选举沈同庚为副镇长。

第九届人民代表大会第一次会议于 1990 年 2 月 19 日召开，到会代表 59 人。选举沈海明为镇人大主席，商传友为镇长，陈维栋、潘兆凤、沈同庚为副镇长。本届共开了三次会议。在二次会议上，选举樊庆祥为镇人大主席，翟恒谷为副镇长。在三次会议上，选举洪维新为镇长，智恒喜、杨开明为副镇长。

第十届人民代表大会第一次会议于 1993 年 2 月 9 日召开，到会代表 60 人。选举洪维新为镇长，杨开明、智恒喜、翟恒谷为副镇长。本届共开了三次会议。在二次会议上，增选束长贵为副镇长。

第十一届人民代表大会第一次会议于1996年2月1日召开,到会代表52人。选举樊庆祥为镇人大主席,陈洪根为镇长,智恒喜、王永和、凌克华、王益军为副镇长。本届共开了三次会议。在三次会议上,选举朱连玉为镇人大主席,卞玉林为副镇长。

第十二届人民代表大会第一次会议于1999年1月25日召开,到会代表54人。选举杨建平为镇人大主席,季顺海为副主席,石根美为镇长,王永和、卞玉林、季明珍、凌克华、智恒喜为副镇长。

第十三届人民代表大会第一次会议于2002年1月10日召开,到会代表70人。选举杨建平为镇人大主席,钱万成为副主席,李东前为镇长,冯银芳、朱平、刘正昌、季自庆、程功为副镇长。本届共开了六次会议。在三次会议上,选举殷建新为镇人大副主席,汤卫忠为副镇长。在六次会议上,选举汤卫忠为镇人大副主席,景仰列为副镇长。

第十四届人民代表大会第一次会议于2007年12月14日召开,到会代表67人。选举钱江为镇人大主席,汤卫忠为副主席,王国平为镇长,刘正昌、朱平、景仰列、商明华为副镇长。本届共开了四次会议。在二次会议上,选举钱江为镇人大主席,何春明为镇长,沈韶霞为副镇长。在三次会议上,选举何春明为镇人大主席,冯银芳为镇长。在四次会议上、选举何春明为镇人大主席,柏建荣、曹永新、薛文杰为副镇长。

第十五届人民代表大会第一次会议于2012年3月15日召开,到会代表70人。选举陈安丰为镇人大主席,朱晓春为镇长,景仰列、薛文杰、曹永新、申友益、黄永健为副镇长。本届共开了三次会议。在二次会议上,选举陈安丰为镇人大主席,汤卫忠为副主席,周兴权、杨银珠为副镇长。

镇人大主席、副主席概况:

主　席	沈海明	1990.2—1991.2
	樊庆祥	1991.2—1997.8
	朱连玉	1997.8—1999.1
	杨建平	1999.1—2007.12
	钱　江	2007.12—2010.3
	何春明	2010.3—2012.3
	陈安丰	2012.3—
副主席	季顺海	1999.1—2002.1
	钱万成	2002.1—2006.1

殷建新　2004.2—2006.1

汤卫忠　2006.2—2012.1

汤卫忠　2013.1—2014.12

（附：三圩镇）

第三届人民代表大会第一次会议于1981年4月11日召开，到会代表72人。选举智恒余为公社管委会主任，王通茂、王元田、张世荣、孙广龙、徐云霞为副主任。本届共开了三次会议。在二次会议上，选举张太泉为乡长，孙广龙为副乡长。

第四届人民代表大会第一次会议于1984年5月7日召开，到会代表75人。选举张太泉为乡长，孙广龙为副乡长。本届共开了五次会议。

第五届人民代表大会第一次会议于1987年3月20日召开，到会代表55人。选举王元国为乡长，韦帮元、孙广龙、束长太为副乡长。本届共开了三次会议。

第六届人民代表大会第一次会议于1990年2月13日召开，到会代表62人。选举王元国为乡长，孙广龙、束长太、王永和为副乡长。本届共开了三次会议。在二次会议上，选举王元国为乡人大主席，束长太为乡长，沈明高为副乡长。在三次会议上，补选朱建荣为副乡长。

第七届人民代表大会第一次会议于1993年2月11日召开，到会代表61人。选举王元国为乡人大主席，王克源为乡长，孙广龙、沈明高、朱建荣为副乡长。本届共开了三次会议。在三次会议上，选举郁汉生为乡长。

第八届人民代表大会第一次会议于1996年1月29日召开，到会代表56人。选举郁汉生为镇长。本届共开了三次会议。在二次会议上，选举沈明高为镇长。在三次会议上，选举束长太为镇人大主席，季锋为副镇长。

第九届人民代表大会第一次会议于1999年1月24日召开，到会代表54人。选举陈洪根为镇人大主席，唐世华为副主席，高永福为镇长，陈永书、肖永承、崔一平、董建超为副镇长。本届共二次会议。

2001年4月，撤并至刘庄镇。

西团镇人民代表大会

第七届人民代表大会第一次会议于1981年1月召开,到会代表73人。选举马云翔为公社管委会主任,顾云朋为副主任。本届共开了三次会议。在第三次会议上,选举陈书广为乡长,常春为副乡长。

第八届人民代表大会第一次会议于1984年5月4日召开,到会代表75人。选举聂新华为乡长,常春为副乡长。本届共开了三次会议。

第九届人民代表大会第一次会议于1987年3月20日召开,到会代表45人。选举聂新华为乡长,陈如太、董玉和为副乡长。本届共开了五次会议。在第二次会议上,选举王其鹏为副镇长。在第三次会议上,选举黄锦成为镇长。在第四次会议上,选举邓恺权为镇长、朱焕华为副镇长。

第十届人民代表大会第一次会议于1990年2月5日召开,到会代表44人。选举黄锦成为镇人大主席,邓恺权为镇长,董玉和、朱焕华、陈祖平为副镇长。本届共开了三次会议。在第三次会议上,选举沈同庚为镇长。

第十一届人民代表大会第一次会议于1993年2月11日召开,到会代表55人。选举苏兴春为镇长,卞堰生、陈祖平、胡一新、董玉和为副镇长。本届共开了三次会议。

第十二届人民代表大会第一次会议于1996年2月5日召开,到会代表51人。选举沈同庚为镇人大主席、吴正喜为副主席,苏兴春为镇长,徐瑞萍、董坤、董玉和、缪志伟、刘瑞丰为副镇长。本届共开了五次会议。在三次会议上,选举苏兴春为镇人大主席,董坤为镇长,顾仲荣、赵业龙为副镇长。在五次会议上,选举肖长虹为副镇长。

第十三届人民代表大会第一次会议于1999年元月24日召开,到会代表51人。选举苏兴春为镇人大主席、曾翠红为副主席,董坤为镇长,赵业龙、肖长虹、陈安丰为副镇长。本届共开了三次会议。在二次会议上,选举刘瑞锋为人大副主席。

第十四届人民代表大会第一次会议于2002年1月10日召开,到会代表63人。选举宗乐平为镇人大主席,刘瑞锋、杨少华为副主席,董坤为镇长,肖长虹、陈安丰、赵业龙、陈保富为副镇长。本届共开了五次会议。在二次会议上,选举罗强为镇长。在三次会议上,选举周如荣为副镇长。在四次会议上,选举陈翠红为人大副主席,董毅为镇长,马琳、朱小祥为副镇长。在五次会议上,选举陈保富为人大副主席,陈林、武剑为副镇长。

第十五届人民代表大会第一次会议于2007年12月14日召开,到会代表62人。选举邓既明为镇人大主席，陈保富为副主席，董毅为镇长，陈安丰、周如荣、武剑、顾海荣、陈相明为副镇长。本届共开了四次会议。在二次会议上，选举蔡永兴为镇长，钱康为副镇长。在三次会议上，选举詹桂玉为副镇长。在四次会议上，选举陈安丰为镇人大副主席，姚日新为副镇长。

第十六届人民代表大会第一次会议于2012年3月16日召开，到会代表60人。选举赵业龙为镇人大主席，杨正锋为镇长，吉建平、张冠华、陈相明、陈雪梅、夏一涛、詹桂玉为副镇长。本届共开了四次会议。在三次会议上，选举郁冰为镇长，吴君祥为副镇长。

镇人大主席、副主席概况：

主　席	黄锦成	1990.2—1996.2
	沈同庚	1996.2—1997.3
	苏兴春	1997.3—2002.1
	宗乐平	2002.1—2007.12
	邓既明	2007.12—2012.3
	赵业龙	2012.3—
副主席	吴正喜	1995.12—1998.12
	曾翠红	1998.12—2002.1
	刘瑞峰	1999.8—2005.3
	杨少华	2002.1—2002.12
	陈翠红	2005.3—2007.12
	陈保富	2006.2—2006.11
	陈安丰	2010.2—2010.12

（附：大龙乡）

第二届人民代表大会第一次会议于1981年4月2日召开，到会代表78人。选举刘涛为公社管委会主任，董华义、施邦跃、蒋玉生、陈维栋、高树岚为副主任。

第三届人民代表大会第一次会议于1984年5月3日召开，到会代表72人。选举殷志才为乡长，陈如太为副乡长。

第四届人民代表大会第一次会议于1987年3月22日召开，到会代表55人。选举秦进高为乡长，王克源、蒋玉生为副乡长。本届共开了三次会议。

第五届人民代表大会第一次会议于1990年2月17日召开，到会代表54人。选举陈志华为乡长，王克源、丁宏俊、杨开林、蒋玉生为副乡长。本届共开了三次会议。在第二次会议上，选举陈余辉为乡长，钱万成、束长贵为副乡长。

第六届人民代表大会第一次会议于1993年2月11日召开，到会代表54人。选举顾杰章为乡长，钱万成、束长贵、杨开林为副乡长。本届共开了四次会议。在第二次会议上，选举施龙安为副乡长。在第三次会议上，选举顾汝忠为副乡长。在第四次会议上，选举庄新泉为乡长。

第七届人民代表大会第一次会议未查到资料。本届共开了四次会议。

第八届人民代表大会第一次会议于1999年1月24日召开，到会代表53人。选举卞堰生为乡人大主席，徐正泰为副主席，顾国华为乡长，陈保富、李爱文、杨少华为副乡长。

2001年4月，撤并至西团镇。

小海镇人民代表大会

第七届人民代表大会第一次会议于1981年3月24日召开，到会代表80人。选举朱世荣为公社管委会主任，季明扬、张宏祥、茅连富、沈海明为副主任。本届共开了三次会议。在三次会议上，选举李伟为乡长，李恺玉为副乡长，宗育云为经管委会主任，季明扬、吴俊鹏、邓俊宽为副主任。

第八届人民代表大会第一次会议于1984年5月7日召开，到会代表80人。选举李伟为乡长，李恺玉为副乡长。本届共开了四次会议。在三次会议上，选举王希明为乡长，吴俊鹏、邓俊宽为副乡长。

第九届人民代表大会第一次会议于1987年3月22日召开，到会代表57人。选举王希明为乡长，吴俊鹏为副乡长。本届共开了三次会议。在二次会议上，选举陈忠祥、黄正涛为副乡长。在三次会议上，选举陈锦才、张宏祥为副乡长。

第十届人民代表大会第一次会议于1990年2月19日召开，到会代表67人。选举王通茂为镇人大主席，金跃章为镇长，张宏祥、陈锦才、黄正涛为副镇长。本届共开了三次会议。在二次会议上，选举邓宏开为副镇长。

第十一届人民代表大会第一次会议于1993年2月9日召开，到会代表67人。选举姚鑫为镇人大主席，许宗泉为镇长，邓宏开、张宏祥、李石根、宗汝杰为副镇长。本届共开了三次会议。在二次会议上，选举张宏伟为副镇长。在三次会议上，选举李国华为镇人大主席。

第十二届人民代表大会第一次会议于1996年1月28日召开，到会代表57人。选举李国华为镇人大主席，张宏祥为副主席，许宗泉为镇长，杨怀科、张绍喜、单金高、张宏伟、连锦勇为副镇长。本届共开了五次会议。在三次会议上，选举夏国安为副镇长。在四次会议上，选举戴珺为镇长，孙长兴、刘建文为副镇长。在五次会议上，选举陈锦才为镇人大主席，冯明恺为副镇长。

第十三届人民代表大会第一次会议于1999年1月23日召开，到会代表55人。选举陈锦才为镇人大主席，戴珺为镇长，张绍喜、夏国安、孙长兴、冯明凯为副镇长。本届共开了三次会议。在第二次会议上，选举蒋红萍为镇长。

第十四届人民代表大会第一次会议于2002年1月10日召开，到会代表68人。选举明恒楼为镇人大主席，董汉英为副主席，蒋红萍为镇长，卢俊平、吴忠益、周正华、房锦明、夏国安为副镇长。本届共开了六次会议。在二次会议上，选举韦桂和、席卫东为副镇长。在三次会议上，选举单金华、景小俊为副镇长，在四次会议上，选举丁仁俊为镇人大主席，吴忠益为副主席，陈汉成为镇长，陈超、周正华为副镇长。在五次会议上，选举朱晓扣为镇长，智恒炎为副镇长。

第十五届人民代表大会第一次会议于2007年12月14日召开，到会代表68人。选举张林海为镇人大主席，吴金富为副主席，朱晓扣为镇长，韦桂和、单金华、景小俊、陈超为副镇长。本届共开了四次会议。在二次会议上，选举曹永新为副镇长。在三次会议上，选举唐文龙为镇人大主席，骆顺为镇长。在四次会议上，选举申友益、金德斌为副镇长。

第十六届人民代表大会第一次会议于2012年3月16日召开，到会代表68人。选举顾松平为镇人大主席，陈杰锋为镇长，单金华、景小俊、金德斌、吴守祥为副镇长。本届共开了四次会议。在二次会议上，选举黄翊、周普华为副镇长。

镇人大主席、副主席概况：

主　席	王通茂	1990.2—1993.2
	姚　鑫	1993.2—1996.1
	李国华	1996.1—1998.12
	陈锦才	1998.12—2001.4
	李国华	2001.4—2001.7
	明恒楼	2001.7—2005.3
	丁仁俊	2005.3—2007.12
	张林海	2007.12—2010.3
	唐文龙	2010.3—2012.3
	顾松平	2012.3—

副主席 张宏祥 1996.1—1998.12
董汉英 2001.4—2008.3
吴忠益 2005.3—2007.12
孙长兴 2001.4—2001.12
吴金富 2007.12—2013.1

（附:南团乡）

第三届人民代表大会第一次会议于1981年3月22日召开,到会代表75人。选举俞德鸿为公社管委会主任,吕鹤福、肖存德、吴恒生、蒋桂兰为副主任。本届共开了三次会议。在二次会议上,选举董继泉为公社管委会主任,陈苏广、马福洲为副主任。在三次会议上,选举徐瑞荣为乡长,张福元为副乡长,吴平为公社经管会主任,张宏祥、马福洲、董俏为副主任。

第四届人民代表大会第一次会议于1984年5月5召开,到会代表70人。选举徐瑞荣为乡长、张福元为副乡长。本届共开了三次会议。

第五届人民代表大会第一次会议于1987年3月24日召开,到会代表48人。选举张福元为乡长,董俏、张宏祥、卢俊平为副乡长。本届共开了三次会议。在第三次会议上,选举姚举红为乡长,吴正喜为副乡长。

第六届人民代表大会第一次会议于1990年2月17日召开,到会代表54人。选举秦进高为乡长,董俏、卢俊平、吴正喜为副乡长,姚举红为乡人大主席。本届共开了四次会议。在三次会议上,选举董俏为乡长,张文涛为副乡长。

第七届人民代表大会第一次会议于1993年2月7日召开,到会代表57人。选举董俏为乡长,卢俊平、吴正喜、张文涛为副乡长,姚举红为乡人大主席。本届共开了三次会议。在二次会议上,选举葛忠培为乡长。三次会议上,选举朱建平为副乡长。

第八届人民代表大会第一次会议于1996年2月21日召开,到会代表47人。选举董俏为乡人大主席,杨进达为乡长,卢俊平、杨开林、朱建平为副乡长。本届共开了五次会议。在四次会议上,选举李忠培为人大副主席,房锦明、许峰为副乡长。在五次会议上,选举冯玉光为乡长。

第九届人民代表大会第一次会议于1999年1月24日召开,到会代表50人。选举杨进达为乡人大主席,李忠培为副主席,冯玉光为乡长,杨开林、房锦明、董舜、许峰为副乡长。

2001年4月,撤并至小海镇。

大桥镇人民代表大会

第七届人民代表大会第一次会议于1982年3月22日召开,到会代表80人。选举丁凤旺为公社管委会主任,曾登富为副主任。本届共开了二次会议。在二次会议上,选举吕安为乡长,胡响林为副乡长。

第八届人民代表大会第一次会议于1984年5月17日召开,到会代表80人。选举武立和为乡长,曾登富、王长喜、吴殿银为副乡长。本届共开了五次会议。

第九届人民代表大会第一次会议于1987年3月22日召开,到会代表50人。选举窦恺辉为镇长,杨进达、胡响林、王长喜、吴殿银为副镇长。本届共开了三次会议。在二次会议上,选举冯登岳为副镇长。

第十届人民代表大会第一次会议于1990年2月27日召开,到会代表60人。选举黄俊美为镇长,冯登岳、李进新、杨进达为副镇长。

第十一届人民代表大会第一次会议于1992年2月29日召开,到会代表51人。选举杨长国为镇人大主席,谢美娟为镇长,冯登岳、杨进达、王永和为副镇长。本届共开了三次会议。

第十二届人民代表大会第一次会议于1996年1月30日召开,到会代表53人。选举朱学忠为镇人大主席,夏永桂为副主席,严如鹏为镇长,王跃生、沈宏庆、夏文锦为副镇长。

第十三届人民代表大会第一次会议于1999年1月25日召开,到会代表53人。选举严如鹏为镇人大主席,沈宏庆为副主席,冯登岳为镇长,韦贵和、王跃生、杨宝凤为副镇长。

第十四届人民代表大会第一次会议于2002年1月11日召开,到会代表62人。选举陆斌为镇人大主席,杨昌渠、叶军为副主席,沈春涛为镇长,王跃生、韦贵和、梅德荣、朱成安、朱怀喜为副镇长。

第十五届人民代表大会第一次会议于2007年12月15日召开,到会代表62人。选举缪凤群为镇人大主席、朱怀喜为副主席,程功为镇长,金干生、朱寿海、史中军、金祎臣为副镇长。本届共开了四次会议。在二次会议上,选举黄翊为副镇长。在三次会议上,选举王毅为镇长。在四次会议上,选举郭云为镇人大主席、任以进为副主席、周瑾为副镇长。

第十六届人民代表大会第一次会议于2012年3月14日召开,到会代表64人。选举金干生为镇人大主席,陈国军为镇长,卞天群、季明春、黄翊、董建超为副镇长。本届共开了四次会议。在二次会议上,选举徐中健为镇长,吴恒胜、罗卫东为副镇长。在三次会议上,选举胡业飞为副镇长。

镇人大主席、副主席概况：

主　席	杨长国	1992.2—1996.1
	朱学忠	1996.1—1999.1
	严如鹏	1999.1—2002.1
	陆　斌	2002.1—2007.12
	缪凤群	2007.12—2011.2
	郭　云	2011.2—2012.3
	金干生	2012.3—
副主席	夏永桂	1996.1—1999.1
	沈宏庆	1999.1—2002.1
	杨昌渠	2002.1—2007.12
	叶　军	2002.1—2007.12
	梅德荣	2007.2—2007.12
	朱怀喜	2007.12—2011.2
	任以进	2011.2—2012.3

（附：潘丿乡）

1966年3月，经地县委批准，从大桥人民公社划出十个大队，成立潘丿人民公社。同年6月，在大桥会堂合并召开了大桥第六届、潘丿第一届人民代表大会。出席会议的潘丿人民代表102人。选举产生了大桥、潘丿人民公社的正、副社长和委员。选举姚广铎为潘丿人民公社社长、刘凤英为副社长。

第二届人民代表大会第一次会议于1981年3月23日召开。选举彭涛为公社管委会主任，施维元、蒋鑫、沈浩、骆淦骥为副主任。

第四届人民代表大会第一次会议于1987年3月20日召开，到会代表47人。选举葛利民为乡长，蒋鑫、石万年、任春明为副乡长。

第五届人民代表大会第一次会议于1990年2月17日召开，到会代表48人。选举窦恺辉为乡长，石万年、朱荷官、缪凤群为副乡长。

第六届人民代表大会第一次会议于1993年2月12日召开，到会代表47人。选举丁瑞云为乡长，朱荷官、缪凤群、陈殿尧为副乡长。

第七届人民代表大会第一次会议于1996年1月29日召开，到会代表61人。选举宗乐平为镇人大主席，陆斌为镇长，缪凤群、梅德荣、朱怀喜为副镇长。

第八届人民代表大会第一次会议于 1999 年 1 月 18 日召开。选举宗乐平为镇人大主席，杨志勇为人大副主席，陆斌为镇长，梅德荣、朱怀喜、朱成安、陈学根为副镇长。

2001 年 4 月，撤并至大桥镇。

（原始资料部分缺失）

草庙镇人民代表大会

第七届人民代表大会第一次会议于 1981 年 3 月 23 日召开，到会代表 80 人。选举吴银芳为公社管委会主任，朱献良、沈洪昌、李兰英、沈纪潭、陈汉祥为副主任。本届共开了三次会议。在二次会议上，选举梅广鑫为公社管委会副主任。在三次会议上，选举谢美娟为乡长，徐怀基为副乡长。

第八届人民代表大会第一次会议于 1984 年 5 月 7 日召开，到会代表 79 人。选举谢美娟为乡长，徐怀基为副乡长。本届共开了七次会议。在三次会议上，选举茅永吉为乡长，沈偕保、杨永安、董干为副乡长。在五次会议上，增选吴恒生为副乡长。在六次会议上，选举张平为乡长。在七次会议上，增选王国平为副乡长。

第九届人民代表大会第一次会议于 1987 年 3 月 20 日召开，到会代表 47 人。选举金文忠为人大主席，张平为乡长，唐秀章、沈偕保、董干为副乡长。本届共开了三次会议。在二次会议上，选举季希全为乡长。在三次会议上，选举赵锦国为乡长，冯永岚为副乡长。

第十届人民代表大会第一次会议于 1990 年 2 月 11 日召开，到会代表 58 人。选举季希全为人大主席，赵锦国为乡长，冯永岚、沈偕保、顾正国为副乡长。本届共开了四次会议。在二次会议上，选举赵锦国为乡人大主席，冯永岚为乡长，金侃为副乡长。在三次会议上，选举徐瑞平为副乡长。在四次会议上，选举潘兆凤为乡长。

第十一届人民代表大会第一次会议于 1993 年 2 月 9 日召开，到会代表 58 人。选举赵锦国为人大主席，潘兆凤为乡长，顾正国、徐瑞平、秦荣生为副乡长。本届共开了三次会议。在二次会议上，选举潘兆凤为乡人大主席，朱贻生为乡长，刘为民为副乡长。

第十二届人民代表大会第一次会议于 1996 年 2 月 1 日召开，到会代表 53 人。选举潘兆凤为人大主席，沈偕保为副主席，王平为乡长，徐瑞平、高春林、沈春涛、刘为民、罗锦春为副乡长。本届共开了五次会议。在二次会议上，增选单永红为副镇长。在三次会议上，选举顾正国为镇长，金侃为副镇长。在五次会议上，选举李锦吾为人大主席，明恒楼为镇长，宫卫杏为副镇长。

第十三届人民代表大会第一次会议于1999年1月24日召开,到会代表45人。选举李锦吾为镇人大主席,明恒楼为镇长。刘为民、沈春涛、宫卫杏、高春林为副镇长。本届共开了四次会议。在二次会议上,选举宗汝干为副镇长。在四次会议上,选举吴桂荣为镇人大主席,高春林、黄银官为副主席,陈新民为镇长,王俊鸿、丁和平、金干生、宗汝干、刘为民为副镇长。

第十四届人民代表大会第一次会议于2002年1月10日召开,到会代表58人。选举高春林为镇人大副主席,陈新明为镇长。本届共开了六次会议。在二次会议上,增选王志建、彭金明为副镇长。在三次会议上,选举陈新明为镇人大主席,陈苏萍为镇长,张津、朱寿海为副镇长。在四次会议上,选举郁刚为副镇长。在五次会议上,增选朱成安、宗汝干为副镇长。

第十五届人民代表大会第一次会议于2007年12月13日召开,到会代表57人。选举陈苏萍为镇人大主席,宣汉生为人大副主席,刘兴乐为镇长,王俊鸿、宗汝干、朱成安、殷勇、彭金明为副镇长。本届共开了四次会议。在三次会议上,选举袁军为副镇长。在四次会议上,选举董毅为镇人大主席、杨建辉为人大副主席,郁兴忠为镇长,吴少卿、吴金星为副镇长。

第十六届人民代表大会第一次会议于2012年3月15日召开,到会代表58人。选举董毅为镇人大主席,杨建辉为副主席,郁兴忠为镇长,朱成安、吴少卿、吴金星、张津、袁军为副镇长。本届共开了三次会议。在二次会议上,选举王俊鸿、单金华、殷勇为副镇长。在三次会议上,选举郁兴忠为镇人大主席,钱锡军为镇长。在四次会议上,选举王俊鸿为镇人大副主席。

镇人大主席、副主席概况:

主　席	金文忠	1987.3—1988.10
	季希全	1989.4—1990.4
	赵锦国	1991.2—1994.2
	潘兆凤	1994.2—1998.12
	李锦吾	1998.12—2001.3
	吴桂荣	2001.3—2004.1
	陈新明	2004.1—2007.11
	陈苏萍	2007.12—2011.1
	董　毅	2011.1—2013.7
	郁兴忠	2014.7—
副主席	黄银官	2001.4 - 2002.1
	沈偕宝	2002.1 - 2004.1
	高春林	2004.1 - 2007.11

宣汉生　2007.12－2011.1

杨建辉　2011.2－2015.1

王俊鸿　2015.1－

（附:川东乡）

第一届人民代表大会第一次会议于1983年7月15日召开,到会代表24人。选举黄维东为乡长,窦凯辉为公社管委会主任。本届共开了二次会议。在二次会议上,选举朱帮兴为副乡长,施帮耀为公社经管会副主任。

第二届人民代表大会第一次会议于1984年5月8日召开,到会代表45人,选举黄维东为乡长。

第三届人民代表大会第一次会议于1987年3月24日召开,到会代表47人。选举丁永发为乡长,沈洪昌、夏永贵为副乡长。本届共开了三次会议。

第四届人民代表大会第一次会议于1990年2月15日召开,到会代表57人。选举李伟为乡长。本届共开了三次会议。在三次会议上,选举朱庆生为乡长、金侃为副乡长。

第五届人民代表大会第一次会议于1993年2月5日召开,到会代表57人。选举冯永岚为人大主席,朱庆生为乡长,金侃、夏永贵为副乡长。本届共开了三次会议。在三次会议上,选举朱庆生为人大主席、沈浩为副主席。

第六届一次人民代表大会第一次会议于1996年2月10日召开,到会代表54人。选举朱庆生为乡人大主席,秦荣生为乡长,景曙、蒋红萍、金侃、何银祥为副乡长。本届共开了二次会议。在二次会议上,选举朱建明为乡人大主席,冯海荣为副主席,丁和平、金干生、王俊鸿为副乡长。

2001年4月,撤并至草庙镇。

万盈镇人民代表大会

第二届人民代表大会第一次会议于1981年3月20日召开,到会代表80人。选举公社管委会成员11人,丁永发为主任,唐秀章、杨秀芬、郑强、武立和为副主任。本届共开了三次会议。在二次会议上,选举单德根为公社管委会副主任。在三次会议上,选举唐秀章为乡长,单德根为副乡长,丁永发为乡经管会主任,向增来、黄正涛、石万年为副主任。

第三届人民代表大会第一次会议于1984年5月5日召开,到会代表80人。选举唐秀章为乡长,周利方为副乡长。本届共开了三次会议。在二次会议上,选举李伟为乡长,马加明、李逊为副乡长。在三次会议上,增选朱荣华为副乡长。

第四届人民代表大会第一次会议于1987年3月15日召开,到会代表55人。选举黄维东为乡长,马加明、郑强为副乡长。本届共开了三次会议。在二次会议上,增选林汉斌为副乡长。

第五届人民代表大会第一次会议于1990年2月12日召开,到会代表65人。选举黄维东为乡长,冯玉光、林汉斌、郑强为副乡长,杨再生为乡人大主席。本届共开了三次会议。在二次会议上,选举夏孚宜为乡长。在三次会议上,选举李亚仁为乡长,沈偕保为副乡长。

第六届人民代表大会第一次会议于1993年2月9日召开,到会代表65人。选举李亚仁为乡长,冯玉光、林汉斌、高春林为副乡长,杨再生为人大主席。本届共开了三次会议。在二次会议上,选举商明星为乡长,李亚仁为乡人大主席。在三次会议上,增选刘建文为副乡长。

第七届人民代表大会第一次会议于1996年2月1日召开,到会代表57人。选举商明星为乡长,刘建文、彭银忠、石万宇为副乡长,李亚仁为人大主席,李桂平为副主席。本届共开了三次会议。在三次会议上,选举冯玉光为乡长,张战凯为副乡长,商明星为乡人大主席。

第八届人民代表大会第一次会议于1999年1月24日召开,到会代表57人。选举缪志伟为镇长,石万宇、彭银忠、张战凯、陈应俊为副镇长,选举商明星为镇人大主席,李桂平为副主席。本届共开了二次会议。

第九届人民代表大会第一次会议于2001年2月26日召开,到会代表73人。选举顾国华为镇长,彭银忠、张战凯、顾松平、吴建平为副镇长,选举商明星为镇人大主席,李桂平、李峰扬为副主席。本届共开了二次会议。

第十届人民代表大会第一次会议于2003年12月3日召开,到会代表74人。选举陈海为镇长,彭银忠、顾松平、刘兴乐、冯明恺、吴金富为副镇长。王海涛为镇人大主席,夏国安、周兴国为副主席。本届共开了四次会议。在二次会议上,选举卞松岭为镇长。在四次会议上,选举刘兴乐为镇长,何春明为副镇长。

第十一届人民代表大会第一次会议于2007年12月12日召开,到会代表74人。选举潘伟为镇长,席卫东、郁兴忠、潘正忠、陈纪忠为副镇长,季明珍为镇人大主席,迮钧祥为副主席。本届共开了四次会议。在二次会议上,增选陈邑新为副镇长。在四次会议上,选举王秋枫为镇人大主席,彭银忠为人大副主席。

第十二届人民代表大会第一次会议于2012年3月16日召开,到会代表74人。选举宗汝干为镇人大主席,仇飞为镇长,席卫东、陈邑新、刘正昌、顾春林为副镇长。本届共开了三次会议。在二次会议上,选举薛文杰为镇长,吕秀凤为副镇长。

镇人大主席、副主席概况：

主　席	杨再生	1993.2—1994.2
	李亚仁	1994.2—1997.7
	商明星	1997.7—2003.12
	王海涛	2003.12—2007.12
	季明珍	2007.12—2011.2
	王秋枫	2011.2—2012.3
	宗汝干	2012.3—
副主席	李桂平	1996.2—2007.12
	李峰扬	1997.7—2007.12
	夏国安	2003.12—2007.12
	周兴国	2003.12—2007.12
	迮钧祥	2007.12—2011.2
	彭银忠	2011.2—

（附：沈灶乡）

第七届人民代表大会第一次会议于1981年5月18日召开，到会代表79人。选举公社管委会成员13人，马永洪主任，沈养存、李恺玉、席宏江为副主任。本届共开了三次会议。在三次会议上，选举袁茂航为公社经管会主任，钱雪峰、杨桂庭、吕成旺为副主任。

第八届人民代表大会第一次会议于1984年5月3日召开，到会代表80人。选举骆锦生为乡长，沈养存为副乡长。本届共开了二次会议。

第九届人民代表大会第一次会议于1987年3月21日召开，到会代表58人。选举沈海明为乡长，沈碧和、任保康、高素英为副乡长。本届共开了二次会议。

第十届人民代表大会第一次会议于1990年2月15日召开，到会代表64人。选举沈碧和为乡长，杨桂庭、任保康、李石根为副乡长，王希明为乡人大主席。本届共开了三次会议。在二次会议上，选举杨桂庭为乡长，乐粉贵为副乡长，沈碧和为乡人大主席。在三次会议上，增选顾学兵为副乡长。

第十一届人民代表大会第一次会议于1993年2月7日召开，到会代表69人。选举杨桂庭为乡长，任保康、顾学兵、任平为副乡长，沈碧和为乡人大主席。本届共开了四次会议。在二次会议上，选举顾学兵为镇长，夏国安为副镇长。在四次会议上，增选盛根宝为副镇长。

第十二届人民代表大会第一次会议于1996年2月6日召开，到会代表59人。选举顾学兵为镇长，任平、孙长兴、夏国安、盛根宝为副镇长，黄峰为镇人大主席，吕树俊为副主席。本届共开了二次会议。

第十三届人民代表大会第一次会议于1999年1月20日召开，到会代表65人。选举沈德霖为镇长，刘兴乐、单金高、彭金明、龚洪斌为副镇长，黄峰为镇人大主席，单如斌为副主席。本届共开了二次会议。

第十四届人民代表大会第一次会议于2001年2月24日召开，到会代表79人。选举陈海为镇长，彭金明、刘兴乐、夏国安为副镇长，石根美为镇人大主席。本届共开了二次会议。

2003年4月，撤并至万盈镇。

南阳镇人民代表大会

第七届人民代表大会第一次会议于1981年3月9日召开，到会代表75人。选举黄守忠为公社管委会主任，袁德新、彭明、朱云星、张叔焦、李元龙为副主任。本届共开了两次会议。在第二次会议上，选举柏成法为乡长，朱荣华为副乡长，顾来生为公社经管会主任，朱云星、陈泽华、顾正国为副主任。

第八届人民代表大会第一次会议于1984年5月8日召开，到会代表80人。选举柏成法为乡长，梅广鑫为副乡长。

第九届人民代表大会第一次会议于1987年3月20日召开，到会代表54人。选举武立和为乡长，宗乐平、梅广鑫、顾正国为副乡长。本届共开了四次会议。在第三次会议上，选举朱隆庆为镇长。在第四次会议上，选举向广鸿为镇长。

第十届人民代表大会第一次会议于1990年2月13日召开，到会代表64人。选举向广鸿为镇长，宗乐平、梅广鑫、董干为副镇长。本届共开了四次会议。在第三次会议上，选举梅广鑫为人大主席，王春银为副镇长。

第十一届人民代表大会第一次会议于1993年2月7日召开，到会代表64人。选举陈国春为镇长，宗乐平、董干、王春银为副镇长，梅广鑫为人大常务主席。本届共开了四次会议。在第四次会议上，选举汤槐为镇长。

第十二届人民代表大会第一次会议于1996年1月30日召开，到会代表55人。选举梅广鑫为人大主席，卞泰鹏（兼）为副主席。本届共开了三次会议。在第三次会议上，选举董干为镇长。

第十三届人民代表大会第一次会议于1999年1月24日召开,到会代表55人。选举夏恒林为镇长,徐景新、王益军、蒋爱国、高风和为副镇长,周新明为人大主席,林汉斌为人大副主席。在第二次会议上,选举肖忠楼为副镇长。

第十四届人民代表大会第二次会议于2002年1月10日召开。到会代表55人。选举夏恒林为镇长,徐景新、蒋爱国、袁宏、朱寿海为副镇长,夏恒林为镇人大主席(兼)。本届共开了两次会议。

第十五届人民代表大会第一次会议于2004年2月3日召开,到会代表62人。选举夏恒林为镇人大主席,张勇、蔡素英为副主席,陈玲为镇长,陈雨晴、袁宏、顾文广、潘正忠为副镇长。本届共开了三次会议。在第三次会议上,选举蒋爱国为镇人大副主席,邢程、肖圣云为副镇长。

第十六届人民代表大会第一次会议于2007年12月14日召开,到会代表64人。选举夏恒林为镇人大主席,蒋爱国为副主席,王秋枫为镇长,顾文广、陈国军、邢程、丁志勇为副镇长。本届共开了四次会议。在二次会议上,选举陈铎、单激文、夏一涛为副镇长。在三次会议上,选举王秋枫为人大主席、郭云为镇长。在四次会议上,选举季明珍为镇人大主席,彭金明为副主席,刘兴宏为镇长,袁伟为副镇长。

第十七届人民代表大会第一次会议于2012年3月15日召开,到会代表62人。选举彭金明为人大主席,刘兴宏为镇长,丁志勇、周红霞、吴君祥、施云飞为副镇长。本届共开了四次会议。在二次会议上,选举王路、景仰列为副镇长。在三次会议上,选举杨正锋为镇长,束伶俐、张冠华为副镇长。

镇人大主席、副主席概况:

主　席	梅广鑫	1992.1—1999.1
	周新明	1999.1—2004.2
	夏恒林	2004.2—2010.3
	王秋枫	2010.3—2011.2
	季明珍	2011.2—2012.3
	彭金明	2012.3—
副主席	卞泰鹏	1996.1—1999.1
	林汉斌	1999.1—2001.4
	张　勇	2001.4—2003.4
	蔡素英	2001.4—2006.1

蒋爱国　2006.1—2011.1

彭金明　2011.1—2012.3

（附:通商乡）

第三届人民代表大会第一次会议于1981年3月23日召开,到会代表71人。选举陈学广为公社经管会主任,庄荫祥、陈云露、王振祥为副主任。本届共开了三次会议。在三次会议上,选举杨德中为乡长,王存高为副乡长。

第四届人民代表大会一次会议于1984年5月4日召开,到会代表77人。选举赵锦国为乡长,钱勇、王存高、陆桂良为副乡长。本届共开了四次会议。

第五届人民代表大会第一次会议于1987年3月24日召开,到会代表47人。选举赵锦国为乡长,钱勇、陆桂良、王存高为副乡长。本届共开了三次会议。在三次会议上,选举刘伯森为乡长。

第六届人民代表大会第一次会议于1990年2月15日召开,到会代表55人。选举徐善高为乡人大主席,宗汝宏为乡长,马加明、钱勇、陆桂良为副乡长。本届共开了三次会议。在二次会议上,选举蔡洪涛为副乡长。在三次会议上,选举苏兴春为副乡长。

第七届人民代表大会第一次会议于1993年2月9日召开,到会代表54人。选举施枫为乡人大主席,宗汝宏为乡长,马加明、蔡洪涛、王存高、夏恒林为副乡长。本届共开了三次会议。在二次会议上,选举蔡洪涛为镇长,蔡宁为副镇长。

第八届人民代表大会第一次会议于1996年1月30日召开,到会代表51人。选举施枫为镇人大主席,周士标为副主席,蔡洪涛为镇长,王存高、蔡宁、仇建刚为副镇长。本届共开了四次会议。在三次会议上,选举蔡洪涛为镇人大主席,夏恒林为镇长。在四次会议上,选举张丰为镇人大副主席,周士标为副镇长。

第九届人民代表大会第一次会议于1999年1月24日召开,到会代表52人。选举蔡洪涛为镇人大主席、王存高为副主席,董干为镇长,仇建刚、周士标、葛中亚、蔡宁为副镇长。本届共开了三次会议。在二次会议上,选举顾文广为副镇长。

第十届人民代表大会第一次会议于2002年1月10日召开,到会代表49人。选举王国佐为镇人大主席,张勇为副主席,董干为镇长,仇建刚、周士标、葛中亚、顾文广为副镇长。

2003年4月,撤并至南阳镇。

三龙镇人民代表大会

第七届人民代表大会第一次会议于1981年3月23日召开，到会代表77人。选举徐宏俊为公社管委会主任，杨安政、陈锦良、王干元、黄应高、韦灿元为副主任。本届共开了三次会议。在三次会议上，选举李增庆为乡长，陈根香为副乡长。

第八届人民代表大会第一次会议于1984年5月5日召开，到会代表75人。选举陈根香为乡长，王高琴为副乡长。

第九届人民代表大会第二次会议于1988年4月15日召开，到会代表55人。本届共开了三次会议。在三次会议上，选举蔡学才为乡长。

第十届人民代表大会第一次会议于1990年2且16日召开，到会代表59人。选举吴恒生为镇人大主席、朱学农为副主席，蔡学才为镇长，朱学忠、刘汉高、陈尧、周安忠为副镇长。本届共开了三次会议。在二次会议上，选举蔡学才为镇人大主席，朱学忠为镇长。在三次会议上，选举蒋跃光为副镇长。

第十一届人民代表大会第一次会议于1993年2月11日召开，到会代表58人。选举蔡学才为镇人大主席、刘汉高为副主席，朱学忠为镇长。本届共开了二次会议。

第十二届人民代表大会第一次会议于1996年1月29日召开，实到代表57人。选举蔡学才为镇人大主席、卞松成为副主席，陈兴为镇长。本届共开了四次会议。在三次会议上，选举陈亚云为镇人大主席、卞松成为副主席，刘汉高为镇长。

第十三届人民代表大会第一次会议于2002年2月28日召开，到会代表57人。武炳光为镇人大主席，周安忠为副主席，施德明为镇长，孙金和、周凤华、沈菊兵、咸凤翔、郁佐真为副镇长。本届共开了五次会议。在三次会议上，选举沈星、张渊涛为副镇长。在四次会议上，选举陈亦龙为副镇长。在五次会议上，选举金祎臣为副镇长。

第十四届人民代表大会第一会议于2006年2月29日召开，到会代表57人。选举顾国华为镇人大主席，周凤华为人大副主席，施德明为镇长。

第十五届人民代表大会第一次会议于2007年12月25日召开，到会代表76人。选举陈良忠为镇人大主席、柏桂银为副主席，周宏奎为镇长，顾松平、郁佐真、柏来元、柏建荣、陈惠娟为副镇长。本届共开了四次会议。在四次会议上，选举王国平为镇人大主席、沈菊兵为副主席，张汉林、单宏祥、曹海忠为副镇长。

第十六届人大一次会议于2012年3月15日召开，到会代表76人。会议选举沈菊兵为镇人大主席，韦桂和为镇长，韦峰、张汉林、单宏祥、陈兵、周兴权为副镇长。本届共开了三次会议。在二次会议上,选举杨艳存为副镇长。

镇人大主席、副主席概况:

主　席	吴恒生	1990.2—1992.1
	蔡学才	1992.1—1998.1
	陈亚云	1998.1—2001.7
	武炳光	2001.8—2004.4
	顾国华	2004.4—2007.8
	陈良忠	2007.8—2010.8
	王国平	2010.8—2012.3.
	沈菊兵	2012.3—
副主席	卞松成	1996.4—2002.4
	柏长岭	2001.4—2002.2
	季明清	2001.1—2002.2
	周安忠	2002.4—2005.3
	孙金江	2003.1—2006.3
	周凤华	2006.3—2007.12
	柏桂银	2007.12—2010.2
	沈菊兵	2010.2—2012.3

(附:斗龙渔业乡)

第二届人民代表大会第一次代表会议于1981年4月3日召开,选举刘正良为公社管委会主任,周永富、朱吉扬、王寿山为副主任。本届共开三次会议。在三次会议上,选举黄方诚为乡长,朱吉杨为副乡长。

第三届人民代表大会第一次会议于1984年5月1日召开,到会代表39人。选举黄方诚为乡长,茅成石为副乡长。本届共开三次会议。

第四届人民代表大会第一次会议于1987年3月20日召开,到会代表42人。选举陈书广为乡长,周永富、金德富为副乡长。本届共开四次会议。在二次会议上,选举黄茂钊为副乡长。在四次会议上选举金文忠为乡长。

第五届人民代表大会第一次会议于1990年2月10日召开,到会代表48人。选举金文忠为乡长,金德富、朱兴发、黄茂钊为副乡长。本届共开三次会议。在二次会议上,选举刘振良为乡长,张同林为副乡长。

第六届人民代表大会第一次会议于1993年2月11日召开,到会代表52人。选举刘振良为乡长,朱兴发、徐凤山、黄茂钊为副乡长。本届共开二次会议。在二次会议上,选举唐兴祥为副乡长。

第七届人民代表大会第一次会议于1996年2月1日召开,到会代表46人。选举刘振良为乡人大主席,周凤岐副主席,茅巍柏为乡长,黄茂钊、朱兴发、徐凤山、唐兴祥为副乡长。本届共开五次会议。在三次会议上,选举冯建东为乡长。在四次会议上,选举茅巍柏为乡人大主席,茅成石为副主席,孟正洋为副乡长。在五次会议上,选举周凤华为副乡长。

第八届人民代表大会第一次会议于1999年1月25日召开,到会代表46人。选举冯建东为乡长,朱兴发、唐兴祥、孟正洋、周凤华为副乡长,黄茂钊为人大主席。本届共开二次会议。

2001年4月,撤并至三龙镇。

(附:丰富乡)

第二届人民代表大会第一次会议于1981年4月2日召开,到会代表80人。选举张季方为公社管委会主任,唐继琢、周学铭、柏寿高、陈开兰为副主任。

第三届人民代表大会第五次会议于1986年8月22日召开,到会代表61人。选举陈开兰为副乡长。

第四届人民代表大会第一次会议于1987年3月22日召开,到会代表54人。选举柏俊才为乡长,杨国美、王传俊为副乡长。本届共开四次会议。在二次会议上,选举吴林生为副乡长。在四次会议上,选举王其鹏为乡长。

第五届人民代表大会第一次会议于1990年2月18日召开,到会代表58人。选举赵连桐为乡人大主席,王其鹏为乡长,吴林生、王传俊、杨国美为副乡长。本届共开三次会议。

第六届人民代表大会第一次会议于1993年2月5日召开,到会代表63人。选举丁金保为乡长,杨国美、吴林生、王传俊为副乡长。本届共开二次会议。在二次会议上,选举陈龙、詹荣富为副乡长。

第七届人民代表大会第一次会议于1996年2月1日召开,到会代表56人。选举丁金保为镇人大主席、柏长岭为人大副主席,钱勇为镇长,石根美、詹荣富、顾松、咸风翔为副镇长。本届共开五次会议。在三次会议上,选举王传俊为人大副主席,柏长岭为副镇长。在五次会议上,选举吴宏祖为镇长,柏长岭为人大副主席。

2001年4月,撤并至三龙镇。

新丰镇人民代表大会

第六届人民代表大会第一次会议于1981年4月2日召开，到会代表90人。选举房根同为公社管委会主任，王茹、王友林、朱品芳、杨建高为副主任。

第七届人民代表大会第一次会议于1984年5月3日召开，到会代表89人。选举房根同为镇长，杨建高、陆炳云为副镇长。

第八届人民代表大会第一次会议于1987年3月22日召开，到会代表60人。选举袁茂航为镇长，沈锦福、陆炳云、李国华为副镇长。本届共开了三次会议。在三次会议上，选举陆燕行、陶培华为副镇长。

第九届人民代表大会第一次会议于1990年2月11日召开，到会代表70人。选举卢峰为镇人大主席，浦成元为镇长，陆炳云、陆燕行、陶培华为副镇长。本届共开了三次会议。在二次会议上，选举陆燕行为镇人大主席，陆正松、常芝、茅汉斌为副镇长。在三次会议上，选举陆正松为副镇长。

第十届人民代表大会第一次会议于1993年2月7日召开，到会代表71人。选举陆燕行为镇人大主席，陆炳云为镇长，陆正松、茅汉宾、常芝为副镇长。本届共开了三次会议。在三次会议上，选举陆炳云为人大副主席，陶培华为镇长，卞正兴为副镇长。

第十一届人民代表大会第一次会议于1996年2月1日召开，到会代表59人。选举陆炳云为镇人大主席，朱爱根为副主席，陶培华为镇长，卞正兴、朱亚东、唐建东、曾翠红为副镇长。本届共开了五次会议。在二次会议上，选举郁汉生为镇长，夏寅、徐祥中为副镇长。在三次会议上，选举陶培华为镇人大主席，茅凤生为副主席。在四次会议上，选举茅汉宾为人大副主席，陆峰、陈浩圣为副镇长。在五次会议上，选举郁汉生为镇人大主席，卢昌宽为镇长。

第十二届人民代表大会第一次会议于1999年1月24日召开，到会代表62人。选举郁汉生为镇人大主席、陈浩圣为副主席，卢昌宽为镇长，卞正兴、朱亚东、陆峰、唐建东为副镇长。本届共开了四次会议。在三次会议上，选举陈仕权为副镇长。

第十三届人民代表大会第一次会议于2002年1月10日召开，到会代表75人。选举夏继永为人大主席，卞正兴为副主席，顾仲荣为镇长，陈仕权、茅鸣明、曹洪、曹文群、蔡永兴为副镇长。

第十四届人民代表大会第一次会议于2004年2月3日召开，到会代表91人。选举王春银为镇人大主席，吴冠璋、唐建东、施素萍为副主席，丁仁俊为镇长，陈仕权、陈国涛、曹洪、曹文群、智恒炎、蔡永兴为副镇长。本届共开了四次会议。在二次会议上，选举陈良忠为镇长，周安保为副镇长。在三次会议上，选举季正相为镇人大主席，郭乃润为副主席，李南丰为副镇长。在四次会议上，选举潘伟为副镇长。

第十五届人民代表大会第一次会议于2007年12月14日召开，到会代表90人。选举季正相为镇人大主席，智恒炎为副主席，唐文龙为镇长，李南丰、周安保、徐亚刚、张来平为副镇长。本届共开三次会议。在二次会议上，选举柏兴为人大副主席。在三次会议上，选举仇兆华为镇长。

第十六届人民代表大会第一次会议于2011年2月21日召开，到会代表110人。选举李南丰为镇人大主席，仇兆华为镇长，马绍良、朱文勇、吴海燕、张来平、周安保、奚小平为副镇长。本届共开四次会议。在二次会议上，选举钱康、杜卫国为副镇长。在三次会议上，选举仇飞为镇长，朱文勇、潘勇为副镇长。

镇人大主席、副主席概况：

主　席	卢　峰	1990.2—1990.6
	陆燕行	1990.6—1994.12
	陆炳云	1995.1—1998.2
	夏继永	1998.2—1999.1
	郁汉生	1999.1—1999.5
	夏继永	1999.6—2003.4
	王春银	2003.4—2006.1
	季正相	2006.1—2011.1
	李南丰	2011.2—
副主席	朱爱根	1996.2—1998.12
	茅汉宾	1998.3—1998.12
	陈浩圣	1999.1—2000.1
	谢秀榕	2001.4—2001.12
	唐兴祥	2001.4—2001.12
	王文友	2001.4—2001.12
	卞正兴	2001.4—2001.12
	吴冠璋	2003.4—2006.1
	唐建东	2003.4—2006.1

施素萍 2003.4—2006.1

郭乃润 2004.2—2006.1

智恒炎 2007.12—2011.1

柏　兴 2008.3—2011.1

（附:金墩乡）

第二届人民代表大会第一次会议于1981年6月7日召开,到会代表76人。选举王能元为公社管委会主任,王高琴、葛亚芳、陆正松为副主任。本届共开了二次会议。在二次会议上,选举王正球为乡长,陆正松为副乡长。

第三届人民代表大会第一次会议于1984年5月6日召开,到会代表76人。选举王正球为乡长,陆正松为副乡长。本届共开四次会议。在三次会议上,选举周汉松、张同林、吴冠璋为副乡长。

第四届人民代表大会第一次会议于1987年3月22日召开,到会代表53人。选举王正球为乡长,陈思究、周汉松、张同林为副乡长。本届共开三次会议。在三次会议上,选举周汉松为乡长。

第五届人民代表大会第一次会议于1990年2月15日召开,到会代表65人。选举奚茂银为人大主席,周汉松为乡长,陈思究、张同林、徐景新为副乡长。本届共开三次会议。

第六届人民代表大会第一次会议于1993年2月11日召开,到会代表62人。选举周汉松为人大主席,管其圣为乡长,李效成、陈思究、周新民为副乡长。本届共开三次会议。在二次会议上,选举冯剑平为乡长,傅大同为副乡长。在三次会议上,选举王克源为人大主席,施桂华为副乡长。

第七届人民代表大会第一次会议于1996年1月30日召开,到会代表55人。选举王克源为人大主席,吴冠璋为副主席,冯剑平为镇长,季正相、曹洪、王平生、李凤生为副镇长。本届共开五次会议。在五次会议上,选举宋朝品为人大副主席,卞松岭、曹文群为副镇长。

第八届人民代表大会第一次会议于1999年1月24日召开,到会代表55人。选举王克源为人大主席,谢秀榕为副主席,施桂华为镇长,曹洪、曹文群、蔡永兴为副镇长。

2001年4月,撤并至新丰镇。

（附:龙堤乡）

第七届人民代表大会第一次会议于1981年3月21日召开,到会代表76人。选举储金泉为公社管委会主任,季希和、韦秀珠、陈治堂、杨德祥为副主任。本届共开三次会议。在二次会议上，选举丁宏俊为公社管委会副主任。在三次会议上，选举丁宏俊为乡长，李国华为副乡长。

第八届人代民代表大会第一次会议于1984年5月8日召开，到会代表72人。选举丁宏俊为乡长，李国华为副乡长。本届共开二次会议。在二次会议上，选举王友林、潘兆凤、徐一琴为副乡长。

第九届人民代表大会第一次会议于1987年3月23日召开，到会代表46人。选举陆飞为乡长，徐一琴、潘兆凤为副乡长。本届共开三次会议。在二次会议上，选举杨桂庭为副乡长。在三次会议上，选举夏恒庚为乡长，黄明甲为副乡长。

第十届人民代表大会第一次会议于1990年2月11日召开，到会代表63人。选举夏恒庚为乡长，陈连喜、左劲松、黄明甲为副乡长。本届共开三次会议。在二次会议上，选举季自怀、杨建平为副乡长。

第十一届人民代表大会第一次会议于1993年2月9日召开，到会代表62人。选举翟长虹为乡长，郁汉生、杨建平、季自怀为副乡长。本届共开三次会议。在二次会议上，选举杨建平为乡长，王春银、卞松岭为副乡长。

第十二届人民代表大会第一次会议于1996年2月5日召开，到会代表54人。选举翟长虹为人大主席，陈占林为副主席，杨建平为乡长，王春银、韦刘元、仲汉根、施龙安为副乡长。本届共开三次会议。在二次会议上，选举吴俊忠为副乡长。

第十三届人民代表大会第一次会议于1999年1月24日召开，到会代表54人。选举韦存仁为人大主席，季自怀为乡长，韦刘元、韦秀华、朱小祥、施龙安为副乡长。

2003年4月，撤并至新丰镇。

（附：方强镇）

第七届人民代表大会第一次会议于1981年3月召开，到会代表95人。选举管守录为公社管委会主任，刘哲、蔡学富、曾桂珠、王其鹏、沈德祥、黄怀章为副主任。本届共开四次会议。在四次会议上，选举赵永鑫为乡长，卞文乐为副乡长，蔡学富为公社经管会主任，曾桂珠、王其鹏、褚国良为副主任。

第八届人民代表大会第一次会议于1984年5月4日召开，到会代表95人。选举赵永鑫为乡长，卞文乐、曾桂珠、孟正洋为副乡长。本届共开二次会议。

第九届人民代表大会第一次会议于1987年3月25日召开，到会代表61人。选举刘金泉为乡长，曾桂珠、卞文乐、陈国春为副乡长。本届共开三次会议。在三次会议上，选举李书元为副乡长。

第十届人民代表大会第一次会议于1990年2月19日召开，到会代表65人。选举陈国春为乡长，王新华、祁步阶、李书元为副乡长。本届共开三次会议。

第十一届人民代表大会第一次会议于1993年2月9日召开，到会代表66人。选举刘金泉为人大主席，李书元为乡长，祁步阶、王琨、张同林为副乡长。本届共开四次会议。在二次会议上，选举吴林生为副乡长。在四次会议上，选举李书元为人大主席，陈洪根为乡长。

第十二届人民代表大会第一次会议于1996年1月30日召开，到会代表62人。选举李书元为人大主席，葛友舜为副主席，刘汉高为乡长，祁步阶、陈荣、周凤华、周金柱为副乡长。本届共开四次会议。在四次会议上，选举刘汉泉为人大副主席，刘凤堂为副乡长。

第十三届人民代表大会第一次会议于1999年1月24日召开，到会代表62人。选举王传俊为人大主席，刘汉泉为副主席，吴林生为乡长，刘凤堂、何银祥、周金桂、葛友舜为副乡长。本届共开了三次会议。

第十四届人民代表大会第一次会议于2002年1月10日召开，到会代表59人。选举邵巧华为人大主席，冯晓晴为镇长，葛友舜、周金柱为副镇长。本届共开五次会议。在二次会议上，选举陈胜祥为镇长，骆文富为副镇长。在三次会议上，选举倪志华、徐悦康为副镇长。在四次会议上，选举蒋同海为人大副主席，詹桂玉为副镇长。在五次会议上，选举陈汉成为镇长，孟正洋、葛友舜为副镇长。

十五届人民代表大会第一次会议于2007年12月14日召开，到会代表60人。选举邵巧华为人大主席，蒋同海为副主席，郭云为镇长，葛友舜、徐月康、刘凤堂、朱文勇为副镇长。本届共开三次会议。在二次会议上，选举吴海燕为副镇长。在三次会议上，选举郁兴忠为镇长。

2010年8月，撤并至新丰镇。

大中镇人民代表大会

第七届人民代表大会第一次会议于1981年3月23日召开，到会代表74人。选举秦友礼为镇长。本届共开了二次会议。在二次会议上，选举秦友礼为镇长，张季方为经管会主任。

第八届人民代表大会第一次会议于1984年5月6日召开，到会代表146人。选举秦友礼为镇长。本届共开了三次会议。在三次会议上，增选王仲球、方锦龙、张正林、宋远坤为副镇长。

第九届人民代表大会第一次会议于1987年3月21日召开，到会代表105人。选举秦友礼为镇长。本届共开了三次会议。在二次会议上，选举王桂成为副镇长。在三次会议上，选举周善辉为镇长、顾锦文为副镇长。

第十届人民代表大会第一次会议于1990年2月19日召开,到会代表112名。选举朱绵为人大主席,周善辉为镇长。本届共开了三次会议。

第十一届人民代表大会第一次会议于1993年2月11日召开,到会代表115人。选举周善辉为镇长。本届共开了三次会议。在三次会议上,选举沈卫东为镇长。

第十二届人民代表大会第一次会议于1996年1月28日召开,到会代表112名。选举沈卫东为人大主席、严桂英为副主席,张正林为镇长。本届共开了六次会议。在二次会议上,补选陈相凤为人大主席,丛斌为副镇长。在三次会议上,补选顾志成、茅明鸣为副镇长。在五次会议上,补选束必隆为副镇长。在六次会议上,选举吴家祥为镇长,宋建英、陈良忠、张国梁为副镇长。

第十三届人民代表大会第一次会议于1999年1月24日召开,到会代表115人。选举卞文乐为人大主席,陈国章为副主席,吴家祥为镇长,袁兴平、束必隆、宋建英、陈良忠、张国梁为副镇长。本届共开了三次会议。在二次会议上,选举王周斌为镇长。

第十四届人民代表大会第一次会议于2002年1月10日召开,到会代表96人。选举王和生为人大主席,吴明良为副主席,王周斌为镇长,宋建英、顾仁泽、束必隆、陆标、宋剑铭、陆海滨为副镇长。本届共开了六次会议。在二次会议上,选举董坤为镇长。在三次会议上,选举李实业、沈文静为副镇长。在四次会议上,选举周宏奎为副镇长。在五次会议上,选举王周斌为人大主席,顾仁泽为副主席,陈浩、李实业、陈卫东为副镇长。在六次会议上,选举董坤为人大主席,李实业为镇长,陈学根、郁冰为副镇长。

第十五届人民代表大会第一次会议于2007年12月14日召开,到会代表100人。选举董坤为人大主席,顾云彬为副主席,李实业为镇长,沈文静、陈浩、陈卫东、陈学根、郁冰、管仁刚为副镇长。本届共开三次会议。在二次会议上,补选顾广荣为副镇长。在三次会议上,选举沈刚为镇长。

第十六届人民代表大会第一次会议于2011年2月21日召开,到会代表153人。选举董坤为人大主席、顾云彬为副主席。沈刚为镇长,陈卫东、管仁刚、吉建平、杨建明、顾广荣、朱晓春、孙素芳为副镇长。本届共开四次会议。在第二次会议上,选举许春华为副镇长。在三次会议上,选举周荷凤、赵长春为副镇长。在四次会议上,选举沈刚为镇人大主席,孙素芳为镇人大副主席。

镇人大主席、副主席概况:

主　席　朱　绵　1990.2—1996.1

　　　　沈卫东　1996.2—1997.2

陈相凤　1997.2—1999.1

卞文乐　1999.1—2002.1

王和生　2002.1—2006.2

王周斌　2006.2—2007.3

董　坤　2007.3—2014.12

沈　刚　2015.1—

副主席　严桂英　1996.2—1999.1

陈国章　1999.1—2002.1

吴明良　2002.1—2006.2

顾仁泽　2006.2—2007.12

顾云彬　2007.12－2014.12

孙素芳　2015.1—

（附:裕华镇）

第七届人民代表大会第一次大会于1981年1月29日召开,到会代表92人。选举徐善高为公社管委会主任,柏成法、田永珠、韦建元、骆复云、吴振美为副主任。

第八届人民代表大会第一次会议于1984年4月17日召开,到会代表97人。选举彭涛为乡长,王桂成为副乡长。

第九届人民代表大会第一次会议于1987年3月22日召开,到会代表67人。选举房根同为乡长,田永珠、朱隆庆、陈立奇为副乡长。

第十届人民代表大会第一次会议于1990年2月17日召开。选举黄裕康为人大主席,方云友为镇长,田永珠、秦达明、李国华为副镇长。

第十一届人民代表大会第一次会议于1998年2月11日召开。选举方云友为人大主席,卢昌宽为镇长,房根杨、顾建辉、李建新为副镇长。

第十二届人民代表大会第一次会议于1996年2月5日召开,到会代表61人。选举冯永岚为人大主席,沈加冲为副主席,张锦生为镇长,殷建新、茅汉兵、房根扬、施德明、顾建辉为副镇长。

第十三届人民代表大会第一次会议于1999年1月24日召开,到会代表63人。选举朱学忠为人大主席,陆志明为副主席,仇宏伟为镇长,朱兴江、孙素芳、李建新、连均祥为副镇长。

第十四届一次人民代表大会于2002年1月10日召开,到会代表67人。选举蔡东为人大主席,连锦勇为副主席,钱江为镇长,孙素芳、刘存生、李建新、朱兴江为副镇长。

第十五届一次人民代表大会于2007年12月13日召开,到会代表68人。选举徐国祥为人大主席,董毅、陈耀忠为副主席,单干情为镇长,吉建平、仇建刚、杨建明、陈邑新为副镇长。

2010年8月,撤并至大中镇。

(附:新团乡)

第六届人民代表大会第一次会议于1981年4月12日召开,到会代表79人。选举董培寿为公社管委会主任,季希荣、张长青、丁宏俊、陈湘津、束扣珠为副主任。

第七届人民代表大会第一次会议于1984年5月8日召开,到会代表79人。选举束扣珠为乡长,吴正喜、季希和、杨桂庭为副乡长。

第八届人民代表大会第一次会议于1987年3月23日召开,到会代表54人。选举王兴旺为乡长,吴正喜、季希和、曹雪根为副乡长。

第九届人民代表大会第一次会议于1990年2月13日召开,到会代表62人。选举王志祥为人大主席,沈锦福为镇长,季希和、唐建中、朱爱涛为副镇长。

第十届人民代表大会第一次会议于1993年2月7日召开,到会代表65人。选举殷济青为人大主席,尹金来为镇长,季希和、朱爱涛、蒋高友为副镇长。

第十一届人民代表大会第一次会议于1996年2月5日召开,到会代表57人。选举蒋高友为人大主席,王克华为副主席,武炳光为镇长,韦清、王和生、高军、孙家太为副镇长。

第十二届人民代表大会第一次会议于1999年1月24日召开,到会代表56人。选举王克华为人大主席,王和生为镇长,董绍华、陆标、单俊发、宋剑铭为副镇长。

2001年4月,撤并至大中镇。

王港乡,因撤并,档案无存。

附录 文件选编

一、工作报告

人大常委会工作报告(节录)

——1987年4月9日在大丰县第八届人民代表大会第一次会议上

县人大常委会主任 宋维保

一、学习宣传中央十八号文件,贯彻全国人大常委会的决定

继1984年中共中央发出八号、九号文件以后,去年中央又发了十八号文件,即《中共中央关于全党必须坚决维护社会主义法制的通知》,我们组织公、检、法、司等部门的负责同志进行了学习座谈,提出了在全县贯彻执行这一重要文件的具体建议,并以人大党组的名义向县委作了报告,县委转发了这个报告。在县委召开的全县三级干部大会上,我们就加强社会主义民主法制建设问题作了专题发言。今年1月22日,全国人大常委会通过了《关于加强法制教育维护安定团结的决定》,县人大常委会第21次会议通过学习讨论,于2月18日作出了关于认真学习、贯彻这一决定的决议,动员全县人民认真学习,严格守法。通过这些工作,对在全县范围内维护社会主义法制,加强依法办事起到了促进作用。

二、检查贯彻执法的情况,依法进行法律监督

(一)听取、审议有关部门执法情况的报告。一年来,先后听取、审议了县人民政府关于贯彻执行《计量法》《会计法》情况的汇报。在审议中,委员们提出了加强《计量法》《会计法》宣传贯彻工作的具体建议,推动了这两部法的宣传、学习和贯彻执行。

(二)组织委员、代表检查视察执法情况。一年来,常委会多次组织部分县人大代表,持证视察检查了我县执行《食品卫生法》《环境保护法》《水污染防治法》等项法律的执行情况和我县司法机关的执法情况,收到了一定的效果。在视察《食品卫生法》执行情况时,发现个别食品厂用不合格的香精配制饮料，某门市部出售霉变的虾片、银耳，在视察司法机关执法情况时，发现法院的少数判决执行不及时，监所管理制度不严密等现象，经我们提出后，有关部门都立即采取措施，及时进行了纠正。

（三）按照省、市人大常委会的要求，参加有关法律法规草案的修订工作。一年中，我们对发来征求意见的《选举法》《地方组织法》等法律草案，及时组织有关方面的人员座谈讨论，并及时汇总各方面的意见整理上报了修改的建议和意见。

三、审议“一府两院”的工作，依法实施工作监督

一年来，我们围绕社会主义经济建设和体制改革等重大问题，认真审议了“一府两院”的工作。先后听取并审议了县人民政府关于全县科技体制改革、教育体制改革、经济体制改革、审计工作、执行县城总体规划、计划经济、财政预算等工作情况的报告。

为了提高审议质量，实施有效监督，我们在审议之前，都进行了切实的调查研究。为了探索研究我县农村第二步改革的情况，我们于去年 6 月初组织两个小组分别到裕华、刘庄两个乡镇调查了一个星期，并综合其他 13 个乡镇的调查材料，初步总结了我县部分乡镇农村经济第二步改革的经验。为了了解我县企业改革，试行厂长经理负责制的情况，我们组织人员到县农机厂、建筑公司等单位进行了专题调查，实事求是地分析研究了这两个单位的改革试点工作，并在县 7 届人大第 19 次常委会会议上提出了《学习决议更新观念为改革服务》的调查报告，为乡镇企业的改革总结了一些经验教训。去年，我们对我县生态环境进行了调查和研究，为制定我县关于《生态规划设想》提出了积极的意见和建议。为了审议县财经工作，常委会先后三次听取审议了县财政预算执行情况的汇报，并对预算外资金的收支情况进行了调查。

一年中，我们先后召开了 9 次人大常委会会议，共听取和审议县政府、法院、检察院 17 次工作报告，提出了 11 篇专题审议报告，进行了 15 次专题调查和 8 次视察活动，支持并促进了“一府两院”工作的顺利进行。

四、讨论决定重大事项，依法进行人事任免

一年来，县人大常委会先后讨论决定或通过了关于加强审计工作的决议，关于批准 1986 年财政预算部分变更的决定，关于县、乡两级人大代表选举时间的决定，关于认真学习贯彻全国人大常委会《关于加强法制教育维护安定团结的决定》的决议以及关于县人民法院、县人民检察院主要负责人人事变动的决定等 9 项决定、决议、方案、办法；依法任免和决定任免了 35 名县政府、法院、检察院的国家机关工作人员。

人大常委会工作报告(节录)

——1993年2月16日在大丰县第十届人民代表大会第一次会议上

县人大常委会主任　李怀稳

一、紧紧围绕经济建设,充分发挥地方国家权力机关的保障促进作用

统观全局,加强对战略性工作的监督。随着经济建设和改革开放的不断深入,增强国有企业自主权、把企业推向市场,大力发展外向型经济、科技工作等成为我县经济发展的战略重点。县人大常委会切实加强了对这些工作的监督。在常委会第18次会议上,听取和审议了县人民政府关于《全民所有制工业企业法》实施情况的汇报,针对实施过程中存在的一些问题,提出了政府该放给企业的权要真正放给企业,把企业推向市场,给企业创造一个良好的从事商品经济活动的外部环境,企业要按照市场要求来组织生产和经营等建议,为我县全民工业企业加速转轨变型,尽快适应市场经济的要求,起到了一定的推进作用。在常委会第22次会议上,听取和审议了县人民政府关于中外合资企业经营管理情况的汇报和我县科技人员管理与使用情况的汇报。提出了要加强合资企业的论证考察工作,优化外资投向,加强"三资"企业的管理,努力提高"三资"企业的经济效益等建议。同时,针对我县科技人员管理与使用情况的现状,要求县人民政府广泛开辟人才培养和使用渠道,为科技人员增长才干,施展潜在的能量和智慧得到充分发挥,促进科技与经济的紧密结合。

突出重点,加强对经济工作的监督。(1)加强对农业这一基础经济的工作监督。一年来,常委会多次组织人员对我县农村深化改革、结构调整等工作情况进行调查了解。在常委会第19次会议上,提出了完善农业社会化服务体系建设,增强服务功能,增加农业投入,为农业生产创造良好的条件等建议。(2)加强对工业企业扭亏增盈工作的监督。在常委会第19次会议上,专门听取和审议了县人民政府关于我县工业企业亏损情况的汇报,提出了强化领导,制定落实扭亏责任制,以市场为导向,调整产品结构,加快新品开发,为企业扭亏增盈创造良好的环境等富有成效的建议,有力地推动了我县亏损企业的扭亏增盈工作。(3)加强对我县与外市、县(区)经济技术协作和交流工作的监督。先后在常委会第17次、18次、22次会议上,听取和审议了县人民政府关于我县与安徽省淮北市杜集区、福建省上杭县、内蒙古自治区满洲里市结为友好县(区)、市的情况汇报,本着友好合作、互惠互利、共同发展的精神,分别作出了批准建立友好县(区)、市的决议,进一步推动了大丰县对外开放、横向经济联合的步伐。

常委会领导同志还主动积极地为经济建设服务。先后带领粮食、商业、供销等部门的负责同志到四川省广汉市、重庆市等地学习考察了商业四放开、粮食放开等工作,推动了我县商业、供销、粮食企业改革开放工作;带领农村工作委员会和县农业部门同志到湖南考察农业内部产业结构调整,去宝应考察特水养殖,对我县农业内部产业结构的调整,起到了一定的推动作用。

二、紧紧围绕宪法、法律的实施,充分发挥地方国家权力机关的监督保证作用

有的放矢,经常性地开展执法检查。常委会除利用例会进行监督外,还经常定期不定期地根据调查了解的情况和群众的反映,广泛开展执法检查活动。先后对《土地法》《食品卫生法》《矿产资源法》《公路管理条例》等法律法规以及基层公安派出所、法庭的执法情况进行了检查视察,对发现的一些违法现象进行了纠正。常委会共查阅申诉卷宗32本,通过阅卷,对确有冤屈情节的,建议有关部门给予纠正,对于应该立案或追究法律责任的,依法监督有关部门办理,维护了法律尊严。

注重实效,切实推进“二五”普法工作。去年,是新宪法颁布十周年。常委会十分重视以宪法为核心的“二五”普法工作,经常检查监督普法工作,听取普法工作情况的汇报,指出普法工作中的存在问题。要求县人民政府进一步加强领导,把普法工作深入持久地开展下去。召开有十多个部门参加的纪念新宪法颁布十周年座谈会,常委会领导对进一步开展以宪法为核心的“二五”普法工作提出了具体要求。

三、紧紧围绕群众关心的热点问题,充分发挥地方国家权力机关的督促作用

督促办好群众关心的实事。常委会紧紧围绕政府年初提出的三十项目标和为民兴办的十件实事,广泛开展工作监督。在常委会第19次会议上,对农村改厕、改水、更新改造70公里农村广播线路、新建计划生育综合服务楼、新建220千伏变电所、县城防洪设施的兴建、县城西出口一级路面工程和裕华至王港开发区黑色路面工程等项目进行了审议,提出了进一步组织协调、明确职责,抓重点、攻难点等建议,有力地推动了政府为民兴办实事的步伐,提高了政府威信,赢得了人民群众的信任。

重视解决群众关心的大事。常委会对群众关心的大事,进行深入细致的调查研究,进行专题审议监督。对群众反映的今年棉花收购中少部分乡镇打白条问题,常委会及时组织农村工作委员会进行调查了解,并在常委会第22次会议上,听取和审议了县人民政府关于我县棉花收购工作的情况汇报,肯定了今年的棉花收购工作,并针对部分打白条现象,提出了要努力做好广大棉农思想工作,说明资金一时不能兑现的原因,同时要加速棉花销售资金的回笼,千方百计尽快兑现棉花销售现金的建议。

人大常委会工作报告(节录)

——1998 年 1 月 7 日在大丰市第十一届人民代表大会第一次会议上

市人大常委会主任　陆燕池

一、紧紧围绕民主法制建设,加强法律监督,保证法律法规在本行政区域内的正确实施。

1. 适应市场经济,促进行政执法。

社会主义市场经济从某种意义上讲就是法制经济,这就要求我们的行政、经济等一切行为必须符合法律的规定。为此,常委会把监督和促进行政执法工作作为实施依法治市的关键。在常委会第 38 次、39 次、43 次和常委会第 80 次主任会议上,先后听取和审议了市人民政府关于贯彻实施《农业技术推广法》《环境保护法》《城市规划法》等法律法规的情况汇报,提出了要进一步加大宣传贯彻力度;深化农业结构调整、狠抓农业增长方式的转变和科技成果的转化工作;进一步明确各级领导环保工作目标管理责任制,严格执行环保第一审批权和新上项目实行“三同时”制度,积极发展环保产业,加快生产和生活污染的综合治理步伐,保证可持续发展战略的有效实施;坚持城市规划的超前性、科学性,保证规划的严肃性等许多积极的建设性意见。通过审议监督,有力地推进了这些法律法规在我市的贯彻实施。

2. 维护社会稳定,强化司法监督。

一年来,常委会以社会稳定为前提,依法加大了对司法工作的监督力度。在常委会第 68 次主任会议上,听取了市人民法院关于个别法庭在办理农村拖欠承包金案件中弄虚作假的情况汇报,并责成市人民法院对有关责任人进行严肃处理。在对司法机关实施宏观监督的同时,常委会重视对个案的监督。通过调阅卷宗,深入基层,了解情况,共纠正错案 11 件。某镇缫丝厂价值 40 多万元产品被诈骗,市人大常委会领导及时带领有关人员不辞辛劳赶赴无锡,依法据理力争,为该厂减少了不必要的经济损失。

3. 讲究工作实效,推进依法治市。

常委会第 44 次会议,专题听取和审议了市人民政府关于“三五”普法工作和“依法治市”工作的情况汇报,指出了存在问题,提出了切实可行的意见。目前,全市初步形成了一个以基层依法治理为基础,以行业依法治理为支柱,以部门执法责任制、错案(过错)责任追究制为重点的全方位、多层次的依法治理格局。

二、紧紧围绕经济建设中心，强化工作监督，积极推进全面达小康，建设现代化的进程。

1. 突出“四大战略”，实施全局性监督。

常委会紧紧围绕市委提出的“科教兴市、规模（名牌）推进、外向突破、港口带动”这四大战略，实施了一系列强有力的监督。常委会组织人员对“科教兴市”战略的贯彻实施情况进行了调查了解，在去年6月底召开的第73次主任会议上，专题听取了市人民政府关于“科教兴市”情况的汇报，提出了进一步重视教育的基础地位，突出科技进步，提高全民科技素质等一系列建议。在常委会第40次会议上，专题审议了市人民政府关于外向型经济工作情况的汇报，提出了加强发展外向型经济工作的领导；不断拓展和巩固“三外”工作成果；促进“三资”企业管理上水平等建议。港口建设，是一件功在当前、惠及子孙的大事，常委会对此项工作倾注了极大的精力，先后于去年4月、5月、6月份三次组织常委会组成人员和部分代表到工地视察，对工程质量给予了极大关注，对工程建设者的艰苦创业精神给予了充分肯定。

2. 围绕难点热点，进行跟踪监督。

随着生活水平的不断提高，人民群众对生存环境提出了更高的要求，常委会顺应这一要求，从大事着眼，小事着手，加强了对环境保护工作的监督，督促政府清理了自来水厂取水口上游的鸭场，疏浚了生产河。职工医疗保障制度改革，一时成为人民群众关心的热点问题，常委会第42次会议，专题听取和审议了市人民政府关于职工医疗保障制度改革工作的情况汇报，肯定了我市职工医疗保障制度改革的方向，针对改革中宣传力度不大、监督机制不健全、资金征缴缓慢、群众就医不方便等问题，提出整改要求，市人民政府根据常委会提出的要求狠抓了落实。

三、紧紧围绕优质高效目标，严格内部管理，着力提高地方国家权力机关的整体功能。

1. 重视学习，在提高素质上下功夫。

常委会重视机关工作人员的学习，一是按照市委的统一部署，坚持周二晚上的学习制度，认真学习党的十五大精神和路线、方针、政策；二是自学与集中学相结合，学习社会主义市场经济理论，增强在市场经济条件下从事人大工作的本领；三是采取专题讲座、以案释法等方法，学习各种法律、法规。去年，我们先后在机关开展了“两争三创”、机关作风整顿和“两学三促四创”活动，组织机关干部与贫困户开展结对帮扶，使机关作风建设和工作有了新的起色。

2. 规范行为，在制度建设上抓完善。

人大工作的法律性、程序性比较强，常委会根据这一特点，狠抓了建章立制工作，建立了有关议事制度，修订和完善了岗位目标责任制、廉政勤政等规章制度，促进了人大及其机关工作的规范化、科学化，提高了工作效率和质量。

3. 强化调研,在监督质量上求突破。

人大的工作性质决定了只有加强调查研究,才能使审议言之有据,言之有理,言之有效,审在要害处,议在点子上,达到预期的监督效果。一年来,常委会组成人员紧紧围绕全市两个文明建设中的重大事项,深入到市直各单位、各企业和村组农户中去,广泛开展调查研究,写出了多篇颇有价值的调查报告,为提高会议的审议质量夯实了基础。同时,强化了对例会审议意见落实的跟踪督查工作,加大了监督力度,增强了监督效果。

人大常委会工作报告(节录)

——2005 年 1 月 4 日在大丰市第十二届人民代表大会第三次会议上

市人大常委会副主任　沈纪万

2004 年,在市委正确领导下,市人大常委会坚持以邓小平理论和“三个代表”重要思想为指导,认真贯彻落实党的十六大和十六届三中、四中全会精神,以及市委九届七次、八次全体(扩大)会议和市委人大工作会议精神,根据市十二届人大二次会议确定的各项任务,围绕“两个率先”,紧扣“三先”目标,积极履行宪法和法律赋予的职责,为推动全市“三个文明”建设,实现大丰经济社会发展的新跨越,发挥了地方国家权力机关的作用。

一、把握第一要务,强化工作监督,促进科学发展观的认真贯彻落实

(一)坚持科学发展,加大监督力度。一年来,常委会先后三次组织代表和委员就财政工作开展调查视察,分别听取和审议了市政府关于市财政预算执行情况和其他财政收支的审计工作报告、全市上半年财政形势分析报告和 1—10 月份财政预算执行情况的报告,听取和审议了全市上半年经济工作情况的报告,开展全民创业、发展民营经济工作情况的报告。经过认真审议,常委会建议市政府要发展经济,放眼全局,做活财政大文章;通过发展,实现积极的财政收支平衡;要以国家宏观调控为契机,加快工业经济结构调整,培植税源经济和龙头骨干企业;要变招商引资为招商选资,强化招商引资对经济和财政的贡献率;要加快发展民营企业和个体私营经济,以全民创业推进经济的快速发展。

(二)坚持以人为本,跟踪难点监督。针对我市部分基层文化场所设施不足、活动不正常及文化市场管理不到位等问题，常委会在5月份听取并审议了全市文化工作情况汇报。市政府根据审议意见，加大了对文化工程的实施力度和文化市场的管理力度，切实解决了各镇文化站人员经费和基层文化设施不足等问题，加强了农村文化阵地建设。4月份，主任会议听取了职业教育、民族宗教工作情况汇报，建议政府继续重视职业教育，明确职教发展目标，充分发挥职教中心的作用，统筹规划办好职教事业。针对我市民族宗教工作中的新情况、新问题，建议政府加大对宗教活动场所管理，采取有效措施，坚决打击和防范非法邪教组织的渗透和颠覆，维护社会稳定。

（三）坚持总结完善，规范人事监督。为进一步规范人事任免工作，2004年3月，常委会在广泛调查和认真总结的基础上，制定了《大丰市人大常委会关于对提请任命人员进行任前法律知识考试的办法》，修改完善了《大丰市人大常委会人事任免办法》。一年来，市人大常委会共任免了国家机关工作人员32人次，撤职1人。任免工作严格按照上述两个办法进行，使党委的意图通过严格的法律程序得以很好地实现。

二、坚持依法治市，加强法律监督，推进社会主义民主法制建设。

（一）发挥主导作用，推进依法治市进程。2004年，常委会先后对国家机关依法行政、公正司法及农村基层民主法制建设情况进行督查，通过视察市看守所、基层派出所，旁听市人民法院庭审，组织法律讲座等形式，积极推进依法治市工作。7月份，常委会专题听取并审议了《建设平安大丰，创建最安全地区》的工作情况汇报，提出了要进一步突出工作重点，狠抓薄弱环节，切实开展专项治理的审议意见。"一府两院"十分重视审议意见的落实，不断完善工作规划，落实全社会创安工作责任，狠抓专项治理，有力地推动了"建设平安大丰，创建最安全地区"活动的深入开展。

（二）关注民生民情，不断加强民主政治建设。常委会通过公示常委会会议议题、邀请公民旁听常委会会议等形式，逐步扩大地方国家权力机关行使职权的透明度和公民有序的政治参与。一年来，先后邀请了24位普通公民旁听了常委会第10次、第12次、第15次会议。会议期间，召开座谈会听取旁听常委会的公民对"一府两院"和人大工作的建议和意见，并将这些建议和意见及时整理印送给市四套班子领导参阅。一年中，常委会共收到群众和代表来信370件次，接待来访400多人次。对其中部分群众反映强烈的案件，进行重点处理，先后协调、审查20多件，督促有关单位和部门纠正错偏案3件，平息越级上访事件4起，化解了矛盾纷争，促进了社会稳定。

三、发挥主体作用，做实代表工作，不断完善社会主义政治文明

（一）加强代表活动，积极发挥代表在三个文明建设中的作用。一年来，常委会利用各种调研、参观、视察的机会，把开展代表活动作为提高代表履职能力的重要载体。4月份，常委会利用纪念《代表法》颁布12周年之机，市镇人大联动，开展了“六个一”活动，即要求全市各级人大代表开展一次以宪法和代表法为主要内容的学习活动，进行一次联系选民活动，为群众办一件实事，开展一次调查视察，提供一条招商引资信息，服务一个私营企业或个体工商户。通过“六个一”活动，进一步提高了代表参与决策作用、监督促进作用以及在经济建设特别是在推进项目建设、招商引资和全民创业中的模范带头作用。

（二）加强人大宣传，注重人大活动的多样性。常委会围绕纪念人民代表大会制度建立50周年，有计划、有重点地开展了系列宣传和纪念活动。市委书记、市人大常委会主任丁宇同志发表了纪念人民代表大会制度建立50周年的电视讲话；常委会组织开展了全市五级人大代表座谈会，召开了人大工作理论研究会，组织在人大工作过的老同志回顾人大发展历程座谈会；在新闻媒体开办人大工作专栏节目，组编了《盐城市人大工作通讯·大丰专版》；召开了全市人大宣传工作会议，出台了《关于进一步加强人大宣传工作的意见》。常委会十分重视对代表先进事迹的宣传，《人大工作情况》每期都有专题栏目介绍代表先进事迹的特约文章。所有这一系列活动，都有效地宣传了人大工作，提高了人大工作的社会认知度和群众参与率，为我市人大工作再上新台阶积蓄了新的动力。

人大常委会工作报告（节录）

——2012年3月23日在大丰市第十四届人民代表大会第一次会议上

市人大常委会副主任　陈相凤

市十三届人大常委会工作回顾

市十三届人大常委会坚持以邓小平理论、“三个代表”重要思想和科学发展观为指导，深入学习贯彻党的十七大、十七届四中、五中、六中全会精神，围绕市委中心工作，紧扣发展主题，突出民生保障，认真履行宪法和法律赋予的监督权、人事任免权和重大事项决定权，充分发挥代表作用，共筹备召开人民代表大会会议4次、常委会会议34次、主任会议60次，形成审议意见57份、主任会议纪要35份，组织代表开展视察86次、专题调研175次、形成调查报告280余份，较好地完成了市十三届人大各次会议确定的各项任务，为推进全市经济社会又好又快发展、加快民主法治进程、合力建设幸福大丰作出了积极努力。

一、围绕发展大局，服务支持中心工作

常委会以建设全面小康社会为统领，紧紧围绕市委发展战略，对沿海开发、招商引资、区园建设、产业转型升级、重大项目推进，以及镇“两化”建设、农村生态文明建设和“三农”等重点工作开展调研视察。常委会认真行使重大事项决定权，及时审议和批准了“十二五”规划、城市发展规划、港口港城发展规划和旅游业发展规划，对61项重大事项作出决定和决议，有力支持了政府工作。

二、关注改善民生，合力建设幸福大丰

常委会围绕建设幸福大丰目标，贯彻执政为民理念，把事关民生的社保体系建设、食品安全监督、新农保推广和城乡供水一体化四项工作分别列为各次人代会一号议案，实行跟踪督办，确保取得实效。常委会听取并审议关于环境保护、老龄、物价、残疾人保障、城镇下岗职工和返乡农民工再就业、困难群众冬春生活安排等50多个专项工作报告，对食品药品安全、教育文化事业、人口与计生、农村及社区医疗、全民健身、保障房建设等与人民群众生活密切相关的工作进行重点调查，有力推动了全市社会事业与经济建设协调发展和城乡统筹发展。

三、加强法律监督，促进民主法治建设

常委会以社会主义民主法治建设为根本任务，切实加强法律监督，对《城乡规划法》《渔业法》等7部法律法规的贯彻实施情况开展执法检查，举办《劳动合同法》《安全生产法》等16场法制讲座，组织学习《公司法》《水污染防治法》等50多部法律法规，为促进法律法规贯彻实施营造了浓烈氛围。常委会听取并审议了市人民法院诉讼调解、未成年人刑事审判，市人民检察院监所检察、控告申诉等8个专项工作报告；完善规范性文件备案审查制度，备案审查规范性文件23件，进一步规范了行政行为；坚持开展“百名代表评十案”活动，注重涉法涉诉信访，接待群众来访2100多人次，处理来信983件次，促进了阳光司法、公正司法，有力推进了法治大丰、平安大丰建设。

四、提高履职能力，增强代表工作实效

常委会重视代表主体地位，建立健全代表工作机制，切实加强对代表工作的组织、指导和服务，提升代表履职能力。常委会不断拓展代表知情、知政渠道，组织代表参加专题视察、执法检查、工作评议等活动，支持代表持证视察，邀请代表列席常委会会议，提高代表对常委会工作的参与度。常委会重视代表建议办理，坚持议案建议办理公示制，四年来共办理建议、议案537件(次)，办结率达100%，代表满意率95%以上。完善主任接待日、代表接待选民日、代表向选民述职等制度。1200多名市镇人大代表任期内均向选民述职一次、每年参加一次较大规模视察调研、接待一次选民活动,270多名市人大代表基本都列席过一次常委会会议。

2012年市人大常委会工作思路

一、以经济建设为中心,贯彻市委战略部署,能快则快跨越发展

围绕市委重大战略部署,听取并审议市政府关于"三港"联动发展、区园载体建设、重点项目推进、金融创新和城乡一体化等重点工作情况的汇报,提出审议意见。针对沿海开发、产业集聚、战略性新兴产业、传统产业升级等工作开展专题调研,提供决策参考。围绕城乡统筹发展、镇"两化"建设、现代农业发展等问题,组织代表开展视察,听取代表建议。

二、以改善民生为目标,紧贴民生实事工程,推进幸福大丰建设

组织代表视察城乡供水一体化工程、交通建设重点工程、城市建设重点工程和为民办实事工程,视察三农工作、村庄环境整治和推进农村七个"一体化"工程,常委会会议听取并审议市政府关于生态市建设、医药卫生体制改革和文化产业发展工作情况汇报,促进政府加强相关工作。对政府为民办实事工程实行跟踪督查,真正把涉及民生福祉的各项事业办好办实。

三、以法治建设为根本,围绕依法治市目标,深化民主法治进程

立足民主法治建设实际,进一步强化普法工作,组织开展《刑法修正案(八)》《行政强制法》《建设项目预审用地管理办法》等法制讲座,努力提高常委会组成人员、市人大代表及"一府两院"职能部门负责人的法治意识和依法行政、公正司法的水平,推进法治大丰建设。组织对《消防法》《红十字会法》贯彻实施情况开展执法检查,认真做好规范性文件备案审查工作,促进政府进一步规范行政行为。

人大常委会工作报告(节录)

——2014 年 1 月 5 日在大丰市第十四届人民代表大会第三次会议上

市人大常委会副主任　吴家祥

2013 年,市人大常委会在市委的正确领导下,以党的十八大、十八届三中全会以及市委十一届三次全体会议精神为指导,紧紧围绕市委“创新驱动、转型跨越”总基调和“六个聚焦”工作重点,依法履职,务实进取。一年来,共召开常委会会议 7 次,主任会议 12 次,听取和审议“一府两院”专项工作报告 30 项,作出决议、决定 5 项,组织视察调研、执法检查、专项工作评议 45 次,依法任免国家机关工作人员 29 人次,较好地发挥了地方国家权力机关职能作用。

一、紧扣转型跨越,全力促进经济健康发展

面对复杂多变的经济形势,常委会突出转型跨越主题,依法行使监督职权,全力推动市委重大决策部署的落实。

着力关注发展运行态势。常委会按照市委“五个国际化”战略部署,全力聚焦沿海开发、聚焦区园建设、聚焦重大项目推进。组织代表深入开展视察调研,听取和审议全市经济社会发展计划执行情况报告,要求经济综合部门加强对宏观经济形势分析研判,积极转变经济发展方式,大力招引战略性新兴产业和高新技术项目,坚持生态发展,扎实抓好安全生产和环境保护。为支持和保障发展,常委会不断强化对财政预算的监督,依法审查批准年度财政预算和决算,建议市政府进一步加大征收力度,大力培植税源经济,规范财政收支行为,提高运行质量,增强财政资金使用效率,切实为发展提供支撑。

着力促进经济结构优化。常委会审议全市科技创新工作,提出了加快科技创新成果转化,以引人才、创品牌提高科技创新能力,加快创新型城市、智慧型城市建设等建议。旅游兴市是转型升级的助推器,常委会组织对全市旅游工作开展视察调研,建议市政府加强宣传推介,打响旅游品牌,做优旅游环境,提升旅游配套和服务水平。中小企业发展是转型升级的重要支撑,常委会专题听取和审议全市中小企业运行情况报告,建议市政府及相关职能部门在主体经济增幅较高的大好形势下,深化对中小企业发展的科学把控,防止以点盖面,不断强化服务和扶持,切实为企业排忧解难,促进企业提档升级。

着力推动城乡统筹发展。听取和审议全市农业现代化建设情况报告,建议市政府充分发挥市镇农业园区的示范、带动和辐射作用,加大农业龙头企业招引、培植力度,推进农业产业化经营,切实提高农民收入。针对全市滩涂开发和利用情况,建议进一步调优滩涂产业结构,不断提升全市滩涂开发利用水平,实现经济效益、社会效益和生态效益的有机统一。审议批准了《大丰市城市总体规划(2012—2030)》《大丰市重点林地保护利用规划(2013—2020)》,并要求严格执行规划,依法科学组织实施。

着力提升部门服务质量。常委会始终坚持党管干部和人大依法任命干部相统一的原则,寓人事监督于工作监督之中,不断促进"一府两院"被任命人员依法履职、清廉从政。根据市十四届人大二次会议全体代表投票结果,常委会围绕强化服务职能、提升服务水平等方面组织对市国税局、住建局开展专项工作评议,通过市镇联动、走访企业、问询群众、召开座谈会、问卷调查等形式,广泛征求社会各界意见40条。受评部门认真接受评议,积极落实整改,部门管理服务水平有效提升。

二、紧扣幸福共享,全力促进民生事业改善

常委会坚持民生幸福第一目标,密切关注全市人民最关心、最直接、最现实的利益问题,致力增进人民福祉,有效促进社会和谐。

关注困难群体社会保障。针对少数因大病导致群众特别困难的实际,常委会以督办市十四届人大二次会议《关于整合资源,加大对城乡居民大病救助力度的议案》为抓手,多次召开座谈会、推进会,听取政府汇报,了解办理进度,提出办理建议。市政府高度重视,将此项工作列为2013年度为民办实事工程,市政府主要领导专题会办研究,及时修订《大丰市城乡困难居民医疗救助办法》,2013年,全市累计救助7320人次,支出救助金2813万元。持续关注市十四届人大一次会议《关于切实解决失地农民社会保障问题议案》的后续办理工作,针对有关政策落实过程中出现的用地手续、执行时间等问题提出意见建议,督促各项政策落实到位。城乡困难群众冬春生活安排作为常委会每年固定议题,主任会议专题听取相关情况汇报,建议市政府在健全济贫解困长效机制同时,重点安排好"重病、重灾、重残"特殊群体的冬春生活,让困难群众切实感受到党和政府的温暖。

关注为民实事工程建设。对保障性住房建设及使用情况开展专项监督,组织常委会组成人员、人大代表实地察看项目建设现场,针对存在问题,提出科学规划、提升品质,稳定投入、加快建设,强化管理、进出有序等建议。为促进相关城建、交通重点工程建设,常委会深入部门、工地详细了解项目建设进展情况,听取相关工作汇报,建议政府加大协调力度,破解资金、征收难题,同时建管并举,让人民群众充分体验精品工程带来的品质生活。

关注社会公用事业发展。常委会听取全市职业教育工作情况汇报,督促进一步创新办学理念,整合职教资源,深化校企合作,拓展就业渠道,努力培养应用型、专业型人才。文化产业是满足人民精神需求的重要载体,常委会对全市文化产业发展审议意见落实情况进行跟踪监督,建议进一步创新思维、深化改革,推动文化产业做大做强,更加繁荣发展。做美城市环境是营造和谐宜居家园的重要内容,常委会对城市管理工作开展视察调研,赴外地先进地区学习取经,提出加大宣传力度,建立大城管机制,整治重点薄弱环节等建议,推动我市城管工作再上新台阶。

三、紧扣公平正义,全力促进法治大丰建设

常委会始终把保证法律法规的正确有效实施放在重要位置,认真履行法律监督职能,支持和督促"一府两院"依法行政、公正司法,着力维护社会公平正义。

注重法制教育,推动"六五"普法。常委会把深入开展学法用法作为推动发展、构建和谐的有效途径,组织学习法律法规,举办《刑事诉讼法(修正案)》等法制讲座,切实增强法制意识。通过多种方式,推动政府及相关部门开展普法宣传教育,听取了全市"六五"普法工作情况汇报,要求行政、司法机关在媒体上讲案说法,以身边人、身边事进行生动鲜活的普法教育;建议市政府不断创新宣传方法,健全共管机制,突出法治实践,深化推进普法工作。

开展执法检查,推进依法行政。执法检查是人大加强法律监督的重要形式,2013 年,常委会重点对《社会保险法》的贯彻实施情况进行了执法检查,历时 5 个多月,对全市 12 镇、两区的 587 家企业进行了广泛全面深入的检查,针对检查中发现的问题,作出了大力营造良好氛围,依法加大扩面征缴力度,强化社保基金的监管和运行安全,加快平台和队伍建设等执法检查审议意见,市政府及相关部门认真落实,有力推动了全市社会保险工作有序深入开展。常委会还积极参与省人大五年立法规划调研,从推动沿海开发、提高行政效率等方面提出了建议。配合盐城市人大对《知识产权保护法》、《台湾同胞投资保护法》开展执法检查,推动相关法律法规在我市的贯彻实施。

强化基础建设,促进司法公正。常委会听取和审议了全市公安机关基层派出所建设情况报告,提出强化基层基础工作,优化警务机制,加强队伍建设,规范执法行为等建议。市政府及公安机关高度重视,审议意见提出的 22 项具体工作已落实 21 项。由于基础工作扎实,全年刑事发案率下降 25% 以上,社会治安满意度测评在全省保持领先。对法院、检察院工作开展调研,要求"两院"不断强化能动司法意识,规范司法行为,提升业务能力,努力为发展大局提供优质司法服务。听取市人民法院非诉行政执行工作情况汇报,建议不断改进审查机制,注重案件执行和解工作,逐步实现审执分离。组织 40 名人大代表参与"百名代表、委员评十案"活动,加强了执法监督,提升了司法公信力,实现法律效果和社会效果的统一。

重视人大信访,规范备案审查。认真做好群众来信来访工作,规范信访转办程序和跟踪督办机制，全年共受理群众来信66件，接待来访代表和群众50多人次，为维护社会稳定发挥了积极作用。加强和改进规范性文件备案审查工作，完善工作流程和机制，全年共收到市政府报备的规范性文件5件，经审查，均未发现与法律法规相抵触或超越法定权限的情况。开展了规范性文件实施的社会效果调研，及时形成调研报告供政府参阅，促进了备案审查水平不断提升。

四、紧扣主体地位，全力促进代表作用发挥

常委会尊重代表主体地位，把充分发挥代表作用作为人大工作的重点，创新代表工作思路，丰富代表活动内容，切实保障代表依法履职行权，着力提高代表工作实效。

加强制度建设，畅通联系渠道。制定出台加强和规范闭会期间市人大代表活动的若干意见等一系列代表工作制度，推动代表工作规范、有序开展。坚持常委会组成人员联系代表、代表联系选民的“双联系”机制，开展常委会主任接待代表日、代表接待选民日的“双接待”活动，拓展了常委会与代表、代表与选民的联系。扩大代表对常委会工作的参与度，大幅提高代表列席常委会会议、参加视察调研、执法检查、专项工作评议的次数和比例，全年共有300多人次参加了常委会组织的各类活动。

丰富活动内容，发挥代表作用。深入开展以“建设幸福大丰，争当模范代表”为主题的“五个一”“五争当”实践活动和“争先创优”活动，广大代表积极参与，主动作为，共服务企业140家，帮扶贫困户246户，为群众办实事好事235件，市镇人大代表共接待选民2100多人次，提出各类建议意见181件。以“访选民、听意见、提建议”活动为契机，组织代表深入基层、收集民情，努力为群众代言。组织市镇代表向选民述职，今年共有320名代表向选民进行了述职。组织开展“市人大代表活动先进小组”“代表活动积极分子和优秀联络员”等评选表彰活动，有效促进了闭会期间代表活动的开展。

加大督办力度，注重办理实效。常委会以提高办成率为主要目标，通过督办代表建议，着力解决群众关心、代表关注的民生问题。坚持常委会领导重点督办制，将“巩固创卫成果”等7件重点督办建议，由常委会分管领导牵头，相关工委跟踪督办，推动相关问题的解决。加大开门办理力度，采取召开催办会、电话督查、代表视察、承办单位现场与代表见面等方式，促进办成率大幅提升。完善建议办理办前、办中、办后公示制，实行建议网上办理，提高办理效率。实行代表不满意重新办理制，对代表明确反馈为不满意的答复件，要求承办部门重新办理并答复代表。全年代表提出的133件议案建议均已按期办结并答复代表，办成率达62.9%，代表满意率达98%以上。

五、紧扣能力提升，全力促进常委会自身建设

常委会按照新形势新要求，强化自身建设，以奋发有为的精神状态，开拓创新，合力奋进，不断提高服务发展的能力。

强化大局意识。始终把坚持党的领导作为统领人大工作的行动指南，重大事项及时向市委请示报告。积极参与中心工作，常委会领导在光明工业区建设、大丰港开发等工作中参与决策、靠前指挥，在“进村入户”“深化两服务、发展保稳定”等活动中，积极深入挂钩联系点协调要素、解决难题。机关同志踊跃投身招商引资、城建房屋征收、镇“两化”建设、结对帮扶等重点工作，圆满完成各项任务。以“星期六党校”学习活动为载体，坚持“一会一训”“一月一法”，专门邀请省市相关专家学者就金融创新、城市管理等内容举办知识讲座，进一步优化知识结构，增强履职能力。

强化机制完善。修订出台《常委会议事规则》等工作制度，进一步明确了常委会工作开展的原则、方法和要求，提高了常委会工作制度化、规范化水平。认真执行常委会各项工作制度和规程，着力提高常委会审议质量，督促常委会组成人员会前广泛开展调研，收集意见建议，注重审议意见的针对性和可操作性；加强对常委会审议意见的跟踪督办，对“一府两院”处理落实审议意见情况进行满意度测评，丰富了监督形式，增强了监督实效。严格落实中央“八项规定”和省市委决定，厉行勤俭节约，自觉接受群众和社会监督。

强化宣传调研。制定出台人大宣传工作意见，举办全市人大通讯员培训班，认真做好重大活动、重要会议、重点工作的宣传报道，在全省市县级人大信息报送工作中位居前列，被省和盐城人大表彰为通联宣传先进集体。调研工作成果丰硕，在全市人大系统继续开展优秀调查报告评选活动，及时将优秀调研报告呈送主要领导审阅，为市委市政府决策提供参考；在全省人大常委会主任培训班上我市专题就调查研究工作进行了经验交流，得到省人大领导的充分肯定，在盐城市人大评比中名列第一。

强化服务指导。重视基层人大工作，进一步加强与各镇区人大的工作联系，定期召开镇区人大工作座谈会，指导推进基层人大工作；强化市、镇联动，邀请镇区人大负责人列席常委会会议，参加视察调研、执法检查、专项工作评议等活动；加强镇人大基础建设，巩固“五有”规范化建设成果，提升镇人大工作水平。重视老干部工作，定期组织老同志开展政治学习、视察调研等活动，促进老干部作用发挥。

2014年人大常委会工作思路

一、以服务大局为中心，努力促进经济较快发展

深入贯彻落实市委十一届四次全体会议重大决策部署，按照“在全面小康建设中当好标兵，在沿海开发中当好主力军，在推进协调发展中做好示范，在对外开放中建好窗口”的总要求，围绕发展第一要务，听取和审议市政府关于企业转型升级和新项目运行、行政审批改革和服务等工作情况报告，促进产业结构调整，优化营商环境，全力为实现转型发展出谋划策、保驾护航。大力推动城乡统筹，听取和审议农村土地流转及家庭农场发展、林业发展、农业公共服务体系建设等工作情况报告，对集镇建设、土地流转等工作进行视察，着力增强“三农”发展活力。积极探索加强对政府全口径预算决算审查监督、国有资产监督的新机制、新举措，切实提高计划和财政监督实效。坚持党管干部原则，依法任免国家机关工作人员，组织对市政府部门专项工作进行评议，敦促相关部门依法履职尽责，切实服务群众、服务企业、服务项目、服务全市发展大计。

二、以关注民生为根本，切实维护群众根本利益

围绕“生态立市”发展战略，听取和审议生态文明建设情况报告，批准生态建设与环境保护规划，对城市管理综合执法改革进行视察调研，提出合理化建议，着力推进国家级生态市建设，助力打造生态宜居的魅力大丰、幸福大丰。围绕群众关注的热点问题，听取和审议学前教育、社区健康服务业、计划生育惠民工程实施、城乡困难群众冬春生活安排情况报告，促进相关问题解决。全力支持政府办好实事工程，听取实事工程推进完成情况、城建交通重点工程建设汇报，推动提升老城、决战新城、突破港城及构建大交通战略的深入实施。加强对信访问题的督办、协调和跟踪检查，维护人民群众的合法权益，促进社会和谐稳定。

三、以依法行政、公正司法为目标，加快推进法治大丰进程

注重法律宣传，组织学习《消费者权益保护法》等法律法规，举办《民事诉讼法（修正案）》等法制讲座，增强全民法律素养。组织对《食品安全法》开展执法检查，推动法律法规在我市全面贯彻实施，切实维护群众利益和法律权威。开展人民陪审员工作调研，听取和审议人民陪审员工作、监所检察工作情况报告，推进相关工作机制、体制逐步完善。听取第十届村委会换届选举、规范性文件制定、备案和管理工作情况汇报，开展技防城市建设、人民防空工作视察，为法治大丰、平安大丰建设夯实基础。

四、以促进履职为抓手，充分发挥代表主体作用

加强和改进代表工作，支持、规范和保障代表依法履职。围绕“五个一”，深化“五争当”主题实践活动，宣传模范代表先进事迹，扩大活动影响。围绕全市工作大局，精心组织代表视察调研，着力提高代表小组活动实效。推行“双联系”“双接待”工作常态化，探索密切常委会与代表和人民群众联系的新方式、新途径。加大邀请代表列席常委会会议，参加视察调研、执法检查等活动力度，扩大代表参与常委会工作的广度和深度。督促“一府两院”加强与代表的联系，拓宽代表知情知政渠道。完善代表履职登记制度，继续开展代表向选民述职活动，支持和促进代表依法执行职务。创新议案建议办理方式，注重办理实效，坚持常委会领导重点督办制，开展优秀议案建议、先进承办单位评选表彰活动，把提高办成率作为衡量办理工作的第一指标。强化基层代表工作服务指导，提升“人大代表之家”功能，充分发挥代表作用。

五、以提升效能为重点，不断提高自身建设水平

围绕市委工作会议精神，按照重调研、重创新、重落实，有作为、有活动、有特色、有典型的“三重四有”工作要求，依法全面履行工作职能，争创人大工作新业绩。提高政治素养，坚定道路自信、制度自信、理论自信，以良好的精神状态学习贯彻党的十八届三中全会精神，不断增强政治意识。注重学习培训，通过举办专题讲座、组织学习交流等形式，提高工作能力。加强作风建设，深入开展群众路线教育实践活动，切实解决“四风”问题。强化工作创新，出台人大常委会专题询问实施办法，对常委会审议意见落实情况持续跟踪监督并开展满意度测评。深化宣传调研，注重前瞻性，突出指导性。举办人民代表大会制度建立60周年座谈会，造浓学习、宣传、贯彻氛围。强化联系指导，开展提高镇级人大工作组织化水平专题调研。坚持进位争先，主动参与招商引资、“两服务”、结对帮扶等工作，努力为全市经济社会发展履职尽责。

二、领导论坛

为谱写伟大中国梦大丰篇章凝聚强大力量

——在纪念全国人民代表大会成立60周年座谈会上的讲话

（2014年9月20日）

倪　峰

今天我们在这里召开纪念全国人民代表大会成立60周年座谈会，主要是认真学习贯彻习近平总书记在庆祝全国人民代表大会成立60周年大会上的重要讲话精神，进一步坚定中国特色社会主义道路自信、理论自信，制度自信，扎实做好新形势下人大工作，团结和动员全市人民为建设高水平小康社会、谱写伟大中国梦大丰篇章合力奋斗。

1954年7月4日，大丰县第一届人民代表大会第一次会议隆重召开。60年来，全市各级人大围绕市委工作中心和全市改革发展，稳定大局，认真履行宪法和法律赋予的职责，在推动发展、促进改革、改善民生、维护稳定等方面，加强监督，提出建议，为推动全市经济社会发展做出了重要贡献。成绩的取得离不开历届人大老领导、人大机关全体同志、镇区人大同志所付出的辛劳和汗水，在此，我谨向大家表示衷心的感谢和亲切的问候！刚才，“一府两院”主要负责同志分别就自觉接受人大监督、做好本职工作、促进代表履职等方面，作了很好的发言。现在我讲四点意见。

一、全面深入学习贯彻习近平总书记重要讲话精神。习近平总书记在庆祝全国人民代表大会成立60周年大会上发表了重要讲话，强调要毫不动摇坚持人民代表大会制度，与时俱进完善人民代表大会制度，坚定不移走中国特色社会主义政治发展道路，继续推进社会主义民主政治建设、发展社会主义政治文明。总书记的重要讲话深刻总结了人民代表大会制度的历史意义和现实意义，深刻分析了人民代表大会制度的强大生命力和显著优越性，深刻昭示了在新的历史起点上只有坚持和完善人民代表大会制度，才能为实现中华民族伟大复兴提供有力制度保障。全市上下要深入学习贯彻习近平总书记重要讲话精神，准确把握人民代表大会制度60年来的基本经验，始终坚持党的领导、人民当家做主、依法治国、民主集中制的有机统一，充分认识中国特色社会主义政治制度的优越性，努力把人民代表大会制度坚持好、完善好、实践好、发展好，切实维护人民群众政治、经济、文化权益，推动社会主义民主更加完善，社会主义法制更加完备，依法治国方略全面落实。

二、紧紧围绕改革发展目标，充分发挥人大职能。当前，我市正处于全面建设高水平小康社会的重要阶段，需要通过更加有成效的人大工作，把全市上下的积极性、主动性、创造性充分调动起来，深化改革创新，实现转型发展。全市各级人大要认真履行宪法和法律赋予的职责，在新一轮改革发展中发挥更大作用。要服务改革发展大局。全市各级人大要以庆祝人民代表大会制度建立60周年为契机，进一步把思想统一到市委的各项决策部署上来，围绕沿海开发、旅游兴市、深化改革、生态建设、城乡统筹、民生幸福等重点工作，广泛开展工作视察、专题调研，广纳群言，广集民智，努力形成富有建设性的意见和建议，为党委政府完善决策、改进工作当好参谋、搞好服务。要提高人大监督实效。人大监督是代表国家和人民进行的监督，是宪法和法律赋予人大的重要职权。要加强对“一府两院”执法、司法工作的监督，确保行政权、审判权、检察权得到正确行使。要创新监督理念，紧扣市委、市政府的重大决策部署开展监督，做到寓监督于支持，寓监督于理解，促进各项工作落到实处。要让人民监督权力，把权力关进制度的笼子，坚持在党的领导下，切实发挥人大监督的作用，努力保持全市良好政治生态环境，推动形成风清气正的党风、政风和民风。要维护良好政治生态，切实把人大监督权落实到实际工作中、放在具体行动上，尤其是“一府两院”要在工作中自觉维护这个制度，自觉坚持这个制度，自觉接受人大监督。要发挥人大代表作用。人大代表来自基层、根植群众，要尊重代表主体地位，创新代表工作机制，密切代表与人民群众的联系。人大代表要通过基层视察、入户走访、集体座谈等方式，密切与选民、群众的联系，及时把党委政府的决策、政策带下去，把基层反映和群众呼声带上来，多做释疑解惑、理顺情绪、化解矛盾、维护稳定的工作，让群众最盼望的事及时办好，群众最不满意的事及时纠正。

三、全面加强人大自身建设，提高依法履职水平。加强自身建设，是人大及其常委会依法履行职责的重要保证，也是充分发挥人民代表大会制度优越性的重要保证。要坚持正确方向。全市各级人大要进一步加强思想政治建设，深化对人民代表大会制度的认识，牢固树立政治观念、大局观念、群众观念和法治观念，努力提高为人民执好政、掌好权的本领。要严格执行中央“八项规定”，继续深入开展党的群众路线教育实践活动，始终保持同人民群众的血肉联系，树立地方国家权力机关良好形象。要强化制度完善。按照全面深化改革的要求，进一步加强人民代表大会制度理论研究和实践创新，在监督、重大事项决定、人事任免等方面，逐步健全适合地方国家权力机关特点、充满活力的工作制度和运行机制，从制度层面保障人大工作有序健康发展。要加强组织建设。不断优化人大代表、人大常委会组成人员的年龄、知识和专业结构，提升代表和常委会组成人员的履职能力。加强市镇人大工作联系，密切工作协同,开展工作交流,不断提升镇级人大工作水平,实现全市各级人大整体推进、同步发展。

四、坚持党对人大工作领导,创造良好履职条件。坚持党的领导,是我们开展各项工作的一项基本原则。要把加强党对人大工作的领导,作为改进党执政方式的重要途径,推进人大工作创新发展。要摆上重要位置。党委要发挥总揽全局、协调各方的作用,真正把人大工作作为党的工作重要方面,纳入党政领导班子目标考核重要内容,做到党委主要负责同志定期听取人大工作汇报,会办落实相关工作,关心、支持人大开展工作。同时,人大要自觉接受党委领导,围绕中心,服务大局,代表群众,依法履职,确保党委重大决策部署得到贯彻落实。要支持依法履职。高度重视人大视察活动,单位主要负责同志要亲自参与、主动汇报。认真办理人大代表提出的议案建议,以对代表负责、对群众负责的态度认真加以落实。听取人大关于干部人事工作意见和建议,支持依法选举,尊重选举结果。重视人大干部队伍建设,加大人大干部培养交流力度,激发队伍活力。积极参加人大组织的各类会议活动,做好会议出席、汇报安排。按照人大工作实际需要,努力在人员、经费上做好保障。要营造良好工作环境。支持人大按照宪法、法律积极主动,独立负责,协调一致开展工作。加强人大工作宣传,把人大制度理论作为干部培训的必修课程,切实增强各级干部的民主法治观念,形成全社会关心和支持人大工作的良好氛围,为谱写伟大中国梦大丰篇章凝聚强大力量。

(作者为盐城市委常委、大丰市委书记、市人大常委会主任)

汇聚改革创新的强大正能量

——倪峰在市十四届人大三次会议闭幕时的讲话

市十四届人大三次会议,经过全体代表和与会同志的共同努力,已圆满完成各项议程,即将胜利闭幕。会议期间,各位代表以强烈的使命感和高度的责任心,听取和审议了市人大和“一府两院”工作报告,审查批准了国民经济社会发展计划和财政预算,选举产生了市人大常委会副主任1名,对事关全市改革发展大局和人民群众切身利益的重大问题,提出了许多宝贵意见和建议。会议始终洋溢着民主、奋进的气氛,体现出改革、创新的精神,是一次凝聚人心的大会,团结鼓劲的大会,务实高效的大会,简朴节俭的大会。

2013年,全市上下深入贯彻落实市委十一届三次全会和市委工作会议精神,紧紧围绕“创新驱动、转型跨越”总基调和“六个聚焦”工作重点,一心谋发展,全力为民生,开创了经济社会发展新局面。GDP、公共财政预算收入、规模以上工业增加值、工业投资增幅和工业税收、固定资产进项税额抵扣总额盐城第一，工业开票销售总量苏北第一、增幅全省第一。这些成绩的取得，是全市广大干群和全体代表开拓创新、进位争先的结果。

2014年是贯彻落实党的十八届三中全会精神、全面深化改革的开局之年，是实施“十二五”规划的攻坚之年。全市上下一定要把思想统一到市委十一届四次全会的决策部署上来，把行动统一到这次大会确定的各项目标任务上来，不断汇聚改革创新的强大正能量，全力推动大丰转型发展。

一、以时不我待的胆气推动改革创新

党的十八届三中全会吹响了全面深化改革的“集结号”。我们必须以更加敏锐的眼光、更加坚定的信心，在深化改革中抢抓机遇，在用好机遇中加快发展。要领会改革实质。深刻领会全面深化改革的时代背景、主攻方向、基本立场、重要原则，深刻领会三中全会提出的一系列新思想、新思路，紧紧咬住改革的目标任务，结合大丰发展实际，抓好江苏沿海发展、长三角一体化等国家战略机遇，用好上海自贸区等综合改革试点平台，以重点领域、重要方面的率先突破，全力打好大丰改革攻坚战。要强化机遇意识。机遇最宝贵。能否把握和运用全面深化改革这次机遇，决定着我们能否找到转型发展的根本动力、发展空间和战略路径，能否走在改革创新的前列。当前，苏南等先进地区更加专注转型发展，更多追求增长的质量与效益，发展的速度有所放缓，这给大丰加快发展创造了难得机遇。我们必须切实增强改革的紧迫感、责任感，牢固树立机遇意识，以敢为天下先的勇气和精神去深化改革、推动发展，把率先突破作为深化改革的必成目标，把大胆探索作为深化改革的有力手段，努力走出大丰改革特色之路。要增强发展信心。经过连续多年持续有效的投入，大丰基础设施建设和产业发展已经集聚起强大的发展后劲，发展的新亮点层出不穷，崛起的能量汇聚发力。当前，大丰正处于转型发展的新阶段，全市上下要增强发展信心，善于在复杂环境下抢抓机遇，在激烈竞争中奋力突破，努力变压力为动力、化挑战为机遇，实现领跑苏北、赶超苏中、跻身苏南、融入上海。

二、以勇创大业的豪气推动改革创新

目标引领方向，我们必须以更高的发展目标、更快的发展速度、更实的发展举措，在改革创新中实现转型发展。要坚持高端导向。坚持“高轻优强”调整取向，立足高端提升产业层次，全力招引高端项目，主攻高端技术，发展高端产品，突破高端环节，力求掌握一批核心技术，实施一批重点项目，建设一批特色基地，推动新兴产业集聚发展、主导产业集约发展、特色产业集群发展、现代服务业与先进制造业融合发展、生态旅游业快速发展。要坚持创新导向。转型发展的过程，就是创新创造、迸发活力的过程。大丰发展之所以能够突飞猛进，就是得益于我们坚持向科技创新要优势、向金融创新要资金、向组织创新要保障。全市上下要一以贯之地聚焦创新，推动理念、科技、金融和社会治理创新，大力创造实业、创造财富、创造价值，在全社会营造创新创造、发展兴业的浓厚风尚。要坚持民生导向。民生冷暖最能检验和体现群众的幸福指数。各级领导和全体代表要牢固树立执政为民思想，认认真真访民情，诚诚恳恳听民意，实实在在帮民富，大力为民兴办实事，扎实开展领导干部“进村入户”“深化两服务、发展保稳定”等活动，切实解决好人民群众的就业、就医、就学、住房和社会保障等利益问题，使全市人民更多更好地享受改革创新成果。

三、以争先创优的志气推动改革创新

争先创优是一种精神、一种追求。要按照“盐城争第一、全省创一流、全国有影响”的目标，始终以最高标准为要求，以同类先进地区为标杆，开展各项工作。要敢于担当。树立“当官避事平生耻”的信念，敢于切入最复杂最棘手的矛盾，勇于解决最突出最尖锐的问题，办好最利民最惠民的实事。全市广大党员干部要讲担当、会担当，对事业有担当，对原则有担当，对岗位有担当，为了群众的利益和大丰的发展大局就不怕批评人，不怕得罪人，不怕丢选票，敢作敢为、善作善成。要真抓实干。干事业，做事情，最需要的就是实干精神。各级干部要把全部心思和精力用在抓落实上，看准的事情要立即行动，定下的决策要抓紧实施，部署的工作要一抓到底，承诺的事项要坚决兑现，不断创造经得起人民检验的业绩。各区园、各部门要始终保持干事创业的激情，把心思用到干事创业上，把精力放到抓落实上，切实提高各板块对全市发展大局的贡献率，进一步营造争先创优、比学赶超、竞相攀高的发展氛围。要奋勇争先。要有坐不住的紧迫感、等不起的危机感、慢不得的使命感，紧紧抓住用好各种机遇和优势条件，抢占发展的制高点。要敢和强的比，敢向高的攀，敢与快的赛，发展质量比学苏南、发展速度比肩苏中，以积极进取、奋发有为的精神状态，努力为建设幸福大丰、实现伟大的“中国梦”而不懈奋斗。

在大丰市第十四届人民代表大会第一次会议闭幕式上的讲话

（2012 年 3 月 25 日）

陈　平

各位代表，同志们：

刚才，市第十四届人民代表大会第一次会议选举产生了新一届市政府领导班子，并再次选举我担任大丰市人民政府市长。这是全体代表和全市人民的信任和重托，在此，我代表新当选的市政府领导班子，向各位代表和全市人民表示衷心的感谢！

这次换届，有三位副市长因工作变动和年龄的原因，不再担任市政府领导职务。几年来，他们立足本职，把握大局，勤恳工作，为大丰的经济社会发展，为政府的自身建设做出了重要贡献。在此，我代表新一届市政府领导班子，向他们表示崇高的敬意！

新一届政府任期的五年，是大丰全面建设更高水平小康社会、努力建设幸福大丰，开启基本现代化新征程的关键期，是加快转变经济发展方式、推动经济转型升级的攻坚期，是沿海开发的加速期。机遇千载难逢，挑战前所未有，发展任重道远。市长，不仅是一种荣誉、一份权力，更是一副重任、一项使命、一份期待。人民代表把这个权力交给我们，我们就必须切实担负起重任和使命，为群众谋利益，为发展尽全力，为大丰做奉献。我将倍加珍惜参与大丰建设和发展的机会，倍加珍惜与大丰广大干部群众合作共事的情缘，倍加珍惜团结奋进的良好局面，带领新一届市政府领导班子，全身心投入到坚持科学发展，建设幸福大丰的伟大实践中。

——**我们将始终把加快发展作为第一要务。**牢固确立强烈的机遇意识、责任意识、争先意识，以“坚持科学发展、建设幸福大丰”为主题，以转变经济发展方式为主线，大力实施以工强市、“两海”齐抓、生态立市、旅游兴市“四大战略”，进一步突出招商引资、项目建设这个“牛鼻子”，进一步突出沿海开发，进一步突出产业发展，进一步突出创新驱动，全力保持经济持续较快增长，努力实现大丰科学发展、跨越发展、和谐发展，再创一个黄金发展期。

——**我们将始终把狠抓落实作为第一责任。**求真务实，埋头苦干，集中精力抓落实。勇于担当，敢于负责，多做打基础、利长远的工作。注重提高抓落实的能力和水平，创新观念抓落实、持之以恒抓落实、雷厉风行抓落实。把更多的精力放在抓重点工作落实、重大项目建设上，聚精会神搞建设、一心一意谋发展，努力做大经济总量，提升发展质量，在抓落实中开创各项工作的新局面。

——我们将始终把改善民生作为第一追求。执政为民，民生优先。我们将牢固树立正确的政绩观，把群众利益作为根本的价值取向，把群众满意作为最终的评判标准，努力干实事、干好事、干老百姓满意的事。深入基层，深入实际，从群众最不满意的事情抓起，从群众最困难的事情帮起，从群众最期望的事情做起，通过统筹推进民生工程和社会建设，使发展的成果更多地惠及百姓。

——我们将始终把廉洁从政作为第一要求。倍加珍惜人民的信任，牢记“两个务必”，筑牢防腐拒变防线。坚持依法行政，秉公用权，以公生明，以廉树威。推进政务公开，加强行政监察和审计监督，自觉接受人大和政协及各方面的监督，让权力在阳光下运行，切实把政府班子建设成“为民、务实、创新、高效、依法、廉洁”的班子，树立人民政府勤政廉政的良好形象。

各位代表、同志们，大丰的发展正站在一个新的起点上，历史的机遇召唤着我们，美好的蓝图激励着我们，人民的期待鼓舞着我们。我们一定会在市委的坚强领导下，在市人大、市政协的监督支持下，与全市广大干部群众一道开拓进取，拼搏奋斗，建设一个充满生机活力的幸福大丰。

（作者为大丰市委副书记、市长）

做好“三个带头”增强“四种观念”
切实提高常委会组成人员履职能力（摘要）

——吴家祥在市人大常委会组成人员集中学习活动上的讲话

在全市党的群众路线教育实践活动全面深入开展的重要阶段，市人大常委会组织全体组成人员开展集中学习活动，一方面是贯彻教育实践活动关于将学习教育贯穿活动始终的要求，营造组成人员带头落实活动要求、争当学习典范的良好氛围；另一方面，也是丰富人大常委会会议内容，着力提高组成人员政治素养和思想境界，提升履职能力的现实需要。常委会是一个领导集体，每一位组成人员都要把开展教育实践活动作为当前首要政治任务，不能游离于活动之外；要认清自身身份和肩负的重要使命，既要在本职岗位上发光发热，更要着眼于常委会履职平台，抬高要求，争当表率，切实发挥模范带头作用。

一、带头学习贯彻习总书记系列讲话和教育实践活动文件精神，切实保证组成人员履职行权方向更明、理念更新、思路更清、信心更足

党的群众路线教育实践活动第一阶段的主要任务是学习教育、听取意见，我们要带头落实，切实把学习教育的要求贯穿活动始终，贯穿到人大工作全过程。要深入学习习近平总书记系列讲话精神。深入学习领会习总书记关于坚持和完善人民代表大会制度的重要论述，全面指导常委会工作；深入学习领会习近平总书记对党的群众路线教育实践活动提出的“五个更加”的要求，切实将活动的要求落到实处。要学习先辈先进的模范事迹，做到学有所获，学以致用。深刻把握习总书记在兰考视察讲话精神实质，从焦裕禄、吴仁宝等光辉事迹中探寻精神的光芒，大兴服务群众、艰苦奋斗、求真务实、知难而进、敬业奉献之风，真正把学习的出发点和落脚点放在坚定理想信念上、放在提升履职能力上、放在解决实际问题上，把学习的收获转化为推动人大工作、服务科学发展的思路和举措。

二、带头投身教育实践活动和改革发展生动实践，充分发挥组成人员职能作用，以严谨规范、务实高效的履职行为彰显先进性和代表性

一是要积极实践。准确把握领导干部“三解三促一加强”、党员干部“进村入户改作风”活动的总体要求，结合本职工作特点，灵活多样开展调查走访，真正把自己摆进去，积极发挥职能优势，全力协调解决一些困难和问题。二是要加强与群众的联系。坚持深入群众、融入群众，带着感情开展群众工作，拓宽与群众沟通的渠道，了解群众所思所想所盼，要自觉转变作风，放下架子，不打官腔，虚心向群众请教，从群众中汲取营养和智慧。三是要加强调研。充分发挥调查研究在开展人大工作中的重要作用，运用好调查研究基本工作方法，不断深化调查研究的广度和深度，着力查找工作不足，对在调研中发现的各类问题，通过教育实践活动的开展切实加以重视并研究解决。

三、带头严格落实中央、省、市委各项规定，持续加强作风建设，进一步树立人大常委会良好形象

要全面把握规定的要求。党的十八大召开以来，中央、省委、盐城市委以及大丰市委相继出台了关于改进工作作风、密切联系群众的若干规定，并持续加大督查力度，我们要严格对照排查，慎独慎微，绝不放松对自己的要求。要带头执行规定。认清自己的身份，模范遵守党纪国法，模范执行廉洁从政的各项规定，坚决反对“四风”，算好廉政“七笔账”，筑牢思想防线，树立地方国家权力机关的良好形象。要教育和影响身边人。常委会组成人员是代表中的代表，有着更广泛的代表性，杜绝“四风”、保持清廉，不仅要管好自己，还要以自身的模范行为影响、带动身边人,特别是教育和管好身边人,以过硬的作风做好表率。

新形势下,常委会工作面临新特点和新任务,对组成人员提出了更高的要求,大家要通过模范践行教育实践活动的锤炼,着力增强“四个观念”,切实把教育实践活动成果转化为提高认识、增长本领、狠抓落实、注重实效的实际行动。

一要进一步增强群众观念。人大植根于群众,代表来自群众,群众利益是人大工作的永恒主题,这与将“着力解决群众切身利益的问题”列为教育实践活动重点任务,是一脉相承的。要发挥常委会密切联系群众的优势,坚持把工作建立在群众路线的基础之上,充分发挥人民群众在经济社会发展中的主体作用,广泛听取民意、吸纳民智,避免闭门造车、纸上谈兵现象,通过拉近距离,增进感情,使我们的工作获得群众的理解和支持。常委会组成人员要结合各自岗位,多接触群众,了解群众需求,把群众所思所想转化为我们履职的实际内容。

二要进一步增强组织观念。增强政治敏锐性,准确把握主旋律、大方向,始终保持头脑清醒、立场坚定、旗帜鲜明,始终坚持和依靠市委的领导,始终聚焦中心工作,全力发挥人大监督、保障和服务发展的重要作用,更好地汇聚推进“幸福大丰、实力大丰、美丽大丰”的正能量。自觉执行组织决定。保持思想行动上与市委同频合拍,在民主集中制前提下,通过法定程序,把党的正确主张转变为国家意志进而转化为人民群众的自觉行动,组成人员应该珍惜组织和代表赋予的权利,在制度框架内合理表达个人意见和观点,坚决落实好市委各项决策部署。审慎对待权力。人民赋予我们参与国家管理的光荣权利,作为常委会组成人员,理应模范秉承“权为民所用”宗旨,正确行使手中的权力,决不允许出现个人凌驾于组织决定之上的无组织自由化倾向,决不允许出现不负责任的滥用、无原则放弃等行为。

三要进一步增强大局观念。找准人大工作与中心工作的结合点,通过依法履行职责,及时赋予人大工作新的内容与要求,不断创新人大监督工作的途径和方法,努力使人大工作与党委、政府工作思想同心、目标同向、行动同步,竭力尽智谋发展,同心同德搞建设,推动经济社会持续健康发展。要坚持人大常委会集体领导。集体行权是人大常委会的重要组织特点,要严格遵循民主集中制原则,不断强化集体意识、大局意识,在常委会的集体领导下合理规范执行职务、行使权力,站在全局的高度,切实维护常委会决议决定,以实际行动坚决拥护组织决策。要切实维护常委会整体形象。组成人员要正确发挥参政议政、桥梁纽带、模范带头等重要作用,从大局利益出发,致力于做党和政府联系群众的桥梁和纽带,带头遵纪守法,带头服从常委会的安排,为群众和代表做好表率,以自己的模范行为树立人大代表的良好形象,维护常委会的整体形象。

四要进一步增强使命观念。作为常委会领导集体中的一员,既是市委及广大代表对大家的肯定,更是鞭策、是期待,使命重大,责任千钧,我们只有切实增强责任感、使命感,情系代表的嘱托和人民的期盼，才能不负重托。要切实履行职责。不断提高履职的自觉性，要学习业务、熟悉情况，参与活动、注重调研，提出针对性和建设性的建议；要敢于监督、善于监督，不能视察当观众、审议做听众、检查做旁观者；着力提高监督实效，把工作重点放在抓落实上，以督促决定决议、审议意见落实和督办议案建议办理为抓手，全力促进和推动“一府两院”的重点工作。

（作者为大丰市人大常委会主任、党组书记）

三、调查研究

人大调查研究大有作为

——在2013年全省人大常委会主任培训班上交流发言

深入开展调查研究，是做好人大工作的首要前提和内在要求，是推动工作落实的有力抓手和重要途径。新一届大丰市人大常委会高度重视调查研究工作，把调查研究作为改进和指导工作的有效形式，作为提高履职水平的不懈追求，创新理念，优化方法，努力从调研中了解民情、反映实际、提出建议，为依法行使人大职权、推进民主法治进程、服务经济社会发展做出了积极贡献。

一、注重超前，谋求人大调研的前瞻性

1.年度议题早谋划。市人大常委会工作机构每年11月份要提出下一年度听取和审议“一府两院”专项工作报告的议题建议。为确保提出的议题能够充分契合全市经济发展大局、契合代表和群众的关注、契合常委会开展监督的需求，我们在每年8月份即着手调研下一年度审议议题，在公开征集、问卷调查的基础上，积极深入基层一线，听取意见和建议，并结合常委会日常监督中发现的热点难点，确定常委会的建议议题。2012年，人大常委会在对全市经济发展情况进行调研时，我们发现虽然我市经济高开高走，主要经济指标增幅全省领先，但是部分中小企业运行十分艰难。再如，我市虽在苏北首家建成国家卫生城市，城管基础很好，但通过调查我们发现城市秩序管理还存在诸多薄弱环节，群众反响比较强烈。为此，常委会经过认真研究，确定将中小企业运行、城市市容管理这两个议题作为今年上半年监督的重点议题。由于我们的监督议题选得准、选得实，不仅得到了市委的肯定，也赢得了全市人民的信任。

2.审议议题早准备。会前调研的深度，决定着审议的精度。要想在常委会召开的短时间内摸清情况、找准问题、提出高质量的对策和建议，就必须在会前展开大量的调研、视察、座谈等活动，广泛收集了解情况。2013年，市人大常委会在听取和审议全市公安基层派出所建设专项工作报告之前，为确保审议工作取得实实在在的效果，专题召开主任会议讨论通过了听取和审议专项工作报告的实施方案，及时成立了视察调研组，从3月上旬开始，就通过召开座谈会、问卷调查、分片视察、明察暗访、委托调查、公开征集意见等方式，对全市12个镇的派出所建设情况进行了调查摸底。由于调查范围广、了解情况实、调研报告质量高，为常委会审议作好充分准备。

3. 服务大局早谋略。作为国家权力机关的人大及其常委会，担负着使党的决策主张通过法定程序转变为国家意志的重要职责。因而，我们在调研中牢牢抓住这个重点，及时掌握市委对当前工作的指导思想、发展思路和整体目标，使调研工作始终围绕中心、突出重点。去年10月，我市提出创建国家生态市的目标，市人大常委会及时策应，超前谋划，第一时间明确由常委会分管主任带队，对我市创建生态市的优势、存在的困难和突破的方向作了深入详尽的调查。11月市委要求人大就此议题进行审议，推动相关工作。

二、注重创新，谋求人大调研的实效性

1. 组织创新。人大开展调研由于受人员有限、专业局限等因素的影响，有些议题的调研往往调查不深，研究不透。为此，我们积极整合力量，汇集要素，努力在全市人大系统构建大调研的格局。一是市镇联动立体调研。对一些与镇级经济社会发展相关的议题，如村庄环境整治、现代高效农业、医疗卫生改革等，市人大邀请镇人大同志参与，通过市镇联动立体式调研，挖掘了大量翔实的调研基础材料，调研的针对性和实效性明显增强。二是邀请代表参与调研。在调研、视察中尽可能多的邀请基层人大代表参加，发挥代表与群众接触多、联系紧密的优势，听取代表的意见和建议，集思广益，努力把人民群众的所思所想所盼揉进我们的调查报告。三是吸收专家提升调研。调研中，除了发挥人大自身主体作用外，还善于"借兵打仗"，在对一些专业性较强、涉及面较广、难度较大的课题调研时，聘请一些与议题相关的专家、邀请相关部门人员，在对金融创新工作进行调研时，我们就邀请了我市金融行业的一些代表和专家全程参与，发挥他们的专业优势，对这一议题进行深度调研，确保了调研报告符合专业要求。

2. 方法创新。开展调查研究，方法运用得当，会起到事半功倍的效果。在具体工作中：一是坚持一线调研。主动迈开双腿，深入基层一线，与群众零距离，与问题零距离，听真话，摸实情，努力掌握第一手的资料。二是丰富调研形式。在调查方式上，灵活运用听、看、查、访和座谈讨论、问卷调查、抽样统计等方式，在分析过程中灵活运用平均、对比、定性及定量等方法。同时注重传统调研方式与现代调研方式的巧妙结合，运用信息技术、网络媒体获取调研资料，从而进一步拓展调研渠道。三是建立评选机制。出台《关于开展优秀调查报告评选的办法》，充分调动全市人大代表、人大工作者参与人大调研的积极性，促进调研质量的提高。2012年举办的优秀调查报告评选活动中，共评选出来自人大代表、镇级人大和市人大机关的优秀调查报告34篇，其中关于小区长效管理的调查报告在盐城市人大系统优秀调查报告评比中获一等奖。

3. 选题创新。调研选题直接影响人大调研工作效果，直接反映人大工作者解读社会发展能力的高低。市人大常委会在调研选题时，坚持做到代表关注什么，人大就围绕什么开展调研，群众关心什么，人大就围绕什么开展调研的理念。一方面将代表提出的议案建议作为我们确定调查研究议题的首选，另一方面把群众来信来访作为市人大常委会确定议题的一个重要方面。

三、注重运用，谋求人大调研的指导性

1. 形成决议决定，交“一府两院”落实。市人大常委会注意把一些内容涉及全局性、问题带有普遍性、对策具有指导性的调研成果，及时融入常委会依法作出的决议、决定中去。近年来，加强绿化建设得到了各级政府的广泛重视，但是时常有群众向人大反映绿化保护不力的问题。为此，市人大常委会就此进行了深入调研，发现重栽轻养、毁绿损绿现象比较严重，在一些地方甚至是前脚刚栽、后脚就拔。根据调研情况，在 2012 年 9 月的常委会上临时增加了听取和审议市政府绿化建设保护工作情况报告的议题，依法作出了《关于加强绿化建设和保护的决定》，有力促进了全市绿化保护工作，为建设绿色大丰、美丽大丰发挥了应有作用。

2. 报送调研报告，供市委决策参考。市人大常委会注意将一些重要的调查报告及时地报送市委，争取市委批转，使调研成果在更高层次和更广的范围发挥作用。2012 年市人大常委会共向市委报送调研报告 11 篇，有 6 篇被市委以各种形式进行了批转。

3. 强化跟踪调研，促问题有效解决。人大常委会审议意见是调研成果的重要体现，对人大常委会审议意见进行跟踪督办是促进调研成果转化的有效途径。过去市人大常委会就政府专项工作作出审议意见，基本上就是文发事了。虽然几个月后也会听取政府关于审议意见落实情况的汇报，但大都是说说好话，或是将审议意见的内容再强调一遍。为了改变这种现象，我市人大常委会创造性地实行了审议意见落实跟踪调研制度，规定审议意见交办后，不仅要调查落实情况，还要对落实不力的问题、形势变化导致的新问题等方面开展调查，以便在听取落实情况报告时提出新的意见和建议，从而更好地督促政府推进有关工作。如在听取医疗卫生体制改革审议意见落实情况汇报时，我们就针对看病贵问题得到缓解，但看病更难的问题向政府提出了建议，市政府根据我们的建议，及时对有关情况进行深入研究，对有关政策机制作出相应调整，促进了全市医疗服务水平不断攀升。

加强小区长效管理　营造和谐宜居家园

——关于市区住宅小区管理的调查与思考

陈桂官　王晓聪

大丰市已全面达到小康水平，正在开启基本现代化新征程。随着人民生活水平的不断提高，人们追求高品位、高质量的生活欲望越来越强烈，对城市居住小区的安全、环境、人文等方面的要求也越来越高。根据常委会调研计划的安排，结合创新社会管理和开展"三大排查"的要求，自5月份以来，我们对市区住宅小区的管理现状进行了深入调查研究，剖析了一些问题，现就市区小区长效管理工作提出一些对策和建议。

一、大丰市市区住宅小区的管理现状

大丰市目前共有住宅小区68个，其中新建（在建）小区30个，老旧小区38个（包含部分单位自建宿舍区和小康居住点）。

1. 新小区管理逐步规范。近几年来，随着大丰市城市建设步伐的不断加快，居民向小区集中，小区向规模发展已成为必然，市区房地产开发也呈井喷之势，新建住宅小区如雨后春笋拔地而起，目前，全市共有新建（在建）住宅小区30个，总建筑面积200多万平方米。小区基本都达到了"五到位"：即基础设施到位，绿化美化到位，技防设施到位，日常秩序到位，物业管理到位。

2. 老小区通过整治有了改观。自2006年以来，特别是创建国家卫生城市以来，市政府针对老小区管理中存在的问题，对全市38个老小区全面实施了外围封闭、治安防范、卫生整治、绿化亮化、基础设施等综合整治达标工程，实行保洁、保安、保修的"三保"服务。特别是2015年投入近100万元，对安置小区、幸福小区等18个老小区下水道进行了整治改造。目前，小区的治安状况、卫生保洁、道路绿化等方面有了明显改观。

二、存在问题

居住小区在违章建设、基础设施配套、治安防范、卫生保洁等方面仍然存在着不少问题，值得引起高度重视。

1. 房地产开发建设配套有差距。近年来随着社会经济的飞速发展，城市居民的生活水平不断提高，对日常生活中的小区配套设施设备要求也不断提高。但是由于小区从规划到建设再到竣工交付，前后时间跨度较长，少则两三年，多则七八年，譬如上海花园从2005年开工，距今已有7年，还有13万平方米未开工建设。时间跨度大，必然导致规划初始的设计技术指标同交付运行后的小区居民实际需求有差距，带来了小区停车难、活动设施不齐全等突出矛盾，影响居民生活。

2. 老小区基础设施功能缺失。大丰市老小区大都是20世纪90年代前后建造的，其功能只能满足居民的一般居住，小区内道路狭窄、下水道口径过小、绿化工程简陋、违章搭建随处可见、基本没有停车车位、现代设施空白。虽经过专项整治，老小区的基础设施得到了必要的增补和维修，但无法从根本上改变基础设施差的状况。特别是部分老小区进出口较多，门店超市间杂混处，无法实施封闭管理，给小区安全管理带来很大隐患。如：康宁小区后街小巷横贯东西南北，大小出入口21个，菜场居于小区中央，各类店铺几百家。再如：幸福小区起初规划设计时只有极少量的汽车泊位，到了晚上，近200辆汽车停满小区道路、挤占绿化带，通行十分困难，给消防安全带来了较大隐患。

3. 物业管理运行比较困难。目前，小区物业管理主要从事保安、保洁、保绿、秩序管理、公用设施维护等服务。38个老小区大部分外围封闭或者没有到位，或者又被破墙开门；老小区技防设施损毁严重，大部分小区技防设施已瘫痪；新小区按5—6万平方米配备保洁员3～5人不足，老小区保洁委托环卫所负责，有时也不及时；保绿由绿化养护公司负责，居民蚕食绿带的现象时有发生，老小区公用部位绿化率只有22%左右，与园林城市40%的标准相比还有差距；公用设施设备维护的大中修、改造更新都需动用维修基金，而老小区中仅有幸福小区维修基金缴纳较齐全，其他小区基本没有。

4. 物业费收取率偏低。新建小区由于前期建设遗留问题、物业管理不到位、居民花钱买服务意识淡薄和部分居民无理不交物业费的影响，居民拖欠物业费现象严重。目前，全市新建小区物业费收取率仅维持在50%左右。造成物业管理企业入不敷出，形成了降低物业管理标准的恶性循环。老小区自2007年引进物业管理以来，其收费标准始终维持在0.2元/平方米/月，由于老小区业主困难人群较多，加之众多业主将小区内基础硬件设施差等现实问题归咎于物业公司，导致老小区物业费收缴难。据统计，有物业管理的老小区物业费平均收取率仅为8%。政府虽也出台了相关补贴制度，但因种种原因至今无法实施，物业经营严重亏损，难以为继。

5. 业主自主管理薄弱。当前在小区管理中，业主参与小区自主管理的意识和能力还不强。新建小区业主大会难以召集，尽管通知到了住户，但多数业主仍不参加会议，致使业主委员会难以产生，业主大会、业主委员会尚未充分发挥作用。部分小区虽已成立了业主委员会，但由于业主委员会不能公允地代表大多数业主行使权利，又导致业主对业主委员会产生意见，从而进一步加剧了居民、业主委员会、物业三方之间的矛盾。老小区中由于大部分是单位自建宿舍区，居民认为小区管理就应是原有单位或政府的事情，缺乏自我管理的意识和要求，不愿在小区自主管理中发挥作用。

6. 管理合力尚未形成。政府及有关职能部门对小区管理手段单一，全社会管理小区的合力没有显现。表现为：一是管理体制尚未理顺，“条块结合、属地管理”的体制还未全部建立，管理重心下移还未到位；二是横向沟通合力体系没有形成，遇到综合协调等问题，只能请市政府出面解决；三是少数职能部门缺乏管理意识，把一些属于自身的职能，转嫁给其他部门或物业公司；四是社区居委会行政化倾向较为严重，天天忙于发展经济、招商引资，应对各类检查，对小区服务和协调工作着力不够，缺少管理人员，缺少服务群众和协调小区管理的动力。

三、加强住宅小区长效管理的几点建议

1. 加强环境提升，建设宜居小区。宜居是基础。首先要做好小区绿化美化。小区绿化美化是我们每一位居民进入小区的第一感受，优美的绿化环境会给人带来美好的享受。在小区建设之初就应对小区绿化进行全面设计，建设施工中相关部门要强化督查，确保绿化美化到位。对建成小区和老小区绿化工作，相关部门要按照园林城市的标准，进行全面回头看，植绿补绿，确保绿化美化达标。其次是做好小区设施配套。要强化小区配套设施建设，特别是小区下水道、停车位、体育设施等关键点要全面规划，查漏补缺，要采取多种措施解决小区“下水难、停车难、活动难”的问题。相关部门要加大对房地产开发项目的监管力度，在小区验收时，采取分段验收与最终验收相结合的原则，严把房屋、配套设施、景观绿化等质量关，确保开发商将完全合格的小区交付给社会，从源头上杜绝开发商遗留问题造成的小区物业管理纠纷。要与房地产开发企业签订后续管理合约，实行开发问题一包到底。再次是做好小区卫生保洁工作。对有物业管理的小区，要强化对物业管理公司的督促，决不因为物业费收取困难，就随意降低卫生保洁标准。对没有物业管理的小区，政府及有关部门应采取相关措施，将小区保洁工作纳入城市卫生保洁网络，确保小区达到基本的卫生保洁标准。

2. 加强安全管理，建设平安小区。安居才能乐业。外围封闭要强化。要在前期小区外围封闭的基础上，对小区外围封闭进行深入调研规划，继续实行市直部门牵头包干，采取“一区一策”的方法，确保老小区外围封闭不留缺口。技防要到位。大丰市绝大部分小区都已安装了技防设施，但由于后期管理不到位，技防设施基本没有发挥作用，相关部门要对所有小区的技防设施进行排查，确保“天眼工程”小区全覆盖。老小区技防改造工程要加快推进，要加强培训指导，配备专业技防人员。新建小区要全面实施指纹信息准入系统。人防要保证。要建立小区定时定人巡防制度，有物业管理的小区，要配足配齐安保人员，对没有物业管理的小区，要发动小区居民邻里守望，成立巡防队伍，为小区安全充分发挥积极作用。

3. 加强文明创建，建设和谐小区。和谐是基石。要倡导文明新风。将提高业主素质与提高物业服务水平同步抓，采取不同形式对小区居民进行法律知识、社会道德、精神文明、有偿服务意识的宣传教育，努力提高居民的社会公德意识。要推行自主管理。广泛宣传《物业法》《物业管理条例》等法律法规，树立健康的物业消费意识和依法维权意识，使他们充分认识到搞好小区管理不单是政府、物业企业、社区居委会的事情，而是需要全体业主和全社会共同关心支持的工作，引导广大居民积极参与小区管理、支持小区管理，不断增强广大业主的自主管理意识和能力。要开展文明评选。与媒体联合开展“合格业主”“和谐家庭”“美丽阳台”“文明楼院”的评选，对小区业主的不文明行为进行曝光，全方位提高业主素质。

4. 加强资金筹集，建设实力小区。经费是保障。强化财政扶持。市财政、大中镇财政要对老旧小区实施财政补贴，扬州、镇江都对老旧小区实行每月每平方米补贴机制，周边的阜宁、建湖也出台了相关文件，大丰市也可结合财力，给予适当补助。对无劳动能力、无抚养人、无生活来源的城市低保家庭、困难户，由财政缴纳物业费。同时，要在街道社区配备专职小区管理人员，并由财政负担专项管理经费。加大物业费收取力度。要强化宣传引导，增强业主花钱消费的理念。对那些无理拒缴物业费的业主，要采取法律等手段进行追缴，保障物业企业正常运转。增加“造血”功能。新建小区物业管理用房中必须配建一定量经营用房，用于出租经营，弥补物业收费的不足；社区用房实行集中建设，并配建必要的经营用房和经营设施，贴补社区管理经费的不足。对一些老旧小区暂不具备全面改造条件的，可补建一些物管用房、小区停车场，以及利用配套设施进行经营服务，解决部分经费。

5. 加强管理创新，建设幸福小区。管理是抓手。第一，小区是社会的重要组成部分，社会管理创新必须要从基层基础抓起。要按照“两级政府（市政府、大中镇政府）、四级管理（街道、社区居委会、业委会、物业公司）”小区管理体制要求，完善和规范小区管理体系，加强街道、社区居委会的小区管理队伍组织建设，设立小区管理工作机构，配备专职人员。第二，要根据“条块结合，属地管理”的原则，进一步明确市政府、大中镇政府及相关职能部门的职责分工，将管理重心下移，充分发挥街道、社区居委会对辖区小区日常管理活动的监管作用。第三，要健全完善小区管理各项制度，建立市镇联动的综合协调和矛盾纠纷调处机制，将小区管理纳入社区建设统一管理，积极探索行政主管部门、开发商、物业企业、业主共同参与的小区管理机制。第四，要强化物业企业的准入管理，建立物业管理企业诚信档案，定期公开曝光物业管理投诉情况，每年组织考核评比，实现企业优胜劣汰，促使其提供优质的服务。通过创新小区管理模式，使居住在小区的居民享受温馨宜人的生活环境，充满幸福感、自豪感，共享幸福大丰、实力大丰建设的硕果。

关于《社会保险法》贯彻执行情况的调研报告

夏　寅　杨海慧

社会保障工作事关民生，事关社会的和谐稳定。2013 年 7 月 1 日是《中华人民共和国社会保险法》（以下简称《社会保险法》）正式施行两周年。为了全面了解《社会保险法》在大丰市的贯彻执行情况，市人大常委会抽调部分委员和人大代表，组成执法检查组，历时 5 个多月，前往相关部门、科室，深入乡镇、园区，走进企业、车间，探访街道、村居，详细询问职工和居民参保情况，认真查阅有关账簿资料，深入了解《社会保险法》执行情况。

一、基本情况

截至 2013 年 8 月底，大丰市共有 44.86 万人次参加了五大社会保险，其中参加基本养老保险 12.39 万人，参加基本医疗保险 12.18 万人，参加工伤保险 7.36 万人，参加失业保险 6.61 万人，参加生育保险 6.32 万人，另有 19.41 万人参加了城乡居民养老保险、10.77 万人参加了城镇居民基本医疗保险、46.70 万人参加了新型农村合作医疗保险。调查情况表明，《社会保险法》颁布实施两年来，我市的社会保障工作力度进一步加大，保障面进一步扩大，保障水平进一步提高。

1. 执行落实《社会保险法》的意识显著增强。一是政府重视，组织推进有力。市政府高度重视《社会保险法》的执行，将社会保险工作纳入经济社会发展总体规划，将社会保障一体化作为统筹城乡“七个一体化”目标之一，覆盖城乡的社会保险体系全面建成，社会保险扩面提升工程已连续 4 年被列为市政府为民兴办的十件实事之一。二是部门响应，推进措施扎实。市人社局等相关部门深入开展《社会保险法》宣传、普及、培训活动，切实开展以“扩面征缴突击月”等各类活动为载体的扩面征缴工作，全力构建市、镇、村、组四级社会保障服务体系，不断延伸窗口服务功能，覆盖全市各村居的“四有”服务平台初步搭建完成。三是企业配合，责任意识提高。按照《社会保险法》的要求，自觉参加社会保险的企业越来越多，企业经营者的社会责任感明显增强，对违反《社会保险法》行为的责任和后果认识逐步提高，不少企业能够主动为职工参保。四是劳动者认同，维权意识提升。职工依法参保续保、依法维权意识显著增强，不少职工在应聘时，把用人单位是否办理“五保”作为从业的前提条件，在处理劳资纠纷时更多地能按照《社会保险法》的规定维权。许多自由职业者主动投保、续保。

2. 参保人数和保障待遇稳步提升。《社会保险法》实施两年来，全市共新增参保职工 10.78 万人，其中养老保险新增 2.16 万人，医疗保险新增 2.38 万人，失业保险新增 1.90 万人，工伤保险新增 2.18 万人，生育保险新增 2.16 万人，全市养老保险、医疗保险参保率分别上升 2.8 个百分点、3.1 个百分点。在保障待遇方面，全市已连续 9 年对职工养老金进行 10% 以上的调增，2012 年，全市城镇职工基本养老保险待遇月均达每人 1592 元，农村满 60 周岁老龄人基础养老金从政策执行之初的每月 60 元调增为每月 80 元，城镇职工、城镇居民医疗保险平均实际报销比例及新农合平均实际补偿比例分别为 87%、72%、58%，比 2011 年分别增长 1 个百分点、3 个百分点、5 个百分点。

3. 社保基金抗风险能力显著提高。一是主要险种实现收支平衡。2012 年，全市当年收取社保基金 129633 万元，支出 108183 万元，结余 21450 万元，含基本养老、基本医疗、工伤、失业、生育保险在内的各主要险种均实现当年收支平衡，略有盈余，为进一步巩固社保资金的可持续性提供了有力支撑。二是支付能力明显增强。截至 2013 年 8 月底，全市社保基金累计结余达 135284 万元，其中基本养老保险金 53465 万元，基本医疗保险金 30416 万元，失业保险金 11380 万元，工伤保险金 1407 万元，生育保险金 3192 万元，按同期支付水平测算，支付能力分别达 11 个月、7 个月、72 个月、6 个月、50 个月。三是基金运行稳健可控。社保基金征缴、管理、使用基本能依照《社会保险法》等相关法规政策执行。审计部门每年都将社会保险基金的收支列为审计重点，2012 年上半年抽调专门人员，利用 4 个多月时间对社会保障资金开展了专项审计，为社保基金的稳健运行保驾护航。

4. 社会保障工作协同推进的格局基本形成。在市政府的统一领导下，围绕《社会保险法》的贯彻执行，市人社、民政、卫生、工会、残联和财政、税务、审计等相关部门发挥各自职能优势，协同努力，加强对社会保险工作的指导，初步形成了分工合作的社会保险扩面征缴、基金发放、基金监管工作格局。

二、存在的不足

《社会保险法》的贯彻实施有力地推进了社会保障工作的开展，提升了各地社会保障工作的水平，但也必须看到，对照《社会保险法》，在法律贯彻实施中还存在着一些矛盾和问题。

1. 部分用人单位社保法律意识淡薄，不少职工对依法参保的认识不足。在用人单位层面，一些用人单位对《社会保险法》学习不深，法律意识淡薄，片面追求利益最大化，忽视企业的社会责任，忽视职工权益保障，认为职工有的是农民工、有的是城镇居民，能解决他们的就业问题就不错了，有些用人单位主观上就不想遵守《社会保险法》的规定。在职工层面，不少职工对《社会保险法》认知不足，自我保护意识不强。一些年纪较轻的职工只顾眼前收入，没想将来养老；一些年龄偏大的农民工、国有集体企业下岗失业人员、各类就业困难人员虽有参保意识，主张参保权利，但怕被企业以种种理由解除劳动合同而失业，瞻前顾后，忍气吞声；一些职工流动性大，认为难在企业缴满15年社保费，中途断保，社保关系转移接续手续复杂，主观上不积极参保，只要企业按月补点钱，参加社会保险的意愿不强；还有的职工认为工资本来就低，再缴费参保是增加负担，个人不想缴费，不愿参保。

2. 一些用人单位虽然参保，但对照法律存有明显的不规范。一是选择性参保非常严重。在此次抽查汇总的587家企业中，有399家存在选择性参保行为，涉及面达68%。如联鑫钢铁有限公司职工总数2924人，百分之百参加工伤保险，而参加养老保险的只有1133人，占38.75%，参加医疗保险的只有674人，占23.06%，参加失业保险的只有665人，占22.74%。二是奖励性参保普遍存在。这一做法在纺织、玩具、机械铸造等职工流动性相对较大的行业中尤为突出。这些用人单位将为职工缴纳社保作为对职工的奖励手段，并与职工服务期的长短、工作表现等进行挂钩捆绑，人为地为社会保险行为附加条件。三是替代性保险比较突出。不少企业以城乡居民养老保险、新农合、居民医疗保险、商业意外伤害保险，来替代职工基本养老、基本医疗保险以及工伤保险的缴纳。如白驹镇的神龙玩具共有职工149人，参加基本医疗保险的只有3人，其余均以新型农村合作医疗保险代替。此外还存在着个别用人单位通过现金补贴替代“五险”的缴纳。四是低标准保险依然存在。《社会保险法》明确规定，用人单位应当按照国家规定的本单位职工工资总额的比例缴纳基本养老保险费。而一些单位往往按最低缴费基数而不是以实际工资额作为基数进行缴费。五是应付式保险时有发生。部分企业为应付人社部门的检查，同时也为了搪塞职工的参保要求，每年都增加几个参保职工，但就是不愿做到应保尽保。

3. 社保管理体系建设需进一步健全，力量亟待加强。一是社保资金的征缴存有很大的不平衡性。地方与地方之间、企业与企业之间、险种与险种之间的参保情况存有很大的不平衡性。以基本养老保险为例，纳入此次调查统计的587家企业，职工平均参保比例为70.42%，其中最高的地方为89.32%，最低的地方只有17.47%。在险种方面，参保率最高的工伤保险平均达62.21%，最低的失业保险为43.6%。二是社保管理的合力需要进一步强化。社会保障部门的信息管理系统尚未建立与公安、民政、住建、地税等部门的信息共享机制，由于各部门信息不畅，导致地税部门与人社部门在征缴计划的确认上标准各异，统计口径不一致，对具备条件却拒不缴纳保险的用人单位进行核定和强制征收时，效果大打折扣。三是一线服务管理人员力量严重不足。从基层服务队伍来看，编制空缺、人员老化现象严重，人社部门只能靠聘用劳务人员充实服务窗口，而聘用劳务人员存在有效责任约束不足的问题，风险点较多。目前，大丰市各镇区人力资源中心共有在编人员82人（含两区专职从事社保工作12人及借用在外单位15人），其中48周岁以上达33人，占40.24%。与此同时，专业劳动监察执法力量比较薄弱，劳动监察网格化管理未能充分发挥功能，加之人为阻挠执法等不良执法环境困扰，监察执法工作难以深入，执法处罚达不到应有的教育惩戒效果。

三、几点思考

针对《社会保险法》在贯彻执行过程中的矛盾和问题，有如下几点思考：

1. 要广泛深入地宣传《社会保险法》，营造全社会依法参保的浓烈氛围。情况表明，在《社会保险法》的贯彻执行中之所以存在上述一些不足，特别是认识上的不足，很重要的一个原因就是对法律文本的宣传学习不够。因此，要高度重视《社会保险法》的宣传工作，特别是各级政府和各经济板块应把宣传《社会保险法》作为推进扩面征缴、推进社会保障工作的重要抓手，把树立企业经营者的依法参保观念和提高广大劳动者的自觉参保意识作为宣传工作的核心，要将《社会保险法》的法律责任进行准确传递，增强企业用工保险的责任感；要将《社会保险法》的政策、规定、待遇讲深讲透，增强职工自我参保、要求参保的主动性和维权意识。

2. 要依法加大社保基金的征缴力度，树立法律的威严。《社会保险法》第四条规定，中华人民共和国境内的用人单位和个人依法缴纳社会保险费。考虑到招商引资的特点和企业运行的实际，对企业运行正常，且有一定规模的定报企业，应加大推进力度，做到依法保险。要进一步加大执法检查工作力度，针对法律实施过程中突显的用人单位社保观念淡薄、在履行保险义务过程中违规做法多样等情况，通过常态化监察执法活动加以纠正。对未依法参保的，及时告知并限期补缴，以发挥其示范引领作用；对一些具备条件却人为抵制参保的用人单位，应进行重点执法，依法采取措施，并通过媒体介入，扩大教育影响，优化劳资环境，树立法律威严。要明确各经济主体的责任，把参加社会保险、推进社会保障工作作为改善民生的重要内容。

3. 要加强制度建设，强化社保基金的管理和运行安全。首先要进一步完善制度。要依据法律的规定，针对现实存在的问题，对现有的管理办法不到位的地方进行完善提高。如杜绝选择性参保问题，减少重复参保的问题，严把社保资金发放审核关的问题等。其次要落实责任。《社会保险法》对基金征缴、经办、监督涉及各部门、各方面的责任，都作了明确的规定，政府和相关部门要认真研究，细化分解，切实将责任落实到部门、科室和具体责任人。再次要强化监管。要全面执行《社会保险法》和国家、省、市关于社保资金监管的各项规定，相关部门要定期对社保资金的运行情况进行检查和审计，对发现的问题要责成整改，严肃责任追究。要建立基金应急储备机制，保证社保资金的稳定性和持续性。通过多方努力，确保社保基金安全管理运行。

4. 要强化平台建设，努力构建顺畅高效的社会保险工作推进机制。合力打通各个环节，构建多部门的长效沟通与联动机制，在确保信息安全的前提下，实现各相关部门与社保经办机构之间数据的有效传递和信息共享，切实解决因部门间信息不畅带来的诸如重复享受、不符条件人员享受社会保障待遇等问题。进一步加大对信息系统的投入，及时维护和更新信息系统软件，在充分利用现有硬件设施的情况下，加强运营维护，增加必要投入，确保基础数据的安全和社保工作正常有序开展。对各相关部门现有信息平台资源进行有效整合，努力减少平台重复建设，提高平台使用效率。要完善提高市区的服务大厅、镇级服务网点，力求按核定编制配足人手，整合经办资源和力量，梳理优化社会保险经办流程，合理调优人员结构，确保重点经办岗位由在编人员担任，同时制定切实可行的对策措施，妥善处理劳务人员责任约束与岗位职责之间的关系。创造条件，逐步组建村居专职劳动保障协理员队伍，适当增加公益性岗位配备，吸收大中专学生充实到基层服务队伍中来，努力实现队伍年轻化、知识化。在建好机构、配足人员的前提下，大力健全覆盖城乡的社保服务网络体系，力争将更多的经办职能下放到基层服务机构，充分放大基层机构的优势，全面发挥社保网络的作用。

关于我市落实人民陪审员工作制度情况的调研

曹　震　黄永新

人民陪审员制度是我国一项重要的社会主义民主政治制度，也是党的群众路线在人民司法工作中的具体体现。《全国人民代表大会常务委员会关于完善人民陪审员制度的决定》及相关配套制度施行后推动了我国人民陪审制度的发展。为推动人民陪审员工作制度的落实，进而进一步推进司法制度完善，弘扬司法民主，推进司法公正廉洁和增强司法权威，根据年度工作要点的部署，我委组织部分常委会组成人员成立调研组，用了两个多月的时间，对市人民法院 2012 年以来落实人民陪审员工作制度情况进行了广泛、深入、全面的调研。其间，我们进行了问卷调查，向全市 55 名人民陪审员发放了问卷调查表，共收回 54 份；向法官发放、收回问卷调查 11 份。

一、基本情况

2012 年以来，市人民法院很重视并积极推动人民陪审员工作制度的贯彻落实，采取不少措施，在把好选任关、教育培训、管理使用等方面做了大量工作，取得了初步成效。人民陪审员尚能认真履行法定职责，较好地发挥陪审作用，为促进司法民主和司法公正做出了贡献。根据全国人大常委会《关于完善人民陪审员制度的决定》（以下简称《决定》）的精神，2012 年全市选任了 55 名人民陪审员，其中男性 31 名，占 56.4%，女性 24 名，占 43.6%；30 岁以下 13 人，占 23.6%，31～40 岁 9 人，占 16.4%，41～50 岁 19 人，占 34.5%，50 岁以上 14 人，占 25.5%；大专以上学历 38 人，占 69.1%，其中本科学历 16 人，占 29.1%，研究生学历 1 人；驻庭的 18 人，占 32.7%，不驻庭的 37 人，占 67.3%。

从任命以来，人民陪审员共参加合议庭审理案件 3262 件，占同期法院普通程序审理案件数的 90%。问卷调查显示，人民陪审员中参加过案件审理的有 32 人，占 59.3%，其中，每年参审在 10 件以上的有 17 人，占 31.5%，在 10 件以下的有 15 人，占 27.8%。部分人民陪审员除参与案件的审理外，还利用自身对案情熟悉、社会经验丰富等优势主动参加陪审及非陪审案件的调解、执行工作，积极协助审判、做好息诉服判工作，钝化了大量的矛盾，取得较好的社会效果。

二、存在不足

1. 选任仍须优化。一是选任程序不够规范。市人民法院在审查初步确定的人选后，没有全面、完全会同司法机关进行考察、调查。二是广泛性和代表性不够。市人民法院在选任人民陪审员时，没有完全兼顾区域、行业、专长的需要。

2. 培训还有差距。一是培训计划不够密。市人民法院在年度干部教育培训考核实施方案中虽有部分涉及人民陪审员的培训计划，但缺乏系统性、规范性和针对性。二是培训内容不够全。市人民法院的培训内容以审判业务、廉政教育为主，对法官职责和权利、职业道德、司法礼仪等内容安排不够。三是培训学时不足、对象不全。据初步了解，对人民陪审员的岗前培训只有半天时间，未达到岗前培训不少于 24 学时的规定。问卷调查中，人民陪审员对贯彻好人民陪审员工作制度所提建议的 28 人中有 16 人认为应该要加强教育培训，占 57.1%；法官 11 人都认为要加强教育培训，可见培训工作确实需要加强和改进。

3. 使用仍有欠缺。一是随机抽取的机制还未建立。客观上，一般案件一个月前确定了开庭时间和合议庭人员，而到了开庭时，法院担心人民陪审员由于回避、时间冲突、交通不便等原因而无法参加陪审，导致随机选用人民陪审员参审案件的制度落实困难。对此，市人民法院没有从实际情况出发，依规定科学建立和运行随机抽取确定使用人民陪审员的机制。二是“陪而不审”“合而不议”现象比较普遍。虽然法律赋予人民陪审员在庭审中可以向当事人、证人等发问权，但由于庭前阅卷制度未执行，致人民陪审员不了解案情，加之人民陪审员有关法律知识和庭审驾驭能力的欠缺，实际庭审中很少发问。在合议庭合议案件时，人民陪审员享有与法官同等权利，可以就案件事实认定、适用法律进行讨论，发表意见。但多数情况下，人民陪审员在案件评议时由于法律素质不高，从而没有发表独立见解的底气，而只是附和法官的意见了之。

三、几点建议

1. 严格标准，把好人民陪审员选任入口关。一是规范选任程序。根据最高院关于实施人民陪审员"倍增计划"，市人民法院将在年内实现人民陪审员数量增至在职法官2倍的目标，即要新增选115名，人民陪审员总数将达到170名。市人民法院要严格按照《决定》和最高院相关制度的规定，坚持标准，严格程序，按照公告、报名、审核筛选、公示任命四个程序，把好人民陪审员选任入口关。任命前力求与候选人及其单位沟通，一方面宣传人民陪审员制度，另一方面让陪审员及其单位有从事人民陪审工作的思想准备，保证人民陪审员工作积极有效开展。采取个人申请和单位推荐相结合的方式，在审查初步确定人选后要向司法行政机关征求意见，并会同司法行政机关进行调查、考察。二是拓宽选任范围。在确定人选时应广泛吸收社会不同行业、性别、年龄、民族人员参加陪审工作，努力提高基层群众特别是工人、农民、退伍军人、社区居民等群体的比例。注意兼顾区域、行业、专长的需要，如品行良好、德高望重的老医生、老教师以及审判迫切需要的建筑、科技、婚姻家庭等专家型人员，弥补法官专业知识贫乏的不足，真正使人民陪审员具有广泛性和代表性。

2. 强化培训，为人民陪审员依法履职打好基础。市人民法院要在今年新选任的人民陪审员任命后及时安排岗前培训，使人民陪审员尽快明确履行职责的基本要求，掌握一些必备的审判业务知识和技能，了解审判纪律及司法礼仪知识，更快更好地适应陪审工作。加强人民陪审员的日常任职培训，市人民法院除在年度干部教育培训方案中有人民陪审员的培训计划，针对人民陪审员的各项培训都要有专门的、系统的、规范的培训计划，并征求司法行政机关的意见。培训内容除了陪审必需的审判业务、法律知识、廉政教育外，还应包括职业道德、司法礼仪、审判纪律等内容，并可结合本地区案件的类型和特点，如借贷纠纷、交通事故、婚姻家庭、劳动纠纷及物业纠纷等类型案件安排培训内容。培训时间要打足，人民陪审员的岗前培训不少于24学时，任职培训每年不少于16学时。任职培训的形式和方法要根据人民陪审员的特点和实际情况确定，除采取集中授课外，还可以采取庭审观摩、法官讲堂、案例教学、专题研讨等，不断提高人民陪审员适用法律的能力、驾驭庭审的能力和判决说理的能力，杜绝名为陪审实为"陪衬"的现象。

3. 科学使用，提高陪审员参与审判的实效。一是建立、运行随机抽取机制。参与陪审是落实人民陪审员制度的核心内容，最大限度地组织人民陪审员参加庭审工作是关键环节。为此，市人民法院要从落实《决定》和最高院的规定及法院审判实际出发，建立和运行随机抽取确定人民陪审员的机制。应当在开庭七日前随机抽取确定人民陪审员，可在信息库中相关区域、行业、专长等类型范围内随机抽取。在坚持按规定随机抽取确定人民陪审员参与案件审理的同时，针对实际办案需要，通过制订严密规范、科学灵活的排案机制，有计划地安排陪审员陪审案件，尽可能让每名陪审员都能参与案件审理，增强他们的荣誉感和归属感。二是执行庭前阅卷制度。让人民陪审员提前熟悉案情，以便人民陪审员可以参与案件的共同调查、在庭审中直接发问、独立进行案件调解等，在合议庭评议案件时能积极发表意见，从而杜绝“陪而不审”“合而不议”现象的发生。三是规范陪审活动。人民陪审员参加陪审的案件，裁判文书文稿应当由人民陪审员审核后签名，裁判结果要及时告知人民陪审员，人民陪审员参审时穿着要一致，树立庭审庄重形象。

4. 加强管理，激发人民陪审员的工作热情。一是完善组织机构。市人民法院要按照最高院管理办法的规定在人民陪审员办公室增设专职人民陪审员管理岗位，专门负责人民陪审员的管理工作。二是完善办公条件。要在法院和各基层人民法庭为人民陪审员安排办公、休息场所和电脑、桌椅等办公设施，利于人民陪审员参加陪审工作。三是完善考核奖惩机制。要加强人民陪审员考核工作，建立人民陪审员的考核评价机制，设立陪审工作绩效档案，每年年终前将考核结果书面通知本人及所在单位，同时报送同级人大内司工委和司法行政机关。对工作优秀的，予以表彰和奖励。对因岗位变动、身体健康状况等原因不再适合担任人民陪审员的，或工作出差错导致事故或造成不良影响的，或违反审判纪律利用陪审员身份为自己谋利的，以及无正当理由拒绝参加陪审超过三次的，市人民法院要及时依法提请市人大常委会予以免职。四是完善经费保障。市人民法院要积极争取市委、市政府的重视和财政部门的支持，按照财政部与最高人民法院财行〔2005〕72 号文件的规定，切实落实好人民陪审员的工作经费，确保足额列入本级财政预算，并认真学习外地科学的管理使用的先进经验，制定切合大丰市人民陪审工作实际的人民陪审员参审补贴标准。要在法院业务费中增设“人民陪审员费用”，做到单独列支、单独管理、专款专用。

坚持“四个注重”　提升乡镇人大工作

陈爱华

乡镇人大作为最基层的国家权力机关，是人大工作的重要组成部分，也是我国五级人大最薄弱的一个环节。当前，从中央到地方，越来越重视基层人大工作，新一届全国人大常委会对县乡人大工作给予前所未有的重视，张德江委员长先后赴云南、浙江、贵州等地就加强县乡人大建设、发挥人大作用开展专题调研，中共中央转发全国人大党组《关于加强县乡人大工作和建设的若干意见》；各地也空前重视基层人大建设，各级领导密集调研加强改进乡镇人大工作的新思路、好办法，纷纷修订出台《乡镇人大工作暂行条例》。可以说，乡镇人大工作正迎来一个新的发展机遇期，乡镇人大如何积极适应新形势、新常态，自觉担当起新任务、新使命，是摆在我们面前重要而紧迫的课题。结合学习和思考，笔者认为，要提升乡镇人大工作，必须坚持“四个注重”。

一、注重找准履职定位。人大工作是乡镇工作的重要组成部分，其职权行使涵盖经济社会发展的方方面面，只有准确定位、找准定位，才能使乡镇人大工作落到实处、见到实效。一是找准核心定位。做好乡镇人大工作，最核心的是坚持党的领导，这是人大工作的灵魂，必须坚决维护乡镇党委总揽全局、协调各方的核心领导地位，把党的领导落实到人大工作的各个环节，贯穿于人大依法履职行权的全过程。乡镇人大开展重点工作、举行重要活动、决定重大事项，都要事先向党委请示汇报，主动争取党委的领导和支持，始终与党委思想同心、政治同向、行动同步。二是找准职能定位。乡镇人大既是权力机关，也是代表机关，是乡镇政权组织建设的核心。依靠人大代表和人民群众，依法行使对重大事项的审议决定权、对政府工作和法律法规实施情况的监督权、对人大代表和乡镇行政机关领导成员的选举权。人大代表来自于民、服务为民，在乡镇人大的组织下，建立“人大代表工作室”“代表之家”等交流平台，利用各种形式、各种途径、各种机会，开展结对联系、走访联系、约请联系、网络联系等方式，密切联系群众，广接“地气”，收集反映社情民意，发挥桥梁纽带、议政督政、建言献策、示范带头作用。三是找准工作定位。乡镇人大不仅是权力机关、代表机关，更是工作机关，应始终坚持“在监督中支持、在支持中监督”的理念，按照“到位不越位、解难不为难、支持不代替、过问不干预”的原则，围绕经济社会发展中群众关心的热点难点问题，开展深度调研，提出意见建议，促进乡镇政府工作有序开展。乡镇人大主席是乡镇人大工作的组织者、推动者、践行者，从某种程度上讲，乡镇人大工作能否有所作为，关键在人大主席。乡镇人大主席应清晰自身职责所在，把主业定位在人大工作上，既要做好党委政府的中心工作，更要做好人大的本职工作，要统筹兼顾，弹好“钢琴”，切不可“种了别人的田、荒了自己的地”，不能“不务主业”，不可“形同虚设”，应在时间上统筹安排，在精力上有所侧重，真正做到“两不误、两促进”。

二、注重突出工作重点。乡镇人大工作千头万绪，应统筹兼顾，突出重点，兼顾一般。笔者认为，乡镇人大工作应按照“重调研、重创新、重实效，有活动、有特色、有典型”的要求，始终牢记“忠于党的领导、忠于人民利益、忠于法律尊严”的原则，以监督为重点、活动为抓手、代表为主体，在三个方面重点重抓。*一是重抓党委中心工作的落实。*乡镇人大要进一步强化中心意识，坚持以党委的发展思路、工作目标作为人大工作的切入点，勤于履职，善于履职，确保人大工作与党委工作重点同步合拍，实现人大工作质效的最大化；及时把党委重大决策部署通过法定程序转化为国家意志和人民群众的自觉行动，确保党的各项方针政策和党委决策部署得到不折不扣的贯彻落实；坚持从实际出发，抓住改革发展稳定中带有根本性、全局性、长远性的问题，深入调查研究，提出意见建议，形成决定决议，保障和推动党委中心工作的顺利开展。*二是重推经济社会发展。*乡镇人大能在经济社会发展中发挥作用，最根本的就是通过依法监督，协调各方利益关系，处理各种社会矛盾，营造良好的发展环境。当前，特别要围绕产业转型升级、基础设施建设、基层公共服务、“三农”工作等，通过执法检查、工作评议、视察调研等方式，推动乡镇经济社会又好又快发展。*三是重视百姓民生改善。*民生问题既是经济问题，也是社会问题，更是政治问题。乡镇人大要在“体察民情、关注民生、推进民主”上下功夫，把党委要求做、法律规定做、政府需要做、人民群众希望做、人大能够做的民生事项作为重点，切实抓住群众最关心、反映最强烈的“财、水、房、医、教、行”六字民生热点问题，依法开展工作监督和法律监督，积极督促政府落实民生政策、建设民生工程、解决民生事项，切实推动民生持续改善，确保人民群众共享改革发展成果。

三、注重探索创新方向。创新是人大工作与时俱进的动力和源泉，随着经济社会发展进入新常态，民主政治建设进程的不断推进，乡镇人大工作的环境、条件、任务和要求也不断发生着变化，只有坚持创新，才能使人大工作适应经济社会发展新常态和人民群众新期待。*一是在行使法定职权方面进行实践探索。*认真履行法定职权，围绕“找难点反映民意、抓热点反映民情、细观察反映民需、问需求反映民生”的要求，积极探索行使法定职权的新形式、新措施和新途径，做到依法办事不教条，讲究程序不机械。紧扣乡镇政府重点工作和重大项目实施，积极组织监督；监督好乡镇政府的“钱袋子”，把财政预决算的审查监督抓上手，真正代表人民把好公共财政的收支关，推动阳光财政；深化部门专项工作评议，结合工作需要和实际情况，每年推选1～2个部门开展评议监督。二是在完善工作机制方面进行实践创新。进一步健全完善乡镇人代会、人大主席团会议等工作机制，提高代表审议政府工作报告的质量，增强决议决定的针对性；进一步完善代表活动机制，科学制定代表活动计划，组织开展形式多样、内容丰富的代表活动，深入开展服务一个企业、帮助一个贫困户、为群众办一件实事、参加一次代表接待选民活动、提供一条事关民生大局的建议等系列活动，立足做实事、见实效，干一件、成一件，以实实在在的成效取信于民，增强代表履职尽责能力，树立乡镇人大威信。三是在加大监督力度上进行实践创新。把开拓进取的精神和求真务实的态度结合起来，围绕发展抓监督，强化监督促发展。紧紧围绕事关乡镇改革发展稳定大局的问题、事关人民群众切身利益的热点和社会普遍关注的难点问题开展监督，探索监督新方法，寻求监督新路子，提升监督新实效，真正做到视察一个项目、推进一项工作，调研一个问题、落实一条建议。

四、注重培育优良作风。当前，全国上下正深入开展“三严三实”专题教育，旨在推动优良作风建设，乡镇人大也不能例外。一是保持良好的学习状态。人大工作的特点是覆盖面广，法律性、程序性都很强，对人大代表和人大干部的政治素养、理论水平、法律知识和工作经验都有非常高的要求。随着时代的发展，不加强学习就跟不上时代的步伐，不加强学习就打不开工作思路，不加强学习就适应不了人大工作需要。要把学习当成一种责任、当成一种自觉、当成一种动力，集中学习习总书记系列重要讲话精神和“四个全面”战略布局，重点学习宪法、组织法、代表法、选举法、监督法等与人大工作相关的法律法规，深入学习研究人大工作的法定职责、法定程序等业务知识，广泛学习了解新知识、新政策，不断学习提升依法行权履职的能力，努力适应不断发展的新形势、新任务、新要求。二是保持良好的精神状态。事在人为，人贵精神。人大虽不是“火线”，但也绝不是“二线”，尤其是在全面推进依法治国的大背景下，人大处在社会主义民主法治的第一线，对于全面推进依法治国、建设社会主义法治国家肩负着重要使命。要充满激情干事业，以强烈的事业心和责任感，满怀豪情为乡镇人大工作贡献力量；要积极进取有作为，始终保持积极进取的精神状态，抬高目标定位，树立争先进位、争创一流的理念，确保工作高标准、落实见实效；要用心谋划抓工作，把心思用在推动乡镇人大工作与时俱进上，聚精会神，用心谋事，确保工作有序、监督有力。三是保持良好的工作状态。

要有责任担当，知责、尽责、负责，行使监督权要致力于求实效，行使重大事项决定权要着眼于推动党委决策的贯彻落实，时时刻刻把职责放在心上、抓在手上、扛在肩上，带着责任心把本职工作干好；要有工作质量，人大工作靠依法依规，靠有质量的监督，要在法律规定的范围内，不断探索形式灵活、操作性强、更富实效的方式方法，要会“看”、会“察”、会“说”、会“读”，使各项工作不断提升；要有落实效果，努力提高执行能力和落实本领，立说立行，善作善成，联系联动，形成“以绩效论英雄、以实绩定优劣”的良好机制。

（此文原载 2015 年《人民与权力》第 8 期）

四、理论研讨

新常态下人大工作必须做到“五性”

吴家祥

当前,我国经济发展已经进入新常态,习近平总书记提出了全面建成小康社会、全面深化改革、全面依法治国、全面从严治党的战略布局。作为地方最高权力机关的基层人大,应主动适应经济新常态,贯彻落实好“四个全面”的要求,转换思维方式,探索工作举措,依法履行职责,积极有所作为,具体做到“五性”:

增强政治敏锐性。新常态是一个具有历史穿透力的战略概念,新常态既面临新机遇、新动力,也面临着新矛盾、新挑战,如何认识新常态、适应新常态、引领新常态,我们基层人大工作者应时刻保持强烈的政治敏锐性和警觉的政治洞察力,确保各项工作能够体现新常态对人大工作的新要求、新任务。体现党委新要求。新常态势必带来新改革、新调整,党委工作中心也必将随之调整,人大工作就必须紧跟步伐,无论听取专项工作报告还是开展执法检查,无论开展代表视察还是进行工作调研都要紧贴中心、体现党委意图,始终保持思想上与党委同心、目标上与党委同向、工作上与党委同步,不折不扣地贯彻执行好党委的各项重大决策部署,充分发挥出人大的生机与活力。体现法治新精神。人大作为制定法律和监督法律实施的主体,必须主动带头维护法律尊严,切实担负起宪法法律赋予的监督职责,维护国家法制统一、尊严、权威,确保法律法规在基层有效实施。在履行法律监督中,必须充分体现十八届四中全会提出的建设中国特色社会主义法治体系,建设社会主义法治国家的新要求,加强法律监督和工作监督。体现群众新期盼。民生问题关系大局稳定与社会和谐,是人大工作监督的重点所在。民生也是一个动态的概念,随着新常态的不断深入,民生热点也会不断变化。我们应敏锐地从社会热点难点中、从代表提出的议案建议中、从人民群众的来信来访中寻找民生监督的切入点,抓住人民群众的所思所盼积极开展监督,努力使人大工作贴近民生、符合民利。

坚持问题导向性。习近平总书记反复强调要有“问题意识”,指出“不回避矛盾,不掩盖问题,有问题并不可怕,可怕的是看不到问题”。而人大开展监督工作的主要职能就是监督“一府两院”贯彻党委决策和法律法规的实施、存在问题如何解决,不与问题打交道的监督只能是流于形式。长期以来,针对性、实效性不强一直是困扰地方人大监督工作的通病和顽疾。原因固然很多,但主要还是人大坚持问题导向不鲜明。一些地方人大常委会开展视察、调研、执法检查,虽然看了现场、听了汇报、查了资料,但从中检查到的往往是成绩多、问题少,锦上添花的多、一针见血的少。在审议发言时也往往肯定成绩多,所提问题少,更谈不上动真的、来实的了。人大要真正提高监督实效,克服一些地方失监、虚监、走过场的现状,关键就是要树立问题意识,坚持问题导向,与问题真正"打好交道"。把发现问题作为监督的首要前提。发现问题才能更好地解决问题,应主动深入基层实地开展视察调研,积极"沉到底""散到边",听实话、摸实情,多掌握社情民意,多调查真实情况,多发现问题。把提出问题作为履职的主要表现。发现了问题,就应当及时提出,不能碍于情面、怕得罪人,必须敢于开口,敢于讲真话,主动将发现的各类问题及时提交"一府两院"处理,才能真正体现人大监督的水平,提升监督的质量。把促进问题解决作为跟踪落实的重要内容。发现再多的问题,提出再多的建议,如果"一府两院"不落实,那我们的监督就等于零。对提交"一府两院"处理的问题应紧抓不放、跟踪到底,及时采取媒体公示、专题询问、满意度测评等刚性监督手段,全力督促"一府两院"解决和落实好有关问题。

注重工作创新性。创新是推动事业发展进步的动力源泉,也是人大工作的生命力所在。回顾人大60年来的发展历程,可以说,没有创新就没有人大工作和民主法治建设现在的成就。而随着经济社会发展进入新常态,民主政治建设进程的不断推进,人大工作的环境、条件、任务和要求也不断发生着变化,只有持续坚持创新,才能使人大工作适应经济社会发展的新常态和人民群众的新期待。理念必须创新。人大工作法律性、程序性很强。在人大,我们做任何一件事,都会问一问有没有法律规定、是怎样规定的。即使法律没有规定,也会问一问过去这类事情是怎么处理的,有没有惯例或先例可循。这是好的传统。但是强调依法、依程序办事,并不否定创新。因为创新不是对法律和程序的背离,而是在法律规定下对具体工作内容、方式方法进行探索、改进和发展。必须消除人大工作无所谓创新、不能创新的认识障碍,遵循民主法治建设的渐进规律,树立主动创新意识,在合理把握人大自身工作实际和"一府两院"的可接受范围内,严格遵守法律规定、法律原则和法律精神的前提下,敢于打破旧的思维模式,以创新的观念审时度势,以创新的勇气直面难题,勇于探索,敢于实践,努力打造工作的特色和亮点。内容必须创新。不同的发展阶段,发展的重点、群众的关注点各不相同。人大工作要想适应新形势新任务的要求,必须注重内容创新,善于研究新情况、解决新问题,只有善于捕捉和研究新情况新问题,才能找到工作创新的突破口,才能破解监督难题。方法必须创新。随着民主政治建设进程的推进和人大工作的不断深化,传统的工作载体、工作方法已经难以满足工作需要。只有在总结实践的基础上,不断创新改进工作方式方法,才能适应新常态下人大工作的新要求。近年来,专题询问、专项工作评议、满意度测评等监督手段得到了各地人大的广泛运用，这些方法不是凭空产生的，都是在不断的实践创新中发展起来的。诸如此类可以探索、创新的地方还有很多，都需要我们鼓足创新勇气不断去研究、去深化。

突出意见建树性。人大常委会审议“一府两院”专项工作报告是依法履行监督职责，目的是了解情况，指出问题，提出建议，监督和帮助“一府两院”更好地推动和促进工作。倘若在监督中所提出的意见建议抽象、空洞，谈问题“放之四海”，讲原因“普天皆宜”，提建议“概而论之”，“一府两院”执行起来就会特别宽松，就不会把人大的意见放在心上，自然也就不会把人大摆上位置。因此，我们必须在提升意见建议的指导性、前瞻性、建树性上狠下功夫，不能“头疼医头、脚痛医脚”，应从问题表象中发现深层次的问题和原因，从瞬息万变改革发展形势中，从依法治国的大背景中，立足人大的角度和监督者的视角、立足法律法规和国家的方针政策、立足中心工作、立足广大人民群众的强烈要求，及时提出涉及全局性和宏观性问题、具有指导性的“务虚性”意见，提出涉及热点难点问题、具有针对性的“务实性”意见。确保提出的意见具有引导性和指导性，敢于突破传统思维、固定思维，提出我们人大的新观点、新思路、新举措，更好地为推动和促进政府工作提供有益帮助。当然提出的意见建议也不能好高骛远，哗众取宠，为博眼球效应或轰动效应，而提出一些不切实际、不着边际或遥不可及、无法完成的无用意见，这样不仅起不到应有的监督效果，反而更会让人认为人大只是一个“花架子”。

提升实效可见性。长期以来，地方人大常委会特别是县级人大常委会在履行法律赋予的监督权的过程中，常常会遇到一些尴尬：听取和审议“一府两院”有关工作报告，对有关工作提出的意见和建议，往往只是停留在人大常委会的会议上，或是审议意见书上，时间一过，再无下文，群众称之为“自说自听”“说了白说”。只注重开会走程序，听报告，了结事，不重视会议审议和审议意见的转办、督办，审议监督“一审了之”，审议意见“一转了之”，不解决实际问题。或是常委会听取一下审议意见落实情况就算了事，至于到底落实得怎样就不需要再管了。或是通过满意度测评这种手段来粗略评价一下办理质量，汇总一下“满意率”而已，并不能十分客观地反映“一府两院”的真实办理情况。这就达不到应有的监督效果，一定程度上也削弱了地方国家权力机关的权威。要想彻底改变这种现状，就要在监督实效的可见性上下功夫，特别是一些看得见、摸得着的工作，我们就应当紧盯不放，及时深入到有关办理现场去走一走、看一看，做到眼见为实，耳听为虚。比如办理代表议案建议，很多时候，议案建议所提问题并未解决，只是因为有关部门态度较好、解释到位，代表给予了满意评价。这种没有“办成率”支撑的“满意率”，只是“印象分”，显然有水分。我们应当在考核议案建议答复情况基础上，进一步加强对议案建议办成情况的督查，唯有让“办成率”唱主角，代表提议案建议的作用才能真正发挥，人民群众的困难和问题才能真正解决，人大监督实效也才能真正体现。

（此文原载2015年《人民代表报》）

刍议县级人大常委会监督调研工作的不足及对策

曹　震

笔者在县级人大常委会从事调研工作16载，参加过16次地市级召开的县级人大常委会内务司法监督工作座谈会，出席过一次省举行的县级人大常委会内务司法监督工作座谈会。迄今，监督法已经颁行6个年头了，最近因为要做监督法的讲座，细读了监督法以及辅导资料和一些关于人大常委会监督调研方面的文章，结合本人调研工作的实际进行了思考，对当前县级人大常委会监督调研工作的现状及其对策有肤浅的认识，斗胆一吐为快，以期对促进县级人大常委会监督的调研工作，推动法治建设有所裨益。

依笔者愚见，当前的县级人大常委会监督调研工作距离监督法的要求相差还是比较远。特别是监督法关于人大常委会在审议专项工作、国民经济社会发展计划和预算审计监督、执法检查和特定问题调查等进行调研的具体规定，如第七、八、十、十一、十二、十七、十八、二十三、二十四、二十五、二十六、四十一、四十二条的规定执行都不能完全到位。因此，可以认为，目前，县级人大常委会调研工作的方法、水平、质量和效果都有欠缺。不少的调研仅仅用一两天时间，只是简单听听汇报，找几个人座谈座谈，再看看台账资料，就草草写就报告，难免形成隔岸观火、走马观花的局面。有的和被调查单位的同志在酒桌上碰碰杯，几个人回来碰碰头，闭门造车、搜肠刮肚，报告就出来了，其结果只能沦于隔靴抓痒、言之无物，甚至风马牛不相及的大话、套话、空话等“官样文章”的窠臼。也有的凭经验和想象，依样画葫芦，走不出胶柱鼓瑟的圭臬。最严重的是在网络复制别的地区的调研报告，然后粘贴，再查找、替换调查主体、时间、对象、内容，报告就“新鲜出炉”。一些调研报告对所调研的工作或执法活动存在问题和不足以及面临的困难用“六不”去套，即用“宣传力度不大，执法质量不高，执法环境不优，工作效率不好，队伍建设不强，执法资源不足”去硬套，最后只能形成“官八股”的调研报告，无的放矢地、空乏地提提建议。所有这些不但于监督法的法律制度弃之不顾，更不能了解所调研的工作和执法活动的具体情况，不利于支持、帮助和促进“一府两院”的工作，自然无法履行县级人大常委会推进依法行政、公正司法乃至贯彻依法治国方略的职能，其害莫大焉！

之所以形成这样的困局，笔者认为有以下的成因：其一，调研主体的缺陷。由于天然的法律界代表过少，常委会工作机构在调研工作中唱“独角戏”的情况较为普遍，何况还有为数不少的“一人委”。这一点，笔者在《法律界人大代表过少不利于人大司法监督工作开展》一文中已经做了分析(载于《人民代表报》2011 年 11 月 27 日第三版),所以不再赘述。其二,调研的指导思想不正确。习惯沿用多年已经形成的老经验办事,由着“走老路子”的定势思维做主,不会也懒得与时俱进,对监督法关于新时期人大常委会工作监督、法律监督的新要求,特别是对调研工作的新规定不学习、不了解,进而不把监督法作为调研工作的指南。还有的就是怕得罪人,奉行“多栽花,少种刺”的信条。“宁可少说话,切莫得罪人”的思想在一些人心中时时作祟,所以就做做“官八股”文章,走过场而已。再则,对做好人大常委会监督工作缺乏责任感、使命感,图清闲,想省事,走捷径,工作极其不负责任,敷衍了事。其三,调研的方法呆板、手段单一。习惯于故步自封,沿袭过去的模式,缺少依法办事的意识,更懒得创新调研手段和方法,置《监督法》具体规定的调研程序和要求于不顾,以“三板斧”(听汇报,座谈会,看报表)做调研的当家法宝。无视新传媒、网站、视频电话、传真、电子邮箱、QQ、MSN、飞信、微信等等对人大常委会调研工作的推进、监督作用。由于这些原因,使县级人大常委会的调研工作背离了《监督法》的规定,致使调研结果无法掌握实际情况,提问题、说建议就不可能做到切中时弊、高屋建瓴。

在此,笔者联想到一则关于调研的掌故来。周恩来总理在三年自然灾害时期的 1961 年 5 月为了了解公社食堂的真实情况,轻车简从深入到河北武安县调研,两次分别运用请将和激将法让叫“二廷”的农民说出了公社食堂的真话实情。这无疑给我们从事县级人大常委会调研工作的人有如下的启示:唯有深入基层和一线才能弄到第一手的真实的原始的而不是传来的素材;不了解真相绝不能轻易放手,要“奇袭”;用各种方法鼓励被调查对象说真话,即使难听也要坚持下去,要激发被调查人的感情大脑,与对方交朋友;真心“下潜”比听奉承话、听赞歌好,更比“蜻蜓点水”回到办公室闭门造车出门不合辙强。陈云同志也曾说过,领导干部听话要特别注意听反面的话。当今,人们思维已经形成了相同的意见谁也敢讲,容易听得到的习惯。不同的意见,常常由于领导人没有虚怀若谷、闻过则喜的雅量和情怀,因此人家不敢讲,不容易听得到也就成为惯例。因此,结合监督法的规定以及调研工作实际,笔者以为,要把“十个结合”贯穿于调研过程的始终,即学习和调研相结合,明察和暗访相结合,专门调查和中介统计、征集社会各界意见相结合,上下级人大联动调查和委托调查相结合,集中调查与分组了解相结合,定期和不定期调查相结合,查阅书面资料、报表、卷宗和个别走访相结合,视察和座谈相结合,调研和宣传、支持促进“一府两院”工作相结合(通过调研过程中的视察、谈话、新闻报道以及社会舆论监督,从而肯定“一府两院”工作和执法活动的成绩和经验,发现“一府两院”由于精力不济、注意不到或者决策失误的方面,通过调研和审议等形式,帮助督促支持“一府两院”改进工作,为“一府两院”工作夯实工作基础,为执法创造好的环境和条件,提高法律贯彻实施的全面性、正确性),调研和“一府两院”自查自纠相结合。在调研的微观层面上要切实做到“八戒”，即一戒带有成见，主观片面；二戒一头雾水，笼笼统统；三戒以假当真，浑浑噩噩；四戒道听途说，捕风捉影；五戒迎来送往，浩浩荡荡；六戒走马观花，矮人观场；七戒徇私迎合，唯亲是从；八戒好好先生，溜须奉承。

笔者认为，在实际的调研过程中要扎实抓好以下几个环节：

首先，要树立科学的调研理念并用以指导调研工作。在调研时，我们一定要解放思想，与时俱进，不断更新理念。像宋代著名政治家王安石说的“天命不足畏，人言不足恤，祖宗不足法”那样敢于革新。我们不但要像中央电视台广告词“因为站得更高，所以看得更远”那样，还应该做到“因为走过四周和每个角落，所以看得更全面；因为贴得更近，所以看得更深刻”。要牢固树立依法办事、实事求是、依靠群众的理念。只有具备了这样的理念，用这种理念统帅我们县级人大常委会的调研工作，才能摸清真情实况，找准客观问题，寻得具体成因，提出行之有效的建议，进而不断增强县级人大常委会的监督成效，为推进法治进程做出地方国家最高权力机关应有的贡献。

其次，要壮大调研队伍，丰富知识储备。要针对县级人大常委会调研主体人力和专业水平的不足，整合资源，调动一切积极因素，壮大调研队伍。一方面对内要由人大常委会办公室统筹协调机关的委、办、室的力量，抽调专业、精干人员充实调研队伍。另一方面对外要借助与调研工作相关的不驻会的常委会组成人员以及人大代表的力量；对涉及政府工作调研的可以考虑吸收政府法制办和政府组成部门法治机构的同志，与“两院”有关的可以商请党委政法委的同志和律师等组成调研队伍。这样既弥补了人力不足和专业知识贫乏的缺陷，又便于从面上了解掌握调研工作的实际情况，更可以用专业的人才带动、促进全体调研人员的理论水平的提高，增长调研人员的实际工作才干，为做好调研工作夯实基础。

再次，要留有充裕的调查时间，创新调查的方式、方法。调研前要拟订好调查计划，具体要符合监督法规定的期间、方法、内容的要求，特别是监督法规定的具体的期间制度一定要执行到位，并保证实施到位。调研的时间一定要宽裕，这样才能确保调研结果的高质量。如对审议专项工作报告的调研，依据《监督法》的规定，至少需要20天以上的时间。对国民经济社会发展计划和财政预算审查监督是一个周期较长的动态的调研事项，加上还有审计监督的过程，因此调研的时间会更长，有的甚至还需要跨年度。执法检查的调研一定要留足“一府两院”自查自纠的时间，这样便于在调研过程中把法律贯彻实施向前推进一步。自查自纠至少得一个月时间。如果我们按以前的调研只有十天或八天时间，其做法肯定与《监督法》的规定是不符的。这样做定然不会形成高质量的调研报告，难以取得执法检查的好效果。根据笔者的理解，执法检查至少得两个月的调研时间。特定问题调查也要有足够的时间，以保证把特定问题查实、查准。要综合运用听取汇报、询问、召开座谈会、个别走访、抽样调查、实地考察、调阅卷宗、查看文件等具体形式。调查时千万要详尽、周密地占有素材，要“兼收并蓄”“贪大求全”，切忌“下车伊始，哇啦哇啦发议论”。要带着调查的目的，到有关单位查阅反映现实与历史情况的资料（如年鉴、局志、院史，工作总结，图表、数据和原始记录等）。还可以探索聘请中介公司、统计部门进行调查等做法，要全方位、多层次、宽领域地开展调查了解，把所需调研的情况了解得全面、深刻、透彻，不能浅尝辄止或只见树木不见森林。总之，要深入到群众中去，扎根到基层和一线去。因为群众最有发言权、评判权，所以要多倾听群众的看法，特别是反面的意见，这样不仅利于全面掌握情况，同时也可以使调查的过程成为宣传法律，密切党群关系、干群关系的过程。

最后，要精心、耐心、苦心推敲斟酌，把好调研报告撰写关。要静下心来认真撰写调研报告。现在社会上流行着浮躁的心态，说到底就是急功近利，什么事都幻想一蹴而就。像曹雪芹那样“增删五次，批阅十载”是难得有人愿意去做的。鲜有人崇尚“板凳要坐十年冷”，不乐意用硬功，不愿意下死劲，所有这些对调研工作有百害而无一利。所以要搞好调研必须静得下心，沉得住气。一是强化责任心。要有对党、法律、人民、历史负责的精神，乐于恪尽职守。二是强化奉献精神。“爬格子、追光标、敲键盘、点鼠标”是中医养生最忌讳的“暗耗精气血”“劳命伤神”的事情。写出一篇高质量的文稿，常常是头昏、眼花、手酸、肩痛，倘若没有吃苦精神是搞不定的。三是强化求精意识。文章不怕改，观点最宜炼。因此，古人有“面壁十年图破壁”“语不惊人死不休”之句。我们写调研文稿也要有这种精神和追求，有了雄厚的调研基础材料，就赖于撰写调研报告的水平，这样高质量的调研报告才能“横空出世”，这样的报告对人大常委会的监督工作才能“给力”。否则，前期的调研工作就会“打水漂”。依笔者之见，建议做到三点：要于法有据，具备合法性；要符合客观情况，具备客观性；要有针对性，具备关联性。建议的事项中，目标不能定得过高，要兼顾实施的可能性，要确保“跳起来可以摘得到桃子”。否则，目标定得过高，不但不能解决问题，还浪费了有限的行政、司法资源，也会挫伤行政、司法机关的积极性，更不利于帮助、促进和支持“一府两院”工作，势必有损于县级人大常委会的权威。

一言以蔽之，调研工作是县级人大常委会全面正确贯彻《监督法》，提高监督效果，推进法治进程的基石和抓手，因此要不断更新理念，严格依法办事，充实调研队伍，丰富调查手段，创新调查方法，善于综合分析，苦心撰写报告。唯其如此，才能做好县级人大常委会监督的调研工作。最后以著名教育家叶圣陶的一句话做结语：“写任何东西决定于认识和经验，有什么样的认识和经验，才能写出什么样的东西来。反之，没有表达认识的能力，同样也写不出好作文。”

（此文原载2012年《人大研究》）

人大常委会工作报告撰写中需要注意的几个问题

黄　艳　王晓聪

地方人大常委会工作报告，是地方人大常委会一年一度向同级人民代表大会所作的综合性工作报告，具有承前启后、承上启下的重要作用。如何对上一年度人大常委会工作作出客观总结，如何对下一年度人大常委会工作作出精心谋划，如何让报告与时俱进、富有时代气息，如何使报告得到人大代表的认可、接受、通过，具有非常重要的现实意义。为此，笔者就撰写过程中的常见问题作一些探讨。

一、需要把握的几个问题

1. 方向问题。人大常委会工作报告虽然报告的是常委会的工作，但也必须把握正确的方向，方向是基础，方向决定行动。吴邦国委员长曾指出："人大及其常委会是国家权力机关，是十分重要的政治机关，坚持正确政治方向是做好人大工作的根本。"同样，一份拥有正确政治方向的人大常委会工作报告，才是一份合格的报告，才会赢得人大代表的赞同、获得人民群众的认可。我们在撰写工作报告的初期由于对党的政策了解不够，对常委会具体工作研究不深，对撰写报告综合把握能力不强，从而导致撰写出的报告片面、狭窄，甚至与党的大政方针、国家政策法规相背。虽然这些问题只是出现在撰写的初期，但也为我们敲响了警钟。因此，在撰写工作报告时，要始终保持一个清醒的头脑，全面的认识和正确的方向，准确把握好坚持党的领导与坚持人大制度的关系，服务中心与服务人民群众的关系，加强人大监督与支持政府更好开展工作的关系，确保报告在动笔之初就定好正确方向。

2. 结构问题。根据以往大丰市撰写人大常委会工作报告的实际经验，报告一般分为两大部分，一部分是上年或一届工作回顾，另一部分是下年或今后工作打算，在换届时会增加感受和体会这一部分。每一部分又基本分别是按照围绕中心、关注民生、法律监督、代表工作、自身建设这五个方面来撰写。这种模式已成为大丰市撰写常委会工作报告的基本模式。这种结构也基本反映了常委会日常工作的几大块，可以说还是比较成熟的。当然也有一些值得商榷的地方，如乡镇人大工作前几年大丰市放在代表工作中来写，但乡镇人大工作明显不属代表工作的范畴。所以这几年大丰市又将此项工作放到自身建设中来写，但也存在着是否属人大常委会自身建设范畴的问题。如果单列一块来撰写，又未免太突出。再如，信访工作也存在着属于关注民生方面或是法律监督方面的问题，但又没有相关具体的规定或明确的界定，这也需要我们在今后的撰写过程中进一步寻找出一种更优的划块办法。

3. 虚实问题。常委会工作报告是向人民代表大会报告一年来的常委会工作，必不可少会运用一些数据。如何将这些数据运用确当，是常委会工作报告撰写中需要注意的一个方面。如在报告中关于审议议题多少项，听取工作情况汇报多少次，人事任免多少人次，这些都必须以具体准确的数据出现。再如在介绍一些工作开展情况时也必须客观准确描述具体情况，就不能用一些似是而非、含混不清的词语，或是概念表述不清，不然代表就难以了解常委会工作的真实情况，也就达不到报告工作的目的。而报告中一些关于时间的频次，督促推进情况的描写，就可以采用多次、先后、进一步等模糊性概念，这样反而会起到一种强化语气的作用。数据的引用还涉及一些具体问题，正面的、负面的、会不会引起不必要的麻烦，这些都需要统筹考虑。

4. 点面问题。也就是如何准确把握好侧重点，使报告显得更有层次感，主题更突出。一年一度的工作报告所涉及的内容很多，而作报告的时间仅有那么几十分钟，篇幅容量也就那么十几页，不可能面面俱到、事事必写。所以，在撰写报告时就要注重点面结合、条块结合，把得住轻重，分得清主次。在撰写报告前要多方收集材料，全面细致分析，梳理好常委会各项工作，拎出一条撰写的主线，明确好各块的撰写重点。撰写时要按照既定的重点，有的放矢，做到重要工作、主要问题详写，具体化；次要工作、次要问题略写，简单化。如服务党委重大决策、支持政府重点工作等方面就要着重写，而具体事务性、日常性工作就可以简写。在撰写报告时还要防止出现两种倾向：一是掌握的材料多，就多写、滥写，掌握的材料少，就少写，或不写；二是喜好的、熟悉的就多写，反之则少写，或不写。这些在具体撰写报告时是必须避免的。

二、容易忽略的几个问题

1. 作报告者的一些细节问题。一篇报告写得好不如读得好，如何将一个好的书面报告变成一个好的语言报告，这也是摆在我们起草者面前的一个难题。所以，在起草报告时我们就要自觉地将自己换位到领导的角度，去细致分析体会领导日常工作中的讲话细节，去考虑领导作报告是用方言还是用普通话？其语言的风格如何？一段话正常分成几块读，一句话又正常分成几小块？喜欢读长句，还是喜欢读短句？读长句顺，还是读短句顺？喜欢口头语，还是喜欢书面语？从句式、语速、语气、节奏、声调等各方面来考虑，这样才能准确地使用好词语的节奏、句子的长短、语境的综合。如果不考虑这些，就容易出现平时阅读时好像还可以，但作报告时就打结、卡壳、读错、读漏，从而影响会议的效果，进而影响人大整体的形象，甚至影响领导的形象。可以说，撰写出一个适合领导说话习惯、读来行云流水、能够保证一个良好会议效果的报告，才是一个好报告。

2. 主要领导的文风影响。主要领导的文风习惯对一篇报告的篇幅、结构、内容起着决定性作用。有些领导喜欢长篇，引经据典，铺排陈词；有些领导喜欢简洁，提纲挈领，直道其详；有的阐明观点喜欢单刀直入、开门见山；有的喜欢充分论证、全面解析，等等。所以我们在起草报告时应根据领导的文风特点，确定好行文方式和表达形式，尽量接近领导的性格特点。比如说，有的领导喜欢"一句一个意思"，就要注意多用单句、短句，做到短促有力，简洁明快。有的领导喜欢逻辑推理，就要适当选用长句、复句，增加修饰成分，来表达复杂的道理。再比如，现在的领导大部分都不喜欢篇幅太长，所以在撰写报告时要尽量确保在意思表达清楚情况下，做到言简意赅。

3. 来自群众方面的一些因素。首先要注意报告所作的时机，是在上午还是在下午，是在第一阶段还是在第二阶段，要充分考虑到听众与会时间的长短与时机，才能更好地引起共鸣。如上午听报告，与会代表头脑清醒、思维敏捷；而下午听报告，由于天气、休息等方面的原因，则反应迟缓、接受能力下降，就会影响会议效果。其次人代会的听众除了代表外，还会邀请"一府两院"的负责人及有关方面人员，这时就要注意报告中的用语，某些用语代表听来也许认为很好，但对于相关部门来说，可能会产生一些负面影响，特别是对一些专项工作，人大不可能万事皆通，所以难免会出现一些表述不清或表述有误的情况，从而引起一些不必要的误会。因此，撰写者对写入报告的所有内容，都要进行深入详细的调查和了解，看有无歧义或出入。要确保言之凿凿，杜绝出现一些不必要的问题。

三、需要引起重视的几个问题

1. 标题制作。标题是一篇报告的眼睛。常言道：文好题一半。由此可见标题在文章中的作用不可低估。一个报告如果标题列得好，精气神很足，听众在选择阅读对象时，只要略略一瞥，就会产生一睹为快的兴趣；反之，不管你里面的内容如何精彩，事例如何生动，听众都会因为标题给他们的初始印象平平甚至不好而忽视你的内容。所以在确定标题时，要慎之又慎。要通盘考虑文章的内容和观点，考虑文章的体裁和风格等因素，再根据需要来量身做。我们要在能充分体现报告本身内容的基础上，通过提炼加工，精心琢磨出一些具有高度、深度、新意的标题。真正发挥一个好标题的作用，让听报告者眼前一亮，为之一振，为听报告者理解报告实质、领会精神提供有益的帮助。

2. 遣词造句。常委会工作报告是人大常委会依法向同级人民代表大会报告阶段性工作的重要文件。既不能像记叙文那样娓娓道来，也不能像散文那样精雕细刻，更不能像小说那样跌宕起伏。一份好的常委会工作报告内容过于粗陋、口语化不行，过于华丽、诗歌化也不行。关键要做到“简、朴、直、畅”。“简”,就是要简明、精练,杜绝空话、套话,确保就事论事。“朴”,就是朴素实在、干净利落、言之有物,杜绝铺张,堆砌辞藻、空乏其谈,切忌工作没有做多少,文章倒有一大堆。“直”,就是要开门见山、直达其理,不要拐弯抹角,不故弄玄虚、故作深奥。“畅’,就是要句式流畅、思路顺畅、阅读通畅,确保让听众无障碍、顺其自然地了解整篇报告的中心思想和具体内容。

3. 谋篇布局。通过翻阅近年来各地的人大常委会工作报告,我们不难发现这样一个现实,常委会工作报告对上一年度工作回顾的篇幅都占了整个报告五分之三到五分之四的量,但政府工作报告对政府下一年工作打算的篇幅却在不断增加,有的甚至超过一半。诚然,一年一度的人代会主要是向代表报告常委会上年的工作情况,但召开人代会还有一项重要职责就是审议确定下一年度国民经济社会发展计划和人大常委会工作计划,如果我们仍以原有篇幅来撰写工作打算,显然不够。再如,作为县级人大常委会拥有三权(重大事项决定权、人事任免权、监督权),但显而易见,常委会工作报告将大量的篇幅花在了监督权上。其他权力履行的情况仅是一小段,甚至是一句话带过而已,这显然有悖法律规定。所以,我们在对常委会工作报告谋篇布局时,要及时根据这些情况,对常委会报告的篇幅结构进行全面思考,作出合理安排,确保报告过去工作全面准确,谋划未来工作细致科学。

(此文原载 2013 年《人大研究》《人民代表报》)

关于加快大丰市农业现代化建设的建议

王连军 姜 玲

近几年来,大丰市围绕农业现代化这一主题,加大组织领导,强化政策激励,积极调整结构,大力发展特色农业,在全市涌现了一批具有引领发展作用的新型农业经营主体,打造了一批具有带动功能的农业园区,形成了一批具有支撑作用的农业龙头企业,农业规模化、特色化、信息化、产业化等初步形成,加快了大丰市农业现代化的进程。根据市人大常委会审议议题的安排,针对大丰市在农业现代化建设过程中存在的薄弱环节,我们组织到姜堰、建湖、铜山、盱眙等典型县区考察学习,启发颇深,现结合本市实际进行认真的调查和思考,提出如下建议,供领导审阅。

一、以股田合作和委托经营为重点，探索土地流转的新模式。党的十八大明确提出，坚持和完善农村基本经营制度，培育新型经营主体，发展多种形式规模经营。新型农业经营主体的经营模式正逐步从原来单一分散的种养大户经营向家庭农场、股份合作、专业协作、全程托管、公司租赁承包等多种经营模式发展，归结起来主要是股田合作和托管经营两种土地流转新模式。这两种模式在部分地区实践后取得了较好的效果，得到了农业部和省政府领导的肯定。徐州铜山区推行股田经营改革试点，试点村依托村集体经济力量，让农民以承包土地面积入股组建股份制合作社，把平等的土地经营权变成了平等的股权，既消除了农民自家承包地没人种植或被掠夺开发的担忧，又使土地得到连片开发利用，使农民分享到了土地集中经营的收益。泰州市积极探索土地委托经营的新路子，姜堰区鼓励农民委托经营，由镇村争取农开资金、土地整理项目，使沟渠、涵闸、水电、道路等配套，按不同地块划分 100～500 亩不等的田块对外发包，加快土地流转。实践证明，股田经营改革及全程委托管理经营的模式在促进现代农业发展和农民增收致富、增加村集体收入、提高基层服务组织能力、提高农产品质量等方面拥有显著的优势。大丰市耕地多、人口少，从事农业生产的人员结构日趋老龄化且数量与日俱减，以上两种高效节省劳资成本的土地流转新模式值得我们学习借鉴。

二、以建立“为农综合服务社”为重点，构建农业社会化服务的新体系。党的十八大明确提出要“坚持和完善农村基本经营制度，构建集约化、专业化、组织化、社会化相结合的新型农业经营体系”。加快建立新型农业社会化服务体系不仅是构建新型农业经营体系的重要内容，也是完善农村基本经营制度的应有之义。在此次的调研走访中，泰州姜堰区在构建新型农业经营主体社会化服务体系方面创新举措，鼓励有条件的村领办成立为农综合服务社，由村集体购置农机具，国家和省、区的农机补贴作为村集体资产进行管理，增加集体积累，目前，该区已成立了 8 个村级综合服务社，获得了省市农业项目补贴 1600 多万元，增加集体积累 300 多万元，得到了农业部和省农委的肯定，获得省农业经营主体创新奖。姜堰区的做法，启发我们要在充分结合本地实际的基础上，积极探索镇村集体兴办或领办农业服务组织的模式，建立为农综合服务体系，为农民、农业经营主体提供产前、产中和产后服务，逐步实现统一供种、统一作业、统一管理、统一收割、统一烘干、统一秸秆还田，把兴办集体农业服务组织与争取国家财政扶持相结合、与壮大集体经济相结合、与农业现代化建设相结合，整合支农资金，优化使用效率，提高支农效能，增加集体积累。

三、以化解风险为重点，建立农业全方位保险的新机制。随着市场环境的不确定性因素增多，以集约化、专业化、组织化、社会化为特征的新型农业经营主体面临的各种风险因素相互交织，如何通过完善农业保险机制，为现代农业发展保驾护航，成为农业保险发展的必然趋向和重要使命。徐州市铜山区在全国首推“政银保”农村小额保险贷款模式，区财政出资 500

万元作为风险补偿金，人保公司提供贷款保证保险，邮储银行提供1∶10比例，即5000万元贷款支持，为农业经营主体解决融资难的问题，该区还积极探索农村承包土地的经营权和宅基地使用权抵押担保的实现形式，扩大有效抵押担保范围，拓宽对新型农业经营主体的金融支持渠道。这些创新举措使我们深受启发：要探索建立政府风险补偿、社会保险机构和金融部门提供信贷支持的融合机制，进一步拓宽新型农业经营主体抵（质）押担保物范围，完善农业政策性保险制度，对农业经营者按一定的比例逐年收取风险保证金，专户储存，专款专用，防范各种风险，同时鼓励农业经营主体，每年提取风险基金，以丰补歉，切实维护农民的合法权益。

四、以农业产业化建设为重点，实现农产品与互联网的“新融合”。大力推进农业产业化，是深化农村改革、增强农村发展活力的重大举措，也是发展现代农业的内在要求。大丰市农业产业化和其他县（市、区）相比，在加工、流通等环节上依然存在差距。在农产品加工上，铜山区在抓好农产品中小型加工企业发展的同时，积极致力于培育“维维”这样的大企业，带动整个农业产业的发展。作为全国最大的豆奶食品生产企业，维维集团拥有完善的产品销售网络，100多条现代化食品生产线，总资产达170亿元，前年实现销售收入262亿元，上缴税收14亿元，同时作为国家级农业产业化龙头企业，维维集团一直以来都把“企业发展，农民致富”作为自己的经营理念和追求目标，带动了千家万户农民增收致富，有力地推动了当地农业产业结构调整。在农产品的流通上，建湖县积极鼓励龙头加工企业、农民经纪人开网店、做销售，实现农产品加工、流通与互联网的充分融合。该县帮助龙头企业设立网上销售平台，将网店与实体店面、产业基地完美接轨，全县龙头企业开设销售网店达30家，网上年销售额达3亿元，并配套建设批发市场，重点推进省级农副产品批发市场建设，年交易额已突破12亿元。建湖县“几百粒”农产品加工企业，积极与淘宝合作，并开展物流服务，在全国范围内建立专卖店、加盟分店，2014年，其电商平台销售额达5600万元，成为全省较大的农产品电商企业。农业产业与互联网的融合，是农业发展的方向和趋势，我们要抓住国务院鼓励发展电子商务的有利时机，制订政策，鼓励发展，力争使我市农业电商产业迅速发展，带动全市农业的转型升级，为实现农业现代化奠定基础。

（此文得到市委、市政府主要领导批示肯定）

五、新闻报道

代表　走在经济发展最前沿

——大丰市人大发挥代表“双带”作用的调查与思考

王海滨

“双带”，就是人大代表带头致富、带领群众致富。近年来，江苏省大丰市人大发动全市各级人大代表开展“双带”活动，在代表中发现和培植了一大批“双带”典型，为全市经济发展和群众致富做出了积极贡献。

“能人”代表多起来

大丰市目前有市第十二届人大代表277名，其中农村种养大户62人，占代表总数的22.4%，农民经纪人34人，占代表总数的12.3%，个体户、私营企业主43人，占代表总数的15.5%。而该市上届市人大代表中三种“双带”类型的代表分别是26人、18人、25人，分别占上届人大代表总数9.4%、6.5%和9.03%。

从数据对比可以看出，两届人大代表的类型构成发生了较为明显的变化，“能人型”代表多了，代表的“含金量”也因此提高。在以往的代表名录中，代表职业栏里从未出现过的“种植大户”“养殖大户”“农民经纪人”“私营企业主”“个体户”等“头衔”，现在都十分抢眼地呈现在人们面前。目前该市共有市、镇两级人大代表1891人，其中种养大户368人，占19.46%，农民经纪人121人，占6.4%，个体私营业主164人，占8.7%。代表中的种养大户年总产值约4亿元，约占该市农业总产值的7.6%，带动农户43370多户，占该市农户总数的25%；代表中的农民经纪人每年组织向国内外销售地产农副产品价值约3亿元，约占该市农业总产值的5.66%，受益农户超过38000户，占该市农户总数的22%以上。代表中的“老板”们开办私营企业112个，固定资产投资规模约12.8亿元，共提供就业岗位16200个，占该市职工总数的35%以上。在这些私企就业的职工年人均工资7525元，超出该市职工平均工资2.1个百分点。

“含金量”折射出社会巨变

代表中“双带”典型的增加，与社会和经济的发展关联密切。人大代表中的“能人”多了，人们已从过去那种仇恨财富、歧视富者的心理阴影中走了出来，从谈富色变到致富光荣，再到争当致富先行者、领头羊。

富民政策引发整个社会价值观念的转变。过去人大代表中官员多、先进模范人物多，那些与“富”字沾边的人，几乎很少有当代表的权利。改革开放以来，党的富民政策让群众得到了实惠，也解放了人们的思想，纠正了人们对财富的看法。调查中发现，农村人大代表中不少人担任村组干部，他们大多掌握着一定的农业技术和致富门路，大多是种养能手或农民经纪人。当问及为什么会选他们当干部、当代表时，群众的回答很一致：如果他连自己都没法致富，我们凭什么相信他？凭什么选他当代表、当干部？选他做代表就是看中他有本事带着我们一起干！由此可见，现在的人大代表选举，谁能带领群众致富，谁就是群众心目中的能者和英雄，群众就选他做代表。

“三个代表”重要思想为代表“含金量”的大幅提高提供了坚实的理论依据。“三个代表”重要思想要求我们始终代表先进生产力的发展方向，代表人民群众的根本利益。“三个代表”重要思想的提出，加深了人民群众对社会主义根本目的的认识和理解。原先不少私企老板发展企业、种养大户劳动致富也许还心存顾虑，但随着“三个代表”重要思想的深入人心，原有的种种顾虑打消了；人们解除了种种束缚，放开手脚搞发展，形成了一种比干劲、比发展、比成效、比贡献的社会风气和时代潮流。

思想的解放带来了观念的更新，人们认识到，企业姓“公”也好、姓“私”也好，都是国家和社会的财富，只要规模大、效益好，就能为社会创造更多的财富，就能提供更多的就业机会，在为国家多创利税的同时，也为群众带来更多的实惠。

社会主义民主法制不断健全，人民代表大会制度深入人心，群众的民主法制意识不断增强。随着社会主义民主法制不断健全，人民代表大会制度不断完善，更多的群众重新认识了人大，也对人大代表的角色进行了重新定义，对自己手中的民主权利看得更准，也看得更重。现在绝大多数选民选举人大代表时，都要根据自己的意愿和判断，把自己认为最值得信任、最能代表自己行使当家做主民主权利的人选出来。因而作为与人民群众切身利益关联密切的“能人”们，自然就成为公众认可度最高的群落。民心民意的这种价值取向，是社会发展的必然趋势，也不违背宪法和法律对人民代表的定位。

代表“双带”有实效

代表中“能人”的集聚，使各级人大成为经济发展的“富矿区”。这是一笔巨大的社会财富。从大丰市人大多年来开展“双带”活动的实践来看，积极引导并发动各级人大代表充分发挥带头致富、带领群众致富的“双带”作用，必将加速我们富民强国的进程。

发动代表开展“双带”活动，对经济建设和群众致富有着巨大的推动作用，同时对人大自身的建设和发展，也是一种良性互动。“双带”活动使人大代表与人民群众的联系更为紧密，树立了人大在人民群众中的威信，同时使人大工作变得更加贴近实际，真正走到了经济建设和社会发展的第一线，成为经济建设和社会发展的直接参与者、有力推动者和积极促进者。可以说，正是这些“能人”“大户”代表的加盟，使我们各级人大代表的结构发生了划时代的变化，由此也必将引发人大职能以及人大行使职能、发挥作用方式的一系列转变。人大将通过人大代表的实际影响，对经济建设、社会发展各个方面发挥更加积极而务实的作用。

当然，在积极引导发挥代表“含金量”作用的同时，我们也必须注意到“含金量”的另一面。在一些地方出现过少数人通过自己手中的经济实力“购买”选票的现象。社会主义民主要发展，法制要健全，必须坚决地对这种金钱与选票的联姻说“不”。

（此文原载2003年《人民日报》）

代表当得好不好　咱们选民说了算

黄　静　金福华　顾晶晶

9月25日是江苏省大丰市草庙镇市、镇两级人大代表向选民述职的日子，述职现场会就在该镇的丁东村人大代表之家举行。

一大早，草庙镇丁东村人大代表之家就热闹起来，参加人大代表述职现场会的有来自该镇北灶村、竹港村等村的村民代表，还有大丰市各镇人大专职主席或副主席、“两区”人大工作联络处主任、人大秘书以及各镇人大代表之家负责人进行现场观摩。

上午8时30分，述职会正式开始。主持述职会的草庙镇人大副主席杨建辉带领大家简要地学习了《代表法》的有关内容后，就直接切入了主题。

“大力实施农村环境整治，努力改善农民人居环境；全面启动建设党群服务中心工程，让村干部工作以更大的干劲为村民提供更优质服务，加速配套道路桥梁基础工程，极大地方便了群众的生产生活……”首先述职的市人大代表、草庙镇镇长郁兴忠对就职以来所做的事如数家珍。“自任职以来，克服困难、用心做事，努力为村民办好事、办实事，积极争取各种政策、资金为村里建设增砖添瓦，还多方筹措资金建设了村综合服务中心，为困难群众送科技、送温暖……”介绍自己的履职经历，镇人大代表、丁东村主任陈爱兵颇感充实……

现在进入群众评议阶段！40分钟后，主持人宣布。话音刚落，坐在长条凳上的村民代表就争先恐后地举起了手。

村民朱卫明抢先发言：“作为一名土生土长的草庙人，我看到了草庙翻天覆地的变化，这些与市、镇两级人大代表发挥的作用密不可分。我就提两点建议：一是镇政府要继续加快交通设施建设，加大向上争取项目扶持和政策支持，积极筹措资金完善各村农路、农桥建设。二是要以村级公共服务项目为载体，建设一批村道和农田水利设施，建设完善、便利的交通体系，从而更加有效地促进我镇产业发展。”村民单根存则认为，草庙小学学校路口的交通时常拥堵，希望有关部门要加强管理，在学生上学放学时，最好有交警或保安协助管理，以防安全事故的发生……

随后，群众现场评议开始，通过无记名投票，结果出来了。主持人现场作了公布：参会的选民代表共50名，郁兴忠满意票50票、王元成50票……结果现场公示。第一次参加代表述职会的村民李翠林深有感触：“代表当得好不好，原来还得我们选民说了算啊！”

（此文原载2012年《人民代表报》）

永不竣工的“一号工程”

周廉明　王海滨　李方然

江苏省大丰市位于黄海之滨江淮平原东翼，通榆河流经市境36公里，成为72万大丰人民的饮用水源。为保证让大丰人民喝上放心水，自1990年起至今25年来，大丰市人大历经6届，以“一号议案”、专题调查、专题审议、重点建议、提质询案等多种形式，为推动政府做好饮用水安全工作，作出了不懈努力。

16个“一号议案”

2014年大丰市第十四届人大三次会议上，李国城等10位代表联名提出的《进一步提升饮用水质量，从源头保护人民生命健康安全的议案》，被大会主席团确定为“一号议案”，闭会后由市人大常委会交政府办理。

自1990年大丰县九届人大二次会议将《加强饮用水源保护》列为“一号议案”算起，到2014年大丰市十四届人大三次会议，历经6届的人大代表共提出涉水建议和议案130多件，其中被列为“一号议案”的就有16件，每个“一号议案”均由时任主任或分管主任领衔全程督办。以“一号议案”来关注居民饮用水安全、合力推动和支持政府提升此项工作，成为25年来大丰人大为民谋水最为惯常的方式。

35次专题调研

1998年大丰市十一届人大常委会第四次会议作出决定，成立城区居民饮用水问题专门调查委员会，督促政府动员所有涉水部门合力从根本上解决饮水安全问题。委员会成员经常深夜出动，到“黑榜企业”的排水口取样，直接送省权威部门化验检测，并全程拍摄，制作成专题片在市电视台播放，使大丰人加深了对大丰水系先天脆弱性和保护地面水源重要性的认识。这个“饮用水问题专门调查委员会”，成为此后市人大开展饮用水安全专题调研的参照范例。

2014年2月，为准确掌握全市饮用水安全状况，提出切实可行、操作性强的建议和意见，推动市政府及相关职能部门加快落实“一号议案”办理措施，市人大开展了专题调研。针对饮用水水源污染隐患较多、二次污染较为普遍等问题，要求市政府及相关部门加强水源地保护、增加出厂水检测指标、加强卫生防疫部门监督、加快备用水源建设等建议。

围绕饮用水安全，大丰市人大在25年间共开展了35次专题调研，通过现场调查、现场提问、现场办理，准确掌握第一手资料，推动饮用水安全工作出实招、攻难关、求实效。

170多条建议

25年中，大丰市人大还以调研报告、审议意见、会议纪要等方法，从吃河水到吃深井水，从改善取水口到开辟新取水口，从污水处理到兴建第二水厂，从城区居民吃水到全市城镇供水一体化全覆盖，从全市镇村小水厂统一收回到兴建平原水库备用水源，一年接着一年，一环紧扣一环，提出170多条建设性、操作性建议和意见。

九届人大建议，“两条腿走路”化解“人机争水”矛盾。十届人大常委会以询问加常委会决议的刚性监督手段，促成了日产10万吨的二水厂立项和以地下水加工纯净水工程的投产，同时强力推动政府及相关职能部门将饮用水源取水口上游的污染企业全部关停并转，水源准保护区也划为养殖业“禁养区”。十二届人大建议，上马生活污水处理设施。2002年底，市区污水截流工程全面启动，在随后的两年内，市区东西南北四条主河道节制闸全部建成，城北、城西两个污水处理厂相继建成营运。十四届人大建议，启动备用水源建设。通过长达3年的调研论证，从第二取水口，到人工生态湖，再到河道型水库，2013年河道型水库备用水源建设正式启动，利用原新团河2.9公里河面，改造成平原河道水库，再利用400亩河滩地扩建成人工生态湖，提高了大丰饮用水应急能力。

为了让群众有一口干净的水喝，大丰市政府从2010年起连续4年将城乡供水一体化工程列为为民办实事的“头号工程”，累计投入6.8亿元，新铺管道近7000公里，建成3座片区加压站、13座镇级加压站，处置镇级水厂27家、村级水厂169家，组建了14个城乡水务分公司，工程所需投入全由政府筹资。目前，投资5000万元的臭氧活性炭深度处理技术工程已经完成土建，正式运行后出厂水质将提升到直饮水平；投资3000多万元的通榆河取水口南移及初处理工程，也已开始征地拆迁；投资4000万元的全市供水环网化工程，已铺设管网75.5公里，今年底将实施到位。

（此文原载2014年《人民代表报》）

“满意度测评”奏响人大监督好声音

——大丰市人大开展审议(评议)意见满意度测评纪事

黄　艳　夏萍娟

“现在我宣布：市政府关于贯彻实施社会保险法审议意见落实情况的报告，满意19票，基本满意2票，不满意0票；市政府关于科技创新审议意见落实情况的报告，满意20票，基本满意1票，不满意0票……”这是在大丰市十四届人大常委会第16次会议上，常委会组成人员以无记名投票的方式，对市政府2个报告的审议意见，国税、住建2个部门的评议意见落实情况进行满意度测评的情景。

据悉，“满意度测评”正成为大丰市人大常委会推进审议（评议）意见的有效落实和推动“一府两院”工作的有力举措之一。

人大监督不避难

审议意见是人大常委会集体行权、议决事项的重要成果。在实际工作中，“一府两院”及相关部门对专项工作报告非常重视，内容翔实、态度认真，然而对于有些审议意见的处理落实，实效不明显，有的部门甚至到了要汇报落实情况时到人大来找审议意见的现象，汇报中还出现顾左右而言他的问题，代表和群众对相关工作依然存在较多的意见。

原因何在？人大常委会一班人进行了深入剖析，发现一些部门存在“审完事了”的错误认识，人大对审议意见的落实、问题的整改缺乏有力的跟踪监督。审议意见落实不到位，不仅挫伤提意见人的积极性，而且也影响“一府两院”接受监督的效果。“人大审议的目的不能只是为一个满意的报告，更重要的是为一项满意的工作，要将审议意见的落实作为贯彻群众路线的重要抓手，必须有后续的监督手段作保障。”市人大常委会副主任、党组副书记吴家祥强调。

为此，2013年3月，大丰市人大常委会在修订《常委会议事规则》时明确规定“建立审议意见落实情况满意度测评制度”，以增强监督刚性、提升监督实效。当年9月，市人大常委会在听取全市中小企业运行审议意见落实情况报告后首次进行了满意度测评，现场投票、当场统计并公布测评结果。

审议意见要精准

提出精准到位的审议意见是落实整改的前提。如何提出合法合理、有针对性、客观实在、符合多数代表意愿且能够落实的审议意见？我市人大常委会要求相关工委及组成人员在调查研究、会中审议、意见整理上下功夫。

会前调研求深求透。相关工委拟定调研方案，组织相关法律法规及专业知识学习；调研时各有分工和侧重，深入基层，多方听取意见，获得一手资料；市镇联动，有效提高调研的广度和深度；会前组织讨论，以求看准问题，找对症结。

会中审议审深议透。会前及早将有关报告发到组成人员手中，使其认真准备、充分思考；会中合理安排审议时间，保证审议质量；确定重点发言人侧重发言，使审议角度准确、重点突出。

会后整理突出针对性和可操作性。整理审议意见时原汁原味体现组成人员意见，同时把加强薄弱环节和解决重点难点作为出发点和着力点，突出可操作性，确保审议意见内容靠实、条目清晰。

督办落实要有效

审议意见一经交办，相关工委即开展衔接和督办，督促“一府两院”及有关部门提出整改方案，制定详细的整改措施，一改过去在常委会听取审议意见落实情况报告之前才进行集中督查的状态，定期不定期地与有关部门联系，连续跟踪督办，主任会议对需要进一步加强督查落实的方面提出要求，同时还通过广泛宣传，引入社会监督。

在落实审议意见过程中，“一府两院”及其部门还加强与组成人员的交流互动，多次书面汇报落实整改的进展情况，进一步征求意见和建议，再对照再落实，使审议意见真正从“纸上”落到了“地上”。

市政府及公安部门对基层派出所建设审议意见进行逐条解读，梳理出 22 条具体意见，逐一研究落实措施，6 个月后向常委会报告时，已经落实到位 17 条、形成会办意见正在落实 4 条，暂时无法落实 1 条，清晰而明确。

市人社局围绕贯彻实施社会保险法审议意见，重新修订职工养老、医保等各项保险内控制度，完善和细化基金管理体外监督流程，启动实施动态预警制度，及时清理了陈欠基金。

市住建局在评议意见送达后一周内，即在《大丰日报》开辟专栏进行宣传；对相关中介机构开展专门培训和六问六查行动，狠抓规范管理；推进政务“五公开”，整合行政审批职能，优化办理流程，增强办理透明度，缩短办事时限……

探索路上要前行

一年来，大丰市人大常委会共对 10 多项“一府两院”专项工作审议意见落实情况进行了满意度测评，相关部门重视程度明显增强，报告内容更实在了、措施更细化了、落实进度加快了。测评中基本满意票与不满意票的出现，令“一府两院”及有关部门感到了压力，切实推动了审议意见的落实整改，真正达到了审议一个报告，解决一些问题，促进一项工作的目的。

审议意见落实工作不再一报了之，一项项审议意见办理结果的落地有声，“满意度测评”奏响了人大监督的好声音。

“对人大常委会审议意见落实的如何，不仅表现了被监督者对该项工作存在问题的认识整改态度，更是对人大制度尊重的一种具体体现。满意度测评，是我们贯彻实施监督法的积极尝试，我们不能止步于此，还要在认真总结经验的基础上，对测评内容和形式加以研究，测评之后是否还需质询、特定问题调查，应该如何从实践、制度层面加以规范和保障，这将是我们今后进一步探索和努力的方向。”吴家祥表示。

（此文原载2014年《人民与权力》）

面对面·心贴心·实打实

——大丰市人大常委会首次开展专题询问会侧记

顾晶晶

“一些住宅小区毁绿现象较为严重，比如嘉英阳光多达90多处，维罗纳花园70多处，物业企业无从着手、业主认为法不责众，导致此类情况愈演愈烈。请问城管局，对小区内的绿化管理有哪些规范，如何采取有效措施控制这种势头的蔓延？”

“现在许多小区停车难的问题十分突出，群众反映强烈。小区技防监控设施损毁严重，消防安全方面也存在隐患。请问公安部门在小区技防、消防安全和停车难方面，将如何进一步强化职能，加以规范和完善？”

……

2015年5月27日下午，大丰市十四届人大常委会第27次会议专题询问会会场，一场特殊的“考试”正在进行着。“考官”是市人大常委会组成人员，“考生”是市相关职能部门主要负责人。在现场，6位市人大常委会委员把一个个有关物业管理的“炽热”的问题“毫不客气”地“抛”向应询的市政府相关部门负责人。2个多小时的时间里，一个个透着“辣”味的尖锐问题接连提出，应询者一一答复，会议进行得既庄重、严肃，又紧凑、有序。这是大丰市人大常委会首次依法运用专题询问的形式对“一府两院”工作开展监督。

问前做足功课

专题询问会上，一个个问题切中要害，可谓是询在了点上、问到了难处，把物业管理工作中老百姓关心的问题都想到了,提出来了,问清楚了。

首次专题询问应该“问”什么,怎么“问”?为此常委会多次进行研究、讨论。“为了问出成效,首次专题询问我们准备时间较长,这些问题都是在反复征求意见、反复调研论证的基础上提出来的”,市人大环资工委负责人介绍说。

据悉,为积极回应群众关切,江苏大丰市人大常委会审议决定将《江苏省物业管理条例》在全市的贯彻实施列为2015年度执法检查重点,并就物业管理工作开展专题询问。今年2月下旬起,市人大环资工委就着手制定总体工作计划,经3月份市十四届人大常委会第40次主任会议讨论,成立了执法检查组,召开了动员会,举办了法制讲座。为了使常委会组成人员更好地了解物业管理这项民生工作的现状,4月初,检查组通过市人大网站、大丰日报等媒体发布公告,随后以问卷调查、座谈交流、实地走访、电话询问、查阅资料、听取汇报等方法,共向市区居民发放调查问卷1000余份,召开各类座谈会26次,面见或电话询问了在市区开展小区物业服务的全部28家企业的法人代表或项目经理,向市住建局、人民法院、环保局、城管局等10多个部门和单位的负责同志了解相关情况,走访大中镇以及黄海和金丰两个街道办、24个社区的负责同志,座谈了解群众关切的问题、征求解决办法。同时实地察看了海棠花园盐城悦达物业、浦江名苑业主委员会、恒达世纪城小区等物业项目管理现场,较为广泛地听取市区居民和社会各界对物业管理工作的意见建议。“没有充分的调研就提不出有针对性的问题。问题提不好,专题询问会就达不到应有的效果。”市人大常委会有关负责人说。

问答凸显责任

专题询问现场,一个个尖锐的问题在市人大常委会委员与应询部门负责人之间你来我往,热烈互动。

“业主委员会对小区加强物业管理监督起到了很好的推动作用。但是作为城关镇的大中镇,随着小区数量大幅增加,业主委员会组织却没有同步跟进。请问大中镇政府,在发挥街道、社区等基层组织的管理职能,加强对辖区内物业管理工作的指导、引导和规范方面,尤其是业主委员会规范成立方面有哪些做法和打算?”询问一开始,市人大常委会委员冯晓晴率先发问。

坐在对面的大中镇镇长席刚打开了话筒,他坦言,目前大中镇辖区共有119个小区,但成立业主委员会的只有42个,当前物业管理确实存在着一些问题。对此,大中镇将进一步完善管理机构,大力推进业主委员会全覆盖,协助小区物业实施长效管理。

不少物业管理企业在经营过程中存在不规范、不诚信、不透明现象,使得许多物业管理问题一直得不到解决。如何规范物业管理企业准入、管理、规范、考核是市民关注的热点。询问会上，市人大常委会委员徐建娟的询问便针对这一热点，直言不讳地将焦点问题抛给了市住建局负责人。

市住建局局长顾国华解释说："近年来，我局把推进物业管理作为打造民心工程和为民办实事工程的突破口，多措并举全面提升物业管理水平。主要是在强化企业资质管理，从源头上把好准入关；落实承接查验制度，明确责任主体；突出行业监管，规范物业服务市场秩序等方面做了一些探索。"

……

2 个多小时的专题询问会，共有 6 名常委会委员提问，内容涉及物业管理工作的方方面面。询问现场，许多问题不仅问出了群众所想、所问，而且直击政府部门工作的"软肋"。应询部门的"一把手"不回避，而是诚恳提出整改对策，给群众作出承诺。"与其一直掩饰问题的存在，不如揭开'伤疤'，摆上桌面，看清问题的真正源头。这次专题询问，政府部门的回答没有'花架子'，态度诚恳，回答务实。"委员们对专题询问的效果表示满意。

询问不止于问

专题询问不能仅仅停留于"问"，其目的是要通过"问"来督促政府作出合理解释与承诺，并推动其工作，科学解决存在的问题。大丰市委常委、宣传部长石根美到会代表市政府作了情况说明和表态发言。他深有感触地说："人大常委会专题询问这种形式，有利于政府凝聚力量，将各项措施落到实处。这一问一答中，不仅监督了政府工作，更支持了政府工作的开展，形成了一种工作合力。从这个角度说，人大和政府出发点和落脚点相同，都是为了促进工作更好开展。"到会回答询问的市住建局局长顾国华表示，作为物业管理企业的主管部门，接受人大常委会组成人员的专题询问，有利于进一步加强和改进物业管理工作。

对于常委会组成人员和人大代表来说，这次专题询问不仅是一次生动具体的履职实践，更加深了对政府工作情况的了解，有助于更好地履行职权。冯晓晴委员表示，通过询问，增进了人大、政府和百姓之间的相互了解，也更有利于政府了解百姓的需求，促进社会的公平正义和民生事业的持续发展。"专题询问这种形式很好，应该经常搞，不仅有利于推动工作，也有利于解决民生问题。"委员葛中亚说。会后，李云委员也对这种创新模式竖起了大拇指："人大开展专题询问是为了推进工作，而不是为难政府。对很多存在的问题，政府不回避，不'打太极'，而是诚恳地提出整改对策，给老百姓作出承诺，我对他们这种敢于直视问题的态度表示赞赏。"

大丰市人大常委会主任吴家祥指出:“首次专题询问会虽然已经结束,但这项工作不会就此打住。答出的承诺要‘一诺千金’,接受市民监督。不仅要问,更要有落实。”他同时强调,这次专题询问是市人大常委会改进监督方式,增强监督实效的创新之举,也是今年常委会依法开展监督工作的重点与亮点。其突出特点就是不搞一问了之,要始于问、不止于答,将询问贯穿于人大全年工作始终,通过执法检查、审议、询问、交办、反馈、满意度测评等措施,探索建立推进工作、加强监督的长效机制。询问结束后,常委会相关工作机构将对询问问题和委员代表的审议发言综合整理后形成常委会审议意见,送市政府研究处理,并在6个月内向市人大常委会报告整改落实情况。对其中突出的问题将进一步跟踪问效,必要时人大常委会将对专题询问所提出问题的办理落实情况进行再次询问,力求将询问、梳理、交办、办理、跟踪、落实构成一个严密的整体,一环紧扣一环,切实把专题询问抓到底、抓出成效,真正发挥专题询问的监督作用。

(此文原载《大丰日报》)

六、规章制度

大丰市人民代表大会常务委员会人事任免办法

（2004年4月12日大丰市第十二届人大常委会第8次会议通过）

第一章 总 则

第一条 为履行法律赋予市人大常委会任免地方国家机关工作人员的职权，规范人事任免工作，依法行使人事任免权，根据《中华人民共和国地方各级人民代表大会和地方各级人民政府组织法》《中华人民共和国人民法院组织法》《中华人民共和国人民检察院组织法》《江苏省各级人民代表大会常务委员会人事任免工作条例》等法律法规的有关规定，结合本市实际情况，制定本办法。

第二条 人事任免工作，应当贯彻干部队伍革命化、年轻化、知识化、专业化的方针，坚持任人唯贤、德才兼备、群众公认、注重实绩、充分发扬民主、严格依法办事的原则。

第三条 人大常委会依法任免、决定任免国家机关工作人员，接受国家机关工作人员辞职，撤销国家机关工作人员职务，以及对所任命的国家机关工作人员进行监督，适用本办法。

第四条 人大常委会人事代表联络工作委员会负责人事任免的具体工作。

第二章 任免范围

第五条 根据主任会议提名，任免人大常委会办公室主任、副主任，各工作委员会主任、副主任。

根据主任会议在人大常委会组成人员中提名，通过人大常委会代表资格审查委员会主任委员、副主任委员和委员。根据主任会议在人大常委会组成人员和其他代表中提名，通过人大常委会关于特定问题调查委员会主任委员、副主任委员和委员。

第六条　在人民代表大会闭会期间，根据市长提名，决定副市长的个别任免。

根据市长提名，决定政府组成部门的局长、主任的任免，并由市人民政府报盐城市人民政府备案。

第七条　根据人民法院院长提名，任免人民法院副院长、审判委员会委员、庭长、副庭长、审判员。

第八条　根据人民检察院检察长提名，任免人民检察院副检察长、检察委员会委员、检察员。

第九条　人大常委会主任因故不能担任职务或者缺位时，根据主任会议提名，由人大常委会在副主任中决定一人代理主任的职务，直到主任恢复工作或者下一次人民代表大会选出新的主任为止。

第十条　在人民代表大会闭会期间，市长、人民法院院长、人民检察院检察长因故不能担任职务或者缺位时，根据主任会议提名，由人大常委会分别从人民政府、人民法院、人民检察院的副职领导人员中决定一人代理市长和人民法院院长、人民检察院检察长的职务。如果提名的人选不是副职领导人，应当先任命其为副职领导人，再决定其代理市长、人民法院院长、人民检察院检察长的职务。决定代理人民检察院检察长，须由人民检察院报盐城市人民检察院和盐城市人大常委会备案。

本条所列代理职务，直至市长、人民法院院长、人民检察院检察长恢复工作或者下一次人民代表大会选出新的市长、人民法院院长、人民检察院检察长为止。

第十一条　人民代表大会换届后，新一届市人民政府市长，应当在两个月内提请人大常委会任命政府组成部门的局长、主任。不继续提请任命上述职务的人员，其原职务自行终止。

人大常委会任命的本机关和人民法院、人民检察院的工作人员，在人民代表大会换届后，继续担任原职务的，不再重新任命。

第十二条　人大常委会任命的国家机关工作人员，如果其任职机构被撤销或者被合并的，原提请机关应当提请人大常委会免去其相应的职务；如果其任职机构名称变更的，原提请机关应当提请人大常委会任免其相应的职务。

第三章　任免程序

第十三条　凡拟提请人大常委会任命的人选，有关机关应当对其进行全面考察。送达人大常委会的考察材料应当如实反映被提请任命人员的基本情况，客观、准确地反映被提请任命人员的德、能、勤、绩、廉和法制观念，以及民主推荐、民主测评和任前公示等方面的具体情况。

凡不具备法律、法规等规定的任职资格的，不得提请人大常委会任命其担任相应的职务。

第十四条 提请人大常委会审议的人事任免案，由提请机关正职领导人或者代理正职领导人签署。提请机关应当将人事任免案、被提请任命人员考察材料以及人事任免呈报表等，在人大常委会举行会议的十日前送达人大常委会人事代表联络工作委员会。因特殊情况不能按期提出的，应当向人大常委会主任会议说明。

第十五条 人大常委会人事代表联络工作委员会负责对提请机关送达的人事任免的有关材料进行初审。如果发现被提请任免人员的情况有不清楚之处，或者送达的材料不符合要求的，应当要求有关机关作进一步了解，并补送有关材料。

第十六条 人大常委会应当对被提请任命的人员进行任前法律知识考试。具体工作由人大常委会人事代表联络工作委员会会同有关部门承办。考试结果应当书面报告人大常委会。

考试不及格并经补考仍然不及格的，提请机关应当撤回提名，并且在一年内不得再向人大常委会提请任命其职务。

第十七条 在任命人民法院和人民检察院有关工作人员前，常委会派员对被提请任命的人员进行调查了解，民主测评。

第十八条 人大常委会主任会议听取有关机关负责人关于人事任免情况的介绍，决定将人事任免案提交人大常委会会议审议。

主任会议对被提请任免的人员有不同意见的，有关机关应当作进一步考察、研究，并向主任会议作出说明。人大常委会人事代表联络工作委员会可以配合了解有关情况。

第十九条 人大常委会会议开始时，应当将人事任免案和被提请任命人员考察材料等，发给参加人大常委会会议的人员。

第二十条 列入人大常委会会议议程的人事任免案，提请机关的正职领导人或者代理正职领导人应当在人大常委会全体会议上说明任免理由，并介绍被提请任命人员的思想作风、工作实绩、法制观念、业务水平和组织领导能力等主要情况。正职领导人或者代理正职领导人因特殊情况不能到会说明时，可以委托一位副职领导人到会代为说明。

第二十一条 人大常委会会议审议人事任命事项时，可以通知被提请任命人员到会，与常委会组成人员见面或者在人大常委会会议上作拟任职发言。

第二十二条 人大常委会会议审议人事任免案时，有关机关应当派员到会听取意见，回答询问。

第二十三条 人大常委会会议审议人事任免案时，如果对被提请任免人员提出不同意见且争议较大的，或者发现被提请任命人员有足以影响其任职问题的，由主任会议提出，经人大常委会会议同意，可以暂不交付表决。

对暂不交付表决的人事任免事项，有关机关应当作进一步考察、研究，人大常委会人事代表联络工作委员会可以配合了解有关情况。经考察、研究后，提请机关认为需要继续提请审议的，由主任会议决定将该人事任免事项列入人大常委会会议议程，并由提请机关向人大常委会会议作补充说明。

第二十四条　列入人大常委会会议议程的人事任免案，在交付表决前，提请机关要求撤回的，经主任会议同意，并向人大常委会会议报告，对该人事任免案的审议即行终止。

第二十五条　提请人大常委会审议的人事任免事项表决未获通过的，有关机关经过进一步考察、研究后，可以再次提请人大常委会进行审议，并作出说明。

再次提请人大常委会任命的人员，经人大常委会会议表决仍未获通过的，不得再提名为同一职务的人选。

第二十六条　本条例第五条第一款、第六条第二款、第七条、第八条规定的国家机关工作人员任命获得通过后，人大常委会应当向其颁发任命书。

任命书由人大常委会主任或者代理主任签署，并由人大常委会主任、代理主任或者副主任颁发。

任命书可以在人大常委会会议表决通过人事任命事项后当场颁发，也可以通过举行颁发任命书仪式或者召开颁发任命书大会颁发。

第四章　辞职与撤职

第二十七条　在人民代表大会闭会期间，人大常委会组成人员、人民政府领导人员、人民法院院长、人民检察院检察长，可以向人大常委会提出辞职，由人大常委会决定是否接受辞职。辞职请求应当书面提出。

人大常委会决定接受辞职的，报人民代表大会下一次会议备案。决定接受人民检察院检察长辞职的，须由人民检察院报经盐城市人民检察院检察长提请盐城市人大常委会批准。

第二十八条　人大常委会组成人员不得担任国家行政机关、审判机关和检察机关的职务；如果担任上述职务，必须向人大常委会辞去人大常委会组成人员的职务。

第二十九条　人大常委会主任会议、人大常委会组成人员三人以上联名，可以向人大常委会提出撤销由人大常委会任命的国家机关工作人员职务案。市长、人民法院院长、人民检察院检察长可以分别向人大常委会提出撤销由人大常委会任命的本国家机关工作人员职务案。

撤销职务案应当书面提出，写明撤职的对象和理由，并附有关材料。

第三十条 人大常委会主任会议提出的撤销职务案由人大常委会会议审议。

市长、人民法院院长、人民检察院检察长提出的撤销职务案，由主任会议决定提请人大常委会会议审议，或者先交人大常委会人事代表联络工作委员会进行初步审查，再由主任会议决定提请人大常委会会议审议。

人大常委会组成人员三人以上联名提出的撤销职务案，由主任会议决定是否提请人大常委会会议审议，或者先交人大常委会人事代表联络工作委员会进行初步审查，再由主任会议决定是否提请人大常委会会议审议。

人大常委会会议审议撤销职务案时，被提出撤销职务的人员，可以到会提出申辩意见，或者书面提出申辩意见。书面申辩意见由人大常委会人事代表联络工作委员会印发人大常委会会议。

第三十一条 在人民代表大会闭会期间，经主任会议提议，人大常委会可以决定撤销人民法院院长的职务，但应当依照法定程序报请盐城市人大常委会批准。

第三十二条 在人民代表大会闭会期间，人大常委会组成人员的代表职务被罢免的，其人大常委会组成人员职务相应撤销。

第五章 表决与公布

第三十三条 人大常委会会议表决人事任命案，采用无记名投票方式。表决人事免职、辞职请求和撤销职务等事项，采用举手表决或者电子表决方式。

在表决人事任免、辞职请求和撤销职务等事项时，人大常委会组成人员可以投赞成票，可以投反对票，也可以弃权，以人大常委会全体组成人员过半数通过。表决结果由会议主持人当场宣布。

第三十四条 人大常委会会议表决人事任免、辞职请求和撤销职务等事项的结果，书面通知有关机关和提案人，表决通过的事项应当及时在人大常委会公报和新闻媒体上刊登公布。

凡依法应当由人大常委会任免的国家机关工作人员，未经人大常委会审议通过，不得对外公布，也不得到职或者离职。

第六章 监　　督

第三十五条 人大常委会任命的国家机关工作人员应当模范遵守宪法和法律、法规，严格执行人民代表大会和人大常委会作出的决议和决定，自觉接受人大常委会的监督，努力为人民服务。

第三十六条　人大常委会通过听取工作汇报、视察工作、执法检查和述职评议等形式，对被任命的国家机关工作人员履行职责的情况实施监督。

第三十七条　人大常委会受理公民、法人和其他组织对由其任命的国家机关工作人员的检举和控告，并交有关部门调查处理，有关部门应当将调查处理情况报告人大常委会。

第三十八条　人大常委会任命的国家机关工作人员受到党纪政纪处分或者死亡的，提请任命的机关应当报人大常委会备案。

第七章　附　　则

第三十九条　本办法自2004年7月1日起施行。1998年9月28日大丰市第十一届人民代表大会常务委员会第4次会议通过的《大丰市人民代表大会常务委员会人事任免暂行办法》同时废止。

大丰市人民代表大会常务委员会议事规则

（1998年9月28日大丰市第十一届人大常委会第4次会议通过；
2008年1月24日大丰市第十三届人大常委会第1次会议修订；
2013年3月27日大丰市第十四届人大常委会第8次会议修订）

第一章 总 则

第一条 为了保证市人民代表大会常务委员会依法行使职权,规范议事活动、提高议事效率,根据《中华人民共和国宪法》《中华人民共和国地方各级人民代表大会和地方各级人民政府组织法》《中华人民共和国各级人民代表大会常务委员会监督法》的有关规定,结合我市人民代表大会常务委员会(以下简称常务委员会)的工作实际,制定本规则。

第二条 常务委员会是市人民代表大会的常设机关,依照宪法和法律的规定行使职权,对市人民代表大会负责并报告工作。

常务委员会由主任、副主任、委员组成。

第三条 常务委员会审议议案、决定问题,应当充分发扬民主,实行民主集中制的原则。

第四条 常务委员会的议事范围:

(一)讨论、决定市、镇两级人民代表大会换届选举工作的有关事项;

(二)讨论、决定召开市人民代表大会会议的有关事项;

(三)审议市人民代表大会主席团交付审议的议案、常务委员会主任会议决定提请审议的属于常务委员会职权范围内的议案;

(四)讨论、决定全市经济、政治、文化、社会、生态文明以及关系改革发展稳定大局和群众切身利益、社会普遍关注的重大事项;

(五)听取和审议市人民政府、市人民法院和市人民检察院的专项工作报告;

(六)审查和批准市本级财政决算,听取和审议市国民经济和社会发展计划、预算的执行情况报告,听取和审议审计工作报告;根据市人民政府的建议,决定市国民经济和社会发展计划、市本级财政预算的部分变更、调整；

（七）听取和审议市人民政府、市人民法院和市人民检察院执行法律、法规和市人民代表大会及其常务委员会决议、决定的情况报告，常务委员会执法检查组提出的执法检查报告；

（八）经主任会议提请审议撤销本级人民政府不适当的决定、命令及规范性文件；

（九）审议主任会议决定提请审议的质询案、关于组织特定问题调查委员会的事项；

（十）依照法律规定的权限决定任免或者撤销市级国家机关工作人员的职务；决定有关出缺代表的补选以及个别代表的罢免、辞职等事项；

（十一）其他需要由常务委员会审议决定的事项。

第五条　常务委员会每年围绕关系全市改革发展稳定大局和群众切身利益、社会普遍关注的重大问题，突出重点、科学选题、加强监督。

第二章　会议的召开

第六条　常务委员会会议每两个月至少举行一次；根据工作需要，经主任会议决定可以临时召集。

常务委员会会议由主任召集并主持，主任可以委托一名副主任主持会议。

第七条　常务委员会会议召开的日期由主任会议决定；会议议程草案和日程草案，由主任会议根据常务委员会年度工作计划和工作需要拟订，提请常务委员会全体会议决定。

常务委员会会议期间，如需要临时调整议程或日程，由主任会议提请常务委员会全体会议决定。

第八条　常务委员会举行会议，一般应在会议举行七日前，将开会日期、会议建议议程，通知常务委员会组成人员和有关方面，并将会议审议的议案和有关工作报告发给常务委员会组成人员。因特殊需要临时召集的会议，可以临时通知。

第九条　常务委员会会议必须有常务委员会全体组成人员的过半数出席，才能举行。

常务委员会举行会议时，常务委员会组成人员应当出席会议。因病或者其他特殊原因不能出席的，必须由本人向常务委员会主任或主持日常工作的副主任请假，并告知常务委员会办公室。

常务委员会会议建立考勤制度。常务委员会组成人员出、缺席情况编入常委会会报，通报给全市市人大代表。

第十条　常务委员会会议举行之前，常务委员会组成人员应就会议建议议题进行调查研究，做好审议准备。

第十一条 常务委员会举行会议时，市人民政府市长或副市长、市人民法院院长、市人民检察院检察长应当列席会议。市人民法院院长、市人民检察院检察长因故请假，经同意可由副职列席会议。

不是常务委员会组成人员的常务委员会工作机构负责人应当列席会议。各镇人大、“两区”人大工作联络处负责人可以列席会议。根据会议审议议题的需要，邀请有关全国、省、盐城市及本级人大代表，市人民政府有关部门负责人及其他有关人员列席会议。

会议列席人员应按时参加会议。因特殊情况不能参加会议或安排他人列席，需事先经常务委员会主任或主持日常工作的副主任同意。

列席常务委员会会议的人员有发言权，没有表决权。

第十二条 常务委员会举行会议时，经主任会议同意，可以组织公民旁听。

旁听人员没有发言权与表决权。如果对审议的议题有意见或建议，可以在会后举行的旁听公民座谈会上向常务委员会办公室提出。

第十三条 常务委员会举行会议时，应当召开全体会议，听取专项工作报告和关于议案的说明，并可通过全体会议或分组会议的形式逐项进行审议。全体会议由主任或主任委托的副主任召集并主持，分组会议由主任会议在常务委员会组成人员中确定召集人。

第三章 议案的提出和审议

第十四条 市人民代表大会主席团交付常务委员会审议的议案，由主任会议提请常务委员会会议审议。

第十五条 主任会议可以向常务委员会提出属于常务委员会职权范围内的议案，由常务委员会会议审议。

市人民政府、市人民法院、市人民检察院可以向常务委员会提出属于常务委员会职权范围的议案，由主任会议决定提请常务委员会会议审议，或者先交常务委员会有关工作机构调查、提出报告，再由主任会议决定提请常务委员会会议审议。

常务委员会组成人员三人以上联名，可以向常务委员会提出属于常务委员会职权范围内的议案，由主任会议决定是否提请常务委员会会议审议，或者先交常务委员会有关工作机构调查、提出报告，再由主任会议决定是否提请常务委员会会议审议。不提请常务委员会会议审议的，应当向提议案人说明。

第十六条 常务委员会的工作机构受主任会议委托，可以代拟议案草案，并向常务委员会会议做说明。

第十七条　向常务委员会提出的议案，一般应在常务委员会会议举行十五天以前，由提议案机关或者提议案人以书面形式送交常务委员会办公室或相关工作机构。

议案应当写明案由、案据和方案。

第十八条　对列入常务委员会会议议程的议案，提议案的机关、提议案人或者常务委员会相关工作机构应当提供书面的有关资料，并向常务委员会全体会议作说明。

对人事任免案，提请任免机关的负责人应当在常务委员会全体会议上说明任免理由，介绍被提请任命人员的基本情况，并听取意见，回答询问。

第十九条　常务委员会会议对议案进行审议的时候，提议案机关的负责人或者提议案人应当到会，听取意见，回答询问，也可以在常务委员会会议上对议案作补充说明。

第二十条　常务委员会会议审议议案时，提议案的机关或者常务委员会组成人员三人以上联名，可以对议案提出修正案。

修正案必须采用书面形式，在议案交付全体会议表决前一天提出。

修正案由主任会议决定提请常务委员会会议审议，或者先交常务委员会相关工作机构调查、提出意见，再提请常务委员会会议审议。

第二十一条　列入常务委员会会议议程的议案，在审议中认为有重大问题需要进一步研究的，经主任会议提出，全体会议同意，可以暂不付表决，交常务委员会相关工作机构进一步调查研究，提出报告。

第二十二条　列入常务委员会会议议程的议案，在交付表决前，提议案的机关或提议案人要求撤回的，经主任会议同意，对该议案的审议即行终止。

第二十三条　常务委员会对属于其职权范围内的事项，需要作出决议、决定，但有关重大事实不清的，可以组织关于特定问题的调查委员会。

主任会议或者五分之一以上的常务委员会组成人员书面联名，可以向常务委员会提议组织关于特定问题的调查委员会。经主任会议提请常务委员会审议通过后，调查委员会应当就有关问题进行调查并向常务委员会提出调查报告。常务委员会根据报告，可以作出相应的决议、决定。

第四章　听取和审议工作报告

第二十四条　常务委员会每年有计划地听取和审议市人民政府、市人民法院、市人民检察院的专项工作报告。

第二十五条　市人民政府、市人民法院、市人民检察院向常务委员会会议报告工作，应由市长、院长、检察长或者分管的副市长、副院长、副检察长到会作报告。

市人民政府也可以委托有关职能部门的主要负责人报告工作，但应当安排一名政府负责人到会听取审议。部门主要负责人因特殊情况不能到会作报告时，经常务委员会主任或者主持日常工作的副主任同意，可以书面委托副职到会作报告。

第二十六条　市人民政府、市人民法院、市人民检察院向常务委员会所作的专项工作报告，一般应在常务委员会会议举行的二十日前，由其办事机构送常务委员会相关工作机构征求意见，报告机关对报告修改后，在常务委员会会议举行的十日前送交常务委员会办公室。

常务委员会相关工作机构应在会前组织常务委员会组成人员、人大代表，围绕会议审议的议题进行视察、调研活动，并提出调查报告。

第二十七条　市人民政府、市人民法院、市人民检察院可以建议常务委员会听取和审议其工作报告，由主任会议决定是否提请常务委员会会议审议。

第二十八条　常务委员会组成人员对专项工作报告的审议意见交市人民政府、市人民法院、市人民检察院研究处理。常务委员会认为必要时，可以对专项工作报告作出决议。

第二十九条　市人民政府应当在每年六月至九月期间，将上一年度的市本级决算草案提请常务委员会审查和批准，向常务委员会报告本年度上一阶段国民经济和社会发展计划、预算的执行情况。

常务委员会应加强对决算草案和预算执行情况的审查监督，在审查和批准决算的同时，听取和审议市人民政府提出的审计机关关于上一年度预算执行和其他财政收支的审计工作报告。

第三十条　经市人民代表大会批准的国民经济和社会发展计划、预算，在执行过程中需要作部分调整的，市人民政府应当将调整方案提请常务委员会审查和批准。

市人民政府有关主管部门应当在常务委员会举行会议审查和批准调整方案的一个月前，将调整初步方案送交常务委员会财政经济工作委员会征求意见。

第三十一条　常务委员会组成人员对国民经济和社会发展计划执行情况报告、预算执行情况报告和审计工作报告的审议意见交由市人民政府研究处理。常务委员会认为必要时，可以对审计工作报告作出决议。

第三十二条　常务委员会每年有计划地对有关法律、法规实施情况组织执法检查。执法检查工作由常务委员会相关工作机构具体组织实施。

第三十三条　执法检查结束后，执法检查组应当及时提出执法检查报告，由主任会议决定提请常务委员会审议。

常务委员会组成人员对执法检查的审议意见连同执法检查报告，一并交由本级人民政府、人民法院、人民检察院研究处理。

第五章　询问和质询

第三十四条　常务委员会会议审议议案和有关报告时，市人民政府及有关部门、市人民法院、市人民检察院应当派有关负责人到会，听取意见，回答询问。

第三十五条　在常务委员会会议期间，常务委员会组成人员三人以上联名，可以向常务委员会书面提出对本级人民政府及有关部门、市人民法院、市人民检察院的质询案。

质询案必须写明质询对象、质询的问题和内容。

质询事项必须在受质询机关的职责范围以内。

第三十六条　质询案由主任会议决定交由受质询机关答复。受质询机关必须按照主任会议决定的形式和时间，由受质询机关的负责人在常务委员会会议上口头答复，或者由受质询机关书面答复。质询案以书面答复的，应当由受质询机关负责人签署，并印发给常务委员会组成人员。

第三十七条　提质询案的常务委员会组成人员过半数对受质询机关的答复不满意的，可以提出要求，经主任会议决定，由受质询机关再作答复。

第六章　发言和表决

第三十八条　常务委员会会议审议时，常务委员会组成人员和列席会议的人员应当围绕审议的议题积极发言，明确地提出意见和建议，发言离开议题或者发言时间过长时，会议主持人应向发言人提示注意。

第三十九条　常务委员会会议表决议案时，组成人员如果对议案还有意见，经会议主持人同意可以发表，意见发表后，再将议案交付表决。

常务委员会原则通过的议案，可以授权主任会议作文字上的修改。

交付表决的议案，有修正案的，先表决修正案。

第四十条　常务委员会表决事项，必须经常务委员会全体组成人员的过半数通过。

常务委员会表决事项，可以采用无记名方式、举手方式或者其他表决方式。

表决结果由会议主持人当场宣布。

第四十一条　常务委员会组成人员在常务委员会会议上的发言、表决，列席会议的人大代表的发言,不受法律追究。

第四十二条 常务委员会会议上的发言,由常务委员会办公室记录存档。

第七章 决议、决定和审议意见的督办与公布

第四十三条 常务委员会会议通过的决议、决定,组成人员对有关报告的审议意见,应向市人民政府、市人民法院、市人民检察院行文。

市人民政府、市人民法院、市人民检察院应当根据决议、决定的要求向常务委员会报告执行情况。

市人民政府、市人民法院、市人民检察院应当在审议意见交办后六个月内,将审议意见的处理落实情况向常务委员会作书面报告。因故不能如期报告的,应当及时向常务委员会书面说明情况。

第四十四条 常务委员会相关工作机构对决议、决定的执行情况或者审议意见的处理落实情况要加强跟踪督查,并将督查情况报告常务委员会。

根据情况,可对决议、决定的执行情况或者审议意见的处理落实情况进行满意度测评。常务委员会全体组成人员过半数对执行、落实情况不满意的,可责成有关机关继续执行或落实,在下次常务委员会会议上再听取汇报。

第四十五条 常务委员会审议的议案和有关报告,通过的决议、决定,组成人员的审议意见,市人民政府、市人民法院和市人民检察院对决议、决定的执行情况或者审议意见的处理落实情况,应在常务委员会会报刊登向全市市人大代表通报,并通过新闻媒介向社会公布。

第八章 附 则

第四十六条 本规则的解释权和修改权属于常务委员会。

第四十七条 本规则自修订通过之日起施行。

大丰市人民代表大会常务委员会主任会议议事规则

（1998年9月28日大丰市第十一届人大常委会第4次会议通过；
2008年1月24日大丰市第十三届人大常委会第1次会议修订；
2013年3月27日大丰市第十四届人大常委会第8次会议修订）

第一条　为了处理好市人民代表大会常务委员会（以下简称常务委员会）的重要日常工作，根据《中华人民共和国地方各级人民代表大会和地方各级人民政府组织法》《中华人民共和国各级人民代表大会常务委员会监督法》和《大丰市人民代表大会常务委员会议事规则》的有关规定，结合工作实际，制定本规则。

第二条　主任会议由常务委员会主任、副主任组成。

第三条　主任会议讨论、决定事项，应当充分发扬民主，实行民主集中制原则。

第四条　主任会议处理常务委员会的重要日常工作：

（一）决定常务委员会每次会议的召开时间，拟定常务委员会会议议程和日程草案，确定常务委员会会议列席人员。

（二）研究提出市、镇人民代表大会换届选举方案草案及有关决定事项，提请常务委员会审议。市级人民代表大会换届选举完成后，听取换届选举工作总结汇报。

（三）拟定市人民代表大会召开日期、议程草案及有关建议事项，提请常务委员会审议。

（四）组织起草和讨论常务委员会向市人民代表大会所作的工作报告草案，研究召开市人民代表大会会议的准备事项，提请常务委员会审议。

（五）对市人民代表大会主席团交付常务委员会审议的议案，提出处理意见，提请常务委员会审议。

（六）向常务委员会提出属于常务委员会职权范围内的议案。

（七）对市人民政府、市人民法院、市人民检察院向常务委员会提出的议案，决定提请常务委员会会议审议，或者先交常务委员会相关工作机构调查、提出报告，再提请常务委员会会议审议。

（八）对常务委员会组成人员三人以上联名向常务委员会提出的议案，决定是否提请常务委员会会议审议，或者先交常务委员会相关工作机构调查、提出报告，再决定是否提请常务委员会会议审议。不提请常务委员会会议审议的，应当向提议案人说明。

（九）向常务委员会提议组织关于特定问题的调查委员会；对常务委员会组成人员依法提议组织关于特定问题的调查委员会，研究决定提请常务委员会审议；向常务委员会提出关于特定问题调查委员会组成人员建议名单。

（十）听取执法检查组提出的执法检查报告，决定提请常务委员会审议。

（十一）对常务委员会组成人员依法向常务委员会提出的质询案，决定交由受质询机关负责人在常务委员会会议上口头答复或者由受质询机关书面答复。

（十二）讨论常务委员会决议、决定草案，提请常务委员会审议。

（十三）提出常务委员会代表资格审查委员会的主任委员、副主任委员和委员人选，提请常务委员会审议。

（十四）讨论应由常务委员会任免的人员，提请常务委员会审议。

（十五）对市人民政府不适当的规范性文件，发出关于修改或者撤销的书面审查意见。必要时，提出关于撤销市人民政府不适当规范性文件的建议，提请常务委员会审议。

（十六）检查市人民政府、市人民法院、市人民检察院执行市人民代表大会及其常务委员会决议、决定的情况。

（十七）检查市人民政府、市人民法院、市人民检察院办理代表议案和建议、批评、意见的情况。

（十八）听取市人民政府、市人民法院、市人民检察院的专题工作汇报，并提出意见建议，必要时提请常务委员会会议审议。

（十九）组织常务委员会组成人员、人大代表进行视察或者专题调查研究，听取有关议题的调查汇报。

（二十）讨论有关出缺代表的补选和罢免个别代表等事项，提请常务委员会审议。

（二十一）讨论决定常务委员会听取和审议专项工作报告及执法检查的年度计划。研究提出常务委员会年度工作要点，提请常务委员会审议，并组织实施。

（二十二）领导和协调常务委员会各委、室的工作，听取常务委员会各委、室的工作计划和工作汇报，讨论决定常务委员会机关工作的重要事项。

（二十三）讨论市人大代表和人民群众提出的关于重大问题的建议、批评、意见及有关信访案件。

（二十四）处理常务委员会其他重要日常工作和授权的其他工作及需要由主任会议讨论

决定的其他事项。

第五条　主任会议每月至少召开一次,根据需要可临时召集。

第六条　主任会议由常务委员会主任召集并主持,主任也可委托副主任召集并主持。

第七条　主任会议必须有主任会议成员过半数出席,才能举行。

召开主任会议时,主任会议成员无特殊原因不得请假。因特殊原因请假,须经会议主持人批准。

第八条　常务委员会工作机构主任、副主任可以列席主任会议。

根据会议需要,可以邀请市人民政府及其部门,市人民法院、市人民检察院的负责人及其他相关人员列席会议。

主任会议举行时,列席人员无特殊原因,不得请假。因特殊原因请假,须经会议主持人同意,并告知常务委员会办公室。

第九条　主任会议召开的时间,由常务委员会办公室征求主任会议成员意见后提出建议,由常务委员会主任或者委托的副主任确定。

常务委员会办公室应在会议举行的两日前,将会议召开的时间、地点、会议议题等通知参加会议人员。常务委员会会议期间召开的或因需要临时召开的主任会议可以临时通知。

第十条　主任会议的议题一般按年度计划执行。主任会议成员、常务委员会工作机构如需调整提请主任会议讨论的议题,应于会议召开5日前交办公室汇总,报告常务委员会主任或者委托的副主任后确定。

第十一条　常务委员会工作机构根据实际情况,按分工负责的原则,为主任会议作准备。会议有关材料应于会议举行的一日前送常务委员会办公室。

第十二条　主任会议对市人民政府、市人民法院、市人民检察院有关工作的重要意见、建议,由常务委员会相关工作机构整理形成会议纪要交市人民政府、市人民法院、市人民检察院研究处理,并进行督办。

第十三条　主任会议决定的事项,按分工负责的原则,由分管的主任会议成员负责落实,常务委员会相关工作机构具体承办。

第十四条　主任会议由常务委员会办公室记录并存档。

第十五条　本规则自修订通过之日起施行。

大丰市人民代表大会常务委员会关于讨论决定重大事项的规定

（2013年3月27日市十四届人大常委会第8次会议通过）

第一条 为了保证市人民代表大会常务委员会（以下简称常务委员会）依法行使讨论、决定本行政区域内重大事项的职权，根据《中华人民共和国宪法》《中华人民共和国地方各级人民代表大会和地方各级人民政府组织法》和《中华人民共和国各级人民代表大会常务委员会监督法》等有关规定，结合本市实际，制定本规定。

第二条 常务委员会讨论、决定本市行政区域内经济、政治、文化、社会、生态文明以及关系改革发展稳定大局和群众切身利益、社会普遍关注的重大事项，适用本规定。

第三条 下列重大事项，须提请常务委员会会议审议并作出相应的决议、决定：

（一）贯彻执行宪法、法律、法规和上级人民代表大会及其常务委员会以及本级人民代表大会的决议、决定的重大措施；

（二）推进依法治市，加强社会主义民主法治建设的重大决策和部署；

（三）本市国民经济和社会发展中、长期规划以及年度计划中主要经济指标和重要工作目标的调整、变更；

（四）市本级年度财政预算的部分变更、调整和财政决算；

（五）城乡总体规划的编制和涉及城乡发展方向与总体布局的重大变更；

（六）市人民代表大会交付常务委员会审议并作出决议、决定的重大事项；

（七）市人民政府、市人民法院、市人民检察院提请常务委员会审议、决定的其他重大事项；

（八）其他应当由常务委员会审议、决定的重大事项。

第四条 下列重大事项应当向常务委员会报告，必要时由常务委员会会议审议，并可作出相应的决议、决定：

（一）本市国民经济、社会发展计划和市本级财政预算执行情况；

（二）市本级预算执行和其他财政收支的审计情况以及审计查出问题的整改情况；

（三）市本级预算外资金的收支、管理情况；

（四）国有资产管理和运营的重要情况；

（五）财政支出较大、关系社会公共利益、影响环境与资源保护、人民群众普遍关心的重大建设项目；

（六）土地利用总体规划的制定及执行情况；

（七）科技、教育、文化、卫生、人口、环境与资源保护、城乡统筹发展、城市建设与管理等事业的发展规划、重大决策及执行情况；

（八）养老、失业、医疗等社会保障制度的重大改革方案及相关基金的收支与管理情况；

（九）重大自然灾害，给国家、集体、公民生命财产造成严重损失的重大事故或者突发事件的处理情况；

（十）市人民政府、市人民法院、市人民检察院认为需要报告的其他重大事项；

（十一）其他应当向常务委员会报告的重大事项。

前款第（一）项、第（二）项规定的重大事项，每年至少向常务委员会报告一次；其他各项规定的重大事项可以根据实际情况或者按照常务委员会的要求报告。

第五条　下列重大事项，应当征求常务委员会意见后，再按审批权限报请批准，并将批准情况报常务委员会备案：

（一）市政府关于行政区划调整、变更方案；

（二）市人民政府组成部门和工作部门的设立、撤销或者合并的方案；

（三）市人民法院、市人民检察院工作机构设置或者变更的方案；

（四）其他应当向常务委员会备案的重大事项。

第六条　提请常务委员会讨论、决定的重大事项，应当以议案或报告的形式提出。

涉及重大事项的议案，除市人民代表大会交办的以外，由常务委员会主任会议、市人民政府、市人民法院、市人民检察院或常务委员会组成人员三人以上联名提出。

有关重大事项议案或报告的提请程序以及常务委员会讨论、决定重大事项的程序，按照《常务委员会议事规则》的相关规定进行。

第七条　常务委员会主任会议、市人民政府、市人民法院、市人民检察院向常务委员会提出的重大事项的议案，由主任、市长、院长、检察长签署；常务委员会组成人员三人以上联名提出的重大事项议案，由联名人共同签署。

第八条　提请常务委员会会议审议的重大事项的议案、报告，应当包括以下主要内容：

（一）关于该重大事项的基本情况；

（二）关于该重大事项的法律、法规、政策依据；

（三）关于该重大事项的决策方案及其可行性说明；

(四)关于该重大事项的有关统计数据、调查分析等材料。

有关重大事项必要的附件和参阅材料应当同议案、报告一并提交。

第九条　对本规定第三条所列重大事项,常务委员会一般应当自收到有关议案之日起两个月内进行审议,并作出决议、决定。遇有特殊情况,可临时召开常务委员会会议进行审议并作出决议、决定。

第十条　常务委员会会议审议重大事项时,由提出议案或报告的机关主要负责人向会议作出说明或者报告,常务委员会组成人员联名提出的议案由联名的组成人员推选出代表向会议作出说明,回答常务委员会组成人员的询问。

第十一条　常务委员会关于本行政区域内重大事项的决议、决定,必须在常务委员会会议上由全体组成人员的过半数通过。

第十二条　常务委员会关于重大事项的决议、决定或者组成人员关于重大事项的审议意见,交由有关机关执行或处理落实的,有关机关应当按规定时间报告执行或处理落实情况;对需要较长时间处理的,可以分阶段报告。

市人民政府、市人民法院、市人民检察院在执行常务委员会关于重大事项决议、决定的过程中,因客观形势发生重大变化而需要变更决议、决定的,应当报经常务委员会讨论决定。

第十三条　违反本规定第三条,对依法应当由常务委员会作出决议、决定的重大事项,其他国家机关擅自作出决定的,常务委员会可以依法予以撤销。

违反本规定第四条、第五条,对有关重大事项不报告、不征求意见、不备案的,常务委员会可以责成其限期改正。

第十四条　本规定自通过之日起施行。

大丰市人民代表大会常务委员会
执法检查实施办法

(2013 年 3 月 27 日市十四届人大常委会第 8 次会议通过)

第一条　为了保证宪法和法律在我市的贯彻实施,使法律法规实施情况的检查监督(以下简称执法检查)工作规范化、制度化、程序化,根据《中华人民共和国宪法》《中华人民共和国地方各级人民代表大会和地方各级人民政府组织法》、《中华人民共和国各级人民代表大会常务委员会监督法》以及《江苏省人民代表大会常务委员会关于加强对法律法规实施情况检查监督的若干规定》，结合本市实际，制定本实施办法。

第二条　市人民代表大会常务委员会（以下简称常务委员会）对国家法律和有关法律问题的决议决定、行政法规和本省地方性法规贯彻实施的情况，进行检查监督。年度执法检查重点应围绕关系改革发展稳定大局和群众切身利益、社会普遍关注的重大问题确定。

常务委员会的执法检查，主要是检查监督法律法规实施主管机关的执法工作，督促解决法律法规实施过程中存在的问题，促进依法行政和公正司法。执法检查组不直接处理问题。

本办法所称法律法规实施主管机关是指市人民政府及其部门、市人民法院、市人民检察院，以及承担市人民政府职责范围内社会管理职能的实行垂直领导的部门或者机构。

第三条　执法检查按年度计划进行。常务委员会工作机构应按照《监督法》第九条规定的六个途径确定执法检查项目，并根据《监督法》第二十二条规定，在每年十一月底前提出下一年度执法检查项目建议，建议包括：计划检查的法律法规、理由、重点和时间安排等。

常务委员会办公室负责收集、汇总常务委员会各工作机构和其他有关方面关于执法检查的建议，并于每年十二月底前拟出常务委员会下一年度执法检查计划，在与市人民政府、市人民法院、市人民检察院沟通听取意见，提请常务委员会主任会议讨论通过后，印发常务委员会组成人员并向社会公布。同时以书面形式通知市人民政府、市人民法院、市人民检察院以及各镇人大。

常务委员会年度执法检查计划需要调整的，由常务委员会主任会议讨论决定。

第四条　执法检查方案的制定。执法检查方案应当包括检查的目的和重点内容、检查组组成和分工、检查的时间和要求、检查的步骤和方式等。

常务委员会相关工作机构应根据执法检查年度计划就其负责的执法检查项目拟定具体的实施方案，经常务委员会主任会议通过后印发检查组全体成员。常务委员会办公室将执法检查的有关内容和要求在议题审议的两个月前书面通知被检查的法律、法规实施主管机关及有关方面。有关法律法规实施主管机关应当按照要求做好相关准备工作。

开展执法检查应将执法检查的内容、时间、联系方式等及时通过新闻媒体向社会公布，征求群众的意见和建议。

第五条　执法检查组的组成。要按照精干、效能的原则组织执法检查组，组长一般由常务委员会分管副主任担任，副组长由常务委员会相关工作机构负责人担任，成员从常务委员会组成人员中确定，可以邀请本级人大代表参加。执法检查组的工作人员由相关工作机构的工作人员担任。开展执法检查时，可以邀请法律法规实施主管机关、政府法制机构和有关专家协助工作。根据需要，执法检查组可以分为若干执法检查小组。

第六条　执法检查工作的开展。执法检查前，执法检查组成员及工作人员应当在执法检查之前认真学习相关的法律法规，收集有关法律法规实施情况的材料，为执法检查做好准备。执法检查组在正式开展执法检查前，要召开执法检查组全体会议，听取法律法规实施主管机关关于法律法规实施情况的汇报，研究部署执法检查工作。法律法规主管机关应认真准备，由主要负责人出席会议并汇报有关法律法规的实施情况。

执法检查组要深入基层、深入实际、深入群众，采取听取汇报、询问、召开座谈会、个别走访、查阅卷宗台账、抽样调查、实地考察等多种形式，了解和掌握法律法规实施的真实情况，研究法律法规实施中存在的问题。

被检查的法律法规实施主管机关应配合执法检查组的工作，提供真实情况和其他必要的协助，并要严格依照执法检查明确的重点内容、要求逐一自查自纠，自查自纠期限不得少于1个月。

第七条　执法检查报告的形成。执法检查组在执法检查结束后，应当由执法检查组组长主持召开会议，汇总执法检查情况，组织起草执法检查报告。执法检查报告的内容应包括：对所检查的法律、法规实施情况进行总体评价；提出执法中存在的问题及原因分析；提出改进执法工作的建议；对有关法律、法规提出修改完善的建议。报告必须客观真实地反映情况，不回避矛盾。

执法检查报告初稿形成后，常务委员会相关工作机构应及时与法律、法规实施主管机关交换意见。初稿修改完善后，提请主任会议讨论，由主任会议决定提请常务委员会审议。

第八条　执法检查报告的审议。常务委员会审议执法检查报告时，由执法检查组组长向全体会议报告执法检查情况，法律法规实施主管机关的负责人应到会听取意见，回答询问。执法检查组成员可以列席常务委员会会议，听取会议审议，发表意见。必要时，常务委员会可以就执法检查报告作出决议。

第九条　审议意见的交办。执法检查报告经常务委员会会议审议后，常务委员会相关工作机构应当在七日内汇总整理形成审议意见。审议意见要努力做到真实、全面、准确、鲜明，不同意见要如实反映，供法律、法规实施主管机关研究整改时参考。审议意见连同执法检查报告，由常务委员会相关工作机构一并函送法律、法规实施主管机关研究处理。

法律法规实施机关属于实行垂直领导的部门或者机构的，常务委员会还可以将审议意见向其上一级主管机关通报。

第十条　审议意见的处理。法律、法规实施主管机关在收到审议意见和执法检查报告后应认真进行研究，制定整改方案，采取整改措施，认真改进工作。常务委员会相关工作机构一般应在执法检查报告送交后的3个月内就整改情况听取相关部门汇报并进行跟踪督查。法律、法规实施主管机关一般在6个月内将整改情况向常务委员会汇报，有特定期限的，按要求的期限处理并汇报。

根据情况，可对整改落实情况进行满意度测评。常务委员会全体组成人员过半数对整改落实情况不满意的，可责成法律、法规实施主管机关继续整改落实，在下次常务委员会会议上再听取汇报。

第十一条　对执法检查中发现的重大违法案件，常务委员会主任会议可以交由常务委员会相关工作机构进行调查，调查结果应向主任会议汇报。主任会议可以根据情况，要求有关机关限期处理，有关机关应及时报告处理情况。必要时，主任会议可以提请常务委员会会议审议。对特别重大的违法案件，常务委员会可以依法组织特定问题调查委员会进行调查。常务委员会不直接处理具体案件，具体案件应由法律法规实施主管机关严格依法办理。

第十二条　审议意见及其落实情况的公布。常务委员会的执法检查报告及常务委员会审议意见、决议，法律、法规实施主管机关整改落实情况的报告，向全市市人大代表通报并向社会公布。

第十三条　本实施办法自通过之日起施行。

大丰市人民代表大会常务委员会
视察工作办法

（2013年3月27日市十四届人大常委会第8次会议通过）

为保障市人民代表大会常务委员会（以下简称常务委员会）依法开展视察活动，进一步增强视察实效，根据《中华人民共和国全国人民代表大会和地方各级人民代表大会代表法》《中华人民共和国全国人民代表大会常务委员会监督法》等有关法律、法规的规定，结合本市实际，制定本办法。

本视察办法专为常务委员会组织的代表视察活动而制定，各代表小组组织的视察以及代表个人持证视察按照《代表法》和《监督法》的有关规定执行。

第一条　视察的对象

主要为本行政区域内人民政府、人民法院、人民检察院（以下简称“一府两院”）以及所属的行政、审判、检察部门，各企事业单位、人民团体和自治组织等。

第二条 视察的内容

（一）宪法、法律、行政法规和地方性法规在本行政区域内的实施情况；

（二）上级和本级人大及其常务委员会决议、决定和审议意见的贯彻落实情况；

（三）本市"一府两院"专项工作的开展情况；

（四）本市国民经济和社会发展计划、财政预算的执行情况和政治、经济、教育、科学、文化、卫生、环境与资源保护、城乡建设、民政、民族、宗教等各方面工作；

（五）市人民代表大会代表议案、建议、批评和意见的办理情况；

（六）关系全市改革发展稳定的重大问题、人民群众普遍反映和关注的热点、难点问题；

（七）上级人大及其常务委员会委托视察的议题；

（八）常务委员会会议或主任会议认为需要视察的其他工作。

第三条 视察的形式

（一）集中视察。常务委员会在市人民代表大会召开前，围绕召开市人民代表大会有关的重大事项，组织代表进行的视察活动。

集中视察应围绕宪法、法律、法规的贯彻实施，各级人民代表大会及其常务委员会决议、决定的贯彻落实情况，本市国民经济和社会发展计划、预算的执行情况，以及人民群众普遍关心的重大问题等组织实施。

（二）专题视察。常务委员会就专项工作组织常委会组成人员、部分代表开展的视察活动。

专题视察应根据常务委员会的工作计划和要求，结合常务委员会会议或主任会议的议题和重要工作安排，围绕全市阶段性重点工作、某一方面具体工作组织实施。

受上一级人大常委会委托，常务委员会可以组织在本行政区域内的上一级人大代表就近就地进行视察；常务委员会可以委托镇人大主席团主席、副主席组织本镇市人大代表开展视察活动。

第四条 视察的方法

围绕视察内容，主要采取听取被视察单位工作情况汇报、召开座谈会、查阅有关文件资料、现场察看、走访相关人员、约见有关国家机关负责人等，详细了解各方面情况。

第五条 视察的组织实施

（一）视察工作纳入常务委员会年度工作要点，视察计划由常务委员会各工作机构在调查研究、广泛征求意见的基础上提出，经主任会议讨论，提交常务委员会会议审议通过后，印发常务委员会组成人员，并向社会公布。

根据工作需要，经主任会议研究，可以对视察计划进行适时调整，并书面通知被视察机关或单位。

（二）视察工作应制定视察方案，视察方案由常务委员会相关工作机构负责拟定。方案应具体明确，主要包括视察的目的、内容、时间、路线、视察人员组成及要求等。

视察方案经主任会议成员同意后实施，并由常务委员会相关工作机构提前书面通知被视察的机关或单位。

（三）常务委员会相关工作机构应根据视察内容，事先组织参加视察的人员认真学习有关法律、法规、政策，明确视察目的和要求，为在视察中分析研究问题做好充分准备。

（四）视察时，本市各级国家机关和有关单位应当提供相关材料，其负责人或由他委托的负责人应当参加，并向视察代表如实汇报情况，回答代表提出的询问，认真听取代表的建议、批评和意见。

代表参加常务委员会统一安排的视察，可以就视察中发现的重大问题，向常务委员会相关工作机构书面提出约见本级或者下级有关国家机关负责人。常务委员会相关工作机构应当及时同有关国家机关联系，并作出安排。

（五）参加视察的代表应采取多种方式，深入实际了解情况，积极开展调查研究，实事求是地反映问题，可以口头或书面向被视察的机关或单位提出建议、批评和意见，但不直接处理问题。

（六）视察结束后，常务委员会相关工作机构应将代表反映的问题、提出的建议进行整理后，转交“一府两院”研究处理。“一府两院”可在向常务委员会会议、主任会议所作的工作报告中作出回应。

对视察中代表书面提出的建议、批评和意见，根据有关规定，由市人大常委会人事代表联络工作委员会交由有关国家机关、组织处理并答复代表。

（七）代表应积极参加视察。代表接到视察通知后因故不能参加时，应当提前向常务委员会请假。

第六条　视察的法律保障

（一）代表所在单位应当支持代表参加视察，对代表参加视察的时间必须给予保障。代表参加视察，按正常出勤对待，享受所在单位的工资、奖金和其他待遇。

（二）人大代表依法进行视察，受法律保护，对拒绝或者阻碍代表依法进行视察以及对提出批评或反映问题的代表进行威胁、打击报复的组织或个人，依照《中华人民共和国全国人民代表大会和地方各级人民代表大会代表法》第四十四条和《中华人民共和国刑法》第二百七十七条的规定处理。

第七条　本办法自通过之日起施行。

大丰市人民代表大会常务委员会关于办理市人大代表建议、批评和意见的办法

（2013年5月29日市十四届人大常委会第9次会议通过）

第一章 总 则

第一条 为切实保障市人大代表依法行使提出建议、批评和意见的权利，规范代表建议办理工作，根据《中华人民共和国地方各级人民代表大会和地方各级人民政府组织法》《中华人民共和国全国人民代表大会和地方各级人民代表大会代表法》《江苏省实施〈中华人民共和国全国人民代表大会和地方各级人民代表大会代表法〉办法》及《盐城市人民代表大会常务委员会关于办理市人大代表建议的有关规定》，结合本市实际，修订本办法。

第二条 本办法所指代表的建议、批评和意见（以下简称代表建议），主要包括：

（一）在市人民代表大会会议期间市人大代表提出经大会主席团决定作为代表建议处理的议案；

（二）在市人民代表大会会议期间市人大代表向市人民代表大会及其常务委员会提出对各方面工作的建议；

（三）在市人民代表大会闭会期间市人大代表提出的意见和建议。

第三条 市人大代表向市人民代表大会及其常务委员会提出对各方面工作的建议，是执行代表职务，参加管理国家事务、管理经济和文化事业，管理社会事务的一项重要工作。

第四条 认真研究处理人大代表建议并负责答复，是有关机关、组织的法定职责和应尽义务。

第五条 市人民代表大会常务委员会及其有关工作机构应当为代表建议的提出和办理提供必要的条件和服务。

第二章 代表建议、批评和意见的提出

第六条 代表可以围绕全市经济、政治、文化、社会和生态文明建设中的重大问题和人民

群众普遍关注的问题，在充分调查研究、深入了解人民群众意见和要求以及有关情况的基础上，对属于市人民代表大会及其常务委员会、市人民政府及其部门、市人民法院、市人民检察院和其他机关、组织的工作提出建议。

市人民代表大会常务委员会应当通过组织代表参加学习培训、视察、专题调研、执法检查、联系人民群众等活动，为代表掌握相关规定、知情知政、了解社情民意，更好地提出建议提供服务。

第七条　下列情况不作为代表建议提出：

（一）涉及解决代表本人及其亲属个人利益问题的；

（二）代转人民群众来信或者案件申诉材料的；

（三）涉及正在审理的案件的；

（三）属于学术探讨、产品推介的；

（四）没有实际内容的。

第八条　代表建议可以用书面或者电子文档形式提出。代表以书面形式提出建议的，应当使用统一印制的代表建议专用纸，并亲笔签名；代表以电子文档形式提出建议的，应当电子签名或者提交本人签名的统一印制的代表建议专用纸。

第九条　代表建议可以由代表一人单独提出，也可以由代表数人联名提出。代表一人单独提出与代表数人联名提出具有同等效力。代表数人联名提出的，领衔代表应当采取个别征求意见、召开座谈会等方式，使参加联名的代表了解建议的内容。参加联名的代表应当确认建议的内容能够表达自己的真实意愿。

第十条　代表可以撤回本人提出的建议。代表撤回建议，应当以书面形式提出。

第三章　代表建议、批评和意见的交办

第十一条　代表在市人民代表大会会议期间代表提出的建议，由大会秘书处受理后，交由市人民政府、市人民法院、市人民检察院以及其他相关机关、组织研究办理。属市人民政府及其部门办理的，由市人民政府办公室按照部门职责分工，落实具体承办单位并协调相关事宜，并应在市人民代表大会闭会之日起两个月内召开交办会；也可由市人民政府通过“网上办理系统”直接交有关机关、组织研究办理。

代表在闭会期间提出的建议，由市人大常委会代表工作机构在受理后七个工作日内通过“网上办理系统”进行交办。其中属于市政府及其有关部门的，交市政府办公室处理；属于其他机关或组织的，直接交有关机关或组织处理。

代表对市人大常委会工作提出的建议，由市人大常委会办公室研究办理。

代表提出的建议属于第七条第一、第二款规定之情形的以及不属于代表建议范围的，由市人大常委会代表工作机构转作人民来信处理，并告知相关代表。

第十二条 承办单位收到代表建议后，应当及时逐件进行研究，制订办理方案。对不属于本单位职责范围内的代表建议，应当在收到之日起的七个工作日内向交办机关说明情况、提出意见，不得滞留、延误或自行转办。交办机关对退回的代表建议，一般在七个工作日内应重新确定承办单位并交办，并告知市人大常委会代表工作机构。

第十三条 在市人民政府召开交办会前，市人大常委会代表工作机构与市人民政府办公室应就建议内容等方面进行专题研究会办，逐件确定主办、协办单位。代表建议需两个以上单位联合承办的，应明确主办单位和协办单位。属于市人民政府及其两个以上部门承办的，由市人民政府办公室做好协调工作，指定主办单位负责牵头；属于市人民法院、市人民检察院和其他有关单位联合承办的，由市人大常委会代表工作机构做好协调工作，指定主办单位负责牵头。

第十四条 大会闭会后两个月内，市人大常委会代表工作机构会同其他工作委员会，根据工作分工和职能划分，选择事关影响全市经济社会发展的重大问题、事关民生利益的重要问题等代表建议若干件，经市人大常委会代表工作机构汇总整理后，提交市人大常委会主任会议研究确定，并告知有关机关、组织重点研究办理。重点办理的建议由市政府分管领导领办。

第四章 代表建议、批评和意见的承办

第十五条 承办单位应当建立健全办理代表建议的制度，实行单位主要领导负总责、分管领导牵头办、相关科室具体抓的分级负责制，严格办理程序，提高办理工作的效率和质量。

第十六条 承办单位应当对代表建议进行分析，制定办理工作方案。对其中的同类问题，应当统一研究处理意见；对涉及面广、处理难度大或者问题反映比较集中的代表建议，应当由单位主要负责人负责研究处理。

第十七条 承办单位在办理代表建议的过程中，应当与代表见面，或者采取走访、实地了解情况、召开座谈会、邀请相关代表参与有关办理工作等多种方式加强与提出相关建议代表的沟通联系，充分听取代表意见，共同协商解决问题办法。

代表建议涉及国家秘密的，承办单位应当做好保密工作。

第十八条 由两个以上单位共同承办的代表建议，主办单位应当主动与协办单位协商，

协办单位应当积极配合。协办单位在收到代表建议之日起一个月内将处理意见通过“网上办理系统”告知主办单位，由主办单位负责答复代表。主办单位应当注重解决建议反映的问题，并自交办之日起三个月内答复。涉及面广、处理难度大的建议，确实不能按期答复的应当向交办机关说明情况，但答复期限最长不得超过六个月。

第十九条　承办单位对于内容相同的代表建议可以合并办理，但应分别答复代表。代表联名提出的建议，应当分别答复每位代表。

答复代表，采取网上答复和书面答复并行的方式。网上答复，指承办单位通过“网上办理系统”网上答复提出建议的各位代表；书面答复，由有关单位的主要负责人审核、签发、加盖公章，并注明联系人和联系方式寄送或传真代表，同时抄送市人大常委会代表工作机构、市人民政府办公室。

承办单位答复代表建议，应当附代表建议办理情况征求意见表。

第二十条　承办单位对代表建议，应当按照下列要求办理：

（一）符合法律法规和政策规定，有条件解决的问题，应当及时解决并明确答复代表；

（二）应当解决但因客观条件限制一时难以解决的问题，应当先向代表如实说明情况，并明确办理时限，采取有效措施，创造条件解决，在妥善解决后再答复代表；

（三）不符合法律法规和政策规定，确实不能解决的问题，应当向代表说明情况，作出解释。

第二十一条　代表对承办单位已作出答复的建议，应通过“网上办理系统”及时反馈对办理情况的意见；代表联名提出建议的办理结果应当由领衔代表负责收集联名代表的意见后及时反馈。代表应对办理情况如实表明态度，认真填写个人意见。如代表没有反馈意见的，市人大常委会视作代表对办理工作不满意处理。

第二十二条　代表对办理结果不满意的，承办单位应当在收到代表反馈意见后一个月内重新办理并负责答复代表。承办单位在代表建议全部办结后，应分别向市人大常委会代表工作机构和市人民政府办公室报告办理工作情况。

第五章　代表建议、批评和意见的督促检查

第二十三条　市人大常委会代表工作机构应加强与承办单位和代表的联系与沟通，及时了解办理工作情况，督促代表建议办理工作的落实；对需要分步办理的代表建议，应当跟踪督办，直到办结为止。

代表建议办理工作应当纳入各承办单位年度目标考核内容。

第二十四条　市人大常委会主任会议可以选择部分代表建议，由市人大常委会主任会议

成员和市人大常委会工作机构重点督办。

市人大常委会主任会议可以根据需要,听取有关承办单位办理情况的汇报。对多次提出而未解决的代表建议,市人大常委会主任会议可以听取有关承办单位的专题报告,并提出处理意见。

第二十五条 市人大常委会可以组织常委会组成人员和提出建议的代表对承办单位办理代表建议情况进行视察调研、开展督查。对代表提出的重要或者有重大影响的建议办理情况,市人大常委会代表工作机构可以建议市人大常委会主任会议听取承办单位专题汇报,询问办理情况,提出工作意见;必要时由主任会议决定将相关议题提请市人大常委会会议审议。

代表小组和代表可通过市人大常委会代表工作机构联系安排,对代表建议办理情况进行调研和视察;被调研和视察部门或单位负责人应当如实向代表汇报办理工作情况,回答代表提出的问题。代表也可以直接向承办单位或者通过市人大常委会代表工作机构了解所提建议的办理情况。

对提出建议的代表进行刁难、威胁、打击报复的,由所在单位或者上级机关责令改正或者给予行政处分,情节严重构成犯罪的,依法追究刑事责任。

第二十六条 市人民政府、市人民法院、市人民检察院应当加强对本系统办理代表建议的检查。市人民政府对所属部门办理代表建议的工作进行督促检查,具体由市人民政府办公室负责。

第二十七条 市人大常委会代表工作机构和市人民政府对市人大代表建议的办理情况,每年应当向市人大常委会报告,并印发下一次人民代表大会会议或者向下一次人民代表大会会议报告。

第二十八条 市人大常委会代表工作机构应将市人大代表在市人民代表大会会议期间提出的建议以及有关单位的办理工作情况分别在市主要新闻媒体和“大丰人大网”上对社会公布,对承办单位办理责任制落实情况,办理结果,代表对办理工作的满意度等情况分别进行公示,并在下一次人代会上向代表通报。

第二十九条 市人大常委会根据《人大代表优秀议案建议及先进承办单位、个人评选表彰暂行办法》的规定,对经评选产生的人大代表优秀议案建议,在下一次市人民代表大会预备会议上进行表彰。

第三十条 交办机关对代表建议办理工作成绩显著的单位和个人,应当予以表彰和奖励,对不认真办理的单位和个人,应当予以通报批评。

第六章 附 则

第三十一条 本办法自修订通过之日起施行。2005年3月17日通过的《大丰市人民代表大会常务委员会关于办理市人大代表建议的办法》同时废止。

大丰市人民代表大会常务委员会关于加强和规范闭会期间市人大代表活动的若干意见

（2013年5月29日市十四届人大常委会第9次会议通过）

为了保障市人大代表依法履行职责，充分发挥代表作用，根据宪法和有关法律法规，结合工作实际，现就加强和规范闭会期间的市人大代表活动提出如下意见：

第一条 闭会期间人大代表活动的总体要求。坚持以邓小平理论和“三个代表”重要思想和科学发展观为指导，依照法律规定，行使代表职权，履行代表义务，发挥代表作用。紧紧围绕党委中心工作、市人大及其常委会职能和重点工作、人民群众普遍关注的重大问题，积极参加闭会期间的各项活动，为坚持和完善人民代表大会制度，推进大丰经济政治文化社会和生态文明建设做出应有的贡献。

第二条 闭会期间代表活动的主要形式。代表在闭会期间的活动以集体活动为主，以代表小组和专业代表组活动为基本形式。代表可以通过多种方式，听取、反映原选区选民的意见和要求。

第三条 闭会期间代表活动的主要内容。(1)在代表自己参加的生产、工作和社会活动中，宣传人大及其常委会的决议、决定，协助宪法和法律的实施；(2)在市人大常委会或镇人大主席、副主席的协助下，按照便于组织和开展活动的原则组成代表小组开展活动；(3)开展视察活动，除了参加市人大常委会统一安排的集中视察外，在市人大常委会或者镇人大主席、副主席的协助下，也可以进行几个人联合视察或个人持证视察活动；(4)参加专题调研，代表根据市人大常委会的安排,围绕经济社会发展和关系群众切身利益、社会普遍关注的重大问题,进行专题调研;(5)参加市人大常委会组织的执法检查活动和其他活动;(6)采取多种方式,经常听取和反映人民群众的意见,回答原选区选民对代表工作和代表活动的询问,报告履职情况;(7)应邀列席市人大常委会会议;(8)根据市人大及其常委会的决定,参加关于特定问题的调查委员会;(9)向市人大常委会提出对各方面工作的建议、批评和意见;(10)联系选民,反映人民群众的意见和要求;(11)参加市人大常委会组织的履职学习。

第四条　闭会期间组织代表活动的原则。闭会期间的代表活动,由市人大常委会组织。市人大常委会代表工作机构负责闭会期间代表活动的具体组织和协调工作,常委会其他办事机构和工作机构参与做好有关工作。受市人大常委会委托,镇人民代表大会主席、副主席、两区人大工作联络处组织本行政区域内的市人大代表开展闭会期间的活动。市人大代表可以参加镇人大代表小组活动。

闭会期间,市人大代表按选举单位(12 个镇、"两区"、市直)编成若干个代表小组。并根据市人大常委会工作机构的实际需要,结合代表的行业和专业,建立若干个专业代表组。每个代表小组和专业代表组都要确定组长 1 人、副组长 1 人至 2 人,并聘请一名联络员。

闭会期间的代表活动一般在代表原选举单位的行政区域内进行;根据履行职责的需要,在市人大常委会代表工作机构的协调安排下,也可以跨行政区域进行。

代表小组的活动主要由代表小组组织,市人大及其常委会,各镇人大主席、副主席、两区人大工作联络处要负责为代表小组的活动提供必要的条件和服务。

第五条　开展市代表小组和专业代表小组活动。市人大常委会代表工作机构根据市人大常委会工作要点,应及早提出代表小组的年度活动意见,指导各代表小组研究制定年度活动计划,并负责提醒和督促代表小组召集人按计划开展活动。

各代表小组应当根据常委会工作要点和代表活动意见的要求,制定代表小组年度活动计划。代表小组活动应做到有计划、有主题、有深度、有实效。每次活动前,应当上报代表小组活动实施方案;活动后,应当上报代表小组活动登记表。代表小组的正、副组长要切实负起责任,按照要求认真组织本组的代表开展活动,联络员要积极为代表开展活动做好服务工作。市人大代表小组活动一般每年安排 3 ~4 次。代表应当参加本代表小组活动,代表因故不能参加活动的,应当向代表小组召集人请假。专业代表小组在相关工作委员会的领导下开展活动,人事代表联络工作委员会给予指导。

第六条　组织代表开展视察活动。市人大代表根据市人民代表大会常务委员会的统一安排,对市本级或下级国家机关和有关单位的工作进行视察。市人大代表于每次市人民代表大会会议前开展集中视察活动,为参加大会审议各项报告,提出议案和建议、批评、意见作准备。视察时间为1天至2天。各镇(区)人大、各代表小组应认真组织本行政区域内的市人大代表开展集中视察活动,并将代表在视察中提出的议案以及建议、批评和意见进行整理,报市人大常委会代表工作机构。

根据实际需要,市人大常委会有关工作机构可以组织代表开展专题视察活动,参加专题视察的代表由组织视察的市人大常委会相关工作委员会确定。各代表小组也可以组织市人大代表开展专题视察活动。

在统一安排的视察中,代表可以就宪法、法律、法规执行中存在的重要问题、人民群众反映强烈的问题以及代表需要了解的有关问题,约见本级有关国家机关或其派出机构、下属单位负责人。有关机关应在七天内将接待的时间、地点告知代表本人。被约见的有关国家机关负责人或者其委托的负责人员应当听取代表的建议、批评和意见,并在一个月内将有关处理情况答复代表,同时抄报市人大常委会备案。在代表约见国家机关负责人的过程中,市人大常委会代表工作机构应做好有关协调工作。

代表可以持代表证就地进行视察。市人大常委会根据代表要求,联系安排本级或者上级的代表持代表证就地进行视察。被视察单位应当接待代表,如实汇报情况,回答代表提出的问题,提供有关材料,听取代表意见。代表可以向被视察单位提出建议、批评和意见,但不直接处理问题。

第七条　组织代表开展专题调研活动。根据市人大常委会统一安排,代表于每年年中至少进行一次专题调研活动,时间为1~2天。专题调研的题目原则上由市人大常委会拟定,也可以由各代表小组、专业代表小组、代表根据全市工作的大局和实际情况确定。专题调研活动,可以按代表小组或专业代表小组进行,也可以结合代表的意愿和本人的职业等情况组成专题调研小组进行。代表小组的调研活动由市人大常委会委托各镇(区)人大组织。专业代表小组的调研活动由市人大常委会有关工作机构组织。专题调研结束后,各代表小组和专业代表小组应当形成调研报告,报市人大常委会代表工作机构转交有关机关、组织研究处理,有关机关、组织要高度重视,要将研究处理情况及时向代表反馈。

第八条　组织代表参加执法检查活动。市人大常委会依法开展的执法检查活动,每次要邀请2名以上市人大代表参加。参加代表由代表报名与有关工作机构推荐相结合。执法检查组到达有关镇(区)开展执法检查时,应尽可能吸收所在地的市人大代表参加。常委会审议相关的执法检查报告时,邀请参加执法检查活动的有关代表列席会议,听取代表的意见。

第九条　代表应邀列席市人大常委会会议。市人大常委会每次召开会议前,邀请5名至10名熟悉相关议题的代表列席,力争届内使市人大代表至少能列席一次常委会会议。列席市人大常委会会议的代表由市人大常委会代表工作机构负责确定,常委会办事机构要提前向列席代表寄送会议通知和有关材料，并做好相关接待等工作。要认真吸收列席代表在会议审议中发表的意见和建议。

第十条　坚持常委会组成人员联系代表、代表联系选民制度。市人大常委会组成人员每年每人至少与5名在基层工作的市人大代表保持经常联系，常委会组成人员到基层进行调研、视察、执法检查时，要通过个别走访、召开座谈会等方式联系当地的市人大代表，认真听取他们的意见和建议。市人大常委会主任会议成员应根据安排参加接待代表日活动，接待活动计划由市人大常委会代表工作机构拟定。市人大常委会各工作机构，应当根据本工作机构特点和工作需要，加强与市人大代表的联系。

坚持代表接待选民制度。每一位代表至少与10名以上有代表性的选民保持经常性的联系，联系次数每年不少于2次，并做好相关记录。在市人民代表大会闭会期间，市人大代表要通过接待选民、走访选民、召开座谈会等多种方式，充分了解民情民意，并将人民群众反映的意见和要求整理汇总后，及时交有关方面研究处理，促使相关问题得到有效解决。市人大常委会、镇人大主席、副主席还将组织市人大代表参与“人大代表之家”的接待选民日活动，主要以接待人民群众来访、听取群众意见为主，由各代表小组安排代表轮流参加。

第十一条　拓宽代表知情知政渠道。在每次市人民代表大会举行会议前，市人大常委会办事机构和工作机构应当适时组织召开情况通报会，请市人民政府及其有关部门、市人民法院、市人民检察院向代表通报全市经济社会发展情况和审判、检察工作情况，并及时将有关材料印发给参加通报会的代表。在大会闭会期间，市人大常委会各工作机构应及时向代表通报常委会会议、常委会重要工作安排和重要活动情况；向代表寄送《中国人大》《人民与权力》《盐城人大》《人大工作情况》等刊物资料；市人民政府、市人民法院、市人民检察院可通过寄送有关公报、简报等刊物，定期向代表通报有关情况及重大事项。

第十二条　做好闭会期间市人大代表提出议案、建议的处理工作。代表在闭会期间围绕我市改革、发展、稳定的大局，围绕经济、政治、文化、社会和生态文明建设中的重大问题和人民群众普遍关心的问题，深入调查研究，向市人大常委会提出的议案、建议，可以面交或者以其他方式交市人大常委会代表工作机构，也可以由镇（区）人大转交。对闭会期间提出的符合议案基本要求的代表议案，在大会会议举行时，由市人大常委会代表工作机构转交大会秘书处，与会议期间提出的代表议案一并处理。市人大常委会代表工作机构和相关工作机构要按照有关规定，做好闭会期间代表提出的建议的交办和督办工作。

第十三条　建立健全代表学习培训、激励和约束机制。市人大常委会每届有计划地开展代表初任学习、履职学习、专题学习和履职经验交流。

继续开展“争先创优”活动。市人大常委会坚持在市人大代表中开展“争创代表活动先进小组、争当代表活动积极分子”和“争提优秀议案、建议”活动，并结合市人大常委会开展的各类主题实践活动，进行评选表彰。通过争创活动，交流经验，表彰先进，调动代表履职积极性，充分发挥代表作用。人大代表优秀议案建议评选活动每年举行一次，其他评选活动每两年举行一次，由市人大常委会统一进行表彰。

建立市人大代表向选民述职制度。每位市人大代表在一届任期内都要向原选区的选民进行一次述职。建立健全代表履职登记制度。市人大常委会统一印制“代表履职登记册”，由代表个人填写，每年年底由各镇（区）人大和代表小组汇总，于人代会召开前上报市人大代表工作机构。代表履职登记情况作为评选代表活动积极分子的依据之一。

第十四条　为代表参加活动提供必要的保障。依照法律规定，代表参加闭会期间的活动，代表所在单位应当给予时间保障。代表执行职务，其所在单位应当按照正常出勤对待，享受所在单位的工资和其他待遇。代表活动经费和培训经费应当列入本级财政预算予以保障，实行专项管理，专款专用。

市人大常委会的办事机构和工作机构是代表执行代表职务的集体服务机构，为代表执行代表职务提供服务保障。各镇人大主席团、两区人大工作联络处应明确一名主席（主任）或副主席（副主任）负责市人大代表的联络和服务工作，要高度重视“人大代表之家”的建设，为代表依法履职搭建好平台。

本市各级国家机关、团体、组织和个人，必须尊重代表的权利，保障、支持和配合代表依法执行代表职务。

第十五条　市人大代表要严格依法履行职责。市人大代表要模范遵守宪法和法律，依法履行职责。不得利用代表权利为本人或者亲属谋取不正当的利益。代表个人不得干预具体案件的审理和执行，对涉及本人和亲属的具体案件应当回避。要把依法执行代表职务与从事个人职业活动严格区别开来，不得借执行代表职务进行个人职业活动，更不得接受企事业组织、社会团体和个人出资赞助。要勤奋工作，廉洁自律，严格保守国家秘密，自觉接受原选举单位和人民群众的监督。

大丰市人民代表大会常务委员会关于加强常委会组成人员联系代表、代表联系选民的办法

（2013年5月29日市十四届人大常委会第9次会议通过）

第一条 为进一步加强市人大常委会组成人员与市人大代表、市人大代表与原选区选民的联系，更好地发挥代表的作用，促进和保障市人大常委会自觉接受市人大代表监督以及市人大代表经常听取和反映原选区选民的意见和要求，自觉接受选民的监督，根据《中华人民共和国地方各级人民代表大会和地方各级人民政府组织法》《中华人民共和国全国人民代表大会和地方各级人民代表大会代表法》和《江苏省实施〈中华人民共和国全国人民代表大会和地方各级人民代表大会代表法〉办法》的有关规定，结合我市人大工作实际，制定本办法。

第二条 市人大常委会及其办事机构和工作机构，应牢固树立为代表服务思想，把联系人大代表作为一项重要职责和做好各项工作的基础，做到密切联系、接受监督、搞好服务，为代表依法执行职务创造条件，提供方便。

市人大常委会驻会组成人员应带头参加本代表小组活动，定期深入基层，征求市人大代表对市人民代表大会及其常务委员会工作的意见。市人大常委会办事机构和工作机构，应根据自身工作特点和工作需要，确定对口联系市人大代表或不驻会委员。

第三条 市人大常委会要保障代表的知情权，并督促市人民政府、市人民法院、市人民检察院为代表知情知政和市人民代表大会及其常务委员会审议各项报告、议案提供相关的资料信息。

市人大常委会应将年度工作要点、重要工作安排、重要活动情况、作出的决议、决定等，通过印发公报、刊物、市人大网站公布、新闻媒体宣传等形式，定期向市人大代表通报。

第四条 市人大常委会组成人员联系代表的主要内容：

（一）听取代表对宪法和法律、法规以及上级人民代表大会及其常务委员会决议、决定在本行政区域内贯彻实施情况的反映；

（二）围绕市人民代表大会及其常务委员会审议、讨论、决定的事项，征求代表意见，并了

解决议、决定和审议意见的落实情况；

（三）向代表通报常委会工作情况，听取代表对常委会工作的意见和建议；

（四）听取和了解对代表建议、批评和意见办理情况，市人民政府、市人民法院、市人民检察院工作情况，市人民代表大会及其常务委员会选举或任命的国家机关工作人员履职情况，人民群众关心的社会热点、难点等问题的反映；

（五）听取和了解代表执行职务、发挥代表作用、协助本级人民政府推进工作等方面的情况；

（六）受理代表提出的议案及对各方面工作提出的建议、批评和意见。

第五条　市人大常委会组成人员联系代表的主要方式：

（一）举行市人民代表大会会议前，常委会组织各代表小组开展活动，为代表参加大会审议及提出议案和建议、批评、意见作好准备；

（二）有计划地安排代表参加专题调研、视察、评议、执法检查等活动，邀请代表列席常委会会议；

（三）常委会及其各工作委员会根据工作需要，召开不同类型的代表座谈会；

（四）常委会领导每人联系两至四个镇（区）的人大工作，参加"主任接待代表日"活动；常委会委员结合工作分工，每人联系五名以上代表，每年走访代表不少于两次，征询代表的意见和要求；积极参加所在代表小组的活动，每年不少于两次；

（五）常委会代表工作机构负责接待和处理代表的来信来访。重要的来信来访，由常委会领导同志批办和接待。对代表来信来访，要热情接待，认真办理，及时做好交办、催办和答复反馈工作。

第六条　常委会组成人员对代表反映的情况和问题，能答复说明的，应及时答复说明；不能及时答复说明的，分别按照以下方法处理：

（一）市人民代表大会闭会期间代表的建议、批评和意见，由常委会代表工作机构依法交由有关机关、组织研究处理并负责答复代表；

（二）重要的情况反映和意见、建议，应及时向常委会主任、副主任汇报，或在主任会议、常委会会议上提出；

（三）其他情况反映和意见、建议，以文字或口头的形式转交常委会有关办事机构或工作机构处理。

常委会办事机构或工作机构对代表反映的情况和问题，应认真研究分析和处理，并及时将研究结果或处理情况告知代表本人。

第七条　市人大常委会举行会议前，根据会议审议议题，可以邀请工作对口的市人大代表或联系的市人大代表提前做好相关审议议题的调查研究,收集和征求人民群众的意见和要求。

第八条 市人大常委会组织视察、调研、执法检查、专项工作评议、代表建议督办等活动时,可以邀请相关的市人大代表参加。

第九条 市人大代表应当保持与原选区选民的联系。增强代表意识、责任意识和依法履职意识,深入选区、深入选民,开展经常性的联系和调研活动,及时反映原选区选民的意见和建议,接受原选区选民的监督。

第十条 市人大代表联系原选区选民,可以采取参加会议、调研、座谈、接待、走访、述职、电话、书信、互联网等多种方式进行。一般做到:

(一)代表应积极参加"人大代表接待选民日"活动,每年安排一定的时间,接待原选区选民的来访;

(二)代表应每年走访原选区的部分选民;

(三)代表可在原选区选择10名以上有代表性的选民为联络员,通过联络员联系选民。代表应当与联络员保持经常性的联系;

(四)代表每届任期内至少向原选区选民或选民代表述职一次;

(五)代表出席市人民代表大会、应邀列席市人大常委会会议和参加市人大常委会组织的活动前,应当根据会议议题和活动内容,听取原选区选民的意见和建议,为参加会议和活动做好准备;

(六)代表的工作单位、通讯地址和联系电话应向原选区选民公开。

第十一条 代表在联系原选区选民活动中的主要任务:

(一)听取选民对市国家机关在管理经济、文化、社会事务方面的意见和要求;

(二)回答选民对代表工作和代表活动的询问;

(三)汇报本人执行代表职务的情况;

(四)协助宪法和法律、法规的实施;

(五)宣传贯彻本级人民代表大会会议精神;

(六)协助本级人民政府推行工作。

第十二条 代表在联系选民时,一般不直接处理问题。对选民提出的意见、建议、要求和反映的情况,代表要认真分析研究,分别按以下情况处理:

(一)将有关意见、建议、要求和情况,通过代表议案或建议、批评和意见,向市人大及其常委会书面提出,由大会秘书处或市人大常委会代表工作机构交有关机关、组织研究处理,并及时答复代表;

（二）对代表工作和代表活动方面的有关意见、建议、要求和情况，能够当场回答的，当场予以回答；不能够当场回答的，可以在事后向市人大常委会或有关部门了解情况，再予以回答；

（三）对于收到的选民来信，可以转交市人大常委会办公室按照大丰市人大常委会机关信访工作的相关规定处理。

第十三条 本市各有关机关、组织和个人都要尊重代表的权利，支持和保障市人大代表联系原选区选民。

（一）市人大常委会各办事机构、工作机构要积极协助做好市人大代表联系原选区选民的工作，为代表依法履职提供服务和保障；

（二）代表原选区的有关单位应积极配合代表开展联系活动，为代表执行职务提供活动场所、组织选民、收集民意等支持和保障；

（三）代表所在单位要根据有关法律法规的规定，为代表联系原选区选民给予时间保障，其享受的工资、奖金和其他待遇不受影响。

第十四条 市人大常委会组成人员应作出表率，保持与原选区选民经常性的联系。代表联系原选区选民，要模范地遵守宪法和法律法规，廉洁自律，自觉接受原选区选民的监督。要把依法执行代表职务与从事个人职业活动区别开来，不借执行代表职务进行个人的职业活动，不接受企事业组织、社会团体和个人出资赞助。对涉及国家秘密的事项，不对外泄露。代表个人不干预司法机关具体案件的审理和执行，对涉及本人和亲属的具体案件要予以回避。

第十五条 市人大常委会组成人员联系代表、代表联系选民工作由市人大常委会代表工作机构负责指导和协调，常委会其他办事机构和工作机构应当根据工作需要，做好联系代表工作。

各代表小组组织实施代表联系选民工作，代表小组应将代表联系选民的情况定期报送市人大常委会代表工作机构。

第十六条 本办法自通过之日起施行。

大丰市人民代表大会常务委员会关于人大代表向选民述职办法

（2013 年 5 月 29 日市十四届人大常委会第 9 次会议通过）

第一条 市、镇人大代表述职按选区进行。每位市、镇人大代表在一届任期内都要向原选区的选民述职一次。

第二条 市人大代表的述职活动由市人大常委会或委托镇人大主席、副主席、两区人大工作联络处组织，镇人大代表述职活动由镇人大主席、副主席组织。市人大常委会代表工作机构和镇（区）人大主席、副主席（人大联络处主任、副主任）应制定一届任期内市、镇人大代表述职计划，并对各个年度开展代表向选民述职活动作出具体安排。

第三条 代表述职的主要内容是：学习宣传和贯彻执行宪法、法律、法规，以及人大决议决定的情况；参加人代会期间审议议案和各项工作报告，以及提出代表议案与建议、批评和意见等情况；闭会期间参加常委会组织的视察、专题调研、执法检查、座谈、学习培训及其他各项活动，参加“人大代表之家”、代表小组等各项活动的情况；联系选民、参加“代表接待选民日”活动，听取和反映选民意见和要求，为群众办实事的情况；换届选举期间代表候选人与选民见面会上向选民所作的承诺和实践情况；履职中存在的问题及改进措施。

第四条 在召开代表述职会议前一个月，组织者应通知有关代表做好述职准备。参加述职的代表应采取多种形式、充分听取原选区选民意见，认真回顾总结任期内履行代表职责的情况，按代表述职的主要内容撰写好述职报告，并于述职会议前 5 天送达会议的组织者。

第五条 代表述职会议由原选区选民代表参加。各选区按照为人正派、在群众中有一定的威信、具有一定的反映选民意见能力的条件，确定参加代表述职会议的选民代表，人数一般不少于 50 人。

第六条 召开代表述职会议。主要议程是：

1. 学习代表法的有关规定；

2. 述职代表向选民述职；

3. 选民对述职代表作评议发言，提出意见和建议，并可以要求代表就履职的有关问题做出回答；

4. 选民对代表履职情况进行测评，分为满意、基本满意和不满意三个档次；

5. 主持人公布测评结果，也可于会后公布；

6. 述职代表作表态发言。

第七条　述职会议结束后，由组织者汇总选民评议意见和测评结果书面反馈代表本人。测评总满意票数等于或超过参评人数百分之七十的为满意，总满意票、基本满意票数超过参评人数百分之五十的为基本满意，总不满意票数等于或不超过参评人数百分之五十的为不满意。对测评不满意的代表，由市人大常委会代表工作机构或委托镇（区）人大主席、副主席进行诫勉谈话，并责成其在规定时间内制订出整改措施，报市人大常委会代表工作机构和镇（区）人大主席团。对整改不积极，整改措施不力，选民对其履职情况不满意的，可以劝其辞去代表职务，或由原选区选民按照法定程序提出罢免案。市镇人大代表述职报告、汇总后的选民评议意见及测评结果等材料，应报送市人大代表工作机构和镇人大主席团留存，并作为评先创优和换届时推荐下一届代表候选人的重要依据。

大丰市人民代表大会常务委员会询问和质询办法（试行）

（2014 年 5 月 27 日市十四届人大常委会第 18 次会议通过）

第一章　总　　则

第一条　为保障市人民代表大会常务委员会组成人员（以下简称常委会组成人员）依法行使询问和质询职权，根据《中华人民共和国地方各级人民代表大会和地方各级人民政府组织法》和《中华人民共和国各级人民代表大会常务委员会监督法》等法律的有关规定，结合本市实际，制定本办法。

第二条　市人大常委会询问、质询的对象是市人民政府及有关部门和市人民法院、市人民检察院（以下统称有关国家机关或受询问机关、受质询机关）。

第三条　询问、质询工作应坚持实事求是、客观公正、民主公开、依法办事的原则。

第二章 询　问

第四条 市人大常委会审议议案和有关报告时，有关国家机关负责人应当到会，听取意见，回答询问。

第五条 市人大常委会组成人员在审议议案和有关报告时，对议案和有关报告中不了解或者不理解的问题，可以向有关国家机关提出询问。

第六条 询问可以由个人提出，也可以由多人联合提出；可以口头提出，也可以书面提出。

第七条 受询问机关负责人应当当场回答询问。不能当场答复的，应当说明原因，并经询问人同意后，在确定的时间内口头答复或书面答复。书面答复件应当由受询问机关主要负责人签署。

第八条 市人大常委会主任会议认为必要时，可以在市人大常委会会议期间，结合常委会听取和审议专项工作报告，就常委会组成人员普遍关心的问题组织开展专题询问，由市人民政府及有关部门和市人民法院、市人民检察院主要负责人到会听取意见，回答询问。

第九条 专题询问的议题由市人大常委会办公室汇总各方面意见后，提请主任会议确定。

第十条 专题询问议题经主任会议确定后，由市人大常委会办公室在常委会会议举行一个月前告知市人民政府及有关部门和市人民法院、市人民检察院。

根据主任会议确定的专题询问议题，市人民政府及有关部门和市人民法院、市人民检察院应当于常委会举行会议十日前将专项工作报告送交市人大常委会办公室，由市人大常委会办公室于会议举行七日前发市人大常委会组成人员，市人大常委会组成人员针对专项工作报告及相关工作拟提出询问的，应当在会议举行三日前将拟询问问题交由市人大常委会办公室汇总并转交受询问机关。

第十一条 市人大常委会会议期间的专题询问采取分组会议或全体会议方式进行。

常委会分组会议的专题询问，由会议召集人主持，有关部门主要负责人和其他负责人应当分别到会，回答询问。

常委会全体会议的专题询问，由常委会主任或副主任主持，有关部门主要负责人应到会，回答询问。主要负责人无法到会的，经同意，可以书面委托其他负责人到会回答询问。

第十二条 专题询问，采取一问一答的方式进行。

市人大常委会组成人员在常委会全体会议上提出询问，有关部门负责人回答询问，应当在主持人主持下有序进行。

常委会分组会议的专题询问，可以随问随答。

第十三条 询问人在听取回答后,就同一问题可以跟进询问。其他常委会组成人员也可就同一问题补充询问,但问题已经作出回答的,不得再次询问。

第三章 质 询

第十四条 市人大常委会会议期间,常委会组成人员三人以上联名,可以向市人大常委会书面提出对市人民政府及其部门和市人民法院、市人民检察院的质询案。

第十五条 市人大常委会组成人员认为市人民政府及其部门和市人民法院、市人民检察院有下列情形之一的,可以依法联名提质询案:

(一)违反法律、法规的;

(二)不认真执行或者拒不执行上级和本级人民代表大会及其常委会的决议、决定的;

(三)对市人大常委会关于专项工作报告、执法检查报告和计划预算等报告的审议意见不认真研究处理的;

(四)不认真办理或者拒绝办理本级人民代表大会代表议案、建议、批评和意见的;

(五)工作中有重大失职或渎职的;

(六)其他需要质询的重大问题。

第十六条 质询案应当以书面形式提出,一事一案,并写明质询对象、质询的问题和内容。一件质询案一般质询一个对象。

第十七条 市人大常委会会议期间,市人大常委会组成人员联名提出的质询案,由市人大常委会办公室提请主任会议决定,交由受质询机关的主要负责人在常委会会议上口头答复,也可以由受质询机关书面答复。

受质询机关应当在主任会议决定的时间内答复。

第十八条 质询案以口头答复的,提质询案的常委会组成人员应当参加会议,并可以就答复中不够明确的问题作进一步提问,发表意见。受质询机关应当由主要负责人到会答复。

质询案以书面答复的,应当由受质询机关的主要负责人签署,印发常委会会议。

第十九条 提质询案的常委会组成人员过半数对受质询机关的答复不满意的,主任会议可以要求受质询机关再作答复。提质询案的常委会组成人员过半数对再次答复仍不满意的,由主任会议根据提质询案的常委会组成人员的意见和受质询机关答复的情况,决定是否由市人大常委会就所质询的事项听取和审议专项工作报告,或进行执法检查,必要时可以启动特定问题调查程序。

第二十条 常委会组成人员提出的质询案中涉及待处理的具体事项,主任会议可以交由常委会有关工作机构督办,并由督办机构向常委会会议报告。受质询机关应当将处理结果书面答复提质询案的常委会组成人员,并报送督办机构。

第二十一条 质询案在主任会议决定交受质询机关答复前,提质询案的常委会组成人员书面要求撤回质询案的,经主任会议同意,该质询案即行终止。

提质询案的常委会组成人员要求撤回质询案的,应当本人签名。未签名的提质询案人人数仍符合提质询案法定人数的,该质询案仍然有效。

第四章 附 则

第二十二条 询问人、质询人要求提供相关材料的,受询问、质询机关应当按时如实提供。

询问、质询的问题、要求提供的材料,如涉及国家秘密的,受询问、质询机关应当作出说明,并经主任会议或会议主持人同意后,可以不予回答或不予提供。

第二十三条 询问及答复情况、质询案及答复情况,应在常委会会报刊登向全市市人大代表通报,并通过新闻媒介向社会公布。

第二十四条 本办法由市人大常委会主任会议负责解释。

第二十五条 本办法自通过之日起施行。

大丰市人民代表大会常务委员会党组会议议事规则

（2014年10月22日大丰市第十四届人大常委会党组会议通过）

第一条　为切实加强党对人大工作的领导，贯彻落实好民主集中制原则，进一步提高党组议事决策水平，更好地发挥市人大常委会党组在市人大常委会工作中的领导核心作用，根据《中国共产党章程》和《中国共产党党内监督条例》，结合市人大常委会党组工作实际，制订本规则。

第二条　党组会议由常委会党组书记、副书记、成员组成。

党组会议由党组书记召集并主持，也可由党组书记委托党组副书记召集并主持。

第三条　党组会议议事内容：

（一）传达学习中央、省、盐城市和大丰市委的重要决议、决定，有关会议精神和重要工作部署，结合市人大常委会工作实际，研究提出贯彻落实的意见和措施；

（二）讨论和研究需向市委请示或报告的有关重要工作、重大事项；

（三）讨论和研究贯彻实施法律法规、上级人大的决议决定和常委会工作部署等方面的重大事项；

（四）讨论和研究常委会工作机构的设置、调整；

（五）按照干部管理权限和规定的程序，推荐常委会工作机构负责人的建议人选，讨论机关干部职工的使用、调整、调动、考核、奖惩以及退休干部工作等；

（六）研究决定常委会机关的思想政治和党建工作；

（七）研究部署党风廉政建设工作，切实落实党风廉政建设责任制，强化“一岗双责”；

（八）需要由党组会议研究决定的其他重要事项。

第四条　党组会议原则上每两月召开一次，根据工作需要可临时召开。会议日期和议题由党组书记或副书记确定。

党组成员需要提交党组会议讨论的问题，由常委会办公室汇总，经党组书记或副书记审定后安排。

党组成员对党组会议议题如有意见或建议，可在会议召开前提出。

第五条 党组会议必须有党组成员过半数到会，方可召开。

党组成员不能参加会议的，应于会前向党组书记或副书记请假。

第六条 党组会议研究日常工作议题时，可由会议召集人提出，通知非党组成员的常委会副主任、委室主任和其他有关人员列席，也可召开党组扩大会议。

第七条 党组会议召开的时间、议题，一般应在会议召开前两天由常委会办公室通知党组成员和列席人员，以便充分调研、酝酿。临时召集的会议可以临时通知。

会议议题准备和材料由常委会相关委室负责。

第八条 党组会议实行民主集中制原则。应充分发扬民主，在党组成员充分发表意见后，由会议主持人集中讨论意见，提出决策方案或意见，需要表决的进行表决。

对研究的事项有重大意见分歧时，除紧急情况下按少数服从多数的原则作出决定外，一般应当暂缓作出决定，待进一步调查研究、酝酿成熟后，在下次会议上讨论决定。

第九条 党组会议进行表决时，以赞成票超过应到党组成员人数的半数为通过。表决可根据讨论事项的不同内容，采用口头、举手、无记名投票、记名投票等方式。

第十条 党组会议决定的事项，由党组成员按分工负责落实，常委会相关委室具体承办。

对因病因事未出席会议的党组成员，会后由常委会办公室主任向其报告本次党组会议的事项。

第十一条 党组民主生活会每年召开一次，会议按照市委和上级党组织的要求，学习有关文件、交流思想、开展批评和自我批评，加强党性锻炼，提高党性修养。

第十二条 党组会议由常委会办公室派专人记录并存档。未经党组书记或副书记同意，党组成员以外的人员不得查阅。

对应保密的党组会议内容和讨论情况，与会人员均须严守机密，不得泄露。

第十三条 本规则自发布之日起施行。

编 后 记

人民代表大会制是我国一项根本政治制度。大丰市人大遵循执行这一制度已经走过六十年的历程。为了回顾过去知兴替，展望未来谋发展，市人大常委会主任会议提议，编纂《大丰市人民代表大会志》。

大丰人大工作，内容浩繁，时间跨度较大，加之区划变动较多，一些历史资料漫漶、散失，为首次编纂带来不少困难。为此，编纂委员会同心协力，锐意进取。市人大常委会办公室、研究室、各工作委员会不辞劳苦寻找素材，并加指点；撰写者到省、盐城市搜集资料，走访老领导、老代表核实名单；历届市人大老领导提供往年照片，核对史实；现任市人大常委会主任、副主任认真细致地审阅、修改。《大丰市人民代表大会志》之所以能够付梓出版，是集体智慧的结晶，各方面共同努力的结果。

本志编纂，得到了方志出版社，江苏省、盐城市人大常委会、档案局，大丰市党史办、档案局等单位的大力支持帮助，表示深切感谢。

尽管在编纂中殚精竭虑，精细操作，力臻完善，但囿于水平，定有不少疏漏之处，望各位读者不吝赐正。

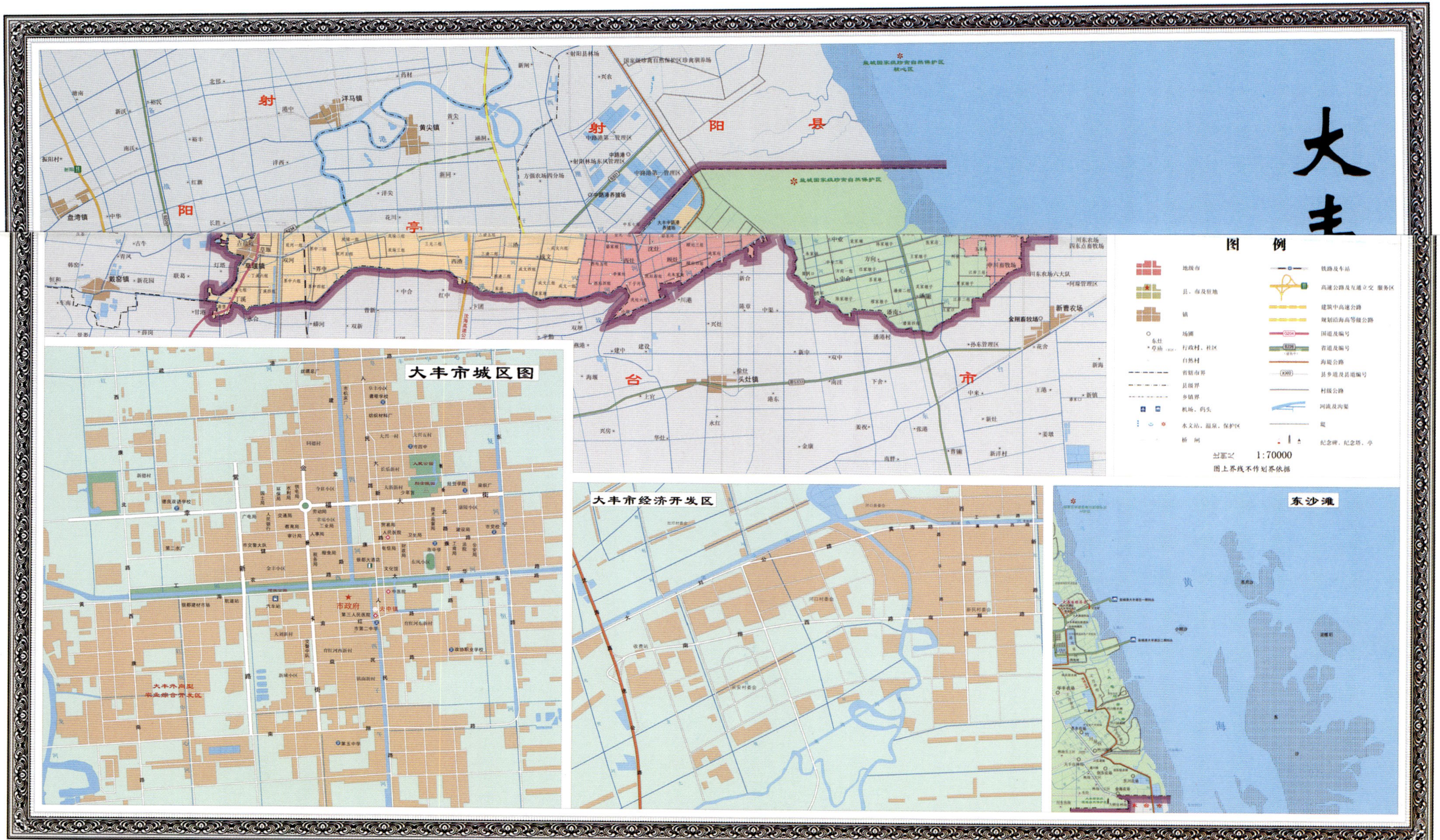

江苏省基础地理信息中心 编制　　大丰市国土资源局 监制

地图审查号：苏S（2011）000号